中国图书年鉴

ZHONGGUOTUSHU
NIANJIAN

1994

杨牧之　主编

湖北人民出版社

ISBN 7-216-02649-7

9 787216 026499 >

鄂新登字 01 号

中国图书年鉴(1994)　　杨牧之 主编

出版：
发行：湖北人民出版社

地址：武汉市解放大道新育村 33 号
邮编：430022

印刷：文字六〇三厂
开本：787 毫米×1092 毫米 1/16
字数：1634 千字
版次：1999 年 9 月第 1 版
印数：1—2 000
书号：ISBN 7—216—02649—7/G・691

经销：湖北省新华书店
印张：53
插页：7
印次：1999 年 9 月第 1 次印刷
定价：88.00 元

中国图书年鉴编委会

中国图书年鉴编辑部

编辑说明

一、编辑《中国图书年鉴》是继出版《中国图书大辞典》(1949—1992)之后的又一项图书出版事业的基本建设，其宗旨是总结图书出版工作经验，观察、分析图书出版的现状与发展趋势，为科研、教学、著述、学习和图书出版工作提供系统的参考资料。

二、《中国图书年鉴》与《中国图书大辞典》(1949—1992)的收书截止时间相衔接，对从1993年起国内出版的图书及资料进行收集整理，每年编辑出版一卷。编辑方法按每年新版图书品种总数的10%，选取优秀图书和有代表性的图书，以条目形式作介评，并按学科分类编排。

三、《中国图书年鉴》1994年卷，主要反映上一年度全国图书出版工作的情况和资料。其主要内容有"图书出版评述"、"新书简介"、"获奖书目"、"统计资料"、"图书出版纪事"、"索引"等。

"图书出版评述"——特邀国内有关专家、学者及图书编辑，对各类图书的出版动向作评论分析；选录各报刊杂志发表的有关图书出版评述的文章。

"新书简介"——从1993年新版图书总数中，择优选取5000余种图书立目并作介评，按《中国图书馆图书分类法》(第三版)体系分类编排。辞条以介为主，寓评于介，着重反映所诠释图书的基本内容及主要特征。

"获奖书目"——主要刊载该年度荣获"国家图书奖"、"中国图书奖"、"五个一工程·一本好书奖"的书目。

"统计资料"——汇辑该年度全国图书出版情况，使用《中国标准书号》22类图书出版情况，各类课本以及少年儿童读物出版情况。

"图书出版纪事"——记录该年度有关图书出版的重大活动。

"索引"——为方便查阅新版图书，索引分"辞目分类索引"和"辞目笔画索引"两部分。"辞目分类索引"以《中国图书馆图书分类法(第三版)》为框架，其编排方式与新书简介的正文相同；"辞目笔画索引"按书名辞目首字笔画数顺序编排。各辞目前均标有六位数码，为该辞目的检索号，检索号前英文字母为该类分类代码。检索号按数序顺列，以便查找。本书索引均直接指向条目检索号，页码不参与检索。

四、编辑出版《中国图书年鉴》是一项文化积累和文化传播工程。此项工作得到了全国出版界同仁的大力支持与热情关心，在此谨致以诚挚谢意。由于我们的水平和经验所限，《年鉴》难免存有不足和缺憾之处，恳请广大读者和各界人士批评指正。我们将不断改进工作，提高质量，以满足广大读者的需求。

目　次

图书出版评述

马克思主义、列宁主义、毛泽东思想类图书出版综述

郁中建

1993年马列主义毛泽东思想方面的图书出版，具有以下特点：

一、在经典著作方面，有新编的马列著作出版，特别是《邓小平文选》第三卷的出版发行，对深入学习和研究马列主义毛泽东思想，学习和研究邓小平建设有中国特色社会主义理论产生了巨大的影响和推动作用。

出版了由中共中央编译局所选编的马列著作两种，即《马克思恩格斯论中国》和《列宁短篇哲学著作》。《马克思恩格斯论中国》是在过去出版过的同名文集的基础上选编的，增加了新内容，把马克思和恩格斯关于中国的论述汇编到一起，对于学习和研究马克思恩格斯分析中国问题的立场、观点、方法是大有益处的。《列宁短篇哲学著作》则是我国首次编辑出版的，它以《列宁全集》中文第二版为基础，汇编除《唯物主义和经验批判主义》和《哲学笔记》这两本哲学专著之外的列宁直接论及哲学问题的著述，它与两本哲学专著一起，是列宁有关哲学问题的论述的完整的汇编，对于研究列宁的哲学遗产是十分重要的。

由中共中央文献研究室和中国人民解放军军事科学院编辑的《毛泽东军事文集》收录毛泽东有关军事方面的著述，其中大部分篇目为首次公开发表，该书的出版，不仅为学习和研究毛泽东军事思想的产生、发展及其理论体系提供丰富、完整的资料，而且对我国的国防建设和军队建设具有重要意义。

出版的《邓小平文选》第三卷具有极为重要的意义。改革开放以来，我国人民从我国社会主义事业的蓬勃发展中，从自己的亲身感受中，日益认识到邓小平建设有中国特色社会主义理论的巨大理论意义和现实意义，邓小平理论日益深入人心。《邓小平文选》第三卷收入了邓小平1982～1992年间的讲话和谈话，集中反映了邓小平关于社会主义的本质、任务、动力、目的，关于社会主义初级阶段，关于社会主义市场经济，关于改革开放和坚持四项基本原则，关于稳定和发展等一系列社会主义的基本理论，为我国的社会主义事业提供了坚固的理论保证和强大的思想武器。江泽民的《在学习〈邓小平文选〉第三卷报告会上的讲话》全面阐述学好《邓小平文选》第三卷的重要意义。在《在毛泽东同志诞辰一百周年纪念大会上的讲话》中，江泽民指出，邓小平继承和发展了毛泽东思想，以巨大的政治勇气和理论勇气创造性地提出建设有中国特色社会主义的理论，这一理论的形成，表明我们党对中国社会主义建设的客观规律的认识达到一个新的境界，也表明我们党领导的建设富强、民主、文明的社会主义现代化国家的实践进入一个新的历史阶段。

二、出版的有关马列主义毛泽东思想的工具书品种多。

本年度出版了中共中央编译局编辑的《马克思恩格斯全集目录、说明、索引(第40～50卷)》，这样，我国出版的《马克思恩格斯全集》中文第一版就有了一套完整的学习和研究的工具书。山东人民出版社出版的《毛泽东选集(1～4卷)索引》为读者学习和查阅《毛泽东选集》提供了方便。由中共中央文献研究室编的《毛泽东年谱》记述了毛泽东1893～1949年9月间的主要经历和活动，为研究毛泽东思想的发展及科学体系提供了宝贵的资料。

有关马列主义毛泽东思想的辞典也有多种版本。既有综合性内容的辞典，如《马克思主义百科要览》、《毛泽东大典》、《毛泽东思想大辞典》、《邓小平理论大辞典》；也有专题性质内容的辞典，如《毛泽东哲学思想辞典》、《毛泽东军事思想辞典》、《毛泽东经济思想大辞典》、《毛泽东文艺思想大辞典》、《毛泽东图书辞典》、《毛泽东书法大辞典》等。这些辞典的出版，从不同方面、不同层次上反映了我国学者在马列主义毛泽东思想方面的研究成果。

三、有关马克思列宁主义的研究在广度和深度

上有所进展。

本年度有关马克思、列宁的研究著作不多,但从中可以看到,我国学者或力图从马克思主义产生、形成和发展的总体上去探讨马克思主义发展的线索、机制和规律,比如张奎良教授所著的《马克思的哲学历程》;或者力图从一对范畴、一本著作中去多角度、多层次地研究和探讨,比如景天魁、杨音莱的《社会学方法论和马克思》、田光的《〈资本论〉的逻辑》、易杰雄的《列宁〈哲学笔记〉研读》等。还翻译出版了《卢梭和马克思》、《卡尔·马克思——马克思主义的理论和阶级运动》等书,介绍了西方马克思主义的代表人物德拉·沃尔佩和卡尔·柯尔施对马克思主义的研究以及他们所提出的观点。

四、有关毛泽东的图书成为一大热点。

为纪念毛泽东诞辰100周年,有关毛泽东的图书成为出版界的一大热点。与前几年主要出版以反映毛泽东生活的图书不同,本年度出版了一批较有深度和广度的研究毛泽东思想的图书。在这些图书中,有全景式的研究专著,比如邢贲思等主编的《毛泽东与20世纪的中国》,李鹏程所著的《毛泽东与中国文化》。力图从毛泽东与20世纪中国的历史背景,毛泽东与中国的思想文化背景等方面,探讨毛泽东思想产生的必然性和发展的规律性。对毛泽东思想的形成和发展作历史考察的图书有:《毛泽东思想史》、《毛泽东哲学思想史》等。对毛泽东思想其他方面进行研究的图书数量更多,涉及毛泽东的军事思想、哲学思想、经济思想、教育思想、伦理思想、民族思想、文艺思想、美学思想、社会主义理论、统一战线理论以及国防、外交等方面。对国外有关毛泽东及毛泽东思想研究的动态、观点、方法等,国内亦有专著予以评介和分析。有关毛泽东的家世、交往以及各个时期的生活、事迹,在本年度的图书出版中,仍然占有相当的比重。有关毛泽东的诗词、书法等图书依然受到出版界和读者的重视。从总体上讲,1993年有关毛泽东及毛泽东思想研究的图书涉及的范围广,研究的角度新。成为纪念毛泽东诞辰一百周年的一道亮丽的风景线。

五、邓小平理论日益受到人们重视,有关邓小平理论的研究著作继续增多,研究水平有所提高。

随着我国改革开放的不断深入和社会主义事业的不断发展,作为马列主义毛泽东思想的继承和发展的邓小平理论的巨大理论价值和实践意义越来越被人们所重视,为人们所研究,《邓小平文选》第三卷的出版进一步促进了邓小平理论的研究热潮和宣传热潮。邓小平的有中国特色社会主义理论,包括初级阶段理论、经济建设理论、国情理论、改革开放理论、市场经济理论、党建理论、军事理论、发展战略、思想方法、国防、外交等诸多方面为理论界和学术界所认真学习和研究,涌现出一大批优秀成果。比如翟泰丰主编的《邓小平生平著作思想研究集成》、温乐群著的《邓小平与当代中国》、中央党校哲学教研部编写的《邓小平思想精华》、于光远等著的《跨世纪的选择》、王成斌的《邓小平现代军事理论与实践》等。

在有关邓小平理论的研究著作中,值得注意的是,关于邓小平理论与毛泽东思想的内在逻辑关系,对毛泽东思想的继承和发展越来越受到人们的重视,并在许多研究著作中得到论证和阐述,比如刘嵘著的《毛泽东哲学思想新篇——从毛泽东到邓小平》对毛泽东思想和邓小平理论进行比较和分析,说明毛泽东和邓小平走的都是把马克思主义同中国具体实际相结合并在实践中发展马克思主义的道路,他们的思想理论是一脉相承的,邓小平理论是毛泽东哲学思想的继承和发展。《毛泽东思想史》第四卷也集中阐述了中共十一届三中全会以来邓小平对毛泽东思想的新发展和新贡献。林建公著的《邓小平与毛泽东思想》则论述了邓小平是毛泽东思想的创立者、捍卫者和发展者,“毛邓不可分”。邓小平理论对毛泽东思想的继承和发展以及二者之间的一致性在一系列研究著作中都得到了体现。

有关邓小平理论的研究著作说明,对邓小平理论的研究不断深入,邓小平理论日愈深入人心。

总之,1993年马列主义毛泽东思想方面的图书出版工作是富有成果的,尤其是在毛泽东思想和邓小平理论的研究著作方面。然而,对马克思、恩格斯、列宁研究的著作则显得较为单薄,似有待进一步加强。

(作者为人民出版社副编审)

哲学类图书评述

郑文林

1993年出版的哲学类图书共选收209种，涉及哲学原理、中国哲学、外国哲学、伦理学、美学、心理学、逻辑学、宗教与无神论等学科领域，反映了本年度我国哲学书籍出版的主要成果和概况。

哲学原理方面的图书，是过去我国哲学书籍出版中一个较为薄弱的环节，一方面大量重复出版各种一般哲学原理教材，其体系结构、观点资料都比较陈旧；另一方面对大量从社会实践和科学发展中提出的哲学问题，又缺乏研究和探讨，因此新角度、新视野、有份量的哲学原理书籍问世很少。1993年出版的哲学原理书籍，虽然从总量上看，仍显薄弱，但却开始改变上述状况，重复的一般哲学原理教科书少了，出版了一些新视角、新观点的书，如《价值新论》、《情感认识论》、《哲学的憧憬》、《现代科学的大历史观》等对马克思主义认识论、唯物史观作出新探讨。尤其是《哲学的憧憬》一书，通过史论结合，提出对哲学本质的看法，颇有新意。

中国哲学方面，本年度出版的书主要集中在中国哲学史研究、中国少数民族哲学研究和中国古代哲学典籍等方面。中国哲学史研究方面，出版了几本有份量的书，如《中国近代启蒙思想史》、《六朝思想史》、《中国古代哲学与自然科学》、《闽学源流》等。有的为填补空白之著，如《中国古代哲学与自然科学》，第一次探讨和论述了中国古代哲学与自然科学的关系，一改过去人们认为中国古代哲学只是与人际关系相关而与自然科学无关的偏见。此书出版后受到学术界重视，相继有台湾中文繁体字版和日文版等问世。《中国哲学主体思维》、《中国哲人的大思路》等，从新的角度对中国古代哲学作了探讨。本年度中国哲学书籍出版较有特色的，是出版了若干少数民族哲学著作。中国是个多民族国家，各个民族中都蕴含丰富的哲学思想，但过去很少有人研究和出版这方面的著作。本年度出版的《苗族生成哲学研究》、《傣族哲学思想史论集》和《中国少数民族哲学史》引人注目。特别值得一提的是《中国少数民族哲学史》，这是第一本关于中国各少数民族哲学的系统论著，曾列为国家哲学社会科学规划的重点项目，它的出版，不仅填补了空白，而且也大大丰富了中国哲学史的内容，使之成为名符其实的中国哲学史。在中国古代哲学典籍出版方面，较有影响的《中国古代名著全译丛书》，1993年又推出了《论衡》、《列子》、《商君书》、《晏子春秋》等全译本；还有《墨子校注》、《老子道德经河上公章句》、《周敦颐全书》、《高拱论著四种》等，都是有价值的好版本。另外，还出版了若干部我国当代著名哲学家的全集和文集，如《朱光潜全集》和选集，《张岱年学术论著自选集》等，以及研究这些哲学家思想的专著，如《熊十力思想研究》、《会通集——贺麟生平与学术》等。此外，本年度还出版了若干本中国古代哲学的辞书，如《孔子大辞典》、《论语词典》、《吕氏春秋辞典》，起了填补空白的作用。

外国哲学方面，值得提出的是本年度重庆出版社出版的若干本有关西方马克思主义代表人物卢卡奇、马尔库塞、阿尔多诺等人的重要原著，如《关于社会存在的本体论》(上、下卷)、《理性和革命——黑格尔和社会理论的兴起》、《否定的辩证法》、《分析学派的马克思主义》、《历史和结构》、《自然的控制》等。这批重要原著的翻译出版，是我国外国哲学书籍出版中的一个重要收获，为我国读者了解和研究西方马克思主义学派提供了资料。在西方哲学重要原著出版方面，还应一提的是《亚里士多德全集》的翻译出版，1993年出版了其中的第七卷。亚里士多德可称西方哲学之源祖，过去我国只断续出版过他的一些零星散著，而出版其全集则是第一次，有重大学术意义。该书由我国著名外国哲学专家苗力田教授担纲直接从希腊文原著翻译，其版木价值更加弥足珍贵。在外国哲学方面，本年度还出版了几本有研究新意的著作，如《晚期希腊哲学和基督教神学》、《拯救地球和人类未来——海德格尔的后期思想》、《信仰与革命》、《西方人学发展史纲》等。

在伦理学图书的出版方面，除《道德导向控制论》、《道德生活论》、《个体道德论》、《契约伦理与社会正义》以及《近代伦理思想的变迁》等若干理论性图书外，还有一部分是有关人生价值和人生哲学的书,如《顺生论》、《中国人生哲学概论》、《绵延人生路——人生学初探讨》、《我与他》、《人与自然》等。其中值得一提的是文化老人张中行的《顺生论》,这是作者以自己饱经沧桑的生活体验,将人生的方方面面梳理成几十个问题,证以古今,条分缕析,以散文笔法写成的一部哲理性的书,可读性强,因此一出版就引起较大反响。还出版了一套大型伦理学工具书——《中国伦理学百科全书》(共 11 册),它的出版对我国伦理学的研究将会起到推动作用。

美学书籍出版方面,自 80 年代美学热热过之后,近些年一直不景气,有份量的著作问世不多。本年度值得一提的是出版了几本美学理论和美学史方面的著作,如《审美心理学》、《中国现代美学思想论纲》、《中国美学精神》、《现代西方美学》等。

心理学书籍的出版,和美学书籍的出版有着类似的情况。本年度出版的心理学著作大都是具体部门心理学,如《幼儿心理学》、《小学生心理学》、《初中生心理学》、《高中生心理学》、《离弃家庭子女心理》等,还有《儿童心理百科辞典》。心理学理论论著欠缺。

宗教书籍共选收了 50 余种,约占所选全部哲学书籍的 1/4,其内容丰富,涵盖了宗教理论、三大宗教、民间和地方宗教信仰、宗教资料典籍和宗教辞书等多个领域。在宗教理论方面,《宗教文化学导论》、《猫头鹰与上帝的对话》、《神话学论纲》、《信仰探幽》、《中国神仙探玄》、《东方天国的神秘之门——中国巫术文化探秘》等书,对人们的信仰和宗教本质等作了探索。基督教书籍方面,有《当代基督新教》、《这是我的立场——马丁·路德传》、《耶稣传》等。尤其值得一提的是北京大学已故著名教授朱谦之的著作《中国景教——中国古代基督教研究》,对古代基督教传入中国的情况(当时称为景教)作了考察和研究,是中国基督教史方面的一部力作。佛教方面,出了不少书,值得提出的是几本有关藏传佛教的书颇有特色,如藏传佛教中有影响的一个教派"觉囊派",因其古老且存世时间短而鲜有人研究,本年度出版的《觉囊派通论》、《觉囊派教法史》对其作了全面阐述。另外还出版了《蒙古佛教源流》、《益希班觉佛教史》、《佛教香客在圣地西藏》等,其中《益希班觉佛教史》是蒙古人接受佛教以后,用自己的认识和感知解释佛教的佛教通史,作者辞世已 100 多年,这次出版有重要文化意义。

香港著名学者饶宗颐的《梵学集》,涉及考古、文字、训诂、音韵、古代文学与地理,为佛学研究而生发的一系列中外文化、中外关系史的力作。本年度宗教书籍出版中另一较有特色的是关于民间及地方宗教的书籍,如《中国民间宗教教派研究》、《福建民间信仰源流》、《台湾民间信仰》、《泉州道教》、《新疆四族伊斯兰教史略》等。在宗教资料、典籍和工具书出版方面,本年度出了若干部有份量的书。《中国原始资料丛编》是国家重点项目,这部书以后各卷改名为《中国各民族原始宗教资料集成》,由中国社会科学出版社继续出版,它是我国众多宗教学家和民族学家在大量社会调查和考古材料基础上编成,它的出版有重大的理论和现实意义。此外,还出版了若干部百万字以上的大型宗教工具书:《佛光大辞典》(700 万字)、《佛学辞典》(365 万字)、《世界宗教总览》(102 万字)、《藏汉佛学词典》(上下册,104 万字)。《中华大藏经注》(汉文部分)从本年度开始出版,该书规模宏大,共 106 册,每册平均 1130 页,它的编校出版,是继《中华大藏经》(汉文部分)之后我国佛经典籍出版中的一件大事,它对推动中国的佛学研究,以及中国古代哲学、文化、中外关系史等领域的研究,都有重要意义。

(作者为中国社会科学出版社总编辑)

社会科学总论类图书评述

吴道弘

本年鉴收社会科学总论类的图书共 71 种,除大型通俗性系列图书《中国少数民族地区马克思主义教育丛书》、《应用统计学》等少数几种外,大体上以管理学、人口学、人才学的图书较多。

社会学研究的著作和翻译出版,已是近年出版的新景观,1993 年出版的就有多种:著名社会学家费孝通的《人的研究在中国》,内容是作者 1990 年后的有关讲话和调查研究报告。郑杭生教授等人的《社会运行导论》，该书副题表明这是对有中国特色社会学基本理论的一种探索。《人的社会化》是社会学理论研究专著，《社会学导论：社会单位分析》、《社会学概论》、《残疾人社会学》，以及社会学思想史专著《西方社会思想史》和资料书《国外社会学综览》等。

属管理学、人口学和人才学方面的图书出版有《儒家管理哲学》，主要阐述儒家的管理哲学论和儒家哲学的管理观；还有《行政管理哲学》、《组织行为学——理论与实践》，以及《人的素质论》、《公共关系策划》等，以及以专题论述为主、内容互有联系的《人口教育丛书》(共 11 册)等，以上选题各有特色。

关于个人论文集，出版了著名人士李叔同的艺术论文、书信和歌曲、诗词方面的创作文稿等，并附有大量反映李叔同生平活动、艺术创作的照片资料。此书虽不是传记作品，但书中有艺术评论家柯文辉撰写的"跋"和后人编写的"年表"，可以参考。著名学者何干之的文集，主要选收作者从 30 年代到 50 年代的几部重要著作和若干论文，并附有作者传记、著述目录以及张仲实、成仿吾、胡华所撰写的回忆、纪念性序文。值得指出的是《文集》"编者对全部著作进行了再校订，补充了若干注释，对原作内容及观点不作更动，尽量保存原貌。"另一"五四"以后著名学者的《陈中凡论文集》，收有作者 1919 至 1980 年发表的学术论文，并附有作者"年谱"，可供研究者参考。有一本哈萨克文版的《论文文章集》，主要收有教育、语言和写作、民间文学等方面的文章，作者是苏丹·张波拉托夫。这些文集的出版，反映了学术研究的成果。

几部大型的资料性工具书，如 10 卷本《社会科学争鸣大系》系按学科性质分别编纂，主要介绍 1949 年至 1989 年 40 年间社会科学界的学术争鸣状况。该书很有学术资料价值。8 卷本《中国文化大百科全书》一书，也值得重视。两本性质大致相同的工具书：杨牧之主编的《中国工具书大辞典》，出版了"社会科学卷"，将港台出版的有关工具书单独列出。潘寅生、郭建魁主编的《中华社会科学工具书辞典》，还收录少数民族文字版本，以及汉语与少数民族语对照的工具书。两书内容各有特点。

《中华性学辞典》的出版，在国内尚属首次，80 年代初，吴阶平《性医学》一书的出版，可以说，奠定了我国当代性科学的地位。在这以后，有关性科学的书籍陆续有所出版。特别在近年出版界纷纷重视性科学专著、工具书的选题。本年与性学有关的选题，还出版了《中国古代性文化》一书，有一定的资料和研究见解。

翻译图书值得一提的如美国学者拉·比尔斯的《文化人类学》，该书主要阐述文化的各主要方面，讨论人类学的性质。这在美国是有一定权威性的教材书。又如早在 20 年代由诗人戴望舒翻译的《爱经》，系古罗马的奥维德所作。此书表面上是在述说情场秘诀，实际上是对当时社会风气的讽刺。中译本初版问世将近半个世纪，这次重印由周良沛作序，对本书作者及中译版本作了评述。

(作者为中国编辑学会副会长)

政治、法律类图书评介

胡元梓

1. 政治类图书

本年度政治类图书的出版出现新的面貌。政治类图书可以分为政治理论与政治学理论两个方面。

政治理论方面的著作主要反映在社会主义、人权问题方面研究，由此说明，社会主义、人权仍然是人们普遍关心的问题，主要有：王维澄的《有中国特色社会主义大典》、张佐友等主编的《社会主义建设教程》、赵曜的《中国特色社会主义论纲》、陈培德的《论社会主义的本质》、孙凤武等著的《社会主义现象与哲学方法论》等等，高放著的《社会主义在世界与中国》，研究了社会主义理论、运动和制度等重大问题，就社会主义的历史与现状、改革、未来、发展作了全面探讨；胡厚钧等主编的《中外改革通鉴》介绍古今中外的重大改革事件和改革人物，剖析其中的成功经验和失败教训。刘复之主编的《人权大辞典》，对国际人权问题进行了透彻的阐释与分析：鲍宗豪等著的《权利论》，是一本阐释马克思主义权利理论的专著；李雪勤主编的《新中国反腐败通鉴》，是一部为配合反腐败斗争的需要而编著的大型工具书；毛磊等著的《中国的平均主义》，系统地研究并描述了从先秦至当代的种种平均主义思想、行为、政策和运动,为人们提供了一条解析中国历史文化和社会现实的线索;此外,还有张新长的《中国人权词典》、廖盖隆等主编的《社会主义百科要览》、伍杰等主编的《建设有中国特色社会主义理论丛书(12种)》等等。

政治学著作比前几年都有大幅度的增加,如高民政主编的《中国政府与政治》、储考山等著的《中国政治制度史》打破了按王朝顺序撰述制度史的惯例,对中国政治制度的产生、发展、演变规律进行了历史的探索;周青等主编的《当代东方政治思潮》,介绍了19世纪以来东方各主要地区和国家及其各主要代表人物的政治学说和政治观点及其历史作用、共同特点和规律,从而使东方思想的精华得以发掘。全面地评介了当代世界发展中国家主要政治思潮的形成及其影响。王楷模等著的《西方政治思想史》,具体地分析和研究了西方各个历史阶段纷繁复杂的政治思想,并把它整合为一个立体运行的邮寄过程。吴雄丞等著的《社会党与民主社会主义人权观》,是一部了解社会民主党与民主社会主义人权观点的重要资料。此外,翻译介绍了大量的西方政治学著作,如(美)列维·施特劳斯的《政治哲学史》,介绍了自古希腊至20世纪西方政治哲学史上的主要政治哲学家的思想;(美)汉斯·摩根索的《国家的政治》是国际政治学政治现实主义学派的理论名著,提出了政治现实主义的六项原则;(美)利普塞特著的《政治人》是一部政治社会学新著,其中心论题是"国家"与"社会"之间冲突与一致的适当平衡,探讨了民主体制必须的社会条件。(美)阿尔蒙德、小鲍威尔著的《当代比较政治学》,系统全面地论述了当代政治学的结构功能主义理论与方法。(美)伊斯顿的《政治体系》,以美国政治学的状况为研究对象,探讨了如何建立政治学的理论体系,目的在于引起人们重视研究政治学理论的必要性并使政治理论确立在社会科学中应有的位置。此外还有影响比较大的伯恩斯的《美国式的民主》。

综观本年度的政治类图书的出版,预计在社会主义与人权问题方面仍将是人们关心的热点,通过引进西方的政治学理论,来丰富和发展中国的政治学也将成为一种必然的趋势。

2. 法律类图书

1993年的法律类图书仍主要围绕"二五"普法的要求出版了大量的图书。

法理学类的图书品种有:何玉玢主编的《中国法理学》、吴祖谋主编的《法律基础》、文正邦的《走向21世纪的中国法学》、高绍先主编的《中国历代法学名篇注释》、江必新的《法文化的建构及法制教育工程》、汪汉卿主编的《中国法制思想史》、陈晓枫的《中国法律文化研究》等等。此外,还出版了一些介绍西方法理学的著作:(美)博登海默著的《法理学》,阐释了法律中秩序与正义量大要素、自然法的含义,强调法律工作者自身的修养问题,提出了自成体系的"综合法理学"。吕世伦的《西方法律思想源流论》,汇集西方各个时期的法律思想流派,讲述它们各自的源流演变过程、主要特征、主要代表人物、主要思想观点,并对其进行评价。

经济法与部门法类图书最热门,新出的品种居法律著作之首,既有普及性的通俗读物,也有理论性的专门著作,还有理论与事务兼备的读本。如《工商行政管理法规汇编》、沈乐平著的《外商投资中国法律指南》、陈克武主编的《经济法学总论》、劳凯声的《教育法学》、李友根等编的《怎样打官司》系列、《中华人民共和国行政法规全书》、《全国新闻出版系统"二五"普法读本》、《行政监察的理论与实践》、王士伟的《中国行政法制史》、《反不正当竞争法释义》、张友渔、王叔文主编的《中华人民共和国法律通解》、行政法系列、杨振山主编的《民商法实务研究系列丛书》、李林等编著的《经济合同法概论》等等。

国际法方面,梁西著的《国际组织法》是我国第一部从理论和实践结合上系统论述国际组织机器法律制度的学术著作,是国家教委确定的高校文科使用的国际组织法学教材,创立了我国国际组织法学体系,为该学科的建立与发展起了奠基作用;江国青著的《联合国专门机构法律制度研究》主要从国际行政角度研究了联合国专门机构的法律制度机器有关的实际问题。此外,还有刘彦群主编的《独联体与东欧国家涉外经济贸易法规合同选编》、董云虎、刘武萍主编的《世界人权的约法总览续编》、施党怀的《国际法院》、李双元著的《中国与国际私法统一化进程》、韩德培的《中国冲突法研究》、干炎平著的《国际海战法概要》等等。

通观本年度的法律图书的出版,基本上反映了我国法学图书发展的状况,反映了刚刚开始的社会主义市场经济的建立对法学和法律图书的市场需求。我们相信随着社会主义市场经济体制的不断建立和深入,经济法类和部门法类的图书仍将占据大部分的法律图书市场。随着政治体制改革的深入,法理学方面的著作将有一个大的增长,围绕社会主义法治国家的建立的相关问题会有一些新的著作问世。

(作者为新华文摘杂志社编辑)

军事类图书综述

林仁华

1993年出版的军事图书,所选编的书目有54条,此类图书的主要内容和特点是:

一、各种军事史书异彩纷呈

军事史书品种较多,内容丰富,写法各有特色,大致可分为五类:

一是战争史。这是军事史中最重要的组成部分。其中引人注目的有新华出版社出版的《国际战争风云录》,客观地介绍了第二次大战以后世界连续发生170多次局部战争和武装冲突的背景、动因和过程,以及对世界政治、经济产生的影响。军事科学出版社出版的《中国人民解放军全国解放战争史第一卷》,主要阐述全国解放战争开始前,中国人民解放军为实现国内和平、制止全面内战爆发所经历的战斗历程,揭开了国民党统治集团抢夺抗战胜利果实、挑起全面内战的本来面目。湖北美术出版社出版的《中国战争画卷》,选择了中国历史上105个著名战例,用综述文章、战例点评、战争示意图、文学脚本、连环画画等形式进行介绍,比较系统地反映了中国军事发展的概貌。此外,还有《影响中国的100次战争》、《中央苏区三年游击战争史》、《潇湘战史丛书》、《西夏战史》、《血鉴奇谋》等,都是从不同角度阐述了某一时期、某个地区发生战争的背景、原因、过程和结局,使读者对当时当地战争的概貌有个清晰的了解。

二是军史。撰写的形式多样,有回忆录、图册和辞典。其中吉林人民出版社出版的《中国人民解放军军史大辞典》,全面记录了我军66年的光辉历史和战斗历程,讴歌了我军的丰功伟绩。广东人民出版社出版的《黄埔军校史图册》,客观反映了黄埔军校初创、健全和发展的过程,以及军校师生参加抗日战争和建设祖国的情况。江苏人民出版社出版的《新四军军部在黄花塘》,以回忆录的形式,记述新四军1943年实行战略转移后,经历了抗日战争取得最后胜利的重要历史。这些军史都具有一定的史料价值。

三是军事思想史。河北大学出版社出版的《中国古代军事思想》,比较系统地介绍了中国古代军事思想的基本理论和治军思想。江西人民出版社出版的《中国近代军事史研究》,简要叙述中国近代军事思想的产生、成长、形成和发展,并介绍了林则徐、魏源、曾国藩和洋务派等军事思想的特点,论述了毛泽东军事思想的产生、形成和发展,以及周恩来、朱德等对毛泽东军事思想形成的贡献。黄河出版社出版的《十大将用兵韬略》,描述建国后被授予大将军衔的十位将军,在革命战争年代,用智、用谋、用计去战胜敌人的经验,丰富和发展了毛泽东军事思想。

四是军制史。江西人民出版社出版的《秦汉军制史论》,多角度、多层次地论述秦汉400余年军事制度的演变,对当时的军事领导体制、武装力量体制、兵员征集制度、军队编制、军事训练、后勤保障等,做了简要的介绍。

五是兵器史。辽宁少年儿童出版社出版的《兵器史》和西安交通大学出版社出版的《中国古代兵器》,分别介绍了古今中外各类主要兵器的发展历史。书中配有实物图,便于读者阅读和观赏。

二、古代兵书注译本层出不穷

古代兵书是祖国军事遗产的巨大宝库,建国后已经出版了许多文献和注译本。1993年出版的兵书选编的书目有8种。其中齐鲁出版社出版的《孙子集成》一书,汇集历代《孙子》文献80种,有出土汉简、六朝抄本、宋刻本、宋元明清和民国时期的刊本、抄本等。内容有《孙子》白文、注解"集注"、"集释"、"史证"、"释证"、著述和译文等,集孙子著作之大成。海潮出版社出版的《孙子兵法新译》,按原文、译文、注三个层次进行撰述,是学习孙子兵法的通俗读物。白山出版社出版的《孙子兵法辞典》,共收词1307条,将古今中外研究孙子兵法的成果汇聚一起,涵盖了孙子研究的各个领域。此外,还有《尉缭子全译》、《鬼谷子奥义解说》、《兵家妙语选》、《三十六计及其妙用》、《人生谋略》等,分别对古代兵家思想进行分析,对古代兵书内容进行注释、解说和评析,使古代兵书重放异彩。

三、论述国防和军队建设的书籍接连出版

在国防建设方面,重庆出版社出版的《国防现代论》,着重分析国防的内在要素和外在条件,研究高层次的国防战略问题。兵器工业出版社出版的《现代国防与后勤》,主要论述实现国防现代化与后勤现代化的意义和途径,提出了现代国防与后勤发展模式的设想。

在军队建设方面,许多作者根据自己学习研究的体会和实际工作的经验,撰写出一些学术著作。如解放军出版社出版的《治军史鉴》,对中国古代政治治军的思想体系和各项工作进行了探索,介绍了我国古代治军的优良传统,并其对阶级局限性进行批判,可供军队建设的借鉴。军事科学出版社出版的《军队政治工作学理论新探》,对无产阶级军队政治工作的渊源、本质、原则和主体,以及中国共产党对军队政治建设、思想建设和组织建设的要求,政治工作效益的评估等,都作了认真的探索。国防大学出版社出版《战争艺术纪实丛书》,共6种,以战役战法为对象,汲取古今中外著名战役实践的精华,研究现代战役作战的手段、类型、样式的特点,探索未来战役发展趋势和行动规律,对军队提高战役训练水平和组织指挥能力具有参考价值。黄河出版社出版的《质量——军队的生命》,介绍了世界各国加强军队质量建设的概况,阐明了加强质量建军的重要性,论述了军队质量建设的标准,对军队质量建设的有关问题,从宏观上进行深入的探讨。此外,还有《发扬优良传统,保持老红军本色》、《社会主义市场经济条件下军队党的建设》、《革命军人价值观》和《军事运筹学》、《军事参谋学》等,对军队党的建设、政治教育、军事训练、作战指挥、行政管理等都具有一定的参考价值。

四、研究高技术战争的著作开始问世

当今科学技术飞跃发展,许多高新技术已经广泛运用于军事领域,现代战争在某种程度上表现为高技术的较量,有关高技术战争研究的著作也应运而生。这次收编两条:一是国防大学出版社出版的《高技术与现代军事丛书》,共20种,从不同侧面论述了世界高技术武器装备的最新成就、发展趋势及其对军事行动可能产生的影响,研究了高技术条件下的战争谋略和战法,并对世界军事的未来发展和我军在新形势下加强质量建设进行了探讨,是高技术条件下局部战争和军队建设的理论专著。二是白山出版社出版的《高技术战基础知识》,介绍了高技术战争的基本知识,论述了军用高技术给我军作战理论与实践带来的影响。这两部著作,对普及国防高技术知识、研究高技术战争有积极作用。

五、新编军事专业工具书日益增多

有把军史编成辞典出版的《中国人民解放军军史大辞典》,有把战争事件编成辞典出版的《战争战役辞典》,也有把古代兵法编成辞典出版的《孙子兵法辞典》,还有把军事专业编成辞典出版的《海军大辞典》和《中国军事史辞典》。

从1993年收编的主要书目来看,军事图书的出版,异彩纷呈,给军事文库增添了许多新品种。但图书的内容编重于战史、军史和古代兵书,对面向基层、面向未来、面向现代化的军事通俗读物和高技术国防科普读物都很少,有点厚古薄今,与现代国防建设、军队建设的需求尚有较大的距离,有待于今后努力和改进。

(作者为解放军出版社编审)

经济类图书概述

李春生

1993年度,我国经济类图书是图书出版的“热点”和“亮点”之一。

经济类图书的出版“热”表现在以下几方面:

1. 品种丰富、门类繁多。收入的经济类图书达500多种,实际出版的种类远超出此数。根据有关资料推算,1993年度,我国经济图书的品种数约占出书品种总数的20%,远高于其他类图书所占的比重,就连一向被认为是出版业重头戏的教育类和少儿类图书也落在其后。如此丰实的品种,必然会形成经济图书的繁多门类:从内容上看,有理论类、知识类、应用类、操作类、法规类、经济史类;从写作体例上看,有学术专著类、教科书类、普及读物类、工具书类;从读者对象看,有适合不同部门、不同行业、不同职业、不同知识层次读者需要的经济读物。

2. 涵盖了经济学的各分支学科。经济类图书的出版,包括了政治经济学、西方经济学、市场经济学、国际经济学、发展经济学、区域经济学、产业经济学、物资经济学、流通经济学、公共经济学、生态经济学、民族经济学、城市经济学、农业经济学、国土经济学、文化经济学、技术经济学、教育经济学、旅游经济学、信息经济学、计量经济学、经济地理、经济数学等，反映了经济科学中各学科的最新发展动态，构成经济科学的完整的学科体系。

3. 涉及经济问题的方方面面。经济类图书内容十分广泛，涉及市场经济知识、经济制度、经济体制改革、宏观经济问题、经济增长、经济发展、经济现代化、经济结构、经济效益、收入分配、国际经济关系、对外开放、经济发展战略、经济政策、经济法规、经济布局、区域经济、经济特区，社会保障体系、产权理论、企业改革、股份制、企业管理、乡镇企业发展、企业文化、农业、工业、商业、旅游业、交通运输业、服务业、金融、保险、财政、税收、外贸、投资、证券、期货、房地产、广告、经纪人、经济学研究方法、经济学争鸣等等。这为改革者提供了理论支持，为决策者提供了决策参考，为专业研究人员提供了丰实的材料。

1993 年度出现的经济图书出版热，有着深刻的社会背景。90 年代，中国的改革不仅在面上逐渐扩大，而且不断向纵深发展，经济体制进入整体创新阶段，1992 年 10 月召开的中共十四大，提出了建立社会主义市场经济体制，使市场在整个社会的资源配置中发挥基础性作用，为中国经济体制改革确立了一个完整的、明确的目标，带来了理论上的重大突破、体制上的深层变革和实践中的众多创新。长期受传统经济体制影响的中国各阶层人士，在新体制面前既有耳目一新又有摸不着头脑的双重感觉，迫切要求了解有关市场经济知识，不仅要了解市场经济的基础理论、基本知识，而且要求了解有关市场经济运作的各方面具体知识，以适应新形势的需要。与此同时，社会主义市场经济体制是一个复杂的系统，建立社会主义市场经济体制必然涉及到金融、财政、税收、外贸、投资、社会保障、会计、审计、企业制度、政府职能等多方面改革。人们要对这些方面的问题进行研究和探讨，由此产生了一系列为全社会关注的经济热点问题，为经济类图书的编写和出版提供了丰实的资源。此外，1992 年财政部颁布了《企业会计准则》和《财务通则》，财会人员和企业界人士又面临全面学习和掌握新会计制度的问题，迫切需要这方面的图书。从出版社的角度看，经济方面的任何热点都为其经营和发展提供了一个机会，在社会效益和经济效益法则的驱使下，出版社敏锐地追逐热点，并把这些热点变成经济类图书的出版热。

经济图书出版的“亮点”是指一些具有较高学术价值、社会效益的图书。这些亮点可分为三种情况。

1. 理论上有所建树。首先是在对市场经济研究和介绍市场经济知识方面，突破了传统经济理论的桎梏，发展了马克思主义经济学，创造性地把市场经济和社会主义制度结合起来，阐明了在社会主义制度下可以搞市场经济、为何要搞市场经济和如何搞市场经济的问题。这方面有代表性的图书主要有：《著名学者论社会主义市场经济》(续编)(人民出版社版)、《社会主义市场经济教程》(复旦大学出版社版)、《改革开放新起点：建立社会主义市场经济纵横谈》(吉林人民出版社版)、《我的市场经济观》(江苏人民出版社版)、《社会主义市场经济通论》(中国人民大学出版社版)、《社会主义市场经济大辞典》(人民出版社版)。此外，在经济结构、经济增长、经济发展、产权制度、金融改革、世界经济一体化、农村发展等方面也出版了一些有创建性的新著。

2. 写作方法的创新性。在经济类图书中，出现了一些以不拘一格的形式、活泼的文笔、生动的材料来讲述经济知识的图书，最具代表性的是《海外经济管理运作丛书》(这套丛书中的绝大多数由人民出版社出版)。这种书能使人们在休息中学习、于轻松愉快之中获取知识，适应现代人的生活方式。

正如中国的经济增长过热会带来重复建设和结构失衡一样，1993 年的经济图书出版热在带来一些亮点的同时，也产生了一些问题，一是选题和内容重复，仅从收入本年度的书目看，财会类图书就达近 40 种，约占 8%的比重，介绍市场经济知识方面的图书 30 多种，约占 7%的比重。这些书的篇章结构大部分相同，内容极其相似，重复的程度很大，虽然一定程度地反映出人们对这些图书需求，但造成了社会资源的浪费，资源配置效率低下，同时也使这些图书良莠不齐，不乏粗滥之作。二是各学科的图书结构失衡，一些基础研究和一些新学科的图书过少，反映出中国出版业当时的短期行为严重，好“短、平、快”项目、急功近利，不利于出版业长期稳定协调地发展。解决好这些问题最终要靠深化出版体制改革，建立和完善适应社会主义市场经济要求的出版体制。

(作者为人民出版社编辑)

文化、科学、教育、体育类图书综述

郑一奇

1993年教育类图书出版出现了全面繁荣、重点突出、有重要进展的好态势。文化类图书从理论探讨热转向务实性的研究。科学、体育类图书平稳发展。

一、教育类图书出版全面繁荣,有重要进展

科教兴国,教育是基础。教育是强国兴邦之本,教育改革对整个国家改革开放的重要性日益受到全社会的重视。在这样的背景下,教育类图书无论是理论著述、中外教育研究、素质教育研究、德育研究、教材建设、教学方法研究、特殊教育研究、教学工具书、教辅读物的出版都出现了全面繁荣的态势,数量增多,质量有所提高,出现了一些填补空白领域的前沿性著作。特别是教育理论著作的出版受到空前的重视。

1. 教育理论著述有新的探索成果推出。

教育改革既要总结实践经验,更需要理论上探索,这方面出版了三套重要的丛书:《教育改革的理论与实践丛书》(浙江教育出版社),《当代教育新理论丛书》(江苏教育出版社),《求索丛书》(原名《当代教育思潮丛书》)(陕西人民教育出版社)。《教育改革的理论与实践丛书》其中的《义务教育的理论与实践探索》一书系统介绍了国内外义务教育的历史、现状和有关理论,并从我国国情和当前教育改革的实践出发,阐述了义务教育的性质、目的、特点、功能、意义,探讨了有关的各种政策和理论问题。这套丛书的出版对创建具有中国特色和时代特色教育理论体系和实践模式作了有益的探索。《当代教育就理论丛书》总结我国教育改革的实践经验,力求从理论上作出新的概括与总结。从已出的《校长学》、《教育政治学》、《家庭教育学》、《教育时间学》看,都具有新探索的特色。《教育时间学》讨论了教育时间的功能、教育时间效益、教育时间结构、教育时间密度、教育时间节奏、教育时序、教育时机等问题,填补了这方面研究的空白。《求索丛书》(10册)涉及教育理论的核心理论与前沿研究,力求把握战后教育科学的历史走向,展示世界教育科学若干分支的最新进展,为我国教育改革,特别是教学与课程改革提供了新的构想。

其他重要的教育理论新著还有《呼唤新世纪的教育哲学——人类自身生产探秘》(桑新民著,教育科学出版社出版),此书探讨了人类在21世纪将面临的一系列严重挑战。为了迎接新挑战,从改变国民素质入手提出了新对策。书中指出:人类自身的再生产与再创造是一个极重要的研究领域,一百多年来世界哲学、心理学、教育学及有关学科在这个领域中取得了丰富的成果。在这些成果基础上,探讨了适应21世纪的中国教育哲学理论体系。

教育理论著作探索面很广。重要的新作还有《小学教育学》(朱作仁、盛群力等编著,江西教育出版社),《教学原则今论》(张楚廷著,湖南师大出版社),《现代儿童教育方法论》(蒙古文,含英、胡伊日格其著,内蒙古少年儿童出版社),《教育原理》(陈桂生著,华东师大出版社),《现代教学论》(刘克兰主编,西南师大出版社),《惑论——教学过程中认知发展突变论》(张诗亚著,西南师大出版社),《教学艺术论》(张武升著,上海教育出版社),《教育模式》(查有梁著,教育科学出版社),《情感教育论纲》(朱小蔓著,南京出版社),《系统科学与教育》(查有梁著,人民教育出版社)等。教育理论著作出版增多,反映了中国教育改革正日趋走向成熟。

2. 对中国教育的研究,在重点出版教育史的基础上,出现了向少数民族教育、地区教育深化、细化的新走向 。中国教育史仍是出版重头,重要的新作有《中国近代教育史资料汇编》(上海教育出版社)、《中国近代教育思潮研究》(吴洪成著,西南师大出版社),《中国近代学制史料》(华东师大出版社),《中国大学教育发展史》(曲士培著,山西教育出版社),《中国教育大事典》(1949—1990)(刘英杰主编,浙江教育出版社),《中华教育思想研究》(朱永新著,江苏教育出版社),《中国女子教育史》(雷良波著,武汉出版社)等。

地区教育、少数民族教育研究得到重视。重要新著有《江西古代教育研究丛书》、《云南大学志》、《集美学村八十年校史》、《藏族教育的改革与发展》、《甘宁青民族教育史简编》等。

3. 外国教育研究,重点在战后中外教育比较研究，为改革开放的中国教育提供借鉴。重要新著有：《战后国际教育研究丛书》（江西教育出版社）已出有《战后法国教育研究》、《战后日本教育研究》。其他重要新著还有《德国“双元制”职业教育》、《英国成人教育史》、《外国幼儿教育史》、《世界一流大学研究》、《日本教育发展战略》、《当代外国教育思想研究》、《中日教育关系史》等。

4. 素质教育引起重视。人民教育出版社出版的《素质教育论》（毛家瑞著）是一本对素质教育进行系统研究的专著。书中对人的素质的概念、结构、特点、形成和发展机制进行了深入探讨。并从现代社会对人的素质的要求和青少年身心发展规律，对中小学素质教育的概念、目标、内容、实施作了论述。我国教育长期跳不出应试教育的框框，由此教辅读物的出版也长期失控。虽然教育、出版行政主管部门三令五申，此类读物仍是泛滥成灾，加重了学生的负担，对学生的全面发展是不利的。人的健康成长不只是智力的培养，应当是全面的发展，包括非智力因素的培养，如协调、适应能力的培养，健康的体魄、健全的人格、健康的心理的培养。素质教育的提出是纠正以应试教育为主的偏向的重要课题。虽然在1993年探讨素质教育的著作尚不多见。但注重学生思维方法训练、能力开发的著作已受到重视，如《点燃创造的太阳——超常思维方法及训练》（山西教育出版社），《成功教育》（福建教育出版社），《创造性思维训练》（辽宁少儿社），《高考中常用的数学思想方法》（中国青年出版社）等，反映了走出题海战术，向注重素质教育转变的新尝试，是值得肯定的。

5. 德育教育受到普遍重视。与重视素质教育相关的是1993年德育教育方面的著作受到作者、出版社的广泛关注、重视，出版了大量的教材、研究著作、课外读物。在市场经济条件下，如何进行德育教育是一个新课题。这方面重要的著作有：《青年思想教育导论》（天津教育出版社）、《中华五千年美德丛书》、《大学生思想品德修养教程》（中南工业大学出版社）、《当代大学生道德理想论》（浙江人民出版社）、《大学生思想道德修养》（中国矿业大学出版社）、《品德教育与家庭》（辽宁少儿社）、《学科德育指南——中学各科教学中的德育》（辽宁少儿社）、《中学生德育丛书》（江苏教育出版社），还有中国青年出版社出版的《祖国万岁》（中学生读本），因开展读书活动、发行量很大。但坦率地说，真正能感动当代青少年，能引起他们广泛共鸣的作品还为数不多，出版社还有待继续作出努力。

教材建设及教学工具书的出版，1993年呈平稳发展的态势。国情教育、环境教育、计算机教程等内容出现在中小学补充教材中。大型工具书的出版数量有所减少。

二、文化类图书从理论探讨热转向务实性研究

1993年文化类图书理论探讨热有所降温。出现了文化务实的新的增长点。出版文化研究、电视文化研究、大众传播及新闻文化研究异军突起，新作频出。

出版文化研究的重要著作有《王益出版发行文集》、《许力以出版文集》（中国书籍出版社出版），《杂志编辑学》（徐柏容著，中国书籍出版社出版），《出版教育研究论集》（陆本瑞主编），《编辑思维学》（陶同著，黑龙江民族出版社），《发展中的书籍艺术》（余秉楠译，人民美术出版社）是这方面有影响的著作。

人民出版社出版的《电视丛书》是电视文化研究重要著作，丛书共12册，包括《电视新闻论集》、《电视专题论集》、《电视文艺论集》、《电视剧论集》、《电视声画论集》、《电视技术论集》、《电视制作论集》、《电视宣传管理论集》等。

《新闻学大词典》（甘惜分等主编，河南人民出版社）、《广播电视实用词典》（孙东海编，中国国际广播出版社）是实用文化的重要工具书。

集邮文化在1993年有重要著作问世。国内第一本世界邮票目录《中华世界邮票目录·亚洲卷》出版。中国集邮史第一本著作《中国集邮史话》问世。

三、科学、体育类图书平稳发展

研究科技政策、科学思想的著作出版数量不多，但针对性强，质量较高，力求回答中国科技发展中的关键问题。重要的有《科技奖励的社会运行》（王炎坤著，华中理工大学出版社），《发展的潜力——我国基础研究与应用基础研究资源的分析》（邹珊刚等著，华中理工大学出版社），《大科学观》（赵红洲著，人民出版社），《科学文化与中国现代化》（吕乃基、樊浩等著，安徽教育出版社）。

体育类图书：主要有棋类、武术、气功、学校体育教学等方面的内容。《中华气功大典》张震寰主编，是气功方面的大型综合性著作。

总的看，1993年教育类图书数量多、质量较高，除教辅读物太多、太滥的状况未得到应有的控制外，出版态势是良好的。文化、科学、体育类图书出版态势平稳。这四类图书中有不少是内容深刻，见解新，内容扎实，有针对性的学术著作。

（作者为中国青年出版社副总编辑）

语言文字类图书评述

李行健

从收入的1993年出版的语言文字类图书书目看,不仅数量多(315种),内容也丰富多彩,形式更是应有尽有。其中以词书工具书类最多,大约占1/3。学术专著也不少,有50多种;普及性图书、学习外语类图书以及研究少数民族语言的图书,都非常丰富。无论从出版选题、图书内容形式,都鲜明地反映了当前语言文字类图书群众的需要和学术中的热门论题。可谓语言文字类图书又是一个丰收年。

一、词书热居高不下

词书热的存在有其深刻的社会原因,词书工具书是群众学习文化和科技知识必需的帮手。在我国科教兴国、全民学习风气高涨的情况下,各类词书应运而生,蓬勃发展兴旺起来。由于这类图书的经济和社会效益不错,难免使许多作者和出版社动心,不顾主客观力量积极参与进来。随之也就出现了不少粗制滥造、质量低下的词书。这次所收图书,都是各社自选并经过审查编入的,当不应有滥竽充数之作。其中不少词书得到读书好评。如:《语文词典》(北京教育版)释义准确,例句典型,收字1.3万多,对容易用错的字词进行了辨析,实用性较强。《袖珍美国英语汉语词典》(商务版)释义简明,有国际音标注音,附录了近20种常用资料,适合我国学生用。《汉语成语九用词典》(浙江教育版)和《语言学百科词典》(上海辞书版)等都是较好的词书。

二、外语类图书比例增长很快

随着我国改革开放的发展,对外交流迅猛增加,学习外语的热潮也就浪逐浪高。汉语和非汉语类的词书工具书,近乎平分秋色,特别是英语或英汉类词书更是一枝独秀。与此同时,各类英语教材也不断涌现,从普及到提高,从基础到专业的同类图书出版不少。这为广大不同岗位的学习者提供了方便,对提高读者的外语水平有很大帮助。为了提高读者的学习兴趣,如何使外语学习生动有趣,也成为出版社和编书者考虑的问题。天津教育出版社出版的一套《趣味英语丛书》受到读者青睐,也就不足为怪了。该丛书针对中国学生的学习难点,把阅读、会话和语法方面枯燥的知识要点与内容加以趣味化,以生动、形象的形式教给读者。书出不久即售完。

三、学术著作琳琅满目

这一现象反映出文化革命后学术研究的繁荣景象。从本年度收入的此类书目看,老中青著名学者的学术著作有20多种。老一辈的,如周祖谟(两种)、张清常、黄典诚、刘又辛、张弓等著名语言学家都有专著出版。《周祖谟学术论著自选集》(首都师范大学出版社)和张清常《语言学论文集》(商务版)堪称精品。两位先生的文集,均选入他们的代表作,较好地反映了他们几十年辛勤研究的成果,其所涉及的研究范围十分广泛,不少文章是学习语言学的人不可不读的名篇。这次汇集出版为读者学习和查找资料带来很多好处。中青年的学者,如向熹、陆俭明、李新魁、邢福义、游汝杰、申小龙、陈保亚等出版了自己的著作,受到学界的重视。向熹的《简明汉语史》(高等教育版),理清了三千年汉语发展的历史,构建了汉语史研究与教学的合理框架。全书取材广泛,例证丰富,总结并吸收了前人研究的成果。陆俭明的《现代汉语句法论》(商务版),此书内容一多半为研究探讨一些具体的现代汉语句法,一小半为探讨现代汉语句法研究中的理论和方法问题。作者注意从语义和语用的角度对句法进行多方位研究,特别强调形式和意义的结合。因此这些图书都是有很高学术价值的专著。另一个特点是,数年前兴起的文化语言学,经过几年的研究讨论,终于有了一定的成果。反映在本年书目中,有《文化语言学》(江西教育版)、《语言文化论》(云南大学版)、《中国文化语言学引论》(高等教育版)和《人类文化语言学》(厦门大学版)等多种著作。它们都提出了许多前人未曾涉及的问题,引起过不同的反响,甚至招来过猛烈的批评。这对于活跃学术气氛,促进学术交流是很有益的。

四、语言文字规范问题,引起社会和出版界的重视

为配合语文规范化工作,今年的书目中也出现了一些好书。语文规范工作,就当前来说,一个是推广普通话,一个是用字的规范化。前者有《汉语言文字规范化研究与指导》(山东教育版)、《普通话教程》

(海南版)等书;后者的图书更多,更具影响力。关于文字规范的书,本年可谓大丰收,既有《现代汉字学》(高等教育版)、《汉语文字学》(厦门大学版)和《现代汉语用字信息分析》(上海教育版)等理论指导性的专著,又有具体帮助读者规范用字的《汉字简化字与繁体字对照字典》(中信版)、《简化字繁体字异体字辨析字典》(四川人民版)、《学习汉字手册》(上海教育版)和《常用汉字基本知识手册》(广西民族版)等书。这些书的共同点都是指导、帮助用字规范,但它们又各有特点,从不同的方面强化对读者用字的指导。目前,滥用繁体字,自造简化字,正体和异体混用等现象,是现代汉字使用中突出的问题。这些书的出版可以极大地帮助促进语言文字的规范化,消除语文应用中的混乱现象。

五、选题重复令人忧

打开语言文字类书目,其中关于写作知识、写作教材和作文选的图书,几乎俯拾即是,占了不小比例。这反映出一种出版无序,片面追逐经济效益的现象。这似应引起出版界和主管部门的注意,如何协调各地力量,出版一些高质量的优秀写作类书籍。自然,在众多重复选题中,也有某些值得我们重视的书,如刘锡庆教授的《中国写作理论史》(陕西教育版)就有填补空白的作用。本书勾画出了我国写作理论形成和发展的轮廓,总结了我国写作理论注重功利、人文一体、直觉把握、辩证思维与"和美"意识五大特色。

选题重复问题,在众多出版社各自独力操作下,也许是不可避免的。同时,某些选题的重复,也并非一定不好,因为同一个选题,只要内容、角度、读者对象各不相同,也是应该欢迎的,因为它们既可以相互比较、促进,又可以满足不同层次的读者的需要。比如就词书工具书来说,这次收入的图书中有关语言学的工具书有两本,《实用中国语言学词典》(青岛版)和《语言学百科词典》(上海辞书版)。这两本书不仅繁简不同,就是在内容上也反映出不同的取舍。比如对西方语言学和传统语言学条目的设立和注释就各有特色。有关新词新语词书也有两本,有关成语的词书工具书有6本。其中有的选题重复是正常的现象,有的则未必如此。

(作者为语文出版社编审)

文学类图书综述

胡德培

根据全国各出版社提供的1993年一部分重点文学图书的编目,大体归类统计如下:

共计列人832个图书条目。

中国现、当代文学540种,占64.9%。内有长篇小说75种,中、短篇小说25种,诗歌22种,散文、小品、杂文、随笔58种,报告文学、纪实文学47种,少儿作品131种,理论研究89种,海外华文文学10种,影视、戏剧、民间文学及其他46种,全集、文集、选集26种,重复11种。

中国古典文学189种,占22.7%。内有古籍整理16种,理论研究64种,其他73种,重复36种。

外国文学103种,占12.4%。内有小说27种,诗文13种,理论22种,其他32种,重复9种。

从这些数字统计中,我们可以得到下列几点认识:

一、在全国文学图书的编目中,我国现、当代文学图书的出版所占比重最大,是全部文学图书里最重要的一部分,在重点图书中占有64.9%。这是近年来我国当代文学发展和繁荣的一个重要标志,是以图书出版促进和推动我国新时期文学发展重要努力的必要措施。这种状况基本上反映了我国当代文学发展和文学图书组成的现状。保证重点,突出当代,这是文学图书出版工作者不可推卸的时代责任和历史使命。

二、改革开放以来,我国文艺界思想活跃,学术空气很浓,在文学界和大专院校的师生中涌现出一批颇有才智的中青年学者,理论研讨活动显著增多,理论著作的形式和品种也渐渐多了起来,本年度约占文学图书总量的21%。

在现、当代文学研究领域,有老一辈的张光年、王朝闻、曹靖华等人的文集,更多的是中青年学者,如陈墨、邵伯周、陈晓明、古继堂、赵毅衡、周发祥等人的论著,有"文艺新学科建设丛书",还有《文艺民俗学》、《形象逻辑论》、《小说形态学》等领域的研究,关于比较文学和比较戏剧的论著有四五种,还有涉及女性文学的理论试探。

在中国古典文学研究中,由于老、中、青研究工作者的共同努力,与前些年一样,不仅继续有中国文学史及断代文学史的论著,而且有分类的文学史著作(如诗史、小说史、散文史、海外华文文学史、儿童文学理论批评史等),还有朝鲜族、蒙古族、壮族、仫佬族、彝族、京族等少数民族文学发展史,实在引人注目。此外,对不同历史时期的文学现象及重点作家作品颇多新的研究成果,还有分门类的如诗歌、楚辞、汉赋、武侠小说、讽刺小说、敦煌文学、词牌、青楼文学以及金圣叹学等等新的探索。

在外国文学研究和译介中,除了有关文学史续有新作外,学者们比较注重重要国家和地区(如美、英、法、德、俄等)、重要作家(如海明威、伏尔泰、高尔基等)的研究,还注意中外文化交流情况、特别是对20世纪文学状况的介绍与研究。

总之,中外文学理论研究图书的内容和形式都相当丰富多样,这说明我国文学研究者的努力钻研和探索,已初步取得了可喜的成绩。

三、近些年我国文坛思想活跃和创作发展的另一个突出表现,是不断涌现引人注目的优秀作家和优秀作品,特别是在长篇小说的创作和出版方面出现了空前繁荣的景象。仅在1993年文学图书编目中,当代长篇小说即有75部,约占全部编目的9%,作为文学图书分类中一个小品种来说,数量相当可观,比例仅低于少儿作品和理论研究(此两种涵盖内容和具体范围显然比长篇小说一项更广泛一些)。

长篇小说作为文学创作中的重武器,往往是一个国家当代文学发展的现状和水平的重要标志,本年度所取得的成就也是引人瞩目的。比如,后来获得第四届茅盾文学奖的陈忠实的《白鹿原》,其思想内容之深厚、艺术表现之丰富、时代影响之广泛、社会效益之良好,皆可称为优秀之作。其他如张炜的《九月寓言》、黄济人的《重庆谈判》、凌力的《暮鼓晨钟——少年康熙》、陆天明的《泥日》、刘心武的《四牌楼》、赵玫的《天国的恋人》、高建群的《最后一个匈奴》、肖复兴的《早恋》、王晓玉的《紫藤花园》、韩志君、韩志晨的"农村三部曲"以及"先锋小说丛书"中苏童、余华、吕新、孙甘露、北村、格非等的小说,还有黎汝清、刘绍棠、鲁彦周、霍达、赵长天、成一、李锐、王小鹰、陆星儿、胡小胡等作家的新作,都产生了一定的社会影响。

四、有关少年儿童的文学图书数量最多,约占全年书目的15.7%。从中外古典文学、历史故事、神话传说、民间文学、歌谣、儿歌,到今人编写和创作的童话、儿童诗、儿童散文、科幻作品、配绘画的图书,包括不同年龄层次的,从幼儿到中、小学学生,进行革命传统教育、爱国主义教育、品德教育、启发智慧、开拓思路、帮助学习的,可谓品种繁多,内容丰富。比如,有少儿社的"中国当代儿童文学创作丛书"、福建教育社的"中国近代爱国人物故事丛书"、福建少儿社的"童话列车丛书"、安徽少儿社的"世界科幻名著文库"、接力社的"中外少年中学生丛书"等,都引人注目。其中,童恩正的《珊瑚岛上的死光》、叶永烈的《哭鼻子大王》、渚志群的《黑猫警长》、樊发稼的《将军与跳蚤》、黄修纪的《小石人飞飞》等作品,都产生了较大的社会反响,受到少年儿童们的欢迎。可见,为教育后一代,为培养下一世纪的接班人,许多出版社都很重视少儿文学图书的出版。另一方面也说明各出版社瞄准了现在大多数家庭只有一个孩子、父母们普遍重视孩子教育这一点,因此,少儿文学图书有着十分广大的市场需要。与此同时,读者们希望各出版社不要过于急功近利,仅仅满足于改写或重编过去流行的少儿图书,应该更多地组织少儿文学新创作的出版,以不断丰富和提高这类图书的水平。

五、关于重复出版现象,可以说,这是当前文学图书出版中存在的一个严重问题。大约占全年文学图书的6.7%。大体有下列几种情况:

中国古典文学类,一是流传久远的小说名著,如《水浒传》、《三国演义》、《西游记》、《红楼梦》、《儒林外史》、《聊斋志异》、《封神演义》、《东周列国志》、《官场现形记》等;二是过去的畅销书,如"三言"、"二拍"、明清言情小说等;三是新编、重编唐诗、宋词及著名作家的作品。

中国现、当代文学类,一是著名作家(如鲁迅、巴金等)作品变着花样的重编;二是名家散文等作品的"精华"、"精粹"、"珍本"、"选萃"。

外国文学类与中国现、当代文学图书相似,皆以著名作家、作品的重译或新编为主。

要声明的是,我粗略的统计及其判定的原则,可能不是非常科学和准确的。这里所说的重复,每一本都需要具体情况具体分析,有的还需要细致地深入地加以比较研究后才有可能判断清楚。但就一个读者和文学研究者的角度来看,不同的版本固然有一定研究或参考的价值,尤其是古典文学作品和外国文学的不同版本或译本,价值更大更明显一些,但不认真的重译或新编,甚或随便拿一个版本来重印出版，却应另当别论。现、当代文学创作，不管以什么名义重编、重选，也不管如何花样翻新或精心编排，只要是跟随别人之后，去捡别人嚼过的馍，都只能是出版资源的浪费。

作为一个出版社，对社会、对民族的贡献，是要对文化积累增添新的东西，对文学艺术和思想精神有新的总结、新的创造和新的发展。特别是当代文学创作，如果各出版社都是你抄我、我抄你，拿名家来回炒卖，不去发现新作家、挖掘新创作，那么，我们的文学怎么发展、怎么繁荣？我们不可忘了编辑工作的时代责任和历史使命。我们要努力开拓新思路、新稿源，寻找新作者、新作品，为我国社会主义文学的进一步发展和繁荣竭尽全力。

（作者为人民文学出版社编审）

艺术类图书综述

吴葆伦

1992年全国共出版图书92 148种，其中艺术类图书6 146种，占7.01%；1993年全国共出版96 761种，其中艺术类图书5 566种，占5.75%。1993年全国出版种数比1992年增加4613种，而艺术类图书1993年比1992年减少580种。当然，对图书出版情况的评估，不能只看出版种数的多少，还要参考多种数据。本文就艺术类图书出版种数减少现象谈些看法，并对1993年艺术类图书出版概况加以评述。

随着改革开放的深入，我国出版事业得到迅猛的发展，前几年出版社的数量、图书出版的种数与印数逐年大幅度增加，这是出版事业发展的主要成就，但在出版种数大量增加的同时，难免有些图书质量不高，甚至粗制滥造，有不少选题重复或雷同。因此，我国图书出版必须实行从以总量增长为主要特征向以优质高效为主要特征的阶段性转移，而这个阶段性转移将成为近几年出版事业的重点工作。这个转移是两个文明建设的需要，是市场经济发展的需要。1993年艺术类图书出版种数的减少，恰恰体现了阶段性转移的精神。

艺术类图书在全国出版事业中具有重要的地位，尤其在国际文化交流中比其他纯文字的图书更具有得天独厚的优越性，在历次国际书展中最受国外同行和读者青睐的大多是艺术类图书。1993年全国共有出版社500余家，其中艺术专业出版社约占50家左右。此外许多非艺术专业出版社和综合性出版社也出版了相当数量的艺术类图书。这样在全国形成了一个较为完整的艺术图书出版系统。在出书方面已从过去各家单独出版，逐渐发展到由数家联合出版大型美术全集、丛书、辞书等。随着进一步改革开放，将国外艺术图书介绍到国内，国内艺术图书在国外发行和与国外合作出版，版权贸易项目也逐年增多，艺术图书的国际交流空前活跃。

在1993年艺术类图书的出版中，由非专业性和综合性出版社出版的图书种类的比重加大。从本期“年鉴”选的274种艺术类图书的简介书目中发现，其中有约90种艺术专业图书并非由各专业出版社出版。

这种现象说明出版事业已从原来的计划经济模式向市场经济转化，各非专业出版社和综合类出版社出版各种艺术图书，丰富了图书品种，而且其中确实有不少是具有较高艺术水平和学术价值的好书。例如由谢稚柳主编，上海书店出版的《中国历代法书墨迹大观》（共18册），是一套大型书法丛集，该书囊括了我国自殷周至近代上下3000余年的法书墨迹精华，全部以原迹或最佳底本影印，其中绝大部分都是传世珍品名作。再如接力出版社推出的一套《当代中国画技法赏析》丛书，很有特色，它不同于一般美术技法书，也不是某一画家的作品集，而是集某一画家的作品、技法、赏析文章为一体的普及性的丛书，它选编了以中青年为主的当代有代表性的不同风格的众多画家的作品及作者在创作实践中的心得体会。这就比单纯的美术作品集更有可读性和知识性，读者从中既可欣赏作品提高鉴赏能力并可学到一些技法，此类丛书应长期编下去为将来编写中国现代美术史积累资料。以上两家出版单位虽非专业美术出版社，但近几年确实出版不少美术图书而且影响比较大，相信他们肯定会有较强的美术编辑从事此项工作。但是有一些属于其他专业性较强的出版社，也偶而出版几种艺术类图书，坦率地说，有些出版社并不具备出版此类图书的专业人才,而且有些选题似乎离他们自己的专业相距甚远。

市场经济公平竞争,不应再像计划经济时期那样把出书范围和专业分工管得过死,但必要的限制也是不可少的,世界各国著名的出版社,都有各自出书范围及特色。建国前的有商务、中华、开明、北新等老牌出版单位也都有所分工,各自出版自家强项的图书,因为各专业出版社熟悉本专业的学术动态、市场需求以及本专业各出版社情况,可以尽量避免重复撞车现象,造成人力、物力的浪费,同时各自都有一支经验丰富、专业知识水平和素质较高的专业编辑队伍,对制定选题、约请作者以及编辑加工等方面都优于非专业出版社,一般来说专业出版社出版的专业图书应该在质量上是比较可靠的。

1993年出版艺术类图书的主力军,各专业出版社确实出版了一大批优秀画册,艺术理论、史书著作及技法教材……而且获得多项大奖。其中人民美术出版社出版《中国历代绘画故宫博物院藏画集》荣获第一届国家图书奖,《中国古代木刻画选集》获得第一届国家图书奖提名奖。《中国美术全集》是一部汇集中国古代五千年艺术珍品的大型图集,分绘画、雕塑、工艺美术、建筑艺术、书法篆刻5大类编共60卷,每册彩色图版约200幅,论文及图版说明7万余字,全书规模宏伟,编辑周密,内容丰富,具有高水平的学术价值和欣赏、收藏价值。《中国美术全集》由北京、上海等5家专业出版家联合出版。此部巨帙1993年荣获第一届国家图书奖荣誉奖。《发展中的书籍艺术》和《字体设计基础》获得全国第二届装帧艺术研究成果评奖特别奖。此外1993年举办的第五届全国年画评奖,全国连环画报刊金杯奖、第二届全国优秀少年儿童读物奖的一、二、三奖,大部分由各专业美术出版社出版的图书获得。

齐白石、张大千是中国近代画坛中影响很大的画家。齐白石的作品博大雄奇,尽微致广,运用入化之笔,妙造自然之境,充分体现了中国艺术高度凝炼的特点;张大千一生遍游名山大川,以八大、石涛、冬心、华岩之性,直写胸中汹涌澎湃之情,他于山水、人物、花鸟、虫兽无所不精,工写、水墨无所不能。两位画坛大师均为徐悲鸿先生殚精竭智的生平知己和挚友。由湖北美术出版社的《徐悲鸿藏齐白石画选》和《徐悲鸿藏张大千画选》所收的作品都是两位画家专为徐悲鸿先生所作,大多是其他画集很少见到的精品。

古吴轩出版社出版的《当代名家中国画全集》是一套普及型的画集,1993年出版的齐白石、李可染、刘海棠、傅抱石等个人专集,每集精选作者的精品22幅,多为晚年的力作,展现了每位画家独特风格,这套图集是一项浩大的长期工程,将来出全以后,无疑是一套具有文献资料价值的大型图集。

我国绘画、书法艺术,源远流长,具有鲜明的民族特色,中国古代艺术品藏于三个方面:一是国内各博物馆,其中以故宫博物院为最;二是海外各大博物馆,如波士顿博物馆、英国大不列颠博物馆等欧美、日本大博物馆;三是散藏于我国民间的千家万户。前两者已被屡屡出版,其中不少是重复浪费,而那些藏于私家秘不示人的珍品,由于种种困难,尚无出版社问津。江苏美术出版社历时5年投资数十万元出版了《中国民间秘藏绘画珍品》1、2、3卷,所收作品多属于首次发表,这一系列画集的出版填补了出版古代绘画珍品的一项空白。为研究中国古代绘画史提供了一份可贵而难得的资料。

中外美术史著作的出版,在美术图书出版中,占有相当的比重,1993年此类图书出版了几种各有特色的重要著作。由著名美学家王朝闻先生担任主编的国家重点科研项目15卷本的《中国美术史》前八卷已陆续出版。这套美术史除绘画、书法、雕塑、工艺美术和建筑艺术等公认的美术门类之外,对其他视觉性、造型性、空间性和审美性为重要特征的艺术门类,如戏剧、舞蹈、电视等综合艺术门类中的美术因素也都有所涉及。

《台湾美术简史》的出版,可以使大陆读者多方面了解台湾美术的全貌,并可作为一面镜子,有助于我们在改革开放中,了解中西方文化的差异,结合民族传统和国情,繁荣、发展我们民族美术事业。

此外山东美术出版社的《世界美术史》,人民美术出版社《西方艺术发展史》,陕西人民美术出版的《亚洲工艺美术史》以及西南师范大学出版的《中国美术史纲》,山西教育出版社出版的《西方美术史》,河南人民出版社的《美国戏剧史》等等都有较高的学术价值并各具特色。

其他如贵州民族出版社出版的《傩戏面具艺术》、《侗歌在巴黎》,民族出版社出版的《蒙古部族舞蹈之发展》,人民音乐出版社出版的《中国各少数民族民间音乐概述》都具有鲜明的民族艺术特点,为研究民俗学、民族学提供了宝贵的资料。

1993年艺术图书出版工作取得了上述可喜的成就,但也存在不少问题不可忽视,其中主要是有相当数量图书质量不高,选题重复、雷同和图书定价过高，这些问题都有待于认真解决。

（作者为《美术之友》副主编）

历史·地理类图书评述

戴文葆

有关历史学与地理学类的图书，本年鉴收入约450种。其中，地理类图书约占1/5，历史学类图书约占4/5。

收入的历史学图书品种较多，值得提出的有：《魏晋南北朝隋唐史三论》，是唐长孺毕生研究魏晋南北朝兼及唐代社会史心得的总结。《秦汉魏晋史探微》，辑集田余庆的18篇论文，探讨当时人身依附关系的发展历程及东晋的门阀政治。《蒙古黄金史》由罗桑丹津著，包道尔吉译，为蒙古族三大历史文学名著之一。在我国统一的多民族国家的形成与发展中，汉族以外的众多兄弟民族都曾发挥作用，因而有关北部和西南边疆民族的历史，女真学、满州学、彝学、水家学及藏族、回族文献的研究，男女杰出人物的介绍，也有各种体例的撰述。至于历代人物传记、年谱等，有《孔子传》、《老子传》、《纪晓岚传》、《郑板桥传》、《梁启超传》、《胡适口述自传》、《欧阳修年谱》、《张孝祥年谱》、《顾颉刚年谱》，以及帝王中的东汉光武帝、北魏孝文帝、唐玄宗、明万历等传记，还有傅抱石、林徽因传与吕思勉编年事辑等。敦煌石窟是世界注目的艺术宝库，伯希和的《敦煌石室笔记》以影印件形式流传，现据法国正式出版的6卷本译出；我国研究人员的石窟保护论文集百余万字，《敦煌石室地志残卷考释》、《敦煌残卷争讼文牒集释》等文献研究，也出版问世。阎文儒等的《炳灵寺石窟》，是全面考察研究这座开凿于西秦北魏的艺术殿堂的第一部专著。

地方修志是近年的盛事，出版了一批新县志和胜迹志，并重印了多种名贵的旧志。古籍整理重印的孙诒让《契文举例》，是考释甲骨文的最早名著。清朝官方修撰的《清国史》，列传中记载15000多位人物，大都根据谱牒、家乘、碑志第一手资料写成。钱仪吉编撰的《碑传集》160卷，收文多补正史所未及。《大清畿辅先哲传》收有1800多人传记，每传之详备超过同类专集，为研究清史、近代史、北京及河北地方史的重要参考书。整理出版的《郑孝胥日记》，起自1882年，迄于1937年。其人经历并目击了这段时期我国各方面的变化。他早年混迹于李鸿章、张之洞幕府，辛亥革命后以遗老自命，积极从事复辟活动，“九一八”事变后追随溥仪在东北建立伪满政权，出任“总理”。他的日记反映了当年的一些情况，值得注意。其他的图书有，对旧军阀的研究与名词解释辞典，及有关鉴赏古陶瓷、玉器、玺印、钱币、青铜器等旧籍与新著。

地理类主要收入总论自然、经济、居民、国家制度、文化生活等各方面的综合性地理著作。自然地理学及各专门地理学（如经济地理学等）的著作人有关各类。本类稍可一提的地理书有：《湖南省地理》、《宁夏历史地理考》、《黄淮海平原历史地理》、《王世性地理书三种》，还有《青海省志·地质矿产志》、《古代中国的北部边疆》及《陕西省城市地图集》及地名辞典几种。《人地关系论》、《区域发展的认识与表达》，探讨了地理学的理论问题。

通俗读物有：《新疆——我可爱的故乡》与《可爱的辽中》。至于介绍旅游胜地的册子，多为图片加上简短的说明，或是夸谈风情奇趣，奇异习俗，往往流于低层次的重复，有待着力改进，增强其文学艺术性。

史地书籍是出版物中的重要门类。祖国历史久长，河山壮丽。组织编著各类史地读物，不仅蕴涵丰富学术价值，而且具有重大现实意义，以激扬爱国主义精神，开创富强文明天地。

（作者为人民出版社编审）

自然科学总论图书综述

曾建飞

本年鉴1993年自然科学总论共收图书41种，其中科普图书17种，新科学技术7种，科学史6种，方法论2种，翻译书2种，工具书和资源调查各1种。

随着科学技术革命的发展，介绍当代高科技已是当务之急，这方面的图书应运而生。科技领导和科学家撰写的图书起到先导作用，朱丽兰编著的《当代高技术与发展战略》(云南科技出版社出版)在分析世界各国和中国科技发展状况的基础上，深入研究中国高技术的发展战略和对策，对中国高技术和高技术产业的性质、特点、发展规律、发展战略、管理方法，以及高技术如何向产业发展等，提出许多新观点。著名科学家谢希德院士主编的《当代科技新学科》，收入1200项科技新学科，归纳为70个门类，介绍新学科的定义、内容、背景、应用和展望。以丛书形式全面介绍高科技知识，是近来图书出版的特点。江苏科学技术出版社出版的《高科技知识丛书》共9册，对电子信息技术、生物技术、新能源技术、自动化技术、航空航天技术和海洋技术等作详细叙述。教育科学出版社出版的《21世纪热点学科漫话丛书》共10册，围绕“21世纪热点学科”这一主题，选择高科技领域内最新发展的、与未来人类生存发展息息相关的学科进行介绍。此外，《科技兴邦》、《科技:强盛之路》和《新科技革命与剧变中世界格局》等书，从一个新的视角和更高的层面上证实“科学技术是第一生产力”的论断。《当代台湾科技》概述了台湾科技进程，对台湾的整个科技状况及其发展特点，作较为客观的分析与评介，促进了海峡两岸的学术交流。

科学史的图书占比较大的比例，尤以科技史志最突出。青海省科技史志办公室编著的《青海科学技术志》，系统地记述青海远古至1988年科技发端、发展、成就及重大科技活动事项，展现青海科技发展的脉络。陕西科学技术出版社出版的《近代(1840—1949)陕西科学技术史》全面地评介近代陕西科技发展情况，重点评述石油、医药、纺织、电力、机械、水利、棉麦育种等领域的科技成就、特点以及学科建设与科技人才方面的基本情况。对中西科学技术思想进行比较研究的专著，是高水平的图书。广东高等教育出版社出版的《中西科学技术思想比较》，不仅揭示中西方科学技术产生的思想渊源、发展趋势、不同的思想传统以及各自的长处和不足，而且指出中西科学技术思想汇合交流的趋势和重要意义，为发展中国现代科学技术提供借鉴。江苏科学技术出版社出版的《东方的智慧——东方自然观与科学的发展》，从横向上对中西科学思想进行比较，从纵向上对东方古代科学文化思想与现代科学的关系进行辩证分析，认为东方自然观是现代科学的重要思想来源。《中国科学文献翻译史稿》系统叙述中国自汉迄清科学文献翻译的历史，论述科学文献翻译对中国其他社会领域的影响。《康熙几暇格物编译注》收清圣祖(康熙)爱新觉罗·玄烨在政事之暇撰写的科研论文931篇，内容涉及物理学、天文学、地质及古生物学、地理学、气象学、生物学、医学等领域，是中国科技史上的一份珍贵史料。日本人橘瑞超著的《中亚探险》中译本的出版，对研究我国新疆的地理、生物和考古等有重要参考价值。

科普图书17种，占本年出版的图书比例最大，其中以画库的形式普及科学技术知识最为吸引人。《大自然小博士画库》5 580幅彩图，共10册，以生动有趣的漫画故事形式，从10个方面介绍人类生活和大自然方面的各种科学常识。《米奇的奇妙世界》共12册，以形象的彩图形式向儿童介绍各种自然常识。《图解十万个为什么》共12册，从天空到海洋，从植物到昆虫，无所不包，将大千世界介绍给儿童。以丛书形式出版的有《漫游科学世界》、《星空探秘丛书》、《自然科学博学丛书》和《少年趣味科学丛书》等。我国著名科学家茅以升科普作品精选《奔向金色的明天》，除介绍科普知识外，还从我国当代青少年的思想实际出发，强调从小重视科学知识的学习，树立爱科学、学科学、用科学、为民众造福的远大理想。福建教育出版社出版的《贾祖璋科普文集》分上、中、下三卷，收载著名生物学家贾祖璋60多年间撰写的科普文章和有关科普创作的论述，是科普作家比较齐全的集子。

《学者必览》是自然科学类综合性工具书，汇集国内外权威性期刊及国际学术会议信息。《广东海岛资源综合调查》共20册，内容包括十多个专业学科，为我国首批海岛资源著述之一，对“海岛”这一特殊的地区进行综合调查和开发试验，为广东海岛经济发展，实现广东国土“北靠南进”、“山海结合”的宏伟战略提供了重要的科学依据。

（作者为科学出版社编审）

数理化类图书综述

张邦国

数理化类图书共收143种，其中数学65种，物理45种，化学33种。

在数学类中，专著22种，有着重反映本世纪50年代至80年代国内外关于实分析方面的研究成果的《实分析》。《非线性规划数值方法》系统地介绍了当今国际上主要的非线性规划计算方法及其理论前沿的研究成果，其中包括作者和国外数学家合作完成的具有突破性的创新成果。《布尔方法论》系统介绍布尔函数、伪布尔函数、广义布尔函数理论、方法和它们在多个领域中的应用，特别论述了作者提供的布尔函数单调分解的理论和方法。列入“纯粹数学与应用数学专著丛书”的《强极限定理》（英文版）和《广义多元分析》均是具有国际水平的专著；此外还有《马尔科夫振荡问题》、《随机过程的线性统计理论与方法》、《数值泛函及小波分析初步》、《CF代数》、《林产化工统计分析》、《生存分析与可靠性引论》、《Ω概率法》、《数学模式论》、《近代分析数学应用基础》、《随机运筹学》、《非线性振动》、《鞅与Banach空间几何学》、《近代鞅论》、《应用偏微分方程》、《灰色控制系统》（第二版）、《分形理论及其应用》、《预测控制》等。

属于力学的有《非定常流与涡运动》、《三维弹性体的滚动接触》、《弹性力学》、《高等弹性力学》、《粘性流体动力学基础》、《流体力学》、《流体力学数值模拟》、《升阶谱有限元法》等8种。

还有关于数学史、习题、竞赛等方面的《组合论》、《高等数学题解词典》、《刘徽研究》、《高等数学习题精选》、《中国现代数学史略》、《高等数学思考题解》、《“数书九章”今译及研究》、《数学探奇》（译）、《分形理论与分形的计算机模拟》、《集合论发展史》、《十大数学家》、《中外数学史教程》、《数学竞赛研究教程》、《数学竞赛教程》、《国际数学奥林匹克（IMO）思想方法》、《数学思想和数学哲学》、《数学发现导论》、《幻方》等。有关珠算方面的有3种：《珠算技能全书》、《应用珠算》和《珠算入门》，后两种都是二次修订版。

物理学方面的专著有介绍在国际上属开创性研究的超声波断口图实验方法的《超声波动态力学测试》、系统介绍非线性科学各个专题的基本内容和国内外最新进展的《非线性科学丛书》及《有机光波谱分析的原理和应用》、《高温电离气体的传热与流动》、《沸腾传热和气液两相流》、《有限束宽光动力学》、《杨-巴克斯特方程和量子包络代数》、《核物理中的群论方法》、《核磁共振碳谱》、《原子核对称性投影自洽场方法》、《热传导》、《动力学之谜新探索》、《计算固体物理学》、《量子光学》、《应用光学原理》、《控制理论实验》等。此外，还出版了两种翻译作品：《论光》是倘兰作者克·惠斯著，《热的解析理论》则是法国作者约·傅立叶著，两书均由武汉出版社出版。

还有物理学史、习题等方面的《浑沌学纵横论》、《经典物理与现代物理》、《物理史珍闻趣事》、《20世纪上半叶中国物理学论文集粹》、《现代光学手册》、《原子与原子核物理学手册》、《物理学难题集萃》、《原子论与近现代科学》、《汉英物理学词汇》、《简明物理学词典》（维吾尔文）、《理化》、《数学物理方法解题指导》等。

化学专著有《选择性分子间引力和集团结构适应性》（英文版），“选择性分子间引力”和“集团结构适应性原理”是作者毕生的重大发现，为世界首创的理论。该书出版后引起国内外专家的高度重视，被认为是“非凡的成就”。此外还有《痕量分析》、《辐射化学》、《高分子科学中的Monte Carlo方法》、《天然高分子化学》、《化学与化工中的数学方法》等。译著《怀疑的化学家》是近代化学奠基人罗伯特·波义耳的代表作，是一部经典名著，此书的出版把化学确立为科学。

有关化学史、工具书等方面的图书有《无机物热力学数据手册》、《中国化学教育史话》、《怀疑的化学家》、《化学基础论》、《走向化学的明天丛书》、《化学的明天》、《走向高分子时代》、《大学化学词典》、《化学与能源》、《化学史图册》、《化学辞典》(哈萨克文)等。

教材的出版一直受到出版社的重视。今年出版的数学方面的教材有《高等代数与空间解析几何》、《环论》、《概率论与数理统计》、《近世实分析基础》、《随机数据处理方法》、《高等数学》(上、下)、《高等数学》、《数学分析导学》、《线性代数》、《数理统计学讲义》、《群论基础》、《应用模糊数学》、《概率与数理统计》等13种。

物理教材有《热力学统计物理》、《近代物理实验》、《近代物理实验技术》、《力学实验设计》、《电子光学》、《固体物理基础》、《数学物理方法纲要》、《原子核物理》、《力学-物理学教程》、《固体导论》、《理论物理学》、《大学物理简明教程》、《大学物理基本教程》、《大学物理实验》等。

化学方面的教材有《碳负离子化学》、《物理化学》(第二册)、《有机化学》、《无机化学实验》、《工科无机化学》、《物理有机化学基础》、《有机化学》、《物理化学》、《基础光化学》、《高分子辐射化学基础》、《高聚物流变学导论》、《稀土化学》、《工业分析无机化学》、《结构和物性——化学原理的应用》等。

从所收的数理化图书来看,品种不少,覆盖面也比较广,尤其是边远少数民族地区出版的维吾尔文《简明物理学辞典》和哈萨克文《化学辞典》等,是极为不易的。然而,也有不足之处。一是科普类图书较为欠缺,在数理化三科的比例都较少。二是科技翻译的图书太少,不能满足国内教学、研究等方面的需要。这应引起学术界和出版界的重视。

(作者为科学出版社副编审)

天文学地球科学图书综述

吴寅泰

1993年出版的天文学地球科学图书本年鉴共收139种,其中学术专著57种,基础理论41种(含大学教材21种),科普读物13种,工具书9种,图集图册4种,文集、科技史、基本资料及其他各2种。

地质学科的图书达86种,占62%,充分体现了矿产资源在国民经济发展中的重要地位。造山带的地质作用是人们近年来关注的热点,索书田等的《大别山前寒武纪变质地体岩石学与构造学》,叶伯丹等的《桐柏—大别造山带北坡苏家河地体拼接带及其构成和演化》,周国藩等的《秦巴地区地球物理场特征与地壳构造格架关系的研究》,林兵的《西秦岭泥盆系层控铅锌矿带成矿地球化学模式及其预测系统的建立》,张二朋等的《秦巴及邻区地质—构造特征概论》等著作,比较详尽地研究了秦岭、大别山地区的结晶基底、变质作用、岩浆活动和地质构造,对该地区的沉积作用、地层分布和地球物理场作了深入的研究,对该地区的成矿作用机理和矿产分布进行了有益的探索。三江地区的构造作用、岩浆活动及成矿规律同样是一个倍受关注的课题,刘增乾等的《三江地区构造岩浆带的划分与矿产分布规律》和莫宣学等的《三江特提斯火山作用与成矿》都在这方面有所体现。此外,地质学方面的重要著作还有於崇文等的《热液成矿作用动力学》,陈钟惠主编的《华北晚古生代含煤岩系的沉积环境和聚煤规律》,孟祥化等的《沉积盆地与建造层序》,何德长的《大兴安岭地区晚中生代成煤植物》,陶一川的《石油地质流体力学分析基础》,黄怀曾等《青藏高原岩浆活动及岩石圈演化》,孙广忠的《工程地质与地质工程》,陈光远等的《胶东郭家岭花岗闪长岩成因矿物学与金矿化》,翟裕生等的《长江中下游鄂城—铜陵一带遥感地质及成矿规律研究》,翟裕生、林新多主编的《矿田构造学》,杜光树等的《西藏金矿地质》,张万选、张厚福的《陆相地震地层学》,马鸿文的《结晶岩热力学概论》,罗谷风的《基础结晶学与矿物学》等。

地理学图书23种,占16.5%,地震学(10种)、海洋学(8种)和天文学(7种)也占有一定份量。王铮主编的《地理科学导论》、黄锡荃主编的《水文学》,陈传康等的《综合自然地理学》等是其中重要的高校地理基础教材。其他重要著作还有王衍明的《大气物理学》,汪珍如等的《恒星大气物理学》,胡明城、鲁福的《现代大地测量学》,蒋溥、戴丽思的《工程地震学概论》,梅世蓉等的《中国地震预报概论》等。

所收英文版图书4种,代表的著作有杨遵仪的《华南二叠—三叠纪过渡期地质事件》和周永章的《华南河台金矿田地质地球化学》。这些外文版图书的出版将促进我国的国际学术交流。另外,蒙文版的《元朝天文学史稿》一书的出版对了解民族文化发展史,提高民族文化素质具有重要的现实意义。

可喜的是,科普读物占有较大的份量(9.3%),与单本的学术著作成鲜明对比的是,科普读物多以丛书形式推出,且以青少年为读者群。重要的科普丛书有:广西科学技术出版社推出的《少年趣味科学丛书》、湖南少年儿童出版社推出的少儿地理科普丛书《方园千万里》、新蕾出版社推出的《漫游科学世界丛书》和辽宁少年儿童出版社推出的《小学新书系新科技系列丛书》。这些丛书用通俗的语言和形象的图画,介绍地球的海洋、陆地、沙漠、极地、大气、生物、城市等各种自然景观和太阳系的组成及由来,突出科学性、趣味性,强调能源利用和环境保护的重要性,阐明人与自然相互依存的关系。

(作者为科学出版社副编审)

生物学图书综述

曾建飞

1993年生物学图书本年鉴共收54种。其中,有关地方动物、植物和微生物类的图志有14种,占较大比例。《中国西藏山川植被》由我国著名生态学家徐凤翔教授编著,她长期深入西藏,积累大量珍贵的科学资料,该书收照片300幅,展示我国西藏各个地区的自然风貌和生物资源。《湖北植物大全》记载湖北5 650种植物。由于湖北省地理区位优势,处于中国植物区系分布的中心,植物资源丰富,种类繁多,该书对研究中国植物区系特别是华中植物区系有重要的意义。《北京植物志》(修订再版),在1960年第一版的基础上,作者根据近年来的新资料进行了修改、订正和补充,分上、下两册出版,内容更加充实。此外,还有《湖南大型真菌志》、《陕西啮齿动物志》、《浙江蝶类志》和《江西植物志》(第一卷)等都是水平较高的著作,对生物多样性的研究以及保护环境都有重要的意义。

科学普及读物14种,也占较大的比例,如《恐龙》、《鸟类》、《奇妙的植物》等,覆盖面广,几乎包括了生物学的各个分支学科。该类书图文并茂,有大量插图,富有趣味性和可读性。由江苏少年儿童出版社出版的《动物趣谈》,4卷合订本,融动物生态、动物行为、动物进化和动物传奇的各个方面,全方位介绍动物学的知识,内容丰富,读来有趣。

教材12种,除传统的《生物化学》、《微生物学教程》等外,还出版了《微体古生物教程》、《野外植物资源学》、《体质人类学》等新品种。为适应新学科发展和生产的需要,介绍新知识是教材图书的特点,如农业出版社出版的《群体遗传学导论》和《固氮微生物学》,内容新颖。警官教育出版社翻译出版的世界著名人类学家编著的《人类学》,是一部权威性著作,其适应范围十分广泛,包括了人类学、民族学、历史学、考古学、美学等十几个学科,为轻工、医疗器械设计以及航空、美容等各工作部门提供参考。尤为可喜的是,大学出版社出的教材占较大的比例,而且由于长期积累和不断更新,教材的内容也更加丰富。中国地质大学出版社出版的《微体古生物学教程》内容全面,使学生容易掌握更多的知识。东北林业大学出版的《鸟类学》和陕西师范大学出版社出版的《蝗虫分类学》把最新研究成果编入书中。《无脊椎动物比较形态学》(杭州大学出版社出版)是陈义教授的一部遗著,该书不失为我国内容完整的有关无脊椎动物学的权威性著作之一。

生物学的英文版图书收有4种,除科学出版社出版的《植被——结构、功能与动态》和化工出版社的《免疫物理化学》等基础理论外,广东科技出版社出版了我国著名昆虫学家赵善欢的专著《昆虫毒理学原理》,作者在首创的“杀虫剂田间毒理学”这一重要理论基础上编写该书,这是他和其同事数十年的教学和科研成果的总结,反映了国内外最新的研究成就和学科发展动态。这些图书反映了我国在有关研究领域中的国际水平,对促进国际学术交流起到积极的作用。

处于前沿学科的生物技术,也引起了出版界的重视,本年鉴虽然只收到4种图书,但代表了该学科图书的出版方向和趋势。化工出版社出版的《生物工程下游技术》,介绍生物工程下游的一些关键技术,既着力于发展现状和趋势的讨论,又兼顾基础知识与背景的阐述。青年学者编著的《定量细胞学和细胞化学技术》(青年科学家文库),介绍了细胞学研究的新方法和新技术,很有参考价值。上海科技文献出版社出版的《英汉生物工程词典》,收集了生物工程各方面的重要名词、术语,以及操作步骤、加工处理等有关方面的词汇。随着生物技术的迅猛发展,今后该类图书的出版也将大量增加。

(作者为科学出版社编审)

医药卫生类图书评述

郭有声

1993年全国出版的医药卫生图书的显著特点是:品种较多,门类层次齐全,高品位图书占相当比例。这一年出版的医药卫生书籍,几乎覆盖了医疗卫生保健及医学科学的各个领域。主要包括医学学术专著与参考书、中医古籍与现代中医著作、医学辞书与年鉴、医学法典与法规、医学图谱与科普读物和高等及中等医药卫生院校教材等。临床实用医学参考书和为大众服务的医学科普读物,占有较大的比重。总的来看,其特点如下。

一、高水平学术专著和大型医学工具书问世

这类图书的出版,代表着医学出版的水平。这一年,这类图书的出版占有一定的份额。例如,人民卫生出版社出版的《中药药理研究方法学》(陈奇主编),获得第二届国家图书奖。这是一部以中医药基本理论为指导,密切结合临床实践和现代研究方法,对中药及其复方的作用与机理进行研究探讨的大型参考书。全书介绍409个研究方法实例,其中多为作者的研究成果,是这个领域最高水平的专著。又如,中国大百科全书出版社出版的《中国大百科全书·现代医学》,由吴阶平教授为主的全国500多位医学专家撰写。该书详细地介绍临床医学、基础医学等基本内容,尤其重视医学基础理论与临床、预防实践的结合,许多临床医学条目密切联系遗传学、分子生物学、免疫学的新成就,基本上反映了现代医学的发展水平。再如,中国医药科技出版社出版的《中药辞海》(余传隆等主编),是一部综合性的大型中药工具书。上海科技出版社出版的《中国内科年鉴》(1993,陈思聪等主编),是反映我国内科领域各专业成就与进展的资料性工具书,具有学术价值和史料价值。

二、少数民族医学书籍独具特色

西藏人民出版社出版了由王多·云登贡布著的《四部医典》,内蒙古科技出版社出版了由特木热校注的《四部医典》(蒙古文版),甘肃民族出版社出版了由智华坚赞著、慈智木件格如整理的《藏医医疗宝藏》,云南民族出版社出版了由李朝斌、岩喊等著的《傣医四塔五蕴的理论研究》和关祥祖主编的《彝族医药学》等。这类医书,资料珍贵,价值很高。例如,西藏人民出版社出版的《四部医典》,系藏医古典医籍,其内容包括人体学、病理学、诊断学、治疗学等,总结了藏族人民千百年来的医药和医疗经验,并吸收了祖国内地中医学和国外有关医学内容。又如,《傣医四塔五蕴的理论研究》一书,是由西双版纳州傣医研究所搜集整理并翻译而成。该书进一步证明傣医药不仅有理论基础,而且有丰富的临床实践经验。傣医的"四塔"(风火水土)学说源远流长,是傣医的理论基础,"五蕴"则是对各种现象进行综合分析的分类方法。这类书的出版,对于丰富祖国传统医学宝库,研究民族医学的发生和发展,均具有重要价值。

三、中医古籍发掘比较深

努力发掘祖国医学遗产,为继承发扬祖国传统医学和振兴中医事业服务,是这一年出书的又一个特色。例如,中医古籍出版社推出的《中医古籍孤本大全》(丛书),经考查各家书目证实已成为孤本著作,列选了300种孤本医籍。从1993年开始,每年出版5～10种,采取影印线装的形式,最大限度地保持古籍的原貌。该书品位较高,资料珍贵,具有较高的学术价值和实用价值。又如,人民卫生出版社出版的《医心方》(影印本),为日本丹波康赖所编,书中所引

资料出自我国隋唐以前的古典医籍，其中引述了我国现已失存的古医书的一些内容，故其弥足珍贵，尤其是房中术1卷内容，在性医学研究工作中几乎被全部转载、引录或释译。该书对中医学术研究具有较大的参考价值，也是研究隋唐以前我国医学文献的重要著作。

四、养生保健图书比较全面

这一年出版了不少养生保健类图书。如《家庭保健全书》、《家庭用药大全》、《家庭实用按摩全书》、《中国按摩全书》、《婴幼儿保健全书》、《糖尿病知识问答》、《怎样健脑益智》、《长寿功》、《生命健康长寿》、《名医名家养生经验集萃》、《中华养生方大成》，等等。例如，福建科技出版社出版的《中国实用传统养生术》(陈可冀主编)，介绍了中国传统养生术发展源流，传统养生术的现代研究进展，以及精神怡养术、智能保健术、安神助眠术、气力健壮术、皮肤保养术、毛发养生术、筋肉养生术、血脉养生术、骨与关节养生术、面部养生术、口齿保健术、肾脏养生术、环境寒温适应术、男性保健术、女性保健术、老年养生术等，比较全面。又如，江苏科技出版社出版的《养生实用方》(项平、史欣德主编)，收载了养生秘方、验方1 089首，内容包括增强体质方、延年益寿方和预防保健方等。

五、医学图谱相继出版

在医学上，形态、组织结构的内容比较多，利用图谱形式，可以形象、生动、具体地展现出来，使读者一目了然。因此，医学图谱的出版对于提高医疗、教学、科研水平，具有重要作用。这一年，出版的医学图谱品种较多、品位较高。如贵州科技出版社出版的《中国常用中草药彩色图谱》，安徽科技出版社出版的《实用肿瘤组织学彩色图谱》，广西科技出版社出版的《实用中草药原色图谱》，北京出版社出版的《美容整形外科彩色图谱》，人民卫生出版社出版的《色觉检查图》，上海中医药大学出版社出版的《中医外科诊疗图谱》，吉林科技出版社出版的《性传播病图谱大全》，辽宁科技出版社出版的《临床组织病理学彩色图谱》，湖北科技出版社出版的《局部解剖学彩色图谱》等，均有较高的学术价值和实用价值。

这一年出版的医药卫生书籍，也有不足之处。主要是基础医学类书籍相对较少，医学科普类书籍及中医古籍类书籍品种重复较多等。

1993年中国出版走向

许力以

回顾1992年，图书出版数量达到建国43年以来最高峰，出书9.2万多种，印数63亿多册(张)，全年销售100多亿元。1993年的情况，据专家从前三个季度的态势推测，出书的种数与印数，将与1992年持平，但图书的销售额，1993年有所增加。

综观1993年出书情况，试作如下分析。

一、宣传中国特色社会主义的著作和研究毛泽东思想的论著摆在很突出的位置

1993年11月初出版发行了《邓小平文选》第三卷，党中央作出关于学习《邓小平文选》第三卷的决定，学习达到高潮。《邓选》三卷预计将印制几千万册，成为本年度内最突出的畅销书。机关团体正在组织学习，社会上人们也竞相购买阅读，目前特别关注最新发表的《在武昌、深圳、珠海、上海等地的谈话要点》(1992年1月18日—2月21日)。

“文化大革命”以后，中国出路何在?如何吸取过去的教训?这是人人关心的问题。自邓小平同志提出改革开放，走中国特色社会主义道路以后，中国经济迅速发展、科学教育文化包括出版也是一片生机，学习研究邓小平的理论风起云涌，出版学习、探讨、阐发邓小平思想的著作日益增多，而且分门别类，专题研究，为邓小平的军事思想、经济思想、教育思想、哲学思想等各个方面都出版了不少书藉。如辽宁人民出版社的“邓小平的生平、思想研究丛书”，广西科学技术出版社的《邓小平科学技术思想研究》等。还荣获1993年“中国图书奖”。

1993年是毛泽东同志诞辰100周年。为研究毛泽东思想，传播毛泽东的伟大业绩，各地出版有关毛泽东的书很多。陆续推出的如陕西人民出版社的《毛泽东思想研究》，解放军出版社的《毛泽东军事思想发展史》，中国青年出版社的《一代巨人毛泽东》，河北人民出版社的《毛泽东研究事典》，吉林人民出版社的《毛泽东之魂》等,受到社会的重视。

二、盛世修典,大型重头图书陆续推出

《中国大百科全书》74卷,1993年全部出版了。这部巨著组织了全国两万著名学者共同编撰,它的出版与我国改革开放同步,经历了15年。这是出版界和知识界的大事。在中国是史无前例的。与此书同时还出版了一批其他专业性领域的百科全书,如农业百科、化工百科、军事百科、卫生百科、企业管理百科以及冶金、水利、电力、煤炭等。语言方面,继《汉语大字典》出齐以后,共计12卷的《汉语大辞典》已经出版11卷。艺术方面,《中国美术全集》60卷出齐以后,现在正在编辑出版400卷《中国美术分类全集》,其中《玉品金器》共6卷,已于1993年年底出齐。

新闻出版署纳入八五规划的一千余种重点书,现都正在加紧进行。一个国家一个民族,在和平时期如果没有什么大部头的重要著述出版,说明在科学文化方面还有很大的差距。当然我们不能自满,从我们经济发展水平和科技现状来看,要赶上先进的国家还有很长的一段艰苦的路程。

三、文学著作的出版,还需付出巨大的劳动

就文学著作的出版状况看,中外古典名著仍占上风。新作品的出版也是不少的,有人估计1993年文艺图书的出版不少于总数的10%,但是受到社会重视的并不多见。《白鹿原》与《废都》是很畅销的,在一段时间里,书摊上也成为抢手货。但是知识界评论不一,许多人认为一部书销售的数量与作品的水平,不一定都成正比。

前一段“侃”文学兴极一时,现在又有人说出现了“陋巷文学”。“陋巷文学”的流行,一方面说明市民的需求,另一方面也反映了拜金主义的动向。有一位老作家向我谈起,反映社会主流的巨著不知何时能出现,他为现在文学发展势态而担忧。他说现在一些作品中粗话连篇,生硬塞入篇中的肉体文字,不堪入目,甚至还故作姿态,学着后人删《金瓶梅》的办法,说此处删去或干字。这位老作家大为感叹,他希望社会舆论应当开展批评,树立正气,宣扬那些给人增进知识,教人上进的作品。我觉得他的话是很有道理的。

四、传记的著述,成为热点

1993年,我国传记读物的出版很受重视。特别是领袖人物的传记性作品,在社会上很走俏。毛毛写的《我的父亲邓小平》上卷,成为1993年最畅销的书籍之一。若干报刊竞相转载,更引起读者的注意。现在港台也在发行。台湾一般书籍只发行2千册,而这本书已经销行上万册。《我的父亲邓小平》,作者在上卷只写到建国前后,重点的文字可能还在后头,特别是六七十年代邓小平的经历,更为世人所关注。

1993年出版的重要传记还有《贺龙传》和《张闻天传》等。当代中国出版社组织出版的“当代中国人物传记”丛书,选题包括党和国家的领导人、功勋卓著的元帅、参与新中国创建大业的民主党派的领导人和著名的爱国人士,有突出贡献的著名科学家、文学家与艺术家等。现正在陆续编撰,分期出版。

五、学术性的著作,以经济类走俏

现在学术性的著作,一般征订数很少,如不下决心扶持出版,一些有创见的书,可能被埋没。前些年经济学者的著作,文集、选集出过不少,现在经济类中真正的学术性、理论探讨性著作,印数也不多,实际上走俏的是实用性的经济类图书。其原因是,经济发展了,从业人员增加,人们需要学习经济知识,特别是现在干部与大学生“下海”的人不少,他们大多为新手,都想从书本上掌握一点基本知识。

人民出版社出版的“海外经济管理运作丛书”,反映不错,认为符合社会的要求,广东人民社出的《反通货膨胀论——通货膨胀的理论与实践》;辽宁大学出版社出版的《中日消费者保护制度比较研究》等,都是有创见的著作。1993年经济类走俏的图书为《股票指南》、《房地产交易》、《流通企业营销艺术》等,都是实用性、知识性的书。据书店调查,1993年经济类书销售增长10%以上,有的地方增长20—30%。王府井新华书店经济类图书的销售第一季度比上一年同期增长72%。济南市新华书店销售《社会主义市场经济知识读本》,进书达1.2万册。

六、合作出版,走上新台阶

随着我国经济发展,国际社会的地位日见提高,我国出版业在世界上也引起重视。特别是我国参加了伯尔尼和世界版权公约以后,我国出版与世界各地的合作与交流,日益增多。

1993年大陆与台湾的出版合作很热。5月中国出版代表团访问了台湾,在台北举行的出版研讨会上,两岸出版界代表达成了五点共识,即两岸定期举办出版学术交流研讨会、举办图书展览,双方定期进行人员互访,促进出版资讯交流,提供出版印刷之协助并加强出版印刷经验交流。1993年11月,台湾出版界在北京举办了书展,同时由中国版协合作出版促进会与台湾代表团举行了出版研讨会,双方提出了许多进一步探讨的问题。1994年3月,中国大陆出版的图书,将在台北举行展览。两岸出版界在版权贸易方面也谈成不少项目。1993年春天在杭州举行的出版洽谈会，与台方达成的出版协议有200项之多。现在大多为台湾购买大陆版权，许多大型的图书包括《中国大百科全书》、《中国美术分类全集》，已开始陆续在台出售，大陆亦有购买台方版权者，如购买《彩色世界童话全集》、《大不列颠科技小百科》、《图解英汉辞典》等。预计购买海外的版权的将日益增多。

与海外的合作，现在日益拓宽，1993年国际文化出版公司与香港星岛日报合作出版《星光月刊》，现已开始出刊，在海内外发行。商务印书馆与香港、台湾、马来西亚、新加坡商务印书馆等五家成立商务印书馆联合公司，公司社址在北京，现在已开始工作。然而联合办公司，举步艰难，问题很多，目前只是试探阶段。

1993年过去了，1994年将是出版走向坚实发展的一年。许多出版社都在总结经验，为提高出版物的质量而努力。纳入新闻出版署制定的《1991—1995国家重点图书选题出版计划》，1994年将是实施这个计划关键性的一年。现在各个出版社都在组织人力物力，确保计划的实现。出版既要纠正非法的与粗制滥造的走向，更重要的，要脚踏实地，组织出版一些有份量的有水平的图书。党中央召开了十四届三中全会，全党全国人民都在响应中央的号召，努力工作，稳健地加快经济发展的步伐，出版事业也要适应经济发展的需要，严肃认真地工作，为提高出版物的质量而努力奋斗。

（摘自《中国图书评论》1994年第1期）

1993，出版界三“热”三“冷”

达　流

1993年过去了。回顾这一年的出版态势和图书市场的变化，概括起来，我以为有三“热”三“冷”。

毛泽东的书籍出版热。

自毛泽东主席辞世以来，人民一直怀念这位伟大领袖。为纪念毛泽东同志百年诞辰，各地出版社集中出版了一批有关毛泽东的书籍，其数量之多、质量之高都是前所未有的。前几年关于毛泽东的书籍，中心题旨是将神化的毛泽东还原为一个普通人，让人们看到伟大人物也有平凡的一面，且大多数是纪实性的作品。1993年的情况有了较大改变：其一，纪实性的作品不单单是记录毛泽东的生活琐事，展示他在日常生活中的形象和性格，而是重在揭示他怎样由一个爱国主义知识分子成长为中国革命的引路人和中国共产党的伟大领袖，展示他对中国革命道路和发展方向的艰苦探索历程，从平凡中洞见伟人的风采，寓伟大于平凡之中。如叶永烈的《历史选择了毛泽东》等。其二，从文化学的层面上研究毛泽东的个性禀赋、性格特征和思想风范，将毛泽东思想不仅仅看作是马克思主义与中国革命实践相结合的产物，也将其看作是现代中国文化的集大成者，研究毛泽东对中国传统文化的继承和革新，如《毛泽东与传统文化》等，显示出毛泽东研究的新动向和新特点。其三，毛泽东研究的领域日渐扩大，对政治、经济、军事、文化等各个侧面的研究愈来愈公正、客观、细致和深入，如关于毛泽东的语言艺术和书法艺术的研究就不断有新的开掘和新的发现，我以为，“毛泽东学”作为一门学科虽还未正式提出来，但这门学科正在逐渐形成。

长篇小说出版热。

文艺书籍一直是出版业的重头。前些年比较走俏的是中短篇小说，近两年散文又颇受青睐，长篇小说相对来说比较沉寂。但从1992年下半年开始，这种局面开始改变，到了1993年上半年，长篇小说更以强劲的势头占领了图书市场，且有愈演愈烈的趋势。先是《曼哈顿的中国女人》、《绿卡》、《上海人在东京》、《我的财富在澳洲》等一批纪实性的文学作品在市场上俏销，继而又有一批纯文学作品风靡一时，如梁晓声的《浮城》，以及《热爱生命》、《寡妇船》等等。两种类型的长篇作品在内涵上是有很大差别的，前一类属“新移民文学”范畴，作品讲述着一个又一个到外部世界淘金的传奇故事，以此满足读者的好奇心和渴求财富的欲望，阅读的功利目的是显而易见的，难怪有人称此类书籍为投身商界的“科教书”。后一类纯文学作品，其内容与当前社会现实较少直接关联，但却能为市场经济意识日渐浓厚的人们普遍接受，反映了读者在精神消费上不仅仅满足于功利实用的享受，还表现出对一种深度、力度和长度的渴望。两类不同的长篇作品在同一年内形成热点，这恐怕是1993年特有的现象。

关于宏观经济走势的书籍出版热。

经济生活方面的书可以说是近几年持续的出版热点，但在热的内容和形式上却有不同的特点，前两年指导如何发财的书出得很多，1993年此类书籍的出版势头已锐减，而一些介绍宏观的经济走势的书却销量看好，如中国将恢复关贸总协定缔约国地位的消息传出后，有关"入关"或"复关"的书讯即涌现；房地产热出现后，关于房地产的书立即出了一大批。这些书籍不外乎知识介绍型和操作运用型两种类型，严格地说学术水准不高，有些还比较粗糙。但它能够占领市场，却反映出值得出版界重视的动向。随着市场经济新体制的逐步确立，中国经济日益介入国际经济的大环境，与国际市场接轨，不仅是经济理论工作者和企业家关心的事情，也是普通老百姓关心的事情，宏观经济格局的确立绝非是一个抽象的理论命题，而与每个人的切身利益都是密切相关的。出版界切莫低估广大读者的认识水平和对社会发展走势的敏感。

"热"过之后便是"冷"。

一、前几年形成热潮的古典文献的白话翻译、注疏、阐释趋于冷寂。一方面的原因是因为几乎所有的典籍都被清理了一遍又一遍，很难再花样翻新了；另一方面，读者的新奇感也已过去，期望在故纸堆里发现灵感的人开始减少。

二、学术理论著作的出版继续下滑，学术理论著作出版难非始自今日，近几年不断有人呼吁，但始终没找到好的解决办法，前两年尽管也很难，但每年总会出几本引起较大反响的书，如1991年出版的冯天瑜等著的《中华文化史》就不同凡响，1993年虽也不断有理论著作问世，但大多平平，缺乏出类拔萃的作品，那种既有较高学术价值，又能走进一般书摊的著作已很难找到。从学术理论上看，1993年应该是歉收的一年。

三、曾火爆一时的编选热也渐趋冷却。汇编各家名著名言，曾是图书市场的热门，换一个标题或改一下角度，就可以将被炒了多遍的"美文"再炒一遍，就可以轻易地造就出一批"选家"。应该说，选编对一些名著名篇名句的普及起到了一定的积极作用，但泛滥成灾，则不是好兆头，难免鱼龙混杂、滥竽充数，损害了出版物的形象，所以，选编由热变冷，是1993年一种可喜的变化。

以上仅就1993年出版界的变化情况作了一个大而概之的扫描。从上面粗略的分析可以看出，我国的出版业正在逐步纳入市场经济的轨道，在市场竞争中经受考验，总的来说，1993年出版业的三"热"三"冷"是市场机制运作的结果，冷热的变化反映出市场上供需结构的改变，也反映出消费心理的改变。从整体上看，已开始进入良性循环的发展机制。但出版业不同于一般的产业，必须始终做到经济效益和社会效益的统一，必须对市场有一个科学的全面的认识。因而，面对已经到来的1994年，我想出版界是既面临着考验又面临着机遇，在禁止买卖书号的情况下，出版界如何既投身市场又引导市场，如何解决读者面窄的专业书籍的出版难的问题，如何树立出版社的良好形象，不失时机地推出自己的拳头产品，对诸如此类问题的探索，或许是1994年出版界义不容辞的任务。

（摘自《湖北日报》1994.1.2）

十四年经济图书出版概述

路　林

十一届三中全会以来，我国经济图书出版进入了一个全新的发展时期。14年来，经济图书出版取得了显著的成绩，在品种、形式、内容、作用等方面呈现出一系列新的特点。

一、经济图书出版的发展态势

我国经济图书的出版品种，1965年约为190种，"文革"中跌入最低点，"文革"后，逐步复苏，1978年达到259种。十一届三中全会后，逐渐步入一个兴旺、繁荣时期，14年共出版约三万种。

新时期经济图书的出版大致与经济体制改革的

历程同步，先后经历了四个阶段。第一个阶段，1979～1984年，由335种增至1117种，年均增长率为38.9%；第二阶段，1985～1989年，由1199种增至3771种，年均增长率为42.9%；第三个阶段，1990～1991年，品种增长相对稳定，大致在3800～4100种之间；第四个阶段，1992年小平同志南巡重要谈话后，经济图书的出版步入一个崭新的发展阶段，品种预计将达到5000种左右，而且质量明显提高，结构进一步合理。

我国经济图书出版的兴旺和繁荣还表现为，经济图书年出版品种占总品种的比例在迅速提高。1979年为2.3%、1982年为3.3%、1985年为4.5%、1988年为6.66%，1991年增至7.77%。近两三年，其他国家经济图书出版品种占总品种的比例，美国为10～11%、前苏联为5～6%、英国为7～8%、法国为4～5%、荷兰为5～6.5%。我国经济图书年出版品种占总品种的比例，已进入世界前列，这是很大的成绩。

二、经济图书由以出版教材、论文集为主到译著、编著增多，直至国内作者研究性专著崛起

十一届三中全会后的头五六年，经济科学各学科、各层次的专业教材的出版取得了很大成绩，其中尤以带有理论上拨乱反正、恢复建设性的各种政治经济学教材的出版比较集中，1979年为30多种，1982年突破100种，1984年达到160余种，到80年代后期猛增至约250种。这一时期，经济科学中、高等专业教材基本出齐，经济类电大、函授、干部培训及自学教材也相继问世，这些教材的出版为我国经济理论的发展、经济学人才的成长提供了坚实的基础。

党的十二大以后，有关社会主义经济及改革开放问题和专题的论文集、考察报告出版较多。最为突出的是经济类译著的出版，开始上升，1980～1984年每年约出版120～160种，1985～1989年成为热点，每年约出版220～280种，80年代的10年中出版经济类译著约1800种。加上1990～1992年三年的数字，14年经济类译著总量超过2400种。可以说，这些译著的出版，为我国经济建设提供了可资借鉴的经验，也为有中国特色的社会主义经济理论体系的形成创造了有利的条件。

十分可喜的是我国经济学专著在很短的时间里崛起，在数量上和质量上跃上了一个新台阶，出版了一些颇有影响的专著和丛书，如先后有20多种专著获"孙冶方经济科学奖"著作奖，还有如"当代经济学文库"（上海三联书店出版）、"经济科学文库"（中国人民大学出版社出版）等一批以国内专著为主的高水平丛书，这些著作展示出经济理论的繁荣和经济体制改革的丰硕成果。

14年来，经济类工具书的发展也十分突出。1979～1988年经济类工具书出版约350种，约占10年工具书出版的10%。根据不完全统计（北图公务目录），1989～1991年上半年出版的经济类工具书265种左右，加上其后至今出版的，14年经济类工具书出版种数约在700种上下，加上经济性年鉴约200种，超过900种。到1989年前后，政治经济学辞书、综合性经济学辞书、部门经济学辞书基本出齐。此外，小而专的应用经济学辞书的出版，异彩纷呈，如会计、审计、外贸、金融、保险、股票等专业，甚至如价格、包装、外贸跟单信用证等专题性辞书也纷纷问世。

三、经济图书出版的内容热点从政治经济学到部门经济学、应用经济学、从注重社会主义经济一般问题到注重实务性经济管理知识，重点转向反映改革开放实践、反映经济生活

80年代我国经济图书出版有几个热点，从这些热点的变化可以看出经济图书内容变化的特征。初期研究政治经济学、社会主义经济一般问题和研究马列经济原著的图书出版比例较大，如研究《资本论》的图书，据不完全统计，80年代的10年中，品种达近百种。而后，以下一些方面的图书逐渐增多并时呈热点：围绕经济社会发展战略问题；围绕经济体制比较、改革的理论探讨和实践总结；围绕企业管理、企业承包和转换经济机制；围绕联产承包制；乡镇企业经济、农业社会化服务体系；围绕经济活动中经济法及会计、审计业务；围绕外贸、对外开放战略和投资环境及政策；围绕金融保险业务以及股票证券等。根据北图数据库抽样统计来看，目前部门经济学、应用经济学图书占经济图书总品种的53%。

从总体上看，经济图书出版正愈益向综合化与专门化两极发展，内容更丰富、覆盖面更宽。经济图书内容的变化，反映了经济图书的出版日益重视国家政治经济政策的发展及由此带来的读者需要，走进了社会经济的广阔天地。

四、经济图书的读者对象从主要面向研究部门、教育部门、到面向经济管理部门、企业生产部门和社会大众

我国经济学研究在一个时期里有较重的经院色彩，反映在经济图书的出版上，也主要是以科研科学人员、大中学生等为读者对象，特别是政治经济学图书，表现尤其明显。

十一届三中全会后，经济学研究在汲取新的营养、引进国外先进方法基础上，愈益注重实证性，注重方法和材料的选择；在改革开放实践的召唤下，开始注重并加强了面向宏观经济管理部门、面向微观经济管理活动，特别是企业经营活动的研究。有关这些方面内容的图书，其读者群也随之由学校、研究部门扩向经济管理部门、企业生产经营部门。同时，随着全面改革和对外开放的扩大，社会经济生活成为人们的关注点，面向一线业务人员、面向社会大众的实务性读物、普及性读物，也在逐步增多，渐成规模，甚至形成实务性、普及性经济管理图书的出版"热"，如 1985 年前后的财会图书出版热，1991 年前后的股票证券图书出版热。根据中宣部出版局与中国社会调查所、北京图书馆对读者需求状况的调查，不仅科研教学人员，而且愈来愈多的机关干部、企业管理及业务人员、大学生(包括硕士生)等都开始较多地关注有关世界经济、中国经济、经济体制改革等宏观经济方面的书和有关企业经营管理实务等微观经济方面的书。

五、经济图书的作用从偏重宣传到注重实际运用、注重普及知识

经济科学是内容最为广泛、渗透力最强的社会科学，其理论性、应用性都很强，而且后者随着社会和经济的发展愈益凸显并发挥出强有力的作用。十一届三中全会后，我国政治经济学研究有了一个大发展；反映在出版上，有关政治经济学读物出版较多，其作用当然是不可低估的。但是，不言自明，这一时期经济图书的宣传功能大于实用功能和普及功能。伴随经济体制改革实践带来的经济学研究向纵深发展，经济图书的出版内容也在不断变化、丰富，因而在全方位展示其社会作用的同时，进一步突出了其指导实际运用、普及经济知识等方面的作用。当前读者对经济图书阅读比较集中的方面，有企业管理、商品流通、国际贸易、股票证券、广告等。《经济日报》1991 年评选的"十佳经济读物"中，实用性、普及性图书占三分之二左右。

吴树青教授在《市场经济和教育改革》一文中关于学科设置怎样去适应社会主义市场经济需要进行改革的问题时曾谈到：我们的经济学基本上都是政治经济学，全国培养的经济学学生实际上都是政治经济学学生，但是要适应社会的发展，适应市场经济，就要发展实用经济学，要学经济实务，会计、统计、贸易、国际金融。这是经济学教育改革的方向，也可以说是经济图书出版应予致力的方向。

(摘自《中国图书评论》1993 年第 1 期)

当前经济类图书热点与走势浅析

陈　友

最近一个时期，我国经济类图书的出版非常活跃，其销售态势也在稳步上升。概览我国目前的经济类图书市场，明显呈现出三个主要的热点。

一、股票、债券方面的图书

据初步统计，此类书已有 200 余种。仅在 1992 年 7 月至 10 月四期《全国新书目》中列出的就有《证券投资基本知识》、《股市风云》、《债券评级》、《股票与投资》、《股票获利指南》、《中国股票市场问题争鸣》等数十种。股票、债券类图书之所以形成热点，与社会主义市场经济理论的提出有着密切的联系，同时，与我国在股市方面的实践活动也有着密切的联系。我国已在深圳、上海开辟证券交易所，随着实践的深入，有关股票、债券方面的图书就应运而生了。

二、经商、外贸方面的图书

随着人们思想解放与观念的转变，"重农轻商"、"重工轻商"的意识逐渐消除，"下海"经商已成为一种时髦举动。不仅三资企业中众多的厂商由于商务活动的需要，对《进出口税收》、《国际税收》、《涉外经济案例分析》、《出口退税必读》、《实用商务手册》之类的图书感兴趣，就连普遍老百姓也日渐热衷于经商、外贸方面的政策、知识。目前，比较抢手的书有：《孙子兵法与商战》、《海外企业家译丛》、《外商投资企业实务》、《对外经济贸易实用大全》、《中外合资经营企业会计》、《商场即战场—经商三十六忌》等。经商、外贸图书热的出现，甚至促进了一些与此有些沾边的海外游子谋生的自传性、纪实性作品的流行。如

《我的财富在澳洲》、《曼哈顿的中国女人》、《北京人在纽约》、《上海人在东京》等。

三、房地产方面的图书

我国住房制度和房地产业的蓬勃兴起，展示了广阔的发展前景。土地的批租、出让，房屋的投资、建造，住房的出售、租赁和转让等一系列房地产新课题，既是理论问题，也是实践问题。现在，许多企业、事业、个人都在投资房地产业。他们亟需了解和掌握房地产业的政策、知识和操作方法；特别是大量外贸企业在经营房地产时，更需要认识中国对这一行业的规范和政策。这类图书品种虽然还不算太多，但已成为热点图书。

上述经济类热点图书，可以说是方兴未艾。为了使这些出版热点更好地与建设有中国特色的社会主义的实践结合，更好地为经济建设服务，有必要指出其中的不足之处，并对今后经济类图书出版的发展态势作出分析。

关于证券类图书。目前虽然种类不少，但多是大同小异的启蒙性读物和上市公司资料介绍。随着我国证券市场的发育、完善和股民素质的提高，他们必然要求较高层次的图书。像《股市低潮赚钱术》、《如何避开投资陷阱》、《突破传统技术分析窥探涨跌的奥妙》、《股市浮沉录》、《证券犯罪》等图书，股民也会去细细品味的。再者，此类图书不应仅面向股民阶层与普通读者，也必须面向证券交易所的管理者阶层等，至于像深层次的股份制经济研究、证券机构如何成功运转、证券立法等方面的图书，也是很有市场的。

关于房地产方面的图书。目前，这类图书品种偏少，且层次、内容单一。最近，国务院发出《关于发展房地产业若干问题的通知》，指出加快发展房地产业，对于提高土地既是资源又是资产的认识，促进土地节约和合理利用，对政府筹集建设资金、加快城市建设和经济发展，都具有重要作用。出版部门理应迅速组织这类适销对路的图书的出版。可以从四个层面来考虑选题：第一，房地产投资务实类，包括地皮的选择取舍，建房的投资取向等，兼有政策性，着重可操作性。第二，房地产经营类，内容可包括房屋买卖、租赁等经营实际指南。第三，配合房改工作的浅层次参考图书。第四，西方房地产经营成功经验与失败教训的介绍。人们期待着有中国特色的房地产类图书的崛起。

关于产业结构调整及促进第三产业发展方面的图书。经济学家方生在“首届大亚湾地区经济发展战略研讨会”上指出，几十年来，我们在理论上、方针政策上和发展经济的方法、形式等方面，往往分不清社会主义和资本主义的真正界限，长期不加分析地批资斗资，使中国丧失了利用50年代、60年代末出现的两次世界性产业结构调整的大好时机。现在，又出现了新的世界性产业结构调整，我们不能再错过这个时机。因此，关于如何进行产业结构调整、优化组合等方面的理论知识与实践经验的图书，必定会被读者所关心。党的十四大报告指出，第三产业的兴旺发达，是现代化经济的一个重要特征。李鹏总理在全国加快第三产业发展工作会议上强调，加快第三产业发展是关系全局的重大任务。这样，关于金融、保险、信息、法律和会计审计咨询、居民服务等方面的图书，必将成为热点。

关于期货交易方面的图书。我们知道，商品交易，按成交方式和成交地点以及交割的性质来划分，基本上有两大类：现货交易和期货交易，前者是我们熟知的，而后者，我们对之很陌生。随着对外开放的不断拓进和社会主义市场经济体制的逐渐形成，我国即将进入国际关贸总协定的大门，如何进行期货交易必是热门话题。这样，有关怎样进行期货交易、商品交易所及其功用、期货行情指南，怎样进行套期保值、外汇期货交易、利率期货合约的签订等图书，势必深受欢迎。

此外，根据来自发行部门的信息，当前经济类图书急需开拓的选题还有：关于农村经济改革和科技兴农战略决策的书籍；宣传和总结有关乡镇企业改革的成就和经验的图书；系统介绍特区经济建设风貌和历史进程的图书；我国古代军事名著结合阐述当代商界销售策略的图书；通俗适用，指导性强、价格低廉的经济窍门小读物；介绍欧美或日本先进企业管理经验的图书；小型经济类工具书；直接为发展乡镇经济服务的各类农业科技书等。

（摘自《中国图书评论》1993年第1期）

我国儿童读物的现状

魏　红

我国有11.6亿人口,14岁以下的儿童有3.5亿。这表明:在我国,每3个人中就有一个是儿童(全世界,每4个儿童中就有一个是中国的儿童)。这些儿童分布在中国广大的城乡近20万所幼儿园,71万所小学,8.4万所普通中学以及家庭和社会之中。他们是儿童读物的主要阅读对象。如此众多的读者群,难以忽视的潜在阅读需求,使儿童读物成为中国出版业的一个重要方面,也使儿童读物出版工作者担负着重任。

我国目前有近百家出版社出版少年儿童读物。其中,有24家专门出版少儿读物的出版社,还有70家可以出版少儿读物的出版社,如美术、教育、妇女、科普等出版社。1992年出版了4605种少儿图书,还出版了约110种少儿报刊。在大中城市有124家专业儿童书店,在全国有近10万个网点连带销售少儿图书。每年少儿读物的发行量达2.7亿册(不含教材)。

近年来,我国少儿读物有了长足的进步,具体表现在:

1.少儿读物质量正在提高

首先,在题材上,视野在拓宽,内容更加丰富多彩。创作质量普遍比过去有所提高。许多作品重视人物的刻画,以情动人,出现了一批比较优秀的作品。1993年5月,新闻出版署等8个部门联合举办了“第二届全国优秀少年儿童读物评奖活动”,获奖图书106种,反映突出的是少儿读物质量的提高。

其次,在装帧设计、印刷质量上有明显的改进、印装精美的少儿读物已不再是凤毛麟角。许多少儿读物能够做到内容与形式的统一。

2.少儿读物品种逐年增多,门类广泛

自1979年以来,少儿读物的出版品种、数量逐年增长。1979年出版少儿读物1100种,1980年上升到2400种;经过10年的努力,1989年已达3598种,1990年为3861种,1991年约4000种,1992年达到4605种,反映出少儿读物出版业的繁荣。少儿读物的出版门类包括品德教育读物、科学知识读物、文学艺术读物等诸多方面。其中,品德教育读物一直得到了一些出版单位的重视。

3.低幼读物持续发展

我国提倡一对夫妇只生一个孩子,越来越多的独生子女家庭重视对孩子的早期教育和智力开发。供1—6岁儿童阅读的低幼读物销售状况一直很好,促进了低幼读物的较快发展。据估计,在4605种儿童读物中,低幼读物约占一半左右。这类读物中,有教孩子说话、数数、认物一类的启蒙读物,也有儿歌、童话、故事一类的文学读物;有培养孩子懂礼貌、讲卫生、爱劳动、守纪律、诚实、勇敢、团结友爱、不怕困难的教育读物,也有教孩子游戏、娱乐、长知识的读物。低幼读物出版显示出繁荣景象。

4.少儿读物开始面向国际市场

少儿读物以它特有的语言和形式,成为我国出版物面向国际市场的强项。近年来,一些少儿读物出版单位积极参加各种类型的国际书展,使中国少儿读物的对外交流和合作出版出现了好的势头。仅1992年6月在北京举办的国际儿童图书博览会上就签订版权贸易和合作出版合同、协议及意向书150多项。1992年10月,《伯尔尼公约》和《世界版权公约》在中国开始生效,从此,我国少儿读物在中外合作出版与版权贸易中,将严格遵守国际公约的各项规定。

我国少儿读物已呈现出一派可喜的气象。当然,在可喜气象的背后,也存在着一些亟待解决的问题。

1.少儿读物“成人化”的问题

少儿读物成人化问题,在我国少儿读物中反映比较突出。一些读物名曰少儿读物,实际上是“老少皆宜”,说教式的、呆板的、深奥的东西在少儿读物中仍占不少比重。少儿读物的读者对象应是儿童,如果失去了儿童的特点,难以为孩子所接受,少儿读物也就没有生命力。少儿读物成人化问题已经引起有关方面的注意。

2.繁荣创作问题

有些少儿读物的作用、编者、出版者缺乏对儿童生理、心理特点的了解、缺少与孩子的接触,不了解儿童所思所想,用成人的思维方式和语言来表达创作思想:在文学创作、插图的构思上,不能让孩子领会、接受。至今,还难以创作和编辑出让多少代儿童所喜欢的传世之作。繁荣创作是少儿读物出版的生命力之所在。作为少儿读物的两大支柱——儿童文学和插图作品的创作都需要很好地研究、加强。少儿读物创作应有针对性,有的放矢,用生动的语言、故事包括插图吸引、感染小读者,以真见长,以情动人,以美取胜。在抓繁荣的同时,特别应该避免选题雷同,重复而又缺乏特色,并注意翻译、改编的多,创作的少的倾向。

3.丛书、套书热问题

一个时期以来,我国少儿读物中经过汇编的、集成的、大部头的东西占有相当比例。有些少儿图书主题不明确、体例不一致、部头又很大,东拼西凑的内容很多,不适于少年儿童;有些少儿读物出版单位从经济利益出发,十分热衷于搞大部头的少儿丛书、套书。笔者认为,应纠正这种倾向。当然,这不意味着排斥篇幅较长、系统性较强、分量较重的知识型系列化的少儿读物,但是重点应是提倡短而精的令小读者喜闻乐见的优秀少儿读物。

4.少儿读物的语言规范问题

少儿读物潜移默化地影响着儿童,应为儿童提供准确的语言、科学的知识。此问题在一些出版社还没能引起重视。儿童读物粗制滥造的问题在一些出版单位不同程度地存在着,必须警惕,否则会“误人子弟”。

此外,我国儿童读物还有一个很大的问题,即如何面向农村儿童的问题。中国80%的儿童生活在农村。在偏远地区、少数民族地区,儿童精神文化生活还很贫乏,儿童读物在这些地区的出版以及价格、发行渠道、方式等诸多问题都亟待研究解决。

(摘自《中国出版》1993年第12期)

中国严肃小说出版的现状及其发展趋势

梅中泉

波浪式

据有关部门统计,中国人陆严肃小说的出版数量,1949～1978年每年约400部,1979～1992年每年约2 000部,总计约38 000部,有一批书在国内几乎家喻户晓,在国际有广泛影响。总的说,成绩是巨大的。但它经历了艰难曲折的过程,除古典名著外,总的势头是三起三落的波浪式。

它出现过三个波峰:第一个波峰是中华人民共和国成立之初,以《钢铁是怎样炼成的》为代表的苏联小说和以《小二黑结婚》、《暴风骤雨》为代表的解放区新小说出版热。它们以颂扬无产阶级革命为主题,前者以俄国十月革命及其以后的革命和建设为题材,描绘各式各样的异国英雄,后者表现解放区“新的现实、新的人物”(茅盾语),令读者耳目一新,因而长时畅销。第二个波峰是建国十周年前后,以“三红”(《红岩》、《红日》、《红旗谱》)为代表的反映中国革命战争年代生活的小说出版热。它们结构宏伟,人物活灵活现,充满感人肺腑的精神力量,因而赢得众多的读者,《红岩》的印数竟超过1000万册!第三个波峰是70年代末和80年代初,以《班主任》为先导的反映文化大革命的小说出版热。它们以拨乱反正为主题,引起了亿万中国人的共鸣,因而十分畅销,其水准被认为接近“五四”时期的小说佳作。

当然,它又出现过与三个波峰相续的三个浪谷:第一个浪谷是1958年大跃进前后,所出小说大抵狂热有余,冷静不足,佳作甚少。第二个浪谷是文化大革命时期,除有数的几本书之外,从艺术品格看,多数算不上小说。第三个浪谷出人意外,是近些年出现的:严肃小说订数大幅度下降,从几十万、几万降为几千、几百乃至几十册,出版社往往因不堪亏损而拒严肃小说稿于大门之外,即使不惜血本地印了出来,也很少有人光顾。

另一个波浪式

为了弄清上述波浪式的实质,让我们把目光投向中国小说出版史的纵深,看看另一个波浪式。

中国是一个文明古国,也是一个小说古国。数千年间,各种小说兴而复衰,衰而复兴。先秦时代,两种雏形意义的小说——神话和寓言丰富多彩;魏晋南北朝,神话和寓言衰微,代之而兴的是以《搜神记》为代表的志怪小说和以《世说新语》为代表的志人小说;到了唐代,志怪、志人小说衰微,以《莺莺传》、《长恨歌传》为代表的传奇小说兴起;宋元以降,传奇小说衰微,在民间说唱艺术基础上发展起来的话本小说兴起,《三国演义》、《水浒传》、《西游记》、《聊斋志异》、《儒林外史》等巨著相继面世,至《红楼梦》登峰造极;清末民初,话本小说衰微,以鲁迅为旗手的批判现实主义小说兴起,《呐喊》、《彷徨》、《子夜》、《家·春·秋》、《骆驼祥子》、《边城》、《围城》等名作婀娜多姿,至建国前夕这类小说成为强弩之末。

这是中国古代、近代和现代历史上严肃小说出版的五起五落,理当可以看成波浪式。

两个波浪式质的区别

一个是古近现代波浪式,一个是当代波浪式,都是反反复复的兴衰交替。其间的兴,无疑是中国小说出版优良传统的体现。兴的延续(包括隔代的复兴)实质上是这个优良传统的继承。衰,无疑是这个优良传统的断裂。乍看起来,两个波浪式是相似的。

但细思之,它们有着质的区别。这是因为,二者的断裂在实质上是截然不同的。

古代现代波浪式的五次断裂是转换性断裂。即一个小说品种经过长期的充分的发展,达到极致而退出历史舞台,以便让位给一个新的小说品种。神话和寓言达到极致而让位给志怪和志人小说;志怪和志人小说达到极致而让位给传奇小说;传奇小说达到极致而让位给话本小说;话本小说达到极致而让位给批判现实主义小说。

当代波浪式的三次断裂则是失落性断裂。即一个小说品种并未经过长期的充分的发展,远未达到极致而中止;中止不意味新的小说品种的出现,只不过是导致停滞与损失而已。第一个波峰期反映解放区生活的小说佳作清新质朴,但未及展现生活固有的复杂性时发展即告中断;第二个波峰期反映革命战争的小说,人物有血有肉,但在一定程度上显示性格单一的弱点,好人全都好,坏人全都坏;尚不及向性格复杂性开拓时即告中断;第三个波峰期反映文化大革命的小说虽引起轰动,但总的说是浅尝辄止,尚不及揭示这场大动乱的深层底蕴时即告中断。三个波峰期都是佳作如林,《青春之歌》、《林海雪原》等长篇妇孺皆知,任意贬低是不公正的。但由于多次折腾,大大影响了成就的高度。纵向比,距曹雪芹的《红楼梦》标志的高度尚有差距,横向比,距海明威的《老人与海》、肖洛霍夫的《静静的顿河》标志的高度尚有差距。当代小说迷曾先后掀起狂烈的"沈从文热"、"钱钟书热",却尚未以同等狂烈度掀起当代中国严肃小说热(沈先生几年前才谢世,钱先生至今健在,按自然生命算当代小说家;但他们的小说创作止于建国前,按艺术生命不算当代小说家)。在诺贝尔文学奖评选过程中,已经或接近获得提名的中国小说家林语堂、老舍、巴金、沈从文,也是现代小说家,而不是当代小说家。

所以,前一种转换性断裂是良性断裂,给人们带来的是欣慰。

后一种失落性断裂是非良怀断裂,给人们带来的是遗憾。

遗憾之余,当痛定思痛,探索当代中国严肃小说出版兴衰的原因。

兴衰的原因

导致当代中国小说出版兴衰的原因,有外因,有内因。

外因即外来的影响。除冲击力极大的电视外,主要指大陆外小说和大陆内非严肃小说的影响。

建国以来,大陆外小说对大陆影响深而且烈者,前段是苏联小说,后段是欧美和台港小说。苏联小说写战争者大抵如史诗之雄深,是较成功的,而写建设者则公式化、概念化,两者都影响中国的小说创作。欧美小说影响多限于知识界,特别是作家圈。影响最深最烈的是言情小说和新武侠小说,一时里吸引了许多青年读者,使他们弃严肃小说于不顾了。一些不法书商,又以黑道炮制黄色小说,也多少影响了一些文化素质较低的读者。使严肃小说受到冷落。

严肃小说的兴衰还有更重要的原因——自身的原因,亦即内因。

笔者据多年的研究,认为凡能在中国迷人传世的中国小说,必讲究"意味"二字,必是意深味浓的小说。"意"是意旨,即思想性。"味"是味道,即艺术性。后者又包含三个层次:第一是人类共通的人味,第二是中国独有的人味,第三是中国人喜闻乐见的小说味。有味读者才乐于读,"意"是要靠"味"得以传播的。这在中国叫做"寓教于乐"。

建国后,强调"革命的政治内容和尽可能完美的艺术形式的统一",导致一批批优秀小说的产生。但在"文化革命"年代片面强调文艺为政治服务,小说成为干巴巴的政治传声筒,完全没有味道,自然失去了诱人的魅力。这是导致第一、二个浪谷的主因。

"文化大革命"结束,一批才华横溢而长期受压的中年小说家重新崭露头角,成为左右小说界的新权威。起初,他们用传统的小说艺术抨击了"文化大革命",获得了轰动效应,造成了当代中国严肃小说出版的第三个波峰。后来，他们决心更上层楼，决心创造出全新的小说。其路数各不相同，而主流则是借鉴西方现代派小说，在意、味两方面一反常态。意：变张扬群体意识为张扬个体意识；味：以洋腔洋调写中国人和中国小说，却缺少中国的人味和中国人习惯的小说味。例如，以意识流为叙述线，以心理时空代替自然时空，而不像曹雪芹那样从头说到尾，极端的甚至热衷于搞“无主题、无情节、无人物、无标点”的“四无”小说。因其晦涩不仅普通读者，就是小说编辑也难以看懂，更谈不上愉悦了。于是千千万万的小说迷便对新潮小说大大失望。这时，小说家们为失去了读者惊而且悔，但当他们准备改弦易张时，已经背离的读者殊难回归。第三个浪谷无情地出现了！

这说明，外因是通过内因起作用的，好的通俗小说和坏的黄色小说对于严肃小说的压挤，是通过严肃小说自动丧失赖以迷人传世的生命力起作用的。

端倪与走向

那么，中国严肃小说出版还会出现新的繁荣吗？

回答是肯定的。

“一阴一阳谓之道。”（《易经》）“反者道之动。”（《老子》）否定之否定是事物发展的普遍规律。

眼下，严肃小说出版的转机已出现清晰可见的端倪：

其一，从负面说，外在冲击波正渐渐减弱。不法书商不能不有所收敛。

现在港台加上大陆的各种新武侠小说充斥市场，人们看出武侠小说虽多，如金庸那样的，毕竟风毛鳞角，反而顿觉淡然，不少人竟生回归严肃小说之意，武侠小说印数成倍减少。同样，琼瑶式的言情小说热早已降温。所有这些，对严肃小说的复苏都是有利的。

其二，从正面说，自身生命力正渐渐加强。

有相当一部分严肃小说家，吸取教训，在“意味”二字上与民众贴近，搞出了畅销书，迎合了当前中国民众两种需要，具备自己的艺术个性。

还有一些严肃小说家，甘于寂寞，敝帚自珍，一如既往，扎根民族文化土壤，执着攀登纯小说艺术的巅峰，眼下虽仅为文学界小批人崇敬，但必将为历史所承认。

据此，我预言，中国严肃小说繁荣将会到来，走向有二：

一是入世的，功利的。典型的模式是借通俗小说之外衣寓严肃小说之内蕴，雅俗共赏，成为商品经济大潮中的宠儿。

二是出世的，超功利的。因为超功利，思想与艺术品格更高，更纯，更多样。它们在作者生前难以成为畅销书，但能经受岁月的考验。

二百多年前，伟大作家曹雪芹留下千古绝唱《红楼梦》未完成稿而辞别人世。自那以来，中华民族，沧海桑田，演出了多少历史活剧，涌现了多少历史巨人，这就为新的不朽的小说巨著提供了沃土。华夏呼唤着曹雪芹第二，呼唤着堪与《红楼梦》比美的新的宏篇巨著。

我深信，这样的巨匠和巨著，一定会出现。

（摘自《编辑之友》1993 年第 6 期）

中国历代帝王将相传记类图书述评

杨松岩

1949 年以来，大陆出版各种历史传记逾千种，其中近十年间出版的就占了一大半。如果细察一下还会发现，五、六年前每年出版的历史传记不过五六十种，而近几年每年都在百种以上，甚至超过二百种。

随着这一研究热点的升温，愈来愈多的史学家着力于历代帝王将相的研究，一批高质量的学术与文采兼备的历代帝王将相传记脱颖而出。撰著者们往往既如实地剖析了历代帝王将相所处的时代背景，又描写、刻画了传主的形象、习惯、嗜好、心态及性格特征，从而全面评价了传主的功过是非。这样的作品有，郭志坤的《秦始皇大传》；张启琛的《汉光武帝传》；赵克尧、许道勋的《唐太宗传》、《唐玄宗传》；田居俭的《李后主新传》；冯尔康的《雍正传》；周良霄的《忽必烈》；朱耀廷的《成吉思汗全传》；商传的《永乐皇帝》；阎崇年的《努尔哈赤传》；孙义良、李治亭的《清太宗全传》以及李治亭的《吴三桂大传》等等。这类研究性的学术著作尽管没有标上“评传”字样，但大都是"评传"性质的。它们通过对人物及其历史环境的认真研究和探讨，提示了传主的业绩和思想贡献，展现历史的时代面貌，总结历史的经验和教训，给人以历史的全方位的启迪。

需要指出的是，帝王将相传记的创作是历史人物传记创作延续的结果。准确而真实的反映传主生活的时代特征，是近几年帝王将相传记中十分突出的现象。认识一个时代，是认识、分析、评价历史人物的出发点。因为每个时代的特定内容，无不在人的身上打上深深的印痕。而杰出人物的一生，就是一个时代的缩影。清太宗、吴三桂等同处明清易代的大变动时代，而他们生活环境却不尽相同。清太宗走上历史舞台时，满族正在迅速形成，并与明朝处于对峙状态。李治亭与孙义良合著的《清太宗全传》，就以"神话溯源流"写起，把他置于满族的由来与形成，以及同明朝争衡的历史进程之中，逐次展现他轰轰烈烈的一生。吴三桂原是明末著名的汉族将领，是一位牵一发而动全身的极其复杂的历史人物。他生长于明清争战之地，由此走上明清战争的舞台。李治亭的《吴三桂大传》开篇就写军事重镇山海关及关外军事台堡、烽火台，烘托出战争的氛围，用以表现他在战火中崛起的特殊经历。这种时代大背景与小环境的有机结合，使时代风貌具体化了，避免了以往多用阶级矛盾的公式来图解或者替代具体的时代内容的简单化手法。

实事求是，全面分析，使近几年帝王将相传记的作品以思想深度高、启迪思维强格外地吸引读者。实事求是，就是史实要确凿，不能捕风捉影，要将野史、稗史或一些传奇性的东西同正史严格区分开来；评价要公允。如赵克尧、许道勋的《唐太宗传》以时间为序，运用丰富的史料，对唐太宗随李渊发动"晋阳起兵"到创立"贞观之治"历史的各个方面，包括他一生的军事、政治活动和思想作风及宫闱生活的详细叙述，评价了他在历史上的功绩与作用，同时探讨了当时的社会状况与阶级关系。全面分析：就是防止片面，不能抓住一点，不及其余。要把人物放在当时特定的历史条件下进行分析，得出客观准确的结论。唐朝最杰出的帝王是唐太宗，以下恐怕就得推唐玄宗了。唐玄宗早年与太宗有相似的经历。开元初期，励精图治，兢兢业业，蓬勃向上，取得了"贞观之风，一朝复振"的功绩。开元中期，好大喜功，不如初期。晚期以后，贪图享乐，荒于理政，又跟杨贵妃闹了一场动人的爱情故事。就在经济文化一直呈上升趋势的同时，唐玄宗政治上却是"滑坡"了。这样明显的反差，往往令人反思不已，安史之乱的暴风雨过后，歌舞升平的"盛世"消失了，回过头一看，不难发现，唐玄宗走的是一条由明而昏的道路。于是，人们探讨的话题自然地集中到"开元之治"的得失上，集中到开元天宝治乱的殊异上。寻思的结果，没有获得共同的结论，以致千余年来对唐玄宗褒贬纷呈，莫衷一是。许道勋、赵克尧的《唐玄宗传》运用可靠的史料，翔实地分析了唐玄宗与杨贵妃的功过是非，探讨了唐玄宗之所以成为盛唐君主的社会条件，在全面分析的基础上，作出了客观的评价，展现了整个时代的风貌。雍正的形象，在以往的不少史书中，被描绘成一个屠戮功臣、施行特务统治的残忍暴君；但在冯尔康的《雍正传》中，却是一个敢于"革旧除弊的君主，是"康乾盛世"的有力推进者，是中国历史上为数不多的比较杰出的封建帝王之一。本书作者还为以往对雍正帝不够中肯的评论和诬罔进行了辨析，从而提出实事求是、全面分析的个人见解。

传主的鲜明个性也是近年来帝王将相传记创作中出现的一种重要现象。所谓个性，就是人的内在精神与外在行为包括形体在内的总和。例如：道德、习惯、性格、思维方法等等，总汇为个性。突出人物个性往往借助于文学的写作手法，即塑造典型，甚至可以在史实的基础上追求创作典型环境中的典型性格，即通过环境的描写来反映传主性格的形成，又通过传主性格的形成，发展说明时代的本质和特征。例如：田居俭的《李后主新传》，作者利用正史、类书、方志、笔记、年谱、诗话等翔实的资料，审慎稽核、精心探研，以哺育李煜成长的南唐兴亡为经，以李后主的家世、生平、才艺、爱情、诗词、轶事为纬，交织再现了这个集词宗与君王、天才庸才、成功与失败、美与悲于一身的人物全貌。特别是著者有较好的文学修养，对传主的诗词又有深入的研究。全书引用李煜诗词达 180 多处，恰到好处，相得益彰，可使读者渐入佳境，一边跟踪传主的命运，一边欣赏书中的诗学韵味，真是别有情趣。再有上面提到的《吴三桂大传》，作者通过选取吴三桂年少闯围救父的史实，用以表现他敢战、对父"忠孝"的思想素养；"三番"之一的平南王尚可喜，当他窥测到朝廷已怀猜忌时，便毫不犹豫地交权，解甲归田，反映出他的老谋深算的个性，这同吴三桂贪恋权位形成鲜明对照。目前这类人物性格鲜明的传记作品，大致采用在忠于史实的基础上，借鉴纪实文学的写作笔法，夹叙夹议，文史交融，熔学术性与可读性于一炉的雅俗共赏的风格。

目前史学对这几年帝王将相传记的不足或偏颇

之处，大致归结为以下几点。①侧重史料排列，见事不见人，一些作品没有人物性格，或人物性格风貌不充实，不丰满。②就事论事，缺乏文采，可读性较差。一些以研究传主思想为主的著作甚至给人以“新八股”的感觉，平列传主的政治思想、经济思想、教育思想、哲学思想，看来很全面，但主线不清楚。③枝蔓太多，铺陈太过，人为地拉长篇幅，影响传主本身的形象塑造。④缺乏严肃态度，甚至信口开河，给史学研究造成混乱。当然，除此之外，还有一些胡编滥造的帝王辞典和后妃传之类，这些就不在话下了。

（摘自《中国图书评论》1993 年第 3 期）

’93 畅销书分析

孟祥林　王锡峰

“畅销”是相对“不畅销”而言。不同时期“畅销书”概念的数量界定不相同，1980 年一种图书发行几十万册才算畅销，而 1993 年一般发行 10 万册的图书就算畅销了。

一、1993 年畅销书种类

先看科技类。从“征订”角度来看，1993 年 7 期(289—295)科技新书目，每期订数最多的 10 种书中，占比例最大的、最为畅销的为建筑装饰、实用工程、计算机应用 3 类，其次是家电维修、服装饮食类，此外是保健、养宠物方面的。从“市场”角度来看，1993 年《中国图书评论》杂志公布的第一季度最受欢迎的 4 种科技读物，广州市新华书店为计算机使用、室内装饰、家电维修二类，西安市新华书店钟楼书店为室内装饰、实用电子技术两类，北京市王府井书店为实用工程、计算机使用两类。

“征订”与“市场”两方面有关“畅销书”的统计情况基本一致。

再看社科类。根据《新闻出版报》公布的 1993 年1—8 月全国几大新华书店畅销书排行榜和《人民日报》公布的 1993 年头三个季度畅销书排行榜，可得出结论：热点纪实图书(领袖人物、海外闯荡、现实改革等)、经济运作图书(会计、股票、房地产、推销术等)、外语、文学精品(《维克多英语》、《AAA 英语》、《漂亮朋友》、《世界文学随笔精品大展》等)、工具书精品(《现代汉语小词典》、《辞海》等持续畅销)，广告技法、古玩鉴赏、财经小说等图书也开始走俏。而9—11 月份在新华书店和个体书摊上，《我的父亲邓小平》、《若干重大决策与事件的回顾》(下册)、《白鹿原》、《八里情仇》、《最后一个匈奴》、《热爱命运》、《穆斯林的葬礼》、《中国新十大家族》等广为畅销。

个体书摊与新华书店的畅销书既有相同种类——热点纪实、文学精品、经济运作等类图书都是畅销重头，也有不同点——在个体书摊上新武侠、算命类图书畅销，但很少有科技类图书。

二、畅销书“七考”

1. 1993 年畅销书趋势是，全面突破通俗文艺类图书的界限，全面转向生活类、文化生活类(纪实文学属于此)、经济类图书。通常我们说某类书畅销，严格意义上是指所有畅销图书中该类图书占的比例相对大些、多些，并不是每一种经济类图书都是畅销。从总体上看，每类图书均有畅销个体存在，无论是经济类、外语类，还是文学类、法律类，都有畅销书。

科技类各种书和社科 12 类图书(按社科新书目分类)均可有畅销书，只看出版者如何挖掘、如何“铺路”了。

2. 图书的畅销有其“主观”与“客观”原因。“主观”原因即来自读者自身的原因，“客观”原因即来自客观现实社会的原因。

新时期的改革开放，带来了经济生活的大变革，人们把目光热线再次投到“经济”上，“经商”、“下海”的人一时间比比皆是，中央、国家机关的职能转换也正紧锣密鼓，这就要求人们要适应“形势”，要“二次学习”。客观现实的经济环境、政治环境(工作环境)发生变化和人们主观上要寻求“实现自我”的途径，使得实用工程、计算机使用和经济运作类图书畅销成为必然。

现实社会生活的新变化，使得人们在主观上产生了许多新的要求。他们要了解历史的昨天和改革的今天，要了解明星与领袖，要了解海外的外国人和中国人，要“探密”，要“看看”人家是怎么活的。于是，热点纪实类图书畅销不衰。现代生活中室内装饰、家电使用已逐渐在每个家庭中占有重要一席之地，在开支上已与服装、饮食“平分秋色”,由此使得室内装饰、家电维修等类图书畅销后劲十足。

改革开放的进一步发展,外企公司增多,出国深造、交流、挣钱的机会增加,使得外语书畅销“依然如故”。广大百姓生活的富足,新生“大款”的富有,许多人有经济能力,也有时间来丰富个人的业余生活,使人体保健、养宠物、古玩鉴赏、名牌车等类图书开始走俏。儿童、学生年年“层出不穷”,父母望子成龙而常常“不惜血本”,使得各类青少年读物尤其是质好、实用的图书成为畅销之作。

市场经济的大潮使得“商战”更加激烈,商人们亟需提高自身的谋略水平,就到先哲那里去寻找和学习“优秀文化遗产”。于是,《三国演义》、《孙子兵法》、《谋略大全》等谋略类图书畅销。

上述主客观原因,主要是从选题角度考虑的。应该强调的是,出版社在挖掘新的选题时,如能及时预测和把握住客观政治、经济生活将要发生和已经发生的新变化,又能积极开发、引导人们的主观文化需求(有时很需要创造出一种“氛围”),“畅销书”就会在出版工作者的脑中、口中、手中、行为中孕育而生。

3. 发行是关键。图书市场是检验某种图书是否畅销的唯一标准。某种图书成为畅销书,除了选题好(即针对性强、应时性强)、装帧形式好这些前提条件外,关键还是发行工作。如《小资本赚大钱》一书,有一家出版社征订才2000多册,没能出版,后来另一出版社给出版,发行工作跟上去了,初版就发行了上万册,行情逐渐看好,成为北京科技发行所4月份发货量最大的9种书之一。

“畅销书”在发行渠道上有个特点,即“多渠道”。新华书店主渠道、出版社自办发行、国营、集个体书店(书摊)等共同为某种图书成为“畅销书”做出贡献。有的人甚至认为,“畅销书”在发行上的特征之一,就是能够搬上集、个体书摊,能够在“露天图书市场”上直接面对读者。这种看法虽失之偏颇,但有一定道理。

4.“多媒体”对图书的畅销有着重要的作用。新闻媒体宣传、社会因素的“介入”,是某些图书畅销(通常还会引起轰动效应)的重要原因。王朔小说风靡多时,书中内容多是一种贴近生活的“渲泄”,是对一些不合理、不公平现象的“反叛”。人们需要这类东西,需要在心理上找到一种平衡,故引起“书”与“人”的共鸣和双向交流;而小说语言的生动、新奇、调侃,也使人们在“渲泄”时感到轻松。新闻媒介的宣传尤其是“可视宣传”(电影、电视)使王朔其人的知名度越来越大,他的小说如《编辑部的故事》、《爱你没商量》等便伴随着这些宣传为广泛的读者所知道、所阅读。“马太效应”或“滚雪球效应”(俗称“趋众”)使王朔小说的发行形成“良性循环”。

5. 畅销书不等于都是“好书”。畅销书的畅销价值与作品内在品位、价值既可能成正比,也可能成反比(这里估且不说“黄色”书刊)。《废都》、《最后一个匈奴》、《毛泽东的晚年生活》等都很畅销,但这些书的内容、基调等都有些“问题”。不能单以文学评论的眼光看待这些“畅销的文学作品”,而更应从社会影响、文化传统与背景等方面来加以解剖。

6. 防止陷入“畅销书一定读者面宽”这一误区。一般认为,“畅销书”就是读者多(这是对的),就是有很多“大众读者”、“一般读者”(“推论”有问题)。新财务会计类图书畅销,但全国才1000万财会从业人员,是1000万人中看这类书的读者多、占的比例大,所以才畅销,而不是11亿百姓“都想看”或“都能看”。某些专业性较强的科技书也很走俏,如《蛇伤治疗》、《有毒中草药大辞典》等,读者面虽窄,但针对性、实用性很强,结果销路很好。这些充分说明“窄”的读者面也会出现“多”的购书人,同样会畅销。

7.“畅销书”也有“优胜劣汰”问题。新财务会计图书,刚一出版时因同类品种较少,市场供不应求,每种都很畅销,很是“火”了一阵。随着品种不断增多,读者选择余地大了,“畅销书”之间开始竞争。大多数读者更注意图书的权威性和内容特色,由财会权威部门、权威人士组织编撰的高质量图书明显热销。如经济科技出版社出版的《最新会计制度实用指南大系》丛书,因聘请了财务管理部门及学术界的权威人士撰写,加之内容设计创意新颖,出现了在北京王府井书店排队购买、日销千册的盛况。

好的选题往往是“两头”畅销,即最初“应时”抢占图书市场和最后“集大成”、“站在巨人的肩上”、“更上一层楼”的更全面、更系统的高质量图书。在后一种情况时,“畅销书”与“高质量图书”开始趋同。

三、出版管理部门应做的工作

对于畅销书,出版管理部门应在导向、管理和调控、出版发展战略等方面花大力气。

1. 畅销书的导向。实际上有两个问题:一个是畅销书自身的导向,一个是对畅销书的导向。正因为畅销书自身对读者有导向作用,所以我们才更应该注意对畅销书的编辑、出版、发行加以正确引导,使之更好地发挥畅销书自身导向的积极的、有益的作用。出版管理部门要注意对畅销书出版趋向的正确引导，使畅销书的主题与时代的主旋律和广大读者需要积极向上、文明健康的精神产品相一致，与社会主义出版事业的繁荣目标相一致。

2. 对畅销书的管理与调控。目前首先要做两个方面的工作：一个是对畅销书排行榜的规范化，一个是引导畅销书对出版繁荣、文化积累作出贡献。目前就国内图书市场而言，“畅销书排行榜”虽有，但不规范，主要是依据某一城市中心店的当月销售量最多的图书排出，或新华书店总店当月各省订数最多的图书排出。我们应建立规范化的畅销书排行榜，真正依据图书市场（严格地说是整个图书市场而不是某一地区、某一都市的图书市场）的真正销售量而定（而不是省级店或销货店的订货量），更不能靠感官上的笼统印象来“估计”、“判定”。

目前有些畅销书“寿命”较短，为应景之作，名噪一时，昙花一现，没有为出版繁荣和文化积累作出多大贡献。畅销书应成为“再版书”、“长命书”、“长销书”。若畅销书的“畅销因”是相对稳定的，不“时过境迁”，畅销书就会成为“长销书”，在不同时期不断出现新的“畅销现象”。出版社在策划畅销选题时，应多在“畅销因”上下些功夫，使其更多地具有稳定性。

3. 出版社要有畅销书出版战略。目前，许多出版社在出版畅销书方面更多的是随机性，随机的选题、随机的作者、随机的图书市场，而没有刻意去追求自己的畅销书体系和风格，没有积极地创造、有意识地形成自身的“畅销书主题”（即本社主要在哪些类图书方面占据畅销书）。应在读者群中产生一种“定势”，一种“先入为主”，提到某类畅销书读者就会首先想到某个或某些出版社。这就要求出版社真正把畅销书的出版放到出版战略上，有意识、有目的地去创造（营造）自己的畅销书市场。这包括畅销书的选题规划、作者培养、读者培养等诸多方面的内容。

（摘自《中国出版》1994 年第 6 期）

新书简介

A 马克思主义、列宁主义、毛泽东思想、邓小平理论

纪念毛泽东诞辰100周年专辑

A000001 **毛泽东思想史(1～4卷)** 杨超、毕剑横主编。四川人民出版社1991～1993年出版。110万字。4册。28.65元。系统研究毛泽东思想产生、形成和发展的学术专著。根据史论结合、以史为主的原则,以中国共产党领导中国人民进行革命和建设的历史活动为背景,以毛泽东和老一辈无产阶级革命家的著作为依据,运用理论与实践相结合的方法,探讨毛泽东思想这一具有中国特色的马列主义理论形成的特点和规律,总结正反两方面的历史经验,包括改革开放和社会主义现代化建设新时期的新经验,论述毛泽东思想的创造性发展。第一卷从理论的高度论证毛泽东思想史是马克思主义在中国运用和发展的历史,论证毛泽东思想产生的必然性。第二卷论述从抗日战争到社会主义改造基本完成这一时期毛泽东思想的发展过程,分专题阐述抗日战争中的持久战和游击战思想、实事求是的思想、军事战略战术思想以及文艺理论、群众路线理论、帝国主义理论等。第三卷论述1956年至1976年间毛泽东思想的曲折发展过程,实事求是地分析毛泽东晚年的错误。第四卷论述"文化大革命"结束后,特别是从中共十一届三中全会到中共十四大期间在改革开放和社会主义现代化建设新时期毛泽东思想的发展,主要反映邓小平对毛泽东思想的新贡献。(余其敏)

A000002 **毛泽东军事思想辞典** 邓光荣等编著。国防大学出版社1993年版。82万字。41.00元。论述毛泽东军事思想科学体系和内容的辞书。共收入词目883条,分12个部分:毛泽东军事思想及其历史地位,毛泽东军事思想的哲学基础,毛泽东军事思想的战争观,毛泽东军事思想的人民军队理论,毛泽东军事思想的人民战争理论,毛泽东军事思想的战略战术,毛泽东军事思想的国防建设理论,毛泽东军事思想在新时期的丰富和发展,毛泽东军事思想主要著作,战争·战役·战斗,会议·事件,中国人民解放军军事家。坚持以辩证唯物主义和历史唯物主义为指南,以党中央的两个若干历史问题决议为依据,诠释毛泽东军事思想的基本观点、基本理论,以及毛泽东军事思想对马克思主义军事科学的杰出贡献;全面系统地阐述毛泽东军事思想在中国革命战争和国家军事斗争中的重要地位与作用,及其在新时期的继承与发展。并注重反映邓小平对毛泽东军事思想的新贡献。(赵智印)

A000003 **毛泽东思想与建设有中国特色的社会主义丛书** 周振国、于云志等。河北人民出版社1993年版。140万字。7种。42.80元。丛书分为《毛泽东对中国社会主义建设道路的探索》、《毛泽东领导哲学》、《毛泽东的经济思想》、《毛泽东的文化观》、《毛泽东的廉政思想》、《毛泽东的群众观与党的群众路线》、《毛泽东统一战线理论与实践》7种。紧密联系建设有中国特色的社会主义实际,就各自的专题进行开拓性的研究,提出新的见解。(李世琦)

A000004 **毛泽东与民主人士** 卢之超主编。华文出版社1993年版。28万字。8.00元。记述毛泽东与李济深、宋庆龄、荣毅仁、溥仪等40多位高层民主人士的交往和友谊,真实地反映毛泽东等老一辈革命家认真听取党外民主人士的意见,广交朋友;也反映了民主党派和其他党外民主人士与中国共产党风雨同舟、荣辱与共的历史。书中收入的文章,有的是民主人士的回忆录,有的是其亲友或身边工作人员的记述,更多的则是有关作者根据访问资料和相关文献编写而成。(王文祥)

A000005 **毛泽东经济思想大辞典** 顾龙生主编。辽宁人民出版社1993年版。141万字。50.00元。

辞典收辞范围:一、体现在毛泽东所有著作(包括文章、课堂笔记、指示、批示、批注、讲话提纲、书信、电报手稿、讲话、谈话记录稿、报告,用毛泽东名义印发的并经毛泽东审定过的别人起草的文稿,以别人名义刊发的毛泽东起草的文稿等)中的经济思想理论、经济学说、经济观点、经济设想等等。二、根据毛泽东经济理论制定的党的经济政策(纲领、路线方针),以及经济工作实践。例如在战争、政权建设等项实践中表现出来的经济观念、经济工作措施以及经济工作的实践。全书共分五篇:一、经济理论、经济学说;二、经济方针、经济政策;三、经济文献、经济著作;四、经济会议;五、经济事件、经济运动。附录有毛泽东思想研究资料索引。(霍世荣)

A000006 **早年毛泽东** 副名:毛泽东的早期革命活动。李锐著。辽宁人民出版社 1993 年版。43.5 万字。17.80 元。详细叙述毛泽东在中国共产党建立前后在湖南的早期革命活动。其时间是毛泽东在 30 岁以前,特别是在他 20 岁到 30 岁的 10 年时间。全书分 6 部分:一、20 岁以前,在韶山的岁月和去长沙的经历;二、湖南第一师范;三、思想方向与新民学会;四、五四运动前后;五、党的建设;六、工人运动及结束语——30 岁的毛泽东。对毛泽东青年时代的性格、学习、世界观的形成、客观世界对他的影响,他的认识、见解和对革命、共产党的追求,都有详细的叙述。书后附有大革命时期的湖南农民运动资料。(于海寰)

A000007 **毛泽东与 20 世纪的中国** 邢贲思等主编。辽宁人民出版社 1993 年版。58 万字。25.00 元。为纪念毛泽东诞辰 100 周年而作。这是一部融历史与理论为一体的学术著作。把毛泽东思想的形成和发展融入 20 世纪中国社会历史发展的进程中,概述毛泽东思想体系创立发展的历程、历史背景及其科学内容。论述建设有中国特色社会主义理论是毛泽东思想的继承和发展,是当代的中国马克思主义。该书涉猎的内容比较广泛,包括 20 世纪中国的基本国情和世界格局的变化;还有毛泽东、邓小平、江泽民三代中央领导集体领导中国革命建设和改革的理论与实践,涉及中国政治、军事、经济、外交、哲学、文学艺术和社会主义等各方面的理论与政策问题。(于海寰)

A000008 **说不尽的毛泽东(上)** 副名:百位名人学者访谈录。张素华等编。辽宁人民出版社 1993 年版。43 万字。22.00 元。分上、下两册。以访谈的形式,生动地再现毛泽东的光辉形象,反映党的十一届三中全会以来有关毛泽东研究的成果。作者先后采访了 100 位名人学者,其中有的和毛泽东有过直接的交往;有的对毛泽东有着深入的研究;有的则即有交往,又有研究。本书针对不同情况分别提出不同的选题,本着"百花齐放,百家争鸣"的方针,发表自己的见解。上册共收入 50 篇访谈录,其中包括陆定一的《毛泽东和中国的过去与今天》、龚育之的《两场革命·两次飞跃·两大理论成果》、石仲泉的《毛泽东邓小平:现代中国的两位历史伟人》、张静如的《宏观把握毛泽东》、臧克家的《毛泽东的诗有"三新"》、于光远的《与毛泽东同在一张餐桌》、蔡清富的《毛泽东的诗即要鉴赏又要研究》、周抗的《毛泽东的辩证法有什么特色?》、苏星的《毛泽东不懂经济吗?》、张家裕的《毛泽东在世界军事史上的地位》等。(王峰)

A000009 **毛泽东民族思想研究** 杨启辰等主编。宁夏人民出版社 1993 年版。24 万字。6.40 元。首先指出毛泽东民族思想是毛泽东思想的一个组成部分,是马克思主义民族理论与中国革命实践相结合的产物,是科学体系。分章节论述毛泽东民族思想产生的历史背景和理论来源、形成和发展,关于民族平等与民族团结的思想,关于民族区域自治的思想;毛泽东关于少数民族地区经济建设和文化教育建设的思想,关于民族统一战线的思想,关于民族宗教问题的思想,处理民族问题的方法论;探索了毛泽东民族思想在新历史时期的发展和运用。从历史和现实的角度对毛泽东民族思想的各个方面进行系统的探讨。分析了有关部门公布的统计资料,总结了贯彻毛泽东民族思想和党的民族政策方面的经验,进一步阐述在建设有中国特色的社会主义事业中深入研究毛泽东民族思想和加强民族理论研究的重要意义。(张钟和)

A000010 **马克思主义百科要览** 廖盖隆、孙连成等主编。人民日报出版社 1993 年版。910 万字。380.00 元。按照马克思主义理论体系分为 17 个学科,即总论、哲学、政治经济学、科学社会主义、法学、社会学、文学艺术、美学、伦理学、语言文字学、史学、民族学、教育学、新闻学、军事学、马克思主义与科学技术、马克思主义与宗教。每部分以条目形式解释马克思主义有关论述。条目选择包括思想理论、观点术语、著作文献、机构、流派、会议、事件等。各个学科的条目按照内容性质分类编排,共选条目近 1 万个。所选资料,释文中有关马、恩、列、斯的引语,一般采用人民出版社出版的《马克思恩格斯选集》、《列宁选集》、《斯大林选集》,有关毛泽东的引语引自《毛泽东选集》或单行本。引语之后均注明出处。所选人物的资料来源于已出版的书刊。书前编有总目和目录,总目列出各部分名称,揭示全书内容分类概貌;目录列出各分科全部条目,书后编有全书条目笔画索引。还附录《马克思主义在中国纪事》、《马克思、恩格斯、列宁、斯大林著作中译本在中国出版年表》、《部分学术期刊简况》、《部分研究机构简况》、《部分学术团体简况》等。所选资料截止于1992年6月。(郭宝平)

A000011　**毛泽东思想与当代中国**　副名:全国毛泽东思想学术讨论会文集。张广信、李祥瑞著。陕西人民出版社1993年版。48.6万字。10.40元。共选收论文93篇,分9个方面:总论、政治思想、哲学思想、经济思想、军事思想、文化教育思想、党建思想、外交思想、建设有中国特色社会主义的理论。有四个特点:(1)从宏观,或从不同领域阐述毛泽东思想的丰富内容,对毛泽东思想进行全方位的研究。(2)多数论文是研究当代中国社会主义建设中的实际问题,并把十一届三中全会以来改革开放中出现的问题作为重点,研究邓小平对毛泽东思想的坚持和发展。(3)坚持双百方针,对学术上的不同观点一并收入,以利交流。(4)论文以观点新、视角和方法独特而体现了新意。(廖广洲)

A000012　**毛泽东在武汉**　中共武汉市委党史办公室编。武汉大学出版社1993年版。29.5万字。8.80元。为纪念毛泽东诞辰100周年而编写,其主要内容分两个部分:第一部分记述从1918年至1974年,毛泽东在探索中国革命道路,领导中国新民主主义革命和社会主义革命与建设的历程中,曾40多次亲临武汉,对中国革命和建设事业作了一系列重要指示,有许多文献成为中国革命和建设的重要指导性文献,对中国革命和建设事业产生过巨大的积极的影响;第二部分则收集武汉各界人民缅怀毛泽东亲临武汉期间的回忆纪念文章,展示了一代伟人的风采,寄托了武汉市人民对毛泽东的深切怀念。(张俊超)

A000013　**平凡与伟大——毛泽东中南海遗物轶事**　中南海画册编辑委员会编。西苑出版社1993年版。1.5万字。图片184幅。240.00元。以毛泽东在中南海丰泽园故居遗物为主要素材的画册,配以轶事文字,真实、生动地反映了毛泽东严于律己、清正廉洁的高尚情操,反映了他为中华民族的解放和建设事业殚精竭虑、呕心沥血、鞠躬尽瘁、死而后已的伟大一生。书中包括:"中南海里的普通居民"、"清廉如水的人民公仆"、"重情厚谊的伟大领袖"、"以生为战的拼搏精神"、"独特有趣的生活习惯"等章节,故事感人,文字生动,是端正党风,反腐倡廉,发扬艰苦朴素、奋发图强作风的极好教材。(陈玉刚)

A000014　**毛泽东辩证逻辑思想**　孙显元著。中国科学技术大学出版社1993年版。23.3万字。6.00元。研究毛泽东辩证逻辑思想的学术专著。以毛泽东科学著作为依据,总结了毛泽东在解决中国革命和建设的理论和策略问题中,所运用和创造的辩证逻辑思想。分5章。第一章介绍毛泽东逻辑思想的演变和发展,阐述毛泽东对形式逻辑、辩证逻辑及其相互关系的精辟观点。其他4章介绍毛泽东辩证逻辑的主体内容:概念逻辑、研究逻辑、叙述逻辑和逻辑方法。概念逻辑是指概念从抽象上升到具体的逻辑,是毛泽东辩证逻辑思想的核心,它阐述了思维运动的矛盾法则,研究逻辑根据毛泽东关于提出问题、分析问题和解决问题"三步骤"的研究程序,指明了研究过程中由笼统概念经过分析概念到达综合概念的思维进程;叙述逻辑揭示了著作、文章、演说等的开头、中间、结尾,即起始范畴、中间范畴和终结范畴之间的逻辑结构;逻辑方法主要是辩证方法在逻辑思维中的具体运用。全书表现了毛泽东把马克思主义辩证逻辑原理与中华民族思维特点相结合,实现辩证逻辑中国化的伟大成就,在内容和形式上都具有中国特色,并对毛泽东辩证逻辑思想的体系作了准确的概括。(高哲峰)

A000015　**毛泽东思想的拓展与胜利丛书**　郑必坚主编。重庆出版社1993年版。13册。根据中国共产党十一届六中全会决议所阐明的毛泽东和党的其他卓越领导人对毛泽东思想的形成和发展作出的重要贡献,遵照邓小平关于要从各个领域阐明毛泽东思想的体系的指示精神而分别撰写。丛书包括:《周恩来与毛泽东思想》,《刘少奇与毛泽东思想》,《朱德与毛泽东思想》,《邓小平与毛泽东思想》,《陈云与毛泽东思想》,《毛泽东思想和中国共产党的建设》,《毛泽东哲学思想》,《毛泽东思想政治学说》,《毛泽东思想与社会主义现代化建设》,《毛泽东思想方法论》,《毛泽东思想与科技兴国》,《毛泽东思想与国防现代化》,《毛泽东思想研究在中国》等13本专著。(陶志宏)

A000016　**毛泽东言语辞典**　诸丞亮等主编。山东人民出版社1993年1月版。77.3万字。18.00元。共收毛泽东词语条目7000个。毛泽东运用成语典故和古人的格言警句,极富个性;运用方言习语、民间俗谚，恰到好处；运用政治术语精当、科学，独具匠心；并创造了一些包含哲理、发人深省的警句。辞典系统地研究毛泽东言语的特点，对现代汉语发展的影响。（姚梦林）

A000017 **毛泽东领导思想之要** 骆炳亚等主编。中国国际广播出版社 1993 年 1 月版。32 万字。6.50 元。毛泽东领导思想研究专集。以毛泽东领导思想的领导本质、领导条件、领导职责、领导制度、领导体制和结构、领导者素质、领导方法、领导作风等 8 篇 29 章，分别阐述毛泽东领导思想的涵义、产生的背景及其特征，系统介绍毛泽东领导思想的科学体系，并指出学习、研究毛泽东领导思想的方法和重大意义。毛泽东领导思想体系的核心内容是毛泽东哲学思想，作者抓住这个核心，结合中国特色社会主义新论，分篇阐述。强调从哲学角度总结正反两方面的经验，这对在新形势下加强领导干部的队伍建设，具有重大的现实指导意义。（陆平阳）

A000018 **毛泽东思想研究丛书** 韩树英等编著。山东人民出版社 1993 年 1 至 11 月版。28.1 万字。9 册。82.70 元。丛书有 9 分册：韩树英、杨春贵等著《毛泽东哲学思想》，沙健孙著《中国新民主主义革命概论》（毛泽东政治思想、上），梁柱主编《民主政治建设的思想探析》（毛泽东政治思想、下），万福义著《毛泽东建党思想》，王珏、任登第著《毛泽东经济思想》，丁振海主编《毛泽东文化思想》，刘广东著《毛泽东伦理思想》，贾若瑜主编《毛泽东军事思想》，王洪模、苏品端主编《毛泽东思想的新发展——新时期邓小平的理论与实践》。丛书是为纪念毛泽东诞辰一百周年而编辑出版，旨在弘扬毛泽东思想，更加完整地系统地理解毛泽东思想。（姚梦林）

A000019 **新版《毛泽东选集》成语典故译释** 罗培村编著。湖南文艺出版社 1993 年 2 月版。30 万字。7.00 元。录取新版《毛泽东选集》四卷中运用的成语典故 222 个，逐一列成条目，按其在《毛选》中出处的先后编次，逐个译释。首先录出《毛选》中运用成语典故的示例，然后分"简说"、"原文"、"注释"和"译文"4 部分撰述。介绍成语典故的出处和词义演变。引用《毛选》中运用成语典故的原文意思完整，不断章取义。成语典故今译力求信、达、雅。从运用成语典故这一侧面，充分说明了毛泽东是批判地继承、创造性地运用和弘扬祖国优秀传统文化的典范。（陈仿麟）

A000020 **毛泽东周恩来与溥仪** 王庆祥著。人民出版社 1993 年 2 月版。28 万字。11.00 元。爱新觉罗·溥仪的一生充满神秘的色彩。毛泽东、周恩来与溥仪有过许多的交往。作者着重从多角度全方位描述毛泽东、周恩来与溥仪的实际交往，用溥仪自身逐渐转变并最终脱胎换骨、重新做人的事实来说明，中国共产党赖以取得全国胜利的三大宝法之一的统一战线是何等的英明和正确。也说明在溥仪改造问题上体现了毛泽东思想在统一战线理论方面的丰富和发展。作者长期研究溥仪，占有大量的第一手资料。在写法上，尝试把写纪实长篇的手法运用于修史立传的严肃的史学论著之中。（张润生）

A000021 **毛泽东家世（修订本）** 李湘文著。人民出版社 1993 年 2 月版。29 万字。10.00 元。记述伟人毛泽东的家庭世系。毛泽东诞生在美丽的韶山冲。在经历了艰辛坎坷后，他在事业上取得辉煌的成就；在家庭生活中，他有着同普通老百姓一样的甜酸苦辣；为了全中国人民的解放事业，他失去了兄弟、妻子、爱子……作者真实生动地描写了毛泽东的内心世界。（柏裕江）

A000022 **毛泽东自述** 人民出版社编。人民出版社 1993 年 2 月版。11.9 万字。3.50 元。辑录毛泽东同美国著名记者斯诺的四次谈话及斯诺本人写的有关背景材料。1936 年毛泽东与斯诺的谈话，是第一次向一位外国记者讲述个人的经历。斯诺这样写道："在毛泽东追述往事的时候，我注意到，有一个旁听者至少和我同样感兴趣，这就是他的妻子贺子珍。很明显，他所谈的关于他自己和共产主义运动的许多事实是她以前从来没有听到过的……"更为重要的是当年毛泽东在偏僻的西北一隅对国内、国际政治形势及其发展所作的科学预言，后来都为历史的发展所证实。从中可以看到毛泽东——这位伟大的马克思主义者是如何运用辩证唯物主义和历史唯物主义的观点、方法去观察、解决问题，体现了这位卓越的政治家所具有的深邃的洞察力和远见卓识。本书已修订再版，又增加了毛泽东与海伦·斯诺、詹姆斯·贝特兰、冈瑟·斯坦因、安娜·路易斯·斯特朗的谈话，使本书的内容更为丰富。（柏裕江）

A000023 **论说毛泽东丛书** 胡华等著。陕西师范大学出版社 1993 年 2 月版。85.9 万字。29.10 元。共 7 册，即《领袖心中的上帝——毛泽东的人民观》、《行动的群众——毛泽东的民主观》、《通向自由王国——毛泽东的实践观》、《土壤与种子——毛泽东的国情观》、《环球同此凉热——毛泽东的社会主义观》、《冲突与融合——毛泽东的文化观》、《理想人格的追求——毛泽东的伦理观》。不了解毛泽东，就无法真正了解近百年的中国民族和中国革命;不剖析毛泽东的精神世界,就无法真正理解毛泽东的独特个性及其博大精深的思想。作者力图系统全面地对毛泽东的人民观、民主观、实践观等诸方面进行分项探究,以求从更高的层次上揭示毛泽东文化的底蕴,更加客观、全面地评价毛泽东,给毛泽东及其思想一个完整的形象。(韦建培)

A000024 **西方"毛泽东学"研究** 叶卫平著。福建人民出版社 1993 年 3 月版。32.1 万字。7.40 元。分为 8 章:"西方'毛泽东学'的产生和发展"、"毛泽东与中西文化"、"毛泽东与哲学"、"毛泽东思想与马列主义"、"毛泽东与党史若干事件"、"毛泽东与斯大林"、"毛泽东与中美、中苏关系"、"西方'毛泽东学'的主要研究方法"。阐述当代西方研究毛泽东和毛泽东思想的思潮的产生、发展、理论框架、主要内容、焦点与热点、研究价值和主要研究方法等等。对西方"毛泽东学"三个学派的分析评价,有利于人们正确认识西方"毛泽东学"。(施国忠)

A000025 **毛泽东与红军** 周世晨著。湖南少年儿童出版社 1993 年 4 月版。7.4 万字。2.50 元。纪实文学。记述毛泽东创建红军、指挥红军与国民党反动派进行斗争以及带领红军胜利完成长征的伟大业绩,再现了毛泽东在三湾改编、龙源口大捷、大柏地战斗、飞夺泸定桥等重大历史事件中的风貌,表现了毛泽东对红军指战员和工农大众的真挚感情。(刘莹)

A000026 **世纪的太阳** 副名:毛泽东邮票大典。林衡夫等编著。湖南文艺出版社 1993 年 4 月版。10 万字。50.20 元(平);100.00 元(精)。以邮票的形式记录毛泽东的历史功绩和人民对他的热爱。收录有关毛泽东的邮票 370 余枚,按发行时间先后编次。以"山川资俊杰"、"开天辟地"、"井冈山"、"遵义会议"、"在陕北"、"转战陕北"、"解放全中国"、"钟山风雨"、"开国大典"、"天安之门"、"巨人中的巨人"和"毛泽东思想"等 31 个标题为经,将有关毛泽东的邮票连贯起来,每题均配上介绍文字。入选邮票有影写版、影雕套印、胶版和雕刻版。票面上有毛泽东像、毛泽东诗词、毛泽东语录、毛泽东题词。发行时间最早的是 1932 年前后的湘赣边省赤色邮票,约 40%是抗日战争、解放战争时期抗日根据地、解放区发行的邮票,约 50%是新中国成立后至"文化大革命"中发行的,少数是改革开放后发行的。有 19 枚是阿尔巴尼亚、越南、原民主德国、喀麦隆等 9 国发行的。最珍贵的是建国前发行的邮票,反映出当时特定历史条件下,中国邮票印制、发行的多元化和地域化。(陈仿麟)

A000027 **毛泽东与周世钊** 周彦瑜、吴美潮编著。吉林人民出版社 1993 年 4 月版。19.5 万字。4.95 元。叙述毛泽东与周世钊的友谊。书中描写了两人的同乡之情、同学之情、新民学会会友之情,以及在教师与教师、战友与战友、编辑与编辑、同志与同志、诗人与诗人、友人与友人之间的深厚友情。他们直接交友 63 年。书中主要资料取自毛泽东与周世钊的手稿。部分资料系根据周世钊及其亲属、朋友、学生的谈话记录整理。(关静)

A000028 **毛泽东与中国文化** 李鹏程著。人民出版社 1993 年 4 月版。30.7 万字。7.50 元。力图把毛泽东纳入中国文化的历史框架,把毛泽东作为 20 世纪中国文化的集结点,从中国文化的历史、现实以及对未来的展望,从中国和世界的大视角对毛泽东作出整体观照,以说明毛泽东对中国文化的批判与继承,中国文化对毛泽东的思想、性格形成的影响和毛泽东对当代中国以及未来中国文化的影响,以此勾勒出毛泽东的整体风格和宏伟面貌,由此形成了本书在各种有关毛泽东的图书中的独特风格。作者根据毛泽东有关"从孔夫子到孙中山我们都要研究"的论述,简略回顾和分析了中国 2000 余年的文化史,分析了毛泽东的文化历史背景;通过对近代中国社会的分析,说明毛泽东的社会背景;通过毛泽东的革命实践和理论活动,说明毛泽东的文化内涵,通过对毛泽东功绩与失误的分析,说明毛泽东在中国文化中的地位及影响。本书把毛泽东置于中国文化的历史长河中,着力对以下 6 个方面的问题作了探讨:一、中国近现代的文化时势如何从客观上造就了毛泽东这位伟人?二、毛泽东为什么会一步步地使自己成为他那个时代的领袖人物?三、在毛泽东的作用下,中国的历史文化发生了什么样的改变?四、毛泽东所造就的中国新文化的总体结构与功能与中国历史文化传统的关系如何?应如何评价?五、毛泽东晚年为什么会出现失误?应如何从中国的文化传统、文化现实及毛泽东的文化个性中寻找原因?六、毛泽东为我们留下了什么样的文化遗产?本书以文化反思为基本格调,探讨了研究毛泽东的文化观对创建具有中国特色的社会主义文化,造就社会主义新人,培养社会主义国民性的重要作用和价值。(郇中建)

A000029 **毛泽东的政治哲学** 杨信礼等主编。山东大学出版社 1993 年 4 月版。32.85 万字。8.50 元。将毛泽东的政治哲学分为十论,即人民群众论，阶级政党论，政治领袖论，政治意识论，政治制度论，政治发展论，政治规律论，政治与经济、文化、道德关系论，政治领导论，国际政治论。从历史与现实、理论与实践多个视角和层面，阐述毛泽东关于政治的本质、规律、出发点、归宿、价值尺度以及人民主权实现途径的深刻思想，评述了他对中国社会政治制度的基本构想，展现了他独特的思维方式和高明的领导艺术，揭示了他与人民息息相通、休戚与共的心灵世界，并从哲理高度分析了毛泽东在政治生涯中的成功与失误。(李传明)

A000030 **建国后毛泽东哲学思想研究** 魏世峰等著。陕西人民出版社 1993 年 4 月版。27.6 万字。9.80 元。对建国后毛泽东哲学思想的特点、毛泽东对马克思主义哲学的主要贡献及其对社会主义革命和建设的现实意义作系统论述。共 13 章，分唯物辩证法、认识论、历史唯物主义三大部分。作者认为，毛泽东建国后在哲学理论上的贡献表现在领导社会主义革命和建设的实际指导工作中。例如对唯物辩证法的贡献，体现在阐述政治与经济、积极因素与消极因素，独立自主、自力更生与争取外援、学习外国等许多既是实际工作中的对子，又是哲学范畴的对子。在唯物史观的贡献方面，作者认为毛泽东关于社会主义基本矛盾和两类矛盾的思想中，基本矛盾思想为社会主义社会的发展和改革奠定了理论基础；生产力和生产关系原理为生产关系的改造、进一步发展社会生产力提供了理论依据，是我们深化改革、解放生产力、发展生产力的强大思想武器。毛泽东的人民民主专政理论丰富和发展了马克思主义国家学说。在第 13 章，阐述了十一届三中全会以来毛泽东哲学思想的新发展。收入“毛泽东思想研究丛书”。(魏克忠)

A000031 **毛泽东哲学与中国文化精神** 何显明、雍涛著。广西人民出版社 1993 年 5 月版。39.5 万字。9.50 元。肯定毛泽东哲学在思想文化史上的地位及其对建设现代中国文化的重要作用，探讨毛泽东哲学与中国传统文化的内在联系。分析传统文化的各个层面，包括儒、道、释、法、墨等诸家，显型文化与隐形文化，对毛泽东及其哲学的影响。透视毛泽东哲学对中国传统哲学，以及对思想文化的继承与变革。将毛泽东哲学置于近现代中西文化中，置于马克思主义思想文化与中国传统文化的冲突、融合的时代背景中，探索毛泽东哲学的历史地位。(周莉)

A000032 **景仰** 廖毅文主编。警官教育出版社 1993 年 5 月版。145 幅图片。88.00 元。大型画册。为纪念毛泽东诞辰 100 周年出版的收集散藏于各界及民间有关毛泽东的照片 140 余幅，辟为“风采篇”、“追求篇”、“斗志篇”、“公仆篇”、“情感篇”、“景仰篇”等六部分，按年代发展的顺序展现一代伟人的生活与战斗，领导中国共产党和中国人民从胜利走向胜利的伟大历程。书前有毛岸青、邵华写的《我爱韶山的红杜鹃》一文为“代序”。(张学敏)

A000033 **论毛泽东的思想建党** 马茂贤、裴守郁主编。辽宁人民出版社 1993 年 5 月版。21 万字。5.20 元。分 14 章。包括：毛泽东着重思想建党产生的客观条件；思想建党的历史过程；思想建党的基本目标；思想建党的根本任务、重要内容；思想建党的重要特点、重要环节；思想建党的组织基础、组织保证；思想建党的锐利武器、最好形式；思想建党的重要条件、根本目的、基本原则等。学习和研究毛泽东的建党思想，最主要的是研究和学习他的立场观点和方法。也就是运用马列主义分析研究、解决中国革命和建设的实际问题。研究毛泽东建党思想就是研究中国共产党的产生、发展、自身建设和领导革命和建设规律的科学。全面阐述毛泽东建党思想中着重于从思想上建党这一基本原理，而这对于保持我们党的无产阶级先锋队的性质，对于党的巩固、发展和成熟都有决定性的作用。(于海寰)

A000034 **延安时期与毛泽东思想** 郭涤等。陕西人民出版社 1993 年 5 月版。27.5 万字。10.60 元。毛泽东思想是我党在领导中国革命运动的过程中形成和发展起来的，特别是在延安的 13 年间逐渐发展成熟起来的。毛泽东思想的内容，大都同新民主主义革命，特别是延安时期的革命实践相联系。本书体现了毛泽东思想的科学体系及其在延安 13 年的形成和发展梗概。全书 11 章，第一章论述了毛泽东思想在延安的系统形成和发展，其余各章论述新民主主义革命理论、农民问题的理论、军事理论、根据地的理论、统一战线理论、党的建设理论、战略策略思想、哲学思想等。收入“毛泽东思想研究丛书”。(魏克忠)

A000035 **毛泽东邓小平江泽民三代中央领导集体与中国共产党建设** 刘春盛等主编。沈阳出版社 1993 年 5 月版。35 万字。14.00 元。共分三编，全面论述中国共产党七十多年来在三代中央领导集体领导下的党建理论与实践。第一编，着重阐述以毛泽东为首的第一代中央领导集体如何把马克思列宁主义关于建立无产阶级政党的学说与中国革命的具体实践相结合，建立了中国共产党；在半封建半殖民地的历史条件下,中国共产党为夺取新民主主义革命、社会主义革命和建设的胜利、创立了党的自身建设的理论、路线、方针和政策。第二编,着重阐述以邓小平为代表的党的第二代中央领导集体,在拨乱反正、开创社会主义建设新局面的历史条件下,坚持、捍卫党的第一代中央领导集体开创的党建理论和实践,并在改革开放、建设有中国特色的社会主义实践中,丰富和发展了党的自身建设。第三编,重点阐述以江泽民为核心的党中央第三代领导集体坚持继承前两代领导集体的科学理论,在新的历史条件下率领全党不断加强党的建设,创造出新的经验。(郎廷辅)

A000036 **毛泽东思想研究** 副名:论中国共产党集体智慧的结晶。赵长峰主编。广西人民出版社1993年6月版。52.2万字。11.50元。从哲学、经济、政治、科技、教育、文艺、军事等方面阐述毛泽东思想的内涵。内容有:毛泽东思想在中国革命和建设实践中的产生、形成和发展;毛泽东思想是中国共产党集体智慧的结晶,是党和人民集体奋斗的结果;新时期毛泽东思想的重大发展——建设有中国特色社会主义的理论。(周莉)

A000037 **伟人安息的地方** 毛主席纪念堂丛书编委会编。吉林人民出版社1993年6月版。35万字。8.50元。对毛主席纪念堂作全面系统的介绍,披露一些有关纪念堂的内部情况和珍闻轶事。诸如,人们最关心的毛主席遗体是怎样保存下来的,现在保护得如何? 毛主席纪念堂这座巍峨的殿堂是怎样兴建起来的,它的各个部位的内容是什么?毛主席纪念堂开放16年来接待国内外来宾和人民群众的情况,为什么纪念堂前那条人流组成的"长龙"经年不断?等等。(关静)

A000038 **毛泽东诗词译注** 佟希仁译注。辽宁少年儿童出版社1993年6月版。8万字。2.20元。选编毛泽东诗词39首。每首诗词包括原文、注释、说明和意译4部分。"说明"部分介绍时代背景,评析作品内容。(吴庆先)

A000039 **毛泽东的意识形态学说** 阎志民著。陕西人民出版社1993年6月版。21.2万字。8.50元。系《毛泽东思想研究》丛书之一。14章。分别对社会存在与社会意识、意识形态的性质和作用、哲学思想、伦理思想、政治思想、法律思想、文艺思想、实事求是的思想路线、百花齐放与百家争鸣、思想教育和思想改造、意识形态领域的斗争、知识分子问题、意识形态与现实政策、意识形态与对外政策等毛泽东意识形态学说中的重要课题进行系统的分析评述。意识形态学说是毛泽东思想的重要组成部分。在长期的革命斗争和社会主义建设实践中,毛泽东把马克思主义的意识形态理论同中国实际相结合,建立起有中国特色的意识形态学说。作者充分肯定了毛泽东的以实践为基础的认识论,百花齐放百家争鸣的"双百"方针,文艺为人民大众服务的方针等。还论述了十一届三中全会以来毛泽东意识形态学说的新发展。(张海潮)

A000040 **谁主沉浮** 副名:毛泽东与共产国际。周文琪著。中原农民出版社1993年6月版。15.5万字。5.60元。通过分析毛泽东和中国共产党人与共产国际的关系,表现毛泽东把马克思主义普遍真理与中国革命具体实践相结合、对中国革命作出的杰出贡献,披露共产国际对中国革命的积极作用和消极影响。为"一代伟人毛泽东丛书"之一。(马保民)

A000041 **敢教日月换新天** 副名:毛泽东与当代中国经济。陈雪薇著。中原农民出版社1993年6月版。26.6万字。9.20元。记述毛泽东为中华民族振兴所作的巨大贡献,全面客观地总结了当代中国经济建设的经验教训。为"一代伟人毛泽东丛书"之一。(马保民)

A000042 **理想之路** 副名:毛泽东与中国现代思潮。谭一青著。中原农民出版社1993年6月版。16.2万字。5.80元。从中国现代思潮与毛泽东思想的联系这一侧面挖掘毛泽东新民主主义革命理论的来源,反映毛泽东思想在中国现代思想史上的突出地位和历史价值,展示毛泽东思想逐渐成为中国共产党的指导思想并为中国人民所接受的历史过程。为"一代伟人毛泽东丛书"之一。(马保民)

A000043 **跳出历史的周期率** 副名:毛泽东与民主。陈舟、沈晓阳著。中原农民出版社1993年6月版。17.1万字。6.00元。全面系统地分析毛泽东民主思想的深刻理论内涵及其在社会生活各个领域中的实践和发展,展现这一思想深远的历史渊源、广阔的文化背景、厚实的社会根基及其内在逻辑走向,客观评述毛泽东在民主问题上的成功与失误。主要篇章有"民主就是'中国的大多数人作主'"、"'建设新村'的理想与'湖南共和国'的憧憬"、"两种'个人崇拜'"、"'施仁政于人民内部'"、"军队内部的伊甸园"、"不要学'霸王别姬'"、"跳出历史的周期率的新路"。为"一代伟人毛泽东丛书"之一。(马保民)

A000044 **梅花欢喜漫天雪** 副名:毛泽东的人生观。王恕焕著。中原农民出版社1993年6月版。

17.1万字。6.00元。系统阐述毛泽东的人生观形成和发展的过程,深入分析毛泽东的人生理想观、人生目的观、人生价值观、生死观、苦乐观、荣辱观、幸福观、情趣观等方面的一些特征。为"一代伟人毛泽东丛书"之一。(马保民)

A000045 **巨人与大地** 副名:毛泽东与中国农民。李良栋著。中原农民出版社 1993年6月版。17.3万字。6.00元。考察毛泽东在其漫长的革命生涯中与中国农民所建立的血肉联系,同时分析了他晚年在农民问题上的失误。为"一代伟人毛泽东丛书"之一。(马保民)

A000046 **千古文章大手笔** 副名:毛泽东的文章风格。李巨川著。中原农民出版社 1993年6月版。16.2万字。5.80元。对业已公开发表或出版的毛泽东的各类文章(不含诗词)进行全面、系统、客观的记述。分2部分。一是"毛泽东的文章观",对毛泽东关于文章与革命、文章与读者、文章与写作、文章与文风等方面的观点进行分析研究。二是"毛泽东的文章实践",对毛泽东的写作在取材、炼意、文气、语言等方面的特点进行深入探讨,这些特点构成了毛泽东的文章风格。为"一代伟人毛泽东丛书"之一。(马保民)

A000047 **重构世界格局** 副名:毛泽东与新中国外交。宫力著。中原农民出版社 1993年6月版。15.4万字。5.60元。系统论述毛泽东外交思想及其实践的著作。展现毛泽东从1949年新中国成立到1976年逝世这27年间为使中华民族屹立于世界民族之林所进行的艰辛努力,高度评价毛泽东在当代中国重大外交事务中所表现出的善于把握历史机遇的敏锐判断力、敢于作出转折性决定的宏大气魄、灵活运用各种策略的娴熟技巧以及深邃的外交战略思想。为"一代伟人毛泽东丛书"之一。(马保民)

A000048 **毛泽东军事经济思想研究** 李怀信、缪新权著。黄河出版社 1993年7月版。25万字。18.00元。论述毛泽东军事经济思想的理论专著。从军事与经济的结合部对毛泽东军事经济思想进行深入研究。分4篇12章。第一篇导论,论述毛泽东军事经济思想的研究对象、形成过程、主要特色以及基本内容;第二篇战争经济论,阐述毛泽东关于正确处理战争与经济的相互关系的基本观点;第三篇军队经济论,集中论述建设现代化军队和提高战斗力过程中的经济问题;第四篇国防经济论,主要论述国防与经济建设的关系,分析国防建设中的经济问题和经济建设中的国防问题。(袁本忠)

A000049 **毛泽东一代政治领袖** 高健生著。吉林人民出版社 1993年7月版。32万字。7.20元。新中国的第一代政治领袖,无疑是以毛泽东为主要代表。本书分四部分:中国第一代政治领袖现象;中国第一代政治领袖的形成;中国第一代政治领袖的特征;中国第一代政治领袖的评价与影响,阐述了毛泽东不愧为一代政治领袖。(关静)

A000050 **博览群书的毛泽东** 江东然编著。吉林人民出版社 1993年7月版。18.7万字。5.70元。毛泽东一生读了多少书,难以统计。本书选择毛泽东最为偏爱、读得最多、对他影响最大的一些书籍加以介绍。(关静)

A000051 **毛泽东诗词疏证** 胡国强等编。西南师范大学出版社 1993年7月版。35万字。15.50元。毛泽东是伟大的马克思主义者,伟大的革命家、政治家、军事家和理论家,也是杰出的文学家和诗人。他一生陆陆续续写了许多脍炙人口的诗词,或寄托一时之情怀,或馈赠亲朋故旧,或与一二友人唱和。文如其人,诗更如其人。在他的诗词中,人们可以看到一个伟大人物的崇高情愫、深广胸怀和精湛的文学素养。作为艺术的创造,他的诗词更是独特的、富于个性的,但又辉映着历史的风云,磅礴着时代的精神。他的情感与革命、与人民血肉相通;他的审美观念,更将现实主义和浪漫主义两大文学传统熔为一炉,汇为一体,达到"酌奇而不失其真,玩华而不坠其实"(刘勰《文心雕龙·辨骚》)的境界。作者以1986年人民文学出版社出版的《毛泽东诗词选》(五十首)为蓝本,写出一个学术性较强的疏证本子,会通毛泽东诗词的义理加以考证、校订、注解、阐释,纠正过去各种注解本和研究文章中的谬误,更加完整、准确、鲜明地讲解和研究毛泽东诗词的思想内容和艺术成就。还附录了散见于其他书刊的毛泽东诗词14首,祭文、对联35则,还有毛泽东论诗的书信等。(黄发仁)

A000052 **一代巨人毛泽东** 侯树栋主编。中国青年出版社 1993年7月版。30.6万字。10.40元。从革命家、理论家、战略家、军事家、国际政治家、诗人、日常生活和历史地位等八个方面,论述毛泽东的伟大业绩和高尚品德。在描述革命家毛泽东时,通过毛泽东在危机、逆境、转折和胜利时刻的几个片段,反映其人生境界、处理方法及对人们今天的启迪;在描述理论家毛泽东时,浓墨重笔地描绘他的理论轨迹、理论创造和理论个性;在描述战略家毛泽东时,紧紧抓住他的几次重大的、成功的战略预见和战略决策，阐述他的战略预见的原则和他的战略家素质；在描述军事家毛泽东时，通过描述他初次兵败后的思考、在军事探索中的创新、他作为最高统帅的风采、世界各国军事人员对他的赞誉以及他的军事思想在现代化战争中的作用等，来表现他在军事领域的辉煌成就及深远影响；在描述国际政治家毛泽东时，通过描述他在处理中苏、中美关系时的表现，来阐发他那世界全局性的思考和独立自主的思想；在描述诗人毛泽东时，着重刻划诗中的人，即在他的诗词中表现出的雄豪博大的风格、浪漫主义的想象和对“大我”的抒发；在描述毛泽东的日常生活时，从饮食、穿着、住房、起居、游泳、读书、夫妻关系、父子关系、与工作人员的关系和师友关系等十余个方面展示他的情操、品格、作风和精神世界；在论述毛泽东的历史地位时，批驳了某些对毛泽东的攻击和错误评价，阐述了党和人民及外国友人对毛泽东的正确评价，阐述了邓小平有中国特色的社会主义理论与毛泽东思想的继承和发展的关系。(吴方泽)

A000053　**毛泽东思想与科技兴国**　田禾等著。重庆出版社1993年7月版。20.2万字。4.40元。联系建设有中国特色的社会主义的实际，阐明在毛泽东思想科学体系中，科学技术占有十分重要的地位。全书分8部分，包括：重视科学技术是毛泽东思想的有机组成部分；自然科学是人们争取自由的一种武装；中国经济振兴面临的机遇和挑战；中国科技发展的战略选择；依靠科技进步，振兴中国经济；建立科技经济一体化发展的运行机制；决定一切的是要有数量足够的优秀的科学技术专家；坚持与发展毛泽东思想，走“科技兴国”的道路等。通过对以上重大现实课题的阐述，说明我国科学技术事业的发展，四个现代化建设必须坚持以毛泽东思想为指导。(陶志宏)

A000054　**毛泽东思想方法论**　彭承福等著。重庆出版社1993年7月版。19.7万字。4.35元。毛泽东思想方法论是关于毛泽东思想方法的规律性学说和理论体系。本书探讨了毛泽东思想方法论的研究对象、理论来源，以及它在毛泽东思想体系中的地位和作用，学习研究毛泽东思想方法论的重要意义；进一步分析毛泽东思想方法论的理论体系、层次结构、形成和发展；分别论述了体系中的基本方法：实事求是方法、调查研究方法、矛盾分析方法、系统分析方法、群众路线方法、阶级分析方法、独立自主方法；还论述了邓小平对毛泽东思想方法的恢复、坚持与发展。(陶志宏)

A000055　**毛泽东新闻思想的研究与应用**　刘星编著。安徽人民出版社1993年8月版。35万字。6.80元。毛泽东新闻思想是毛泽东思想的重要组成部分，对新闻工作具有长远的指导意义。本书分理论和实践两大部分。理论篇较全面地论述毛泽东新闻思想的基本原则和基本观点，诸如新闻工作和党的历史使命的关系，新闻工作中的党性原则，新闻的真实性，新闻工作必须深入群众、调查研究，依靠全党办报、群众办报，提倡中国气派的文风，发挥新闻舆论的监督作用，加强新闻队伍建设，加强党对新闻工作的领导，把学习毛泽东新闻思想与邓小平的新闻观结合起来等等。实践篇选录作者半个世纪以来，主要是党的十一届三中全会后，在毛泽东新闻思想指导下撰写的部分新闻作品，分新闻、通讯、言论、署名文章，散记、采风纪实，新闻改革与新闻业务研究4类。(秦闯)

A000056　**纪念毛泽东同志诞辰100周年图片**　吕厚民、侯波编。北京美术摄影出版社1993年8月版。7册。40.60元。精选毛泽东以及毛泽东和其他老一辈无产阶级革命家在一起的照片7幅，分别是：《毛泽东在庐山》(1960年，庐山)，《毛泽东在庐山住地书房》(1961年，庐山)，《毛泽东和周恩来》(1960年，庐山)，《毛泽东代表党中央、中央军委向朱德授元帅军衔、勋章》(1955年，北京)，《毛泽东和宋庆龄在上海》(1961年，上海)，《毛泽东和邓小平》(1953年，山东济南)，《毛泽东、周恩来、朱德、陈云在中南海紫光阁》(1954年，北京)。(宋光森)

A000057　**毛泽东哲学思想新篇**　副名：从毛泽东到邓小平。刘嵘著。广东人民出版社1993年8月版。18.5万字。5.90元。该书把研究毛泽东哲学思想和研究中国社会主义现代化建设实际问题结合起来，自觉运用毛泽东哲学思想，观察、分析、解决中国社会主义现代化建设实践中提出的新问题。从毛泽东到邓小平，从历史到逻辑，从中国式的革命道路到中国式的现代化道路，一脉相承，都紧扣如何研究和解决中国的实际问题这一主题。因此，有中国特色的社会主义理论，便成了贯穿全书的一条红线。运用比较研究的方法，对毛泽东和邓小平思想理论进行比较和分析，指出他俩所走的是同一条道路，即都是把马克思主义和中国具体实际相结合的道路，都是在实践中探寻中国革命和建设的规律，邓小平的理论继承并发展了毛泽东哲学思想。(余小华)

A000058　**毛泽东诗词大典**　苏桂主编。广西人民出版社1993年8月版。95.7万字。32.00元

(平);38.00元(精)。收录见诸报刊的毛泽东诗词,兼及毛泽东所作韵语、与他人合作及据古诗文改作的诗篇。共分甲、乙、丙、丁四编。甲编凡39首,为经毛泽东本人同意并在其生前正式公开发表的定稿。乙编凡28首,为未经毛泽东本人同意而在其生前及身后由国内(包括香港、台湾)有关报刊和出版物刊载或披露的未定稿。丙编凡11首,为副编。丁编凡4首,副编,系毛泽东对古人诗文的改动而独立成篇者,四编共计82首。对毛泽东诗词的注释,包括"创作背景"、"注释"、"押韵格式"、"修改情况"、"异文"、"附录"等项。其中有作者的自注、自改,亦有作者手书和公开发表件的文本比较。对毛泽东诗词的鉴赏、研究,糅思想性、艺术性于一炉,将毛泽东诗词放到历史和现实的环境中,和古代、当代诗人的同类作品进行比较研究。还收入12种对毛泽东诗词的研究资料,为读者提供系统、实用的工具、索引等。(周莉)

A000059 **晚年毛泽东的艰苦探索** 王立胜。陕西人民出版社1993年8月版。40.8万字。13.00元。对晚年毛泽东的思想和实践,用逻辑与历史相统一、理论与实践相结合的方法,从总体到细节都作全面、客观的分析和评价,既肯定毛泽东在晚年探索中的成功和理论创见,又指出其严重失误。全书分上、中、下三篇。上篇阐明晚年毛泽东探索的历史过程,以及毛泽东晚年的思想轨迹与晚年实践曲折发展的关系;中篇介绍毛泽东晚年探索过程中提出的社会主义理论的整体内容和深层底蕴,下篇则从哲学的层面上对探索中的许多重大问题进行理性剖析。本书别具特色的逻辑结构显示了作者分析和研究的客观态度。对毛泽东晚年失误等问题,从多角度、多层面上进行分析研究,客观真实地再现晚年毛泽东的思想和实践活动。(潘丽华)

A000060 **毛泽东的人生哲学** 杨信礼著。陕西人民出版社1993年8月版。35.3万字。11.80元。分上、中、下三篇。上篇试图揭示毛泽东早期人生哲学产生的社会历史条件,梳理毛泽东早年的心路历程以及他的早期人生哲学的逻辑发展线索,对毛泽东探索社会人生真理,完成世界观转变和走上共产主义人生之路的内驱力作出人生理论层面的解释。中篇试图揭示毛泽东人生哲学实现创造性转换的社会背景、实践基础和理论渊源,探求毛泽东在人生本质、人生理想、人生目的、人生价值、人生境界、人生态度等人生基本理论问题上的见地与主张,在着力阐明毛泽东人生哲学基本理论的科学内涵的同时,也指出毛泽东在人生理论和人生实践上的失误与不足。下篇着重探讨毛泽东关于交友与处世、义与利、顺境与逆境、爱情与婚姻、生与死等问题的思想与实践,展示毛泽东富有魅力的生活样式、奋发刚毅的意志品格和令人荡气回肠的情感世界。收入"毛泽东思想研究丛书"。(潘丽华)

A000061 **毛泽东的道德思想和伟大人格** 冒君刚。陕西人民出版社1993年8月版。29.3万字。10.70元。共分3编26章。第一编是毛泽东早期的道德思想和性格特征。分3章对毛泽东在学生时代的道德思想和1920年以后的思想变化作一般介绍,描述青年毛泽东的性格特征。第二编是革命战争年代的道德思想和道德实践,有6章。基本内容有:以人民意识为基础的三大道德原则;为人民服务、为革命奋斗、加强革命团结;不断进行自我改造的基本经验。第三编是全书的重点,共有17个专题。其中16个专题实际上是16条道德原则或规范,分属4个方面:1~4条是导向原则;5~8条是激励原则;9~13条是调节原则;14~16条是陶冶原则。最后一个专题是加强共产主义道德教育的基本方法。收入"毛泽东思想研究丛书"。(魏克忠)

A000062 **毛泽东经济思想发展史** 乔宗寿、王琪著。上海人民出版社1993年8月版。43.4万字。15.70元。关于毛泽东经济思想产生和发展的论著。有前言和七篇,分别论述毛泽东关于半殖民地半封建主义、新民主主义、不发达社会主义的经济思想,以及毛泽东经济思想的内容、形式、层次及功能等。绪论篇具有重大的学术价值,其基本观点体现如下:(一)将毛泽东经济思想界定为"关于半殖民地半封建经济形态转变为新民主主义经济形态的科学,关于新民主主义经济形态转变为社会主义经济形态的科学,关于社会主义经济形态发展的科学。"(二)毛泽东经济思想的重要特征是,它"不仅研究客观经济规律,而且研究人们如何自觉地利用经济规律来改造世界,研究经济规律的实现,以造福于人民。"(三)毛泽东经济思想是党的指导思想组成部分之一。(四)概括了毛泽东经济思想的研究方法。(徐永禄)

A000063 **毛泽东思想与中国当代社会** 樊瑞平等著。石油大学出版社1993年8月版。36万字。9.60元。研究毛泽东思想与中国社会主义实践关系的学术专著。主要探讨毛泽东的理论观点对中国当代社会发展流向的影响,以及中国社会主义实践对毛泽东思想发展的推动作用,揭示了毛泽东思想与中国社会主义实践相结合的运行轨迹,为人们更好地理解和贯彻有中国特色的社会主义理论提供历史的借鉴和哲学的思考。全书分为确立社会主义制度、社会主义社会的矛盾与阶级斗争、探索适合中国国情的社会主义建设道路、独立自主与学习外国、群众路线与群众运动、执政党建设、反对和平演变的理论和措施、社会主义理想和社会主义实践等12个专题。(要兴磊)

A000064 **毛泽东哲学的历史发展** 雍涛著。武汉大学出版社1993年8月版。24.7万字。9.70元。运用逻辑与历史一致、理论与实践统一的方法,研究毛泽东哲学思想的产生、发展和演化过程及其规律性,总结其理论思维的经验教训,探讨在新的历史条件下如何坚持和发展毛泽东哲学思想等问题。全书除"前言"和"结束语"外,还有8章。第一章"马克思主义哲学在中国的早期传播与青年毛泽东世界观的转变";第二章"中国革命运动的兴起和毛泽东哲学的萌芽";第三章"中国革命特殊道路的探索和毛泽东哲学的形成";第四章"夺取抗日战争的胜利与毛泽东哲学的多方面展开";第五章"两种命运、两种前途的决战与毛泽东哲学的进一步展开";第六章"从新民主主义革命转变为社会主义革命与毛泽东哲学的继续发展";第七章"全面开展社会主义建设与毛泽东哲学的曲折发展";第八章"'文化大革命'与毛泽东晚年在哲学上的重大失误"。全面系统地探讨毛泽东一生从早期、中期到晚期的哲学思想,充分论证毛泽东对马克思主义哲学所作的贡献,分析了他晚年哲学上的失误及其根源;着力研究毛泽东哲学的一些基本概念、范畴的产生、发展和演化;采取实事求是的态度,注重理论辨析,尤其是对毛泽东晚期哲学思想,分清其中的种种复杂情况,给予公允的评价。收入"毛泽东思想研究丛书"。(戴老红)

A000065 **毛泽东思想研究在中国** 韩荣璋著。重庆出版社1993年8月版。18.3万字。4.10元。毛泽东思想是以毛泽东为主要代表的中国共产党人创立的适合中国情况的科学指导思想,是一门政治性、实践性极强的理论学说。本书回顾了从1941年提出毛泽东思想概念到90年代初的半个世纪以来,关于毛泽东思想研究的历史发展,勾勒出各个历史阶段毛泽东思想研究的状况和特点。1941～1949年为研究的发端;1950～1956年为研究的第一个高潮;1957～1966年是研究在曲折中发展;1966～1976年研究工作一度中断;1977～1978年期间,我们党拨乱反正,恢复了研究工作;1978～1993年研究步入新时期。阐述了科学研究毛泽东思想的实践功效,探求毛泽东思想研究工作的规律,指出正确开展毛泽东思想研究工作应持的态度和方法。(周世慧)

A000066 **毛泽东思想与中国共产党建设** 陆魁宏等著。重庆出版社1993年8月版。23.5万字。4.95元。系统探讨毛泽东建党思想和中国共产党建设实践的专著。其特点是:把马克思列宁主义关于无产阶级政党建设的基本原理与中国共产党建设的历史过程紧密结合起来,概述中国共产党建设的主要线索及其独特性与规律性;把中国共产党建设的历史过程分历史篇与发展篇来写,历史篇集中论述以毛泽东为代表的中国共产党人建党的实践经验与理论创造,发展篇集中概括和论述以邓小平为代表的中国共产党人在新时期对毛泽东建党思想与实践的发展;论述邓小平为新时期党建所作的贡献,特别是邓小平对新时期党的基本路线的创造性概括;理论篇对历史篇中规律性的内容作理论概括,为发展篇的展开准备了理论前提。(马振常)

A000067 **毛泽东思想与国防现代化** 安思山等著。重庆出版社1993年8月版。11万字。2.95元。着重介绍毛泽东思想中的军事思想部分,阐述它与国防现代化的关系,分析国防现代化的基本要素。对在新形势下,如何搞好国防现代化建设,在未来反侵略战争中,尤其是在高技术条件下的反侵略战争中如何坚持毛泽东思想,作了分析。阐述邓小平为发展毛泽东军事思想作出的贡献。其特点是将毛泽东军事思想的基本内容融合入现代国防的新环境中,从而赋予毛泽东军事思想以新的活力。(张德尚)

A000068 **朱德与毛泽东思想** 姜忠、杨先农著。重庆出版社1993年8月版。17万字。3.80元。以朱德一生的革命经历为主线,阐述和分析了朱德的军事、党建、经济等方面的思想,以及它在毛泽东思想体系中的地位和作用。(张德尚)

A000069 **毛泽东哲学思想** 沧南著。重庆出版社1993年8月版。21.2万字。4.55元。将毛泽东哲学思想的基本内容概括为:实事求是;物质变精神、精神变物质;对立统一规律是唯物辩证法的最根本的规律;社会基本矛盾和两类不同性质的社会矛盾;群众路线;主观因素在一定条件下的决定作用;思想方法和工作方法等7条原则。全书除绪论外,共分6章。主要有以下特点:1.不是按照现行哲学教科书体系的模式——唯物主义、辩证法、认识论和唯物史观的框架来概括,而是从实际出发,立足于一个"新"字,概括出毛泽东哲学思想的新论述、新提法、新原则。2. 不只是概括毛泽东的哲学思想，而是概括以毛泽东为代表的我国老一辈无产阶级革命家的哲学思想。3. 把毛泽东哲学思想当作客体，进行具体的、历史的、实事求是的概括。4. 紧紧围绕着哲学思想来概括。5. 充分地反映出毛泽东哲学思想的特点，体现出它具有的中国共产党人的特色。（陶志宏）

A000070 **毛泽东领导学** 宋一秀著。河北大学出版社 1993 年 9 月版。31.2 万字。8.90 元。毛泽东领导学是以毛泽东为代表的中国共产党人，根据马克思列宁主义的领导理论，把中国长期革命实践中的一系列独创性领导经验作了理论概括，形成了适应中国情况的领导学科学体系。它的内容包含毛泽东领导思想、领导方法和领导艺术，深刻地揭示领导活动的本质、特点和规律。从理论的高度，用辩证唯物主义的观点，比较系统地论述领导科学，阐述毛泽东领导学的科学体系、基本内容、基本特点及其历史发展等。（王会）

A000071 **毛泽东墨迹** 寇锦等编。河北教育出版社 1993 年 9 月版。400 幅。76.00 元。收录毛泽东 1908 年至 1967 年间的珍贵书法作品计 400 余件，分诗词、古诗词、书信、文稿批示、题词、题字、报刊提名等 7 类编排，整体上体现了毛泽东书法艺术的全貌。为了便于读者阅读，诗词、文稿手书有释文。有些篇文的释文是作品发表时的修正稿与手书原作个别地方有出入；古诗词个别篇出入较大，因作者背诵书写时出现的笔误，释文并未 标出。（刘胜元）

A000072 **毛泽东生平著作研究目录大全** 张惠芝等主编。河北教育出版社 1993 年 9 月版。220 万字。50.60 元。收入 1936 年至 1991 年国内出版、发表的各种研究毛泽东生平、著作的图书、文章目录 3 万余条。全面系统地反映了我国各个历史时期研究毛泽东生平、思想的进展情况和丰硕成果，内容丰富。分四编：第一编，毛泽东生平事迹的学习和研究；第二编，毛泽东思想的学习和研究；第三编，毛泽东著作的学习和研究；第四编，国内毛泽东著作出版情况。各编还分别介绍国内出版的各种少数民族文字版、盲文版和外文版的有关书目。编排科学，检索方便。（张惠芝）

A000073 **论毛泽东语言艺术** 王勤主编。华中理工大学出版社 1993 年 9 月版。22.4 万字。5.50 元。毛泽东是伟大的无产阶级革命家、军事家、理论家和杰出诗人，也是一位语言艺术大师。他的文章、报告、演说、谈话和诗词等，语言异常精美，锦囊佳句，字字珠玑，熔铸了中华民族的语言精华，是现代汉语的最高典范。本书从几个有代表性的侧面，揭示毛泽东语言艺术的特色，探讨毛泽东选词择句的艺术，总结毛泽东对熟语、典故运用的规律，描述毛泽东对修辞格的运用和语言幽默的特点，概括毛泽东语言的逻辑力量，论述毛泽东语言风格的特征及其形成的原因等，展现出毛泽东语言艺术的光辉。（宋绍忠）

A000074 **毛泽东生平研究七十年** 周一平著。山西人民出版社 1993 年 9 月版。52 万字。16.50 元。以史论结合的方式，全面系统地探讨毛泽东生平研究产生、发展的历史过程，分析了各个历史时期的研究状况、研究成果及其史料价值和学术价值。并通过回顾和总结数十年来毛泽东生平研究的历史发展轨迹和现状，以大量翔实的资料、严密的逻辑论证，对毛泽东生平研究中的真真假假、虚虚实实进行了科学的辨析。（来普亮）

A000075 **《毛泽东思想研究》丛书（14 种）** 阎志民等著。陕西人民出版社 1993 年 9 月版。400 万字。丛书共 14 卷，计有：《毛泽东的人生哲学》、《毛泽东的道德思想和伟大人格》、《毛泽东方法论》、《毛泽东哲学思想史》、《毛泽东人民民主专政思想研究》、《毛泽东的意识形态学说》、《毛泽东统一战线理论与实践》、《毛泽东思想政治工作学说》、《毛泽东军事生涯》、《毛泽东与延安整风运动》、《延安时期与毛泽东思想》、《建国后毛泽东哲学思想研究》、《晚年毛泽东的艰苦探索》、《国外毛泽东思想研究述评》。丛书整体设计贯彻实事求是的原则，力求做到理论与实践相结合、历史与逻辑相结合、整个理论体系与突出特色相结合、思想体系的形成与新时期的发展完善相结合等，使丛书既能反映毛泽东思想的完整体系，又突出其精华与特色。（魏克忠）

A000076 **毛泽东人民民主专政思想研究** 郑建邦等著。陕西人民出版社 1993 年 9 月版。20 万字。8.00 元。共 6 章。第一章从“湖南共和国”的试验、苏维埃共和国的实践到人民共和国的方针等历史发展进程中，概括论述人民民主专政理论的形成；第二章论述人民民主专政的本质与功能；第三章论述在社会主义时期坚持人民民主专政的必然性和必要性；第四章论述进一步巩固和加强人民民主专政的方法和途径，指出巩固和发展工农联盟、坚持和完善人民代表大会制度和共产党领导的多党合作制度、发扬民主和健全法制等是巩固人民民主专政的根本途径；第五章论述坚持中国共产党的领导是坚持人民民主专政的关键；第六章论述人民民主专政思想在社会主义现代化建设新时期的创新和发展。指出作为“四项基本原则”之一的人民民主专政是党在新时期的基本路线的重要内容,它必须服务于经济建设这个中心,同时还分析论述了“一国两制”思想与巩固和发展人民民主专政制度的关系。收入“毛泽东思想研究丛书”。(张海潮)

A000077 **毛泽东在延安** 李鸿义等。陕西人民出版社 1993 年 9 月版。3 万字。照片:400 幅。285.00 元。为纪念毛泽东诞辰 100 周年而编辑出版。收入毛泽东及其战友在延安 13 年间的 400 余幅照片。画册共分 13 个部分:民族解放开新篇;凤凰山麓展宏图;杨家岭畔指航程;枣园灯火映天红;王家坪上绕雄兵;延安窑洞育英才;自力更生奏凯歌;整风运动成创举;弥天大勇为和平;陕北高原帅旗飘;群众领袖心连心;一代伟人亦凡人;革命战友情谊深。图文并茂,以图为主,用中英两种文字说明。生动体现毛泽东在延安领导中国革命的实践和伟业,全面展示毛泽东及其战友在延安时期的雄才大略和精神风貌。画册是一幅珍贵的历史记录,是中国共产党人历史脚步的写照。(魏克忠)

A000078 **毛泽东与延安整风运动** 房成祥、宋易风著。陕西人民出版社 1993 年 9 月版。20.1 万字。8.00 元。“毛泽东思想研究丛书”之一。共 14 章。对延安整风运动的历史背景、理论准备、整风学习、方针方法、整顿三风、党的历史经验、整风的几个阶段和过程都作具体的论述。对“六届六中全会”、“西北局高干会”、延安文艺界的整风、《关于若干历史问题的决议》及党的七大会议都作生动的论述。作者吸收党史研究的新成果、新资料,叙述许多史实珍闻及动人故事,这对于新时期执政党的建设有着重要的借鉴作用。(崔茂盛)

A000079 **毛泽东方法论** 商孝才、李有忠主编。陕西人民出版社 1993 年 9 月版。32.2 万字。10.70 元。共 20 章,分别对毛泽东方法论在毛泽东思想体系中的地位,毛泽东方法论的形成与发展、结构与层次、思想理论基础与社会实践价值等重要内容进行分析探讨。指出,毛泽东方法论是以马克思主义哲学基本原理为依据,对理论应用于实践的经验概括,是实现理论即实践不可缺少的环节和桥梁。还论述毛泽东方法论的科学体系和层次结构。认为它是由思想方法、工作方法、领导方法以及由此而生的实际工作中的各种具体原则、规定所组成。实事求是的方法是毛泽东方法论的最基本、最重要的方法,是整个方法论生成和不断得到创新性发展的根本所在。以实事求是的方法为出发点研究毛泽东方法论的产生、形成和发展,是贯穿全书的一条主线。突出了方法论的实践价值,尤其是在社会主义现代化建设条件下方法论的作用。收入“毛泽东思想研究丛书”。(张海潮)

A000080 **毛泽东统一战线理论与实践** 吴国衡著。陕西人民出版社 1993 年 9 月版。19.7 万字。19.70 元。共 14 章。分别论述毛泽东统一战线思想产生的历史条件及理论基础;统一战线在中国革命史上的地位和作用;统一战线在中国革命不同历史时期的联盟形式;无产阶级在统一战线中的领导权及其斗争策略;统一战线的策略原则、政策方针以及我党在与各民主党派、知识分子、华侨、民族、宗教国际事物中的统一战线原则与政策。书中指出,毛泽东统一战线理论是马克思主义战略策略思想同中国革命实践相结合的产物,是中国革命和建设事业取得胜利的武器。它对于新时期的改革开放、建设有中国特色的社会主义、国内建立爱国的统一战线、国际建立反霸权的统一战线都有积极的借鉴作用。收入“毛泽东思想研究丛书”。(崔茂盛)

A000081 **毛泽东大典** 李峰华等主编。沈阳出版社 1993 年 9 月版。300 万字。3 册。240.00 元。研究毛泽东的大型资料工具书。全面系统地汇集海内外研究毛泽东的生平业绩、著作思想及其影响的成果,从浩如烟海的研究论文、著作及生平传记资料中,选取具有理论深度、历史价值和代表性的内容,从总体上再现毛泽东光辉灿烂的一生,以及毛泽东思想宝库博大精深的丰富内涵。分 3 卷:《生平·业绩·风范卷》、《思想·智慧·方法卷》、《传播·研究·影响卷》。附录有毛泽东大事记和毛泽东著作、文电、言论年表。每卷开篇都选载毛泽东在不同时期的珍贵历史图片。(曹福志)

A000082 **毛泽东和党外朋友们** 邵康编。团结出版社 1993 年 9 月版。31 万字。6.80 元。介绍毛泽东和党外人士友好交往的纪实作品。我国伟大的无产阶级革命家毛泽东,在长期的革命斗争和社会主义事业的实践中,与许多的民主党派、无党派爱国人士有过广泛的交往。该书生动地记述了他和宋庆龄、鲁迅等众多国民党人士、民主党派人士,以及其他无党派人士、文化界人士、宗教界人士、爱国侨胞、清朝遗族、老师和同学等的广泛交往。书中以当事人的亲历亲闻,叙述了毛泽东与他们交往的感人故事,揭示了毛泽东在统一战线工作中的巨大贡献和革命家风范,展示出毛泽东重情义、好交往,富于人情味

的生活侧面。(唐得阳)

A000083　**毛泽东的伦理思想**　唐能赋著。西南师范大学出版社 1993 年 9 月版。30 万字。5.90 元。为纪念毛泽东诞辰 100 周年而作。全书 12 章。第一章毛泽东的伦理思想的形成、特征及其研究价值;第二章毛泽东的早期伦理思想;第三章毛泽东论道德遗产的批判继承;第四章毛泽东的人性论与人类之爱;第五章毛泽东的物质利益观与无产阶级革命道德;第六章毛泽东论国家、集体、个人三者利益兼顾的集体主义原则;第七章毛泽东的为人民服务思想;第八章毛泽东论爱国主义与国际主义;第九章毛泽东的人道思想和革命的人道主义;第十章毛泽东论婚姻家庭道德;第十一章毛泽东论道德评价上的革命功利主义;第十二章以培养新人为目标的道德教育和道德修养。对毛泽东伦理思想的形成和发展,它的主要内涵及其特征,以及如何批判地继承道德思想遗产,如何培养和树立革命人生观和道德观,作深刻的分析和论述。(于朝贵)

A000084　**毛泽东科学社会主义思想研究**　张大中等主编。中国人民大学出版社 1993 年 9 月版。25.5 万字。6.10 元。纪念毛泽东诞生 100 周年理论专著。系统论述毛泽东科学社会主义思想的主要内容和形成发展,着重阐述中国革命的性质、道路和依靠力量,由新民主主义向社会主义转变的理论,社会主义社会的基本矛盾和根本任务,社会主义的阶段划分,人民民主专政理论,统一战线思想,中国工业化道路,正确处理人民内部矛盾,共产党与民主党派的关系,"双百"方针,民族问题,执政党建设,三个世界的理论等。讴歌毛泽东从民主革命到社会主义革命、社会主义建设的伟大实践和理论贡献。书中还把邓小平建设有中国特色的社会主义理论,作为对毛泽东科学社会主义思想的丰富和发展进行论述。作者指出,这种丰富和发展,使毛泽东思想发展到了一个新的阶段。(姚洪芳)

A000085　**毛泽东手书选集(十卷本)**　中央档案馆编。北京出版社 1993 年 10 月版。900.00 元。为纪念毛泽东诞辰一百周年,由中央档案馆从浩繁的馆藏毛泽东手迹中,精选出一批珍品,并经中央文献室审稿汇编成册。该套书比较全面地展现毛泽东书法艺术的发展历程,展现毛泽东书法的巨大魅力和光辉成就。这些手迹不但是书法艺术之瑰宝,而且许多都是革命历史的重要记录。读者在欣赏书法的同时将会感受到毛泽东思想的博大精深,毛泽东革命情操的光彩照人。全书共 10 卷:第一卷为自作诗词;第二卷题词题字;第三、四卷为书信;第五、六卷为文稿;第七、八卷为批注和札记;第九、十卷为古诗词。(董维东)

A000086　**东方教育的崛起——毛泽东教育思想与中国教育 70 年**　崔相录主编。河南教育出版社 1993 年 10 月版。51.6 万字。14.40 元。以历史与逻辑的统一为原则,在国际、国内大时空中,以深邃的哲学反思和大笔勾勒与工笔细描的笔法,叙述中国由新民主主义教育向社会主义教育历史转折过程中毛泽东教育思想的产生和发展,教育政治化尝试的困顿与追求中国化的艰难探索,以及改革开放时期教育改革与振兴的时代特征,对"文革"时期的教育状况作客观描述和实事求是的评价。通过探讨新民主主义革命时期、建立社会主义基本制度时期、"文化大革命"时期、新的历史时期 4 个历史阶段的教育,揭示毛泽东教育思想与中国教育发展的关系。(赵嵩)

A000087　**毛泽东的戎马生涯**　秦焰著。河南人民出版社 1993 年 10 月版。35.8 万字。14.00 元。从 1927 年毛泽东领导著名的秋收起义始,详细地记述毛泽东根据当时的中国实际,创造性地提出以农村包围城市、最后武装夺取政权的光辉思想和"十六字诀",创建井冈山等根据地,粉碎了国民党的第一、二、三、四次围剿,并在中国革命的危急关头,挽救了党,挽救了红军,指挥红军四渡赤水,巧渡金沙江,强渡大渡河,过雪山草地,胜利到达陕北。在随后的抗日战争和解放战争时期,突出了毛泽东运筹帷幄,决策英明,领导人民赶走日本侵略者,打败蒋介石,取得了新民主主义革命的最终胜利。随后又以大无畏的革命英雄气概,命令我军抗美援朝,并夺得最后胜利,打击了美帝国主义的嚣张气焰。书中突出毛泽东的伟大军事思想、军事艺术和指挥谋略,讴歌无数革命先烈其中包括毛泽东自己 6 位亲人为中国革命的胜利和全国人民的解放,不惜抛头颅、洒热血的动人事迹。(张志林)

A000088　**毛泽东与中国社会主义**　谢经华主编。湖北人民出版社 1993 年 10 月版。26 万字。8.60 元。共 15 章。全面地论述了"探索中国社会主义的一代宗师毛泽东"对建设新中国的丰功伟绩。其主要内容有:"毛泽东论解放和发展生产力","毛泽东论农业是社会主义国民经济的基础","毛泽东论中华民族独立与统一","毛泽东对中国社会主义的哲学思考"等。尤其是最后一章,对毛泽东的社会主义探索从哲学的高度作了总结和反思,提出若干富有历史哲理性的观点。恰当地评述了毛泽东对中国人民的历史贡献,充分体现了历史唯物主义的科学精神。作者认为毛泽东在中国社会主义建设过程中,提出的正确理论主要有:正确区分和处理两类不同性质的社会矛盾;党的工作重心应集中力量发展社会生产力;正确处理农业、轻工业的关系,实现工农业同时并举;利用价值法则建设社会主义;发挥中央和地方两个积极性;实行共产党领导下的多党合作制度;调整党的知识分子政策,认真贯彻“双百”方针;规划了分“两步走”的战略等。这些都是毛泽东留给我们的理论财富。(程世德)

A000089 **毛泽东在湖北** 刘继增等主编。湖北人民出版社1993年10月版。25万字。8.50元。为纪念毛泽东诞辰100周年而编写,展示了毛泽东在湖北的风采。从“烟雨莽苍苍,龟蛇锁大江”的艰辛岁月,到“极目楚天舒”、“高峡出平湖”的辉煌历程,毛泽东始终格外关注湖北武汉。作者集20年研究成果,生动地记叙毛泽东从1918年赴京途经武汉,到1975年最后一次穿行荆楚大地的57年间的战斗、欢歌、创痛与成功。作品多角度、多方位地展示毛泽东的音容丰姿、雄韬伟略,使读者能更真切地一窥伟人全貌。武汉是毛泽东留下两首著名诗词的城市,是他不少闪光理论奠基的热土。毛泽东多次在这里畅游长江,指点江山。作者有机地将史料与科学性结合起来,用毛泽东诗词原句作为章节标题,增强了可读性。书中收有毛泽东在湖北活动的照片30余幅,以及在湖北留下的墨迹10余幅;并着重整理了毛泽东在湖北活动日志;附录了有关当事人的回忆文章。(程世德)

A000090 **毛泽东之魂** 陈晋著。吉林人民出版社1993年10月版。30万字。11.80元。论述毛泽东个性魅力的专著。从文化个性这个角度剖析毛泽东作为一代伟人在性格上所具有的多重性,以及这些性格所具有的独特魅力。并把毛泽东的个性放在“毛泽东之魂”的位置上来展开。毛泽东是诗人、哲学家,也是政治家、国家管理者。通过对毛泽东性格的剖析,揭示一代伟人毛泽东的内心世界,了解毛泽东的主体特征,对毛泽东的一些功过做出新的层面分析。(关静)

A000091 **理论家笔下的毛泽东** 廖盖隆主编。江西人民出版社1993年10月版。45万字。15.00元。收论文36篇,汇集理论界对毛泽东思想研究的最新成果。(朱卫东)

A000092 **领袖与故乡** 韶山毛泽东同志纪念馆编。岭南美术出版社1993年10月版。2万字。300幅图。85.00元。画册。为纪念毛泽东同志诞生一百周年而编辑出版。分7部分:一、引言;二、家世;三、湖湘奇才;四、数归故里;五、桑梓情深;六、遗物珍品;七、光炳千秋。(黎服兵)

A000093 **中外毛泽东思想研读通览** 邢贲思主编。南开大学出版社1993年10月版。200万字。90.00元。分9篇,1~6篇有选择地介绍和评述毛泽东、周恩来、刘少奇、朱德、邓小平、陈云的原著(包括选集、文集、专题汇编、单篇著作),以及研究他们的思想、生平传记等有影响的著作和文章,并列有有关参考工具书、党的有关文献和研究机构团体、刊物等。第七篇是毛泽东、周恩来、刘少奇、朱德、邓小平、陈云的著作综录(年表),收编他们在各个时期撰写并公开发表的文献,包括文章、文稿、报告、讲话、诗词、书信、批注、电文、题词等。第八篇是有关毛泽东思想的各种图书题录,比较完整地反映国内外各个时期,用各种文字出版的有关毛泽东思想的著作。第九篇是有关毛泽东思想的报刊论文题录,收编国内外报刊发表的有关毛泽东思想及其主要代表人物的论著和生平论文。中、英、日、德、俄、朝、蒙、西班牙等各文种的资料齐全,是研究毛泽东思想的大型工具书。(张世甲)

A000094 **社会主义建设时期毛泽东哲学思想研究** 何乃光、杨启辰主编。宁夏人民出版社1993年10月版。26万字。8.10元。论述毛泽东辩证法思想、认识论思想、科学真理观、唯物辩证的自然观、社会主义社会的基本矛盾的思想、两类社会矛盾的思想、社会主义社会阶级斗争的理论、群众观点和群众路线思想的发展、社会主义建设辩证法的思想、民主集中制的辩证法思想、思想政治工作的辩证法等。探讨毛泽东哲学思想在社会主义建设时期(1956~1976)的新发展,在党的十一届三中全会以后,我们党提出建设有中国特色的社会主义的理论,并根据新时代的发展和实践的需要发展了毛泽东哲学思想。(张钟和)

A000095 **毛泽东军事生涯** 中国人民革命军事博物馆编辑。人民出版社1993年10月版。480.00元。大型画册。生动地再现毛泽东一生的军事实践活动。画册共精选毛泽东的照片、手迹、文物等683件,其中首次公开发表的有95件。画册分为3部分:第一部分主要以文字形式记载毛泽东缔造无产阶级新型人民军队,开辟中国革命正确道路,指挥人民战争和创立国防现代化理论的丰功伟绩;第二部分是画册的主体，主要以刊载毛泽东的照片、手迹、文物等资料，再现了毛泽东在中国革命各历史时期的主要军事活动和毛泽东军事思想的精华；第三部分是毛泽东军事实践活动大事年表。画册全面、生动地记录了毛泽东从一位进步青年成为运筹帷幄、决胜千里的伟大革命家、战略家的整个历程。并从中国革命战争的特点和战略决策、战争全局的高度，历史地、全面地反映了毛泽东在创建人民军队，开辟革命根据地，组织指挥人民战争，制定正确的战略战术，保卫社会主义建设和建立国防现代化，维护世界和平等方面表现出的指挥艺术和领导才能。从整体上看，画册是一部生动活泼、形象直观的中国共产党领导下的军战史。（张连仲）

A000096 **毛泽东诗词手迹选** 张志高、崔宝堂编。三秦出版社 1993 年 10 月版。14 印张。19.50 元。编辑毛泽东手书的自作诗词 28 首，基本按诗词创作的年代编排，这些诗词创作的时间自 1923 年至 1964 年，经历了中国现代革命和建设的几个重要阶段，同时也是毛泽东书法艺术形成、完善和达到登峰造极的几个阶段。通过毛泽东诗词手迹，突出表现了毛泽东书法艺术的风貌和特点，同时每首诗词前均附有铅排繁体字，以便读者对照阅读和欣赏。本书书论结合，通过毛泽东手书自作诗词，展现了他那笔走龙蛇、行草结合、随意挥洒、灵动峻拔、起伏跌宕、气势雄强、仪态万千的艺术风采；书末《毛泽东书法艺术评述》一文，对毛泽东书法艺术的地位、其书法艺术形成的历程和特点及其书法美学观等方面作了分析和介绍。（靳疆）

A000097 **毛泽东哲学思想史** 周树志著。陕西人民出版社 1993 年 10 月版。45.7 万字。14.30 元。全书有以下特点：一、立足史实，论从史出。把毛泽东思想置于中国现代革命史和中国现代哲学史的宏大背景中，突出毛泽东哲学思想在中国现代哲学史上的主流派地位和无与伦比的高大形象。二、贯彻历史与逻辑相统一的原则，力求从堆积如山的史料中分析毛泽东哲学思想的内在逻辑。作者把毛泽东哲学思想的发展划分为四个时期，即萌芽时期（1899～1921）、形成时期（1921～1935）、成熟时期（1935～1945）、发展时期（1945～1967）。三、把毛泽东哲学思想体系的内容概括为“立场论”、“观点论”和“方法论”，并说明立场论是由彻底的唯物主义立场、自觉的无产阶级立场和坚定的独立自主立场构成的子系统；观点论是由实事求是的一元观、知行统一的认识观、对立统一的宇宙观和人民大众的历史观构成的子系统；方法论是由调查研究的认识方法、矛盾分析的思想方法、阶级分析的历史方法和群众路线的工作方法构成的子系统。立场论是前提，观点论是核心，方法论是归宿，使毛泽东哲学思想成为具有严密完整的逻辑结构的科学体系。收入“毛泽东思想研究丛书”。（魏克忠）

A000098 **毛泽东思想政治工作学说** 张蔚萍主编。陕西人民出版社 1993 年 10 月版。22 万字。8.50 元。《毛泽东思想研究》丛书之一。共 5 章。分别对毛泽东思想政治工作学说的基本内容、实践渊源，毛泽东思想政治工作学说在民主革命时期的产生、形成和成熟，在社会主义时期的成功运用和曲折发展，毛泽东思想政治工作学说的理论体系与基础原理，毛泽东思想的政治工作学说在新时期的丰富和发展等内容进行多层次的分析探讨。既总结概括了毛泽东思想政治工作学说在民主革命和社会主义建设时期的成功运用和发展，又论证了在建设有中国特色的社会主义现代化新时期，充分运用和发挥我们党这一精辟学说和优良传统的现实必要性及其深远的历史意义。并对在实践中的失误进行实事求是的探讨。（张海潮）

A000099 **毛泽东诗词 50 首解析及艺术论** 石明辉著。天津教育出版社 1993 年 10 月版。29.5 万字。5.90 元。由“毛泽东诗词解析”和“毛泽东诗词艺术论”2 部分组成，前一部分对毛泽东的 50 首诗词逐篇进行笺注和解析；后一部分对毛泽东诗词作综合性的艺术研究，侧重于艺术分析和美学评点。（戴正兴）

A000100 **西方学者论毛泽东** 洪峻峰编。厦门大学出版社 1993 年 10 月版。21 万字。5.80 元。毛泽东是一位世界性的历史巨人。西方学者十分重视对毛泽东的研究，出版了大量论著，并从各自的立场提出一系列的论点。系统介绍有较大影响的西方学者的代表性观点，了解西方毛泽东研究的概貌，对于扩大我们的视野，推动对毛泽东和毛泽东思想的研究，是很有意义的。本书所选论文作者以欧美学者为主，包括了美国、法国、英国、澳大利亚的 12 位著名学者。内容包括两个方面：一是关于毛泽东的思想演变；二是关于毛泽东思想的各个层面。编者撰写的《西方毛泽东研究述评》，把欧美学者提出的毛泽东的思想渊源和思想性的判定归纳为三个论题，即：一、毛泽东的思想与马克思主义的关系；二、毛泽东的思想与中国文化传统的关系；三、毛泽东的思想与空想社会主义。并分别对各个学者的立场、观点和方

法,作扼要评述。(周养性、黄茂林)

A000101 **毛泽东思想的双重渊源** 汪澍白著。厦门大学出版社 1993 年 10 月版。13.7 万字。4.00 元。作者认为,毛泽东思想有双重文化渊源:一是作为西方文化最高成果的马克思主义,一是中国文化传统。本书是作者阐述、论证这一观点的文集。文章分为 3 组。第一组文章论述毛泽东思想的民族文化渊源,其中最重要的是探讨毛泽东军事辩证法思想的渊源。作者认为,毛泽东在战争年代并未专门学过马列的军事理论,他指挥革命战争的战略战术思想,主要是继承了中国古代的兵家韬略。文章还分析了毛泽东在建国后日益沉迷于中国历史古籍的原因,揭示了中国文化传统对毛泽东后半生的双重影响。第二组文章探析毛泽东对马克思主义著作和理论的学习、继承、运用和发展。作者着重考察毛泽东在延安时期攻读马列著作的情况,认为批读 30 年代苏联哲学著作是他当时学习马列主义的主要渠道。作者把毛泽东的早期思想看作是毛泽东成熟思想的准备阶段和胚胎时期。第三组文章分别论述王夫之的学说和胡适的实验主义对毛泽东早期思想的影响,以及青年毛泽东接受马克思主义,实现思想根本转变的过程。其中关于胡适对青年毛泽东的思想影响及其作用的论析,是毛泽东早期思想研究中的重要突破。(黄茂林)

A000102 **毛泽东诗词画意** 吴战垒、王翼奇主编。浙江古籍出版社 1993 年 10 月版。6.5 万字。图 50 幅。80.00 元。以国画形式再现毛泽东正式发表过的全部诗词的崇高壮美意境,其中有潘天寿、李可染、吴茀之、陆俨少的遗作,还有吴山明、卢坤峰、孔仲起、童中焘、卓鹤君、吴永良、张凭等著名画家的作品,堪称精品荟萃。并收有臧克家、周振甫、王季思、钟敬文等名家的精要评析。(郝华)

A000103 **毛泽东邓小平与中国现代教育** 雷晋虞主编。中国国际广播出版社 1993 年 10 月版。9.80 元(精);6.80 元(平)。集中地反映了中国近现代教育改革和发展的理论成果和实践经验。其主要特点是:一、正确评价了毛泽东、邓小平在中国现代教育史上的历史地位和卓越功勋;二、比较系统地阐明毛泽东教育思想由萌芽、初步形成到不断完善、发展的过程,作者认为,邓小平提出的建设有中国特色的社会主义教育的新见解,把毛泽东思想推向新的阶段;三、比较全面地揭示了毛泽东教育思想的科学体系及其基本特征;四、对毛泽东教育思想的理论渊源和社会影响作了探讨。研究了毛泽东、邓小平是怎样运用历史唯物主义方法对本民族的传统教育进行改造和继承,而对国外教育的有益成分给予吸取和借鉴。(吕佩浩)

A000104 **毛泽东之路** 郑谦、林蕴晖等著。中国青年出版社 1993 年 10 月版。126.6 万字。4 册。68.70 元。为纪念毛泽东诞生 100 周年出版的大型传记书系。共 4 卷:《横空出世——1935 年以前的毛泽东》(胡长水、李瑗著),写毛泽东的早期经历,童年和学生时代;从民主主义者到共产主义者的转变。《民族救星——1935～1945 年的毛泽东》(张树军、雷国珍、高新民著),写毛泽东由遵义会议进入中国共产党领导核心,到成为中共领袖的历程。《立国兴邦——1946～1955 年的毛泽东》(庞松、林蕴晖著),写毛泽东从抗战胜利到建立新中国、完成社会主义改造的历程。《晚年岁月——1956 年以后的毛泽东》(郑谦、韩钢著),写毛泽东最后 20 年政治生涯,对社会主义革命和建设的探索。全书着重把毛泽东一生的革命实践活动与理论贡献结合起来写。充分肯定毛泽东对中国革命的伟大贡献,指出其失误。对晚年毛泽东的评价分析尤为中肯。是一部比较有分量的毛泽东政治传记。(郑一奇)

A000105 **毛泽东思想政治学说** 黄景芳等著。重庆出版社 1993 年 10 月版。22.3 万字。4.80 元。将毛泽东思想政治学说的主要内容作全面的展示分析。其基本内容概括有:阶级论;革命论;国家论;建设有中国特色的社会主义理论;政党论;统一战线论;民族论;国际关系论等。详细阐述毛泽东思想政治学说的基本特点,毛泽东思想新民主主义革命理论,社会主义革命理论的形成和发展,建设有中国特色的社会主义理论的产生和发展。评述了毛泽东思想政治学说的历史地位。(陶志宏)

A000106 **毛泽东思想与社会主义现代化建设** 周振华著。重庆出版社 1993 年 10 月版。19.4 万字。4.30 元。分 3 章:中国社会主义现代化建设前提条件的建立;毛泽东社会主义现代化建设的理论;我国社会主义现代化建设的新阶段。全面介绍毛泽东思想中的经济思想,指出新民主主义革命的彻底胜利,为在中国实现社会主义现代化创造了最根本的前提条件;中华人民共和国建立以后,中国人民开始了伟大的社会主义现代化建设,党在十年中积累了领导社会主义现代化建设的重要经验,形成了社会主义现代化建设的基本理论;十一届三中全会后,以邓小平为核心的党中央第二代领导核心在新的历史条件下继承、捍卫和发展了毛泽东思想,逐步形成了党在社会主义初级阶段的基本路线，找到了建设有中国特色的社会主义道路，从理论和实践上，论述了中国社会主义现代化理论的形成、发展和完善的过程，以及社会主义现代化建设的发展史。（杨亚平）

A000107 **毛泽东七次入闽** 陈天绶、高伯文著。福建教育出版社 1993 年 11 月版。25.4 万字。9.00 元（平）；14.00 元（精）。共 8 章。介绍毛泽东转战闽西、闽南、闽北的革命实践活动，描述闽西革命根据地的建立、毛泽东离开领导岗位的境遇、古田会议前后及建党建军纲领的产生、工农武装割据思想的实践检验、农村包围城市和武装夺取政权等理论的形成和发展、大兴调查研究之风的丰硕成果，等等。附录还对毛泽东在福建重要活动中发生的大事，分次按时作了史实性的记载。（陈建才）

A000108 **毛泽东画传** 王吉祥、贺敏忠著。河北美术出版社 1993 年 11 月版。8.50 元。以 204 幅精美画面，每幅配有解说文字，重点介绍中国人民的伟大领袖毛泽东一生的主要事略。毛泽东的童年、少年和青年时期，他和他的战友们探索、奋斗、找到真理、战胜国内外敌人、创建人民共和国的革命历程，以及他领导党和人民进行社会主义革命和建设的辉煌篇章，书中从一个个侧面作了描绘；尤其应该提到的是，作为儿子、兄长、丈夫、父亲的毛泽东，作为学生、朋友、同窗的毛泽东，作为有着广泛爱好和普通人喜怒哀乐情感的毛泽东，书中也有形象的体现。书中绘画用写实手法，人物形象刻画生动、逼真。（王吉祥）

A000109 **毛泽东与中国文学艺术** 余飘主编。河南人民出版社 1993 年 11 月版。36.7 万字。16.00 元。阐明毛泽东为推动中国文学艺术的发展所作出的巨大贡献。主要有三方面的内容：一是毛泽东文艺思想；二是毛泽东的诗词、书法艺术；三是毛泽东对鲁迅等人，对中国古典文艺、现代文艺、解放区文艺、当代文艺的评价。还介绍许多有关的书信资料。全书注重对毛泽东的人格、文品和理论品格的相联研究。（任骋）

A000110 **毛泽东诗词全编** 徐涛编著。湖北教育出版社 1993 年 11 月版。30 万字。10.85 元。收录毛泽东诗词 75 首，附录毛泽东关于诗的书信 7 封以及毛泽东诗词的参考材料。编入的作品以公开出版的专著、文章作为依据。收入的 75 篇作品，分为“正编”、“副编”和“辑逸”三部分。正编，为毛泽东生前同意发表的作品，有的作品出版后毛泽东亲自作过修订，该作品均依时间顺序编排。对每一诗词均设“注释”、“简评”和“小考”三项，疏通字词，诠释句意，考镜史料，并阐发编者的见解。副编所录为散见于各报刊、书籍中的毛泽东诗作，亦按写作时间排列。每篇作品分“题解”与“注释”两部分，加以简要注释说明。辑逸则收录有根据毛泽东的仿作与改作，或尚存异说的作品，只用“题解”略作提示说明。（杨唐轩）

A000111 **毛泽东思想研究五十年** 韩荣璋等主编。湖北人民出版社 1993 年 11 月版。53.8 万字。22.40 元。共分 4 编：第一编纵向展示了从提出“毛泽东思想”这一科学概念的 50 年来毛泽东思想研究的历程；第二编横向展示了毛泽东思想研究的成果与状况；第三编展示了老一辈无产阶级革命家对毛泽东思想的贡献的研究成果与状况；第四编是“毛泽东思想研究大事记”和“国外毛泽东思想研究概况”。50 年来，在开展对毛泽东思想的学习、研究和宣传工作中，有成功的经验，也有失败的教训，走过的是一条曲折前进的道路。作者按照研究自身的规律和发展脉络，客观地介绍和分析了毛泽东思想研究 50 年中不同历史阶段研究的主要内容、侧重点、得与失等。还以相当的篇幅，介绍了邓小平同志对毛泽东思想的继承、丰富和发展。（雷振清）

A000112 **毛泽东教育思想研究** 王自立主编。江西教育出版社 1993 年 11 月版。33 万字。8.60 元。论文集，收论文 29 篇，分 4 部分。第一部分收论文 6 篇，探讨毛泽东教育思想的历史形成与发展、基本内容与特征、社会功能及意义。第二部分收论文 6 篇，研究毛泽东在井冈山、中央苏区、农民运动讲习所、抗大、共大等教育活动中的教育思想和教育实践。第三部分收论文 9 篇，对毛泽东教育思想的组成进行专题分析，如工农教育思想、干部教育思想、民族教育思想、历史教育思想、课程教材建设思想、教学法思想、学校德育工作、学习理论、体育保健理论等。第四部分收论文 8 篇，论述周恩来、刘少奇、邓小平、徐特立、李维汉等老一辈无产阶级革命家对毛泽东教育思想的形成和发展所作出的巨大贡献。论文从不同角度，不同侧面介绍了学习毛泽东教育思想的体会，并介绍邓小平继承和发展了毛泽东教育思想，使我国的教育事业沿着正确的方向发展。（熊阳）

A000113 **毛泽东军队政治工作思想研究** 杨永斌主编。军事科学出版社 1993 年 11 月版。30 万字。8.00 元（平）；11.50 元（精）。分 4 编：绪论、原理编、内容编、组织领导编。从马克思主义哲学、政治经济学、科学社会主义、无产阶级军事学说、党的建设理论、中华民族优秀文化遗产和苏联红军的经验等多方面分析入手，确立毛泽东军队政治工作思想是熔精华于一炉，是指导军队政治工作建设的法宝，既有深刻的理论内涵又有实践意义。特别是结合我军成长发展史、结合市场经济新特点的论述，对指导当前军队政治工作建设有重大意义。(陈学军)

A000114 **毛泽东书法大字典** 中央档案馆编。人民出版社 1993 年 11 月版。1058 幅。150.00 元。从中央档案馆珍藏的数万件毛泽东手稿中，选出有代表性的篇幅 5000 多件，选出单字 10 万多个汇编而成。字典共收入首文字 3094 个，重文字累计 13739 个，均按 1979 年版《辞海》部首检字法编排。书后收录 38 件完整的毛泽东书法佳作。还收录了 46 个毛泽东在不同时期的亲手签名。(王能雄)

A000115 **毛泽东的军事生涯** 王天晞著。陕西人民出版社 1993 年 11 月版。33 万字。11.60 元。分 5 编 13 章。第一编为第一次国内革命战争时期，主要研究毛泽东军事思想产生的历史环境和他的游击战争生涯。第二编是第二次国内革命战争时期，着重研究毛泽东在建立农村根据地，寻求适合中国革命道路，创建人民军队，建立革命武装的历史时期的军事活动。第三编抗日战争时期，着重阐述毛泽东军事思想形成比较完整系统的科学体系的主客观条件：一是以毛泽东为首的全党全军最高统帅部坚强有力的领导作组织保证；二是以含有丰富军事内容的毛泽东重要著作的发表为标志；三是与全党全民族抗日战争的伟大实践紧密相连。第四编解放战争时期，论述在这一历史时期毛泽东进一步揭示战争发展规律，在人民军队、人民战争和人民战争的战略战术三个方面的创新和发展。第五编中华人民共和国成立后。主要从六个方面研究以马克思主义为指导，从中国实际出发的毛泽东国防建设理论。收入“毛泽东思想研究丛书”。(潘丽华)

A000116 **国外毛泽东思想研究评述** 陈葆体主编。陕西人民出版社 1993 年 11 月版。34.8 万字。11.80 元。毛泽东思想在世界范围产生广泛的影响，国外许多学者根据各自的立场、观点和方法，抱着不同的目的对毛泽东思想进行了广泛的研究，发表了大量的论文和专著。其中良莠参差、泥沙混杂，在所难免。作者运用马克思主义的观点对国外的毛泽东思想研究作了介评。全书共 9 章。分别以毛泽东思想在国外的传播，关于毛泽东思想来源问题的大论战，关于毛泽东的哲学思想、政治思想、军事思想、经济思想、文化思想、伦理思想等主题，对毛泽东思想在国外的传播和影响，国外专家学者研究毛泽东思想的方法、成果及失误，进行系统的评析。收入“毛泽东思想研究丛书”。(张海潮)

A000117 **毛泽东思想研究大系** 陈至立等编。上海人民出版社 1993 年 11 月版。204.9 万字。7 卷。104.00 元。论述毛泽东思想和邓小平建设有中国特色社会主义理论的著作。共 7 卷：总论卷(巢峰、李君如主编)、哲学卷(冯契主编)、政治卷(王邦佐主编)、经济卷(蒋学模主编)、文化卷(罗洛主编)、军事卷(郑文翰主编)、党建卷(严家栋主编)。总论卷从整体论述毛泽东思想和建设有中国特色社会主义理论的形成、发展、历史地位和指导意义，着重阐述马列主义与中国实际相结合的两次飞跃——毛泽东的新民主主义理论和邓小平的建设有中国特色社会主义理论。其他各卷，分别从各自领域进行深入具体的阐述。(郝盛潮)

A000118 **毛泽东文艺思想大辞典** 冯贵民、高金华主编。武汉出版社 1993 年 11 月版。243 万字。70.00 元。阐释毛泽东文艺思想的基本内容、举要介绍毛泽东文艺思想实践及研究成果的大型工具书。分 10 部分：一、总论；二、毛泽东文艺思想的基本内容；三、毛泽东及其他领导人论文艺；四、毛泽东及其他领导人论文艺中的文艺家、文艺作品及作品人物、文艺术语、成语典故、报刊社团；五、毛泽东诗词、对联、书法选；六、有关文艺的文件、法规选；七、有关文艺的社论、言论选；八、毛泽东文艺思想实践成果举要；九、毛泽东文艺思想研究成果举要；十、《在延安文艺座谈会上的讲话》在国外。共收辞条 4300 条。末附《毛泽东文艺思想发展纪年》、《毛泽东文艺思想研究索引》和《条目笔画索引》。立条和释文以《中国共产党中央委员会关于建国以来党的若干历史问题的决议》、江泽民《在中国共产党第十四次全国代表大会上的报告》为指导思想，力求以辞典形式，准确、客观、科学地介绍和评价毛泽东文艺思想的哲学基础、产生的历史条件、科学体系、基本特征、方法论意义、美学命题等；阐释毛泽东文艺思想对建设有中国特色的社会主义文艺的指导意义，以及坚持、发展毛泽东文艺思想的基本原则。该书收立毛泽东、周恩来、邓小平、江泽民等 30 余位党和国家领导人论述文艺的词条，扼要反映党的三代领导集体对文艺建设的观点、态度。(潘长胜)

A000119 **毛泽东教育思想研究** 张健主编。浙江教育出版社 1993 年 11 月版。35 万字。11.00 元。论述毛泽东教育思想是马克思主义教育原理与中国革命具体实践相结合的产物，它指导和推进了新中国教育事业的前进、改革和发展。作者力图站在辩证的和历史的高度研究毛泽东教育思想，围绕着毛泽东关于教育的一系列论述和具体的教育事例展开研究。其主要专题有："从中国国情出发创立人民教育学说"、"改造旧教育，建设新教育"、"教育同生产劳动相结合"、"培养全面发展的人"、"百花齐放，百家争鸣"、"古为今用，洋为中用"、"教育应着重为工农兵服务"、"坚持实行多种形式办学方针"、"发展民族教育"、"加强党对人民教育事业的领导"等，共有 16 个专题。(余龙文)

A000120 **毛泽东的教育实践** 张健主编。浙江教育出版社 1993 年 11 月版。25 万字。9.00 元。为《毛泽东教育思想研究》的配套读物。较全面地收集毛泽东教育实践的历史资料，吸收教育理论界有关毛泽东教育思想和教育实践研究的成果，如实地描述和分析了毛泽东教育实践和发展轨迹，特别注重毛泽东在社会教育和学校教育实践方面的内容，可由此发现毛泽东在各个历史时期提出的教育观点的历史背景以及和知识分子交往的感人情景。书末附有"毛泽东教育实践活动大事年表"。(余龙文)

A000121 **坚持和发展毛泽东思想** 浙江省委宣传部编著。浙江人民出版社 1993 年 11 月版。28.8 万字。8.60 元。收入论文 29 篇。论文坚持理论与实际相结合的原则，就毛泽东思想的主要内容，邓小平对毛泽东思想的继承和发展、对建设有中国特色社会主义理论的创立所作出历史性重大贡献，以江泽民为核心的中央领导集体领导有中国特色社会主义事业取得更大胜利的基本实践等重大问题，从不同的侧面进行研究和阐发。(潘邦顺)

A000122 **毛泽东青年工作书信·题词·文稿手迹选** 共青团中央青运史工作指导委员会、中国青少年研究中心编。中国青年出版社 1993 年 11 月版。12 万字。9.30 元。为纪念毛泽东诞辰 100 周年而选编的毛泽东有关青年工作的手迹选。共收题词(为抗大题词，为"五四"青年节题词，为全国青少年开展学习雷锋活动题词等)、书信(致毛岸英、毛岸青，致刘少奇、朱德、周恩来、任弼时、冯文彬的信，关于注意学生健康问题给马叙伦的信等)、批复、按语(对北京市委关于小学生费用负担情况的报告的批语，《一个受欢迎的农业技术夜校》一文按语等)手迹 58 件，其中除题词和几件书信手迹系选自《毛泽东题词墨迹选》和《毛泽东书信手迹选》外，其余 31 篇书信和文稿，是根据中央档案馆提供的原件印制，第一次正式公开发表。这是集手迹欣赏与内容指导于一体的珍贵的学习资料。(李晓丽)

A000123 **中国出了个毛泽东画卷** 毛岸青、邵华主编。中国少年儿童出版社 1993 年 11 月版。971 幅。11.50 元。绘画本毛泽东传记。为纪念毛泽东诞辰 100 周年而出版。前言《我们心中的话》为毛岸青、邵华撰写。(胡建中)

A000124 **刘少奇与毛泽东思想** 金春明、朱地著。重庆出版社 1993 年 11 月版。13.4 万字。3.30 元。毛泽东思想是马克思列宁主义在中国的运用和发展，是中国共产党集体智慧的结晶。刘少奇在毛泽东思想的形成和发展过程中，是有杰出贡献的。在中国共产党的历史上，刘少奇第一次科学地阐明毛泽东思想的定义并系统论述其主要内容。刘少奇是中国革命大转变中的独立思考者，他强调在转变关头要加强马列主义学习，不搞教条主义、经验主义，明确提出恢复和发展中国经济是建国后的中心任务，反对很快地向社会主义转变；主张先工业化、后农业集体化，认为用合作化防止农村两极分化是空想。刘少奇是社会主义新道路的勇敢探索者。他认为中央政策是否正确要在实践中检验，提出跃进的唯一出路是靠科技，坚持按劳分配，可以搞点物质刺激。刘少奇是党的建设理论的独特贡献者，他提出了"毛泽东建党路线"的科学概念，阐明党的理论准备工作的重要作用。(郑玲)

A000125 **毛泽东与中国传统文化** 王凤贤等著。安徽人民出版社 1993 年 12 月版。470 万字。15.00 元。毛泽东对中国社会和文化的影响是巨大的。毛泽东思想的形成过程既是毛泽东本人把西方先进的思想同中国的具体实际相结合的过程，又是对中国传统文化批判和继承的过程。毛泽东及毛泽东思想与中国传统文化的关系，构成了毛泽东研究的极其重要的方面。本书分 10 章，分别就毛泽东与中国传统哲学、政治思想、社会理论、经济思想、伦理观念、文艺思想、教育思想、古代兵法之间的内在联系，作理论阐释，从中可以触摸到毛泽东思想发展的历史脉络。作者在掌握充分资料的基础上，提炼出最能反映毛泽东与中国传统文化具有内在本质联系的部分，从历史进程和逻辑关联两方面展开论述，从而得出毛泽东思想"在理论形态上是以马克思主义为基础，而在文化本质上则是植根于中国文化历史传统与现实的土壤，体现了民族思想的一个内在延续和发展"。(唐伽)

A000126 **点燃星火的人** 副名：第一次历史性转折关头中的毛泽东。宁教奎著。贵州人民出版社

1993年12月版。23.2万字。6.60元。革命史专著。论述毛泽东创造性地把马克思主义基本原理同当时中国革命的具体实践相结合，实事求是、从实际出发，对大革命失败后国内政治形势进行科学估量，对国内阶级关系新变化进行正确认识，对进攻与退却的辩证分析，对军事斗争与民众斗争关系的正确处理，对中国农村与城市关系的论述等等问题。并指出，毛泽东坚持马克思主义实事求是的思想路线，这是我们党成功地开辟具有中国特色的革命道路的根本经验。(夏昆)

A000127 **毛泽东图书辞典** 方舟、许京生主编。华文出版社1993年12月版。43.4万字。15.80元。收录1937年至1993年6月国内出版的毛泽东著作和学习、研究毛泽东思想、著作的书目和提要1365条(其中包括一种著作的不同版本，不包括外文和少数民族文字的版本)。国外和港台研究、评论毛泽东生平、思想、著作的书目119条。为反映半个多世纪以来不同历史时期学习、研究毛泽东著作和毛泽东思想的实际情况和历史特点，本书尽量收全有关方面的书目。词目撰写基本上参考原书的内容提要，未加评论。所收词目按音序排列，正文之后备有分类目录索引，将全部条目分为六大部分：(1)毛泽东著作；(2)毛泽东生平、事业研究；(3)毛泽东著作研究；(4)毛泽东思想研究；(5)纪念文集；(6)港台及外国毛泽东生平、著作研究；(7)工具书。大类含词目较多的，又分为若干小类。各书目基本依照出版年月顺序排列。(王文祥)

A000128 **毛泽东诗词鉴赏辞典** 罗炽主编。华夏出版社1993年12月版。38.3万字。22.00元。包括毛泽东诗词鉴赏、对联评点、副编、附录4部分。诗词鉴赏部分收集毛泽东诗词52首，以创作先后为序，每首诗词后附注释及赏析文章1篇；对联评点部分收集对联43副，后附注释及评点；副编收集经考证确为毛泽东所作的、非正式发表的诗词15首，注明出处；附录收入毛泽东生平暨诗词创作年表，毛泽东诗论，毛泽东评点、圈阅过的中国古典诗词目录，毛泽东诗词研究论文目录索引及本书主要参考书目等。(柯冀)

A000129 **挥师大决战** 康丽雯等著。军事科学出版社1993年12月版。25万字。12.60元。生动展现毛泽东运筹帷幄、指挥我军进行决定中国前途和民族命运的辽沈、淮海、平津三大战役这一恢宏的历史画卷。通过对毛泽东在瞬息万变的战争风云中，与前方将领通力协作、始终牢牢掌握战场主动权等细节的描写，完整再现毛泽东进行一系列重大而复杂的战略决策及战役指挥过程，包括如何说服林彪确立攻锦决心，进而把蒋军封闭在东北各个歼灭；如何在战场总兵力还少于敌军的条件下，敢于以60万的兵力，吞掉中原蒋军80万重兵集团；如何使已成“惊弓之鸟”的傅作义集团变成“笼中之鸟”，并在将其大部歼灭后，又争取20余万人接受和平改编。真实地反映毛泽东高超的指挥艺术和作为最高统帅的雄才大略。收入“中国出了个毛泽东丛书”。(夏征难)

A000130 **毛泽东军事文集** 中央文献研究室、军事科学院编。军事科学出版社、中央文献出版社1993年12月版。268万字。6册。毛泽东军事著作专集。收入毛泽东自1927年8月至1972年12月有关军事方面的文章、电报、命令、批示、信函、报告、谈话等共1 612篇。全面准确地反映毛泽东军事思想在实践中产生和发展的历史过程，历史地再现毛泽东一生在军事领域博大精深的科学创造，再现毛泽东军事思想对中国革命战争和人民军队建设、国防建设所起的重大指导作用，并体现它作为全党全军集体智慧结晶的特色。文集主要根据中央档案馆保存的毛泽东手稿、原抄件、当时出版的报刊和编印的文献等刊印。尽量保持著作原貌，只作必要的校勘、考订和标点，对文字脱落较多或辨认不清之处加注予以说明。除已收入《毛泽东选集》的若干军事著作外，大部分篇目均为首次公开发表。按历史时期编为6卷。第一卷收入土地革命战争时期的文献247篇，第二卷收入抗日战争时期的文献244篇，第三、四、五卷收入解放战争时期的文献902篇，第六卷收入抗美援朝和社会主义革命和建设时期的文献219篇。文集中大部分文稿是毛泽东本人起草或署名的，也有小部分是毛泽东与其他领导人联合署名的。是收录毛泽东军事著作较完备的一部专集。(胡哲峰)

A000131 **在毛泽东同志诞辰一百周年纪念大会上的讲话(1993年12月26日)** 江泽民著。人民出版社1993年12月版。1.4万字。大32开：1.10元；小32开：0.70元。1993年12月26日，中共中央、全国人大常委会、国务院、中央军委在北京人民大会堂隆重举行大会，纪念中国共产党、中国人民解放军、中华人民共和国的主要缔造者，中国各族人民的伟大领袖毛泽东诞辰100周年。江泽民在纪念大会上发表重要讲话，高度评价了毛泽东一生的丰功伟绩，强调毛泽东思想永远是中国共产党人的理论宝库和中华民族的精神支柱，阐述了邓小平继承、丰富和发展毛泽东思想，创立建设有中国特色社会主义理论的重大意义。江泽民说，以毛泽东同志为核心的党的第一代中央领导集体，为建设一个社会主义现代化的新中国，建立了开创性的、不可磨灭的功勋。邓小平把马克思主义基本原理同中国实际和时代特征结合起来，继承和发展了毛泽东思想，以开辟社会主义建设新道路的巨大政治勇气和开拓马克思主义新境界的巨大理论勇气，集中全党和全国人民的智慧，创造性地提出了建设有中国特色社会主义的理论。这一理论的形成，表明我们党对中国社会主义建设客观规律的认识达到一个新的境界，也表明我们党领导的建设富强、民主、文明的社会主义现代化国家的实践进入一个新的历史阶段。江泽民说，对毛泽东同志的最好纪念，就是在建设有中国特色社会主义理论和党的基本路线指引下，把他和老一辈无产阶级革命家所开创的事业继续推向前进。（王能雄）

A000132　**毛泽东年谱（1893～1949）**　中共中央文献研究室编。人民出版社 1993 年 12 月版。139 万字。3 册。44.00 元（平）；88.00 元（精）。分上、中、下三卷，记述毛泽东从 1893 年到 1949 年的经历和实践活动，反映了他对中国革命和中华民族所创立的丰功伟绩，从多侧面、多角度体现了他的科学思想体系，包括他的理论观点、战略思想、政策和策略以及关于思想方法和工作方法等，展示了他的思想发展轨迹，反映了他作为中国共产党第一代领导集体的核心，把马克思主义的普遍原理同中国革命的具体实践相结合的具体过程，表现了他的胸怀、情操、气度和风貌。融资料性、学术性和传记性为一体，以翔实可靠的历史文献资料为主要依据，澄清一些出版物中关于毛泽东生平业绩的失误记载。在写作上采取客观陈述的方法，一般不作评论。（张润生）

A000133　**毛泽东选集（1～4）卷索引**　周晓瑜等编。山东人民出版社 1993 年 12 月版。147 万字。30.00 元。是《毛泽东选集（1～4 卷）》的句子索引，供从事马列主义毛泽东思想、政治、经济、军事、文学、历史、哲学、语言学、文化学等学科研究的工作者，迅速简便查阅毛泽东的理论观点、语言文句及其背景材料的工具书。索引以人民出版社 1991 年第二版《毛泽东选集（1～4 卷）》为依据，其文字与人民出版社第一版不同者，均有注释，并列出第一版的文字；条目按汉语拼音音节顺序排列。吸收了中国传统经典索引的编排方法，并采用最新索引编排方式，使读者易于掌握和运用。（林治海）

A000134　**凌云健笔意纵横——毛泽东修辞艺术赏析**　沈永社著。山东人民出版社 1993 年 12 月版。12.5 万字。4.25 元。从毛泽东大量的著作、诗词、批注、笔记等中选取最具代表性的篇章、段落、词句，以对比、比喻、借代、对偶、夸张等修辞格加以分类，进行分析和评介，以使人欣赏毛泽东炉火纯青的修辞艺术。附录有毛泽东修改文稿示例、毛泽东论写作和语言修辞。（牛其负）

A000135　**毛泽东与社会预见**　卜延军著。山西人民出版社 1993 年 12 月版。18 万字。5.90 元。毛泽东在社会预见方面有较完整的理论体系和丰富的实践。本书从 10 个方面就毛泽东社会预见的特征、观点、方法、具体操作过程、成功实证、失误等详作阐述。（孙琇）

A000136　**毛泽东与美学**　蔡子谔著。山西人民出版社 1993 年 12 月版。20 万字。6.50 元。摈弃“斗争工具说”、“反映认识说”等陈见，提出毛泽东美学思想以“新”为基本范畴，以“矛盾美律”为核心内容，采用与毛泽东特殊的审美实践与美学个性相适应的研究方法，从毛泽东的美论、诗美创造、艺术掌握、审美心态等方面详加开掘，从一个新的角度构建毛泽东美学思想的体系。收入“毛泽东研究新视野书系”。（孙琇）

A000137　**毛泽东与中国国情**　张文忠等著。山西人民出版社 1993 年 12 月版。16 万字。5.60 元。研究国情是一切革命与建设的出发点。毛泽东在长达近半个世纪的革命活动中有其独特的调查、研究中国国情的思想与实践，并以其对中国国情的深刻认识形成了关于中国革命的理论。本书分析了毛泽东研究国情的特征，并从时序结构、地域结构、要素结构、阶级结构、矛盾结构诸方面作了论述，从而令人信服地感到建设有中国特色社会主义理论是毛泽东国情思想的发展。收入“毛泽东研究新视野书系”。（孙琇）

A000138　**毛泽东与国防**　唐复全著。山西人民出版社 1993 年 12 月版。17 万字。6.00 元。从历史与逻辑相统一、理论与实践相结合的原则出发，系统研究毛泽东关于国防理论问题的论述与实践，提出毛泽东思想体系中的国防功能论、国防宗旨论、国防战略论、国防建设论、国防斗争论和国防决策论，探讨了在新历史条件下毛泽东思想的运用和发展。收入“毛泽东研究新视野书系”。（孙琇）

A000139　**毛泽东在延安丛书**　杨植霖、强晓初编。陕西人民教育出版社 1993 年 12 月版。400 万字。16册。203.40元。真实记录毛泽东在陕北、延安13年的革命活动;系统研究毛泽东在这一时期提出的新民主主义革命理论与实践;充分肯定了以毛泽东为代表的中国共产党的领导人对中国革命事业所进行的开拓和奉献。丛书以毛泽东在陕北、延安13年的活动为线索,以新民主主义革命各方面为范畴,用政论、记述、提要、评传的方式,系统叙述毛泽东在延安时期的哲学、政治、军事、文艺、经济、教育的思想和观点,以及毛泽东在边区政权建设、经济建设、文化建设等领域的活动。全面记述毛泽东在延安的革命思想与实践,分析了毛泽东及其战友把马列主义与中国革命具体实践相结合,对中国人民解放事业的独特思考,并将马克思主义在中国具体化,形成了以毛泽东命名的毛泽东思想。(刘孟泽、廖广洲)

A000140 **毛泽东思想大辞典** 巢峰主编。上海辞书出版社1993年12月版。171.8万字。75.00元。大型工具书。按重点条目(10条)、一般条目(1878条)、参考条目(177条)先后编排,共计2065条。有彩色插页8面。重点条目,系统介绍毛泽东思想及其各个方面,包括哲学、政治、法律、军事、外交、教育、文艺、建党等。一般条目,包括有关毛泽东思想的词语、论点、事件、会议、文献、人物等词目。参考条目,选收一些基本上不属于毛泽东思想范畴,但对了解和研究毛泽东思想有一定参考价值的条目。附录有:(1)"毛泽东思想警句集萃"16篇,收入毛泽东、周恩来、刘少奇、朱德、邓小平、陈云等人的警句500余条。(2)"中共十一届三中全会以来毛泽东思想研究索引"10类,收集自1978年12月至1992年12月期间全国研究毛泽东思想的主要图书和论文。(徐福荣)

A000141 **海外学者论"中国道路"与毛泽东** 李君如、张勇伟编。上海社会科学院出版社1993年12月版。26万字。8.50元。论文集。汇集阿里夫·德里克《中国人眼中的十月革命》、尼克·奈特《毛泽东的"马克思主义中国化"形式》、施拉姆《毛泽东对"中国道路"的探索》、沃马克《毛泽东何处走错:毛泽东"左"倾政治中的认识论和意识形态》等海外著名学者的论文共10篇。论文把毛泽东同中国社会的发展道路联系起来加以考察,从不同角度对毛泽东及其思想作深入研究。反映海外学者在这一领域研究的最新成果,其观点和方法对于我国学术界从不同角度认识毛泽东及其思想和现代中国社会具有多方面的启示意义。编者在书前写有绪论,对海外从事这一领域研究的各个流派及其演变发展作全面论述,并对所选各篇论文逐一进行评析。(张广勇)

A000142 **毛泽东伦理思想的理论与实践** 温克勤等主编。天津教育出版社1993年12月版。20.7万字。7.00元。对毛泽东伦理思想的形成发展、基本内容和特征、实践作用及其对马克思主义伦理思想的发展等问题作全面论述;同时对其他几位老一辈无产阶级革命家的伦理思想,特别是对邓小平继承和发展马克思主义、毛泽东伦理思想做出的重大贡献,也有详细介绍,展现毛泽东伦理思想的多姿多彩以及生动的实践性和创造性,它是集体智慧的结晶。作者指出:毛泽东伦理思想是毛泽东思想的一个重要组成部分,对待毛泽东思想,应着力学习和掌握其精神实质、它的立场观点方法,对其在今天看来显然不再适宜的某些个别论断应做历史的、实事求是的分析,避免绝对化。邓小平伦理思想是毛泽东伦理思想的新发展,它概括了改革开放和社会主义现代化建设时期精神文明建设和道德建设的新鲜经验,是我们在新条件下研究伦理道德领域新情况、新问题,总结新经验,建设有中国特色社会主义精神文明、道德文明的强大思想武器。(秦呈瑞)

A000143 **毛泽东哲学思想辞典** 罗远鹏、冯贵贤著。天津教育出版社1993年12月版。160万字。45.00元。学习和研究毛泽东哲学思想的大型工具书。包括:思想理论篇、著作篇、人物篇和毛泽东哲学活动纪事四个部分,比较全面、系统地反映了毛泽东哲学思想的基本理论和历史发展以及它在政治、法律、军事、经济、文化艺术各领域的应用。思想理论篇是核心,毛泽东、邓小平著述中涉及的哲学问题都得到反映,它从理论与实践、历史和逻辑、统一性和多样性的统一中展现毛泽东哲学思想的丰富而深刻的内涵。准确阐释毛泽东与哲学思想的范畴和原理,注意表现它在中国革命和建设实践中的运用,特别是思想方法和工作方法的特色。辞典介绍毛泽东的著作110篇,周恩来、邓小平等人的著作达100篇,释文的视角则紧扣哲学思想,或介绍、阐释涉及的哲学观点,或侧重于介绍哲学思想的运用等等。(耿学明)

A000144 **《毛泽东研究》丛书** 金羽等著。浙江人民出版社1993年12月版。185万字。8册。48.50元。以毛泽东的生平、思想为研究对象的学术专著,共8种:《毛泽东:走向马克思主义》、《毛泽东与中国共产党的建设》、《毛泽东的创举——人民民主专政》、《毛泽东教育思想研究》、《毛泽东农民问题理论研究》、《毛泽东对社会主义建设道路的探索》、

《毛泽东军事思想研究》、《国外毛泽东研究述评》。旨在正确地评价毛泽东作为伟大的马克思主义者和伟大的无产阶级革命家，作为全党、全军、全国各族人民的伟大领袖所建树的不朽历史功绩；总结毛泽东提出的闪耀着真理光辉的基本原理、原则和科学方法，阐发他的精神遗产对我们建设有中国特色的社会主义事业的现实指导意义与深远的历史影响；高扬唯物主义的旗帜，实事求是地指出毛泽东所犯的错误，从理论上进行反思与总结，这对我们今后防止重犯类似的错误，有重要的意义。（李子才）

A000145 **毛泽东与中国共产党的建设** 蔡长水、高新民主编。浙江人民出版社 1993 年 12 月版。27 万字。6.70 元。是“毛泽东研究丛书”之一。为纪念毛泽东诞辰 100 周年而编写。通过史论结合的方式阐述毛泽东在中国共产党的建设中的贡献，介绍毛泽东建党思想的基本原理，并对新时期毛泽东建党思想的发展作了概述。阐明毛泽东在中国革命和中国共产党的建设中的历史地位和作用，缅怀他的丰功伟绩。作者认为，毛泽东建党思想产生于中国革命的实践中，又在新的历史时期得到进一步的发展，成为中国共产党在探索有中国特色的社会主义道路中进行党的建设的指导思想。作为对中国共产党的建设实践的理论总结，毛泽东建党思想将随着党的建设的发展而不断丰富、完善，将具有永久的生命力。收入“毛泽东研究丛书”。（蔡玲平）

A000146 **陈云与毛泽东思想** 陈登才、谢世荣等著。重庆出版社 1993 年 12 月版。14.3 万字。3.30 元。叙述杰出的无产阶级革命家、经济理论家和政治家陈云在为创立、继承和发展毛泽东思想过程中形成的一系列理论和实践。内容有坚持马克思主义和中国实际相结合；新民主主义改革和经济建设；资本主义工商业的社会主义改造；社会主义经济建设；社会主义改革开放；社会主义物质文明和精神文明要一起抓；加强党的建设和改进党的领导等 7 个方面，全面反映陈云对毛泽东思想形成与发展方面的贡献。（陶志宏）

A000147 **邓小平与毛泽东思想** 林建公著。重庆出版社 1993 年 12 月版。21.5 万字。4.50 元。研究邓小平与毛泽东思想的关系的专著。由 4 章组成。前 3 章的标题分别是：“认真学习，共同创立毛泽东思想”、“坚持原则，勇敢捍卫毛泽东思想”、“搞好结合，努力发展毛泽东思想”。其内容包括：邓小平投身革命后，在艰难的斗争实践中，坚持马列主义与中国的具体实际相结合、实事求是的精神，参与创立毛泽东思想；在重大历史关头，以大无畏的革命气概，挺身捍卫毛泽东思想；面对国内外出现的新情况和新问题，全面、准确地把握毛泽东思想的科学体系，创造性地解决了当代中国社会主义发展的难题，逐步形成了建设有中国特色社会主义理论，从而为发展毛泽东思想作出伟大贡献。第四章题为“‘毛邓不可分’，建设有中国特色的社会主义”，对若干年来国内外广泛关注的关于毛泽东、毛泽东思想、毛泽东时代以及邓小平的理论和实践等若干热点问题作了阐述。（马振常）

A000148 **周恩来与毛泽东思想** 刘焱、杨世钊主编。重庆出版社 1993 年 12 月版。27 万字。5.50 元。将毛泽东思想的主要内容分成 9 个方面：新民主主义革命的基本理论、武装斗争、统一战线、新中国的经济建设、新中国的政治建设、文教科技和知识分子工作、新中国的外交、中国共产党的建设、领导艺术，并按时间顺序分别予以论述。阐明周恩来在半个多世纪漫长的革命生涯中，为毛泽东思想的产生、形成和发展作出的巨大贡献。本书几乎涉及毛泽东思想的全部领域和中国共产党历史的各个方面，注意吸收近年来国内外周恩来研究的新成果，深层次地探讨了周恩来对毛泽东思想作出巨大贡献的原因。（杨亚平）

A000149 **毛泽东之初** 叶永烈著。作家出版社 1993 年 12 月版。37.6 万字。12.00 元。长篇传记文学。通过大量珍贵史料，客观记录毛泽东历经磨难、最终成为领袖的过程。（刘方）

马克思主义、列宁主义、邓小平理论研究

A000150 **跨世纪的选择** 副名：学习邓小平同志南巡重要谈话。于光远等著。上海人民出版社 1992 年 12 月版。20.6 万字。8.25 元。学习邓小平视察南方重要谈话的论文集，共有 29 篇。论述的主要内容有：区分姓“社”姓“资”标准及其重大意义；“要警惕右，但主要是防‘左’”；社会主义经济是市场经济；调整所有制关系推动产权改革；排除干扰把中国经济发展推向新的台阶；大胆借鉴和利用资本主义等。在论述“三个有利于”的标准时，强调“三个有利于”是区分姓“社”姓“资”的标准，只要对社会主义社会有利的就姓“社”。在论述深入改革开放的同时，批评了新的教条主义和新的僵滞观点。（徐永禄）

A000151 **高举建设有中国特色社会主义的光

辉旗帜 副名:学习《邓小平文选》第三卷辅导。中共湖北省委宣传部编。武汉大学出版社1993年版。12万字。3.40元。为配合学习《邓小平文选》第3卷而编写,收集和撰写了"建设有中国特色的社会主义理论是怎样在实践中产生的"、"解放思想、实事求是是建设有中国特色社会主义理论的精髓"、"把握社会主义本质,坚持'一个中心、两个基本点'的基本路线"、"加快改革开放步伐,努力实现'三步走'的社会主义现代化战略目标"、"'社会主义市场经济论'是建设有中国特色社会主义理论的最新发展"、"坚持'两手抓、两手都要硬'的基本方针"等文章,对邓小平建设有中国特色社会主义的理论,进行全面、系统的阐释。(张俊超)

A000152 **我是中国人民的儿子** 副名:邓小平1977~1992年活动实录。郑晓国、南东风主编。中国国际广播出版社1993年1月版。23万字。6.20元。从1977年到1992年,中国政治形势发生了巨大的变化,邓小平艰难复出,关于"真理标准"的论争,"天安门事件"等一批冤假错案的平反,全党工作中心的转移,经济、政治领域的一系列改革,全面对外开放等风风雨雨,走过了艰难曲折的改革之路,直到1992年邓小平南巡讲话后,他所倡导的意义深远的第二次革命被全国人民所认可、理解和接受。本书以纪实文学的手法,真实生动地记述邓小平复出以来在事关中国现代化命运的多项重大问题上的思路、心态和轨迹,以及与此相关的各项重大政治事件的背景和活动内情,是全面反映邓小平16年来重大政治活动的纪实作品。(吴绪彬)

A000153 **马克思主义与现时代** 李文成等著。河南人民出版社1993年3月版。31.9万字。9.00元。运用马克思主义的立场、观点和方法,站在时代的高度,对各种歪曲、攻击和否定马克思主义的思潮进行了比较系统、深入的批判,对马克思主义在当代社会实践中遇到的新问题、新情况,力求实事求是地作出回答,对马克思主义的自我更新问题作了有益的探索,坚持在马克思主义指导下的探索创新,提出不少有价值的见解。对各种错误思潮和观点进行科学的分析批判。收入"马克思主义研究丛书"。(张存威)

A000154 **马克思的哲学历程** 张奎良著。上海人民出版社1993年3月版。53万字。16.95元。探索马克思哲学的形成和发展、机制及规律的学术专著。以马克思晚年的思想为重心,论述马克思哲学的形成和发展过程,综汇了马克思各个时期的哲学成果。作者把马克思在19世纪50、60年代对历史事件的哲学分析(见《马克思恩格斯全集》8~20卷)当作马克思中期思想的重要组成部分,这一研究具有补遗性。本书理论联系实际,其分析研究对我国的改革开放提供了史学依据。(曹利群)

A000155 **邓小平生平著作思想研究集成** 翟泰丰主编。吉林人民出版社1993年4月版。160万字。70.00元。集国内外数十年关于邓小平生平、著作、思想研究之大成,展示邓小平在近代中国特别是党的十一届三中全会以来为实现中华民族的繁荣作出的历史功绩和理论贡献。是具有权威性的综合研究邓小平思想的最新成果,较为完整、实用的资料库和工具书。(关静)

A000156 **邓小平政治思想专题研究** 徐久刚著。山西人民出版社1993年4月版。34.7万字。12.00元。围绕"一个中心、两个基本点"和邓小平1992年初南巡谈话的基本精神,从政治思想概论、主要政治观点、政治作风、政治领导艺术四个方面对邓小平政治思想的主要内容、主要特点、理论渊源、伟大意义等进行认真的探讨和研究。明确认定:实事求是,是邓小平政治思想的思想基础和哲学基础;解放和发展生产力,是邓小平政治思想的中心。该书用较大的篇幅专门研究了邓小平关于理论和实践相结合、密切联系群众、批评和自我批评、艰苦奋斗、反对官僚主义的论述,把政治作风看作政治思想不可或缺的方面,这不仅丰富了本书的内容,而且也成为其一个重要的特色。作者在论述邓小平政治思想的过程中,认真研究了大量的文献资料,并汲取各专家、学者的研究成果,对研究中的一些认识问题,提出自己的不同见解。(来普亮)

A000157 **扬帆驶向未来** 副名:科学地认识、坚持和发展马克思主义。张峰、李忠杰著。广西人民出版社1993年5月版。18.8万字。5.10元。结合当代国内外的各种新情况、新问题,系统阐述马克思主义面临的挑战,分析、驳斥西方各种思潮对马克思主义的攻击和歪曲,主张根据世界科技的最新成果和社会主义的最新实践,不断充实、完善马克思主义体系及其基本理论。指出在中国,马克思主义的强大生命力就在于与有中国特色的社会主义的伟大实践相结合,从而展示扬帆驶向未来的马克思主义的光明前景。(周莉)

A000158 **卡尔·马克思——马克思主义的理论和阶级运动** [德]卡尔·柯尔施著。熊子云、翁廷真译。重庆出版社1993年5月版。20.2万字。4.70

元。西方马克思主义创始人之一卡尔·柯尔施的代表作，明确划分资产阶级与无产阶级两种社会理论的界限，阐释马克思社会理论的基本原则、性质与作用，说明马克思主义是适应变化了的历史环境的革命理论，论证马克思主义的首要内容即对政治经济学的研究和批判，指出马克思对前人理论的批判继承关系和创立自己崭新理论的过程，深入研究马克思的唯物史观，论述马克思关于物质生产力同生产关系矛盾运动的一系列理论，概括马克思主义的精神实质，总括马克思主义对人类文化宝库的贡献。（杨亚平）

A000159　**邓小平思想研究**　本书编委会编。国防大学出版社 1993 年 6 月版。331.8 万字。98.00 元。系统研究并阐释邓小平思想，特别是建设有中国特色社会主义思想。共 17 个专题：1. 邓小平改革开放思想研究；2. 邓小平经济思想研究；3. 邓小平哲学思想研究；4. 邓小平思想政治工作理论研究；5. 邓小平新时期党建思想研究；6. 邓小平法制思想研究；7. 邓小平现代化建设思想研究；8. 邓小平干部思想研究；9. 邓小平文化思想研究；10. 邓小平的领导艺术；11. 邓小平思想发展概述；12. 邓小平建设有中国特色社会主义理论研究；13. 邓小平战略思想研究；14. 邓小平国际战略思想研究；15. 邓小平军事战略思想研究；16. 邓小平国防现代化思想研究；17. 邓小平新时期军队建设思想研究。（卜延军）

A000160　**列宁《哲学笔记》研读**　易杰雄等著。河北教育出版社 1993 年 6 月版。38 万字。11.85 元。列宁的《哲学笔记》是列宁在读书过程中所作的摘要和札记，其中摘录的黑格尔等人的话比较晦涩难懂，列宁的评语大多数也比较简短，使读者的学习和理解有一定难度。作者把自己的学习体会作了串讲和归纳。力图以通俗易懂的语言，帮助读者基本上读懂《哲学笔记》的核心部分——《〈黑格尔人逻辑学〉一书的摘要》和《谈谈辩证法问题》，对一些重要的原理能有一个全面、系统的了解。（刘胜元）

A000161　**马克思恩格斯论中国**　中共中央马克思、恩格斯、列宁、斯大林著作编译局编。人民出版社 1993 年 6 月版。12.4 万字。3.00 元。收录马克思主义创始人有关中国的论述。文集包括文章和摘录两部分。文章共 18 篇，写于 19 世纪 50 年代中至 60 年代初，正值中国人民处于对外反抗列强侵略、对内反对腐败的清政府的英勇斗争时期。马克思和恩格斯在文章中对中国人民的斗争寄予深切的同情和希望，严厉谴责英国侵略者发动的两次鸦片战争对中国人民犯下的令人发指的暴行，同时还揭露了沙皇俄国乘中国之危大收渔利的丑恶行径。他们对中国社会作出深刻分析，指出旧中国的死亡时刻正在临近。他们提出的中国革命与欧洲革命互相关联的思想，实际上指明了被压迫民族的解放斗争和国际无产阶级事业密不可分的联系，具有重要的理论和实践意义。摘录部分包括散见于马克思和恩格斯 19 世纪 40 至 90 年代的著作和书信中有关中国的论述，与文章互为补充。文集最早于 1937 年由莫斯科工人出版社用中文出版，1938 年在我国以解放社名义重印，后又由人民出版社多次修订再版。新版文集由中共中央编译局在过去各版文集基础上重新选编并在《马克思恩格斯全集》和《马克思恩格斯选集》中文第 1 版译文基础上按原文重新校订过。（冯世熹）

A000162　**列宁论无神论宗教和教会**　郑天星、张雅平编译。华文出版社 1993 年 7 月版。48.8 万字。16.80 元。系《马克思恩格斯论无神论宗教和教会》的姊妹篇。辑录 1990 年前公开出版的列宁著作中的有关无神论、宗教和教会的经典论述，分著作、书信和附录三部分。著作部分收录 139 篇，时间是 1894～1923 年。书信部分共收录 26 封，时间是 1908～1922 年。附录部分包括注释 369 条，人名索引 302 条，主题索引 124 条。本书对研究和掌握马克思列宁主义宗教理论，提高政策水平，正确认识和处理社会主义时期的宗教问题大有帮助。（王文祥）

A000163　**邓小平教育思想研究**　焦春荣主编。宁夏人民出版社 1993 年 7 月版。17.5 万字。4.50 元。邓小平的教育思想是建设有中国特色社会主义理论的重要组成部分，是当代教育改革和教育发展的指导思想。本书对邓小平有关教育方面的理论进行系统、深刻的分析和研究，其主要内容如下：邓小平教育思想产生的时代背景及特色研究；邓小平教育思想的理论框架及组成部分的研究；邓小平教育思想的理论价值及实践意义的研究；邓小平教育整体观的研究等。突出了理论与实践相结合，宏观研究与微观分析相结合，历史透视与现实展望相结合的特点。（张允官）

A000164　**卓识·果敢·超越**　副名：邓小平改革开放的理论与实践。牛甲英、张国荣主编。贵州人民出版社 1993 年 8 月版。26 万字。8.40 元。共 5 篇 16 章。导论介绍邓小平改革开放思想的历史沿革；第一篇，吹响改革的前奏曲，包括果断而富远见之举、砸开束缚思想的枷锁、伟大的历史转折等内容；第二篇，阐述改革首先从农村开始，打开对外开放的窗口,思想战线上主要是反“左”也要防右等问题;第三篇,宏伟蓝图的展开,介绍经济建设、经济改革的指导思想,科技、教育体制改革的理论与实践,改革开放的全方位铺开等方面的内容;第四篇,曲折与困境中的抉择,叙述了治理整顿的成效,政治风波后的思考等问题;第五篇,再导历史的航船,讲述了历史的挑战与契机,展现了战略家的风范等。(夏昆)

A000165 **列宁短篇哲学著作** 中共中央马克思、恩格斯、列宁、斯大林著作编译局编。人民出版社1993年8月版。42.9万字。12.00元。汇编列宁的两本哲学专著《唯物主义和经验批判主义》、《哲学笔记》以外的其他直接论及哲学问题的著述,其中包括短篇哲学论文、著作节选和书信共58篇,正文部分约34万字,注释和人名索引部分约8万字。所选的著述、书信均按年代排列。主要内容有:一、捍卫马克思主义哲学,批判对辩证唯物主义和历史唯物主义基本原理的歪曲、修正。如《什么是“人民之友”以及他们如何攻击社会民主党人?》、《马克思主义和修正主义》等。二、批判俄国马赫主义。如《政论家札记》、《论“前进派分子”的派别组织》、《我们的取消派》以及同高尔基的有关通信等。三、阐明马克思主义哲学作为科学世界观和方法论的意义。如《论马克思主义历史发展中的几个特点》、《共产主义》、《论策略书》等。四、在研究和解决各种实际问题中运用唯物辩证法,发展唯物辩证法。如《帝国主义是资本主义的最高阶段》(节选)、《谈谈对俄国革命的估计》、《论我国革命》等。五、阐述唯物辩证法的基本内容和哲学工作方针任务。如《谈谈辩证法问题》、《辩证法的要素》、《论战斗唯物主义的意义》等。六、介绍马克思和恩格斯的生平、事业和学说。如《卡尔·马克思》、《弗里德里希·恩格斯》、《马克思主义的三个来源和三个组成部分》、《马克思学说的历史命运》等。(郭值京)

A000166 **马克思恩格斯全集目录、说明、索引** 中共中央马克思恩格斯列宁斯大林著作编译局马恩室编译。人民出版社1993年8月版。77.9万字。14.65元。与《马克思恩格斯全集》配套的工具书。从1976年至1986年,曾陆续汇编出版了《马克思恩格斯全集》中文第1版第1～39卷的目录、年表、人名索引、注释、名目索引和俄文第2版各卷编者说明等。本书收录的是《马克思恩格斯全集》中文第1版补卷,即第40～50卷的目录、人名索引、报刊索引以及中文版和俄文版编者的各卷说明。全书共分5部分:一、目录,分别按卷次顺序和篇目的汉语拼音顺序编排;二、中文版编者的各卷说明;三、人名索引,其中包括马克思和恩格斯在各自的著作和文章中提到的人物的索引、因人而得名的王朝(如“斯图亚特王朝”)以及文学作品和神话中的人物的索引;四、报刊索引(人名索引和报刊索引均按汉译名的汉语拼音顺序编排);五、附录,收录《马克思恩格斯全集》俄文版第40～50卷编者的各卷说明的中译文。这些说明比较详细地阐述了收入各卷的马克思恩格斯著作的写作背景和基本内容,对读者理解这部分原著有一定参考价值。为方便读者查阅,最后还附有分别以拉丁字母和俄文字母顺序编排的人名译名和报刊译名的对照表。(蒋仁祥)

A000167 **邓小平新时期军队建设思想述要** 王文荣等编著。国防大学出版社1993年9月版。22.6万字。6.50元。系统论述邓小平新时期军队建设思想的理论研究专著。从理论高度全面讲述邓小平新时期军队建设思想的基本内容、形成发展、指导地位和应把握的重点。着重分析新时期我军建设的实践经验,适当吸收古今中外军队建设思想精华,既介绍邓小平对新时期军队建设和军事斗争的重要论断,又论述邓小平揭示的新时期军队建设和军事斗争的基本规律、阐发邓小平正确认识和解决新时期军队建设和军事斗争问题的立场、观点和方法。在论述方法上,坚持历史与逻辑的结合、理论和实践的结合,深入考察邓小平新时期军队建设思想的理论渊源和思想根源,论证邓小平新时期军队建设思想是对马列主义军事理论和毛泽东军事思想的继承和发展,是邓小平对新情况、新经验创造性地进行科学认识和总结的理论结晶,揭示邓小平新时期军队建设思想的发展轨迹和各部分内容的内在联系。(赵智印)

A000168 **马克思恩格斯列宁论教育** 人民教育出版社教育室编。人民教育出版社1993年9月版。13.4万字。4.90元。马恩列论教育的精选读本。选编马恩列有关教育的论著(摘录)。所选条目相对集中,围绕一系列最重要、最基本的观点摘录,舍其枝节和次要部分。每个条目选取内容确保相对完整,包括反映当时的历史背景在内,必要时引用全文。(胡寅生)

A000169 **卢梭和马克思** [意]德拉—沃尔佩著,赵培杰译。重庆出版社1993年9月版。14万字。4.00元。作者加尔维诺·德拉—沃尔佩(1895～1968)是“战后意大利最有影响的、最有创造性的马克思主义哲学家”、意共主要理论家之一,也是“西方马克思主义"思潮中"新实证主义的马克思主义"的创立者和主要代表。分两部分。第一部分"卢梭和马克思"是一组政治论文,通过阐述自由、民主、平等、法和人道主义等问题,探寻卢梭政治思想与马克思创立的科学社会主义理论之间的内在渊源关系,强调卢梭自由观在现代社会生活中的重大现实意义。第二部分"为一种关于经济学和一般伦理学的唯物主义方法论辩护"是一组哲学论文,从"新实证主义"的立场出发,阐述马克思辩证法的实质和基本公式,即所谓"实验的方法"和"具体—抽象—具体的循环",对黑格尔的辩证法进行批判。据 1979 年英文版译出。(颜尚贤)

A000170 **社会学方法论与马克思** 副名:第一册,个体与整体。景天魁、杨音莱著。人民出版社 1993 年 10 月版。16 万字。7.60 元。以个体和整体这对范畴为核心,从哲学、语义学、政治学等诸多角度探讨个体与整体的理论前史、基本内涵,以及社会理论中"个体与整体"的悖论形式;并对个体范畴和整体范畴的界定提出见解;通过对马克思有关个体与整体理论的分析,揭示出个体和整体在实践意义上的统一、在历史发展意义上的统一、在逻辑意义上的统一以及在方法论意义上的统一。(陈亚明)

A000171 **施拉姆集** 燕青山、易飞先编译。天津人民出版社 1993 年 10 月版。40 万字。18.00 元。施拉姆的个人学术选集,选收 23 篇文章。作者系哈佛大学教授,美国毛泽东思想和中国革命问题研究专家。文集概括作者 30 年来致力于研究毛泽东和中国政治的代表性学术成果。该书分为"毛泽东研究"、"中共党史与中国政治"两编。第一部分主要包括《毛泽东探索"中国式"社会主义道路》、《毛泽东和斯大林、赫鲁晓夫》、《毛泽东——个人魅力型领袖》等 16 篇论文。第二部分包括《乌托邦去来:中国共产党历史的循环》、《大动荡的顶点——对"文革"在中华人民共和国政治发展中地位的思考》等 7 篇论文。施拉姆认为,中国革命是在世界历史上占有极重要地位的一场社会革命;这场革命的方向,实质上是由毛泽东决定的;离开毛泽东,既不能理解中国革命的历史,也不能认识中国的现在和未来。他还指出,毛泽东在中国条件下运用马克思主义,把马克思主义中国化,为中国人民指出了一条通向胜利的独特道路,这是他个人在理论和实践上的最大成就。在《毛泽东和苏联人》这篇文章中还对中苏关系问题做了较周详而精辟的分析。收入"现代世界社会科学名家学术丛书·中国研究系列"。(解鸿茹)

A000172 **邓小平现代军事理论与实践** 王成斌著。江西人民出版社 1993 年 11 月版。23 万字。12.50 元。着重研究邓小平现代军事理论与毛泽东军事思想的关系,以及它在马克思主义军事思想史上的地位、作用和特色,系统介绍邓小平继承和发展马列主义、毛泽东军事思想,提出关于战争观与方法论、关于军事战略思想、关于人民军队建设、关于现代条件下的人民战争、关于军队政治工作的新发展等方面的基本思想和理论。作者从现实出发,立足于军事领域,系统地阐述了我国新时期进行国防建设和军队建设的理论依据和取得的伟大成就。(蔺新民)

A000173 **在学习《邓小平文选》第三卷报告会上的讲话(1993 年 11 月 2 日)** 江泽民著。人民出版社 1993 年 11 月版。3.7 万字。大 32 开:2.20 元,小 32 开:1.50 元。《邓小平文选》第三卷出版发行,中共中央发出《关于学习〈邓小平文选〉第三卷的决定》,并在北京人民大会堂举行报告会。中共中央总书记江泽民在报告会上发表重要讲话,阐述学好《邓小平文选》第三卷的重大意义。江泽民指出,党的十四大提出用邓小平建设有中国特色社会主义理论武装全党的战略任务。"《邓小平文选》第三卷的出版,为我们进一步用建设有中国特色社会主义理论武装全党,教育干部和人民,统一思想,坚定信心,积极、全面、正确地执行党的基本路线,提供了最好的教材和最有力的武器。"江泽民最后说:"党中央号召全党,在改革开放和社会主义现代化建设的新形势下,努力学习新一卷《邓小平文选》,把十四大提出的用建设有中国特色社会主义理论武装全党的任务认真落到实处,进一步加强党的建设,充分发挥党对社会主义现代化建设事业的核心领导作用。"(王能雄)

A000174 **《邓小平文选》第三卷助读** 《邓小平文选》第三卷助读编写组编。新华出版社 1993 年 11 月版。18.7 万字。6.00 元。分 9 个专题:社会主义的发展道路问题、社会主义的发展阶段问题、社会主义的根本任务问题、社会主义的发展动力问题、社会主义建设的外部条件问题、社会主义建设的保证问题、社会主义建设的战略步骤问题、社会主义的领导力量和依靠力量问题、实行"一国两制"、推进祖国和平统一等。全面、系统地论述了《邓小平文选》第三卷中的重要思想,理论观点产生的背景、发展过程,以及这些思想、观点在建设有中国特色社会主义实践中的指导作用。(张传秀)

A000175 **邓小平理论大辞典** 郑惠、丁伟志等编。安徽人民出版社1993年12月版。120万字。29.00元。系统介绍中国改革开放总设计师邓小平的理论、思想观点的工具书。共收各类有关辞目506条。辞条均采自各种公开出版物,主要有《邓小平文选》(1975—1982)、《建设有中国特色的社会主义》(增订本)、《邓小平同志重要谈话》(1987年2月—7月)、邓小平南巡谈话精神及有关文献和新闻报道。为便于检索,辞典以辞条第一个字的笔画数及起笔笔形顺序编排。有三个附录:"邓小平传略"、"邓小平生平及活动纪事(1904—1992)"、"邓小平研究索引"。索引包括有关邓小平研究的论著和文章,全面反映理论界、思想界和学术界的研究状况。辞条设定按三个原则进行:其一,重要文章的篇名,如"《完整准确地理解毛泽东思想》"此类辞条集中介绍文章内容;其二,主要介绍其一理论观点,如"完整地准确地理解毛泽东思想",此类辞条侧重介绍理论及思想形成的脉络;其三,新闻媒介播发的邓小平重要指示精神。(王世超)

A000176 **邓小平社会发展观研究** 包德惠、张久恒著。安徽人民出版社1993年12月版。23.6万字。6.00元。从揭示社会发展规律的新角度来研究和评价邓小平的思想,阐述邓小平如何继承和发展马克思主义的历史唯物论。从时代的特点和当代中国面临的重大历史使命着手,提出邓小平理论所揭示的社会内部稳定发展和协调进步的规律。把邓小平社会发展观概括为6点,并形成符合逻辑的体系。即:实事求是是社会发展观的哲学基础;生产力是社会发展的最终决定因素;人民群众是社会发展的主体力量;革命和改革是社会发展的直接动力;开放的世界与和平的环境是社会发展的外部条件;社会内部协调发展是社会发展的本质要求。与传统的唯物史观体系相比较,邓小平则侧重于在一个基本适应生产力发展的新的社会形态中,着力于推进社会生产力的进一步解放,落脚点在建设。作者肯定邓小平赋予实事求是观点以丰富内涵,具有彻底性、全面性和一贯性;分析了科学技术是第一生产力、现在的世界是开放的世界、当前中国改革的十大特点等。(梁鸿猷)

A000177 **邓小平建党思想论** 张庆祝等编著。东北大学出版社1993年12月版。8.90元。由12章组成。内容包括:学习邓小平建党思想,加强执政党的建设;对毛泽东建党思想成熟所作的贡献,执政党建党思想的提出和阐述;拨乱反正,重新确立党的马克思主义路线;在改革和开放中坚持和改善党的领导,加强党的建设;党的建设要服从和服务于党的基本路线;坚持马克思主义的思想路线;加强党的思想理论建设;思想路线、政治路线的实现要靠组织路线来保证;恢复和发扬党的优良传统和作风,搞好党风;制度问题更带有根本性、全局性、稳定性和长期性;加强和改善党的领导,充分发挥党的领导作用;正确处理与外国党的关系。附录:邓小平党建活动大事记。(郝蕴卿)

A000178 **邓小平与当代中国** 温乐群著。福建人民出版社1993年12月版。35.3万字。13.35元。阐述新中国成立后,以毛泽东为核心的中国共产党第一代领导集体,对适合中国国情的社会主义道路的曲折探索及其经验教训;分析邓小平在这一探索过程中表现出的实事求是精神以及提出的许多重要观点,阐明邓小平建设有中国特色社会主义理论的历史起点。该书从初级阶段论、经济建设中心论、现代化发展战略论、社会主义改革论、对外开放论、社会主义市场经济论、政治稳定论、一国两制论、党的领导论、和平外交论和思想方法论等十几个方面,分析邓小平建设有中国特色社会主义理论的基本内容、逻辑结构、发展过程以及对当代中国的巨大影响和意义。(林荣)

A000179 **邓小平——中国军事改革的总设计师** 穆显奎、侯鲁梁著。黄河出版社1993年12月版。25万字。13.50元。分7章。详细论述邓小平军事改革的主要内容及特点,展现邓小平进行举世瞩目的军事改革的壮观图景。第一章绪论。主要论述改革前的各项准备工作和改革的背景;第二章论述把握国际军事斗争大势,确立新的国家、军事战略问题;第三章论述如何建章立制、改革和完善国家军事制度问题;第四章论述着眼新时期军队建设的特点,开拓建设强大军队的新途径问题;第五章论述从"四化"建设大局出发,调整军事建设与经济建设的关系;第六章论述适应新形势,用新的思路建设国防后备力量问题;第七章论述把握当代军事力量发展的脉搏,推进国防科技工业改革问题。从宏观上展现邓小平实事求是地总结新中国成立以来我国国防和军队建设的经验,运用马克思主义的立场、观点和方法,创造性地回答并着手解决我国国防和军队建设领域中亟待解决的一系列重大理论与实践问题,为实现国防现代化,为建设革命化、现代化、正规化的军队,摸索出一条具有中国特色的国防和军队建设的新路子,展现中国军事改革总设计师的风采。(袁本忠)

A000180 **《资本论》的逻辑(上、下)** 田光著。山东人民出版社1993年12月版。137万字。共2册。47.00元。《资本论》的逻辑，是马克思从资本主义实际出发，批判地继承和创造性地发展李嘉图《政治经济学及赋税原理》和黑格尔《逻辑学》的产物。作者认为，《资本论》的范畴运动一方面有其内容，即观点；另一方面有其形式，即体系。《资本论》的范畴运动从一般方面看，是《资本论》的逻辑；从特殊方面看，是《资本论》的理论。《资本论》的逻辑寓于《资本论》的理论之中。《资本论》的逻辑观点与逻辑体系的统一体，寓于《资本论》的理论观点与理论体系的统一体之中。在导论中，论述从《资本论》的理论观点与理论体系统一体中概括出来的《资本论》的逻辑观点与逻辑体系统一体。正文以论述《资本论》的理论观点与理论体系统一体，来说明《资本论》的逻辑观点与逻辑统一体。另外，从《资本论》理论中概括出一整套特有的逻辑内容、逻辑形式及逻辑术语，并用以表述《资本论》的逻辑观点与逻辑体系统一体、理论观点与理论体系统一体。收入"《资本论》研究丛书"。(李旭茂)

A000181 **邓小平思想精华** 中共中央党校哲学教研部编写。中国青年出版社1993年12月版。25万字。7.80元。选自《邓小平文选》第三卷中最精辟、最能体现邓小平思想和风格的论断40条进行阐释。内容包括：实事求是是马克思主义的精髓；社会主义的本质是解放生产力，发展生产力，消灭剥削，消除两极分化，最终达到共同富裕；基本路线要管一百年，动摇不得；科学技术是第一生产力；改革是中国的第二次革命；社会主义和市场经济不存在根本矛盾；大胆吸收和借鉴人类社会创造的一切文明成果；要坚持两手抓，两只手都要硬；抓精神文明建设，必须狠狠地抓，一天不放松地抓；用中国的历史教育青年；没有安定的政治环境什么事都干不成；全党和全社会都要真正尊重知识，真正发挥知识分子的作用；一个国家，两种制度；在整个改革开放过程中都要反对腐败，对干部和共产党员来说，廉政建设要作为大事来抓；等等。涉及思想、政治、经济、法制、改革、教育、科技、精神文明建设等领域。(王瑞)

A000182 **邓小平思想政治工作理论与实践** 爽风等著。军事谊文出版社1993年出版。20万字。6.20元。研究文集。阐述邓小平论思想政治工作的地位和作用，邓小平在战争年代领导我党我军思想政治工作的实践，邓小平强调加强和改进新时期思想政治工作，邓小平关于思想政治工作的方式方法，邓小平强调改进政治机关工作作风，加强政治机关建设，强调加强党对思想政治工作的领导等重要指示。作者指出，邓小平在思想政治工作上，特别是关于新时期思想政治工作方面有许多建树，丰富了党的思想政治工作理论。(张丽)

B 哲学

B000001 **新编哲学大辞典** 黄楠森、杨寿堪主编。山西教育出版社1993年2月版。165.5万字。78.00元。收录词条2555个，分9部分，即中国哲学史、外国哲学史、马克思主义哲学史、马克思主义哲学原理、自然辩证法、伦理学、美学、宗教学、逻辑学。列专条介绍周恩来、刘少奇、朱德、任弼时、邓小平、陈云等老一代无产阶级革命家关于哲学思想方法、工作方法，收入近十年来中国哲学界新的、有定论的研究成果及国外最新研究成果和研究动态。(姚霭如)

B000002 **自然的控制** [加]威廉·莱斯著，岳长龄、李建华译。重庆出版社1993年5月版。16.2万字。3.95元。威廉·莱斯是法兰克福学派著名代表马尔库塞的弟子。他的著作主要是研究与环境、生态问题有关的哲学、社会问题。本书对"控制自然"这一重要观念的历史、哲学和社会意义进行广泛和深入的研究。揭示这一观念的内在矛盾，阐明环境问题是一种更深刻的困境——人对人的控制的征兆。控制自然与控制人这两方面在其全部历史发展中存在着内在的逻辑的联系，控制的真正对象是人。自然主义崇拜自然和工业主义征服自然观念都应加以扬弃。控制自然应重新解释为对人类和自然之间关系的控制。本书的研究与对发达资本主义社会的批判相结合，是"西方马克思主义"中把马克思主义和生态学结合起来的“生态学的马克思主义”的代表作之一。本书出版于1972年,中译本译自灯塔出版社1974年英文版。(夏树人)

B000003　**哲学前沿问题述要**　刑贲思主编。人民出版社1993年8月版。25万字。11.50元。研究80年代末至90年代初我国哲学热点问题,包括绪论共7章,分别探讨哲学的主体及主体性、历史决定论与主体选择论、决定论的命运与现代科学、理性与非理性问题、实践观与马克思的哲学革命、人学研究及人的解放等哲学研究前沿的敏感问题。(王粤)

B000004　**张岱年学术论著自选集**　张岱年著。首都师范大学出版社1993年10月版。51万字。收入作者30年代至今不同时期、不同研究方面的主要代表作,包括哲学理论问题探索、中国哲学史的研究及文化问题的讨论等。作者尝试运用马克思主义原理指导中国哲学史的研究,在肯定阶级分析必要性的同时,坚持对历代哲人的思想进行理论分析,对中国哲学中价值论与人格价值方面,富有建树;在80年代以来的中国文化研究中,提出“历史传统与更新”、“文化传统与民族精神”,以及“中华精神”等命题,是作者颇具时代感和新意的成果。收入“中国当代著名学者学术论著自选集丛书”。(宋焕超)

哲学理论、世界哲学

B000005　**英美语言哲学**　涂纪亮主编。中国社会科学出版社1993年版。19.3万字。4.50元。论文集。20世纪的英美哲学尤其是分析哲学把全部问题归结为语言问题,认为哲学的首要任务就是进行语言分析。在现代,语言哲学已经成为一个独立的研究领域。本书是从提交给全国第一次英美语言哲学讨论会的几十篇论文中精选出来的,基本内容为对各派的语言哲学理论进行细致的比较分析,找出它们之间的区别和联系,探索这些观点的发展线索,对它们的研究成果作出科学的分析和评价。作者包括江天骥、涂纪亮、夏基松、车铭洲等知名学者,讨论范围包括指称、意义、真理、必然性、可能世界、言语行为等问题。提出了一些颇有探讨价值的新观点,反映了近年来我国语言哲学界在英美语言哲学研究方面的新进展。(冯春凤)

B000006　**马克思主义哲学原理**　庞长富主编。中国国际广播出版社1993年4月版。28万字。7.90元。分15章,论述马克思主义哲学是科学的世界观、辩证唯物主义的物质观、辩证唯物主义的意识观、唯物辩证法的联系发展观、唯物辩证法的矛盾观、唯物辩证法的质量观和否定观、唯物辩证法的基本范畴、辩证唯物主义的认识论、辩证唯物主义真理观、社会基本矛盾、社会意识和精神文明、无产阶级人生观等。(陆平阳)

B000007　**现代科学的大历史观**　副名:唯物主义的现代形态。黄明理主编。南京出版社1993年5月版。30万字。分3篇,第一篇是唯物史观史,论述唯物史观怎样在科学技术的推动下创立和发展的过程。第二篇是唯物史观的现代拓展形态,论述“大历史观”,把唯物史观的基本原理从人类社会拓展至整个宇宙,提出宇宙历史的三个基本规律。第三篇是唯物史观的现代拓深形态,把大历史观的原理返回来用于研究人类社会,并提出新的社会形态理论和智能动力观。本书的独创性在于第二篇的宇宙历史的三个基本规律和第三篇的智能动力观。作者充分运用自己提出的新理论,去透视劳动解放的历史进程,用人类社会发展的历史事实,论证知识和知识分子的历史作用,进一步阐述科学技术是第一生产力的思想。(沈丽国)

B000008　**世界思想家文库(上下)**　史仲文、胡晓林主编。中国国际广播出版社1993年5月版。500万字。136.00元。集纳世界著名思想家论述的大型工具书。选取170余位在人类历史上发生过影响、举世公认的思想家,其中也包括具有一定影响、有独立思想论述的著名政治家、经济学家、科学家、文学艺术大师等,范围涉及古今中外(中国部分仅收已谢世者)、然后从他们大量的著作中选取其最有代表性的名篇、名章、言论和段落;所选片段,又均以文中论点列题分编,以便于读者查检;在每一思想家目下,有介绍其生平和评介思想的短文。在人物排列上,采取由中而西、自古而今的顺序,方便阅读者进行中西思想比较和把握人类古今思想衍变的历史线索。(胡乃光)

B000009　**历史和结构**　副名:论黑格尔马克思主义和结构主义的历史学说。[德]施密特著,张伟译。重庆出版社1993年5月版。11万字。2.85元。阿尔弗雷德·施密特是德国法兰克福学派第二代代表人物。本书主旨是批判阿尔都塞结构主义学派对历史的漠视及割裂历史和结构的观点。同时,探讨马克思主义历史理论中对黑格尔辩证法思想的批判继承,论述历史和结构的统一,逻辑的东西对历史的东西在认识上的优先性,叙述方法以研究法为基础而又与研究方法不同,只有正确理解现代方能恰如其分地理解过去等观点。当代西方马克思主义阐述唯物史观认识论和历史辩证法的代表作之一。中译本译自德国慕尼黑卡尔·汉泽尔出版社1971年版。收入“国外马克思主义和社会主义研究丛书”。(夏树人)

B000010 **现代西方人本主义哲学研究** 黄见德等著。华中理工大学出版社1993年6月版。25万字。对唯意志主义、生命哲学、现象学、弗洛伊德精神分析论、存在主义、法兰克福学派、哲学人类学和哲学解释学等现代西方主要人本主义哲学流派的理论观点,进行介绍和评析。阐明各派哲学家建立其理论体系的思路和内容;指明其中的合理成分、消极因素及其理论上失足的原因;揭示这些学派同现代西方资本主义社会经济、政治和科学文化的内在联系,以及它们在中国的传播过程及其产生的复杂影响。(黄见德)

B000011 **在过去和未来之间** 副名:决定性与非决定性。王天思著。江西人民出版社1993年6月版。15万字。4.00元。从分析“决定论”和“非决定论”这对基本概念入手,对哲学史上和现代科学领域决定论和非决定论思想发展的脉络作考察,对因果结构和可能性空间的结构进行新的探讨。(陈翠玲)

B000012 **现代认识论研究** 陈铁民著。厦门大学出版社1993年8月版。30.2万字。6.30元。由3部分组成。第一部分讨论认识系统。作者根据列宁在《黑格尔〈逻辑学〉一书摘要》中所表述的辩证的系统认识论的基本思想,吸收现代一般系统论的理论和方法,对认识主体、认识客体和认识中介进行系统分析;第二部分讨论认识的本质及其辩证性。探讨反映范畴是不是认识的本质特征,感性认识可否作为独立的认识阶段等问题,并对认识过程的基本矛盾以及思维机制进行分析,说明思维的本质是矛盾,必须在对立的统一中加以把握。此外,还讨论认识发展路线、再认识的客观根据;第三部分讨论现代科技与认识论的关系,对现代科技发展提出的各种认识论模式,如认识控制论、认知心理学、现代科学哲学等认识模式进行比较研究,探讨现代科技对现代认识论研究的推动和挑战,说明科技革命要求转变认识论研究方向,要求人们变革思维方式,重视认识方法的研究。(黄茂林)

B000013 **科学认识论的总体设计** 舒炜光著。吉林人民出版社1993年9月版。25.3万字。7.50元。科学认识论论文集。收集作者生前学术论文16篇。研究马克思主义认识论的发展趋势、科学认识论导论的构思,认识论发展的新标志,科学美的探求,主体和客体的层次性,科学发展的内在必然性,对爱因斯坦相对论中认识论与方法的探讨等。(关静)

B000014 **马克思主义科学方法论** 孙显元著。人民出版社1993年10月版。37.4万字。13.00元。马克思主义理论和马克思主义方法论是同一个东西的两种不同表述,马克思主义理论包含着马克思主义方法论,马克思主义方法论是关于方法的马克思主义理论。以此为指导思想,从辩证方法论、对象方法论、形态方法论、历史方法论、科学抽象方法论五个方面论述马克思主义方法论,使之成为一个较完整、周密的方法论学科体系。马克思主义方法论的上述五个方面是有机联系的,具有普遍性,是马克思主义方法论中一般科学方法和一般科学方法论。但就每一方面的内容来说,又是一般、特殊和个别的结合,它不仅包含了一般的科学方法,同时也包含有特殊和个别的科学方法,因而适用于极广泛的领域。这些方法和方法论不仅对于各门科学研究,而且对于实际工作都具有普遍的指导意义。(陈亚明)

B000015 **关于社会存在的本体论(上卷)** 副名:社会存在本体论引论。[匈]卢卡奇著,白锡堃、张西平等译。重庆出版社1993年10月版。60万字。12.10元。西方马克思主义奠基人卢卡奇晚年的代表作。分上下两卷。上卷历史篇,分4章,论述批判海德格尔、维特根斯坦、黑格尔等人的资产阶级哲学思想,论述马克思本体论的基本原则,包括方法论问题、政治经济学批判、历史性与理论普遍性。中译本序有助于读者把握全书的理论框架。此书原著问世后,在国际哲学界引起巨大反响,被认为是20世纪重建马克思主义哲学的最重要的著作之一。收入“国外马克思主义和社会主义研究丛书”。(夏树人)

B000016 **精神文明引论** 蒋冰海主编。上海人民出版社1993年12月版。29.4万字。11.70元。分上、中、下三篇。共17章。上篇,叙述社会进步与精神文明的关系,精神文明的结构和层次,社会主义精神文明的特点和性质。中篇,论及精神文明与物质文明的辩证关系、精神文明与改革开放、民主法制、传统文化、爱国主义以及党的领导的关系。下篇,阐明精神文明和人的理想,精神文明与道德、审美、价值、科学,以及精神文明与人的全面发展等。(华雄宏)

B000017 **人与自然** 狄特富尔特等编。周美琪译。生活·读书·新知三联书店1993年12月版。27万字。12.80元。世界著名哲人的语录汇编。选录老子、庄子、柏拉图、爱因斯坦等哲贤的言论，从哲学、文学、自然科学以及宗教经典、民间传说、神话等角度，歌颂、赞美大自然对人类的恩惠、庇护，也指出大自然对人类的狂暴与报复。提出警示：人和自然的关系是重要和微妙的。人若不注意对自然环境的保护，造成生态失衡，便是人类自身的毁灭。(倪乐)

B000018 **向死而生** 弗兰茨·贝克勒等编著，张念东等译。生活·读书·新知三联书店 1993年12月版。27.1万字。12.80元。选辑各时代、各国、各阶层人士对死亡问题的记述和认识。包括重病患者的经历，世界大战时期参战人员的战地遗书，犹太人聚居地事件的记实，对自杀的看法和哲人的理论，等等。死亡的本身及其过程无论以何种形式出现，每个人都不可避免，它夺去人的自由，也造就了历史，它最能给活着的人留下启迪，诱使人去探究生命和自由的意义，探究面对死亡的挑战而生存的意义。(倪乐)

B000019 **我与他** 卡林·瓦尔特编著，陆世澄等译。生活·读书·新知三联书店 1993年12月版。37.3万字。14.80元。以语录和摘要的形式汇集古今中外名人有关人的本质、人生意义、人类社会的特性和人与人关系的观点，其中包括两性关系、民族的和种族的关系、友谊与暴力、爱与恨、家庭与教育的关系的观点。不仅有古代哲人柏拉图、亚里士多德、西塞罗、马丁·路德、孔子等的经典阐释，还有近代思想家康德、叔本华、卢梭、伏尔泰、马尔库塞等人的论述。还有科学社会主义创始人马克思、自然科学家爱因斯坦、诗人席勒、歌德、社会活动家马丁·路德·金的言论。(倪乐)

B000020 **分析学派的马克思主义** 余文烈著。重庆出版社 1993年12月版。23万字。5.15元。“分析的马克思主义”是从19世纪70年代中期开始兴起的、在英美地区特别盛行的一股研究马克思主义的思潮，或称学派。它运用分析哲学的语言分析、数理逻辑和建构模式等方法，分析马克思主义的各种理论命题，尤其检验这些理论在当代社会的有效性，从而修正、拓宽(也有曲解)这些理论。分为8章。论述分析学派的马克思主义的崛起及其主要特征；关于唯物史观的争论；“什么叫剥削?”；阶级学说问题；“马克思如何看待正义、自由与平等?”；“马克思是否有伦理学基础”；讨论“马克思主义的功能解释”是否科学；“理性选择是马克思主义的微观基础吗?”以介绍各种观点为主，试图揭示出这个“学派”的理论框架、主要理论观点，以及它的方法论特征，并对其“标新立异”作出初步评析。对了解和研究“西方马克思主义”，坚持和发展真正的马克思主义有借鉴意义。(杨希之)

B000021 **关于社会存在的本体论(下卷)** 副名：若干最重要的综合问题。[匈]卢卡奇著，白锡堃、张西平等译。重庆出版社 1993年12月版。68.5万字。13.45元。匈牙利著名哲学家卢卡奇晚年代表作。分上下两卷。下卷又叫系统篇，论述马克思主义哲学的社会存在本体论。下卷分四章：劳动、再生产、观念的东西与意识形态、异化。分别论述了劳动、再生产、异化等基本范围。总体性范畴也是中枢范畴之一。与作者早年的代表作《历史和阶级意识》比较，本书重新回到过去的论题上，但就理论实质而言，作者对自己过去的不足和错误的修正作了新的探索。本书上下卷均译自[德]本泽勒编、德国路希特汉特出版社 1984年版两卷本。国外对本书的评价有不同意见，但都公认：要研究卢卡奇思想的发展，不可忽略本书。(夏树人)

中国哲学

B000022 **刘少奇哲学思想研究** 商孝才著。宁夏人民出版社 1993年版。20.8万字。5.00元。论述刘少奇实事求是思想、能动的矛盾学说、人民内部矛盾学说、党的策略的辩证法、党的建设的辩证法、经济建设的辩证法、文化建设的辩证法、民主精神、艰苦奋斗精神、反倾向斗争的辩证法、历史是由人民写的、不能滥用党和人民给的权力、调查研究、思想教育工作在先、善于总结经验、道德修养与共产主义的人生观等。(张钟和)

B000023 **易学书目** 山东省图书馆编。齐鲁书社 1993年版。30.9万字。14.50元。分山东省图书馆馆藏易学书目和知见传本易学书目两卷。“馆藏书目”分丛编、经本、传说、图说、专著、类例、文字音义、古易、易纬、易占、附录11章，收书1317种、2300多个不同版本，包括山东省图书馆馆藏普通古籍、善本古籍、旧平装以及建国后新书中的全部易籍，其中卢松安“易庐易藏”935种。知见书目分宋以前、宋、元、明、清、民国、今人、朝鲜、日本、其他、易纬、易占12章。所据书目以20世纪初以来的公私藏书目录为主，辅以民国以来的一些经眼目录、知见目录、出版目录、书店营业目录等，共得馆藏之外的存世易籍1493种。(贺伟)

B000024 **庄子新释** 张默生原著，张翰勋校补。齐鲁书社1993年版。62.4万字。15.50元。已故知名学者张默生先生的一部未完遗著,经过校订、补写和整理后出版。采用“题解”、“集注”、“译释”三者结合的形式,在“题解”中提示各篇要点,在“集注”中就原文中的难字、难词、难句加以诠释,提出个人的见解;在“译释”中则“译”“释”并行。(侯仰军)

B000025 **周易知识通览** 朱伯崑主编。齐鲁书社1993年版。72万字。26.60元。分七篇,篇下设条目,分别阐述易经的由来,什么是卦象,揲蓍成卦,《易经》的范畴和命题,易学中的流派和演变,什么是河图与洛书、先天图、太极图和卦变图,易学与政治、哲学的关系,易学与道教,易学与中医及养生,易学与艺术及审美等近200个重要的易学专题。作者认为,《周易》的形成是人类探索文明的历史过程,是中华先人由童蒙步人文明的开化时期,对自己思维方式、预测方式、生活及举止的指导方式的总结和记录。(严茜子)

B000026 **司马光哲学思想述评** 董根洪著。山西人民出版社1993年版。28.4万字。9.20元。研究司马光的自然哲学、辩证哲学、认识哲学、历史哲学、人生哲学、伦理哲学、政治哲学,以及哲学思想渊源和历史作用等。(杨建军)

B000027 **中国古代哲学与自然科学** 李申著。中国社会科学出版社1993年版。36万字。12.00元。系作者已出版的博士论文《中国古代哲学与自然科学》的续篇。前卷论述自然科学也是中国哲学发生、发展的基础。本卷探讨隋唐以后哲学自身的发展轨迹。除导论外,分有三编:第一编从哲学的发展看哲学和自然科学,其中也兼论道教、佛教与科学的关系;第二编从古代自然科学的发展看古代哲学和自然科学,该编最后还综述了中国古代的科学传统;第三编明清时代的科学与中国文化传统。(李树琦)

B000028 **诸子精粹今译** 孙通海、王颂民主编。人民日报出版社1993年1月版。71万字。34.00元。选录诸子原文近700条,大都选自名篇中的段落,也有一些全篇收入。每条均有普通话译文,译笔流畅。选文的题目基本上是编者自拟的,多为提炼出的名言警句。全书反映先秦至六朝期间诸子学说的概貌,便于读者了解诸子的活跃思想,也便于读者在谈话写作中引用诸子中的生动故事。(柯愈春)

B000029 **周易妙语选** 邓安生编。百花文艺出版社1993年3月版。15万字。4.80元。收入“中国古代妙语丛书”。《周易》是中国古代一部奇书。本书从《易经》的卦辞、爻辞和《易传》中,精选出数百条警句妙语,以马列主义的观点,揭开它神秘的面纱,露出本来的面目,用通俗易懂的语言,深入浅出地逐条解说,指出精义,既吸收了古今中外的研究成果,又不乏作者独到的、精辟的见解。(郑嵘)

B000030 **论衡全译(上、中、下)** 东汉·王充著,袁华忠、方家常译注。贵州人民出版社1993年3月版。147万字。33.00元。《论衡》白话文全译本。以明通津草堂本为底本。《论衡》是东汉王充撰写的一部哲学著作。其内容丰富博杂,主要论述天人关系、人鬼关系、性命问题及用人制度等问题,并且评论了书传中的天人感应说及虚妄之言。其中论述性命问题的14篇,论述天人关系的21篇,论人鬼关系及当时禁忌的16篇,论书传中的天人感应说及虚妄之言的24篇,论述区分贤佞才智和用人制度的8篇,收入“中国历代名著全译丛书”。(谢丹华)

B000031 **孔子与儒学研究** 宋衍申、肖国良著。吉林教育出版社1993年3月版。25.8万字。8.50元。研究孔子和儒学的论文集,由32篇论文(包括宋衍申的“前言”)组成。为纪念孔子诞生2540年而作。(刘世国)

B000032 **周易表解** 潘雨廷著。上海社会科学院出版社1993年3月版。18万字。5.00元。作者从义理中看象数的必然,从象数中导绎义理的堂奥、法则,以线条勾勒和衔接卦辞、彖辞、系辞诸种关系,集中地揭示诸关系的内在联系及其易学在不同历史时期的演变规律。同时说明易学是人类智慧的产物,须从人的主体认识上确立语言、文化经典、思维模式、运思方法、价值体系上全方位的考察。(武曦)

B000033 **浙东学派研究** 王凤贤、丁国顺著。浙江人民出版社1993年3月版。31.8万字。9.00元。形成于南宋、鼎盛于清初的浙东学派,是中国学术史、思想史上有重要地位的学派,它的治学宗旨为救世补弊、经世致用。浙东学派人才辈出:宋有吕祖谦、叶适;明有王阳明;而清初的黄宗羲作为启蒙思想家,影响最大。浙东学派著作如林,是一份宝贵的文化珍藏。本书以朝代设编,论述各学派或其代表人物的学术渊源、学术特点及哲学、政治、伦理、教育、史学、经济、军事等学术思想,及对后世的影响。编前置绪论,对浙江学派作总体评价。(何梦祥)

B000034 **黄帝四经今注今译** 余明光等注,张纯译。岳麓书社1993年3月中英对照版。30万字。9.80元。《黄帝四经》系1973年长沙马王堆汉墓出土的4篇古佚书,是黄老学说发展史上最早的著作,大致成书于战国中期。第一篇,经法。下分道法、国次、君正、大(六)分、四度、论、亡论、论约、名理;第二篇,十六经。下分立[命]、观、王正(政)、果童、正乱、姓争、雌雄节、兵容、成法、三禁、本伐、前道、行守、顺道等;第三篇,称;第四篇,道原。全书共11 000多字,略有残缺,保存较完整。(丁双平)

B000035　**杂家妙语选**　支菊生、钟南编。百花文艺出版社1993年4月版。16万字。5.10元。收入"中国古代妙语丛书"。从著名的杂家代表作《吕氏春秋》中精选出言简意深、富有生命力的警策语句、寓言故事等,予以分篇划类,立目系条,编著而成。融合文学性、哲理性、知识性、实用性、趣味性于一体,使广大读者增长知识,开阔视野,获得丰富的启示。(王顺来)

B000036　**苗族生成哲学研究**　雷安平编著。湖南出版社1993年5月版。13.4万字。4.00元。"苗族生成哲学"——事物生成共源根,是苗族先民形成的哲学体系,它认为世界上一切事物都是以一定的能量为表现形式的,一切能量都是物质的,物质的结构组合都是有规律的。分2部分,第一部分对"事物生成共源根"进行了记音、注音、翻译和校释;第二部分对苗族生成哲学的历史性和现实意义、它的朴素的唯物主义和辩证法思想它对苗族医学的指导作用以及苗族生成哲学的演绎等问题进行阐述,对生成哲学中的事、物、生、成、相资、相制、相征、相夺等基本概念和范畴进行界定。共3章49句,第一章19句,论述事物生成的源根和人类进化历程;第二章16句,论述事物生成的基本要素、关系和结果;第三章14句,论述事物生和成的辩证关系。它的基本思想是"三位一体论"和"一分为三论"。"三位一体论"认为宇宙万物都由"各溥港搜"(苗语,指事物生成的物质基础)、"搜媚若"(苗语,指事物生成的能量)和"玛汝务翠"(苗语,指事物生成的良好结构)三大要素相互作用而形成的。"一分为三论"认为事物主于"能量",基于物质,宜于良好结构,即一切事物都必须通过三大要素的相资、相制、相征或相夺的关系而生成变化。(黄楚芳)

B000037　**吕氏春秋词典**　张双棣等著。山东教育出版社1993年5月版。123万字。88.00元。收录《吕氏春秋》全部单音词2972个,复音词2102个(包括人名、地名、书名、篇名等),以及凝固格式91条。词条依上古音编排,先按韵部排列,韵部相同者按声母,声母相同者按谐声偏旁。各单音词条标有现代汉语拼音、中古音(包括反切、声、韵);各词条(专名除外)都标明词类,如一词兼属几类,在同一条目下分项标明。实词按词汇意义分项描写,义项排列顺序以词类为纲,含本义的词类列于首位;虚词按语法意义分项描写。全部词条各义项、用法后均有频率统计。该词典采用词义描写与用法描写相结合的方式,即不仅对全部单音词、复音词的词义作出归纳概括,而且考察每个词的用法,考察词在句法结构中的地位、词的结合能力、词义与语法功能的关系等;并采用层次分析法,对每个词的用法作全面的、较为详尽的平面描写。(隋千存)

B000038　**中国哲学史**　裴大洋主编。陕西人民出版社1993年5月版。43.4万字。9.60元。介绍上自殷周、下迄现代的近3000年间的100多位哲学家和哲学派别的哲学思想,广泛吸收20世纪80年代以来海内外中国哲学史学术研究的新成果,力除以往中国哲学史教学中"左"的、以政治概念划限的分析方法和认识方法,全部以哲学家本人提出的中心范畴或命题标目,着重从历史的角度客观地介绍有关资料,在此基础上作科学的阐析。同时针对高等师范院校教学的特点,注意发掘中国哲学史上有关人生哲学的思想史料,加以专门评介。还设专章介绍李大钊、陈独秀、胡适、梁漱溟、瞿秋白、熊十力、冯友兰、金岳霖、蒋介石、陈立夫、李达、艾思奇、毛泽东的哲学思想和主张。(何大凡)

B000039　**英译易经(中英对照)**　汪榕培、任秀桦译。上海外语教育出版社1993年6月版。8万字。30.00元。中国古籍的英译本。由"易经"和"易传"两部分组成。"易经"分上、下两经,包括64卦的卦辞和爻辞,记载自然科学、社会科学、人体科学等方面的变化发展的信息。其论述的核心,是用对立统一的观点辩证地揭示宇宙间事物发展变化的规律。(韦思翘)

B000040　**熊十力思想研究**　郭齐勇著。天津人民出版社1993年6月版。28万字。15.00元。简述熊十力的生平和文化个性,详细而深入地剖析了他的本体—宇宙论、认识—方法论、儒佛心性论、政治—历史哲学、易学观、道家观,并论述熊十力与冯友兰、金岳霖、贺麟、唐君毅、牟宗三、徐复观等人学术思想上的联系与区别,揭示熊氏哲学深刻的时代、阶级、民族的内容和鲜明的个性特征,确定它在中国现代哲学史上和世界哲学史上应有的地位。(盛家林)

B000041　**王者之道**　[台湾]黄光国著。中国友谊出版公司1993年6月版。16万字。5.60元。以西方组织心理学为基础,通过剖析韩非子的法家思想，列举大量生活实例，揭示华人处世的内在真谛，提供一套施展“法”、“术”的“王者之道”技巧。主要内容有：法与术；领导向度与类型；王：高阶层领导者权术；相：中阶层干部法术技巧；将：基层干部用兵之法教戒为先。（徐国庆）

B000042 **中国少数民族哲学史** 肖万源等主编。安徽人民出版社 1993 年 7 月版。85.5 万字。20.00元。阐述中国回、维、藏、哈、白等 24 个少数民族哲学思想形成、发展及其理论特征，并从文化融合与心理积淀角度探索汉民族哲学与少数民族哲学之间的相互影响、交融和汇合。全书共分 3 编、77 章：第一编阐述哈尼、傈僳、佤、阿昌、德昂、鄂伦春、鄂温克、达斡尔、瑶、布依、侗、水族诸民族的哲学思想，并就处于混沌状态的文化、宗教、哲学与原始意识的相互关系作理论诠释；第二编研究纳西、傣、苗、彝、壮诸民族哲学思想成就，阐述哲学与社会伦理、道德规范及民族习俗之间的联系与区别；第三编介绍白、满、蒙古、藏、维吾尔、回诸民族的哲学理论贡献，阐述各民族处于成熟形态的哲学理论特征，及其历史贡献，注意揭示少数民族哲学与汉民族哲学之间的交互作用和理论融汇，深入探讨民族哲学与民族性格之间的关系，从文化学与社会心理学角度阐释中华民族哲学传统的形成过程及各少数民族的历史贡献。（丁怀超）

B000043 **晏子春秋全译** 李万寿译注。贵州人民出版社 1993 年 7 月版。33.2 万字。10.00 元。《晏子春秋》白话全译本。以吴则虞先生的《晏子春秋集释》作底本，译注时参考了张纯一著的《晏子春秋校注》。译文以直译为主，个别地方采用意译。主要记叙齐国晏子的思想言行，反映了他的政治主张；还塑造不少历史人物，保存许多有价值的史料，反映了一些儒家思想；揭露批判了齐国政治的黑暗，描写人民生活的苦难，塑造了晏婴同情人民、谈辩锋利的政治家形象。收入“中国历代名著全译丛书”。（谢丹华）

B000044 **湛甘泉研究文集** 关步勋等著。花城出版社 1993 年 7 月版。21.8 万字。5.60 元。湛甘泉，名若水，字元明，因世居广东增城之甘泉都，学者称之为“甘泉先生”，是明代著名的政治家、思想家、教育家，与当时的另一著名理学家王守仁（王阳明）齐名，合称“王湛”，他们的学说，被称为“王湛之学”。本书是研究湛甘泉生平及学术成就的论文集：包括生平考证、心学思想、教育思想、政治思想、他与王阳明的友谊、他与陈白沙的师友关系等。（谢日新）

B000045 **周易王韩注** 魏·王弼、晋·韩康伯合著。岳麓书社 1993 年 7 月版。19 万字。10.30 元。王弼注《易经》上下经 6 卷，韩康伯注《易传》3 卷，附王弼撰、唐邢琦注《周易略例》一卷。凡 10 卷。王弼易学，源出西汉费直，但又别树一帜，援老人儒、以道家思想注释《周易》，并又创立一套异于汉代易学家分析易象，探究易道的新方法，宣传“以无为本”的玄学思想，为魏晋时期易学玄学化的代表作。王弼又于《周易略例》中，阐述卦与爻、爻与爻之间的复杂关系，以说明卦象发展变化的缘由、过程和结果，并从中发现各卦、爻的运动规律、法则，提出许多著名的玄学命题，在魏晋时期有很大的影响。本书以《四部备要》校刊岳本为底本进行整理，参校的版本主要有《四部丛刊》影印宋本、《汉魏丛书》本等。（管巧灵）

B000046 **高拱论著四种** 明·高拱著，流水点校。中华书局 1993 年 7 月版。28.5 万字。13.00 元。收录高拱的学术著作四种。对哲学命题理气、道器、心性等范畴作一些探讨，并批判理学唯心主义。对人才的使用、培养和官吏的考察，以及对现实政治弊端的指摘，有其独到之处，是研究高拱政治思想和哲学思想的主要参考书。（高流水）

B000047 **中国哲人的大思路** 副名：辩证的人本主义。马中著。陕西人民出版社 1993 年 8 月版。70.2 万字。26.80 元。提出以辩证的人本主义概括中国传统哲学整个体系的观点。作者以上编《总特征》、中编《五行思维与八卦思维》、下编《儒·道·法》为序论述中国传统哲学以人为中心的辩证思维精神的总特征，中国传统哲学的政治原则，伦理原则尊祖原则和无神论倾向；总结其方法论体系和表述方式的特色，介绍中国古代人本主义哲学的起源形式和中国传统文化的内在精神，剖析中国古代哲学三大主潮的根本思路，主张科学地总结本世纪国学研究成果，确定中国哲学史的新体系。（何长凡）

B000048 **刘少奇哲学思想研究** 吴月堂等主编。中国国际广播出版社 1993 年 8 月版。20 万字。8.60 元（精）；5.60 元（平）。分八部分，包括总论、坚持实事求是的科学原则、党建辩证法的新建树、对两类矛盾学说的卓越贡献、辩证探索社会主义道路、对群众路线的丰富和发展、科学的思想方法与工作方法、在伦理思想上的创新。（徐新民）

B000049 **老子道德经河上公章句** 王卡点校。中华书局 1993 年 8 月版。20.7 万字。11.00 元。《老子》注释本中成书较早、影响较大的一种。以道家清静无为的自然之道，探讨“治国治身之要”。在治国方面，提出爱惜民财，不为淫奢，不嗜武滥刑，效法自然,以无事安民等政治原则。在治身方面,提出行气、固精、养神等养生方术。从而上承汉代黄老道家之学,下启魏晋神仙道教,成为道教徒必修的经典。(王国轩)

B000050 **儒道互补** 副名:中国人的心灵建构。吴重庆著。广东人民出版社 1993 年 8 月版。18.2 万字。6.80 元。就儒道并存互补这一传统思想文化发展的史实,进行多层面的、历史与逻辑相一致的论述和分析。首先剖析儒道互补的前提:一是因儒道两家面对形下世界而产生的“人为与自然”、“方内与方外”的对立而有互补的必要,二是儒道都以“内在超越”的方式追求“形上之境”而有互补的可能。其次,记述儒道互补理论逐步构建以至达到完整的过程,并在分析中抓住儒道互补中一系列思想矛盾,引证大量材料。最后,全书总结出中国哲学的发展过程,即是自觉地建构儒道互补理论体系的过程,儒道互补理论的建构即是中国传统哲学的完型,对中国哲学的运思方式、中国人的宗教情怀和行为倾向均产生直接的影响。(余小华)

B000051 **周易人生醒世真言** 紫竹公著。广西人民出版社 1993 年 9 月版。39.9 万字。9.90 元。据《周易》之经,传本意,将其分为养生、立志、修养、决策、爱民、齐家、事业等 16 篇分别阐发。(周莉)

B000052 **周敦颐全书** 周文英编著。江西教育出版社 1993 年 9 月版。25.5 万字。7.60 元。整理编辑的范围:(一)周敦颐本人的著述,(二)后人的注解、阐述和评论,(三)有关叙说周敦颐生平、身世和思想风貌的各种资料。它打破了周敦颐著作解说中朱子学派的一统天下,匡正朱熹整理、解说、评述而出现的某些失真现象。参照的底本有:(一)明嘉靖五年吕柟编《宋四子抄释》内《周子抄释》,(二)清康熙四十七年张伯行编《周濂溪先生全集》(张本),(三)清乾隆二十一年江西分巡吉南赣宁道董榕编《周子全书》(董本),(四)清道光二十七年邓显鹤编《周子全书》(邓本),(五)《四库全书》收录的清周沈珂编《周元公集》,(六)中华书局 1990 年出版的陈克明点校《周敦颐集》,(七)明黄宗羲编《宋元学案》内《濂溪学案》,(八)《四库全书》收录明曹端著《太极图说述解》、《通书述解》。框架和体例上参照张、董、邓本,并对这三家材料进行优选和删削,补充王廷相、王夫之、冯友兰、钱穆的有关论述,收录当代港台少数学者有关论述。全书分卷一(传略、年谱、志铭、遗事),卷二(太极图、太极图说、朱熹解说太极图、太极图说集解、诸儒太极论辩),卷三(通书集解),卷四(对太极图说、通书的“发明”与评述),卷五(“杂著”,包括文、书、赋、诗、题名),卷六(诸贤赠送唱酬诗作、诸贤怀仰记述等作),卷七(周敦颐诸书序跋),卷八(祠堂、书堂等记、历代褒崇)。(刘年珍)

B000053 **诸子名言释义** 马亚中等编著。福建教育出版社 1993 年 10 月版。37.8 万字。10.30 元(平);14.00 元(精)。从《诸子集成》中选辑能够反映诸子思想的重要言论 1500 余条,加以释义。1. 分门别类,便于检索。作者按哲学、伦理道德、政治、法律、经济、军事、教育、文艺、养生分为九大门类,所选言论涉及到政治、军事、处世、学习、修养、哲理等方面编排。2. 选言重教益作用。所选言论大都是人生经验和生活哲理的总结,融汇名言、警句和寓言。如“虚壹而静,谓之大清明。”这是教人如何克服观察事物的片面性,全面而冷静地看问题;“志之难也,不在胜人,在身胜也。”这是说如何正确认识自己,自重自强。3. 释义注重新意。注意从新的角度做恰当的挖掘,使人们得到新的启发。如“学而时习之,不亦说乎……”即是走出教育学之樊篱,以伦理道德的角度进行说明。(黄旭)

B000054 **列子全译** 王强模译注。贵州人民出版社 1993 年 10 月版。23 万字。7.50 元。包括 102 个寓言故事,有《愚公移山》、《西极化人》、《两小儿辩日》、《齐人攫金》等。为“中国历代名著全译丛书”之一。(彭建)

B000055 **商君书全译** 战国·商鞅著,张觉译注。贵州人民出版社 1993 年 10 月版。23.8 万字。7.50 元。《商君书》的白话文全译本。《商君书》是先秦法家的重要典籍。主要阐述了商鞅的政治思想——“法治”和“术治”,商鞅的军事思想——“以战去战”的战争观。其中有对军事和政治关系的创见,奖励耕战富国强兵的战略思想,全民为兵以法治军的军队建设思想,重视全局性战略决策和军事部署的思想和认真对待个别战役和战术的思想等。收入“中国历代名著全译丛书”。(谢丹华)

B000056 **诸子精华集成** 钱欣等编。河北教育出版社 1993 年 10 月版。72 万字。14.80 元。选收先秦两汉诸子百家精华,按民本、治策、法度、经济、用人、军事、修养、处世、教学、养生、事理、哲理分 12 编。对所选篇目标明出处,加以译释和说明。每编均按时代先后编排。(张福堂)

B000057 **中国近代启蒙思想史** 侯外庐著。人民出版社 1993 年 10 月版。30 万字。11.20 元。据作者 40 年代旧著《中国近代思想学说史》(后更名为

《近代中国思想学说史》)下卷的大部分内容编订增补而成,附录作者40～50年代撰写的有关文章,以展示作者对于整个中国近代思想的观点及其研究方法。全书共有正文5章、附录6篇,都是以人为线索展开讨论,剖析近代社会的性质、特点和启蒙思想的诸形态。正文部分基本以原书内容为主,但未包括原龚自珍章(因其已收入《中国早期启蒙思想史》)。主要研究康有为、谭嗣同、章太炎、王国维,其中约有一半篇幅为关于章太炎的研究;附录部分是关于洪秀全和洪仁玕、严复、孙中山以及鲁迅思想的论述文章,其中关于鲁迅的内容有3篇。书名由作者亲笔题写,本书是这位著名学者生前在祖国大陆出版的最后一部专著。(王粤)

B000058 **《周易参同契》考辩** 孟乃昌著。上海古籍出版社1993年10月版。24万字。9.65元。《周易参同契》是我国一部重要的道教经典,以《周易》、黄老·炉火三家相参同,为道家系统地论述炼丹的最早著作,重点阐述内丹的修炼过程,内容涉及古代哲学、宗教、医药、科技等。作者从50年代起即发表研究《周易参同契》论文,多年潜心于此,近年应邀参加《参同契》译注工作,对研究中的疑难问题进行通考、通释、通解,成一家之言。(王海根)

B000059 **会通集** 副名:贺麟生平与学术。宋祖良、范进编。生活·读书·新知三联书店1993年10月版。29.2万字。16.80元。收录贺麟文章30余篇,反映贺麟的生平与学术,以及半个多世纪来他对中国学术发展,对新儒学、特别是对西学之研究的重大影响。其中有周谷城、冯友兰、张岱年等同辈学友的往来情谊之叙;有贺麟的学生如任继愈等著名学者的学术论文;也有现在致力西学研究而颇有成绩的中青年学者的长篇专论。此书成为对中国近代学术史一个重要方面的总结。(总编室)

B000060 **论语词典** 李运益等编。西南师范大学出版社1993年10月版。43万字。12.40元。收录《论语》一书的全部词语,按词目首字笔画排列,复音词列于单字条目之后。每词标注总频率,每义项以及义项的附项标注分频率,虚词还标明词性。正文后附有《论语》原文、音节索引和复音词逆序索引。1.精选底本,收入异文。以《十三经注疏》为底本,校以朱熹《四书集注》本和刘宝楠《论语正义》本。各本异文均列目互见。2.单字条目按现代、中古、上古三段标音,复音词中不出现于词首的字也列目标音。3.以词义的概括性作为设立义项的重要依据。如名词一般用法外的特指用法、名词活用为动词、动词活用为名词、动词形容词的使动意动用法等都列为附项加圈附于主要义项之后。4.每一义项下列出全部用例并落到实处,起到《论语》语言研究学术资料长篇的作用。5.充分吸收古汉语语法研究成果,为副词、介词、连词、助词、语气词和实词中的代词、数词、量词标明词性。6.在每个词目之下,均有词频统计数字,每义项、虚词的小项、附项下,还有分频率数。7.书末几种索引结合使用,检索方便,使《论语》中任何一字,无论处于词首或词尾,都能检索得到,使之兼有逐字引得的功用。(黄发仁)

B000061 **墨子校注** 吴毓江撰,孙启治点校。中华书局1993年10月版。64万字。2册。33.15元。集国内外现存的几十种版本的《墨子》加以校勘注释,对探讨墨子原书提供详尽的资料。注释精当,论断富于创见。点校者在整理过程中细心稽核引文,使这部古籍得以恢复原貌。(卢仁龙)

B000062 **蓝田吕氏遗著辑校** 陈俊民辑校。中华书局1993年11月版。44.7万字。22.00元。蓝田三吕,指师事张载和二程的宋代思想家吕大忠、吕大钧和吕大临三人。他们是关学的继承者,是我们探明关学与洛学的真实关系及关学发展的终极趋向的代表人物。他们的著作很多,但留存下来的极少。此书收集整理了至今可见的三吕的全部理学著作。(陈雅)

B000063 **中国新儒学史** 卢连章著。中州古籍出版社1993年11月版。24万字。11.80元。分3编9章。第一编为宋明新儒学;第二编为近代新儒学;第三编为现代新儒学。作者认为,新儒学是自宋以来,凡在弘扬儒学的旗帜下,以先秦儒家思想为基础,吸收和改造外来文化的有利于自身发展的某些因素,以丰富和发展先秦儒学,回应外来文化的挑战而建立起来的学派和学说。作者剖析了新儒学各派代表人物理论体系的逻辑结构及其相互关系。指出宋明新儒学是为发展儒学,而吸收佛道思想,使儒家学说更加哲学化;近代新儒学是借助今文经学的形式,吸收西方近代资产阶级的进化论,使儒学近代化;现代新儒学是以接续儒家道统为己任,发展理气、心性学说为本位,吸收融会西方现代哲学,寻求中国文化的现代化道路。(孙宝瑞)

B000064 **闽学源流** 刘树勋主编。福建教育出版社1993年12月版。46.5万字。精装:21.00元;平装:15.20元。闽学是朱熹之学,又称"闽夫子"之学,与濂学、洛学、关学并列为宋代理学的四大流派。80年代以来,在弘扬中华民族优秀传统文化的思想指导下,闽学成为福建学术界乃至国内外学者的一个研究热点。本书共6章21节,着重介绍闽学产生的历史背景。闽学学术思想渊源、朱熹思想体系的形成和基本内容、考亭学派的兴衰,以及朱子学的历史命运等。还附有"朱熹门人录"511人。本书的特点:一、把闽学作为一个创造文化的群体来研究,在研究方法上,注意处理好个人与群体关系、学术思想与学派活动关系、学术思想源流与学派衍化关系,拓展了文化史研究的领域;二、学术资料十分丰富,提出许多值得重视的见解和需要进一步深入研究的问题,有助于对朱熹及其学派更深入的研究;三、抓住闽学史研究的重点,对朱熹思想体系和考亭学派作具体剖析,使这部著作具有研究深度,更富于学术价值和史学价值。(陈建方)

B000065 **中国哲学初步** 李锦全、冯达文主编。广东人民出版社1993年12月版。42万字。16.00元。分导言、先秦篇、汉唐篇、宋元明清篇、近代篇、后论等六个部分,围绕主要哲学家、哲学思潮在把握自然、社会、人生过程中所提出的主要概念、命题,进行介绍和分析。每一部分前面都有一两篇通论,论述各个时期主要哲学思潮的流派和脉络,并对各个时期的热点问题和疑难之处作简明扼要的剖析。同时,专章论述中国传统哲学对现代新儒学、现代新道学等思潮和整个现代文明的关系,论述传统哲学在现代社会中处理人与人、人与社会、人与自然关系中的作用。(余小华)

B000066 **傣族哲学思想史论集** 伍雄武、韩培根编。民族出版社1993年12月版。12万字。3.00元。收入论文17篇。这些论文从不同的角度介绍傣族哲学思想的产生、发展和它的社会历史背景。傣族哲学思想有它自身的特点,又与泰、缅甸诸国的佛教文化有一定的联系和影响,同中华各兄弟民族的联系则是源远流长、水乳交融、浑然一体。收入"中国少数民族哲学思想史论集丛书"。(黄敦朴)

B000067 **六朝思想史** 孙述圻著。南京出版社1993年12月版。27万字。6.40元。考察汉魏之际社会思想的嬗变流迁;详述六朝玄学的四个阶段,并论证六朝玄学的中心命题——名教与自然之争;论述六朝前期的格义佛教,六朝的般若学和道安、慧远的佛教思想,六朝涅槃学的代表人物竺道生和谢灵运、沈约、萧衍的佛学思想,六朝道教的改革和葛洪、寇谦之、陆修静的道教思想,茅山道教的创立和陶弘景的道教思想,六朝时期儒、道、释三教之异同及其相互论争,六朝精神与六朝文艺思想,六朝科学思想,六朝进步思想家对封建专制君权的批判等,全面展示、探讨六朝时期的各种思想流派。(朱新法)

B000068 **墨经训释** 姜宝昌著。齐鲁书社1993年12月版。28.8万字。12.50元。对《墨子》书中《经上》、《经下》、《经说上》、《经说下》四章进行校注和阐释。著者参考古今学者的研究成果,斟酌损益,断以己见,力图搞清每一条经文和说文的字词训诂和语句义理,将长期以来由于文字古奥、简札错乱等原因造成的艰深难读的阴霾基本予以廓清。从墨辩逻辑角度出发,对《墨经》中关于逻辑学、认识论、伦理学、经济学、数学、物理学、力学、光学等方面的内容,条分缕析,详加训释。"校注"部分用浅近文言,"纂义"部分用现代汉语,将180多条经文和说文编排在一个有条不紊的序列之中。(严茜子)

B000069 **周易说略·老子说略** 清·张尔岐著。齐鲁书社1993年12月版。28.9万字。15.00元。本书为"山左名贤遗书"丛书之一种。作者张尔岐(1612~1677),字稷若,号蒿庵,山东济阳人。明季诸生,入清不仕,教授乡里终生。此人笃志好学,为山左名儒,著作除此二种外,尚有《夏小正传注》、《仪礼郑注句读》、《天道论》、《中庸论》、《蒿庵集》等。曾与顾炎武交游,顾曾赞其为:"独精《三礼》,卓然经师,吾不如张稷若。"张尔岐读《易》,在吸收前人研究成果的基础上,本朱熹之《周易本义》敷衍发挥,著成《周易说略》。比之《本义》深入浅出,成为教授童蒙的通俗教材。《老子说略》为作者晚年之作,书中冲破一般儒者对老子其人其书的门户偏见,提出许多不同流俗的见解。(赵捷)

B000070 **孔子大辞典** 张岱年主编。上海辞书出版社1993年12月版。117万字。40.00元。大型工具书。以孔子为中心,系统收入与孔子有关的名词、学说、人物、学派、著作、典章、器物、事件等3000余条目,分类编排。还有孔子年谱、孔子世系表、孔子周游列国图、评孔大事年表等附录。辞典大致分两大部分。前半部分为:孔子的生平事迹、称谓封号、祖先亲属、文物遗迹;与孔子有关的古国地名、礼仪制度、职官等级、典章器物、历史人物;孔子的思想体系(包括政治、法律、哲学、宗教、伦理、教育、史学、经济、军事等);典籍文献(包括论语注本、四书注本、言行辑录、年谱传记等);孔门弟子。后半部分为:从先秦至当代的历代评孔,并收有台港地区及海外20多个国家有关评孔的条目200余条。其主要特点是:收词齐全,能充分考虑到内容的覆盖面及各层次读者查阅的需要;释文准确丰富,注意针对性,如评孔人物条

目，都能写出评孔的具体内容；编排得当，该辞典共分 10 个大类，30 余个小类，各设标题，便于查阅。（张良一）

B000071 **易经变化原理** 唐华著。上海社会科学院出版社 1993 年 12 月版。23 万字。8.40 元。用现代哲学思想进行比较研究，着重从《易经》的变化原理及其相关的法则、方法论、认识论等方面进行考察。肯定《易经》文化中的历史价值。说明《易经》的辩证哲学意义和对社会实践的意义。还运用逻辑的方法揭示《易经》在人类社会、文化精神中的演变规律。（武曦）

B000072 **易学科学史纲** 董兴璧著。武汉出版社 1993 年 12 月版。23.7 万字。15.00 元。阐述历史上易学与科学的相互关系。由导言和上下篇及结语组成。导言阐述古今易学科学观。上篇三章，分述易卦符号学、易数之谜和律历易说。下篇三章，论说易学与中国科学范式的形成、易学与中国科学的三次高峰和近代易科学的困境。结语讨论易学的科学性、现代性和易科学的可能性。（周雁翎）

B000073 **颜氏家训集解（增补本）** 王利器撰。中华书局 1993 年 12 月版。41 万字。29.00 元。《颜氏家训》是南北朝时期的一部重要子书，内容涉及政治、历史、文学、语言、风俗等方面。本书是对原作的全面校勘、深入考证和详细注释；取材广博、资料丰富、立论确切，曾于 80 年代初版。增补本是作者继续研究、探讨的结果，进一步丰富了文献资料，解决了一些重要问题。（卢红龙）

西方哲学

B000074 **亚里士多德全集（第七卷）** 苗力田主编。中国人民大学出版社 1993 年 1 月版。20.3 万字。15.50 元。收入亚里士多德著作两种。其一为《论麦里梭、克塞诺芬和高尔吉亚》，它由 3 篇短文组成，记述一些哲学观点，为我们了解 3 位早期希腊哲人提供了重要材料。其二为亚里士多德最重要的哲学代表作《形而上学》。共分 14 卷。第一、三、四、六卷在对希腊哲学诸流派进行批判总结的基础上提出自己的哲学观，讨论哲学的性质、对象和范围，认为哲学应研究存在本身及其固有的属性，以及表述存在的最一般的范畴、各门科学都要遵循的一般公理如矛盾律、排中律等；第七、八、九卷提出了自己的实体观，认为“存在”的中心范畴即为“实体”，实体是与一切事物相关的本原，在此基础上论述了形式和质料、潜能和现实这两对主要范畴，这些构成了亚里士多德哲学体系的核心部分；其他各卷则主要对一与多、原因、元素等哲学范畴的含义进行辨析。作为西方哲学史上第一部专门研究哲学问题的著作，《形而上学》对于了解和研究亚里士多德哲学以及整个古希腊哲学都有重要意义。（李艳辉）

B000075 **美国文化与美国哲学** 罗志野著。广西师范大学出版社 1993 年 2 月版。23.4 万字。7.00 元。从美国的文化模式、文化价值等方面把关于美国哲学和美国文化的研究结合起来，阐述美国文化的特点以及二战以来的基本变化。在全面分析论述美国文化的基础上，研究和探讨美国哲学的特点和发展趋向。作者以美国的历史和文化特殊性为起点，分别论述美国的语言文化、宗教文化、艺术文化的特殊性及其相应的理论和哲学，然后全面介绍和评述美国哲学的历史、现状及其发展，对构成美国哲学发展主流中的不同因素及其相互关系作分析和论述。提出美国文化从开放型向开放保守型过渡等新观点，颇有新意。（肖星明）

B000076 **西方人学发展史纲** 张步仁著。江苏人民出版社 1993 年 3 月版。30 万字。6.60 元。按历史发展的线索，考察和评价西方哲学家和思想家，在对神与人、人与自然的关系认识上，在对人的地位、作用和价值的评估上，以及在对人文主义——人道主义——人本主义、个人主义——利己主义——拜金主义、禁欲主义——享乐主义——悲观主义、神性——理性——非理性等方面的主张，探寻各种人学思想的来龙去脉，描绘出人学思想发展的轨迹。（蒋卫国）

B000077 **西方哲学范畴理论** 谭鑫田、李武林主编。山东大学出版社 1993 年 5 月版。41.5 万字。8.50 元。分 3 编：第一编古代哲学范畴理论，论述从希腊神话到柏拉图的范畴思想，亚里士多德的范畴理论，晚期希腊哲学的范畴理论，中世纪哲学的范畴理论；第二编近代哲学范畴理论，阐述近代经验论和唯理论的范畴思想，康德的先验范畴理论，费希特和谢林的范畴理论，黑格尔的辩证范畴理论；第三编现代哲学范畴理论，分析布伦坦诺的自明性范畴理论，新康德主义的范畴理论，胡塞尔的超验范畴理论，哈特曼批判实在论的范畴理论，怀特海的思辨范畴理论。从古代西方哲人对本体论的重视，到近代西方哲人对知识论的关注，及至当代西方哲人在人的存在、理性的价值等问题上的多元化的视角，横析西方哲学范畴理论之特色，纵论西方哲学范畴理论之

变迁,勾勒出西方哲学范畴理论发展的基本线索。(李传明)

B000078 **哲学的憧憬** 副名:《形而上学》的沉思。高清海著。吉林大学出版社 1993 年 6 月版。25.4 万字。3.15 元。评介亚里士多德《形而上学》的内容和思想,通过对《形而上学》主要概念、观点的理解,提供古希腊哲学的逻辑线索,用现代哲学的视野,澄清亚氏以来的哲学发展脉络。结合作者的哲学观,如关于哲学的性质、哲学演变逻辑、传统哲学向现代哲学的转变、马克思主义实践观点的革命意义以及当代中国哲学发展的趋向、传统思维方式的变革等,重新审视全部哲学,提出对当代哲学和马克思主义哲学实质的新理解,强调人是哲学的奥秘所在,传统哲学本体思维方式的根本失误是从先在本质的决定去理解人,结果远离人的现实世界;哲学的实质就是人的自我意识的理论;实践观点开创了全面把握人的本质的崭新思维方式;不能再用本体论思维方式去理解马克思主义哲学等。(刘子贵)

B000079 **德国古典哲学逻辑进程** 杨祖陶著。武汉大学出版社 1993 年 6 月版。35.1 万字。9.90 元(平);13.90 元(精)。以主体和客体、主观能动性和客观制约性的矛盾为纲,再现德国古典哲学从康德经过弗希特、谢林和黑格尔到费尔巴哈的发展进程及其向马克思实践的唯物论发展的内在必然性。“导论”、四章和“结束语”。“导论”论述德国古典哲学思潮产生的社会基础、文化背景、思想前提及其发展线索。四章论述德国古典哲学依次进展的五个阶段:1. 主体和客体的根本对立批判地揭示出来的阶段(康德);2. 在行动的主观主义条件下主体和客体的对立达到极端的阶段(费希特);3. 在静观的客观主义条件下主体和客体之间神秘的、虚幻的、形而上学的同一阶段(谢林);4. 在主观能动性和客观制约性的唯心辩证法条件下主体和外部感性世界的对立原封不动、持续存在的阶段(黑格尔);5. 在直观唯物主义条件下主体和现实的感性世界之间抽象的统一、实际的分裂的阶段(费尔巴哈)。“结束语”总结德国古典哲学辩证发展的规律性,着重说明马克思的实践能动性原则是康德最初提出的同客体(自在之物)处于外在对立和联系中的主观能动性原则之否定(黑格尔)的否定,并由此出发解决了主体和客体的矛盾问题,从而结束“古典哲学”,开始以“改变世界”的基本问题的现代哲学。“武汉大学学术丛书”之一。(戴老红)

B000080 **晚期希腊哲学和基督教神学** 范明生著。上海人民出版社 1993 年 7 月版。37.5 万字。15.00 元。对希腊主义、罗马帝国时期的政治、经济、科学、文化等历史背景作了较为详尽的介绍和分析。对希腊主义、罗马时期的哲学进行整体性的探讨,寻找产生基督教的宗教与哲学方面的基础。对最有代表性的人物斐洛及其思想与哲学作全面的评述。并按基督教产生后传播发展的历史顺序分别阐述新柏拉图学派,奥古斯丁等人物与理论。作者运用大量原始文献资料,如参考《洛布古典丛书》,广泛吸收有关研究成果。并提出自己与传统见解迥异的新观点,如以往观点过分强调亚里士多德对中世纪经院哲学和基督教的影响。而本书则认为柏拉图与柏拉图学派对基督教神学存在着巨大的影响,并指出从柏拉图开始到晚期希腊哲学始终贯穿着这一线索。(杨承纮)

B000081 **爱默生集** 副名:论文与讲演录。吉欧·波尔泰编,赵一凡等译。生活·读书·新知三联书店 1993 年 9 月版。106.1 万字。2 册。76.00 元。“美国文库”之一。全书由 8 个部分组成。其中《论自然》为作者对大自然与自然与社会、艺术、商品、精神等关系的论述。《美国学者》(1837 年在麻省对全美大学生荣誉协会发表的演说)和 1938 年《对神学院毕业班的讲演》为作者对知识分子在自然历史以及追求美和现实的作用和意义的论述。1842 年发表的《超验主义者》较为精辟地阐示了作者基本的人文主义精神。《英国特色》为 19 个章节结成的游记式随笔,详细地记述英国风貌,而更深一层的意义在于,文章以一个美国哲人的目光剖析英国及欧陆文化的精神。爱默生的这些作品被称为“极富雄辩力和哲理性,在当时缓解了美国生活的压力,记录并反映了美国思想(哲学思想和文学思想)的沧桑变革。”(倪乐)

B000082 **斯宾诺莎哲学研究** 洪汉鼎著。人民出版社 1993 年 10 月版。59 万字。25.50 元。循着斯宾诺莎哲学的轨迹展开,从范畴开始,逐一澄清内涵,界定性质,其后深入到内在的逻辑结构、体系方法,把斯宾诺莎哲学融入整个欧洲哲学发展的历史,对斯宾诺莎的所有范畴、观点追根溯源,揭示斯宾诺莎哲学体系自成系统的根据和内容。(刘丽华)

B000083 **否定的辩证法** [德]阿多尔诺著,张峰译。重庆出版社 1993 年 10 月版。30 万字。6.80 元。法兰克福学派代表人物特奥多·阿多尔诺的一部重要著作,由导论和与本体论的关系、否定的辩证法:概念和范畴、模式三部分构成。导论解释哲学经验的概念。第一部分从目前在德国盛行的本体论的状况出发，不是居高临下地裁判这种本体论，而是出自它自身问题的需要来理解它并内在地批判它；第二部分从上述结果开始，进到否定的辩证法的观念，提出对一些范畴的看法，既保持这些范畴，又使之起质的变化；第三部分阐述否定的辩证法的几种模式。阿多尔诺从批判康德、黑格尔和海德格尔等人的哲学入手，阐明自己的辩证法观——否定的辩证法，概括他一生思想探索的主要成果。不仅从哲学上概括法兰克福学派"批判理论"的精髓，而且因反映了 60 年代西方社会"新左派"的心声而被其奉为他们的政治纲领的理论论证。（杨亚平）

B000084 **理性和革命—黑格尔和社会理论的兴起** ［美］马尔库塞著，程志民等译。重庆出版社 1993 年 10 月版。30.3 万字。6.55 元。马尔库塞学术生涯中最重要的著作之一，中心主题是驳斥在英国和美国颇为流行的一种观点，即黑格尔哲学对日尔曼国家的赞美和颂扬在德国法西斯主义的纳粹国家中成为现实，因而黑格尔哲学是这个国家意识形态合法化的主要思想根源之一。马尔库塞在研究黑格尔的神学、政治学，特别是逻辑学、精神现象学、政治哲学、历史哲学等著作的基础上，驳斥"黑格尔哲学是纳粹德国意识的主要思想根源"的观点；在研究克尔凯郭尔、费尔巴哈、马克思、圣西门、孔德、斯泰尔、斯坦恩等人的社会理论之后，指出黑格尔哲学的真正继承者是马克思主义的社会理论，与纳粹主义有牵连的只是实证主义。这些研究和见解，对人们正确认识黑格尔哲学及其与马克思主义哲学的关系，对人们正确认识德国法西斯主义有着重要的借鉴意义。（杨亚平）

B000085 **拯救地球和人类未来——海德格尔的后期思想** 宋祖良著。中国社会科学出版社 1993 年 11 月版。28 万字。10.00 元。探讨海德格尔自 30 年代以后放弃早期哲学而转向拯救地球和人类未来这一宏伟目标的思想。海氏认为，西方在中世纪摆脱神学束缚之后，又着魔于新时代的技术，并开始统治和支配自然，并追求科技的无限发展。这必将导致自然和地球的毁灭。要拯救地球，使人有安身立命之所，就必须放弃这种技术至上的根源——即西方自亚里斯多德以来的形而上学的思维模式。故海德格尔转向对艺术诗、语言、古希腊哲学和中国古代哲学等方面的研究，并得出人不是存在的主宰者、而是存在的看护者以及语言是存在的家的著名论断。（冯春凤）

B000086 **中国黑格尔哲学新探** 何毓德等著。内蒙古大学出版社 1993 年 12 月版。14.8 万字。32 开。5.80 元。论述马克思对黑格尔唯心辩证法的批判继承、马克思对黑格尔否定性辩证法的改造；恩格斯对黑格尔的思辩的"整体的生命"的辩证法的唯物主义新发展；《哲学笔记》对唯物主义路线的全面新发展、从《哲学笔记》看黑格尔哲学遗产的重新评价和看中国的黑格尔研究、黑格尔"整体的生命"的系统发展观的唯物主义改造；从《哲学笔记》看非联系和非联系方法、现代信息唯物主义模型的建立与广义信息物质自组织原理、列宁与我国自然科学前沿问题的研究、从"辩证法十六要素"的唯物主义整体结构看辩证法的系统整体功能等。（朝克）

思维科学

B000087 **世界谋略大典** 吴井田主编。海天出版社 1993 年 4 月版。300 万字。98.00 元。汇集古今中外有关谋略的理论、名著、范例、人物的大型资料性读物。分 5 卷。卷一导论，分 4 章，力图从宏观上勾画出谋略的总体面貌；卷二谋略理论，分 6 章，为语录体，钩沉摘引古今中外有关谋略理论的论述；卷三谋略名著，是本书重点，将谋略名著分为 9 个类型；卷四谋略范例，亦将范例分为 9 种类型，并附著名阴谋事件 20 种，供读者参考；卷五谋略人物，分 4 章，将古今中外著名谋略家的生平、特别是施谋过程，通过小传的形式介绍给读者，卷末附中外著名阴谋人物 21 个，供读者参考。（薛亮）

B000088 **中国哲学主体思维** 蒙培元著。东方出版社 1993 年 6 月版。15.3 万字。6.20 元。提出以人为本位，解决人的存在、意义与价值问题的"中国哲学主体思维"，将其作为中国和东方哲学的思维特征。通观儒、佛、道各家之学，研究中国哲学主体思维的基本指向、基本定势、基本程式、终极意义，考察对应的自我反思型内在思维、情感体验型意向思维、主体实践型经验思维、自我超越型形上思维，展现了中国哲学主体思维从抽象到具体的逻辑过程。（王粤）

B000089 **认识系统与思维的信息加工** 申仲英等著。西北大学出版社 1993 年 7 月版。24.5 万字。8.50 元。涉及四方面内容，认识研究的哲学和科学背景考察；宏观认识系统研究；微观认识系统研究；认识系统的发生学研究。在人的认识是在社会实践上的能动反映、符号加工、脑机能耦合及神经生理过程的统一观点基础上，提出并论证：(1)认识系统的上界是各种研究共同体所体现的社会系统,下界是主体中的神经系统,其间存在有由主体、中介、客体构成的宏观认识系统和由主体各机能组块所构成的主体认知结构。(2)宏观认识系统在操作、映射、评价、存取四种子结构中运转。其职能分别是:探索、编码、调控、提供背景资料并完成输入和输出。(3)宏观认识系统与主体认识结构之间的关系为:前者是后者的外展与延伸;后者是前者的缩微与映象。(4)主体认识结构具有以代码子和操作子为基本信息加工单元并由许多同类单元聚集而成的层级结构模型。不同类型的经验和知识表征于认识结构的不同子结构及其机能层中。(5)主体中的信息加工是在各子结构的协同工作中进行的。(6)思维既有求真性,也有求用性。在理论创新方面,提出实体结构、机能结构与意义结构的联系和区别,并用三种结构之间的附着、承载关系,统一解释认识活动所涉及的神经生理过程、机能耦合过程、符号加工过程和能动反映过程。(徐怀志)

B000090 **中国的智慧大观** 顾晓鸣主编。浙江人民出版社 1993 年 8 月版。246.8 万字。4 册。70.00元。借助现代世界范围内哲学、社会科学的新视野新方法,尤其是各种文化解析的理论方法论,与中国传统文献相互观照。通过执中外、古今的“两端”,使之相互发明,呈现出一种既实现中国文化神髓和中国人知行方式,又充满现代意味,可供现代人感知、领悟、吸纳的“智慧”——一种在世俗中进取成功,而又超越物界、卓然独立、安身立命的大智慧。本书是对“中国的智慧丛书”进行修订,并选择其中的 18 种组合而成。(周向潮)

B000091 **中国传统哲学思维方式** 蒙培元主编。浙江人民出版社 1993 年 8 月版。29 万字。6.10 元。作者在反思传统文化的背景下,从中西哲学与文化的比较中,揭示中国传统哲学思维方式的基本特征,即主体思维、辩证思维、整体思维、意象思维、直觉思维等,这些特征在中国哲学与文化中,具有稳定性和普遍性。(李子才)

B000092 **智慧论** 王德有著。中国青年出版社 1993 年 8 月版。31 万字。11.30 元。由宇宙篇、天人篇、人性篇、人生篇、求索篇、论辩篇 6 部分组成。宇宙篇论述人类对于外部世界的认识;天人篇从天神与人、自然与人、天然与人、义理与人四个角度论述天人关系;人性篇论述仁义之性、食色之性、理智之性、自由之性四种人性学说;人生篇揭示种种人类生存智慧;求索篇论述人类智慧的认识论;论辩篇分析西方、印度和中国的典型辩术命题。通过“大自然——天人——人的全面展示”这个思路,以集中反映人类特质的智慧为线索,以思想发展史上的著名命题为题目,梳理、评述中国、印度和古希腊为文化源渊三大文明的传统哲学思想,对现代西方哲学亦有所涉猎。(李丕光)

B000093 **谋略心理** 卢祖明著。哈尔滨出版社 1993 年 9 月版。22 万字。6.00 元。共 9 章:一、谋略玄门;二、谋略活动的动因;三、谋略的误区;四、谋略注意力的控制;五、谋略情绪的控制;六、对被谋略个性的利用;七、谋略构成的思维;八、谋略者的心理素质;九、谋略之谋——制定和运用谋略的法则。(杨庆旺)

B000094 **理性与浪漫** 副名:金岳霖的生活及其哲学。王中江著。河南人民出版社 1993 年 12 月版。24.5 万字。11.00 元。作者在北大读博士学位时,即开始研究金岳霖,他不仅多次向金请教,而且拜访了许多金的同事与好友,阅读了大量第一手材料,遂成此书。作者认为,无论在什么意义上,金都是 20 世纪中国的大哲学家之一,他的独立的哲学体系,不仅导入了西方哲学的取向,而且立意复兴中国哲学的传统价值,是中西两种哲学遗产的重构。金的一生,经历了不同的历史时代,感受过各种各样的生活,他的追求、选择,既有时代的印记,又有个人的情调,本书就是以这两方面为基本参数,展开了对金岳霖的全面解释和具体刻画。本书十分注意对金的特性把握:作为一个哲学家,他是高度理性化的。在很大程度上,他排除了个人情感的投入,使哲学活动变成类似于科学家的纯客观性操作。作为一个人,金岳霖则是极其个性化的,其生活充满浪漫色彩,他纵其性灵,追求自己的情趣,超脱达观,不为俗事牵;雅人深致,自成高格。(王恩荣)

B000095 **信仰探幽** 顾伟康著。上海教育出版社 1993 年 1 月版。8 万字。2.50 元。探讨人类社会信仰的起源、实质、结构、传播及自身的运动过程。认为信仰起源于“对人类本质的自觉,对人类创造能力的自觉”。就人类整体而言,是一种“类的自觉”“文化的自觉”;就人类个体而言,则是“青春的自觉”。从这些意义上说,信仰实质是人类及其个体的“价值取向”,既有“有用”的“现实性”,又有超现实的“目的性”,是对世界与人生的终极关怀,是对世界和人生“应当”怎样的设问、追求和回答。其外化形态,即人们的行为模式和相应的物质外壳(如制度、习俗、礼仪);其内化形态,即思维方式与原则、理论及信仰对象。这些便是把握信仰的途径与中介。人类的信仰会发生异化，但在总体上呈不断“升华”态势。信仰在社会实践中以怎样的方式发挥其功能，也就是信仰的运作过程，可分“外在运作”(行为方式)与“内在运作”(传播)。此外，还论述了信仰运作的几种方式：循环、中断与危机以及信仰革命。(黄强华)

B000096 **人生箴言录** 戴海著。中国青年出版社 1993 年 1 月版。10.4 万字。4.40 元。内容包括人生、生活、事业、修养、品格、友谊、求知、思考、情趣、教育等部分，500 余段。精选语录闪着思想火花和智慧光芒，给人们以启示探索人生真谛，怎样做人做事，怎样求知求索，怎样奋斗攀登等。全书哲理与诗情并蓄，逻辑与文采兼备。(程绍沛)

B000097 **人生的挑战** 副名：改革开放中的人生思考。林君雄主编。福建人民出版社 1993 年 3 月版。23.2 万字。5.00 元。以在改革开放中人们感到迷惘的问题为线索，对人生的价值观、生活方式、创业观、消费观、思维方式、得失观、人才观、择业观等方方面面问题进行审视和探讨。(王开彬)

B000098 **我看人生** 袁杰发著。人民出版社 1993 年 3 月版。23 万字。16.00 元。作者根据自己对人生体验的积累，在涉及人生的 166 个问题中，多角度、多层面讨论了人生的价值问题。(张连仲)

B000099 **中国传统伦理与近代资本主义** 副名：兼评韦伯《中国的宗教》。杜恂诚著。上海社会科学院出版社 1993 年 4 月版。16 万字。5.60 元。学术专著。以中国传统伦理与近代资本主义发展的史实，评析西方社会学家马克斯·韦伯关于中国问题的论断。韦伯认为，西方的新教具有支配世界的伦理导向，因而成为资本主义发展的主要原因；而中国的儒家伦理只是适应世界，而不能征服世界，因而成为中国资本主义的决定性阻碍。本书认为，韦伯的这种比较既缺乏合理性，又缺乏对中国近代史实的了解，因而作出了错误的论断。本书论述了近代西方资本主义侵入中国以后，中国传统伦理同西方文化相融合，并被重新解释的过程，既表现在伦理道德、价值取向、进取精神等文化层面，又表现在企业组织和企业管理等经济制度的建设方面。同西方文化融合，并被重新解释后的中国传统伦理，可以成为中国资本主义的伦理载体，起到合理的历史作用，而不是消极的阻碍作用。资本主义发展所需要的形式理性，也并不同中国传统伦理相冲突。本书还对资本主义在中国为什么不能充分发展提出了自己的看法。(杜恂诚)

B000100 **契约伦理与社会正义** 副名：罗尔斯正义论中的历史与理性。何怀宏著。中国人民大学出版社 1993 年 5 月版。23.1 万字。6.10 元。罗尔斯的正义论强调正义原则的优先性，把对基本制度道德基础的考虑置于首要的地位。作者揭示罗尔斯正义论与历史上的契约伦理思想的联系，描述契约和伦理是如何从分离的两端达成结合；分析契约伦理思想的两种主要形态：统治契约论和社会契约论。在上述历史的、文化的追寻的基础上，做理论的、逻辑的探讨，从伦理道德角度观察契约与正义这一主题，正义原则的逻辑与根据，正义原则的优先性，正义原则的内在冲突，正义原则的证明方法。收入中国人民大学“博士文库”。(王爱玲)

B000101 **人道主义思想论库** 罗国杰主编。华夏出版社 1993 年 6 月版。320 万字。78.00 元。荟萃古今中外 300 多位大思想家有关人道主义的论述。分五部分：一、马克思主义经典著作中有关人道主义的论述；二、西方思想家、政治家有关人道主义的论述，其中重点突出了西方当代各思潮对人道主义的论述；三、东方思想家政治家有关人道主义的论述；四、中国思想家政治家有关人道主义的论述，首次系统总结整理了中国传统文化以及新儒家中的人道主义思想是本书的一大特色；五、苏联、东欧思想家有关人道主义的论述。(刘淑兰)

B000102 **宗法中国** 刘广明著。上海三联书店 1993 年 6 月版。22.7 万字。12.00 元。学术专著，收入“中华本土文化丛书”。宗法是中国传统社会的根本特征，它和中国历史演进的特殊性及中国传统文化的内涵有着本质的关联。本书着力探讨了中国古代宗法社会产生和发展的过程，深入分析了宗法社会形态转型的诸种社会因素，系统地论述了宗法性宗教形成的历史及其特征，并对宗法意识的核心内容——宗法伦理作了独特的解剖，同时还从经济发展的动力的角度考察了宗法文化在中国古代社会经济发展中的作用。(杨晓敏)

B000103 **道德生活论** 高兆明著。河海大学出版社 1993 年 8 月版。39 万字。大 32 开。8.50 元。分 3 篇 11 章。从新角度用新体系来探求道德及其本质，涉及个人与社会利益关系，关于自由意志行为及主体道德发展；道德环境与社会环境的制约与互动；道德不仅是规范性的，也是能动的和创造性的；道德的普遍性与阶级性。(谢业保)

B000104 **冲击·变奏·超越** 副名：西方社会思潮与我国青年人生观问题研究。邓卓明等著。西南师范大学出版社 1993 年 8 月版。25 万字。5.90

元。分11章。从“冲击、变奏、超越”的嬗变轨迹,审视纷繁复杂的西方社会思潮对当代青年人生观影响的正负效应。剖析西方人学思潮、民主化思潮、唯意志主义思潮、存在主义思潮、人本主义心理学思潮、功利主义思潮、现代宗教思潮、性解放思潮、实用主义思潮、未来研究思潮对青年人生观的影响,重点引导帮助青年树立正确的民主观、目的观、自我观、需求观、功利观、信仰观、婚恋观、生活观、未来观。结合青年的思想实际提出教育对策,注意对策的时效性、针对性。(邓卓明)

B000105 **顺生论** 张中行著。中国社会科学出版社1993年9月版。24万字。12.30元。谈论人生之道的专著。作者在“后记”里说明,此书是易古人的“率性”为“顺生”,意在阐发自己关于“怎样活才好”的种种人生见解。作者把人生的方方面面梳理为60个问题,从古今沟通、中外比较的角度条分缕析,推本溯源,而且以散文的笔法娓娓道来,使全书在理论与实际相联系、历史与现实相结合的人生思索中,开人眼界、启人胸襟。(白烨)

B000106 **100种人生** 殷国明著。暨南大学出版社1993年9月版。14万字。6.00元。精选现代人生活中100种颇具典型意义的生活风格或思想行为方式,以随笔的形式,用谈天说地的方式写成。恰到好处地将哲学,美学,文学,心理学,社会学等学科的精辟思想,以通俗化的语言融汇其中。本书最重要的内容就是人,人怎么活着,人怎么追求,每个人都有自己的选择,每种人生都有自己的奥秘。(陈才俊)

B000107 **中外人生价值思考选介** 宋孚信著。大连出版社1993年10月版。11万字。3.10元。阐述人生价值的涵义和人生价值观的阶级性、民族性及时代性。分别评介欧洲人和中国人的人生价值思考。如苏格拉底的“普遍的善”,柏拉图的“理想国”,德谟克利特的“理性快乐”,亚里士多德的“中道”原则,托马斯·莫尔的“人之幸福”,霍布斯的“利己主义”,爱尔维修的“合理利己主义”,边沁的“功利主义”,罗伯特·欧文的“社会幸福”,马克思的“共产主义革命”,老、庄的“无为”哲学,孔、孟的“成仁取义”,墨子的“兼爱相利”,杨朱的“享乐为我”,董仲舒的“重义轻利”,惠能的“万事皆空”,朱熹的“存理灭欲”,林则徐的“生死利国”,孙中山的“天下为公”,毛泽东的“为人民服务”等。在结束语中探讨批判与继承、传统与现代、冲撞与融合的问题。(李然)

B000108 **绵延人生路——人生学初探** 张伯钦主编。广东高等教育出版社1993年10月版。37.5万字。9.80元。分为12章,讨论人生科学的对象、性质、特点、任务、功能,人生的本质和人生实质,人的需要和人生要素,人生的追求、目的和理想,人生价值,人生与创造,竞争、人际关系与现代人生,人生心理调控,人生自由,人生的真善美等问题。探讨现代人生的基本理论,揭示人生历程中普遍存在的基本矛盾和基本规律。最后列两章,述评中国古代人生论的几个问题和现代西方人生论的若干流派。(杨哲)

B000109 **中国人生哲学概论** 葛纪谦主编。河南大学出版社1993年10月版。24.8万字。6.50元。由古代篇、近代篇和当代篇三个部分组成,从论述先秦诸子代表人物的人生哲学思想开始,一直论述到当代无产阶级革命家的人生哲学理论与实践,并把重点放在论述当代无产阶级革命家的人生哲学理论与实践方面。(贾怀廷)

B000110 **近代伦理思想的变迁** 张岂之、陈国庆著。中华书局1993年10月版。30.6万字。16.00元。对近代80年间中国伦理思想的变迁,作系统、深入的研究。分13章,既有对近代不同时期伦理思潮的总体考察,也有对重要思想家如康有为、梁启超、严复、谭嗣同、孙中山、章太炎等人伦理思想的个案分析,并提出如何正确处理中外文化关系、建设民族新文化等问题。收入“中华近代文化史丛书”。(李占领)

B000111 **逻辑学导论新编** 弓肇祥编。黑龙江教育出版社1993年11月版。22万字。6.00元。引入现代逻辑知识和技术;介绍自然推理、概率推理和统计推理;尝试地引入三段论自然演绎方法。在引入上述知识时,与传统逻辑内容相衔接。以推理为中心,展开对各种逻辑知识的陈述,抛弃概念、判断、推理的陈述模式,使本书内容更接近现代逻辑教材体系。以现代逻辑观点和方法处理传统逻辑的某些内容。(张天栋)

B000112 **信仰与革命** 李鹏程著。人民出版社1993年11月版。27.2万字。8.00元。阐述马克思主义产生的前史的学术著作,从马丁·路德的宗教改革起到马克思对德国古典哲学的宗教观的批判和马克思主义历史观的确立。德国的宗教问题是与政治、哲学紧密交织在一起的,实际上就是政治的表现。作者通过对19世纪德国古典哲学,特别是黑格尔、老年黑格尔派和青年黑格尔派的宗教观的分析和阐释,揭示宗教观的政治内容及其理论意义,从一个新的视角入手,根据大量的第一手资料,说明马克

思主义产生的时代必然性与理论必然性，说明马克思主义的革命变革。（郁中建）

B000113 **个体道德论** 唐凯麟、龙兴海著。中国青年出版社1993年11月版。21.8万字。8.30元。研究和探讨个体道德形成和发展的规律，论述了个体道德的基本理论和实践问题。内容包括：走向21世纪伦理学的重要使命、个体道德的本质与特征、结构与功能、发生与发展、行为与模式、修养与完善、培养和造就现代人格等。把个体道德的伦理学研究与德育学进行区分。作者认为，德育只是研究人的道德品质培养和塑造的规律，而伦理学则是把个体道德作为相对独立的道德现象进行全面系统地考察和研究，以回答人们道德生活中必然面临的具有普遍意义的个体道德问题。它必须回答这样一些哲学层次上的问题："我为什么要有道德？""我应当是什么？""我在道德上能够成为什么人？""至善对我来讲是可能的吗？"等等。本书对上述问题的分析以及对个体道德的创造性探索，丰富了马克思主义伦理学的学科体系和教学内容。收入"社科新论丛书"。（程绍沛）

B000114 **中国伦理学百科全书·中国伦理思想史卷** 陈瑛等主编。吉林人民出版社1993年12月版。96万字。阐释中国伦理思想史方面的名词、术语、命题、学说、人物、学派、著作、少数民族伦理思想等。包括总论（中国传统伦理思想）、名词学说、儒家伦理思想、道家伦理思想、墨家伦理思想、法家伦理思想、兵家伦理思想、道教伦理思想、佛教伦理思想、理学伦理思想及明末清初、近代、资产阶级改良派、太平天国、现代伦理思想，还论述从《周易》到《新理学》《新原人》等数十部著作中的伦理思想。（关静）

B000115 **中国伦理学百科全书·职业伦理学卷** 魏英敏主编。吉林人民出版社1993年12月版。108万字。约600余条。阐释有关职业道德问题，论述各类职业应当遵循的道德规范和行为准则。包括总论、干部伦理学、教师伦理学以及医务伦理学、司法伦理学、科技伦理学、体育伦理学等。（关静）

B000116 **中国伦理学百科全书·伦理学原理卷** 罗国杰主编。吉林人民出版社1993年12月版。89万字。分10部分600余条。阐释马克思主义伦理学的基本理论，道德规范和范畴。包括：各类伦理学、伦理学的基本问题、伦理学与社会斗争、伦理思想的变革等；道德的社会本质、道德系统、人类道德发展史、道德准则体系等。（关静）

B000117 **中国伦理学百科全书·马克思主义伦理思想史卷** 许启贤主编。吉林人民出版社1993年12月版。110万字。包括马克思主义经典作家的伦理思想，马克思、恩格斯、列宁及其论道德、人性与修养、论西方伦理思想及马克思、恩格斯、列宁的著作数十部。阐释马克思主义伦理思想形成与发展的历史。揭示人类道德的起源、本质、结构、社会作用及如何培养社会主义、共产主义新人等规律。（关静）

B000118 **中国伦理学百科全书·东方伦理思想史卷** 宋希仁主编。吉林人民出版社1993年12月版。66万字。约400余条。阐释除中国以外的东方13个国家和地区的伦理思想。它包括：东方伦理思想、东方伦理文化圈、希伯莱人伦理思想、朝鲜伦理思想、印度伦理思想、菲律宾伦理思想、印尼伦理思想以及缅甸、柬埔寨、泰国、阿拉伯、伊朗、土耳其伦理思想。（关静）

B000119 **中国伦理学百科全书·应用伦理学卷** 王伟等主编。吉林人民出版社1993年12月版。96万字。分24部分480条。阐释现实和未来之重大社会问题的理论中的道德规范问题。包括总论，生命伦理学，医学伦理学，儿童伦理学，青年伦理学，老年伦理学以及性伦理学、妇女伦理学，劳动伦理学、企业管理伦理学，行政管理伦理学，经济伦理学，生态伦理学等。（关静）

B000120 **中国伦理学百科全书·婚姻家庭伦理学卷** 王伟主编。吉林人民出版社1993年12月版。60万字。分21部分400余条。阐释爱情、婚姻与家庭中的各种伦理道德关系问题。包括总论、爱情伦理、婚姻伦理、婚姻道德内涵、家庭伦理、性伦理、性生理以及中国婚姻家庭性伦理思想的发展、西方婚姻家庭研究学派、早期资产阶级革命时期婚姻家庭伦理、现代外国法典中的婚姻家庭伦理思想、现代西方性学家、马克思主义婚姻家庭伦理思想等。（关静）

B000121 **中国伦理学百科全书·现代西方伦理学卷** 石毓彬主编。吉林人民出版社1993年12月版。57万字。330余条。阐释20世纪产生与流行于西方各发达资本主义国家的伦理学说、派别与思想。全书包括：总论、理论与概念、伦理学流派。（关静）

B000122 **中国伦理学百科全书（1—11册）** 罗国杰主编。吉林人民出版社1993年12月版。850万字。11册。380.00元。论述伦理学的基本原理、原则、名词、概念、规律、范畴等，还包括马克思主义的、中国的、西方的和东方的伦理思想史、西方现代伦理

思想史等史料,同时还涉猎职业应用、婚姻家庭、德育、宗教等各门具体的伦理学科。(关静)

B000123　**中国伦理学百科全书·西方伦理思想史卷**　宋希仁主编。吉林人民出版社 1993 年 12 月版。77 万字。共 400 余条。包括总论(西方伦理思想),人物(高尔吉亚、欧几里德)著作(《奥德赛》、《伊索寓言》等),伦理思想学派学说等。涉及西方伦理思想的理论和实践,起源与发展的历史。(关静)

B000124　**道德导向控制论**　吴仲炎、徐敏豪主编。武汉大学出版社 1993 年 12 月版。19.8 万字。8.00 元。论述我国社会主义市场经济条件下道德水平现状及发展趋势:探求道德发展水平的评价指标及其体系,为我国现阶段道德发展的导向控制提供有价值的理论与实践依据。(严红)

B000125　**非巴斯卡归纳概率逻辑研究**　鞠实儿著。浙江人民出版社 1993 年 12 月版。15 万字。4.50 元。非巴斯卡概率和非巴斯卡归纳概率逻辑是现代概率理论和归纳概率逻辑最新发展方向之一。本书在讨论已有概率理论和归纳概率逻辑存在的问题基础上,分析和批评现代主要的非巴斯卡归纳概率逻辑,提出三个新颖的非巴斯卡归纳概率逻辑理论,讨论它们在统计假说检验、科学假说评价和决策论中的应用。(周向潮)

B000126　**价值新论**　李德顺著。中国青年出版社 1993 年 12 月版。19.9 万字。7.80 元。论述了价值的含义、来源、特征,事物的价值、人的价值、个人的价值、理想中的价值,价值评价标准,价值生活实践以及价值观念等。对价值的基本问题和难题(如价值是什么)和价值关系问题(如价值源泉和本质)通过逻辑地展开分析和讨论,为人们提供了较为系统的回答。鲜明地表达了作者的理论立场、思想原则和价值取向,并据历史发展的必然性,阐明了人们应当作出的正确选择。在研究方法上,不是从概念到概念,而是从现实的具体问题出发,用幽默的语言、生动的比喻和生活中人所熟知的故事,引申出带有根本性的问题,然后分析讨论人们在这些问题上存在困惑的症结所在,困惑发生的原因,以及思想家和平常人对困惑可能采取的态度,进而指出人们应有的态度。收入"社科新论丛书"。(王瑞)

B000127　**现代西方美学**　刘纲纪主编。湖北人民出版社 1993 年 2 月版。52.6 万字。11.50 元。论述现代西方美学流派及美学家克罗齐、桑塔耶纳、弗洛伊德、融恩、杜威、柯林伍德、贝尔、卡西尔、苏珊·朗格、阿恩海姆、维特根斯坦、茵加登、海德格尔、萨特、梅洛—庞蒂、杜夫海纳、逊达默尔、尧斯等人的美学思想,并根据编著者的美学观作评价。探讨性感与美感的关系问题,生命形式与艺术形式的一致问题,人类主观心灵内容的对象化——符号的世界问题,一切艺术对客观现实的再现本性问题,事物的表现性与人类命运的联系问题,人类几百万年历史积淀的潜意识(集体潜意识)问题等,许多材料直接来自原版著作,并根据原著对国内已有译本的某些问题作校正。(王建槐)

B000128　**中国现代美学思想史纲**　陈伟著。上海人民出版社 1993 年 3 月版。32.8 万字。11.00 元。论述从"五四"到建国以前中国美学的发展,对代表人物和流派,如蔡元培、鲁迅、郭沫若、瞿秋白、朱光潜、丰子恺、新月派、创造派、文学研究会等,作专章专节的介绍和评价。对中国美学发生、发展过程中的种种矛盾,作分析和深层论述。作者在中国现代启蒙运动的历史背景下,从思想文化史的角度,探讨中国现代美学的发生、发展及其存在的矛盾。(曹利群)

B000129　**审美心理学**　邱明正著。复旦大学出版社 1993 年 4 月版。33 万字。10.00 元。探讨审美、创造美心理运动规律。"绪论"论述审美心理学的性质、沿革、意义和方法。而后分上下两篇。"上篇"为审美心理结构,论述审美心理结构的建构、积淀与发展,个性审美心理结构、审美法则等;"下篇"系审美心理过程,分析审美直觉、联想、想象、判断、理解、情感、意志及审美意象的创造等。作者不仅注意上、下篇的相互联结与照应,而且力图揭示各种审美心理形式、心理内容互生、互渗、互进的辩证关系,在阐述审美主客体相互作用时,揭示客观对象、环境、文化传统乃至遗传的制约性,发掘主体在实践中生发出来的自主性、能动性、创造性。在介绍皮亚杰"刺激→中介→反应"的公式时,引入"创造"的概念,坚持马克思主义的实践观点。(高若海)

B000130　**中国美学精神**　潘知常著。江苏人民出版社 1993 年 5 月版。45.4 万字。11.30 元。通过中西方跨文化的比较,对中国美学精神进行系统而深刻的阐释和重构,指出先秦美学是从哲学方面为中国美学定位,魏晋美学是从社会学方面为中国美学定位,唐宋美学是从心理学方面为中国美学定位,明清美学是从感情学方面为中国美学定位。展示中国美学从萌芽期到创建期到成熟期再到转换期的发展轨迹,全方位地勾勒出一幅中国美学的历史景观。该书一反美学界关于中国美学精神的陈述,断言中国美学的根本精神在于"内在而超越",在于"反文化”、“反美学”；由此中国美学虽也把审美活动看成是一种“自由”的生命活动，但并不是人类向自然提出的要求，而是人类向自身提出的要求，与西方美学恰恰背道而驰。

B000131 **朱光潜全集** 朱光潜著。安徽教育出版社 1993 年 7 月版。700 多万字。20 册。210.00 元。收入朱光潜全部论著(10 卷)和译著(10 卷)。本着“著译分开、时间为序”的原则，目的在于从著译两个方面突出朱光潜学术成就和便于读者清晰地把握其学术思想发展的脉络。朱光潜早年撰写的《悲剧心理学》、《文艺心理学》、《谈美》、《变态心理学派别》、《谈文学》、《诗论》、《克罗齐哲学述评》等，资料翔实可靠，说理清晰透彻，见解独到精辟。建国后，他认真清理自己的学术思想，坚持用马克思主义的原理、方法指导学术研究，这一时期的美学研究成果大都收入《美学批判论文集》中。60 年代他撰写的《西方美学史》，是我国第一部系统阐述西方美学思想发展的专著，代表迄今为止我国对西方美学研究的水平。十一届三中全会后，发表大量论文和《谈美书简》、《美学拾穗集》等著作。朱光潜精通英语、德语、法语和俄语，翻译大量西方美学名著，主要有柏拉图《文艺对话集》、莱辛《拉奥孔》、爱克曼《歌德谈话录》、黑格尔《美学》和维柯《新科学》等。朱光潜对中国和东方文化，对西方美学思想、流派的研究、介绍和评论，形成自己的美学理论体系。(朱欣欣)

B000132 **从困惑走向超越** 副名：当代青年审美心态面面观。王德胜著。杭州大学出版社 1993 年 7 月版。10 万字。3.95 元。研究中国当代青年审美心态的专著。收入“青年美学丛书”。(张节末)

B000133 **变态美考察** 朱辉军著。杭州大学出版社 1993 年 7 月版。6.3 万字。2.95 元。研究和阐述变态美所不同于常态美的价值。收入“青年美学家丛书”。(张节末)

B000134 **少年美学** 远山、星河著。少年儿童出版社 1993 年 8 月版。16 万字。4.40 元。共 36 个章节。从概念性和具体性两大类进行讲述；方式都从形象具体的事例出发，带出基本知识。在概念性方面，有讲美的起源的《引人瞩目的“石头”》，讲美的本质的《畏海和爱海》，讲美与丑的《从老鼠到“米老鼠”》，讲审美感受的《老残听书和黛玉听曲》，讲优美和壮美的《“晓风残月”和“大江东去”》，讲联想、想象和美的《黄帝靠谁找回了“美”》，讲创造性的美的《告别“昨天”时的欢乐》等等；在具体性方面，有讲自然美的《自然与人》，讲艺术美的《景美于画还是画美于景》，讲仪表美的《假曹操不及捉刀人》，讲居室美的《“一屋不扫，何以扫天下”》，讲体育运动美的《“美”在精神、技巧、体态中》，讲书美的《穷变态于毫端，合情调于纸上》，讲语言美的《心灵的窗户，知识的天平》，等等。(洪祖年)

B000135 **朱光潜美学思想及其理论体系** 阎国忠著。安徽教育出版社 1993 年 12 月版。30 万字。11.50 元。分五编，第一编朱光潜美学思想渊源于中国古典文化、西方近代心理学和康德——克罗齐哲学；第二编从美感经验、审美范畴、艺术原理及审美教育四个方面研究介绍朱光潜早年美学思想的内容体系；第三编分析朱光潜 50 年代到 80 年代初期美学思想的转变，从直觉论到反映论，从反映论到意识形态，从意识形态到实践观点；第四编和第五编阐述朱光潜晚年在反思过去思想的同时，力图重构自己的美学思想体系。在从纵横两方面全面评介朱光潜的美学思想之后，作者认为：朱光潜是中国美学科学的开拓者，美学在 40 年代的彷徨，50 年代的激扬，60—70 年代的沉寂，80 年代初的奔突，都一一反映在他的学术生涯里。(许振轩)

B000136 **人生美蕴的寻觅** 潘鸿新等著。天津教育出版社 1993 年 12 月版。9 万字。2.65 元。“同学少年丛书”之一。通过古今中外一些生动事例，说明美是客观存在的，在丰富多彩的生活中蕴藏着无穷无尽的美。(诗世强)

B000137 **朱光潜选集** 杨辛、朱式蓉编选。天津人民出版社 1993 年 12 月版。27 万字。14.80 元。选收 29 篇文章，集中反映朱氏学术道路和美学思想的基本面貌。选录 20 年代中期到 40 年代后期文章 14 篇。反映朱光潜早年美学思想、文艺观的一般特点，理论渊源及演变情况。主要内容有二：一是以美感经验分析为核心的美学理论；二是诗歌理论。他认为在美感经验中，心所以接物者只是直觉，物所以呈现于心者只是形象。因此美感的态度与科学的实用的态度不同，它不涉及概念、实用等，只是聚精会神地对于一个孤立绝缘的意象进行观赏。选录 50 年代到 80 年代文章 15 篇，反映朱光潜接受并运用马克思主义研究美学所带来的美学思想的发展和根本变化。主要内容有四：一是在美学讨论中提出的关于美、美感和艺术的一般理论观点。他提出美是主观和客观统一说，认为美学必须以客观事物作为条件，此外还须加上主观的意识形态或情趣的作用，使物成为物的形象然后才是美。二是对马克思主义美学实践观点的阐发。他强调马克思主义的实践观点，把主观视为实践主体的“人”，认为客观世界和主观能动性统一于实践。三是西方美学史的研究。四是对自己研究美学的道路经验教训的总结。提出要学好美学必须“博学”“守约”，学好马列主义和外文，这既是自己的经验之谈，也是后学者必须遵循的治学之道。收入“中国现代社会科学家选集丛书”。(赵振福)

B000138 **儿童心理百科辞典** 邵道生、陈会昌主编。内蒙古人民出版社1993年3月版。85万字。19.30元。关于儿童心理发展的百科全书，收词1 600余条，内容涉及儿童心理学的各分支学科，包括儿童生理心理学、儿童认知心理学、儿童教育心理学、儿童社会心理学、儿童医学心理学、儿童个性心理学、儿童心理学史，以及儿童心理学的邻近学科，如儿科学、儿童精神病学、儿童社会学、儿童教育学、家庭教育学、人种学、人类学、儿童犯罪学、遗传学、优生学等。(黄爱民)

B000139 **完善论** [法]乔治·罗笛谛著，叶汝琏译。河南人民出版社1993年9月版。9万字。6.00元。以格言形式阐述人类天赋的趋于完善的精神力量，这种精神力量表现在人类的进取心、对生活的抱负、进阶的种种努力、善变性、好战性、自我消逝的需要、著书立说等方面，人类通过这种精神力量，不断在实践中完善自我、完善社会、创造更加美好的未来。书中收有不少历史掌故及名人轶事，颇为生动。作者对东方艺术很向往，隐约流露出视东方艺术为人类趋于完善典范的观点。(刘玉军)

B000140 **婴儿心理学** 庞丽娟等编。浙江教育出版社1993年10月版。31.3万字。5.70元。对儿童早期心理发展，特别是新生儿、婴儿心理发展的研究，如婴儿各种才能发展的敏感期问题，口头言语发展的敏感期问题，视觉形象发展的敏感期问题等方面进行介绍、阐述。侧重对0～3岁乳儿、婴儿的心理研究和具体指导，所阐述的有关婴儿心理的研究成果和训练策略、措施，为婴儿的早期教育提供必要的理论和操作性指导依据，有助于推进婴儿早期教育的科学化、现代化进程。收入“儿童青少年心理学丛书”。(余龙文)

B000141 **离异家庭子女心理** 傅安球等编。浙江教育出版社1993年10月版。21万字。4.20元。对离异子女在心理发展的各个方面进行对比性实验研究，论述离异家庭子女的智力、情绪情感、性格以及社会性发展的特点，探讨造成离异家庭子女心理发展障碍的主要因素，提出促进离异家庭子女心理健康发展的对策和补救措施。专章介绍美国关于父母离婚对儿童影响的研究。收入“儿童青少年心理学丛书”。(余龙文)

B000142 **幼儿心理学** 高月梅等编。浙江教育出版社1993年10月版。33.1万字。5.30元。研究幼儿期儿童心理发展规律和特点，阐述当代国内外幼儿心理研究的新成果。包括游戏的心理发展，幼儿言语、注意力、感知觉、记忆、思维、情绪、个性等的发展，独生子女的心理与教育、幼儿期不健康行为及其矫治，以及关于幼儿心理测量和培养的内容。收入“儿童青少年心理学丛书”。该丛书由林崇德主编，它具有以下特色：一、以培养儿童优秀身心素质，力图为社会主义建设的人才需要服务为出发点；二、以自然辩证法为指导，站在学科的前沿，反映国内外儿童青少年心理学研究的新成果、新动向，特别是80年代以来作者负担完成的多项有关儿童心理与教育领域的课题研究成果；三、求新、求实，坚持心理学理论和人才心理发展实际的联系；四、注意儿童青少年年龄阶段特点，重视理论指导性、实际操作性，有较强的可读性。(余龙文)

B000143 **儿童心理学(修订版)** 朱智贤著。人民教育出版社1993年10月第3版。43万字。7.80元。综合大学和高等师范院校的儿童心理学教科书，1962年初版，1979年再版。1993年修订版保持前两版的结构、观点、体例和风格，更加突出学术思想：第一，用辩证唯物主义的观点探讨儿童心理发展中关于先天与后天的关系，内因与外因的关系，教育与发展的关系，年龄特征与个别特点的关系，并以这四个儿童心理发展的基本规律为一条主线，贯穿于全书的始终；第二，以儿童心理发展的年龄阶段为叙述体系，每一个年龄阶段又从一般特征、神经系统(或生理特征)发展、动作或活动发展、言语发展、心理发展等五个方面来展开，构成全书的框架；第三，贯彻“儿童心理学研究的中国化”的思想，尽可能使用我国心理学家自己近年来的研究材料和研究成果。(魏运华)

B000144 **情感认识论** 颜世元著。河南人民出版社1993年11月版。12.7万字。5.80元。提出情感等在认识活动中的作用与重要性。情感在主体认识活动中具有能动的作用，表现为：它是主体认识活动选择性的内在根据，是主体进行认识活动的内在动力，是诱发主体进行创造性活动的内在契机。意志在主体认识活动中的能动作用，表现为：它保证人的认识活动的定向性，保证人的认识过程的持续性，保证人的认识活动结果的真理性。从而在另一个方面，在微观上进一步揭开认识之谜。人的认识活动，不仅是理性升华，而且具有情感的机制，它比较合理地说明对同一客观事物，人们为什么会有不同的感受和认识。实际上，知情意与真善美的统一在人的认识活动中是不可超越的。结论为：人类认识之谜，建立在实践基础上的认知因素与非认知因素的统一。（王恩荣）

B000145 **当代儿童青少年心理学的进展** 申继亮等编写。浙江教育出版社 1993 年 11 月版。24 万字。4.60 元。分三编。论述儿童青少年心理学研究体制的变化及其发展方向，儿童青少年心理学研究方法的进展，儿童青少年心理学具体研究的进展，探索这门学科今后的发展趋势。收入“儿童青少年心理学丛书”。（余龙文）

B000146 **高中生心理学** 郑和钧等编。浙江教育出版社 1993 年 11 月版。25.2 万字。4.90 元。阐述高中生心理发展的基本理论问题、高中生的身心特征、高中生的认知、高中生的学习、高中生的情感和意志、高中生的个性发展、高中生的品德、高中生的人际交往、高中生的理想等，展现中国高中生心理发展的全息图。收入“儿童青少年心理学丛书”。（余龙文）

B000147 **小学生心理学** 王耘等编。浙江教育出版社 1993 年 11 月版。30.7 万字。5.60 元。反映学龄初期儿童（6～12 岁）心理特点和规律。学龄初期是儿童心理发展上的一个重大转折时期。这时的儿童开始进入学校从事正规的有系统的学习，学习成为儿童的主导活动；儿童将逐步掌握书面语并向抽象逻辑思维过渡；他将有意识地参加集体劳动等。作者从这些方面，进行心理研究和探讨。收入“儿童青少年心理学丛书”。（余龙文）

B000148 **非理性世界** 夏军著。生活·读书·新知三联书店（上海）1993 年 12 月版。33 万字。24.00 元。对非理性所涉及的主要问题作总体考察。分 3 篇。上篇从纵向追溯人类精神的发生和演化，从理性与非理性双重结构这一独特角度，重新回顾人类认识史，并试图揭示这一历史过程的内在发展轨迹。中篇则在对人类精神进行历史考察的基础上，着重探讨非理性的特征、生理基础、非理性与理性双重结构的社会化过程以及非理性诸要素。下篇简略阐述非理性、非理性主义在现代社会生活中的种种表现，并论述非理性研究的重大现实意义。（俞文）

B000149 **幽默意趣的品味** 沈宝良著。天津教育出版社 1993 年 12 月版。9.7 万字。2.85 元。“同学少年丛书”之一。列举古今中外众多实例，提供有关幽默的知识，表现幽默的力量，帮助青年朋友以幽默感去观察生活。（张怀炎）

B000150 **初中生心理学** 黄煜峰等编。浙江教育出版社 1993 年 12 月版。25.9 万字。5.00 元。论述初中生（11～15 岁）从童年向青年过渡时期的心理特点与规律。作者认为，少年期是一个独立性和依赖性、自学性和幼稚性等矛盾错综的时期，许多心理学家把此时期视作个体发展上的“危机期”。作者提出克服矛盾的方法和途径，以帮助少年顺利通过“危机期”而获得全面健康的发展。收入“儿童青少年心理学丛书”。（余龙文）

无神论、宗教

B000151 **益希班觉佛教史** 松巴堪布·益希班觉著。内蒙古人民出版社 1991 年 4 月蒙古文版。40 万字。9.00 元。原名《如意宝树史》。全书分 4 大部分，即印度、藏地、汉地、蒙古佛教史，内容包括印度佛教的产生及佛学发展史、佛教传入西藏地区及西藏的政治史、藏传佛教的发展史、宗喀巴大师的宗教改革及其传略，历代甘丹赤巴传略，格鲁派即黄教寺院录、大事年表、大藏经即甘珠尔经目录，汉地王统及佛教在汉地的发展史，蒙古的历代皇帝接受佛教及佛教源流等等。这是蒙古人接受佛教以后用自己的认识、自己的感知解释佛教、阐述佛教的一部佛教通史。作者益希班觉于 1704 年出生在青海湖西南地区蒙古和硕特部落的多吉扎西家。7 岁被选为松巴活佛的转世灵童，受戒出家，进塔尔寺学法。20 岁进藏学习佛法、从师七世达赖等活佛高僧。1730 年任青海佑宁寺法台，此后他几次到过内蒙古、北京等地进行佛法活动。他学识广博、不仅精通佛学，还擅长绘画，藏历法、时轮历法、汉历、梵文、修辞、韵律、医学等。1788 年圆寂，享年 85 岁。（贵荣）

B000152 **圣经典故辞典** 梁工编著。辽宁人民出版社 1993 年版。56.6 万字。23.00 元。收词 1275 条，分两大类：一、事典。介绍《圣经》及其希伯来遗产中的著名故事，如“伊甸园”、“路得拾麦穗”、“耶稣钉十字架”、“嫁过七次的处女”等。少数故事因原文较长而分条叙述，但每条完整，各有独立的中心。二、语典。介绍著名箴言或词语，如“死苍蝇会使膏油发臭”，“滤出蠓虫，吞下骆驼”，“阿门”等。还适当收入一些常识性条目，介绍希伯来遗产的重要经卷和脍炙人口的诗文，如“创世纪”、“死海古卷”、“论福”、“尊主颂”等。书中词目一般由四项内容构成：1. 注明该词目的出处；2. 介绍该词目在原著中的记载；3. 对该词目的本义、引申义、比喻义，或文学特征，史料价值等作出解释；4. 列举实例说明后人对该词目的具体运用。正文按中文词目的汉语拼音顺序编排。正文之前列有“词目表”，之后附有“外文译名对照表”，以备查索。(王峰)

B000153　**伊斯兰文化在中国**　易卜拉欣·张会成编著。民族出版社 1993 年版。8 万字。伊斯兰文化是由世界上信仰伊斯兰教的穆斯林在长期的历史发展中逐步建立和发展起来的一文化体系。7 世纪初，穆罕默德在阿拉伯半岛创立了伊斯兰教。大约在 7 世纪中叶，伊斯兰教传入中国，至今约 1 300 年历史。信仰伊斯兰教的人数约 1 700 万，分属于 10 个少数民族。他们在传播和发展伊斯兰教文化的过程中，形成了共同的美德和风俗。清真寺是穆斯林举行宗教仪式、传播宗教知识的场所，我国现有大小清真寺 2 700 座，其建筑形式是所在地区历史文化的具体体现和标志。本书从以上几个方面介绍伊斯兰文化在中国的发展过程。(马淑贞)

B000154　**中国民间宗教教派研究**　[美]欧大年著。上海古籍出版社 1993 年版。21 万字。6.50 元。原为美籍加拿大学者欧大年(Daniel L. Overmyer)的博士论文，1976 年以英语出版，原名为《民间佛教徒的宗教》，经译者征得作者同意，改为现名。本书主要研究明清两代存在于中国下层民众间的宗教教派，探索它们的历史渊源、教义和组织形式，以及它们对中国社会的影响等等。这些研究从一个西方学者的视角出发，与世界各国的佛教、基督教、伊斯兰教、印度教、古希腊原始宗教等等作了比较，具有许多新颖独到的见解。(郑明宝)

B000155　**禅林漫步**　沈诗醒著。上海书店 1993 年版。15 万字。8.00 元。介绍禅宗思想的概况，发展的轨迹，以及有关历史资料。上篇从释氏大乘经论中理出禅宗说法的依据。禅宗史上五家七派家风是怎样一个延续过程，主要的禅语悉数介绍。下篇作者把体验人生，研读禅学，有机地糅和起来，所写的 40 篇小品，文笔清新，隽永。(王海浩)

B000156　**觉囊派教法史**　阿旺洛追扎巴著。西藏人民出版社 1993 年 1 月版。18 万字。2.90 元。觉囊派是藏传佛教史上有影响的一个教派，虽然它在西藏地区的发展历史不长，但该教派倡导的中观“他空见”却引起研究者们的关注。该书以大量翔实的资料对觉囊派的创立过程，教法传承、师徒关系以及各大名僧的产生事迹作详细的论述，并叙述 15 世纪以后觉囊派在多康、多麦地区的传播发展。(刘金华)

B000157　**楼观道源流考**　王士伟著。陕西人民出版社 1993 年 2 月版。24 万字。6.70 元。楼观道是中国道教的北方大宗。本书研究的“楼观道”，是一个泛义的道教宗派概念，它既包括魏晋唐宋时期的道教楼观派，又包括金元以后改奉全真的楼观道，具体说是指以终南山为中心发源地，以秦陇为主要活动基地，进而在金元之后遍及北方地域性的宗教文化现象。据《史记》和《庄子》记载，距今约 2500 年前，老子西游入秦，应关尹之请，著书五千言。700 多年后，北方高道云集楼观，形成中国北方道教大宗楼观派。作者对这一宗教文化现象进行研究。不仅将未收入道书的几十通楼观碑石全部摘抄，加以研究，并将道书和碑石中的道史传记加以辨正，与古代史籍、诸子书、方志，杂记等相互比较，以辨真伪。比如，在《老子、关尹和楼观》一节中，作者对道书肯定老子和楼观即(道教)有宗教承传关系表示存疑。另外，作者还对秦汉时期楼观有没有形成派进行了研究。(陈四长)

B000158　**佛教香客在圣地西藏**　王献军译。西藏人民出版社 1993 年 3 月版。25 万字。3.90 元。原作者崔比科夫是俄国布里亚特蒙古人，在俄国彼得堡受过欧式教育，1899～1902 年受俄国地理学会派遣经蒙古、内蒙古阿拉善地区、甘肃、青海进入西藏进行考察。他装扮成一位朝圣者，先后在塔尔寺、拉卜楞寺、拉萨大昭寺、小昭寺、哲蚌寺、甘丹寺、色拉寺、日喀则扎什伦布寺以及泽当的桑耶寺，都留下足迹。本书分 17 章，以藏传佛教各大寺院为中心，详细记述安多地区和西藏地区的风土人情、宗教制度、僧侣以及平民生活、社会经济状况诸方面的情况。包括从蒙古至拉萨的地理状况、民俗、拉萨居民情况、家庭内部陈设、人们服装；蒙古喇嘛在各寺院的分布、学经、组织和生活状况、拉萨居民的日常生活、节庆情况、朝圣者在拉萨的生活和朝圣活动。(刘金华)

B000159　**藏汉佛学词典(上下册)**　《藏汉大辞典》编写组。四川民族出版社 1993 年 4 月版。104.7万字。上下册。35.00 元。以《藏汉大辞典》为基础，从大量的藏文佛学经典中精选词条编成。分六大类，收词 10 292 条。其中，律藏、论藏、般若、中观等显乘经典中的有关名词以及密乘——特别是旧译密乘经典中少数特殊语等宗教词汇计 7 096 条；法相名数 1 446 条;甘珠经、丹珠经以及各种文集中著录的有关典籍名称计 487 条;佛、菩萨、部分本尊、印度大佛学家、西藏大译师以及部分通人证士的名讳及简历等人、天、佛名计 649 条,部分佛教寺庙名称计 245 条;佛物法器名称计 349 条。编排以藏文字母为序,词目和释文均有藏汉文对照。篇末附有汉文索引,并按词书内容分为六大类,均以汉文笔画为序。(央娜)

B000160 **禅宗妙语选** 黄河涛编。百花文艺出版社 1993 年 5 月版。16.5 万字。5.20 元。收入“中国古代妙语丛书”。分门别类地收选历代著名禅师点化学人的公案 300 余则。每则公案都是一篇情趣盎然的小故事,其中包括大量的禅机、妙语、偈语和警句。每则原文后均以今人的眼光做适当的释说和解析,以为读者领悟禅宗智慧精粹指示门径,排除糟粕,吸取精华,化作有益人生的种种文化营养。(陈景春)

B000161 **中国景教** 副名:中国古代基督教研究。朱谦之著。东方出版社 1993 年 5 月版。33.6 万字。7.80 元。共 11 章,论述景教的起源、发展和在中国的传入传播,是作者生前撰写的最后一部著作。景教是我国古代(唐以后)对传入中国的一支基督教的称谓,在某种意义上可以说是一种独具特色的中国式基督教,有较大研究价值,但一直是基督教研究中的薄弱环节。本书对其中许多关键问题,如景教释名、景教与天主教、景教碑的真伪、景教碑中“景”字及其意义等,都进行了鉴定、评论,提出独家见解。其所涉资料十分丰富,既有国内外珍藏的原始文献及敦煌新出土的资料,又分析借鉴了近百年来诸家重要研究成果,甚至包括一些相互矛盾的观点,并批驳了一些外国传教士的谬说。书前黄心川所作长序,有叙述本书作者与宗教研究关系的专节并对大陆的景教研究状况作梗概介绍。书后附有景教碑文与参考书目,并首次公布了最全的作者著述目录,以利进一步的研究。(王粤)

B000162 **神话学论纲** 武世珍著。敦煌文艺出版社 1993 年 5 月版。20 万字。4.00 元。论述神话的起源;神话的特点;神话的发展和演变;神话研究的对象和范围;对“广义神话”说的批评和论争。(侯润章)

B000163 **西藏的神灵和鬼怪** 谢继胜译。西藏人民出版社 1993 年 5 月版。56 万字。上、下册。16.50 元。奥地利大藏学家贝斯基揭示西藏人文社会制造的宗教和非宗教(民间)的神灵、鬼怪的秘密及其表现形态,诸如善的、恶的、美的、丑的、狰狞的、慈祥的,其鬼谲、怪异等。为研究西藏宗教、西藏宗教学提供了较丰富的资料。(刘金华)

B000164 **泉州道教** 泉州市区道教文化研究会编。鹭江出版社 1993 年 5 月版。15.6 万字。8.50 元。分沿革、史迹、神统、教徒与活动、经籍与著作、对外传播、宗教文化与社会影响、人物、管理、拾遗等 10 章及泉州道教大事年表,记叙了道教在泉州的发展、演变及其对外传播的概况。为真实反映道教在泉州历史上所产生的影响,资料一般不作删节或评论。对研究泉州社会历史、民俗风情、海外交通史、华侨史、泉台关系史,以及道教文化对外传播的脉络等方面提供了材料。(裴勤)

B000165 **伊斯兰教简明辞典** 郑勉之等编。江苏古籍出版社 1993 年 6 月版。59.1 万字。15.00 元。收词目 2100 条,以常见条和次常见条为主。词目按内容分为 14 类,涉及伊斯兰教的经典著作、教义功修、派别组织、教法、清真寺、圣地遗迹、节日礼俗、教职称谓、中外人物、国家民族、历史事件、教育文化、宗教典故等各个方面。在词目分类上,有别于同类辞典,如将“教法”从“教义”中析出,将“清真寺”从“圣地遗迹”中析出,单独列类。这种分类比较符合伊斯兰教的特点。因为“教法”在伊斯兰教中起着规范宗教和社会生活的意义,较一般教义更为重要和具体;“清真寺”在宗教意义上是真主安拉在人间的居所,其地位非其它圣地遗迹可比。本书由中国伊斯兰教协会会长安士伟审订。(府建明)

B000166 **天坛大佛** 史庭惠著。南京出版社 1993 年 6 月版。21 万字。10.80 元。作者以亲身经历记述香港“天坛大佛”工程从投标承制到最后完成的长达四年的全过程。并说明航天工业部建造“大佛”的缘由,大佛的施工技术,穿插了有关佛学知识。(李德平)

B000167 **无神论教育简明读本(蒙古文)** 李爱丽、李宏勋著,乌恩奇译。新疆人民出版社 1993 年 6 月版。7 万字。1.10 元。对什么是科学的客观世界,什么是宗教,什么是迷信等进行深入浅出的介绍。揭露非法宗教、迷信活动对祖国统一、民族团结的危害。指明青少年学生应成为无神论者,成为党的事业需要的合格革命接班人。(新德)

B000168 **当代佛教** 杨曾文主编。东方出版社 1993 年 7 月版。32.3 万字。9.70 元。按国别介绍当代世界各国的佛教,涉及历史、教义、组织、人物、名寺与圣地、宗教教育、学术研究、与国家政治的关系、国际交流、重要活动与习俗等方面的内容。对佛教民族主义、佛教社会主义、佛教改革思潮、佛教系统的新兴宗教、现代中外佛教文化交流等,都作了考察与阐述。为体现佛教史的完整性,先以一章概要介绍佛教的起源和发展、原始基本教义、南传佛教和北传佛教及它们的流传区域。最后有两章介绍国际佛教组织与主要活动、佛教节日与纪念活动。卷末附第二次世界大战后世界佛教大事年表。收入"当代世界宗教丛书"。(王一禾)

B000169　**当代基督新教**　于可主编。东方出版社 1993 年 7 月版。28 万字。8.40 元。先概要介绍基督新教的历史、经典、教义与教会制度,然后分章详述:一、当代新教神学的发展与派别,包括 20 世纪初、二次大战前后的神学,以及当代神学的发展趋势;二、新教六大宗派、宗教改革时期产生的其他派别以及 19～20 世纪新建宗派的现状;三、在西方国家的社会作用和主要活动,着重于在美国的社会作用、英国国教的地位与影响、德国福音教会的特点与作用;四、在亚洲、非洲和拉丁美洲的传播情况与发展趋势;五、当代中国基督新教的发展与特点。书中还介绍了普世教会运动,这是以新教为主的现代基督教界所倡导的各宗派联合一体的运动,是当代基督教的发展趋势之一。60、70 年代兴起大批新崇拜团体,多数属新教传统,也有带东方宗教色彩的神秘主义团体和融合东方神秘主义和现代心理学某些因素的信仰疗法运动,有一章介绍了它们的类型、产生的历史背景,并着重介绍基督新教色彩较浓的上帝之子会、统一教会、人民圣殿教会和国之路会。最后分析了当代新教的发展趋势。收入"当代世界宗教丛书"。(王一禾)

B000170　**生命的诗境**　副名:禅宗美学的现代诠释。潘知常著。杭州大学出版社 1993 年 7 月版。10 万字。3.95 元。研究禅宗美学的专著。收入"青年美学家丛书"。(张节末)

B000171　**梵学集**　饶宗颐编。上海古籍出版社 1993 年 7 月版。29 万字。7.70 元。收录论文 24 篇,内容涉及考古学、文字、训诂、音韵、古代历史地理及文学,实为由佛学研究而生发的一系列中外文化、思想比较及中外关系史研究成果的结晶。《卐(Swastika)考》、《谈印度河谷图形文字》以比较考古学的方法,就中印相同相似的古字形体探讨其各自的渊源,进而揭示中印文化的早期交流相互影响与融合;《蜀布与 Cīnapatta》根据蜀布的流传路线论证中、印、缅早期交通情况;论华梵经疏体例、变文与图绘关系、马鸣赞与韩愈诗诸文从文学与历史学的比较入手,阐明佛学东渐所产生的深刻文化影响。论述音韵诸篇,在集中地位最为突出,正如《梵学集小引》所言:"治敦煌什公《通韵》,寻究六朝间悉昙学之流变,因悟涅槃之学与悉昙相表里,唐以前十四音之遗说,钩稽内典,冥行探赜,所得有出于安然《悉昙藏》之外者,足为中古声韵史提供崭新资料。"诗律史上的一大问题(四声)也由之而得以明了。作者引用资料,文献与考古结合,中国与南亚各国结合,并采用大量西方学者的著作,中文、梵文与西文结合,其研究方法富于启示,所确立的观点令人信服。集末附《佛国集》,为作者 1963 年秋漫游印度及南亚诸国的诗作结集,共录 38 首,大多与佛地、佛学相涉,间及各地自然风景、民俗人情、亦有与同行友人之唱和,佛学庄严、人世情趣兼而有之。(李祚唐)

B000172　**新疆回族伊斯兰教史略**　谭吴铁主编。新疆人民出版社 1993 年 7 月版。11 万字。5.00 元。分 7 章,第一章叙述新疆回族的来源,伊斯兰教在新疆的最近遗迹盖斯墓及其与回族的关系、伊斯兰教教派与回族门宦的关系;第二章述及伊斯兰教各教派在新疆回族中的早期传播,即伊玛目·热巴尼教派、回族格底林耶和哲合林耶两大门宦在新疆回族中的传播;第三章叙述同治三年(1864)新疆各地农民起义过程中,回族门宦在新疆的发展等;第四章阐述新疆建省前后的回族伊斯兰教情况,即周满海的活动和"周门"的形成、哲合林耶门宦的分裂、刘四的活动、"托茂家"、"吴勒者子与玛纳斯反清事变;第五章叙述民国初年新疆回族伊斯兰教各派重要人物的活动,如马良骏、马昌明及哲合林耶两派重要人物等的活动;第六章叙述新民主主义革命时期的新疆回族伊斯兰教的发展变化;第七章介绍新疆回族的风俗习惯、来访、清真寺和拱北。书后附有新疆回族伊斯兰教各门宦的承传谱系、承传次序表、血缘表等。(贺灵)

B000173　**东方天国的神秘之门——中国巫术文化探秘**　黄伦生著。广西师大出版社 1993 年 8 月版。23 万字。5.95 元。研究中国巫术文化,分四部分。第一部分,中国巫术是传统文化观念中的一个特殊因子。第二部分,介绍祭祀巫术、卜兆巫术、禁忌,或叙述源流、探究方法、阐述意蕴。第三部分,运用巫术与审美的比较,揭示巫术心态的一个侧面。第四部分,探讨巫术的影响。(肖启明)

B000174　**迷信**　[奥]G. 贾霍达著,陈建宪译。上海文艺出版社 1993 年 8 月版。12 万字。5.80 元。

分什么是迷信,迷信的盛行范围、种类,迷信的条件反射及其社会现象、迷信与未来的分析等。在世界各地民族学、社会学、心理学、民俗学、大众通俗读物以及大量调查统计和实验研究资料中,多侧面地解剖迷信的心理。从中可看到泰勒、弗洛伊德、马林诺夫斯基等著名学者对迷信心理的论述。(秦静)

B000175 **图腾崇拜** [苏]Д.Е.海通著,何星亮译。上海文艺出版社 1993 年 8 月版。17.9 万字。6.00 元(平);12.30 元(精)。研究图腾主义的专著。收入"原始文化名著译丛"。原名《图腾崇拜:实质和起源》(тояеми3м его сушность иUроисхождение)。汇集已有的图腾主义研究诸说,指出图腾主义是母系初生民族宗教,民族宗教的主要形式是图腾主义,发生在旧石器时代中期的部落社会。介绍原始部落图腾崇拜的形成,有哪些种类,最早出自何处,图腾崇拜与神话、与宗教、与禁忌的关系,对分布在美洲、大洋洲和非洲地区的图腾崇拜习俗、古民族对图腾的选择和认识、远古时期的出土文物中的图腾艺术等,都作介绍和专门研究。(刘东远)

B000176 **佛光大辞典** 慈怡等著。书目文献出版社 1993 年 8 月版。700 万字。398.00 元。选收辞目 22 600 余条,附见辞目 10 万余条,图片 2700 幅,约 700 余万字。详介佛教术语名相,人氏地名、寺院庙堂、宗派教义、典籍词章、法器仪规、艺术建设、掌故公案等。除我国佛教以外,还收入印度、韩国、日本、缅甸等国以及欧美各国的相关内容,一事一物,均注明经典出处。台湾佛光出版社 1988 年初版。(卢玉荣)

B000177 **道教手册** 李养正主编。中州古籍出版社 1993 年 8 月版。60.3 万字。18.00 元。共 16 部分。阐述道教的历史发展、道教宗派、教理教义、神仙、戒律玄规、仪范、斋醮科仪、修养方法、经书人物、道教宫观建筑、道教与文化艺术、道教与古科技文明、道教与岁时节令及风土习俗、道教与少数民族、国外道教研究概况,包容了道教产生、发展、演变的全过程,及其对我国古代政治、经济、文化、教育、科技、医药、建筑等各方面的影响,是中国古代文化的重要组成部分。(孙宝瑞)

B000178 **武当道教史略** 王光德、杨立志编。华文出版社 1993 年 9 月版。28.4 万字。15.00 元。阐述武当道教的起源、形成、发展和目前的现状,并论述武当道教对道教文化发展的贡献和对当地社会发展的影响。(刘万朗)

B000179 **佛学辞典** 宽忍主编。中国国际广播出版社、香港华文国际出版公司 1993 年 9 月版。365.8 万字。98.00 元。收辞条约 15000 条,以笔画顺序排列,辞典所引出处,皆注于辞条之末。在 20 世纪 20 年代,丁福保曾编著有《佛学大辞典》一书,收辞目 3 万余条,所述较为简略。后何子培编《实用佛学辞典》,有实用价值,收词目却囿于汉语系佛教术语,对藏语系佛教和巴利语系佛教词目则很少搜集,且大皆以佛学语言解释其义,青年读者颇难适应。本辞典在此二书基础上,由宽仁法师及同道重新整理条目,选择诸经论中专门名词,去其繁复;搜集古今中外佛教宗派,详其教义,对于诸佛、菩萨、诸天、鬼神之名称,佛教仪轨、制度之体制、法器之名称形式,加以介绍,并一一征引其出处。对于巴利语系和藏语系佛教术语中的词目,亦加收集,且在咒语中逐字用汉文注释其含义。对于今日海内外佛教宗派、佛教组织、佛教人物、佛教胜迹等,亦加以介绍。由周绍良作前言,赵朴初题写书名。(李镇)

B000180 **百喻经今译** 天竺僧伽斯那撰。南齐·求那毗地译,周绍良注译。中华书局 1993 年 9 月版。14 万字。9.20 元。原著列举 100 个故事,从多部佛经中杂取改编而成。所讲故事生动诙谐,富于哲理,对我国的寓言文学产生过较大的影响。作者对其作了精确的注释,并译为白话。(毛双民)

B000181 **宋代禅宗文化** 魏道儒著。中州古籍出版社 1993 年 9 月版。18.4 万字。5.80 元。介绍禅宗的传播与发展,"文字禅"的形成、表现形式及代表人物,对宋代禅宗的两派——以宗杲为代表的"看话禅"和以正觉为代表的"默照禅",以及契嵩的三教一致论,以禅宗的心性论为基础吸收儒家伦常名教思想作探讨。对帝王、士大夫与禅的关系,对"看话禅"与"默照禅"、公案与话头的关系,什么叫颂古、拈古,为什么师徒间交往都采取"机锋捧喝"方式等问题,作了介绍。收入"佛教文化丛书"。(赵智海)

B000182 **白话《天方典礼》** 清·刘智著,马宝光等译。中州古籍出版社 1993 年 9 月版。31 万字。12.00 元(精);9.00 元(平)。《天方典礼》系《天方典礼择要解》一书的简称,曾在《四库全书》中存目,收入《金陵丛书》丙集。以"儒者之语"阐释伊斯兰教的教义。共 20 卷,前有例言,末有后编。卷一是全书的总纲,卷二至卷四是关于认主的部分,卷五至卷二十是关于事主的部分。事主又可分各 4 部分:卷五至卷八是五功,说的是天道;卷十至卷十三是五典,说的是人道;卷十四至卷十七是民常;卷九、卷十八至卷二十,是对五功,五典的补充。该白话本以民国本

为底本。(孙宝瑞)

B000183 **宗教文化学导论** 张志刚著。东方出版社 1993 年 10 月版。24.4 万字。8.50 元。通过分析现代西方人文研究领域六位代表人物(道森、蒂利希、马林诺夫斯基、韦伯、汤因比)的理论,说明在宗教—文化研究这个学术交汇点上,一种现代形态的"宗教—文化观念"已经初步形成。这一观念的形成与现代西方文化的危机和文化多元论、非理性主义的学术倾向有密切的关系。作者认为这种"宗教—文化观念"有两个总体性特征:1. 视角的多样性与观念的统一性;2."宗教的俗化"与"文化的神化"。作者以历史唯物主义的基本原理为指导,对以上特征特别是"文化的神化"作出了分析和批判。(邓仁娥)

B000184 **天上·人间** 副名:助你了解宗教。魏琪著。陕西人民出版社 1993 年 10 月版。11 万字。4.05 元。介绍宗教产生、发展、消亡的过程和规律。针对社会上青少年对封建迷信、宗教的迷误现象,介绍神的发生、与社会发展同步演化及基督教、伊斯兰教、佛教和中国历史上的宗教的概貌,讲解宗教与道德、宗教与政治、宗教与科学的关系,阐释对现代社会中的宗教的认识,诸如宗教不能"导人为善、止人作恶"等。(何大凡)

B000185 **中国原始宗教资料丛编** 和志武等主编。上海人民出版社 1993 年 10 月版。129.6 万字。63.00 元。我国史前原始宗教资料的汇集。由纳西族卷、羌族卷、独龙族卷、傈僳族卷、怒族卷组成。资料的汇编采用宗教学的分类方式,包括:原始宗教的基本观念、原始宗教的崇拜对象(图腾崇拜、自然崇拜、祖先崇拜、鬼神崇拜等)和行为方式,原始宗教的礼仪以及巫术、占卜、禁忌、神话等内容,并附有大量珍贵的图片资料。本书资料以第一手实地调查资料为主,以选编考古资料、历史文献为辅;绝大多数资料为首次公开发表,是我国文化遗产中极其珍贵的部分。它对于我国的哲学、史学、文学、艺术、民族学、考古学、社会学、宗教学的研究都极有参考价值。(苏义宁)

B000186 **这是我的立场** 副名:马丁·路德传。[美]罗伦·培登著。译林出版社 1993 年 10 月版。28.5 万字。16.50 元。人物传记。描叙 16 世纪欧洲宗教改革运动的发起者、基督教新教路德宗创始人马丁·路德的生平。作者罗伦·培登是美国历史学家,曾任美国耶鲁大学教会历史教授,专攻欧洲宗教改革运动史,于 1978 年出版本书。(孙峰)

B000187 **佛藏辑要** 吴立民等主编。巴蜀书社 1993 年 11 月版。3.7 万码。41 册。6500.00 元。收录佛教文化基本典籍的大型资料丛书。佛教是中国三大宗教之一,自汉代传入中国后,在儒家文化的背景下,对中国社会和中国文化产生极大影响,因而成为显教之一。佛教文献典籍,代有制作,计 6000 余种。从宋代开宝刊刻蜀本大藏经始,到日本《大正藏》止,佛教文献经过了约 30 次大规模结集,皆以"经、律、论"三藏编次而为大藏经。各种版本大藏经,体例一贯保留传存了佛教文献典籍 4000 余种。功不可没。本编在传统编次基础上,以实用、精要为编纂指导思想,收录古今重要基本佛教文献 3000 余种,既可反映佛教文献的基本面貌和历史发展,又能体现佛教的教规教义教理。编纂时突出两个重点:一、近现代高僧学者的著述和藏传佛教、南传佛教的汉文译本。这是在昔《大藏经》编纂时的一个空缺。二、采用新的分类法。传统藏经以"经、律、论"三藏编次,其依据是佛教的传承关系。本编根据佛教的发展和学术研究之需要,对佛教文献进行分类,计为经典、戒律、论著、注疏、密教、禅教、史地、文苑、综合、图像十大类。(陈大利)

B000188 **猫头鹰与上帝的对话** 张志刚著。东方出版社 1993 年 11 月版。27.4 万字。9.50 元。用历史和理论相互比较及相互交错的方法,描述和解释从中世纪至今西方宗教哲学家对基督教教义和教理的基本问题进行的哲学反思。作者超越并批评了"神学护教论"或"有神论批判"的传统思路,具有宗教哲学研究的现代性立场:宗教哲学家既不能因为传统和权威便轻易接受任何宗教教义,也不能因为宗教问题的神秘和崇高而放弃对它进行理性研究的努力;它不在于支持或否定一种宗教,而是通过理性思考来探索人的宗教意识的秘密。(邓仁娥)

B000189 **耶稣传** 周岩编文,庞邦本绘画。河南美术出版社 1993 年 11 月版。307 幅画。15.60 元。绘画本。主要根据《四福音》编写,用绘画形式生动描述耶稣由诞生、传教、受难、复活、升天的主要言行和所行的圣迹。(熊孔成)

B000190 **当代高僧真禅法师** 刘永华、钱耀梁编著。华东师范大学出版社 1993 年 11 月版。19.4 万字。10.00 元。人物传记。真禅法师为当代杰出的高僧,是蜚声中外的千年古刹上海玉佛寺、静安寺和开封大相国寺方丈,又任全国政协委员、上海市人民政府委员、中国佛教协会副会长、上海市佛教协会会长。他著有《玉佛丈室集》九集、《佛法·社会·人生》专著、《真禅禅藻集》诗集和《玉佛寺丛书》20

种，他对佛学研究深入，对中外文化交流作出巨大贡献，是卓越的外事活动家和社会活动家。本书详尽记载真禅法师从童年开始献身佛门和从事佛学研究、中外文化交流的历程，也历叙他与社会各界的广泛交往和无私奉献。（刘凌）

B000191 **中国神仙探玄** 陈开科著。漓江出版社 1993 年 11 月版。25.48 万字。7.68 元。对中国神仙从种种文化理解入手，深入剖析其所包含的民族文化内蕴。揭示神仙神秘世界中充满的丰富人生情趣，以及所蕴含着的博大文化精神。指出神仙思想的范围，远远广泛于道教，但与道家、儒家、释家等中国传统文化的支干有着密切联系。论述了中国古代神仙思想历程和实质。对神仙法术种种进行了揭示，阐明“成仙之路”中养生、炼丹、房中术等与中国古代养生、古代科学技术发展的关系，以及仙家医药学与中国古代中医学的发展关系。（赵涛）

B000192 **世界宗教总览** 宗教研究中心编。东方出版社 1993 年 12 月版。102 万字。30.00 元。分三大部分：上编，当今世界宗教概述。从总体上介绍世界宗教的现状和基督教、伊斯兰教、印度教、佛教、犹太教、锡克教、巴哈伊教、耆那教、琐罗亚斯德教、萨满教等世界各大宗教的产生和发展、经典和基本教义、教派、分布状况等。中编，各国宗教。介绍世界各国宗教的基本情况，包括各国宗教机构和政府对宗教问题的立法与基本政策。下编，世界宗教组织与机构。介绍一些跨国界的宗教组织与机构。介绍世界宗教历史和现状，包括世界宗教的分布、各国的政教关系概况、宗教组织及主要人物等。全书以当代为重点，介绍 170 多个国家和地区的宗教概况，涉及 2000 多个宗教组织，数千名宗教人物。（王能雄）

B000193 **福建民间信仰源流** 徐晓望著。福建教育出版社 1993 年 12 月版。35.7 万字。11.40 元。“福建思想文化史丛书”之一，是一部从整体上研究福建民间信仰史的学术专著。作者积多年研究之成果，在史实上细心考证，在理论上大胆探讨，运用社会学的方法，从解剖闽人社会的角度入手，探研福建民间信仰的起源、演变以及各个时代的特点。（张永钦）

B000194 **福建民间信仰** 林国平、彭文宇编著。福建人民出版社 1993 年 12 月版。27 万字。11.35 元。收入“福建文化丛书”。系统介绍、论述福建民间信仰的产生与发展、主要特征及其影响，并分别评介福建民间信仰中自然崇拜、祖先与祖师崇拜、女神崇拜、道教俗神崇拜、佛教俗神崇拜等的主要内容、发展脉络，及其对社会生活的影响。（魏清荣）

B000195 **藏汉对照西藏大藏经总目录（藏汉文对照）** 黄显铭编译。青海民族出版社 1993 年 12 月版。15 万字。13.50 元。收书目 3722 条，将原分律部、般若部等 24 部的编次，改用藏文字母顺序排列。对部分只有藏文书目没有汉译的进行补译，没有译者名，核查资料，进行补阙。（完玛多杰）

B000196 **蒙古佛教源流（藏文版）** 久明柔白多杰著。青海民族出版社 1993 年 12 月版。18 万字。8.00 元。分 10 个部分，即前言、印度与藏族的王统世袭、蒙古王统世袭、明清王朝世袭、佛教在蒙古地区的传播、格鲁派教法在蒙古地区的传播、明清时代佛教在蒙古地区的广扬、名士在蒙古的出现、七世达赖之格言、后记。通篇运用藏文、蒙文和汉文中所记载的历史资料，论述蒙古地区佛教诞生的前因后果，以及蒙、藏、汉各族之间文化交流的过程。作者站在历史的高度，对蒙古族的繁衍生息、开疆拓土、治理朝纲和王统世袭作简明扼要的介绍。作者认为，蒙古族是众敬王之后，历史发展到一定阶段，藏王支贡赞普的小王子携其眷属来到蒙古地区，势力逐渐壮大，遂成为蒙古族之先祖；又谓俄罗斯人是蒙古族的后裔，他们有着血缘关系。本书为发展蒙、藏、汉各民族之间的文化交往而做出贡献的人士、文人墨客树碑立传，歌颂他们的不朽善举。本书作者生卒不详。原版为拉卜楞寺长条木刻版，据此以大 32 开本整理出版。（完玛多杰）

B000197 **觉囊派通论** 蒲文成、拉毛扎西著。青海人民出版社 1993 年 12 月版。23.3 万字。6.70 元。始于宋代、鼎盛于元代的觉囊派是藏传佛教的重要流派之一。明初，其主要宗见中观他空见受到其他教派的非议并因缺乏地方世俗政治势力的支持而一度衰落。清代以降，更趋衰绝，以至鲜为人知。该书研究觉囊派历史、教义、活动和现状，对了解和研究我国藏族社会历史、宗教信仰和密修方法等均有一定价值，最主要的是经过作者发微、探幽、钩沉，终于理清藏传佛教这一重要流派的来龙去脉，反映觉囊派历史和现状的全貌。（孟维）

B000198 **道教纵横** 徐兆仁著。天津教育出版社 1993 年 12 月版。10.7 万字。3.50 元。阐述道教的起源、发展与繁荣、衰落的历程。作者依据中外典籍和地下发掘资料论证道教作为中国本土产生的多神教，它酝酿于原始宗教，初形于秦汉的方仙黄老，完善于东汉。展示道教与传统文化——哲学、文学艺术和科技等的交融及与各代政治、经济等的交

互影响。(秦呈瑞)

B000199 **佛教文化百科** 陈聿东主编。天津人民出版社1993年12月版。150万字。40.00元。介绍佛教文化的百科性词典。收选条目6000条,另有插图500幅,彩照30幅,书后附有佛教文化大事记。其内容分为19类,包括总类述语、教派、教制、教义、命题、菩萨、鬼神、佛传、本性、经变、礼仪、印契、节日、经籍、论著、历史事典、人物、建筑、古迹名胜等。不仅对佛教的产生、历史渊源、发展及影响等,作系统介绍,而且对佛教文化及汉传佛教之各种内涵,以及方方面面的佛教文化理论知识等,均作介绍和解析。(杨连仲)

B000200 **道藏精华** 胡道静主编。岳麓书社1993年12月版。400万字。4册。275.00元。道教典籍的节选影印本。以明正统《道藏》(上海涵芬楼影印本)为主,兼采部分藏外道书。先从众多道家经典中选取一部分有代表性的典籍,再从中选取若干篇章、卷目、片断,力求取其精华,窥其全貌。共选取道家典籍149种,分为十个门类:本文门(基本经籍),众经门(一般经籍)、百家门(诸子百家之书),众派门(教内各派学说),方术门(道教法术),导养门(气功导引养生),威仪门(规范威仪制度),志传门(神仙传记、名山志),类纂门(历代学者所纂道藏典籍),文献门(道经目录及介绍)。(郦琨)

B000201 **崇正辩·斐然集** 宋·胡寅撰,容肇祖点校。中华书局1993年12月版。63.5万字。2册。28.00元。胡寅是宋代的哲学家、文学家、政治家。《崇正辩》三卷,以传统儒学观点对佛教学说进行评析。《斐然集》三十卷,是胡寅一生的诗文总集。书后附有《胡寅年谱》。该书是研究胡寅哲学思想的主要资料。(薛有红)

B000202 **宋代佛教史稿** 顾吉辰著。中州古籍出版社1993年12月版。25万字。10.00元。研究宋代佛教传播历史的著作。对宋朝的佛教政策、僧官制度、佛经传译与撰述、佛教宗派、佛教与理学的关系、佛教与文学的关系,以及宋代佛教大事等,作专题研究。国民党元老陈立夫先生题签。收入"宋史研究丛书"。(陈协琴)

B000203 **台湾民间信仰** 陈小冲著。鹭江出版社1993年12月版。16.5万字。7.00元。"台湾研究丛书"之一。将台湾民间信仰与移民社会结合起来研究,是本书的一大特色。作者把民间信仰作为移民社会中的一种文化现象进行考察,从早期移民渡海、开拓、与原住民的争斗、与大自然的搏斗以及社会动乱等方面,说明民间信仰发生发展的历史背景,还从商业的发展和商郊、富户的资助以及地方官员的支持等方面,分析促进民间信仰发展的各种因素,认为台湾民间信仰的历史与台湾移民史、台湾开发史是同步发展、平行前进的。本书还详细地介绍了台湾民间诸神的由来、传播、信仰与现状,并将各种神明分为全国性神明、地区性神明、特殊神明三种类型,说明台湾的大部分神明是与大陆相同的,所谓"地区性神明"也是来自移民祖籍地——闽粤两省,而由台湾当地创造出来的"特殊神明"则为数较少。总之,台湾民间信仰带有移民社会的烙印,同时也保留着母体文化深刻的影响,别具特色。(王聪文)

C 社会科学总论

C000001 **人口教育丛书** 吴履平、田家盛主编。人民教育出版社1991年3月～1993年7月版。83.26万字。20.55元。共11册,分别为人口理论,人口统计,中国人口,世界人口,优生与优育,生育与节育,青春期生长发育,青春期教育,婚姻、家庭与人口,人口与环境,人口与城市等。各分册的内容既相互联系,又自成系统。(王志刚)

C000002 **社科新论丛书** 中国青年出版社主编。中国青年出版社1993～1996年版。242万字。12册。110.90元。反映党的十一届三中全会以来我国哲学、社会科学研究的最新成果的丛书。共12种:《当代中国的马克思主义》、《中国特色社会主义论》、《管理学新论》、《科技意识论》、《现代决策论》、《人的素质论》、《价值新论》、《个体道德论》、《伦理学新论》、《人权新论》、《社会主义文化新论》等。该丛书的特点是:(1)各册选题皆是与当代社会生活密切相关的政治、经济、文化方面的重大课题,并突出对邓小平建设有中国特色社会主义理论的研究。(2)在阐述各专题内容时，坚持运用马克思主义的世界观和方法论，紧密联系我国改革开放和社会主义现代化建设的伟大实践，回答现实生活中提出的新情况、新问题。(3)力求从新的角度和运用新的方法，对各重大课题进行分析和论证，在内容、结论上有新意。(王斌俊)

C000003 **公共关系策划** 李温等编写。东北财经大学出版社1993年版。20万字。7.80元。从策划的角度讲述公共关系的实际运作。主要内容有：公共关系策划的意义、企业形象策划技巧、公共关系专题活动策划、公关促销的策划技巧、商业广告的策划技巧、危机公关的策划技巧、不同行业公共关系策划技巧、企业家形象策划。(张剑宇)

C000004 **日本人的外向意识** 平献明主编。辽宁人民出版社1993年版。31.9万字。19.50元。共9章，包括：概论、第一次开国、第二次开国、日本经济走向国际市场、日本科技的国际化、教育国际交流、日本文学艺术走向世界、外向意识带来的物质成果、21世纪的展望等。日本人是外向意识很强的民族。1868年的明治维新，冲破了封建的锁国政策，实行了日本近代史上的第一次开国，使日本经济获得迅速发展。1933年日本退出国联又恢复了锁国，对内实行法西斯统治，对外发动战争，最终招致日本帝国主义在二战中的惨败。第二次世界大战后，日本实行第二次开国，实行全方位的对外开放。外向意识在日本实现现代化的过程中，发挥了主导作用。(于海寰)

C000005 **冒险：中国人的新性格** 马役军著。辽宁人民出版社、吉林人民出版社、黑龙江人民出版社、天津人民出版社1993年版。12.1万字。4.70元。运用辩证唯物主义的观点，赋予“冒险”以新的含义。全书讲六个方面的问题，即：敢冒，中国人的新话题；世界诞生于冒险；冒险，人生的辉煌；冒险，并非仅是男人的事业；畸形冒险；自卑流行病；化险为夷的智慧。书中还讲述新旧不同的冒险观和冒险精神与冒险个性的不同区别。指出冒险精神和“大跃进”时的“人有多大胆，地有多大产”的那种违背客观实际的蛮干和盲动是截然不同的。作者认为，在中国走向世界，与发达的西方国家展开激烈竞争的时候，在一个古老的民族甩开传统的羁绊，大踏步走向现代化的时候，应为勇于探索和创造的冒险精神正名。收入“走向新世纪”丛书。(王峰)

C000006 **中国古代性文化** 刘达临编著。宁夏人民出版社1993年版。78万字。35.00元(精)，29.00元(平)。中国古代性文化史专著。较系统地展示中国古代性文化的历史发展脉络，从原始社会夏、商、周直至明、清漫长的历史时期，论述性崇拜、宫廷性生活、民间性生活、婚姻制度、民俗民情、文化艺术、性医学、房中理论、妇女地位等诸多问题。数十幅古代性文物图片上溯汉、唐，下至明、清，有十分丰富的文化内容。该书的出版对进一步破除性神秘观念，对继承中国传统文化遗产、推动性科学和其他相关学科的发展有重要意义。(张新荼)

C000007 **领导心理学导论** 俞文钊著。人民教育出版社1993年版。54万字。19.10元。对领导心理学的基本理论、基本知识进行全面、系统的阐述，介绍国外领导心理学的最新成果，特别介绍联系中国实际的科研成果。在各章节中增添古今中外的典型“案例分析”。(曾红梅)

C000008 **组织行为学——理论与实践** 卢盛忠等著。浙江教育出版社1993年1月版。37.5万字。5.40元。探讨企业管理的社会背景、特点、机制和心理行为。分4编：第一编绪论，概述组织行为学的对象、研究方法、发展趋向和简史；第二编个体行为，阐述个体行为的心理机制、特点、规律和个体特征；第三编群体行为，综述企业群体的形成和演化、群体行为动机、群体决策行为、各种人际行为的冲突和沟通等；第四编组织行为，阐述领导行为的构成、基础和表现形式，组织及其行为的结构、模型、理论和实例，组织发展和经济技术的关系，未来走向，企业文化及其特征等。(余龙文)

C000009 **大众的梦** 副名：当代趣味与流行文化。高小康著。东方出版社1993年2月版。14.5万字。5.95元。研究以影视明星、流行音乐、武侠小说、迪斯科、卡拉OK、名牌时装、商业广告、娱乐影片等等为标志的流行文化或曰大众文化。揭示它赖以生存的社会心理基础和具有的符号意义。收入“采桑子”书系。(刘丽华)

C000010 **轻拂那新理性的风** 副名：人文研究的思想论集。许明著。河南人民出版社1993年2月版。31.4万字。11.20元。人文研究论集。分上中下3编，上编：呼唤前沿意识，表达作者对一些深层次理论问题的思考和呼唤改革的心声，以及对90年代理论前沿阵地的瞻望；中编：寻求思维变革，主要反映作者强调思维变革和关于文学本性的哲学思考以及对真理的探索精神；下编：建构理论模式，突出作者尝试建构美学新体系的构想。呼唤、倡导和努力建设新的人文精神，即以发展的马克思主义为指导，

积极吸收中国传统文化与西方文化，适合中国国情的有建设性的理性精神。(陈智英)

C000011 **理性的追求** 栾锋著。黑龙江教育出版社1993年2月版。32万字。5.30元。论文集。包括“论干部制度改革”、“论邓小平同志的人才学思想”、“关于廉政建设的对策”、“调查研究要致力解决现实问题”等28篇文章。(张希玉)

C000012 **中国工具书大辞典(社会科学卷)** 杨牧之主编。黑龙江人民出版社1993年2月版。250万字。27.00元。收从中国古代至1989年的哲学、社会科学中文工具书(国外编写的有关中文工具书亦酌情收入)7 200余种，分为辞书(字典、词典)、类书、政书、百科全书、年鉴、手册(大全、指南)、资料汇编、书目、索引、表谱(历史、年表)、地图、图录、名录十三大类。将港台出版的工具书，特单列为第十四类。各类工具书参照《中国图书馆图书分类法》及各类工具书的自身特点，遵照由总到分的原则，再划分为不同类目。每条目依书名、编撰者、出版者、出版年、内容、特点、功用等项加以介绍。(安晓峰)

C000013 **跨世纪人才论丛** 吴秉先等主编。内蒙古人民出版社1993年2月版。99.3万字。7册。23.40元。以全新的视角，透视中国改革的现实，展望新世纪的前景，剖析中国当前面临的人才问题，预测未来的人才需求，纵论跨世纪的人才方略。《论丛》的内容涉及政治、经济、科技等各个方面，重点讨论各行各业中的培养青年人才问题。共有7分册，每册独立成篇，自成专题。它们是:《腾飞第一策》、《跃上地平线》、《青年干部的教育与修养》、《走向21世纪的青年农民》、《面向未来的大学生》、《托起新世纪的太阳》、《人才——企业活力之源泉》。(陈锦安)

C000014 **跃上地平线** 刘埃林、王培公主编。内蒙古人民出版社1993年2月版。16.8万字。3.80元。共分3编11章。第一编“站在未来的地平线上”，阐述我国的人才战略，勾勒跨世纪理想人才的轮廓；第二编“当代青年生活断层扫描”，从当代青年的生活、思维、文化价值观念与理想、信仰等问题入手，对青年的人生道路进行检视与论述，描绘当代青年富有时代色彩的情感肖像；第三编“搭起成才路上的金桥”，从德、识、才、学、体诸方面，为渴望成才的中国青年指出了进取、创造的方向。收入“跨世纪人才论丛”。(萨日娜)

C000015 **中国统计发展新探索** 张塞著。东北财经大学出版社1993年3月版。10.00元。收集作者于1988年5月至1992年8月发表的38篇论文。作者对统计工作的法制建设，开放式统计，统计工作职能，统计走智力事业发展的道路，建立社会主义市场经济的统计产业问题，大力推进统计的社会化、产业化、商品化、国际化的进程等方面作有益的探索。反映这一时期中国统计发展所经历的曲折的历史过程。(谭焕忠)

C000016 **外事知识手册** 王盛荣、张峰编。大连理工大学出版社1993年4月版。52万字。14.00元。为使涉外人员更好地了解世界风土人情、风俗习惯、文明礼仪等而编写。内容包括:礼宾与礼仪活动；涉外礼节；外国人在华的合法权益；中国公民出入国常识；外交、宗教、中外节日、外国风俗等常识。(廖晓红)

C000017 **儒家管理哲学** 黎红雷著。广东高等教育出版社1993年4月版。30万字。7.90元。以人为中心，以道德教化为导向，以正己正人为途径，阐述儒家的管理哲学论和儒家哲学的管理观。上编主要阐述“唯人则天”的管理本体论、“知治一致”的管理认识论、“执经达权”的管理方法论，以及“义以生利”的管理价值论。下编主要阐述“劳心治人”的管理本质观、“人性可塑”的管理人性观、“能群善分”的管理组织观、“无为而治”的管理行为观、“道之以德”的管理控制观和“修己安人”的管理目标观。它从现代管理的角度出发，重新审视和分析了古代儒家的管理思想。(邓蔚菲)

C000018 **别出心裁** 副名:公关策划及技巧。黄德林等著。广西人民出版社1993年4月版。10.5万字。3.20元。分为3篇。第一篇介绍公关策划的基本原理，其中包括公关策划的作用，公关策划方案为什么要力求创新，如何把握开展公关活动的时机，如何确定公关目标等；第二篇介绍公关活动的策划，包括如何组织实施全员公关，如何传递本组织的信息，如何处理危机事件，如何准备演讲等；第三篇介绍公关活动中的谋略思想，包括如何利用名人效应扩大自身的影响，如何反攻为守摆脱困境，如何借机塑造自身的良好形象等。收入“公关智谋书系”。(张平)

C000019 **没有敌意的战争** 副名:公关心理趣谈。陈华著。广西人民出版社1993年4月版。14.1万字。3.95元。详细介绍公关心理的各个方面，如中国古代的准公关现象、现代公关职业意识透视、塑造成功形象的心理策略、公众沟通的心理策略、公关心理在商战中的应用等。列举古今中外的生动故事，对公关心理问题加以分析，具有理论性和趣味

性。收入“公关智谋书系”。(张平)

C000020 **爱经** [古罗马]奥维德著，戴望舒译。花城出版社 1993 年 4 月版。7 万字。3.50 元。古罗马诗人奥维德的作品。20 年代由戴望舒译为中文，1929 年 4 月由上海水沫书店出版。作者以老于此道的口吻述说情场秘诀，其实是对当时世风的讽刺。书前有周良沛的序，对奥维德的生平、思想及此书的中译版本作了评述。(杨光治)

C000021 **办公室主任指南** 武正国主编。山西人民出版社 1993 年 4 月版。32 万字。9.50 元。围绕在新形势下如何提高办公室工作质量和整体水平，怎样当一个称职的、优秀的办公室主任这一主题，从办公室主任作为领导的参谋、助手这一视角出发，在辅助决策、调查研究、信息工作、督查工作、文稿工作、会务工作、信访工作、保密工作、内务管理、机关后勤、协调工作、领导活动安排、接待工作、领导艺术、素质与修养等多层面上进行探索，较为全面、系统地论述了办公室主任应具备的政治、业务素质和工作职责。(李建刚)

C000022 **社会运行导论** 副名：有中国特色的社会学基本理论的一种探索。郑杭生等著。中国人民大学出版社 1993 年 4 月版。42.9 万字。10.00 元。在研究社会运行的基础上提出，社会学是关于社会良性运行和协调发展的条件与机制的综合性具体科学。作者进一步探索了社会运行的基本理论，论证社会良性运行与协调发展的理论与实践意义，探讨社会运行与社会发展的指标体系。结合我国的实际，探讨实现我国社会的良性运行所需具备的社会条件，如人口、环境资源、经济、文化、社会心理等方面。介绍社会运行的机制，说明每种机制在整个体制中的地位和作用，探讨研究社会运行的两种定量分析方法。(王爱玲)

C000023 **应用统计学** 倪加勋等著。中国人民大学出版社 1993 年 4 月版。35.5 万字。9.00 元。重点阐述统计方法的应用，侧重于工商企业经济管理的应用，在内容上也兼顾统计方法在宏观经济管理中的应用，即国民经济核算方法。可作为经济与管理类大学 MBA、本科和专科生的教材，也可作为广大实际管理工作者和研究工作者的参考书。收入中国人民大学出版社和加拿大麦吉尔大学出版社合作出版的“管理学丛书”。(徐晓梅)

C000024 **中华社会科学工具书辞典** 潘寅生、郭建魁主编。甘肃人民出版社 1993 年 5 月版。93 万字。29.00 元。收录哲学社会科学方面的工具书 5000 余种，包括百科全书、字典、词典、类书、政书、年鉴、手册、书目、索引、图表等。所收工具书上起古代，下迄 1990 年底。重点收录正式出版的汉文工具书，兼收少数民族文版和汉语与少数民族语对照的工具书；凡外文原版及外文与汉语对照的，概不收入。一种书立一个词条(连续出版物和多卷本工具书，均作为一个词目对待)，释文包括著(译、编)者、出版者、主要内容、编排体例、特色(与同类书比较而言)、检索办法等，有的还说明版本、适用对象、注意事项等。一般只作客观介绍，少数予以简要评价。分类以《中国图书馆图书分类法》为依据，将全部条目分列为政治、经济、文学、语言文字、历史、综合等 12 大类，每一大类根据内容(或学科分支)分为若干小类。使得学科体系分明，并显示出各个条目之间的内在联系。书前有分类词目表，书后有词目笔画索引。(韩惠言)

C000025 **办公自动化技术基础** 谭伟贤编著。广西教育出版社 1993 年 5 月版。31 万字。17.00 元。介绍方兴未艾的办公自动化新技术。内容包括：办公自动化的概念，办公自动化在国内外发展应用的动态，办公自动化技术中的文字处理、公文管理、事务处理、桌面印刷、设备选配、电子邮政、通信网络、安全保密、电子计算机和数据库的应用，办公自动化系统建设的一般方法和我国发展办公自动化的对策等。结合一些实例，阐述省、市、县各级政府部门，各类事业单位，各类企业、商业公司开展办公自动化的情况。(陈明娟)

C000026 **闯世界** 副名：青年学生求职公关技巧。陈华著。广西人民出版社 1993 年 5 月版。12.8 万字。3.70 元。针对当前青年求职的各种心理，多角度地介绍青年求职中的“十八般公关武艺”。如大学生求职的公关策划，大学生求职应试的公关对策，求职中公关媒体的运用，女大学生求职的公关技巧等。收入“公关智谋书系”。(张平)

C000027 **中国生育节育抽样调查北京国际研讨会论文集** 常崇煊主编。中国人口出版社 1993 年 5 月版。68.5 万字。25.00 元。人口学术论文集。1988 年国家计划生育委员会进行了全国范围的大规模人口抽样调查，1991 年召开了中国生育节育抽样调查北京国际研讨会。文集收研讨会的论文共 51 篇。论文重点论述了此次抽样调查的设计、在避孕节育中的妇女保健问题、我国人口迁移问题，以及对死亡率的研究等。(刘大菈)

C000028 **论文文章集** 苏丹·张波拉托夫

著。伊犁人民出版社 1993 年 5 月哈萨克文版。31.6 万字。9.80 元。收集有关教育、语言与写作、民间文学等方面的文章。(萨吾丽)

C000029　**国际资料手册**　黄愿偿等编。湖南出版社 1993 年 6 月版。126.6 万字。24.50 元。分概况、国际组织、国家和地区、各国政党、重要国际条约、军事、经济外贸、跨国公司与大财团、教育与科学、文学艺术、新闻出版、体育、民族宗教语言、名胜古迹、世界著名城市、节日纪念日、人物、历史知识等 18 篇。辑录资料 4 000 余种。(曾祥虎)

C000030　**残疾人社会学**　奚从清等主编。华夏出版社 1993 年 6 月版。22.5 万字。6.00 元。分 3 编:上编论述残疾人作为主体,其社会学含义,社会群体的类型特征,以及社会化、社会角色和人际关系等方面的问题;中篇论述社会对残疾人的观点及由此引发的一系列问题,越轨行为问题,法律、法规问题,残疾人社会工作问题;下篇论述残疾人随着社会的发展而使自身得到发展的问题。(华夏)

C000031　**当代学术研究思辯**　周勋初著。南京大学出版社 1993 年 6 月版。30 万字。8.50 元。收入"当代国学丛刊"。分 4 部分:第一组文章为研究黄季刚、胡小石、陈寅恪、罗根泽、程千帆 5 位先生的专题论文。他们的治学方法各有其代表性,他们的成功与失误,可供后学借鉴。第二组文章为研究古今治学方法进展与文史观念变化的文字。第三组文章为学术发展情况介绍,前一组文章是作者在新加坡国立大学于一九九七年举办的《汉学研究之回顾与前瞻国际会议》的发言,后一篇文章是其在香港中文大学所作的报告。第四组文章是对王国维、陈寅恪著作中有代表性的 5 篇文章所作的评析,书后附有原文。(左健)

C000032　**社会学概论**　李毅、王继主编。陕西人民教育出版社 1993 年 6 月版。31.2 万字。大学本科各专业社会学概论课程统编教材。全面介绍社会学的基本观点、概念与研究成果。作者把对现实社会的描述性研究和解释性研究、社会政策研究有机地结合起来。着眼点是当今中国社会,目的是向初入大学的学生提供一种从社会学角度观察社会的立场、观点、方法。书中还将中国社会与其他国家的社会进行比较研究。(朱芸)

C000033　**社会科学争鸣大系**　上海市社会科学学会联合会编。上海人民出版社 1993 年 6 月版。499.8 万字。10 册。133.40 元。介绍 1949 至 1989 年社会科学界的学术争鸣。10 卷本分别为:哲学卷(冯契主编)、社会主义经济理论卷(张薰华主编)、部门经济卷(巢峰主编)、世界经济・国际关系卷(杨思正、俞冠敏主编)、历史卷(姜义华主编)、科学社会主义・国际共产主义运动史卷(蓝瑛主编)、政治・法律卷(韩述之主编)、教育学卷(瞿葆奎主编)、社会学卷(邓伟志主编)、语言・文学・艺术卷(蒋孔阳主编)。通过对建国 40 年来社会科学学术讨论演进的回顾,介绍各个时期学术讨论中提出的重要学术观点和不同观点的争鸣,如实地反映各派的观点以及对传统观点持异议的新见。资料取自正式出版的报刊书籍。(苏义宁)

C000034　**中国党政公文小百科**　张保忠编著。天津人民出版社 1993 年 6 月版。48 万字。11.50 元。全面介绍公文、公文写作、公文处理及相关知识的百科辞典。分 8 编 16 部分,计 1 300 多个条目。主要内容包括:历代公文发展概况、古代公文文种、古代公文机构与职官、古代公文处理制度、旧公文程式用语注释、历代公文工作文献;当代公文、公文文种、公文格式的基本知识;公文写作的基本要求、原理(包括主旨、结构、语言、方式、逻辑、修辞)与撰写技法;文件的运转、处理、管理、利用、立卷与归档;常用公文词语注释;当代公文工作的组织与人员;公文常见病误介绍;与公文相关的知识,如党政秘书工作及信息工作的基本原则与要求。书后附有党和国家有关文件处理的法规性文件 4 份。(余秀)

C000035　**用人艺术**　袁时桢、赵恒蕙编著。大连出版社 1993 年 7 月版。42 万字。8.00 元。阐述用人艺术的专著。主要内容如下:"用人观念"部分,围绕领导者用人必须树立的正确思想观念,论述人与人才的价值与作用,分析了几种截然对立的用人观,并介绍用人艺术的特点以及与其他学科的联系。"用人素养"部分,针对领导者自身必须加强的素质修养,具体介绍思想素养、品格素养、能力素养、心理素养的内容、方法和要求。"考察识别"部分,就如何对人进行观察、分类、鉴别,进行多角度探讨和研究。"人才遴选"部分,分析在选才方面容易产生的各种心理障碍和模糊认识,论证选才应树立的思想认识,并介绍古今中外主要选才和方法。"人才培育"部分,围绕用人既要重使用更要重培养的观点,论述领导者应有的育人意识和思想,并从不同侧面介绍育人的内容和方法。"统御使用"部分,介绍十多个用人的原则方法。(李然)

C000036　**古今用人要诀**　周平著。河海大学出版社 1993 年 7 月版。34.3 万字。8.50 元。全书共

6 章，从知人、择人、任人、容人、励人直至育人的全过程，将 5000 年历史上用人的理论、思想和经验，结合现代社会的具体情况进行综合研究，具有较强的学术性和实践性。（朱宪卿）

C000037 **让美在性生活中荡漾** 权雅之等编著。华夏出版社 1993 年 7 月版。26 万字。8.80 元。从艺术和审美的角度，对性爱及性生活加以探讨和揭示。本书在参考了大量国内外有关资料，在整理分析了美学、心理学、性科学的有关知识和实际生活素材的基础上，揭示性爱之美的潜在层次，对人们提高、升华性生活的情趣提供有益的指导和帮助。（陈希朱）

C000038 **残疾人就业论** 卢连才著。华夏出版社 1993 年 7 月版。16.5 万字。4.50 元。残疾人作为社会中平等的一员，享有全面参与社会的权利，残疾人就业就是充分体现残疾人权利与义务，共享由于劳动和社会经济发展所带来的物质文化成果的重要途径。本书从残疾人就业的宏观经济政策，残疾人就业模式，在残疾人就业中个人、家庭、社会的责任，残疾人失业保险与残疾人就业基金等方面，探讨残疾人就业的理论与实践方面的问题。作者为通过自身努力取得成功的残疾人，对许多问题有独到见解。（刘淑兰）

C000039 **国外社会学综览** 刘豪兴主编。天津人民出版社 1993 年 7 月版。48.5 万字。15.00 元。分 5 篇：第一篇“社会学研究对象与内容”，主要为法、英、美、苏等国权威百科全书中“社会学”词条的译文。第二篇“各国社会学”，评述 10 个国家和地区的社会学研究。第三篇“社会学理论与流派”，介绍当代影响较大的社会学理论与流派。第四篇“社会学分支学科”，介绍 44 个分支社会学和相关学科。第五篇“社会学家”，介绍 34 位社会学家的生平、学术活动和学术思想。各篇前面有一引言，说明有关内容和事项。书后还附有社会学常用术语 300 余个，英汉对照，并有简短释义。（余秀）

C000040 **社会学导论：社会单位分析** 胡荣著。厦门大学出版社 1993 年 7 月版。28 万字。5.80 元。社会学研究专著。提出了“社会、单位”的概念。认为，社会单位是人与人之间在互动的基础上自然形成的或为一定目的而建立的关系网络。对社会互动、社会群体、社会组织、社区以及社会制度等许多相关的社会学概念作重新界定，并在此基础上建立一个颇具特色的社会学理论体系。即，人有各种需要，能满足人的需要的东西便是资源，个体为了满足自身的需要，就要从自然界或他人那里获取资源，社会互动就是在此基础上产生的。当互动形成一定的关系网络时，便产生各式各样的社会单位。这一概念既包括宏观的世界体系又包括微观的初级群体，避免了社会学中宏观理论与微观理论的脱节。还划分了“合作与竞争”、“互助与冲突”以及“交换与掠夺”这三对社会互动的基本形式。（黄茂林）

C000041 **文秘实用手册** 刘越、王尔平主编。中国书籍出版社 1993 年 7 月版。44 万字。20.00 元。分上下两编，上编文秘业务，根据办公部门的主要职能及业务范围，经过筛选加工，归纳并解答文秘工作中经常遇到的 100 个难题。下编文秘指南，主要根据办公部门的实际需求，辑录与文秘业务相关的汉字应用规范性资料，各类实用资料、常规知识。把通用公文和日常应用文体的写作，在规范的前提下全部程序化、格式化和图示化，有图有表，有例文示范，内容丰富，具有较高的实用价值。（刘元煌）

C000042 **秩序论** 邢建国等著。人民出版社 1993 年 7 月第 1 版。27.2 万字。7.80 元。一部关于秩序问题的学术著作。由总论、经济秩序的演变、政治秩序的演变、社会秩序的演变、开放社会总体秩序的协调、秩序与控制等 6 篇构成。具体内容包括：秩序的概念和要素；自然经济秩序，资本主义市场经济秩序，社会主义市场经济秩序的建立；君主政治秩序，资本主义政治秩序，中国社会主义政治秩序的完善；传统社会秩序，现代社会秩序，当代中国社会秩序的重建；建立国际经济政治新秩序，社会秩序与自然秩序的和谐；秩序控制，失序与无序等。作者认为，秩序是人类社会生存与发展的基本条件。任何社会都是在一定的秩序轨道上运行的。不同的社会有不同的秩序系统。不同的社会和时代的区别不在于要不要建立秩序，只在于建立什么样的秩序。适应社会主义制度的秩序系统，是实现社会主义现代化的必要基础。（魏海源）

C000043 **公共关系案例** 熊源伟主编。安徽人民出版社 1993 年 8 月版。29 万字。6.40 元。系全国通用教材《公共关系学》的姊妹篇。该书由深圳大学、杭州大学等 18 所高校公共关系学的有关教师联合编写。它采用多点透视的方法汇编案例，在选材上强调以中国案例为主又兼及国外著名案例。通过概论、主体、手段、过程、公众五个方面来综合透视公共关系。《概论篇》介绍公共关系案例的基本问题和公共关系案例的处理方法，是一般性的介绍和总体构架的设计；《主体篇》依照公共关系活动的主体差异来介绍公共关系案例，包括政府部门、营利组织、非营利组织和其他部门四个方面，使初学者明白不同组织在公共关系实务上的差异；《手段篇》从形象这一公共关系核心理论问题入手，从形象的建立、巩固、矫正三个相关阶段来分析公共关系的运作；《过程篇》则依据“四步工作法”把公共关系分为调查与策划、实施与评估两个阶段来阐述公共关系实务的特点；《公众篇》针对员工、顾客、媒介等，阐明公共关系的运作方法。(李道平)

C000044 **社群心理学** B·瑞文、J·儒本著，刘永和编译。福建教育出版社1993年8月版。40.5万字。11.05元。共16章。第一章论述社群心理学的研究范围和研究方法，认为社群心理学研究的是个人和集体相互影响的现象，提出了历史档案考查法、自然情境实验法等6种研究方法；第二章为个人需要社群，认为人类是社会的动物，不能孤独生存；第三章为自知与知人，研究人与人交流的基本步骤；第四章研究人的信念、态度和行为；第五章探讨说服改变态度的方法，详细分析说服的作用，解说“教育”与“控制支配”的区别，指出逻辑的、理由充分的说服具有教育的价值；第六章研究人群关系与喜爱感，研究了影响人们喜和爱的6项因素；第七章研究了攻击行为和敌对现象，阐述敌对攻击行为的理论；第八章研究利他与向社会行为；第九章研究人们的相依关系，认为合作、竞争或合作竞争混合是三种最常见的调整行为；第十章研究了影响号召与权威势力，探讨最普通的社群影响力：知识、褒赏、威胁、专长、参照与法定等因素；第十一章研究社会的结构和组织，认为社群间的关系虽然多向而且复杂，但基本上包括评价性的、相依的、交流性的、业务性的和影响性的关系，这五种关系相辅相成，彼此影响；第十二章研究男女性别与社会职责，认为性定型是一种普通的现象，行为的性别差异现象乃是整个社会对待女性或男性的结果；第十三章研究集体影响个人行为，认为团体常规是团体影响个人行为的重要工具，是衡量个人行为是非的标准；第十四章探讨团体决议、团体成就与领袖能力；第十五章探讨矛盾冲突与削减的方法；第十六章探讨社群心理学与人类环境的关系。(朱平)

C000045 **决胜千里** 副名：古今中外公共关系成败反思录。汪子为主编。广西人民出版社1993年8月版。37.6万字。8.90元。撷取古今中外公关活动的典型事例，探寻公共关系作用于历史和现实的轨迹，展现其变化无穷的魅力。书中有博古通今的心得，以及现身说法的启示。(周莉)

C000046 **社会学批评概论** [奥地利]彼埃尔·V·齐马著，吴岳添译。广西师大出版社1993年8月版。27万字。7.60元。社会学批评是20世纪西方文艺批评中与道德批评、心理批评、形式主义批评、原型批评并列的一种批评模式，强调文艺与社会之间的关系，认为艺术是作家在特定时空里，对社会产生的反响。20世纪30年代、社会批评经历了从维柯到赫德到丹纳到马克思、恩格斯文学批评的发展过程。社会学批评有过深刻揭示作品内涵和价值的优秀作品，也因批评的尺度的简单化忽视了文艺作品的美学意蕴，受到形式主义批评的攻击。本书试图吸收社会学批评与形式主义批评的长处，并把“社会学批评”界定为“本文社会学”，即一种同时兼顾本文的结构和产生这些结构的社会背景的批评科学。它着重研究社会问题和集团、阶级利益如何在语义、句法和叙述方面得到表现。(肖启明)

C000047 **文化人类学** [美]拉尔斐·比尔斯著，骆继光等译。河北教育出版社1993年8月版。51万字。12.45元。麦克米兰出版公司出版，美国高等院校中权威性教科书。阐述文化的主要方面，诸如经济、婚姻和亲属制度、社会组织、宗教、语言、艺术、心理、变异等等，并就其发展过程、本质和功用提出见解。讨论人类学的性质，透视生物人类学、文化—社会人类学、考古学和语言学；介绍给文化概念下定义的各种方式，探索发现于不同民族之中的文化表现，审度人类学家用以研究文化的各种方法，展示有关文化发展问题的现代思想和知识，概述在文化各主要方面的重大发现。人类学的所有分支都研究人类和文化，只有各分支将其研究方向集中于对“应变”、“变异”、“生态”、“认知”和“信息交流”等最主要的概念时，才能逐渐获得人类学研究领域的进步。(韩新保)

C000048 **宣传工作知识全书** 王福如、汪海波主编。经济管理出版社1993年8月版。320万字。90.00元。共设16篇，收列6 000余条目，内容主要包括：宣传工作文献；宣传工作概况；基本国情；经济建设；四项基本原则；经济体制改革；对外开放和国际经济；科学和技术；文化和教育；伦理道德；民主和法制；国防和军事；统一战线；党的建设；对外政策和国际宣传；宣传工作史等。该书以邓小平有中国特色社会主义理论为指导，精心筛选了宣传思想工作必备的基础知识。(苏全文)

C000049 **陈中凡论文集** 陈中凡著，姚柯夫编。上海古籍出版社 1993 年 8 月版。93 万字。31.30 元。学术论文集。收集作者 1919 至 1980 年发表的 100 多篇学术论文。论文经其弟子姚柯夫搜集整理。本书的编选，凡内容相同或大同小异并见于两种刊物以上的论文，酌收其一，并尽量采用修订稿，以体现作者原意；以 1949 年 10 月为界，分为上下两编。上编按学科分类编排，依次为：哲学、历史、古文字、文学、艺术、教育；下编按中国文学史年代先后排列，主要是戏曲研究。作者是五四运动以后积极宣传科学与民主、倡导使用新方法治学的学者之一。他植基深厚，涉猎广博，举凡先秦诸子哲学，乃至明清戏曲、小说、皆作探究，并有所建树。附有作者“年谱”，简介其生平事迹、学术创作、著述发表出版及遗著等情况。（熊扬志）

C000050 **办公自动化实用技术** 常士剑主编。中国经济出版社 1993 年 8 月版。43 万字。15.00 元。介绍办公自动化的基础知识、基本操作和实用技术。共 10 章，第一章介绍办公自动化的基本概念；第二章介绍微型机 IBM—PC 的使用及 DOS、CCDOS2.13、PCTOOLS；第三章介绍英文打字及拼音、区位、五笔字型等汉字输入技术；第四章介绍文书编辑软件 WORDSTAR；第五章介绍文稿的编辑排版要求及 WPS 文字处理系统；第六章介绍数据库 FOXBASE 及其在日常办公事务、收文、信访、文档、报表生成等方面的应用；第七、八、九章介绍打印机、复印机和传真机的原理及操作；第十章介绍计算机网络及其在办公自动化中的应用。（毛增余）

C000051 **人的社会化** 刘豪兴、朱少华著。上海人民出版社 1993 年 9 月版。26.7 万字。10.75 元。社会学理论研究专著。全书分“人的社会化概述”、“社会化的历程”、“社会化的环境”、“社会化的若干争议问题”4 编。第一编主要阐述社会化涵义、种类、基本内容、主要特征、基本条件、途径和目标，使读者对人的社会化的基本理论及社会化研究的历史有一个概貌性的了解。第二、三编分别对社会化的过程进行纵向描述和横向考察，分析了人一生中不同年龄时期社会化走向，家庭、学校、职业团体、社团组织、同龄群、参照群体、社区文化、大众传播媒介、社会化的执行者等影响人的社会化的环境因素，使人认识到外部环境对社会化的重要影响。第四编从文化反哺、个性发展、教化矛盾、角色胜任、思想政治工作、社会化的“度”、人的价值上分析社会化研究和实践中的问题。（陆宗寅）

C000052 **婚姻家庭制度论** 陈宗瑜著。湖南出版社 1993 年 10 月版。18.7 万字。4.50 元。婚姻和家庭制度是社会基本制度之一，家庭是社会的细胞，是个人与社会联系起来的基本组织形式，是社会的基础。本书从这个角度入手，对婚姻、家庭、亲属和亲属制度、父党、母党、妻党、亲系、亲权等基本概念进行诠释；从横的方面考证婚姻家庭的起源、婚姻家庭形式的演变和发展、阶级社会的婚姻家庭制度以及当代西方婚姻家庭制度；从纵的方面对中国古代婚姻家庭制度、近代婚姻家庭制度的演变、特点、性质、观念嬗变和新中国婚姻家庭制度的根本变革进行阐述，对婚姻家庭的前景和趋势进行预测，认为宗法制的婚姻家庭规范正在冰释，新的婚姻家庭形式和婚姻家庭制度在新的社会经济基础上建立和发展起来。（黄楚芳）

C000053 **人的研究在中国** 费孝通著。天津人民出版社 1993 年 10 月版。16 万字。6.20 元。收编著名社会学家费孝通 1990 年 7 月至 1992 年 7 月的 22 篇讲话和调查报告。介绍以下几方面内容：第一，费孝通研究社会学的根本态度，即“天下兴亡，匹夫有责”、“学以至用”的态度。第二，费孝通关于以中国为主，中国是根基，实地认识中国的社会学思想，以及他论述中国文化与外国文化的关系，不能排斥对外国理论的学习和借鉴的论述。第三，费孝通关于立足于现实，要进得去，出得来，搞清问题提出对策的思想。第四，费孝通关于大工业企业扩散，“破墙”的思想，以及以此来解决大企业的人员问题、零部件产品生产问题的路子。第五，费孝通对乡镇企业的发展所提出的农民不是走向城市，而是要将工业拉进农村，并以此来解决致富问题、剩余劳动力问题以及缩小三大差别问题等方面的思想。（余秀）

C000054 **中国少数民族地区马克思主义教育丛书·通俗系列** 翟泰丰等主编。云南人民出版社 1993 年 10 月版。200 万字。100.00 元。以邓小平建设有中国特色社会主义理论为指针，针对我国少数民族地区的实际和少数民族地区县、乡、村基层干部的需要，对马克思主义民族观、宗教观、唯物史观、邓小平民族理论、民族地区的经济发展、党的建设、区域自治、干部培养、社会稳定、智力开发、思想方法与工作方法，以及新时期民族关系、民族地区的社会主义与爱国主义教育、优秀民族文化的继承和发展、中华民族的发展历史等问题，分 20 个专题作深入浅出的论述。充分体现马克思主义基本原理、邓小平建设有中国特色社会主义理论与民族地区的实际相结合，全国的共性与少数民族地区的个性相结合，深入

研究与通俗易懂相结合的三项原则，具有理论的系统性、现实的针对性和内容的通俗性等特点。(杨云宝)

C000055　**从艺术到科学**　副名：史海拾遗话公关。蒋亮平、黄德林著。广西人民出版社1993年11月版。11.5万字。3.80元。介绍公共关系产生和发展的历史。共分为5篇：第一篇介绍古代世界的准公关活动；第二篇介绍以巴纳姆为代表的报刊宣传员是如何利用报刊愚弄、欺骗公众的；第三篇介绍艾维·李之后美国公关的发展；第四篇介绍公共关系在世界各国的发展情况；第五篇介绍公共关系在中国的普及和美好前景。收入"公关智谋书系"。(张平)

C000056　**展现你的风姿**　副名：公关人员的形象与素质。卫平、李光玉著。广西人民出版社1993年11月版。11.4万字。3.50元。介绍公关人员必须具备的外在形象和内在气质，其中包括良好的气质与性格、广泛的兴趣与爱好、典雅的风度与仪态，以及幽默的语言、亲切的微笑、博学多识的才华、巧施公关的技能、训练有素的道德修养等。还介绍不少中外公关人员工作的成功范例。收入"公关智谋书系"。(张平)

C000057　**中华性学辞典**　刘达临主编。黑龙江人民出版社1993年11月版。70万字。19.00元。收词目2 030条，内容包括：性生理解剖与疾病、性发育与遗传、性心理、儿童和青少年、恋爱、婚姻、家庭、性风俗、性行为、计划生育与优生、性道德、性罪错、性变态、性机能障碍、性病、性治疗、性教育、性美学、性文艺、性文化史等20部分。所收条目和内容比较有代表性，根据我国国情有些条目没有列入或释文较简单。力求内容健康，格调清新。(安晓峰)

C000058　**何干之文集**　何干之著。北京出版社1993年12月版。130.9万字。3册。50.00元。何干之是我国现代史上著名的史学家、经济学家和教育家。从20世纪30年代到60年代，他运用马列主义观点研究中国社会、中国历史和中国革命，其大量著述在社会上产生过巨大影响，在一定程度上反映了马克思主义在中国生根、传播的历程。作品汇编成3卷。第一卷选收其30年代的几部重要著作：《中国经济读本》、《中国的过去现在和未来》、《中国社会性质问题论战》、《中国社会史问题论战》，另有3篇论文；第二卷选收其40年代的几部重要著作：《近代中国启蒙运动史》、《中国社会经济结构》、《三民主义研究》、《鲁迅思想研究》及6篇论文；第三卷选收其50至60年代的两部重要著作：《中国现代革命史》和《中国民主革命时期的资产阶级》。文集前有《何干之传》，介绍作者生平及学术研究历程、状况；后附《何干之著述目录》，介绍其一生的学术创作成果。另有张仲实，成仿吾、胡华所撰写的回忆、纪念性序文。文集较为全面、系统地整理了何干之一生的学术研究、创作成果，保存了大量原始资料，清晰地把握何干之始终不渝地坚持马列主义真理、研究和宣传毛泽东思想和中国革命的历史经验、批判旧世界、建设新世界、为共产主义理想而奋斗的思想脉络。编者对全部著作进行再校订，补充若干注释，对原作内容及观点不作更动，尽量保存原貌。(刘剑宏)

C000059　**中国文化大百科全书(八卷)**　高占祥、张德林主编。长春出版社1993年12月版。2200万字。660.00元。包括历史(上、下)、哲学、教育、文学、艺术、综合(上、下)8卷。囊括40多个领域，共收10万多辞条。侧重汇集中华民族精神文化方面的内容，对生活方式、习俗文化和精神物化产品的内容也适当网罗。与已出版的文化辞书相比较，该书既重视古代、近代文化的历史价值，又着眼于现实的借鉴和运用。搜集宏富博大，释义力求精当，涉及虽广却自成系统。展示了中华民族文化大系统的宏貌。(董辅文)

C000060　**西方社会思想史**　于海著。复旦大学出版社1993年12月版。42万字。14.00元。社会学思想史专著。共18章，详细回顾上自古希腊智者学派，下至后工业社会理论的几千年西方社会思想史。对柏拉图、亚里士多德、奥古斯丁、阿奎那、卢梭、亚当·斯密、康德、弗洛伊德、涂尔干、滕尼斯、黑格尔、孔德、斯宾塞、马克斯·韦伯、米德、马尔库塞、贝尔等百余位社会思想大师作了评述。对影响西方社会思想和社会学理论发展的重要流派如苏格兰学派、19世纪实证主义社会学、19世纪末20世纪初心理主义社会学、社会学主义、19世纪末20世纪初德国历史主义与人文主义社会学、美国主流社会学中的互动理论、功能理论、冲突理论、交换理论、现象学社会学和批判的社会学理论等作了重点描述。着力揭示社会学学科发展的内在逻辑，真实再现西方社会学理论各流派的本来面目。(夏德元)

C000061　**管理学——原理与方法**　周三多著。复旦大学出版社1993年12月版。32.9万字。14.00元。高校教材。适用于管理类和相关学科本科阶段的教学。第一篇总论，分人类与管理、管理思想的发展、管理的基本原理、管理的基本方法等4章。

在中国现代管理思想的发展这部分，介绍了自洋务运动以来，在兴办近代企业、民族工业的发展过程中对管理的认识，概述了建国后至1978年以前我们在对管理认识上出现的反复。第二篇为决策，介绍决策的前提、决策的目标与方法、决策实施的安排——计划、决策科学的发展等内容。第三篇为组织，设置了组织结构设计、人员配备、组织力量的整合等4章。第四篇为领导，有领导、激励、沟通等内容。第五篇为控制，包括控制与信息、控制技术。第六篇为创新，重点介绍管理的创新职能。结束语对未来的管理思想与方法作了展望。收入“大学管理类教材丛书”。（刘子馨）

C000062 **营造玻璃屋** 副名：新闻公关艺术。赵振宇著。广西人民出版社1993年12月版。9.5万字。3.00元。从公共关系学的角度，分析新闻传播在当今社会生活中的重要功能及发展趋势；介绍新闻文稿及新闻广告的写作方法和技巧，以及如何同记者、编辑们打交道，同新闻界建立良好关系的诀窍等。收入“公关智谋书系”。（张平）

C000063 **神思妙笔** 副名：公关写作艺术与技巧。蓝济华、蒋亮平著。广西人民出版社1993年12月版。13.8万字。4.20元。介绍公关写作的艺术与技巧。分为九篇，有70多个篇目。前四篇形象地讲述公关写作的“公众意识”、“效能意识”、“时机意识”和“创新意识”的内涵及其表现方法；后五篇分别讲述新闻稿、广播稿、讲话稿、公关书信与柬帖、公文与简报、公关宣传资料等常用公关文体的具体写作方法和技巧。收入“公共智谋书系”。（张平）

C000064 **社会结构论** 谢平仄等著。湖北人民出版社1993年12月版。31.6万字。7.50元。共10章：一、再研究社会结构的必要和起点；二、研究社会结构的方法和总体构想；三、社会元结构；四、社会一般结构(一)——静态考察之一；五、社会一般结构(二)；六、社会基本结构——静态考察之二；七、社会总体结构——静态考察之三；八、社会运动基本形式——动态考察之一；九、社会发展趋势——动态考察之二；十、社会历史观规律。该书研究社会结构，有助于人们从根本上认识人类社会，认识社会结构与社会功能的关系，认识社会结构与社会运动的关系，认识社会结构与人的关系。（曾凡国）

C000065 **马克思主义人学理论与实践** 邹学荣主编。青海人民出版社1993年12月版。30万字。7.50元(平)，10.50元(精)。对人学的一系列基本理论与实践问题进行多方面的探讨。介绍国内外关于人学问题研究的情况；阐明马克思主义关于认识人的本质必须坚持自然性、社会性和实践性相统一的观点；评述西方学者在研究这个问题上的成果与局限性；提出进一步深化对人的本质认识、促进人才成长、优化人才结构、激励人的积极性和创造性、加强对人的思想政治工作、实现人的现代化和全面发展等问题。（李清）

C000066 **李叔同** 柯文辉等编。上海人民美术出版社1993年12月版。12万字。12.50元。李叔同个人文集，收集李叔同的艺术论文、书信和歌曲、诗词方面的创作文稿等。共分6个部分，其中除第四部分的跋和第五部分的年表为后人编写外，其余均系李叔同的作品。各个部分依次为1. 文艺论文选，主要收集李叔同在西洋绘画、文学、乐器等方面发表的论文；2. 书信集，收集李叔同给朋友及弟子的书信，是本书的重点；3. 歌曲，收入李叔同的音乐创作作品；4. 跋，为柯文辉撰写；5. 年表，系后人编写；6. 诗词，收入李叔同历年的作品。书后附有大量反映李叔同生平活动、艺术创作的照片资料。（孙国彬）

C000067 **行政管理哲学** 邹先松主编。武汉测绘科技大学出版社1993年12月版。26万字。5.00元。系统探讨行政管理科学和哲学之间的联系，建构完整的行政管理哲学理论。分为15章。一、行政管理哲学建立的基础；二、行政管理哲学的研究对象、作用和方法；三、行政管理哲学的基本问题；四、行政管理的哲学释义和实践特征；五、行政管理哲学的原理和原则；六、行政管理哲学的基本矛盾范畴；七、行政管理决策论；八、行政管理组织论；九、行政管理控制论；十、行政管理方法论；十一、行政管理法制观；十二、行政管理人事观；十三、行政管理财务观；十四、行政管理价值观；十五、行政管理和社会发展。把行政管理上升到哲学高度研究，揭示行政管理的本质属性和内在规律，探讨科学的行政管理观和方法论在行政管理中的重要作用。（董巍）

C000068 **人的素质论** 袁贵仁著。中国青年出版社1993年12月版。16.8万字。6.80元。系统、全面研究人的素质的著作。主要内容有：世纪之交话素质；人的素质的科学规定；人的素质的系统结构；人的素质与人格健康；人的素质与社会发展；人的素质与人的社会化；人的素质与教育；人的素质与活动。主要研究四个方面的问题：(一)从人的素质的概念、结构和特性等角度，阐明什么是人的素质。(二)着重从人格健康和社会发展两个侧面，说明改善和提高人的素质的重要性。(三)选取几个断面，集中讨论我国公民素质的实际状况，以及如何客观、全面地看待和对待这一问题。(四)在遗传、环境、教育、活动四个层面上探讨了怎样提高人的素质。作者提出，人的素质是研究"现实的人"的一个关键点，是理论和实际相结合的一个结合点，是深化人学思想的一个生长点。人的素质问题看似简单，实际上却很复杂。它离不开多种学科的观点、材料的支持；它涉及人性、人的本质、人的主体性、人格、人的个性以及人的能力、人的自由、人的价值、人的发展等许多人学理论的基本问题。研究人的素质，是人学理论发展的需要。收入"社科新论丛书"。(王斌俊)

D　政治、法律

D000001　**外交·社交·礼仪**　杨松河编著。军事谊文出版社 1993 年 3 月版。25 万字。6.80 元。由基本外交常识、外交礼仪和日常社交礼节三大部分组成。第一部分介绍外交机关、外交特权和豁免、多边外交、军事外交和民间外交等基本常识；第二部分介绍外交活动中的礼宾规则；第三部分为日常交往中的礼仪要求。将国际外交惯例和周恩来、陈毅等老一辈外交家所具有的外交风格融合一起介绍，具有较强的实用性和趣味性。(赵米南、陈贵林)

政治理论

D000002　**西方政治思想史**　王楷模、岳中峰著。陕西人民教育出版社 1993 年 1 月版。32 万字。6.95 元。全书分 10 章，第一章是绪论，主要论述政治思想史的一般性质和西方政治思想史的基本特点；第二至第三章论述古希腊罗马和西欧中世纪的政治思想；第四至第十章具体论述近现代欧美主要国家的政治思想。认为政治思想史既是一门政治学科，也是一门历史科学，但在本质上是由认识的主体(政治社会的认识者)、认识的客体(被认识的政治社会)、认识的基础(主体改造客体的政治活动)和认识的思想成果(政治学说)，相互作用，彼此渗透，纵横交织而成的政治认识史。它既研究政治学说的常项结构，也探讨西方政治认识史的变量内容。基于这种思维框架，本书对从古希腊到 19 世纪各个时代政治学说的产生原因、基本内容、主要特点、横向联系、承传沿革、理论价值和历史意义，作了具体地分析和研究，把西方各个历史阶段上纷繁复杂的政治思想，整合为一个立体运行的有机过程。(李崇君)

D000003　**意识形态论**　俞吾金著。上海人民出版社 1993 年 4 月版。30 万字。12.40 元。研究"意识形态"概念的内涵和特征，考察马克思意识形态学说的传播史和演化史，重点对列宁、毛泽东的意识形态理论作了探讨。以较大的篇幅对当代西方学者，特别是"西方马克思主义"者关于意识形态问题的代表性著作和观点作了评述。还涉及一些现实性强而又敏感的问题，如斯大林问题、中国"文化大革命"问题等。(李卫)

D000004　**政治体系**　副名：政治学状况研究。[美]戴维·伊斯顿著，马清槐译。商务印书馆 1993 年 5 月版。23 万字。6.50 元。作者是政治系统论的创始人和美国政治学界后行为主义运动的倡导人之一。本书以美国政治学的状况为主要研究对象，探讨如何建立政治学的理论体系，目的在于引起人们重视研究政治学理论的必要性并使政治理论确立在社会科学中应有的位置。全书共 12 章，主要论点如下：(1)从政治学的发展历史来看，在 19 世纪最后 25 年至本世纪 50 年代初，美国政治学落后于其他社会科学，对主要社会集团之间权力分配状况和各社会集团在制定和执行政策方面怎样互相影响，都缺乏研究。原因是研究者局限于研究特定的条件，忽视政治上的变化和一般的理论。(2)政治学要有一些基本的或主要的概念，才能逐步形成系统的理论。这里说的概念是用一种高度抽象的概念取代传统的、只说明个别政治现象的概念。有一组为政治研究指明方向的概念，就是政策、权威和社会。(3)政策的实质是不让一部分人享有某些东西，而让另一部分人去占有。一项政策包含一系列分配价值的决定和行动，它是根据法律分配权利和特权的行径。当人们普遍认为必须服从一项政策时，这项政策就具有权威性。为了权威性地解决人们在社会中企望得到的份额，对某些价值进行权威性分配是不可避免的。(4)权力是表示关系的现象,不是某个人占有的一件东西,它依靠的是影响别人行动的能力,但并非任何影响都是权力。政治学要研究的是,在权力分配和运用影响下对价值的权威性分配。(5)政治学的研究不可能摆脱它同道德价值观点的牵连。政治理论家传达其价值观念的方法,在于其宣传的道德观点对政治结构和政治过程的影响。(方生)

D000005 **政治人** 副名:政治的社会基础。[美]利普塞特著,刘钢敏等译。商务印书馆1993年5月版。26.2万字。7.00元。政治社会学的新著。其研究领域包括政治制度的社会基础和政治条件以及与其他社会制度的关系,中心论题是"国家"与"社会"之间冲突与一致的适当平衡。探讨民主体制必需的社会条件;民主社会中不同类型的政治冲突;西方民主国家的选举和投票行为;造成反民主倾向的某些特殊原因;参与政治的根源;在美国和其他国家中支持政党的社会基础;美国知识分子的社会地位及其在政治生活中的转化功能等。本书的独到的见解有:(一)重视经济发展与民主政治的相关性,强调民主政治只有在稳定的经济发展环境中才能健康成长。政治体制的改革如何与经济发展和社会结构的变迁相适应,是实现政治现代化、民主化的关键问题。(二)民主政治的稳定性不仅取决于经济发展,也取决于政治体制的合法性和有效性。有效性指实际的政绩,主要标志是能否保持经济的不断发展。合法性涉及一种政治体制保持其现存政治机构最符合于社会需要的能力。长期保持有效性的政体,即可取得合法性。(三)维护政治体制的合法性,与对待政治冲突的手段和方法有关。分歧与冲突是社会发展的必然现象。民主体制应具有异中求同的度量与机制,善于从分歧中寻求一致,用以缓和和化解冲突。(方生)

D000006 **政策科学原理** 陈振明主编。厦门大学出版社1993年9月版。25万字。5.80元。阐述政策科学的对象、性质和任务,政策、科学的兴起与发展,政策的起源、本质和功能,政策系统及其运用,政策制定,政策执行和政策监控,政策思维方法论等。把马克思主义经典作家以及毛泽东邓小平的政策和策略理论融入政策科学的理论体系之中,作为政策科学的基本原则及一般方法论;体现"古为今用,洋为中用"的原则,注意吸收古今中外的政策研究思想的合理成分,特别是力求消化吸收当代西方政策科学的理论和方法,使之成为中国政策科学的有机组成部分;贯彻理论与实践的统一原则,立足于中国的国情,以当代中国的政策实践、政策系统及过程作为主要的研究对象,注意研究我国改革开放和经济建设中出现的实际政策问题以及当代全人类所面临的共同政策问题,较好地解决政策科学如何来自于实践,又为实践服务的问题。本书采用系统发生论的方法,建立了一个较好的政策科学教学理论体系。(黄茂林)

D000007 **当代东方政治思潮** 周青、晨风等主编。广东人民出版社1993年10月版。80万字。48.00元。对当代东方政治思潮的内容、涵义、研究范围等作全面的阐述和研究,介绍19世纪末以来东方各主要地区和国家及其各主要代表人物的政治学说和政治观点及其历史作用、共同特点和规律,从而使东方思想的精华得以发掘。全面介评当代世界发展中国家主要政治思潮的形成、理论及其影响。被介绍的大部分是进步思潮,直接作用和影响于大多数发展中国家社会历史的发展和进步,有的则对整个世界的发展产生广泛深刻的影响。(余小华)

D000008 **当代比较政治学** 副名:世界展望。[美]阿尔蒙德、小鲍威尔著,朱曾汶等译。商务印书馆1993年10月版。60.8万字。15.90元。阿尔蒙德是当代美国政治学家,他的结构功能主义理论和方法是当代政治学的一种创新。分三部分。第一部分,论述比较政治学的研究方法——政治体系分析。政治体系通常指国家,就是将不同类型、不同时期的国家机构、组织,依据它们的功能运用相同的概念加以概括。所有政治体系都有四个共同点:(1)都有政治文化;(2)都发挥同样功能;(3)所有政治结构都是多功能的;(4)在文化意义上都是混合的。正是由于这些共同点,各种政体才能互相比较。第二部分,论述体系、过程和政策。认为不同类型的政治体系都有一定的政治结构,它们同政治体系追求的目标是一致的。当代政治体系一般包括政党、利益集团、立法机关、行政机关和法院,是互相依存的。政治体系有两种功能:过程功能和体系功能。前者是任何一种体系制定和实施政策时必备的功能,后者并不直接包含在制定和执行政策的过程中,但在每一阶段中都起重要作用。这种功能主义分析法,代替了传统的政治学注重法律、宪法和政府制度研究的方式,其创新性就在于此。第三部分,运用功能主义对当今世界上一些国家和地区分别进行政治学的比较研究,其中有英国、法国、前联邦德国、前苏联、中国、墨西哥和非洲(把51国作为一个整体)。其中有些政治观点,中国的读者是不会认同的。(方生)

D000009　**政治哲学史**　[美]列奥·施特劳斯等著，季天然等译。河北人民出版社 1993 年 11 月版。88 万字。上下册。29.50 元。介绍自古希腊至 20 世纪西方政治哲学史上主要的政治哲学家的思想。作者认为，政治哲学是哲学的一个分支，它以寻根求源、广泛而系统的方式探讨人类政治生活的问题。指出，一切政治哲学都是政治思想，但不能说所有的政治思想都是政治哲学。他认为，现代西方真正的危机从根本上讲是理论危机，并已经或者正在导致实践的危机。政治哲学史是关于人、国家、社会、历史、政治及社会制度的本体论史。由于题材的性质，本书集中而广泛介绍了西方的价值观，西方近代资产阶级政治、社会、历史、道德理论和观点，对马克思主义政治哲学学说的介绍，带有明显的偏见。(马千海)

共产主义运动、共产党

D000010　**科学社会主义的理论与实践概论**　伍德昌主编。华南理工大学出版社 1993 年版。25.6 万字。8.00 元。理工科硕士生马克思主义理论课教材。该书运用马克思主义的立场、观点、方法，在理论与实践结合上，阐述科学社会主义的产生和发展的历史，以及社会主义必然代替资本主义的客观规律。其特点是，通过各历史时期的典型事例来深入浅出地阐明社会主义从空想变成科学，从学说到实践，从一国胜利到多国胜利和建设社会主义的实践；密切联系我国建设有中国特色社会主义的实践，围绕有关热点问题阐明观点。(黄善芳)

D000011　**论“三个时间差”**　副名：与两代人谈社会主义。喻权域著。辽宁人民出版社 1993 年版。17 万字。8.50 元。以独特的风格，丰富的国际知识和民主平等精神，有理有据地同两代人平心静气地谈论社会主义兴衰问题。全书分为 16 章。内容包括：排它性，资本主义本性；评“政治民主化”与经济自由化，后起国家的几种选择；社会主义思想是怎样产生的？中国为什么选择了社会主义道路；中国与美国有多大差距；巨大的经济差距主要来自巨大的时间差；为什么资本主义还有生命力；简论“亚洲四小龙”；后进赶先进的希望在科技——“第三个时间差”；社会主义与人权；社会主义国家三阶段；弊端在于“三急”——急于求纯，急于求成，急于实现“社会公正”；中国能不能搞私有化；通过改革开放，重振社会主义雄风。作者从历史唯物主义观点和雄辩的事实，对当代国际国内时事、政治、经济等问题，进行分析比较，澄清一些模糊认识，从而说明社会主义建设并未失败；在当代，具有中国特色的社会主义现代化建设事业正在蓬勃发展，日益显示出其优越性。(于海寰)

D000012　**社会主义百科要览**　廖盖隆等主编。人民日报出版社 1993 年版。465.4 万字。98.00 元。分 8 部分：第一编论述科学社会主义的思想理论；第二编主要阐述整个国际工运、共运及民族解放运动发展史；第三编论述两种社会制度的共处和斗争；第四编阐述苏联东欧的社会主义制度；第五编论述有中国特色社会主义；第六编论述亚洲及古巴的社会主义；第七编论述发达资本主义国家的社会主义运动；第八编论述亚、非、拉民族独立国家各式各样的社会主义。全书共分 100 多大类，约 6 000 个条目。囊括有关社会主义的各种问题和知识，包括回答什么是社会主义，社会主义的基本理论，社会主义产生和发展的历史，社会主义制度的建立和运行状况，各国社会主义制度、特征等等。书前有编目和目录，编目列出各编的标题，目录列出全部条目。书后附有按汉语拼音音节为序的全书条目索引。所选资料，一般以 1992 年 6 月底之前发表的为限。(郭宝平)

D000013　**论社会主义的本质**　陈培德等著。人民出版社 1993 年 9 月版。15 万字。4.50 元。对邓小平建设有中国特色社会主义理论的核心内容之一——社会主义的本质，进行理论分析和研究，旨在解剖这个理论的深刻内涵，发掘这个理论的基本思路，从而为我们建设有中国特色的社会主义提供马克思主义的世界观和方法论，用以指导我们的实际工作。作者首先从空想社会主义者到马克思主义经典作家对社会主义的基本特征的描述谈起，进而论述了社会主义本质的内涵和实质，描述了社会主义的基本特征，并采用比较研究的方法，对各种社会形态的本质及其特征进行对照分析。邓小平关于社会主义本质的论述，科学地解决了什么是社会主义这个根本性的问题。邓小平指出：“社会主义的本质，是解放生产力，发展生产力，消灭剥削，消除两极分化，最终达到共同富裕。”这一精辟论断，为我们提供了认识社会主义的科学思想方法和界定社会主义本质应当遵循的基本原则，成为中国共产党人坚持党的基本路线和坚持以经济建设为中心不动摇的思想理论基础。(王能雄)

D000014　**社会主义现象与哲学方法论**　孙凤武、穆永春著。内蒙古人民出版社 1993 年 12 月版。23 万字。6.50 元。从历史的大尺度上考察社会主义的历史地位和历史价值。上篇，对社会主义作历史性的宏观勾画；下篇围绕社会主义实践中的经济、政治、文化等微观领域，从哲学方法论上进行剖析，并进行新的探索和表述。（佟群英）

D000015 **现代西方国家学说** 邹永贤等著。福建人民出版社 1993 年 4 月版。48.6 万字。10.65 元。全书共 6 章。全面评介现当代西方主要资本主义国家有代表性、有影响的国家学说及其主要代表人物，其时间跨度从 19 世纪末到现代，近 100 年；有尼采、霍布豪斯、帕雷托、布莱斯、狄骥、韦伯、拉斯基、罗素等传统政治学家的国家观，也有达尔、亨廷顿、伊斯顿、波普等非传统政治理论学家的国家理论。几乎囊括现当代西方各派国家学说的代表人物的观点，且大多直接引述这些思想家的重要原著。对现代西方国家学说流派恰当地评价其理论得失和学术地位，批判了对它们对马克思主义国家学说的攻击。各章有简短小结，书后有结束语。（李天兵）

D000016 **运筹帷幄** 副名：古今中外为政运筹反思录。刘强伦主编。广西人民出版社 1993 年 1 月版。37.3 万字。8.15 元。系统叙述战略性、谋略性运筹的论著。通过古今中外大量生动典型的事例，阐述运筹科学的基本理论、运筹的基本指导思想、运筹的基本范围、运筹方案及其特征、实施方案的方法和策略等。（周莉）

D000017 **公共行政管理学** 许传福主编。河南大学出版社 1993 年 8 月版。20 万字。5.00 元。全书有 12 章。主要有行政职能、行政组织、行政领导、行政决策与执行、行政沟通与调控、行政法制与监督、人事行政、财务行政、机关管理、行政效率、行政改革等内容。重点介绍马克思主义政治学说和邓小平建设有中国特色社会主义的理论。该书以普及行政管理学为目标，其内容有针对性和实用性的特点。收入“河南省国家公务员培训系列教材”。（史锡平）

D000018 **当代资本主义国家的政党制度** 李景治著。福建人民出版社 1993 年 11 月版。22.4 万字。6.65 元。分为“政党与政党制度”、“政党与竞选：通往权力的阶梯”、“政党与政府：紧握权力的魔杖”、“政党与社会：被扭曲的关系”四个专题。对当代资本主义国家政党的起源与发展，政党制度的建立与沿革，政党在政体运作中的地位和功能，以及政党政治的作用、特点、弊端和时代局限性等重要问题作了深入的研究和探索。（施国忠）

D000019 **人权——走向自由的标尺** 孙国华主编。山东人民出版社 1993 年 4 月版。24.9 万字。5.60 元。运用马克思主义理论观点和方法，对有关人权的一系列基本理论问题作系统、全面的探讨。从人权的起源、人权的概念和本质、人权的各种形态及其实现、人权与经济、政治、文化、宗教、民族、道德的关系的一般理论探讨，到对前资本主义社会的人权、资本主义社会的人权、社会主义社会的人权和人权的未来的历史分析和预测；从对人权的主要的国内方面的论述和概括，到对围绕人权问题的国际合作与斗争的考查与分析，作者都提出自己的见解。作者认为，人权是人类从必然王国走向自由王国的标尺，人权的状况反映了人类社会进步的状况。人权反映了人在社会关系中的地位，其性质和范围受社会的经济结构以及相应的文化发展所制约，并归根到底决定于人们的经济生活条件。人权问题的根本解决是走社会主义道路，建立和完善社会主义制度，实现共产主义。（李怀德）

D000020 **自由论** 商英伟、白锡能主编。福建人民出版社 1993 年 6 月版。17.9 万字。5.40 元。共 9 章。内容分五个部分：一、自由的实质和自由在马克思主义体系中的地位。指出作为人的本质力量的体现的自由是马克思主义理论研究的主题，是马克思主义学说体系的核心。二、自由观的历史考察。介绍西方社会不同历史时期的自由观，梳理了它们对自由探索的基本线索。三、自由的要素和结构。指出自由是主体和客观达到双重双向统一所进入的境界。四、人类活动诸多领域的自由。主要探讨了经济领域、政治领域、社会生活与精神生活领域中的自由及个人自由等。五、人类实现自由的历史过程。本书的哲学味较浓，对于人们了解自由的实质，澄清一些人在自由观上的模糊认识，树立正确的马克思主义自由观颇有意义。（李天兵）

D000021 **中国人权辞书** 张新民等主编。南海出版公司 1993 年 8 月版。240 万字。98.00 元。以马克思主义关于人权的理论为指导，以我国关于人权问题的基本立场、基本法律政策为依据，阐述了近代以来我国人民争取人权的斗争，以及建国后我党和政府在保障人权方面的具体实践。全书分“人权基本理论编”、“生存权利编”、“政治权利编”、“公民经济文化和社会权利编”、“司法人权保障编”、“少数民族权利保障编”、“计划生育与人权保障编”、“国际人权编”等十一编，共收辞条 5 200 余条，均见于《中国的人权状况》等白皮书。较系统、全面地介绍了我国关于人权方面的基本理论和与人权有关的基本词汇，以及人权方面的法律、法规、政策规定等。宣传了我国的历史和国情，驳斥了西方资本主义国家在国际上大造中国没有人权的反华舆论,使广大群众全面、正确地认识人权问题。该书是学习宣传《中国的人权状况》等白皮书的重要参考书,也是关于人权理论方面的专业工具书。(任在齐)

D000022 **权利论** 鲍宗豪等著。上海三联书店1993年9月版。31万字。15.80元。阐述马克思主义权利理论的著作。权利总是反映一定的社会经济关系的,也总是与需要相关的。人们一直在为维护自己的权利而不懈地斗争着。了解人的权利,行使人的权利,避免误入"人权"的误区,是现实对人的要求,也是社会发展的必然。作者抓住这个热点问题,从马克思主义经典作家在权利观上实现的伟大变革入手,依次论述马克思主义权利理论的逻辑结构、逻辑起点,权利理论的社会经济文化基础,权利理论的基本内容;阐述马克思主义的权利观,权利和人权的关系,人的本质,人权与人道主义,权利与经济、文化的关系;对当代人的权利标准作明确阐释。(赵立新)

D000023 **社会党与民主社会主义人权观** 吴雄丞、张中云主编。四川人民出版社1993年12月版。30万字。9.80元。第一部分有"人权纲领"、"人权的定义和基本内容"、"人权与人的生存条件"、"人权与民主、自由和平等"、"人权与和平和发展"、"人权与民族自决权"、"人权与民主社会主义"等14个专题,辑录社会党与民主社会主义有关人权的观点及文献;第二部分在原苏联、波兰、匈牙利、保加利亚、罗马尼亚、南斯拉夫、捷克斯洛伐克、民主德国等九个国家的标题下,分别选录有关人权问题的重要讲话、论著及其他文献。是一部全面了解社会党与民主社会主义人权观点的重要资料。(汪淼)

D000024 **人权大辞典** 刘复之主编。武汉大学出版社1993年12月版。184.4万字。78.00元。以马克思主义人权理论为指导,从社会主义中国在人权问题上基本立场出发而编纂。分为公民民主权利、公民经济生活权利、公民受教育权利、知识产权、少数民族权利保护、宗教信仰自由权利、妇女权利保护、老年人和未成年人权利保护、残疾人权利保护、国际人权等十大类,共收辞目2 480多条。这十大类内容涉及哲学、伦理学、法学、历史学、社会学、经济学、政治学等广泛的领域,把思想性、知识性和学术性融为一体。总结了我国在人权研究领域中的新成果,阐释马克思主义的人权理论和社会主义的人权制度;以邓小平建设有中国特色社会主义理论为指导,对我国人权制度的发展与完善提出很多有价值的观点与建议。辞典设有近600个辞目,对国际人权问题进行阐释与分析。正确地阐明我国对国际人权问题的基本立场、基本态度和基本观点,指出主权与人权、经济与人权、人权与国际关系、人权与世界政治的关系;结合国际社会和国际人权斗争的实践,批判了"人权无国界"、"人权高于主权"、"主权过时论"等错误观点,特别是对西方某些国家推行"人权外交",借"人权"之名,行干涉别国内政的行径,作深刻剖析与批判。辞典设有分类辞目表和笔画查辞表;并附有若干有关人权的法规、条约、文献等,便于查阅。(戴老红)

D000025 **中国的平均主义** 毛磊等著。河南人民出版社1993年1月版。26.8万字。6.50元。系统研究并描述从先秦至当代的种种平均主义思想、行为、政策、运动;深入分析了历代思想家、农民领袖、封建地主阶级、资产阶级、无产阶级乃至普通百姓的平均主义观念及行为;总结归纳了平均主义在政治上、经济上、军事上、文化上的各种表现;揭示平均主义对儒家正统文化、历代农民起义、中国民主革命、新中国的历次运动及当代中国改革的深层影响和制约,从而为我们提供一个透视中国的独特视点,一条解析中国历史文化和社会现实的线索。在研究对象上详今略古,用较大篇幅剖析平均主义对1957年的反右、"大跃进"、"人民公社"、"文化大革命"及当代中国分配体制改革、城乡经济改革、教育科技体制改革的深刻影响。对从古到今的中国平均主义理出比较清晰的轮廓,探讨了克服平均主义的途径及其与中国现代化的关系。(陈金川)

D000026 **中国近现代政治思想史** 刘健清、李振亚主编。南开大学出版社1993年12月版。30.6万字。7.80元。以政治思潮为主线,分专题阐述近百余年来,中国主要的社会政治思想起伏、交替、碰撞,及其对中国社会进程发生作用的历史。内容包括:晚清地主阶级革新派的社会改革思想,太平天国的农民革命思想,洋务派与洋务思想,资产阶级改良主义政治思潮,资产阶级革命派的政治理论,中国无政府主义,五四前后新旧思潮之激战,马克思主义在中国的传播,国家主义派,"联省自治"和"好政府"主义,新三民主义,戴季陶主义,第三党及其他资产阶级派别的政治主张,中国托派与30年代社会性质论战,中国共产党的新民主主义理论,中国法西斯主义,日本帝国主义的侵华理论和汉奸的卖国主义,中国民主党派的政治主张,中国共产党的人民民主专政理论等。通过深入浅出的分析,论证五四时期中国先进分子选择科学社会主义以及这一理论在中国取

得胜利的历史必然性。(焦静宜)

D000027 **当今社会主义运动的历史教训** 亓成章等著。湖北人民出版社1993年4月版。20.4万字。4.65元。分7章:导论;世界社会主义的薄弱环节;世界第一个社会主义国家风云变幻;发展经济是社会主义事业的基础;无产阶级政党的领导是社会主义事业成败的关键;无产阶级专政是社会主义事业的保障;警惕和抵制西方敌对势力对社会主义国家"和平演变"的图谋。把20世纪80年代末、90年代初东欧诸国剧变和苏联解体,作为当今社会主义运动中的一个整体事件加以考察;从经济、政治、思想意识形态、历史等方面全面地分析其发生的原因。总结中国应从中吸取的主要教训是:社会主义制度一旦建立,执政的共产党应该领导人民把主要精力始终放在经济建设这个中心上;社会主义制度的确立决不是一蹴而就的,必须从根本上改革束缚生产力发展的具体体制和运行机制;要加强共产党的领导,必须改善共产党的领导;社会主义国家必须坚持马克思主义在意识形态领域中的主导地位,同时又要谨慎地贯彻宗教政策和"双百方针"。(陈冬新)

D000028 **社会主义在世界和中国** 高放著。云南人民出版社1993年9月版。57万字。12.50元(平);14.70元(精)。作者多年来认真探索、潜心研究社会主义理论、运动和制度等重大问题,就社会主义的历史、现状、改革、未来、发展,以及理论和实践作全面探讨,发表了数百篇论文,本书撷取有代表性的57篇文章按内在的逻辑性结集出版。上篇"世界社会主义在曲折中前进",主要阐述400多年来世界社会主义波浪式发展的四个时期;世界社会主义改革浪潮的三起三落;苏联、东欧社会主义国家兴衰成败的经验教训;新科技革命对社会主义的挑战和影响。下篇"科学社会主义在中国的传播、实践与发展",主要探讨中国近300多年来,为什么八次走不通资本主义道路,而只能走社会主义道路;中国近现代史上三次探索社会主义的热潮;社会主义在中国传播和实践中遇到的问题;中国共产党人在实现社会主义中的独创性贡献和重大失误;新民主主义论与新社会主义论;并着重论述建设有中国特色社会主义理论的创立、发展和伟大意义。(杨云宝)

中国共产党

D000029 **中国共产党对外工作概况(1992～1993)** 本书编委会编。当代世界出版社1993年12月版。43.8万字。14.00元。系统介绍中国共产党对外方针政策以及同世界各政党交往的基本情况。包括以下内容:一、综述。概述1992～1993年国际形势及地区形势,特别是政党形势的主要特点和中国共产党对外交往的方针及主要情况。二、中央领导同志在对外交往中的重要讲话、谈话。三、党际交往。记述1992～1993年中国共产党与世界各政党交往的具体情况。四、文电往来。收录1992～1993年中国共产党与世界各政党往来文电。五、大事记。辑录了1992～1993年中国共产党对外交往活动中的重大事项,按时间顺序排列,方便读者检索。本书每年出版一册,具有年鉴或年刊的性质,为读者提供了解中国共产党对外工作方针政策和交往的第一手资料。(于洁)

D000030 **胡乔木文集(1～3卷)** 胡乔木著。人民出版社1993年7月版。119万字。3册。第一卷13.30元(精);9.40元(平);第二卷18.00元(精);14.00元(平);第三卷23.00元(精);16.00元(平)。第一卷收入作者自1941年6月至1986年2月所写的政治评论,主要是为解放日报、新华社和人民日报所写的社论,共114篇,其他的评论和评论性新闻12篇。这些评论一般都带有论战性,锋芒毕露,对于论敌不留余地,对现在的新闻界和评论界仍有重要的参考价值。第二卷内容分编为两辑:前一辑属于党的历史部分,后一辑属于理论和政策部分,共40篇。这些文章大多是作者在负责中央重要文件的起草和对思想宣传工作的指导时所作的讲话和发表的文章,其中大部分是1978年党实现伟大历史转折的时刻和这以后的作品。对于党的历史发展中重要的经验教训和理论政策问题的是非得失,作了说明和论述,特别是"文化大革命"及其以前党所犯的"左"倾错误,有非常尖锐和深刻的分析。许多内容在很大程度上反映了党中央的认识。这些文章不仅对研究党史、国史和毛泽东思想有重要的指导作用,而且为理解建设有中国特色社会主义理论和路线的形成、发展提供了有益的启示。第三卷亦分为两辑,共74篇。前一辑收录作者在建国后在各种思想文化工作会议上的讲话,以及与有关部门和地方负责人的谈话,涉及新闻、出版、翻译、历史、教育、法制、论记、宣传、语言文字、文学艺术、社会科学以及经济建设等诸多门类的问题,内容包括有关某类工作或某项工作的任务、对象、性质、意义、指导思想、方针政策、远景设计以至实施的具体措施和方法等等。其中许多远见卓识至今仍保持很高的科学价值和实用价值。后一辑收录作者从30年代至90年代撰写的各种体裁的有代表性的文章,包括评论、论文、随笔、小品、杂文、序跋、宣传提纲和回忆纪念文章等。这些文章更多地带有作者个人思想感情的色彩和独特的风格。(王弧)

D000031　**十三大以来重要文献选编　上、中、下**　中共中央文献研究室编。人民出版社1991年10月、1993年12月版。上32.6万字;中53.6万字;下47.1万字。上11.80元;中17.00元;下28.00元(精);上6.90元;中10.50元;下22.00元(平)。收录从1987年7月中共十三大前夕至1992年10月中共十三届九中全会这段时间的重要文献,共186篇。其中,中共中央、全国人大、国务院发出的《中共中央关于党和国家机关必须保持廉洁的通知》、《中共中央关于加强党的建设的通知》、《中共中央关于加强党同人民群众联系的决定》、《中共中央、国务院关于坚决制止乱收费、乱罚款和各种摊派的决定》、《中共中央、国务院关于加强社会治安综合治理的决定》、《中共中央、国务院关于加强计划生育工作严格控制人口增长的决定》、《中共中央、国务院关于加快发展第三产业的决定》、《中华人民共和国全民所有制工业企业法》、《国务院关于深化科技体制改革若干问题的决定》等文件86篇;党和国家领导人江泽民、邓小平、李鹏、乔石、李瑞环、朱镕基、彭真、杨尚昆、万里等发表的文章、讲话99篇。文献以邓小平《关于召开党的十三大的几次谈话》为开篇,记录了我国在1987年以后、特别是1992年初邓小平视察南方谈话后的改革开放全面发展的历史进程,是学习和研究中共党史的必备资料。(王能雄)

D000032　**走向市场经济的行动纲领——学习党的十四届三中全会决定**　刘国光主编。新华出版社1993年11月版。15万字。6.00元。以14个专题对《中共中央关于建立社会主义市场经济体制若干问题的决定》中的主要内容和观点进行全面、系统的介绍。这些专题有:社会主义市场经济的基本框架;建立社会主义市场经济应遵循的原则;统一开放的市场体系是建立社会主义市场经济体制基本框架的一个环节;进一步深化价格改革;中国社会主义市场经济体制中的宏观经济调控体系;加快金融体制改革、强化货币政策在宏观经济调控中的作用;深化农村经济体制改革,发展适应社会主义市场经济要求的开放型经济;进一步改革科技体制;用完备的法制保障市场经济的健康发展;加强和改善党的领导,为建立社会主义市场经济新体制而奋斗。以《决定》为依据,把在我国建立社会主义市场经济体制的目标和原则更加具体化、系统化。进一步明确了我国建立社会主义市场经济体制的基本框架。(张传秀)

D000033　**特殊而复杂的课题**　副名:共产国际、苏联和中国共产党关系编年史1919～1991。周文琪、褚良如著。湖北人民出版社1993年1月版。51.2万字。12.70元。共产国际、苏联和中国共产党的关系问题是中共党史研究中的一个重大问题,其中许多事件的因果关系极为错综复杂,如果忽视这方面的研究,那么党史方面的许多问题就说不清楚。本书以大事纪要体裁编写,全面地总结了中国共产党与国际共产主义运动、同苏联的关系,既按年、月、日分条目记述重大历史事件,又按事件和问题相对集中排列。可一目了然地查阅有关历史事件的来龙去脉,以及在各个历史时期围绕某些中心问题引起的矛盾和斗争。(陈冬新)

D000034　**驱散阴霾的圣火**　副名:马克思主义与中国革命的胜利。陈登才著。广西人民出版社1993年5月版。13.2万字。3.80元。概括中国共产党运用马克思主义于中国革命实践的新经验、新思想、新理论、新道路、新创造、新贡献,并以这几个"新"为章目,引申中国共产党及其他领袖们在28年民主革命实践中对马克思主义的创新和发展。(周莉)

D000035　**中国共产党江苏省组织史资料**　中共江苏省委组织部等编。南京出版社1993年9月版。125万字。58.00元。党史资料。收有江苏地区政权、地方军事、统一战线、群众团体四个组织系统的重要历史资料。该书编纂时限上自1922年春江苏始建中国共产党组织起,下至1987年10月中国共产党第十三次全国代表大会召开止。共分5篇19章。收录该段时期江苏省现辖区或原辖区内省级或相当于省级的组织机构和机构人员名单。该书编纂体例采用"分期划块,纵横结合"的形式;编纂方式有文字叙述、列出机构名录和绘图制表等方式。书中的行政区划,组织分布,机构序列,党组织、党员及干部情况统计图表,均以档案史料为据整理而成。(沈炜)

D000036　**老一代革命家论党史与党史研究**　中共中央文献研究室综合组编。陕西人民出版社1993年12月版。60.2万字。19.50元。关于中共党史研究的专题重要文献选集。收录毛泽东、周恩来、刘少奇、朱德、任弼时、邓小平、陈云、瞿秋白、张闻天、董必武等31位老一代无产阶级革命家自1926年至1991年65年间论述中国共产党历史的重要文献共92篇。全书分"论研究党史的意义"、"论研究党史的科学态度和方法”、“论党的历史的基本过程、特点和经验教训”、“对党史重大事件的回顾”四个部分，包括毛泽东的《如何研究中共党史》、《中国共产党的战争史》、《我们党的一些历史经验》；周恩来的《关于党的“六大”的研究》、《中国革命的三大法宝》；刘少奇的《中国共产党的产生与发展》、《中国历史的发展离不开中国共产党》；朱德的《关于南昌起义、湘南起义和井冈山会师》；任弼时的《党的政策与反机会主义的经过》；邓小平的《用中国的历史教育青年》、《对二野战史的回顾》；陈云的《对几个党史问题的答复》等。文献大部分全文收录，也有部分是节选、摘录或集纳。入选论著，一律保持原貌。（郭洛夫）

D000037 **中国共产党新疆历史大事记 上** 新疆党史委编写。新疆人民出版社 1993 年 12 月版。20 万字。8.00 元。新疆党史历史大事记。记述了从 1949 年 10 月至 1991 年 12 月新疆发生的重要历史事件。（王澍梅）

D000038 **中国共产党纪律检查史** 魏明铎主编。河北人民出版社 1993 年 1 月版。44 万字。10.00 元。全面反映中国共产党纪律检查工作发展历史的图书。作者依据马克思列宁主义和毛泽东思想的建党学说，以党的发展史为基本脉络，从理论与实践的结合上，对不同时期党的纪律建设，维护和执行党的纪律的情况，以及党的纪律在统一全党意志，保证党的路线、方针、政策贯彻执行等方面的重要作用，做了较为详尽的阐述和分析。（王书华）

D000039 **马克思主义建党学说史** 宋镜明、戴德铮、丁俊萍著。武汉大学出版社 1993 年 6 月版。36.7 万字。7.35 元。以无产阶级政党建设的实践为基础和线索，以党建经典著作和党建历史文献为根据，以党建理论为中心内容，以中国共产党建设和毛泽东与邓小平党建理论为重点，阐明马克思、恩格斯建党思想、列宁建党思想、毛泽东建党思想和邓小平建党思想的来龙去脉，以及它们之间的内在联系和各自独具的根本特色。从马克思主义政党学说的创立一直写到中共十四大对党的学说的重大发展。分 4 编 12 章，其中，有一半为毛泽东和邓小平建党思想的内容。可供各级党政干部、党校学员、大专师生、中小学教师、企事业单位各类人员学习参考。（蔡先保）

D000040 **社会主义市场经济与党的建设** 史卫国、李增福主编。白山出版社 1993 年 8 月版。27.8 万字。7.50 元。从研究和探索社会主义市场经济条件下基层党建工作的新规律和新办法的角度，汇集全国部分省市基层党务工作者优秀论文和中央有关部门领导以及省市委领导的有关文章共 65 篇。针对建立社会主义市场经济新体制过程中基层党建工作面临的新情况、新课题进行探索。既有纵观全局的问题概括，也有对具体政策的探微。（吴纯江）

D000041 **入党积极分子必读** 《入党积极分子必读》编写组编。白山出版社 1993 年 9 月版。14.3 万字。4.20 元。为适应新形势下基层党组织对要求入党的积极分子进行培训工作的需要，以及便于要求入党的积极分子自学党的基本知识而编写。详细论述入党动机和入党必须履行的手续等方面的问题。（吴纯江）

D000042 **领导干部谈民主集中制** 陈伟兰、李景田主编。党建读物出版社 1993 年 9 月版。22 万字。7.00 元。根据党的十四大提出的加强民主集中制建设，提高各级领导班子战斗力的要求，1993 年 3 月 5 日至 13 日，中组部举办了“民主集中制与领导班子建设”专题研究班。部分省（区）委组织部的负责同志，地、市委书记，企业党委书记，党建理论工作者和中直工委，中央国家机关工委组织部负责同志，共 20 多人参加了研讨。本书即为此次研讨成果的结集。该书从理论与实践的结合上阐述在建立社会主义市场经济体制的新形势下，坚持民主集中制对加强领导班子建设的重要性，总结各地在贯彻民主集中制方面的切身体会与经验，并就如何进一步加强民主集中制建设提出许多有见地的意见。附有《无产阶级革命家论民主集中制》和《中国共产党成立以来党章中关于民主集中制的规定》等文件。（建萱）

D000043 **新时期党建学** 黄介山、肖高武等著。广西师大出版社 1993 年 12 月版。33.6 万字。6.90元。以建设有中国特色社会主义的理论作为党的建设的根本指导思想，突破传统党建理论模式，围绕新时期党所处的历史、政治、思想、经济、国际环境等因素，从理论、实践以及理论建构三方面进行探讨。该书分理论篇、路线篇、领导篇、建设篇，共 16 章。（覃丽梅）

D000044 **党纪政纪案件规范化审理实务** 林菊生主编。中国人民公安大学出版社 1993 年 12 月版。31.5 万字。9.60 元。推行党纪政纪案件规范化审理，将审理工作的任务、原则、程序、内容、技巧等予以标准化、具体化，对于帮助纪检监察干部迅速、准确地把握案件审理工作的中心，抓住要点、提高办案质量和效率，具有重要意义。总论部分，论述党纪政纪案件规范化审理的概念、特点、任务、基本原则和程序等内容;分论部分,对纪检监察实际工作中常见的案例,以及有关违纪构成、审理要点、审理中应注意的问题等,作较为详尽的论述;第三部分为审理实例,选择不同性质的7件违纪案例,从案件的错误事实,证据、定性和处理以及办案程序等不同的角度和侧重点进行审理和评述。适合各级纪检监察干部使用。(汪伊红)

D000045 **党员教育通俗读本** 张宗亮主编。济南出版社1993年6月版。80万字。6册。18.50元。为贯彻党的十四大精神组织编写的党员教育理论丛书。由《马克思主义基本理论》、《党的基本路线》、《党的基本知识》、《做名副其实的共产党员》、《当好农村党支部书记》、《农村村级管理》六本书组成。深入浅出地阐述马列主义毛泽东思想关于党的建设的理论、党的基本路线和邓小平建设有中国特色社会主义的理论,从不同的侧面为党员干部提供学习、工作和修养的基本知识。(侯琪)

D000046 **农村党支部书记培训基本教材** 中共中央组织部组织局编写组编。党建读物出版社1993年5月版。10.3万字。4.00元。以党的十四大和中央有关指示精神为指导,结合我国农村改革和建设的形势、任务,围绕党的基本路线和党在农村的方针政策、村党支部的主要职责、村党支部的根本任务、村党支部的自身建设、农村党员的教育管理和发展、村党支部书记应具备的素质及工作方法等,进行系统阐述。(建萱)

D000047 **中国共产主义青年团团史词典** 中国青少年研究中心青运史研究所编。辽宁人民出版社1993年版。56万字。10.40元。广大青年、共青团员、共青团干部及团史研究者学习、研究中国共青团史的工具书。所收词目均出自中国共青团史(1920年至1992年5月),共计1 140条。词目共分10类,包括:事件、活动、会议、组织、机构、文献、报刊、资料、全团带队、人物、名词、术语、国际关系等内容。其中会议类词目除收入共青团举行的会议外,还选收了中国共产党的重要会议。(霍世荣)

工人、农民、青年、妇女运动与组织

D000048 **中国当代农民文化** 副名:"百村"调查纪实。成汉昌、刘一皋编著。中原农民出版社1993年9月版。42万字。10.60元。内容包括可归于广义文化范畴的20多个专题。主要有:农民的衣食住行、人口与生育、婚姻、家庭、教育、医疗卫生、文化活动、节日、迷信活动、犯罪活动、丧葬及农村与外部世界的联系、农民对往事的评说等。对于与文化有密切关系的经济、政治等问题,也有若干专题。所有专题,既强调数量的统计,也注重对典型实例和观念的分析。作者通过纵横两个方面的综合分析,并运用历史学与社会学交叉互补的研究方法,对农民传统文化在今天保留的范围和程度,传统文化与现代文化的联系,变革中的农民文化观念,以及农民从传统文化走向当代新文化的条件和规律等问题进行探讨,较为全面地历史地反映了40多年来农民文化发展演变的过程。该书研究的是一个全新的重要的课题,著述者全面地对农村社会进行调查(北大历史系师生历经5年时间,对全国25个省、市、自治区的117个村庄进行调查),在此基础上对当代农民文化进行了全方位、多角度、多层次的探讨。(李莉)

D000049 **中国农民问题研究** 白钢著。人民出版社1993年12月版。25万字。8.90元。作者首先论述了毛泽东的农民观。农民问题,是中国社会政治中最重要的问题。毛泽东的农民观,是毛泽东思想中关于农民革命理论的基础。对毛泽东农民观的研究及对历史上的农民问题的研究,可为在理论和实践的结合上解决中国农村发展道路问题提供参考。作者在考察了历史上的农民问题和当代的农民问题之后,提出了中国农村的发展道路问题。指出,中国农村要朝着高水平的集体化方向发展。一方面要加快农村产业结构的调整、大力发展乡镇企业;另一方面,要加快中小城镇的建设,走工业化、城市化的道路,逐步实现农业现代化。作者也告诫人们:任何时代、任何政府,如果忽视农业,处理不好与农民的关系问题,就必然会导致社会的动荡。(张秀平)

D000050 **中外青年比较** 黄志坚主编。中国青年出版社1993年2月版。34.3万字。8.00元(平);12.50元(精)。我国第一部将中国青年与西方国家青年进行全方位比较的通俗理论读物。书中介绍了当代中国及欧洲、美国、日本等发达国家中青年的各方面情况。全书共14章,主要内容有:中外青年比较研究是青年研究向纵深发展的一个新领域;中外青年的素质;中外青年的价值观;中外青年教育;中外青年的劳动就业;中外青年的消费方式;中外青年的闲暇生活;中外青年的性、婚姻与家庭;中外青年文化;中外青年的异常行为;中外青年组织;中外青年运动;中外青年对策;中外青年的未来;以及国际和地区性青年组织概览等等。为全国各级青年政

治学院教材。(冈宁)

D000051 **托起新世纪的太阳** 王利光主编。内蒙古人民出版社1993年2月版。12.9万字。3.20元。共分4编12章:第一编“启示论——历史的回声”,全面客观地回顾总结了新中国成立以来青年思想教育工作方面的经验与教训;第二编“对象论——主体的认识”,深刻剖析了改革开放十四年来波澜壮阔的青年思潮;第三编“导向论——完整的内容体系”,科学地确立了对当代青年思想教育的内容体系;第四编“操作论——系统的科学手段”,深入探索了对青年实施教育的艺术手段。收入“跨世纪人才论丛”。(萨日娜)

D000052 **青年干部的教育与修养** 胡匡敬主编。内蒙古人民出版社1993年2月版。12.2万字。2.90元。从组织培养和个人修养两方面论述培养青年干部的要求和科学方法。共分3编8章。第一编“重任在肩”,回顾青年干部在本世纪的丰功伟绩,分析当代青年干部的基本现状和肩负的历史使命;第二编“殷殷厚望”,总结党培养教育青年干部的历史经验和新时期培养青年干部的方针、政策及具体方法;第三编“修身养德”,论述新时期青年干部德、识、才、能的自我修养问题。收入“跨世纪人才论丛”。(萨日娜)

D000053 **走向二十一世纪的青年农民** 周廷芳主编。内蒙古人民出版社1993年2月版。15.8万字。3.65元。共分3编9章。从当代中国农业、农村、农民现状的科学分析中,回答如何从各个方面开发有巨大潜力的农村人才市场,引导青年农民树立超越自我、前辈、他人的进取意识,抓住历史机遇,迎接挑战等当代青年农民关心的一些重大问题。收入“跨世纪人才论丛”。(萨日娜)

D000054 **世纪冲击波** 副名:新世纪对青年的挑战和呼唤。田树德著。福建人民出版社1993年3月版。16.5万字。3.80元。用未来学的观点,探索未来社会政治、经济、文化、科技发展趋势对青年的影响,激励青年顽强拼搏,努力进取,以迎接新世纪的挑战。(王开彬)

D000055 **潇洒生活丛书** 刘琼等著。沈阳出版社1993年5月版。45万字。16.00元。介绍潇洒生活知识和方法。分5册:《送礼送到心坎上》、《察言观色见人心》、《高枕无忧入梦来》、《风度翩翩展魅力》、《楚楚动人话美容》。(赵敏)

D000056 **青年干部成长之路** 刘俊林主编。党建读物出版社1993年7月版。61万字。上下册。17.60元。为贯彻落实《中共中央关于抓紧培养教育青年干部的决定》精神,中组部于1993年元月在武汉召开了全国青年干部锻炼成长经验交流会。青年干部们畅谈了各自在不同的岗位上顽强拼搏、艰苦奋斗、开拓进取的经历和体会。本书遴选其中有代表性的材料,分为上下两册,上册编选的是各级党政机关青年干部的经验材料,下册编选的是担任工矿企业和科技、教育、卫生、新闻等单位领导工作的青年干部、专家、学者的经验材料,旨在更广泛地宣传这批青年干部成长的经验。(建萱)

D000057 **青春向导丛书** 张起等著。陕西人民教育出版社1993年7月版。50万字。5册。19.45元。包括《撩开少女的面纱》、《拨去生活的迷雾》、《架起友谊的金桥》、《沟通父辈的心灵》、《走进智慧的海洋》5种。均为青少年热点问题。以谈心的方式,运用大量实例,解答青少年关于身心、家庭和社会等方面的困惑问题。(廖广洲)

D000058 **当代青年群星谱(第三分册)** 中华全国青年联合会秘书处编。广西师大出版社1993年8月版。24.6万字。5.50元。以报告文学形式将当代全国25名优秀青年在成长过程中最富启迪意义、最生动感人的事迹辑录成书。这25名优秀青年是:王少石、王伟强、王富龙、冯三九、郑天一、许国峰、许德华、吉木克达、朱叙恒、杜占贵、何玉铭、杨永昌、杨东红、张秀国、张建国、张渝强、周绍安、胡义明、胡宏伟、苏建君、敖登格日勒、庹震、黄日波、黄伟兴、曹永良。(覃丽梅)

D000059 **邓刚海味馆** 邓刚著。大连出版社1993年9月版。12万字。5.60元。杂谈集。收短文70篇。文章就青年人所关心的问题,如怎样对待艰难和挫折,怎样对待友谊和爱情,怎样对待金钱和商品社会等,发表了看法,还谈到了痛苦、愤怒、冲动、忍耐、义气、良心、脾气、涵养、风度、想象、胆量等话题,具有较强的说理性。语言幽默诙谐、生动活泼。配有各种海洋生物的插图。(李然)

D000060 **你的未来不是梦** 林文富著。福建人民出版社1993年10月版。18.7万字。4.20元。以通信的方式,对50位青年朋友在理想立志方面遇到的苦恼、困惑,提出自己的看法和建设性意见。(施国忠)

D000061 **中国学生运动史** 翟作君、蒋志彦著。山西人民出版社1993年10月版。32万字。10.80元。叙述中国学生运动的发展历史。在旧中国,当祖国受到外国的凌辱和侵犯时,当国内人民的正当要求受到反动政府的迫害和镇压时,青年学生总是首先掀起全国性的革命运动。本书记叙辛亥前的留学生运动,1919年"五四"运动,1925年的五卅运动,1931年的"九·一八"事变后对蒋介石的不抵抗政策的抗议运动,1932年"一二·八"事变后配合工人支援十九路军的抗战运动,1935年"一二·九"抗日救亡运动,抗战爆发后城市农村广大青年学生投身抗日和建立抗日民主根据地的运动,抗战后方的救国宣传及以学生为主的反内战、争民主的"十二·一"运动等,说明了学生运动是顺应历史潮流的爱国主义运动。(董高怀)

D000062 **情爱暖泉的流泻** 伊人著。天津教育出版社1993年12月版。11.6万字。3.30元。"同学少年丛书"之一。收35篇文章。(李莉)

D000063 **我能行** 副名:"五自"活动学习资料。中国少年先锋队全国工作委员会编。天津教育出版社1993年12月版。10.6万字。2.70元。"五自"活动是全国少工委在全国少先队组织中倡导开展的一次大规模活动,本书即为配合此次活动而编写的一本指导性读物。该书按照"五自"的具体内容分为"自理"、"自学"、"自律"、"自护"、"自强"5大部分,采用情节、漫画、小品、问答等生动活泼的形式,形象地向少年儿童传授"五自"知识。尤其是小品形式的作品,既可供阅读,又可供基层少先队组织表演。(远之岫)

D000064 **知识女性生活夜话** 郭光华主编。内蒙古人民出版社1993年2月版。46万字。9.55元。通过对历史、文化的反思,指出女性真正的解放在于相信自己、努力超越自己;认为自尊、开放和智慧是滋润女性心理的清泉,讨论了容貌美、形体美、性美、气质美、智慧美以及读书交友处世的学问。(黄爱民)

D000065 **夜郎故地上的女性** 向零主编。翁家烈副主编。贵州民族出版社1993年3月版。26万字。7.80元。以文献资料、社会调查为基础,分章节对贵州高原上的布依、侗、水、仡佬、壮、苗、瑶、土家、彝等少数民族妇女作综合性研究,按壮侗、苗瑶、藏缅3大语族族群排列。其突出的特点是把贵州少数民族妇女置于社会政治、经济、家庭的文化背景中,采用民族学、妇女学相结合的研究方法,对贵州少数民族妇女的婚姻、家庭,在社会政治生活中的地位,妇女文化生活和民族文化传承,妇女与民族艺术,妇女与民族人口等方面作全方位研究,同时,对她们的自我价值的实现、潜在意识的挖掘、妇女地位、权益衍变规律也作了探索。(孔燕君)

D000066 **近代中国妇女生活** 郑永福著。河南人民出版社1993年4月版。30.9万字。9.00元。"妇女研究丛书"之一。内容涉及妇女生活的衣食住行、交游嫁娶、宗教信仰、风俗习惯等方面,透视从农村到城市、从上层到下层近代中国社会妇女的真实状况,使人们对近代中国妇女生活的整个画面有一个比较清晰、生动的了解。对近代妇女与宗教关系的分析,对近代妇女所做的分层研究,对中国女工在近代中国革命史上作用的论述,有独到见解。(陈智英)

D000067 **"六大"以来妇女儿童工作文选** 全国妇联办公厅编。中国妇女出版社1993年8月版。77万字。20.00元。为迎接中国妇女第七次全国代表大会的召开,适应广大妇女工作者学习与工作的需要,全国妇联办公厅将中国妇女第六次全国代表大会以来的有关资料汇编成册。其内容包括:1988年9月至1993年6月中共中央、国务院文件(含中央办公厅、国务院办公厅文件)中有关妇女儿童工作的重要指示;国家(含中直机关和国家机关有关部委)颁发的有关法规;党和国家领导人有关妇女儿童工作的重要讲话;全国妇联、全国妇联和中央有关部委联合颁发的重要文件;全国妇联的重要制度;全国妇联和中央有关部委领导人的重要讲话。(胡礼佩)

D000068 **中国妇女与发展** 副名:地位·健康·就业。杜芳琴等著。河南人民出版社1993年10月版。40.4万字。12.50元。围绕妇女与发展这个主题,涉及妇女学、经济学、社会学、医学、史学、人口学、文化学等诸多学科,论述现代化进程中妇女的地位与相关对策,社会文化心理与妇女健康,人口素质、计划生育与妇女教育,社会转型期妇女就业问题等。妇女与发展的研究,是西方1982～1992年以来兴起的将妇女—性别研究与发展学结合起来的新领域。妇女发展不仅仅是经济领域的参与机会,也是在社会文化精神领域和身心健康诸方面全面得到发展的问题。在我国,这方面研究还比较薄弱 。该书的出版,有助于推动国内妇女研究的深入发展,能为有关方面开展妇女工作提供参照。(陈智英)

D000069 **面对21世纪的选择** 副名:当代妇女研究最新理论概览。中国社会科学院人口所熊郁等著。天津人民出版社1993年11月版。37.5万字。12.50元。介绍当代妇女研究最新理论的专著。主要概括国内外妇女研究的理论成果(包括主要理论思想、有代表性的学术观点或研究成果)和实践经验,同时对一些主要问题进行适当分析与评估,并含有作者的观点。共 9 章，涵盖了妇女研究的历史、教育、就业、婚姻、家庭、生育、健康、迁移以及妇女研究体系与研究方法等多方面的理论研究和实践分析，从中可综观到当代国内外妇女研究的现状和水平。该书所提供的各种形式的有重要参考价值的国内外科研成果，为妇女研究学科的建设做了一项有意义的基础工作，为妇女工作提供了可借鉴的宝贵经验。（王华）

D000070 **中国妇女第七次全国代表大会文件汇编** 中华全国妇女联合会办公厅编。中国妇女出版社 1993 年 12 月版。8.5 万字。3.00 元。1993 年 9 月 1 日，中国妇女第七次全国代表大会在北京隆重开幕。这次大会是在我国改革开放和现代化建设进入新发展阶段的形势下召开的，对于进一步动员全国各族各界妇女认真贯彻落实党的十四大精神，推动有中国特色社会主义事业继续向前发展具有重要的意义。为学习、贯彻、落实第七次全国妇代会精神，会后特出版了这本文件汇编。书中汇集了胡锦涛的祝词和讲话，彭佩云的讲话、陈慕华作的闭幕词、黄启璪的报告，中华全国妇女联合会章程、第七届妇代会主席、副主席、常委、书记处书记、执委的名单，并收录《人民日报》、《中国妇女报》为这次大会发表的社论，书前刊印反映大会盛况的 12 幅照片。（薛宝根）

世界各国政治

D000071 **国家间的政治** ［美］汉斯·J·摩根索著，杨岐鸣等译。商务印书馆 1993 年版。53.7 万字。10.00 元。国际政治学政治现实主义派奠基人摩根索（1904～1980 年）的理论名著。中译本根据 1978 年第五次修订版译出。书中提出政治现实主义的六项原则：一、对于外交家所提各种方案须经"源于人性的客观规律"和实践的双重检验；二、政治家须牢记"权力的利益的概念"，方能防止受主观动机和各种意图的干扰而陷入困境；三、政治的精髓是利益观念，它不受时间和地点的影响；四、政治有道德原则，但这种原则只有在经时间、地点等具体条件的过滤后才能应用于国家行动；五、一国的道德规范不等于天下之道德规范，国家应执行既保护和促进自己的利益、又尊重别国利益的政策，这样才能避免征战；六、国际政治中处于最高地位的是政治标准（国家利益），一切政策之得失都应用它来判断。由此可见，政治现实主义理论的核心就是权力和国家利益，具有某种"权力学说"或"强权政治"的味道。（林鲁卿）

D000072 **中外改革通鉴** 胡厚钧等主编。南海出版公司 1993 年 3 月版。335 万字。130.00 元。分五编：一是历史上改革概述。主要阐述有关改革的理论，改革在人类社会历史的地位及改革的历史概述。二是历史上的重大改革和改革家。主要围绕改革的历史背景、改革过程、成功的原因或失败的教训进行阐述。其中，分古代、中世纪、近代、现代四部分介绍中国历史上自魏文侯改革至新文化运动的重大改革；介绍外国历史上的重大改革和改革家。三是战后世界经济和政治变革。主要介绍第二次世界大战后，世界性民族解放运动和和平民主运动的巨大发展，史无前例的科技革命不断深入，以及世界上国际关系的变化所引发的世界性改革浪潮。四是国外当代改革家的理论与政策。从历史背景、渊源与形成过程基本内容、在实践中的应用、历史影响和效果等方面择要介绍一些对改革产生重要影响的理论。五是当代中国的改革理论和实践。主要内容有：当代中国改革的历史进程；当代中国改革的理论与文献；当代中国改革的实践与成就；中国 90 年代改革展望；当代中国改革大事记等。全书贯穿厚今薄古的原则，以今为主，并在一定的学术研究的基础上撰写。运用马克思主义的立场、观点和方法，介绍古今中外的重大改革事件和改革人物，剖析其成功的经验和失败的教训。较系统地对"改革"这一历史性活动进行全面总结。

D000073 **席卷全球的地下经济狂潮** 杨云彦等著。河南人民出版社 1993 年 5 月版。15.3 万字。6.50 元。分门别类地介绍全球地下经济活动的表现特征，探讨了治理对策。其主要内容有：国际大倒卖，麦德林的枪声——国际贩毒揭密；闪烁的红灯——海外色情业一瞥；有钱能使鬼推磨——国外贪污受贿丑闻；月光下的人影——各国的隐性新业；经济黑洞探幽等。收入"地下经济丛书"。（刘成斌）

D000074 **战后英美关系（1945～1990）** 赵怀普著。西南师范大学出版社 1993 年 10 月版。26 万字。7.00 元。作者抓住英美关系在战后 40 多年时间内不断发展和演变的主线，通过各种重大国际事件和遇到的问题探究其变化轨迹，论述两国的政治经济和军事关系，涉及英国与英联邦、英国与欧共体、西欧与美国之间的诸多关系，深刻揭示两国关系重心转移的根源。全书共分 7 章，分别为：对 1945 年以前英美关系历史的回顾，英美反苏联盟的建立和"特殊关系”,密切的英美联盟开始面临压力,英美“特殊关系”出现裂痕,英美关系的进一步削弱,英美“自然关系”,英美关系的“小阳春”,战后英美关系的演变和对今后英美关系前景的展望。(米加德)

D000075 **下世纪——谁主宰世界** 大卫·霍伯斯丹著,黄志典译。新华出版社 1993 年 10 月版。9 万字。作者通过对现今世界的观察,预测全球在新世纪所面临的最新挑战。提出的问题有:谁来取代苏联在东欧扮演举足轻重的角色?面对政治、经济、社会、教育等问题,美国在下世纪如何与世界各国竞争?日本在战败的灰烬中跃升成强国,近年经济大力向外扩张,在下世纪将产生什么作用?下世纪将是一个什么样的世纪? 谁来主宰下世纪? 作者走访了许多国家,搜集大量资料,写成此书。(齐林)

D000076 **第二次世界大战与战后世界性社会进步** 胡德坤、罗志刚著。湖北人民出版社 1993 年 12 月版。30 万字。7.60 元。系“当代世界与中国丛书”之一。重点论述第二次世界大战与战后世界性社会进步的关系。全书分 4 章:第一章论述第二次世界大战与发展中国家的兴起;第二章论述社会主义超出一国范围形成世界体系;第三章论述第二次世界大战与战后资本主义世界的变化;第四章论述第二次世界大战与战后世界的和平与发展。作者认为,第二次世界大战是 20 世纪世界历史的一个重大转折点,它结束了一个战争与动荡的旧时期,开始了一个和平与发展的新时期。其具体表现在:1. 第二次世界大战对战后影响最大的是推动了世界范围内的资产阶级民族民主革命和资产阶级改革。2. 战后,社会主义在欧亚一系列国家中取得胜利,将无产阶级革命推向了新的高潮,它和民族解放运动联成一气,构成了战后世界进步的主体。3. 战后资本主义世界的改革,有利于经济的发展和世界形势的稳定,也属于战后世界进步的重要组成部分。作者指出,肯定第二次世界大战对战后世界进步的推动作用,并不否定它的消极作用,更不是希望再有类似的世界战争发生来推动世界进步。因为第二次世界大战毕竟给人类社会带来了巨大的破坏和灾难,世界各国和人民为夺取二战的胜利付出了沉重的代价。因此,本书的写作是建立在二战既成事实并已成为历史存在的前提之上的。(左泽荣)

D000077 **第三世界论** 李琮著。世界知识出版社 1993 年 3 月版。39.1 万字。7.50 元。系统论述第三世界所面临的基本问题及其解决前景的理论专著。作者本着解放思想、实事求是的原则,对一系列问题进行深入研究,提出了独到的见解。其内容涉及第三世界的基本特征、基本矛盾和基本历史任务,第三世界发展的时代背景、发展道路、发展战略、发展过程、发展的不平衡,第三世界的困难、危机和改革,第三世界的内部社会政治问题及国际经济政治关系。(张光勤)

D000078 **当代资本主义国家的社会阶级结构** 倪力亚著。福建人民出版社 1993 年 5 月版。19.1 万字。5.55 元。“当代资本主义研究丛书”之一。分 10 章。运用大量资料,客观地介绍、分析当代资本主义社会的主要阶级、阶层,以及阶级关系的发展趋势;对战后主要发达资本主义国家阶级结构的新变化作了分析和判断。并用较多篇幅对西方学者错误的社会阶级结构理论和观点进行分析和批判。(曹希莎)

中国政治

D000079 **中华人民共和国政治制度概要** 张明澍著。宁夏人民出版社 1993 年 1 月版。37.8 万字。6.60 元。以马克思列宁主义、毛泽东思想为理论依据,分别从立法制度,国家元首制度、军事制度,行政制度,司法制度,地方政权和基层公民自治组织,民族区域自治制度,政党制度,统一战线和政治协商制度,选举制度,公民的基本权利和义务,以及关于香港、澳门、台湾的政府制度等方面,作全面介绍。着重对我国现行政治制度(确立于 1982 年宪法)作阐述,并就其历史沿革、思想和体制上的渊源、遵循的主要原则等作了描述。有助于人们全面了解我国国家政权及各级地方政权的职能、作用、工作方式和程序等。(杨旭东)

D000080 **党中央国务院和中央有关部门关于反腐败斗争的文件** 。人民出版社 1993 年 11 月版。1.7 万字。0.70 元。收入《中共中央国务院关于反腐败斗争近期抓好几项工作的决定》、《中共中央纪委、中共中央组织部、监察部〈关于党政机关县(处)以上领导干部廉洁自律“五条规定”的实施意见〉》、《国家经贸委〈关于党政机关与所办经济实体脱钩的规定〉》、《财政部〈关于治理乱收费的规定〉》、《财政部〈关于对行政性收费、罚没收入实行预算管理的规定〉》、《中共中央办公厅、国务院办公厅关于严禁用公费变相出国(境)旅游的通知》等。反腐败斗争是加强党的建设和政权建设,密切党和政府同人民群众的联系,保持社会稳定,保证改革开放和经济建设顺利进行的一项重要工作。中央发出上述几个文件，对群众反映强烈的几个突出问题作出具体规定，各级党政组织应当坚决按照中央文件的要求，抓好落实，下大决心抓出成效，让人民群众增强信心。（王能雄）

D000081 **建设有中国特色社会主义理论论丛（12种）** 伍杰等著。青岛出版社1993年版。180万字。40.80元。政治理论著作。包括《建设有中国特色社会主义理论纲要》、《建设有中国特色社会主义的政治》、《建设有中国特色社会主义的经济》、《建设有中国特色社会主义的文化》、《改革开放与建设有中国特色社会主义》、《科学技术与建设有中国特色社会主义》、《精神文明与建设有中国特色社会主义》、《资本主义与建设有中国特色社会主义》、《和平外交与建设有中国特色社会主义》、《"一国两制"与建设有中国特色社会主义》、《思想工作与建设有中国特色社会主义》、《经济特区与建设有中国特色社会主义》。该论丛对马列主义关于科学社会主义的学说进行系统阐释，以求准确地把握建设有中国特色社会主义与它的科学结合点，在此基础上，全方位、多视角地论述建设有中国特色社会主义的政治、经济、文化，探讨改革开放、科学技术、精神文明、资本主义、和平外交、"一国两制"、思想工作、经济特区与建设有中国特色社会主义的有关重大问题，并对整个建设有中国特色社会主义理论作了纲要性的概述。内容和体系比较完备，从而展现了这一伟大理论的博大精深及其对马克思主义学说的巨大创新、丰富与发展。（李忠东）

D000082 **中国特色社会主义理论与党的基本路线学习纲要** 木子等主编。东北工学院出版社1993年1月版。15.2万字。3.70元。为学习建设有中国特色社会主义理论和党的基本路线而编写的辅助读物。分上、下两篇。上篇为建设有中国特色的社会主义理论，包括以毛泽东为代表的中国共产党人对中国社会主义建设道路的最初探索、中国特色社会主义理论的形成、关于社会主义的发展道路、关于社会主义的发展阶段、关于社会主义的根本任务、关于社会主义的发展动力、关于社会主义建设的外部条件、关于社会主义建设的政治保证、关于社会主义建设的战略步骤、关于社会主义的领导力量和依靠力量、关于祖国的统一等有关内容。下篇为党在社会主义初级阶段的基本路线，包括党的政治路线的历史回顾、社会主义初级阶段党的基本路线的形成、坚持党的基本路线必须坚持以经济建设为中心不动摇、坚持党的基本路线必须正确处理一个中心与两个基本点之间的关系、全面理解和把握党的基本路线等内容。可作为各级党务工作干部和广大党员的培训教材或参考书。（刘振军）

D000083 **有中国特色社会主义大典** 王维澄主编。天津人民出版社1993年2月版。220万字。78.00元。大型资料性工具书。全面介绍邓小平建设有中国特色社会主义理论与实践的主要内容，共有12部分，收1 400个辞条。总论部分，反映建设有中国特色社会主义理论的一些基本问题；依据和条件部分，介绍有中国特色社会主义理论产生的理论依据和客观条件；初步探索部分，叙述中国共产党在寻求中国式社会主义道路的最初阶段，在认识上不断地深化，并经历曲折发展的过程；经济、政治、军事、外交、党的建设等部分，直接反映有中国特色社会主义理论的基本内容与实践成果。还分专章记述了有关的事件、会议和法规文件；附录收有反映中国社会主义建设成就的各类图表、统计数字和1980年以来国内研究与探讨有中国特色社会主义理论的重要论文和著作目录。编者以中共中央十一届三中全会以来的决议和有关文件为依据，注重选取在改革开放和现代化建设的实践中最具代表性的材料，真实准确地反映中国共产党和全国人民在建设有中国特色社会主义实践中的创造精神和成果。（刘文君）

D000084 **中国特色社会主义论纲** 赵曜主编。中国青年出版社1993年2月版。12万字。3.35元。根据党的十四大报告，对建设有中国特色社会主义理论作新的阐述。内容包括：坚持走自己的路；我们处在社会主义初级阶段；社会主义的根本任务是发展生产力；改革是社会主义社会的发展动力；争取和平的国际环境是社会主义建设的外部条件；坚持四项基本原则是社会主义建设的政治保证；社会主义建设的战略步骤；社会主义的领导力量和依靠力量；祖国统一和"一国两制"。还概述了中国特色社会主义理论形成的条件、过程等。（王瑞）

D000085 **当代中国政治制度研究** 徐育苗著。湖北人民出版社1993年3月版。36.8万字。9.80元。全书由《序言》和11章构成。其中心论题是中国社会主义政治制度的形成与发展、内容与特色、坚持与完善。第一章，论述中国人民民主专政制度的演进、特点、实质、机构和职能，并对"一国两制"与它的关联作了探讨。第二章，论述中国人民代表大会制度的确立与发展、地位和作用、机构与职权，并提出了完善这一制度的若干建议。第三章，论述中国选举制度的产生和发展、原则和程序、机构与职能，并对它的特点和完善途径进行了探索。第四章,论述中国民族区域自治制度的历史发展、内容和特点、经验和意义、问题和对策。第五章,论述中国国家行政制度的发展进程、主要内容、机构设置与职权、改革的目标和内容。第六章,论述中国司法制度的发展过程、具体内容、地位作用、组织系统、活动原则和改革的任务。第七章,论述中国军事制度的产生发展、领导体制、兵役制度、干部制度、政治工作制度、改革的目标和任务。第八章,论述中国人事制度的历史沿革、基本内容、主要特点和改革构想。第九章,论述中国政党制度的发展历程、地位作用、主要特色、基本内容和完善途径。第十章,论述了中国政治协商制度的曲折发展、组织形式、活动内容、地位作用和制度建设。第十一章,论述中国城乡基层民主管理制度的历史演进、制度体系、功能作用、活动内容和推进完善。(徐育苗)

D000086　**建设有中国特色社会主义概论**　雷云主编。浙江人民出版社1993年3月版。32万字。7.90元。为县处级以上干部学习建设有中国特色社会主义理论提供的辅助材料。分13章,阐述建设有中国特色社会主义理论的若干问题。(傅里甫)

D000087　**加快广西开放开发**　副名:领导干部谈改革开放。梁华腾主编。广西民族出版社1993年6月版。22万字。6.38元。论文汇编。汇集广西部分地市、厅局、县有关领导人的文章。阐述如何在搞好宏观调控的条件下,抓住机遇、加快发展的思路、对策和措施。反映广西人民结合本区的具体实际,学习邓小平的南巡讲话和十四大精神,解放思想、勇于开拓,将改革开放和社会主义现代化建设事业不断推向前进的精神风貌。(黄启周)

D000088　**当代中国政治运行机制**　施九青等著。山东人民出版社1993年6月版。45万字。10.00元。系统研究政治运行机制的理论专著。分概论篇、总论篇、横论篇、纵论篇四大部分。概论篇包括政治运行机制这一概念的内涵、运行机制的主体、权力配置、政治运行过程、社会主义社会前诸社会形态政治运行机制的理论评述,社会主义社会政治运行机制的性质、特征、目标、原则以及对当前社会主义社会政治运行所面临的矛盾的分析等。总论篇体现了作者的实证精神,着重论述改革开放以来我国政治运行机制改革的艰难历程和取得的初步成果,对改革政治体制提出了有中国特色社会主义政治运行机制发展的方向(建立纵横四位一体的政治运行机制)即在政治运行机制横向的每一层面上有四类政治权力主体:政党、国家、群众团体、政治文化组织;以及在政治运行机制纵向上有四个层面:中央、地方、基层单位、公民个人。横论篇重点阐述中国政治运行机制的横向结构及其运行。主张科学民主的政治运行机制应实行党政分开和政企分开。纵论篇中,着重分析中央与地方的关系,阐述人事权、财产权、经济调控权等方面的合理的权力划分及其科学的运行机制。(林治海)

D000089　**中国社会主义建设教程**　张佐友等主编。北京出版社1993年7月版。24.6万字。6.20元。以国家教委政教司编写的《"中国社会主义建设"教学要点》为依据,坚持理论联系实际的原则,紧密联系现时中国建设和改革的实际,有较强的时代感和针对性。在分析现时社会主义建设问题时,从历史发展过程和历史经验中分析和把握问题的实质,做到对问题的分析和阐述能更全面和更深刻,以增强立论的准确性和科学性。以经济建设和经济体制改革为主要内容,对大力发展生产力的必要性和重要性进行充分的论述。同时还论述了政治建设、法制建设和精神文明建设。(阎华)

D000090　**中国改革开放辞典**　荣长海等编。天津社会科学院出版社1993年7月版。86万字。32.00元。分7篇40个专题。第一篇"改革开放的理论原则",下分改革开放的基本问题、马克思主义经典作家关于改革开放的思想、邓小平的改革开放思想、中国共产党关于改革开放的重要文献、中共"十四大"提出的关于改革开放的方针等5个专题;第二篇"改革开放的历史进程",下分改革开放的酝酿、兴起、发展、深入等4个专题;第三、四、五篇"改革开放的主要内容"(上中下),分别从工业、农业、商业、教育、科技、卫生、军队、政治、财税、金融、城建、劳动人事等方面的改革和经济特区、经济技术开发区、保税区、高新技术产业开发区的建设以及涉外企业管理、外贸管理体制等18个专题进行介绍;第六篇"改革开放的主要法律法规",下分宪法、市场经济法律法规、对外开放法律法规、科技教育文化法律法规、民主法制建设法律法规、行政管理法律法规和我国参加的多边国际条约等7个专题;第七篇"改革开放的有关知识",下分关贸总协定、证券、第三产业、企业会计准则、世界经济、中外改革历史人物等6个专题。所收材料截止于1993年3月。

D000091　**中国特色社会主义理论研究**　冉隆兴、瞿仁有主编。西南师范大学出版社1993年7月版。25万字。6.45元。对中国特色社会主义理论,即社会主义的发展道路、发展阶段、根本任务、发展动力、市场经济、政治体制改革、两手抓方针、外部条件、基本路线、领导和依靠力量、祖国统一、党的建设、命运前途等进行系统论述，对社会主义市场经济中出现的新情况、新问题进行探讨，对人们关心的热点问题作明确的回答。（徐兴旺）

D000092 **建设中国特色社会主义常用语词典** 马维芝等编著。长春出版社 1993 年 9 月版。105 万字。35.00 元。收入党的十一届三中全会以来新产生、新起用的或使用频率较高的词、语 2 045 条。辞书条目按内容的内在逻辑联系或时间顺序排列，分为建设有中国特色的社会主义理论，建设有中国特色的社会主义经济，建设有中国特色的社会主义政治，建设有中国特色的社会主义精神文明和建设有中国特色的社会主义文献五大部分。（孙慧平）

D000093 **马克思主义在当代中国实践中** 孙连成著。黑龙江教育出版社 1993 年 11 月版。52 万字。13.00 元。论文集。共收入作者在 80 年代和 90 年代初发表的学术论文 35 篇。论文所研讨的内容是关于坚持和发展马克思主义，改革开放，建设有中国特色的社会主义等问题。（孙怀川）

D000094 **中国改革开放通典** 高尚全、迟福林编著。山西经济出版社 1993 年 11 月版。340 万字。148.00 元。全面记录党的十一届三中全会到十四大期间，中国改革开放的光辉历程，展示了我国改革开放所取得的辉煌成就和丰富经验。全书共 10 篇，其内容是：(1)光辉历程篇，叙述中国改革开放的历史过程和社会风貌；(2)法律法规释解篇，介绍改革开放的法律法规；(3)文献题解篇，介绍各部委改革开放的重要文件；(4)著作导读篇，介绍中央领导人关于改革开放内容的著作、讲话；(5)思想论断篇，阐述改革开放的思想理论和方针政策；(6)重要会议篇，介绍党中央、国务院、全国人大、全国政协召开的改革会议；(7)事件人物篇，叙述有关改革开放的重大历史事件；(8)实情报告篇，介绍各领域、各地区改革开放的情况；(9)名词术语篇，解释 1978 年 12 月以来在政治、经济、文化、社会生活中新出现的有关改革开放的名词术语；(10)书报杂志篇，介绍 1978 年 12 月以来创办的重要报刊、出版的重要书籍。（张凤山）

D000095 **建设有中国特色社会主义理论宝库** 赵曜、吴雄丞主编。吉林人民出版社 1993 年 12 月版。165 万字。85.00 元。关于建设有中国特色社会主义理论的文献选编。选编马克思、恩格斯、列宁、斯大林及毛泽东、刘少奇、周恩来等老一代革命家的部分论述。重点选编党的十一届三中全会以后，党和国家主要领导人邓小平、陈云等公开发表的文章等。（关静）

D000096 **当代社会主义发展论** 曲厚芳、李爱华主编。天津人民出版社 1993 年 12 月版。25.2 万字。6.90 元。以邓小平关于改革开放的理论为指导，对我国改革开放以来的理论进行总结和分析。分 4 部分。第一部分“绪言”，重点论述生产力的发展在社会主义发展、在改革开放中的核心地位。第二部分“观念转换篇”，论述如何从实际出发，正确地认识社会主义；如何走中国自己的路；如何认识社会主义和共产主义的关系，如何处理好社会主义初级阶段的若干问题；如何处理好社会主义的工作重点；如何认识商品经济的作用；如何处理好自力更生和改革开放的关系。第三部分“体制改革篇”，论述如何建立当代社会主义的科学的理想的体制；如何处理好党的领导和多党合作的关系；如何处理民主与法制的关系；如何处理公有制为主与多种经济成份并存的关系；如何建立和发展市场经济；如何发展科学技术和教育。第四部分“关系调整篇”，论述如何认识确立国内外、党内外的重大关系问题，尤其是社会主义与资本主义关系的问题。（余秀）

D000097 **中国共产党统一战线理论发展史稿** 冯正钦、杨成生著。上海社会科学院出版社 1993 年 12 月版。30 万字。8.40 元。全面地阐述党的统战理论发展的历史，对中国共产党 70 余年的统一战线理论与策略作了系统的分析和论述。全书采取以历史阶段为界，把中国共产党的统一战线理论在 70 年的发展过程分为三大历史阶段，在每一阶段按专题阐述党在领导新民主主义革命、社会主义革命和建设过程中对中国社会主要矛盾及其规定和影响的阶级关系、政党关系、国际关系和社会关系的认识，试图较为深刻地揭示统一战线理论发展的内在规律。（陈凤梁）

D000098 **中国特色社会主义通论** 马国泉等主编。中国国际广播出版社 1993 年 10 月版。35 万字。9.50 元。以党的十四大报告和邓小平南巡讲话为指导，从经济、政治、文化等不同视角论述中国特色社会主义的内涵和外延。全书分 4 篇 23 章。总论篇，全面分析世界如何向多极化发展和中国如何走向 21 世纪；经济篇，详述建立和完善有中国特色社会主义经济体制的必要性和加快经济发展的迫切性；政治篇，说明必须建设有中国特色的国体和政体;文化篇,阐明中国特色社会主义文化的方方面面。中国特色社会主义在科学社会主义发展史上是具有独创性的理论课题,也是全党全国人民非常关心的具有现实指导意义的实践问题。该书论述了中国特色社会主义的理论原理和实践内容。(陆平阳)

D000099 **建设有中国特色社会主义基本问题** 李改、刘瑞方等编著。中国国际广播出版社 1993 年 12 月版。22 万字。6.50 元。从社会主义的发展道路、阶段、根本任务、发展动力,社会主义建设的外部条件、政治保证、战略步骤、建设有中国特色社会主义的领导力量和依靠力量以及用“一国两制”构想推进祖国和平统一等 9 个方面,阐述建设有中国特色社会主义的基本问题。(吕佩浩)

D000100 **论“台独”** 贾亦斌主编。团结出版社 1993 年 5 月版。15 万字。6.40 元(精)。分 5 章,第一章结合台湾近代历史的发展和国际背景,从纵的方面剖析“台独”的起源和发展,揭露“台独”的本质。指出,“台独”是指第二次世界大战以来,由帝国主义倡导,在台湾及海外产生和发展起来的、妄图把台湾从中国分裂出去,以建立所谓“台湾共和国”为根本政治诉求的思潮和运动。第二章从横的方面梳理了岛内外形形色色的“台独”组织,以其海外背景为标志,分为“台独”的“两系四派”。第三章以历史学、地缘政治学、国际法学为基础,批驳“台独”分子几个较有影响的观点。第四章从“台独”对祖国和平统一的阻碍、对台湾岛内社会安定的破坏和国际反华势力“拆散中国”阴谋的呼应等角度,分析“台独”的严重危害性。第五章集中阐述党和国家“一国两制、和平统一”的大政方针,和在这一方针指导下反对“台独”的方针、政策。附录“‘台独’活动大事记”记载自 1942 年至 1993 年“台独”活动的重要事件,具有一定的参考价值。(吴先宁)

D000101 **香港基本法与一国两制的伟大实践** 萧蔚云著。海天出版社 1993 年 11 月版。26 万字。9.80 元。共 10 个章节,比较全面系统地阐述香港特别行政区基本法的内容、主要精神和制定的全过程,阐述一国两制方针与香港政治体制的符合性。按照香港基本法的结构、序言、章、节、三个附件、一个建议及全国人大关于香港特别行政区第一届政府和立法会产生办法的决定,进行具体论述。作者系北京大学法律系教授、香港特别行政区基本法起草委员会委员,自始至终参加了香港基本法的筹备和起草工作,因此对于一些重要而又争论很多的条文作重点论述。阐明起草者的立法意图,对 1990 年 4 月之后发生的一些新问题,如香港人权法案,进行分析和评论。着重论述“一国两制”方针与香港基本法的关系,有利于加深读者对“一国两制”方针及其具体化、法律化的伟大实践的理解。(薛亮)

D000102 **连云港港年鉴(1993)** 连云港港务主办。徐永久执行总编辑。中国矿业大学出版社 1993 年 8 月版。54 万字。50.00 元。设“特载”、“概况”、“大事记”、“生产建设”、“经营管理”、“科技·文卫·其他”、“党群工作”、“协作与往来”、“基层单位情况”、“统计资料”、“文献选辑”和“附录”12 篇。(王劲松)

D000103 **台湾大事纵览** 朱其善编著。海风出版社 1993 年 12 月版。23 万字。7.00 元。专业类工具书。汇编自 1979 年元旦全国人大常委会发表《告台湾同胞书》至 1993 年 12 月的 15 年间,台湾发生的大事纪要。按时间顺序记述台湾当局在政治、经济、社会、文化和“外交”方面的重要举措以及岛内各在野反对势力的重要活动情况;客观地反映了这一时期台湾政治经济和社会全面转型的过程。(朱其善)

D000104 **中国政府与政治** 高民政主编。黄河出版社 1993 年 3 月版。57.4 万字。20.00 元。论述中国国体、政体的专著。分为中国政治论、中央政府、地方政府和港澳台政府与政治等 5 篇,共 29 章。论述中国的国体、政体、国家结构、选举制度、政党制度、政治协商制度、人事制度、人民武装力量、基层群众自治、社会团体、行政系统、司法系统、地方政府、民族区域自治和港澳台政府与政治等。其主要特点有:从改革开放和现代化的洪流中透视中国政府与政治的态势,展示其发展趋向,如对中央和地方政府的分析等;对武装力量的叙写较系统;设专篇论述港澳台的政府与政治,符合中国政治的发展趋向和“一国两制”的战略构想。(肖洪林)

D000105 **话说国旗·国徽·国歌** 张建等著。解放军出版社 1993 年 6 月版。13.5 万字。6.00 元。分 4 部分。第一部分:国旗。介绍什么是国旗,中国国旗的沿革和发展。五星红旗产生的经过。旗面为什么用红色,星用黄色,其含义是什么? 天安门广场每天何时升旗?需要多久时间?国旗设计者是谁?在国外有哪些场面是第一次升起五星红旗? 国旗与其他各种旗的关系,以及围绕国旗发生的一些故事等,介绍了 36 个有关国旗方面的知识和问题。第二部分:国徽。介绍中华人民共和国国徽的产生经过、国徽各部分的组成及其含义,国徽的设计者,国徽的制作规定和使用原则等方面的知识。第三部分:国歌。何谓国歌,中国国歌沿革。是谁先提议将《义勇军进行曲》作为中华人民共和国国歌的?国歌词、曲作者的生平。国歌曾有哪些变动。奏唱国歌应注意的事项,以及围绕国歌发生的一些趣事。第四部分:附录。附录《中华人民共和国国旗法》、《中华人民共和国国徽法》外,还附录起草这两部法过程中的有关情况说明。还介绍部分国家和地区的国旗、国徽、国歌方面的知识与趣闻。配有17幅照片。(何念选)

D000106 **人民代表大会工作辞书** 刘以顺、周多礼主编。安徽人民出版社1993年3月版。124万字。34.00元。人民代表大会制度是我国的基本政治制度,人民代表大会的工作牵涉到社会生活的各个领域。本辞书分常用词语、国家机构、主要会议、报告文献、法律条例、人物介绍、参考资料7个部分,计2 500多个条目。(唐绍雄)

D000107 **政府工作报告(1993年3月15日在第八届全国人民代表大会第一次会议上)** 李鹏著。人民出版社1993年3月版。2万字。0.95元。报告分7部分:一、改革开放和现代化建设取得伟大成就的五年;二、争取国民经济再上一个新台阶;三、加快建立社会主义市场经济体制的改革步伐;四、认真进行行政管理体制和政府机构改革;五、以经济建设为中心促进社会全面进步;六、积极推进祖国和平统一大业;七、关于我国的外交工作。报告回顾了1988~1992年我国改革和现代化建设取得的伟大成就。这5年,是我国各族人民在中国共产党的领导下,沿着建设有中国特色社会主义道路继续前进的5年,国民经济持续发展,社会主义精神文明建设和各项社会事业取得新进步,改革开放迈出重要步伐,人民收入和生活水平进一步提高。报告提出,今后的5年(1993~1997年)是实现我国现代化建设第二步战略目标的关键性5年。我国在1993~1997年经济建设方面的基本任务是:全面贯彻中共十四大精神,抓住机遇,加快改革开放和现代化建设步伐,依靠优化结构、技术进步和改善管理,提高经济效益,努力保持社会供求总量基本平衡,使国民经济再上一个新台阶。报告阐述加快建立社会主义市场经济体制的改革步伐的具体步骤,并就进行行政管理体制和政府机构改革、以经济建设为中心促进社会全面进步、积极推进祖国和平统一大业和我国的外交工作作了详细论述。(王能雄)

D000108 **中华人民共和国第八届全国人民代表大会第一次会议文件汇编** 全国人民代表大会常务委员会办公厅编。人民出版社1993年4月版。24.2万字。大32开本:10.00元;32开本:5.80元。汇编本收入李鹏总理代表国务院作的《政府工作报告》、国家计委主任邹家华作的关于1992年国民经济和社会发展情况与1993年计划草案的报告、财政部部长刘仲藜关于1992年国家预算执行情况和1993年国家预算草案的报告、彭冲副委员长作的全国人大常委会工作报告、任建新院长作的最高人民法院工作报告、刘复之检察长作的最高人民检察院工作报告。还收入了《中华人民共和国宪法修正案及中共中央关于修改宪法部分内容的建议;国务院机构改革方案以及罗干秘书长所作的说明;中华人民共和国澳门特别行政区基本法,全国人大关于设立中华人民共和国澳门特别行政区的决定及其他有关建议、说明、报告;全国人大关于授权全国人大常委会设立香港特别行政区筹备委员会的准备工作机构的决定。附录中有国家主席江泽民、副主席荣毅仁,委员长乔石,总理李鹏,中央军委副主席刘华清、张震的简历;全国人大各委员会名单,全国人大代表名单等。(王能雄)

D000109 **人大里程** 张友渔主编。河北人民出版社1993年7月版。253万字。70.00元。文献类工具书。以有关我国人大制度建设的重要论述、重要文献、主要人物、主要工作进展和重大事件为主干,汇集部分与人大工作密切相关的基本知识和重要资料,集中反映40年来,特别是近10年来,我国人民代表大会制度不断巩固和发展的概貌。共分8部分。一、论述卷:主要选录马、恩、列、斯和毛泽东、刘少奇、周恩来、朱德、邓小平、叶剑英、彭真、万里关于政权建设和人大制度的重要论述。二、工作卷:主要收集全国人大及其常委会历次会议情况,全国人大常委会历次工作报告,以及全国人大各专门委员会和常委会各办事机构近年来的工作进展情况。三、立法卷:主要介绍1979年以来通过的各项法律的制定情况。四、法律解答卷:主要收集全国人大常委会法制工作委员会对有关人大工作法律问题的解答,以及全国人大常委会和法律起草部门的负责同志就如何正确理解、贯彻、执行有关法律发表的谈话或答记者问。五、地方卷:主要介绍1979年以来地方人大及其常委会工作情况。六、人物卷:主要介绍历届人大常员会、全国人大各专门委员会和各省级人大常委会人员情况。七、要事卷。八、知识卷。(马千海)

D000110 **中华人民共和国第八届全国人民代表大会第一次会议会刊** 中华人民共和国第八届全

国人民代表大会第一次会议秘书处编。人民出版社1993年7月版。36万字。32.50元。会刊收入李鹏总理的《政府工作报告》、邹家华关于1992年国民经济和社会发展情况与1993年计划草案的报告、刘仲藜关于1992年国家预算执行情况和1993年国家预算草案的报告、彭冲作的全国人大常委会工作报告、任建新作的最高人民法院工作报告、刘复之作的最高人民检察院工作报告，以及相应的决议。还收入中华人民共和国宪法修正案、国务院机构改革方案，以及相应的建议、说明和决定。还有中华人民共和国澳门特别行政区基本法、全国人大关于设立中华人民共和国澳门特别行政区的决定及其他有关的建议、说明、报告和决定等。在附录中，有国家主席江泽民、副主席荣毅仁，全国人大常委会委员长乔石，国务院总理李鹏，中央军委主席江泽民、副主席刘华清、张震等人的简历，还有各副委员长、秘书长、常委、副总理、国务委员、各部部长、各委员会主任、银行行长、审计长等人的简历，并配有照片，是极为珍贵的历史资料。（王能雄）

D000111　**迈向21世纪的总体部署——学习八届全国人大一次会议《政府工作报告》**　袁木等主编。新华出版社1993年4月版。20万字。4.90元。按第八届全国人民代表大会第一次会议《政府工作报告》的7个部分的先后顺序，分68个专题。主要内容有：过去五年我国改革开放在各个领域特别是在经济方面所取得的举世瞩目的巨大成就；今后五年经济建设的基本任务；必须坚持深化改革开放；必须坚持两手抓的战略方针；积极发展高产优质高效农业；加快基础设施和基础工业建设；积极发展第三产业；大力发展科学技术事业；加快社会主义市场经济新体制的改革步伐；加快转换国有企业经营机制；加快进行价格改革；进一步改革劳动工资制度；改善和加强宏观经济管理；加快政治体制改革和加强各种制度建设，包括人事制度改革和政府机构改革；加强精神文明建设；加强社会主义民主和法制建设；以经济建设为中心，促进社会全面进步；积极推进祖国和平统一大业；我国外交工作的基本方针等。卷首附有《政府工作报告》全文。（张传秀）

D000112　**河南省国家公务员培训系列教材**　林艾英等著。河南大学出版社1993年8月版。69.50元。公务员培训系列教材。包括《社会主义市场经济概论》、《公共行政管理学》、《公务员行为规范》、《法律基础知识》、《机关应用文写作》、《人事管理学》、《领导与决策艺术》、《对外经济贸易知识》、《计算机应用能力培训教程》(初级)共9种。本套书坚持以四项基本原则为指导，阐明国家公务员应掌握的基本理论、知识、规范与技能；紧密联系河南省实际，具有地方特色。（王进国）

D000113　**人事管理学**　刘运珍主编。河南大学出版社1993年8月版。23.8万字。5.80元。介绍从事人事管理的国家公务员应该遵循的法律、原则和规章制度等。具体内容有：人事立法，机构编制管理，人事计划与统计，任用，调配与流动，专业技术人员的管理，考核与奖惩，培训，工资福利，离休、退休、退职和辞职、辞退，人事档案，人事部门的自身建设以及我国人事制度的沿革。收入河南省国家公务员培训系列教材。（王进国）

D000114　**公务员行为规范**　尹敬修主编。河南大学出版社1993年8月版。19.8万字。5.00元。公务员行为规范，是指国家公务人员在任职期间必须遵循的从政指导思想和执行公务的基本原则。它是国家为公务员规定的活动准则、工作程序、办事规则、言行标准和行政纪律的总称，是公务员制度的重要组成部分。该书共12章，以党的路线、方针、政策为依据，理论联系实际，系统阐述公务人员必须遵循的政治行为规范、业务行为规范、廉政行为规范、职业道德规范、撰制处理公文规范、保密行为规范、交际行为规范、语言行为规范、仪表举止规范、家庭社会关系行为规范等的涵义、特点、作用及实施保证等。在突出中国国情的同时，充分考虑本省的实际情况，较好地显示地方特色，使通用性和地方性有机地结合起来，具有较强的针对性和实用性。（陈广胜）

D000115　**行政监察的理论与实践**　陕西省监察厅编。陕西人民出版社1993年8月版。27万字。7.70元。行政监察是国家政权结构和国家行政管理机制中的重要组成部分，是国家强化以权制权和以法制权功能，实现行政权力监督和行政法制监督的有效形式。本书回顾我国行政监察体制自恢复并确立以来的工作实践，对进一步强化行政监察职能作了探索和展望。主要内容有行政监察的指导思想和指导方针、工作目标和工作任务、性质和职能、体制和职权、监察范围和工作程序等。（李丽菊）

D000116　**地矿部系统行政监察工作概论**　董道华主编。地质出版社1993年9月版。24.2万字。6.00元。为研究探索地矿部系统行政监察工作的理论与实践而编。把行政监察工作与地矿部系统的实际相结合，对地矿监察工作进行系统论述。内容包括：地矿部系统监察工作的基本体制，监察部门的执

法监察；信访举报工作；在廉政建设中的任务及行政监察的案件调查与审理工作等方面。（林建）

D000117 **中国国家公务员概论** 乌东峰等主编。湖南师范大学出版社1993年9月版。21.6万字。6.00元。根据《国家公务员暂行条例》，全面系统地阐述国家公务员制度的有关问题，共16章。论述公务制度的特点、公务员的权利与义务、职位分类、考试录用、成绩考核、奖惩办法、任免升降、培训、退休、申诉控告与监督、素质要求、管理机构、公务员法等基本内容及操作办法，对推进我国公务员制度的建立与改革，具有参考价值。（徐新平）

D000118 **国家公务员实用手册** 徐颂陶、原所安主编。中国人事出版社1993年9月版。40万字。13.00元。共4编，27部分，分别是：基础知识篇，包括国情国策知识、行政管理学知识、政治学知识、经济学知识、法学知识、领导艺术、文秘知识、国际常识、保健知识；专业知识篇，包括我国干部人事制度的历史沿革与发展、《国家公务员暂行条例》的形成、内容和特点、职位分类制度、录用制度、考核制度、奖惩制度、职务升降制度、培训制度、工资保险福利制度、回避与交流制度、离退制度、辞职辞退制度、申诉控告制度、管理与监督；法规选粹篇，包括我国公务员法规概况、外国公务员法规介绍；学习书目篇，包括手册、工具书选介、普通读物选介等内容。（殷崇文）

D000119 **腐败：权力与金钱的交换** 《经济社会体制比较》编辑部编。中国经济出版社1993年10月版。13.6万字。6.00元。从政治经济学的角度剖析腐败这一社会现象，提出“寻租”理论这一分析腐败根源的有力理论工具。认为腐败是“看得见的脚”踩住了“看不见的手”，即行政力量粗暴地干预和限制市场力量而产生的，这是腐败产生的深刻根源，并从理论和实践、国内和国外相结合的角度阐述治理腐败的相应对策。（毛增余）

D000120 **中国公务员大辞典** 吴爱明等著。中国经济出版社1993年10月版。240万字。100.00元。为配合我国公务员制度的推行，并提供有关公务员制度及公务员业务的系统知识而编写。其特点如下：(1)中外结合。全面阐述中国公务员制度的内容，详尽介绍世界各国的公务员制度。(2)现实和历史考察并举。阐述在资本主义条件下，公务员制度是政党政治取代封建家族政治后，在人事管理方面取得的一项伟大成果。(3)理论和实践统一。阐述推行国家公务员制度的实质，就在于通过对国家公务员管理的科学化、制度化、法律化，减少公务员的行为失范，调动公务员的积极性，提高行政效率。介绍有关公务员的有关制度、法规、权利、义务、行为规范；录用培训、考核、任用与升降、辞退与辞职；公务员的监督；公务员法；现代政府与行政；公共管理原理；行政文秘，部门行政；信息与咨询以及机关事务管理等。（苏耀彬）

D000121 **中外人事制度方略全书** 苏玉堂主编。中国人事出版社1993年12月版。105万字。65.00元。论述干部人事制度改革的大型专著，内容包括：新中国人事制度改革研究、中国古代人事制度研究、西方国家文官制度比较研究、政策与行政、中华人民共和国人事工作大事记等论著，共42章。进行古今中外人事制度的比较研究，对涉及人事管理的理论、实践、体制、制度和改革方法等诸方面作深入探讨。在系统总结我国各条战线传统人事制度利弊的基础上，根据党的十四大精神和邓小平的有关论述，借鉴国内外人事管理的理论、思想和方法，提出适应社会主义市场经济体制模式和发展需求的人事制度改革总体思路，在增强我国人事制度为经济建设这个中心服务，在民主与法制建设，在人事分类管理等方面，形成新的构架。对我国干部人事制度与管理体制方面的主要缺陷和弊端进行深刻揭示，并运用社会科学基础理论结合我国实际，提出切实可行的改革措施，是一部系统研究中国干部人事制度改革的力作。（马艾林）

D000122 **消防监督学** 王珂夫著。中国人民公安大学出版社1993年5月版。30万字。8.90元。在系统研究、总结我国消防监督制度和消防监督实践经验的基础上编写。首次把消防监督作为一门学科，对其对象、性质、原则、制度、形式、方法、手段等各方面作系统全面的阐述，并对消防监督工作作出理论概括。（王宝贤）

D000123 **安全防范手册** 樊树云等著。天津人民出版社1993年8月版。15万字。3.50元。分自我防范、社区防范、犯罪主体的预防3大部分，收入200多个条目，系统介绍安全的防范知识和具体方法。该书编写人员在公安战线长期从事安全防范工作，本书总结了他们多年的工作经验，并广泛汇集、提炼了国内外已有的安全防范知识，再结合我国的具体情况加以总结。（侯波）

D000124 **水库移民工程学导论** 姚炳华编著。水利电力出版社1993年版。19.5万字。8.70元。根据我国的国情和特点，提出了水库移民工程学的原理,以理论与实际相结合的原则,对水库淹没、环境容量、开发性移民、农村移民安置规划、城镇迁建规划、专项设施恢复重建、淹没区资源利用、补偿投资、综合经济评价,以及移民工程管理的内容、方法和步骤等,进行系统论述。(周燕华)

D000125 **赢得神圣——权利及其救济通论** 程燎原等著。山东人民出版社1993年3月版。34万字。7.40元。在"法治"这一大思路之下,从法学、哲学、历史、伦理、政治及社会等多学科的边缘上对权利问题作多角度的观察和探究。作者认为,权利实质上是意志、利益和行为的有机组合体,其基点是人的主体性。书中追述了中外权利思想的历史,指出社会主义权利的道德基础在于正义,并分析了在承认、分配和保护权利中应如何体现正义的原则。作者主张建立一种整合的权利观,并就权利与政治、经济、文化等社会现象的整合,权利与法律的整合,各种权利形态的整合,权利与其救济体系的整合,都作了全面、深刻的阐述,提出了独自见解。作者认为,现时代的中国迫切需要一种权利的价值理性,并应着力于权利的制度化、法律化和救济体系的完善,这是中国社会实现自己的法治梦想的必由之路。(李怀德)

D000126 **双拥** 全国双拥工作领导小组编。长城出版社1993年4月版。252幅。120.00元。画册。内容分为"亲切关怀"、"艰苦岁月"、"创业年代"、"新的历程"和"纪念延安双拥运动50周年大会"5部分。通过252幅珍贵的图片,形象地反映以毛泽东为代表的老一辈无产阶级革命家倡导的,兴起于延安和陕甘宁边区的拥军优属、拥政爱民运动走过的光辉历程。图片从数千张资料中筛选而出,知名的作者有135名,一部分历史图片,因年代久远已无法查找作者。半个世纪的"双拥"图片集,使画册有着厚重的历史感。它再现了人民军队和人民之间血肉相连、鱼水深情的历史渊源,揭示了"兵民是胜利之本"的主题。(唐念祖)

D000127 **退役军官的安置与管理** 苏廷林、曹振西主编。黄河出版社1993年5月版。34.1万字。7.50元。文集。共18章,分别对军队(武警)转业军官、复员军官、离休军官、退休军官的安置工作等作详细的阐述和解释。提出在我国应把退役军官的安置与管理作为人事管理科学的一门学科来研究。并根据毛泽东、邓小平军事思想,结合我国实际,对退役军官的安置与管理工作的性质、意义任务、要求作了论述。附录介绍国外退役军官的安置管理情况。(耿龙武)

D000128 **简明中国移民史** 葛剑雄、曹树基、吴松弟著。福建人民出版社1993年12月版。52.2万字。17.65元。全面介绍和论述中国移民史的专著。分上下编共14章。上编按历史分期纵述先秦至20世纪前期发生在中国境内的主要移民运动,包括移民动因、时间、迁入地、迁出地、迁移方向和路线、影响。下编归纳中国移民史的分期、历代移民的特点和类型,分章论述移民对中国发展的巨大贡献,如中国疆界的确立、中华民族的形成、中华文化的发展,乃至地区的开发、人口的发展。书后附有关历代移民情况的18幅地图和30张表格,还附有英文提要。(黄纯初)

D000129 **布赫谈民族工作** 布赫著。内蒙古人民出版社1993年3月版。25.5万字。10.25元。选编布赫在担任内蒙古自治区主席时期,为报刊、杂志等撰写的有关坚持党的民族区域自治制度、落实党的民族政策,加强民族团结;发展民族经济,加速自治区四化建设,推动各民族共同繁荣;以及发展民族教育,科学,蒙古语文等30余篇文章。这些文章理论与实践相结合,总结了自治区多年来民族工作方面的经验。这对促进内蒙古地区经济、政治、文化等方面的发展,促进自治区社会主义物质文明和精神文明建设起了积极的作用。(王挺栋)

D000130 **民族理论与民族法制** 广西壮族自治区教育委员会编。广西民族出版社1993年5月版。14.5万字。3.00元。以民族、民族问题和民族法制教育为研究对象。在阐明马克思主义民族观、中国共产党如何看待和处理民族与民族问题的同时,探讨我国社会主义初级阶段民族问题的特点、处理民族问题中应注意贯彻的宗教政策。着重探讨在社会主义初级阶段,如何发展社会生产力,加速实现各民族共同繁荣的问题,提出充分利用本地区资源优势,大力发展乡镇企业,并采取特殊措施,搞好扶贫开发,切实帮助贫困少数民族和民族地区走向富裕道路的思路。在民族法制教育方面,阐述我国的民族区域自治法的基本内容和基本原则,民族自治机关的自治权力。附录有介绍广西民族教育的发展及其特殊措施的有关资料。(黄绮丽)

D000131 **南方山居少数民族现代化探索** 吴承德等著。广西民族出版社1993年9月版。30万字。8.80元。研究中国南方山居少数民族现代化问题的学术专著。分上下篇。上篇为传统文化发展研究,下篇为山区经济发展研究。以集民族自治区域、林区、旅游区于一身的融水苗族自治县为主要对象,运用马克思主义民族学、经济学理论，系统论述我国南方山居少数民族现代化在我国现代化建设中的重要地位。分析这些地区面临的商品经济不发达，生产力水平和人口素质低，以及传统文化中的落后因素的制约等问题。提出利用地方优势资源，发展外向型工业，推动传统产业的改造和社会的进步，有计划地培育新型的社会生产力；发展旅游业，利用少数民族传统文化资源，使少数民族山区第一、二、三产业同时并举；把城镇与乡村、平原与山区、现代文明与民族传统文化有机地结合起来，走出一条工业化、城市化、现代化并驾齐驱的少数民族山区社会主义现代化建设的新路子。（吴秀萍）

D000132 **民族现代化探索** 李竹青著。民族出版社1993年9月版。20.5万字。3.00元。探索我国少数民族地区如何实现社会主义现代化的专著。在我国向四化宏伟目标迈进的历史进程中，社会发展较落后的一些少数民族如何同全国人民一道进入现代化，是国内外关注的一个热点问题。本书的特点是：从我国的具体国情出发，紧密联系各少数民族和民族地区的实际，根据党和国家实现现代化建设的第二步战略部署和基本指导方针，运用系统论的观点和方法，围绕着"我国少数民族如何步入社会主义现代化"这一中心议题，分13章从理论和实践的结合上进行探讨。参考借鉴国内外的有关经验和信息，提出解决问题的构想和对策，具有针对性和可操作性。对正确认识和贯彻改革开放时期民族工作的指导思想和根本任务，为促进民族地区现代化建设提供智力支持，具有现实意义和理论意义。（张启祥）

D000133 **东南亚的福建人** 杨力、叶小敦编。福建人民出版社1993年7月版。36.1万字。10.40元。分10章，分别对居住在东南亚10国（印度尼西亚、马来西亚、新加坡、菲律宾、文莱、泰国、缅甸、越南、柬埔寨）、祖籍福建的华侨华人的历史与现状作分析介绍，着重论述华侨华人的经济活动。在福建华侨史研究中，第一次以具体事实和统计材料论证：祖籍福建的华侨华人约占全国华侨华人总数的1/3，现有870多万人，其中95%以上集中居住在东南亚各国，特别集中居住在菲律宾、印度尼西亚、马来西亚和新加坡4国，共计745万人，占闽籍华侨华人总数的85%。他们历来以经营商业为主，对东南亚各国的经济发展发挥了重要作用；二战以后，他们先后加入所在国国籍，华侨资本的性质也随着发生了根本变化，成为当地民族经济的重要组成部分。在展望东南亚地区华人经济的发展前景时，该书中肯地指出，在消除华人经济本身落后因素的同时，各国安定的政治局面和正确的经济政策，对华人经济的发展至关重要。收入"华侨华人研究丛书"。（黄纯初）

D000134 **雷锋精神新论** 罗木法著。辽宁人民出版社1993年版。18万字。5.00元。对雷锋精神进行深入探讨。什么样的人是社会主义事业接班人？雷锋就是其中的杰出代表。开展学习雷锋活动，引导青年做雷锋这样的人，就成为建设社会主义事业的关键大事。本书对雷锋精神的内涵、实质和特征作全面分析；对雷锋精神产生的历史必然性、时代性，雷锋精神的先进性、人民性、阶级性和革命坚定性等，也都设专题加以论述，澄清许多模糊和错误的认识。（于海寰）

D000135 **雷锋精神在神州** 刘振华等主编。辽宁人民出版社1993年版。60万字。12.00元。分上下两卷，辑录了北自白山黑水、南到五指山崖，从黄河、长江到秦岭、帕米尔高原的神州大地上，涌现出体现雷锋精神的83名先进人物和79个先进集体的动人事迹。其特点有：一是体现学雷锋活动的广泛群众性。从内地到边疆，从城市到山乡，不分地域，不分职业，人们都把雷锋当成处世做人的学习榜样。二是通过这些先进人物和集体的事迹，有力地批驳了雷锋精神"过时论"和"超前论"的错误观点，澄清了认为学雷锋是"搞形式"、"走过场"等模糊认识。三是说明了开展学雷锋活动的重要性。书中记述的先进人物和英雄群体，其共同点就是在商品经济大潮中立稳脚跟，自觉抵制形形色色的拜金主义，坚持立党为公，无私奉献。（王峰）

D000136 **社会主义思想教育方法谈** 郝湛秋等编著。军事谊文出版社1993年1月版。13万字。4.50元。抓住社会主义思想教育的传统课题，进一步探讨教育的基础工程；论述提高教育者的自身素质、深化教育的重要途径、教育的重要手段、教育的综合效应等问题。（张丽）

D000137 **人生砺石** 郑又贤著。福建人民出版社1993年3月版。13.8万字。4.20元。阐述在建设社会主义现代化的历史新时期"艰苦奋斗"所具有的深刻内涵。运用大量事例深入浅出地讲述艰苦奋斗与实现理想、与个人成才的关系，以及在实际生活中如何坚持艰苦奋斗等。（施国忠）

D000138 **求解命运的方程** 副名：一位青年经济学家关于人生的说法。樊纲著。北京出版社1993年4月版。16.6万字。4.90元。从经济学的角度研究如何把握个人命运的思想修养类读物。作者在书中的主体部分,运用一些经济学的原理,对影响人生选择的各方面因素分别做出分析和说明,而后在总结归纳的基础上,将自己的人生经历做为“个案”,引入分析,“现身说法”地解释全书需要论证的问题,并用理论将这些“解释”合乎逻辑地串联起来。作者强调:本书仅提些可供参考的分析方法,绝对开不出如何生活的灵丹妙药;分析的方法可以普遍适用,却没有普遍适用的结论或药方。这些分析方法包括:机会成本、边际均等、偏好结构、资源配置、产品生产周期、投入产出、成本递增、风险分析等原理,它们包含在以下各章中:(1)“命运”与“选择范围”;(2)对幸福的多种评价;(3)“偏好结构的启示”;(4)要不要有点“野心”;(5)金钱、权力与自由;(6)“为公”、“为私”之间;(7)着眼于能力所及;(8)正视市场需求;(9)“没有免费的午餐”;(10)远虑、近忧费权衡;(11)理性地面对人生;(12)两难境地(Ⅰ):我是否回国;(13)两难境地(Ⅱ):也去“下海”吗?(杨钢)

D000139 **爱国主义教育概论** 王照琨、郭崇岳主编。高等教育出版社1993年5月版。20万字。3.05元。高校思想政治教育专业教科书。运用马克思主义基本观点,论述爱国主义教育的地位、作用,爱国主义的基本内容,中华民族的爱国优良传统,当代中华民族的爱国主义的任务和怎样实践爱国主义,爱国主义教育的方法等。在阐述爱国主义基本内容方面,提出爱国主义是千百年来形成的对自己祖国的山河、人民和历史文化的一种最深厚的感情;爱国主义是一个历史范畴,大体分为古代、近代、现代的爱国主义。强调当代中国人民的爱国主义是社会主义爱国主义,是最高类型的爱国主义,其主要内容是:热爱祖国,热爱社会主义制度,热爱中国共产党;为巩固人民民主专政,反对一切颠覆人民政权的阴谋,反对一切损害、侵犯祖国主权、领土的行为而斗争;努力参加社会主义建设,为祖国繁荣昌盛而献身;保持高度的民族自尊心和自信心,维护祖国的尊严和荣誉,反对民族自卑和崇洋媚外。(王方宪)

D000140 **播火者之歌** 副名:武汉英烈诗文选。陈辉汉主编。湖北少年儿童出版社1993年5月版。45万字。13.00元(精);11.00元(平)。选录武汉籍和在武汉工作、战斗或牺牲的革命英烈在武汉地区写的革命遗作和写武汉之事、抒武汉之情的革命诗文。分上编、下编、附编三个部分,共收诗文440篇。诗文的内容大体包括理想与信念,爱国爱民,歌颂正义与光明,歌颂共产党和社会主义,道德与情操,纪律与修养,求知与惜时,勤俭与奋进,友谊、爱情、婚姻与家庭等9个方面。对每一诗文的作者都写有一篇“小传”,并对诗文作必要的注释。(陈青云)

D000141 **青少年爱国主义教育小丛书** 张治国主编。黑龙江教育出版社1993年8月版。35万字。3册。6.20元。丛书共3本:《难忘的历史》、《英雄的人民》、《民族的脊梁》。从不同角度编写1840年以来中华民族的历史。(张玉娟)

D000142 **灵魂的舞蹈** 副名:当代思想教育艺术谈。苏越著。广西人民出版社1993年10月版。24万字。6.90元。以马克思主义基本原理为指导,运用各种科学新成果,对新时期思想教育工作的基本规律和发展趋势进行探索,对思想教育的特点进行概括和阐述,注重从现实生活中归纳、总结各种切实可行的思想教育原理、方法和技巧,充分展示思想教育工作的丰富内涵和艺术魅力。(周莉)

D000143 **人与能力(维吾尔文)** 伊斯拉木江著。民族出版社1993年12月版。39.7万字。11.50元。教人立志、献身的通俗读物。论述发挥人的创造力、提高人的素质、能力开发、提高素质的方法等。认为时代对现代人在道德水准、精神风貌、知识结构、创造能力、想象力、观察力、发挥能动性等方面提出更高的要求,现代人在培养、发挥自己能力、才能、技能方面需作出更大努力,必须掌握科学思想方法、研究方法、进行创造性思维,才能跟上时代步伐。全书分10章,第一章讲述时代对现代人能力所提出的要求;第二至六章讲述能力结构及其构成因素;第七至十章讲述能力开发、提高的主要方法。作者用大量的科学道理联系当前维吾尔人当中存在的发挥主观能动性不够的许多事实进行分析,极富说服力。(阿布都拉)

D000144 **爱国论** 庞卓恒主编。南开大学出版社1993年12月版。27万字。6.00元。青年学生德育教材。全书以理论与实际相结合,以历史上的爱国主义事件与人物为主线,热情讴歌中华民族的爱国主义精神,教育青年要热爱祖国,弘扬中华民族的爱国主义精神。(孙淑兰)

D000145 **社会主义市场经济条件下的精神文明建设** 刘枫、梁平波著。浙江人民出版社1993年12月版。25.2万字。7.80元。主要围绕发展社会主义市场经济与加强精神文明建设的关系,市场经济条件下精神文明建设遇到的新情况、新问题,发展市场经济对精神文明建设的积极作用和负面影响,市场经济条件下精神文明建设的指导思想等,作理论探讨。还涉及在市场经济条件下如何进行精神文明建设的一些具体操作性问题，如提出应按照市场经济的特点积极开展群众性的精神文明建设活动；对如何运用市场机制促进人们科学文化素质的提高，确立文明健康的生活方式，促进新闻事业健康发展，加强文化市场的培育与管理，建立和完善市场经济条件下精神文明建设的约束机制等方面，或提出建设性意见，或作了总结概括。（李子才）

D000146 **腾飞第一策** 吴秉先主编。内蒙古人民出版社1993年2月版。16.7万字。3.80元。中华腾飞的第一国策，就是“尊重知识，尊重人才”，培养和造就适应社会主义现代化需求的跨世纪人才队伍。作者通过对历史走向的考察，挖掘了“第一国策”的深刻内涵，提出了培养和造就跨世纪一代新人的战略任务。分3编，7章。第一编“新世纪的召唤”，从不同的角度，阐述时代信息的深层反馈关键在于人才的道理；第二编“新人才群落的涌动”，剖析跨世纪人才的主体构成；第三编“跨世纪人才战略”，阐明“尊重知识，尊重人才”是党在新的历史时期面对竞争和挑战的战略决策。收入“跨世纪人才论丛”。（陈锦安）

D000147 **中国人民政治协商会议第八届全国委员会第一次会议文件** 中国人民政治协商会议全国委员会办公厅编。人民出版社1993年4月版。10万字。大32开本：4.20元；32开本：2.50元。汇编了中国人民政治协商会议第八届全国委员会第一次会议的主要文件，其中有：中国人民政治协商会议第八届全国委员会第一次会议对李鹏代表国务院作的政府工作报告、《中华人民共和国宪法》部分内容进行修改、台湾问题、香港问题、《中华人民共和国澳门特别行政区基本法》和其他决议表明态度的政治决议，叶选平代表全国政协第七届常务委员会作的工作报告，李瑞环在闭幕会上的讲话，政协第七届全国委员会提案委员会关于五年提案工作的总结报告，政协第八届全国委员会主席、副主席、秘书长、常务委员名单（315人），并附有主席、25位副主席和秘书长的简历，政协第八届全国委员会委员名单（2093名），全国政协八届一次会议主席团、主席团常务主席、秘书长、副秘书长名单，提案委员会主任、副主任、委员名单。还收入《人民日报》和《人民政协报》祝贺全国政协八届一次会议开幕和闭幕分别发表的社论。（王能雄）

D000148 **政治协商民主监督概论** 杜启洪著。中国地质大学出版社1993年5月版。19.3万字。5.10元。以马克思主义基本原理、邓小平关于建设有中国特色社会主义理论和中共“十四大”精神为指导，从我国的基本国情出发，从建设有中国特色的民主政治、经济建设、改革开放、祖国统一大业的大局着眼，坚持理论联系实际的原则，对我国政治协商、民主监督的历史由来与发展，对其理论基础、客观依据、实质、特点、地位、作用、目的、方针、原则、内容、形式、方法、层次、程序、基础建设以及效益化、经常化、制度化、法律化等问题，作了深入浅出的阐述和探讨，对建立政治协商、民主监督的理论体系作了研究。（赵福堂）

D000149 **团结合作 共建伟业** 中央统战部一局编。华文出版社1993年7月版。32万字。8.20元。我国8个民主党派的全国代表大会的文件汇集。1992年中国共产党召开14大。我国8个民主党派在年底相继召开了全国代表大会，各民主党派结合贯彻中共十四大精神，以邓小平建设有中国特色社会主义理论为指导，制定了适应加快改革开放和社会主义现代化建设新形势要求的工作方针和任务；顺利地进行了换届；通过了各党派新的章程。（王文祥）

D000150 **铁饭碗·黑饭碗·金饭碗** 曾繁华著。河南人民出版社1993年版。12.6万字。4.90元。以引人入胜的案例，描述中国隐形新业的现状，评述隐形就业的利弊得失。作者分析指出，改革开放的大潮，冲击了中国人长期存在的“铁饭碗牢靠”的传统观念。人们八仙过海、各显神通，出现了兼职、兼课、出国打工、盲流等现象。作者对这一现象作了全面评析。收入“地下经济丛书”。（刘成斌）

D000151 **回归人的世界** 高钢、曲兰著。华夏出版社1993年5月版。18.3万字。6.50元。通过许多鲜为人知的人和事，展示中国残疾人命运历程中的诸多重要侧面，对残疾人与人类社会进步之间的联系进行人道主义的思考，从宏观上描述中国残疾人和残疾人事业的历史、现状和未来。（徐金廷）

D000152 **禁娼禁毒** 马维纲著。警官教育出版社1993年5月版。36.5万字。8.80元。历史纪实文集。禁绝鸦片烟毒和取缔娼妓妓院，是新中国建立后在民主改革过程中开展的一项值得大书特书的辉煌举措并已被载入史册。本书汇集了有关建国初期开展禁娼禁毒工作的29篇专题文章，生动真实地展现了当时具有历史性意义的伟绩；书中还汇集了10余幅非常珍贵的记录当时斗争情景的照片及部分文献，有助于读者详细地了解40余年前的历史真实。（张学敏）

D000153 **中国国家机构史** 唐进、郑川水主编。辽宁人民出版社 1993 年版。50 万字。15.00 元。反映中国古代、近代至现代数千年国家机构设置的历史专著。详尽地记述中国国家机构的建立、发展、演变过程及其在历史发展的不同时期所具有的特点和发挥的作用。共分 14 章。第一章，原始社会氏族制时期简单的社会管理组织；第二章，夏商时期奴隶制国家管理机构的初置；第三章，西周、春秋、战国时期的国家管理机构；第四章，秦汉时期大一统的中央集权封制国家政权机构的创立与完备；第五章，三国、两晋和南北朝时期国家政权机构的转承变易；第六章，隋唐时期封建制国家政权机构建置的大转变与成熟化；第七章，宋辽金各代的政权机构设置及其特点；第八章，熔汉、蒙之制为一炉的元代大一统的重大转折；第九章，明朝封建君主专制的强化及国家机构设置的进一步集权化；第十章，清朝封建君主专制的极端化发展与满汉贵族联合的中央集权国家机构的变化；第十一章，晚清国家机构的重大演变；第十二章，中华民国共和政体的建立与北洋军阀专制机构的演变；第十三章，中华民国时期国民党政权机构的设置、演变及其特点；第十四章，新民主主义革命时期中国共产党独立领导的人民民主政权机构的设置及其特点。（霍世荣）

D000154 **秦汉官吏法研究** 安作璋、陈乃华著。齐鲁书社 1993 年版。24.8 万字。8.80 元。是《秦汉官制史稿》的续篇，共分 9 章，分别讲述秦汉官吏法的产生与形成。官吏任用法、官吏的权利、义务和纪律、官吏的职责及其演变、考核法、赏功法、罚罪法、秦汉官吏法与秦汉政治的关系等。官吏法是官制的一个重要方面，但长期以来，官制史研究多集中于探讨职官的起源、沿革、职业等问题，而很少系统地阐述组成封建国家官僚机器中大大小小的各级官吏是在怎样的法律控制下进行活动的。该书则独辟蹊径，抓住秦汉官吏法这一问题进行研究，对秦汉时期国家所制定的关于官吏行为方式的法律规范进行深入探讨。（侯仰军）

D000155 **心治与政治** 副名：论中国德治主义传统。秦志华著。广西人民出版社 1993 年 6 月版。28.6 万字。8.00 元。用事实论证开创于孔孟、成熟于董仲舒，为历代统治者遵循和发挥的德治主义路线以及它对中国传统政治的政治目的、政治秩序、政治措施、政治体制、政治文化以及民族心理的影响。指出，这种影响源远流长、深入人心。如何吸取借鉴这条路线的精华，保持发展中国优秀的文化传统，对建设有中国特色的社会主义精神文明是很有益的。（周莉）

D000156 **中国政党制度的历史抉择** 王德夫、向勤著。湖北人民出版社 1993 年 6 月版。20.3 万字。4.45 元。分 7 章：正确认识中国各民主党派是坚持和完善共产党领导的多党合作制，反对西方多党制的前提；中国共产党领导的多党合作制是独具特色的社会主义政党制度；近代中国独特的社会历史条件是产生多党合作制的基本依据；近代中国历史的发展选择了多党合作的政党制度；接受中国共产党的领导是我国各民主党派自身的历史性选择；曲折的历史发展显示了多党合作制的强大生命力；坚持和完善共产党领导的多党合作制是中国政党制度发展的必由之路。作者从分析中国各民主党派，分析共产党领导的多党合作制及其产生、存在、发展的必然性人手，结合对西方多党制的对比分析，揭示中国政党制度历史抉择的轨迹。对为什么必须坚持和完善共产党领导的多党合作制，反对西方多党制作初步探讨。（陈冬新）

D000157 **官僚与官僚制** 副名：中国传统官制的精神及表现。邢鸿飞著。宁夏人民出版社 1993 年 9 月版。26.5 万字。8.80 元。研究中国封建官僚及存续两千余年的传统官制的专著。内容包括三部分。第一部分，以分析传统官制形成的文化土壤入手对中国传统官制的历史轨迹与文化变迁作整体研究，指出中国传统官制的温床是地主经济，中国传统官制与专制政体并行不悖，儒家思想在中国传统官制发展的各个阶段起到鸣锣开道的作用。第二部分，对传统官制与古代行政法制、中国封建官僚系统与专制皇权的矛盾冲突、中国封建官僚机构与国家行政体制的运作及嬗变、中国古代官僚的从政心态及为官之道、中国传统官制中的品秩制度与官僚特权、中国的封建官僚政治与官僚主义等问题作系统的分析与研究。指出，通过官法对官僚系统及官僚机构进行有效的管理是中国古代行政法制的重大使命，也是中国传统官制的基本特征；揭示中国封建官僚系统与专制皇权的矛盾与冲突的规律性及中国古代中央国家行政的体制运作和嬗变的规律性；说明处于专制皇权下的中国封建官僚的心态是对上卑躬屈膝，对下颐指气使，他们的为官之道是在官场上不得不采用政治伎俩；阐明品秩制度与官僚特权的因果关系，官僚主义植根于官僚政治以及根除官僚主义的措施。第三部分，指出中国传统官制的糟粕与精华及必然消亡的历史命运。（张允官）

D000158 **汉唐职官制度研究** 陈仲安、王素著。中华书局 1993 年 9 月版。29.2 万字。11.70 元。主要研究汉唐以来职官制度中的有关重要问题及它的变化。中央职官制度从秦汉的三公九卿制度到隋唐变为三省制，又从前唐的三省制到唐后期以及五代北宋前期变为使职差遣制。地方官制从秦汉郡县二级制度到魏晋南北朝变为州郡县三级制，从隋及唐前期州县二级制到后唐变为道州县三级制。作者还对这个时期的选举制度、俸禄制度也作了考证。(何英芳)

D000159 **中国政治制度史** 储考山等著。上海三联书店 1993 年 10 月版。37 万字。22.50 元。对中国政治制度产生、发展、演变的规律进行探索。打破按王朝顺序撰述制度史的惯例，将我国的政治制度分为奴隶社会政治制度、封建社会政治制度、半封建半殖民地社会政治制度(即近代政治制度)、社会主义社会政治制度 4 编撰述。上起奴隶制的夏朝，下迄当今。将中国古代、近代、当代政治制度贯串起来，既突出不同社会政治制度的重点，条分缕析，脉络清楚，又互相衔接，一以贯之。同时采取纵向方法从古到今叙述不同社会的具体政治制度，如宗法制、宰相制度、司法制度、监察制度、军事制度、人才选拔制度、人民代表大会制度、共产党领导下的多党合作制度等，都以该制度本身发展为主线，以发展、演变过程中的史实为内容加以阐述。(任关华)

D000160 **中国宦官制度史** 余华青著。上海人民出版社 1993 年 6 月版。40.3 万字。16.25 元。研究中国宦官制度史的学术专著。系统论述中国宦官制度的产生、发展直至灭亡的历史，深刻论述宦官制度对中国社会政治发展所产生的重要作用和影响。对中国各朝代各个政权的宦官制度的发展变化及其特点，都作深入探讨。作者认为：中国宦官制度是早期奴隶制时代刑罚制度的残酷性与君主政体的专制性相结合的产物，作为一项摧残人性的制度，在历史发展进程中丝毫没有积极意义；在中国的具体历史条件下，宦官制度与君主专制制度结成了极为紧密的关系，因而在历代统治者的承袭维护下，宦官制度得以长期延续；作为君主专制体制中的一项重要政治制度，宦官制度曾起到了维护中央集权和专制君权的作用；宦官制度必然导致宦官政治集团的形成和宦官专权局面的出现，从而对当时的社会政治造成严重的危害。(张美娣)

D000161 **南京临时政府的政治制度** 翟国璋著。宁夏人民出版社 1993 年版。18.8 万字。5.00 元。中华民国史研究著作。系统研究南京临时政府政治制度的各主要方面，扩大了政治制度研究的范畴(如对立法问题的研究)。临时政府的总统制、议会制和立法问题，前人少有涉及，作者对此进行客观描述和理论探讨。围绕课题研究所进行的考证工作，纠正了一些讹误。(王立平)

D000162 **天门会研究** 乔培华著。河南人民出版社 1993 年 6 月版。18 万字。6.90 元。从两个层次上对天门会进行研究：一是展现天门会从 1923 年产生到 1945 年消失这 22 年历史的全过程，论述天门会产生时的中国社会大场景、鼎盛时期的活动、低潮时期的表现及其在抗日战争中的发展归宿；二是通过对天门会这一特殊的社会群体的表层现象的探索，研究豫北地区农民特有的世俗文化背景下的心理素质、价值取向及其在特殊历史环境中的变异，从一个侧面揭示农民深层意识对动荡政治局面和社会变迁的反应及对策。(袁敏)

D000163 **中国国民党台湾四十年史纲** 郭传玺主编。中国文史出版社 1993 年 7 月版。35 万字。9.80 元。在《中国国民党简史》(1894～1949 年)的基础上编写而成。以历史唯物主义为指导，分为蒋介石时代、蒋经国时代、李登辉时代，对于 40 年来国民党在台湾的政治、经济、对外关系、文化教育和海峡两岸关系等方面的情况作客观的阐述，既谈了台湾存在的问题，也谈了台湾取得的成就和进步。(王合忠)

D000164 **中国国民党史大辞典** 李松林主编。安徽人民出版社 1993 年 8 月版。177 万字。45.00 元。收辞目 4 800 余条，系统介绍中国国民党历史与现状的大型工具书。以历史唯物主义为指导，客观地反映 1894 年兴中会创立前后到 1990 年近百年中国国民党政治、经济、军事、外交、文化、教育诸方面的主要情况，是中国国民党由盛到衰的真实记录。全书共 9 个部分组成：党派·团体·机构，主要介绍中国国民党本身组织更迭的情况及其相关组织发展变化的情况；历史事件，择要列述重大事件的起始时间、地点、主要内容；会议，包括中国国民党及其政府的重要会议；历史文献，包括法律法规、文电通告、言论著述等；人物，以政治、军事人物为主，兼及其他各个方面；报刊，内容涉及办报宗旨、报道内容、版面结构、主创人员等方面情况；名词，介绍重要名词的出处、引申意义等；对外关系，着重列录对外交往方面的重大事件、会议、条约协议等；附录列有中国国民党历次代表大会中央执行、监察委员，中央改造委员，中央评议委员，中央委员，中央评议委员会主席团名单,国民党中央及国民政府组织机构更迭表。按辞目分类,人物按笔画排列,其他部分按时间先后排列。释文只介绍基本事实,一般不加评论。(贾兴权)

D000165 **中国帮会史** 周育民、邵雍著。上海人民出版社 1993 年 3 月版。62.4 万字。24.45 元。第一部帮会史专著,共 11 章,按时段,分别介绍中国帮会的产生、发展及特点,太平天国时期的帮会,青红帮与反洋教运动,帮会与辛亥革命,民国初年的帮会,北洋军阀时期的帮会,十年内战时期的帮会,抗日战争时期的帮会,中国帮会的没落与衰亡。叙述我国历史上最有影响的帮会如天地会、小刀会、哥老会、青红帮、袍哥等的产生和兴衰。揭示各种不同的帮会组织,由于其独特的历史特点、既存的社会关系,在适应社会变动过程中的抉择是各不相同的,在政治斗争或民族斗争中力图利用帮会的国内政治势力和外国侵略势力也是各不相同的,这些构成了中国帮会史的丰富内容。(刘益民)

外国政治

D000166 **日本侨民在中国** 沈殿忠主编。辽宁人民出版社 1993 年 4 月版。37.5 万字。49.70 元。分 34 章,内容主要有:日本侨民旅居中国的历史演变,遣隋使揭开旅华日侨史的序幕,盛唐时期日本人旅居中国的热潮;古代后期日本人旅居中国的轨迹,近代以来日本人旅居中国的活动,清代末年旅居中国的日本教习,辛亥革命前参与中国社会变革的旅华日人,早期来东北地区的日本移民,从“山东问题”到“福州事件”,“九·一八”后东北地区的日本移民,中国各地日本租界的兴衰,“七·七”事变前后日本向东北移民的高潮,日本人在国统区和解放区进行的反战活动,日本占据台湾时的移民与经营,日本侨民在东北地区的社会生活,日本侨民在东北和关内地区的投资经营,日本人在华进行的各种宗教活动,日本侨民在东北和关内地区的文化教育活动,日共组织及成员旅居中国时期的革命活动,日本侨民旅居中国时期社团群体以及战争后期破落衰败的日本开拓团。以丰富的档案文献和大量的统计资料为基础,全面描述古代、近代、现代和当代等各个历史时期旅华日侨产生和演变的不同特征,公正地评价了他们在中日交流史的地位和作用。(霍世荣)

D000167 **二战时期日本外交内幕** [日]法眼晋作著。中国文史出版社 1993 年 5 月版。10.9 万字。3.60 元。二战时期法眼晋作作为日本派驻欧洲的使馆工作人员,参与轴心国之间的各种外交会议,并几次访问苏联。本书披露日德条约签订的内幕及南京大屠杀的经过。(陈海滨)

D000168 **最后的帝国** 副名:——民族问题与苏联的前途。[美]罗伯特·康奎斯特主编,刘靖北等编译。华东师范大学出版社 1993 年 7 月版。30 万字。9.10 元。关于民族问题研究的著作。概述苏联民族问题的历史与现状,分析民族问题对苏联社会政治、经济、文化的影响作用;考察苏联民族问题产生的根源,提出西方国家对苏联民族问题应采取的对策。全书涵盖苏联民族问题的主要方面,在占有事实和资料的基础上,预见了苏联未来演变、解体的趋势。80 年代末 90 年代初苏联由动荡、剧变到解体的过程证实了作者的论证与分析、预测,由此成为当代欧美研究苏联民族问题的力作之一。(王子奇)

D000169 **上海俄侨史** 汪之成著。上海三联书店 1993 年 12 月版。61 万字。29.80 元。依据大量丰富的史料,剔爬梳理,把俄侨作为一个特殊的社会群体,对其在上海从形成到消失的纵向作记述,又从人口演变、政治活动、经济、文化、宗教以及社会生活等横面作阐述。(冯征)

D000170 **俄罗斯?** 副名:俄罗斯的热点。[俄]格·尼·瓦奇纳泽著。新华出版社 1993 年 12 月版。17 万字。7.80 元。作者是俄罗斯科学院社会科学研究所研究员,有多种著作在俄国和国外出版。他根据俄国和外国报刊的材料,以及前苏联档案资料撰写的这本书提供了大量过去鲜为人知的事实。书中阐述了俄罗斯存在的问题,诸如:一些地区对莫斯科的离心倾向,民族共和国的特点和遭遇,北高加索地区的矛盾和冲突,原苏联领导人在民族政策和宗教政策上所犯的错误,军转民的复杂性等等。原书名为《俄罗斯的热点》,中文译名为《俄罗斯?》。该书依据大量的事实,分析了俄罗斯目前存在的问题。它所提供的材料有助于回顾俄罗斯的过去(前苏联),了解俄罗斯的现在和未来。(白云章)

D000171 **美国在越南的干涉和战争(1954～1968)** 时殷弘著。世界知识出版社 1993 年 5 月版。28 万字。6.40 元。主要论述 1954 年日内瓦会议结束到 1968 年越南战争开始逐渐升级的美国对越政策,着重揭示导致美国在越南越陷越深的决策过程及其多种原因。介绍美国的军事战略、战争方式、国内舆论、与越南有关的国际动态以及南越政治、军事和社会形势等各个侧面。本书所用资料多为美国业已解

密的各类军事、外交文件和原始档案，是第一手资料。其缺点是引用越南方面的资料较少。（吴力超）

D000172 **美国对华战略纵横谈** 周文琪著。湖北人民出版社1993年6月版。24.3万字。4.15元。展示战后美国九任总统，即从杜鲁门到布什对华战略变化的历史轨迹。并多角度、多层面地深入研究和分析了西方国家，主要是美国对付社会主义国家的根本意图、基本目标、战略思想和策略手段等。将美国以其推行"和平演变"战略40年一贯制为时间线索，勾画了美国在欧亚两大洲实施"和平演变"战略的全过程。（程世德）

D000173 **美国式民主** 詹姆斯·M·伯恩斯等著。中国社会科学出版社1993年7月版。96.5万字。28.00元。采用结构—功能分析的方法，整体介绍美国的政治过程和决策程序。共分6编，第一编阐述美国宪政制度的基本原则，论述体现在宪法、政府和政治行为中的重要原理，着重分析美国政府的分权制衡和联邦主义原则及其渊源、形成和发展。第二编阐释美国公民的宪法权利和这些权利的运用，其中引用了大量判例和法官的不同解释。第三编分析美国政治参与的形式和手段，具体讨论了选民、候选人、利益集团、政党和舆论工具的相互关系和他们在政治尤其是竞选政治中的作用。第四编将国会、总统和联邦法院作为参加政策制定过程的三个权力部门进行考察，阐述了三者的制衡关系及其演变，分别讨论了三者的内部组织和影响决策的社会因素。第五编则分析美国国家政策的制定、执行和评价的程序和模式，即政治系统的输出和反馈，分别讨论了外交、防务、经济管制和调节，以及财政政策的制定和影响这些政策的诸种因素。第六编阐述州和地方政府的政治结构和各种模式，分析州、地方和基层的管理和政治参与，讨论联邦政府与州和地方政府的关系。收入"美国哲学社会科学名著丛书"、"美国研究丛书"。（罗莉）

外交、国际关系

D000174 **外交智慧与谋略** 谢益显著。河南人民出版社1993年10月版。18.4万字。9.60元。共分15个专题，系统介绍时代与外交的影响及如何分析国际战略格局。探讨了战争与和平，对外政策与国家利益，外交与内政的关系，人道主义、人权与外交，普通人的是非观念对外交的影响，民族素质优劣与民族平等等问题。对新中国在国际关系中的战略规定、策略路线，新中国对外政策的基本原则、外交风格作了理论总结。揭示新中国外交的本质，总结了中国外交的策略与技巧。（段南萍）

D000175 **国际组织法** 梁西著。武汉大学出版社1993年9月版。26.6万字。9.80元(平)；15.00元(精)。本书共分五编：第一编论述国际组织的基本原理、法律地位及发展趋势；第二、三编，联系实际，分析、比较研究国际联盟与联合国的宗旨、原则、结构、职权、活动及其程序、会员国的权利义务等。对其中的重大国际法问题(如国际争端、新经济秩序、国际会议制度、特权与豁免、维持和平部队、非殖民化等)重点进行探讨；第四、五编除对区域性与专门性组织作综合研究外，还分别论述各大洲的国际组织以及海陆空通讯运输、文化科教卫生、金融贸易、工农业等方面的国际组织。（曾勉之）

D000176 **世界南方潮——发展中国家对国际关系的影响** 俞新天著。上海社会科学院出版社1993年10月版。21万字。6.85元。国际关系问题研究专著。论述了发展中国家在国际关系中的地位和作用。二战以后，一批被奴役的殖民地、半殖民地和附属国赢得了独立，成为当代国际关系中的崭新现象。作者论述了发展中国家对当代国际关系的影响，其主要内容有：一、发展中国家对战争与和平进程的影响；二、发展中国家关于建立国际经济政治新秩序的设想与尝试；三、发展中国家之间的关系，即南南合作；四、不发达是世界性危机的主要根源。收入"学者书库·论丛"。（方小芬）

D000177 **联合国专门机构法律制度研究** 江国青著。武汉大学出版社1993年版。25.7万字。9.20元。主要从国际行政角度研究联合国专门机构的法律制度及有关实际问题。除前言外共分七章。内容包括联合国专门机构的形成与发展；联合国专门机构的法律性质，包括专门机构的概念与特征、专门机构的法律基础，专门机构的法律地位、特权与豁免；联合国专门机构的成员资格，包括中华人民共和国在联合国及其各专门机构的代表权问题以及香港、澳门地区参与各专门机构活动的情况及方式；联合国专门机构的组织结构，具体研究各专门机构大会、理事会、其他辅助机关、秘书处及有关区域结构的组成、职权及议事规则；联合国专门机构与联合国的协调关系，从整体结构上剖析联合国与各专门机构之间的法律联系；联合国专门机构的决策程序，在研究其一般规则及制度的基础上，结合实际情况与广大发展中国家的要求，深入研究几个国际金融机构的决策程序及其改革问题。该书附目包括《专门机构特权和豁免公约》、《世界卫生组织组织法》、《联合国与世界卫生组织的关系协定》及英文目录。(张琼)

D000178 **中国外交概览(1993)** 裴坚章主编。世界知识出版社1993年10月版。48.1万字。20.00元。主要概述1992年的中国外交,个别章节对有关的历史情况作了简要介绍。共分五大部分:第一、二章为综合部分,介绍1992年的国际形势和中国的外交政策;第三至九章按外交部各地区司主管工作范围,介绍1992年中国同亚洲国家、西亚北非国家、撒哈拉以南非洲国家、东欧中亚国家、西欧国家、北美洲大洋洲国家、拉丁美洲国家的关系;第十、十一章介绍1992年中国同联合国及其他国际组织的关系;第十二章介绍1992年中国外交中的条约法律工作;附录部分收有1992年中国外交部组织机构表、部领导成员名单、同中国建交的国家及建交日期、中国驻外使节一览表等。(孟淑贤)

D000179 **日中战后关系史** [日]古川万太郎著,陈喜儒主译。辽宁人民出版社1993年版。34.9万字。16.50元。描述战后30多年来曲折复杂的日中关系。原书共10章,约60余万字,由于其中第10章有些问题尚无结论,故只选译前9章,到签订中日和平友好条约为止。9章的具体内容是:新中国的成立与日中关系;通往北京的桥梁;友好之路;新中国的外交;逆流时代;走纲丝外交;黑谷中的日中外交;大势所趋和日中关系的新时代。本书的特点是:以两国的政治、经济关系为主线,同时兼顾文化、体育等交流,脉络清晰;鉴于日本社会人际关系在政治、社会生活中的重要地位,故本书在叙述过程中,着重介绍在重要历史时期,发挥重要作用的日本政治家的动机和意图,这对了解日本政党乃至日本的政治结构都不无裨益。(王峰)

D000180 **我的外交官生涯** 副名:凌其翰回忆录。凌其翰著。中国文史出版社1993年4月版。20.5万字。6.80元。凌其翰是原国民党驻法公使,1949年起义。作者根据自己涉足国民党外交界的亲身经历,揭示了国民党外交界的内幕,以及1949年国民党驻法使馆起义的经过。(封玉敏)

D000181 **动荡中的同盟** 王真著。广西师范大学出版社1993年5月版。30.3万字。15.60元。"抗日战争史丛书"之一。详细叙述20～40年代,中苏关系运行的轨迹是:1924年建交——1929年断交——1932年复交——1949年断交。这其中显示了波峰和波谷的交替的动荡关系。第一次动荡是从低潮向高潮,即由1924年携手后合作的最低点:1927年南京政府推行反苏政策和1929年的中东路事件,至七七事变后,《中苏互不侵犯条约》签订,苏联向中国提供大量军援。第二次动荡是从高潮走向低潮,这是由于1941年《苏日中立条约》的签订,此后苏联的战略重心转向欧洲,蒋介石获援无望,于是中苏关系疏远。第三次动荡是再次从低潮向高潮,1943年初,苏军扭转了苏德战局,再度回首远东,致使1945年8月《中苏友好同盟条约》签定,中苏关系形成高潮。还对这种动荡关系的现象加以评析,指出其内在的特质。书中还涉及有关中苏关系中的中美因素,苏与中共关系,国民政府与边区政府的关系,以及苏联的对外政策的大国沙文主义和民族利己主义等。(桑林佳)

D000182 **从胶澳被占到科尔访华** 副名:中德关系1861～1992。吴景平著。福建人民出版社1993年9月版。25万字。8.20元。全面反映中德两国关系的历史著作。记述德国侵略者入侵中国,强划汉口、天津租界,出兵山东,占领胶澳;镇压义和团,洗劫天津和北京,逼使清王朝签订《辛丑条约》等野蛮行径。30年代和40年代,希特勒德国与日本帝国主义相勾结,先后在外交上承认伪"满洲国"和汪精卫的伪"国民政府",严重损害了中国的主权和领土完整。中华人民共和国成立后,结束了两国不平等的关系,中国与东德、西德分别建立和发展了平等、和平、友好的双边关系。1990年10月后,中国与统一后的德国进一步发展了这一关系。收入"从屈辱到崛起丛书"。(郑俊琰)

D000183 **近代中西关系与中国社会** 赵德馨等著。湖北人民出版社1993年12月版。25.2万字。6.60元。以历史唯物主义的观点、求实的态度对近代中西关系进行全面论述,阐述近代中西关系的特殊性及其所决定的近代中国社会的特殊发展道路。用事实说明,在近代中西关系中,西方国家在中国的各项活动,都与它们在不平等条约中获得的特权相关。通过中国人寻找国家出路及其后果的演变过程,说明中国之所以走上社会主义道路,不是由于生产力发展水平高,而是在特殊的中西关系与国内环境下,中国人民对发展道路选择的结果。该书特别强调几点历史教训:一是近代中国之所以被侵略被打败,关键在于执政者没有看到世界发展的潮流,采取了不明智的政策。二是主权的重要性,在对外开放中,权自我操的主动开放与权操于人的被动开放将产生两种截然不同的后果。(程世德)

D000184 **好太王碑与古代朝日关系研究** 朴真奭著。延边大学出版社1993年9月版。28.1万字。集国内外最新资料，综合作者多年研究成果而著的好太王碑考古分析并辐射古代朝日关系的学术专著。内容包括好太王碑及其文字考证，好太王碑文之“辛卯年记事”及永乐十四年之击退外敌，关于任那日本府存在与否问题、关于朝鲜半岛内倭地说等。

法 律

D000185 **法理学** 副名：法律哲学和方法。[美]埃德加·博登海默著，张智仁译。上海人民出版社1993年3月版。41万字。16.10元。法学专著。由法律哲学的历史导论、理论渊源和功能、法律技术三方面组成。历史部分叙述了从古希腊起到20世纪70年代中期止西方哲学家、政治家、法学家对法律的看法，实际上是介绍法律思想的发展史。理论部分叙述了法律的性质、含义及其功能。技术部分介绍法官如何判案以及判案的尺度。作者阐释了法律中秩序与正义两大要素、自然法的含义，强调法律工作者的修养问题。提出了自成体系的“综合法理学”。（屠玮涓）

D000186 **法文化的建构及法制教育工程** 江必新著。中国人民公安大学出版社1993年3月版。15万字。4.90元。法律制度是人类文化创造的产物和结晶，有先进的法义化，才能有先进的法律制度。本书从法文化的狭义范畴上，论述了有关法和法律设施的各种观念和价值体系（包括知识、信念、判断、态度等）。分为法文化及建构原理、守法机理及其形成过程、效果模式及其实现过程、法与人的塑造——青少年立法的透视等四部分。（汪伊红）

D000187 **中国法理学** 何玉玢主编。中州古籍出版社1993年3月版。30万字。6.30元。分绪论和上、中、下三篇。绪论部分包括法理学概述、法理学与法学关系以及法理学的研究方法和体系等内容。上篇：法律学。分别阐明法律的本质、特征、价值和作用；论述法律的历史发展、法律规范及其构成要素；介绍法律形式、法律关系、法律体系和我国法律部门等内容。中篇：法律社会学。分别论述法律与社会、法律与经济、法律与政治、法律与权力、法律与人权、法律与民主、法律与法律文化、法律与精神文明等社会现象的关系，揭示社会主义法律的根本性质和重要作用。下篇：法制建设学。介绍法制建设的概念及其在法理学中的地位和作用。论述法律创制、法律适用、法律遵守、社会治安综合治理等问题。（张燕萍）

D000188 **法律基础** 吴祖谋、王忠信主编。河南大学出版社1993年8月版。30万字。6.50元。内容共分8章。法学基础理论部分包括法的一般理论和社会主义法的基本知识；宪法部分包括宪法一般原理和我国宪法法律制度；行政法部分包括行政法基础知识、行政法律关系各要以及各种行政法律制度；民法部分主要介绍我国《民法通则》规定的法律制度；经济法部分主要介绍企业、公司、税收、金融、土地、环保、外商投资等法律制度；刑法部分主要介绍刑法一般原理、犯罪一般理论、刑罚一般理论和常见的几种犯罪；行政诉讼法部分主要介绍我国行政诉讼规定的行政诉讼法律制度；国际法部分主要介绍国际法主体、居民和外交与外事关系及国际条约和组织。收入“河南省国家公务员培训系列教材”。（贾怀廷）

D000189 **立法技术学** 孙潮著。浙江人民出版社1993年11月版。21.2万字。6.50元。对立法过程中立法者和法律起草者在法律文本的构思、设计阶段的立法技术、法律的外部结构和法律规范的内部结构的制作技术，作分析和研究；在立法学领域提出立法的表现技术和立法的表述技术的概念，并对立法技术作系统定量的分析。全书分8章，分别涉及研究立法技术的价值、立法的表现技术、立法的表述技术、法律总则、法律罚则、法律附则、法律实施细则和法律修正案的制作等领域。围绕立法技术的规范化、标准化和操作性，从立法问题的发现、立法目的确定、立法条件的分析、立法方案的设计和优化到立法思想转化为成文法律条文，作了阐述。（张建江）

D000190 **中国法律思想史** 汪汉卿主编。中国科学技术大学出版社1993年版。33.4万字。8.60元。以中国法律思想的产生、发展、变化为线索，研究了自先秦至近代法律思想的主要内容和特点，总结出“礼治—法治—礼法合法”这一贯穿于中国法律思想历史发展的基本规律：礼治盛行于西周，衰落于春秋；法治兴起于战国，定鼎于秦朝；秦汉以后则走上以礼为主、礼法合法的道路。并依据时代内容和思想性质，将中国法律思想划分为三大发展阶段，即中国法律思想产生和儒、墨、道、法诸家法律思想对立时期；封建正统儒家法律思想统治时期和西方法律思想的输入、封建正统儒家法律思想瓦解时期。指出，作为中华法系的基础，中国法律思想自成体系，自始至终保持着其内在的连续性，体现出：天命神权、法自君出；宗法为纲、宗族本位；礼法结合、法有差等；

德主刑辅、重刑轻民等建立于农业经济基础之上的特点，这些特点曾经给予中国封建的政治、经济和文化以巨大的影响。全书共3编18章，在对中国法律思想作全面系统阐述的基础上，既有对每个历史时期法律思想的综述，又有对各个时期的主要代表人物法律思想的评述。(郝诗仙)

D000191　**西方法律思潮源流论**　吕世伦著。中国人民公安大学出版社1993年8月版。37.6万字。11.80元。汇集西方各个时期的法律思潮流派，包括每一流派的各个分支派别，系统、详尽地讲述它们各自的源流演变过程、主要特征、主要代表人物及其主要的思想观点，并且对这些代表人物、主要思想及其在法学上的贡献和地位作了评价。涵盖的内容齐全，对各流派的产生、发展演变过程描述清晰，对各流派的代表人物及其法学思想的介评客观、公允。内容体系分三大部分：一、三大主导的法律思潮。包括自然法学，分析主义法学，社会学法学；二、近代以来的法律思潮。包括历史法学，功利主义法学，18世纪英国反自然法的学说，新康德主义法学和新黑格尔主义法学；三、当代诸法学流派。包括当代西方法律思潮的"趋同"，存在主义法学、现象学法学、行为主义法学、多元价值判断逻辑法学，布莱克的纯粹法社会学，综合法学，符号学法学，多元论法学，经济分析法学，批判法学和西方马克思主义法学。(张强)

D000192　**性与法**　李楯著。河南人民出版社1993年4月版。30.9万字。9.50元。主要通过立法研究，探索法律对妇女的保护和制约关系，揭示"保护"中对妇女本质上的奴役，并探索当代性问题对法学的冲击。全书分两大部分，一是法律人格的性差异，二是性犯罪。法律人格的性差异主要从生理、心理和社会历史方面探讨两性差异及两性相吸引、排斥和调适的基础，并以中国现行法律为基准对比论述了古代、外国和国际法中的女性权利。作者运用国别比较和性别比较研究方法，既有纵的历史深度，又有广阔的横向视角，对一些法概念提出有新意的界定。(陈智英)

D000193　**比较外资法**　姚梅镇主编。武汉大学出版社1993年9月版。84.2万字。30.00元。采用比较研究方法，横向比较世界各国外资立法的基本制度，就各国外资立法共同的基本问题，对比各国现行立法，阐明其异同得失，并根据我国外资立法实践，进行对比分析；纵向比较方面，着重论述国际立法与国内立法的联系，以探明国际经济交往中有益的共同惯例，以利于贯彻平等互利原则。具体内容包括：外国投资环境、外资政策与外资立法、外国投资者的法律地位、外国投资资本结构及其运营规则、外国投资企业的形式、投资契约与章程、外国投资的审查与批准、经营管理与劳动雇用、技术引进、政治风险的保证、对外国投资的鼓励与优惠、投资争议的解决。(许光耀)

D000194　**中国法医实践**　翟建安主编。警官教育出版社1993年8月版。45万字。16.00元。中国法医专题综合论集。由原中国人民警官大学校长翟建安教授倡导，组织全国60名解放初期参加法医工作的专家教授集体撰写——每人提供一篇代表作。全书按题材分类编排为：理论探讨、专题研究与综述、方法论、回忆录、案例研究，共五编。全面地反映了新中国建立40余年来法医工作的各个方面——艰难的发展道路、法医工作的成就、法医研究的理论收获与杰出成绩、法医工作对于公安政法工作的巨大贡献等。是一本具有中国特色的法医专题综合论著，适用于广大法医及司法工作者、刑侦科研及教学工作者阅读。(张学敏)

D000195　**中华人民共和国法律汇编(1992)**　全国人民代表大会常务委员会法制工作委员会编。人民出版社1993年2月版。12.6万字。7.50元。汇编收入1992年内全国人大、全国人大常委会通过的法律和有关法律的决定。主要有：《中华人民共和国领海及毗连区法》、《中华人民共和国全国人民代表大会和地方各级人民代表大会代表法》、《中华人民共和国工会法》、《中华人民共和国妇女权益保障法》、《中华人民共和国警察警衔条例》、《中华人民共和国税收征收管理法》、《中华人民共和国海商法》、《中华人民共和国矿山安全法》、《中华人民共和国测绘法》，以及关于惩治偷税、抗税犯罪的补充规定，关于惩治劫持航空器犯罪分子的决定等。同时还收入关于授权深圳市人民代表大会及其常委会和深圳市人民政府分别制定法规和规章在深圳经济特区实施的决定。(王能雄)

D000196　**新中国司法解释大全(增补本)**　梁国庆主编。中国检察出版社1993年2月版。250万字。99.00元。《新中国司法解释大全》的续本。收集1990年至1992年最高人民法院、最高人民检察院所做的司法解释以及各种规定、通知、批复等；补充《新中国司法解释大全》在编辑过程中遗漏的有关文件，以及部分原为内部适用，后又公开的文件。全国人大常委会所做的部分重要的立法解释及有关决定作为特辑放在书的前部分；与司法解释密切相关的国务院有关规定、命令、通知、行政解释等作为附录附在相应的司法解释之后。该书分特辑、刑事、民事、行政、律师公证，涉港澳台司法、涉外司法等七大部分，并附有新中国司法解释索引、《新中国司法解释大全》(增补本)英文目录。(李法宝)

D000197 **中国法律界限全书** 邹瑜主编。中国国际广播出版社 1993 年 4 月版。200 万字。58.00 元。论述法律界限的大型实用工具书，由最高人民法院，国务院有关部委法制机构等组织编撰。它囊括了国家基本制度中的法律界限、罪与非罪及刑罚适用中的法律界限、诉讼活动法律界限等。对人们在改革大潮中经常遇到的法律界限问题作了阐述。(韦立)

D000198 **走向 21 世纪的中国法学** 文正邦主编。重庆出版社 1993 年 4 月版。51.3 万字。13.00 元。运用马克思主义的观点，通过对我国主要部门法学理论的过去、现在和未来发展道路的论述，回答中国法学如何为建设有中国特色的社会主义经济、政治和文化而努力奋斗这一重大课题，探索如何实现建设有中国特色的社会主义现代法学这一宏伟目标，分析了法理学、法史学、宪法学、行政法学、民法学、婚姻法学、经济法学、刑法学、劳改法学、民事诉讼法学、刑事诉讼法学、行政诉讼法学、国际法学等方面的理论成就和矛盾运动，阐述其中的新观点、新流派和新方法，总结党的十一届三中全会以来中国法学发展的成就，考察其未来发展趋向。(杨亚平)

D000199 **全国新闻出版系统“二五”普法读本** 新闻出版署政策法规司编。天津人民出版社 1993 年 5 月版。20 万字。6.80 元。面向新闻出版系统进行普法教育的第一本教材。该书是继第一个全国五年普法规划胜利完成之后，在中共中央、全国人大常委会、国务院决定在全国组织实施第二个五年普法规划的基础上，由国家新闻出版署政策法规司组织专业人员编写而成。该书从我国新闻出版现状出发，对新闻出版的法规做了全面介绍。全书分为“出版管理法规”、“出版财政法规”、“扫黄、打非法规”、“著作权法”、“行政复议概要”等共 5 个部分，22 章。阐明新闻、出版各个环节中应当遵循的法规、管理办法、界限、处罚范围及决定等。书后还附录“二五”普法的有关规定和有关新闻出版法律、法规、规章等。(杨连仲)

D000200 **中华人民共和国法律通解** 张友渔、王叔文主编。吉林人民出版社 1993 年 10 月版。190 万字。62.00 元。以马克思主义法学理论为指导，根据国家的立法精神和党的方针政策，对宪法和基本法律的精神和条文含义，作学理性的解释。在解释中力求作到准确规范，言简意赅，通俗易懂。(关静)

D000201 **中国日用法律大全** 许崇德主编。新华出版社 1993 年 10 月版。180 万字。85.00 元。分民事法律制度、国内经济法律制度、行政法律制度、刑事法律制度、涉外经济法律制度和诉讼程序法律制度 7 编 51 部分，囊括了国家机关、企事业单位、社会团体及公民个人在日常社会生活和经济生活中遇到的和可能遇到的各种法律问题。每一问题均采用辞条方式表述，有法律原文，也有典型案例，在保证内容准确的前提下，突出通俗性和实用性。(许新)

D000202 **中华人民共和国行政法规全书** 国务院法制局编。新华出版社 1993 年 10 月版。300 万字。138.00 元。国务院 1979 年至 1992 年发布的行政法规全书。党的十一届三中全会以来，作为国家法制建设的主要内容之一的国务院行政立法取得了伟大成就，使我国法律制度日臻完善。为再现 14 年来的行政立法状况，国务院法制局系统整理了 1979 年至 1992 年国务院发布的行政法规，按年编辑了此书，共收行政法规 588 件，其中有已经废止和失效的行政法规 62 件，集中反映了这一时期行政法规的立、改、废的内容。(卢瑞华)

D000203 **减轻农民负担法律指南** 吴德星编。中国人民公安大学出版社 1993 年 10 月版。8 万字。2.80 元。从法律角度上具体说明哪些是合理的农民负担；哪些是不合理的负担；对于不合理的负担，可以采取哪些合法手段予以有效地抵制。最后，附录近 20 篇有关法律、法规及政策文件。适合广大农民和农村各级领导干部阅读。(汪伊红)

D000204 **中国法律文化研究** 陈晓枫主编。河南人民出版社 1993 年 12 月版。39.8 万字。19.80 元。从广义的法文化角度，多方位、多层面考察和探索中国法律文化的生成、本质、特征、结构、范畴和功能。以中国法律的内层，即心理和价值观念层次为切入口，剖析中国法文化的个体抑制功能和群体共存本质，昭示出在民族心理的无意识深层中存活的文化法律世界及中华民族法律所遵循的宗法方向。继而从中国法律的中层，即制度层和外层、法律机构、设施层面去发现其历史积淀的外在形态和表现。通过对法律文化的历史沉淀、凝结过程的分析，看中国法文化的现代化问题和法文化重构问题。并以实证为根据，紧密结合中国法律的现实，运用文化学的理论方法，阐述法律的一般规范意义，对法律价值问题、权力运行的单向性、死刑问题、国家本位问题等提出独到见解。中国法律文化的研究还属初创阶段，本书的意义在于指出了一种可能性，从一个新的视角来透视法律秩序的真实构成。(段南萍)

D000205　**香港特别行政区基本法100问**　希文等编。江苏人民出版社1993年8月版。18.5万字。5.80元。普法读本。学习《中华人民共和国香港特别行政区基本法》的辅导读物。采用深入浅出的问答方式，阐释香港基本法的各项内容，详细说明中国政府将在香港特别行政区采取哪些特殊政策，以保证香港原有的社会、经济制度和生活方式等50年不变，保证香港社会的持续稳定和繁荣发展。全书分六章：(一)中国政府对香港问题的基本立场；(二)香港居民的基本权利和义务；(三)行政长官、行政机关和公务人员；(四)立法机关和司法机关；(五)经济；(六)对外事务及其他。在阐释基本法内容时，还介绍了香港问题的历史背景、“一国两制”构想的形成过程以及基本法的起草经过等。(刘卫)

D000206　**反不正当竞争法释义**　国家工商行政管理局条法司编。河北人民出版社1993年版。12万字。4.50元。有绪论和总则、不正当竞争行为、监督检查、法律责任、附则5章等内容。绪论主要介绍我国《反不正当竞争法》制定的背景、起草的过程、调整的对象和特点，以及与其他法律的关系。文中的5章对法律条文逐一进行解释和说明。第一章规定了立法的宗旨、竞争的基本原则、不正当竞争和经营者的概念等；第二章规定了《反不正当竞争法》所禁止的不正当竞争行为；第三章进一步明确规定监督检查部门对不正当竞争行为的监督检查权，规定了监督检查权的具体内容等；第四章规定了各种不正当竞争行为以及与不正当竞争行为有关的违法行为的法律责任，并原则规定了行政复议、行政诉讼及民事诉讼程序；第五章为法律生效的时间。书后附有《中华人民共和国反不正当竞争法》全文和韩国有关竞争的法律。(周建图)

D000207　**中华人民共和国测绘法**　。测绘出版社1993年1月版。0.5万字。0.80元。本法由第七届全国人民代表大会常委会第二十九次会议于1992年12月28日通过，并在同日由国家主席签署第66号令予以公布，自1993年7月1日起施行。该法共8章34条，内容包括总则、测绘基准和测绘系统、测绘规划及其实施、界线测绘、测绘成果管理、测量标志保护、法律责任、附则，并附刑法有关条款第175条。这是我国历史上第一部测绘法律，是我国测绘活动和测绘管理的基本依据，为测绘工作提供了基本的法律保障，在中华人民共和国领域和管辖的其他海域从事测绘活动，必须遵守本法。(文湘北)

D000208　**工商行政管理法规汇编(1992)**　国家工商行政管理局法制司编。工商出版社1993年3月版。50.1万字。9.80元。汇编1992年出台的一批有关工商行政管理方面的法律、法规、规章及规范性文件。内容包括三部分：一是全国人大颁布的有关工商行政管理的法律；二是国务院发布的有关工商行政管理的行政法规及法规性文件；三是国家工商行政管理局制定及与有关部门联合发布的行政规章及规范性文件。(李富明)

D000209　**经济法学总论**　陈克武主编。陕西人民出版社1993年4月版。33.2万字。7.80元。高等院校基础教材。采取“经济管理协作”的系统，其体系由五编组成；第一编经济法基础理论。包括经济法的概念、产生和发展，经济法的基本原则、法律关系、财产所有权、权利和义务、经济法制等内容。第二编经济组织法。包括全民所有制工业企业法律制度、集体所有制企业法律制度、私营企业和个体经营的法律制度、公司法等。第三编是经济管理监督法。主要介绍了计划法律制度、财政税收法律制度、金融法律制度、工商企业管理法律制度、市场管理法律制度、工业产权法律制度、经济监督等内容。第四编是经济协作法。第五编是经济仲裁和经济诉讼。还将财产所有权和法人制度等内容纳入书中。(潘丽华)

D000210　**中国出入境法律制度**　项说著。中国人民公安大学出版社1993年5月版。31.1万字。9.50元。从普及、宣传出入境法律制度知识，指导有关人员做好出入境的各方面工作出发，理论结合实践，介绍中国出入境的各项法律、法规，论述中国公民和外国人出入境的各项制度；阐述相关的基本法律和名词概念、国籍、护照、签证、出入境证明、移民、留学、人才外流与回归、旅游出入国、外交保护、边境居民出入境、往来港澳台地区制度；论述外国人入出境、外国人居留旅行、涉外案件、法律责任、复议与诉讼、出入境检查等制度；对中外出入境法律也进行了比较。(张强)

D000211　**签订经济合同法律知识手册**　丁淑芬等编著。南海出版公司1993年6月版。35万字。9.00元。以运用法律手段管理企业为出发点，讲解什么是经济合同，经济法规的重要性，推行经济合同制度所起的作用，以及签订各类经济合同的法律知识。以举例的方式，涉及产品购销、建设工程承包、加工承揽、货物运输、财产租赁、借款、财产、保险、科技共和国土地管理法》和《中华人民共和国土地管理法实施条例》4个附录。由司法部法学教材编辑部编审,收入“中国部门行政法系列教材”。(殷崇文)

D000219　**民政行政法(高等学校法学试用教材)**　曾祥平、胡建淼主编。中国人事出版社1993年10月版。13.20万字。4.60元。系民政行政法规的全国统编教材。共6章21节,除首章绪论外,依次论及:民政行政体制、民政行政制度、民政行政行为与责任、民政行政复议和民政行政诉讼。书后附有19个民政行政主要法律法规简介。由司法部法学教材编辑部编审,收入“中国部门行政法系列教材”。(殷崇文)

D000220　**环境行政法(高等学校法学试用教材)**　胡宝林、湛中乐主编。中国人事出版社1993年10月版。24.9万字。8.60元。系环境行政法全国统编教材。共8章,除概述一章外,分别论述环境行政法律关系的主体、环境行政法的基本原则、环境行政管理的基本制度、环境行政行为、环境行政调解、仲裁和复议、环境行政诉讼、外国环境行政法简介。书后有附录一《环境保护行政案例》,附录二《中华人民共和国环境保护法》。由司法部法学教材编辑编审,收入“中国部门行政法系列教材”。(殷崇文)

D000221　**外商投资中国法律指南**　沈乐平编著。广东旅游出版社1993年11月版。40万字。12.00元。采用条目式的写法,针对外商在中国投资活动中经常遇到的实际问题,运用现行的中国有关方面的法律、法规,逐条逐项地加以阐述和解答。实用性强,是外商,包括港澳台投资者在中国投资的参考书。(周梅英)

D000222　**海关行政法(高等学校法学试用教材)**　袁建国主编。中国人事出版社1993年12月版。24.2万字。7.65元。系海关行政法全国统编教材。共8章,依次为:绪论、海关行政主体、海关行政行为、海关监管、关税征收、海关行政处罚、海关行政复议、海关行政诉讼和海关行政赔偿。书末附有《中华人民共和国海关法》和《中华人民共和国海关行政处罚实施细则》。由司法部法学教材编辑部编审,收入“中国部门行政法系列教材”。(殷崇文)

D000223　**民事诉讼实用大全**　梁书文主编。河北人民出版社1993年版。300万字。84.00元。主要内容包括:基本知识编、解难释疑编、典型案例编、法规释义编、司法解释编、诉讼文书编。基本知识编主要论述一些基本概念,对有关民法、民事诉讼法以及一些相关的民事方面的法律、法规和实践紧密相关的必备知识作了系统的阐述;解难释疑编主要回答为什么和怎么办的问题;典型案例编主要是从大量的各类案例中精摘了具有典型意义和指导意义的案例,对部分典型案例进行具体分析;法规释义编对有关民事法律作了逐条解释;司法解释编收录了有关民事方面的司法解释,以备查用;诉讼文书编收集了所有民事诉讼方面的有关文书。收入“实用法律丛书”。(马千海)

D000224　**中国著作权手册**　何山、郑成思等著。四川教育出版社1993年3月版。34万字。15.00元。运用我国著作权法的基本知识,将著作权保护的基本原理、世界公认的版权法保护一般原则和中国实际相结合,既注意法学基础知识的普及,又着重解决我国著作权法实施过程中出现的一系列重要问题。收集了我国著作权法涉及的名词解释;国际版权外文术语简要释义(包括译文)约500条;阐释著作权法的基本知识,依照法律、法规、规章,以及现行政策提出130多个问题,并作出回答;重点介绍国内外版权案例与评析,并列举各种不同类型案例版权纠纷:如历史题材作品、汇编作品、音乐、美术、教科书作品、录音制品和计算机软件等,向读者展示了如何判案“划线”的标准;收入国际版权公约及台、港、澳有关法规、规章、现行政策文选30多篇,还有《伯尔尼公约》、《世界版权公约》等。(温伯琦)

D000225　**建筑工程合同管理与索赔**　成虎等编。东南大学出版社1993年4月版。31万字。7.50元。作者根据我国建筑市场及涉外工程之需要并吸取国外尤其是德国IPM国际工程项目管理公司的成功经验撰写而成。本书介绍建筑工程合同、合同管理和索赔方面的有关知识。内容涉及合同的主要法律问题;建筑工程合同的主要形式和内容;合同管理在工程项目管理中的地位、作用和主要任务及其管理方法;索赔问题。合同管理的主要内容包括工程承包合同文本及其结构分析,合同审查、合同分析、合同实施控制、合同变更管理、合同文档管理等。索赔包括索赔的处理方法、处理过程、索赔值的计算、争执的解决和反索赔等问题。(王小然)

D000226　**中国民法史**　叶孝信主编。上海人民出版社1993年7月版。50万字。19.35元。中国民法史研究学术专著。绪论介绍中国民法史研究的对象和现状、传统民法与礼的关系、中国传统民法的基本特点,探讨了中国民法发展迟缓的主要原因。以下有8章:“先秦民法”、“秦汉民法”、“三国两晋南北朝民法”、“隋唐民法”、“两宋民法”、“元代民法”、“明协作、承包经营、联营、涉外经济、中外技术转让，中外合作经营和中外合资经营等市场经济活动中的有关合同签订、公证、履行、担保、变更与解除，以及经济合同的管理、违约责任等内容。特别注重遵循我国法律、法规，以法律手段保护自身经济利益的知识，对经济合同纠纷处理指明对应法律条款与应用方法。（张桐）

D000212 **新编中国涉外经济法** 顾伟如著。南京大学出版社1993年7月版。32万字。7.90元。以我国颁布的涉外经济法律法规为依据，结合我国已经参加的国际条约和国际惯例，论述涉外经济合同法律制度、对外贸易法律制度、涉外技术转让法律制度、外商投资企业法、中外合资企业法律制度、中外合作经营企业和合作勘探开发自然资源法律制度、外资企业法律制度、涉外股份有限公司法律制度、涉外承揽和补偿贸易法律制度、涉外工程承包和劳务合作法律制度、涉外金融法律制度、涉外保险法律制度、涉外税收法律制度、经济开放区域法律制度、涉外经济仲裁法律制度、涉外经济诉讼法律制度等各个方面的内容。（黄继东）

D000213 **教育法论** 劳凯声著。江苏教育出版社1993年8月版。20.4万字。3.90元。从教育立法与现代社会的密切关系入手，运用历史考察和对比分析的方法，介绍美、英、德、日和前苏联等国家的有关资料，并结合我国教育立法的历史变革和现状进行比较研究；还对教育法与受教育权利的保障，教育法与教育行政，学校的法律地位等理论问题展开深入论述；对如何建设具有中国特色的教育法规体系问题，作者根据自己的研究心得，提出了中国教育法体系的基本构想，设计了我国教育法规的若干基本原则和教育法规体系的基本结构。收入"当代教育理论新理论丛书"。（赵明）

D000214 **现行林业法规选编（增补本）** 中华人民共和国林业部编。中国林业出版社1993年8月版。27万字。7.00元。为配合林业系统"二五"普法教育，在已出版的《现行林业法规选编》的基础上，经修订、增补一些后来发布的行政法规、部门规章等林业法规，编辑出版了选编增补本。该书是现行有效的林业法规选编的正式版本，既可供林业系统普及林业法律常识之用，亦可供司法机关和律师办理林业案件时使用。全书按下列分类顺序编排：法律和有关法律问题的决定；行政法规、法规性文件；部门规章、其他规范性文件。（哈都尔）

D000215 **行政诉讼实用大全** 黄杰主编。河北人民出版社1993年9月版。200万字。75.00元。主要内容有：基本知识编、法律法规释义编、解难释疑编、典型案例编、司法解释、常用法律、法规编、诉讼文书编。基本知识编以辞条的形式对有关行政诉讼法学以及相关的内容作了较为系统的阐述；法律法规释义编对行政诉讼法进行逐条释义，并从理论上予以论述；解难释疑编是针对实践中所出现的重大疑难问题，通过法理分析，找出解决问题的办法；典型案例编分为两部分，一部分精选了一些具有典型意义的案例，以供审判人员办案时参考，另一部分是对一些案例进行评析，以供司法人员借鉴；司法解释、法律法规编收集了有关方面的司法解释和常用的法律法规，以便查阅；诉讼文书编收集了有关行政诉讼的文书。收入"实用法律丛书"。（马千海）

D000216 **工商行政法（高等学校法学试用教材）** 王学政、袁曙宏主编。中国人事出版社1993年9月版。22.8万字。7.40元。系工商行政法规全国统编教材。分14章，书后附有7个案例。除绪论外，依次论及：工商行政管理机关、工商行政行为、企业法人登记管理法律制度、市场管理法律制度、个体工商户与私营企业管理法律制度、经济合同法律制度、商标管理法律制度、广告管理法律制度、经济检查法律制度、工商行政裁决、工商行政复议、工商行政诉讼、工商行政责任。由司法部法学教材编辑部编审，收入"中国部门行政法系列教材"。（般崇文）

D000217 **审计行政法（高等学校法学试用教材）** 魏礼江主编。中国人事出版社1993年10月版。17.2万字。5.20元。系审计行政法规的全国统编教材。共9章，各章内容依次为：绪论、审计行政法律关系、审计行政机关和审计工作人员、审计行政机关的任务和职权、审计行政行为、审计程序和审计决定、审计行政处罚、审计行政复议、审计行政诉讼。书后有附录一《中华人民共和国审计条例》、附录二《中华人民共和国审计条例施行细则》。由司法部法学教材编辑部编审，收入"中国部门行政法系列丛书"。（般崇文）

D000218 **土地行政法（高等学院法学试用教材）** 张小华主编。中国人事出版社1993年10月版。22.3万字。6.80元。系土地行政法全国统编教材。共9章，除绪论外，分别论及土地行政法的渊源、土地管理体制与管理机构、土地行政管理制度、土地行政行为、土地行政强制执行与土地行政处罚、土地行政复议和土地行政诉讼。书后附有案例选编、港台土地管理制度、部分国家土地管理制度、《中华人民分,根据我国现行立法和司法解释,寻找适用于本案的法律规定,公正地提出本案的处理意见;在法理研究部分,对本案所涉及的核心或疑难问题进行深入的分析,概括处理类似问题的一般原则。丛书按民商合一体系编写,兼具普及与提高两种功能。(王宏伟)

D000234 **民商法实务研究·总论卷** 杨振山主编。山西经济出版社 1993 年 10 月版。34.1 万字。13.80 元。民商法实务研究系列丛书之一。内容分七部分:一、基本原则;二、民事法律关系;三、公民;四、法人;五、法律行为;六、代理;七、诉讼时效。每篇文章有案情介绍、案例分析、法理研究。在分析中,阐述了诚实信用原则、"情势变更原则"的适用、民事法律关系中的"从随主"原则、合伙债务与合伙人的责任、意思表示真实的认定、委托代理中的授权行为等问题,融案例和法理于一体。(曹恒轩)

D000235 **民商法实务研究·合同卷** 杨振山主编。山西经济出版社 1993 年 10 月版。38.8 万字。13.80 元。民商法实务研究系列丛书之一。主要内容如下:一、合同的成立;二、合同的生效;三、合同的解除;四、合同的履行;五、转让财产的合同;六、使用财产的合同;七、完成工作的合同;八、提供服务的合同;九、运送合同;十、技术合同;十一、无形财产的转让与使用合同;十二、保险合同;十三、联营合同;十四、涉外合同。将案情介绍,案例分析,法理研究三者有机地结合起来。(王宏伟)

D000236 **经济合同法通论** 李林等著。陕西人民出版社 1993 年 11 月版。42 万字。12.80 元。以修订后的《中华人民共和国经济合同法》及相关法律为基础展开论述。从法学基本理论以及立法与法律规范的要求等方面,对法的基本概念、基本内容作了系统论述。对法律条文在实施中所遇到的种种问题作了论证、说明。分为 4 编,共 31 章。编著者在论述经济合同法基本原理和每一类具体合同从订立、履行、变更、解除到违约责任区分以及争议解决等一系列问题时,力图从实际出发,主要阐明在经济活动中怎样做才是合乎法律规范和政策要求的,怎样才能依法保护自己的合法权益不受侵犯。对于从法理上讲也属于经济合同法律范畴的技术合同法和涉外合同法,也分别列有专编论述。(屈奇)

D000237 **中国刑事政策学** 马克昌主编。武汉大学出版社 1993 年 2 月版。50.8 万字。10.80 元(平);13.50 元(精)。分 5 编 12 章。第一编三章,论述刑事政策的概念、指导思想、基本原则和刑事政策学的概念、对象、范围、研究方法,考察了刑事政策的历史发展,阐述我国刑事政策的制定根据、种类和作用。第二编详述我国对犯罪的基本刑事政策。第三编论述对特殊类型犯罪的刑事政策。第四编介绍对特殊类型犯罪人的刑事政策。第五编论述预防犯罪的综合措施。全书沿循从一般到具体的理论阐发模式,层层递进,基本涵盖或涉及我国现行刑事政策及其理论的主要内容。阐明若干新观点,并对当前某些具体刑事政策提出了修改建议,有现实指导意义。(曾勉之)

D000238 **新中国刑法科学简史** 高铭暄主编。中国人民公安大学出版社 1993 年 5 月版。33.4 万字。9.90 元。以新中国刑法理论的历史发展过程为研究对象,运用辩证唯物主义和历史唯物主义的观点和方法,对新中国刑法理论的发展作系统论述。它有如下特点:第一,创新性。我国对法学史的研究较为薄弱,在刑法学史研究方面更是如此。本书的编写具有创新性。第二,科学性。对新中国刑法学史的描述,坚持客观、公正的科学态度;它以新中国刑法学发展的三个时期为经线,以各个时期刑法学研究的问题为纬线,以此构成本书的逻辑框架。第三,学术性。介绍了各个历史时期的刑法学术研究成果,所引证的各种观点,持之有理,论之有据,具有一定的学术价值。(李惠)

D000239 **毒品犯罪研究** 赵秉志主编。中国人民大学出版社 1993 年 7 月版。54.3 万字。12.80 元。系统研究毒品犯罪的刑法专著。根据我国毒品犯罪立法,紧密联系毒品犯罪的司法实践,侧重对我国毒品犯罪的惩治与防范进行深入探讨。研究了诸多禁毒立法问题,提出一些完善禁毒立法的建议。以附录形式辑录、编译了中国(包括台湾地区)的禁毒法律文件、中国参加的有关禁毒的 3 个国际公约以及 30 个国家惩治毒品犯罪的现行法律规定、联合国麻醉品管制局 1990 年关于全球毒品犯罪的分析报告。(郑伯平)

D000240 **刑事诉讼实用大全** 甘明秀主编。河北人民出版社 1993 年 9 月版。260 万字。75.00 元。主要内容有:基本知识编、法规、法律释义编、解难释疑编、司法解释编、诉讼文书编。基本知识编以辞条的形式对有关刑法、刑事诉讼法以及和刑事法律相关的内容如法医学、青少年犯罪、刑事侦查学、劳改法学等内容作较为系统的阐述,其特点是选取与实践紧密相关的内容进行论述;法律法规释义编对刑法、刑事诉讼法以及相关的法律法规逐条解释;解难释疑编是针对实践中所出现的重大疑难问题,清民法”和“民国民法”。分别介绍各个朝代的历史背景和法制概况，从整个社会发展的背景中考察各个历史阶段民法的不同内容和不同特点，从而完整系统地展示了中国民法产生、形成和发展的历史。在研究阐述过程中，广泛引用著名法典、历代法令、民事判案等史料，并从最新出土文物以及历代的“史书”、“笔记小说”、“民间传说”、“戏曲文学”等作品中，挖掘可靠的资料，加以引证。详尽的史料，严密的考证，驳斥了所谓“中国古代无民法”的观点。（陈敬山）

D000227　**民法·侵权行为法**　王利明主编。中国人民大学出版社 1993 年 7 月版。53.8 万字。12.80 元。系统论述侵权行为的民法专著。探讨侵权行为的一般理论，阐述各种侵权行为形态，具体论述各种特殊侵权行为，并剖析了各种损害赔偿及其原则。构建了具有中国特色的侵权行为的民法理论框架，对侵权行为法的教学和立法均有参考价值。（郑伯平）

D000228　**经纪人业务教程**　国家工商行政管理局市场管理司编。中国书籍出版社 1993 年 8 月版。42 万字。12.00 元。系统介绍经纪人基本知识、各类市场中介业务及技巧，经纪服务合同，经纪人职业道德，工商行政管理等内容。立足于全国不同层次的经纪人培训，又涉及工商行政管理系统对经纪人的培训考核、资格认定、核发执照、监督管理等。附录了部分地方《经纪人登记管理办法》、经纪人事务所章程、国外经纪人中介法律制度、《中华人民共和国民法通则》、《中华人民共和国民事诉讼法》等内容。是全国各类经纪人培训和工商行政管理系统广大干部、职工学习的专用教材。（章宏伟）

D000229　**经纪业务与经纪人指南**　杨玉川主编。经济管理出版社 1993 年 9 月版。26.3 万字。8.80 元。作者在近一年的实际考察基础上撰写而成。共设 12 章和附录，分四部分：第一部分（第 1—4 章），综合阐述经纪业务与经纪人的产生和发展，经纪业务的内容，经纪人的素质、作用、权利和义务；第二部分（第 5—11 章），分别阐述房地产、现货、期货、证券、科技、保险、文化艺术、图书出版、体育等具体部门的经纪业务、经纪人应具备的条件和应掌握操作的技巧；第三部分（第 12 章），具体分析、介绍国内外的典型公司、经纪人经验等案例；第四部分（附录），重点选择国内外经纪业务和经纪人法律、法规和条例等。对经纪业务和经纪人都给予新的解释，例如对“投机”、“买空卖空”等作了新的具体分析；所引用的经纪业务与经纪人的资料、数据等都是我国近几年积累起来的，其中主要是我国经济特区、沿海、沿江地区的统计，而经纪公司、经纪业务案例、经纪人、经纪业务法规也都是新的。（苏全义）

D000230　**民商法实务研究·侵权行为卷**　杨振山主编。山西经济出版社 1993 年 9 月版。31.9 万字。13.80 元。民商法实务研究系列丛书之一。主要内容如下：一、一般原理；二、共同侵权责任；三、侵害人身权的责任；四、特殊侵权责任；五、损害赔偿的范围和方法。本书有两个特点。一是普及性，所选用的案例均为日常经济生活中所常见；二是新的研究方法，即从案例中的问题出发进行深入的理论研究，为完善我国民商法有关基本制度提供理论依据。（王宏伟）

D000231　**民商法实务研究·债权卷**　杨振山主编。山西经济出版社 1993 年 9 月版。24.2 万字。13.80 元。民商法实务研究系列丛书之一。内容分 5 个方面：一、债的分类；二、债的转移；三、债的担保；四、债的效力；五、债的消灭。每章分 3 个部分：案情介绍、案例分析、法理研究。对连带债务的法律性质和对外效力、利息之债研究、债务的履行承担及其效力、抵押关系中的抵押标的、抵押权的实现方式、关于提存制度的几个问题、债权人代位权等问题展开分析，融案例和法理于一体。（曹恒轩）

D000232　**民商法实务研究·继承卷**　杨振山主编。山西经济出版社 1993 年 9 月版。24.2 万字。13.80 元。民商法实务研究系列丛书之一。内容分 5 个部分：一、继承法总论；二、法定继承；三、遗嘱继承和遗赠；四、遗产的处理；五、涉外继承的法律适用。每篇文章的内容有三个方面：案情介绍、案例分析、法理研究。在案情介绍部分，注意案件的典型性和真实性；在案例分析部分，根据我国现行立法和司法解释，寻找适用于本案的法律规定，公正地提出本案的处理意见。在法理研究部分，对所涉及的核心或疑难问题进行全面分析研究。（曹恒轩）

D000233　**民商法实务研究系列丛书**　杨振山主编。山西经济出版社 1993 年 10 月版。570 万字。19 册。共 19 卷，即：《总论卷》、《物权卷》、《债权卷》、《合同卷》、《技术合同卷》、《涉外合同卷》、《著作权卷》、《专利权卷》、《商标权卷》、《人身权卷》、《侵权行为卷》、《婚姻家庭卷》、《继承卷》、《票据卷》、《公司卷》、《破产卷》、《保险卷》、《海商卷》、《证券交易卷》。每卷 30 万字左右，由约 100 个案例组成。每个案例分 3 部分：案情介绍、案例分析、法理研究。在案情介绍部分，注意案件的典型性、真实性；在案例分析部从法理上分析、找出解决问题的答案，典型案例编分为两部分，一是精选具有典型意义的案例，以供审判人员判案时参考，二是对一些案例进行具体评析；司法解释编收录有关刑事方面的司法解释，以备查用。诉讼文书编收集有关刑事诉讼方面的有关文书。收入“实用法律丛书”。（马千海）

D000241 **刑法新探索** 赵秉志主编。群众出版社 1993 年 9 月版。57.4 万字。19.00 元(平)；23.00 元(精)。共分 4 部分，第一部分为读者了解高铭暄、王作富两位著名教授的刑法思想提供系统的资料，包括两位教授的教学科研活动和主要著述等。第二、三、四部分从刑法基本理论与基本制度、具体犯罪的认定与处罚、刑法的发展与完善等方面进行理论探索。有对刑法哲学的价值内容和范畴体系、刑事法律关系、刑事责任、社会危害性、罪过观等基本理论问题和刑事管辖权、定罪、量刑等基本制度的深入研究，还有对我国现阶段较为突出的经济犯罪、毒品犯罪、职务犯罪等具体犯罪问题的细致探讨；有对计算机犯罪、内幕交易犯罪等我国刑法发展中有待开拓的崭新课题的冷静思考，还有对我国刑事立法完善问题从宏观到微观的研究论证与构想建言。（常玉兰）

D000242 **重大责任事故犯罪与预防** 杜宝国、徐敬东主编。中国人民公安大学出版社 1993 年 9 月版。27 万字。7.00 元。我国刑法规定，对厂矿企事业单位造成严重后果的重大责任事故，必须追究责任者的刑事责任。本书依据我国刑法的有关规定，并从理论与实践的结合上，对新形势下重大责任事故罪的特征、原因、危害、界限以及刑事责任、处罚原则、惩治与预防对策等，作了比较详细的分析和阐述，并根据当前司法实践，就重大责任事故罪的主体、主观方面、客观方面以及区分界限，处罚与惩治对策等方面的某些理论问题，提出一些新见解。（郑崇峰）

D000243 **特别刑法论** 李恩慈等著。中国人民公安大学出版社 1993 年 9 月版。38.4 万字。12.00 元。我国刑法体例有普通刑法与特别刑法之分，前者专指刑法典，后者则泛指刑法典以外的刑法规定，包括我国立法机关对刑法的修改和补充，以及司法机关对司法工作中如何具体运用这些刑法规范的解释。本书依据马克思主义法学原理和我国刑法的基本理论，对有关特别刑法中的基本问题，亦即全国人大常委会有关刑法修改补充规定的主要犯罪的理论和适用问题，诸如立法精神、修改和补充各罪的概念和构成要件，适用原则，司法实践中亟待研究解决的问题，以及如何进一步完善立法等，都作系统论述，并提出一些新见解。（郑崇峰）

D000244 **我国刑法对妇女儿童合法权益的保护** 朱景哲主编。群众出版社 1993 年 11 月版。23.8 万字。6.90 元。以马克思主义妇女观、刑法观为指导，系统阐述有关妇女儿童权益的刑法保护的专著。从理论与实践的结合上，将刑法的内容与妇女儿童权益的保护紧密相联，阐明刑法在保护妇女儿童合法权益中的作用，分析了对侵害妇女合法权益的犯罪构成和刑事责任。全书共分 6 章，分别介绍刑法与维护妇女儿童合法权益、侵害妇女儿童合法权益的犯罪和刑事责任、刑罚是惩罚侵害妇女儿童合法权益犯罪的重要手段、专以妇女儿童为侵害对象的侵害妇女儿童合法权益的犯罪、以妇女儿童为主要对象的侵害妇女儿童合法权益的犯罪和妨害婚姻家庭关系的犯罪等问题。（常玉兰）

D000245 **刑法学原理** 高铭暄主编。中国人民大学出版社 1993 年 12 月版。148.7 万字。3 册。49.40 元。对新中国成立以来，尤其是改革开放以来中国刑法的立法、司法、理论进行全面、系统、深入的研究总结，并联系古今中外的刑法理论和实践，进行纵向和横向比较，力求深刻反映刑法及其各项规范、制度的原理和发展规律，面向刑法立法和司法实际，努力阐明和研究实践中的新情况、新问题和新经验。（郑伯平）

D000246 **刑事诉讼法新论** 张仲麟主编。中国人民大学出版社 1993 年 5 月版。55.4 万字。12.90 元。从完善我国刑事诉讼法出发，适应司法实践需要，顺应当代刑事诉讼的发展潮流，系统阐述刑事诉讼法的基本理论、价值取向、程序功能，提出建立刑事司法赔偿制度、精神病患者强制性医疗监护制度等立法建议，并对“辩护律师参加刑事诉讼的时间”、“人民检察院直接受理案件的范围”等重要问题从法理上进行深入剖析、阐述。（郑伯平）

D000247 **怎样打婚姻家庭官司** 张伟等编著。河海大学出版社 1993 年 7 月版。21 万字。32 开。4.80 元。普法读物。家庭是社会的细胞，家庭的稳定与否对是否能很好地促进社会的稳定与发展有重要关系。1980 年我国颁布施行了《中华人民共和国婚姻法》，此后又相继颁布了《婚姻登记办法》、《中华人民共和国收养法》等一系列有关婚姻家庭的法律法规，为依法调整婚姻家庭关系提供了法律依据。本书采用贴近群众生活的文字表达方式，深入浅出地介绍了相关的法律规定。如通过第四个问题“父母之命、媒妁之言”是婚姻成立的要件之一吗？和第六个问题“生是你家的人，死是你家的鬼”的说法究竟错在哪里?分别说明了婚姻自由(结婚自由、离婚自由)和男女平等的法制原则。(张伟)

D000248 **怎样打合同官司** 徐军编著。河海大学出版社 1993 年 7 月版。21 万字。32 开。4.80 元。普法读物。合同，是民事主体之间进行经济交往时运用得最为普遍的法律形式。随着社会主义市场经济体制目标模式的确立，合同的应用范围将愈来愈为拓宽，合同纠纷发生的频率也将大幅度上升。因此，公民、法人掌握合同法和解决合同争议的程序法方面的一些基本知识即显得十分必要。本书分门别类地归纳介绍了从合同的订立、合同的担保到合同的履行中出现的一系列问题。(张伟)

D000249 **怎样打知识产权官司** 李友根编著。河海大学出版社 1993 年 7 月版。21.5 万字。32 开。4.80 元。普法读物。知识产权，包括专利权、商标权和著作权三大块。随着科学技术的发展和进步，知识产权的重要性越来越受到人们的关注。目前我国保护知识产权，主要依据《专利法》、《商标法》、《著作权法》及其实施细则。作者依据这些法律法规，结合实践经验，详细列举了我国知识产权的保护范围和方法，并以问答的形式撰写，易于理解。(张伟)

D000250 **怎样打侵权赔偿官司** 潘科明编著。河海大学出版社 1993 年 7 月版。22.5 万字。32 开。4.80 元。普法读物。侵权行为在日常生活中经常发生，因侵权而产生的各种纠纷也不鲜见，我国现行法律法规对此作了较为详细的规定，但这些规定总是原则性的，如何使之具体到日常生活的各种表现上来，便成了贯彻执行此类法律法规的重要课题。作者积多年审判实践经验，将常见的侵权纠纷归纳为总则部分、财产权部分、人身权部分三大块，并选择了有典型性的案例进行分析，说明侵权行为的种类范围、危害后果、责任承担等一系列问题，为规范公民和法人的行为，保护其合法权益提供了很好的借鉴。(张伟)

D000251 **怎样打房地产官司** 谢国伟等编著。河海大学出版社 1993 年 7 月版。19 万字。32 开。4.80 元。普法读物。民事法律关系中的房地产关系，占有很重要的地位。其重要性体现在：一、涉及面广，牵涉到千家万户。二、矛盾突出，这是由我国人多地少的国情决定的。三、历史遗留问题多。基于这一情况，公民要想正确处理房地产法律关系，有一定的难度。作者在总结我国房地产法律关系实际情况和法律法规规定的基础上，将读者希望了解的有关问题一一列举出来加以分析、解释，为读者正确处理房地产纠纷提供了借鉴。(张伟)

D000252 **怎样打继承官司** 马荣编著。河海大学出版社 1993 年 7 月版。20.8 万字。32 开。4.80 元。普法读物。财产继承，涉及千家万户、男女老幼，与每个人的切身利益密切相关。处理继承问题，往往又涉及整个婚姻家庭关系，相关的法律法规有《中华人民共和国继承法》、最高人民法院关于贯彻执行《中华人民共和国继承法》若干问题的意见及司法部的各项具体规定。本书将这些法律法规拆细，渗透到每一件具体的财产继承案例中去。书中列出 183 个问题，基本涵盖了我国有关继承问题的各项法律规定，通过它公民可以依法保护自己的继承权，减少继承纠纷，这对于稳定家庭关系，促进社会安定大有裨益。(张伟)

D000253 **怎样打官司** 李建明主编。河海大学出版社 1993 年 9 月版。25 万字。32 开。11.00 元。普法读物。采用问答的形式撰写，重点突出，引证方便，贴近群众生活。如前言中“常常有人胸有成竹地说：‘我这一辈子永远不会与法院打交道’。其实，一个人可以说：‘我这辈子犯罪的事不干，永远不会进监狱’，但是谁都不能保证永远不与法院打交道。无论你是否愿意，谁都有可能在将来的某一天成为某件官司中的一个角色”。这一下就将打官司的普遍性勾勒出来。(张伟)

D000254 **经济纠纷案件的审理与执行** 李道民著。河南人民出版社 1993 年 11 月版。32 万字。8.90 元。对当前经济审判工作面临的新情况和新问题进行分析，系统地介绍经济纠纷案件的审理过程，并注重把各种类型的经济纠纷审理同法制理论的研究结合起来。(牛亚和)

D000255 **中国审判理论研究** 王洪俊主编。重庆出版社 1993 年 12 月版。35 万字。8.00 元。分为总论和分论两大部分，共 22 章。总论 7 章为审判权、审判行为、审判心理、审判公正、审判中的法律适用、审判责任和审判监督；分论 15 章又分刑事、民事、行政审判三部分，详论各类审判的性质、目的、任务、原则和具体的审判实务。本书以马克思主义法哲学为指导，纵向追溯我国审判理论渊源，回顾和总结新民主主义革命时期和建国 40 多年的审判实践，横向比较研究，借鉴国外有益审判经验，以适应社会主义市场经济条件下的法制需要，构建了自己的理论

框架；从立法到司法，从指导思想到政策，从实体法到程序法，从审判体制到司法人员素质，作了比较全面系统的论述。（颜尚贤）

D000256 **中国检察百科辞典** 曾龙跃主编。黑龙江人民出版社1993年6月版。126万字。34.00元。收2 300余条目。以各项检察业务和其它专业性问题划分，设有13个类目，即：检察制度；检察机构；检察管理；对职务犯罪案件的侦查；侦查监督、提起公诉和刑事审判监督；监所监督；民事审判监督；行政诉讼监督；控告申诉检察；检察技术；检察大事记；检察制度史；外国检察制度。附录收入1949年建国以来全国各省、自治区、直辖市以上的检察机构名称，检察长、副检察长姓名及任职时间。内容以我国检察机关的法律监督职能为主干，以各项具体检察职权为类目，以检察专业条目贯穿全书。（安晓峰）

D000257 **律师实用大全** 陶髦主编。河北人民出版社1993年8月版。134万字。55.00元。介绍我国律师学的发展沿革、律师制度概况及律师业务的内容。全书分为5部分：基础理论编、疑难问题编、案例分析编、法律文书编和法律法规编。基础理论编以我国的现行法律法规为依据，对我国的律师制度及业务进行系统介绍，同时提出一些设想；疑难问题编对律师在诉讼和非诉讼法律实务中所遇到的一系列疑难问题进行探讨；案例分析编就近些年来与律师业务、制度有关的影响较大的案例进行分析评介；法律文书编重点介绍律师在一些新业务中的文书格式；法律、法规编则选编建国以来与律师制度及实务直接有关的法律及有关部门的批复。收入"实用法律丛书"。（贺秀红）

D000258 **检察室业务工作手册** 李向武主编。长春出版社1993年9月版。43.2万字。8.90元。共分6章，论述了检察室的性质、任务、职权范围、办案程序和各类法律文书的制作方法，同时针对贪污、贿赂等经济犯罪和玩忽职守等侵权、渎职犯罪的特点，介绍侦查经验和方法。对办案中经常遇到的疑难案例，依照法律和政策结合司法实践作剖析，并提出认定意见。还编辑了党和国家新制定的有关打击经济犯罪、查处侵权、渎职犯罪的法律法规和政策文件。（张耀民）

D000259 **北京市地方性法规汇编（1990—1992）** 北京市人大常委会法制室编。北京出版社1993年1月版。15万字。3.75元。收入北京市人民代表大会和它的常务委员会在1990年至1992年期间通过的地方性法规和法规性决定共计28个。其中1990年收入《北京市人民代表大会议事规则》、《北京市城市绿化条例》等10个法规和法规性决定；1991年收入《北京市实施〈中华人民共和国土地管理法〉办法》、《北京市城市节约用水条例》等10个法规和法规性决定；1992年收入《北京市公民义务献血条例》、《北京市城市规划条例》、《北京市社会治安综合治理条例》等8个法规和法规性决定。在每个法规前面都写明了法规通过的时间、公布的文号和施行的时间，便于查询、使用。本书为《北京市地方性法规汇编》套书的第三册。（岳民英）

D000260 **中国历代法学名篇注译** 高绍先主编。中国人民公安大学出版社1993年5月版。60万字。17.70元。中国历代许多政治家、哲学家、思想家、文学家撰写不少文采彪炳的法学名篇。本书精选了160余篇，以《尚书》的《洪范》开篇，沈家本的《法学盛衰说》结尾，重在内容、兼及文采和年代，将思想性、可读性、借鉴性统一起来，以充分体现名篇的价值。本书资料主要取材于三个方面：(一)名人著述，包括孔、孟、荀、韩以及历代有名的政治家、法学家的著述；(二)历代典章，如《周礼》、《唐律疏议》、《五代会要》等；(三)史书史料，如《尚书》、《左传》、《史记》、《资治通鉴》等。在编辑方法上译注结合，力求准确无误，简明扼要。（汪伊红）

D000261 **中国古代法制史研究** 韩国磐著。人民出版社1993年7月版。25.5万字。6.40元。关于中国古代法制演变的研究著作。首先探讨中国古代奴隶社会法制的产生和特点，对象刑、三代五刑、《吕刑》以及古文字中所见诸刑、《易》中所见刑法，均有线索分析，并确认《洪范》是中国奴隶社会的基本大法，而《周礼》则是后拟的西周行政法规，这对澄清中国古代法制的渊源和变化，有一定作用。书中用大量篇幅论述中国封建社会的法制问题，从李悝的《法经》和商鞅变法到汉魏以来各朝建立之初的立法，都有系统说明，并对文献上的秦律与睡虎地出土的秦律进行比较研究，提出"酷法非秦所独有"的论断；在对汉朝律令的研究中，作者以为刘邦不但未除秦苛法，而且汉法多沿秦法，而刑不上大夫也非先秦古法；此外作者还对自魏晋至隋唐的刑律篇数和刑名演变、唐代的令格式及《唐六典》、《唐明律合编》等问题，作了整理、考订和概述。（张维训）

D000262 **中国行政法制史** 王士伟著。陕西人民出版社1993年7月版。26万字。6.80元。研究中国古代行政法律制度的产生、演变过程及其发展规律的理论专著。全书共分8章30节。8章的内容为:中国古代行政法律制度的渊源和根据;中国古代国家及其行政机关的建立;封建制国家行政机关的中央行政机关;封建制国家行政机关的地方行政机关;行政官员的管理制度;封建制国家行政管理的主要内容;封建制国家行政管理的一般程序方式;封建制国家对行政管理的监察制度。作者对中国古代官员的选任制度、考绩制度、品阶、俸禄和致休制度,以及中国古代的户籍和田亩管理、赋役管理、学校和学官管理、关津管理,军事行政管理中的监军制度、兵役制度,封建国家行政管理中的朝议制度、拟诏出令制度、奉章制度和行政官员违法及其惩处等方面进行了深入研究。(陈四长)

D000263 **新中国反腐败通鉴** 李雪勤主编。天津人民出版社 1993 年 12 月版。162 万字。6 册。80.00 元。采用编年和纪事相结合的方式,从史的角度叙述新中国成立以来的反腐败斗争历程,以歌颂业绩,弘扬正气,整肃邪风,警戒来者。全文分正文和附录两部分。正文部分,举凡重大反腐举措、典型腐败案例、突出腐败人物、著名反腐卫士、重要反腐机构、主要反腐言论、精辟反腐见解,均收录在内。附录部分收录古今中外对目前反腐败有借鉴作用的机构、史表、法规等,如中国反腐败机构一览表、国外主要反腐机构和法律、古代反腐败人物、国外反腐精论等。全方位地显现反腐败是党多年来一贯的主张和作法,反映出党的方针政策的连续性,我们党一直重视同腐败分子、消极腐败现象作斗争。(高景萍)

D000264 **唐朝经济法论** 薛军著。文津出版社 1993 年 12 月版。12.8 万字。4.30 元。中国法制史学术领域的一部学术专著。阐述唐朝经济法制在社会经济发展中的作用及其经验教训。共分 9 章:第一章,土地立法及其实践;第二章,赋役立法及其演变;第三章,漕运驿船水利管理立法;第四章,手工业管理立法;第五章,商业立法及其作用;第六章,畜牧管理及契约立法;第七章,仓廪管理立法;第八章,唐朝对民商案件的审判制度;第九章,唐朝经济立法史鉴。(张秋月)

D000265 **独联体与东欧国家涉外经济贸易法规合同选编** 刘彦群主编。新疆人民出版社 1993 年 6 月版。28 万字。16.00 元。选编 1990～1992 年哈萨克斯坦、吉尔吉斯斯坦、乌兹别克斯坦、俄罗斯、乌克兰、波兰、匈牙利、罗马尼亚、保加利亚颁布的涉外经济贸易法规 43 部,合同 5 份,涉及外国投资、税收、外汇调节与交易、出口商品限额与许可证、经济贸易纠纷与仲裁、进出口商品检验等多方面内容。(张田)

D000266 **国际法** 梁西主编。武汉大学出版社 1993 年 4 月版。36.3 万字。13.00 元。分总论和分论两部分。凡属国际法基础理论,对国际各领域具有指导意义和普遍影响的问题,适用于国际法一切效力的原则及制度,均归属于总论编;凡在某一专门领域已发展成为国际法独立分支并具有较成熟体系的部分,列入“分论”编。基于国际法的理论与实践无不与由主权国家组成的国际社会的活动密切相联,书中新列“国际法的社会基础”一目,并力图以宏大的国际社会为背景来阐明国际法的各种问题;鉴于国际组织是当代国际合作的一种重要的法律形式,对国际法产生深远影响,本书设有“国际组织法”一章,对其作了深刻阐述。在对国际法基本原则的历史发展的研究基础上,明确提出并论证国际法的七项基本原则。根据现代国际法发展的特点,还对“战争法”、“外交法”、“国际争端法”和“空间法”等作全面论述。(曾勉之)

D000267 **世界人权约法总览续编** 董云虎、刘武萍著。四川人民出版社 1993 年 10 月版。170 万字。39.50 元。本书是《世界人权约法总览》的继续。第一编“人权问题研究”,对人权领域争论最大的几个重要问题,如生存权问题、人权与主权的关系问题、天赋人权观的实质问题等作出详尽的考察和论述,对美国等西方国家的人权纪录进行揭露,并对联合国的人权机构和有关非政府的国际人权组织的概况进行介绍;第二至四编在“欧美各国的人权约法”、“中国的人权状况和人权约法”、“国际社会的人权约法”的标题下,收录《世界人权约法总览》一书所遗漏的人权文献及一些新近通过的人权文献约 300 种。(汪淼)

D000268 **国际法院** 施觉怀著。苏州大学出版社 1993 年 11 月版。15 万字。11.50 元。全面介绍国际法院有关问题的著作。介绍国际法院的沿革和组成,国际法院的管辖及法院审理案件所适用的法律和原则,阐述向国际法院起诉的程序及法院作出判决、解释和复核的过程。(耿曙生)

D000269 **国际海战法概要** 干焱平著。海潮出版社 1993 年 12 月版。16.7 万字。6.00 元。从传统的战争理论出发,概述海战法的主要内容:海军与国际海战法,海战开始及其法律后果,海战工具,海战人员,海战基本原则、手段和方法,海战中的封锁,海战中立,海战结束及其责任。附录有关国际海战法律文件共 18 种及 2 个附件。还结合我国的实际情况和具体案例，增添一些海战法的新内容。论述学习和研究海战法，是认识战争，尤其是把握海战规律，减少战争损失乃至制止战争的需要；是在当前扩大国家海洋管辖权的热潮中，维护国家海洋权益的需要。（李生荣）

D000270 **中国与国际私法统一化进程** 副名：武大学术丛书。李双元著。武汉大学出版社 1993 年 5 月版。30.5 万字。9.00 元（平）；12.00 元（精）。为纪念海牙国际私法一百周年而作，分上下两编。上编主要检讨中国国际私法的现状，提出并探讨了当代国际私法趋同化倾向正在加强的观点；下编则对统一国际私法的最重要的国际组织海牙国际私法会议的历史和工作成就进行介绍和评价。收入“武汉大学学术丛书”。（张琼）

D000271 **中国冲突法研究** 韩德培主编。武汉大学出版社 1993 年 6 月版。38.6 万字。共分 27 章，其主要内容涉及国际冲突法、区际冲突法和国际民事诉讼法的有关内容。在国际冲突法部分，既有基本理论、基本制度的探讨，又有具体问题的研究，如冲突法的发展趋势、法律选择的方法、我国国际私法立法的理论与实践，以及涉外物权、债权、婚姻、家庭、继承的法律适用等问题。在区际冲突法部分，主要论述我国区际法律冲突的产生、特点及解决区际法律冲突的方式、途径、步骤以及香港的冲突法等问题。国际民事诉讼法部分主要研究与冲突法密切相关的管辖权问题、外国法院的承认与执行问题、我国的国际司法协助问题以及国际商事仲裁的法律选择问题。（张琼）

E 军 事

E000001 **战争艺术纪实丛书（6 种）** 黄玉章等著。国防大学出版社 1993 年版。120 万字。44.30 元。从战役层次研究战法的理论性通俗读物。共 6 分册：《突破——打开胜利之门的精采搏击》、《坚守——带“利刃”的盾牌》、《阻击——胸怀全局的行动》、《机动——操纵战争时空的杠杆》、《退却——痛苦多于光荣的抉择》、《登陆——浴血海天的辉煌》。以战役战法为对象，总结战役作战经验和传统战法，汲取古今中外著名战役实践的精华，研究现代战役作战的手段、类型、样式和特点，探索未来战役发展趋势和行动规律，突出反映具有我军特色的战法理论与实践。用生动的文笔揭示宏大的战役场景及其特点规律，从多角度、多侧面反衬战法艺术的主题。对弘扬我军传统，丰富战役学科内容，强化战役意识，提高战役训练水平和组织指挥能力具有参考价值。（赵智印）

E000002 **西夏战史** 王天顺主编。宁夏人民出版社 1993 年版。27 万字。10.50 元。战史研究专著。党项羌建立的西夏王朝以武立国，与北宋、辽、金、蒙古战争频繁。本书将西夏对外战争分为 5 个阶段，全面展示战争各阶段的演变及进程，并对战争地理、战争机制、战争与经济、战争与民族等重要问题进行详尽透彻的论述。（汤晓芳）

E000003 **孙子集成** 谢祥皓、刘申宁编。齐鲁书社 1993 年版。1000 万字。1800.00 元。共汇集历代《孙子》文献 80 种。以版本年代为序，共分为 7 类：一、出土汉简文献 2 种；二、六朝抄本（断片）1 种；三、宋刻本 4 种；四、宋元之际刊本 2 种；五、明刊本 27 种；六、清刊本、抄本 27 种（其中包括同时期的日本刊本 5 种）；七、民国时期刊本、抄本 17 种。按内容划分，计有以下 8 类：一、《孙子》白文 16 种；二、《魏武帝注孙子》7 种；三、《孙子十家注》（包括其名称为“十一家注”、“注解”、“集注”者）7 种；四、以“十家注”为基础而另作增删更易，并附以己见，或重作“集释”、“史证”、“释证”之类重大加工者 11 种；五、武经系统 12 种；六、一般注释或论说类著述 21 种；七、少数民族文字译文 3 种；八、日本学者著述 3 种。在 80 种文献中，善本几占 70%，孤本、抄本近 10 种。（贺伟）

E000004 **鬼谷子奥义解说** 郑杰文著。山东大学出版社 1993 年版。26 万字。6.20 元。“鬼谷子研究丛著”之一。分为“《鬼谷子》奥义概览”和“《鬼谷子》奥义解说”两大部分。前者概括地讲述、探讨《鬼谷子》这一先秦奇书的主要内容——游说技术和处世技术；后者乃是本书之主体部分，对《鬼谷子》三卷十五篇原文逐一作注释、翻译，并从预测学、决策学、政治斗争学的角度对其含义进行解说。所用《鬼谷子》底本是清嘉庆十年(1805年)江都秦恩复百研斋校本,主校本为正统《道藏》本,并参校以明清及近现代刻本、抄本、排印本等,凡改、删、补底本之字者,均在篇末附以校记。解说分为集解和义说两部分:集解中先解词语,次列前人注说,再申己意;义说中则概括篇意,讲述思想,挖掘奥义。至于译文,则采用直译法,力求与原著一致。书末附有历代有关《鬼谷子》的著录、评说、序跋、题识和今传本《鬼谷子》佚文及古注佚文。(周广璜)

E000005 **三十六计及其妙用** 张文金等主编。山东友谊出版社1993年版。22.1万字。5.00元。《三十六计》是一部古代兵书,书中所引战例大部分发生在春秋至宋朝年间。它分为胜战计、敌战计、攻战计、混战计、并战计、败战计六套战计,每套又各分列六计,总共三十六计。其中每一计都是古代兵家谈诡奇谲之谋,前三套是处于优势之计,后三套是处于劣势之计,集古代兵家奇谋才略之大成。本书在写法上每一计都是先出计名,次作解语,再作译文,后加浅释,最后列出妙用例选。"计名"基本上都是用众所周知的成语,是在对计谋内容高度抽象后所作的象征性比喻;"解语"是每一计的中心内容,多以《易经》的语辞为依据;"译文"则将解语的文译成现代语言,便于读者理解;在"浅释"中对每一计在军事上、政治上、为人处世和经营竞争中如何运用作了阐述;在"妙用例选"中,则选择著名的军事运筹、外交对策、刑事侦察、法庭辩护、商务谈判、经营决策、人际交往、企业竞争,以及各类争逐的奇绝实例。(刘奎胜)

E000006 **影响中国的100次战争** 张秀平等编。广西人民出版社1993年1月版。36.6万字。18.00元。选取中国历史上100次有重大影响的战争进行叙述。有决定或影响某一阶段历史发展进程的重大战争;有农民起义和农民战争;有为维护统一和反对落后的生产方式的侵扰而进行的战争;有反对外来侵略的战争等等。从这些战争发生的背景和原因、作战的行动经过及战争的性质及成败的原因等方面,探讨作战决策和作战指挥的得失,阐述中国历史战争的概貌及对历史的影响。(韦向克)

E000007 **新四军军部在黄花塘** 中共盱眙县委党史工委编。江苏人民出版社1993年1月版。75万字。15.00元。回忆录。1943年1月,根据中共中央关于实行战略转移的指示,新四军军部从苏北阜宁县的停翅港迁驻淮南盱眙县的黄花塘,在该地驻扎两年又八个月,是新四军军部驻扎时间最长的地方,其间新四军经历了抗日战争取得最后胜利的重要历史阶段。该书汇集了新四军在这一时期的大量历史文献和革命回忆录。为《新四军丛书》之一。(杨杰)

E000008 **军队政治工作学理论新探** 裘克人主编。军事科学出版社1993年1月版。27.6万字。6.80元。分10编。"渊源编"提出无产阶级军队的政治工作与旧军队政治工作之间存在继承性关系和根本区别。"本质编"提出无产阶级军队政治工作的本质,就是军队中党的工作,是党为了实施对军队的领导在军队中进行的思想工作与组织工作。"原则编"研究了新时期军队政治工作的基本原则。"主客体编"中提出我军政治工作的基本矛盾存在于主客体矛盾之中,是"作为政治工作主体的中国共产党对军队政治建设、思想建设和组织建设的要求与客体相应的现状的矛盾"。还研究了军队政治工作与周围环境的关系,思想工作与组织工作的关系,政治工作的效益怎么评估等重要问题。(张健)

E000009 **孙子兵法辞典** 吴如嵩主编。白山出版社1993年3月版。62万字。32.50元。以工具书的形式,将古今中外研究《孙子兵法》的精华熔为一炉,将内容分门别类为:名词语汇、军事术语、名言警句、注本提要、中外注家、古今评语、战例史证、军事观点、思想借鉴、孙武本事、纪念文物、研究概况、版本举要、原文检字、佚文汇辑、文献编目及附录。共收词1 307条,文献1 075目,涵盖《孙子》研究的各个领域,其中有80%的条目是新设立的。既有对《孙子兵法》原文多角度的诠解释义,又有历代版本、注家、评语、战例等研谈《孙子兵法》所必备的资料,还有对孙武其人其书其思想等历代研究成果的荟萃。选收6种具有代表性的《孙子兵法》版本的原文,辑录《孙子》佚文45条。并选其中一种版本编制《孙子》文句索引,可按音序和笔画查得《孙子兵法》原文中的任何一个字。书后附可查检书中词汇、人名和书名、论文题目的4种索引。(苏桂亮)

E000010 **孙子兵法新译** 朱军著。海潮出版社1993年3月版。6万字。3.60元。译评古代兵法的学术专著。在学习、领会原文涵义的基础上,进行意译。将全书13篇分为75节,每节按"原文、译文、注"三个层次撰述。译文通俗表述兵法原意,对难懂的字句加以注解。是学习孙子兵法的通俗读物。(陆羽白)

E000011 **治军史鉴** 里克著。解放军出版社1993年3月版。27万字。7.60元。研究我国古代政治治军的丰富思想和实践经验的著述。着重对中国古代政治治军的思想体系和各项工作的具体内涵、发展脉络和相互联系进行论述和探索，从数以百计的古籍中引用和引证了丰富的历代名论、历史典故和生动事例。分政胜篇、兵权篇、任将篇、练将篇、教戒篇、励士篇、心战篇、爱卒篇、爱民篇、赏罚篇、军律篇、优恤篇等专题，介绍我国古代治军的历史和优良传统，并对历史和阶级的局限性进行分析批判。针对中国古代军队有没有政治工作或叫不叫政治工作的争论，明确提出和使用中国古代军队政治工作的概念，并认为这是一门相对独立的值得开拓的新兴学科。（孙璞方）

E000012 **兵器史** 王洪等编著。辽宁少年儿童出版社 1993 年 3 月版。10 万字。2.80 元。“科技小史系列”之一。分源远流长的冷兵器、面目全新的热兵器、庞大的轻武器家族、火炮世家、形形色色的导弹和威力无穷的核武器等 6 部分，较系统地介绍古今中外各类主要兵器的发展历史（军用车辆、舰船、飞机等另见本系列其他有关分册）。书中配有实物图片。（刘铁柱）

E000013 **兵家妙语选** 王建伟编。百花文艺出版社 1993 年 4 月版。13 万字。4.30 元。收入“中国古代妙语丛书”。从宋代钦定的《武经七书》和诸子百家、历史典籍中，选出精彩、深刻的妙语警句多条，分为德政篇、谋略篇、将帅篇、军法篇、武备篇、哲学篇 6 大类，并分门别类逐一加以译释、评析。兵家思想是中国古代辩证法的源头之一。中国古代兵书中提出的主客、奇正、盈虚、刚柔等极其丰富的矛盾对立范畴，促进了人们对事物矛盾本质的认识，推动了古代唯物主义和辩证法的发展。书中对中国古代兵家思想进行哲学的分析，深刻而令人信服地剖析了它们至今仍有强大的生机和活力的奥秘。（郑嵘）

E000014 **黄埔军校在大陆的最后一期** 陈宇著。黄河出版社 1993 年 4 月版。16.5 万字。4.20 元。运用大量的历史档案资料以及采访千余名当事者的口述资料，介绍黄埔军校第二十三期的招生内幕及仓促毕业始末、军校官场的腐败、军校学生的生活以及部分军校学生反蒋起义的情况。展现在新中国成立前夕，黄埔军校在大陆最后一期的历史情景和当时成都的社会风情。附有黄埔军校同学名录，具有一定的史料价值。（袁本忠）

E000015 **社会主义市场经济条件下军队党的建设** 马强、孙之贵等著。军事谊文出版社 1993 年 4 月版。25.6 万字。7.40 元。坚持马克思主义建党学说的基本原理，以邓小平建设有中国特色的社会主义理论和新时期军队建设的思想为指导，紧密结合军队党的建设实际，对在社会主义市场经济条件下，如何搞好军队党的建设，作了认真探讨，回答和解决新时期军队党的建设遇到的一些新情况和新问题。强调坚持党对军队的绝对领导的极端重要性，指出军队党的建设必须紧紧围绕贯彻党的基本路线展开，继承和发扬我军的优良传统，并围绕军队党组织建设、党风廉政建设、干部工作、思想教育工作等方面进行探讨和阐述。（陈贵林）

E000016 **军事参谋学** 祁长松、吴一非主编。山西人民出版社 1993 年 4 月第一版。37.1 万字。9.80 元。系统研究军事参谋学理论的专著。共 16 章。其基本理论以合成军队参谋人员、参谋机构、参谋活动为研究起点，从军事参谋的涵义、演变以及军事参谋学研究内容和方法；军事参谋的地位作用和主要职能；军事参谋工作的主要原则、一般规律和参谋艺术；军事参谋人才、组织构成和职责；军事参谋活动的内容、特点和要求；不同系统军事参谋活动的比较；军事参谋现代化等方面作了阐述。该书坚持以马列主义为指导，继承古代丰富的军事参谋理论遗产，发扬我军参谋工作的优良传统；借鉴外军参谋工作的有益做法和新鲜经验，吸收当代有关学科的新成果和新理论；结合军事参谋工作的现实，着重探讨现代条件下军事参谋基本理论；论述合成军队参谋实践的一般规律，兼顾各军种参谋活动的特性；突出战役层次军事参谋活动的特点和原则，把基础理论和应用理论相结合；在写法上既注意学科学术专著的系统性和完整性，又考虑到对实践活动的针对性和指导性。（李仁发）

E000017 **高技术与现代军事丛书（20 种）** 朱敦法等著。国防大学出版社 1993 年 5 月版。400 万字。170.00 元。系统全面研究高技术条件下局部战争和军队建设的理论专著。共 20 种，包括：《高技术军事世界》、《高技术战争》、《高技术战争与军队质量建设》、《高技术局部战争战役》、《高技术战争谋略》、《陆海空军高技术战争武器装备及作战运用集萃》、《陆海空军高技术条件下作战指挥》、《新世纪旋风——世界军政显要谈高技术与战争》、《军苑大火爆——当代高技术局部战争精汇》、《高技术战争中的导弹战》、《高技术与世界格局》、《高技术局部战争与战役战法》、《军界热点聚焦——高技术局部战争概论》、《现代军队指挥》、《高技术与军事伪装》、《美军高技术作战理论与战法》、《高技术战争后勤》、《高技术战争知识学习概要》、《高技术条件下的C^3I——军队指挥自动化》。丛书从不同侧面论述世界高技术武器装备的最新成就、发展趋势及其对军事行动的可能影响,研究了高技术条件下的战争谋略及战役战法,对世界军事的未来发展作了展望,并对我军在新形势下加强质量建设的重要性作了论述。(赵智印)

E000018 **军事运筹学** 张最良等著。军事科学出版社 1993 年 5 月版。57 万字。24.00 元。内容分 4 部分。第一部分介绍军事运筹学概貌、基本应用理论和基本研究手段;第二部分面向作战指挥决策,介绍军事运筹学的理论和方法;第三部分是面向国防管理的军事理论和方法;第四部分是面向军事战略问题的军事运筹理论。介绍军事运筹学的学科体系,反映自 1979 年至 1993 年间国内外军事运筹学研究的新成果。书中有关C^3I系统效能评估、作战模型、建模理论、国防管理和军事战略问题的军事运筹研究等内容新颖。(邵贻和)

E000019 **罗坊会议** 赵泉钧、张振中等著。浙江大学出版社 1993 年 5 月版。42.1 万字。8.00 元。为纪念毛泽东诞辰 100 周年,缅怀罗坊会议前后的那段艰难曲折的历程而作。内容分为历史研究、历史文献、回忆录、大事记、纪念会资料等五个部分。第一部分是对红一方面军在罗坊会议前后历史的研究,有毛泽东关于农村包围城市革命道路思想的初步形成(11 篇文章);第二部分为有关党的历史文献,历史资料;第三部分为罗坊会议当事人的回忆录;第四部分是 1930 年红一、三军团、红一方面军革命实践活动大事记;第五部分是中央为纪念罗坊会议 60 周年座谈会、学术讨论会材料。罗坊会议是我党我军历史上一次重要会议。本书在调查研究和资料征集的深度和广度上下功夫,使研究进一步系统化,从而对毛泽东、朱德领导的红一方面军在立三错误时期的历史功绩做出科学的评价,对毛泽东的思想和毛泽东思想在 1930 年的发展做出符合历史实际的阐述。(陈子饶)

E000020 **国防现代论** 王普丰等著。重庆出版社 1993 年 5 月版。44 万字。11.80 元。着重分析国防的内在要素和外在条件,研究高层次的国防战略问题,以及诸如武器装备、国防工程、战区预置等具体问题。在所有这些分析和研究中,作者提出并阐述了威胁分析、国家利益观、综合国防力、国防掩护圈等问题。对二次世界大战后发生的几十次局部战争,尤其是马岛战争、海湾战争的经验教训,从交战各方的战略战术、武器装备应用等方面,作了总结。(张德尚)

E000021 **外军军官管理制度概述** 卫宗沛等著。白山出版社 1993 年 6 月版。36.2 万字。8.80 元。全面系统地介绍外国军队军官的管理情况,材料涉及 50 多个国家。按照军官从进到出的顺序,对外军军官的来源、培训、考核、任免、轮换、军衔、待遇、奖惩、退役和管理体制等逐一概述,并从客观上反映外军军官队伍的结构和人员素质、军官管理工作的主要特点和发展趋势。对军官管理密切相关的预备役军官制度、文职人员制度、准尉和军士制度也作扼要介绍。附有外军军官管理制度方面的图表 124 个。(耿树新)

E000022 **中国军事史辞典** 贾若瑜等著。湖北人民出版社 1993 年 6 月版。138 万字。25.00 元。军事史专史辞典。内容包括:军事名词术语,战争、战役、战斗,军事人物,军事思想、战略战术,军制,兵器,农民起义,军事著述,军事历史地理等。共有 10 类。收辞目 5 540 条。所收条目上起先秦,下至 1949 年中华人民共和国成立。集中介绍我国历史上 800 多场重要的战争或战役、战斗;1 500 多位军事人物;400 多种古代兵器;500 多个重要的军事重镇、关隘和著名的战场。释文涵盖了 1949 至 1992 年中国军事史研究的最新成果。部分重要辞目配有插图,特别是战争态势图,对于读者了解一场战争或某一战役、战斗的形势,以及双方的进军路线和决战地点,大有裨益。兵器图则可以帮助读者直观地了解一些古代兵器的外形。(郝国杰)

E000023 **中央苏区三年游击战争史** 刘勉玉著。江西人民出版社 1993 年 6 月版。20.5 万字。7.80 元。中央苏区的三年游击战争,是南方八省三年游击战争的核心部分,是中央主力红军长征以后,以项英、陈毅为核心的中共中央分局领导的一场艰苦卓绝的斗争,是第二次国内革命战争的重要组成部分。该书叙述中央红军第五次反"围剿"战争失败后,中共中央对留守中央苏区的部署,中央分局战略指导思想的初步转变及中共中央发出二月指示后红军实现战略转变。详细考察赣粤边、闽西、汀瑞边等游击区所进行的三年艰苦卓绝的游击战争。扼要叙述红军游击队改编为新四军,奔赴抗日前线这一历史。作者对这段历史中的一些重要问题,诸如中央分局的战略转变、项英陈毅对坚持三年游击战争所起的重要作用等,作了深入细致的研究和实事求是的分析。(游道勤)

E000024 **中国近代军事史研究** 刘子明著。江西人民出版社 1993 年 6 月版。28 万字。6.50 元。作者研究中国近代军事历史的文集。第一部分是著者据讲授“中国近代军事思想史”的讲稿整理而成。《试论中国近代军事思想的发展》对中国近代军事思想的产生、形成和发展作扼要阐述;《林则徐、魏源的军事思想》、《论曾国藩的军事思想》、《论洋务派的军事思想》等,则着重考察了近代一批重要军事人物的军事思想。第二部分是著者做过系统研究的中法战史方面的论文,《慈禧在中法战争中的战略指导》等颇具特色。第三部分是著者研究毛泽东军事思想史所撰的一组文章,着重论述毛泽东军事思想的产生、形成与发展及周恩来、朱德等对毛泽东军事思想早期形成的贡献。作者在论述国家最高决策人和军事统帅的军事思想、战争指导等方面,有独到见解。(游道勤)

E000025 **人生谋略** 副名:九大兵书。胡平主编。团结出版社 1993 年 6 月版。75 万字。上、下册。18.50 元(平),38.00 元(精)。将在中国历史上影响久远的,由宋神宗钦定,从 1 047 卷兵书中精选出来的《武经七书》(包括《孙子兵法》、《吴子兵法》、《司马兵法》、《唐太宗李卫公问对》、《尉缭子兵法》、《黄石公三略》、《六韬》),加上颇负盛名的《孙膑兵法》、《孔明兵法》,经过选编,汇集于一书。该书配以注释,译成白话,并有联系现实生活的“评说”。(郑致平)

E000026 **昨日舞长缨** 辽宁省军区编。白山出版社 1993 年 7 月版。18.8 万字。5.20 元。“东北军旅英模录”丛书之一。以深情的笔触,歌颂了抗日战争、解放战争和抗美援朝战争时期辽宁大地涌现出的英模人物和英雄集体。岭上武工队、双枪女司令的传奇;谢东屏、宋光、谢荣策等一批先烈血染的风采;智拔敌据点、随军远征担架队等民兵参战支前的生动故事;英雄十四团转战辽河两岸的壮烈画面。是发扬革命传统的好教材。(宋杰)

E000027 **发扬优良传统 保持老红军本色** 中国人民解放军总政治部宣传部编。国防大学出版社 1993 年 7 月版。18 万字。6.80 元。以讲座形式阐释我军的优良传统以及在新形势下如何将其发扬光大等观点。共 10 讲,分别为:1. 坚持党指挥枪的原则,自觉服从党的绝对领导;2. 牢记我军宗旨,全心全意为人民服务;3. 坚决反对宗派主义、山头主义,自觉保持我军高度的团结统一;4. 严格遵守纪律,一切行动听指挥;5. 艰苦奋斗,不怕牺牲;6. 解放思想,实事求是;7. 坚持群众路线,实行民主制度;8. 重视政治工作,加强政治机关和政工干部队伍建设;9. 重视军事训练,提倡勤学苦练;10. 坚持德才兼备、“五湖四海”的标准和原则,公道正派地选拔和使用干部。(卜延军)

E000028 **中国战争画卷** 陈惠明等主编。湖北美术出版社 1993 年 7 月版。4648 幅图。78.00 元。撷取在中国历史上对政治、经济、社会变革有重要影响和重要军事学术价值的 105 个著名战例,上起夏商的“鸣条之战”,下止鸦片战争前的“清廷对准噶尔部之战”,依历史朝代顺序排列,共 4 卷,力求系统地反映中国军事发展史概貌,勾勒出中国社会历史发展脉络。本书由综述文章、战例点评、战争示意图、文学脚本、连环画面 5 部分组成。综述文章概括介绍各卷历史阶段战争的性质、特点和军事学术价值;“点评”论述每个战例的历史价值及其在军事发展史上的意义和地位;“战争示意图”表示战争进行的空间和运动的态势;“文学脚本”叙述战争的发展过程以及将帅的指挥艺术和军事思想;“连环画面”以形象表现战争场面。以历代权威史书为据,凡史书与出土文物资料有异者,以出土文物资料为准。对于有争议而一时难下结论的某些史实观点,采取几说并存的办法并阐明编撰者的看法。书中所用地名、年代、单位、军事术语和军事科学技术名词,都经考证并以公认的规范为据。(孙恩道)

E000029 **中国人民解放军军史大辞典** 郭化若主编。吉林人民出版社 1993 年 7 月版。350 万字。160.00 元。军史工具书。全面记录我军战斗历程,汇集了珍贵的军史资料,展示了战史最新成果,讴歌了我军的丰功伟绩。附有从土地革命到抗美援朝时期一系列战役战斗的附表、附图多幅。全面地记录了我军 66 年的光辉历史。(关静)

E000030 **秦汉军制史论** 黄今言著。江西人民出版社 1993 年 7 月版。30 万字。8.00 元。通过对文献和考古资料的综合整理,多角度多层面系统论及秦汉 400 余年的军制演变,对当时的军事领导体制、兵员征集、中央军、地方军、边防军、军兵种和编制、训练与校阅、武器装备、给养与转输、军费筹措、军法与奖惩等,分章列目作详细而精当的论述。运用马克思主义的历史观和军事学说,把军制放在当时整个社会经济的发展中进行考察,阐述秦汉军制与秦汉政治、经济、文化、地理环境、战争实践之间的内在联系及其发展规律,着力探索秦汉军制的源流、内容、发展层次、特点及其影响,深入剖析了秦汉军制史研究中的一些难点、疑点,对秦汉军制史研究中存在的学术争鸣问题亦有独特的见解。对秦汉军制史做出较全面的分析总结。然而,对秦汉时期与军制密切相关的驿站邮传制度、武官选任制度和这一时期军制思想及理论的发展演变情况没有展开讨论,甚至根本没有提及,是其不足之处。(陈世象)

E000031　**高技术战争基础知识**　高巨文、尚全孝主编。白山出版社 1993 年 8 月版。32.4 万字。8.00 元。根据中央军委新时期积极防御战略方针所提出的新要求,着眼于高技术与军用高技术的发展状况,注意吸取我军的研究成果和外军作战的有益经验,集高技术基础知识、高技术武器装备、高技术战争知识于一体,沿着军用高技术基本原理——高技术武器装备简介——高技术战争探析——基本对策研究的思路展开,系统地介绍高技术战争的基础知识,阐述军用高技术给我军作战理论与实践带来的影响和变化。并着重探讨了积极与敌高技术武器装备作斗争的基本思路和对策,在一些具体战法和手段上作深入探索。(吴纯江)

E000032　**战役学词典**　孙继章主编。白山出版社 1993 年 8 月版。87.2 万字。26.50 元。全书条目分为战役学科、基本概念和基本理论、基本实践、战役指挥、战区和战役军团、战役战场、战役保障、战役训练、战役政治工作、战役后方勤务、原苏军和美军部分、著作和文献等 12 大类。编排上采取层次性和知识性的统一;在词义上做到历史发展叙述与发展展望的统一,系统地反映战役学的知识体系。(吴纯江)

E000033　**战争战役辞典**　彭彬、张顺忠主编。兵器工业出版社 1993 年 8 月版。80 万字。18.00 元。选择自公元前 27 世纪至 1991 年 5 月古今中外有影响的战争、战役辞目近 1 300 条编纂而成,是一部有关战争、战役的工具书。在条目取舍上,古今相结合,中外相兼容,陆海空作战相顾,突出重点,兼顾一般。第一、第二次世界大战及近期局部战争所占篇幅较大,中国人民解放军战役条目亦全面系统。每一条目均详实、准确地介绍战争、战役的性质、起因(背景)、时间、地点、参战兵力、作战企图、交战过程及结局等。全书以汉语拼音排序,查阅方便,并附有年代索引,读者可通过战争、战役发生的时间进行查阅。(张凤英)

E000034　**尉缭子全译**　战国・尉缭原著,刘春生译注。贵州人民出版社 1993 年 8 月版。12 万字。10.80 元。以"续古逸丛书"影宋本《五经七书》为底本,参照银雀山汉墓竹简、《北堂书钞》、《群书治要》、《通典》、《太平御览》及几种明清刊本进行整理注释。论述富国强兵为本的治国思想、"道胜"为本的战略战术思想、明赏严责的治军思想、"人事"为本的哲学思想等。选录有《天官》、《兵谈》、《战威》、《兵令》篇。收入"中国历代名著全译丛书"。(彭建)

E000035　**质量——军队的生命**　李笃信、侯鲁梁著。黄河出版社 1993 年 8 月版。25 万字。8.00 元。论述军队质量建设的理论专著。分 8 章。第一章介绍世界各国加强军队质量建设的概况,分析注重军队质量建设的时代动因,阐明追求军队质量优势已成为当今世界性的潮流;第二、三章概述毛泽东、邓小平关于加强军队质量建设的有关论述,阐明加强质量建设的重要性、必要性和迫切性,指明质量建军是我军建设的必由之路;第四章至第六章论述军队战斗力的三要素——人、武器、编制体制及其相互关系,阐述战斗力与生产力、科学技术的关系,战斗力标准的确立及其意义;第七、八章概述军队质量建设的标准,并对加强军队质量建设的有关问题从宏观上进行深入探讨。(袁本忠)

E000036　**连队图书室丛书**　徐怀谦、李翔等著。解放军文艺出版社 1993 年 8 月版。148.8 万字。47.00 元。共 12 本。其中有介绍亚历山大、恺撒、拿破仑等 17 位名将的传奇生涯,体现军人气质的《世界名将的故事》,有反映军旅生活的《中国历代军旅诗赏析》;有以介绍美国西点军校、法国梅兹军校、黄埔军校的名字由来,军校的过去、现在和未来,军校和战争为中心的《世界军校揽胜》;有全面介绍女兵历史、女兵生活知识、女兵未来发展趋势的《女兵古今谈》。(郭薇)

E000037　**当代外国军事力量**　顾同祥、张金基等著。海潮出版社 1993 年 10 月版。17 万字。7.00 元。国防理论教育读物。介绍部分国家(国家集团等)军队的具体情况。包括军队发展历史,国防开支及武器装备发展情况,现有军队的领导和指挥体制,准军事力量的组织、任务和编成,各国军事战略,各国战争潜力及各种主要军事制度和法规(兵役制、军衔制、文职人员制度、动员制度等)。重点突出军队规模较大、作战能力较强、与我国关系重大的美国军队、俄罗斯军队、日本军队、越南军队、印度军队,以及韩国、东盟各国和北约国家的军队概况。(张福将)

E000038　**中国古代军事思想**　汤昌和等著。河北大学出版社 1993 年 10 月版。35 万字。8.30 元。高等军事院校教材。分上、下编,另有附录。上编:中国古代军事思想的发展过程。叙述中国古代军事思想的三个阶段,即:产生与初步形成(夏、商、西周)、发展与成熟(春秋、战国)、充实与运用(秦——清前期)。每个阶段都从三方面展开叙述:1. 时代背景与军事概况;2. 军事思想;3. 兵家代表人物、著作及基本思想。下编:中国古代军事思想的基本理论。分别论述中国古代对战争的态度、治军思想、战略思想以及战术思想。附录部分为对《孙子兵法》的评注。按篇对其详加注释,说明大意,并从军事理论的角度进行简评。(王善军)

E000039 **海军大辞典** 张序三主编。上海辞书出版社 1993 年 10 月版。192 万字。56.00 元。介绍古今中外海军知识的大型辞典。收词 6 299 条,并有中国人民解放军海军大事年表、有关国家海军舰艇译名表等 9 个附录,以及附图 313 幅,彩色插页 40 幅。所收的海军名词术语分为:海军战略,海军战役,海军战术,海军指挥和作战保障勤务,海军军制和动员,海军军事训练,中国人民解放军海军政治工作,海军后勤,海军装备科研和管理,海军运筹和系统工程,军事航海和船艺,舰艇,海军飞机,海军武器,海军专用技术设备,中国古代近代海军史,中国人民解放军海军史,外国海军史,海洋及海战法规,海洋学和水文气象,海军地理等 21 个学科门类。各门类都是从产生、发展、现状中选收词目,以保持各自的系统性。本书由我国海军最高领导机关组织编纂,具有权威性、实用性的特点。(时光)

E000040 **国际战争风云录** 副名:二战后 170 次局部战争大观。任正德、吴建新主编。新华出版社 1993 年 10 月版。48.8 万字。14.00 元。战争作为人类社会的一种历史现象,既给人类社会带来巨大的损失和灾难,也促使人类社会发生重大的变革。二战以后,世界大战虽未发生,但局部战争和武装冲突却从未停止过。据统计,战后 46 年来共发生 170 多次局部战争和武装冲突,对世界政治和经济形势产生了深刻的影响。本书客观地介绍了产生这些局部战争和武装冲突的背景、动因、过程和特点。书中按战争发生的年代顺序和五大洲地域排列,有学术研究价值和史料价值。(陈卫东)

E000041 **血鉴奇谋** 副名:中外著名战役实录。谢景芳著。哈尔滨出版社 1993 年 11 月版。100 万字。36.00 元。描述了人类有史以来,发生的一些重大战争和重大战役的情况。通过叙述那些死里逃生、饱经战乱之苦的先人们的经历,展现了一幕幕惊心动魄的战争场面。(刘乃翘)

E000042 **潇湘战史丛书** 曾凡华等。湖南文艺出版社 1993 年 11 月版。202 万字。84.40 元。长篇纪实丛书。共 6 种。《血在烧——中日长沙会战纪实》,记述了 1938 年第九战区的中国官兵与日军在长沙地区展开的 4 次大规模会战的过程。《八千男儿血——中日常德会战纪实》,记述了 1943 年"虎贲"74 师与进犯常德的日军展开血战的情景,会战以中国军队胜利克复常德而告终。《落日孤城——中日衡阳会战纪实》,记述了 1944 年春中日军队在衡阳城下血战 47 昼夜的惨烈情况。《最后一战——中日湘西雪峰山会战纪实》,记述了抗日战争时期国民党正面战场对日本侵略军的最后一战。《逝水沧桑——衡宝战役纪实》,记述了解放战争时期我军解放衡阳、邵阳地区的战斗场面。《荡匪大湘西——湘西剿匪纪实》,记述了建国初期解放军在湖南西部地区剿灭土匪、平息匪患的斗争。(陈新文)

E000043 **革命军人价值观** 沈阳军区政治部编。白山出版社 1993 年 12 月版。12.6 万字。3.50 元。着重论述进行人生观、价值观教育要坚持以邓小平关于建设有中国特色社会主义理论为指导,着力解决市场经济条件下官兵反映出的现实思想问题;要以党的基本路线教育贯穿人生观、价值观教育,端正对奉献、人生理想的认识,创造有利于官兵健康成长的良好环境。强调各级领导干部要用廉政、勤政的良好形象,增强人生观、价值观教育的感召力和说服力。(吴纯江)

E000044 **现代国防与后勤** 王东著。兵器工业出版社 1993 年 12 月版。46 万字。19.80 元。论文集。收集作者从 80 年代中期到 90 年代初,研究国防现代化与后勤现代化所撰写的论文。书中对国防现代化与后勤现代化所涉及的各个方面,诸如实现国防现代化与后勤现代化的意义、途径、国防建设与国民经济建设的关系等基本观点进行阐述,并提出现代国防与后勤发展模式的设想。(李翠兰)

E000045 **黄埔军校史图册** 中国革命博物馆编。广东人民出版社 1993 年 12 月版。1232 幅图片。288.00 元。以图册形式,辅以部分文字记述,从 8 个方面反映黄埔军校的初创、健全与发展,师生们的历史活动以及各分校的情况;附录军校师生在抗战中为国浴血奋战和建国后献身祖国建设的情况及军校大事记。特点有三:一是编写与选材的合理性。黄埔军校是一个非常复杂的历史现象,其中,革命与反动的势力胶结在一起,当革命与进步力量占优势时,它就顺乎时代潮流前进;当反动或落后势力甚嚣时,它又被一些反动分子所利用。本书作者注意到这点,把重点放在1924～1927年间，并将师生的抗战画卷收进书中，回避一些不必特殊宣扬和缺乏现实意义的问题，使重点突出，更加体现科学与现实统一的合理性。二是资料丰富。内容包括军校的方方面面，还有一些重要的历史材料，有不少图片是首次发表，弥足珍贵，史料价值较高。三是客观地反映历史。作者坚持辩证、历史的观点去看待黄埔军校及其师生的历史，在解决历史理论问题基础上去反映历史。如对待人物，作者认为“凡是在黄埔军校的历史上作过重要贡献或担任过重要职务的”，就应当“不分畛域，都以表现”，使读者能把握整个军校的面貌及发展诸因素，从而对该时代有更准确的体会。(陈海烈)

E000046 **作战飞机效能评估** 朱宝鎏等著。航空工业出版社1993年12月版。17.2万字。11.00元。汇集作者十余年对作战飞机性能估算、飞机作战效能评估和空战模拟计算等问题的研究成果。还对国内外一些作战飞机的效能方法进行综合介绍和评价。(黄苏桥)

E000047 **十大将用兵韬略** 王乾都、蔡世经编著。黄河出版社1993年12月版。23.6万字。8.60元。我国十位大将用兵谋略论文集。描述建国后被授予大将军衔的十位将军在革命战争年代威武雄壮的军事实践活动。依次是：愈战愈奇、愈打愈妙的粟裕大将；有勇有谋、如虎添翼的徐海东大将；高瞻远瞩、深谋远虑的黄克诚大将；足智多谋、出奇制胜的陈赓大将；大智不智、大谋不谋的谭政大将；将总文武、兵兼刚柔的肖劲光大将；冷静深邃、军政皆优的张云逸大将；机智勇敢、善攻善防的王树声大将；智勇双全、文武并举的许光达大将。着重介绍十位大将用兵的谋略思想和兵法理论，真实集中地展现了他们在统兵作战中有胆有识，注重用智、用谋、用计去战胜敌人的大将风采。采用夹叙夹议、层层剖析的手法，再现十大将指挥的若干著名战役战斗和推演过程，分析其得失利害，体现十位大将根据实地的敌我态势、斗争条件，学习与贯彻党中央、毛主席制定的战略方针，在实际运用中丰富和发展毛泽东军事思想。(吕宝亮)

E000048 **中国人民解放军全国解放战争史第一卷** 军事科学院军事历史研究部编。军事科学出版社1993年12月版。40万字。11.50元(平)，15.50元(精)。共7章22节，主要阐述全国解放战争过渡阶段(1945年9月至1946年6月)，中共中央为实现国内和平、制止全面内战爆发所制定的总方针和总政策及人民解放军为贯彻执行总方针、总政策所经历的战斗过程。其内容有：第一章，讲抗战胜利后的形势及国共两党的方针；第二章，讲重庆谈判和《双十协定》的签订；第三章，讲中共中央确立“向北发展，向南防御”的战略方针，并调整战略部署；第四章，讲实行战略转变，组建野战兵团；第五章，讲反击国民党军队进攻，争取实现国内和平；第六章，讲维护“停战协定”和政协协议的斗争；第七章，讲做好应付全面内战的准备。作者以大量史实，生动地阐述国共两党在内战与和平、独裁与民主、分裂与团结等根本问题上所展开的激烈斗争；共产党领导军队和人民，为制止全面内战、维护“双十协定”、“停战协定”和政协协议而进行的英勇斗争；国民党统治集团在美国的扶植下，抢夺抗战胜利果实、挑起全面内战的本来面目。(吴振水)

E000049 **军旅人生百题谈** 副名：空军部队经常性思想教育参考材料。空军政治部宣传部编。蓝天出版社1993年12月版。42.3万字。9.00元。思想政治教育通俗读物。分10篇，共100个课题。“军旅起步篇”着重阐述怎样端正入伍动机，尽快实现从老百姓到军人的转变；“理想前途篇”着重阐述革命军人应树立的政治、道德、职业、生活理想；“立志成才篇”着重阐述怎样立足本职岗位成才以及成才的途径；“道德情操篇”主要阐述革命军人应遵循的道德准则，树立军人的价值在于奉献的观念；“作风法纪篇”主要阐述革命军人应养成的优良作风，牢固树立遵纪守法的观念；“婚恋家庭篇”主要阐述怎样处理事业与爱情、“小家”与“大家”的关系；“内外关系篇”主要阐述军人如何处理内外关系；“身心健康篇”主要阐述怎样消费，怎样爱护身体和同挫折作斗争；“形势政策篇”着重阐述怎样看待形势，正确对待改革中的利益调整，做党的基本路线的忠诚卫士；“文化修养篇”主要阐述怎样欣赏文艺作品，陶冶情操。所有这些，对加强部队思想政治建设，增强部队战斗力和凝聚力有现实意义。(许志强)

E000050 **亚洲古兵器图说** 周纬著。上海古籍出版社1993年12月版。60万字。图209幅，彩图32页。88.00元。亚洲各国古兵器图册。兵器是人类防卫、攻击的器具，它伴随着人类历史的进程。本书系统研究亚洲各国古兵器的发展史，介绍日本、印度、越南等16个亚洲古国的兵器数千件，对每一种兵器的形制、源流和制造都有详细说明，并附有大量精美图版和插图。作者自幼对兵器饶有兴趣，成年后留学法国，周游世界各地，搜集了数十个国家的兵器资料，历时约20年，后又花10年时间撰写有关著

作,本书即是其中的一部。(罗颢)

E000051 **中国古代兵器** 陆敬严著。西安交通大学出版社 1993 年 12 月版。32 万字。26.00 元。作者在对古代兵书和有关考古发现研究的基础上写成。其内容涉及:冷兵器与个人防护装备;古代战车;古代城防体系与防守器械;古代侦察器械;远射兵器;古代攻坚器械;火药与火器等。书中有许多珍贵的图片。(朱兆雪)

E000052 **云南陆军讲武堂史** 。云南民族出版社 1993 年 12 月版。25 万字。9.50 元。分 5 章,外加前言(2 篇)和附录(3 篇)。以历史事件为主线,人物为点,系统深入地阐述讲武堂及其广大师生在中国近现代史上所处的地位及其作用;较全面地概述整个讲武堂的历史和面貌;对历史上有争议的一些事件和人物,提出了自己的观点和看法。(纳文汇)

F 经济

经 济

F000001 **实用经济辞典** 谢明干主编。人民出版社 1993 年 1 月版。108.9 万字。22.00 元。经济类工具书。主要内容有:经济综合;计划、统计、固定资产建设;财政、税收、审计;金融、保险;经济法规;农业经济;工业经济;商业、物资、价格;运输、邮电;建筑、城市建设;企业管理;人口、消费;对外经济贸易;国际经济组织。收录词目 4100 余条,大体含括了经济领域的各个主要方面。所收词目基本上是经济生活中比较常见的、基本的名词术语,对过于专业化的、冷僻的词目不予收录。释文力求准确、简明,重点介绍基础理论、基本知识和实际运用。(魏海源)

F000002 **股票债券房地产存货期货期权知识大全** 刘鸿儒等著。西南财经大学出版社 1993 年 2 月版。180 万字。98.00 元。共分五篇。第一篇,对股票及其交易市场所涉及的种种内容作阐述。指出,要让更多的人在感情上接受股票,在理性上了解股票,并加入股民的行列。第二篇为债券篇。介绍债券及其交易市场的发生、种类、基本要素、债券投资的技巧和策略,国际债券的种类、发行以及各国债券市场,我国债券市场的沿革、现状及前景。第三篇为房地产篇。就土地使用制度及土地市场、房产转让及房产市场、房地产投资、住房改革等有关事宜作详尽的阐述。第四篇为存款与贷款篇。介绍货币及银行的基本知识、存款贷款的基础知识、工商贷款、农村贷款、外汇与外贸贷款、基本建设贷款等。第五篇为期货期权篇。就期货市场、组织机构、市场运行、商品期货、金融期货、期权交易、各国期货及其管理、我国期货市场等作全面介绍。还有一些相关内容的附录。

F000003 **汉哈财经词汇(哈萨克文)** 阿布都别克,阿布拉希编。新疆人民出版社 1993 年 2 月版。32 万字。9.65 元。财经专业双语工具书。共选收财经专业名词、术语 2 万余条,内容包括经济历史,世界经济,工业经济,农业经济,商业经济,对外贸易,计划,统计,财政,金融,财务会计等,附有汉语拼音音节索引。供以哈萨克语为母语者使用。(米来提)

F000004 **国际经济法全书** 赵承壁主编。吉林人民出版社 1993 年 6 月版。300 万字。95.00 元。系统介绍国际经济法律的大型工具书。依据国际经济法的特点,分为三编:第一编为国际经济贸易公约及国际惯例,包括国际贸易、国际运输、保险、国际金融、知识产权以及专门性、区域性经贸公约,并逐一加以介绍;第二编为中国经济贸易法规,主要侧重选编适应建立我国社会主义市场经济方向和涉外经济贸易的法规;第三编为外国经济法,侧重于介绍涉及外国外资引进与外资管理方法的法律以适应我国企业境外投资和跨国经营的需要。(关静)

F000005 **俄汉经贸词典** 对外经济贸易大学俄语教研室编。北京出版社 1993 年 7 月版。100 万字。16.80 元。共收入 55 000 余条词目。内容包括政治经济学、世界经济、国民经济、工业、农业、商业、对外贸易、财政、金融、运输、保险、统计、法律、旅游等,其中对外经济贸易方面的词汇和新词占较大比重。(师淑凤)

F000006 **莫迪利亚尼论文选** [美]F.莫迪利亚尼著,林少宫译。商务印书馆 1993 年 7 月版。30

万字。8.20元。作者是麻省理工学院教授,1985年诺贝尔经济学奖获得者。作品有1980年麻省理工学院出版社出版的3卷文集,收入1944～1977年发表的论文45篇。本书选译"3卷"中的8篇论文和作者的诺贝尔奖演讲词。"货币学派的争论或我们是否应该放弃稳定政策?"为首篇,诺贝尔奖演讲词为末篇。其余7篇包括论述生命周期假说基本理论的"效用分析与(总量)消费函数"及其有代表性的经验论证论文"储蓄的生命周期假说与储蓄率的国与国之间的差异;对公司财政理论的最原始论述"资本成本、公司财政与投资理论"等等。通观"3卷",作者的研究领域基本上属于宏观经济范围,尤其集中在财政理论方面,故其实际应用范围不免受到社会经济体制差异的限制,但他的研究方法三部曲:①寻找宏观经济学的微观基础,②完善经济计量方法,③理论研究的目的在于应用等,是值得借鉴的。(王淑荣)

F000007　**中国总经济师手册**　岳岐峰等主编。东北大学出版社1993年9月版。300.5万字。80.00元。为企事业单位总经济师、高级经济师及经营管理人员编写的大型、综合性工具书。全书有17篇、101章、403节、2500余条目。内容包括:总论篇、经济篇、战略篇、经营篇、管理篇、工业工程篇、行为管理篇、系统工程篇、计算机辅助管理系统篇、技术经济篇、投资管理篇、财政金融篇、对外经济贸易篇、会计篇、统计篇、能源篇、法规篇。

F000008　**汉俄经贸词典**　陆勇、毕华鸾编。北京出版社1993年10月版。61.6万字。14.50元。共收词目15 000条,涉及经济、对外贸易进出口业务、外贸运输、外贸法律、银行业务、会计、海关等各方面的专业词汇,其中包括近年来出现的大量新词,是一部有学术价值和使用价值的汉俄经贸词典。其主要特点是:紧密结合外事、外贸和教学实践。字头条目按汉语拼音字母顺序排列。(师淑凤)

F000009　**经纪人实用知识全书**　王文元主编。中国检察出版社1993年11月版。230万字。98.00元。系统阐述经纪人的基础知识以及各类经纪人(包括技术经纪人、房地产经纪人、现货经纪人、期货经纪人、证券经纪人、保险经纪人、文化经纪人、国际商务经纪人等)的业务知识、操作技巧以及国际惯例等,同时还择要辑录经纪人从事业务工作时常用的一些法律法规。(李法宝)

F000010　**股票·房地产·期货·投资基金经纪人实务**　方昂征、邵焰林编著。广东旅游出版社1993年12月版。45万字。13.80元。分股票、房地产、期货、投资基金四大部分。分别介绍基本知识、经纪人运作实务、纪经人必须知道的法例规定,重点阐述经纪人的运作规程及获利技巧。经纪人对加速商品流通,促进市场发展方面起着重要作用,开展此项研究具有理论意义和现实意义。(梁坚)

F000011　**经济知识十万个为什么**　丁廷模主编。广西科学技术出版社1993年12月版。80万字。36.90元。共10篇。系统介绍工业、农业、经济、金融、税收、贸易、房地产、债券、股票、经济法等方面的知识。(马如海)

F000012　**现代市场经济手册**　张道根、徐礼莱主编。上海科学技术文献出版社1993年12月版。66.5万字。29.80元。工具书。介绍市场经济基本理论和具体运作知识。第一篇扼要解答市场经济的性质、特点、基本机制,特别是社会主义市场经济的基本理论知识。第二至四篇分别介绍在市场经济条件下,个人、企业、政府各自如何选择和决策,如何进行工商实业投资、股票、债券投资、房地产投资,及消费者自我保护等。还有企业在市场经济中如何进行市场调查、分析,制定经营战略;企业的组织制度形式和内部科学管理等。第五篇介绍现代市场经济中许多综合性知识和原则,如金融借贷、社会保险、期货市场、现代会计制度和统计审计问题。第六、七篇分析、解答对外贸易、利用外资、关税与贸易总协定等;现代市场经济中的法律、法规问题。(方金善)

F000013　**朴正熙经济论著选**　郑判龙等选编。全华民译。延边大学出版社1993年12月版。28.2万字。收录韩国已故总统朴正熙自1962年至1978年期间写的有关经济著作共4部,14章。

政治经济学

F000014　**技术进步经济学**　王海山著。大连理工大学出版社1993年版。28.3万字。5.28元。理论分析和实证分析相结合,利用各种文献提供的实证材料,进行技术创新经济方面的研究。并采用有关技术创新评价指标,对美国、日本、英国、法国、德国、巴西、韩国和中国进行技术创新经济学方面定量和定性的国际比较研究。全书有6章。第一章技术进步的创新模式,论述技术进步促进社会经济发展的创新机制;创新类型结构;宏观特征。第二章技术创新资源及创新能力评价,论述技术创新资源;技术创新的评价指标;技术创新能力的国际比较。第三章技术创新动力学,论述国外关于技术创新动力机制的理论模式;创新动力因素分析;动力模式建构。第四章技术创新运行机制,论述技术创新的来源及其成功的条件;创新活动中资料配置的合理性和组织创新。第五章技术创新与产业结构变革,论述产业结构演化及其与技术创新的关系、创新与发达国家产业结构高级化影响、技术创新与发展中国家产业结构的现代化。第六章技术创新与宏观经济发展,论述了技术创新与经济长波;技术创新与宏观经济的持续发展;发展中国家经济发展的技术创新战略。(刘杰)

F000015 **比较经济理论分析** 史晋川、张法荣著。杭州大学出版社 1993 年版。18.5 万字。6.80 元。比较经济理论是经济学体系中的一门新的分支学科。其研究主要包括三个方面:(1)对不同的经济理论体系所赖以产生、形成和发展的背景因素的比较分析;(2)对不同的经济理论体系所包含的基本内容的比较分析;(3)对不同经济理论体系的成就的比较分析。围绕上述三个方面,将有史以来的经济理论划分为"自由市场经济理论"、"混合经济理论"、"计划经济理论"和"改革经济理论"四大部分,分别介绍它们的产生和发展背景、基本观点和政策主张,以及各自在不同历史阶段的意义和命运,最后对几种经济理论作综合性的比较分析。(袁亚春)

F000016 **经济调控论** 刘幸著。黑龙江教育出版社 1993 年版。21.6 万字。5.40 元。主要内容包括经济波动的一般机理,调控内容,经济调控的基础——信息系统;调控手段——财政政策、货币政策、产业政策等方面。还从生产力运动本身的规律和特点来分析控制经济。(张希玉)

F000017 **现代政治经济学概论** 刘云彬主编。中山大学出版社 1993 年版。25 万字。8.50 元。政治经济学教材。内容包括绪论部分有导言,商品、货品和商品经济;经济制度和经济体制部分有生产资料所有制和商品经济、经济体制和商品经济;经济运用和经济调节部分有经济运行与资金的循环和周转,经济运行与收入分配和消费,经济运行与市场调节,经济运行与国家调控,经济运行和经济效益;经济增长和经济发展部分有经济增长和经济的跳跃式发展,经济发展和经济的现代化,经济国际化与经济的增长和发展。本书的特点是,打破了传统教材的板块结构,把社会主义和资本主义统一于市场经济之中,在体系结构上有所创新;摆脱传统观念的束缚,紧扣当代现实生活中的实际问题特别是我国社会主义建设和改革中的实际问题进行探索。(章伟)

F000018 **哈贝马斯的"晚期资本主义"论述评** 陈学明著。重庆出版社 1993 年版。33 万字。7.00 元。哈贝马斯是德国法兰克福学派的第二代理论家,也是活跃于当今欧洲哲学界的重要思想家之一。作者主要对 3 个问题进行述评:(1)哈贝马斯对"晚期资本主义"社会中的经济危机、合理性危机、合法性危机、动因危机这四重危机的分析;(2)哈贝马斯对科学技术在"晚期资本主义"社会中的社会功能的分析;(3)探讨哈贝马斯的"晚期资本主义"改革方案。在分析介绍哈贝马斯理论的同时,作者还运用马克思主义的理论观点对哈贝马斯否定和歪曲马克思主义理论、维护资本主义现存制度的宣扬民主改良主义的实质进行批判。(郑玲)

F000019 **生产力流动论** 李晓帆著。人民出版社 1993 年 1 月版。12 万字。3.50 元。关于生产力流动问题的学术理论著作。主要内容有:生产力流动的自然物质基础,生产力流动的系统,生产力流动与生产力成长,生产力流动的历史形态,生产力流动的社会实现机制,技术转移是当代生产力流动的主角,生产力流动与不发达地区经济发展等。本书对生产力理论研究的贡献主要是:关于社会生产力运动两大基本形态(生产力成长与生产力流动)的概括与划分,关于社会生产力的两类存在形态(原生态与次生态)的概括与划分,关于社会生产力流动的两种基础(自然物质基础和社会动力基础)的概括与划分,关于生产力流动与生产力成长的相互作用的机理,关于生产力流动导致生产关系变化的观点,关于经济不发达地区开放与开发联动模式的探索等。(魏海源)

F000020 **著名学者论社会主义市场经济(续编)** 贾春峰编。人民出版社 1993 年 1 月版。30 万字。7.50 元。收录 10 多位著名学者、经济学家研究社会主义市场经济的文章。文章从不同角度集中探讨计划经济体制下的所有制结构与市场经济体制下的所有制问题;国有企业如何从行政依附下走向市场,并在市场经济中起到主力军的作用;建立社会主义市场经济必须加快政府职能的转变以及如何转变;建立社会主义市场经济必须加快对外开放的步伐;如何树立社会主义市场经济意识,探索经济宣传的新思路。书中对乡镇企业和农村经济的发展壮大,搞好边远地区的生产与市场的有机联系等进行深层次的探讨;对我国理论界关于社会主义市场经济的讨论情况及由此引起的思考作了介绍;对人们所关心的中国申请恢复关贸总协定缔约国地位问题作详细介绍和有益探讨。并简介一些国家实行市场经济

的情况。(张连仲)

F000021 **社会主义市场经济干部读本** 邢玉久等主编。中国国际广播出版社 1993 年 1 月版。44.8 万字。16.00 元。“走向社会主义市场经济丛书”之一。分 8 部分:一、社会主义市场经济下的企业、计划与市场;二、政府在社会主义市场经济中的地位与作用;三、社会主义市场经济下的企业本质;四、社会主义市场经济下的企业发展;五、社会主义市场经济下的产业结构调整;六、社会主义市场经济下的股份制;七、从计划经济走向市场经济;八、社会主义市场经济阅读文献。从理论与实践的结合上探讨社会主义市场经济的有关问题,对 1979～1992 年中国的经济改革作历史总结,并收录有关文献、经济论文。收入“社会主义市场经济丛书”的还有“社会主义市场经济下的企业会计与财务”、“社会主义市场经济知识问答”、“简明社会主义市场经济实用辞典”。(李镇)

F000022 **市场·国家·国际协调** 副名:资本主义市场经济是怎样运行的。陈秀山、雷达著。中国青年出版社 1993 年 2 月版。19.3 万字。4.90 元。论述资本主义市场经济运行机制及其运行过程;具体考察了战后美国、德国等资本主义国家经济出现繁荣与高涨、“滞胀”与低速增长的成因;阐述资本主义经济向国际经济协调发展的趋向;探讨了社会主义市场经济运行机制。对资本主义经济运行机制分析中,把资本主义经济“滞胀”的产生归结为国家干预同市场调节之间的矛盾冲突所致;把摆脱“滞胀”归结为一定条件下国际协调作用的结果,观点新颖,颇有见地。在如何正确认识市场机制作用,更好地发挥计划与市场两种手段的长处;如何借鉴和利用资本主义国家干预调节的某些有效手段,使市场机制更好地发挥调控功能等,都从理论和实践的结合上作了论述。(程绍沛)

F000023 **世界著名经济学家展望 21 世纪的经济学** 副名:下一个 100 年。[美]布坎南等著,王秋石等译。江西人民出版社 1993 年 3 月版。16 万字。5.50 元。1990 年是英国皇家经济协会成立 100 周年。为纪念这一时刻,《经济学杂志》主编海伊邀请部分世界著名经济学家以“下一个 100 年”为题撰写专稿,并将所收到的 22 篇论文汇集成册。诺贝尔经济学奖得主詹姆斯·M·布坎南等 22 位世界著名经济学家,围绕着宏观经济学、微观经济学、经济计量学、试验经济学、一般均衡理论、增长经济学等方面,回顾经济学过去 100 年的历史,展望未来 100 年经济学的发展趋势。(冯江南)

F000024 **公本论** 马仁典著。人民出版社 1993 年 3 月版。37 万字。9.60 元。作者把社会主义分为两个阶段,一个是社会主义商品经济阶段,即社会主义公本阶段;另一个是社会主义产品阶段,即社会主义公产阶段。本书研究的是社会主义公本阶段的生产方式以及与之相适应的生产关系,包括生产交换、分配和消费诸方面的关系。分四部分,第一部分总论,考察公本的历史来由;第二部分公本的生产过程,考察公本价值产品的生产;第三部分公本的流通过程,考察公本价值产品的实现;第四部分公本的生产总过程,考察公本价值产品的分配和消费;最后是结束语,主要阐明公本的历史去向。作者认为,公本是能够带来公共价值的价值。公共价值是联合劳动者在社会主义商品经济阶段的生产过程中创造的、由社会公共占有的、超过其个人消费的生活资料的价值以上的价值;是从处于私人地位的劳动者身上扣除的,而又直接或间接地用来为处于社会成员地位的劳动者谋福利。在这里,满足劳动者个人消费的生活资料的价值,叫做个人价值。个人价值和公共价值之和,就是联合劳动者在公本生产过程中创造的新价值,即公本价值产品。(杨素梅)

F000025 **市场研究——基本方法、应用与案例** 田志龙著。华中理工大学出版社 1993 年 4 月版。31 万字。8.00 元。关于市场研究方面的专著。用相当部分内容讨论研究方法的应用,并附有一定量的应用实例与讨论案例。其特点如下:第一,把西方管理学知识与我国市场及企业的实际情况相结合,创造性地发展了适合我国国情的市场研究理论。第二,介绍了市场研究具体工作中应采用的基本方法。第三,把定性分析和定量描述相结合。用定量描述来说明定性分析,使之更具有说服力,为营销策略的提出奠定基础。(陈培斌)

F000026 **15 至 18 世纪的物质文明、经济和资本主义(共三卷)** 副名:第一卷:日常生活的结构 第二卷:形形色色的交换 第三卷:世界的时间。[法]费尔南·布罗代尔著。生活·读书·新知三联书店 1993 年 4 月版。174 万字。87.20 元。年鉴派史学的巨子布罗代尔花了整整 30 年写成此书,引起极大反响。他详尽地研究了 15 至 18 世纪西欧资本主义兴起的各种问题,把这 400 年的经济活动分为三个层次:第一层即最基层,涉及人们最基本的物质生活;第二层是市场经济,即生产与交换的机制,据布罗代尔的解释,市场经济与资本主义经济是两个不同概念,市场经济有时甚至是反“资本主义”经济的;第三层是资本主义,这是一种由少数商人组成的垄断经济。由此,第一卷题为《日常生活的结构》,分别描述15至18世纪世界范围内的人口、粮食生产、食品和饮料、居住与衣着、能源与冶金、技术革命、货币、城市。第二卷题为《形形色色的交换》,分析交易的工具、市场、生产、资本主义组织、社会各统治集团(包括国家、文化)。第三卷题为《世界的时间》,按地区和年代顺序,分别叙述曾先后控制世界经济的威尼斯、安特卫普、热那亚、阿姆斯特丹,并涉及法、英等国的国内外市场,以及美洲、黑非洲、俄罗斯、土耳其及远东的经济特点,最后以叙述英国工业革命结束。这部历史书写得晓畅平易,吸纳了各种类型的材料,包括趣事轶闻等,展示了年鉴派史学的非凡成就。(舒炜)

F000027 **社会主义市场经济理论与实践** 陈雷卿等编著。广西民族出版社1993年5月版。37万字。5.88元。分3部分:一、社会主义市场经济理论研究篇。主要对改革开放十多年来,我国实行社会主义市场经济体制进行系统的理论研究。二、社会主义市场经济实践操作篇。简介国外的市场经济模式,选择适合我国市场的模式及阶段目标、主要对策。叙述市场运行中的企业行为、消费者行为、政府行为。三、社会主义市场经济经验体会篇。以广西的主要工业城柳州市的工业企业为实例,介绍柳州汽车厂、柳州市牙膏厂、柳州市第二空压机总厂等14家企业,在实行社会主义市场经济体制后企业活力得以增强的原因。在探索建立社会主义市场经济理论的基础上,理论联系实际,总结了社会主义市场经济体制改革的经验和体会。(黄绮丽)

F000028 **资产积累的来源、途径及配置效果** 王光伟著。陕西人民出版社1993年5月版。23.4万字。6.80元。分11章。第一章,从改革开放以来我国生产迅速发展,人民收入不断提高,个人储蓄快速增加,以及消费基金的一部分实际上已经转化为投资这一经济现象中提出一个新概念,即工资动态积累。这个新概念说明积累的构成及其变化,表明过去高度集中的单一投资主体的格局已逐步转化为投资主体多元化的格局。第二至四章,从工资动态积累理论出发,引申出一系列颇富启发性的新思路。例如,根据客观统计材料来估算部门间剩余劳动转移的数量。第五至十章,分析了税收在中国社会主义经济积累中的影响。作者认为,积累主体的多元化使税收的作用大大增强。在劳动力资源丰富的我国,现阶段应利用税种和税率的可调节性,充分发挥税收刺激积累的功能。最后一章,对我国利用外部资源(资金)的状况进行分析,提出若干富有启发性的政策建议。收入“青年经济学博士研究丛书”。(曾宣传)

F000029 **公有制商品经济中的收入分配** 蔡继明、耿明斋著。陕西人民出版社1993年5月版。20万字。6.20元。共6章。第一至四章揭示公有制经济的双重收入分配原则及其内在矛盾,探讨传统体制下收入均等化的理论基础和历史根源,提出了按贡献分配(实际上是按劳动贡献为主的劳动贡献)的观点,并从理论上证明这并不违背劳动价值论。第五章对新旧体制转换时期我国收入分配关系的变化作分析,论证按贡献分配的原则在股份制经济中的实现形式,设计出股份制经济中收入分配模型。这种超前的分析设计对我国当前股份制的实施具有一定的启迪作用。它还指出,公有制经济中的双重分配原则是平均主义现象长期存在的客观依据。第六章提出了深化分配制度改革的政策建议:强化计划指导下的市场分配机制;加强对基础科研教育领域收入分配的行政调节;调整收入分配政策,推动工资制度改革;实行公平赋税,加强法制;改革传统的劳动就业制度,建立社会保障体系。这些建议符合中国国情,具有可操作性。(李晓锋)

F000030 **国家兴衰探源** 副名:经济增长、滞胀与社会僵化。[美]曼库尔·奥尔森著,吕应中等译,吕应中校。商务印书馆1993年5月版。21.7万字。6.20元。国家为什么会有兴衰?作者用分利集团及其影响这一独特的观点来解释。结论是:一个国家允许自由地建立各种组织而又长期没有动乱或被入侵,则它的经济增长受到分利集团的阻碍和危害也就更严重;而当一个国家的极权主义政府或外来入侵者削弱或废除了分利集团,则在建立了稳定或自由的法律秩序后,它的经济就会相当迅速地增长。行会、工会、卡特尔以及议会院外活动集团等这样一些分利集团,由于其自身具有排他性,阻碍了技术进步、资源的流动与合理配置;由于它们降低了生产经营活动的报酬,却提高了利用法律、政治与官僚主义进行讨价还价等活动的报酬,提高了社会交易成本却降低了社会经济效益,它们必定会阻碍经济增长。认为西欧共同体的建立及其各国经济之所以快速增长,是由于管辖权统一取代了地方分割,使行会等分利集团失去了垄断和影响,也是由于贸易限制从社区上升到国家层次,会使关税壁垒长度减少许多倍,从而促进生产要素自由流动,并同限制分利集团等措施相结合的结果。作者还从分利集团决策缓慢，使决策日程愈益纷繁，从而引起工资和价格"粘性"，使社会垄断性增加，市场无法结清，导致失业增加，社会总收入减少，需求下降，最后导致经济的衰退和萧条，来解释一个国家为什么出现"滞胀、失业和经济周期"的现象。结论是，为了经济社会的发展，必须限制分利集团，而制订限制分利集团的法规，不需耗费大量的资源，正确的政策本身就能大大增进经济繁荣和社会效益。(王涌泉)

F000031　**当代资本主义的财产制度**　胡坚、刘伟等著。福建人民出版社1993年6月版。19万字。5.30元。共3篇9章。第一篇3章，主要从静态角度考察西方发达国家存在的各种企业财产制度的本质和特征，主要有独资的和合伙企业的财产制度特征、股份公司财产制度特征、合作制企业财产制度特征；介绍了战后西方发达国家国有制企业的发展状况、权能结构和行为特征，私有化运动；评介了西方著名学者如布坎南等的企业产权思想。第二篇4章，主要从动态角度考察西方发达国家社会资产运动，即市场交易。作者以金融资本、股票交易、卖买选择权、企业兼并与合并为例，分析其交易、买卖、转让的方式和运作程序。第三篇2章，从法律形式和法学理论上进一步解释西方国家财产制度的特征；比较了大陆法系和英美法系主要国家的财产法律制度；论述了战后西方国家在资产权利、义务、交易、企业解散等方面的法律规定。(刘进社)

F000032　**社会主义市场经济大辞典**　翟泰丰主编。人民出版社1993年6月版。194万字。78.00元。党的十四大提出建立社会主义市场经济新体制的目标，对中国经济的发展和社会主义观念的更新，将产生深刻的影响。本书是在确立经济体制改革目标之后，由理论界和实际工作部门百余名编撰者共同努力完成的。全书共分10编，收入3567个词条。以建设有中国特色社会主义的理论为指导，概述了中国从计划经济向市场经济转变的历史进程及经验教训；展示社会主义市场经济的体系内容，总括市场经济经营管理的基本规律、方法手段、战略策略；反映发达国家市场经济和国际市场的概况和经验教训，力求使中国的社会主义市场经济与世界市场经济的对接交融顺利进行。介绍市场经济的一般知识，反映中国经济体制改革的实践。(杨素梅)

F000033　**激进经济学**　[澳]布鲁斯·麦克法莱恩著，朱宝宪等译。商务印书馆1993年6月版。20万字。5.80元。除序与导言外，分4部分共12章。导言介绍19世纪以来，正统理论与激进理论争论的历史情况，重点说明双方有关边际生产率理论和社会主义经济计划有效性的争论；认为激进经济学是一种批判正统经济学的思潮。第一部分为"正统经济学和它的问题"，这是对正统经济学的批判。说明正统经济学的哲学偏见，指出它对经济学下的实证性的定义和方法论的缺陷。第二部分进一步介绍新剑桥学派的理论；其中第四章批判了美国经济学家海尔布伦纳在《人类还有未来吗？》和麦多斯等人在《增长的极限》中提出的世界末日理论或模型，反映了激进经济学对资本主义存在的现实社会问题的批判态度。第三部分介绍马克思主义经济学，首先比较正统的和马克思的经济增长理论，说明马克思扩大再生理论的特点。其次介绍列宁的革命经济学，以及帝国主义理论与实践。作者虽然用独立的篇章来论述马克思经济学，并不认为激进经济学就是马克思经济学，而认为激进经济学与马克思经济学有根本的区别，它只是吸收马克思的一些范畴和批判方法。第四部分是社会主义的不同选择。探讨苏联社会主义制度下的价值规律和1965～1977年的"柯西金改革"；还讨论了东欧工人自治的政治经济学，重点分析南斯拉夫实行工人自治的成就和产生的问题。是一本较全面地反映激进经济学思想的著作。(张宗理)

F000034　**政治经济学要义**　[英]詹姆斯·穆勒著，吴良健译。商务印书馆1993年6月版。11.8万字。4.10元。作者为英国哲学家、历史学家和经济学家。以简明和抽象的形式复述李嘉图的理论，仿照萨伊的《政治经济学概论》(1803年)模式，划分政治经济学的内容。萨伊把政治经济学划分为生产、分配和消费三部分，即采用所谓"三分法"，把交换列入生产范围内。作者提出应把政治经济学划分为生产、分配、交换和消费四个部分，即所谓"四分法"。马克思对穆勒和本书的评价是："穆勒是第一个系统地阐述李嘉图理论的人，虽然他的阐述只是一个相当抽象的轮廓。他力求做到的，是形式上的逻辑一贯性。"本书被现代西方经济学家誉为第一本用英文写出的经济学教科书。(朱泱)

F000035　**中国公共经济初论**　李军著。陕西人民出版社1993年7月版。21.6万字。6.35元。探讨公共经济中特有的运行规律和规范准则。在"导论"中从我国存在的住房难、行路难、乘车难等公共事业问题入手研究。公共经济研究的主要问题是公共部门的活动范围，即划分私人经营还是公共安排的客观标准。第一篇，基础理论。第一章，着重探讨公共部门存在的客观依据和适用领域及其在社会总资源配置中的均衡过程，即对一些基础理论的探讨。第二章，确立公共物品与私人物品的交叉现象与公共物品广泛存在的观点；第三章，提出昂贵程度，需求弹性与超消费引起的福利损失理论；第四章，关于成文法与判例法的利弊分极；第五章，对最终消费品和消费中的自我扰动进行分析。第二篇，公共部门的成本与价格，是进一步规范公共部门经营领域的合理界限。第六章，价格的基本问题；第七章，公共部门内部的资源配置，即价格形成的基本特点；第八章，专门评介一种定价方法；第九、十章，进一步作具体的实证分析。第三篇，公共经济的组织与运行，从我国现实生活出发，更直接、具体地探讨了政府部门的规模与活动范围。第十一章，主要讲经济效益问题；第十二章，从世界范围内看公共生产中的官僚体制，探讨其产生和存在的一般成因；第十三章，对政府规模的研究是本书核心内容的实证拓宽；第十四章，公共选择理论是当代西方经济学评价政府行为的核心内容，它对提高我国各级政府的科学决策水平具有十分重要的参考价值；第十五章，对全书的研究作出几点重要结论。收入“青年经济学博士研究丛书”。（常平阳）

F000036 **庭院经济研究** 郝震宇著。新疆人民出版社 1993 年 7 月版。17 万字。5.50 元。从理论上对庭院经济进行系统研究，对我国庭院经济的起因、发展庭院经济的条件、庭院经济的特点、庭院经济的作用、庭院经济的开发及经营模式、发展庭院经济面临的问题等进行阐述，认为庭院经济具有独特的生态循环良性系统和高效的房前屋后利用优势。我国农村小家小户的经营，具有集约性、适应性和项目多样性等特点，家庭作为生产单位的组织形式，其内部的血缘利益关系使这种经营的管理变得方便、简单。（林丽）

F000037 **传统社会主义经济理论述评** 李宜楠遗著。任可整理。广西教育出版社 1993 年 8 月版。44 万字。8.30 元。由导论和 12 论组成。主要有：基础论、形式论、计划论、目的论、分配论、积累论、商品论、价值论、分工论、阵营论、危机论、过渡论。对传统社会主义经济理论进行分析批判，在许多问题上补充、完善、发展了科学社会主义理论。（蒙子良）

F000038 **社会主义市场经济概论** 林艾英著。河南大学出版社 1993 年 8 月版。15.7 万字。4.20 元。河南省国家公务员培训系列教材之一。坚持以马克思主义经济学为指导，运用劳动价值论、社会再生产理论去分析、构建社会主义市场经济体制的基本框架。首先从宏观的角度，概括介绍市场经济的内涵、要素、特征、功能及一般规律，阐明了社会主义市场经济的本质特征；从社会再生产角度，论述社会主义市场经济条件下社会再生产的各个过程以及各个过程不同于传统计划经济体制下的特征；指出如何建立和完善社会主义市场经济体制以及参加国际经济大循环的必然历史趋势。（张玉构）

F000039 **社会主义市场经济的理论与实践** 易培强著。湖南师范大学出版社 1993 年 8 月版。18.8 万字。5.30 元。以邓小平社会主义市场经济理论为指导，立足中国改革开放与经济发展的实际，对市场经济的基本理论与运行问题作系统阐述，并对有中国特色社会主义市场经济体制作初步探索。按照市场经济一般——市场经济特殊——社会主义市场经济与两个文明建设的顺序展开阐述。共 9 章：市场经济概述；社会主义经济也是市场经济；社会主义市场经济的微观基础；社会主义市场经济的市场体系；社会主义市场经济的分配体制和社会保障体制；社会主义市场经济与国际市场；社会主义市场经济的宏观调控；社会主义市场经济与经济发展；社会主义市场经济与精神文明建设。附录：《西方市场经济主要模式》；《关贸总协定与中国经济》两篇论文。（曹爱莲）

F000040 **社会主义市场经济通论** 魏杰等著。武汉出版社 1993 年 8 月版。17 万字。4.80 元。共 12 章。(1)从计划经济向市场经济转变的必然性；(2)市场经济的实质及特征与作用；(3)市场经济的类型及其选择；(4)市场经济的市场结构与体系；(5)市场经济的市场组织与规则；(6)市场经济的价格机制；(7)市场经济的所有制基础；(8)市场经济的企业体制；(9)市场经济的财政金融体制；(10)市场经济的农业体制；(11)市场经济的宏观调控体制；(12)围绕市场经济全面深化改革。作者认为，我国要搞市场经济，就必须对原来按照计划经济要求而建立的整个经济体制进行彻底改革，形成一个反映市场经济的体制。（刘凡）

F000041 **社会主义市场经济理论与实践** 程抱年、骆有云主编。中国国际广播出版社 1993 年 8 月版。26.3 万字。10.20 元(精)，7.20 元(平)。从 13 个方面阐述社会主义市场经济的理论与实践，包括：我国经济体制改革的目标是建立社会主义市场经济体制、社会主义市场经济条件下的所有制，市场机制及其运行，社会主义市场体系，开拓国际市场，转换企业经营机制,发展社会主义股份制,社会主义市场经济条件下的分配制度与社会保障制度,产业结构的调整与优化,把农业放在首位,推进农村改革与发展,发挥地区优势,加快地区经济发展,市场经济条件下的宏观调控,适应市场经济需要转变政府职能。作者指出,市场经济是生产高度社会化的产物,是商品经济发展的必然要求。建立市场经济是最大限度地发展社会生产力的历史选择。建立和完善社会主义市场经济体制是个长期发展过程。(徐新民)

F000042 **现代经济哲学** 王进主编。中国青年出版社 1993 年 8 月版。27 万字。8.30 元。系统阐述经济哲学的著作。内容包括:导言——在社会经济运动中实现哲学;经济与人类的关系;社会经济运动;经济主体与经济客体;经济系统;经济空间;经济时间;经济制约;经济规律;经济意识;经济行为;经济管理;经济文化;经济道德;经济美;经济观等。该书从哲学的高度分析研究经济活动的矛盾运动上作了有益的探索和尝试,拓宽了应用哲学的领域。(王斌俊)

F000043 **信息产业经济学论纲** 金建著。北京出版社 1993 年 9 月版。33.8 万字。13.50 元。运用系统论的方法,论述信息产业经济学的研究对象和内容,科学地界定产业、信息产业、信息生产力等基本概念,探讨信息产业的形成与发展过程,揭示信息产业经济学的内部结构和各要素之间的相互关系,以及信息产业的运行机制,论证信息产业在现代社会中对生产力和国民经济发展的巨大促进作用,从而建构了信息产业经济学作为一门新学科的完整框架。这是我国较早研究信息产业经济理论的一部学术专著。(龙杰)

F000044 **科学技术与生产力发展概论** 孙小礼、张祖贵主编。广西教育出版社 1993 年 9 月版。27 万字。11.00 元。从古今中外社会发展的历史中,凸现科学技术发展与社会生产力进步的密切关系。指出,古代科技并不是直接的生产力,但它对生产力的发展有重要的作用,它是远古文明的里程碑;在近代,科学技术逐渐成为生产力,它引起的两次产业革命使社会发生了深刻的变革;在当代,科学技术已成为第一生产力,科技大国的崛起给人们许多启示。还用不少篇幅,专门介绍中国古代科技的成就及其对中华文明的贡献,探讨近代中国落后与科技发展的关系,指出中国面对新科技革命的机会和挑战、反应与对策、问题与出路。(赵汝明)

F000045 **政治经济学新编** 杨光英等编著。河北大学出版社 1993 年 9 月版。38 万字。9.80 元。高校政治经济学教材。分上、下两篇。上篇通过阐明马克思、列宁的政治经济学基本原理,揭示现代资本主义生产关系的本质及其运动规律;下篇则主要以建设有中国特色社会主义的理论为指导,从理论与实践的结合上,探索有中国特色的社会主义经济运行规律。其特点是,对我国当前经济生活中出现的各种问题进行探索,力求做出科学的解释;对在实践中向传统理论提出的挑战问题不回避,如对社会主义商品关系,计划经济与市场经济的属性,生产要素的流动,劳动力市场化,以及国有企业产权关系和重塑企业制度等问题,作了分析论证。(邹卫)

F000046 **我的市场经济观(上下)** 江苏人民出版社编。江苏人民出版社 1993 年 9 月版。130 万字。上册:32.80 元,下册:35.20 元。收入薛暮桥、于光远、刘国光、吴敬琏、厉以宁、洪银兴、魏杰等 43 位我国当代经济学家的文章。作者从各自的研究实际出发,围绕社会主义市场经济的理论与实践,阐述了社会主义市场经济的本质特征、理论内涵、体制框架、实现途径以及新旧体制转换等问题,表达了作者对社会主义市场经济的观点、思路、主张和建议。全书突出了建设有中国特色社会主义的主题,体现了我国经济学界探索创新精神和实事求是态度。(仉正太)

F000047 **美国经济周期研究** 陈宝森等著。商务印书馆 1993 年 9 月版。25 万字。7.00 元。分 5 章。第一章研究西方经济周期理论在美国的发展,对美国各派周期理论的短长进行客观介绍和评价;第二章以马克思主义周期理论为指南研究美国经济周期与危机的内在根源、运动规律和传动机制;第三章对美国经济周期进行历史的考察,分析不同历史时期经济周期波动和危机的特点以及影响周期变形的因素;第四章研究美国政府反周期波动的政策与实践,对政府干预经济的历史作用和得失给以评价;第五章介绍美国对经济周期与危机进行预测的各种方法,探求以马克思主义认识论为指南借鉴西方的方法,提高我们预测能力的途径。(张宗理)

F000048 **非线性经济学的理论和方法** 黄登仕、李后强著。四川大学出版社 1993 年 9 月版。27 万字。8.50 元。系统全面地论述非线性经济学的理论和方法,评介 1993 年以前国内外非线性经济学的主要研究成果。第一章为引论,论述非线性经济学的研究对象、学科性质、研究方法及发展前景等问题,介绍了非线性科学的基本概念。第二至第六章论述非线性经济学的理论模型，探讨了经济增长、价格变化、宏观和微观经济系统中的非线性经济关系，提出了企业竞争的多重分形模型，揭示了经济弹性的分维意义，研究了计划与市场的关系、经济系统的弱混沌理论等。第七至第九章论述了非线性经济学的实证方法，介绍这些方法在宏观经济管理、金融、投资、粮食产量预测等方面的具体应用。第十章介绍非线性经济学的实验研究和计算机模拟方法。（杨守智）

F000049 **文化经济学** 程恩富著。中国经济出版社 1993 年 9 月版。28.7 万字。10.00 元。共 12 章。以文艺为主，涵盖教育、新闻出版、图书馆、科技等，广泛探讨文化与经济、文化资源、文化供给与需求、文化投资、文化消费、文化市场、文化商品、文化商品价格、文化劳动生产率和劳动报酬、文化经济效益和经济核算、文化发展计划、文化经济管理体制等一系列文化经济领域的经济学范畴，科学地分析了文化生产力和文化生产关系的矛盾运动，揭示出社会主义文化经济运行机制及其发展规律，是一门新兴学科。该书体现了中共十四大和八届人大确立的社会主义市场经济体制的基本精神，对文化经济领域的分析具有全面系统、理论新颖、对策适当、取材广泛和资本丰富的特点。（苏耀彬）

F000050 **社会主义市场经济学教程** 伍柏麟主编。复旦大学出版社 1993 年 12 月版。32 万字。10.00 元。分导论、基础理论篇、微观运行篇、宏观运行篇和经济发展篇，共 10 章。社会主义市场经济学是一门新的学科。该书根据邓小平关于市场经济的思想，结合中国实际，借鉴西方经济学的分析工具和方法，以社会主义制度下市场经济运行机制和运行规律为对象展开研究。收入“新编经济学系列教材”。（徐惠平）

F000051 **资本通论** 黄先勤著。海南出版社 1993 年 12 月版。49 万字。25.00 元。由价值论、商品论、商品经济论、资本制度论和社会形态论五大内容构成。从资本入手，对资本及资本社会的孕育、产生、生长、发展、演化的全过程进行研究和分析，并与现代社会经济发展相比较，阐明资本社会统一的政治经济学理论体系。（武铠）

F000052 **金融资本论** 吴大琨主编。人民出版社 1993 年 12 月版。28 万字。12.50 元。金融资本理论是列宁的帝国主义理论的核心。共分 10 章。其逻辑体系是：金融资本理论史；美国、日本、德国的金融资本；现代金融资本的运行机制；现代金融资本的国际扩张；金融资本的历史趋势。第一章阐述马克思、法拉格、希法亭和列宁对金融资本理论的贡献。第二章提出金融资本概念需要拓宽，金融资本的组织形式随着垄断资本集体私有制的发展，可以是金字塔式的垂直控制结构，也可以是网状式的横向控制结构的论点。第三章指出日本金融资本网状式的财团结构和法人持股优势，综合商社和“经理会”在金融资本体系中的重要作用。第四章集中论述德国金融资本在社会市场经济中运行的特点。第五、六章讨论当代金融资本运行中的宏观问题。第七、八、九章分别对现代跨国公司、现代跨国银行、跨国公司与跨国银行对发展中国家的渗透和控制进行考察。第十章论述当代金融资本及其历史趋势。（杨素梅）

F000053 **宏观技术经济论** 田江海著。人民出版社 1993 年 12 月版。20.9 万字。8.70 元。关于宏观技术经济学的学术理论专著。内容包括：科技因子属性，科技进步功效，当代技术经济关系特征，科技进步速度与经济增长速度的不同步性，技术进步对经济均衡发展的正负效应，新技术革命引起的产业演变，采用高新技术与实现充分就业，宏观技术经济效益的中心地位，科学—技术—生产—经济发展的转化过程，科学—技术—生产—经济的转化机制，科学—技术—生产—经济发展的转化战略，科技现代化与国民经济整体素质优化，从粗放型经济走向集约型经济，从数量型经济走向质量型经济，从物质型经济走向信息经济。系统研究了广义科学技术和宏观社会经济之间的关系，论述它们的地位、作用和联系，揭示了科学技术进步同社会经济发展的规律性。（魏海源）

F000054 **沿海经济学** 潘义勇著。人民出版社 1993 年 12 月版。29 万字。12.80 元。关于沿海经济的学术理论专著。由导论、沿海与世界经济中心、沿海经济与非均衡规律、沿海经济循环、沿海经济与体制运行、沿海经济与市场机制、沿海与内地、沿海开放与横向联系、沿海经济与梯度推移、沿海经济布局、沿海港口建设、沿海环境与双向投资、沿海经济特区、沿海经济的产业与政策、沿海与海洋资源开发等 15 章构成。把沿海经济作为研究对象，对沿海经济的内涵、沿海经济的本质、沿海经济的地位与作用、沿海经济与国际经济的关系、沿海经济与内陆国家的关系、沿海经济发展的规律等问题，作深入研究和论述。联系中国改革开放的实际，对中国沿海经济在改革开放中的地位和作用给予充分肯定，并对其未来发展进行探讨。沿海经济是一个独特的国际性的地缘经济现象。作者对其发展规律的深入研究，形

成了沿海经济学的学科体系。(魏海源)

F000055 **垄断资本概论——马克思主义的帝国主义理论、历史与当代** 马健行等著。山东人民出版社 1993 年 12 月版。42 万字。11.90 元。对马克思主义帝国主义理论史与当代资本主义现实进行探索。(1)对 19 世纪后半期到 20 世纪初马克思主义理论,特别是列宁创立的帝国主义理论作了回顾和评价。指出,列宁是在充分占有这一时期各资本主义国家经济发展的实际资料和批判地吸收前人成果的基础上,正确地揭示帝国主义产生的根源,指出它是资本主义发展的一个特殊阶段,阐明这一特殊阶段的基本特征及其历史地位。经过 70 余年的发展变化,列宁的分析已存有不足之处。(2)指出从自由资本主义阶段到垄断资本主义阶段、再到国家垄断资本主义阶段,这是资本主义生产关系在其自身范围内,为适应社会生产力的发展而进行自我调整所经历的三个时期。国家垄断资本主义的显著特点是资产阶级国家的经济作用得到空前加强。(3)对于国家垄断资本主义,强调指出其特征不仅在于国家干预经济活动的加强,更在于质的变化上,其主要表现在:资产阶级国家过去作为资本主义的上层建筑,主要是为资本主义经济提供外部的保障条件;而现在,国家的作用已成为深入到资本主义经济运行内部的一个必不可少的要素。作者还对金融资本及其在战后的发展、垄断资本的国际化、国家垄断资本主义条件下的阶级状况及其发展趋势等诸多问题作了探讨。(李旭茂)

F000056 **市场经济大辞典** 黄运武主编。武汉大学出版社 1993 年 12 月版。271.4 万字。98.00 元。收录与市场经济有关的词目 8000 余条。所收词条按类划分篇章,共有市场经济概述、市场经济理论、市场经济规则、市场经济主体、市场经济客体、金融市场、市场经济体系、市场经济运行、市场经济管理、企业经济管理、市场经济史等 11 篇 77 章。有 3 个附录,分别是社会主义市场经济体制构建理论名词解释、中国社会主义市场经济大事记、世界知名公司名录。在收录最基本的理论词条后,以较大的篇幅对市场经济运行的操作性知识作介绍。(刘爱松)

F000057 **西方经济发展思想史** 谭崇台主编。武汉大学出版社 1993 年 12 月版。35.3 万字。14.00 元(平),20.00 元(精)。经济发展思想是指涉及国民经济增长和发展问题的原理、学说,以及由此而作出的政策推论。本书列举从 15 世纪重商主义,以及后来的重农学派,还有亚当·斯密、李嘉图、西斯蒙第、萨伊、马尔萨斯、西尼尔、穆勒、李斯特,一直到 20 世纪 40 年代的柯林·克拉克等西方主要经济学流派、经济学理论,并用马克思主义理论进行客观评价。理清了从 15 世纪至 20 世纪 40 年代西方经济发展思想启蒙、演变、发展的脉络。收入《经济发展理论研究丛书》。该丛书旨在深入研究发展经济学的理论,并系统整理发展经济学兴起以前的经济发展思想,同时,在研究中力求理论联系实际,钻研我国的经济发展问题。全套丛书约 350 万字,共 11 种。目前已出版 6 种。分别是:《西方经济发展思想史》、《增长与分配》、《农业发展论》、《经济发展与利用外资规模》、《中国经济发展战略理论研究》、《列宁经济发展思想研究》。(刘爱松)

F000058 **社会主义市场经济通论** 魏杰主编。中国人民大学出版社 1993 年 12 月版。31.4 万字。7.70 元。首先分析社会主义市场经济的基本理论,其中包括市场经济的一般规定性,市场经济的基本特征与作用,市场经济的模式,社会主义实行市场经济的必然性,社会主义市场经济的基本特征等。还进一步分析社会主义市场经济的基本框架及其三个主要组成部分,即市场制度、宏观调控体制、市场经济体制。列入中国人民大学出版社"社会主义政治经济学系列教程"。(徐晓梅)

世界各国经济概况、经济史、经济地理

F000059 **中美日宏观经济连接模型及应用** 张守一主编。辽宁人民出版社 1993 年版。31 万字。9.50 元。中美日宏观经济连接模型国际合作项目第一阶段的研究成果。全书分 4 部分,共 18 章。内容包括:中国宏观经济计量年度模型;美国宏观经济计量模型;日本宏观经济计量模型;世界其他国家(地区)模型;贸易矩阵及其模型;经济波动时期的建模方法;一种新的线性回归技术;横截面生产函数;固定资产年代与生产函数;反向经济政策模拟;1990～1991 年中国宏观经济预测;中国宏观经济政策分析;1992 年中国宏观经济预测分析;对中国若干宏观经济问题的分析;向量自回归;经济计量学的亨德里学派;对策论及其在经济中的应用;混沌模型及其在经济中的应用等。(霍世荣)

F000060 **世界经济格局变化的动力学** 副名:兼论美国的地位和作用。肖炼主编。世界知识出版社 1993 年版。19.4 万字。5.10 元。中国国际问题

专家集体撰写的学术专著。从不同角度和侧面探讨20世纪末期开始的世界经济格局变化。这种变化的特点是超越国界而走向集团化,形成分别以美国、欧洲和日本为核心的"三元多重立体结构"。从微观、中观、宏观三个层次探讨有关这种变化成因的"动力学",可以发现世界经济运作的很多基本规律。后半部分主要对美国、日本和德国的综合国力作比较研究,尤其着重对美国经济实力进行实证分析,从而说明美国在世界经济格局转变中的作用。(王江)

F000061 **百年变迁** 副名:日本国家战略启示录。陈建著。广西人民出版社1993年8月版。10.7万字。4.30元。介绍日本民族曾经由弱渐强,后来居上的历史过程,分析日本战后复兴的原因,提出日本是否会成为政治大国和军事大国,以及将来对中国产生什么样的影响等问题。收入"国家战略丛书"。(周莉)

F000062 **综合制胜** 副名:综合国力与国家战略。黄硕风著。广西人民出版社1993年8月版。16.3万字。5.50元。研究综合国力的评估与发展,提出综合制胜——不战而胜的国家战略思想。在分析国际形势、评估国际战略力量与格局、制订国家战略及部门和地区发展战略等方面具有实用价值。收入"国家战略丛书"。(周莉)

F000063 **国家战略艺术** 副名:结构、原则和方法。李继盛著。广西人民出版社1993年8月版。11.9万字。4.70元。系统分析国家战略结构、国家利益、国家环境、国家力量及国家政策等基本要素,建立国家战略理论框架,阐述战略思考的原则和战略家问题,并对中国的国家利益、当今时代的特征、未来世界的战略格局、中国周边地区环境及中国国策等作概略分析。收入"国家战略丛书"。(周莉)

F000064 **国际惯例书库** 周文彰、符策震主编。海南出版社1993年8月版。400万字。5册。190.00元。了解和掌握国际社会经济运行通常作法和一般规则的入门书。共收入金融、税收、建设、外经外贸、财务会计、企业运作、社会管理等26个领域的国际惯例。对国际惯例作客观介绍或描述,一般不作分析或评论;只收录现在通行的国际惯例,对废止不用的惯例不再介绍。注重介绍具体的规定、措施、环节和操作过程,以便在实践中借鉴参考。(符策震)

F000065 **西方主要发达国家市场经济大观** 郭建青等编。中国经济出版社1993年8月版。22.5万字。6.80元。选取美国、英国、法国、德国、日本和瑞典等6个具有代表性的西方主要发达市场经济国家,分别从各国市场经济体制的建立和发展、市场经济制度、企业制度、产业制度和产业政策、财政制度和财政政策、金融体制和金融政策、外贸制度和对外贸易政策等方面进行系统介绍,分析了各国市场经济的运行及其特点,并探讨了其中具有规律性的共同点及值得吸取的经验教训。(刘一玲)

F000066 **世界特区经济探索** 苏彦汉主编。福建教育出版社1993年9月版。39.4万字。12.00元。全面研究世界经济特区的著作。对世界特区经济的各个方面进行深入地分析与探索。分析300多年来世界经济特区的发展过程与形式转换及其设置条件的变化,阐明各种特区经济形式的结构特色与功能;探讨特区关税类型、贸易模式、劳动力价格、市场特征、货币机能与宏观管理等关系特区发展的重要问题。作者力图以马克思主义经济理论为指导,吸收西方经济学有关理论的科学成份,来研讨世界经济特区的若干重要理论问题。如特区经济的本质与特征、特区区位优势的形成、贸易模式的转换、生产要素的国际结合配置与互补等等。(李南元)

F000067 **世界经济大趋势与中国** 王怀宁、罗肇鸿主编。中国国际广播出版社1993年9月版。15万字。4.50元。以国内外经济发展的事实为依据,阐述世界经济发展的大趋势,并结合我国改革开放的实际提出发人深思的问题。着重阐述了生产科技化、经济国际化、国际竞争经济化、世界经济地区集团化、服务社会化和信用普遍化、经济体制与宏观政策合理化等世界经济的主要发展趋势,以及由此对我国改革开放带来的启发与思考,说明搏击于世界发展大潮之中,是中华重新崛起的希望所在。(徐新民)

F000068 **经济体制** 副名:比较、理论、批评。[捷]奥塔·锡克著,陈秀山译,张连根校。商务印书馆1993年10月版。19.3万字。5.50元。被认为是锡克后期的三本代表作之一。作者从经济体制一般理论及其规定性的分析出发,对社会主义、资本主义不同经济体制的理论形成、现实特征、改革过程及未来发展等问题进行全面系统的分析。关于计划和市场问题,特别是对社会主义条件下的计划性和市场能否相容问题的探讨,关于社会主义国家进行经济体制改革时必须防止总需求过度膨胀的论述,以及关于经济体制、经济结构和经济利益之间的关系的研究等,具有一定的参考价值。书中对现实社会主义的评价是否适当,有待于读者判断。本书为内部参考读物。(杨宝兰)

F000069　**当代世界政治经济**　任正德等主编。新华出版社1993年10月版。32万字。9.90元。对战后至今(1945～1993)世界格局的变化、世界经济的发展及其趋势、新科技革命及影响、发达国家和发展中国家的方方面面、苏联解体和东欧剧变、当代世界两大主题和建立国际新秩序、联合国及其它国际组织的状况、中国的国际地位和对外关系等各种重大国际问题，作客观阐述和分析，使读者能对当今世界的政治经济形势及其发展趋势有一个整体了解。(陈卫东)

F000070　**21世纪与亚太丛书**　王亚军等著。中国国际广播出版社1993年10月版。53万字。5册。22.50元。丛书聘请资深国际问题研究专家及思想活跃的青年学者组成顾问与写作班子，以其宏阔的思维及活泼的笔调向人们展示世界经济重心持续东移，亚太以其异常的活力、巨大的潜力迈向新世纪——亚太世纪这样一个主题。丛书共5册："21世纪，亚太风云际会"、"亚洲四小龙：飞越地平线"、"中国：面对亚太的挑战"、"东盟：亚太新星系"、"日本：21世纪再创奇迹？"。(沈炽锐)

F000071　**国际经济技术合作**　沈伯明主编。暨南大学出版社1993年10月版。33万字。15.00元。结合我国对外经济技术合作的实际，全面介绍国际经济技术合作的基本理论和实务，如国际直接投资、国际证券投资、国际贷款、国际经援、国际技术贸易、对外加工装配贸易与补偿贸易、国际咨询、国际租赁等等。对我国正在蓬勃发展的利用外资、技术转让、对外工程承包和劳务合作等对外经济技术合作形式的理论、方针、政策和操作实务作详细阐述。运用最新的材料和事例展开分析，具有很强的实用性。(严奉强)

F000072　**现代化：理论与历史经验的再探讨**　[美]塞缪尔·亨廷顿等著，罗荣渠译。上海译文出版社1993年11月版。33.5万字。12.10元。学术论文集。共23篇，分成四编：一、现代化与发展理论的再认识。从不同角度对现代化和发展研究的一些基本概念、理论、方法进行探讨。二、工业化道路与模式的再探讨。阐述西方国家工业化的前提条件和历史，并对东欧早期工业化的特征作历史分析，为研究落后国家的工业化起步提出一些理论观点。三、政治现代化进程与发展目标。提出了各项发展目标的相容性假说，还提出了文化与发展的关系问题。四、东亚发展模式与工业化战略。从不同角度，对东亚经济高速增长的众多因素提出了新的解释。所选文章考虑到不同的学术观点，以及不同国家、不同地区的学者的观点。有欧美学者的研究成果，还特别选收了日本、印度、南朝鲜、埃及、以色列、尼日利亚等国的学者论文，以便进行比较和鉴别。(楼瑶卿)

F000073　**世界经济与亚洲"四小龙"**　余仁编。广东旅游出版社1993年12月版。57万字。18.00元。介绍世界经济状况以及韩国、台湾、香港、新加坡亚洲"四小龙"经济发展之路。分5章：第一章当代世界经济，介绍当代世界经济的概况、特点及发展趋势。第二章韩国的经济发展战略，介绍韩国经济概况、经济发展战略、面临隐忧及新的发展目标。第三章台湾经济发展的历程，介绍台湾经济概况，经济发展的几个阶段、经济特征及面临的新挑战。第四章香港成"龙"的奥秘，介绍香港经济概况、经济发展过程及策略、经济的难题以及香港过渡时期的展望。第五章新加坡经济发展之路，介绍新加坡经济概况、经济发展策略、政府的作用及面临的挑战。每章后都有详细的各项经济指标统计资料表。作者通过分析，得到以下启示：1. 确立出口导向战略。2. 把握机会，鼓励外向型经济发展。3. 引进外资和先进技术，缩短差距，提高国际竞争力。4. 注重市场机制的作用。5. 通过调低汇价促进外向型经济的发展。6. 重视智力投资和人才培养，保证经济、产业结构升级需要。7. 相对稳定的社会环境和适当的行政干预。(梁坚)

F000074　**中国和其他发展中国家现代化之比较**　姚志学著。湖北人民出版社1993年12月版。25.2万字。6.60元。共4编：第一编，导论，包括3章。讲述全书写作的指导思想和研究方法，从实证角度和总体形象上论述中国40年来现代化的成就，并和其他发展中国家(地区)的成就进行比较。第二编，国别比较研究，共3章。重点选择了印度、巴西和亚洲"四小龙"与中国大陆进行比较。第三编，专题比较研究，共11章。就发展中国家现代化进程中的一些带根本性的问题，进行经验教训的比较研究。第四编，总结。认为评价中国现代化成就的最好方法是把纵向和横向结合起来，进行三个方面的比较，即新中国和旧中国的对比，中国和其他发展中国家的对比，中国和发达国家的对比；对于中国现代化进程中的探索和失误，应放在实现社会主义现代化的伟大而又艰辛的探索开拓过程中去考察；社会主义制度可以更快更好地实现现代化。收入"当代世界与中国丛书"。(董玮)

F000075　**各国现代化比较研究**　罗荣渠等著。陕西人民出版社1993年12月版。41.6万字。

11.25元。对各国现代化进程从不同角度进行实证性研究，旨在为我国的现代化发展提供借鉴。全书分三编。第一编，关于现代化与历史文化传统的关系，强调在现代化启动阶段，非经济因素的作用在某种意义上甚至大于经济因素。第二编，关于工业化的道路与经验。现代化并不等同于工业化，但工业化确是现代化的核心。探讨工业化的不同模式选择，对不同类型国家，如西欧、北美、拉美、东亚和中东等国家和地区的经济增长和工业化道路进行研究，也对社会主义工业化的道路和经验进行研究。第三编，政治变革与社会文化发展。对高速经济增长引起的各种结构性变化和新的社会问题进行探讨，拓宽了现代化研究的领域和层面。全书最大的特点是把研究的重点放在第三世界发展中国家。收入“世界现代化进程研究丛书”。（常平阳）

F000076 **资本主义南北经济关系新论** 郭寿玉著。首都师范大学出版社1993年12月版。29.5万字。8.50元。本书是作者致力于研究马克思《资本论》等著作中有关国际性资本主义经济制度的论述，并将之概括为马克思主义的中心外围论的成果。马克思主义认为，资本主义经济制度“具有国际的性质”，是一种世界性的剥削方式，其生产关系均具有国际性质。而“生产的国际关系”又可分为一级的、原生的资本主义关系和二级的和三级的非原生的生产关系。由这两类生产关系构成世界性资本主义商品生产体系。这一个商品生产体系是建立在“生产谷物和棉花的卫星都围着”一个“工业中心”运转的资本主义国际分工基础之上的。作者经过整理、探索，并结合世界史、经济史、国际贸易史、世界经济学等方面的研究，形成本书的主要内容，马克思主义中心外围论。（张成水）

中国经济

F000077 **中国社会主义经济思想研究丛书** 王毅武主编。青海人民出版社1991年至1993年版。160万字。53.80元(平)，104.10元(精)。丛书共11本，即“毛泽东经济思想研究”、“刘少奇经济思想研究”、“周恩来经济思想研究”、“朱德经济思想研究”、“张闻天经济思想研究”、“李富春经济思想研究”、“邓子恢经济思想研究”、“邓小平经济思想研究”、“陈云经济思想研究”、“李先念经济思想研究”、“薄一波经济思想研究”。丛书既有统一的编写体例，又各具特色。运用马克思主义的立场、观点和方法，把研究对象放进中国社会主义历史发展的大背景中进行实事求是的考察。历史地、客观地介绍每位领导人的经济思想，研究其经济思想的特点与方法，说明其在中国社会主义经济思想发展过程中的地位与作用，阐述毛泽东经济思想的丰富与发展过程。（齐宏亮）

F000078 **宋史食货志补正** 梁太济、包伟民著。杭州大学出版社1993年版。65万字。35.00元。研究、整理《宋史食货志》的学术专著。主要为绪论、上篇、下篇三大部分，另有凡例、主要引用书简称表、引用书目录等。绪论介绍《宋史食货志》的修撰过程、史源及学术价值。上篇、下篇则依据《宋史食货志》记事的特点，以传统的笺注体裁，从三方面对其研究、整理：一是笺其所出，即找出其史源。凡是有线索可寻者，都尽可能地找出其所据之较原始资料。一般的，通过注出其事发生的具体年月指明其出处所在；稍重要的，则节录关键数语以资比较。二是正其错误。凡是依据较原始的资料，证明《宋史食货志》确实错误的，一一予以纠正。如遇所载与较原始资料存在差异，一般都先从《宋史食货志》体例的要求，编纂者行文的习惯，以及语言、风习的变迁等方面，设身处地地为之寻求合理解释，或提出疑点和线索供读者自行判断，而不忙于轻下断语。三是补其疏漏。对于《宋史食货志》已经言及的史实而记述有欠完备者，或相应的较原始资料中曾连类而书者，书中根据现存资料作增补收录，或提供有关线索。（黎风）

F000079 **杭州城市跨江发展研究** 马裕祥等著。杭州大学出版社1993年版。19.3万字。4.50元。研究面向21世纪的杭州城市发展空间战略，具有超前性。研究报告把杭州置于长江三角洲乃至全国的经济环境中，着眼于未来进行比较研究。既注意吸取西方城市规划和城市发展的理论与方法，又从杭州的实际出发，并有所创新。如采用AHP层次分析法对杭州城市用地方向选择作出科学的判断，为杭州城市跨江发展的战略提供可靠的依据。研究报告从分析杭州城市的区位条件和宏观环境出发，预测21世纪杭州城市发展的态势，根据钱塘江南岸的潜在优势与门槛费用的分析，以及杭州城市发展中的内外力作用，作出跨江发展的空间战略决策是有充分理由的。此项研究，对杭州市修订总体规划具有重要的参考价值，其思路和方法对研究其他城市的地域发展方向亦有借鉴意义。（田华）

F000080 **河北省环渤海湾一线地区投资指南** 宋要津等主编。河北人民出版社1993年版。15.8

万字。16.00元。以中英文对照方式,介绍河北省关于环渤海湾一线地区开发开放规划纲要、省级自办经济特区若干规定以及环渤海三城市(唐山、秦皇岛、沧州)和省会石家庄市开发开放的总格局、招商引资的客观条件、政策措施、涉外服务机构等。(李良元)

F000081 **梦想成真——广东走向市场经济** 黄海潮等著。华南理工大学出版社1993年版。19.4万字。5.75元。对广东1987~1992年改革开放,走市场经济道路作分析和总结。主要记述珠江三角洲地区从封闭、僵化、落后状态,向工业化、城市化、现代化转变过程及改革开放的基本思路和做法;记载广东这块拥有优越自然环境的土地,在国家优惠政策的扶持下结出的繁花硕果;展示广东在发展社会主义商品经济、建设有中国特色的社会主义现代化强省的基本经验和发展路向。全书分7章。内容以率先农村改革为首卷,接着分述广东财政金融体制改革,所有制结构的调整与改革,开放市场、发展商品经济的战略转变,建立外向型经济的特点,珠江三角洲模式的形成与业绩,分配制度的改革,让人民得到实惠的措施及带来的效益。指出在广东奇迹的背后仍存在着后劲不足的弱点。今后的出路是进一步加快改革开放的步伐,建立和健全社会主义市场经济体制,走出一条既高速发展又有良好社会经济效益的新路子。(周绍华)

F000082 **中国国家能力报告** 王治光等著。辽宁人民出版社1993年版。17.2万字。14.90元。依据大量的国情研究数据,系统地分析中国国家能力与国民经济发展的关系,指出在市场经济转型过程中,国家能力的重要作用。书中对于我国当前财政收入占GNP的比重和中央财政收入占财政总收入比重这两个比例严重下降与削弱,以及由此引起一系列关系到国计民生的重大问题,作了分析和研究,提出许多颇有见地的建议和对策。并指出:目前由于许多地方把有些应由政府发挥其功能的事业,一味推到市场上去,由此造成竞相争夺局部短期利益、盲目开发、浪费国家资源等不良现象。地方应做和能做很多的事,中央也应发挥主导作用。但如果地方政府的负担过重,在市场经济条件下,即会造成地方保护主义,分割国内统一市场,造成发达地区与贫困地区的差异扩大。(王峰)

F000083 **宁夏经济** 宁夏对外文化交流中心编。宁夏人民出版社1993年版。3万字。图片:212幅。30.00元。全书收212幅彩色照片,反映宁夏平原在古老秦渠、汉渠、唐徕渠引黄河水灌溉下,农林牧业欣欣向荣的发展景象;展现以煤、电、水为基础发展起来的新兴工业如冶金、化工、机械、建材、造纸、纺织、电子、仪表、陶瓷、食品、卷烟等工业企业的新风貌。还收有反映电气化铁路建设、高等级公路建设、新飞机场建设以及电信通讯、高等教育等在迅速发展的图片资料。(许家麟)

F000084 **开发大西南** 副名:联合开放开发卷。《开发大西南》丛书编委会编。学苑出版社1993年版。43万字。8.50元。收入九三学社中央组派专家深入实地调研后向中共中央提出的《大西南连片贫困岩溶地区脱贫与振兴经济建设》,1992年4月以后国务院和西南五省区领导人、专家学者有关联合开放开发大西南的讲话、文章、规划等70余篇。从多方面反映近年来对西南各省区实情的新认识,对有关经济理论的新探讨,以及开放开发大西南的新思路,可为认识大西南、开发大西南提供资料数据和理论依据。(一兵)

F000085 **九十年代改革开放与经济发展** 中央组织部等合编。湖南科学技术出版社1993年1月版。12.4万字。5.80元。1992年中央组织部、中央宣传部、中国科协等单位曾联合举办了《九十年代改革开放与经济发展》系列讲座,邀请科学界、经济界的有关专家学者主讲。本书是这次讲座讲稿的汇编,共五讲,即:(一)关于社会主义市场经济理论的几个问题;(二)从计划经济到市场经济;(三)对外开放和利用资本主义;(四)知识产权与改革开放;(五)股份制与证券市场。其特点是,理论和实际交融,外征和本质并论。对每一演讲主题的概念、内容、问题、原因、国内外对比、国际法规及应采取的对策等进行了阐述和分析探讨。(王劲松)

F000086 **改革开放的新起点** 副名:建立社会主义市场经济纵横谈。刘国光、厉以宁等主编。吉林人民出版社1993年1月版。40万字。8.80元。收录刘国光、厉以宁、吴敬琏、王珏、高尚全、何伟等十几位我国著名经济学家的著述14篇。文章紧紧围绕建立社会主义市场经济体制的重要意义、客观基础、任务和条件等理论课题,以及社会主义市场经济体制的基本特征、框架结构与实现途径进行阐述。(关静)

F000087 **特区建设与对外经贸** 符大榜著。南海出版公司1993年2月版。27万字。7.50元。内容主要有理论篇、特区篇、经贸篇三大部分。主要论述了对外开放和创办经济特区必须坚持以马列主义、毛泽东思想为理论基础，坚持以邓小平建设有中国特色的社会主义理论为行动指南，解放思想，大胆探索，充分利用外资，创造特区良好的投资环境。（刘孝阳）

F000088 **构筑北方香港——大连** 金红炜主编。大连出版社 1993 年 3 月版。20 万字。150.00 元。汇集 178 篇文章。其作者有市委书记、市长、区委书记、区长，还有政府有关职能部门的重要领导；有科学家、教授和大专院校、科研单位的领导，更有从事经济工作实践的企业家。文章从不同的角度展示大连蓬勃发展的前景，阐述发展大连经济，构筑北方香港宏伟目标的真知灼见。（徐百本）

F000089 **经济波动与经济调整** 逄锦聚著。南开大学出版社 1993 年 3 月版。30.4 万字。7.20 元。分三篇（理论篇、实证篇、政策篇）研究经济波动与经济调整的性质、经济波动的程度及其对社会经济发展的影响；重点研究了中国经济波动与经济调整的特殊性及其对当前中国经济成长的意义；同时，在有利于研究中国经济波动与中国经济调整的特殊性时，也对经济波动与调整的世界性的共性进行了较为深入的探讨。第一篇（第一至三章）界定了经济运行范畴，分析了社会经济运行的均衡与非均衡，常态与非常态现象，确立了正常经济波动与非正常经济波动的判断标准。第二篇（第四至七章）运用计量经济模型，实证性地分析比较了我国不同经济体制下经济运行的波动与调整，是对第一篇的理论的检验；第三篇（第八、九章）作为前两篇的逻辑延伸，探讨了解决前两篇所提问题的思路和措施，提出了促进我国国民经济持续、协调、稳定发展的方略。（胡晓清）

F000090 **上海市浦东新区手册** 上海市浦东新区管理委员会。上海远东出版社 1993 年 3 月版。69.9 万字。68.00 元。全面介绍浦东的工具书。阐述党中央关于开发浦东的决策的战略意义，介绍浦东新区发展前景，浦东新区投资基础，浦区新区 90 年代国民经济和社会发展目标，浦东新区各种优惠政策，外商投资企业申办、管理与法律，外商投资企业项目建设，浦东新区重点开发区域，浦东新区产业导向以及浦东新区管理机构等。附录有浦东新区开发开放有关政策法规汇编，1992 年浦东新区主要统计资料。（戴群利）

F000091 **当代中国经济发展中的政策选择** 胡乃武主编。浙江人民出版社 1993 年 3 月版。43.7 万字。10.00 元。共分 5 篇 26 章。作者运用规范分析和实证分析相结合的方法，结合历史和现实，从我国仍处于社会主义初级阶段的实际出发，以社会主义市场经济理论为依据，以促进生产力发展为准则，通过剖析制约中国经济发展的各种因素，揭示我国经济发展所面临的主要问题，探讨我国应采取的经济发展模式和发展战略。对现行的有关政策，如资源配置政策、经济稳定政策、产业结构政策和对外开放政策等进行客观评价，并提出一些具有探索性、创新性的经济发展政策；全面分析各项经济政策的内容、实施条件和运行机制、政策效应等。（何成梁）

F000092 **重新建立个人所有制研究** 戴道传著。安徽人民出版社 1993 年 4 月版。22 万字。4.70 元。全面考察马克思关于"重新建立个人所有制"的重要思想。强调"社会主义要把个性的弘扬与调控结合起来"。认为"既是个人的又是公共的所有制，乃是弘扬和调控社会主义社会人的个性的基础。""社会主义弘扬个性的基础是个人所有制"，而"社会主义调控个性的基础是公共所有制"。著者运用辩证分析的方法，划清理论界限，剖析关于个人、个性、自由等问题上的精神误解、曲解，明确指出，马克思主义的重新建立个人所有制，决不等于私有制，在社会主义发展过程中的公有制基础上弘扬劳动者的个性与自由创造，决不等同于资产阶级个人主义的泛滥。作者的考察和剖析，具有浓厚的思辨性和相当的理论深度。马克思所要"重新建立"的"个人所有制"，被杜林攻击为所有制的"混沌世界"；恩格斯批判杜林时，解释为"重新建立"消费品的"个人所有制"；列宁批判米海诺夫斯基时肯定了恩格斯的这一解释。作者认为，"只有从生产资料的角度来理解，也就是把重新建立个人所有制，理解为重新建立生产资料个人所有制，才符合马克思的本意。"只有理解公有制，即"公共公有制"或"个人公有制"，才是马克思的本意，才是正确的理解。（唐绍雄）

F000093 **世界与中国投资环境** 方晓丘、宗源著。福建人民出版社 1993 年 4 月版。21 万字。8.00 元。系统介绍国际投资环境与中国投资环境的基本情况。共分四编。第一编"国际投资与投资环境"，论述国际投资的产生与发展，并对国际投资环境进行评估。第二编"不同类型国家的投资环境"，分别介绍发达国家、发展中国家、独联体、东欧国家的投资环境。第三编"中国的改革开放与外国投资"，论述中国吸引外国直接投资的理论依据、取得的成就与存在的问题，以及对外资的政策导向。第四编"中国的投资环境"，在介绍中国投资的"硬"环境之后，着重介绍中国投资的"软"环境，如法律、税收、信贷、外汇管理、海关监管、关税和许可证管理、劳动管理、财务管理、审计制度、工作效率等。(黄智奎)

F000094 **走向大开放——海南经济文化问题探微** 范高繁等著。海南出版社 1993 年 4 月版。10 万字。4.80 元。论文集。收集 17 篇论文，分经济篇和文化篇，主要探讨在改革开放的新形势下海南经济文化的一些重大问题。

F000095 **中国市场经济全书** 胡平主编。华夏出版社 1993 年 4 月版。190 万字。62.00 元。分市场理论、市场主体、市场运行、市场调控四篇。(张伟)

F000096 **太湖流域开发探源** 魏嵩山著。江西教育出版社 1993 年 4 月版。23 万字。14.90 元。分 13 章：太湖平原的发育过程及太湖水系的历史变迁，政区建置和沿革，太湖流域开发的历史过程，太湖平原围田与圩田的开发，太湖流域西部山麓平原水利的开发，丹阳湖区圩田的开发，运河的兴修与发展，江南海塘的兴筑与发展，苏州城市的兴起及其城区的发展，市镇的兴起与发展，沿海港口的发展与对外贸易中心的转移，儒学与书院的发展及其分布等。论述太湖流域的开发历史，总结了太湖地区经济发展的经验教训。作者指出，先民在低洼沼泽地垦殖造田，留下圩田、沟洫系统这些珍贵的遗产，但也造成不少后患，圩田水灾每八年就有一次。究其原因如下：一是封建土地所有制固有矛盾，筑圩不能从全局出发，选址不当，梗塞水道；二是圩垦过度，水无所容；三是明代胥溪东坝兴筑，使水无所泄。这些剖析对今天根治太湖水患，具有重要参考价值。收入"中国江南区域开发研究丛书"。(晏筱梅)

F000097 **市场经济不可抗拒的历史潮流** 冯并主编。武汉出版社 1993 年 4 月版。31 万字。6.80 元。记述中国经济体制改革的历史轨迹和理论认识进程。分 3 篇：一、中国二次革命的历史创举；二、社会主义经济理论的变革与创新；三、改革思路的选择。收集 1992 年 9、10 月间，在经济日报和中国世界观察研究所等单位联合召开的座谈会上，有关学者、专家们的发言，是一部难得的史料记载。许多作者经历了改革实践和理论争论过程，他们在文章里从不同角度阐明建立社会主义市场经济理论的重大意义，论述了社会主义市场理论的具体内容。建立社会主义市场经济体制，是实现中国改革大业、使中国走向繁荣富强的必经之路，是一项艰巨的社会系统工程。一些专家学者和实际工作者，从不同领域提出发展市场经济所面临的问题。(刘凡)

F000098 **经济和谐论** 副名：社会主义市场经济持续协调稳定发展研究。谷书堂等著。中国经济出版社 1993 年 4 月版。26.5 万字。8.20 元。围绕国民经济持续协调稳定发展这个主题，运用现代经济学方法，系统研究中国经济增长、经济结构、经济政策、经济体制等因素同经济发展的关系，提出并论证了"标准结构"、"效益本位"等一些新的理论范畴。着重对社会主义市场经济条件下如何保持国民经济长期、高效、协调、稳定地高速发展进行探讨，提出一系列具有重要理论意义和实际操作价值的重大政策措施和新的理论观点，对理论研究部门和实际工作部门均有重要参考价值。收入"中国著名经济学家论著丛书"。(毛增余)

F000099 **中国地下经济问题研究** 夏兴园著。河南人民出版社 1993 年 5 月版。23 万字。6.40 元。该书以唯物辩证法为指导，运用科学的抽象法，统计方法与数学方法，规范分析与实证分析，从理论和实践的结合上反映现阶段我国地下经济的现实问题。阐述和分析了地下经济的涵义，地下经济的研究对象，我国地下经济的表现形式，我国地下经济产生的原因和条件，我国地下经济运行的特征，地下经济对财政收入的侵蚀，地下经济对国民经济的影响。还作了中国地下经济的考察分析，地下经济的宏观理性比较，发展中国家与发达国家地下经济规模的比较，发达国家与发展中国家地下经济结构的比较；提出了打击贩毒走私等非法地下经济的方针和对策，制止投机倒把、不正当竞争等非经济犯罪的地下经济活动的对策，以及治理民间信贷、挂户经营、无照经营等其他地下经济活动的对策。(刘成斌)

F000100 **撩开"经济黑人"的面纱** 万安培等著。河南人民出版社 1993 年 5 月版。12.7 万字。5.10 元。系"地下经济丛书"之一。"席卷全国的假冒黑潮，五花八门的欺诈狂骗；触目惊心的盗窃大案；千奇百怪的倒买倒卖；形形色色的无证经营……"本书淋漓尽致地展现了这一幕幕丑剧，描绘了"经济黑人"即地下经济人的活动特征。并提出了一些治理对策。(刘成斌)

F000101 **横看成岭侧成峰——长江下游城市近代化的轨迹** 茅家琦等著。江苏人民出版社 1993 年 5 月版。33 万字。6.50 元。探讨长江下游城市近代化过程中的经验、教训及规律，分析这一历史发展的自身条件、西方文化引入的影响以及与其他因素的相互作用。着重对南通、无锡、常州、镇江、芜湖、宁波作典型分析，总结其发展模式，指出城市发展不平衡性产生的原因，揭示抓住历史机遇、作出科学决策、在城市发展的竞争中形成自身特色和优势的重要性。收入“长江文明丛书”。（缪亚奇）

F000102 **开放之窗——天津** 李林山著。天津社会科学院出版社1993年5月版。52万字。16.60元。系统总结天津经济技术开发区建区7年来（1984年12月～1991年12月），在创立、规划、建设、管理以及未来发展方面的基本情况和基本经验，并就开发区的行政管理、工商财税、机构设置、法制建设、党、团、工会工作，以及基础设施建设、土地出让转让、工业项目洽谈、技术设备引进、环境保护、园林绿化、文教卫生等诸多方面的问题，进行了专题论述。（李民）

F000103 **对外开放区经济（修订本）** 张炳光主编。福建人民出版社1993年6月版。20.1万字。5.45元。系统探讨我国对外开放区域的特点、性质、发展战略，开放区的财政金融体制、劳动人事管理体制、投资环境以及对外开放区公有制企业的经营管理，“三资”企业的组织与管理，开放区与国内外的横向经济联系和联合等。1988年出初版。（陈云）

F000104 **中国经济增长分析** 舒元著。复旦大学出版社1993年6月版。22.3万字。9.00元。对我国1949年以来的经济增长进行定量分析和实证研究。从国际比较的角度，全面系统地测定我国经济增长的实绩和我国经济发展的水平；采用现代经济增长分析方法，应用总量生产函数模型和乘数——加速数模型，从供给和需求两个方面研究我国经济增长的决定因素，分析我国经济结构的变化和经济增长模式的特殊性；对定量研究的结果进行分析和评述，并对如何加快我国的经济增长提出建议。书中提供了研究我国经济增长和进行国际比较的大量数据，其中有许多是作者根据有关资料进行统计处理和经济计量给出的第一手资料。收入“复旦大学博士丛书”。（徐惠平）

F000105 **总需求变动规律与宏观政策选择** 副名：中国（1952～1990年）经验的理论分析。刘迎秋著。陕西人民出版社1993年6月版。29.5万字。8.20元。以我国近40年经济发展的经验为背景，以总需求变动为考察对象，以马克思主义唯物辩证法为指导，在统计检验的基础上，把短期分析与长期分析、实证分析与规范分析有机地结合起来，系统探讨和阐述总需求变动的内在规律，揭示总需求结构变动和总量变动的供给效应，区分了总需求总量扩张或收缩的“过度”与“适度”，论证和阐明了调节需求、推进供给的理论和政策。分7章：第一章，作为开篇，扼要说明研究我国总需求变动规律的意义、方法以及展开研究的内在逻辑。第二章，阐述总需求及其构成、总需求变动的涵义及其形式、我国总需求以及总供给的测定等几个问题。第三章，对我国总需求变动作总体考察，把我国40年来的经济周期区分为“古典周期”和“增长周期”，以表明其不同特点，进而阐明总需求周期的再生机制。第四章，集中探讨消费需求的长期变动，首次通过实证分析，说明我国消费需求不断上升的规律不仅是指末期消费需求高于前期，而且是指必须以保持一定的储蓄（投资）为前提；提出了“人均消费需求差额模型”，并论证消费需求不断上升的数量界限。第五章，进一步分析投资需求的长期变动，阐明投资需求合理增长的理论模型，揭示投资需求长期增长的趋势及其实现条件。第六章，主要从需求与供给内在统一的角度阐述总需求变动的供给效应。第七章，运用规范分析的方法，提出总量调节与结构调节并重，以结构调节为主，是我国今后一个时期调节需求、推进供给的根本政策选择。收入“青年经济学博士研究丛书”。（朱玉）

F000106 **中华人民共和国国家经济地图集** 中国科学院国家计委地理研究所等编制。中国地图出版社1993年6月版。20万字。265幅图。620.00元。我国第一部有关社会经济内容的大型专业地图集，由近20个单位的百余名经济界、地学界的专家和技术人员，历时7年编制完成。它汇集1985～1990年国民经济各个领域的大量资料，通过分析加工、设计构思，形象、直观地展现了我国社会经济的发展概貌，反映了经济和社会现象的空间结构和地区分布特征，是我国当代经济国情的信息库。图集以市、县为单元，通过千余种指标，详细描述了国民经济各部门的发展规模、水平、比例结构，增长速度和分布格局。图集分10个图组，总计265幅地图，全方位、多层次地表现了我国完整和独立的国民经济体系和工业体系。内容涉及资源、人口、经济总论、农业、工业、交通运输、邮电通信、建筑业、城市建设、环境保护、商业、外贸、旅游、金融、教育、科研、文化、体育、卫生，以及省区综合经济等各个方面。图集为各级领导机关和业务主管部门进行宏观决策提供科学依据；也是科研、教育、宣传部门进行国情综合分析，开展经济、社会科学研究，宣传我国社会主义改革开放和现代化建设成就，进行爱国主义教育的重要参考资料。（陆用森）

F000107 **现代化国际大都市：迈向21世纪的**

广州　巢振威主编。广州出版社1993年7月版。20.7万字。11.80元(平);15.80元(精)。探讨现代化国际大都市发展的规律和趋势,研究现代化国际大都市的发展战略、发展政策、发展规划以及现代化国际大都市科学管理的理论与方法,力求在世界范围内把握广州的未来,描绘21世纪广州发展的蓝图。它既不同于一般的纯理论研究,又区别于具体的城市发展规划、发展战略。其显著特点有:一是研究的国际性,包括研究主体的国际性和研究视野的国际性。来自美、英、德、法及香港等地的多位国际知名专家学者参与研究,并从全球的观点探讨国际大都市发展问题。二是研究的超前性,即把广州国际大都市建设放在21世纪的大背景下,在把握国际大都市发展总趋势的基础上,探索广州国际大都市建设的未来模式和战略目标,显示了国际大都市发展在时间上的纵深性。三是研究的创新性和实践性。专家学者提供的规划方案,有的已被广州市政府采纳,具有较高的决策参考价值。本书同时出版中、英文版。(王家声)

F000108　**凄风苦雨中的民国经济**　石柏林著。河南人民出版社1993年7月版。33万字。10.95元。主要展示的是国民党执政时期国民经济的一些基本概况。第一,将国民党执政的22年,分为3个阶段:即1927～1937年为第一阶段,1937～1945年为第二个阶段,1945～1949年为第三个阶段。同时,在编排体例上采用了上、中、下3篇的形式,上下两篇的标题,均采用"南京国民政府"这一提法,中篇的标题,则直接使用"国民政府"一词。第二,使用"国家资本"与"私人资本"的概念,以区别于以前"官僚资本"和"民族资本"的通常表述方法。第三,重点探索国民党执政22年所采取的各项经济政策及其作用。前期所采取的一切经济政策都是围绕着如何巩固初期建立的政权服务的,促进经济的发展;中期紧紧围绕抗战的需要,维系了继续抗战的局面;后期没能采取卓有成效的经济政策,终于导致经济的全面崩溃。第四,明确指出:南京国民政府基本上是一个资产阶级性质的政权,其采取的各项经济政策,基本上都是围绕着促进资本主义发展来制定和实施的。(张黛)

F000109　**决定中国方向的新因素**　吴锦才著。宁夏人民出版社1993年7月版。20.5万字。以问答形式撰写的社会学论著。内容有:邓小平对中国的影响如何?中国如何又一次陷入矛盾的漩涡?中国经济崛起的"密码"是什么?要不要设50个省来调整省与省的关系?以什么标杆来衡量中国的经济形势?股市的鲜花、眼泪与老百姓怎样实现"按资分配"角色的转换?中国花多长时间让人们富裕起来?改革调整了人们的利益后,政府和干部们怎么办?作者提出问题并给予回答。全书有浓厚的思辨色彩、凝聚着对民族命运和社会发展的重要思考。(高晓铃)

F000110　**走向市场经济的中国**　副名:王志纲社会趋势对话集。王志纲著。广东旅游出版社1993年8月版。29万字。8.80元。围绕社会主义市场经济及其相伴而来的价值观念、伦理道德等一系列问题,新华社记者王志纲与广东学者、政府官员、经济工作者进行对话的专集。作者深入中国改革开放龙头珠江三角洲地区,以求探究广东腾飞的奥秘,广东市场经济的奥秘。力求从广东市场经济的实践中,看出中国市场经济发展的社会趋势。内容有:"广东现象"透视,广东枯荣说,珠江三角洲启示录,粤港澳经济一体化趋势,广东外经贸腾飞揭秘等。(胡开祥)

F000111　**富国富民**　副名:从梦想到现实。姜百臣著。广西人民出版社1993年8月版。8.8万字。3.90元。反思历史,立足现实,展望未来,全面评价新时期以改革开放为核心的富国富民战略思想,在对财富、增长、分配、发展等基础问题的研究基础上,提出更新财富观与发展观,改变传统的发展模式,实行新的富国富民战略,使梦想变为现实。收入"国家战略丛书"。(周莉)

F000112　**走向高潮**　副名:权利、秩序与体制转换。宁向东著。广西人民出版社1993年8月版。11.6万字。4.60元。以产权理论和制度创新理论为背景,对中国经济体制改革的走势进行全方位、多视角的剖析,指出改革在本质上是一个产权界定、秩序形成、体制转换的过程。强调指出,经济发展是一个逐步积累、循序渐进的过程,改革需要科学的总体设计和分阶段的配套推进。收入"国家战略丛书"。(周莉)

F000113　**广西经济发展战略总体构想**　何异煌主编。广西人民出版社1993年8月版。28万字。7.80元。共分5篇。第一篇总论,针对区情特征,提出经济发展战略目标及发展途径的选择;第二篇为经济发展战略,从产业结构的优化,加快技术进步,生产力合理布局三个方面进行论述;第三篇为经济体制改革战略,把建立和发展社会主义市场体系作为广西90年代经济体制改革的基本方向;第四篇为对外开放战略,研究广西对外扩大开放,对内拓展联合的战略对策;第五篇为科技、教育与社会发展战略,把提高人口素质作为广西经济发展的基础和前提,把改善人民生活,健全社会保障作为广西经济发展的落脚点和归宿。收入"广西经济发展战略丛书"。(周莉)

F000114 **中国资本主义发展史(第三卷):新民主主义革命时期的中国资本主义** 许涤新、吴承明主编。人民出版社 1993 年 8 月版。60 万字。23.50 元。是《中国资本主义发展史》的第三卷,叙述新民主主义革命时期中国资本主义的发展变化;时限从 1921～1949 年,按一、二卷体系,分别考察外国在华资本、官僚资本和民族资本在这期间的发展变化。其中又以 1937 年和 1945 年为界,划分为三个阶段,即二三十年代、抗日战争时期和解放战争时期,分别构成第二、第四和第五章。第三章专门考察农业中的资本主义生产关系。第六章即最后一章探讨了中国资本主义发展的速度和水平。著者积多年研究成果,深刻地剖析了这段历史时期与中国资本主义发展有关的一系列重大问题,例如:论述了 30 年代的经济危机和国内市场、手工业和农业中的资本主义生产关系、国家垄断资本主义、民族资本主义等,使读者明晰中国资本主义发展史的全貌。该卷对中国资本主义的发展给予了总的评价。著者运用大量的统计资料进行定量分析,得出许多令人信服的重要结论,解决一系列中国经济史研究中的疑难问题。(杨素梅)

F000115 **西藏经济学** 狄方耀著。陕西师范大学出版社 1993 年 8 月版。25.9 万字。以西藏特殊的经济社会条件为依据,探索西藏地区经济运行及其发展的特殊规律。着力研究西藏的经济发展问题,还对西藏的历史、人口、自然地理、人们的观念等相关问题作了分析研究。在结构安排上,突破传统经济学的体系框架,把整个西藏地区经济运动过程的各个环节、各层面,相应归为三个产业进行深入研究,从运动中把握三次产业之间的协调关系。(白跃世)

F000116 **中国高技术高附加值产品发展战略** 肖元真著。上海科学技术文献出版社 1993 年 8 月版。25.4 万字。7.60 元。探寻中国高技术产业和高技术高附加值产品发展的国际化新途径。共分 10 章,着重阐述世界高技术革命的由来和发展;中国高技术高附加值产品的现状及其产业化和国际化的走势;高技术高附加值产品立项和发展的评价体系;科学技术与中国经济和全社会系统的关系等高技术高附加值产品发展的结构、系统、指标和组合要素。(何兰林)

F000117 **中部地区经济崛起的思考** 罗以振著。安徽人民出版社 1993 年 9 月版。34 万字。7.60 元。主要论述中部地区经济的基本特征,研究了中部地区农业、乡镇企业、工业、商业、财政金融、科技和教育、旅游业、城镇、人口、县域经济等方面的现状和发展思路及对策,探索了中部地区与经济发展密切相关的社会管理改革、更新观念、经济体制改革与对外开放、区域协调等一系列问题。其内容密切联系我国的现实状况,体现了理论研究为实践服务的思想。(白明)

F000118 **河西开发研究** 吴廷桢、郭厚安主编。甘肃人民出版社 1993 年 9 月版。古代卷 30 万字;现代卷 20 万字。古代卷:8.00 元;现代卷:即出。河西的范围,随历史发展有所不同。河西地区得天独厚的位置和自然条件,使之在政治、经济、军事和国际文化交流、中外贸易往来等各方面都有极其重要的地位。中华人民共和国成立以来,河西一直是甘肃省农业发展的重点地区;今后,甘肃农业开发的重点仍在河西。河西开发的成败,对甘肃农业的丰歉,以至甘肃全省经济发展前景都具有举足轻重的影响。全书分古代卷和现代卷两册。古代卷从西汉至明清,现代卷从鸦片战争至 1989 年。按历史顺序对河西地区在不同时期的发展演变过程及每一阶段的特点进行论述。各个历史阶段以经济发展为中心,对政治、经济、军事、交通、文化、水土保持、生态平衡以及人口、民族关系等问题进行多层次、全方位的分析研究。揭示经济发展与相关的社会、自然诸因素的协调制约关系及其内在规律。书中坚持以历史唯物主义的立场和观点作历史性的系统论述,用历史材料进行纵向的对比分析研究,对各个历史时期开发河西的经验教训进行总结。(张祚羌)

F000119 **中国投资环境** 张敦富主编。化学工业出版社 1993 年 9 月版。104 万字。66.00 元。全面、系统地评估、介绍中国整体投资环境的专著。分 6 篇。第一篇对投资环境的理论与方法进行分析、归纳与综合,并提出中国投资环境的理论框架。第二篇投资环境因素分析,针对影响与作用投资环境发展的几个主要方面:经济基础、人力资源、自然、社会及政策、法制等环境,从不同角度与侧面进行分析、论述。第三篇中国投资环境总体评价,主要是从国家及宏观角度对中国投资环境的过去、现状和未来给予评价,介绍国情特点,地区差异和利用外资的主要成就。第四篇地区投资环境分析,除运用定性、定量相结合的方法,对中国九大经济区和相应省、市、区作了投资环境的剖析、评价外,还对中国改革开放有较大贡献的经济特区、经济开放区、沿海沿江开放城市以及陆地周边开放点的投资环境进行分析与评价;对了解、洞悉、掌握中国各级各类地区投资环境,提供一个重要渠道。第五篇中国重要产业投资环境,对中国社会经济发展起至关重要作用的十大产业:能源、原材料、重加工、轻加工、农业、交通通讯、流通业、金融业、房地产、高新技术等的投资环境给予分析评价。第六篇为投资环境案例分析。附录选编了对考察、研究中国投资环境具有重要参考价值的有关资料。(张婉如)

F000120 **经济体制效率分析导论** 副名:一个理论框架及其对中国国有企业体制改革问题的应用研究。刘世锦著。上海三联书店 1993 年 9 月版。24.3 万字。24.00 元(精),19.00 元(平)。研究经济体制的专著。借鉴和运用新制度经济学、新古典经济学的方法,从效率角度对经济体制进行分析。构建经济体制效率分析的理论框架,考察中国国有企业体制改革中的基本问题。以承包制作为改革中的国有企业体制的典型形态,分别考察企业资产、产品、劳动力、经营者交易体制的构造和效率特征,对改革面临的一系列难题提出有价值的解释和判断,论述由承包制向股份制过渡的必要性和现实条件,以及政府推动改革与企业、个人自发进行改革的相互配合的重要性。(晓原)

F000121 **走向股份制经济** 孙尚清等编著。宇航出版社 1993 年 9 月版。18.9 万字。5.70 元。从历史和理论角度审视股份经济的产生、发展和走向。重点结合改革开放以来中国股份经济的实践活动,论述股份制运行的可行性和发展中国股份经济的策略,提出社会化生产和重新构造公有制基础上的社会主义微观经济的基本框架设想,以大量的业绩和经验说明实行股份制是我国企业在深化改革过程中的优选之路,说明实行股份制改造有利于促进企业经营管理机制的转变和明晰企业产权,真正扩大企业经营自主权。是“企业股份制改造实务丛书”之一。(王庆人)

F000122 **海南资源环境与经济开发战略研究** 温长恩主编。海南出版社 1993 年 10 月版。30 万字。9.80 元。论文集。由 35 篇论文结集而成,收集中外一些著名学者的研究文章。对海南经济发展战略,海南开发利用规划,环境生态与保护,矿产、水资源开发利用,农业、能源、旅游资源开发利用等方面,进行理论探讨和实践总结。着重预测和超前研究,对海南经济特区大开放、大开发、大建设有参考的价值。(符策震)

F000123 **阎锡山官僚资本研究** 景占魁、孔繁珠著。山西经济出版社 1993 年 10 月版。34 万字。16.00 元。阐述阎锡山官僚资本从 1919 年到 1949 年的兴衰演变的历史,揭示阎锡山官僚资本产生的原因、阎锡山发展官僚资本的动机,介绍阎锡山官僚资本的管理体制、运营机制、各类官僚资本企业间的内在联系和相互作用、阎锡山官僚资本在当时山西社会乃至中国社会经济中的地位,及其它对山西和对中国社会的作用和影响;提出一些独特见解,如对阎锡山发展官僚资本的意图的分析,作者没有简单地归之为“阎锡山为了维护其反动统治”这个传统结论,而是通过研究阎锡山的经历,以及他受到“三民主义”的影响和西方现代文明的启迪,他所处的特殊政治环境等因素,认为阎锡山积极发展“公营”企事业的目的,并不单纯是为了维护他的统治,其中也确实有造产救国,发展山西经济的动机。本书是对国内地方性官僚资本研究的补缺。(赵建廷)

F000124 **九十年代中国经济的走向** 郭振英著。新华出版社 1993 年 10 月版。22.2 万字。6.00 元。根据邓小平南巡重要谈话和党的十四大精神,总结改革开放以来的经济发展经验,探讨 90 年代以至下个世纪初的中国经济发展趋势。主要包括:第一、我国将长期坚持公有制为主体,实行按劳分配,建立社会主义市场经济体制,发展多种经济成分,这是保证社会主义方向和加快发展的前提条件。第二、把调整生产关系和发展生产力有机结合起来,在抓改革的同时,抓好生产力的发展,这是贯穿 90 年代经济建设进程中一项重要原则。第三、使科技发展在经济建设中占有重要地位,使经济建设依靠科学技术,科学技术面向经济建设,促进科技与经济的有机结合,这是长期的战略方针。第四、在促进东部地区发展的同时,加快中西部地区的发展,使人力、物力、财力等生产要素在地理位置上合理布局,这关系到各地的优势发挥和经济发展,也关系到各民族的团结和国家的统一,对这个问题 90 年代必将有大的举措。第五、市场机制和宏观调控都是社会主义市场经济体制的重要内容。使经济活动遵循价值规律,同时,运用好宏观调控方式和手段,努力保持经济环境的稳定,将是今后国家高度重视的一个问题。(张传秀)

F000125 **中国经济矛盾导论** 副名:中国政治经济学的新思路。刘永佶著。河南人民出版社

1993 年 11 月版。28.7 万字。16.00 元。主要阐述以下问题：明确了政治经济学的国度性；对中国现代化和政治经济学的中国化提出新的见解；确定了中国经济矛盾作为中国政治经济学研究的主体性内容；初步规定了中国政治经济学的基本范畴；明确了马克思的方法论与教条主义的区别及其对中国政治经济学的指导作用；从逻辑与历史的统一中探讨中国政治经济学的主客观条件；规定了中国政治经济学的体系原则及其演进的进程。本书与政治经济学教科书有实质性差异，其突出之处就是坚持政治经济学的国度性，指出中国政治经济学的对象就是中国特殊的经济矛盾，只有在说明和解决这一矛盾的过程中才能创立中国政治经济学。（张存威）

F000126 **中国经济制度的创新** 副名：从计划经济走向社会主义市场经济。高尚全著。人民出版社 1993 年 11 月版。25.4 万字。9.30 元。从整体上研究中国经济体制改革的理论著作。内容包括：中国计划经济体制的形成及弊病；中国经济体制改革的目标是建立社会主义市场经济体制；解放思想，大胆探索社会主义市场经济体制；建立现代企业制度；建立统一开放、竞争有序的市场体系；加快流通体制改革，促进市场体系的发展；建立主要由市场形成价格的机制；建立有效的宏观调控体系；建立社会保障制度和合理的收入分配制度；建立适应市场经济要求的农村经济体制；建立适应社会主义市场经济要求的对外经济体制；中国经济体制改革的战略和基本经验。从理论和实际两个方面说明中国经济体制改革的必要性和其胜利的必然性；将改革前后的情况进行对比，有据有理地进行论述；再现中国经济体制改革波澜壮阔的历程，反映中国经济体制改革的全貌。（魏海源）

F000127 **中共中央关于建立社会主义市场经济体制若干问题的决定** 。人民出版社 1993 年 11 月版。2.2 万字。大 1.50 元，小 1.00 元。中共十四届三中全会 1993 年 11 月 14 日通过的《中共中央关于建立社会主义市场经济体制若干问题的决定》，共 50 条，分 10 个部分。《决定》科学、系统地总结了我国经济体制改革的实践经验，回答了进一步深化改革需要解决的重要问题，规划了 90 年代的改革任务，为在 20 世纪末初步建立具有中国特色社会主义市场经济体制，勾画了基本的框架，描绘了宏伟的蓝图。《决定》从中国的基本国情出发，把中共十四大决定的经济体制改革的目标和基本原则系统化、具体化，对社会主义市场经济体制若干重大原则、方针和内容做出决定。它从社会主义市场经济体系的微观基础到宏观管理，从城市改革到农村发展，从经济运行机制到科技教育体制，从经济手段运用到法律制度建立，从生产、分配到流通、消费等各个环节和领域，构筑了社会主义市场经济体制基本框架。《决定》是建设社会主义市场经济的纲领。《决定》的精神实质，就是通过加快建立社会主义市场经济体制，进一步发展社会主义社会生产力。《决定》是邓小平建设有中国特色社会主义理论的具体体现，也是我们党改革开放和经济建设经验的宝贵结晶。（王能雄）

F000128 **市场经济与宏观政策** 李泊溪、谢旭著。山西经济出版社 1993 年 11 月版。24 万字。13.00 元。在调查分析自 1978 年以来我国经济体制转变及当前的宏观经济管理状况的基础上，对我国未来的政府经济职能转变与相应的宏观政策进行探讨。分上下两篇。上篇是关于中国当前宏观经济管理与政策的分析研究：第一章是综合性研究；第二、三章探讨我国未来经济体制与宏观经济管理的模式与方向；第四、五、六章分别就我国的政府投资、财政、金融体制和政策进行分析论述。下篇是对国外宏观经济管理与政策的比较研究：第七章着重论述市场经济发展过程中政府经济职能转化问题；第八章介绍发达市场经济国家政策制定的理论基础；第九至十三章分别就日本、美国、德国、法国、韩国的宏观经济管理与政策作介绍和分析。（张惠君）

F000129 **产权新论** 刘诗白著。西南财经大学出版社 1993 年 11 月版。24 万字。11.80 元。共分 6 章。从市场经济与产权制度的关系入手，阐述市场经济的基本构架、运行特点、缺陷与体制创新，强调搞好产权制度的构建，重塑社会主义市场经济的微观主体；分析了作为市场经济主体的财产权及其形式、财产结构及其变化、商品经济条件下的财产权；在第五、六章中分析了现代股份公司产权制度的特点，以及社会主义国有企业产权制度，指出了股份制的产权形式的进步作用，传统国有国营企业体制的弊端，传统国有企业产权制度及其弊端，以及完善社会主义公有制的必要途径等。本书还有 14 个分论，就产权的定义、产权制度的功能、产权的构建、社会主义商品经济与企业产权、产权自主转让、社会主义股份制、社会主义全民所有制的两权分离模式等，提出自己的见解。

F000130 **结构与行为** 副名：中国产业组织研究。马建堂主笔。中国人民大学出版社 1993 年 11 月版。18.1 万字。8.50 元。介绍现代产业组织理论的最新进展,我国主要行业的市场结构。深入研究市场结构对企业行为和市场绩效的影响,提出了优化我国竞争政策和组织政策的基本思路。列入中国人民大学“经济科学文库”,获“孙冶方经济科学著作奖”。(郑伯平)

F000131 **外向型经济之路** 魏廷华编著。广东旅游出版社1993年12月版。23万字。6.80元。共分7章:外向型经济理论研究,建立外向型经济运行体系,制定经济发展战略,利用外资和海外投资,对接环球大市场,经济开放区,国际竞争与国际市场。结合广东的经济发展,并适当吸收海外的理论和经验,试图从理论与实践的结合上,提出进一步发展外向型经济的途径和运作知识。作者长期从事外贸实际工作,对广东外向型经济的发展与实践有较深入的体会和研究,书中阐述的观点,对中国目前的改革开放和实际经济工作,有一定的借鉴意义。(胡开祥)

F000132 **大开放 大发展** 副名:中国沿海、沿江、沿边地区的崛起。黄美来、张江垠主编。广西人民出版社1993年12月版。53.3万字。18.00元。反映我国“三沿”省区的省、地、市、县领导共同探索对外开放路子的论文集。从“三沿”地区改革开放征文活动收到的800多篇来稿中精选119篇编辑而成。作者回顾十多年来开放的历程,总结和展示沿海省区改革开放的成功之路,有重要的现实指导意义。(周莉)

F000133 **经济改革与发展研究** 罗时祥著。南海出版公司1993年12月版。52万字。15.00元。有关社会经济发展的论文集,共收入作者80年代中期至90年代初所发表的论文71篇。分为城市改革与城市战略、市场与市场体系、特区改革和经济发展3个部分。以经济改革为主线,阐述城市经济对地区经济发展的影响,商品经济的发展,特区社会主义市场经济体制的建立等方面的观点。第一部分主要以武汉经济建设的实践,探讨中心大城市在经济发展中的产业结构、城市功能,提出在城市建设上的设想。第二部分则从宏观和微观两个方面阐述深入进行经济体制改革,建立商品经济的前景和可行性,并着重对我国流通领域的体制改革进行探讨。第三部分明确提出建设社会主义市场经济的观点。结合特区经济体制改革、海南省经济发展战略、开放模式及海南经济特区在改革开放中所取得的成果,加以论证说明。(吴键)

F000134 **开放与开发** 邹良贤著。南海出版公司1993年12月版。32万字。11.90元。共分四部分。第一篇战略与产业,对海南经济超常规发展的理论进行论证,就海南赶上东南亚“四小龙”的构想,工业在国民经济中的主导地位,优先发展科技农业,土地资源的开发,海南房地产业的现状与前瞻,海南的旅游业,对私有企业发展等一系列问题进行探讨和论证。第二篇经济分析及对策措施,包括1989年以来的各年度经济分析。第三篇政策比较研究,第四篇精神文明建设与其他,内容主要包括海南与其他经济特区投资政策比较及东南亚的经济发展与政策和特区精神文明建设等方面的评论文章。(刘孝阳)

F000135 **山西经济上新台阶对策研究** 中共山西省委宣传部组织编写。山西人民出版社1993年12月版。39万字。18.00元。内容包括“总论篇”、“行业经济篇”、“区域经济篇”三大部分,共18个专题。编排上有三个特点:一是系统性,即把握宏观与微观的结合,多层次、多侧面地研究探讨问题;二是协作性,即把握理论研究机构与实际工作部门的结合,通过搭配组合,实现优势互补;三是应用性,即把握理论与实践的结合,在理论分析基础上,提出可供参考的思路和对策,为领导决策和现实操作服务。(卢渝)

F000136 **股份经济大辞典** 蒋一苇主编。陕西人民出版社1993年12月版。82万字。14.00元。共收辞目近2000条,分三部分:第一部分股份公司,包括股份制企业的类型、股份公司的设立程序和法人类型、股份公司的组织结构、股权设置及股份类型、资本构成及经营管理、股份企业的财务与分配制度等;第二部分证券、交易市场及机构,包括股票和证券及其交易、交易市场和有关机构等;第三部分股份经济的法律规定及相关法律制度,包括公司法、证券法、证券管理法、破产法、民事法律制度、金融法、票据法、税法、会计法、保险法、劳动法等。(张海潮)

F000137 **中国:改革中的经济增长与结构变动** 郭克莎著。上海三联书店1993年12月版。32万字。24.80元(精);19.80元(平)。论述经济增长和结构变动的专著。尝试运用现代经济增长和发展理论的分析方法,对中国现有的统计资料加以必要的处理,对中国改革中的经济增长和结构变动进行系统分析,包括对改革中工业化过程的转折和经济增长的态势、经济增长因素的变动及其效应、产业增长因素比较与资源总配置效应、产出结构的变动及其失衡动因、产出结构与投入结构的关系等进行实证分析。对经济增长的模式、经济增长的机制、结构调整与结构成长的关系等作理论探讨。从比较分析中得出结论：综合要素生产率（TFP）的变动与经济增长率的波动呈负相关。经济高速增长只有建立在综合要素生产率的作用率不断上升的基础上，增长过程才是优化的，并且能保持良性循环。同时，也只有使经济增长与要素投入保持适当的速度并不断提高投入要素的质量，才能促进综合要素生产率持续增长。认为，资产结构高度化是产业结构高度化的中心，它推动产出高度化，并带动技术结构和劳动力结构的高度化；技术结构高度化又是产业结构高度化的动力，是产出结构高度化的保证，也是联系资产结构和劳动力结构的纽带。该书提供一些有依据的实证结论和资料，以及可供参考的研究思路和研究方法。（晓原）

F000138 **经济运行与调控** 副名：计划与市场结合模式研究。张明龙著。浙江人民出版社 1993 年 12 月版。31 万字。8.20 元。采取规范和实证并使，理论与对策同用的方法，从我国现阶段社会主义市场经济运行过程的实际出发，以马克思主义经济学原理为指导，广泛吸取中外学者的有关研究成果，对计划与市场两种调控机制的优化组合及运用问题，进行开拓性研究，提出独创的“水乳交融”结合模式：使计划机体的诸构成要素、诸内在机制，如同乳在水中那样融合一起，形成一个不分你我、浑然一体的融合制约机制，并由这种融合机制在社会主义市场经济中产生综合调节作用。作者将自己创新的理论模式，应用于社会主义市场经济的实践，分析了如何运用融合机制转换国有大中型企业的经营机制，促进非公有制经济规范、健康地发展，调整和优化经济结构，推进收入分配领域改革和做好对外贸易工作等问题。（王放鸣）

F000139 **武汉市引进技术及相关问题研究** 罗良忠等著。中国地质大学出版社 1993 年 12 月版。20.6 万字。9.50 元。以武汉市引进技术为对象，联系社会经济发展，通过收集大量的数据资料，建立了引进消化吸收的综合评价指标体系与模型，对武汉市 10 年引进技术及消化吸收的全过程，分行业、按系统地进行分析评价，提出武汉市引进技术及消化吸收管理的对策和措施。运用系统工程和统计学方法与现代计算机技术相结合，借鉴国内外技术发展水平综合评价的理论和方法，建立简便易行的评价模型，并对引进技术进行统计分析。运用定性与定量、静态与动态、演绎与比较相结合的科学方法，对问题进行分析评价，揭示武汉市技术引进的运行机制及技术进步与经济增长作用的力度，为改进今后的工作及制定政策提供了重要依据。提出的主报告及若干个专题报告思想深刻，普查深入；所构造的指标体系科学合理，可操作性强；在分析引进技术对产业结构调整，经济发展和技术水平提高等方面做了有益的尝试。在占有丰富统计资料的基础上，通过与沈阳、天津、上海、重庆、南京等大城市技术引进和消化吸收的对比分析和研究，探讨了武汉市 10 年技术引进工作的差距和存在的问题，并客观地找出了形成这些差距和问题的原因，得出了符合武汉实际的结论。（赵秀鸾）

F000140 **现代香港经济** 郑德良编著。中山大学出版社 1993 年 12 月版。45 万字。16.90 元。介绍香港社会经济概况。对以香港为典型的“城邦”经济性质、特点及其独特的管理体制作详细分析；对香港证券投资市场、对外贸易、房地产、旅游业、商业零售等运作进行分析与评介；阐述香港作为一个跨国公司总部所在地及投资中心，内地应如何积极地加以利用。（蔡浩然）

F000141 **经济特区与出口加工区的比较研究** 王振中著。鹭江出版社 1993 年 12 月版。15.6 万字。7.00 元（平），15.00 元（精）。运用比较研究中的“一致性方法”和“区别性方法”，把历史演进与现实格局、实证分析与抽象论述结合起来，对中国经济特区和世界上的出口加工区，从功能、出口实绩、企业结构、产业结构、就业工资、技术扩散、投资效益等方面，多层次、多角度地进行比较研究，探讨经济特区与出口加工区的未来演变模式。收入“特区经济丛书”。（甘于黎）

F000142 **“大香港”开放经济圈** 王琢等著。鹭江出版社 1993 年 12 月版。19.9 万字。8.50 元（平），13.00 元（精）。研究 1997 年香港回归祖国后，粤、港、澳经济关系如何发展的问题。作者依据邓小平“造香港”的宏伟开放战略和华南经济圈基本形成的客观事实，提出“两制一体”深港关系的构想。主张以珠江三角洲为核心，形成粤、港、澳经济一体化的“大香港”开放经济圈。本书研究具有超前性、战略性与构想性的特点。收入“特区经济丛书”。（甘于黎）

F000143 **中国经济特区建设的回顾与前瞻** 何佳声等著。鹭江出版社 1993 年 12 月版。46.2 万字。10.00 元（平），15.00 元（精）。系统回顾中国经济特区建设、发展的全过程，对 90 年代中国经济特区发展趋势作分析，对建立和完善社会主义市场经济、转换国有企业经营机制、企业股份制改造、国有资产的产权改革、金融国际化和市场化、政府有效的宏观

调控体系、特区城市国际化等"热点"和"难点"问题，作理论探讨。收入"特区经济丛书"。(甘于黎)

F000144　**从封闭型经济走向开放型经济**　戴园晨等著。鹭江出版社 1993 年 12 月版。23.1 万字。8.60 元(平)，13.50 元(精)。描述在经济特区、开放城市、开放地带率先进行以市场为取向的改革，形成与国际市场接轨的开放经济的现实轨迹，并从理论高度上予以总结和归纳。分上下两编。上编以经济特区为主线，对我国由点到面的扩大开放过程加以阐述；下编以开放经济的各个侧面为主线，阐述在开放各个侧面获得的进展并作相应的理论探索。收入"特区经济丛书"。(甘于黎)

F000145　**西北民族地区社会稳定与社会发展**　岳青、刘敏主编。甘肃民族出版社 1994 年 6 月版。23.6 万字。5.90 元。社会稳定与社会发展是当代中国走向现代化的最为重大的问题，而民族地区的社会稳定与社会发展在中国现代化进程中具有特殊重要的意义。作者运用社会学的理论和方法，总结新中国成立以来民族地区稳定与发展的理论与实践；分析现阶段影响民族地区稳定与发展的诸因素；探讨了整合社会关系，重构社会稳定与发展机制的系统对策，论述了民族地区社会发展的目标与途径；提出了民族地区经济社会协调发展的指导思想与战略模式。为西北民族地区的未来发展提供了有参考价值的思路和信息。(赵兰泉)

F000146　**中国经济区与经济一体化**　副名：中国大陆、台湾、香港、澳门经济发展与合作。张鸿文主编。天津社会科学院出版社 1995 年 7 月版。29.6 万字。9.00 元。分别从中国经济区一体化的构想、投资、贸易、货币、结算等方面，探讨与台湾、香港、澳门经济合作的途径、对策以及中国在经济合作方面的体制问题。其特点是：一、体系完整。全书共 6 篇 23 章，从历史及未来，从局部到整体，从中国经济区到世界经济，多侧面、多层次来论证中国经济区的特点、合作和一体化问题。二、从整体上提出有步骤、分阶段和可操作的经济合作办法，回答了中国经济合作中最困难的问题。三、充分肯定中国经济区的经济发展状况和经济优势，对中国经济区的整体优势、发展潜力和在世界经济体系中的地位等作深入探讨。四、体现"一国两制"的原则。(赵荣)

经济计划与管理

F000147　**经营管理大系**　许涤新、刘国光总主编。上海人民出版社 1990 年 7 月～1993 年 5 月版。423.8 万字。8 册。88.95 元。关于企业经营管理的一套经济知识读物。由许涤新主持，国内外有关科研单位、高等院校百余人参加撰写。根据企业领导、经营管理人员在生产经营活动中面临的问题，有针对性地将这些内容分成 8 卷：《基础经济知识卷》(卫兴华主编)、《领导卷》(夏禹龙主编)、《经营卷》(陈炳富主编)、《管理方法卷》(郑绍濂主编)、《管理组织卷》(刘诗白主编)、《对外经济关系卷》(孟宪扬主编)、《经济法卷》(杨洪、徐杰主编)、《实例卷》(夏明干主编)。该书有理论，有实例，是企业经营管理人员的参考书。(王舒娟)

F000148　**高等财经教育会计系列教材·企业会计学**　李光忠主编。湖北科学技术出版社 1993 年版。40 万字。9.85 元。"高等财经教育会计系列教材"之一。教材以国际通行的资产、负债、所有者权益等六大会计要素为基本框架，详细论述企业会计的基本理论和实务；在全面贯彻新行业会计制度的同时，兼顾一般企业和股份制企业、工业企业与其他各类企业会计核算的共性和个性。对新颁布的《银行法》、《审计法》及增值税等内容及与会计的关系，在修订版中也作了补充介绍。(李慎谦)

F000149　**高等财经教育会计系列教材·企业特种会计**　罗飞主编。湖北科学技术出版社 1993 年版。40 万字。9.50 元。"高等财经教育会计系列教材"之一。论述在当前改革开放不断深化与社会主义市场经济建设不断发展的情况下，企业会计已经碰到和将会遇到的各种特殊问题。内容分两大部分。第一部分是关于特殊情况下的财务报告问题，包括合并会计报表、汇总报表、外币报表折算，以及在物价变动情况下，会计报表按不变币值会计和现行成本会计调整等内容；第二部分是关于企业对一些特殊经济业务和事项的会计处理，包括企业合并、改制，分支店经营，专营权与寄、代销业务，租赁，所得税，企业的重整、破产和清算，以及合伙经营和合伙清算等内容。(李慎谦)

F000150　**高等财经教育会计系列教材·企业成本学**　李成安主编。湖北科学技术出版社 1993 年版。56 万字。14.80 元。"高等财经教育会计系列教材"之一。由绪论、成本核算理论与方法、成本控制理论与方法三部分组成。绪论从企业再生产过程中的资金耗费与价值补偿的一般规律出发，阐明企业成本的一般概念及理论依据，企业成本的分类、研究对象和目的。成本核算理论与方法部分，在阐释成本核算的基本假定与一般原则的基础上，论述成本计算基本方法形成的理论依据、一般程序、生产费用核算体系及汇集分配的一般方法，进而对成本计算的简单法、分批法和分步法的应用进行介绍。成本控制理论与方法部分，在论述成本控制原理及控制体系的基础上，按照成本管理职能，分别介绍成本预测、成本计划、标准成本制度、责任成本管理、成本报表编制及成本分析的理论与方法，力求建立企业成本的事前、事中、事后控制体系。（李慎谦）

F000151 **高等财经教育会计系列教材·审计学** 高子宏主编。湖北科学技术出版社 1993 年版。40 万字。9.70 元。“高等财经教育会计系列教材”之一。由两大部分组成：第一部分系统阐述审计的基本理论和基本方法，审计的组织和管理工作；第二部分着重阐述现代企业财务审计的理论和实际，包括资产负债表各项目与损益表各项目审计的目标、程序、方法和内容要点。为适应中国财务会计、审计工作对外开放的需要，编写中借鉴和吸收了国外现代审计的方法、技术和实用的理论。其中包括增加、充实审计准则、职业道德、审计项目的法律责任、制度基础审计、审计风险及其控制等内容。在企业财务审计部分，总结了中国社会审计方面的法规、制度和社会审计工作的实践经验，并吸收西方财务报表审计的规范化模式、程序和方法。（李慎谦）

F000152 **高等财经教育会计系列教材·管理会计学** 朱海芳主编。湖北科学技术出版社 1993 年版。40 万字。9.65 元。“高等财经教育会计系列教材”之一。管理会计是根据现代管理科学和基本会计理论建立起来的一门新兴的会计学科。教材系统阐述成本、销售、利润和资金等的分析与计量、预算与决策、考评与监控的基本理论和基本方法。其突出特点在于：从中国社会主义市场经济的未来发展和改革开放的现实需要出发，详细论述在单个企业的微观范畴内，成本与业务量以及成本、业务量与利润之间相互关系，变动成本计算、资金、成本、利润及销售预测，生产、定价、存货及投资决策，成本预算及责任会计控制等问题。（李慎谦）

F000153 **高等财经教育会计系列教材·企业财务学** 朱信诚主编。湖北科学技术出版社 1993 年版。36 万字。8.50 元。“高等财经教育会计系列教材”之一。企业财务学是研究对企业财务活动进行科学管理的学科。教材结合我国企业财务活动的实际，阐述财务的基本理论，从企业筹资、资金管理、收益分配、财务预测、财务计划、财务分析等方面，论述企业财务管理的具体内容和可采用的方法。其突出特点在于，吸收国外财务管理的科学理论和先进经验，对中国在企业财务管理方面的理论建设和实践经验亦不忽视；从中国的实际出发进行研究，形成具有中国特色的企业财务管理理论和方法体系。（李慎谦）

F000154 **企业战略管理理论与技术** 蓝海林编著。华南理工大学出版社 1993 年版。19.9 万字。7.95 元。分 8 章。内容包括：企业战略管理概述；企业战略管理者的构成、价值观和能力；企业内部环境分析和评价；企业宗旨、战略和政策的确定；企业战略因素分析和战略选择；企业战略的实施；企业战略的评价和控制。该书的特点是，阐明企业战略管理的原理，以生动有力的实例介绍国内外企业定量分析和评估的方法，图文并举，具有较强的实用性和可操作性。（周绍华）

F000155 **企业逆境管理** 佘廉著。辽宁人民出版社 1993 年版。31 万字。9.60 元。分四大部分。第一部分研究我国企业的亏损、潜亏、停产及国家补贴问题，对企业久衰不振的外部环境和内部管理原因及两者关系，对企业经营机制转变的理论争议，现有理论的实践效用以及西方国家对企业困境的研究状况等，进行综合分析与评价。第二部分，阐述企业逆境管理理论的基本范畴、基本研究命题、基本分析方法以及理论概念体系、分析诊断体系和操作方法体系的基本内容结构。对该理论的研究对象、目标、内容、作用等进行基本界定，对其学科性质、学科特征进行比较研究，基本界定了企业逆境管理理论学说雏型。第三部分，主要是对企业逆境现象、管理波动现象、管理失误行为的成因机理和表现征兆，进行思维方式与分析方法的研究，侧重于从实证角度，分析企业逆境、管理波动、管理失误的基本表现形式、运动过程成因环境，着重讨论企业决策活动的致错障碍环境和失误过程。第四部分，主要探讨在企业组织中建立预警预控管理系统的原理和方法，对预警预控系统的功能范围、组织机构、运行方式以及预警评价指标和具体操作方法，进行分析与设计。（王峰）

F000156 **威震全球的 101 位华商巨头成功之道** 卢业苗著。辽宁人民出版社 1993 年版。30.2 万字。8.50 元。收入本书的 101 位华商巨头，是从世界市场经济的发展史上，依其经济实力及影响程度，精选而出。其范围包括境外全体炎黄子孙，主要分布在南洋、美国、欧洲、日本、港澳及台湾等地。人物排序原则，主要考虑其总体的经济实力，先按地区和国家而分。如南洋华商的人数较多，经济势力强，影响大，故排最前。在某一国、一地区内的人物排序上，以长序原则，按出生年月而定；个别出生年月不详者，依经商早晚推定。对书中的人物简述其主要经济活动，指出其成功的要诀。(王峰)

F000157 **财务会计** 司徒淳等编译。王文元审定。辽宁人民出版社 1993 年版。52.3 万字。12.00 元。包括会计学原理与财务会计的基本理论、原则、概念、程序和方法等内容。尤其对会计功能、会计循环、商业会计、长期资产会计、负债会计、股份公司会计、通货膨胀会计以及资产负债表、损益表、财务报表分析、货币时间价值、现金与运动资产、存货计价、债权人投资、企业投资和财务状况变动等内容，作详细阐述。各章开头有提纲，再辅之以各种图表和具体案例，以便读者理解和掌握要义。侧重于对现代股份公司会计的阐述，强调现代会计应用电子计算机的重要性，并介绍电算化会计的应用情况。详细论述财务状况变动表的基本概念与编制方法。反映美国会计界与会计学界 80 年代的新情况、新问题与新成果。(王峰)

F000158 **住宅经济学** 蔡德容著。辽宁人民出版社 1993 年版。26.5 万字。7.50 元。分 15 章。对我国住宅经济的理论和实践作深入分析和研究。内容包括：什么是住宅经济学；住宅经济学的产生和发展；住宅经济在国民经济中的地位和作用；住宅的经济属性；住宅所有制；住宅商品化；住宅的生产和再生产；住宅价格；住宅租金；住宅供给与需求；住宅市场；住宅金融；住宅分配、住宅消费；住宅经济运行过程管理；住宅经济循环与国民经济良性循环等。(霍世荣)

F000159 **外商投资企业会计学** 李现宗等著。河南人民出版社 1993 年 2 月版。36.6 万字。9.50 元。以财政部最新颁布执行的外商投资企业会计制度和财务管理规定为依据，阐述外商投资企业会计的理论与方法。主要内容包括外商投资企业的外币业务核算、货币资金核算、债权核算、存货核算、长期投资核算、固定资产和在建工程核算、无形资产和其它资产核算、负债核算、投资人权益核算、成本费用核算、收入、利润及利润分配核算、会计报告、会计报表分析、清算业务核算等。(王锦)

F000160 **人才——企业活力之源泉** 云峰主编。内蒙古人民出版社 1993 年 2 月版。11.6 万字。2.90 元。分 3 编，9 章。第一编“立足之本”，把握现在，面对未来；第二编“成长导向”，建立起具有“四有”素质之职工队伍；第三编“育才之策”，指出企业人才培育之途径。主要内容有：一、对我国企业人才的现状进行深刻的剖析与反思，指出在跨世纪的转变中，我国在企业人才方面面临的机遇和挑战；二、着眼于 21 世纪，构造企业人才素质体系，详尽阐述企业家、管理人员、科技人员、普通职工这四类企业人才应具备的素质；三、本着面向世界、面向现代化、面向未来的指导思想，提出一整套发现人才、吸引人才、培养人才、使用人才的行之有效的办法；四、在纵观国内外企业人才发展大趋势的基础上，对传统企业人才观念、理论进行审视与创新。收入“跨世纪人才论丛”。(陈锦安)

F000161 **教育事业财务** 财政部文教行政财务司编。长春出版社 1993 年 3 月版。25.7 万字。7.00 元。“文教行政财务干部岗位培训教材”之一。针对我国教育工作的特点，着重阐述教育事业财务的基本概念、基础知识，以及加强教育事业财务管理的目的、要求和核算办法。第一章综述；第二章教育经费的预算管理；第三章教育经费的资金管理；第四章教育事业费的支出管理；第五章其他资金的收支管理；第六章教育事业财产物资管理；第七章教育事业财务制度；第八章教育事业财务报表；第九章教育事业财务分析；第十章教育经费的核算与效益考核；第十一章教育事业财务监督；第十二章教育事业的财务改革。(张耀民)

F000162 **企业家职业论** 夏应琪等著。大连出版社 1993 年 3 月版。20 万字。6.80 元。以厂长经理的职业行为为规范对象，提出企业家应利用人的物质欲望和精神需求，建立一个自动激励的组织体系，使组织内充满生机和活力，带动劳动效率的提高。全书共分 7 章：一、概述企业家的职业行为、素质及理论；二、企业家职业行为本质——社会管理“三原色”理论；三、物质需求的满足与物质文明建设；四、精神需求的满足与精神文明建设；五、运用社会规范是企业家行为本质活动之一；六、“绝对成本工程”与传统管理体系的差异；七、“绝对成本工程”的实施。提出新的理论观点和方法，适用于社会主义制度下的企业经营管理。(侯立杰)

F000163 **房地产开发企业财会业务** 杨卫东、钟世忠等著。山西经济出版社 1993 年 3 月版。27.1 万字。9.80 元。共有 18 章，主要包括房地产开发企业会计方法一般、资金来源的核算、往来款项的核算、无形资产的核算、经营房的核算、周转房的核算、建筑产品成本的核算、会计报表等内容。详细介绍房地产会计科目和记帐方法、房地产经营的资金管理、成本核算、银行存贷款业务、房地产经营的经济效益分析方法等，是一部严谨的房地产业务理论著作。收入“房地产业从业人员业务指导丛书”。(曹恒轩)

F000164 **房地产投资风险管理及经营决策方法** 陈佑启、朱振兴等著。山西经济出版社 1993 年 3 月版。23.3 万字。9.80 元。分 6 章，主要内容有：一、房地产投资风险概述；二、房地产投资风险的评估与预测方法；三、房地产投资风险管理；四、房地产开发中货币的时间价值；五、房地产投资决策的经济评价；六、房地产经营决策战略及方法。以实例阐述房地产经营中的风险种类、产生原因和控制途径，介绍了房地产投资风险预测方法和程序，房地产经营决策方法和程序等内容。收入“房地产业从业人员业务指导丛书”。(曹恒轩)

F000165 **中国房地产经营最新法规政策简释** 黄兴文、董增力等著。山西经济出版社 1993 年 3 月版。30.7 万字。9.80 元。主要内容有 6 个方面：一、综合类；二、房产开发经营；三、地产开发经营；四、房地产开发经营的财务、税收管理；五、房地产开发经营机构管理；六、涉外房地产开发经营。对中国现行房地产经营的法规政策进行分类解释，主要包括房产经营与管理、地产经营与管理、房地产经营财税管理、房地产经营机构管理以及涉外房地产经营与管理等内容，并附当前房地产经营的最新法规政策。收入“房地产业从业人员业务指导丛书”。(曹恒轩)

F000166 **房地产业从业人员业务指导丛书** 陈小平主编。山西经济出版社 1993 年 3 月版。58.80 元。丛书共分 6 册：《怎样成为一名合格的房地产评估员》；《房地产开发企业财会业务》；《建筑工程招标投标及承发包业务》；《房地产交易须知》；《房地产投资风险管理及经营决策方法》；《中国房地产经营最新法规政策简释》。丛书的主要内容有以下几方面：介绍国内外房地产价格理论；房地产会计科目和记帐方法；房地产流通形式和方法；建筑工程招标投标及承发包业务的基本知识、操作方法和程序；对中国现行房地产经营的法规政策进行分类解释等。(曹恒轩)

F000167 **房地产交易须知** 梁运斌、刘庆等著。山西经济出版社 1993 年 3 月版。23 万字。9.80 元。包括 11 章，有以下主要内容：房地产业概况；房地产市场；房地产经营；房屋租赁；房地产产权产籍管理；房地产交易中物业评估；房地产交易活动与程序；房地产经营管理的法律规定；房地产交易的基本技巧；房地产交易管理的法律规定；房地产交易管理机构设置状况，等等。我国房地产业经过迅速发展，在整体上已初步形成了包括土地使用权出让、转让、出租、抵押、租赁、拍卖等在内的各类房地产市场。该书详细介绍了房地产流通形式和方法，中国房地产市场和交易机构，房地产交易的基本程序，在房地产交易中常用的谈判方法和技巧等内容。收入“房地产业从业人员业务指导丛书。”(曹恒轩)

F000168 **怎样成为一名合格的房地产评估员** 陈小平、黄兴文著。山西经济出版社 1993 年 3 月版。27.2 万字。9.80 元。共有 6 章，主要有以下内容：一、房地产价格评估概述；二、房地产价格；三、房地产价格评估作业程序；四、房地产价格评估方法；五、土地价格评估；六、房地产评估工作要诀等。还附录有关房地产评估的标准、原则、细则、情况简介等内容。详细介绍国内外房地产价格理论，土建工程造价估算办法，房地产标准价格的制定方法，房地产价格评估方法等基本知识。收入“房地产业从业人员业务指导丛书”。(曹恒轩)

F000169 **外商投资企业会计与财务管理** 常勋著。厦门大学出版社 1993 年 3 月版。47.2 万字。8.90 元。根据 1992 年 7 月 1 日开始执行的《外商投资企业会计制度》和《外商投资工业企业会计科目和会计报表》以及《外商投资企业财务管理规定》编写。共分 4 篇。首篇从阐明利用外资的政策和方式，论述外商投资企业的特征，概述外商投资企业的会计制度。第二篇阐述会计核算的全过程。第三篇以整套的例题说明会计报表的结构和编制方法。在第二、三篇中，对一些重要问题，如外币的折算、所得税的计纳、利润的分配、停业后的清算、财务状况变动表的编制、会计报表的分析等，作理论探讨。第四篇重点介绍外商投资企业的财务管理体系及可供应用的技术方法。最后附有习题及会计科目和会计报表的名称。该书具有三个特点：①在广泛调查的基础上，对新会计制度进行评述，而不局限于介绍和说明新制度的规定，并提出建议；②对外商投资企业各类经济业务的会计处理和会计报表的结构内容，都与国际会计惯例及我国国有企业会计制度的要求进行对比，并着重从理论上进行分析和探讨；③例题翔实。本书所举例题，大多为作者在厦门、汕头、珠海地搜集的实例。(许红兵)

F000170 **企业转换经营机制实用大全** 陆国梁主编。学林出版社 1993 年 3 月版。32.5 万字。9.80 元。兼有理论性的实用工具书。以国务院 1992

年颁布的《全民所有制工业企业转换经营机制条例》为主要依据而编写。在"理论篇"中，就《条例》的制定及其目标、企业转换经营机制的形式、企业经营权、企业自负盈亏的责任、企业的变更和终止、企业与政府的关系等问题分列几十个专题作介绍和解答；在"实例篇"中，介绍远东仪表厂等十几个单位转换经营机制的经验；在"法规篇"中，选录《条例》及《中华人民共和国全民所有制工业企业法》等14个有关文件。对全民所有制工业企业转变经营机制、搞活经济，有重要的指导和借鉴作用。(雷群照)

F000171 **行政事业财务** 财政部文教行政财务司编。长春出版社 1993 年 4 月版。25.2 万字。4.40 元。"文教行政财务干部岗位培训教材"之一。根据我国行政财务工作的实践，主要论述行政财务的主要特点和基本常识，以及管理的基本方法与规则。第一章综述；第二章定员定额与费用开支标准；第三章单位预算管理；第四章支出管理；第五章公检法业务经费管理；第六章武警部队财务管理；第七章收入管理；第八章资金与财产物资的管理；第九章行政机关后勤服务单位财务管理；第十章财务分析与财务监督。(张耀民)

F000172 **现代西方审计** 李成章、童光明主编。东北财经大学出版社 1993 年 4 月版。22.7 万字。8.50 元。共分 10 章，主要内容有：现代西方审计概述；审计组织；审计师在现代社会经济中的地位和作用；审计理论；审计标准；制度审计方法；审计抽样；对财务报表项目的审计；审计报告和审计师的法律责任；经营管理审计。作者指出，审计是管理，它推动着经济的发展，但又不得不受经济环境的限制。审计的水平同经济发达程度相匹配。在审计理论和审计实务方面，西方经济发达的国家率先创立了现代审计。在现代审计中，由于普遍地运用了统计抽样技术，有效地发展了内部制度评价方法，所以在教材中着重介绍了这些现代方法；在审计理论、审计标准等方面，西方国家取得了公认的成就，值得借鉴。西方国家对管理会计作了成功的探索，本书也有全面介绍。(李春明)

F000173 **中国股份制企业会计** 叶薏等编著。福建人民出版社 1993 年 4 月版。29.9 万字。8.20 元。共 15 章。介绍中华人民共和国股份制企业现状和股份制企业会计的基本原理、原则、方法，并按资产、负债、成本费用和成本等会计基本要素，概括股份制企业经济活动的信息及其会计反映。(洪野)

F000174 **福州城市建设新貌** 福州市城市建设档案馆编。海潮摄影艺术出版社 1993 年 4 月版。20 万字。10.40 元。分 10 个部分，19 个类目。全面介绍福州城市建设的风貌，以便让世界了解福州，让福州走向世界，扩大福州在海内外的影响。(黄兆荣)

F000175 **市场经济与国有企业活力** 赵国良等著。西南财经大学出版社 1993 年 4 月版。19 万字。4.00 元。共 8 章。从建立社会主义市场经济体制的战略高度，研究和探讨搞活国有企业特别是大中型企业问题。探索如何增强国有企业的市场竞争力，把国有企业全方位推向市场。本书的框架特点：(1)不刻意追求形式上的"全面"、"系统"，抓住搞活国有企业的关键问题，讲深讲透；(2)对理论研究中存在的某些概念不清，或很难界定的基本问题，不回避，而是给予明确回答。

F000176 **新财务制度与实务 100 例** 丁学东等著。新华出版社 1993 年 4 月版。26 万字。11.20 元。系统阐述新财务制度的理论精髓和实务规范，重点展示了资金筹集、投资管理、折旧制度、成本和费用、利润分配、会计平衡公式、财务报表、外币业务等多方面财务事项的具体操作方法。书中解答的 100 个问题，涉及面广，实用性强，为财务工作者及其他经济工作者掌握新财务制度，提供参考资料。(徐光)

F000177 **物资管理学(现代德国经济管理译丛)** 盖哈德·厄尔道夫、克劳斯奥尔弗德著，姚先国主编译。浙江教育出版社 1993 年 4 月版。17 万字。3.50 元。第二次世界大战以后，在第三帝国废墟上建立起来的德国仍然占据着欧洲头号大国的地位，出现了"经济奇迹"。我们能够从中得到什么样的启示和借鉴?这是出版"译丛"的旨意。入选的原著均为现代德国"国民经济学"和"企业经济学"领域的专著或被广泛采用的教科书。《物资管理学》是其中研究物资管理的理论与一般原则的专著。分"物资管理概述"、"物资管理合理化"、"物资需求"、"物资库存"、"物资采购"、"仓库管理"、"物资分配"等七章予以论述。(余龙文)

F000178 **企业财务会计** 刘永泽等编著。大连理工大学出版社 1993 年 5 月版。33 万字。10.00 元。根据《企业会计准则》以及新的《工业企业会计制度》等文件编写。主要阐述在我国会计改革后，企业会计核算的基本理论和基本方法。列举大量实例，内容通俗易懂。全书共 14 章。第一章企业财务会计概述；第二章货币资金；第三章外币业务的核算；第四章应收帐项；第五章存货；第六章固定资产；第七章无形资产及递延资产;第八章投资;第九章负债;第十章成本费用;第十一章营业收入和利润;第十二章所有者权益;第十三章会计报表;第十四章会计报表分析。最后有附录。(刘晓晶)

F000179 **审计学** 侯德坤主编。农业出版社1993年5月版。24万字。2.95元。全国高等农业院校"七五"规划的基本教材。审计学是一门经济监督科学,是为适应我国社会主义市场经济发展需要而建立的新兴学科。本书运用马列主义经济理论,以党和国家的方针政策为指导,结合教学实践经验,系统阐述审计的基本理论,审计机构与审计人员,审计方法与种类,审计程序,审计报告和审计制度。在各项专题审计中,着重阐述内部控制制度、财政金融、财务收支、利润税金、财产物资、基本建设、经济责任、财经法纪、经济效益及农村集体经济审计等。(姚红)

F000180 **项目分析经济学** 副名:实践者指南。[美]W.A.沃德、[英]B.J.德雷、[印]E.H.D西尔维著,杨秋林等译。农业出版社1993年5月版。28.7万字。9.55元。本书是世界银行经济发展学院经济发展丛书之一。内容包括:新古典经济学和公共部门理论,转换因数的计算和说明,多目标项目评估的战略计划方法,项目动态分析的实用方法,项目经济评价案例等。(贺宏善)

F000181 **城市建设管理** 江景波、叶伯初、奚正修著。上海科学技术出版社1993年5月版。26.3万字。5.60元。内容包括城市规划管理、城市建设投资管理、土地管理、房产管理、市政设施管理、公用事业管理、道路交通管理、航政管理、环境保护管理、环境卫生与市容管理、园林绿化管理、城市供电管理、邮电通信管理、建筑业管理、城市建设管理体制与组织、人民城市人民建等。此外,书末还附有世界上部分城市的规模、建设投资状况、基础设施建设状况等资料。(魏晓峰)

F000182 **国际经营概论** 赵黎明著。天津人民出版社1993年5月版。27万字。7.90元。论述企业在国际环境条件下开展的经营管理活动。就国际经营环境分析、战略研究、技术转移与经济合作、国际贸易政策措施与实务、国际市场营销、国际融资与结算、国际商务谈判、国际经营企业生产管理分析等问题作详尽阐述,有助于企业领导干部和有关管理人员学习和掌握国际经营的基本理论和方法。(杨乡梓)

F000183 **房地产经营实务** 王益平等主编。浙江大学出版社1993年5月版。36万字。13.50元。研究城市房地产开发经营中的各种问题。以房地产企业(经营者)为主体,以房地产经营程序为线索,立足城市房地产改革的现状,突出房地产商品化的特性,力图概括和总结房地产经营的理论与实践。(傅白荣)

F000184 **文教企业财务** 财政部文教行政财务司编。长春出版社1993年6月版。23.6万字。6.60元。"文教行政财务干部岗位培训教材"之一。全书共分11章。介绍文教企业的行业特点和生产经营特点,系统阐述文教企业财务的基础理论,详细讲解文教企业财务的基本知识和方法,提出文教企业财务管理的基本原理和要求。(张耀民)

F000185 **涉外企业管理** 宣家骥等著。电子科技大学出版社1993年6月版。37.7万字。8.50元。根据工业外贸专业的特点,兼顾工商企业两方面,系统介绍涉外企业的经营管理。阐述在社会主义市场经济体制下涉外企业经营管理的新思想,以及国际化经营的新观念。内容包括外向型企业集团、涉外企业的战略管理、风险管理、无纸贸易、质量管理体系、融资管理等。(万晓桐)

F000186 **企业文化与企业行为** 沈大德、吴廷嘉著。甘肃人民出版社1993年6月版。20.9万字。5.30元。结合我国企业实际,借鉴经济发达国家经验,对企业文化、企业行为及其相互关系进行论述,提出一系列有价值的新见解。分2部分。第一部分(第一章至第七章)从个体、群体、管理技术、组织机制、领导模式、决策过程与方法、企业行为系统结构等不同角度,分析企业行为的目的、结构要素、功能及特征;第二部分(第八章至第十三章)则重点揭示企业行为、企业文化之间的相互联系及其具体渠道,企业文化对企业行为和管理科学的指导和推动作用,企业文化自身的内容、层次、作用与地位。(刘新田)

F000187 **现代点石成金术—价值转化工程** 黄锦奎著。湖南出版社1993年6月版。20.6万字。7.80元。价值学理论专著。运用哲学、经济学、政治学、决策学、系统科学、系统工程、技术科学等多学科知识,综合吸收前人的研究成果,提出了一个由价值哲学、价值学、价值转化学、价值转化工程等四个层次组成的崭新的价值学学科体系。认为它应当是一门独立于自然科学、社会科学、行为科学、系统科学、思维科学、军事科学、文艺科学、数学科学、人体科学等学科群之外的横断性综合大学科。提出了有限无限、最大最小、点石成金、杠杆支点、物元变换等价值转化工程基本原理;分析了宏观价值与微观价值、物质价值与精神价值、显价值与潜价值等转化关系;总结概括了能力律、最小量律、最大量律、时态律、稀有价值律、风险价值律、空间价值律、相关效应律、滚动价值律、良性循环律、信息律、系统律等价值转化的一般规律;特别分析了软价值转化的无限小无限大规律、非等价流变规律、名牌效应规律、取向倍增规律、垄断转化规律、中介转化规律、潜移泛化规律和统摄规律,对价值转化工程的基本要素、目标导向、类型、方向、步骤、方法以及影响价值转化的主要因素也进行了阐述。提出并阐释了价值转化这个重要概念,认为价值转化工程就是现代点石成金术,就是运用辩证唯物主义的观点研究价值转化的特点与规律,有效地改造客观事物,以最小的代价促进客观事物的价值转化,创造更多的物质财富与精神财富,以满足人类的日益增长的物质和文化需要的一门现代综合软技术。(黄楚芳)

F000188　**将帅之道与企业领导**　白胜著。广西人民出版社 1993 年 7 月版。19.6 万字。8.50 元。从我国古代典籍中特别是古代兵法中挖掘有关领导指挥艺术的思想,联系企业领导工作的实践,提出企业家必须研习的十大修养。作者提出在特殊环境下识人、育人和用人的方式,以及激励下级的方法。全书共分 8 篇,即思维篇、修养篇、谋算篇、人才篇、激励篇、统率篇、权变篇、失败篇等。从领导学的角度,结合企业在实际商战中的成功实例,分析企业家必须具备的素质。(张平)

F000189　**区域经济和城市发展研究**　华东师范大学西欧北美地理研究所、城市和区域开发研究中心编。浙江教育出版社 1993 年 7 月版。26.5 万字。4.60 元。区域经济和城市发展是各地当前经济发展中遇到的难题,两者直接关系到当地经济和社会各方面的走向。本书搜集国内 30 多位区域经济和城市发展研究学者的研究成果,其中有对战后世界经济走向进行完整阐述的,也有对国外诸多成功的或失败的产业(地域)经济和城市发展的典型例子进行深入剖析的。(余龙文)

F000190　**建设项目经济评价方法与参数(第二版)**　国家计划委员会、建设部发布。中国计划出版社 1993 年 7 月版。66 万字。22.00 元。主要内容是“关于建设项目经济评价工作的若干规定”、“建设项目经济评价方法”、“建设项目经济评价参数”和“中外合资经营项目经济评价方法”等 4 个关于国家进行建设项目经济评价工作的规定性文件及 6 个应用案例。文件和说明,对中国项目经济评价工作的管理,经济评价的程序、方法、指标等都作了明确的规定和具体的说明,并再次调整和补充发布了各类经济评价参数;6 个应用案例为实际工作者掌握和运用本方法做了示范。第二版“方法与参数”在整体构思上,更加突出了为社会主义市场经济服务的指导思想;在具体做法上,力求反映经济体制、财税制度改革的新情况,方法简单、参数配套、便于操作、易于推行。(郭连庄)

F000191　**质量工程学应用手册**　章渭基主编。兵器工业出版社 1993 年 8 月版。17.5 万字。6.00 元。主要内容包括:产品质量的概念、质量损失函数、容差的确定方法、静态特性的参数设计、动态特性的参数设计、计数值特性的参数设计等。还介绍开发、设计阶段质量工程学中一些最新的方法和成果,提供解决实际问题时各种必需的统计用表和有关的参考文献。(李翠兰)

F000192　**科学事业财务**　财政部文教行政财务司编。长春出版社 1993 年 8 月版。20 万字。5.20 元。“文教行政财务干部岗位培训教材”之一。共 11 章。系统阐述科学事业财务的基本概念、管理体制、预算收支管理以及资金管理、财产物资管理、财务管理、财务监督、财务分析等方面的理论和具体问题,并侧重从实践的角度对科技拨款制度改革及科研单位经济核算、财务效益考核作介绍和探讨。(张耀民)

F000193　**财务会计**　徐文彬主编。东北财经大学出版社 1993 年 8 月版。29 万字。13.50 元。根据《企业会计准则》、《企业财务通则》和有关行业会计制度,结合我国会计改革的实践和会计教学经验,阐述财务会计的基本理论和方法。共 15 章。内容包括会计准则、现金及银行存款、应收款项与应收票据、存货、固定资产及无形资产、对外投资、流动负债、长期负债、收入费用和利润、所有者权益、会计报表、企业清算、外币业务、股份制企业会计核算的特点等。阐述财务会计的意义、对象与会计要素;会计准则的意义及主要内容;存货的分类与计价、收入与发出、盘存;固定资产的分类、计价、增加、折旧、租赁、盘盈、盘亏及清理;流动负债的分类、短期借款与短期债券、工资与税金;长期借款、长期债券、长期应付款的核算;销售收入与销售成本、利润及分配;投入资本、公积金;资产负债表、损益表及利润分配表、财务状况变动表、合并报表、报表分析等;企业清算的程序和会计处理;股份制企业及其组织形式、股东投资及利润分配的会计处理等。本书为高等财经院

校专科财务与会计专业的主干课教材，也可供财会人员自学使用。（杨放）

F000194 **成本会计** 郭茂祥主编。东北财经大学出版社 1993 年 8 月版。21.65 万字。8.00 元。由财政部统一组织编写的高等财经专科学校试用教材。该书根据国家颁布的《企业会计准则》、《企业财务通则》和有关行业会计制度，以及近年来我国会计改革的实践和会计教学经验，比较系统地阐述会计的基本理论、基础知识和基本技能。共分 12 章、37 节。内容涉及成本计算、工业企业生产费用的核算、产品成本计算的品种法、产品成本计算的分批法、产品成本计算的分步法及其他方法，以及各行业成本计算的特点、成本预测、成本决策、成本计划、成本控制和成本考核、成本报表和成本分析等。（王经新）

F000195 **企业财务管理** 杨维祖主编。东北财经大学出版社 1993 年 8 月版。28.60 万字。10.00 元。高等财经专科学校教材。阐明财务管理的基本理论、基础知识和基本技能。全书有 11 章和 1 个附录。第一章总论，概述财务管理的意义、对象、职能、原则和组织；第二章至第十一章分别阐述资金筹集管理、流动资产管理、固定资产和无形资产管理、对外投资管理、成本管理、营业收入管理、企业利润管理、外汇资金管理、企业总预算管理和企业清算管理等内容。其中，第五章对外投资管理，系统介绍短期投资和长期投资、对外投资的风险与策略、对外投资的评价等内容；第十一章企业清算管理，介绍了企业变更和终止的法规，企业清算组织和企业清算的实施等内容。（王纪新）

F000196 **突破与重构** 副名：企业走向市场之路。吴兴科著。广西人民出版社 1993 年 8 月版。11.9 万字。4.70 元。阐述企业经过怎样的转变才能进入市场，市场经过怎样的培养发展才能趋向完善，以及企业在走向市场过程中国家该起什么样的作用，国家的职能该如何转变等重大问题。收入“国家战略丛书”。（周莉）

F000197 **会计学原理** 张学谦主编。湖北人民出版社 1993 年 8 月版。29.8 万字。7.70 元。共分 17 章：一、会计的基础理论；二、复式记帐原理；三、会计循环；四、商品购销业务；五、制造业产品成本计算流程；六、现金收支业务及其内部控制；七、帐款和票据；八、存货及其计价；九、长期资产及其转销；十、流动负责；十一、长期负债与投资；十二、所有者权益；十三、收入、利润及其分配；十四、财务报告的编制与分析；十五、合并会计报表；十六、财务报告与物价变动；十七、会计清算。（曾凡国）

F000198 **经济预测** 副名：理论、方法及应用。侯文超著。商务印书馆 1993 年 8 月版。43.7 万字。11.70 元。以定量预测为主，系统介绍这门学科的基本理论、方法和应用。其特点是克服有关论著中方法上杂乱无章的缺点，建立预测方法的科学体系。可作为高等财经院校本科生、研究生的教材或教师参考书。（杨宝兰）

F000199 **新会计制度总览总释** 阎达五著。中国经济出版社 1993 年 8 月版。263 万字。98.00 元。系统完整地汇集了我国实施新会计制度后的《企业会计准则》、《企业财务通则》、13 个行业的会计制度和 10 个行业的会计制度，并以通俗简明的语言对会计准则和会计制度进行解说。有理论方法的论证和操作技术的介绍；有共同业务的说明和重点难点阐释。分上篇、下篇和附篇 3 部分。上篇为《企业会计准则》和基本业务总览总释，它以会计准则为依据，重点介绍会计核算的原理、原则、方法以及各行业共同的经济业务；下篇为行业会计制度总览总释，按财政部颁发的 13 个行业的会计制度逐一进行介绍，重点说明各行业会计核算的特点、重点、难点和疑点；附篇则全文收录《企业财务通则》和行业会计制度。（华连斌）

F000200 **中国股份有限公司财务管理与财务会计** 唐予华主编。鹭江出版社 1993 年 8 月版。42 万字。18.50 元。依据《股份制试点企业财务管理若干问题的暂行规定》和《股份制试点企业会计制度》，并按 1993 年我国实行的新会计制度的要求，系统阐述中国股份制企业财务与会计的理论与实务，并与国外的有关理论与实践作比较分析。分上中下 3 编，共 17 章。主要内容有股份制概论、股份企业财务管理和股份制企业会计等。最后有两个附录。（甘于黎）

F000201 **新编会计基础知识** 赖少英主编。鹭江出版社 1993 年 8 月版。18.7 万字。7.00 元。以《企业财务通则》、《企业会计准则》为依据，结合 1993 年实行的新会计制度的基本内容和新的会计处理方法，对原有的会计教材作大幅度的修改和调整，侧重于简明、实用、通俗易懂。供大中专财会专业学生、在职财会人员等学习、培训使用。（甘于黎）

F000202 **高等财经教育会计系列教材·会计学原理** 阎德玉主编。湖北科学技术出版社 1993 年 9 月版。40 万字。9.25 元。“高等财经教育会计系列教材”之一。教材以会计的基本理论、基本方法和基本技能为基本内容,论述会计的基本概念、帐户、复式记帐、会计凭证与帐簿、成本计算、财产清查、资产估价、会计报表等传统内容,还介绍会计预测与决策、会计控制、会计分析与检查的基本方法,以及会计模式、会计准则等内容。其内容安排有两大特点:一是以建立社会主义市场经济会计理论与方法为目标,阐明会计的基本理论与基本概念,充实了会计准则和会计模式等有关内容;对会计对象问题的论述,坚持了科学的资金运动理论,强调会计对象、会计要素和会计帐户的层次关系。二是以《企业会计准则》为依据,参考新的统一会计制度内容,阐明各种方法的基本道理,如理论依据、形成及发展过程等,并阐明各种方法之间的内在联系及具体运用,增强了适用性,更有利于与各专业会计教材的衔接。(李慎谦)

F000203　**城乡一体化成功之路**　薛荣哲等著。科学普及出版社1993年9月版。22万字。8.00元。记载全国市管县体制改革试点市——山西省晋城市10年来的巨大变化和成就,全面总结了建市10年城乡一体化发展的契机、态势、重点、具体做法和成功经验,涉及改革开放和经济发展的重大课题,为市管县城市提供宝贵经验。共分14章,从历史和现实的角度对城乡一体化建设进行分析。论述的内容主要有:发展农村经济、搞好农村小康建设是推进城乡一体化的基础,实现农村资源和劳动力优势与城市资金、技术、人才优势的最佳配置,加速城市工业化与农村工业化的结合是城乡一体化的关键,在城乡一体化进程中加强精神文明建设、保护生态环境、造福城乡人民等。(祝立新)

F000204　**中国农业劳动力转移**　陈吉元主编。人民出版社1993年9月版。27万字。11.20元。探讨有关农业劳动力转移问题的学术理论专著。共14章,内容包括:研究农业剩余劳动力转移的理论与方法,农业劳动力的供给与需求,农业剩余劳动力转移的速度与规模,农业剩余劳动力转移的产业选择、技术选择、地域选择,农业剩余劳动力转移的方式、资金、经济效益、宏观调节及劳动力素质,中国农业剩余劳动力转移的历史,西方迁移理论及国际经验等。本书特点:从中国国情出发,总结改革10多年来农业劳动力转移的经验教训,比较研究其他国家农业劳动力转移的经验,理论与实践相结合,定性研究与定量研究相结合,探索有中国特色的农业劳动力转移的道路。(杨素梅)

F000205　**新编会计学原理**　贺溥仁等编著。中南工业大学出版社1993年9月版。28.1万字。12.00元。以我国颁布的《企业会计准则》、《企业财务通则》及新的税收制度为依据,按照理论联系实际的原则,系统阐述会计的涵义、内容与特点;会计的对象、职能与任务;会计的基本假定与一般原则;会计科目与帐户;复式记帐原理与方法;工商企业主要经济业务核算与工业企业成本计算;会计凭证的审查与填制;会计帐簿的登记方法;会计核算组织程序;财产清查方法与帐务处理;会计报表体系与会计资料分析以及会计工作的组织。(肖梓高)

F000206　**新编企业法人必备知识全书**　解长发等。长春出版社1993年10月版。128万字。68.00元。企业经营管理的工具书。介绍在社会主义市场经济体制下,作为企业法人的厂长、经理,如何指挥企业走向市场,发展企业的基本知识。分10编,阐述企业怎样与工商行政管理部门、税务、审记、银行、保险公司打交道;企业家必备的财务会计知识、股份制知识;企业家必备的外贸、海关、商检、专利、关贸总协定知识以及领导科学知识。全书以问答的形式编写。(张国亮)

F000207　**财会岗位操作全书**　王廷翔等主编。东北大学出版社1993年10月版。59.3万字。20.00元。以《企业财务通则》、《企业会计准则》和各行业新会计制度为基础编写,融财会岗位职责与具体操作规程为一体,通过对各财会岗位操作与实务举例,介绍其具体操作方法。全书分14篇:总论;主管会计岗位职责、操作与实务;出纳岗位职责、操作与实务;流动资金核算岗位职责、操作与实务;固定资产、无形资产、递延资产核算岗位职责、操作与实务;材料核算岗位职责、操作与实务;工资核算岗位职责、操作与实务;成本核算岗位职责、操作与实务;利润核算岗位职责、操作与实务;往来核算岗位职责、操作与实务;总帐报表岗位职责、操作与实务;稽核岗位职责、操作与实务;综合分析岗位职责、操作与实务;财会科(处)长、总会计师岗位职责、操作与实务。(刘淑芳)

F000208　**能源——经济分析与技术评价**　雷仲敏著。山西经济出版社1993年10月版。32万字。7.50元。主要内容有:能源经济分析与技术评价的原理、原则、程序、方法、内容、基本指标与参数;能源资源、能源投资项目、能源技术方案、农村能源、新能源的经济分析与技术评价;能源开发利用的环境影响与评价。收入"能源经济与管理丛书"。(宋晋平)

F000209　**第一资源论**　沈荣华主编。上海三联书店1993年10月版。26.9万字。13.00元。论述人力资源开发的专著。作者参考国外的经验，结合中国的实际情况，对人力资源的作用和价值、人力资源的预测、人力资源的投资、人力资源的教育培训、人力资源的配置、人力资源的使用、人力资源的科学评价、人力资源的效益、人力资源的保护以及中国人力资源开发的战略等一系列课题作深入研究和探讨。该书对各级政府机构及企事业单位决策者开发人力资源、有效合理地使用人才有参考借鉴作用。(任关华)

F000210 **经营管理辩证法** 李家凌、沈亦主编。天津教育出版社1993年10月版。15.7万字。4.50元。以经营管理为中心，从战略决策、组织指挥、人才使用、激励效益、生产经营、质量信誉、市场营销、技术信息等方面，为企业指出一条成功之路。引述许多著名企业家的各种扭负为胜的竞技故事，寓理于叙述之中，字里行间充满哲理和思辨，使古今中外管理的成功范例尽收眼底。为企业的经营管理提供借鉴。(耿学明)

F000211 **企业股份制改造实务丛书** 孙尚清等编著。宇航出版社1993年10月版。150万字。45.30元。共6分册。根据理论界、企业界的实际需要，针对企业股份制改造所关心的问题，阐述对企业实行股份制的理论思考，企业实行股份制的途径和方法，股份制企业运作的模式和重点，国内外规范化股份制企业的经营和管理；并汇集国家对股份制企业的有关法规和条例。着力论述扩大企业自主权，转变企业经营管理机制，明晰企业产权，使企业真正成为独立的高品质生产者；实行股份制是我国企业在深化改革过程中的优选之路，实现股份制改造是广大国有企业的迫切任务；股份制作为现代企业组织制度，有利于生产要素和社会资源的优化配置与合理使用，有助于产业结构合理化，促进企业自主经营、自负盈亏、自我积累、自我约束，为重新构造社会主义微观经济提供基本框架。(王庆人)

F000212 **长江流域城市经济布局** 温强洲主编。中国地质大学出版社1993年10月版。29万字。7.00元。通过对长江流域城市经济发展的地位、作用及现状特征的研究，提出长江流域城市经济布局的总体思路和上、中、下游分区布局的设想；从产业、市场建设、生产要素配置、交通状况、管理体制和对外开放的角度探讨长江流域城市经济布局合理化的途径，并对长江流域城市发展趋势进行评价和预测。长江流域是横贯我国东西的一条主要经济带。作者从物产、资源、气候、人口、环境等方面进行多角度、全方位的分析，还论述了浦东开发和三峡建设，将带来长江流域带的经济腾飞，加速长江流域经济带的发展。(刘先洲)

F000213 **城市地产评估** 严星等主编。中国人民大学出版社1993年10月版。61.9万字。17.00元。分上下册。上册介绍城市土地定级的原理与方法、土地分类定级的特点，阐述土地估价的5种方法及其应用，并着重介绍我国城市土地估价的技术路线和方法、地价管理的政策和措施、城市土地定级估价信息系统。下册为城市地产评估实例和附录。介绍石狮、南京、杭州、莱西、保定5个不同类型城市的土地定级估价的特点和经验。附录部分收入台湾省地价评估技术法规、台湾省历年“土地估价”、“地价查估”试题及其提示。本书适应我国土地使用制度深化改革及房地产市场蓬勃发展的需要，概括介绍国外及港台地区土地估价的主要方法和研究成果，在系统总结我国城市地产评估的经验、教训和不同类型城市土地定级估价实践经验的基础上，提出适应我国国情的地产评估方法及理论体系。(郑伯平)

F000214 **企业财务标准化指南** 李洪波等著。长春出版社1993年11月版。26万字。7.50元。为适应新的需要，以新的会计准则和财务通则为依据，参考国际通用财务体系，阐述财务会计的记帐程序和分析方法。主要内容有：第一章财务会计概述；第二章帐务处理的程序；第三章现金和应收项目；第四章存货和销货成本；第五章固定资产、递延资产和无形资产；第六章负债；第七章所有者权益；第八章财务报表及其分析；第九章资金运用效率分析；第十章企业偿债能力分析；第十一章资金流动和财务预测。(张耀民)

F000215 **会计学基础** 刘铭达主编。东北财经大学出版社1993年11月版。26.2万字。9.50元。结合我国会计教学的实践和经验，遵循高等财经专科教育的基本规律，重点阐明会计的基本理论、基本知识和基本技能。主要内容有：会计的意义、帐户和复式记帐、会计凭证、帐簿、复式记帐应用、会计报表和会计循环、帐户的分类、帐务处理程序、会计工作的组织、会计电算化、增减记帐法、资金收付记帐法等。其中包括会计要素、会计等式、总分类帐户和明细分类帐户、会计凭证的传递和保管、帐簿的使用和错帐的更正、商品购销业务的会计处理、工业企业主要经济业务的会计处理、财务状况变动表、多栏式日记帐帐务处理程序、会计档案等内容。(邵雪梅)

F000216 **畅销商品开发** 副名：产品开发与

商品化。谢燮正编著。东北大学出版社1993年11月版。45万字。13.80元。介绍商品开发和企业市场、技术与管理创新的新知识方法,分析欧美日等发达国家的成功经验与典型事例。共分6章。第一章商品开发概论,包括产品与商品开发、当代企业经营环境变化、新产品开发模式的演进、产品观念与产品规划。第二章商品开发基础,包括产品分析与生命周期分析、需求与供给分析、环境分析、消费者分析、情报信息收集与分析等。第三章产品发展管理与产品规划。第四章产品组合、产品系列、产品项目的规划方法。第五章新产品开发,包括新产品开发程序、新产品构思、新产品设计、新产品试验、鉴定与成果管理。第六章为商品化开发,包括市场分析与规划、商品设计与决策、商品开发经济分析等。(刘淑芳)

F000217 **企业的金护照** 副名:塑造企业形象的谋略与技巧。林汉川、陈新核著。广西人民出版社1993年11月版。10.5万字。3.10元。系统介绍企业形象的结构体系与功能,优化企业形象的谋略与技巧,最佳企业领导形象的塑造,以及企业形象策划的成功案例。收入"公关智谋书系"。(张平)

F000218 **会计人才学** 朱于平黄元山等著。广西师范大学出版社1993年11月版。21.7万字。研究关于会计人才的素质、成长和发展、管理及体制等问题,建构会计人才学理论框架的专著,包括总论、会计人才素质论、会计人才成长和发展途径论、会计人才管理论等4个部分,共18章。(王昶)

F000219 **企业股份制改造与股票上市** 耿建新等著。河北人民出版社1993年11月版。34万字。12.00元。分10章:什么是股份制企业;国有企业股份制改造的重要性和意义;国有企业股份制改造的实施要领和特征;股票发行与股票上市的一般问题;股份制改造与股票上市的财务会计问题;股份制改造与股票上市的法律问题;股票境内外上市的有关问题;法人股的市场及其流通交易问题等。从理论和实践的结合上对我国特别是对深圳、上海等地实行股份制改造和发行股票的经验和教训,进行认真地总结和研究。实用性较强,有国内企业股份制改造与股票上市的实例选,以及美国、香港、新加坡等国家和地区股票发行的情况介绍。(郭明义)

F000220 **城市微观宏观经济学** 肖梦主编。人民出版社1993年11月版。32.6万字。13.60元。以马列主义为指导,对城市经济进行全面分析。在城市微观经济方面,从系列论出发,阐述城市主体经济系列、基础经济系列、信息经济系列、服务经济系列、城市行业系列等,并剖析它们之间的相互关系;在城市宏观经济方面,作者从结构论的角度分析单个城市与外部的关系,以及单个城市本身宏观经济各个方面的相互关系(主要包括城市宏观经济地位、性质、布局、规模、机制等)。作者从历史的角度,阐明了城市经济的形成、发展和未来的走向;初创了城市微观经济学的理论体系,考察了一系列城市经济运行中存在的重要问题,为深化城市经济改革提供一些可供参考的意见。(杨素梅)

F000221 **改革:面向新世纪丛书** 薛暮桥主编。天津人民出版社1993年11月版。95.6万字。4册。34.60元。丛书有:《大中型企业改革:建立现代企业制度》(吴敬琏等著)、《走向开放型经济》(周小川、马建春著)、《中国市场经济的萌发与体制转换》(谷书堂等著)、《中国农村改革:回顾与展望》(陈锡文著)。丛书最大的特点是联系改革的实际。如《走向开放型经济》研究了对外开放的问题,作者着重研究我国社会主义市场经济应与什么样的对外开放模式相衔接,考察衡量一国开放程度的贸易体制和贸易模式,从贸易体制上探讨如何走向开放型经济。坚持以邓小平建设有中国特色社会主义理论为指导,以中国经济体制改革的理论和实践为重点,以市场取向改革为主线,详细记录我国经济改革的历程,考察分析了改革开放以来我国经济格局和运行机制的实质性变化,总结了十几年来改革的经验教训,并从理论上设计了我国建立社会主义市场经济体制的整体框架,提出各个方面有创见的改革原则构想、对策和方案,反映我国经济学界最新的科研成果。(王镜德)

F000222 **益和通用财会信息系统** 魏云鹏等著。浙江大学出版社1993年11月版。24万字。15.00元。适用于新会计制度的会计核算电算化系统,主要解决财务部门由凭证制作、登录帐页到形成报表的整个核算流程。着重介绍其操作运用,描述该软件系统的安装、操作步骤及注意事项,并试图从会计核算电算化的理论入手,从错综复杂的财务核算中,理出树形结构的科目体系和打破树形结构核算的分析帐户系统。这统一的数模型归纳了财务部门的核算工作。益和系统是一套多用户网络财会核算软件系统,也适用于单用户运行。它由5个子系统组成,包括帐务处理、帐务汇总、报表、固定资产和工资,大约有2.5兆的.PRG程序完成整个系统的功能运行。(王文文)

F000223 **投资项目评估** 卢石泉、周惠珍主编。东北财经大学出版社1993年12月版。43.3万字。16.50元。高校金融类专业本科生教材。分18章。从项目的可行性研究着手分析，对可行性研究的作用和工作程序等问题进行阐述；论述市场调查和预测，强调对市场的综合分析和产品分析。还对建设规模分析、生产建设条件的分析与评估问题进行专题研讨；对项目技术评估、投资估算与筹资方案评估和项目财务预测等问题作阐述，内容涉及工艺技术方案的分析与评估、工程设计方案的分析与评估，固定资产投资估算、流动资金估算，财务预测、项目寿命期预测等等。还把资金的时间价值作为专题来论述，阐释资金增值的基本原理、时间价值计算的基本方法等。还包括财务效益评估、费用效益分析、国民经济评估、项目的不确定性分析与评估、项目总评估、技术改造项目评估、中外合资经营项目评估、项目后评估等等内容。本书的特点在于把投资项目评估的各项内容进行系统整理与阐述，内容较为全面。（郭洁）

F000224 **国有企业总体改革论** 张文彬等著。河南人民出版社1993年12月版。45.6万字。17.00元。主要从四个方面对国有企业改革进行全方位、深层次的探索，即：国有企业改革是解放和发展生产力的中心环节；社会主义市场经济的现代企业制度；配套改革与强化管理；集约化、集团化、国际化。其特点为：(1)突出邓小平建设有中国特色的社会主义理论，特别是社会主义市场经济论，有关国有企业改革的观点贯穿全书；(2)提出了国有企业建立现代企业制度、形成社会主义市场经济“第一主体”的理论；(3)企业成为经营主体、产权主体、利益主体、发展主体和自我调节（约束）主体；(4)运用“交互作用”的原理和系统论，分析国有企业同经济运行大系统和社会运行整体（包括上层建筑）之间的互相制约、互相联系，阐述全方位配套改革的“中心环节”（重点）和突破难点的关系，提出改革的构思；(5)借鉴国际经验，探索国有企业迅速走向现代化之路，内部经营实现集约化，企业之间趋于集团化，活动领域伸向跨国化，使用有企业参与国际市场的高水平竞争；(6)运用数量经济学分析企业行为和同企业相关的政府行为，特别是将系统论、控制论等引入经济运行研究，设计了许多具有应用价值的数学模型，把定性分析同定量分析密切结合。（王刚）

F000225 **财务百科全书** 王美涵等主编。辽宁人民出版社1993年12月版。290万字。80.00元。以建立有中国特色的社会主义财务理论为指导，以工业企业、施工企业、农业企业、商品流通企业、运输企业、金融企业等财务的实务为主体，在框架结构和内容上突出“新、准、全”，充分体现国内和国际财务领域中的最新研究成果，并涵盖与金融财务理论、财务管理、财务管理方法、财务制度、财务发展史与新的财务法规——《企业财务通则》内容。全书共33篇，包括财务理论、工业企业财务、施工企业财务、农业企业财务、铁路运输企业财务、公路、水运、民航运输企业财务、邮电通信企业财务、商业企业财务、物资企业财务、供销合作社财务、粮食企业财务、外贸企业财务、旅游企业财务、房地产开发企业财务、城市公用企业财务、金融保险企业财务、信用社财务、境外企业财务、香港中资企业财务、企业集团财务、外商投资企业财务、股份制企业财务、集体企业财务、个体、私营企业财务管理、西方企业财务、企业财务诊断、证券市场和证券投资、国有资产管理和资产评估、电脑财务、行政事业财务、企业财务通则、企业会计准则等内容。此书为《会计百科全书》的姊妹篇。（霍世荣）

F000226 **新社会结构的生长点——乡镇企业社会交换论** 李培林等著。山东人民出版社1993年12月版。20.5万字。8.50元。从经济社会学这一独特的研究视角出发，对乡镇企业的战略地位、产权特征、对外交换等问题，特别是对影响乡镇企业以及与乡镇企业有关的各种非经济因素进行深入细致的分析，得出重要的结论：“乡镇企业不仅已成为中国农民脱贫致富的必由之路，而且也是农村社会结构转型、农民改变职业身份和社会身份的根本途径，更重要的意义在于，乡镇企业已成为社会主义市场经济新体制和农村社会新结构的生长点，并成为整个国民经济的重要支柱和利润中心。”作者提出一系列对政府决策具有重要参考价值的理论创见，主要内容如下：①人民公社解体以后，带来了农村从生产、生活方式到行为准则和思想观念的深刻变化，乡镇企业改变了传统农村的亲缘、地缘网络和高度集中的行政网络，逐步建立起以业缘契约关系为主导的农村社会新结构。②社会结构转型是既不同于市场调节，也不同于国家干预的“另一只看不见的手”，在决定资源配置和社会发展方向方面起着重要作用，社会结构的形成和变动受各种非经济因素的影响。③亿万农民求生存、求发展、求富裕的内在冲动是乡镇企业迅速发展的深层因由。④乡镇企业今后的发展，应把转移农村剩余劳动力和解决农民增产不增收问题作为战略重点之一，乡镇企业自身组织创新和农民利益的稳定增加是农村社会结构顺利转型的基

础。(王小林)

F000227 **美德日中企业决策体制比较** 王元著。山西经济出版社1993年12月版。23.7万字。10.00元。共5篇12章。通过美德日中四国企业决策体制的比较,阐明各国企业决策过程的三个环节(决策目标的确定、贯彻和保证)中存在的特殊性与同一性,并分析了其形成的主客观原因,以供我国的企业借鉴与参考。第一篇"导论",提出做为各篇章分析和论述起点的理论概念,指出全书的比较分析框架。第二篇"比较:目标的确定",围绕"什么目标、由谁来确定目标和怎样确定目标"这三个基本问题,着重分析和比较我国和国外企业在构成企业经营目标的价值要素的选择上,在决策者的角色与决策权的划分,以及在由决策准备、决策方案产生、评价和最终抉择等四个阶段构成的目标确定过程中的不同特点。第三篇"比较:目标的贯彻",则主要比较和分析各国企业决策目标的具体化过程,即企业决策目标及其所需要的资源在内容、份额和时间上是如何进行分解、分配和量化的,又是如何在整个企业的计划体系中表现出来的。第四篇"比较:目标的保证",重点比较和分析企业决策的信息系统和控制系统。第五篇"分析的结论",试图将比较分析的成果通过归纳和演绎上升为更新的理论认识。(郝建军)

F000228 **新会计大辞海** 张汉兴等编。沈阳出版社1993年12月版。180万字。100.00元。会计专业工具书。坚持以党和国家的方针政策为指导,贯彻改革开放精神,注重学术理论的科学性和严谨性,突出会计科学与会计改革的新思想和新发展,系统全面地介绍国内外财务会计的基本理论和基本方法,阐述我国《企业财务通则》和《企业会计准则》和分行业财务、会计制度所涉及的有关财会理论和实务方法。内容包括:会计一般、会计法规、会计准则、会计实务、成本会计、财务管理辞条、管理会计、审计、会计电算化、预算会计、会计史、税收、附录等13个部分。(曹福志)

F000229 **古今中外话经营** 赵树桐等编著。石油工业出版社1993年12月版。15万字。4.80元。内容有引言、谋财篇、采财篇、发财篇等。介绍经营的历史由来,以及为什么要经营,如何经营。结合从古至今人类在创造财富,经营与管理财富的生动事例,叙述了成功者的喜悦,失败者的痛苦和创业者的艰辛。(张镇)

F000230 **现代企业管理** 张鸿庆等编著。西安交通大学出版社1993年12月版。28.7万字。9.80元。以管理过程为主线,以工程技术人员为主要对象,在具体介绍管理技术和方法的同时重视内容的系统性。共分10章:第一章为管理概论,主要介绍企业管理的基本知识和企业管理的发展史;第二章至第八章分别介绍决策技术、产品开发、生产过程组织、价值工程、网络计划技术、质量控制与市场营销等现代生产与经营的基本理论与方法;第九章对股票、证券以及股份公司管理的有关理论进行专门讨论;第十章着重讨论国际企业管理的有关问题。全书注重定量分析与定性研究相结合,既有基本理论研究,又有基本方法和技能的介绍。(樊耘)

F000231 **财务管理** 柯大纲等编著。西安交通大学出版社1993年12月版。34.5万字。9.80元。以新企业会计制度为依据,以社会主义市场经济条件下企业资金运行为线索,系统论述财务管理的各要素。主要内容有:资金筹措、投资管理、流动资金管理、固定资产管理、成本费用管理、企业合并清算与改组、企业财务评价等。在论述中能注意结合我国实际,学习和吸取世界发达国家的财务管理方法。(房立民)

F000232 **恒星——中外实业家荟萃** 高艳敏编。中国经济出版社1993年12月版。100万字。298.00元。遴选60家中外企业的优秀决策者,将他们的创业事迹和成功之道汇编成书。其中有人们熟知的红色资本家、中信公司原董事长、现国家副主席荣毅仁;有不让须眉的巾帼英雄,青岛电视机厂原厂长李德珍;有追求长远发展的企业家,第二汽车制造厂原总经理、现国家经贸委副主任陈清泰;有享誉中外的香港世界船王包玉刚,台湾的塑胶大王王永庆;在外国的实业家中,有德国工业革命的先驱,西门子公司的创始人韦纳·西门子;美国IBM领导人,现任董事长及总裁路易斯V·吉斯特纳;日本的经营之神松下电器公司的开创者松下幸之助。图文并茂,中文英文对照。(王振涝)

F000233 **老板经商诀窍** 刘一玲等编。中国经济出版社1993年12月版。21万字。10.00元。以美国中小企业成功管理经验为背景,详细介绍开办中小企业的步骤,如何买卖企业、进行财务和现金管理、租赁设备、做广告、进行人事管理,以及如何避免管理上的失误,避免不法侵害等一系列经营实践问题。书后附有我国管理私营工商企业的有关规定和法规。(刘一玲)

农业经济

F000234 **渔港规划与建设** 钱志林主编。大连理工大学出版社 1993 年版。52.4 万字。60.00 元。分 4 篇，第一篇介绍中国海洋渔业资源，海洋捕捞业发展的情况，分析中国渔港建设如何与捕捞生产相适应，相应采取的建设规划方案，以期引导渔港建设走总体规划、合理布局、适度规模、综合开发的路子。第二篇编录中国近几年来进行全国渔港调查的基本资料，详细分析全国 82 个一级群众渔港的港口设施情况，为各级行政管理部门提供咨询、决策的数据。第三篇收录、整理了国家"八五"期间安排建设的 8 个典型渔港总体规划实例，提出渔港进行总体规划的技术思路和工作要点。第四篇整理了港口设计中码头、防波堤断面结构设计实例 100 例。本书紧紧抓住渔港规划与建设这一中心，通过分析渔港现状、存在问题，提出渔港建设应采取的行政手段、技术措施。(赵静)

F000235 **农业财税知识大全** 欧阳旭初主编。辽宁人民出版社 1993 年版。209.12 万字。55.00 元。关于财税专业的大型百科全书。全书分为财政与税收、农业经济管理、农业投资管理、农业专项资金管理、农业财务、农业会计、农业税及相关知识等 8 个分篇。包括：财税方面的基础知识、农业财税工作的基本业务知识、农业财税所涉及的农村金融、经济、经济法、经济调查、财经写作等方面的相关知识。(霍世荣)

F000236 **中国农业区划的理论与实践** 周立三主编。中国科学技术大学出版社 1993 年版。39 万字。20.00 元。全面系统总结我国农业区划研究和实践的理论性专著。分为上、下两篇。上篇从农业生产的特点出发，探讨农业区划的基本理论和区划的主要依据，着重对自然地域分异规律、劳动地域分工对农业生产布局的影响、土地系统与土地利用特点、农业区域的历史形成和演变过程等方面进行分析研究；下篇对我国农业区划研究的进展、农业区划体系及其作用、农业区划的方法，作详细的介绍和评论，对今后农业生产和农业区划工作在社会主义市场经济下的发展趋势和方向作了探讨，并提出了合理建议。尤其在农业生产特点、农业区域界线划定、区划的理论依据以及在社会主义市场经济下农业区划的深入发展等方面均有独特与创新的见解。全书具有很强的理论系统性——丰富、完善了紧密结合我国实际的农业区划理论体系；实践应用性——对农业区划工作的总结、对农业区划体系及农业区划的研究方法的探讨、对今后农业区划工作的进一步开展具有指导意义。(高哲峰)

F000237 **乌鲁木齐国土资源** 《乌鲁木齐国土资源》编辑委员会编。新疆人民出版社 1993 年 1 月版。100 万字。80.00 元。反映乌鲁木齐的自然、社会经济资源，揭示各种资源的内在联系以及在利用和发展中互相依存、互相促进的关系，阐明资源的数量、质量、特点、优势、问题和开发前景，为各级领导决策、制定长远发展规划、科研教学、对外宣传等方面提供依据。全书分自然、社会经济两大类。有各种统计表、一览表、对比分析表 500 种，附图 35 幅，专题套色地图 30 幅。用文、图、表综合形式记述乌鲁木齐的气候、土地、水、生物、矿产资源及社会经济结构；农业、工业、建筑业、商业、外贸、财政金融、交通运输、邮电、通讯、城镇建设、人口与劳动力、教育、科技、卫生、文化、广播电视、旅游、环境保护的历史、现状、前景。(王澍梅)

F000238 **黄土高原草地资源与建设** 程积民著。陕西人民出版社 1993 年 2 月版。22 万字。5.40 元。分为 11 章，在总结黄土高原草地资源研究与草地建设成果的基础上，对草地的生态环境、草地类型及其自然经济性能、草地资源的综合评价与建设途径进行系统阐述。其分析有定性说明和定量数据，并把近代多目标决策分析技术成功地应用于草地建设的分析，对黄土高原治理和草地资源开发利用具有重要参考价值。(张卫东)

F000239 **中国林业科技：实力·水平·战略** 李智勇著。吉林科学技术出版社 1993 年 3 月版。19.5 万字。9.00 元。是对我国林业科技实力、技术经济水平和发展战略的一次系统分析与评价。在林业科技实力评价中以大量科技普查数据为依据，分科技投入、活动和产出三环节对人员、经费、课题、成果、仪器设备、科技信息、论文、技术贸易、国际科技合作与交流、专利 10 大主力指标进行了综合评价。在此基础上对营林产业技术进步贡献率和科技发展战略及重点选定进行了定性指标评价和定量模型分析。(吴玉兰)

F000240 **中国林业经济地理** 翟中齐等编著。中国林业出版社 1993 年 3 月版。29.6 万字。9.50 元。在积累考察资料和参阅大量文献的基础上写成，是著者对从事林业经济方面的教育、科研和调查研究工作的总结。其特点是把森林的自然地理分布规律与营林、木材加工、运输销售的经济地理内容有机地联系起来,既具有自然地理的基础知识,又包含社会经济的方方面面。概述了营林业与农业、森林采伐与矿产采掘、木材加工工业与其它工业的差别等,阐明林业生产的特点。其中有多幅地图,如各种林种分布图、林产企业分布图、木材运输流向图、林业机械制造分布图等。编制了较多的统计数表,统计数字面比较广,有的数据分不同的年代、不同的省(区)排列。对主要林产品产量方面的统计比较详细,关于人造板方面还叙述了国内外的发展阶段、现状和前景。这些统计数字给读者一个动态概念,为以后的研究工作提供了材料。(徐小英)

F000241　**农业规模经营实践与探索**　副名:机械化家庭农场。李仁安主编。农业出版社1993年4月版。22万字。6.15元。汇集山西省机械化家庭农场示范研究的部分成果和一些与农业规模经营相关的成果、资料。共4篇,即综合研究与示范、专题研究、典型户实例和国外农业规模经营与政策简介。(段丽君)

F000242　**农业经济管理概论**　冯汝英主编。农业出版社1993年5月版。22.4万字。8.50元。为全国农业院校"八五"规划统编教材。内容融合了农业经济学、农业企业经济管理学、农业技术经济学的基本理论、基本知识和科学管理方法。贯彻了理论与实践相结合,继承和发展相结合,定性分析与定量分析相结合,以及宏观管理与微观管理相结合的原则。具有综合性、系统性和广泛适用性的特点。(贺宏善)

F000243　**中国农村产权制度研究**　毛科军著。山西经济出版社1993年5月版。31万字。11.80元。系统地从全新角度研究农村产权制度理论的专著。其特点是:(1)理论上有创新,包括产权制度理论和产权制度建设对策的创新。如产权主体论、产权交易论、产权运行模式论、产权关系论,不同性质产权主体结构对策、产权主体权益实现形式对策、公有产权股份对策、中国农村产权制度建设的基本对策等。(2)采用实证分析方法,对中国农村经济发展的历史背景、进一步发展的障碍与症结做了深刻剖析,将农村社会经济发展的理论和对策结合起来,在批判、发展、完善的同时进行理论创新。(3)提出操作性极强的对策,如产权主体的多元化、二重性及法人人格化、公有产权的股份构想、私有产权的发展空间、产权制度改革的目标模式与战略举措等。(赵建廷)

F000244　**中国林业经济学**　张建国等著。东北林业大学出版社1993年6月版。27万字。5.45元。内容有:林业在社会经济发展中的地位与作用,森林资源及其再生产,林业的所有制与经营方式,林业部门结构与产业政策,林业区划与林业布局,林业发展长远规划,林业宏观管理,林业经济的运行环境与运行机制,林业生产要素的配置,木材及其他林产品市场与价格,木材流通与消费,林业税收的调节与管理,林业收入分配,环境性林业资源供求的国家政策和地区协调,林业成本、利润与产值核算,林业经营综合效益评价,林产品国际贸易,国际间交流、协调与发展等。(郭郢)

F000245　**农业社会化服务体系建设与管理**　陈可文著。青海人民出版社1993年6月版。23.2万字。5.70元。全书共分10章。从我国的实际情况出发,以农业社会化服务发展、农业社会化服务体系建设、国家经济技术部门的服务、农村集体经济组织的服务、农民自办联办和民办服务组织的服务、农业社会化服务市场、农业社会化服务组织收费、农业社会化服务体系建设模式、农业社会化服务体系建设的支持系统、农业社会化服务体系建设与管理等10个方面,论述加强农业社会化服务体系建设的基本内容、类型、模式、做法等。附录部分介绍了发达国家进行农业社会化服务体系建设的基本类型、做法和成功的管理经验。(齐宏亮)

F000246　**农村社会化服务体系建设**　季星如等主编。山东人民出版社1993年6月版。17万字。4.00元。全面系统地论述农村社会化服务体系在农村改革与发展中的地位和作用,农村社会化服务的特点、内容和方式,农村社会化服务的基本原则,以及如何积极发展县级经济服务系统,如何大力强化乡镇服务功能,如何完善村合作经济服务组织,如何积极支持发展服务专业户和联合体,促进社会化服务网络的形成与发展。(杜立军)

F000247　**南方集体林区林业深化改革研究**　张建国编著。中国林业出版社1993年7月版。22万字。6.50元。在大量调查研究基础上,依据当前面临的环境问题和林业发展的现状,从世界林业发展趋势中分析林业的地位、作用和林业发展的优劣条件,特别是对影响林业发展的背景:人口、经济、森林和环境等要素进行剖析;对深化林业改革的重要因素,所有制与经营形式,资金运行和林产品市场现状与问题进行重点分析;提出把林业指导思想建立在森林生态经济理论基础上,走生态与经济协调发展的林业建设道路——"生态林业"道路的新构思。并从理论和实践相结合的角度，对生态林业的基本内涵作初步阐述，从而明确了集体林区林业改革的目标。按照建立社会主义市场经济体制的方向，选择林业经济体制中一些关系重大的问题进行专题性的、深层次的研究，提出了深化改革体制模式和相应对策。(张敏)

F000248 **青海省志·农业志·渔业志** 青海省地方志编纂委员会编。青海人民出版社 1993 年 8 月版。31.8 万字。平：15.50 元，精：20.00 元。是大型志书《青海省志》丛书的第十二卷。全书融思想性、资料性、科学性为一体，全面反映青海省农业和渔业的历史。分上下卷。上卷共 12 章，内容有：农业环境、农业生产关系变革、农作物生产、农艺、种子工作、农业基本建设、农垦、农业科学研究、农业教育、科技交流、农业环保与农村能源、农业管理。下卷共 4 章，内容有：渔业资源、渔业生产、水产科技、渔业管理等。(汪家驹)

F000249 **畜牧业经济管理手册** 中华人民共和国农业部畜牧兽医司编。农业出版社 1993 年 9 月版。97.1 万字。45.00 元。我国第一部畜牧业经济管理大型工具书，由农业部组织全国有关畜牧业经济和技术专家、教授和富于经验的实际工作者集体编纂而成。内容包括七部分：(一)畜牧业经济：介绍畜牧业经济及类型、畜牧业发展概况、畜牧业所有制、畜牧业资源、畜牧业区划与畜品生产基地、部门经济、畜产品加工、畜产品流通与市场、畜产品价格、畜牧业扩大再生产、政府宏观控制等。(二)畜牧业及畜牧三站管理：畜牧企业经营管理概念及经营形式、市场调查和市场预测、畜牧企业经营决策、畜牧企业计划管理、畜牧企业生产管理、饲草和饲料管理、畜牧业企业经济核算和财务管理、产品销售管理、畜牧业企业经济活动分析、畜牧场管理、畜牧三站管理等。(三)畜牧工业企业管理：畜牧工业企业的范畴、市场调查与市场预测、经营决策和经营计划、管理基础工作、生产管理、质量管理、设备管理、技术开发和新产品开发管理、日常技术管理、技术改造、产品销售、财务管理、经营诊断、组织机构等。(四)畜牧技术经济及参数：畜牧业技术经济概论、畜牧业技术经济效果评价指标体系、畜牧业技术经济研究方法、畜牧标准化、畜牧业定额、畜牧业投资项目可行性论证和监测、畜牧业技术经济参数。(五)畜牧业统计及畜牧业统计资料。(六)法律和政策。(贺宏善)

F000250 **中国农村社会经济变迁(1949～1989)** 陈吉元等主编。山西经济出版社 1993 年 9 月版。52.1 万字。19.80 元。全面、系统地总结新中国农村 40 年社会经济变迁的史论专著。描述中国共产党及老一辈无产阶级革命家，为变革农村社会结构和生产方式所做的艰辛探索，客观地评价了我党在农村社会经济变革指导思想、战略与策略上的是非争论和决策正误。对一些长期以来有争议的问题，如合作化、人民公社、农业学大寨和包产到户等作实事求是的分析，根据历史事实阐明自己的鲜明观点。对解放初期，我国土地改革后农村出现的"两极分化"的苗头，学术界有许多不同看法，作者在研究分析大量史料基础上明确提出：土地改革后，我国农村确实出现贫富差距逐步拉开的现象，即"两极分化"的苗头，但仅仅是苗头而已，就全国总体而言，这一情况并不十分严重。同时，用参考文献的形式，列出其他一些不同的观点。对于农业学大寨问题，分 3 章，用 9 万余字的篇幅详细、客观地评价其历史作用。(赵建廷)

F000251 **农业发展：国际前景** [日]早见雄次郎、[美]弗农·拉坦著，吴伟东等译，王广森等校。商务印书馆 1993 年 9 月版。30.2 万字。8.30 元。从寻求世界各国农业生产与资源利用的变化规律出发，集中论述技术变革对农业发展的贡献以及技术变革在农业发展过程中的作用。作者打破传统农业发展和经济发展理论对农业发展问题的限制，提出技术和体制变革模式，亦称诱导发展模式。采用实证方法，运用历史资料，对世界上 43 个国家和地区农业发展的历史进程进行比较分析。分析各国在农业生产率方面的差别及其产生差别的根源。特别注重美国和日本农业增长所提供的经验；分析这两个国家农业发展中的资源约束及相应的技术变革过程；揭示科学技术进步与农业发展的相互关系。探讨增长转移的可能性，认为增长能否转移，与技术转移密切相关。通过揭示技术变革对农业发展的促进作用，展示欠发达国家农业增长的前景。(王淑荣)

F000252 **国土整治与经济建设** 毕维铭著。首都师范大学出版社 1993 年 9 月版。26.6 万字。8.40 元。分 2 篇 11 章。第一篇为总论篇，主要论述国土整治的概念、国土规划、国土资源的现状与展望、国土开发与联系网络及区域开发中的问题。第二篇为分论篇，分别论述山地、平原、沙漠、海岸带、黄土高原区、青藏高原区的综合开发和整治。全书运用综合观点，从统一地理学角度出发，以生态学观点为主线，全面论述自然与经济、社会、生态环境之间的关系，突出国土开发整治在国民经济发展中的地位

和作用,以及人地关系协调发展的意义。(沈晓梅)

F000253　**四川历史农业地理**　郭声波著。四川人民出版社1993年9月版。36万字。11.00元。对自新石器时代至民国数千年间四川农业发展历史进行全面研究,阐明了四川地区各历史时期农牧业生产区域的分布与变化、各生产区域的农业生产结构、主要农作物之由来与分布、各生产区域农业生产水平之演变与差异、农业生态环境的变化等。对四川省解决当前农业生产面临的一些重大问题、制定农业发展区划和规划,提供了丰富的历史文献佐证资料,并提出了独特的见解。(刘运勇)

F000254　**中国立体农业模式**　卢良恕主编。河南科学技术出版社1993年10月版。40万字。15.00元。分两部分:第一部分我国立体农业的兴起及其发展,系统介绍立体农业的概念、研究方法、内容与分类、原理与作用等,全面总结了我国立体农业的研究成果,为我国立体农业的理论研究提供了科学基础;第二部分为各种类型的立体农业配套技术,介绍几十种类型300多种优化的立体农业模式,反映了我国目前立体农业发展的水平,对我国现代农业综合开发具有较高的学术价值和实用价值。(周本庆)

F000255　**中国畜牧业一体化十年**　农业部畜牧兽医司编。农业出版社1993年10月版。40.4万字。17.05元。阐述从1982年中国牧工商联合总公司成立以来,在改革开放方针指引下,我国各种类型的畜牧业一体化事业成长和发展壮大的历程。从理论和实践上总结了十年来,从计划经济向市场经济转轨过程中,开展牧工商一体化经营与一体化管理的成就和经验。内容包括:(一)牧工商一体化事业发展综述;(二)各种类型牧工商一体化经营成绩、特色和经验;(三)畜牧业一体化管理改革试点经验介绍;(四)牧工商一体化理论研究;(五)有关重要政策法规。(贺宏善)

F000256　**农业技术经济学**　顾焕章主编。农业出版社1993年10月版。19.8万字。5.25元。为全国高等农业院校"七五"规划统编教材。其应用部分改变了过去按农业生产部门分设章节的做法,在内容上增加了经济预测、规模效益、可行性研究等。具体包括:经济效果原理,农业技术,经济效果评价,评价的指标体系,评价的一般程序和要求,农业技术经济分析的一般方法,边际分析法,农业生产函数,线性规模的建立和运用,经济预测,投资项目可行性研究,投资效益分析,规模经济的理论与方法,农业科技成果经济效果评价等。(姚红)

F000257　**吉安地区农业自然资源和农业区划**　易舜才等著。江西科学技术出版社1993年11月版。92万字。30.00元。分3篇22章。其内容除介绍吉安地区的光、热、水、气、土和生物资源外,在产业门类上还汇编了农、林、牧、副、渔五业的相关资料。其中,第一篇综合分析全区农业自然资源和社会经济条件,在此基础上,提出了未来本区农业的发展方向与总体布局,并按照自然条件的差异性和资源分布规律及区域特征、特性划分了综合农业区;第二篇主要论述不同农业部门及专业的开发利用现状、特点及其今后的开发途径;第三篇着重就全区主要的农业资源分布状况及开发潜力、方向、前景等进行了专题研究与规划。(敖裕全)

F000258　**土地制度研究**　《土地制度研究》课题组编。武汉出版社1993年11月版。25万字。8.80元。以马克思列宁主义土地经济理论为指导,探讨了中国当前土地制度改革的方向、目标与途径;主要发达国家和发展中国家土地制度演变的性质与原因;中国近代土地制度演变的历史趋势等问题。作者认为,我国城市土地的国家所有制和农村土地的集体所有制作为土地制度的基础符合我国经济发展的内在要求,改革的重点在于土地所有制的具体形式;在社会主义市场经济条件下,城市经营性用地应全面实行有偿使用制度和市场化流转制度;土地市场应实行国家垄断下的用地者竞争;农村土地应实行集体分层制,并通过转包、代营和租赁等方式促进土地使用权流转和适度规模经营。这些观点对我国土地制度的进一步改革有一定的参考价值。(张建平)

F000259　**中国农业年鉴1993**　中国农业年鉴编辑委员会编。农业出版社1993年12月版。120万字。55.00元。主要反映1992年我国农村经济发展的全面情况;记载党中央国务院有关农村工作的各项政策;报道1993年我国农业、林业、畜牧业、渔业、乡镇企业、农垦、农机、水利、气象、饲料工业、农用化学工业、农村商业和金融等方面的发展情况。共设19个专栏,即:"特载"、"农村发展概况"、"各地农业"、"农村政策"、"农业投入"、"农村社会主义市场经济体制建设"、"农村外向型经济"、"农业科技"、"农业教育统计"、"农业经济统计"、"农业和农村基层单位介绍"、"农业自然灾害"、"农业经济论文选介"、"农村专题介绍"、"农业经济技术国际合作与交流"、"农业大事记"等栏目。(沈振芳)

F000260 **科教兴农探索** 中共湖北省委组织部编。新华出版社 1993 年 12 月版。32.6 万字。6.80 元。“党组织领导科技兴农”调研文集。从 11 个方面介绍湖北省科教兴农的经验和做法：各级党委必须加强对科教兴农的领导；农村党组织在科教兴农中的责任；提高领导干部的科技意识和素质；健全科教兴农运行机制；加强农业科技队伍建设，大力推进农村成人技术教育；运用政策推动农村科技进步；积极发展农村社会化服务体系；科学制定农村科技发展规划；建立科教兴农的投入机制；充分发挥农村党员在科教兴农中的骨干带头作用等。书后附录了中央关于科教兴农的有关文件。(卢瑞华)

工业经济

F000261 **材料管理** 李德、范恩鹏等合编。水利电力出版社 1993 年版。10.1 万字。4.70 元。“水利水电施工”丛书之一。叙述水利水电工程的材料管理工作，内容包括 8 章：第一章绪论，介绍材料管理的意义，水利水电建设材料供应的特点。第二章计划管理，介绍计划管理的概念，重点工程的材料分配及供应计划的编制，材料供应计划的编制，物资统计。第三章定额管理，介绍材料消耗定额的概念，材料消耗定额的编制方法，材料储备定额的管理。第四章施工现场材料管理，介绍现场材料管理的任务和要求，现场材料的领退，现场主要材料的管理，现场材料核销，岗位经济责任制和班组核算。第五章仓库管理，介绍仓库管理的任务，仓库的设置，材料验收和保管保养，多余积压材料的处理，仓库作业及管理现代化。第六章材料管理现代化，介绍管理现代化的主要内容，价值工程，供应管理工作中的 ABC 法，电子计算机在物资管理中的应用。第七章材料节约的途径，介绍材料新品种，以钢代木和三模的应用，混凝土中的掺和料和外加剂，废钢铁回收。第八章材料管理的评价，介绍材料管理的评价的内容，考核指标。(孔令文)

F000262 **四川省沼气志** 宋德胜主编。四川科技出版社 1993 年版。27 万字。9.00 元。全面系统地记述四川沼气发展的历史和现状，通过客观事实，反映了四川沼气技术的发展、变化，以及工作的成功和失误。(何光)

F000263 **1986～1990 湖南冶金年鉴** 湖南冶金年鉴编委会。湖南科学技术出版社 1993 年 1 月版。81.6 万字。40.00 元。内容包括：大事记；中央、省、部领导关怀湖南冶金工业；1986～1991 年全省冶金工作会议报告；文件选编；湖南省冶金工业总公司成立专题；湖南冶金工业发展成就；企事业单位简介；人事与机构；重要会议简介；学术团体与学会；专文专论；重要新闻选登；获省、部级以上劳动模范及表扬奖励名单；统计资料。(李遂平)

F000264 **矿物经济学研究** 副名：理论·模型·应用。勒晓阳著。中南工业大学出版社 1993 年 4 月版。17.2 万字。6.00 元。作者抓住冶金矿山的主要矛盾——产值、利润和回收率，综合运用矿物工程学、经济学、投入产出理论、系统工程、运筹学、控制论、计算机、应用数学和模糊数学，将三个相互依赖、相互制约、相互独立的生产部门(采矿、选矿和冶炼)，作为一个经济大系统，探讨其规律，建立了联合生产型投入产出模型及线性规划和非线性规划灵敏度分析模型，提出了技术进步优化模型分析法。(肖梓高)

F000265 **化工生产设备管理** 汪必忠主编。化学工业出版社 1993 年 5 月版。47.9 万字。9.00 元。化工生产设备管理系中等专业学校化机专业教材。先从设备管理工作的发展，指明设备管理工作的重要性，从理论上阐述设备管理工作对促进生产的作用。设备管理的目的就是以经济费用取得投资效果，国家为此而制定了一系列的条例和法规，得以保证使设备处于最佳状态，并不断地改善提高，充分发挥设备的效能，促使生产发展。根据设备管理工作的意义、任务和内容，分章介绍设备的前期管理、固定资产及基础资料管理、设备的使用与维护、润滑管理、故障与监测诊断、检修管理、备品与配件管理、设备的更新与改造、压力容器安全管理等。以我国现行的政策、法规为依据，并运用近代的管理理论分析管理的有关知识，使读者掌握有关技能。(孙世斌)

F000266 **中国中长期食物发展战略** 中国中长期食物发展研究组著。农业出版社 1993 年 5 月版。87 万字。40.00 元。1988 年，经国家自然科学基金会批准，正式设立“中国中长期食物发展战略研究”项目。由中国农业科学院主持，组织中央十个部、委和部分省、市、自治区所属的有关科研、教育和政府部门的 148 名研究人员和实际工作者，从国民经济全局出发，系统深入地研究了 1995 年、2000 年和 2020 年我国的居民消费、营养与食物结构，食物流通与价格、食物生产、物质投入与科技发展，不同类型地区与大中城市食物需求与供给，以及食物发展的系统分析等问题。这项研究的成果，对推动食物发展的决策研究与学术活动的开展起了积极作用。还为国务院发布的“九十年代我国人民食物结构改革”的文件提供了理论依据。本书即在此基础上编写而成。(宛秀兰)

F000267　**社会主义工业化论**　芮明杰著。学林出版社 1993 年 5 月版。34 万字。17.25 元。经济学学术著作。以马克思主义经济理论为指导，以现代经济、现代管理理论为基础，比较分析了西方学者、原苏联学者及我国经济学者的各种理论流派；研究了社会主义工业化中的一系列问题，如社会主义工业化的实质与目标、道路抉择，动因与机制、过程演变规律、结构变动趋势、政府在工业化中的作用和对策、中国工业化的状况及未来发展等。对中国 40 年来的工业化历程进行实证分析，指出其取得的成绩和存在的问题，并分析了未来的发展。(朱志勇)

F000268　**中国药厂大全**　卫生部药政局主编。中医古籍出版社 1993 年 5 月版。240 万字。280.00 元。全面地反映中国制药工业机构和其生产状况的大型工具书，共收载中国制药生产厂家 3200 多个。除介绍每个企业的名称、药品生产企业许可证号、地址、邮码、电话、电传、法人代表、注册商标等一般情况外，对企业的隶属关系、技术设备力量、固定资产、生产规模，特别对重点产品的品名、规格、功用、批准文号及获奖情况等均作了介绍。对各厂家合理安排生产、沟通产销渠道、促进厂际合作，对医院、药材公司的药品供应，均提供了信息。(徐岩春)

F000269　**工业会计分步模拟实习**　天津教育教学研究室教材编写组、天津汉沽区职业中专学校教研组编。高等教育出版社 1993 年 6 月版。54 万字。6.45 元。内容分为三部分；模拟实习概述、会计基础知识模拟实习和工业会计模拟实习。“模拟实习概述”阐述模拟实习的意义、作用、任务以及实习形式；“会计基础知识模拟实习”是工业会计模拟实习的基础；“工业会计模拟实习”则是通过一个实习工厂的全部经济业务，对会计核算的全过程进行的模拟实习。本书实习顺序与工业会计教学同步，实习内容侧重于岗位设置、凭证传递、核算方法的训练，体现分步模拟实习的特点。书中提供真实、全面的表格以及部分表式，书后附有分步骤的实习答案以及岗位考核标准等，为学生实习提供方便。为中等职业学校财经类专业课教材，可供大专院校财会专业学生模拟实习，以及自学者参考。(沈秀兰)

F000270　**世界汽车工业概览**　程振彪著。上海科学技术出版社 1993 年 6 月版。37.5 万字。10.00 元。对 80 年代世界汽车工业的发展作全面、系统的回顾，对 90 年代汽车工业的发展前景进行概略展望，对西欧、东欧、北美、拉美、亚洲及其他国家和地区汽车发展简况、大型企业、汽车产量的统计及分析、汽车的使用及普及、汽车市场的现状及未来发展趋势、世界著名汽车公司的销售方略、汽车进出口贸易等方面作了较为详尽的介绍。(吕修悟)

F000271　**延长油矿史**　龙南阳主编。石油工业出版社 1993 年 6 月版。13.5 万字。11.00 元(平)；18.00 元(精)。延长油矿是中国大陆上开发最早的天然油矿。本书综合了大量历史资料，介绍延长油矿自 1905 年成立延长石油官厂以来，至 1992 年 80 多年的历史进程。书中对在清光绪年间中国大陆上开发第一口油井的情况，抗日战争时期延长油矿对全国抗战做出的贡献，及解放后延长油矿的飞速发展和巨大成就等，都作详细记载与生动描述。(申若霞)

F000272　**电力规划**　北京动力经济学院萧国泉、华北电力学院徐绳均合编。水利电力出版社 1993 年 6 月版。37.1 万字。4.35 元。共 14 章，第一至三章主要介绍电力规划概念、规划内容、规划方法和规划评价标准，中国能源概况、发电能源政策和发电能源平衡表的编制，电厂厂址、变电所所址和输电线路路径选择；第四、五章详细介绍电、热负荷分类、特点，电力负荷曲线编制和电力负荷预测，热化系数概念及热电厂供热规划和热经济性分析方法；第六至九章分别介绍电力系统备用容量的确定和分配，各类发电厂容量的选择，系统装机水平的计算。电力电量平衡和合理电源结构的确定，电力系统调峰计算和调峰电源选择；第十至十二章介绍电力网络规划，农村电气化规划和资金计划的编制方法；第十三章详细介绍可靠性原理在电力规划中的应用；第十四章简要介绍最优化技术在电力规划中的应用及发展前景。(姜丽敏)

F000273　**晋盐文化述要**　柴继光等著。山西人民出版社 1993 年 7 月版。20.9 万字。12.50 元。从 5 个方面论述晋盐文化。一、通过河东盐池的研究，对古代传说，做了历史唯物主义的解释，科学地说明了山西之所以成为中华民族发祥地之一的深刻的物质根源。二、对河东盐池晒盐的嬗变过程及其独特的生产工艺作进行探讨，并与一般的盐业生产工艺比较，阐述河东盐池生产中的独特的科技文化现象。三、对由盐业生产和盐业经济辐射而形成的城市建设、水利建设以及文化教育的肇始与发展等进行探讨。对盐业的管理和盐业的经营，进行概述，并对其

得失做了比较。(张海瀛)

F000274 **中国电子工业年鉴(1993年版)** 中国电子工业年鉴编辑委员会编著。电子工业出版社1993年10月版。120万字。60.00元。主要反映和记述1992年全国电子行业的进展情况,且各部分数据均有连续性。主要内容包括:总论;各类电子工业;电子工业企业管理;地区电子工业;电子技术应用;电子工业大事记;电子工业发展概况与综合统计资料;科技与教育;电子产品与技术进出口;电子企业;重要经济政策法规;附录为世界电子工业。提供数据和报告的有电子工业部、中国电子信息产业集团公司、机械工业部、铁道部、邮电部、内贸部、地质矿产部、国家地震局、中国民用航空局、国际建筑材料工业局、有色金属工业总公司、中国船舶工业总公司和中国科学院等中央部门,以及全国各省、自治区、直辖市,覆盖了全国范围和所有电子专业。书中的统计数字不包括台湾省和西藏自治区。(张荣琴)

F000275 **江南丝绸史研究** 范金民、金文著。农业出版社1993年10月版。31.5万字。17.50元。引用田野考古报告、官书、政书、文集、地方志、碑刻拓片、历史档案等大量资料,客观地论述江南丝绸生产始创、发展和发达的全过程。指出,由原始社会至五代十国时期,是江南丝绸生产发展的初期阶段;论述宋代江南丝绸业中心地位的形成、元代江南丝绸业由中心向重心地位的过渡、明清时代江南蚕桑生产的特点、明代江南兴盛的官营织造业、明清时代江南民间丝织业的发展、明清时代江南丝绸的国内市场和对外贸易、明清时代江南丝绸工艺技术和品种色彩等问题,翔实地再现了江南丝绸生产辉煌的历史。书末附有23幅富有文物价值的图片,其中17幅彩图所摄文物,为明清时期丝绸织物的精品。(穆祥桐)

F000276 **能源经济与管理丛书** 吴德春等编。山西经济出版社1993年11月版。112万字。4册。34.00元。丛书包括《能源基地发展的反思与探索》、《能源——经济分析与技术评价》、《市场经济理论与煤炭交易市场》、《煤炭商品市场交易实务》等4种。对能源基地的损耗补偿、能源经济建设项目和技术方案等作经济分析与技术评价;对煤炭市场的建立与完善、管理与运作,以及对煤炭的交易等作行情分析和预测。(宋晋平)

F000277 **能源基地发展的反思与探索** 吴德春等著。山西经济出版社1993年11月版。24万字。10.50元。用大量的数据和实例,揭示能源基地开发建设中资源、环境、土地、劳动力、资产等方面产生损耗的原因、性质、程度,分析了现有补偿办法的利弊,提出了现有经济条件下的补偿政策和改进建议。收入"能源经济与管理丛书"。(宋晋平)

F000278 **导弹使用工程经济** 朱松山编著。兵器工业出版社1993年12月版。37万字。12.00元。运用过程法,从宏观与微观的结合上,研究导弹使用过程中的经济问题。共分10章,前三章阐述导弹使用工程经济的研究对象,导弹使用工程经济分析原理和导弹使用工程经济时间因素;第四章,导弹测试发射经济是本书研究的出发点和归宿。研究导弹测试发射经济也是研究整个导弹使用工程经济的根本目的,就是为了保卫社会主义国家的安全,保卫世界和平。它既重视军事安全效益,又重视经济效益,导弹使用工程的全系统、全过程都是围绕和实现这一目的。第五章到第十章,对导弹使用工程的主要环节作经济分析,包括订购的经济分析、阵地工程经济分析、装备维修经济分析、导弹系统作战训模拟的经济分析、日常使用工程技术管理经济分析和装备建设报废管理经济分析等。(朱丽均)

F000279 **中国近代兵器工业档案史料** 《中国近代兵器工业档案史料》编委会编。兵器工业出版社1993年12月版。621.5万字。4册。240.00元。系统收录从晚清洋务运动到中华人民共和国成立前近百年的兵工历史档案,并本着精选精编的原则,将各个历史时期的重要档案史料按事项分类汇集成册,共分为4辑。第一辑为第二次鸦片战争以后到中华民国成立之前的晚清兵工史料;第二辑为民国元年(1912)到民国十七年(1928)北洋政府倒台时的北洋政府时期兵工史料;第三辑是国民政府统一全国到中华人民共和国成立时期(1928~1949)的兵工史料;第四辑是中国共产党领导的土地革命战争、抗日战争和解放战争三个历史时期的兵工史料。所收录的历史档案是国家和地方档案部门珍藏的珍贵史料,其中绝大多数是在国内首次公布。(周延民)

F000280 **中国工业企业全集(上海卷)** 中国工业企业全集编辑委员会编。工商出版社1993年12月版。500万字。2册。120.00元。以省、市、自治区为单元独立成卷(少数省、市合卷),编入全国注册资金在20万元以上的工业企业,包括全民、集体、股份、独资、中外合资等多种经济类型。入刊企业名录按国民经济行业代码标准分类编排;在同一类企业中,根据企业所属行业大致按照地区(邮政编码)排序。主要内容由三部分组成:一是企业名录,包括企业名称、地址、负责人、经济性质、经营范围、注册资金、电话、邮政编码等内容;二是企业介绍,以简洁的文字介绍企业的基本情况、主要产品和经营业绩;三是彩色图片,以生动的图片和简要的文字反映企业的概貌和企业家的风采。各卷还刊登了有关方面负责人或主要编辑人员撰写的文章,比较全面地介绍了各地工业经济的概况。其中《上海卷》分上、下两卷,共编入2万多家企业名录,刊登各类企业介绍近600篇,还有80多家企业刊登了彩色图片。(李富明)

F000281 **陕西省志·纺织工业志** 陕西省志纺织工业志编委会编。三秦出版社1993年12月版。100万字。60.00元。中华人民共和国地方志丛书之一。属陕西省志专业志。分为大事记、棉纺织棉印染工业、毛纺织丝绸麻纺织工业、针织棉织化纤工业、纺织机械纺织器材工业、陕甘宁边区及在陕之纺织工业、科学技术教育、对外经济技术援助、管理和人物10个篇章。以记述纺织工业生产力的发展为主线,记述陕西纺织的起源、发展及起伏,上限自6000年前的半坡人,下限至1989年,重点记述中华人民共和国成立后陕西轻纺工业的生产建设、重大技术改造、科技成果、产品升级换代及其管理体制改革等发展演变过程,如实地反映了陕西纺织工业的兴衰起伏。(李郁)

F000282 **山东省志·测绘志** 山东省测绘志编纂委员会编。山东省地图出版社1993年12月版。32.4万字。40.00元。按略古详今的原则,各篇章以不同历史时期的测绘活动或成果顺叙,上溯远古的测绘图像,粗线条勾画出历代测绘轨迹,下限断至1990年。所设6篇25章按行业门类排列,主要记述了大地测量、地形测量、工程测量、海洋测绘、地图制图和测绘管理等在经济建设、国防建设中前期超前期服务的时代特点、测绘史实及得失,必要的图、表插入正文并附以历史地图等图片于书中。如收录了距今790余年,现存山东最早的金代石刻地图——“济南府长清县灵岩寺明昌五年上奏断定田园记碑阴界至图本”实物拓片的影印件。还记述了中华人民共和国高程基准——青岛水准原点的建设过程和使用情况。(甘济五)

F000283 **日本建设业的经营战略** 金维兴主编。陕西科学技术出版社1993年12月版。23万字。8.9元。参考日本建设业大量的资料和实际案例,系统研究了日本建设业成长发展的历程,日本建设市场的发展变化和建设企业制定的经营战略方针和对策等。共10章:前进中的日本建设业;战略经营的时代;经营战略及其系统构成;国际化战略;新事业战略;综合工程技术(EC化)战略;开发事业战略;技术开发战略;财务战略;21世纪的支柱产业——未来建设业展望。为便于读者分析研究日本及世界上一些主要国家的建设业及其相关产业、事业的情况,除正文部分图表外,附录部分还提供60余幅新的有参考价值的技术经济指标图以及其他参考资料。(王军)

F000284 **新疆钢铁经济地理** 楼辉映著。新疆大学出版社1993年12月版。31.5万字。15.00元。介绍1951年至1992年新疆钢铁工业发展进程,论述2000年新疆钢铁工业的发展目标。有17章:绪论;新疆维吾尔自治区区域环境;新疆沿边开放与周边国家市场;钢铁工业在国民经济建设中的作用和地位;我国钢铁工业的发展;新疆钢铁工业矿产资源;新疆钢铁工业的燃料及辅助资源;新疆钢铁工业的发展;新疆钢材市场及发展趋势;新疆八一钢铁总厂;新疆钢铁发展的环境保护;新疆钢铁工业装备水平及发展趋势;用高新技术发展新疆钢铁工业;新疆钢铁工业发展战略;新疆钢铁工业布局问题;钢铁工业结构优化的时代特征;建立现代企业制度。作者提出“以钢材为国力标准”的新观点;并针对传统钢铁工业按资源布局、沿海布局的观点,提出并论证了我国钢铁工业走沿边布局发展的新构想。(墨愚)

交通运输经济

F000285 **中国交通运输地理** 陈航等著。科学出版社1993年版。47.6万字。22.00元。“中国人文地理丛书”之一。共4篇23章。第一篇,总论,是我国交通运输发展历程的系统分析与以往实践经验的回顾和总结;第二篇,交通运输网络地理;第三篇,运输联系与客货流地理;第四篇,区域交通运输地理。论述我国交通运输地理的全貌、地域组合结构特征和类型、发展演变规律,探讨各运输部门(铁路、公路、航海、内河、民航、管道等)和各大区(东北、华北、华东、中南、西南、西北区)交通发展条件、现状特征、规模与布局,以及今后发展方向。还专门从综合运输角度,分析论述我国综合交通运输网、交通枢纽、国际交通、区域运输联系等问题。与《中国经济地理总论运输地理部分》、《中国运输布局》、《交通地理学》、《运输布局学》等著作相比,本书是一部具有明显综合观点和地理特色的新专著。(吴三保)

思主义理论方法,从我国社会主义建设特点出发,研究汽车运价与经济体制和价格体制改革的关系。在分析汽车运价现状的基础上对汽车运价的体系、不同运输方式的比价以及汽车运价总水平的发展规律等问题,进行深入探讨与论述。(陈民扬)

F000295 **综合运输概论** 高家驹主编。中国铁道出版社 1993 年 5 月版。48.4 万字。11.50 元(平),14.00 元(精)。主要内容包括:综合运输体系规划原理;运输项目效益分析及经济评价方法;联合运输;多种运输集装箱联运和国际多式联运;运输价格;交通运输改革及经济承包制;运输安全及环境保护;法律制度及新技术应用等。对各种运输方式的经济技术特征及其适用范围也作了介绍。(褚书铭)

F000296 **福建滨海旅游资源开发探索** 谢在团主编。福建人民出版社 1993 年 7 月版。20.7 万字。6.60 元。探讨滨海旅游资源开发的专著。以大量第一手资料,对福建滨海旅游资源进行系统分类和评价,探讨福建滨海旅游业的开发前景、意义和作用,以及外部条件建设等问题,并提出滨海旅游资源的开发设想和对策。(刘亚忠)

F000297 **艰难延伸的民国铁路** 王晓华著。河南人民出版社 1993 年 7 月版。23.5 万字。8.60 元。全面介绍旧中国 70 多年的铁路史;歌颂了詹天佑、孙中山等大批有识之士为发展中国铁路所作的努力和贡献;鞭挞了日本侵略者对中国铁路的破坏、摧残和利用铁路掠夺中国财富、统治中国人民的罪行;重点论述旧中国铁路建设的艰难历程,以及建成的铁路对国家政治、经济、文化、教育等各个方面产生的重要影响和作用。(张黛)

F000298 **超越贫困的选择** 卿太金、罗文杰主编。民族出版社 1993 年 10 月版。28 万字。10.00 元。论述我国少数民族地区如何摆脱贫困落后的专著。共 12 章。以我国民族地区的贫困、落后为主题,说明资源与地域造成经济的贫困,经济的贫困又导致文化教育和思想观念的落后,以致恶性循环。目前民族地区普遍存在着较为严重的财政困难,除了经济水平低这一根本性制约因素外,更为直接的原因是在体制方面,即是由现行的财政体制和财政政策的某些弊端造成的。改革现行的财政体制,是民族自治地方经济体制改革的重要内容。此外,对民族地区金融市场的培育问题、市场走向问题、全方位开放问题,以及民族地区政府经济行为等也进行探讨,指出超越贫困的路子。(黄敦朴)

F000299 **长江航道史** 王轼刚主编。人民交通出版社 1993 年 11 月版。60 万字。系统研究和论述人类对长江干流及其支流航道开发、利用、整治的专业技术史书。以大量史籍资料及档案资料记录古代长江航道开发建设的进程,近代航道与海关的渊源,以及共和国成立后航道事业迅速发展的辉煌成就。(陈民扬)

F000300 **长江航运史(现代部分)** 长江航运史编委会著。人民交通出版社 1993 年 11 月版。61.8 万字。以档案资料为依据,全面记述长江航运在 1949～1985 年 36 年间发展变迁的历程。客观展示 36 年来长江航运的辉煌成就和宏伟业绩,揭示出长江航运在长江流域,乃至全国社会经济繁荣与发展中先行官作用和发展长江航运对四化建设的重要意义,同时也全面地总结了 36 年中的经验和教训。(陈民扬)

F000301 **战后台湾交通经济** 李非著。鹭江出版社 1993 年 12 月版。23.5 万字。8.00 元。系统论述战后台湾交通运输经济面貌的专著。从交通运输经济理论分析入手,概括论述战后台湾交通运输经济的发展过程、特征以及交通与社会经济发展的相互关系。对交通运输经济综合体系和铁路、公路、海运、航空、旅游、通讯等各部门作详尽分析,并预测了台湾交通运输的发展趋势。收入"台湾研究丛书"。(江金辉)

邮电经济

F000302 **中国邮政编码金融业专集(上、下册)** 中国人民银行办公厅编。人民邮电出版社 1993 年 5 月版。237 万字。65.00 元。共收集金融系统各银行、非银行金融机构约 10 万个单位的名称、地址、邮政编码、电话号码。分上下册。上册是银行机构,包括中国人民银行、中国工商银行、中国农业银行、中国银行、中国人民建设银行、交通银行、国家外汇管理局。下册是非银行金融机构,包括中信实业银行、中国投资银行、地方区域银行(广东发展银行、深圳发展银行、招商银行、福建兴业银行)、信托投资公司、证券公司、融资租赁公司、财务公司、城市信用社、农村信用合作社、外资金融机构。(朱克秋)

F000303 **华北解放区交通邮政史料汇编·军邮卷** 华北交通邮政史料整理组编。人民邮电出版社 1993 年 6 月版。24.4 万字。11.00 元。本卷主要收录了中国人民解放军、兵团、纵队(军)、特种兵旅、独立旅(师)等野战部队编制序列的各级军邮机构的

F000286　**济南铁路局志**　济南铁路局史志编纂领导小组编。山东友谊出版社 1993 年版。130 万字。75.00 元。全面记述济南铁路局的历史。收辑各种资料照片 100 余幅、插图几十幅、表格 230 余张，并收有毛泽东、周恩来、朱德等视察济南铁路局的珍贵照片。许多资料都是首次公开发表。附有始于 1899 年的大事记。(姚文瑞)

F000287　**修船价格手册**　中华人民共和国交通部编。人民交通出版社 1993 年 1 月版。110 万字。以中华人民共和国交通部 1985 年颁布的《修船价格目录》为基础修订而成。其计算价格的人工定额和材料定额以《红三本》、《十二本》为依据。内容包括：总则；第一类，船坞工程；第二类，钢质船体及上层建筑工程；第三类，木质家具工程；第四类，除锈涂漆工程；第五类，甲板舾装工程；第六类，管路及薄板工程；第七类，蒸汽辅机工程；第八类，柴油机及辅机工程；第九类，锅炉工程；第十类，电气工程；第十一类，工程船工程；第十二类，其它工程。本手册还包括附录两篇：交通部隶属船厂简介；交通系统船厂简介。(陈民扬)

F000288　**中国公路交通里程图册**　人民交通出版社编。人民交通出版社 1993 年 1 月版。43.6 万字。由全国总图，各省、自治区、直辖市图，各省会(首府)图及市区道路图等组成。台湾省及少数地区的资料暂缺，未编入。图册中的里程数据由交通部运输管理司提供，具有一定的权威性。(陈民扬)

F000289　**汽车运输职业道德**　张允恭主编。人民交通出版社 1993 年 2 月版。11.5 万字。为交通系统技工学校和职业学校的职业道德课教材。依据社会主义职业道德原则和规范，结合汽车运输职业特点作了全面系统的论述，并配以汽车运输中大量具体事例。(陈民扬)

F000290　**铁路基本建设会计**　王遐昌主编。西南交通大学出版社 1993 年 3 月版。45 万字。14.90 元。为适应铁路基本建设、经济体制改革和财务会计制度改革的需要，根据铁路基本建设、国营施工企业的新会计制度、铁道部有关会计制度的补充规定，以及铁路高等院校财经类专业教学大纲编写而成。全书由铁路基本建设单位会计、铁路施工企业会计、建筑业企业会计三篇组成。分别对概预算、核算、决算以及对外投资、营业收入和利润分配等内容作详细阐述。书中有大量实例。可作全国铁路高校财经类专业教科书，也可作铁路基本建设单位、铁路施工企业及建筑业企业的财会人员的培训教材或自学参考书。(任继英)

F000291　**汽车运输企业管理教程**　李作敏主编。人民交通出版社 1993 年 4 月版。37.4 万字。以现代汽车运输企业生产经营管理活动为主线，全面系统地阐述汽车运输企业管理的基本概念、基本原理及基本方法。主要内容有：汽车运输企业概论；汽车运输企业信息资源管理与基础工作；汽车运输市场经营研究；汽车运输企业经营管理；企业经营机制；计划管理；生产管理；质量管理；物资管理；机务管理；劳动工资管理；财务成本管理；经济核算与经济活动分析等。(陈民扬)

F000292　**铁路运输业质量管理问答**　李兴等著。中国铁道出版社 1993 年 4 月版。8.6 万字。2.05 元。为推行全面质量管理工作，搞好质量管理教育，满足广大职工和干部学习质量管理理论、方法并应用于实践的需要，作者根据铁路运输企业的实际，总结北京铁路局推行全面质量管理先进单位的经验并博采众长，编写该书。共 12 章，206 题，内容有质量管理的基本概念、基本理论和基本方法及其应用，以及宣传贯彻 GB/T10300 系列标准过程中遇到的疑难问题，还介绍了运输全程联网质量管理的基本理论和方法。(田京芬)

F000293　**旅游地理学**　保继刚等著。高等教育出版社 1993 年 5 月版。28 万字。4.05 元。系统阐述旅游地理学的基本理论、研究方法和基础知识。全书 11 章。首先介绍旅游地理学的研究内容、研究对象、旅游地理学与相关学科的关系，回顾了旅游地理学的发展历史。然后以旅游者行为、旅游需求预测为中心，阐述客源地、客源地与旅游目的地相互作用等问题，着重介绍旅游需求预测的模型，包括趋势外推模型、结构模型、仿真模型和定性模型等，其中还有应用这些模型的实例介绍。接着，以旅游资源和旅游地、旅游环境容量、旅游区划、旅游规划、旅游开发的区域影响等为中心，阐述旅游目的地的有关内容，包括旅游资源和旅游地分类、旅游地和旅游资源的综合评价；旅游容量的量测、旅游容量在旅游规划和管理中的应用；旅游区划的目的、意义和原则、区划案例；区域旅游开发的战略和开发类型、旅游线路设计、旅游宾馆(酒店)选址、旅游地的规划；旅游开发对区域经济、环境、文化、社会等方面的影响。最后阐述旅游交通和旅游地图的编制。适于作为高校教材和教学参考书。(黎勇奇)

F000294　**汽车运价学**　吴国庆主编。人民交通出版社 1993 年 5 月版。26.2 万字。书中运用马克

突出供销合作经济的专业特点，符合新时期供销合作社改革发展的客观要求。(安晓峰)

F000312　**关贸总协定及其对策**　文铁峰主编。中国人事出版社1993年1月版。60万字。198.00元。"关贸总协定(GATT)"全称是"关税和贸易总协定(General Agreement On Tariffs and Trade)"，是1947年10月30日由23个国家在日内瓦签订的一项多边国际协定。本书分16部分84节，主要内容有：关贸总协定的范围、功能和运转；关贸总协定的发展简况；中国与关贸总协定；非关税障碍；美洲的区域性贸易集团的经贸对策；美国、加拿大、墨西哥、巴西、阿根廷等国的贸易对策；欧洲地区贸易对策；大洋洲诸国的贸易对策；非洲诸国的贸易对策；亚洲诸国的经贸对策；国外限制进口法规简介等内容。书后附有《关税和贸易总协定》和世界部分国家(地区)的汽车进口制度和国产化政策两个附录。编者在《前言》中指出："中国一旦恢复关贸总协定的缔约国地位，整个经济贸易将进入一种全新的国际环境中，中国的工业界所面临的将是惊涛骇浪。"(殷崇文)

F000313　**推销方法与技巧**　冯东升主编。北京出版社1993年2月版。25万字。5.20元。以问答的形式撰写，分为15个部分343个问题。所列问题是根据我国产品推销人员工作的实际需要，问题解答主要依据我国国情和市场特点，并借鉴了国外先进的推销方法。书中内容涉及广泛，其中主要有推销人员的职责、知识能力、素质形象；市场调查和市场消费趋势的预测；市场信息的来源、特征、收集、加工和传递；市场竞争及其对策；消费心理及顾客的寻找；推销礼仪；直销、促销、展销、企业形象、售后服务等推销方法的运用；价格策略、产品策略的运用；商标、广告知识；购销合同知识；以及简易核算、商品运销、产品外销等方面的知识。(郭瑞)

F000314　**广告语鉴赏**　李旭主编。大连出版社1993年3月版。20万字。5.80元。收入国内外各类广告千余条，均属广告佳作精品。对收入的广告逐条加以点评赏析，介绍其问世背景，使人领略成功广告的艺术性以及深厚的底蕴。为便于借鉴，本书将所收广告分成七大类，有社会广告、企业广告、商品广告、服务行业广告、医疗医药广告、文化广告。最后附有国外广告名言拾萃、最适合当"广告人"的四类人等内容。(徐彬)

F000315　**国际经贸知识与实务**　青戈、赵文江主编。内蒙古人民出版社1993年3月版。50.5万字。11.80元。分上、中、下3篇和1个附录。上篇分8章，概要论述国际经贸基本原理、基础知识与政策；中篇分9章，谈国际经贸和边境贸易实务操作；下篇分9章，重点介绍国际和边境商务礼俗与港口、口岸、运输等地理环境。该书可使从事国际经贸工作的人员，弄懂国际经贸的理论、政策、法律，懂得国际经贸惯例、洽谈技巧、地理环境、礼俗礼仪，并能熟练地掌握实务，使其具有较强的分析和处理实际问题的能力。(陈锦安)

F000316　**中国企业怎样开拓国际市场**　卢书愚主编。中国书籍出版社1993年3月版。32万字。9.00元。概述了国内外市场经营学理论和实际经验，开拓国际市场的方法，研究国际市场经营"12P"策略以及打入国际市场应具备的14项基本条件；提出了如何打入美国市场、日本市场、独联体市场的策略；介绍了"四小龙"开拓国际市场的成功经验；还介绍了搜集国际市场信息的重要性渠道以及当前国际市场在消费结构、产业结构、技术贸易、企业经营管理体制、世界经济一体化趋势等方面的新动向。对外商类别、特点、思想动态和对策以及进行国外推销业务的成功要素等也作了探讨。还从企业的实际需要出发，论述加工装配、补偿贸易、合资经营、引进技术等方面的概况、意义、方式方法、经验和应当注意的问题以及可供参考的工作程序；介绍了对外贸易须知和如何做好礼宾工作等。不是抽象地讲理论，而是多举事例，寓理论于事例之中，强调实用性。(章宏伟)

F000317　**机械电子对外经贸指南**　张俊贤、舒立著。电子工业出版社1993年4月版。65万字。16.80元。分上、下两篇。上篇介绍国际贸易常识、进出口贸易、商品检验、海关管理、进出口税收、利用外资及欧美反倾销法等方面的通用知识。下篇介绍关贸总协定冲击波和2000年出口目标、机电产品进出口贸易、电子产品进出口贸易、机电产品的招标与投标、自营出口企业与外贸企业的经营管理及经营实践、世界各国电子产品标准等方面的实用知识。(周玫)

F000318　**"入关"你我他**　副名：关贸总协定与中国人。郭辛庚等编著。陕西师范大学出版社1993年4月版。8.3万字。2.50元。介绍关贸总协定的基本知识以及中国"入关"所面临的问题。其主要内容有："关贸总协定—你是什么？亲疏恩怨四十年—中国为什么要"入关"？国内产业要"闯关"—它们有准备吗？消费者盼"入关"—我会得到哪些好处？

史料，并适当选录一些曾承担军事邮件转递任务的武装交通队的史料。华北野战军机构建于解放战争初期，本卷所述上限起自1946年4月，下限至1949年12月，即是三年多解放战争中晋冀鲁豫、晋察冀、晋绥军区和华北军区所属野战军邮的史实。体裁则采用编年体与记事本末体相结合，以时间顺序排列为主。解放战争中的军邮史料，经过战火纷飞的岁月，存之甚少。编者查阅约400卷宗档案，访查曾在军邮岗位上战斗过的老同志，征集军邮战士的回忆文章，几易其稿，力求史料真实。收入“华北解放区交通邮政史料汇编”丛书。（苏欣）

F000304　**中国邮电百科全书·电信卷**　朱高峰、宋直元等编著。人民邮电出版社1993年9月版。180万字。120.00元。我国电信领域的一部百科全书，系《中国邮电百科全书》的一个专业卷，由200余位专家、学者和教授参加撰稿。主要内容包括：(1)电信新业务和新技术；(2)电信网理论；(3)电信装备；(4)信息论、话务理论、信号处理、传输理论及电信技术基础理论；(5)国际电信组织。共选收条目1329个，索引词达3100个。卷内检索系统有：专业分类目录、汉字笔画内容索引、汉语拼音内容索引和条目英文索引。正文按专业或学科的分类编排，注重内容的科学性、系统性。（贾玉明）

F000305　**清代、民国快信邮票研究**　常增书著。人民邮电出版社1993年10月版。6.3万字。15.00元(精)，9.00元(平)。研究我国清代、民国时期快信邮票的专著。清代末期和民国初年的快信邮票是一种颇为奇特的邮票，它具有“两多两少”的特点。“两多”是指它具有“多功能”、“争论多”的特点。“两少”，是指“档案资料少”、“集邮家对它收集研究少”的特点。本书分为五章：中国开办邮政快信的背景、清代快信制度建立、清代快信专用邮票、民国快信邮票、快信戳记等。书后附录清代快信章程、中华民国交通部邮政总局关于“简举国内快递信件之章程”的通告、清代快信专用邮票目录、民国初年快信专用邮票目录。（周雁飞）

F000306　**潮汕侨批论文集**　广东省集邮协会汕头市集邮协会编。人民邮电出版社1993年10月版。10.3万字。30.00元。研究潮汕“侨批”史的论文汇编。侨批局是为我国华侨和其国内亲属传递书信、钱物的一种商业性服务机构。侨批局始创于光绪末年。“侨批”史是华侨史、邮政史的重要内容。收入书中的论文内容涉及“侨批”的创办年代、历史背景、名称由来、组织机构设置和沿革，以及传递书信和钱物的方式、手续，还有银钱汇兑、结算方法、各种戳章的使用等。（韩丽伟）

F000307　**中国早期航空邮政(1920～1941)**　广东省集邮协会佛山市集邮协会编。人民邮电出版社1993年10月版。8.7万字。35.00元。介绍中国早期航空邮政史的论文集。按年代先后，以开办航空邮路的单位和航线为章节，配以各种邮品插图，阐述我国早期航空邮政的历史。还收录部分航空邮务办理规则、邮运合同等。（韩丽伟）

贸易经济

F000308　**国际贸易英文函电**　武振山编写。东北财经大学出版社1993年版。37万字。13.50元。集国际贸易实务、英文和中文于一体，汲取国内外同类书的新成果，结合我国外经贸业务实际，对国际经贸业务中的常用术语、常用短语、句型结构和缩略语作了总结和归纳。分三部分：书信、电报和电传。按照实际交易程序编写，如建立业务关系、询价、报价、还价、接受、开证、保险、租船订舱、索赔和理赔等。（谭焕忠）

F000309　**关税与非关税壁垒的效应分析**　金祥荣著。学苑出版社1993年版。约14万字。15.00元。是作者于1992～1993年2月在德国基尔大学高访期间所作的一项专题研究。书中对关贸总协定框架内外的、当今国际贸易中常用的关税与非关税壁垒，如进口配额、关税配额、自愿出口限制、有秩序的销售安排、出口补贴、差价进口关税等进行系统的实证分析。在吸收西方经济学的基础上采用现代经济学的方法，对贸易保护政策进行系统的实证分析。（金祥荣）

F000310　**国际商业谈判**　丁建忠著。中信出版社1993年版。31.7万字。12.50元。从多视角多层次探讨在谈判中出现的疑难问题，并提出解决办法，全面介绍国际商业谈判的基本内容。主要内容有：谈判的分类与特征，谈判的构成，谈判的过程，谈判的伦理观，谈判的心理，谈判的主持，谈判的工具，谈判中特殊问题的处理，谈判警语等。（李德宝）

F000311　**中国供销合作经济辞典**　李树文主编。黑龙江人民出版社1993年1月版。67.5万字。19.80元。系统收集供销合作经济从起步到发展各个历史时期的有关词和词语，也选收供销合作社工作者经常涉及的国内外其他行业(如商业、金融、外贸)和相关学科的词和词语，共2400余条。释文力求最大消费市场——美国的普惠制待遇。可以说，没有进入美国市场，“走向世界”的意义就不甚完整，而欲进入美国市场，获得“贵宾卡”是一条事半功倍的捷径。本书附录列出3000种普惠制产品名单，这是在中国大陆首次完整公布的最新资料。(甘谦)

F000325 **汉俄俄汉商品大词典** 顾中华等主编。黑龙江人民出版社1993年6月版。100万字。34.50元。收录外贸活动中出现的各种商品名称，其中包括近年来出现的新商品词汇及老词新义。汉俄部分收录17 900条，约28 000个词汇；俄汉部分收录12 400条，约20 000个词汇。其特点是汉译俄、俄译汉都可使用。俄汉部分有用俄语字母拼写的汉语释义读音。(安晓峰)

F000326 **闯市场——企业成功广告事例** 国家工商行政管理局广告司编。经济管理出版社1993年6月版。27.8万字。8.80元。汇集几十家企业有关成功广告的实例。这些企业中有老字号、新厂家；有在逆境中崛起的厂矿，也有改行转产的军工企业；有国有企业，也有乡镇集体企业。它们把广告的理论和实践相结合，积累了宝贵的经验，给人们以启示。一个企业在广告方面的成功，预示着企业对市场的开拓与占有。参与竞争不能不拿起广告这个武器。它是实力和水平的较量，体现着社会主义市场经济的生机和活力。(苏全义)

F000327 **中国近代商业革命** [美]郝延平著，陈潮等译，陈绛校。上海人民出版社1993年6月版。33.4万字。13.95元(平)，16.75元(精)。经济史专著。郝延平教授是著名美籍华裔历史学家，是《剑桥中国明清史》撰稿人之一。本书是作者费时十余年的研究成果。作者对中国同西方贸易作细致研究，讨论主题是在中西商业资本主义形态中所看到的近代商业革命。提出了“中西共生”的新概念，对中国19世纪商业革命的范围，即市场结构、商业金融、贸易中心、航运及经营方式等作综合性研究，并对商业革命的主要特征以及它对中国经济和社会的影响作细致的考察。在第二章中，探讨了一个重要的、但在很大程度上被忽视的课题——中国商铺的兴起；在第三章中考察了三种货币新形式的引进和推广，对鸦片的货币功能作广泛讨论，并对货币供应总量作出估算，对它的经济衍生结果作了评价。此外，本书还以最重要的商品进口和出口贸易的大量记载来说明市场的扩展；研究了沿海商人追求利润的方法；根据美国和英国在中国的商行记录，对市场波动、投机活动、经营亏损、破产和金融危机等作详细阐述，并将这些现象放在更为广泛的社会经济范围内考察。(朱金之)

F000328 **商会与中国早期现代化** 虞和平著。上海人民出版社1993年6月版。30.3万字。10.50元。研究中国商会的专著。分前言、上编、下编3部分。前言阐述商会与中国早期现代化的关系及其在中国早期现代化中充任的角色。上编论述商会与资产阶级的自身现代化，内容包括鸦片战争后中国传统行会的组织发展和结构功能资本主义化、洋商商会的产生发展及其影响、中国商会的产生发展及走向世界等，着重研究商会产生发展的内外社会原因与商会的组织结构、社会属性和功能。下编论述商会在早期现代化中的作用，分析中国资产阶级在中国早期现代化中所作出的贡献及其与中国政府、外国资本的相互关系。(崔美明)

F000329 **21世纪广告丛书** 陈培爱编。厦门大学出版社1993年6月版。190万字。78.00元。包括《广告原理与方法》、《广告攻心术》、《广告策划与策划书撰写》、《如何成为杰出的广告文案撰稿人》、《商标广告策略》、《广告调研技巧》、《广告视觉语言》、《企业CI战略》、《印刷广告艺术》、《广告经营管理术》等10册。向读者传递了90年代广告业斗智斗勇、独特创意、攻心战术、精美文案、策划技巧、市场调研、商标策略、广告管理等丰富知识与信息，反映了当代广告的理论与实践，以及广告教育的现状与动向。(陈培爱)

F000330 **关税及贸易总协定及中国企业** 王鼎咏主编。福建人民出版社1993年7月版。25.7万字。6.55元。共11章。第一、十、十一章从宏观角度阐述关贸总协定的产生和发展，中国企业的整体对策思路以及关贸总协定的未来发展趋势等重大问题。第二至九章着重分析轻纺、机电、冶金、化工、能源、医药、金融、技术服务等行业的情况。(陈云)

F000331 **世界商道通则** 余仁、金梅编著。广东旅游出版社1993年7月版。59万字。18.00元。收录了国际间、区域间经济贸易的法规、协约、惯例等，并介绍其功能和作用。全书分3篇：第一篇介绍国际经济贸易组织及协约有关内容和形式，包括“关税与贸易总协定”、“国际货币制度”、“国际货币基金及功能”、“世界银行及其宗旨”、“国际商品交易市场与协定”，以及其他各类国际经济组织的介绍等。第二篇介绍区域性组织及协约，包括“欧洲共同体”、“北美自由贸易协定”、“东南亚国家联盟”、“南锥体共同市场”、“中美洲自由贸易区协定”、“海湾共同市场”、作者以问答的形式论述了什么是“入关”、为什么要“入关”、如何才能“入关”以及“入关”对每一位中国人的影响等问题，特别是回答了人们最关心的问题，如“入关”后我国怎样保护民族工业？“入关”后纺织工业会出现什么样的新形式？“入关”后市场商品价格会大幅度降价吗？等等。最后还指出了我国入关所面临的三大难题。（周耘）

F000319 **近代中国海关与中国财政** 戴一峰著。厦门大学出版社 1993 年 4 月版。30 万字。6.50 元。分上、下两篇。上篇是纵向的追踪。描述近代中国海关的历史沿革及其与中国财政关系的演进。分析海关一方面不断扩展其征税范围和权力，愈来愈多地垄断中国的税源，另一方面又不断密切它与中国外债、赔款的关系，从而愈来愈紧地与在华外国金融资本相勾结，极尽操纵中国财政经济命脉之能事。下篇则是横向的展开。从海关与常关、海关与厘金制度、海关与债赔、海关与财政改革等方面，探讨海关与财政间错综复杂的关系，展示近代中国海关在这种多方位关系中扮演的双重角色：它既是列强控制中国财政的工具，又是列强改造中国财政体制的样板。（徐长春）

F000320 **市场营销学（现代德国经济管理译丛）** 汉斯·克里斯蒂安·韦尔斯著，姚先国主编译。浙江教育出版社 1993 年 4 月版。25 万字。4.75 元。研究“现代德国经济管理”中市场营销的理论与一般原则的专著。内容有：市场营销概论、市场信息收集、产品策略、定价策略、产品分配策略、沟通策略、市场营销计划等。（余龙文）

F000321 **对外经济工作实用全书** 孙肇琨、肖瑜等编。青岛海洋大学出版社 1993 年 5 月版。190 万字。35.00 元。共 19 篇：世界市场和世界市场行情调研；国际贸易；国际技术贸易；国际工程承包与劳务合作；引进外资与对外投资；外商投资企业管理；国际市场营销；涉外税收；国际金融；涉外保险；财务管理；涉外会计；涉外国有资产管理；注册会计师验证资本和查账；涉外经济统计；涉外经济法律、法规和政策；对外经济贸易信息管理；关税贸易总协定基本知识；对外经济工作人员出国常识；还有若干附录，如世界货币名称一览表等。内容覆盖了有关外经业务及理论知识的方方面面。（木青）

F000322 **一句话打动你我——广告标语传播效果分析** 杨志松著。云南大学出版社 1993 年 5 月版。21.9 万字。6.50 元。先从理论上对广告的一些基本问题进行阐述，着重对市场经济中广告的功能和效用作论述；对广告标语进行界定，从不同角度对广告中广告标语的作用及成败和其对整个广告乃至产品形象所产生的影响进行评析。集纳大量的中英文广告标语。（张丽华）

F000323 **走向国际市场丛书** 李祥林、洛桑主编。中国青年出版社 1993 年 5 月版。200 万字。10 册。109.80 元。阐述对外经济贸易理论和知识的丛书。共 10 册：《经贸概论与政策体制》、《国际市场与营销策略》、《对外交往与经贸谈判》、《货物买卖与运输保险》、《国际税收与海关商检》、《知识产权与技术贸易》、《利用外资与海外投资》、《工程承包与劳务合作》、《国际结算与外贸会计》、《国际惯例与海外仲裁》。丛书从如何迎接世界经济的全面挑战出发，阐述与社会主义市场经济相适应的新的思想、观点、战略和方法；从企业适应国际市场所需的知识体系出发，系统介绍国际市场的通行做法和商品贸易的规则；阐述我国新的会计制度、海关关税制度、进出口许可制度、中国外汇管理制度等一系列相关制度和新的规范。丛书的显著特点：一是审时度势，既注重改革开放现阶段的需要，又预示中国市场与国际市场接轨的大趋势，具有鲜明的时代性。二是博采众长，既介绍发达国家和地区的有关规定和做法，又介绍发展中国家和地区的相关规定和做法，具有广泛的实用性。三是立意新颖，阐述了与社会主义市场经济相适应的新的思想以及国际经济意识、大经贸意识等观点，具启发性。（程绍沛）

F000324 **美国市场的“贵宾卡”** 副名：普惠制及其三千种产品。[美国]纪爽、蒋祥元著。广州出版社 1993 年 6 月版。55 万字。43.00 元。本书是两位美国律师专门为中国人撰写的关于“普惠制”的工具书。全书分为正文及附录两大部分。在正文部分，作者用严谨的法律语言，向中国人描述了一条美妙但不玄奥的经济起飞的路子。如果把“关贸总协定”喻作各国进入国际市场的“敲门砖”，那么，“普惠制”便是进入发达国家市场的一张“贵宾卡”（优惠卡）。根据联合国有关协议实行的普惠制，是发达国家单方面给予发展中国家关税减免的一种普遍的、非歧视的、非互惠的贸易优惠制度。这种关税上的优惠不仅低于一般的税率，而且低于最惠国税率。人均国民收入在五千美元以下的国家或地区，一旦取得这种待遇，它的出口产品就享有较之最惠国更低的关税。至今，世界上有 134 个发展中国家享受美国普惠制待遇。从 1978 年开始，我国已先后享受欧共体及日本等 22 国给予的普惠制待遇，但至今仍未取得世界际国内市场商贸行情和五大宝石的神秘传说及其历史。还简单介绍20种常见的宝石和玉石,并附有常见50余种天然宝石的特征数据。(张素梅)

F000340 **最新汉英对外经贸词典** 单其昌编。外语教学与研究出版社1993年8月版。125.1万字。23.80元。关于经济和对外贸易的工具书。共收集5万余词条。对个别较难的词条用汉语加以解释。词典还特别注意介绍中国特有的经济现象及其一些新知识。(朱云奇)

F000341 **当代市场营销学** 赵国柱主编。浙江大学出版社1993年8月版。35.8万字。14.00元。分14章:当代市场营销学导论、市场营销的宏观环境、企业的市场营销计划和组织、消费者市场和消费者的行为分析、生产者市场和中间商市场研究、市场调查和预测、市场细分和目标市场的确定、产品及其寿命周期、新产品的开发、产品定价、产品营销渠道、产品促销、市场营销活动的控制和市场营销信息系统、国际市场营销。研究和借鉴国外市场营销学的理论体系和成功经验,把其作为人类社会创造的宝贵财富加以吸收、为我所用。紧密联系我国的实际,认真总结我国企业卓有成效的营销经验。附有大量的国内外实例和图表。(周庆元)

F000342 **伪劣商品简易识别法丛书** 中国计量出版社组编。中国计量出版社1993年8月版。76.1万字。26.80元。共8个分册。第一至七分册介绍利用感观,如看、闻、尝、触、量和小试验等,鉴别商品质量好坏和真伪的方法和诀窍;第八分册介绍消费者权益和自我保护方面的有关知识。展示了国内外的消费者运动、消费者组织和保护消费者利益的法律、法规方面的知识,提供了如何选择商品等方面的技巧。(王红)

F000343 **食品、饮料** 副名:伪劣商品简易识别法丛书(一)。中国计量出版社组编。中国计量出版社1993年8月版。9.68万字。3.00元。介绍利用感观,如看、闻、尝、触、量和小试验等简易方法,鉴别粮、油、鸡、鸭、鱼、肉、蛋、糖、水果、蔬菜、调味品、豆制品、饮料等商品的质量优劣和真伪的技巧和方法。(王红)

F000344 **烟 酒** 副名:伪劣商品简易识别法丛书(二)。中国计量出版社组编。中国计量出版社1993年8月版。10.4万字。3.50元。为使烟、酒的营销者和消费者掌握鉴别假烟、假酒的方法,有关专家从烟、酒的基本知识入手,结合实践经验,介绍了简便易行的鉴别方法。(孙维民)

F000345 **纺织品、服装、鞋帽** 副名:伪劣商品简易识别法丛书(三)。中国计量出版社组编。中国计量出版社1993年8月版。9.76万字。3.00元。介绍利用感观如看、闻、尝、触、量和小试验,来鉴别纺织品(棉、毛、麻、丝、化纤)和各种服装鞋帽等质量好坏,材料的真伪。鉴别方法简便易行。(王红)

F000346 **五金 百货 家用电器** 副名:伪劣商品简易识别法丛书(四)。中国计量出版社组编。中国计量出版社1993年8月版。10.5万字。4.00元。五金、百货和家用电器与每一个人、每一个家庭密切相关。它们的大销售量和高额利润使得不法分子不择手段地制造和销售伪劣产品,损害了消费者的利益。作者根据多年的工作经验,收集了丰富的资料,介绍商品的基本知识和简便、有效的产品质量鉴别方法。(孙维民)

F000347 **医药、日用化工** 副名:伪劣商品简易识别法丛书(五)。中国计量出版社组编。中国计量出版社1993年8月版。7万字。3.50元。对常见医药、日用化工产品,分条介绍利用感观,如看、闻、尝、触、量和小试验等简单易行的方法,来鉴别其真伪和质量。(陈小林)

F000348 **金银、珠宝、货币** 副名:伪劣商品简易识别法丛书(六)。中国计量出版社组编。中国计量出版社1993年8月版。7.2万字。2.80元。介绍金银、珠宝、古玩、货币等简单、易行的鉴别方法。通俗、易懂,适合于广大消费者使用,也可供工商管理人员、技术监督人员、采购员和售货员参考使用。(王红)

F000349 **建材、农用生产资料** 副名:伪劣商品简易识别法丛书(七)。中国计量出版社组编。中国计量出版社1993年8月版。12万字。4.00元。对建材、农药、化肥、种子、饲料、种畜、兽药、农用石油化工产品、农机等类商品,分条目介绍利用感观,如看、闻、尝、触、量和小试验等简单易行的方法,来鉴别其真伪和质量。可作为查处商品的依据,选购商品的指南。(陈小林)

F000350 **消费者自我保护方法** 副名:伪劣商品简易识别法丛书(八)。中国计量出版社组编。中国计量出版社1993年8月版。9.6万字。3.00元。介绍保护消费者权益方面的有关知识:消费者有哪些合法权益;消费者购物时如何面对五彩缤纷的市场;消费者在利益受到损害时如何利用法律武器进行自我保护等。(王红)

F000351 **北美自由贸易协定业务手册** 陆航

"穆斯林共同市场"、"黑海经济合作宣言"、"非洲经济共同体条约"等。第三篇介绍国际经济贸易惯例与法规,包括"联合国国际货物销售合同公约"、"CIF买卖合同的统一规则"、"普遍优惠制"、"海牙规则"、"汉堡规则"、"国际铁路货物联运协定"、"统一汇票本票法"、"支票法统一规则"、"国际商会托收统一规则"、"联合国国际贸易法委员会仲裁规则"、"国际技术转让行动守则草案"、"专利保护条约"、"商标注册条约"及"世界知识产权组织公约"等。(梁坚)

F000332 **世界主要贸易国进口关税税率手册** 本书编写组。人民出版社 1993 年 7 月版。70 万字。50.00 元。对世界主要贸易国和典型的发展中国家(中国、韩国、泰国、巴西、新加坡、美国、日本、欧共体、澳大利亚、加拿大)的关税进行对比的资料。书中的数据均取自 1992 年关贸总协定秘书处的有关资料,具有权威性。手册按照目前各国海关税则、海关统计和进出口管理统一使用的商品目录《商品名称及编码协调制度》进行编排,给出有关国家全部六位数通用税目(5019 个)的关税税率。由于各国税则目录评略情况不同,有的直接采用通用的六位数税目,有的又在六位数税目下细分了本国的八位甚至十位子目。为使各国的关税税率具有可比性,取各国六位数税目下各子目税率的算术平均值。手册所涉国家都有多栏税率,适用于各种不同情况,为便于比较,编者只列出了用途最广的、并适用于关贸总协定各缔约方的最惠国从价税率。(喻阳)

F000333 **对外开放的新疆口岸** 阿不来提·阿不都热西提主编。新疆人民出版社 1993 年 7 月版。20 万字。18.00 元。包括新疆经济概况与发展前景,新疆周边国家经济概况,新疆口岸现状与发展前景,开放的新疆口岸,规划建设中的新疆口岸五部分,附录收入中华人民共和国有关海关、关税、卫生检疫、商品检验的法规和新疆扩大对外开放、鼓励投资的优惠政策。介绍的开放口岸有:喀什、乌鲁木齐航空口岸,老爷庙、乌拉斯台、塔克什肯、红山嘴、阿里土别克、吉木乃、巴克图、阿拉山口、霍尔果斯、都拉塔、木札尔特、吐尔尕特、红其拉甫口岸;规划建设的口岸有别选里、伊尔克什坦、卡拉苏。(张田)

F000334 **常见外贸单据证书及其办理注意事项实用手册** 陈凯胜主编。鹭江出版社 1993 年 7 月版。68.3 万字。28.00 元。载有信用证、合同、提单、运单、发票、汇票、报关单、报验单及商检证书、动植物检疫证书、卫生检疫证书、保险凭证等各类常见外贸单据、证书的格式、定义、作用及办理注意事项,并分类作明确解释。有的单证还有申报与出证实例。所载单证大部分以汉英对照编入。还附有信用证常见条款及其短语、常见货币缩写、世界主要贸易港口名称、外贸英文缩略词,以及海关、商检、动植物检疫、卫生检疫等有关法律规定。(陈逸君)

F000335 **保税区的管理与发展** 邢良忠等编著。大连出版社 1993 年 8 月版。25 万字。8.80 元。对国内外保税区的管理和研究工作的总结。分上、中、下三大部分,分别介绍国内外典型保税区的概况、我国近几年保税区的有关法规、管理措施,以及国外保税区的管理经验和管理措施。这对于我国保税区体系的完善、保税区的管理和运作以及有关经济理论的研究具有参考价值。(于有鹏)

F000336 **销售心理学** 李品媛主编。东北财经大学出版社 1993 年 8 月版。27.6 万字。13.80 元。运用马克思主义辩证唯物论与普通心理学的一般理论,在市场营销的范围内,系统研究消费者的心理活动及其规律,分析适应消费者一般心理特点的经营方式与推销技巧。在内容编排上,从研究消费者一般心理特征出发,具体分析消费者的需求、动机、态度等心理范畴,消费者的决策程序,以及影响消费者心理活动的各种社会因素,如社会文化、消费流行、消费习俗和家庭、群体等。对商品的设计、商品的命名、商标、商品的包装装潢、商品的价格、广告,以及店容店貌、柜台服务等要素与消费心理的关系,也作详细论述。(朱艳)

F000337 **市场经济理论与煤炭交易市场** 谢海等著。山西经济出版社 1993 年 8 月版。22 万字。7.50 元。主要内容有:市场机制运行规则;市场经济的宏观调控与微观运作;煤炭流通体制的改革;煤炭市场的发育与完善;煤炭期货市场及交易知识;煤炭市场的需求与价格变动预测。收入"能源经济与管理丛书"。(宋晋平)

F000338 **煤炭商品市场交易实务** 谢海等著。山西经济出版社 1993 年 8 月版。34 万字。8.50 元。主要内容有:煤炭市场的调查、分析与预测;煤炭市场的经营策略;煤炭产、运、销企业的经营管理;煤炭市场的交易价格、市场区划、交易规则与交易知识。收入"能源经济与管理丛书"。(宋晋平)

F000339 **五大珍贵宝石鉴赏** 刘道荣、冯志萍编著。天津人民出版社 1993 年 8 月版。8.9 万字。4.80 元。重点论述五大珍贵宝石——钻石、祖母绿、红宝石、蓝宝石、金绿宝石的生成环境,世界主要产地、物理化学特征、价值评估标准、鉴别真伪方法、国等编。中国经济出版社 1993 年 8 月版。15.2 万字。5.00 元。系统分析《北美自由贸易协定》产生的国际背景、内部因素、谈判历程、批准程序和谈判过程中的焦点议题,全面介绍协定的主要内容和原产地规则等关键性条款。还就协定对美国、加拿大和墨西哥三个成员国的影响,对世界其它地区,特别是亚洲的影响,对中国产品输往北美市场的影响和如何利用协定开拓对北美的经贸业务等,作了详尽阐述。(苏耀彬)

F000352 **国际贸易与国际金融** 史美麟、周锦奎著。华东理工大学出版社 1993 年 9 月版。26 万字。11.50 元。教材。国际贸易部分,主要介绍国际分工与国际贸易方式,国际价值与价格,比较利益分析方法,关税和贸易保护政策分析,关税及贸易总协定,国际市场开拓、国际贸易结算方法。国际金融部分,主要介绍外汇与汇率,外汇市场与汇率风险,国际货币制度、国际信贷与国际投资;国际金融市场、国际金融组织与国际收支。(雪村)

F000353 **策划家** 副名:商界传奇的创造者。孙黎编著。中国经济出版社 1993 年 9 月版。31.3 万字。15.00 元。描述策划家的创意是如何产生的,以及他如何运用时、势、术,使梦想变为现实的过程。揭示了在某些策划过程中精心运筹的内幕。指出一个成功的策划家,必须在心理学、社会学、决策思维学、控制论、协同学等方面具有良好的素质。(邵岩)

F000354 **进出口业务与报关** 廖庆薪、廖力平编著。中山大学出版社 1993 年 9 月版。30 万字。13.80 元。介绍国际贸易的基本知识,围绕国际货物买卖业务,阐述主要交易条件及在具体洽商、签订合同和履行合同时要注意的问题,详细介绍如何做好进口货物的报关工作;讲述当今广泛应用的各种对外贸易方式,以及无纸贸易与无纸报关的最新内容和动态。(蔡浩然)

F000355 **饭店服务指南** [日]加藤祥著,郑隆光译。北京出版社 1993 年 10 月版。20 万字。2.10 元。讲述饭店各种服务工作的示例,如在客房该怎样服务,在公共场所、餐厅该怎样服务等等。但更重要的是指出了在这些服务规格上面,如何更自觉地研究,自觉地开动脑筋,使那种目前还是未知数的服务内容,能够无限地扩大,而这种服务,将使饭店的服务工作达到国际水准。研究并扩大这种服务内涵的人将成为饭店服务工作的栋梁。此书对我国的饭店服务工作,有一定的借鉴作用。(陈伟生)

F000356 **中国商业企业全集(上海卷)** 中国商业企业全集编辑委员会编。工商出版社 1993 年 10 月版。500 万字。2 册。120.00 元。以省、市、自治区为单元独立成卷(少数省、市合卷),编入全国注册资金在 10 万元以上的商业企业,包括全民、集体、股份、独资、中外合资等多种经济类型。入刊企业名录按国民经济行业代码标准分类编排;在同一类企业中,根据企业所属行业大致按照地区(邮政编码)排序。主要内容由三部分组成:一是企业名录,包括企业名称、地址、负责人、经济性质、经营范围、注册资金、电话、邮政编码等内容;二是企业介绍,以简洁的文字介绍企业的基本情况、经营特色和经营业绩;三是彩色图片,以生动的图片和简要的文字反映企业的概貌和企业家的风采。各卷还刊登了有关方面负责人或主要编辑人员撰写的文章,比较全面地介绍了各地商业经济的概况。其中《上海卷》分上、下两卷,共编入 3 万多家企业名录,刊登各类企业介绍近 600 篇,还有 80 多家企业刊登了彩色图片。(李富明)

F000357 **中国十大商帮** 张海鹏、张海瀛主编。黄山书社 1993 年 10 月版。41 万字。12.50 元。以帮为章,分别考查山西商帮、陕西商帮、宁波商帮、山东商帮、广东商帮、福建商帮、洞庭商帮、江右商帮、龙游商帮和徽州商帮的产生、发展、由盛而衰的轨迹,它们的活动范围、经营的商品种类、经营策略和手段、管理方法、营商作风及利润流向等内容。在揭示它们各方面特点的同时,分析中国封建政治、经济在地域上的不平衡发展对商帮盛衰等变化的影响,地域文化特质的不同对各商帮经营风格的决定作用,商帮自身缺限对其进一步发展的制约,它们的经营活动及资本积累对我国封建社会后期商品经济发展如资本主义萌芽、资本的最初积累的重大影响,等等。使每个独立的“帮”在理论的层面上有机地联系起来,从整体上把握商帮在我国封建商品经济中与封建政治、文化、宗法制度等的相互作用。(徐力)

F000358 **中国农村市场模式研究** 程卫平、刘瑞等著。新华出版社 1993 年 10 月版。22.7 万字。9.80 元。研究、探讨中国农村专业市场经济模式的专著。分上、下两篇。上篇为农村市场的理论透视,从发展农村市场的意义、模式及成因、新老市场的交替、主体结构及行为、市场管理者的责任 5 个方面对中国农村市场的现状与历史进行理论分析。下篇为农村专业市场模式的实证剖析,通过以河北省保定地区的专业市场为典型,分析其功能、建设、管理和培育问题;说明其作用、特点;指出其发展的归宿,即

农村专业市场由群落型向商城演进。(阎秋华)

F000359　**行销赢家**　法兰克·桑尼伯格著。新华出版社 1993 年 10 月版。14.1 万字。8.88 元。共 14 章,从"以虚掩实,发展并推出新服务,行销宣传,传达适当信息给适当对象,人际网络的运作,关系管理,处理复杂的买卖,理想的简报,沟通的障碍,服务品质,交叉销售的力量,切勿玩弄权术,成功,如临深渊,如履薄冰"等多方面,阐明行销成功的七大原则和六大要素。并说明一个道理:今天的赢家,不一定就是明天的赢家。闭上眼睛,拒绝认清时代巨变的人,必会逐渐被时代淘汰掉!(齐标)

F000360　**商品流通论**　副名:体制与运行。纪宝成等著。中国人民大学出版社 1993 年 10 月版。33.2 万字。11.50 元。探讨我国商品流通实际运行和现实体制的著作。作者围绕建立与社会主义市场经济相适应的开放式、可控型的商品流通体制,以专题形式重点分析商品流通的形式与本质、渠道与组织、环境与制约因素等,昭示了以市场机制为基础活而有序地组织商品流通的基本思路和政策构架。该书结合我国的具体国情和改革实践,对商品流通理论问题进行分析和研究,提出有充分说服力的论证。作者将商品流通作为一个客观经济过程,从社会再生产的角度将其作为社会再生产的组成部分来研究,明确提出生产—流通—消费的动态分析法;以经济利益关系的层次分析法,揭示各个方面、各个层次、各个环节之间的经济利益关系。收入"中国人民大学丛书"。(陈莹)

F000361　**产品工程学**　万君康著。华中理工大学出版社 1993 年 11 月版。28 万字。8.90 元。共分 10 章,对产品工程的概念与框架、产品战略工程、产品创新工程、产品开发工程、产品营销工程进行论述。其显著特点是把产品从孕育、开发到生产、营销的全过程作为一个整体来进行研究。提出产品工程系统设计的新概念,以及不同层次产品工程的关联模型。探讨了客观与微观产品战略工程、产品选择和技术选择的原理与方法,构建企业产品战略决策的框架。研究产品创新的类型与模式,探讨产品创新的程序以及产品创新组织的原理与方法。论述了产品开发导控、产品功能成本优化、以及产品评价等问题。提出了产品营销系统的概念以及产品营销决策的方法,探讨了新产品的市场进入时间决策方法以及新产品成败判别模型。(万君康)

F000362　**海关实务手册**　曹恒礼主编。上海远东出版社 1993 年 11 月版。292.4 万字。128.00 元。大型工具书。内容分为海关实务、海关法规、进出口商品综合分类表三大部分。涉及各种贸易方式进出境货物、保税业务、进出境物品、对外开放地区进出境货物等管理制度,以及关税、代征税、海关统计、报关等内容。附录有海关有关的法规、规章及税则等,资料截止日期为 1993 年 6 月 30 日。(戴群利)

F000363　**涉外商务合同实用手册**　北京北方工业经济法律咨询中心编著。中国国际广播出版社 1993 年 11 月版。60.5 万字。22.00 元。介绍在涉外商务活动中常见的各类合同的参考格式及其使用说明。包括国际货物买卖、补偿贸易、来料加工装配、国际技术贸易、国际土木建筑工程承包、国际信贷、中外合资经营企业、销售代理等合同格式等。中英文对照,使用方便。(吴绪彬)

F000364　**广告策略妙招**　李巍编著。广东旅游出版社 1993 年 12 月版。23 万字。6.80 元。从广告策略的主要类别:广告市场策略、广告产品策略、广告媒体策略、广告创意策略、广告表现策略 5 个方面入手,结合海内外企业运用广告策略成功的范例加以论述,介绍广告策略的基本理论和技巧方面的知识,力求把现代广告活动中最具实际意义,最具启发性的东西呈现给读者。回顾总结这些成功的经验,对于认识和研究现代广告策略有极其重要的意义和借鉴价值,同时,对增加企业界和广告界的市场竞争意识和广告策略意识也有推动作用。(周梅美)

F000365　**实用谈判技巧**　黄云明等著。河北大学出版社 1993 年 12 月版。20 万字。7.80 元。对谈判的原则及构成因素、谈判前的情报收集、谈判计划的制定、谈判人员的素质、谈判班子的选拔与组建、谈判开局的策略、报价与讨价的策略和技巧、谈判中语言(包括人体语言)运用的技巧、处理僵局的方法、签约过程及应注意的问题、谈判诡计及其对应方法、谈判礼仪要求,涉外谈判的原则及世界各国谈判风格,等等,都做了较为全面的论述。从结构上看,对谈判过程的由始至终,谈判对象的由国内到国际,谈判组织的由硬件到软件,谈判活动的从原则到技巧,都分别进行说明。在写作手法上,根据教学和实践的经验,既注重一般性的理论分析,更突出实用性,通过大量的实际案例分析和图表示例,使读者领悟所学理论。(邹卫)

F000366　**玉器鉴赏**　高大伦编著。漓江出版社 1993 年 12 月版。17.5 万字。14.00 元。共 7 章:黄金有价玉无价、玉材的基本知识和琢玉工艺、玉器的种类与名称、几种主要玉器的演变与时代特征、历代玉器总体风格鉴赏(上)(下)、玉器的做伪与辨伪。书前附有彩色或黑白图例 38 幅,书中还有 121 幅插图。收入"中国文物鉴赏丛书"。(黄文魁)

F000367 **金银器鉴赏** 韩钊编。漓江出版社 1993 年 12 月版。11.4 万字。7.00 元。收入"中国文物鉴赏丛书"。阐述金银器发展简史。对古代世界范围内黄金和白银的使用,中国古代黄金、白银的开采、使用进行介绍。概述中国古代金银器,及其分期和特征以及如何鉴赏。精选 70 件中国古代金银器,就这些金银器的年代、制作工艺、装饰手法、重量、体积等以及现藏何处等作详细介绍。(赵涛)

F000368 **边境贸易实务手册** 龚心瀚主编。上海远东出版社 1993 年 12 月版。147 万字。98.00 元。贸易类大型工具书。全面介绍中国黑龙江、吉林、辽宁、内蒙古、新疆、西藏、云南、广西 8 个边疆省、区边境贸易历史和现状,对各省、区的边贸业务、开展边贸的途径、方法、渠道分别作系统介绍。收集、整理各省、区有关边境贸易的大量信息、数据、法规和政策。介绍我国边境的口岸,周边国家边境口岸的产品、法规、政策等。还汇集国务院关于开展边境贸易的重要法律和法规,择要收入周边国家有关开展对外经贸活动的最新法律和规定。(戴群利)

F000369 **新疆对苏(俄)贸易史(1600～1990)** 厉声著。新疆人民出版社 1993 年 12 月版。65 万字。30.00 元。有 11 章。依清代、民国、中华人民共和国三个不同的历史时期,对 17 世纪初以来长达近 400 年的新疆对苏(俄)贸易历史作系统综述。既从宏观上叙述了双边贸易的发展和变化,又具体地探讨和论证了不同历史时期新疆对苏(俄)贸易的性质和特点。阐明中国边疆与内地、新疆少数民族地区与中原汉民族地区之间在经济方面的有机联系和相互襄助、共同发展的史实,指出新疆自古以来就是中国不可分割的一部分。新疆的经济在历史上即与中国内地同属于一个体系。(李春华)

F000370 **中外第三产业要览** 张岳琦等主编。中国计划出版社 1993 年 12 月版。147.5 万字。78.00 元。介绍中外第三产业发展状况的资料型工具书。对国内外第三产业主要部门的发展历程、经验与问题、发展趋势进行动态介绍。其特点是把中外第三产业的情况集中起来进行比较、分析和研究。全书分为导论、铁路、公路水运业、管道运输、民航运输、邮电通信、地质勘查、市政公用、房地产、物资流通、商业、对外贸易、旅游、金融、保险、教育、科学研究与科技服务、环境保护、信息、卫生、居民服务、文化及文化娱乐、体育、广告、有关政策法规等 25 篇。(宋白)

F000371 **国外商用木材拉汉英名称** 杨家驹等编著。中国林业出版社 1993 年 12 月版。40.3 万字。18.00 元。共收国外商用木材(包括从国外引种的和国外与我国均产的属、种)736 属、2849 种(类)、4187 个商用木材名称。主要内容有国外商用木材拉、汉、英名称,商用名索引和拉丁异名三个部分。正文内有树种、拉丁名、中文名、商用名及主要产地(或地理分布)。树种依拉丁文字母排序,中名括弧内的文字供溯源之用。产地以国名为主,地理或植物地理名称为辅。商用材名称索引依外文字母排序,后附有相应的树种序号,便于在中文中查找。拉丁名索引是为查询同一属种不同的拉丁名称之用。(陈欣省)

财政、金融

F000372 **外汇银行会计学** 石珉主编。东北财经大学出版社 1993 年版。38.8 万字。11.50 元。金融类专业本科生教材。阐述外汇银行会计的概念和对象,外汇银行会计的作用、组织和任务,外汇银行会计的基础理论,外汇银行会计的基本核算方法,联行往来,代理行往来,外汇买卖,外汇存款业务的核算,外汇贷款业务的核算,出口贸易业务核算,进口业务的核算,"三来一补"业务的核算,非贸易外汇业务核算,信托投资租赁业务核算,年度决算,会计分析等。其中包括外汇银行的会计科目,会计凭证,会计帐簿,会计报表,国内联行外汇往来,境外联行往来,港澳及国外同业存款,外汇买卖的核算,套汇业务的核算,单位、个人外汇存款的核算,银团贷款的核算,信用证项下出口业务核算,进口贸易汇款核算,买汇的核算,外汇托收业务的核算,信用卡业务的核算,信托存、放款业务核算,信托投资业务的核算,租赁业务的核算,征信调查、咨询业务核算,担保见证业务的核算,决策前的准备工作,会计分析方法的运用,国家规定的分析项目等内容。(邵雪梅)

F000373 **辽宁农村信用合作四十年** 张文刚等主编。辽宁人民出版社 1993 年版。89 万字。40.00 元。记述辽宁省农村信用合作社发展的全部历程,以及广大干部职工的辛勤劳动成果;展示从党的十一届三中全会以来,农村信用社的管理体制改革给信用社带来的生机和活力。分 8 个部分:介绍农村信用合作组织的发展;农村信用社干部职工队伍建设;农村信用社存款、放款业务经营;农村信用社内部核算与管理;农村信用社存款、放款利率的演变;农村信用社自身效益与社会效益;农村信用社的改革;以及农村信用合作战线英雄谱等。(王峰)

F000374 **税收辞海** 张复英等主编。辽宁人民出版社1993年版。237.42万字。75.00元。全面系统地介绍税收理论和业务知识。分12部分。包括税收基础、赋税学说、商品课税、收益课税、资源、财产、行为课税、税收管理、税务会计与审计、港澳台税制、国际税收、外国税制、赋税史、相关知识等。附录有《中华人民共和国现行主要税收法规及实施细则》、《国际税收协定范本与关税贸易总协定》等。(霍世荣)

F000375 **市场经济与社会保险** 戚恩深主编。辽宁人民出版社1993年版。31.9万字。8.00元。有关市场经济与社会保险的专题论著。共分5部分。第一部分,市场经济与社会保险。其内容有:中国社会保险制度改革与社会主义市场经济;加快建立和完善社会保险制度;关于社会保障的几个基本问题;政治、经济制度与社会保险的关系等。第二部分,完善各种保险制度。包括:养老保险、医疗保险、工伤保险以及其他保险等。第三部分,社会保险基金的筹集与管理。包括:社会保险金的筹集及营运管理;退休费用省级统筹的初探;固定职工缴纳部分养老保险金问题等。第四部分,社会保险工作研讨。内容有:如何搞好社会保险机构年终决算;养老保险统计工作中的统计分析;统筹项目的规范化等。第五部分,劳动保险文件汇编。转载了国家,劳动部,省、市劳动局有关劳动保险、退职、退休办法、养老保险金计发办法等14个文件。(于海寰)

F000376 **法人股投资指南** 章知方主编。中国经济出版社1993年版。13.5万字。8.00元。关于法人股投资问题的专业书。共分3个部分:第一部分综合讲解法人股基本知识;第二部分详细介绍国内唯一的法人股流通市场(STAQ系统)以及交易规则、组织机构和会员公司;第三部分具体介绍已在国内公开上市的8家主要股份公司及其股票发行流通状况。(魏民)

F000377 **世界100财团排行榜** 王晖、杨则瑞主编。中国经济出版社1993年2月版。42.7万字。12.50元。以联合国跨国公司中心公布的资料及美国《幸福》杂志最新排列的"美国与世界500家最大财团"为依据,介绍控制世界经济命脉的全球100家最大的财团——跨国公司。分别介绍它们的历史沿革、财团背景、经营活动和手段、部门与产品结构、海外活动及策略等方面。书后附有100财团国家和地区划分表,100财团经营领域划分表和世界最大财团101~500排行榜。(栾建民)

F000378 **债务知识大全** 景学成编著。广西人民出版社1993年3月版。50万字。10.00元(平),15.00元(精)。系统介绍债务知识的工具书。内容包括债的发生、履行、消灭的理论;工商、金融企业债务关系处理方法和企业负债经营方式;债券发行方式、收益计算和交易技巧;国债、外债实用知识及其管理;国际债务及其管理;债务纠纷形成及其处理方法、程序和讨债技巧。(周莉)

F000379 **期货决胜108篇** [香港]刘梦熊著。广州出版社1993年3月版。20万字。10.00元。共5篇:功能篇、观念篇、经纪篇、买卖篇、讯号篇。针对期货交易实践中的问题进行剖析,帮助投资者掌握实战中的窍门。每篇都可单独成章,是作者多年从事期货交易的经验总结。书中的许多观点,如我们是人不是神、摘西瓜不要贪芝麻、分兵渐进不要孤注一掷等,显示了作者的理论造诣和实战经验。(甘谦)

F000380 **企业投资决策与证券发行** 欧阳令南著。河北人民出版社1993年3月版。33.8万字。8.30元。系统介绍和分析企业决策者科学地进行投资、筹资(重点讲证券发行)决策的具体方法与途径。分3部分,共16章。第一部分概述。阐明企业决策者的作用与应具备的素质;重点讲解收益现值等几个基本概念及各种股票、债券收益现值的计算方法。第二部分投资决策。主要阐明衡量投资决策好坏的标准;分析在通货膨胀、需求变化、财力受限等种种情况下,如何制定投资决策及怎样测定、分散投资市场风险;怎样进行投资的分析、预测、组织和评估。第三部分证券发行与筹资决策。主要阐明企业证券的种类及其发行的时间、方式、程序、成本、承销人、价格等应该怎样确定;增股应注意哪些问题;怎样支付股息和确定股息量以及认股权证、可换企业债券的价值应该怎样计算等诸多实际问题。作者在介绍国外经验和先进方法时不忘针对我国企业所需解决的实际问题;在进行定性分析时又注重定量分析。(何瑞桐)

F000381 **资金融通论** 朱毅峰编著。中国人民大学出版社1993年3月版。30万字。7.70元。分14章,分别论述资金融通的目标和原则、资金融通的形式和工具、资金融通的决策和风险、资金融通与货币流通、资金融通机构、信贷政策和信贷制度、银行存款、贷款以及银行其他资产业务、银行中间业务、我国的金融市场、股票市场及其管理、企业的资金融通等内容。收入中国人民大学出版社与加拿大麦吉尔大学出版社合作出版的"管理学丛书"。(王立梅)

F000382 **国际金融辞书** 崔忠实等。长春出版社 1993 年 4 月版。100 万字。37.00 元。是关于国际金融方面的工具书。分门别类地介绍和回答了国际货币制度与国际金融组织、国际金融市场、汇率与利率、国际收支与外汇管理、国际资本流动与利用外资、国际结算、外汇银行业务、金融机构、涉外保险等方面的问题。(张中良)

F000383 **比较税收制度** 副名:兼论我国现行税制的完善。杨斌著。福建人民出版社 1993 年 4 月版。37.5 万字。8.60 元。系对世界不同类型国家或地区的税收制度进行比较的论文。介绍分析中国、前苏联、东欧国家、第三世界其他国家,欧美国家等有关税收制度的沿革、规律和做法。(洪野)

F000384 **投资基金的理论与实践** 深圳市南山风险投资基金公司。海天出版社 1993 年 4 月版。17.5 万字。7.80 元。系统介绍投资基金的起源和发展,以及投资基金对于整个证券市场发展的积极作用,全面介绍一个规范的投资基金应具备的条件,如基金五要素、基金要件、基金投资政策和投资范围限制、基金的发行、交易和终止、基金的财务与税赋等。附录收有若干海外基金和我国国内基金的重要文件。(祝匡之)

F000385 **经济法人金融实务** 邢振海、张明亮著。河北人民出版社 1993 年 4 月版。90.6 万字。42.00 元。金融类工具书。分 11 篇:我国社会主义金融体系,财政、税收常识,综合平衡常识,工商行政管理常识,经济常识,经济法常识,金融法规,金融安全保卫常识,金融公共关系常识,银行计算机及常用分析方法,经济特区金融常识。以马克思主义政治经济学和货币银行学理论为基础,以经济体制改革与金融体制改革的理论和实践为依据,阐明经济法人应了解、掌握、运用的经济、金融和法律常识。在编写方法上采取基本理论与实际业务的介绍相结合,中央银行与专业银行、非银行金融机构相结合,各种法律、法规与金融活动相结合,金融活动与经济活动、财政活动、公共关系活动相结合,现行政策的解释和具体方法的介绍与理论上的探讨相结合的方法。(崔玮)

F000386 **通货原理研究** [英]托马斯·图克著,张胜纪译,朱泱校。商务印书馆 1993 年 4 月版。11 万字。3.90 元。作者是英国经济学家,自由贸易运动的杰出代表,李嘉图货币理论的批判者,英国银行学派的创始人和主要代表人物之一。1844 年,英国首相皮尔向议会提交了改进银行管理的《银行特许状法》,它试图将"银行业应当和通货的管制分开的理论"付诸实行。围绕着这一法案,被称为"银行学派"和"通货学派"的两个对立集团展开了激烈的争论。本书反映了以作者为代表的银行学派的观点,其主要论点是:(1)就英国的状况而言,按照银行业的做法,特别是在英格兰银行的领导下,银行券具有可兑换性,就足以确保资本主义制度所能做到的货币稳定;(2)即使情况不是那样,也没有理由来单独管制银行券,因为存款会引起同样的问题。作者竭力主张以信用保证来增发银行券,以满足流通的需要,反对通货学派对银行纸币的发行给予严格限制的主张。由于当时纸币流通处于紊乱状态,而当时当政的是通货学派的人物,作者的主张没有能被采用。19 世纪 20 年代至 40 年代,作者在议会银行委员会等所作的证词中,分析了历史提供的资料,说明了物价涨落造成货币流通量增减的重要规律,这一点被马克思誉为李嘉图以后的英国经济学家的唯一功绩。(张胜纪)

F000387 **货币政策(现代德国经济管理译丛)** 奥特马尔·伊辛格著,姚先国主编译。浙江教育出版社 1993 年 4 月版。22 万字。4.35 元。研究"现代德国经济管理"中货币政策的理论与一般原则的专著。属货币政策的入门性教材。介绍一般性基础知识,对联邦德国的货币制度作简要的历史回顾;并结合联邦德国的实际情况讨论货币政策的理论和现实问题。(余龙文)

F000388 **证券投资学** 吴晓求主编。北京理工大学出版社 1993 年 5 月版。46.2 万字。14.80 元。分析和阐释证券市场和证券投资的专著。系统阐述证券投资的基本知识、基本技能和基本理论,全面考察证券市场的运行过程和资源配置功能,深入分析证券组合投资及其收益与风险的比较,探讨怎样对证券市场和证券投资进行客观管理和法律规范调整。(郑锡琏)

F000389 **股票投资技术分析** 深圳新兰德证券投资咨询有限公司编。海天出版社 1993 年 5 月版。25 万字。18.00 元。面向广大股民的实用性工具书。分 7 个部分,重点介绍股票投资技术分析的基本原理、基本绘图、基本判别方式等,其内容涉及 K 线、线势形态、图形形态、整理形态、各类技术指标的分析方法。其主要特点是:把深奥的理论、复杂的形态归纳为简单明了的形态(功能)分析、要点提示、市场含义、计算方法、运用原则等项,图文结合,并配合一定的实例进行分析,便于读者阅读和掌握。收入"新兰德股票丛书"。(来小乔)

F000390 **神秘的金融王国** 卢现祥等著。河南人民出版社1993年5月版。13.8万字。4.90元。作者对中国社会上的黑钱,伪币的制造与流通,民间借贷,钱庄、当铺与外汇黑市等现象作了观察与分析。通过对地下金融王国的探秘,揭示民间金融产生与发展的历史必然性,以及它对商品经济的影响。对中国民间金融的失误作客观评价。收入"地下经济丛书"。(刘成斌)

F000391 **财经动脉大流血** 廖涵著。河南人民出版社1993年5月版。11.9万字。4.50元。用生动的文笔描述古今中外的税收知识,用大量的事实揭露了在我国出现的各种偷漏税的方法,鞭挞"吸血者"的剥削,讴歌为维护我国税收作出贡献的人们。收入"地下经济丛书"。该丛书由《席卷全球的地下经济狂潮》、《撩开"经济黑人"的面纱》、《神秘的金融王国》、《财经动脉大流血》、《走私贩毒面面观》、《铁饭碗、黑饭碗、金饭碗》等6本组成。(刘成斌)

F000392 **国际债务、经济增长与政策选择** 张志超著。陕西人民出版社1993年5月版。23.7万字。7.00元。研究不同类型国家债务经济效果与其政策性质的关系,政府在债务经济中的主要作用;提出发展中国家债务经济过程中政府政策应取得的基本效果以及政府制定健全经济政策的基本原则。联系中国债务经济问题,回顾我国吸引外资的过程,说明应从发展中国家债务经济中吸取的教训,提出相应的财政政策、贸易政策和债务管理战略。分9章:第一章,阐述国际债务经济的研究对象、方法、基础理论和政策模型。第二章,针对二战后世界经济的新变化,在肯定国际资本剥削性质的同时,提出"国际资本金融控制和资本增殖两重性非平行变化"的观点;指出了"控制"条件已不复存在,"增殖"的本性依然继续的现状,从而为利用国际债务、促进本国经济增长提供了依据和可能。第三章,从波兰著名经济学家M·卡莱茨基的经济增长模型出发,分析发展中国家政府借助外部资本刺激经济增长过程的一些重要原理,如"逆差战略"、"缺口理论"等。第四章,论述发展中国家要使借外部资本取得国民经济目标总量增长的可能性变为现实,就必须充分发挥政府干预经济的作用,制定有效的经济政策。第五章,首先依次分析80年代以前和80年代我国在发展对外债务关系方面的主要成就和问题,然后集中研究近10年来我国债务经济的某些重要特点。第六章,阐释国际信用价值理论及其对我国债务经济的意义;探讨我国适度债务规模的确定方法;设计了90年代的债务规划。第七、八章,分析90年代结合债务经济过程中的主要宏观经济政策即财政政策和贸易政策的调整问题。第九章,阐明建立和完善高效能的公共行政管理体系,是落实利用国际债务、促进本国经济增长政策的保证。收入"青年经济学博士研究丛书"。(朱玉)

F000393 **中国货币银行** 姚会元著。武汉测绘科技大学出版社1993年5月版。17.6万字。5.00元。共17章。以鸦片战争后,甲午战争前后,南京临时政府时期,北洋政府时期,国民党政府时期,抗日战争时期,解放战争时期,新民主主义革命时期等历史阶段为线索分章立论。将研究时限界定于1840年~1952年。以对中国封建社会的货币及金融机构的必要描述为参照系,透视近代中国旧式金融机构的嬗变与近代银行的萌起,并将中国近代金融业的尾声定位在私营金融业的社会主义改造上加以介绍。对钱庄近代性质的嬗变、中国近代银行业的资本运动、民族金融资本家及其经营管理方面都加以剖析;对常被忽略的重要金融发展阶段及金融工作的经营管理加以拓补。书中附表、附图提供的数据资料是重要论据之一。所引资料主要来源于档案、方志和外文著说,以及对旧中国钱业老人的采访记录的整理。(郭毅)

F000394 **中国市场经济之源** 副名:中国农村发展信托投资公司的理论与实践。翟新华著。厦门大学出版社1993年5月版。20.3万字。15.00元。收入作者在中农信公司创业时期最紧要阶段的一些讲话、通信、调查报告和理论文章,集中反映他们不断寻求真理、参与社会变革、推动中国农村经济市场化的历史进程,展示中农信人独特的精神面貌。作者认为,中国市场经济之源,一个是企业,一个是农村,但关键要有一批持之以恒的企业家。(周养性)

F000395 **国际税收通论** 王铁军、解学智主编。东北财经大学出版社1993年6月版。33万字。9.50元。联系国内国际税收的实际,介绍税收在国际经济中的地位、作用及其运行规律。全书共分为18章。"导论"对国际税收与所得税、国际税收的历史演进、国际税收的研究方法与结构进行讨论。其后,系统分析税收管辖权、国际双重征税与减降、外国税收抵免制度、国际避税的一般问题、常用的避税方式——课税主体转移、常用的避税方式——客体转移、转让定价、反国税避税的方法与措施、国际税收协定等有关问题。(郭洁)

F000396 **货币政策与金融调控** 周骏著。华中理工大学出版社 1993 年 6 月版。28.3 万字。12.50 元。根据建国以来的大量统计资料,运用实证的方法,对中国货币政策目标的选择,货币需求理论与模型,货币供应理论与模型,货币失衡的原因及保持货币均衡的条件,金融宏观调控的体制、手段及政策配合等问题作全方位的论证与分析,并提出相关的政策性建议。系统论述我国由社会主义计划经济体制向社会主义市场经济体制转变过程中货币政策与金融调控的理论、方法与实务。其特点如下:1. 作者对货币的作用,货币的政策目标和中间目标的选择,人民币的币值等问题进行深入论证与分析。提出了研究我国货币需要量和供应量的理论与计算模型等,这在理论和方法上均是一些开拓性的重要贡献。2. 在论述货币和金融调控等问题时,始终紧扣我国的国情和实际。如详细地论述在我国特定金融体制下,中央银行和专业银行在金融宏观调控中各自的地位、作用和业务,并借鉴西方通常采用的政策工具,对我国能采用的政策工具和其他政策的配合等,提出切实可行的见解和建议,有很强的指导意义。(唐元瑜)

F000397 **各国银行概览** 吴念鲁主编。世界知识出版社 1993 年 6 月版。452.4 万字。上下册。130.00 元。共收录世界 190 多个国家和地区的 4000 多家主要银行的概况。所收录的银行按其所在国家或地区归类,国家或地区的排列则以亚洲、非洲、欧洲、美洲和大洋洲为序,洲内再按国家或地区名的汉语拼音顺序排列,中国位于篇首。各国家的篇首介绍了国名全称、中央银行名称、货币名称、辅币及进位、钞票面额和汇率变动情况(1979～1991)。各国银行按其名称的拉丁字母顺序排列,内容一般包括:成立日期、简史、银行性质、股份所有者、资产总额、在世界及本国的排名、有往来关系的银行、分支机构和分行数目、董事长及行长、资产负债表、地址、电话、电报挂号、电传、SWIFT(环球银行间金融电讯协会)代号。书后附国际性金融组织情况及所收银行外文索引。书内大多数资料截止于 1990 年底。(陈平)

F000398 **银行经营管理学** 曾康霖等著。西南财经大学出版社 1993 年 6 月版。37 万字。12.80 元。高等院校金融类教材。介绍专业银行经营管理的理论与实践。在编写中注意到:(1)该学科的性质及其在专业教育中的地位和作用;(2)密切联系我国现阶段的实际;(3)该学科的改革、发展趋向;(4)与相关课程的关系。着力阐述银行经营管理学的理论性和操作技术性。

F000399 **货币论** 陈野华等著。西南财经大学出版社 1993 年 6 月版。30 万字。6.90 元。共分五篇,分别论述西方资产阶级货币理论的沿革与发展;从分析社会主义与资本主义经济体制的区别和市场经济的共性出发,详细论述西方货币理论的主要学术观点及其重要的学术价值和局限;论述马克思在批判与继承资产阶级古典学派货币理论基础上建立的货币理论,新中国建立以来货币理论研究的主要成果,以及作者的主要观点等。

F000400 **预算会计原理** 史绍绂主编。浙江人民出版社 1993 年 6 月版。32.9 万字。6.80 元。共分 7 篇 27 章。第一篇序篇,主要阐述预算会计的定义、历史沿革、研究对象、基本职能和基本任务及其在预算管理中的地位和作用。第二篇方法篇,主要包括预算会计的科目、记帐方法、凭证、帐簿及其结帐基础。第三篇收支篇,叙述我国的预算收支体系,收入和支出的核算与管理、预算外收支和乡镇自筹资金收支的管理与核算,以及成本应用的核算与管理。第四篇资金篇,货币资金、结算资金、储备资金和固定资金的核算与管理。第五篇信息篇,预算会计信息指标体系,预算执行信息的分析检查。第六篇决算篇,国家决算基本制度,年终清理、结算和结帐。第七篇平衡篇,资金调度的平衡、收支平衡与收支余超的执行考核。总结新中国建立以来预算会计工作中带有普遍意义的重大问题,探寻预算会计的规律,丰富和发展预算会计的基本理论体系。(何成梁)

F000401 **香港著名金融人士陈新桀谈国际金融运作** 陈新桀著。北京出版社 1993 年 7 月版。23 万字。9.30 元。选编作者发表在香港《信报》"闲话金融"专栏上的近百篇文章。分为:(1)变化中的世界经济;(2)全球一体化的金融市场:结构与特征;(3)自由放任与政府干预——"猫捉老鼠";(4)市场价格及走势——"五与十"理论;(5)汇率与利率;(6)汇市如棋局局新;(7)"十年黄金变烂铜"——金价及油价;(8)债券与股票;(9)投资拾理;(10)投资艺术;(11)漫议香港金融。其特点在于,作者以深入浅出、生动活泼的文字,介绍与人们日常生活密切结合的金融运作知识。作者系香港新鸿基有限公司董事、香港期货交易所副主席、香港中文大学亚太工商研究所专

业顾问。(杨钢)

F000402 **投资统计学** 马秀岩等著。西南财经大学出版社1993年7月版。24万字。6.80元。共分11章,研究内容为:(1)反映投资运行的各个阶段,具体地说,在投资形成与筹集阶段,重点是反映投资的资金来源;在投资的运用阶段,重点反映投资的结构、规模和成果;在投资的回收与增值阶段,重点反映投资的效益;(2)反映投资的空间分布,即国际投资统计;(3)反映投资的环境状况,即投资环境统计;(4)研究防止投资总量波动过大的具体方法——投资的监测与预警。主要供金融类专业本科学生作教材。

F000403 **国际金融学** 陈彪如等著。西南财经大学出版社1993年7月版。44.5万字。9.20元。共分18章。分别就国际收支及其调节机制、国际收支的调节政策和传统的调节理论、国际收支调节的新理论、汇率和外汇市场、汇率决定与汇率制度、外汇风险与汇率预测、国际储备、国际货币体系的演变、国际货币改革及其发展前景、国际金融市场、金融市场的全球一体化、国际资本流动、国际银行业、跨国公司与国际金融、国际债务问题、国际金融机构、区域性货币一体化、国际货币合作与政策协调等问题辟出专章,分别介绍、分析和研讨。

F000404 **金融经济学** 姚彦文著。云南大学出版社1993年7月版。21.1万字。5.50元。由导论、金融经济运行论、金融经济调控论和金融经济发展论四篇组成金融经济学的理论框架。全书贯穿着金融经济是调整生产关系,推进社会再生产各个环节和国民经济稳定、协调、持续发展的一种经济形式的思想。主要论点有:(1)在导论篇中,作者以钱学森提出的金融经济是经济学科中的基础为论点,指出在经济关系和生产力之间这一"中空"地带存在着金融经济学这一必须认识和研究的学科,提出了金融经济学是揭示经济关系与生产力之间的"耦合"这一规律的科学。(2)在运行论和调控论中,提出金融经济与国民经济这对矛盾是发展经济的主要矛盾。认为要保持国民经济的稳定、持续和协调发展,关键在于稳定金融经济。金融经济对国民经济不仅具有启动、推进、拓展的功能,而且有调节、控制、监督和反馈的功能。只能按社会总供给、总需求的总量与结构均衡这一基本经济规律来研究和操作好金融经济,就能保持社会主义市场经济正常、有序地运行。(3)以社会主义市场经济为基础,提出以金融市场为中心,中央银行金融宏观调控为主体,国有商业银行为基础的金融运行机制。还发表了钱学森的5封信,这对于研究钱学森现代科学思想体系,具有重要的价值。(蔡红华)

F000405 **西方货币银行学概论** 夏德仁编著。东北财经大学出版社1993年8月版。11.50元。本书从商品经济必然的、也是最基本的产物——货币讲起,论及以货币关系为基础的信用,直至金融市场和金融机构。概括西方货币银行理论的全貌,为全面了解和深入探讨西方货币银行理论奠定基础。分析了我国金融体制改革所面临的艰巨任务,认为:金融改革的每一项措施都非常具体,而这些具体的改革措施是无法在马克思的著作中找到答案的。因此,借鉴西方国家现代金融业发展的经验,并结合我国现代化建设的实际加以改造和利用,具有重要的意义。(郭洁)

F000406 **金融市场导论** 安一民、杨先明等著。云南大学出版社1993年8月版。20.4万字。6.00元。系统介绍各类金融专业市场的教材。主要内容有:概论、股票市场、债券市场、长期抵押市场、货币市场、期货市场、外汇市场、金融期货市场、股票期权市场等。对当前我国金融市场领域存在的问题及对策作分析探讨,并以深圳金融市场为例,作具体个案研究。参照国际惯例和通行做法以及发达国家金融市场的实例,对尚处于起步阶段的我国各类金融市场的建设提供准确规范的背景知识。(徐曼)

F000407 **中国财政赤字的经济学分析** 王高潮著。浙江人民出版社1993年8月版。12.2万字。3.90元。从新的角度,全面、透彻地分析困扰中国财政的有关赤字问题的学术专著。收入《中国现实经济研究》丛书。财政赤字是一个综合性的经济现象,在中国经济运行中是一个十分值得注意的问题。本书较有新意地提出发展政策性赤字概念,并且参考当代西方经济学的研究成果,结合中国的具体情况建立一些计量模型和方程,运用这些模型和方程针对我国的赤字问题进行研究,在有本国实践、国际比较和统计数据支持的条件下,提出一些新的论点。对中国财政赤字作了分析,澄清许多困惑人们的问题,揭示中国财政赤字"真面目"。(杨林海)

F000408 **证券理论与实务** 张义和主编。中国经济出版社1993年8月版。15万字。4.50元。按金融中等专业学校教学计划和《证券理论与实务》教学大纲的要求编写的教材。全书分为:证券与证券市场概述、债券的发行、债券的交易、股份公司、股票发行、股票交易、证券投资、证券市场管理等8章。(鲁

文霞)

F000409 **中国期货交易实务** 邱志钢等编著。广东旅游出版社 1993 年 9 月版。31 万字。9.50 元。共分 9 章:期货的基本概述,期货合约,商品期货,金融期货,期货的延伸和创新,期货市场,期货交易的运作原理,期货市场的分析及技巧,期货交易的监管与法规。从介绍国际期货业务和期货市场入手,联系我国期货业务和期货市场的实际,突出内容的完整性和系统性,是了解期货交易基本理论和实务操作的学习参考书和实用教材。(胡开祥)

F000410 **海南:金融改革分析与运作** 辛荣耀著。海南出版社 1993 年 9 月版。30 万字。9.80 元。论文集。分为金融发展战略、金融体制改革、开放金融市场、引进外资策略、银行运作路数、金融外部环境、财税会计研究 7 个部分,共收入 57 篇论文和研究报告。在认真研究海南经济金融发展现状及政策的基础上,揭示和分析了海南特区金融发展问题,突出了海南金融改革的超前试验及对全国改革的贡献,对金融体制改革和发展的一系列热点、难点问题作探讨。如在"论建立海南特区市场金融机制"一文中,分析了海南面临的经济环境及导向,揭示出制约金融发展的因素,从而提出建立适合大开放的市场金融机制,并阐述构建市场金融机制的对策。在"加快海南特区金融改革步伐的实证研究"一文中,论证海南商业银行模式,要围绕面向市场加大特区金融改革份量,并提出 15 条具体建议。阐述加快海南金融改革的思路:海南负债发展;改善和改变金融调控方式;制订区域货币政策;加快引进外资银行的对策;扩大引进外资的操作方略;银行商业化改革与发展;专业银行怎样实现向商业银行转变;推行资产负债管理,改善转换金融机制的外部环境;加强国有资产管理;海南金融发展路数及策略等。(符策震)

F000411 **期货交易实用技术分析** 曾秋赓等著。华东理工大学出版社 1993 年 9 月版。24.4 万字。11.00 元。介绍当今国际期货及证券市场普遍使用的技术操作与分析方法,并辅以诸多实例说明,阐述期货及期权交易的基本概念、术语和功能,期货投资的运行程序和操作策略等,对期货交易技术分析的原理和方法作全面论述。本书的特点:(一)系统介绍期货交易中的常用技术分析方法,即价格形态分析法和发源于日本的 K 线理论分析法,各种技术投资分析工具。其中包括移动平均线、相对强弱指数、指数平滑移动平均数异同指标、成交量净额法、动力指标、趋向指标、抛物线指标、随机指数、超买超卖指数、未平仓合约指标、逆时针量价图等。详细介绍每一种投资分析工具的具体计算方法、绘图方法、实际运用法以及每种分析工具在实际应用中的优缺点。(二)图文并茂,富有直观性。在说明各种技术分析方法与分析工具时,选用典型的实战图例,简明直观,使读者容易理解和掌握期货交易中的操作技术。(徐惠娟)

F000412 **民主财政论** 副名:财政制度和个人选择。[美]詹姆斯·M. 布坎南著,穆怀明译。商务印书馆 1993 年 9 月版。24.1 万字。6.80 元。作者为美国经济学家,由于在"公共选择理论"方面的杰出贡献而荣获 1986 年诺贝尔经济学奖。公共选择理论是一门把经济学、政治学、社会学以及历史学结合在一起的边缘学科,是用经济学的方法分析政治问题。与市场中的非政治决策相比,政治决策是一个更为复杂的过程。私人成本和利益之间的简单对应关系,在政治学中并不存在。但是,在某一最终阶段或层次上,个人必须以某种方式"选定"公共商品和私人商品的供给规模。本书试图考察个人对公共商品的选择传递、集合与转化为集体选择的过程,分析特定的财政制度对集体选择中个人行为的影响,以说明不同的税收制度对个人参与公共选择决定时的影响。(朱泱)

F000413 **战后台湾财政** 邓利娟著。鹭江出版社 1993 年 9 月版。25.9 万字。6.60 元。共 12 章。第一章"绪论",阐述经济发展与财政的相互关系。第二章概述战后台湾财政混乱、恢复发展、迅速发展和转型四个发展阶段。余下各章探讨台湾的财政政策、财政体制、财政收支与平衡、税收、公债及财政管理。最后一章探讨当今台湾财政存在的问题,认为由于经济、社会环境的恶化,今后台湾财政收入的增长将更为不稳定,而其财政支出却呈现巨幅膨胀之势,将在财政赤字的道路上走得更远,进而对台湾经济的发展造成严重威胁。作者将台湾财政问题放在整个经济发展的历史过程中考察,通过对有关资料的分析,总结台湾财政的特点、长处及其教训。收入"台湾研究丛书"。(王聪文)

F000414 **宋代货币史料汇编** 白秦川编。河南人民出版社 1993 年 10 月版。22 万字。15.00 元。以《宋史》所载资料为主,兼收《宋会要辑稿》、《玉海》、《文献通考》等著作中有关钱币部分的资料,按先类、次项、再年月的顺序编排,共分:金属货币、纸币、计量单位与比价、财政、卖官与羡余、赋税与商业、岁币与贡赐、财政支出、价格、青苗与市易、家产与生活、违法与惩罚、典当与借贷、其它、附录，计15类83项，详细反映宋代的货币制度、货币流通、物价、借贷等方面的内容。(袁敏)

F000415　**信托投资总论**　魏曾勋等著。西南财经大学出版社1993年10月版。45万字。19.80元。信托与投资是现代金融业务的一个重要分支，二者可分可合，各有重点。信托与投资原是商品经济的产物，我国进入社会主义商品经济时期，随着人民生活的富裕，各类经济组合的发展，对信托管理、遗产管理等的需要大为增加。信托基金更是异军突起，投资业务已成经济热点、信托与投资业务在我国已有坚强的生命力。但是，不少问题还缺少必要的研究探讨。诸如，信托与投资的业务怎样规范化，哪些能做，哪些不能做，它们的法律依据在哪里；信托投资公司虽多，各成体系，经营业务，也不囿于金融，中央、地方所设及专业银行所设信托投资公司均各有所属。这一行业没有统一的管理机构，也没有全国性协会组织，有问题不能交流，同时国外可资参考的材料缺乏，基于上述情况，具有多年教学经验、学有专长的作者就以上诸问题进行研究和探讨，撰写本专著。本书共分5篇35章，可供从事信托投资研究人员、实际工作者及广大金融工作者参考阅读。

F000416　**关键的一步——中国金融体制改革的目标**　高尚全、迟福林主编。海南出版社1993年11月版。16万字。9.80元。探讨我国金融体制改革目标的专著。分6大专题：一、抓住机遇大胆推进金融改革，阐述我国金融改革的历程，分析金融体制改革滞后与市场经济的突出矛盾，比较90年代金融改革的方案，确定我国金融改革的方向；二、金融改革的先决条件，主要阐述宏观经济改革与金融发展、资金的动员、资源的有效配置及产业改造等问题；三、中央银行，主要阐述其现状、相对独立性、必须处理好的几个关系，以及值得借鉴的国际经验；四、资本市场，主要阐述我国资本市场发展中的主要问题、改革步骤及国际经验；五、货币政策，主要阐述我国货币政策的现状、问题及其改革转向；六、走向可兑换货币，主要阐述人民币走向可兑换性货币的配套改革和设计。此书是在中国(海南)改革发展研究院已有的研究报告和1991年底中国金融改革国际研讨会提出的重要研究成果的基础上形成。(黄循伟)

F000417　**国家财务论**　郭复初著。西南财经大学出版社1993年11月版。14.5万字。9.80元。共分7章。从财务一般与国有经济财务特点入手，依次对国家财务存在的依据、管理目标与体制、国有存量资产与增量资产的管理、国有资产收益与分配、国家财务预算管理等问题进行全面论述。该体系建立在国家作为生产资料所有者，对国有资产生产经营组织所进行的本金投入与收益活动这一资金循环周转的理论基点上的。作者认为，在以公有制为主体，多种所有制形式长期并存的现阶段，各种经济形态按主体不同可划分为国有经济和非国有经济。在国有经济内部又存在以国家为主体的财务活动，即国家财务活动，它包括国有资产产权代表和国有资产经营公司的财务活动。因此，建立独立的国家财务管理体系是十分重要的。

F000418　**中国金融业的大变革**　赵海宽著。河南人民出版社1993年12月版。32.6万字。12.70元。除导言外，有9章。导言的任务是提出课题，即从1988年的通货膨胀谈起，联系到金融体制仍然存在的问题，说明金融体制改革虽已取得很大的成绩，但仍有待进一步深化，把思路引入本书的主要研究对象。第一章先概括介绍金融体制改革情况，为以后深入分析打好基础。第二章系统分析和介绍金融机构自身的改革金融市场是全书的重点问题。第三、四章对重点问题进行专题研究。第五章分析信贷资金管理体制的改革。第六章研究银行利率向资金价格的转化。第七章研究金融机构的企业化问题。第八章研究银行的宏观经济调控。第九章介绍作者对今后金融体制改革的设想。(刘成斌)

F000419　**期货实务手册**　秦毅主编。上海远东出版社1993年12月版。145万字。98.00元。大型工具书。以大量的资料(包括历史的、现实的、国内的、国外的)，反映和正确认识期货市场的原貌，揭示期货市场在现代市场中的独特功能，以及期货交易高风险、高收益、规范性、封闭性等特征。重点介绍期货市场管理知识，阐释期货交易的基本理论，收集国内外现有的管理法规，告知期货交易实际操作手段。还概述了我国从改革开放以来，对期货交易理论的探讨，以及在实际运作中多种形式的试验；分析了期货市场的现状、存在的问题，以及未来发展。(戴群利)

F000420　**期货市场**　[美]天时投资公司市场研究部编。上海远东出版社1993年12月版。14万字。12.00元。经济知识普及读物。具体生动地介绍期货市场的基本知识，如：期货市场的演变、期货市场的基本特征、参与者和交易方式、期货合约的种类等。联系美国期货市场的运作，剖析套期保值交易的原理与运用、期货商品的价格、期货交易技巧等。还

列举实例介绍从事期货交易成功者的经验和失败者的教训。(戴群利)

F000421 **债券市场** [美]天时投资公司市场研究部编。上海远东出版社 1993 年 12 月版。12 万字。12.00 元。经济知识普及读物。通过对国际债券市场(主要是美国债券市场)的介绍,使读者对债券市场的形成、发展和运作规律,有全面的了解。共分 10 个专题:债券市场的形成与发展以及美国债券的种类;债券市场的参与者和债券投资报酬;债券价格的决定以及利率与债券的关系;债券管理的基础与策略;债券买卖的风险和债券信用分析;债券的国际化和全球债券市场等。(戴群利)

F000422 **外汇市场** [美]天时投资公司市场研究部编。上海远东出版社 1993 年 12 月版。14 万字。12.00 元。经济知识普及读物。论述外汇市场的由来和发展,以及交易方式和全球网络的形成。结合实例阐述汇率与利率的关系,影响外汇市场走势的短期因素,工业国家之间政策协调和政府对外汇市场的直接干预与外汇市场波动的关系,外汇市场心理行为分析,以及外汇市场的风险控制等问题。还介绍外汇市场投资高手的经验。(戴群利)

F000423 **股票市场** [美]天时投资公司市场研究部编。上海远东出版社 1993 年 12 月版。13.1 万字。12.00 元。经济知识普及读物。阐述股票市场和股票投资的基本知识,分析股市波动的一般规律和波动的原因。其主要内容有:股票的起源和发展;全球主要股市概况(各种重要的股票指数和股市走势图);纽约股票市场 100 年以来的周期发展;美国证券交易法规的形成与现状;经纪人与经纪公司;宏观经济环境与股市起落;股票市场的技术分析技巧;投资决策与投资技巧;股市高手经验谈;股市的陷阱和丑闻。(戴群利)

F000424 **企业集资经济学** 刘晨晖著。武汉测绘科技大学出版社 1993 年 12 月版。55.4 万字。16.00 元。研讨市场经济体制下企业集资的理论、方法与策略。内容包括在我国现行社会主义市场经济体制下企业集资的主要方式:(1)向银行借贷(包括拨改贷);(2)向社会或企业内部发行债券;(3)股份有限公司可以发行股票;(4)使用自有资金(主要是积累的折旧费用、税后利润提成、新产品开发基金、持有的有价证券等);(5)预收订货款及缓付购货款(商业信任);(6)合资;(7)争取减免税;(8)利用融资租赁等。所述方法是国际资金市场上认可的,具有可行性。书中所用的数学知识并不很深奥,具有高中文化水准的读者均可看懂。书后附有详细的复利表。(杨华)

F000425 **寿险精算的理论与操作** 卓志著。西南财经大学出版社 1993 年 12 月版。20 万字。6.80元。在引进国外精算学学理的基础上编写。保险及其发展,离不开精算科学。在国外保险界流传着精算是保险科学的基石的说法。在我国精算科学尚有待发展。作者就保险业中利息的度量及其基本计算、确定年金、生命函数、生存年金、人寿保险、年缴纯保险费、均衡纯保费准备金、毛保险费、实际责任准备金、利源分析、简单多生命函数、保单精算分析等重要内容作全面介绍。

F000426 **当铺** 李沙著。中国经济出版社 1993 年 12 月版。15.2 万字。8.50 元。关于典当业金融机构——当铺的经济读物。系统介绍中外当铺的历史和现状,对当铺的起源、本质、经营、管理诸方面作详细论述,分析了当铺在社会经济发展过程中特别是在金融领域内的地位和特点,肯定了当铺在社会主义市场经济条件下的作用和职能。收入“市场中介组织丛书”。(张玲玲)

F000427 **经济特区财政若干问题研究** 邓子基等著。鹭江出版社 1993 年 12 月版。12.4 万字。5.82元(平),10.80 元(精)。选择特区的财政发展模式、特区税制、特区国有资产管理、特区社会保障制度、特区财政体制和特区财政宏观调控等方面,就其基本做法、成功经验以及存在的问题,进行专题研究,提出有重要参考价值的对策与建议。收入“特区经济丛书”。(甘于黎)

G　文化、科学、教育、体育

文化、科学、教育、体育

G000001　**钱钟书与中国文化精神**　臧克和著。百花洲文艺出版社1993年5月版。18.5万字。7.20元。钱钟书学术思想研究札记。分15篇。前13篇主要以《管锥编》为研究对象，分别论述钱钟书文化哲学思想中的"类意识"，关于"易象"的文化哲学思辨，中国古代学术思想的整一性，义理、词章、考据的"打通"，《管锥编》中的"异质同构"论，关于灵、神、疾的宗教思想，中国小说的叙事智慧，民族思维的语言表象与深层结构，钱钟书对汉语词汇学理论的贡献及其语言学概念。后2篇为《管锥编》校疏与阅读杂志。作者认为，《管锥编》于管窥锥指之间，表达了钱钟书博大精深的文化哲学思想和对中国古代学术的内在本质，深层结构和整一性的深刻把握。（洪安南）

文化理论

G000002　**中西文化比较概论**　肖平等著。西南交通大学出版社1993年2月版。25万字。4.20元。从宏观高度系统分析比较中西文化和哲学不同特征的理论著作。以文化哲学理论为指南，运用比较的方法，以汉文化为核心的中华文化和以古希腊文明为源头的欧美文化作为比较考察的对象。从剖析中西文化形成的背景与基础入手，以认识两大文化系统品格迥异的文化精神和哲学思维模式为主题，首先介绍两种文化赖以产生的不同地理条件以及在此基础上形成的原始生产方式及经济社会结构模型等文化景观，对两种不同民族精神进行初步探讨。并选取一些在文化系统中有着最普遍联系和广泛影响的文化现象展开具体分析。运用平行研究的方式，分别从思维认识现象、宗教态度、伦理价值目标和与之相关的法律、教育思想体制以及作为文化构成要素的文学、艺术等角度对中西文化进行有重点的综合考察。通过对中西文化在上述诸方面基本异同的比较，使我们对两种文化的总体不同价值在文化诸要素中的体现有一个系统的把握，进而方可能全面认识两种文化精神在文化演进中产生的积极或消极作用。最后，从文化发展的高度对中西文化历史上相互交流和影响作一回顾和反省，并在此基础上，探讨中国文化自我更新的必要性与前景，导引出对中国文化未来改造和发展的思考。（杨舒岚）

G000003　**中国现代文化哲学**　吕希晨等著。天津人民出版社1993年5月版。42万字。1.00元。近现代是中国社会大变动，也是文化大转变的时期。如何看待中国传统文化？如何看待西方文化？如何谋求中国文化的自新、自立、自强之道？该书从以上三条线索出发，并从哲学角度对"五四"新文化运动以来的文化讨论进行了较为全面的考察和批评性的探讨。面对浩繁的思想资料和纷纭的歧见，作者采取去粗取精的方法，独辟蹊径，以18位主要代表人物为线索，通过对诸如陈独秀的东西洋"绝别为二"的文化观、胡适的全盘西化文化观、梁漱溟的"三路向"文化哲学观、戴季陶的儒家道统文化观、陈立夫的唯生主义文化观、张岱年的社会主义新文化为目标的综合创新论等进行了细微深刻的分析和实事求是的评述，从而展示和总结了现代中国文化思想众家争鸣、不断趋于理性化的历程。（赵明东）

G000004　**中国传统文化**　张杰著。武汉大学出版社1993年5月版。24.5万字。8.80元。共36章。介绍中国传统文化的基本面貌及其特色。（陶佳珞）

G000005　**跨文化心理学导论**　王宏印著。陕西师范大学出版社1993年6月版。29.2万字。7.80元。系统总结了60年代兴起于欧美的跨文化心理学。共9章，分绪论、本论、结论3部分。绪论3章探讨了人的社会文化性质，考查了该学科的历史和现状，发展了学科基本理论。系统归纳出6大类研究课题，阐述了跨文化心理学的研究方法论和具体研究方法。本论5章，分别讨论了感知、意识、无意识的机制和内容；智力、认知、创造力的社会文化条件；人类诸文化的价值信念系统、两性差异及各种社会行为；

人格理论与人格异常及其跨文化精神病学；文化变迁与人的现代化的实现等问题。其中关于中西印文化时空观的提出、意识结构论与建构论的区分、中国传统三大人格范型与西方三大人格范型的对比及其交叉对应关系的发现，尤体现作者独特的思考。在个体社会化与文化化层面上，在群体文化交融与人的现代化层面上，文化不仅作为心理与行为的背景变量和过程变量，而且视为产生、发展和融合、变化的动态过程。结论部分讨论了学科地位，研究现状和存在问题并展望前景。书中大量实证资料的引证力求涵盖世界各主要文化类型，以本土化与国际化相结合为宗旨体现建立中国或跨文化心理学的基本构想。（刘黎燕）

G000006 **中外文化俯瞰** 杨群章、何汝泉主编。西南师范大学出版社 1993 年 6 月版。30 万字。5.90 元。以科学的文化观，总揽东西，通贯古今，对中外文化发展演变的脉络作了轮廓的勾画和历史的评说。从宏观和微观的不同视角，阐述了以儒家学说为代表的中国传统文化的发端与流变；描绘了自希腊开始，经文艺复兴、启蒙运动直至马克思学说诞生的欧洲文化的生动面目；介绍了日本文化及其与中西文化交融的历程。同时，对社会上出现的文化困惑也做了有益的探索。通过中外文化俯瞰，鲜明地展现了不同文化在批判与继承中发展的历史轨迹。（张先金）

G000007 **科学文化与中国现代化** 吕乃基、樊浩等著。安徽教育出版社 1993 年 8 月版。37 万字。7.00 元。世界范围内的现代化正面临三大共同难题：人与自然的对立，人与人的对立，人内在的不平衡。笼统地说，科学主要研究和处理人和自然的关系，文化则突出人与他人，人与自身的关系。因而，正确处理科学与文化的关系使二者协调发展，进而实现科学与文化的整合，是全书的指导思想。全书分 6 篇，凡 16 章。第一篇从历史的角度分别考察人类文明的三大方向，即古希腊科学型文化、中国伦理型文化、印度宗教型文化。三者分别以处理人与自然、人与他人、人与自身的关系为主要特征，第二篇讨论当代科学与文化的关系，即科学对文化的挑战，文化对科学的挑战；第三篇对前两篇内容进一步抽象，使之形成系统的理论。主要论点是科学技术与文化的互动；科学技术对文化的推动与挑战；文化对科学技术的制约与引导，以及相互作用的形式、机制与动力；第四、五篇分析了科学与文化互动的社会环境、互动的本质特征；第六篇应用前述内容中的观点和结论，探讨在中国如何协调处理科学与文化的关系。全书的研究特点是较多地采用了比较研究方法和系统分析方法，从而增强了理论的说服力。（王宏金）

G000008 **文化哲学** 黄正泉著。湖南师范大学出版社 1993 年 9 月版。39.5 万字。7.00 元。从文化与人的关系中，对人性、人的主体与主体的人进行新的界说；从不同的文化生态环境中，考察人必然会形成不同的文化心态；从人的非专门化存在、发情期的消失、语言符号的出现等，提出人类分工的新道路与进化的新动力，并将人类主体文化心理结构划分为本能无意识、文化无意识、社会文化意识三个层次，而三个层次的负损递减规律，既构成主体的人格文化心理图式（价值观），又支配着主体的文化行为模式；从现代文明的发展中，论述现代人应有什么样的文化心理，从而建构出人——语言符号——文化——人的文化哲学体系。分 10 章：反思文化与人；文化与人的起源；文化与人关系的道体；主体的人与人的主体；文化与人格文化心理图式；人格文化心理图式形成的阶段性；人格文化心理图式中的价值观；文化心理结构与行为模式；中国传统文化与文化心理；现代文化与现代人文化心理。（曹爱莲）

世界各国文化事业概况

G000009 **中国饮食文化** 马宏伟著。内蒙古人民出版社 1992 年 9 月版。43 万字。9.10 元。分上下两编，上编主要描述中国饮食文化的动态特征，内容包括：烹饪史、菜系的形成和发展、饮宴概要、饮食具的产生和发展、饮食卫生与食疗、饮食理论、酒与菜的历史等。下编主要分析中国饮食文化的静态特征，内容有中国饮食文化的定位、饮食文化差异、饮食与民俗和社会心理及艺术等的关系、饮食文化的现状和发展趋势等。（李杨）

G000010 **森林思想** 副名：日本文化的原点。[日]梅原猛著，卞立强、李力译。中国国际广播出版社 1993 年 4 月版。9.6 万字。5.50 元。共收录 5 篇讲演稿，以及附录"报告书"。"报告书"是以作者为首的"面向 21 世纪思考应当争取的社会恳谈会"向日本政府提出的政策建议。全书贯穿着作者的基本哲学思想——"森林思想"，即人类由原始走向文明是在砍伐森林、破坏自然的基础上进行的。而这一破坏的过程随着文明的发展而愈演愈烈，最后发展到当前使整个人类面临环境破坏问题，到 21 世纪将成为人类最严重的问题。提出人类应全力来解决地球环境的保存和再生。它既有学术价值,又有现实意义,值得我们警惕和重视。作者系日本著名学者、思想家和哲学家,现任国际日本文化研究中心所长。(吴绪彬)

G000011 **中国虫文化** 孟昭连著。天津人民出版社1993年8月版。20万字。6.90元。论述虫文化的著作。在博大精深的中华传统文化中,虫文化只是一个小小的组成部分,但它深深地扎根在民间,同样凝聚了丰富复杂的历史内涵和社会内容。该书全面探讨了虫与古代神话、虫与文学艺术、虫与社会生活、生产、民俗等各方面的密切关系,多角度地描述了这一独特的文化现象,从中挖掘出富有中国民族特色的有关虫文化的功能和价值。知识性、趣味性相结合,可读性强,并附有大量的插图。(杨乡桥)

G000012 **华夏饮食文化(文史知识文库)** 王学泰著。中华书局1993年8月版。19万字。8.30元。介绍中国古代饮食文化的通俗性著作。作者引证了大量史籍材料,分4个时期(蒙昧、萌芽、昌明、昌盛)介绍中国饮食文化的丰富内容与鲜明特色。书中不仅对我国各大菜系的形成与风格以及各阶层饮食生活的显著差别作了详尽的介绍,而且对不少著名菜肴茶酒的加工制作有简洁的叙述。收入"文史知识文库"。(厚艳芬)

G000013 **文化经营管理论** 程云瑞著。花山文艺出版社1993年9月版。24万字。6.00元。共收集文章34篇,从文化领导、经营理论、表演艺术、群众文化、图书文化市场、企业文化、文博旅游、沿海文化、行业文化等多视角进行全方位的研究和阐述,为文化经营管理提供了理论依据和方法,具有较高的学术价值和应用价值。(刘英民)

G000014 **新珠江文化论** 柯可著。暨南大学出版社1993年9月版。23万字。9.80元。作者首次提出了视物质文化为塔基、综合文化为塔身、精神文化为塔顶、理想文化为塔尖的"人类文化金字塔论",主张寻求人类文化共同点,以港澳文化为新珠江文化腾飞的双翅,于"一国两制"条件下为中华文化大繁荣作出新贡献。同时,全书各章从珠江文化地域的山水形势、人文背景、饮食特点入手,从审美文化形态上把珠江戏剧文化、影视文化、艺术文化、大众文化融为一炉,在专章阐述的"传播美学"的理论统领下,从珠江文学主潮、艺术生产、民族神韵、文化意识、传播文学等多个侧面揭示出新珠江文化的迷人风貌和时代精神。全书在实地考察与科学研究的基础上,以宏远视野俯瞰珠江文化滋生地的人文景观和艺术沃土,将珠江文化的历史和发展划为"内纳、外引、开放"三大时期,展示自改革开放以来珠江文化新纪元发端的崭新气象;同时以大众文化传播为切入点,多层次多方面地评析了珠江地区文艺创作实绩,探讨如何开放珠江文化大市场,办好珠江华语电视文化圈,以传播美学理论繁荣文艺创作,以金字塔文化观建设大广州等文化建设问题,构筑起一个有关人类文化观、传播美学观和有关珠江地理文化、饮食文化、戏剧文化、影视文化、大众文化、艺术文化的面貌特征、内在联系及发展趋势的理论体系,为一本了解珠江文化简史、现状、特质、远景和伟大贡献的地域文化参考书。(柯可)

G000015 **麦黍文化研究论文集** 刘琦等著。甘肃人民出版社1993年10月版。25万字。9.00元。中国北方,地域辽阔,地形复杂,是中华民族文化的主要发祥地,有极为深厚的文化根基,这个根基就是:贯穿几千年、渗透在每个北方人血脉中的"麦黍文化"基因。本书作者均是活跃在我国民俗学领域的专家学者,他们从中国古代产食分布、某些古文明俗制的创立、古代稷神信仰、古代文化精英及沿袭至今的食俗等诸多方面,对麦黍文化进行全方位的探讨,并紧密与我国的经济建设结合起来,见解独到,有较高的学术研究价值。全书共收入《关于中国麦黍文化的几点论证》(乌丙安)、《麦黍文化的兴衰与重整》(张余)、《三秦民俗文化漫论》(宁锐)等40篇论文。(魏宏泽)

G000016 **近代外国在华文化机构综录** 郭卫东主编。上海人民出版社1993年12月版。65.9万字。21.50元。实用性和学术性相结合的中型历史文化工具书。全面系统地介绍了从1840年至1949年(少数有涉前或延后)近代外国在华文化机构的设立、沿革、规模等情况。主要内容为:外国在华设立的宗教组织、教堂、学校、医院、图书馆、博物馆、研究会(所)、出版机构、慈善机构、社会娱乐机构等。(苏义宁)

信息与知识传播

G000017 **新闻写作方法论** 艾丰著。人民日报出版社1993年版。30万字。6.50元。《新闻采访方法论》的姐妹篇。作者运用马克思主义哲学原理研究新闻写作的内在规律,分析和研究新闻写作所包含的矛盾和解决这些矛盾的方法。本书内容虽然也说到新闻写作的一些具体的方法,但主要的不是说明“怎样写”，而是侧重说明“为什么这样写”，即新闻写作规律性的东西。本书内容拓宽了新闻写作研究的领域，把新闻写作看成一种在传播过程中的特定的人与人的关系，如记者和读者、记者和采访对象、记者和编辑等等关系的处理。(宋世琦)

G000018 **图书情报管理自动化基础** 毛玉姣(上)、刘荣(下)主编。武汉大学出版社 1993 年 1 月版。86.5 万字。2 册。5.85 元(上)，4.25 元(下)。国家教委选定的高等学校文科教材，阐述了图书馆自动化系统设计的理论和方法。全书分上、下两册。上册介绍了微型计算机的结构和工作原理、磁盘操作系统和汉字信息处理等基本知识，以及程序设计方法，系统介绍了图书情报自动化系统中各个子系统具有代表性和一定难度的程序编制技巧。为了综合应用上册所学知识，书末采用软件工程方法，给出一个开发应用软件的范例(“单汉字自动标引检索系统”)的全部设计过程。下册阐述了计算机应用系统设计的一般理论，系统讲述了图书情报自动化系统的各个子系统和集成系统的设计方法和步骤，最后一章介绍了图书馆自动化的发展趋势。附录有“中文图书编目系统”的系统设计实例。上下两册互相配套，同时又自成体系，根据教学需要可独立选用。教材编写立足实用，深入浅出，配有大量习题，便于自学，并可供有关在职人员使用。(何皓)

G000019 **法国图书出版业** 杨胜伟、燕汉生编著。中国书籍出版社 1993 年 1 月版。22 万字。6.00 元。作者旅居法国期间在广泛收集文字资料与亲自采访取得第一手材料的基础上写成。主要内容包括法国出版业的历史和现状，出版社、书店的组织与经营活动，图书市场与进出口，政府的政策法规与社团对职工的培训等。书中还专辟一章，对法国重要出版社进行介绍，这些出版社具有庞大的规模和悠久的历史，在世界上都有相当的影响。作者对法国出版业的特点，法国出版业在世界上的地位和作用，法国政府对出版业的管理、监督和扶持，都作了剖析，具有一定理论价值。(章宏伟)

G000020 **发展中的书籍艺术** [德]汉斯·彼得·维尔堡著，余秉楠译。人民美术出版社 1993 年 2 月版。10 万字，300 幅图。25.00 元。适用于编辑、设计、出版、印刷工作者及书籍出版专业院校师生的参考书和教科书。详尽阐述了西方书籍艺术在美学和技术方面的发展历程，以及书籍艺术的方方面面：包括从材料到书籍的生产、从手工印刷装订到激光照排高速印刷、从阅读的规律到书籍的功能、从书籍艺术的形式到内容、从整体设计到技术设计、从版面设计到封面设计和护封设计、从儿童画册到教科书、从平装书到豪华珍藏本设计等，作者提供了大部分来自历届“最美的书”竞赛中评选出的优秀的书籍范例，共 300 余张图片，并逐图论述。书中还提供了有关德国“书籍艺术基金会”与“德国最美的书竞赛”的详尽的背景材料，并开列了该竞赛的评审表格，在这份“书籍装帧和书籍生产评审表”中列举的各项标准及其细则，为我国出版界今后参加国际性书展书赛评选活动提供一份可借鉴的标准材料，对我国的书展评选工作极具参考价值。(王石之)

G000021 **图书馆学情报学论文索引(1981—1989)** 南京图书馆编。书目文献出版社 1993 年 2 月版。170 万字。74.00 元。收录 1981—1989 年期间发表在国内专业期刊、论文集、大专院校学报，以及部分报纸上的有关图书馆学、文献学、版本学、目录学、情报学等方面的论文资料篇目共 30 100 余条。收录标准坚持学术性、资料性，收录齐全，编排适当，分类详细，广泛地使用了类目注释、参见等方法。(卢玉荣)

G000022 **王益出版发行文集** 王益著。中国书籍出版社 1993 年 2 月版。35 万字。8.50 元。收入“中国出版论丛”。分出版、图书发行、出版史研究·回忆录、国外出版情况和研究 4 部分，收录 61 篇文章。对出版发行工作的理论研究，出版发行体制改革有很大指导作用。(章宏伟)

G000023 **新闻写作系列谈** 孙世恺著。北京出版社 1993 年 3 月版。31.4 万字。5.90 元。作者以其丰富的实践经验和深厚的理论研究功底，对新闻写作进行了较系统、较全面的介绍。全书分 4 部分：第一部分从分解的角度，把一篇新闻的主要组成部分作为一个个专题进行剖析和论述；第二部分主要讲新闻写作的技巧，谈谈写作时应采取的一些特殊措施和表现手法；第三部分主要介绍新闻词语的选用、写作修辞的手段和新闻语言的要求；第四部分对消息、通讯、新闻特写、调查报告、解释性报道、探讨性报道、服务性报道和新闻评论等各种新闻体裁的写作特点和要求均作了系统、详尽的介绍。本书对广大新闻工作者具有操作性的指导作用。(龙杰)

G000024 **福建历史文化与博物馆学研究** 福建省博物馆编。福建教育出版社 1993 年 3 月版。49 万字。19.50 元(平)，28.00 元(精)。汇集福建省 40 年文博工作的成就和博物馆馆史资料，书中所收论文大多是对福建省历史文化及博物馆学探索与研究的成果,内容涉及广泛,较多地应用了文物资料,从不同角度和方面探讨了福建悠久的古代文化和有关历史问题。其中以福建史前文化、闽越文化、古民俗、古陶瓷、地方史专题、茶文化及博物馆学为重点,展示了福建省博物馆的社会科学研究水平和特色。(张永钦)

G000025　**探寻信息世界的奥秘**　禾嘉民编著。辽宁少年儿童出版社 1993 年 3 月版。10 万字。1.90 元。"小学新书系新科技系列丛书"之一。通过三位少年学习信息科学的故事,介绍什么是信息,信息有哪些特征,信息怎样产生、获取、存储、传递、处理和利用,人的信息功能及其扩展,信息技术的主体,信息革命和社会信息化的意义等,基本勾勒出一幅信息科学技术的发展蓝图。(杨宁松)

G000026　**国际大众传播媒介简介**　陈大斌、王玉成主编。青岛出版社 1993 年 3 月版。18.5万字。6.00 元。通过新闻这个最广泛的大众传播媒体了解世界、认识世界,同时向世界宣传自己、让世界认识自己,这无疑是日益发展繁荣的中国政治、经济、文化、社会各项事业之必需。本书有重点地选取了世界五大洲近 130 个国家和地区的主要通讯社、电台、电视台、报刊等传播媒体,介绍其性质所属、新闻特色、主要影响地区及其机构概况等,旨在给广大读者更多地了解这些新闻媒体提供一些参考资料。书中坚持马克思主义的阶级分析法和实事求是的唯物史观,对其进行客观、公正地定义,以此帮助广大读者正确地认识和利用这些媒体。(连建军)

G000027　**出版编辑散论**　李海岷编。山东教育出版社 1993 年 3 月版。23.3 万字。5.65 元。收编作者近 10 年来在《出版工作》、《编辑之友》、《新闻出版报》、《新闻出版导刊》等报刊上发表的论文 34 篇。(马惠敏)

G000028　**天一阁丛谈**　骆兆平著。中华书局 1993 年 3 月版。10.3 万字。17.00 元。天一阁藏书楼是我国现存最古老的藏书楼之一,建于 16 世纪中叶,以其建筑规制和管理方法成为公私藏书楼的楷模,在传播文化和推动学术发展方面起了很大的作用。本书共分 12 章。内容有天一阁史话、史事琐考、藏书管理、藏书目录、刻书考、藏书传抄遗闻、乾隆颁赏书画记、散书访归记、明代地方志述略、明代科举述略、家谱概述及碑帖概述。(赵东)

G000029　**新闻学基本原理**　吴高福著。武汉大学出版社 1993 年 4 月版。28.6 万字。3.45 元(平),8.30 元(精)。国家教委确定的高校文科教材。以新闻作为逻辑起点,作为主要研究对象,回答了新闻的性质、特征、发生、发展、传播及规律。本书不仅在研究对象和范围上同我国以往新闻理论著作区别开来,而且,把新闻置于新闻传播过程中去加以考察,在运动中把握传播中的矛盾,从而展示出一种新的研究思路,建构了全新的新闻理论体系。同时还突破了以往那种只专注于经验思维层次,而是在理性思维层次上对新闻及新闻传播过程作理性思考,显示出很强的思辨色彩。此外,还大胆地吸收了哲学、传播学、社会学、心理学、文化学、人类学等相关学科的研究成果。值得注意的是,作者在书中提出了不少有创见的思想和观点,比如新闻是依据事实来思维、新闻工作者具有自己的意识活动规律、传播过程中的两个价值体系及新闻起源于劳动等等。(赵捷)

G000030　**彝族古籍研究文集**　师有福主编。云南大学出版社 1993 年 4 月版。22 万字。彝族古籍是彝族传统文化的结晶,她作为特定时代的文化产物,融天文地理、历史文化、政治经济、宗教艺术、哲学思想、医学占卜为一炉,汇自然科学和社会科学为一体,内容博大精深。彝族古籍浩如烟海,但全国尚存万卷,仅江河州 11 县市散存的就达 3000 多卷,包括木刻印刷本、手抄本、布告、骨片和文学岩画等。本文集从历史、天文、谱牒、哲学、伦理、医药、文学、神话、文字、占卜、碑刻、摩崖、通告等多方面对云南现存古籍进行整理研究,作了尝试性的探索,其价值是不可低估的。(赵国树)

G000031　**出版教育研究论集**　陆本瑞主编。中国书籍出版社 1993 年 4 月版。18.5 万字。5.00 元。为了加强编辑专业学科建设,促进编辑学教学、研究工作的开展,使编辑学专业得到进一步巩固和发展,本书以"新闻出版署直属高等院校出版专业设置及可行性研究"课题报告为主,并收集散见于报刊有关出版教育的论文合编为一集,供深入研究探讨时参考。(章宏伟)

G000032　**宣传心理学**　秦绍德著。福建人民出版社 1993 年 5 月版。17.8 万字。5.40 元。分 10 章,除总论外,分别论述宣传过程中的心理活动要素、宣传者心理、宣传和定势、宣传和逆反心理、宣传和团体心理、宣传和社会心理承受力、宣传和情境、宣传心理学研究方法。收入"宣传学丛书"。(黄纯初)

G000033　**世界宣传简史**　裘正义著。福建人民出版社 1993 年 5 月版。25.9 万字。7.40 元。全面系统地介绍和论述世界宣传史的专著。除绪论外,按历史顺序分为4编18章，即上古编、中古编、近代编和现当代编。从宏观上勾勒人类宣传的历史变迁，对各种宣传活动、宣传活动家、宣传机构和有关宣传思想作简要论述。收入"宣传学丛书"。（黄纯初）

G000034 **新闻学大辞典** 甘惜分等主编。河南人民出版社1993年5月版。180万字。29.50元。新闻专业工具书。分新闻学词语；新闻事业；新闻事件；新闻人物；新闻作品、节目及新闻奖；新闻学论著与期刊；新闻法规和文献文件；附录等部分，囊括世界新闻传播的最新理论与资料。共收入5 368词条。包括中国（包括港、台、澳地区）及世界其他国家的新闻事业词条。收词目截止时间为1992年底。各部分词条按年代先后收录。该辞典坚持了客观性和倾向性统一的原则，对历史及理论方面有争议的词条坚持党性原则，尊重科学，尊重真理，尊重历史，尊重事实，力求叙述准确，客观公正。目录部分有英文译目，便于非汉语国家和地区的读者研究、查阅。附有"汉语拼音索引"。（赵向毅）

G000035 **编辑思维学** 陶同著。黑龙江朝鲜民族出版社1993年5月版。28万字。13.50元（平），23.50元（精）。吸取当代哲学、大众传播学、思维科学、管理科学以及信息论等横断科学有关的最新成果，对编辑思维的本质使命、规律、控制、系统工程、创造方式以及突破种种怪圈等进行探讨研究。（李贤吉）

G000036 **广播电视实用词典** 孙东海编著。中国国际广播出版社1993年5月版。47万字。10.00元。共收入广播电视各个门类条目1 927条，分为11个部类。包括广播电视理论、广播电视节目、广播电视节目要素、广播电视节目生产、广播电视技术、广播电视传播者与受众、广播电视管理、广播电视界人物、广播电视著作、广播电视报、刊、出版社等，总体反映了广播电视事业的实践经验和理论建树，是对广播电视事业发展的最新概括和总结。（徐新民）

G000037 **中国古籍书名考释辞典** 张林川等编。河南人民出版社1993年6月版。55万字。14.35元。系统地考释、训解古籍名称的工具书。按经史子集四部编排，上起于春秋，下止于明清，收古籍书名1 500余种，撰者1 100余人。所收书名皆以有考释价值为基本原则，以《四库简明目录》的编排顺序为序，"四库"之外的书名按类别以时代为序插入。书名解释从作者生平、书籍内容、学术源流、得失优劣以及书名释义等5个方面，作较为全面的阐释。正文前有篇名分类目录，正文后有著者音序索引和篇名笔画索引。（郁诚炜）

G000038 **上海近代报刊史论** 秦绍德著。复旦大学出版社1993年7月版。16.9万字。6.00元。史论结合的专著。在中国报刊史上，近代上海的报刊占有十分重要的地位。本书以近代上海的政治、经济、文化发展为背景，以史论结合的方式，系统阐述、分析了上海近代报刊的发轫、变革和盛衰的历程。书中"上海近代报刊的诞生"、"十里洋场和小报"、"上海租界和报刊"等章内容，前人很少作过系统研究。作者从对上海政治、经济、文化诸条件的剖析中，揭示出上海近代报刊发展上的一些特色，是对上海新闻史研究的重要开拓。对商业报纸，如《申报》、《新闻报》的论述，竭力把握其运行轨迹，使人们认识到，中国商业报纸在半殖民地半封建的社会局限中，所走的是同西方国家不一样的道路。本书对于探寻近代中国报刊产生、发展的轨迹，研究上海、中国的新闻史，具有一定的价值。此外，对于如何在扬弃中吸取近代上海报刊的一些有益成份，以利于今天的新闻事业，亦有一定的启迪意义。（顾潜）

G000039 **中央电视台简史** 于广华主编。人民出版社1993年7月版。30.4万字。8.90元（平），17.80元（精）。收入"电视丛书"。从宏观上叙述了中央电视台的建立与发展，以及新闻、社会教育、体育、经济、文艺、电视剧、对台港澳、对外等节目从初创到发展的历程，记叙了国际往来、观众联系工作、报刊及理论建设情况，简述了节目制作、电视技术、机构沿革与队伍的发展、党团组织建设与工会工作等。（杨寿松）

G000040 **电视技术论集** 方庆浩主编。人民出版社1993年7月版。26.4万字。7.80元（平），16.40元（精）。收入"电视丛书"。论及我国未来10年电视事业的发展，中央电视台技术的发展和展望，第十一届亚运会电视报道系统的工程设计，以及电视中心工艺设备系统等电视技术及新技术应用问题。（杨寿松）

G000041 **电视新闻论集** 杨伟光主编。人民出版社1993年7月版。48.9万字。13.00元（平），21.00元（精）。收入"电视丛书"。详尽地论述了电视新闻的一些基本理论和实践，如电视新闻的性质和任务，电视传播方式的特点和优势，电视新闻改革的方向和实践，电视新闻的采访、编辑、制作、编排和播音，电视记者的素质和修养，以及电视新闻的未来发展趋势和电视新闻的理论研究等。（杨寿松）

G000042 **电视宣传管理论集** 王传玉主编。人民出版社 1993 年 7 月版。48.8 万字。13.10 元(平),21.80 元(精)。收入"电视丛书"。就电视宣传管理的地位、作用,节目的播出、审查,磁带流程,节目编排,经费管理等方面的规章、制度、经验与今后方向等应用理论问题,作了较全面的论述。撰文者都是中央电视台曾任和现任台长及各部门主管领导。(杨寿松)

G000043 **电视丛书** "电视丛书"编辑委员会编。人民出版社 1993 年 7 月版。447 万字。12 册。124.40 元(平),227.80 元(精)。反映了中央电视台 35 年来艰苦创业、成长发展的历程,描绘了在中央电视台发展过程中的前进与曲折、优势与差距、欢乐与焦虑,从理论上论述了我国社会主义电视事业的方针、任务,建台宗旨、电视业务及经营之道,总结了我国社会主义电视事业的宝贵经验,为探索有中国特色的社会主义电视事业的发展,积累了丰富的经验与资料。本丛书共 12 册,按专题编纂成书,计有:《电视新闻论集》、《电视专题论集》、《电视文艺论集》、《电视剧论集》、《电视声画论集》、《电视技术论集》、《电视制作论集》、《电视宣传管理论集》、《中央电视台简史》、《中央电视台大事记》、《荧屏岁月记》及《荧屏金杯录》等。(杨寿松)

G000044 **中央电视台大事记(1955.2.—1993.3.)** 于广华主编。人民出版社 1993 年 7 月版。30.5 万字。8.80 元(平),17.40 元(精)。收入"电视丛书"。记叙了 1955 年 2 月至 1993 年 3 月中央电视台所经历的重要事件,基本上勾画了中央电视台从无到有、不断发展的大致轮廓。(杨寿松)

G000045 **荧屏岁月记** 于广华主编。人民出版社 1993 年 7 月版。45.5 万字。12.30 元(平),20.90 元(精)。收入"电视丛书"。共收入 87 位 CCTV 人对自己电视生涯的片断回忆;以生动形象的文字向读者展示了中央电视台 35 年所走过的艰苦创业、大展宏图的历程,显示着电视职业独特的迷人魅力,讴歌了 CCTV 人崇高的敬业精神。书中既有老一辈创业者充满豪情的侃侃而谈,也有改革开放以来活跃在采、编、播一线的记者、编辑、播音员、主持人和确保节目播出的技术、制作、行政、后勤人员记述他们从事电视业务活动的亲身经历。(杨寿松)

G000046 **杂志编辑学** 徐柏容著。中国书籍出版社 1993 年 7 月版。31 万字。9.90 元。作者曾先后主持天津人民出版社、百花文艺出版社编辑部工作数十年,并倡办《小说月报》、《散文》等杂志多种,对杂志编辑工作进行了总结和研究,最后完成这部具有一定学术价值的专著。书中对杂志的起源、性质、方针政策、总体构思、风格、选题、审稿、编辑、出版、发行等诸多方面进行了研究。(张清雅)

G000047 **博物馆游学记** 副名:可爱的北京。黎先耀编著。北京少年儿童出版社 1993 年 8 月版。12 万字。3.30 元。根据少年儿童年龄特征,深入浅出地介绍博物馆的知识。北京市各种类型的博物馆有 90 多种,本书重点介绍 60 种,分为 10 类:一、神州大地游——主要叙述人类的历史;二、华夏春秋笔——从历史的角度,介绍明清皇家、档案库;三、燕都地方志——从考古观察,论述北京的由来;四、地下宫室奇——从文物解释皇墓的殡葬;五、京都风俗画——叙述古都的民俗民情;六、北京人物志——介绍为北京立过功的名人、志士;七、艺术殿堂美——介绍艺术的创新及独特风格;八、文学群星灿——叙述著名作家的生活足迹;九、国防教育课——介绍现代化军事建设和革命传统;十、文物收藏富——主要叙述各种象征文化。作者以边走边说,边参观边介绍的方式,步步引人入胜。(郑雍庭)

G000048 **新闻采写手册** 邱沛篁主编。四川辞书出版社 1993 年 8 月版。36.7 万字。9.50 元。介绍新闻采访写作基础知识和实际指导新闻采写具体运作的工具书。包括 5 部分:第一部分新闻采写论述选录,选录了革命导师、老一代革命家和新闻工作者关于新闻采访与写作的精辟论述。第二部分新闻采写知识,对有关新闻学、新闻采访和写作学的基础知识,列出 129 个条目加以深入浅出的解释。第三部分新闻采写实例,汇辑中外新闻采访写作典型事例 92 条,以供采写过程中借鉴。第四部分新闻采写书林,选辑 1980 年至 1992 年正式出版的新闻采访与写作专著,共 116 本的名录,并逐本作了简明介绍。第五部分新闻单位简介,选介全国 101 家报社的基本情况,包括党报、晚报、专业报纸,以备投稿的需要。另外,还附录一些有关新闻采访写作的必备常识。作者在编写过程中,参阅有关新闻采访写作的各种论著,查阅了大量新闻期刊,吸取了新闻界前辈和同行的研究成果,具有博采众家之长的优点。(谢伟)

G000049 **好新闻后面** 副名:编辑耕耘录。郑兴东主编。新华出版社 1993 年 8 月版。22 万字。7.20 元。以访谈录和自述的形式记叙了我国近年来获奖和受到广大读者欢迎的新闻作品的编辑构思与创作,其中不少是鲜为人知的新闻内幕。全书以记叙

具体编例为主，使读者对编辑的工作有进一步的了解。（黄春峰）

G000050 **公文主题词表** 中共中央办公厅秘书局编。中国经济出版社 1993 年 8 月版。38 万字。33.00 元。共收录主题词 4 239 条，其中正式主题词 3 835 条，非正式主题词 404 条。（王振德）

G000051 **人民日报风雨四十年** 李庄著。人民日报出版社 1993 年 9 月版。33 万字。8.80 元。记述从 1946 年人民日报在邯郸创刊，直至 1986 年作者退居二线，整整四十年当中人民日报经历的各种大事，以及作者对这些事情的看法。在四十年的政治风雨当中，人民日报怎样跟随并促进时代前进，又经历过什么曲折和变故？这里的新闻工作者积累了哪些经验和教训？长期身居人民日报领导层的李庄，以他亲身所见所闻，对上述种种作了翔实的描述。书末附有作者 1984—1991 年所写 6 篇有关新闻改革的论文。（郭龙春）

G000052 **中国图书馆图书分类法期刊分类表（第二版）** 中国图书馆图书分类法编辑委员会编。书目文献出版社 1993 年 9 月版。10 万字。2.90 元。系 1987 年版《中国图书馆图书分类法·期刊分类表》的修订本。这次修订依据《中图法》第三版的类目设置，在原编类表体系、结构和标记制度的基础上，进行了充实、完善、提高。其中删除了某些立类不当的类目，调整了个别编制欠妥的类目，订正或增补了某些类名和注释。另外，鉴于世界政治形势的变化，《中图法》第三版所附《世界地区表》已不方便使用，因此这次修订时，对"世界地区表"也做了相应的更正，并可通行于《中图法》现行各版本。修订后的类表将更适合于外文期刊的管理和检索利用，同时兼具类分报纸的职能。（卢玉荣）

G000053 **装订源流和补遗** 上海新四军历史研究会印刷印钞分会编。中国书籍出版社 1993 年 9 月版。40 万字。20.00 元。"中国印刷史料选辑丛书"之四。选辑了装订方面和前 3 辑中未曾选入而又颇有价值的史料性文章 49 篇，阐述了中国古代书籍装订形式演变的概貌。在雕版印刷、活字印刷、套版印刷、历代刻书和近代印刷诸方面，对前 3 集予以补充和充实。本书内容丰富，集印刷源流、装订演变、历代刻书于一身，具有较高的史料价值。（章宏伟）

G000054 **红色号角** 副名：中央苏区新闻出版印刷发行工作。洪荣华主编。福建人民出版社 1993 年 10 月版。29.8 万字。8.40 元。全面介绍中央苏区的新闻、出版、印刷、发行工作情况。内容包括文献、资料、回忆录及研究文章，以原始资料为主，并有一些评析。（郑俊琰）

G000055 **西泠印社九十年** 方去疾等编。西泠印社 1993 年 10 月版。10 万字。268 幅照片。85.00 元。集艺术性、学术性、资料性于一册，对印社 90 年的沧桑变迁及现状、4 位创始人的功绩、历任社长的概况、在印社历史上作出过重要贡献的人物、学术上所取得的成就、对外文化交流、出版事业的发展等一一作了评述。尤其是书中所采用的大量照片，对印社中的摩崖石刻、碑匾、园林建设等作了介绍，许多是第一次公开发表。（李早）

G000056 **传播学引论** 李彬著。新华出版社 1993 年 10 月版。22 万字。6.60 元。传播学入门书。具有弗洛伊德《精神分析引论》的风格，既娓娓道来，深入浅出，同时又有较高的学术品位，使人不仅在轻松愉悦之中获得传播学的知识，而且还能受到颇多的有益的熏陶和启迪。（黄春峰）

G000057 **经济新闻学初探** 徐人仲著。新华出版社 1993 年 10 月版。12.9 万字。4.00 元。包括经济新闻与经济新闻学、经济新闻的萌芽、形成和发展、中国经济新闻的历史反思、经济新闻之"树"、充分发挥政策的威力、在运动发展中报道、热忱报道经济创造中的人、经济记者的素质、社会主义市场经济与经济新闻的改革及未来等 26 个部分，对经济新闻及相关的问题进行了专题探讨，力求做到理论和实践紧密结合。本书首次提出了"经济新闻之'树'"的见解，对经济新闻工作的规律作了初步的探索。（周道荣）

G000058 **出版史研究（第一辑）** 叶再生主编。中国书籍出版社 1993 年 10 月版。20 万字。7.80 元。出版史研究论文集。阐述从明末到新中国成立某段时间、某个地区或某项读物的出版概况，以及近现代几位编辑出版家的奋斗史迹的一些论文。"周恩来与出版"一组 3 篇文章，从 3 个阶段分述周恩来与出版工作的关系。（章宏伟）

G000059 **比较图书馆学引论** 钟守真著。南开大学出版社 1993 年 11 月版。对比较图书馆学的基础理论进行了系统的介绍和阐述，内容涉及比较图书馆学的基础知识、研究模式及方法体系诸多方面。其核心部分为比较图书馆学的研究对象、范围、模式、方法、程序以及学科的发展历史，并通过若干比较研究实例，展示比较图书馆学的研究模式。本书中既有中外众家学术观点的评述，也有个人见解的阐发；既有对学科发展的总结，也有对当前不同观点

的比较研究,由此构成了比较新颖的理论体系和学科的基本框架,具有一定的开拓性。(焦静宜)

G000060 **许力以出版文集** 许力以著。中国书籍出版社 1993 年 11 月版。36 万字。9.00 元。收录许力以在中央宣传部和国家出版局领导岗位上撰写的有关文章、讲话稿以及图书评论等。共 4 部分。第一部分是社会主义和出版事业;第二部分是作者在国外访问时写的笔记和文章;第三四部分是图书评论及为书刊出版特别是由作者主编或倡导创刊的书刊撰写的创刊词、序和前言。(张清雅)

G000061 **红雨楼序跋** [明]徐𤊹撰。沈文倬校点。福建人民出版社 1993 年 12 月版。7.2 万字。3.30 元。"八闽文献丛刊"之一。徐𤊹红雨楼藏书五万三千余卷,他布衣不仕,酷爱载籍碑帖书画,对所藏所见,凡意有所得,便题端跋尾,以抒其见。徐氏死后,林佶从其所著《红雨楼全集》中选辑 140 多篇,抄本传世。清嘉庆年间,郑杰购得徐氏藏书,抄 87 篇,辑为 1 卷,刊入《注韩居丛书》。清光绪初年,缪荃孙将两家辑本,分类合编,共 224 篇,题为《重编红雨楼题跋》。本书据稿本复勘,重加校定,与初编、重编本有所不同,改题为《红雨楼序跋》,林佶等所撰跋文,辑为附录,系于书末。(吴锦通)

G000062 **为孩子们提供更多的好书** 副名:'92上海儿童读物出版研讨会论文集。少年儿童出版社编。少年儿童出版社 1993 年 12 月版。19 万字。16.00 元。收辑国内 20 多家少儿出版社的社长、总编辑以及日本、德国、马来西亚和港台地区十余位儿童读物出版界人士的论文 38 篇。其中有老一辈儿童文学家陈伯吹追述 1919—1949 年我国儿童读物出版概况的《三十年的历程》,有少年儿童出版社总编辑任大霖回顾该社自 1952 年成立以来 40 年风风雨雨的《40 年:一条曲折的路》,有原湖南少年儿童出版社社长兼总编辑骆之恬的《出版观念新思考》,有浙江出版总社副社长兼浙江少年儿童出版社社长沈虎根的《多种长命树 多采"双佳"果》,有安徽少年儿童出版社社长吕思贤的《为培养接班人多出好书——论儿童读物的责任》,有香港获益出版事业有限公司总编辑东瑞的《香港儿童文学的现状和隐忧》,有日本儿童文学者协会国际部长中尾明的《演讲要点》,有德国奥托·梅尔出版社版权部经理米夏·朗姆的《充满令人神往书页的规划》,等等。(洪祖年)

G000063 **新闻知识总览** 叶德本等编。延边大学出版社 1993 年 12 月版。268 万字。集中外新闻著作之大成,并吸收新闻工作实践中的实用知识,包括了新闻学 3 个组成部分——理论、业务和新闻史的全部知识,收录词目 4 000 余条。

G000064 **彝族古籍文献概要** 黄建明著。云南民族出版社 1993 年 12 月版。15 万字。7.00 元。一部采用彝汉文并用、图文并茂的形式,研究和探讨彝族古籍文献的专著。其内容分为 9 个部分:一、彝族古籍文献的界定和起源;二、彝族古籍文献的材料种类;三、彝族古籍文献的制作方式;四、彝族古籍文献的款式与书面形式;五、彝族古籍文献的装帧;六、彝族古籍文献的符号;七、彝族古籍文献中的语文特点;八、彝族古籍文献分类;九、彝族古籍文献的收藏与传播等。其价值之一是作者对彝族古籍文献的基本情况,在掌握了大量材料的基础上,经过认真的筛选,科学的分析,提炼出独具特色的理论框架;其价值之二是本书对彝族古籍文献的起源、界定、分类、特点等有争议的问题,提出了有价值的学术观点。它为研究彝族历史文化的专家、学者提供了翔实的资料。(张海英)

G000065 **'92 中国国际广播电台优秀作品选** 吴志成、黎体贤主编。中国国际广播出版社 1993 年 12 月版。18 万字。11.00 元。汇集中国国际广播电台 1992 年度的获奖作品,基本反映了中国世界风云变幻中稳步前进的足迹,以及中国在邓小平南巡重要讲话以及十四大精神指引下,继续改革开放的脚步声,同时也记录了我国对外广播节目的变化和发展。例如着力体现时代脉搏的《经济纵横》和《空中彩虹》等板块节目,成功地报道了重大和突发事件;专题报道和这些评析文章都出自评委之手,大都是有见解、短小精悍的文字,既指出作品的长处,也指出作品的缺憾。评析说长道短,很好地总结了经验。作品按全国获奖作品、新闻、专栏节目、特别节目、系列节目分类,每篇作品均配有评析文章。本书集中体现了本年度国际电台广播节目的特色及丰富多彩的文化内涵。

科学、科学研究

G000066 **科技奖励的社会运行** 王炎坤著。华中理工大学出版社 1993 年 2 月版。19.8 万字。8.50元。研究科技奖励的专著,是国家自然科学基金资助项目"关于我国科技奖励机制的研究"的研究成果之一。作者在考察了国外科技奖励,总结了国内科技奖励实践的基础上,运用多学科知识对科技奖励进行了多方位的研究。把理论研究与实证分析、定性研究与定量分析相结合，论述了科技奖励的产生与历史发展，科技劳动与科技奖励，科技奖励的社会效应理论，科技奖励的社会价值、运行机制及运行系统，我国科技奖励体制的现状、利弊及对策。以“激励”为核心，对激励作用的内容、条件、途径、形式及机理进行了分析，揭示了科技奖励社会运行的规律性，提出了科技奖励的社会效应理论，特别是关于“科技奖励蕴含的荣誉价值近似恒定不变”的时间效应理论，还提出了奖励对象与分配等理论。(沈旭日)

G000067 **大科学观** 赵红洲著。人民出版社 1993 年 4 月版。30.5 万字。8.20 元(平)，12.00 元(精)。分上下两篇，共 8 章。上篇(1—4 章)论述科学自然观，下篇(5—8 章)论述科学社会观。书中对现代科学的发展即“大科学”的概念、结构、社会特征，以及大科学所造成的哲学观念的变革，其中包括大科学的群体观念、系统观念、模糊观念以及科学社会观念等作探讨和论述。作者认为，20 世纪的科学，是一个门类繁多、层次分明、结构复杂的知识系统。这个系统包括自然科学、技术科学和社会科学，而且也包括在这三大领域之间由于门类交叉、学科交叉、知识交叉、方法交叉所产生的各种各样的交叉科学、边缘科学、横断科学和综合性科学。现代科学技术结构的形成，破坏了从文艺复兴以来的指数增长的科学规律。它使科学增长的模式不得不转向“饱和增长”的模式。这种科学的饱和现象就是“大科学”现象。本书于 1988 年初版，1993 年修订再版，增加几个重要内容，如大科学的国际性、科学的“二重性”、科学爱国主义与科学国际主义的关系，还有大科学时代科学帅才的培养和遴选等等。(魏华)

G000068 **标准化发展史** 赵全仁、黄儒虎主编。中国标准出版社 1993 年 5 月版。29 万字。8.80 元。系统介绍标准化发展历史。共 12 章，分上下两篇。上篇以世界标准化的发展历史为主，对远古、古代、近代以及现代标准化的发展作了介绍。下篇对我国建国后标准化事业的发展进行了介绍。(周俞斌)

G000069 **未完成的发明** 檀文秀、徐将林编著。希望出版社 1993 年 6 月版。8.5 万字。3.50 元。由中国孩子们写成的科学读物。大都是他们的小发明、小设计，所以编者称之为“未完成的发明”。其中不乏想象奇特，构思奇巧之作。有的是组合式的，发明动机往往是“一物多用”；有的是为省时，提高时效的；有的是物理学原理的别出心裁的创新。它们基本上都是同学们的一些发明构想或设计雏形，至于用什么样的技术、材料和工艺去完成，一般并没有涉及到。(张任)

G000070 **信息服务与用户研究** 胡昌平著。武汉大学出版社 1993 年 8 月版。36.9 万字。8.80 元(平)，12.00 元(精)。根据信息工作的社会化和信息产业发展的新特点，将“用户研究”和“服务组织”这两项信息基础工作的研究有机地结合起来，从而构造了“信息服务与用户研究”的新体系。该书系统地阐述了信息服务与用户研究的主要理论与方法，立足于社会信息化中的用户工作，研究了用户类型、用户心理、社会因素对用户的影响、用户信息需求特征、用户获取信息的机制、用户吸收信息的机理、用户信息保证、用户信息培训等内容，并围绕用户需求分析的总体特征来组织有关信息服务系统，使社会信息服务工作体制朝着最大限度、最佳效率的实现上作出适时的调整，这无疑对我国信息服务工作的改革和发展是具有重要参考价值的。该书运用了社会心理学、行为科学、统计学和管理科学的有关理论和方法来探讨社会信息服务与用户工作的客观规律，将理论研究与社会调查结合起来，从而使理论阐述具备扎实的社会实践基础，并以解决实践问题为根本宗旨，具有较好的可操作性。(何皓)

G000071 **发展的潜力——我国基础研究与应用基础研究资源的分析** 邹珊刚等著。华中理工大学出版社 1993 年 9 月版。13.5 万字。5.00 元。在建立反映我国基础研究和应用基础研究资料统计数据集的基础上，对我国基础研究和应用基础研究的人力、经费、课题的投入与分布进行了分析，得出了一些有意义的结论，并运用先进的灰色系统方法，对我国科技的 R&D 活动进行了分析和预测，提出了开发利用人力资源的途径、投入经费结构的对策和资源综合配置的战略等，为国家有关部门合理利用现有资源，确定研究发展战略，制定相应政策，提供了客观依据和理论依据。(姜新祺)

G000072 **专利申请须知** 万海、王俊编著。西安出版社 1993 年 9 月版。20 万字。6.70 元。专利制度是保护发明创造成果的重要法律制度。作者根据修改后的《中华人民共和国专利法》和《中华人民共和国专利法实施细则》以及几年来从事专利工作的实践，从实用角度出发，采用通俗易懂的方式，详细介绍了专利申请的有关知识、专利申请的范围及对象、撰写专利申请文件的格式、要求及注意问题。同时，注重图文结合。为方便读者申请和查阅，还用大量篇幅，介绍了不同产品的专利申请办法。附录有《中华人民共和国专利法》和《中华人民共和国专利

法实施细则》。(李宗保)

G000073　**儿童创造力发展心理**　林崇德主编。浙江教育出版社1993年10月版。33.7万字。4.45元。论述儿童创造力的本质与表现形式，探讨儿童创造力发展的心理年龄特征与规律，剖析儿童创造力发展与其身心方面发展的密切联系以及影响儿童创造力发展的各种有利与不利因素，探索儿童创造力测量的科学方法与培养的有效途径。收入"儿童青少年心理学丛书"。(余龙文)

教　育

G000074　**创造性思维训练**　王滨、王信倍主编。辽宁少年儿童出版社1993年2月版。18.6万字。4.20元。"中小学创造教育系列丛书"之中学(一)。全书共6章。除第一、二章介绍有关创造学的基础知识和创造品质的培养方法外，全书重点突出了创造性思维训练，其中包括发散思维训练、联想与想象思维训练、突破思维障碍训练和思维严密性训练。各章后附有与该章节内容有关的思考练习题。全书后附有练习题的参考答案。(李玲)

G000075　**世界学生丛书**　吴忠魁等编。山西教育出版社1993年3月版。66.2万字。5册。17.55元。计划出版中、美、英、法、德、日、俄7国14册(每个国家大、中学生各一册)，现已出版《中国中学生》、《美国大学生》、《美国中学生》、《英国中学生》、《德国中学生》5册。通过描述各国学生生活的方方面面，反映各国大、中学校的教育概况。(宋金龙)

G000076　**课堂电化教学的理论与实践**　张迪梅著。上海教育出版社1993年3月版。13万字。3.50元。课堂电化教学的回顾和总结。分理论与实践两方面。理论部分以电化教学理论和邻近学科理论的相关性为出发点，阐明了它们间的相互关系；回顾了电化教育产生、演变，瞻望了电化教学的发展；阐述了电化教学的本质、特点和作用。实践方面重点探讨了课堂电化教学的设计、施教和评价的操作，结合个例分析，并附有课例和评析，为读者提供了开展课堂电化教学的思路和方法。其中"课堂电化教学设计与教学过程最优化"一章着重探讨了如何实现教学过程最优化与教学设计的关系；教学媒体选择与搭配的最优化；课堂教学过程的结构化设计、教学方法的多样性选择及学习评价的优化程序等环节。(方鸿辉)

G000077　**教育时间学**　孙孔懿著。江苏教育出版社1993年4月版。25万字。4.25元。收入"当代教育新理论丛书"。共12章。在"教育时间的功能"一章中，作者从个体发展功能和社会功能两方面进行论述，并将后者分为政治功能、经济功能、文化功能、提高人口素质的功能和为社会选择提供依据的功能5个方面进行论述。在"教育时间效益"一章中，详细介绍了绝对效益与相对效益，以及客观规律性与主观能动性对教育时间的效益的制约和影响。在"教育时间结构"、"教育时间密度"、"教育时间节奏"、"教育时序"和"教育时机"各章中，围绕教育时间效益，进行了多侧面的论述。最后两章重点介绍了教育时间的管理问题。揭示了适合教育时间范畴的管理原理和管理方法，也给读者从具体操作上作了一定的指导。(朱述宾)

G000078　**强者的心理**　副名：写给大中学生及其同龄人。川鸿、吴希编著。江西教育出版社1993年5月版。11.6万字。3.50元。列举古今中外强者在遭受挫折与磨难时自强不息、矢志不移、勇敢拼搏的实例，剖析他们的自我心理、意志心理、创造心理、职业心理等一系列心理特征，并分析强者心理的整体性、多样性、动态性。展现强者刚强、积极、健康的内心世界和胜不骄、败不馁的良好心态。对未达目的甚至失败的强者，也充分肯定其心理价值，发掘他们心灵深处富有悲壮色彩的因素以及震人心魄的精神力量。(马正毅)

G000079　**品德教育与家庭**　张桂桐等编著。辽宁少年儿童出版社1993年5月版。8万字。1.60元。结合小学生的心理特点及生活中经常发生的事例，就品德教育的重要意义、基本原则、基本方法、基本内容进行了较为翔实的阐述，包括爱国主义、文明礼貌、劳动、诚实、正直、艰苦朴素、集体主义、安全、社会交往教育及良好性格的培养、青少年犯罪的家庭预防、美育、独生子女教育等方面的内容，共阐述了51个问题。(崔玉平)

G000080　**中学教育心理学**　徐胜三主编。人民教育出版社1993年5月版。30万字。11.40元。教育学院公共课心理学教材，也可作为教育院校函授使用的教材和师范院校学生与广大中学教育工作者的自学用书。从整体结构上采用以教育心理学为主干，适当地充实青少年心理学、学校管理心理学和心理卫生的体系结构，突出科学性、思想性和实用性，对国外心理学研究的有关成果绝不做客观主义的介绍，对某些心理学家的理论总是有分析有批判地吸收其合理成分并对其学说加以评述；对我国的民族文化遗产认真挖掘，取其精华，弘扬民族文化，充实有关的理论内容；在各章都强调结合内容充实典型的案例，增加可操作性的内容，这样既能深刻地阐述理论观点，又能使学员达到学以致用。（魏运华）

G000081 **聪明学与聪明术** 陈维新编。东北朝鲜民族教育出版社1993年6月版。28万字。6.50元。研究聪明学的规律和方法，分上下篇。上篇9章，阐述了什么是聪明学，研究聪明学的任务、意义、原则和方法。以及聪明学的卓识律、扬弃律、求是律和聪明学的基本范畴。下篇3章，阐明了认识规律的聪明术。从理论高度对大聪明和小聪明的区别，进行了深入的探讨，揭示了聪明学与辩证法的内在联系，把聪明学的范畴与方法论有机地统一在一起。（崔星一）

G000083 **人生面面观——青少年德育文摘** 韦琬、艾澄编。北京少年儿童出版社1993年7月版。20.6万字。5.00元。为《人生启蒙录——青少年德育诗选》、《人生大舞台——青少年德育曲谈》、《人生咏叹调——青少年德育词抄》的姊妹篇。内容包括散曲和剧曲两大部分，收入小令30首，套数9套，以及《窦娥冤》、《情忠谱》、《西厢记》、《牡丹亭》、《中山狼》等8部著名剧曲的节选。不仅介绍了有关曲的基本知识和艺术特点，还以曲为鉴，用谈心的方式通俗生动地讲述了当今人生处世的热门话题。（石岱峰）

G000084 **学科德育指南——中学各科教学中的德育** 宋人鳌、关成志著。辽宁少年儿童出版社1993年7月版。18.5万字。5.50元。包括教学与德育、思想政治学的德育、外语学科的德育、数学学科的德育、物理学科的德育、化学学科的德育、生物学科的德育、体育学科的德育、音乐学科的德育、美术学科的德育等章。每章中又分为该学科德育的意义、任务、内容、方法、途径及该学科教材中的德育要点。（张雨门）

G000085 **育才新说** 秦炳南著。天津教育出版社1993年7月版。23万字。8.50元。由12部分、96篇文章结集而成，包括理论思考、教学艺术、教育漫谈、理想与友谊、怎样迎接高考、热门话题、典型调查、义务教育、师范教育、成人教育、高教改革和心底的颂歌。其中心内容围绕"育人与成才"这个主题。作者通过大量翔实的材料和几十年从事教育工作的亲身感受和丰富经验，把着眼点放在为培养21世纪人材所需要的提高全民素质上来。内容涉及面广、观点新颖、事例突出、有理有据，并毫不留情地把教育战线存在的各种弊端，采用多种形式加以剖析和论述，字里行间蕴含着现代心理学的理论观点、探索育人与成才的辩证关系。（耿学明）

G000086 **电化教育基础** 何其坚等编著。高等教育出版社1993年8月版。18.7万字。5.00元。根据国家教委颁布的《中等师范学校电化教育基础课教学大纲》，兼顾师范专科学校情况，结合教学实际，由云南省教委组织编写的教材。本书对电化教育的基本知识、基本方法和基本技能作了比较全面、系统的介绍和阐述。全书共9章：第一章阐述了电化教育的概念、发展和作用，以及学习这门课程的意义；第二章至第七章详细介绍了各种电教媒体，包括设备原理和教材制作；第八章叙述了电教教材的编制原则和管理，尤其介绍了多媒体组合这一最新科技成果；第九章结合电化教学的实施讲解了教学设计。（徐迎）

G000087 **班主任工作漫谈** 魏书生著。漓江出版社1993年8月版。34.9万字。14.60元。包括"班主任要努力改变自我"、"学生应是自身的主人，是班集体、国家、社会的主人"、"科学管理班集体"、"特殊情况育人方法种种"、"提高学习效率"、"体育、美育、旅游、气功"、"科学管理班级要靠班级的主人们"、"三言两语谈育人——日记摘抄"等部分。作者以大量生动感人的实例，全面介绍自己独具一格的班主任工作经验和搞好班级管理的措施。（朱新平）

G000088 **数学教育心理学** 蔡道法著。上海科技教育出版社1993年8月版。23.5万字。6.70元。按数学教育心理规律编写，研究学生在掌握数学知识过程中，在数学能力培养过程中，在数学智力发展过程中的心理活动规律，并对非智力因素对学生学习数学所产生的影响作了分析，对数学的教育方法与学习方法作了指导。（王晶）

G000089 **学习困难学生的特点和成因探究** 胡兴宏等著。上海科技教育出版社1993年8月版。18万字。9.80元。"学习困难学生教育的研究"是全国教育科学"八五"规划重点课题，本书是该课题的阶段性成果。中小学生中大约有20%属于学习困难学生。他们智力正常，但学习的效果低下。对他们的教育是广大教育工作者和学生家长特别关注的问题。课题组通过对13个区县3 000多名学生进行多因素综合性调查研究，在获得100多万个数据的基础上，运用多元统计分析手段，取得了对上海地区学习困难学生现状、特点和成因的较全面的认识。书中阐述了学习困难学生同样具有各自的潜能，但远未被认识和开发，这为指导广大教育工作者端正学生观、改革教育、教学工作提供了依据。书中首次提出把学习困难学生群体分为4种主要类型,即暂时型、能力型、动力型和整体型学习困难,为有针对性地采取教育对策奠定了基础,受到了学术界和社会的高度重视。(洪如蕙)

G000090 **校长学** 王铁军著。江苏教育出版社1993年9月版。25.5万字。7.60元。收入"当代教育新理论丛书"。由4篇17章组成。前6章为本体篇,主要阐述校长职业的产生和发展、校长结构的演变、校长的本质、校长的社会角色、校长素质和个性、校长群体的结构等问题;第七、八、九章为价值篇,论述了校长的价值观、校长管理中的真、善、美及校长的政策法律意识等;第十至十三章为行为篇,阐述了对校长行为的系统分析,校长的管理行为、校长的交往行为、校长的管理艺术等;最后4章为发展篇,阐述了校长的历史使命、校长的成长规律、校长的发展及其未来展望。(赵明)

G000091 **思维流畅性灵活性训练** 罗玲玲主编。辽宁少年儿童出版社1993年10月版。7万字。2.20元。"中小学创造教育系列丛书"之小学(三)。共3个单元16课。第一、二单元主要依据吉尔福特智力结构模式,以发散性加工能力与创造性转化能力的培养作为训练主题,对学生进行增强思维流畅性、灵活性的基础训练;第三单元着重让学生掌握一些创造技法,是对第一、二单元的训练内容的深化,以促进学生的科技发明能力。本书可作为小学中高年级开展创造教育的实验教材。(李玲)

G000092 **情感教育论纲** 朱小蔓著。南京出版社1993年10月版。13万字。5.80元。从情感教育的历史考察、情感教育的目标建构、情感教育的内在过程、情感教育的诸种模式等7个方面,对情感教育这门新兴学科进行实证研究和理论梳理。(蔡健)

G000093 **教育管理与组织行为** [美]E·马克·汉森著,冯大鸣等译。上海教育出版社1993年10月版。31.8万字。10.30元。教育理论译著。将组织行为学的研究运用于教育管理,系统阐释和分析了3种对学校产生重大影响的理论:古典组织理论、社会系统理论、开放系统理论,以及领导、动机、沟通、变革等管理问题,力图帮助每位教育工作者洞察教育系统中的人类行为及其规律,运用行为科学和其他相关知识改进领导方式,激励员工,协调人际关系,提高学校管理者的管理水平。原著为美国学者汉森教授的教育管理学著作,多次再版,在美国颇有影响。其突出的特点为:(1)作者始终立足于教育系统这一特定背景来阐述问题,并力图探索3种理论在教育背景下结合运用的新途径,以学校管理案例研究的成果对某些理论观点加以论证;(2)不仅引用西蒙、卡兹等著名学者的研究资料,且大量引用许多学术界新人有价值的研究成果;(3)对各个历史时期的教育管理思想流派和理论模型有详尽、透彻的阐述和评析。对我国自20世纪80年代初开始的组织行为学和教育组织行为学的研究,本书无疑有较高的理论参考价值。(袁彬)

G000094 **情感教学心理学** 卢家楣著。上海教育出版社1993年10月版。22.1万字。6.20元。心理学专著。揭示人类情感现象的特性、功能,充分展示其在提高学生学习动力、兴趣、效率,陶冶情操,完善个性,全面优化教学效果方面的积极作用;探索情绪、情感和情操发生、形成的心理机制,寻求情绪控制和情感、情操培养的途径,为贯彻情感教学思想和原则提供实施方法上的心理科学原则。分9章,第一章绪论,第二—五章,中心论题是通过揭示人类的情感现象,尤其是教学中的情感回路和独特的功能特性来阐明情感教学理论上的心理学原理。第六—九章,中心论题是通过揭示情感现象发生、形成的心理机制,来阐明情感教学实践上的心理学原理。(薛培华)

G000095 **青年思想教育导论** 阎克俭著。天津教育出版社1993年10月版。30万字。7.20元。论述青年思想教育工作的理论专著,分为学科论、对象论、原理论和管理论4大部分,共14章。(远之岫)

G000096 **学校教育评价(蒙古文)** 亚新编著。内蒙古人民出版社1993年11月版。22.9万字。5.80元。全书由10章、8个附表组成。较系统地概述了学校教育评价的原理、原则、方法、用具等,其中对如何设定评价指标体系、如何收集和分析处理评价资料、如何作出定性和定量的评价等都作了明确阐述。书中还专章介绍了定量评价中富有实用价值的数学及统计学方法。本书与国内外同类教材相比,有其明显的两大特点:一是作者不仅吸收了国外的新概念、新观点和新进展,同时注意国内新近研究成果,将其有机地糅合到自己的科研成果之中并充分反映在教材的各部分;坚持了本学科的独立性和自成体系的大前提,相应地广泛吸收了相关学科的思想方法、教材工具、框架等,以论证评价的观点充实评价理论、构思评价指标体系、建立评价方法体系。二是充分展现了作者对学校教育评价的思想,提出了教育评价学这门课程的教材不能涉及面太广,只

能因人制宜，根据教学对象的特点和教学时间的长短来把握教学内容，讲授基本的东西。（孟和巴图）

G000097 **中小学生卫生保健丛书** 叶恭绍主编。北京医科大学、中国协和医科大学联合出版社 1993 年 12 月版。104.4 万字。10 册。45.95 元。科普读物。分两个版本。“儿童版”包括《怎样保护你的视力》、《保护牙齿从小做起》、《吃什么好》、《儿童体育锻炼指南》；“青少年版”包括《我们的身体》、《青春期常见病防治》、《青春期性发育 30 讲》、《眼睛的奥妙与保护》、《青春期健美与营养》、《体育与健康》。丛书的宗旨在于让儿童青少年从小了解自己的身体，关心自己的健康。并针对当前的热点问题，如近视眼、龋齿、肥胖、贫血、营养失衡、运动锻炼以及青少年中的性困惑，青春期心理卫生，成年疾病的早期预防等等，以严谨的科学态度、丰富翔实的资料给予正确的解答。全书配有生动形象的插图，文字通俗易懂。（林双）

G000098 **电化教育实用教程** 萧树滋主编。河北科学技术出版社 1993 年 12 月版。23 万字。9.30元。电化教育课程教材。共 9 章：一、概述；二、幻灯、投影教学；三、广播、录音教学；四、电影、电视教学；五、语言实验室教学；六、计算机辅助教学；七、电化教学法；八、电化教学设计；九、电化教育管理。附录列出电教工作暂行规程和电教常见的外文标志。该书着重于技能训练和实际应用，对常用的电教媒体幻灯、投影、录音、广播、电影、录像的教学，讲述详尽具体；对新兴的电化教学法和电化教学设计专章叙述；对有发展前景的计算机辅助教学等扼要介绍。每章首有学习目标，结尾有思考与练习，还有必要的实验和阅读材料，以利训练基本技能和学生自学。（李文杰）

G000099 **中国伦理学百科全书·德育伦理学卷** 甘葆露主编。吉林人民出版社 1993 年 12 月版。68 万字。11 部分约 300 条。包括总论、德育原理与临近学科，德育、品德、德育心理、德育内容以及德育原则等。涉及德育的本质、地位、作用、任务、品德结构，形成发展的规律、教育过程、方法以及家庭教育、学校教育、社会德育等问题。（关静）

G000100 **教师组织行为** 傅道春著。上海教育出版社 1993 年 12 月版。16.3 万字。5.00 元。教育学专著。“教师组织行为”是由“教育学”中“教师”一章所引发，沿着教育心理学的方向，使用社会学、文化学、管理学、社会心理学、组织文化学以及行为科学等多学科的基本原理，探讨教师学校工作行为的一门边缘学科。本书重点研究解释教师在教学中所表现出来的身心活动，探讨教师行为效能训练的理论依据、研究方向和共通行为的途径。论述中，注意揭示教师行为的外显性、动态性；同时，注意吸收中国教师行为的本土文化因素和外域教师行为研究的最新成果；注意选择归纳相应的行为案例及基本活动方式；注意描述在具体教育情境中如何更好地体会和运用有效行为。（薛培华）

G000101 **面对困惑的抉择** 张扶林等著。天津教育出版社 1993 年 12 月版。8.4 万字。2.55 元。“同学少年丛书”之一。青少年往往面临许多困扰，如怎样才能获得学习上的成功、怎样处好与老师和同学的关系、怎样克服嫉妒心、怎样提高社交能力、怎样填平“代沟”、怎样解决个人爱好与学习的矛盾，等等。本书针对年轻人的这些现实问题，以对话的手法，同青少年们说知心话，帮助他们在困惑面前作出正确的抉择。（赵和年）

G000102 **中华五千年美德丛书** 温克勤、顾传菁主编。新蕾出版社 1993 年 12 月版。43.3 万字。6 册。26.00 元。从中国浩繁的古代文明史中，选出典型、生动、具有教育意义和可读性的美德范例 200 多个，按读者的年龄、接受能力、欣赏趣味及思想实际分册编写。各册又根据所人选故事的内容，分为爱国爱民、孝敬父母、勤劳节俭、攻坚求索等篇目及引导读者参与、密切联系实际进行“练习”。（郑秀桂）

G000103 **教育模式** 查有梁著。教育科学出版社 1993 年版。11 万字。3.30 元。以系统科学原理为指导，提出了教育模式的 3 个原理：模式变换原理、模式孕育原理、模式包容原理。在此基础上，按照教育模式的逻辑结构，分别从认识论、课程论、教学论、价值论、方法论几个方面演绎出了 103 种教育模式；按照教育模式的历史结构，演绎出了古代、近代、现代教育模式共 14 种；按照教育模式的学科结构，演绎归纳了 25 种教育模式。本书在教育模式的研究方法上有所突破。它把教育模式研究与教育过程研究结合起来，把认识论研究与系统论的研究结合起来，把归纳法与演绎法结合起来，为教育模式研究的深化，提供了新的思路。（李玢）

G000104 **呼唤新世纪的教育哲学** 副名：人类自身生产探秘。桑新民著。教育科学出版社 1993 年版。32 万字。15.40 元。系统反映我国教育哲学最新研究成果的学术专著。从时代高度探讨了与教育有关的哲学理论新进展和新成果，总结了当代国内外教育理论研究和教育改革实践所引起的教育观念和方法论的深刻变化,探讨了人类在21世纪所面临的一系列严重挑战和从改变国民素质入手迎接挑战的对策。本书向读者展示出一个长期被人们所忽视的重要研究领域——人类自身的再生产与再创造。人们可以从本书中看到马克思主义创始人当年在这个领域所作的开创性研究,以及一百多年来世界哲学、心理学、教育学和一切与人的研究有关的学科在这片广阔天地中所取得的各种新成果。在挖掘和总结该领域研究成果的基础上,本书试图探索适应21世纪需要的中国教育哲学理论体系新模式,并使其对世纪转换年代的中国教育改革和教育理论研究发挥导向作用。(李玢)

G000105 **教学思想发展史略** 副名:历史、现状与发展趋势。李定仁著。青海人民出版社1993年2月版。32.7万字。6.80元。研究教学思想发展史的学术专著。就教学基本理论范畴内的主要问题,以历史、现状和发展趋势为线索,进行中外纵向、横向比较,探讨发展规律,预测发展趋向。全书共12章。第一章教学与哲学;第二章教学与心理学;第三章教学与文化科技的发展;第四章教学目的;第五章课程与教材;第六章教学过程阶段理论的历史考察;第七章教学原则;第八章教学方法;第九章教学手段;第十章教学组织形式;第十一章教学模式;第十二章教学评价史概观。(李声)

G000106 **教育原理** 陈桂生著。华东师范大学出版社1993年3月版。33万字。11.10元。教育学学术专著,在教育理论建设方面进行了多方面的尝试。一、构建与现行教育学陈述体系有别的独特陈述框架。现行教育学理论框架的特点,大抵是由外(教育的社会背景、教育的外部联系)而内(教育本身)、由大(教育系统)到小(直接教育过程),是一种由彼及此由抽象到具体的演绎框架。本书的构思与此相反,大致属由内而外、从小到大、由此及彼、由具体到抽象的准归纳框架,它所展开的论证,最终得到关于教育的系统认识。基于这种构想,全书从教育要素到教育过程(微观),从简单教育过程到复杂教育过程,从教育过程到教育实体(中观),从教育实体到教育系统(宏观)[第Ⅰ编];从教育的内部联系到外部联系,从教育的外部动因对教育系统的影响到教育系统自身的特性[第Ⅱ编];教育的内部联系与外部联系所决定的教育本质、教育目的、教育构成以及学校职能等基本理论问题[第Ⅲ编];从一般教育原理到中国社会主义初级阶段教育基本理论问题[第Ⅳ编]进行了阐述。二、跨越教育科学理论与实践教育理论逻辑鸿沟的尝试。西方教育理论界经过长期的探索发现了教育科学理论与实践教育理论之间的逻辑鸿沟。他们认为这种鸿沟不可逾越。我国以往不明这种鸿沟,以致在教育陈述中普遍存在以价值判断代替事实判断之类的现象。本书关于教育的陈述,尝试尽可能地把事实(实然状态)、逻辑上可能发生的状态(盖然状态)、应有事态(应然状态)与可行的抉择这样四个层面加以分清(以承认不同教育学取向之间的逻辑鸿沟为前提),又兼顾这四个层面的陈述(跨越不同教育学取向之间的逻辑鸿沟)。三、教育价值观以马克思主义思想为指导,以制度化教育向终身教育转变为核心思想,而关于制度化教育的反思与终身教育的抉择都从我国国情出发作出判断。(金勇)

G000107 **教育家黄宗羲新论** 金林祥著。青海人民出版社1993年3月版。21.2万字。6.50元。关于黄宗羲教育思想与教育实践活动研究的学术专著。作者以历史唯物论和辩证唯物论为指导思想,运用历史和逻辑相结合的方法,对黄宗羲的身世、经历、学术渊源、讲学活动及藏书等作了详尽的考察;阐述了黄宗羲在甬上证人书院和海宁的教学生涯,不仅深化了黄宗羲教育活动的内容,而且有助于人们窥见明清之际浙东一带教育与学术的状况;论述了黄宗羲关于学术职能、培养目标、教学内容、教学论思想和师道观等教育思想,突出了他的教育思想的初步民主精神和近代科学思想,有助于人们进一步了解中国古代知识分子在社会制度变革中思想变迁的态势,以及中国传统教育向近代教育嬗变的初步轨迹。该书对黄宗羲教育思想体系和"公其非是于学校"等命题,作了富有新意阐释,丰富了中国古代关于学校职能的理论。其他如教学论思想方面,提出"学贵独创"、"学贵适用"、"力学致知";在关于教学论方面,强调"慎重师道",教师应"无玷清议",主张尊师和提高教师的社会地位等,无一不闪烁着启蒙思想大师的智慧之光,具有深刻的现实意义和深远的历史意义。(安海民)

G000108 **系统科学与教育** 查有梁著。人民教育出版社1993年3月版。32.6万字。8.00元。分4篇,第一篇,总论,包括系统科学原理、系统科学范畴和大教育观3章;第二篇,启发论,包括控制论与教育科学、信息论与教育科学和系统论与教育科学3章,分别从控制论、信息论、系统论等阐述了系统科学对教育的新的启发;第三篇,原理论,具体阐述了系统科学的教育原理,包括教育技术原理、教育美学原理、教育哲学原理 3 章；第四篇，教学论，较深入地论述了系统科学的教学论，包括教学原则论、教育方法论、教育模式论 3 章。（王莉）

G000109 **求索丛书** 钟启泉等编。陕西人民教育出版社 1993 年 4 月版。336 万字。10 册。75.75 元。在国家教委七五重点科研项目《战后国外教育思潮研究》和《国外现代教学论流派研究》成果的基础上扩展而成。（原名为《当代教育思潮》丛书）共 10 卷。囊括了教育理论的核心理论与前沿研究极其丰富的内容：有国际上最具代表意义的原苏联、美国、德国教学论流派研究；有国外课程改革透视，中国课程变革研究；有现代教育科学的最新进展，学校教育管理系统的分析研究；有我国当代中小学教育教学模式述评；有现代学科教育学论析，现代教学论基础研究等等。丛书力图把握战后教育科学的历史走向，向读者展示世界教育科学若干分支的新进展，尤其是教育科学和课程理论的新成果。在吸收国外先进的教育理论的同时，比照我国自己的教育发展的历史和现实，从现代教育科学理论的高度，对学校课程的沿革，教学论研究的基础理论以及若干有特色的中小学教改经验进行了概括和总结，力图为我国的教学和课程改革提供一点新的构想。丛书借鉴国外的教育理论，研究中国的教育现状，探索我国新时期教育改革的新思路，为建立有中国特色社会主义教育体系而筑基铺路。（廖广洲）

G000110 **马忠林数学教育论文集** 马忠林著。江苏教育出版社 1993 年 5 月版。27.5 万字。5.00 元。精选我国现代著名数学教育家马忠林众多论文、讲演稿和译文。涉及面广，有：改变班级授课的教学组织形式；改革现行数学教学方式；改革几何教学，解决学几何难的问题；我国古代数学家及其成就；加强师资培训和消除城乡教育差别；提倡电子计算机辅助教学；加速研究用结构（代数、顺序、拓扑）方法编写教材；提倡中外数学教育研究学术交流、取长补短促进我国数学教育理论发展等方面。《文集》最集中的论说精华在于打破“天资论”枷锁，拯救数学“弃儿”；加强师资培养，确保教师主导作用；根据我国国情，设计第三代教材；古为今用，洋为中用，丰富数学教育内容等事关重大的专题议论。因此《文集》高度反映了作者从事数学教育研究的卓越成果和为创建具有中国特色的数学教育学所作的努力。（何震邦）

G000111 **刘泽如教育文选** 刘泽如著。陕西师范大学出版社 1993 年 5 月版。23.5 万字。7.80 元（平），11.00 元（精）。从作者所著教育文章、手稿和读书札记中选编而成。分为教育理论、陕甘宁边区教育经验、政治思想教育、群众路线教育、高等师范教育、学校管理与领导、中国古代教育研究、工农教育与工农字汇 8 个部分。其基本思想可概括为 4 点：一、关于教育原理，主张“根据社会的发展去把握人的发展，根据人的发展去进行教育”，“社会怎样发展，人的知识和道德情感就怎样发展”，“人怎样发展，就怎样进行教育”。二、关于师范教育，坚持必须重视基础教育的根本观点，基础教育要发展，就必须先解决师资问题，办好师范教育。三、关于政治思想教育，指出必须以培养共产主义道德感情为核心。四、关于培养专业干部，认为训练干部也要分工，要挑选和培养专业干部，要纠正把马列主义的政治教育和文化知识对立起来的错误。还有对中国古代教育思想的研究，《〈中庸〉的人性论》批判地吸收了中国古代教育的精华，扬弃了它的糟粕。（韦建培）

G000112 **中国古代教育名言辞典** 胡相峰主编。湖南教育出版社 1993 年 7 月版。69 万字。19.80 元。从我国先秦至清末的 6 000 多种典籍中精选出教育名言 4 000 多条，按内容分为诡教、教法、治学、师道、人才、育德、益智、健体、家教 9 大类，大类下又细分 102 个小类。每条教育名言列出原文、注名出处，并将原文译成现代语。原文以直译为主，辅以意译，对一些比喻性的原文，译文尽量写明教育方面的含义，原文中的生僻字均有注音。所选教育名言，尤以育德和治学方面的内容较为丰富，体现了我国传统教育的特点。（孟可文）

G000113 **教育政治学** 成有信等著。江苏教育出版社 1993 年 7 月版。26.3 万字。7.05 元。收入“当代教育新理论丛书”。教育政治学是以对社会政治的科学认识为依据，运用政治学的理论和方法，探讨教育和政治之间的相互关系，研究教育中的政治问题的一门科学。本书着重研究教育和政治的一般关系问题，包括：现代教育和现代政治的关系；现代资本主义教育和现代资本主义政治的关系；现代社会主义教育和现代社会主义政治的关系；具有中国特色的现代社会主义教育和具有中国特色的现代社会主义政治的关系问题。该书强调：一、政治对教育有强烈的影响和制约作用。首先，政治通过各种社会关系调节教育和社会各个方面的联系，以法律和政策的形式确立教育在社会中的地位以及它和社会其他方面的相互关系；其次，政治制约整个教育的政治方向，因而制约着教育目的的相应方面和教育制度的相应方面;再次,政治制约着受教育者的政治思想方向,因而制约着教育内容的有关方面和某些教育方式;第四,政治制约着社会所需要的政治人才的整个培养工作。二、教育对政治也有巨大的制约作用。首先,由政治所制约的教育,通过使人政治化而达到社会政治化,达到社会稳定,从而为政治服务。其次,通过教育为统治阶级培养人才,并为统治阶级服务,没有教育一事无成。(赵德水)

G000114 **教书育人导论** 唐宗焕主编。西北工业大学出版社 1993 年 7 月版。18.3 万字。5.80 元。在国内已有研究成果的基础上,以高等教育原理为指导,通过较系统、深入的研究,并总结西北工业大学等高校的教书育人经验,写成了该专著。书中从理论与实践的结合上,对社会主义高等学校教书育人的地位与作用、本质与特征、内涵与外延、任务与内容、途径与方法、主体与对象、管理体制与制度等方面作了较全面、系统和深入的阐述。(杨乃成)

G000115 **中华教育思想研究** 朱永新著。江苏教育出版社 1993 年 8 月版。73 万字。13.85 元。专著。分古代、近现代和当代 3 卷,系统地研究了中华教育思想的起源与发展、中华教育思想的文化土壤与基本理论,探讨了各个历史时期的教育思想主题与具体内容。古代卷侧重研究古代德育观、教学论、教师说、读书法以及书院、科举、蒙学等教育思想;近现代卷侧重分析了中西教育思想的会通与融合,中国近代教育思想的确立,以及洋务教育、维新教育、个性教育、生活教育、乡村教育、平民教育、解放区的革命教育思想;当代卷在反思建国以来教育发展的经验与教训的同时,具体探讨了共和国领袖的教育思想,当代中国的德育、教育学,教育的改革与发展,并对 21 世纪中国教育科学的走向作了预测。(孙峪峨)

G000116 **教育统计与测量** 刘存侠、高安民主编。陕西师范大学出版社 1993 年 8 月版。18.6万字。4.90 元。教育统计、测量与评价是当代教育科学研究的 3 大领域。教育测量是获得有用数据的途径,教育统计为测量提供了分析的方法和工具,教育评价的宗旨在于衡量教育效果的优劣。教育测量是教育评价赖以进行的可靠依据,三者关系密切。本书将这三方面的内容有机地结合,组成一套完整的结构体系。书中详细探讨了教育统计、测量与评价的发展历史、研究对象和内容;全面介绍了这 3 大领域中涉及的基本原理和实用方法;研究了教育统计、测量与评价的许多定量化标准,并通过大量教育工作中的实例来说明概念、公式及各种测量、评价标准的意义、作用及具体应用。(杨雪玲)

G000117 **发现美的眼睛丛书** 杨辛、李范主编。希望出版社 1993 年 8 月版。87.4 万字。12 册。46.85 元。对青少年进行美的教育丛书,包括自然美、社会美、艺术美三方面内容。比较系统地介绍了怎样接受自然美、社会美、艺术美的具体的美的形式和抽象的美的内涵,其中介绍了许多欣赏美的方法,也就是审美的方法,具有很强的审美实践的指导性。(杨建云)

G000118 **中国近代教育思潮研究** 吴洪成著。西南师范大学出版社 1993 年 10 月版。29.5 万字。7.50 元。以清末明初中国历史阶段的演进嬗变为基本线索,系统深入地论述了从鸦片战争列强入侵中国开始,到本世纪二、三十年代的近一百年间中国出现的各种教育思潮。分析了中国近代教育思潮形成的背景特色;论述了清末民初军国民教育、实业教育、国民教育三大思潮的产生演变及实质、作用;研究了“五四”时期平民教育、实用主义教育、科学教育、职业教育、教育独立等思潮的产生演变、特点、历史地位、影响;对“五四”运动后到本世纪二、三十年代的乡村教育、国家主义教育思潮进行了深入剖析;对中国近代教育思潮的基本特征、规律及其历史价值和现实意义进行总结概括。(徐兴旺)

G000119 **当代外国教育思想研究** 毕淑芝、王义高主编。人民教育出版社 1993 年 11 月版。35.8 万字。11.30 元。系统深入地研究了对当今世界各国教育产生重大影响的不同流派的教育思想和教育理论。它们是前苏联的苏霍姆林斯基的学生全面和谐发展理论、赞科夫的发展性教学理论、达维多夫的学习活动理论、马赫穆托夫的问题教学理论、巴班斯基的教学过程最优化理论、阿莫纳什维利等人的本来意义上的“合作教育学”,美国斯金纳的新行为主义教学理论、布鲁姆的掌握学习理论、艾德蒙兹的有效学校理论,英国皮特斯等人的自由教育思想和分析哲学理论,德国布雷岑卡的科学主义教育学,法国布尔迪约的文化资本再生产理论。前苏联的 6 种教育理论分别在方法论上,在学生全面发展的理论上,在教学理论上作出了贡献,并在教育实验方面给人以启迪。本书揭示了欧美教育思想发展中所体现的以下特点:一、各个流派的出现都受到社会因素和科技因素的驱使;二、西方教育理论都有一个为主的社会思潮作为其方法论基础;三、各种教育思想理论,按哲学思潮分不是属于人本主义流派，就是属于科学主义流派；四、无论哪个教育流派，都无法克服资本主义社会及其教育所固有的矛盾；五、各种流派，都未摆脱唯心主义和形而上学的束缚，因此使其科学性和可应用性受到影响；六、每一种流派的思想和理论中都含有一定的合理成分，可供别国借鉴。本书把当代西方教育思想与前苏联的教育思想进行了横向综合考察，展示了二者之间呈现出的激烈竞争、相互促进、彼此呼应、渗透、吸收、借鉴的国际化图景。（诸惠芳）

G000120 **雷沛鸿文集（续编）** 韦善美、马清和编。广西教育出版社 1993 年 12 月版。46 万字。11.50 元。“雷沛鸿文集丛书”之一。介绍雷氏新型民族教育体系的理论与实践，对“文集”（上、下册）内容进行补充，分为 6 大部分：政治经济文化、宏观教育、初等教育、中等教育、高等教育、附录。共收入雷沛鸿的论文、讲话 113 篇。附录是广西省政府的 10 项教育法规或规章，为雷氏起草或主持起草。（马宏兰）

教学理论

G000121 **教学艺术论** 张武升著。上海教育出版社 1993 年 3 月版。20.3 万字。5.45 元。探讨教学艺术问题的专著。全书 13 章。大致可分为教学艺术的基本理论和教学艺术的具体表现及其应用两大部分。前者分别研究教学艺术的本质，教学艺术与教学科学的区别、联系，教学艺术的类型、特点、功能，教学艺术的生理学、心理学、美学、教育学基础，教育艺术的各种法则（如形式与内容的统一、和谐与奇异的统一、情感与理智的统一、直觉与逻辑的统一等），教学艺术创造的条件，教学艺术的个性化及风格的形成等等。后者研究教学中的各种艺术，如教学的语言与非语言艺术，板书的艺术，教学过程中沟通、问答、衔接的艺术，教学中的幽默、机智，组织与管理的艺术等。作者一方面注意吸收国内外有关教学艺术的最新研究成果，使研究建立在文献分析的基础上，另一方面吸收了优秀教师的教学经验，来归纳、论证教学艺术的理论、方法，像斯霞、霍懋征、于漪、李吉林、魏书生等著名优秀教师教学艺术的成功范例，书中均有充分反映。（张文忠）

G000122 **教学原则今论** 张楚廷著。湖南师范大学出版社 1993 年 5 月版。24.6 万字。7.50 元（平），8.50 元（精）。教育科学学术专著。分 11 章。第一、二章，概述教学原则研究的历史，并对以往的教学原则体系及某些条文作了较为详细的评说；第三、四章，论述了与教学原则研究相关的教学论范畴及其相互联系，提出了制定教学原则的 4 条基本标准；第五—十章，分别介绍了与现行教学原则基本不同的新原则，即：智力培养与心力发展相结合、知识传授与能力培养相结合、思维训练与操作训练相结合、收敛思维训练与发散思维训练相结合、深入与浅出相结合、教师主导作用与学生主体作用相结合等，并且逐条作了阐述。第十一章，对本书所提出的教学原则体系作了综合性论述，对这一体系的结构及其自身的科学性作了分析。（黄林）

G000123 **惑论** 副名：教学过程中认知发展突变论。张诗亚著。西南师范大学出版社 1993 年 5 月版。23.5 万字。7.80 元。在人类的认知发展中，除了随年龄增长和知识增进的循序渐进式的发展之外，还有一种非同寻常的突变跃迁式的发展，本书即研究这种被作者称之为“认知发展突变”的认识方式。作者通过对“惑”的剖析，提出了“以惑为诱”，实现认知飞跃式突变的发展论。在界说了惑，分析了惑的心理基础、哲学基础、性质和类型，论说了惑与信息的关系，探讨了以惑为诱的教学论之后，作者认为：“惑是认识主体在其生长过程中，因与自然界和他人的相互作用，所表现出来的认识结构中的、已有阐释系统紊乱而新的阐释系统尚未建立的一种过渡状态的心理活动现象。”这种心理现象是人的认识过程中不可避免的，人人都会有惑。如何将这种惑变为认知发展的动力资源？为此，作者大胆突破人的学习发展方面只重视循序渐进式的量变发展模式，提出了渐进与跃迁、量变与质变互补的思想，并在此基础上设计了可用于实践操作的教学模式，从理论的研究，深入到实践的探讨。这对如何变认知发展的障碍为发展的新资源，具有普遍意义。“以惑为诱”的设计，将带来认识上的飞跃，对认知活动产生新的影响。（李远毅）

G000124 **经典教学方法荟萃** 默耕主编。福建教育出版社 1993 年 9 月版。30 万字。10.50 元（平），14.50 元（精）。精选古今中外经典性的教学方法 167 种。每一种教学方法，都有一段释文（含释义、首创者、理论依据、实用价值、使用导向等），而且都附有成功地使用这种方法的典型教例（每一种方法至少附 1 则教例，多的竟达 10 则）。全书拥有小学、中学和中等专业学校开设的政治、语文、数学、物理、化学、外语、生物、历史、地理、体育、音乐、美术等学科教例计 263 则，可资读者学习、研究和仿效。（周少

英)

G000125 **现代教学论** 刘克兰主编。西南师范大学出版社1993年9月版。31万字。13.80元。以辩证唯物主义和历史唯物主义为指导，紧密联系我国中小学教学实际，对中小学教学改革的方向和作法提出了一些切实可行的建议。(郑邀)

G000126 **当代中国教学风格论** 张武升著。江西教育出版社1993年11月版。36万字。8.80元。系统研究和阐述了当代中国教学风格的理论与实践问题。分3部分，共13章。第一部分包括第一章"当代中国教学风格概览"，第二章"当代中国教学风格的历史渊源"，第三章"教学风格的本质"，第四章"教学风格的类型"，第五章"教学风格的形成与发展"，第六章"教学风格的心理因素分析"，第七章"教学风格的社会因素分析"，第八章"教学风格的评价"，第九章"教学风格的传播学分析"；第二部分即第十章"学习和创造教学风格的基本方法"。这十章中运用现代社会学、心理学、传播学的理论及方法把深奥枯燥的教学理论条分缕析，论述得深入浅出、透彻明白，易于理解和接受。第三部分中的第十一章"小学教学风格的个案分析"(丁有宽、李吉林、李鉴蕙)，第十二章"中学教学风格的个案分析"(于漪、魏书生、王连笑)，第十三章"大学教学风格的个案分析"(苏步青、吴咏诗、瞿葆奎)。这3章通过对全国闻名的大、中、小学中著名教学艺术家的教学风格进行个案分析来印证前面10章中的理论，使大、中、小学第一线的教师能借以指导自己的教学改革和教学风格实践。(刘年珍)

G000127 **导思点拨法** "导思点拨法"研究组编著。接力出版社1993年11月版。17万字。4.50元。导思点拨法是在授予最基本的知识和技能基础上，以"思"为核心，组织各项教学活动，鼓励学生自学探求，相机给以适时适度的指点引导，有效地培养学生的良好品德，训练学生的思维，发展学生智能的一种教学方法。1987年开始实验，1993年12月通过了广西教育科学规划领导小组组织的专家鉴定。本书由理论文章、经验心得、教案举例3大部分组成，其中收集了理论文章10篇，经验心得文章15篇，教案举例19篇。系统地阐述了导思点拨法的有关理论，及其课堂教学的基本结构：激学导思——引议释疑——点拨提高——精练强化，以及在教学过程中"导、引、点"与"思、议、练"的教学双边活动，并提供了较好的教学实例。(韦建成)

世界各国教育事业

G000128 **戊戌时期教育** 汤志钧、陈祖恩编。上海教育出版社1993年1月版。25.4万字。9.15元。"中国近代教育史资料汇编"之一种。主要收集戊戌变法时期，亦即1895年至1901年间有关教育改革等方面资料。除搜辑甲午战后改革教育的主要言论、戊戌时期的教育改革等有关资料外，并将当时围绕废科举、兴学校的新旧教育思想斗争的资料专列一章。鉴于戊戌时期一些维新志士在各地创设学会，尽管它的性质和学校不尽相同，但他们有的重在启蒙教育，有的讲求一门或数门社会学说或自然科学，是研究这一时期教育的不可缺少的一部分，故特设专章，并列表说明。至于戊戌时期除京师大学堂终告成立外，北京、上海、江苏、浙江、湖南、广东、江西等地也创办了不少新的学堂，故辑附其中较为重要的资料。此外，维新派和旅日一些华侨，还在日本横滨、东京、神户设立学校，新加坡也议设女学堂，在海外有一定影响，也一并辑录。(薛培华)

G000129 **义务教育的理论与实践探索** 邵宗杰主编。浙江教育出版社1993年2月1版。24.6万字。4.25元。收入"教育改革的理论与实践丛书"。融学术性、应用性、普及性为一体的义务教育研究专著。系统介绍与论述了国内外义务教育的历史、现状和有关理论，并从我国的国情和当前教育改革的实践出发，阐述了义务教育的性质、目的、特点、功能、意义，探讨了义务教育的课程、立法、规划、经费、师资、督导、宏观与微观管理等一系列重大政策问题和理论问题，对创建具有中国特色和时代特色的义务教育理论体系和实践模式进行了有益的尝试。(余龙文)

G000130 **日本教育发展战略** 梁忠义主编。吉林教育出版社1993年3月版。38万字。11.00元。日本自1868年明治维新开始走向资本主义现代化以来已有126年的历史，其教育在这一历史进程中经历了不同的发展阶段，对社会经济的发展也发挥了相应的作用。该书以丰富详实的资料为基础，对日本教育在这百余年的主要发展阶段的发展战略，进行了客观系统、全面辩证的评述，对于我们了解日本教育的历史与现状、成就与问题、经验与教训是很有意义的。主要内容有：明治时期教育改革的历史背景和教育基础，明治时期教育改革的战略目标、指导思想和战略措施；战后教育改革的历史背景和教育基础，战后教育改革的战略目标、指导思想和战略措施；经济高速增长时期的教育发展的社会背景、战略目标、指导思想和战略措施；80年代的教育改革的主要背景、战略目标、指导思想和基本原则，以及80年代教育改革的战略措施与当前动向。（郑长利）

G000131 **辽金元教育史** 程方平著。重庆出版社1993年4月版。26.1万字。8.25元。中国教育史断代研究专著。运用辩证唯物主义和历史唯物主义的观点，就辽金元这一特殊历史时期的契丹、女真、蒙古3个少数民族对祖国文化教育的历史贡献作了全面分析，其中，涉及文教政策、学校制度、教育机构、管理体制、科技教育、教育家及其教育思想、社会历史状况、民族传统、民族习俗、民族语言文字、宗教等，并就教育对当时文化发展的直接影响，对理学的传播，科学知识的交流与普及，社会组织的重建与改造，对提高少数民族素质，促进北方游牧民族文化与中原农业文化的协调进步等，作了深入的论述，揭示了这一历史时期文化教育发展的主要脉络。在研究方法上，也作了大胆的尝试，突破传统研究的樊篱，将文化史、民族史、科技史、宗教史等学科的新成果引进教育科研，诸如“第二次南北朝”思想、“理学发展的连续性”思想、佛教思想的再评价，等等。书末附有“教育人名志”。收录了辽金元时期教育人士268人（包括教育家、思想家、政治家、文学家、艺术家），就其生平及教育思想作了扼要介绍，从不同视角、不同层面反映当时的教育水平，充实和扩展了正文内容。（赖培杰）

G000132 **黑龙江省朝鲜族教育史** 崔范洙等编。东北朝鲜民族教育出版社1993年5月版。32.9万字。10.00元。科学、系统地总结黑龙江省朝鲜族教育百年史。运用马克思主义民族理论和历史唯物论的观点，阐述了黑龙江省朝鲜族教育的发展史，总结其实践经验和教训，力求展示其发展规律。内容包括：“九一八”事变前的黑龙江朝鲜族教育和日伪统治时期、解放战争时期、建国后十七年、“文革”时期、新的历史发展时期的教育等。（韩明雄）

G000133 **中国女子教育史** 雷良波等著。武汉出版社1993年5月版。30万字。15.00元。从政治、经济、文化等各方面第一次全面系统地考察了上自远古下至抗日战争前几千年中国妇女的教育状况，深入揭示了男子教育与女子教育极度不平等的社会根源，强烈批判了封建制度下中国妇女的痛苦人生，揭露了被“吃人”的社会所泯灭的妇女的人性，指明了妇女解放的道路。（周雁翎）

G000134 **中国近代学制史料（第四辑）** 朱有瓛、高时良编。华东师范大学出版社1993年6月版。69万字。12.70元（平），15.55元（精）。“中国近代学制史料”（全套四辑）中的一辑，内容为有关中国近代教会学校的史料。编辑本辑的目的，在于给广大教育科学工作者及史学界提供分析研究西方资本主义国家在华进行文化教育侵略活动，和教会学校客观上对近代中国学制和学校产生及发展所起作用的参考资料。选材范围上自1818年马六甲英华书院创立，下讫本世纪20年代在收回教育权运动推动下，中国政府建立对教会学校的管理体制，和教会学校办理注册立案为止。由于外国教会在华办学的主观动机和客观效果的不一致，长期以来中外人士对中国教会学校教育存在着不同的看法；在不同的历史时期，其表述的指导思想和方法上亦有畸重畸轻的情况出现。为了全面客观地反映历史，本辑对正反两方面的记载，采取兼收并蓄的原则，以便研究者运用辩证唯物主义和历史唯物主义的立场、观点、方法，对教会学校教育作出实事求是的历史评价。（翁春敏）

G000135 **中日教育关系史** 王桂主编。山东教育出版社1993年6月版。47.9万字。18.45元。共8章，系统论述了先秦及汉魏晋南北朝时期，隋唐时期，五代、宋、元时期，明、清时代中日两国的关系及两国间的文化教育交流产生和演变的全部过程。客观分析了清末中日教育关系的变化、民国时期中日教育关系的恶化以及中国近代留日学生与中日文化教育交流的关系和日本教习在中国的教育活动。深入探讨了两千多年来中日两国间教育思想和教育制度交流情况以及与教育交流相关的文化（宗教）交流与国家关系。作者本着历史唯物主义和辩证唯物主义的原则，全面、客观地勾画了中日教育关系史的全貌。（臧伟）

G000136 **中国教育大事典（1949—1990）** 刘英杰主编。浙江教育出版社1993年6月版。262万字。2册。96.00元。反映中国教育事业发展历史的大型资料工具书，为研究建设有中国特色的社会主义教育体系的工作，提供了丰富资料。在编写上有两个显著特点：一是以类为纲，以事为目，以年为序，以述为本。按照教育事业的领导管理范围，分为总类、基础教育、高等教育、职业教育、成人教育、师范教育、民族教育和华侨教育8卷，分列1 500多个条目，包揽了教育事业的各个方面。（余龙文）

G000137 **集美学村八十年校史** 周日升编著。鹭江出版社1993年7月版。27.4万字。19.80

元。分8编记叙了1913—1993年集美各校的创办、发展、内迁及恢复和改革发展各时期的情况。爱国华侨陈嘉庚于1913年创办集美小学后,陆续创办了12所学校及为教学和生活服务的配套设施。中华人民共和国成立后,集美各校得到了发展,创办了华侨补校、水产学院、体育学院等。集美学校已发展成为包括学前教育、初等教育、中等教育和高等教育等层次齐全、门类多样、规模宏大、设备较为完善的新学校。(余丽珍)

G000138 **未来与教育** 副名:纪念邓小平同志"三个面向"题词十周年。中共中央文献研究室编。人民教育出版社1993年9月版。11.7万字。8.30元。辑录国内20多位学术界和教育界知名人士为纪念邓小平"三个面向"题词十周年撰写的文章。这些文章从不同角度探讨了"三个面向"对我国教育发展及教育体制改革的战略指导意义,并论述了教育如何遵循"三个面向"的原则进行教学体制、教学内容、学校课程与教材等诸方面的改革,以培养面向21世纪的、符合我国现代化建设需要的栋梁之材。(丁朝蓬)

G000139 **走向未来的学校** 副名:中小学教育模式探讨。恽昭世主编。人民教育出版社1993年9月版。26万字。9.00元。全面系统地介绍了上海市实验学校十几年来教育实践工作者和理论研究工作者的实践智慧和理论思考。反映了上海市实验学校所开展的实验"缩短学制"、"充分、早期、合理地开发儿童智慧潜力"这一鲜明特色,既有实验所取得的实际成效,又有理论上的概括和突破;既有翔实的资料描述,又有严谨的理论论证,充分体现教育实验既是一种教育性的科研活动,又是研究性的教育实践活动的特征。(任长松)

G000140 **战后日本教育研究** 梁忠义编著。江西教育出版社1993年10月版。37万字。8.50元。"战后国际教育研究丛书"之一。日本如何从一个"资源小国"一跃而成为"经济大国",其中教育扮演了一个举足轻重的角色,高超的教育程度成了日本战后复兴的巨大力量。鉴于此,作者对日本教育改革战后的幼儿教育、中小学教育、高等教育、职业技术教育、教育财政、教师教育与教育科研等方面进行了全面探讨,为中国教育体制改革、建设有特色的社会主义教育体系、教育的现代化提供了有益的启示。(刘景琳)

G000141 **传统文化影响下的台湾教育** 黄新宪主编。福建教育出版社1993年12月版。26万字。9.00元。收入"台湾教育研究丛书"。从宏观和微观相结合的角度对传统文化与台湾教育之间的双向交流和沟通进行较系统的研究。共13章。第一章研究传统文化与台湾教育关系的历史演变,主要探讨传统文化影响下的台湾早期教育,清代台湾书院对传统文化的移植、日据时期殖民统治对传统文化教育的摧残以及光复以来台湾教育文化的流变。第二章研究儒学与"行"的教育,探讨了"行的教育"的思想渊源及对儒学思想的传承。第三章研究人格主义与"伦理教育",主要探讨"伦理教育"的政治文化背景、内涵及实施,以及从传统形态向现实形态演变中的人格主义。第四章研究传统文化与"民族精神"教育,探讨了"民族精神"教育思想的源流、文化深层结构的变化,"民族精神"体系的建立与传统文化的传递。第五章研究当代新儒家与台湾教育,研究新儒学对传统人文精神的追求,对台湾教育发展走向的确认以及对台湾教育的潜在影响。第六章研究台湾学界对道家教育思想现代转化的探讨。第七章研究台湾教师群体与传统文化的弘扬的主客观条件、途径及其面临的挑战。第八章研究传统文化影响下的台湾国文教育的特色、文化背景及其改革。第九章研究传统文化在台湾大学联考中的印记及新制联考的改革趋向。第十章研究了传统文化与台湾学界的"反出国主义"思潮。第十一章研究文化扎根与台湾的社会教育的价值取向及其评价和展望。第十二章研究文化变迁与台湾的家庭教育。第十三章研究传统文化负面对台湾教育的影响。(朱平)

G000142 **战后法国教育研究** 邢克超编著。江西教育出版社1993年12月版。30万字。7.70元。"战后国际教育研究丛书"之一。法国教育历史悠久,颇具特色,历来是比较教育研究的主要对象之一。作者对法国战后50年教育进行了全面的清理,并分教育思潮、教育行政与管理、普通教育、高等教育、职业技术教育、成人教育、师范教育等专章来具体剖析,并对中法两国教育历史与现状进行了详尽的比较研究。(刘景琳)

G000143 **甘宁青民族教育史简编** 朱解琳编。青海人民出版社1993年12月版。35.7万字。10.60元。较全面、系统地论述甘宁青民族教育史的学术专著。作者以辩证唯物主义和历史唯物主义为指针,经过近10年的研究,对甘宁青地区的少数民族的民俗教育、科技教育、艺术教育、民族教育、寺院(经堂)教育、近现代民族教育及历史上著名的民族宗教人士的教育活动作了客观的阐述,反映了本地

区民族教育的特点，探讨了民族教育发展的规律，为民族教育事业的发展起到借鉴作用。（安海民）

G000144 **藏族教育的改革与发展** 夏铸等著。青海人民出版社 1993 年 12 月版。24.7 万字。5.00 元(平)，9.00 元(精)。藏族教育从新中国诞生以来，在党和政府的关怀重视下，已取得了历史性的进步。藏族教育作为我国社会主义教育的组成部分，虽有着基本的共性，但它又有着自身的特殊性。由于历史的、地理的、经济的、社会的原因，藏族教育目前仍在全国教育中处于后进的位置。因此，研究和探索藏族教育的规律，加快改革和发展的步伐，使藏族教育尽快适应藏族地区社会主义现代化建设的需要，更好地为当地经济建设和实现人民富裕幸福的生活服务，已成为从事藏族教育科研教学工作者面临的紧迫任务，这也是本书研究阐述的主旨。作者深入广大藏区进行调查研究，从藏族整体出发，用理论联系实际的方法，对藏族传统的经院教育进行科学分析，对解放以来藏族教育的主要经验进行了全面总结，对藏族教育的整体改革、发展方向、教育体系、基础教育、职业技术教育、成人教育、高等教育、师范教育、双语教学、德育、经费、师资、教材、领导班子等问题，提出了改革与发展的思路、对策与建议。书中明确指出藏族教育的重点在基础教育，难点在牧区教育。全书分 17 章，书末附有专家鉴定委员会本课题成果的鉴定意见。（李声）

G000145 **教育行政机构及教育团体** 朱有瓛等编。上海教育出版社 1993 年 12 月版。52.3 万字。20.00 元。"中国近代教育史资料汇编"之一。分甲、乙两编。甲编"教育行政机构"分述清末教育行政机构、民国初年教育行政机构等内容。乙编"教育团体"分述中央、省、县教育会，教育部主持设立的教育团体，民间教育团体，在华基督教教育团体。其中教育行政机构按清末和民国初年两个阶段排列；教育团体不分阶段，教育会分级排列，其他教育团体按成立时间的先后依次排列。所选资料的时限从 1902 年至 1922 年，但在华基督教教育团体不受此时限的限制。每一主要内容文后均附有关资料，以备查考。书中所有资料，均进行必要的补充、核对、校勘、考订，重新整理编辑。（薛培华）

G000146 **中国近代教育史资料汇编** 陈元晖主编。上海教育出版社 1993 年起陆续出版。10 册。教育史资料。主要采取以"专题为纲，年代为目"的原则，分学制演变、教育行政机构及教育团体、留学教育、高等教育、普通教育、实业教育/师范教育、教育思想等分册；鉴于中国近代公学制公布于 1902 年，为了反映 1902 年以前中国近代教育发生的变革，按"年代为纲、专题为目"的原则，分别辑录了鸦片战争时期、洋务运动时期、戊戌变法时期的教育等分册。在收集资料、反映情况和说明问题时，力求做到全面而不滥，丰富而不芜杂，尽可能体现大事突出，要事不漏。注意正确处理各种关系：即资料既反映概貌，又应注意选择典型，除汇辑教育诏谕、奏议、法令、规程外，还收集有关教育设施、教育实际活动的资料；除着重选辑正面资料外，同时也适当辑录一些反面资料；对过去中国近代教育史资料书中的一些空白部分，则设法加以补充；对一些薄弱环节，力求能够突破。（薛培华）

各级教育

G000147 **高级中学选修课教材** 人民教育出版社中学数学室编。人民教育出版社 1992 年 7 月—1993 年 11 月版。47.7 万字。11.60 元。共 4 册。包括：《一元二次函数与一元二次方程》、《简易逻辑与平面向量》、《数学实用问题(上册)》、《数学实用问题(下册)》。（康合太）

G000148 **高级中学课本中国近代现代史(必修)** 王宏志、李隆庚主编。人民教育出版社 1992 年—1993 年版。35 万字。2 册。根据江泽民关于对大中小学生进行爱国主义教育、中国近代现代史教育和国情教育的指示精神，按照人民教育出版社报送国家教委的高中中国近代现代史教材的编写提纲编写。课本内容自 1840 年鸦片战争开始，迄于 20 世纪 90 年代初，供高二年级学生使用。课本注意对学生的素质教育。它与九年义务教育初中历史教材课本内容相衔接，但又有明显的加深和提高。同以往的高中课本相比，增加了共和国史部分和经济史、文化科技史部分的内容。尤其注意思想教育和能力培养。课本为章节体，每章有引言，介绍与本章有关的国内外形势和本章的特点，以拓宽学生视野，加深对内容的理解。课文分大小字，大字部分属于必修内容，是对学生的基本要求；小字部分是阅读内容，对学生不作统一的要求，故有相当的弹性，能适应不同地区不同水平学校的教学要求。课本配有各种文物图、历史地图和表格近 400 幅。还安排了相当数量的文献资料、思考题和练习题。（李隆庚）

G000149 **中学思想政治课教学法** 张文鉴主编。华中师范大学出版社 1993 年版。19.5 万字。

4.30元。国家教委师范司组编的全国师专通用教材之一，由4论10章组成，即绪论(第一章)、总论(第二—四章)、方法论(第五—九章)、师资论(第十章)。所述内容，理论联系实际，贯彻了中共中央《关于改革学校思想品德和政治理论课程教学的通知》和党的十四届四中全会关于加强思想政治工作的精神，既反映了现代教学论的发展，又有现代教学的新论，对中学思想政治课教学实践及其改革具有指导意义。本书面向师专，编写坚持了师专的标准，即严格依据师专培养初中政治教师的目标与规格，阐发教学理论与具体教学方法，对本学科的研究对象与任务、政治课的性质、地位与任务、课程分析、教法运用、学法指导等作了精当的叙述，并附有阅读材料，可操作性强。(李良明)

G000150　**高校德育理论与实践丛书**　李昭公、王殿卿等编。四川教育出版社1993年版。48万字。19.70元。以高校德育和思想政治工作的实践经验为基础，以新时期高校德育面临的重大课题为重点，选择研究的课题有：基础理论研究，应用课题研究，政策法规研究，实践经验总结，党的领导人有关论述研究，继承我国优秀德育传统研究，借鉴外国先进经验的比较研究，队伍建设研究等。已出版的书有《新编大学德育学》，《当代世界政治经济纵横》。这套丛书原定20本，目前只出了两本。(连真然)

G000151　**学校队列队形教学**　梁玉等编。北京教育出版社1993年1月版。20万字。6.50元。收入“北京教育丛书”。著者是有丰富教学经验的老师。他们根据多年体育课教学的经验，总结了一套行之有效的学校队列队形教学方法。(郇云泰)

G000153　**育儿秘诀**　林素华、夏天著。接力出版社1993年1月版。10.7万字。3.00元。包括发育、喂养、智力培养、防病治病、体能训练、防止意外事故6项268题，以问答的形式阐述了胎儿期、新生儿期、婴儿期、幼儿期、学龄前期、学龄期各阶段儿童生长发育的特征及注意事项，附有《婴幼儿洗澡步骤图》、《婴幼儿体操》、《幼儿竹竿操》、《婴幼儿每天所需要的营养素》、《牛奶调配表》、《3—6岁儿童每日膳食安排参照表》、《预防接种时间表》、《北京等九城市正常儿童体格发育衡量数据表》等图表，为年轻父母、保教人员提供实用的理论依据。(莫宁)

G000154　**学前儿童语言教育**　赵寄石、楼必生主编。人民教育出版社1993年1月版。22.8万字。8.40元。根据国家教委颁发的《幼儿园工作规程》的精神，在幼儿教育改革的基础上，在南京师范大学学前教育专业多年教学和科学研究实践的基础上编写而成。共12章，第一至五章主要阐述了语言、社会和儿童的关系；语言系统的结构和语言的社会功能；儿童语言发展的规律及其特点。第六至十章论述了学前儿童语言教育构成的整体框架，揭示了各部分之间的关系及相互作用，提出了语言教育目标、选择语言教育内容、组织语言教育活动、评价语言教育效果的具体内容和方法。第十一、十二两章介绍了学前儿童语言障碍与语言矫治，以及国外对学前儿童语言教育的研究趋向。(李淑玲)

G000155　**石井博士幼儿能力开发法**　副名：石井式认字教育法理论与实务。石井勋著。刘美仔译。远方出版社1993年1月版。7.5万字。3.00元。幼儿识字教育法理论著作。介绍了幼儿认字教育的方法、汉字的特性、汉字的结构、如何教育孩子认汉字、汉字系统认字法、具体的认字教学法；阐述了幼儿的认字教育对幼儿智力开发的重要意义。作者根据汉字教育的经验，高度评价了东方之汉字，认为不久的将来，人类在充分运用本民族口语的同时，汉字将成为真正的科学的国际通用书面语言。把过去认为汉字是科学的，但学起来比拼音文字有难度的观点转变为汉字不仅是科学的，而且是容易学的。提出汉字的模式教育——石井式认字教育，这是开发人的潜能的重要方法之一，也是对汉字教育的重要贡献。但是，从丰富多彩的汉字语言对人类科学系统完整的教育来讲，本书还缺乏完整的系统的理论论证。本书作者石井勋是日本教育学博士，著名学者。(奇泽华)

G000156　**大苹果**　丁晓玲、胡基明等编。浙江少年儿童出版社1993年1月版。144幅。6.90元。收入“幼儿智力世界婴儿版丛书”，供1—3岁的婴儿及家长阅读。共6本。每本设有6个栏目：婴儿听看认、婴儿体能练习、婴儿认识世界、动小手、育婴知识、婴儿韵律练习。(彭雁飞)

G000157　**思维训练故事园(小、中、大班)**　李忠忱编。北京少年儿童出版社1993年2月版。6印张。3册。2.10元。以有序地训练幼儿思维为目的，改变传统故事读物笼统地讲故事的方法，将科学的思维方法蕴含在有趣的故事中，由浅入深，循序渐进地编排，使故事教育科学化。(徐莉萍)

G000158　**小学教育学**　朱作仁、盛群力等编著。江西教育出版社1993年2月版。48万字。22.00元。全书分为：小学教育的性质、小学生身心发展、小学教师、小学德育、小学智育、小学体育、小学美育、小学劳动教育、小学课程论、小学教学过程、小学教学方法、小学教学组织形式、小学学业成绩测量、小学教学评价、小学生个别差异与因材施教、小学生的学习积极性与学习方法、小学班主任工作、小学生日常行为习惯的培养与管理、小学少先队活动与校外活动、小学教育科学研究等 20 章。(何式仪)

G000159 **面向未来的大学生** 石斌主编。内蒙古人民出版社 1993 年 2 月版。3.15 元。研讨当代中国大学生的历史使命,分析当代大学生的特点,探寻大学生成才的方向与途径。全书分 4 编 14 章。第一编"时代、国情与当代大学生",展现出风云变幻的国际形势和国内波澜壮阔的改革大潮,指出积极向上是我国世纪交叉点上的大学生的主旋律;第二编"现代化、未来与当代大学生",描绘出一幅历史与未来的画卷,大学生要担当起责无旁贷的历史重任;第三编"挑战、机遇与当代大学生",大学生要克服自身弱点,开创一派新天地;第四编"校园、社会与当代大学生",改善社会大环境,加快改革开放步伐,当代大学生不辱使命,做出比他们的先辈更加辉煌的业绩。收入"跨世纪人才论丛"。(陈锦安)

G000160 **最佳策略** 熊斌编著。上海科技教育出版社 1993 年 2 月版。8.4 万字。2.65 元。中学数学竞赛辅导读物。从数学竞赛培训的角度,对有关最优策略问题作了浅近的介绍。内容有两人策略:由游戏引出的堆物策略,由哥尼斯堡七桥问题引出的图与策略,齐土赛马问题引出的矩阵对策初步;一人对策,如十五马游戏,哈密顿问题;最佳策略——在条件限制下,如何选取最佳方案以获得最有利的结果,以及在解有关数学竞赛题时这些策略的应用。(洪如蕙)

G000161 **写字(九年义务教育六年制小学课本)** 经如宝等编。上海书画出版社 1993 年 2 月版。约 300 幅。12 册。约 18.00 元。根据国家教委颁布的教学大纲编写。通过国家教委审定委员会审定。每学期一册,与教师指导用书、教学挂图协调配套,供全日制小学一至六年级使用。(周卫)

G000162 **小学生十万个怎么办** 少年儿童出版社编。少年儿童出版社 1993 年 2 月版。66 万字。16.40 元。对小学生进行品德、行为规范、学习方法、健康知识等方面教育的课外读物。匣装 6 册,第一册"品德篇",第二册"学习篇",第三册"保健篇",第四册"劳动篇",第五册"社会篇",第六册"家庭篇",每册 100 多个题目。这些问题,都是小学生们在日常生活和学习中经常遇到的、也是迫切希望能够解决的。每个问题采用谈心的方式,联系实际,讲道理,指方向,教方法,授知识。(洪祖年)

G000163 **说明文分类及其写作要领** 王书钦编。文心出版社 1993 年 2 月版。12 万字。4.40 元。按照事物的不同类型分成 12 个专题分别加以阐述。12 个专题是:一、介绍科学知识的说明文;二、介绍科学原理的说明文;三、介绍处所和建筑的说明文;四、介绍人物和人物事迹的说明文;五、阐明生产技术和工作方法的说明文;六、实验报告和科研成果报告;七、阐明事物的成因、方法的说明文;八、阐明事物的性状、功能和用途的说明文;九、阐明物品使用的说明文;十、影剧简介、书籍的内容提要;十一、题解和名词解释;十二、规则、须知。介绍每一专题时先用"知识概述"对该类说明文的性质、特点、用途作简要说明,接着对该类说明文下面所编选的几篇文章,逐一用"例文提示"、"例文"、"简评"等栏目进行具体的阐述和简析。(杨文君)

G000164 **学前儿童四季主题游戏** 霍力岩等著。北方妇女儿童出版社 1993 年 3 月版。34 万字。7.85 元。为 3 岁、4 岁儿童提供游戏活动 390 个。游戏活动按照月份的顺序,从 9 月份开始分为 10 个部分(每月一部分,7、8 月份放假除外)。每一部分(每月活动)都有一个确定的主题,其中编排的游戏均与主题相关。游戏可包含幼儿的所有活动如语言、常识、音乐、美术等。由于每月又有 4 周,所以月标题下面又有 4 个周标题,周标题下面有 5 个游戏,均围绕主题进行,但活动方式迥异(如语言的方式、计算的方式、音乐的方式、美工的方式等)。每一游戏活动又都包括目的,材料,玩法和变化方式等几个环节。(李绍伟)

G000165 **义务教育初级中学教科书日语(朝文版)** 朴贞姬等编著。东北朝鲜民族教育出版社 1993 年 3 月版。56 万字。6 册。18.00 元。义务教育朝鲜族初级中学日语教科书。根据国家教委《九年义务教育全日制初级中学日语教学大纲》要求,参考国内外先进外语教学法理论,吸取直接法、听说法、交际法等教学法的优点,根据初中学生的心理、生理和年龄特点以及民族特色编写。以激发学生的兴趣,调动学生的积极性和求知欲,培养学生的交际能力,提高文化素质作为目的。第一至第四册以听说训练为主,第五、六册以读写训练为主,全面培养听说读写能力,力求做到语言表达的标准化和生动化。每课以句型、本文、新汉字、新词、日常会话、练习(结构练习、语法练习、应用会话)的顺序排列,每 4 篇课文为一个教学单元，每单元有句型小结、文化风俗专栏及综合练习。在教材体系、形式和内容方面均进行了全面的改革。以结构主义、功能主义为理论依据，反映了国际化、信息化时代语言与社会、文化相结合的潮流。(朴贞姬)

G000166　**拼音系列·拼音小散文**　陆弘等选编注音绘画。辽宁少年儿童出版社 1993 年 3 月版。4 万字。2.20 元。"拼音系列丛书"之一。共编选 49 篇短小、优美的儿童散文，一文一图，每篇散文全部配有拼音文字，适合小学低年级阅读。作品题材广泛，有写景的，叙述的，抒情的等。每篇散文都很短小，一般都在一二百字左右。文笔通俗流畅，感情饱满，富有儿童情趣。(冯幽君)

G000167　**小学新书系(地理系列)**　郝春芳等文，曹太文等画。辽宁少年儿童出版社 1993 年 3 月版。15 万字。18.00 元。共 6 册：《地理世界之最》介绍世界最大的陆地，最大的洲，最高的山，最大的洋等 80 个条目。《中国名胜》介绍了天安门、故宫、长城、黄山、布达拉宫等 92 处名胜。《世界名胜》介绍了仰光大佛塔、花都巴黎、古罗马大角斗场、狮身人面像等 92 处名胜。《中国名城》介绍了北京、沈阳、哈尔滨、扬州、杭州、洛阳、西安、桂林、台北、香港、澳门等 92 座名城。《世界名城》介绍了北京、莫斯科、东京、华盛顿、巴黎、维也纳等 92 座名城。《国名由来》介绍了中国、日本、蒙古、法国、德国、美国等 92 个国家国名的由来。(冯幽君)

G000168　**少年新知识手册**　徐明泽、谢爕正编。辽宁少年儿童出版社 1993 年 3 月版。37 万字。7.70 元。"小学新书系工具书系列"之一。侧重于当代科学技术知识，并适当地介绍了一些人文科学知识。全书囊括了从数学、物理学、化学、天文学、地理学、生物学等经典学科到人口论、生态学、教育学等新兴科学和综合学科的一些新理论、新成果、新概念、新数据，共计 49 个部分，600 多条辞目(知识主题)。本书适合小学高年级学生、中学生阅读。(刘铁柱)

G000169　**学生绘画知识与美术欣赏**　曹春生、刘远智等著。辽宁少年儿童出版社 1993 年 3 月版。15.5 万字。1.70 元。"小学新书系"中文体娱乐系列中的一种，供中小学生开展美术活动课的教材。简述美术发展简史、绘画技法、绘画技巧及特点和流派等，并选用了少量范画。此书内容包括：素描、水粉画、油画、中国画、版画、雕塑等。(刘银娜)

G000170　**追踪"超导热"**　姚诗煌编著。辽宁少年儿童出版社 1993 年 3 月版。10 万字。1.80 元。"小学新书系新科技系列丛书"之一。通过《东方日报》记者方敏追踪"超导热"的故事，介绍"超导"这一对未来社会有深远影响的科学技术。在国际物理学年会上，方敏目睹了物理学家们为超导研究领域的一系列最新进展而欣喜若狂的场面。在美国，他意外地遇见了妻子的弟弟——一位在超导研究中颇有建树的华裔科学家。在弟弟的陪同下，他在美国采访了超导实验室，然后到日本采访，参观了超导悬浮列车等一系列超导技术已进入应用的领域。在中国，弟弟同国内学者进行交流、合作；方敏作为记者跟踪采访，介绍了超导发电、超导输电等令人大开眼界的新域。该丛书通过引人入胜的故事，介绍激光、超导、通信、航天、交通、新能源、新材料、生物工程、信息以及海洋等新科技方面的知识。(杨宁松)

G000171　**拼音系列·拼音古诗**　脱云等选编注音绘画。辽宁少年儿童出版社 1993 年 3 月版。4 万字。2.20 元。"拼音系列丛书"之一。共编选 93 首古诗，一文一图，每首古诗配上汉语拼音文字，这些古诗均适合小学生阅读。所选作品较广泛，汉代、唐代、宋代、元代、明代、清代，凡适合儿童阅读的古诗名篇均有。这些作品，大都比较短小，琅琅上口，易记易背。一诗一图，相得益彰。儿童可边读诗，边欣赏插图，这样既能提高儿童的学习兴趣，又能加深对诗内容的理解。(冯幽君)

G000172　**拼音系列·拼音小童话**　昊土等选编注音绘画。辽宁少年儿童出版社 1993 年 3 月版。4 万字。2.20 元。"拼音系列丛书"之一。共编选 35 篇千字以内的小童话，每篇童话配有拼音文字，一文一图，汉字与拼音文字分别编排。此书适合小学低年级阅读，每篇儿童作品都很短小，一般都在三百字以内。构思都较精巧，想象丰富，语言浅显，畅达，富有儿童情趣，书中的插图形象生动，线条流畅。(冯幽君)

G000173　**拼音系列·拼音民间笑话**　裴永镇等编著注音绘画。辽宁少年儿童出版社 1993 年 3 月版。4 万字。2.20 元。"拼音系列丛书"之一。共编选 93 篇民间笑话，一文一图，每则笑话全部配有拼音文字。其特点是笑话简短，有趣。适合小学生阅读。每篇作品均在一二百字左右，行文通俗易懂，富有儿童特点。每篇作品都很机智幽默，看完让人捧腹大笑，使儿童在愉悦中获得知识，增长智慧。每篇作品的插图，都是用漫画形式、夸张的艺术手法表现的，这样更增加了艺术的感染力。(冯幽君)

G000174 **拼音系列·拼音谚语格言** 刘银娜等编写注音绘画。辽宁少年儿童出版社 1993 年 3 月版。4 万字。2.20 元。"拼音系列丛书"之一。共编绘 184 则谚语和格言，一文一图，每则文字均标有汉语拼音，并有一条注释，说明此则谚语或格言的中心意思。适合小学低年级阅读。书中有在我国流传已久的谚语格言，内容有处事为人方面的，有健康方面的，有学习方面的，有尊老爱幼方面的，等等。(冯幽君)

G000175 **中国学前教育史** 唐淑、钟昭华主编。人民教育出版社 1993 年 3 月版。29.6 万字。10.60 元。研究我国自古至今学前教育的历史发展过程及其规律的专著。编写原则是：一、史论结合。在叙述我国各个历史阶段学前教育的发展过程时，力求根据唯物史观和现代学前教育原理进行实事求是的分析和评论。二、事件与人物结合。在叙述我国学前教育发展过程中的重大事件的同时，注意突出各个时期代表人物学前教育思想的论述，以展示各种学前教育思想和主张的形成和发展。三、理论和实践结合。我国正规的学前教育自产生至今尚不足百年，但其间已有不少著名的教育家在理论和实践方面作出了卓有成效的探索和研究，为我国学前教育学科的建立和发展奠定了坚实的基础，在介绍其理论成就时充分肯定了其实践贡献。本书共 7 章，重点阐述了古代学前教育的实施和教育思想；近代学前教育的产生和演进；老解放区的学前教育；现代教育家的学前教育思想；中华人民共和国学前教育的发展。(李淑玲)

G000176 **中学数学竞赛导引** 常庚哲等编著。上海教育出版社 1993 年 3 月版。56.2 万字。22.50 元。数学学习辅导读物。汇集了以下专题：抽屉原则，整数，多项式，不等式，函数方程，极值问题，计数，图论，集合分划与整数分拆，几何，组合几何等，覆盖了当前国际、国内竞赛所涉及的内容。(冯贤)

G000177 **大于与小于** 胡炯涛编著。上海科技教育出版社 1993 年 3 月版。12.3 万字。3.70 元。中学数学竞赛辅导读物。从数学竞赛培训的角度，对代数不等式作了一些介绍。内容有数与式大小比较的基本方法；各种类型的不等式，如数值不等式、数列不等式、三角不等式、排序不等式；几个著名的不等式，如柯西不等式、伯努利不等式等，它们之间的联系，共同的来源——琴生不等式，以及这些不等式在解题中的应用。(洪如蕙)

G000178 **名家中学时代** 吴旭、廖天舒著。少年儿童出版社 1993 年 3 月版。23 万字。4.70 元。选入中学语文课本中 50 位中国现代文学名家的中学时代的事迹故事，有鲁迅、郭沫若、叶圣陶、茅盾、郁达夫、老舍、闻一多、冰心、丁玲、巴金、艾青、孙犁、杨沫、柳青、贺敬之、刘绍棠等。(洪祖年)

G000179 **小学数学思维训练** 张天孝编。浙江大学出版社 1993 年 3 月版。90 万字。10 册。30.00 元。中科院心理研究所专项课题"现代小学数学"课程的配套教材。每册书都围绕 10—12 个专题项目，针对 6—12 岁儿童不同阶段思维发展的特点，有针对性地进行训练。(冯社宁)

G000180 **小学生《宝葫芦》丛书** 中国少年报社编。中国国际广播出版社 1993 年 3 月版。60 万字。30 册。45.00 元。百科性学生读物。包括爱国教育读物《节日·纪念日》、《祖国之最》、《不忘国耻》，道德教育读物《革命家的故事》、《科学家的故事》、《劳动模范的故事》、《民族英雄的故事》、《解放军的故事》、《优秀少先队员的故事》、《历史上学习的故事》，文学读物《玩呼拉圈的小老鼠》、《老鼠借胆》、《豹子法官》、《太阳和孩子》、《七岁大人》、《神奇的房子》，学习指导读物《学好汉语拼音》、《学习小窍门》、《他们这样学习》、《怎样写作文》、《我懂事了》，行为教育读物《我是你的好朋友》、《一年级小学生》，科普读物《小电脑信箱》、《科技威力大》、《人体大世界》，娱乐读物《快乐的队活动》、《哈哈王国》、《比比谁的手儿巧》、《谜语》等。(李晓埒)

G000181 **小学生作文词库** 冯树林主编。中国书籍出版社 1993 年 3 月版。44 万字。8.90 元。收词 5 700 多个，分 24 大类，即天文气象、山川景物、花草树木、空间、时间、数量与质量、运动变化、称谓、生命与肌体、仪貌与举止、行为与道德、意志与性格、智力与才能、感情与表情、语言与言论、文学艺术、人际关系、环境与生活等。每个词有释义及造句范例。(丘涛)

G000182 **中学生作文词库** 冯树林主编。中国书籍出版社 1993 年 3 月版。76 万字。13.50 元。分上卷—自然；中卷—人；下卷—社会 3 部分。上卷(自然)包括：天文气象、山川景物、花草树木、时间、空间等几大部分。中卷(人)包括：人的称谓、人物、生命、体格、行动、风度、行为道德、心理、智力、情感性格。下卷(社会)包括：社会、政治，经济，军事，人际关系，处境，教育科学，文学、艺术，语言、言论等部分。共收词 14 000 条。包括常用词及成语。(丘淙)

G000183 **民间故事** 金石等改编。北方妇女儿童出版社 1993 年 4 月版。12 万字。6.80 元。收入“小学语文课本配画丛书”。精选小学语文课本中的 9 篇中国民间故事,以表现真善美为主要思想内容,通过这些故事,向小朋友们讲清为人处事的道理,教育孩子要关心他人,自尊自爱,团结友爱,互相帮助。本书配有优美的图画,有助于儿童更好地理解课文,理解文章的主旨。(李之舒)

G000184 **历史故事** 周伟等改编。北方妇女儿童出版社 1993 年 4 月版。12 万字。6.80 元。收入“小学语文课本配画丛书”,精选小学语文课本中的 15 篇中国历史典故,以古代历史故事为主,抗日战争和解放战争时期的故事没有选编。通过这些历史故事,使孩子们能够了解一定的历史风貌,通过历史人物的行为举止,学到对自己成长有益的东西,培养对真理的正确认识,树立良好的行为规范。(李之舒)

G000185 **寓言故事** 伟光等编。北方妇女儿童出版社 1993 年 4 月版。48 万字。27.2 元。收入“小学语文课本配画丛书”。共收入 25 篇故事,主要以动物寓言和古代寓言为主。从小学语文课本中选取有特色的故事,编写成语言精炼、情节连贯的文字,再配以精美的图画。它可以配合小学语文教学,帮助学生形象地理解课文,启发联想,丰富知识,提高语言表达能力和形象思维能力。(李之舒)

G000186 **童话故事** 刘亦玲等编。北方妇女儿童出版社 1993 年 4 月版。12 万字。6.80 元。收入“小学语文课本配画丛书”。精选小学语文课本中的 22 篇中国童话故事,主要以动、植物为主人公,以科学童话和思想品德教育童话,行为教育童话为主要内容,以人物为主人公的童话和不属于中国题材的童话都没有选编。(李之舒)

G000187 **国外小学阅读教学** 林若男等编译。上海教育出版社 1993 年 4 月版。12 万字。2.45 元。介绍国外教学经验的读物。介绍日本、美国、英国、原苏联、法国、新西兰等国阅读教学的概况、基础理论、阅读教学过程及指导策略、阅读教学方法,常用的阅读方法,阅读能力的培养,阅读课课堂教学的组织,课外阅读的指导,及举要荐介了阅读教学心理研究。作者在编撰中采用了英文版安得瑞·布特勒、简·特毕尔著《读写课堂教学的发展方向》、英文版罗伯特里·希勒瑞琪著《阅读的中心——每一个孩子都需要成功》等著作中的资料。美国语言教学专家安·莱门(Ann·Lemon)女士先后向作者推荐并寄来了许多有价值的原文资料。作者的译介,始终围绕一个中心论点:阅读是人的生活中必不可少的一个重要部分,是小学生必须掌握的最基本的、最重要的技能之一,是学生学好其他各科的重要工具,是发展学生智力的重要手段。(余鸿源)

G000188 **小学生写字手册** 范可育等编。上海教育出版社 1993 年 4 月版。6.5 印张。5.00 元。收录《现代汉语常用字表》中所列的 2 500 个一级常用字,并将 2 500 个常用字分成独体字(247 个)和合体字(2 253 个)前后两部分。每个字都以字形辨析为基础,提供了笔画、部件、偏旁、部首和书写提示、部件辨证等多项内容。书前附有笔画检字表及音序检字表。(冯战)

G000189 **精编中学英语语法手册** 柴勉庵、潘熙祥编。四川辞书出版社 1993 年 4 月版。23 万字。8.00 元。根据国家教委颁布的《全日制中学英语教学大纲》提出的语法要求,对中学课本中涉及的英语语法进行系统介绍,并结合中学生学习英语语法的难点作重点讲解。在每类语法知识讲解之后列举大量例句,并附有练习题。例句和练习题的词汇量控制在 2 000 个常用词之内。不少例句加注了解说,有助于中学生自学。书后附有 1978～1992 年高考英语中侧重考查语法知识的试题,并提供答案,以便学生高考复习时使用。(冷玉龙)

G000190 **儿童生活大世界** 鲍蕾主编。未来出版社 1993 年 4 月版。60 万字。4 册。每册 2.95 元。以新颖的内容,图文并举的形式对儿童进行如何先“成人”(后“成龙”)的教育。分为《安全常识》、《礼仪礼貌》、《卫生保健》、《生活技能》4 个分册。每册侧重一个中心内容,含 30 个主题,每个主题设有“故事”、“小常识”、“儿歌”,并配以优美的绘画。让孩子从生活小事中明白一些道理,从而提高辨别是非能力、自我保护能力、生活自理能力,培养良好的生活习惯。(贾宝珍)

G000191 **教育目标测评丛书** 西安市教育科学研究所编。西安出版社 1993 年 4 月版。包括小学一至六年级的语文、数学和初中一至三年级的语文、代数、物理、化学、英语、地理、生物、思想政治和世界历史等 60 多种。是依据教学大纲,为教准、教好课本,挖掘、充实教材,从认知、情感思想、动作技能 3 个领域对学生进行全面素质教育的教学参照。编者把这 3 个领域的目标又分别分为 3 个层次,即将认知目标分为识记、理解和分析综合;情感思想目标分为接受、反应和爱好;动作技能目标分为模仿、适应和创造。(赵全明)

G000192 **云南大学志·大事记(1915 年—**

1949 年 9 月）《云南大学志》编审委员会编。云南大学出版社 1993 年 4 月版。11 万字。7.00 元。云南大学的前身是私立东陆大学，创立于 1922 年 12 月。本书主要记述 1915—1949 年 9 月云南大学的大事，编者在书稿中大量摘抄了云南大学档案馆和云南省档案馆的有关档案及本校各时期的报刊、杂志、报告、呈文等有关材料，以达“存史、资治、教化”的目的。（龙宝珍）

G000193 **小学数学题解大全** 王书主编。河北教育出版社 1993 年 5 月版。82 万字。13.70 元。收录与小学数学教材有关的辞条 1 000 余条，选编了典型题 1 300 多道。全书共 12 章：整数、小数、数的整除、分数、比和比例、几何初步、简单统计表和统计图、简易方程、典型应用题、集合初步、小学数学智力趣题、数学小史及其他。每章内容又分“概念”、“性质·定理·定律”和“公式·法则”3 部分概述基础知识，而后分节精选典型题目，按“题—思路—解—评注”的形式编写。（张贴珍）

G000194 **小学试用课本·自然第一册** 辽宁教育学院编。辽宁少年儿童出版社 1993 年 5 月版。4 万字。1.80 元。根据国家教委制订的《九年义务教育全日制小学自然大纲（试用）》要求编写。教材力求体现时代精神，符合国情，突出北方特点，注意培养能力，形式多样，图文并茂，适合各年级儿童年龄、心理特点和认识规律，为学习知识和技能培养奠定了良好基础。本册教材已被国家教委中小学教材审定委员会审查通过，供全国五、六年制小学试用。（郭守贤）

G000195 **小学生智力开发** 袁占山编著。辽宁少年儿童出版社 1993 年 5 月版。11 万字。2.55 元。心理学读物。就小学年龄段孩子的智力特点、智力开发的方法及可行性措施等进行了较全面的阐述。书中还为学生的智力检测提供了科学依据。全书分 12 章共阐述了 83 个问题。12 章分别为：智力概述、影响智力发展的多种因素、观察力、注意力、想象力、思维力、记忆力、创造力、科学用脑、脑的保护、脑的营养、非智力因素。书中指出一个孩子的智力如何，与遗传素质、环境和教育、孩子自身特点、父母的文化水准及其对孩子的智力开发等有直接关系。（崔玉平）

G000196 **九年义务教育三年制初级中学美术试用课本** 中国教育学会美术教育研究会等编。人民美术出版社 1993 年 5 月版。6 万字。6 册。4.50 元。根据国家教委制订的《九年义务教育全日制初级中学美术教学大纲（试用）》编写，供三年制初级中学美术学科课堂教学使用。本书编写的指导思想是：使学生通过学习美术课，提高审美素养，陶冶情操，使学生的个性取得和谐的发展。按照高标准和典范化的原则，严格精选教材；按照低难度和务实效的原则，减轻作业负担。为此，本套教材的基本内容少而精，从教育性、艺术性、典范性等方面去精选图版。而学生课堂练习的作业要求，则根据有利于启发思维和兴趣，便于学生发挥主动和特长，避免专业化，具有可选择性及易奏训练实效等具体要求进行安排，以求减轻学生课堂作业的负担与压力，提高学习的积极性。本套书一、三、五册，供各学年第一学期使用，二、四、六册供第二学期使用。主要内容为：一、艺术观点教学内容；美术习作与创造实践（绘画的艺术语言、中国画、版画）。二、设计意识教育内容；工艺、平面工艺和立体工艺。三、美术欣赏实践内容；中国美术作品欣赏和外国美术作品欣赏。上述结构在编排课业时，做到知识内容的内在联系，构成严谨的教学体系。（张俊国）

G000197 **中小学科技活动指南丛书** 中小学科技活动指南丛书编写组编。上海科技教育出版社 1993 年 5 月版。105.2 万字。11 册。36.50 元。内容涉及学校科技活动的诸多方面，有传统的陆海空模型制作，无线电制作，科技小制作，理、化、生实验等活动，也有近几年发展起来的小创造小发明，以及涉及高技术的电脑、环境保护等活动。编写分纵横两条主线。纵向，根据活动课的培养目标，按各年龄段学生的知识和技能水平分低、中、高 3 个层次；横向，按各类科技活动的教育规律和特点分门别类编写。每一分册有活动项目近 40 个，每个活动项目都详细介绍了活动前的准备和活动方法。使学生在学会做的过程中学到科学道理，掌握制作技巧。丛书中的不少活动项目都设计了游戏方法和竞赛规则，提出了富有启发性的思考题，为学生展现创造才能创造了条件。丛书共出版了 11 册，适合小学低年级的是《儿童科技制作与实验》（一、二年级各一册）、适合小学三—六年级的是《小学生科技制作》、《小学生电脑绘图》、《小学生创造发明》、《小学生陆海空模型制作》，适合中学生的是《空模兴趣活动》、《生物兴趣活动》、《电子兴趣活动》、《科技小制作》，适合中小学教师组织班级、学校开展集体科普活动的《科普活动方案》。（洪如蕙）

G000198 **从课文里学作文（五年制三—五年级）** 谢振林等编。文心出版社 1993 年 5 月版。结合五年制小学语文教材中的课文,依据教学大纲的精神,遵照小学生学作文的规律编写而成。从三年级到五年级每年级一册,共3册。书中的每组文章的内容包括5个部分:一、结合点。概括总结课文可供模仿学习的某个特点。二、范文特点分析。对“结合点”的简要分析。三、例文。按结合点的要求精选小学生写的习作。四、例文评析。根据结合点对习作进行评析。五、练习设计。为小学生学过每组文章后设计的练习内容。(刘飞)

G000199 **云南省小学课本(试用)·劳动(3~6年级)** 云南省教育委员会教研室编。云南教育出版社1993年5月版。3万字/册。8册。2.00元/册。介绍了自我服务劳动、家务劳动、公益劳动和简单生产劳动项目共160个。通过这些劳动项目的教育和实践,使学生初步懂得劳动创造社会财富、劳动光荣的道理,从小培养他们热爱劳动、热爱劳动人民的思想感情,培养遵守纪律、认真负责、耐心细致、不怕困难的劳动态度和勤劳俭朴、爱护劳动工具、珍惜劳动成果的优良品质,初步树立质量观念和环境保护意识;使学生学会一些浅显的劳动知识(如常用工具的使用方法),初步掌握自我服务劳动和一般家务劳动的基本技能;使学生能从事简单的生产劳动,培养善于观察、思维想象能力和创造力,增强动手能力,促进学生身心健康发展。(刘致凡)

G000200 **小学国情教育读本** 郑华主编。浙江少年儿童出版社1993年5月版。51万字。9.50元。分《历史的选择》、《腾飞的轨迹》、《华夏的文明》、《生命的摇篮》、《巨龙在腾起》5册,从中国的政史、文化、资源、经济、科技5方面,以历史唯物主义观和实事求是的态度,以人物或事件为主线,分成若干个小短篇,用散文化笔调生动地讲述了中国的国情,既有对过去的回顾,对现状的分析,又有对未来的展望。让青少年更深入、更全面地了解自己的国家,从而激发他们强烈的爱国心和使命感,为祖国的繁荣、昌盛作出积极的贡献。(周虹)

G000201 **精讲精练精测** 马成瑞等编。天津教育出版社1993年5月1版。每册约18万字。35册。共243.80元。包括初中、高中各个学科。根据教学大纲要求,依据现行教材,对每一个单元指出了知识要点,给出一些比较典型的课本里没有的例题,设计出练习。每套练习又分为AB两级。对每章的内容有本章总结,既有纵向的学习,又有横向的复习。(钟启红)

G000202 **高级中学中国近代现代史地图册** 人民教育出版社、测绘出版社合编。测绘出版社1993年5月版(上),1993年10月版(下)。2印张。上、下册。0.80元(上),0.90元(下)。根据人民教育出版社编著出版的高中近代现代史课本编制。图册紧密配合课本内容,从第一次鸦片战争开始,直至中华人民共和国成立后改革开放年代,跨越了一个半世纪。根据教学要求,配置了必要的地图、照片和图表,加以彩印,使图面生动直观;为帮助学生复习,进行综合能力的训练,图册还配备了练习填充图。(俞高)

G000203 **中国传统蒙学大典** 毛水清、梁扬主编。广西人民出版社1993年6月版。100万字。27.00元(平),33.00元(精)。分正编和附编两大部分。正编分劝学、教诫、闺训、处世、礼仪、蒙求术、掌故、选诗(声韵)8类,计收《三字经》、《千字文》、《幼学琼林》、《龙文鞭影》、《增广贤文》、《弟子规》、《小儿语》等传统蒙学读物24种。附编计收蒙学读物13种。附有我国著名语言学家张志公先生的《蒙学书目》。正编收录蒙学读物,从相传战国管仲的《弟子规》,到晚清民初的《营生集》,以及历史蒙求、日用杂字、掌故等。每一种蒙学读物前都有一个简要的“说明”,不仅介绍该读物写作、修订、增补、流传的情况,而且对内容和形式进行了比较恰当的评述,指出其精华和糟粕所在,且采用了原文和译文当页破栏对照的形式作了翻译。前言部分对传统蒙学作了鸟瞰式的纵论。(马丕环)

G000204 **高等学校管理** 刘文修著。河北教育出版社1993年6月版。35.6万字。10.30元。从理论上阐述了高等学校管理的性质和任务,加强和改善党对高等学校领导的重要性以及高等学校的领导应具有的基本素质,高等学校的中观管理等。并采用理论与实际相结合的方法,对高等学校思想政治教育与学生管理、高等学校的教学管理、科学研究管理、人事管理、实验室管理、后勤管理、体育管理、美育管理、军训的作用和管理、研究生教育管理、系级管理、高等学校教育投资经济效益研究、教师的晋升和任期的评定诸方面,提出了切合实际的管理方案。(鲍新运)

G000205 **中学语文教学法教程** 王家政、潘纪平主编。华中师范大学出版社1993年6月版。34.5万字。7.90元。由全国15省20所高等师范院校从事中学语文教学法的教学和科研人员合著的一部教材。以第四次全国高教工作会议精神为指针,以中学语文的“教学大纲“为依据,广泛吸收了语文教学改革的新经验与新成果，注重语文教学的实践和理论探讨，具有科学性、系统性、实用性。全书包括绪论、上、中、下篇 4 部分。“绪论”从宏观的角度概括中学语文教学法这门学科的研究对象和性质、任务和内容、“教”与“学”的辩证关系。“上编”5 章论述中学语文学科的性质和地位、目的任务、学科的构成、教学原则、教育观念等基本理论。“中编”10 章详尽地阐明中学语文教材研究的意义，以及阅读教学、单元教学、作文教学、听说教学的要求和任务。“下编”5 章全面探讨中学语文教学的筹划、组织、测试、研究等工作。（陈昌恒）

G000206 **贾老师教作文** 贾志敏著。上海教育出版社 1993 年 6 月版。12.6 万字。5.25 元。教学经验读物。贾老师是上海市语文特级教师。该书分 3 部分。一是用师生对话的形式，介绍了学写作文的基本知识和技能技巧，共 20 个专题。二是用同学生通信的形式，具体辅导学生在作文过程中遇到的一个个问题，共 30 封。三是贾老师所教学生写的优秀习作，共 18 篇。（陈妙肖）

G000207 **高中学习手册** 匡建浩等编。上海科技教育出版社 1993 年 6 月版。191.6 万字。5 册。79.20 元。高中教学参考书。包括语文、数学、英语、物理、化学 5 个分册。作者将高中三年的课程内容进行归纳、总结，以条目的形式编写。数学、物理、化学每本共分成 4 篇。历史发展篇，主要介绍各学科的发展史和科学家。基础知识篇，归纳了高中三年各学科的所有知识点，包括定义、定理、性质、公式。疑难解析篇，将教材中的重点、难点归纳成近 100 个问题，每个问题都有例题讲解，注重分析，引出解题思路，总结解题技巧和方法，并辅以适当的练习，帮助读者掌握重点、攻克难点。知识拓宽篇，简要介绍了各学科中各分支的发展状况，为读者选择专业提供指南。语文分成基础知识篇、现代文阅读篇、文言文阅读篇、写作篇、知识拓宽篇，近 170 个条目。英语分成语音篇、拼写构词篇、语法篇、词汇篇、阅读篇、写作篇，约 420 个条目。（张莉琴）

G000208 **小学教师知识词典** 李家庆、哈敬主编。上海科学普及出版社 1993 年 6 月版。81.6 万字。25.00 元。包括教育学、心理学、数学、语文、思想品德、自然常识、社会常识、美术、音乐、体育、班主任和少先队工作、科研方法等 12 大篇目，均以条目形式编写，共列 2 400 多条。包含了小学教师所授各学科和进修所需要的内容，其中有些学科的编写属首创。既可供小学教师备课参考所用，也可供小学教师业务进修使用。（陈英黔）

G000209 **初中课本剧选** 孙毅编剧。少年儿童出版社 1993 年 6 月版。10 万字。2.10 元。从初中语文课本中精选 15 个课本剧进行改编而成。其中有不少是中外名著，如契珂夫的《凡卡》、安徒生的《卖火柴的小女孩》、出自《儒林外史》的《范进中举》等等；题材内容和体裁样式多样化，有反映红军长征的《金色的鱼钩》，有儿童生活题材的《我的心事》，有古装戏《景阳冈》，有外国题材《我的叔叔于勒》、《竞选州长》，有童话剧《美猴王》、《渔夫的故事》等等。（洪祖年）

G000210 **义务教育中小学课外活动指导丛书** 耿志远等主编。新蕾出版社 1993 年 6 月版。300 万字。50 册。104.70 元。分为小学、中学两个系列，共 50 个分册。这套丛书为中小学生设计了 1 000 多种有趣有益的活动。既注重满足不同学科、不同层次、不同兴趣读者的实际需要，又注意照顾城市、农村，不同条件、不同环境的实施可能。运用新、奇、趣、美的活动载体，把思想性、知识性、趣味性寓于活动之中。每项活动后都设有辅导提示，供组织活动的辅导老师和班、队干部参考使用。（刘增杰）

G000211 **大学生思想道德修养** 陈勇等主编。中国矿业大学出版社 1993 年 6 月版。22 万字。4.40 元。江苏省高等学校思想政治教育课程统编教材。针对 90 年代大学生人学后的实际思想状况、身心发育特点和人学生普遍关心的人生、社会等问题，以人生观、价值观、道德观教育（重点是人生观教育）为主线，分别以成才观教育和修养观教育为切入点和落脚点，初步建构“大学生思想道德修养”课的逻辑体系。全书既较好地处理了《大学生思想修养》和《人生哲理》两门课程教材的关系，又注意到了与纵向（中学思想政治课）、与横向（高校政治理论课）的科学衔接，既认真吸收了江苏高校 10 年本课程教学和教材建设的成果，又借鉴了国内最新研究成果，着力于研究社会主义市场经济条件下大学生思想教育方面出现的新情况和新问题。（王劲松）

G000212 **大学生思想品德修养教程** 常挽波等编著。中南工业大学出版社 1993 年 6 月版。25.2 万字。6.80 元。全国高等院校开设的思想政治教育课程系列教材之一。主要内容包括 3 部分：第一部分“正确认识自我”，主要阐述在进人大学这一新的发展阶段时，大学生要如何做到全面正确地认识自我，认识变化了的环境，从而优化自身的心理品质。第二部分“正确认识社会”，主要阐述时代潮流、爱国主义、道德规范、集体生活、人际关系等外部因素影响大学生自身的途径、方式与方法，指明大学生自身对待这些外部影响应持的态度。第三部分“正确认识人生”，在阐明人的本质、集体主义导向原则等基本理论观点的基础上，对人生的目的、理想、价值以及审美、爱情等方面展开了论述，引导大学生树立健康科学的人生价值观。(梅敦诗)

G000213 **趣味科学游戏** 孙汀兰编。北方妇女儿童出版社 1993 年 7 月版。19 万字。4.65 元。根据幼儿的年龄特点和接受能力选编 272 个游戏。涉及奇妙的声、光、电、磁、热现象；动植物和人体的有趣常识；天文、地理、气象、宇宙等的种种奥秘，12 个自然科学领域的科学知识等。(李绍伟)

G000214 **义务教育小学朝鲜语文** 东北朝鲜民族教育出版社编。东北朝鲜民族教育出版社 1993 年 7 月版。12 册。系小学朝鲜语文课本，以知识传授为基础，以朝鲜语文能力训练为主线的文选型综合教材。每册分 7 个单元，每单元明确指出单元训练重点和学习要点，课文分为讲读课文和阅读课文两类，在选文中既保持与国内语文教材基本一致，又注意民族语文特点，选 35%左右的本民族作家作品，课文前有预习或自习提示，课文后练习题体现训练重点和单元学习要点，每个单元的综合练习题既与单元的课文联系，又自成体系，介绍语言训练的基础知识，按一定比例安排朝鲜语文听、说、读、写训练内容。教材根据朝鲜语语言文字的特点既继承快速识字等以往教材的优点，又吸收单元目标教学等国内外语文教学改革的成功经验，着眼于提高朝鲜语文素质，加强语言文字训练和听、说、读、写训练。(严永俊)

G000215 **义务教育初中朝鲜语文** 东北朝鲜民族教育出版社编。东北朝鲜民族教育出版社 1993 年 7 月版。8 册。4 年制初中朝鲜语文课本。以知识传授为基础，以能力训练为主线的文选型综合教材。每册分 6 个单元，基本上以同一体裁的文章构成单元，每一个单元明确指出单元学习要点。课文分讲读课文，阅读课文两类，课文预习或自习提示中概括介绍作者，时代背景，大体内容或思路，课文后思考与练习题体现单元的训练重点和学习要点，分两类，一类是着重理解分析课文的思想内容，结构和语言运用，另一类是有关听，说，读，写知识提示和实际训练问题。在课文的选材中既注意教学效果好的传统课文，又注意反映现实的文章，而且为突出教材的民族性而保证 30%比例的本民族作家作品。(严永俊)

G000216 **高级中学课本·汉语文** 金永镐等编著。东北朝鲜民族教育出版社 1993 年 7 月版。106.4 万字。6 册。25.15 元。中国朝鲜族高级中学汉语文教科书。根据国家教委于 1992 年新颁布的《全日制民族中小学汉语文教学大纲》和对本大纲的《补充规定》编著。总体上分 4 个阶段：第一阶段(第一、二册)着眼于培养学生观察、分析生活的习惯和对第二语言的吸收和表达能力，侧重于记叙文的讲读与写作；第二阶段(第三册)着眼于培养观察、分析事物的习惯和用第二语言组织材料、说明事物的实用能力，侧重于说明文的讲读与写作；第三阶段(第四、五册)着眼于培养发现、分析和解决问题的能力，侧重于议论文的讲读与写作；第四阶段(第六册)着眼于培养综合运用第二语言的能力，侧重于不同文体的讲读与写作的综合练习。每册课本分有讲读、自读和课外独立阅读课文。每册教学单元均按一种文体编排，前有单元提示。讲读课由“学习要点”、“预习提示”、课文、“练习与思考”构成；自读课由“自读提示”、课文、“练习与思考”组成。每教学单元后设有单元综合练习。本套书是党的十一届三中全会以来朝鲜族高级中学的第三套汉语文教科书。(金永镐)

G000217 **义务教育小学课本·汉语文** 任志等编著。东北朝鲜民族教育出版社 1993 年 7 月版。28.4 万字。6 册。25.46 元。根据国家教委 1992 年新颁布的《全日制民族中小学汉语文教学大纲》和对本大纲的《补充规定》编写，供朝鲜族小学一年级至三年级使用。教材总体上分 2 个阶段：第一阶段(第一至第四册)培养学生的听话、说话能力。第一册是看图学话课本，学生凭借课本中的图画，进行语言训练，不学课本中的文字；第二册学拼音说话，利用拼音学习语言；第三、四册安排学习汉字。第二阶段(第五、六册)是集中识字阶段，这一部分按汉字的规律安排识字。本套教材第三至第六册均安排了 6 个单元，每单元含讲读课文两篇、阅读课文 1 篇、说话课 1 篇和单元训练。每册课本都安排了 4 篇选讲课文和附录。(任志)

G000218 **义务教育初级中学教科书·汉语文** 张铁男等编著。东北朝鲜民族教育出版社 1993 年 7 月版。93.8 万字。6 册。23.85 元。依据国家教委颁布的《全日制民族中小学汉语文教学大纲》对初中阶段的教学要求编著的朝鲜族初级中学学生学习汉语文的教材。每册教材以文章反映生活内容或以文章体裁构成 5 个教学单元。每个教学单元包括：单元提示、课文(两篇教读课文、一篇课内自读课文)、听说读写训练、语法基础知识、字词句集中练习等。每篇课文由学习课文要求、预习要求、生字表、词语表、练习等构成。全套教材重视文道结合,加强时代感,注意体现品德教育和社会主义、爱国主义教育。(张铁男)

G000219 **东北大学复校实况纪要** 杨佩祯等编。东北大学出版社 1993 年 7 月版。13.5 万字。13.50 元。记载东北大学复校的盛况。文前彩页有东北大学名誉校长、校董会名誉主席张学良先生的近照及题写的“东北大学”校名。东北大学校党委书记费寿林撰写了序言,序言回顾了复校的过程,说明恢复“东北大学”校名是东大师生的愿望,也是对“千古功臣”张学良将军功绩的肯定;在庆典辉煌部分,记述了恢复东北大学校名的盛况;在殷殷情深部分,记录了校友们的贺词;在校园歌声部分,记述了恢复校名期间师生员工的文化活动;在佳音飞扬部分,选录了境内、外新闻单位的报道;深深思念部分,记述了名誉校长张学良先生 93 岁寿辰的实况。附录参加复校庆典的领导和来宾的名单。(郝蕴卿)

G000220 **儿童美术大全** 刘金城等编。河北美术出版社 1993 年 7 月版。1228 页。13 册。59.00 元。系列儿童美术教科书,由 13 个美术门类组成,书名为:《速写》、《素描》、《色彩画》、《国画》、《书法》、《版画》、《剪纸》、《泥塑》、《折纸》、《连环画与漫画》、《刺绣与扎染》、《简笔画》、《报头画》。每个美术门类专著都设有教法、教程、图解、步骤及附图范画。(张秋菊)

G000221 **儿童现代快乐教育游戏 500 例** [美]帕姆·席勒等著。韩建生等编译。辽宁少年儿童出版社 1993 年 7 月版。25 万字。6.00 元。美国著名早期教育专家帕姆·席勒博士与琼·罗斯诺编写的幼儿教材,共有近 500 个游戏实例。这些游戏的设计是建立在深入研究幼儿心理发展规律的科学基础上,具有科学性、趣味性,而且简便易行。全书的观点是:让幼儿按照自身的发展和成长水平去进行学习,不强求他们做难于做,做不到的事;让幼儿通过积极参与学习过程而有所发现,有所领悟,尽量自己得出结论。反对成年人过多的干预,反对整齐划一的模式。本书的游戏实例涉猎美术、戏剧、运动、语言、数学、音乐、思维能力、科学知识、社会常识等方面。(崔玉平)

G000222 **中国大学教育发展史** 曲士培著。山西教育出版社 1993 年 7 月版。52.2 万字。17.50 元。以历史唯物主义观点为指导,以史论结合的方法,系统地研究中国自古至今几千年来大学教育发展的学术著作。广泛搜集了中国古代、近代、现代和当代(至 1989 年)各个历史时期的丰富史料,从历史背景、文教政策、大学教育制度、大学教育管理等方面作了比较全面、深入、系统的探讨,把握了中国大学教育几千年来发生、发展、演变的脉络,剖析了各个历史时期大学教育发展的特点和内涵,深刻地总结了历代大学教育改革的经验教训,并对历代有代表性的著名教育家关于大学教育的主张和实践作了重点评介,对其丰富的办学经验和教育思想作了归纳与总结。真实而全面地勾画出中国大学教育发展的基本线索、民族特色和演变规律,对于人们认识、理解和把握中国大学教育传统与中国社会、民族文化的关系,对于弘扬祖国的优秀传统文化作出了有益的探索。(张沛泓)

G000223 **闽师之源** 福建省三明市政协文史资料委员会、三明市师范学校编。中国文史出版社 1993 年 7 月版。30 万字。10.80 元。“全闽师范——福建师范——永安师范——三明师范”校史资料专辑。通过历年校友撰写的亲历、亲见、亲闻的资料,从不同时期、不同角度反映出学校在各个历史阶段的面貌,记载了学校近一个世纪来坎坷艰难的发展历程和为福建省教育事业的发展作出的历史功绩,表达了海内外校友献身教育,矢志不渝,四海同窗,心系母校的真挚感情。

G000224 **奥林匹克数学 小学** 裘宗沪等编著。测绘出版社 1993 年 8 月版。17 万字。上、下册。8.00 元。中国数学会普及工作委员会为小学课外活动编写的一套教材。特点是:(一)不超纲。是对课堂上学过的内容适当地加深和补充,启发和诱导学生对知识的灵活运用。(二)不超前。教材与课堂教学的进度基本一致,无需超前补充知识和方法。(三)少而精。力求把内容讲透,适当讲一些有趣的课外题目,以启发思路,学到方法和技巧。(四)重在练习。每一讲都配有适量的练习题和测验题。少量的难题打星号,是为学有余力的同学安排的。(俞俊元)

G000225 **初中计算机教程(PC 版)** 孙一霖、王洪流编。电子工业出版社 1993 年 8 月版。13 万字。7.50 元。主要内容为:计算机基础知识,计算机与现代社会,PC 机的基本操作,计算机文字处理,计算机与艺术等。(吴浩源)

G000226 **美——照亮心灵的光辉** 张世定编。江苏教育出版社 1993 年 8 月版。10.7 万字。2.45元。收入“中学生法育丛书”。运用美学理论,阐发学生们应该遵循的政治、伦理、道德等观点，为改善与加强法育、提高法育的实效性——感美悟法——借助“美”的感人力量，使“法”潺潺流入青年学生的精神世界，达到法育的目的。(赵法水)

G000227 **成长的烦恼** 乐迪著。江苏教育出版社1993年8月版。16.80万字。3.40元。收入“中学生德育丛书”。以上海中学生“热线电话”实录的形式如实地反映了当代中学生的思想面貌。分为“同学关系篇”、“师生篇”、“父母篇”等11篇，共70个问题，比较全面地反映了当代中学生的思索和成长中的矛盾。(赵明)

G000228 **走向21世纪的人格** 周中之著。江苏教育出版社1993年8月版。15.67万字。2.95元。第一篇论述人格的定义、人格的基本理论，并分析人格塑造的时代意义和人生意义；第二、三篇阐述人格的两大层次——健康人格和理想人格的内容、特征；第四篇介绍塑造人格的操作方法。它从健康人格的塑造这个角度探讨了如何把中学生培养为适应二十一世纪的合格人才。收入“中学生德育丛书”。(赵明)

G000229 **少女梦寻** 秦文君、钟雪燕编。江苏教育出版社1993年8月版。12万字。2.50元。收入“中学生德育丛书”。所述内容都是当今少女们面临的热点问题，如怎样正确对待学习、考试、升学、生活、交友、恋爱、父母、前途等等。作者引征大量生活实例，让读者从感性上领悟道理，学会用马列主义的科学观分析认识事物，学会树立正确的人生观、价值观，构筑起健康、积极的人格框架。全书用介于报告文学和散文之间的笔调，似过来之人和广大少女朋友倾诉心语，读来感人至深。(钱元元)

G000230 **小学生作文全程指导** 姜美玲编著。辽宁少年儿童出版社1993年8月版。18万字。4.80元。共25讲，对小学生作文教学作了多角度的剖析。作者将作文指导视作一个系统的过程，认为没有观察、没有积蓄，是永远写不出好作文的。本书还精选了若干篇小学生优秀作文作为范文，并一一进行了点评。(刘铁柱)

G000231 **中国小学教学百科全书** 林崇德等主编。沈阳出版社1993年8月版。380万字。10册。298.00元。大型教学工具书。分《语文卷》、《数学卷》、《品德卷》、《教育卷》、《历史卷》、《地理卷》、《自然卷》、《体育卷》、《音乐卷》、《美术卷》，共收入2万多个词条，4 000余幅黑白及彩色插图，同时收入世界各国小学教育的最新成果和进展情况，每卷均有附录、附表及汉语拼音索引。《语文卷》包括小学语文教学的全部内容、语言、文字、写作的基础知识、教学方法等；《数学卷》包括数学史、小学数学全部知识、外国小学数学教学情况等；《地理卷》除小学教学内容外，增加了地层、水文、气象、土壤、植被、地球科学、地图学、环境科学、旅游、人文地理、小学地理课外活动等；《自然卷》包括物理、生物、化学、卫生等多方面知识；《教育卷》系统介绍中国小学教育的内容、方法、发展状况、国外心理学、教育学的知识等；《体育卷》、《音乐卷》、《美术卷》是三本有关知识的小型百科全书，并有各科的课外活动指导内容；《历史卷》介绍了古今中外历史知识，特别是近现代史知识。本书是“中国基础教育百科全书系列”之一，囊括了小学教学应知应有的全部知识，汇集了小学教学基本内容和教学方法。(李树权)

G000232 **学前班教育指导** 天津市幼儿教育研究室编。天津教育出版社1993年8月版。84万字。14.50元。根据《幼儿园工作规程》和《关于改进和加强学前班管理的意见》编写的幼儿教育工作用书。将学前班的保教目标分解为幼儿发展的领域目标，一年中各阶段的教育内容、要求，并提供大量可操作的教育活动方法、教材和教育资料。(勾真)

G000233 **小学生低年级起步注音作文选** 郭玉珂、舍远编。文心出版社1993年8月版。17.2万字。配合小学低年级语文教材的说写练习和课外练习，从全国有关报刊中精选小学低年级学生写的起步作文共133篇，并请有教学经验的老师注音。其编排形式按一、二、三年级，分为3个部分。每部分根据低年级小学生练习写作的需要，选编了写人、记事、写景、状物、童话和看图作文等。(刘飞)

G000234 **一只红气球** 副名：婴儿的书。肖肖等编，吴带生等绘。中国少年儿童出版社1993年8月版。10印张。10册。15.50元。婴儿图画故事。20开本。书名分别为《一只红气球》、《好孩子不尿床》、《等汽车》、《小华能干了》、《噗通》、《大萝卜》、《荷花》、《好听的歌》、《你会认吗》和《我是谁》。(胡建中)

G000235 **中学数学思想方法初论** 马复著。安徽教育出版社1993年9月版。15万字。4.80元。分上、中、下3篇。上篇系统地论述了数学思想方法的内涵，明确了数学思想与数学方法之间的异同。同时，提供了课堂教学的主要活动形式之中所蕴含的若干数学思想方法的教育素材。中篇作了归类与提炼的工作。总结出实施数学思想方法教学的若干教学模式。下篇则以“问题解决”中的3种主要活动形式数学选择、数学证明和数学创新为议题，详细探讨了其中所含有的，利于数学思想方法教学的教育素材，并分析了数学思想方法的综合运用过程。（蒋美荣）

G000236 **周玉仁优化小学数学教学文集** 周玉仁编著。福建教育出版社1993年9月版。36.3万字。10.50元（平），14.50元（精）。收录作者在1978—1992年间，关于国外小学数学教育改革的动态，国内小学数学教学大纲、教学内容的比较，我国小学数学教材发展史、小学数学教学管理、教学原则、课堂教学结构、测试方法，以及思维能力的训练、空间观念的建立、数学概念的形成、计算能力的培养、应用题的教学等常规性课题的论述。（周少英）

G000237 **实用幼儿知识365** 张丽彬、胡子清编绘。福建少年儿童出版社1993年9月版。28万字。9.50元。“365丛书”之一。根据4—6岁幼儿的生理心理特点编写365篇故事，有：天文地理知识、动植物知识、创造发明知识等。（吴兆钧）

G000238 **实用婴儿启蒙365** 张丽彬、胡子清编。福建少年儿童出版社1993年9月版。26.4万字。9.00元。“365丛书”之一。根据1—3岁婴儿生理、心理特点精选365篇故事、儿歌，分成28类，含对孩子培养良好生活、卫生习惯，教学会管理自己的本领，尊重长辈，从小爱劳动，勇敢坚强，学会动脑筋等内容。（吴兆钧）

G000239 **中学生古文观止** 魏际昌编。河北教育出版社1993年9月版。59.9万字。16.85元。按照文体分类，共分为传记、记事、游记、寓言、笔记、小品、论说、书信、序跋、文赋10类。每类作品均按时代先后顺序排列，每类前附有小序，概述该文体的源流及特点。在内容选取上，上起先秦，下至清末，共选收历代古文名作235篇，适当照顾到各个时期的作家作品，以展现其文体发展的概况。在选文上，适当照顾到更多的名家入选，将先秦诸子的精彩之作选收进来。此外，还将现行中学语文课本中的古代散文全部收入，以更适合广大青少年学生的需要。书中每篇文章均包括题解、原文、注释3部分。原文尽量依据善本，文字有异议者，参考古今研究成果，择善而从。注释力求详明准确，对少数比较难懂的句子给以语释，生僻字加注汉语拼音。（成占民）

G000240 **中学化学实验大全** 潘鸿章主编。河北教育出版社1993年9月版。106.3万字。27.00元。根据现行教学大纲和教材，参考国内外有关资料，吸取各地教师的经验，结合作者自己研究和实践的体会编写而成。共4部分，分别介绍了化学实验室的建设和管理、化学实验基本操作、课堂教学实验和课外活动实验等内容。选编近300个课堂教学实验，对每个实验都进行了介绍，还分析了成败关键，提出了注意事项。有些实验介绍了几种实验方案。此外还编选了包括化学小工艺、分析检测、自制仪器药品、趣味实验等几方面近400项课外实验内容。（李连保）

G000241 **趣味数学世界** 吴东水主编。河北教育出版社1993年9月版。45万字。12.95元。分6册，可供小学一至六年级的学生分别使用。将小学数学教材中的一些重点和难点以故事的形式，介绍许多解题技巧和数学游戏。（孙新龙）

G000242 **一个人的灵魂能走多远** 王祖光等著。江苏教育出版社1993年9月版。9.50万字。2.30元。收入“中学生德育丛书”。从中学生最为关心的热点问题入手，对如何选择职业，偶像崇拜，雷锋精神是否过时，竞争与合作，失败意识，金钱是否万能，出国潮等等，试图从正面给以解答，以帮助中学生树立正确的人生观。（赵明）

G000243 **如何评价自己** 邱伟光等编。江苏教育出版社1993年9月版。12.20万字。2.70元。收入“中学生德育丛书”。针对中学生“狂飙突变时期”的人生发展阶段中种种心理矛盾交叉混杂的困惑，告诉中学生一些认识自己、评价自己的基本知识和方法。以正确认识自我为起点，从而摆正自己与他人的关系，最终在社会中找到评价自己的坐标，使自身产生成才的内在活力。书后附有《中学生思想品德评价自测题答案与评分标准》。（赵明）

G000244 **我的教读法** 潘凤湘著。江西教育出版社1993年9月版。27万字。6.20元。潘式教读法的核心是教给学生自己读书的方法，特点是把教学大纲的多元指标作科学的分解，使之单纯化、程序化。在听、说、读、写四元中，选取“读”作切入口，培养学生的读书能力。按照认识过程，遵循循序渐进的原则，除培养学生经验思维、形象思维外，重视培养学生逻辑思维、辩证思维和求异思维。教读法含“读书练习程序”、“写字练习程序”。（刘年珍）

G000245 **小学试用课本·自然第三册** 辽宁教育学院编。辽宁少年儿童出版社1993年9月版。4万字。1.80元。根据国家教委制订的《九年义务教育全日制小学自然大纲（试用）》要求编写，力求体现时代精神，符合国情，突出北方特点，注意培养能力，形式多样，图文并茂，适合各年级儿童年龄、心理特点和认识规律,为学习科学知识和技能培养奠定了良好基础。本教材已被国家教委中小学教材审定委员会审查通过,供全国五六年制小学试用。(郭守贤)

G000246 **小学试用课本·自然第四册** 辽宁教育学院编。辽宁少年儿童出版社1993年9月版。4万字。1.80元。根据国家教委制订的《九年义务教育全日制小学自然大纲(试用)》要求编写,力求体现时代精神,符合国情,突出北方特点,注意培养能力,形式多样,图文并茂,适应各年级儿童年龄、心理特点和认识规律,为学习科学知识和技能培养奠定了良好基础。本册教材已被国家教委中小学教材审定委员会审查通过,供全国五六年制小学试用。(郭守贤)

G000247 **新编小学图解字典(试用本第一册)** 任晓宁编。辽宁少年儿童出版社1993年9月版。5万字。1.80元。收入新编小学语文教课书第五册(三年级上半年)170个生字。每个生字配一幅图画,附拼音、部首、笔画、笔顺、组词和造句。生字、组词和造句都注明拼音。(杨春青)

G000248 **中学物理实验丛书·高中物理课外实验** 国家教育委员会教学仪器研究所主编。人民教育出版社1993年9月版。32.2万字。10.30元。收入"中学物理实验丛书"。该丛书已经出版的还有《初中物理演示实验》《初中物理学生实验》《初中物理自制教具》和《高中物理学生实验》。本书介绍了大量的课外观察和家庭小实验,并提供了一些综合性较强的实验。其中的第三编和第四编提供了有一定深度和广度的设计和研究课题,并附有提示和答案。(马冬玲)

G000249 **初中物理自制教具** 国家教育委员会教学仪器研究所主编。人民教育出版社1993年9月版。42万字。11.00元。共收编适合初级中学自制的教具500多个。每个教具都编写了制作方法和使用方法,有的还编写了注意事项、参考资料等内容。有的教具还介绍了多种制作方法。书中有大量插图,可以帮助读者更好地理解制作和使用方法。(邢蕙兰)

G000250 **开拓者的足迹** 副名:纪念邓小平同志"三个面向"题词十周年。陈心五主编。人民教育出版社1993年9月版。24.7万字。8.40元。北京景山学校进行城市九年义务教育阶段中小学整体改革研究与实验的成果集子。景山学校为改变单纯的应试教育,从学制入手,进行了"四年制初中学制改革的研究与实验"和"小学、初中九年一贯,五、四分段的教改实验",同时配合学制进行了课程、教材、教法的改革实验。收入"教育实验丛书"。书中首次披露了邓小平为景山学校题词的背景和经过。(丁朝蓬)

G000251 **中学数学智力开发丛书** 翟连林主编。北京出版社1993年10月版。共10本,囊括了初中数学和高中数学的全部内容,包括:《初中代数一题多解》、《平面几何一题多解》、《初中数学综合题一题多解》、《初中数学试题一题多解》、《高中代数一题多解》、《平面三角一题多解》、《平面解析几何一题多解》、《立体几何一题多解》、《高中数学综合题一题多解》、《高中数学试题一题多解》。(李利军)

G000252 **小学低年级班主任工作** 赵亚玲编著。北京出版社1993年10月版。12.6万字。3.70元。作者30余年小学低年级班主任工作经验总结。全书以党的教育方针为指导,结合教育教学活动中的具体实例,多方面多角度地阐述小学低年级班主任工作所涉及的广泛问题,诸如如何顺利完成从幼儿园到小学的过渡,寓德育于丰富多彩的活动之中,语文教学中非智力因素的培养、体卫工作与课外活动的关系,小学低年级的美育,让勤劳的种子从小生根发芽,少先队工作的艺术,架起学校教育与家庭教育的桥梁以及如何做好班主任工作等等,说明解决这些问题应采取的行之有效的方法,从而在小学低年级阶段为培养全面发展的新人奠定基础。(俞宗元)

G000253 **小学音乐欣赏教学** 吴文漪编。北京出版社1993年10月版。12万字。3.60元。通俗而系统地阐述了小学音乐欣赏教学的目的、作用、音乐欣赏的一般过程以及音乐欣赏教学中教育思想的更新等问题,并且根据作者多年的教学经验,具体介绍了如何培养小学生音乐欣赏能力、上好音乐欣赏课及如何掌握科学的教学方法、备好音乐欣赏课等。借鉴国内外先进的教学理论,提出了小学音乐欣赏教学的改革意见。书后附有音乐欣赏知识竞赛题及部分欣赏曲目参考资料,对小学音乐教师、音乐工作者有相当的参考价值与实用价值。(俞宗元)

G000254 **小学作文教学心理学** 朱作仁主编。福建教育出版社1993年10月版。24.5万字。5.70元(平),12.00元(精)。从教学心理角度入手,结合小学作文中的实例,深入浅出,所表达出的观念令人耳目一新,但又在情理之中。(何强)

G000255 **新大学人** 王东华著。海天出版社1993年10月版。40万字。13.50元。作者力图阐明新一代大学生学习成长的社会环境及其文化心态,探讨他们在思索过程中表现出的对传统文化的自觉

反思，对世界文明的拥抱吸纳，对科学精神的热情向往，并展现了丰富多彩的校园文化及一系列令人担忧的“大学生问题”。（宋城）

G000256 **小学作文审题指导与佳文示例** 赵爱菊等著。河北少年儿童出版社 1993 年 10 月版。44 万字。4 册。7.50 元。从怎样审题、审题的方法、审题后文体的确定、写作对象的侧重面以及写作方法等方面进行指导，每一节均设有“审题指导”、“佳文示例”以及“简评”，针对不同类型的题目加以分析、指导，并以较优秀的作文为例进行分析、点评。（韩蓓）

G000257 **江西古代书院研究** 李才栋编著。江西教育出版社 1993 年 10 月版。38.2 万字。12.00 元。“江西古代教育研究丛书”之一。共 6 章，按年代先后顺序，分析探讨了从唐代至清末江西书院的兴亡盛衰，以丰富的史料，阐明了书院的历史价值，并为书院研究提供了新的信息。作者在以下几个方面提出了自己的见解：一、指出我国古代书院是适应一定时代的需要而产生的；二、以翔实的史料证明，我国书院出现于唐代，纠正了历来认为书院始于北宋或五代的说法，以及私人大学教育最早始于西方国家的观点；三、提出了我国学校教育发展的 3 个阶段，即根据学校教育和教学本身的特点可分作唐以前，唐至 18 世纪 60 年代及以后；四、指出书院的讲会与会讲是两个不同的概念，阐明了讲会的重要作用；五、提出了宋代书院发展的 5 个阶段；六、对如何理解宋代“四大书院”提出了新的见解；七、弄清了书院设官的历史；八、指出了明代撤并、废毁书院前后有 5 次之多，而不是通常人们说的 4 次；九、论证了明末书院的发展与王学的产生，与我国资本主义萌芽的关系。作者以历史唯物主义和辩证唯物主义的原则为指导，以新的观点、新的方法和新的材料，建立起书院研究的体系，并通过翔实的史料，科学地论证了江西书院在中国古代何以独占鳌头，以及所具有的代表性，在国内外的影响。（熊阳）

G000258 **最新看图识字（上）（下）** 夏天编。接力出版社 1993 年 10 月版。1 印张/册。2 册。1.75 元。以 90 年代现代企业、家庭使用的各种新式电器、办公用品、学习用具及幼儿玩具为主要内容的彩色照片，采用单个物品图与情景图相结合的形式，配上汉字名称、汉语拼音及与情景图相配合的句子，教幼儿识物、认字、学说话。（郭玉婷）

G000259 **幼儿看图识字（1、2）** 凡人编。接力出版社 1993 年 10 月版。1 印张/册。2 册。1.75 元。选择日常生活中最简单、最常用的 160 个汉字，以四位一体的小组合形式进行编排，每页一个汉字，每个汉字都配有相应内容的彩色照片、汉语拼音、田字格及英文单词。（郭玉婷）

G000260 **外国幼儿故事名篇** 少明、向琴译。明天出版社 1993 年 10 月版。17.8 万字。2 册。12.40 元。共收故事 103 篇，包括俄罗斯、意大利、英国、朝鲜、爱斯基摩、丹麦等几十个国家和民族，还有一部分作品是安徒生、托尔斯泰、乌申斯基等著名作家的作品。代表作品有：《狐狸和山羊》、《黑油油的小公牛》、《三头猪崽》、《天上的乌云在争论》、《拔萝卜》、《小阁楼》等。（建元）

G000261 **现代儿童教育方法论（蒙古文）** 舍英、胡伊日格其著。内蒙古少年儿童出版社 1993 年 10 月版。7.6 万字。3.80 元。包括 4 个内容：一、发展儿童智力。用生动事例，如达·芬奇、泰戈尔等名人的成长及成功经验，阐述了发展智力关键在于教育的道理。二、儿童非智力因素培养。从心理角度看，一个人的成功不但需要良好的智力因素，也需要较好的非智力因素，文中解释了非智力因素的概念及其组成等。三、儿童早期教育的重要性。主要说明了儿童智力超常要靠培养教育，儿童早慧贵在教育得法。有的学者认为，忽视幼儿期教育，无论本人怎样努力也会出现教育上的差异。四、家庭教育是关键。介绍了儿童教育中“六解放”、“自理型”、“疏导型”教育等新的观念和内容、方法，培养孩子的竞争意识以及自立于社会的能力等。（舍英、玉荣）

G000262 **素质教育论** 毛家瑞著。人民教育出版社 1993 年 10 月版。22.3 万字。7.70 元。对素质教育进行系统研究的专著。作者根据马克思主义关于人的学说的基本原理，对人的素质的概念、结构、特点、形成和发展机制等进行了深入的探讨；根据现代社会对人的素质的要求和青少年身心发展规律，对中小学素质教育的概念、目标、内容、实施、评价等问题，逐一进行了专题论述。（杨以和）

G000263 **九年义务教育三年制初级中学教科书·物理（2 册）** 人民教育出版社物理室等编著。人民教育出版社 1993 年 10 月版。43 万字。12.15 元。根据 1992 年 6 月国家教委颁发的《九年义务教育全日制初级中学物理教学大纲（试用）》编写。从义务教育的性质和任务出发，教材以提高学生的科学文化素质为主要目标。讲述学生今后学习文化科学技术、适应现代化生活所需要的，以及日常生活、生产中常见常用的物理基本知识及知识的应用。注意培养学生的科学兴趣和科学态度，培养学生的观察实验能力、分析概括能力和应用物理知识解决问题的能力。教材的主要特点是:(一)重视物理知识和现代科学技术和社会的联系,重视物理知识的实际应用。(二)加强实验,增加了许多不用专门仪器、简单易做的课堂实验和课外小实验、小制作。(三)注意启发引导学生积极思考、多动脑、多动手、多开口积极主动地获取知识。(四)调整教材体系,根据学生的认知规律和物理知识结构安排教材顺序,使学生由浅入深地学习。(五)注意生动活泼有趣,图文并茂,增加了许多生动有趣的事例和插图,有的以图代文,便于学生理解。这套教材是一套以教科书为核心的系列化教材。除教科书外,还配有三种供教师用的教学辅助用书:教师教学用书、教学参考资料、实验参考书;供学生用的:实验册、课外习题集。(马淑美)

G000264　**数学题解辞典·精选本**　唐秀颖主编。上海辞书出版社 1993 年 10 月版。107.1 万字。28.50 元。以题解为中心的数学教学工具书,遵照现行中学数学教学大纲的要求,精心筛选《数学题解辞典》各卷中最富代表性、启发性,且便于揭示数学思维规律性的题目,汇编而成。精选本注重发扬这套辞典的原有特色,重在典型,重在分析,重在说明指引;力求在数学思维、方法技巧、归类编排诸方面突出题解辞典的精华所在。精选本各部分内容按中学数学教学体系,分编成代数(522 题)、三角(330 题)、平面几何(274 题)、立体几何(227 题)、平面解析几何(280 题)共 5 编。各章节由浅入深自成篇章,每章节精选的题目能概括该章节所有的基础知识和基本方法。在各编的开头部分,按序列出解题或证题所需要的定理、法则、公式等知识提要,作为解题的依据。(唐尚斌)

G000265　**世界一流大学研究**　陶爱珠著。上海交通大学出版社 1993 年 10 月版。13.6 万字。4.80 元。通过大量资料和史实,解剖了世界一流大学学科建设、师资队伍、人才培养、科学研究、学校管理、资金筹集等 6 方面的特征;分析了世界一流大学成功的经验,可供我国借鉴之处,以及我国名牌大学与它们的差距;并向读者介绍了上海交通大学面向 21 世纪战略发展目标。全书分透视篇、借鉴篇、开创篇 3 大部分。该书占有资料多,内容广,立意深,实用性强。(张泉宝)

G000266　**中学生数学学习手册**　鲁鹤鸣等编。上海科学普及出版社 1993 年 10 月版。65 万字。12.00 元。以中学生为对象的数学工具书。根据国家教委中学数学教学大纲要求,覆盖了初中代数、平面几何、高中代数、平面三角、立体几何、解析几何的全部知识点及其所有技能点。本手册的每个条目下除内容说明外,还配有与知识点、技能点相适应的中学各级考试的各种类型的习题,其中理解类型的习题给出答案,应用类型的习题给出详尽的分析与解答。(顾蕙兰)

G000267　**小学生优秀作文 365**　冰果、舍远等编。文心出版社 1993 年 10 月 1 版。36.5 万字。7.50 元。从 1990 年—1993 年全国 40 多种报刊上和作文大赛的获奖作品中,精选小学生作文 365 篇。包括了九年义务教育五、六年制小学语文教材和一些实验教材中习作训练的作文,并配合节气、节日、纪念日以及课外小练笔、小学毕业会考编选了一部分作文。这些作文,在选材、立意、布局谋篇上都有自己的特色,而且构思角度新颖,语言表达生动,富有儿童情趣。(刘飞)

G000268　**新编少儿韵律健美体操**　徐艳霞、李英编。接力出版社 1993 年 11 月版。12 万字。3.50 元。分基础训练、徒手韵律健美体操和轻器械韵律健美体操 3 部分,书后附有新潮青年健美操供教师练习、表演用。(郭玉婷)

G000269　**注音插图名篇精选丛书**　陈培瑞、谭晓防编。山东教育出版社 1993 年 11 月版。52.5 万字。4 册。19.65 元。小学低年级课外读物。包括《寓言》、《童话》、《散文》、《诗歌》。所选诗文均是名篇,既有一定的深度,又富有儿童情趣。诗文全部注音,并加上"作者介绍"和"阅读提示",每本书均配上部分插图、尾花。(胡钢泰)

G000270　**小学语文疑难问题解答**　聂在富编。山东教育出版社 1993 年 11 月版。24.5 万字。4.80元。收集小学语文中带有普遍性的疑难问题 379 个,分 9 大类:语音和汉语拼音、汉字和识字教学、词语和句子、段落和篇章、标点符号、古诗教学、基础训练和作文教学、课文中所涉及的其他知识、小学语文教改信息。采用问答形式阐述。除分类目录外,还有按课文查检索引。(胡钢泰)

G000271　**轻轻松松学作文**　冯斌、原青编。上海教育出版社 1993 年11 月版。16.5 万字。3.95 元。以故事形式讲授作文知识。作者从小学生写作中最棘手、最难以解决的诸多问题中,列出了 32 个知识点,并为每个知识点创造出一个最便于表达和易于接受的场景,精心编撰了 40 则故事逐一讲授,让小读者在轻轻松松的气氛中学到本领,掌握方法。(陈妙肖)

G000273 **几何解题新思路** 张景中著。中国少年儿童出版社 1993 年 11 月版。11 万字。3.60 元。简明介绍在计算机上解几何题的面积方法。中、美两国科学家利用面积方法编出了能产生可读的几何定理证明的程序。用这种程序已在微机上证明了 400 多条相当难的定理，所产生的证明，中学生完全可以看懂。这一成果的基本思想，就是本书中讲到的“消点法”。作者在这一领域已率先做了多年科学研究工作，并把科研成果用通俗讲座的形式，传播给中学生中的数学爱好者。（陈天昌）

G000274 **幼儿记忆最佳训练法** 殷红博编著。北京出版社 1993 年 12 月版。14.8 万字。6.00 元。收入“儿童智力训练丛书”。根据幼儿的心理特征和知识水平，根据幼儿可接受原则、集中训练原则、循序渐进原则、难度原则、顺其自然原则，创造设计了一套幼儿记忆能力的训练方法，全书分为注意力训练阶段、注意力记忆协同训练阶段、记忆力训练阶段、强化记忆力训练阶段、各种能力综合训练阶段 5 个阶段。（段冬梅）

G000275 **心算训练与幼儿数学能力的发展** 殷红博编著。北京出版社 1993 年 12 月版。15.6 万字。6.00 元。收入“儿童智力训练丛书”。根据我国儿童数学概念的形成特征和数学能力的发展规律，以及儿童心理发展所能接受的程度编写。心算能力是人类重要的运算能力。作者阐述了心算能力的优劣与人的数学能力的发展有着密切的关系，尤其是幼儿时期的心算能力，对入小学后的数学学习能力的发展有极大的影响。书中指出心算能力并不是一种独立的能力，它是人的各种能力综合作用的结果。发展幼儿的心算能力能够同时发展幼儿的记忆能力、抽象思维能力、数字运算能力、判断能力和灵活处理大量问题的能力，同时，还能有效地发展幼儿的竞争性、独立性、自信心、自我控制力等优秀的非智力心理品质。（段慧敏）

G000276 **怎样使儿童的智能超常发展** 殷红博编著。北京出版社 1993 年 12 月版。11 万字。4.00 元。收入“儿童智力训练丛书”。介绍国内外培养超常儿童的一些做法。指出，就我国情况而言，99％的智力超常儿童是父母辛勤培养的结晶，因此，父母对儿童智力的发展有着密切的关系和不可推卸的责任，幼儿期正是人类智能发展的关键期，如果能得到科学而系统的训练，幼儿的智能将会得到最佳的发展。本书强调了超常智力可以获得；超常智力在于发现；超常智力需要训练；超常智力与非智力因素的关系。最终得出结论：经过科学训练的儿童，其智力会显著超过未经过训练时的水平。（杜适芳）

G000277 **幼儿基础语言能力训练** 殷红博编著。北京出版社 1993 年 12 月版。10 万字。4.00 元。收入“儿童智力训练丛书”。根据我国城市儿童语言能力发展的特点和知识水平，采用符合幼儿心理特点的游戏式教育方法编写。（于秀芳）

G000278 **考场作文应试对策（小学用）** 方琪等编。福建少年儿童出版社 1993 年 12 月版。10.9 万字。2.70 元。紧扣“考场”上的特定要求，分为：一、如何克服怯场；二、如何合理安排时间充分调动思维的积极性；三、考场作文成功的 7 个带规律性的步骤；四、以学生考场的作文为范文进行品评，有优有劣，指点利弊、得失；五、全国各地考场作文优秀题目的精选精讲，供学生平时训练。每章都有导语说明考场作文的方法与要求。（吴兆钧）

G000279 **小学数学解题技巧百则（修订本）** 张祖瑜、吴昌烟等编。福建少年儿童出版社 1993 年 12 月版。12.7 万字。3.00 元。汇集小学数学有关概念、计算、几何、应用题等方面的解题技巧一百则。紧扣现行教材，教授解题诀窍，授之以法，晓之以理，着眼于“全”，立足于“巧”。每则技巧，都在讲明方法与算理的基础上精编了练习，用以巩固所学。部分技巧是在教材要求之外适当加深与拓宽，借以进一步提高学生解题能力。（吴兆钧）

G000280 **外国幼儿教育史** 杨汉麟、周采著。广西教育出版社 1993 年 12 月版。39 万字。9.00 元。阐述从远古到现代，从东方到西方的各个历史时期，中国以外的国家（或地区）的幼儿教育实际（包括制度）及幼儿教育思想的出现、发展和演变过程。选择各社会历史时期某些典型的、有代表性的国家（或地区）的幼儿教育实践及影响较大的幼儿教育理论进行了深入的探讨。在地域上，以西方幼儿教育为重点；在时间上，以近现代幼儿教育为重点；在内容上，以幼儿教育理论为重点，比较全面地反映国外幼儿教育的来龙去脉，以及国外幼儿教育的最新成果及动向。（陈明娟）

G000281 **趣味看图读古诗** 副名：接力看图世界。童真、楚才编。接力出版社 1993 年 12 月版。69 万字。10 册。3.80 元。精选中国古代优秀诗词 34 首，配有古朴典雅的彩色图画、难字注音及诗意解释。收入“接力看图世界丛书”。（莫宁）

G000282 **幼儿看图学数（1、2）** 立冬编。接力出版社 1993 年 12 月版。1 印张/册。2 册。1.75 元。

以《幼儿园教育纲要》为依据,把数学教育内容划分为数、量、形、时间等几个单元,交叉编排,寓抽象的数教育于直观的图画形象中,是幼儿数教育的启蒙读物。(郭玉婷)

G000283 **接力看图世界(丛书)** 金波等编。接力出版社1993年12月版。700幅图。10册。40.00元。套装低幼图书,包括《趣味看图识字》、《趣味看图学说话》、《趣味看图讲故事》、《趣味看图读古诗》、《趣味看图念儿歌》、《趣味看图猜谜语》、《趣味看图学成语》、《趣味看图学英语》、《趣味看图游中华》、《趣味看图游世界》10个分册。该丛书将幼儿在3—6岁年龄段中需完成的发音、识字、讲述、阅读理解等学习内容以"趣味看图"的形式表现出来,并在每一学习段落设计连线、涂色、配对等动手动脑的游戏。此外,丛书还包括初级英语口语学习、中国地理风物和世界地理风物的内容。(莫宁)

G000284 **趣味看图猜谜语** 副名:接力看图世界。杜虹编。接力出版社1993年12月版。70万字。10册。3.80元。含生活用品、文具、玩具、农具、自然、公共设施等各类谜语70则,将游戏、手工、图画与猜谜相结合,减轻脑力疲劳,增强阅读趣味。收入"接力看图世界丛书"。(莫宁)

G000285 **趣味看图念儿歌** 副名:接力看图世界。童真等编。接力出版社1993年12月版。68万字。3.80元。包含民间童谣、谐趣儿歌、绕口令、现代生活儿歌、谜语等68首,配合内容同时设计了大量的连线、添画、涂色等趣味手工游戏。收入"接力看图世界丛书"。(莫宁)

G000286 **同步作文指导与训练** 石文浩等主编。辽宁少年儿童出版社1993年12月版。15万字。3.50元。将切合实际的"作文指导"与相应的优秀"例文"紧密结合,从不同的角度立意阐释,且配以不同趋向的例文,可拓宽读者思路,省人启智。书中"佳作赏析"部分,选编数篇课堂内外优秀习作和考场优秀作文,并作了比较具体深入的分析。(张凤琴)

G000287 **小学生家庭教育** 魏光华编著。辽宁少年儿童出版社1993年12月版。15万字。4.00元。吸收国内外家庭教育的研究成果和实践经验,针对如何做好独生子女的家庭教育进行了阐述。并具体介绍了家长对孩子进行教育的方法及措施。本书分理论篇、学习辅导篇、活动操作篇等十几个篇目。将孩子分年龄阶段进行不同方法的教育和辅导。(刘银娜)

G000288 **幼儿智能测试小百科** 黄安琪等编绘。明天出版社1993年12月版。240幅。10册。19.00元。根据3—6岁幼儿的心理特点和生长规律以智力游戏测试的形式而编写。分10种测试门类,内容涵盖概念测试、观察测试、数量测试、注意力测试、构成测试、空间测试、推理测试等,测试难度由浅入深。对3—6岁各阶段幼儿的智力辨析、数量守恒、构成组合、推理分析、空间知觉等设计了针对性的智力测试游戏。(吴大宪)

G000289 **小学教育学教程** 胡寅生主编。人民教育出版社1993年12月版。51.6万字。15.10元。根据国家教委颁布的中等师范学校小学教育学教学大纲编写的小学教育学教科书。供全国中师使用。着重介绍作为一个现代的小学教师必备的小学教育的基础理论知识,在此基础上,树立现代的科学教育观。各课题都列入了经过精选的短小精干的实例、典型案例,并适量介绍古今中外教育史料,并附有国家颁布的教育文件。此外,它规定了技能训练的各项内容和操作方法。(胡寅生)

G000290 **学校体育理论与方法** 王占春、何彦吉主编。人民教育出版社1993年12月版。31.3万字。10.90元。根据国家教委颁发的《三年制中等师范学校体育教学大纲(试行)》编写的,供中师生1～3年级使用的教科书。包括序言和13章,第一章小学体育概论;第二章学校体育的目的和任务;第三章小学体育与儿童少年的身心发展;第四章小学体育与卫生保健;第五章小学体育课程与教材;第六章小学体育的特点、原则和方法;第七章小学体育课;第八章小学课外体育活动;第九章小学体育工作计划;第十章小学体育管理;第十一章小学体育科学研究;第十二章教育实践;第十三章怎样做一名合格的小学体育教师。(王占春)

G000291 **环境教育** 《环境教育》编写组编。人民教育出版社1993年12月版。8.5万字。2.20元。高中选修课教材。根据国家教委1990年颁发的《现行普通高中教学计划的调整意见》的要求和《中国21世纪议程——中国21世纪人口、环境与发展白皮书》中提出的"对少年儿童普遍进行环境与发展知识的教育,培养少年儿童的环境意识,引导他们在力所能及的活动中,掌握保护和改善环境的知识与技能"的精神编写而成。分为"人口、资源、环境"、"保卫蓝天——大气污染及防治"、"珍爱绿水——保护水资源及防治水污染"、"还我清洁的环境——防止固体废物污染"、"无形的公害——噪声"、"环境与健康"、"保护大自然"和"我国的环境保护事业与持续发展”等8讲。图文并茂，通俗易懂。书中采用了较多的插图、漫画、照片、表格等；穿插安排了“绿色卡片”、“百草园”、“实践活动”、“阅读”等栏目；选编了诗歌、小故事、环境小常识、小资料等，并指导学生进行生动有趣的环境科技活动和课外活动。（李文鼎）

G000292 **中等师范学校教科书（试用本）物理学** 窦国兴主编。人民教育出版社1993年12月版。114万字。40.00元。根据国家教委1992年颁发的《三年制中等师范学校物理学教学大纲（试行）》编写。共3册，第一、二册是必修课本，第三册是选修课本。内容包括物理学的力学、热学、声学、流体力学、光学、电学、原子物理学以及近代物理的主干知识。本书除了遵照大纲编写了学生实验和演示实验外，还编写了一些小制作，供教学选用。（杜敏）

G000293 **高等教育** 潘懋元、刘海峰编。上海教育出版社1993年12月版。67.1万字。22.00元。“中国近代教育史资料汇编”之一种。主要收辑1902年至1921年左右有关中国高等教育制度与实况的资料。分上下两编。上编“清朝末年的高等教育”，分述大学堂、高等学堂、政法学堂、高等实业学堂、优级师范学堂、存古学堂、其他高等专门学堂、壬寅癸卯学制时期的其他高等教育法令制度、高等教育统计等内容。下编“民国初年的高等教育”，分述大学、专门学校、高等师范学校、壬子癸丑学制时期的其他高等教育法令制度、高等教育统计、高等教育评论等内容。书末附有征引书目举要，以备查考。鉴于清末民初高等教育制度和实际内容广博丰富，故书中选辑资料注意代表性和典型性，并尽量采用最早的版本出处，如清末有关教育的奏议、法规往往在上奏批复后数日内便刊于《政治官报》上，其史料价值几近档案性质，故多采用之。（薛培华）

G000294 **幼儿100个怎么看（1）、（2）、（3）** 副名：考考你的孩子。黄素行等编。上海教育出版社1993年12月版。3册。各2印张。3.90元/册。结合4—5岁幼儿在日常生活中接触到的各种各样的动物、植物以及自己的身体，每册精选近100个内容，让孩子通过看看和认认，认识动物、植物以及人的身体各部分，了解它们的作用或用途。在此基础上，提出若干个有趣的问题，考考孩子，从中可以反映孩子的接受能力、思维能力和想象能力。（郃弘）

G000295 **小学语文学习大全** 曹余红、成华玲编。上海教育出版社1993年12月版。21.6万字。5.10元。小学语文学习的工具性指导书。综合各种小学语文课本中的知识、方法和技能，分“基础知识、阅读、写作”3大部分，每个部分各由若干专题有细有目地编撰而成。基础部分包括汉语拼音和字词句；阅读部分包括语言文字的理解，段的划分和段意的概括，文章结构的分析及文章主要内容和中心思想的归纳；写作部分包括观察生活积累材料，审题，围绕中心选材组材，抓住特点写人，有条理地叙事，叙事过程中的联想与想象，写好命题作文、半命题作文、续写扩写、看图作文和各类应用文。（余鸿源）

G000296 **中华五千年美德丛书——小学低年级** 张宝林编。新蕾出版社1993年12月版。7万字。6.20元。围绕爱学习、爱祖国、孝父母、尊师长、讲友爱、要诚实、尚勤俭、懂礼貌8个方面，选入了“孟母断机”、“大禹治水”、“缇萦上书救父”、“张良拜师”、“负荆请罪”、“孔子问礼”等20多个故事，以连环画的形式进行编绘。（郑秀桂）

G000297 **中华五千年美德丛书——小学高年级** 林毅编。新蕾出版社1993年12月版。4万字。4.20元。围绕爱祖国爱人民、爱读书爱学习、讲诚实要正直、严律己宽待人等8个方面，选入了“弦高送牛退敌兵”、“孔子每事问”、“诸娥为父申冤”、“史可法尊师”、“祁黄羊荐贤不避亲仇”、“郭子仪不记私仇”等故事。（郑秀桂）

G000298 **中华五千年美德丛书——高中** 赵沛霖编。新蕾出版社1993年12月版。12万字。4.20元。从天下为公、忧国忧民、自强不息、经世致用、厚德载物、人伦和谐、行己有耻、见义勇为、崇俭反奢、勤政廉政10个方面，挑选了近百个美德范例，于展示中华民族的传统美德的同时，还从理论上揭示如何树立正确的世界观和人生观。（郑秀桂）

G000299 **中华五千年美德丛书——小学中年级** 孟令永编。新蕾出版社1993年12月版。4万字。3.40元。分设爱祖国、爱人民；爱学习、勤发奋；待父母、讲孝敬；爱老师、听教诲；重谦虚、讲礼貌；讲诚实、重正直；讲团结、要友爱；要勤劳、重节俭8个栏目，近50多个相应的故事，配有插图。（郑秀桂）

G000300 **中华五千年美德丛书——初中** 李超元编。新蕾出版社1993年12月版。10万字。4.40元。根据初中学生特点，选入了“勾践卧薪尝胆”、“包胥复楚”、“羊续悬羊”、“郑板桥佛灯下苦读忘归”、“鉴真东渡”、“司马迁忍辱著《史记》”、“曹雪芹穷困著《红楼梦》”、“海瑞刚正不阿”等60多个爱国爱民、为公重义、勤学立志、尊师敬业、严己宽人等方面的美德范例。（郑秀桂）

G000301 **中华五千年美德丛书——学龄前**

郑士金编。新蕾出版社 1993 年 12 月版。6.3 万字。5.65 元。根据孝父母,懂礼貌等内容,选编了"子路背米"、孔融让梨、司马光砸缸等 12 个故事,以图为主,配以简单的文字。(郑秀桂)

G000302 **当代大学生道德理想论** 张应抗、孙慧玲著。浙江人民出版社 1993 年 12 月版。33.8 万字。7.40 元。从哲学社会认识论的层面上论述了道德理想重建对当代大学生走出困惑心态的积极意义。全书通过"道德理想之真"、"道德理想之善"和"道德理想之美"这 3 编 12 章来展开缜密的理论探讨。论著没有道德教义的铺排灌输,而是把现实问题置于严谨的理论思考之中,从而对当代大学生的道德理想建构问题提出了一系列新颖独到且极富启迪意义的见解。而且,论著在每章"来自大学校园的报告"一节中,还提供了著者几年来获取的大量翔实的调查数据,这对于我们了解当代大学生的道德心态有着重要的参考价值。(周向潮)

G000303 **彩绘本半小时爸爸** 浙江少年儿童出版社编。浙江少年儿童出版社 1993 年 12 月版。756 幅。49.90 元。根据以图为主的特点,将儿童家庭非智力因素训练手册《半小时爸爸》的部分训练材料,进行了改写,并补充了新材料,分别编辑成《故事篇》、《游戏篇》、《看图说话篇》、《儿歌篇》、《手工篇》5 册,组成套书。又按年龄段分为 0—2 岁、3—4 岁、5—6 岁 3 套,共 15 册。运用可操作的形式,对幼儿进行非智力因素训练,培养他们具有美好的情感、坚强的意志、高尚的品德和良好的自我意识,成为一个心理品质健全的人。每则训练均附有供幼儿家长参考的"提示",说明训练的目的要求、注意事项。(范成玮)

G000304 **高考中常用的数学思想方法** 陈振宣、陈永箴著。中国青年出版社 1993 年 12 月版。21 万字。7 册。6.80 元。通过大量典型例子介绍数学中常用的证明方法,常用的数学思想方法;以及在设计解题方案时,常用的策略思想。(赵惠宗)

G000305 **祖国万岁(中学生读本)** 唐任伍主编。中国青年出版社 1993 年 12 月版。9.8 万字。2.40 元。根据中学生的特点,运用丰富具体的材料,阐述了祖国辽阔的国土、壮丽的山河、丰富的物产;五千年的悠久历史、先进的古代科学技术、灿烂的古代文明;艰难屈辱的岁月、中国人民英勇的反抗和斗争;新中国的崛起、社会主义建设成就,特别是改革开放以来中国所取得的伟大成就等。(王瑞)

各类教育

G000306 **家教艺术有问必答** 程素珍、程乐夫编著。江西高校出版社 1993 年版。24 万字。5.20 元。针对孩子在成长过程中可能遇到的种种情况,不拘泥于分析"为什么",而着重解决"怎么办",从沟通父母孩子双方感情入手,教给家长们一些便于操作、易见成效的实用的教育方法。(黄红冈)

G000307 **无花果——全国自学成材优秀人物经验选** 曾汝弟、李绍辉主编。云南人民出版社 1993 年 1 月版。18 万字。3.50 元。选编 88 位自学成材者的事迹。书中用大量生动的事例,介绍他们在自学道路上遇到的悲欢和饱尝的酸甜苦辣。他们没有上过正规大学,有的只上过小学,但在多年工作实践中,以惊人的毅力坚持自学,终于取得良好的成绩,为国家作出贡献,并成为某方面的专家。他们的事迹证明,无花可以结果,自学能够成材;榜上无名,脚下有路,而且是通往科学圣堂的路。(李绍辉)

G000308 **中国高中后教育模式研究报告** 董明传、刘梦周主编。高等教育出版社 1993 年 3 月版。36 万字。10.15 元。"七五"哲学、社会科学重点项目——高中后教育模式研究总报告以及 18 个部委、省市和计划单列市课题组的研究报告。报告从中国的经济、社会、劳动力现状的宏观背景出发,深入剖析了中国高中后教育(重点是本科层次之下,各类高中阶段之后的教育)现状,研究了人才结构、高中后教育发展的选择的模式,以及实施政策建议等内容。本书是一本全面反映当今中国高中后教育的新进展和今后发展趋势的重要专著。本书是制定人力资源开发、教育政策方案、教育培训等规划以及教育研究的参考书。可供承担高中后教育的学校、教育培训机构及其主办单位、教育研究单位以及经济、教育、劳动人事主管机关从事有关工作的人员参考。(尹洪)

G000309 **点燃创造的太阳——超常思维方法及训练** 张晓芒编。山西教育出版社 1993 年 3 月版。27.1 万字。5.90 元。从逻辑思维的角度,通过创造性思维的初步介绍,通过对精选问题的分析解答,着重评析了有关提高创造性思维能力的方法,旨在充分利用青少年时期这一最佳可塑期,培养、提高青少年的观察、分析、判断、推理、持久力、独创力及某些操作方法的应用等诸方面的能力。(张大同)

G000310 **名人家教** 何新华编。江西教育出版社 1993 年 4 月版。15 万字。3.15 元。收编古今中外名人家教的传世佳作，名人家教故事，其中特别突出老一辈无产阶级革命家的家教风范。全书分6编，第一编"立志"(明志，正心，理想)；第二编"学之重要"(惜时如金)；第三编"品行教育"(勤俭为业，自律为本，宽以待人)；第四编"家教艺术"(言传身教、潜移默化，铢积寸累、日进有功，勿溺勿宠、经受磨炼)；第五编"家训家书"(做人训，学习训，爱情训)；第六编"遗书遗嘱"。另有名人(颜之推、陆游、庞尚鹏、曾国藩)家训家书的附录。(刘年珍)

G000311 **校外教育手册** 中国福利会、上海市校外教育研究会编。上海教育出版社1993年4月版。55.8万字。12.40元。关于校外教育的工具资料书。共8章：校外教育概述、校外教育工作者、少年宫的工作、少年科技指导站的工作、少年宫少科站的阵地建设、野外活动营地和少年军校、儿童图书馆的工作、校外教育机构的管理。其中建立校外教育机构的类别、建制及其管理等方面的阐述，为校外教育机构提供了参考。而各少年儿童活动场馆的组织与活动的介绍，尤其是近20个活动小组、20余个主题活动实例的详细介绍，又体现了本书的实用性特点，为开展校外各类活动提供了范例。书末附全国部分校外教育机构通讯地址。(张瑢)

G000312 **家庭教育学** 彭立荣著。江苏教育出版社1993年5月版。27万字。6.30元。收入"当代教育新理论丛书"。介绍古今中外家庭教育的成功经验及有关知识和理论。针对我国当代家庭教育中突出的社会现象、社会问题，进行科学的研究和阐发。如研究和分析了当前在我国家庭教育中比较严重而突出存在的期望值偏高的现象，既研究和分析了它产生的社会根源和家庭原因，也深入研究了其危害和错误的根源，同时又研究、探讨、阐明了解决这一严重问题和现象的基本方法。作者还从我国的国情和现代社会发展趋势出发，分别设专章重点研究了独生子女的家庭教育、残缺家庭子女的家庭教育、残缺子女的家庭教育、越轨犯罪青少年家庭教育等问题。(朱述宾)

G000313 **英国成人教育史** 张新生著。山东教育出版社1993年5月版。29.7万字。19.50元。从历史的角度，以英国成人教育发展的主流及特征为线索，对英国成人教育的起源、沿革与英国社会经济发展的关系进行深入的探讨。(房小军)

G000314 **德国"双元制"职业教育——历史、立法、体制、教学** 吴秀方主编。苏州大学出版社1993年6月版。15万字。5.80元。以"双元制"著称的德国职业教育对世界各国都产生过重大影响，日本和美国的崛起均曾受益于此。本书编者根据所占有的大量第一手资料，详细介绍了德国职业教育的历史沿革及"双元制"模式的形成过程、培训方法以及教育过程。对我国大力发展职业教育有借鉴作用。(徐斯年)

G000315 **跳蚤的下代是什么** 副名：家庭环境与青少年成长。王金玲著。河南人民出版社1993年7月版。17.6万字。5.60元。一部研究如何建设家庭环境，以利于青少年健康成长的理论著作。它借鉴K·莱温的"心理场"理论和群落生态学理论，提出了"家庭场"、"青少年的家庭中成长是一种家庭场效应中的成长"等理论观点后，分别从家庭观念、家庭关系、家庭教育、家庭伦理、残缺家庭等角度考察并探索了"家庭场"的内涵、青少年在家庭中健康成长的必备条件等。(张继成)

G000316 **养育天资卓越的儿童** 武战海编。陕西人民教育出版社1993年7月版。5.4万字。根据美国培育天才儿童研究的资料，结合我国有关研究编写而成。作者认为每个儿童都是独一无二的，只要家庭、学校能够发现、认识并努力给以诱导、扶持、培养，每位儿童都可表现出独有的天分，在某方面或某几方面表现卓越。相反的，儿童的天分像一颗幼芽，如果不适时给以水分、阳光和土壤，就会枯萎，即使一位天分极高的儿童，也可能一生平庸。本书主要内容包括：发现儿童天赋的8种方法；启发、诱导、兴趣与天才；聪明孩子喜欢和讨厌的老师；成绩不佳令父母头痛；每个儿童都是唯一的；特殊教育工程——培育天资卓越的儿童。(朱芸)

G000317 **弱智儿童家庭训练教程** 茅于燕、吴今编。华夏出版社1993年8月版。24.2万字。7.50元。以提问的方式，介绍弱智儿童的基本情况及家长所应具备的预防、教育等方面的常识，并以较多篇幅介绍了家长如何训练弱智儿童，使之在生活自理能力、参与社会活动能力等方面得以提高的方法。书后附有儿歌、童话故事、游戏，可供家长、教师训练孩子时参考。(周国芳)

G000318 **教子成龙100法** 李友林等编。沈阳出版社1993年9月版。16万字。5.50元。向广大家长宣传教育科学，普及家教知识，针对当前家教中普遍性问题，通俗易懂地解答了家长们可能遇到的诸多"怎么办?"。全书共100个问题，体现了家庭教育既是科学，又是哲学；既是技术，又是艺术这样一个全新的家教内容，旨在充分发挥家庭—孩子的第一所学校，家长—孩子的第一任教师的有效作用，使家长站在当前与未来的交界点上，卓有成效地把握家庭教育的宗旨与方法，以全新的观念和科学方法培养下一代，使孩子成为具有聪明才智，具有抵御挫折的顽强精神和战胜困难的坚强体魄的新生代。(程霜云)

G000319　**中外家教艺术**　傅建明编著。漓江出版社1993年10月版。23万字。6.88元。概述中外在配偶选择、怀孕、胎教、0～6岁幼儿的教育等方面的状况，全书主要是针对中国幼儿家教和幼儿园教育中不甚完善之处，引鉴美国、日本、德国等西方国家的教育方式作为比较。(林柳源)

G000320　**成人高级中学课本·自然科学基础**　人民教育出版社成人教育室编著。人民教育出版社1993年11月版。41.2万字。7.90元。根据《成人高级中学自然科学基础教学大纲》编写。教学内容按照物质发展由简单到复杂，由低级到高级的顺序安排，即由简单运动形式到复杂运动形式，由简单结构到复杂结构，由无生命到有生命。所以先讲述物理学，再讲述化学，最后讲述生物学。该书针对文科学员实际，突出教学重点，主要讲述物理学、化学、生物学的基本知识。(郭连璧)

G000321　**名人教子书信选读**　唐忠民、陈贵勤选编。福建教育出版社1993年12月版。15万字。6.50元。选编刘邦、司马光、朱熹、严复、林则徐、刘少奇、毛泽东等古今50位名人的家书，分为立志篇(6封)、劝学篇(10封)、修身篇(12封)、处世篇(11封)、齐家篇(11封)5个部分，涉及了人生的方方面面，尽为叮嘱、告诫、规劝、指点、鼓励乃至批评之肺腑之言，晓之以理，动之以情。50封家书中，对古代部分，作了注释和翻译；对现代部分也作了简要的注释。对每封书信的阅读重点，都在注释中作了必要的提示，帮助读者从中受到感染、熏陶、启迪。(任凤生)

G000322　**成功教育**　刘京海主编。福建教育出版社1993年12月版。31万字。10.80元。“成功教育”是旨在使学习有困难的学生获得诸方面成功的一种教育。作者把国内上海等地成功教育的试验成果和国外发达国家成功教育的精华结合起来，围绕成功教育的缘起及发展逻辑、成功教育的原理与原则、成功教育的机制和成功教育的实施等4个方面的内容，揭示以下论点：1.教育的本质可定义为成功。教师的本质任务就是使学生成为学习的成功者，进而为其成为社会的成功者作好基本素质的准备。2.学生的学习愈能成功，持续学习的动机也愈强，乃至出现“马太效应”，成功者赢得越来越多的成功，失败者遭到接连不断的失败。所以本书提出了“成功是成功之母”的命题。3.教育的成功是建立在科学的教学方法之上。本书总结了成功教育操作系统的三要素：“期望、机会、评价”，教学策略的“四字经”：“低、小、多、快”(即低起点、小步子、多活动、快反馈)。(周少英)

G000323　**职工考试学概论**　孙中达主编。上海教育出版社1993年12月版。21.1万字。5.85元。探讨职工考试问题的普及读物。共11章。第一章绪论，概述职工考试学产生的背景，研究的对象、意义等；第二章研究中国历代各种形式的考试制度，如原始社会的“选贤与能”，西周的国学、乡学、贡士的选试，西汉的察举制，魏晋南北朝的九品中正制，隋唐以来的科举制等；第三章介绍按不同标准划分的考试类型、考试的形式；第四章论述职工学历考试和非学历考试的联系、区别；第五、六章讨论职工考试的功能、作用，以及考试的信度、效度、难度、区分度等问题；第七至九章研究职工考试如何科学地命题、评阅，以及考试过程中的管理；第十章分析职工学习心理、考试心理卫生等方面的各种问题；第十一章作者对职工考试标准、重点、方法等提出了改革的设想。(张文忠)

体　育

G000324　**围棋小丛书**　[日]高鸟正著，邓飞、杨亚雄等译。湖南出版社1986年10月—1993年8月版。71.9万字。围棋技巧通俗读物。包括《围棋七日入门》、《围棋布局与定式入门》、《中国围棋名局欣赏入门》、《日本围棋名局欣赏入门》、《围棋手筋与官子入门》等5本。教授围棋新手一些关于围棋的最基本的知识和技巧，如提子、死活、攻防、打劫、终盘及各种布局方法、手筋、官子的概念与运用等；并选取中日两国古今名手的有代表性的棋局加以评析，配有多幅插图。(聂双武)

G000325　**全国普通高校体育教材——理论教程**　邹继豪主编。大连理工大学出版社1993年版。21.8万字。6.50元。共5篇，计13章。第一篇体育概论篇，阐述了体育的产生、发展、功能，以及高校体育的目的、任务、特点和规格要求。着重引发和强化学生的体育意识；第二篇体育科学原理篇，精选与人体运动较为密切的生理学与心理学基础内容，使学生加深对体育生物科学基础本质的认识，以及对体育本质和规律的理解；第三篇体育锻炼篇，着重阐述体育锻炼的特点原则，实用方法，培养和发展学生的体育能力，掌握体育的本领；第四篇养生保健篇，简要地阐述我国传统养生的思想、原则和方法，广为介绍了体育卫生学和保健康复理论知识及诸多体育疗法，努力在传统养生和现代保健医学方面找到结合点，融时代性与民族性于一体；第五篇运动竞赛篇，从高校体育现状和现代生活的需要出发，对运动竞赛的特点、应用方法和运动竞赛观赏等有关知识作了必要的介绍。（方延明）

G000326　**奥林匹克之星**　黄世新主编。武汉大学出版社 1993 年版。14.5 万字。3.50 元。收录湖北省 20 多位优秀青少年成材的事迹，他们当中有的在国际奥林匹克体育竞赛中获得多项冠军，如周继红、陈静、乔红、伏明霞、李小双等，有的在国际中学生各学科奥林匹克竞赛中取得骄人的成绩，如王崧、周彤、夏煜、陈杲、张霖涛等。他们为争夺一枚枚金光灿灿的奥赛奖牌，付出了辛勤的劳动和汗水，演绎出一篇篇感人肺腑的故事，演奏出一首首动人心魄的乐章。他们这种坚忍不拔的拼搏精神和积极向上的进取精神，为广大中小学生和青少年提供了奋力拼搏、走向成功的范例。（张俊超）

G000327　**集邮基础知识问答**　卞德培、耿守忠编。人民邮电出版社 1993 年 1 月版。26.1 万字。7.70 元。以问答形式介绍集邮基础知识的普及读物，回答了广大集邮爱好者感兴趣的 350 多个问题，内容涉及邮政常识，邮票漫谈，封、片、简、戳，集邮入门，中国邮票，外国邮票和邮票辨伪等 7 个部分。（韩丽伟）

G000328　**中华人民共和国邮资封片简目录**　刘广实编。人民邮电出版社 1993 年 1 月版。17.6 万字。9.50 元(平)，12.50 元(精)。收录了我国邮政主管部门自 1950 年 1 月至 1991 年 12 月发行的邮资封、片、简 500 余种的图样和资料，同时还有作者多年研究的成果。（周莱）

G000329　**象棋系统论**　阮宜正著。蜀蓉棋艺出版社 1993 年 1 月版。14 万字。4.50 元。作者将系统论的基本原理用于指导象棋理论的研究，探索一门特殊门类的系统理论——象棋系统论。该书对象棋理论进行了深层次的研究，包括典型战例，阐述象棋的文化性。全书分 6 章：象棋系统论——从艺术走向科学；棋子的功能；擒王系统的结构、任务、机制分析；得子系统的类型及其特点；谋势及其思维方式等等。（曾绍东）

G000330　**古今排局赏析**　蒋权编著。蜀蓉棋艺出版社 1993 年 1 月版。24 万字。5.90 元。选取有代表性的百局著作（以古谱为主），按来源、局名释义、与着法的联系、作品和作者简介等项内容作较为全面的介绍。（黄国俊）

G000331　**无极谱**　副名：陈祖德对局精选（一）。陈祖德著。安徽科学技术出版社 1993 年 2 月版。30 万字。9.50 元。共 4 卷，每卷评介 20 局棋，包括作者少年时代至 1980 年身患重病前的有代表性的对局。作者在解说对局的同时，介绍了数十位中日著名棋手的生平、棋风和战绩。本书不仅从一个侧面反映了新中国棋手经过艰苦的努力，发扬拼搏精神，终于赶上了世界先进水平，而且讴歌了老一辈无产阶级革命家如周总理、陈毅元帅对我国围棋事业的热情支持，验证了陈毅元帅生前的预言：“国运盛，棋运盛。”（杨家骝）

G000332　**新编集邮词典（续编）**　翟宽编。1993 年 3 月版。30 万字。11.30 元。综合性百科知识型集邮工具书，共收词目 1 698 条，均为有关集邮及与集邮关系密切的相邻学科最基本、最常见的名词、术语、俗语和流行用语。按属性分类法分为 12 个部分：邮驿与邮政，邮票，票面、票背、票边与齿孔，中外各时期邮票，集邮品，戳记与注销，邮票的计数单位与张连，水印与暗记，邮票的品相、错变体及伪造邮品，邮票印刷，集邮，其他。另有附录 17 种。该书还配有彩色、黑白插图约 200 幅。该书是《新编集邮词典》（修订本）的增补。（陈飞）

G000333　**学生常用棋类知识及弈法**　关秉达等著。辽宁少年儿童出版社 1993 年 3 月版。16 万字。2.40 元。资料性工具书。分为“智力棋类”、“趣味棋类”、“民间棋类”、“海陆战棋”、“跳棋”、“中国象棋”、“国际象棋”、“围棋”等大类，每大类中又分具体棋类若干种。每种均介绍棋盘、棋子、玩法、胜负标准等。共介绍 78 种棋类。（赵九伶）

G000334　**小魔术集萃**　陈容光等编。辽宁少年儿童出版社 1993 年 3 月版。18.7 万字。3.00 元。分“基本知识”、“简易魔术”、“手帕魔术”、“钱币魔术”、“香烟火柴魔术”、“扑克魔术”6 个方面。介绍了中小学生、业余魔术爱好者喜爱的新奇魔术 130 种。这些魔术道具大多取材于日常用品，并根据多方面的科学道理进行巧妙的设计，再配合灵活的艺术手法达到以假乱真的艺术效果。（李冰梅）

G000335　**校园体育游戏集锦**　关槐秀编。辽宁少年儿童出版社 1993 年 3 月版。15 万字。2.30

元。分"体育游戏"、"军事游戏"、"室内游戏"、"民族、民间传统体育游戏"等栏目。每个栏目包括跑、跳、投、掷等不同运动形式。(赵九伶)

G000336 **中国解放区邮票目录** 人民邮电出版社编。人民邮电出版社1993年3月版。30.4万字。15.00(平),18.00(精)。收录中国解放区邮票图案和资料的目录。解放区邮票是中国邮票的组成部分,在世界邮坛中占有重要的地位。本目录中共收录中国人民革命战争时期1930年至1950年各革命根据地、解放区217个单位发行的邮票、包裹印纸共455套、2 231种的图案和有关资料。在编排体例、邮票命名等方面做了新的调整和改进,在内容上增加了近年来新发现和新的研究成果。(韩丽伟)

G000337 **新编集邮词典(修订本)** 翟宽编。北京出版社1993年4月版。80万字。19.70元。综合性百科知识型集邮工具书,与《新编集邮词典》(续编)共为上、下卷。该书在原展望出版社出版的此书的基础上全面修订而成。共收词目4 183条,均为有关集邮及与集邮关系密切的相邻学科最基本、最常见的名词、术语、俗语和流行用语。按属性分类法分为12个部分:邮驿与邮政,邮票,票面、票背、票边与齿孔,中外各时期邮票,集邮品,戳记与注销,邮票的计数单位与张连,水印与暗记,邮票的品相、错变体及伪造邮品,邮票印刷,集邮,其他。另有附录14种。该书还配有彩色、黑白插图约400幅。(陈飞)

G000338 **体育教师研究** 蔡宝忠等著。辽宁少年儿童出版社1993年5月版。16.7万字。5.00元。分10章,以33个专题,就研究体育教师是社会发展的需要、我国体育教师的现状和分析、体育教师的教育学特征、体育教师的心理学特征、体育教师的职业素质、优秀体育教师成因的分析、体育教师的需要与管理、未来体育教师的预测、国外体育教师的比较研究等问题进行较为详细的论述。论述以调查资料为依据,以文献资料为参考,以多学科知识为基础,从宏观上把握体育教师的整体变化,在微观上注意细小差异,体现了理论与实践,定性与定量,横向与纵向相结合的综合研究的特点。(赵九伶)

G000339 **萨马兰奇奥林匹克体育邮集** 人民邮电出版社编。人民邮电出版社1993年7月版。16万字。55.00元。收录萨马兰奇收藏的历届夏季奥运会主办国发行的邮票,形象生动地展现了现代奥运会瑰丽的史诗般的进程。(黄建霖)

G000340 **象棋特级大师百局谱** 陈孝堃等编。百花洲文艺出版社1993年8月版。24万字。10.50元。选编特级大师对局150余局,其中绝大多数是特级大师之间的对局,极少容纳特级大师与大师之间的佳局。所选对局全部是全国级大赛上的竞技佳作。选局时间跨度为80年代初至1993年。编著者对每一局作了评注。书末附有特级大师简介。(胡一笙)

G000341 **钓鱼诀窍** 于文元编著。北京出版社1993年8月版。10.3万字。4.50元。以介绍湖塘垂钓技术为主,系统介绍了鱼的种类,鱼的洄游,钓鱼地点的选择,鱼具的选择和使用,鱼饵及其制作,常见鱼类及鳖、虾的钓法,以及冰钓、夜钓等多方面的知识和经验。(袁泊)

G000342 **中国集邮史话** 李毅民编。人民邮电出版社1993年8月版。28.3万字。8.30元。介绍中国集邮历史的普及读物,内容涉及清代、民国和新中国(包括台湾、香港、澳门)的集邮组织、集邮活动、集邮家、邮商、集邮书刊、国际交往等方面,从中可以看出100年来集邮事业在中国的发展过程和特点。(韩丽伟)

G000343 **擒拿、摔跤与空手夺刀** 郭燕京著。西南师范大学出版社1993年8月版。14.3万字。5.00元。以攻防实战为内容的武术技击书,重点介绍了擒拿、摔跤和空手夺刀的技术和训练方法,并以人体解剖学、人体生理学、生物力学及心理学理论及现代科学知识,分析了擒拿要素、擒拿手法、擒拿的实用技术;分析了摔跤的力学知识、摔跤的基本功、摔跤的技术动作;分析了空手夺刀人体感官系统神经传导时间差在夺刀中的运用,并分析了解脱与反击刀抵身的连续技术。(郑遨)

G000344 **新中国邮票的文物** 刘佳维等编。北京燕山出版社1993年9月版。10万字。80余幅图。8.50元。集邮知识普及读物。将新中国成立以来邮电部所发行的邮票上的文物分类编排,配以文字介绍,内容包括我国历年发行的青铜器、彩陶、钱币、画像砖、瓷器、绘画及古代建筑和石窟艺术等多方面的题材。(赵珩)

G000345 **集邮指南** 唐无忌、刘开文编。人民邮电出版社1993年10月版。15.3万字。8.00元。介绍集邮知识的入门读物。深入浅出地介绍集邮品的购买、个人与集体集邮活动的开展、组编各类邮集的方法、贴片制作的技巧、邮品辨别常识等内容。(周莱)

G000346 **中国武术咨询大全** 李成银编著。山东教育出版社1993年10月版。50.6万字。19.50

元。《中国气功咨询大全》的姊妹卷。全书分“武术简史”、“武术知识”、“练武指南”、“武术教学”、“武术学术研究”、“武术实战”、“武术与医学”、“武术专著专刊”、“武术与养生”、“练武方法”10 大部分。主要内容是作者多年从事武术教育和研究中撰写发表的论文和论著。在编入本书时，作者将这些论文论著进行了分类、归纳和整理，并作了必要的补充。（房小军）

G000347 **象棋残局大全** 王嘉良等编著。蜀蓉棋艺出版社 1993 年 10 月版。87 万字。上、下册。24.00 元。从象棋各兵种在残局中的作用进行分析，分上、下两集，对“例胜”、“例和”的棋局进行条目式罗列，探其规律。全书收有典型棋图 1 500 个，常见的“例胜”、“例和”尽收其中，难度较大的残局也可通过查阅此书，举一反三进行解决。（曾绍东）

G000348 **上海历史明信片** [德]汉·吕·弗鲁克供稿。同济大学出版社 1993 年 10 月版。164 幅。98.00 元。本世纪 80 年代，德国人弗鲁克在巴黎的古玩市场上发现了数张百余年前的上海历史明信片，从此，他就从巴黎、伦敦、柏林等西方的古玩市场上收集到数以百计的中国历史明信片。本画册的大多数作品，系清末民初的明信片，全书由外滩风景、苏州河畔、街头景色、上海老城、中国农村、妇女形象、风情习俗、浦江码头、教堂庙宇等 9 个章节组成，可以说是一组旧上海的风情画。本画册用中、英、德 3 种文字注释。（卞玉清）

G000349 **邮票上的华夏风光** 纪鸿照编。西安地图出版社 1993 年 10 月版。22 万字。5.80 元。分 5 部分，分别为名山探幽、江河揽胜、园林情趣、古建生辉、大地风光。根据相关的历史文献、考古资料、集邮、旅游等知识对所选邮票进行了介绍，为增强趣味性，还相应的选配了一些古人旅游诗词。（张英华）

G000350 **藏密气功日月合和（藏文）** 南卡诺布注释。民族出版社 1993 年 11 月版。11 万字。5.00 元。古籍注释。原书作者毗卢遮那，俗称大日如来，是吐蕃王朝藏王赤松德赞时、首先出家为僧的著名七觉士之一。他的著译很多，《日月合和》就是其中之一。这部文字深奥难懂的书目自公元 8 世纪问世以来，广为流传。然而，藏密日月合和的传授，主要仍是由上师根据一定的宗教法规、口头传授给弟子。直到本世纪 70 年代，旅居国外的藏族著名学者南卡诺布，将原文 497 句逐字逐句进行了详细注释。主要内容有先行道预备功和正行道修炼功两部分。预备功包括活动身体关节、排除体内废气、调整身体脉络等 3 个方面；正行道修炼功包括自性四则、组合四法、密气运转、七分支、六结合等 5 个方面。每一个方面又各包括 5 至 7 套不同的练功方法，每一套练功方法都附有详细的文字说明和图示。（南卡桑格）

G000351 **中华世界邮票目录·亚洲卷** 朱祖威主编。人民邮电出版社 1993 年 12 月版。630 万字。120.00 元。亚洲各国的综合性邮票目录。收录亚洲 43 个国家和地区自邮票发行以来所有邮票资料。按国别、发行的时间顺序排列。每套邮票的资料包括：邮票的发行日期，邮票名称，邮票种类，印刷版别，水印，齿孔，发行数量，邮票编号，面值，颜色，图案内容，人民币市场参考价，全套邮票枚数，全套邮票市场参考价，小型张、大型张、小版张规格，需另外说明的邮票知识。每枚邮票均附有黑白图样。（项立刚）

G000352 **中华气功大典** 张震寰主编。团结出版社 1995 年 6 月版。400 万字。198.00 元。分上、下两编，共 8 篇：一、溯源篇，综述中华气功数千年的历史发展和现状；二、功理篇，阐述了道、佛、儒、医、武术等各家各派气功原理和学说；三、人物篇，介绍了 400 多位古今著名气功师及其流派代表人物的生平事迹；四、书目篇，提要介绍了 600 余种古今重要气功典籍；五、科研篇，荟萃现代科学对气功理论及应用的实验报告与论文；六、病例篇，介绍了数百种气功流派最有疗效的治病病例和方法；七、展示古代气功文献、史料、文物、图录及实物照片；八、收录了古今气功功法千余种，包括古典功法、流行功法、对症气功等。（郑致平）

H 语言、文字

H000001 **实用中国语言学词典** 葛本仪主编。青岛出版社 1993 年版。68 万字。16.00 元。收录中国语言学基本理论、基本知识等方面的名词术语,分为语言学、语音学、词汇学、语法学、修辞学、文字学、音韵学、训诂学、方言学、少数民族语言文字、中国语言学著作和中国语言学家12个门类。(任兰沛)

语　言　学

H000002　**实用翻译美学**　傅仲选著。上海外语教育出版社1993年版。8万字。8.40元。研究翻译中的审美客体(原文、译文),翻译中的审美主体(译者、编辑、读者),翻译中的审美活动,翻译中的审美标准,翻译中的再现诸手段等。运用美学和现代语言学的基本原理,研究和探讨语际转换中的美学问题,以帮助读者了解翻译审美活动的一般规律,提高解决语际转换中碰到的具体问题的能力和对译文的审美鉴别力。其研究方法是分析原文和译文的各种语义,对比两种语言的异同,即对比分析法。(顾霞君)

H000003　**理论符号学导论**　李幼蒸著。中国社会科学出版社1993年版。60万字。15.00元。分总论、语言符号学、一般符号学和文化符号学4部分,对西方哲学史的符号学思想和现代西方符号学主要理论,符号学的起源、成长和形成为一门科学的基本过程,以及当今世界各国符号学的研究状况,作了比较系统的记述和总结。对现代符号学研究中具有认识论和方法论的主要理论问题,分类予以讨论,以使中国读者获得尽量广泛的知识。对各类符号学思想史予以概述,以显示符号学问题的历史根源和其在不同时代的存在形态,从而展示符号学思想方式在历史上和学科上具有的潜在统一性。本书统一的主题是意指关系论研究,即各种语言的和非语言的记号系统中,表达面与内容面的相关关系的研究。第四编对符号学方法和观点在人文学术话语中的分析实践予以讨论,以显示符号学在非严格性研究领域中的特殊功用和表现形式。选材上侧重欧洲当代符号学理论研究的成果,对非欧传统的广泛而丰富的符号学学术成果仅择要讨论。(李树琦)

H000004　**中外著名演说鉴赏**　陶涛主编。吉林人民出版社1993年2月版。100万字。38.00元。精选600篇古今中外著名的演说进行赏析,揭开伟人成功的奥秘,告诉现代人实现自我价值的法宝。(关静)

H000005　**话语·心理·社会**　[荷]冯·戴伊克著,施旭、冯冰编译。中华书局1993年2月版。19万字。7.50元。跨学科话语分析理论论集。内容涉及话语分析的社会作用和新发展,具体阐述了对话和话语交往、话语处理中的情形模型、新闻格局、报纸新闻的结构、名流话语与种族主义、话语结构与权势结构、社会认知与社会话语等一系列课题。(李亚明)

H000006　**演讲学教程**　邵守义等编著。高等教育出版社1993年3月版。26万字。4.80元。高等师范院校"演讲"选修课教材。内容上有新的突破,如增设专章阐述演讲审美能力的培养问题;更注重实践环节,如思考与练习题的设计注意由浅入深、由简到繁;针对性强,如特设专章阐述教师职业演讲训练。书中配有许多图例,介绍演讲时的身姿、手势、动作、眼神、表情等。(袁晓波)

H000007　**中国传统语言学要籍述论**　姜聿华著。书目文献出版社1993年3月版。43万字。15.50元。分训诂著作、文字著作、音韵著作三编,每编又分若干章节。对有关重要著作及其作者、内容、所属流派、版本流传情况等作较全面的阐述。征引资料丰富翔实,对古今学者的研究成果多有反映。(卢玉荣)

H000008　**中国文化语言学引论**　游汝杰著。高等教育出版社1993年4月版。15万字。3.55元。从语言现象研究文化,从文化现象研究语言,讨论过去语言学家很少去深究而文化学家又因缺少语言学专门知识而未能深究的一些问题,例如方言、"语言化石"以及各种专门语汇中体现的文化内涵,汉语的节律、声调对旧体诗词、地方戏曲、民间音乐的影响和制约,汉语对中国传统哲学思维方式的某些限定等,体现了作者独特的视角。(袁晓波)

H000009　**文化语言学**　申小龙著。江西教育出版社1993年4月版。50万字。10.10元。共5篇25章。分论语言与人性、语言与思维、语言与"世界观"、语言与哲学、语言与民俗、语言与社会、语言与文化的关系;阐述语言的文化阐释功能、语言的人际交往功能、语言的心理象征功能;对比介绍欧洲语言人文主义及其文化哲学、美洲语言人文主义及其文化哲学、中国语言人文主义及其文化哲学的范畴与内容;提出文化语言学研究方法——镜象认同法、思维认同法、气质认同法、深层结构认同法、比较认同法,语言研究的人文主义范型;对中国文化语言学的理论研究与争鸣进行了回顾与反思,并对汉语人文性理论、文化语言学的传统阐释、文化语言学的方法论、语言研究的共性与个性、文化语言学的意义和它的学科体系等提出了个人的见解。该书以汉语的人性为本体论，以对汉语的文化性征和中国语文传统的科学分析与阐释方法论的两翼，形成汉语研究的一种新的范式。这种范式：一、注重研究语言的文化内涵和文化功能，是一个前人未曾"涉猎"或"涉猎"较少的广阔领域；二、注重从功能、意义、内容、价值的角度贴近和解释语言事实，强调树立起一种语言研究的人文主义态度；三、使用一套当代人文科学研究共同的语言与范畴，改变了长期以来中国语言学与其他人文科学之间"言语不通"的局面，将语言研究纳入文化研究的历史长河；四、借鉴国外语言研究的理论与方法，将中西文化比较和语言比较有机地结合起来，为语言研究开启了一个文化领域，又为文化研究开启了一个语言视界。（杨鑫福）

H000010　**语言学百科词典**　戚雨村等编。上海辞书出版社1993年4月版。100万字。20.00元。共收条目5000余条，内容包括古今中外语言学的理论、术语、方法、流派、人物(在世者不收)、事件、团体、刊物等。上位术语与下位术语均出条，一词数名者，以较为习见或表述较为恰当者列为正条，余作又称，或略而不列。一词多义者分项释之，先总释概念，然后具体说明其意义、产生背景、使用方法和范围，并举例证明。词目表和正文均按笔画顺序编排。前有凡例，后有主要术语英汉对照表及汉语拼音索引。本书对西方语言学理论的介绍尤为详尽，对中国传统小学的介绍不甚充分。（叶玉秀）

H000011　**语言文化论**　陈保亚著。云南大学出版社1993年4月版。20万字。6.50元。在大量田野考察的基础上，从语言的内部结构入手，阐释语言对人类文化活动和哲学活动的深刻影响，分析古今文化学派和哲学流派在语言观念上的得失，理出了一条由语言学到文化学、哲学的方法论思路。共7章：世界的层阶性；语言文化共相论；语言文化自相论；语言本体论；泛时语言观与文化；语言文化纽带论；文字文化论。作者认为，不同语言浇铸了不同民族的思维模式，通过思维模式构建了文化精神。语言不是构建文化精神的唯一因素，但是最重要的因素之一。（戴抗）

H000012　**普通语言学概要**　伍铁平主编。高等教育出版社1993年5月版。23万字。3.35元。大学中文系基础课"语言学概论"教材。共9章，分别讲语言学的性质和任务、语言的构造和机制、语音、语法、语义、语言的变异、语言的使用、语言的演变、文字等内容。内容上有适度革新，突出的有：第二章专设一节讲"语言的机制"，集中例举预设机制、排除机制、补偿机制、多余机制、类推机制、对称机制、经济机制；第七章介绍国外语用学的基本理论，材料新而全面；第五章"语义"中加强了对"句义"的论述；第四章"语法"中写进了"显性结构"和"隐性结构"的内容。全书举例以汉语为主，外文则以英语为主。（袁晓波）

H000013　**美学语言学**　副名：语言美和言语美。钱冠连著。海天出版社1993年5月版。28万字。6.80元。美学语言学参照美学的方法研究语言中的问题，对语言和语言运用中的美学问题作出理论上的诠释，是专门研究语言审美规律的学科。本书分三大部分，研究美学语言学的学科独立品格、学科的理论框架，以及语言美和言语美的一般规律和具体规则。（宋城）

H000014　**语义学入门**　林汝昌、李曼珏编著。华中理工大学出版社1993年5月版。31.5万字。为英语专业研究生和本科生编写的语义学入门读物。主要阐述语义学的主要问题，如词义、句义、语义场、格语法、句子与逻辑的关系、语句与情景的关系等，对其基本概念及其研究范畴作全面系统的介绍。在部分章节里，对某些问题进行中英两种语言的对比。在讲述某些外国学说时，有介绍，有讨论。各章节后附有英文习题和答案。书中绝大多数例子和引文选自英语，也有若干汉语例子。本书最初用英语写成，曾在为湖南大学硕士研究生开设的"语义学概论"课程中使用。（梅欣君）

H000015　**世界名言精品**　《世界名言精品》编写组编。广州出版社1993年6月版。21万字。4.80元。辑录世界各国各时代数以千计的名人的传世名言约4 000条，分"世界与宇宙"、"天文与地理"、"植物与动物"、"人类与人性"、"心灵与情感"、"人生与命运"、"理想与奋斗"、"道德与品格"、"人际与处世"等28个部分。（赵辛予）

H000016　**英法汉·法英汉简明词典**　王中朝主编。解放军出版社1993年6月版。60万字。17.50元。英语和法语属同一语系，两种语言中许多词根是相同或相近的。本书紧紧抓住这一特点，以法国著名的Larousse词典为基础，收入英法常用词汇各1.2万多个，指出相同处，强调不同处，以使读者在查找生词时能充分借助已掌握的一门外语作拐棍，通过对比、参照的方法，举一反三，加深印象，收到事半功倍的效果。（张照华）

H000017 **教师体态语言艺术** 李振村、庄锦英著。山东教育出版社1993年7月版。30.3万字。10.55元。在吸取国内外有关研究成果的基础上,根据中国教师的实际情况,将教师体态语言划分为五大类:象征性体态语言、说明性体态语言、表露性体态语言、体调性体态语言和适应性体态语言。全书共10章:教师体态语言概论、教师象征性体态语言、教师说明性体态语言、教师表露性体态语言、教师体调性体态语言、教师适应性体态语言、教师的空间语言、教师的副体态语言、教师体态语言运用原则、教师体态语言的修养。对各类体态语言都阐述其特点、作用、解读、应注意的问题,并举出实例进行分析。书中配有插图100多幅。(胡钢泰)

H000018 **周祖谟学术论著自选集** 周祖谟著。首都师范大学出版社1993年7月版。44万字。23.00元。分10卷,收论文48篇。内容包括6个方面:探讨汉语语言和文字发展的历史;研究周秦到唐宋历代音韵的发展和不同时期的方言;论述中国传统的文字学、训诂学和辞典学发展的历史;评论清代以前几部重要的语言文字方面的著作;例释校勘古书的方法;古代部分著名学者事迹的考证。(王朝英)

H000019 **人类文化语言学** 邓晓华著。厦门大学出版社1993年8月版。22万字。4.80元。专业教材。综合运用语言学和文化人类学的理论和方法,从语言结构、变化及其与社会文化结构的关系诸方面研究语言在社会文化行为环境中的职能,并以语言学的研究方法和研究成果反推史前文化诸问题,达到重建原始语言与原始文化、掌握语言模式与文化模式、了解语言变异与文化走向的目的。运用大量语言学和文化人类学材料,有助于对语言学和文化人类学具体问题的认识。(王依民)

H000020 **语言学论文集** 张清常著。商务印书馆1993年10月版。38万字。10.60元。选收论文40篇,内容涉及音韵学、词汇与社会语言学、语法学、古籍标点、方言调查与研究、语文教育等方面。最早的一篇发表于1945年,最晚的几篇写于1990年。所收文章有独到的见解和风格,如《中国声韵学所借用的音乐术语》等文旁征博引,对音韵学中某些重要名称借自音乐术语的情况条分缕析,认为中国音韵学的创造,得益于西汉末年五音之家的以宫商角徵羽五音引字调音,自成一说。一组考证“胡同”一词的文章,提出“胡同”一词借自蒙语的论点,还从鄂温克语、女真语、满语等民族语言中获取更多的论据,并且指出“胡同”一词使用的地域分布情况。(刘玲)

H000021 **狮城舌战——首届国际大专辩论会纪实与评析** 王沪宁、俞吾金等著。复旦大学出版社1993年11月版。35万字。10.00元。1993年新加坡首届国际华语大专辩论会的纪实与评析。分3编。第一编星洲圆梦,详细记载狮城舌战的前前后后,生动叙述复旦大学代表队先后战胜剑桥大学、悉尼大学和台湾大学代表队,捧回冠军奖杯的过程。第二编辩论艺术,对复旦代表队的取胜经验、辩论原理和技巧、语言艺术等加以分析和论述。第三编实战艺术,完整收录复旦代表队初赛、复赛、决赛的辩论词。书末附有国际华语大专辩论赛的缘起、规则和评判词。(盛寿云)

H000022 **语言,文化与翻译** [美]尤金·奈达著。上海外语教育出版社1993年英文版。17.1万字。5.00元。从语言、文化角度探讨翻译理论。首先分析翻译的悖论,并把它归结为语言悖论和文化悖论。作者认为对原语言的理解是翻译的首要问题,因此从语言理论的角度讨论了原语的结构和意义。在论述语言和文化的关系时,指出语言之间存在着差异,编码到语言里的文化也存在着差异,翻译者要针对不同的读者层次,将作品从原语言转换到目的语。针对这两者之间的差异,作者按功能对等的方法,将翻译过程分为四个步骤,即:分析原文,从原语言到目的语,重新组织译文结构,测验读者反应。书中最后阐述其他翻译理论和语际交流。(张宏)

汉　语

H000023 **中国古代语言学资料汇纂** 张斌、许威汉主编。福建人民出版社1993年版。129.4万字。30.05元。共3册:“文字”分册着重选录研究字形的资料;“音韵”分册主要选录研究字音的资料;“训诂”分册主要选录研讨字义的资料。每册设若干专题,按资料的内容归类,每类资料以年代为序编排。每条资料均注明出处,包括作者、书名、版本、页次。每册后均附索引。资料选材起于周秦,讫于“五四”。(江中柱)

H000024 **古代汉语常用词手册** 邹恒玉等编。杭州大学出版社1993年版。39.3万字。10.00元。从各类成人高校古代汉语教材的文选中选取常用单音词909个,酌收少量双音词附于单音词条下,词头加注音。一般只收词的常用义,以求突出重点。例句尽量选用教材文选中的语句,部分例句附有译文。书末附有词头分类检索表。(钟仲南)

H000025 **人生格言精华辞典** 李兴方主编。河北人民出版社1993年版。106万字。25.80元。以人生为核心,以生命的价值和人的生活行为为主线,精选古今中外有关人生的名言万余条,分为人性、生命、价值、情爱、婚姻、家庭、道德、修身、处世等46篇,每篇又根据论述的主旨分为几个部分,提炼出小标题。(张琦)

H000026 **现代汉语的歧义** 吴英才、李裕德著。宁夏人民出版社1993年版。12万字。2.85元。从词引起的歧义、句子的歧义、简单词组的歧义、复杂词组的歧义、修辞的歧义、标点符号的歧义等方面讨论现代汉语歧义现象出现的规律和排除歧义的方法。指出研究现代汉语的歧义现象可为计算机处理信息时解决语句多义性问题提供借鉴,是现代汉语研究的一个不可忽视的方面。(张钟和)

H000027 **超常搭配** 冯广艺著。宁夏人民出版社1993年版。9.5万字。2.35元。从什么是超常搭配、超常搭配的分布情况、超常搭配的语义特征、超常搭配与逻辑规律、超常搭配与信息传递、超常搭配与修辞格、超常搭配的表达作用和运用等方面探讨超常搭配的条件和规律,阐明超常搭配是言语灵活或艺术化的一种情形。作者认为,根据一定的交际任务、交际场合的需要,充分利用受话人的主观能动性,故意构织一些表面上不合常规的搭配关系,让受话人去思索、联想或想象,从而领悟语言的蕴含,不仅不违背语言规范,而且还会产生积极的修辞效果,是民间文学、诗歌和其他文艺作品中常见的语言现象,是修辞学研究的一个领域。

H000028 **汉语词性修辞** 华宏仪著。宁夏人民出版社1993年版。11.2万字。2.95元。以名词、动词、形容词、拟声词、数词、量词、副词、代词、连词、叹词为序,分别讨论各类词所具有的修辞作用,各类词安排在特殊环境中所产生的特殊修辞作用。阐明汉语的词具有极强的修辞作用,对词性修辞作深入的研究是把修辞学研究推向更广阔的境界的一个重要的方面。(张钟和)

H000029 **中华小学生十用字典** 北原、王中敏编。山东友谊出版社1993年版。65万字。8.00元。收字4 100个,在国家语委和教委颁布的3 500个常用字的基础上扩展而成。每字包括读音、部首、字形结构、构字方法、笔画顺序、笔画数、释义、解词、正组词和倒组词10项。按三向检字法编排。另附音序和部首索引。(单虹)

H000030 **现代汉语** 北京大学中文系现代汉语教研室编。商务印书馆1993年版。33.7万字。9.20元。文科学生学习语言的入门教材。分5章,分别对现代汉语的语音、文字、词汇、语法以及标点符号用法等进行论述。每个大章节之后又分出若干小节,详细系统地从最基础的知识讲起,就各种语言现象的发展历史、现状、性质、特点等进行深入浅出的分析。章节后附有练习。(刘玲)

H000031 **汉字简化字与繁体字对照字典** 苏培成编著。中信出版社1993年版。28.5万字。16.50元。收入《简化字总表》的全部简化字2 235个,以及《第一批异体字整理表》中的39个字。每个字都用汉语拼音和注音字母注音,还有简明释义,并举出较多的例词和成语,说明简化的方法。在"注意"栏中说明繁体字和简化字之间的各种关系,有的还指出字音字形上值得注意的问题。(龚援)

H000032 **写作学引论** 安徽省写作学会编。安徽教育出版社1993年1月版。42万字。7.30元。高校通用写作教材。分"基础理论"和"文体理论"两大部分。"基础理论"部分从建构中国写作学理论体系出发,对中国写作学的历史发展过程作概括的叙说,讨论了写作产品、写作主体、写作受体、写作过程等理论问题,并对"立意"、"谋篇"、"表述"、"文采"、"文风"等写作学传统范畴作了颇具新意的发掘。"文体理论"部分立足于对写作学内部规律的准确把握,本着培养教学对象写作能力和社会实践能力的目的,清晰地揭示了文学写作、理论写作、应用写作的界限以及它们之间的联系,并对各类文体的性质、结构特点、语体风格、社会功用及写作技巧等逐一作了详尽的解说。(朱欣欣)

H000033 **处世格言集锦** 寇钧锋编。三秦出版社1993年1月版。16.9万字。3.95元。选收古人有关为人处世的格言1 500余条,分立志篇、品德篇、治学篇、言语篇、从政篇、处世篇、交友篇、治家篇、养生篇、综合篇等10类。对原文加以白话翻译。(张招资)

H000034 **汉语言文字规范化研究与指导** 张玉来、程凯著。山东教育出版社1993年1月版。20万字。总述汉语言文字规范化的历史、理论基础、原则、任务、对象和意义,系统阐述国家有关语言文字方面的法规与标准,探讨汉语规范化工作中存在的问题,并对问题的解决提出具体的建议和方法。(隋千存)

H000035 **中国写作理论史** 刘锡庆等著。陕西人民教育出版社1993年1月版。40万字。8.45

元。勾勒中国写作理论形成、发展的轮廓。认为先秦时期为中国写作理论的奠基期,两汉时期为初步拓展期,魏晋南北朝时期为体系建构期,隋唐至元明时期为发展、革新、争鸣期,清代为传统理论的集成期。概括了中国写作理论注重功利、人文一体、直觉把握、辩证思维、"和美"意识五大特点。(王志章)

H000036 **学习汉字手册** 上海教育出版社编。上海教育出版社1993年1月版。31.8万字。5.70元。分两大部分。第一部分收录有关汉字规范的资料,包括:《简化字总表》;《印刷通用汉字字形表》;《实用3 500常用字表》,此表对《现代汉语常用字表》中收录的3 500字按音序重新编排,增加了读音、笔画、部首等内容,另外对简化字和繁体字都见于古代的或者不同的繁体字被简化为同一个字的,也都分别加以说明,并列出字义、用法、组词举例;《现代汉字形声字字汇》,将《新华字典》中的形声字按音序编排,可以查阅形声字以及声旁等。第二部分为学习汉字的难点和要点汇编,包括:《容易读错的字》,《容易写错的字》,《容易用错的字》,分别按音序排列,正误比照;《难字表》,收录约3 000个难字,加以注音和简释。(冯战)

H000037 **汉语辞格大全** 汪国胜等编。广西教育出版社1993年2月版。56万字。22.00元。共收辞格691个,其中独立的辞格(一级辞格正条)231个,基本包容了目前所见的辞格。每个辞格正条的内容有:①出处,所列出处一般为作者所见到的最早出处。②定义,择取比较通行的说法作为定义。③举例说明。④分类,在一级辞格下面说明所属的二三级辞格。⑤作用,说明辞格的修辞效果。⑥运用,说明该辞格在运用中应注意的问题。⑦辨异,辨析某些辞格之间的差异。⑧说明,说明有争议的问题、作者的看法及其他有必要交待的问题。(唐秋德)

H000038 **韵学古籍述要** 李新魁、麦耘著。陕西人民出版社1993年2月版。42万字。10.50元。对音韵学典籍的介绍和分析,主要从韵书出现的魏代开始,下限至1911年。全书按典籍的内容将韵书分为古韵、今韵、等韵、近代音、字音、对音、论著、综合8类加以叙述,每一大类下再按内容或形式分为若干小类。所叙及的500余种韵学古籍基本上以性质或内容相同、相近的排列在一起,性质相同的,一般按时代先后排列。叙述内容着重在作者、撰作年代、序跋、版本、体例和主要内容或语音特点等方面。简明扼要,评价中肯。还酌收了一些与韵学研究关系比较密切的著作,如专书音义及字书之类的著作,以供研究音韵学的学者参考。(刘明立)

H000039 **小学低年级注音优秀作文** 郭新生编。文心出版社1993年2月版。12.6万字。5.35元。收近年来发表在报刊上的小学一、二年级学生的优秀作品107篇,分记人、记事、状物、写景、日记等类。每篇作文都加注了汉语拼音。(王镇)

H000040 **中国汉语文化讲话** 邓浩、郑婕著。新疆青少年出版社1993年2月版。13.5万字。2.80元。从语言角度人手,以语言为剖析面,对汉文化进行较为全面的论述。如谈"汉民族的文化心理"时,从"讲和谐"、"求有序"、"重社会"、"色彩词与汉民族的文化心理"、"数目字与汉民族的文化心理"等方面作阐释。认为文化心理是一个民族在历史上形成积淀而延续下来的一种持久、稳定、普遍的感情和情绪。全书共10章,主要内容有文化的涵义,语言和文化的关系,汉文化和汉语教学,汉民族概况,汉民族的经济生活,汉民族的宗教信仰,汉民族的宗法礼俗,汉民族的文学,汉民族的艺术,汉民族的思维特征,汉民族的文化心理,汉族与外界的文化交流等。(王力行)

H000041 **佛经释词** 李维琦著。岳麓书社1993年2月版。21万字。4.90元。解释隋(含隋)以前一些佛经中非宗教性词的专著。所释词语148条。释词详明允当,颇有理据。对前人解释过的个别词,作了修正补充。每一义项皆有丰富例证,少则5个,多则10个。(梅季坤)

H000042 **名家精评古文观止** 中华书局编辑部编。中华书局1993年2月版。45万字。19.90元。包括原文、译文、作者简介、注释等。译文准确,体现原作风格。(赵子新)

H000043 **方言校笺** 周祖谟撰。中华书局1993年2月版。影印140页。24.50元。以宋代李文授本为底本,参证以清代戴震、卢文弨、刘台拱、王念孙、钱绎各本,根据《说文解字》和《广雅》校订郭璞原本的错误,根据唐代以前的书(如原本《玉篇》和《玉烛宝典》等)校订郭璞以后到隋唐间传写的错误,根据唐宋间的书(如《一切经音义》和《集韵》等)校订宋以后传刻本的错误,订正了原书前后错乱、讹字衍文、脱落倒置等错误。所有校语案语都逐条列在原文下面。书后附有四角号码及笔画索引。(李亚明)

H000044 **闽南话入门** 纪亚木编。鹭江出版社1993年2月版。25.2万字。8.50元。在作者为中国旅行社总社和国际旅行社总社举办的闽南话培训班编写的教材基础上修改而成。在简要分析闽南话的形成、分布和特点之后，抓住闽南话与普通话读音整齐的对应规律这一特点，以现行的厦门市区语音为记音标准，采用厦门语言工作者制定的一套厦门话拼音方案，从语音入手，扩及词汇语法，从简到繁，分 24 课进行教学。每课设课文、方言词语、注释、语音、音素说明、厦门话与普通话音素比较及练习各项。

H000045 **中国著名小学作文精华** 刘永民等编。北方妇女儿童出版社 1993 年 3 月版。53.5 万字。15.10 元。编辑上海市实验小学、北京市中关村小学、西安市实验小学等学校历届学生的作文精品以及作文教学的经验。本书由小学生优秀作文、专家评点、学生写作体会、作文教学经验、学校校史简介 5 部分组成。

H000046 **天津方言** 韩根东主编。北京燕山出版社 1993 年 3 月版。20 万字。7.50 元。分为天津方言词语小考、天津语音总论、天津方言的语缀和歇后语论等。附录天津话齿音字的历史来源、天津方言语音变调、天津人怎样学普通话等。(李剑波)

H000047 **现代成语巨典** 毛学河主编。大连出版社 1993 年 3 月版。325 万字。90.00 元。收录常见、常用成语、俗语、惯用词语 1.8 万余条，依照汉语拼音字母顺序编排。对词目中的生僻字和容易读错的字均以汉语拼音注音。对词目中的多音异读字以《普通话异读词审音总表》为依据加以注音。释义一般先对难懂的字、词分别进行解释，尔后对整个词条进行串讲；浅显易懂者只串讲，不予解释。某些成语有多个义项，逐一列举，并用数字标明。对某些成语的异体、变体等都单列一条并释义、串讲。每个词条一般引 1—4 条例证。引文均直接摘录原文。凡引自古代作品的注明篇名，一般不注朝代、作者；引自现代作品的只注明作者。前有《词目首字拼音索引》，后有《条目笔画索引》。(胡孝纯)

H000048 **近代汉语引论** 杨建国著。黄山书社 1993 年 3 月版。13 万字。3.05 元。首先对近代汉语的分期提出从唐代开始的主张，接着将近代汉语语料文献分为小说话本、诗词曲文、儒释语录、讲义读本、史籍碑铭 5 类作系统介绍。书中重点是对近代语词词义、语法的研究与考索。作者根据自己多年的经验，将考索词义的方法归纳为据上下文求义、因声求义、据相对之文求义、据不同版本异文比照求义、据异读求义、以今方言印证求义 6 条，运用这些方法对近代汉语中"字面生涩而义晦"、"字面普通而义别"的许多实词和诸多虚词作了精细的考索、辨析。同时对近代汉语语法作了初步探索。(王光谦)

H000049 **语文集趣** 邵勋潜编。江苏少年儿童出版社 1993 年 3 月版。85 万字。14.50 元。辑录语言、文字、写作、修辞、逻辑、标点符号、作家轶事、作品赏析等方面的文章、故事，融知识性和趣味性于一体。(徐健)

H000050 **论文写作模块论** 蒙应、余忠培著。漓江出版社 1993 年 3 月版。15.2 万字。3.80 元。主要阐述学术论文的组成模块及其功能以及各个模块的结构类型和写作技巧。具体精神是：从总体上对论文的布局谋篇作出一个粗略的决策，然后逐步求精，从粗到细，从抽象结构到具体内容，把一个大而复杂的写作系统大模块，分解成若干个相对独立的子系统模块，使这些子系统模块只涉及到局部的布局谋篇，分而写之，各个击破，再把各子系统模块按照一定的程序组合为一个有机整体，就形成了一篇论文。此外，还介绍了学术论文的准备、表述、评改等环节和社会科学、自然科学两种论文的写作，从方法论的学术角度多层次地探讨了论文写作的新途径。全书共 6 章：学术论文的组成模块及其功能；模块组合形式；模块写作的开头和结尾、论题和论点、论证；例文模块工程系统分析；模块写作过程；分类的写作。(黄文魁)

H000051 **小学生优秀作文鉴赏辞典** 曹剑尘主编。辽宁少年儿童出版社 1993 年 3 月版。56 万字。12.00 元。精编小学生优秀作文共 290 篇，分写景、状物、写人、记事、活动、其他 6 个部分，每个部分设数个专栏，每个专栏收编数篇。每篇作文后都编写有评析，从选材、组织、表现手法、立意等方面加以评说分析。(李冰梅)

H000052 **中国实用文体大辞典** 杭海路、孙琇主编。山西经济出版社 1993 年 3 月版。250 万字。49.80 元。分基础概念、通用、涉外、军事、经济、法律、教育、科技、新闻出版、医药卫生、古代文书、公文用语等 12 部分，收辞目 2 200 多条，对各种应用文体的定义、性质、要素、撰写要领等分别进行阐述。附录有关应用文书的法规、行文程序、标点符号用法、数字使用及度、量、衡换算、比较等。(李廷芝)

H000053 **政工干部写作** 刘林主编。西南交通大学出版社 1993 年 3 月版。31.4 万字。6.90 元。分文章写作基础知识、党政公文写作的共用文体、政工各岗位专用文种等部分，其中政工各岗位专用文种部分又分工作计划、工作总结、调研报告、简报、宣传工作、任职、考评、查处等项。采用基础理论与实用文种范例相结合的手法编写。在文种选取上，侧重于应用。对使用频率高、应用范围广的文体的写作特点和要求加以详尽说明。(李英明)

H000054　**现代汉字学**　高家莺、范可育等编著。高等教育出版社1993年4月版。25万字。4.55元。分10章，有9个附录。绪论介绍建立现代汉字学的必要性，以及现代汉字学的研究内容和研究方法。第二章概述现代汉字的范围、性质和造字法。第三至第七章是本书的重点所在，详细论述现代汉字的字形、字音、字义、字量和字序。第八至第十章着重从语用的角度讨论现代汉字的总体特点和使用效率、现代汉字的简化和标准化，以及现代汉字的信息处理。章后均有“思考和练习”、“参考资料”，以备教学双方检查对教材内容掌握的程度，也为学员扩大视野、继续深造创造条件。本书的价值在于：一、初步为现代汉字学这门新兴学科建立了完整的科学体系；二、吸收了近年来汉字研究领域的大量新成果，具有时代性、先进性；三、注重现代汉字的应用，实用性强。本书作为一门新兴学科的奠基之作，难免有尚待完善与深入的地方，某些课题尚需深入、持久的研究。(何毓玲)

H000055　**通假大字典**　张桁等编。黑龙江人民出版社1993年4月版。133万字。22.60元。所收字头均有通假义，并有古书例证。字书、韵书中无古书例证的通假字一般不予收录，对于一部分人们习惯上认为有通假关系的古今字予以收录。连绵字以现代汉语规范的书写形式为准，其他书写形式按通假处理择要收录。以借字为字头，被借字(本字)列于字头之下。字头释义，只释本义或常用义。通假义的解释按一定的顺序进行。先标明通“×”；再注明本字的普通话读音，并附例句，例句后简单释文；最后标明借字和本字的上古声母、韵部，并说明通假方式。所引书证力求意义完整，书证一律用原书名、篇名。(安晓峰)

H000056　**中国现代实用文体范例大全**　杨鑫福主编。南海出版公司1993年4月版。46.9万字。12.00元。从实用角度分7部分：行政应用文，司法应用文，财经应用文，文教应用文，日常应用文，科技应用文，涉外应用文。对各类文体写作的基本原则及要求作科学与简明的解释，勾勒基本框架，对格式特点与注意事项等点到即止。范文力求典型丰富，并尽量与实践贴近。(任在齐)

H000057　**南京方言志**　费嘉等主编。南京出版社1993年4月版。26.6万字。14.00元。“南京市志丛书”之一。除概述外，分语音、词汇、语法、内部差异和分区、标音举例等5章，每章又分若干节、目。比较全面而动态地勾勒了南京方言的基本轮廓，反映了南京方言的特点、发展变化和现状。该书以南京城南老派音系为基础，吸收南京中派及新派音系，参照南京市郊方言，采用典型生动的语例，以汉语拼音字母为标音符号，并将汉语拼音字母与国际音标相对照。(孔繁麟)

H000058　**古代汉语貌词通释**　叶萌编著。山东文艺出版社1993年4月版。45.1万字。19.95元。诠释古代汉语中的描绘性词的专著。著者在前言中指出：“古人是常以‘××貌’来注释这类词的。实际上，从汉代到清代，在所有经师、小学家和注疏家的心目中，对这类词的理解本来就不与现在所谓的形容词和副词的概念相混。”基于这种认识，又根据古代典籍中词类的具体情况，著者认为：“古代汉语中可另立貌词这一词类。”该书所收貌词类型包括：(一)单言；(二)重言(即完全的叠音形式)；(三)双声叠韵(即不完全的叠音形式)；(四)某些并列结构。取例断于魏晋，著者遍览此一时期的经、史、子、集，搜罗了其中几乎所有貌词，根据声义相通的各种情况，对所收词语进行诠释。(路英勇)

H000059　**中国实用经济文体全书**　梁志祥、连玉明编。山西经济出版社1993年4月版。196万字。75.00元。收录国内主要经济部门现行常用文体300余种，涉及营销、技术、管理、协作、专利、商标、票据、财务、工商、税务、审计、保险、外贸、律师、公证、仲裁和诉讼等几十个领域，并收录各种文体的标准格式和典型范例1200余个。全书分经营管理文体、经济协作文体、技术管理文体、经济法律文体、经济行政文体、工商管理文体、税务管理文体、财务计算文体、审计监督文体，对外贸易文体10编，对收录的各种经济文体，按使用顺序逐一阐明其概念特点、适用范围、篇章结构、制作要求和格式等，以使读者了解各种文体的基本理论，掌握制作和应用各种文体的技能。(侯新院)

H000060　**各类文章写作要领**　胡吉章编。文心出版社1993年4月版。10万字。4.05元。作者突出地撰写了三个“八”(即记叙文八题、说明文八种、议论文八类)，提出了24个提高点，旨在突出几种常用文体表现在多方面的特点，给学生提供借鉴，从而突破“一般化”这一通病。在“记叙文八题”中，作者提出，必须做到：立意鲜明而深刻，选材典型而恰切，构思新颖而独特，表达精要而明晰。在“说明文八种”

中，作者提出，必须做到：准确、严谨、简明、浅易、显豁、清顺、精妍、风趣。在“议论文八类”中，作者提出，必须做到：阐明道理、剖析实质、辨明是非、解说内涵、批驳谬误、陈述见解、评论正谬、抒发感情。在阐述 24 个“提高点”(即“写作要领”)中，作者先通过“说明”这一栏目，对每一“提高点”的含意作明确解释，然后用“例文”、“简评”加以佐证，以使读者不仅知其然，还知其所以然。(杨文君)

H000061 **汉语文字学** 许长安编著。厦门大学出版社 1993 年 4 月版。17 万字。5.05 元。汉语文字学专业教材。除首章绪论外大略可分两部分。第二章回溯文字学史，介绍和简评历代主要的“小学”字书、“《说文》学”、古文字学的主要著作。第三至第五章是作者自己建构的文字学，主要讨论文字的起源、演变和构造。最后详解《说文解字》的 540 个部首。书末附有《说文解字叙》和汉语文字学书目。(王依民)

H000062 **实用汉语语义学** 陆善采著。学林出版社 1993 年 4 月版。16 万字。6.50 元。以现代语言学理论为指导，通过分析汉语的语音、词汇、语法、修辞等与语义的关系，对汉语的各类语义现象作较为细致的剖析。特别注意从实用的角度，联系中国古今名篇中的实例，探讨汉语中的谚语、俚语、隐语、成语、歇后语、双关语等一些比较特殊的语义现象。(雷群明)

H000063 **古文观止今译(十一)(十二)** 徐北文译。中国盲文书社 1993 年 4 月盲文版。12.4 万字。2 册。2.30 元。(宋涛)

H000064 **中国典故辞典** 杨任之编。北京教育出版社 1993 年 5 月版。153 万字。41.00 元。收录典故 7 000 余条。每条典故都引自原著。对生僻字词加以简要注释，给出例句。按词目首字笔画排序。书后附有汉语拼音索引。(黄颖)

H000065 **简明汉语史** 向熹著。高等教育出版社 1993 年 5 月版。99 万字。2 册。上册：8.80 元；下册：6.60 元。上册包括绪论和汉语语音史、汉语词汇史，下册包括汉语语法史和结论。绪论介绍研究汉语史的目的、意义、观点、方法以及汉语发展史的分期等。结论总结汉语语音、词汇、语法发展的特点和趋势。语音编、词汇编和语法编分别介绍上古、中古、近代的语言发展规律及时代特点，注重语言演变的系统性、规律性，并介绍了一些特例。本书勾勒了汉语三千年发展的脉络，构筑了汉语史研究与教学的合理框架；取材广泛，例证丰富，尤其重视中古、近代汉语中的语言材料；总结并吸收了本世纪 60 至 90 年代汉语史研究的成果。(何毓玲)

H000066 **汉语新词汇词典** 郭熙主编。江苏教育出版社 1993 年 5 月版。68 万字。7.15 元(平)，9.15 元(精)。汇集建国以来出现的汉语新词语。反映了中国大陆和港台地区汉语新词语、新用法的差异。

H000067 **世说新语词典** 张万起编著。商务印书馆 1993 年 5 月版。113.6 万字。16.00 元。《世说新语》是南朝宋刘义庆撰写的笔记小说。它口语性强，反映了魏晋南北朝时代的语言情况，是中古汉语研究的重要材料。编著者对该书的全部词汇及若干语法现象进行了穷尽式的全面细致的调查和分析。正文分正编、副编两部分。正编分语词编和百科编，共收《世说新语》中出现的字、词、固定词组、人名、地名、官名、书名及该书的 36 篇题解 8 000 余条。副编选收该书刘孝标注文的部分语词及源于该书的成语、典故等 1 600 余条。对语词条目的释义从《世说新语》的语言材料出发，进行分析归纳，不作过多的历史考证和文献征引；对百科条目则从有利于阅读原书的原则出发，作适当的注解。注释体例中有“附论”、“备考”两项。“附论”对原书中出现的某些语言现象作了分析和理论说明，“备考”则附列一些佐证和参考资料。此外在所收基本词后附收派生词词目或与该条相关的词目，对所收语词中的虚词均标注词性(实词一般不标)，对一些词语的语法功能作了分析研究，对正编所列条目均附有出现频率统计，对人名、地名、书名条目均附列所有出现页码。正、副编按四角号码顺序排列。正文前有词目音序索引及汉字部首笔画索引，书末有《宋书·刘义庆传》、《梁书·刘峻传》、《世说新语》序目题跋、《四库全书总目提要》(《世说新语》部分)、参考文献等 5 种附录。(金欣欣)

H000068 **隶变研究** 赵平安著。河北大学出版社 1993 年 6 月版。13 万字。7.40 元。据丰富的材料对前人的研究进行分析、比较，阐述隶变的现象和规律。(王会)

H000069 **现代汉语修辞学** 张弓著。河北教育出版社 1993 年 6 月版。19.6 万字。5.30 元。从语言科学角度，根据修辞学先进理论归纳现代汉语修辞实例，结合汉语修辞传统，说明现代汉语修辞的规律。着重阐明现代汉语修辞和现代汉语各因素(词汇、语法、语音)的关系，具体分析修辞方式利用语言因素的情况。论述现代汉语修辞方式的体系，特别着重于各方式的“现实基础”、“类别”及“社会作用”。着重说明现代汉语修辞和汉语语体的相应关系，特别着重分析了各修辞方式在各类语体中的适应性、局限性。主要有以下特点：注重语言因素和修辞的关系；提出寻常词语艺术化的课题；探讨现代汉语语体的类型。（邓子平）

H000070 **现代汉语句法论** 陆俭明著。商务印书馆1993年6月版。17.9万字。5.20元。收录作者自1980年后撰写的有关现代汉语句法研究的论文17篇：《汉语口语句法里的易位现象》、《关于定语易位的问题》、《由“非疑问形式＋呢”造成的疑问句》、《由指人的名词自相结合造成的偏正结构》、《关于“去＋VP”和“VP＋去”句式》、《周遍性主语句及其他》、《“V来了”试析》、《数量词中间插入形容词情况考察》、《现代汉语中数量词的作用》、《“多”和“少”作定语》、《分析方法刍议》、《试论左右句子意思的因素》、《试论句子意义的组成》、《现代汉语里动词作谓语问题浅议》、《关于零句和整句》、《名词性“来信”是词还是词组》、《十年来现代汉语语法研究的理论与方法管见》。前10篇是关于现代汉语一些句法现象的研究，后7篇是关于现代汉语句法研究中一些理论、方法的探讨。除短文外，每篇前面写有提要。论文基本以美国结构主义的理论为指导，并采用结构主义的有关方法，还吸取了现代语义学、语用学、“格”语法中的相关成果，从语义、语用角度对有关句法现象进行深入的研究。作者认为，语法研究必须注意将形式与意义结合起来，二者互相渗透、互相验证，语法研究才能取得新的进展。（金欣欣）

H000071 **计划生育实用写作** 陈继明主编。中国人口出版社1993年6月版。26.0万字。7.10元。系统介绍计划生育工作中各种常用文体写作的原则和方法。内容包括写作学的原理与教学方法，计划生育写作的准备，写作基础知识，各种公文的写作，法律及诉讼文书的写作，科技应用文写作，论文写作，新闻写作，科普与文艺创作等，并将读者研究列为重要内容予以讨论。（刘建民）

H000072 **文字训诂论集** 刘又辛著。中华书局1993年6月版。25.4万字。10.85元。选收作者40年代到80年代中期的论文30篇，基本上纳入了作者的主要学术观点和这一时期的研究成果。《论汉字的性质》、《从汉字演变的历史看文字改革》、《论假借》等篇提出了汉字发展三阶段说，即第一、形意字阶段，以象形、指事、会意字为主，指殷商甲骨文以前；第二、假借字阶段，指甲骨文到秦以前的文字，以假借为主；第三、形声字阶段，从秦汉到现在，以形声字为主体。此说是作者研究音韵学、训诂学以及文字改革的理论基础。在《“右文说”说》等文章中，从汉字演变发展历史阐释形声字的声符或兼表意或纯表音不表意的复杂现象。《汉语词族研究的沿革、方法和意义》等篇，提出研究汉语词族以声义为纲的原则和从一组组字入手建立“汉语词族谱”的设想。《上古复辅音说质疑》等篇，对于汉语复辅音问题的深入研讨和对该学说的发展有启发和促进作用。（刘当道）

H000073 **汉语成语四字通释** 孔繁康、茆建生编著。贵州人民出版社1993年7月版。13万字。5.50元。收汉语四字成语4 500余条，用4个字组成的短语解释其比喻义和形容义。对主要用于应酬客套的成语，解释其用法；对于具有多种意思或用法的成语，选其常用的，对主要的一种加以解释。不能用4个字简释的，则列条目一一简释。有的地方还用浅显或较为浅显的成语解释生僻晦涩的成语。正文前有词目音序索引。（夏昆）

H000074 **普通话教程** 肖天柱主编。海南出版社1993年7月版。28万字。7.00元。为海南中高等师范院校师生学习普通话编写的教材。基本内容以仿读、仿说材料为主，同时把普通话语音系统的基本知识、语音辨正材料、练习材料等编写进去。为解决说和读的问题，把2 500个常用字、1 000个次常用字和普通话异读词审音材料单独作为一个内容系列穿插安排到各课中。仿读、仿说材料都采用汉字同汉语拼音对照的形式。课文分两个部分：课文Ⅰ是短文及各行各业常用口语；课文Ⅱ是针对海南人学普通话的语音难点编写的辨读材料，放在每课语音辨正知识的后面。（袁大川）

H000075 **《作文通讯》十年英才荟萃** 全国十三所重点中学编。新蕾出版社1993年7月版。15万字。5.00元。《作文通讯》系全国13所重点中学轮流值编的中学生作文月刊，始创于1980年1月。本书重点介绍了《作文通讯》创刊10年中培养的39位优秀的中学生写作人才的成长概况。除刊登了他们的生活照片及生平简介外，还收编了他们的自述和代表作品。从中可以看到这些写作人才的成长与发展轨迹。（王金香）

H000076 **音学十书** 清·江有诰著。中华书局1993年7月版。影印352页。44.00元。收《诗经韵读》、《群经韵读》、《楚辞韵读》、《先秦韵读》、《汉魏韵读》、《廿一部韵谱》、《四声韵谱》、《谐声表》、《入声表》、《唐韵四声正》10种。其中《汉魏韵读》和《廿一部韵谱》未刊，仅有书名收于总目，所以实际只是“八书”而非“十书”。本书不同刊本所列总目也不同，除书名略有差异外，有的有《古韵总论》而无《四声韵谱》，有的虽收《古韵总论》却不列入“十书”之目。作者在顾炎武、江永、段玉裁等人的研究基础上，进一步将古韵分为二十一部。将叶帖业狎乏为一部、缉合另为一部是他的独创之见。另外一些观点则与戴震、孔广森等不谋而合。自本书后，古韵分二十二部（再采王念孙至部独立之说）已成定势，后来学者虽时有新见，但基本格局无重大突破。（王勉）

H000077 **基层党组织常用文体知识大全** 李以从、黄振波主编。白山出版社 1993年8月版。35万字。15.40元。分为“撰制公文基本知识”、“通用公文”、“党组织的设立、隶属关系变更与选举工作”、“发展党员工作”、“干部管理工作”、“纪检工作”、“党员管理及其他工作”7部分，简要介绍基层党组织常用文体知识。文体简介后，大都附有例文或图表。（吴纯江）

H000078 **综合语音学** 郭锦桴著。福建人民出版社 1993年8月版。36.2万字。10.75元。包括语音学、音系学、音韵学的基本理论和基础知识。对世界有代表性的语音进行分析比较，侧重汉藏语音的研究。运用现代语音学研究新成果，揭示语音的物理、生理、社会特性。书中引用大量汉语普通话、方言、少数民族语言的语音实例作为例证，列有许多图表。（何海勤）

H000079 **语文教学艺术论** 韦志成著。广西教育出版社 1993年8月版。23万字。8.25元。“语文教育新论丛书”之一。首先阐述语文教学艺术的含义、特征和功能。其次明确指出语文教师研究和追求教学艺术的基本指导思想，要求他们树立正确的语文教育观。再次阐明教学艺术怎样体现在语文教学全过程的方方面面。这是全书的重点，分别从备课、上课、课堂管理和课堂教学环节4个方面，说明语文教学艺术在实际教学过程中的应用。最后指出了实现语文教学艺术的途径。（唐秋德）

H000080 **语文学习论** 佟士凡著．广西教育出版社 1993年8月版。17万字。6.90元。“语文教育新论丛书”之一。全面阐述语文学习的特点、学习兴趣、学习品格、学习习惯、学习类型、学习过程、学习方法等，论述语文学习在语文教学中的地位和作用，总结语文学习的规律以及培养语文能力的途径。书中融入系统科学的观点和方法，运用现代认知心理学的理论观点，列举古今中外许多生动的学习事例，具有一定的科学性、理论性、趣味性。（唐秋德）

H000081 **语文教育新论丛书** 韦志成等著。广西教育出版社 1993年8月版。100万字。37.50元。共5册：《语文教学艺术论》、《语文教学设计论》、《语文教学思维论》、《语文考试论》、《语文学习论》。把语文教育研究放在跨学科研究的背景上，以哲学、教育学、心理学的理论为基础，吸收语言学、逻辑学、文学、美学、社会学、文化学等学科的研究成果，并运用控制论、信息论、系统论等来营构现代语文教育理论体系。各撰写者既注意阐发自己的独到见解，又重视吸收当代尤其是新时期以来的语文教改优秀成果；既注意发掘、整理汉语文教育的理论遗产，又重视借鉴国外语文教学的先进经验。本书对提高语文教学水平有重要意义。（唐秋德）

H000082 **语文教学思维论** 彭华生著。广西教育出版社 1993年8月版。18万字。7.00元。“语文教育新论丛书”之一。从思维理论的发展与运用，结合语文思维训练体系，系统论述了形象思维、抽象思维、辩证思维、灵感思维、直觉思维、相似思维、创造思维与语文教学的关系，探求语文教学思维的特征、过程、方法、规律、作用，指导广大教师利用语文教学开发学生的思维资源，训练学生的思维，发展学生的思维能力。（唐秋德）

H000083 **语文教学设计论** 周庆元著。广西教育出版社 1993年8月版。21万字。7.80元。“语文教育新论丛书”之一。分概论、总论和分论三部分，系统地论述语文教案、教程、教法、课堂调控、阅读、作文、听说、课外活动等方面的设计问题，探求新的教学思路，指导广大教师以最佳的教学设计，达到语文教学的最佳效果。书中列举了大量切合实际的教例，富于启发性。（唐秋德）

H000084 **语文考试论** 倪文锦著。广西教育出版社 1993年8月版。21万字。7.55元。“语文教育新论丛书”之一。系统论述语文考试理论，对语文考试的类型、功能、题型、解题思路、高考语文测试研究、标准化考试、考试心理等专题作全方位探讨，展示了现代考试的基础理论，分析了新时期语文考试的特点和走向，具有较强的学术性和实用性。（唐秋德）

H000085 **3000常用汉字基本知识手册** 黄汝迪等编。广西民族出版社 1993年8月版。13万字。3.00元。选用中央普通话进修班所编《3000常用汉字字表》中的例字。汉字分解按注音、部首、结构、笔画数、笔顺进行。附有汉字笔画名称表、汉字笔顺规则表、汉字偏旁表、汉字间架结构表。（廖汝年）

H000086 **太平天国词语、避讳研究** 史式、吴良祚著。广西人民出版社1993年8月版。47.6万字。13.00元(平),18.00元(精)。由《太平天国词语研究》(史式著)和《太平天国避讳研究》(吴良祚著)两书合订而成。《太平天国词语研究》在"词语探源"一章中分析了6个来源:方言俗语,主要是客家和粤方言;宗教用语;会党用语,包括行话、黑话、江湖话等;旧词新义;新造词语;造字改字。在"词语诠释"章中共收太平天国词语2000条。《太平天国避讳研究》论述太平天国避讳制度的产生与发展、推行与终结,避讳的分类,避讳的方法,避讳的实施,太平天国避讳中一些具体问题辨析以及太平天国避讳的利用等问题。专设"太平天国避讳字谱"一章,以字为单位,共收太平天国避讳禁用字162个,为其他专著所不及。收入"太平天国史丛书"。(刘君达)

H000087 **现代实用科技写作** 杨达寿主编。广西师范大学出版社1993年8月版。30万字。6.30元。理工科大学科技写作课教材。内容除绪论和附录外,有论说类、报告类、说明类、管理类、情报类、公关类、新闻类、传志类和科普类等9类文体,每类文体编成一章。全书按"写作知识、例文评析、训练和思考"的体例写成,讲解科技写作基础理论知识,并附有例文示范和评析,在写作技巧上给予指导,每章后有结合实际的训练与思考题。(唐丹宁)

H000088 **最新商贸规范实用手册** 刘志和编著。海南出版社1993年8月版。95万字。29.50元。将写作理论、商贸实用文体知识与典型范例三者有机结合,对1978年至1993年新型的商贸实用文体进行系统阐述。全书分经济业务实用文、经贸科技实用文、经贸函电与条据实用文、经济实用公文、经贸洽谈和会议实用文、经济礼仪实用文、经济宣传实用文、经济史志实用文、经济法律实用文、涉外经济实用文等10大类,每类文种的解说一般包括概念、特点、分类、应用范围、篇章结构、制作要求等。书中收入范例千余种。(刘志和)

H000089 **机关应用文写作** 曹中原主编。河南大学出版社1993年8月版。29.5万字。6.50元。河南省国家公务员培训系列教材之一。根据国家机关工作人员的实际需要,简要讲述机关应用文的有关知识。包括3部分:一、机关应用文的基础知识;二、行政公文写作;三、事务文书写作。内容比较具体全面,既讲基本理论,又列举相应的例文。(管金麟)

H000090 **汉语字典新编** 邓家智编著。湖南出版社1993年8月版。70万字。15.00元。收汉字12 400个。将国家标准"基本汉字集"和《现代汉语通用字表》中的汉字全部收入,当代常用语文工具书中的汉字,除个别字外也都收入,还收入部分较常见的古籍用字、地名用字和姓氏用字。特别重视汉字形体和读音的规范,凡《简化字总表》已作规定的繁体字一律用圆括号标记;《第一批异体字整理表》已经整理的异体字一律用方括号标记;语言学界认识基本一致的别体字用尖括号标记;《普通话异读词审音表》已作审定的统读音标以正方形号,非统读音标以菱形号;有新旧字形的汉字,采用新字形。对有些容易写错搞混的汉字,从字形上作了辨证。对有关规定中存在矛盾或问题的,则以"注"的形式予以指出。所收汉字义项较多,释义简明,例句丰富,较好地反映了汉字在现代汉语中实际使用的全貌。(邓家智)

H000091 **大学科技写作教程** 蒋瑞松、郑斯雄等编。华东理工大学出版社1993年8月版。29.5万字。8.20元。论述科技写作的一般知识,具体介绍近20种常用科技文体的写作格式和方法。每种文体均附有内容新颖、格式规范的例文及精当的评析,每章附有精心设计的写作训练素材。(袁明辉)

H000092 **中国古代名物大典** 华夫主编。济南出版社1993年8月版。830万字。2册。320.00元。收名物词目4万条,实物插图2 000余幅。内容分为天象、地物、人体、耕猎、纺绩、冠服、饮食、宫室、交通、神异、科技、朝制、礼俗、货币、教育、文具、函籍、武备、日用、香奁、珍宝、资产、乐舞、游戏、雕绘、旌旗、刑罚、宗教、占相、医药、谷蔬、花卉、木果、兽畜、禽鸟、水族、虫豸37类。凡见诸古代典籍的实物名词悉加收录,涉及古代文明的各个领域,人文意义包容极广。它融合古代类书及现代词书的长处,变新体例,将名物词分类编排释义。以正名为主,兼列异称别体,主次相关照应。名物的释义,注重书证、实物和原始资料的探究发掘;博采旧说,辨析源流,匡谬正讹,时有新见。所收名物词汇,均经审音定读,标加汉语拼音,便于阅读。插图注重实物描摹,并注明文献出处。(侯琪)

H000093 **事物异名校注** 明·余庭璧著,杨绳信校注。山西古籍出版社1993年8月版。43.3万字。18.80元。《事物异名》2卷,是全面探讨事物异名的专著。卷上分天文、地理、时令、人品、身体、饮食、衣服、珍宝等10类;卷下分宫室、公廨、杂器、武器、音乐、百谷、蔬菜、百果、百花、百草、竹木、药石、飞禽、走兽、畜产、昆虫、文具等19类。原注有释音、释义、出处。校注以明万历中胡文焕刻《格致丛书》本为底本，参阅清人厉荃《事物异名录》、明人李时珍《本草纲目》、清人梁章钜《称谓录》等，补其异名，省其注文，增补纠谬，并加按语作必要的考校、释论。所列异名有许多蒙古等少数民族名词。由刘曼丽编制笔画检字、四角号码索引。（孙安邦）

H000094 **小学语文实用字典** 陈国雄、崔峦主编。天津教育出版社 1993 年 8 月版。80.5 万字。15.00 元(平)，18.00 元(精)。根据小学生记忆力强、爱动脑筋的特点，特设置“识记”一项。在此项下，采用“字谜”、“对比”、“字歌”等能引发小学生兴趣并增强记忆的识字方法。全书收录 3 000 多个单字。每个单字都有字歌，百分之八十的单字有字谜，百分之六十的单字有形近字的比较。还对 300 余组近义字进行辨析，对涉及的 180 余个部首的源流演变进行了介绍。（戴正兴）

H000095 **公文写作学** 李厚安等主编。云南教育出版社 1993 年 8 月版。70 万字。14.90 元(平)，17.50 元(精)。高等学校教材。分为 3 编 22 章。“绪论”阐述公文写作学的性质、研究对象、研究任务及学习方法。上编为“公文基础理论”，论述公文的特点、分类、书面格式、行文规范、制发规程、办理规程。中编为“公文写作原理”，论述公文的主题、材料、结构、表述、语言。下编为“公文写作体式”，具体阐述报请性公文、指挥性公文、指示性公文、决断性公文、知照性公文、公布性公文、法规性公文、契约性公文、记录性公文、计划性公文、调研性公文、演讲性公文等 12 类 42 种公文的特点及其写作方法、要求、注意事项和书面格式。每种公文均提供例文若干篇。各章都附有“思考与练习”。附录有《国家机关公文格式》、《文献保密等级代码》、《发文稿纸格式》及图示、《国务院公文主题词表》、《文书档案案卷格式》及图示、《标点符号用法》、《校对符号及其用法》等。（易山）

H000096 **诸体述要** 朱金顺、刘锡庆编。北京教育出版社 1993 年 9 月版。23 万字。7.40 元。中央广播电视大学写作课教材，与《写作通论》、《范文读本》、《范文讲析》配套。系统介绍 13 种文体，包括新闻、通讯、报告文学、散文、杂文、论文、思想评论、文学评论、调查报告、总结、日记、书信、读书笔记的特点及写作方法及要求等。全书阐述精要，举例富于示范性。（俞宗元）

H000097 **语文词典** 晁继周等主编。北京教育出版社 1993 年 9 月版。240 万字。24.50 元。收录普通话词语和一定数量的文言词、方言词、成语等，共 3.3 万条。释义准确，例证典型。还设有词语辨析（对近义词详加分辨）、词素构词等内容。所附《部首检字表》可供查字用。所列正文单字 11 859 个，全部注音；另附难字、生僻字 1 763 个，并加简单释义。注音标准，异读词注音主要根据《普通话异读词审音表》。新改动的字音，一般注明“读音据《审音表》”字样。个别字审音表注为统读的，为照顾古音、方音仍保留一字多音。附录列有《中外部分作家简介》和《古代作品介绍》。（俞宗元）

H000098 **新华成语词典** 郝景江等编。长春出版社 1993 年 9 月版。110 万字。29.00 元。囊括中小学语文课本中的成语，并适当扩大收词范围。共收词 3 700 余条，其中包括少数有生命力的古语、俗语等。正文设有“拼音”、“释义”、“正音”、“辨形”、“语出”、“近义”、“反义”、“例句”、“用法”、“谜语”、“辨析”、“序排”等 10 项功能。附有“汉语拼音音序表”、“条目笔划索引”、“辨析索引”、“序排索引”、“分类索引”以及“反义成语词目表”和“谜语词目表”等。（李凤畋）

H000099 **当代语文教法学法辞典** 吴发珩编。广西教育出版社 1993 年 9 月版。104 万字。17.70 元。收辞目 1 382 条，分教法、学法两大部分。教法部分含基本教学法、语文基础知识教学法、听说教学法、阅读教学法、作文教学法、外国语文教学法 6 类。学法部分含观察法、思维法、记忆法、语文基础知识学习法、听说学习法、阅读法、作文法、综合学习法、复习应试法 9 类。每一大类又依内容再分若干小类。每条辞目述介一种教、学法，其中包括该教、学法的产生地、首倡者姓名，该教、学法所具有的特点、操作规程、实施步骤、注意事项、作用例证及效果影响等。不仅收录名师、名校、名人创立的著名教学法，也注重收录新生力量以至乡村中小学在教学实践中创造的有参考价值的教学法。（黄克东）

H000100 **古今汉语字典** 李润生主编。汉语大词典出版社 1993 年 9 月版。141 万字。25.00 元。共收汉字 9 200 多个。古今文献中的常用汉字基本收列其中。释义部分着重于字词基本义及常用义的解释和辨析，重视今义今例的解析，也讲求古代义证的收列及古今字义的比较分析，从中反映古今字义的演变。对单音节词作词性标注，揭示其语法功能和用法特点。编排体例及应用符号采用国家标准。（胡逢建）

H000101 **汉语语言研究史** 李开著。江苏教育出版社 1993 年 9 月版。32.9 万字。5.75 元。将中国古代语言学和近现代语言学分为七个时期。一、先秦:中国古代语言学萌芽时期;二、两汉:中国古代语言学以训诂为主的奠基时期;三、魏晋南北朝:中国古代语言学以语音研究为主线发展的准备时期;四、隋唐宋:中国古代语言学以语音研究为主线发展的成熟时期;五、元明:中国古代语言学以语音研究为主线发展的创新时期;六、清代:中国古代语言学的全面兴盛和高峰时期;七、《马氏文通》至建国前:近代语言学的引进和兴起时期。全书重在汉语语音和语义研究史的探索,对语音语义研究史中的若干重大学术课题,诸如先秦诸子的语言学说、汉代的语言学、《切韵》系韵书的历史沿革、元明语言学的突出成就、清代古音学和词义学高峰、近现代从《马氏文通》到语文新潮流的历史发展等,都有较为系统和独到的阐述。(王许林)

H000102 **说文解字古今音读** 范进军著。三秦出版社1993年9月版。28万字。9.80元。探讨《说文解字》造字法及其古今音韵的著作。由序、例言、正文、附录等部分构成。序文讨论了"大徐本"中切音致误的8种情况及原因,并逐一举例说明。例言着重说明底本情况、编排体例以及所用术语的内涵外延等。正文是对《说文解字》中每个字的造字、音韵的专题研究,只体现结果,不列过程,简明扼要。附录一为《说文解字》中常用字的音序索引,但未能给出所有字的索引,略嫌不足;附录二是对《说文解字》研究诸家关于古韵问题的比较研究;附录三是有关《说文解字》的系统介绍和研究,涉及作者、成书、版本、编著体例、说解方式以及研究历史和现状等问题,并提供了与本书内容相关的今人书目。(张方鹏)

H000103 **全国小学生第二届"文心杯"作文大赛获奖作品选** 《小学生作文选刊》编辑部编。文心出版社1993年9月版。14万字。收集作文研究中心、《小学生作文选刊》编辑部举办的"全国小学生第二届'文心杯'作文大赛"中获三等奖以上的全部作品共121篇。所收获奖作文以写人记事、写景状物为主,通过对一人一事、一景一物的描叙,抒发了作者热爱党、热爱祖国、热爱人民、热爱生活的思想感情,从一个侧面反映了当代小学生丰富多彩的生活,充满了儿童情趣。(刘飞)

H000104 **通俗文辑校** 段书伟辑校。中州古籍出版社1993年9月版。10.2万字。10.00元。"中州文献丛书"之一。《通俗文》为东汉服虔撰,是我国第一部专释俗言俚语、冷僻俗字的训诂学专著,在汉语言学发展史上具有重要地位。该书分类编次,释言语、天地、宫室、形体、衣饰、饮食、器用、车船、兵器、草木、鸟兽等。本书从原书中钩稽405条,加以训诂、辨误和整理;条目比任大椿辑本多29条,比臧庸辑本多30条,比黄奭辑本多25条,比马国翰辑本多31条,比顾櫰三辑本多39条,比胡元仪辑本多10条,共校正前人各辑本错误250余处。(孙宝瑞)

H000105 **简明通假字字典** 高启沃编著。安徽教育出版社1993年10月版。39万字。8.50元。收常见通假字638个。取材于古籍名著,如《诗经》、《楚辞》、《尚书》、《左传》、《礼记》、《论语》、《孟子》、《战国策》、《国语》、《史记》、《汉书》、《三国志》、《文选》及历代名家古文等。酌收部分古今字,即有通用关系的"区别字"和人们习惯认为的通假字。以通假字为字头,下辖其所通假之本字。本字不止一个者,则以数码分别标识。字头及本字均以汉语拼音注音。解释通假字时引用大量书证,书证基本上按其出现时间先后排列。原始文献中的古文、籀文、异体字、繁体字均改为通用字形。通假字、本字及书证中难解词语,均作精要解释。遇有歧解,间亦表明编者的看法。字头按拼音音序排列,书前有《音序检字表》和《笔画检字表》。(万直纯)

H000106 **实用逆序词典** 李菁民编。安徽少年儿童出版社1993年10月版。180万字。17.00元。以词尾为序,按逆序方式排列编写。根据汉语双音节词大多中心词在后的特点,把大量的近义词(如耻笑、嘲笑、讥笑、奸笑、冷笑、阴笑、皮笑肉不笑)、反义词(多情、薄情;共性、个性)、同类词语(丙纶、涤纶、绵纶;败诉、申诉、控诉、告诉)等集中于同一词尾之下,便于查找选用。(韩进)

H000107 **常用应用文写作** 陶光友、管象慧主编。山东文艺出版社1993年10月版。36万字。9.80元。分10章。绪论主要阐述应用文的含义、分类、特点、沿革及提高应用文写作能力的基本途径与方法。其后诸章为:应用文写作的构思和立意;应用文写作的选材和结构;应用文写作的语言和表达;应用文写作的修改和文面;行政机关公文的撰写(含命令、指令,决定、决议,指示,布告、公告、通告、通知,通报,报告、请示,批复、函,会议纪要);经济专业应用文的撰写(含经济活动预测报告,可行性研究报告,经济活动分析报告,经济合同,招标书、投标书);司法专业应用文的写作;新闻专业应用文的撰写;科技专业应用文的撰写;日常通用应用文的撰写。(刁鸣琦)

H000108 **汉语成语九用词典** 倪宝元主编。浙江教育出版社1993年10月版。50万字。18.50

元。收录常用成语近5 000条。对每条成语加以注音释义,并对成语的句法功能、结构层次、近义成语、反义成语、应注意的字音或字形、褒贬色彩以及较早出处等作了说明。(余龙文)

H000109 **辞类** 黄库主编。中国友谊出版公司1993年10月版。300万字。98.00元。综合性语言分类工具书。特点是:在每一词语条目下,将汉语中表达或描写同类意思的词、词组、成语、比喻语句、歇后语、谚语、对联、谜语、诗词、名言、格言、幽默、笑话、寓言、描写语段等集中在一起。(王少羽)

H000110 **汉语语音史** 黄典诚著。安徽教育出版社1993年11月版。16万字。5.00元。以商周为起点,对汉语几个主要的、有代表性的时期的语音作系统分析,描述汉语语音逐渐从旧质过渡到新质的历程,及它在何种条件下采取何种方式演变的经过,揭示汉语语音内部发展的基本规律。作者抓住汉语语音的特点,以探讨汉语语音的系统性,即区分音类和辨明音值——区分各种音节及各个音素的类别,考察它们在整个语音系统中所处的音韵地位及与音素的关系。在论述中,作者重视现代汉语及方言中的丰富材料,并据此向古代追溯,以解决汉语语音中的一些重要问题。另外,作者利用古人留下来的文献资料——历代的韵书、字书、韵文及古人所作经史子集的注释等,研究汉语语音的发展。全书4章:汉语四个历史时期的语音系统;由上古到中古的语音发展;由中古到现代的语音发展;现代汉语标准音的形成。为"汉语发展史丛书"中的一种。(蔡宏淑)

H000111 **成语韵读800句** 欧阳述编。福建教育出版社1993年11月版。15万字。8.00元。原名《国粹常谈》。共884句,按韵编排,四字一句,两两排比对仗,以便于背诵记忆、启发联想。经作者后嗣欧阳剑平等校订、补注。(陈鹰平)

H000112 **现代汉语(修订版)** 邢福义主编。高等教育出版社1993年11月版。40万字。6.00元。高教出版社1986年版卫星电视教材《现代汉语》的修订版。根据国家教委1991年颁布的中学教师进修高等师范专科中文专业教学大纲,对原书作了如下修订:一、重新调整全书框架,"文字"列专章,"语法"向中学语法教学体系靠拢;二、增加了一些实用性较强的内容,如语音、文字、语法的规范化,汉字书写指导,语体运用等;三、编写了配套使用的教学参考书《现代汉语辅导》,将原书中一些过长的附录移入;四、对原书内容、引文的不妥和疏失作了刊谬补缺。(何毓玲)

H000113 **文章学史论** 张会恩著。湖南师范大学出版社1993年11月版。19万字。4.90元。研究古代文章写作理论的专著。分15篇。选收散见于典籍中关于文章写作的观点,按"物—意—文"的文章生成模式,分为"言意"、"质文"、"明道"、"言志"、"致用"、"体制"、"法度"、"文采"、"文气"、"文德"、"形神"、"意象"、"风格"、"古今"等14个范畴,就其历史发展进行系统论述。最后一篇为总述,概论文章学源流。根据文章学的历史实际,各篇写法富于变化,或按时间顺序将范畴分成若干阶段作史的叙述;或先论列范畴的各个侧面,再述其发展变化的历史。点线交叉,述论结合,兼容各种分歧和论争,比较全面地反映了每个范畴在历史发展过程中的真实面貌,将古代文章学理论的脉络清晰地呈现出来。(彭丙成)

H000114 **汉语逻辑概论** 陈宗明主编。人民出版社1993年11月版。40.8万字。16.20元。运用现代逻辑和现代语言所提供的工具研究现代汉语中的诸多逻辑问题,形成一个汉语逻辑体系。首先以"大逻辑"思想为指导,不限于对推理、有效性及与标准形式逻辑有关的一些问题的研究,而且探讨语形学、语用学、语义学以及非陈述句、语言交际、修辞、篇章和各种文体的逻辑问题,这些思想很富创见性。其次,将逻辑语言与语言逻辑融为一体,从语言逻辑的角度对汉语语言中的一些问题提出独到的见解和解决办法。再次,注重结合汉语的特点,重视形式化研究,使汉语语形、语义、语用各方面的分析更为精确,以有助于计算机对汉语的形式化处理,但又不刻意追求形式化,为用其他方式解决汉语中某些难以形式化的问题留下了余地。(陈亚明)

H000115 **公关写作辞典** 陆冰扬主编。浙江教育出版社1993年11月版。64.5万字。6.90元。收词800多条,分公关广告、公关契约、公关报告、公关函柬、公关文书、公关知识等8类,另有附录34篇。每个词条由词目、释文、示例组成。(余龙文)

H000116 **汉字古今音表** 李珍华、周长楫编。中华书局1993年11月版。70万字。87.00元。收汉字9 000个左右,按《广韵》字序排列。首列中古音,包括韵摄、开合、等、声调、韵部、声纽、反切、诗韵韵部、拟音;次列上古音,包括韵部、声纽、声调、拟音;再列近代音,包括韵部、声纽、声调、拟音;末列现代音,依次分列普通话(代表北方方言)、吴语(苏州话)、湘语(长沙话)、赣语(南昌话)、客家话(梅县话)、粤语(广州话)、闽东话(福州话)、闽南话(厦门话)等8种语音,普通话列示韵部、声母、声调、读音,其余7种方言只列示读音。后有周长楫《汉语语音发展史说略》,另附《诸家上古音声纽韵部比较表》及《汉字索引》。(李解民)

H000117 **心愿** 中国作家协会延边分会编。东北朝鲜民族教育出版社1993年12月版。16.3万字。3.40元。首届中国朝鲜族中小学生作文竞赛获奖作品集。竞赛由韩国海外韩民族研究所和中国作协延边分会共同主办。为命题作文,分诗歌和散文。本书共收录67篇获奖作品。(宋春南)

H000118 **多音字辨析字典** 林山森、林挺编。福建教育出版社1993年12月版。38万字。14.00元(精),10.30元(平)。根据国家语委有关规范语言文字的新规定,收入现代汉语多音字930个,共2 014个多读音节,从构词、词性、语法功能、语义色彩、使用频度、字音来源、音形演变、逻辑特征、词语修辞等角度进行分析比较,揭示多读现状和识记规律。(陈鹰平)

H000119 **成语趣诵** 林光华、俞振舒编注。福建少年儿童出版社1993年12月版。35万字。2.80元。用四字成语编成小诗,每首诗具有比较完整的意思。如"月明星稀,花红柳绿,湖光山色,相映成趣"、"老骥伏枥,志在千里,鞠躬尽瘁,死而后已"。共编成1 200余首小诗。每章节按韵脚次序排列。对少数不常用的成语作了简释。(吴兆钧)

H000120 **中国论文写作史** 林飞著。广西教育出版社1993年12月版。16万字。4.25元。"中国写作史丛书"之一。研究和总结中国论文写作理论和实践发展历史的论著。运用马克思主义的立场、观点和方法,对中国几千年来数以百计的政治家、哲学家、思想家、写作理论家、文学理论家、诗人、作家留下的浩繁的论文和论著进行科学的分析和研究,从中总结出论文写作的规律和理论,理出其历史发展线索,为发展当代的论文写作理论和写作实践服务。(邱方)

H000121 **汉语新词词典** 王均熙编。汉语大词典出版社1993年12月版。130万字。20.00元。收新词9 500余条。所收新词是建国以来、特别是改革开放以来产生的,内容涉及政治、经济、文化、科学等各个领域。释义准确,专科词条目信息量大,知识性强。用例基本上采用第一手资料。词条按音序编排。(王安全)

H000122 **华夏八十年中学生作文大观** 刘增杰、夏家善主编。河南教育出版社1993年12月版。120万字。19.80元。精选中国自1911年至1993年间中学生优秀作文500余篇。这些作文在一定程度上从某一侧面反映了华夏这一历史时期的重大变革以及风云变幻,描绘了中华大地的灵山秀水和人物风貌。同时,反映了中学语文教学发展的轨迹,展示了80余年来中学生的作文成果。(韩凤葛)

H000123 **小学生作文大全** 沈永、马建华编著。接力出版社1993年12月版。36万字。10.00元。以作文方法和体裁分类,共收续写、扩写、仿写、改写、缩写、看图作文、想象作文、童话、寓言、诗歌、散文、小说等12大类220多篇优秀习作。每类作文前有指导性文章,提纲挈领地说明这类作文的思路和技巧;接着是大量的范文,每篇范文后有"简评",对该文进行评析指要。所有范文均选自少年儿童创作的优秀作品,贴近小学生的学习和生活实际,具有很强的指导性和示范性。(余人)

H000124 **作文技巧100例** 王秋荣、林士明等编著。上海教育出版社1993年12月版。37万字。9.00元。按记叙文技法、议论文技法、说明文技法分类编排。对每种作文技巧予以具体阐释,并附例文。(顾景祥)

H000125 **现代汉语用字信息分析** 陈原主编。上海教育出版社1993年12月版。14.8万字。11.50元。论文集。所收论文力图从信息科学的角度出发,分析汉字和汉字书写系统的一些基本特征。《汉字拓扑结构分析》一文引进拓扑学理论,介绍了汉字概念的图形、字符和字形三个层次,同时研究分析了各个层次的同胚或不同胚问题。《论汉字属性》一文对汉字本身所蕴藏的信息以及汉字的周边延伸引导的信息运动进行质和量的分析。《汉字结构和构造成分的研究》一文给出了详尽的合体字构造组合方式,绘制了简明的合体字构造框图,对汉字的笔画和笔顺也作了较详尽的研究,多有独创性,是计算机汉字信息处理的一项重要的基础研究。本书还收录了《现代汉语形声字形符研究》、《现代汉语形声字声符研究》、《汉字的字形规范》等论文。(张荣)

H000126 **简化字繁体字异体字辨析字典** 厉兵、魏励编。四川人民出版社1993年12月版。50万字。19.50元。收录《简化字总表》中的简化字482个、简化偏旁14个以及《第一批异体字整理表》中的选用字727个。对这些简化字和繁体字、选用字(现行规范字)和异体字的关系逐一进行辨析。辨析主要有三方面内容:字形字义字音的演变;简化字的来源;同一汉字在不同国家或地区使用上的差异。(徐

志诚）

H000127 **汉语口语学** 钟文佳著。西南师范大学出版社1993年12月版。26.5万字。8.80元。普通话教材。特色如下：一、突出口语，阐明口语与书面语、文化、交际的关系，普通话训练的基本要求和基本技能。二、听说并举，不单一论述口语，而是从汉语学习的听力入手，兼顾势态语和语境影响。三、设专章分论朗读与演讲，从口语学的角度分析诗歌、散文、小说、议论文、童话、寓言等的朗读要求和技巧，论说演讲的分类、要求和技巧。（李远毅）

H000128 **厦门话文** 许长安、李熙泰编著。鹭江出版社1993年12月版。15.8万字。7.50元（平），12.50元（精）。对厦门地区近代以来的语言文字运动历史进行全面、系统、深入的回顾与总结。主要内容有：厦门地区的方言韵书、厦门方言的文白异读、厦门的教会罗马字、厦门的切音字运动、早期学习“官话”活动在厦门、厦门的方言罗马字、闽南地区的世界语活动、厦门的拉丁化新文字运动等。书后附有各式闽南方言拼音方案对照表。收入“厦门文化丛书”。（甘于黎）

中国少数民族语言

H000129 **蒙古语文研究资料（三）** 诺尔金、巴图赛恒整理。内蒙古人民出版社1992年4月蒙文版。17.6万字。4.25元。收入蒙古族语文学家那顺乌日图（年代不详）的《童蒙解忧》、蒙古族新文化倡导者和兴革（1888—1950）的《蒙古文虚字指要》、《蒙古文形态后缀用法》三部语文学著作。13世纪末借鉴古印度传统语文学诞生的蒙古语传统语文学，发展到18世纪初，在新的历史条件下曾一度出现用蒙、满、汉文对比的方法撰写蒙古语语法的新学派。所收三部著作是从用这种对比的方法编写语法逐渐向用纯蒙古文撰写语法过渡时期的文章，从一个侧面反映了当时蒙古语文的研究水平和语法课本的内容，是了解这一时期蒙古语文学史的具体资料。《童蒙解忧》撰写于1898年前后，分春、夏、秋、冬四部分，内容包括蒙文文字起源、音节、正音、同形异义词等，根据诺尔金所藏手抄本整理。《蒙古文虚字指要》是1909—1911年间沈阳蒙文学校用汉语教授蒙文语法的教科书。题目用蒙、汉文书写，1941年在长春铅印成书。《蒙古文形态后缀用法》是曾在社会上流传较广的实用语法手抄本，根据色·道尔吉所藏手抄本整理。文章用流利的蒙文简明扼要地阐述了蒙文正字规律和语法规律。在整理出版这三部著作时对内容未作任何改动，只做了分段落、加标点的工作。对一些错别字和修辞错误作了必要修改，并作了适当的注释。（巴图赛恒）

H000130 **佤汉新词术语集** 云南省民语委编。云南民族出版社1993年版。8.4万字。2.00元。辑录规范的佤语新词术语1 250个。（钟华强）

H000131 **中国少数民族谚语分类词典** 《中国少数民族谚语分类词典》编写组编。内蒙古人民出版社1993年1月版。105万字。16.40元。收录中国少数民族谚语近1万条，分为国家、生产、生活、境遇、品德、才能、言行、形神、事理9大类，每一大类又细分为若干小类，总计140小类。每一词条包括族属、释义两大部分。族属指明谚语所属民族，释义则对谚语的本义、比喻义进行解释。（刘大生）

H000132 **简明侗语语法** 杨汉基、张盛著。贵州民族出版社1993年3月版。15万字。4.00元。共7章32节。扼要介绍侗语和侗文；从单纯词、合成词、借词的角度分析词的构造；根据功能将词划分为12类，提出声貌词这一词类；分析词组的语法结构关系；介绍句子成分；分别从结构和功能上将句子划分为若干类型，分析句子的结构层次和结构关系；列举侗语方言的语法差异现象。书末附录供语法分析和侗文规范化之参考的4则侗族民间故事和侗文方案（草案）。（杨成星）

H000133 **汉朝多用图解字典** 金日海编。延边大学出版社1993年3月版。147万字。根据朝鲜族学校汉语文教学大纲的要求和朝鲜族学生学习汉语文的需要而编纂的多功能汉朝字典。共收2 982个汉字，其中最常用字2 500个，汉语文课本里出现的最常用字以外的汉字482个；收词语2.1万多条，字义图2 470幅。

H000134 **汉维成语词典** 新疆社会科学院语言研究所编。民族出版社1993年3月汉文、维吾尔文版。32.3万字。10.00元。以上海教育出版社1978年版《汉语成语词典》为基础，参考上海辞书出版社等出版的多部成语类词书，结合维吾尔语文实际编译而成。收入词目8 000余条，注意选择翻译实践中常用的、译文较为成熟的词目，突出实用性和准确性。汉文词目后加有汉语拼音注音，正文前后有“汉语拼音音节索引”和“条目笔画索引”。书前维吾尔族语言学家阿布都萨拉木·阿巴斯的文章《浅谈汉语成语及其翻译》，讲述了成语的定义，成语的结构，成语的翻译方法等知识。（梁秉恒）

H000135　**朝鲜语谚语分类词典**　玄今锡等编。东北朝鲜民族教育出版社1993年5月版。32.2万字。9.00元。收入2 300多个谚语,分7大类。附有以字母顺序编排的索引。(朴秀岗)

H000136　**中国朝鲜语实态报告**　《中国朝鲜语实态报告》编写小组编写。民族出版社1993年5月朝鲜文版。62万字。8.00元。以延边大学朝文系、东北朝鲜语文工作协作小组办公室、延边语言研究所语言室牵头的中国朝鲜语实态调查队,于1982年用半年的时间在中国东北三省朝鲜族地区进行了实地调查。本书对这次调查收集的有关资料,按照语音、语法等分类方式进行了分析、整理。(金锦山)

H000137　**安多藏语口语词典**　华侃、尤博甲编。甘肃民族出版社1993年6月版。35万字。11.35元。藏语安多方言区主要分布于甘肃、青海和四川省,使用人口一百多万。本书收入该方言区口语词汇1.1万多条,以甘肃夏河(拉卜楞)地区的词语为主,兼收方言区内其他地方的少量方言词。词条内容包括日常生活用语、农牧业生产用语、经济金融用语、文化科学用语、民族宗教用语等。词目以藏文正字为主,藏汉对照,部分词条举有例句。对每一词条按当地口语语音标有国际音标,对动词类词条的时态和自动他动,以及式态均详加注释。附录有安多地区州、县名称表。(孙德仁)

H000138　**彝语通论**　丁椿寿著。贵州民族出版社1993年6月版。36.5万字。9.50元。分4篇23章。第一篇语音,对彝语的元音、辅音、声母、韵母、声调以及彝语的声、韵母配合规律,语音变化规律进行描写和分析。第二篇文字,对彝文的起源、发展、类型、结构、字体进行研究,提出有一定参考价值的正字法及规范彝文的建议。第三篇语汇,对彝语的语素、词、成语、语义等进行研究。第四篇语法,除对彝语一般句子进行研究外,还对彝语的一些特殊句式作了探索。(陈光明)

H000139　**藏文文法知识**　白雄·罗布桑珠编著。西藏人民出版社1993年8月版。10万字。4.50元。结合藏区(五省)大中小学的教学,较全面地叙述了藏文文法知识的要点。内容分3部分:藏语语法三十颂,音势论,司徒文法广释。以问答形式对上述内容进行解答。(刘金华)

H000140　**汉景新词术语集**　云南省民语委编。云南民族出版社1993年8月版。14万字。3.50元。收录政治、军事、科技、法律等领域的新词术语,按汉语拼音字母顺序排列。释义准确、详细。正文前编有条目汉语拼音音序表,后附有《景颇语新词术语规范原则》。(岳灵玉)

H000141　**傣语语法**　巫凌云、杨光远编著。云南民族出版社1993年9月版。27万字。8.60元。共5章:语法单位;词类;词组;句子成份;复句。用丰富而典型的傣语材料论述傣语德宏方言词法和句法的普遍规律。编著者采用传统的语法论述方法对傣语的各种语法单位的结构特点、功能、作用等作有理有据的分析论证,对一些较有特点的语法现象,用德宏傣语语法与汉语语法作比较、分析,并指出两种语法的异同之处。为方便学习,直接用德宏傣文举例说明。复句部分论述较少,显得单薄一些。(郭玉萍)

H000142　**仡佬语研究**　张济民著。贵州民族出版社1993年12月版。44万字。14.00元。共17章55节。概述仡佬族的历史、分布、人口,古代文献中记载的僚人语词,仡佬语使用的现状及仡佬语逐渐衰亡的原因。着重于仡佬语语音概貌的描写和仡佬语词的构词情况的论述,特别着重于阐述仡佬语独具的语法现象,并对各地的仡佬语进行比较研究,重新划分仡佬语的方言和土语。对仡佬语同木佬语、拉基语、羿人语、普标语、苗语、瑶语、布依语等语言进行对比分析,提出仡佬语应属一个独立的语族即仡拉语族这一新的论点。(罗兴贵)

H000143　**现代中朝韩日通用字典**　金鹤寿主编。延边大学出版社1993年12月版。320万字。收录常用汉字7 000个,并收录与这些汉字对应的朝鲜(韩国)语汉字和日本语汉字11 313个。对字义作详细的解释与比较。

H000144　**藏语敬语词典**　索朗多吉等编译。民族出版社1993年12月藏文版。20万字。8.80元。收藏语敬语词5 500多条、普通词语3 600多条,依照藏文字母顺序编排。普通词语放在前、敬语词放在后,并有汉语译文。书后附有藏语敬语词和汉语词两种索引。(正殿拉姆)

H000145　**蒙古语拼读法**　宝玉编著。内蒙古少年儿童出版社1993年12月蒙文版。6万字。2.30元。分3章16节。第一章,蒙古语音标知识和口语音标的读法;第二章,蒙古语书面语的音节拼读法;第三章,蒙古语书面语的口语拼读法。在每个章节里,都借助蒙古语音标知识讲解蒙古语语法基本知识,并举例说明。(布和巴雅尔)

H000146　**藏汉大辞典**　藏汉大辞典编写组编。民族出版社1993年12月修订版。330万字。78.00元。以语词为主兼收百科的综合性藏汉双解工具书。收词5.3万多条,以一般语词为主,分基本词和合成词两大类。专科术语包括传统的"大五明"(工艺学、医学、语言文字学、因明学和佛学)、"小五明"(韵律学、诗学、藻词学、戏剧学和星象学)以及文学、历史、地理等门类。还收有旧式公文、封建法典、藏区习俗、农牧生产、器用服饰、赋税差徭等方面的用语,以及一部分方言词汇和新词术语。汉文释文采用现代书面语,佛学和因明学术语基本上保留了传统的译法。书后附有《动词变化表》、《干支次序表》、《藏族历史年表》以及反映藏族文化特点的彩色图片百余幅。(高炳辰)

外 国 语

H000147 **大学日语** 顾明耀、徐祖琼编。高等教育出版社1991年5月、1991年10月、1992年6月、1993年12月版。29万、31万、33万、40万字。6.65元、9.55元、10.95元、12.15元。全国大学外语教学指导委员会日语组根据《大学日语教学大纲》组织编写的全国理工农医文等各科通用教材。(祝大鸣)

H000148 **中国家庭英语** 王晶编。福建教育出版社1993年版。15.6万字。6.20元。提供英语会话约2 500个句子,其中2 000个左右是日常生活中的基本短句,既考虑了中国家庭的需要,又保证了英语的准确性,将典型的中国家庭环境与地道的英语相结合。(黄旭)

H000149 **实用俄语语法** 钟国华等编著。辽宁人民出版社1993年版。50万字。11.90元。包括词法和句法两部分。主从复合句采用前苏联通用的语义、结构分类体系,其他内容基本上沿用传统的语法体系。共40课,其中词法23课,句法17课。对俄语语法的基础知识进行比较系统、简明的论述,对中国学生学习时的难点重点加以分析、讲解。每课配有练习,书后附有答案。(于海寰)

H000150 **现代美式英汉词典** 李恩国主编。辽宁人民出版社1993年版。221万字。28.00元。收词7万余条,其中包括千余条80年代后出现的新词和词组。重要的和最新的词组单列词条。拼写、注音和释义,先美国英语后英国英语。后附有"美英拼写法对照表"、"美英发音差异例释"和"美英用词对照"。(霍世荣)

H000151 **新编日语(1—4)** 周平、陈小芬编。上海外语教育出版社1993年版。4册。①6.95元;②8.50元;③7.20元;④9.00元。日语教材。根据1990年"高等院校日语专业基础阶段教学大纲"编写,适合大学日语专业一、二年级使用。每课由前文(3、4册为本文)、会话文、读解文(3、4册为应用文)、语法说明、练习、单词表、功能用语7部分构成。共收录单词6 200个,句型、语法、常用词组说明600余条。教材题材以学校、家庭、社会生活为主,同时兼顾日本文化、风俗习惯等方面的内容。(应允)

H000152 **法语章法研究** 李棣华著。上海外语教育出版社1993年版。21.9万字。5.50元。以篇章结构作为研究对象,收入大量资料,加以融会贯通,建立了新的学科体系。(程超凡)

H000153 **英汉修辞比较研究** 胡曙中著。上海外语教育出版社1993年版。52.9万字。18.00元。基于理论和经验,对现代英语和现代汉语的修辞体系进行比较研究,试图从整体上说明现代英语和现代汉语的修辞结构特点及其异同,并尽可能阐释其异同的原因。这一研究突破以句子为研究本体的传统模式,尝试性地把研究范围扩展到语段层次,并顺应修辞学研究发展大势,确立口语修辞现象在本研究中的地位。这一研究不仅包括了近年来常见的对宏观修辞结构的论述,而且还从英语和汉语的研究水平和使用实际出发,充分利用先进的语言管理论和方法,从而把对宏观结构和微观结构的研究有机地结合起来,使该项研究对英汉两种语言的修辞体系的探索具有全方位的视角。其研究成果对英语写作和翻译教学具有指导意义。(江雷红)

H000154 **现代简明阿拉伯语** 纳文彦编。云南民族出版社1993年版。25万字。18.80元。根据中国回民学习阿拉伯语的特点编写的实用、通俗工具书。(纳文汇)

H000155 **科技英语听读精粹** 何永元等编。浙江大学出版社1993年版。25.1万字。5.75元。收入28篇科技文章,有《人类始祖》、《天外撞击与恐龙灭绝》、《尼安德特古人》、《外层大气研究卫星》、《5000年前的酒》等。每篇文章包括英文原文、生词注释、听力练习和参考译文。书末附有练习参考答案。(张明)

H000156 **大学英语统考准备指南** 汪士彬编著。南开大学出版社1993年1月版。45万字。14.30元。英语四、六级统考指导用书。由三大部分组成。第一部分为"技术篇",重点介绍"平行结构法"和"排除法"两种应试技巧;第二部分为"语法篇",以简明扼要、通俗易记的形式对大学英语测试中经常出现的重点内容加以总结,对特殊的词汇、短语和搭配以字母顺序编排，易于记忆、比较和查阅；第三部分为“词汇篇”，对考试中常见的动词、名词、形容词及副词作重点叙述。(张敬双)

H000157　**袖珍美国英语汉语词典**　曹丽顺等编译。商务印书馆、美国蓝登书屋出版公司1993年1月版。74.6万字。7.00元。以蓝登书屋版American Dictionary为蓝本编译而成。原书收词1.5万余条，连同附于词条末尾的派生词、复合词计约3万条。原书所收美国口语词汇、美洲动植物名词较多，还有一定数量的新科技术语。本书针对中国学生的需要，对词条有所增添。原书一般在词目后未加注音，本书全部加注，采用国际音标，以《蓝登英和大词典》为蓝本。美英读音不同时，二者并列，先美后英。有的词不限于一种读法，只标出其通用的一种。对所收词条只作最基本的释义，以及涉及美国英语用法的释义。附有参考资料19种，包括天文、地理、世界各国及美国各州、各大城市的有关资料，美国历任总统名录、度量衡制、书信格式、词的拼写及标点规则等。(薛琪)

H000158　**简明英语常用语习语词典**　胡鑫镛编。天津人民出版社1993年1月版。53万字。11.20元。收录现代英语口语中最常用的习语1 298条。每一词条包括释义、例证和注解3项内容。释义一般采用描述性或解释性定义法。例证引自英美原著或出自英美人的日常生活。绝大部分例句以对话形式出现，以便读者从特定情景中理解和掌握正确使用方法。注解部分详细解释该习语的使用场合、文体特点、语法结构、语言特色、使用方法、注意事项、语音语调，以及与同义习语或近义习语的关系等。(傅金霞)

H000159　**英语初级口语**　副名：英语口语教程Ⅰ。吴祯福等编。外语教学与研究出版社1993年1月版。20万字。9.80元。在参考国内外众多口语教材的基础上，结合中国学生学习英语口语的具体情况、特定环境编撰而成。共有课文40篇，包括故事类和会话类两部分，图文并茂，趣味性强，涉及青年人日常生活中的小故事和对话。练习部分设计精心，形式生动活泼，由易到难，循序渐进，为基础阶段的学生学习会话、交际，叙述具体事件、人物和动作提供了大量的实践机会，使学生在不断练习、反复实践中逐渐养成良好的口语交际的习惯：清晰、流畅、达意，并培养学生用简单而基本正确的英语表达思想感情的能力，最后达到自由交谈的目的。本教材配有英语录音带，由外国专家学者配音朗读。(洪志娟)

H000160　**公关文秘实用英语**　吴伟编。厦门大学出版社1993年1月版。19.4万字。4.40元。通过个案实例分析，配以大量常用句型及情景对话，着重讲述涉外公关文秘实用英语。内容包括：接待中的基本注意事项，求职面试中需要填写的求职信、履历表等的写作要领，接、打电话注意事项，电报、电传的书写格式，日常工作中的英文文书格式及其内容，为本单位及上司制定的工作计划表的制定方法及注意事项，以及组织会议时所应注意的会议程序的设置等。书中各部分都配有大量英文范文和练习，提供了大量的公关文秘英文词汇。书末附有英文电传常用缩略语、英文通讯中常用的地名、街道等的缩略语。(宋文艳)

H000161　**新英汉学生词典**　章扬恕主编。中国国际广播出版社1993年1月版。45万字。9.50元。收1.6万个常用词和2 000个短语，并附常用词根词缀150个。释义简明，每词之后标出常用频率级。“级”是经计算机统计确定的，分1—15级。1为最常用，其次为2、3、4……，15为较不常用。每级约1000词。1—2级为中学生必须掌握，3—6级为大学生必须掌握，7—15级系为大学本科以上，为攻读硕士、博士学位者准备的词汇。(李佳俊)

H000162　**GRE词汇多途径练习**　赵睿民编著。中国科学技术大学出版社1993年1月版。74万字。22.00元。主要篇幅是一个具有助记功能的GRE常考词汇表(3000余词)和针对这些词的4套难度渐进的练习题(11000余题)。在版式上充分考虑高效率学习的要求，以科学合理的方式保持练习题的完整性，做到题目不跨页，并在当面给出具有隐蔽性的答案。(夏文彧)

H000163　**英汉倒排词典**　李学金等编。广西教育出版社1993年2月版。75万字。14.50元。收入词条24 080个，用逆序对正法编排，即将单词末字母分为26个字母部，每个部的单词从右至左按字母表顺序排列，并以词末字母为基准上下对齐(后齐前不齐)。(孙梅)

H000164　**俄语语言国际学**　谭林著。吉林大学出版社1993年2月版。32.3万字。3.90元。俄语语言国情著作。分20章103节，展示俄罗斯民族在历史发展进程中不断渗透到语言里的政治、文化、经济生活：从基辅罗斯的建立，到十月社会主义革命后的科学技术发展；从农民的乡间生活，到现代各大城市间铁路枢纽、航空线路的建立；从俄罗斯的餐饮，到各种花木和动物，从人名、地名到人与人交往的礼仪及习俗；从宗教信仰到神话传说，从俄罗斯人特有的手势表义，到各种神灵的象征意义。在传授知识的同时，把一些有趣的故事穿插其中，连织成俄语语言国情的网系。书中编有思考题和词语汇编，并着重对俄汉两种语言及文化现象作了对比。本书用俄语撰写，经俄罗斯语言专家尤·鲍·斯米尔诺夫审订。（赵国复）

H000165 **英词同源词典** 王耀庭、蓝之中主编。江苏科学技术出版社1993年2月版。200万字。21.00元。收入派生力较强的词根783个，同源词24 000余条。书首有“词根目录”，书末有“词条索引”。（高楚明）

H000166 **科技英文文摘写作** 李开洋编著。科学普及出版社1993年2月版。20.5万字。5.70元。详细介绍符合国际标准的英文文摘的写作理论和技巧，包括文摘及其类型、文摘内容的选择与英文表达等。（黄爱群）

H000167 **汉英医学写作用语词典** 唐国顺等编。上海译文出版社1993年2月版。220万字。31.80元。从医学英语写作和汉译英的实际需要出发，从国内外英文医学书刊中精选11 000多个例句，以汉英对照形式编译而成。内容涉及医学基础和临床各科，含有大量中医素材，具有取材面广、专业性强和使用方便等特点。在编辑上，重在选词造句而不是词义解释，把意义相同或相近的词语集中在一起，以便于读者造句时比较和选用。书末设有汉英对照的医学词缀、中药名称、医疗单位职称等6个附录。（唐克文）

H000168 **英语高级口语** 副名：英语口语教程Ⅲ。吴祯福等编。外语教学与研究出版社1993年2月版。24.2万字。12.80元。选取中外报刊杂志上的数十篇英语文章作为学生阅读讨论的对象，课后设有大量的口语练习题。特点是：自始至终灵活地运用语言学交际法理论，具有时代气息和交际特点；题材广泛，许多热点问题是人们乐于交谈的话题，使学生们很自然地试着用英语去表达他们的观点和意见；以前两册为基础，循序渐进，逐步引导学生用英语交流思想；强调交际能力的训练，并将社会文化因素融在教学过程中，克服了一些同类教材中重语言形式，轻语言的社会内容和文化内涵的弊端；教材的编写有利于教师组织以学生为中心的口语训练课；每课语言信息量大，学生在表达思想之前可通过听和读得到大量的语言，保证了学生在语言输出之前有大量输入。本教材配有英语录音带，由外国专家配音朗读。（黎云）

H000169 **妈妈教英语** 高明主编。武汉出版社1993年2月版。16万字。2册。8.00元。以7—12岁的小学生为对象。不教语法，只教句型、单词、发音和惯用法。共60课，每课有妈妈教我、妈妈和我问与答、我和妈妈一起练、妈妈参考4个栏目。上册为入门开口阶段，主要包括礼貌用语，日常用语，课堂用语，简单句型，48个音素、26个字母和有关知识。下册为巩固提高阶段，主要包括日常生活对话，情景对话，基本句型。为读者创造实际运用外语的环境是本书的特点。书中配有彩色图画，另配有磁带。（刘凡）

H000170 **简明英汉科技词典(1992年增订本)** 西安交通大学外语系编。西安交通大学出版社1993年2月版。150.6万字。26.80元(精)。收入科技书中出现的一般词汇和常用的科技或半科技词汇。科技词汇涉及基础科学和工程技术的各个方面，如物理学、力学、机械工程、能源和动力工程、电子与信息工程、计算技术、航天航空、化学化工、核技术、采矿冶金、材料科学、交通通讯、建筑工程等，对生物学、医学、地质学、气象学、经济、管理、数学等方面的词汇也酌量收入。所收词条均注有音标、词性、不规则变化形式，并作简明释义，重点词条还配有用例。对于数量庞大的专业复合词主要收中心词在前的专业复合词，其中词义不易推知的多收，易于理解的少收。本书初版于1978年，由商务印书馆出版，1983年出修订版。1991年进一步增订，根据科技的最新发展，参考新出的工具书逐条进行核对修改，又增加8 189个词条与专业词组，使总词条数达34 151条，连同词条内的专业词组及复合词共55 350条。不足之处是某些科技领域(如生命科学、生理学、生物化学等)收词偏少。（周淼冬）

H000171 **英汉对比研究** 连淑能著。高等教育出版社1993年3月版。17.5万字。9.70元。选择10个带有普遍性的专题，采用微观与宏观结合的方法，就英汉两种语言的语法特征、表现方法、修辞手段进行对比，揭示英、汉语的特点。（田文琪）

H000172 **学生英汉双解词典** 广西教育出版社1993年3月版。87.5万字。16.80元。收词目6 385条、短语702条。书末编有“常用不规则动词表”、“常用英美人名”、“数字、分数、小数及其有关表达法”、“度量衡表”等6种附录。（颜开）

H000173 **英语交谈(译注本)** 副名：美国英语听说教程。[美]J.C. 理查兹、D. 贝奇纳编。牛津大学出版社、外语教学与研究出版社1993年3月版。45万字。19.80元。包括两册，各含15个单元，每个单元都包括开篇对话、试一试和听一听3部分，每5个单元中有1个复习单元。本书采用最新的口语教学法——交流法，重点在培养进行语言交际的能力。在培养对话能力之外，还要求学生熟悉足够广泛的话题、掌握各种言语功能、领会不可预知的表达形式、使用得体的语言、共同创造对话等。以话题和功能为纲是本教材的最大特色。这种编写方法有助于学习者收到即学、即用、即会的功效。译注本增加了“教与学参考材料”，包括中文注释、翻译及其他参考资料等。(雷航)

H000174 **外语学习者成功秘诀** 傅民杰著。北京科学技术出版社1993年4月版。20.4万字。6.20元。解答了外语学习中一些至关重要的问题。介绍了外语学习者成功的六大要诀和如何培养自己掌握这些要诀的途径，以及怎样通过撰著和翻译实践，去接受是否成功的社会检验。(刘长梅)

H000175 **教师英语** Carolyn Dirksen, Ph. D.编。高等教育出版社1993年4月版。46万字。8.50元。为中国教育国际交流协会和美国英语学会合作进行的中学英语教师培训项目编写的教材。以两位中国中学英语教师赴加拿大和美国进行文化交流访问为线索，通过旅行、家庭、教育、生活消费等主题，运用听音、对话、专题讨论、文化背景阅读以及词汇、语音、写作等多种练习方式，使学习者在一种“身临其境”的环境中学习英语。还注意运用文化对比的方式对中国和北美的文化差异进行介绍，使学习者对这些国家的风土人情、文化特点有所了解。(刘援)

H000176 **学生英语动词三用词典** 刘镜编。山西教育出版社1993年4月版。62万字。19.60元。共收常用英语动词637个，例句约1.4万条。其特点：一、“三用”：具有句型结构、习惯搭配、实用造句三方面内容。二、每个动词本词都在表格内列出各种句型和搭配关系，用法皆附例句。三、除固定搭配，还收入大量灵活性搭配例句。四、词条界定依据《中学英语教学大纲》词汇表和《朗文现代英汉双解词典》2 000词。(仇小燕)

H000177 **走遍美国** 周奇勋等改编。外语教学与研究出版社1993年4月版。50万字。32.80元。大型电视教学片《走遍美国》的教材。分上、下两册，主要由基本句型、剧本、美国生活点滴、课后作业等部分组成。其核心部分是一部26集的电视连续剧，每集分成3幕；每幕自成一个单元，表达一段有趣的小故事；每集的3幕又将故事展开，构成一个有始有终的短剧。全剧紧紧围绕一个典型的美国中产阶级之家——斯图尔特医生一家祖孙四代人的生活展开，通过这一家人的生活、工作、学习、休闲、交往等琐事，体现“跨文化交际”的意图，使学习者对美国文化和生活得到新鲜而亲切的体验，学到活生生的语言。本教材体现了当代课程教学理论，其中突出的是“交际教学法”，尤其以“非语言交际”和“跨文化交际”为主要特点。在教学上，以快速增进听说能力为主要目标，同时抓紧扩大词汇、明确语法、提高阅读与写作能力。(许春健)

H000178 **前言英语** 郑超编著。武汉测绘科技大学出版社1993年4月版。38.5万字。8.80元。高等学校英语教材。所收课文选自1990年后的英美图书报刊。全书课文43篇，分12单元，各环绕一个热门话题。体裁丰富，有各类文章、短篇小说、散文、诗歌和剧本等。习题设计自成体系，力图切合阅读能力习得的自然过程，与课文中的难点结合紧密。部分习题借鉴了TOEFL、IELTS、大学英语六级考试的一些题型。(何正国)

H000179 **详解日汉辞典** 吴之荣等编。北京出版社1993年5月版。150万字。39.00元。收录日语常用词语4万余条，连同派生词、转义词、反义词及常识性科技词语、外来语等，计6万余条。主要以例句说明词义，讲解力求详尽，通俗易懂。书后附有汉字索引、语法知识等。(吕随利)

H000180 **医学英语快速记忆法** 张佩文、董建时编著。北京科学技术出版社1993年5月版。36万字。6.30元。对医学英语的词汇进行剖析，总结出记忆规律。第一章介绍英语单词的构词规律；第二章分析医学英语的前缀和构词规律；第三章分析医学英语的后缀和构词规律；第四章分析医学英语的词根，并按科别介绍了内、外、儿科(呼吸系统，泌尿系统，血液循环系统，消化系统，神经系统，内分泌系统，肿瘤、腺体等)，眼科、耳鼻喉科、口腔科、妇产科，以及药理学、生物化学、微生物学、检验方面的词汇4 000多个，前缀97个，后缀126个；第五章为合成法医学词汇。最后一部分为医学英语练习题，习题答案，单词索引，合成词索引。(张金)

H000181 **英法经贸口语** 张兴君等编。长春出版社1993年5月版。43万字。6.50元。分为4部分：迎来送往寒暄客套用语(包括口头用语及商业函件口授书面用语)，商品贸易，技术贸易，非商品贸易(海外工程承包及劳务输出)。(张中良)

H000182 **英语委婉语词典** 刘纯豹主编。江苏教育出版社1993年5月版。69万字。14.50元。收入委婉语近8 000条,分12类。对每个词条都探求本源,注明本义和委婉义,并佐以例证。“导言”深入浅出地论述委婉语的各个方面。每章前都有有关语言文化综述。多数条目附有语言文化说明,介绍该条委婉语产生的社会背景、流行年代、使用范围及文体色彩等。(张立民)

H000183 **英国口语词典** 段立新编。外语教学与研究出版社1993年5月版。37.1万字。15.80元。收录高频率使用的英语日常口语6 000余条,包括固定的习语、客套语、惯用语及俗语等。正文分为“文明用语”和“粗脏话”两部分,各部分均按字母顺序排列。条目一般包括词条、释义及示例3部分。绝大多数词条标有实际口语发音中的音标、重读及语调。所收词条以有代表性的英国英语口语表达法为主,其实用范围包括英联邦各国及其他一些英语国家和地区。例句大多出自英国和澳大利亚等国80年代末和90年代初出版的权威性英语词典和口语参考书。(杨学义)

H000184 **英汉双解理工辞典** 孙复初等编。重庆出版社1993年5月版。358.9万字。36.00元。收入英语词汇近2万条,另列出派生词9 000余条、常用词组9 000余条。编写上具有以下特点:一、词义丰富,解释详细,尽可能列出被解释词汇的所有词义,英语和汉语的解释都较详细。二、分类标记,针对性强,所收词汇包括高考、大学1 4级、大学5—6级、TOEFL、GRE等不同层次及用途的词汇,并有分类标记,便于读者根据其特殊用途集中复习、记忆。三、注意收入一般词汇以及科技常用词和部分科技新词。(王灿)

H000185 **市民外语会话50句** 杨俊峰编著。大连出版社1993年6月版。3万字。1.50元。美、日、俄、汉四语种的会话谐音本。共50句,包括市民接触外宾时常用的应酬话、寒暄语以及表达友好感情的日常用语。每句外语都注有汉字谐音。附数字、月份、星期及常用词。(高素珍)

H000186 **实用日语句型** 刘金钊、李培建编。大连理工大学出版社1993年6月版。16万字。6.50元。以句型为主线编写的日语教科书。共收常用句型280余个,每个句型均由“译文”、“接续”、“解释”、“例句”4部分构成。(王启太)

H000187 **英语中级听力** 副名:英语听力教程。何其莘编。外语教学与研究出版社1993年6月版。13.1万字。12.80元。《英语听力教程》的第二册。共36课,每课由3部分组成,形式活泼多样,涉及日常生活和社交活动的各个方面。录音材料选自80年代中期以后英美的录音材料。全书课文按录音材料的难易程度编排。(雷航)

H000188 **精选英汉词典** 牛津大学编著。中国盲文书社1993年6月盲文版。107.90万字。13册。20.30元。根据商务印书馆、牛津大学出版社版《牛津精选英语词典》增补新词、新义和缩略语编译而成。收词1.8万条,包括习语、短语动词、复合词、派生词等,共收词约2.3万个。(宋涛)

H000189 **俄汉汉俄常用词词典** 徐文龙、郭奇格等编。北京出版社1993年7月版。53.5万字。11.00元。教学词典。分俄汉、汉俄两部分。俄汉部分共收词目3 759条,对学生在泛读中经常碰到及在练习写作中常常需要使用的词汇作详略不等的注释。针对中国学生学习俄语的特点,对接格关系,动词的变位、命令式、体,形动词、副动词的构成,名词的变格,形容词的短尾和比较级的形式等作了叙述。汉俄部分以汉语字词立目,按照汉语拼音音序排列。每一汉字字头下,列有学生在学习和生活中经常碰到和使用的积极词汇。(师淑凤)

H000190 **俄汉学生词典** 北京师范学院外语系词典组编。北京出版社1993年7月版。40万字。6.10元。共收词目6 410条,另有217个形容词、343个副词和35个序数词分别挂在有关的词目下。从教学角度出发,注意词形变化、重音、单复数和接格关系,对一些不按拼写读音的词加有语音注释,对部分词义易混的词进行了简要的辨异、对比或说明。(师淑凤)

H000191 **新译英美名诗120首** 祁志孝等译。北岳文艺出版社1993年7月版。79万字。21.80元。编译自“英国诗歌之父乔叟”后600年间,莎士比亚、弥尔顿、彭斯、柯尔律治、华兹华斯、拜伦、雪莱、济慈、勃朗宁、艾略特等近70位英美诗人、十几种流派的诗作120首。每首诗作均附有“作者简介”、“赏析”,以及英美诗歌流派简介等内容。所收作品英汉对照。“作者简介”中所涉及的汉译文学作品篇名附有英文。(张晴)

H000192 **英汉差异及翻译** 陆乃圣著。华东理工大学出版社1993年7月版。12.3万字。3.90元。从英汉语言差异角度分析翻译过程中存在的各种语言障碍,并用大量例句阐明克服这些障碍的方法与技巧。从理论上探讨了翻译的标准、译者的地位以及解释翻译法的必然性和可行性。书末配有英译

汉及汉译英练习。(杜滨)

H000193 **简明英语词源构词词典** 高玉华、刘明君主编。山东教育出版社1993年7月版。85.2万字。23.75元。收入中学、大学英语教学大纲所列词汇和部分科技词汇。词目划分音节,以便读音和移行。附录有常用英语人名词源与昵称。(祝丽)

H000194 **英语背诵小诗100首** 张梦井编译。北岳文艺出版社1993年8月版。15万字。4.50元。精选100首适于背诵的短诗,英汉对照。编排由短到长,由易到难。(张晴)

H000195 **实用英语详解词典** 朱永庆编著。湖南出版社1993年8月版。102.4万字。19.50元。英语教学工具书。采用英汉双解的形式进行简明释义。为便于触类旁通、扩大词汇量,将同义、反义、派生、复合词明显标出,并对常用的同义词进行辨析,对单词使用中容易出错及必须加以注意的地方予以"提示"注出。还收入大量日常生活习语,对某些单词配以插图,帮助理解。(聂双武)

H000196 **日语外来语大词典** 田世昌主编。机械工业出版社1993年8月版。423.7万字。88.00元。收词10万余条,涉及政治、法律、教育、经济、商业、贸易、语言、文学、艺术、音乐、美术、体育、宗教、神话、心理、美容、军事、机械、电子、仪器仪表、计算机、采矿、冶金、铸造、焊接、材料、化工、土木、建筑、轻工、食品、纺织、服装、农业、交通运输、环保、动物、植物、医学、药学,以及日常生活中的外来语及缩略语、部分人名地名等。其中新词占百分之三十。(郑铉)

H000197 **实用俄汉词典** 实用俄汉词典编写组编。机械工业出版社1993年8月版。103.5万字。收俄语词约2.4万个,大多是常用的普通词汇和比较普及的科技词汇。收词范围以语文、政治、经济为主,也收入适量的数学、物理、化学、机械、电工、计算技术、生物工程等专业和学科的新词,共涉及60多个学科和专业的词汇。俄语词目都有简单的语法、修辞注释,部分词条附有一些常用词组作为例证。附录中收入名词变格表、形容词变格表、动词变位表、俄罗斯人名变格表、公制度量衡表、化学元素表。(王虹)

H000198 **大学生英汉词典** 归兆恒、陈新主编。江苏教育出版社1993年8月版。460万字。31.00元。语言工具书。共收词5万条。释义简明扼要。例证多采用完整的句子或意义明朗的短语,以提供语言背景或情景范围。一些词条后附有简要的用法说明,对同义或意义相近容易混淆的词语加以辨析,讲解其语法功能和习惯用法。还收入近十年国内外各种重要考试中的词汇试题,并附有译文及答案。(张立民)

H000199 **俄语交际900句** 汪震球、陆桂荣编著。南海出版公司1993年8月版。18万字。5.90元。分4部分。常用语句部分分30个单元,每个单元30句,总共900句。每个单元为一个主题,围绕主题选编最实用、最典型的语句。每句俄语都配有汉语译文。注释部分主要介绍俄罗斯的文化习俗和国情知识,对一些商务方面的常用语句作必要的语法分析。常用词语部分有选择地罗列出紧扣本单元主题的常用词组和词汇,以弥补常用语句数量的不足。附录部分有独联体各成员国、北京—莫斯科国际旅游快车时刻表、海关申报表(俄汉对照)、怎样拍电报等11种实用参考资料。(任在齐)

H000200 **汉英大辞典(上、下)** 吴光华等编。上海交通大学出版社1993年8月版。1500万字。2册。248.00元。共收入汉语单字条目1.1万条,多字条目22万条,另附合成词条目20万条。新词新义多。综合考虑汉语和英语的特有表达形式。例证实用。译文精确妥帖,除了意译,还有语言内涵的简释。成语习语收入面较宽,常见的成语习语尽收其中,不常见的成语也尽量收入。合成词涉及200余门学科,力求定名标准化、通用化,与现行国家标准相一致。词条按汉语拼音顺序编排,在同音同调情况下再按笔画顺序编排,多音多义字各排列于相应位置,注明"另见"。书中繁体、异体字紧随单字字头之后。字头单字注明词性,并根据实际使用情况确定词性的先后顺序。释义按词性分类,汉英双解,英文对应词语选例多种,一般第一种为基本义或常用义。书首设有音节、拼音、部首、笔画4种查字表。书末有附录5个,包括通用国际单位,世界各国国名(简、全称)和货币,天干、地支及二十四节气,中国县级以上行政区划(1991年底止)等。(张泉宝)

H000201 **英汉大词典(缩印本)** 陆谷孙主编。上海译文出版社1993年8月版。1526.6万字。98.00元。收词约20万,设附录14种。收录一般词汇、习惯用语、动词短语、谚语警句、专有名词、历史事件、各种典故以及自然科学和社会科学的专门术语,包括大量科技新词以及社会生活领域的新词,兼顾英语历史与现状、语词与百科、雅与俗诸方面。注音采用国际音标宽式注音法,酌标英美异读法。释义准确、完备,收有不少旧词新义,力求英汉直接对译,译文贴切，必要时附加说明。例证丰富有据，尽量采用自建语库中的第一手资料，强调针对性、适用性和稳定性。提供简明、确凿的词源说明。附录包括《常见日本人姓名拉丁字母拼写法》、《英语国家语言、文学记事》等。（吴莹）

H000202 **英语应用文即成模式实典** 马迎军等编。天津科技翻译出版公司1993年8月版。60万字。30.00元。围绕国际贸易、涉外公证、日常交往等，编入600多个应用文实例，介绍常用语句及书写方法和注意事项等。所有范例均英汉对照。在选材上尽量做到标准规范，具有代表性和实用性。（曹强利）

H000203 **新编许国璋英语** 许国璋编。外语教学与研究出版社1993年8月版。75.9万字。2册。12.80元；16.80元。旨在把文化知识和传输知识的语言结合起来，把实情实景呈现在学习者面前。第一册为大洋的开发和名城景色，第二册为太平洋上经济争雄。编写以近代为重、以世界为重、以文化信息为重，不取句型和交际。序言后附有导教、导读的"问与答"。（雷航）

H000204 **电视俄语** 张金兰、郑明秋编。外语教学与研究出版社1993年8月版。84万字。2册。26.00元。由中央电视台和外语教学与研究出版社联合推出的电视教学片《电视俄语》的教材。共72讲，每讲15分钟，内容包括俄语语音、情景对话、范文讲解、语法知识、各类练习、标准答案等部分。（赵文炎）

H000205 **汉英时兴词语词典** 中央编译局文献翻译室编。译林出版社1993年8月版。58万字。15.00元。收录近30年来中国出现的各种新词、具有新义的旧词和缩略语近万条，按汉语拼音字母顺序排列，同音异调者按汉语四声顺序排列，同音同调者按笔画排列。每一词条均有汉语拼音注音，大部分词条注有词性。有多种译文的词条，词义相同译法不同者，用分号隔开；词义不同者用数字区别。港台用语用星号标出。（章祖德）

H000206 **成人英语教程（第一册）** 赵树人主编。浙江大学出版社1993年8月版。25.7万字。5.60元。成人高校函授或夜大用英语教材。共18课，每课包括课文、语法、词汇学习、泛读和快读材料、实用句型等内容。课文均选自英文原版书刊，有些根据教学要求作了适当修改，单词一般都在300个左右，其中约有十分之一为生词。语法分专项系统讲解，并有多种练习。对常用动词和介词加以重点讲解。泛读材料中生词较少，快读材料中则不出现生词。在询问、邀请、请求帮助等方面安排了丰富的实用句型。（徐宝澍）

H000207 **高师英语教学法教程** 张正东、黄泰铨、杨振常编。电子科技大学出版社1993年8月英文版。46.37万字。8.00元。根据《高师英语教学法教程》汉语版编译，并应用"外语立体化教学法的理论与实验研究"结果进行了修订。照顾到师大、师院、师专、教院英语专业开设"英语教学法"课程的不同需要，兼具必修、选修、参考三种教材的内容。概括了国内英语教学实践的经验，并对本学科的发展与研究提出了许多新见解。编写指导思想主要有：教学为教育服务，兼顾英语教学的主体、客体、环境；从我国的英语教学和英语教学法课的实际出发，兼顾学术性和应用性。除导论外，分上、中、下三篇。导论简要介绍英语教学法的性质，还提供了英语教学法课的分层次大纲；大纲既供教学参考，又对本课教改中的问题有所概括。上篇根据现行有关规定介绍英语教师应该怎样做；中篇叙述之所以这样做的道理；下篇专谈本学科的发展以及研究的趋向、课题和方法。（唐雅邻）

H000208 **英语书信契据写作指南** 张健、唐见端编著。金盾出版社1993年9月版。26.7万字。9.00元。分书信写作基本知识、私人信函、公务信函、契据四大部分。"书信写作基本知识"主要介绍书信结构、书信格式和书信写法。后三部分除"范文"外，还有"写作须知"、"注释"和"常用套语"。"写作须知"介绍书写不同内容的信函和契据时应注意的事项及一般惯例，主要内容是通过各种体裁和内容的范文，以英汉对照和附加注释的方式向读者展示英文书信及契据的写作特点和方法，每一类范文后均有英汉对照的"常用套语"。书末有"汉词'中式'英译一览表"（附参考英译）等附录。（金家麟）

H000209 **英语语法释疑系列** 邹启明等编著。三联书店1993年9月版。67.5万字。38.55元。由8本小册子组成。针对中国学生学习英语中遇到的8个主要问题，分专题提出并作解疑。《前呼后应》指出，中国学生的英语中动词、名词、介词、数词等都对了，但是句子错了——错在词与词之间没有呼应。全书32篇小文分析英语句子的呼应问题。《介词趣谈》指出，英语介词简单易记，但词义丰富，变化多端。作者用8个小故事来解释这一英语中最活跃的词。《不定式解惑》由32个小故事组成，专门解释英语中保留了动词的特点又不可作谓语用的"非谓语动词"的问题。针对中国学生可以掌握很多词汇，却不一定会造出通顺的英语句子的缺憾,《病句诊疗室》将对病句的解析贯穿于30个小故事中。针对中国学生学英语往往只注意词义而忽视词性,以致出现病句的情况,《英语词类辨》提醒读者不仅要知道词义,还要弄懂词类,进而弄清英语句式。还有《难对付的A和THE》、《动词疑难逐个解》和《虚拟与被动》。每本都有百余则练习,书后附有答案。

H000210 **英语介词搭配大词典** 王怀远、麻益民主编。天津人民出版社1993年9月版。200万字。58.00元。选收常用的、与介词有紧密搭配关系的实词(名词、动词、形容词、副词、代词、数词)约3 200个,在搜集资料的基础上加以归纳、比较、筛选,列出它们与常用介词及其同形副词的搭配形式。搭配条目比较齐全(如在动词"get"项下收列49个搭配条目),超过《新英和活用大词典》介词搭配部分。各搭配条目下所附例句重点列出本义用法,引申义及成语用法只择要编入。主要用法以及各种搭配对不同主语、宾语、修饰语、冠词等的换用限度尽可能予以体现。所收例句5万余条,均附译文,并注明出处。例句全部选自英、美等国出版物或以英语为本族语人的作品,引用的英美文学名著大部分为20世纪作品。例句力求多样,繁简、难易兼收。(张佩卿)

H000211 **大学视听英语** 简庆闽编。浙江大学出版社1993年9月版。30.3万字。7.15元。大学英语1—4级阶段视听教材。以《大学英语教学大纲(文理本科)》的功能意念表为主导,以电视表现手法模拟交际环境,把抽象的语言概念放在特定的情景中进行生动活泼的介绍,培养学生的实用交际能力,同时对语法结构和词汇进行实践性复习。分12讲。每讲由教学和欣赏两部分构成。教学部分主体为"校园生活",通过有情节、有表演的教学小品,阐述《教学大纲》"功能意念"部分要求学生掌握的语言知识。欣赏部分主体是"世界与进步",选用时代感强的科普短片,培养学生的科技英语听力。每讲之后附有听力练习题,并附有答案。(王宇)

H000212 **会计英语** 天津教育教学研究室职业教育教材编写组编。高等教育出版社1993年10月版。15万字。5.10元。国家教委职业技术教育司和高等教育出版社共同组织编写的中等职业学校财经类教材之一。将专业英语和会计知识联系在一起。会计知识以西方财务会计为主,由浅入深,难易适度。每课后有英文生词和词组、语法讲解和练习。书后附参考译文。(沈秀兰)

H000213 **英美知识概要(英文本)** 吴雪莉等著。河南人民出版社1993年10月版。20万字。6.50元。河南省高等教育自学考试英语专业英美概况课程的指定教材。分两部分,介绍英、美两国的背景知识,其中包括地理、历史、政治与法律、经济、文化教育及主要大众传媒等。与同类题材图书相比,具有内容简明扼要、语言标准规范的特点。(柳明)

H000214 **GMAT新萃** 副名:阅读和语法解析。陈湛匀著。华东理工大学出版社1993年10月版。28.6万字。9.00元。GMAT的英文全称是The Graduate Management Admission Test,其意为"经济与管理专业研究生入学考试"。它是美国、加拿大等国高等学校录取管理等专业研究生的入学条件之一,也是评定其奖学金的依据。本书在同类考题和模拟题中精选难题,予以详解,专门训练GMAT阅读和语法试题解析能力。(杜滨)

H000215 **朗文英汉双解活用词典** 周国珍、林相周等译。上海译文出版社、朗文出版亚洲有限公司1993年10月版。336.8万字。17.50元。共收词目和短语38 000条,例句55 000条。全书的英文释义和例句采用2 000个常用单词写成,文字浅显。为了解决读者在语法方面可能遇到的问题,本书特设"学习提示"栏,并在一部分词目下附有"用法说明"。书中插有18幅全页彩图,每幅插图配有描述性文字,具体呈现语境。考虑到有些外来语和难字的发音对读者来说较困难,特挑出1 000个单词,请专家以正确的发音读出,制成录音带,供读者进行听力训练。书末附有"练习解答"、"构词法"、"语音"和"外来语及难发音单词表"等。(刘玲珍)

H000216 **趣味英语语法** 陈锡麟主编。天津教育出版社1993年10月版。8.9万字。2.65元。"趣味英语丛书"之一。共收短文46篇,包括基础英语语法的主要内容。(刘锦华)

H000217 **英语学习趣谈** 陈锡麟编。天津教育出版社1993年10月版。9.4万字。2.75元。"趣味英语丛书"之一。收40篇短文,分别讨论语音、语法、词汇、交际功能及其他相关问题,并对学习方法加以介绍。本书采用漫谈形式,读来轻松亲切。(李莉)

H000218 **趣味英语阅读** 高炎、魏孟勋编。天津教育出版社1993年10月版。11.4万字。3.25元。"趣味英语丛书"之一。所收50篇内容生动的短文,许多出自国外报章,其幽默、练达、删繁就简的英美风范,以及适宜普通程度阅读的词汇、句式及内容,能给学生以鲜明的印象和启迪。在提供有趣读物的

同时,书中还配以少量为加深理解所设的习题和游戏,词汇量限制在统编初中英语课本的范围内。(李莉)

H000219 **趣味英语丛书** 陈锡麟主编。天津教育出版社1993年10月版。42.7万字。4册。11.25元。针对中国学生因教学中存在的局限性造成的学习上的困难,把阅读、会话、语法中枯燥而难于掌握的知识要点与内容加以趣味化,以通俗、形象、生动的形式进行讲解。(李莉)

H000220 **3000单词学得快** 副名:中级英语水平考试用书。梁兴哲主编。中国国际广播出版社1993年10月版。10万字。9.70元。将编者发明的英语单词节状结构速记法首次用于本书。"节状结构"的方法要点在于把英语单词分析为各构词部件(类似汉语的偏旁部首),用板块集成的观点看待、记忆单词,而不是以一个一个字母去看待单词组合并机械记忆单词。书中用5种排序法(字母序、原生词根序、前缀序、后缀序、最后一个字母序即倒序)将成人教育英语教学大纲规定的3000词作了5次排列,使单词各部件得以直观地显示,有助于单词记忆。(李佳俊)

H000221 **趣味英语会话** 陈锡麟主编。天津教育出版社1993年10月第1版。13万字。3.55元。"趣味英语丛书"之一。共有27个单元,每个单元都有句型提示和四段有趣味的对话。学生可以先看图对话,继而跳出文中所给语句,过渡到交际性对话训练,引出更丰富的谈话内容。书后附有全部对话的译文。(刘锦华)

H000222 **国际金融实用英语教程(修订本)** 顾雪帆、沈泽群编。上海外语教育出版社1993年11月版。58.2万字。12.00元。国际金融专业知识与专业英语相结合的教材。汇集国内外专家的研究成果,较全面地介绍国际金融学的基础理论。注重理论与实践相结合,英汉注解并重。主要内容有:国际经济形势、国际收支基本概念、国际货币制度、国际金融、外汇、外汇管理、国际贷款和资金融通。编有正课文16课,副课文16课和Inter-lessons3课。供高校国际金融专业三年级使用。初版于1987年,本版作了较大的修订。(孙梅琳)

H000223 **当代最新英语同义词词典** 尹玉成编。天津人民出版社1993年11月版。37.9万字。9.80元。以英美权威专著为蓝本,旁及中外同类语言工具书15余种,根据中国英语学习者在英语同义词应用上经常遇到的困难和常见错误,从初、高中教材,大学四、六级水平考试,托福、GRE考试所涉及词汇中选出同义词600余组,计2 000余个。从各个同义词的含义、用法、结构、搭配和惯用法等方面入手,揭示各同义词间的本质差别和不同用法。为通过对比加深印象,还给出相应的反义词200余组,计1 000余个。选用例句5 000余条,例句内容大都联系现代社会交往、社会风貌和生活实际等层面,体现时代气息。每组词条后有"[注]",对同义词的英美特殊用法、词组、句型、归类、使用中易错处等,作扼要说明。对各同义词间何时可彼此通用,何时略有差异,何时不可通用等,均通过例解、比较加以辨析。词条按英文26个字母先后顺序排列,通过交叉、参照,每组中各同义词均可在条目中查到。附录有英语托福和GRE考试中复现率较高的同义词及其反义词表。(张佩卿)

H000224 **实用英汉词典** 余士雄主编。外语教学与研究出版社1993年11月版。170万字。23.80元。有以下特点:一、例证多,几乎每个词条和短语都有例句。二、大量的同义词、近义词都有必要的比较和辨义。三、各个词都注明不同的词性和细微差别。四、在一些词条内辟有构词法、惯用法、注意事项等栏目。五、对中国人学英语最难掌握的介词,着重注明搭配关系,指出什么词接用什么介词以及通用的介词短语等。六、词条极力做到前后呼应,彼此之间互相补充。七、附录有英语前缀、后缀、不规则形容词、副词表,各国及首都、首府、货币名称一览表。(王维国)

H000225 **新越汉词典** 蔡杰等编。广西教育出版社1993年12月版。50万字。14.00元。收词3万条。主要选收较常用的单音节词、多音节词、成语、俗语、外来语,涉及政治、经济、文化、科技、军事、宗教以及日常生活等方面。以越南语的使用和表达习惯为主,同时注意收入符合中国人表达习惯的词语。(孙梅)

H000226 **趣味看图学英语** 俞妮亚等编。接力出版社1993年12月版。70幅。3.80元。摒弃严肃刻板的传统英语教学模式,直接引入最常见、最实用的口语,通过相对固定的人物角色在家庭、学校、社会等场景的活动,帮助幼儿在亲切、愉悦的氛围中完成初步的英语学习计划。收入"接力看图世界丛书"。(莫宁)

H000227 **商务日语大全** 周林娟编著。上海科学技术文献出版社1993年12月版。47.2万字。16.80元。内容包括城市新貌、投资开发、改革开放、三资企业、优惠政策、股票证券、期货市场、不动产业、贸易洽谈、贸易书信、补偿贸易、加工贸易、转口贸易、订货合同条款、关贸总协定及巴统会、外商在中国设立常驻代表机构的程序等。分30课,每课附有参考文章、实用例句和常用词汇。日语汉字均注有假名,并配有中文译文。(孙璐佩)

H000228 **阿拉伯语修辞** 北京外国语大学阿语系《阿拉伯语修辞》编写组编。外语教学与研究出版社1993年12月版。12.4万字。7.80元。北京外国语大学阿拉伯语系教材。注意介绍传统阿语修辞学的概貌,对阿语修辞理论作实事求是的探讨。在研究内容上增加了一些属于修辞范围而传统修辞学不曾研究的内容,删掉了一些传统修辞学提及而不属于修辞学范围或实用价值不大的内容。在具体理论上提出了一些新的、旨在适应现代阿拉伯语实际的观点。在选用例句时,既采用一般修辞著作中常用易懂的例句,更从现代阿拉伯语各类作品,尤其是名家作品中选用大量例句。本书大致保持了传统阿语修辞学的体系,即将修辞学分为三大部分:句式修辞、形象修辞、藻饰修辞。还增添"语体概述"为第四部分,对现代阿拉伯语常用的几种语体作简要介绍。全书修辞例句均有汉语译文,其中引自《古兰经》的例句均采纳马坚的译文。大多数例句均注明出处,未注明出处的引自各类修辞专著。(戴涛)

I 文 学

I000001 **社会科学十万个为什么(文学分册)** 罗竹风主编。少年儿童出版社1993年2月版。14万字。5.10元。收辑120多个关于古今中外文学方面的问题。有"战国时期楚国的大诗人屈原为什么要投汨罗江自杀?""为什么吕不韦要出'一字千金'的悬赏修改《吕氏春秋》?""为什么司马迁受了'宫刑'以后还能写出《史记》这样的杰作?""为什么范仲淹的'先天下之忧而忧,后天下之乐而乐'这两句话会成为千古名言?""为什么曹雪芹说他写《红楼梦》是'满纸荒唐言,一把辛酸泪'?""为什么《鲁迅全集》里有瞿秋白的文章?""为什么杨沫说《青春之歌》是她投身革命生涯的一滴'血'?""为什么《威尼斯商人》中的夏洛克执意要割安东尼奥身上的一磅肉?""为什么鲁滨逊孑身飘流到荒岛竟能生存26年之久?""为什么海明威把写作称为'猎狮'?"等等。(洪祖年)

I000002 **袖珍典籍丛书** 顾复生等编。天津人民出版社1993年12月版。200万字。56.00元。以普及中国古代文化知识为主要目的,从浩如烟海的中国古代典籍中选出有代表性的作品,加以注释,以适合当代青少年阅读。该丛书已出版7册,有《唐诗三百首新注》、《宋词三百首新注》、《元曲三百首注》、《左传精华》、《搜神记精华》、《太平广记精华》、《聊斋志异精华》。(成其圣)

文学理论

I000003 **比较文学论文稿** 杨·巴雅尔编。内蒙古人民出版社1990年11月蒙文版。173万字。4.50元。分上下编。上编系统介绍比较文学的发展概况、性质功能、研究方法等;下编把蒙古民族文学与其他民族文学进行比较研究。对蒙古民族创世神话传说与史诗、翻译文学、近代小说、新时期诗歌等各种体裁的作品以及东西方文学、汉蒙文学、古代与现代文学等的创作技巧、相互影响等进行了比较研究。(哈斯高娃)

I000004 **宗教、艺术与文化传统** 范岳著。辽宁人民出版社1993年版。13万字。6.50元。分10个专题。重点探讨东西方文化各自不同的底蕴和发展规律。强调比较文学中国学派的存在和发展。认为从比较文学研究的发展趋势来看,一种新的寻求混合基因的研究可能会成为东西方比较文学研究的主流,这不仅打破了"欧洲中心论"体系,也为东方比较文学研究的崛起开辟了新天地。(于海宴)

I000005 **伏尔泰论文艺** [法]伏尔泰著,丁世中译。人民文学出版社1993年版。41万字。9.80元。收文艺论文15篇。较全面地反映了作者的文艺观及其关于史诗、悲剧、喜剧、歌剧、诗歌、文论、语言文字诸方面的见解。作者以推崇的态度详细阐述了古典主义文艺理论及创作规则，指出“三一律”的意义与价值首先在于确保文学作品内容的符合情理和风格的优美典雅及简洁洗练。另一方面，作者也抨击了种种充斥着说教的艺术“枷锁”以及似是而非的无益“规则”，提倡艺术形式、体裁、风格、笔调上的自由探索和不拘一格。在“什么是美”的问题上，作者批驳了将“美”绝对化的观点，实际上提出了审美标准的“相对性”和“多元性”。（夏玟）

I000006 **比较文学方法论** 刘介民著。天津人民出版社1993年版。45万字。13.20元。大体分为3部分：一、比较文学理论之自身，包括比较文学理论的历史发展、一般比较文学理论的产生、比较文学研究的一般方法；二、比较文学内在之研究法，诸如比较文学理论之影响研究、比较文学理论之平行研究、比较文学理论之比较类型学研究、比较文学理论之阐发研究；三、比较文学外在之研究法，即比较文学与文学理论、比较文学与人文科学、比较文学与社会科学、比较文学与自然科学。具有开放性和兼容性的特点。（成其圣）

I000007 **小说艺术：品性和历史** 胡尹强著。上海文艺出版社1993年3月版。23.3万字。5.80元。着眼于创作理论的本源和中外小说的范例，探索小说艺术的基本品性。认为小说艺术发展的历史，是人类对自身和自身生活的发现和认识的历史；浪漫主义和现实主义是小说创作的两种基本的艺术观；塑造性格形象是小说描述的核心任务；小说创作的艺术技巧——文体形式、描述视角、结构手段、描述手法和语言——是开放性的体系，随着小说艺术的发展而不断地充实丰富。还对小说艺术诞生的主要标志的界定、对某些现代主义艺术流派特质的认识提出了看法。（张有煌）

I000008 **小说叙述形态论** 蔡宇知著。新疆人民出版社1993年4月版。12万字。5.50元。文学理论著作。分别讨论了叙述者类型、视角分类转换、叙述态度和读者、可信及不可信叙述者、可疑的叙述者、叙述时间与空间、叙述手段、叙述风度、叙述文体（感性小说、悟性小说、理性小说）、叙述模式（线性模式、蛛网模式、画面模式、套盒模式、板块模式、圆环模式）等问题。对小说的叙述规律、方法、技巧、规范等进行分类归纳与说明。（王黎明）

I000009 **中国文学语言艺术大辞典** 中国文学语言研究会编。重庆出版社1993年5月版。138.3万字。22.90元。分12部分：文学语言艺术总论、文字的运用、语音的协调、词语的调遣、句式的选用、段篇的结构、辞格的设置、表现手法的巧用、语体的适应、文体的适用、风格的培养、文学语言艺术的鉴赏。词目以今为主，以古为辅；以中为主，以外为辅，力图体现中国现当代文学语言艺术的状况。（杨直培）

I000010 **形象逻辑论** 嵇山著。上海三联书店1993年7月版。400万字。22.50元。文艺理论著作。运用马克思主义基本原理及大量创作实例，论证艺术形象生成所遵循的逻辑规律。指出形象逻辑为一切成功艺术形象的本质属性。认为形象有自己独特的构成逻辑，它发端于作者从现实生活中观察得来的“最初印象”，形成于主客体同一，并有自己的“发育”、“成长”过程。（罗征）

I000011 **文艺学教程** 王纪人等著。上海文艺出版社1993年7月版。19万字。5.50元。文艺理论教材。比较侧重于对作品本体和文学内部关系的阐述，研究文学的存在方式、构成、技巧、文体、类型等。注重实用性，力求简明扼要。（高国平）

I000012 **20世纪欧美文论丛书** 陈燊主编。百花洲文艺出版社1993年9月版。总计199万字。总计116.10元。介绍20世纪欧美最有影响的文艺理论著作，较为全面系统地反映了20世纪欧美文学理论的发展状况。丛书共27种，由人民文学出版社、中国社会科学出版社和百花洲文艺出版社联合出版。百花洲文艺出版社承担7册8种，它们是：《驳圣伯夫》（马塞尔·普鲁斯特著，王道乾译），通过批驳圣伯夫的批评理论，彻底否定了19世纪实证主义的批评原则，阐述了心理现实主义的创作和批评主张，即“深入到生命的深处”，揭示“内在的真实”，强调了艺术家独特的创造力。《批评意识》（乔治·布莱著，郭宏安译），为本世纪六七十年代文学批评“日内瓦学派”的代表作，其要旨是将批评行为看作批评主体和创作主体间意识的相遇与认同。《艾略特文学论文集》（托·斯·艾略特著，李赋宁译），要求诗歌表现客观现实，反对纯粹抒发个人感情和表现个性；主张诗歌在形式和风格上的创新，反对人为的诗歌语言和陈旧的韵律；讨论文学和其他学科的关系。《文学批评原理》（艾·阿·瑞恰慈著，杨自伍译），首次运用语义学方法对审美范畴进行分析，创立了文艺美学中语义学派，为文学批评提供了科学的理论基础，是英美“新批评”的开山作。《散文理论》（维克多·什克洛夫斯基著，刘宗次译），论述散文的一般问题，阐述形式主义学派的历史渊源和理论观点。《考德威尔文学论文集》（考德威尔著，陆建德、黄梅、薛鸿时等译),包括《幻想和现实》、《垂死的文化》、《浪漫主义和现实主义》等著作中的精彩部分,论述诗与社会及语言的关系,并论述肖伯纳、威尔斯等作家及自由、爱情、和平、暴力等问题,系统评论资产阶级意识形态以及英国文学。《语言的牢笼》(弗雷德里克·詹姆逊著,钱佼汝译),着重论述结构主义和俄国形式主义,为马克思主义文艺理论进行辩护。《马克思主义与形式》(弗雷德里克·詹姆逊著,李自修译),对本世纪 20 年代以来"西方马克思主义"的哲学、美学、文艺学思想进行回顾与总结。《语言的牢笼》和《马克思主义与形式》二种合为一册。(宸瑗)

I000013 **民族民间文学原理** 周作秋主编。广西师范大学出版社 1993 年 9 月版。27 万字。15.00 元。运用马克思主义唯物史观,借鉴民族学、宗教学、民俗学、文化人类学、美学等相关学科的理论和知识,以多维文化视野,全面审视少数民族民间文学的整体结构和丰富内涵。分"基础理论"、"体裁种类"、"采录与研究"3 部分,章节贯之。介绍民族民间文学的基本理论和基本知识,分析民族民间文学的主要种类体裁,传授从事民族民间文学搜集、翻译、整理和研究工作的基本原则和方法,确立民族民间文学在中国文学史、文化史上的地位。每章章首有"学习提示",指出本章的中心内容,提出学习重点和要求;章末有"思考练习题",便于学生掌握重点难点和复习考试。(周作秋)

I000014 **儿童文学教程** 蒋风主编。希望出版社 1993 年 9 月版。42 万字。9.80 元。师范院校儿童文学专业通用教材。分上下两卷。上卷为综论,分 9 章论述了儿童文学研究的领域和现状、儿童文学的历史发展、儿童文学的本质、儿童文学的任务与功能、儿童文学的语言、儿童读物的插图与装帧、儿童文学的创作、儿童文学的接受和批评、儿童文学的研究方法等基本知识和基本理论。下卷为各论,分 10 章论述了低幼儿童读物、儿童诗歌、童话、寓言、儿童故事、儿童小说、儿童散文、儿童报告文学、儿童科学文艺、儿童戏剧文学、儿童影视文学等儿童文学主要体裁。(陈炜)

I000015 **人与故事** 副名:文学·文化批判。高小康著。东方出版社 1993 年 10 月版。19.6 万字。8.80 元。探究人对故事发生兴趣的原因。确立人在故事中的主体地位。揭示故事的本质在于体现人对自身命运的关怀。把故事放在文化整体之中来把握,认为故事就是人的生存活动的"换挡减速"。(刘丽华)

I000016 **本文的审美结构** 陈晓明著。花山文艺出版社 1993 年 11 月版。29 万字。8.10 元。"文艺新学科建设丛书"之一。就语象、语义、语境、客体及其深度性等各个层面,系统研究文学本文的审美结构。尝试从"生存论"的角度发掘文学本体的审美意蕴。广泛吸取新批评、现象学、结构主义、符号学、解释学、后结构主义等西方现代文学理论与批评的成果而自成一格。(卢水淹)

I000017 **比较文学研究类型** 赵毅衡、周发祥著。花山文艺出版社 1993 年 11 月版。30 万字。8.10 元。"文艺新学科建设丛书"之一。论述比较文学研究的类型性,提供了 20 篇研究实例,按照影响、平行和跨学科 3 大研究,区分出若干细类。前言和选文前的简要介绍阐释了各种类型的形式与发展以及它们的研究对象、范畴、方式和旨趣。(卢水淹)

I000018 **美的认知结构** 许明著。花山文艺出版社 1993 年 11 月版。38 万字。9.80 元。"文艺新学科建设丛书"之一。以马克思主义认识论为指导,结合现代思维科学、认知心理学等最新成果,建构了审美思维的模式。为作者博士学位论文。(卢水淹)

I000019 **创作技巧学** 李保初著。内蒙古教育出版社 1993 年 11 月版。28.2 万字。7.80 元。将文学创作技巧构建为一门学科,提出了学科的理论框架,从理论上系统地论述了创作技巧问题。对灵感、技巧意识与修养等创作技巧理论问题进行了深入的论述。对古今中外成功的创作技巧进行了剖析。语言通俗流畅,论述深入浅出,举例生动贴切。(黄妙轩)

I000020 **文艺民俗学** 秦耕著。安徽文艺出版社 1993 年 12 月版。18 万字。5.00 元。分 3 章。第一章总论,对文艺民俗学的概念、研究领域、研究方法、任务及研究视角作宏观介绍。第二章文艺民俗,对文艺民俗的起源、心理、文艺与民俗的关系、事项及文艺的民俗特征——民族性与地方性进行分析。第三章,民俗文艺,对民俗的小说艺术、歌曲艺术、戏剧艺术、烹饪艺术、建筑艺术、服饰艺术进行分门别类的研究。(左克诚)

I000021 **散文艺术世界** 熊述隆著。百花洲文艺出版社 1993 年 12 月版。23 万字。7.58 元。从宏观视角对散文这一"母体艺术"加以审视。分 18 章。对散文的率真洒脱、情感盈溢、质朴稚拙、哲理意蕴、形神复合、宏观辐射、微观凝聚、沉雄悍犷、恬淡柔婉、奇谲怪异、幽默诙谐等诸种特点与美质进行了全面系统的研究。既有理论阐述,又引证中外散文进行具体分析、比较和鉴赏。(毛军英)

I000022 **儿童文学概论** 金万锡著。东北朝鲜民族教育出版社 1993 年 12 月版。21.9 万字。4.65 元。共 3 篇 17 章。论述儿童文学的对象、分类等儿童文学基础理论问题以及童话、童诗等儿童文学体裁问题，介绍中国朝鲜族儿童文学以及朝鲜、韩国儿童文学概况。（宋春南）

I000023 **诗与人生** 孙光萱著。天津教育出版社 1993 年 12 月版。11.9 万字。3.55 元。“人生与艺术”丛书之一。诗歌创作评论文章合集。收文 17 篇。追求思想、诗情与散文笔法的统一。（戴正兴）

世界文学

I000024 **曹靖华译著文集** 曹靖华著。河南教育出版社 1993 年版。300 万字。11 册。200.00 元。收集曹靖华的译著、文论、散文、书信等大部分著作。末卷附曹靖华年谱。（宋士杰）

I000025 **小品文鉴赏集** 郑洛主编。上海书店 1993 年版。24 万字。4.00 元。选收百余篇古今中外作品。包括中国古代《世说新语》、《东坡志林》等中的作品以及现当代鲁迅、周作人、郭沫若、茅盾、冰心等的作品；16 世纪法国蒙田、18 世纪英国华滋华斯以及当今美国、日本的一些作品。加以注释和评析。（龚建星）

I000026 **西方现代主义文艺思潮述评** 曾庆元著。武汉大学出版社 1993 年版。24 万字。5.90 元。共 6 章。第一章“绪论”，第二章“现代主义的主要流派”，第三章“西方现代主义文艺思潮再认识”，第四章“现代主义与中国文学”，第五章“现代主义在中国的表演”，第六章“现代主义在中国的命运”。（高璐）

I000027 **世界诗学大辞典** 乐黛云等主编。春风文艺出版社 1993 年 1 月版。176 万字。70.00 元。介绍中国、日本、印度、阿拉伯、欧美五大地区的一般美学文学概念、文学形式技巧、文体风格、文论流派、重要文论家及重要文论著作。（鲁野）

I000028 **外国文学流派辞典** 董小玉、周安平主编。广西教育出版社 1993 年 1 月版。35 万字。10.15元。收录外国文学思潮、流派、社团等条目 400 余个。简要介绍文学流派、社团形成的背景、渊源、时间、地点及其代表人物、文学主张、理论观点、创作追求、代表性论著和作品等，客观评价每一流派、社团在文学发展史上的地位。（邱方）

I000029 **中外名家微型散文百篇** 李传玺、徐醒生编。宁夏人民出版社 1993 年 1 月版。17 万字。7.90 元。散文集。收千字左右的抒情散文 101 篇，各篇均附短评。中国部分有鲁迅、冰心，朱自清、茅盾、郁达夫、巴金、老舍、丁玲、梁实秋、贾平凹、王蒙、舒婷等的名篇。外国部分有泰戈尔、高尔基、德莱塞、茨威格等的佳作。（袁凤影）

I000030 **世界名著神话故事大观** 升平、余启新主编。武汉出版社 1993 年 1 月版。73 万字。15.80 元。精选古今中外神话故事 305 篇。反映了初民对于世界起源、自然现象及社会生活的朴素观念，包含着丰富的天文、地理、动物、植物、宗教、哲学、历史、语言、风俗、医药等知识。故事通俗有趣、短小精悍。（袁亚兵）

I000031 **欧美文学史** 王国明等著。河南人民出版社 1993 年 2 月版。30.6 万字。8.10 元。高等学校文科教材。勾勒了古希腊、罗马时代至 20 世纪中叶欧洲和美国文学的发展历史，阐明了其发展规律。对各个时代的主要文艺思潮、流派、重要作家和重要作品都给予恰当的评价。全书分古代文学、中古文学、近代文学和现当代文学 4 个部分。较好地处理了知识介绍与作品鉴赏的关系。尽可能地反映了我国学术界对于外国文学研究的最新成果。（刘玉军）

I000032 **外国散文精品文库** 老愚等编。陕西师范大学出版社 1993 年 2 月版。130 万字。10 册。43.00 元。分 10 个主题选编外国散文作品，有《苹果树——创世寓言》、《红色舌头——伟人的意象》、《敞开的风景——自然之神的游历》、《两只手——性与爱的历程》、《天上的虫子——冷眼热眼中的世界》、《一千个头颅——我的亲人们》、《酒神的节——哲人箴言》、《天门——生命的轮子》、《象——人世的形态》、《糖的河流——内心言辞》。（马日立）

I000033 **中外古今笑话幽默大全** 邹敏文、文化林主编。百花洲文艺出版社 1993 年 3 月版。50 万字。13.00 元（平）；16.00 元（精）。选编中外古今笑话幽默 1 700 余则，以“内容健康有益，形式奇巧有特色”为选收标准。分为“吹牛篇”、“拍马篇”、“懒惰篇”、“敷衍篇”、“痴傻篇”、“保守篇”、“无知篇”、“迷信篇”、“自私篇”、“吝啬篇”、“贪婪篇”、“侈奢篇”、“虚伪篇”、“诓骗篇”、“狡诈篇”、“癖好篇”、“惧内篇”、“投机篇”、“急躁篇”、“粗俗篇”、“自满篇”、“傲慢篇”、“专横篇”、“机警篇”、“巧合篇”、“错位篇”、“怯弱篇”、“颓废篇”、“偷盗篇”、“自嘲篇”、“讥讽篇”、“世俗篇”、“啰嗦篇”、“健忘篇”、“糊涂篇”、“迂腐篇”、“放诞篇”、“其它篇”。（李春林）

I000034 **中外著名儿童文学故事鉴赏辞典**

佟希仁主编。辽宁少年儿童出版社 1993 年 3 月版。81 万字。12.00 元。选收 41 个国家的儿童文学代表作 195 篇(部),包括儿童小说、童话、叙事诗、戏剧、故事等。时间跨度自中世纪至当代。作品按国家或地区编排,同一国家或地区的作品按发表时间先后编排。3 千字以内的作品收录全文;篇幅较长的作品缩写至 3 千字左右,缩写时力求保持原作完整的故事情节和语言风格。每篇作品附有评析文章,介绍作品的思想内容与艺术特色,配有作家简介,注明原文字数、出版时间及出版单位。叶君健撰写序言。(王瑞起)

I000035　**中外动物小说大观**　范奇龙主编。少年儿童出版社 1993 年 3 月版。49 万字。15.00 元。收辑古今中外动物小说名著 44 篇。中国作品有蒲松龄的《蛇人》、刘厚明的《阿诚的龟》、朱新望的《小狐狸花背》、乌热尔图的《七岔犄角的公鹿》、沈石溪的《象群迁移的时候》、李子玉的《小仓鼠花斑豹》等 23 篇;外国作品有法国巴尔扎克的《沙漠里的爱情》、俄国屠格涅夫的《小鹌鹑》、加拿大汤·西顿的《狼王洛波》、美国杰克·伦敦的《荒野的呼唤》、日本椋鸠十的《两只大雕》、英国詹·奥尔特里奇的《奇异的蒙古马》等 21 篇。(洪祖年)

I000036　**智慧草**　副名:中外幼儿童话评论集。巢扬著。重庆出版社 1993 年 3 月版。28 万字。5.45 元。对苏联的高尔基、阿·托尔斯泰,日本的新美南奇、中川李枝子,丹麦的埃贡·马蒂生,美国的阿·罗贝尔,中国的严文井、鲁兵、金近、杲向真、林焕彰、孙幼军、冰子、冰波、武玉桂等中外幼儿文学作家的童话作品作了细致深入的分析,对当前幼儿童话界令人关注的问题发表了见解。每篇评论文章后均附有所评作品的原文。严文井作序。(蒲华清)

I000037　**中外散文选萃(六)**　本社编。百花文艺出版社 1993 年 4 月版。10 万字。3.20 元。《中外散文选萃》是当年度报刊上发表的优秀散文选本。第六辑分"92 散文精萃"、"台港暨海外华人文萃"、"域外散文新译"、"序跋之页"、"散文谈话录"、"文论精要"6 部分。选收柯灵、扎西达娃、王朔、邵燕祥、张炜、刘震云等人的散文,同时介绍了英国哈兹里特、拜伦、赫德逊、劳伦斯等名家名篇,并针对散文的发展进行了探讨。(蒋华)

I000038　**战火中的孩子**　中日儿童文学美术交流上海中心编。少年儿童出版社 1993 年 4 月版。40 万字。17.90 元。本书是中日儿童文学美术交流上海中心和日中儿童文学美术交流中心共同商定编辑的、反映抗日战争和第二次世界大战的儿童文学作品集。分"中国篇"和"日本篇"。"中国篇"共 13 篇,有叶圣陶的《邻居》、茅盾的《大鼻子的故事》、巴金的《还魂草》、贺宜的《满桂子》、陈模的《失去祖国的孩子》、任大星的《挨饿的日子》、李楚城的《路漫漫》、任大霖的《渡口》、刘真的《我和小荣》、王世镇的《枪》、刘厚明的《我和一个日本孩子的故事》、沈虎根的《国难与家难》、杨啸的《野菊花》;"日本篇"共 11 篇,有大江秀的《龙大妈》、岩崎京子的《穿越火墙的山羊》、今西祐行的《一棵赤杨树的故事》、长崎源之助的《彦次》、松谷美代之的《娃娃的屋子》、四方晨的《立正,巴利肯分队》、安藤美纪夫的《小巷里的虹》、新川明的《琉子的白旗》、大野允子的《河边》、早乙女胜元的《魔烟囱之歌》、立原石南的《漫长的女儿节》。每篇作品之后都附有 1 篇评论。"中国篇"后有朱彦的综述文章《硝烟弥漫的文学》,"日本篇"后有长谷川潮的综述文章《日本的战争儿童文学》。中方编辑委员会主编为任大霖,编辑顾问陈伯吹;日方编辑委员会主编为长谷川潮,编辑顾问古田足日、前川康男。冰心题写书名。"上海中心"会长陈伯吹和"日本中心"会长前川康男、副会长松居直题词。(洪祖年)

I000039　**3—6 岁幼儿童话**　周锐、武玉桂等编。浙江少年儿童出版社 1993 年 4 月版。24 印张。24.00 元。收入幼儿童话作品 400 篇。分《3 岁幼儿童话》、《4 岁幼儿童话》、《5 岁幼儿童话》、《6 岁幼儿童话》4 册。包括《小木克》、《勇敢的小裁缝》、《丑小鸭》、《灰姑娘》、《小拇指》等世界著名童话以及《小兔子乖乖》、《精卫填海》、《老鼠嫁女》等中国传统童话,还收入了许多国内童话作家新创作的优秀作品,如郑春华的《梨宫中的小红人》、周锐的《小螃蟹和大鲤鱼》、张秋生的《北风先生和小烟囱》等。采用卡通画的形式表现故事。

I000040　**世界文学禁书**　朱子仪著。北京十月文艺出版社 1993 年 5 月版。22 万字。6.40 元。介绍自古罗马《爱的艺术》到当代《撒旦诗篇》近 40 部世界著名文学禁书,概述其内容,说明被禁原因和经过。(韩敬群)

I000041　**外国童话精品盒**　安徒生等著,王晓明等绘。安徽少年儿童出版社 1993 年 6 月版。16 册。35.20 元。精选安徒生、格林、王尔德等所著《丑小鸭》、《小红帽》、《巨人的花园》等 16 篇童话作品,对原文加以改编,配有插图。(王玲)

I000042　**欧美现代派文学概论**　袁可嘉著。上海文艺出版社 1993 年 6 月版。26.8 万字。7.80 元

（平）；11.00元（精）。基于现代文化的立场，对作为整体的欧美现代派文学进行综合的、宏观的研究。分10章。第一章“欧美现代主义文学的边界线”，为本书的研究对象勾划出一个轮廓。第二章“欧美现代主义文学的产生和发展”，从西方近百年来社会的演变、科技革命和文化思潮、文学艺术趋势以及现代派作家的阶级地位、世界观和艺术观等方面阐明现代派文学的渊源，并将现代派文学的发展分为孕育期（1840—1890）、肇始期（1890—1910）、鼎盛期（1910—1930）和衰退期（1930—1950）4个阶段。第三章“欧美现代主义文学的成就、局限和问题”，对现代派文学的成就、局限加以分析。第四章“欧美现代主义文学在中国”，对“五四”以来我国译介和评论西方现代派文学的情况进行简略回顾。后6章是对象征主义、未来主义、表现主义、意识流等具体流派的评介。（张安庆）

I000043 **世界华文儿童文学** 洪汛涛主编。希望出版社1993年6月版。44.9万字。20.20元。选编世界各地华文作者的小说、散文、童话、寓言、科学文艺、儿歌童诗等作品。每篇作品之前附有作者的照片及介绍，作品之后附有作者写给孩子们的一段话。另收理论资料，介绍各国华文儿童文学创作的情况。（陈炜）

I000044 **世界金质童话** 朱自强主编。北方妇女儿童出版社1993年7月版。70万字。29.00元。收录获国际安徒生大奖的童话作品，包括《长袜子皮皮》、《魔帽》、《洋葱头历险记》、《龙子太郎》、《小布头奇遇记》等世界各国名家名作。每篇作品附有作者介绍和作品评析。（刘玉林）

I000045 **《复活》的复活** 王朝闻著。首都师范大学出版社1993年7月版。33.7万字。13.50元。小说美学专著。共收8篇文章，涉及托尔斯泰的《复活》、蒲松龄的《聊斋志异》、施耐庵的《水浒》、兰陵笑笑生的《金瓶梅》、托尔斯泰的《安娜·卡列尼娜》、陀斯妥耶夫斯基的《罪与罚》。通过对小说细节的分析，进行美学谈心。（玉质瑛）

I000046 **启智故事园（续编故事、复述故事）** 李清铮等编。北方妇女儿童出版社1993年8月版。26.3万字。2册。6.95元。收入古今中外故事百余篇。续编故事部分每篇内设“故事部分”和“续编参考部分”。“故事部分”主要写出故事的人物、时间、情节，但不交待故事的结局，留下问题供孩子们根据自己的理解和想象接续下去。“续编参考部分”根据故事部分提供的情节设计的可能发展的结局，供孩子续编后进行自我检验，或由家长、教师进行检查指导。“复述故事部分”每篇都由“故事部分”和“检验与提示部分”构成。前者主要是故事内容，使孩子在听读故事过程中理解、掌握故事，增长知识。后者是每篇故事的要点，在孩子听完故事复述时，由老师、家长或孩子自己对照检验，看孩子对故事的理解和掌握程度如何，达到提高儿童理解、记忆和语言表达能力的目的。（李绍伟）

I000047 **诺贝尔文学奖辞典** 吴岳添主编。敦煌文艺出版社1993年8月版。87万字。38.00元。包括诺贝尔文学奖获奖作家简介、作品介绍、授奖词和受奖演说四方面内容。（侯润章）

I000048 **外国文学史新编** 刘念慈、王化学著。青岛海洋大学出版社1993年8月版。70万字。12.00元。4编15章。其中第一编涵括了从古希腊罗马时代到18世纪欧洲启蒙时代近3千年的文学内容，第二、三编分述19、20世纪的文学。把文学发展史和作家作品评析有机地融为一体。评论中肯。语言简洁。对20世纪文学流派的介绍略嫌不足。（庞德）

I000049 **宝镜里的天地** 副名：给女孩子的童话。志侠、冬灵编。未来出版社1993年8月版。16万字。3.95元。收入40篇外国童话。有《断手王后》、《神奇的戒指》、《奇特的嫁妆》、《快乐铃铛》、《扇子和灯笼》、《音乐家与花仙子》、《金发王子和银发公主》等。（杨德新）

I000050 **奇洞中的世界** 副名：给男孩子的童话。义虎、国诚编。未来出版社1993年8月版。16.9万字。4.10元。收入38篇外国童话。有《魔术师》、《哥尔比克的奇遇》、《错位》、《一个叫彼得卡的王子》等篇。（杨德新）

I000051 **海外华文女作家自选集** 戴小华主编。中国妇女出版社1993年8月版。20万字。7.50元。散居于世界各地的华文女作家不仅人数众多，而且成绩斐然，越来越受到国人的注意。有120多名会员的“海外华文女作家协会”，以交换写作经验、促进文学的交流与发展为宗旨，发起征集会员的自选作品，人各1篇，蔚成此集，由此可以统观海外华文女作家的水准和阵容。本书收集了聂华苓、陈若曦、戴小华、尤今等63位女作家的佳作，有散文、小说和诗歌。（杨南莺）

I000052 **德语文学精品** 杨武能译。漓江出版社1993年9月版。55万字。15.00元（平）；20.00元（精）。杨武能译文自选集。收入歌德的小说《少年维特的烦恼》及其抒情诗选，席勒的剧本《阴谋与爱情》，霍夫曼的小说《克雷斯佩尔顾问》，克莱斯勒的小说《侯爵夫人封·O》、《智利地震》，格里帕策的小说《穷乐师》，海涅的抒情诗选、散文《论法国画家》、小说《帕格尼尼》，施笃姆的小说《茵梦湖》、《燕语》，凯勒的小说《事在人为》，迈耶尔的小说《普劳图斯在修女院中》。附录"本书德文目录"、"译者简介"、"译者著译目录"。(宋安群)

I000053 **中外寓言** 苏浙生选编。上海教育出版社1993年9月版。30万字。7.20元。寓言集。选编寓言231篇，其中中国寓言97篇，包括古代寓言57篇，现代寓言40篇；外国寓言134篇，包括德国、法国、俄国、印度、日本、阿拉伯等33个国家和地区的寓言。大部分寓言附有"提示"。(谈鸿声)

I000054 **神话故事** 子牛编。未来出版社1993年9月版。14.5万字。7.60元。收入中外神话故事21篇。中国神话故事有盘古开天辟地的故事、女娲造人的故事、炎帝和黄帝的故事、愚公移山的故事、织女和牛郎的故事、尧治天下的故事、鲧禹治水的故事等13篇；外国神话故事有希腊神话盗火的普罗米修斯、潘多拉魔盒、欧罗巴、阿波罗的桂冠等；犹太神话亚当和夏娃，挪亚方舟等，共8篇。加以改写。文字加注汉语拼音。配有插图。(高小雁)

I000055 **寓言故事** 王翼成编。未来出版社1993年9月版。12.9万字。6.90元。收入中外寓言故事80篇。中国寓言包括《揠苗助长》、《刻舟求剑》、《黔之驴》、《画蛇添足》、《疑人偷斧》、《滥竽充数》、《郑人买履》等60篇；外国寓言包括《乌鸦和狐狸》、《狼和小羊》等20篇。加以改写，每篇寓言故事末尾点明寓意。文字加注汉语拼音。配有插图。(高小雁)

I000056 **陈瑞献选集·译著卷** 徐铮编。长江文艺出版社1993年11月版。26万字。10.98元。作者为新加坡现代作家。本卷选收作者各类译作。(张正平)

I000057 **外国戏剧名著故事集** 陈永祥、钟湖主编。中国青年出版社1993年11月版。45万字。精选上自古希腊、下至现当代代表外国戏剧发展最高水平的名剧55种，改写成文学故事，深入浅出地介绍了外国戏剧的精华。改写力求忠于原著，尽可能地体现原作的主旨，保留原著的语言特色。篇后附有剧作家生平简介和作品评析。(杜惠玲)

I000058 **20世纪英美文学辞典** 石云龙、蔡咏春主编。福建教育出版社1993年12月版。165万字。48.00元。收入4000个词条。系统全面反映当代英美文学的成就和发展趋势。资料基本来自英国牛津版《英国文学指南》、《美国文学指南》、朗曼版《朗曼20世纪文学指南》和美国恩格夫版《20世纪世界文学百科全书》。涉及作家、作品、理论、思潮流派、术语、报刊、社团、文学奖等。所收作家一般为1870年以后出生、活跃于20世纪英美文坛的当代作家，入选作品为1900年以后出版的名著。资料一般截至1985年，少数延至1991年。按英文字母顺序编排，附有汉语拼音索引和汉字笔画索引。(任凤生)

I000059 **外国人生小品** 童仁编。湖北辞书出版社1993年12月版。40万字。9.20元。收入外国人生小品2百余篇。分热爱生命、人生旅途、生活写意、男男女女、四季随笔、读者漫谈、众生百相、世态人情8类。(刘丹)

I000060 **世界散文精品大观** 崔宝衡、王立新主编。花山文艺出版社1993年12月版。300万字。荟集外国百余位诗人、作家、哲学家、艺术家、政治家、科学家的近千篇散文精品，包括随笔、杂感、文论、小品、游记、书信、散文诗等体裁。文章短小精悍，内容丰富，体现了作者对自然、社会、人生、世情等方面的感悟和思考。按主题分10卷：《人生的感悟——人生篇》、《拥抱自然——自然篇》、《生命的礼赞——生命篇》、《永不凋谢的玫瑰——爱情篇》、《艺术的彩虹——艺术篇》、《浪漫之旅——游记篇》、《真诚的祝福——友谊篇》、《温馨的摇篮——家园篇》、《灵魂之翼——哲思篇》、《闲情四季——闲情篇》。对每位作家的生平和创作作了简要介绍，对所选散文略加鉴赏和评析。(张采鑫)

I000061 **外国神话故事精选** 侯小明等编。江苏少年儿童出版社1993年12月版。12万字。22.00元。彩色连环画儿童读物。收入外国神话故事65篇。其中有古埃及、古希腊、古印度的著名神话，有世界各民族远古神话，有各国民间传说故事。这些故事具有丰富的想象，生动的情节，浓郁的神奇色彩，表现了人类的美好愿望、不懈追求以及对大自然的抗争和探索。插图近2000幅。24开硬精装本。(张玉培)

I000062 **世界文学五千年** 侯会著。中国青年出版社1993年12月版。39.6万字。外国文学史通俗读物。采取暑假期间爷爷给上中学的孙儿讲故事的方式，分50天，以50讲系统介绍世界文学史(不含中国)优秀作家、作品及重要事件。突出文学大家和名著名篇，对作品以介绍、分析为主，兼以评价，一般不做学术探讨；穿插不少文学掌故、轶闻趣事。另

有《中华文学五千年》一书与此书配套。(岳凤翔)

I000063 **海外华文文学史初编** 陈贤茂、吴奕锜、陈剑辉、赵顺宏著。鹭江出版社 1993 年 12 月版。60.3 万字。17.00 元。第一章阐述海外华文文学的定义、特点及发展前景,其余各章分别评述欧、亚、美、大洋洲各国华文文学的发展状况,既有文学史轮廓的勾勒,又有对作家作品、文学样式、文学思潮与论争、文学团体的评介。概括了海外华文文学的三大特点:一是海外华文文学具有与中国文学一脉相承的血缘关系,又呈现了多姿多彩的独特风貌;二是海外华文文学大都坚持现实主义创作方法,作家们都具有强烈的社会使命感;三是语言运用上具有本地色彩。由于资料搜集困难,非洲以及越南、柬埔寨、缅甸、澳大利亚等国华文文学在书中付阙或未能得到充分反映。(王聪文)

中国文学

I000064 **敦煌文学概论** 颜廷亮主编。甘肃人民出版社 1993 年 3 月版。45.5 万字。11.00 元。由上编“敦煌文学总论”、中编“敦煌说唱文学和小说”、下编“敦煌诗赋词文”、外编“敦煌文学杂著”4 部分以及“导言”、“余论”和“附录”构成。打破数十年来对“敦煌文学”概念的狭隘理解,把敦煌遗书中的俗文学作品和非俗文学作品均归入敦煌文学,从而扩展了敦煌文学研究的内容和范围。对敦煌文学的社会历史文化背景、分类、作者队伍、思想内容、艺术风貌和历史贡献等重要问题,在前人研究的基础上,作了新的论述,提出了新的见解,是数十年敦煌文学研究成果的总结。(李德奇)

I000065 **中国现代文学总书目** 贾植芳、俞元桂主编。福建教育出版社 1993 年 12 月版。300 万字。180.00 元。辑录中国现代文学史上出版的文学书籍约 13 500 余种,以文体分卷,有诗歌、散文、小说、戏剧、翻译文学等 5 卷。收录时限大体以 1917 年 1 月 1 日为上限,但按各体裁作品出版的实际情况确定书目辑录的起始年代,下限统一截止于 1949 年 9 月 30 日;翻译文学卷中还收录了 1882—1916 年间的汉译文学书目作为附录。所录书目以编写者亲见为原则,避免了沿传的错讹;释文包括著者(译者、编者)、出版状况、目次等项。附原版书封面书影 250 帧。(阙国虬)

文学评论与研究

I000066 **玛拉沁夫研究论文集** 茅盾等著。内蒙古人民出版社 1992 年 7 月蒙文版。33 万字。9.00 元。收录茅盾、周作秋、王力云、马白、臧克家、张天民等作家、评论家的文章共 59 篇。论文从多方面对玛拉沁夫的作品进行了评论,重点讨论了以《茫茫的草原》为代表的草原文学诞生与发展的过程。全书由 4 部分组成。第一部分玛拉沁夫简历和作品介绍,第二部分评论文章选编,第三部分玛拉沁夫作品年谱,第四部分评论文章索引。(特·官布扎布)

I000067 **语象论** 副名:《管锥编》疏证。臧克和编著。贵州教育出版社 1993 年版。16 万字。4.60 元。对钱钟书《管锥编》进行研究。从《管锥编》中整理爬梳出句样数十个,予以阐释。作者立足于汉字的象形特点,佐之以对文化、地理、风俗等的研究成果,比较清楚地论述了“语象”这一概念以及它在古代作品创作和今人欣赏中的重要作用。(卓守忠)

I000068 **文心雕龙释译** 李蓁非著。江西人民出版社 1993 年版。53 万字。16.00 元。在范文澜《文心雕龙注》和杨明照《文心雕龙校注拾遗》的基础上进一步阐发,注释多与古今注家不尽相同,每有创见;校勘有 32 条新发现,于附录中逐一详加说明;译文保持了原著骈文特色,以偶句译偶句,以韵文译韵文,既体现了原作的高度艺术性,又忠实于原作的思想意义;对原作的总体结构及其理论体系提出了独到见解,自成一家之言。(胡涤衷)

I000069 **巴人研究** 韩念龙等编。上海书店 1993 年版。26 万字。6.00 元。论文集。巴人本名王任叔,是现代著名作家、学者、外交家。本书汇集巴人的朋友、学生和研究者的回忆和研究文章 40 余篇,表现了巴人的生平、思想及其创作和学术成就,既具有可读性,又具有学术价值。(罗伟国)

I000070 **魏晋玄学与六朝文学** 陈顺智著。武汉大学出版社 1993 年版。29.1 万字。8.80 元。从魏晋玄学入手探讨六朝文学的特质及其成因。(宋玲玲)

I000071 **放逐与回归** 副名:苏东坡及其同时代人。洪亮著。百花洲文艺出版社 1993 年 1 月版。39 万字。12.00 元。表现苏东坡及其同时代人的品格风貌。(洪宜宾)

I000072 **近代文学批评史** 黄霖著。上海古籍出版社 1993 年 2 月版。56 万字。13.70 元。为王运熙、顾易生主编的七卷本《中国文学批评通史》的第七分卷。以是否适应和推动文学近代化的历史进程为基本评判准则，努力从客观材料出发，广泛地联系社会、思想、文化变革的实际，将历史轨迹的探索同理论上的概括和微观细致的剖析结合起来，涵盖全面，观点平允，材料信实，表达清晰。在撰写方面大致以文体为纲，以梁启超等维新派倡导文学革命为界，将龚自珍等人的传统的诗、文、词论等列于前，将变化显著的小说、戏剧等理论批评置于后，而以王国维的文艺思想为全书的压轴，认为他的文艺思想是中国传统的文艺理论向现代化、世界化转变的里程碑。(高克勤)

I000073 **怀古录校注** 南宋·陈模撰，郑必俊校注。中华书局1993年2月版。6.8万字。《怀古录》为南宋江西庐陵人陈模所撰的一部诗文评著作，自宝祐二年(1254年)成书至今，未见书目著录，仅有一个明抄本传世。全书分3卷。卷上论诗，卷中论词和乐府，卷下论文。上自《诗经》，下至唐宋诗文，涉猎颇广。整理本即以中国科学院藏明钞《说集》本为底本。校注除订正写本讹误、增补脱漏外，凡所引述诗、词、文及前人论述，均尽量检核原作，引录并注明出处，涉及作家生平事迹、文学创作情况也略作介绍。邓广铭作序。(徐俊)

I000074 **壮族当代文学引论** 黄绍清著。广西师范大学出版社1993年4月版。28万字。13.00元(精)；10.00元(平)。壮族文学研究专著。分导论、小说论、诗歌论、散文报告文学论、文学剧本论等5章。在占有丰富翔实资料的基础上，全方位审视和评述了壮族当代文学的发展状况，并对壮族文学的起源和发展、本质和特点、民族性与现代性及其审美特征作了探讨。(黄理彪)

I000075 **文心雕龙解说** 祖保泉著。安徽教育出版社1993年5月版。70万字。对《文心雕龙》50篇加以解说。每篇分原文、注释、简析3部分。原文以王利器《文心雕龙校证》为底本，参照范文澜《文心雕龙注》、刘永济《文心雕龙校释》、杨明照《文心雕龙校注拾遗》诸本，并作若干校改。注释以诠词为主，亦偶析句意，交代语源。解说部分侧重分析原文所提出的问题，加以阐发。前言对《文心雕龙》一书的篇次提出见解，着重谈了3个问题：一、关于分卷问题；二、关于“上篇”中《杂文》的位置问题；三、关于“下篇”的篇次问题；还对不同意见进行了商榷。(周荣显)

I000076 **剪韭轩述学** 郭晋稀著。甘肃人民出版社1993年5月版。32万字。7.85元。古典文学和古代汉语论文集。收入24篇论文。其中最早的是写于1945年的《邪母古读考》，最晚的是写于1990年的《独辟蹊径，自开牖户——谈〈声类〉是研究声转的一部伟著》。有7篇是未刊稿。内容可分为中国古代文学研究、《文心雕龙》研究、声韵学研究3类。《诗经蠡测》一组7篇论文、集声韵、文字、训诂与理论批评为一体，多有创见，比如首次提出了《诗经》组诗的问题并加以论证；论证毛诗分章往往不为定式；雅诗多互文见义，行文多节省；颂诗各章句式一致，韵脚变字，声近义通；至于其他通诗旨、考背景、谈修辞、说体例、明脱文、正错简、申郑释韩、纠毛补孔等等，皆为几十年研究心得。《文心雕龙》研究一组6篇论文，全面阐述了《文心雕龙》的理论体系，即它的“剖情析采论”，具体说就是风格论、文骨论、辞藻论、体势论、通变论；还论述了“风骨”、“文气”、刘勰的世界观、经学观、文学观等理论问题以及《文心雕龙》的篇次问题。声韵学类论文中的《邪母古读考》，突破了清代声类学家不加区分地从谐声声符的声纽系统来考证文字古读的方法，将谐声声符分为正例和变例，并发现谐声字有从变例发展而为正例的例证，以此为基本方法，又证之以经传异文异读，旁参联词变化，证明《广韵》中所收并见于《说文解字》的全部邪纽字，上古都读定母；《独辟蹊径，自开牖户——谈〈声类〉是研究声转的一部伟著》一文索隐钩沉，力排误解，深入浅出地阐述了清人钱大昕《声类》双声正转、同位变转的宏旨，并从散见于钱氏的其他著作、书信中剔粗取精、拾遗补漏，设计出“同位变转图”，使这一颇为深奥的学说变得通俗易懂，一目了然。全书在研究方法上可用两句话概括：重根柢之学，从实事求是。(翟红梅)

I000077 **鲁迅郁达夫比较探索** 郑志文著。广西师范大学出版社1993年5月版。19.4万字。4.80元。从小说选材、小说风格、历史小说、散文、杂文、旧体诗、文艺思想等方面，对鲁迅与郁达夫进行比较探索。(肖星明)

I000078 **钱钟书学术思想研究** 胡范铸著。华东师范大学出版社1993年5月版。25万字。11.50元。共13章。采用“以钱解钱”的方法，从“现象论”、“字法论”、“喻象论”、“技式论”、“文体论”、“谐谑论”、“风格论”、“评鉴论”、“传承论”、“派别论”、“翻译论”等方面阐发了钱氏的著述体系、核心观念、基本方法、理想境界等。(李惠明)

I000079 **中华当代文学新编** 胡国强等编。西南师范大学出版社1993年5月版。52万字。9.80

元。采取板块式结构，分编论述包括台湾、香港、澳门在内的当代中国各地区的文学概况与发展，各编之下再分章论述具体作家作品和各种文学现象。（黄发仁）

I000080 **台湾新文学理论批评史** 古继堂著。春风文艺出版社 1993 年 6 月版。37 万字。14.00 元。以本世纪 20 年代至今台湾新文学理论批评为研究对象，从中国文学的整体观念出发，梳理总结其内涵得失和流向，勾勒出台湾新文学理论批评发展演变的概貌。全书分 6 编，第一、二编概述台湾新文学理论批评的历史背景和发展概况；第三编专述台湾文学史的研究概况，兼及文学史家与著作的简介；第四、五、六编分别介绍并评价台湾小说、诗歌、散文的理论批评成就，深入讨论了夏志清、颜元叔、叶维廉、唐文标、季薇、郑明娳等台湾理论批评家的研究成果和观点。（魏西）

I000081 **文心雕龙辞典** 贾锦福主编。济南出版社 1993 年 6 月版。51 万字。16.00 元。集历代《文心雕龙》研究精粹，并广泛吸收各家最新研究成果。包括篇章题解、作家作品、文句词语、术语简释、辑注校释译注本及作者、札记研究专著及作者、版本介绍、海外研究专著、论文选、论文集等 10 部分。（赵钟云）

I000082 **青楼文学与中国文化** 陶慕宁著。东方出版社 1993 年 7 月版。16 万字。6.60 元。青楼文化是中国传统文化的特有现象，本书是对这一特有现象进行专题研究的专著。写作本书的目的诚如作者"后记"所言，在于"欲假青楼一隅，以探士人心理之隐微，见男女文化之要妙"。因为在中国封建社会里，妓女的身份虽然卑微，但却能上接达官显贵、墨客骚人，下系市井细民、行商坐贾，因而可以从青楼这方寸之地洞见社会各阶层的心态，窥测人性根底。本书的特点在于，既以史论的形式，又不拘泥于史的线索作专题分析，着重发掘特定时期青楼文学所反映的文化内涵，同时还融入社会学、伦理学、心理学的研究方法，以平实的态度加以概括评骘，其中不乏真知灼见。与以往只对娼妓制度进行批判和揭露的作品相比较，本书的另一特色在于其着眼点并不仅仅是批判和揭露，作者从青楼女子的色艺情怀、舞衫歌扇，以及她们与士人之间所达到的那种吟风弄月、喝雉呼卢的境界还看到了其脱俗的审美意境。从总体上看，该书对中国封建社会结构的剖析，对中国人的婚姻家庭观念、两性意识以及由此形成的双重人格的把握都是恰如其分的。为"清平乐"书系之一。（刘丽华）

I000083 **当代中国文学** 姚代亮主编。广西师范大学出版社 1993 年 7 月版。45 万字。11.50 元。分绪论和 8 章。第一章概述当代文学思潮，其他各章分别论述诗歌、散文、报告文学、小说、戏剧文学、影视文学等。（赵明节）

I000084 **死亡·情爱·隐逸·思乡** 副名：中国文学四大主题。陶东风、徐莉萍著。杭州大学出版社 1993 年 7 月版。9.8 万字。3.95 元。文学史主题研究专著。提倡通过语言接通主题与文化的方法，扬弃泛政治化，但并不反对适当的政治分析。中国文学中的诸种主题，都是中国历代文人对人生及世界之意义反思的审美凝聚，它们集中反映了中国文人对许多重大存在问题如生死、离别、情爱、自然、个体、社会等的态度。本书紧扣人生态度来解读文学主题，择取了有代表性的死亡、情爱、隐逸、思乡四大主题，进行多方位、多角度的研究。收入"青年美学家丛书"。（张节末）

I000085 **到民间去** 副名：1918～1937 年的中国知识分子与民间文学运动。[美]洪长泰著，董晓萍译。上海文艺出版社 1993 年 7 月版。18 万字。6.80 元。研究五四时期民间文学运动的专著。从民俗学、文化史、思想史的角度对五四时期中国知识分子的思想、文化观以及以"到民间去"为主旨的现代民间文化运动进行深入探讨和纵横比较。（夏青根）

I000086 **文学的阵痛** 谷长春著。时代文艺出版社 1993 年 7 月版。13 万字。4.20 元。文艺论文集。收入论文 40 余篇。运用微观分析与宏观把握相结合的研究方法，从当前文艺思潮谈到文艺创作实践，进行理论反思。（李杰）

I000087 **东方诗魂** 副名：屈原与中国传统文化。郝志达、王锡三等著。东方出版社 1993 年 8 月版。19.5 万字。7.20 元。关于屈原人格、屈原精神、屈原传统的专题研究概述。在屈原现象与中国传统文化的渗入与契合中，通过具体的分析，进行哲学、心理、文化的透视，深刻阐示了体现中国传统文化的心理结构、价值取向、传统士人的精神悲剧。在文化深层次的思考中，全面而又准确地理解代表东方民族的文化巨人、性格巨人——屈原的内心世界。不仅有微观的文本分析，还有宏观文化背景下的考察，在方法上兼收并蓄，试图建立一个结构完整、科学的"屈原学"。（刘丽华）

I000088 **唐音论薮** 张明非著。广西师范大学出版社 1993 年 8 月版。26 万字。7.20 元。唐代文学研究论文集。收入25篇文章。分3编。“诗体·诗论·诗变”从诗歌体制、诗歌理论的角度探讨诗歌演变的原因和规律;“诗兴·诗情·诗风”就诗歌的意兴、情蕴、风格等要素研究诗歌的审美价值和艺术特色;“诗人·诗思·诗格”通过研究诗人的生平思想和人格,把握作品的精神内涵。论文内容包括以下5方面:一、对南朝文学的发展及其与唐诗的关系发表了系统的看法;二、从研究诗体演变的角度,提出了初盛唐诗歌发展中的一些重要问题;三、开拓了唐代乐舞诗的文化价值和审美价值的研究范围;四、围绕山水田园送别题材,对谢灵运、王绩、四杰、张九龄、王维等人的表现艺术作了系列性研究;五、本着知人论世原则,对南北朝和唐代几位著名诗人的生平和思想中的某些问题提出看法。(肖星明)

I000089 **中国近代文学辞典** 魏绍昌等编。河南教育出版社1993年8月版。78.8万字。16.20元。选收1840年鸦片战争至1919年五四运动期间的作家、作品、文学思潮、社团流派及并称、文学形象、文艺报刊及对文艺有影响的报刊、名词、术语、研究成果等词目3500多条。“作家”类主要收录在此期间逝世或有过文学活动的作者,也选收了少数有作品流传的政治家、军事家、艺术家、翻译家、农民起义领袖以及活动于中国的外籍作者。“作品”类包括在此期间编著、刊行的总集、别集、小说、笔记、弹词、戏剧、电影、理论著作、诗文名篇以及后人编刊的近代作品集,还酌情收录了个别涉及文学的政治著作及纪实性历史著作。书末有《中国近代文学大事记》、《中国近代部分作家笔名别号录》等6种附录。(刘健)

I000090 **山东评论家丛书** 魏建、杨洪永等著。南海出版公司1993年8月版。80万字。5册。28.00元。包括《文学史的沉思》、《郭沫若一个复杂的存在》、《十年心陆渺茫》、《中国现代小说的历史沉思》、《影视艺苑巡礼》。(原式溶)

I000091 **中国现代作家与日本** 靳明全著。山东文艺出版社1993年8月版。20.2万字。7.40元。以曾经赴日的鲁迅、郭沫若、郁达夫、周作人等16位中国现代作家为研究对象,通过探讨他们与日本社会、日本作家、日本文学流派等的种种关系,表现中国现代文学所受日本文化的影响,揭示了中国现代文学的性质、特点和规律。从“宏观认识日本社会”、“中国现代作家与日本作家之比较”、“日本普罗文艺运动对中国现代作家的影响”、“日本社会现实对中国现代作家的影响”等4个方面立论。(路英勇)

I000092 **元刊本《文心雕龙》** 南朝梁·刘勰撰。上海古籍出版社1993年8月版。118页。21.50元。《文心雕龙》流传至今,版本众多。上海图书馆藏元至正本为现存《文心雕龙》中最早的刻本,版本罕见。本书据此刻本影印,保持了此刻本的本来面貌。列入“中国古籍珍本丛书”。(周小虹)

I000093 **漂泊的都市之魂——徐讦论** 吴义勤著。苏州大学出版社1993年8月版。18万字。9.50元。全面研究现代作家徐讦文学创作历程的学术专著。对徐讦近二千万字的文学创作进行理论梳理和综合研究,由个体生命和精神心态的特殊性切入丰富多彩的艺术世界,对徐讦小说的母题建构、叙述模式及其散文、诗歌、戏剧所独具的魅力均作了独到的审美分析和评价。研究视野开阔,方法新颖,力图从多重视界立体地再现徐讦创作的文学形象及其文化个性,同时注意在与时代大文化背景的关系中历史地界定徐讦在中国现代文学史上的地位、价值和局限性。作为中国现代文学研究领域具有开创性的学术成果,它受到海内外学界的关注,香港学者称之为系统研究徐讦的“孤本”。(程书剑)

I000094 **1898—1949中外文学比较史** 范伯群、朱栋霖主编。江苏教育出版社1993年9月版。94.8万字。2册。18.30元。将中国近现代文学置于20世纪世界文学和中国传统文学的大背景下,系统而翔实地考察了中国文学世界化、现代化和民族化的历史进程。指出了外国文学思潮、流派、作家、作品对中国新文学的影响,阐述了中国文学对外国文学的选择、扬弃乃至影响,勾勒出中外文学乃至文化交流的历史。在注重理论探讨的前提下,从具体史料入手,着力于史实的发掘与辨析,具有较高的资料价值。(常烽岚)

I000095 **杜牧研究丛稿** 胡可先著。人民文学出版社1993年9月版。17.4万字。4.85元。收入有关唐代诗人杜牧的文章14篇及附录2篇,其中有对杜牧生平的考订,如《〈唐才子传·杜牧传〉笺证》;有对杜牧交游的搜寻,如《杜牧交游考略》;有对杜牧作品编年及其真伪的辨证,如《杜牧诗真伪考》、《杜牧诗文编年》;有资料的辑录和纠谬,如《点校本〈樊川文集〉酌议》、《〈樊川诗集注〉正补》;有对争议问题的论析,如《〈清明〉诗作者和杏花村地望蠡测》。通过对杜牧生平和交游的考订以及对其作品的编年与辨伪,深化了对杜牧的研究,补充或纠正了唐代典籍和后世记载的阙误,有助于解决学术上存在的一些疑问。书前有吴汝煜序文。收入“中国古典文学研究丛书”。(管士光)

I000096 **明代文论选** 蔡景康编选。人民文学出版社 1993 年 9 月版。33.2 万字。8.05 元。选录 48 位明代文论家的文论代表作近 300 篇，基本上反映了明代文论的整体面貌。收选小说、戏曲、民歌理论较多，颇能反映明代文论的特色。每家选文之前均有提要，简介文论家的生平，评述其理论主张。“前言”阐述明代各文学流派发展演变的轨迹，评价各家理论主张的得失。为“中国历代文论选”丛书之一。（陈建根）

I000097 **中国女性的文学世界** 乔以钢著。湖北教育出版社 1993 年 10 月版。27 万字。6.85 元。从四个角度进行阐述：一、勾勒中国社会各个历史阶段妇女文学的发展脉络，展示妇女文学景观；二、对各时期妇女文学的发展状况加以总体论述，在此基础上，对在妇女文学史上有成就、有影响的女作家及其创作进行重点评介，点面交织，具有一定的广度和深度；三、注意剖析创作主体的女性意识、性别经验及其在作品中的反映，显示女性文学审美系统的独特品貌；四、运用比较方法揭示妇女文学思想艺术上的特点。（冯芳华）

I000098 **忆散文大师秦牧** 广东省文学艺术界联合会编。花城出版社 1993 年 10 月版。21 万字。5.00 元。选编纪念秦牧的文章近百篇和部分诗联。作者有杨应彬、黄浩、杜埃、罗培元、黄秋耘、红线女、陈国凯、紫风、岑桑、赵丽宏、尤今等。文章以纪实为主，从各个时期、各个侧面反映了秦牧的人品和文品。（陈锡忠）

I000099 **楚汉文学综论** 潘啸龙著。黄山书社 1993 年 10 月版。30 万字。7.00 元。楚辞及汉代文学研究论文集。收文章 28 篇，其中大部分论文均在刊物上发表过。分 4 部分：一、屈原与楚辞；二、司马迁与《史记》；三、汉诗研究；四、三曹和建安七子。还有一些文章涉及《诗经》赋法研究、班固与《汉书》研究、枚乘《七发》研究、汉代神怪小说与历史小说研究等。（宋效永）

I000100 **惜春文谈** 张光年著。上海文艺出版社 1993 年 10 月版。24.1 万字。7.30 元。收入写于 1978—1992 年间的文艺评论及追忆文字 55 篇。分 8 辑。第一辑“十年噩梦醒来迟”，反映了作者思想解放的开始；第二辑“迎得百花争艳时”，表达了对于 80 年代前期百花齐放新局面的喜悦心情，也试图总结文艺创作的若干经验教训；第三辑“愿将春讯传千里”，是 80 年代在天津、上海、南昌等地的谈话录；第四辑“愧对班门说斧姿”，是对文学创作和理论研究新成果的评论；第五辑“千古文心今可知”，是关于古为今用的文谈；第六辑“前贤往事最心驰”，是一些感人怀事之作，寄托对周恩来、郭沫若、李公朴、闻一多、中岛健藏等人的满腔深情；第七辑“袒露胸怀成一快”，通过自己作品的序跋剖析自己的心境；第八辑“附录余篇缀于斯”，直抒胸臆，对文坛某些现状表示忧虑，呼吁作家讲真话，同改革共命运。（张有煌）

I000101 **唐代文学研究（第四辑）** 傅璇琮著。广西师范大学出版社 1993 年 11 月版。35.2 万字。13.40 元（平）；19.40 元（精）。收入 29 篇论文。依内容约可分为 5 类，一是关于唐代文学的宏观研究，二是对唐代作家作品的具体研究，三是对唐代小说的研究，四是各类考释文章，五是补校拾遗。（肖星明）

I000102 **梦苕盦论集** 钱仲联著。中华书局 1993 年 11 月版。37.3 万字。18.00 元。中国古代文史研究论文集。收论文 39 篇。按所论及的作家作品的时代顺序编排。1—4 篇关于南北朝文学理论及史学；5—8 篇论唐诗及唐代诗论；9、10 篇探讨陆游其人其诗；第 11 篇论唐宋词的鉴赏；12—31 篇论述宋代以后诗文，其中有考订，有评论，也有专论；32—39 篇是文艺理论专论。（孙道海）

I000103 **中国古典文学风格学** 吴承学著。花城出版社 1993 年 12 月版。21.3 万字。7.50 元。对中国古典文学风格理论进行全面深入的研究，对其理论体系和特色、体性论、人品文品论、时代风格论、文体风格论、语言风格论、地域风格论以及传统风格批评方式等方面都作了考察和评析。以可靠史料为依据，以历史分析与现代意识相结合，以西方文学理论与中国传统文论相参照，得出了一些新结论。

I000104 **“娜拉”言说** 副名：中国现代女作家心路纪程。刘思谦著。上海文艺出版社 1993 年 12 月版。24.1 万字。10.60 元。研究冯沅君、庐隐、石评梅、冰心、凌叔华、丁玲、萧红、白薇、林徽因、杨绛、苏青、张爱玲等现代女作家。每个女作家自成单元。将对作家身世的叙述同文本分析结合起来，根据实际情况各有侧重，从而体现出某种历史的脉络。女性主义阅读视点有效地拓展了全书的学术视野，确认女性的命运同社会压抑、人类专制以及不平等的起源的关系，确认女性社会权利和精神解放同历史进步的关系。（张有煌）

I000105 **绿色的家园感** 副名：四川青年作家创作现象研究。廖全京著。四川文艺出版社 1993 年 12 月版。22.6 万字。9.80 元。分“不朽的磁石”、“家山万里”、“魂来枫林青”、“悲壮的辉煌”、“双重故乡”、“精神漂泊”、“母语的依恋”、“乡镇风情”、“爱河之源”、“青春的缱绻”、“诗人之根”和“沧海挂云帆”等章节，论述易丹、阿来、张放、金平、程宝林、裘山山等四川青年作家的文学实绩。（龚明德）

I000106　**金圣叹学创论**　张国光著。中州古籍出版社 1993 年 12 月版。51 万字。7.20 元。论文集。收录 46 篇文章。按内容分 5 个方面：一、金圣叹之生平及其文艺、哲学思想研究，突出其反封建理学思想、无神论思想及其在文艺理论方面的贡献；二、关于金圣叹评论之评论，主要对否定金圣叹的观点加以驳斥；三、金圣叹与《水浒》；四、金圣叹与《西厢记》；五、金圣叹诗文评论。通过对金圣叹在文艺评论方面的成就的分析，从根本上为金圣叹翻案，并且提出建立“金学”。冯其庸题签。（孙宝瑞）

I000107　**时代与我们的文学**　张春植著。黑龙江朝鲜民族出版社 1993 年 12 月朝鲜文版。30 万字。5.90 元。收入作者 1983—1993 年间发表的文学评论和论文 27 篇。分一般性理论、作品评论、作家论 3 部分。（朱东律）

I000108　**文论散记**　副名：诗心文心的知音。周振甫著。学苑出版社 1993 年版。37 万字。10.00 元。论文集。收论文 44 篇，按所论内容分为鉴赏论、创作论、谈诗文和文艺论、作家的文论及作家论、文学史论 5 部分。其中不少文章不囿于成说，提出独到之见，比如对李商隐的恋爱诗，提出了不同于冯浩和今人的看法；对嵇康的被杀，提出了不同于鲁迅的看法；对《离骚》的作年，提出了不同于鲁迅、郭沫若、游国恩的看法，等等。（张涛）

各体文学评论和研究

I000109　**中国讽刺小说史**　齐裕焜、陈蕙琴著。辽宁人民出版社 1993 年版。30.6 万字。9.90 元。共 10 章。第一章讽刺小说从萌芽到成熟，论述讽刺小说从秦汉至唐宋的萌芽到明清讽刺小说的成熟；第二、三章明清寓言式讽刺小说，评述《斩鬼传》、《平鬼传》、《何典》、《聊斋志异》、《西游补》、《常言道》、《镜花缘》等作品；第四、五章明清写实性讽刺小说，评述《三言》、凌濛初的“遇行小说”和吴敬梓的《儒林外史》；第六章近代讽刺小说，评述《官场现形记》、《梼杌萃编》、《二十年目睹之怪现状》、《孽海花》等；第七、八章现代讽刺小说的开端，评述鲁迅的《阿 Q 正传》、《呐喊》、《彷徨》、《故事新编》，老舍的《老张的哲学》、《离婚》、《猫城记》以及张天翼的讽刺小说；第九章现代讽刺小说的发展，评述沙汀的讽刺小说和钱钟书的《围城》；第十章民国通俗作家的讽刺小说，评述《广陵潮》、《茶寮小史》、《留东外史》和张恨水的讽刺小说。（霍世荣）

I000110　**汉赋综论**　曲德来著。辽宁人民出版社 1993 年版。20 万字。7.80 元。根据美学和历史的观点，把汉赋放到中国文学发展史的进程中进行考察。说明了汉赋形式的多样性，汉赋在文学形式上的继承和创新；阐述了汉赋在内容、艺术上的成就，在中国文学史和美学史上的意义；论述了汉赋对中国文学的影响及其在文学史上的地位。全书分 4 章。第一章赋体的来源及汉赋的范围分类；第二章汉赋内容意识论；第三章汉赋艺术论；第四章汉赋影响论。附录引用书目、参考书目。（陈淑艳）

I000111　**《诗经》句法研究**　杨合鸣著。武汉大学出版社 1993 年版。18.4 万字。5.30 元。从《诗经》句法入手研究《诗经》。着重对一些特殊句法作了深入探讨。采用研究与训诂相结合、研究与主题相结合、研究与分析语境相结合、研究与其他文献的句法相结合的方法，使句式的断定建立在可靠的基础之上。

I000112　**中国古代戏曲史纲**　徐洪火著。西南师范大学出版社 1993 年版。17.5 万字。6.00 元。共 4 章。论述中国戏曲的起源、发展和形成，元代戏曲，明代戏曲，清代戏曲。着重对元杂剧、宋元南戏、明杂剧、明清传奇作了详细介绍，对各时期代表作家作品进行了评介。（胡绍兰）

I000113　**楚辞入门**　梅桐生著。贵州人民出版社 1993 年 1 月版。12 万字。2.80 元。介绍楚辞的名称、来源及特点，楚辞作者所处的时代背景及其生活和创作道路，楚辞作品的思想内容和艺术成就，等等。具体对屈原、宋玉、景差、贾谊、淮南小山、东方朔、严忌、王褒、刘向、王逸等人的生平思想及作品进行了介绍。（夏昆）

I000114　**中国古代戏剧辞典**　张月中主编。黑龙江人民出版社 1993 年 1 月版。195 万字。29.00 元。收词目 8700 多条。按内容分为“名词术语”、“作家作品”、“剧中人物”、“演员乐师”和“古今研究”5 类。“名词术语”类包括戏曲、乐舞、伎艺、杂剧、传奇等有关知识。“作家作品”类包括北杂剧、南戏、传奇的主要作家及其主要作品。“剧中人物”类包括“作家作品”类中各剧本里的主要人物。“演员乐师”类包括从周秦至清中叶主要演员和乐师。“古今研究”类包括古今中外研究中国古代戏曲的名家和名作。（安晓

峰）

I000115 **唐诗论评类编** 陈伯海主编。山东教育出版社 1993 年 1 月版。125 万字。45.50 元。从古代和近代 700 多种典籍中摘选有关唐诗论评的资料，按类分编。分总论、外部关系论、流变论、各体论、题材作法论、流派并称论、作家论、典籍论 8 大门类，每类下设若干子目。（刘连庚）

I000116 **金庸梁羽生通俗小说欣赏** 潘亚暾、汪义生编著。广西教育出版社 1993 年 2 月版。19 万字。5.30 元。收入“中国现代作家作品欣赏”丛书。从金庸、梁羽生的代表作中撷取精彩片断，从思想和艺术方面进行细致深入分析。（邱方）

I000117 **楚辞书目五种** 姜亮夫编著。上海古籍出版社 1993 年 2 月版。37.2 万字。12.90 元。关于楚辞研究的目录学著作。收录汉代以来历代学者辑集、注释、考订、评议、辨论、图绘及介绍楚辞成就的著作目录，包括“楚辞书目提要”228 种，“楚辞图谱提要”47 种，“绍骚隅录”19 种、篇章 192 题，“楚辞札记目录”802 题、书籍 1 种，“楚辞论文目录”447 题，卷目附“综合索引”。本版对正文作了修订，相应调整了“总目”与“综合索引”，并配以崔富章《楚辞书目五种续编》。（李祚唐）

I000118 **历代诗话论两汉诗赋** 蔡守湘、江风主编。武汉出版社 1993 年 2 月版。20.5 万字。6.00 元。为《历代诗话论诗经楚辞》（武汉出版社 1991 年版）的姊妹篇。“两汉诗赋”具体包括“两汉乐府民歌”、“两汉文人诗赋”、“古诗及《古诗十九首》”。历代诗话中凡论述上述内容的材料基本都已收录。这些诗话包括《中国丛书综录·诗文评类》所著录的历代诗话及诗歌评论著作的绝大部分，旁及有重要学术价值的笔记类著作，如《梦溪笔谈》、《困学纪闻》、《日知录》等。所论涉及两汉诗赋的继承发展、时代背景、思想内容、创作手法、艺术特色和审美价值等。对于两汉诗赋的注释及评述两汉诗赋的专著原则上不收。

I000119 **中国古代小说中的性描写** 茅盾、傅憎享等著，张国星主编。百花文艺出版社 1993 年 3 月版。27 万字。8.20 元。收 16 篇论文。首篇为茅盾 30 年代发表的《中国文学内的性欲描写》，其余皆为 80 年代新作。从多种角度对中国古代小说中的性描写进行了比较综合全面的科学审视，较为深入地探讨了中国封建生产关系、封建宗法制度和男权主义制约下的两性性观念、性意识、性道德、性心理、性苦闷、性放纵、性压抑、性变态等及其对社会政治、伦理道德、婚姻制度、人际关系的深刻影响，并对这些性描写思想、艺术上的成就与不足进行了探讨。王利器作序。（任少东）

I000120 **洛夫余光中诗歌欣赏** 卢斯飞编著。广西教育出版社 1993 年 3 月版。18 万字。5.10 元。收入“中国现代作家作品欣赏”丛书。对两位诗人的风格变化和艺术成就作了客观中肯的论述，并精选他们写于不同时期、运用不同手法、表现不同生活的佳作，进行细致分析，凸现了两位诗人的精神风采和艺术个性。（邱方）

I000121 **草原交响诗** 副名：玛拉沁夫小说创作论稿。朱兵著。内蒙古人民出版社 1993 年 3 月版。18 万字。5.50 元。分 20 章。对玛拉沁夫小说创作进行剖析评价。（李庆通）

I000122 **金瓶梅探心录** 郑天刚编著。文化艺术出版社 1993 年 3 月版。10 万字。3.10 元。《金瓶梅》因毫无顾忌地描写了人之性欲，而被许多人目为“淫书”、“秽书”。作为一部百科全书式的市民文学巨著，《金瓶梅》涉及了人的物欲、权欲、爱欲、占有欲等诸多方面的欲望，确切地说，它是一部“欲书”。欲望是人类的基本需要，它受制于人的心理，左右着人的言行，又和整个社会、文化背景息息相关。本书即从一“欲”字入手，以现代心理学理论为依据，对《金瓶梅》中形形色色的人物在欲望的驱使下的心理活动和言语行为作了深入浅出的分析。在把文学研究与其他学科交融结合方面，在把深奥的文艺理论、心理学理论普及、通俗化方面，作者都作出了有益而且可喜的尝试。（苗洪）

I000123 **新时期小说研究** 陈娟、金志华著。百家出版社 1993 年 4 月版。18.2 万字。5.00 元。描述新时期小说发展的轨迹。分引论及 12 个专题。12 个专题分别是：现实主义：开端与复归；必然的延伸：小说“反思”历史；改革文学：“文起工业题材之衰”；宝刀不老：农村题材小说再现改革活力；知青小说与知青作家群；冲击禁区：爱情与婚姻；战争与人：从写战争到写人的倾斜；地域风情小说：民族文化探索的先声；王蒙与小说创新；寻根文学：一次有理论有创作的小说潮；色彩独异的新潮小说；中国八十年代最后一次小说高潮：新写实主义。（柏嘉）

I000124 **新时期小说人物论** 刘俐俐著。敦煌文艺出版社 1993 年 4 月版。13.5 万字。4.25 元。文学理论专著。在系统把握新时期小说的基础上，对新时期小说中的人物进行多层次多角度的分析研究，从而探索新时期小说观念发展的轨迹。（李保军）

I000125 **宋词入门** 陈振寰、沙灵娜著。贵州人民出版社1993年4月版。22万字。4.90元。介绍词的起源、流变及其与燕乐的关系，宋词的发展状况及繁盛原因，宋词的主要流派和主要作家。重点论述了“豪放派”与“婉约派”、词有无寄托、词的艺术特征等问题。并以宋人词作为例，介绍词调、词体、词乐、词韵等基本知识。还扼要介绍了宋词编集和研究概况。同时精选苏轼、王安石、李清照等人的名作30首，从思想、艺术两方面进行了简要分析。（夏昆）

I000126 **书外书** 钟敬文主编。南海出版公司1993年4月版。87万字。49.00元。内容包括“《金瓶梅》的传说”、“《三国演义》的传说”、“《西游记》的传说”、“《水浒传》的传说”、“《红楼梦》的传说”。介绍各书作者、书中人物原型和演变过程、有关地名风物传说等。（任在齐）

I000127 **中国名胜名联鉴赏大成** 田作文编著。大连出版社1993年5月版。39万字。16.00元。编选我国500多处胜迹864副联语，集中归类，分为3辑。第一辑陵墓祠庙联，编选名人陵墓祠庙（含故居、纪念堂）联语169副，从人类始祖伏羲氏到黄花岗七十二烈士，按人物生活年代顺序排列。第二辑山水园林联，编选我国佳山丽水、名园古城及其附属建筑关、桥、楼、阁、亭、台、塔的联语494副。第三辑为宫院寺观联，编选历代皇宫、官署、书院、会馆、佛寺、道观、神庙等联语201副。对每个景点均先介绍风物，然后选取具有代表性的联语进行赏析。（李新民）

I000128 **中国仙话研究** 罗永麟著。上海文艺出版社1993年5月版。19.2万字。4.90元（平）；10.00元（精）。学术论文集。收论文9篇，附录2篇与仙话研究有关的文章。对中国仙话作了全面考察和论析，建议在中国民间文学分类上给予仙话以应有的地位。论述了仙话的本质，仙话与神话的区别，仙话在中国文化史上的地位，仙话形成的社会背景与历史根源，仙话与哲学、巫术、道教、医药的关系，仙话对世俗生活的影响，仙话与中国文学的渊源，等等。剖析了仙话产生的社会历史背景。（刘东远）

I000129 **漱石集** 冯其庸著。岳麓书社1993年5月版。33万字。12.00元。《红楼梦》学术论文集。作者从事《红楼梦》校勘和研究工作20余年，尤精于曹雪芹家世、《红楼梦》版本和《红楼梦》思想艺术的研究。本书结集其研究成果，包括《千古文章未尽才》、《曹雪芹与红楼梦》、《重论庚辰本》、《重议评点派》、《红楼梦要籍解题》及作者1982年以来为红学研究著作所写的序跋等。（夏剑钦）

I000130 **地之子** 副名：乡村小说与农民文化。赵园著。北京十月文艺出版社1993年6月版。28.1万字。7.20元。通过对中国现当代大量文学作品的分析研究，探寻知识分子与土地、农民的文化感情及精神联系，揭示了作家与农民之间的关系。对“知青文学”设有专章加以论述。（丁宁）

I000131 **武侠小说与中国文化** 副名：侠与义。蔡翔著。北京十月文艺出版社1993年6月版。22.9万字。6.00元。从武侠小说所渗透的中国文化的层层面面入手，对中国人的精神风貌作了勾勒。（丁宁）

I000132 **中国现代诗潮与诗派** 游友基著。广西师范大学出版社1993年6月版。30万字。9.80元。分3篇，第一篇“现实主义诗潮的汹涌奔流”，第二篇“浪漫主义诗潮的涨落起伏”，第三篇“现代主义诗潮的时现时隐”，分别论述14个诗歌流派。从流派角度切入新诗史，从宏观上把握新诗的发展过程。（赵明节）

I000133 **小说形态学** 盛子潮著。海峡文艺出版社1993年6月版。23万字。5.10元。对小说作品的构成特征、结构形态作科学的描述，揭示小说形态的内部特征，考察小说形态的历史生成、演变规律，预测小说的发展前景。（施群）

I000134 **中国古代小说艺术史** 刘上生著。湖南师范大学出版社1993年6月版。42万字。16.80元。共8章。第一章“导言”；第二章“古代小说的发展道路”；第三章“古代小说人物艺术的发展”；第四章“古代小说幻想艺术的发展”；第五章“古代小说传奇艺术的发展”；第六章“古代小说讽刺艺术的发展”；第七章“古代小说语言艺术的发展”；第八章“古代小说艺术的高峰——《红楼梦》”。以中国古代小说发展的总体趋势为纲，以各种艺术表现方法为目，对古代小说的人物艺术、幻想艺术、传奇艺术、讽刺艺术、结构艺术、语言艺术、表意艺术、意境创造艺术等的发展线索进行了系统的清理和深入的论述，从而揭示了各种艺术方法的发展特点及其规律。吸收了当代国内外理论研究的新成果，用新的视角审视和总结了中国古代小说艺术的经验和教训，并针对现实的需要，论述了当代小说艺术对古典小说艺术传统的继承与革新。（徐新平）

I000135 **汉赋艺术论** 阮忠著。华中师范大学出版社1993年6月版。27.3万字。7.50元。分“绪论”和6章。“绪论”总括了汉赋的艺术特质和审美趋向。第一章辨析了赋与辞、赋与颂的细微区别，勾勒了赋的流变过程。第二章从文学内部的承传关系及文学外部的社会因素，论述了汉赋的生成与演化。第三章从汉赋作者的生存状况、文化素养、人格特点、创作理论、审美情趣等方面，论述了汉赋作家的创作。第四章从赋体风格入手，梳理出汉赋的四大流向，即讽颂赋、抒情赋、说理赋、咏物赋。第五章以艺术鉴赏为基础，例举枚乘、司马相如、扬雄、班固、张衡、建安赋家，描述了五彩缤纷的汉赋艺术世界。第六章分析汉人、刘勰、祝尧、王世贞、刘熙载等的汉赋批评理论。（陈昌恒）

I000136 **中国神话新论** 陈钧著。漓江出版社1993年6月版。11万字。5.60元。神话研究论文集。收《混沌新识》、《烛龙新探》等9篇论文。袁珂作序。（李侃）

I000137 **中国杂文鉴赏辞典** 楼沪光等主编。山西人民出版社1993年6月版。160万字。28.00元。介绍杂文的发展流变，鉴赏古今杂文名篇，概述杂文家有关论述，记载杂文作者身世经历，考证杂文书刊出版概况，阐释杂文专门概念和术语。（王晋天）

I000138 **少年报告文学要有震撼力** 副名：少年报告文学论文集。本社编。少年儿童出版社1993年6月版。13万字。4.60元。收辑1992年在上海举办的"少年报告文学研讨会"专题论文29篇。其中有张德明的《题材·人物·文学性——关于少年报告文学的几点思考》、李楚城的《少年报告文学姓"文"》、周晓的《一点余文》、肖复兴的《谈成人和少年报告文学》、孙云晓的《简论少年报告文学的震撼力》、郭景锋的《"她仍怀有当年的热忱"——谈秦文君少年报告文学》、董宏猷的《少年报告文学应该扩大题材领域》、刘小玲的《青春，并不等于美丽——关于少年报告文学悲剧题材的思考》、陈丹燕的《面对真实生活的惊异》，等等。这些论文就少年报告文学的本质、艺术特征、文学性与真实性、题材开拓、作家的社会责任等问题发表了意见。（洪祖年）

I000139 **新世纪的太阳——二十世纪中国诗潮** 谢冕等主编。时代文艺出版社1993年6月版。22.2万字。6.60元。"二十世纪中国文学丛书"之一。论述五四以来中国新诗的发展过程。本丛书共10种：《新世纪的太阳——二十世纪中国诗潮》，谢冕著；《抗争宿命之路》，李杨著；《在边缘处追索》，张颐武著；《艰难的指向》，王光明著；《意义的诱惑》，程文超著；《天边的挑战》，陈晓明著；《锁链上的花环》，韩毓海著；《都市的迁徙》，李书磊著；《灵魂的挣扎》，王富仁著。（胡卓识）

I000140 **中国现代比较戏剧史** 田本相主编。文化艺术出版社1993年6月版。53万字。12.00元。分"文明戏时代"、"二十年代"、"三十年代"、"四十年代"4编，共31章。论述中国现代话剧从引进、发展到融入中国戏剧文化系统的历史过程。（赵伯陶）

I000141 **中国古代的神话传说与古小说** [日]小南一郎著，孙昌武译。中华书局1993年6月版。29.8万字。16.50元。关于魏晋南北朝小说与古代神话关系的论文集。共收论文4篇。运用传承学观点分析自中国古代神话到六朝隋唐时期小说形成这一过程中的各种现象，注重宏观、中观和微观研究的结合，得出了一些新颖、富于启发性的论断。（王军）

I000142 **唐宋诗词典故趣闻** 冯继魁著。北京燕山出版社1993年7月版。13.1万字。3.95元。对词牌或曲牌加以考证，指出其渊源、出处及其典故，并收列历史上第一位用本词牌或曲牌写作的词人的词。对所收的词加以详解和赏析。（里功）

I000143 **《三国演义》、《水浒传》、《西游记》诗词注析** 姜世栋、王惠民、衣殿臣编。哈尔滨出版社1993年7月版。60万字。16.50元。对《三国演义》、《水浒传》、《西游记》中的诗词加以注释和赏析。为每篇诗词新拟题目。（李荣焕）

I000144 **寻求与超越** 副名：中国新诗形式批评。杜荣根著。复旦大学出版社1993年8月版。21.1万字。9.00元。以中国新诗诗体形式为研究对象，着重探讨了自由体诗、小诗、散文诗、格律体诗、十四行诗、叙事长诗、民歌体诗和阶梯诗的发展、特征及地位。将中国新诗置于发展着的中国诗学体系和世界文学整体进程中考察。提出简化与非简化、现代意识及外来文化和民族传统、情感与理智的冲突是现代中国诗体演进的三个机制。（顾潜）

I000145 **诗经蠡测** 郭晋稀著。甘肃人民出版社1993年8月版。12.5万字。4.10元。系统研究《诗经》的学术专著。包括《〈诗·鹊巢〉今说》、《二南臆测》、《风诗蠡测》3篇，《雅诗蠡测》2篇，《颂诗蠡测》1篇。或从社会风俗研究诗意，或探讨各诗之间的关系，或分析句法，或发明训诂，或谈论声韵。在大量掌握材料的基础上，就《诗经》中具有普遍性或带有规律性的问题作深入探讨，其中如关于风诗中组诗的看法，对"周行"、"周道"、"于以"等的解释，对重叠词的论断，等等，均具较高学术价值。为"诗赋研究丛书"之一。（黄强）

I000146 **中国儿童文学理论批评史** 方卫平著。江苏少年儿童出版社1993年8月版。32万字。

5.50元。"中华当代儿童文学理论丛书"之一。在大量收集和深入研究历史资料的基础上,对古代、特别是近代以来中国儿童文学理论批评从自在走向自觉的历史进程作了清晰、具体的阐述。内容包括各个时期儿童文学研究的社会文化背景、理论思潮、学术特征、理论代表等。并对中国儿童文学理论批评的未来发展进程作了有益的探讨。(刘健屏)

I000147 **红楼全咏** 张燮南著。安徽文艺出版社1993年9月版。22万字。7.50元。以《红楼梦》中人事为对象的诗歌集。几乎所有红楼人物皆加吟唱,几乎所有回目事件皆予歌咏。咏人咏事源于《红》书而不拘泥于《红》书,跳出贾府大观园,开拓诗境,阐发了曹雪芹原意。每首诗后附有简注和赏析文章。周汝昌为之评点、命名、题签并作序。(汪洋)

I000148 **初唐四杰研究** 骆祥发著。东方出版社1993年9月版。32.9万字。16.00元(精),12.00元(平)。在对大量史料加以综合研究的基础上,对号称"初唐四杰"的骆宾王、卢照邻、王勃、杨炯的生平作了考证,对他们的人品、性格、政治态度等作了考察,对他们的作品在唐代所起的作用进行了分析。书末附有初唐四杰年谱。(邰中建)

I000149 **明清小说思潮论稿** 王国健著。广州出版社1993年9月版。12.9万字。5.50元。通过对明清时期主要小说思潮发展轨迹的描述和探讨,追寻明清小说思潮兴起、发展、衰落的历史原因,透过其外在形态,发现其中的民族文化意蕴和民族审美心理特征。分9章。第一章论述本书的研究对象、研究途径和研究方法;第二章从中国古代小说两大发展线索入手,分析两种小说观念的形成;第三章分析明清小说思潮的形成发展和衰落的社会历史条件;第四章分析明清小说思潮的流变,着重分析明清小说思潮所经历的三个发展阶段及其形成的两大主要流派;第五章研究明清文学观念的嬗变对小说独立意识的影响;第六章追溯明清小说思潮中写实精神的历史渊源,阐述史传理论中"实录"原则对明清小说的深刻影响;第七章研究明末浪漫主义文学思潮对小说"虚实"理论的影响;第八章研究早期启蒙思想对人的个性的肯定所引起的小说思想的深刻变化——小说人物形象塑造理论的形成和发展;第九章从中国古代传统诗文的强势影响分析小说"文法"论的提出和主要内容。专门研究明清小说思潮的论著,国内还较少见。本书提出了一系列新观点,有其独到之处。(王国健)

I000150 **中国现代散文史** 范培松著。江苏教育出版社1993年9月版。49万字。9.80元。共7章21节。将中国现代散文史分为"诞生早熟期"、"分裂变化期"、"消融聚合期"三个阶段,分别探讨各期的重要特征及发展规律。系统论述了1918至1949年间我国现代散文的重要作家和作品。书后附有"本书引用及参考书目"、"本书评价的作家索引"、"本书评价的散文专集和散文作品索引"等。(涂宗文)

I000151 **中国文言小说流派研究** 陈文新著。武汉大学出版社1993年9月版。20.5万字。6.00元。在综览文言小说发展历程的基础上,系统研究其各个分支的独特规定性,揭示不同类型作家在心理结构、题材处理等方面的差异。(陶佳珞)

I000152 **论诗艺** 王运生著。云南人民出版社1993年9月版。12.6万字。3.25元。论述古典诗词艺术中的11个专题:风格、含蓄、比喻、意境、诗画、文质、诗品、理趣、空灵、用典、文气。"论风格"分析了作品风格的主要成因,认为风格与作家的精神气质、生活经历、独特构思、描写技巧、特殊语汇等诸方面因素有关,并认为刘勰的《体性篇》是较成熟的古典风格论。"论比喻"论述了以意义取譬的比喻方式,认为这种比喻方式比那种以外形的相似取譬的方式更重要,更值得研究。"论意境"对形象与意境的关系、王国维关于境界说的6个理论要点等问题作了辨析。"论诗画"认为诗情就是诗中意境,画意就是画中意境,如果撇开它们各自的表现形式,那么诗情即画意,画意亦即诗情。"论空灵"论述了融情入景、借景传神、牵实就虚、虚中含情等是造成空灵美的基本方法。"论文气"梳理了"文气说"的发展线索,认为"文气说"是众说之中的合理核心。注重将古代文论与作品实例分析相结合,文笔清新自然。(蔡育曙)

I000153 **中国通俗小说家评传** 周钧韬主编。中州古籍出版社1993年9月版。54万字。18.00元。对中国通俗小说作家进行系统研究。大体按作家生年先后排列;生年不详者,按其主要作品问世时间排列;生平不可考且著作权众说纷纭者,如兰陵笑笑生等,则不予入传。共收施耐庵、罗贯中、吴承恩、冯梦龙、吴敬梓、李绿园、曹雪芹等著名作家48人。记述作家生平经历和主要著作,寓评价于记述之中。对于多说并存的史实,择善写入正文,其余作注释处理。同一作家有多种文体作品者,以通俗小说为评论对象,其他作品在叙述生平时带过;一位作家有多部通俗小说作品者,主要作品详细评论,次要作品从简。(张弦生)

I000154 **金瓶梅隐语揭秘** 傅憎享著。百花文艺出版社 1993 年 10 月版。21.5 万字。7.20 元。《金瓶梅》是中国文学史上第一部通过普通人的家庭生活展示现实社会并深刻透视人们内心世界复杂微妙的感情活动的古典长篇名著,因而作品的语言、特别是人物语言具有强烈的真实性和现实感。由于兰陵笑笑生有意将大量方言、俗语、俚谚、歇后语、熟语等活在当时人口头的语言熔铸进作品,因而大大丰富了人物的个性特征和小说语言的魅力,其中人物随口而出的大量性骂,更是生动传神,鲜活无比。但因数百年的历史隔膜,作品中相当一部分隐语的真实含义已难以索解,成为人们阅读和研究《金瓶梅》的障碍。本书作者综合运用社会学、民俗学、方言学、语音学、语义发生学和历史、宗教、伦理、农学等多学科知识,对小说中的隐语进行了长期深入、系统、全面的研究,以确凿的考索,揭示了众多不为人知或被人曲解的隐语的确切含义,具有很高的学术价值。(任少东)

I000155 **常用词牌谱例** 袁世忠著。百花洲文艺出版社 1993 年 10 月版。18 万字。6.80 元。工具书。列举唐至清代常用词牌 200 种,每种词牌均列出词谱(即格律规则),并附一首或数首词作为例。所选词例均为历代著名词人之作。(洪安南)

I000156 **红楼梦的心理世界** 杜景华著。北京燕山出版社 1993 年 10 月版。21.3 万字。6.50 元。对《红楼梦》中的人物心理进行多方面分析。(李天喜)

I000157 **江格尔史诗研究** 扎格尔著。内蒙古教育出版社 1993 年 10 月版。23 万字。8.30 元。正文 5 章,前有导论,后有附录和后记。第一章系统介绍了史诗《江格尔》的搜集整理及版本概况。第二章在归纳分析《江格尔》研究成果的基础上,对《江格尔》研究中具有较大难度的争论性问题——《江格尔》的产生年代、"江格尔"一词的源渊及含义、"本巴"圣地的理解等,提出了见解。第三章对史诗《江格尔》的内容结构、情节主体、思想内涵等方面进行分析。第四章对史诗《江格尔》的基本结构、语言特点、形象分类及其发展阶段等进行研究,阐明了《江格尔》独特的艺术结构。第五章从史诗《江格尔》描绘的民族生活、心理特征、英雄主义、乐观主义、理想主义以及结交结拜习俗等方面阐述了《江格尔》的深层文化内涵。该书汇集了丰富的资料,运用了结构学、类型学、母题分析法等方法。(扎格尔)

I000158 **比较戏剧学** 副名:中西戏剧话语模式研究。周宁著。上海社会科学院出版社 1993 年 10 月版。21 万字。5.80 元。运用叙述学方法,并吸收阐释学、接受美学等理论概念,结合形态分析,分别论证了中西戏剧的话语结构与情节类型、语词和动作的关系、时空观念和剧场经验、戏剧文本的视界结构、话语模式在文类演变中的因果关系、戏剧文学与剧场经验等理论问题。认为中西戏剧存在着两种各自具有内在一致性的话语模式,一种是叙述性的话语模式,一种是展示性的话语模式,从叙述与展示这两个最基本的核心概念中可以捕捉到东西方戏剧传统的许多同一性和分歧点。(徐侗)

I000159 **诗式校注** 皎然著。周维德点校。浙江古籍出版社 1993 年 10 月版。18 万字。4.80 元。《诗式》是唐代一部较系统的诗歌理论专著。该书着眼于诗歌艺术的内部规律,对诗的本质、创作、风格、鉴赏等方面均有较深刻的阐述。它是以禅、玄论诗的肇端,其后经司空图、严羽等人的发展,终于演化为中国诗论的一大门派,在整个诗论史上占有重要地位。校注者选择佳本作底本,并以多种版本对校或参校,用力甚勤;注释简洁准确,并加按语阐明文意。书末附录皎然的杂文、评论、序跋及传略,并详细介绍了《诗式》的版本。(郝华)

I000160 **庄子创作论** 阮忠著。中国地质大学出版社 1993 年 10 月版。5.60 元。概述庄子身世及所处时代环境,然后分格调、章法、人物、言意四章研究庄子创作,从哲学、历史学、人类文化学、美学、比较文学、音韵学、文字学等角度入手,考察庄子散文创作中的种种文化现象。历史描述和理论概括兼具,宏观审视和微观考察统一,整体把握和具体论析结合。

I000161 **女神的失落** 龚维英著。河南大学出版社 1993 年 11 月版。34.2 万字。13.50 元。神话学专著。以历史唯物主义为指导,以中国古代神话人物性别的演化嬗变为切入点,对中国神话发展史作了新的考察与阐释。作者认为,在约略相当于母系氏族社会的中国神话产生的初始时期,"神"界的重要角色大都由女性充任。后来随着母系氏族社会的解体,人类社会男性成为主角,"神"界也经历了 个性别角色转换即"女神的失落"的过程。魏晋以后,"仙话"、"佛话"兴起,神话走向衰落,最终出现了"诸神的灭亡"的悲剧性结局。早在本世纪 30 年代,神话学家闻一多就曾注意到三皇五帝等中国古代传说人物最初当为女性的问题;到了 80 年代,又有郑慧生等学者先后对黄帝等神话人物曾为女性进一步作过论证,但他们当时只是着眼于个别具体神话人物性别的考察,还没有同整个神话发展史联系起来,其观点也没有在学术界产生重大影响。本书对黄帝、火神、水神、月神、雷神、风伯、雨师、旱魃、山魈、土地、战神、死神等重要神祇的性别演变作了系统的考察，从而把“女神的失落”作为中国神话衍变过程中一个阶段性的具有普遍意义的重要现象揭示出来，这在中外神话学史上都具有重要意义。经过作者的重新整理与诠释，许多著名神话故事如黄帝战蚩尤、夸父逐日、女娲补天、嫦娥奔月等，都赋有了新的意义。(袁喜生)

I000162　**词学(第十一辑)**　施蛰存主编。华东师范大学出版社1993年11月版。22万字。11.10元。研究词学理论和词史发展的古典文学丛书。分辑出版。本辑为词论研究专辑。“论述”部分收录研究宋代词人晏几道、苏轼，明清词人陈霆、陈廷焯、谭献以及现代女词人吕碧城、丁宁的论文，另有研究花间词、康乾词论、吴派词人和依律校词的论文。“文献”部分收录龙榆生《试论朱敦儒的〈樵歌〉》。“书志”部分刊有施蛰存《词学书目集录》。书前有袁克文、吕碧城等手书词稿图版。(刘凌)

I000163　**中国少数民族当代文学史**　特·赛音巴雅尔主编。漓江出版社1993年11月版。70.3万字。19.50元。全面、系统地介绍和评述自1949年至1993年我国33个民族的221位当代作家、诗人和他们的代表作品(每篇概述和导言中涉及的作家不计在内)，囊括了建国后17年、“文化大革命”十年及新时期这三个历史阶段的小说、散文、诗歌、戏剧、报告文学的创作情况。是我国迄今为止收入作家作品最多、迄止时段最长的一部少数民族当代文学史；反映了当代少数民族作家创作的最新成就、动态、风貌；是迄今为止唯一一部由少数民族作家任主编、且全部由少数民族文学专业工作者撰写的少数民族当代文学史。(孙如容)

I000164　**金庸小说人论**　陈墨著。百花洲文艺出版社1993年12月版。33万字。10.20元。“金庸小说研究系列丛书”之一。论述金庸小说在人物塑造方面取得的成就。金庸小说在刻画人物性格、揭示人性内容、反映人世悲苦、创造人生境界、表现人心隐秘、挖掘人类情感世界奥妙、展示人才成长的某种规律以及思索人文世界的具体环境对个性人格的影响和作用等方面，都作出了突出贡献，取得了卓越成就。人物、人性、人世、人生、人心、人情、人才、人文、人种、人格等等正是这部专著研究的主要内容。包括：伟人与小人——人格论；善人与恶人——人性论(上)；异人与常人——人性论(下)；奇人与真人——人生论；男人与女人——情爱论；超人与凡人——人才论；汉人与夷人——人种论。(阿西)

I000165　**唐宋词读法**　沈义芙著。北方妇女儿童出版社1993年12月版。18万字。5.50元。汇集唐宋词研究与教学成果，分别从题材内容、层次角度、技巧手法三方面，对唐宋词名家名篇进行分析。

I000166　**王晓峰文谈**　王晓峰著。大连出版社1993年12月版。23万字。8.50元。文学评论集。围绕中国当代小说创作，从较为宏观的视角探讨文学问题。分“描述篇”、“阐释篇”、“批评篇”3篇。“描述篇”集中述介当代小说的整体状貌。“阐释篇”是关于文学、特别是小说创作理论方面的推导，接触了我国小说创作的诸多焦点问题。(李然)

I000167　**当代戏曲歌剧名著赏析**　王传斌、吴开晋主编。海峡文艺出版社1993年12月版。34.5万字。12.40元。“中国当代文学名作赏析丛书”之一。选析建国以来优秀戏曲文学作品31部，优秀歌剧作品5部，共36部。戏曲分3辑：传统戏曲(建国后重新整理)，新编历史剧，现代戏。歌剧1辑。入选作品均不录原作，仅有故事梗概，加以简单介绍和赏析。(陈公正)

I000168　**许永璋唐诗论文选**　许炯编。南京出版社1993年12月版。28万字。15.00元。收入《论李世民诗在唐诗中的奠基作用》、《论李白诗歌的时代价值》、《王维诗品新议》、《杜甫〈登岳阳楼〉诗的修辞特色》等。论文的理论建构主要表现在两方面，一曰辨别源流，明示唐诗的整体演进轨迹；二曰宏彰艺术，探求唐诗美的阃奥，彰扬了作为中国诗歌发展顶峰的唐诗的艺术魅力。(朱新法)

I000169　**毛泽东等老一辈革命家诗词赏析辞典**　朱家驰主编。南开大学出版社1993年12月版。60万字。24.50元。收毛泽东、周恩来、朱德、董必武、叶剑英、陈毅等17位老一辈革命家的近400首名篇佳作，逐篇进行赏析。附录毛泽东论诗词的三封书信，并选收20幅珍贵照片与手迹。(张敬双)

I000170　**唐五代志怪传奇叙录**　李剑国著。南开大学出版社1993年12月版。103万字。2册。29.50元(精)；26.00元(平)。由代前言“唐稗思考录”、正文、附卷、附录构成。长达8万字的代前言对唐代小说的源流、唐人小说观、唐代小说分类分期、唐代小说的主题与艺术成就、唐代小说的地位和影响作了论述，将唐代小说归纳为十种主题。叙录正文按唐五代志怪传奇小说创作时代分为5期，分期对226种作品逐书(篇)加以详尽考证，涉及作者、书名、类型、创作年代、著录、版本、篇目、佚文、流传、影响诸方面；对佚书佚文广泛搜聚，去伪存真，作了极见功力的辑佚工作；对于每种作品内容和艺术上的成败得失，亦有简要评论。附卷对54种宋、明以来伪造的唐人小说进行了细致的辨伪，足以解疑释惑。附录中的"宋元十种书目著录对照表"共列104种小说的著录情况；全书引用的832种书目亦附于书后。(马光琅)

I000171 **中国古代小说散论** 杜贵臣著。山东文艺出版社1993年12月版。32万字。9.80元。收论文50篇。论及《三国演义》、《水浒传》、《金瓶梅》、《儒林外史》、《歧路灯》、《醒世姻缘传》、《红楼梦》、《聊斋志异》等古典小说名著。探讨中国小说的起源、中国古代小说的民族传统、儒学与佛教对中国古代小说的影响等问题。认为中国古代小说起源于民间故事，发生于战国，形成于汉代，发达于魏晋南北朝；文言小说与白话小说代兴并相互补益；"传奇"小说是以写人事之奇为主的传记体作品，它发生于汉，成熟于唐；儒学对中国古代小说具有巨大规范作用，佛教对中国古代小说具有催化作用。(刁鸣琦)

I000172 **中国当代小说发展史** 徐文斗主编。山东文艺出版社1993年12月版。36.2万字。11.50元。共14章。另有前言、后记。第一章展示建国初期的小说创作，第二章评述"双百"方针鼓舞下的小说新潮，第三章探讨五六十年代的长篇小说创作，第四章研究文艺政策调整时期的小说创作，第五章评论"文化大革命"时期的小说，第六章剖析"伤痕小说"创作，第七章探讨"反思小说"创作，第八章审视"改革小说"创作，第九章讨论崛起的女性小说，第十章论述性意识的觉醒及其在小说创作中的表现，第十一章专论"文化寻根小说"，第十二章阐述现代派小说及创作浪潮，第十三章考察形式主义小说的崛起，第十四章批评新写实小说创作。注重文学思潮、审美规范、文本结构，试图从三者的联系中理清当代小说发展的脉络。通过对具有代表性的作家作品的具体分析，评定其在当代小说史上的地位、作用和价值。(侯书良)

I000173 **红楼梦谈艺录** 陈诏著。上海文艺出版社1993年12月版。12万字。4.60元。通过对《红楼梦》写作艺术的分析，反映我国传统小说的艺术特色。全书以"浅"、"显"为特色，文章所举例子都出自《红楼梦》，每篇一二千字，三言两语，长话短说，通俗易懂，活泼生动。端木蕻良在序中说："关于《红楼梦》的艺术分析，有系统的著作，我看到的很少。这次看到您的一部分稿子，便像渔人乍入桃花源洞口一般：原来山的那边，还有耕田的人，纺织的人，在辛勤工作着……这无疑是个喜讯！"(高国平)

I000174 **走向世界——华文儿童文学审视与展望** 陈子典主编。新世纪出版社1993年12月版。40万字。19.00元。1992年广州"中国儿童文学研讨会"论文集。收论文51篇。着重探讨了华文儿童文学的现状与发展，总结了儿童文学创作与教学的经验，讨论了如何繁荣华文儿童文学并使其走向世界。其中有秦牧的《儿童文学值得我们为之努力奋斗》、洪汛涛的《我们在描绘华人世界的明天》、林焕彰的《九十年代台湾儿童文学发展趋势》、东瑞(黄东涛)的《香港儿童文学的现状和隐忧》等。(王凯波)

文学史、文学思想史

I000175 **山西文学史** 傅汝一等著。北岳文艺出版社1993年版。50万字。12.50元。共8编38章。第一编：先秦——南北朝文学(公元前17世纪起至公元6世纪)；第二编：隋唐宋时期；第三编：辽金元明清时期；第四编：山西近代文学史；第五编：山西现代文学的萌生与发展；第六编：《讲话》指引下的山西新文学；第七编：新中国成立后的山西当代文学；第八编：新时期的山西社会主义文学。(杨文彬)

I000176 **中国文学在英国** 张弘著。花城出版社1993年1月版。28万字。7.10元。"中国文学在国外"丛书之一。叙述近代以来随着中西交通的恢复、发展以及汉学的兴起，中国文学传入英国并得到翻译、评价与接受的情况。勾勒了这一漫长、曲折的历史过程，说明了传播的各种媒介，介绍了贡献突出的著名学者，探讨了英国在译介中国文学方面不同于其他欧美国家的特点，评述了中国古典诗歌、小说、剧本以至现当代文学在英国得到评介的各类成果，尤其注意分析文学接受过程中必然表现出来的阐释反差，进而探究由此反映的趣味与传统的不同。附录"中国文学传入英国大事年表"、中英文对照的"英文参考书目"。乐黛云为丛书作总序，法国比较文学家艾田蒲为本卷作序。(关天晞)

I000177 **中国古代文学史长编·宋辽金卷** 郭预衡著。首都师范大学出版社1993年1月版。40万字。12.00元。配合高校文科教材《中国古代文学史》而编写的辅助教材。按照先秦、秦汉魏晋南北朝、隋唐五代、宋辽金、元明清5个历史阶段分编5卷。每卷均包含文学史纲要和纲要引据的材料两部分内容。介乎文学史和资料汇编之间,以简要的文学史串联相关资料。本卷分11章。前10章论述两宋文学,第十一章介绍辽金文学。纲要简明,引文精当。(王朝英)

I000178　**中国现代文学思潮研究**　邵伯周著。学林出版社1993年1月版。52万字。17.50元。论述"五四"以来马克思列宁主义文艺思想在中国的传播、发展、影响以及中国现代文坛各种文艺思潮、文学流派、创作倾向的产生、发展、演变。将中国现代文学思潮的发展划分为四个时期。揭示了中国现代文学思潮从多元趋向于一元,但始终存在各种形态的发展特点。(徐智明)

I000179　**上海近代文学史**　陈伯海、袁进主编。上海人民出版社1993年2月版。38.9万字。12.50元。近代文学史著。基于上海,但涉及面并不囿于一地。对近代文学的分期提出了新的界定。从1840—1920年社会的特定格局、文化背景及人的认知心态等方面,理顺中国近代文学在上海发轫、衍变及发展的脉络,切中近代诗文、小说、戏剧发生内质革命的肯綮。诉说中国知识分子在近代文化事业中的人格走向,特别是对"鸳鸯蝴蝶派"的作品及创作倾向作了符合历史特点的评述。在上述基础上,归结出上海近代文学的特点及不足。(胡小静)

I000180　**新中国文学词典**　潘旭澜主编。江苏文艺出版社1993年3月版。180万字。34.00元。收词条4200个。上起1949年7月中华全国文学艺术工作者代表大会召开,下迄1989年。词条内容包括:作家、诗人、评论家、理论家、翻译家、编辑家及其他有关人物;小说、诗歌、散文、杂文、传记文学、报告文学、戏剧电影电视剧本、民间文学、儿童文学、文艺理论批评、美学、外国文论译介;文学团体、机构、会议、重要文件;文学运动、论争、思潮、事件、流行词语、有关重要现象;地市级以上文学期刊。对当代文学40年发展中所有重大问题,如思潮、运动、事件、论争等,作出实事求是的阐述和评论,使该词典在某种程度上具有了文学史的功能。(朱建华)

I000181　**文学五千年(上)**　曹余章主编。少年儿童出版社1993年3月版。30万字。5.85元。以故事形式介绍中国文学史。收有72则故事。上册自文学的起源写到魏晋南北朝。有介绍文学起源的《从劳动号子说起》,介绍神话文学的《补天和填海》、《嫦娥奔月》,介绍最早的散文集《尚书》的《古奥难读的文献》,介绍《诗经》的《最早的诗歌总集》,介绍《左传》的《大战役里的小故事》、《生动形象的历史人物》,介绍屈原生平的《第一个伟大的爱国诗人》,介绍司马迁的《太史公的游历》、《受刑和发愤著书》,介绍曹植文学成就的《七步诗和八斗才》,介绍诸葛亮《出师表》的《鞠躬尽瘁的奏章》,介绍陶渊明的《不为五斗米折腰》,介绍嵇康之死的《广陵散绝响人间》,介绍王羲之《兰亭集序》的《曲水流觞的雅集》,介绍南北朝乐府民歌的《江南的爱情歌谣》、《代父从军的巾帼英雄》,等等。(洪祖年)

I000182　**中国文学史**　钱基博著。中华书局1993年4月版。84万字。3册。37.00元。按照传统文学观念论述文学的发展,讲述诗词散文骈文及其作家作品,兼论文学批评。本书原仅存先秦至元代部分,现将作者此前所著《明代文学》收入,又将作者《现代中国文学史编首》附后,作为清代文学纲要,遂使该书成为全璧。(赵明新)

I000183　**中国现代文学史**　郭志刚、孙中田主编。高等教育出版社1993年5月版。39万字(上),5.70元,24万字(下),3.55元。高等师范学校教学用书。3编30章。"绪论"阐述了中国现代文学的发生、发展及其性质、特征、规律、分期等问题;第一编"新文学的播种与收获(1917—1927)"含第一至第十章,主要介绍和论述了文学革命的发生,新文学初期的理论建设,各类创作的兴起与发展以及鲁迅(前期)、郭沫若、文学研究会作家、创造社作家的创作等;第二编"30年代文学的进展与丰收(1927—1937)"含第十一至第二十二章,主要介绍和论述了革命文学的倡导与左翼文艺主潮的形成,文艺理论和批评的发展,30年代的小说、戏剧、诗歌、散文创作以及鲁迅(后期)、茅盾、巴金、老舍、曹禺等的创作;第三编"在炮火洗礼中的蜕变与新生(1937—1949)"含第二十三至第三十章,主要介绍和论述了抗战时期的文艺运动,报告文学与散文、杂文的发展,艾青、田间等人的诗歌创作,郭沫若的历史剧以及曹禺、夏衍等人的剧作,国统区文学,《在延安文艺座谈会上的讲话》及解放区文艺,赵树理、丁玲及解放区的小说创作等。(熊威)

I000184　**京族文学史**　苏维光、过伟、韦坚平著。广西教育出版社1993年5月版。26.8万字。"中国少数民族文学史丛书"之一。分绪论、3编18章。绪论论述京族的历史发展、社会发展、文学分期、民俗文化、文学特点等。第一编古代文学(公元1511—1839年,即明代—清代鸦片战争前),叙述京族从越南迁居中国境内后各种体裁的民间口头文学。第二编近现代文学(1840—1949年9月30日,即清代鸦片战争—中华民国)，叙述民间口头文学的演变和发展。第三编当代文学(1949 年 10 月 1 日以后，即中华人民共和国成立以后)，叙述京族新文学和新时代文艺工作者的成长。(陆里)

I000185 **中唐—北宋文化建构文学史纲** 林继中著。海峡文艺出版社 1993 年 5 月版。14 万字。3.20 元。将中唐至北宋时期的文学纳入文化建构总体框架予以审视，找出其外部和内部的各种动因，进而将各种复杂的文学现象串连起来，指出文学与经济、政治、思想、文化诸社会因子之间的复杂关系，揭示了中唐至北宋时期文学由雅入俗再化俗为雅的流程。(余明建)

I000186 **中国古代文学指要** 杨槐等编著。云南教育出版社 1993 年 6 月版。49.5 万字。9.95 元。中国古代文学教学参考书。采用章节与条目相结合的体例，分 9 编介绍中国古代文学基本知识。第一编“中国文学史概述”，采用章节式，分 5 个部分阐述先秦至明清时期文学发生发展概况。以后各编分列条目介绍各时期作家作品、文学现象、文学流派、文学常识等；第二编介绍历代重要作家作品；第三编介绍文学现象、文学流派及文学主张；第四编介绍诗、词、曲、文形式的源流演变；第五编介绍戏剧、小说的形成、发展及演变；第六编介绍古代文学鉴赏知识；第七编介绍历代文学批评及文学理论名著；第八编介绍文坛掌故及文人轶事；第九编介绍古代文学资料检索方法及重要工具书。(易山)

I000187 **科尔沁文学概要** 巴·苏和、呼日勒沙著。民族出版社 1993 年 6 月蒙古文版。35 万字。9.50 元。地区文学史。分 4 部分。序编科尔沁文学概述，第一编科尔沁古代民间文学，第二编科尔沁近现代文学，第三编科尔沁当代文学。对科尔沁文学的历史概貌及其特点作了系统的论述。(乌云巴图)

I000188 **东北古代文学概览** 毕宝魁著。春风文艺出版社 1993 年 7 月版。30 万字。7.80 元。介绍东北历代作家作品。重视地方民族性。资料宏富，剖析深刻，考证翔实，评价公允。(宋加哲)

I000189 **新中国文学发展史** 李丛中主编。云南教育出版社 1993 年 7 月版。45 万字。9.95 元。高等学校教材。系统论述建国至 90 年代初我国文学发展的历史。分 7 章。第一章总论，对新中国文学在世界文学格局中的地位及其与中国传统文化的传承关系作总体把握，论述文学发展分期、作家队伍结构以及文艺思想斗争和文学创作的经验教训。第二章论述各种文学思潮的兴起、发展和演变。第三至第七章依次论述诗歌、小说、戏剧文学、散文、文学评论的发展、嬗变及其代表作家作品的成败得失。体例上以文体为经，以作家作品为纬，以文学思潮为主线，使各种文学体裁创作的发展线索更加明晰。1988 年初版。此次修订再版，对作家作品有所增删，着重增加了少数民族作家作品的评述，增补了初版发行以来获得的新材料，将时间下限推至 1992 年；对个别观点作了修正，文字上普遍作了润色。(易山)

I000190 **仫佬族文学史** 龙殿宝、吴盛枝、过伟著。广西教育出版社 1993 年 8 月版。30 万字。比较系统、全面地介绍仫佬族各个时期文学发展的情况及其各种文学形式的起源、发展和相互影响，大量引用民俗分析文学作品，还运用比较研究方法显示仫佬族文学的特色。分绪论、5 编 32 章。第一编远古文学(公元 618 年以前，即唐以前)；第二编中古文学(618—1367 年，即唐、宋、元)；第三编近古文学(1368—1839 年，即明—清鸦片战争前)；第四编近现代文学(1840—1949 年 9 月 30 日，即清鸦片战争—中华民国)；第五编当代文学(1949 年 10 月 1 日以后，即中华人民共和国成立后)。(郑妙昌)

I000191 **岭南文学史** 陈永正主编。广东高等教育出版社 1993 年 9 月版。76.8 万字。32.00 元。地区性文学史。对岭南地区(包括广东、广西、海南)上起远古、下至“五四”运动前夕诸体文学的发展过程作了梳理，全面、系统地评介了各个时期、各个流派的作家、作品和文学理论。注意把岭南文学放在全国乃至世界文学的座标系中加以考察，重视中原文学以及西方文学对岭南文学的影响。材料丰富，征引作品多，均注明出处。所作评述比较公允、恰当。不足之处是结构体例未能跳出旧文学史的框框，有些章节有堆积材料之嫌，理论深度亦感不够。书末附有“岭南古代、近代作家著作要目”。(杨明新)

I000192 **福州文坛回忆录** 黑尼、徐君藩、刘含怀、林冷秋著。海潮摄影出版社 1993 年 10 月版。40 万字。7.20 元。收回忆录 82 篇。分抗日救亡、争取自由解放、熠熠群星、往事难忘、文艺阵地——副刊期刊、我的文学道路、校园文艺风景线、报海春秋等 8 个部分。史料丰富，情文并茂，反映当时福州文坛概貌。卷首有 28 幅珍贵历史照片和墨迹。(黄兆荣)

I000193 **唐代文学演变史** 李从军著。人民文学出版社 1993 年 10 月版。49.7 万字。12.10 元。博士论文。反映唐代文学与唐代政治、经济、文化的总体关系，表现唐代文学作家、流派的文学倾向和文学思潮,揭示唐代文学的特征及演变状况,从中探讨一些带有规律性的问题。把唐代文学划分为3个阶段、10个时代,成一家之言。(刘文忠)

I000194 **中国古代文学史长编·隋唐五代卷** 郭预衡著。首都师范大学出版社1993年11月版。55万字。19.00元。配合高校文科教材《中国古代文学史》而编写的辅助教材。按照先秦、秦汉魏晋南北朝、隋唐五代、宋辽金、元明清5个历史阶段分编5卷。每卷均包含文学史纲要和纲要引据的材料两部分内容。介乎文学史和资料汇编之间,以简要的文学史串联相关资料。本卷分14章。第一章介绍隋代文学,第二至十三章介绍唐代文学,第十四章介绍五代十国文学。纲要简明;所引资料精确,并均注明出处。(王朝英)

I000195 **香港文学概观** 潘亚暾、汪义生著。鹭江出版社1993年12月版。54.7万字。16.00元。引言探讨香港文学产生、发展的历史及其社会和文化背景。下分26章。将本世纪20至80年代香港文学的发展嬗变分为3个时期:一、1920—1949年香港文学发轫期,叨"五四"新文学运动之光,借大陆作家两次大规模南下香港之功,香港文学出现了两波发展盛况;二、1950—1983年香港文坛多事之秋,50年代文坛左、右两派壁垒分明,60年代文坛现实主义与现代主义并存,70年代文坛开始横向交流,与内地文学偏离,与西方文学接近,凸显香港文学特性;三、1984年后过渡期的香港文学进入一个新的发展阶段,随着香港回归祖国临近,左、右分立的景象模糊,文坛五彩纷呈,本土色彩愈加浓重,个性愈发彰显。在宏观展示香港文学发展轨迹的同时,分论各时期小说、诗歌、散文、儿童文学、戏剧电影文学、文学评论、通俗文学的创作业绩,介绍文学思潮、文学社团等。涉及香港作家500余人。(王聪文)

作品集

I000196 **鲁迅辑校古籍手稿** 北京鲁迅博物馆、上海鲁迅纪念馆编。上海古籍出版社1986年至1993年版。4121幅,6函册。2226.00元。鲁迅曾经精辟地指出:"因为新的阶级及其文化,并非突然从天而降,大抵是发达于对于旧支配者及其文化的反抗中,亦即发达于和旧者的对立中,所以新文化仍然有所承传,于旧文化也仍然有所择取。"鲁迅辑校古籍手稿是鲁迅进行承传与择取的一个重要部份。根据鲁迅博物馆编印的目录,鲁迅辑录校订的古籍手稿共50种,其中经部1种,史部16种,子部27种,集部6种。不包括鲁迅收集整理的碑录(碑文、造像记及墓志)近800余种和为了收集整理碑录、砖录等而收集整理的有关画像、石刻方面的目录和金石方面的古籍。通过已影印出版的6函,可以使我们基本上了解鲁迅辑校古籍的内容和全过程。本书为六开本,宣纸影印线装。(徐小童)

I000197 **新月派文学作品专辑** 陈子善主编。上海书店1993年版。1800页。10册。30.25元。收入20年代中国唯美主义文学流派新月派的作家作品10种,有《翡冷翠的一夜》、《国剧运动》、《骂人的艺术》、《花一般的罪恶》、《西林独幕剧》、《灵焰》、《铁马集》、《石门集》、《玮德诗文集》、《说谎者》。(罗伟国)

I000198 **茅坤集** 明·茅坤著,张大芝等点校。浙江古籍出版社1993年版。102.3万字。2册。30.00元。茅坤,字顺甫,号鹿门,明代归安(今浙江湖州)人,生活于前后七子复古、拟古思潮泛滥文坛之际,不满于"文必秦汉,诗必盛唐,大历以后书勿读"的偏颇主张,特编选《唐宋八大家文钞》行世,"唐宋八大家"之称即由此而起。茅坤自己又是明代唐宋派散文家的主要代表,他的文章"大都鞭霆驾风,如江河万状,不可涯涘。而其反覆详略形势,淋漓点缀,悲喜在掌,则出司马迁、班固,而自得陶铸,成一家言"。茅坤的作品,据《四库》存目和《中国善本书目提要》,有《白华楼藏稿》、《耄年录》、《茅鹿门先生文集》等,其中《白华楼藏稿》和《耄年录》极为罕见。此次整理茅坤著作,以上诸本均被陆续发现,散见于各书的诗文,除重复者删汰,其余悉录无遗,是迄今最为完备的茅坤诗文集。(郝华)

I000199 **张恨水全集** 张恨水著。北岳文艺出版社1993年1月版。1723万字。大32开本62册,32开本70册。大32开平装:561.00元,精装:707.00元。收入长篇小说57部,中短篇小说24篇,散文杂文1200多篇,诗词640余首,剧本2部。包括《春明外史》、《金粉世家》、《啼笑因缘》、《秦淮世家》、《杨柳青青》、《夜深沉》、《八十一梦》、《五子登科》、《偶像》、《艺术之宫》、《京尘幻影录》、《天上人间》、《别有天地》、《赵玉玲本纪》、《一路福星》、《记者外传》、《凤求凰》、《真假宝玉》(中短篇小说集)、《最后关头》(杂文集)、《上下古今谈》(杂文集)、《〈山窗小品〉及其它》(散文集)中的《两都赋》、《西游小记》、《西北行》、《东行小简》以及《剪愁集》(诗词集)等。概括了张恨水一生创作成果。(谢中一)

I000200 **路遥文集** 路遥著。陕西人民出版社 1993 年 1 月版。180.8 万字。50.00 元。有 5 卷本与 2 卷本两种版本。5 卷本的第一、二卷是中短篇小说、随笔，第三、四、五卷是长篇小说《平凡的世界》。两卷本的上卷是中短篇小说、随笔，下卷是《平凡的世界》。包括了作者一生的全部作品。作品表现了"城乡交叉地带"的生活，反映了城市生活对农村生活的冲击、现代生活方式与古老生活方式的冲突、新思想意识与传统观念的碰撞等，塑造了高加林(《人生》)、马健强(《在困难的日子里》)、孙少平(《平凡的世界》)等新的农村青年形象。(李玉皓)

I000201 **鲁迅散文欣赏** 陈孝全编著。广西教育出版社 1993 年 2 月版。15 万字。3.80 元。收入"中国现代作家作品欣赏"丛书。从鲁迅散文和杂文中选出 15 篇名作，从思想性和艺术性的结合上，对作品作了精到的剖析。(邱方)

I000202 **竟陵派钟惺谭元春选集** 吴调公选注。湖北人民出版社 1993 年 2 月版。37.3 万字。7.90元。诗文选集。分钟惺诗文和谭元春诗文两部分。卷首有吴调公撰写的《为竟陵派一辩(代前言)》一文，阐述竟陵派的历史命运和钟、谭的文学主张；后附祝诚所写《钟惺生卒年考辨》、《钟惺年表》、《谭元春年表》。钟、谭诗文分别选自国学珍本丛书本《钟伯敬合集》、《谭友夏合集》，用明刻原集复核，校勘精细。一般字词异处择善而从，不作校记；个别重要歧异则加以说明。(李燕芝)

I000203 **明天依然灿烂** 赵晓梦等著。接力出版社 1993 年 2 月版。21 万字。3.50 元。"中外少年中学生创作丛书"之一。是 1985 年以来全国各地 37 次诗文比赛获奖作品的集成，共 57 篇。作品反映了中学生校园生活和改革开放时代的社会生活。体裁有记叙文、议论文、说明文、抒情散文、通讯、小说、诗歌、童话等。分 6 辑："'中国的火车'我们拉"，"生日蜡烛点燃的时候"，"明天依然灿烂"，"春天的思索"，"记忆中的栅栏"，"山村喜事"。(黄俭)

I000204 **玫瑰色与灰色和谐** 王蕤著。接力出版社 1993 年 2 月版。8 万字。2.90 元。"中外少年中学生创作丛书"之一。分 4 辑："小记者写大名人"，"生活调色板"，"另一种风情"，"智慧的花朵"。收入作者 1990 至 1992 年间创作的散文、报告文学、诗歌等作品。(黄俭)

I000205 **中外少年中学生创作丛书** 王蕤、肖德浩等著。接力出版社 1993 年 2 月版。48 万字。5 册。15.70 元。选入 1985 年至 1990 年间中国大陆及台湾优秀中学生散文、诗歌、报告文学等多篇作品。其中，《提灯岁月——台湾中学生获奖新作精萃》收编台湾中学生在当地文化刊物上发表并获奖的 50 篇作品；《寻找青鸟》是当代中学生优秀诗作者黄咏梅的个人诗作集成；《心之远行》是当代中学生诗作者肖德浩的个人诗作集成；《玫瑰色与灰色和谐》是当代优秀中学生记者王蕤个人作品集成；《明天依然灿烂》是全国各地不同层次诗文比赛的获奖作品集成。(黄俭)

I000206 **海南建省 5 周年文学丛书** 霍宝珍主编。南海出版公司 1993 年 3 月版。76 万字。4 册。27.80 元。包括诗歌集《阳光岛》、散文集《椰风起时》、小说集《天涯客》、报告文学集《海南备忘录》4 卷。收入海南省百余位作者的 200 余篇作品。讴歌大特区经济建设成就，反映海南建省 5 年来的巨大变化。(任在齐)

I000207 **鲁迅杂文全编** 王得后、钱理群编。浙江文艺出版社 1993 年 3 月版。96.9 万字。2 册。29.60 元(精)，22.00 元(平)。按编年辑录鲁迅的杂文创作。分上、下两编。上编系 1918—1932 年间作品，计 188 篇；下编系 1933—1936 年间作品，计 252 篇，另有附录 6 篇。不收学术短论、演讲、序跋、告白、书信、日记等(借用书信、日记等形式的杂文创作不在此限)。鉴于杂文与散文(美文)亦或有所混淆，凡收入《鲁迅散文全编》(浙江文艺出版社 1991 年版)的作品，除个别者外，均不再收入此书。所收作品按原刊本略作校勘，对原文中一些人名、地名、书名、引语、党派、团体、文化机构等作简要注释。前言论述了鲁迅的杂文创作。(严麟书)

I000208 **碧野文集** 碧野著。长江文艺出版社 1993 年 4 月版。200 万字。99.10 元。碧野自选文集。辑入作者 60 年文学创作生涯中的部分代表作。分 4 卷。第一卷收长篇小说 3 部，有反映农民生活的《肥沃的土地》，反映解放战争的《我们的力量是无敌的》，反映战俘生活的《死亡之岛》。第二卷收中篇小说 8 篇、短篇小说 14 篇。第三卷收《情满青山》、《月亮湖》、《蓝色的航程》、《富春江畔》、《竹溪》、《北京的早春》、《珠江金三角》等散文集中的散文 128 篇。第四卷为自传。附有作家创作年表。(刘青)

I000209 **徐迟文集** 徐迟著。长江文艺出版社 1993 年 4 月版。100 万字。徐迟自选文集。收选作者部分代表作。分 4 卷。第一卷为诗，收入 6 部诗集、1 部长诗以及已发表而未入集和未发表的诗作；后附徐迟创作年表。第二卷为小说，收入短篇小说 25 篇，

中篇小说2篇。第三卷为报告文学,辑入22篇作品,分上、下两编。第四卷为游记,收入24篇作品,分上、下两编。(刘青)

I000210 **鲁迅作品赏析全编** 王德禄主编。山西人民出版社1993年4月版。85万字。22.00元。赏析鲁迅作品1093篇,包括除日记、书信、译著之外的全部鲁迅作品。分小说、散文、诗歌、杂文(含论著)、古籍序跋、译文序跋6类,每类按发表时间顺序编排。赏析文字每篇千字左右,先介绍发表时间、书刊、署名,再介绍与此文有关的事件及背景材料,最后从思想性和艺术性上进行分析。书后有篇目笔画索引。周谷城题写书名。(孙琇)

I000211 **三苏选集** 曾枣庄等选注。黑龙江人民出版社1993年5月版。55万字。13.00元。选收宋代苏洵、苏轼、苏辙父子所作诗、词、文多篇。作品均加详尽注释,对所选作品的写作背景和主旨多有考辨,一些作品后面还选录了历代评论。书后附有三苏家世、年表、著述简介。(安晓峰)

I000212 **毛泽东晚年过眼诗文录** 王守稼、吴乾兑、许道勋、董进泉、刘修明校点注释。花山文艺出版社1993年5月版。62.5万字。80.00元。晚年毛泽东因眼疾加剧、视力减退,为便于阅读,曾布置印刷了一批特制大字体的古代历史文献,称作"大字本"。从1972年10月至1975年6月,共印刷了史传、政论、辞赋、诗词、散曲等作品86篇,每篇只印5—7份,最多不过20余份,流传范围极其有限,具有珍贵的历史资料价值。"大字本"按时期和内容划分,大致可分为3个阶段。从1972年10月至1973年7月,为史传借鉴期,共选注了《晋书》、《旧唐书》、《三国志》、《史记》、《旧五代史》等史书中的人物传记23篇,另有屈原的《天问》和柳宗元的《天对》;从1973年8月至1974年4月,为"法家著作"注释期,共选注了《商君书》、《韩非子》、《荀子》以及晁错、柳宗元、刘禹锡、王安石、李贽、王夫之、章炳麟等人的著作26篇;从1974年5月至1975年6月,为辞赋诗词阅读期,共选注了庾信《枯树赋》、谢庄《月赋》、谢惠连《雪赋》、江淹《别赋》、《恨赋》以及白居易、王安石、陆游、张孝祥、陈亮、辛弃疾、张元幹、蒋捷、萨都剌、洪皓、汤显祖等人的辞赋、诗词、散曲共35篇。由于所有古诗文篇目都是毛泽东指定的,校点注释工作都是按毛泽东本人的意图和指示进行的,所以这部书实际上是毛泽东主编的,反映了毛泽东晚年的思想感情。此次出版,保留了86篇古诗文的原貌。(张采鑫)

I000213 **沧溟先生集** 明·李攀龙撰,包敬第标校。上海古籍出版社1993年5月版。33万字。15.30元(精);12.40元(平)。李攀龙文集。李攀龙字于鳞,号沧溟,明历城(今山东济南)人,明代拟古派文学代表人物,"后七子"之一。明代前后七子主宰文坛百余年,诗文主张效法盛唐,影响深巨,而尤以李攀龙为此中巨子。其后公安、竟陵派兴起,以清新适俗的诗文主张为号召,攻击拟古派文论,七子之名颇减。故李攀龙集自明刻本外,二百余年无翻刻者,直至清道光年间始由其裔孙李献方重行校勘刊行。本书即以此本为底本予以标校。(高克勤)

I000214 **嘉祐集笺注** 宋·苏洵著,曾枣庄、金成礼笺注。上海古籍出版社1993年5月版。38.6万字。13.20元(精);9.50元(平)。苏洵文集笺注本。苏洵字明允,人称"老苏",为"唐宋八大家"之一。其文以议论见长,受孟子、荀子及《战国策》诸家的影响,或纵横恣肆,气势磅礴;或曲折多变,纡徐委备;或镵刻峭厉,朴质高古。其二子苏轼、苏辙深受其影响,时有"苏氏文章遂擅天下"之称。今存苏洵《嘉祐集》版本复杂,分卷不一,且多讹误缺失,更无完整注本。本书以清徐釚藏菊庄徐氏原藏明万历刻16卷本为底本,并收录佚文6篇、佚诗24首,校以今存《嘉祐集》诸善本,多所订正。注释博取经史百家,溯源解诂,每有创见。附录苏洵传记资料、苏洵评论资料、苏洵年表等多种。(高克勤)

I000215 **杜鹏程文集** 杜鹏程著。陕西人民出版社1993年6月版。163万字。4册。64.00元。第一卷收入反映解放战争时期革命斗争历史的长篇小说《保卫延安》和报告剧《宿营》。第二卷收入反映社会主义建设时期火热生活的中篇小说《在和平的日子里》及其初版、再版、三版后记,还收入1954至1966年发表的《年轻的朋友》、《平常的女人》、《工地之夜》、《夜走灵官峡》等12篇短篇小说,《在秦岭工地》、《嘉陵江畔》、《我看见了列宁》、《伏契克的故乡》等24篇散文。第三卷收入1977至1991年发表的《难忘的关怀》、《雷北纪事》、《彭总的画像》、《我的家乡》等52篇散文,以及1954至1991年发表的《生活的教科书》、《关于情节》、《致丁玲创作讨论会的信》、《也谈杂文》等73篇文学评论。第四卷为《战争日记》,是作家1947年3月至1949年12月参加解放战争时在作战间隙所写的日记。作者夫人问彬为本书撰写了2万余字的编后记,详尽介绍了作者艰苦的创作道路和曲折的人生经历。书后附录《杜鹏程著作系年》和《杜鹏程研究资料索引》。各卷前插有作者

在各个历史时期留下的珍贵照片及手迹多幅。(邢良俊)

I000216 **鲁迅心史** 刘福勤主编。广西教育出版社1993年7月版。55万字。10.45元。多维揭示"破落户"书生寻求新价值而奋争彷徨呐喊的心态,公允评析鲁迅弘扬民族文化精华而立中华文化新宗的贡献。由导论和6编构成,即导论:沿着鲁迅方向,立中华文化新宗,鲁学史上的文化考察之检点,中国近现代精神文化网络与鲁迅,文化心史、文化素质与精神特点,外域精神文化的拿来、选择和吸收,传统文化的批判与弘扬。从文化及其革新的角度综合研究鲁迅,系统深入地探讨了"鲁迅现象"出现的社会背景、鲁迅与中国传统文化及外域文化的关系、鲁迅的文化素养、性格魅力及精神特点,总结了自30年代末以来鲁迅研究之得失,提出了如何革新和发展中国社会主义文化的重要课题。(蒙子良)

I000217 **吴敬梓吴烺诗文合集** 清·吴敬梓、吴烺撰,李汉秋辑校。黄山书社1993年7月版。25万字。10.10元。收吴敬梓(别名文木先生)《文木山房集》4卷、《文木山房集外诗文》和其子吴烺(号杉亭)《春花小草》1卷、《靓妆词抄》1卷、《杉亭集》16卷。《文木山房集》基本上按写作时序编排,似为作者自编的40岁前的韵文作品。《文木山房集外诗文》收录多年来学术界陆续发现的吴敬梓集外佚文4篇、佚诗28首另2句。《春花小草》、《靓妆词抄》分别为吴烺22岁之前的诗集和词集。《杉亭集》收诗11卷、词5卷。吴氏父子的诗词有很高的文学价值,他们取神韵、性灵、格律诗派之长而自成风貌;以学者而兼诗人,其诗兼诗人之情与学人之思,其词则兼豪放与婉约之性。吴敬梓的诗作不仅是展示其行踪阅历的第一手材料,而且是坦露其内心世界思想情感的第一手材料。相较而言,吴烺作品尤重于"情",颇俱艺术感染力。由于吴氏父子交游于当时各派学者之间,故而他们的诗文也是研究当时学术史、文化史的重要资料。又由于《儒林外史》的重要意义,本书更是研究吴氏父子及《儒林外史》的不可或缺的资料。《文木山房集》及原刻所附《春华小草》、《靓妆词抄》以清乾隆刻本为底本,参校亚东图书馆1925年排印本。《杉亭集》据目前所知,国内仅两部清抄本传世,一藏于中国社会科学院文学所(称京本),一藏于安徽省博物馆(称皖本),此次整理,以京本为底本,以皖本为校本。(诸伟奇)

I000218 **赵执信全集** 清·赵执信著,赵蔚芝、刘聿鑫校点。齐鲁书社1993年7月版。37.8万字。16.80元。清初文学家赵执信诗文全集《饴山堂集》包括《饴山诗集》、《饴山文集》、《谈龙录》、《声调谱》、《礼俗权衡》5种。现在流传的版本有两种,均不包括《谈龙录》、《声调谱》。这两种版本一是赵氏家藏木刻本,即因园本;一是中华书局四部备要本。本书整理以因园本为主,适当参考四部备要本,并收入《谈龙录》、《声调谱》。其中《饴山诗集》20卷,计诗1035首、词72阕;《饴山文集》12卷,附录1卷,计策、序、跋、碑记、传、墓志铭、祭文、杂文等共92篇,另附代稿5篇;《谈龙录》1卷,为诗歌理论著作;《声调谱》1卷,为稽考唐人古、近体诗中的平仄声调以求其规律的著作;《礼俗权衡》2卷,是作者对家乡一带婚丧嫁娶礼俗所提出的批评与改良建议。(于春香)

I000219 **鲁迅小说新论** 王润华著。学林出版社1993年7月版。14万字。8.50元。论文集。包括《从鲁迅研究禁区到重新认识鲁迅》、《五四小说人物的"狂"和"死"与反传统主题》、《鲁迅与象征主义》、《鲁迅小说中游记结构研究》、《论鲁迅〈故乡〉的自传性与对比结构》等9篇论文。从新视角出发,提出了一些新见解,提供了一些新材料。书后附有"鲁迅研究重要参考书目题解",对国内外80多种鲁迅研究书刊加以评介。倪墨炎作序。(雷群旺)

I000220 **隔海观潮** 副名:海外华文小说精萃选评。李子云编。安徽文艺出版社1993年8月版。50.5万字。14.50元。选择80年代进入大陆读书界的台港海外华文小说优秀作品进行评介。分2辑。第一辑重点评介台港海外80年代问世的新作,介绍不同流派,一人一篇,附有原作。第二辑为论文集,结合陈映真、张大春、卢非易、张系国、叶言都、西西、李永平、李黎、陈烨、平洛、吴念真、朱天文、於黎华、白先勇等作家的不同情况,论述了他们的文格、人格、创作实绩和艺术风格,并对近30年海外华文小说状况作了大致勾勒。(徐海燕)

I000221 **鲁迅与中国文化精神** 王得后著。花城出版社1993年9月版。15万字。8.60元。论述鲁迅与世界思潮的联系问题、人性问题、人道问题、文化改造问题、妇女观和今日中国妇女问题等等。分析了鲁迅思想的否定性特色。为"八方丛书"之一。

I000222 **袁枚全集** 袁枚著。王英志主编。江苏古籍出版社1993年9月版。413.6万字。8册。200.00元。分正编、副编、外编、附录4个部分。正编收袁枚本人的著作:《小仓山房诗集》、《小仓山房文集》、《小仓山房外集》、《随园诗话》、《子不语》、《续子不语》、《随园随笔》、《袁太史稿》、《小仓山房尺牍》、《牍外余言》、《随园食单》;副编收袁枚的编辑之作:《续同人集》、《随园八十寿言》、《红豆村人诗稿》、《南园诗选》、《碧腴斋诗存》、《湄君诗集》、《袁家三妹合稿》、《随园女弟子诗选》;外编收署名"袁枚"且具有较高价值的作品:《详注圈点诗学全书》、《怪异录》;附录收《随园先生年谱》、《袁枚传记资料》、《袁枚评论资料》、《随园轶事》。该书把散见的袁枚著作作了去伪存真的工作并汇集成册,为研究者提供了系统而全面的资料;但有极少一部分袁枚作品如楹联没有收罗在册,为美中不足。(退翁)

I000223　**冯梦龙全集**　冯梦龙原著,魏同贤主编。江苏古籍出版社 1993 年 9 月版。1000 万字。22 册。433.30 元。冯梦龙是明代后期文学家和学者,在文学、经学、史学等方面留下了数量可观的著作。其著述从未编成全集。本全集搜求遗佚,补辑散落,汇集已知确为冯氏著述的全部作品,并详加校勘。计收入冯氏撰述、改编、辑纂的《平妖传》、《古今小说》、《警世通言》、《醒世恒言》、《新列国志》、《古今谭概》、《情史》、《智囊》、《三教偶拈》、《广笑府》、《太平广记钞》、《纲鉴统一》、《甲申纪事》、《寿宁待志》、《中兴伟略》、《墨憨斋定本传奇》、《太霞新奏》、《挂枝儿》、《山歌》、《折梅笺》、《牌经十三篇》、《马吊脚例》、《春秋衡库》、《麟经指月》、《四书指月》、《春秋定旨参新》等 26 种传世作品。在版本选择上,概以善本为底本,参考其他有价值的版本。为保存作品原貌,整理时一律不作删节。(卞岐)

I000224　**汪曾祺文集**　陆建华主编。江苏文艺出版社 1993 年 9 月版。120 万字。4 卷 5 册。66.20 元。分小说卷(上下)、散文卷、戏曲剧本卷、文论卷。小说卷收入《受戒》、《大淖纪事》等 48 篇作品。散文卷收入《葡萄月令》、《跑警报》等 62 篇作品。戏曲剧本卷收入《范进中举》、《沙家浜》等 8 部作品。文论卷收入《小说笔谈》、《谈风格》等 56 篇文章。还收入作者创作年表及照片、手迹若干幅。所有篇目均经作者阅定。(吴星飞)

I000225　**司马相如集校注**　西汉·司马相如著,金国永校注。上海古籍出版社 1993 年 9 月版。21.6 万字。4.75 元。司马相如是西汉辞赋家。《汉书·艺文志》著录其赋 29 篇、小学《凡将》1 篇;此外其他各种类书还引到其著作多种。但至《隋书·经籍志》仅著录其文集 1 卷,可知其作品散佚甚多。此集收赋 6 篇,书 2 篇,檄、难、符命、传各 1 篇,琴歌 2 首。以明张溥《汉魏六朝百三家集·司马文园集》本为底本,校以明万历汪士贤《司马长卿集》校本,并以《史记》、《文选》及其他各种总集、类书参校。作品一依底本文体排列。校注体例为先释文、后校记,校注合一。书后附有《答盛擥问作赋》及其他残句、《史记·司马相如列传》、张溥《司马文园集题辞》。(丁如明)

I000226　**杏黄月**　副名:台湾当代著名作家代表作大系。张秀亚著。长江文艺出版社 1993 年 10 月版。19.5 万字。8.00 元。小说散文集。辑入小说 15 篇、散文 40 篇。集前有作家小传,后附作家著作目录。(刘青)

I000227　**金鲤鱼的百裥裙**　副名:台湾当代著名作家代表作大系。林海音著。长江文艺出版社 1993 年 10 月版。17.4 万字。7.10 元。小说散文集。选收小说 14 篇、散文 10 篇。小说有《城南旧事》、《婚姻的故事》、《烛》、《金鲤鱼的百裥裙》、《烛芯》、《殉》等。还收有作家小传、著作目录。(刘青)

I000228　**吴有恒文选**　吴有恒著。花城出版社 1993 年 10 月版。78.3 万字。3 册。42.00 元。吴有恒系当代作家。解放战争期间,先后任中国人民解放军粤桂边区部队司令员、粤中纵队司令员。解放初期曾任广州市委秘书长、广州市委书记等职,后任《羊城晚报》总编辑。1977 年被选为作协广东分会副主席。1958 年开始文学创作。作品有长篇小说《山乡风云录》、《北山记》、《滨海传》,历史小说集《香港地生死恩仇》等。本书收入诗词、散文、随笔、评论、中短篇历史小说等作品。分 3 卷。第一卷,诗词、《榕荫杂记》、《榕荫续记》;第二卷,《街谈巷议》、散文、文论;第三卷,历史小说、戏剧。

I000229　**马季良文集**　马季良著。华东师范大学出版社 1993 年 10 月版。43 万字。16.25 元。马季良即唐纳。本文集分剧本、影评、电影理论、战地通讯、其他 5 部分,附录回忆唐纳生平的文章。全书表现了作者始终如一的爱国情怀。(姜汉椿)

I000230　**中国结**　副名:台湾当代著名作家代表作大系。余光中著,中国现代文学馆选编。长江文艺出版社 1993 年 10 月版。26 万字。10.80 元。诗歌散文集。选收诗歌 88 首,散文 27 篇。诗作多为对传统的追溯及怀古、咏史,散文多为写人写事,还有"乡愁诗"和"乡愁散文"。另收有作家小传、作家创作年表。(刘青)

I000231　**陈瑞献选集·小说剧本卷**　徐锋编。长江文艺出版社 1993 年 11 月版。22 万字。9.48元。作者为新加坡现代作家。本卷选收作者自 60 年代至近期的小说精品以及两个别出心裁的剧本。作者在正常、反常、超常的不同心态中感受生活，又以糅合东西方文艺传统之长的新手法来表现现实诸多层面的面貌，创造出一个个奇异的艺术世界，其中一切既变形而又真实，荒谬怪诞，惊怖夺魄，天趣幽默，虚空玄秘，了了洞明。（张正平）

I000232 **陈瑞献选集 · 散文评论卷** 徐锋编。长江文艺出版社 1993 年 11 月版。20 万字。8.88元。作者为新加坡现代作家。本卷包括评论、游记、访谈以及随笔散文。内容涉及诗、小说、戏剧、绘画、雕塑、建筑、电影、宗教、哲学等诸方面。展现了作者所有文艺实践的理论依据，反映了现代西方文艺的发展轨迹以及西方文艺家的生存状况、审美追求及其成绩、痛苦和彷徨。表现了作者力行力倡的“自由心”。（张正平）

I000233 **陈瑞献选集 · 诗歌寓言卷** 徐锋编。长江文艺出版社 1993 年 11 月版。17 万字。7.88元。作者是新加坡现代作家。本卷选收作者的杰作，其中诗作抒发内心深蕴，描写外在万缘，诗风独具，结构繁复多变，寓哲思于美的意象；寓言表现了对人间百态的反思，体现了作者的人生观宇宙观。（张正平）

I000234 **彭邦桢文集** 彭邦桢著。长江文艺出版社 1993 年 11 月版。60.4 万字。98.00 元(精)，48.00元(平)。海外华裔诗人文集。分 4 卷。卷一、卷二为“诗集”，分别收入作者在中国台湾和在美国纽约时期的诗作计 149 首；卷三为“诗论集”，收入诗论 28 篇；卷四为“散文集”，收入散文 49 篇。其代表诗作是《月之故乡》、《花叫》、《清商三辑》、《巴黎意象之书》。该文集全面展示了作者在诗歌等多种文体上的创作成就、美学追求、风格特色以及在继承和发展中国民族优秀诗歌传统方面所作的贡献。（赵国泰）

I000235 **太阳岛文学系列丛书（诗歌卷、杂文卷、自选作品卷）** 姜世栋、聂振邦编。哈尔滨出版社 1993 年 11 月版。420 万字。47 册。131.60 元。系哈尔滨市 63 位业余作者的个人文学作品集。其中诗歌卷 15 册，杂文卷 12 册，自选作品卷 20 册。所选作品大多数在国家、省、市级各类报刊上发表过，部分作品获得过各级文学奖，基本代表了哈尔滨市业余文学创作的整体水平。（李战）

I000236 **鲁迅诞辰一百十周年纪念论文集** 上海鲁迅纪念馆编。百家出版社 1993 年 12 月版。30.6 万字。10.00 元。论文集。收有江泽民在鲁迅诞辰 110 周年纪念大会上的讲话《进一步学习和发扬鲁迅精神》、陈至立《学习发扬鲁迅革命精神，繁荣上海社会主义文艺事业》、许杰《鲁迅学的建立与鲁迅学大纲的编写——再提一次建议》、任钧《我对鲁迅的认识过程》等文章和资料 54 篇。（柏嘉）

I000237 **阿 Q70 年** 彭小苓、韩蔼丽编选。北京十月文艺出版社 1993 年 12 月版。51 万字。收集国内外关于《阿 Q 正传》的研究成果，并收录鲁迅手稿和《阿 Q 正传》各种版本的照片、各种有关的图像以及绘画、舞台和银幕上的阿 Q 的多种形象。具有学术价值和鉴赏价值。（毋国政）

I000238 **我的生日没有烛光** 吴强著。海峡文艺出版社 1993 年 12 月版。9.2 万字。3.80 元。诗歌散文集。作者是一位残疾人，没有上过学。但他以顽强的毅力与命运抗争，长期坚持自学，在病榻上写诗、写散文。病逝时年仅 19 岁。本书分 4 辑，收入诗歌 79 首、散文 10 篇。作品真实而生动地记录了作者的心路历程，抒写他对生活的向往和追求，洋溢着生命激情，充满对社会的关爱，具有强烈的艺术感染力。（叶恩忠）

I000239 **鲁迅论戏剧** 黄如文编注。花城出版社 1993 年 12 月版。10 万字。3.80 元。从鲁迅著作、书信和日记中选录 64 段有关戏剧的言论，按类分编。第一编，精辟的戏剧理论；第二编，评中外剧作家和作品；第三编，以论剧进行战斗；第四编，戏剧实践及其他。每编文章按写作时间先后编排，并加标题，进行说明和注释。

I000240 **李攀龙诗文选** 李伯齐等编。济南出版社 1993 年 12 月版。21 万字。12.00 元。李攀龙诗文选注本。收诗歌 190 首，文 14 篇，加以简要评介、注释。诗歌按照时间先后顺序，分 4 卷编排；文章不编年，单独列为 1 卷。为“济南名士丛书”之一，并列入山东省“七五”规划项目“明代前后七子研究丛书”之中。（戴永夏）

I000241 **湖边集** 副名：俞律小说散文选。俞律著。南京出版社 1993 年 12 月版。34 万字。10.50 元。收入作者自选小说 19 篇，散文随笔 70 篇。内容大多取材于日常生活，涉及名胜佳境、故宅旧院、秦淮梦痕、申江忆往、旧友新朋、古今人物、艺术故事、文化新苑、花鸟虫鱼、鸡犬牛马等等。（李德平）

I000242 **李攀龙集** 明 · 李攀龙撰，李伯齐点校。齐鲁书社 1993 年 12 月版。46.8 万字。22.00 元。明代文学家李攀龙的诗文集。原名《沧溟集》，为其密友王世贞于隆庆壬申年(1572)整理刊印。共 30 卷，计诗 14 卷，1380 余首；文 16 卷，240 余篇；另附志传表诔 1 卷。基本上搜罗了李攀龙的全部作品。其后屡经重刊。至清道光二十七年(1847),李攀龙九世孙李献芳以家藏隆庆旧版呈其师周乐,周邀同花寿山、王德容等以济南藏书家李秋屏藏本与之对勘付梓,故道光本在今存各本中错讹最少。此次整理出版,以道光本为底本,对照其他多种版本,改书名为《李攀龙集》。是建国以来首次整理出版的李攀龙诗文全集。前言介绍李攀龙所处的时代背景及其生平、交游和政治态度,阐释其各个时期作品的思想倾向、艺术成就及缺陷,并实事求是地分析了"后七子"复古运动的利弊得失。(于春香)

I000243　**失踪的情侣**　王立道著。青海人民出版社1993年12月版。23.6万字。6.00元。短篇小说和散文集。(辛茜)

I000244　**忠雅堂集校笺**　清·蒋士铨著,邵海清、李梦生校笺。上海古籍出版社1993年12月版。157万字。72.95(平),83.00(精)。诗文集。以存世最早之嘉庆戊午(1798)扬州刻本《忠雅堂诗集》和嘉庆丙子(1816)广州刻本《忠雅堂文集》为底本,参校三十卷本、道光本、同治本等多种版本。为蒋氏谢世二百多年来所整理刊行的第一个诗文集。蒋士铨与袁枚、赵翼齐名,并称为"乾隆三大家",共主乾嘉诗坛凡50年。然此前一般流传的《忠雅堂诗集》仅存诗2千5百余首,在数量上与赵翼于《哀子才挽诗》中所说"三家旗鼓各相当"还有相当距离。本书校笺者从北京图书馆搜检寻访到一向鲜为人知的《蒋清容先生手书诗稿》,其中虽尚缺辛巳、丁亥至壬辰、癸巳之大部及己亥至甲辰各年所作诗篇,仍非全璧,然与一般刊本相较,其诗已多出近一倍,词亦溢出40余首。故本书可算目前所能见到的收罗最称完备、校刊最为精审之蒋氏诗文集。校笺者前后费时八年,翻检了大量史乘笔记、地理方志及同时代人的诗文别集,对蒋氏的写作年代及有关人名、地名等进行了考订与笺证,并适当选入一部分诗话及手稿本中的有关评语,以资参考取证。征引书目多达数百种。(聂世美)

I000245　**辉煌时刻**　匡满著。天津教育出版社1993年12月版。12.1万字。3.60元。"人生与艺术"丛书之一。作品体裁包括报告文学、散文、随笔、杂文等。有《辉煌时刻》、《每当我走近你》等作品。(张征欣)

I000246　**厦门优秀文学作品选(1980—1993)**　本书编委会编。鹭江出版社1993年12月版。共130万字。5册。共48.00元。分小说、散文、诗歌·散文诗、报告文学、文学评论5卷。收集1980—1993年间厦门100多位诗人、作家、评论家的300多篇(首)作品。"小说卷"选编14位作者的中、短篇小说18篇,表现了特区建设的风貌,抒写了海峡两岸同胞的血缘亲情。"散文卷"精选50余位作者的80余篇作品,从不同侧面反映出时代的光彩和厦门人的精神风貌。"诗歌·散文诗卷"表现亲情、乡情、友情和爱情。"报告文学卷"汇集20多位作者的创作成果,作品着眼于"厦门"和"厦门人",把笔触伸向各个行业、各条战线上的各种人和事,有着浓郁的生活气息和闽南地方特色。"文学评论卷"收集20多篇文章,内容涉及小说、诗歌、文艺学、台湾及海外华人文学、闽南地区文学以及个别作家和作品的评论。(陈骋)

诗歌、韵文

I000247　**戴叔伦诗集校注**　唐·戴叔伦著,蒋寅校注。上海古籍出版社1993年版。24万字。8.45元。戴叔伦是唐代大历、贞元间诗人,他的创作对于推动中唐诗风嬗变有一定影响。旧本戴叔伦集是唐代诗文集中参入伪作最多的本子,本书以《全唐诗》戴叔伦诗集为底本,校以唐人选唐诗及其他别集、总集,对戴叔伦作品细加甄别,将其诗分成编年、不编年、备考、伪作四部分,详加校注。书后附有年谱、传记资料、评论等。(丁如明)

I000248　**宋词三百首**　上疆邨民编,沈可宜注。北京古籍出版社1993年1月版。14.7万字。8.90元。彊邨先生(朱祖谋)编选的《宋词三百首》成书于1924年,大抵宋词专家及其代表作品俱已入录,共选录两宋87位词人的300首优秀词作。沿袭旧书编排体例,首录帝王,末录女流,其余作家则依时为序。注释本一仍原书之旧,并参照《全宋词》和其他宋词选本以及词人别集,增加了一些标题或词前小序。对于原书显误之处(如把李重元的《忆王孙》"萋萋芳草忆王孙"一词误列于李甲名下),予以更正。对于作者有争议的词作(如《青玉案》"年年社日停针线"一词,原书题作黄公绍作,而《全宋词》则为无名氏,黄氏别集中也未收录此词),则加注释说明。注释以典故为主,兼及名物及一些生僻字词,对某些不易理解的词名加以简要解说。(楼霏)

I000249　**历代题咏书画诗鉴赏大观**　吴企明等编。陕西人民出版社1993年1月版。59万字。19.90元。精选晋代至现代题咏书画诗300首,加以赏析。赏析文章介绍诗人生平概况、流派继承、风格

嬗变、作诗本事，解释诗作的典故词语、艺术特点等。（金义良）

I000250 **穆斯林的彩虹** 马德俊著。电子科技大学出版社 1993 年 2 月版。15.7 万字。4.50 元。叙事长诗。描写古代回族青年英雄马阿里与者麦丽姑娘之间的爱情以及他俩与以哈大鼻为代表的邪恶势力的斗争。（徐守铭）

I000251 **陈毅诗词全集** 陈毅著，陈昊苏编。华夏出版社 1993 年 2 月版。44.6 万字。16.70 元（平），19.00 元（精）。收录老一辈无产阶级革命家陈毅在各个历史时期写作的诗词 300 余首，是迄今为止陈毅诗词最全面、最具权威性的版本，其中半数以上作品是首次公开发表。附录朱德、董必武、林伯渠等与陈毅的酬答之作及张茜记叙陈毅活动的部分诗文。（高苏）

I000252 **分类新编两宋绝妙好词** 喻朝刚等编。吉林文史出版社 1993 年 2 月版。85.5 万字。44.00元。按题材分类。对所选作品加以注释和说明。配有插图。（林革华）

I000253 **心之远行** 肖德浩著。接力出版社 1993 年 2 月版。6 万字。2.90 元。“中外少年中学生创作丛书”之一。分 3 部分：“我——”，“思——”，“你——”。为作者中学时代的诗作。（黄俭）

I000254 **寻找青鸟** 黄咏梅著。接力出版社 1993 年 2 月版。4 万字。2.90 元。“中外少年中学生创作丛书”之一。分 7 个部分：“童年”，“梅”，“眼睛”，“天涯倦客”，“大地”，“祝福”，“寻找青鸟”。为作者中学时代的诗作。（黄俭）

I000255 **校园诗歌** 本社编。上海教育出版社 1993 年 2 月版。9.1 万字。1.90 元。诗集。1990 年，上海教育出版社和文汇报社在全国发起“校园诗歌”征文。半年时间内，应征诗作达 1 万余首。本书编入的 80 余首诗作即是从中精选出来的。作品表现了校园生活情景和师生心灵世界。罗洛作序，臧克家、柳斌题词。附有吴欢章文章《跨世纪的青春歌声——读〈校园诗歌〉》。（孙爱葆）

I000256 **词综补遗** 林葆恒编著。书目文献出版社 1993 年 2 月版。4820 页。300.00 元。稿本。一百卷。收词作 7300 余首，词家 4400 余人。上续丁绍仪所编《清词综补》，以清光绪九年（1883 年）以后的词人词作为主，并对王昶所编《清词综》、黄燮清所编《清词综续编》等书的遗漏进行了增补，在规模上超过了前人。编排得体。书稿由林氏亲笔书写，清晰工整。列入“北京图书馆稿本钞本丛刊”影印出版。（卢玉荣）

I000257 **洗麻泉恋歌** 木春富、普利颜编。云南民族出版社 1993 年 2 月版。18 万字。3.00 元。叙事长诗。流传于怒江傈僳族自治州泸水、福贡、贡山等县。记述一对傈僳族青年男女从恋爱到成家的整个过程，展示了男女主人公复杂的内心世界及其艰苦的生活环境。情节曲折，人物生动，语言优美，节奏明快。（斯陆益）

I000258 **傣族情歌选** 岩喊、岩温龙编。云南民族出版社 1993 年 2 月傣文版。15 万字。2.50 元。选编流传于西双版纳傣族地区、深受傣族人民群众喜爱的情歌。内容丰富，形式多样，情趣高雅。（岩化）

I000259 **三人集** 巴特尔汗等著。民族出版社 1993 年 2 月哈萨克文版。15 万字。3.35 元。叙事长诗辑录。收入 3 位不同风格的作者的优秀作品。武警老战士伊马买地善于写军营生活，他的诗作从不同角度赞颂了官兵们保卫边疆的崇高思想品德。老新闻工作者巴特尔汗体察民情，了解哈萨克族的生产生活情况，他的诗作刻画人物栩栩如生，给人以美的享受。老教育工作者艾提里的诗作描写了哈族牧民的朴素生活、儿童们的天真可爱和求知欲望。（哈孜木别克）

I000260 **何香久抒情诗选** 何香久著。花山文艺出版社 1993 年 3 月版。36 万字。8.00 元。收入 139 首诗作，分 6 卷。诗人情钟于“大地”、“水”、“净瓶”、“鱼”、“海洋”、“树”等象征体，追求语言的内在韵律。整体上显示出诗人独特的人生体悟、较深厚的文化修养和对多种诗歌表现方式的成熟运用，其中禅宗思想对诗人的影响尤为突出。附录诗人“自传”、“学诗随想录”等文。（李津生）

I000261 **眼睛** 副名：史光柱抒情诗集。史光柱著。华夏出版社 1993 年 3 月版。6.3 万字。2.95 元。收 60 余首诗。表现爱情、战争、人生哲理、个人感受等。写法不拘一格，语言平实质朴，融合了对生活的深沉思考，创造出恬淡幽远的意境，传达出盲诗人对人生、对光明的热烈向往与追求。（赵小燕）

I000262 **近代诗钞** 钱仲联编著。江苏古籍出版社 1993 年 3 月版。150 万字。3 册。56.00 元。精选近代诗人一百家的作品，基本上囊括了当时影响较大的所有流派，全面展现了近代诗歌创作面貌。每位诗人附有小传，介绍诗人的师承、贡献及历史地位。每家入选诗作 50—150 篇，较为全面地体现了各家的艺术成就，几乎反映了近代中国所有重大历史

事件,表达了诗人面对内忧外患的近代中国社会所产生的愤懑情绪和变革要求。(周骋)

I000263 **鸟鼠山人胡缵宗诗选** 李天舒选注。书目文献出版社1993年3月版。32万字。18.00元。鸟鼠山人胡缵宗是明代富有特色的诗人,生活于明正德、嘉靖年间,在为政、治水等方面均卓有建树。其诗作质朴,感情深沉。他不随逐当时诗风而健笔独运,留下大量在思想与艺术上均值得注意的作品。本书选注胡氏代表性诗作400多首,并附录当时文人吕柟、康海、杨慎、祝允明、谢榛等与他赠答的诗作多首。(卢玉荣)

I000264 **边塞三人集** 杨牧、周涛、章德益著。新疆人民出版社1993年3月版。40万字。12.50元。作者是80年代初兴起的新边塞诗派的杰出代表。他们的诗歌是80年代变革现实的产物,是一个正在崛起的民族的精神风貌的感情结晶。他们的诗歌反映西部边地生活,描写西部山川景物和风土人情,探索生命的意义和人生的价值,抒发开拓者的理想,表现人的尊严,开掘和阐发深广的社会历史内容。他们的诗歌具有各自鲜明的艺术个性,拓展了诗的艺术境界和感情空间。本书收入三位诗人的诗歌共159首。书前有作者照片和小传。(李春华)

I000265 **历代精美小诗欣赏** 侯健、石体信编。作家出版社1993年3月版。21.3万字。6.45元。收录秦汉至明清104位作家的精美小诗150余首。按内容分为9类:述志报国、伤时感愤、边塞军旅、离别怀乡、山水纪游、农家田园、爱情思念、咏物题画、理趣议论。每首诗后都对作者生平及创作成就作了简要介绍,对疑难字词作了注释,并附有赏析文字。(李玉英)

I000266 **陆游诗词精华** 于民雄编。贵州人民出版社1993年4月版。13.4万字。5.00元。收录陆游诗96首、词5首。每首诗词均附有题解,加以注释和翻译。(夏昆)

I000267 **十七岁的歌** 蓓蕾著。辽宁少年儿童出版社1993年4月版。6万字。2.30元。诗集。收短诗60首,分"心灵的音符"、"春天的抒情"、"人生的感悟"3部分。有写黄土高原的《父亲》、《菜农》,有写西北风情的《出嫁》,有表达对历史人物缅怀的《致阿炳》、《致一位共产党人》,有剖析心迹的《寻找太阳》、《真诚》,有抒发友情和乡情的《远方来信》、《归》,有写少女初恋的《默默走过》、《渴望收割》等。作者是一位17岁的高中学生。(崔玉平)

I000268 **《宋词三百首》精华赏析** 孟庆文主编。南海出版公司1993年4月版。42.5万字。13.80元。从清末民初上彊村民重编《宋词三百首》中选取54位词人的159首佳作进行赏析。介绍作品的时代背景,分析作品的思想内容和艺术特色,解释作品的字词典故。正文后附有词人生平和词牌简介。(张桐)

I000269 **巩绍英诗词选注** 巩绍英著。春风文艺出版社1993年5月版。22万字。6.60元。共收旧体诗词527首。按写作时间编为3部分,第一部分为革命战争时期,第二部分为和平建设时期,第三部分为"文革"时期。诗词为作者生前自己收集、编订,后经其弟巩绍贤重加编选与注释。作品记录了巩绍英从参加抗日救亡到成为无产阶级先锋战士的革命道路。(宋加哲)

I000270 **爱情探戈** 黄堃著。漓江出版社1993年5月版。7.9万字。2.65元。诗集。"八桂作家丛书"之一。收入新诗55首。分"中国盐"、"茶·羽毛"、"陶牛的光泽"、"无风海域"4辑。作品追求对历史和民族史的把握,意象简洁含蓄,诗行跳宕,不讲究韵脚而注重内在节律。(庞俭克)

I000271 **千家诗今译新注** 凌翩译注,弘征校订。漓江出版社1993年5月版。10.8万字。5.00元(平),10.00元(精)。古诗选本。传统启蒙读物。包括作者简介、今译、原诗、注释4部分。(李海鸣)

I000272 **历代绝句精华鉴赏辞典** 霍松林等编。陕西人民出版社1993年5月版。214万字。33.20元。精选唐至近代530多位诗人的绝句1850多首,加以赏析。赏析文章简明扼要,考据确实,对诗作本事、典故词语以及诗歌的艺术特点进行了阐释。霍松林所作前言全面总结了绝句的艺术特点和审美功能,系统地论述了绝句发生、发展、兴盛和沉寂的历史过程。书后附有入选诗人小传。(金义良)

I000273 **召窝拉** 康朗叶整理。云南民族出版社1993年5月版。14万字。3.00元。长诗。叙述召窝拉一生的坎坷经历。召窝拉7岁那年,母亲患病去世,父亲重新迎娶。当继母有了自己的孩子后,就开始虐待召窝拉兄妹,而且逼着他们的父亲杀害他们。父亲不忍心杀害他们,就把他们诱骗到森林里遗弃了。妹妹被野兽吃了,召窝拉独自走到有人烟的地方,一对无子女的老人收养了他。几年后,勐巴拉国王写了100条成语,请勐占巴国王解释,声明若解释不出,就将攻打勐占巴国。勐占巴国王贴出告示征求解释者,召窝拉应征解释了成语。勐占巴国王看他聪明能干,就让他继承了王位。召窝拉当上国王后,他的父母却沦为乞丐，沿街乞讨，来到勐占巴国。召窝拉没有嫌弃他们，而是将他们接到宫里一起生活。父母由于受到良心的谴责，双双自尽。长诗抨击了损人利己、贪得无厌的恶德，颂扬了助人为乐、与人为善的美德。按傣族赞哈调说唱本整理出版。（刀桂兰）

I000274 **苏东坡诗词精华** 伍峰、李研尘编。贵州人民出版社1993年6月版。21.6万字。6.60元。收入苏轼诗74首、词57首，对每首诗词进行注释和翻译。（夏昆）

I000275 **千家诗浅析** 俞忆著。上海书店1993年6月版。13.5万字。6.00元。《千家诗》是我国传统童蒙读物，注本众多。本书对流传本的错漏舛误考订修正，多有创获。每首诗后附有作者简介，加以赏析。（刘毅强）

I000276 **彩图中国古典诗词100首** 朱庆坪编写，徐乐乐等画。少年儿童出版社1993年6月版。300幅。16.00元。收入"幼年画库"。收有适合幼儿背诵的中国古诗词143首，每首配有体现诗的意境的画及短小的解说。（洪祖年）

I000277 **塔里木传说** 马木提·扎伊提著。民族出版社1993年6月维吾尔文版。21.2万字。2.75元。叙事诗辑录。收入《塔里木传说》、《和田传说》、《织布师的故事》、《骆驼的故事》以及流传在维吾尔族民间的神话传说共13篇。作品反映了古代维吾尔族人民的生活、生产以及某些地名的由来、某些历史人物的经历等。（艾合买提江）

I000278 **唐宋词三百首译析** 李星著。北方妇女儿童出版社1993年7月版。60万字。15.80元。精选唐宋词300首，加以注释、今译和解析。包括李煜的《虞美人》、《浪淘沙》，柳永的《雨霖铃》、《八声甘州》，苏轼的《念奴娇》、《水调歌头》、《江城子》，辛弃疾的《水龙吟》、《菩萨蛮》、《破阵子》，陆游的《秋波媚》、《卜算子》，李清照的《如梦令》、《声声慢》，岳飞的《满江红》等名篇。（李文静）

I000279 **绘图中国古典诗歌名著丛书** 陈惠明、孙恩道主编。湖北美术出版社1993年7月版。2000幅图。共90.30元。从中国古典诗歌中撷取名篇编绘而成。《绘图诗经选》，选注者荆山玉，选诗109首，把《诗经》具有代表性的篇章全部选入；《绘图楚辞选》，选注者楚狂人，除选取屈原的代表作品外，还选择了宋玉、贾谊等人的诗作；《绘图乐府古诗选》选取汉诗39篇、魏诗18篇、晋诗23篇、南北朝诗50篇、隋诗3篇，基本上代表了这一体裁诗歌的风貌；《绘图唐诗三百首》用的是清初蘅塘退士的选本；《绘图宋词三百首》、《绘图元曲三百首》都是在参照前人选本的基础上，结合学术研究的新成果，删减增补而成。该丛书绘画大多约请全国当代著名白描高手在反复琢磨诗意的基础上绘制而成，诗情画意交相辉映，具有较高的欣赏价值。每卷附有注释和相关的文学知识，提高了该丛书的文化含量。（孙恩道）

I000280 **粤西词载** 曾德珪编。漓江出版社1993年7月版。82万字。39.00元。粤西词源于宋，盛于清，历代皆有作品传世。清末王鹏运、况周颐聚集一大批词人，形成粤西词派，创作丰富。本书意在全面搜集粤西词人作品，辑得词人58家，词作2600余首，与前人所辑《粤西诗载》、《粤西文载》成一完璧。其特色有四：一是务求齐全，凡有一词传留者即为著录，一人之作务求全录；二是简介作者字号、籍贯、履历、交游、主要著述、词作特色等有关情况；三是校点精详，凡作品不同版本有文字相异者，皆一一附注于词末，以备参证；四是凡一人之作多集者，均按原书次序排列，并附词集名于词末，原籍散见于单刻者，则考证其成书年代，依次排列。（刘春荣）

I000281 **中国名胜诗词大辞典** 杨钢编著。武汉大学出版社1993年7月版。133.6万字。68.00元。收3千多首诗词，涉及30个省、市、自治区的550处名胜古迹。入选诗词都是汉唐以来历代名人题咏名胜古迹的佳作。对所选诗词加以简要注释。每首诗词前对该诗词的作者及有关景点作了简单介绍。（高璐）

I000282 **屈赋注解** 蒋南华注。贵州人民出版社1993年8月版。21.8万字。6.00元。对屈原《九歌》、《离骚》、《九章》诸篇进行注释。（夏昆）

I000283 **全唐诗精华** 宋欣等编。吉林文史出版社1993年8月版。210万字。95.00元。从《全唐诗》中精选6000首作品。按主题分类编排。对作品加以简明注释。书前设分类目录，书后附作者、作品索引。（林革华）

I000284 **王礼锡诗文集** 王礼锡著。上海文艺出版社1993年8月版。58.5万字。13.70元。诗文集。作者是中国现代爱国诗人、学者、社会活动家。30年代初流亡欧洲，做了大量对外文化交流和人民友好的工作。抗战爆发后，积极从事国际反侵略和援华工作。1938年回国，担任"作家战地访问团"团长，在前线慰问时不幸病故。中共中央曾发唁电。本书收录《市声草》、《去国草》、《李长吉评传》、《战时日记》、《海外杂笔》、《海外二笔》、《在国际援华阵线上》等7部著作。（赵南荣）

I000285 **啊,我的美人啊** 新疆人民出版社编。新疆人民出版社1993年8月哈萨克文版。27万字。5.20元。41位哈萨克族当代青年诗人的作品集。作品展示现代人的心态,讽刺社会生活中的不良现象,表现年轻人的爱情,具有浓郁的民族气息,反映了诗人独特的思想感情。(苏里坦汗)

I000286 **唐诗三百首** 蘅塘退士编,陈婉俊注。北京古籍出版社1993年9月版。13.5万字。10.00元。《唐诗三百首》注本颇多,其中以陈婉俊补注本简明精当,流行最广。其注简介作者生平,比较注重语词名物的诠释。本书为重版本。(楼霏)

I000287 **人生咏叹调——青少年德育词抄** 韦琬·支澄编著。北京少年儿童出版社1993年9月版。18.1万字。5.00元。本书是《人生启蒙录——青少年德育诗选》、《人生面面观——青少年德育文摘》、《人生大舞台——青少年德育曲谈》的姊妹篇。精选了历代佳词名作百余篇,分10个部分。每部分前都有简短的导读。(石岱峰)

I000288 **中国历代赋酒诗** 唐康等选注。湖南文艺出版社1993年9月版。37万字。18.80元。搜集历代诗人120家的赋酒诗200余首。始于先秦,迄于清代。分为咏酒篇、对酒篇、劝酒篇、止酒篇和篇外篇。对作者加以介绍,对诗作了提要性解释,对涉及酒、酒器的有关典事也作了简要注释。(郭锷权)

I000289 **张孝祥词笺校** 宋·张孝祥撰,宛敏灏笺校。黄山书社1993年9月版。20万字。9.50元(精),6.50元(平)。张孝祥字安国,号于湖居士,宋绍兴间状元及第。于湖词多感怀时事,慷慨激昂,豪放清丽。建康留守席上一阕《六州歌头》,令北伐大将张浚为之罢席而入。《念奴娇·过洞庭》、《水调歌头·和庞佑父》等篇,久为人们激赏。本书以宋乾道本《于湖先生长短句》为底本,比勘其嘉泰本文集的乐府部分,在原编5卷、拾遗1卷之外,又辑补1卷。笺校包括每首词的写作时间、地点、本事、前人评论以及诸本文字异同。著者结合考古新得,据孝祥之子同之夫妇墓葬有关资料,证得孝祥与同之生母李氏的爱情关系,发前人所未发,据以解决了于湖词中若干迷离惝怳的篇什。附录张孝祥年谱。列入"安徽古籍丛书"。(彭君华)

I000290 **绝妙好词注析** 秦寰明、萧鹏注析。三秦出版社1993年9月版。29.3万字。8.90元。南宋词人周密编选的《绝妙好词》是我国古代最早的断代词选,收词390首,词人132家。所录几乎全为南宋词作,以词人分列,首张孝祥,末仇远。其词皆工整典雅,声律谐婉,既有姜夔、吴文英、史达祖、王沂孙、张炎等人的清丽温雅之作,也有陆游、辛弃疾等人的掩抑低回之作,还保存了许多没有词集传世、甚至连作者名姓也不为世人所知的宋人作品。注析者参考清代查为仁、厉鹗的《绝妙好词笺》,择善而从,推陈出新,注解难字僻词,阐释名物典故。赏析部分融通古今,汲取前代词人评语精华,吸收当今学术研究成就,从词风、词情、创作背景等方面给以精辟评赏和透彻剖析。注意从总体上把握编选者意图,探究原作在特定时代背景下得以产生的客观条件,揭示词作所蕴含的历史真实感。(赵建黎)

I000291 **永和本萨天锡逸诗** 元·萨都剌著,[日]岛田翰校,李佩伦校注。山西古籍出版社1993年9月版。6.5万字。11.50元。《永和本萨天锡逸诗》刊行于日本明治乙巳年(1905)。收入萨都剌七律138首、七绝3首、五绝1首,共142首,其中七律85首、七绝2首、五绝1首皆《雁门集》所未收,其余互见者颇多异同,可以相互补正,为不见正史的萨都剌生平仕历提供了一些新材料。该书所依据的版本是日本北朝后圆融院天皇永和丙辰年刻本,其年当明太祖洪武九年(1376)。书前有"据岛田翰手校内府宋大字本范铅模勒"、"是书所印行不过五百部"字样。俞樾的手书题辞对《逸诗》作了评价,并赠岛田翰以"真读书人"之称。(孙安邦)

I000292 **柳宗元诗笺释** 唐·柳宗元著,王国安笺释。上海古籍出版社1993年9月版。36.4万字。12.45元。以南宋蜀刻《新刊增广百家详补注唐柳先生文集》所录柳诗为底本,校以宋嘉定间郑定刊本《重校添注音辩唐柳先生文集》、南宋廖莹中世徐堂本《河东先生集》、元建阳刊本《增广注释音辩唐柳先生文集》等善本。按作品年代先后重为编排。厘为4卷。卷一、卷二为贬永州前及在永州期间的诗作;卷三为奉召还京至再贬柳州期间的诗作;卷四为雅诗歌曲。本书的笺释在继承前人旧注的基础上,增补阙漏,注明出处。对于前人的诗评、解说,有关各诗者,附于相应各诗之后;总论柳诗者附录于书后"诸家评论辑要"之中。(丁如明)

I000293 **河北青年英烈诗文选** 河北省青运史研究所编写。河北人民出版社1993年10月版。16.1万字。5.00元。精选河北籍或在河北牺牲的革命先烈的文章和诗歌。按文章和诗歌分为2部分。每篇作品简介作者生平、写作背景、思想内容及艺术特点。(李世琦)

I000294 **稼轩词编年笺注(增订本)** 宋·辛

弃疾撰，邓广铭笺注。上海古籍出版社1993年10月版。64.6万字。16.75元。辛弃疾词总集。辛词旧有《稼轩词》4卷本及《稼轩长短句》12卷本两大系统，皆无笺注，编次亦失伦序。笺注者对辛词重为校订编集，加以笺注，于1939年脱稿，1956年初版。以后历次重印，陆续有少量订补。此增订本则是笺注者历时14年对原书全面修订加工的全新成果。增订本根据《铅山辛氏宗谱》等新获资料，对原书各词编年作了大幅度的调整，原卷五"作年莫考诸什"105首亦一一考定而各得其所。辛弃疾的生平行实，如其成婚之年、本传失载之通判广德军仕历等，都通过辛词编年的推求而得以晰然。因辛弃疾诗文集久佚，又缺乏有关的行状碑铭等完整资料，本书的编年对研究者尤为有助。增订本的又一特点是笺注博赡精采，在旧本的基础上增添了20万字。笺注者本着"明悉典实则词中之涵义自见，揆度本事则作者之宅心可知"的宗旨，除对辛词融经铸史、化用成句的用辞寻根抉源、注明出典外，于作品背景及作者交游的考索用力尤勤，举凡宋元之史籍、文集、志乘、笔记，莫不尽量收采，从而提供了辛弃疾生活时代的大量有用的历史资料。笺注中的辨证，如辨辛弃疾寿韩侂胄词为伪作之类，亦受到学术界的认同。增订本还收有邓广铭《略论辛稼轩及其词》、诸家赠酬词、旧本稼轩词集序跋文、稼轩词索引等。列入"中国古典文学丛书"。（史良昭）

I000295 **哈萨克叙事长诗选(13)** 新疆维吾尔自治区民间文学研究会编。民族出版社1993年10月哈萨克文版。15万字。5.00元。叙事长诗辑录。包括《库尔吾古力苏丹》、《两个兄弟的传说》等6篇长诗。《库尔吾古力苏丹》描写古代一位国王的生平功过；《两个兄弟的传说》叙述兄弟俩不同的生活道路，赞颂劳动光荣，鞭挞懒惰可耻。其他4篇也以不同方式颂扬真善美。（哈孜木别克）

I000296 **宋词三百首评注** 赵山林评注。安徽文艺出版社1993年11月版。36万字。9.80元(精)，7.50元(平)。对近代词家朱孝臧(一名祖谋，号彊村)所编《宋词三百首》加以评注。对原编目次予以调整。对每位词作者均作生平简介。每篇词作后加以注释、评解，并附前人评论选辑。（许宗元）

I000297 **全唐诗** 张采鑫等点校。河北人民出版社1993年11月版。740万字。6册。380.00元。收唐诗49403首，作者2873人，凡900卷，目录12卷。以上海古籍出版社影印扬州诗局本及知不足斋丛书本《全唐诗逸》为底本，加以校勘和新式标点，简体字横排。（盖征西）

I000298 **宋代的七言古诗(北宋卷)** 王锡九著。天津人民出版社1993年11月版。30万字。9.50元。历代论家有"唐音"、"宋调"之说，而"宋调"的基本特征，诸如"以文字为诗，以才学为诗，以议论为诗"以及"工于形容，工于用事，工于组织"等，在七言古诗这种体裁上表现得最为充分。有鉴于此，作者将宋代的七言古诗作为研究对象，力求探究出"宋调"基本风貌及其成因。在论述方式上，按照时代先后，兼顾不同作家流派，进行具体评述，尽可能翔实地展示宋代七言古诗的发展变化情况以及每位作家的成就。（成其圣）

I000299 **中国新诗库(1—5集)** 周良沛编。长江文艺出版社1993年12月版。10册。国家"八五"重点出版项目。辑入"五四"到新中国成立前在新诗运动中产生过影响的、不同风格流派的诗人的作品，每家1卷，共10集103卷。已出版5集50卷，其中有胡适、刘半农、俞平伯、周作人、刘大白、郭沫若、闻一多、徐志摩、陈梦家、朱湘、林徽因、孙大雨、饶孟侃、戴望舒、冯乃超、康白情、于赓虞、艾青等人的作品。这些作品恢复了诗人以及新诗运动历史的本来面目。（邱祥凯）

I000300 **少年古诗鉴赏辞典** 杨东甫等著。广西教育出版社1993年12月版。55万字。13.00元。精选适合广大少年儿童诵读的古代诗歌354首，并作鉴赏。其中古体诗41首，近体诗232首，词60首，曲21首。所选作品题材广泛，有讴歌祖国山河的，有坦陈忧国忧民情怀的，有抒发戍边御敌豪情的等。在艺术风格上，有豪迈奔放，有婉约含蓄，有明媚清新。鉴赏部分包括作家简介、作品背景、难字难句、成语典故释义，阐明思想内容与艺术特色，介绍有关文学知识等。（夏目炎）

I000301 **楚辞全译** 黄寿祺、梅桐生译注。贵州人民出版社1993年12月版。25万字。7.80元。用白话文对楚辞67篇进行全译全注。"中国历代名著全译丛书"之一。（谢丹华）

I000302 **白居易诗精华** 徐子宏编。贵州人民出版社1993年12月版。16.6万字。6.00元。收入白居易诗作84首，对每首诗加以注释和翻译。（夏昆）

I000303 **齐音** 副名：济南百咏。明·王象春著，张昆河、张健之注。济南出版社1993年12月版。14万字。9.80元。《齐音》为明末新城(今山东省桓台县)人王象春吟咏济南名胜古迹、风土人物的诗集。

共7编107首。每首诗后系以笺注。诗作本温柔敦厚之旨,语言含蓄;笺注则坦示胸怀,绝少回避,不仅说明诗作本事,并能洞见诗人的寓意。诗人不仅发思古之幽情,而且意存讽谕,反映现实,揭露当时社会黑暗,成为为时而著、为事而作的警辟之作。本书据原刊本与几种手拟本校勘整理,辨讹去误,并予以标点注释。释文在地望、里籍、名胜、风景等方面征引良多。(赵钟云)

I000304 **诗言史** 副名:陈靖重走长征路诗歌集。陈靖著。南京出版社1993年12月版。28万字。18.00元。诗歌集。真实记录和反映了长征的方方面面,表现了红军不怕艰难困苦、勇往直前的气势,塑造了一个个栩栩如生、可歌可泣的红军战士形象,热情歌颂了长征的伟大精神。作者是老红军战士。李先念为本书题名。(朱新法)

I000305 **明诗纪事** 陈田辑撰。上海古籍出版社1993年12月版。260万字。6册。104.30元(精),91.00元(平)。辑明代诗集千余家,并包括明遗民于清初所作诗篇。各家附有小传。诗后采诸家著述以纪其事,并撰按语。按时代及流派编排。分甲、乙、丙、丁、戊、己、庚、辛八签。章培恒主持标点,并撰写前言。书末附有索引。(高克勤)

I000306 **爱国诗歌一百首** 郭晨等编著。少年儿童出版社1993年12月版。19万字。5元。选收上起西周、下迄当代具有爱国主义思想内容的诗词一百首。有《诗经·秦风·无衣》,屈原的《国殇》,王昌龄的《出塞》,杜甫的《闻官军收河南河北》,杜牧的《题木兰庙》,范仲淹的《渔家傲》,岳飞的《满江红·写怀》,陆游的《金错刀行》,辛弃疾的《永遇乐·京口北固亭怀古》,于谦的《石灰吟》,洪秀全的《述志诗》,孙中山的《挽刘道一》,鲁迅的《自题小像》,李大钊的《高筑神州风雨楼》,毛泽东的《念奴娇·昆仑》,周恩来的《大江歌罢掉头东》,等等。(洪祖年)

I000307 **白族历代诗词选** 赵晏海、桂明编。云南民族出版社1993年12月版。30万字。16.00元(精),9.50元(平)。白族是我国一个历史悠久的民族。白族诗词早在1千多年前就闻名于中原地区,一些作品被选入《全唐诗》。白族诗歌表现了白族的历史变迁、宗教信仰、民族习俗和文化艺术,反映了白族人民勤劳勇敢、纯朴善良、团结进取、热爱祖国的精神。本书从大量史籍和有关资料中精选192位作者的675首诗词,起于唐代,止于现代。作者既有王公贵族、著名诗人,也有一般群众。作品具有文学、民族学、民俗学、社会学、历史学等多方面价值。(李安泰)

I000308 **赤子三部曲** 郭光豹著。作家出版社1993年12月版。45万字。17.50元。长诗总集。包含《望乡风》、《静庵之歌》和《溶溶寸草心》3篇长诗,约一万行。长诗分别抒写生长于潮汕平原、创业于香港的三位爱国人士李嘉诚、庄静庵、陈家铭爱国爱乡的情怀和业绩,歌颂以爱国主义为核心的传统美德。(周坤)

戏 剧

I000309 **赤都财魁毛泽民** 副名:舒龙影视剧作选。舒龙著。百花洲文艺出版社1993年2月版。24万字。5.70元。收入4部电视电影文学剧本。作品以第二次国内革命战争时期江西苏区人民和红军们英勇斗争为题材,歌颂了他们崇高的革命理想、革命情操和献身精神。《赤都财魁毛泽民》写我党历史上第一个银行家毛泽民创办国家银行的业绩。《铁骨忠魂》写寻找方志敏套着脚镣的遗骨的故事。《封锁线上的故事》写中华苏维埃外贸总局反经济封锁的故事。《贫穷的富翁》写红军后勤部长不怕牺牲为红军保存巨额财款的故事。(王志斋)

I000310 **中国古典戏曲剧情博览** 吴大逵编。江西人民出版社1993年2月版。92万字。25.00元。从我国历史上流传下来的800余种古典戏曲剧本中精选有较大影响的470种,将剧情改写成短篇故事。(蓠新民)

I000311 **蒋士铨戏曲集** 清·蒋士铨撰,周妙中点校。中华书局1993年2月版。44.5万字。19.00元。蒋士铨著有16种曲,其中《康衢乐》、《忉利天》、《长生箓》、《升平瑞》4种收入《西江祝嘏》;《冬青树》、《桂林霜》、《采石矶》、《四弦秋》、《临川梦》、《雪中人》、《一片石》、《第二碑》、《采樵图》、《空谷香》、《香祖楼》、《庐山会》12种收入《清客外集》。本书对现存蒋士铨戏曲作品作了整理、校订和考证工作,探明了版本源流,是目前较完备的点校本。(顾青)

I000312 **德江傩堂戏** 李华林主编。贵州民族出版社1993年3月版。45万字。12.00元。傩堂戏资料集。全面系统地介绍了全国著名的傩堂戏之乡——贵州省德江县傩堂戏的全貌。分4个部分。一、德江傩堂戏概况。分节介绍了德江傩堂戏的渊源、流派、分布、传说、发掘和影响;著名土老师(巫师)简况,神案的布置、道具、服饰、音乐、舞蹈的情况。二、宗教法事。共收录了23道宗教法事,其中前16道属于基本法事，后7道属特殊法事，详细介绍了傩坛中每道法事的程序和具体内容。三、傩堂戏剧本。共收入了《苏姐姐选婚》、《郭老幺借妻回门》等22出剧，其中有12个正戏，10个插戏。四、附录。作为封建社会的产物，傩堂戏有民族学、民俗学、宗教学、戏剧学、音乐、美术等方面的研究价值，也有消极落后的一面。编者对傩堂戏的精华与糟粕、科学与迷信，采取了全面反映，兼收并蓄的方法，把封建迷信色彩较浓的竹卦、手诀、咒诰、符讳、土老师的特殊葬仪等作为附录收于书末，旨在提供一个真实完整的傩堂戏文本，供傩戏专家学者研究参考，在版权页上注明"内控发行"。收入"中国傩文化研究系列丛书"。（孔燕君）

I000313 **思南傩堂戏** 思南县民委编。贵州民族出版社1993年5月版。34万字。12.00元。傩堂戏资料集。根据民间流传的手抄本和土老师（巫师）的口述整理而成。分5个部分：一、思南傩堂戏概况。简略介绍了思南傩堂戏产生的历史文化背景、渊源与传承，傩坛组织与社会功能，傩坛仪式与法式，傩戏的演出程序和特点，傩戏面具及道具、服饰和背景，思南傩堂戏的现状等；二、傩坛祭仪。分别介绍了开坛、和坛、封坛的24道法事；三、剧目。收录了《甘生赶考》、《开路将军》等21个傩堂戏剧本；四、傩堂戏部分曲谱。介绍了傩堂戏音乐的特点；五、思南傩戏班主要艺人小传。比较全面系统地记录了思南傩堂戏的内坛法事和外坛剧目。本书在编选上存在一些不足之处，如内坛法事部分，大多只罗列了每次法事的原始资料，而对法事的功用、作法缺乏必要的介绍和分析，但仍不失为一本珍贵的傩戏资料集，具有民族学、宗教学、民俗学以及民间音乐、雕刻、绘画的研究价值，供专家学者研究参考使用，并在版权页上注明"内控发行"。收入"中国傩文化研究系列丛书"。（孔燕君）

I000314 **任桂林剧作选** 任桂林著。花山文艺出版社1993年5月版。30万字。4.00元。作者早年参加革命，后成为剧作家和戏曲教育家。早在延安时期，他与人合作创作的京剧《三打祝家庄》就受到毛泽东的赞扬。他一生创作剧本23个，本书收集6个，是作者的代表作，都曾搬上舞台或银幕。剧作的文学性和舞台性结合得较好，既适合舞台演出，又有可读性。郭汉城作序。附有《任桂林剧作简表》。（刘英民）

I000315 **中国当代十大悲剧集、中国当代十大喜剧集、中国当代十大正剧集** 王季思主编。江苏文艺出版社1993年8月版。150万字。3册。45.50元。收入1949年以来创作或改编的思想性、艺术性俱佳、产生过较大影响、具有较强生命力的戏剧作品。每集卷首有一篇前言，评述中国当代戏剧的历史发展和主要特点。每个剧本后面有一篇简短的后记，介绍作者生平、作品的主要特点以及该剧的演出、流传情况和影响。《中国当代十大悲剧集》收录《天仙配》（黄梅戏）、《红楼梦》（越剧）、《团圆之后》（莆仙戏）、《李慧娘》（昆剧）、《红灯记》（京剧）、《巴山秀才》（川剧）、《秋风辞》（莆仙戏）、《狗儿爷涅槃》（话剧）、《曹操与杨修》（京剧）、《南唐遗事》（昆剧）；《中国当代十大喜剧集》收录《拉郎配》（川剧）、《布谷鸟又叫了》（话剧）、《刘三姐》（歌舞剧）、《连升三级》（高甲戏）、《春草闯堂》（莆仙戏）、《红鼻子》（话剧）、《八品官》（花鼓戏）、《红白喜事》（话剧）等；《中国当代十大正剧集》收录《十五贯》（昆剧）、《搜书院》（粤剧）、《茶馆》（话剧）、《蔡文姬》（话剧）、《关汉卿》（话剧）、《百岁挂帅》（扬剧）、《甲午海战》（话剧）、《霓虹灯下的哨兵》（话剧）、《智取威虎山》（京剧）、《小井胡同》（话剧）。（沈瑞）

I000316 **清车王府钞藏曲本·子弟书集（上、下）** 刘烈茂、郭精锐主编。江苏古籍出版社1993年9月版。181万字。2册。80.00元。车王府曲本是清朝车王府有计划、有组织地抄录并珍藏的当时不同艺术团体的演出手本，其内容主要分戏曲和说唱两大部分。戏曲部分以京剧为主，次为昆曲；说唱部分主要是子弟书、鼓词。子弟书是清代的一种文艺样式，于乾隆年间由八旗子弟创作，演唱至光绪年间，是满汉文化合璧的产物。子弟书在内容上有两大特色，一是真实地反映了清代人民的生活，为满汉民族融合提供了生动形象的第一手资料；二是善于从历史、戏曲、小说中发掘题材。在艺术上，子弟书化雅为俗，铺陈排比。本书以中山大学图书馆藏本为底本，收入子弟书作品288篇，加以点校。每篇前均加提要，说明作者、作品基本内容以及题材渊源等。是迄今为止收集子弟书作品最多的一部作品集。（常宁文）

I000317 **苏文茂相声选** 苏文茂著。百花文艺出版社1993年10月版。27万字。8.50元。收入作者创作或整理改编的50个相声段子。有《美名远扬》、《废品翻身记》、《学习张士珍》、《批"三国"》、《论捧逗》、《抚琴》、《扔靴子》等。（邝富荣）

I000318 **苏曼殊** 吕程、王增光著。漓江出版社1993年10月版。49.3万字。13.00元。多集电视连续剧剧本。被人称为“痴绝、才绝、情绝”的苏曼殊是中国近代史上极富传奇色彩的人物。他与中国近代史上许多著名革命者、学者有过交往。他能诗善画,译介过东方和西方文学作品,也参加过激进的革命活动。他聪慧敏感,又因混血私生儿的迷蒙身世饱受歧视的痛苦,在万般凄凉无奈中跳出红尘,成为三戒俱足的和尚。但他一生都无法摆脱对温情的渴望,一袭袈裟未能拘役他飞翔的灵魂,他一次又一次燃起恋火,堕入情网,最后又不得不依从佛规斩断情丝。情禅交战成为他胸中的冰炭。他写下的不少爱情诗章因此而独具风貌、感人至深。本书展示了苏曼殊悲凉坎坷、富于传奇色彩的一生,在广阔的近代历史背景上凸现了一个知识分子的形象。(孙如容)

I000319　**阮大铖戏曲四种**　明·阮大铖撰,徐凌云、胡金望点校。黄山书社1993年11月版。39万字。13.80元。明末剧作家阮大铖存世戏剧作品《春灯谜》、《牟尼合》、《双金榜》、《燕子笺》的合刊本。《春灯谜》演书生宇文彦与影娘因元宵节猜灯谜而导致一连串的巧合和误会,最后终于喜结良缘的故事;《牟尼合》演肖思远因主持公道、受到奸臣藓其蔀的迫害、妻离子散、在迭经磨难后珠合家圆的故事;《双金榜》演秀才皇甫敦被误为盗,发配海南,十八年后洛阳、广东两地的儿子双双高中榜首,否极泰来,合家团圆;《燕子笺》演书生霍都梁与华行云、郦纤云之间复杂、曲折的爱情婚姻纠葛。剧本巧妙运用巧合、误会等喜剧手法,在波谲云诡的喜剧情节中,展开了广阔的社会生活画面,刻画了个性鲜明的人物性格。作品构思精巧,曲词华美。以《古本戏曲丛刊》影明刊原本为底本,校以董康《诵芬室重刊石巢传奇四种》本等。(诸伟奇)

I000320　**刘知远诸宫调校注**　中华书局1993年11月版。32万字。7.50元。《刘知远诸宫调》是本世纪初俄国探险家从张掖黑水古城中发掘得到的古佚书残本,是我国最早的一部刻本诸宫调。原书残损严重,仅存42页,共5卷,有曲子78套,演五代后汉高祖刘知远发迹以及与妻李三娘悲欢离合的故事。保留许多失传的曲调和当时的口语、俗语,对于中国戏曲史和汉语史的研究具有重要意义。原书错字、缺字、异体字,校注者多有订正。(赵文新)

I000321　**马致远集**　萧善因等点校。山西古籍出版社1993年12月版。15万字。14.50元。国家古籍整理出版重点项目之一。马致远,号东篱,元曲四大家之一,《汉宫秋》即出其手,小令如《天净沙·秋思》历来脍炙人口。本书以明臧懋循《元曲选》为底本,校以元刊本、古名家本、顾曲斋本、息机子本、明钞本、继志斋本、阳春本等。收入杂剧7种、小令115首、套曲22首,是较为完备的集子。(孙安邦)

小　说

I000322　**新战争与和平(八卷本)**　李尔重著。武汉出版社1988年9月至1993年9月版。480万字。87.85元。长篇小说。以中国人民抗日战争为背景,描写了从“九·一八”事变到抗日战争胜利的历史过程,艺术地再现了这场战争各方面、各阶段的面貌,揭示了这场战争的内涵,讴歌了中国共产党领导下的中华民族艰苦卓绝的斗争精神,是一部反法西斯斗争的英雄史诗。(潘长胜)

I000324　**青史演义续**　麦拉苏著。内蒙古人民出版社1992年10月蒙文版。21万字。5.55元。根据《元史》记载的有关资料,经过文学构思,续写《青史演义》23回,弥补了原书缺失的遗憾。描写窝阔台即位后,为完成其父成吉思汗创建蒙古大帝国的大业,兵分三路,东进高丽,西讨花剌子模,北征俄罗斯、波兰、匈牙利等国的战争故事。揭露了成吉思汗的子嗣为争权夺位而进行的斗争。记述了拔都汗大军镇压内乱的功绩。歌颂了忽必烈汗派遣阿珠、白彦等将领出兵灭宋、建立元朝的功绩。故事情节与《青史演义》紧密相连,语言风格也与《青史演义》颇类。(阿拉坦巴干)

I000325　**达延合罕演义**　道润梯步著。内蒙古人民出版社1992年12月蒙文版。35.7万字。8.60元。长篇章回体历史小说。共60回。第一到第十四回主要描写元顺帝妥欢帖木尔的政权倒台、逃回蒙古地方、明朝洪武北征等故事,记述了蒙古统治阶级内部争权夺位的斗争,表现了蒙古罕统在内外交困中沦落为权臣手中的傀儡而苟延残喘的情况。从第十四回起,主要描写了女主人公满都海·彻辰夫人。她是一位文能兴邦、武足定国的女英雄,以维护和复兴成吉思汗的罕统为己任,与封建割据势力展开了复杂曲折的斗争,并统率千军万马征讨不臣。她先后击败专横跋扈的伯格尔森太师、诡计多端的伊斯满太师、争夺合罕权位的乌讷博罗特王,并与成吉思汗的罕统巴彦蒙克的儿子、年方七岁的巴图蒙克结为夫妻,在天后母陵前,宣誓封巴图蒙克为达延合罕。她最终统一诸部,兴建蒙古罕国。(阿拉坦巴干)

I000326　**原谅我吧**　阿不都热合曼·卡哈尔著。新疆青少年出版社1992年12月维吾尔文版。18

万字。5.00元。收入中篇小说10余篇。反映当代青年的探索与追求及其爱情与友情。(谢梅)

I000327 **早恋** 肖复兴著。北京十月文艺出版社1993年版。29.6万字。10.90元。通过几对早恋学生的故事以及围绕早恋风波而展开的不同的教育方式,反映了80年代的中学生对社会、人生、事业、理想和爱情的思考和追求。塑造了钟林、容桂棠、章薇、覃峻等性格鲜明的人物形象。(吴光华)

I000328 **中国近代文学大系·小说集四** 吴组缃、端木蕻良、时萌主编。上海书店1993年版。50万字。21.50元。"中国近代文学大系"第6卷。收曾朴《孽海花》、刘鹗《老残游记》、佚名《苦学生》、碧荷馆主人《黄金世界》4种;另列目2种:梁启超《新中国未来记》、陈天华《狮子吼》。均据原刊本排印。(龚建星)

I000329 **文学研究会作品专辑** 许杰主编。上海书店1993年版。1800页。10册。55.50元。20年代中国现实主义文学流派文学研究会的作家作品选集。从早已绝版的"文学研究会丛书"、"文学研究会创作丛书"和"文学周报社丛书"中遴选10种编成专辑。收有《芝兰与茉莉》、《英兰的一生》、《春日》、《皮克的情书》、《文坛逸话》、《生之忏悔》、《汉园集》、《流沙》、《记忆之都》、《西行书简》。(罗伟国)

I000330 **中国近代文学大系·小说集五** 吴组缃、端木蕻良、时萌主编。上海书店1993年版。66万字。27.00元。"中国近代文学人系"第7卷。收入姬文《市声》、颐琐《黄绣球》、嘿生《玉佛缘》、藤谷古香《轰天雷》、佚名《官场维新记》、李伯元《活地狱》等。作品触及了当时社会的各个方面,具有可读性和史料价值。(龚建星)

I000331 **海浪** [英]弗吉尼亚·吴尔夫著,吴钧燮译。外国文学出版社1993年版。17.5万字。4.30元。长篇小说。作者为意识流小说的代表人物,本书为其最重要的作品。作品把人生的全部岁月压缩进一天的时间结构里,把一天从日出到日落分割为9个时间片断,从而将海浪等自然景观和人物的所思所感交融起来,断续地勾勒出6个主要人物从童年到暮年的一生,并通过内心独白,若明若暗地揭示了他们各自的个性:伯纳德是个热爱生活的小说家,奈维尔是个追求尽善尽美的人,路易既自卑又强烈进取,苏珊是贤妻良母,珍妮是美貌的交际花,罗达羞怯而神秘。如同浪花汇进波涛,这6个人物构成了一个完整的人。全书笔调清新婉约,极富余韵,不乏散文诗的优美。(胡允桓)

I000332 **中国古代神话系列小说** 李亚东著。中原农民出版社1993年版。240万字。80.00元。包括《盘古开天地》、《女娲补天》、《人祖伏羲》、《炎黄二帝》4卷。以长篇小说的形式演义中国古代神话。(韩光玉)

I000333 **十年梦魇** 副名:中国1966—1976。柯云路著。作家出版社1993年版。12.7万字。4.25元。系列小说。包括《梅林山庄》、《死亡之谷》、《草帽山的传说》、《石头城》、《貌似深刻的无主题》等作品。以缥渺的笔触描写了中国当代那段风雨岁月。(潘宪立)

I000334 **未穿的红嫁衣** 霍达著。江苏文艺出版社1993年1月版。30万字。9.98元。长篇小说。某市委副书记李言恋上了女儿的班主任郁琅嬛。他们物色了一件猩红色的羊毛裙,准备让新娘在婚礼仪式上穿上它,一展风采。市委决定将秦屿开发成现代化的海上乐园。论证会上李言力主将秦屿建成秦史博物馆。在这场论争当中,李言的婚外恋情东窗事发,其妻何丽珠持据要挟。国事家愁,官运恋情,沉重地压向李言。数月后,败北的李言以总指挥的身份再访秦屿时,他痛苦地发现座落在秦屿上的精神病院的铁栅内,有条耀眼的猩红色的羊毛裙。作品思想内涵深刻,人物形象鲜活,具有浓郁的时代气息,富于纯文学的品位和较强的可读性。(张昌华)

I000335 **中华经典小故事** 北川、郭臻编。未来出版社1993年1月版。120万字。22.50元。从中国古代文化典籍中选取具有典型意义的人物和事件,改编为1千多个小故事。按内容分13类,包括勤学苦练的故事、爱国故事、发愤图强的故事、创造发明的故事、尊师故事、悔过改错的故事、举贤荐能的故事、友爱亲情的故事、正直侠义的故事、英勇善战的故事、清廉节俭的故事、智敏故事、执法断案的故事。故事忠实于原作,但作了必要的补充润色。再现了中华民族历史上一些重要人物的精神风貌,颂扬了古圣先贤的大智大勇和历史功绩,总结了他们的经验和教训,歌颂了中华民族的优秀传统。(李建明)

I000336 **梨花湾的女人** 何申著。花山文艺出版社1993年2月版。32.9万字。8.80元。长篇小说。地处河北、辽宁、内蒙古三省区交界处的梨花湾,过去是商贾汇集的重镇,后来因为种种原因萧条败落了。在改革开放的大潮中,梨花湾的女人们凭着她们的机敏,成为弄潮儿,女镇长郑金香就是她们当中的佼佼者。她在事业、家庭、爱情婚姻上,面临着比常人更多的挑战和更大的压力,体味着比常人更多的酸甜苦辣。作品刻画了郑金香、李江、老仓、二来、小白鞋等众多人物形象,生动反映了改革开放给中国农村带来的巨大变化。(刘桂欣)

I000337 **阴阳关的阴阳梦** 鲁彦周著。上海文艺出版社1993年2月版。27万字。6.70元。长篇小说。描述青年女学生杨星仪随其新婚丈夫徐明清回到家乡阴阳关的一段人生历程。处于清末民初年代的男女主人公接受了新的思想,都是资产阶级民主革命的赞同者,他们怀着改革的抱负回到家乡阴阳关,力图变革社会,改变家乡的落后面貌。但他们革新社会的主张却遭到身为当地一霸的其叔爷爷的坚决抵制,并由此引发了始料未及的后果。徐明清生活在阴阳关这块封建的充满野性气味的地盘,从不适应的矛盾心态逐渐转变为心安理得的族长心态,成了一方天地的主宰者、封建统治阶级的卫道士、与其叔爷爷同流合污的族长。他过着一妻多妾、穷奢极欲的腐败生活,虐待持异议的妻子,镇压同来进行改革的好友。作者纳辛亥革命历史风云于笔端,描绘了一幅资产阶级民主革命遭受挫折的图景,具有典型的历史意义。在艺术上采用梦幻和现实交替出现的表现手法,跨越时空的局限,错落有致地铺排情节,精细入微地刻画人物心态,文学性和可读性兼而有之。(张森)

I000338 **中国当代最新小说文库** 钟本康等选评。浙江文艺出版社1993年2月版。160万字。6册。38.50元。选收80年代中期以来我国文坛出现的具有创新意识的小说。分《新笔记小说选》(钟本康选评)、《新写实小说选》(金健人选评)、《新实验小说选》(盛子潮选评)、《新历史小说选》(王彪选评)、《新乡土小说选》(金汉选评)、《新都市小说选》(徐剑艺选评)6集。共收录73位作家的123篇作品。每集有编者撰写的导论一篇,系统论述某种创作现象。每篇作品之后都附有短评。书后附有作品要目。(严麟书)

I000339 **孤村** 刘绍棠著。作家出版社1993年2月版。20.8万字。6.10元。长篇小说。以京郊北运河鱼菱村、牛背村为背景,以"我"在鱼、牛二村的生活经历和见闻为线索,描写了建国前后至改革年代乡土人家勤劳创业、追求美好生活的历程,表现了历史曾经给予人们的创痛,讴歌了改革开放给农村带来的新气象。作品写出了运河滩人纯朴、厚道、善良的性格以及他们丰富的感情世界,尤以写女性见长,塑造了五斗四嫂子、郝大嫂、云桂香、周翠霞等性格不一、命运各异的女性形象。作品语言富有乡土气息,语辞工于对称,叙事描写生动传神;不足之处在于拼接痕迹比较明显,结构稍嫌松散。(白连国)

I000340 **山魂** 诸昆著。云南民族出版社1993年2月景颇文版。10万字。2.50元。长篇小说。以改革开放以来的景颇族农村为背景,通过描写境外景颇姑娘匡冬和境内景颇小伙腊冬的爱情故事,热情讴歌了边疆农村的新面貌。故事情节是:在一年一度的目脑节上,第一次来中国过节的匡冬与腊冬一见钟情,定下了终身,约定来年完婚。但由于不同国度的阻隔和旧观念的束缚,双方父母都不赞成儿女们私定的婚事。两个年轻人几经周折,耐心说服家人,求得了理解和支持,终于结为伉俪。(岳坚)

I000341 **无冕非王** 周军著。安徽文艺出版社1993年3月版。40万字。长篇小说。通过郭华、孙文娟等人物的坎坷经历,反映半个世纪以来我国新闻战线上的风风雨雨。主人公郭华是一位才华横溢的省报记者,为了帮助因遭诬陷而入狱的美丽少女孙文娟而踏上了一条险恶道路。(沈小兰)

I000342 **中国成语故事** 陈日朋、金士杰编。北方妇女儿童出版社1993年3月版。120万字。3册。54.00元。包括900多篇成语故事。对成语中的生僻字及某些字词的特殊读法都注了汉语拼音,对本义、转义、引申义、比喻义、形容义等作了注释,对有些成语的历史演变、古今用法的区别作了简要说明。每篇篇末都标明了成语的出处,并节录一段原文。按成语产生的历史朝代先后编排。一文一图。卷末附有音序索引和笔画索引。(李遵义)

I000343 **雪庐** 孙颙著。北岳文艺出版社1993年3月版。25万字。7.50元。中篇小说集。收入《雪庐》、《四十朵玫瑰》、《此岸、彼岸》3部中篇小说。《雪庐》描写一个知识分子家庭中的四代人在80余年间的悲欢离合故事,折射出中国百年来社会变革的风云变幻。《四十朵玫瑰》描写男主角林博与女主角童梦霏、于思的不同遭际,展示了当代生活的多彩画卷。《此岸、彼岸》通过"出国潮"展示了东西方两种文化的撞击及其在不同人心灵上产生的反应。(李建华)

I000344 **老子** 杨书案著。长江文艺出版社1993年3月版。27万字。8.60元。历史小说。在春秋晚期特定的历史文化背景下刻画老子其人,表现了老子的思想学说。(欧阳忠)

I000345 **韶山的昨天与今天** 刘建国等著。湖南文艺出版社1993年3月版。30万字。7.50元。故事集。收集发生在韶山、与毛泽东有关的故事。分上、中、下3篇。描写了韶山自大革命时期到土地改革、大跃进运动、"文化大革命"以及拨乱反正、改革开放几十年间所经历的历史事件。上篇收集毛泽东的故事,有毛泽东少年时代的故事,毛泽东参加革命后直到当国家领导人几次回韶山的故事,毛泽东与韶山亲友交往的故事,等等。中篇主要叙述韶山在过去一百年里的天翻地覆的变化。下篇所记的是党和国家领导人以及中外知名人士到韶山参观、瞻仰的一些鲜为人知的故事。(谢柳青)

I000346 **夏天的受难** 常新港著。江苏少年儿童出版社1993年3月版。13万字。2.90元。反映当代中学生生活的长篇小说。展示了少男少女们所面临的一个真实的世界,叙述了他们的躁动、迷离和惶惑。为"中华当代少年小说丛书"之一。(刘健屏)

I000347 **河湾旧事** 节延华著。解放军文艺出版社1993年3月版。21.4万字。7.00元。小说。通过一个乡间孩子的视角,表现了河湾的老老少少在那个特殊岁月里的生活面貌,讲述了一个苦涩的故事。(蒲韦)

I000348 **古船·女人和网** 韩志君、韩志晨著。农村读物出版社1993年3月版。33万字。8.40元。"农村三部曲"第三部。枣花面临着传统封建礼教与习惯势力的挑战。她像一只"蚯蚓",内心向往风雨和阳光,却只会在沉重的地壳中艰难地蠕动,终不能冲破自己的"心狱",而葬送于自己心灵的羁绊。深化了文明与愚昧冲突的主题。(高晓彬)

I000349 **篱笆·女人和狗** 韩志君、韩志晨著。农村读物出版社1993年3月版。23万字。5.40元。以20世纪80年代中国农村经济改革为背景,描写茂源老汉和他的四个儿媳妇——马莲、巧姑、枣花、喜鹊等人的情感和命运,叙述了一个"三世同堂"的普通农户解体的故事。枣花与铜锁的纠葛是小说的主线。枣花饱尝了无爱的痛苦,用无奈维系破碎的家庭,由此表现了历史发展进程中文明与愚昧的冲突。为"农村三部曲"第一部。(高晓彬)

I000350 **古代品德故事100篇** 马允伦编著。少年儿童出版社1993年3月版。12万字。2.75元。辑有古代人物优秀品德的小故事100篇。有写爱国报国的西晋祖逖和刘琨的《闻鸡起舞》,写正直无私的汉朝张释之的《张释之执法不阿》,写勤劳俭朴的东汉杨震的《最丰厚的遗产》,写见义勇为的西晋荀巨伯的《荀巨伯舍生救人》,写乐于助人的东汉华歆的《不能丢了人家不管》,写诚实不欺的唐朝陆元方的《不能自欺欺人》,写好学不倦的苏东坡的《有什么理由不勤奋读书》,写遵纪守法的东汉郑均的《郑均劝兄不受贿》,写勇于改过的南宋杨万里的《再也不敢骄傲自大了》,写尊生敬贤的东汉郑玄的《郑玄求师》,等等。(洪祖年)

I000351 **辘轳·女人和井** 韩志君、韩志晨著。农村读物出版社1993年3月版。26.4万字。6.20元。"农村三部曲"第二部。表现葛家小院这个以血缘关系为纽带的大家庭解体之后,茂源老汉、枣花、马莲、巧姑、狗剩儿媳妇、香草、金锁、银锁、铜锁、小庚、小豆倌儿、苏小个子等人物的命运和感情世界。枣花嫁给小庚,虽然摆脱了无爱的痛苦,但又尝到了爱的折磨。小庚给枣花套上了美丽的绳索,束缚了枣花的个性、天性和创造力,由此进一步表现了文明与愚昧的冲突。(高晓彬)

I000352 **生命的原野** T·阿尔曼诺娃著。新疆人民出版社1993年3月柯尔克孜文版。2.5万字。2.40元。收入中短篇小说8篇。作品描写了不同人物的婚恋生活,鞭挞了包办婚姻、买卖婚姻,提倡婚恋自由。(阿不都拉依)

I000353 **滨城风雷** 单文俊、刘影编著。大连出版社1993年4月版。10万字。3.00元。汇集50个故事。取材于建国前大连历史上的真人真事,采用一文一图的形式,形象地记述了大革命、土地革命、抗日战争、解放战争4个历史时期党在大连活动的重要历史人物和发生的重大历史事件。(李新民)

I000354 **红楼幻梦** 司鼐主编。黑龙江人民出版社1993年4月版。25.5万字。5.00元。"红楼四梦丛书"之一。共30回,描写贾宝玉出家被追回,林黛玉复活。宝玉闻听后,欲与之成婚。林黛玉已心灰意冷,决意修道不婚。然而情根未断,终于在酒醉之后被骗入洞房,与宝玉成婚。此时贾家已破败,林黛玉主持家政。以贾府为中心的四大家族又演出了一场令人回味的人间活剧。(安晓峰)

I000355 **中国话本大系(第三辑)** 陈庆浩、程毅中等校点。江苏古籍出版社1993年4月版。260万字。6册。84.30元。共收入13种话本。包括《型世言》,《跻春台》,《西湖佳话》(包括《豆棚闲话》、《照世杯》、《西湖佳话》3种),《宣和遗事》(包括《宣和遗事》、《五代史平话》2种),《五色石》(包括《五色石》、《八洞天》2种),《珍珠舶》(包括《云仙笑》、《载花船》、《珍珠舶》、《人中画》4种)。(吴伟斌)

I000356 **戎马英豪** 崔洪昌著。解放军文艺出版社1993年4月版。30.9万字。7.30元。长篇小说。当年的三个小长工——余化龙、贺向东和汪先跃,和三个与他们命运相同的小丫鬟——烈女、水妹和火姑，在反抗黑暗势力的斗争中走到了一起。后来，三个长工参了军，提了干，成为配合默契、政绩斐然的“三驾马车”；他们的妻子随军后成了贤内助，并都生了一个惹人喜爱的孩子。然而，自“大比武”开始，运动迭起，思想观念的差异使“三驾马车”之间开始出现裂痕。一场自卫反击战使他们之间的故事得到悲壮的结局。（蒲韦）

I000357 **菊影销魂令** 独孤生著。百花文艺出版社 1993 年 5 月版。45.5 万字。2 册。13.00 元。长篇新武侠小说。描述清乾隆年间梨园界称霸争雄的一段故事。“菊影令”帮头子为争霸梨园，焚毁了戏堡，软禁了“天下第一伶”夫妇，并杀害了搭救其子逃生的凌配仙夫妇，震惊了梨园天下。其子慕容灵习艺 8 年，历闯险境，在侠女“飞霸”、师辈“戏圣”与艺友“四大逸隐”的协助下，终于揭开“菊影令”帮的黑幕，翦除了戏霸，报了血海深仇。（邝富荣）

I000358 **大漠神雕——成吉思汗传** 苏赫巴鲁著。北方妇女儿童出版社 1993 年 5 月版。36 万字。8.80 元。长篇传记小说。描写成吉思汗从少年时代到统一蒙古的经历，记述了成吉思汗征讨西夏、金国以及灭亡西辽和花剌子模等国的经过，比较全面地刻画了成吉思汗及其他蒙古民族英雄的形象，表现了成吉思汗在历史进程中的进步作用和局限性，再现了威武壮观的战争场面和古代蒙古部落社会的婚礼、祭礼、庆典及其游牧生活。（李遵义）

I000359 **屈原** 宁发新著。长江文艺出版社 1993 年 5 月版。28 万字。7.80 元。长篇历史小说。描述屈原坎坷的一生，讴歌屈原的爱国主义精神和崇高人格力量。（秦文仲）

I000360 **西游记** 吴承恩著。春风文艺出版社 1993 年 5 月版。77 万字。30.00 元。“珍本中国古典小说十大名著”丛书之一。以民间流传的唐僧取经故事和有关话本、杂剧为素材，加以创作而成书。目录 101 回，末回仅为尾声，正文实有 100 回。（潘照坤）

I000361 **官场现形记** 李宝嘉著。春风文艺出版社 1993 年 5 月版。66.4 万字。2 册。24.00 元。“珍本中国古典小说十大名著”丛书之一。60 回。谴责清朝官场的腐败黑暗，一定程度上反映了当时的社会矛盾，表现出改良主义倾向。全书由一些独立的短篇故事连缀而成，没有贯穿全书的主线，也没有塑造中心人物。（潘照坤）

I000362 **三言** 冯梦龙著。春风文艺出版社 1993 年 5 月版。130 万字。3 册。44.80 元。“珍本中国古典小说十大名著”丛书之一。包括《喻世明言》、《警世通言》、《醒世恒言》。每册各收中短篇小说（话本）40 篇（卷），共 120 篇。每册前均有原叙，说明选辑意图及标准。（潘照坤）

I000363 **三国演义** 罗贯中著。春风文艺出版社 1993 年 5 月版。64 万字。2 册。27.00 元。“珍本中国古典小说十大名著”丛书之一。根据陈寿《三国志》和裴松之注，参以范晔《后汉书》、元代《三国志平话》和有关传说，经过再创作而成书。清初毛宗岗又作了修改，成为现在通行的 120 回本。（潘照坤）

I000364 **二拍** 凌濛初著。春风文艺出版社 1993 年 5 月版。82.8 万字。2 册。32.00 元。“珍本中国古典小说十大名著”丛书之一。分《初刻拍案惊奇》、《二刻拍案惊奇》2 册，共辑录中短篇小说（话本）80 篇（卷）；末篇系杂剧，存目未收戏文。“二拍”前均收原序；“初刻”有小引，“二刻”有凡例 5 则。（潘照坤）

I000365 **儒林外史** 吴敬梓著。春风文艺出版社 1993 年 5 月版。35.7 万字。17.00 元。“珍本中国古典小说十大名著”丛书之一。根据 56 回本整理出版。（潘照坤）

I000366 **东周列国志** 冯梦龙、蔡元放编。春风文艺出版社 1993 年 5 月版。71 万字。2 册。27.00 元。“珍本中国古典小说十大名著”丛书之一。由明末冯梦龙根据余邵鱼《列国志》改编为《新列国志》，又由清蔡元放加以修订，并加评语，改为今名。故事情节自西周末年周幽王烽火戏诸侯写到秦始皇统一六国。基本素材取自史籍，也增添了一些虚构情节。（潘照坤）

I000367 **红楼梦** 曹雪芹著。春风文艺出版社 1993 年 5 月版。89.3 万字。2 册。33.00 元。“珍本中国古典小说十大名著”丛书之一。原名《石头记》，120 回。以贾宝玉、林黛玉的爱情悲剧为主线，描写了贾家荣、宁二府由盛而衰的过程。（潘照坤）

I000368 **水浒传** 施耐庵著。春风文艺出版社 1993 年 5 月版。81.7 万字。2 册。31.00 元。“珍本中国古典小说十大名著”丛书之一。100 回本。本丛书包括施耐庵著《水浒传》，罗贯中著《三国演义》，吴承恩著《西游记》，许仲琳著《封神演义》，冯梦龙编《三言》（《喻世明言》、《警世通言》、《醒世恒言》），凌濛初著《二拍》（《初刻拍案惊奇》、《二刻拍案惊奇》），冯梦龙、蔡元放编《东周列国志》，吴敬梓著《儒林外史》，曹雪芹著《红楼梦》，李宝嘉著《官场现形记》等。（潘照坤）

I000369 **封神演义** 许仲琳著。春风文艺出版社 1993 年 5 月版。61 万字。23.00 元。“珍本中国古代小说十大名著”丛书之一。根据《武王伐纣平话》,并参考古籍和传说故事敷衍而成。(潘照坤)

I000370 **毛泽东治国修身故事** 雷云峰主编。甘肃教育出版社 1993 年 5 月版。37 万字。7.95 元。分 15 个方面:一、独立自主,处好同各国人民的关系;二、审时度势,稳操战略主动权;三、调查研究,一切从实际出发;四、热爱群众,全心全意为人民服务;五、诚恳待人,关心身边同志的成长;六、肝胆相照,处好同爱国民主人士间的关系;七、勤奋好学,酷爱读书;八、研读教科书,尊重唯物辩证法;九、健全知识结构,关心自然科学;十、清廉俭朴,和劳苦大众同呼吸共命运;十一、严以律己、宽以待人的光辉楷模;十二、尊敬老师,热爱孩子;十三、正确处理家与国的关系,为党为人民做出楷模;十四、情操高尚,处处想到人民的利益;十五,在人事关系上的廉正作风。每部分前都有提示性话语。选材基本来自毛泽东的秘书、卫士、医生等的亲闻、亲见、亲历。毛泽东原机要秘书高智任本书顾问,师哲为本书题词。书末附有故事出处。(杨马胜)

I000371 **镜花缘** 清·李汝珍著,陈坡等校注。花山文艺出版社 1993 年 5 月版。52 万字。50.00 元。以北京大学图书馆藏马廉隅卿旧藏本为底本,参考芥子园重刊本及其他版本,加以校勘。(兰小宁)

I000372 **西游记** 明·吴承恩著。花山文艺出版社 1993 年 5 月版。77.7 万字。2 册。65.00 元。以影印明刻本《李卓吾先生批评西游记》为底本,加以校勘。(张晓黎)

I000373 **红楼梦** 清·曹雪芹著。花山文艺出版社 1993 年 5 月版。98 万字。2 册。70.00 元。以程乙本为底本,加以校勘。(兰小宁)

I000374 **封神演义** 明·许仲琳著。花山文艺出版社 1993 年 5 月版。68 万字。60.00 元。以清康熙三十四年四雪草堂本为底本,参酌光绪十五年上海广百宋斋石印本、民国十四年上海文明书局刊本等版本,重新进行标点、分段、校勘。书前保留了长州褚人获序。(张志春)

I000375 **三国志通俗演义** 明·罗贯中著,沈伯俊校注。花山文艺出版社 1993 年 5 月版。118.5 万字。2 册。70.00 元。以明代嘉靖三年刊本为底本,加以整理和校注,纠正作者笔误和传抄、刊刻之误 1 千多处,加页下注或尾注说明之。(张根树)

I000376 **聊斋志异** 清·蒲松龄著。花山文艺出版社 1993 年 5 月版。58 万字。2 册。60.00 元。本书先由张友鹤依据 1950 年发现之蒲氏半部手稿本及接近手稿本之铸雪斋抄本,参考其他诸本,择善而从,梳理校辑,成会校会注会译本(即“三会本”)。因张氏校理“三会本”时未见 24 卷抄本和康熙年间手抄残本,加以章培恒对“三会本”的目次与分卷又提出独到见解,遂由栾保群对“三会本”再作校理,是为善中求善。(刘桂欣)

I000377 **美丽故事 999** 曾长清著。科学普及出版社 1993 年 5 月版。44 万字。12.00 元。以轻松洗炼的文笔、生动感人的形象,介绍动植物的生活习性和特点。(任杏华)

I000378 **绿血** 赵熙著。陕西人民出版社 1993 年 5 月版。32.2 万字。8.80 元。以陕北高原杜梨庄杜、郝两家几代人的生活为主线,表现了半个多世纪中农村阶级关系、社会关系的变化。作品具有浓郁的泥土气息。(赵熙)

I000379 **大刺客** 云中岳著。时代文艺出版社 1993 年 5 月版。75 万字。4 册。38.80 元。新武侠小说。主人公林彦是明朝万历年间初出武林侠义道的年轻剑客。他不但武功高强,而且有一副侠肝义胆。他耳闻目睹朝廷钦差“梁剥皮”豢养走狗、鱼肉百姓、荼毒地方,怒火中烧,决意替天行道,置梁贼于死地。江湖险恶,侠客风流。大刺客手执冷虹剑,演出了一幕幕“欲除天下不平事,方显人间大丈夫”的武打剧,留下了一段段怜香惜玉、无怨无悔的儿女情事。小说情节变幻莫测,场面描写精彩,古风民俗描绘生动,文采斐然。(李杰)

I000380 **巴金小说精编** 李小林编。浙江文艺出版社 1993 年 5 月版。60.3 万字。20.00 元(精),16.80 元(平)。系巴金委托其女儿选编。收入巴金于三四十年代创作的长篇小说《寒夜》,中篇小说《憩园》、《第四病室》,短篇小说《复仇》、《哑了的三角琴》、《狗》、《苏堤》、《马赛的夜》、《月夜》、《将军》、《沉落》、《化雪的日子》、《鬼》、《窗下》、《还魂草》、《猪与鸡》,为巴金小说创作之精华。巴金审定篇目,并写了后记。列入“中国现代经典作家诗文全编精编系列”。(严麟书)

I000381 **世纪恋情** 黄蓓佳著。作家出版社 1993 年 5 月版。31.4 万字。9.10 元。长篇小说。杨启民出身于苏北乡村一个书香门第,自幼经历了家族的衰落,目睹父辈们在辛亥革命之后的消沉,立志长大后学有所成,报效祖国。在北京大学求学期间,他受各种民主思潮的影响,和后来投奔苏区的同学刘仁一道参加了五四运动，并在学潮中结识了刘仁的恋人林眉。大学尚未毕业，他就听从父命与三叔收养的义女秋明成婚，然后赴美留学深造。学成归国，他对政治失去热情，献身于教育和建筑。在到各地考察寺庙建筑文化的途中，他先后巧遇已是共产党人的刘仁和四处寻找刘仁的林眉。其时刘仁正受到党内极"左"路线的迫害，东躲西藏，而林眉身患肺病，生命垂危。两位好友的遭遇使杨启民感慨万千。作品刻画了杨启民和刘仁两类有代表性的知识分子形象，表现了他们的奋斗历程。(水舟)

I000382 **龙船征空记** 吕应钟著。安徽少年儿童出版社 1993 年 6 月版。10 万字。3.00 元。科幻小说集。"世界科幻名著文库"之一。收入《龙船征空记》、《时光巡逻员》、《太空仙童》、《火星人探测地球》、《海底飞碟基地》、《祖父的遗嘱》等 8 部中短篇科幻小说。中篇科幻小说《龙船征空记》描述：17 位太空科学家和 12 位杰出少年乘中国制造的黄帝号太空飞船飞向火星、木星、水星、土星、金星、月球、天王星、海王星等星球进行科学探测，历经艰险，终于顺利地完成了预定计划，安全返回地球。小说将科学推测与大胆幻想揉合在一起，充满神奇色彩。(韩进)

I000383 **台湾科幻小说大全——40 年名家作品精选** 姜云生主编。福建少年儿童出版社 1993 年 6 月版。42.2 万字。13.00 元。收 18 篇科幻小说。展现了不同流派、风格、题材。共同特点是凭借丰富奇特的想象力，把人放在宇宙大背景下思索，观照人的生存、人性的发展，其宗旨是从哲学意义上寻找人生终极关心的答案。张晓风的《潘渡娜》写一个"人造人"潘渡娜的一生。她拥有女孩应有的美貌、聪明和柔情，却没有普通人的灵魂，始终为自己缺少生命而感到痛苦，苦苦去追索生命母体的根源，最终忧郁悲惨地死去。小说里不负载任何科学原理，只叙述一个温馨而忧伤的故事，启发读者对于人性的思考。张系国的《超人列传》写从人变为超人的斐人杰为了追求所谓"科学的真理"而牺牲一切人类的依恋和幻想，信奉"能度量方是合理"的信条，最后因目睹超人们的反人类而反叛超人。小说表现了作者对处于高度物质文明环境中人性可能变异的哲理思考。范盛弘的《问》、郑文豪的《无为有处》等作品以对当代科技和人伦价值观的思考，揭示了人类文化心理的深层流动，使"科幻意识"不仅表现于人对"物"的思考，且表现为心理纠结和内省。附录 3 组有关科幻小说的论文，从理论高度对科幻小说的本质、地位，科幻小说与正统文学的关系，科幻小说创作的特点等问题展开了多层次的探讨。(吴兆钧)

I000384 **中国近代史演义** 陆仁著。福建少年儿童出版社 1993 年 6 月版。31.1 万字。9.00 元(平)，12.00 元(精)。以清王朝的没落为线索，用翔实的历史材料，加以精心结构，表现了从鸦片战争到五四运动这段历史的面貌，刻画了一批历史人物的形象，客观地评价了他们的功过是非。(吴兆钧)

I000385 **型世言** 明·陆人龙编撰。海峡文艺出版社 1993 年 6 月版。40 万字。19.00 元。白话小说集。初刊于 1630 年前后，明末清初曾经湮没。全书共 40 回。表现明代重大事件、市井生活和风土人情，大量描写了商人、文人、衙役、僧尼等人物众生相。故事奇谲曲折，笔锋犀利畅快，语言纯净生动。书名"型世言"，有"树型今世"之意。此次出版为国内首次经新闻出版署批准的足本，正文、回末批语均无删节，回前"叙"也原样保留，并收录所有新发现的插图计 28 幅，保持了该书的原貌。(叶恩忠)

I000386 **敌人** 格非著。花城出版社 1993 年 6 月版。14 万字。6.70 元。"先锋长篇小说丛书"之一。曾经鼎盛一时的赵氏家族毁于一场神秘的大火。赵家掌门人临终前留下一份可疑的仇家名单，从此赵家后代一直处于恐怖的灾难阴影中，一个个变得古怪而寂寞，离弃、背叛、相残接踵而至。几十年过去，仇敌依然隐匿，又仿佛无所不在，赵家后人在一场场谋杀中先后死去，被难以理喻的血仇洗劫一空，剩下一片苍白的废墟。作者通过严密、机智的组织，把"谁是敌人"的悬念穿插于千丝万缕、错综复杂的故事之中，建构起一个结构的迷宫。丰富的层面，深刻的意蕴，扑朔迷离的叙述，充分显示了小说的内在张力。(钟洁玲)

I000387 **抚摸** 吕新著。花城出版社 1993 年 6 月版。18 万字。7.90 元。"先锋长篇小说丛书"之一。以战争时期国民党 7 个纵队 9 千余名官兵撤退到晋北山区的黄村流域为背景，描述一个伤残军官孤寂无奈的一生。主人公广春原是情报处少校军官，他跟随部队到达黄村流域后，遇上了一场血腥哗变，整个部队溃不成军。广春死里逃生，流落民间，经历了三次失败的婚姻后，与青楼女子厮混，并误杀数人，后被送入疯人院。在凄凉的晚景里，他留下一部《远征笔记》，浓缩了自己悲剧性的一生。全书洋溢着一种伤感、忧郁的情调。作者将晋北山区苍凉的风景、沉重的人生和古老的故事编织成一个幽深的意象世界。(钟洁玲)

I000388 **施洗的河** 北村著。花城出版社 1993

年6月版。17万字。7.40元。“先锋长篇小说丛书”之一。1945年，毕业于医科大学的刘浪到樟坂继承父业。樟坂是个黑社会恶势力横行的地方。数次流血教训之后，刘浪决心以恶抗恶，寻找立足之地。于是他进入黑社会轨道，以过人的胆识和智慧控制了樟坂的两大帮会，与杀人不眨眼的黑帮头目马大针锋相对，暴力抗衡，后成为一方霸主，家财万贯，妻妾成群。但与此同时他精神崩溃，万念皆空。在经历了大奸大恶、大风大浪的生命历程之后，他皈依宗教，找到精神栖息之所。本书对人性作了深度开掘，揭示了男性曲折隐秘的内心世界，透出一种轮回意识——命运的轮回、生命的轮回、人性的轮回，具有撼人心魄的艺术效果。（钟洁玲）

I000389 **在细雨中呼喊** 余华著。花城出版社1993年6月版。17万字。7.50元。“先锋长篇小说丛书”之一。描述一位江南少年对成长的恐惧。“我”从小生长在一个不谐和的家庭中，6岁被送到一户离奇古怪、阴阳失衡的人家收养，奄奄一息的养母和体壮如牛的养父无法过正常人的生活，极度压抑的养父最终竟为婚外恋情断送了性命，“我”由此面临被遗弃、淡忘、孤苦无依的命运。作品自始至终笼罩着如烟似雾的气氛，往昔情景交插重现，炎凉的世态、孤立无援的反抗、风中弱柳一样的友情、对女性梦幻的破灭、生理渐变引来的困扰等等，透过枝蔓曲折的生活表象，展示了生长的全部秘密。（钟洁玲）

I000390 **我的帝王生涯** 苏童著。花城出版社1993年6月版。13万字。5.80元。“先锋长篇小说丛书”之一。以惊人的想象力再现了一代帝王奇险坎坷的一生。14岁的五王子端白继承大燮国的帝位，朝野皆惊，风闻先王遗诏有诈。在一次围场狩猎中，端白几乎被暗箭所害。他实际是一个傀儡，帝位虚设。当时边境频频告急，大燮国国力衰竭，端白被迫与丑陋的邻国公主和亲。他深爱国色天香的蕙妃，却遭到操纵实权的老夫人的极力阻挠。六宫粉黛明争暗斗，蕙妃生育之际被诬陷产下一只白狐而惨遭厄运。适逢天灾，灾民暴动，长兄端文趁机夺位，端白被贬为庶民，流落民间，历经艰难，成为走索艺人，开始了饱含血泪的江湖生涯。全书充满悲剧气氛，寄寓深远，故事扣人心弦。（钟洁玲）

I000391 **呼吸** 孙甘露著。花城出版社1993年6月版。13万字。6.00元。“先锋长篇小说丛书”之一。围绕橱窗画师罗克与五位女性——大学生尹芒、尹楚、女演员区小临、美术教师刘亚亚、女工项安的感情纠葛而展开。60年代末期罗克曾远离故乡参加抗美援越战争，这段经历影响了他的一生。他沉溺于幻想，追求艳丽爱情，但家庭坎坷复杂的历史却阴影般笼罩着他的身心，使他的爱情往往风云突变，屡遭惨败。作者运用虚拟、幻觉、联想、隐喻、直接陈述等手法，描绘了诸多次要人物的肖像，他们与罗克的内在生活构成微妙的反差，由此烘托出80年代一个中国式的“多余人”的形象。（钟洁玲）

I000392 **明清言情小说大观（上、中、下）** 殷国光、叶君远编。华夏出版社1993年6月版。252.6万字。3册。78.00元（精），42.00元（平）。收入《好逑传》、《吴江雪》、《生花梦》、《梦中缘》、《英云梦传》、《五美缘全传》（上卷）、《金云翘传》、《玉娇梨》、《合浦珠》、《情梦析》、《巧联珠》、《醒名花》、《蝴蝶媒》、《终须梦》、《驻春园小史》（中卷）、《平山冷燕》、《飞花艳想》、《凤凰池》、《听月楼》、《风月鉴》、《梅兰佳话》、《雪月梅》（下卷）等22部明清言情小说。（徐军）

I000393 **白鹿原** 陈忠实著。人民文学出版社1993年6月版。50万字。12.95元。长篇小说。故事开始于20世纪初渭河平原上一桩坟地交易事件。族长白嘉轩接连死去6房女人，以为是祖坟风水所致，遂以二亩水田从村上首富鹿子霖家换来十亩山坡地。这是一块传说中白鹿显过神灵的土地。白嘉轩娶了第七房女人，一年后生一子，人财两旺。鹿子霖深感自己受了欺骗和屈辱，从此白、鹿两家结下仇怨。这一世代仇怨同大革命、日寇入侵、三年内战等社会矛盾融为一体，再现了中国农村50年的生活面貌。作者运用现实主义表现手法，着重情节描写和心理刻画，塑造了白嘉轩、鹿子霖、黑娃、田小娥、白孝文、鹿兆鹏、白灵、白孝武、鹿兆海、朱先生等众多性格鲜明的艺术形象。故事曲折，情节生动，语言具有鲜明的地方特色。（刘会军）

I000394 **天命** 赵长天著。上海文艺出版社1993年6月版。15.8万字。5.30元。长篇小说。省社会科学院文研所所长即将退位，所里要空出一个高级职称的名额，于是一场争夺高级职称的争斗便悄无声息地展开。作品从这样一个视角，窥探当今知识阶层对待名利的不同心态以及机构体制方面的种种矛盾。故事的结果，由于学术上很有建树的一位助理研究员没有希望晋升，而业务上无成就却善于拉关系走门路的人有望提级，所内舆论大哗，院领导也左右为难，最后只得以所长暂不退休而作罢。作品紧贴现实，针砭时弊入木三分，人物形象鲜明，语言幽默。（左泥）

I000395 **荒漠之子** 努尔买买提·托乎提著。

新疆青少年出版社1993年6月维吾尔文版。7万字。1.40元。中篇小说。描写家庭不和给孩子带来的不幸,批评了社会上一些父母不顾儿女的前途而轻率离婚的现象。(谢梅)

I000396 **泥日** 陆天明著。北京十月文艺出版社1993年7月版。31万字。22.00元(精)。长篇小说。以肖天放、朱贵钤、宋振和3个老兵家族三代人的命运为线索,以神奇的荒原、淳朴的西部生活为背景,表现了肖大来、大来娘、三姨太、参谋长、苏氏姐妹、白氏兄弟、迺发王等人物的坎坷经历和独特性格,展示了人生、历史和民族文化心态的底蕴。(吴光华)

I000397 **暮鼓晨钟** 副名:少年康熙。凌力著。北京十月文艺出版社1993年7月版。62.6万字。32.50元。长篇小说。《少年天子》的姊妹篇。描写少年康熙的政治生涯。(吴光华)

I000398 **台港言情小说精品鉴赏** 蒋谈等编著。河南人民出版社1993年7月版。47.5万字。17.40元。为"台港文学艺术丛书"鉴赏系列之一。收入台湾言情小说64篇,其中包括琼瑶、玄小佛、姬小苔、郭良蕙等14位台湾作家的47篇作品和岑凯伦、亦舒等5位香港作家的17篇作品,是近年来台港言情小说的集大成。对长篇小说加以浓缩改编,而后再作赏析。书后附研究文章《非深度、消遣与意识形态优势》,对台港言情小说这一特定文学现象及其文化意义进行了较为系统的分析。(王国钦)

I000399 **红楼续梦** 司鄜主编。黑龙江人民出版社1993年7月版。38.7万字。7.90元。"红楼四梦丛书"之一。48回。描写林黛玉死而复生,俏晴雯死去活来,花袭人改嫁不成复归旧主,贾宝玉种种风流债如愿以偿。(安晓峰)

I000400 **红楼春梦** 司鄜主编。黑龙江人民出版社1993年7月版。58.9万字。2册。12.45元。"红楼四梦丛书"之一。共64回。弥补宝黛二人钟情如许却悲戚结局的千古缺憾。《红楼梦》续书30多种,本丛书所选4种很有代表性,分别为《红楼春梦》、《红楼惊梦》、《红楼幻梦》、《红楼续梦》。(安晓峰)

I000401 **红楼惊梦** 司鄜主编。黑龙江人民出版社1993年7月版。87.8万字。3册。19.80元。"红楼四梦丛书"之一。共100回。言情与醒世合一的小说。通过描写再生的贾宝玉出家后再落红尘及其与再世的林黛玉恋事的颠倒反复,表现了在世风日下的清末社会,"情"、"真"、"善"、"美"的可贵,鞭挞了从朝廷到地方的各种腐败现象。(安晓峰)

I000402 **中国有个毛泽东(少年版、青年版)** 胡月胜、林学勤、沈世豪、王建元编写。江西人民出版社1993年7月版。少:17.5万字,2.60元;青:22.0万字,3.60元。1993年江西省青少年纪念毛泽东诞辰100周年读书活动主题书。分"少年版"和"青年版"两种版本,其选材和具体写法略有不同,各具特色。少年版以中国革命史为红线,着重采撷毛泽东一生中对中国革命最为重要的历史事实,分15个篇目,精心编写了101个故事。故事内容不同但有内在联系,借此能了解毛泽东一生的丰功伟业。青年版分9章,对毛泽东的一生作了全方位的描写。以叙事为主,在叙事中引出议论,点明事理,揭示了毛泽东由农家孩子成长为伟大的马克思主义者,无产阶级革命家、战略家、理论家,我党我军我国主要缔造者的艰难而又辉煌的历程。(姚继舜)

I000403 **型世言** 明·陆人龙著,徐中伟等整理。山东文艺出版社1993年7月版。38.5万字。13.00元。明代拟话本小说。10卷40回。初刊于明崇祯初年,后因战火及朝代鼎革,版焚稿散,初刊本也几乎散失殆尽。清初坊间将其中部分内容分别收入《三刻拍案惊奇》(又称《幻影》)、《二刻拍案惊奇别本》,但重新刊刻,已非原貌,并佚第十六、十七回。韩国汉城大学奎章阁藏原刻本的发现,使这一散佚的拟话本小说原貌再现。本书即据奎章阁本整理。悉数保留了翠娱阁主人(陆云龙)的各回小序、回末总评及夹评。整理前言对该书的价值作了论述。(孔令新)

I000404 **九月寓言** 张炜著。上海文艺出版社1993年7月版。25.4万字。13.90元。长篇小说。以寓言形式表现复杂的社会生活。作品从一个叫肥的女人和一个叫挺芳的工程师的儿子在一个矿山小村相爱开始,穿插了小村的种种生活形态。现实中的小村故事、传说中的小村故事以及小村人流传的口头创作交织一体。通过对"人—土地—太阳"这样一种关系的描写,表现了金祥、金友、牛杆、龙眼、三兰子、赶鹦、赖牙等农民在艰难困苦状况下的生存能力。表现了人和土地的真实关系。(张森)

I000405 **四牌楼** 刘心武著。上海文艺出版社1993年7月版。33万字。12.60元。长篇小说。通过蒋氏家族及与之相关的社会群体,揭示20世纪知识分子遭遇的生存困境,以及在历史嬗递过程中边缘化的迹象。蒋家家族的第一代,以写《哀江南》的爷爷为代表,他具有本世纪初知识分子的独立性格

——既积极投身革命，又自觉地与政治中心保持距离；第二代的七舅舅，在革命关键年代激流勇退，走向政治、社会的边缘，而父亲蒋一水一生积极向政治中心靠近，却因不是问题的“历史问题”，在“反右斗争”中被放逐到政治边缘；第三代的知识分子是本书描写的重心，他们在50年代拥有过幸福生活，但是不正常的政治斗争却过早地毁掉了他们对生活的热情，扭曲了他们纯净的人性，并迫使他们在社会上、政治上边缘化。作者的创作企图并不只在探索知识分子的命运，而是更注重冷静地审视、解析人性，以悲天悯人的情怀，追寻个体生命的深层价值和全人类生存的意义。其中既熔铸了许多寻常与不寻常的情感历程，又不留情面甚至冷酷地撕开、拷问大体上清白的凡人灵魂，促使读者在探幽发隐的过程中加深对自我、他人的心灵透视力。（修晓林）

I000406　**一千零一个智慧故事**　颜煦之主编。沈阳出版社1993年7月版。70万字。16.80元。收智慧故事1001个。分11类：“深谋远虑故事”、“急中生智故事”、“侦察断案故事”、“军事谋略故事”、“能言善辩故事”、“惩邪除恶故事”、“创造发明故事”、“精巧构思故事”、“妙对联语故事”、“巧答谜语故事”、“善解疑难故事”。故事取材于历史文献、民间传说或文学名著。每则故事短小精悍、情节生动、语言通俗、闪烁着智慧的光芒。（李树权）

I000407　**雄才大略的君主——帝王故事之一**　副名：少年史通。徐星海著。未来出版社1993年7月版。17万字。遴选10位在中国古代政治舞台上发挥过进步作用的帝王，以故事形式叙写他们的雄才大略。有消除战乱、统一六国的秦始皇，有创建政治清明、经济发展的太平盛世的唐太宗李世民，有横扫欧亚、震撼世界的一代天骄成吉思汗，等等。（李立伟）

I000408　**白话容斋随笔**　宋·洪迈著，程民生、李旭主编。中州古籍出版社1993年7月版。33.2万字。9.80元。《容斋随笔》系宋代笔记小说，内容涉及历史、文学、哲学、艺术、典章制度等方面。白话本以清光绪元年重校同治洪氏本为底本，从原著中选取357篇，重新分类编排，拟定标题。分帝王后妃篇、将相百官篇、智谋韬略篇、文坛轶事篇、以史为鉴篇、官场见闻篇、天地四方篇7类。（孙宝瑞）

I000409　**月亮走我也走**　田中禾著。作家出版社1993年7月版。23.1万字。7.00元。中短篇小说集。收录《落叶溪》系列笔记体短篇11篇、《芳草地》系列短篇5篇以及中篇小说《五月》、《明天的太阳》、《天界》、《轰炸》4篇。作品多写不同时代的农村生活，格调清新雅致，有乡土气息。书后附有“代后记”《梦中的妈妈》，是一篇感情真挚的散文。（杨葵）

I000410　**天国的恋人**　赵玫著。作家出版社1993年7月版。23万字。8.30元。长篇小说。描写几个年轻人的恋爱故事。（朱珩青）

I000411　**萨力克特达坂之歌**　道·乃岱著。新疆人民出版社1993年7月蒙古文版。16万字。3.00元。短篇小说集。收录《西力格老汉》、《生活的风波》、《相识的女人》等作品。作品从不同角度反映了社会主义时代祖国面貌的巨大变化以及广大农牧民思想观念的深刻转变。具有浓郁的蒙古族生活气息。（达丽玛）

I000412　**红楼梦**　曹雪芹、高鹗著，穆旭东译。新疆人民出版社1993年7月锡伯文版。130万字。4册。50.00元。

I000413　**中国小说提要（古代部分）**　朱礼生、罗宗阳主编。百花洲文艺出版社1993年8月版。58.8万字。2册。18.55元。选收古代小说169种，撰写提要。要力求忠实于原著，不加评论，每篇提要篇幅一般在3000字左右，少数重要作品在6000字左右。（朱焕添）

I000414　**遥远的车帮**　冯国仁著。海峡文艺出版社1993年8月版。38万字。13.40元。长篇小说。描写达斡尔人与日本侵略者的斗争，穿插达斡尔族大学生阿尔贡和日本女医生松井华子缠绵悱恻的爱情以及阿尔贡和未婚妻罗丽姬之间催人泪下的婚姻悲剧。（佘明建）

I000415　**紫藤花园**　王晓玉著。花山文艺出版社1993年8月版。42.1万字。15.00元。长篇小说。抗日战争爆发后，上海大批民营企业仓促内迁。水泥同业会会长沈渊的华申水泥厂在内迁过程中，被日军炮火炸毁，沈渊遇难。在家毁人亡的紧急关头，沈渊的儿子沈源从美国留学回沪，重建华申水泥厂，并娶大他二岁的表姐李可心为妻。但李可心与家庭教师张宗元相爱，而且已经有了身孕，本与张宗元约好私奔他乡，但又经不起洋房花园的诱惑，于是作为沈源的妻子，又心甘情愿地作了张宗元的情妇。李可心的女佣紫藤对主人的作为虽然看不过去，但仍然百依百顺，对沈源则表现出由衷的同情并逐渐产生了爱情。沈源终于知道了这一切，李可心也发现了沈源和紫藤的秘密，知道紫藤怀上了沈源的孩子。为了不让这个孩子有继承权，李可心作主将紫藤许配给沈家大院的勤杂工田大勤。这期间，日军占领了上海，侵吞了华申水泥厂。几年过去,华申水泥厂机器设备几乎全部成了废铁。到了1949年春上,工厂全面停工,锅炉和发电机出售,连仓库都租赁出去。但沈家花园并未衰败,李可心有了两个儿子,紫藤为沈源生了一对双胞胎女儿。这时候的沈源仍在想着他的华申水泥厂,决定到台湾发展事业,他带走了李可心和紫藤的大女儿。以后几十年的风风雨雨使沈家花园本来就复杂微妙的人际关系出现了更加深刻的变化。作品通过人物之间的恩怨情恨,描述了自30年代至90年代半个多世纪中发生在上海、香港和台湾等地一幕幕既悲壮又哀婉的故事,具有深邃的历史沧桑感。(刘桂欣)

I000416 **郭沫若与安娜** 谷辅林、张启莲著。黄河出版社1993年8月版。27万字。7.80元。长篇小说。共15章151节。每节均能独立成篇,但全书又融为一体。以郭沫若与安娜的恋爱、婚姻以及家庭生活为线索,从1916年郭沫若与安娜恋爱始,到1926年郭沫若参加北伐军止,真实描述了郭沫若的思想情感、学术研究、文艺创作及社会活动,展现了郭沫若忧国忧民、追求真理、百折不挠的精神及其赤诚的爱国之心,同时歌颂了安娜这位既普通又伟大的日本女性。描述了郭沫若这一时期与郁达夫、田汉、成仿吾等人的交往以及和他们一起组织创造社的情形,反映了第一次世界大战、十月革命、五四运动、中国共产党诞生、第一次国共合作、北伐战争等一系列重大历史事件。(王煦)

I000417 **霸王别姬** 李碧华著。人民文学出版社1993年8月版。14.6万字。5.50元。段小楼与陈蝶衣是一对梨园师兄弟,学艺十年,情同手足。在台上,一生一旦,英雄美人,一出《霸王别姬》唱红了40年代的北平。在台下,师兄弟性情各异。段小楼风流倜傥,与红妓菊仙两情相悦;陈蝶衣痴迷京剧艺术,人戏不分。三个人在爱与恨的漩涡中纠缠,直至“文化大革命”,菊仙为情而死,段小楼与陈蝶衣各奔东西。80年代,师兄弟在香港重逢,忆及前尘往事,不胜唏嘘。他们又合演了那出当年的成名作《霸王别姬》。(彭沁阳)

I000418 **一个红卫兵的自白** 梁晓声著。陕西人民出版社1993年8月版。28万字。8.80元。记述一个“红卫兵”在“文化大革命”中的亲身经历及其思想裂变。(齐向红)

I000419 **传奇故事** 彧阳编。未来出版社1993年8月版。11万字。6.60元。收入东晋至宋代传奇故事30篇。加以改写。有《干将莫邪》、《李寄斩蛇》、《流红记》、《柳毅传》、《莺莺传》、《倩女离魂》、《义侠》等。文字加注汉语拼音。配有插图。(高小雁)

I000420 **梁晓声知青小说选** 梁晓声著。西安出版社1993年8月版。27.8万字。9.80元。收入《这是一片神奇的土地》、《今夜有暴风雪》、《为了收获》等14篇小说。表现知识青年那段刻骨铭心的历程。(赵郁芬)

I000421 **狗日的粮食** 刘恒著。作家出版社1993年8月版。36.3万字。12.25元。收入中短篇小说12篇:《狗日的粮食》、《伏羲伏羲》、《力气》、《杀》、《萝卜套》、《陡坡》、《种牛》、《四条汉子》、《东西南北风》、《连环套》、《两块心》、《龙戏》。小说通过形形色色的故事,有种种缺陷弱点的人物,从不同侧面反映了中国农民的生存境况及其悲剧命运。《狗日的粮食》描写一对农民夫妇相依为命,在饥荒之年为抚养儿女而在生死线上挣扎的凄惨故事,表达了他们对温饱生活的渴望,塑造了曹杏花这位勤劳、能干、泼辣的妇女形象。《伏羲伏羲》以近于自然主义的描写,叙述了本世纪30年代洪水峪农民杨天青与其婶子王菊豆的一段非同寻常的情爱悲剧。(水舟)

I000422 **朦胧的窗口** 祖尔东·萨比尔著。新疆人民出版社1993年8月维吾尔文版。12万字。4.00元。收集3部中篇小说。作品通过美与丑、爱与恨、真与假、善与恶的冲突,展现了大千世界种种景象,展示了人的复杂的精神世界。(买买提明·艾拉)

I000423 **珊瑚岛上的死光** 童恩正著。安徽少年儿童出版社1993年9月版。14万字。3.80元。科幻小说集。“世界科幻名著文库”之一。收入《珊瑚岛上的死光》、《古峡迷雾》、《雪山魔笛》等。《珊瑚岛上的死光》描写中国激光专家胡明理受外国财团的欺骗,在海中孤岛——珊瑚岛上从事激光炮的研究,外国财团把他的发明用于战争。当胡明理明白真相之后,奋起反抗,不幸身亡。后来,青年学者陈天虹将他的发明带回了中国。幻想大胆,情节曲折,悬念丛生,可读性强。(韩进)

I000424 **汤吉夫小说选** 汤吉夫著。百花文艺出版社1993年9月版。26.6万字。7.80元。反映当代城市人生活和心态的中短篇小说集。作者以其独特的观察视角和敏锐的艺术感觉,对现代都市生活中光怪陆离的社会现象和明灭变幻的人生百态作了深入而理性的剖析与思索。作品文字细腻,形象生动。(李家文)

I000425 **原罪** 曹何著。百花洲文艺出版社1993年9月版。16.3万字。5.35元。长篇小说。战争时期,余怀实在少女熊如文家养伤,少男少女成了秘密夫妻。不久熊如文生下儿子熊根生。战争结束后,余怀实由于海外关系,命运坎坷,不敢回家认妻子。20年后,余怀实、熊根生同时进了"五七"干校,父子相见不相识。此时仍然很漂亮的熊如文被公社革委会主任陈福看中,她由于生计和生理的需要,秘密与青年男子阿九同居,从此产生了摧人心肝的感情纠葛与人间悲剧。(黄朝晖)

I000426 **中国近代小说大系(第四辑)** 《中国近代小说大系》编委会编。百花洲文艺出版社1993年9月版。487.4万字。14册。138.40元。收辑近代小说36种。有刘鹗著《老残游记》、忧患余生(连梦青)著《邻女语》、碧荷馆主人著《黄金世界》、韩邦庆著《海上花列传》、《大仙漫稿》、邹弢著《海上尘天影》、苏同著《无耻奴》、《傀儡记》、傀儡山人著《官场笑话》、侣云著《官场笑话续编》、蜀冈蠖叟著《官世界》、葛惠侬著《宦海风波》、思绮斋著《女子权》、问渔女史(邵振华)著《侠义佳人》、王妙如著《女狱花》、佚名著《苦社会》、《苦学生》、中国凉血人著《拒约奇谭》、符霖著《禽海石》、东莞冷道人守白氏(蔡召华)著《笏山记》、彭养鸥著《黑籍冤魂》、大桥式羽著《胡雪岩外传》、姬文著《市声》、新中国之废物著《商界鬼蜮记》、白莲宝主人著《绅董现形记》、陆士谔著《六路财神》、云间天赘生著《商界现形记》、徐枕亚著《玉梨魂》、《雪鸿泪史》、吴双热著《孽冤镜》、李定夷著《贯玉怨》、漱六山房(张春帆)著《九尾龟续集》、清尢名氏著《八剑七侠十六义全传》等。尽量采用初版善本作底本,参照有关版本进行整理。每卷卷首均有书影、插图等珍贵资料。(周榕芳)

I000427 **滴血青春** 余未人著。贵州人民出版社1993年9月版。25万字。7.50元。长篇小说。表现"大三线"生活。从深藏在大山洞穴里的绝密车间写到北京的高层活动,展示了一个较少为世人了解的世界。为"贵州文学丛书"第一辑之一。(夏昆)

I000428 **大唐歌妓** 王鸿儒著。贵州人民出版社1993年9月版。35万字。9.55元。长篇历史小说。安史之乱后,大唐帝国一蹶不振。德宗年间,藩镇叛乱迭起,忠臣遭贬,宦官擅权,"宫市"盛行,又适逢大旱,民不聊生,怨声载道。德宗去世,顺宗新立,在王叔文率领下,王伾、韦执谊、柳宗元、刘禹锡、韩泰等俊彦起而革除弊政,发起了"永贞革新"。不幸顺宗病危,宦官俱文珍等勾结强藩,致使改革功败垂成,王叔文被杀,柳宗元等被贬出京城。小说以教坊名妓桂娘、蕊娘的爱情悲剧为线索,在广阔的历史背景下,真实生动地再现了这场革新的全过程,塑造了王叔文等众多历史人物的形象。为"贵州文学丛书"第一辑之一。(夏昆)

I000429 **梁晓声卷** 梁晓声著。海峡文艺出版社1993年9月版。29万字。11.20元。"中国小说名家新作丛书"之一。收入4部中篇小说:《冉之父》、《表弟》、《丧偶》、《恐惧》。(陈爱辉)

I000430 **苏童文集** 苏童著。江苏文艺出版社1993年9月版。78万字。3册。23.00元。小说分卷集。3卷书名分别为《少年血》、《婚姻即景》、《世界两侧》。《少年血》收录中短篇小说29篇。这些小说大多以作者的少年经历为素材,通过动乱年代小城少年们空虚而又混乱的生活,反映了社会动荡给人们带来的种种恶果。在这些小说中,诗意作为苏童小说的一个显著特征而受到人们的重视。《婚姻即景》收录以婚姻爱情为主题的中篇小说6部,其中有后来被改编成电影的《妻妾成群》和《红粉》。在这些小说中,原先以先锋作家面目出现的苏童显露了他在构置故事、还原生活方面的才能。《世界两侧》收录中短篇小说16篇,分2辑,第一辑"枫杨树故事"基本上讲述由家族史展开的"陈年往事",其中有受到批评界赞誉的《罂粟之家》、《一九三四年的逃亡》;第二辑"城市流浪者"主要是一些以孤独、迷惘、爱情、失落为主题的青春题材小说。从《世界两侧》中可以看到作者早期创作中的先锋或者说实验手法。(黄小初)

I000431 **战地莺花录** 李涵秋著。人民文学出版社1993年9月版。51.5万字。2册。12.70元。白话章回体长篇社会小说。共24回。为晚清民国时期鸳鸯蝴蝶派小说代表作。小说以19世纪末、20世纪初军阀混战和学生运动为背景,描写了以林赛姑为中心的一群富家子弟的生活理想与奋斗追求。林赛姑是省议员的独生子,为了易于养活,从小男扮女装,长大后进入女子学校,先与美貌多情的同学赵瑜私结秦晋之好,继而被青年军官陶如飞劫持,欲纳为妾。林赛姑于是又同陶夫人暗结连理。书中还穿插了另外几对年轻人的婚恋周折,全书以大团圆结尾。作品在叙写儿女私情的同时,揭示了当时社会的种种丑恶现象,展现了社会各阶层人物的不同面目与心态,具有较强的时代气息。作者将忧国忧民的情感贯穿于作品始终,常常借书中人物之口发表对时局、对社会、对战争乃至对国民性等问题的看法,很有见地。本书采用新民图书馆兄弟公司印本为底本进行整理。(绛云)

I000432 **旧址** 李锐著。上海文艺出版社1993

年9月版。16.8万字。9.90元。长篇小说。以深沉的笔触描绘了李氏大家族的独特的历史,用时空交错手法表现了李氏家族几代人不同的人生道路,揭示了这个家族无论曾经多么辉煌显赫都注定衰败的命运。作品极力表现宗族制度必然消亡的历史趋势,塑造了李紫痕等众多性格各异的人物形象。(张贺琴)

I000433 **真迹** 成一著。上海文艺出版社1993年9月版。20.4万字。7.50元。长篇小说。民国初年,康府的老太爷丢失了两方古篆印,这是无价之宝,它的丢失危及老太爷的生命。人人都以为失物异常珍贵,利用康府在全国各地开设的票号,倾全力去寻找,但失物存在与否及其真假还是个疑问。康府最终不仅没有追到失物,还将类似失物的许多"真迹"毁灭了。作品中的失物是一种象征,作品借此造成一种寓言效果。(张贺琴)

I000434 **中国现代名作家名著珍藏本** 巴金等编。上海文艺出版社1993年9月版。290.1万字。242.10元。现代作家集。共6辑25册。每册前有序言,附作者照片、手迹等,并有插图。

I000435 **我们曾经相爱** 王小鹰著。上海文艺出版社1993年9月版。42万字。14.50元。长篇小说。以人生的悲欢离合折射社会的变迁,以细致入微的笔触剖析人们灵魂深处的隐秘,反映了在改革大潮中人们的理想与现实之间的剧烈碰撞,描写了心灵嬗变的艰难历程。刻画了范书月、范舞月、朱墨、顾影、奇奇、俞淑贞、朱仲平、陶珊春等各具特色的人物形象。(张贺琴)

I000436 **聊斋故事新编** 蒲松林著,弓保安改编。未来出版社1993年9月版。32.6万字。2册。8.70元。"中外文学名著通俗本"丛书之一。根据我国古典文学名著《聊斋志异》改编。从原著中精选近50个故事,其中有美貌善良的狐狸鬼怪,有秉公执法的阴曹官吏,有痴男怨女的死而复生,有奇侠义士的见义勇为。故事赞美正直善良的品德,歌颂忠贞的爱情,鞭笞社会邪恶和劣迹丑行。(李志钧)

I000437 **陈忠实中篇小说选萃** 陈忠实著。西安出版社1993年9月版。27.2万字。7.80元。选收《地窖》、《康家小院》、《十八岁的哥哥》、《蓝袍先生》、《夭折》等5部中篇小说。每部都是一幅陕西关中风情画。(寇崇珫)

I000438 **陈忠实短篇小说选萃** 陈忠实著。西安出版社1993年9月版。23.8万字。6.45元。选收短篇小说23篇。集中了作者不同时期、不同风格的作品,大部分为获奖作品。每篇都是一幅关中风情画。(寇崇珫)

I000439 **一代天骄成吉思汗** 包永清著。远方出版社1993年9月版。94万字。3册。32.00元。长篇章回体历史小说。共108回。描写成吉思汗及其子孙统一蒙古高原诸部、缔造大蒙古国的历史过程,塑造了成吉思汗、仓尔楚、木华黎、哲别、哲列英、王罕、札木合、札兰丁等人物形象,艺术地再现了12—13世纪蒙古高原及其周围地区由分裂到统一的历史转变。小说从成吉思汗的先人阿兰高娃折箭教子写起,迄于忽必烈统一南宋,其中有政治上的纵横捭阖、经济上的你争我夺、军事上的刀光剑影、文化上的相互认同;既写了伟人的宏功伟业,也写了个人的悲欢离合。小说取材于历史,叙事多有所本。写作手法上吸收运用了话本小说的传统,可读性强。(王雄)

I000440 **重庆谈判** 黄济人著。重庆出版社1993年9月版。45.6万字。2册。13.80元。长篇小说。二次大战结束,从八年抗战中刚刚喘过气来的中国人民又面临着中国向何处去的危机。蒋介石电邀毛泽东去重庆谈判,意图在国人面前装好人。毛泽东力排众议,飞赴重庆与蒋介石谈判。谈判伊始,国共双方争论的焦点即落在军队和根据地问题上。中共一方从大局计,一让再让,显示了共产党人的襟怀和气度,团结了大批民主人士,赢得了民心。而蒋介石一边在重庆与毛泽东谈判,一边又派军队向共产党的根据地发动进攻。毛泽东命令部队粉碎了国民党的进攻。谈判桌上得不到的东西,在战场上国民党也没有得到。作品塑造了毛泽东既伟大又平凡的艺术形象,对其他历史人物如周恩来、王若飞、斯大林、丘吉尔、罗斯福、赫尔利、史迪威、郭沫若、张澜、柳亚子、黄炎培等都有生动的描写。(王从学)

I000441 **最后一个匈奴** 高建群著。作家出版社1993年9月版。42万字。13.50元。长篇小说。描写陕北吴儿堡地区的人们的历史生存状况,重点描写他们本世纪20年代以来的奋斗历史。书中写了4个家庭三代人的生活和奋斗。杨氏家族的第一代传人杨贵儿一生都在为生活而挣扎;第二代杨作新走出故土,成了陕北红军刘志丹和中央红军毛泽东之间的联络员;第三代杨岸乡通过苦难的孕育,成了一名出色的作家。黑氏家族的末代成了当前陕北绿色革命的主将,在陕北的环境改造中建立了卓著的功勋,受到联合国有关组织的嘉奖。本书以史诗的笔触,深入探讨了中华民族生存发展之谜。(朱珩青)

I000442 **黎明前** 艾·刊载著。新疆人民出版

I000464　**大争议小说·社会卷**　副名:自由的空间。陈学超编。西北大学出版社 1993 年 11 月版。30 万字。8.40 元。选收近年来引起争鸣的中短篇小说。其中有王蒙、马原、王朔、刘毅然、刘震云、钟道新、高晓声、韦一平、雷铎、刘恒、李国文、张抗抗等的作品。这些作品都触及了敏感的社会问题。(井凤霞)

I000465　**大争议小说·情爱卷**　副名:爱的困惑。陈学超编。西北大学出版社 1993 年 11 月版。30 万字。8.40 元。收入方方、池莉、王安忆、黄蓓佳、赵玫、冯骥才、曹乃谦、刘恒、谌容、苏童等的中短篇小说。作品展示了形形色色的婚恋观念和性爱意识。(井凤霞)

I000466　**白话太平广记**　周振甫主编。中州古籍出版社 1993 年 11 月版。100.3 万字。2 册。24.50 元。《太平广记》成书于北宋太平兴国三年(978),是一部大型文言小说总集。所收作品上自先秦,下逮北宋初年,包罗天象、地产、人事等华夏民族社会生活的方方面面。全书共 500 卷,92 类,依类编次,以人为目。主要内容有神仙、女仙、异人、精察、豪侠、文章、乐、书、画、诙谐、嘲诮、妇人、幻术、神、鬼、妖怪、再生、草木、畜兽等。创作方法多样,风格各异,对我国的小说创作及文学发展产生过深刻影响。白话本以中华书局排印本为底本,从 92 类中选取内容健康,知识性、趣味性、艺术性较强的近千篇,加以翻译。体例按原书先后顺序排列,保留大类标题和篇题,篇末注明卷数和出处。(孙宝瑞)

I000467　**爸爸爸**　韩少功著。作家出版社 1993 年 11 月版。22 万字。9.95 元。收入中短篇小说 7 篇:《回声》、《远方的树》、《爸爸爸》、《女女女》、《火宅》、《会心一笑》、《鞋癖》。中篇小说《爸爸爸》表现了"寻根"小说的审美特色。(朱珩青)

I000468　**麻黄草地的蜃楼**　热·图们著。远方出版社 1993 年 11 月蒙文版。36 万字。18.55 元。长篇小说。以朝格吉玛和呼雅克的爱情故事为主线,描写 20 世纪 50 年代中国西北地区乡村的巨大变化,民族特色浓郁。(奇泽华)

I000469　**日出苍山**　叶绍荣著。百花洲文艺出版社 1993 年 12 月版。30 万字。9.15 元。长篇小说。1927 年夏秋之交,继八一南昌起义之后,秋收起义的风暴在湘赣边地区酝酿。中国共产党掌握的一个警卫团从武汉顺江东下,摆脱原所属国民革命军张发奎部的控制,进入幕阜山区,在修水一带与敌周旋,发展壮大,后与平江、浏阳工农义勇队和安源工人武装合编为中国工农革命军第一军第一师,成为秋收起义的主力。毛泽东作为中共中央临时政治局候补委员、中央特派员前往湘赣边领导起义。9 月 11 日起义爆发。因叛军倒戈,前敌指挥员麻痹轻敌,且由于敌军过于强大,起义受挫。毛泽东力排众议,改变了原定攻打长沙的计划,率起义部队摆脱敌军追击,撤往敌人力量薄弱的罗霄山脉中段,开始了创建井冈山革命根据地的伟大斗争。小说塑造了毛泽东、卢德铭、罗荣桓、何长工等老一辈无产阶级革命家的形象,同时也剖析了余洒度、苏先骏等投机者的复杂灵魂。小说采用纪实笔法,将宏观铺陈与微观描述融合在一起,语言质朴而饱含激情,于平实中见气势。(洪安南)

I000470　**洁白的世界**　李国文著。百花洲文艺出版社 1993 年 12 月版。20.8 万字。7.00 元。短篇小说集。选入作者 60—80 年代有代表性的短篇小说《秋后热》、《穷表姐》、《八哥的故事》、《老马》、《驳壳枪》、《老人两题》、《危楼纪事(一)》、《洁白的世界》、《临街的窗》、《涅槃》、《银花嫂》、《新生命》、《君住长江头》、《春潮》、《第一枪》等 15 篇。(朱光甫)

I000471　**三侠五义**　北京十月文艺出版社 1993 年 12 月版。60 万字。18.00 元。晚清侠义公案小说。主要描写包公断案和侠客除暴安良的故事,塑造了清官包公、侠客白玉堂、展昭等人物形象。(刘胜旗)

I000472　**蓝城**　胡小胡著。春风文艺出版社 1993 年 12 月版。37 万字。13.80 元。小说。主人公蒋畏安是"蓝城"大连的著名企业家、大方玻璃厂厂长。他为一合资项目去了美国,与美国一家公司的合作前景看好,可客居纽约的妻子对他却极为冷漠。蒋畏安归国一下飞机,就直奔至交吴大欣家,为吴的女儿园园祝贺生日。在吴家,他结识了清纯质朴、美丽惊人的可可姑娘,并很快相爱。尹冠军是日本一家公司驻大连办事处负责人。他和蒋畏安的顶头上司曹严松狼狈为奸,企图挤跨蒋畏安与美国的合作项目,并卑鄙地奸污了可可。曹严松以权压人,强迫蒋畏安改与日本合作。蒋畏安虽据理力争,并争取到市领导的支持,但终究未能顶住权势和阴谋的压力,项目搁浅,事业陷于困境。此时,他在感情上也经受着痛苦。可可对他突然冷淡,躲避他。醉酒后的园园大胆地表露了对他的爱。他与妻子的关系决裂。就在这孤独失意的日子,他得到了美丽高贵的尼佳总经理的帮助和安慰。然而,给予蒋畏安以决定性帮助的却是可可姑娘,她对曹、尹的勾结早有觉察,于是窃得他们来往的信件，交给了蒋畏安。曹、尹的阴谋破灭了。蒋畏安虽然在事业上取得了成功，但却因可可的飘然失踪而感到无限的惆怅。作品展示了改革时代现代城市生活的多彩面貌。(宋加哲)

I000473 **孙惠芬的世界** 孙蕙芬著。大连出版社1993年12月版。23万字。6.30元。中短篇小说集。收入8篇作品，均取材于我国北方农村生活，描写一个乡村大家族过去的荣光和新时代的业绩，由此展示了乡村的历史及其在变革年代的动向。作品中，有渴望走出闭塞乡土的申家兄弟姐妹(《盆浴》、《四季》)，有对城市既神往又恐惧的少女小兰(《春冬之交》)，有徘徊于农村与城市之间、灵魂受着痛苦煎熬的一男(《灰色空间》)，有住进镇上政府住宅才感到摆脱土地重负的丁镇长女人(《"中南海"的女人》)，有做足了城市梦、而最后的落脚地仍是乡土的张家父子(《一度春秋》)，等等，多画面地表现了现实生活中人们躁动不安的心态。(李然)

I000474 **太平天国群英** 福建教育出版社1993年12月版。8.6万字。2.55元。"中国近代爱国人物故事丛书"之一。介绍太平天国天王洪秀全、干王洪仁玕、东王杨秀清、翼王石达开、英王陈玉成、忠王李秀成等的英雄业绩。(黄勤国)

I000475 **变革启蒙先贤** 刘光永著。福建教育出版社1993年12月版。9.8万字。3.40元。"中国近代爱国人物故事丛书"之一。讲述中国近代史上6位爱国人物的故事，有"中国的但丁——龚自珍"、"'师夷制夷'的先驱——魏源"、"笃实践履之士——包世臣"、"承前启后的时代号手——冯桂芬"、"闻名海外的洋务通才——马建忠"、"汇通中西文化的饱学之士——王韬"。本丛书共14册。包括《变革启蒙先贤》、《抗英中流砥柱》、《太平天国群英》、《戊戌维新志士》、《御侮护疆名臣》、《义和铁拳英烈》、《辛亥风云人物》、《抗日救国名将》、《共产主义先驱》、《爱国民主斗士》、《文化教育名流》、《华夏科学精英》、《民族工商赤子》、《新中国缔造者》。(林冠珍　张永钦)

I000476 **民族工商赤子** 杲鸿孝著。福建教育出版社1993年12月版。10.6万字。3.65元。"中国近代爱国人物故事丛书"之一。介绍中国近代史上为谋求实业救国而历尽艰难曲折的10位爱国人物，其中有抵制美货的曾铸、献身民主革命的实业家禹之谟、华侨的旗帜陈嘉庚、化工巨匠侯德榜等。(张永钦)

I000477 **新中国缔造者** 元石、思源著。福建教育出版社1993年12月版。15万字。3.75元。"中国近代爱国人物故事丛书"之一。收录毛泽东、周恩来、刘少奇、朱德、任弼时、宋庆龄6位伟人的故事，表现了他们为民族复兴、国家富强而顽强奋斗的精神。(张永钦)

I000478 **辛亥风云人物** 曾业英编著。福建教育出版社1993年12月版。14.3万字。4.80元。"中国近代爱国人物故事丛书"之一。介绍了辛亥革命时期10位代表人物，他们是伟大的革命先行者孙中山，杰出的民主革命家黄兴，卓越的民主革命宣传家章太炎，为民主宪政流血牺牲的宋教仁，"马前卒"——"大将军"邹容，反帝爱国宣传家陈天华，巾帼英雄秋瑾，安庆起义的领导者徐锡麟，北方起义的领导者吴禄贞，民主革命的理论家和忠诚战士朱执信。(陈天正)

I000479 **爱国民主斗士** 闻黎明著。福建教育出版社1993年12月版。14.5万字。4.95元。"中国近代爱国人物故事丛书"之一。介绍张澜、沈钧儒、邹韬奋、李公朴、闻一多、朱自清、史良等7位爱国民主斗士光辉的一生。(杨树)

I000480 **华夏科学精英** 崔薇圃、高华德编。福建教育出版社1993年12月版。11万字。2.95元。"中国近代爱国人物故事丛书"之一。选录詹天佑、李四光、竺可桢、茅以升、华罗庚等5位科学精英的故事。介绍他们的巨大成就，表现了他们的高风亮节。(林晶华)

I000481 **御侮护疆名臣** 夏良才、荣文著。福建教育出版社1993年12月版。9.9万字。2.80元。"中国近代爱国人物故事丛书"之一。介绍清朝爱国将领左宗棠、冯子材、丁汝昌、邓世昌、左宝贵以及黑旗军首领刘永福、台湾义军领袖徐骧等的英雄事迹。(方建云)

I000482 **共产主义先驱** 范春荣、王凌云著。福建教育出版社1993年12月版。13万字。3.35元。"中国近代爱国人物故事丛书"之一。介绍共产主义先驱者李大钊、革命青年的楷模恽代英、妇女解放事业的先驱者向警予、铁窗锁不住钢铁意志的王若飞等共产党人的事迹。(张永钦)

I000483 **抗日救国名将** 李云峰、刘金娥著。福建教育出版社1993年12月版。14.5万字。4.85元。"中国近代爱国人物故事丛书"之一。收录冯玉祥、杨虎城、吉鸿昌、杨靖宇、张自忠、左权、续范亭等7位将军的故事。(卢起和)

I000484 **浩劫与辉煌** 副名:第二次世界大战

和《西游证道书》的版本价值。(顾青)

I000454 **骚动的香巴拉** 扎西达娃著。作家出版社1993年10月版。27万字。9.45元(平),14.45元(精)。"香巴拉"意即世界末日的最后一片净土。本书是藏族青年作家扎西达娃的长篇处女作。作品以本世纪初至80年代为时空背景,描写西藏上层贵族、凯西庄园主凯西一家四代人及其管家色岗·多吉次珠一家的命运,反映了雪域大地的生存形态以及西藏政治、宗教、民族、军事的底蕴。(冯德华)

I000455 **疯女** 金英玉著。黑龙江朝鲜民族出版社1993年10月朝鲜文版。20万字。3.80元。收短篇小说12篇。对拜金主义、利己主义、享乐主义、道德败坏等丑恶现象进行了抨击,深刻揭露了金钱万能思想的危害性。(金昌学)

I000456 **呼声** 夏依苏里唐著。新疆人民出版社1993年10月哈萨克文版。23万字。3.75元。长篇历史小说。再现本世纪40年代初期新疆阿勒泰地区哈萨克人民武装反抗盛世才反动统治的英勇斗争。三十年代末,新疆反动军阀盛世才撕去进步伪装,对各族人民实行血腥统治,大肆逮捕共产党人和进步人士,很多有名望的人士被他投入监狱。盛世才的倒行逆施引起阿勒泰地区哈萨克牧民的强烈不满。德高望重的部落头目热斯汗、叶斯木汗、阿合铁卡等人带领民众杀死县长和警察局长,发动人民起义,同盛世才的部队进行了殊死较量。将近一年的浴血战斗,造就了苏鲁拜、苏来满等人民英雄,沉重打击了盛世才的反动统治,迫使他坐到谈判桌上来,并不得不签署和平协议。(那衣满)

I000457 **长城作证** 梁凯轩著。百花洲文艺出版社1993年11月版。22万字。7.50元。长篇小说。描写抗日战争时期冀东北平原一群热血青年转战长城内外的动人故事,讴歌了抗日军民的英雄业绩和崇高精神,侧重在人生层面上描述那场严酷的战争,展示了战争中青年人的爱情纠葛、命运遭际和内心世界,塑造了刘二虎、梁良、周娅丽等人物形象。(宸瑗)

I000458 **老舍小说全集** 老舍著,舒济、舒乙编。长江文艺出版社1993年11月版。330万字。11册。280.00元。收集老舍一生创作的全部长、中、短篇小说。(胡敦焕)

I000459 **苦界** 洪峰著。春风文艺出版社1993年11月版。24万字。9.60元。长篇小说。中国援非医生姜万新在一次劫机事件中落入恐怖组织之手,被训练为职业杀手。为执行一项刺杀某外国元首的任务,他化名林育华,以商人身份回到北京,遇上女大学生谢小蕾,彼此爱慕。谢小蕾的纯真使他泯灭的人性得以复苏,她的无辜遇难又使他爆发出复仇的怒火和全部智能。他在中国和法国特警人员暗中援助下,一一结果了恐怖组织里的仇人,直至干掉隐藏最深的"领袖"。最后他毅然回到中国,准备接受中国政府的制裁以平复良心的谴责,但在机场迎接他的竟是"死而复生"的谢小蕾。该书为"布老虎丛书·小说卷"之一。

I000460 **古典文学启蒙读本(第二辑)** 穆书法等编著。河北少年儿童出版社1993年11月版。150万字。46.20元。包括《醒世恒言精彩故事》、《警世通言精彩故事》、《喻世明言精彩故事》、《隋唐演义精彩故事》、《官场现形记精彩故事》、《说岳全传精彩故事》、《拍案惊奇精彩故事》、《古典戏曲精彩故事》、《镜花缘精彩故事》等9册。采用现代语言编写。(李远杰)

I000461 **短枪队·短枪队** 罗茂繁著。花城出版社1993年11月版。16万字。5.80元。长篇纪实小说。描写土地革命战争时期琼崖红军短枪队艰苦卓绝而又可歌可泣的战斗历程。塑造了马安、刘方定、张大虎、邱菊、符志等一批青少年战士的形象。用中国传统小说笔法展开故事,情节生动曲折,富有传奇色彩。

I000462 **海王** 张锦江著。漓江出版社1993年11月版。24万字。6.80元。长篇小说。故事发生于抗日战争时期。墩港船老大一家惨遭海匪残杀。为复仇,骆海宝邀集船民兄弟成立了海上自卫队。他们开始追杀海匪,而后却也沦为劫商船、奸淫良家妇女的海匪,骆海宝俨然成了海上之王。后经教育感召,他们被收编为新四军海防纵队。在对日寇作战中,他们勇敢善战,但骆海宝始终不满新四军严明的军纪,伺机脱离新四军。他花钱买了国民党"海上游击队司令"的头衔,在海上独立行动,不久被日寇打败,被俘后得到上海帮会头子黄金荣搭救出狱,后寓居上海,不久暴死。作品以纪实手法,再现了抗战时期浙江沿海地区错综复杂的历史状况。(刘哲双)

I000463 **中国名家自选集·短篇小说卷** 巴金等著。上海文艺出版社1993年11月版。20万字。8.00元。短篇小说集,中英文本同时发行。由巴金、冰心、沙汀、艾芜、欧阳山、王蒙、陆文夫、马烽、高晓声、邓友梅、石言、冯骥才、张贤亮、王安忆、陈建功、韩少功、铁凝等17位作家各自推选1篇自己的佳作,并写短语说明。篇首有"作者简介"。(李济生)

社 1993 年 9 月蒙古文版。25 万字。7.20 元。长篇小说。共 7 章。表现在国民党反动统治和封建黄教势力压迫剥削下，新疆境内广大蒙古族同胞的苦难生活和革命斗争。具有浓郁的民族特色。（道尔加拉）

I000443 **小城风雨情** 尹平著。百花文艺出版社 1993 年 10 月版。17 万字。5.30 元。以一个江南小城为背景，描写了一起婚外恋所产生的社会风波。（李家文）

I000444 **将军浮沉录** 王波著。北京十月文艺出版社 1993 年 10 月版。28.3 万字。小说。描写我军两位高级将领由于政治态度、价值观念和处世准则的不同而产生的深刻分歧。通过他们大起大落的浮沉变迁，展示了我国 70 年代的政坛风云。（吴光华）

I000445 **象牙球** 副名：台湾当代著名作家代表作大系。彭歌著。中国现代文学馆选编。长江文艺出版社 1993 年 10 月版。17.1 万字。7.00 元。小说集。选收作者有代表性的短篇小说 11 篇。有反映抗日战争年代人们生活的《林神文》、《象牙球》，有刻画人物心灵的《纽约之一夜》、《情侠》。集前有作家小传，后有作家著作书目。（刘青）

I000446 **永远的尹雪艳** 副名：台湾当代著名作家代表作大系。白先勇著。中国现代文学馆选编。长江文艺出版社 1993 年 10 月版。19.5 万字。8.00 元。小说集。收短篇小说 14 篇，有《芝加哥之死》、《永远的尹雪艳》、《一把青》、《游园惊梦》、《金大班的最后一夜》、《冬夜》、《花桥荣记》、《玉卿嫂》、《青春》等；长篇小说《孽子》节选；散文《蓦然回首》。附有作家小传、著作目录。（刘青）

I000447 **兵谏前夜** 闻竹编著。大连出版社 1993 年 10 月版。48 万字。11.50 元。长篇历史小说。形象地再现了东北军从陕甘“剿共”到西安事变前夕这一时期的历史面貌。塑造了张学良、杨虎城、周恩来以及蒋介石等一批历史人物形象。具有思想性、艺术性和史料性。（侯主杰）

I000448 **老穷** 梁沛民著。广西民族出版社 1993 年 10 月版。25 万字。6.50 元。长篇传奇小说。描写壮族民间传说机智人物老穷与贪官老财的斗争及其与各色人等的感情纠葛，反映壮族人民的勤劳、善良、智慧，既幽默滑稽又富于哲理。故事曲折离奇，具有浓郁的乡土气息。（廖汝年）

I000449 **全绣像三言二拍** 明·冯梦龙、凌濛初著。济南出版社 1993 年 10 月版。50 万字。5 册。61.80 元。包括冯梦龙的《喻世明言》、《警世通言》、《醒世恒言》及凌濛初的《初刻拍案惊奇》、《二刻拍案惊奇》，是我国宋、元、明话本和拟话本小说的精华汇编。作品反映了明代市民阶层的经商贸易、婚姻爱情、时尚喜好及理想追求，其中夹杂着一些善恶报应的宿命论思想以及低级庸俗的色情描写，对作品的思想艺术价值有一定损害。“三言二拍”的几种原刊本或亡佚，或缺失，善本流落日本。本书依据日本めまに书房影印的国立公文书馆内阁文库、蓬左文库、慈眼堂法库所藏原刊本重新整理，缺文讹误之处，参照别本校补。原本有图近 400 幅，悉予收入，分插于各卷之前。（朱何泓）

I000450 **芭蕉谷** 副名：南疆风情小说选。艾芜著。青海人民出版社 1993 年 10 月版。45.1 万字。10.80 元。收入《芭蕉谷》、《人生哲学的一课》、《盗马贼》、《森林中》等小说。（辛茜）

I000451 **精神科医生** 陆星儿著。上海文艺出版社 1993 年 10 月版。25.4 万字。8.40 元。长篇小说。中年精神科医生谢城池原为插队知青，半路出家研究脑病学，自愿到一家区级精神病防治院当医生。他在治疗实践中，认为要彻底治愈精神病患者，除以药物加以控制外，还需依据各个病人的病症、病因，采用不同的治疗方案，或给予调整心理压力，或改变其工作环境，或在家庭中创造和睦亲切的氛围等等。可是，在他实施这些治疗方案的过程中，遇到了诸多的阻力和矛盾。医院为了创经济效益，竟让根本无法治疗的白痴长期住院，因为收这样一人可相当于收六七个精神病人；有的单位为了保牢先进的荣誉，把职工有病说成是装病，硬是不肯接受给患者改变工作环境的建议。本书由此折射了一个个真实的人和现实的社会问题，内涵深刻，发人深省。（施浩祥）

I000452 **成语故事** 王欣彦、兰羽编。未来出版社 1993 年 10 月版。13 万字。7.00 元。选编 70 篇成语故事。有吕不韦悬赏“一字千金”的故事、曹刿论战“一鼓作气”的故事、越王勾践“卧薪尝胆”的故事、祖逖习武“闻鸡起舞”的故事、郑板桥作画“胸有成竹”的故事，等等。加以改写。（高小雁）

I000453 **西游记** 副名：黄周星定本西游证道书。黄永年、黄寿成点校。中华书局 1993 年 10 月版。62.4 万字。2 册。34.00 元。“中华版古典小说宝库”丛书之一。《西游记》付梓后，流传极广，版本众多。诸本中以清初人黄周星、汪象旭修订笺评的《西游证道书》为最佳。此次整理即以《西游证道书》原刊本为底本，校以明世德堂本，并保留了原本的评语和插图。黄永年前言论证了《西游记》的成书演化过程卓越功勋,但唯一的幸存者高清在“文化大革命”中受到康生的迫害,被打成“历史反革命”、“苏联间谍”、“美蒋特务”,羁押在深山古庙里。本书作者曾与高清同囚一室,朝夕相处,互为知己。他接受了高清的郑重委托,把这段中共党史、军史中的秘闻如实记下,经过20多年写就此书。书中塑造了一批战斗在秘密战线上的英雄形象。(林金荣)

I000493 **漠野烟尘** 副名:二次大战风云录。黎汝清著。作家出版社1993年12月版。70万字。28.00元。长篇小说。全景式地再现了第二次世界大战的宏大场面。以中国抗联战士华铭文、德国纳粹分子瓦尔特、日本军国主义分子田川兴治3个人物的命运贯穿全书,将中国、苏德、太平洋三大战场有机地连缀在一起,表现了战争各方高层领导人的历史面貌。(潘宪立)

I000494 **真主的安排** 托合提·阿尤甫著。新疆人民出版社1993年12月维吾尔文版。21万字。7.00元。围绕家庭问题,展示了现实与理想的矛盾以及感情与理性的冲突。(买买提明·艾拉)

I000495 **老残游记** 刘鹗著,艾合买提帕萨尔译。新疆人民出版社1993年12月维吾尔文版。19万字。7.00元。通过老残的游历见闻,对当时吏治的黑暗痛加抨击。根据人民文学出版社1957年10月版翻译。(玛丽亚木·买买提明)

报告文学

I000496 **辉煌的群星——中国十大杰出民警风采录** 公安部政治部编。群众出版社1993年版。20.5万字。6.00元。1992年1月10日,公安部组织的第一届中国十大杰出民警评选在北京揭晓。本书汇集了十大杰出民警的英雄事迹。在他们中间,有面对罪犯的枪口毫不畏惧、被誉为“铁道神鹰”的缉私勇士陈善珉;有一尘不染、在边陲小镇默默奉献30年的老公安刘平;有几十年在西藏边境追剿匪特的传奇英雄拉吉;有填补了世界刑侦技术空白的公安科技精英周云彪;有“打流反扒”神警鞠俊瑞;有在交通要道疏导车海人潮的“高级指挥”汤敏增;有在普通岗位上的坚持原则、抗腐拒蚀、做出不平凡成绩的户政民警邓泽顺、梁春芳;有威震敌胆、严惩罪犯、人称“东北虎”的王立军;有深入虎穴、舍生忘死、与“金三角”毒枭搏斗的孤胆英雄陈新民。(王健椿)

I000497 **回首二十世纪** 安哲主编。北岳文艺出版社1993年2月版。600万字。20册。187.00元。真实生动录存20世纪中国百年历史风云。以政治人物、政治事件、外交、国防、战争、经济、科技、文化以及普遍受关注的社会生活为主要内容,收入这方面的纪实佳作,按时代先后编排。各卷书名为:《风云人物卷·决定中国100年10个人》,《政治内幕卷·乾坤挥手卷》,《外交荣辱卷·醒狮备忘录》,《战争硝烟卷·枪炮宣言》,《国防秘闻卷·白手托起蘑菇云》,《科技浪潮卷·神州惊叹号》,《开放风云卷·洞开沉重的国门》,《大案要案卷·刀起刀落几多回》,《婚姻变革卷·亚当夏娃世纪行》,《台岛港澳卷·漂泊的版图》,《体坛勃兴卷·五环旗下大突围》,《影视风潮卷·七十年大闪回》,《艺海风流卷·红尘舞天涯》,《文物沧桑卷·出土世纪的悲欢》,《匪特黑道卷·百年毒瘤》,《乱世谋杀卷·明枪暗箭又百年》,《商界沉浮卷·金钱世界的角逐》,《留洋悲喜卷·魂断梦觉的飘零》,《凶年灾祸卷·天遣洪荒》,《世纪悲歌卷·创世纪荒诞》。(张仁健)

I000498 **江南小镇** 徐迟著。作家出版社1993年3月版。58万字。14.90元。长篇纪实作品。记述作者在抗日战争和解放战争时期的生活轨迹,涉及当时文化圈内一些朋友,如乔冠华、夏衍、龚澎、袁水拍、叶浅予、戴爱莲、冯亦代、张仃、胡考、戴望舒、韩北屏等。以优美文笔描绘了家乡小镇风情。(侯秀芬)

I000499 **生命之谜** 阿布都热合曼·卡合尔著。新疆人民出版社1993年3月维吾尔文版。30万字。5.50元。描写30年代新疆著名商人阿吾顿巴依的事迹,表现了阿吾顿巴依的商业生涯、恋爱婚姻以及家庭生活,反映了当时新疆的政治、经济和社会现实。(买买提明·艾拉)

I000500 **悄悄话** 高洪波著。湖北少年儿童出版社1993年4月版。14万字。3.35元。分“发现儿童”、“童年记趣”、“偶然的风景”3辑。作者以饱含激情的笔墨回忆他在科尔沁草原的童年生活,从日常生活中发现儿童的天性,表达了让儿童自由地舒展天性的理想。(别道玉)

I000501 **中国知青梦** 邓贤著。人民文学出版社1993年4月版。27万字。7.60元。长篇纪实文学。描述1978年云南生产建设兵团知青发起的声势浩大的返城运动。运动是由一名女知青非正常死亡引发的。长期处于不公正待遇重压下的知青为了争取自己的合法权益,组成赴京请愿团,克服重重困难,向党中央汇报了广大知青的境遇。此事引起了中央的高度重视,但多年形成的“上山下乡”政策积重难演义。张联芳主编。华夏出版社 1993 年 12 月版。200 万字。70.00 元。采用演义体裁，再现第二次世界大战这一重大历史事件的恢宏全景。分 6 卷，分别以《四万万个八年》、《血沃欧罗巴》、《大漠猎狐》、《黑色的卐，红色的星》、《日沉太平洋》、《从纽伦堡到东京》为题，描述了中国战场、欧洲战场、北非战场、苏德战场、太平洋战场的战况和战后审判，讴歌了全世界爱好和平的人们抗击法西斯暴行的壮举。（刘淑兰）

I000485 **坎坷学校** 张之路著。江苏少年儿童出版社 1993 年 12 月版。15 万字。3.40 元。长篇小说。巨人电影制片厂为了拍摄一部叫做“坎坷学校”的影片，公开招考少年演员。于是，几个家庭环境不同、性格各异的少男少女走进了对他们充满诱惑力的摄制组，并发生了一系列动人的故事。影片中有坎坷和曲折，现实中更有坎坷和曲折。少年们用心血和汗水拍摄完成的镜头最后竟被全部删掉，变成一部“拳头”加“枕头”的影片，这使他们遭受了挫折和打击。小说提出了“挫折教育”这样一个极具现实意义的课题；在艺术上也别具匠心，影片中的人物命运与现实中的人物命运交替穿插，电影剧本写法与小说写法巧妙衔接，故事情节跌宕起伏，文学语言机智幽默。为“中华当代少年小说丛书”之一。（刘健屏）

I000486 **红墙里的桑梓情** 副名：毛泽东的故乡情结。张步真著。解放军文艺出版社 1993 年 12 月版。19.5 万字。5.90 元。记述毛泽东与家乡父老之间的故事，表现了毛泽东对故土乡亲的深情。（冯柱胜）

I000487 **姝女百媚** 禾青著。农村读物出版社 1993 年 12 月版。22.4 万字。6.30 元。从《太平广记》中选出 50 篇有关美女、才女、智女、贤女、情女、淑女、痴女、烈女等女性的故事，进行改写，描绘出一个五彩缤纷的女性世界，形象地展现了东方女性的美德和情操。有《红线敌营盗金盒》、《敢劫天牢的奇女》、《邹仆妻智擒强盗》、《棋艺奇绝的婆媳》、《花仙豪饮自露情》、《甘作第三者的仙女》、《天方夜谭的爱》、《出自娼妓的汧国夫人》等篇。（刘予）

I000488 **明天是清明** 刘守镇著。山东文艺出版社 1993 年 12 月版。31.4 万字。12.86 元。长篇小说。以 20 世纪 80 年代末胶东某县城为背景，围绕“明天是清明”这一情节生发点，表现了不同阶层、不同性格的人物的生活和思想。陵园守墓老人杜开山怀念战争岁月中的故人们，苦恋早已作古的马大姐，由此既表现了胶东人民在党的领导下推翻三座大山的辉煌昨天，又表现了那一代人固守昨天、自我封闭的思维方式。纪念馆女解说员杜小凤正陷入与三个男人奇异交错的婚姻纠葛中，由此揭示了变革时代人们道德观和价值观的嬗变。“明星企业家”金子林贪赃枉法、玩弄女性、嚣张一时，由此挖掘了腐败分子滋生的土壤。作品的主旋律则在于讴歌一批真正的共产党人，描绘出共和国绚丽多彩的明天。（孙立寿）

I000489 **红楼梦** 曹雪芹、高鹗著，脂砚斋评，袁世硕等整理。山东文艺出版社 1993 年 12 月版。106 万字。2 册。35.00 元。前 80 回以庚辰本为底本，参考 10 种脂评本进行汇校，所佚第六十四、第六十七、第八十回，据戚序本补齐；第十七、十八回混合，据戚序本断开；第二十二回破失，据戚序本及梦稿本补足；第五十一、五十二回的划分，据戚序本调整；第十五回老尼奉承王熙凤一段，蒙府藏本有异文，悉补入。后 40 回据程乙本及梦稿本整理。前 80 回与后 40 回人物、地名等不一致处，作了相应的统一。收入全部脂评。正文与脂评不一致处，作了相应调整，以使脂评有着落。前言论证了脂评的真实性。（孔令新）

I000490 **中国当代小说珍本** 李国文主编。陕西人民出版社 1993 年 12 月版。110 万字。2 册。43.00元。汇集 95 位作家的作品。包括《山地回忆》、《百合花》、《月食》、《命若琴弦》、《鬼》、《火纸》、《年关六赋》、《陈奂生上城》等名篇。（陈四长）

I000491 **陪读夫人** 副名：小说界文库。王周生著。上海文艺出版社 1993 年 12 月版。18.1 万字。9.00 元。长篇小说。身为中学英语教师的蒋卓君为了陪伴在美读博士的丈夫完成学业，弃职携子远渡重洋。于是，一家三口住进了西比尔夫妇之家。蒋成了一位保姆。为了自家的免费食宿及一份工资，她忍辱负重，相夫教子，寄人篱下。东西方文化的差异，人际情感的纠葛，鲜明的异域色彩，使她失去了十多年追求、营造的事业，得到的是团圆后的喜悦、屈从忍让的苦痛。作品塑造了一个备受心灵苦痛又自尊自爱的中国女性形象。（郑宗培）

I000492 **红色间谍** 副名：代号巴山。于天命著。作家出版社 1993 年 12 月版。43 万字。11.10 元。长篇纪实小说。1939 年 10 月，红军骑兵团长高清和十多名红军干部一道被派往苏联某特工学校接受培训。一年半以后，他们作为直属共产国际的高级间谍回到国内，从事反法西斯的特工活动。高清潜伏在重庆，秘密领导共产国际东方战区情报组，向总部发送了大量情报。这批红色间谍为反法西斯战争立下了返，知青问题没能及时得到妥善解决。1979年元月，云南勐岗农场知青罢工并绝食，要求中央尽快解决广大知青的待遇问题。农业部副部长鲁田率领中央调查团赶到现场，他们一面劝说知青不要采取过激行动，一面与中央联系，终于得到知青全部返城的指示。至此，历时十年轰轰烈烈的“上山下乡”运动结束。本书首次全面反映了知青运动的始末，其思想价值在于歌颂党中央善于因势利导，把知青的自发运动引上了全国拨乱反正的正常轨道。（洪清波）

I000502　**山城风满楼**　张德炎著。漓江出版社1993年5月版。14万字。3.70元。采用纪实手法，描写湖南沅陵人民在长达半个多世纪的新民主主义革命中所走过的悲壮历程，记叙了辰州教案、红军过山城、抵制日货、三二事变等历史事件，塑造了一批有血有肉的英雄形象。（黄文魁）

I000503　**浴血的太阳——八一南昌起义纪实**　罗政球著。百花洲文艺出版社1993年6月版。33万字。9.00元。纪实文学。再现1927年八一南昌起义的历史事件。分20章。前5章写起义的历史背景，第六至第八章写起义的准备阶段，第九至第十一章写起义过程，第十二至第十六章写起义后的南征，第十七至十九章写起义部队失败溃散，第二十章写朱德带领部分起义军上井冈山找毛泽东。全书尊重历史事实，对历史人物的刻画比较客观；在不违背历史基本事实的基础上，对一些普通战士和下层军官的刻画作了艺术加工和合理虚构。（朱光甫）

I000504　**征途集**　傅钟著。上海文艺出版社1993年6月版。15.9万字。5.90元。革命回忆录。作者是原中国人民解放军总政治部副主任、中国文联副主席。本书回忆作者1920年赴法勤工俭学，参加中国共产党，参与筹建旅欧少年中国共产党，留学苏联，任学生总支部局副书记，参加共产国际执委扩大会的工作，回国后到鄂豫皖苏区，随红四方面军入川，参加创建川陕苏区，长征中协助朱德、任弼时、刘伯承等与张国焘的分裂阴谋作斗争等情况。还记叙了具有划时代意义的洛川会议、鼓舞人心的平型关大捷和夜袭阳明堡机场等。（吴早文）

I000505　**自尊·自信·自强**　刘瑞生编。天津人民出版社1993年7月版。23.2万字。6.50元。为已出版的《不幸·不屈·不凡》的姐妹篇，是一部讴歌古今中外有成就的残疾人的书籍，由津、京两地专业作家与业余作者执笔。该书以翔实生动的材料，朴素隽永的文笔，传记文学的形式，热情赞颂了鉴真、舒曼、齐奥尔科夫斯基、余秋里、孙毓敏等26位身残志坚者的业绩。（薛应智）

I000506　**温州形象**　徐海滨、李涛著。文化艺术出版社1993年7月版。21万字。10.80元。“中国经济特区开发区纪实丛书”之一。介绍改革开放大潮中蓬勃发展的温州经济现象。多年来，温州的私营经济一直比较活跃。随着改革开放的深入，私营经济作为温州经济的一个支柱，得到了迅速发展。本书将历史与现实相结合，深刻揭示了农业文化向工业文化、商业文化转变时期的艰难和希望。翟泰丰作序。（仲江）

I000507　**我从井冈来**　81021部队编。白山出版社1993年8月版。67.6万字。16.70元。81021部队是一支有辉煌斗争历史和光荣革命传统的老部队，在几十年的革命战争中，南征北战。本书收入记叙这支部队战斗历程的57篇纪实文学，表现了该部队在南昌起义、平江暴动、井冈山斗争、长征、抗日战争以及解放战争中的英雄风貌。（吴纯江）

I000508　**老将雄风**　邓刚、卢奕著。大连出版社1993年8月版。12万字。3.80元。长篇报告文学。主人公是荣获全国五一劳动奖章的大连特种钢丝总厂厂长栾本立。他退休之后不甘寂寞，在穷山沟庙岭村艰苦创业，建立颇具规模的钢铁生产联合体。该联合体在众多乡镇企业中脱颖而出，成为“小巨人企业”，昔日的穷山沟也彻底告别了贫困和愚昧。（李然）

I000509　**中国知识分子悲欢录**　沈展云、梁以墀、李行远编。花城出版社1993年8月版。52万字。13.80元。关于中国知识分子命运的信史。许多文字出于受难者亲友的手笔。

I000510　**中国女性悲欢录**　筱敏、袁伟英编。花城出版社1993年8月版。46万字。12.80元。纪实文学集。以大量真实感人的材料，勾勒了中国妇女的面貌。分4辑。第一辑“人物与命运”记述宋庆龄、贺子珍、张志新、李九莲、顾圣婴、梅志等人的故事。第二辑“职业与家庭”表现女劳模、女学者、女经理、女教师、打工妹以至家庭妇女等各色女性的生活状况。第三辑“性爱与道德”展示了众多妻子、情人、寡妇、老处女的内心世界。第四辑“贫困与愚昧”揭露了拐卖妇女、做妾、转亲、换亲、买亲、卖淫等触目惊心的图景。

I000511　**中国知青悲欢录**　李广平编。花城出版社1993年8月版。43万字。11.50元。关于知青上山下乡运动的实况记录。从1967年10月北京10名中学生在天安门广场宣誓毅然出塞开始，到1976

年“文化大革命”后知青集体返城为止,1700万青年走向边疆和农村。他们的理想、青春、爱情都在这10年中间经受考验。本书通过北大荒、内蒙、云南、海南等地的知青生活,详尽记述了一代青年的灵与肉的搏斗。

I000512　**通向奥运冠军之路**　伍绍祖主编。华东师范大学出版社1993年8月版。22.7万字。35.00元。记叙我国16位获得巴塞罗那奥运会冠军的运动员的事迹,描写他们成长为奥运会冠军的艰苦历程,表现他们报效祖国的精神风貌。图文并茂。(王焰)

I000513　**北方有战火**　冉淮舟、朱海燕著。解放军出版社1993年8月版。35万字。13.20元。“中国革命斗争报告文学丛书”之“百团大战卷”。主要叙写1940年秋八路军在华北大地上进行的那场震惊中外的“百团大战”。在广阔的历史背景下,对这场历时三个半月、战线纵横五千余里、毙俘日伪军三万余人的战役进行了全方位的真实的记叙。具有文学和史学的双重价值。(李鸣生)

I000514　**大势中原**　王玉彬、王苏红著。解放军出版社1993年8月版。38万字。13.80元。“中国革命斗争报告文学丛书”之“千里跃进大别山卷”。分4卷。第一、二卷叙写人民解放军第二野战军于1947年6月突破敌中央防线,强渡黄河,大战鲁西南,冲过“四水”,进入大别山,把战争引向国民党辖区。第三卷叙写第二野战军坚持大别山,实施战略展开,把战线从黄河推到长江。第四卷叙写第二野战军的西向方略,刘邓、陈粟、陈赓三军问鼎中原,彻底摧毁敌全面防御中的重点防御,解放战争进人新的转折点。作品准确地揭示了中原大战前后国共双方的力量对比、战略态势、双方统帅部的决策过程以及这场历经一年的较量在整个解放战争中的意义,具有强烈的英雄主义色彩。(李鞍明)

I000515　**钟山巍巍**　副名:南京军民双拥纪实。陈华光等主编。南京出版社1993年8月版。32万字。7.20元。报告文学集。共收录43篇作品,记叙南京地区43个双拥先进个人或先进集体的感人事迹。(沈炜)

I000516　**拾萃集**　张芬之著。陕西师范大学出版社1993年8月版。28万字。7.90元。新闻作品集。分引荐篇、散文篇、短论篇、通讯篇、消息篇、谈心篇、评点篇、报告篇、理论篇等9部分。邵华泽题写书名。杨子才作序。(刘东风)

I000517　**陈布雷之死**　庞瑞垠著。百花洲文艺出版社1993年9月版。30万字。9.00元。报告文学集。描写几位自杀的历史人物。有蒋介石的“文胆”陈布雷,新四军秀才、鲁艺华中分院戏剧系主任丘东平,南京博物院院长姚迁,等等。(洪宜宾)

I000518　**金子般的爱心**　上海市教育局普教处等编。百家出版社1993年9月版。12万字。3.50元。记述上海市特殊教育工作者先进事迹的报告文学集。根据1993年原上海市教育局普教处与《上海教育报》编辑部联合举办的上海市“优秀特殊教育工作者”评选活动材料编写。表现工作在盲、低视、聋、重听、弱智、肢体残废等特殊教育园地里的一千多位工作人员的感人事迹。江泽民、邓朴方等题词。(谢卫宁)

I000519　**地火**　何培嵩著。漓江出版社1993年9月版。14.2万字。4.80元。纪实作品。再现1943—1949年间中共地方组织在广西龙州发动工农、进行武装斗争、配合解放军解放龙州的斗争历程。记叙了1947年7月4日大青山起义,与国民党保安三团、县特编队及地方民团的武装较量,凭祥和上金武装起义,配合解放军南下部队解放龙州等史实。(庞德克)

I000520　**警卫领袖风云录**　何建明、朱梅著。时代文艺出版社1993年9月版。25万字。8.20元。长篇纪实作品。根据毛泽东的卫士长李银桥的回忆编写。以平实朴素的语言,叙述了毛泽东自延安时期至逝世前诸多感人至深且鲜为人知的事迹,表现了毛泽东与其他老一辈无产阶级革命家的深厚情谊及其与人民群众的血肉关系。(刘德来)

I000521　**心灵深处**　傅国杰著。天津教育出版社1993年9月版。14万字。3.10元。报告文学集。收文51篇。分4辑。第一辑颂教师,第二辑赞学生,第三辑写个人经历及见闻,第四辑为评论文章。作品抒真感情,说心里话,朴实无华,亲切感人,充分体现了作者对教育事业执着的爱。(冯今声)

I000522　**马江潮**　叶少波著。文化艺术出版社1993年9月版。17万字。10.00元。“中国经济特区开发区纪实丛书”之一。闽江流到马尾地段,称为“马江”。马尾虽然只是弹丸之地,但因它处于入海口,故地理位置十分重要。1884年,这里曾发生过震惊中外的“中法马江海战”,在中国历史上记下了耻辱的一笔。时隔百年的1984年,马尾被选定为福州市经济技术开发区。从此,这片土地便开始展现新时代的光彩。本书对开发区十多年来的风云际会作了较为翔实、细致的报告,全景式地描写了开发区取得的成

就，展现了开拓者的奋斗精神，也提出了开发区前进过程中出现的问题。翟泰丰作序。（叶红）

I000523 **邵飘萍新闻通讯选** 方汉奇编注。新华出版社 1993 年 9 月版。7.8 万字。3.60 元。收入“中国记者丛书”。邵飘萍是北洋军阀统治时期声名显赫的新闻记者。他在新闻通讯中，对当时的议员、政客、军阀极尽揭露、调侃、揶揄、嘲讽之能事，因而激怒了他们，于 1926 年被奉系军阀杀害。他在新闻写作上，采取夹叙夹议、虚实结合的体裁，文章恣肆流丽，生动活泼，对同时期的新闻写作起了一定的影响作用。本书选编他的通讯 39 篇，由新闻史学家方汉奇作注和撰写评论文章。（黄春峰）

I000524 **开国前后** 郭文韬著。海南出版社 1993 年 10 月版。20 万字。11.40 元。长篇纪实文学。再现毛泽东在西柏坡、香山、中南海工作和生活的历史画面，讴歌了人民领袖为共和国奠基的伟大功绩。收入“中国出了个毛泽东丛书”。（符策震）

I000525 **故园行** 张步真、赵志超著。海南出版社 1993 年 10 月版。15 万字。6.50 元(平)，10.50 元(精)。长篇纪实文学。以 1959 年毛泽东回故乡韶山为背景，以毛泽东一生与父老乡亲的交往为主线，描述了毛泽东对故乡人民的深切关怀、对亲属的严格要求、对故土的深情眷恋，讴歌了毛泽东及其领导的中国革命与人民群众的血肉联系，展示了毛泽东既是伟人又是普通人的风采和思想情操。收入“中国出了个毛泽东丛书”。（邹蕴璋）

I000526 **岁岁重阳** 舒龙、凌步机著。海南出版社 1993 年 10 月版。26.5 万字。9.50 元。长篇纪实文学。再现 1929 年 1 月至 1934 年 10 月毛泽东两度被罢兵权以及红四军党的七大、宁都会议、富田事变、反“围剿”、开创中央苏区等重大历史事件，展示了毛泽东的胆识、独创性、人格魅力和情怀，反映了毛泽东及其战友们的艰苦探索和杰出贡献。收入“中国出了个毛泽东丛书”。（邓章集）

I000527 **我和毛泽东一家** 韩桂馨著。河北少年儿童出版社 1993 年 10 月版。11 万字。3.50 元。作者是毛泽东的卫士长李银桥的夫人。在延安时期，她来到毛主席身边工作，负责照料毛主席 7 岁的女儿李讷。她目睹毛主席转战陕北、进驻西柏坡、指挥全国解放战争中的场面。书中写的虽然是日常生活中的小事，却反映了那个时代的奋发努力、积极向上的精神面貌。（冯铁军）

I000528 **婚姻小路上的爱情坎坷** 浩然著。青岛出版社 1993 年 10 月版。17 万字。4.80 元。包括《婚姻小路上的爱情坎坷》、《爱情嫩蔓上的一朵谎花》、《我和农民朋友萧永顺》等 6 篇文章。或为散文体回忆录，或为纪实性报告文学。作品集中反映了浩然半个多世纪的经历，记录了他的生活和创作经验。（陈国先）

I000529 **情系骄杨** 王中杰、邵华著。海南出版社 1993 年 11 月版。13.2 万字。6.00 元(平)，9.50 元(精)。长篇纪实文学。记述了毛泽东与杨开慧的婚恋经过和共同革命生涯，着力塑造了杨开慧在毛泽东的影响下、在艰苦卓绝的革命斗争中逐渐成长以至英勇献身的光辉形象。收入“中国出了个毛泽东丛书”。（邹蕴璋）

I000530 **东江悲歌** 王曼、杨永著。花城出版社 1993 年 11 月版。17.4 万字。5.70 元。1927 年大革命失败后，坚持在东江地区的共产党人没有被白色恐怖所吓倒，他们在深山老林中继续高举革命大旗，重新发展为一支拥有 3 千多人的武装力量。然而在盲动主义和“左”倾路线的错误领导下，这支队伍再次陷入绝境。许多同志在城市攻坚战中牺牲，还有许多同志在“反 AB 团”斗争中冤屈致死。最后这支队伍只剩下以古大存为首的 17 人。本书再现了这段悲剧历史。

I000531 **青春独白** 陆地著。漓江出版社 1993 年 11 月版。23.4 万字。6.00 元。日记体纪实文学。记述一个进步青年知识分子在日寇侵略、民族危亡关头的经历。他先从家乡来到桂林、武鸣，目睹国统区的黑暗以及战争给人民带来的灾难，从而激起了追求光明、投奔革命的愿望。他先后辗转广州、武汉、西安，历尽千辛万苦，终于到达革命圣地延安，把自己融入革命的洪流，实现了人生理想。（黄文魁）

I000532 **跨世纪的丰碑** 副名：中国希望工程纪实。钱念孙、蒯大中、王峰、杨武等著。安徽少年儿童出版社 1993 年 12 月版。30 万字。60.00 元。以翔实的资料、丰富的事例和大量现场拍摄的照片，全方位、多层次记叙了希望工程的实施过程及其在海内外所产生的广泛影响。真实反映了我国贫困地区失学少年重返校园的感人事迹，充分显示了中华民族重教兴学、乐施助人的传统美德。（温溪）

I000533 **石狮：中国民办特区** 郭碧良著。福建人民出版社 1993 年 12 月版。23.7 万字。10.90 元。长篇报告文学。石狮为福建省南部一个经济发达的县级市。作品全方位地展示了改革开放以来石狮在经济、社会、文化等方面取得的巨大进步及其经历的曲折坎坷，表现了农民企业家艰苦创业的历程以及海外赤子报效祖国的深情，刻画了以石狮市委、市政府领导为代表的共产党人廉洁奉公的群像。作品以丰富的材料揭示出一个事实，即石狮这样一个富有生命力的“民办特区”，不是靠国家投资创办的，不是人们事先刻意创设的，而是石狮人民在社会主义市场经济中，靠自己的聪明才智和勤劳双手，发愤图强干出来的。(郑俊琰)

I000534　**如是我闻**　副名：走火入魔启示录。何士光著。海南出版社1993年12月版。31.6万字。15.00元。长篇纪实作品。描写作者一段亲身经历。一次偶然的机缘，他开始了长达4年的气功修习。在此过程中，他的身心突然遭到“走火入魔”的严重障碍。正当他万分痛苦难以自拔时，他开始接触到一些有关佛道的典籍。在前人智慧的启示下，他豁然感悟，终于摆脱了“走火入魔”的困扰，积郁多年的精神苦闷也随之一扫而空，他感到了一种前所未有的清明和喜悦。作者认为，与前人伟大的智慧相比，特异功能不过是雕虫小技。如果不去把握前人在经典中所开示的根本智慧，而一味追求各种功能，就会流于执迷并误入歧途。作者还对东西方哲学、宗教、生命科学以及世纪末心态等方面进行了富有创意的探讨。(洪声)

I000535　**开国沧桑**　郭文韬、郭晨著。解放军出版社1993年12月版。34万字。13.20元。“中国革命斗争报告文学丛书”之“共和国成立卷”。主要叙写1949年新中国成立前国共两党在政治、军事和外交上的较量。涉及到平津战役、淮海战役、渡江战役、解放东南、挺进大西南以及中国共产党与各民主党派肝胆相照、共商国是等内容，对中共中央以及毛泽东主席为建立新中国而运筹谋虑的情景也有生动的描写。表现了新旧中国交替之际的历史面貌。(李鸣生)

I000536　**上海：1949——大崩溃**　于劲著。解放军出版社1993年12月版。80万字。25.80元。“中国革命斗争报告文学丛书”之“上海战役卷”。表现解放战争时期人民解放军解放国民党政权的政治、经济、金融、军事、外交中心——南京和上海的战役，描写了国民党政权及其基础的大崩溃，多层次地展示了当时社会各阶层的心态和选择，通过民心向背而深刻揭示了历史潮流。具有史诗的品格，富于艺术感染力和思想震撼力。(李鞍明)

I000537　**世界屋脊：猛士建造辉煌**　田源、张石梅、董生龙编。青海人民出版社1993年12月版。28万字。8.00元。收入报告文学18篇。描写青海高原各条战线上的英雄模范人物，颂扬了特别能吃苦、特别能忍耐、特别能战斗的“猛士”精神。(曹学明)

I000538　**通向世界屋脊之路**　王戈编著。人民交通出版社1993年12月版。14.8万字。生动记录了建国初期修筑青藏公路的情景，描述了一千多名员工奋战昆仑的经过，讴歌了筑路英雄一往无前的大无畏精神，展示了共产党人的胸怀、勇气、信心和力量。(王应荣)

I000539　**风流峡谷**　副名：中国长江三峡工程。卢江林、张世黎、成绥台著。中国青年出版社1993年12月版。24万字。9.20元。长篇纪实文学。详细披露了毛泽东、周恩来、邓小平、江泽民等中国领导人决策三峡工程的实情，赞扬了决策者们着眼于民族兴盛和人民利益的开阔胸襟。对三峡工程的组织、设计、勘察和论证的全过程也作了详尽的展示，热情讴歌了中国几代知识分子的科学态度和奉献精神。涉及百余位与三峡工程有关的各界人士。(李师东)

I000540　**新中国沉重的一幕**　叶永烈著。作家出版社1993年12月版。37万字。10.90元。传记文学。收录韩素音、傅雷、贺绿汀、严慰冰、田家英、罗隆基等12位名人的传记，以记述他们在“文化大革命”中的遭遇为主要内容。(刘英武)

散　文

I000541　**中国近代文学大系·散文集第四卷**　任访秋主编。上海书店1993年版。65.5万字。29.00元。“中国近代文学大系”第13卷。选收戊戌变法后到五四新文化运动时期的作品，包括章太炎、邹容、秋瑾、鲁迅、陈独秀、李大钊、胡适等的作品。(郑晓方)

I000542　**中国近代文学大系·书信日记集第一卷**　郑逸梅、陈左高主编。上海书店1993年版。51万字。21.50元。“中国近代文学大系”第23卷。上半部收入近代54位历史人物的249通书信，其中包括魏源、冯桂芬、俞樾、王韬、章太炎等的书信，还酌收了鲁迅、叶圣陶、胡适、钱玄同等人于五四前所写的部分书信。下半部辑录林则徐、郭嵩焘、王韬、翁同龢、曾国藩、李慈铭等10家日记。这些书信和日记记录了作者的生活经历、见闻感想，也反映了当时的社会状况。(郑晓方)

I000543　**菩提星日**　副名：佛学散文。安徽文艺出版社1993年1月版。10万字。辑佛学散文40

余篇，分4辑。第一辑表现当代人于节奏紧张的社会生活中怎样以佛学智慧洞察人生、抚慰焦灼情绪。第二辑集梁实秋、朱光潜等对佛学的体会的文章。第三辑表现游览寺庙时的心情与体会。第四辑为追悼弘一法师的抒情散文。（沈小兰）

I000544 **秦牧散文选集** 秦牧著，张振全编。百花文艺出版社1993年1月版。16万字。6.40元。收秦牧1956至1989年散文精品38篇。其中有《社稷坛抒情》、《海滩拾贝》、《天坛幻想录》等名篇。收入"百花散文书系·当代散文丛书"。（纪秀荣）

I000545 **地久天长集** 叶君健著。甘肃少年儿童出版社1993年3月版。34.2万字。8.25元。散文集。分3部分。一是对国内外一些文化名人的回忆，涉及绿川英子、史沫特莱、爱泼斯坦、茅盾、巴金、老舍、蒋彝、陈西滢、凌叔华等；二是记述与国外一些友人的交往和友情；三是重访欧洲和游历其他国家地区的散记，展示各地风貌，记述文化交流活动及新结识的朋友。附录英国作家迈克尔·斯卡梅尔介绍叶君健的文章。收入珍贵照片53幅。（汪晓军）

I000546 **梁实秋散文欣赏** 汪文顶、肖全兴编著。广西教育出版社1993年3月版。16万字。4.75元。收入"中国现代作家作品欣赏"丛书。精选作者各期各类散文代表作30篇。赏析抓住主要特色，突出重点。前言论述作者散文创作的发展概貌和风格特色。年表介绍作者生平活动和著述情况。（邱方）

I000547 **女性的坦白** 王剑冰选编。湖南文艺出版社1993年3月版。39.3万字。10.80元。我国当代女作家描写自己的家庭、婚姻、恋爱、生活的散文集。作品坦露了自己的灵魂。有于君的《我的三次初恋》，臧小平的《初恋》，叶梦的《今夜，我是你的新娘》，杨桃的《独身不是悲剧》，韩小蕙的《不喜欢做女人》，等等。（张光琼）

I000548 **高价营养** 方成著。湖南文艺出版社1993年3月版。18.1万字。5.65元。收入"中国当代著名杂文家漫画家幽默小品丛书"。作者除以漫画名世外，兼擅杂文、书法、文谭、艺论。本书选录作品60篇，大部分是1989至1991年间的创作，少数为1983至1985年所作。形式多样，有序跋、书话、随笔、杂感、画论、文谭等。内容广泛，或针砭社会上的不良现象，或阐明自己的文艺观，或品评画坛友朋，或缅怀已故同志，或讲述自己的思想、工作和生活。作品均自配漫画插图。（陈伪麟）

I000549 **绘图新百喻** 陈四益文，丁聪画。湖南文艺出版社1993年3月版。27万字。6.50元。收入"中国当代著名杂文家漫画家幽默小品丛书"。收入作者1984至1991年间创作的杂文132篇，分为"绘图新百喻"和"唐诗别解"两辑。前者计有短文100篇；后者摘录五、七言唐诗两句一题，别解成文，计64句32则。作者运用比兴手法，取譬设喻，以此比彼，针砭不良的社会现象和落后的思想意识。用文言文写作，文字凝炼，多是百字文，言简意丰，含蓄蕴藉。每篇作品配有一幅精彩的漫画。严文井、王朝闻、方成作序。（陈伪麟）

I000550 **饭牛闲话** 田原著。湖南文艺出版社1993年3月版。15.1万字。5.05元。收入"中国当代著名杂文家漫画家幽默小品丛书"。收文70篇，大半是1990和1991年间之作，写的大都是作者亲眼目睹的事。内容议人议事议画议文议字，教人珍惜时间、事不宜迟，海人笑口常开、修身养性，既议别人，也谈自己的生活、学习和工作；颂美好，揭丑恶，砭陋习，叹愚顽，刺时弊，世相百态，信手拈来，形诸笔墨，义理千端，耐人寻味。尤其是记画坛书苑大家林散之、张乐平、华君武、费新我、启功、方成诸公，知人论世，推崇其道德文章。文字质朴无华，并自配生动传神的漫画插图。（陈伪麟）

I000551 **中国现代散文精粹类编** 俞元桂主编。上海文艺出版社1993年3月版。130万字。10册。选收1919至1949年散文作品。按主题或题材分类编辑。分10册。一、《国运篇》（汪文顶选编）；二、《世态篇》（汪文顶选编）；三、《心境篇》（林薇选编）；四、《情爱篇》（俞元桂选编）；五、《人物篇》（姚春树、袁勇麟选编）；六、《山水篇》（阙国虬选编）；七、《风土篇》（阙国虬选编）；八、《闲情篇》（俞元桂选编）；九、《幽默篇》（姚春树、袁勇麟选编）；十、《哲理篇》（姚春树、袁勇麟选编）。每册前有主编撰写的总序，后有选编者撰写的评介性后记。（王聿祥）

I000552 **刘白羽散文选集** 刘白羽著，佘树森编。百花文艺出版社1993年4月版。15万字。5.40元。收刘白羽散文37篇，包括《日出》、《长江三日》、《红玛瑙》、《翡冷翠》等名篇。体现了作者在散文艺术中所孜孜以求的崇高美，基本上照顾到了刘白羽散文创作的发展脉络。收入"百花散文书系·当代散文丛书"。（闻树国）

I000553 **现代闲情小品** 童仁编。湖北辞书出版社1993年4月版。40.9万字。9.40元。以闲情为主题，荟萃现代文化名人的小品精华。分衣食住行、世故人情、烟酒与茶、谈天说地、闲情逸致、学问趣味、春夏秋冬、风花雪月8类。（刘丹）

I000554 **巴金散文精编** 本社编。浙江文艺出版社1993年4月版。66万字。22.00元(精)。本书为1982年版《巴金散文选》的增订本,征得作者同意,易为现名,列入"中国现代经典作家诗文全编精编系列"。根据作者要求,该书篇目作了增删,删去《"结婚"》,增加了《"文革"博物馆》、《小狗包弟》、《访问广岛》、《长崎的梦》、《怀念方令孺大姐》、《怀念胡风》、《怀念从文》和《关于〈寒夜〉》等8篇新作,更好地体现了巴金散文创作的整体风格。按作品内容分为6辑,一为写景、咏物和感时抒怀之作,共57篇;二为旅途随笔、海外纪事,共36篇;三为书信体散文,共7篇;四为追忆童年生活、故园风情,共6篇;五为怀念师友,其中多为文坛人物,共27篇;六为谈自己的创作,共27篇。每辑作品大致按写作时间编排,并注明出处。(严麟书)

I000555 **台湾散文选** 郑明娳编。花城出版社1993年5月版。61.9万字。2册。16.10元。收录近30年来台湾优秀散文作品140多篇。包括台静农、梁实秋、黄凡、林耀德等新老作家的作品。(詹秀敏)

I000556 **当代散文大系(第一辑)** 本书编委会编。沈阳出版社1993年5月版。120万字。5册。15.30元。散文丛书。汇集当代作家王充闾、王蒙、冰心、蒋子龙、汪曾祺散文创作精华。第一辑共5卷:《王充闾散文随笔选集》、《王蒙散文随笔选集》、《冰心散文随笔选集》、《蒋子龙散文随笔选集》、《汪曾祺散文随笔选集》。(邓继红)

I000557 **杨朔散文选集** 杨朔著,吴周文编。百花文艺出版社1993年6月版。15.3万字。5.40元。收入杨朔散文精品39篇。为"百花散文书系·当代散文丛书"之一。(刘淑文)

I000558 **贾平凹散文大系** 贾平凹著。漓江出版社1993年6月版。98万字。3册。31.5元。收入作者至今为止的全部散文。第一卷收入《丑石》、《月迹》、《爱的踪迹》、《走三边》等105篇散文。第二卷收入《秦腔》、《黄陵柏》、《商州初录》、《商州又录》、《商州再录》等24篇散文,《读书示小妹十八生日书》、《心迹后记》、《对当前散文的看法》等书论、札记、论文、序、跋、小传、书信30篇。第三卷收入《闲人》、《名人》、《人病》、《平凹作画记》、《祭父》、《哭三毛》等46篇散文,《关于散文的通信》、《对于长篇小说的随想》、《读画随感之一》、《三人画读感》等文论、序、跋、诗画论73篇。(庞俭克)

I000559 **碧海红霞** 金英今著。延边人民出版社1993年6月版。21.6万字。5.90元。随笔集。收54篇作品。分4部分:一、故乡,再见;二、故乡,再见续篇;三、碧海红霞;四、升天龙。作者为朝鲜族。(李太鹤)

I000560 **柯灵散文选集** 柯灵著,唐金海等编。百花文艺出版社1993年8月版。16.3万字。6.50元。收作者1930至1992年的散文精品47篇。其中有《路亭》、《回首灯火阑珊处》、《龙年谈龙》、《戏外看戏》等名篇。收入"百花散文书系·当代散文丛书"。(纪秀荣)

I000561 **20世纪女性散文百家** 林薇编。福建教育出版社1993年8月版。50.1万字。16.85元。遴选20世纪中国文学史上100位有代表性的女性散文精品。分为"现代"、"当代"、"港台"3编。所选文章或是高举"五四"的旗帜,呼吁个性解放;或是控诉日寇的铁蹄恣意蹂躏东北土地,迫使人民四处流亡、饥寒交迫;或是讴歌翻身人民崭新的精神面貌建设家园;或是寄托海外游子对大陆故乡的深沉恋情,这些都可以说是为20世纪作了不可多得的历史注脚。这个选本还特别注意捕捉女性情感的纤毫,力图表现出女性散文的共同性和因作家气质个性的迥异、生活阅历的差别、审美追求的不同而呈现出多姿多彩的风格。(林冠珍)

I000562 **林语堂绝妙小品文** 林语堂著。时代文艺出版社1993年8月版。39万字。11.50元。选收林氏小品文,其中前期15篇,中期95篇,后期25篇。篇末标明出处和发表时间。选文力避与其他林氏小品文选本重复,有数十篇是其他选本均未人选者。(李杰)

I000563 **逝者如斯——费孝通杂文选集** 费孝通著。苏州大学出版社1993年8月版。17万字。14.50元。收入作者自选的47篇杂文。分5个部分。第一部分是对早年所受教育的回忆,第二部分是对大学期间以及后来的良师益友的缅怀,第三部分是有关著作的序跋,第四部分是旅行记,第五部分是作者舍不得漏掉的几篇杂文。作者称这本书"已把我这一生画出个轮廓",可以当作自传来读。从书中可以看到对作者一生影响弥深的故人和往事,也可以看到他这一代学者的人生态度。作者把这些文章称为"即兴之作",是他"心中流出来的声音",亲切、坦诚、睿智、晓畅为本书风格。(徐斯年)

I000564 **青年女作家精美散文新选** 长吟、金汉编选。西安出版社1993年8月版。28万字。编选66位当代青年女作家的88篇散文作品。每位作者附有小照、自传及其关于散文观点的自述。(张增兰)

I000565 **中国现代散文八大家** 鲁迅等著。孙玉石主编。北岳文艺出版社1993年9月版。53.7万字。21.50元。精选中国现代文学史上有重要影响的8位散文家的作品181篇。其中有鲁迅《自言自语》、《忆韦素园君》等26篇，周作人《美文》、《山中杂信》等29篇，冰心《寄小读者》、《南归》等27篇，朱自清《背景》、《荷塘月色》等21篇，郁达夫《归航》、《雨》等17篇，丰子恺《儿女》、《生机》等18篇，林语堂《秋天的况味》、《说北平》等24篇，徐志摩《婴儿》、《想飞》等19篇。孙玉石作序。(张秉正)

I000566 **中国当代散文八大家** 杨朔等著。佘树森主编。北岳文艺出版社1993年9月版。44.8万字。18.50元。精选中国当代文学史上有重要影响的8位散文家的作品146篇。其中有杨朔《海市》、《荔枝蜜》等18篇，刘白羽《日出》、《长江三日》等18篇，秦牧《花城》、《面包和盐》等18篇，吴伯箫《记一辆纺车》、《延安》等17篇，巴金《秋夜》、《再论说真话》等17篇，柯灵《红泪》、《旅顺怀古》等17篇，孙犁《远的怀念》、《黄鹂》等20篇，贾平凹《月迹》、《秦腔》等21篇。佘树森作序。(张秉正)

I000567 **走向阿尔卑斯** 副名："地球首富之国"瑞士探秘。余熙著。长江文艺出版社1993年9月版。45万字。28.80元。作者应邀于1991年夏季对瑞士进行了为期3个月的访问。他以记者的敏感和画家、摄影家的形象思维方式，对所见所闻所感进行了全面的记录，回国后整理成这部长篇散文体纪实文学作品。附有大量图片。(欧阳忠)

I000568 **当代名家随笔精品** 一苇、无言编。西安出版社1993年9月版。29万字。编选王蒙、冯骥才、刘心武、汪曾祺、林斤澜、肖乾、蒋子龙等作家的随笔103篇。作品探讨了人生的意义。(王莹)

I000569 **红纱灯** 副名：台湾当代著名作家代表作大系。琦君著。中国现代文学馆选编。长江文艺出版社1993年10月版。19.7万字。8.10元。散文集。选收散文46篇。分爱心篇、师友篇、护生篇3部分。作品充满爱的主旋律，表现了亲子之爱、夫妻之爱、师生朋友之爱以及对于最细小生命的爱护。附有作家小传、著作目录。(刘青)

I000570 **风之花** 副名：台湾当代著名作家代表作大系。林文月著。中国现代文学馆选编。长江文艺出版社1993年10月版。20万字。8.20元。散文集。选收47篇散文。有自叙散文、游记散文、小品文。附有作家小传、著作目录。(刘青)

I000571 **老圃遗文辑** 杨荫杭著，杨绛整理。长江文艺出版社1993年10月版。45万字。32.50元。杂文集。收入老圃(本名杨荫杭)20年代在《申报》上撰写的"时评"(亦称"社语")和"常评"(亦称"常谈")。"时评"评论当时的国家大事及权势人物，犀利泼辣，颇具史料价值和认识价值；"常评"涉及的题材甚广，有一般性常识，也有学术性考订，亦有较大的认识价值。(刘学明)

I000572 **中国近代文学作品系列·散文卷** 钟贤培、汪松涛、谢飘云选注。海峡文艺出版社1993年10月版。33.3万字。10.50元。收录近代41位散文名家的105篇散文。对入选作者及其作品加以简介、说明和注释。作品体现了中国近代散文发展变化的基本面貌，突出了近代反帝反封建的时代特征。末附钟贤培所撰《编选琐语》。(陈公正)

I000573 **青苗集** 副名：辽宁三山杯少年散文大赛获奖作品选。马成泰、康启昌主编。辽宁少年儿童出版社1993年10月版。12万字。3.90元。收散文100篇。作者都是中小学学生。作品展示了童心世界，抒发了小作者们对生活的真切感受。(李玲)

I000574 **抒情的白雪** 刘镇著。辽宁少年儿童出版社1993年10月版。19万字。3.50元。散文集。收入散文70篇。分"雪梦与秋声"、"让时间含笑"、"长青的歌谣"3部分。作品富于诗的韵味，抒写出对生活的真实感受。(张雨门)

I000575 **吴伯箫文集** 吴伯箫著。人民教育出版社1993年10月版。110万字。44.00元。分上、下卷。上卷收1926至1945年间的作品，包括《街头夜》、《羽书》、《潞安风物》、《黑红点》4部集子以及同期的一些集外文章。下卷收1946至1982年间的作品，包括译著《波罗地海》及自著《出发》、《北极星》和《忘年》4部集子以及同期的一些集外文章。作品反映了一个来自农村的知识分子不断追求和探索的足迹。(王本华)

I000576 **摸书** 冯骥才著。陕西人民出版社1993年10月版。35万字。15.00元。随笔集。分国内生活、海外异俗、关于文学种种3部分。有《东方与西方》、《我们是纳税人》、《夜入比利时》、《在加拿大找加拿大》、《哈娜哭了》、《爱作事的哈克》、《跳迪斯科的老人》等篇。(李玉皓)

I000577 **天街夜吼** 王蒙著。陕西人民出版社1993年10月版。30万字。13.00元。随笔集。分"生活"、"学术"两编。"生活"编收入《无为》、《安祥》、《我的遗憾》、《感伤》等。"学术"编收入《一篇〈锦瑟〉解人难》、《再谈〈锦瑟〉》、《〈锦瑟〉的野狐禅》、《时间

是多重的吗》、《蘑菇、甄宝玉与“我”的探求》等。(李玉皓)

I000578　**我和笔杆**　董秋芳著。浙江文艺出版社1993年10月版。37万字。12.00元。董秋芳(1898—1977),浙江绍兴人,作家和翻译作家。1920年秋在北京大学读书,在京结识鲁迅,成为师友。一生发表于全国各地报刊上的散文、小说、诗歌、文艺论文和译作很多,但均未结集出版。董秋芳逝世后,其女儿董菊仙和女婿贾瑞元历时四年,搜得其作品260余件,计100余万字,择其精华,将其中144篇汇编成集,并按照董秋芳生前所撰的“预序”定名为《我和笔杆》。这些作品反映了“五四”以后一个爱国知识分子对民族存亡、国家前途的忧患之情。书前有成志伟、刘金的序文。书后附录“未选入本集的文章篇名”和“董秋芳生平事略”。(严麟书)

I000579　**雪魂**　吉明编。青海民族出版社1993年10月藏文版。24万字。9.00元。“藏族当代文学丛书”之一。精选建国以来在全国各主要藏文报刊上发表的优秀散文作品57篇。有《雄伟的玛卿雪山》(格桑多杰)、《兰州的春天》(恰嘎·多杰才让)、《青春赞歌》(索朗班觉)、《龙宫奇观》(班玛南杰)、《小草》(角巴东珠)、《汉藏团结的历史见证——夏露寺见闻》(赤列曲扎)、《鸽断人事》(玛加)、《五器官的争论》(达瓦彭措)、《阿里行》(赤列曲扎)、《我爱小草》(奔嘉)、《羊肠小道》(仁卓)、《雪山》(仁青扎西)等作品。(才让卡)

I000580　**海派小品集丛**　许道明、冯金牛主编。汉语大词典出版社1993年11月版。250万字。小品文集。共4辑20册,已出版3辑15册。第一辑5册:《苏青集·饮食男女之类》、《马国亮集·生活之味精》、《叶灵凤集·白日的梦》、《徐讦集·文学家的脸孔》、《章衣萍集·随笔三种及其他》。第二辑5册:《丰子恺集·纳凉和避雨》、《章克标集·风凉话和登龙术》、《钱歌川集·偷闲絮语》、《张爱玲集·到底是上海人》、《潘序祖集·饭后茶余》。第三辑5册:《林徽因集·深夜的漫步》、《无名氏集·沉思琐语》、《张若谷集·异国情调》、《汤增敭集·大学风景线》、《梁得所集·猎影与沉思》。作者都是20至40年代活跃在上海文坛上的人物,他们的作品大多是对当时上海百景的扫描和对上海市民生态和心态的刻绘。(郭玲)

I000581　**明清清言小品**　程不识编著。湖北辞书出版社1993年11月版。30.2万字。7.80元。明清文人善作清言。所谓清言,林语堂称之为享受自然和人生的警句格言,其实也是小品随笔的一种。其形式短小精致,文风飘逸清雅。本书所选8种,皆为清言中的上品,内容谈人生、谈读书、谈禅理、谈风花雪月,适于闲时随览。(刘丹)

I000582　**章明杂文随笔选**　章明著。花城出版社1993年11月版。37万字。12.80元。选收作者于中共十一届三中全会以后创作的杂文随笔作品。有《论“赔本赚吆喝”》、《“吃祖宗”杂谈》、《论“别有用心”》、《吃运动饭》等。(谢日新)

I000583　**错出一段美丽**　黄文婷著。花城出版社1993年11月版。21万字。6.50元。散文集。作品大多取材于日常生活。一些看似平淡的凡人小事,从作者细腻的笔端流出后,总带着深刻的人生哲理。主要有《错出一段美丽》、《满纸人情味》、《诙谐情侣》、《书为嫁妆》、《永远的长木椅》、《敬你一杯白开水》等作品。(陈锡忠)

I000584　**巴金随想录**　巴金著。华夏出版社1993年11月版。52万字。150.00元。除收入原合订本的150篇文章外,新增加了《怀念从文》、《怀念二叔》及后记。繁体字直排,线装本,宣纸印制,5集1函,锦面函套。(徐金廷)

I000585　**当代名家随笔丛书**　何镇邦、谢永旺主编。群众出版社1993年11月版。280万字。20册。157.60元。本丛书收录了中国当代知名作家、文学评论家近年创作的随笔佳作。包括《逍遥集》,王蒙著;《富心有术》,刘心武著;《塔上随笔》,汪曾祺著;《阑珊集》,张洁著;《随缘随笔》,林斤澜著;《骂人的艺术》,李国文著;《自己的酒杯》,邵燕祥著;《横坑恩缕》,何西来著;《静观默想》,蓝翎著;《面对秋阳》,从维熙著;《苍老的蓝》,叶楠著;《大地散步》,张承志著;《枯荷听雨》,陈丹晨著;《南窗笑笑录》,流沙河著;《淡痕集》,唐达成著;《百年留守》,陈村著;《金陵秣陵》,艾煊著;《落日楼头独语》,忆明珠著;《谈天说地》,韶华著;《一方净土》,袁鹰著。(张蓉)

I000586　**在胡同里转悠**　刘心武著。陕西人民出版社1993年11月版。25.6万字。11.30元。随笔集。收入作者60～90年代的随笔散文60多篇。作品风格朴质、真切、坦诚。(李玉皓)

I000587　**真话难说**　蒋子龙著。陕西人民出版社1993年11月版。30万字。13.80元。随笔集。收入作者90年代的随笔多篇,有《经济的文化形象》、《世界在打量你》、《运河的厄运》、《追踪历史之魂》、《小人效应》、《名人效应》、《幽默运动》、《人情这把锯》、《美哉,钟馗》、《精卫的震撼》等篇。(李玉皓)

I000588 **林语堂编撰百家小品集** 太保编。浙江文艺出版社1993年11月版。50万字。13.00元(精),9.80元(平)。从林语堂30年代主编的《论语》、《人间世》、《宇宙风》等刊物中精选144篇作品。分5编:“述学小品”、“人物小品”、“山水小品”、“议世小品”、“生活小品”。这些小品文各具风格特色。除一部分“闲适小品”以“自我”为中心外,其余或说古道今,或谈诗论画,或记叙山水风情,或描摹人世百相。但也有些文章的论点不一定可取,如林语堂之反对“大众语”,梁漱溟之论“宽容”,以及几篇谈知堂(周作人)的文章,均有可商榷之处。(严麟书)

I000589 **吴伯箫散文选集** 吴伯箫著,曹明海编。百花文艺出版社1993年12月版。15万字。5.80元。收入“百花散文书系·当代散文丛书”。(刘淑文)

I000590 **宗璞散文选集** 宗璞著,陈素琰编。百花文艺出版社1993年12月版。21万字。7.80元。收宗璞50至90年代的散文64篇。其中有《西湖漫笔》、《紫藤萝瀑布》、《丁香结》、《哭小弟》、《霞落燕园》、《三幅画》等名篇,收入“百花散文书系·当代散文丛书”。(纪秀荣)

I000591 **孙犁散文选集** 孙犁著,金梅编。百花文艺出版社1993年12月版。18万字。6.50元。选收作者当代散文作品54篇。大体分为讴歌新生活、生活的回顾、悼亡忆旧等类。其中包括《黄鹂》、《火炉》、《亡人遗事》、《新年悬旧照》等名篇。收入“百花散文书系·当代散文丛书”。

I000592 **李健吾散文选集** 李健吾著,寇显编。百花文艺出版社1993年12月版。15.6万字。5.90元。收作[illegible]0至80年代散文41篇。内容分两个方面,一是文艺随笔、艺术家评传、剧评序跋及回忆文艺界人物和事件的文章,有《忆西谛》、《悼念蒲剧老艺人阎逢春》等;二是表现人生感悟的游记,有《曲阜游记》、《雨中登泰山》等。收入“百花散文书系·当代散文丛书”。(纪秀荣)

I000593 **曹靖华散文选集** 曹靖华著,孙荪编。百花文艺出版社1993年12月版。16.5万字。5.90元。收曹靖华1951至1983年创作的散文36篇。多是追怀往事之作,具有厚重的历史感。包括《小米的回忆》、《访重庆沙坪坝故居》等名篇。收入“百花散文书系·当代散文丛书”。(纪秀荣)

I000594 **20世纪海外华人散文百家** 杨际岚选编。福建教育出版社1993年12月版。43万字。14.50元。“散文百家丛书”之一。收入海外华人散文作家百人百篇。时间以本世纪为限。以作家生年为序编排。分3辑。第一辑从1900—1929年,第二辑从1930—1944年,第三辑从1945年至今。反映了海外华人散文创作的实绩。孙绍振作序,论述海外华人散文的特质及其成因。(任凤生)

I000595 **20世纪学者散文百家** 尤廉、任凤生编。福建教育出版社1993年12月版。39.3万字。13.60元。遴选本世纪中国学者百人百篇散文作品。(阙国虬)

I000596 **我从黄土高坡走来** 副名:赵燕翼散文自选集。赵燕翼著。甘肃少年儿童出版社1993年12月版。13.4万字。5.00元。收入50余篇散文。有童年生活的回忆,有文学话题的探讨,有个人经历的记述,还有一些游记、杂感和文史随笔。(汪晓军)

I000597 **历代妙语小品** 唐富龄主编。湖北辞书出版社1993年12月版。41万字。9.60元。是明人曹臣编辑的《舌华录》的注译本。《舌华录》为收集历代人物妙语的笔记小品,仿《世说新语》而又略有变化,分慧语、豪语、狂语、傲语、冷语、谐语、谑语、清语、韵语、俊语、颖语等类。(蔡夏初)

I000598 **历代幽默小品** 张豫、舒鹗主编。湖北辞书出版社1993年12月版。40.2万字。9.60元。历代幽默小品选集。作品收自《启颜录》、《拊掌录》、《唐国史补》、《笑赞》、《古今谭概》、《笑得好》、《笑笑录》、《南亭笔记》等数十种笔记小品集,略仿明代冯梦龙的《古今谭概》分类。故事通过典型事例,展示人生百相。冯梦龙、赵南星、石成金、李贽等人的评语,发幽抉隐,痛快淋漓。整理采用注译结合的方式,对文中一些言外之意酌情点破。(蔡夏初)

I000599 **历代尺牍小品** 谭邦和主编。湖北辞书出版社1993年12月版。40万字。9.60元。历来尺牍多佳构,尤其是精短的尺牍小品,抒发性灵、闲话人生,极富趣味性和可读性,现代一流的小品文大家多从其中得到滋润与启迪。本书精选尺牍小品4百篇,分坦荡人生、读书品艺、山水记趣、世情百味等8类。(刘丹)

I000600 **臭老九·酸老九·香老九** 副名:《随笔》精粹。黄伟经、谢日新选编。花城出版社1993年12月版。35万字。13.00元。《随笔》作品精选本。收入59篇文章,大多是写人的散文。记述了马寅初、朱光潜、俞平伯、冰心、沈从文、巴金、吴宓、钱钟书、王瑶、聂绀弩、吴晗、马思聪、胡风、徐铸成、沈尹默、陈达、杨绛、萧军、梁宗岱等学者文人。表现了他们曲折坎坷的经历、清贫的生活、崇高的精神以及卓越的

成就。按人物生年顺序编排。(谢日新)

I000601　**泰国萍踪**　朱奇著。青海人民出版社1993年12月版。8.2万字。4.50元。散文集。收入作家访泰散文《在鲜花和微笑的国度》、《美神》、《在迷人的暹罗湾海岸》、《曼谷风情录》等22篇。(李生才)

I000602　**尧学闲抄**　汪曾祺著。陕西人民出版社1993年12月版。26万字。11.50元。随笔集。收入《国子监》、《午门》、《严子陵钓台》、《香港的鸟》、《口蘑》、《鳜鱼》、《故乡的食物》、《五味》等。作品格调散淡而丰腴,文字省静含蓄。(李玉皓)

I000603　**艺品**　赵丽宏著。天津教育出版社1993年12月版。16.5万字。4.70元。"人生与艺术丛书"之一。散文集。包括"品画心得"、"雕塑漫谈"、"音乐妙境"、"艺林徜徉"、"说文小札"5辑,计70篇。

I000604　**隐秘的快乐**　刘绪源著。天津教育出版社1993年12月版。13.8万字。4.05元。"人生与艺术"丛书之一。分"美与人生"、"艺林俯仰"、"人间留影"、"书城游踪"4辑计35篇。涉及人生与审美、人性深层的挖掘与张扬,杂以学术议论、读书体验及艺术感想。(李莉)

I000605　**弯人自述**　陈村著。天津教育出版社1993年12月版。12.1万字。3.60元。"人生与艺术"丛书之一。散文随笔集。选录作者各个时期的作品。(张纪欣)

I000606　**情丝小语**　肖复兴著。天津教育出版社1993年12月版。19.3万字。5.40元。"人生与艺术"丛书之一。收有63篇文章。

I000607　**永远的诱惑**　叶文玲著。天津教育出版社1993年12月版。14.9万字。4.30元。"人生与艺术"丛书之一。游记性散文,计32篇。作者沿古丝绸之路一路走过,留下了较为完整的关于文化与艺术见闻的思悟,展示了古丝绸之路的种种魅力,表达了对历史文化的向往与追寻。

I000608　**现代人调侃**　季振邦著。天津教育出版社1993年12月版。14.5万字。4.20元。"人生与艺术"丛书之一。分"现代人调侃"、"山水与情绪"、"当年人事"3辑,计66篇。有《饥饿的悬空寺》、《拾荒老人》、《童年听白书》、《紫砂茶壶》等作品。

I000609　**岁月的风铃**　谢蔚明著。天津教育出版社1993年12月版。11.6万字。3.15元。"人生与艺术"丛书之一。收入22篇记事散文。记述中国近现代史上一些著名文化人的轶闻趣事。作者与这些文化名人大都有过交往,文中记述的都是作者耳闻眼见的事实,所以真实可信,具有珍贵的史料价值。(戴正兴)

I000610　**诗情画意的凝视**　冰冰、沈旻莺等著。天津教育出版社1993年12月版。8.2万字。2.45元。"同学少年丛书"之一。散文集。(张纪欣)

I000611　**哲理珠贝的采拾**　吴春荣著。天津教育出版社1993年12月版。9.5万字。2.80元。"同学少年丛书"之一。散文集。收30篇文章。(李莉)

I000612　**心,有一处仓库**　陆星儿著。天津教育出版社1993年12月版。11.9万字。3.65元。"人生与艺术"丛书之一。散文随笔集。分"写书偶拾"、"梦里的事"、"走在青春深处的断想"3部分。有对婚姻、写作、青春以及男人与女人的命运的感叹。(张纪欣)

I000613　**书缘**　弘征编著。中国书籍出版社1993年12月版。17万字。7.80元。作者在长期编辑工作中写下的与书有关的文艺随笔,其中有以优美的文笔为钱君匋、龙应台、秦松、陈国凯等著名作家、艺术家写的精彩序跋;有生动地记述作者与海内外著名文艺家交谊的隽永散文;有怀念三毛的文章,并附录了一批三毛写给他的私人书信。(章宏伟)

杂　　著

I000614　**名联谈趣**　梁羽生著。上海古籍出版社1993年版。66.7万字。25.50元。关于对联的通俗读物。作家梁羽生不仅以写作新派武侠小说蜚声海内外,而且对我国特有的文学形式——对联颇有研究。他曾在香港《大公报》辟有"联趣"专栏,备受欢迎。本书将"联趣"专栏全部文字以及梁氏近年来在海外谈联之作汇成一书,介绍古今对联2千2百多幅。(朱怀春)

I000615　**民国人物联话**　王仁清著。南京大学出版社1993年5月版。37.1万字。9.00元。收录自孙中山创立兴中会起到新中国建立止半个多世纪中有重大影响和史鉴意义的联语楹帖及其史事轶闻。把民国人物的各种联语,结合人物事迹、历史背景,编写成一个个小故事,把"史"与"联"有机地结合起来,是楹联艺术鉴赏的佳作,也是进行爱国主义思想教育的优秀教材。(李曾沛)

I000616　**当代海联集萃**　南方等编。大连出版社1993年7月版。20万字。7.80元。以海为题的对联专集。收入1190副对联,均系第一次发表。对联意境深邃，海味浓郁，平仄合律，对仗工整，写景状物，说理抒情，不乏佳作。如"海面水平等；空中风自由"，"每仗江河添气魄；常凭日月聚精神"；"动静无常，因风起作；去来有律，为月轮回"，"极目空蒙，何心分是天是海；投身浩荡，怎能等无浪无风"，"一峡两岸魂牵三江父老；万水千山梦绕四海儿孙"，等等。附录134副古代海联和海联书法作品若干幅。（李然）

I000617 **山东名胜楹联** 刘茂林等编著。山东人民出版社 1993年7月版。17万字。5.80元。选编刊刻在山东名胜古迹上的名联佳句1千多件。对楹联的作者、典故等进行简明注释。（葛玉荣）

I000618 **白话闲情偶寄** 清·李渔著，李瑞山、陶慕宁、罗德荣译。天津古籍出版社 1993年11月版。26.6万字。11.80元。《闲情偶寄》内容涉及美容化妆、服装修饰、庭园居室、器物古玩、饮食烹饪、花草树木、娱情行乐、房事养生、心理调适等生活艺术各个方面。由于作者特别重视"人情物理"，不论何事都讲得入情入理，极富趣味，又蕴涵着许多人生感慨，使人读之情味盎然。本书以忠实流畅的文笔，将原著艺术地转换为现代白话。（张克敏）

I000619 **中国艺术楹联辞典** 裴国昌主编。沈阳出版社 1993年12月版。110万字。37.50元。辑录艺术楹联2万副。分格言、居所别墅、名胜古迹、题画、题赠、文学妙对6类。（赵敏）

民间文学

I000620 **中国儿童民间故事选** 贺嘉编。安徽少年儿童出版社 1993年版。20万字。3.50元。精选我国20多个少数民族中广为流传的民间故事。分民间传说故事、少年英雄故事、道德伦理故事、幻想故事、讽刺幽默故事5部分。故事充满生活气息和儿童情趣，具有积极健康的思想内容。（温湲）

I000621 **中国近代文学大系·俗文学集第一卷** 范伯群、金名主编。上海书店 1993年版。52.1万字。22.00元。"中国近代文学大系"第20卷。选收韩小窗、石玉昆、张寿臣等人的作品。有子弟书、二人转、鼓词、相声、评书以及北京、上海、台湾、扬州等地的竹枝词等。作品反映了晚清社会风貌。（郑晓方）

I000622 **流芳** 郭基南著。新疆人民出版社 1993年2月锡伯文版。30万字。5.90元。包括"情漫关山"、"虹展乌孙"、"春到河谷"3部分。"情漫关山"表现2百多年前1千多名锡伯族官兵携带家眷西迁伊犁的历史。"虹展乌孙"表现锡伯族杰出首领图伯特率领锡伯营军民挖成长达2百华里的"察布查尔大渠"的英雄业绩。"春到河谷"表现当代锡伯族人民迎来了民族区域自治，实现了当家做主的愿望。（扎鲁阿）

I000623 **少年谜语集萃** 赵柳芬、安龙编著。辽宁少年儿童出版社 1993年3月版。16万字。2.70元。"小学新书系"文体娱乐系列的一种。简要介绍一些谜语知识、谜语种类及猜谜方法。编入谜语2800多条，书后附有谜底。（周忠义）

I000624 **轩辕黄帝传说故事** 兰草编著。陕西旅游出版社 1993年3月版。10万字。6.00元。汇集有关黄帝的传说故事50篇。分黄帝时代的战争、黄帝创造灿烂的中华文化、黄帝时代的发明创造、人类衣食住行的发明创造、有关黄帝和黄帝陵的传说、黄帝陵地理风貌传说等6个部分。（冯冰）

I000625 **中国典故故事大观** 包启新等主编。少年儿童出版社 1993年3月版。70万字。18.60元。收西周至清代的典故601则，均来源于各种文史典籍。每则千字左右，附有百字左右的原文。按典故笔画顺序编排。附有汉语拼音音序索引。（洪祖年）

I000626 **江格尔（第一、二册）** 黑勒、丁师浩译，浩·巴岱校订。新疆人民出版社 1993年3月版。50万字。2册。18.00元。蒙古族英雄史诗《江格尔》是我国三大史诗之一，主要流传于卫拉特蒙古的广大群众之中，在蒙古族文学史上占有重要地位，通过民间艺人江格尔齐（专门说唱江格尔的艺人）口头传授了几百年。史诗反映了卫拉特蒙古古代哲学、宗教、政治、经济、军事、内外关系以及游牧生活等各个方面。主要描写一个叫本巴的地方，那里没有压迫，没冬天和严寒，四季如春，牛马满山，牧草肥美。但魔鬼不让人们过这样幸福的生活，不断入侵本巴。英雄江格尔带领洪古尔等勇士与入侵的魔鬼进行浴血奋战，保卫了家乡本巴。史诗具有浓郁的民族风格和完美的艺术形式。本书为汉文全译本，全套拟出6册，60章，约10万诗行。目前已出第一、二册。（王黎明）

I000627 **娥并与桑洛** 刀保乾整理。云南民族出版社 1993年4月版。8万字。2.00元。傣族叙事长诗。叙述娥并与桑洛争取婚姻自主的故事。歌颂娥并与桑洛的反抗精神，抨击桑母包办婚姻的封建思想。（龚艾保）

I000628 **古今对联故事大观** 黄敬人、黄如明编著。百花洲文艺出版社 1993年5月版。44万字。

16.00元。编写古今对联故事(联话)近800余篇,收集对联1 600余副,有关对联诗词30余首。分5卷:1.古代名人对联及其传说故事;2.近代名人对联及其传说故事;3.古今民间传说对联故事;4.古今胜迹对联及其传说故事;5.古今奇联绝对传说故事及对联杂谈。搜集了同类书缺少的新近发现的对联故事;订正了同类书出现的一些常见的知识性或历史性差错;对无确证的,则在注释中收录对照,予以说明,存疑辨异,不轻率取舍;注意思想性、文学性、知识性、故事性及趣味性的统一;力求搜集"对联之最"以达收藏价值;写作上采用对偶标题、对联标题形式,增强对联特色。内容有歌颂,有批判,有表扬,有针砭。(李春林)

I000629 **中国寓言故事** 谢兆瑞、黎蓝编著。北方妇女儿童出版社1993年5月版。100万字。29.80元。从先秦至现代的寓言著作中精选900多则编写而成。每则寓言的篇末都对原著加以简明介绍。篇目基本按原作问世的年代顺序排列。每篇寓言配一幅插图。(李遵义)

I000630 **南赡部洲雄狮大王传** 韦弦、额尔敦昌、陈羽云译。内蒙古人民出版社1993年5月版。50万字。21.00元。"格斯尔丛书"之一,又名《岭·格斯尔》。分4部分。第一部分叙述格斯尔受佛陀派遣,为降伏妖魔而降生人间。他下凡后同生母苟妃一起度过了艰难的岁月;第二部分描写格斯尔北征雅尔康,降伏妖魔。沙赉阿三帐王乘机侵入格斯尔的国土岭尕布,岭国众英雄奋起抵御侵略、保卫家乡;第三部分叙述格斯尔北征恶魔、凯旋还乡之后惩处了狡黠无耻、里通外国的长官晁同,继而消灭了沙赉阿三帐王,迎回珠牡王妃;第四部分描写岭国人民聚集一堂,聆听格斯尔王的训示,选定了政、军、教的继承人,格斯尔返回天界。作品富于浪漫色彩,具有民间神话传说的特点。故事情节曲折复杂,性格刻画细致生动。(刘大生)

I000631 **中国历代民歌鉴赏辞典** 周中明等著。广西教育出版社1993年6月版。112万字。40.00元。选收上古至近代优秀民歌作品800余首,分7编:上古至秦汉民歌,魏晋南北朝至隋唐民歌,宋元民歌,明代民歌,清代民歌,近代民歌,少数民族民歌。反映民歌发展变化的脉络。对每首民歌加以精要的诠释赏析,达到了鉴赏性、学术性和知识性的统一。(唐秋德)

I000632 **武夷山水传奇** 曾震中著。海潮摄影艺术出版社1993年6月版。10.6万字。4.50元。分"山水传说"、"名人轶事"、"地名趣谈"、"岩茶奇闻"4部分。"山水传说"按古人逆水泛舟游九曲的顺序,介绍山水面貌,并插入传说故事。"名人轶事"介绍朱熹、陆游、李纲、戚继光、袁枚等在武夷山讲学、旅游、作诗、绘画、编志、品茶等活动中的趣事。"地名趣谈"和"岩茶奇闻"介绍妙趣横生的山名、地名、茶名及奇事怪闻。(杨苏民)

I000633 **桂林山水神话传奇(续集)** 姚古、傅金纯、蒋昌龄著。漓江出版社1993年7月版。12.7万字。3.75元。神话传说故事。涉及桂林27个景点。将导游知识与小说情节有机地熔于一炉,介绍了桂林的历史、文化及风土人情。(陈作懋)

I000634 **神医李时珍** 郑伯成编。湖北少年儿童出版社1993年8月版。23万字。6.90元(精),5.40元(平)。收集有关李时珍的民间传说故事120余篇。表现了李时珍救死扶伤的崇高医德、刚正不阿的处世态度、孜孜不倦的治学精神。(余莅芳)

I000635 **迪庆藏族民间故事** 祁继先等译。云南民族出版社1993年8月藏文版。30万字。9.00元。从汉文版《迪庆藏族民间故事》中精选作品翻译而成。共360篇故事。分创世故事、风物故事、英雄故事、伏妖故事、爱情故事、智慧故事、生活故事、幽默故事、动物故事9类。反映了藏族人民追求美与善、与大自然抗争、与社会邪恶势力斗争的精神,描写了高原人民独特的生活画面,表现了他们的理想愿望、道德信仰和爱情追求,歌颂了他们勤劳勇敢的高尚品质。(杨红英)

I000636 **崂山民间故事全集** 张崇纲主编。青岛海洋大学出版社1993年9月版。314万字。200.00元。大型民间故事集。汇集流传于崂山地区的有关风土人情、历史人物、宗教信仰、动植物、风物特产、名胜古迹、方言土语的民间故事以及神话、鬼话、童话、笑话等1227篇。是珍贵的民族文化遗产,具有浓厚的乡土气息、较高的艺术价值和科研价值。这些故事是编者自1980至1992年历时12年、采访2100多位当地老人而搜集到的4500多个故事的一部分。(张崇纲)

I000637 **口碑文学篇(下)** 北京大学朝鲜文化研究所编。民族出版社1993年9月朝鲜文版。75万字。9.80元。中国朝鲜族口碑文学作品集。系大型文学汇集《中国朝鲜族文学选集》第九卷。选入我国朝鲜族广为流传的民间故事、神话故事、童话故事、地名故事、山名故事、河名故事、动物故事等口碑文学作品。(金永花)

I000638 **苗族古歌** 燕宝整理译注。贵州民族出版社1993年9月苗汉对照版。61万字。16.00元。流传于黔东南及其毗邻地区的苗族民间神话史诗。分4部分,共16首长诗,约11000行。第一部分"创造宇宙",叙述天地的起源和形成以及运金运银打柱撑天和铸造日月星辰的过程,包括"开天辟地"、"运金运银"、"打柱撑天"、"铸日造月"、"射日射月"、"呼日唤月"6首长诗。第二部分"枫木生人",叙述神兽修狃犁耙大地形成山川河流,神人们寻找枫树种子、栽枫树、砍枫树、树干产生蝴蝶、蝴蝶生蛋孵出人类以及鱼虫鸟兽和妖魔鬼怪的经过,包括"枫香树种"、"犁东耙西"、"栽枫香树"、"砍枫香树"、"妹榜妹留(蝴蝶妈妈)"、"十二个蛋"6首长诗。第三部分"浩劫复生",叙述人类繁衍后洪水泛滥的原因、经过和结果,人类始祖姜央兄妹大难不死而结为夫妻再生人类的过程,以及后来人类在劳动中战胜自然界所付出的代价和胜利的喜悦,包括"洪水滔天"、"兄妹结婚"、"打杀蜈蚣"3首长诗。第四部分"沿河西迁",叙述苗族先民由东向西迁徙的原因和目的、迁徙中的困难和到达目的地后的居住情况。该史诗是研究苗族古代迁徙历史、生活生产、社会形态、哲学思想、文学语言等方面的重要资料,被誉为"苗族古代社会的百科全书"。(胡廷夺)

I000639 **广西民间文学作品精选丛书** 丛书编委主编。广西民族出版社1993年10月开始出版。每卷30万字。每卷15.00元。以广西民间文学作品三套集成为蓝本,从中精选优秀篇章汇集而成。每个县(市)一卷,共84卷。从1993年开始出版,至1996年已出版12卷,预计1998年出齐。内容分三大部分。第一部分为民间故事,包括神话、人物传说、地方传说、动物传说、幻想故事、生活故事、机智人物故事以及笑话等;第二部分为民间歌谣,包括劳动歌、时政歌、仪式歌、情歌、生活歌、历史歌、儿歌、杂歌等;第三部分为民间谚语,包括时政、事理、修养、社交、生活、气象、生产等。(包晓泉)

I000640 **故事精选** 腊穆、曹福宝、曹福顺编。云南德宏民族出版社1993年10月傈僳文版。5.2万字。0.77元。分神话传说故事、寓言故事、动物故事、趣闻故事4部分。多为傈僳族民间口头流传的故事,另从汉文书中精选翻译了一部分。神话传说故事有"女人找男人"、"傈僳族和景颇族戴脚箍的故事"等。寓言故事有"小马过河"、"狐狸的真理"等。动物故事有"母鸡帮母鸭孵蛋的故事"、"兔子和老虎的故事"等。趣闻故事有"谎张三的故事"等。(胡兰英)

I000641 **谜语故事1001** 白云编。哈尔滨出版社1993年11月版。75万字。2册。24.00元。收集古今中外谜语故事1001个。分名人谜、物谜、诗谜、联谜、画谜、字谜、哑谜、名儿谜、科学谜、事谜、案件谜、儿童谜12编。每则故事后附有谜底。(李战)

I000642 **毛泽东的传说** 高珊珊编。河南人民出版社1993年11月版。24.2万字。9.50元。收入"毛泽东与杨开慧"、"浏阳遇险"、"巧摆伏击阵"、"毛泽东说媒"、"毛泽东轶闻"、"活神仙"、"新八字"、"神笔"、"改造二流子"、"我和大家一样"、"毛泽东立释古积案"等有关毛泽东的传说故事百余篇。作品分为"带有回忆录性质的"、"民间传说性质的"、"有一定文学创作成份的"3种类型。张振犁作序。后附编者论文《民间传说的历史真实性和传奇性》。(任骋)

I000643 **历代寓言小品** 曹海东主编。湖北辞书出版社1993年12月版。40万字。9.40元。"小品精华系列"丛书之一。选取先秦至清末的古典文献中趣味隽永的寓言故事4百余篇。按作品内容分为冶性修身、察情体物、官场怪状、人情物态、智勇风采、愚笨痴 妄、岩石脑袋、奸神恶态、举贤用人、哲理馨花10类,每类作品按写作年代的先后顺序排列。每篇均有译文和赏析。所收作品兼顾思想性、艺术性和代表性。译文忠实原作,兼求晓畅通达。赏析文字简明,分析故事的深长寓意,或阐微烛幽,发前人所未发,或结合现实,古今勾连,古理今用,提示寓言对今人的告诫;但有时失之浅俗牵强。(丁渝)

I000644 **居次勒俄** 果吉·树华、肖建华整理。云南民族出版社1993年12月版。16.6万字。7.00元。流传于川滇大小凉山彝族地区的神话创世史诗。长达4千4百余行。由"天显地现"、"开天辟地"、"呼六日七月"、"人类谱源(雪生十二子)"、"支格阿龙射日月"、"居日猴谱系"、"史南俄特时代"、"洪水泛滥"、"苏乃勒格寻父买父"、"仆胡三子分支"、"糯恒战争"、"曲涅系谱牒"、"古侯系谱牒"等篇章组成。各篇章既各自独立,又相互联系。阐述了上古时期生物的形成、进化及其演变过程;叙述了人类从母系氏族时代进入父系氏族时代的情景;记叙了彝族各个历史时期的社会形态、婚姻嫁娶、宗教信仰、迁徙分布等情况。以彝汉文对照的形式出版。具有较高的史料价值。(普艺)

I000645 **厦门歌谣** 彭永叔等编撰。鹭江出版社1993年12月版。18.1万字。7.50元(平),13.50元(精)。广泛搜集厦门地区民间流传的闽南语歌谣近400首,分为生活歌、劳动歌、时政歌、情歌、童谣

5大类，其内容广泛，题材丰富，与厦门的建城史、通商史、海防史、外交史、政治史、方言史、民俗史等方面都有不同程度的关系。收入“厦门文化丛书”。(甘于黎)

I000646　**哈尔阿让嘎**　达米仁加甫整理。新疆人民出版社1993年12月蒙古文版。15万字。2.15元。蒙古族神话传说故事集。收入在卫拉特蒙古族中广为流传的《哈尔阿让嘎》、《那仁博格达汗传》、《额么黑的红色勇士》、《独生子嘎勒月巴红色勇士》等12篇传记故事。(宝力嘎)

儿童文学

I000647　**大灰狼童话列车(第二辑)**　周基亭等著。21世纪出版社1993年版。700幅。5册。6.00元。收有我国当代较有影响的童话作家新创作的童话5篇，每篇1本，24开彩色印刷。篇名分别为《梦城奇遇记》(周基亭)、《小花背历险记》(赵冰波)、《胖胖龙》(葛冰)、《神探黑狼》(晓雪)、《圣诞小袋鼠》(方圆)。《小花背历险记》中小花背怀着美好的向往来到城市，但他的良好愿望却得不到人们的同情和理解，结果四处流浪，最后历尽艰辛，忧伤地回到家乡，回到妈妈身旁。《梦城奇遇记》中孩子们的梦想遭到扼制和干涉，眼镜叔叔因发明“梦枕”而受到追捕，最后孩子们战胜了邪恶，实现了美好的梦想。(郑明华)

I000648　**大灰狼童话列车(第一辑)**　郑允钦等著。21世纪出版社1993年版。840幅。6册。6.70元。收有我国当代较有影响的童话作家新创作的童话6篇，每篇1本，24开彩色印刷。篇名分别是《树怪巴克夏》(郑允钦)、《特别通行证》(周锐)、《神箭大战》(朱效文)、《小欢欢俱乐部》(任哥舒)、《蛙人》(武玉桂)等。塑造了小男孩陶米、怪物巴克夏、外星人蛙人、持有布丁总统发给的特别通行证的可可、南极小企鹅、懂得昆虫语言的小欢欢等童话形象。(郑明华)

I000649　**巨人丛书(第一辑)**　秦文君等著。少年儿童出版社1993年版。120万字。12册。41.15元。收入“中国当代儿童文学创作丛书”。辑有12部中长篇小说。长篇小说《男生贾里》刻画了当代中学生贾里的艺术形象；长篇惊险小说《魔匣》写在神秘的西双版纳丛林中，几个勇敢的少年智斗妄图残害大象、走私象牙的歹徒；中篇幽默小说《老憨，你好》写一个乡下孩子罗汉宝进城成了“老憨”的种种令人想笑又想哭的故事；长篇小说《初夏奏鸣曲》写少女的秘密，哥们的情谊，还有生活的幽默和人生的哲理；长篇小说《金猴小队》写一群活泼的孩子在改革开放时代的不少新鲜事；长篇小说《古猿人北征》写原始的、充满野性的古猿人的种种生活图景。另外尚有长篇幽默小说《三个冒险家》、中篇科幻小说《最后一个地球人》、中篇传奇小说《秘道》、中篇传奇小说《恶梦》、长篇法制小说《屋顶上的蓝星》、长篇历险小说《小轮和海》。(洪祖年)

I000650　**有趣的世界**　胡莲娟文，王晓珊、马建初绘。重庆出版社1993年版。144幅。6册。10.20元。少儿读物。展现奇异的大千世界，如有趣的动物、有趣的植物、有趣的自然现象、有趣的社会现象、有趣的发明创造、有趣的建筑等。(岳芩)

I000651　**彩色故事树**　常瑞主编。北京少年儿童出版社1993年1月版。29万字。5.50元。北京日报为少年儿童开辟一个副刊，刊名“小苗”，专给作家、教师、家长、儿童发表作品。《彩色故事树》即是“小苗”十年精品的结集。全书分为：童话魔方、故事树、散文口香糖、诗的花园、儿歌小铃铛和娃娃摇篮等。(郑雍庭)

I000652　**世界神话精选**　罗中原等编绘。长春出版社1993年2月版。344幅。7.80元。共精选中国神话10篇，外国神话40篇。包括盘古开天地、女娲补天、愚公移山、伊甸园、普罗米修斯等等，在内容上着重表现劳动人民的勇敢善良。(王国擎)

I000653　**数学童话100篇**　孙祖瑜编。福建少年儿童出版社1993年2月版。12.2万字。3.80元。精选具有知识性、科学性、趣味性的数学童话100篇，内容涉及数的概念、数的运算、量的计算、比和比例、几何等方面知识。(吴北钧)

I000654　**汉语拼音彩图儿童故事宝库**　郑念恺等编。江苏少年儿童出版社1993年2月版。每册1万字。24幅图。10册。每册定价1.20元。精选儿童喜爱的古今中外著名童话、神话、寓言、民间故事、现实生活故事等作品，每册4—5篇。文字简洁浅显；拼音与汉字对应排列；图画色彩鲜丽，造型生动，富有儿童情趣。24开平装本。(张玉培)

I000655　**绘图中华文化故事丛书**　郑福田、布和等编绘。内蒙古人民出版社1993年2月版。2250幅。5册。40.00元。包括《绘图成语百题》、《绘图俗语百题》、《绘图典故百题》、《绘图神话百题》、《绘图寓言百题》、《绘图笑话百题》、《绘图惯用语百题》、《绘图歇后语百题》等。内容涉及天文、地理、道德伦理等方面的知识。(佟群英)

I000656　**中国神话(乙)**　胡奇光等改写，武建华等画。少年儿童出版社 1993 年 2 月版。100 幅。6 册。25.00 元。彩色中国神话图画故事。包括鲧禹治水、愚公移山、石人生子、炎帝驾日、刑天断首、后稷教稼、燧人取火、神农尝药、龙伯钓鳌 9 个故事。(洪祖年)

I000657 **敦煌故事(乙)** 龚文改编,詹蜀安等画。少年儿童出版社 1993 年 2 月版。100 幅。23.00 元。彩色敦煌故事图画本,盒装 5 册,每册一个故事:鹿王、丑王子、善求和恶求、老织布匠、猴王。(洪祖年)

I000658 **红狐侦探** 宗介华著。福建少年儿童出版社 1993 年 3 月版。7 万字。1.50 元。中篇童话。表现小狐狸为了追捕纵火犯——烧死狐狸与山羊两家的罪魁祸首兔子王而相继与刺猬、猎狗、猪獾、野鸭、恶狼周旋的一系列妙趣横生的故事,塑造了红狐侦探以及其他性格各异的动物形象。(吴兆钧)

I000659 **小石人飞飞** 黄修纪著。福建少年儿童出版社 1993 年 3 月版。6.5 万字。1.80 元。中篇童话。小石人飞飞是石头城里老石匠用石头凿出来的一个男孩,他有一对漂亮的翅膀,能到处飞翔。他来到孩子们生活的地方,碰到了许多男孩和女孩,有乱发脾气、要爸爸给他当马骑的珂珂,有拔拳揍人的安哥,有胆小的婷婷,有让妈揪耳朵的龙光球,有两腿残废的冬妮……不管这些孩子多么任性和顽皮,小石人都很同情他们,并用许多巧妙的办法帮助他们成长,他成为许多男孩与女孩的知心朋友。(吴兆钧)

I000660 **中国科学童话选(上、下)** 石永昌等编。江苏少年儿童出版社 1993 年 3 月版。85.6 万字。2 册。14.00 元。收录我国"五四"新文化运动以来、特别是改革开放以来 113 位作者的科学童话作品 190 篇。(石永昌)

I000661 **校园文艺节目集锦** 徐家城、李振勇编。辽宁少年儿童出版社 1993 年 3 月版。22 万字。3.50 元。选编孩子们喜闻乐见而又简单易学的、思想健康、积极向上的小节目,诸如相声、儿童剧、儿童舞蹈、快板书、天津快板、山东快书、故事、三句半、对口词、双簧、小品、秧歌、朗诵诗等。(李冰梅)

I000662 **绘画文学故事词典** 黄亦波等编绘。上海辞书出版社 1993 年 3 月版。119.7 万字。72.80 元。包括《水浒传故事》、《西游记故事》、《三国演义故事》、《古代诗词故事》、《古代小说故事》共 5 册。依次收录故事 50 则、50 则、61 则、195 则、81 则,计 437 则。前 3 册从古典名著中选取精彩情节进行改编,以体现原著的精华。《古代诗词故事》叙写创作诗词的来龙去脉,并自然带出该诗词的意境。《古代小说故事》从历朝小说作品中挑选优秀篇章加以改写。全套书共配有插图 949 幅,与文字相得益彰。(沈伟麟)

I000663 **中国幽默儿童文学丛书** 张之路、周锐等编。浙江少年儿童出版社 1993 年 3 月版。45 万字。5 册。9.80 元。有小说《有老鼠牌铅笔吗》(张之路)、小说《快乐大院的故事》(李建树)、童话《天吃星下凡》(周锐)、童话《胖胖龙上天入地记》(葛冰)、童话《塌鼻子警察》(庄大伟)。(孙建江)

I000664 **童话精品屋系列丛书** 郭风主编。福建教育出版社 1993 年 4 月版。93.8 万字。共 10 种,其中有周锐的《斗鸡裁判》、张秋生的《来自桦树林的蒙面大盗》、葛冰的《哈克·大鼻鼠和黑蜘蛛》、庄大伟的《三军总司令汪汪》、冰波的《红蜻蜓 红蜻蜓》、郭风的《木偶人水手》、武玉柱的《快乐小屋》、李仁晓的《熊皮里的狼》、孙幼军的《西瓜房子》、彭懿的《星系载客飞船明日抵达》。这些作品都是从当代优秀老中青童话作家的童话近作中精选出来的,作品题材广泛,表现手法多样,语言优美流畅,把深奥的哲理溶化到动人的故事中。(曾志宏)

I000665 **将军与跳蚤** 樊发稼著。辽宁少年儿童出版社 1993 年 4 月版。10 万字。2.80 元。收寓言 111 篇。作品短小精悍,蕴藏深刻道理。多采用夸张、幻想、拟人的艺术手法。(崔玉平)

I000666 **一篮草莓** 副名:幼儿启智童话。林松英、郑春华等编绘。新蕾出版社 1993 年 4 月版。90 幅。6 册。5.80 元。画册收入的作品为当代幼儿文学作家新创作的童话,采用 24 开本盒装,包括:《一篮草莓》、《怪石头》、《喵呜》、《老鼠请狐狸送礼》、《看电视》、《灰灰变白白》。绘画采用水彩、装饰、布帖等风格,使可爱的小动物和儿童形象与内容相映成趣。(赵千红)

I000667 **娃娃歌谣·动物篇** 李秀英编。新蕾出版社 1993 年 4 月版。44 幅。2.20 元。为学龄前儿童编绘的动物歌谣画册,选有 44 种动物,配有 44 首儿歌。(李知光)

I000668 **小脚印** 关登瀛著。湖北少年儿童出版社 1993 年 5 月版。12 万字。3.10 元。自传体儿童小说。作者回顾了童年的生活道路,表现了艰苦奋斗、自强不息的精神。(余莅芳)

I000669 **少儿相声选** 马光复编。农村读物出版社 1993 年 5 月版。13.5 万字。3.40 元。收入"少儿迷你丛书"。建国以来少年儿童题材相声佳作精选

本。收入老舍、侯宝林、常宝华、马季、牛群等22名艺术家的34篇作品,并介绍了少儿相声表演的技巧。(刘宁)

I000670　**少男少女的世界**　《儿童文学》编辑部编。中国少年儿童出版社1993年5月版。19万字。4.90元。精选《儿童文学》杂志"新苗"栏目所刊载的少年作者作品,包括小说20篇、散文9篇、童话6篇、诗歌14篇。作品内容丰富多彩,艺术手法别致新颖,充满青春活力。刘绍棠写序。(王一地)

I000671　**银线星星**　副名:台湾趣味童话选。桂文亚主编。作家出版社1993年5月版。20万字。12.00元。收入台湾19位儿童文学作家的40余篇童话。附有精美的彩色插图。(白冰)

I000672　**老红领巾的故事**　董良翚、谢真子著。鹭江出版社1993年5月版。43万字。5册。17.30元。包括《花儿集》、《月亮集》、《小鸟集》、《双桨集》、《彩霞集》。讲述老一代少先队员最珍贵、最难忘、最具有启迪意义的故事。显示了中华儿女勤劳、奋进、正义、坚强的精神。(王爱华)

I000673　**绘画语言故事词典**　郑万泽等编。上海辞书出版社1993年5月至1993年7月版。2册。每册43万字。各23.80元。少年儿童科学普及读物。采用儿童文学辅之以图画的形式,讲述语言故事。包括《古代名句故事》、《成语典故故事》。《古代名句故事》共收录历代名句故事250则,讲述其产生的原因及经过,并说明名句的深刻意义及其使用的场合。每则故事都有彩色插图2—3幅,共有插图近700幅。《成语典故故事》共收录常用成语典故故事251则,讲述其产生的原因及经过,并说明出处和用法。每则故事都配有彩色插图1—3幅,共有插图600多幅。(刘韵玲)

I000674　**新时期中国少年文集**　阎银夫、张金柱主编。21世纪出版社1993年6月版。82万字。22.00元(精),15.00元(平)。大型儿童文学专集。分小说篇、散文篇、诗歌篇3部分。小说篇收入小说49篇,散文篇收入散文113篇,诗歌篇收入诗歌105首。作品均出自少年儿童之手,反映了我国当代少年的生活,展示了他们的内心世界。冰心任名誉主编。臧克家题写书名。冯牧、汪曾祺、韩作黎题词。(邓滨)

I000675　**图书角丛书(第一辑)**　叶永烈等著。安徽教育出版社1993年6月版。65万字。5册。30.00元。包括《红帆》(儿童小说集)、《飞翔的蝉声》(儿童散文集)、《君子国的秘密》(科幻作品集)、《夏夜的历险》(童话作品集)、《积木城的太阳》(儿童诗歌集)。作品思想内容健康,文学性强。(朱智润)

I000676　**哭鼻子大王**　叶永烈著。安徽少年儿童出版社1993年6月版。13万字。3.20元。长篇科学幻想童话。"世界科幻名著文库"之一。主人公是一位爱哭的小孩,名叫小丢丢。只要他一哭,妈妈就害怕了,奶奶就心疼,爸爸也让步。而他一旦哭起来就会没完没了,不仅惊动了左邻右舍,甚至连消防队员也不得不做好防灾准备。作品反映了独生子女教养问题。幻想大胆,形式夸张,充满谐趣。(韩进)

I000677　**彩图婴儿故事100集——红花篇、黄花篇、绿花篇**　黄衣青等写,温泉源等画。少年儿童出版社1993年6月版。880幅。48.00元。收入"幼年画库"。分红花篇、黄花篇、绿花篇3册,共收108个婴幼儿故事,不少是著名儿童文学作家的作品,有鲁兵的《小猪奴尼》、《神气的黑公鸡》,包蕾的《老狼拔牙》,黄衣青的《小黄和小花》、《红花不哭了》,严大椿的《元元送信》,赵冰波的《会动的房子》,等等。(洪祖年)

I000678　**葛翠琳中篇童话选**　葛翠琳著。希望出版社1993年6月版。27万字。8.50元。收入《一片白羽毛》、《最丑的美男儿》、《翻跟头的小木偶》、《进过天堂的孩子》、《半边城》、《一支歌儿的秘密》6部中篇童话。作品反映了纷繁复杂的社会生活,寄寓了审美教育理想,具有浓郁的儿童情趣。(赵莲娣)

I000679　**全国新故事、新童话获奖作品选**　谢华等著。浙江少年儿童出版社1993年6月版。9.5万字。2.00元。"1991年全国新故事、新童话征文大奖赛"获奖作品集。共收入作品32篇。作品从各个侧面展示出80年代末、90年代初少年儿童的内心世界和精神风貌,具有鲜明的时代色彩和浓郁的生活气息。许多作品在立意、构思和表现手法上都有新的尝试,在一定程度上体现了我国80年代末、90年代初儿童故事、童话创作的水准。(陈蔚)

I000680　**冰子童话**　冰子著。北方妇女儿童出版社1993年7月版。132页。7.50元。选收60篇作品。将科学知识恰当地融汇到故事里。(李文静)

I000681　**中国最佳童话**　郭大森主编。北方妇女儿童出版社1993年7月版。65万字。29.00元。收录1949—1989年间获奖童话作品百篇。包括第一、二次全国少年儿童文艺创作奖、中国作协首届儿童文学奖、上海历届儿童文学园丁奖(现为陈伯吹儿童文学奖)、海峡两岸首届中华儿童文学奖等评选活动中的获奖作品,反映了新中国儿童文学创作的基本

风貌。作品风格各异，但都充满童趣，贴近童心。每篇作品附有作者简介和作品简析。（刘玉林）

I000682 **新中国儿童文学名作大观·童话寓言卷** 郭大森、崔坪、高帆主编。北方妇女儿童出版社1993年8月版。48万字。14.00元。收录建国以来创作的童话寓言百篇。儿童文学家崔坪写序。每篇作品附有作家简介和作品分析。（刘玉林）

I000683 **新中国儿童文学名作大观·故事诗歌卷** 郭大森、崔坪、高帆主编。北方妇女儿童出版社1993年8月版。60万字。15.00元。收录建国以来儿童文学名家名作百篇。儿童文学家崔坪写序。每篇作品都附有作家简介和作品分析。（刘玉林）

I000684 **老革命家与孩子** 杜文勇编著。北方妇女儿童出版社1993年8月版。42.6万字。30.60元。包括《毛主席和红小鬼》、《周总理和放牛娃》、《刘少奇和小战士》、《总司令和儿童团员》、《宋奶奶和小运动员》、《邓小平和孩子们》、《元帅与少年》、《五老和孩子》等8部分。记叙革命前辈在战争年代和社会主义建设时期关心孩子、教育孩子、帮助孩子的生动感人事迹，这些故事生动活泼、感染力强，是一套对少年儿童进行历史教育、爱国主义教育、社会主义教育的优秀读物。（刘玉林）

I000685 **新中国儿童文学名作大观·小说散文卷** 郭大森、崔坪、高帆主编。北方妇女儿童出版社1993年8月版。65万字。13.80元。收录建国以来儿童文学名家名作百篇。儿童文学家崔坪写序。每篇作品都附有作家简介和作品分析。（刘玉林）

I000686 **新编小巴掌童话百篇** 张秋生著。北方妇女儿童出版社1993年8月版。8万字。5.60元。分“抒情小巴掌：躲在树上的雨”、“快乐小巴掌：烟囱里飘出的云”、“情感小巴掌：啄木鸟大夫诊断”、“寓言小巴掌：熊奶奶嘴边的糖屑儿”、“趣味小巴掌：狮子和老虎做不醒的梦”等5集。（刘玉林）

I000687 **中国朝鲜族儿童文学获奖作品集** 金得万等著。东北朝鲜民族教育出版社1993年8月版。81.5万字。15.00元。收集建国至1992年在各级评奖活动中获奖的朝鲜族儿童文学作品，其中小说38篇，童话、寓言29篇，童谣、童诗142首，散文、故事16篇。（李奎浩）

I000688 **老鼠明星** 戎林著。福建少年儿童出版社1993年8月版。7.7万字。2.60元。“童话列车”丛书第四辑之一。含7篇童话。《老鼠明星》讲述白鼻鼠在拍电影时忽然发现扮演新娘的竟是要来抓他的黑猫警长，他决定偷跑，却被狐狸导演告了密，也只好硬着头皮和警长周旋。《怪城》讲述丁丁准备去外婆家度假，一觉醒来却发现自己来到了一座怪城——密麻布，这里人山人海，可都只有丁点儿大，丁丁自己也变成只有墨水瓶大小，他还会长大吗？其他5篇童话也都情节离奇，饶有趣味。（吴兆钧）

I000689 **吴珹儿童文学选** 吴珹著。花山文艺出版社1993年8月版。38万字。9.80元。收入儿歌、儿童诗、歌词、散文、散文诗、童话、科普文艺等体裁作品。（王大民）

I000690 **绘图中华成语故事** 启荣等编绘。江苏少年儿童出版社1993年8月版。4.80元。儿童文学读物。全套分为“金”、“木”、“水”、“火”、“土”、“日”6册。每册约16万字。精选常用成语编成。每册选入故事130篇左右，均标明出处，附有注释。配有插图。32开软精装本。（张玉培）

I000691 **韩湘子传奇故事** 佳佳等编文，杜连仁等绘画。辽宁少年儿童出版社1993年8月版。1.20元。收入“中国八仙传奇故事丛书”。讲述韩湘子成仙得道的传奇故事。（崔玉平）

I000692 **曹国舅传奇故事** 阿聪等编文，杜连仁等绘画。辽宁少年儿童出版社1993年8月版。1.20元。收入“中国八仙传奇故事丛书”。讲述曹国舅改错成仙、除恶济贫的故事。（崔玉平）

I000693 **吕洞宾传奇故事** 王心等编文，杜连仁等绘画。辽宁少年儿童出版社1993年8月版。1.20元。收入“中国八仙传奇故事丛书”。讲述吕洞宾成仙得道及除暴安良的故事。（崔玉平）

I000694 **何仙姑传奇故事** 一川等编文，亚洲等绘画。辽宁少年儿童出版社1993年8月版。1.20元。收入“中国八仙传奇故事丛书”。讲述何仙姑成仙得道、惩恶助民、知错就改的故事。（崔玉平）

I000695 **蓝采和传奇故事** 关晓等编文，王雅洲等绘画。辽宁少年儿童出版社1993年8月版。1.20元。收入“中国八仙传奇故事丛书”。讲述蓝采和修炼成仙的传奇故事。（崔玉平）

I000696 **汉钟离传奇故事** 田野等编文，张伴云等绘画。辽宁少年儿童出版社1993年8月版。1.20元。收入“中国八仙传奇故事丛书”。汉钟离曾为汉朝大将，在兵败落荒而逃时遇仙人指教，脱俗成仙。在八仙与东海龙王大战中，汉钟离指挥众仙一以当十，将东海龙王率领的十万精兵打得一败涂地。他还在沙地砸出泉水，用芭蕉扇顺通海河，使天津海河一带摆脱了荒境。（崔玉平）

I000697 **铁拐李传奇故事** 荒田等编文，雅洲等绘画。辽宁少年儿童出版社1993年8月版。1.20元。收入“中国八仙传奇故事丛书”,讲述铁拐李成仙得道的故事。(崔玉平)

I000698 **张果老传奇故事** 士凡等编文,王雅洲等绘画。辽宁少年儿童出版社1993年8月版。1.20元。收入“中国八仙传奇故事丛书”。讲述张果老成仙得道及其许多趣事。(崔玉平)

I000699 **彩图中国儿歌100首** 鲁兵等写,温泉源等画。少年儿童出版社1993年8月版。1000行。16.00元。收入“幼年画库”。收有创作儿歌和传统儿歌168首,不少是著名儿童文学作家的作品,如任溶溶的《我给小鸡起名字》,鲁兵的《捶捶背》、《太阳公公起得早》,金近的《大西瓜》,圣野的《李小多》,沈百英的《肥皂泡》,金波的《小星星》,等等;传统儿歌《小耗子上灯台》、《金瓜银瓜》、《摇摇摇,摇到外婆桥》、《拉大锯》、《月亮走》、《手拉手》,等等。(洪祖年)

I000700 **中国著名童话画库** 叶圣陶、张天翼等著。新蕾出版社1993年8月版。38.40元。分上、下两辑盒装。选编现当代作家的童话100篇,有叶圣陶的《稻草人》、张天翼的《大林和小林》、陈伯吹的《安琪儿夜游》、严文井的《下次开船港》、叶君健的《王子和渔夫》、巴金的《长生塔》、肖甘牛的《一幅壮锦》、孙幼军的《小布头奇遇记》、包蕾的《白与黑》、金近的《红鬼脸壳》、洪汛涛的《神笔马良》、任溶溶的《“没头脑”和“不高兴”》等。(华克齐)

I000701 **牡丹公主破奇案** 马天宝著。福建少年儿童出版社1993年9月版。6.3万字。2.30元。“童话列车”丛书第四辑之一。黑狗警长押运一船军工材料回到目的地时,却发现少了许多,他因此锒铛入狱。但是,案件却毫无头绪。这时,牡丹公主亲自过问,终于拨开迷雾,使案情大白。(吴兆钧)

I000702 **黑猫警长(一)** 诸志祥著。福建少年儿童出版社1993年9月版。15.9万字。6.00元(平),10.00元(精)。长篇童话,分36章。讲述黑猫警长在当警长前的曲折经历及其刚任警长首次破案的惊险故事和几次追捕审讯森林犯罪分子的复杂艰难过程。配有8幅彩色插图。(吴兆钧)

I000703 **灰灰历险记** 王东著。福建少年儿童出版社1993年9月版。7.4万字。2.55元。“童话列车”丛书第四辑之一。兔王子灰灰因王宫陷落而开始逃亡。他历尽千辛万苦,先后遭五步蛇、白额鹰的袭击,又落入猎人的陷阱,但都凭着机智勇敢,化险为夷。他甚至深入虎穴,设计消灭了作威作福的虎大王。当上国王后,灰灰着力建设兔王国,最后他飞向月球,去寻找玉兔的后代。(吴兆钧)

I000704 **红地毯杂技团** 任哥舒著。福建少年儿童出版社1993年9月版。6.6万字。2.30元。“童话列车”丛书第四辑之一。含5篇童话。《红地毯杂技团》描写老虎“二胖”服用“脑宝”后,大睡7天,醒后竟说起了人话。从此他在杂技团里大出风头,而且还当上了驯兽员,训练的对象就是原来训练它的小茅。《大都市奇闻》叙述一件件怪事,如“生气俱乐部”、“特异功能”等等,展示了奇妙的科幻世界。(吴兆钧)

I000705 **海豚少年** 王莳骏著。福建少年儿童出版社1993年9月版。6.9万字。2.40元。“童话列车”丛书第四辑之一。收11篇童话。《海豚少年》描写一个失去父母整天在大海中游弋、唱歌的瞎眼海豚与一个渴望去大海跟海豚游戏的孤独男孩在梦幻中见面,成为难分难舍的好伙伴。作品通过奇妙的想象,表现了人和自然的某种和谐。(吴兆钧)

I000706 **童话新选** 鲁克选编。上海教育出版社1993年9月版。27.9万字。6.50元。中国童话作品选本。收1977～1991年童话作品。洪汛涛作序。(张建忠)

I000707 **彩图三十六计故事** 包启新主编。少年儿童出版社1993年9月版。5册。59.00元。依据军事谋略书《三十六计》编绘而成。每计以三五个古今中外战例、出奇制胜绝招、小说和生活中的巧计良策以及神话寓言故事来形象体现。(洪祖年)

I000708 **首届冰心儿童图书新作奖获奖作品集** 浙江少年儿童出版社1993年9月版。28万字。7.50元。1992年,浙江少年儿童出版社与“冰心儿童图书奖”评奖委员会增设了“冰心儿童图书新作奖”。这个奖的征集范围包括海内外华人作者的各种儿童文学作品以及知识读物、幼儿读物等。获奖作品全部由浙江少年儿童出版社出版。首届“冰心儿童图书新作奖”收到参评文稿近万件。获得大奖的作品共5篇,包括《象母怨》(沈石溪)、《蓝花》(曹文轩)、《不该关上的门》(王晓晴)、《寄自床底下的信》(张秋生)、《从巴黎飞来的女儿》(李杨杨);获得佳作奖的作品包括《相扑巨人》等17篇。(李肖波)

I000709 **中华五千年(系列历史故事)** 孙学刚等著。中国少年儿童出版社1993年9月版。20万字。书2册,配录音带20盘。238.00元。40集系列历史故事。从远古开始,历经夏商周、春秋、战国、秦汉、三国、两晋南北朝、隋唐、宋、元、明,一直到清朝,讲述在我国历史上起过重要作用或有重大贡献的人物和事件。这套系列故事有如下特点:1. 爱国主义精神贯穿始终，爱国、正义、进步、统一、团结、改革、科学是主调；2. 以点带线，从远古到清朝前期，每个重要时期和时代都有所表现；3. 内容多角度多层次，既讲政治、军事，也讲经济、思想、科学、文化，既讲汉族，也讲少数民族，既讲帝王将相，也讲人民群众；4. 虚实结合，既注意史实的准确，又适当运用文学笔法，力求生动。（胡建中）

I000710 **世界名人传记画库** 李军等编绘。长春出版社 1993 年 10 月版。1800 幅。10 册。65.00 元。达尔文、华盛顿、释迦牟尼、拿破仑、贝多芬、诺贝尔、成吉思汗、哥伦布、爱迪生、耶稣。通过图文并茂的形式，展示这些人物的人生以及他们对人类的贡献。（王国擎）

I000711 **知识童话 300 篇** 李名慈主编。福建少年儿童出版社 1993 年 10 月版。69.2 万字。24.00 元(平)，30.00 元(精)。内容涉及动植物、天文、气象、地理、化学、物理、数学、生理卫生、环境科学、航天技术等知识。寓科学知识于童话故事之中。如《猫姑娘美容》通过伪装成美容师的大老鼠居心叵测地为猫姑娘喷香水、剪爪子、修胡子，使猫姑娘失去抓鼠能力，生动地告诉小读者猫的鼻子、胡子和爪子的功能。又如一只调皮的小鸡蛋下水嬉戏时沉下水底，一群盐粒奋不顾身跳入水中把小鸡蛋救上来，通过这个故事告诉小读者盐水比重大、有浮力的道理。儿童文学作家陈伯吹作序。（吴兆钧）

I000712 **光明世界** 邹尚庸著。河北少年儿童出版社 1993 年 10 月版。9 万字。1.70 元。长篇小说。反映我国残疾儿童生活的三部曲之二。主人公徐万生从小因病致盲，被逼去学算命，受尽了打骂与欺凌。徐万生的邻居、聋哑学校教师张秀娟出于责任感，终于找到徐万生。在政府、学校及小伙伴的关怀帮助下，徐万生进入盲聋哑学校，参加夏令营，过上了正常生活，成长为一名好学生。通过盲童徐万生的遭遇，反映了残疾儿童"残而不废，自强不息"的精神，同时也反映了"人间自有真情在"主题。（郭明志）

I000713 **无声世界** 邹尚庸著。河北少年儿童出版社 1993 年 10 月版。长篇小说。反映我国残疾儿童生活的三部曲之一。聋哑儿童李石山自小丧父，母亲被生活所迫而改嫁，他因而流浪街头，饱受歧视和凌辱。但人间自有真情在，李石山在磨难中不断得到善良、正直人们的关心和帮助，使他避免了滑向歧途的命运，进了聋哑学校。老师的爱护和同学的真诚化解了他心中的冷漠，最后，他找到了失散多年的妈妈，而且成了一名优秀学生。通过李石山的遭遇，反映了残疾人"残而不废，自强不息"的精神和政府、社会对残疾人的关怀和帮助。（郭明志）

I000714 **未来世界** 邹尚庸著。河北少年儿童出版社 1993 年 10 月版。14 万字。2.50 元。长篇小说。反映我国残疾儿童生活的三部曲之三。盲童丁金辉、聋哑孩子李江日是盲聋哑学校同学，他们在学校共同学习、共同生活、一道成长。毕业后，二人同到工厂就业。丁金辉忘我劳动，不断地搞技术革新，成绩显著，博得明眼姑娘苏艳芬的爱，由此引发了一场催人泪下的风波。在厂领导、李江日等人的关怀和支持下，丁金辉终于过上了完美的生活。通过丁金辉等的遭遇，反映了残疾人"残而不废，自强不息"的精神。（郭明志）

I000715 **彩图中华成语故事** 宗华等编绘。江苏少年儿童出版社 1993 年 10 月版。每册 4.00 元。彩色图画儿童读物。全套分"金星卷"、"木星卷"、"水星卷"、"火星卷"、"土星卷"、"太阳卷"6 册。每册 128 幅图。精选常见成语故事。每册收故事近 40 个。故事语言浅显流畅，情节生动有趣，附有注释和运用成语的例句。图画充满童趣。大 32 开本，有精装和平装两种。马来西亚、台湾等出版公司已购买部分版权。（张玉培）

I000716 **追赶大角鹿** 李汉平著。辽宁少年儿童出版社 1993 年 10 月版。10 万字。3.50 元。儿童小说。鄂伦春族传说，谁看见了大角鹿王，谁就看见了幸福；谁得到了大角鹿王，谁就得到了幸福。少年莫日松跟随父亲去追捕大角鹿王，经过千辛万苦，终于追到了大角鹿王，可是莫日松却为了保护大角鹿王而死在父亲的枪口下。（杨春青）

I000717 **潇洒的男孩故事女孩故事** 梅子涵主编。明天出版社 1993 年 10 月版。60 万字。4 册。18.00 元。儿童小说选集。作品侧重描写少年儿童在生活中的需要和烦恼。每篇小说后附有作家谈话或小说评议。第一卷《寻找的女孩》，第二卷《空箱子》，第三卷《双人茶座》，第四卷《红葫芦》。（李蔚红）

I000718 **绘画科学故事词典** 陆正华等著，王海林等绘。上海辞书出版社 1993 年 10 月版。105 万字。1090 幅图。4 册。66.00 元。少年儿童科学普及读物。采用儿童文学辅之以图画的形式，讲述 469 则科学故事，让少年儿童从中学习各种各样的自然科学知识。包括《科学家故事》、《发明发现故事》、《趣味科学故事》和《知识童话故事》。（林飘凉）

I000719 **男生贾里** 秦文君著。少年儿童出版社 1993 年 10 月版。11 万字。6 元。中篇小说。描写初中一年级男生贾里的学校生活及家庭生活。贾里是个智商很高、处处争强、希望早日出名的初中生,可他偏偏有个智商平平、喜欢赶时髦的妹妹,还有个胖乎乎、特别容易佩服别人的朋友鲁智胜。为了他们,贾里常常被一连串麻烦包围。好在再难的事,贾里也有办法把它们处理得有声有色,让别人感到妙趣横生。本书具有轻喜剧风格。(洪祖年)

I000720 **神秘的眼睛** 副名:陈伯吹儿童文学奖得奖作品集刊(11)。本社编。少年儿童出版社1993年10月版。17万字。4.45元。收作品28篇。有周基亭的童话《神秘的眼睛》、郑马的诗《歌声》、方轶群的科学文艺《四季的图画》、何紫的童话《真真》等。作品均发表于1991年度。每篇作品后面附有1篇评论。(洪祖年)

I000721 **历代童话精华** 陈蒲清主编。岳麓书社1993年10月版。46万字。9.00元(平),12.00元(精)。选收我国古代62种著作中的童话120篇。每篇加以注释、今译,附有简评。(喻岳衡)

I000722 **儿童文学优秀作品选(1983—1993)** 《儿童文学》编辑部编。中国少年儿童出版社1993年10月版。44万字。16.50元。《儿童文学》杂志从创刊时起,受中国作家协会书记处和共青团中央书记处委托,即肩负繁荣创作、发现培养青年作家的任务,为此每十年将刊载的作品结集一次,以展现儿童文学事业成就。本书是第二次结集,包括小说29篇、童话22篇、散文12篇、诗歌21篇。作品以新颖的手法讴歌时代,塑造美好人物形象。袁鹰写序。(王一地)

I000723 **故事口袋** 副名:精彩动物故事。[日]椋鸠十著,安伟邦译。河北少年儿童出版社1993年11月版。25万字。5.50元。关于动物生活、动物习性以及动物与人的亲密关系的故事书。收入有关狗、猫、猴、熊、黄鼠狼、鹿、野猪、狐狸、山雀、乌鸦、鼹鼠等20多种动物的100多个故事,表现了动物的聪明智慧、顽强生存能力、爱子之心及其与自然和天敌作斗争的行为本能。(李远杰)

I000724 **故事葫芦** 副名:精彩童话故事。本社编。河北少年儿童出版社1993年11月版。24万字。5.50元。选收中外童话故事109篇。这些童话故事多出自中外童话名家之手,富有趣味性。(李远杰)

I000725 **故事篓子** 副名:精彩寓言故事。本社编。河北少年儿童出版社1993年11月版。24万字。5.50元。收入141则故事。多选自古今中外名家作品。(李远杰)

I000726 **故事大王** 副名:精彩益智故事。本社编。河北少年儿童出版社1993年11月版。24万字。5.50元。收104则故事。富于知识性和趣味性。(李远杰)

I000727 **彩图成语故事精选** 石磊等编绘,江苏少年儿童出版社1993年11月版。12万字。15.00元。彩色连环画儿童读物。精选成语故事近300则,讲述成语的来历出处,附有注释。插图2000余幅,图画充满童趣。24开精装本。(张玉培)

I000728 **冰箱里的小白人** 李伊著。接力出版社1993年11月版。24万字。1.30元。由6岁儿童伊伊独立创作的生活童话。主人公"我"在家中冰箱里发现一个小白人,小白人善良又淘气,给主人添了不少小麻烦。为"伊伊的童话"丛书之一。(莫宁)

I000729 **看不见的梯子** 李伊著。接力出版社1993年11月版。24万字。2.00元。由6岁儿童伊伊创作的童话故事。太阳和月亮每天上下换班的梯子断了,结果太阳没法下班,地球上没有了黑夜,一切全乱了。伊伊和小朋友想办法找到彩虹阿姨,修好了那架看不见的梯子。为"伊伊的童话"丛书之一。(莫宁)

I000730 **见义勇为** 陈瑞勤编文,黄箐等绘。接力出版社1993年11月版。15.00元。为"中华传统美德画库·第二辑"之一。围绕"见义勇为"主题,编绘中国古代美德故事15个,分别为:牛贩子智勇退敌兵,毛遂自荐当使臣,荆轲刺秦王,外黄少年勇救乡亲,张释之秉公执法,孔融兄弟争"罪责",颜杲卿骂贼,段秀实严惩兵痞,区寄除盗,王小波、李顺起义,太学生请愿,辛弃疾虎穴捉叛徒,葛贤痛打税官,杨继盛冒死劾严嵩,瓦氏夫人挂帅出征等。(江剑)

I000731 **廉洁奉公** 尹世霖编文,黄宗祥等绘。接力出版社1993年11月版。15.00元。为"中华传统美德画库·第二辑"之一。围绕"廉洁奉公"主题,编绘中国古代美德故事15个,分别为:穿布衣的丞相公孙弘,汉文帝节俭促廉政,杨震四知,羊续悬鱼拒贿,奉公不阿的李恂,"一钱太守"刘宠,毛玠以俭用人,励志、惜时、爱民的陶侃,父清子洁的胡威父子,何远白水干粮接待上司,杯水饯别送赵轨,母贤子廉的郑善果,穷宰相卢怀慎,和大人物抗争的小县官道同,田头办案不收礼的方大湜。(江剑)

I000732 **诚实守信** 张增强编文,黄卢健等绘。接力出版社1993年11月版。15.00元。为"中华传统美德画库·第二辑"之一。围绕"诚实守信"主题，编绘中国古代美德故事14个。“孟母教子”说的是孟子的母亲教育孟子从小养成言而有信的品质；“范张鸡黍”讲述汉朝范式和张邵严守信用，准时赴约；“晏殊请换试题”记述宋朝神童晏殊，殿试时诚实坦实，要求皇帝改换题目。此外还有“商鞅立木为信”、“陈元方说长者”、“说实话的高允”、“张说拒作伪证”、“司马光剥核桃”、“许衡不食无主之梨”、“姚氏教子拾金不昧”、“萧端蒙诚实改过”、“张礼不昧意外之财”、“李自成不杀陈永福”、“林纾送米”等。（江剑）

I000733 **365夜母子同读——春、夏、秋、冬** 洪祖年主编。少年儿童出版社1993年11月版。12万字。2600幅。4册。30.40元。共收近300篇我国近几年新创作的幼儿文学作品。在编排上，基本上一天一篇，少量的故事两天一篇。每天包括三个栏目：“娃娃听”、“娃娃看”、“娃娃讲”。“娃娃听”是一篇文字故事，供成人给幼儿讲故事用；“娃娃看”是一组无文图画，形象地再现当天这篇文字故事的主要情节，既可以让幼儿自己看，也可以让成人指导幼儿看；“娃娃讲”，是根据每篇故事的内容，或者提一两个问题，或者出一则谜语，或者要求幼儿复述故事，或者让幼儿认识一个事物，或者做一个游戏，目的是以多种形式培养幼儿思维能力。（洪祖年）

I000734 **迷惹人的金子** 阿吉·艾合买提等著。民族出版社1993年11月维吾尔文版。10万字。3.30元。儿童文学集。选收阿吉·艾合买提等12位作者的小说和童话33篇。作品生动描写了少年儿童的理想、情趣、爱好，点明了教育少年儿童的方法。（伊明）

I000735 **故事海** 副名：家庭故事会。易华编。北京少年儿童出版社1993年12月版。12万字。4.50元。收入适合幼儿欣赏的历史故事名人故事90余个，分为革命历史故事、中国古代名人故事、外国名人故事3类编排。每类故事有内容提要，每个故事后有简明、新颖的提示。（徐莉萍）

I000736 **故事豆豆** 副名：家庭故事会。易华编。北京少年儿童出版社1993年12月版。16万字。4.00元。收入幼儿生活故事90余篇，按内容分为4类，每类故事表现幼儿生活的一个侧面，有内容提要，每个故事后面有简明新颖的提示。（徐莉萍）

I000737 **故事山** 副名：家庭故事会。易华编。北京少年儿童出版社1993年12月版。12万字。4.50元。收入适合幼儿欣赏的各类知识故事100余个，分动物、植物、自然现象、生活常识4类编排，每类故事有内容提要，每个故事后面有简明、新颖的提示。（徐莉萍）

I000738 **故事葫芦** 副名：家庭故事会。易华编。北京少年儿童出版社1993年12月版。18万字。5.00元。收入适合幼儿欣赏的中外民间故事90余篇，按内容分为7类，每类有内容提要，每个故事后面有简明、新颖的提示。（徐莉萍）

I000739 **父子马上皇帝** 宋孟寅、冯平印著。河北少年儿童出版社1993年12月版。17万字。3.60元。关于后周太祖郭威及其养子柴荣的传奇故事，主要流传于冀晋豫三省。演述二位皇帝青少年时代的苦难生活及其闯荡江湖、行侠仗义夺取政权、统兵打仗、与奸佞斗争的奇闻佚事。这些传说主要通过民间历代口耳传承和民间艺人演唱而保留至今。本书如实记录了这些民间传说。（宋孟寅）

I000740 **宝宝的第一次** 潘卫著，王晓明等画。湖北少年儿童出版社1993年12月版。130幅。全8册，每册1.40元。分“第一次参加运动会”、“第一次帮妈妈干活”、“第一次住医院”、“第一次送礼”、“第一次知道我从哪儿来”、“第一次当哥哥”、“第一次买面包”、“第一次迷路”。具有幼儿生活情趣。插图形象生动，风格各异。（童朴）

I000741 **小老虎吃巧克力** 杨楠著，周鹏画。湖南少年儿童出版社1993年12月版。10万字。3.00元。“妈妈讲给孩子听的故事”丛书之一。收集低幼童话作品40篇。每篇都有出人意料的构思和描绘。如枪炮国去打糖果国，按说获胜的该是枪炮国，但是糖果国巧施计策，将跳跳糖摆在路上，枪炮国的士兵拾起吃了，结果全都在路上跳起舞来了。又如乐乐国王不快活，是因为他太不自由了，“疼爱”他的人太多了，管着他的人太多了。作品用平实亲切的语言，引导孩子们热爱生活，认识生活。（徐烈军）

I000742 **贝加的樱桃班** 郑春华著，俞理画。湖南少年儿童出版社1993年12月版。90幅。22.00元。幼儿图画故事。表现了一个很有个性的孩子贝加的感情世界和美好愿望。他进了幼儿园的樱桃班，在与幼儿园小朋友、老师和小朋友的父母的交往中，对集体生活有了全新的体验，培养了集体观念和责任感。在获得知识、友谊的同时，他的个性也得到了充分的发展。（陈士平）

I000743 **风信子画库（第一辑）** 俞理等编绘。湖南少年儿童出版社1993年12月版。260幅。54.00元。幼儿图画书。第一辑包括《小兔小小兔当了大侦探》、《袋猫妈妈》、《会飞的房子》、《新来的小花

豹》、《什么声音》、《阿姨》、《奇奇历险记》。(蔡皋)

I000744 **动物儿歌100首** 李迪光著。湖南少年儿童出版社1993年12月版。128幅。28.00元。以幼儿喜欢的动物为题材,抓住动物的形态特征,进行生动夸张的描绘。插图采用民间画手法。(陈士平)

I000745 **袋猫妈妈** 何艳荣文并画。湖南少年儿童出版社1993年12月版。48幅。10.00元(平),18.00元(精)。图文并茂的低幼读物。讲述一个善良的老奶奶和三只淘气的小猫咪的故事。老奶奶在街头垃圾桶里发现了三只可怜的小猫咪,把它们带回家,慈爱地照顾它们,给它们洗澡、喂奶,还特意在腰上扎了个袋子,装着小猫咪到处玩。作品充满爱意。(蔡皋)

I000746 **三千年人物智慧故事** 罗灵山等编著。湖南师范大学出版社1993年12月版。118万字。9册。39.60元。收889个反映历史人物智慧的故事,分为:1.春秋战国故事;2.西汉东汉故事;3.三国故事;4.西晋东晋故事;5.南北朝至隋故事;6.唐五代故事;7.宋辽金故事;8.明代故事;9.清代故事。人物故事均取材于历代正史及可信的野史、碑文行状等。凡出于传说或小说、戏剧等文艺作品中的人物故事一概不取。每篇故事着意体现人物在事件中表现出来的高度智慧,力求给读者以启迪。表述用现代语,通俗易懂,个别难字注有汉语拼音。配插图90幅。(罗灵山)

I000747 **早慧少年作品选** 许祖云主编。江西教育出版社1993年12月版。26.7万字。9.50元。选收十位少年儿童的作品。十人中有八人有自选集出版,四人是省作协会员,二人是中国作协会员。对作品加以评述。附小作者自述及其亲人或师长的评析。(姚红红)

I000748 **种下一个秘密** 杜虹著。接力出版社1993年12月版。1.5万字。1.80元。收入注音儿童诗41首,内容涉及家居生活、爱国、学习、游乐、劳动5个方面。(莫宁)

I000749 **中国科学童话精选彩图本(低、中年级)** 鲁克主编。上海教育出版社1993年12月版。7.5印张。2册。精选我国著名儿童文学作家创作的优秀科学童话80篇,其中许多篇目曾得过奖,内容丰富,文字简练生动,图文并茂。(任鑫娣)

I000750 **风雨花集** 吴然著。浙江少年儿童出版社1993年12月版。12万字。3.50元。少儿散文集。收入作者1979—1991年间创作的少儿散文53篇,另附后记1篇。这些作品或描绘民族民俗风情,或歌颂友谊,或回忆童年往事,或记叙军营生活。注重抒情性、哲理性和知识性的融合。(孙建江)

I000751 **你的朋友 我的朋友** 本社编。浙江少年儿童出版社1993年12月版。19万字。2册。19.80元。收入散文83篇,涉及83种行业,记述了从事各种行业的人以及他们的工作特点、行业知识、行业行为和社会意义。介绍这些行业,可使儿童了解旧时代劳动人民的生活,感受社会的进步,认识劳动的价值,珍惜劳动的成果,认识行行出"状元"的道理。(向幼琴)

I000752 **生死路** 钱国盛著。浙江少年儿童出版社1993年12月版。12万字。3.40元。小说集。收入短篇小说8篇,中篇小说3篇,另附后记1篇。有描写清道光年间林则徐在苏州禁烟的《悠悠山塘路》,有描写明末少年英雄谭龙英勇抗敌的《碧血天宁寺》,有描写明嘉靖年间少年英雄任青抗倭寇保寒山钟的《血染寒山钟》,有描写明唐伯虎画蟹打官司的《唐伯虎画蟹》,有描写宋宰相王安石有感女儿为国捐躯奋笔作诗的《岁寒图》,有描写明末少年英雄夏完淳继承父志、奋勇杀敌、视死如归的《生死路》,有描写太平天国将领忠王李秀成英勇就义的《古刹剑影》等。(孙建江)

I000753 **中国智慧故事画库(第一、二辑)** 周锐、周基亭编写。21世纪出版社1993年版。1200幅。11.00元。收有中国古代成语故事和神话故事40多篇。共10册。(郑明华)

少数民族文学

I000754 **中国近代文学大系·少数民族文学集** 马学良主编。上海书店1993年版。59.3万字。25.00元。"中国近代文学大系"第25卷。分小说、散文、曲艺、戏曲、诗词、民歌、民间传说故事等部分。是我国近代少数民族文学的第一个选本。(郑晓方)

亚洲文学

I000755 **一千零一日** 朱梦魁、万曰林、王复译。甘肃少年儿童出版社1991年2月至1993年6月版。150万字。35.85元。又名《天方日谭》。荟萃中世纪流传在阿拉伯、波斯、印度、中国等国家的民间故事。包括《神奇八哥的故事》、《海莱夫王子的故事》、《阿布·卡西姆的故事》、《忠实的萨迪克的故事》、《国王与魔鬼的故事》、《黄金城的故事》、《法官与海盗》、《萨达玛的故事》、《沙漠的秘密》、《月亮公主的故事》等10卷，共60多个故事。每卷配有精美插图4至6幅。1979年由贝鲁特知识出版社首次出版。中译本根据阿拉伯文版翻译。(魏宏泽)

I000756 **日本战后名诗百家集** [日]原民喜等著，罗兴典译注。海峡文艺出版社1993年1月版。27万字。7.00元。选收日本战后100位不同流派、风格的诗人的代表作，基本反映了日本战后诗歌的发展概况。(陈世华)

I000757 **彩图亚洲民间故事** 高国文等编。江苏少年儿童出版社1993年2月版。320幅图。12.00元。彩色图画儿童读物。分A、B2册。每册收入亚洲民间故事10篇，其中有《青春的泉水》、《群鸟送亲王》、《织毯匠》、《莫索和芒戈》、《仙鹤的羽毛》等。故事表现了亚洲各国人民的传统美德，展现了各具特色的民族风情。大32开硬精装本。A册由江苏少年儿童出版社与新加坡联邦出版社联合出版。B册由江苏少年儿童出版社与马来西亚理达出版集团联合出版。(张玉培)

I000758 **菲华小说选** 潘亚暾主编。花城出版社1993年3月版。27万字。8.00元。收录菲律宾华文小说代表作20余篇。作品或致力于对民族精神的发掘，或揭示现代文明对传统文化的侵蚀，或表现民族文化心理中文明与野蛮的奇特矛盾，或对民族习俗的弊端进行反思。(詹秀敏)

I000759 **泰华小说选** 周新心主编。花城出版社1993年5月版。30万字。8.60元。收入50年代以来泰国29位华文作家的29篇小说。作品从不同角度展示了泰华社会的千姿百态，表现不同社会阶层的人物在人生道路上不同的遭际，显现出泰华小说的风格特色。(詹秀敏)

I000760 **纪伯伦散文诗全集** 伊宏编。浙江文艺出版社1993年7月版。48.7万字。12.00元(精)，9.00元(平)。纪伯伦(1883—1931)是黎巴嫩诗人。本书编译纪伯伦的10个散文诗集，其中有用阿拉伯文发表的《泪与笑》(1913年，仲跻崑、李唯中、伊宏译)、《暴风集》(1920年，李唯中、仲跻崑、伊宏译)、《珍趣篇》(1923年，伊宏译)；用英文发表的《疯人》(1918年，怡静译)、《先驱者》(1920年，薛庆国译，朱凯校)、《先知》(1923年，冰心译)、《沙与沫》(1926年，冰心译)、《人子耶稣》(1928年，卢永、卢劲译)、《流浪者》(1932年，陆孝修译)、《先知园》(1933年，伊宏、艾洁译)。前8个集子都是作者生前发表的，后2个集子是作者逝世后发表的。编译时，有些集子整个入选；有些则是部分作品入选。作品具有深沉的哲学思考、真实热烈的激情和高雅的格调。书后附有《纪伯伦生平创作年表》。(严麟书)

I000761 **七十述怀** [黎巴嫩]米哈依尔·努欧曼著，王复、陆孝修译。甘肃人民出版社1993年10月版。45.8万字。11.55元。自传体小说。分3部分。第一部分记述作者中学阶段接受俄国资产阶级民主思想，并致力于了解欧洲各种思想及文化流派；第二部分记述作者中学毕业后赴美学习，与纪伯伦成立笔会；第三部分记述作者回国著书立说。作者是苏非派文学代表，在本书中全面论述了轮回转生、生死善恶、现实幻想等观点。(魏宏泽)

I000762 **摩诃婆罗多(第一卷初篇)** 金克木、赵国华、席必庄等译。中国社会科学出版社1993年10月版。47.7万字。18.90元。《摩诃婆罗多》为古印度两大史诗之一。书名意为“伟大的婆罗多的故事”。全诗分18篇，叙述婆罗多族的两支后裔俱卢族和般度族为争夺王位继承权而展开的斗争。纷争长达十余年，最后以般度族的胜利而告终。全诗通过细腻的心理描写、宏阔的战争场面，颂扬了以般度族坚战为代表的正义力量，谴责以俱卢族难敌为代表的邪恶势力。坚战公正、谦恭、仁慈，得到大神黑天(克里希纳)的帮助，终于以少胜多，以弱胜强。《初篇》叙述了婆罗多族的历史、俱卢与般度两支的形成、矛盾产生的根源、般度族五兄弟的成长。该史诗是以口头吟诵的方式创作和流传下来的，成书年代约在公元前四世纪到公元四世纪。史诗以优美、流畅的语言叙述了一个古老的故事，表达了古印度人民追求幸福生活的美好愿望以及对宇宙、人生、社会、伦理所作的哲学思考。该史诗诞生以来，对印度人民的精神生活产生了深远影响，成为后世印度文学、戏剧创作的重要源泉，近几十年来在印度已多次被搬上电影电视屏幕。本书译自梵文，译文准确、优美、流畅。(黄燕生)

I000763 **泰戈尔哲理抒情妙语精华** 胡洁编选。青海人民出版社1993年11月版。12万字。4.00元。精选印度诗人泰戈尔诗文妙语952条。分2篇。哲理篇内容包括宇宙·生命；时代·创造；道德·修养；励志·事业；理想·奉献；性灵·美育；真理·求索。抒情篇内容包括社会·人生；青春·惜阴；友谊·处世；爱情·婚姻；妇女·儿童；祖国·和平。(陈浩)

I000764 **纪伯伦散文诗全集** [黎巴嫩]纪伯伦著，李唯中等译。花山文艺出版社1993年12月版。62.5万字。23.00元。纪伯伦(1883～1931)是阿拉伯近代文学史上第一个使用散文诗体进行创作的作家,他的散文诗多以“爱”和“美”为主题,以启示性的语言和寓言、比喻、象征等表现形式,论述了爱与美、生与死、婚姻与家庭、劳作与安乐、法律与自由、理智与热情、善恶与宗教、文明与愚昧等一系列人生和社会问题,文笔轻柔、凝炼、优美,语词清新、奇异、亮丽,比喻生动,想象丰富,感情深挚,富于哲理,充满智慧,韵味隽永。本书收录了纪伯伦一生创作的13部散文诗集,包括《音乐短章》、《泪与笑》、《暴风集》、《珍趣篇》、《心声录》、《疯子》、《先行者》、《先知》、《沙与沫》、《人子耶稣》、《大地之神》、《流浪者》、《先知花园》,由多年从事阿拉伯文学教学科研工作的专家执笔翻译,译文流畅,充分再现了纪伯伦散文诗的艺术风格。(张采鑫)

I000765 **勃尔帖赤那** 副名:成吉思汗的历史。[日]井上靖著,阿不都瓦力·木克依提译。新疆人民出版社1993年12月维吾尔文版。16万字。5.50元。根据流传于蒙古族民间关于成吉思汗的传说,描写了这位历史人物的出生、少年时代的遭遇、青年时代的理想、成年时期经历的各种重大事件等等。根据新疆人民出版社1988年10月哈萨克文版翻译。(玛丽亚木·买买提明)

非洲文学

I000766 **埃及小说和戏剧文学** [埃及]艾哈迈德·海卡尔著,袁义芬、王文虎译。上海译文出版社1993年版。22.8万字。7.00元。1919—1939年埃及文学断代史。描叙该时期现代埃及小说和戏剧从萌芽走向成熟的过程,对该时期埃及重要作家如陶菲格·哈基姆、纳吉布、迈哈福兹等及其代表作品进行评析,较全面地总结了该时期埃及文学创作的成就。著者系埃及最高文学理事会理事、开罗大学文学院院长、埃及文学史家。中译本译自埃及知识书局出版的阿拉伯文版。(陈增爵)

I000767 **戈迪默短篇小说集** [南非]纳丁·戈迪默著,李汝仪等译。重庆出版社1993年5月版。20.9万字。4.25元。收入《六卫士》、《不供发表》、《利文斯顿的伙伴们》、《仆人的足迹》等作品,均系作家的代表作。这些作品多以南非社会为背景,刻画了不同类型的人物,尤其擅长细腻的心理描写,安排的结尾出人意料。早期作品具有浓厚的现实主义色彩,后期则采用“预言现实主义”的手法。(张敏生)

欧洲文学

I000768 **屠格涅夫选集** [俄]屠格涅夫著,多人译。人民文学出版社1956年12月至1993年8月版。260万字。13册。选收作者1844至1883年的著作,按体裁分为13卷,其中10卷为小说,收《罗亭》、《贵族之家》、《前夜》、《父与子》等名篇;其余3卷分别为《散文诗·文论》、《戏剧集》和《书信选》。(冯南江)

I000769 **罪恶的客栈** [英]达芙妮·莫里埃著,张延锦等译。重庆出版社1993年版。20.2万字。4.70元。少女玛丽父母双亡,投奔姨父乔斯。乔斯酗酒,粗暴,在沼泽地的公路开了个客栈。客栈里没来过一个旅客,倒是深夜聚集一群流浪汉,用马车运来神秘的货物。这期间,附近常有海船沉没,警方怀疑到乔斯的客栈,但什么证据也没查到。玛丽跟踪乔斯而迷路,巧遇牧师戴维,牧师如慈父般对待玛丽。一次玛丽跟踪乔斯被擒,同歹徒一道来到海边,这才发觉乔斯他们在礁石嶙峋的浅滩点灯引诱夜航船触礁,然后抢掠财物,并把呼救的人赶下海。玛丽逃脱,火速报警。回到客栈时,乔斯已被杀死。玛丽认为凶手是乔斯的弟弟杰姆,他从来就同乔斯貌合神离。玛丽找到牧师戴维,牧师却承认他就是这一切罪恶勾当的策划者。牧师终于被杰姆的神枪击中。玛丽跳上杰姆的马车,同这个快活的盗马贼流浪天涯。(张敏生)

I000770 **普希金抒情诗全集** [俄]普希金著,戈宝权译。湖南文艺出版社1993年1月版。160万字。4册。78.00元。收集普希金抒情诗880余首。根据苏联科学院出版社60年代出版的《普希金全集》(十卷本)第一、二、三、四卷译出,译者分别将其定名为《童贞集》、《情弦集》、《风流集》和《天命集》。注释采自苏联各种版本的普希金诗集。译诗按照写作年代顺序编排。(郭锷权)

I000771 **小侦探** 副名:安徒生奖作家作品系列。[德]埃·凯斯特纳著,刘振江译。辽宁少年儿童出版社1993年3月版。15万字。2.50元。收2篇作品。《小侦探》描写少年艾米尔从小镇独自坐火车到都市柏林探亲,身带妈妈辛勤劳动所得赠送外婆的一笔钱,却在旅途睡梦中被一个伪善的大人偷走了。艾米尔非常痛惜和难过,可是他不只是哭鼻子,而是运用勇敢和智慧,在柏林一群小朋友的帮助下,十分认真而又如同游戏般地追踪,终于抓住了那个大人,

警察发现此人原来正是他们要追捕的银行盗窃犯。《孪生小姐妹》则充满童爱、母爱。(杨春青)

I000772 **西拉斯的黑马** 副名:安徒生奖作家作品系列。[丹麦]塞·伯德凯尔著,玄惠敏译。辽宁少年儿童出版社 1993 年 3 月版。10.7 万字。2.10 元。少年西拉斯因为不满菲利普的野蛮对待而逃离了杂技团,一条小船载他漂向远方,从此,他开始了流浪生活。西拉斯以惊人的胆量,拼着性命从马贩子巴图林手里赢来了一匹英俊的黑马。黑马给他带来了欢乐,也给他带来了灾难。老贼伊曼纽尔把西拉斯用酒灌醉后扔在一条漏水的旧驳船上,并抢去了他的黑马。西拉斯与伊曼纽尔进行了斗争,并与瘸腿少年本戈迪克建立了真挚的友谊。(杨春青)

I000773 **约瑟芬** 副名:安徒生奖作家作品系列。[瑞典]玛·格里著,李之义译。辽宁少年儿童出版社 1993 年 3 月版。13 万字。2.30 元。收 2 篇作品。《约瑟芬》描写一个小姑娘如何认识充满神秘色彩的成人世界。约瑟芬是瑞典乡村一位牧师的小女儿,哥哥姐姐们已经长大成人,因此平时没有人跟她一起玩,她自己经历着,倾听着,想象着,误解了奇怪的成人世界的许多事情。《雨果和约瑟芬》描写少年雨果与约瑟芬的交往。雨果是一个独立性很强的男孩,他沉稳、善于思考,对学校、社会和人生都有自己的观点。雨果的出现改变了约瑟芬的生活。(杨春青)

I000774 **狮心兄弟** 副名:安徒生奖作家作品系列。[瑞典]阿·林格伦著,李之义译。辽宁少年儿童出版社 1993 年 3 月版。18 万字。3.30 元。收 2 篇作品。《狮心兄弟》的主人公斯科尔班是一个胆怯的残疾男孩,但在关键时刻克服了懦弱,为了正义事业勇敢战斗。他的哥哥约拿旦则胆大心细,足智多谋。兄弟俩在众人的配合下,从暴君腾格尔和他的帮凶卡特拉手中解放了南极亚拉。《米欧,我的米欧》写一个被人领养的小男孩米欧,生活过得很艰难。一天,他的梦想突然变成了现实:他来到童话世界,他的父亲是国王。变成了王子的米欧用具有魔力的宝剑把父王的臣民从残酷的骑士卡托手里拯救出来。(杨春青)

I000775 **龙虾岛上的灯塔** 副名:安徒生奖作家作品系列。[德]詹·克吕斯著,悬泉译。辽宁少年儿童出版社 1993 年 3 月版。18 万字。3.10 元。收 2 篇作品。《龙虾岛上的灯塔》写一位名叫约翰的看塔老人,他所看守的灯塔坐落于北海中的一个岩石岛上,有时候一个叫亚力山德拉的海鸥和一个叫马科斯·马尔的人鱼来陪伴他。他们都喜欢讲故事。就这样,他们共同度过了许多快乐时光。后来,朱莉大婶和一个专门闹恶作剧的吵闹鬼"渔网中的杰克"也来到了灯塔。随着客人的增多,大家分别讲了一些稀奇古怪的故事。《海风吹来的幸福岛》写航海家麦迪库克船长的故事。他见过世界上所有的大港口,但是"海风吹来的幸福岛"却最为神奇,那里才是真正的天堂。(杨春青)

I000776 **小书房** 副名:安徒生奖作家作品系列。[英]埃·法杰恩著,潘勋照译。辽宁少年儿童出版社 1993 年 3 月版。19 万字。3.30 元。收 27 个故事和童话。其中最出色的一篇童话为《国王和麦子》,写古埃及国王在麦田旁遇到一个农家孩子,国王问孩子:国王和他父亲相比,谁更富有。孩子说他父亲的麦田比国王的黄金衣服贵重得多。国王盛怒之下,下令烧毁麦田,可适得其反,麦子生长得更旺盛。国王的权力再大,也不能违反不可抗拒的自然法则。(杨春青)

I000777 **姆米一家** 副名:安徒生奖作家作品系列。[芬兰]杨松著,玄志汉译。辽宁少年儿童出版社 1993 年 3 月版。15 万字。2.80 元。收 2 篇作品。《姆米一家》主人公姆米特洛尔和他的两个小伙伴偶然拾到了一顶魔法师的帽子,他的家庭和伙伴们因此经历了种种奇遇:蛋壳变成了五朵小白云;蚁狮变成了小刺猬;植物标本变成了丛林;姆米特洛尔自己也变成了一个怪物……。《十一月的姆米山谷》写姆米一家远游时,过去的几位常客来到姆米山谷,尽管他们的样子、性情和行为都很古怪,但还是在姆米家度过了一段美好的时光。(杨春青)

I000778 **格里什卡和他的熊** 副名:安徒生奖作家作品系列。[法]勒内·吉约著,林治华译。辽宁少年儿童出版社 1993 年 3 月版。14.3 万字。2.60 元。收 2 篇作品。《格里什卡和他的熊》讲格里什卡救了一只失去熊妈妈的小熊吉迪,他们一起吃,一起睡,一起玩耍,成为难舍难分的好朋友。当小熊吉迪要遭到杀害时,格里什卡带它逃往大山,与野熊生活在一起。当格里什卡掉进陷阱里,是小熊吉迪把猎人引到坑口,使格里什卡得救,而它则回归大山。《格里什卡和狼的故事》讲格里什卡和小熊同时遭到狼群袭击,两个朋友经历九死一生得以重逢。小熊帮助双腿瘫痪的格里什卡重新站立起来,而它也永远留在格里什卡的身边。(杨春青)

I000779 **假话国历险记** 副名:安徒生奖作家作品系列。[意]姜尼·罗大里著,李佳译。辽宁少年儿童出版社 1993 年 3 月版。17 万字。3.00 元。收入

2篇作品。《假话国历险记》原作名为《小茉莉在说假话的国家里》。主人公小茉莉天生有一副稀奇的大嗓门，一张嘴说话就能震碎玻璃，因此人们禁止他开口。于是他来到一个由海盗当国王的假话国，那里黑白颠倒，不准讲真话。他在假话国结识了三条腿的小猫和老人本韦努托。他们一起救出所有讲真话的人，推翻了海盗国王。《电话里的故事》写一位父亲出差在外，每晚通过电话给他的女儿讲一个小故事。这部作品描写了意大利的儿童和大人的生活，引导小读者去认识好事和坏事、美和丑，注意培养良好的品质和习惯。(杨春青)

I000780 **现代法兰西诗潮** 葛雷编。百花洲文艺出版社1993年4月版。20万字。7.30元。分流派对1820～1980年间法国诗歌进行译介，其中包括浪漫主义、巴那斯派、前期象征主义、后期象征主义、超现实主义及当代诗坛著名诗人等。每个流派前有简介，对其美学特征及代表性诗人的创作风格加以介绍。编译过程中参照了马·塞尔·阿朗《法国诗选》、彼尔·塞盖斯《法国诗歌精华》、马丽—路易斯·阿斯特—弗朗索瓦兹·戈尔梅《法兰西诗歌》、麦尼阿尔《十九世纪诗选》、让·贝杜安《超现实主义诗选》以及有关诗人的自选集或全集。(李鸿)

I000781 **英国文学简史(新修订本)** 刘炳善著。河南人民出版社1993年4月版。40万字。11.50元。原为河南大学外语系英语专业自编教材，1979年冬教育部邀请有关专家审议，决定在有关院校试用，1981年7月由上海外语教育出版社出版。1992年经国家教委有关部门批示同意，编著者进行了全面的修改增订，新修订本由河南人民出版社出版。在此次修订中，保持并发挥了本书原有的特色，即"观点马列主义，内容简明扼要，语言浅显易懂，形式图文并茂"，根据近年来国内外的新资料和研究成果，对全书进行了认真复核，对重要篇章均作了改写或增补，并新添不少章节，补收原来遗漏的许多重要作家，全书布局也有所调整，插图由103幅增加到126幅。(柳明)

I000782 **凡尔纳选集** [法]儒勒·凡尔纳著。中国青年出版社1993年4月版。418万字。29册。262.40元。法国作家儒勒·凡尔纳(1828—1905)一向被誉为"科学幻想小说之父"，一生创作了近百部科幻小说。本选集收入19部作品，包括《气球上的五星期》、《地心游记》、《从地球到月球》、《环绕月球》、《太阳系历险记》、《格兰特船长的儿女》、《海底两万里》、《神秘岛》、《八十天环游地球》、《蓓根的五亿法郎》、《机器岛》等。大致可分为探索未知世界的科学预言小说和反映已知世界的现实生活小说两大类。具有超凡的想象、引人入胜的情节、个性鲜明的人物和生动幽默的语言，涉及天文、地理、气象、地质、地貌、生物、化学、物理、工程技术等科学领域，既给人以美的享受，又起到启迪智慧、丰富想象力、激发创造力、培养对科学的兴趣的作用。选集从1956年开始陆续出版，至1992年达到现规模，1993年首次盒装成套出版。根据 Couection Hetgel, Paris 版本译出，配有490幅插图。(杜惠玲)

I000783 **梅里美短篇小说选** [法]梅里美著，郑永慧译。湖南文艺出版社1993年5月版。31万字。7.10元(平)，9.60元(精)。收入短篇小说8篇。《塔芒戈》揭露复辟时期法国殖民主义者贩卖黑奴的罪行；《费德里哥》是篇讽刺小品，表现了梅里美反宗教反教会的精神；《一盘双六棋》塑造了一个勇敢正直的人物形象，间接批判了复辟王朝时期官吏的贪生怕死、道德沦丧；《科沦巴》塑造了一个野性女子的形象；《卡门》中的女主人公卡门具有强烈的个性、独特的道德标准，是法国文学人物画廊中形象最为鲜明突出的女性。(康曼敏)

I000784 **屠格涅夫短篇小说选** [俄]屠格涅夫著，戴启篁译。湖南文艺出版社1993年5月版。42万字。9.80元(平)，13.50元(精)。收入短篇小说12篇。《初恋》中的齐娜意达、《阿霞》中的阿霞、《古怪的故事》中的索菲娅以及《多余的人的日记》中的丽莎，虽然性格各异，但都是热情洋溢、诗意浓郁的少女形象。《姆姆》刻画了一条聪明伶俐甚至有点通人性的母狗；《够了!》和《幻影》表现了作者的悲观主义思想；《敢于取胜的爱欲之歌》是唯美主义的作品。(康曼敏)

I000785 **哈代短篇小说选** [英]哈代著，蒋坚松译。湖南文艺出版社1993年5月版。31万字。8.70元(平)，12.45元(精)。收入短篇小说17篇。《乡亲》、《岗上人家》属于"田园牧歌式的往事"作品；《儿子的否决》涉及婚姻和家庭问题，具有较大的社会意义；《女诗人的婚外情》表现婚姻的既成事实无法满足女诗人的感情需要，导致不幸的结局；《夜闯古堡》描写的幽会并不是通常意义上的男女之间谈情说爱、私订终身的约会，而有其特定的含义，小说中的两个人物各自的心态和举动表现了对"过去"的截然不同的态度，一种是精神的，另一种是物质的。(康曼敏)

I000786 **托尔斯泰短篇小说选** [俄]托尔斯

泰著，张蕾莉译。湖南文艺出版社 1993 年 5 月版。29 万字。6.70 元(平)，9.20 元(精)。收入短篇小说 20 篇。《夜袭》和《被贬谪的军官》从不同角度探讨勇敢和怯懦的问题；《一个台球记分员笔记》以一个粗野无知的台球记分员的口吻，记述了一个纯洁善良灵魂的堕落毁灭；《阿里伯特》探讨灵魂堕落与升华问题；《卢塞恩》是一篇充满激情和愤怒、向资产阶级文明开火的小说；《三死》以纯净的形式显示三种不同的死，表现出人类社会与自然界的对立；《高加索的俘虏》以丰满的生活形象证明生命的顽强和力度；《人靠什么活着》和《神性和人性》反映了作者的宗教思想。(康曼敏)

I000787 **法国廿世纪文学散论** 副名：从普鲁斯特到“新小说”。柳鸣九著。花城出版社 1993 年 5 月版。29 万字。7.60 元。论及 20 世纪法国 27 位重要作家的 50 余部作品，提供了本世纪法国文学特别是小说发展的总轮廓。涉及从普鲁斯特到萨洛特的心理现代主义的发展、从莫里亚克到龚古尔文学奖众多获得者的传统现实主义—自然主义的主流、从马尔罗到萨特与加缪的震撼人心的哲人文学、从罗伯—葛利叶到克洛德·西蒙的文学实验“新小说”，等等。所有这些，不仅是本世纪法国文学、也是本世纪世界文学中的重要现象和研究课题。论述透辟，颇多创见，文笔活泼，于系统、严谨之中妙趣横生。

I000788 **往事与随想** [俄]赫尔岑著，项星耀译。人民文学出版社 1993 年 5 月版。126.6 万字。3 册。28.25 元。包含日记、书信、散文、随笔、政论、杂感等体裁的大型回忆录。内容包括自 1825 年十二月党人起义至 1871 年巴黎公社起义前夕 40 余年间俄国和西欧的重大历史事件，广泛表现沙皇尼古拉一世统治下的俄国社会、政治、文化生活，反映了人民群众的斗争以及惨遭反动势力镇压等情况。(冯南江)

I000789 **普希金评论集** 冯春选编。上海译文出版社 1993 年 5 月版。61.4 万字。15.20 元。文艺评论集。选收俄国和欧洲作家、评论家对 19 世纪俄国伟大诗人普希金的评论。凡重要见解，不论正面反面，均尽量选收，是研究普希金的重要参考资料。(冯春)

I000790 **英国校园散文小品精粹(汉英对照)** 副名：汉英助学读本。叶步青主编。中国国际广播出版社 1993 年 5 月版。20 万字。8.40 元。选编英国利兹大学汉语专业学生用中英文创作的散文小品。反映了西方学生对社会、家庭、生活、学习、事业、种族以及中国文化等方面的见解。文笔自然潇洒，风趣幽默。(李晓琤)

I000791 **耶路撒冷的解放** [意]塔索著，人民文学出版社 1993 年 6 月版。55.9 万字。12.70 元。长篇史诗。出版于 1575 年。记述 11 世纪第一次十字军东征的历史事件。戈弗雷多·德·博伊龙统帅十字军东征小亚细亚，围困异教徒占据的圣城耶路撒冷。以阿拉丁为首的异教徒借助魔法，陷十字军将士于困境。博伊龙依靠天使庇护，破除魔法，经过血战，收复了耶路撒冷。诗中穿插了十字军骑士坦格雷多和异教徒女战士克洛林达的爱情以及十字军勇将里那尔多和异教徒魔女阿米达的恋爱。史诗描写爱情对基督教信仰的胜利，歌颂现世生活的欢乐，闪烁着人文主义思想的光辉。诗人赞颂十字军东征及其对异教徒的胜利，在当时意大利外敌入侵、经济衰退的历史条件下，目的在于唤起意大利人民的英雄主义精神，恢复民族的光荣传统，具有现实意义；但诗中赞美博伊龙统帅的十字军的功绩，歌颂基督教信仰的力量，客观上则反映了当时教会势力反对宗教改革运动和镇压异端的要求。这展示了诗人思想上和创作上的深刻矛盾，也表现了文艺复兴运动晚期尖锐的社会矛盾和人文主义的危机。(胡真才)

I000792 **英国诗史** 王佐良著。译林出版社 1993 年 6 月版。45 万字。13.00 元。英国诗歌通史。提供了英国诗歌发展的史实，把文学史当作故事来讲，将具有重大影响的诗人写得具体生动，大量引用重要作品，对英诗作出扼要的评论，阐明了诗人们的诗艺、诗歌观及其在美学上的贡献。(施梓云)

I000793 **流浪的犹太人** [法]欧仁·苏著，马金章译。华夏出版社 1993 年 7 月版。100 万字。28.80元。长篇小说。犹太人莱纳朋因信奉新教而惨遭耶稣会迫害，财产充公。他幸好留有 5 万埃居，托一犹太管家存款生息。一个半世纪后，这笔存款变为惊人巨款，要分给当时莱家后裔。耶稣会觊觎遗产，对居住在世界各地的 7 名继承人百般阻挠，延误他们的归期。后经神秘女人帮助，遗产继承日期延期。但耶稣会变本加厉，不择手段，对继承人一一加害，最后酿成惨剧。作品将神秘传说与现实生活紧密结合，情节曲折，动人心魄。(赵德平)

I000794 **傲慢与偏见** [英]简·奥斯丁著，张玲、张扬译。人民文学出版社 1993 年 7 月版。26.3 万字。6.50 元。长篇小说。本内特太太一生最大的愿望是把缺少妆奁资财又希望过舒服日子的 5 个女儿体面地嫁出去。经过几番周折，5 个女儿嫁出去了

3个,另两个也适得其所。小说女主人公、二女儿伊丽莎白秀外慧中,她凭借人格魅力和优良素质,赢得了男主人公、出身名门望族的达西的倾慕。由于所处阶级地位不同,两人在爱情中遭到种种挫折。伊丽莎白听信谗言,对达西怀有偏见,彼此产生误会。但最终两位有情人跨过了横在他们之间的鸿沟,结为佳偶。小说通过谈婚论嫁,反映了世态习俗、人际关系,特别是婚姻与财产的关系。伊丽莎白对独立人格及婚姻自主权的追求是小说讲述的中心。(任吉生)

I000795 **弥尔顿抒情诗选** [英]约翰·弥尔顿著,朱维之译。上海译文出版社1993年7月版。10.1万字。4.60元。收入12首抒情诗及23首十四行诗。其中有《给夜莺》、《美丽的姑娘》等爱情诗,哀悼同学少年及挚友的《黎西达斯》、《哀达蒙》,表达正义感及自由思想的《我只是推动了时代》、《最近在皮德蒙特的屠杀》,表达希腊文明现实精神及希伯来文明浪漫精神的《愉快的人》和《沉思的人》,以及歌颂纯洁、谴责腐化的诗剧《科马斯》。为"外国诗歌丛书"之一。(吴劳)

I000796 **冬天的果实** [法]克拉韦尔著,周国栋译。漓江出版社1993年8月版。26.4万字。6.80元。小说。二战期间,杜布瓦夫妇吃着粗糙的食物,为了弥补燃料不足而不辞辛苦进山砍柴。战争结束后,日子依然暗淡凄凉。艰苦的生活把他们的力量都耗尽了,两人相继离开了人世。小说通过对日常琐事的细致入微的描写,如实反映了二战中法国人民在德国法西斯统治下的苦难生活和法国抵抗组织的英勇斗争。本书是法国当代著名的"人民作家"克拉韦尔为纪念"被劳累、慈爱和战争悄悄折磨致死,在史册中未见提及的父亲和母亲"而创作的《坚忍的耐心》四部曲中的一部,获1968年度"龚古尔文学奖"。(金龙格)

I000797 **一度青春** [法]莫狄阿诺著,李玉民等译。漓江出版社1993年8月版。32.4万字。7.85元。收入作者80年代的3部小说:《一度青春》、《往事如烟》、《凄凉别墅》。《一度青春》展示男女主人公过去所处的噩梦一样的生存状况。《往事如烟》描写在英国成了名的作家回到阔别20年的巴黎,点点滴滴都勾起他对在巴黎那段浑浑噩噩的岁月的回忆。《凄凉别墅》表现主人公与女演员伊沃娜之间的扑朔迷离的爱情生活。这3部小说都反映了人生存在的渺小性、短暂性和悲剧性。(金龙格)

I000798 **普希金爱情诗100首** 黎华、陈波译。漓江出版社1993年8月版。12万字。6.90元。译诗集。收俄国诗人普希金的爱情诗100首,均为译者根据俄文本新译。配有插图数十幅。(宋安群)

I000799 **俄罗斯命运的回声** 副名:高尔基的思想与艺术探索。汪介之著。漓江出版社1993年8月版。25万字。6.90元。从高尔基与俄国当时阶级斗争关系的角度研究其作品,并且进一步从俄罗斯历史—文化层面上考察其创作活动。指出小说《母亲》之后30年间高尔基的创作虽然没有直接反映革命斗争或建设,却具有重要的文化史意义和美学价值。没有沿袭前人按照俄国革命进程划分高尔基创作阶段的方法,而是依据高尔基创作发展的实际,把他的创作道路划分为三个阶段。对高尔基思想的复杂性作了实事求是的探讨,着重分析了高尔基与列夫·托尔斯泰、契诃夫、柯罗连科等俄罗斯作家的关系。还提供了高尔基抵制30年代苏联文学中极左思潮的许多具体情况。(黄文魁)

I000800 **骑士蒂朗** [西班牙]马雷托尔、加尔巴合著。人民文学出版社1993年8月版。73万字。2册。18.85元。长篇小说。出版于1490年。是西班牙最早的骑士小说之一。描写一个壮志未酬的英雄的悲剧。青年蒂朗受骑士精神的熏陶,在比武中屡屡获胜,受封为"骑士之花"。后来他奉命去君士坦丁堡为皇帝效力,被任命为统领。他整顿军纪,治理内务,以精锐之师与入侵的土耳其人作战,将希腊帝国的版图逐一光复。正当他要班师回朝与皇储成婚之际,突然发病身亡,皇储也在其遗体旁殉情。作品与当时流行的骑士文学有很大区别,书中很少描写魔法妖术、巨人恶龙的情节,除讲述骑士准则、英雄美人缠绵恋情及宫廷内部矛盾纷争之外,以大量篇幅描写抵抗异族入侵的大型战争场面以及战争中的种种计谋,因而成为最具现实性的骑士小说。(胡真才)

I000801 **弗里施小说戏剧选(上、下)** [瑞士]马克斯·弗里施著。安徽文艺出版社1993年9月版。55万字。14.50元。收入中篇小说、戏剧9种。其中《蒙托克》是具有自传性的小说,描写作者初恋的情人、两次婚姻的失败以及与奥地利女诗人的感情纠葛等。作者自己认为这是一部"说真心话的书"。剧本《毕德曼和纵火犯》塑造了一个唯利是图、明哲保身、胆小怕事的人物形象,借此警告人们对邪恶势力不作抵制与斗争必将招致大祸。剧本《安道尔》通过一个打上"犹太人"印记的青年人的遭遇,揭露了纳粹残酷迫害犹太人的罪行,并深刻表现了现代社会人的异化这一主题。(裴善明)

I000802 **高山情** [西班牙]何·马·佩雷达

著，李德明译。黑龙江人民出版社1993年9月版。24万字。6.95元。“西班牙文学名著丛书”之一。描写在西班牙首都马德里长大、过惯了大城市生活的马塞洛在叔叔赛尔索居住的山区的所见所闻、所爱所恨。（安晓峰）

I000803 **阿尔玛伯爵夫人** ［西班牙］贝·佩·加尔杜斯著，尹承乐译。黑龙江人民出版社1993年9月版。13万字。5.30元。“西班牙文学名著丛书”之一。阿尔玛是一位出身贵族家庭的高贵女人，她勇敢地破除门第观念，追求纯真的爱情，嫁给了一个贫寒的外交官，不料命运从此开始捉弄她。（安晓峰）

I000804 **图拉姨妈** ［西班牙］米·德·乌纳穆诺著，朱景冬译。黑龙江人民出版社1993年9月版。13万字。3.85元。“西班牙文学名著丛书”之一。探讨一个名叫图拉的女人的心理。图拉具有强烈的激情，对污秽性行为深恶痛绝。她照看姐姐的孩子，竭力拒绝任何男人的追求，最后孤独地死去。（安晓峰）

I000805 **茶花女** ［法］小仲马著，胡小跃译。漓江出版社1993年9月版。32万字。12.00元。小说。缝衣工出身的巴黎名妓玛格丽特对豪华、堕落的生活感到厌倦。税务官之子阿尔芒真诚的爱使一向被人玩弄的玛格丽特深为感动，她把自己最喜爱的茶花赠送给他，渴望通过纯洁的恋爱自新。阿尔芒的父亲要玛格丽特为了他儿子的幸福而离开阿尔芒。玛格丽特忍痛作出自我牺牲，在冤屈和疾病的折磨下离开了人世。《茶花女》是作者根据自己的一段亲身经历写成的。玛格丽特的原型是年轻貌美的玛丽·杜布莱西，她从农村来到巴黎，沦落为娼，曾与小仲马相恋过一段时间，后患肺病死去，年仅23岁。她的悲惨遭遇触发了小仲马的激情，使他创造出一个不甘堕落、心地善良的茶花女的动人形象。收入本书的《茶花女秘事》描述了杜布莱西悲惨、短暂的一生。（金龙格）

I000806 **少年阿默的秘密日记** ［英］汤孙著，薛兴国译。北岳文艺出版社1993年10月版。24万字。8.90元。日记体小说。由近900则日记构成。阿默是一个14岁的少年，正处在生理和心理趋向成熟的阶段。自己身体的发育，周围环境的状况，在阿默的日记里都有真实的记载。阿默的脸上长了青春痘，胡子也出现了，他为此而焦虑；他渴望得到真诚的爱，却常常显得笨手笨脚；他喜欢看书，却非常厌恶考试；他富有同情心，且关心国内外大事；他享受着浪漫而好奇的“爱”，却经历着父母失业和婚变带给他的痛苦。每则日记都精练、幽默并充满趣味。（冀拴生）

I000807 **塞维利亚的石貂女** ［西班牙］卡·索洛沙诺著，李德明译。黑龙江人民出版社1993年10月版。13万字。4.20元。“西班牙文学名著丛书”之一。描写一个人称“石貂”、名叫鲁菲娜的女人的故事。（安晓峰）

I000808 **抒情诗与传说** ［西班牙］古·阿·贝克尔著，尹承乐译。黑龙江人民出版社1993年10月版。10万字。4.95元。“西班牙文学名著丛书”之一。选收抒情诗97首、传说故事8篇。（安晓峰）

I000809 **双城记** ［英］查尔斯·狄更斯著，石永礼、赵文娟译。人民文学出版社1993年10月版。28.6万字。11.65元。根据法国大革命部分史实所写的历史小说。以18世纪后期伦敦和巴黎“双城”为背景。马内特医生因揭发法国一贵族迫害平民姐弟的罪行被投入巴士底狱监禁了18年，医生的女儿马内特小姐将父亲接出狱后定居伦敦。法国大革命爆发后，医生的女婿、也是当年送医生坐牢的贵族的侄子达奈被判处死刑，一个一直爱着医生女儿的人与达奈相貌酷似，他为使心爱的人幸福而代替达奈上了断头台。小说揭露了封建贵族对人民的迫害，表现了大革命中人民群众攻陷巴士底狱、惩治压迫者的情景。根据卡克斯顿出版公司版本翻译。（吴继珍）

I000810 **弃儿汤姆·琼斯史** ［英］亨利·菲尔丁著，张谷若译。上海译文出版社1993年10月版。99.5万字。2册。36.00元。长篇小说。汤姆·琼斯是个孤儿。富有的奥维资先生收养了他，让他受教育，但不久又遗弃了他。这首先是因为汤姆与管家的女儿娟丽偷情，又因他与猎狐者威斯屯先生的美丽的女儿苏菲娅双双陷入情网；而主要是因为卑鄙小人卜利福对他百般诬陷。在半友半仆的派崔济的陪同下，汤姆离开奥维资家，开始了流浪生涯。在经历了种种奇遇之后，汤姆来到伦敦，遇到了白乐丝顿夫人。白乐丝顿很喜欢他。在她的勾引下，汤姆成了她的面首。与此同时，深爱着汤姆的苏菲娅为了逃避嫁给卜利福的命运，也离家出走，逃到了伦敦。白乐丝顿没有让她跟汤姆见面，而是准备把她卖给费拉莫爵士，幸亏她的父亲及时赶到，才使她幸免于难。最后，汤姆的身份搞清了，原来他是奥维资先生的亲外甥。于是，苏菲娅和汤姆有情人终成眷属。作品以惩恶扬善的主题、曲折生动的情节、真切自然的人物，成为英国文学史上一部传世之作。为“世界文学

名著珍藏本”之一。(张建平)

I000811 **重现的镜子** [法]阿兰·罗伯-格里耶著,杜莉、杨令飞译。北岳文艺出版社1993年11月版。12.8万字。4.98元。作者是法国新小说及左岸派电影的代表人物。原作于1984年由法国午夜出版社出版。在这部传奇故事中,作者叙述了他的童年、中学时的初恋以及他的创作。作品由一个个片断组成。这些片断表现了作者童年生活中的恐惧或情欲的快感、作者的家庭生活轶事、战争年代纳粹的暴行以及由此引起的作者的精神创伤,等等。本书根据Les Editions de Minuit 1984年版译出。为“实验艺术丛书”之一。该丛书着眼于20世纪60年代以来国内外艺术创作中普遍存在的实验精神,展示了国内外实验性艺术家的成果,探讨了其实验发展过程。(李建华)

I000812 **凯旋门(雷马克文集)** [德]雷马克著,朱雯译。上海译文出版社1993年11月版。40万字。9.20元。长篇小说。主人公拉维克因遭受纳粹迫害而逃亡法国。一天,他在塞纳河的一座桥上遇到一个漂亮女子琼,两人因境遇相同而彼此相爱。不久,拉维克在街头偶然发现当年刑讯他并逼死他妻子的纳粹头目哈克。为报仇雪恨,拉维克忍痛离开琼,在一个夜晚将哈克骗到森林里并杀死了他。小说叙述了德国流亡者在异国他乡的悲惨遭遇,控诉了法西斯对无辜人民的迫害。作者埃里希·马里亚·雷马克(1898—1970)是德国现代小说家和剧作家。(裴胜利)

I000813 **德国诗选** 歌德等著,钱春绮译。上海译文出版社1993年11月版。30万字。8.90元。收入中古至近代德国43位诗人的230余首诗歌,其中有12世纪的宫廷诗,13世纪的骑士诗、工匠诗,17、18世纪浪漫派、古典派以及19世纪至本世纪象征派、唯美派、表现派、印象派等各大家的代表诗作。歌德、席勒、海涅、荷尔德林、诺瓦利斯、艾兴多夫、默里克、施托姆、尼采、黑塞等诗人的作品占有较大篇幅。本书于1960年2月初版,1982和1983年重版过两次。此次重版,译者对译文和一些篇幅作了修改和调整。列入“外国文学名著丛书”。(裴胜利)

I000814 **西洋文学史** 郑朝宗、郑松锟著。厦门大学出版社1993年11月版。17.8万字。5.40元。从古希腊到1917年的欧洲文学简史。(王依民)

I000815 **待到黎明时** [英]韩素音著,柏敬泽等译。重庆出版社1993年11月版。55万字。13.05元。长篇小说。以1944年抗战时期的陪都重庆为背景,描写一位容貌俏丽、富于正义感的美国女记者的经历。这位女记者来此采访中国战场,与一位中国医生邂逅,并一见钟情。两人先后奔赴延安,投身于人民革命事业,并由热恋到结合,历经30个春秋,直至“文化大革命”。小说以两位主人公的爱情故事、悲欢离合为线索,真实生动地再现了中国近30年的历史发展和中美关系史上诸多重大事件和人物,表达了对中国人民和中国共产党的深厚感情和高度信任。(吴立平)

I000816 **皇冠上的宝石** [英]保罗·斯各特著,范锐等译。重庆出版社1993年11月版。39.6万字。7.90元。达芙妮是一个在印度出生的英国姑娘,幼时随父母回英国定居,年轻时父母双亡,又随婶婶回到印度。一次,达芙妮意外地遇到了在《马雅浦尔日报》当英文编辑的印度青年哈利,他俩一见钟情。1942年8月9日夜,这两个排除了种族偏见的青年终于结合在一起。也就在这一天,英印当局逮捕了包括甘地在内的国大党全部领袖。趁火打劫的流氓见到这对正在拥抱的情人时,便揍了哈利一顿,然后轮奸了达芙妮。强奸事件迅速传开,哈利和在出事地点附近喝酒的青年被捕了,捉拿他们的是曾向达芙妮求婚遭到拒绝的白人警察头子罗纳德。罗纳德抓住这个机会加罪于哈利,并在狱中对哈利施以酷刑,以至哈利最终生死不明。不久,达芙妮怀孕了,她深信这是哈利留下的孩子,第二年,她生下一个女孩后在难产中死去。达芙妮的遗产由她的婶婶捐给了马雅浦尔城,并以她的名字成立了一个印度儿童收养所。(张敏生)

I000817 **信仰与超越:卢卡契文艺美学思想论稿** 黄力之著。湖南文艺出版社1993年12月版。25.6万字。7.10元。研究卢卡契思想的专著。系统阐释了匈牙利现代哲学家、美学家、文艺理论家卢卡契文艺美学思想成果。分6章。第一章划分了卢卡契生平、思想历程和社会实践活动的几个阶段。第二、三、四、五章分4个专题,着力评述卢卡契美学思想:第一个专题为意识形态论,阐述卢卡契的基本文学观念和文学批评模式;第二个专题阐释卢卡契关于艺术本质在人的本性层面上的展开,即美学人道主义;第三个专题阐释卢卡契与其艺术本质属性观相适应的审美认识论;第四个专题评述卢卡契对现实主义的扬弃,这是卢卡契在自我审美认识论的指导下对具体文学现象的分析。第六章是作者对研究成果的自我总结和评价。(罗蔚宣)

I000818 **俄罗斯十九世纪文学** 克冰著。内蒙古教育出版社 1993 年 12 月版。32 万字。8.30 元。按照“准备”、“勃兴”、“鼎盛”、“转化”四个阶段分析了 19 世纪俄罗斯文学繁荣的原因和各种原因之间的关系。对各个阶段的文学面貌和相关的社会历史背景进行了简要勾勒，对每一阶段重要作家的生平、思想和创作情况进行了较全面的介绍，对重要作家的代表性作品进行了较深入的分析。指出影响作者人品及作品风格的社会因素，总结了作品的创作特色及成功的创作经验，并力图辨析文学继承和发展的脉络及作家间的思想倾向、艺术方法的关联或异同，将历史的描述和作家、作品的评析融为一体。（王牧远）

美洲文学

I000819　**海明威与海**　[美]霍契纳著，蒋虹丁等译。漓江出版社 1993 年 3 月版。23.5 万字。6.40 元。人物传记。作者是海明威的忘年交，曾把海明威的几部小说改编成电影。他根据第一手材料记述了海明威于本世纪 50 年代寓居加勒比海滨的晚年生活，详细记录了海明威自杀前的精神状况，对研究海明威的内心世界具有重要的参考价值。本书英文版先由《星期六晚邮报》连载，后由兰登出版公司出版。译成中文本在大陆尚属首次。（沈东子）

I000820　**校舍上的车轮**　副名：安徒生奖作家作品系列。[美]迈·狄杨著，潘辛译。辽宁少年儿童出版社 1993 年 3 月版。15 万字。2.50 元。肖兰是个贫困的渔村。这地方流传着一个传说：鹳鸟能给人带来好运气。由于地处海边，经常受到狂风、恶浪和暴雨的袭击，所以全村只有一户人家的院子里有一棵樱桃树。因为树少，自然就无法招引鸟儿来安家。另外肖兰村的尖屋顶也使鹳鸟难以筑巢。为此肖兰小学的 6 名学生在老师的指导下，为寻找一个能在屋顶上安放的车轮而奔忙。通过寻找车轮，6 个小学生表现出了不同的性格。（杨春青）

I000821　**跳舞的奴隶**　副名：安徒生奖作家作品系列。[美]芭·福克斯著，黄衣青译。辽宁少年儿童出版社 1993 年 3 月版。17 万字。3.10 元。收 2 个中篇故事。《跳舞的奴隶》写 13 岁的杰西常在新奥尔良的港口旁靠吹笛子来赚一点钱维持生活。他无意中参与了贩卖奴隶的活动。在奴隶船上，他经受了可怕的遭遇，接触了船上的各种人，目睹了黑人的惨状。最后，在美国缉私船的追踪下，全部黑人被投入大海，在狂风暴雨中，杰西和黑孩子瑞斯从沉船中死里逃生。《月光下的人》表现一个女孩的思想感情。她的父母在她很小时就离婚了。夜晚，当她看到父亲酗酒时，心里充满了恐惧和气愤。白天，父亲带她去海边共享大自然风光，用诗歌表示坦诚的心，给了她抚爱，她开始理解父亲了。作品深刻反映了离婚家庭的孩子所受的精神创伤。（杨春青）

I000822　**冒险家的足迹**　副名：安徒生奖作家作品系列。[美]司·奥台尔著，徐朴译。辽宁少年儿童出版社 1993 年 3 月版。16 万字。2.80 元。16 世纪时，西班牙科拉多军队的夏营里，有 7 个人进入一片陌生的土地去寻找西勃拉的金子城，其中门多沙上尉和三个士兵是为贪婪所驱，到那儿去找黄金；弗朗西斯科神父是出于仁爱去拯救灵魂；伊斯特班·山多韦尔是一个刚从学校毕业的绘图员，他梦想把这一大片陌生的土地绘入自己的地图；印第安姑娘齐娅是他们的向导和翻译，她十分明白这次旅行的危险。随着豪威库、奈克斯潘、桃赫等地一个个被他们征服，他们的感情、理智、荣誉甚至生命无不一一牺牲在攫取黄金的贪欲中。从山野荒漠里侥幸逃出来的伊斯特班又落入另一些贪婪者手中，他们把他关进监狱，都想得到他的地图，找到藏金的地方，最后由齐娅把他搭救出来。作品格调既阴郁又五光十色，那些冒险家的形象既残酷无情又英勇豪放。作品采取顺叙和分段倒叙的形式，结构别致。（杨春青）

I000823　**北行漫记**　副名：红色中国报道。[美]哈里森·福尔曼著，路旦俊译。湖南出版社 1993 年 4 月版。18.8 万字。6.10 元。美国《纽约先驱论坛报》记者哈里森·福尔曼于 1944 年赴延安及中国共产党领导的其他抗日根据地，采访了毛泽东、朱德、周恩来、贺龙、王震、陈毅、聂荣臻以及蒋纬国、胡宗南、阎锡山等国共两党众多高层人物，与他们就抗日形势、国共摩擦、中国前途等重大问题进行了长谈。本书记述了这些采访情况，还如实反映了八路军英勇抗日的真实情况，并描写了农业劳动模范、工人、普通战士等许多“小人物”以及马海德、日本人民解放同盟成员等在边区工作的外国人，客观介绍了边区政治制度、经济制度和文教制度。所附照片极为珍贵。（陈敬）

I000824　**欧·亨利短篇小说选**　[美]欧·亨利著，张经浩译。湖南文艺出版社 1993 年 5 月版。34 万字。7.80 元(平)，10.30 元(精)。收入短篇小说 49 篇。《命运之路》反映了人摆脱不了命运的控制；《真凶》告诫人们切勿忽视对子女的教育问题；《二十年后》描写一个巡警忠于职守，秉公拘捕沦为罪犯的老朋友的故事;《最后一片叶》讲述一位画技平平的贝尔曼老头儿为了拯救一个年轻人,不顾自己的安危,在风雨之夜为年轻人画出了救命的最后一片藤叶的故事。(康曼敏)

I000825 **啊,拓荒者!** [美]威拉·凯瑟著,杨怡译。上海译文出版社 1993 年 7 月版。14 万字。6.70元。长篇小说。主人公亚历山德拉·伯格森是一位瑞典移民的女儿,其乐观向上的精神深得父亲欢心。父亲临终前,一反传男不传女的传统习惯,将农场的管理权交给了她。此举引起她两个弟弟的不满。在美国西部贫瘠的内布拉斯加高原上,她辛勤耕耘,把荒原变成了富饶的土地。同时她尽心尽力培育两个屡屡与她作对的弟弟。小弟弟埃米尔迷上美丽的邻家少妇玛丽,引起玛丽的丈夫弗兰克的忌恨,亚历山德拉通情达理地处理了这件事。这时候的她由衷地感到感情上的孤独,而她青梅竹马的朋友卡尔出乎意料地来到了她的身边。生活真正充满了阳光。本书为"美国西部文学译丛"之一。(张建平)

I000826 **兔子安息** [美]约翰·厄普代克著,袁凤殊等译。重庆出版社 1993 年 7 月版。37.9 万字。8.50 元。"兔子"小说系列第四部,也是最后一部。哈里 57 岁了,4 年前退休,过着悠闲的生活。接管斯普林格尔汽车经销公司的儿子纳尔逊不仅吸毒,还与同性恋者勾结,做假帐,偷光了公司的钱。公司不仅面临破产,而且还有被起诉的危险。妻子简妮丝帮着儿子掩盖丑恶行径。父子本来不和,这时更陷入重重矛盾之中。哈里回到布鲁厄,看到他的亲朋和情人或逝去或离去,很是伤感。纳尔逊的妻子深受丈夫吸毒之苦,遭受性饥渴的折磨,竟与哈里同床。简妮丝不原谅哈里。在一个夜晚,哈里像年轻时那样逃跑了,去到他在佛罗里达海滨的公寓,一个人过着孤寂的日子。他又一次心肌梗塞发作,在弥留之际知道妻子和儿子赶来,他却没有话可说。(薛相林)

I000827 **尤金·奥尼尔的剧本** 副名:一种新的评价。[美]弗吉尼亚·弗洛伊德著,陈良廷、鹿金译。上海译文出版社 1993 年 9 月版。44.6 万字。13.40元。根据奥尼尔的笔记及手稿等,对他的 50 部剧作进行全面的新评价。按照奥尼尔创作生涯四阶段分四个部分:一、大海母亲的儿子:早期剧作与早期阶段(共 25 剧);二、海员的天地:实验戏剧与成熟期(共 15 剧);三、失去了的地平线——被打断的旅程:写"自我"的剧本和组剧(共 6 剧);四、归来——最后的港口:后期的伟大剧作(共 4 剧)。每一部分的导言提供有关作者当时生活、活动和态度等方面的材料,然后分章节介绍每部剧作的剧情梗概、演出情况,并作具体评介。前有奥尼尔生平年表。书末附有参考书目,包括奥尼尔所有作品、未完成作品及手稿的资料。(吴劳)

I000828 **爱情的牧师** 副名:劳伦斯传。[美]亨利·莫尔著,郭群英、方清涛译。花山文艺出版社 1993 年 10 月版。50 万字。14.50 元。记叙 D.H. 劳伦斯的生平及创作情况。评述劳伦斯的重要作品。阐释了劳伦斯的人类性行为理论,探讨了劳伦斯反社会倾向的根源。书前有伦敦大学诺尔曼博士、希腊教师艾米莉为中译本所写的前言、附有译者后记。(刘英民)

I000829 **紫色** [美]艾丽丝·沃克著,杨仁敬译。北京十月文艺出版社 1993 年 12 月版。21.3 万字。7.00 元。美国黑人女作家创作的反映黑人妇女生活的长篇小说。14 岁的黑人姑娘茜莉屡遭继父奸污,生下两个孩子后又被迫嫁给一个有 4 个孩子的黑人鳏夫 x 先生。x 先生把她当作发泄性欲的奴仆,百般虐待。她除了逆来顺受外,只能不断地给上帝写信倾诉自己的苦衷。她的不幸终于感动了 x 先生的情妇,两人一道离开了 x 先生。茜莉独自谋生,成了一个有独立人格的新女性。小说采用书信体,情调凄婉,文笔质朴。(隋丽君)

I000830 **红字** 霍桑著,温烈光译。花城出版社 1993 年 12 月版。15 万字。5.45 元。女主人公海丝特·白兰祖籍英格兰,出生于没落世家,随同大批移民渡海到美洲谋生。她是个美貌动人的少妇,但婚姻极不美满,丈夫是个身体畸形的老学究。她先于丈夫到达波士顿,两年中彼此失去联系,并听说丈夫在渡海途中遇难。于是,她与当地青年牧师丁梅斯代尔发生恋情并生下孩子。事情败露后,她遭教会惩罚,被判刑坐牢并要在胸前佩戴红色字母 A 以示羞辱。为了保护恋人的名声和前程,她独自承担罪责,忍辱负重,顽强地生活下去。后来她与牧师在林中相会,密谋出走去寻找幸福。但牧师出于怯懦和宗教思想的束缚,不敢与海丝特一起逃走,相反他公开忏悔自己的罪过,最后倒在海丝特怀抱里咽下最后一口气。牧师死后,海丝特母女远走他乡。她一直眷恋着牧师。后来在牧师的坟墓旁边出现了一座新坟,那里就是海丝特长眠的地方。作品塑造了一个反抗宗教束缚、敢于争取女性权利的形象。为"世界女性题材经典名著丛书"之一。

J 艺术

艺 术

J000001 **当代中国画技法·赏析** 副名:曾宓水墨山水画创作。曾宓作。接力出版社1993年3月版。3 800幅图。11册。23.50元(平),39.00元(精)。共收著名国画家曾宓的山水画作品20余幅。曾宓出身书香世家,传统功力颇深,尤受近代黄宾虹影响。其山水作品善以骨为质,以写为法,融中国书法于水墨山水之中,纵横捭阖,墨气浑成。画家尤精于“宿墨泼写法”。运用宿墨时,大量和水直落,有一笔两得之效,“积”、“破”并用,水墨互变;勾勒则喜用中锋直入,一气呵成。山形成势,皆成文章。(苏旅)

J000002 **编织五彩的梦** 副名:'91上海儿童美术研讨会论文集。少年儿童出版社编。少年儿童出版社1993年9月版。20万字。12.30元。收辑论文65篇。其中有华君武的《贺信》,阿兴的《儿童读物的完美性思考》,潘小庆的《斗室断想——关于儿童美术的几点要求》,韩伍、钱生发的《唤起儿童美术家的童心》,速秦熙的《审美观念更新与儿童美术创新》,王祖民的《儿童读物绘画中的“漫画造型”》,何艳荣的《实现我的梦——谈自编自画》,邓柯的《用独特的绘画语言来讲自己的故事》,范生福的《儿童连环画“变”之我见——兼论“写实”与“夸张”》,黄可的《左翼文艺运动中的儿童美术》,等等。这些论文就儿童审美心理、儿童美术在儿童读物中的作用和地位、儿童美术的艺术特征、传统与创新、开创多种艺术风格等方面发表了见解。(洪祖年)

艺术理论

J000003 **艺术鉴赏** 顾建华主编。北京出版社1993年2月版。30万字。7.60元。深入浅出地说明艺术主要门类的基本特征、语汇和表现手段及其发展概况。(邬云泰)

J000004 **艺术理论基础** 上海市教育局职教处编。高等教育出版社1993年5月版。13万字。3.65元。由国家教委职教司和高等教育出版社组织编写的中等职业技术学校工艺美术类专业教材之一。内容包括艺术的本质、艺术的发展、艺术的创造、艺术的欣赏、艺术工作者5部分,知识性较强,图文并茂。作者以马克思主义的文艺观、美学观为理论依据,概要地阐述、评价了艺术的起源、艺术门类及艺术创作方法等。全书借鉴了大量历史资料和诸多艺术家的作品,并运用文学上“夹叙夹议”的手法,以培养学生的学习兴趣,引导学生从各个角度欣赏各类艺术作品,并指出青年艺术工作者应具有的道德和修养,有很强的教育意义。(刘晓红)

J000005 **法国大教堂** [法]罗丹著。啸声译。上海人民美术出版社1993年5月版。23万字。80幅图。12.00元。法国艺术家罗丹倾其后半生30年时间,对法国大教堂进行考察研究,写下了许多笔记,本书为经人整理的艺术杂感录。(钱欣明)

J000006 **机械复制时代的艺术作品** [德]W.本雅明著。王才勇译。浙江摄影出版社1993年6月版。7万字。11.00元。德国法兰克福学派新马克思主义文艺理论代表人物W.本雅明(1892—1940)的美学名篇,著者百年诞辰之际国内第一个译自德文原著版本(德国美因河畔法兰克福苏卡姆出版社1980年版《本雅明全集》第一卷)并含其第一稿、第二稿两个稿本的完整译本。著者认为,艺术复制技术从手工到机械的发展是“量遽变到质”的飞跃,它动摇了对传统艺术的基本观念,引起人类对于审美创造、制作、鉴赏、接受等方式与态度的根本转变,具有划时代的意义;尤对机械复制艺术的典范——电影作了同传统戏剧、绘画、建筑诸艺术的比较研究,肯定这一可大量复制发行并以群体方式接受的现代艺术媒介同社会大众的直接贴近性。书中“译者前言”对原著论点有较详尽阐释。(范达明)

J000007 **中国艺术美学** 刘墨著。江苏教育出版社1993年9月版。87万字。16.40元。以思想篇、意境篇、范畴篇、创作篇和体系篇等5部分24章为纲目,对古往今来的中国艺术哲学、艺术美学和各门类艺术思想资料文献进行较为系统的梳理与阐释,

并力图构建起一个较为完备的中国艺术美学体系。(胡新群)

J000008 **艺术辩证法编** 蒋树勇编选。中国社会科学出版社1993年10月版。31万字。10.90元。辑录中国古代文艺理论中有关辩证法的资料。内容包括文以气为主、物一无文、中和之美、一多、正反、有无、虚实、真伪、形神、曲直、奇正、繁简(疏密)、浓淡(深浅)、巧拙、生熟、雅俗、动静(收纵)、轻重、大小(长短)等19个专题。每个专题视具体情况分列数量不等的若干小节,拟题排列。资料辑自先秦至清末古代文艺各个领域里的有关理论著作,包括一般原理、创作经验、批评鉴赏等,范围涉及诗、文、词、曲、小说、戏剧、绘画、雕塑、音乐、书法等。为徐中玉、陈谦豫主编的"中国古代文艺理论专题资料丛刊"之一。该丛刊分通变、辩证、本原、情志、神思、文质、意境、典型、比兴、风骨、法度、教化、才性、文气、知音15个专题,分册陆续出版。(季寿荣)

世界各国艺术概况

J000009 **外国美术史纲要** 陈洛加著。电子科技大学出版社1993年版。33.9万字。11.80元。高等美术专业外国美术史教材。以新颖的观点、独特的编写方法、丰富的材料、流畅的文笔介绍了从史前至20世纪末以西方美术史为主线索的世界美术发展历程。本书不仅对社会历史、风格流派及艺术家作了分析评价,还将有代表性的艺术作品单独列出进行鉴赏分析。本书从审美的角度对艺术史作了整体审视,将史与论、社会学探讨与作品形式分析有机地结合起来,使读者从中既可获得广博的艺术知识,又能得到美的享受。本书还用较多的篇幅着力评介了当代西方各种美术流派及现象。(谢晓辉)

J000010 **西方美术史** 范梦编。山西教育出版社1993年版。41.6万字。16.00元。从人类与美术的起源始笔,以介绍西方美术数千年发展中的三次高峰为重点,连成一条脉络清晰、起伏不断的中轴线,对古希腊古罗马、文艺复兴、19九世纪这三次高峰时期的整体美术面貌、画家与画派、杰出作品、创作技巧、风格演变等,均作了系统详尽的介绍和分析。同时对高峰间歇期的中世纪,17、18世纪以及苏联和美国的美术,也给予了简明扼要的评述。本书专列现代派美术一章,全方位地探讨了形成的原因,对各流派作了全面的介绍。全书以史为经,以事为纬,把社会背景、历史演变、著名美术家、杰出作品融于一体,将几千年西方美术史作了清楚精炼的评述。紧密配合内容精选了360余幅彩色及黑白插图,这些插图均是那个时代的绘画、雕刻、建筑艺术的精品,也是著名美术大师留给后人的代表作。(李之杰)

J000011 **写给大家的中国美术史** 蒋勋作。生活、读书、新知三联书店1993年版。88.00元。普及型美术史著作。以图文并茂、通俗易懂的方式,把绚丽、繁复、博大精深的中国美术介绍给广大的普通读者,令人赏心悦目之余,又能"启发现代人的生活",尤其能激发年轻人对中国传统文化的博大与亘古之美的向往之情,并继承和光大之。本书采用特8开。作者按历史沿革顺次介绍:从绘画的开始、商周、春秋战国、汉、魏晋、东晋、北魏、西魏、唐、五代、宋、元、明、清直至清末明初的徐悲鸿和齐白石,既有纵向的脉络清晰的史的疏理,又以点带面重点突出。全书以作品赏析为主,辅以少量形象化的理论简介,文字轻捷、畅达。书末附有图片索引。(冯金红)

J000012 **中国少数民族地区报纸美术作品精选** 陈玉先、若希主编。长城出版社1993年3月版。1 741幅。7.90元。收集生活和工作在祖国边疆的少数民族和汉族画家的美术作品1 000余幅,几乎涉及到我国各个少数民族地区的政治、经济、文化、民俗风情等各个方面。具有强烈的时代气息,鲜明的民族特色,多样的艺术手法。(陈玉先)

J000013 **中国美术史纲要** 黄宗贤编著。西南师范大学出版社1993年3月版。22万字。48幅。16.00元。高校美术专业教材。收入"美术系教育系列丛书"。参照美术专业自学考试《中国美术史自考大纲》及高师本专科中国美术史教学大纲编写。内容紧紧把握住中国美术发展史的基本特点,即中国悠久的历史传统,留给我们丰富的宝贵遗产;中国又是多民族、幅员辽阔的国家,不同民族不同风貌的美术汇集成一条艺术长河;每一时代的最能体现其时代精神和审美理想的美术门类。本书侧重对各时代的美术成就加以论述。(傅孝修)

J000014 **西方现代派美术** 鲍诗度著。中国青年出版社1993年3月版。21.3万字。9.90元。介绍西方现代派美术的通俗读物。作者打破以往学术理论专著思维定势,而从各个不同的视角切入,以其简洁、生动、形象的抒情笔触,科学系统地勾勒出西方现代派美术的艺术发展道路;对大师们的创作道路、哲学思想、美学观照、艺术风格、视觉语言、技巧个性,一一进行了艺术概括。在介绍大师们艺术生涯时,作者不是平铺直叙,而是从各个不同的方位作细部刻画，运用诗化散文的抒情笔调，揭示出多元的内心世界，既富有艺术直感，又具有深刻的内在蕴含。在每一章卷首，作者均引用艺术家自己的一句名言作为标题，提纲契目，画龙点睛，开卷明义使读者感知大师的风骨、艺术追求和艺术个性。全书收录彩照62帧，黑白图片349帧。部分作品在国内首次出版面世，透过大师们的作品，可使广大读者感知画家对现实深层的思考。（刘艳丽）

J000015 **1949～1989中国美术年鉴** 刘曦林主编。广西美术出版社1993年5月版。300万字。400幅图。298.00元。有关新中国美术史料的大型工具书。分为13大部分：一、美术纪事，扼要记述1949～1989年间中国美术界的重要活动；二、美术社团，简介全国各省、直辖市、自治区（包括台湾地区）美术社团（各种协会、学会、联谊会等）的成立时间、组织性质、活动情况、主要成员；三、创作研究工作机构，简介全国各省、直辖市、自治区及部队的美术创作研究机构（书画院、设计院、研究所、创作室等）的基本情况；四、画乡，主要介绍1988、1989年文化部社文局命名的“中国现代民间绘画画乡”的组织、创作活动情况及主要作者；五、美术院校，简述全国各地（含台湾地区）各美术院校及综合性大学美术系科的历史沿革、专业设置、教学特点、主要师资等情况；六、美术馆、博物馆，简介包括台湾在内的全国各地的美术品收藏、陈列、展览、研究机构的基本情况；七、美术出版单位，简介全国各省、市、自治区的美术、书画、摄影出版部门的基本情况，包括历史沿革、机构设置、出书范围、主要图书等；八、美术报刊，介绍全国各地（含台湾）的美术专业刊物、报纸的创办情况、宗旨、性质、特色、主要栏目等；九、美术家，以中国美术家协会会员、中国书法家协会会员、国家级工艺美术大师为主体，录入1949～1989年间在世的中国美术家8 000余人的生平资料及主要创作、著述情况；十、美术书目选编，分美术史论、美术技法、工具书、美术作品4类录入1949～1989年间出版的美术读物近5 000种；十一、美术展览一览表，以表格形式逐年记录1949～1989年间全国各省、市、自治区举办的重要美展的基本情况；十二、艺术经营单位及厂家，简介部分工艺美术生产厂家和从事艺术品经营的公司、画廊、商店、服务部；十三、美术作品，收入1949～1989年间创作的中国美术作品400余件，分绘画、雕塑、建筑艺术、工艺美术、民间美术、电影美术、舞台美术、书法、篆刻几大类，均为各不同发展时期具代表性的作品。辅文部分包括附录、美术家有关条目的音序索引、姓氏笔画索引、分类索引等。（伍先华）

J000016 **黔西北彝族美术** 陈长友主编。贵州人民出版社1993年7月版。489幅。220.00元。美术史料集。贵州毕节地区彝文翻译组经过长期探索，从所收集到的4 000余册彝文古籍资料中，拍摄了1 000多幅插图和那史，再从中精选489幅汇编成册。书中收录的作品主要由那史、书籍插图、漆书3大类组成。（夏昆）

J000017 **藏传佛教唐卡绘画明鉴（藏文）** 噶庆·洛桑彭措著。民族出版社1993年8月版。10万字。28.00元。介绍藏传佛教佛像绘画技巧及要领。公元7世纪开始，随着佛教文化的传播、佛像佛画的塑造绘制工艺也传到了藏区。从古印度、尼泊尔等地区传来的佛画艺术，经过几十代藏族画家的努力，发展成为具有鲜明的民族特色和独特艺术风格的藏传佛教唐卡画艺术，书中详细讲述了唐卡画的绘画格式、比例关系、布局结构、颜料选择、绘画技巧和要领，并附有60幅佛像绘画格式草图。可作为初学唐卡画者和画家们塑像绘画的依据。（丹真多杰）

J000018 **福建民间美术** 陈秋平编。福建教育出版社1993年8月出版。3万字。200幅图。268.00元。从万花纷呈的福建民间美术宝库中采撷精华，荟萃200帧精美图片，分为木版年画、纸扎、木偶、剪纸、石雕、木雕、砖雕、刺绣等8辑，并配以专题论文9篇。（谢从荣）

J000019 **心印** ［美］方闻著，李维琨译。上海书画出版社1993年10月版。16万字。11.50元。收入“中国绘画研究丛书”，是当今西方著名的中国美术史研究专著，从1984年美国普林斯顿大学出版社出版的英文原著译出。共5章：“中国山水画的图绘性表现”、“北宋书法：心画”、“元代：自我表现之崛起”、“明代复古主义”和“集大成”，历述了中国书画艺术自晋唐兴起高峰之后，不断发展演变的历程。作者用“视象结构分析”的方法，紧紧依据传世的书画名迹，探讨了中国艺术发展的内在规律。而且，各章文中还密切联系与这些书画名迹相关的社会政治、哲学、文学等方面的背景，梳理出诸多美术史现象产生和衍变的内在理路。对于从事美术史与文化史研究的专业人员及爱好者，具有一定的启发和参考作用。（李维琨）

J000020 **独自叩门** 副名：近观中国当代主流艺术。尹吉男著。生活·读书·新知三联书店1993年10月版。16.8万字。14.80元。美术评论集。分

5部分:新生代·近距离;天书·招魂·鬼打墙;实验·对话;灵魂出壳;风格·嘴脸。作者以独特的思想方式触及到了艺术潮流、艺术现象、艺术家的个人状态。表述了对中国当代主流艺术的冷静观察与直觉感受,尤其对前卫艺术给予了特别的关注。大胆地为中国艺术“规划”一条今后该走的路,书中的观点令人耳目一新。“新生代”、“近距离”这些概念,由于作者创造性地运用,才在国内流行起来。书中配有插图200余幅。(苑兴年)

J000021　**华夏五千年艺术不能不知道丛书**　冯骥才、孙宝发等编。天津杨柳青画社1993年11月版。60万字。1 200幅。119.70元。共12册,侧重美术方面。即:绘画(丹青集,冯骥才著)、书法(翰墨集,孙宝发著)、雕塑(王家斌著)、陶瓷(徐静修著)、青铜器(吉全集,李东婉著)、玉器(美玉集,尤仁德著)、建筑(营造集,魏克晶著)、文房四宝(蔡鸿茹著)、工艺美术(工巧集,华梅著)、民间美术(俗艺集,崔锦著)、壁画(王振德著)、版画(陈骧龙著)。丛书全部采用一文一图形式,深入浅出,通俗易懂,准确生动。文字从赏析角度介绍作品时代背景、前后作品关系及艺术性,并联系有关的人、事、物。展示了本门类艺术的发展概貌。有较强的欣赏性和实用性。(何平)

绘　画

J000022　**妥木斯画集**　妥木斯作。内蒙古人民出版社1993年版。120.00元。收入作者不同年代创作的108幅油画作品。其中“炉前工”、“垛草的妇女”、“查干胡”、“九月”、“霄”、“风和白马”、“春风”等曾在国内外大型展览上展出,并荣获国家和省市自治区级奖励。这些作品反映了作者对内蒙古大草原的热爱,描叙了美丽的内蒙古。(苏华)

J000023　**师魂颂**　汪介培编。山东友谊出版社1993年版。823幅。2册。168.00元。共收入海内外著名书画家的力作823件,其中囊括了启功、冰心、臧克家、于希宁、周而复、欧阳中石、易苏民(台湾)、陈声桂(新加坡)、金洋东(韩国)等人的上乘妙品。作品分《中国画卷》和《书法卷》两册。(夏爱平)

J000024　**全国首届中国山水画展览作品集**　中国美术家协会编。陕西人民美术出版社1993年版。328.00元。收录全国首届中国山水画作品金奖、银奖、铜奖及入选参展优秀作品共300余幅。基本上可以体现我国山水画近几年的发展状况,不仅在题材内容上有所扩展,在表现形式和艺术风格上也更加丰富多样,艺术家力求以新颖独特的技巧表达对自然景物的真情实感。他们不拘泥于对传统技法的单纯继承,不仅善于吸取其他绘画的优点,而且还能恰当地融合外来艺术的新机。(桑勤志)

J000025　**儿童彩墨人物画**　王子健作。上海书画出版社1993年版。0.4万字。130幅。3.00元。儿童绘画书。根据儿童的智能情况,采用直观的方法,以图为主,配以少量文字,让他们在了解人物头部造型、人体比例、手脚动作变化的同时,去掌握彩墨人物画的基本技法、布局以及如何创作。(华逸龙)

J000026　**儿童一笔画丛书**　童欣等编。上海书画出版社1993年版。125幅。5册。总价10.00元。包括《儿童交通一笔画》、《儿童日常用品一笔画》、《儿童花卉一笔画》、《儿童蔬果一笔画》、《儿童动物一笔画》等。每本除有一面介绍一笔画及其画法之外,另外的25面是每面一幅一笔画作品,在画旁配有步骤图和介绍所画对象的短语。(华逸龙)

J000027　**中南海珍藏画集(第一卷)**　中南海画册编辑委员会编。西苑出版社1993年版。480.00元。收入绘画作品240幅,其中有部分作品是中国近现代画坛名家赠送给毛泽东、周恩来等党和国家领导人的绘画精品,既有近代艺术巨匠的传世珍品,也有现代画坛新秀的旷世佳作。齐白石、张大千、陈半丁、黄宾虹、傅抱石、李可染、吴作人等艺术大师的绘画杰作,笔力宏阔,气势灏莽,具有艺术和历史的双重价值。中青年画家的作品,多能在发扬传统绘画技法同时,表现出现代精神,富有新的艺术情趣。画集中所收的作品几乎囊括了一个世纪以来中国绘画名家的代表作。(陈玉刚)

J000028　**左汉桥书画集**　左汉桥绘。北京出版社1993年1月版。30.00元。精选大写意花鸟画和书法艺术作品80余幅。“书中有画、画中有书”,书法与绘画相辅相成是画家的追求,也是作品的显著特色。无论是荷塘系列,还是各类花鸟题材,画家都力求在表现整体风格的阳刚力度、浑厚气韵、质朴稚拙的基础上,注重艺术形式美感和笔墨意趣上融汇中西,不拘一格的开拓探索。作者在对待传统书法的理解与变革上,既具有较深传统功力,又具有现代书法艺术探索的强烈时代气息。(张肇基)

J000029　**365夜带问题的故事图画本1—4**　王筠等编文,金雪林等绘画。少年儿童出版社1993年1月版。4 000幅。4册。20.00元。收各种带有知识性问题的故事365个,以连环图画的形式表现,最后留下让读者思考的问题,每题附答案。分4册。第一册“有趣的动物”,有90个带问题故事。第二册“奇妙的植物”,有91个带问题故事。第三册“神奇的大自然”,有92个带问题故事。第四册“多彩的生活”,有92个带问题故事。(洪祖年)

J000030 **初中数理化连环画** 沈治平著文。叶雄、曾佑伟等绘画。浙江人民美术出版社1993年2月版。3 317幅。55.00元。共9册,计代数4册(“卜算子怪遇记”1—4册)、几何2册(“奇梦48”1—2册)、物理2册(“科学城历险记”1—2册)、化学1册(“化学宫奇遇记”)。丛书用青少年喜爱的卡通连续故事形式,创造性地将枯燥难懂的数理化公式、原理,变抽象为形象,化难懂为易懂。丛书故事中的主人公与初中生同龄,故事悬念众多,在奇遇里获知识,从探索中求真谛,于幽默间寓智慧,解疑难中长才干。(杨德康)

J000031 **动物36变** 郑赞文编。安徽美术出版社1993年3月版。12.00元。从动物写生入手继而展示变形、变体过程,既保留了动物的体貌又有画家的主观意象和审美情趣。总结归纳40余种动物造型的变形手法,并用图例来加深读者的理解。此外,还精选国内外各种动物图形千余幅,以供工艺美术设计人员参考。(马世云)

J000032 **乔十光漆画集** 乔十光作。福建美术出版社1993年3月版。100幅。58.00元。精选作者多年创作的漆画力作85帧,其作品饱满、厚实,刻画形象或组织画面均具独特风格,洋溢着浓重的生活气息和乡土气息。(丁尚南)

J000033 **杨飞云** 水天中等主编。广西美术出版社1993年3月版。28.00元(平),38.00元(精)。画册。收入杨飞云于1986～1993年间所作油画24幅,包括其代表性作品《抱玩具的姑娘》、《回望》、《瞬间的静止》、《静物前的少女》、《夏》、《北方姑娘》等。杨飞云长期致力于油画自身语言的研究探索,形成静穆、庄重、典雅的画风,被认为是中国油画古典主义风格的代表性人物。书前有范迪安撰写的画家专论《杨飞云油画艺术论》,介绍了杨飞云艺术创作的风格特色、形成这种风格特色的文化背景和其发展演变过程,以及它对于当代油画艺术发展的意义。书后附杨飞云自述和创作年表。收入“中国现代艺术品评丛书”。(伍先华)

J000034 **刘小东** 水天中等主编。广西美术出版社1993年3月版。28.00元(平),38.00元(精)。画册。收录刘小东于1987—1993年间创作的油画作品24幅,代表性作品有《打哈欠的男人体》、《休息》、《田园牧歌》、《人鸟》、《阳光普照》、《踏春图》、《笑话》、《晚餐》、《海边》、《大风景》、《心乱的男孩》等。刘小东的作品善于捕捉现实生活中的平凡细节和表现画家对现实的真实感受,对艺术语言也极为重视,可视为当代画坛新写实主义的代表。除绘画作品外,书中还收有邵大箴撰写的长篇专论《刘小东和新写实油画》及画家的自述和创作年表。收入“中国现代艺术品评丛书”。(伍先华)

J000035 **朝戈** 水天中等主编。广西美术出版社1993年3月版。28.00元(平),38.00元(精)。画册。收入蒙古族画家朝戈的油画作品24幅,如《蒙古女像》、《戴眼镜的人》、《敏感者》、《阳光和背影》、《盛装》、《红头巾》、《呼哥》、《大气》等,创作年代为1985～1990年。朝戈的创作呈现出古典主义的风格,他对形、光、色的出色把握,明朗大方的背景处理,自由舒展而又精确无疑的油画技巧,多少带点神经质的群像造型,又具有现代气息的自由和活泼,在当代画坛上具有独特的意义。书前有尹吉男的《写在前面》和吴厚斌的《在感觉和理性的交汇点上》两篇画家专论,书末附画家自述和创作年表。收入“中国现代艺术品评丛书”。(伍先华)

J000036 **孙为民** 水天中等主编。广西美术出版社1993年3月版。28.00元(平),38.00元(精)。画册。收入孙为民于1984—1993年间创作的油画作品24幅,包括乡土题材作品《腊月》、《晌午》、《暖冬》,人体作品《有天窗的画室》、《灯光下的女人体》、《双手交叉的裸女》及突出光影表现的《绿荫组画》系列等具有代表性的作品。孙为民是一位执著探索油画本体的色彩优势并卓然有成的画家,评论家认为其《绿荫组画》系列具有“印象主义的斑斓色彩、颤动的空气和阳光、闲雅而舒适的自然之美”。书中收有范迪安所撰写专论《孙为民油画艺术论》,书末附孙为民自述及创作年表。收入“中国现代艺术品评丛书”。(伍先华)

J000037 **当代中国画技法·赏析** 副名:田黎明水墨人物画创作。田黎明作。接力出版社1993年3月版。1.47万字。23.50元(平),39.00元(精)。著名国画家田黎明以其独创之“融染法”蜚声中国当代水墨界。此法是先水后墨,又名“围墨法”。先淡后浓或先浓后淡,无固定程式,见机而生。淡中淡积,浓中浓积,墨水相融,水色互化,平中见厚,淡中有润,笔化墨中,墨融色中,色融水中,光驳陆离,恍若幻梦,效果奇佳,令人叹为观止。画家以深厚的传统功力,百折不回的探索研究,格调奇高的学术品位,为丰富博大的中国画长河平添了一处清新的风景。本书共收画家代表作20余幅,尤其是万余字的作画心得文风优美而富于哲理,有较高的学术水平。(苏旅)

J000038 **当代中国画技法·赏析** 副名:张培成水墨人物画创作。张培成作。接力出版社1993年3月版。0.76万字。23.50元(平),39.00元(精)。张培成是一位善于汲收民间美术精华的著名国画家,本书共收他创作的水墨人物画20余幅。作品融水墨、重彩双重功能于一身,既有传统水墨的淡雅古拙,又有民间美术的艳丽喜庆,生动活泼、纯真可人。所创研的民间着色法独具一格。(苏旅)

J000039 **当代中国画技法·赏析** 副名:陈平水墨山水画创作。陈平作。接力出版社1993年3月版。0.56万字。23.50元(平),39.00元(精)。著名国画家陈平在当代山水画创作中有着重要的地位,其诗、书、画俱佳,有古代高士之遗风。其独创的"浑墨皴染法"有"陈平皴"之美称。其山水画作品笔墨清放,色泽浓重,尤以大块墨团取胜;其运笔功力老辣,力透纸背,笔笔相依,浑成一势。其笔下或萧疏之景,或浩然之气;或幽风徐来,或杳冥之状;或青峰之貌,或雨山如铁。自是一番天地。本书共收画家代表作20余幅和谈艺心得若干,有较高的学术价值。(苏旅)

J000040 **当代中国画技法·赏析** 副名:赵宁安水墨花鸟画创作。赵宁安作。接力出版社1993年3月版。0.74万字。23.50元(平),39.00元(精)。作者为中央美术学院副教授,他的作品强调笔意和墨趣,参差错落,疏密聚散,深得宋明清花鸟画传统三味。画家喜欢中则锋互用,枯湿墨相参,形质势兼顾;横勾坚抹,层层罩染,再以银粉重勾墨线,得装饰风格之妙。本书共收画家代表作20余幅和作画心得数篇。(苏旅)

J000041 **当代中国画技法·赏析** 副名:江文湛工笔画花鸟画创作。江文湛作。接力出版社1993年3月版。1.01万字。23.50元(平),39.00元(精)。共收著名花鸟画家江文湛精品20余幅。画家传统功力不凡,画风受清代八大山人和现代李苦禅影响,构图突兀、造型奇特。画中繁简呼应,着墨精致;色与墨相破,浓与淡相发,善用黑白对比,疏密互换,鱼线相依,层层皴染,枯润互生,作品淡雅而清奇,在国内外有一定的影响。(苏旅)

J000042 **当代中国画技法·赏析** 副名:林若熹工笔画花鸟画创作。林若熹作。接力出版社1993年3月版。0.76万字。23.50元(平),39.00元(精)。岭南工笔画家林若曦在工笔花鸟画方面成就蜚然。画家善用混合技法,在材料运用上也别具创意。精于晕染、罩染、撞水、撞粉、描金等多种新法。作品于秩序中求变化,单纯中显繁杂;颜色明丽,线条舒畅,寓动于静,寓刚于柔。追求纯化物象,平实自然,方中见圆。本书收入画家代表作20余幅和作画心得若干。(苏旅)

J000043 **当代中国画技法·赏析** 申少君主编。接力出版社1993年3月版。23.50元(平),39.00元(精)。系统介绍有关中国画技法最新探索研究成果的技法性、赏析性图书。共选入11位在革新中国画语言和形式上卓有建树的中青年国画家,以个人专册的形式出版,又分水墨人物、水墨山水、水墨花鸟、工笔人物、工笔花鸟5大类。每册收画家代表作品、赏析作品、技法剖析示意作品20余幅,主要立足于介绍当代中国画在革新、创造方面的成果和发展趋势,文笔和画法均深入浅出、通俗易懂,有较高的学术水平。(苏旅)

J000044 **当代中国画技法·赏析** 副名:卓鹤君水墨山水画创作。卓鹤君作。接力出版社1993年3月版。0.63万字。23.50元(平),39.00元(精)。著名国画家卓鹤君善用浑墨重色渗染法,把现代构成和中国书法糅进水墨山水创作,古风淳朴,旷险雄奇,满纸云气,墨韵十足,作品富于时空感和抽象意味,在当代中国画山水创作中独树一帜。尤其是画家喜用大笔排刷挥写似云似雾谜似的墨团,其中纵横率尔成章的、富有节奏感的墨线,更显卓尔不凡。本书共收作者代表作20余幅和若干创作心得,有一定的学术价值。(苏旅)

J000045 **当代中国画技法·赏析** 副名:刘进安水墨肖像画创作。刘进安作。接力出版社1993年3月版。0.92万字。23.50元(平),39.00元(精)。收著名青年国画家刘进安的水墨肖像作品20余幅。画家善用积墨法,多层堆叠,先淡后浓;线条老辣沉雄、豪放大度、纵横捭阖、墨气淋漓。画家先以枯笔勾勒形象,然后覆以浓墨,并饰以精到的皴擦点染,作品具有典型的北派风格:粗犷,厚重,有太行山原始古拙的感觉,在水墨肖像画创作方面独成一家。(苏旅)

J000046 **当代中国画技法·赏析** 副名:唐勇力工笔人物画创作。唐勇力作。接力出版社1993年3月版。1.18万字。23.50元(平),39.00元(精)。唐勇力是当代著名的青年工笔画家,善画古风人物,尤善绘唐女,深受唐俑艺术和敦煌艺术影响。其工笔人物造型丰腴婀娜,清丽可人;线条舒缓流畅,功力非

凡,精练娴熟;作品设色古雅,明快单纯,有质有韵,显示出画家高超的表现技巧。本书共收作者代表作20余幅。(苏旅)

J000047 **当代中国画技法·赏析** 副名:李洋水墨画创作。李洋作。接力出版社1993年3月版。1.37万字。23.50元(平),39.00元(精)。收入著名国画家李洋作品20余幅和若干创作心得。李洋受中央美术学院正规科班训练,功力深厚。喜用传统的线描和现代构成图式结合,更善墨、线、色及其他材料的综合技法,并糅以"喷墨"、"皱纸"、"分染"、"晕色"诸法于一炉,作品浑然而成,妙趣横生,富于现代意味。(苏旅)

J000048 **内蒙古蒙古族中青年画集** 敖恩、海日汗等作。内蒙古人民出版社1993年3月版。45.00元。精选近年来内蒙古画坛上较有成就的蒙古族优秀中青年画家的油画、国画作品36幅。(苏华)

J000049 **蒋兆和作品全集** 蒋兆和作。天津人民美术出版社1993年3月版。1万字。205幅。2册。820.00元。蒋兆和是中国人物画大师。他追随徐悲鸿,并与他一起成为新写实水墨画的奠基者。他的这种风格,启迪和影响了我国自50年代起崛起的一大批现实主义水墨人物画家。他的作品贴近生活,有许多现实主义力作。本画集依照建国前后两个历史阶段,分为上、下两卷,共有作品205幅,概括了画家艺术全貌,展示了画家多方面的艺术才能和深厚功力。其中包括传世珍品《流民图》、《小孩与鸽》等。本集子对蒋兆和先生艺术的研究,对中国人物画表现手法的研究,都极有价值。(张安吾)

J000050 **少儿中国画教程** 陆秀竞等编。希望出版社1993年3月版。80幅。4.50元。从最基本的笔法、墨法、构图、题款用印等方面讲解了花鸟、山水、人物画的画法技巧,又根据其画法技巧的不同特点分别进行讲解,每幅画配有步骤图和画法提要。花鸟画中,主要讲解了梅、兰、竹、菊等20种花草和鹅、鱼等10种小动物;在山水画中,讲解了树法、石法、水法、云烟法、着色法等;在人物画中,讲解了人体比例、结构、姿态等。(陈旭光)

J000051 **平面构成教程** 王福阳、林奕生编著。福建教育出版社1993年4月版。30万字。8.50元。"平面构成"与"立体构成"、"色彩构成"并称三大构成,在我国美术教育、建筑装饰、设计教育中已受到了广泛的重视。本书成功地解决了复杂构成图形的绘制问题,对那些神秘的、抽象的点、线、面的排列、组合,用简单的绘画工具,就能绘制完成。(谢从荣)

J000052 **中国画欣赏精萃** 竺志华编。希望出版社1993年4月版。6.2万字。61幅。3.00元。收集历史上60位画家的61件名作,上起晋代顾恺之的《女史箴图》,下迄现代张大千的《丹山春晓》,分花鸟、山水、人物画3部分。既展示了中国名画精萃,又将画的内容、创作手法作了评介。(陈旭光)

J000053 **影响一代人成长的文学名著(连环画)** 王小兵编。晨光出版社1993年5月版。30万字。3册。23.40元。用连环画形式表现保尔、卓娅、舒拉、江姐、许云峰、林道静、朱老忠、吴运铎、周大勇等中外名著中的英雄人物形象。(郭天翼)

J000054 **拼音中国神话** 王列编,张洁、高中造等绘。河北美术出版社1993年5月版。184幅。8册。11.20元。以彩色连环画的形式描绘了中国著名的八大神话:《盘古开天》、《女娲补天》、《羿射太阳》、《夸父追日》、《嫦娥奔月》、《神农鞭药》、《鲧禹治水》、《愚公移山》等。绘图采用传统的工笔重彩画法,造型古朴粗犷,情调典雅凝重,与文字相谐互补,相映成辉。(李新娟)

J000055 **将错就错** 副名:王华祥的素描艺术。王华祥著。河北美术出版社1993年5月版。3万字。21.00元。作者是中央美术学院专业素描副教授,在长期的素描教学实践中,总结了一套较为完善的素描艺术理论,并通过实践证实了这套理论在教学及探索中的灵活性与科学性。本书从两个方面对素描问题展开论述:一是"看法篇——写实素描",从传承意义上对历史上的素描大师及素描理论的深刻剖析之后,对中国当代素描教学进行反思,提出并阐解了什么是素描或者什么是素描的本质诸如此类带有实质性的问题,从观念的意义将读者引入思辩的境地。二是"想法篇——将错就错",阐述了艺术的传统不是永恒的模式,必须采取"偏离"的态度,既"偏离"自然原形,又"偏离"文化原形,进而达到在放纵"错误"的同时,孕育和建筑自由的精神世界。只有敢于"错"和善于"错",才能在情感与精神境界中把握"对"的实质。书中配有67幅作者所作素描精品。(曹玉泉)

J000056 **儿童黑白画** 谢丽芳编。湖南美术出版社1993年5月版。0.1万字。收集儿童黑白画作品143幅,其中4—7岁儿童48人的作品142幅,10岁儿童1人作品1幅。这些小作者来自不同家庭,学画时间最长的只有3年,短的仅上过几次辅导课,但通过启发式教育,都能很快从涂鸦期和象征期过渡到创作期。这些作品或画他们身边所熟悉的人和事，如《爸爸洗衣还抽烟》;或画想象中的仙女、魔王、机器人，如《弹琴的怪兽》。其绘画线条疏密有致，构思奇妙新颖，体现了儿童对外部世界感知的本能。(徐中敏)

J000057 **中国古代插图精选** 方骏等编。江苏人民出版社 1993 年 5 月版。516 幅。100.00 元。图册。按原书的内容，分宗教、经学、礼俗、传记、教化、戏曲、文学、地理、音乐、舞蹈、科技、军事和器物 13 类编辑。在选图方面既注意到各类书籍插图的代表性和艺术形式的多样性，又努力避免与同类书的选图重复。既有选自刻工精美考究的善本中的插图，还特意从民间刻本中精选了部分插图，反映了质朴稚拙的面貌。(汤惠丽)

J000058 **中外漫画形象大观 10 000 例** 王培堃编。漓江出版社 1993 年 5 月版。15.00 元。画册。例举中外漫画形象 10 000 图例，分表情篇、动态篇、服饰篇、脸谱篇、动物篇、风情篇、故事篇等 7 个部分。每部分均有简单说明文字。(沙淇、宋安群)

J000059 **心迹** 副名:陈永锵画集。陈永锵绘。岭南美术出版社 1993 年 5 月版。55 幅。55.00 元。作者为广州画院院长。画集所收入的作品，多以表现南方花木的春华秋实，画面特别强调宁静、渺远的精神境界，用以少充多的手法来达到最佳的体现，作者重视整体结构的独特技法，以现代平面构成的规则，取景出其不意，而近乎于摄影的截景和特写。在线条块面布局和调色上汲取了装饰艺术的简化和强化手法，运笔着墨也呈方折刚健，再加上工写结合的处理方法，使画形与神、情与景表达得两全其美。(卫凤霞)

J000060 **林丰俗画集** 林丰俗作。岭南美术出版社 1993 年 5 月版。1 万字。119 幅图。150.00 元。作者为当代著名山水画家、广州美术学院教授。深得岭南画派大师关山月、黎雄才的精心培养和艺术薰陶，70 年代初期，发表了成名之作《石谷新田》和《公社假日》。其作品博采古今，且又有新意。画风潇洒随意，工、细、松、紧、焦墨、重彩、淡墨，包括用水、点、皴、线条、兼容并包，境与情谐。其作品亦为北京毛主席纪念堂及国内外著名美术馆收藏。(杨麟阶)

J000061 **中国典故(图文本)** 方福仁撰文，盛元龙等绘画。浙江文艺出版社 1993 年 5 月版。4 000 幅。4 册。42.00 元(平)，58.00 元(精)。共收录典故 1 000 条，每条典故用 4 幅图来表现，除介绍每条典故的具体内容，还注明其出处、含义及其他表现形式。全书按汉语拼音字母顺序排列典故条目。(严麟书)

J000062 **彩墨画新技法** 翟宗祝著。安徽美术出版社 1993 年 6 月版。彩墨画是中西合璧的新画种。作者在技法上既吸收了西洋画的色彩效果，又发挥了中国画的笔墨趣味，并力求新颖、简练。在审美观念上将禅宗哲理融进彩墨画的创作。不仅深入浅出地论述了彩墨与笔墨、具象与抽象、传统与现代等问题，而且对许多新技法，诸如彩墨山水、人物的设骨画法、重彩、装饰、泼彩、抽象等画法均作了示范、介绍，既是作者创作方法的详尽说明，也是作者艺术思想的具体论证。书中所附的 25 幅彩墨画作品，展现了作者多年来探索的新成果。(武忠平)

J000063 **宋省予画集** 宋省予作。福建美术出版社 1993 年 6 月版。110 幅。68.00 元(平)，228.00 元(精)。收集作者花鸟画作品 90 幅，书法作品 20 幅，其中含斗方、册页、扇面画。(丁尚南)

J000064 **世纪末中国画人物画展览作品集** 杨悦浦、申少君主编。广西美术出版社、接力出版社、广西教育出版社 1993 年 6 月版。280.00 元。艺术画册。收入“世纪末中国画人物画展览”作品 61 件(部分作品有局部图)。作者为田黎明、唐勇力、王彦萍、李洋、韦红燕、潘缨、梁文博、周京新、刘进安、范扬、李爱国、李孝萱等 12 人，他们都是出生于五六十年代、在当今画坛上富有成就并为人们熟悉的青年画家，是中国人物画创作的佼佼者。作品既有体现中国传统文化特色的工笔、写意，又有充满现代意味的笔墨挥洒，体现了画家们在现阶段对人物画创作的最新见解和积极思考。卷首有主编杨悦浦的序言《主宰世纪末，走向世纪初》及主编与 12 位画家关于中国画人物画创作的对话，篇末为 12 位画家的简介。(伍先华)

J000065 **板报墙报设计指南** 黄宗湖主编。广西美术出版社 1993 年 6 月版。252 幅。21.00 元。实用美术工具书。分为综论、板报墙报分类资料、板报墙报综合资料、彩图等 4 部分。综论部分介绍板报墙报的性质、特点、内容构成、基本类型、设计原则、材料工具，板报墙报的报头、题图、尾花、花边、标志的设计制作技巧，以及板报、墙报的文字设计、色彩应用等知识。分类资料提供了节日报头画、题图、尾花、节日美术字及栏目、标题美术字近 700 例。综合资料部分提供人物、动物、器物、景物等各类形象资料 1 000多例。彩图部分除数十幅色彩运用实例外，还提供了 20 则板报墙报的完整实例，并配有简要的评

析文字。(伍先华)

J000066 **连环画编写探幽** 曹作锐著。中国连环画出版社1993年6月版。17万字。4.50元。收集作者自1986年至1992年的文章《对象、前途、题材》、《振兴连环画的薄弱一环》、《修养、特色、追求》、《"绘图参考"辨》、《半创作琐谈》等9篇。探讨根据不同文学体裁改编和创作连环画文字脚本的问题。本书在编辑中,把文章所涉及到的原话剧剧本、诗歌、古文和引为论证而改编创作的连环画脚本一同收入,通过读者直观感受,了解、对比改编的连环画脚本,以更清楚地理解作者的观点。(张阳)

J000067 **中国连环画发展图史** 白纯熙等编著。中国连环画出版社1993年6月版。4.5万字。6.40元。介绍连环画艺术发展历史。分为:一、原始时代;二、夏、商、西周、春秋;三、战国、秦;四、汉;五、三国、两晋、南北朝;六、隋、唐;七、五代、宋;八、元;九、明;十、清;十一、民国时期。搜集了从石器时代到清末这个历史过程中与连环画发展有关的较有代表性的美术作品。包括古代连环画性质的墓葬绘画、画像石、画像砖、石雕、宗教壁画、长卷绘画、书籍插图等等。从开始带有简单情节者,进而有较复杂情节的作品,由单幅叙事画、再到多幅叙事画,直到清末第一部石印连环图《三国志》的出版为止,都有代表性的作品图录。它对中国连环画艺术历史发展的挖掘、整理和研究具有一定的参考价值。(张阳)

J000068 **芥子园画谱新编·山水篇** 柴祖舜、冯守棠编。百家出版社1993年7月版。20印张。30.00元。中国画技法书。《芥子园画谱》问世三百余年以来,被公认是一部供习中国画者训练基本功的必读教材。1991年初版的《芥子园画谱新编·山水篇》,较原本有新意,画论深入浅出,技法图谱新绘能较真实体现所介绍的历代名画家各自画风,免除原谱绘画者留下本人画风之弊;且印刷出浓淡墨色层次便于临摹。本书为修订版,修订后吸取了当代国画发展成就,补充点、皴等技法图例,增加写生创作技法,新添彩色印刷历代名家作品12帧,修订画论,重编画谱次序。其实用价值有了进一步的提高,堪为学习中国山水画者基本训练的范本。(曹桂珍)

J000069 **王成喜画梅集** 王成喜作。北京出版社1993年7月版。36.00元。精选梅花题材作品64幅。作者在传统技法的基础上,努力把西画的透视、明暗、空间、质感等表现方法融于中国画的笔墨趣味中,以追求形神兼备的艺术风格。尽管梅花这个题材,是古今成百上千的名家所经常画的题材,然而展现在读者面前的这些作品,却是与众迥异,别开生面,洋溢着时代气息,给人一种生机盎然的美感享受,在我国画梅史上步入了一个新的阶段。(张肇基)

J000070 **当代名家中国画全集·刘海粟** 刘海粟作。古吴轩出版社1993年7月版。50.00元。精选作者山水、花鸟作品22幅,多为晚年力作。其中《黄山图》、《人字瀑》、《白龙潭》、《青龙潭之秋》、《壁裂千仞》、《平天矼朝晖》、《黄海一线天奇观》、《烟昏雾暝千山雪》、《泼墨荷花》、《黄山奇景》、《散花坞云海》、《天海滴翠》、《天都峰莲花峰》等,笔墨淋漓,色彩缤纷,气势磅礴,集中展示了作者在泼墨、泼彩技法上取得的杰出成就。(张维明)

J000071 **当代名家中国画全集·李可染** 李可染作。古吴轩出版社1993年7月版。50.00元。精选作者山水、人物画22幅。其中有:《万山红遍》、《枫林暮晚》、《桂林榕湖》、《峡江帆影》、《江山无尽》、《春江江南图》、《月牙山图》、《茂林清暑图》、《树杪百重泉》、《黄山云烟》、《野岩飞雪图》等多为艺术大师的名作佳品,构图严谨,墨韵华滋,大气磅礴,从中可以领略可染先生独特的画风和艺术风采。(张维明)

J000072 **当代名家中国画全集·傅抱石** 傅抱石作。古吴轩出版社1993年7月版。50.00元。精选傅抱石人物、山水作品22幅。有《大涤草堂图》、《唐人诗意》、《斗大草堂图》、《井岗山》、《虎跑泉》、《临溪话别》、《访石图》、《松荫娱乐图》、《虎溪之笑》、《平沙落雁》、《镜泊飞泉》等,其中大部份为名作。风格独特、章法不落常套,线条纵逸挺秀,设色沉毅瑰丽,水、墨、色融合一体,达到了境界深邃、诗意盎然的艺术效果。(徐耀明)

J000073 **当代名家中国画全集·齐白石** 齐白石作。古吴轩出版社1993年7月版。50.00元。遴选作者晚年的花鸟、山水、人物作品22幅。其中《秋色佳》、《世世太平》、《牵牛花》、《荷塘清晓》、《鲜荔》、《寒香》,笔墨雄健,色彩浓重。《秋江》、《茅舍春光》、《袖手闲行》是其简笔山水的代表作。《刘海戏金蟾》、《不倒翁》、《石涛作画图》,造形质朴简练,妙趣横生。这些作品,题材广泛,形神兼备,生动展现了白石老人独特的艺术魅力。(张维明)

J000074 **清初四王画派研究论文集** 《朵云》编辑部编。上海书画出版社1993年7月版。60万字。38.00元。1992年10月上海书画出版社暨中国绘画研究季刊《朵云》编辑部在上海举行了四王绘画艺术国际研讨会,本书为该会议论文结集。鉴于清初山水画的领袖人物四王——王时敏、王鉴、王翚和王原祁自清末民初直至文革前遭到康有为、陈独秀、徐悲鸿等人的挞伐，这次旨在重新研究、评价四王的研讨会引起了海内外学术界的关注。该论文集共收录美国、日本、罗马尼亚和中国大陆以及台湾共39位专家学者的论文，其中包括四王绘画思想、艺术审美性格、笔墨得失、画派递演兴衰历程、生平与作品考鉴、模古派与创新派比较、四王在鸦片战争前后和20世纪的影响等专题，书末附有《四王绘画艺术国际研讨会综述》和《四王研究著述参考目录》，是一本较全面反映四王研究最新学术成果的论文结集，对于研究中国绘画史和清代文化史具有不容忽视的学术价值。(舒士俊)

J000075　**黄宾虹画语录图释**　王伯敏、钱学文编。西泠印社1993年7月版。3万字。93幅图。22.00元。《黄宾虹画语录》的姐妹篇。共4辑：第一辑画学综述，包括画史和画理；第二辑画法专论；第三辑自述；第四辑附录。画史部分比较全面地收集、整理了黄宾虹对唐、宋、元、明、清诸家的评论，如对马远、夏圭、仇瓒、石涛、王翚等，都作了很贴切的评价。画理方面对取意，师古人，师造化几方面的必要性及如何正确对待这几方面的关系，提出了见解。画法专论对山水花鸟，书法各画种在笔法、墨法、水法、皴法、点法都有精到的见解。通过"自述"及附录中的评论文章，可以让读者对黄宾虹的绘画成就及其艺术特点有全面的认识。(来玳珊)

J000076　**莫测黑白版画选集**　莫测作。中国连环画出版社1993年7月版。15.00元。收集画家自1955年—1992年创作的《山谷深秋》、《水山猎人》、《垦荒者之家》、《太湖鱼港》、《风雨征程》、《春天的脚印》等107幅作品。作品中的山、水、云等等都是由疏密、粗细、强弱、长短、利钝不同的横线来表现，这种由多种横线组成的多层次灰调形成的黑、白、灰构成的艺术效果，完成了画家黑白版画的独特风格。画家的作品一向具有装饰性，采用塑料板材并熟练掌握运用它的性能使这种装饰效果与写实技巧趋于完美。(刘延江)

J000077　**中国画重彩后集·唐风**　叶毓中作。荣宝斋出版社1993年8月版。100幅图。88.00元。作者为中国著名画家，画集选入其近年所绘精品100幅，包括团扇和手卷。画面中的人物造型严谨、线型独特、色彩富丽典雅。绘者借画唐人以展现俊逸豪丽，画面充满诗意，具有浓郁的民族风格和时代感。(焦明)

J000078　**中国长安当代名家书画精品集**　王东成编。陕西人民美术出版社1993年8月版。长安书画艺术源远流长，画派久负盛名。其书画艺术已成为中华民族文化宝库的一部分，本集入选的62位长安当代书画名家120幅新作，均以其精湛的艺术表现手法面向读者，其风格各异，绚丽多姿，犹如灿烂的星光争相辉映。书法有真草隶篆，丹青有人物山水、翎毛花卉。不仅在表现技巧方面拓宽了前人所未走过的路，在艺术品味的高度亦足以显示长安当代书画艺术的群体形象。画家不但有扎实深厚的传统功力，而且有着全新的创作思想泛起新时代的盈盈生机，展现了民族文化的时代精神。(邵梦龙)

J000079　**山水画谈**　王克文著。上海人民美术出版社1993年8月版。30万字。11.50元。我国山水画家、美术史论家王克文的历年积累的有关山水画审美欣赏、理法研究及学习绘画美学、艺术评论等方面文章的汇集。分3编：第一编古代各家山水画技法概述，有42篇，每篇介绍一个代表画家，从历史演变发展角度来论述各家山水画传统风格技法特点；第二编山水画审美与理法探究，有25篇，内有技法研究、绘画美学、画论学习心得、作品赏析等，都能深入浅出，较实际地论述和分析问题；第三编美国各博物馆读画记，有6篇，介绍作者在1989年至1990年间，参观、考察美国几家著名艺术博物馆的读画见闻，对所藏的中国古代山水画作了重点研究。书内有著名书画家、鉴赏家谢稚柳撰写"前言"，附图64幅。(袁春荣)

J000080　**书画装裱技艺辑释**　杜秉庄、杜子熊编。上海书画出版社1993年8月版。31万字。15.20元。汇编我国北魏至清代有关书画装裱的26种古籍。全书将中国仅有的裱画专著《装潢志》、《素延赏心录》列前，节录《历代名画记》等9种，辑录《齐民要术》等15种古籍的有关章节，以"装潢短论"标题，各按朝代及作者时代先后编列。附有装潢格式图例15种。这是迄今为止，我国书画装潢研究中，古籍辑释内容最多的一种图书。全书内容包括辑集、标点、注解、今译，前11种古籍有简介。便于读者对照古文，全面深入地了解中国传统书画装潢方面的宝贵成就。该书均以善本校订，力求精确。如明代周嘉胄《装潢志》以《学海类编》本为底本，参核翁方纲、王献唐藏本及《画论丛刊》等版本。同时深入浅出，系统客观地介绍了历代装裱的技艺、材料、经验、历史和流派等。(茅子良)

J000081　**现代刊头设计**　滕达著。长春出版社1993年9月版。7.00元。共创作刊头图案737幅。所创作的刊头图案紧紧围绕当前的社会、经济的发展，内容涉及各行各业。图案打破以往的设计套路，在借鉴的基础上，具有创新意识，画面黑白处理灵活多样。（庄宝仁）

J000082 **首届全国中国画展览作品集** 杨悦浦、申少君主编。广西美术出版社、广西教育出版社、接力出版社1993年9月版。480.00元。大型艺术画册。为配合由中国美术家协会中国画艺术委员会主办、于1993年9月在中国美术馆开幕的“首届全国中国画展览”而出版，收入参加该次展览的数百名艺术家的中国画作品共373幅，其中获奖作品18件，特邀作品15件，评委作品16件。（伍先华）

J000083 **漫画中国古代破案故事（下）** 郭迅等编文，张中良等绘画。辽宁少年儿童出版社1993年9月版。11万字。416幅。3.50元。共编绘中国古代破案故事38个。主要为中国各有关朝代流传在民间的侦破故事，内容十分丰富，蕴含着推理和判断。有的离奇，有的惊险，有的幽默，情节曲折，故事生动有趣，引人入胜。这些故事，歌颂了善良与正义，无情地揭露与鞭笞了邪恶。（冯幽君）

J000084 **漫画中国古代破案故事（上）** 郭迅等编文，毛小榆等绘画。辽宁少年儿童出版社1993年9月版。10万字。402幅。3.50元。共编绘43个古代破案故事。主要为中国各有关朝代流传在民间的侦破故事，内容十分丰富，蕴含着推理和判断。有的离奇，有的惊险，有的幽默，情节曲折，故事生动，引人入胜。这些故事，歌颂了善良与正义，无情地揭露与鞭笞了邪恶。（冯幽君）

J000085 **张乐平漫画选** 张乐平作。少年儿童出版社1993年9月版。1 634幅。30.00元。比较完整地收有张乐平创作的主要儿童题材连载漫画。有张乐平建国前创作的《三毛流浪记》，建国后创作的《三毛迎解放》、《二娃子》、《我们的故事》。大12开，厚面精装，加护封；环衬后插有张乐平和红领巾在一起的通栏照片；附有“张乐平小传”；著名儿童文学作家鲁兵撰写“前言”。（洪祖年）

J000086 **刘家五兄弟** 李育峰等编绘。未来出版社1993年9月版。1.00元。连环画。讲述流传我国的刘家五兄弟：“肚皮包海”、“火烧不焦”、“通天长腿”、“刀砍不动”、“样样神通”，令孩子赞叹不已，无限神往。绘画作者运用夸张手法，力求表现五兄弟各显其能的超人本领，使整个画册充满了神奇色彩和情趣。（李延新）

J000087 **饶宗颐书画** 饶宗颐作。岭南美术出版社1993年10月版。150幅。320.00元。作者系香港中文大学讲座教授及系主任。其学术范围广博，凡甲骨、敦煌，古文字、上古史、近东古史、艺术史、音乐、词学等，均有专著，艺术方面，于绘画、书法有较深造诣。他的绘画，擅山水，写生于域外山川，不拘一法，而有自己面目，人物画，取法敦煌白画之白描画法，于李龙眠、赵讴波，仇十洲、陈老莲诸家之外，开一新路，影响颇大。书法方面，植根于古文字，而行草书则融入明末诸家豪纵韵趣，求书兼采谷口、汀洲、冬心、光白之长，自成一格。（谢耿）

J000088 **刘其敏素描风景选集** 刘其敏作。岭南美术出版社1993年10月版。41幅。35.00元。收入广州美术学院教授、著名版画家、素描艺术家刘其敏自1990年至1993年创作的素描风景作品41帧。作者长期从事版画创作与素描教学，并在早年学习过建筑，深知视觉艺术最基本的审美因素，是线、面、体的有机构成，且构成愈单纯愈具有感人的视觉力量。他善于以黑白手段代替彩色的表现。是现实主义的具象画家，但是并非对自然作逼真的翻版，在画作里，精心选择、组合、探求独特的形式美，追求事物内在的社会价值的表达。他的作品，构图严密、造型准确、线条犀利清晰。严谨工致、凝炼，富于装饰韵律，达到精致、明澈畅快、简洁静美的艺术境界。作品表达了作者诗人般的品格和丰富的思想内涵，以及他的激情与敏感，理性逻辑与科学条理的结合，形成了他鲜明的艺术风格与个性。《晚秋斜阳》、《蝉声四起》、《冬日粮仓》、《收获》、《热土》、《渔港小岛》等代表作，都体现了作者整体气质的升华。（梁鼎英）

J000089 **唐·孙位高逸图** （唐）孙位作。上海书画出版社1993年10月版。1幅。48 000.00元。画卷。《高逸图》系晚唐杰出画家孙位唯一流传至今的希世之作，其艺术成就举世公认。现由上海博物馆收藏。据学者推断，该画是孙位沿袭南朝壁画的题材所创作的《竹林七贤图》局部，原作应有7位主要人物，到北宋时已经残缺，只剩下4位人物。借助史籍考释，画中4人应是山涛、王戎、刘伶和阮籍。宋徽宗搞不清画中人物，故在图的前面笼统的写上“孙位高逸图”。这幅画在布局上属横向平列的图式结构，画中4位身着宽袖大袍的儒雅文人，分别坐在华丽的花毯上，4位虔诚的侍童，槐、柏、竹、芭蕉及太湖石错落其间，构成一幅完美的图画。孙位用其娴熟的绘画技巧，线条婉转流畅，精细入微，敷彩浓丽，典雅古朴，描绘了姿态各异的形象，且着重刻画人物内在的精神气质，达到形神兼备的境界，体现了人物各自的性格特点及雅士风度的共性。该画用传统木版水印工艺予以复制,共雕版300余块,印刷近千次,线条的顿挫曲直,色彩的深浅浓淡,都须精雕细刻,恰如其分,使原画的韵貌得以再现。该画高45厘米,长167.5厘米,用整幅矾绢印制,用手卷形式精裱,配以红木护匣,外加宋锦硬盒包装,更显华贵雅致。(王崇礼)

J000090 **胖嫂回娘家** 孙泽良等编绘。未来出版社1993年10月版。32幅。1.00元。连环画。根据民间故事编绘。描写了粗心的胖嫂把绣花枕头当做小宝宝,抱回家,路过冬瓜地时,摔了一跤,又把大冬瓜当成小宝宝抱回家。绘画作者突出运用了浓郁的民间色彩和夸张手法,生动艺术地再现了粗心的胖嫂形象,使画册充满了幽默和感染力。(李延新)

J000091 **狼外婆** 张乃成等编绘。未来出版社1993年10月版。1.00元。连环画。讲述了大灰狼乔装打扮成老奶奶,去吃小姑娘的故事。绘画作者精心表现了红眼狼外婆的形象,运用柔和的民间艺术手法,配以明快的色彩。(李延新)

J000092 **梁岩画集** 梁岩著。河北美术出版社1993年11月版。79幅。218.00元。共收入画家45幅近作,加上精品局部共79个彩页。画集图版之后还收入了美术评论家、画家评介文章17篇,并穿文编入画家艺术活动照片和不同时期的代表作品共97幅作为插图。(赵贵德)

J000093 **陈天然书画集** 陈天然作。河南美术出版社1993年11月版。328.00元。收辑艺术家的国画、版画、书法作品106件,展现了他大半生形成的独有的书画风貌及其艺术思想和美学追求。画集为8开精装,外配精制彩印套盒,采用中、英、日三种文字对照。(李学峰)

J000094 **新编简笔画法** 陆春燕编。漓江出版社1993年11月版。6.5印张。6.50元。采用了循序渐进、由简到繁、由静到动的编写方法,对简笔画的特点、画法作了介绍,同时以简练的线条和图形,抓住所描绘对象的外形特征、动态特征和神态表情,使所描绘的对象极为生动、富于美感。该书还配有图例,同时介绍了世界名画家简笔画的名作。书后编有"发挥你的想象力"一章,使读者凭想象而自行创作。(黄文魁)

J000095 **邓白画集** 邓白作。岭南美术出版社1993年11月版。3.6万字。140幅。220.00元(平),265.00元(精)。画家邓白擅长工笔花鸟画和书法,该书为作者的主要作品大成(约60件),其画构图严谨,线条遒劲,色泽妍丽,形神兼备,题材广泛,如野鹭、芙蓉修竹、梅、菊、杜鹃、桐花山鹧、梨荷棉麻,富于神韵和地方特色,有时代感和装饰性,清新秀丽而意蕴朴茂。(杨白友)

J000096 **中国名画鉴赏辞典** 伍蠡甫、邵洛羊等编。上海辞书出版社1993年11月版。207.9万字。150.00元。以专业美术工作者和美术爱好者为读者对象的工具书。所收作品分非卷轴画与卷轴画两部分,以后者为主。共收历代名画千余幅,现代人撰写的鉴赏文章700余篇,一画一文或几画一文,按中国绘画史发展顺序排列。在每篇鉴赏文章前均有对该名画的综合鉴定,包括作品的形式、质地、尺寸、历代著录、现藏何处或图录于何书。本书不收当代在世画家的作品,但收录了一些以前藏于私家或流落海外不为人经见的佳作。本辞典附有中国绘画的名词术语和画家传略等。书前有彩色插页68页,收图100余幅。(祝振玉)

J000097 **华夏五千年艺术不能不知道丛书·丹青集** 冯骥才编。天津杨柳青画社1993年11月版。5.3万字。100幅。11.30元。中国画在世界上是独一无二的。这不仅因其历史深厚久远,大师巨匠其众如林,传世名作浩如烟海,更重要的是它异常独特,具有鲜明的民族艺术个性。本书在对百件中国画名品评介的同时,注意到前后贯穿的历史联系,并对历史发展中各种绘画现象的前因后果,皆有论说。读者依照图文排列的前后顺序阅读,不难找出潜在其间的中国绘画史梗概。作者既是作家又是画家,论述自有其独到之处。(辛凡)

J000098 **华夏五千年艺术不能不知道丛书·壁画集** 王振德编。天津杨柳青画社1993年11月版。4.3万字。80幅。9.10元。中国素有壁画王国之称。中国古代壁画的形式较多,有殿堂壁画、墓室壁画、石窟壁画、寺观壁画等。在其长期发展过程中,通过区域交流、师资传授,在技艺经验、创作方式、表现手段等方面都取得较大成果,形成了优秀而深广的绘画传统。这些由宫廷画师所作但更多出于民间画工之手的壁画,是历代绘画水平的真实显示。本书介绍的80幅作品,作者考虑到了不同时代的代表性作品和较为典型的艺术风貌,同时考虑到地区的分布和题材的变异,以求尽可能概括中国壁画宝库的基本面目。(辛凡)

J000099 **华夏五千年艺术不能不知道丛书·版画集** 陈骧龙编。天津杨柳青画社1993年11月版。4.5万字。85幅。9.60元。印刷术是中国的发明，世界上最早的印刷品遗存，是中国的版画。中国版画多为插图，除了技术性图解之外，绝大多数是情节性版画，因而表情达意的能力极强。版画印制中的水墨特征，更是中国版画的突出特点。本书所选的85幅作品，虽是中国版画翰海中的一滴，介绍文字也是一家之言，但却提供了了解中国传统版画的线索。（辛凡）

J000100　**林散之写生画稿**　林散之作。安徽美术出版社1993年12月版。46幅。4.00元。作者以书画名世，被公认为当代草圣。其诗、其画、其文也都有很深的造诣，是典型的诗、书、画相结合的文人画家。本书为他早年的所谓“漫游小记”。林先生于1929年投师黄宾虹，遵宾老“读万卷书，行万里路”的教诲，于1934年夹一册一囊作万里之行，沿途记下了许多写生稿，原本有800多幅，现今所剩无几，本册只收集到46幅。它虽是30年代所记的山水画稿，亦可看出其笔墨、构图功底，同样放射出异常的光彩。每幅画稿上均有田恒铭先生从林散之先生的游记和其他材料中摘录他当年写的文字。（袁海庭）

J000101　**中国水印版画**　李平凡编。福建美术出版社1993年12月版。172幅。228.00元。从古代有定评的水印精品和现代优秀水印版画中选择古代，着重东汉至民国初各朝代有代表性而未发表过的精品64幅，现代部分选择了民国以后至今各个时期较有影响的作品108幅，这些作品既有鲜明的民族版画风格和不同时代风貌。（丁尚南）

J000102　**刘兴钦儿童漫画系列**　刘兴钦文并画。湖南少年儿童出版社1993年12月版。27 000幅。33.75元。漫画作品选集。其中《发明趣谈》是发明经验之谈；《小聪明》借故事说明日常生活小常识；《快乐童年》写童年生活的乐事；《鬼谷子探宝》讲鬼谷子的神秘故事；《石头神》讲一场灾难性的大风暴中人们遇险得救的故事；《科学怪人》讲老博士和小英雄与无敌怪人之间展开的惊险曲折的斗智故事；《孝子神牛》讲发生在放牛郎家的奇迹；《海底历险记》展示了壮观、迷人的海底世界。故事既新奇又可信，语言幽默诙谐。（蔡皋）

J000103　**中国著名古典戏剧故事绘画本**　刘莹等改编，陈安民等绘画。湖南少年儿童出版社1993年12月版。3 824幅。4册。55.00元。以连环画形式，介绍我国古典戏剧作品28种。分4集。第一集有《窦娥冤》、《破窑记》、《赵氏孤儿》、《浣纱记》、《花木兰》、《铁弓缘》、《天仙配》；第二集有《西厢记》、《琵琶记》、《紫钗记》、《精忠旗》、《柳毅传书》、《鸣凤记》、《四进士》；第三集有《牡丹亭》、《白兔记》、《墙头马上》、《玉簪记》、《杜十娘》、《玉堂春》、《十五贯》；第四集有《桃花扇》、《长生殿》、《汉宫秋》、《精忠谱》、《白蛇传》、《追鱼记》、《生死牌》。绘画采用白描勾线，人物造型生动，风格古朴清新。（郦渊）

J000104　**故宫博物院藏画**　上海人民美术出版社、故宫博物院合编。上海人民美术出版社1993年12月版。3万字。123幅。800.00元。大型画册。为纪念故宫博物院建院60周年而编辑出版，从故宫珍藏的数万件历代绘画中遴选百名画家的代表作汇编而成。收入本书的顾恺之的《洛神赋图》是流传至今最古老的卷轴画之一，《游春图》是隋展之虔传世孤本。唐代阎立本的《步辇图》、韩滉的《五牛图》、周昉的《挥扇仕女图》，足以代表这一时期绘画的风格和成就。五代顾闳中《韩熙载夜宴图》、董源《潇湘图》、黄筌《写生珍禽图》为这一时期人物、山水、花鸟画的重要代表作。两宋画家林立，创作了众多铭心巨作。本书收入张择端《清明上河图》、赵佶《锦鸡图》以及郭熙、王诜、李公麟、李唐、马远等的杰出作品。元代文人画兴起，标志着中国绘画的又一里程碑。本书收钱选、赵孟頫、高志恭和“元四家”等的代表作。明清两代名家辈出，流派纷呈。画集中所选王履、夏昶、王绂、戴进、边景昭、杜琼、林良、吕纪、“明四家”、董其昌、蓝瑛、陈洪绶、“四王吴恽”、“金陵八家”、“四高僧”、“扬州八家”、“海派”等诸画家的作品，不乏传世之精品，集中反映了明清各个时期的画风和特点。（周卫明）

J000105　**俞子才青绿山水课徒画稿**　俞子才作。上海书画出版社1993年12月版。148幅。60.00元。供学习绘画技法用的画稿。从水墨画稿入手，分树、石、山、云等专题，分别传授其造型规律和青绿重彩的设色方法，至完成一幅青绿山水画的步骤分解示范，且附以10幅历代青绿山水画的典范图例，较为全面地介绍了“大青绿”、“小青绿”、“设骨青绿”、“金碧山水”的传统绘画技法，显示了传统技法在作画过程中的魅力。作者病逝后，“步骤分解图”由他的学生（本书编者）周阳高接替完成并撰释文。（周阳高）

J000106　**文人画的趣味、图式与价值**　黄专、严善錞著。上海书画出版社1993年12月版。23万字。15.00元。中国文人画研究专著。分6章，即“理想模式与现实困境”、“山水图式的修正与衍变”、“人伦识鉴与艺术品评”、“传统观念的维护与阐释”、“分宗别派的战略意图”和“价值终结与图式转变”。书中着重研究了宋代苏轼、明代李日华、董其昌等人的画学理论及其影响,并且对以潘天寿为代表的20世纪文人画理论实践者的成败得失进行了深入的探讨。作者从艺术自律性与艺术社会学的角度,对源远流长的中国文人画的价值、趣味与图式之间的关系,提出了一些富有启示性的观点。收入"中国绘画研究丛书"。(李维琨)

J000107 **黄宾虹抉微画集** 上海书画出版社、浙江省博物馆编。上海书画出版社1993年12月版。0.6万字。398.00元。对黄氏作品作分析式展示的画集,是上海书画出版社1992年版《黄宾虹画集》的姐妹篇。《黄宾虹画集》从宏观的视角对黄氏的绘画艺术作鸟瞰式的展示,本书则采用一种深入画面笔墨组成结构的分析式的展示,对黄氏作品作深层的揭示。全书145幅不同年代创作、风格各异的作品,以一幅全幅式展示和同幅局部式揭示的耦合形式,揭示了画家长达半个世纪的研究探索所臻至的笔墨奥秘。由于局部式揭示采取了一比一原大展示,使读者在欣赏全幅作品意境的同时,可以如面对原作似地探求其笔墨及其构成的诀巧所在,领悟其幽微之旨要。(王中秀)

J000108 **十万个怎么办图画本①②** 唐文驷等编文。陈大元等绘画。少年儿童出版社1993年12月版。1 500幅。2册。6.00元。收知识性、智力测试性的问题126个,以连环图画的形式表现。如"动物生了病怎么办"、"现场没有留下罪犯痕迹怎么办"、"皮球滚进树洞中怎么办"、"贝多芬耳聋后要指挥乐队怎么办"、"火车快要上断桥了怎么办"、"航海途中船舶遇到危急怎么办",等等。(洪祖年)

J000109 **诗琳通公主诗文画集** [泰]诗琳通作,顾雅炯译。生活·读书·新知三联书店1993年12月版。20万字。58.00元。诗琳通公主是泰国王室成员,也是中国人民的老朋友。她能诗善文,又会作画,有很高的文化素养。本书选译了她的部分诗文作品,其中第二、三、四次访华记叙,按日记述,内容丰富,反映了作者对中国古文化的倾慕。其余的回忆、随感、讲演等,可以反映泰国社会的状况。所选36幅油画及水彩画作品,内容清新,风格淡雅,使读者得以欣赏难得一见的泰国画风。(潘振平)

J000110 **百鸟床** 代大权等编绘。未来出版社1993年12月版。2.60元。连环画。讲述手艺高强的木匠,做了九百九十九张床,可自己没有一张象样的床。他历尽艰辛,取万丈高崖上的宝树做了一张百鸟床,却被两个老爷看中。危急中,聪明的木匠在百鸟的帮助下,战胜了邪恶,和宝床一起飞向彩云。绘画作者用优美的造型和彩色铅笔的艺术效果,表现了木匠的辛勤、质朴,烘托出大自然的无限神韵。(李延新)

J000111 **伟大的宋庆龄** 王素改编,李春绘画。中国连环画出版社1993年12月版。138幅。1册。6.00元。收入"革命领袖人物连环画丛书",描绘宋庆龄冲破家庭阻力,与孙中山相结合,由此走上了民主革命道路。她与孙中山热情支持反帝反封的斗争,坚强不屈地同反动分子作斗争。孙中山逝世后,她坚决地为维护三大革命政策,为继承和发扬孙中山的遗志而努力,营救了许多被捕革命者,从国际上争取到大批经济物资,有力支援了抗日革命根据地和游击区,为支持人民的解放战争作了大量工作。她紧跟历史的脚步不断前进,成长为一位共产主义战士。(叶曦)

J000112 **王伯敏美术文选** 王伯敏著。中国美术学院出版社1993年12月版。100万字。2册。选编著名美术史论家王伯敏有关美术史论及其书画序跋、学术日记、诗词题画等著述,充分反映了作者的学术思想与学术成就。(陈平)

J000113 **纪念毛泽东同志诞辰一百周年中国书画作品精选** 高占祥等编。中国美术学院出版社1993年12月版。由纪念毛泽东同志诞辰100周年中国书画作品精选征集工作委员会,从应征的近4万幅各类书画作品中,精选1 200多幅作品辑成。入选作品多为毛泽东同志和老一辈革命家的诗词著述,或为这次活动而创作的佳作,表达了各界人民对毛泽东同志的深厚感情与无限怀念。(陈平)

J000114 **图绘史记全集** 人建主编。重庆出版社1993年12月版。0.87万字。9册。120.00元。以线描为绘画形式的大型连环画册。以《史记》原著的体例为顺序,包括12本纪、10表、8书、30世家、70列传共130篇的全部内容。画册的文字改编,注重忠实原著的文字风格和史实,保持了司马迁史家笔法的文字特点,变文言为白话,有通俗易读的特色。在文字改编中,所有古地名均注有今地名,所有年代均注有公元纪年。在图绘上,以线描为统一绘画语言,画面注重充实以表现庄严宏大;人物写实,杜绝了西式的形体变形;人物造型以历史资料为据,建筑、器物、衣着以及进入画面的形象均在相同历史时期中去寻找依据。图绘注重历史感及贴近原著的可信性。在图绘版式上,采用屏风竖式左右连环,使有限的画面,得到了较大的表现空间。在画面构成上,注重汲收中国传统线描精华的同时，大胆引入现代绘画在平面构成和空间表现方面的艺术手段。使图绘既有历史的凝重感，又有鲜活的现代气息。（周永健）

书法、篆刻

J000115 **习字要诀** 苏安德、刘易甄编著。漓江出版社1993年版。3.65元。作者系台湾省书画教育协会理事长。本书从楷书的基本笔划、间架结构、起笔、运笔、收笔，楷书的布局、呼应、贯通等方面知识作了详尽的阐述。并配以范字作对照论述。（邓夫觉）

J000116 **中国印石** 叶伟夫著。辽宁人民出版社1993年版。53.1万字。26.50元。学术研究专著。以篆刻艺术发展为经线，以印石文化研究为纬线，着重探讨了印材作为一种文化传统的具体表现。作者利用大量现代科学仪器的分析结果，结合具体的石头品类，揭示了名贵砚石、印石的奥秘，纠正了千百年来"石之美者为玉"的旧谈。在实地考察我国各地主要产玉基地玉石品种的基础上，又考察印石产地，从而提出，玉和石的新概念。对我国以石治印的上限年代和传统印材的质疑等内容，以及中国印章的起源和中外印章艺术的析比等进行了有价值的探讨，对几千年来民间广为流传的"和氏璧"究竟产于何地？为什么变彩以及传说中的秦始皇"传国玺"的材质等，都有相当确切的考证。本书突破了以往的写作方法，它将印史、文艺理论、美学、工艺美术学、考古学、古文字学、地质矿产学等诸学科，结合科研成果和实用技艺，为"印石文化"服务。全书分3篇，共10章。分别论述了中国印章的起源和特点、中国印章系列、先秦古玺、篆刻的先驱——金石契刻、中国印章的篆刻艺术、文房中的金石材料、印石主要产地的地质和石品、典型矿区的地质剖析、印石的构成及印石和印石艺术等。（王峰）

J000117 **寿山印迹** 寿山作。宁夏人民出版社1993年版。5万字。18.20元。寿山是宁夏书画院专职篆刻家。印风质朴雅淡，创作态度严谨，主张"不拘一格"的艺术观点。既有传统的格局，又有强烈的求变意识。作品具有强烈的时代精神。该印迹精选他10年创作的精品印178方及部分边款、闲章及名章。（许家麟）

J000118 **程毅强行草硬笔书法** 兰石作。山东友谊出版社1993年版。2万字。8.90元。程毅强字兰石，自幼好书，经二十多年研习，深悟书法个中深蕴之理念在于书者精神气格的物化，是万物抽象化的艺术再现。他博采先贤墨宝神韵而独具风采。其书法将国画写意，西画色彩及音乐节奏融入书法艺术，正则笔达俊逸，草则苍老劲辣之中带有不经意的流畅，再与书写内容交辉互映，书印合璧，确能使人进入一种意境，得到美的享受。（单虹）

J000119 **中国历代法书墨迹大观(13)** 谢稚柳主编。上海书店1993年版。65.00元。大型书法丛书之一。全部以原迹或最佳底本影印。第十三册为明代书法的最后一部分。明代在我国书法发展史的历史长河中占有相当重要的地位，它在晋、唐、宋、元发展的基础上，又开创了一个新的书法高峰期，名家辈出、风格和形式多样。本书收录黄姬水、周天球、徐渭、董其昌、张瑞图、黄道周、陈洪绶等近30余位一代大家的传世代表作。从中不难发现，到了明代晚期书法追求抒发个性的倾向愈益明显，各种风格争奇斗艳。（陈其瑞）

J000120 **胡问遂书法集** 胡问遂作。上海书店1993年版。130幅。120.00元。胡问遂为我国老一辈的著名书法家、书学家。本书收录其自50年代至90年代的代表作品近百件，其中篆、隶、正、草、行诸体兼备，足以窥见其书风大概，尤其是临写的几件古帖，如临《张猛龙》、临《张黑女碑》、临《高贞碑》等，古人遗风，再现于笔下。（沈叶青）

J000121 **天衡印谭** 韩天衡著。上海书店1993年版。12万字。15.00元。著名书画篆刻家韩天衡积数十年篆刻理论研究和创作的精心之作。在科学的世界观和方法论的指导下，借鉴我国古代和近代的美学观点、美学理论，对中国的传统艺术——"印学"进行了深入浅出的挖掘、剖析、评论，在印学领域中有所发现和有所创造。作者涉猎面广，对中国印学史、印论、技法和篆刻艺术的美学均有论述，且考证精到，匡正了前人谬误之处，有不少独到见解，言前人之所未言。故本书为较前人更全面、系统、切合实际的印学理论专著。（童辰翊）

J000122 **中国历代法书墨迹大观(14)** 谢稚柳主编。上海书店1993年版。68.00元。中国历代法书墨迹大观。囊括我国殷至近代上下三千年的法书墨迹精华。共18册。第十四册是清代部分。收录了王铎、傅山、程邃、周亮工、归庄、朱耷、原济、华嵒、高凤翰、汪士慎等一批清代大家的名作。从中可以看出清代前期，书苑流行最广的还是董其昌书体，只是稍晚书风才渐变，盛行赵孟頫书体。并开始由崇尚帖学转而时行碑学，其中很多传世名作，对后代产生很

深的影响。(陈其瑞)

J000123 **历代书法论文选续编** 崔尔平编。上海书画出版社 1993 年版。53.8 万字。45.00 元。书法论文集。为补《历代书法论文选》的不足而编。补辑自东汉至近现代重要书论、书评 43 家 45 篇。每篇前均有提要一篇介绍作者生平、著作版本源流、主要艺术观点等。全书以新式标点符号点校排印。书中如清翁振翼的《论书近言》、李祖年《翰墨丛谭》等珍本孤本均为首次面世。书中还集录了与书法有密切关系的文字学名著汉许慎《说文解字叙》、国学大师章太炎的《小学略说》等。为系统研究我国古代书法理论提供了十分珍贵的资料。(崔尔平)

J000124 **书法的形态与阐释** 邱振中著。重庆出版社 1993 年 1 月版。22.7 万字。6.65 元。汇集 1981—1992 年作者所写的 13 篇关于中国书法艺术的专论。分 3 个方面:一、书法形式构成分析;二、书法现象与当代学术研究上的联系;三、古代书法文献的研究和解读。在书法形式分析的专论中,作者认为书法形式构成分析并不仅仅具有美学意义,艺术现象的核心是作品,书法艺术的所有技巧和内涵都建立在"字"上,作品中的时间和空间共生,从而,书法艺术和其他造型艺术有质的区别。在书法现象与当代学术联系的专论中,作者充分汲取了当代哲学、语言学、心理学等领域所取得的重要成果,把书法与语言的联系上升到了现代哲学层面的讨论。在古代书法文献的解读专论中,作者把古代书法文献的准确解读作为书法研究的重要组成部分,注重文献产生与使用的历史,进之分析当时产生文献的人文背景,从而为古代文献的解读、研究找到了一个较为准确的切入口。(周永健)

J000125 **张瑞图书法选** (明)张瑞图作。福建美术出版社 1993 年 3 月版。25 幅。8.50 元。张瑞图(1570—1644)福建省晋江县人,明代著名书法家,为"明代四家"之一。本书共收入他的行草书、诗词 25 件,作品笔势奇纵恣肆,气韵连贯,行距宽大疏朗,无丝毫矫饰之意,内文附局部放大,以供读者欣赏与临习。(丁尚南)

J000126 **书法篆刻辞典** 田原等编。江苏人民出版社 1993 年 3 月版。65 万字。36.00 元。工具书。设书法、篆刻两编,列辞条 3 200 余条,附图 1 100 余幅。"书法编"按术语、书家、甲骨刻辞、青铜器铭文、刻石、砖瓦铭文、墨迹、刻帖、书学著作、器材等归类编排;"篆刻编"按术语、篆刻家及流派、印谱、印学著作、器材编排。后附以汉字笔画为序的辞条索引。本书容量虽不大,但注意在具有代表性的基础上顾及全面性。如"青铜器铭文"这一类,兼收上自殷商,下迄汉末的大篆、小篆、隶书及介于篆隶之间的作品;"砖瓦铭文"收战国至六朝的作品;"刻石"收战国后历代石刻书法,包括碑文、墓志及两者均不属的石刻书迹,其中大量精品是香港梁披云主编的《中国书法大辞典》所未收的。同时注意收列近几年新出土的古代作品和学术界新的研究成果。(缪亚奇)

J000127 **小学生硬笔书法** 林柳编,郭学萬书写。辽宁少年儿童出版社 1993 年 3 月版。3 万字。4.00元。"小学新书系"文体娱乐系列的一种。介绍什么是硬笔和硬笔书法,汉字的产生和形体演变过程,"文房四宝"和"永字八法",以及正确的写字姿势,正确的执笔方法、写字笔顺、间架结构和注意消灭错别字等。硬笔字贴部分共 210 幅字贴,是用硬笔正楷字书写的古诗词和现代诗词。(周忠义)

J000128 **书法创作论** 朱以撒著。福建人民出版社 1993 年 4 月版。31.2 万字。8.75 元。论述书法创作过程的专著。分 4 章。第一章"从临摹到创作的基本过程",论述临摹与创作的关系;第二章"书法创作方式与思维",着重介绍细节的表现、速写式的表现、象征的表现、气氛的效果、综合的表现等表现个性的几种方式,并将创作思维图式分解为伦理式、法度式和表现式 3 类探讨其变化;第三章"书法创作的非功力因素",论述隐型文化在创作中的作用,创作的炽情状态、虚静状态,以及"梦"和"悟"与创作的关系等;第四章"书法欣赏是创作生命的延伸",从接收理论的角度认识书法欣赏,扩大书法外延。书中选收 72 幅古今不同流派的优秀书法作品。(肖振华)

J000129 **名句佳联集字字帖** 张伟生主编。上海书画出版社 1993 年 4 月版。30 万字。8 册。总价:80.00 元。选用常用的书法碑帖,以集字的形式,从中撷取出成语、格言、楹联等,并逐条附以文字说明,诠释语史及临写技法,是一套集书法临摹与创作为一体,融史学、诗文知识与书写技法于一炉、具有很强的实用性和指导性的字帖。该套字帖包括王羲之《圣教序》、欧阳询《九成宫醴泉铭》、褚遂良《雁塔圣教序》、颜真卿《多宝塔碑》、柳公权《玄秘塔碑》、孙过庭《书谱》、汉《曹全碑》、赵孟頫《妙严寺碑》。(张伟生)

J000130 **葛介屏书法金石集** 葛介屏作。安徽美术出版社 1993 年 5 月版。88 幅。8.20 元。作者是著名书法家。从青少年时期就攻读诗书、研习书画、金石。善四体书,尤擅篆隶,从骨力中见典雅。其篆刻则溯源于秦汉，又取浙、皖两派之长，更善以书法入印，高古简雅，别开生面。本集收编了其所作隶书41幅，小楷1幅，行草9幅，绘画5幅，金石75方。（傅强）

J000131 **智永、褚遂良、文徵明《千字文》** （隋）智永、（唐）褚遂良、（明）文徵明作。北京出版社1993年5月版。118页。隋朝禅师智永为王羲之的七代孙，他的传世之作真、草千字文笔力纵横、稳健凝重，其中楷体字端庄周正，草体成熟流利，皆具大家风范。唐朝书法家褚遂良书写的正楷千字文丰艳流畅、变化多姿、清俊飘逸，既继承和发扬了隋代书法的风格，又是唐楷创新的发端。文徵明是明朝书画家，他的行书千字文清秀精绝，笔势遒劲质朴，颇具艺术魅力。（魏小薇）

J000132 **怎样学书法** 费新我著。湖南文艺出版社1993年6月版。2.8万字。40幅图。4.10元。书法普及教材。文字部分包括学书十法、学书十要、有关常识简介3章共26篇。从执笔、运笔、选帖、临帖直到各种书体的特点、笔法、书作款式等，都有简明实用的阐述，并附有示意图。书末还附有从甲骨文到清末书家的各种碑帖精品共40幅。（弘征）

J000133 **故宫藏明清名人书札墨迹选·明代** 荣宝斋出版社编。荣宝斋出版社1993年6月版。450幅。2册。113.60元。明代尺牍书法承宋元余绪，姿态纷呈，自成一格。本书系从故宫收藏之数万件明代名人尺牍中精选而成，收集了文徵明、祝允明、王宠、徐渭、张瑞图、黄道周等160余家尺牍书法近200余通，共450余页，全部为首次面世，并附有研究文章数篇，图版后附有作者小传、作品基本情况介绍和图版释文，约计7万字，为研究明代书法提供了极其宝贵的资料。（焦明）

J000134 **中国印学年鉴（1988—1992）** 金鉴才主编。西泠印社1993年6月版。80万字。65.80元。有大事年表、印学社团、印人传、社会活动、展览竞赛、印学论著、篆刻教育、出版物共8大类约5 400个条目，收录了1988—1992年间中国印坛诸方面的材料，包括台湾省和港澳地区，并在附录中对海外印坛（1988—1992）的状况作了简介。此书为研究中国当代印学的专业工作者和业余爱好者，提供了较有价值的资料。（李早）

J000135 **中国儿童书法选** 徐璐、孙田等编。湖北少年儿童出版社1993年7月版。148幅。11.50元。共收集全国30个省、直辖市和自治区100多个孩子的书法作品，这些作品是从全国各地举办的儿童书法比赛中的获奖作品精选而来。这些作品不假雕饰，朴实无华，天趣洋溢，可供广大少年儿童观摩、借鉴。（周伟）

J000136 **怀素草书集** 邹德忠编。团结出版社1993年7月版。160页。9.90元。汇辑怀素15个帖和历代诗人颂扬记叙他的诗文，以及一个粗略的年谱。可作为学习研究怀素书法艺术的参考。（杨永德）

J000137 **中国历代名家书法集粹** 君如等编。团结出版社1993年7月版。160面/册。4册。9.90元。分《楷书》、《行书》、《草书》、《篆隶书》4册。（杨永德）

J000138 **中国书法技法丛书** 赵家熹等编。北京出版社1993年8月版。共67.40元。10种，包括《行书技法》、《楷书技法》（4种）、《草书技法》、《隶书技法》、《魏碑技法》（2种）、《篆书技法》。主要提供学习书法的基本方法与学习要领。丛书从汉字的基本笔画讲起，包括汉字的笔顺、偏旁、间架结构及创作作品时所用的各种不同形式。书中每部分都有简明的文字介绍，以提示书写要领。在笔画部分附有笔路图。一目了然。书中还附有相应的临帖范字及各种各样的作品章法示例。（张宏）

J000139 **书法名论集** 冯亦吾选编注译。河北美术出版社1993年8月版。20万字。14.00元。收入汉代崔瑗《草书势》，蔡邕《姿势》；晋代卫夫人《笔阵图》，梁武帝萧衍《观钟繇书法十二意》，唐代欧阳询《用笔论》，唐太宗李世民《王羲之传论》，唐代怀素《自叙》；宋代苏轼《论唐氏六家书》，黄伯思《黄庭经辨证》，王柏《考兰亭》，赵孟坚《论学书》；元代赵孟頫《兰庭十三跋》；明代祝允明《书述》，董其昌《容台论书》；清代梁同书《与张燕昌论书》，包世臣《完白山人传》等古代书论名著40篇。每篇均有题解、作者介绍、正文、注释和白话译文。这些名论谈及各种书体源流、特点、书家和书写要领，引经据典，叙述生动，比喻恰当。是学习书法的理论书籍。（吴守明）

J000140 **山西遗存七帝王书法石刻** 刘舒侠编。山西人民出版社1993年8月版。40.00元。山西境内现存有唐太宗李世民、唐玄宗李隆基、宋真宗赵恒、宋哲宗赵煦、宋徽宗赵佶、清康熙帝、清乾隆帝所书的碑刻9帖。这些石刻既是当时社会政治的记录也是有相当价值的书法作品。本书以碑帖形式，用8开胶版纸精印了七帝王的书法，并在每帖之前附有简介，对每帖书法的来历、内容及价值等作了说明。（刘文哲）

J000141　**汉三颂专辑**　郭荣章编。陕西人民美术出版社 1993 年 8 月版。7 万字。90.00 元。《石门颂》、《西狭颂》、《郙阁颂》以其书法艺术价值为历代书家重视，被世人并称为“汉三颂”。《石门颂》、《西狭颂》都曾有单行影印本出版，唯独《郙阁颂》从未出版过，本书的出版弥补了这一缺憾。本书不是通常的影印碑帖，而是研究“汉三颂”的专辑。全书分 3 部分：“三颂”刻石原貌及所在环境有关照片；“三颂”原拓原大影印本；“三颂”的文字考释、书法评介与版本评介。“三颂”刻石原貌照片及原刻所在地环境及与“三颂”内容相关的实地照片，如古栈道遗址，为研究者提供第一手资料。“三颂”均属摩崖刻石，原刻所在地环境险恶，研究者多不能亲临现场，这些照片为其提供了可依据的形象资料，更何况《石门颂》石刻原址现已埋没水下数十米，其资料更显珍贵。除《郙阁颂》采用清末旧拓，《石门颂》、《西狭颂》均以现存原刻精拓为本。就拓本而言，一般以旧拓为上。但由于“三颂”摩崖刻石所在地环境所限，流传于世的旧拓比较粗糙，新拓本反而比旧拓本精，作者在版本评介中有详尽比较。“三颂”文字考释对“三颂”进行了严密细致的考证。“三颂”距今已 1 800 余年，原刻文字多漫漶、残缺。尤以《郙阁颂》为甚，文字大片剥落。若不逐一正字、正义实难了解石刻的原意。就“三颂”文体，作者提出其名为“颂”实则为“赋”的论点，因其均为记事之文献。作者还对历代关于“三颂”的讹传，各种版本录文错误、缺字等逐一校正和补遗。对历代史籍、书法著作如《金石萃编》、《金石文考》、《三省边防备览》、《褒钭古迹辑略》等著作中关于“三颂”录文的错误、遗漏进行了校正补遗。在书法评介中对“三颂”的书法价值及“三颂”书风之师承、演变等有精辟论述。在版本评介中对较有代表性的版本进行了客观的比较和评介。(褚小平)

J000142　**中国印石**　翁志远编。浙江摄影出版社 1993 年 8 月版。280 幅。380.00 元。由北京故宫博物院、台北故宫博物院、西泠印社、朵云轩、福建省博物馆以及私人收藏家提供藏品，选编 3 种具有代表性印石(田黄石、鸡血石、芙蓉石)，从印石的石质、雕工、篆刻艺术、“薄意”的艺术风格和审美价值介绍印石文化。其中大部份作品是首次公诸于世。选用篆刻作品有吴昌硕、吴让之、齐白石等各流派作品、印石艺术加工和创作，特别介绍清代最有代表性艺术家林清卿的几方“薄意”作品。(傅新生)

J000143　**将军的怀念・孙毅手书毛主席诗词 37 首**　孙毅书。军事谊文出版社 1993 年 9 月版。37 幅。60.00 元。在毛泽东诞辰 100 周年之际，孙毅将军运用他擅长的行草，书写了毛泽东在 1966 年以前公开发表的 37 首诗。其特点是：潇洒俊逸、气势奔放、通篇气韵很足，好似成竹在胸，给人一气呵成之感。(张丽)

J000144　**王铎自书诗轴真迹(历代书艺鉴赏丛帖)**　(明)王铎作。岭南美术出版社 1993 年 9 月版。24 幅。5.10 元。从学习鉴赏角度收录明末书家王铎的行草书诗轴真迹，是《历代书艺鉴赏丛帖》中的一种，原作为首次面世，采取作品全貌与局部原大的形式印行，并附作品释文，前有苏庚春对王铎生平、书风、影响及对该作品较翔实的鉴评短文，该书为启功题签，原作的收藏者吴南生提供出版。(叶耀才)

J000145　**张瑞图书渼陂行长卷精品(历代书艺鉴赏丛帖)**　(明)张瑞图作。岭南美术出版社 1993 年 9 月版。0.2 万字。20 幅。5.00 元。“历代书艺鉴赏丛帖”之一。从学习、鉴赏角度收录明末书家张瑞图的杜诗草书长卷精品，原作为首次面世，采取作品分段原大及全貌附释文的形式出版，并附刘海粟所题长跋，前有苏庚春对该作品书风、品鉴的较翔实的评价文章，该书为启功题签，原作收藏者吴南生提供出版。(叶耀才)

J000146　**文徵明小楷楚辞精品册(历代书艺鉴赏丛帖)**　(明)文徵明作。岭南美术出版社 1993 年 9 月版。19 幅。5.00 元。从学习、鉴赏角度收录明代书家文徵明晚年小楷楚辞册页，是《历代书艺鉴赏丛帖》中的一本，原作为首次面世。采取作品原大与局部放大的形式印行，由苏庚春作序、刘作筹作跋并题签，对该作品书风、品鉴作了较翔实的评价。原作的收藏者吴南生提供出版。(叶耀才)

J000147　**当代书法精选——书法名家书古诗**　上海教育出版社编。上海教育出版社 1993 年 9 月版。144 幅。15.00 元。书法集。从古代优秀诗歌中遴选出脍炙人口的历代佳作 144 首，由 144 位全国各地著名书法家精心书写，使古诗和书法双艺合璧交相辉映。书中正、行、草、隶、篆，五体俱全，风格迥异，各呈异采，形式多样，作品或直幅、或横幅、或团扇、或折扇，形式殊多。释文附于书后。(张幼坤)

J000148　**沈尹默吴玉如书毛泽东诗词 37 首**　沈尹默、吴玉如作。天津古籍出版社 1993 年 9 月版。27.5 印张。1 册。125.00 元。沈尹默、吴玉如是我国近现代著名的书法家，早在三四十年代，就有“南沈北吴”之誉。沈尹默善行书，名重江南；吴玉如精行楷，誉满北国。二人都留下了大量墨宝，其中各有《毛泽东诗词37首》墨迹一通。沈尹默所书为行书，法度森严一丝不苟；吴玉如所书为行楷，风流儒雅师古不泥。二人所书的毛泽东诗词都是他们晚年之作，可以说是人书俱老的精品，亦足以垂范后学。（韩嘉祥）

J000149 **叶圣陶遗墨** 夏宗禹编。华夏出版社1993年10月版。95.00元。收入“华夏文化丛书”。该丛书包括《弘一大师遗作》、《丰子恺遗墨》、《马一浮遗墨》、《叶圣陶遗墨》共4卷。本卷包括一、扇页、绣像、序言；二、书法51图，印46方；三、题跋68图；四、诗词92图；五、日记37图；六、书简141封252图；七、叶圣陶先生年表；八、编者后记。（徐金廷）

J000150 **晋爨宝子碑** 岭南美术出版社编。岭南美术出版社1993年10月版。19.00元。爨宝子碑刻于公元405年，1779年出土于云南。该碑立于东晋之际，时云南地处边陲，江南书风对其影响甚微，故该碑虽有楷化倾向，却保留有隶书的特点，是用隶楷笔法写楷书的雏形。其用笔变化多样，聚散有致，体势飞扬，不拘一格，古扑奇巧，发自天然。现出版乃初出土拓善本。原物为刘毅夫先生所藏，后刘赠陈铭枢先生，陈再转赠李济深先生，现据此影印出版。（谢耿）

J000151 **书法技法简明图谱** 刘小晴编。上海书画出版社1993年10月版。10万字。14.00元。普及性书法技法类图书，从微观的角度研究了书法笔墨技巧中的用笔、结构、章法与笔势，并通过简明的文字和图谱找出书法技法中的个性及特殊规律。（刘小晴）

J000152 **郑板桥款识书法** （清）郑板桥书。梁山初雪编。北京出版社1993年11月版。66页。收集郑板桥的款识书法作品80余帧，其中不少是编者多年潜心收集的散流在民间的板桥作品的碑板刻拓和影印墨迹。郑板桥的款识书法具有如下特色：一、单独成篇，章法完整严谨，一气呵成；二、书画一体，相得益彰，使书法本身赋有了更充实的灵感和意境；三、诗书一体，比一般的书作法帖更为潇洒自如，更有神彩，更具个性，更有表达具体美学对象的独特特征。（魏小薇）

J000153 **广告妙语美术字** 赵辉等著。长春出版社1993年11月版。14.00元。分上、下两册，共24部分。分门别类地将国内外各行各业颇有影响的广告妙语精华集中在一起，经过艺术加工形成千变万化的多种美术字体，在侧重语言写法多样的同时，突出了行业广告语言的特点，并精心创作了部分手写字体。（庄宝仁）

J000154 **中国现代书法选——毛泽东诗词专集** 沈鹏等著。河北美术出版社1993年11月版。138幅。35.00元（平），57.00元（精）。为纪念毛泽东同志诞辰100周年编辑出版。收入沈鹏、董寿平、陈大羽、林岫、黄绮等102位书法家的作品。每位书法家都选择了自己最喜爱的毛泽东诗词，或整首书写、或摘其警句。他们都运用了自己最擅长的书体，以豪放的翰墨再现了毛泽东诗词的境界。（吴守明）

J000155 **历朝四杰翰墨精选［唐］［宋］［元］［明］［清］** 王玉池选编。农村读物出版社1993年11月版。60幅。5册。4.50元/册。精选唐、宋、元、明、清5个朝代，20位有代表性的书法家的作品。包括：《历朝四杰翰墨精选》（唐），选取柳公权、颜真卿、褚遂良和欧阳询4家的书法作品，他们基本上代表了唐代各个时期楷书的艺术成就和不同风格。《历朝四杰翰墨精选》（宋），精选苏轼、黄庭坚、米芾、蔡襄的代表作品，在他们的行楷和行草书中较唐朝，意多于法，大大增加了抒情的成分。《历朝四杰翰墨精选》（元），选编赵孟頫、邓文原、鲜于枢、康里巎巎等人的作品，形成了元朝圆润、秀美和典雅的书法特色。《历朝四杰翰墨精选》（明），收录了祝允明、王宠、文徵明、董其昌的翰墨作品，代表了当时书法的最高水平。《历朝四杰翰墨精选》（清），收录了刘墉、王文治、翁方纲、何绍基等4人的作品：前3人作为帖学的代表，何绍基作为碑学代表。这套书在介绍书法作品的同时，还对每个书法家的生平、作品特点等一一介绍。使读者对书法的历史、流派、特点有所了解。（朱雷）

J000156 **华夏五千年艺术不能不知道丛书·文房集** 蔡鸿茹编。天津杨柳青画社1993年11月版。4.9万字。90幅。10.20元。文房四宝，是指笔、墨、纸、砚四种传统书写工具。它有着悠久的历史，而每一个品种又有着各自独立的发展体系。它的原料离不开大自然的恩赐；它的造型离不开当时社会风尚、生活习俗及艺术风范，因而它有时代特征，又有独特风格，同时四宝之间又相互联系。本书90幅图片，是文房四宝中传世的名品，既有知识性，又具观赏性。（辛凡）

J000157 **天津三百年书法选集** 天津杨柳青画社等编。天津杨柳青画社1993年11月版。3万字。93幅。19.80元（平），26.00元（精）。从天津艺术博物馆、天津历史博物馆、天津文物公司及少数收藏家的藏品中，精选出天津书坛真正繁荣期——明末以来56位书家作品近百件编辑而成。其中不乏李

叔同、张体信、华世奎等人的佳作。基本反映了天津书法发展的源流和面貌。(何年)

J000158 **华夏五千年艺术不能不知道丛书·翰墨集** 孙宝发编。天津杨柳青画社 1993 年 11 月版。5 万字。91 幅。10.30 元。汉字是书法艺术的载体。汉字的起源很早,早在原始社会晚期,大约就有了汉字。从艺术角度看,随着社会的发展,用笔、结体、章法三方面书法要素日益完善。本书精选不朽之作近百件,以文配图感受直观,是对艺术品的欣赏,也是对历史的把握。(辛凡)

J000159 **碑帖鉴定** 马子云、施安昌著。广西师范大学出版社 1993 年 12 月版。46.7 万字。33.00元。"中国文物鉴定丛书"之一。分上、下两篇。上篇:石刻见闻录。含录目与校碑两方面,记叙碑碣、墓志、摩崖、画像、造像、地券及其他刻石,上起周秦,下至宋元,约 1 200 余件碑刻。详细记录碑版的书刻、时地、出土、书法、篇幅、形状,拓本的考据、纸墨、题跋、印章、递藏。附有碑刻图片 160 幅。下篇:碑刻分类与鉴定。含碑刻的分类和鉴定两方面。介绍碑刻的 9 种类别,即:刻石、碑、墓志、墓莂、摩崖、石阙铭、造像题记、石经、刻帖等。从横向论述碑刻鉴别的 10 个方面,即:书丹与摹勒上石、拓碑、重刻、翻刻、伪刻、考据、避讳、纸墨、题跋与印章、作伪方法等。书后附有"新旧伪造各代石刻"和"新旧翻刻碑志"。(章丽梅)

J000160 **观世音象百印谱** 杨坚水编著。岭南美术出版社 1993 年 12 月版。100 幅图。22.50 元(平),35.00 元(精)。采集历代的观世音造像的各种蓝本,从中筛选出百幅图像,对原作结构风神经过观察研究和消化后,再临摹画稿于石上,奏刀刻画。在编刻的过程中,对某些原作尽可能保持其体貌精神。基本上是采用白描线刻法,粗笔细笔兼施,写意写实并作,在继承传统肖形印技法基础上,参以轮廓画框架布白,整幅画面线条有笔兼有墨,故质感效果突出,富有装饰色彩。入谱的百方石印,写刻精审,各臻其妙,拆之独立成幅、合则相济并美。其次是,本书体例严谨,没有铺张性文字,选的每幅图像作品,俱标明出处。(罗幼新)

J000161 **行书技法** 周济人著。南海出版公司 1993 年 12 月版。15 万字。6.20 元。包括行书概述、学习的基本方法,用笔与锋、笔画造型、结构特点、美术要术,章法与格式,碑帖述评等内容。选择元代赵孟頫的行书作为例字,对 10 多种古代行书碑帖和近现代几位书法家的行书作品进行了简要的述评和初浅的分析。(张桐)

J000162 **书法美学** 陈振濂著。陕西人民美术出版社 1993 年 12 月版。20 万字。10.50 元。立足于书法作为美学学科门类的出发点,对书法美学的确立、研究的意义、对象、方法与范围,对书法美的性质、书法艺术的时空观、抽象与表现、抒情的探究与方式、文字在书法中的特殊载体地位包括视觉选择、空间分割的限制、形式框架、内容契机、书法线条的独立的美学价值、笔法的意义、力的概念、立体感、节奏感、书法形式美感的多元构成比如意境美、材料美、顺向、逆向美以及具体书法美欣赏的传统原则、观念的演变、欣赏具体途径等等,作了全面、详细地阐述。为读者构建出了一个较完整的书法美学学科构架。(桑勤志)

J000163 **黄庭坚书法史料集** 水赉佑编。上海书画出版社 1993 年 12 月版。45 万字。30.00 元。汇编古代文献中有关宋人黄庭坚的书法史料,分类、按年编排。并将黄庭坚所书的碑帖亦诠释文字一并编入。对研究黄庭坚的书法艺术与古代书法理论均有重要价值。(崔尔平)

J000164 **弘一法师书法集** 上海书画出版社编。上海书画出版社 1993 年 12 月版。250 幅。148.00元。收录近代著名高僧弘一法师出家前至圆寂各个时期书法作品约 150 件,分为直幅、横披·横卷、楹联、屏条、信札和册页·手稿 6 个部分,计 250 余幅,是迄今收录法师墨迹最为全备的大型专集。开卷之首辑入弘一法师常用印章约 30 余方。本书包括 4 个方面内容:一、序言,刊登了叶圣陶、林子青、柯文辉的文章,全面介绍阐述了法师由"绚烂归于平淡"的一生经历以及书法艺术的审美意蕴;二、目录、图版,200 余幅图版全面展示了弘一法师平淡虚静、超逸冲和的书法神韵;三、弘一法师论书法篆刻,辑入弘一法师生前有关书法、印章的序、跋、论说文章多篇;四、弘一法师年表,附法师各个时期生活照片 20 余帧。(乐心龙)

J000165 **黄鹤楼藏古今名家书法选** 杨蒲林、岳燕青编。武汉出版社 1993 年 12 月版。161 幅。15.00元。书法作品集。分古代、当代两部分。收有王羲之、黄庭坚、岳飞,以及王遐举、方毅、刘炳森、刘开渠、刘海粟、关山月、许德珩、李铎、李可染、吴作人、沙孟海、启功、欧阳中石、费新我、钱君匋、黄苗子、楚图南、赵朴初、黎雄才等古今著名书画家有关黄鹤楼的书法作品 161 幅,展示了各派书家的不同风格。(潘长胜)

J000166 **唐宋诗书画欣赏** 郭永琰主编。中国人事出版社 1993 年 12 月版。0.15 万字。19.50 元。采用一诗一书一画的形式，精选以唐诗宋词为主的 64 首古诗词，配以 64 幅画和 64 幅书法。每首诗后有译文、点评和书画欣赏指南。除具有欣赏价值外，还有保存收藏价值。本书特请柳倩、康雍、许林邨、邓锡良等著名书法家、画家精心创作，其书法绘画作品均属首次公开发表。著名诗人臧克家题写了书名，杨成武老将军题词："诗情画意、相得益彰。"（石中元）

雕　塑

J000167　**中国根艺**　邓正明、洪佩奇编。译林出版社 1993 年 2 月版。160.00 元。画册。从大量的根艺精品中选出 200 余件编成，汇集了当代中国根艺之精华。（洪佩奇）

J000168　**中国晋祠宋塑**　赵志光等编。山西人民出版社 1993 年 3 月版。0.6 万字。图 73 幅。180.00 元(平)，195.00 元(精)。北宋天圣年间修建的太原晋祠圣母殿，距今已近千年，殿内保存完好的 43 尊宋代制作的泥塑侍女像，大小与真人相仿，一个个维妙维肖，栩栩如生，形态生动，情态逼真，堪称我国雕塑艺术中的绝妙佳作，是最伟大的雕塑艺术作品，观后令人惊叹不已。它们是研究古代宫廷生活和服饰极其重要的资料，是世界雕塑艺术宝库的珍贵财富。（赵嗣成）

J000169　**泰山石刻大全**　泰安市文物局编。齐鲁书社 1993 年 5 月版。45 万字。560.00 元。集泰山现存石刻之精华，上自秦汉，下至近现代，现存元代以前的 52 处石刻全部收入，明清以降，择优录取，计辑碑刻及摩崖碑刻 78 处，诗词及楹联石刻 199 处，题词及题铭石刻 343 处，凡 620 处。有的为帝王亲王肃制，有的出重臣名流之手，大都文辞优美，书体高雅。收录史传最早的为秦李斯篆书的《泰山刻石》，被誉为"天下第一名碑"；他如汉《衡方碑》、《张迁碑》，北齐经石峪《金刚经》，唐《纪泰山铭》等，皆稀世珍宝。是书为八开本锦套函装，用宣纸石印，内分线装 5 册。书中碑刻铭文和对碑刻铭文的考辨研究，所辑全部石刻的局部拓本或全部拓本的图版，共 886 码，基本上体现了泰山石刻的全貌。（赵捷）

J000170　**朱祖德雕塑集**　朱祖德作。云南美术出版社 1993 年 5 月版。59 幅图。15.00 元。选编雕塑家朱祖德近年创作的近 60 件雕塑作品，突出体现了现代艺术的造型手段。这些作品是作者力图叛离传统雕塑的模仿体系，冲出"具像"的约束，去追求艺术中深邃的观念和哲理，尝试用抽象的造型，创造一种全新的观念艺术，在其雕塑作品中赋予新的意境和新的内涵。从这些纯粹的色块、线条、空间、体积组合成的抽象造型中可以看出，作者已成为中国现代雕塑艺术的先行者。（彭晓）

J000171　**泰山历代石刻选注**　姜丰荣编注。青岛海洋大学出版社 1993 年 10 月版。50 万字。28.20 元。泰山石刻有很高的美学价值和重要的历史价值。本书重点选录碑碣和摩崖碑刻和价值较高的经幢、墓志、造像记等石刻，共收集元代以前的碑碣和摩崖碑刻 43 处，明清以后的碑刻只选精华部分。自秦至今历代石刻 85 处，代代均有代表。按石刻的年代先后编排，并一一加以简要说明，并加标点和较为详细的注释。残缺的铭文，尽量参考地方志及其他历史资料予以补齐。（同文）

J000172　**非洲艺术精品集**　天津人民美术出版社编。天津人民美术出版社 1993 年 11 月版。1 万字。573 幅。98.00 元。从英、法、美、瑞士等欧美及非洲各国闻名世界的大博物馆中精选出 573 件作品。其中木雕作品 472 件，陶雕 37 件，石雕 10 件，象牙雕 24 件，铜雕 27 件，黄金雕 3 件。共 6 个艺术门类。这些作品含义深邃，充满玄妙神秘的色彩，造型朴拙、简括，形象多变、夸张，具有一种无穷的艺术感染力。（梁雪莲）

J000173　**华夏五千年艺术不能不知道丛书·雕塑集**　王家斌编。天津杨柳青画社 1993 年 11 月版。4.7 万字。90 幅。10.20 元。几千年来，中国雕塑艺术与其他艺术一道，伴随着人类文明的足迹，走过了曲折的道路。得助于永久性的材料，虽经历岁月风雨的冲刷，一些雕塑佳品保留下来。本书展示的即是从新石器时代到清泥塑门神共 90 幅代表作。（辛凡）

J000174　**中国雕塑史**　陈少丰著。岭南美术出版社 1993 年 12 月版。60 万字。398 幅。135.00 元。囊括中国原始时期、夏商时期、秦汉、魏晋南北朝、隋唐五代、宋辽金以及元、明、清各个时期的雕塑史资料。把自数十万年前的北京猿人石器直到 19 世纪末年各具代表性的中国雕塑作品，一一放回到各自所产生的历史文化的大背景中去定位、审视、评价和分析。从而在力图从多方面去探寻中国雕塑艺术内在的发生、发展的规律和动力的同时，实际也深深地触及到了中国历史的神经和脉络。通过对雕塑艺术的研究，它更多更深入地透视到民俗社会的文化现象，体察到下层劳动者真实的思想感情和审美观念，发

掘出许多从正史和文人画中所无法找到的东西。(吴克群)

J000175 **古元木刻选集** 张作明、刘玉山编。人民美术出版社 1993 年 12 月版。112 幅图。86.00 元。古元是国内外享有盛誉的版画艺术家,被公认为中国新兴木刻,特别是解放区木刻的杰出代表。其木刻创作经历了 3 个时期。一、延安时期(1939 年至 1945 年),他坚持参加农村基层工作,体验生活,从纯朴的农民身上发现了独特的美,因而激发他以炽烈的情感,创作出了大量的作品。如《运草》、《羊群》、《区政府办公室》、《哥哥的假期》、《减租会》等。它们的生活气息浓郁,形象十分生动,但由于受西方木刻影响,着力表现体积和明暗,所以画面阴影面积很大。1942 年参加文艺座谈会以后,注重了民族形式和审美的追求,创作出以阳刻为主、线条清新明快的作品,如《离婚诉》、《练兵》等。二、东北时期和华北时期(1945 年至 1950 年),他的作品题材更为宽阔,画面节奏也更强烈,其战斗鼓动力也更为有力了。如著名的《人桥》即为一例。三、北京时期(1950 年至 1996 年),他以真挚的感情,优美的刀笔,尽情抒发他对生活和自然的热爱,刻制出了许许多多美丽秀雅的作品,如描绘江南水乡的《甘蔗园》,描绘颐和园景致的《玉带桥》,在艺术上达到了很高的境界。(刘玉山)

摄影艺术

J000176 **张宝宗摄影作品集** 张宝宗摄。山东友谊出版社 1993 年版。62 幅照片。40.00 元。分 3 篇:军旗篇、太阳篇、大地篇。军旗篇,着重表现了火热的军旅生活,不仅表现了战士们的演习、训练生活,而且还深刻反映出战士们在经过血与火,生与死的战争考验下,忠于人民、报效祖国的崇高的精神风貌;太阳篇,主要表现了丰富多彩的人民生活,旨在歌颂劳动、歌颂生活、歌颂人民的崇高品德;大地篇,抒发了作者对大自然情有独钟的情怀。(刘国兴)

J000177 **中国当代摄影** 吕厚民编。山东美术出版社 1993 年 3 月版。134 幅。85.00 元。选编 130 余幅在全国和国际性摄影比赛中获奖的佳作。这些作品中最早的拍摄于 1974 年,最晚的摄于 1990 年,时间跨度近 20 年。作品选材广泛,涉及社会生活的各个层面和领域,不仅具有较高的艺术水准,有许多还曾产生过较大的社会影响。这些照片既是对这一时期我国摄影艺术的概括与总结,也是研究这个时代和这段历史的宝贵资料。每幅作品均附有作者对照片的拍摄背景、构思的介绍和所使用的器材、光圈、速度等的技术性说明。(初晓英)

J000178 **生活·每天都是新的** 李前光等编。长城出版社 1993 年 4 月版。255 幅。150.00 元。画册。将中国青年"公元杯"彩色摄影大奖赛作品选集而成,共有 232 位全国著名的摄影记者和摄影艺术家的 255 幅作品被收入,展示出将要跨世纪的中国军民在改革开放大潮中,创造新生活,开辟美好未来的绚丽多彩的画面。该画册题材广泛,涉及祖国各地的各行各业。每位作者都有极强的写实意识,并通过作品中人物的真实生活、真实心态和真实环境来感染读者,启迪读者。作品采撷生活中的真善美瞬间形象,高扬正气,歌颂光明,催人奋进。(惠庆 武将)

J000179 **室内摄影** 俎瑞亭著。河南科学技术出版社 1993 年 4 月版。10.6 万字。15.70 元。"摄影实践丛书"之一。本书除介绍室内摄影的特点和一般常识外,还介绍了室内生活摄影、室内人像摄影、室内新闻摄影、室内体育摄影、室内工业摄影和地下工程建筑摄影的技术技巧。作者是中国摄影家协会会员,擅长室内摄影,其室内摄影作品"钢厂"曾获 1977—1980 年全国优秀摄影作品铜牌奖。(刘嘉)

J000180 **长江** 徐肖冰主编。重庆出版社 1993 年 6 月版。351 幅。500.00 元。大型摄影艺术画册。以长江的自然景观、人文景观为表现对象,收纳了中国著名摄影家 56 人的摄影作品 351 件。其中包括了首飘长江而遇难的摄影作者尧藏书的遗作,尤显珍贵。画册分长江为"大江之源"、"金沙江"、"天府之国"、"长江三峡"、"大江东去"、"九江、庐山、鄱阳湖"、"江流浩荡过皖中"、"南京、镇江、扬州"、"长江三角洲"、"奔向大海"等 10 个自然序列。每个序列前均配有概述文字,概述文字总括长江各段地理情况、自然景观和人文景观,以及江流所经城镇的历史沿革、古今变化。每个序列的摄影照片均经过精心选择,从中可以领略长江始自源头、终于大海的壮丽风采。该画册分中英文两种版本。(周永健)

J000181 **情——党和国家领导人视察安徽** 安徽省党史委编。安徽美术出版社 1993 年 7 月版。484 幅。185.00 元。为纪念毛泽东诞辰 100 周年而编辑出版。收录建国以来党和国家领导人视察安徽的历史照片 500 余幅。每幅照片以其真实、生动的历史画面,再现了建国以来毛泽东、周恩来、刘少奇、朱德、邓小平、陈云、胡耀邦、江泽民、李鹏等 60 多位党和国家领导人亲临安徽视察的情景。(陆绍惠)

J000182 **体育摄影** 周铁侠、管天一编著。河南科学技术出版社1993年7月版。11.1万字。9.00元。收入“摄影实践丛书”。本书为作者多年来体育摄影的经验和教训的总结。除论述了体育摄影的特点外,还向读者提供了体育各个项目,如田径、球类、体操、游泳、冰雪、击剑、武术等拍摄的最佳位置、角度、光圈和快门速度等。(刘嘉)

J000183 **中国儿童摄影作品选** 湖北少年儿童出版社主编。湖北少年儿童出版社1993年8月版。144幅。12.50元。汇集全国25个省市自治区123位小作者144幅作品,其中彩色照片80幅,黑白照片64幅。这些照片是从1952幅应征作品中挑选出的精品,其中大部分作品是在全国和省市地区摄影比赛、展览中的获奖作品。这些作品是少年儿童用自己的眼光观看周围的一切,拍摄他们眼中的世界,所摄作品绝大多数是反映他们的自身生活和学习,匠心独具,妙趣横生。(韦学渊)

J000184 **人像摄影** 顾云兴著。河南科学技术出版社1993年11月版。13万字。9.90元。以业余摄影者为对象,详细地阐述儿童人像、成人人像、婚庆人像、生日照、家庭人像、旅游人像、夜景与洞景人像、工作人像、会议人像、集体人像的拍摄方法,还分别对人物造型、光线运用、画面构成,以及黑白及彩色人像的特点等,从技术技法和基础知识两方面进行了系统的介绍。(韩家昱)

J000185 **浙江山水行** 胡理深等作。浙江摄影出版社1993年11月版。232幅。110.00元。用朴素简炼的文字,配上精美的摄影图片,形象而生动地介绍浙江省境内的30处国家级和省级旅游风景区,以及一部分著名风景点。(任鲸)

J000186 **吴印咸摄影作品选** 副名:中国摄影名家作品书系。吴印咸摄。海潮摄影艺术出版社1993年12月版。400幅图。98.00元。“中国摄影名家作品书系”之一。书系全套计划10部,荟集中国当代成就高、在国内外影响大的摄影家代表作品,其中包括老一辈摄影名家、港澳台的摄影名家以及部分著名中青年摄影家的代表作品。每部摄影名家作品选的内容由创作专论、摄影家小传、作品精选、摄影家年表、作品图录等5个部分组成。熔艺术性、科学性、文献性于一炉,具有较大的审美价值、学术价值和历史价值。本书的第一部分,创作专论,《大师的摄影之路》由著名摄影家、评论家袁毅平撰写。文章精辟地分析、论述了吴印咸的创作道路、创作风格和辉煌的艺术成就。第二部分,摄影家小传,简要地介绍了中国当代饮誉国内外摄影界的老摄影家吴印咸的生平和经历。第三部分,作品精选,精选作者各个不同时期的代表作品100幅,分3个时期介绍。即:1923—1937;1938—1946;1953—1989。第四部分,摄影家年表,将年表以编年史的方式,概述了摄影家作品的创作年代、摄影著作出版年份、电影摄影作品创作年份、个人摄影展览以及个人受奖情况等。第五部分,作品目录,也分3个时期。即:1923—1937;1938—1945;1949—1992,共精选吴印咸各个历史时期的作品306幅。它既作为对作品精选的补充,也为更全面、更系统了解和研究吴印咸的创作成就和发展道路提供了丰富的图像资料。(黄兆荣)

J000187 **胡同集** 徐勇作。浙江摄影出版社1993年12月版。72幅。85.00元(平),98.00元(精)。徐勇乡土中国系列摄影集之一,记录北京千千万万条小胡同里发生的普通而又芜杂的生活场景,将生活在小胡同里的北京人易于满足的“安身”心态刻画得细致入微。作品风格朴素而犀利。作家汪曾祺的《北京胡同》一文对北京胡同的认识,对理解作品很有裨益。(景迪云)

J000188 **窑洞集** 徐勇作。浙江摄影出版社1993年12月版。72幅。85.00元(平),98.00元(精)。徐勇乡土中国系列摄影集之一,从古老的人和环境的关系角度着手,将生活在陕北窑洞里的人们的一切平凡生活场景展现在读者面前:黄土地的焦渴、光秃的树枝所代表的恶劣环境和人们坚忍的表情、热烈的生活冀求构成的强烈反差,令人体会到从黄帝时代传承下来的中华民族永远不屈的精神依然昂扬。(景迪云)

工艺美术

J000189 **世界工艺美术设计名作集成** 张远林编。安徽科学技术出版社1993版。2300幅。2册。320.00元。分招贴广告、手袋工艺、展览布饰、书帧装帧、包装技艺、店面橱窗、工艺精品、摄影特技、环境美化、室内装璜10大部分。作品充分显示着世界艺术家们丰富的想象力和娴熟的表现技巧。(孙述庆)

J000190 **蜡染艺术** 王伟力主编。贵州教育出版社1993年版。15万字。100幅。118.00元。系统研究蜡染艺术的学术专著,同时又是对外宣传贵州民族民间文化艺术的大型画册。系统介绍了蜡染的起源与发展,传统与现代工艺技术,实用与审美价值,深层的文化内涵及发展前景。是研究手工技艺和美术、历史、文化、民俗学的珍贵资料。作者旁征博引论述涉及古今中外,如关于蜡染的起源作者列举了印度说、非洲说、印尼说、中国说等等各家观点,从浩繁的史料文献、出土实物中考证,并结合人类学、民俗学材料分析得出结论:“蜡染和扎染很可能是由于偶然的失败,由总结油污和绞结影响染色的教训而创造出。”还认为蜡染的源头应是多个的,但中国蜡染远在西汉以前便产生了,唐、宋盛极一时。由于历史的原因,贵州等地的少数民族保存并发展了这一传统的手工技艺。作者以多年的研究及实验,解决了传统工艺中许多难题,并对每一具体工艺过程作了详细的说明。书中的图片是贵州蜡染艺术家多年来创作的精华,作品内容粗犷、豪放、热烈、质朴、清新、自然,凝聚着浓郁的民族风格。蜡染艺术从工艺的蜡染技术分离出来,形成为一门独特的视觉艺术。(李明昆)

J000191　**专业底纹108**　广州市文化传播事务所编。岭南美术出版社1993年版。108幅。980.00元。美术设计专用书籍。共拍摄不同质感、色彩、造型的底纹108种,主要包括:花岗岩、大理石、花卉、水果、丝织品及其他饰物造型。每种彩色底纹都有小样目录,目录附有减网效果,便于使用者参考。(谢耿)

J000192　**中国图案大系**　张道一主编。山东美术出版社1993年版。3万字。6册。630.00元。以年代为序分为12卷,即原始社会卷、商周时代卷、春秋战国时代卷、秦汉时代卷、魏晋南北朝卷、隋唐五代卷、两宋时代卷、元明时代卷、清代上下卷和近代上下卷。共收录图案3万余个,每2卷1册,分装6册。本书的特色是:一、容量大。汇集古今,涵盖中华大地所有地域,包容各个民族的图案纹样。二、门类全。从远古的岩画、石器、陶器、青铜器到近代的建筑、纺织、陶瓷等等,都在采编之列。三、资料新颖翔实。注意选编新出土的零散文物图饰,许多图案属初次与读者见面,并注有年代和出处。(马晓东)

J000193　**中国少数民族地区报纸美术作品精选**　陈玉光、若希主编。长城出版社1993年3月版。1 741幅。7.90元。作者均为从事民族地区报纸美术编辑工作的画家。书中收集的美术作品几乎涉及到我国各个少数民族地区的政治、经济、文化、民俗风情等各个方面,展现了我国少数民族地区的时代风貌和民族特色。(陈玉先)

J000194　**世界商标设计精华**　周伟雄等编。广东科学技术出版社1993年3月版。46万字。98.00元。收编美国、加拿大、英国、日本、中国(含港台地区)优秀的商标作品3 000余件,除商品的商标外,还包括了一些组织机构或重大活动、特定场合的辨识标志。同时还收编了一些商标在各种场合下的应用实例(如商品包装、信纸信封、车辆、大楼以及广告等),为设计人员在设计和应用商标时获得有益的借鉴。在编排上,为使读者能更准确地理解商标的含义及了解其创意思路,图形的构成分为6类,即连字类、组字类、字形类、抽象类、象形类及图画类。(傅东伟)

J000195　**最新实用装饰画集**　张衣杰编。长城出版社1993年4月版。1 016幅。6.80元。分为山川、海光、春水、秀木等8集,“从生活中,从自然界获取美或美的感受”,并把这种美浓缩于方寸之间,以小见大,从简单透视复杂,是它的主要艺术特色。(惠庆　武将)

J000197　**广东设计年鉴**　岭南美术出版社编委会编。岭南美术出版社1993年4月版。380幅。320.00元。收集1988年以来广东设计师创作的广告、包装、印刷品、企业形象、工业产品、艺术环境等6大门类设计的380余件佳作。从纵深到横向总结和回顾了广东设计界近年来的发展历程。同时,又充分展示了设计作为一种文化现象,在其发展的过程中,既得益于改革开放和社会主义市场经济,又服务于经济建设的社会现实,体现了设计不可替代的社会作用。该书以一把年代久远的老尺为创意核心,用6幅代表设计界6大门类的旧物图片作引子,把人们带到悠远而富于诗意的境界。从一个小小的商标,到全套企业形象设计;从小餐厅的装修,到星级宾馆的室内设计;从明显的模仿到追求广东文化风格特色的创意,诸多引人入胜,老幼皆知的图形和广告语,在书中都得到全面、原位、有序的介绍。(吴克群)

J000198　**中国民间美术全集(山西)**　薄松年、段改芳编。人民美术出版社1993年4月版。10万字。230.00元。较全面收集了山西民间美术作品,包括刺绣、面花、雕刻、剪纸、年画、皮影玩具等等,约300余件,并附有教授专家对此的分析研究文章。山西地处黄河流域,是华夏文明的发祥地,也是古典戏曲的繁荣地区,山西民间美术作品多有这方面题材,它与民间戏曲相互吸收、相互影响。山西地面上的大量石窟及其雕刻,以及寺观建筑,其艺术形式和表现手法都对其产生了影响,因而山西具有比其他省份更为优越的条件,加上家喻户晓的古代民间故事、古老传说,这些都是民间美术经常表现的内容,具有浓郁的地方特色。(葛晓林)

J000199 **现代材料艺术** 张温帙编著。岭南美术出版社1993年6月版。6.6万字。300幅图。68.00元。为欧美各国装饰设计艺术家(主要是本世纪以来)和中国当代艺术家对现代材料和材料技术研究、开发、利用创作的重要艺术作品介绍。60年代初,欧美各国兴起“环境意识化运动”,许多公共场所和建筑环境内外出现了许多采用五花八门的材质(硬的、软的、合成的)制作的优秀环境艺术作品,这些作品对现代环境气氛情调的形成起着决定性的作用。从这一时期起,新材料的不断开拓对现代艺术材料来感觉、体验和表达材料意识是设计者优先考虑的因素。对现代材料艺术的研究既涉及到对材料功能转变的过程,也涉及到各类材料形态分类及其不同的表现效果,目的最终归于各种物质材料与人文环境之间有机联系的研究。该书主要介绍了陶瓷艺术、金属艺术、纤维艺术、玻璃艺术、纸材艺术、木材艺术和综合材料艺术等,作品有雕塑、壁挂、器皿、实用品、室内装饰品等。(*杨石友*)

J000200 **赵澄襄剪纸集** 赵澄襄作。岭南美术出版社1993年6月版。0.3万字。61幅。25.00元。画家生长于民间艺术传统深厚的广东潮汕地区,充分吸取了民间艺术的营养,以一颗富于诗意的女性的心,沉迷于乡村生活和儿童题材的表现,文学意味强烈地散发在她的作品之中。其作品力求以小见大,在保持剪纸装饰性的同时,醉心营造着空间时间。尽管她把形象简约到单纯,但情节的丰富仍使画面生趣盎然。画家大胆使用了多层剪纸复贴的效果,使之更具绘画性,在大量吸收了版画趣味的同时,大胆地把不同色纸剪出的形象巧妙地复贴起来,形成了空间、层次,极大地发挥了绘画的效果。在某些作品中,甚至连色度、色调都作了新的变化。反映了画家的匠心和魄力。(*杨麟阶*)

J000201 **现代变形装饰** 刘华明、俞文云编著。北京美术摄影出版社1993年8月版。5.00元。着重从绘画艺术表现形态基本构成要素——点、线、面出发,以大量对于点、线、面表现的丰富内涵作了充分展示与论述。运用变形、夸张、组合、虚拟、对比等手法,单纯、质朴、强烈、生动地体现了绘画艺术的节奏、韵律之美,是一种音乐美、形式美、结构美、自然美。同时通过自然机理,表现了一种朦胧美与抽象美以及对于形态的本质内涵——力度感的表达。使单纯的元素,具有无穷的变化魅力。(*左汉桥*)

J000202 **中国工艺美术史** 卞宗舜等著。中国轻工业出版社1993年8月版。32.3万字。16.00元。中国工艺美术历史悠久,制作精巧,丰富多彩,在世界工艺文化中独树一帜。书中比较系统地介绍了各个历史时期工艺美术的发展以及各工艺品种特点、民族风格和艺术价值。附有各时期出土的工艺美术精品实物照片200幅。可作为工艺美术院校专业教材,也可作广大工艺美术行业职工及业余美术爱好者参考。(*王钊*)

J000203 **女性装饰画集** 郑军编绘。岭南美术出版社1993年9月版。0.1万字。141幅图。8.00元。全部以女性为题材的黑白装饰画集,个人风格鲜明,画风富有现代感,想象力丰富而且浪漫,夸张变形大胆但又合理,点、线、面、黑、白、灰的穿插搭配疏密有致、变化无穷,使每一幅小小的装饰画都富有清馨怡人的韵律感和节奏感。(*杨麟阶*)

J000204 **中国艺术插花** 蔡仲娟主编。上海文化出版社1993年9月版。124面。22.00元(平),32.00元(精)。分两大部分:前一部分,详细介绍插花的基本知识,如东西方插花形式的特点、艺术插花的造型形式、色彩设计、意境创造、基本技巧、常用材料、器皿工具及保鲜方法等。后一部分,以彩色图片介绍158种艺术插花精品。其主要特点:一是所选的插花作品,代表了我国当前插花的最高水平。二是每种作品都配以富有诗意的优美、生动、简练的赏析文字,对每一作品的造型形式、色彩搭配、器皿配置、意境创造和风格特点等,均择要作了评析,可帮助读者领悟和欣赏作品。三是每种作品都配有详细的技术操作图。(*何聿光*)

J000205 **刘开渠作品集** 刘开渠作。安徽美术出版社1993年10月版。112幅。78.00元。作者为著名的中国现代雕塑的开拓者、雕塑艺术大师。早期创作了《抗日阵亡将士纪念碑》、《孙中山先生纪念像》、《农工之家》等许多雕塑。建国后参加天安门广场《人民英雄纪念碑》雕塑的整体设计和全部美术工作,创作了纪念碑正面的《胜利渡长江、解放全中国》、《支援前线》和《欢迎解放军》等大型浮雕。本集收编作者雕塑作品61件,国画作品11幅,速写16幅,书法10幅。(*傅强*)

J000206 **中国十二生肖装饰艺术集** 郑军等缩绘。岭南美术出版社1993年10月版。0.15万字。1 100幅。19.00元。按十二生肖(鼠、牛、虎、兔、龙、蛇、马、羊、猴、鸡、狗、猪)的排列顺序,广泛汇集了各种生肖的动物图案:从原始的彩陶,画像砖画像石、瓦当、墓志石刻等各种出土文物上的动物饰纹,到民间剪纸和年画,亦有现代的夸张变形的抽象图案。画家对于黑白装饰艺术中的点、线、面、黑、白、灰的相互穿插搭配,疏密呼应运用得娴熟和得心应手,充分显示了画家深厚的功力和学养。(杨麟阶)

J000207 **华夏五千年艺术不能不知道丛书·俗艺集** 崔锦编。天津杨柳青画社1993年11月版。4.4万字。81幅。9.10元。大凡民间美术的题材,都离不开镇宅禳灾、纳吉求福、祈子延年的内容。人们在长期的生产和生活实践中,把这种对生活的关切态度转化为一种传统的文化观念。这就造就了民间美术和人民大众之间的联系。它的表现形式有:陶罐、蜡染、扎染、刺绣、点心模子、剪纸、年画、风筝等等。本书的81件作品,使你感受到它的博大和醇厚。(辛凡)

J000208 **华夏五千年艺术不能不知道丛书·工巧集** 华梅编。天津杨柳青画社1993年11月版。5.3万字。100幅。11.30元。工艺美术是一个庞大的体系,它囊括了几乎与人类生活有密切关系的各种实用品和陈设品,而且在不同的历史阶段中都有某一品类代表着那个特定历史时期的灿烂文化。本书提供了欣赏古代印染织绣品、服装、金银制品、玻璃器皿和竹、木、牙、角、石雕等佳作,并介绍了解有关工艺美术史和艺人的生平与轶闻。(辛凡)

J000209 **中国竹艺术** 徐华铛编。高等教育出版社1993年12月版。24万字。8.60元。中国竹艺术、竹文化方面的专著。论述了"竹丝篾片的天地"和"竹筒竹节的世界"两个竹艺术大类。其中尤以竹丝片的编织艺术最为详尽具体;竹筒竹节的雕刻、造型艺术也有独到之处。全书从竹编的历史踪迹到各地的艺术流派;从篮、盘、瓶、席的风采到竹编动物、人物、屏风等高档作品的赏析;从竹刻竹雕的韵致到竹在建筑上的装潢;从竹器家具的产地特色到竹枝竹节的造型;以至一双竹筷、一串竹丝、一片笋壳、一根竹杖等等都一一涉及。作者生长在盛产竹子的江南,又任职于竹编工厂,多年从事竹编工艺设计研究。对于中国竹艺术,他刻意于资料翔实、附图精彩、论说恰当,并能从艺术的审美角度予以评价,描绘出一个竹子的艺术世界。本书可供广大文化艺术爱好者阅读和收藏,还可作为工艺院校教学用书和工艺竹编厂的岗位培训教材。(岳维华)

J000210 **龙凤装饰艺术集** 郑军编绘。岭南美术出版社1993年12月版。1.2万字。10.80元。分龙凤两大部分,共收入形态各异的龙凤图案约600多幅,其中既有原始的彩陶、画像砖、石雕的古代龙凤,也有民间剪纸、年画及宫廷的龙凤,还有现代抽象和夸张变形的龙凤图案。画家以强烈的黑白对比手法,通过变形、夸张,娴熟地运用点、线、面的复杂搭配和穿插,巧妙地提炼出许许多多造型生动优美,且又变化多端的精巧图案。本集所收作品,风格明快,活泼、高雅,极富装饰趣味。除学习,研究和欣赏之外,同时亦是一本实用性很广泛的资料工具书。(杨麟阶)

J000211 **儿童装饰绘画集** 许万里、罗应杰绘编。青海人民出版社1993年12月版。1 500幅图。8.00元。编绘人物、动物、花鸟、风景等儿童装饰绘画1 500个图样。从儿童喜爱的初步绘画手法入门,着重儿童的绘画启蒙教育,是小学、幼儿园、学前班和幼师、中师学生极好的参考资料。(薛建华)

音　乐

J000212 **冼星海全集** 《冼星海全集》编委会编。广东高等教育出版社1989—1993年版。60万字。4 000幅谱。300.00元。共10卷。第一卷收辑著述、日记、书信和自传等;第二卷收辑齐唱歌曲、重唱合唱歌曲和独唱歌曲共192首,381面乐谱;第三卷收辑《生产大合唱》、《黄河大合唱》,394面乐谱;第四卷收辑大合唱《九一八大合唱》、《牺盟大合唱》,声乐套曲《斗争就有胜利》,歌舞活报剧《三八》,歌剧《军民进行曲》、《滏阳河》,353面乐谱;第五卷收辑小提琴独奏曲《卡兹尔·比戴》,钢琴独奏曲《哈萨克舞曲三首》,小提琴与钢琴曲《D小调奏鸣曲》,组曲《后方》、《牧马词》、《敕勒歌》、《满江红》,交响诗《阿曼盖尔达》,管弦乐《中国狂想曲》、《谐谑曲》,590面乐谱;第六卷收辑交响乐《民族解放》、《神圣之战》,561面乐谱;第七卷收辑图片135幅;第八至第十卷收辑了经后人整理的主要演出本,共1 270面乐谱。(周焱)

J000213 **北京中学校歌集** 兰宏生等编。北京教育出版社1993年1月版。30万字。11.00元。精选北京市中学校歌三百多首。体现了广大中学师生的精神风貌。(邬云泰)

J000214 **溯流探源——中国传统音乐研究** 黄翔鹏著。人民音乐出版社1993年2月版。22万字。8.35元。著者1978年至1984年间所发表的重要学术论文的结集,共15篇。论文的内容基本属于中国传统乐律学(古代乐学与律学实际存在状况及其理论)范围,但论题所涉及的时代,则上自远古以至春秋战国,自汉唐以至宋明,直至今日民间音乐遗存，因此又具有中国乐律学史(乐学史及律学史)专题研究的性质;以中国古代音乐史研究而言，这些论题大多属于前此因文献无证而空阙的、或长期未能解决的疑难课题，著者将考古研究与传统音乐实践结合起来，从型态学角度加以综合分析研究，并对历史文献加以剔抉爬梳，辨诬纠谬，使许多理论上、史实上的混乱得以澄清，有的则填补了学术上的空白，从而充实和提高了中国古代音乐史的研究。《新石器和青铜时代的已知音响资料与我国音阶发展史问题》是一篇影响较大的论文。著者通过对半坡文化中一音孔陶埙直至春秋晚期郘钟、侯马钟、新郑钟等一系列古乐器实物测音调查，论述了我国民族音阶早期发展史，提出了新旧音阶的历史因由、五声与七声音阶并存的历史传统，晚商已形成了七声音阶、音阶应用上的民族特点及旋宫等问题，颇多创说。特别是首次提出了先秦青铜编钟双音结构规律(后为曾侯乙编钟的出土完全证实)，为重大学术建树之一。《先秦音乐文化的光辉创造》等6篇论文，是1978年曾侯乙墓大批古乐器(特别是大型编钟及2 800余字乐律学铭文资料)出土后所做的相关研究。包括钟磬铭文考释与乐律学分析，篪；五弦器等古乐器鉴定；先秦编钟音阶结构的衍变与旋宫古法的考索并旁及楚文化、古今音乐型态关系等方面。在古代律学方面，既有对中国古代律学史的纵向考察(《中国古代律学——一种具有民族文化特点的科学遗产》、《中国古代律学历史源流图》、《中国乐律学史述略》等文)，也有对律学史上重要人物的评价(《律学史上的伟大成就及其思想启示》)，实际也是对中国律学思想及其成败得失的总结；此外还有对琴(七弦琴)的调弦法及其律制的专项考察，提出琴律以纯律生律法为主，兼含三分损益法，为复合律制以及琴律与先秦钟律的历史渊源关系等重要观点。其他方面，还有对古乐种的“活化石”南音的考察(《弦管题外谈》)、工尺谱理论体系的古老渊源(《音乐考古学在民族音乐型态研究中的作用》)、关于“郑译奏议”(《隋书》)一节文字的全面考释(《八音之乐索隐》)等。(许再扬)

J000215 **音乐神殿漫游** 朱黎明编著。少年儿童出版社1993年2月版。12万字。1册。4.15元。以故事形式介绍交响乐知识，名作曲家海顿、莫扎特、贝多芬、舒伯特、柏辽兹、肖邦、李斯特、勃拉姆斯、德沃夏克、西柳斯、柴可夫斯基、舒曼、里姆斯基·柯萨科夫、门德尔松等的生涯，名交响曲《命运交响曲》、《勃兰登堡协奏曲》、《卡门序曲》、《1812年庄严序曲》、《C大调第四十一交响曲》、《英雄交响曲》等的创作故事和艺术风格。(洪祖年)

J000216 **儿童钢琴曲101首** 贝多芬等作。安徽文艺出版社1993年3月版。17.20元。汇集世界著名作曲家贝多芬、莫扎特、巴赫、韦伯、舒伯特、格里格、柴可夫斯基、舒曼、肖邦等的优秀钢琴作品，如《天鹅》、《致爱丽丝》、《梦幻曲》、《夏日最后的玫瑰》、《印度客人之歌》、《小夜曲》、《蓝色的多瑙河》等共计101首。(蔡正菁)

J000217 **学生常用乐器知识与演奏技巧** 金石、唐毓斌等著。辽宁少年儿童出版社1993年3月版。16万字。2.10元。“小学新书系”中文体娱乐系列的一种。供中小学生、教师开展活动课选用的教材。简述乐器发展简史、演奏原理、演奏技法、艺术特点和流派等，并配有少数精选的练习曲和优秀乐曲。全书内容包括：二胡、琵琶、笛、口琴、吉他、小提琴、电子琴、钢琴等乐器介绍。(刘银娜)

J000218 **唐诃歌曲精选** 唐诃著。黄河出版社1993年4月版。200首。5.00元。歌曲集。精选著名作曲家唐诃所作歌曲200余首，分“美好的记忆”、“沸腾的军营”、“多彩的生活”、“遥远的回声”4部分，其中既有《牡丹之歌》、《长征组歌》等影响广泛的歌曲，也有部分历史歌曲，还有近年来创作的部队和行业歌曲。(程鹏)

J000219 **声乐艺术美学** 余笃刚著。高等教育出版社1993年5月版。30万字。4.80元。全面系统阐述声乐艺术美学的专著。立足于声乐艺术美的本体论，从哲学、艺术心理学、艺术形态学、艺术社会学等角度深入探讨并全面阐述声乐艺术美的总体构成及其表现特征。除“导论”外，分4篇13章。在“本质论”中总体探讨声乐艺术美的审美特征和功能，并以比较学的方法，通过对比声、器乐的共性与个性，展示声乐艺术美的特殊性；在“文学论”、“曲调论”、“演唱论”中分别剖析了声乐艺术美的各构成系列的审美特征，既有对本体的审美论证，又有对其从属体的依存性的分析，揭示了声乐艺术美的构成因素与内在规律。对于“声乐艺术美学”，中、外研究经验较为单薄，本书构建的理论框架全方位地涉及到音乐文学美学、声乐旋律美学、声乐表演美学等，为声乐美学的理论研究提出了一个较为宽广的、全面的探索范畴。(张丽娜)

J000220 **黄梅戏音乐概论** 时白林著。人民音乐出版社1993年7月版。37万字。18.90元。收入“戏曲音乐研究丛书”。重点论述黄梅戏的历史、音乐

结构、各种唱腔及伴奏特点等。本书还附有著名演员严凤英等演唱的《天仙配》、《女驸马》等30段精彩唱腔。(常静之)

J000221 **幼儿钢琴启蒙教程** 谢耿著。人民音乐出版社1993年7月版。318面乐谱。2册。13.85元(上),14.70元(下)。将具有儿童特点的中外小曲按程度顺序编排。上册共有108首乐曲,分为"钢琴入门准备"和"钢琴入门"两大部分。下册共包括乐曲82首,"小小作曲家"专栏16讲(附答案),力求以最简要易懂的办法,在幼儿学习钢琴弹奏技法的同时教会他们一些即兴创作的知识,以期对开发幼儿的创造性思维有所帮助。书末附"手指练习"、"各调Ⅰ、Ⅳ、Ⅴ和弦及分解和弦的指位练习"、"同各大、小调音阶、主和弦及分解和弦练习"和"调的序列及关系大小调主和弦对照表"。(林容)

J000222 **说句心里话——士心歌曲选** 士心编。人民音乐出版社1993年7月版。278面简谱。7.60元。士心(1955—1993),原名刘志,是80年代中期涌现出来的青年作曲家。他创作的《小白杨》、《你会爱上它》、《我们是黄河泰山》、《在中国大地上》、《说句心里话》等歌曲深受群众喜爱,流传很广。本书是士心的自选歌曲集,收入声乐作品111首。其中既有以上例举的广为人知的优秀作品,也有一小部分作者创作初期的作品。从中可看到他从一名战士成长为一个专业作曲家的轨迹。作品依不同演唱方法分为:女声民族唱法歌曲、男声民族唱法歌曲、女声通俗唱法歌曲、男声通俗唱法歌曲及其他类型歌曲5类。每首作品都附有创作年代、首唱者、发表及表演时间、获奖情况等。(王建卫)

J000223 **曲艺音乐概论** 于林青著。人民音乐出版社1993年7月版。25.9万字。7.15元。简明介绍曲艺音乐的艺术特征、曲艺唱腔结构、创作方法以及曲艺的演唱、伴奏、改革、发展。书中还简述了苏州弹词、京韵大鼓、北京琴书、天津时调、单弦、京东大鼓、山东琴书等20多个曲种。并附有部份精彩唱腔曲谱。

J000224 **豫剧唱腔音乐概论** 王基笑著。人民音乐出版社1993年7月版。14万字。19.80元。收入"戏曲音乐研究丛书"。重点论述在我国影响较大、流行较广的梆子戏——豫剧的历史,唱腔结构及各种板腔。并附有豫剧著名演唱家常香玉、陈素贞、崔兰田、马金凤等演唱的《花木兰》、《拷红》、《秦香莲》、《穆桂英挂帅》等传统戏精彩唱腔和《朝阳沟》、《李双双》等现代戏精彩唱腔40余首。(常静之)

J000225 **寸心书屋曲谱(甲、乙编)** 周秦主编。苏州大学出版社1993年8月版。50万字。2册。124.50元。集京、津、沪、宁、苏、杭、扬、昆等地两代曲学家十余年之编纂成就,并经教学实践检验。所选皆为近百年来流行曲坛的南北词谱,兼顾宫调、行当、风格,偶择当今虽不常唱而在某方面颇具典型性或特色性的名曲,共200余支。详考曲词正衬、四声阴阳、板眼工尺,指陈诸谱异同得失,分析口法务头。又按国家标准译为线谱、简谱,作为乙编,相附而行。(徐斯年)

J000226 **乐记理论探新** 吕骥著。新华出版社1993年8月版。10.4万字。4.00元。作为我国最早的一部比较系统的音乐理论著作——《乐记》阐发了音乐的源起、音乐与社会政治生活的关系以及音乐的一些社会学和美学的基本原则,对我国后世文艺批评理论的形成有着重要而深远的影响。建国后国内曾出版过汇集《乐记》研究论文的《乐记论辩》一书。本书是继《乐记论辩》之后的又一部《乐记》研究论著。所论主要着重于《乐记》的理论逻辑、哲学思想基础、美学价值、作者考等方面,著者以一位音乐工作者的实践和素养梳理阐释,时发新见,并从整体的角度对《乐记》作了整理,自成一家之说。本书最后附有作者对《乐记》整理本的译注和《十三经注疏》本《乐记》原文,便于读者对照阅读。(李树林)

J000227 **听歌·唱歌·写歌** 杨瑞庆编。北岳文艺出版社1993年9月版。21万字。4.80元。分"听歌篇"、"唱歌篇"、"写歌篇"3部分,相对独立又相互联系。"听歌篇"从歌曲欣赏的条件、基础、内容、过程等10个方面,对歌曲的欣赏作了较详细的讲解。"唱歌篇"分独唱、合唱两部分,独唱部分从唱歌的兴趣、条件、方法及歌曲的选择等12个方面,对歌曲演唱的基本问题作了认真介绍;合唱部分对中、小型合唱队的组建、训练、选曲等6个基本要素作了概括性叙述。"写歌篇"从20个方面较为完整地介绍了歌曲的基本写作技巧。(华敏)

J000228 **音乐圣经** 林逸聪编。华夏出版社1993年9月版。69万字。29.90元。以英、美、日三家著名唱片杂志《企鹅唱片指南》、《The Absolute Sound》、《唱片的艺术》的权威评判为纲,对二个世纪以来浩如烟海的音乐作品做了严格筛选,取一千个典范作品,对其作了经典评述和收听指南,并对曲目、乐队、指挥、演奏、版本、录音提供简洁、全面的资料。(陈希米)

J000229 **中国佛教音乐选萃** 田青主编。上海音乐出版社1993年9月版。24万字。20.00元。根据中国音像大百科出版的佛教音乐系列磁带为蓝本，将其中6个主要流派的音响整理成五线谱出版。这6个流派分别是：一、津诂梵音。二、重庆佛乐。三、天宁寺唱诵。四、潮州佛乐。五、九华山水陆。六、五台山佛乐。书中对每个流派佛乐的历史渊源、发展概况、演唱（奏）的形式和音乐特征均作了详细的介绍。同时对每位演唱（奏）者也作了相应的介绍。本书的标题与文字介绍部分均有英文对照。（王秦雁）

J000230　**青少年小提琴中国曲集进阶教程**　刘昭编。中国青年出版社1993年9月版。64幅。12.00元。小提琴入门教程。五线谱记谱，全部采用中国乐曲作为练习曲，依技法难易程度编排，引导学习者由浅入深掌握演奏技术，改变了西洋乐器教学依赖外国的状况。（石钢）

J000231　**中国戏曲音乐概论**　张泽伦著。河南人民出版社1993年10月版。36万字。10.00元。作者站在历史的高度，把戏曲音乐放在整个中国文化背景上来思考，并用现代意识审视戏曲音乐的过去、现在和将来。从理论上对我国戏曲音乐的源流、特征、功能、构成、结构、创作、流派、发展趋势等问题，作出全面、系统地论述。试图将丰富的艺术实践，潜在的理论底蕴理出头绪，绎出类别，分出性质，说出道理，并升华到美学高度来认识，以期对戏曲音乐的改革与发展起到积极作用。（王咏声）

J000232　**交响音诗《汨罗沉流》总谱**　副名：为纪念屈原而作。江文也作曲。人民音乐出版社1993年10月版。25面线谱。2.40元。这首大型的管弦乐曲，写于1953年，作品通过丰富的交响音响表现和抒发了作者对古代伟大爱国诗人屈原的缅怀之情。作品的音乐语言通俗、纯朴，结构严谨、别致，民族风格浓郁，是作者借鉴运用西方作曲技法创作民族风格音乐的成功之作。（聂希玲）

J000233　**现代通俗歌曲观念与技法**　曾遂今编。四川教育出版社1993年10月版。24万字。10.00元。对通俗歌曲的概念内涵、流行机制、质量档次、创作美学等及通俗歌曲的演唱诀窍、各种伴奏技法（吉他伴奏，电声乐队伴奏，卡拉OK伴奏）和电子计算机音乐系统、录音传播等，深入浅出地进行了介绍。全书分5部分，基本上形成“观念”与“技法”两个整体。作者从广义的角度对现代通俗歌曲的概念进行阐述，观点较为客观和有创见性。书中介绍的与通俗歌曲有关的一些技法知识，始终贯串一条实践的主线，以满足不同读者层的需求。（单昕）

J000234　**歌唱领袖毛泽东**　河北省教育委员会编。河北少年儿童出版社1993年11月版。2万字。0.60元。为纪念毛泽东诞辰100周年编选。编选者精心编选了20首不同时期为广大人民群众喜闻乐见的、较适合少年儿童歌唱的优秀歌曲。歌曲颂扬了毛泽东及其老一辈无产阶级革命家的光辉业迹。（安力戈）

J000235　**中国各少数民族民间音乐概述**　杜亚雄著。人民音乐出版社1993年11月版。50万字。12.20元。对我国55个少数民族的音乐作综合性的研究与介绍。作者认为：“语言是民族的重要特征之一，民族语言是同民族历史发展紧密相联的。”因而确定了按照语言体系对各少数民族音乐进行归类，共划分出“阿尔泰语系诸民族民间音乐”、“汉藏语系诸民族民间音乐”、“印欧、南岛、南亚语系诸民族民间音乐”三大体系，这在民间音乐的分类法中是独到而新颖的。在具体的研究中，作者立足于比较音乐学的角度，将各少数民族的音乐划归为“中国音乐体系”、“欧洲音乐体系”、“波斯——阿拉伯音乐体系”，从以下4个方面作了研究，提出了自己的看法：一、乐音本身的构造。二、乐音的组织形成，即音律、音阶、调式。三、节拍、节奏的特征。四、织体的特征。（刘玲）

J000236　**中华大家唱（卡拉OK）曲库精选**　中华大家唱（卡拉OK）曲库编委会编。人民音乐出版社1993年11月版。224面简谱。5.50元。1991年，在中宣部的倡导和组织下，编辑出版了《中华大家唱（卡拉OK）曲库》。这部《中华大家唱（卡拉OK）曲库》以其规模大，内容丰富，贴近群众的特点，赢得了广大群众的喜爱。为了方便群众的传唱、欣赏，从《曲库》1 000首作品中精选出116首使用频率最高、最受群众喜爱的作品，重新编辑，并以录音带、录像带、激光视盘、歌本4种形式出版。《曲库精选》本所收作品题材广泛，体裁多样，包括中外儿童歌曲、民歌、通俗歌曲、美声唱法歌曲。歌本正文前有按音像制品的顺序编排的目录，正文后，有按曲名汉语拼音顺序编排的索引。（王建卫）

J000237　**伤花怒放**　副名：摇滚的被缚与抗争。郝舫著。东方出版社1993年12月版。19.6万字。9.00元。我国系统研究摇滚文化的开创之作。产生于本世纪50年代的摇滚音乐，经历了其他音乐样式没有历验过的命运行程。拥护者的狂热和反对者的强劲在音乐世界都无与伦比。作者用生花之笔对其可歌可泣之命运作了铺叙，且从哲学视野对摇滚所启示的丰富文化内涵作了评论。摇滚音乐以其狂劲风格包容了十分复杂的文化内涵:一方面,它以近于歇斯底里的姿态表现了对传统文化、社会秩序和人类心绪安宁的冲击,另一方面,它又以时有夸张的形式表达了对人心善良和人生自由的吁请。人们对摇滚的绳缚表现出了类似摇滚的狂热,这种封杀的力量来自文化保守势力、狂热的信徒、极端种族主义者,等等,他们或是由于自身立场与摇滚立场相悖,或是出于一己之偏狭根本就误解了摇滚,而切齿恨之,痛施挞伐。摇滚则以其独具的生命力,于刀丛中起飞,表达了人性一个方面的希望。当然,摇滚有时失范也是不争的事实。如此这般,即为作者通过本书向我们展览出的摇滚风景线。(喻阳)

J000238 **侗歌在巴黎** 贵州省文联、贵州省音协编。贵州民族出版社 1993 年 12 月版。18 万字。15.00 元。侗族传统歌曲选集。侗文与汉文、英文对照版。从 1986 年在法国召开的"巴黎秋季艺术节"中国代表团演唱的侗歌曲目中精选编纂而成。包括大歌、声音歌、牛腿琴歌、山歌、酒歌、踩堂歌、儿歌等种类。这些歌曲以自然纯真的旋律表现了侗族人民在劳动生活中民风民情的真、善、美,同时也体现了侗族人民在诗歌和曲艺创作方面的艺术天才。(杨成星)

J000239 **四股弦音乐** 宋锋编著。花山文艺出版社 1993 年 12 月版。35 万字。10.00 元。四股弦(又名四根弦)是根植于古老的民族文化传统和民间艺术沃土中的一朵小花。她不断地吸收、融化、综合、规范从乡艺、曲艺、社火和各兄弟剧种借鉴来的艺术手段,熔唱、念、做、打为一体,逐步形成了自己独特的美学特征和内部规律。本书以取其精华、探究规律的方法,对四股弦音乐进行了由表及里、全面系统的剖析,并着重将四股弦的形成与发展、音乐的基本构成、艺术特色、板式结构、乐队伴奏、器乐曲牌、折子戏、名老艺人简介几方面介绍给读者,为研究四股弦艺术发展规律,弘扬优秀文化传统提供了较坚实的基础。(苏建民)

J000240 **中国民族民间器乐曲集成·上海卷** 《中国民族民间器乐曲集成》全国编辑委员会编。人民音乐出版社 1993 年 12 月版。2 124 面简谱。上、下册。199.00 元(普精),209.00 元(特精)。按现行省、自治区、直辖市为立卷单位,全国共 31 卷(含台湾卷)。每个卷本选各乐类、乐种 500 至 600 首(套)8 卷,撰写有反映该卷各民族民间器乐文化(包括宗教寺庙音乐)全貌的"综述"、"乐种释文"、"乐社简介"、"乐人小传",并选配有历史文化价值的照片和有关图表,为读者提供了一部谱、文、图并茂,翔实可靠的文献。本卷收入乐曲 210 首(套),分民间器乐曲和宗教音乐两大部分;民间器乐曲分独奏乐曲与合奏乐曲,独奏按吹、拉、弹排序,合奏按丝竹乐、吹打乐、锣鼓乐排序。丝竹乐在上海卷占据相当重的位置。(常树蓬)

J000241 **维吾尔十二木卡姆** 新疆维吾尔自治区十二木卡姆研究学会编。新疆人民出版社 1993 年 12 月维吾尔文版。300 万字。144.00 元。共 12 册,每一个木卡姆为一册。内容包括:"拉克"、"且比亚提"、"穆夏吾来克"、"恰日尕"、"潘吉尕"、"乌孜哈利"、"艾介木"、"乌夏克"、"巴亚提"、"纳瓦"、"斯尕"、"伊拉克"等 12 木卡姆曲谱、维吾尔文歌词和汉文歌词。曲谱是经有关专家学者记谱、整理并作学术鉴定后,按五线谱记谱规则记录的。歌词内容包括维吾尔古典诗人的优美诗篇和传统民歌。精装彩色胶印。正文均有五彩包框。书前配彩图。(巴力江)

舞 蹈

J000242 **拉祜族民间舞蹈** 云南省思茅地区行署文化局、中国民族民间舞蹈集成云南卷编辑部编。云南民族出版社 1993 年 3 月版。23 万字。8.20 元。"云南地方艺术集成·志,民族民间舞蹈丛书"之一。汇集云南省拉祜族分布地区所搜集的翔实可靠的舞蹈文化资料。该书通过拉祜族民间具有代表性的芦笙舞、摆舞、木筒鼓舞、者东祭祀舞、欢庆舞、嘎内嘎、跳歌等不同的舞蹈,阐述了拉祜族民间舞蹈产生的历史背景,其特有的艺术风格、社会功能和作用。表现了拉祜族人民的生产生活、节日活动、宗教信仰、风情习俗,以及对理想的追求和对生活的热爱,从社会学的角度揭示出舞蹈的发展轨迹。为了使该书更加科学化、规范化,书中对每个舞蹈均从动作、场记、音乐、服饰、道具等方面采用图文对照、音舞结合的方式进行介绍,在书前配有拉祜族民间舞蹈分布图,书后还编排有民间舞蹈传说故事、艺人小传、民间艺人简介、民间舞蹈调查表、民间节日调查表、民间舞蹈艺人登记表。是一部集史料性、科研性、知识性为一体的珍贵资料。(马耘)

J000243 **蒙古部族舞蹈之发展(蒙古文)** 莫德格玛著。民族出版社 1993 年 12 月版。45 万字。21.00 元。作者为蒙古族著名舞蹈家。本书分 6 章 21 节,主要阐述了从蒙古民族部落时代起音乐舞蹈的产生、发展变化以及各个时期的特点，审美思想和艺术风格等。书中用大量的史实和生动的论述，揭示了蒙古舞蹈艺术的人体旋律之美以及其历史渊源，艺术风格和发展规律。重点分析了《盅碗舞》的艺术特色。详细论述了《盅碗舞》日臻完美的过程。《蒙古舞部位法》部分主要论述了在如何使舞蹈既在民族沃土里深深扎根，又使它不断走向科学化方面自己独特的见解。强调蒙古舞要有民族性、科学性和系统性。书中作者以轻松流畅的笔法描写了自己的成长经历，从中可以使人们看到蒙古舞蹈文化对一位艺术家的哺育，看到她在攀登艺术高峰中的拼搏，看到她勤奋、刻苦和坚韧的毅力。这些正是她走成功之路的奥秘。（那顺）

戏剧艺术

J000244　**中国戏曲脸谱艺术**　张庚主编。江西美术出版社 1993 年版。20 万字。照片 775 幅。498.00元。汇集我国最有代表性、主要的 50 个剧种的戏曲脸谱样式。一方面从历史的角度论述了脸谱艺术产生、发展、演变的过程和规律，另一方面从艺术角度阐释了中国戏曲脸谱艺术在装饰、造型、寓意、象征、夸张诸多方面的美学特征，以及戏曲脸谱与中国传统文化和民间美术的关系。全书采用图文结合，互相映照，汉英文对照的编排方法，使专业化、理论性的概念变得直观和通俗易懂，充分展示出了中国戏曲脸谱这一传统文化精萃的深层底蕴和夺目光彩，适宜不同层次、不同国别读者阅读观赏。（李一意）

J000245　**中国戏曲文化概论**　郑传寅著。武汉大学出版社 1993 年版。36.6 万字。13.20 元(平)，17.70 元(精)。分 3 编，共 8 章。分别从中国戏曲文化的特殊道路，戏曲的审美形态和精神特质 3 个侧面展开论述，涉及戏曲的起源、戏曲何以晚出、戏曲为何在元代走向兴盛、戏曲悲喜沓见的审美形态的优长与缺失、戏曲独特审美形态的生成、古典悲剧“哀而不伤”的审美品格、古典喜剧“乐而不淫”的审美品格、古典悲剧的“贫困”、戏曲张扬异端的叛逆精神、戏曲所表现的民族思维方式、戏曲时空统一、以时制空，散点透视的时空意识、戏曲美刺得兼，药人寿世的功能等诸多层面。该书不仅改写了戏曲研究中许多并不准确的“结论”，提出了新说，而且大大拓展了戏曲研究的理论领域，更新了戏曲研究的方法。这主要体现在：该书将戏曲作为民族文化的一种体现，将其置于华夏文化的整体体系中去加以透视；同时又将中国戏曲置于世界戏曲史的宏阔背景之下去加以考察，寻找中国戏曲在世界戏剧文化历史坐标中的位置，运用比较文学的方法，概括中国戏曲的民族个性。收入“武汉大学学术丛书”。（赵继准）

J000246　**李渔戏曲艺术论**　胡天成著。西南师范大学出版社 1993 年版。28.6 万字。5.50 元。李渔是我国戏曲理论家、剧作家、导演和演出活动家。本书力赞李渔倾心戏曲事业的执著精神，探讨和阐释了李渔的编、导学说和戏曲艺术、美学观，以及李渔戏曲剧作的舞台性特征、喜剧风格，评介了李渔的演出活动，分析、评价了李渔在我国乃至世界戏曲史上的地位和作用，从而认为，李渔戏曲艺术系统，高扬以舞台演出为中心的旗帜，成为顺应戏曲艺术发展大势、积极促进各种转化并率先涌向转化潮头的前锋，发挥了导引转化的作用，是我国戏曲文化的瑰宝，可与外国古代戏剧文化媲美，毫不逊色地立于世界戏剧文化之林。（李远毅）

J000247　**傩戏面具艺术**　贵州民族出版社、贵州民族学院民族研究所编。贵州民族出版社、(台湾)淑馨出版社 1993 年 1 月简体字版。137 幅。200.00 元。画册。傩戏是一种以戴面具演出为特色的、以驱鬼酬神为目的民间剧种，被称为“中国戏剧的活化石”。本画册精选了 137 幅珍贵的傩戏彩色图片，首次展示了贵州“傩戏群”中鲜为人知的傩戏面具艺术。分 3 个部分，分篇介绍了贵州威宁彝族“撮泰吉”(又称“变人戏”)，铜仁土家族傩堂戏，安顺布依族地戏(属“军傩”系列)。形象直观地反映了贵州傩戏面具艺术的全貌，包括傩戏的流派、传承、道具、服装、音乐、剧情、法事等。每一幅图画，都配有较为详尽的文字说明，并注明出处。编者把面具纳入历史文化的大背景中去追根溯源，在傩戏的社会、人文生态环境中去探寻傩戏面具和图腾崇拜、宗教信仰、音乐舞蹈、民俗活动等的血肉联系。为人类学、民族学、民俗学、宗教学、戏剧学的研究提供了宝贵的资料，是一份珍贵的民族文化遗产。收入“中国傩文化研究系列丛书”。（孔燕君）

J000248　**一代桐凤**　副名：阳友鹤文存。郭铭彝、阳荣秀编。四川文艺出版社 1993 年 2 月版。86.9 万字。72 幅图。21.00 元(平)，23.00 元(精)。阳友鹤是公认的川剧承上启下的一代宗师，在舞台上塑造了众多的妇女形象，如焦桂英、陈妙常、杜十娘、李慧娘、杨贵妃等。本书是一部了解、研究、学习、继承、发展阳友鹤川剧艺术的图书。卷首有 70 多帧反映阳友鹤艺事生涯的图片。分上下集,上集为阳友鹤谈艺文字,他人评介文章,庆祝舞台生活60年纪事,去世后悼唁、怀念文电,友人、学生来信。下集有演出剧本,唱腔唱段选,生平大事记,弟子一览表。(刘永康)

J000249 **美国戏剧史** 郭继德著。河南人民出版社1993年4月版。40.5万字。13.50元(平),15.50元(精)。系统翔实地记述了从美国民族戏剧形成时期直到本世纪80年代的美国戏剧发展历史。由于客观原因,美国戏剧历史较短,但这并不意味着它对世界戏剧艺术的贡献菲薄。1938年美国著名剧作家尤金·奥尼尔获得诺贝尔文学奖,标志着美国戏剧从幼年走向成熟,并得到了世界的认可。本书在介绍各个时期的发展状况时,首先交代当时的社会背景和戏剧发展流派,然后着重于该时期的代表人物及其贡献。对有些重要的剧作家如尤金·奥尼尔、田纳西·威廉斯、阿瑟·密勒等和某些重要戏剧流派,还以整章的篇幅进行介绍,使全书显得轮廓清晰、重点突出、层次分明。本书的最大特点是内容丰富,资料翔实,语言简炼通俗,但其缺憾之处在于书中记述虽详,评介不足。(柳明)

J000250 **布依戏研究文集** 桂梅、一丁著。贵州民族出版社1993年8月版。15万字。3.20元。收集作者多年对布依戏的研究文章13篇。作者认为布依戏音乐大致可分为:一、以八音坐弹戏为主体的音乐;二、吸收贵州花灯、广西彩调中某些曲牌为主体的布依戏音乐;三、用来反映某些特定情节在当地流行的布依族民歌。介绍了布依戏《罗细杏》、《金竹情》的音乐设计:1. 把八音坐弹戏中广为流传、又独具民族特色的“正调”作为剧中主要人物的音乐;2. 用当地有代表性的民间音乐来加强剧情的风俗性和地方性;3. 借用汉族花灯、彩调在这一地区广为流传的有关曲牌;4. 根据人物及剧情的需要,对有关曲牌进行了改编等。书中还有对布依戏与北路壮剧之异同,布依戏与布依傩析辨,布依戏源流诸说,布依戏的存在和发展等的研究。对于布依戏许多有争论的问题,作者通过实地调查、核实、查史引证,提出了自己的看法。(郭堂亮)

J000251 **戏曲“拉奥孔”** 安葵著。文化艺术出版社1993年8月版。20.4万字。6.00元。收入“中国戏曲史论丛书”。作者借用莱辛的“拉奥孔”一词,强调本书是运用比较的方法,对于戏曲和各姊妹艺术进行全面的比较研究。作者立足于戏曲,把戏曲构成中的各因素,如歌舞、曲艺、说唱、外域传入或传统蘖生的亚艺术、流行艺术,以及外来的、现代的话剧、歌剧、电影、电视等诸艺术形式作为参照,通过横向、纵向的比较,从它们的紧密联系和明显区别中,分析、把握戏曲的艺术特点、艺术规律,阐述戏曲艺术的特殊的思维方式。作者还通过对戏曲进行历史的、现实的观照,分析其优长劣短,客观地评价了中国戏曲这一传统的民族艺术之花自身的生命力和改革的必然命运,对戏曲的改革、发展提出了一些探索性的意见。(蔺鸿静)

J000252 **戏剧人类学论稿** 马也著。文化艺术出版社1993年9月版。23万字。8.25元。收入“戏曲理论丛书”。作者从人类学观点考察戏剧艺术的发生、发展、历史、现实等内在、外在诸多理论问题,观点鲜明,论述清楚,有一定学术价值和理论意义。(张梦瑞)

J000253 **陕甘宁边区民众剧团艺术纪实** 陕甘宁边区民众剧团艺术纪实编辑委员会编。西北大学出版社1993年12月版。61.4万字。记述陕甘宁边区民众剧团诞生、成长、发展、壮大的历程。分10个部分,从不同侧面、不同层次展示了民众剧团为党的政治大局服务、为工农兵服务的办团宗旨,表现了民众剧团大众化的艺术道路,记录了弥足珍贵的创作经验。民众剧团的艺术实践为秦腔和眉户戏这两种富有特色的地方戏注入了新鲜血液,并使之发生了脱胎换骨的变化。(张养年)

电影、电视艺术

J000254 **电视纪录片创作求索** 孙玉平著。山东文艺出版社1993年版。21.2万字。6.95元。电视纪录片创作论文集,共收入24篇作品。其中有的以马克思主义的新闻观点,对电视纪录片的特点、作用和地位进行了科学的论述;有的结合摄影、绘画、文学等不同艺术门类,对电视纪录片的表现形式、传播手段和社会影响进行了有益的探索;有的在实践经验的基础上,从思想性、艺术性诸方面概括抽象出一定的创见;有的运用辩证唯物主义和历史唯物主义的观点,从宏观和微观的不同角度和侧面,阐述了电视纪录片的时代潮流和发展趋势。作者以自己的创作实践为基础,融汇国内外同行的经验理论,加强自己实践的自觉性;又以自己独到的体会和见解,去印证、丰富普遍的规律和理论。既是作者自己业务实践的认真总结,又是对电视纪录片创作共性课题的深入探讨,对于电视纪录片创作和理论研究具有一定的价值。(董乃德)

J000255 **聊斋影视评论** 王富聪著。山东文艺出版社1993年2月版。22.6万字。11.80元。评论《聊斋》电影、电视剧的论文集。其中,《聊斋》电视系列剧评论46篇,《聊斋》电视剧本评论2篇,《聊斋》电影(含电影剧本)评论8篇。对比《聊斋》原著和其他形式的《聊斋》戏曲,对改编成的影视作品的剧情、细节、人物塑造、语言、画面等方面,作了细致入微的分析,围绕是否有助于深入挖掘和表现主题思想,一一作了评论。既肯定了改编者依据影视艺术的优势所进行的独具匠心的创造,又直言不讳地指出了改编中的种种失误和不足。作者以影视创作理论为指导,以影视与小说的对比为主要方法,对所评论的对象既作了一定程度的理论概括,又注重具体的分析和举例。几十篇文章在着眼点上各有侧重,结构上各具特色,论述方法上各有所长,但都深入浅出,朴实丰满,学术性、可读性兼具。每篇文章都引发出一些有益的经验和启示,对《聊斋》以及其他古典文学名著影视剧的改编,有重要的参考价值,对广大观众欣赏这类影视剧也有指导作用。本书还附录了有关《聊斋》影视改编的资料多篇。(陈光新)

J000256 **电视声画论集** 洪民生主编。人民出版社1993年7月版。31.5万字。8.85元(平),17.45元(精)。收入"电视丛书"。剖析了构成电视艺术的诸元素——画面、音乐、音响、同期声、解说词的内涵与功能,以及它们相互间的关系,涉及摄影、美术、音乐、文学、美学、心理学等诸多学科领域,全书分声音篇、画面篇、声画关系篇。(杨寿松)

J000257 **荧屏金杯录** 副名:历届电视节目获奖目录。中央电视台研究室编。人民出版社1993年7月版。45万字。12.30元(平),20.90元(精)。收入"电视丛书"。比较全面、系统地向读者介绍了自1981年组织电视节目评奖以来,我国电视界涌现出来的6 000余部优秀获奖节目。(杨寿松)

J000258 **电视剧论集** 陈汉元主编。人民出版社1993年7月版。44万字。12.20元(平),20.80元(精)。收入"电视丛书"。分上下两篇,上篇为宏观理论研究文章,论述了电视剧的创作方向、创作主调、创作质量、美学意识、自审意识、多元风格、流派、喜剧、短剧、儿童剧、戏曲以及受众研究、电视剧管理、技术运作等;下篇是对历届"飞天奖"一等奖部分剧目的评论。(杨寿松)

J000259 **电视制作论集** 林景云主编。人民出版社1993年7月版。26.2万字。7.50元(平),16.10元(精)。收入"电视丛书"。主要内容有:电视制作的特点与规律,电视美术的特性、地位和作用,电视片头设计,电视台的台标创作,电视字幕,电视图像,电视画面的构图与空间,电视音乐的特殊性,电视直播中应注意的问题,电视灯光,以及服装设计和化妆工作等。(杨寿松)

J000260 **电视专题论集** 朱景和主编。人民出版社1993年7月版。35.2万字。9.80元(平),18.40元(精)。收入"电视丛书"。叙述了中国电视专题从起步、发展到兴盛的起伏跌宕的历程。论及纪录片、政论片、风光片、人物专题、文化专题、服务节目、教学节目、专栏节目等众多节目形式,探讨它们在采、编、播方面的特色及发展趋势。(杨寿松)

J000261 **电视文艺论集** 沈纪主编。人民出版社1993年7月版。34.6万字。9.85元(平),18.45元(精)。收入"电视丛书"。主要内容包括:对宏观电视文艺理论的研究,对电视文艺"星光奖"获奖节目的评论,对春节联欢晚会的评论,电视文艺导演谈创作,专家、学者对电视文艺节目的评点,电视文艺工作者谈电视文艺节目中的音乐、录音、美术、灯光的设计创意与探索。全书勾画了电视文艺从初始到成熟的发展历程。(杨寿松)

J000262 **台湾香港电影名片欣赏** 寇立光、李玉芝编。山西教育出版社1993年9月版。31.5万字。9.70元。从13 000余部台港影片中,遴选出50部佳作精品,包括"故事梗概"、"编导演简介"、"影片赏析"等部分,对每部影片从思想内涵、创作风格、审美取向和画面语言等方面进行了多层次、多角度的鉴赏。第一部分,以总题为《银海三朵花,香异本一家》3篇学术性论文代为序言,对台港电影创作的历史演变、发展趋势、创作全貌和艺术特色等作了系统论述,概括出台港电影近一个世纪以来所走过的路程,具有一定的学术价值。该书将大陆、台湾、香港三地的电影审美选择提高到中国传统儒、道文化价值取向不同的层面上,以真、善、美之三境界类比三种审美倾向的差异,既是理论上的升华,也使普通读者更易于理解和接受。书末附有台港影片在国际电影节以及金马奖、金像奖中的获奖目录,具有一定的资料价值。(张沛泓)

J000263 **100部优秀爱国主义影视片故事荟萃** 张之路等编。中国少年儿童出版社1993年12月版。13万字。4.00元。影视介绍资料集。收有中宣部、国家教委、广电部、文化部1993年9月13日关于运用优秀影视片在全国中小学开展爱国主义教育的联合通知及100部影视片名目录,同时编入指导开展此项活动的《人民日报》同年10月9日评论员文章及当天《中国教育报》社论。书中的主要内容是影视介绍,对中小学必看的34部电影,每部都有约两千字的电影故事,对66部选看片,除20部彩色新闻记录片外,每部均提供一个三四百字的故事梗概。书后附有指导写影评及观后感的专文,11篇中小学生写的电影观后感及一篇介绍电影常识的相声。(谷斯涌)

K 历史、地理

史学理论

K000001 **史学概论** 文思启主编。云南大学出版社1993年4月版。22万字。5.90元。以马克思主义的史学理论为指导,从历史学、历史观、认识论和史学方法以及从史人的素养等方面,对人类的历史客观过程和史学本身的有关问题,进行全面细致地考察,并对人们的历史研究活动进行认真地反思。与同类教材相比,它具有以下特点:第一,体现了入门课程的通俗性,内容简要,深入浅出,力求易懂;第二,注意保持教材以相对稳定性,采用一般观点正面叙述的方法,不展开论述有争议的问题;第三,显示理论的科学性,它兼容中外史学流派的观点和方法,博采众家之长,实事求是。(赵国树)

K000002 **外国史学名著评介** 刘明翰主编。山东教育出版社1993年6月版。122.7万字。3册。49.10元。关于史学著作研究的学术著作。全书分3卷,共评介史学著作81部。选择名著从以下几方面考虑:(一)作者是某一时代,某一国家、民族、阶级,或某种思潮、流派的先驱者、主要代表人物,其所选著作则是反映作者思想观点的奠基作或代表作;(二)著作有独到的见解和宏论,言前人所未言。蕴有广博的知识量、信息量,在史学领域有突破性贡献。(三)著作具有长效性,长久地吸引读者,经久不衰,有研究价值。(四)著作内涵丰富,能反映时代特征。每卷约40万字,从四方面进行评介:(一)著者简介。包括生平、政治态度、重要著述、史学观点及其学术影响。(二)写作目的和历史背景。(三)原著梗概及其史学价值和地位,并评述主要内容。(四)原著各篇、章、节的结构和要点。重点评介原著的结构、内容、价值及史学思想和史学方法,使读者通过阅读全书,构筑起对外国史学的整体认识,并对某部著作作具体认知,以便扩大对外国史学史的了解。(温玉川)

K000003 **社会历史观大辞典** 周隆宾主编。山东人民出版社1993年9月版。150.5万字。49.50元。包括总论,人类社会与自然界,生产力、生产关系和生产方式,经济基础、上层建筑和社会形态,阶级、国家、革命、社会意识及其形式,人民群众和个人在历史上的作用,历史主客体与社会认识论,社会主义初级阶段与改革开放,新技术革命与社会发展,精神生产与精神文明,家庭、婚姻与生产方式,人性、异化人道主义,唯物史观发展史,唯物史观在中国,历史哲学等16部分,1384条。内容反映社会历史观的基本知识、新的理论和科研成果。(祁秀生)

K000004 **西方史学史** 杨豫著。江西人民出版社1993年11月版。45万字。15.60元。从西方史学演进的角度考察自古希腊至现今西方各国的史学,包括历史学家的研究活动、指导他们进行历史研究的史学思想,以及作为研究成果的历史著作。通过追溯分析各种历史学研究和著述形式的渊源、流派、成果、在历史学发展中产生的影响,对各个时代的历史学家及其成就作了全面评述。全书分3篇:古代—中世纪篇,论述古代希腊、罗马史学及中世纪欧洲各国的史学;近代篇,着重评述了欧洲近代的人文主义史学、教会史学、博学派史学、理性主义史学、浪漫主义史学、实证主义史学和批判史学;新史学篇,系统叙述20世纪以来特别是50年代以后西方史学发生的巨大变化,对新史学的主要流派、基本特征及其未来趋势作了扼要论述。(游道勤)

世界史

K000005 **世界文化丛书** 周谷城等主编。浙江人民出版社1987年6月—1993年10月版。968.6万字。40册。186.00元。以新视角介绍、评析、研究世界文化的学术丛书。全套40种，含著作23种，编、译著17种。突破时空限制，将开创世界文明源流、影响世界文化发展、代表人类进步成果的重要时段、重要地域、不同民族的文化现象、文化运动、文化思潮、文化形态、文化观念等作为叙述的主要对象，勾勒出世界文化的概貌及其发展轨迹，展示出世界文化的精华。以"文化"为切入点，不仅研究文化的外在表现形式，更重在发掘隐含其中的深层文化，即精神文化，如社会习俗、民族心态、文化思潮、典章制度等。致力于对世界文化的多角度、多层面的开拓和审视，注重对不同文化间的交流、碰撞、融合进行比较与探讨。全套书目如下：《菊花与刀——日本文化的诸模式》(孙志民等译，1987年6月)，《中世纪"上帝"的文化——中世纪基督教会史》(张绥著，1987年7月)，《多维视野中的文化理论》(庄锡昌等著，1987年10月)，《文化人类学的理论构架》(庄锡昌等著，1988年5月)，《麝香之路上的西藏宗教文化》(常霞青著，1988年6月)，《动荡中的繁荣——魏玛时期德国文化》(米尚志译，1988年7月)，《文化与时间》(郑乐平等译，1988年7月)，《文艺复兴时期的人与自然》(陆建华等译，1988年8月)，《黑暗与愚昧的守护神——宗教裁判所》(董进泉著，1988年8月)，《中国的文化和科学》(庄锡昌等译，1988年10月)，《希腊方式——通向西方的源流》(徐齐平译，1988年11月)，《人类早期文明的"木乃伊"——古埃及文化求实》(朱威烈等著，1988年12月)，《东方宗教与哲学》(董平译，1988年12月)，《希伯来文化》(朱维之著，1988年12月)，《东方民族的思维方法》(林太等译，1989年4月)，《文化史学：理论与方法》(王勇译，1989年12月)，《儒学思想与日本文化》(王家骅著，1990年3月)，《墨西哥：文化碰撞的悲喜剧》(刘文龙著，1990年3月)，《绅士道与武士道——日英比较文化论》(王晓霞等译，1990年3月)，《犹太——充满"悖论"的文化》(顾晓鸣著，1990年3月)，《印度古代文明》(林太译，1990年3月)，《史学：文化中的文化》(张广智等著，1990年4月)，《儒教东传与中国佛教艺术》(吴焯著，1991年8月)，《锤子和镰刀——苏维埃文化与苏维埃人》(叶书宗著，1991年8月)，《癫狂与文明——理性时代的精神病史》(孙淑强著，1991年8月)，《在传统与变革之间——英国文化模式溯源》(钱乘旦著，1991年9月)，《炮火中的文化——文化和第二次世界大战》(金重远著，1991年9月)，《法兰西风格：大革命的政治文化》(高毅著，1991年10月)，《人类文明演进之谜》(顾蓓华等译，1992年2月)，《俄罗斯文化之路》(姚海著，1992年2月)，《中世纪文化范畴》(庞玉洁等译，1992年7月)，《从信仰到理性——意大利人文主义研究》(张椿年著，1993年2月)，《斯拉夫文化》(刘祖熙著，1993年3月)，《从孤立中走向世界——澳大利亚文化简论》(黄源深等著，1993年3月)，《传承与交融：阿拉伯文化》(纳忠等著，1993年3月)，《罗马文化与古典传统》(朱龙华著，1993年10月)，《非洲黑人文化》(宁骚著，1993年10月)，《普鲁士的精神和文化》(丁建弘等著，1993年10月)，《中亚：马背上的文化》(项英杰等著，1993年10月)，《二十世纪的美国文化》(庄锡昌著，1993年10月)。(叶晓芳)

K000006 **人类与大地母亲** ［英］阿诺德·汤因比著，徐波等译，马小军校。上海人民出版社1993年5月版。60.2万字。24.30元(平)；29.55元(精)。编年体史学著作。对世界历史进行全景式综合考察。它以优美的笔调，展示了人类与其生存的环境(即"大地母亲")的相互关系，描述了人类文明的起源、发展、相互交往和彼此融合的全过程。系统地介绍苏美尔—阿卡德文明、法老埃及文明、叙利亚文明、希腊文明、中国文明、印度文明、安第斯文明、拜占廷文明等区域文明类型。时间跨度上起约50万年前人类形成时期，下迄20世纪70年代。本书是英国著名历史学家汤因比的一部力作。(崔美明)

K000007 **世界当代史(1945—1991)(修订版)** 王斯德、钱洪主编。高等教育出版社1993年4月版。48万字。7.90元。高校世界史教科书。阐述自第二次世界大战结束至90年代初的世界当代史。从纵向发展和横向联系上宏观概述40多年来当代历史总的运动过程及其规律。围绕二次大战后战争与和平、贫穷与发展、专制与民主这些突出的矛盾，以60年代末到70年代初为界大致分为两阶段，突出和平、发展、民主的时代主流，从史论结合上阐明世界各主要国家经济体制、政治体制和国际战略格局怎样日趋民族化、多样化和多极化，以及世界一体化和多元化的矛盾统一，展现出各国既相互依存又相互竞争的复杂局面。从教科书特点出发，尽量采用学术界趋于一致的公论，但在有些问题上，提出自己的见解。因教材分工原因，书中未纳入当代中国史，而在国际关系中给予新中国应有的地位。(王方宪)

K000008 **社会剧变中的经济与政治** 刘永佶著。河南人民出版社1993年8月版。23.4万字。7.40元。从世界近现代史上选择6个典型的社会大变革:英国革命、法国革命、日本明治维新、巴黎公社、俄国革命、中国革命,集中分析其经济变革与政治变革的辩证关系,总结出一些带有规律性的认识,如:政治与经济变革的内在统一性,政治变革以发展经济为主要内容,经济变革必须通过政治变革来进行,民主政治与发达经济是近代以来社会变革的大趋势,经济和政治变革必须根据国情来进行等等。作者运用历史唯物主义的观点,从纵与横两方面作概括分析,充实和丰富了经济与政治关系的理论。(张存威)

K000009　**西方文明史**　[美]马文·佩里主编,商务印书馆 1993 年 9 月版。90.9 万字。2 册。12.00元(上);13.50 元(下)。由美国 5 位历史学家和文化史专家共同编写的历史专著,系统论述从远古时期到 20 世纪 80 年代西方文明所走过的历程,侧重于考察构成西方文化遗产的独特思想模式和价值体系,评析西方文明在政治、经济和社会诸方面的发展。上卷的主题在于西方文明的起源与成长。对古希腊、罗马文明、基督教文明、文艺复兴和启蒙运动等西方文明重要阶段给予充分论述,但该卷的主要特点在于对一般史书鲜有提及的中世纪文明作了深刻阐释。下卷介绍自法国大革命至 20 世纪 80 年代的西方文明,主题是西方文明的扩张以及西方文明所面临的问题,作者对发展中国家在吸收西方文明过程中出现的问题,提出了自己的见解。(朱绛)

K000010　**东方社会经济形态史论**　吴泽编。上海人民出版社 1993 年 10 月版。40 万字。15.50 元。运用马克思主义东方学理论,对东方社会经济形态进行细致剖析。从所有制入手,研究分析了东方社会的演进过程、各个历史时期的特点以及东西方社会历史的差异。(苏义宁)

K000011　**二十世纪重大事件备忘录**　孙丽霜等主编。黑龙江人民出版社 1993 年 12 月版。134.4 万字。58.00 元。以法国《20 世纪大画卷》提供的线索策划而成。精选 20 世纪 93 年中环球发生的有关政治、经济、军事、科技领域和文化艺术、体育卫生、社会生活等方面的重大事件 250 多篇。以事件发生的时间为顺序,对每一具体事件,竭力从事件发生的起因、背景入手,做一次全景扫描。记载的事件截止到 1993 年 5 月,展示了 20 世纪人类上演的一幕幕威武雄壮的画面。(安晓峰)

中　国　史

K000012　**中国野史集成**　缪钺等编。巴蜀书社 1993 年版。51 册。11000.00 元。收录古今野史千余种,其时代上自先秦两汉,下迄清末,几乎包罗了所有现存的野史著作。在所收的千余种野史中,既有素为史家重视的常见书,也有至今鲜为人知的珍、善、孤本。各书尽可能采用内容完整、校勘较精、版面清晰的底本进行影印。在书的目录之下注明各书版本。全书后附书名索引。(范勇)

K000013　**“两史一情”教育丛书**　胡玉坤等编。福建人民出版社、福建教育出版社、福建少年儿童出版社 1993 年版。每册 8 万字。30 册。2.95 元。青少年通俗读物,共 30 册。内容包括中国古代文明、近代中国人民抗击外来侵略的斗争、当代中国国情等。(郑俊琰)

K000014　**蒋介石兵败大陆**　李松林、刘红等著。河北人民出版社 1993 年版。27 万字。8.50 元。运用历史唯物主义的基本观点,从政治、军事、经济、社会诸方面探讨蒋介石政权失败的原因,同时也剖析蒋介石集团逃台后对其失败的自省以及图谋反攻大陆的野心,最后附录蒋介石兵败大陆大事纪要。(荆彦周)

K000015　**中国近现代史及国情教育辞典**　卢鸿德等主编。辽宁人民出版社 1993 年版。114 万字。30.00 元。根据国家教育委员会 1991 年 8 月 27 日颁发的《中小学加强中国近代史、现代史及国情教育总体纲要》(初稿)所规定的教育内容编写。共收辞条 1440 条,分灿烂的文明、屈辱与抗争、神州巨变、自然与环境、人口与民族和《纲要》所涉及的其他知识等 6 个部分。附录有:一、中华人民共和国国民经济和社会发展十年规划和八个五年计划纲要;二、全国重点文物保护单位名单;三、1842 年至 1949 年中华人民共和国成立止所有旧中国对外订立的条约、协定、章程、合同目录;四、1842 年至 1949 年中华人民共和国成立止,外国列强强迫中国签订的不平等条约选。(霍世荣)

K000016　**二十六史精要辞典**　门岿主编。人民日报出版社 1993 年版。350 万字。3 册。99.00 元。以二十六史为底本,取其精,撮其要,参考当代学者对二十六史的研究成果,分朝分代,以典章制度、历史事件、各种成就、著名人物为类,各类下开列具体条目,系统介绍中国古代各个历史时期的重要典章制度、重大历史事件、各种光辉成就以及著名人物，力图反映各历史期的主要面貌。对于二十六史中不符合历史唯物主义和辩证唯物主义的文字，作了分析和解说；对于其中的谬误，作了更正；对应载而未载的内容，作了相应补充。（宋世琦）

K000017 **鲁国文化与孔子** 刘振佳著。山东友谊出版社 1993 年版。20 万字。5.80 元。古鲁国，孔子生于斯、长于斯、仕于斯、教于斯、死于斯。73 年的生命岁月，孔子在外共度过了 16 年，其余年月均在鲁国，他于古鲁国社会文化有着不可分割的极其特殊的深层联系。孔子的基本人格是鲁国文化的“经典作品”，他首先是一个地道的豁达、朴质、深沉的北方鲁国人，在此基础上，他才是一个伟大的思想家、教育家，一个历史文化巨匠。孔子对其后鲁国文化的进一步发展，产生了革命性的影响，以至于使其形成了以孔学为核心、以儒文化为框架，以鲁地人文景观为基本内容的文化形态。使鲁文化在东夷文化的基础上进入了理论化、定型化的阶段。终于使鲁儒文化成为中华民族传统文化的核心内容，这对中国古代几千年的社会发展产生了巨大作用。今天，我们还应从这一事实出发，去看待和研究孔子及鲁国文化，进而去揭示中华民族历史文化传统的规律性，也为今天新时期文化建设提供有益借鉴。（刘国兴）

K000018 **近代史新论** 李时岳著。汕头大学出版社 1993 年版。28.1 万字。16.40 元。中国近代史论文集，共收 33 篇。全书有 3 辑。第一辑“总论”，收录关于中国近代史基本线索、中国近代社会发展趋向和“半殖民地半封建”内涵等方面的论文；第二辑“分论”，分别就洋务运动、维新运动、义和团运动、辛亥革命等重大历史事件，在总体上或就某个具体问题进行论述，是“总论”的展开；第三辑“杂论”，主要是对“四人帮”阴谋史学的批判和对我国历史学改造建设的倡议。（隗芾）

K000019 **中国史官文化与《史记》** 陈桐生著。汕头大学出版社 1993 年版。28.2 万字。12.80 元。中国史学理论专著。中国史官文化是孕育《史记》的沃壤。司马迁在上古史官天人文化、孔子《春秋》王道文化哲学和战国史官价值观的影响下，形成了他的天道观、王道观和士道观，构成了《史记》“究天人之际，通古今之变，成一家之言”，“厥协六经异传，整齐百家杂语”的宏伟构思。书中以司马迁思想与《易》学、董仲舒思想进行比较，溯本清源，从而总结出《史记》对中国史官文化的贡献。书前有霍松林、王启兴序；书后有主要阅读书目。（隗芾）

K000020 **长城风云录** 副名：从榆关事变到七七抗战。余子道著。上海书店 1993 年版。40 万字。16.00 元。关于三十年代中日关系史的著作。从 1933 年的榆关事变到 1937 年的七七事变，是近代中国非同寻常的时日。作者以这个时期中日两国之间的关系为主要线索，着重研究中国国民政府对日政治、军事和外交关系。这个时期的开端是日本在吞并了我国的东北后，把侵略扩张的矛头指向关内，华北和内蒙地区成为中日民族矛盾的焦点。榆关事变是这一阶段的序幕，接下来便有长城战役、华北停战谈判、察哈尔抗战、北平会谈、“通邮通车”、“内蒙自治”、察东事变、河北事件、张北事件、“华北自治”、香河事变、百灵庙兵变、绥远抗战，以及“何梅协定”和冀察政权的出现。随着中日民族矛盾的激化，国内国际各种关系也在发生变化。日本对中国由局部性和间断性的侵略战争发展到全面性和长期性的侵略战争；国民党政府从实行“攘外必先安内”对日本“绝对不抵抗”的反动政策，到后来在各方面的压力下，逐步走上抗日的道路；中国共产党从既反国民党政府又反日本帝国主义转变到联合国民党，与资产阶级结成抗日民族统一战线。以上内容以往均放在中国革命史、中国现代史里进行研究，本书作者尝试从中华民国史的角度切入，进行有益的探索。（陆坚心）

K000021 **谏言** 张义忱等编。春风文艺出版社 1993 年 1 月版。28 万字。7.00 元。收入“五言丛书”。我国古代称“直言规劝”为“谏”，一般指臣下对君主的劝说。谏言，除采取口头的形式外，就是采用书面语言的方式，即表、奏、议、疏等文体。本书所辑录的，就是我国古代优秀的表、奏、议、疏书，并按先秦两汉、三国晋南北朝、隋唐五代、宋辽金元、明清等历史朝代编排，共收入 133 篇。为了使谏言既不触怒君王，还能被君王所接受，就不能不注重方式方法，讲求艺术技巧，故谏言多为时而谈古，时而喻今，有理有据，纵横捭阖的好文章，是我国古代散文中的一部分重要的遗产。（宋加哲）

K000022 **太平天国散佚文献勾沉录** 罗尔纲、罗文起辑录。贵州人民出版社 1993 年 1 月版。16 万字。4.00 元。文献编集。由洪秀全、杨秀清等领导的太平天国起义是我国历史上规模最大的一次农民起义，起义成功后建立了都城、政权，势力发展很大，有一套完整的文书制度。作者搜集了图书册籍、金田起义前文献、金田起义时期文献、告人民书、军事、经济、政治与宗教、外事、考试、朝内军中文书、歌曲对联、人民上太平天国书、天地会文告等 13 个方面的

太平天国文献，能全面了解太平天国的兴衰败亡历史及其是怎样建立，健全典章制度的。（彭建）

K000023　**明史新编**　傅衣凌主编，杨国桢、陈支平著。人民出版社1993年1月版。39.7万字。8.70元。本书打破通行的明史分段习惯，采用以年号为主线结合社会历史发展脉络的分段方法，即：明初洪武、惠帝、永乐；洪熙、宣德；从正统到正德、嘉靖、隆庆万历；天启、崇祯；明末和晚明。其中，对以往学术界比较忽视的洪、宣、正统、天顺、成化、弘治、正德以及天启、崇祯等朝，作了适当的论述，揭示了有明一代的历史面貌。在具体内容方面，注重对明代农民战争和资本主义萌芽进行探讨，对明代历朝的政治沿革作了详细分析，尤其是对以往研究比较薄弱的社会风貌、基层经济、学术思想、民间组织的探讨，弥补了明史研究的不足。作者把民族关系、科技思想、对外关系等问题融合到明代的各个发展阶段，使之与同时期的社会、政治、经济、军事等方面统一起来，深刻地揭示了彼此之间的有机联系和发展特点。（张维训）

K000024　**齐文化概论**　王志民主编。山东人民出版社1993年1月版。54万字。13.50元。系统研究齐文化的学术著作。分上下两编，共11章。上编综论部分论述了齐文化的渊源、齐文化的历程、齐文化的特点及影响等；下篇分论部分，从政治、经济、军事、社会、宗教、哲学、科技、文学艺术等各个方面进行深入详尽的论述。（葛玉莹）

K000025　**孙中山与辛亥革命**　沈渭滨著。上海人民出版社1993年1月版。36.9万字。14.50元。对孙中山及辛亥革命的研究提出了自己的看法。取材独特，资料翔实。（胡小静）

K000026　**度尽劫波兄弟在——战时国共关系**　李良志著。广西师范大学出版社1993年2月版。38.7万字。8.40元(平)；10.90元(精)。"抗日战争史丛书"之一。论述抗日战争时期国共两党从秘密接触、正式谈判到合作形成、发展，从合作中的磨擦与反磨擦、限制与反限制到最后分裂、兵戎相见的全部过程，还论述世界形势对国共合作的影响。在如何看待中共在整个抗战中的地位与作用，如何看待国民党在合作中的作用，如何看待国民党在抗战中的抗日与反共，如何认识国共两党在合作中的不同策略，如何认识共产国际与苏联对国共合作的影响，如何认识中美关系对国共合作的影响，国共合作为什么会分裂，第二次国共合作的意义何在，它的经验教训又是什么等重大学术问题上，提出了看法，并在此基础上，总结了第二次国共合作的经验教训。（何林夏）

K000027　**殊域周咨录**　明·严从简著，余思黎点校。中华书局1993年2月版。45万字。16.80元。分24卷。卷一至卷四为"东夷"，有朝鲜、日本等；卷五至卷九为"南蛮"，有安南、占城等；卷十至卷十五为"西戎"，有吐蕃、拂菻等；卷十六至卷二十四为"北狄"，有鞑靼、兀良哈等，共叙述了39个国家、民族和地区的历史及其与明朝交往的情况。作者为明嘉靖、万历间人，曾在主管对外遣使工作的行人司中工作多年，此书即根据他见到的第一手资料和档案文献资料编成，目的是为了给从事涉外工作和边海防工作的官员提供借鉴和参考。书中还辑录了多种佚书和今已失传的诗文。根据明万历间刻本进行点校。编入"中外交通史籍丛刊"。（谢方）

K000028　**海国四说**　清·梁廷枏著，骆驿、刘骁点校。中华书局1993年2月版。15.8万字。6.40元。"四说"包括《耶稣教难入中国说》、《合省国说》(美国)、《兰仑偶说》(英国)和《粤道贡国说》。记述英、法、荷、葡、意、西等西方资本主义国家的政治制度、社会状况以及它们相继东来、以商品和宗教打开中国大门的情势。书著于清道光二十六年(1846)。点校本据较早的刊本，补齐所缺的《耶稣教难入中国说》和《兰仑偶说》，订正原本笔误和避讳字。为"清代史料笔记丛刊"之一。（陈铮）

K000029　**靖康稗史注**　宋·李天民等辑撰，王汝涛点注。中州古籍出版社1993年2月版。11.3万字。6.00元。系"中州文献丛书"之一。包括《宣和乙巳奉使金国行程录》、《瓮中人语》、《开封府状》、《南征录汇》、《青宫译语》、《呻吟语》、《宋俘记》等7种有关宋金靖康年间和战史的笔记。成书早于《钦宗实录》，内容多为第一手资料，颇有可补宋金两史之缺漏及订正其舛误者，史料价值极高。大部分篇幅，记宋徽、钦二帝及其家族被虏北行及在金国的生活，可据以勘辨传世之同类著作之真伪，可藉以明判宋金早期战争之性质，纠正正史中之佚误。如张叔夜自杀于何地事、秦桧叛国的内幕、关于粘罕之死的真相等等。该书以《己卯丛编》为底本。（张资生）

K000030　**国史镜鉴**　赵禄祥主编。北京出版社1993年3月版。400万字。4册。共195.00元。全书共4卷14篇。第一卷有《勤政篇》、《廉政篇》、《方略篇》。主要写勤政治国、廉政兴国、谋事立国的典型人物和事例，揭示了勤于政务、清正廉明、正确决策以及与此相悖的倒行逆施，对国家兴亡的重大作用和影响。第二卷是《用人篇》、《安民篇》、《谏诤篇》、

《奸庸篇》。介绍抚民、纳谏、拒谏的成败得失，及奸佞祸国、庸人误国的典型人物和事件，揭示了“治国之道，用人为要”的真理。本卷的核心是“安民”，民安则国治。第三卷为《改革篇》、《治军篇》、《执法篇》。介绍了安邦定国的典型人物和事例，揭示了改革创新、从严治军、以法治国的重要性。歌颂了推陈出新、整饬纲纪、补偏救弊、移风易俗等方面的突出人物；同时也反映了贪赃枉法、制造冤狱的反面教训。第四卷收入《治学成才篇》、《德操篇》、《治家篇》、《爱国篇》。介绍了治学、修身、治家、爱国方面的典型人物和事件。揭示了个人成长进步的正确途径和正确的人生道路。全书每篇都是从先秦写到清末，涉及的主要人物，是帝王、大臣和地方官吏。其中善恶皆书，以善为主，镜鉴分明、为史鉴之巨著。（王兰锁）

K000031 **白话野史** 颜邦逸主编。大连出版社 1993 年 3 月版。150 万字。3 册。36.00 元。从数百种历代野史著作，取其精华选出 3000 余条，一般采用直译，篇幅较长者适当节译。为节约篇幅，原文未收入。全书按类别分成 3 卷：赏叹集、戒警集、识闻集。其中赏叹集由“善德篇”、“忠义篇”、“清廉篇”、“鉴识篇”等 16 篇组成，所选故事都具有正面的教育意义。如范仲淹还金、陈尧叟植树凿井、凌冲一毫不取、司马光节俭、包公家训、范宣不受馈赠等。尤其值得一提的是，“清廉篇”中收集了古代清官廉洁奉公的许多小故事。戒警集由“恶丑篇”、“淫佚篇”、“奢靡篇”、“败亡篇”等 16 篇组成，所选故事主要为反面事例，如儿逼父死、强盗皇帝、曹丕下毒、石崇骄奢、沉香泥壁、刘喜焚妻，刺史榨油等。识闻集由“艺技篇”、“谐趣篇”、“奇诡篇”、“怪异篇”、“计谋篇”等 15 篇组成，所选故事有的反映古人的机智聪慧，有的反映古代的狱讼情况，有的反映一些民间风俗，还有的记载一些历史上的传闻轶事。（徐彬）

K000032 **坊墙倒塌以后——宋代城市生活长卷** 李春棠著。湖南出版社 1993 年 3 月版。22.6 万字。6.25 元。论述宋代城市文明史专著。两宋时期（公元 960～1279 年）的城市发展正处在一个转型的历史阶段。本书以中国这一城市发展史上具有里程碑意义的大变革为主线，叙述宋代城市在政治、经济、文化等方面的演变过程，涉及城市生活的各个方面，例如衣食住行、工作学习、休息娱乐等。使历史逻辑的阐发相映于历史画面的流动之中，历史生活的美得到了适当的艺术表现。（穆陵宁）

K000033 **战国策笺注** 张清常、王延栋注。南开大学出版社 1993 年 3 月版。75 万字。35.00 元。从宏观和微观两个角度出发进行整理。由前言、各国策概述、各章策文、史实系年和注解构成一个有机整体，这是整体特点。具体表现为：前言针对《战国策》及其研究情况作了论述；各国策开头均有概述，述及有关历史、地理、文化、政治、外交背景，融知识、史实、述论为一体，为了解当时错综复杂的关系、重要人物的活动和影响提供了方便，有助于阅读分析策文；各章策文以黄丕烈读未见书斋重雕《战国策》为底本，作了认真的校勘，重新标点，纠正了旧注本断句上的失误和旧刊刻本在文字上的讹误；注解在甄别高诱以来各重要注家见解的基础上，注重词语的诠释，注意从语言学的角度对字词语句的注解，力求避免随文释义的弊病，尽量反映策文在语言上的真实，纠正了旧说的错谬；在缪文远《战国策考辨》的基础上，对各章史实所系之年做了考释，注重对史实、人物及地理的考证，指出策文中不合历史的情况。（马光琅）

K000034 **第二届明清史国际学术讨论会论文集** 《第二届明清史国际学术讨论会论文集》编辑组编。天津人民出版社 1993 年 3 月版。61 万字。24.50 元。明清史论文集，《明清史国际学术讨论会论文集》的续编。收论文 59 篇。内容以有关明清时期的文化、社会生活、对外关系的研究为主，兼及政治、经济等其他多方面的问题。文化方面，涉及各种思潮、文献述论、文化制度以及少数民族文化，诸如纪昀对文化传统的反思，清初清末两次异族文化碰撞带来不同的结果等；社会史方面，包括对社会阶层、宗族制度、市镇状况、风俗习惯及人口、社会生活、吏治等种种社会问题的研究；中外关系方面，有中国与朝、日、英、葡、美诸国的经济和政治、军事、外交往来的情况的论述。对于其他问题如明清时期的小农经济、皇家财务、水利漕运以及翰林、八旗等制度，杨鹍空敕案、毛文龙镇江之役、福州神光寺事件等，均作较深入的探讨。（陈益民）

K000035 **魏晋南北朝隋唐史三论** 唐长孺著。武汉大学出版社 1993 年 3 月版。33.3 万字。9.50元。围绕魏晋时期社会性质的变化、南北朝的差异，唐代的社会经济的变化、门阀的衰弱、科举制的兴起和军事制度、学术思想的变化等一系列重大的理论、学术问题，从社会经济结构、军事制度（包括兵制）、政治制度、思想学术（包括学风）等领域进行深入研究。关于魏晋社会的性质问题，本书从客的卑微化与普遍化、门阀制度的形成和九品官人法的确立以及玄学的兴起等 3 个方面深入论证了魏晋时期的社会由奴隶制向封建制转变的观点以及中国封建社会早期的基本特征。关于南北朝时期南北方经济、社会、政治、军事、文化等方面的差异问题，作者从人类社会发展的必然性与特殊性的辩证关系上，透过纷繁复杂的历史现象，分析了南方东晋南朝所走过的承袭汉魏西晋以来的历史发展过程，符合封建社会的一般发展规律。同时又指出，北方封建社会的发展和南方不一样，走着一条特殊的道路。在那里不是魏晋发展的继续，而是插入了一段并非历史发展的必然的过程，出现了一些在特殊历史条件下所产生的制度形式，从而与继承汉魏传统的南朝表现出显著的差异。作者的分析厘清了长期笼罩在这段历史发展中的系列雾团。作者还以广阔的历史眼光，深入地考察了唐代的经济、社会、政治、军事以及文化诸方面的重大变化，指出这些重大变化标志着中国封建社会由前期向后期转变，第一次揭示了南北统一的新局面与历史发展的衔接问题。明确提出，唐代的变化与东晋南朝的衔接，即唐代的南朝化倾向，乃是中国封建社会合乎规律的发展。(杨小岩)

K000036　**中国古代民族志**　中华书局1993年3月版。15万字。6.00元。收文33篇。介绍中国历史上30多个民族的兴衰、沿革、风俗、文化以及它们在中国历史上的贡献等情况。收入“文史知识文库”。(华晓林)

K000037　**中国历史百题(第二分册)**　中华书局1993年3月版。28.7万字。11.00元。收入50篇文章。承续《中国历史百题》(第一分册)，以专题形式，探讨宋初至近代千余年间中国历史上有关政治、经济、文化、社会、军事等方面的一些重大问题。收入“文史知识文库”。(张荷)

K000038　**碑传集**　清·钱仪吉编撰，靳斯标点。中华书局1993年3月版。300万字。12册。145.00元。收录清天命至嘉庆年间(1616—1821)的碑版状文及地方志人物传记等共1900余篇，采文及辑录资料2160余件，列为宗室、功臣、宰辅、部院大臣、内阁九卿、翰詹、科道、督抚、守令、教官、武臣、忠节、逸民、理学、经学、蕃臣和烈女等25目，计160卷。总目后列传记作者纪略560余家及征引志书目录。书成于道光初年，初名《百家征献录》，后经增订，刻印于作者故后的光绪十九年(1893)。收文多补正史所不及。标点本校正了刻本错字衍文，书后编附全书人名字号索引。(陈铮)

K000039　**影响中国的100种文化**　张秀平、王乃庄主编。广西人民出版社1993年4月版。40.8万字。18.00元。介绍融汇中华民族博大恢宏精神的哲学、儒学、史学等；汇萃体现中华民族聪明才智的火药、造纸、印刷、指南针、建筑、航海等技术；及具有中华民族独特风格的衣、食、住、行、茶酒、戏曲等100种在中国历史上产生影响的文化。(韦向克)

K000040　**影响中国的100次事件**　张秀平、王晓明主编。广西人民出版社1993年4月版。29.7万字。16.00元。演义中国历史每一朝代的重大变迁。既有商汤灭夏、楚汉之争、三国鼎立，也有百家争鸣、罢黜百家、独尊儒术；既有魏武灭佛、焚书坑儒，也有商鞅变法、永贞革新、隋文帝改革；既有王莽改制、八王之乱、安史之乱，也有秦始皇统一中国、康熙撤藩与平定三藩之乱；既有黄巾起义、黄巢起义、王小波李顺起义，也有汉武帝抗击匈奴、岳飞抗金、戚继光抗倭，等重大历史事件。(韦向克)

K000041　**影响中国的100本书**　张秀平、王晓明主编。广西人民出版社1993年4月版。33.8万字。16.00元。精选上起先秦，下迄清末，对中国有影响的100本书，包括哲学和思想、历史学、科学医药、地理、军事、语言文学各类，如《论语》、《史记》、《资治通鉴》、《山海经》、《考工记》、《说文解字》等等，以其成书的经过，主要理论主张及影响诸方面予以缕述。(邓耘)

K000042　**华夏向心力——华侨对祖国抗战的支援**　任贵祥著。广西师范大学出版社1993年4月版。28万字。10.70元(平)；14.90元(精)。热情赞颂了华侨英勇抗战的光辉业绩，充分肯定了华侨在抗战中所起的不可忽视的作用，肯定了支援抗战的华侨在华侨史上的重要地位。通过大量史实的陈述、分析，提出了一些新的有价值的观点，如对国民党的侨务政策及相应的组织，作了较为深入的分析，既肯定其有利于华侨抗战的积极的一面，又指出了其“防共限共”的一面以及由于其中一些政策的不完善而造成不良后果的消极与反动的一面。对中共的侨务政策，也作了全面的客观的分析，并在此基础上对国共两党的侨务政策作比较鉴别，指出国共两党由于执行不同的侨务政策而必然导致两党的不同归宿。对汪伪政府的侨务活动，也作了客观评述，指出其虚伪、反动、卖国的本质。在一定程度上弥补了学术界在这些方面研究的不足。收入“抗日战争史丛书”。(肖启明)

K000043　**新编纲鉴**　吴剑杰主编。湖北人民出版社1993年4月版。127.2万字。28.50元。采用纲目体叙述中国历史。按照马克思主义关于社会经济形态类型的学说，将中国自远古至中华人民共和国成立的文明史，划分为原始社会、奴隶社会、封建社会和半殖民地半封建社会等4个不同社会性质的历史时期；运用考古发掘的丰富的古代文化遗存和考古学的研究成果，对殷周以前的传说时代的历史作了比较科学的叙述；寓论于史的叙述之中，以历史唯物主义为指导，涵盖政治、经济、文化等各个领域的人物事件、典章制度、文物典籍、科学技术、民族交往、对外关系等各个方面，展示历史发展概貌，而不以敷陈王朝兴替、君臣事迹为指归。（易学金）

K000044 **北洋军阀** 来新夏主编。上海人民出版社1993年4月版。336.9万字。125.00元。“中国近代史资料丛刊”第十一种。收录有关北洋军阀形成、发展和覆灭各时期的重要资料。共5册。第一册于1988年8月出版，第二至五册于1993年4月出齐。第一册收录北洋军阀建军初期的有关资料。第二册收录1912年袁世凯任大总统至1916年袁世凯帝制失败期间的有关资料，内容包括袁世凯上台、善后大借款、宋教仁案、二次革命、洪宪帝制和护国战争等。第三册收录1916年6月至1920年7月皖系军阀统治时期的有关资料，内容包括新旧约法之争、府院之争、督军团事件、张勋复辟、对南方战争、西原借款、签订中日军事协定、安福国会、南北议和、巴黎和会和直皖战争等。第四册收录第一次直奉战争至1927年北洋军阀统治势力消亡时期的有关资料，内容包括两次直奉战争、直奉联合统治、国民革命军北伐和北洋军阀势力的失败等。第五册内容包括军阀人物传志、大事年表、参考书目提要、重要论文摘要、参考文献索引及附表。（苏义宁）

K000045 **文史钩沉** 朱靖宇著。中国文史出版社1993年4月版。20万字。8.80元。收入1984年至1991年散见于报纸上的短文390篇。分为3辑。第一辑，是从史籍中撷取的足资劝勉鉴戒，有助于精神文明建树的人物和事件；第二辑，包括名物的源流的考订，传统见解的反拨，研讨史籍的创见以及对报刊文章中有关问题的是正；第三辑，是开扩读者耳目闻见并引发其读书兴趣的佚闻旧事。作者选材“力求前人所鲜及者”，发表议论“绝不招别人的牙后慧”。文章短小精悍，文字简洁明快，涉笔成趣，具有较强的思想性、科学性和趣味性。

K000046 **睿智与期待的目光** 副名：马克思主义先驱者与中国。李忠杰、左宪民著。广西人民出版社1993年5月版。13.1万字。3.80元。揭示马克思、恩格斯对中国文明及社会历史的基本评述，阐述他们对西方殖民者侵华的揭露和鞭挞，还分析了世界经济与中国市场的双向互动问题；揭示了列宁对沙俄侵华政策的揭露和抨击，以及他赞扬并直接关怀和帮助中国革命的思想、活动。（邓耘）

K000047 **粤西文化与中华文化研究** 胡大雷、何林夏主编。广西师范大学出版社1993年5月版。23.9万字。7.50元。粤西文化与中华文化研究文集，收入论文19篇。既有对粤西文化形成原因、发展历程、所具特点及其未来发展的宏观探索，有从政治、经济、教育、民族、文学等方面对粤西文化诸内容的中观认识，也有从丧葬、面具、傩戏等方面进行的微观研究。在这些不同层面的研究中，既开展了粤西区域文化研究的探讨，也进行了粤西文化与其他区域文化比较研究的尝试。（覃丽梅）

K000048 **A History of Chinese Culture** 郭尚兴、盛兴庆著。河南大学出版社1993年5月版。62万字。10.00元。用英文撰写的中国文化史专著。以历史唯物主义为指导思想，较全面地介绍博大精深的中国传统文化的各个方面。主要内容包括哲学、宗教、官制、人事制度、教育制度、法律制度、神话、诗歌、散文、小说、戏剧、文字书法、绘画、音乐、舞蹈、戏曲、中医、针灸、气功、园林、陶瓷等28章。每章对中国传统文化一个方面的原始起源、发展过程、涵盖内容、以及对相关领域及社会人文心理的形成所起的作用和影响均做了深入浅出的描述和评介。全书以历史发展为经，以代表人物、主要流派、重大事件和主要理论或文化内核为纬，突出正面介绍，突出中国文化的精神实质和大一统特色，着力弘扬中国传统文化的辉煌成就。书中所有专有名词和专业术语均有对应的汉语脚注。（王超明）

K000049 **停滞的帝国** 副名：两个世界的撞击。[法]阿兰·佩雷菲特著。生活·读书·新知三联书店1993年5月版。51.6万字。33.00元（精）；24.80元（平）。作者论述了中国清政府与英帝国主义的矛盾冲突与分歧。二百年前，大英帝国以给乾隆祝寿为名向中国派出了马戛尔尼勋爵率领的庞大使团来华觐见乾隆皇帝。英国在率先实现工业革命后当时已是西方第一强国，而中国却一直是东方第一大国。英国急于向外扩张，以寻求原料和市场。为此英国派团访华，希望改善两国贸易并进而建立经常外交关系。中国由于文化背景与政治观念不同，自认为“中央帝国”，与异邦的关系只能是宗主国与藩属的关系，只能岁岁来朝，俯首称臣，这场聋子式的对话尚未开始就已注定了要失败。此书说明清政府的闭

关锁国只能导致文明与国家的衰退，无力抵御帝国主义列强的侵略，是值得记取的历史教训。(总编室)

K000050　**中华文明五千年**　韩国磐、郑学檬主编。天津人民出版社 1993 年 5 月版。46 万字。15.00元。古史专著，上起原始社会，下止 1840 年的鸦片战争爆发。共分 7 章：一、原始社会；二、奴隶社会的三代；三、封建社会初期的战国和秦汉；四、分裂割据的魏晋南北朝；五、隋唐封建社会的繁荣和五代的更迭；六、几个民族政权并立的宋辽金元时期；七、封建社会晚期的明清王朝。作者以历史唯物主义观点，从 170 万年前的元谋人起笔，阐述在中国这块辽阔的土地上，人类活动、生息、繁衍、辛勤劳动、发明创造的历史。该书特点是在大方位框架上打破了朝代更迭的格局，注意了一般性与特殊性的关系，着力于突出璀璨夺目的祖国文化、优秀的民族品德和光荣的革命传统这 3 条主线。该书还在隋唐、明清时代增加了社会习俗内容。尤其是把“台湾自古以来就是中国领土不可分割的一部分”这一点加以系统阐明。(李洁萍)

K000051　**先觉者的悲剧**　副名：洋务知识分子研究。李长莉著。学林出版社 1993 年 5 月版。17 万字。6.75 元。通过考察中西文化冲突的特定格局和社会变动的特定条件，分析知识分子生存、发展的状况，特别是对中国近代知识分子产生初期的状况进行考察，从而寻找到了答案：19 世纪中期，随着中西文化的交汇和中国社会的变动，中国知识阶层也开始从传统向近代转化，出现了第一个具有近代特征的新型知识分子群体——洋务知识分子。他们在中西文化的尖锐冲突中，在强大的传统社会势力的压力下，面对着十分艰难的生存环境，为求得自身及新文化因素的生存和发展，以各种可能的方式进行着艰难的开拓，寻求使自身所代表的新因素获得社会的接纳和认可。在这一过程中，他们为代表近代化方向的新文化和新社会因素开辟着发展道路，同时也形成了自身的特定性格和行为方式，走过了一段步履蹒跚、充满坎坷的历程，虽然充满了悲剧色彩，但对后来知识分子的发展道路产生了深远影响。(钱丽明)

K000052　**日本帝国主义的本质及其对中国的侵略**　[日]依田喜家著，卞立强译。中国国际广播出版社 1993 年 5 月版。25.5 万字。8.70 元。论文集。包括《日本帝国主义与中国》、《日本帝国主义的“华北经济工作”及“华北开发计划”》、《日本帝国主义对华北占领区的经济统治》、《日本帝国在中国东北的劳动统制》、《日本在第二次世界大战中推行满州移民的真相》和《满州的朝鲜移民》。论文用丰富的当时日本统治阶层的内部资料以及大量的统计、图表等，揭露和论证日本帝国主义侵略中国的历史原因，指出日本帝国主义侵略中国的根本目的，是企图掠夺中国广阔的领土和丰富的资源，以解脱国内的经济危机，并为进一步扩大侵略战争服务。作者系日本早稻田大学教授，中日友好和文化交流的著名人士。(吴绪彬)

K000053　**中国革命史迹漫话**　华家琤著。中国青年出版社 1993 年 5 月版。11.2 万字。3.70 元。生动形象地介绍了 61 处革命旧址、遗址、胜地等，并配有图片。展现了中国近、现代的革命斗争轨迹，是一部进行爱国主义、革命传统教育的简明教材。(姜晓艳)

K000054　**民国掌故**　杨天石主编。中国青年出版社 1993 年 5 月版。26.7 万字。11.30 元。以民国史为内容的史学小品。其文以小见大，论证严谨，清新可读。所选篇章均为《团结报》1988 年以来开辟的《民国史谈》专栏中的精品，内容涉及民国时期的政治、经济、军事、外交、文化、人物、党派、团体、社会、民族、风俗诸项目。(林栋)

K000055　**国语译注辨析**　董立章著。暨南大学出版社 1993 年 5 月版。63.3 万字。24.50 元(精)；19.50 元(平)。以历史为依据，对春秋时期左丘明编撰的《国语》中人物及事件的来龙去脉说明详尽，并附有 53 篇作者多年研究、阐释、考辨上古时期历史与文化的辨析文章，集、注、译、析于一体，实为古籍整理研究中颇有价值的著作。其主要特点如下：一、版本选得好。其书选择迄今最好的版本，即上海古籍出版社 1978 年出版的《国语》点校本为底本，兼考清宣统三年商务印书馆刊印的清吴曾祺补正本和 1985 年巴蜀出版社影印的清董增龄正义本。二、注释考证广征博引、言简意清。注文侧重对历史人物、事件、典故详加说明，突破了旧注释仅从文字上勉强解释的方法。译文准确流畅，既忠实原著，又能以凝练的笔触将普通读者望之敬畏的生僻先秦文句化为直白易懂。辨析文章或考证、或疏解、或引证均参与己见，对理解原著大有裨益。三、体例新。全书在原著 21 篇之下，另按不同事件分为若干小段，加列醒目小标题分别注释，译文之后间插有辨析文章，对《国语》涉及的重大历史事件进行考证。这种把注释、翻译、研究考据融为一体的方法，可以说开创了古籍现代整理方法的先河。四、有独特见解。作者将最新考

古发现及著名古代史专家研究成果与自己多年潜心研究《国语》的心得总结成辨析文章,其中与众不同的见解,发人启迪。(陈红)

K000056 **中国革命史(试用本)** 杨先材、朱铃等编。高等教育出版社 1993 年 6 月版。34 万字。6.20 元。高校马克思主义理论课通用教科书。内容从近代中国民族民主革命的酝酿至中国共产党"十四大"召开,全面阐述 150 余年中国革命和社会主义建设的历程。着重从 19 世纪以来的爱国仁人志士对国家出路的探索和挫折,论证了中国革命的历史必然性;以新民主主义革命的史实证明中国共产党对中国革命道路选择的正确性;以新中国社会主义建设道路的艰难探索与重大突破,论证建设有中国特色社会主义理论形成的历史必然性;概述了建设有中国特色社会主义理论的基本观点,结合我国改革开放以来现代化建设的实践及其成就,证明这一理论是马克思主义在当代中国的新发展。本书的编写,依据国家教委颁行的《中国革命史教学大纲》(修订本)的基本精神,对个别章、节作了若干调整和补充。(王方宪)

K000057 **中华文明史** 中华文明史编纂委员会编。河北教育出版社 1993 年 6 月版。1230 万字。10 册。455.80 元。依照历史分期,从"史前时期"始,历经"先秦""秦汉""魏晋南北朝""隋唐""宋辽金""元代""明代",至"清代前期""清代后期"止,共 4 卷。各卷以构成中华文明的各个文化学科为基本撰写单位,力图突出中华文明的主题,尽力反映不同文化类型在同一时期相互组合的基本格局。在反映中华文明成就时,充分阐述了汉族及广大少数民族在历史上的伟大贡献。(李自修)

K000058 **中国革命史教学地图集** 杨牧、杨文斌编绘。河南教育出版社 1993 年 6 月版。9.6 万字。160 幅图。11.00 元。内容包括旧民主主义革命、新民主主义革命、社会主义革命三个历史时期的形势图,主要战役、战斗示意图,以及各种主要图例共 160 幅。集中、突出地勾画出了中国百余年的革命斗争史实。其中部分地图是以前没有公开发表过的。每幅地图都附有文字说明。图集由中国人民解放军测绘学院的专业技术人员编绘,有关图幅经过中国人民解放军总参谋部测绘局的审校并修改。(周雁)

K000059 **史记楚世家会注考证校补** 冯永轩著。湖北教育出版社 1993 年 6 月版。10 万字。2.65 元。《史记》先后有刘宋裴骃《史记集解》、唐司马贞《史记索隐》、唐张守节《史记正义》,人称"三家注"。北宋以后,三家注遗失甚多,而日本存有旧本,保留了三家注的真面目,日本学者泷川资言据此于 1934 年著成《史记会注考证》,为研究《史记》重要参考书,文学古籍刊行社 1955 年曾影印出版该书。本书对三家注及《史记会注考证》中的《楚世家》部分作了校订和补充。《楚世家》以中华书局 1959 年版《史记》为底本,《史记会注考证》有关文字则依文学古籍刊行社 1955 年影印本,对此进行了严密的考证,补充了大量金文、楚器物资料。附录有关楚文化论文两篇。(孙艳魁)

K000060 **中国古代史文献检索** 宣守有编著。黄山书社 1993 年 6 月版。30 万字。7.80 元。共 3 编 15 章。第一编"检索对象",主要介绍古籍概况和古代史籍;第二编"检索工具",综述工具书的特征和作用、体例和类型、主要排检法,分别对诠释性、指引性、资料性、综述性、表图型等 5 类工具书的范围和作用加以分析解说,并就各类工具书中有助于治史者一一举要;第三编"检索内容和方法",有史学理论问题的检索、通史和断代史文献资料的检索、民族史和地方史文献资料的检索、专史文献资料检索例说、专题文献资料检索例说等章,是全书最富实用性的内容。(于志斌)

K000061 **比较中的审视:中国早期现代化研究** 章开沅、罗福惠主编。浙江人民出版社 1993 年 6 月版。63 万字。14.00 元。以比较的方式研究中国 1840—1949 年的早期现代化问题。对全球性现代化运动进行历史回顾和理论探讨,勾画了中国早期现代化的进程与全貌,着重从经济、政治、社会结构、民情风俗等 7 个方面对现代化展开探讨。"余论"从总体上分析了中国早期现代化屡遭挫折的状况。将中国的现代化事业置于全球现代进程中进行研究,并与其他国家,尤其是与国情、机遇比较近似的日本进行比较,是本书的一大特色。(张宪章)

K000062 **清国史** 中华书局 1993 年 6 月版。影印 14 册。1950.00 元。《清国史》是清朝官方修撰的本朝史书,修撰工作始于康熙二十九年,以后各朝均予续修。内容分为经、志、表、传四部分。列传收入 1 万 5 千多位人物,多据谱牒、行述、家乘、碑志、档案等第一手资料写成,并往往大段载录谕旨奏疏。据复旦大学图书馆藏嘉业堂抄本影印。(何英芳)

K000063 **丝绸之路——中国—波斯文化交流史** [法]阿里·玛扎海里著,耿昇译。中华书局 1993 年 6 月版。43 万字。26.60 元。主要通过对波斯史料和希腊罗马史料的诠释,论证了古代中国与波斯、与西方世界的物质文化交流，指出了古代中国文化对波斯以至整个西方世界的积极影响。分3编。第一编为“波斯史料”，包括《沙哈鲁遣使中国记》、阿克伯·契达伊《中国志》、纳迪尔王和乾隆皇帝的有关资料。第二编为“希腊罗马史料”，包括托勒密、普洛科波、泰奥法纳、斯特拉波等7位作者所写的资料。第三编为“丝绸之路和中国物质文明的西传”，是关于谷子、高粱、樟脑、肉桂、姜黄、生姜、麝香、大黄等从中国传入波斯的论述。作者玛扎海里(Aly Mazahéri，1914—1991)为法籍伊朗人，是当代著名的东方学家，于1983年出版此书。法文本原书中还有一部分是汉文史料及其诠释，中译时删去了这一部分。中译本书前有作者所写的《中译本序》。收入“法国西域敦煌学名著译丛”。(谢方)

K000064 **中华五千年智谋宝库** 嵇立群主编。中州古籍出版社1993年6月版。125.4万字。69.00元。上下册。对中国自古以来有关智谋韬略的经典理论、名人论述、历史事变和著名故事进行了搜集、编纂和撰述，其体例是以类分篇，篇下系目，目下则概分原文、译文、阐释。从内容上看则以古代为主，下伸至现代。分类方法别致，如上卷有处事应变、廉政奉公、夺权政变、邦交风云、纵横捭阖、游说论辩、阴谋诡计等12篇；下卷有人心向背、攻心斗智、奇思妙想、昏庸暴政、惩治腐败、婚恋家政、人际关系等15篇。本书的最大特点是不仅注重奇谋怪略的实战实例，而且尤为着力挖掘中华谋略理论，将散见于各种典籍中丛残高论一并汇入了各篇之中。(耿相新)

K000065 **南京国民政府纪实** 朱汉国主编。安徽人民出版社1993年7月版。92万字。将编年体与纪事本末体有机地结合起来，系统介绍1927年4月南京国民政府成立至1949年9月30日，南京国民政府政治、军事、经济、外交、文化、教育、重要人物的情况，浓缩了南京国民政府成立、发展直至衰亡的历史。全书以月为基本单位，每月由两大部分内容组成：第一部分为当月大事辑要，择要列录当月南京国民政府及地方政府发生的大事，兼及国共两党之间发生的、对该段历史有重大影响的事件；第二部分为大事报道，对大事辑要中最重要者加以报道，报道采用新闻报道的方式，立足于当时当地，不涉及前后内容。所参考的资料，以当时的报刊、文电为主，兼及以后出版的资料，其中包括外文资料和港台出版的资料。(贾兴权)

K000066 **近代中国土匪实录** 李秉新等著。河北人民出版社1993年7月版。150万字。3册。33.00元。文史资料专集。记述近代中国(特指上世纪末至本世纪中叶)各地区各种类型的土匪集团和匪患。按区域分为3卷：上卷包括东北、西北及西南地区之一部；中卷包括华北、华东地区；下卷包括中南和西南大部分地区。各卷大体按一地或一股土匪之概述(如《东北土匪》、《热河土匪》、《云南土匪》等)、具体事件(如《津浦路大劫案》、《二匪火并记》等)、控诉记述(如《匪穴余生》、《我两次被绑票的经历》等)、匪首人物(如《张作霖的胡匪生涯》、《湘西巨匪姚大榜》等)、剿匪斗争(如《扫灭湘匪十八万》、《滇南剿匪之战》等)等分类记述。作为近中国社会史料专集，其价值首推真实无误，而又以亲历、亲闻、亲见显其优长。(张晨光)

K000067 **北洋军阀时期的交通系** 贾熟村著。河南人民出版社1993年7月版。19.70万字。7.20元。全面系统地论述交通系产生的历史条件、形成过程及其全部班底。记述前期以梁士诒为首的旧交通系在袁世凯统治时期，与北洋军文武合璧成为袁世凯进行反动统治的左右手；后期以曹汝霖为首的新交通系又全力支持皖系军阀段祺瑞的统治；以及晚期新、旧交通系转而投靠张作霖、最终退出历史舞台的种种史实。详细分析新、旧交通系的共同特点及不同之处，对交通系在政治、经济领域的活动与作用作了评价，并对这一集团的主要成员作了介绍。(张黛)

K000068 **抗战时期的伪政权** 费正著。河南人民出版社1993年7月版。25.6万字。8.90元。利用大量档案资料，按伪政权成立的先后顺序，系统全面地研究了伪政权发生、发展和灭亡的历史过程。这些伪政权，都出现在1931年九一八事变以后。从日本利用溥仪等建立伪满洲国；到日本唆使殷汝耕等成立伪冀东防共自治委员会；从日本扶植德穆楚克鲁普(德王)建立伪蒙古军政府；到唆使于品卿等成立伪察南自治政府；从唆使夏恭等成立伪晋北自治政府；到把伪蒙古军政府改组为“蒙古联盟自治政府”；从网罗王克敏等在北平建立伪中华民国临时政府；到指使梁鸿志等在南京成立伪中华民国维新政府；从策动伪蒙古联盟自治政府与伪察南自治政府、伪晋北自治政府合流为“蒙古联合自治政府”；到支持汪精卫等建立伪中华民国国民政府，建立伪政权成为日本帝国主义实行“以华制华”、“以战养战”方针的主要手段。深刻揭露汉奸政权认贼作父、残害同胞的滔天罪行，认真剖析汉奸政权产生的社会原因和个人因素，并深入总结侵略者的惯用伎俩和历史

教训。(张黛)

K000069 **江西工人运动史** 支国华、童道文著。江西人民出版社 1993 年 7 月版。28 万字。13.00 元。从 19 世纪 60 年代初到 1949 年新民主主义革命胜利,江西工人阶级进行了近一个世纪的艰苦卓绝的斗争,为中国革命作出了巨大的贡献和牺牲,在中国工人运动和革命历史上具有特别重要的意义。全书反映了这一段轰轰烈烈的革命历史活动,热情讴歌了江西工人阶级的大无畏精神,展示了毛泽东、刘少奇、李立三、陈云等老一辈无产阶级革命家在江西的革命活动,是一部研究江西工人运动的重要学术著作。(陈晓蓉)

K000070 **周文化论集** 陕西省历史博物馆编。三秦出版社 1993 年 7 月版。57.7 万字。35.00 元。汇集陕西学术界多年来关于周文化研究的具有代表性的部分成果,依"先周文化与周族起源"、"政治、经济、法律、宗教"、"青铜器研究与铭文考释"、"周原与丰镐"、"陶文、甲骨文及其它"5 个方面立编。篇首收载苏秉琦《瓦鬲的研究》一文,对商周文化及西北青铜文化的发展系列及其渊源进行了探索。(新疆)

K000071 **中国近代爱国丛书** 戚其章主编。山东教育出版社 1993 年 7 月版。58.2 万字。23.25 元。共 6 册,从 6 个侧面论述近代中国 80 年的发展进程。《闭关锁国的清王朝》,揭露清政府长期闭关锁国,以"天朝上国"自居,固步自封,政府腐败,致使国弱民穷,社会动荡,难以自立于民族之林,但统治者却奢侈无度,死咬着"祖宗之法不能变",终于堕落成为"洋人的朝廷"的败行。《华夏血泪》,控诉了帝国主义列强,侵我中华,瓜分我大地,强加给我一条条不平等条约,致使中华陷于民族危机,给中国人民带来无穷灾难的罪行。《怒火燃神州》,讴歌了中国人民蕴藏的爱国主义精神空前迸发,奋起反帝,掀起一次次反侵略的爱国热潮,谱写了光辉的篇章。《爱国英雄谱》,歌颂许多优秀的爱国将士,在一次次的反侵略战争中,表现出了威武不屈的民族气节,至死不渝的爱国精神,大无畏的英雄气概。《救国真理的探求者》,宣扬许多爱国志士,为探求救国真理,设想方案,并亲身实践,甚至不惜抛头颅洒热血,以挽救祖国危亡的光辉业绩,加速了中华民族觉醒的进程。《长夜将尽天欲晓》,论述近代史上一次次的救国运动连续以失败告终,始终未能使中国独立富强,屹立于世界之林,直到马克思主义广泛传播,工人阶级登上政治舞台,中国人民才看到了光辉灿烂的前程,预示着笼罩着中国的漫漫长夜将尽,天欲晓了。(温玉川)

K000072 **新编文史笔记丛书第二辑** 萧乾主编。上海书店 1993 年 7 月版。122.3 万字。12 册。54.55元。"新编文史丛书"共有 4 辑。第二辑共 12 册,分别为天津的《沽上艺文》、云南的《滇云片羽》、北京的《耆年话沧桑》、甘肃的《陇史掇遗》、西安的《风雨长安》、江苏的《三吴风采》、吉林的《鸡林采珍》、贵州的《黔故谈荟》、浙江的《孤山拾零》、湖北的《楚天笔荟》、黑龙江的《黑土金沙录》、新疆的《昆仑采玉录》,由各该地文史研究馆编。所收笔记,均为近百年史事掌故,涉及到政治、经济、文化、社会等各方面。本辑共收文 1496 篇,大都为亲闻、亲见、亲历之轶事,史料可靠。如周采泉之记"洋场才子"陈蝶仙,张宗祥之记清末军机处遗闻、张啸林之发迹经过,章长炳之写义妓小凤仙,王庆祥、李国雄等写伪满轶事,以及黄生发口述之杨靖宇将军的生活等,均为文简意赅、可读性强之佳作。(俞子林)

K000073 **中国革命史的基本理论** 赵泉钧主编。浙江大学出版社 1993 年 7 月版。42 万字。7.50 元。分"旧民主主义革命时期"、"新民主主义革命和社会主义革命时期"、"社会主义建设时期"3 编。以中国革命史中的重大理论问题为主要内容,理论与实践、历史与现实、革命性与科学性有机结合,体系新颖。(韩东)

K000074 **西京杂记全译** 晋·葛洪、集成著,林程、章灿译注。贵州人民出版社 1993 年 8 月版。20 万字。6.00 元。《西京杂记》白话文全译本。以《四部丛刊》为工作底本。内容有:关于西汉历史、人物、事件、舆服礼制、思想观念等方面的材料;关于西汉宫殿掖庭及宫廷生活等的记载;关于文物考古中的书面文献材料;关于西汉苑囿宏观、奇珍瑰宝、名果异木的描述;所保存的唐以前不少古代文学作品和大量的文学理论资料;以及所记载的不少文坛趣闻和作家轶事。收入"中国历代名著全译丛书"。(谢丹华)

K000075 **殷商社会生活史** 李民等著。河南人民出版社 1993 年 8 月版。35 万字。19.00 元。全面、完整地概括自成汤建国至商朝灭亡长达五百年左右的殷商社会生活状况。在政治生活一章中,对商代兴衰的历史、政治制度作客观反映,同时对涉及到与政治生活有关的诸如迁徙、生态环境、地理条件等方面也进行了一些探讨。在军事生活一章中介绍商代的军事制度、军事设施、兵员构成、武器装备,也列举了商王朝建立、发展、开拓疆土、掠夺其他部落和方国的重要战争,分析其成败利钝,探求其对商代社会发展的作用。在经济生活一章中反映商代经济的性质、形式、发展阶段,着重介绍与社会生活密切相关的农业、畜牧业、商业以及手工业中的青铜、玉器、陶器、骨器等行业的发展状况。在科技文化一章中,探讨天文、气象、历法、医学、数学的成就及其应用。在精神生活一章中,叙述有商一代甚至包括殷先民在内的图腾崇拜、宗教政治,综述在社会生活中形成、发展和支配人们精神生活的思想意识、观念、宗教等的影响。最末一章是衣食住行,从物质生活本身考察殷人在衣、食、住、行方面的行为模式、制度、历史演变,探讨其对后世的影响。(鲁锦寰)

K000076 **中国史籍精华译丛** 杨向奎等。济南出版社 1993 年 8 月版。500 万字。4 册。218.00 元。选取史籍中最有代表性,又能反映历史全貌的作品,即正史之《史记》、《汉书》、《后汉书》、《三国志》、《晋书》、《南史》、《北史》、《隋书》、《新唐书》、《新五代史》、《宋史》、《辽史》、《金史》、《元史》、《明史》、《清史稿》;另选了《左传》、《战国策》、《资治通鉴》等名著,共 19 部。以纪传为主来选择篇目,兼顾其他,务使重要历史人物、重大历史事件和有特色之典章制度得到展示。对入选篇目,内容力求完整,个别无关宏旨的情节、宣传封建腐朽思想或有碍民族团结的内容,均予删除。在古文今译的过程中,基本采取文白对译的方法,以"信、达、雅"为基本标准,在准确、科学的基础上,力求简练、传神。(孙凤文)

K000077 **秦汉史** 田昌五、安作璋主编。人民出版社 1993 年 8 月版。43.2 万字。10.20 元。秦汉是中国封建社会奠基的时代,后代的许多制度都源于秦汉。本书是国内近几十年间在该领域研究方面具有较大份量的一部断代史。作者以历史唯物主义为指导,以大量文献资料特别是建国后逐渐出土的文物、文献为依据,汲取以往学者丰富的研究成果,对秦汉社会制度的发生、发展、特征等重要问题,进行审释。全书共 8 章,在全面阐述自秦至东汉末年 400 余年历史中政治、经济、军事、文化及民族关系曲折发展的轨迹的同时,提出了这个时期属于中国封建社会的初级阶段的概念,并对初级阶段的具体分段,每段的主要特征加以阐释。对有关汉代奴婢、土地制度、思想史等方面作了深刻分析,比如,作者提出的汉武帝采纳董仲舒的"罢黜百家,独尊儒术"的"底蕴",仅就董仲舒的思想体系是说不清楚的论点,就颇有学术见地。(张润生)

K000078 **中国文化的源流** 唐得阳主编。山东人民出版社 1993 年 8 月版。67 万字。18.00 元。按照分题撰述,独立成篇的编写体例,分别从人文环境、政治制度、科学技术、思想伦理、文学艺术和民俗风情 6 个方面,遴选了 118 个篇目,对中国传统文化的缘起、发展脉落、衍变转化过程进行了系统的介绍。每个专题的编写着重强调了两个方面:一是在高屋建瓴地勾勒出每种文化事象的基础上,试图揭示出该种文化事象的独有特色。比如对中国古代科学制度的评价为"所习非所用";中国传统礼制的功能主要在于"明尊卑"和"别贵贱"。二是对每一种文化事象的介绍过程中,注重对文化生成衍变的内在联系的观照,力求发掘其所以生成并衍变的社会历史根由,尤其注重对民族文化心理的深层探究,揭示文化所折射出的人文精神与生存态度,而不仅仅是知识的重新编排,或对传统文化的点(特征)、线(历史)、面(内涵)式的机械勾勒。(王小林)

K000079 **文史通义新编** 仓修良编。上海古籍出版社 1993 年 8 月版。60 万字。19.10 元。《文史通义》是清代著名史学家章学诚的代表作,对文、史、哲方面的许多问题有深刻见解,被文史研究工作者视为案头必备的参考著作。然而,此书问世以来,却未曾有过一个令人满意而完整的定本。《新编》编者研究章氏学说经年,深感重新编定《文史通义》的必要性,遂在流行版本的基础上,增补了 85 篇章学诚的文章,使该书以比较完整的面目出现在读者面前,给文史工作者了解、研究章学诚的学术思想提供了参考资料。(罗颖)

K000080 **近代中国通商口岸与租界** 张洪祥著。天津人民出版社 1993 年 8 月版。26 万字。12.00 元。近代中国通商口岸和租界史,即是帝国主义侵华罪行史,也是半殖民地半封建中国的城市发展史。作者以大量的中外文资料,运用编年和专题相结合的方法,全面撰写了自 1840 年鸦片战争以后,中国通商口岸和外国租界形成、发展的历史过程及其客观影响,着重考察和揭露了帝国主义列强通过各种手段对中国进行经济掠夺的历史。介绍了中国人民开展反帝爱国斗争和收回租界、租界地的历史过程。客观地评述了中国通商口岸资本主义经济发展的情况。还披露一些鲜为人知的清末民初中国自行开放 30 多处通商口岸的资料。附有上海、广州、天津等地主要租界略图和近代中国通商口岸、海关、租界、租界地一览表。(李洁萍)

K000081 **西汉年纪** 宋·王益之撰,王根林点校。中州古籍出版社 1993 年 8 月版。37.8 万字。16.00 元。系 30 卷，附《考异》10 卷，是一部西汉时代编年体史书。以西汉帝王年号先后为序，参阅《史记》、《汉书》的纪、传、志及荀悦《汉纪》、司马光《资治通鉴》、杜佑《通典》、卫宏《汉旧仪》、《汉武故事》等著作的有关内容，按年月精心撰述。内容次序是：正文、资料出处、考异、按语。考异分别附于每篇正文之后，是全书的精华所萃，内容广泛，举凡史实系。年、职官置废、地名演变、人物事迹、文字讹误，均在考辨范围之内，并对上述诸书作了大量的匡谬补正。这次标校整理以《四库》本为底本，以所引古籍有关内容和《金华丛书》本作通校进行，订正讹误近 200 处。（赵智海）

K000082 **前车鉴** 蒋元明著。百花洲文艺出版社 1993 年 9 月版。18.5 万字。5.80 元。以文史结合、政论合一、夹叙夹议的手法，从中华五千年的历史长河中，选用 55 个具有典型意义的历史故事，扼要叙述，略加评论。文中的主人公，上自夏桀，下至清慈禧，或因暴虐无道，或因纵欲怠政，或因沉溺酒色，或因妒贤嫉能，或因重用奸佞，或因因循苟且，或因骄奢淫逸，或因闭关锁国，一个个落得王朝倾灭，甚至身首异地的可悲下场。展示了一份份发聋振聩、发人深省的历史问卷。（邓光东）

K000083 **福建·上海小刀会档案史料汇编** 上海师范大学历史系中国近代史研究室、中国第一历史档案馆编辑部编。福建人民出版社 1993 年 9 月版。38.4 万字。14.25 元。内容包括：福建（含台湾）小刀会的创始及其早期活动，闽南小刀会起义和在它影响下的台湾会党起义、上海小刀会起义。史料均从中国第一历史档案馆所藏“军机处录副奏折”、“宫中朱批奏折”和“军机处上谕档”中选辑，按原档全文刊录，大多数系首次发表，具有原始档案的权威性。（陈品人）

K000084 **血染辉煌——抗战正面战场写实** 马振犊著。广西师范大学出版社 1993 年 9 月版。30.5万字。7.95 元（平）；10.50 元（精）。“抗日战争史丛书”之一，分为国民政府奋起抗日、妥协与抵抗、进攻与溃败、弃守与大捷，激战与内耗、偏安与等待、合作与矛盾，溃退与“跟进”8 章。着重战役的战略战术的研究，将战争与政治、经济、外交及国际局势等更大范围的内容综合起来考察，提出一些不同于前人的学术观点或为已有的学术观点作了进一步的论证。（何林夏）

K000085 **征服之梦** 徐勇著。广西师范大学出版社 1993 年 9 月版。34.9 万字。16.80 元。“抗日战争史丛书”之一。共 9 章。第一章：战争背景、态势析要；第二章：战争初期的战略与政略；第三章：走向战争升级；第四章：全面进攻战略的展开；第五章：决战与持久战略；第六章：在占领区的政略与战略；第七章：南北进抉择与对华战略；第八章：华北“治安战”的强化与衰败；第九章：溃败与投降时期的战略。书末附“大事记”和“主要参考文献”。分析和评判日本军事决策集团的战略谋划。（赵明节）

K000086 **吴越春秋全译** 汉·赵晔原著，张觉译注。贵州人民出版社 1993 年 9 月版。36.6 万字。20.00 元。《吴越春秋》的白话文全译本。本书原文以上海涵芬楼影印的明弘治十四年邝廷瑞、冯弋刻本为底本，并用其他明、清版本，类书、古注的引文，以及《左传》、《国语》、《史记》等史籍异文进行校勘改正。《吴越春秋》系杂史类，敷衍我国春秋时期吴越两国争霸的史实，对我国古代文学有深远影响。本书对原著从作者、流传、文化价值等诸方面作了详细介绍。译文则以直译为主，辅以意译。收入“中国历代名著全译丛书”。（夏昆）

K000087 **宋史研究论丛 第二辑** 漆侠等著。河北大学出版社 1993 年 9 月版。25.6 万字。6.50元。学术论文集，收入 25 篇论文。主要涉及宋代的政治、经济、法律、文化等方面，有一篇涉及元代的经济制度。或旧课题作新解释，或开辟了新的研究领域。如漆侠《范仲淹集团与庆历新政》一文，指出：“以范仲淹为首的改革派，是作为一个政治集团、政治派别或者‘朋党’而出现在历史舞台之上的”。李华瑞《宋代酿酒业简述》，分析了宋代制曲酿酒工艺理论，黄酒、果酒、配制酒及白酒的生产状况，酿酒业的分布、产量，以及酿酒作坊内部诸关系等几个方面，对宋代的酿酒业作全面的探讨。姜锡东《宋代商业信用析论》，则开辟了对宋代的商业信用这一新领域的研究。（王善军）

K000088 **吴文化史丛** 王友三主编。江苏人民出版社 1993 年 9 月版。50 万字。15.50 元。分上、下册。研究吴地区区域文化的专著。立足于地域文化史的角度，在空间上以太湖流域为中心，旁涉同类型文化之延展区，时限上溯远古，下迄近代。全书共 10 个专题：绪论、吴语、考古、经学与史学、文学、美学、戏曲艺术、文献渊薮、书院、宗教，从观念形态文化上探讨吴文化的内涵与地域特征。吴文化除具有华夏文化的一般特征外，突出地显现出自己的个性：开放、进取、兼容并蓄，在其发展过程中始终向其他区域文化乃至海外文化辐射着自己的影响。就其早期的总体文化水平而言，略落后于中原文化，而在魏晋南朝之后，其发展水平一直居于全国的领先地位，并始终能顺应时代潮流的变化，做出价值取向上的调整，与其他区域文化相比较，吴文化是传统文化中的先进典型之一。（蒋卫国）

K000089 **通鉴纪事本末全译** 姚奠中、阎凤梧主编。山西古籍出版社1993年9月版。388万字。上、下册。120.00元。宋代袁枢的《通鉴纪事本末》，因它在史学方法上创立了“纪事本末”一体，改进了史书的编著方法，丰富了史学内容，成为中国史书四大体系之一。全书共42卷，从“三家分晋”到“元末契丹灭晋”，揭事为题，聚类而条分，首尾详备，巨细无遗，一变编年、纪传之例，而实会其通，诚纪事之别格，而史学之捷径也。本书以中华书局的标点本为底本，译成白话语体文。（杨文）

K000090 **中国古代神秘文化** 李冬生著。安徽人民出版社1993年10月版。33万字。7.90元。分9章，递次为“原始人谋求生存的精神支柱”、“神秘文化的核心——巫术”、“光怪陆离神秘莫测的魔幻殿堂”、“神秘的语言文字——符咒”、“无所不在的无魂魄的力”、“神灵论和法术论”、“巫——中国知识分子的原型”、“既是神秘的又不完全是神秘”及“不是解不开的谜”。（王世超）

K000091 **简明国耻辞典** 陈承镶等编。长春出版社1993年10月版。45万字。11.80元。选收中国历史上（起止时间为历史上最早的外敌入侵到1949年建国）有关国耻的政治、军事、文化、外交等各方面词目共计1120余条。词目共分5类，即事件、约章、机构组织社团、其他、人物。每一类内容均按时间顺序排列。其内容典型、选词精当、史实准确、文字简练、语言通俗，适用性强，重大的和典型的词目不遗漏，涵盖面较宽。（张樱）

K000092 **二十世纪中国史** 副名：从近代走向现代。杨鹏程、左双文主编。河北人民出版社1993年10月版。79.9万字。3册。20.00元。分3卷。叙述1900—1991年的中国历史，将20世纪中国史分为3个阶段：第一阶段（1900—1927.7）即清王朝的覆灭和北洋军阀统治时期。义和团运动、辛亥革命的相继失败说明农民阶段、资产阶级都不能完成中国民主革命的任务，中国共产党应运而生，给中国人民带来希望，国共合作，发动北伐战争，摧毁军阀政治的统治，是为该书上卷：新世纪的曙光。第二阶段（1927.7—1949.10.1）为国民党统治时期。叙述中国共产党领导中国人民发动土地革命战争、抗日战争和解放战争，把蒋介石集团赶到台湾。是为本书中卷：光明与黑暗的搏斗。第三阶段（1949.10.1—1991.11）为中华人民共和国时期。叙述中国共产党领导中国人民开展社会主义革命和建设，进行艰难的探索，奔向现代化的历程。是为本书下卷：向现代化迈进。在每编、章的开始前，引用一二段古典诗词或格言警句，以概括该章的内容，有画龙点睛之效，在史学著作的撰写上是一个创新。此外，还设专章叙述20世纪台湾、香港和澳门的历史。（李世琦）

K000093 **天京史事论考** 韩品峥著。南京出版社1993年10月版。12万字。5.80元。太平天国史论文集。收《太平军天京城防部署与营垒分布》、《太平天国天京水营》、《论天京保卫战及“让城别走”》以及关于天王府和西王府的考证等论文。（朱锋）

K000094 **元代史** 周良霄、顾菊英著。上海人民出版社1993年10月版。63万字。28.00元。断代史。本书的特点是：1. 对元朝的政治、经济、文化、阶级状况进行详细的分析和阐述，肯定了元朝在促进我国多民族国家的发展，奠定祖国辽阔的疆域，以及它对我国各民族物质和精神文明的交流和进步，对中外物质和精神文明的交流和进步，都有巨大影响。肯定元朝的历史作用，指出蒙古统治者在政治社会领域的某些落后影响。2. 对元代各个时期各种制度的研究尤为详细。3. 研究分析元朝文化的特点，认为它能兼收并蓄其他民族的长处，并使各民族文化通过接触相互补充、吸收，使各种文化由于多民族统一国家的扩大发展、东西文化的交流以及宋金文化本身的发展等多方面交相影响，而形成了特有的成分多元、色彩绚烂、成就卓异的时代特色。4. 着重介绍中外文化交流方面的情况，分别叙述与各国交往的情况，肯定元朝东西经济、文化交流对世界文明进步具有的重大意义。作者参阅大量中外文资料，用历史唯物主义的观点对元朝进行深入系统的研究。（曹文娟）

K000095 **元代文人心态** 么书仪著。文化艺术出版社1993年10月版。22.8万字。6.50元。对处于元代这一特殊年代的某些文人的际遇、思想、心态进行描述。采取以人物为线索的边叙边议的写法，选择元代文人中若干有代表性人物的状况加以考察，以了解他们在特定社会历史背景中遇到的基本矛盾，以及文人与政治，与儒家传统观念之间的复杂关系，他们面对思想危机时所作的对策和反应。（蔡

究若）

K000096 **所忆** 副名：张申府忆旧文选。张申府著，张燕妮编。中国文史出版社 1993 年 10 月版。15 万字。5.60 元。张申府早年钻研数理逻辑，对罗素、穆尔的新实在论和马克思主义的辩证唯物论研究颇深，是现代西方哲学思想的评介者、传播者。他投身于“五四”运动，参与中国共产党的建党活动，以后又致力于民主革命。曾先后在北京、上海、广州等地的大学任教，从事图书馆工作，主编抗日刊物，参加“一二·九”运动，为抗日救亡奔走呼号，又曾代表中国民主同盟参加旧政协活动。是许多历史事件的见证人。《所忆》是其遗作，由他的女儿张燕妮收集编辑而成。在忆的文字中，他时而怀人、时而自述生平，娓娓而谈，涉笔成趣，信实感人。（吕长赋）

K000097 **郑孝胥日记** 清·郑孝胥著，劳祖德整理。中华书局 1993 年 10 月版。218 万字。5 册。98.00 元。郑孝胥是中国近现代史上一个很有影响的人物，早年曾分别在李鸿章、张之洞幕府中办理洋务，戊戌期间主张变法，辛亥革命后以遗老自居，积极从事复辟活动，后又与日本侵略者勾结，于“九一八”事变后拥溥仪在东北建立伪满政权，并出任“国务总理”。其日记起自 1882 年，迄于 1937 年，此间我国政治、经济、军事、外交、文教等方面的种种变化，郑氏多身经目验，在日记中留下不同程度的反映。本书根据中国历史博物馆藏未刊手稿整理，未作删改。为“中国近代人物日记丛书”之一。（朱慧）

K000098 **黄河文明的曙光** 许顺湛著。中州古籍出版社 1993 年 10 月版。45 万字。17.00 元。分 8 章。第一章阐述文明概念、要素及源头的理论体系。第二至第五章考察了中原地区古代文明的考古学文化，即裴李岗诸文化、仰韶文化、龙山文化、二里头文化；科学技术成就，即农业、各类手工业、居址建筑等；科学文化成就，即文字的发明、度量衡的起源、天象历法、生物、医学、艺术等；礼制与社会 4 个方面。第六至第八章主要考察了海岱、甘青及其地区性的古代文明。（孙宝瑞）

K000099 **中国革命政权建设史** 宋伟明、郭渐强著。山西人民出版社 1993 年 11 月版。31.45 万字。9.60 元。是国内学术界第一本系统地研究中国革命政权建设的专著。客观地再现了中国革命政权建设的历史轨迹，深刻地揭示了我国人民民主专政这一具有中国特色的无产阶级政权的历史渊源、发生、发展过程及各个历史阶段上的基本特征，总结了革命政权的经验教训。全书分上中下 3 篇，上篇论述太平天国农民革命政权的失败及辛亥革命资产阶级民主共和政权的破产；中篇评介了大革命时期的人民革命政权建设、土地革命时期的工农民主政权建设、抗日战争时期的抗日民主政权建设和解放战争时期的人民民主政权建设，并分析了政权建设在不同历史时期的经验教训；下篇主要评述社会主义建设时期我国人民民主专政的政权建设。（杨建军）

K000100 **川康实力派与蒋介石** 四川省人民政府参事室、四川省文史研究馆编。四川大学出版社 1993 年 11 月版。23.5 万字。6.80 元。分 6 章。内容包括：四川军阀的形成及蒋介石的图川野心，从川军易帜到参谋团入川，蒋介石与刘湘明争暗斗，川康实力派继续反蒋，张群坐镇川康，解放前三年的川康局势。表现了 1927 年至 1949 年间蒋介石与四川军阀及实力人物之间的明争暗斗，反映了蒋介石对四川战略地位的重视及其所采取的控制措施，同时反映了四川地方势力不甘心丧失独立地位而进行的反控制斗争，揭示了这种斗争对四川乃至全国政治局势所产生的影响。本书作者中不少人是四川现代历史的亲历者，曾耳闻目睹了蒋介石与川康实力派之间的矛盾和联系，因而所记述的内容真实可信；对国民党上层人物的分析评价做到了实事求是。（陈建明）

K000101 **秦汉魏晋史探微** 田余庆著。中华书局 1993 年 11 月版。30.8 万字。12.00 元。论文集。包括《说张楚 关于“亡秦必楚”的探讨》、《秦汉魏晋南北朝人身依附关系的发展历程》、《汉魏之际的青徐豪霸》、《孙吴建国的道路》、《论东晋门阀政治》等 18 篇论文。这些论文作于 1979 年至 1989 年。（金英）

K000102 **侵华日军间谍特务活动记实** 逄复著。北京出版社 1993 年 12 月版。20 万字。5.50 元。由于侵华日军的间谍特务活动采取高度机密的方法进行，日本当局又为这种活动进行了各种伪装，使许多案件至今仍然是谜。因而“二战”结束后，对这方面的研究和揭露是一个薄弱环节。本书以详实的史料揭露了侵华日军在我国各地区的间谍特务活动，它以真实的档案文献为依据，书后附有 127 名日本高级特务及军政大员的简介。（白明）

K000103 **中华人民共和国史** 陈明显著。北京理工大学出版社 1993 年 12 月版。40 万字。12.00 元。以共和国的国家为研究对象，以共和国创建、巩固、发展的历史为内容，反映和阐述中国是如何地从半殖民地半封建国家经过艰苦曲折的道路转变为社会主义国家的,是如何在中国共产党的领导下依靠全国各族人民的共同努力,将一个贫穷落后的旧中国建设成具有独立、繁荣、富强的新中国。(郝淑英)

K000104 **华侨华人与中国革命和建设** 李国梁等著。福建人民出版社1993年12月版。58万字。17.35元。分4个部分。"绪论"叙述近代中国人移民海外的原因和经过,以及他们在海外的奋斗创业和爱国爱乡思想。第一编,论述海外华侨与中国近现代史上的历次革命运动、爱国运动的关系,热情讴歌华侨华人、港澳同胞对中华民族的独立与解放事业的贡献。第二编论述华侨、华人和港澳同胞对祖国经济建设的贡献。第三编论述华侨、华人和港澳同胞对祖国教育事业的贡献。(魏清荣)

K000105 **太平天国刑法、历法研究** 周新国、吴善中著。广西人民出版社1993年12月版。24.9万字。8.20元(平);13.00元(精)。由《太平天国刑法研究》(周新国著)和《太平天国历法研究》(吴善中著)合订而成。《太平天国刑法研究》对太平天国刑法作纵横两方面的分析研究。在纵的方向介绍太平天国刑法的历史演变,即太平天国刑法史;在横的方面,分别对太平天国的刑律、刑罚和审判形式作了分析,并进行了案例分析,对太平天国领导人的刑法思想进行了介绍并作出了评价。还对洪秀全与洪仁玕的刑法思想、太平天国的刑法与清王朝的刑法作了对比研究。《太平天国历法研究》内容有:天历的历史概述,天历历理分析,天历的创制与颁行(其中着重分析了天历"提前一日"的问题),天历的特点与评价,天历六节等。并有天历与阴阳历日对照表。书末附有"关于天历与阴(夏)、阳历日对照的下限"、"有关天历的太平天国文献"。收入"太平天国史丛书"。(刘君达)

K000106 **太平天国经籍志** 祁龙威等著。广西人民出版社1993年12月版。27.9万字。8.50元(平);13.50元(精)。由《太平天国经籍志》(祁龙威著)和《太平天国文书制度》(朱从兵、崔德田著)两书合订而成。《太平天国经籍志》是一部太平天国文献学。共6部分:一、《旨准颁行诏书》29部;二、其他太平天国印书;三、诸王自述;四、近人所编太平天国文献;五、太平天国文献释文举要;六、伪书考辨,这部分考辨了《石达开诗集》、《石达开日记》、《新说》、韦以成《天国志》、洪仁玕《使美日记》等书为伪书。《太平天国文书制度》论述了太平天国文书制度的发展概况、办文机构和办文人员、行文关系和公文格式、公文承办和公文运转,以及太平天国文书文体和用语的特点,最后一章论述太平天国文书及文书制度的历史作用。书末附有参考论文索引。收入"太平天国史丛书"。(刘君达)

K000107 **孔子与齐鲁文化** 山东省台湾事务办公室供稿。海风出版社1993年12月版。22.8万字。15.00元。分6个部分,详细介绍了孔子的哲学思想、政治经济思想、伦理思想、教育思想体系的形成和发展,以及他所创立的儒家学说对中国传统文化的贡献;记述了春秋战国时期齐鲁文化诸子蜂起与百家并作以及两汉经学、晋魏玄学、齐鲁海岱文化、齐鲁技术文化、齐鲁文化艺术等。(沈维章)

K000108 **贞观政要译注** 副名:唐太宗君臣对话录。吴兢著,徐北文主编。济南出版社1993年12月版。39万字。7.80元。《贞观政要》记录唐太宗李世民与群臣问答之语,涉及当时法制、政令、议论、事迹等,其中多"为政之要",具有借鉴意义。本书对原书加以注释,并将其译为白话文。(赵钟云)

K000109 **太平天国史略** 沈嘉荣著。南京出版社1993年12月版。28万字。6.80元。表现太平天国从兴起、鼎盛到衰落、败亡的历史。分6章,分别对太平天国内政外交的利弊得失,对洪秀全、杨秀清、韦昌辉、石达开、李秀成等人物的功过是非进行了探讨,揭示了太平天国运动的历史必然性,肯定了太平天国起义的历史地位,同时也指出了起义的历史局限性及其不可避免的失败结局。该书部分内容是以80年代末90年代初新发现的史料为依据的,如"凌十八首揭义旗"一节就是根据1991年11月广东茂名地方文史机构在太平天国史国际学术研讨会上公布的档案文献撰写的。在叙史的同时,还对当时太平天国都城——天京的社会生活、民风民俗及奇闻轶事等略有述及。(沈炜)

K000110 **农村革命根据地辞典** 房成祥、黄朝章主编。三秦出版社1993年12月版。110万字。55.00元。系统介绍农村革命根据地的工具书。选收中国农村革命根据地包括永久的和临时的根据地词目326条,及与根据地有关的基本理论、名词、土地革命、武装斗争、根据地建设、历史事件、历史人物、重要会议、重要文献等方面的词目3086条,共计3412条。如实地记载史实,一般不加评论,学术上尚无定论的问题,以一说为主,诸说并存。(李郁)

K000111 **绎史** 清·马骕撰。上海古籍出版社1993年12月版。1470页。4册。71.40元。160卷,分太古、上古、春秋、战国至秦亡和外录5个部分,是研究先秦史和中国上古神话史的必备典籍。全书采录隋以前经史子集一百二十余种史料，皆注明出处，对异同、讹舛、依托者或予辨证，或作史论。编纂颇具特色，以纪事本末体为主，兼有编年、纪传和学案三体，除分专题叙史事外，又列周秦诸子言行专卷，并作天文历数、疆域沿革、器物制作、帝王世系等图表多种。据《四库全书》文渊阁本影印出版。（姜俊俊）

K000112 **中国近代国耻全录** 朱汉国等著。书海出版社 1993 年 12 月版。68 万字。22.00 元（精）。收条目 1232 条，分事件、条约、组织、人物四篇，详尽收录近代中国遭受帝国主义欺凌的奇耻大辱。事件篇，收录范围为：(1)帝国主义挑起的侵华战争；(2)帝国主义在中国制造的惨案、教案；(3)帝国主义瓜分中国、欺凌中国的言论与举动；(4)帝国主义侵华会议等。条约篇，收录了 1840 年至 1949 年间帝国主义强迫中国政府签订的主要不平等条约。组织篇，收录的是甘愿为帝国主义侵华服务的傀儡政权及其政党、社团、学校、报社等，同时兼收了一些帝国主义为侵略中国在华创办的主要政治、经济组织和团体。人物篇，主要收录 3 类人：(1)甘当亡国奴，出卖民族利益的汉奸；(2)在反抗外国侵略者的战斗中临阵脱逃者；(3)签订重要不平等条约的主持者和有关当政者。（白小平）

K000113 **宋代皇亲与政治** 张邦炜著。四川人民出版社 1993 年 12 月版。29.5 万字。9.00 元。将皇亲国戚这一群体作为审视对象，借以研究两宋政治史，富有创意。分导言、宗室、后妃、外戚、宦官、余论和附录等部分。对两宋皇亲的政治地位及其所受到的种种限制进行了多角度、全方位的考察，提出了两宋大体无内乱、无“内朝”的观点，并提出了宋代皇权与相权虽有矛盾、但以和谐为主、呈现出相互加强态势的见解。全书引证古籍 150 多种，征引国内外学者有关研究成果 60 多项，资料丰富。（邛焰美）

K000114 **中国史学入门** 顾颉刚口述，何启君整理。中国青年出版社 1993 年 12 月版。15 万字。7.60 元。1965 年至 1966 年间，史学大师顾颉刚在香山疗养院疗养，期间他曾为何启君讲述中国历史，何老边听边记，于是便有了今天的这本根据当时的笔记整理出来的史学小册子。该书以专题形式概述了中国历史的全貌，介绍了中国民族史、古书、史书、杂史、古史、考据学、史料学、考古学、古代社会、古代文学、中国宗教史及中国哲学史诸方面。由于作者先是口述，因此，整理的文字更加生动活泼。展示了顾老对中华民族之远古先人的深刻探索，以及他对于古史的谙熟、通晓及独到的见解。（林栋）

K000115 **西溪丛语 家世旧闻** 宋·姚宽、陆游撰，孔凡礼点校。中华书局 1993 年 12 月版。13.2万字。8.30 元。姚宽《西溪丛语》分上中下三卷。多考证典籍的异同，并进行辨正；对一些字义、词义的考订及典故的出处探讨颇精；不少记载有重要的史料价值；还保存了不少佚诗佚文，可资辑佚和校勘。本书以《学津订原》本为底本，吸取了缪荃孙校本的长处。原书各条没有标题，整理者据其内容拟了标题，并编制了目录。陆游的《家世旧闻》分上下两卷。记述陆游高祖陆轸、祖父陆佃、叔祖陆傅、父亲陆宰及其外家唐氏的一些遗闻轶事，对研究陆游的生平提供了第一手资料。该书一直以钞本形式流传。本书以北京图书馆藏穴砚斋钞本为底本，校以萃闵堂诸本，并参校了《续资治通鉴长编》、《永乐大典》所引部分文字。（崔文印）

K000116 **华侨与第一次国共合作** 许肖生著。暨南大学出版社 1993 年 12 月版。18 万字。6.50 元。研究和探讨了自 1919 年五四爱国运动之后至 1927 年大革命失败这一时期内，即第一次国共合作从酝酿、建立到分裂的全过程中，海外华侨及其政治代表的活动、客观的社会作用以及贡献。（苏彩桃）

K000117 **中国社会发展史** 梁寒冰著。天津教育出版社 1993 年 12 月第 1 版。53 万字。14.90 元。共 14 章，记述从中国原始氏族公社一直到清朝前半期的历史。它注重探究生产力和生产关系的矛盾运动以及反映这种矛盾运动的阶级斗争，阐述了鸦片战争以前中国各个历史时期的社会经济状况和阶级状况，被统治阶级反抗统治阶级的斗争，统治阶级内部新旧势力之间或集团之间的斗争，思想领域里的阶级斗争以及实质上是阶级斗争的民族斗争等。（耿学明）

民族史志

K000118 **沈水集** 金启孮著。内蒙古大学出版社 1992 年版。23.6 万字。5.80 元。收女真学、满族学论文 26 篇。其中“陕西碑林发现的女真字文书”一文，揭示失传 500 年之久的女真字的诠释。“女真制字方法论”一文，第一次科学地论述女真字的制字方法，依据 3 条途径归纳出 6 种制字方法，并以若干例证加以论证，推翻了日本著名学者山路广明氏《女真字制字研究》一书的 10 种女真字制字方法。“论金代的女真文学”等论文也同样填补了女真学研究领域中的空白。在满学研究方面,作者以满族的社会与文化为主,多为本人70年生活所见所闻。其中《满族的历史与生活》、《北京郊区的满族》等文于1984年被意大利威尼斯大学译成德文在汉堡出版。本书已于1994年由日本学者神田信夫译成日文,在东京玄文书社出版。(佟靖仁)

K000119 **辽宁文史人物录** 高文等主编。辽宁人民出版社1993年版。44万字。9.80元。采用以人物传略为主的体例,突出了所收录人物主要活动的历史价值。收录的人物时限,起于戊戌变法,止于1991年。打破了地域界限,凡属此期间,在辽宁出生的,或非辽宁籍但在辽宁工作过的,在省内外、国内外做出重大贡献的人士,或与辽宁发生的重大历史事件相关联,并具有突出影响的政协文史资料范畴内人士,均在收录之列。其中建国后有所作为的人物界定,以市以上三级政协成员为主。(王峰)

K000120 **内蒙古的满族** 佟靖仁著。内蒙古大学出版社1993年版。31.4万字。真实地记载内蒙古现有的46万满族人民的历史沿革与现实生活,并用对比的手法,论述满族的风俗习惯和精神面貌,还着重阐述满族同汉族、蒙古族、回族以及其他少数民族间的亲密关系。第一次全面地介绍内蒙古的原"驻防城满族"(呼伦驻防城和绥远驻防城)、"农村满族"(关家营满族乡和十家满族乡)、"山区满族"(凉城曹碾满族乡)和"牧区满族"(兴安盟满族屯满族乡)的历史与现状,并详细地介绍了满族的衣食住行、婚丧嫁娶、生育祭祀、礼仪忌讳等风俗习惯,阐述了满语、满文的使用和满族特有的民族心理状态。(金人)

K000121 **中国回族大辞典** 杨惠云主编。上海辞书出版社1993年1月版。234.5万字。98.00元。大型综合性回族百科辞书。收词8468条。内容包括政治经济、历史地理、文学艺术、科技教育、新闻出版、体育卫生、建筑交通、宗教民俗、考古文物等,举凡自伊斯兰教传入中国、回族形成发展过程中的重要人物、事件、著作、机构、名词、术语。注重全面反映回族现状,设有31个省(含台湾省)、自治区和直辖市回族概况条目,以及回族自治州、自治县、城市回民区、回族乡镇专条。释文多采集第一手权威性资料,准确可靠,并充分吸纳、借鉴新的研究成果。有《中国回族人口情况简表》、《中国回族聚居区简表》、《中国回族大事记》等附录。(朱参参)

K000122 **明清时期壮族历史研究** 苏建灵著。广西民族出版社1993年3月版。17万字。10.00元。属"壮族研究丛书"的首卷。分上、下两篇。上篇是《明清时期壮、汉民族融合问题研究》,分6节;下篇是《明代广西东部的土司》,分3节。上、下篇篇末都有英文提要。另有附录3节并英文提要。通过大量史料研究考证证明壮汉融合是互相的,尽管壮族吸收汉族的东西较多,但壮族仍保持了本民族的特性;广西东部不是无土司,而是有大量的土司建置。(侯志忠)

K000123 **布依学研究(之三)** 贵州省布依学会、黔西南自治州民委编。贵州民族出版社1993年3月版。23万字。6.50元。纪念"南笼起义"194周年的论文集。所收论文除继续对这次起义作肯定和评价外,有两大突破:一是研究范围拓宽。举凡涉及"南笼起义"的各个方面,均有文章涉及,从"南笼起义"看近代布依族地区民族关系和布依族的民族意识;"南笼起义"的军事活动及战略战术;"南笼起义"与其它农民起义的比较等等,都有专文分析论述。二是研究进一步深入了。《"南笼起义"的宗教问题》、《"南笼起义"中的巫术问题》、《神权与王权的结合——"仙达"的理想王国与"南笼起义》诸篇论文对"南笼起义"中的宗教问题进行了深入的分析研究。一些文章还对此次起义后布依族地区土地问题、清王朝有关政策的变化及布依族社会经济的发展等问题进行论证。此外,收录了有关布依族历史文化的论文数篇,对布依、傣、壮语音词汇的比较和文字联盟的设想,对"夜郎"的语义学阐释等提出独特见解。(周国茂)

K000124 **中国回族** 胡振华著。宁夏人民出版社1993年3月版。38.9万字。19.70元。对各地回民的历史来源、人口分布状况、宗教信仰特点、风俗习惯、文化教育、社会经济、在政治生活中的社会地位和作用等,作了详细具体的介绍,有大量的珍贵资料,并有彩色照片。在编排结构上,首先总体介绍中国回族概况,然后按全国行政区划分别介绍各省市自治区的回族,对个别有地方特色的,又专题作介绍,如介绍了内蒙古的呼和浩特和包头、山东德州北营等地的回族。(姚毅)

K000125 **壮族百科辞典** 《壮族百科辞典》编纂委员会编。广西人民出版社1993年4月版。200万字。85.00元。由广西壮族自治区民委联合云南文山壮族自治州、广东连山壮族自治县共550多名专家学者编纂的大型工具书。全面系统展示壮族的历史沿革、地理环境、经济发展、社会形态、文化特征和现代生活风貌,融民族性、地方性、科学性、学术性、知识性于一体。全书按学科分成政治、建制、经济、地

理、历史等 22 个门类，近 7000 个词目，反映壮族地区从古到今的政治、经济、文化等各方面的内容。（周莉）

K000126 **黔南布依族苗族自治州志·民族志** 黔南布依族苗族自治州史志编纂委员会编。贵州民族出版社 1993 年 4 月版。50.5 万字。40.00 元。地方专业志书。包括正文 10 章 111 节、138 幅照片、概述、大事记略和黔南布依族苗族自治州自治条例等内容。记述贵州省黔南布依族苗族自治州布依族、苗族、水族、毛南族、瑶族、汉族、侗族、壮族、彝族、回族等世居民族的族源、族称、人口、语言文字、社会组织、经济、饮食、服饰、居住、婚姻制度、家庭形式、丧葬习俗、信仰与禁忌、节日文化、文学艺术、传统工艺、教育、医药卫生、体育等方面的历史与现状；记述发生在清代的播上村、坝固、上江、梅采寨、贵定等地的民族起义和四十年代水族、布依族群众抗击日本侵略者的斗争；还记述了政治、经济、文化、婚姻等方面的民族关系和新中国成立以后该州民族工作机构的建立，民族区域自治的实行，民族区域自治条例的制定和实施，民族干部的选拔与培养，民族经济工作，民族识别工作，民族语文推行工作，民族民间文艺的搜集整理等方面的情况及成就。（胡廷夺）

K000127 **文化·历史·民俗** 副名：中国西南边疆民族文化论集。张文勋、李子贤等著。云南大学出版社 1993 年 4 月版。54 万字。13.40 元。云南大学文科各系、研究所开展中国西南边疆民族义化研究的论文集。收 40 篇论文。从不同学科、不同方位、不同角度对西南边疆民族经济文化的历史和现状进行研究。内容涉及与西南边疆民族有关的哲学、政治、文化、法律、宗教、历史、民俗、文学艺术等。（冯峨）

K000128 **霞浦县畲族志** 《霞浦县畲族志》编写组编，俞郁田编纂。福建人民出版社 1993 年 5 月版。38.2 万字。16.65 元（精）；14.55 元（平）。记载福建省霞浦县畲族的历史演变情况。内容包括社会、政治、革命、经济、建设、文化、教育、人物、自然、风情、民族工作状况等。（胡萍球）

K000129 **唐宋回鹘史论集** 程溯洛著。人民出版社 1993 年 5 月版。36 万字。13.00 元。关于回鹘历史研究的专题论文集。回鹘即回纥，维吾尔族的古称。书中对中外有关维吾尔族史的研究作了全面的介绍和评论，并针对其中的难点、疑点、要点作了深入的探讨和考证，尤其对维吾尔族的族源、居地、社会性质、唐宋元时期的活动及与中原王朝的关系，阐述甚详；历述回鹘建立的几个王朝政权的特点及其它们的相互关系和渊源联系，肯定了回鹘在中国历史上的影响和作用。作者还对现存的《九姓回鹘毗伽可汗碑》精心考释，对《宋史·回鹘传》加以补正，还对突厥、回鹘等我国古代北方各族人民的发式作了探索。书末辑录汉译（俄）拉得洛夫《回鹘文文献纪念集》中回鹘文契约文书 56 篇，是珍贵的文献资料。（张维训）

K000130 **水家学研究（一）** 贵州省水家学会编。贵州民族出版社 1993 年 6 月版。25 万字。6.50 元。是从贵州省水家学会第一届和第二届学术研究会的论文中筛选出 46 篇编辑而成的文集。介绍水家学研究的情况和面临的任务；论述水族地区的经济、文化、教育、卫生等方面的状况和落后原因、应采取的对策措施；对水族的传统文化如图腾崇拜、神话传说、古歌、节日、石刻艺术、酒文化、铜鼓文化、饮食文化、“水书”、婚俗等进行了描写与分析；还对水族重要历史人物如邓恩铭、潘一志等的思想、生平事迹进行了评说。（胡廷夺）

K000131 **中国少数民族风情（西北册）** 新疆、青海、甘肃、宁夏等台湾事务办公室供稿。海风出版社 1993 年 6 月版。143 幅。50.00 元。综合类画册。介绍的是生活在祖国西北地区的维吾尔族、回族、藏族、蒙古族、哈萨克族、东乡族、土族、锡伯族、柯尔克孜族、撒拉族、塔吉克族、乌孜别克族、俄罗斯族、裕固族、保安族、塔塔尔族等 16 个少数民族的情况。其作者为知名摄影家和摄影工作者。画册出版后，受到海内外读者的喜爱，尤其在对台湾的宣传工作中，产生了良好的反响。并在台湾省再版发行。（王树启）

K000132 **毕摩文化论** 左玉堂、陶学良编。云南人民出版社 1993 年 6 月版。66 万字。20.60 元。彝族文化研究成果选集。收入 58 位学者的 56 篇论文。编选时限上至本世纪 30 年代彝族文化研究开拓时期，下至 90 年代初彝族文化研究繁荣时期。另外附有《近代以来国外对彝族的研究》和《彝文化主要著作·论文索引》。研究范围主要涉及毕摩文化的形成、发展和特点；彝文的起源、类型和造字法原则；彝族族源；彝族宗教信仰；彝族古代社会；彝族家庭和婚姻形态；彝族习俗和节日；彝族太阳历；彝族八卦及哲学；彝族传统文学艺术；彝族服饰和工艺美术，等等。全文从总体上反映了 60 年代来我国学者研究彝族文化的历史轨迹及当今所达到的学术水平。其中左玉堂《中国西南彝族毕摩文化》一文对毕摩文化作了全面、系统、深入的论述。文中认为，毕摩是彝族原始宗教祭仪的主持者、祭司和知识传播者，产生于彝族父系氏族公社时代。毕摩产生之后，即兴祭奠，造文字，立典章，设律科，文化初开，礼仪初备，毕摩文化开始形成。毕摩文化从广义上讲，应包括彝族的语言、文字、文学、哲学、风俗、伦理、天文、历算、医学、农学等内容。三国至宋代是毕摩文化崛起、繁荣的时代；明代是彝文化大发展的时期，也是毕摩文化鼎盛的时期。毕摩文化的特点，一是崇祖敬宗；二是巫术与宗教意识、巫术仪式与祭礼仪式杂糅为一体；三是融会儒学、道学、佛教文化。(沈正德)

K000133 **蒙古史教程** 丹巴副教授主编。内蒙古大学出版社1993年7月蒙古文版。45万字。12.00元。系国内第一部高校蒙文蒙古史统编教材。分6编25章，内容涉及上自公元八世纪中叶蒙古族起源下至二十世纪四十年代末的蒙古族政治、经济、文化发展的历史。

K000134 **中国古代北方民族史新论** 林干著。内蒙古人民出版社1993年8月版。16.3万字。5.10元。“内蒙古历史文化丛书”之一。以中国历史和中国古代北方民族及其变迁，论证如何正确认识和正确处理北方民族与中原汉族之间的关系，其中批判了“长城以北非中国论”的反动论调；西汉以来中原汉族与北方少数民族“和亲”评述；关于古代北方民族史若干问题的辩证，其中驳斥了泛突厥主义等反动理论，以应该大力开展古代北方民族文化的学习和研究等为题，展开了充分的叙述和论述，对不同的观点，也作介绍和评述。(王挺栋)

K000135 **哈密、吐鲁番维吾尔王历史** 苏北海、黄建华著。新疆大学出版社1993年8月版。20.2万字。8.00元。分12章。前6章介绍从1697年清政府授予哈密维吾尔首领额贝都拉为世袭封建主至1937年新疆省政府实行“改土归流”共9代233年的历史，对哈密历代维王与中央政府的关系、行政机构与维吾尔人家庭分布、社会经济、伊斯兰教、文化艺术、维吾尔人民的反抗斗争及维王覆灭都进行了深入分析和独到研究。后6章对吐鲁番额敏和卓家族的历史演变及其地位、对祖国统一的贡献、吐鲁番维吾尔人迁居瓜州始末、吐鲁番盆地额敏和卓家族社会经济、家族集团及人口进行介绍和分析，对额敏和卓后代诸王逐一进行介绍和评价。(墨愚)

K000136 **蒙古黄金史** 罗桑丹津著，包道尔吉译。远方出版社1993年8月版。29万字。9.00元。蒙古族历史文学3大名著之一。记述成吉思汗祖先的历史；成吉思汗父亲也速该为蒙古族统一而英勇征战的经历；成吉思汗母亲诃额仑对成吉思汗的培育、成吉思汗的诞生及其一生南征北战的历史以及成吉思汗之后的元代、明代、清代的蒙古可汗的兴衰历史。将蒙古成吉思汗家族的历史从古代到林丹汗为止做了较系统的整理和总结。被译成俄、日、英、德文出版。(奇泽华)

K000137 **佤族风情** 陈卫东、王有明编著。云南民族出版社1993年8月版。20万字。6.00元。从佤族的起居、饮食、婚姻、生育、殡葬、服饰、节日、宗教祭祀、生产生活等9个大方面来描绘绚丽多姿、丰富多彩的佤族风俗画卷和古朴纯厚的精神风貌。它汇集了佤民族在生产生活中保留的各种原始禁忌。是佤族文化心理的一个缩影。不仅使人们欣赏到这一古老民族原始奇妙的传统文化，从中了解和认识这一民族；同时也可以使处在不同地域的佤族人民更进一步地了解、认识自己，相互取得共识，以加快共同发展繁荣的步伐。(钟华强)

K000138 **福泉苗族** 杨昌文主编。贵州民族出版社1993年9月版。18万字。6.50元。以史志撰写方法，记述福泉县苗族的分布、族源、族称、人口、社会组织、耕地、耕作制度、农作物栽培技术、家禽家畜饲养、蚕业、渔业、林业、工副业、集市贸易、传统教育、汉文化教育、饮食文化、居住文化、婚姻习俗、家庭类型、姓氏、丧葬习俗、节日活动、原始宗教信仰、禁忌、传统医药、民间体育、民间文学、作家文学、音乐、舞蹈、纺织、蜡染、挑花、刺绣、银饰、服饰等方面的历史与现状。还记述了土司制度在苗族地区的推行和土司设置情况以及苗族人民反抗封建统治的斗争，介绍苗族地区在中国共产党和人民政府的关心、扶持下，经济、文化、教育等方面不断发展的情况。(胡廷夺)

K000139 **土族(蒙古尔)源流考** 李克郁著。青海人民出版社1993年9月版。14.5万字。4.10元。从对土族语言的研究入手，引用大量资料，从语言学、历史学、民俗学的结合来剖析土族社会，从中探索土族的历史渊源，认为土族人就是从唐宋至元明时期先后来到河湟流域的蒙古人。由此，为土族的族源问题提供了一个有说服力的结论。(孟维)

K000140 **云南苗族传统文化的变迁** 颜恩泉著。云南人民出版社1993年9月版。18.3万字。9.90元。从人口与经济环境、政治制度、经济、文化、教育、传统习俗、伦理道德、宗教信仰、生活方式、心理素质、妇女问题、婚姻家庭等各个方面，详细论述云南苗族的社会历史与社会变迁，尤其是改革开放

以后苗族地区发生的巨大变化，并就存在的主要问题和解决的对策措施提出建议。（李绍辉）

K000141 **风浪** 《中国朝鲜族历史足迹丛书》编委会编。民族出版社 1993 年 9 月朝鲜文版。70 万字。12.00 元。“中国朝鲜族历史足迹丛书”之第 7 卷，反映中国朝鲜族自 1957 年至 1978 年的 20 多年的时间里，在各条战线取得的主要成就；也反映了在“左”的指导思想影响下，在反地方民族主义、反右派斗争、“文化大革命”等一系列政治运动中，给朝鲜族的发展所带来的不幸。（李钟万）

K000142 **仫佬族的历史与文化** 吴保华等编著。广西民族出版社 1993 年 10 月版。22.8 万字。5.45元。共 9 章，第一章为“仫佬族族称族源探索”，包括族称、族源、姓氏来源、外来族与土著族的考证等内容；第二章为“仫佬族居民点分布现状”，详细列有各居民点地名及特点；第三章为“仫佬族的宗教信仰”，包括原始宗教、人为宗教、宗教与文化的关系等内容；第四章为“仫佬族的生活习俗”，包括组织、民宅、服色、饰物、食尚、婚丧特点等内容；第五章为“仫佬族的节日文化”，包括节日文化意识及节日文化的社会功能等内容；第六章为“仫佬族的经济生活”，包括过去和现在的农、林、牧、副、渔、工、商业研究及产品特色等内容。第七章为“仫佬族的语言”，包括仫佬语特点、汉语影响及同语差异等内容；第八章为“仫佬族的文学艺术”，包括仫佬族文学及各种艺术的过去与现状等内容。第九章为“仫佬族的教科卫体”，除民族医药外，对教、科、体等方面着重于现状的研究和分析。在认识和研究广西仫佬族的历史文化方面，与《仫佬族社会历史调查》有所区别，加重了文化份量，有其独特的价值。（包晓泉）

K000143 **彝族源流(第十三至十六卷)** 华节地区彝文翻译组王继超等编译。贵州民族出版社 1993 年 10 月版。38 万字。9.00 元。彝族古籍，为彝文、汉文(直译、意译)、注音对照加注释版。是彝文文献多卷本《彝族源流》第 4 本，全书共 27 卷，分 7 本出齐。本集内容为叙述彝族洪水故事，记载古老历史传说、风俗及彝族“米(王)”体制的衰亡和“祖、摩、布”政权体制的形成与发展过程。还记叙了部分古代彝族地方政权的发迹史及所辖范围，是研究彝族历史、政治等方面的主要文献。（陈光明）

K000144 **青海蒙古族历史简编** 芈一之主编。青海人民出版社 1993 年 10 月版。24 万字。7.30 元。采用“以时为经，以事为纬”的编年体编撰，按照“以类相从”的原则，单列一章论述“青海蒙古族的文化”，并在书尾附载“王公世系表”和“历史大事记”，在书首选载历史文物照片，以期既能条述历史往事，又得分叙文化诸端，且可知晓历史文物，使读者一目了然，得睹全貌。（李清）

K000145 **贵州彝学** 副名：贵州彝学研究之一。余宏模等编。贵州民族出版社 1993 年 11 月版。26 万字。4.50 元。彝族文化研究论文集。从获 1992 年“首届贵州彝学优秀科研成果奖”的优秀论文中选编 26 篇，较集中地反映了 1988 年贵州省彝学研究会成立以来，贵州彝族历史学、民族学、考古学、文献学、民俗学、哲学、宗教学、自然科学及现实社会诸领域的研究成果。（陈光明）

K000146 **藏族传统文化辞典** 谢启晃等编。甘肃人民出版社 1993 年 12 月版。91.5 万字。40.00 元。收入词条 3190 余条。词条涉及藏民族形成以来至 1949 年左右所有重要的藏族精神文明和物质文明成果。所含藏族天文历算、典章制度、家庭婚姻、医学、民俗民风、工艺美术、文娱体育等内容，从多侧面、多层次、多角度反映藏族的传统文化。书末附有按现代汉语拼音字母为序的检字目录。（杜绮德）

K000147 **新疆哈萨克族迁徙史** 《新疆哈萨克族迁徙史》编写组编。新疆大学出版社 1993 年 12 月版。26 万字。12.00 元。分 12 章和大事纪、部分文献辑录和参考书目 3 个附录，重点反映沙俄对我国哈萨克大中小三帐的侵吞过程和对哈萨克族人民的欺压奴役，以及部分哈萨克族人民不堪忍受奋起反抗沙俄的残酷统治，重返新疆、迁回祖国的历史事实；详细介绍在盛世才、国民党反动统治下哈萨克族人民的悲惨遭遇和被迫由阿尔泰迁往巴里坤等地，离乡背井迁往甘肃、青海，甚至远离祖国逃往巴基斯坦、印度、土耳其的情况；最后以大量篇幅记述解放后，在中国共产党和人民政府的关怀帮助下，在甘肃、青海的哈萨克族人民迁回新疆安居乐业，发展民族经济文化教育事业，当家做主，走向民族繁荣昌盛的事实。（墨愚）

K000148 **新疆民族史研究** [日]佐口透著，章莹译。新疆人民出版社 1993 年 12 月版。32 万字。10.50 元。据 1986 年日本吉川弘文馆日文版译。佐口透是日本著名东方学者，长期致力于中亚史的研究并卓有成就，半个世纪前他开始从事 13—14 世纪维吾尔民族历史的研究，并逐渐发展到新疆其他民族历史研究的领域，发表和出版了大量论文和论著。本书是他在 1986 年出版的有关新疆历史的专著，是作者《18—19 世纪新疆社会史研究》(东京，1963 年日文版；新疆人民出版社 1984 年中文版)一书的续篇。全书分 4 部 9 章。广泛运用了中、俄文献及地方史料、实地调查记录及口头传说等资料，研究了甘肃裕固族、青海撒拉族、17 世纪后的吐鲁番、伊犁塔兰奇社会和哈萨克汗国问题，研究视角涉及政治史、种族史、民族史、地域史、社会经济史等各个方面。(晓犁)

K000149　**南传佛教与傣族文化**　刘岩著。云南民族出版社 1993 年 12 月版。23.2 万字。15.00 元(精)；12.00 元(平)。南传佛教亦称云南上座部佛教，是中国佛教三大派之一，是云南边疆傣族地区全民信仰的一种宗教。南传佛教这一文化系列，也成为云南边疆傣族全民利用的文化，构成了傣族民族文化和民族心理素质的基本要素。本书就是从它的历史沿革和社会影响入手，分为“地理历史概述”、“原始宗教——原始文化”、“南传佛教入滇的历史”、“佛经及教义述略”、“佛教徒的宗教生活”、“佛经文字与经典傣文”、“科学技术”、“佛经文学与傣族文学”、“佛教伦理道德与傣族精神文明”、“傣族传统文化与现代文化”10 章。说明自南传佛教传入后，傣族人民的思想文化、伦理道德、价值标准、社会经济受到全面的影响。傣族群众的日常生活、风俗习惯、言谈举止几乎都和佛教有关。傣族的天文、地理、法律、建筑、文字、教育、绘画、音乐、舞蹈无一不和佛教相连，宗教色彩十分浓厚。在多元的傣族文化中，佛教文化占据了领先地位，佛教文化促进了傣族社会经济发展，对傣族的社会进步也曾起了重要的作用。(李安泰)

K000150　**藏族文化散论**　丹珠昂奔著。中国友谊出版公司 1993 年 12 月版。20 万字。10.00 元。汇集作者发表的近 20 篇论文。内有《藏族文化与现代化》、《格萨尔王传》与《藏族文化圈》、《藏族文学论》、《文化更新是社会进步的重要途径》等论文。反映作者 1983～1993 年期间，对藏族文化的类型、历史分期、定义、特点、文化精神等理论研究的成果。(徐国庆)

K000151　**西藏王臣记详释**　诸章·伍金注释。民族出版社 1993 年 12 月藏文版。32 万字。9.00 元。藏文古籍注释。《西藏王臣记》由五世达赖所写。书中对藏族的起源、吐蕃王朝的建立、发展、分裂、崩溃等一系列史实作了精辟的论述。在写作上采用诗文杂体手法，文笔优美流畅，虽属历史专著，但颇具文学欣赏价值。但书中对一些历史事件、历史人物的叙述过于概括、较难领会其深奥的思想内涵。作者对原文中的一些难点加以注释，对原作中未提到而又与其有直接关系的历史事件，也根据史料进行了增补，使内容更加充实。(贡保达尔吉)

地方史志

K000152　**可爱的辽中**　肖景顺主编。辽宁人民出版社 1993 年版。6.5 万字。2.90 元。分 6 章，包括：悠悠辽水话沧桑；资源富足鱼米乡；闪光史册多英杰；城乡如画夸物产；百业腾飞展新貌；展望未来奔小康。用朴实优美的语言，真实生动地记述辽中的历史沿革、地理风貌、自然资源、杰出人物、名胜古迹、建设事业等，重点讲述改革开放以来社会主义现代化建设所取得的辉煌成果，展望了辽中的美好远景。收入“家乡”丛书。(王峰)

K000153　**宁夏通史**　陈育宁主编。宁夏人民出版社 1993 年版。52 万字。15.00 元(平)；20.00 元(精)。地方史专著。系统叙述宁夏地区在各个历史时期的政治、经济、文化、民族与民族关系等发生、演进的历史。分古代卷和近代卷。古代卷自旧石器时代文化至清前期；近代卷自鸦片战争至第一、二次国内革命战争时期。按时间顺序阐述各民族在经济上的相互依赖，文化上的相互碰撞与交流、吸收，军事上的打打合合，政治上的分裂与统一，最终在近代以后由于阶级、民族矛盾的尖锐，至民国时期形成无产阶级，宁夏地区成为推翻蒋家王朝、旧制度的革命根据地。在近代部分突出回族反清的历史和中央红军在宁夏开辟根据地，进行西征及建立第一个少数民族自治县的过程。揭示宁夏历史的基本特点：一、宁夏地区是多民族交往、流动和居住的地区，各民族对宁夏的开发都作出自己的贡献。二、宁夏地区是北方最早进行农业开发的地区，引黄灌区是西北地区政治经济的中心和战略要地之一。三、宁夏地区是中原与西北相连的交通枢纽，道路西通八达，社会经济和文化具有一定的开放性。四、宁夏地区古代历史上曾发生过频繁的战争，给社会经济造成严重破坏；但各族军队在开发宁夏中也起过重大作用。五、宁夏各族人民有光荣的革命斗争传统，近代以来，在中国人民的解放斗争事业中，建立了不可磨灭的功绩。(汤晓芳)

K000154　**中国地方志集成·浙江府县志辑**　上海书店编。上海书店 1993 年版。3 万 4 千页。68 册。18738.00 元。《中国地方志集成》从存世的近 9000 种旧方志中选收 3000 余种、4.7 万余卷，包括通志、府志、州志、厅志、县志、乡镇志以及山水志、寺庙志、园林志等。所收各志以各大图书馆所藏底本影印。每种有《出版说明》,说明原书的纂修和刊行情况,提供底本的收藏单位等。本书收浙江省近 90 个府县的方志 122 种,包括《(民国)杭州府志》、《(光绪)严州府志》、《(光绪)嘉兴府志》、《(光绪)嘉兴县志》、《(同治)湖州府志》、《(民国)鄞县通志》、《(乾隆)绍兴府志》、《(民国)台州志》等。其中不少为善本,如《嘉兴钱塘县志补》、《(康熙)江山县志》、《(康熙)遂昌县志》、《(康熙)汤谿县志》等为孤本,《海盐县志补遗》、《(康熙)缙云县志》、《瓯乘补》等为抄本,《临安县志补》为稿本。还有不少稀见本子,如《(康熙)青田县志》、《(康熙)永嘉县志》、《(康熙)嵊县志》、《(康熙)萧山县志》、《(道光)武康县志》、《象山县志文存疑》、《(康熙)钱塘县志》、《(康熙)仁和县志》等。(卢建幸)

K000155 **20 世纪 30 年代的广西** 钟文典著。广西师范大学出版社 1993 年 1 月版。77 万字。25.00元。将广西在 20 世纪 30 年代这一历史时期分为政治、经济、军事、文教和纪事这 5 部分进行叙述。政治篇:叙述 30 年代初的广西政局及新桂系广西建设纲领的提出,百色、龙州起义,广西左右江革命根据地的建立,30 年代的广西行政及地方自治,新桂系的党政干部训练,30 年代新桂系的秘密决策机关与抗日政治主张,广西党组织在困难中坚持斗争。经济篇:叙述 30 年代广西农业、林牧渔业、工业、矿业、手工业、商业和对外贸易、交通、财政、金融的情况。军事篇:叙述 30 年代在国民党新军阀混战中的新桂系,广西民团及广西军训,抗战时期的广西陆军、空军,广西学生军。文教篇:叙述 30 年代广西的教育行政,国民基础教育,中等教育,高等教育,广西特种部族教育,文化事业与桂林抗日文化运动。纪事篇:记载了这段历史时期广西的大事记。(覃丽梅)

K000156 **跨出封闭的世界** 副名:长江上游区域社会研究。王笛著。中华书局 1993 年 1 月版。55.4 万字。17.95 元。运用社会学、计量学、都市学、心理学等多种研究方法,对 17 世纪中叶至 20 世纪初以四川为重心的长江上游区域的社会、文化、政治、经济等方面的情况,作系统、全面的分析研究。注重从社会运动、社会发展的角度考察问题,重点论述社会变化,全面揭示了长江上游区域从传统到现代的演变过程及特点。(李占领)

K000157 **盱眙县志** 盱眙县县志编纂委员会编纂。江苏科学技术出版社 1993 年 2 月版。140 万字。45.00 元。记述盱眙县的历史沿革、地理、经济、文化等方面概况,设建置、乡镇、人口、自然环境、自然资源、经济制度、经济结构、综合经济管理、农业、林业、畜牧业、水产业、水利、工业、交通、邮电、财税、金融、商业、城乡建设和环境保护、党派社团、政权政协、治安司法、军事、教育、科学技术、文化、文物胜迹、卫生、体育、方言谚言歇后语、社会等章,前有概述、大事记,后附人物索引、附录。

K000158 **区域发展的认识与表述** 副名:方志观念新释。钟兴麒著。新疆大学出版社 1993 年 2 月版。17.4 万字。5.20 元。分 17 章,对方志的渊源,方志学的指导思想、研究对象与信息科学的关系进行论述;对方志的认识论及其主要方法、方志功能与结构、当代方志的基本走向、方志编纂的总体要求和原则、篇目拟订、资料搜集和整理、分纂与总纂、审定与出版、评论的理论与方法、组织管理进行探讨;对方志编纂与认识和表述区域发展的关系,区域发展数据系统进行研究。(墨愚)

K000159 **大西北博览** 胡官平著。陕西人民出版社 1993 年 3 月版。51 万字。12.80 元。分为"西北大地"、"西北史话"、"名胜古迹"、"风土人情"4编。介绍辽阔的西北山川、丰饶的物产资源和壮美的自然风光;西北上下几千年的历史演进和著名的历史人物、重大事件;遍布大西北的古今名城、石窟佛洞、寺庙塔院、古代陵墓、险关要塞,特别是革命胜迹和名胜古迹;多姿多彩的西北民族风情、传统文化及民族工艺、风味饮食等。(金义良)

K000160 **太和县志** 太和县地方志编纂委员会编。黄山书社 1993 年 4 月版。68 万字。50.00 元。"安徽省地方志丛书"之一。有建置,自然环境,人口民族,农业,林业,水利,工业,交通,邮电,城乡建设,商业,粮油,工商管理,财政税务,金融,党派群团,人大、政府、政协,公安司法,民政,劳动人事,军事,教育,科学技术,文化,医疗卫生,体育,宗教,方言熟语,民俗,人物等 30 章,概述、大事记、附录各 1 篇。内容叙述上限起于 1911 年,下限止于 1985 年;其中大事记、沿革、人物、灾害等,适当向上追溯。有文献图片 49 幅、《太和县行政区划图》1 帧。(于志斌)

K000161 **许昌市志** 许昌市地方志编纂委员会编。南开大学出版社 1993 年 5 月版。97 万字。90.00元。用述、志、传、记、录、图和表等方式,对许昌市区及所辖 4 县的地理、政治、经济、军事、文化和社会各个方面进行了完整的记述。采用平列条目体编排,首置许昌市政区图、许昌市市区图、照片、序、凡例、目录;正文设概述、地理、政治、军事、经济、教育科技、文化艺术、卫生医药体育、人物、社情民俗、县区志要、大事记、附录共13类。事物发端简叙,详今略古,重记当代,特别详记1978年中国共产党十一届三中全会以来许昌市各项建设事业的实绩,以突出时代特点。(陈岩)

K000162 **北京通俗史话** 余荔裳著。北京燕山出版社1993年6月版。15万字。7.00元。全书80节。从周口店北京猿人写起,直到1840年鸦片战争之前,其中有两节是专写琉璃河西周墓群的发现,在第78节中还论述了北京清代科技落后与乾嘉学派的关系,等等。(李天喜)

K000163 **闽台关系档案资料** 福建省档案馆、厦门市档案馆编。鹭江出版社1993年6月版。60.3万字。15.80元(软精);20.00元(硬精)。辑入1895—1949年档案资料500余份。包括5大内容:一旅闽台民的人数、生活、产业情况,闽台当局对台民的态度及所采取的措施,以及台民社团的组织、活动。二闽南台湾学生及厦门台湾抗日复土总同盟、台湾义勇队、台湾革命同盟会南方执行部、台湾党、团部等在福建的抗日活动;闽台两省的政务往来。三闽台两省通邮、通航、通汇、通商、物质交换、粮食互济、投资建设、经济考察及特产博览的情况。四闽台两省在科技、文化艺术、教育及宗教方面的交流与合作。五闽台两省部队调防、征招兵士及在闽选拔、培训、接收台湾干部的情况。(余丽珍)

K000164 **阜阳市志** 阜阳市地方志编纂委员会编。黄山书社1993年7月版。80万字。58.00元。"安徽省地方志丛书"之一。有地理,人口,城市建设,工业,农业,水利,交通,邮电,商业,工商管理,财税,金融,党派、群团,政府、人大、政协,公安司法,民政、人事、劳动,军事,教育,文化,体育,医药卫生,科技,宗教、风俗,方言、谣谚,人物等23章;另概述、大事记各1篇,附录有文献辑存、历代艺文存目、民间传说、旧志序选、历代修志概况。有文献图片57幅、阜阳市行政区划图1帧。内容叙述一般的上限因事而异,适当追溯,重点的上限在1975年12月阜阳建市之时;下限基本上断至1985年底。为阜阳历史上第一部城市志。(于志斌)

K000165 **哈密** 阿依夏木·艾合买提著。新疆人民出版社1993年7月维吾尔文版。13万字。3.70元。介绍哈密的自然条件、经济状况、生活习俗、宗教信仰、歌谣方言、地方名人等。(买买提明·艾拉)

K000166 **崇武靖江村** 陈国强、蔡永哲主编。福建教育出版社1993年8月版。18万字。5.50元。"闽台惠东人研究"系列之一。主要介绍崇武城区的代表靖江村的历史与现状,内容包括环境与历史、人口与家庭、姓氏与人物、经济发展与管理、渔业生产、宗族与民间组织、教育文化与卫生、民间习俗与宗教信仰、民间文学以及远景规划等,是一部较完整的社区人类学调查报告。(张永钦)

K000167 **江苏史纲** 江苏省社科院《江苏史纲》课题组编。江苏古籍出版社1993年8月版。114万字。2册。27.00元。地方通史著作。分古代和近代两卷。古代卷自原始社会迄于1840年鸦片战争前夕。近代卷上接1840年,下至1949年10月中华人民共和国成立。叙述江苏历史地理沿革及政治、经济、文化发展。史料丰富,吸收了大量史学研究成果,对一些有分歧和争议的重大学术问题则择善而从。(胡多佳)

K000168 **富阳县志** 富阳县地方志编纂委员会编。浙江人民出版社1993年8月版。149万字。55.00元。记载富阳自秦代建县至1990年止2000多年来的历史和现状,反映了改革开放以来富阳在经济建设方面的成就,对富阳的自然条件、旅游资源、土特名产以及历代兵事、著名人物等作了重点记述。大量采纳前人史料精华入志,包括民间传说故事、历代旧志等。(吴晓红)

K000169 **霍山县志** 霍山县地方志编纂委员会编。黄山书社1993年9月版。142万字。80.00元。"安徽省地方志丛书"之一。有地理,人口,林业、农业、茶叶、中药材,水利,库区治理和开发,工业,电业,交通,邮电,城乡建设,商业,税收、财政,金融,综合经济管理,政党、群团,人大、政府、政协,公安、司法,民政,劳动、人事,军事,教育,文化,医药、卫生,体育,科技,民俗、宗教,方言,人物等30章;又有概述、大事记、附录3篇,文献图片70幅,霍山县行政区划图、城关图各一。内容叙述上限一般为20世纪初年,下限断至1985年底。1986年至1990年,霍山县发生的大事、要事,以《大事记要》载入《附录》。(于志斌)

K000170 **西安通览** 西安市地方志馆编。陕西人民出版社1993年9月版。147万字。58.00元。西安市地方志丛书之一。分自然环境、政区沿革、历史述要、历史纪年、人物、文物、地名及附录等8部分,分别介绍西安市的自然条件和西安城市、社会、经济、文化发展历程。其内容纵贯古今。其中"历史述要"分为古都西安、近代西安和现代西安3部分,介绍西安城市发展变迁的历史轨迹和各个历史时期西安地区发生的重大历史事件的经过、影响和历史意义。"历史纪年"是编年体大事记,上溯史前时期,下迄1990年。记述各年代发生的自然、经济、政治、军事、社会、科学文化等方面的各类重要事件,略古详今。"文物"部分主要记述西安地区文物古迹的分布、重要文物及文物考古工作的重大发现,以及文物保护工作的成就。"人物"分为古代人物和近现代人物两部分,用较大的篇幅介绍古代和近现代在西安长期活动、生活过的著名历史人物的生平、事迹。"地名"分为历史地名和街道村镇地名两部分,主要介绍地名的起源、演变及其有关历史典故。"附录"主要是新中国成立后西安市的社会、经济资料和人名、地名索引。(张卫东)

K000171　**新疆建省述评**　钟兴麒著。新疆大学出版社1993年9月版。14万字。5.50元。以新疆建省为研究对象,分析新疆建省的前因后果。全书12章是:新疆建省前的社会概况;龚自珍关于西域置行省的构想;军府制的利弊和新疆建省的必然性;西征胜利把新疆建省提上议事日程;新疆各族人民支援西征和赞同建省;筹办善后事宜是新疆建省的准备阶段;左宗棠五次奏议新疆建省;反对新疆建省的主要论点;刘锦棠关于新疆建省的具体方案;新疆建省时的兵制和巡抚与伊犁将军的矛盾;新疆建省前后的主要措施;余论。(墨愚)

K000172　**巴林右旗志**　《巴林右旗志》编纂委员会编。内蒙古人民出版社1993年9月蒙古文版。100万字。105.00元。系统介绍巴林右旗的地理位置、自然资源、历史演变、生产经营方式、历史文物、风土人情,以及名人贤哲、文人学士;重点叙述社会主义民族工业在经济建设上所占举足轻重的地位,指出民族工业是支柱产业,也是发挥其畜产品优势的关键。充分展现了民族经济的发展壮大和人民生活水平的极大提高,民族教育、科学、文化、体育、卫生等事业日新月异发展繁荣的新气象。记载近代蒙古史学家及民间诗人们的功绩,介绍他们的巨著《水晶珠》、《疯子沙格德尔》等作品在近代史上所起的作用。(孟桂兰)

K000173　**蒙古历史文献简介**　乌力吉著。内蒙古少年儿童出版社1993年9月蒙古文版。6.4万字。2.30元。介绍27部有关蒙古族历史的重要史书、史料文献、游记。其中有蒙古族学者用本民族语言文字写的《蒙古秘史》、《诸汗源流黄金史纲》、《蒙古源流》、《大黄册》等10部;汉族史学家和当时南宋的使者用汉文写的《元史》、《蒙古研究》、《圣武亲征录》等9部;外国学者、当时的旅行家、传教士用外文写的《史集》、《世界征服者史》、《马可波罗游记》、《勃朗嘉宾蒙古行记》、《鲁布鲁克东行记》等8部。每部书的介绍包括4个内容:①作者简要生平、写书的时代背景及成书、流传(包括翻译出版)情况;②书的主要内容;③与其他史书相比较,指出了该书的优点和不足;④在了解和研究蒙古族历史方面的利用价值。(布和巴雅尔)

K000174　**科尔沁左翼后旗志**　科尔沁左翼后旗志编纂委员会编。内蒙古人民出版社1993年10月版。963万字。140.00元。是科尔沁左翼后旗设旗建置以来的第一部志书。记述科左后旗的建置、自然环境、人口、民族、农业、畜牧业、林业及政权、政协、人事劳动、军事、教育、卫生、体育等各方面的历史和发展变迁。特别是全面反映了中国共产党十一届三中全会以来,科左后旗在社会主义物质文明和精神文明建设中所取得的巨大成绩。(黄滔)

K000175　**鄂托克旗志**　《鄂托克旗志》编纂委员会编。内蒙古人民出版社1993年10月版。110.5万字。120.00元。记述鄂托克旗的建置沿革、自然环境、风土民情,以及政治、经济、军事、文化、教育、卫生等各个方面的变迁和发展,真实地反映了该旗的历史和现状。在编纂过程中,坚持实事求是地反映重大历史问题,在方志体例上既有继承,又有创新,达到思想性、科学性、资料性的统一。(陈利保)

K000176　**临川文化史**　罗传奇、张世俊主编。广东高等教育出版社1993年11月版。35.4万字。11.00元(平);16.00元(精)。以中华文化为总体背景,观照赣文化的发展态势,论述临川文化的生态环境,界说"临川文化"概念区域性涵义,勾勒临川文化的内在构成和独特品质,阐述临川文化的发展流程及其分期,揭示临川文化的生成机制和演变规律。并在此基础上全方位地展示临川文化在哲学、文学、戏剧、史学、艺术、科技、教育以及语言学等领域所达到的成就和繁荣景象,分析临川文化兴盛的原因,评说临川文化作为赣文化的一部分在华夏文化史上的历史地位和在当时及后世的影响。还以专章、专节的突出篇幅,对晏殊、王安石、汤显祖三座文化丰碑和唐宋"八大家"之一的曾巩的思想、著述、业绩作了评述。(熊福林)

K000177　**大连市志·自然环境志·水利志**　大连市地方志编委会办公室编。大连出版社1993年

12月版。50万字。50.00元。大连市志·自然环境志,以位置与面积、地质、地貌、气候、物候、陆地水文、海域、海洋水文、土壤、植被、植物、野生动物、自然灾害13章内容,全面系统记述大连市自然环境的历史、现状与特点。大连市志·水利志,则以机构沿革、水资源、水旱灾害、水库工程、引提水工程、灌区建设、防洪除涝、水土保持、城市供水水源、水利投资、工程管理、综合经营、基础工作13章内容,记述大连市水利资源、水利建设的历史、现状与特点。本志附录较多,除书后附有大事记、文件、碑文、谚语外,有些章还附录救灾记实、灌区承包责任制简介、学会简介等资料。(徐事本)

K000178　**台湾文化概观**　吕良弼、汪毅夫著。福建教育出版社1993年12月版。25万字。8.50元。从民族性、时代性、地域性3方面关系论证台湾文化,指出台湾文化是移植型的文化,其基本特征是牢固地保持着母体文化(即中华文化)的特质。观照社会、政治、经济的基本条件,追根溯源,探寻台湾文化的孕育及其发展的历史轨迹,研究其性质、特点。而这些方面的研究,始终放在发展变化的历史纵向和移植调适的民族横向中考察,视文化为流动的过程,既从整体上把握台湾文化的发展脉络和基本属性,同时又分别描述了文学、戏曲、教育、节庆习俗、民间礼数、宗教文化、占兆禁忌、俚语俗谚等部分的文化现象及其特征,尤其是全面考察了台湾少数民族(即南岛语系族群)的社会、风俗习尚、宗教信仰、民间文艺等,使本书在国内外同类论著中形成鲜明的特色。(任凤生)

K000179　**《清实录》台湾史资料专辑**　张本政主编。福建人民出版社1993年12月版。91万字。28.50元。录自清朝原始史料《大清历朝实录》(简称《清实录》),按时间顺序编排。所收资料包括台湾200余年历史上各方面的问题。诸如:郑成功收复台湾和清政府统一台湾的过程;台湾的设治及其沿革;台湾各级官吏的任免与奖惩;清政府对台湾人民的统治和对少数民族的政策;外国资本、帝国主义对台湾的侵略和台湾人民的反侵略斗争;台湾的工业、农业、商业、贸易、交通运输和文化教育的兴衰起伏;台湾土著民族和大陆移民对台湾的共同开发;台湾的宗教和民俗等。对清代台湾历史作了系统的记载,是一部清代台湾编年体长编。书中以大量历史资料证明了台湾是祖国领土不可分割的一部分,为两岸从事台湾史研究提供了系统的档案资料。本书所依《清实录》底本为中华书局版。(胡萍球)

K000180　**黑龙江方志考稿**　方衍著。黑龙江人民出版社1993年12月版。18万字。9.50元。介绍记载黑龙江有史以来变革的志书,包括志书的撰写者、卷数等,并对其进行考证。依省之行政区划,以地区、县顺序列目类,首省志,次县志。其中省志12种,松花江地区县志15种,绥化地区县志11种,嫩江地区县志11种,黑河地区县志7种,大兴安岭地区县志1种,合江地区县志9种,牡丹江地区县志6种,共72种。从中可以了解黑龙江地方的物产资源、风土人情等。(安晓峰)

K000181　**新疆历史词典**　纪大椿主编。新疆人民出版社1993年12月版。100万字。60.00元。收入历史上西域——新疆的主要部落、民族、山川、地理、人物、历史事件、宗教、典章制度、社会经济、典籍文献、考古遗存以及与新疆有关的周邻地区和外国历史人物等词条5500个。置有《词目首字笔画检字表》、《词目首字拼音检字表》和《总词目表》。(贺灵)

K000182　**厦门掌故**　叶时荣编撰。鹭江出版社1993年12月版。9.6万字。5.00元(平);10.50元(精)。搜集保存在史志、文献、诗文笔记和民间口碑中掌故资料,经过整理,分为地名掌故、人物掌故、史事掌故、名胜掌故、传奇掌故5大类。收入"厦门文化丛书"。(甘于黎)

外国历史

K000183　**印卡王室述评**　[秘鲁]印卡·加西拉索·德拉维加著,白凤森、杨衍永译。商务印书馆1993年版。54万字。16.00元。作者以耳闻目睹的情况为素材,艺术地再现了古代秘鲁印卡文化的全貌。通过历代印卡国王的更迭,记述了印卡帝国的起源、形成、发展和灭亡过程,还介绍了印卡社会的经济、政治和文化生活,包括土地、劳动、行政制度、法律规章、偶像崇拜、宗教信仰、神话传说、教育和艺术等情况,是古代秘鲁社会的文献总集和资料宝库。(林鲁卿)

K000184　**拉丁美洲史稿　第三卷**　李春辉等编。商务印书馆1993年版。50万字。13.50元。分总论、分论两个部分。总论从经济、政治、外交三个方面对第二次世界大战后拉丁美洲发展的历史作了概述;分论部分则分别叙述第二次世界大战后拉丁美洲33个国家的历史。(任雪芳)

K000185　**非洲民族独立简史**　吴秉真、高晋元主编。世界知识出版社1993年1月版。51万字。

12.90元。记录了非洲人民从争取独立到赢得独立的全过程。按时间顺序，重点叙述以下几个方面：(1)二战后，特别是50年代末、60年代初的斗争情况。(2)在非洲民族独立斗争中影响较大、在斗争方法上具有较典型意义的国家。(3)从侧面较系统地叙述了老牌殖民主义国家英国、法国和葡萄牙在非洲殖民统治崩溃的过程。在叙述方法上，比较注重非洲国家内部部族和政党的作用及影响。(米小平)

K000186 **美国人** [美]丹尼尔·布尔斯廷著。三联书店1993年3月版。138万字。50.40元。共3卷。第一卷的副题为《开拓历程》，着重阐述美国国家的诞生的过程，并论证美国的早期历史的发展令人深省之处在于：美国的文明是在新世界打破旧世界的习惯中产生的，而不是按照预先的计划与目标建立起来的。第二卷为《建国历程》，展现了美国社会的发展与民族性的形成：美国的建设此起彼伏，并不同步。各地区、各民族、各阶层的美国人各显神通，在谋求各自发展的同时，共同建设这个新的国家。第三卷是《民主历程》，讲述的是，经过近百年的努力，美国文明进入一个飞跃时期。作者是著名的美国历史学家，他的这部力著是美国史学界的一部代表作。(倪乐)

K000187 **火的考验** 副名：美国南北战争及重建南部。[美]詹姆斯·M·麦克弗森著，陈文娟等译。商务印书馆1993年4月版。63.1万字。2册。(上)8.40元；(下)12.10元。综合探讨美国南北战争和重建时期的专著。上卷从19世纪初写到1862年，重点记录了导致美国南北方分裂和爆发战争的政治历程，社会、经济和思想意识方面的背景，以及战争初期双方在各方面所采取的策略、双方历次重大战役等，并对林肯在起草《奴隶解放宣言》时的心态做了剖析。下卷从1862年写到19世纪后期美国的重建时期，描写了南北战争后期北方的反攻、南方的失败以及消除南北战争后遗症的过程。其中引人注目的是作者对解放了的奴隶在战争中的作用给予充分肯定，对战后黑人的权利问题给予的关注。(朱锋)

K000188 **苏联兴亡史** 周尚文等著。上海人民出版社1993年8月版。60万字。34.00元。史学专著。十月社会主义革命的胜利，苏维埃政权在苏联的建立和苏联国家的倾刻瓦解，都是本世纪震撼世界的重大事件。本书全面论述苏维埃政权诞生、发展、壮大、强盛和走向自我瓦解的全过程。着重阐述了十月革命的胜利，新生苏维埃政权的磨难和考验，列宁的新经济政策，列宁与斯大林时代的交替，斯大林体制模式、即政治经济体制高度集权的形式与强化，反法西斯战争的生死搏斗，战后美苏冷战格局的出现，赫鲁晓夫反个人迷信活动及工农业改革的尝试，勃列日涅夫执政时期的风风雨雨，戈尔巴乔夫的改革使苏联国家步入泥潭，苏联国家的全面瓦解，等等。(金永华)

K000189 **中亚四国概况** 王沛主编。新疆人民出版社1993年8月版。27万字。8.30元。分4编：第一编，乌兹别克斯坦共和国。分述该国自然地理、自然资源、人口、民族、语言、宗教、教育、简史、独立的主权国家、宪法与政体、对外政策、政党、经济概述、工业、农业、交通运输业和邮电通讯业、商业和生活服务业、对外经济贸易以及首都塔什干、卡拉卡尔帕克斯坦共和国及各州基本情况。第二编，吉尔吉斯斯坦共和国；第三编，塔吉克斯坦共和国；第四编，土库曼斯坦共和国。后3编的分述内容基本与第一编分述内容同。(贺灵)

K000190 **漫长的战斗——美国人眼中的朝鲜战争** [美]约翰·托兰著，孟庆龙等译。中国社会科学出版社1993年8月版。57万字。14.90元。从朝鲜战争揭幕战——三八线冲突写起，以准确、生动而幽默的笔调，对美军增援韩国、汉城失守、大田兵败、釜山外围战、仁川登陆、超过三八线、坠入毛泽东的陷阱、长津湖溃败、血腥大撤退以及中国人的第三次战役、三八线附近的防守与进攻等战争具体过程，进行了刻画和描述。同时，对围绕战争而展开的和平谈判、战俘营里的战斗、麦克阿瑟被革职、李奇微的对策及李承晚造反等内幕活动也作了大量披露与分析。作者力图从"世界公民"的角度，透过美国普通士兵的眼睛观察、反映朝鲜战争并得出自己的结论。(王昊)

K000191 **美国的独立和初步繁荣(1775—1860)** 张友伦等著。人民出版社1993年9月版。33.6万字。13.00元。论述美国从独立战争到南北战争前夕的86年的历史。这个时期是美国历史上的重大转折，开始了从殖民地到独立民族国家和从工场手工业到大机器生产的两个转变。该书以12章的篇幅分别阐述反英独立战争和美利坚合众国的诞生，从邦联到联邦和多民族统一国家的形成，杰斐逊时期和美国民主制度的发展，门罗宣言和19世纪上半期的美国外交政策，"杰克逊时期"，工业革命和工人运动的开始，大陆扩张和西进运动；美国农业的发展和特点，移民和第一次移民高潮；废奴运动和两种社会制度的冲突，科学技术与教育以及哲学、文学、艺术和史学的发展。这些主题包含了在这期间的所有重大历史事件。作者在撰写中,参考和引用的英文著作达240多种。本书是《美国通史丛书》中的一卷。(邓蜀生)

K000192 **牛津英国通史** [英]肯尼思·O·摩根主编,王觉非等译。商务印书馆1993年9月版。51.7万字。14.80元。原名《插图本牛津英国史》,由当代英国10位史学家合作写成。所写的时间自公元前恺撒率罗马大军远征不列颠一直到1984年本书出版。在地区范围上,把苏格兰、威尔士、北爱尔兰的历史也放在适当地位,叙述了它们在构成英国精神中的作用。内容涉及英国的政治、经济、军事、外交、文化、宗教信仰和社会生活等各个方面;既叙述英国历史发展的长过程,又具体剖析了每一时期的具体特征;既介绍历史上的名人,又反映了一般群众的状况。描述了政治人物的活动、典章制度的制订、战争的进程、公开或秘密的外交周旋和折冲,以及各时代英国社会五光十色的现象,诸如足球、板球比赛、甲壳虫乐队、避孕和堕胎现象,还有广播、电影、电视等传播媒介的影响等。分析了英国本身的历史经验和特性,以及它与海外别的民族在经济、智力、文化和宗教上的区别与联系。原书有250幅图表,中译本选用41幅。(李失)

K000193 **东南亚研究论文索引(1980年—1989年)** 厦门大学南洋研究所资料室编。厦门大学出版社1993年9月版。144.6万字。55.00元(精);50.00元(平)。1980~1989年国内外出版的中外文期刊和部分论文集中有关东南亚研究的论文、译文和资料近24000条,其中中文条目16000条,英文条目4000条,印尼文条目760条,日文条目1500条,俄文条目1100条。按文种分为中文、英文、印尼文、日文和俄文5个部分(其中日文已译成中文),各部分先按学科分政治、经济、社会文化、历史、华侨华人问题5类,再按地区和国别顺序排列。(陈丽贞)

K000194 **德国工人运动史** [德]黑尔加·格雷宾著,李长山、朱中龙译。河南人民出版社1993年10月版。23万字。10.00元。考察从1800年到1965年德国工人运动的状况,介绍分析各个历史时期德国工人运动所面临的各种问题、围绕对这些问题的解决而出现的各种各样的理论、各种党派和组织的诞生以及德国工人运动在不同的历史时期所要达到或实现的目标。对马克思、恩格斯、拉萨尔等人的思想进行分析和介绍。作者的结论是,德国工人运动在很大程度上要归功于马克思和恩格斯的理论,它是被压迫被剥削人民在漫长黑夜中苦斗的指南针;不过德国工人运动在其日常的实践活动中更多地是依据人类对社会公正和参与政治的需要来进行的,因而德国工人运动与欧洲历史上自由民主的资产阶级解放运动的最优良传统是密不可分的。但德国工人运动的目的是确定个人的尊严和个性。原著发表时正值东欧共产党垮台,作者认为,不能因此就对"为了使人类尊严地生活在地球上不只是梦想而奋斗的欧洲工人运动所取得的成就"产生疑问。(刘玉军)

K000195 **青海省志·地质矿产志** 青海省地方志编纂委员会编。青海人民出版社1993年10月版。31.4万字。16.50元(平);21.00元(精)。是大型志书《青海省志》丛书的第十一卷。全书融思想性、资料性、科学性为一体,全面反映了青海省地区和矿业的历史。共11章,内容包括:历史上矿业活动及地质考察、青海地质特征、基础地质调查、水文工程及环境地质、矿产及价值,矿产分布及重要矿产资源地,勘探工程及勘查技术、地质科学技术研究、投资与管理、机构与队伍、地质队伍的思想作风建设等。(汪家驹)

K000196 **拉丁美洲历史词典** 中国社会科学院拉丁美洲研究所编。上海辞书出版社1993年11月版。158.9万字。50.00元。我国第一部拉丁美洲历史专科词典。共收词目4880条,主要反映古代拉美印第安人的历史文化,西班牙和葡萄牙及英、法、荷等欧洲国家对拉美的殖民侵略和殖民统治史,拉美独立战争、独立后拉美各国政治发展史以及国际政治经济关系史,拉美各国文化史、民族史等方面,主要有印第安人古文化遗址,印第安人社会、经济、宗教制度,历史事件,典章制度,政党组织,历史地名及各国首都和主要城市,国际会议和国际组织,国际条约,民族,语言,文化教育机构,报刊杂志,史著名作等;所收录的人物条目,既有历史人物,也有在世人物;既有政治、军事人物,也有各界名流及文化艺术人物。此外还酌收一些有历史文化价值的风俗、特产、音乐舞蹈等词目,内容全面丰富。对历来困扰史学界和广大读者的外国人名译名以及专名术语的译名,作了大量的统一工作。正文后有历史地图、拉美历史大事年表、主要国家历任元首一览表等附录。正文中有插图164幅。(王国勇)

K000197 **阿拉伯联合酋长国** 副名:古老的民族年轻的国家。阿拉伯联合酋长国宣传和文化部编。文化艺术出版社1993年12月版。20万字。17.00元。除介绍阿拉伯联合酋长国的历史和传统文化外，用很大篇幅介绍了该国的现状，如：迷人的环境、为民谋福利、旅游者的绿洲、战略地位、令人瞩目的国际地位，从全方位、多视角地展现了这个既古老又年轻的国家。（王凌）

传　记

K000198　**世界政治家大辞典**　杨元恪、陈有进等主编。人民日报出版社 1993 年版。391 万字。99.00 元。选录近现代各国的政治家，包括帝王、首相、总统、总理、主席、议会领袖、著名外交家、主要政党和政治组织及宗教组织的领导人，以及活跃于世界政治舞台上的著名政治活动家。共有人物词目近 4500 条。各个人物采用分国别介绍，国家和地区按汉语拼音顺序排列。每个国家和地区的人物均以出生时间为序。除日本、朝鲜、越南等东方国家外，只译姓氏，阿拉伯语、西班牙语、葡萄牙语的人名，取其中的一部分简名为词目。同姓的人物，则再取其全称的一部分放在后边，以示区别。人名词目一般采用“名从主人”原则，用汉字译音。词目解释上，主要介绍人物的出生、所任职务、政治活动、主要政策、事件、主张等。所选资料，截止于 1992 年 12 月。（郭宝平）

K000199　**遗言**　马平安等编。春风文艺出版社 1993 年 1 月版。32 万字。7.20 元。收入“五言丛书”。共收入历史上遗留下来的遗著、遗诗、遗书、遗文、遗策和遗稿等各类遗言 240 篇，其中包括皇帝留下的遗诏，臣子们留下的遗疏，各行各业的人留下的遗书，仁人志士写下的遗诗以及一般百姓留下的口头遗嘱。“人之将死，其言也善”，所以无论何种类型的遗言，从内容看一般都具有积极进步倾向，展现了死者认识的深刻性和正确性，表露出其感情的真挚和遗言形式及语言的优美，具有较高的认识价值、教育意义和审美效应。遗言，是我国历史文化遗产的重要组成部分，不仅是研究当时社会的政治、经济、文化以及整个历史面貌的重要文献，是研究他们作为历史人物的重要材料，也对发展今天的精神文明具有不可忽视的借鉴意义。（宋加哲）

K000200　**吊言**　王思义、潘德莉编。春风文艺出版社 1993 年 1 月版。26 万字。6.90 元。收入“五言丛书”。共辑选各种文体的吊言 119 篇（首、幅），其中包括为祭奠死者而写的哀祭文，主要用于刻在死者石碑上的墓志文，偏重于哀悼抒情的挽诗以及由挽诗演变而来的挽联等；以古代为主，也兼收了一部分近现代的作品。（宋加哲）

K000201　**名人自白**　王天思主编。江西人民出版社 1993 年 1 月版。25 万字。6.50 元。汇集富有哲理、能给人启示的精采名人自白。这些名人有政治家、科学家、哲学家、文学家、艺术家、实业家等。（陈翠玲）

K000202　**外国经济学家辞典**　周成启等编。海天出版社 1993 年 2 月版。115 万字。33.80 元。共收录 1706 位外国近、现代著名经济学家，详细介绍他们的理论观点、政策主张及产生的历史背景，并作出实事求是的评价。对每一位经济学家，具体地介绍了他们的家庭出身，学历学位，简要经历和生平活动，重要著作，主要成就和学术贡献，以及影响和评价等。在编写过程中，参考了英、俄、德、法、日等语种及我国的 100 多部大型百科全书、经济学辞典等资料。是经济学专业的工具书。（祝匡三）

K000203　**起名艺术大全**　黄世中、马凌霜著。江西人民出版社 1993 年 3 月版。32 万字。6.50 元。依“新百家姓”顺序表，采用笔画检字法，选择一百个常见姓，按姓氏笔画自少至多，依次排列，分别按照姓名互训、姓名反义、姓名成词、姓名连义、经典取义、典故取义、成语取义、姓名回读（回读有义）、谐音互训、谐音成词、成语谐音、谐音连义、声旁起名、声旁取义、姓名双声、姓名叠韵、姓名同音、双文双声、双文叠韵、姓名形似、拆姓为名、部首取义、名中有姓、复姓为名、史家取名、生物起名、成语省文、假借取义等多种思路和方法，考订注明字源、姓源，例举成千上万个名字，供取名者选择、借鉴、参考。（喻致评）

K000204　**世界名人情书大观**　吴俊主编。百花洲文艺出版社 1993 年 5 月版。63.2 万字。19.00 元（平）；22.00 元（精）。收录富兰克林、歌德、拿破仑、贝多芬、巴尔扎克、马克思、托尔斯泰、列宁、纪伯伦等 80 位外国名人以及梁启超、鲁迅、郁达夫、周恩来、闻一多、丁玲、彭雪枫、萧乾等 55 位中国名人的数百封情书。按作者生年先后编排，生年相同则以卒年为序。（邓光东）

K000205　**谋略家**　毛振发等主编。蓝天出版社 1993 年 6 月版。6.8 万字。14.00 元。介绍谋略人物的传记体工具书。从古今中外不可胜数的伟人名家、谋士智者、甚或奸贼佞臣之中，精选出 360 人，以其生活历程为经，重要的谋略思想和典型的谋略事迹为纬，用精炼简洁的文字，生动翔实的事例，勾画出他们卓尔不群的智谋。其中，中国部分按朝代和人物生年为序，外国部分按洲际、国别和人物生年为

序。(许志强)

K000206 **精编外国历史人物词典** 马月乔、于振武主编。黑龙江教育出版社1993年7月版。68万字。17.00元。介绍外国历史人物的工具书。按古代史、中世纪史、近代史、现代史系列收录1214个词目,介绍了外国历史上的政治家、军事家、思想家、哲学家、科学家、文学家、艺术家以及起义领袖、高级僧侣、帝王将相等的生平事迹。其选目强调外国历史人物群中的最重要者,着重表叙人物的思想观点及其对社会历史发展的推动和影响,突出活跃在现代史舞台上的新人物新事迹。(高质慧)

K000207 **世界历史名人画传** 秦牧等编著。江苏教育出版社1993年7月开始出版。每册3万字。20幅图。19册。每册90.00元。文字、绘画、图片资料并重,介绍对人类文明作出过杰出贡献的历史人物,他们是孔子、亚里士多德、马克思、恺撒、拿破仑、秦始皇、成吉思汗、华盛顿、牛顿、达尔文、李时珍、爱迪生、爱因斯坦、莎士比亚、曹雪芹、达·芬奇、贝多芬、释迦牟尼、耶稣。每册20幅图,附3万字的生平介绍。文字部分由秦牧、汪曾祺、刘心武等撰写,图画部分由沈尧尹、马泉等绘制。尚未出齐。(马振五)

K000208 **古今中外名人** 庄葳等著,乌力吉道尔吉译。新疆人民出版社1993年7月蒙古文版。12万字。3.85元。据学林出版社1985年8月版翻译出版。共选入历史上较有影响的政治家、思想家、军事家、科学家、文学家、艺术家等100人(其中也包括少数反面人物)。分中、外两大部分,均以其出生年月为序进行介绍。从不同的角度和侧面介绍这些名人或为国家的强盛,或为抵御外来侵略,或为人类科技文化的发展,刻苦学习,努力奋斗,持之以恒,契而不舍,终成大事等。(新德)

K000209 **征服世界银幕的女人们** 王云缦、朱小鸥等著。北京十月文艺出版社1993年8月版。19万字。6.80元。汇集近年来享誉国际影坛的22位女影星的生活与创作情况。其中有凯瑟琳·赫本、费雯丽、玛丽莲·梦露、简·方达、英格丽·褒曼、索菲娅·罗兰、山口百惠等。(邓玉楼)

K000210 **临近死亡的领导人** 杨德宏等主编。长春出版社1993年10月版。21.5万字。5.40元。"大人物丛书"之一。以罗斯福、丘吉尔、戴高乐、马歇尔、列宁、斯大林、赫鲁晓夫、勃列日涅夫、孙中山、萨达特、朴正熙、肯尼迪等34位中外著名军政领导人为传主,概述他们的生平,集中笔墨介绍他们晚年的情况,着重展现了他们临终前的心态及临终时的情景,并对他们的功过是非进行评价。(张耀民)

K000211 **传记文学概论** 李祥年著。安徽文艺出版社1993年12月版。16万字。5.60元。论述传记文学的艺术范畴、人物传记的基本形式、传记文学的美学原则、传记文学与其他学科的关系、传记文学的社会价值、传记文学与其他文学样式、中国传记文学的历史发展、西方传记文学的历史发展等问题。(吴迅)

K000212 **传记通论** 朱文华著。复旦大学出版社1993年12月版。21万字。4.50元。关于传记理论的研究专著。共分3编,第一编为传记理论问题,着重讲解和分析传记的特质、传记的分类、传记的要素、传记的功用、传记学与其他学科的联系以及作者与传主的关系。第二编为传记发展史,分别论述西方和中国传记产生、发展的概况;传记理论演变嬗递的轨迹以及中西方传记互为影响的关系等。第三编为传记写作实际问题,针对中外传记写作中所出现的主要问题(如准备工作、材料取舍、原则方法、体例和细节处理安排、语言文字技巧等),分别作了详尽的讲析。(杜荣根)

中国人物传记

K000213 **中国现代科学家传记** 卢嘉锡主编。科学出版社1992—1994年10月版。500万字。6册。收入科学家传记679篇,包括数学、物理学、天文学、化学、地学、生物学、农学、医药学、工程技术等学科领域,既有大陆的,也有在台、港、澳的,以及外籍华裔科学家;既有已去世的,也有健在的。各篇传记对立传科学家的生平、学术活动、主要成就和贡献,作全面、具体、深入的记述。参加编写的作者多达700余人。他们大多是相应领域的专家,其中不少是权威学者。(吴铁双)

K000214 **中国古代科学家传记** 杜石然主编。科学出版社1992年10月版(上册),1993年2月版(下册)。118万字。2册。41.3元。收入19世纪以前科学家传记249篇,涵盖数学、物理、天文、地学、生物、农学、医药、工程技术等各学科科学家。每篇传记对科学家的生平、学术活动、主要成就和人品作全面的介绍。附录中收入自16世纪以来部分长期在中国工作的外国人,如传教士,他们努力介绍西方的先进科学技术,对中国科技的新生起了启蒙作用。(吴铁双)

K000215 **古代蒙古族杰出女性** 贵荣著。内蒙古人民出版社 1992 年 11 月蒙古文版。8.1 万字。2.25 元。从诸多史料古籍的基础上选择了具有代表性的 12 人，写出了本书。其中有蒙古族历史早期的阿兰豁阿；蒙古汗国时期的诃额伦兀真、孛儿帖兀真、也遂哈屯、脱烈格涅、海米失、莎儿合黑塔妮；元朝时期的察必(元史称“真懿昭圣顺天睿文先应皇后”)；北元时期的鄂勒哲依图郭斡，满都海彻辰，俺答汗之妻钟金夫人(三娘子)；清朝时期的孝庄文皇后。她们都是蒙古历史上的名人。阿兰豁阿“五箭训子”寓意深刻、教益颇深。成吉思汗从一个幼小失父、部落失散的弱者成长为赫赫有名的统率者的过程中其母诃额伦、其妻孛儿帖、其妃也遂等人作出了不可磨灭的贡献。脱烈格涅、海米失、莎儿合里塔妮、满都海彻辰夫人等也是她们所处时代的杰出女性。钟金夫人是北元和明朝对峙时期对蒙汉民族的团结作出过巨大贡献的人。孝庄文皇后是清太宗的原配，顺治皇帝的生母，她一生力助清太宗，顺治，康熙三朝皇帝、对镇压清朝初期朝廷内部的野心家如多尔兖、鳌拜等人的阴谋起了关键作用。(贵荣)

K000216 **说古道今赤子心** 副名：张学良访谈录。[日]长井晓等著，王智新译。华文出版社 1993 年版。11.2 万字。4.20 元。原名为《张学良——昭和史最后的证词》。这是张学良将军历经 50 年幽禁后世人的第一次公开谈话。系日本广播协会(NHK)长井晓等根据 1990 年 8 月对张学良的独家采访记录和有关资料撰写而成。介绍张学良的身世和成长的过程，描写了张学良将军的戎马生涯和促成国共两党合作抗日的杰出贡献，披露了日本帝国主义发动侵华战争的内幕和炮制伪满洲国的罪恶行径。张学良以当事人的身份，首次披露了中国近代史上许多鲜为人知的史实，如周恩来在南开大学时的同学生活，张学良拒绝日本特务嗾使他当伪满洲国皇帝，张学良翦除奉军大老杨宇霆，张学良与中国共产党秘密接触及亲赴延安会见周恩来的经过，西安事变期间陪同周恩来面见蒋介石，促使国共两党第二次合作的情况等。

K000217 **张学良将军戎幕见闻** 惠德安著。辽宁人民出版社 1993 年版。15 万字。4.80 元。分“东北大事”和“人物群像”两大部分，辑入近 40 篇文章，记述自张作霖崛起东北起，到 1948 年 11 月锦州会战与东北结局止，这期间发生的重大事件和涉及到的重要人物。内容包括：直奉两系离合、风云变幻的晚奉关系、对日本既有勾结也有争斗、张氏父子与苏联关系概述、张作霖皇姑屯被炸事件、1929 年发生的中东路事件、“九·一八”事变的历史教训、张学良与于学忠、辛亥革命奉天三杰与三狼、奉系政治中心人物王永江以及张学良旅美 105 天等。作者早年跟随张氏父子征战大江南北，亲身经历和目睹了许多重大的历史事件，掌握既可靠又鲜为人知的历史材料和事件的细节。(王峰)

K000218 **中国当代文化名人小传** 伍杰主编。辽宁人民出版社 1993 年版。41.7 万字。14.70 元。选收在社会科学领域为国家做出突出贡献的，在国内外有较大影响的，并在学术上造诣高深的专家、学者、艺术家共 936 人，这些名人分布在我国社会科学领域的哲学、伦理、美学、心理、民族、宗教、人口、政治、法学、经济、新闻、出版、图书馆、博物馆、教育、语言文字、文学、艺术、历史、考古、地理、社会等 20 多个学科，所收人物的职务，职称均以 1991 年 7 月 1 日以前的职务职称为准，按姓氏笔画顺序排列。书末附有按学科分类的人名索引。(刘洁)

K000219 **中外法学名人辞典** 丁乐超等编。青岛出版社 1993 年版。48.5 万字。12.60 元。法学辞书。共收人古今中外法学名人 849 位。每一辞条力求简明扼要地写明其生卒年、国籍、生平履历、法学活动、法学著述、法学贡献、法学地位与历史影响。(李忠东)

K000220 **周恩来的艺术世界** 张伟、刘泾山、王水盛等著。山东大学出版社 1993 年版。81 万字。25.00 元。包括“周恩来的外交艺术”、“周恩来的语言艺术”、“周恩来的管理艺术”、“周恩来的思维艺术”和“周恩来的交际艺术”5 部分。以大量史实，再现了周恩来一生的某些侧面。(周广璜)

K000221 **中国状元全传** 车吉心主编。山东美术出版社 1993 年版。150 万字。66.00 元。收录自唐至清历代状元 382 人，其中，文状元 366 人，武状元 13 人，附录大西国武状元 1 人，太平天国武状元和女状元各 1 人；在每个朝代的状元传之后，又附以状元表。该书客观真实地反映了每个状元的一生，并把与状元有关的人物、事件、典制文物有机地编入传中，既描述了状元一生中的大事，也反映了他们生活中的轶闻趣事。传记情节起伏跌宕，引人入胜。(肖灿)

K000222 **吕思勉先生编年事辑** 李永圻编。上海书店 1993 年版。26 万字。12.00 元。吕思勉(1884—1957)，江苏省武进县人，著名历史学家。曾任中华书局、商务印书馆编辑及光华大学、华东师范大学教授。他毕生治史,著述颇丰,在中国近代学术史上占有崇高的地位。本书按年代顺序,收集了有关吕思勉的生平事迹、学术研究及社会活动等方面的大量材料,其中许多日记、随笔、信函、诗词等材料,都是首次发表,对于研究吕思勉的学术思想以及中国近现代史学具有重要的参考价值。(罗伟国)

K000223 **胡适与现代中国文化** 易竹贤著。武汉大学出版社1993年版。23万字。5.80元。重新考察胡适复杂的一生,科学公正地论述了胡适在现代中国学术文化界的地位和贡献,客观论述了胡适的缺点与错失。(宋玲玲)

K000224 **檀板弦歌七十秋** 骆玉笙口述。新华出版社1993年版。26万字。8.90元。系当代德艺双馨的曲艺艺术大师骆玉笙(小彩舞)艺术道路回忆录,分学艺、求索、进取、盛世、谈艺5大篇,62节记叙了骆玉笙5岁(1919年)学唱京戏、17岁(1931年)改攻京韵大鼓至今70余年的艺术生涯,新旧社会不同的人生感悟,"骆派"大鼓形成的主客观条件及经验体会。收入"中国说唱文艺丛书"。(刘林春)

K000225 **刘兰芳评传** 李微著。新华出版社1993年版。23.6万字。7.90元。著名评书表演艺术家刘兰芳80年代说播的长篇传统评书《岳飞传》家喻户晓。本书以《岳飞传》为基本脉络,分两部分31节。以叙为主,评为辅,集文学传记与艺术研究于一体,用富于感情色彩与人生哲理的文字记述、评论刘兰芳的成长过程、艺术生涯、说书成就和艺德人品。收入《中国说唱文艺丛书》,列第二集。(刘林春)

K000226 **民国人物传(第七卷)** 中国社会科学院近代史研究所编。朱信泉、宗志文主编。中华书局1993年版。38万字。16.00元。收入民国时期77位著名人物的传记,包括邵力子、马君武、蒋作宾、李宗仁、汪精卫、陈公博、胡适、蒋光慈、竺可桢、熊庆来、李苦禅、黄金荣等。后附《民国人物传》一至七卷目录索引。系"中华民国史资料丛稿"之一。(吴广义)

K000227 **冯雪峰评传** 陈早春、万家骥著。重庆出版社1993年版。44.1万字。16.50元。客观介绍冯雪峰的生平、活动和创作,公正评价他在历史上所起的作用。(裴小蕙)

K000228 **笺言** 王静、化石编。春风文艺出版社1993年1月版。26.7万字。6.90元。收入"五言丛书"。共收入我国古代各类书信157封,按内容分为"情书"、"家书"、"诫子书"、"劝勉书"、"推荐书"、"感谢书"、"祝贺书"、"拒辞书"、"绝交书"、"狱中书"、"军书"、"鸣心书"和"意见书"等13个部分。"笺"原意本为供题诗或写信的纸张,后引申为书信的代称,故以《笺言》为题,内容包括了国家要闻、军机大事、人物评述、理论探讨、社会交际、友朋酬答、日常生活、家务琐事等各个方面。(宋加哲)

K000229 **望尽天涯路** 吴冠中著。东方出版社1993年1月版。18.6万字。6.70元。自传体文集。吴冠中,当代中国杰出的绘画大师。全书分3部分。第一部分"生活烙印",详细介绍了画家从农村走向世界的全部历程。作者满怀深情记叙了自己在江南农村度过的青少年时代;在抗日烽火中随国立艺专颠沛流离的大学生活;公费赴法国巴黎美术学院的4年苦读,以及50年代回国后风风雨雨的坎坷历程。第二部分"艺海浮沉"和第三部分"师友之间",着重介绍作者的艺术观点、创作经验以及他与绘画大师林风眠、潘天寿、吴大羽、石鲁等人的交往。通过这些活动表现画家一往直前,永不停息,"要艺术不要命"的工作精神,读后给人以深刻启迪。书后附录吴冠中的挚友熊秉明和袁运甫的评介文章和"吴冠中年谱"。(吴承琬)

K000230 **台湾同胞在大陆** 《台湾同胞在大陆》编委会编。海风出版社1993年1月版。253幅。45.00元。综合类画册。以图片与文字介绍一百多位著名台胞的经历和业绩。纪录了甲午战争以来,一代接一代的台湾同胞,奔回祖国怀抱,与祖国大陆人民同甘苦、共命运的感人情景;展示了许多台湾同胞在科技、教育等领域创造业绩的历程;描绘了近几年来台湾歌星、影星和专家、学者到大陆进行各项交流,增进两岸同胞骨肉情谊的场面。(林金概)

K000231 **唐玄宗传** 许道勋、赵克尧著。人民出版社1993年1月版。50万字。13.80元(精);10.10元(平)。客观真实地叙述了唐玄宗的帝王生涯,以其少年时代身处逆境而奋发上进,揭示了唐玄宗初登皇位铲除奸党改革政治的历史渊源,全面介绍了开元盛世的大好局面及繁荣背后隐伏的危机,并阐明了唐朝由盛转衰的演变过程,对唐玄宗的历史功绩和过失作了深入而具体的分析。对唐玄宗与杨贵妃的爱情悲剧介绍甚详,对李、杨的爱情传说进行了系统清理,对民间的传说、文艺家的描述、史学家的记载,都作了分析、评述。(张维训)

K000232 **巴金自叙** 副名:掏出自己燃烧的心。阎焕东编著。山西教育出版社1993年1月版。38万字。10.25元。以巴金"自叙"和编著者评述相结合的形式,全面介绍了巴金的生平、思想和创作,并作

了恰当的评价。为"文化名人生涯丛书"之一。(李之杰)

K000233 **张闻天** 马文奇等编著。北京出版社1993年2月版。34万字。11.00元。以朴素的语言,生动记述张闻天为人民的利益探索、追求和奉献的一生。张闻天1900年8月出生于上海郊区一个农民家庭。青少年时期酷爱读书,发表过不少文学作品及翻译作品,被誉为"少年文学家"、"年轻的翻译家"。1925年入党以后赴莫斯科学习和工作。1931年回国,不久即担任中共中央宣传部长及政治局常委。两年后赴苏区任中华苏维埃共和国人民委员会主席。这期间他犯过"左"倾路线错误。红军开始长征后,在毛泽东帮助下与"左"倾路线决裂,在遵义会议上发挥了举足轻重的作用。遵义会议后到1943年3月他是中共中央总负责人(习惯称总书记)。他是和平解决西安事变的决策人之一。为了教育干部他曾为我党写出了第一本《中国现代革命运动史》。为了建立东北根据地,1945年11月赴东北工作,对土地改革和剿匪工作作出了贡献。全国解放前夕,他的《关于东北经济构成及经济建设基本方针的提纲》中的思想被吸收进党的七届二中全会的报告,对新中国社会主义经济结构及经济发展道路具有深远意义。从新中国成立到庐山会议,他在外交战线奋战十个春秋。在庐山会议上他被错定为"彭、黄、张、周反革命集团"成员而退出政治舞台。1962年底以"特约研究员"的身份开始学者生涯。他作了大量的调查研究,写了许多调查报告和读书笔记。"文化大革命"中他身陷囹圄,九死一生,但他仍写下了《无产阶级专政下的政治和经济》、《社会主义与共产主义》等论文,直至1976年7月含冤去世。(何画舫)

K000234 **孽海枭雄** 副名:戴笠新传。沈美娟著。北京十月文艺出版社1993年2月版。39万字。16.00元(精)。运用丰富史料,记述了戴笠这位反面人物的生平。既揭露了他反共、暗杀、奸诈、贪财、好色等劣迹,也实事求是地表现了他抗日、能干、爱才等思想性格,刻画了一个复杂矛盾的人物形象。(隋丽君)

K000235 **丁玲传** 周良沛著。北京十月文艺出版社1993年2月版。62.1万字。19.50元。记述作家丁玲一生的生活和创作道路,表现她的坎坷经历。(李志强)

K000236 **龙虫并雕 一代宗师** 副名:中外学者谈王力。张谷、王辑国编。广西教育出版社1993年2月版。20万字。11.00元。文集。收入国内外报刊上发表的评论王力教授的文章共39篇,从不同角度不同领域探讨了王力先生的治学和为人。它有助于全面了解王力先生的学术思想、治学态度和道德情操。(夏日炎)

K000237 **抗战军人之魂——张自忠将军传** 林治波著。广西师范大学出版社1993年2月版。44.2万字。9.50元(平);18.90元(精)。"抗日战争丛书"之一。描述张自忠曲折、坎坷、多变的一生。同时,对过去很少研究的张自忠的从政政绩也着墨较多,对张自忠与中国共产党的合作关系也作较为详细的论述。此外,客观分析历来有争议的问题,澄清了张自忠的历史疑案,弥补了对张自忠研究的空白。(何林夏)

K000238 **胡适传** 白吉庵著。人民出版社1993年2月版。38.6万字。13.10元(精);10.25元(平)。胡适是一位蜚声海内外的知名学者,国内外有关他的传记作品不胜枚举,该书的最大特色在于材料极为丰富。作者为成此书,查阅了国内现存的胡适档案数千卷,以及胡适本人的著述和有关各种文献资料;还访问过胡适的亲朋好友及学生;并亲赴胡适家乡绩溪实地调查。该书发掘出不少鲜为人知的史料,披露了若干重要的历史真相,纠正了许多出版物中对胡适本人记载或评说的错误,具有较高的资料价值和学术价值。作者以流畅的文笔再现了胡适昔日的风采。(张润生)

K000239 **我从怒江来** 副名:邱钟惠回忆录。邱钟惠著。云南教育出版社1993年2月版。10.2万字。3.50元。我国第一位乒乓球女子单打世界冠军邱钟惠真实地记叙了她从一个边疆山区顽童成长为世界冠军的过程,记叙了她在"文化大革命"中的不幸遭遇,以及她从事体育科学研究工作并为之奋斗的经历。书中还记叙了她个人的恋爱、婚姻、家庭情况以及她的感情世界和献身精神,最后讲述了她在前苏联当外交官夫人的趣闻轶事和为了摘下近视眼镜而进行的第二次拼搏。本书的叙述,既有著名乒乓球运动员溢光流彩经历之共性,更有邱钟惠本人成长路途坎坷的个性。作者在书中还勇敢地坦露了自己的内心世界,不隐讳自己的弱点和无可挽回的闪失。本书在一定程度上反映了我国乒乓球运动发展的历史,具有历史资料价值。它不仅给邱钟惠留下重要的一段生命记录,也给后继者留下众多的借鉴和思考。(刘致凡)

K000240 **苏颂研究文集** 庄添全等主编。鹭江出版社1993年2月版。35.7万字。13.00元。为纪念苏颂首创“水运仪象台”九百周年召开的第一次全国苏颂学术研讨会论文集。收入论文和大会有关纪念性材料58篇,附有《苏颂科学技术文化成就表》、《苏颂生平大事年表》,其宗旨在于全面、客观地介绍苏颂的生平业绩、崇高品格和成功基因。(余丽珍)

K000241 **赛福鼎回忆录** 赛福鼎著。华夏出版社1993年3月版。39.6万字。14.50元。真实记述赛福鼎前半生坎坷、曲折的革命经历,形象展现他早期对真理的炽烈追求和他在新疆少数民族地区为党的建设、革命政权建设、人民军队建设所进行的艰苦斗争和卓越贡献。内容充满传奇色彩和新疆地方情趣,既有惊心动魄的敌我斗争场面的生动映现,又有个人生活的有趣描写。具有文学性、史料性、可读性和思想深度。对研究民族史、学习中共党史有重要参考价值。(徐金廷)

K000242 **李一氓在淮阴** 中共淮阴市委党史工委编。南京出版社1993年3月版。23万字。5.50元。分正篇、纪念文章、一氓文稿和附录4个部分。正篇叙述1943年3月至1946年秋李一氓在淮阴的工作经历,附有李一氓活动年表。纪念文章收有与李一氓并肩战斗过的老同志所撰写的回忆录或悼念文章。一氓文稿是李一氓在淮阴工作时期所写的工作报告、发言提纲、诗词以及书信等。附录收录了部分报刊发表的对李一氓的评论文章。书中插有照片、题辞。(沈炜)

K000243 **周恩来的交际艺术** 冯治等编著。南京出版社1993年3月版。15.5万字。4.40元。通过生动感人的事例,表现周恩来崇高的思想境界,高贵的道德品质,炉火纯青的交际艺术。(鲍咏梅)

K000244 **周恩来的行政方略** 吴志鸿等著。南京出版社1993年3月版。22万字。5.60元。表现周恩来管理国家事务的行政方略。他提出领导者必须以“人民公仆”的身份去实现领导;他提出在确保祖国统一的前提下搞好民族区域自治;他倡导国际交往中和平共处五项原则;他继承战争年代红色政权建设的成功经验,又根据社会主义革命和建设的新情况,形成了一系列科学的治国方略。(鲍咏梅)

K000245 **一个高级参谋长的自述** 周德礼著。南京出版社1993年3月版。23.5万字。5.40元。革命回忆录。从作者14岁于卢沟桥畔参加革命写起,一直写到他作为广州军区参谋长参与指挥对越自卫还击战。分4篇。第一篇记述作者在抗日战争、解放战争中的亲身经历和战斗业绩,充分反映出没有共产党就没有新中国的真理。第二篇写作者建国后学习毛泽东军事思想的体会和担任军事学院教官的心得。第三篇回忆作者担任驻外武官和出使外国的经历。第四篇写作者协助广州军区司令员许世友、政委向忠华指挥对越自卫还击作战并取得胜利的过程,歌颂了我军将士保家卫国、浴血奋战的光辉业绩。(樊立文)

K000246 **再忆征战生涯** 王宏坤著。人民出版社1993年3月版。27万字。5.60元。中国人民解放军上将王宏坤的回忆录。系作者另一部《我的红军生涯》的姊妹篇。全书分“冀南平原燃起抗日烽火”、“艰苦的1942年”、“从攻势作战到全面反攻”、“解放战争之初”、“挺进中原”、“创建桐柏解放区”、“中原鏖战急”、“迎接解放战争的最后胜利”等12章。重点叙述了作者抗日战争时期在冀南,解放战争时期在桐柏地区的领导工作。介绍了冀南平原在敌人的扫荡、合围、吞食的残酷环境下,我军民的英勇斗争特点。叙述了当时冀南军区、冀鲁豫军区和桐柏军区的活动,以及我军在这两个时期从受挫、反击到取得胜利的发展过程。作者披露了当时的一些内幕,亦纠正了社会上流传的不实说法。(诸晓军)

K000247 **邓颖超传** 金凤著。人民出版社1993年3月版。77.5万字。2册。28.00元(精);22.00元(平)。真实、全面地记述了伟大的无产阶级革命家、政治家,中国妇女运动先驱邓颖超革命、战斗和无私奉献的一生,展示了她的高尚品德和情操,并从一个侧面反映了中国新民主主义革命、社会主义革命和社会主义建设的历程。本书取材宏富,包括各种历史文献、当事人和目击者的回忆录或对他们的访谈记录。从大量材料中披沙拣金,梳爬事实,力求做到言必有据,真实地再现了邓颖超的一生。本书以中国近现代广阔壮观的社会历史为背景,将传主的奋斗业绩汇入中国革命的发展进程,不仅有助于读者认识和理解传主,而且有助于读者认识和理解她的时代、她的国家和人民。(王弦)

K000248 **周恩来外交活动大事记(1949—1975)** 中华人民共和国外交部外交史研究室编。世界知识出版社1993年3月版。58万字。13.50元。周恩来总理是新中国外交的奠基者。他丰富多彩的外交思想和实践,独具特色的外交艺术和风格,是我国的宝贵精神财富。建国以后,他以决策人、指挥者和实践家的身份,直接领导和亲自参与了各项重大对外活动。本书根据档案材料,按时间顺序逐日记录1949—1975年共6000余次外交活动,其中包括出访、会谈、主持或出席各类宴会、招待会、仪式等，并且记录了周总理历次同外宾谈话的主要内容。本书是研究周恩来外交思想与实践的必备资料，也是了解新中国外交的重要参考资料。（李崇禄）

K000249 **顾颉刚年谱** 顾潮编著。中国社会科学出版社 1993 年 3 月版。50.5 万字。11.60 元。分为谱文和附录两大部分。其中谱文分为谱前、正谱、谱后；附录分为著述目录、人名索引。书中从顾颉刚的日记、文章、笔记、信札等数千万字的资料中系统地搜集了他在学术、教育、政治等方面的活动，比较全面地反映了他的一生以及 80 余年来中国学术界（以史学界为主）的发展。作者为谱主的女儿，掌握有关谱主的很多史料，有些甚至为家藏并首次披露。至于谱主与师友及社会上各方面的交往、他在不同阶段对世界对人生的态度及认识，在谱主的日记、书信中有大量反映，而为该谱所略。（陈宝良）

K000250 **杨闇公纪念集** 周勇主编。重庆出版社 1993 年 3 月版。41.5 万字。7.95 元。分上下两编。上编记录了杨闇公纪念活动的盛况，反映了学术界对杨闇公研究的最新进展。下编收录了一批珍藏于中央档案馆的杨闇公文稿和档案，这些宝贵资料形成于 1922～1926 年，大部分曾由中共中央交共产国际保管，50 年代由苏联转交回国，收入本书对文字和标点作了校订。这批文稿档案共分 5 个部分：（一）杨闇公文稿，（二）杨闇公与中国青年共产党（中国 Y.C. 团），（三）杨闇公与重庆团地委，（四）杨闇公与中共重庆地委（四川省委），（五）杨闇公与四川大革命运动，它们从一个重要侧面真实反映了 1922 年 10 月至 1926 年 12 月共产主义运动在四川的发展，记录了杨闇公的主要革命经历和革命思想，对于研究中共创立时期的历史，研究中共和青年团四川组织史、革命斗争史，研究吴玉章、刘伯承、朱德等老一辈无产阶级革命家的光辉业绩，都具有重要意义。（杨亚平）

K000251 **中国人民志愿军人物志（三、四）** 《中国人民志愿军人物志》编审组编。江苏人民出版社 1993 年 3 月版、1993 年 8 月版。（三）31 万字；（四）34 万字。（三）12.00 元；（四）19.00 元。《中国人民志愿军人物志》第一、二卷的续篇。第三卷收录 37 位人物，第四卷收录 35 位人物，其中有曾任志愿军副司令员的洪学智、曾任志愿军政治委员的李志民、曾任志愿军副司令员的宋时轮和曾任志愿军司令员的杨勇等。（杨杰）

K000252 **谋略家（上下）** 柴宇球主编。广西人民出版社 1993 年 4 月版。70 万字。2 册。10.50 元（平）；14.00 元（精）。从人类谋略行为的角度入手，对中外古、近代史上 400 多位谋略家在谋略思想、谋略实践及谋略贡献方面进行评述。在展示谋略家不平凡一生的同时，重点介绍其施谋用计的技巧方法，分析其谋略理论、谋略思想和谋略规律，评估其谋略贡献。（周莉）

K000253 **曾国藩诗文系年** 王澧华著。广西师范大学出版社 1993 年 4 月版。18.9 万字。4.00 元。对清刊《曾国藩诗集》、《曾国藩文集》和现行《曾国藩全集·诗文》所收作品重为考订，加以系年。（何林夏）

K000254 **胡适口述自传** ［美］唐德刚整理。华东师范大学出版社 1993 年 4 月版。23 万字。8.05 元。胡适（1891—1962）是中国近现代著名的学者和思想家之一。50 年代，他应美国哥伦比亚大学“中国口述历史学部”之请，曾作过 16 次口述回忆。20 年后，当年协助胡适完成这项口述的著名美籍华人作家、史学家唐德刚教授将哥伦比亚大学正式公布的录音英文稿和自己保存并经胡氏手订的残稿，对照参考，综合译成中文出版。该书详细生动地介绍了胡适的家世、求学、治学的主要经历与学术成就，例如他的留美生涯、政治思想倾向、治学方法、关于新文化运动和五四运动的主张、“整理国故”、研究和尚、创立新红学、论述中国传统思想史等，为认识和了解胡适其人其事提供了最基本的史实。本书的“注释”鲜明体现了被称为“唐派散文”的风格，文史掌故、文坛佳话、社会要闻、名人轶事、异域见闻，信手拈来，十分耐看。（王子奇）

K000255 **宋美龄全传** 陈廷一著。青岛出版社 1993 年 4 月版。43 万字。13.80 元。文学传记。记述宋美龄的一生，侧重其晚年生活。（高继民）

K000256 **路边拾零** 副名：汤晓丹回忆录。汤晓丹著。山西教育出版社 1993 年 4 月版。65.2 万字。20.60 元（精）；16.70 元（平）。收入“文化名人生涯丛书”。电影导演汤晓丹是当今影坛上成就突出、硕果累累，为广大群众喜爱和拥戴的著名艺术家。在长达 60 余年的艺术生涯中共执导电影 50 余部，其中不少影片已在中国现当代电影史上占有重要的地位。30 年代的《白金龙》、《飞絮》、《飘零》，40 年代的《天堂春梦》、《失去的爱情》，50 年代的《南征北战》、《渡江侦察记》、《不夜城》，60 年代的《红日》、《水手长的故事》，70 年代的《难忘的战斗》、《傲蕾·一兰》，80 年代的《南昌起义》、《廖仲恺》等是他的代表作。全书深邃、细腻地描绘了汤晓丹从一个农家苦孩子成长为文化名人的历程。详尽的笔触勾勒、刻画了80多年生涯中浪迹漂泊、坎坷挫折、不向恶势力低头、遇难不死、鞠躬尽瘁、坚信"天生我材必有用"的奋斗经历，展示了许多影片在摄制过程中与其他创作人员通力协作、共同感受到的甜酸苦辣和喜怒哀乐，记述了成长道路上的引路人及周围的各种人物和上下左右的人际关系，许多内情第一次公诸于世，不少细节和故事是珍贵的第一手电影史资料。本书还以较大篇幅描述了家庭教育及子女生长的纪事，这个艺术家庭以"情"动人的片断，给人深思和启示。全书170余个小题，既承上启下，又独立成章。除正文外，尚有"汤晓丹文选"、"论汤晓丹及其作品"等。(李之杰)

K000257　**平津决战中的傅作义将军**　文剑等著。中国文史出版社1993年4月版。17.2万字。5.00元。记述傅作义在平津决战中，从对蒋介石抱有幻想，到对蒋失去信心，从对控制华北战局信心百倍，到对是战是和而举棋不定，最终在中共和解放军的强大政治、军事攻势下，经各方争取，终于选择了和平解决战争的道路，走上了新的人生，也为人民的解放事业做出了贡献。(方正)

K000258　**毛泽东批注历史人物**　张贻玖编著。鹭江出版社1993年4月版。24.6万字。8.50元。收入毛泽东对35位历史人物传记所写的批注，对人物的情况和批注的背景作了较详细的介绍，尤其对批注的内涵作了阐释。并附有传记原文或节录。有关毛泽东对历史人物的批注和评点很散、很简约，一般人难以理解其意。这部书解开了这些批注的背后之谜，有助于人们认识毛泽东的思想，理解中国现代史。(郑俊琰)

K000259　**谢希德**　王增藩著。福建科学技术出版社1993年5月版。11.1万字。10.20元。"福建籍科学家传记"丛书之一。详尽地记叙谢希德女士青少年时代勤奋学习、同疾病顽强斗争和三次考取大学的故事；还着重介绍她留学美国，学成回国后在科学研究、教育、政务等方面所作出的杰出贡献。此外，她的爱情生活、业余爱好在书中也有充分的反映。谢希德女士1921年3月19日出生于福建省泉州市蚶江镇赤湖乡。1927—1949年相继就读于北平燕京大学附小、北平燕京大学附中、北平贝满女中、湖北武昌市圣西理达女中、湖南长沙市福湘女中、厦门大学数理系、美国史密斯女子文理学院物理系、美国麻省理工学院物理系，并分别于1946年、1949年和1951年获取厦门大学数理学士、美国史密斯学院硕士和哲学博士学位。1951年在英国剑桥结婚，次年与丈夫一同回国，在复旦大学物理系任教。1956年加入中国共产党。曾与他人合作出版过《半导体物理学》、《固体物理学》、《半导体集成电路的物理基础》、《表面科学》等书。曾担任过复旦大学副校长、校长等职，并多次荣获全国"三八"红旗手和优秀党员称号。1980年当选为中国科学院数理学部委员。(庄梅)

K000260　**影响中国的100个人物**　张秀平、王晓明主编。广西人民出版社1993年5月版。30万字。16.00元。列举100个在创造中国历史的实践中扮演一定或重要角色的人，像孔子、李世民、康有为、孙中山等。通过对这些人物的言谈举止的描写，写出他们的神韵、性格、思想、气质、情感、欲望、爱好等等。主要挑选传主一生中对中国历史有重要影响的事迹进行描写、叙述，"寓论于史"。(韦向克)

K000261　**中国奸臣要录**　邹元初著。海潮出版社1993年5月版。26万字。6.90元。"中国历史人物丛书"之一。是记述中国奸臣个人历史的读物。主要根据《二十五史》，收录了从秦朝至清朝时期较为突出的奸臣95个，略述其生平梗概，着重从"心迹俱恶"，即从道德和劣迹两个方面，记述了他们的阴险狡诈，善于奉承；拢络亲信，结党营私；排斥异己，迫害忠良；贪污受贿，生活奢糜；有的甚至投敌叛国等事实。记述了奸臣的罪恶行径所造成的严重后果以及他们的历史结局：破坏国家统一、民族团结、生产发展、社会进步以及人民生活等，而最终必然遭到历史无情的揭露。可使人们了解奸臣的本质特点及危害。书中寓评论于叙事之中，且持论平允。(李生荣)

K000262　**蒋介石的五虎上将**　周溯源等著。湖北人民出版社1993年5月版。26.8万字。7.50元。记述国民党将领陈诚、顾祝同、刘峙、蒋鼎文、卫立煌5人的人生历程，侧重记述他们与蒋介石的恩怨以及蒋介石对他们的影响，展现他们不同的性格特点，书中具体表述为："干将"陈诚：国民党迁台后首任"行政院长"、"民国副总统"、国民党副总裁，是蒋介石麾下难得的文臣武将；"忠将"顾祝同：一心事蒋，是蒋介石"围剿"红军的主要将领，一手制造了皖南事变；"福将"刘峙：深得蒋介石赏识，为"黄埔八大金刚"之一，"中山舰事件"的急先锋，"四一二"大屠杀的指挥者；"飞将"蒋鼎文：好赌，且赌技高超，抓钱有方，生活奢靡；"虎将"卫立煌：率中国远征军入缅作战，该战役是抗日战争中最辉煌的战役之一。(祝

祚钦)

K000263 **老子传** 秦新成、刘升元著。花山文艺出版社 1993 年 5 月版。37.2 万字。14.00 元。“先秦诸子文学传记丛书”之一。以史料和民间传说为基础,以文学形式塑造了老子的形象。描写了老子的身世,阐发了老子道家学说的主要精神。(张志春)

K000264 **现代作家书信** 罗炯光编。文心出版社 1993 年 5 月版。67 万字。18.50 元。以作家出现于文学史的先后为序,同时兼顾社团流派,将文学风尚相近的作家适当集中,收录了 72 位作家的 317 封书信。本书作者在对中国现代作家书信资料全面掌握的基础上,严格筛选,择优拔萃,力求客观地展现中国现代作家书信的历史面貌、重大成就。(杨文君)

K000265 **李光地研究** 副名:纪念李光地诞生 350 周年学术论文集。杨国桢主编。厦门大学出版社 1993 年 5 月版。34.5 万字。7.00 元。收论文 42 篇,其中包括李光地的生平思想、政治、经济、文化诸方面的建树,以及有关民俗、碑文、祖籍家世等资料。许多论文对李光地的历史作用和地位作了评价。作为杰出的政治家,他力主统一,反对“三藩之乱”,特别是力排众议,举荐施琅收复台湾,为祖国统一起了重要作用。他为官 48 年,操守清廉,尽心治理水患,重视科技文化教育,对康熙时代的社会稳定和经济文化的繁荣作出了贡献;而作为一个大思想家,他不但参与文化教育政策的制定,为清代确立思想统治重心,而且奉旨编撰《朱子全书》、《性理释义》、《周易折中》,创造性地发展了孔孟儒学和程朱理学,在落后民族入主的情况下,延续了中国传统文化。(周养性)

K000266 **跋涉与寻觅** 副名:沙汀评传。官晋东著。云南大学出版社 1993 年 5 月版。21 万字。6.80元。沙汀(1904—1992)是我国 30 年代成名的优秀作家,他的小说和散文以现实主义的笔调展示了三四十年代川西北地域的独特文化,在海内外有着广泛而重要的影响,本书是作者从 1979 年至 1992 年间对沙汀研究的结晶。全书共 10 章:一、动荡不安少年时;二、探索人生真谛;三、跨入文学之门;四、“左联”时期:走向成熟;五—六、在八年抗战的艰难岁月中(上、下);七、穿过黑夜,迎接黎明;八、风雨兼程新时代;九、十年“文革”囚禁;十、走出“牛棚”之后。记叙了沙汀八十八载艰辛曲折、上下求索的人生历程,分析了他由乡镇孩子到著名作家的成功原因,论述了沙汀从 30 年代到 90 年代 60 年间各个历史阶段文学创作的成就及其审美风格。全书的论述重在以史实为基础,其中有由沙汀本人提供和作者深入调查而得的第一手史料,“有的事情系第一次披露,具有可贵的史料价值”。(张大明语)此外收入沙汀晚年照片及其为本书部分章节订正史实的手迹、信件照片 6 帧。本书立序 3 篇,分别为中国作家协会书记束沛德、四川作家协会副主席克非、中国社会科学院文学研究所研究员张大明所作。著名作家阳翰笙、沙汀挚友艾芜为本书题名、题辞。(戴杭)

K000267 **中国近现代人物名号大辞典** 陈玉堂编。浙江古籍出版社 1993 年 5 月版。328.5 万字。68.00 元。收录政治、军事、文化教育、文学艺术、新闻出版、科学技术、医药卫生、工矿实业、宗教等各界历史人物 10112 人,搜集了他们的小名、字号、别名、笔名、化名、室名斋号以至爵里、谥号、世称、外号及影射名等 8 万多个。注明名号的源流和出处。附有人物小传。(郝华)

K000268 **一代才女林徽因** 林杉著。作家出版社 1993 年 5 月版。21.1 万字。林徽因是中国第一代女建筑学家,“新月派”诗人。她出身名门,才貌双全。早年留学英伦,集东西方文化精华于一身。风流才子徐志摩对她终生倾倒,还有仰慕者为她铭志不娶。她后来选择维新派首领梁启超的大公子梁思成为终生伴侣,将自己的青春与生命献给了女性很少问津的建筑事业。她和梁思成一起,不畏艰难,实地踏勘了中国所有的古建筑,为保护中国的古建筑立下了不可磨灭的功劳。她是中华人民共和国国徽、人民英雄纪念碑的设计者之一。她曾为挽救景泰蓝工艺呕心沥血。她精通文学,留下了不少优美的诗歌、散文、小说和戏剧作品。本书记述了林徽因的一生,材料丰富翔实,文字生动、许多情节具有诗情画意。(侯秀芬)

K000269 **人民公仆倪天增** 《人民公仆倪天增》编委会编。百家出版社 1993 年 6 月版。25 万字。12.00 元。收入倪天增生平及所著论文 4 篇、倪天增去世后朱镕基、黄菊及各界人士所写的纪念文章及题词等。(柏嘉)

K000270 **中国状元谱** 莫雁诗、黄明编撰。广州出版社 1993 年 6 月版。31 万字。11.80 元。本书考察了我国科举制度产生及其发展以至最后消亡的历史,收集了自唐代武德壬午年至清代光绪年间的历代历科状元共 600 余人,分别介绍他们的生卒年、生平主要任职及其政绩、趣闻轶事、中榜年考官、中榜人数、同榜名人甚至考题等等,也穿插介绍了诸如

三元及第、祖孙状元、父子状元、叔侄状元、兄弟状元等内容，还附列历代武状元名录。(赵辛予)

K000271 **娃娃博士** 副名:中国原子弹氢弹元勋邓稼先。郭兆甄等著。河南人民出版社1993年6月版。23.2万字。6.50元。文学传记。邓稼先是我国第一颗原子弹、氢弹的研制者，理论设计的组织领导人，为我国国防核科学技术的发展与应用作出了巨大的贡献，被誉为我国的"两弹"元勋。邓稼先于1924年6月出生在安徽省怀宁县一个书香世家，自小受家庭熏陶，热爱祖国的古老文化，渴求现代的科学知识。常被同学们称为Pureboy(纯真少年)。从当学生起到成为博士、大科学家，他一直保持着童稚般的纯真，老科学家们爱称他为"娃娃博士"。邓稼先长期工作在深山荒漠的环境里，很少与外界接触，就连他的亲人对他当时的行踪也感到神秘莫测。本书比较系统、全面地介绍了他的经历，披露了我国"两弹"研制的全过程，披露了罗斯福、斯大林以及毛泽东对各自国家研制原子弹进行决策的背景。(顾仕鹏)

K000272 **湖南回族人物录** 马亮生编著。湖南出版社1993年6月版。9.5万字。6.00元。收录了近代和现代湖南的回族著名人士、优秀人物以及长期在湘工作的外省籍有显著成就的回族人物，有200余人。其中有鸦片战争中多次率领军队英勇抗击英国侵略军的爱国将领，以及100多年来著名的教育家、教授、学者、表演艺术家、书法家、世界体育冠军、实业家和宗教界知名人士等。(曾祥虎)

K000273 **庄子传** 王新民著。花山文艺出版社1993年6月版。25.4万字。13.00元。"先秦诸子文学传记丛书"之一。以文学传记形式，再现了庄周的身世、人品和学问。对庄周及惠施、曹高、蔺且、苏玉、梓庆、颜玉等人物的描绘真切感人。将历史性、学术性、文学性融为一体。本书由韩国法仁文化社购买版权翻译出版。(张志春)

K000274 **孔子传** 曹尧德等著。花山文艺出版社1993年6月版。37.2万字。14.00元。"先秦诸子文学传记丛书"之一。以史料为基础，采用最新研究成果，以文学的形式，表现了孔子的身世及其学术思想。记述孔子讲学、周游列国、宣传"仁政""德治"政治理想、删诗定礼写春秋、参与粉碎阳虎政变、夹谷会盟、斩杀乐师、堕三都等故事，塑造了一个真实可信的"圣人"形象，揭示了孔子精神的实质。(张志春)

K000275 **孟子传** 曹尧德著。花山文艺出版社1993年6月版。36.4万字。15.00元。"先秦诸子文学传记丛书"之一。采取《韩诗外传》、《列女传》等书记载的有关孟子的传说故事，塑造了孟子的文学形象。再现了他所处的时代及其不平凡的一生经历。突出孟子提出的"民为贵，社稷次之，君为轻"的民本思想。(张志春)

K000276 **历届总理副总理小传** 刘贤俊、田为本编著。吉林人民出版社1993年6月版。50万字。15.00元。共收录54人的传记，以任职时间先后排列。本书收录的人物中，有的后来走上反面，成为历史的罪人;有的犯了某些错误。编写中坚持实事求是、存真求实的原则，力求准确地反映人物的本来面目。(关静)

K000277 **论张謇——张謇国际学术研讨会论文选** 南京大学外国学者留学生研修部江南经济史研究室编。江苏人民出版社1993年6月版。53万字。13.20元。收入论文59篇，涉及张謇的政治、社会、经济、文化等方面的活动以及大生企业系统的形成与兴衰，汇集了国内外学者关于张謇研究的最新成果。主要文章有姜铎的《关于张謇的历史评价》、章开沅的《对张謇的再认识》、赵德馨的《张謇与近代绅商关系的变化》、吴承明的《早期中国近代化过程中的外部和内部因素》、严学熙的《张謇与中国农业近代化》、张喜阳的《论张謇政治思想的嬗变及特征》、吕作燮的《张謇从事诸多事业的思想基础》、陈宗海的《论庚子前张謇的交游》、美国武凯芝的《中国早期近代化与张謇的自强发展政策》、郑宏毅的《论张謇的建城思想》等。(缪亚奇)

K000278 **江西100名人** 曾广玉、夏宏根等编。江西高校出版社1993年6月版。30万字。5.90元。全书分3篇，首为政治篇，次为科技篇，第三篇为文化篇。收入自秦至当代的江西籍的民族英杰、革命伟人、科技名家等，还收入几个遭历史非议，但在历史上有过重要关系的人物。书中简叙被收入人物的成长过程、主要业绩(或罪错)及其影响。(贺林香)

K000279 **郑介民军统生涯** 欧大雄著。南海出版公司1993年6月版。42万字。14.60元。郑介民，海南文昌县人，生于清光绪二十三年(1897)，1959年12月死于台湾。曾任蒋介石侍从副官，国民党军统局副局长、局长，保密局局长，国防部次长，安全局局长等职，一级上将，是国民党的政要与特务组织的创始人和主要领导人，参与了中国政治舞台上的许多重大事件，并扮演了重要角色。本书叙述了郑介民的一生，并披露了一些鲜为人知的史料。作者叙述了郑介民的多重"角色"。在战争中，他搜集了大量日军情报，并多次对重大战略问题做出了正确预测；在国共和谈中，他担任蒋方代表，为维护国民党政权的统治，殚精竭虑；在特务生活中，他亲自组织和指挥刺杀了张敬尧、石友三等；他亲自出马诱捕了大汉奸汪精卫的老婆陈璧君；他韬光养晦，形成了复杂而曲折的人生。本书为澄清一些历史事件提供了值得参考的原始资料，对了解、研究国民党内部宗派，以及国民党特务组织的嬗变过程，提供了参考。（张桐）

K000280 **毛泽东的衣食住行** 副名：名人透视录。叶永烈著。时代文艺出版社 1993 年 6 月版。31 万字。9.20 元。收入“实录丛书”。“实录丛书”分别记录了毛泽东、陈云、张闻天、陈独秀、刘仁静、马思聪、傅雷、梁实秋等人物的言行及其所涉及的重大历史事件。（李杰）

K000281 **“中华历史名人”丛书** 顾传菁、李福田主编。新蕾出版社 1993 年 6 月版。550.3 万字。100 册。389.90 元。包含了从老子、孔子直到孙中山等 100 位历史名人的传记故事。每人一册，共 100 册。为这套大型历史名人传记丛书撰稿的作者，多数是对所写历史人物进行过潜心研究、学有所成的专家、学者。这套丛书与同类读物相比，既详尽，又通俗，自成系统，独树一帜。丛书各册书名为：《老子》、《孔子》、《孙武》、《墨子》、《孙膑》、《吴起》、《孟子》、《庄子》、《屈原》、《荀子》、《韩非》、《李冰》、《秦始皇》、《陈胜、吴广》、《汉武帝》、《司马迁》、《霍去病》、《张骞》、《王充》、《张衡》、《曹操》、《诸葛亮》、《阮籍》、《法显》、《顾恺之》、《陶渊明》、《祖冲之》、《范缜》、《魏孝文帝》、《孙思邈》、《唐太宗》、《玄奘》、《松赞干布》、《惠能》、《鉴真》、《李白》、《颜真卿》、《杜甫》、《韩愈》、《白居易》、《柳宗元》、《黄巢》、《司马光》、《王安石》、《沈括》、《苏轼》、《李清照》、《岳飞》、《陆游》、《辛弃疾》、《成吉思汗》、《耶律楚材》、《关汉卿》、《忽必烈》、《郭守敬》、《文天祥》、《朱元璋》、《郑和》、《吴承恩》、《李时珍》、《张居正》、《李贽》、《戚继光》、《汤显祖》、《徐光启》、《徐霞客》、《宋应星》、《史可法》、《李自成》、《黄宗羲》、《顾炎武》、《王夫之》、《郑成功》、《蒲松龄》、《康熙帝》、《吴敬梓》、《曹雪芹》、《林则徐》、《龚自珍》、《魏源》、《洪秀全》、《洪仁玕》、《容闳》、《丁汝昌　附邓世昌》、《刘永福》、《严复》、《康有为》、《詹天佑》、《谭嗣同》、《孙中山》、《蔡元培》、《章太炎》、《徐锡麟》、《梁启超》、《黄兴》、《陈天华》、《廖仲恺》、《秋瑾》、《蔡锷》、《邹容》。（张殿英）

K000282 **怀念邓颖超大姐** 黄启璪主编。中国妇女出版社 1993 年 6 月版。23 万字。9.20 元。生动地记述了伟大的无产阶级革命家、著名社会活动家、坚定的马克思主义者、党和国家的卓越领导人、中国妇女运动的先驱邓颖超的光辉人生。这本人物传记的特点是，由多人根据亲身经历，用生动具体的事例讲述一个伟大女性的战斗的一生。他们当中有党和国家的领导人，有与邓颖超共同生活战斗过的战友，有曾经得到邓颖超帮助的各界同志，还有在妇联工作过的妇女工作者。本书收有反映邓颖超战斗一生的照片 28 张和新华社编发的“邓颖超同志光辉战斗的一生”一文。（周军）

K000283 **成吉思汗全传** 朱耀廷著。北京出版社 1993 年 7 月版。38.2 万字。11.00 元。全书共 7 章 26 节。第一章为“成吉思汗诞生前的蒙古草原”，介绍成吉思汗的家族始末；第二章“在苦难中成长”，介绍成吉思汗的童年，其中包括死里逃生，初期创业的艰难等；第三章“统一蒙古的战争”；第四章“蒙古国的建立与巩固”，介绍了成吉思汗在创业中团结友军，各个击破，统一草原，建立蒙古国的全过程，评述了他敏锐的政治眼光和杰出的军事才能；第五章“南下伐金”，这是统一中国的前奏曲；第六章的“西征”，介绍成吉思汗所向无敌，威震西域，功过分明；第七章“回军灭西夏”，这是成吉思汗一生军事征战的顶点，西夏灭，他也病死在军营中。该书不仅介绍了他一生的军事生活和建立国家政权的杰出功绩，还介绍了他的个性、家庭生活等。（王兰锁）

K000284 **她还没叫江青的时候** 王素萍著。北京十月文艺出版社 1993 年 7 月版。20.6 万字。6.50元。记述江青到延安之前的全部经历，包括其出生、家庭、童年、几番求学、几次婚恋以及投身影剧界的全过程。表现了江青的复杂个性及其成因。（隋丽君）

K000285 **我这三十年** 沈醉口述，沈美娟整理。北京十月文艺出版社 1993 年 7 月版。23.5 万字。6.90 元。回忆录。全国政协委员沈醉，早年参加“军统”前身——中华复兴社。在戴笠的栽培下，他平步青云，28 岁便晋升为少将，对蒋家王朝可谓忠心耿耿。建国后，作为一名高级战犯，他曾两次入狱，共达 16 年之久。特赦后，他对新中国的一切都心悦诚服，真心觉得“岸在北京”。（隋丽君）

K000286 **古代祭文精华** 王人恩编。甘肃教育出版社 1993 年 7 月版。36 万字。18.00 元。精选了中国古代的祭文佳作 50 篇，上起鲁哀公《孔子诔》，下至汪中《哀盐船文》。每篇分为“作者简介”，“原文”，“注释”，“译文”，“简译”几部分。入选的祭文都是"至情至性的创作","呕心泣血的长诗",感情充沛,引人入胜,可读性强。书前长达50页的"前言",详细论述了祭文这一特殊文体的发生和流变,"注释"多有创见,"评析"部分既能挖掘该文的内容和形式之美,又能把一篇篇祭文纳入古代祭文发展的长河中进行分析。译文准确流畅,读来极富韵致。(黄强)

K000288　**中华英烈小辞典**　胥仕元等编著。河北大学出版社1993年7月版。15.5万字。4.80元。收入中国历史上民族英雄、人民起义领袖和革命先烈共500余人,包括古代的陈胜、吴广、苏武、杨业、岳飞、文天祥、戚继光、李自成等20余人;近代的关天培、李秀成、孙中山、康广仁、黄兴、蔡锷、邹容等近百人;其余均为现当代的革命英烈和民族英雄人物,从李大钊、恽代英到张自忠、戴安澜,到毛岸英、黄继光,再到雷锋、欧阳海。介绍他们的生卒年限、简要生平和英烈事迹,有的还对他们的事迹作了简短评价。选材突出"中华英烈"这一主题,以现当代革命英烈和民族英雄人物为主,突出了他们的事迹和对当今社会的影响。(王善军)

K000289　**冯国璋和直系军阀**　吕伟俊等著。河南人民出版社1993年7月版。22.3万字。8.20元。系统介绍直系代表人物的生平和直系军阀的兴衰。明确指出,直系军阀的兴衰历程大体上分为4个阶段:从1895年至1916年为直系草创阶段,即冯国璋等追随袁世凯起家时期;从1916年至1920年为直系形成时期,即冯国璋出任副总统、代总理时期;从1920年至1924年为直系鼎盛时期,即直系掌握北京政权、曹锟贿选为总统时期;从1924年至1928年为直系覆亡时期,即吴佩孚、孙传芳垂死挣扎及其彻底失势时期。在研究直系军阀时,既注意了它和皖、奉两系的共同之处,又注意了直系和皖、奉两系的不同之处,如:内部结构比较松散,先后出现过4个代表人物;冯死后,形成两个中心等等。(张黛)

K000290　**汪伪二号人物陈公博**　蔡德金著。河南人民出版社1993年7月版。23.00万字。8.20元。系统记述陈公博短暂而复杂的一生,重点探索他成为汪精卫忠实追随者和汪精卫派系中坚的经过及与汪精卫政治结缘的种种原因。介绍他于1927年宁汉对立后,由于反对特别委员会和发动反对李济深的广州事变,才与汪精卫政治上紧紧结合在一起,此后,他既是汪精卫改组派的理论家,又是汪与蒋争斗的急先锋。后期,他之所以上了贼船,成为抗日战争时期三个著名卖国巨奸之一,除有个人"性格"因素外,最根本的原因,则是他们之间政治主张和利害的一致。(张黛)

K000291　**二陈和CC**　范小方著。河南人民出版社1993年7月版。26.1万字。9.10元。详细记述蒋介石为发展自己的嫡系,指使陈氏兄弟组织中央俱乐部,导致以拥蒋为主要目的之一的CC系应运而生的具体过程;介绍了CC系在国民党派系斗争中和反共活动中,为蒋介石立下的汗马功劳;二陈声名显赫,位高权重,致有"蒋家天下陈家党"之说的由来,以及陈氏兄弟在掌握党政大权的同时,又插手政府机关、经济系统、文教事业等各个方面而引起国民党内其他派系不满的情况。书中指出:早期的二陈和CC系,坚决反共反人民,深受蒋介石宠信;抗战时期,他们是国民党中的抗战派,主张国共合作;解放战争时期,他们顽固反共,镇压人民的反抗;到台湾后,与蒋关系恶化,最终成为蒋在大陆失败的替罪羊。在论述其反动作用的同时,也肯定了他们的个人品行及其在历史上所起过的积极作用。(张黛)

K000292　**叶挺传**　卢权等著。河南人民出版社1993年7月版。42.8万字。15.50元。以丰富的内容,翔实的资料,朴实流畅的文笔,生动具体地再现了叶挺从小不畏邪恶,热切追求真理;在北伐战争和抗日战争中,驰骋疆场,威震敌胆,立下赫赫战功;在敌人的囚牢中,正气凛然,坚贞不屈;一生光明磊落,坚强刚毅,热爱人民,忠诚于党,鞠躬尽瘁,死而后已的光辉形象。本书在1987年12月初版的基础上,进行修改和补充而成。(陆树庆)

K000293　**新中国留学归国学人大词典**　中华人民共和国人事部主编。湖北教育出版社1993年7月版。177.2万字。75.50元。收录自1949年10月以来出国留学到1992年3月止学成归来的学人,共7千余名 。由人事部从已学成回国的七万余人中甄选,以获得博士学位或现任高级职称或受到国家级表彰为入选的基本条件,省部级以上领导职务的学人因为外界熟悉而不在收录之列。以姓氏的音序排目,分别介绍收录学人的姓名、年龄、性别、籍贯、职称或职务、国内求学经历、国外求学经历、最高学历,获得的重大科学技术成果,现在工作单位等内容。后附姓氏笔画索引。(孙艳魁)

K000294　**陈树人先生年谱**　陈直魂编著。岭南美术出版社1993年7月版。21万字。20幅。80.00元。分4个部分,第一部分为年谱。始于1884年,止于1948年,按年月顺序。先记与民主革命运动有关或有直接、间接影响的国际、国内重要事件,次记陈树人的重要事迹及思想，第二部分为历年画作，画作目录按年代收录，不能确认年代者，按其画风列为早期、中期或晚期；第三部分为历年未收入诗集的诗作；第四部分是众家评序。年谱由陈树人先生的子女编著，书中披露了前未公开的许多珍贵资料。（谢耿）

K000295 **中国古代北方少数民族历史人物** 叶新民著。内蒙古人民出版社 1993 年 7 月版。11.8 万字。4.00 元。“内蒙古历史文化丛书”之一。通过所介绍的 28 位少数民族历史人物，有具有代表性的政治家、人民起义领袖、巾帼英雄、科学家、文学家、画家和诗人等。（王挺栋）

K000296 **寻求历史的谜底——近代中国的政治与人物** 杨天石著。首都师范大学出版社 1993 年 7 月版。47 万字。20.00 元。对近、现代史上许多众说纷纭、扑朔迷离的问题作深入的、科学的考察，解决许多悬而未决的疑案。它具有以下特点：1. 资料丰富、珍贵、可信。所引资料大部分来自国内公私收藏和日本、美国等地的档案馆、图书馆，均系第一手的未刊档案或手稿。2. 解决了近、现代史一系列重大问题。通过严密的叙述、分析和考证，抉幽钩隐，第一次揭示许多重大的历史奥秘，诸如康有为谋围颐和园、捕杀西太后，梁启超谋诛袁世凯，同盟会内部两次要求孙中山下台的风潮，蒋介石刺杀陶成章，汪精卫等和蒋介石的矛盾与中山舰事件的发生，武汉政府密谋逮捕蒋介石，胡汉民密谋以武装行动推翻南京政府，李宗仁密谋向蒋介石夺权，迫使其出国等重要史实，均有精确的阐述和论证。3. 对近代史上的几种重要思潮，如国粹主义、无政府主义、民生主义等，均有精辟的分析。4. 行文畅达，结构巧妙，文采斐然，若干情节曲折生动。（刘彦成）

K000297 **纪晓岚年谱** 贺治起等编。书目文献出版社 1993 年 7 月版。21 万字。7.90 元。纪昀，字晓岚，清前期著名学者。曾任《四库全书》总纂修官，又修《四库全书总目》，《总目》之后，又著《简明目录》。年谱中详细介绍纪公参与《四库全书》修纂之始终，还生动记述其宦海沉浮，《阅微草堂笔记》5 种的写作过程，家庭生活，他与当时学者名流的交往。（卢玉荣）

K000298 **大清畿辅先哲传** 徐世昌撰。王乃芳、王道成等校点。北京古籍出版社 1993 年 8 月版。103.6 万字。上下册。48.80 元（精）。清代畿辅（今京、津、河北）地区的人物传记。原署天津徐世昌撰，实则他负责发起、组织和出资刊印，由主要撰稿人王树楠等执笔纂修而成。本书共四十卷，分八门：名臣、名将、师儒、文学、高士、贤能、忠义、孝友，共收 1800 多人（包括附传）的传记。所收人物之范围以籍贯畿辅者为限，隶旗籍者不收。编排以科分年代为先后，无科分者以入官年代为先后，两者俱无，则按朝代叙次。所收人物传记史料详备，“凡国史所载以及私家撰著，其文献实有可以征信者，罔不穷搜博考”，因而保存了大量珍贵的史料。所收人物之数量，每传之详备都超过《清史稿》、《清史列传》、《碑传集》、《国朝耆献类征》、《畿辅通志》诸书，是研究清史、中国近代史、北京及河北地方史的必备参考书。此次整理出版，除对原作进行点校和分段外，还对原文中脱、误、衍、倒及异体、古体字等作了改正。删除了原作所附《列女传》六卷。书后附有《传主人名索引》。（一芥）

K000299 **中国历代思想家传记汇诠** 王邃常主编。复旦大学出版社 1993 年 8 月版。132 万字。上下册。73.00 元。以朝代为序，共收录西周至近代三千年中 264 位思想家的传记。其中有：春秋战国儒、道、阴阳、名、法、墨、纵横、杂家的创立者和传人；西汉的今古文经学家；魏晋南北朝玄学和无神论者的代表；隋唐佛教各宗和道教的主要人物；宋元明时期的理学家；清代经学家；近代太平天国，以及资产阶级革命派、改良派的代表人物等。资料采自正史、别史、杂史、佛藏、道藏、总集、别集、方志、学案、笔记、书目、传状，以及其他学术专著。对传文中所涉的人名、地名、物名、书名、事件、术语、典故、官职和难懂难解的语词作了详细的注释，并附有考辨。（陈士强）

K000300 **中国特级教师辞典** 邹时炎主编。湖北科学技术出版社 1993 年 8 月版。200 万字。52.00元。收录 1993 年 1 月底以前在世，在中小学教育系统工作并填写了《中小学特级教师基本信息表》的特级教师 7000 余人。介绍每位教师的姓名、姓别、籍贯、出生年月、学历、任教和评为特级教师的时间，所从事教育教学的学校层次、学科、任学术团体的职务、荣誉称号、著作及教育成果。（高诚毅）

K000301 **广东大儒陈白沙** 陈占标著。花城出版社 1993 年 8 月版。16 万字。6.00 元。明代思想家、学者、诗人陈献章（1428—1500），字公甫，号石斋，又号碧玉老人，广东新会白沙乡（今江门市郊）人，世称白沙先生。他 19 岁中乡试，27 岁到江西临川拜吴与弼为师。学成后回新会闭门苦读。后在白沙设馆讲学。明成化十八年（1482）广东布政使彭韶上疏举荐他，宪宗准奏。陈献章勉强赴京，拜授翰林院检讨，以病辞归，后来屡荐不起。本书为陈白沙传记，反映其一生行事，表现其思想、精神、品行、功业，展

示了陈白沙“半为农者半为儒”的生活态度。及其“学贵乎自得”、“以自然为宗”的观念。(陈锡忠)

K000302 **张学良和东北五十七军** 刘祖荫等著。华文出版社1993年8月版。16.5万字。6.50元。叙述东北军在抗日战争中的辉煌成绩和东北57军内部的激烈斗争。(王文祥)

K000303 **张学良暨东北军将领传** 张学良及东北军史研究会编。华文出版社1993年8月版。24.5万字。9.00元。为张学良暨东北军史研究会系列丛书之一。以人物传记的形式反映在中国现代史中曾经起过重要作用的东北军将领们的一组群像。共选录28名东北军将领。他们是:(1)东北军统帅张学良。由军阀的大公子转向青年爱国者,由军阀转向爱国将领。写了他作为东北军统帅多姿多彩又曲折复杂的历程;(2)东北军各军的军长,如于学忠、万福麟、何柱国、王以哲、吴克仁、王树常、冯占海、刘多荃、王铁汉等人;(3)东北军各军、兵种代表人物,如炮兵邹作华,海军沈鸿烈,空军高志航等人;(4)在东北军14年抗日战争史和西安事变中作出重大贡献的抗日英雄、抗日名将。如马占山、黄显声、赵毅、冯占海、李杜 、苏炳文、高福源、常恩多等人;(5)为国捐躯的抗日烈士,如王以哲、吴克仁、刘桂五、方叔洪、扈先梅、王鹏举等人。(王文祥)

K000304 **武则天评传** 赵文润、王双怀著。三秦出版社1993年8月版。30万字。7.70元。全面评价武则天的一生,再现了她叱咤风云的政治风采和超凡魅力。认为,武则天一生最大的贡献是:一、任贤纳谏。她创立了殿试、武举和自举,选拔了诸如姚崇、宋璟、苏良嗣等人。其中姚、宋成为开之盛世的贤相。二、发展了生产。在她统治时期,国家仓库粮食充裕,户口也从380万户猛增到615万户。三、国力增强。版图东至高丽,西达波斯,南尽林邑,北抵大漠,超过了贞观时期。因而她是一位杰出的女政治家。武则天的魅力表现在:一是她的家族 。父亲是唐工部尚书、应国公,母亲是隋宰相杨达之女。她的个性中自然带有野心和傲慢;二是她的美丽。她凭自己的姿色,做了太宗的妃子,又倾倒了高宗李治;三是她的智慧、气魄和胆略。她的诗文集多达百卷。她诛杀了宰相裴炎、将门贵种徐敬业和将军程务挺,这又是多么大的气魄。她择都洛阳、超拔武将,更表现出她过人的胆略;四是她极富传奇色彩的经历:在中国历史上,不曾有一个女子像她那样经历了那么多坎坷,遭到那么多激烈反对,又享受到那么多荣耀,拥有那么多权威。因而她又是一位魅力超凡的伟大女性。(贵云)

K000305 **中国皇后全传** 车吉心主编。山东教育出版社1993年8月版。145万字。66.00元。收录中国历史上自汉代至清代的皇后339人(包括一些名妃和皇太后),对一些仅有姓氏而没有留下任何文字记载的皇后,则列入朝代后的附表之中。坚持用历史唯物主义观点实事求是地评价历史人物,语言文字生动流畅、有故事情节,使一大批皇后群像,众态纷呈,栩栩如生。通过本书,可以了解中国两千年封建皇朝政治风云的变幻以及一些鲜为人知的宫廷斗争和后宫生活的轶闻趣事。(邹健)

K000306 **历代名人室名别号辞典** 池秀云编。山西古籍出版社1993年8月版。75.88万字。26.80元。从30多种不同类型的古籍和辞书中,收集中国历代著书家、藏书家、刻书家、思想家、史学家、文学家、戏剧学家、训诂学家、教育家、医学家、书画家、篆刻家、动植物学家以及佛学家、道学家等的室名、别号7 931条,人名6 370条。最早者如春秋时代的思想家孔丘,最晚的如有中华人民共和国成立后的各位名人,如动物学家王家楫等。以“室名”和“别号”为条目,每目之下注明姓名、字、号、室名、朝代、籍贯、生卒年、生平事迹及其著述。(落馥香)

K000307 **中国科学技术专家传略·农学编·作物卷** 中国科学技术协会编。中国科学技术出版社1993年8月版。41.3万字。29.00元。记载45位在世或已谢世农学家的生平及对人类科学技术作出的贡献。这45位农学家的身世、经历、奋斗足迹虽然不尽相同,但其高尚情操和科学精神是共同的。丁颖——中国现代稻作科学主要奠基人,怀着“要使吃不尽苦头的农民与现代科学发生联系”的深厚感情,拿出了自己全部积蓄于1927年资助筹建了我国第一个稻作研究机构。我国著名遗传学家戴松恩,1936年获得美国“西格玛赛‘金钥匙奖’”,他的导师再三挽留他,并要接他的家眷到美国,但他毅然踏上归程。还有金善宝在小麦育种方面,王绶在大豆的研究领域中,袁隆平在杂交水稻的开创性研究中,……这些举世瞩目的成就,为祖国争得了荣誉,在中国农业科技史上书写了光辉一页。(姜伟)

K000308 **中国科学技术专家传略·医学编·预防医学卷1** 中国科学技术协会编。中国科学技术出版社1993年8月版。34.3万字。26.00元。《中国科学技术专家传略》丛书医学编的一个组成部分。本卷入传的有伍连德、颜福庆、吴执中等34位医学专家,展示了他们在艰难的条件下,茹苦含辛、筚路蓝缕,以严谨的学风和高尚的品德情操,默默地在各

自的专业领域里勤奋钻研，为开创和发展中国预防医学不懈地奉献的风貌。（李国兴）

K000309　**清代第一才子**　副名：纪晓岚全传。杨子忱等著。长春出版社 1993 年 9 月版。40 万字。16.50 元。“中国历代才子传丛书”之一。纪晓岚是“康乾盛世”一位学识渊博、位高望重的大才子。除短暂谪戍乌鲁木齐外，他几乎一生春风得意。全书描述了纪氏发蒙乡里、进士及第、初入翰林、督学福建、任御前起居主管和侍读学士、结怨和珅谪戍新疆、总纂《四库全书》、伴随皇帝南巡、终老京师的一生经历，表现了纪氏坦荡、诙谐、乖巧、滑稽、聪明、机敏的性格和才华。（李凤畋）

K000310　**吴有恒传**　贺朗著。花城出版社 1993 年 9 月版。44.4 万字。14.50 元。人物传记。记述广东省原人大常委会副主任、作家吴有恒传奇的一生。吴有恒早年参加革命，曾是中共七大代表，担任过中共香港市委书记，中国人民解放军粤中纵队司令员。在解放战争中，因大搞人民武装而被称为“大搞吴”，战功卓著。“文化大革命”中，他遭受不公正待遇，下放到广州造纸厂当车间主任，但他没有消沉，而是以笔为武器继续战斗，写出了长篇小说《山乡风云录》、《北山记》、《滨海传》，还有以“榕荫杂记”、“榕荫续记”为总题的一批杂文，成为作家。粉碎“四人帮”后，他受命主政刚复刊的《羊城晚报》，将该报办成全国有影响的报纸。（谢日新）

K000311　**缅怀集**　平杰三著。华文出版社 1993 年 9 月版。15 万字。8.00 元。收集自十一届三中全会以来作者的 27 篇纪念文章、讲话。包括三个方面：一是作者个人写的缅怀党和国家领导人、各民主党派负责人、无党派知名人士和老战士的纪念性文章 13 篇；二是在纪念某些民主党派负责人和无党派民主人士的诞辰周年等重要会议上的讲话 9 篇，其中有 6 篇是代表中央统战部的讲话；三是和其他同志合写的纪念性文章 5 篇。详尽介绍了许多老一代民主党派领导人和无党派民主人士的人生历程、战斗业绩，以及与中国共产党团结合作的生动事迹。对历史人物作了实事求是的客观公正的评价。（王文祥）

K000312　**历史漩涡中的蒋经国**　刘红著。华文出版社 1993 年 9 月版。21.4 万字。6.20 元。写蒋经国复杂的一生，从乡间少年、异国漂泊、从政实习、布置逃台、顺利接班，到美台断交、突然去世。有初时为追求真理而奔波，又有与蒋介石站在同一立场，逆潮流而动，与共产党和全国人民为敌。对他振兴台湾地区经济和坚持一个中国的立场，给予了充分的肯定。（王文祥）

K000313　**现代杰出的编辑出版家——叶圣陶**　任天石等著。南京出版社 1993 年 9 月版。10 万字。3.00 元。人物传记。分正文和附录两部分。正文历叙叶圣陶青年时期的编辑出版活动、进入商务印书馆后的专职编辑生涯、在开明书店的编辑出版事业、出任新中国出版总署副署长的工作情况及其晚年对出版事业的贡献，进而从理论上总结了叶圣陶的编辑出版思想和经营作风，并探讨了叶圣陶编辑出版思想对于现今出版界的启示。附录部分收录叶圣陶编辑出版年表，叶圣陶序跋索引，叶圣陶图书广告要目，叶圣陶编辑刊物书籍要目，叶圣陶编辑或参加编辑的各级学校课本的例言、序言等。（朱新法）

K000314　**明成祖传**　晁中辰著。人民出版社 1993 年 9 月版。40 万字。14.40 元（精）；11.20 元（平）。在叙述明成祖的青少年时代部分时，对其生母之谜考索甚详。接而述其训兵待举、起兵靖难、直取金陵、南京称帝、加强中央集权、经营边疆、加强中外联系以及下安南征漠北，概括了他的主要业绩和治国才干。作者对明成祖延揽文士尤其集三千文士修《永乐大典》评价很高，而对他屡兴大工营建北京、浚通大运河、修建大报恩寺诸事作了实事求是的褒贬。在治国得失方面，以为明成祖能知人善任，做到“政无壅蔽”，并愿“斯民小康”，但“劳民过甚”而引起人民起义。作者还透过明成祖的家庭生活和立储之争、思想和信仰、爱好和作风，揭示了明成祖作为一代君主，也有和普通人一样的喜怒哀乐。（张维训）

K000315　**毛泽东交往百人丛书**　殷理田主编。山西人民出版社 1993 年 9 月版。毛泽东是一个对 20 世纪的中国乃至世界都产生过重大影响的历史伟人。要全面地了解毛泽东，就应了解他的人际关系。毛泽东一生中交往的人很多，涉及社会的各个领域、各个阶层，而对不同身份的人物，毛泽东与之有着不同的交往内容和方式。本丛书通过对毛泽东在各个领域与各界人士交往情景的描述，全面再现了毛泽东的人际关系。丛书分为“政治人物篇”、“军事人物篇”、“民主人士篇”、“文化名人篇”、“师生学友篇”、“外国友人篇”、“工作人员篇”等，每篇各取 100 人，基本覆盖了毛泽东在各个领域里的人际交往活动，生动地反映了毛泽东与各界人士交往的起点、过程、全貌、特点以及交往情景、相互影响。在叙述中，还简介了毛泽东所交往的人物的生平经历，形象地反映了他们的性格特征，客观公正地评价了他们的

功过是非,并披露一些鲜为人知的奇闻轶事。(来普亮)

K000316 **司马迁史记名言录** 高巨成等编选。陕西师范大学出版社1993年9月版。13万字。5.30元。选录司马迁《史记》、《报任安书》等著作中名言句、段249条,归为为国治政、经济生产、战争军事、人物评赞、道德修养、讥刺讽喻、史观哲理、学术其他等8个大项目,每个大项下又分若干小项。如为国治政项下分作贤君明臣、礼治法治、选贤育能、大公爱民、节俭简政。经济生产项下分作富国裕民、因势利导、经营方法。战争军事项下分作性质意义、决胜策略。人物评赞项下分作明君治国、贤臣俊杰、坎坷守志、英雄悲剧、身微义重、成败对比。道德修养项下分作壮志才能、重义无私、廉正道德、纳谏深思、交往求实、严谨谦逊、好学情操。史观哲理项下分作进步史观、天人之际、条件转化、长短得失等。每条引语均注明出处,加以注释、说明。(韦建培)

K000317 **司马迁自述集** 张胜发等编。陕西师范大学出版社1993年9月版。12万字。5.00元。我国古代伟大的史学家、文学家司马迁除著有《史记》外,还有4篇记述自己身世遭际的文字散见各书,即《太史公自序》、《报任安书》、《悲士不遇赋》、《遗挚峻书》。这是仅存的表述司马迁生平、思想及有关《史记》创作的第一手材料,弥足珍贵。现将这4篇文字辑录在一起,加上提示、段意、注释,便于阅读和研究使用。编者借鉴了前人的研究成果,也融进了自己的新见解,如澄清司马迁只是在李陵"兵败书闻"时"推言陵功",以"广主上之意,塞睚眦之词",而并非"陵降书闻"后为李陵投降做过辩护。司马迁蒙冤受屈纯属汉武帝徇私护亲而妄加的罪名。(韦建培)

K000318 **我和我的师友们** 钱正英著。水利电力出版社1993年9月版。11.5万字。9.80元。收集作者半个多世纪以来的文稿和讲话稿共21篇,文集融革命史料、人生哲理和谈古论今于一书。主要内容和写作目的正如前言所说:"书中各文记述的师长和朋友,有党和国家的领导人周恩来、邓小平、邓颖超、李先念等同志,有长期领导和引导我工作的曾山、傅作义、李葆华等同志,有多年的老战友吴觉、龚意农等同志,有水利界的老前辈李仪祉、张含英、汪胡桢以及著名水利专家钱宁、严恺、冯寅、潘家铮……等,更有许多不为人知的革命干部、科技人员、工人和农民。文中记述的,不是他们的丰功伟绩,而是他们如何实现人生的价值,如何做一个真正的共产党员和人民公仆。""书中收录了我在50年代向上海交通大学同学和90年代向南京河海大学同学的两篇讲话,虽然时代背景有很大不同,但对青年同学的热情期待是一贯的,这也是出版本书的目的。这本书不是献给过去,而是献给未来,献给中华民族的未来——当代的中国青年。"(刘凤桐)

K000319 **宋子文传** 王松等著。武汉出版社1993年9月版。24万字。6.10元。传记。对宋子文青少年时追随孙中山参加资产阶级革命,在第一次国共合作破裂的关头倒向了蒋介石,背叛革命,长期为蒋介石政权筹款理财,多次出访西方各国寻求援助,以及在西安事变中力排众议,推动事变和平解决等重大历史时期中的表现,作了客观评述,抨击他凭借权势中饱私囊,揭露以宋子文为典型代表的官僚资本对广大民众的残酷掠夺,以及四大家族的腐朽统治。通过宋子文的宦海沉浮,揭露了蒋家王朝内部互相争权、倾轧的矛盾。(杨帆)

K000320 **中国科学技术专家传略·理学编·化学卷Ⅰ** 中国科学技术协会编。中国科学技术出版社1993年9月版。36.7万字。28.00元。以41篇短容量(8000～1000字)的略传,简要评述了活跃在中国近代史上41位著名化学家的开创性贡献与生平事迹。41篇个性鲜明的人物事迹,串连成历史发展的脉络,再现了自洋务运动开始的,以引进西学工业技术与科学思想为主要特征,嵌套在中国孔儒传统格致之内,并在半殖民地中国艰难发展的中国近代化学早期史。虽为传略,实为史章。所有的编撰工作都是在中国科协专设总编委会领导下,由中国化学会组织完成。卷中所列化学家均是经广泛推荐筛选的重要历史人物。他们或是开创中国近代化学及各领域的功臣,或是在艰难条件下创办院系、育人教学的宗师,或是在学术与化工领域做出重大贡献的专家。各传略撰稿人大多是传主的生前友人或弟子。他们在化学编委会的指导下,对传主的文稿卷宗、生平史料进行了系统整理、核实。稿件最终由化学编委会审定。每篇略传由"人物评介"、"生平略述"、"简历"、"人物主要著述"4部分组成。"人物评介"由化学编委会撰写,以百余字篇幅简要评价了人物的学术贡献与历史地位;"生平略述"以史文体裁概要叙述了人物的学术生涯及昭显人物个性的独特史实;"简历"以大事纪格式记录了传主一生重要的历程、事件及相应日期;"主要论著"则列举了传主代表性的学术著作及其他重要著述。每篇篇首附有传主肖像。(陶翔)

K000321 **郭小川评传** 张恩和著。重庆出版社 1993 年 9 月版。20.3 万字。5.10 元。评述郭小川的生平活动及其诗歌创作，认为郭小川诗歌的特色是政治性和形象性的统一，战斗性和抒情性的统一，哲理性和生活气息的统一；时代性和鲜明个性的统一；他为新诗的发展作出了重大的贡献。（王从学）

K000322 **郭沫若评传** 秦川著。重庆出版社 1993 年 9 月版。39.9 万字。14.00 元。站在历史与现实的高度，把郭沫若作为革命家和学者的经历有机地结合起来，再现了郭沫若不平凡的一生。写作上坚持评传结合、以评为主的原则；史实丰富翔实。（陈兴芜）

K000323 **沙汀评传** 邓仪中著。重庆出版社 1993 年 9 月版。28.7 万字。6.80 元。评析沙汀小说建立在现实主义创作方法基础上的冷峻的讽刺与浓郁的乡土气息相结合的艺术特色及其高度成就，同时分析了沙汀在 50 年代后期到 60 年代中期创作上背离现实主义、陷入窘困的主客观原因，立论公允。"中国现代作家评传"之一。（陈琨）

K000324 **叶紫评传** 周葱秀著。重庆出版社 1993 年 9 月版。22.6 万字。5.60 元。叶紫原名俞鹤林，生于 1910 年，湖南益阳人。其父亲、姐姐等均为湖南农民运动的参加者、中国共产党党员，1927 年惨遭国民党反动派杀害。叶紫少年时便被迫流亡，当过兵，做过教员和报纸编辑等工作，1933 年加入"左联"，1934 年加入中国共产党。其作品有《丰收》、《山村一夜》、《星》等，1939 年因贫病交加死于故乡。本书评述了叶紫的一生，对叶紫的小说创作用力尤多，分析具体细致，并在深入调查的基础上，对叶紫的生年和入党日期等提出了新说。（陈琨）

K000325 **萧军评传** 王科、徐塞著。重庆出版社 1993 年 9 月版。28.5 万字。11.50 元。共 14 章。全面评述萧军的一生及其取得的文学成就。把萧军的文学道路分为 4 个时期。"第一个时期，创作的旺盛时期"，从 1932 年到抗战爆发前，这期间萧军写出了大量的小说、散文、诗歌，并写出了长篇小说《八月的乡村》，受到鲁迅的好评。"第二个时期，创作的成熟期"，抗战时期，他写出了长篇巨著《第三代》，达到了创作的又一个高峰。"第三个时期，创作的艰苦期"，他因《文化报》事件受到批判，创作受到影响，乃至在文坛上消失。"第四个时期，创作的恢复期"，从 1979 年到 1988 年他去世，他恢复了创作，主要写回忆性散文和古体诗。注重描写萧军的个性，注重环境、时代对作家、作品的影响。（杨希之）

K000326 **李嘉诚传** 夏萍著。作家出版社 1993 年 9 月版。21 万字。8.20 元(平)；17.00 元(精)。文学传记。1928 年，李嘉诚出生于广东潮州的书香世家。家乡沦陷后，他于 1940 年随父母辗转逃到香港。1943 年父亲病逝，14 岁的李嘉诚赤手空拳投身香港商海，饱尝了常人难以想象的艰辛，经营的业务不断拓展，涉及地产、酒业、石油、货柜码头、电力、金融等行业，财产逾 200 亿港元，成为当今香港首富，在全世界 98 名亿万巨富中排名第 26 位。李嘉诚经商成功之后，出于对祖国的挚爱，自 80 年代起出巨资创办了设备堪称一流的汕头大学，受到了党和国家领导人的高度赞扬。本书系统、全面、详尽地记录了李嘉诚的创业经历。（罗静文）

K000327 **张孝祥年谱** 韩酉山著。安徽人民出版社 1993 年 10 月版。17 万字。5.50 元。把张孝祥作为文学家，而首先作为政治家，放在宋、金之间的民族斗争，南宋统治集团内部的和战之争以及在战之争掩盖下所进行的党争这三个不同层次的矛盾斗争中，来考察张孝祥的政治活动、创作活动和官场上的升沉荣辱。谱中既博采史志谱传及诸家笔记，复搜及同时代诸人的别集，言必有证，实事求是；宋人记载繁多，信疑难辨，而作者纵横比较，一一考核，去伪存真，推阐入微；在一人谱中，使一代的人物事件历历在目，论及国势和政局，显现一代学风和文风；有述有论，详略得宜。附录有：张孝祥诗文拾遗 10 首和张孝祥资料选辑 4 万余字。卷首有摩崖石刻等 20 余幅。（梁鸿猷）

K000328 **影响中国文化的 20 大奇才怪杰** 李振纲等著。河北大学出版社 1993 年 10 月版。43 万字。15.00 元。对历史上才华超奇、个性高狂、情态雅远、言行乖戾的高人名士，从才、情、志、趣、命等 5 个方面展示其性格和命运。（任文京）

K000329 **中华英烈大辞典** 范宝俊等主编。黑龙江人民出版社 1993 年 10 月版。700 万字。2 册。258.00 元。收选自 1840 年鸦片战争至 1956 年社会主义改造完成期间牺牲的中华英烈 15000 余人。凡在中华民族反侵略战争和人民解放事业中英勇献身的各族各界人民，不论其职位、派别，均予收录。编撰者在占有浩繁资料的基础上，简明扼要地书写英烈的人生，努力将其生命中的闪光点挖掘出来，展现给读者。既全面地、客观地反映了历史，也追述了英烈们的事迹。（安晓峰）

K000330 **光武帝刘秀传** 张鹤泉著。黑龙江人民出版社 1993 年 10 月版。32 万字。9.40 元。以年为经，以事为纬，分别以不同类的事件说明刘秀一生活动的特点。对刘秀的先世、出身、主要经历和独特性格,作了详细的阐述。对刘秀所实施的政策和制度,辨明其渊源,考察实施特点和社会影响,并详尽分析了刘秀在政治、经济、文化和外交上的活动,客观地再现了刘秀生平的本来面目。(安晓峰)

K000331 **国民党元老——居正传** 林济著。湖北人民出版社1993年10月版。24.4万字。7.20元。分39个专题,记述居正早年投身革命,参与缔结共和,保卫共和,以后历经事变,屡经挫折,直至僻居台湾岛、客死它乡。并对居正作了较为客观的评价。作者是居正同乡,拥有大量的传主资料,居正的孙女——美国国会图书馆的居蜜博士为本传的写作也提供了许多宝贵的资料。(易学金)

K000332 **曹聚仁传** 李伟著。南京大学出版社1993年10月版。27万字。12.00元。共16章。记叙曹聚仁从"蒋畈神童"成长为名作家、名教授、名记者的"平凡而又不平凡"的人生道路。曹聚仁天资过人,早岁即显露杰出才华,终生笔耕,著作等身。他的文风自成一家。他的一生际遇坎坷,不想卷入是非漩涡却是非不断。作者经过艰苦的史料搜集工作,积三年撰述之勤而成此传。附有曹氏著作目录、年表等。(徐雁)

K000333 **梁启超传** 李喜所、元青著。人民出版社1993年10月版。48万字。16.60元(平);21.00元(精)。梁启超是影响近代中国历史命运的关键人物之一。本书以信而有证的史料,秉公立论,分段评说,准确地勾勒了梁的政治生涯,探讨了改良主义与近代中国社会变迁的复杂关系,对梁的思想和学术文化作了富有哲理性的研究。书中还对梁的家庭生活、个人性格、业余爱好、人际关系等作了介绍,轻重淡雅恰到好处,人物形象呼之欲出。为全面反映梁启超思想家、政治活动家的全貌,本书以其政治活动为经,政治思想为纬,夹叙夹议,学术活动则分段插入,寓评论于叙史之中。为更好地再现梁启超的个性,着意叙述了传主青少年个性形成的过程、中年时期个性展现和晚年个性的回归和升华。在叙述其学术文化观点和主要贡献时,着重指明其突破性的进展和一些主要问题,并提出作者一些颇有创见的观点。(张润生)

K000334 **毛泽东交往百人丛书·民主人士篇** 殷理田主编。山西人民出版社1993年10月版。26.5万字。8.00元。所收录的与毛泽东交往的100位人物都是民主人士,包括建国前的民主人士、建国后的党外人士。其中有著名的知识分子,如马叙伦、马寅初、齐白石、李四光、李苦禅、吴晗、侯外庐、陶行知、梁漱溟等;有原国民党元老将领,如卫立煌、冯玉祥、杨虎城、杜聿明、张治中、傅作义、程潜等;还有梅兰芳、李和曾等一些著名的表演艺术家,宋庆龄、何香凝、李德全、吴贻芳等一些杰出女性。全面反映了毛泽东在这一领域中的交往活动、人际关系的全貌、特点,真实地再现了他与各民主人士交往的具体情景。收入"毛泽东交往百人丛书"。(来普亮)

K000335 **毛泽东交往百人丛书·军事人物篇** 殷理田主编。山西人民出版社1993年10月版。26万字。8.00元。所收录的与毛泽东交往的100位人物都是我国军界人物,包括十大元帅、十大将和部分上将、中将、少将,以及为中国革命做出贡献在新民主主义革命各个历史时期已经牺牲的部分人物。全面地反映了毛泽东在军事领域中交往活动、人际关系的全貌、特点,真实地再现了毛泽东与各个军事人物交往的具体情景;生动地反映了毛泽东与各个军事人物交往的方式艺术,又形象地反映了他所交往人物的性格特征。收入"毛泽东交往百人丛书"。(来普亮)

K000336 **张澜传** 林淇著。上海文艺出版社1993年10月版。23万字。7.40元。人物传记。张澜是我国现代著名民主人士,卓越的政治家、教育家,前中国民主同盟主席、中华人民共和国副主席。他于1871年(清同治十年)生于四川南充,1894年考中秀才。戊戌变法失败后,痛感清廷腐败,立志在家乡办学救国。1903年曾留学日本,因参加东京进步学生运动被清公使馆于1904年押送回国,嗣后即投身反清运动。辛亥革命后,曾任四川省长、成都大学校长。1927年四一二政变后,张澜看清蒋介石反革命真面目,即积极反蒋。抗日战争期间,又在中国共产党的领导下,组织建立中国民主同盟。抗战胜利后,坚决反对内战,反对国民党一党专政,为此曾受到国民党反动政府的迫害、追缉,直到新中国成立后方获自由,并被选举为国家副主席。(王聿祥)

K000337 **郁达夫及其家族女性** 蒋增福编著。浙江文艺出版社1993年10月版。13.8万字。6.40元。以详实的资料介绍了郁达夫及其家族女性。分2辑。第一辑为研究郁达夫的论文8篇,其中有《郁达夫祖籍新说》、《郁达夫与富春山水》、《郁达夫与杭州》及郁达夫殉难40周年学术讨论会侧记《正气永存天地间》;第二辑为介绍郁达夫家族女性的文章7篇,介绍了郁的祖母戴氏、母亲陆氏、长嫂陈碧岑、原配夫人孙荃、侄女郁风、长女郁黎民等。黄源作

序。(严麟书)

K000338 **齐越和他的播音生涯** 刘淮著。中国国际广播出版社 1993 年 10 月版。13 万字。5.00 元。纪实性人物传记。以一个学生对老师的尊重、敬佩之心,和文化工作者敏锐的目光,用流畅、朴实的文字,生动、真实地介绍新中国广播事业最著名的播音员之一——齐越 40 年播音生涯。有解放战争时期用广播瓦解蒋军的故事,也有在开国大典上转播实况的难忘一幕;有放弃当翻译的愿望,立志在播音战线奋斗一生的经过,也有在其播音生涯中逐步成熟的动人故事;有在文革时期所遭受的坎坷,也有经周恩来总理亲自过问而重返播音岗位的难忘记录;有与著名播音员虹云、林如、铁成感人的师生情谊,有与全国无数听众通过交谈、书信等形式交流沟通动人情节,还有他数十年积累的丰富的播音经验。无不体现齐越对党的新闻事业的深切热爱和执着追求。书中附有数幅珍贵的历史照片。(李晓琤)

K000339 **中国科学技术专家传略·工程技术编·力学卷 1** 中国科学技术协会编。中国科学技术出版社 1993 年 10 月版。49.5 万字。29.50 元。介绍在我国近代力学发展上作出贡献的 57 位力学家,记述他们的生平简历;顽强奋斗、执著追求,在国防建设、经济建设、基础科学和科技领域中取得的举世瞩目的成就,对祖国乃至对人类科学技术、经济和社会发展作出的贡献;严谨治学、甘为人梯,为我国培养了大批力学专门人才,以及他们对祖国对人民无限热爱和无私奉献的可歌可泣的事迹。通过介绍上述 57 位力学专家,反映了中国近代力学发展的历史进程。(郭蕴玉)

K000340 **隋唐时期维吾尔艺术家** 阿布力孜著。民族出版社 1993 年 10 月维吾尔文版。15 万字。4.70 元。历史人物评介。运用辨证唯物主义和历史唯物主义观点对隋唐时期的 38 位维吾尔艺术家的生平与创作进行分析研究,并给予客观的评价。这些艺术家大部分从西域来到内地,他们作为西域文化的传播者,在东西文化的交流与融合中作出不可磨灭的贡献。作者吸收了国内外学术界的有关研究成果,在诸如隋、唐朝与西域维吾尔人的文化往来,西域维吾尔人的风俗习惯与宗教信仰、音乐、舞蹈、绘画、雕塑、古代戏剧、魔术、幻术等艺术形式与一系列重大的社会问题上提出独到见解。是研究维吾尔族艺术家与历史的参考书。(凯赛尔)

K000341 **当代维吾尔文学家** 马合木提江·斯拉木、阿·斯马依力编著。新疆人民出版社 1993 年 10 月维吾尔文版。40 万字。16.50 元(精)。系统介绍在维吾尔当代文学中占有重要地位的阿布都哈力克·维吾尔、祖农·哈德尔、阿尔都热衣木·吾铁库尔、鲁提甫拉·穆特列甫、铁衣甫江·艾力由夫、阿布都克里木·霍加由夫、祖尔东·萨比尔、买买提明·吾守尔、买买提·巴格拉西等 69 位诗人、作家的生平以及他们的创作活动,评介了他们的代表作;比较全面地展示了维吾尔当代文学形成、发展的历程。(巴力江)

K000342 **郑板桥小传** 黄傚成著。百花文艺出版社 1993 年 11 月版。20.3 万字。7.00 元。介绍郑板桥身世,如"板桥"一号的来历、郑板桥与慎郡王的关系、郑板桥临终前向乾隆献画等。还对郑板桥的艺术成就、艺术特色进行总结归纳,指出其"成就的核心就是一个'怪'字。文学艺术上的'怪',又通在政治思想上的'怪'字,表现在对传统观念的反叛,对封建正统的抗争,对劳动人民的同情和对个性解放的强烈要求。"(任少东)

K000343 **名人荟萃** 副名:可爱的北京。叶祖孚编著。北京少年儿童出版社 1993 年 11 月版。9 万字。3.00 元。北京有悠久的历史和灿烂的文化,几百年来,许多辉煌的历史人物为这座城市增添了光彩。书中精选了其中 50 位杰出者,在真实的历史资料基础上,用流畅生动的文字介绍了他们与北京的密切关系。如:《妇产科专家林巧稚》、《一身正气的白石老人》、《体育教授马约翰》和《人口学家马寅初》等。书中配有 23 幅珍贵照片。收入"可爱的北京丛书"。该丛书共 10 册。(郑雍庭)

K000344 **人间茅盾** 副名:茅盾和他同时代的人。钟桂松著。河南人民出版社 1993 年 11 月版。18.4 万字。6.50 元。记述文学巨匠茅盾与鲁迅、郭沫若、瞿秋白、叶圣陶、郑振铎、周扬、张闻天、朱自清、柳亚子、冯雪峰、老舍、丁玲、萧红等十多位著名作家和诗人的友谊及其文坛事业,并记述了茅盾和夫人孔德沚女士终生相伴、患难与共的深情。(天俊)

K000345 **中国各民主党派史人物传 第四卷** 彦奇主编。华夏出版社 1993 年 11 月版。30 万字。15.50 元。为李烛尘、高崇民、甘祠森、冷遹、刘宗宽、孙越崎、吴若安、黄竞武民主党派领袖人物的传记。(廖国珍)

K000346 **中华家书** 秦牧编。江西人民出版社 1993 年 11 月版。32 万字。10.00 元。辑录中国现、当代著名政治家、革命家、思想家、学者的优秀家书近百篇。这些文章感情真挚,文笔优美,体现了中华民族“修身、养性、齐家、治国、平天下”的家训思想。书中收集烈士遗书12篇，篇篇都洋溢着炽热的战斗激情和视死如归的革命精神。还收有孙中山、鲁迅、郭沫若、毛泽东、周恩来、冰心、巴金等人的书信，展示了伟人们在探索救国治民的道路和寻求先进思想武器的坦诚心迹，以及严于解剖自己的品格和反抗旧势力的战斗精神。所选书信，封封是精品、件件是学写书信的好范文。各有特色的文笔，展示了名家们极深厚的艺术造诣和广博丰富的知识学养。（蔼新民）

K000347　**民国高级将领列传**　王成斌主编。解放军出版社1993年11月版。325万字。7册。128.00元。系统记述民国高级将领从军、从政及其他重大活动的大型传记。共收入251位传记对象，其中上将110人，中将141人，任职时间均为1925年至1949年，以上将为主，中将一般与重大历史事件密切相关，社会影响较大。起义后加入中国共产党者未列入。编撰者以历史唯物主义和辩证唯物主义为指导，实事求是，解放思想，力求把政治性、军事性、史学性和文学性有机地结合起来。对人物所处的时代背景，所经历的重大历史事件，功过是非，均以事实说话，不作或少作评论。以重大历史事件为主，注重反映人物主流，对枝节问题不铺陈、不渲染，点到为止。以军事活动为主线体现人物的特点，着重描述人物在重大战役战斗中的战略战术思想与指挥艺术，从政活动则突出其独特作为。（陈济康）

K000348　**欧阳修年谱**　严杰著。南京出版社1993年11月版。22万字。6.20元。详细考订欧阳修一生行状及其交游，表现了北宋文人的生活、创作面貌。作者在考订和理论方面都很见功力。如景祐四年欧阳修曾往许州迎娶薛奎女，又到随州奔叔父丧，然后还夷陵任所，作者指出诗文中的“山行”一事当在本年，并非景祐三年赴夷陵的行踪，解决了前人纠缠不清的问题，很有说服力。又如作者在天圣九年下叙谱主与西昆体的关系，在熙宁四年下论谱主对佛教的态度，都曾进行过细致的辨析，并提出了可信的见解。（朱新法）

K000349　**哈斯宝研究论文集**　苏纳嘎等编。内蒙古文化出版社1993年11月版。18万字。4.80元。哈斯宝是清末蒙古族杰出的文艺理论家、翻译家和“红学”研究专家，在蒙古族哲学和美学方面也有卓越的贡献。本书选入老中青三代学者近几年发表的各有见地的论文20篇。（占柱）

K000350　**张春桥传**　叶永烈著。时代文艺出版社1993年11月版。33万字。15.50元。叙述张春桥平生经历。（李杰）

K000351　**江青传**　叶永烈著。时代文艺出版社1993年11月版。46万字。16.70元。叙述江青毕生经历。（李杰）

K000352　**姚文元传**　叶永烈著。时代文艺出版社1993年11月版。26.5万字。13.00元。叙述姚文元平生经历。（李杰）

K000353　**王洪文传**　叶永烈著。时代文艺出版社1993年11月版。33.8万字。15.60元。叙述王洪文毕生经历。（李杰）

K000354　**勤学·实干·奉献——记化工与核工程专家姜圣阶**　李鹰翔著。原子能出版社1993年11月版。16.3万字。14.80元。收集23篇文章，从不同侧面反映姜圣阶热爱党、热爱祖国，为社会主义现代化建设事业奋斗终生的献身精神、勤奋好学、虚怀若谷、严谨细密、实事求是的治学态度，锲而不舍、知难而进、深入实际、以身作则的工作作风，和忠厚朴实、坚持真理、清正廉洁、光明磊落的崇高风格。（柴芳蓉）

K000355　**曹禺评传**　田本相、刘一军著。重庆出版社1993年11月版。26万字。10.50元。共13章。全面评述曹禺的文学成就。高度评价《雷雨》、《日出》、《北京人》等现实主义巨著，认为它们“是中国话剧走向成熟阶段的标志”，它们的现实主义成就“为中国话剧的现实主义传统奠定了有力的基石”。对曹禺在话剧创作上的探索和创新也给予了充分的肯定，认为《原野》采用表现主义手法不是一种“失败”，而是一种“探索和创新”。还深入分析了曹禺话剧对人物灵魂的探索、对结构的安排、对戏剧气氛的烘托等特点。（杨希之）

K000356　**戴望舒评传**　陈丙莹著。重庆出版社1993年11月版。22.8万字。9.50元。共14章。以抗日战争爆发为界限，将戴望舒的诗歌创作分为两个不同的阶段。前期诗作反映了他的“追求与苦闷”，艺术上大量运用象征手法，具有“象征派诗富于含蓄、朦胧、隽永之长，而无某些象征派诗杂乱、艰涩之弊”。抗战开始以后，戴望舒参加了火热的斗争生活，他对现实的关注使他诗歌中的现实主义因素得到了加强，尽管他的诗歌仍然有着“新颖的象征与意象”，但却“正在发生着向现实主义的倾斜”。对戴望舒诗歌的象征主义因素予以很高的评价，认为这些象征派诗“以自己独到的表现力使得被格律诗否定的苍白的自由诗重新获得生机”。（杨希之）

K000357 **陈伯达传** 叶永烈著。作家出版社 1993 年 11 月版。45 万字。14.40 元。长篇传记。记述陈伯达由一个追求进步的知识分子一步步演变为大野心家的过程。(林金荣)

K000358 **胡适思想与现代中国** 胡晓著。安徽人民出版社 1993 年 12 月版。28 万字。7.40 元。从实事求是的科学原则出发,屏除过去全盘否定、简单定性的批判模式,从主张与体系,论争与得失,比较与影响诸方面,较为系统深入地研究了胡适的哲学、文化、教育、宗教和文艺思想,剖析胡适思想的独立品格和复杂内涵,历史地、客观地论述胡适在中国现代思想文化转型重建时期的贡献与局限,在认真探讨历史背景的特殊性和复杂性、思想家的理论源流和个性特点、中西文化交融冲突、社会思潮对立互补等重要理论问题的基础上,对胡适在中国现代思想文化史上的地位和影响作出新的评价。本书打破了单一思想沿革式或专题述评式,从理论到论战到比较,多侧面、多角度地挖掘胡适,视野开阔,结构灵活、重点突出;在方法上兼容并蓄,历史法、比较法、辩证法、实证法均有运用。(秦闻)

K000359 **傅抱石传** 胡志亮著。百花洲文艺出版社 1993 年 12 月版。40 万字。19.50 元(精);16.50元(平)。文学传记。记载国画大师傅抱石的一生。分上下两部共 10 章。第一章"艰辛贫苦的少年时代";第二章"志存高远,青年英才",写傅抱石初学有成,得到社会注目以及他的友谊、从师和爱情生活;第三章"远涉重洋,东瀛求学",写他留学日本筹办画展,名播海外;第四章"奔赴抗战,忠心报国",写他以笔代枪,投身抗战;第五章"金刚坡下山高",写他在重庆任教,同时作画宣传抗战;第六章"钟山风雨",写抗战胜利后他回到南京,以作画反映现实生活,并培养新秀;第七章"笔墨当随时代",写他解放后致力于国画教学,捍卫国画传统艺术,并不断探索与变革;第八章"文化使者访东欧",写他代表中国画家出访东欧,传播中国国画艺术;第九章"呕心沥血为画事",写他与人合作,为人民大会堂作"江山如此多娇"巨幅国画;第十章"满怀激情绘新图",写他永不休止地工作,把一生献给了国画事业,他的成就永载青史。傅抱石夫人罗时慧作序。附有傅抱石的珍贵照片和代表画作。(李春林)

K000360 **文化教育名流** 官玉松等编著。福建教育出版社 1993 年 12 月版。9.3 万字。2.60 元。介绍文化教育界富有爱国精神的 7 位著名人物,通过丰富的史实、生动的情节、流畅的语言,展现了他们作为一代名流的风采。(何强)

K000361 **千姿百态尽风流** 副名:中国历代女杰百人传。李润英著。广西教育出版社 1993 年 12 月版。31 万字。9.05 元。选取中国历史上有重大影响的 102 位女性,其中包括政治家、文学家、史学家、诗词家、书法家、绘画家、词曲家、舞蹈家、革命者和起义者,包括汉族和其他少数民族妇女,公允评析她们在旧社会里对中华民族繁荣昌盛、文明进步所作出的重大贡献,或揭示她们在历史提供的各种机遇中所表现的主体作用。(蒙子良)

K000362 **"我们的父辈"丛书** 毛岸青等著。河北少年儿童出版社 1993 年 12 月版。130 万字。共 6 册。共 27.50 元。分为革命家,自然科学家,社会科学家,文学艺术家,教育家,爱国民主人士等 6 卷。全套丛书被撰人物多达 177 人,包括毛泽东、周恩来、刘少奇、朱德、任弼时、董必武、陶铸、张闻天、彭德怀、刘伯承、陈毅、华罗庚、李四光、侯德榜、竺可桢、钱三强、郭沫若、孙冶方、杨献珍、闻一多、翦伯赞、徐悲鸿、老舍、阳翰笙、胡风、马寅初、杨秀峰、陶行之、李公朴、沈钧儒、周建人、黄炎培等。他们都是中华民族的杰出代表。丛书的作者均为被撰人物的子女,他们以自己的亲身感受来回忆父辈的事迹。(冯铁军)

K000363 **吴有训传** 林家治著。河南人民出版社 1993 年 12 月版。13.8 万字。6.40 元。记述吴有训献身科学、献身教育、献身祖国、献身人类的一生。(天俊)

K000364 **著名实业家荣氏兄弟** 李占才著。河南人民出版社 1993 年 12 月版。23.9 万字。10.00 元。系统介绍荣毅仁的伯父、父亲兄弟成长及荣家企业从无到有,从小到大,以至衰落的过程。(张黛)

K000365 **湖南历代人名辞典** 《湖南历代人名辞典》编委会编。湖南出版社 1993 年 12 月版。87.1万字。25.00 元。系统收录和介绍历代湖南名人的工具书。介绍了历代湖南名人的主要生平史实、思想、言论、官职、赠爵、谥号及著述。释文以纪行写实为主,不加评论。共收录 4278 个词条,收录人士的下限至 1990 年底。附有姓氏笔画索引。(曹有朋)

K000366 **孙子传** 曹尧德著。花山文艺出版社 1993 年 12 月版。39.5 万字。19.80 元。"先秦诸子文学传记丛书"之一。描写孙武的身世、撰写《孙子兵法》13 篇的经过及其百战百胜的战绩。(张志春)

K000367 **徐树铮传** 王彦民著。黄山书社 1993 年 12 月版。24.4 万字。6.50 元。介绍徐树铮少时对中国在甲午战败及签订《马关条约》深感痛心,决意投笔从戎。后入段祺瑞门下为记室,1905年被保送日本士官学校学习,学成归国,重入段氏幕府任职,成为段的重要臂助。清帝逊位后,升任陆军部次长。1917年袁世凯称帝时,因力劝段祺瑞消极抵制,被袁免职。袁世凯死后,徐树铮在段祺瑞的力保下任国务院秘书长。在府院之争中,他助段反黎(元洪),为段重掌中央政府大权立下汗马功劳。在南北战争期间,他怂恿段祺瑞对南方护法各省用兵,主张武力统一中国,反对南北议和,拥段组阁,并包办国会、总统选举,成立"安福国会"。1919年,徐任西北筹边使兼西北边防军总司令。在解决外蒙古撤消自治事宜上措施得当,得到孙中山的好评。直皖战争时,徐成为众矢之的,兵败后力促孙段联合倒直,以图东山再起而未果。1924年,赴欧美日等国考察,回国后意欲再张旗鼓,旋为冯玉祥派人枪杀于廊坊车站。对徐树铮这样一位臧否不一的人物,作者本着近世"实录派"史学的原则,只录不论,尽量运用史料让传主自己说话,说完整、连贯的话,为自己"画像",只将当时的社会背景、所处环境和往来人物勾勒清晰,让读者自己来评判徐树铮这位北洋皖系军阀首脑段祺瑞的"智囊、灵魂、左右股肱"的人物的历史功过。(石松)

K000368　**中国历代亡国帝王传**　李祖德主编。黄山书社1993年12月版。20万字。6.50元。共选编21个亡国之君,计有:夏桀、殷纣王、周幽王宫涅、吴王夫差、燕王喜和太子丹、秦二世胡亥、汉平帝与王莽、东汉献帝刘协、蜀汉后主刘禅、东吴孙皓、南朝陈后主叔宝、隋炀帝杨广、唐昭宗李晔和哀帝李柷、南唐后主李煜、北宋徽宗赵佶、辽天祚帝耶律延禧、金哀宗完颜守绪、南宋恭帝赵昰、元顺帝妥欢贴睦尔、明崇祯帝朱由检、清宣统帝溥仪。与该社已出版的《中国历代开国帝王传》是姊妹篇。(赵国华)

K000369　**毛岸英**　金振林著。人民出版社1993年12月版。26万字。9.80元。记述了毛岸英一生的经历。主要内容有:童年痛苦磨难、少年寄居国外、青年艰苦奋斗、壮年英勇献身等。描述了毛岸英的性格、志趣、爱好、婚恋等方面的情况。(柏裕江)

K000370　**万历传**　樊树志著。人民出版社1993年12月版。35万字。14.20元(精);9.90元(平)。万历(明神宗)是明朝由盛转衰时期的君主,本书抓住这一特点,对他前期的励精图治,主要是对张居正改革的大力支持,作了详细介绍;叙述了在平叛、援朝抗倭中的重要举措;同时也对他的专横、好酒色、逐渐怠于朝政等劣迹加以揭露,从中揭示了万历与明朝盛衰演变的关系。书中摘录大量君臣对话、谕旨、批示以及当时人的回忆、笔记中的记载,力求客观地展现万历一朝的治政方针、用人特点、思想风格以及有关历史的演变过程。作者避开脸谱化评论人物的弊病,注意揭示万历的复杂面貌,特别是通过万历与宰臣的微妙关系,在立太子上的拖拉犹豫,宫中生活的失检,对财宝的贪婪和临终时的悔恨等诸多方面,勾勒出万历的形象。(张维训)

K000371　**魏孝文帝传**　刘精诚著。天津人民出版社1993年12月版。24.8万字。9.50元。历史人物传记。魏孝文帝(467—499年)是我国历史上杰出的皇帝之一,他出身于少数民族鲜卑族拓跋部。这位皇帝的主要贡献在于:将游牧民族奴隶主式的统治方式改造为以农耕为主的封建经济,完成了北魏社会的封建化。他从大同迁都至中原洛阳,提倡生活方式的汉化,使民族间的融合达到了一个新水准。例如均田制对土地制度的改革,曾影响到后来的北齐、北周和隋唐,历时300年之久,并还影响到日本和朝鲜。唐代后来的鼎盛安定,也与之有渊源关系。(殷瑞渊)

K000372　**陈果夫与陈立夫**　范小方、李永铭著。武汉出版社1993年12月版。26.5万字。6.70元。传记。详细介绍陈果夫与陈立夫在一些重大历史事件中的表现,如辛亥革命时期陈果夫投笔从戎,参加武昌保卫战;大革命时兄弟二人为虎作伥,破坏国共第一次合作;抗战胜利后,二人违背历史潮流,顽固反共等。通过史实,客观反映二陈一生功过,既不抹杀他们在主持苏政、治理淮河、改革教育制度等方面的一些积极作用,同时又对其倒行逆施、助纣为虐,维护蒋介石独裁统治、进行文化"围剿"、大搞特务活动等予以揭露。书中注意追踪近期资料,对陈立夫晚年呼吁海峡统一、积极与大陆交流的积极态度作了客观介绍。在资料运用上,多取国内档案和一些原始材料,谨慎地引用了一些传主的日记、文章,从而较客观地反映其内心世界。(杨帆)

K000373　**雪域历史人物简介**　顿多、旦增曲扎编著。西藏人民出版社1993年12月版。30万字。8.50元。简要介绍西藏历史上700多个知名人物的生平事迹。在编写时参照了许多历史史籍及其他有关资料,人物事迹忠实于历史事实。通过阅读,能了解西藏的宗教、文化、政治、历史等诸多情况。(刘金华)

K000374　**晚明曲家年谱**　徐朔方编。浙江古籍出版社1993年12月版。65万字。3册。70.00元。

收入晚明39位曲家的年谱。按各家详略不同而分年谱、行实系年、事实录存3类,又按曲家籍贯分苏州、浙江、皖赣3卷。多数材料出自国内各地图书馆珍藏的善本,部分取自美国、日本、西班牙等国多家图书馆收藏的罕见汉籍,少数采自民间收存的宗谱、家传以及有关书画题辞。各谱既相对独立,又彼此照应。每种年谱前面均有引论。(郝华)

K000375 **1991中国科学院学部委员** 中国科学院学部联合办公室主编。浙江科学技术出版社1993年12月版。37万字。22.50元。介绍210位1991年当选的学部委员。记述每位学部委员的生平、学术活动、主要成就和贡献附有每位学部委员的代表性论著目录。还附有1991年新当选学部委员之外的全部学部委员的姓名及基本情况。江泽民为本书题词:"尊重知识,尊重人才"。(边方)

K000376 **夏衍** 李子云等著。浙江摄影出版社1993年12月版。5万字。290.00元。"当代中国文化名人传记画册"系列之一。以图文并茂的形式展示20世纪中国作家、革命电影事业开拓者、革命文艺运动组织领导者夏衍(1900—1995)的人生历程与业绩。包括"从童年到少年:1900—1920"、"心随东棹忆华年:1920—1927"、"左翼十年:1927—1937"、"记者生涯(抗战八年):1937—1945"、"记者生涯(后四年):1945—1949"、"在上海:1949—1955"、"到文化部:1955—1966"、"十年浩劫:1966—1976"、"晚晴犹辉:1976— "等9个单元,第九单元又分为"政通人和"、"出访东亚"、"四海情"、"艺苑春早"等11个组段;附有传主影剧剧照、配图大事年表以及介绍编纂情况的"编后记"。全书收入传主生平图片280幅,文献资料图片(含剧照)137幅,共417幅,大部分由传主及其家属、亲友提供,另一部分从沪、杭等地博物馆、图书馆收集。柯灵作序。李子云撰传记文字。按传主回忆录《懒寻旧梦录》的编年分期,并取该书有关语录为本书各单元开篇导语。目录与序另附英译文。(范达明)

K000377 **中华文化名人录** 中外名人研究中心编。中国青年出版社1993年12月版。255.6万字。70.00元。收录上起先秦,下迄当代的文化名人1万2千余人,包括在自然科学、技术工程、社会科学、人文科学、文学艺术等领域作出一定贡献的中国及海外华裔知名人士,以及对中国文化作出贡献并获得中国国籍或终生或大部分时间在中国度过的外国人士。其中自然科学、工程技术等方面的人士,占三分之一强,突破了封建文化以科技为末技的偏见。所录人物的释文内容主要包括:生卒年、籍贯或出生地、主要经历、主要著作、主要学术观点或主要文化贡献。所据资料,当代部分由传主本人,或亲友、门生提供;其余部分则参照前人与时贤的记录或研究成果。(茅红培)

K000378 **吴晗自传书信文集** 苏双碧主编。中国人事出版社1993年12月版。18万字。7.00元。汇集了我国当代著名明史专家吴晗生前的一批文稿,吴晗自传以及他早年写给胡适先生的11封信件。(石中元)

K000379 **爱国的"叛国者"——马思聪传** 叶永烈著。作家出版社1993年12月版。29.4万字。9.60元。人物传记。马思聪1912年生于广东海丰县。他的父亲是清末秀才,民国初年任广东省财政厅长。他在11岁时跟随大哥到法国学习小提琴,从此和音乐结缘。他曾创办过私立广州音乐学院,并创作了闻史遐迩的《思乡曲》。抗战期间,他投身进步音乐事业,谱写了数十首抗战歌曲。1948年,他谢绝美国驻华大使司徒雷登的赴美邀请,留下来迎接新中国的成立。他先后担任全国音乐工作者协会副主席、中央音乐学院院长,对我国音乐人才的培养作出了很大贡献。"文化大革命"开始后,他的身心受到极大的伤害,被迫出走,经香港前往美国。居美期间,他未做过任何对不起祖国的事情。粉碎"四人帮"后,他多次表示要回国,终因身体条件等各种原因未能如愿,1987年在美国死于心脏手术。本书以大量珍贵史料,表现了马思聪的爱国之心。(易木)

K000380 **艾青传** 周红兴著。作家出版社1993年12月版。47.6万字。17.80元(平);22.80元(精)。记述艾青一生经历:青年时代到法国学习绘画,回国后在国统区进步刊物上发表诗作,曾在国民党监狱坐牢,后奔赴延安,建国初期以极其兴奋的心情从事诗歌创作和各种活动,1957年在政治运动中陷入沉默,新时期恢复创作青春。用相当篇幅介绍了艾青的诗,还描述了他与领袖以及文艺界人士的交往,他的感情生活。(李玉英)

K000381 **江青传** 叶永烈著。作家出版社1993年12月版。50.1万字。16.10元。长篇传记文学。客观记述了江青的一生。(刘方)

K000382 **黄埔名将——陈诚** 方知今著。作家出版社1993年12月版。22万字。7.10元。记述陈诚从军、从政的一生经历。(朱珩青)

K000383 **红光之子** 哈斯巴拉著。内蒙古人民出版社1993年12月蒙古文版。10.2万字。3.00

元。描写了蒙古族无产阶级革命家乌兰夫不平凡的经历,整个作品由富有传奇色彩的35个故事组成。艺术表现手法比较独特,通过胡须艺人班布拉给孩子讲故事的形式塑造了主人公的高大鲜明形象,语言朴实流畅,结构紧凑精巧。(乌云)

K000384　**尹湛纳希年谱**　扎拉戕著。内蒙古人民出版社1993年12月蒙文版。23.5万字。12.00元。研究尹湛纳希生平事迹的专著。史料翔实,考证严谨,概述了尹湛纳希创作《月杜鹃》、《红云泪》、《一层楼》、《青史演义》等小说以及诸多诗歌的情况。全书包括前言、简历、年谱、绪论、附录。简历叙述尹湛纳希家世出身。年谱叙述尹湛纳希及其亲友在清朝道光、咸丰、同治、光绪年间的诸多事迹及其文学创作情况。绪论介绍尹氏汉名起因,考证其诸长篇小说的创作年代,并概述其父兄的文学和政治活动。附录参考书目。(额尔敦其休格)

K000385　**天下第一家**　孟继新著。生文、王勇译。山东友谊出版社1993年英文版。10万字。17.00元。介绍中国历史上著名的思想家、教育家、政治家孔子及其诞生地孔府。对孔府的历史背景、建筑风格、布局、田产、店铺、姻亲、户人、讼案、族规族训、家谱等作了详尽记述。(梁济生)

外国人物传记

K000386　**巴尔扎克传**　副名:普罗米修斯或巴尔扎克的一生。[法]安德烈·莫洛亚著,艾珉、俞芷倩译。人民文学出版社1993年版。50.3万字。11.50元。以大量历史档案、信函、日记、回忆录及巴尔扎克本人的著作为依据,以人物的生活、创作道路为脉络,融入感人的细节和生动的形象塑造,真实地再现了巴尔扎克这位十九世纪法国小说巨匠的成长过程和思想性格特征,记述了被誉为小说史上之奇迹的巨著《人间喜剧》的产生背景、小说家的创作意图和主要作品的内容。传记作者并不讳言巴尔扎克的弱点和过失,也描写了伟人毕生的挣扎与奋斗,其着意说明:天才比起旁人并没有什么得天独厚的优越条件,只不过他们比常人具有更大的勇气、更坚定的信念和百折不挠的毅力。(夏玫)

K000387　**近代西方文化巨擘**　吴泽义编著。人民出版社1993年3月版。40.3万字。10.80元。是《文艺复兴时代的巨人》的姊妹篇。书中精选了38位最具代表性的、进步的、对人类精神文化事业的发展做出杰出贡献的人物。这些人物活跃在资本主义代替封建主义的变革时代。其中有法国喜剧大师莫里哀,批判现实主义大师巴尔扎克,浪漫主义文学领袖雨果,德国大诗人歌德,音乐大师巴赫、亨德尔、贝多芬,著名史学家兰克,俄罗斯文学大师普希金、果戈理、托尔斯泰,音乐家格林卡、柴可夫斯基,奥地利著名音乐家海顿,圆舞曲之王约翰·施特劳斯等。生动地描述了这些人的不平凡经历和坎坷道路。(孙祥秀)

K000388　**贝京和以色列国**　[美]哈里·霍维兹著,肖宪等译。云南大学出版社1993年3月版。14.4万字。4.30元。梅纳赫姆·贝京(Menachem Begin)是以色列和国际政坛上一位著名人物。他对以色列的建立和发展起过重要作用,对中东地区历史的发展产生过深远影响。他的一生充满传奇色彩,也招致各种争议。本书反映了贝京40多年的政治生涯,包括他的成长、领导地下武装斗争活动、政治主张和人生观、内政外交成就,以及晚年凄凉的生活,并展现了以色列国建国前后的斗争和发展。本书原文为英文,作者哈里·霍维兹是贝京的私人朋友和崇拜者,因而本书具有史料的可靠性和观点的局限性。原著发表于1977年,当时贝京刚出任总理。翻译此书时,贝京已去世,作者又专门为译本赶写了最后三章,叙述时间一直到1992年2月贝京逝世。(张世骞)

K000389　**毛姆传**　[英]泰德·摩根著,奚瑞森、张安丽译。浙江文艺出版社1993年4月版。60.5万字。14.00元。威·萨·毛姆在20世纪英国文坛上是一位十分著名而又毁誉不一的作家。本书对毛姆每部作品的写作缘起、内容梗概、人物原型、出版和演出情况以及各种评论均有介绍;对毛姆的生平,包括他辛酸、抑郁的童年,孤僻、内向的性格,爱情和婚姻的波折,长期的同性恋生活,在瑞士、俄国和美国所进行的间谍活动以及老年痴呆症的情景,都作了详尽的叙述。毛姆一生交游甚广,和他来往的不仅有文艺界名流,还包括一些政界著名人士以及社会各阶层人物,传记对此也有生动的记录。本书还从不同侧面反映了毛姆所处的那个时代的政治风云和人情世态。(严麟书)

K000390　**鬼才松永**　副名:松永安左卫门传。[日]宇佐美省吾著,蒋道鼎等译。中国国际广播出版社1993年5月版。17万字。15.00元(精);8.00元(平)。详细介绍被称为"电力大王"的日本现代企业家松永安左卫门(1875—1971)。由于松永一生与日本电力、电器乃至整个经济产业的发展紧密相联,亦与不少政界要人相涉颇深，故通过介绍松永，可从某侧面扫视日本在二战前后的若干情形，加深对日本的了解。作者系日本知名作家、报人和画家，曾任日本《电气新闻》总编和业主，与松永交往甚密。作者以随笔杂记式的独特文笔写史，其间亦述亦评，书中散见的主观性论述，颇多精辟之言，译者除作少量删节外，大体循日文原著面目，并在书中加了译注。附有松永安左卫门生前照片及其他有关照片 9 幅，并附有宇佐美省吾所绘图画 8 帧。(李镇)

K000391 **一次轻率的旅行：凯瑟琳·曼斯菲尔德的一生** [新西兰]安东尼·阿尔伯斯著，冯喆音译。上海知识出版社 1993 年 6 月版。28 万字。6.90元。凯瑟琳·曼斯菲尔德(1888～1923)，是世界近代文学史上享有“短篇小说大师”称号的一位女性作家。她的作品以细致的观察、入微的心理描写见长，在世界文坛上产生了较大的影响。从 15 岁开始离开出生地新西兰后，一直生活在异国他乡(主要是英国)。她才华横溢，交游甚广，为了追求人生理想及艺术精神，她“不惜一切代价去体验生活”，从而使其人生经历编织成一篇篇极富浪漫和传奇色彩的故事。作者通过《出生地》、《伦敦皇家学院》、《一次轻率的旅行》、《在切尔斯的工作室》、《寻求奇迹》等篇章，详细地叙述了她的爱情曲折、创作甘苦和漂泊经历，客观地记载了她与罗素、劳伦斯、吴尔夫等名人的不平常交往，透露了这位与众不同的女作家许多鲜为人知的遗闻轶事。本书曾获 1981 年新西兰全国非小说类图书大奖。(张爱民)

K000392 **丰碑——献给海希西教授 80 寿辰** 仁钦道尔吉等编著。内蒙古文化出版社 1993 年 7 月版。28 万字。7.00 元。为纪念德国著名蒙古学家海希西教授 80 寿辰而作。全书分两部分：第一部分为海希西教授生平事迹、学术成就和著作介绍；第二部分汇集了国内外蒙古学者关于蒙古历史、文学、宗教和民俗方面的论文，共 30 篇。(马思奇)

K000393 **莱布尼茨和中国** 安文铸等著。福建人民出版社 1993 年 8 月版。17.8 万字。6.20 元(平)；8.70 元(精)。介绍莱布尼茨及他与中国的关系。莱布尼茨是 17 世纪下半叶德国一位杰出科学家。他提出二进制算法，对中国《易经》中的卦爻作出了二进制的解释与排列。他改进并制作可进行四则运算的手摇演算机，成为“现代计算机之父”；他创立的微积分，成为近代数学的新分支；他在数学、物理学、逻辑学、哲学、计算机科学、法学、心理学、语言学、历史与档案学等十几门学科中都有建树。他满怀世界主义、和平主义情感，热切地关注着欧洲同中国文化与科学技术交流的进程，并为此殚精竭虑。他通过欧洲传教士了解中国，崇拜中国古代孔子的哲学思想和宋朝时期的理学，积极向西方介绍中国文化。(何海勤)

K000394 **李光耀传** 张永和著。花城出版社 1993 年 8 月版。43 万字。19.80 元。长篇人物传记。描写新加坡总统府资政、前总理李光耀带有传奇色彩的经历。李光耀祖籍中国广东省大埔县，曾祖父李汶文移居新加坡。到他父亲李进坤时，李家在新加坡已是小有名气的家族。李光耀少有大志，以天下为己任。他担任新加坡总理时，年仅 35 岁，决心把政府变成世界上最廉洁的政府，把新加坡建设成现代化国家，他以民主、科学与法制为武器，廉洁自律、经过 20 多年的努力，终于将一个贫穷落后的小渔村建设成为花园式的国家。当国家的一切都走上正轨，他又主动让贤，让年轻的吴作栋担任总理。(谢日新)

K000395 **利玛窦评传** [法]裴化行著，管震湖译。商务印书馆 1993 年 8 月版。51 万字。2 册。14.30元。意大利天主教耶稣会传教士利玛窦神父的传记。利玛窦，字泰西，其意大利名字为马蒂厄·里奇，利玛窦为其汉名。他出生于意大利安科那省马塞拉塔城。1571 年在罗马加入耶稣会。早年曾攻读过神学、哲学和算学。1577 年，他受耶稣会派遣前往印度传教，并于 1578 年抵达印度果阿。1582 年(明万历十年)受耶稣会调遣来中国，一开始在澳门和广东肇庆一带学习汉语和传教，后来到南昌和南京等地活动。后来进京进献礼物，得万历帝赏识，准予留京。后在北京病逝。书中有些文字显然站在殖民主义者的立场上，为帝国主义侵略中国辩护。书后附有《利玛窦年表》、《作者著作要目》及《本书经常引用的著作及其略语》等。收入《世界名人传记丛书》。(于殿利)

K000396 **回首话沧桑** 副名：聂鲁达回忆录。[智利]巴勃罗·聂鲁达著，林光译。上海知识出版社 1993 年 8 月版。35 万字。9.30 元。智利著名诗人、诺贝尔文学奖获得者聂鲁达(1904～1973)晚年撰写的一部自传体回忆录。聂鲁达早年生活在多雨的智利南部，14 岁正式发表作品，19 岁出版第一本诗集《黄昏》，后发表《二十首情诗和一首绝望的歌》，奠定诗坛地位。进入外交界后，足迹遍及世界各地，尤其是流亡巴黎、投身西班牙内战、赴前苏联考察等经历，使他的创作和生活发生了巨大变化。他的长诗《西班牙在我心中》谴责了法西斯主义暴行。他曾于

50年代和60年代两次访问中国，与中国人民和文学界结下了深厚的友谊。全书分为《年轻的外省人》、《浪迹城市》、《灿烂的孤独》、《黑暗中的祖国》、《流亡始末》等12章共123节，用富有诗意的散文语言，真实而详尽地勾勒出诗人不平凡的一生。(东方)

K000397　**科拉松·阿基诺传**　张永和著。花城出版社1993年9月版。33万字。11.00元。长篇传记。菲律宾前总统阿基诺夫人祖籍中国福建，曾祖父许寰哥移居菲律宾，经过几代人的努力，到阿基诺夫人的父亲这一辈，许家已成为菲律宾名门望族之一。阿基诺夫人本无政治报负，她受中国传统儒家思想教育，最大的愿望就是成为贤妻良母，相夫教子。阿基诺先生的被暗杀、马科斯政权的腐朽暴虐、菲律宾人民的苦难，把她推上了权力中心。她当上总统后，大力推行民主政治和经济改革，短短几年便使菲律宾摆脱了困境。本书是作者“客家乡亲传记系列”之一。(谢日新)

K000398　**陈纳德将军与我**　[美]陈香梅著，郭友中、李建丰主编。武汉出版社1993年9月版。21万字。5.40元。是丛书《陈香梅的书香世界》中的一部。以抒情婉约的言词，坦诚地向人们讲述了陈香梅与陈纳德将军的爱情与婚姻的故事。(王业勤)

K000399　**光与善的骄子**　副名：勃洛克传。[前苏联]图尔科夫著，郑体武译。上海知识出版社1993年11月版。29.4万字。8.00元。勃洛克(1880～1921)是19世纪末20世纪初享誉世界诗坛的俄罗斯诗人。1904年《美妇人集》一书的出版使他一跃成为俄国象征主义的最杰出代表，他的长诗《十二个》将先锋精神和公民意识、象征主义技巧和古典诗歌传统结合起来，震撼世界诗坛。如果说，普希金是俄罗斯古典诗歌大厦的奠基者，那么，勃洛克则是这一大厦的封顶人。在前苏联，各种勃洛克评传的著述多达数十种，唯有由图尔科夫执笔的这本入选影响最广、最具权威性。作者在掌握大量原始材料的基础上，在广阔的历史背景下，谈诗人的生活而不流于庸俗，谈诗人的创作而不乞趣味，通过《在女人温柔的爱抚下》、《青春与柔情》、《美妇人的骑士》、《命运之歌》、《生活的激流》、《玫瑰花与十字架》、《基督的使徒》等篇章，细腻而真实地记录他的传奇而富于浪漫的人生，展现勃洛克独特的天才诗人的风貌。(张爱民)

K000400　**李远哲——诺贝尔奖坛上的华裔科学家**　张汉如著。福建教育出版社1993年12月版。15万字。7.00元。着重介绍李远哲的生平事迹和一些闪光的思想，并分析了他取得成功的道路和思想，系统地分析和研究李远哲教授人生旅途中的成功的因素。主要内容包括：成长在祖国、攀登高峰、没想到的荣誉、李远哲的科学思想和李远哲的教育思想等内容。(谢世如)

K000401　**理性的光华——奥斯特瓦尔德**　李醒民著。福建教育出版社1993年12月版。12.7万字。5.00元。运用翔实的史料生动地描绘了奥斯特瓦尔德丰富多彩的一生，他的科学贡献、科学思想和哲学思想以及社会活动等的伟大实践。本书穿插了许多有趣的事例，充分揭示出这位杰出科学家的内心世界和精神气质，展现他的理性的光华和人格的魅力。收入“哲人科学家丛书”。(郑慰祖)

K000402　**斯诺与中国**　蒋建农等著。黑龙江人民出版社1993年12月版。19万字。4.60元。为纪念埃德加·斯诺逝世20周年而作。记述斯诺在中国13年的风雨历程。斯诺6次来中国，写下了《西行漫记》、《大河彼岸》等8种关于中国的著作。本书从1928年7月斯诺抵达中国上海写起，至1973年5月16日他的部分骨灰安葬在北京大学未名湖畔止，全面记述了他在中国的传奇经历。(安晓峰)

文物考古

K000403　**书法·查阅两用金文辞典**　张宗方、郭人杰编。山东友谊出版社1993年版。5万字。16开。22.50元。收入单字600多，为兼顾书法与识字，从《大盂鼎》、《毛公鼎》、《墙盘》3篇著名铭文中选400字，放大5厘米，每字附以注释，既便于临摹，也同时识字，并注明取自哪篇铭文，称其第一部分。第二部分是从十几篇铭文选出的200个常用字，只作注释不再放大；并注明是录自哪篇铭文的第几行第几个字，原铭文附后。(单虹)

K000404　**上海博物馆藏敦煌吐鲁番文献**　上海古籍出版社、上海博物馆编。上海古籍出版社1993年版。1600幅。2册。3520.00元。古文献8开影印本。共收上海博物馆藏敦煌吐鲁番文献80号(168题)，附收传世唐宋写经11号，以资参照研究。所收文献均为首次正式发表，具有极高的文献、艺术价值。其中，后凉麟嘉五年(393年)抄写的《佛说维摩诘经卷上》是时代较早的敦煌写卷之一；西魏大统十一年(545年)写卷《法华经文外义》长达15米多，未见于历代著录，是研究天台宗形成以前法华经理论的重要资料；篇幅达100页的五代丛抄册内含多种孤本文献；余如《论语郑玄注》残卷及文书多件皆价值独具；传世品唐写草书《法华玄赞卷第六》书法绝佳，明代著名书法家董其昌题跋对之推崇备至。不少写卷迭经鉴藏，留有大量名人题跋藏印。为方便研究使用，对原标题残缺的文献尽力作了考证定名，另编叙录、年表、分类目录、索引附于书末。叙录对文献的外形和内容作简要介绍，有相应存世文献的予以注明。年表摘出文献中有确切年代的题记，按公元纪年排列。分类目录将所收文献按敦煌学界一般作法酌加损益分类编排。索引将文献题名以及原题记、印章中所见人名、寺名按四角号码检索法编排。（郭子建）

K000405 **中国历代货币大系·清纸币** 马飞海总主编。上海书店1993年版。8开726幅。250.00元。本书系《中国历代货币大系》第七分卷，反映有清一代（1644—1911年）长达268年里发行和流通使用纸币的情况。鸦片战争后，中国逐渐沦入半殖民地半封建的地位，清代货币制度发生了剧烈的变化，纸币情况更为复杂。全书共收录清代中央和地方政府以及民间发行的各种纸币710件，及清末外商银行在华发行的纸币102件，大部分是首次发表。全书除总论、图录、资料三个部分外，另增专论一部分，对清纸币的一些重要问题，如咸丰行钞失败，清末各省官银钱号，外商银行纸币和清代纸币思想等，以专论的形式作了论述。清代纸币遗存的实物较少，全书除收录文博部门的藏品外，多是编者50余年精心收集的藏品。编者查阅大量历史文献和书刊，综合实物进行研究考证。尤其对录入的纸币按其历史作用，学术价值、珍稀程度、经历年代和社会评介分为5级，逐一标出，对研究者有参考价值。（林国华）

K000406 **中国古陶瓷鉴定基础** 陈德富著。四川大学出版社1993年版。265万字。15.00元。分2编。第一编简要讲述从新石器时代到清末主要考古学文化陶瓷器，介绍各时期陶瓷器的主要特征。第二编讲述鉴定中国古陶瓷的方法及辨伪法。配有线描图和照片百余幅。

K000407 **南方民族考古（第五辑）** 四川大学博物馆、中国古代铜鼓研究学会编。四川科学技术出版社1993年版。65万字。28.00元。关于中国南方和东南亚地区民族学、考古学、人类学研究的论文、田野考古资料和调查报告。反映该地区考古的重大发现、国内外学术动态、研究成果及研究展望。（尧汝英）

K000408 **三星堆文化** 段渝等著。四川人民出版社1993年版。30万字。28.00元。从历史、文化、考古等角度全面梳理、总结了四川广汉三星堆的考古发现及其文化意义，集目前三星堆考古发现研究之大成；进而对古西南独特的文明形态及其价值进行了充分的估价，对华夏文明的形成及多元化表现形式提出了有力的证明。（孙旭军）

K000409 **明清瓷器鉴定** 耿宝昌编著。紫禁城出版社1993年版。55万字。930幅。500.00元（精）；420.00元（平）。主体部分含绪论和14章。前12章按时间顺序，依次介绍明清两朝各不同时期的瓷器，并在明崇祯之后附南明瓷器，在清宣统之后附民国瓷器，使明清以来瓷器的发展脉络清晰、完整。每个时期均从介绍概况或典型时代特征入手，再分别详述该时期瓷器造型、品种、纹饰、胎釉特点，最后归结出鉴定要点。有理有据，图文并茂。第十三章集中介绍“明清瓷器款识”，十四章为“仿古与后仿瓷”。正文之后有明清瓷器堂名款一览表、明清各朝瓷器品种与器型对照表等附录5种。（蔡治淮）

K000410 **华夏胜迹——中国重点文物保护单位500处** 彭卿云主编。山东教育出版社1993年2月版。54.5万字。345.00元。分为古代史卷和近现代史卷两册。所介绍的500处文物保护单位是国务院按法律规定批准公布的国家级文物保护单位，在全国现存文物保护单位中价值最高、规模最大、保存最好。本书立足于文物古迹和革命遗址以其物体形态作为文化载体的基本特征，对每一处文物保护单位都以尽量翔实的文字史料说明其现状、历史和文物价值，并有大量的图片资料，充分展示其概貌和风采。（温玉川）

K000411 **长沙楚帛书文字编** 曾宪通撰。中华书局1993年2月版。影印143页。7.00元。1942年湖南长沙子弹库盗掘出土的战国楚帛书，是研究我国古文字和古代文化思想的重要材料，早在建国前已流往国外，多年来国内只有摹本流传。本书据香港中文大学饶宗颐收藏的红外线照片（包括放大12倍的红外线照片）撰集而成，分“单字”、“重文合文”和“残文”3部分，每部分均以各该字隶写笔画多少为序编排。每个字头的古文字字形均经反复核对红外线照片并参校各家摹本摹写，力求准确无误。每字下均标出该字所在的文句及其在帛书中的篇次、行数、字数。每字均有集释性注解，除采自饶宗颐的有关著述外，凡诸家解说可资补充者均择要采入，并间附著者的考释心得，以反映楚帛书文字考释工作的发展过程和所取得的主要成果。（刘宗汉）

K000412 **中国古钱图谱、考释丛编** 书目文献出版社编。书目文献出版社 1993 年 3 月版。130 万字。2 册。125.00 元。收录宋代至民国间所著泉志、钱谱、钱录等,共 11 种。其中,包括宋洪遵所撰《泉志》9 卷,这是一部现存较早的论泉专著。《钦定钱录》15 卷,清梁诗正等奉敕撰修,详列历代钱品,按状成图,辨订真伪,颇为详实。另刘喜海《论泉绝句》、戴熙《古泉丛话》、朱多爟《钱谱》及夏荃《退庵钱谱》、关百益《泉影》等,均以实物为据,以眼见为实,对于古代钱币进行考证、论述,或拓影存真、或考辨源流。(卢玉荣)

K000413 **伯希和敦煌石窟笔记** [法]伯希和著,耿昇等译。甘肃人民出版社 1993 年 4 月版。36 万字。8.05 元。原名《沙州千佛洞》,系法国汉学家伯希和 1908 年考察敦煌莫高窟时留下的笔记。原文为法文,最早以《笔记本 A》、《笔记本 B》的影印件形式流传。本书根据法国正式出版的 6 卷本翻译而成。书中系统记录了伯希和当时在洞壁上所能读到的用各种文字书写的供养人题识及历代游人题记,附有详细说明题识、题记位置的草图,这一记录对于今天识读、校订洞壁文字具有重要参考价值;详细记录了伯希和对当时所见莫高窟壁画艺术风格的认知情况,他将莫高窟南北朝至明清时期的壁画艺术风格划分为"最早的风格"、"古老的风格"和"常见的风格",以此为基准,对各洞窟壁画的艺术风格进行了类型划分和说明,现在看来,这种划分失之粗疏;记录了伯希和对莫高窟石窟群进行编号的情况,莫高窟现存 492 个洞窟,在伯希和之前,没有系统地进行编号,1908 年伯希和首次进行了这一工作,虽然其工作存在着明显不当之处,但毕竟是莫高窟石窟群的第一次编号,为后来莫高窟石窟群的编号工作开了先河。(陈泽奎)

K000414 **安阳殷墟青铜器** 安阳文物考古队等著。中州古籍出版社 1993 年 4 月版。7 万字。图 87 幅。45.00 元。从安阳殷墟南区发掘的 500 座墓葬中,选取有代表性的 24 座墓葬出土的青铜器,和安阳市博物馆旧藏珍品,共 146 件,图 130 幅,辑录成书。分 4 部分。第一部分从考古角度,对殷墟南区墓葬青铜器群的分期、组合、族属问题进行综合性研究。第二部分从收藏角度,对安阳馆藏殷墟铜器的来源、分期、种类等问题作了概述。其中最精辟的是对郑州二里岗期文化和安阳殷墟期文化发展关系的论证。论证是在两地实物遗存相比较下进行的。第三部分图版。图版以分期为纲,将南区的青铜器按出土地点和墓葬为单位进行编排。同一墓葬出土的器物编排一起,以便显示器群的整体特点。第四部分图版说明。记述了该器的尺寸、重量、出土时间、地点、纹饰、铭文及造型特点。收入"安阳文物考古系列丛书"。(孙宝瑞)

K000415 **两河流域史前时代** 杨建华著。吉林大学出版社 1993 年 5 月版。17.6 万字。3.70 元。外国考古学专著。以大量的考古资料,对上起两河流域最早的定居点的出现,下迄苏美尔王朝之前最早的泥板文书的出现之间的整个两河流域史前时代文化进行全面而系统的阐述。(杨建华)

K000416 **秦汉钱范** 陕西省钱币学会编。三秦出版社 1993 年 5 月版。45 万字。120.00 元。为秦汉钱范图集。钱范即铸钱时所用的模范,有泥质、砂质和金属(铜)质,钱范对研究和考证古钱币有重要意义。图集收录了秦、汉两代已出土的钱范,分为半两钱范、五铢钱范、各类书中引用的钱范、各地报刊报导的钱范 4 个部分,附录六朝五铢钱范,共有 457 范 737 图,有相当部分是首次发表的,约有 200 余种是稀世珍品。所收录的钱范来自全国各省区 50 个地点,有秦代的芷阳宫、雍城、岐山、阿房宫、咸阳作坊,西汉长安城,以及北京市、山东省、安徽省、河南省等地。(王刚)

K000417 **山西古迹志** [日]水野清一、日比野丈夫著,孙安邦、李广洁译。山西古籍出版社 1993 年 5 月版。24.5 万字。266 幅图。12.50 元(精装)。是 1940～1941 年考察汾水流域的太原、临汾、安邑、解县、猗氏、临晋、河津、永济文物古迹的考察记。对太原崇善寺、晋祠、天龙山石窟,临汾平阳府文庙、大云寺、尧帝庙,安邑兴国寺、盐池,解县关帝庙、霍光墓,猗氏大云寺、武王庙,临晋钟楼、霍扬碑,河津薛文清公祠、司马迁故里、薛仁贵庙,永济普救寺、万固寺、舜帝庙等进行了实地考察,对每处古迹的渊源、建筑乃至尺寸都作了详细记录。并配有 260 余幅图片、拓片,其中不少图片的实物已不复存在,弥足珍贵。书前序记对山西省作了全面介绍。(孙安邦)

K000418 **乾明院五百十八阿罗汉图录** 书目文献出版社 1993 年 5 月版。64 页。7.80 元。是中国现存最早且最完整的版刻阿罗汉图录。像名合一,版刻精良。清乾隆五十二年四川计邡县罗汉寺住持达彻依明崇祯十六年本重刻。本书祖本为南宋乾明院本,明崇祯时重刻,现南宋本与明崇祯本皆不存,此图册"'前无古人',后无来者",不惟珍本,更是孤本。(卢玉荣)

K000419 **敦煌研究文集·石窟保护篇** 敦煌研究院编。甘肃民族出版社 1993 年 6 月版。109 万字。上、下册。80.00 元。收入 56 篇论文，分为上下两集。上集为："石窟环境"、"石窟和壁画病害机理"两个专题；下集为："壁画颜料、胶结剂及地仗材料分析"、"石窟和壁画修复加固材料"、"石窟和壁画的修复加固技术"3 个专题。汇辑的论文大部分为敦煌研究院科技人员的研究成果。（赵兰泉）

K000420 **敦煌艺术之最** 谢生保、凌元编。甘肃人民美术出版社 1993 年 6 月版。30 万字。200 幅图。24.00 元。敦煌石窟艺术是指敦煌石窟的建筑艺术、壁画、图案艺术、彩塑艺术、书法（写经）艺术；敦煌绢画、敦煌舞乐、敦煌染织、刺绣等工艺美术。本书介绍其中的建筑艺术，壁画和彩塑艺术、敦煌图案艺术 3 部分。作者着重于壁画艺术的叙述，并将其分为尊像画、故事画、经变画、供养人画像、图案画 5 部分，在每一部分前面均对该项内容作一概括性介绍，使读者从中既获得了对敦煌艺术总的认识，同时也了解到每一时代有特色的内容。本书的特点之一是它的辞书性。以条目形式撰写，每一辞目都是独立的，又按内容分类，便于查找。特别是许多条目都配以相应的图版，图文并茂，读者可从中领略到敦煌艺术特有的魅力。（刘云石）

K000421 **古玩文化丛书** 桑行之编。上海科技教育出版社 1993 年 6 月版。517.37 万字。8 册。346.00 元。分门别类，辑录关于古玩的专著并进行赏鉴。共 8 种：《说玉》、《说陶》、《说石》、《说钱》、《说砚》、《说墨》、《说金》、《说印》。各书广收历代有关古玩的专著、专论、典故、传说、图谱等，分为"说"、"考"、"录"、"图"4 部分。"说"部介绍古玩的一般知识和它的文化性；"考"部注重于古玩的考证；"录"部记录传世的古玩；"图"部描绘各种古玩的形体。读者可以欣赏到古玩的风采和得到古玩的文化知识。（王福康）

K000422 **龙门石窟与洛阳历史文化** 李文生著。上海人民美术出版社 1993 年 6 月版。6 万字。7.80元。通过龙门石窟研究北魏至唐宋洛阳历史文化。（乐坚）

K000423 **丝绸之路岩画艺术——丝绸之路研究丛书（2）** 盖山林、李祥石等著。新疆人民出版社 1993 年 6 月版。50 万字。32.10 元。"丝绸之路研究丛书"之一。收入 1960—1991 年国内各报刊上已发表的以岩画为著述对象的论文和勘查报告 51 篇。篇末均附有岩画拓品临摹图共计 976 幅，并收入台湾高业荣所著《台湾万山岩雕群的发现及意义》等两篇论文。盖山村所著《中国岩石考察大事记》作为附录收入。全书根据国内外对丝绸之路 4 条基本干线的大致划分进行编排，共分 4 编。第一编《草原丝绸之路上的岩画》，27 篇，包括内蒙阴山、宁夏贺兰山和新疆天山以东的巴里坤、天山以北地区的所有岩画群；第二编《绿洲丝绸之路上的岩画》16 篇，包括甘肃、青海和新疆天山以东的哈密、天山以南地区的所有岩画群；第三编《西南丝绸之路上的岩画》5 篇，包括贵州、云南、西藏、广西等地的在丝路线段上的岩画群；第四编《海上丝绸之路上的岩画》3 篇，包括江苏连云港和台湾诸地的岩画群。通过对分布地区岩画的内容、方位、地点、制作技术、刻痕岩晒程度、叠压情况的考查、分析、纵横比较，指出了这些岩画的风格特点，对其时代和族属进行了探讨和研究，分析和展现了我国丝路干线上古代民族的经济、文化和生活。一些论文具有较高学术价值。如盖山村所著《从内蒙阴山岩画看古代北方游牧民族的历史贡献》，苏北海所著《新疆哈密沁城区岩画所反映的古代社会》，王炳华所著《新疆呼图壁康家石门子生殖崇拜岩雕刻画》等。（许培龄）

K000424 **古瓷鉴定指南（三编）** 孙彦点校整理。北京燕山出版社 1993 年 7 月版。19 万字。5.60 元。将有关陶瓷鉴赏的 12 种古籍进行点校整理，汇成一册。它们分别为：《阳羡茗壶系》、《阳羡名陶录》、《茗壶图录》、《窑器说》、《南窑笔记》、《竹园陶说》、《瓷史》、《古月轩瓷考》、《瓷器概说》、《清高宗御制咏瓷诗》、《景德镇陶歌》等。（里功）

K000425 **敦煌残卷争讼文牒集释（敦煌文献丛书）** 王震亚、赵荧编著。甘肃人民出版社 1993 年 7 月版。16 万字。5.60 元。辑录、点校、注释了保存于敦煌遗书中属民事法律范畴的状牒文书。书中资料主要来源于敦煌遗书缩微胶卷和《敦煌宝藏》。全书分 3 部分。第一部分是有关奴婢、地宅、遗产、债务、税收纠纷等状牒和公验；第二部分是有关营田、勋荫田、受田、清地、户口、徭役、税赋等状牒及籍历；第三部分是有关家庭、婚姻、赡养、遗书、雇佣、移屯、献物等判牒。每一状牒，先录文，后注释。录文的行款基本保持原貌，加上了新式标点符号。注释较详，便于读者阅读理解。其主要价值在于，对敦煌卷子中的争讼文课作了大体分类，疏通了文字理解上的障碍，为研究唐宋时期的法律史、经济史和文化史提供了珍贵资料。不足之处是，缺乏对选录资料的整体研究和学术概括，注释也可更精一些。（韩惠言）

K000426 **炳灵寺石窟** 阎文儒、王万青编。甘肃人民出版社1993年7月版。16万字。6.65元。收入“石窟艺术丛书”。1963年8月，国内著名石窟艺术考古专家阎文儒应中国佛教协会之请，调查了炳灵寺石窟。他考察了绝大多数洞窟，并攀高登临了第169窟。他精于考证，对其所掌握的材料都有深入的研究，较全面地研究了炳灵寺石窟的各个方面。但1963年调查时限于当时的人力物力条件，加之时间仓促，对碑刻的著录及题记的辨识不可能花很多时间，所得材料有诸多遗漏和不足。有鉴于此，炳灵寺石窟研究所的王万青作了不少补充和校订工作。本书收入了阎文儒的《炳灵寺石窟总论》、《炳灵寺石窟名称历史及其造像题材》等4篇文章，王万青的论文《再论炳灵寺石窟西秦和北魏造像》以及他辑录的《炳灵寺诗选》，还有张宝玺的论文《建弘题记及有关问题的考释》。这是第一部全面考察研究炳灵寺石窟的著作，有较高的史料和学术价值。阎文儒在考察研究了炳灵寺石窟的历史之后，指出：“炳灵寺石窟艺术，是玉门关以东最重要的一处。固然莫高窟之石窟群，在数量上，题材上，艺术价值上，都超过了炳灵寺。开凿之时间，也早于炳灵，但是没有像炳灵这样最早的题记，给我们研究石窟艺术者一个很清楚之标尺，用以衡量玉门关东西各石窟开创之时间。”又指出：“惟有炳灵寺169号窟中，有最早之塑像。它完全证实了中国石窟艺术，受到了印度与犍陀罗艺术之影响。”唐代造像“也证实了隋唐以来，两京文化之向外传布，各地区石窟全部受到了中原之影响。”(李德奇)

K000427 **中国古代器物图典** 刘萱堂等编绘。吉林美术出版社1993年7月版。37万字。图3885幅。82.00元。以出土和传世文物为依据，编绘了石、骨、牙、角、蚌、陶、玉、青铜、铜、铁、珐琅、锡、漆、木、竹、藤、棕、匏、瓷、玻璃、金、银等20余种不同种类，上起石器时代，下至清代的器物图。包括生产工具、兵器、礼器、冥器、炊具、食具、水器、酒器、茶具、首饰、家俱等共4千来件，基本囊括了目前所发现的各种类型的中国古代器物。器物图采用钢笔素描画法，造型准确、精细。每类器物都有对其产生、发展、演变、社会作用、历史意义、艺术特色等方面的论述文章。每件器物都附有尺寸大小、出土年月、地点、收藏处所等介绍。特殊器物还注明用途。(朱孝达)

K000428 **隋唐考古** 秦浩著。南京大学出版社1993年7月版。46万字。18.00元。分4个部分。第一部分是城市遗址考古，重点探讨隋代大兴城，唐代长安城、洛阳城、扬州城的考古发现。第二部分是隋唐墓葬考古，分别研究了隋唐五代时期的帝陵，隋唐两代中原和南方地区不同的墓葬体制，五代十国的墓葬等。第三部分是对隋唐五代手工业方面的考古发现，内容包括隋唐五代瓷窑，唐代金银器，隋唐铜镜、纺织印染、货币与度量衡、造纸与印刷、建筑与交通等。第四部分考察了隋唐时期新疆、渤海、南诏等边疆地区的考古发现，并研究了隋唐时期的中外物质交流。(王其平)

K000429 **古董辨伪防伪知识大全** 冯精志等编著。山东文艺出版社1993年7月版。52万字。19.80元。全面系统地介绍古董知识。作者将传统意义上的古董分青铜篇、陶瓷篇、玉器篇、漆器篇、古泉篇、兵器篇、铜镜篇、金工篇、古建篇、绘画篇、法书篇、文具篇、服饰篇、器械篇、特艺篇等15类，详尽介绍了各类古董的流变、特征及作伪和防伪知识。书中大量采用表格和便览形式，对古董品种的来龙去脉、收藏情况、估评规范、类型划分等进行介绍。尽可能用科学语言来阐述和解释古老文明的遗存。针对文物走私和伪造假冒古董活动，书中特别突出了古董作伪和防伪知识的介绍。(郁玉华)

K000430 **明代民窑青花瓷大观** 胡雁溪编著。团结出版社1993年7月版。图657幅。20.00元。明代民窑青花瓷是中国古陶瓷中的瑰宝，它纹饰内容丰富，题材广泛，构图简洁，画笔生动，冲破了当时官窑刻板纹样的束缚，取得了极高的艺术成就。以往出版的图集，均未超过200幅，其中主要年代的一些品类奇缺，多数图集发表的也仅是一些瓷器的残片，限制了对其的深入研究。本书汇集了我国明代洪武至崇祯各时期的民窑青花瓷盘、碗、杯、壶、瓶、罐、砚、权、塑等器物486件，657幅黑白图版。收录器物、图版形状之完整，数量之多均为前所未有，其中包括大量纹饰精美的珍品。每图均附有器物，纹饰名称，明确的断代及作者的研究成果。为研究、鉴赏明代民窑青花瓷提供了丰富翔实的资料。(曾贴椿)

K000431 **哈密文物志** 《哈密文物志》编纂组编。新疆人民出版社1993年7月版。34万字。17.50元。地方专志。分古代遗址，墓葬，古代建筑，岩刻、石雕人像、碑记，革命文物遗址，重要文物，文博工作等7章和“附录”部分。全面记述中石器时代(距今七八千年至一万年)至1991年哈密地区的文物情况，包括历史文物古迹、珍贵文物遗存、地区文物考古、博物馆事业的发展、文物考古干部的培养等。书前附有精美彩色、黑白文物图片。(晓犁、李春华)

K000432 **商周金文录遗** 副名:考古学专刊乙种第6号。于省吾编。中华书局1993年7月版。影印284页。55.00元。商周青铜器铭文拓片集。共收集拓片616种。其中计:鼎99种、甗13种、毁155种、敦1种、簠6种盨6种、尊26种、罍9种、壶17种、卣46种、斝10种、盉5种、觚81种、爵103种、角1种、盘27种、匜4种、方彝8种、杂器32种、戈28种、戟14种、矛1种、剑17种、杂兵6种、不知名器8种。各种按铭文字数多少编排。拓片大部分是著者自藏,有三分之一是借自国内的公私藏家。其原器大部分已流出国外。罗振玉在本世纪30年代编辑的《三代吉金文存》,以收罗宏富著称于世。本书是继《三代》而作,专收《三代》未收之器,或《三代》已收而拓片模糊之器,与《三代》配套,提供了截至1956年出土的、大体完备的商周青铜器铭文拓片。著者所写"前言",含有对若干古文字的精辟考释。书后附李零所作《著录目》,反映了《录遗》中若干青铜器的出土、收藏及在其他书刊中著录的情况。(刘宗汉)

K000433 **授堂金石跋** 清・武亿撰,高敏、袁祖亮校点。中州古籍出版社1993年7月版。18.00元。收入"中州文献丛书"。是对以往金石学研究的总结。共24卷,分为《授堂金石三跋》(10卷)和《授堂金石文字续跋》(14卷)两部分。共收集金石文字619篇,上起西周,下迄元朝。其中先秦5篇、两汉82篇、魏晋南北朝61篇、隋15篇、唐、五代236篇、宋辽金176篇、元49篇。内容涉及广泛,有古代典章制度、职官设置、经济生活、地理沿革、风俗习惯、天文历法、政治大事、佛学、医学、少数民族的文物制度等。具有重要的史料价值和学术意义。每篇金石文字均有跋语,考证情核,究误补阙。如纠正顾亭林《金石文字记》、欧阳修《集古录》等考订失当处。补汉代三公奏事之程式、郡国奏事之程式、太常奏事之程式等典章制度,以及职官、民风民俗之阙。该书以道光癸卯年版本为底本。凡有倒、衍、脱、讹处,及篇目中涉及记事舛误者、顺序排列不合时间先后者,均不变动,出校说明。(孙宝瑞)

K000434 **古瓷鉴定指南(二编)** 李科友等点校整理。北京燕山出版社1993年8月版。18.1万字。5.40元。汇集有关记叙陶瓷的8种图书,对其进行点校整理。这些图书是《景德镇陶录》(清代)、《古窑器考》(清代)、《格古要论・古窑器论》(明代)、《天工开物・陶埏》(明代)、《古玩指南・瓷器》、《江西大志・陶书》(明代)、《浮梁县志・制陶部分》(清代)、《江西通志稿》(民国)等。这些著作,是从明代至民国研究鉴赏江西以至景德镇瓷器比较有代表性的作品。(李天喜)

K000435 **中国石窟与文化艺术** 温玉成著。上海人民美术出版社1993年8月版。35万字。70幅。25.00元(平);35.00元(精)。扼要介绍印度及中亚石窟艺术及其渊源,全面阐述了我国18个省、区的140处大、中、小型石窟的内容与特征(其中一部分是作者亲自考察并首次公布的资料),重点论述了30多处典型石窟的历史、宗教、文化背景、艺术成就,并探讨了相关的学术问题。除佛教外,对道教及摩尼教石窟也予以相当重视。该书是作者在30年佛教艺术考古的基础上,吸收学术界最新研究成果的一部力著。对历史、考古、宗教、艺术界专业工作者和爱好者都有重要的参考价值。(乐坚)

K000436 **龙门石窟研究论文选** 龙门石窟研究所编。上海人民美术出版社1993年8月版。30万字。20.00元(平);30.00元(精)。收集文章24篇。有建国前的旧作,有国外研究者的文章,有建国后国内外公开发表的有代表性的文章。包括《龙门石窟命名之由来》、《龙门奉先寺三造像碑铭考释》、《洛阳地区北朝石窟的初步考察》、《关于龙门石窟的几种新发现》、《伊阙佛龛之碑和潜溪寺、宾阳洞、龙门石窟唐代瘗窟的新发现及其文化意义的探讨》、《龙门北朝小龛的类型、分期与洞窟排年》、《龙门石窟艺术试探》、《我国石窟艺术的中原风格及其有关问题》、《龙门石窟的雕刻艺术》、《谈奉先寺的保护》、《关于龙门石窟修缮问题》等。展示了建国以来龙门石窟研究的成果。(乐坚)

K000437 **龙门流散雕像集** 龙门石窟研究所编。上海人民美术出版社1993年8月版。约5万字。图103幅。80.00元。艺术图集。被誉为中国三大艺术宝库之一的龙门石窟,融会了犍陀罗、秣菟罗以及波斯、中亚民族艺术之精华。千余年来,特别是民国时期,破坏盗凿甚烈。佛雕的流失严重。1991年,美籍华人陈哲敬开始与龙门石窟研究所合作,对龙门流失佛雕共同展开内查外调,以期查清流失佛雕的原位,并取得了可喜的成绩。本书刊印的全部彩色图片,就是在此基础上编辑而成。并且附有调查报告,为海内外龙门石窟的爱好者和研究者、美术工作者与绘画爱好者提供了较详尽而可靠的资料。(沈一草)

K000438 **北京图书馆藏画像拓本汇编** 北京图书馆金石组编。书目文献出版社1993年8月版。2100幅。全10册。4000.00元。收唐以后所刻画像

2100幅,依内容分3大部分。一、历史人物部分,共收录中外历史名人800余名。如周文王、唐明皇、寇准、韩愈、司马光、苏轼、黄庭坚、陆游、李白、杜甫、王维、孔子及其七十二贤人、董仲舒、达摩、玄奘等。其中有的人物还兼收了数种不同的形态。如李白兼收脱靴图;苏轼兼收笠屐图、乘伐图;达摩则有折筀渡江图、特钵图、面壁图等。集体人物有《竹林七贤图》、《沧浪五志图》、《耆英会图》、《红苗归化图》、《黑番归化图》、《节孝事实图》等。共收1100幅,分装6册。二、佛、菩萨、罗汉、鬼神、诸天部分,有如来、观音、十六尊者 。其中观音菩萨又有柴竹观音,鱼篮观音,童子拜观音等十余种;钟馗又有醉酒、降福图数种。还有反映民俗的《寿星图》、《福寿禄三星图》等。千姿百态,形象画真,栩栩如生。约收700幅,分装为3册。三、综合部分收录的内容更是十分丰富。天文地理有《天文图》、《地理图》、《华夷图》、《禹迹图》、《绍兴地理图》、《桂林城图》、《玄奘取经路线图》、及日晷等;山水名胜有《太华山全图》、《太白山全图》、《泰山全图》、《关中八景图》、《南湖八景图》、《印心石屋图》、《泾清渭浊图》等;建筑如《长安图》、《东岳庙图》,花卉如梅、兰、菊、莲,树木如松、柏、槐、榆、竹,动物如马、牛、鹤、鹊,以及反映农耕的《棉花图》、《耕织图》等等。收入画像250幅,装为1册。这些画像有相当部分系名家所绘,反映了我国历代的绘画艺术和镌刻技艺。所辑画像拓本,多属馆藏价值较高者,有些曾为名家收藏,有些系整幅拓片,有些则为著名图谱,如《十八罗汉及五百罗汉图》、《沧浪亭五百名贤像》、《松江邦彦图》、《印人画像》、《宣圣及七十二圣贤像》等。每幅画像都撰写简要说明,对拓本的长宽、真伪、存佚、流传、收藏概况以及碑石的镌制年代、所在地点等,均作扼要介绍。各册均附有标题字顺索引。(卢玉荣)

K000439　**新疆钱币**　《新疆钱币》画册编委员会编。新疆美术摄影出版社1993年8月版。20万字。180.00元。画册主要由导言、彩色画版和钱币说明3部分组成,导言提纲挈领地介绍了新疆钱币的历史演变及与之相关的政治、经济、文化背景;画版以大量彩照,分上中下3编,介绍了上起公元前206年、下迄公元1949年这二千余年之间的新疆历代钱币;钱币说明则从钱币学的角度对列入本画册的所有钱币逐一作了简明扼要的文字描述,既反映了我们的研究成果,也为国内外钱币研究者提供了资料。新疆钱币不仅具有与全国一致的共性,而且具有鲜明的地区特色和民族特色,同时还具有一定的国际性。新疆是东西方钱币文化荟萃之地,新疆钱币生动地反映了这两种钱币文化的特色,其图案新颖奇特,风格的质朴粗犷,且又版式繁多,同中有异。倍受钱币爱好者的青睐。(努尔比亚)

K000440　**楚地出土文献三种研究**　饶宗颐、曾宪通著。中华书局1993年8月版。影印638页。98.00元。由相对独立的三部分组成,每部分各包括两位著者单独署名的论文若干篇。第一部分为《随县曾侯乙墓钟磬铭辞研究》,包括论文6篇。它们以1978年湖北随县出土的战国曾侯乙墓编钟、编磬铭文为中心,全面讨论了铭文中的乐律术语、编钟的音阶体系、先秦音乐理论和美学思想、各国的乐律名称和它们之间的相互关系 、楚国乐学的特点及其在后世古琴曲中的遗存、古代音乐理论与天文学的关系、古代中国音乐理论与古巴比仑的关系等问题。第二部分为《长沙子弹库楚帛书研究》,包括论文9篇。它们考释了1942年湖南长沙子弹库出土的战国楚帛书的文字、内容、书法艺术和楚国的月名等,其中《楚帛书研究述要》对该项研究作了简要的回顾。第三部分为《云梦睡虎地秦简日书研究》,包括论文5篇,对1975年湖北云梦睡虎地秦墓出土的《日书》中的部分内容进行了考释或研究,附有《睡虎地秦简日书分类索引》。书后附有相关照片,其中楚帛书放大12倍的红外线照片系在国内首次发表。(刘宗汉)

K000441　**中国漆器全集(清代卷)**　朱家溍、夏更起编。福建美术出版社1993年9月版。4.5万字。彩图253幅;黑白210幅。368.00元。《中国漆器全集》是国家重点文化建设项目之《中国美术分类全集》四百卷的组成部分。以(金、精、高、特)四字方针,编撰这部六卷漆器巨辑:新石器时期至商周春秋战国为一卷,秦、汉各一卷,三国两晋隋唐宋元为一卷,秦、汉各一卷,三国晋隋唐宋元为一卷,明、清各一卷。每卷精选有重要价值,有代表性、高水平的实物拍摄而成的彩色图版约300幅。卷首载有专论,卷末刊黑白版图录并附说明文字,翔实介绍每件器物的尺寸、形制、工艺、纹饰和收藏价值。(丁尚南)

K000442　**敦煌壁画摹本珍藏本**　敦煌研究院编。江苏古籍出版社1993年9月版。图40幅。6000.00元。收入敦煌研究院独家珍藏、由该院常书鸿、段文杰、史苇湘、李其琼等50多位专家自1942年以来精心临摹的壁画,是从2000多幅临摹品中精选的40幅代表作。这些作品的创作时代始于北凉,终于元代,反映了敦煌艺术千余年的传承演变。作品内容有佛教的佛陀、菩萨等,有中国神话传说的东王公、雷公等，有世俗的王公、贵妇等。作品有单纯的构图，有铺陈故事的连环画，有向心结构的构图，体现了敦煌早中晚各期的艺术风格。（蒋才喜）

K000443 **敦煌石室地志残卷考释** 王仲荦著。上海古籍出版社 1993 年 9 月版。20 万字。7.80 元。含有《唐天宝初年地志残卷》、《贞元十道录》剑南道残卷、《诸道山河地名要略》残卷、《沙州都督府图经》残卷、沙州志残片、《敦煌录》残卷、《敦煌汜氏人物传》残卷、《寿昌县地镜》、《西天路竟》、《沙州伊州地志》残卷等 10 数种敦煌地志、图经残卷的录文和考释。（江建忠）

K000444 **隐农轩甲骨文字说解** 李蕴著。新华出版社 1993 年 9 月版。12 万字。15.00 元。研究甲骨文字的学术专著。在深入研究易学和《说文解字》的基础上，对古文字和甲骨文字的考释提出了一种新的方法——数字法。明确提出："古文字与易同源，二者均以大自然天造地设为本，二者的组织结构相似，古文字脱胎于易"，"易是古文字自身成分的第一因素"，这是本书的宗义和基本观点。作者提出新的全面考释甲骨文字的方法——数字法，并以此为专题，拟撰写专著 14 册，本书为第一册。（韩舞凤）

K000445 **流沙坠简** 罗振玉、王国维撰。中华书局 1993 年 9 月版。30 万字。图 67 幅。98.00 元。1907 年英籍匈牙利人斯坦因(Aurel Stein)进行第二次中亚考察时，在甘肃敦煌的汉代烽燧遗址发现人量汉义义书。1913 年，法籍汉学家沙畹(Edouard Chavannes)系统整理此次考察成果而编著的《斯坦因在东土耳其斯坦所获汉文文献》出版。罗、王二人根据沙畹提供的手校本，对其中的简牍以及绢帛、纸质文书进行整理研究，于 1914 年出版本书。书中按内容和性质，将资料分成三大类。第一大类是小学术数方技书，涉及《苍颉》、《急就》、《力牧》、《历谱》、《算术》、《阴阳》、《占书》、《医方》等典籍。第二大类是屯戍丛残，其下又析为簿书、烽燧、戍役、廪给、器物、杂事等 6 项。第三大类是简牍遗文，汇集各式书信。此外王氏还作《补遗》，考释斯坦因在尼雅河下游所获晋初文书；又补《附录》，考释日本大谷探险队桔瑞超在罗布淖尔北所获前凉西域长史李柏书稿；另据斯坦因《塞林提亚——中亚和中国西域考古记》绘制敦煌障燧分布图，并将各燧编号及其汉时名称、所出木简列为一表。以后作者陆续有所订补。1934 年该书修订本出版，此次即据以重印。（李解民）

K000446 **战国铭文选** 汤余惠编选。吉林大学出版社 1993 年 9 月版。31 万字。20.00 元。第一部专门选注战国器物铭文的读本。选收铭文 150 余篇，分金文、符节、兵器、玺印、陶文、货币、简帛、玉石和其它，共 9 类依类编次。每篇都有铭文拓片或摹本，并附注释和释文，图文并茂具有较强的可读性。书后备有参考论著目录。（汤余惠）

K000447 **铜鼓和青铜文化的新探索** 中国古代铜鼓研究会编。广西民族出版社 1993 年 10 月版。40 万字。22.00 元。中国南方及东南亚地区古代铜鼓和青铜文化第二次国际学术讨论论文集。收入国内国外专家学者论文 37 篇，主要探讨有关铜鼓分类、断代、纹饰、功用、族属等课题。在铜鼓分类上，张增祺《"万家坝型"铜鼓与"石寨山型"铜鼓的关系》一文，对以往多数学者认为石寨山型铜鼓是从万家坝型铜鼓发展而来的观点提出了异议，认为两者是两种不同系统、各自独立发展的类型。在铜鼓纹饰研究方面，李伟卿《古代铜鼓的具象纹样》，指出铜鼓的具象纹样的演变经历了萌发期、成熟期、讹变期 3 个时期。在铜鼓的功用和族属方面，易学钟《试述古代铜鼓的社鼓职能之二——铜鼓主题纹饰新探》和张世铨《论中国秦汉时期使用石寨山式铜鼓的民族部落》都分别作了精辟的论述。本书有几篇论文就个别地区的铜鼓和铜鼓上的塑像作了专门的研究。（方铁）

K000448 **中国玉器全集（六卷本）** 杨伯达主编。河北美术出版社 1993 年 10 月版。45 万字。彩图 1850 幅。6 册。2070.00 元。是国家重点出版工程——《中国美术分类全集》(400 卷)的一个组成部分。以时代分为原始社会；商、西周；春秋、战国；秦、汉至南北朝；隋、唐至明；清 6 卷册。选录之玉器均为各时代精品。明、清以前以考古发掘品为主；明、清以后以传世品为主。除器物本身的艺术价值外，兼顾其考古价值与玉质。所收玉器均为国内(包括台湾省)各个历史时期考古发掘出土的著名墓地的著名玉器，例如殷墟的玉人、新干商墓的彩石羽人等。还有故宫博物院等国内各地文博单位所珍藏的历代玉器佳作，特别是故宫博物院所藏明、清玉器，这样大规模地集中展示在公众面前还是首次。台湾卑南文化玉器及西藏卡若文化玉器的选录，填补了我国史前玉器分布中两个地区空白。中原龙山文化陶寺类型晚期墓玉器和阿房宫遗址等出土秦代玉器的选录，填补了玉器史上夏代与秦代的空白。在选录中对新资料的吸收也十分引人注目，特别是近几年的重大考古发现，凡精致者均包罗人编，例如战国时期中山国墓的墨书玉佩等。这些玉器图照的发表，既反映了各个时代琢玉工艺的成就，也有助于增强全集的新鲜感。全集图版精美，耐人寻味。全集玉器图版无论在拍摄上的布光、角度、背景色调，还是印制上的力求精到，都保证了玉器的不失真、不走样。全集的文字部分，从理论上讲兼容并蓄，对学术研究中不同观点，采取百家争鸣方针，不强求一律；对一般知识性的内容，作详尽介绍；对一些科研成果，则尽量深入浅出，使读者既能领会其学术价值，又能增长自己在文物方面的见识。从整体、系统来看，可以说8篇论文串起来就是一部中国玉器的发展史。(张庚)

K000449　**考古学研究**　《考古学研究》编委会编。三秦出版社1993年10月版。122.3万字。108.00元(精)；98.00元(平)。是陕西省考古所对30年来所取得的考古研究成果的历史回顾和系统总结。全书分59个专题进行阐述和介绍。(淡懿诚)

K000450　**中国河姆渡文化**　刘军、姚仲源著。浙江人民出版社1993年10月版。150.00元。介绍河姆渡的地理环境、发掘经过、地层堆积、文化分期、文化遗存等情况。所述内容都是作者在发掘中掌握的第一手材料，其中关于遗迹和遗存的情况、包括一些重要数据，是第一次公诸于众，具有很高的科学价值。对河姆渡文化的一些重要问题，如稻作农业、原始崇拜、河姆渡文化与马家浜文化、崧泽文化、良渚文化的关系等，提出了自己的见解。附有彩图版160多幅。(郎忆倩)

K000451　**国魂典**　刘国福、卫景福主编。吉林人民出版社1993年11月版。120万字。47.00元。记述几千座(处)纪念碑(如人民英雄纪念碑)、纪念塔(如辛亥革命烈士纪念塔、玄奘塔、十世班禅灵塔)、纪念堂(如孙中山纪念堂、毛主席纪念堂)、纪念馆(如林则徐纪念馆、周恩来纪念馆)、纪念亭(如五四纪念亭、兰亭)、陵园、祠庙、旧址、纪念地等等。其中多数是为纪念杰出人物而建造的，也有不少是纪念英雄群体的，如雨花台烈士陵园所纪念的是在雨花台先后牺牲的10多万革命烈士，人民英雄纪念碑所纪念的是从鸦片战争以来在历次斗争中牺牲的几千万人民英雄。正是这些无数的杰出英雄人物，用他们的丹心和热血铸造了我国的“国魂”。(关静)

K000452　**考古精华**　副名：中国社会科学院考古研究所建所四十年纪念。中国社会科学院考古研究所编。科学出版社1993年11月版。40印张。550.00元。为纪念中国社会科学院考古研究所建所40周年而编辑的一部大型图册，中英文对照。收录了该所自1950年8月至1990年以来，在26个省、市、自治区的200个县市从事田野考古工作，为研究中国考古学的重要课题，有计划、有重点地开展一系列大规模调查发掘所取得的部分有代表性的重要成果。分为史前时期、夏商周时期、汉唐及其以后时期3个部分，包括具有重要学术意义的55个项目、各类遗物588件(组)，并配以适当的遗址现场照片和图表。本书在弘扬中华民族古代文化、促进世界文化史的研究上都有一定的作用。(姚平录)

K000453　**玺印鉴赏**　陈松长编著。漓江出版社1993年11月版。13万字。11.00元。分4章：玺印概述、玺印的断代分期、玺印欣赏、玺印辨伪。分述中国玺印的庞大族系、社会功用、历史文化价值、断代认识、分期方法、印文赏析、边款意趣、玺印赝品的产生、玺印辨伪方法等内容。书前附有44面彩色图谱，收列印谱、边款、印钮图谱414方。收入“中国文物鉴赏丛书”。(沙淇)

K000454　**瓷器鉴赏**　傅正初编著。漓江出版社1993年11月版。19万字。11.00元。分4章：瓷器概述、瓷器的时代与分期特征、历代著名瓷窑鉴赏、历代瓷器的鉴定与辨伪。分述先秦至明清瓷器异彩纷呈的历史现象，例举历史上著名瓷窑及其瓷器的工艺、艺术特色，介绍瓷器辨伪技术、方法。附录《三国、两晋、南北朝江南青瓷器形演变图》和《明清瓷器款识一览表》。收入“中国文物鉴赏丛书”。(沙淇)

K000455　**龙集**　副名：历代龙像500图。张鸿修编。三秦出版社1993年11月版。20万字。98.00元。龙像图册，收录中国历代龙之图像527个。以时代为限，从原始社会到清代，分9个部分，所收龙像，或腾飞于长空，或踏风浪于海中，或飞舞于庭中，或盘旋于玉柱，有一龙冲天，有二龙戏珠，神态各异，栩栩如生，极富有收藏价值和艺术、欣赏价值。(王刚)

K000456　**华夏五千年艺术不能不知道丛书·陶瓷集**　徐静修编。天津杨柳青画社1993年11月版。4.5万字。80幅。9.10元。陶瓷文化是中国古代灿烂文化的象征。历代名窑遍布华夏大地，名品也极多，工艺精湛，造型优美。本书精选80件，图文并茂极富观赏性。可了解中国陶瓷历史，得到美的享受。(辛凡)

K000457　**华夏五千年艺术不能不知道丛书·吉金集**　李东琬编。天津杨柳青画社1993年11月版。4.5万字。80幅。9.10元。青铜时代虽然已成为过去的历史，但是，由奴隶们创造的辉煌的青铜器，却具有千古常新的永恒艺术魅力，至今仍启迪着艺术家们的创作智慧。本书是从数以万计的存世青

铜器中选录了一些珍宝。个别文物图版作了局部放大,便于鉴赏,从中得到有关知识和美的享受。(辛凡)

K000458 **华夏五千年艺术不能不知道丛书·美玉集** 尤仁德编。天津杨柳青画社 1993 年 11 月版。4 万字。80 幅。9.10 元。择录 80 件玲珑剔透的玉器作品,不仅展示其质材的温润柔丽,造型的完整生动,琢磨的光洁精细,而且阐述了其深刻的社会内容和审美内涵。(辛凡)

K000459 **青铜器鉴定** 杜迺松著。广西师范大学出版社 1993 年 12 月版。15.7 万字。29.50 元。“中国文物鉴定丛书”之一。分为 11 章,论述青铜文明的产生和发展,青铜器鉴定的概念与重要性及几种主要方法,青铜器器名和特征的辨识,青铜器花纹的鉴定,青铜器铭文在鉴定中的价值,青铜器铸造方法的认识,青铜器时代鉴定的原则和方法,原始社会、夏代、商代、西周、春秋战国、秦代、西汉、三国、两晋、南北朝、隋唐、宋元明清青铜器的时代鉴定,青铜器铭文书法的时代鉴定,青铜器伪制和伪器的鉴定,青铜器国制与地区特点的鉴别。书中附有历代青铜器彩色图片 44 幅、黑白图片 273 幅。(章竹梅)

K000460 **古玉鉴识** 张广文著。广西师范大学出版社 1993 年 12 月版。27.7 万字。27.00 元。“中国文物鉴定丛书”之一,是一部鉴别古代玉器的专著。分为 6 章,论述玉器与中国古代文化,分别介绍新石器时代、商代、春秋战国时期、汉代、魏晋南北朝、唐代、宋元明清时期玉器的品种、特征及识别方法。对宋代玉礼器、仿古玉、玉酒器、玉佩饰、玉器的纹饰、玉器的玉材与玉色作了详细的介绍。最后概括出古代玉器鉴定所包括的几方面内容,即:玉器的制造年代、名称、用法、艺术水平高低、玉质品种及优劣、玉器的真伪。重点对古代玉器的颜色以及玉器的仿古与做伪进行阐述。书中附有古代玉器彩色图片 29 幅,黑白图片 63 幅。(章竹梅)

K000461 **贵州田野考古四十年** 贵州省博物馆考古学研究所编。贵州民族出版社 1993 年 12 月版。48 万字。20.00 元。考古发掘报告集。收入考古工作者 1953 年至 1993 年 40 年来在贵州开展田野考古发掘、调查所积累的资料 90 篇。以报告和简报为主,辅以少量简讯和综述材料。贵州历史上的盲点和悬案很多,本书提供的资料弥补了以往著述的缺漏与错讹。例如,飞虎山新石器时代文化遗址发掘的石器、陶器和骨器等,经鉴别,与云南宾川白羊村、元谋大墩子、祥云清华洞、孟良老广厂以及四川西昌礼州、大溪文化等,都没有共同性,是云贵高原上发现的一种新的文化类型,证明贵州高原也是人类发祥地之一。赫章可乐和普安铜鼓山出土的青铜器对研究夜郎社会经济文化,大量墓葬的发掘对研究贵州民族文化、民族文化交流及各民族社会经济的发展等均有重要价值。所收发掘报告一般包括对遗址分布情况、地层堆积情况和出土文物的分类统计情况介绍,并进行断代,在与国内其它文化遗址进行比较后对其性质、特征等作出初步结论。发掘报告大多配以插图和表格,便于读者直观、具体地了解遗址及遗物情况。(周国茂)

K000462 **睡虎地秦简文字编** 陈振裕、刘信芳编著。湖北人民出版社 1993 年 12 月版。18.3 万字。19.80 元。以湖北省云梦县睡虎地 11 号墓出土的秦简为依据,收文字近 2 千个。编排略依部首笔画为序,书后附有笔画索引;各字形均以照片剪贴,以存其真;各字形下首先注出原简篇名、编号,次辞例,再次简注;尽可能选录不同风格的字形,以满足书法艺术研究者的需要。在“附编”中还收有云梦龙岗新出土秦简而未见于睡虎地秦简文字者凡 43 字。(魏世弟)

K000463 **青铜器鉴赏** 张镕编著。漓江出版社 1993 年 12 月版。15.7 万字。9.60 元。着重介绍从我国商代到战国时代晚期的独具魅力的中国青铜器,以及它的产生和发展、发现和发掘,并指出了中国青铜器的作用和价值,具体而细致地讲述了青铜器鉴赏和辨伪的方法。收入“中国文物鉴赏丛书”。(陈作慈)

K000464 **栔文举例** 清·孙诒让著,楼学礼校点。齐鲁书社 1993 年 12 月版。10 万字。15.00 元。考释甲骨文最早的著作。通过对大量龟甲文字的举例和考释,探赜索隐,首次提出文字之兴,原始于书栔,锓刻竹木以著法数,又施入龟甲,谓木栔、金栔。作者之说,为近世甲骨研究之滥觞,学术界公推此书“草创条例,采释殷文,在殷栔著述中首具披荆斩棘之功,后贤有作皆此书所启导”。校点所据玉海楼本,是由李杏堂誊抄清楚后,作者又进行修正的稿本;书眉句梢上大量朱墨改削字迹系作者亲笔,是存世的几个稿本中最好的本子。校点者对该书的整理有以下突出几点:①对底本所引《铁云藏龟》图版,均据 1903 年抱残守缺斋本作了查对,校正误注版片序号 70 多处,增加了资料的准确性。②对稿本断缺的大量甲骨文字作了补描、改描,缺漏的予以增入,提高了使用价值。③勘定原文错乱脱节之处,并参据吉石

奩本进行补改,使之更加完备。④全文用小楷誊抄,字迹端正秀美,加上统一标点,增强了该书的可读性。(严茜子)

K000465 **高陵碑石(陕西金石文献汇集之一)** 董国柱著。三秦出版社1993年12月版。20万字。48.80元。历史碑石图集。收录了97通,分为造像、墓志、碑3大类。造像年代最久的是北周保定二年(562)的《征东将军杨志先等一百八十九人造像》,以及北周建德元年(572)的《刘欢庆造像》,距今约1400余年。墓志有29方,其中有价值的有唐代《独孤祎之夫人张氏墓志》、元代《雷德谊墓志》、明代《萧静庵墓志》、清代《梁世勋墓志》等。碑石为最主要的一类,收录45通,其中唐武则天长寿三年(694)的《冯师训碑》,保存完好,但史无记载。1967年出土的唐开元九年《东渭桥记》,引起了考古界极大关注,具有重要的史料价值。建于唐文宗大和三年(829)的《李晟碑》,系大书法家柳公权书写,被称为"三绝碑"。(王刚)

K000466 **昭陵碑石(陕西金石文献汇集之一)** 张沛编著。三秦出版社1993年12月版。40万字。195.00元。为唐昭陵北阙及陪葬墓遗存和出土的石刻文字全集。昭陵诸碑皆为名人名碑:墓主皆是唐初名人。碑石撰文者多为唐初著名文人学士如岑文本、许敬宗、李义府、于志宁、上官仪、崔行功等,书写者多为唐初著名书法家欧阳询、褚遂良、殷仲容、王知敬、高正臣、畅整、于立政等,还有高宗皇帝李治御制御书的《李勣碑》。全集收录的昭陵碑石最为齐全,有历代遗存的,有建国后以至近年新出土的,有首次公诸于世。所录碑文,大多数前人未曾著录。所录墓志,则从未见过前人著录。而且发现了与两《唐书》大有出入的问题。(王刚)

K000467 **潮汕考古文集** 陈历明编。汕头大学出版社1993年12月版。29万字。19.80元。共收建国以来至90年代初发表于国内各报刊的有关潮汕地区考古发现的研究报告和考古方面的论文43篇。主要是广东省文物部门在潮汕地区进行考古调查的研究报告和论文。其中有新石器时代古文化遗存、贝丘遗址的调查发掘报告;有揭阳、饶平等地商代古墓葬群的发掘报告,尤其是粤东"浮滨类型"文化的发掘报告和研究探讨"浮滨类型"文化的论文;以及两汉、晋代的古遗址与墓葬的考古发现报告。另一重要内容是有关唐代以至明清潮汕地区陶瓷生产基地瓷窑址的考古发现和研究报告,探讨潮汕古代陶瓷生产技术的渊源及其生产交换、对外交流等早期经济活动的历史迹象的论文。还有如明代以来的潮州戏文的考古发现报告等。文集基本上依古遗址年代编排。收入"潮汕文库·潮汕考古文物丛书"。(吴二持)

K000468 **中国瓷器鉴定与欣赏** 朱裕平著。上海古籍出版社1993年12月版。22万字。500幅。40.00元。融瓷器鉴定和艺术文化知识性和趣味性于一体的著作。把中国瓷器精品从艺术鉴赏的角度介绍给读者,综合青花瓷、彩瓷、色釉瓷不同的系统特点纵横比照,并就瓷器的铭文、造型和装饰作专题的艺术分析。本书附有一百幅彩图和二百多幅黑白照片,古今精品洋洋大观。本书不仅是一本高品位的艺术鉴赏书,而且还是瓷器品鉴和识真的一部工具书。(王兴康)

K000469 **法国学者敦煌学论文选萃** [法]谢和耐等,耿昇译。中华书局1993年12月版。47.4万字。28.00元。选编法国学者所撰敦煌学研究论文30篇,内容涉及社会经济史、法律、宗教文献、石窟考古、民俗文化、文学、写本纸张及断代、绘画等领域,作者均系法国汉学界较著名的专家,代表了欧洲敦煌学研究的新水平,其中也刊布了一些过去中国学者难得见到的敦煌文献资料,具有重要的学术价值。所收论文均是首次译成中文,译文严谨、准确。收入"法国西域敦煌学名著译丛"。(柴剑虹)

风俗习惯

K000470 **乌珠穆沁风俗志** 副名:蒙古族风俗。富荣戕、拉·阿木尔门德著。内蒙古人民出版社1992年12月蒙古文版。11.2万字。3.35元。"蒙古族风俗"丛书之一。乌珠穆沁部族居住在内蒙古自治区锡林郭勒盟,是蒙古族古老部族之一。全书分11章70节,详细记述乌珠穆沁蒙古人游牧、狩猎、服饰、饮食、居住、宗教、婚姻、生育、丧葬、佳节日与祭祀等方面的风土人情。真实地、系统地反映乌珠穆沁人的生活习俗、生产习俗、宗教习俗、思维方式、心理特点、文化传统等。(孟和巴图)

K000471 **塞北风俗** 宁昶英编。内蒙古大学出版社1993年版。24.6万字。7.60元。风俗求索集。是文艺评论集《塞北艺谭》的姊妹篇。书中涉及有关满族的民俗占一半,从不同的侧面,介绍满族的由来、发展,以及流传至今的风俗习惯。另外对土默特蒙古族的风俗、鄂温克族的风俗、达斡尔族的习俗、鄂伦春族古俗中的满盖、赫哲族的火崇拜和萨满的

存在与消亡，以及呼和浩特地区汉族的旧俗，也有详尽的论述。（佟靖仁）

K000472 **四川丧葬文化** 霍巍、黄伟著。四川人民出版社 1993 年版。20 万字。15.00 元。通过大量的考古资料和出土文物，全面描述、分析了四川地区古代独特的丧葬习俗，包括石棺葬、土葬、水葬等，并对四川地区陪葬制度的历史沿革以及陪葬品所反映的社会、经济、文化发展状态作了中肯的考释和评价。（孙旭军）

K000473 **中国酒令大观** 麻国钧、麻淑方编著。北京出版社 1993 年 2 月版。64.9 万字。16.90 元。中国有着悠久的酒史，又有着悠久的游戏史，而中华传统文化的齐合性特征，又把酒和游戏二者综合为一，从而形成了酒令。它是中华民族独特的文化现象，包含着比较广泛、浓厚的文化娱乐性，曾在文人儒士之间和乡里市井广为流传，有着它独特的文化价值。本书以资料性作为编撰的指导思想，收酒令及其有关词目 926 条，按行令的方法及用具分为射覆猜拳类、口头文字类、骰子类、牌类、筹子类及杂类。并设总类，收与酒令相关的专用词汇；典故著述类，收与行令相关的历代典故及酒令专著。正文按此分类排列词目。词目释文具有一般辞典的特征，还介绍每个酒令的行令方法、用具规格及制作方法等，并配制了部分插图，大都保持原图式样。书后设“笔画索引”、“音序索引”，方便查检。（刘剑宏）

K000474 **中国旅游景观欣赏** 钱今昔著。黄山书社 1993 年 2 月版。30 万字。5.95 元。分 4 部分，即第一部分：绪言——要素·修养·欣赏；第二部分：自然旅游景观欣赏；第三部分：人文旅游景观欣赏；第四部分：旅游景区欣赏。卷首附彩色风景图片多幅。第一部分从旅游者的动机、旅游审美的要素、旅游资源与景观、旅游业与旅游欣赏等方面，较系统地分析它们之间的关系，阐述旅游者在其旅游活动中应运用科学文化知识和美学观点来加深欣赏、领悟、融合的能力，以丰富和提高旅游欣赏的层次和内涵。第二、三部分，将国内的自然和人文景观各列出 10 种类型，详述其成因、分布及组合特点并作出评介。第四部分，则是参照全国现有旅游景区和行政区划，有机地将各景区和线路划分为 8 个主要区块，从历史地理、自然环境、文化艺术、建筑技术、风俗民情、美学欣赏诸方面对各区的旅游景观详加述介。（刘欣）

K000475 **中华民俗风情大观** 杨子东、常舟编。陕西师范大学出版社 1993 年 2 月版。63.9 万字。从节庆风俗、饮食风俗、婚姻风俗、服饰风俗、礼仪风俗、文化娱乐风俗、生养丧葬风俗、工匠技艺风俗、信仰禁忌风俗等方面较全面系统地反映了古老中国土地上繁衍生息的 56 个民族在长期的历史发展过程中形成的独特的风尚习俗。在介绍各种风俗习惯时既反映全貌，又力求弄清各种风俗习惯的演变历史和传承关系。兼顾知识性、趣味性和故事性。中华民俗既有健康向上的，又有愚昧落后的，而且常常二者混杂交织在一起。本书对此进行了严格的筛选，坚决抛弃了那些愚昧落后的、荒诞怪异的风俗习惯。（白跃世）

K000476 **三礼辞典** 钱玄、钱兴奇编。江苏古籍出版社 1993 年 3 月版。115.9 万字。28.00 元。关于古代礼学的专科辞典。收录《仪礼》、《周礼》、《礼记》、《大戴礼记》四部礼书及先秦文献中有关典章、制度、礼制、名物等的专用词语约 5000 条。按笔画编排。对条目作简明的释义，引各礼书原文、注释，归纳总结前人研究成果，出以个人研究成果，与近世考古发现相印证。对器物、宫室等条目，加绘 176 幅插图。后附“分类索引”，将条目分为“礼书”、“职官”、“政教”、“疆域”等 32 类。（王华宝）

K000477 **西双版纳风情奇趣录** 征鹏、杨胜能著。云南民族出版社 1993 年 3 月第 2 版。16.9 万字。4.50 元。西双版纳傣族自治州是以傣族为主体的民族自治地方。居住在这里的有傣、汉、哈尼、拉祜、布朗、彝、基诺、瑶、佤、白、回、壮等 10 多个民族。本书介绍了妙趣横生的西双版纳地名以及这些民族奇特的婚姻与家庭习俗、别具一格的住宅、多种多样的饮食与服饰、富有民族特点的丧葬习俗、欢乐的民族节日、丰富多彩的民族文化、有趣的人名姓氏、南传上座部佛教与多神教以及其他习俗。（董丈）

K000478 **藏族节日文化** 林继富编著。西藏人民出版社 1993 年 4 月版。10 万字。2.20 元。西藏的传统节日近 100 个，本书对这些节日的起源、演变、文化价值以及地域特点等都有详尽叙述。全书共 8 章，分年节、宗教节日、寺院庙会、赛马节、农业型节日等部分。对于了解西藏民俗文化，藏民族风土人情均有一定的参考价值。（刘金华）

K000479 **颜氏家训全译** 北齐·颜之推著，程小铭译注。贵州人民出版社 1993 年 5 月版。32.5 万字。18.00 元。《颜氏家训》白话文全译本。以王利器的《颜氏家训集解》为底本，分为 7 卷 20 篇，论述了个人在立身、治家、处世等方面的儒家道德规范，如卷一中《教子》篇论如何对子女进行教育，《治家》

篇谈如何治理好家庭,卷二中《慕贤》篇谈礼贤下士的态度,卷五中《止足》篇阐述少欲知足的观点,《诫兵》篇是反对文人参预军事,卷七中《杂艺》篇涉及文艺、医学、卜筮等方面的杂艺。该书是中国南北朝时期杰出的学者、文学家颜之推为训诫子孙而作的著作。收入"中国历代名著全译"丛书。(彭建)

K000480 **上海风俗古迹考** 顾炳权著。华东师范大学出版社 1993 年 6 月版。48 万字。16.80 元。考证上海地区历史演变和风俗古迹的著作。分地理、古迹、园林、寺庙、物产、经济、文娱、时令、风俗、洋场 10 大类。详细介绍上海地区的山脉、河流、湖泊、海塘、沙岛、渡口、垒渎、旧城址、古村镇、旧桥梁、古驰道、旧方塔、古寺庙、云间九峰、沪城八景、申江十翠、王侯墓穴、二陆草堂、陶庵留碧、炮台古堡、名人遗踪以及旧时特产、海陆资源、手工艺品、纺织耕作、民情风俗、节日时令、饮食风尚、朝会庆贺、衣冠服饰等承袭起源和发展变化。综述了上海开埠后的社会形态、行业变化、中外碰撞、洋人大班、商人买办、马路交通、娱乐场所和洋场陋习等情景。书中穿插大量竹枝词,作为形象描绘和印证。配有 100 多幅近代图片和画作。(张哲永)

K000481 **鄂尔多斯风俗录** 杨·道尔吉著。远方出版社 1993 年 6 月版。21.4 万字。5.00 元。共 11 章。内容分 3 大部分。第一部分,日常生活习俗,包括饮食、服饰、起居等等,其中许多习俗非常奇特;第二部分,礼仪祭典习俗,包括日常迎来送往、访亲会友、岁时节日、婚丧嫁娶、崇尚祭祀,等等;第三部分,竞技娱乐习俗。包括赛马、赛驼、射箭、摔跤等体育比赛和乐器、歌舞、讲说等文化娱乐活动。其中,像传统民歌《森吉德玛》、《筷子舞》、《顶碗舞》等在世界上都有一定的名气。(王占英)

K000482 **仪礼正义** 清·胡培翚撰,段熙仲点校。江苏古籍出版社 1993 年 7 月版。174.6 万字。3 册。65.00 元,是春秋战国时代冠礼、昏(婚)礼、丧礼、射礼、饮酒礼等古代礼制的汇编。书有伪脱,文多古奥。今传 17 篇为汉郑玄笺注,唐贾公彦作疏。清人胡培翚专治《仪礼》40 年,成《仪礼正义》40 卷。他以郑玄注为据,采集过去经学家的研究成果,加以订补申说。一曰补注,补郑注所未备者;二曰申注,申述郑注之义;三曰附注,附后人阐述郑注而可取者;四曰订注,订正郑注之违失者。故而该书是注解《仪礼》较有系统、颇有影响的一种。点校本以续皇清经解本为底本,校以四部备要本、苏州陆建瀛刻本。为大体上保持底本原貌,凡讹字、脱字、衍文、倒互均一仍其旧,而在校勘记中改正讹字,补正脱字,删正衍字,乙正倒互。底本中存有众多的异体字,一般不作改动。凡胡书引文,力求仍原书校对,但古人引书多有增损,故一般慎用引号。书后有附录四,一为《仪礼正义》书后,由胡氏亲友叙述撰书经过;二为点校者对《仪礼》的初步认识,着重谈《仪礼》的性质及特色;三为绩溪胡氏四世《仪礼》学者集传;四为胡氏《仪礼正义》引用书目。(周方)

K000483 **庆典** [美]维克多·特纳编,方永德等译。上海文艺出版社 1993 年 7 月版。30 万字。8.60 元。研究各国古代庆典的论文集。收集 20 位美国当代人类学家围绕世界各个角落和诸多民族中流传的庆典习俗撰写的论文。其内容不单单是对各种庆典场面的记述和描绘,更是对这些习俗的起源和意义的揭示与发掘。透过那非洲丛林的成年礼仪、欧洲忏悔徒乡村的公共庆典、美国的"耶稣基督剧"、印度的毗湿奴庆典以及日本的祭神祀鬼、中国的龙舟竞渡等一幕幕场面,人们不仅能领略人类文化的灿烂缤纷,更能感受其深刻而丰富的内涵。(夏青根)

K000484 **敦煌婚姻文化(敦煌文献丛书)** 谭蝉雪著。甘肃人民出版社 1993 年 8 月版。13 万字。5.10 元。敦煌婚姻文化是指唐宋时期沙州地区流行的婚嫁、生育等方面的民俗,时间主要在晚唐至北宋初(公元 8 世纪—11 世纪初)。本书通过对敦煌莫高窟壁画及藏经洞出土文献的整理研究,真实地再现了敦煌婚姻文化的概貌及流变。全书分 3 部分,第一部分"石窟壁画的婚嫁图",对 40 余幅婚嫁图的大致内容作了介绍,并重点选取 6 幅有代表性的图版(照片附于正文前),就图中所描绘的事物、背景、人物作了详细说明。第二部分"敦煌婚姻文化真迹汇录",是有关敦煌卷子的汇录和校注。按照卷子内容,分列婚姻礼仪、婚书和祭书、婚嫁诗词、咒愿文、继嗣、放妻书、冥婚等 8 个主题。每个卷子先录文,后出校记。录文以缩微胶卷为依据,参考《敦煌宝藏》,斟酌取舍,并标注新式标点符号而成;校记主要申明原卷子文字上的脱、衍、讹、错简等,并对有些疑难字词作诠释。第三部分"敦煌婚姻文化概论",结合中国古代婚姻史,对敦煌婚姻文化的总体特点和发展情况作了系统阐述。作者认为敦煌婚俗的独特性表现在原始性、交融性、立体性上;其显著特点表现为对六礼的沿袭与变异、民族文化的相互渗透和受佛教思想影响等 3 个方面。(韩惠言)

K000485 **民族世俗艺术研究** 李瑞岐主编。贵州民族出版社 1993 年 8 月版。17 万字。4.80 元。

贵州省黔东南民俗与艺术研究文集。共收论文 27 篇，其中艺术类 4 篇，节日类 4 篇，饮食类 2 篇，丧葬类 4 篇，婚俗类 5 篇，信仰禁忌类 6 篇，建筑类 1 篇，服饰类 1 篇。分别讨论了侗族戏曲与民间世俗的关系，侗族的音乐，苗族踩堂习俗，苗族“抛锣”赛活动与铜锣制造工艺，少数民族节日的缘起演变及文化内涵，龙习俗文化，苗族祭祖习俗，侗族婚俗，苗族婚俗，苗族芦笙与丧葬，汉族丧葬习俗与孝歌，侗族萨文化，苗族的图腾崇拜与占卜，酒文化世俗特征，僅家人的饮食文化，历史名城镇远的传统民宅，僅家人的蜡染与服饰等。是研究和了解黔东南民俗与艺术的参考书。（胡廷夺）

K000486　**俚俗集**　清·福申编。书目文献出版社 1993 年 8 月版。103 万字。80.00 元。是一部专门辑录民俗资料的类书，原 49 卷。全书分 29 大类，收入条目 2500 余条，引用书籍近十种。内容涉及天文、地理、时令、官制、兵制、选奉、人事、风俗、宗教信仰、节日、民间戏剧、游戏、医药、传统手工艺、衣食住行等各个方面，收集了大量神话、传说、民间故事、格言、俗语、儿歌、谜语等。

K000487　**内蒙古少数民族风情**　徐世明、毅松著。内蒙古人民出版社 1993 年 8 月版。12.00 万字。4.25 元。“内蒙古历史文化丛书”之一。在内蒙古自治区，除蒙古族外，具有县级以上民族区域自治机构的还有 3 个民族，即达斡尔族、鄂温克族和鄂伦春族。本书根据近代历史文化调查等资料，阐述了各少数民族的历史进程、社会形态及其生产方式，风俗习惯，起居礼俗，衣食住行，婚丧仪式，宗教信仰，民间文学艺术等等。（王挺栋）

K000488　**窦山公家议校注**　周绍泉、赵亚光校注。黄山书社 1993 年 9 月版。25 万字。5.95 元。《窦山公家议》是徽州府祁门县六都善和里程氏仁山门东房派的族规家法，就管理、墓茔、祠祀、田地、山场、庄佃和银谷，一事一议，立下了东房派秩下子孙共同遵守的条规。其附录“东西军业议”则议及东房派和西房派共有的军装田的管理事宜，并附以“高祖仁山公遗嘱军役文书”和“窦山公同兄还春公申明祖父仁山公遗嘱轮补军役合同文书”，作为东西二房共同遵守的规则。本书校注者对本书纂修者程昌和重纂者程钫作了考证。对现存的不同历史时期的 6 种版本进行动态对比研究，以北京图书馆藏万历三年刻本（为目前所知最完备的本子）为底本，以安徽省图书馆藏万历补刻本（万历二十四年资料）、北京图书馆藏万历二十五年两个刻本（一本是泰昌元年资料，一本是康熙五十五年资料）、安徽省图书馆藏顺治十四年补刻本（顺治十三、十四年资料）和中国社科院历史研究所图书馆藏顺治补刻本（顺治十五年以后资料）等 5 个刻本补葺之，集诸刻本资料于一书。（黄勤堂）

K000489　**风俗故事**　景翰编。未来出版社 1993 年 9 月版。10 万字。6.90 元。收录 48 篇风俗故事。有关节气的风俗，如过年时为什么要贴春联？祭灶和守岁是怎么回事？中秋节为什么有吃月饼的风俗？重阳节为什么要登高？有关于各地服饰文化的风俗，如苗家姑娘为什么喜欢穿百褶裙？小孩子穿虎头鞋的风俗是怎么来的？还有关于各地饮食文化的风俗，如山东人为什么爱吃煎饼卷大葱？陕西人喜欢吃的牛羊肉泡馍有什么样的传说？文字加注汉语拼音。配有插图。（高小雁）

K000490　**涉外礼仪**　张彦、韩欲和著。译林出版社 1993 年 9 月版。32.3 万字。12.00 元。有关礼仪知识的读本。其特点在于将涉外礼仪分为国际礼节和各国习俗两大部分，把分散的有关知识系统地组织在一起，形成一个整体。在涉外交际准则和行为规范等方面有具体的介绍和分析，便于学习和操作。（竺祖慈）

K000491　**哈尼族节日**　九米编。云南民族出版社 1993 年 10 月版。15.6 万字。4.50 元。汉文、哈尼文对照。“哈尼族知识系列”之一。介绍红河哈尼族彝族自治州、思茅地区、西双版纳傣族自治州、玉溪地区等哈尼族主要聚居区的哈尼族各支系的主要节日及其庆典活动。每节日之后附有相关的传说故事。（杨羊就）

K000492　**红白喜事**　副名：旧京婚丧礼俗。常人春著。北京燕山出版社 1993 年 11 月版。36 万字。10.95 元。近代民俗学专著。以白描式的手法详细叙述了清末至民国初年北京婚丧礼俗，并对其源流和演变进行大量的考证。全书分婚俗与丧俗两大部分。婚俗中自保亲、放定、陪奁直至迎娶、仪节；丧俗自初终、入殓直至接三、吊祭、发引。作者常人春是著名的民俗学家，博闻强记，对近代社会生活史及民俗学研究有较高造诣，著有《老北京的风俗》等民俗学著作。（赵珩）

K000493　**广东民俗大观**　刘志文主编。广东旅游出版社 1993 年 12 月版。120 万字。76.00 元。大型民俗事象集成类书。真实、详细地记录了广东省各地近代以来最富特色的民俗事象。附彩照 100 余帧。共 10 大部类：第一部，衣食住行；第二部，婚育丧祭；

第三部，岁时节日；第四部，宗教信仰；第五部，社会生产；第六部，社会仪礼；第七部，文化娱乐；第八部，社会人生；第九部，生活禁忌；第十部，风情典故。（周梅英）

K000494　**秦汉礼制研究**　陈戍国著。湖南教育出版社 1993 年 12 月版。33.7 万字。10.04 元。勾勒了秦汉礼制的轮廓，并从礼制的角度去认识秦汉社会的政治、经济和思想文化。正文由 4 章组成：第一章“秦朝礼仪”；第二章“汉礼（西汉时期）”；第三章“所谓新朝礼仪”；第四章“汉礼（东汉时期）”；余论“秦汉边远民族之礼”。对于西汉董仲舒批评秦皇“弃捐礼谊而恶闻之”一类说法，提出了作者自己的看法：“凡人类社会皆有礼，秦朝何能例外？”并从研究秦朝的继承制度与宗法观念入手，以大量史料为基础，论述了秦朝在祭祀、丧葬、巡守，以及军礼、婚礼、田狩礼等方面的礼仪。（胡本昱）

K000495　**中国民俗趣谈**　宁锐、淡懿诚主编。三秦出版社 1993 年 12 月版。54.4 万字。13.50 元。收入 142 篇文章。内容涉及全国各省区几十个民族的民俗风情。考证了龙、凤、十二生肖等图腾崇拜的源流，介绍了春节、端午节、中秋节、放水节、龙船节等民俗节日的由来，探讨了割礼、哭嫁歌、补作风流、剪纸、拴马桩、宗教音乐舞蹈等民俗和民间艺术现象，展示了各民族的婚丧嫁娶和衣食住行习俗。（淡懿诚）

K000496　**美国民俗学**　[美]J·H·布鲁范德著，李扬译。汕头大学出版社 1993 年 12 月版。21.2 万字。9.20 元。本书根据美国 W.W.NORTON 出版公司 1978 年版翻译。作者 J·H·布鲁范德博士曾任美国民俗学会主席，现为美国犹他大学英语系教授。该书是他为美国大学本科民俗学概论课撰写的教材。全书分 4 部分，21 章。原著作者为本书撰写了中译本序言。第一部分为绪论，主要讨论了民俗学研究的领域、方法以及美国民众的类型；第二部分着重考察口头民俗，内容包括俗语、谚语、民间歌谣、神话传说和民间故事等；第三部分讨论习惯民俗，诸如节日习俗，民间舞蹈和戏剧、手势动作与民间游戏等；第四部分为物质民间传统，主要论及美国民间建筑、手工艺和艺术、以及民间服饰和民间食物等。通过系统介绍在美国发现的民俗类型，简介其研究成果，指明美国民俗与其海外血缘传统之间的某些联系，为进一步深入研究铺平道路。（陈莹）

K000497　**厦门民俗**　陈耕、吴安辉编著。鹭江出版社 1993 年 12 月版。13.8 万字。5.00 元（平）；10.00 元（精）。介绍厦门民俗中的人生礼俗、岁时节俗、饮食起居、信仰信俗和民间禁忌，把厦门民俗的风貌生动地展示出来，并对其源头和流变作了扼要的解说。收入“厦门文化丛书”。（甘于黎）

K000498　**乌拉特风俗志**　纳日苏、阿拉木斯著。内蒙古人民出版社 1993 年 12 月蒙古文版。18.8 万字。5.00 元。“蒙古族风俗”丛书之一。乌拉特部系蒙古族的一个古老的部族。他们居住在内蒙古巴彦淖尔盟。本书翔实介绍乌拉特部族概况；社会生活习俗；饮食、住宅、用具、服饰习俗；生产习俗；教育、医药与崇尚习俗；宗教信仰等。基于该地区经济、政治、地缘、宗教、方言等特点和民俗的社会性、集体性、类型性、模式性、变异性、传承性等诸多原因，从游牧文化、农耕文化、半农半牧文化、城镇文化的多角度着手，论述了乌拉特部族由古至今所形成的社会、物质、精神民俗现象。（孟和巴图）

K000499　**蒙古族祭火经典集萃**　宝力高编。内蒙古人民出版社 1993 年 12 月蒙古文版。29 万字。17.20 元。分 4 篇：蒙古族祭火风俗篇，蒙古族祭火祭词、神歌篇，蒙古族婚礼祭火篇，各地祭火风俗篇，书后附若干蒙古族祭火风俗神话故事。重点阐述祭火是蒙古民族固有的风俗，祭火文化是民族文化的主要组成部分，是珍贵的文化遗产；介绍祭火风俗的产生，请神、献祭、送神礼仪的经典；记录有关“招唤”、“酒祭”、“祷告”、“祝福”、“赞颂”等礼仪的祭词神歌，婚礼上新郎新娘的拜火仪式，以及科尔沁、鄂尔多斯、察哈尔地区各具特点的祭火风俗等。还收录了流散于国内各地的经典和国外转藏的诸多篇经典，其中多属绝版、孤本。（宝力高）

K000500　**蒙古民俗研究**　拿木吉勒道尔基著。内蒙古人民出版社 1993 年 12 月蒙古文版。18.5 万字。4.80 元。系内蒙古民俗学会创编的民俗学研究丛书之三。从 1992 年内蒙古民俗学会第四届年会论文中选出近 30 篇学术精品汇集而成。概述了蒙古族及与其有密切关系的鄂温克，达斡尔等民族的衣食住行，红白喜事，宗教信仰，娱乐游戏，节庆，礼仪，狩猎等古老的，别具一格的北方民俗。（那木克勒道椿）

地　理

K000501　**蒙古国地名译名手册**　张蒙等编。内蒙古人民出版社 1990 年 2 月蒙古文版。22 万字。7.00 元。以促进蒙古国地名汉字译写的规范化为主,以弥补国内有关蒙古国地名工具书和地图之不足为辅,根据蒙古人民共和国1984年出版的行政区划图,从1万4千余条地名中筛选出万余条地名编写而成的。在蒙古地名汉译方面既考虑到以新蒙文音译为主的原则,又适当照顾国内的一些习惯译法,译名原则符合中国地名委员会颁布的《外国地名汉字译写通则》;在取舍范围上,既选用较大的行政区和著名历史地名,也收录边界偏僻地名和新增设的县市,涉及面较广,基本做到了译名的规范化。(浩特劳)

K000502 **中国西藏旅游** 西藏自治区测绘局编制。成都地图出版社1993年版。对开,2万字。7.00元。旅游资源介绍及旅游交通图。用中、英两种文字出版。文字部分描述了西藏的历史、文化、宗教、艺术、民俗、名胜等,彩色照片展示了西藏著名寺庙和自然风光,附有对外开放的山峰一览表及旅游服务设施说明。旅游交通图采用晕渲手法显示自然地理形态,详细表示各级道路与里程、地区级行政区域界线、各级居民地等社会要素,附有主要地区气温表、高程剖面表等与旅游有关的内容。(黄亚杰)

K000503 **宁夏历史地理考** 鲁人勇等著。宁夏人民出版社1993年版。28万字。14.00元。历史地理研究专著。对宁夏地区地名、行政建置、无建置地名、自然地名及人工构造物等进行考辨的专著。上起先秦,下迄清代,按朝代顺序、词书体例编排。每个词条按词目、释文、征引、考辨四段编写。释文简明扼要,使读者对历史上行政设置的治所、在今何地及其辖地、归属、沿革一目了然。征引资料丰富,包括考古资料和新、旧地方志资料。(汤晓芳)

K000504 **宁夏风貌** 宁夏对外文化交流中心编。宁夏人民出版社1993年版。3万字。彩色图片162幅。40.00元(精);30.00元(平)。位于中国西北的宁夏回族自治区,在6.6万平方公里的土地上,有高山、平原、沙漠、森林、大河、湖泊,既含江南水乡的秀丽,又集边塞大漠之雄浑。画册集中地、形象真实地反映了宁夏神奇而历史悠久的土地。有旧石器时代人类文化遗址、古朴自然的贺兰山岩画、秦长城、明长城、西夏王陵、海宝塔、贺兰山林海以及沙漠湖泊、草原秀色、田园果园风光,民族民间艺术及回乡风情等,全面介绍了宁夏的人文景观及自然风貌。(许家麟)

K000505 **中国触觉地图集** 黄克明编绘。中国盲文书社1993年版。图124幅。上、下册。500.00元。盲文版地图集。主要供盲童学校教学使用,同时兼顾社会盲人及低视力者学习、参考。该图集的编制本着科学性、知识性、实用性相结合的原则,紧密结合国家教委颁布的全国九年制义务教育地理教学大纲,按照盲人及低视力者的需要和触觉心理的特点,对图集中的全部内容进行了一系列的精心编排和设计。涉及我国自然地理的全部概况。(黄秋生)

K000506 **世界触觉地图集全图卷** 黄克明编绘。中国盲文书社1993年版。100.00元。盲文版地图集。共24幅图,该图集的编制本着科学性、知识性、实用性相结合的原则,紧密地结合国家教委颁布的全国九年制义务教育地理教学大纲,按照盲人及低视力者的需要和触觉心理的特点,对图集中所表示的全部内容进行了一系列的精心编排和设计。涉及世界自然地理的全部概况。(黄秋生)

K000507 **黄淮海平原历史地理** 邹逸麟主编。安徽教育出版社1993年1月版。14.50元。分为"历史自然地理"和"历史人文地理"两篇,从气候、土壤植被、自然灾害、水系变迁、湖沼和海岸等自然地理因素与人口、农业、城市和交通等人文地理因素入手分析研究黄淮海平原的演变轨迹,总结历史演变规律,对不少现象的治理提出中肯的意见。书中附有按年代排列的纵向纪录表,如旱涝灾害年表和频率表等,还有断代黄淮海平原不同地区的横向分布序列图,如人口分布等。(彭克明)

K000508 **莲花佛国九华山** 安徽省台湾事务办公室供稿。海风出版社1993年1月版。图100幅。15.00元。画册。介绍了位于皖南青阳县、为中国佛教"四大名山"之一的九华山自公元503年(梁武帝天监二年)以来的历史文化、寺庙建筑、僧侣民俗和胜迹山水之现状,并载游览地图和"佛事节日活动"等内容。(段祺仁)

K000509 **武陵源** 湖南省台湾事务办公室供稿。海风出版社1993年1月版。图99幅。15.00元。全面介绍武陵源自然风光名胜的图片集。分4个部分介绍张家界、天子山、索溪峪、杨家界4个风景名胜区的山崖、奇峰、溶洞、湖泊、河流、清溪等幽静、神秘、险峻、古野的自然景观以及奇花异草,珍禽异兽。以图为主,图文并茂。(罗继五)

K000510 **湖南省地理** 邓美成著。湖南出版社1993年1月版。40万字。12.30元。《中国地理丛书》之一。介绍湖南的地理、气象、山川名胜、自然资源、城镇交通、工农业发展情况以及经济发展的成就和前景。其特点是,内容全面系统,介绍详细得当。对湖南的资源环境、地质条件、地表形态、季风气候、水系、土壤、植被、开发历史、工农业生产、商业贸易、交通运输、城镇建设、旅游胜地等各方面的情况作了全方位介绍，并重点介绍了有一定优势的农业、水系、旅游业、工业、交通、商业贸易等内容。(聂双武)

K000511　**北京旅游世界之最**　北京出版社编。北京出版社1993年2月版。7.2万字。3.20元。书中介绍北京名胜的10个世界之最：世界最大的宫殿群——故宫；世界最长的防御城墙——万里长城(八达岭、慕田峪、司马台)；世界最大的城市中心广场——天安门广场；世界最大的祭天建筑群——天坛；世界造景丰富、建筑集中、保存最完整的皇家园林——颐和园；世界建园最早的皇家御园——北海；世界保存完整、埋葬皇帝最多的墓葬群——十三陵；世界发现古人类遗存最丰富的文化遗址——周口店；世界石刻经版收藏量最多的寺庙——云居寺；世界铭文字数最多的大钟——永乐大钟。书中另列英文目录和英文简介。(李夏)

K000512　**北京旅游手册(新编本)**　北京出版社编。北京出版社1993年2月版。20.8万字。5.75元。这是从1956年以来《北京旅游手册》的第4个新编本。详细介绍了120多个游览景点和与旅游者相关的服务项目，还介绍了北京的古今概况。分10章，即天安门广场、风景名胜、庙坛古迹、文博馆所、宾馆·旅店·招待所、风味餐馆、交通·邮电、文体场所、购物、北京风貌。附录中列有列车时刻表、北京地区平均气温表等。还附有城区名胜图、郊区名胜图、旅游景点平面图。(李夏)

K000513　**长白山**　吉林省台湾事务办公室供稿。海风出版社1993年2月版。159幅。34.00元。画册。介绍长白山的峰峦、林海、天池、瀑布、温泉、冰雪、绚丽秋色等风光和古木、花卉、东北虎、梅花鹿、紫豹等珍稀动植物，以及生活在满族、朝鲜族居民的独特习俗。(黄福坤)

K000514　**圣地清凉山志**　章嘉若必多吉著。青海民族出版社1993年2月版。13万字。2.60元。共5个章节，从不同的角度介绍五台山的历史。首先，指出了五台山是“世界上五个殊胜加持地”之一，是藏、蒙、汉、满等民族的佛教信徒倾心向往的佛教圣地。其次，详细描绘了五台山五座台顶的形状，如：“中山似雄狮呈威，呈大日如来之菩提塔状；东山似矜持大象，呈不动金刚之吉祥塔状；西山似孔雀起舞，呈无量光佛地之涅槃塔状；南山似骏马倒卧，呈宝生佛地之神变塔状；北山似共命鸟交颈，呈释迦佛地之天降塔状。”第三，根据藏医专家的辨认指出了五台山的许多珍贵药材，为开发和利用五台山丰富的自然资源提供了新的线索。(旺秀措姆)

K000515　**美哉北京**　单昭祥主编。北京出版社1993年3月版。85.00元(精)。从1992年《美哉北京》画展中精选中国画65幅、油画23幅、水粉、水彩、版画15幅、书法8幅编辑而成。(张肇基)

K000516　**鉴湖情书**　宋志坚著。海潮摄影艺术出版社1993年3月版。12万字。4.00元。收入作者记述童年和青少年时代在绍兴生活的文章。描写绍兴的地理历史、风土人情、文物古迹、旅游景观等，抒发浓郁乡情，展现纯真童心，引发人生感悟，寄寓思想哲理，讴歌美好生活，针砭时弊陋习。(柳闽南)

K000517　**外国风光名胜集锦**　余志森、陈雪良等编著。少年儿童出版社1993年3月版。28万字。5.85元。精选介绍外国自然和社会景观的文章189篇，其中亚洲43篇，有《日本的“圣岳”——富士山》、《东京的银座》、《世界最完美的山锥——马荣火山》、《“世界第八奇迹”——高山水稻梯田》、《东方四大奇迹之一——婆罗浮屠》、《“东方威尼斯”曼谷》、《金碧辉煌的仰光大金塔》、《麦加城的大清真寺》等；非洲25篇，有《埃及金字塔及狮身人面像》、《大地上最大的伤疤——东非大裂谷》、《坦桑尼亚的塞仑格提国家公园》、《“赤道雪峰”乞力马扎罗山》等；欧洲66篇，有《罗马和罗马的喷泉》、《地中海的天然灯塔》、《世界最大的美术博物馆卢浮宫》、《马克思、恩格斯故居》、《华沙美人鱼》等；美洲34篇，有《加拿大的恐龙公园》、《世界著名的尼亚加拉瀑布》、《地球最南端的城市乌斯怀亚》等；大洋洲19篇，有《澳大利亚的珍稀动物——袋鼠》、《跨越东西半球的斐济》等；南极6篇，有《中国南极长城站》等。(洪祖年)

K000518　**新疆地理手册**　新疆地理学会编。新疆人民出版社1993年3月版。55万字。9.50元。系统反映新疆地理面貌的资料工具书。分新疆自然地理和人文地理两大部分，前者包括基本概况、地貌与地质构造、气候、水文、土壤、植被与动物6章；后者包括政治地理、人口地理、城市地理、工业地理、农业地理、交通运输地理、外贸与商业地理、旅游地理、文化地理9章。最后附有“新疆地理的中国之最”，内容全面系统、数据也比较新。以数据表格为主，配以适量的文字、图件，数据大多取自政府、行业、科研系统资料。(林丽)

K000519　**世界行政区划图册**　周定国编绘。中国地图出版社1993年3月版。32开。10.00元。我国首次出版的、以系统反映各国(含地区)一级行政区概况为主要内容的图书。书中列表重点表示各国(含地区)一级行政区划及其行政中心名(中外文对照)、面积、人口等内容,并配有地图作对应查考用。还附有各国(地区)国名全称、面积、人口、语言、首都(首府)以及行政区划概况等内容,是从事外事、国际问题研究、邮电通讯、情报翻译、新闻出版、地图编绘等方面专业人员的参考书。(孙洁)

K000520 **中国名乡大全** 海峡之声广播电台供稿。海风出版社 1993 年 4 月版。57 万字。28.00 元。集全国 30 个省市自治区、直辖市(包括台湾省)的三百多个著名乡镇,按文化、艺术、体育、编织、工艺、花卉、水果、药材、资源、动物、林产、食品等 14 个类别分篇,准确介绍了这些名乡的过去与现在的发展变化及其何以成为名乡的特点。台湾三丰出版社以《中国名乡重镇》的书名在台湾出版发行。该书尚有不足之处,如缺少"工业篇"、"科技篇"等。(罗继五)

K000521 **中国·世界·宇宙** 副名:《地理文摘》精萃。张伟锷等编。河海大学出版社 1993 年 4 月版。60 万字。9.80 元。1981—1991 年《地理文摘》所登文章的精选汇编。分中国地理、世界地理、地理通论、地理趣闻 4 篇。前 2 篇为介绍我国及世界各国的人口与民族、地质地貌、江河湖海、自然资源、能源、经济、交通、环境等的资料;第三篇是地理小知识介绍;第四篇介绍一些奇特的地理现象。(谢业保)

K000522 **五千年华夏名人胜迹** 王行国、夏培卓著。中国国际广播出版社 1993 年 4 月版。40 万字。17.50 元。汇集了与中国历史名人有关的名胜古迹,分社会政治名人胜迹、学术思想名人胜迹、科学技术名人胜迹、文化文艺名人胜迹 4 大类有代表性的名人 110 位,全面介绍与其有关的名胜古迹,包括名人故居、故里,创业地、游历地,墓地、纪念地以及名人笔下的山川风物,并结合这些景物介绍相关的人物事迹、历史事件、轶闻传说。其选择标准系作者曾实地考察而又亲自拍摄过照片的仍留存至今的名人胜迹。社会政治名人胜迹从三皇五帝、刘邦、岳飞、孙中山等 46 位;学术思想名人胜迹包括道家始祖老子、至圣先师孔子和思想家顾炎武、龚自珍等 10 位;科学技术名人胜迹有水利家李冰、"医圣"张仲景、"神医"华佗、通才科学家沈括及近代铁路工程学家詹天佑等 16 位;文化文艺名人胜迹收入战国乐师俞伯牙、爱国诗人屈原、"书圣"王羲之、"诗仙"李白、"诗圣"杜甫及至现代文学家鲁迅计 38 位。每个人物附有小传、图像及遗迹地理位置图,并配以彩色名胜照片近百幅。书后附有名人名胜分类知识及人名笔画索引。(胡杏天)

K000523 **吉林山水风光** 董南庭、李方正主编。地质出版社 1993 年 5 月版。10.3 万字。3.60 元。以通俗的语言、精心设计的插图和彩照,以绚丽的火山风光、纵横的江河、众多的湖泊、矿泉和温泉、洞景天成、奇石美玉、神秘的自然保护区和吉林各地风景名胜导游等,介绍了这个具有独特地理位置、物产丰富、风光绚丽、多民族省份的山水风光。构成吉林主要自然景观的山水、独具特色。吉林的山,千峰万仞,拔地而起,风景秀丽;吉林的水,即江河湖泊,分布有致,奔流不息,吉林的矿泉、温泉在全国享有盛誉。(高愉)

K000524 **人地关系论** 金其铭等著。江苏教育出版社 1993 年 5 月版。33.16 万字。5.15 元。收入"人文地理学丛书"。分 10 章。前 6 章论述人地关系理论研究史和地理环境决定论、人地相关论、文化景观论、适应论、二元论、协调论等主要人地观及人地关系哲学思想。第七章论述人地关系系统中的人、地及地域系统。第八、九章论述人地关系的联结点——粮食、资源、居所、交通、文化、科学技术、政治等。第十章论述人地关系的协调、重组、改造等。(褚庆林)

K000525 **王士性地理书三种** 明·王士性著,周振鹤点校。上海古籍出版社 1993 年 5 月版。37 万字。14.50 元。王士性是浙江临海人,其活动时期早于徐霞客,游踪广于徐霞客,地理学见解亦有过徐霞客之处。本书收入王士性的全部游记,另收其诗文尺牍,及其家谱、著述、传记。全书包括《五岳游草》、《广游志》、《广志绎》、《王恒叔近稿》(内含《掖垣稿》、《朗陵稿》、《入蜀稿》、《燕市稿》、《尺牍》)以及散见于其他书志中的遗文。(江建忠)

K000526 **环球风采** 冯春萍等著。上海教育出版社 1993 年 5 月版。45.4 万字。12.90 元。地理科普读物。以"日出之洲亚细亚","骑在牛背上的欧罗巴","阳光灼热的阿非利加","汪汪大洋之洲","古老的新大陆"为全书 5 大篇的篇名。每大篇又按地理分区分为若干章。如欧洲一篇中分为"雪山银湖活北欧","大西洋吹来的风"(西欧),"欧洲的十字路口"(中欧),"地中海的诱惑"(南欧),"在辽阔的俄罗斯","袖珍国传奇"6 章。每章之下再安排若干节,以浓墨稠彩展示了精彩纷呈的大千世界,陆离光怪的异国情调,美不胜收的环球风采,包括世界各国最具特色的地理风貌、历史文化、经济发展、民族风情和风景名胜等。如日本既介绍了樱花、和服、木屐、相扑、茶道、花道等传统文化和富士山等地理景观,也描写了它的繁华都市和现代科学技术的产物——海上城市、海上飞机场和筑波科学城等。附有200多幅照片和插图。(郑石平)

K000527 **北京的胡同** 翁立编著。北京美术摄影出版社1993年6月版。60.00元。精选150幅情趣浓郁的北京胡同照片。对北京胡同的形成、发展、名称变化趣闻、名称分类、胡同之最、历代胡同数目等都作了扼要说明。(张肇基)

K000528 **北京四合院** 马炳坚撰文。北京美术摄影出版社1993年6月版。图145幅。60.00元。分6部分,分别从"基本格局和建筑特色"、"宅门、影壁"、"垂花门"、"内宅及室内装修"、"雕饰和彩绘"、"私家园林和庭院绿化"等几个不同角度,具体形象地介绍了北京传统四合院的形制、格局、等级关系、建筑特色、装修装饰艺术、园林及庭院绿化艺术等,展示出北京七百多年来的传统居住历史和民俗风情。该画册图文并茂,精选彩色照片140余幅,1.5万中英文字说明。表现不同类型四合院的墨线图2幅。摄影画面大至成片院落,群体鸟瞰,细至一块砖雕、一幅彩绘、一支门钹,从室外到室内,从装饰到彩绘,到家具陈设、匾额楹联,均有细微的描绘,具有较高的研究价值和收藏价值。(张肇基)

K000529 **中国地名通名集解** 吴郁芬等编。测绘出版社1993年6月版。14.9万字。10.00元。系统研究我国地名通名的专著。地名通名一般分为自然地理通名和人文地理通名两大类,进而可细分为若干小类型,小类型下又聚集不同方言区域内的多种不同称说的词汇。由于我国的民族众多,语言成分复杂,因此反映在地名通名上则是称说繁博。本书在1980年以来全国各地地名普查资料的基础上研究整理、编纂而成,共收词900余条。各词条一般包括汉字、汉语拼音、释义、类别、分布范围、地名举例等内容,行政区划资料截止到1991年底。正文前附有《音节检索表》和《笔画检索表》。正文之后附有《蒙、维、藏语部分地名通名表》和《中国地名汉语拼音字母拼写规则》。(赵彬)

K000530 **避暑山庄七十二景** 《避暑山庄七十二景》编委会编。地质出版社1993年6月版。21.50元。承德避暑山庄,兴建于清朝康熙至乾隆年间(1703—1792),为我国现存最大的皇家园林,其人文景观与自然风光水乳交融,集南秀北雄于一身。作为夏宫,康、乾二帝曾长时间生活在这里,从山庄胜景中选更优者,命人绘制了七十二景。本书是乾隆年间刑部侍郎钱维城奉旨绘制的,是避暑山庄现存图册中保存最完好、最精制,也是艺术价值最高的一部,是研究避暑山庄历史及园林建筑的重要的珍贵资料。(龚法忠)

K000531 **中国黄山** 安徽省台湾事务办公室供稿。海风出版社1993年6月版。图84幅。15.00元。画册。以黄山的"四绝"——奇松、怪石、云海、温泉为主,充分展现了黄山的自然美。(林金概)

K000532 **最新实用世界地图册(中外文对照)** 李绍明编绘。中国地图出版社1993年6月版。36开。12.60元。以行政区域为主、中外文对照的参考图册。地图部分包括总图4幅,反映世界地形、行政区域、主要交通、时区划分等内容。有分洲、分国图50幅,详细表示世界各国家、地区自然地理和社会经济要素。还有32个世界著名都市平面图。文字部分系统介绍各国概况、各洲地理集锦、世界地理之最等。还编入世界各国国旗及48帧具有代表性的世界风景名胜、古迹、著名建筑等彩照。(李绍明)

K000533 **中国新民主主义革命时期通史地图集** 郭立民编绘。中国地图出版社1993年6月版。10万字。6.50元。该图集全面系统地描绘了中国新民主主义革命时期的政治、经济、军事、文化等各方面的历史情况,反映了中国共产党在新民主主义革命时期的历史地位和伟大作用。收有主图77幅,附图15幅,并附有今旧地名对照表。(谭双泉)

K000534 **明十三陵大观** 胡汉生著。中国青年出版社1993年6月版。16.4万字。5.40元。介绍世界上极富知名度的名胜古迹明十三陵的知识读物。规模宏大的陵寝建筑,丰富的历史文化内涵是明十三陵的价值所在。作者从小在陵区内长大,后在十三陵特区的文物科工作,有对十三陵全面考察和博览历史文献资料的有利条件。该书内容颇具深度,且有较强的学术性和知识性。(林栋)

K000535 **泉州风物** 施能泉主编。鹭江出版社1993年6月版。20万字。6.50元。系"泉州晚报丛书"第二卷,主要从《泉州晚报》1985年至1993年的8年间有关专栏中,选其介绍泉州著名文物古迹、名山胜景和独具特色的风土人情的文章,汇编成册。(甘于黎)

K000536 **泉州访古揽胜** 庄炳章编。鹭江出版社1993年6月版。18.5万字。5.50元。收泉州城100个景点,介绍其自然环境、历史沿革、独特风格、历代名人文士结庐读书、登游题咏、诗文墨迹,以及广泛流传的神话故事、民间传说等。从多方面反映了由古越族文化、中原文化及海外文化,经过千百年交汇融化而形成的泉州历史文化的个性鲜明、风韵突出的特色,为学术研究提供了一些线索。全书分7编:三种文化——泉州概述、石头古城——鲤城特色、石雕故乡——惠安概述、著名侨乡——晋江、石狮概述、海上称雄——南安概述、深山茶园——安溪概述、桃源风光——永春概述、古代瓷都——德化概述、绝岛浯州——金门概述;并附有:泉州专题旅游线路表、全国重点文物保护单位名表(11处)、福建省重点文物保护单位名表(27处)。收入"泉州历史文化丛书"。(裴慎勤)

K000537 **福建旅游地理** 陈及霖著。海南摄影艺术出版社1993年7月版。43万字。8.80元。全书8章26节。运用旅游地理学的基础理论和基本方法,从福建的省情出发,着眼于福建地方特色,全面、系统介绍福建旅游地域内的旅游资源、旅游设施、旅游交通和游客容量,研究旅游区划结构的最佳组合,并探讨加快发展福建旅游业的对策等。(黄北荣)

K000538 **人地关系丛书** 陈龙飞主编。山东教育出版社1993年7月版。90万字。6册。29.70元。为推动我国地理科学的发展,揭示人地关系的实质,分析其演变规律、空间结构和现状特征,谋求人地关系协调的途径而组织编写的一套中级普及读物。丛书共分6册,即:人地协调论、人与资源论、人与环境论、人与经济论、人与科技论、人与文化论。该丛书既在理论方法上有所创新,具有较高的学术性;又深入浅出、具有可读性。该丛书具有统一的体系规格,每分册所论及的主题各自独立,但其内容有着内在联系,力求反映地理学界人地关系研究中的最新思想与最新成果。由于涉及的问题比较广泛,丛书中某些问题尚待于进一步深化。(邹健)

K000539 **陕西名胜导游** 阎成功编著。陕西旅游出版社1993年7月版。15万字。4.50元。介绍陕西旅游景点的通俗读物,内容分西安城区、东线旅游、西线旅游、南线旅游、西南线旅游、东南线旅游、北线旅游、陕北地区旅游、陕南地区旅游9个部分,以生动的文字介绍各地的自然景观和人文景观,在每篇介绍文字之后,附有观赏提示,必看景点和交通路线的内容。(冯冰)

K000540 **中国·新疆——哈密** 《中国·新疆——哈密》编委会编。新疆美术摄影出版社1993年7月版。1.2万字。图163幅。50.00元。汉英对照画册。除"综观哈密"(代前言)、概括地阐述了哈密的全貌外,包括:天山第一城——哈密、哈密回王陵、盖斯墓、东部天山、焕彩沟汉碑、口门子、哈密绿州、哈密瓜、三道岑煤城、雅满苏铁矿、七角牛盐厂、伊吾岩画、巴里坤哈萨克自治县、巴里坤草原、巴里坤湖、唐城遗址、古碑铭、巴里坤马、烽燧群、哈萨克食品、吐哈油田与哈密地区示意图等,共45个选题,图文并茂,全面介绍了哈密的过去和现在。画册为大16开。(麦粒)

K000541 **加拿大地图册(英中文对照)** 刘惠云编绘。中国地图出版社1993年7月版。32开。5.40元。以行政区划、交通路线为主的参考图册。总图有行政区划、地形、气候、人口、语言、交通、旅游资源等6幅图。分省图主要表示加拿大12个省、地区的居民地、交通状况等内容。图中有各省基本概况介绍。扩大图有"渥太华附近"等5幅图。城市图共3幅,表示了渥太华等7个城市的城区概况。图册最后部分为文字说明。另附若干地方名胜照片。(刘惠云)

K000542 **中国历史地理概述** 邹逸麟编著。福建人民出版社1993年8月版。18.5万字。5.50元。高校文科教材,"大学历史丛书"之一。分3篇,分别介绍中国各历史时期气候、植被、水系、海岸线、沙漠的变迁,历代疆域、政区沿革,历史上农牧业界限、农业区、丝棉产区、人口分布、交通路线的变迁等。基本反映各历史时期中国地理环境各要素变化的过程、特点及其相互之间的内在联系,以及人类活动与地理环境变化之间的相互关系及其规律。自然环境部分的论述,限于现有中国疆域范围。历代疆域、政区的变迁,论述较详。附有各类地图18幅。(林斌)

K000543 **内蒙古历史名城** 李逸友著。内蒙古人民出版社1993年8月版。14.5万字。4.70元。"内蒙古历史文化丛书"之一。(王挺栋)

K000544 **古代中国的北部边疆** 马大正、华立著。内蒙古人民出版社1993年8月版。10.5万字。3.75元。"内蒙古历史文化丛书"之一。分7章19节,分述古代中国的北部边疆历史。以中国古代统一多民族国家的形成、发展中4次一统局面的出现为纲,以时代为序,从统一多民族国家的高度,对北部边疆的历史,特别是对古代各朝对北部边疆地区的开拓与治理,作了概要的叙述。对历代边疆政策中一些贯通几代、影响深远,带有共性的重大问题,诸如:传统的治边思想,羁縻与怀柔、边疆军政管理体制、和亲政策等等,进行了专题性评述,寻求其发展、演变的轨迹,考察其在促进统一多民族国家发展

中的作用。(王挺栋)

K000545 **新疆——我可爱的故乡** 铁木尔·达瓦买提著。新疆人民出版社1993年8月版。30万字。20.00元(精)。分17章。从地理位置、投资环境、物产资源、行政建置、宗教文化、经济建设、生产建设兵团等方面全面介绍新疆。书前有32页精美彩图。李鹏题写书名。作者当时为新疆维吾尔自治区主席。(李春华)

K000546 **西南亚概论** 吴继德、黎家斌著。云南大学出版社1993年8月版。25万字。10.80元。关于世界地区研究的综合性学术专著。其特点是着眼于地区全局,宏观考察西南亚的地理、历史、政治、经济、民族等诸方面的基本特征和发展规律,系统阐述基本理论和专门知识。全书包括导论和11章。导论旨在说明西南亚的特殊性。第一、二章为西南亚的地理特征和战略地位;第三、四、五章分述西南亚的古代、近代和现代历史;第六、七章分别叙述西南亚的国家形式和阶级构成,西南亚的地区政治和国际关系;第八、九章论述西南亚的经济结构和经济成分,西南亚国家的经济战略和经济体制;第十、十一章阐述西南亚的民族和民族问题、宗教与宗教问题。还附有主要参考文献,译名对照表。(施惟达)

K000547 **北京** 王立行、秦汉主编。北京出版社1993年9月版。190.00元。精选388幅摄影佳作,其中有诸多是在历次影展中获奖的作品。分4部分:"充满东方魅力的文化古都",展现北京悠久灿烂的古代文化;"开放的北京在向现代化迈进",介绍北京日新月异的变化;"迷人的艺苑瑰宝",则从另一个侧面,向读者介绍作为中国文化中心的北京,文艺园地百花齐放的繁荣景象;"多彩的风情画卷",展现北京的风情,北京人丰富多彩的日常生活。每幅照片都配以中英对照文字说明,具有较高的艺术价值和史料价值。(张肇基)

K000548 **福建省公路交通图册** 杨圣枝编制。福建省地图出版社1993年9月版。图130幅。10.00元。由全省政区图、公路线路图、县级(市)以上的城区平面图、风景旅游区图和县、市概况文字说明组成。(杨圣枝)

K000549 **金陵胜迹大全** 季士家等主编。南京出版社1993年9月版。64万字。30.00元。全面介绍南京的文物古迹和山水名胜。分综述、文物古迹、园林苑囿、风景名胜、寺庙道观、附录6个部分。(朱新法)

K000550 **华东公路详图** 徐树楠等编制。中国地图出版社1993年9月版。24开。7.20元。以国家最新测绘地形图为底图,辅以各省市政区、交通、城市、旅游现势资料,并用全国交通部门详细的公路营运线路和里程资料进行校核、编制而成。图册中公路分高速公路、主要干线公路、主要公路和一般公路。站点详细,并标有公路里程等。供公路运输部门、汽车司机、采购人员等行车、公差、旅游使用的较详细的分区公路地图册。(孙洁)

K000551 **桂林** 余国琨等著。中国建筑工业出版社1993年9月版。151.00元。"历史文化名城丛书"之一。全面介绍桂林的自然地理概貌、历史沿革、山水风光、文物古迹、历史文化、民间习俗、风味特产、地方艺术和建设风貌。(吴小亚)

K000552 **中国登山指南** 成都地图出版社、中国登山协会合编。成都地图出版社1993年10月版。收录中国境内42座著名的、具有代表性的高峰,介绍了山峰的地质、地貌、气候、登山记录、进山交通等情况。附有中国高峰名录,登山常用语中、英、日文对照表,登山管理办法,还收有史占春、潘多、屈银华等登山名家的签名。按西藏、新疆、四川、青海、云南、甘肃的顺序编排。配有彩色照片49幅,各山峰地貌图、攀登路线图或进山示意图79幅。(黄亚杰)

K000553 **武夷山文化丛书** 萧之喜主编。福建人民出版社1993年10月版。89万字。9册。58.00元。由《奇山异水》、《千古之谜》、《道南理窟》、《佳茗飘香》、《洞天佛地》、《美丽传说》、《摩崖荟萃》、《物华天宝》、《名家赞山》组成。《奇山异水》介绍国家级风景旅游胜地武夷山奇秀甲东南的碧水丹山,对各个景区进行较详细的描述。《千古之谜》讲述武夷山一个个谜一般的故事,试图揭开一个个千古之谜。武夷山不仅是道教名山,而且是理学名山。《道南理窟》、《洞天佛地》记述武夷山深厚的历史文化积淀。《佳茗飘香》透过历史与现实,对武夷岩茶进行全面评介。《摩崖荟萃》、《名家赞山》、《美丽传说》介绍武夷山历代摩崖石刻、赞颂诗文,以及历代相传的美丽神奇的传说。(魏清荣)

K000554 **湖南传统建筑** 杨慎初等编著。湖南教育出版社1993年10月版。15万字。图800幅。218.00元。分综述、寺庙、文庙、书院、祠堂、会馆、楼阁亭台、塔幢桥坊和民居8个部分。综述部分从湖南历史沿革、自然条件、少数民族聚居情况等对湖南传统建筑的影响和建筑特点进行研究探讨。其余7个部分则以图为主,配合文字资料加以说明。共收录古代建筑166处,每处古建筑附有照片,还有根据测绘

资料描绘的线描图。(常继大)

K000555 **扬州大观** 赵明主编。黄山书社 1993 年 10 月版。41 万字。12.00 元。“扬州历史文化丛书”之一。共 10 篇,主要介绍扬州的历史沿革、遗迹,古城街巷,文物精品,园林建筑,楼阁台塔,寺庙教堂,古墓名树,扬州画派,扬州学派,泰州学派,太谷学派,扬州方志,历史名作,城乡建设,工艺美术,地方特产,饮食,扬州百戏,扬剧,扬州评话,扬州弦词,扬州清曲,扬州剧场、书场,方言、习俗,历史名镇等。(于志斌)

K000556 **山东省古地名辞典** 唐敏、尹敬梅等编。山东文艺出版社 1993 年 10 月版。23.5 万字。9.80 元。以现今的山东省行政区划范围为准,收录上起商周、下迄清代的古地名 1646 个。所收古地名以县以上行政区划为主,如国、郡、州、府、路、道、军、邑、县等,选收部分军队编制或边地营垒相沿而成的卫、戍、千户所和部分较为著名的城、镇、集、寨、场、亭及山、海、河、湖、岛等。正文的自然地理实体部分为:古名称、别名、今称、位置、面积(山湖岛)、高度(山岛)、走(流)向、长度(河)、流域(河)、流量(河)、构成、植被、源头(河)、治理、景观、物产等;其余部分为:古名称、别名、建立(出现)年代、隶属关系、治所遗址、沿革(演变)、废止年代、所归政体、保护情况等。凡史籍中有争议的地名,除今有定论者外,均采取“诸说并存”原则,予以并录,以待学者研究论定。词目表和正文均按汉语拼音次序排列,以便检索。(尹奎友)

K000557 **中国文物地图集(吉林分册)** 国家文物局编绘。中国地图出版社 1993 年 10 月版。50 万字。200 余幅照片。98.00 元。图集由序图、专题文物图、市县文物分布图、重点文物图、文物单位简介和文物索引 6 部分组成。图集为科学研究工作者提供了重要的第一手材料;为国家制定文物保护的政策法规,为经济建设部门的规划、选址、设计及开发旅游事业等提供可靠依据。图集根据吉林省文物的分布特点,在文物分类、图例设计、现图方法上均有较大改进。(徐颂德)

K000558 **奇哉太姥山** 薛宗碧编。海潮摄影艺术出版社 1993 年 11 月版。30 万字。4.20 元。太姥山位于福建省福鼎县境内,是一个以花岗岩锋林岩洞为特色,融山、海、川和人文景观为一体的国家重点风景名胜区,素以“山海观”著称,又有“海上仙都”之美名。近年来,文学家接踵游览太姥山,留下大量纪游题咏之作。本书是精选其中佳作汇集而成的。也是太姥山的第一本现代诗文集子,是一部文学志书。(黄兆荣)

K000559 **中国三峡(画册)** 《中国三峡》编委会编。江苏人民出版社 1993 年 11 月版。1440 幅。1500.00 元。巨型画册。充分运用摄影艺术手段,循序渐进、分门别类地从人文和历史文化的层面反映了 1993 年长江三峡水利枢纽工程开工前所能见到的三峡全貌,以及长江三峡地区深厚的文化积淀和淳朴的民风民俗,从艺术的角度再现了上迄四川省重庆市,下止于湖北省宜昌市沿江各市县奇雄险幽的自然景观和丰裕独特的自然资源。这部巨型画册收录了海外百余位摄影家创作的千余幅作品。全部作品是从 6 万张照片中筛选出来,其中包括海外著名摄影大师陈复礼、简庆福、黄金树等的作品。本画册还有许多难寻难见的图片资料,如关于白鹤梁的一组图片,这是“水底碑林”在本世纪最后一次露出水面时拍摄的,因为长江三峡地区的特大枯水季节几十年一遇,所以在三峡水利枢纽工程按期完工前“水低碑林”不可能再与世人见面了。该画册在精美画面之外,更由资深编辑根据沿江各市县地方志和上百种资料以及实地考察印象,撰写出贯通古今、文情并茂的介绍文字,从而使之兼具艺术性、文献性和权威性,对于向海外介绍和宣传三峡地区的人文历史和自然资源,对于让世界了解三峡,让三峡走向世界产生了一定的影响。(陈中南)

K000560 **度假哪里去——北京天津承德秦皇岛导游** 吕保平编著。陕西旅游出版社 1993 年 11 月版。6 万字。6.50 元。介绍北京、天津、承德、秦皇岛等旅游城市的生活、食宿、交通、旅游、购物、商务等状况。(赵乐宁)

K000561 **国防教育系列地图** 总参谋部测绘局编绘。星球地图出版社 1993 年 11 月版。14 幅。7 套 14 种。共 156.00 元。《中华人民共和国地图》和《世界地图》按不同比例尺和幅面各分 7 种,组成了国防教育系列地图。中国图图组表示了完整的中国疆界(南海诸岛为插图)、省界并分省设色、水系、居民地、交通线路等。比例尺在 1∶250 万—1∶1675 万之间。世界图图组表示了世界各国的国界并分国设色、国各,首都,重要城市、水系、主要交通干线、航海线等。比例尺在 1∶1400 万—1∶9520 万之间。(吴茂乔)

K000562 **汉维新疆地名词典** 阿布都热西提·沙比提、吐尔迪·纳斯尔编。新疆人民出版社 1993 年 11 月维吾尔文版。40 万字。11.70 元。收录新疆维吾尔自治区乡、镇、村以上区划地名和各类自然地理实体名称、历史名称3万余条。正文采用汉维对照形式编成。前有《汉语拼音音节索引》,后有《维吾尔文音序索引》。(拜合提亚尔)

K000563 **山水美论** 范阳主编。广西教育出版社1993年12月版。96万字。26.00元。共7个专题:中国山水美学思想简史、山水美与山水诗、山水美与绘画、山水美与宗教、山水美与传说、山水美与心理学、山水美与建筑园林,从不同的侧面探索自然美的本质特征与变化规律,以及自然美在社会生活中的作用与影响。给读者提供有关中国山水美学史、山水诗、山水传说、山水与宗教、山水与建筑园林以及山水画等方面的丰富知识。前言中对山水美学进行了界定:山水美学是以山水美为核心,并且围绕着它,来研究与其有关的各种自然美和社会美的相互关系及其发展规律,阐明人们在旅游过程中,欣赏山水美时所产生的丰富多彩的、千差万别的美感奥秘。(蒙子良)

K000564 **湖南古今地名辞典** 裴淮昌等编。湖南出版社1993年12月版。182.9万字。64.00元。系统收录和介绍湖南古今地名的工具书。收录的地名包括政区及居民点名、自然地名、水利和电力设施名、交通名、纪念地名、名胜古迹名、地域名等7个方面,共计9600多条。主地名之外的原名、曾用名、旧名、古名、简名、又名、别名、雅名,则以专条或参见条列出。地名的书写形式以国家确定的规范汉字为标准,用汉语拼音字母为地名注音。地名释文的原稿均来自基层,所提供的各类信息经过了反复核对。还配合文字说明提供政区地名图、专题图、历史图和古地图150幅,彩色照片97张。附有正文简目、详目和条目部首索引。(邓家智)

K000565 **中等师范地理图册** 曹金钟编。湖南地图出版社1993年12月版。16开幅。9.50元。本书系中等师范地理课本配套教材,依据《中等师范地理教学大纲》所编写。包括地图知识、自然地理、人文地理三部分和11个图组。以地图为主,适当配置统计图表、照片、素描和文字说明,着重表述自然地理和经济地理的基本内容,注意基础理论、基本技能中的重点和难点。(韩锡珍)

K000566 **桂林旅游大典** 曾有云、许正平主编。漓江出版社1993年12月版。111.8万字。118.00元。以旅游为轴心,全方位介绍桂林情况的大型工具性图书。其范围以桂林市为主,包括桂林地区的兴安、灵川、龙胜、资源、恭城、全州、灌阳、永福等县。共分为概况概貌、山水园林、文物古迹、文化艺术、著名人物、旅游导引、地方物产等七编。各编先作概述,然后分条详介。全书共有1862个辞条,并配有753幅黑白照片和数十幅彩色照片。"概况概貌"介绍了桂林的自然环境、历史沿革、人口状况、行政区划、经济、城建环保、科教文卫、旅游外事、社会机构等等。书后附有桂林单位名录和名优产品名录。(孙如容)

K000567 **北京老天桥** 王立行主编。文津出版社1993年12月版。55.00元。收集260多幅珍贵照片分"天桥变迁"、"天桥八大怪"、"杂耍说唱"、"天桥小吃"、"医卜星相五行八作"、"天桥陈迹录"、"名人与天桥"、"天桥的复兴"9部分。生动地展示了当年天桥的沧桑变迁、世态风貌,具有较高的史料价值。(张肇基)

K000568 **黄鹤楼纵横谈** 马昌松编。武汉出版社1993年12月版。10万字。3.20元。文艺小品集。介绍江南三大名楼之一的黄鹤楼的史乘沿革、兴废沧桑、亭阁诸胜、仙踪传闻、名人轶事、艺苑风俗等,凡116篇。说古论今之中,突出讴歌了改革开放现代化建设带给文化名楼的新生,从不同侧面展示文化遗址兼及现代园林的黄鹤楼的风姿。(潘长胜)

K000569 **陕西省城市地图集** 《陕西省城市地图集》编辑委员会编。西安地图出版社1993年12月版。145.00元。综合性的大型参考图集。图集由序图组和基本图组构成,序图组有地势图、政区图、城镇人口分布图、交通图、风景名胜图等。基本图组按地、(市)分别组合排列,共4个地级市、8个县级市和85个县域,每个城市一般包括有市(城)区图或县城区图、总体规划图和市域图或县域图。并有相关图幅316幅,文字说明8万余字,彩色照片231张。(施雪梅)

N 自然科学总论

N000001 **自然科学博学丛书** 金载铉、张淑敏主编。东北师范大学出版社 1993 年版。100 万字。300.00 元。共 20 卷:《美丽的宇宙》、《呼吸着的地球》、《大海的奇象》、《运动与波》、《电与磁》、《物质的秘密》、《物质的变化》、《动物王国》、《昆虫的故事》、《水中生物》、《植物世界》、《花与作物》、《我们身体的科学》、《我们身边的科学》、《恐龙时代》、《不解的科学之谜》、《兵器家族》、《发明、发现的故事》、《未来科学Ⅰ》、《未来科学Ⅱ》。内容涉及自然科学的各个领域。(张利辉)

N000002 **21 世纪热点学科漫话丛书** 李东主编。教育科学出版社 1993 年版。100 万字。41.50 元。科普读物。围绕“21 世纪热点学科”这一主题,选择高科技领域内最新发展的、与未来人类生存发展息息相关的学科,如能源、资源、交通、通信、材料、生命工程、计算机、环境,以及海洋和南极等领域,对其基础知识进行介绍。共 10 册:《科学在南极》(林静、曹蔚鸿编著);《通天之路》(王健、陈继敏、崔俊成编著);《海洋的诱惑》(曹苏非、孙珉编著);《探索人体的工程》(王雁、王雷编著);《环境的挑战》(殷福才、孙海编著);《神奇的探测术》(陈俊、邱向阳编著);《新能源的曙光》(汪媛、唐刚、殷玫编著);《材料王国的奇葩》(杨开、吴晓闫编著);《无孔不入的计算机》(史晓强、马玉蓉编著);《现代通信王国漫步》(邱玲玲、陈杰编著)。(王兰)

N000003 **快乐脑** 副名:杂学博士自修宝典。[日]竹内均编。天津教育出版社 1993 年版。50 万字。22.00 元。共 5 册。每册都有一个中心,或侧重生活常识,或侧重科普知识,或侧重环境保护等。书中所介绍的常识都发生在人们周围,或是习以为常,或是“道听途说”,而未真正了解的。题目设计精彩,趣味性强,有悬念,有问题,有惊叹,一目了然,方便实用。(孙丽业)

N000004 **少年趣味科学丛书** 詹以勤主编。广西科学技术出版社 1993 年 1 月版。69.21 万字。19.90 元。“少年科学文库”之一。共 10 册:《奇妙的地球》、《奇妙的自然之谜》、《奇妙的动物》、《奇妙的海洋》、《奇妙的南极》、《奇妙的植物》、《奇妙的交通》、《奇妙的航天》、《奇妙的人体》、《奇妙的昆虫》。(马如海)

N000005 **奇妙的自然之谜** 英佳等著。广西科学技术出版社 1993 年 1 月版。6.1 万字。1.70 元。科普读物。介绍一部分尚未被人认识的大自然的奥秘。为“少年趣味科学丛书”之一。(马如海)

N000006 **大自然小博士画库** 刘维生等编。海天出版社 1993 年 1 月版。5580 幅。29.00 元。少儿科普知识读物。以生动有趣的漫画故事形式,分《奇妙鸟类的秘密》、《神秘失踪的恐龙》、《中国孩子的疑问》、《发明家的小故事》、《好儿童科学寻根》、《自然动物的奥秘》、《自然科学的由来》、《可爱动物的天空》、《太空梭宇宙之旅》、《神奇的海洋奇观》等 10 册,介绍人类生活和大自然方面的各种科学常识。(曹玉华)

N000007 **告诉你为什么小百科** JACKIE GAFF 著。明天出版社 1993 年 1 月版。20 万字。120.00元。共 10 册:《有趣的动物世界》、《奇妙的植物世界》、《神奇的建筑》、《阳光空气水》、《地理风情民俗》、《揭开星球的真相》、《透视人体的奥秘》、《探索地球的现象》、《交通工具的认识》、《家庭用品的常识》。(孟凡明)

N000008 **儿童身边科学 1000 个为什么** 钟宝良主编。冀维静等插图。辽宁少年儿童出版社 1993 年 3 月版。16 万字。18.00 元。分上下两册,以问答形式,向儿童传授人体健康、人体生理卫生、家电日用品、花草树木、飞禽走兽、车辆船舶、天体气象等知识。一文一图。(冯幽君)

N000009 **康熙几暇格物编译注** 爱新觉罗·玄烨著,李迪译注。上海古籍出版社 1993 年 3 月版。10.3 万字。3.20 元。康熙的科研文集。清圣祖(康熙)爱新觉罗·玄烨在政事之暇努力学习、研究考察各种科学文化现象,撰写了一批科研论文,记录了许多科研成果和研究方法。《康熙几暇格物编》收短文 931 篇,内容涉及物理学、天文学、地质及古生物学、地理学、气象学、生物学、医学等领域,是中国科技史上的一份珍贵史料。该书原载《康熙御制文》,光绪年间盛昱把它单独录出出版。本书以盛昱本为底本,参照《康熙御制文》及《通学斋丛书》翻印本校勘标点、译为白话,并参考近代学者的研究成果,在前言和注释中对康熙的学术观点、科研方法作了较客观的评价。收入"中国古代科技名著译注丛书"。(熊扬志)

N000010 **自然辩证法通论 第二卷 方法论** 孙小礼主编。高等教育出版社1993年4月版。28万字。5.25元。分5部分。第一部分综述人类科学认识活动,具有绪论性质。第二部分对科学认识中与主体、客体和方法都有密切关系的一些认识论问题如已知与未知、经验与理论、部分与整体,结合古今科学实践,特别是近代科学,作了较多讨论。第三部分对现代方法论中科学语言、科学模型、科学创造,从整体上开展一些总的考察、分析,力图体现作者对方法论的总体认识:语言——科学思维的工具,模型——科学方法的核心,创造——科学研究的灵魂。第四部分探讨科学理论的检验、选择与评价问题。第五部分就科学方法论的历史作简要回顾。作者在研究过程中努力吸取科学家,特别是中国科学家的实际经验。(郭思旭)

N000011 **图解十万个为什么** 刘维生、郑莲诗等编绘。海天出版社1993年4月版。42.00元。少儿科普丛书。共12册:《太空篇·神秘的浩瀚天空》、《人体篇·人体构造的奥秘》、《气象篇·千变万化的气象》、《鸟类篇·天空鸟类的生活》、《地理篇·活生生奥秘地球》、《水族篇·水中动物的生活》、《植物篇·美丽的植物世界》、《科学篇·科学动力的应用》、《动物篇·快乐儿童动物园》、《原子篇·大自然与原子能》、《物理篇·光、音、热的魔术》、《昆虫篇·野外昆虫的生活》。(曹玉华)

N000012 **当代高技术与发展战略** 朱丽兰编著。云南科技出版社1993年4月版。19.5万字。8.70元。在分析世界各国和中国科技发展状况的基础上,深入研究中国高技术的发展战略和对策;对中国高技术和高技术产业的性质、特点、发展规律、发展战略、管理方法,以及高技术如何向产业发展等,提出了许多新观点。(夏映虹)

N000013 **当代科技新学科** 谢希德主编。重庆出版社1993年4月版。185万字。27.50元。收入1 200个科技新学科,归纳为70个门类,分主学科与次学科两个层次编排。辞条内容包括新学科的定义、内容、背景、应用、展望。书末附中文辞目笔画索引和英文辞目索引。(张镇海)

N000014 **星空探秘丛书** 《星空探秘丛书》编委会编。福建教育出版社1993年5月版。65万字。介绍天文学方面的基础知识,包括《月宫奇景》、《太阳壮观》、《认识星星》、《漫游太阳系》、《彗星与流星》、《恒星世界》、《宇宙电波探索》、《天文台与望远镜》、《时间与历法》、《中国天文学家的故事》10册。(李南元)

N000015 **中西科学技术思想比较** 曾近义等著。广东高等教育出版社1993年5月版。22.8万字。9.50元(平),12.50元(精)。把科学思想和技术思想当作一个整体来研究,采用横向综合比较的方法,从自然观、科学技术论、科学方法论和主要门类的科学技术思想4个层面,考察和探讨中西方科学技术活动背后的思想线索、思维方式,揭示中西方科学技术产生的思想渊源、发展趋势、不同的思想传统以及各自的长处和不足。最后专章论述中西科学技术思想比较的启示,指出中西科学技术思想汇合交流的趋势和重要意义,为发展中国现代科学技术提供借鉴。全书系统条贯,材料丰富,分析透彻,不乏独到见解。例如,以雄辩的史实说明中国古代元气论自然观在说明物质结构方面是辩证的,与当今粒子物理学物质结构图景存在更多的和谐,从而纠正那种认为"只有西方的原子论才是最科学的解释"的偏颇。又如作者在中西科学技术论的比较中认为,中西之间存在着"整体自然观与分解自然观、工匠传统与智者传统、经验基础上的直觉体知与概念反思基础上的理性思维的差异"。这个概括是对中西科学技术思想传统特点的精确的揭示。(何业光)

N000016 **未来多奇妙** 副名:小科学家遨游2020年。尹岛、白晓东编。哈尔滨出版社1993年5月版。60万字。4册。15.00元。以小科学家遨游未来社会为线索,向青少年展示未来20年左右人类社会工农业和日常生活各个领域的科技成果。本书图文并茂,形式新颖,将复杂深奥的科学原理,用简单易懂的语言加以阐释,以使青少年从中受到科学的启迪和影响,培养热爱科学、投身科学的远大志向。(关力)

N000017 **系统工程应用案例** 陶谦坎主编。机械工业出版社1993年5月版。31.8万字。3.80元。与《系统工程》配套的试用教材。共收录16个案例,涉及系统分析、系统设计、系统模型与仿真、决策分析、战略研究,内容涉及工业、煤炭、电力、水利、农副业、旅游、医疗、人才规划、社会经济及国民经济等各个方面。编入本书的应用案例,大多从西安交通大学管理学院硕士研究生论文中精选，并重新编写，具有实用价值。为反映系统工程学科的不断发展，书中应用了新的理论和方法，如层次分析法、冲突分析法等。（冯铁）

N000018 **东方的智慧——东方自然观与科学的发展** 林德宏、张相轮著。江苏科学技术出版社 1993 年 5 月版。47.8 万字。28.00 元。通过对东方古代科学和哲学思想的分析，系统论述东方自然观形成的历史背景及其基本内容和特征。从横向上对中西科学思想进行对应比较，从纵向上对东方古代科学文化思想与现代科学的关系进行辩证分析，认为东方自然观是现代科学的重要思想来源。（左玉梅）

N000019 **近代(1840—1949)陕西科学技术史** 李万忍编著。陕西科学技术出版社 1993 年 5 月版。20 万字。6.00 元。翔实而全面地评介近代陕西科技发展情况，重点评述石油、医药、纺织、电力、机械、水利、棉麦育种等领域的科技成就、特点以及学科建设与科技人才方面的基本情况。以历史唯物主义为指导，以翔实史料为根据，对近代陕西科学技术发展的特点作研究概括，突出陕西当时在国内或国际领先的科技成就，如陕北延县石油的勘探和采炼技术，李仪祉规划和领导修建的“十一惠渠”水利工程技术，赵洪璋小麦杂交育种——碧蚂 1 号的育成和推广，大华、申新四大纺织厂的纺织技术和名牌产品，陕甘宁边区印刷厂的毛边纸制型技术，渴仲明发明的“木炭代油炉”等。同时挖掘和公布了一批新的科技史料，如农科史学界曾认为清末民初引种外国优良棉种没有成功的，本书以详细的历史资料，叙述了陕西泾阳县清末引种美国“陆地棉”成功、连续十多年获得大面积丰收的史实；又如清末到民国时期在陕工作的留学生有近 200 名，这是第一次公布近代陕西的科技人才数字。（杜振杰）

N000020 **科技:强盛之路** 卢继传著。辽宁少年儿童出版社 1993 年 7 月版。15 万字。2.30 元。分“中国科学技术鼎盛与衰落”、“四十年光辉里程”、“振兴经济的一代战略问题”、“跟上世界高技术发展的步伐”、“走向世界”、“科技发展战略重点”、“打下基础，提供后勤”等 7 部分。收入“国情丛书”。（郭守贤）

N000021 **中国科学文献翻译史稿** 黎难秋著。中国科学技术大学出版社 1993 年 7 月版。26.6 万字。6.50 元。由 3 部分组成。上编 6 章，系统叙述中国自汉迄清科学文献翻译的历史。以时间为经线，以史实为纬线，重点对明末清初及清末两个科学翻译高潮时期进行详细叙述，对贯穿此两个时期的重要史实进行考证，如重要的翻译事件、翻译机构、翻译工作者及翻译成果等，并对科学翻译的方法与理论进行探讨。中编 7 章，论述科学文献翻译与近代科学在中国传播的关系，分别论述近代数学、物理学、化学、天文学、地球科学、医学、工艺及马克思主义学说在中国的翻译与传播。下编论述科学文献翻译对中国其他社会领域的影响，包括语言学、近代教育、图书馆事业与科技信息工作等。（黎难秋）

N000022 **科技兴邦** 副名:高技术与中国的腾飞。刘铁民著。广西人民出版社 1993 年 8 月版。12.7 万字。4.80 元。论述高技术的进步对国家战略的重要影响，指出只有重视高技术的开发才能掌握未来。作者依据国内外科技发展的最新成果、经验和发展态势，分析中国科技发展的实施战略，并对高技术产品市场作了预测。收入“国家战略丛书”。（周莉）

N000023 **青海科学技术志** 青海省科技史志办公室编。青海人民出版社 1993 年 8 月版。102 万字。29.00 元(平)，36.00 元(精)。系统地记述青海远古至 1988 年科技发端、发展与成就及重大科技活动事项，展现青海科技发展的脉络。全书分概述和专志两部分。概述记述青海不同时期科技的整体概况，从纵向反映青海科技发展的历程和现状，展现科技发展的特点和优势，总结科技发展的规律。专志部分共 35 章，兼顾青海科技的全貌、学科、行业的关系。其中前 6 章记述青海科技发展的全貌，包括科技机构、科技队伍、科技群众团体、科技管理、科技服务、基础和应用科学研究；后 29 章记述青海主要行业科技的发展与现状，包括农林牧各行业科技、工业各行业科技，以及邮电、广播电视、城镇建设、测绘、地震、教育文化体育、医药卫生、公安科技等。书中有大事记，以时为序反映青海科技的进步。（汪家驹）

N000024 **漫游科学世界** 裘树平等撰文。刘熊等绘画。新蕾出版社 1993 年 8 月版。70 万字。75.00元。分《地球》、《气象》、《植物》、《兽类》、《昆虫》、《鱼类》、《鸟类》、《恐龙》、《理化》、《人体》10 册。以三个活泼可爱的漫画儿童形象贯穿全书：神通广大、懂事、有本领的“大耳灵”；好问又好奇，就是有点粗心大意的“奇奇”；聪明伶俐、又巧又乖的“瓜瓜”。通过他们漫游科学世界妙趣横生的情节，自然地把所涉及的科学领域内的最基本的科学知识深入浅出地介绍给读者。既注重知识的传播，也重视智力的开

发,同时重视能力的培养。在每册的末尾设有“想想做做”、“观察与实验”、“实验与制作”、“学与玩”等。(韩凤歧)

N000025 **少年科学大世界** 杨欣编。哈尔滨出版社1993年9月版。50万字。5册。16.80元。介绍自然科学各个方面的知识,包括地球百科篇、昆虫王国篇、人体常识篇、宇宙纵横篇、甲虫故事篇。全书以连环图画为主、文字介绍为辅。(刘乃翘)

N000026 **新科技革命与剧变中世界格局** 李景治著。河北教育出版社1993年9月版。25.1万字。9.15元。分上下两篇。上篇以人类社会的四次工业革命和200年来的国际风云变幻为线索,探究科技革命与世界格局的演变和各国兴衰的相互关系,从一个新的视角和层面上证实“科学技术是第一生产力”的论断。下篇着重研究在新科技浪潮冲击下的90年代世界格局、国际新秩序和中国面临的严峻挑战及其对策。(刘克琦)

N000027 **高新科技知识漫谈** 王洪主编。山西教育出版社1993年9月版。28万字。5.50元。对生物技术、航天技术、信息技术、新能源技术、新材料技术、海洋工程技术、医学、交通运输、建筑和环境保护等高新科技的范围、发展水平、目前状况和未来发展方向等作通俗介绍。配有图片。(胡晓青)

N000028 **高科技知识丛书** 吴锡军等编。江苏科学技术出版社1993年10月版。126.6万字。63.20元。高科技基础知识普及读物。分《高技术——跨世纪的战略问题》、《电子信息技术》、《生物技术》、《新能源技术》、《新材料技术》、《自动化技术》、《航空航天技术》、《海洋技术》、《绿色技术》等9个分册。(张崇高)

N000029 **米奇的奇妙世界** 少年儿童出版社1993年10月版。1000幅。108.00元(精)。以形象的彩图形式,向儿童介绍各种自然常识。12册:《为什么老虎身上有条纹》、《为什么一些孩子的脸上有雀斑》、《真的可以在石头上煎鸡蛋吗》、《为什么草是绿色的》、《为什么鲸要唱歌》、《到月亮上去有多远》、《恐龙聪明吗》、《彩虹的尽头在哪里》、《鸟儿怎样飞翔》、《为什么回力镖会飞起来》、《为什么小狗喜欢咬拖鞋》、《牙膏是用什么做的》。(洪祖年)

N000030 **当代台湾科技** 李岗主编。福建科学技术出版社1993年11月版。39万字。12.80元。概述台湾科技进程,1991年台湾第四次科技会议的特点,90年代台湾科技发展政策、长期与中期科技发展计划,以及台湾科技管理特点;介绍台湾各主要科技领域,如基础研究的数学、物理、化学、生物学、海洋科学、地球科学,应用研究的工业科技、农业科技、医药科技、能源科技、高新科技、环境科技等的发展概况和最新研究成果、学术水平,以及台湾的专利等。对台湾的整个科技状况及其发展特点,作了较为客观的分析与评介。(林万泉)

N000031 **奔向金色的明天** 副名:茅以升科普作品精选。茅以升著。安徽少年儿童出版社1993年12月版。19万字。4.00元。共45篇,按内容分为3类:一是回忆文章,包括《征程六十年》、《萍踪记略》、《我与中国的桥梁建设》等;二是关于中国科普工作的理论,作者从中国当代青少年的思想实际出发,强调要从小重视科学知识的学习,树立爱科学、学科学、用科学、为民众造福的远大理想;三是科普作品,有《中国石拱桥》、《桥话》等,全面而生动地介绍中国古桥的历史、类型、特点及其在科技文化领域中的地位,深刻揭示了中国古桥建筑技术与文化艺术高度统一的丰富内涵及其对中外科技文化的深远影响。(韩进)

N000032 **学者必览** 东南大学科研处、图书馆合编。东南大学出版社1993年12月版。294.2万字。86.00元。以国家科委排定学术榜的数据源为依据,汇集国际权威性期刊及国际学术会议信息。收录西文期刊近4 000种,标明出版国别、编辑出版者、中译刊名,并附有内容简介,还对在SCI排名中的前1 500名进行了分级标识;收录中文期刊1 300种,各条著录项齐全,配有被引用标识;收录国际学术会议15 000种,给出各会议的中文主题译名。附录国家科委、国防科工委、国家教委等部委的科技咨询及成果查新单位、发明奖查新单位以及国内主要出版社等信息。(陈天授)

N000033 **贾祖璋科普文集** 贾柏松等选编。福建教育出版社1993年12月版。145万字。41.95元。分上、中、下三卷。上卷选编作者20年代到30年代的作品《鸟类研究》、《普通鸟类》、《动物珍话》、《鸟与文学》、《鸟类概论》、《笼鸟饲养法》、《生物素描》7部,其中《鸟与文学》、《生物素描》等是中国现代最早出版的科学小品集,具有开创性、典范性,曾多次再版重印;《鸟类研究》、《普通鸟类》和《鸟类概论》是中国近代较系统地介绍鸟类的科普读物,对开拓和发展中国现代科普创作产生了推动作用和深远影响。中卷选编作者中、晚年的著作《碧血丹心》、《生命的韧性》、《生物学名著讲话》、《劳动创造了人》、《生物学碎锦》、《贾祖璋科普文选》、《花与文学》7部,其中

《碧血丹心》、《生命的韧性》作于抗日战争时期，作者运用生物学的事例和理论，阐述民族反抗外侮的必胜信心，歌颂爱国英雄，是两部振奋民族精神的作品，充满爱国主义的感召力；《劳动创造了人》运用马列主义观点阐述人类生存发展的规律，是作者创作思想的一大发展；《花与文学》是有关花卉题材的科学小品集，与《鸟与文学》形成姐妹篇，深受读者喜爱。下卷分为4个部分：一是文章，收作者20年代到80年代发表的尚未结集的文章，其中有作者早期重要作品，有中、晚期散见于各报刊的科普作品、评论和回忆录等；二是讲话，主要是有关科普创作和编辑、出版工作的讲话稿或审读意见；三是书信和日记，包括作者早期与科普、出版、文学界人士及普通读者的通信；四是附录，附有作者的生物古籍摘抄和生平年表。（任凤生）

N000034 **世界真奇妙** 副名：少年百科奥林匹克。姜云明编。黑龙江科学技术出版社1993年12月版。40万字。4册。25.00元。以丰富多彩和趣味横生的内容，荟萃百科知识精华，包括天文、地理、动物、植物、物理、化学、生理卫生、世界风俗、历史、体育、艺术等等。本书采用独特的编排形式，以活泼、幽默的卡通图画和灵活多变的版式，配以精练、优美的文字。所有问题都用图画和文字设问，并给出3个真假难辨的答案，然后再扩展延伸知识，给以准确的回答。（曹俊强）

N000035 **中亚探险** ［日］橘瑞超著。柳洪亮译。新疆人民出版社1993年12月版。14万字。6.80元。据日本中央公论社“中公文库”1989年版译。日本大谷探险队曾于1902—1914年组织三次中亚探险，橘瑞超参加了后两次的探险活动。本书记载他参加第三次探险活动的经历，记述他从伦敦出发，经西伯利亚，进入中国新疆，由吐鲁番南下再次进入罗布荒漠，抵楼兰，又从此南下且末，北上穿越塔克拉玛干抵库车、喀什，经和田，沿昆仑山东行，又经且末、若羌，抵敦煌，又至乌鲁木齐，从新疆塔城进入西伯利亚返回日本的全部历程，历时三年。书中收入《橘瑞超年谱》，附录介绍大谷探险队所获发掘品和古文书、古尸情况。（晓犁）

N000036 **广东海岛资源综合调查** 广东省海岛资源综合调查大队等著。广东科技出版社1993年至1995年版。800万字。在国家“八五”科技攻关项目“全国海岛资源综合调查和开发试验”的组成部分“广东省海岛资源综合调查和开发试验”成果的基础上编写而成。全书20册，包括分海区调查报告、分专业调查报告和调查研究论文集。内容涉及广东省内各海区的自然和社会环境、资源组成与分布、资源数量和质量、资源利用现状及资源开发的方向等方面，包括渔业、土壤、地质、气候、水文、海水化学、矿产、植被、社会经济等十多个专业学科。全书通过大量的调查研究数据资料，阐述了广东省海岛自然和社会环境的基本情况，探讨了广东海岛资源的现状和发育演替规律，在进行客观评价和科学分析的基础上，根据海岛的自然属性、社会和经济发展状况及需要，对广东海岛的综合开发利用提出了一系列构想和建议，为广东海岛经济发展，实现广东国土开发“北靠南进”、“山海结合”的宏伟战略提供了重要的依据。（崔坚志）

O 数理科学和化学

数 学

O000001 **高等数学习题精选** 李火林等编。江西高校出版社1993年版。30万字。7.90元。选辑包含一元函数微积分和多元函数微积分、向量代数和空间解析几何、无穷级数、微分方程等内容的习题共452道，并附有详细的解答过程，每章后还有目标检测题，用以检查对所学内容掌握的程度。是《高等数学》系列教材中的一本。（黄红冈）

O000002 **高等数学（上、下）** 李火林等著。江西高校出版社1993年版。70万字。2册。18.60元。江西省高等数学协作组组织部分院校教师，根据国家教委“工科数学课程教学指导委员会”于1987年提出的《数学课程教学基本要求》，并结合教学实际情况，编写了此套教科书。上册主要内容有：一元函数微积分和向量代数与空间解析几何;下册主要内容有:多元函数微积分,无穷级数,微分方程等。每节附有习题,书末附习题的参考答案。(刘小苏)

O000003 **随机数据处理方法** 李元等著。石油大学出版社1993年版。23万字。5.80元。高等院校非数学专业本科生、研究生教材。内容有:回归分析、方差分析、正交试验计、判断分析、主成分分析、因子分析、P.P.判别与类聚、残图分析等。此外还配有磁盘软件。(李国光)

O000004 **幻方** 丁宗智编著。东南大学出版社1993年1月版。44.6万字。9.80元。世界最早的幻方是6000多年前中国的九宫图。南宋杨辉把幻方的研究推到了一个新的阶段。本书探讨杨辉的三至十阶纵横图的构造方法,并完成了杨辉尚未完成的十阶纵横图;详细探讨了奇数阶、双偶数阶、单偶数阶3类幻方的构造模型,并利用其模型构造出了任意阶幻方;深入研究了全线相等方、简型幻方、立体幻方的构造规律;对质数幻方、平方幻方、双重幻方、反幻方也作了一般性的介绍。(徐步政)

O000005 **热传导** 张洪济编著。高等教育出版社1993年1月版。44万字。10.70元。以求解导热问题的方法为主要线索,系统地介绍直接积分法、分离变量法、拉普拉斯变换法、热源法、近似分析法和数值法;适当顾及了物理现象的类别,对肋片传热、运动物体中的导热和相变导热以及该领域内新的研究成果作了适当介绍。对导热问题的数值解法和有限差分法作了系统的论述,注意了计算机在求解导热问题中的应用,并在附录中给出了求解稳态和非稳态导热问题的计算机程序。(李心桂)

O000006 **升阶谱有限元法** 诸德超著。国防工业出版社1993年1月版。13.40万字。5.65元。主要内容包括:升阶谱有限元法的要旨;一阶升阶谱有限元法的理论基础、构造方法,以及与经典里茨法和常规位移有限元法之间的继承和发展关系;如何选择最佳形式的一阶升阶谱形函数;最佳形函数及计算各类单元矩阵全部元素用的统一显示表达式;二阶升阶谱有限元的构造形式;旋转梁、圆环和拱、圆筒壳固有振动的应用实例等。书中所推导的显式表达式解决了前人未解决的数值误差的积累问题,从而确保了升阶谱有限元法的有效实施;所发展的自适应算法提高了计算效率;所给出的应用示例说明了该方法的长处和实用范围。本书对建立数值性能优良且能适用于非正规域的二维升阶谱有限元未作深入研究。(周烈强)

O000007 **强极限定理(英文版)** 林正炎、陆传荣著。科学出版社1993年1月版。23开150页。近20年来强逼近和强收敛性理论已经成为概率论学科中一个十分活跃的研究领域。1981年M.Cscrgo和P.Rèvèsz的专著"Strong Approximations in Probability and Statistics"总结了直至70年代末为止有关的基本结果。《强极限定理》是该书的续篇。本书深入地研究了Wiener过程的几乎处处极限性质并把某些结果推广于一类Gauss过程中,介绍了独立但不必同分布的随机变量序列部分和的增量的几乎处处极限结果,研究了由无穷维Ornstein-Uhlenbeck过程生成的过程的样本性质。本书中文版已收入科学出版社"纯粹数学与应用数学专著丛书"。(毕颖)

O000008 **数学符号学概论** 刘云章著。安徽教育出版社1993年3月版。15万字。4.00元。结合数学发展史,运用现代心理学、教育学及思维科学的成果,系统论述数学符号的若干重要问题,并率先提出建立数学符号学。在阐述数学符号意义和数学发展的基础上,论述了数学符号的使用是推动数学发展的内在动力之一。明确指出研究数学符号对数学发展的动力作用是研究数学中的发现、发明与创新法则的重要课题之一。对数学符号的思维功能、创设原则及问题解决中的符号处理技巧作了系统论述。从现代数学教育的高度论述了必须重视数学符号的教学。(蒋美荣)

O000009 **数学模式论** 徐利治、郑毓信著。广西教育出版社1993年3月版。16万字。5.50元。包括模式论的数学哲学和模式论的数学方法论两部分,"模式"的概念构成了全书的核心。内容包括:数学:量化模式的建构与研究;模式论的数学本体论;数学真理的层次理论;模式论的数学认识论;数学的语言观;数学的文化观念;人类智能的中心领域;数学方法论的现代复兴与模式论的数学方法论;数学抽象的方法与抽象度分析法;化归原则与关系映射反演方法;数学中的美学方法与审美直觉选择性原则;悖论的实质与数学抽象思维不完全性原理;模式论的数学教学观。(赵汝明)

O000010 **广义多元分析(纯粹数学与应用数学专著(第20号)** 方开泰、张尧庭著。科学出版社1993年3月版。大32开320页。10.10元(平),12.40元(精)。重点叙述广义多元分析的基本理论。第一章介绍矩阵理论的基本知识,详细讨论了矩阵的导数和雅可比行列式,介绍了极大不变量。第二章叙述广义多元分析的基础，系统地讨论了椭球等高分布族的性质、有关的中心分布和非中心分布。为了发展广义多元分析的抽样理论，第三章把椭球等高分布的概念从向量情形推广到矩阵情形，其中系统地讨论了球对称矩阵分布和椭球等高矩阵分布的性质。第四章讨论椭球等高分布的各种参数估计量，包括极大似然估计量、极小极大估计量和稳健 M 估计量等。第五章讨论关于均值向量和协方差矩阵的各种检验和其他检验。最后一章论述广义线性模型理论，包括参数估计(最小二乘估计量和压缩估计量)、假设检验、分布的理论、判别分析以及判别模型和回归模型之间的关系等。(毕颖)

O000011 **数学竞赛研究教程** 单墫编。江苏教育出版社 1993 年 4 月版。51 万字。7.75 元。共 50 讲，包括数论、代数(含数列、函数、多项式、不等式等)、几何、组合等方面的问题及解题、命题的讨论，配备了大量的例题与习题，尤为重视新问题的收集与最佳解法的探求。(喻纬)

O000012 **应用模糊数学** 胡继才、万福钧编著。武汉测绘科技大学出版社 1993 年 4 月版。24.7 万字。6.80 元。分 11 章。内容包括：预备知识(集合、映射、关系和格等)，模糊集合，分解定理与扩张原理，模糊数，模式识别，模糊关系与模糊聚类分析，模糊综合评判与模糊关系方程，可能性测度与模糊积分，模糊逻辑与模糊语言，模糊规划，模糊控制等。对模糊数学的基本概念和基本理论作了详细的讨论，对模糊数学方法的应用作了拓广，并精选了适量的典型实例，每章后面配有习题。(张立福)

O000013 **控制理论实验** 曹锦芳等编著。浙江大学出版社 1993 年 4 月版。24.3 万字。10.00 元。系统地介绍控制理论实验技术的基本内容，着重介绍经典控制理论的实验技术，同时也简要介绍了现代控制理论的实验内容。全书分 6 章，前 4 章是实验的基本理论和方法；第五章介绍计算机控制系统；第六章为控制理论实验指导书，每一个实验后，都附有实验思考题。后面的附录一至五，介绍了控制理论实验中几种常用实验仪器；附录六为控制理论教学软件的使用说明。(张明)

O000014 **线性代数** 彭玉芳等著。高等教育出版社 1993 年 5 月版。12 万字。1.95 元。为高等工程专科学校统编教材。根据国家教委制订的线性代数基本要求编写。内容包括行列式、矩阵、几维向量和线性方程组、特征值与特征向量、二次型等。(马志鹏)

O000015 **概率与数理统计** 常柏林等著。高等教育出版社 1993 年 5 月版。21 万字。3.25 元。国家教委为高等工科专科学校组织编写的概率与数理统计课程的教材。内容包括随机事件与概率、随机变量及其概率分布、二维随机变量及其分布、随机变量的数字特征、大数定律与中心极限定理、样本与统计量、参数估计、假设检验、方差分析与回归分析、正交试验设计。(马志鹏)

O000016 **布尔方法论** 刘永才、张卫著。上海科学技术文献出版社 1993 年 5 月版。48 万字。15.00元。学术专著。系统介绍布尔函数，伪布尔函数，广义布尔函数理论、方法和它们在多个领域中的应用。自 1984 年起，作者提出了布尔函数单调分解的理论和方法。单调分解打破了常规合并相邻小项的布尔函数化简法，采用由布尔函数展开式的和项或积项的直接构造法，这在组合逻辑综合中开创一个新途径。后又在结构和计数方面充实了广义布尔函数理论。(戴经维)

O000017 **中外数学史教程** 李迪主编。福建教育出版社 1993 年 6 月版。53.8 万字。20.00 元(精)，16.80 元(平)。将中外数学史划分为 4 个阶段进行介绍：初等数学体系的形成与发展，以变量为中心的数学，高度抽象的数学，趋向社会化的数学。此外，前有绪论，后有附篇，实质上是数学史学的简论。书末编附中外数学大事年表和数学家人名索引。本书具有下述特色：一、内容覆盖面较大。上溯远古，下至本世纪 80 年代，述史从中外古代数学的形成与发展发端，逐渐铺展，全面介绍近现代数学各分支的发展过程；虽以西方数学史介绍为主，但有相当篇幅介绍中国传统数学的发生、发展、成熟、衰落以及与世界数学合流的史况。同时，还述及两河流域、古埃及、古希腊、印度、玛雅和日本等多种形态的数学发展过程。二、对近现代，尤其是当代的一些重要数学分支的发展史作了简介。这在其他数学史著作里介绍得少。如二战后的数学发展：电子计算机、离散数学以及模糊数学、突变理论等。三、注意用科学学的理论来构建数学史学的框架。作者认为“一本好的数学史，应当反映和研究数学发展的一般规律”。本书能将中西数学融合成一体，使读者能从广阔的视野中了解世界数学发展的脉络，同时还论述了数学史的教学与学习。(李南元)

O000018 **应用偏微分方程** 谷超豪等著。高等教育出版社 1993 年 6 月版。23 万字。4.40 元。共 6 章：生物群体动力学；线性波；激波；孤立波；反应

一扩散;等值面边值问题。书末有附录:常微分方程几何理论。(郭思旭)

O000019 **随机运筹学** 赵玮等编著。高等教育出版社1993年6月版。36万字。5.00元。介绍运筹学中在数量关系上具有随机性的数学模型。第一章对策论,介绍在带有竞争性质的现象中,参加者为争取获胜作出决策的理论和方法。第二章排队论,主要解决服务系统的最优设计和最优运行问题。第三章系统可靠性数学理论,针对部件的可靠性与系统可靠性之间的数量关系,介绍采用的各种统计分析方法。第四章随机系统与随机过程的计算机模拟理论,基本内容是把数学、物理、工程、管理等问题与适当的概率模型的某个数字特征联系起来,用统计抽样方法求近似解。对大型复杂问题,研究用随机模拟求近似解的理论和方法。第五章随机库存论,研究带随机因素的各种存贮系统。第六章随机线性规划与马氏决策规划,介绍含有随机成分的线性规划及一类具有无后效结构的动态随机系统。(胡乃同)

O000020 **数理统计学讲义** 陈家鼎等编著。高等教育出版社1993年6月版。32万字。4.75元。内容包括基本概念、估计、假设检验、回归分析与线性模型、试验设计与方差分析、序贯分析初步、统计决策与贝叶斯统计大意、抽样调查概述等。本书繁体字文本于1996年在台湾地区由五南出版社出版。(高尚华)

O000021 **预测控制** 席裕庚著。国防工业出版社1993年6月版。18.60万字。8.60元。由3部分组成:第一、二、九章综述预测控制的产生、机理、研究现状及发展前景;第三至第五章阐述预测控制的基础算法及系统的分析与设计;第六至第八章介绍复杂工业系统中预测控制的实用算法与应用实例。该书提出的预测模型、滚动优化、反馈校正三要素确切地刻画了预测控制的机理,并以此解释了预测控制对复杂系统适应性的本质原因。(周烈强)

O000022 **概率论与数理统计** 安淑芝主编。河北科学技术出版社1993年6月版。18.5万字。7.80元。分7章。第一章随机事件及其概率,第二章随机变量及其分布,第三章随机变量的数字特征,第四章随机向量,第五章统计估值,第六章假设检验,第七章回归分析。正文后有7个附表供查用。书末有各章习题参考答案。该书为经济类院校编写的概率论与数理统计教材。编写中尽量联系经济应用,对于与经济应用关系密切的内容,论述较详细,而对于推导繁长的数学理论,则删去了严格的数学论证,只给出了结论(公式或定理),所给例题及习题,也偏重于经济应用。(杜振杰)

O000023 **群论基础** 刘庸著。华中师范大学出版社1993年6月版。16.9万字。4.30元。理论物理专业硕士研究生基础必修课教材。以简短篇幅给出了群论的自洽与完备的概念体系,阐述了最重要的基本原理,突出了群论的主线条和各专业方向的共同需要,有很强的普适性。共8章,内容分为两大部分。前3章为第一部分,分述有限群的基本理论、群表示论以及置换群和点群两类有限群实例;后5章属第二部分,分述李群、李代数、半单李代数、李群和李代数的表示论,最后详述了三维旋转群,并从数学基础角度阐明了量子力学中的角动量理论。书的编写采取了密切联系物理学基本原理的方法,在描述物理背景的前提下引入群论的抽象概念,再形成逻辑系统;在保持数学结构严谨性的同时使抽象数学与具体的物理学一般原理有机结合,再用典型范例促进理解,使习惯于实验学科思维方式的物理专业读者便于迅速适应群论高度抽象的思维方式。作者为华中师范大学粒子物理研究所教授,理学博士,从事研究生培养及原子核理论研究,在原子核结构的微观理论领域有成就。1984年以来一直承担群论课教学任务。(胡祚蓉)

O000024 **高等数学思考题题解** 谢应齐等编著。云南大学出版社1993年6月版。28.6万字。6.80元。作者根据数十年的教学经验和体会,利用长期积累下来的宝贵资料和记录,设置和编写了近400个思考题,连同简明扼要的题解构成了本书。(李继毛)

O000025 **生存分析与可靠性引论** 陈家鼎著。安徽教育出版社1993年7月版。18万字。5.30元。从实用的角度介绍生存分析与可靠性统计的基本方法,并从数学理论的角度对这些方法的理论根据进行解释与论证。开篇介绍了生存分析与可靠性的基本概念,接着依次阐述了常用的非参数方法、最大似然估计、位置刻度模型中的参数估计、含协变量的生存分析、置信区间与置信限、有替换的试验与随机过程的统计推断、可靠性增长与非齐次 poisson 过程、系统可靠性的评定等内容。在阐述基本内容的同时,注意介绍了生存分析与可靠性统计的有关的现代发展方向,如作者和北京大学寿命与可靠性研究组在不完全数据情形下的最大似然估计和置信限方面的研究成果。但对生存分析有些方面的进展或涉及甚少,或没有涉及,如,不完全数据情形下的假设检验理论讲得不够充分。又如贝叶斯方法在书中没有论述。另外，在叙述概念和统计方法时严格清楚，对数学定理也都给出了准确的陈述，但只对一部分定理写出了严格证明。（严云锦）

O000026 **集合论发展史** 张锦文、阎金童编著。广西师范大学出版社 1993 年 7 月版。16.6 万字。3.50 元(平)，7.00 元(精)。作者采用阐述集合论典型文章和加注记的方式，通过“集合论的科学背景与康托尔的贡献”、“集合论的公理化发展”、“关于广义连续统假设的协调性证明”、“连续统的独立性”、“集合论中关于独立性的若干结果”、“马丁公理”、“非康托尔集论”、“当前数学问题中的数学基础”和“希尔伯特的第一个问题：连续统假设”等 9 章内容，介绍集合论 120 多年来发展所经历的 4 个阶段，每个阶段的代表人物、代表著作，以及影响着整个数理逻辑乃至其他数学分支的发展的重要成果。（余鑫晖）

O000027 **《数书九章》今译及研究** 陈信传等编译。贵州教育出版社 1993 年 7 月版。41 万字。8.50元。编译者吸收近几十年来中外学者有关《数书九章》的研究成果，结合自己的研究心得，编写而成。分秦序、经文、附录 3 大部分。一、秦序，即秦九韶《数书九章》原序部分，包括秦序原文、注释、今译等内容。二、经文部分，即《数书九章》的主要内容：9 类 81 问。①在每类之首加一按语，介绍本类所属两卷的内容及所使用的数学方法。②对于每一问，一般包括：问、答、术、按 4 个部分。“问”与“术”部分，均列出原文、注释及今译。“按”部分，内容包括有关问题的说明，用现代数学方法对本题的解答，及与国外有关同类问题的比较等。三、附录部分，包括赵琦美的《数书九章》序与跋，以及周密的《癸辛杂识续集下》原文等。原著中的“草”与“图”具有十分重要的价值，编译者精选出一部分具有典型性、代表性的题列出原文和译文。本书所依据的版本，是 1937 年商务印书馆出版的国学基本丛书《数书九章》，该丛书是根据清代宋景昌校勘的宜嫁堂本(1842 年)而刊印的。（玉宇）

O000028 **近世实分析基础** 朱成熹著。南开大学出版社 1993 年 7 月版。36.6 万字。9.40 元。与一般综合性大学数学系传统的实分析类教材体系不同，为适应现代数学的发展和应用类专业的需要，本书将实变函数论、测度论及泛函分析合而为一。以测度论中的基本内容和方法为主体，既讲清了测度与积分在一般空间的共性，又讲清它具体到实直线上勒贝格测度与积分等的特性(即在实变函数论中的特有性质)。再相应地穿插拓扑学与泛函分析等的一些基本思想和概念，力图把上述各方面的基础知识有机地联系在一起，尽可能用统一的思想和方法去证明和解决各类相关的理论和问题。特别介绍了 50 年代末苏联数学家 E. Б. 邓肯提出、而后被中国数学工作者所完善的最小类方法与 $\mathscr{L}-\mathscr{H}$ 系方法。（裴志明）

O000029 **三维弹性体的滚动接触** 李自力译，沈志云等校。西南交通大学出版社 1993 年 7 月版。27 万字。18.00 元。讨论有限元法和边界元法的精度和计算速度，并解释为什么半空间近似在适用的场合下可使程序的计算速度加快。再讨论接触问题的简化理论。而后给出数值计算结果与应用，其中有许多有趣而又棘手的试算实例，可供有志于研究算法的工作者参考。在附录中分别介绍弹性理论和数学规划的基本概念及一个计算半空间内部和边界上弹性场的算法，其载荷为作用于边界平面内一矩形区域上的均布载荷。还介绍稳态滚动下三维弹性半空间理论向粘弹性的推广。最后给出赫兹理论及其有关问题和滚动接触线性理论的一些数表。书中使用的两个程序：ROLLEN 和 CONTACT 对用户来说很是方便，用 FORTRAN 源程序形式提供，在 640KB 的 PCAT 机上即可使用。（王成照）

O000030 **应用珠算(二次修订版)** 北京珠算协会编。北京出版社 1993 年 8 月版。19.5 万字。7.30元。《珠算入门》的续集，为财会人员自学和提高珠算运算技术水平编写。全书主要介绍：提高加减运算速度的途径；提高乘算速度的途径；提高除算速度的途径；开方。书后附有北京地区珠算技术等级鉴定练习题，可作申请会计职称、业务培训教材或参考书。（李利军）

O000031 **珠算技能全书** 戴克让等著。北京出版社 1993 年 8 月版。30 万字。9.80 元。从基础知识、打算盘的基本功着手，循序渐进，由浅入深。全部例题均有算盘计算过程的图例，并附有文字说明，图文对照，便于阅读。本书集学习与运用珠算知识和技能于一体，介绍加减法、乘法、除法、累减开方法和珠算心理学。（李利军）

O000032 **数学分析导学** 郑步南等著。广西师范大学出版社 1993 年 8 月版。55.2 万字。9.20 元。遵照数学分析教学大纲的要求，按章列出基本概念、基本理论和基本方法；按节提出教学要求、思考题、范例及练习题；并给出了思考题和练习题的参考

答案或提示。对每道范例阐明了求解或论证有关类型题目的思路。(余鑫晖)

O000033 **高等数学** 陶祖武等著。广西师范大学出版社1993年8月版。47.7万字。12.00元。包括函数与极限、一元函数微积分学、多元函数微积分学、级数与常微分方程,共11章。每章除按节配有习题外,各章还配有总习题。书末附有习题答案。(余鑫晖)

O000034 **组合论** 杨焕远著。河南大学出版社1993年8月版。17.00万字。6.80元。该书运用马克思主义哲学的基本观点,对宇宙间抽象的、具体的、自然的、人为的客观存在,进行了全面系统的论证,并提出了观察世界的新见解、新方法。(王进国)

O000035 **数学物理方法纲要** 周季生编。山西教育出版社1993年8月版。56.4万字。14.50元。收有近代物理中常用的数学方法,如迭代法求积分方程的级数解等。注重解题及思路的介绍,所有证明都只给出"证明思路",而让学生自己完成证明,对学生有启发作用。各部分都有"简史介绍和基本问题分析",便于学生启迪思维,抓住主要矛盾。(张大同)

O000036 **非线性规划数值方法** 袁亚湘著。上海科学技术出版社1993年8月版。22.5万字。10.20元。现代计算数学学术专著,收入"现代数学丛书"。书中内容总结了作者近几年来的科研成果,系统地介绍了当今国际上主要的非线性规划计算方法及其理论的前沿的研究成果。书中引用了大量的参考文献。主要内容有:一、一维优化方法;二、梯度法和共轭梯度法;三、拟牛顿法;四、直接法;五、二次规划;六、罚函数法;七、线性约束规划;八、非线性约束优化;九、非光滑优化。其中一、二、三、七、八、九中的内容都反映了作者本人和国际专家Powell、Byrd、Nocedal等教授合作完成的具有突破性、创新性的研究成果。(赵序明)

O000037 **珠算入门(二次修订版)** 北京珠算协会编。北京出版社1993年9月版。12万字。4.10元。按照《全国珠算普及教学大纲》的要求,系统介绍了算盘的构造、记数方法和拨珠技巧等基础知识以及常用的加、减、乘、除等运算方法,以及适合初学者学习珠算四则运算的内容和有助于自学者、初学者尽快入门的重要内容。全书文字叙述简明,又有实地运算的图例,随章配有练习题。(李利军)

O000038 **分形理论与分形的计算机模拟** 曾文曲等编著。东北大学出版社1993年9月版。15.9万字。4.50元。重点介绍分形几何的最新理论是如何应用到分形图像的计算机模拟上的,利用分形的性质,分析绘制分形图的各种算法的理论根据和程序的编制原理。同时还根据作者几年来的工作,参考最新的文献,介绍了作者研究开发出来的一系列行之有效的绘制分形图的基本算法和程序。全书分两部分5章。前4章为理论部分,包括:分形与分形维数,迭代函数系(IFS)与动力系统,分形插值,复迭代中的分形。第五章为分形图计算机模拟算法与程序编制,重点介绍了绘制分形图像的几种算法,主要有字符串替换算法,确定性算法,随机迭代算法,逃逸时间算法以及反函数迭代算法等,同时对其中的一些关键步骤进行了改进。(刘淑芳)

O000039 **CF代数** 邹开其等编著。河北教育出版社1993年9月版。50万字。14.90元。在立足阐述经典代数的基本概念的同时,介绍了自1971年以来出现的第一个新分支——Fuzzy代数,它是由美国学者A. Rosenfeld于1971年首次提出的,对数学、计算机科学、管理科学等许多学科都已产生了深远的影响。本书是第一本从科学的系统观点将关于Fuzzy代数的研究成果在数学的大系统下统一起来的专著。内容包括经典集合与F集合、群与F群、环与F环、模与F模、广义F矩阵、范畴和F范畴。(刘贵廷)

O000040 **数值泛函及小波分析初步** 宋国乡、甘小兵编著。河南科学技术出版社1993年9月版。22.4万字。5.70元。"科学与工程计算丛书"之一,主要是用泛函分析的观点、方法来讨论数值分析的问题。第一章绪论首先介绍了本书的特点和基本内容。为了自成体系,第二章至第四章介绍了泛函分析的基础知识,主要是三大空间(距离空间、赋范空间和内积空间)的基本理论,特别是与数值分析关系密切的一些重要定理。第五章至第七章用泛函分析的观点和方法讨论了一些重要的数值分析方法,对一些不同的方法给出了共同的泛函背景与模式。第八章重点介绍了数值分析的最新理论——小波分析。第九章介绍了作者及其研究生在数值泛函应用方面的一些科研成果。(袁元)

O000041 **灰色控制系统(第二版)** 邓聚龙著。华中理工大学出版社1993年9月版。40万字。17.00元。第二版在初版的基础上,吸收了灰色系统理论1993年以前的最重要成果。在概念体系方面,阐述了"差异信息原理"、"灰性不灭原理"、"信息优先原理"等一些重要原理的定性描述及对这些原理作定量描述的基本模型;在理论体系方面,论述了信息覆盖、灰构造、灰朦胧集、灰元等内容，以及信息覆盖与因果律的关系；在灰色控制系统的数学基础方面，增加了对灰微分方程的论述；在灰色建模方面，除了对GM(1,1)模型作了补充外，还对GM(1,N)的几种形式作了介绍；在灰色控制方面，新辟专章阐述了灰色预测控制，介绍了灰色控制的新发展。(姜新祺)

O000042 **十大数学家** 傅钟鹏编著。广西科学技术出版社1993年10月版。16.5万字。6.10元。为"十大科学家丛书"之一。介绍中外十大数学家——欧几里得、刘徽、秦九韶、笛卡儿、费马、莱布尼茨、欧拉、拉格朗日、高斯、希尔伯特的生平事迹和主要成就。(马如海)

O000043 **Ω概率法** 汪长风著。山西科学技术出版社1993年10月版。23万字。8.00元。详细地阐述Ω概率法的基本理论和具体算法，并列举了大量应用实例。书中介绍的"Ω概率法"是作者经过20余年艰苦摸索创研的一种行之有效的新的数据处理方法。该成果于1989年9月获山西省科学技术进步理论一等奖。(杨丙德)

O000044 **高等数学题解词典** 副名：问题与解答。蒋传章等编。陕西科学技术出版社1993年10月版。211.5万字。40.00元。内容编排以现行高等工科院校高等数学教材章节为基础、兼顾理科专业的数学分析内容，包括分析引论；函数与极限；一元函数微分学；不定积分；定积分；空间解析几何；多元函数微分学；重积分；曲线积分与曲面积分；级数；微分方程等11章。题目的选择来自3个方面：一、目前工科高等数学教科书新涉及到的主要题目，部分数学分析的题目；二、中国近年来高等院校、科研单位的硕士研究生入学试题，本科生试题和数学竞赛试题的部分题目；三、国外有影响的资料的题目和国内外一些数学期刊中较优秀题目。共收录题目3800余道。结构按高等数学教材的体系以章、节、段编排。每节分为内容提要和问题解答两部分。以题解为中心，重视提高解题的分析能力。所收题目一般是一题一解，部分题目有较好的解法时，则编排有一题多解，以启迪解题的思维能力和熟悉各公式的应用。附录介绍了高等数学的发展简史。(赵生久)

O000045 **近代鞅论** 胡迪鹤、甘师信著。武汉大学出版社1993年10月版。33.5万字。12.80元。在建立经典鞅论的基础上着力于著述近代鞅论，特别是离散时间的各种鞅型序列的基本理论。全书分8章，其主要者涉及各种鞅型过程及其基本理论。就鞅型过程的种类而言，含鞅、拟鞅、渐近鞅、概率渐近鞅、极限鞅、Mil和概率极限鞅等；就鞅型过程的状态空间而言，取值于实空间乃至Banach空间；就指标集而言，含单指标、两指标和定向集上的鞅型过程。研究的专题有鞅不等式、收敛定理、停时理论、分解理论(Doob－Meyer分解、Riesz分解等)、极限理论(大数定律和中心极限定理等)、鞅与Banach空间几何学以及鞅变换等。(夏天安)

O000046 **分形理论及其应用** 辛厚文主编。中国科学技术大学出版社1993年10月版。70万字。18.00元。根据"全国第三届分形理论及应用学术会议"的论文精选并按一定体系编排和汇集而成。充分反映了中国90年代以来在分形理论及其应用等方面所取得的重要成果。所收论文涉及分形研究前沿展望，分形数学，分形物理，分形的计算机产生、模拟和图像处理，分形在化学、生物学、材料科学、地学以及人文和社会科学中应用等。(伍传平)

O000047 **数学发现导论** 赵振威著。安徽教育出版社1993年11月版。44万字。10.00元。以马克思主义哲学作指导，从数学的特点出发，综合运用心理学、教育学、逻辑学、思维科学、系统科学和数学史的基本思想，根据理论与实践相结合的原则，系统研究数学发现的认识论和方法论。第一章绪论，主要讨论数学发现的内容和意义；第二章择要分析数学发现的认识过程；第三、四章有重点地研究数学发现的一般方法和若干具体方法；第五章在数学发现的认识论和方法论的指导下，进一步考察数学发现的若干案例；第六章运用数学发现的基本思想，指导中学数学解题教学。(严云锦)

O000048 **实分析** 程民德等著。高等教育出版社1993年11月版。55万字。8.80元。以实变函数与泛函分析课程内容为先导的介绍近代实分析的引论性著作。共7章。除必要的基础知识外，着重反映了本世纪50年代至80年代国内外关于实分析方面的研究成果。各个时期最活跃的研究领域，如Calderón-Zygmund奇异积分算子，H^p空间的实变理论，算子的加权模不等式等，在书中都得到了充分反映；通过对实变量函数所构成的各种函数空间(Lebesgue空间、连续函数空间、Hardy空间、BMO空间等)和它们之间的算子作用(Hardy-Littlewood极大函数算子、Calderón-Zygmund奇异积分算子等)以及Fourier分析、算子与空间内插等重要方法的描述，对50年代以来逐步形成与发展的处理R^n上各种分析问题的实变方法与技巧作了系统的介

绍。(文小西)

O000049 **刘徽研究** 白尚恕等著。陕西人民教育出版社1993年11月版。37万字。19.00元。分9章:①方田;②粟米;③衰分;④少广;⑤商功;⑥均输;⑦盈不足;⑧方程;⑨勾股。其中负数、分数计算,联立一次方程解法都具有世界意义。可以与欧几里得的几何原本相媲美。但直接研究起来有许多困难。幸好魏晋时期数学家刘徽对九章算术进行了详尽的注释,研究刘徽注是研究九章算术的捷径。该书就是通过研究刘徽注而研究九章算术的。该书所收集的论文都是全国数学史研究前沿阵地上的专家、学者新近发表的研究成果。其中有对刘徽传略、刘徽思想、刘徽对后世的影响、刘徽与两汉典籍的关系的研究论文;还有对刘徽的各项专题的研究,如"小数观点","数学原理","弧田公式","几何作图","刘祖原理","阳马注记","逻辑理论","消息意义","海岛算法","重差算法","积矩算法","勾股算法","齐同算法"等。(杨益)

O000050 **数学探奇** 米盖尔·德·古斯曼著,周克希译。上海教育出版社1993年11月版。14.6万字。5.20元。科普著作。作者是西班牙的一位数学家,是现任的国际数学教育委员会(ICMI)的主席。本书即是将他在医院养病时,给自己的孩子讲的数学故事整理而成。他以极简单的例子,不仅讲清了问题的来龙去脉,还突出了解决问题的思考方法。(韩希塘)

O000051 **随机过程的线性统计理论与方法** 潘一民著。上海科学技术出版社1993年11月版。13.7万字。18.00元。现代数学学术专著。书中介绍了作者十多年的研究工作成果。主要内容有:一、详尽地介绍了任意指标集上的随机过程的各类线性统计问题,论证了最优解存在的充分必要条件;二、论述了离散时间随机过程——即随机序列的线性统计问题,其中包括随机序列与协方差可分解情形及离散时间系统的线性滤波;三、随机积分与正交随机测度;四、连续时间过程的线性统计问题与线性新息定理;五、连续时间系统的线性滤波;六、线性随机系统的最优控制。本书收入"现代数学丛书"。(赵序明)

O000052 **中国现代数学史略** 张奠宙著。广西教育出版社1993年12月版。21万字。15.00元。概述明末清初以来中国现代数学艰辛的发展历程,介绍了中国现代数学家的高尚情操和科学业迹,展示了中国必将成为21世纪数学大国的辉煌前景。书后附有著者对世界数学大师陈省身和物理大师杨振宁的访谈录,还附有1917～1955年中国数学博士名录等。(黄力平)

O000053 **高等代数与空间解析几何** 张建初主编。华东理工大学出版社1993年12月版。39.9万字。8.40元。将"高等代数"与"空间解析几何"融汇在一起的教材。其中高等代数的内容以线性代数为主体,包括行列式、矩阵、线性方程组、向量空间和线性空间、线性变换、二次型、内积空间、特征问题、矩阵的标准形、矩阵分析等;空间解析几何的内容以欧氏几何和仿射几何为主,包括直线和平面、常见的曲面、二次曲面的仿射理论和度量理论等。编者将"代数"与"几何"内容穿插论述、有机结合,突出了线性代数与解析几何的内在联系,起到相得益彰作用。(郑汶玉)

O000054 **国际数学奥林匹克(IMO)思想方法** 殷启正、陈志友主编。山东教育出版社1993年12月版。30.4万字。7.15元。对国际数学奥林匹克(IMO)思想方法研究的内容从3个方面进行了探讨;第一,IMO历史的分析;第二,IMO命题原则与策略;第三,IMO解题的思想与方法。IMO的解题思想包括化归思想、特殊化思想、构造性思想、分类思想、模型化思想等。IMO的解题方法包括解析法、换元法、反证法、数学归纳法、递推法、筛选法等。IMO的解题原理包括抽屉原理、奇偶性原理、容斥性原理、最小(大)原理、同余原理等。在体例上采取例题、思路、解答、评述4项分述,最后加以总评的模式。(孙永大)

O000055 **数学竞赛教程** 罗增儒主编。陕西师范大学出版社1993年12月版。27.9万字。6.90元。共3章,分别论述了数学竞赛的历史、内容和实施,书末收录了历届国际数学奥林匹克和中国数学奥林匹克竞赛试题。第一章论述竞赛活动,分别介绍了国际数学奥林匹克和中国数学奥林匹克的由来和发展,通过史料和图表具体展现了古今中外数学竞赛的梗概。第二章论述竞赛数学,提出了竞赛数学的基本特征是:位于中间数学、邻接前沿数学、展示艺术数学、构成教育数学。从数学竞赛内容方面分别列述了数学竞赛中的几何、代数、数论、组合数学和图论等5个方面的问题。总结归纳了20种奥林匹克数学技巧。第三章论述竞赛教育。对数学竞赛的性质、功能、培训和对命题的基本要求、基本方法等作了阐述。本书最主要特点是:理论概括与实践运用相结合;介绍方法与解证实例相结合;叙述历史与分析现状、展望未来相结合;介绍国外动态与对照国内情况

相结合。构建了一门新学科——数学竞赛学。(朱永庚)

O000056 **环论** 熊全淹著。武汉大学出版社 1993 年 12 月版。23.5 万字。14.00 元(精),9.00 元(平)。以著者在 1979—1989 年间为武汉大学数学系研究生授课的讲稿和 1985 年版《环构造》为基础修改补充而成。主要介绍环的基本构造理论。开头从极大极小条件出发,对 Artin 环、Nother 环的经典理论作了全面阐述;继则除常用的 Jacobson 根基外,对 40 年代引入的 Korth 根基、Brown-McCoy 根基、Levitzki 根基也有深入讨论,这些构成前 4 章。对 60 年代以来数学界有浓厚兴趣的环类安排了较大篇幅:如局部环、完全环、半完全环、Frobenius 代数、有恒等多项式的代数等。最后由 60 年代以来从模范畴研究环的潮流构成第十章。每章末附参考文献,书末附较详细的名词索引。著者一贯注重阐明思路,避免规格化的陈述。(夏天安)

O000057 **鞅与 Banach 空间几何学** 刘培德著。武汉大学出版社 1993 年 12 月版。48.5 万字。17.30 元。系统地论述了概率论与泛函分析之间相互交叉渗透形成的这一新的学科分支在近二十年来的发展状况和研究成果——B 值鞅理论的主要动向、思想方法及其在 Banach 空间几何学与向量值调和分析中的应用。全书分 9 章,依次为:向量测度与积分、鞅与 Radon－Nikodym 性质、鞅型序列的收敛定理、凸集的几何理论、Banach 空间的型与独立增量鞅、Banach 空间的局部理论简介、超自反空间、B 值鞅不等式、UMD 空间及其在调和分析中的应用。撰著时既叙述鞅型序列的极限理论、独立增量鞅的大数定律、中心极限定理和重对数律、鞅不等式、鞅变换等属于随机过程的概率性质,又将 Banach 空间中的凸集几何理论、型和余型、局部理论、凸性光滑性、无条件鞅差序列性质等属于 Banach 空间的几何性质二者有机地结合起来加以论述。事实上,随机过程的概率性质与 Banach 空间的几何性质之间相互制约相互依存的关系正是本书在理论上的显著特色。(夏天安)

O000058 **近代分析数学应用基础** 潘志编著。中国矿业大学出版社 1993 年 12 月版。34 万字。12.00 元。专著。以线性泛函分析为主要内容,分 4 部分 8 章。第一部分为数学分析补充,即第一章实数与函数;第二部分为实变函数的基本内容,即第二章集合与映射,第三章勒贝格测度与勒贝格积分;第三部分为主要内容,即第四章度量空间与度量线性空间,第五章有界线性算子与线性泛函,第六章有界线性算子的谱分析;第四部分简要介绍以泛函分析为基础的内容,即第七章变分法,第八章傅里叶分析与小波分析。其中前 6 章内容的编写参照了工科硕士研究生应用泛函分析课程教学基本要求。(潘志)

O000059 **数学思想和数学哲学** 周述歧编著。中国人民大学出版社 1993 年 12 月版。35 万字。8.20 元。阐述数学思想的发展和数学哲学问题。绪论阐明数学的研究对象、数学的特征及在科学中的地位、数学发展的几个重要阶段及其主要特征,然后分别介绍古代(17 世纪初期以前)和近代(17 世纪中期～19 世纪中期)重要数学思想和有影响的数学哲学思想,现代(19 世纪末期以来)主要数学分支的思想发展、现代数学基础和数学哲学问题。并介绍了国际数学奖和几个现代数学强国的情况,对中国数学的发展作了展望。(林坚)

力　学

O000060 **流体力学** 周光垌等编。高等教育出版社 1992 年 9 月版(上册);1993 年 5 月版(下册)。上册:34 万字;下册:40 万字。上册:5.35 元;下册:6.25 元。上册主要内容有:流体的物理性质和流体力学的基本概念,流体的平衡,流体运动的基本方程组,流体积分关系式及其应用,流体的涡旋运动,无粘性不可压缩流体的无旋运动。下册主要内容有:液体表面波,粘性不可压缩流动基础,边界层理论,气体动力学初步,传质理论初步等。(邵勇)

O000061 **流体力学数值模拟** 傅德薰主编。国防工业出版社 1993 年 1 月版。39.2 万字。13.80 元。介绍在解决实际问题中所发展起来的各种差分方法和采用这些方法数值模拟各种流体运动的实例。本书着眼于应用,同时尽可能地给出了计算方法的理论依据,并在一定程度上反映了当前计算流体力学研究工作中差分计算方法方面的最新成果。书中所针对的实际问题主要是超声速、高超声速粘性绕流流场的数值模拟,重点是激波和分离流的数值模拟,也给出了亚声速流动的部分计算结果。所讨论的方法是差分方法。全书内容分两部分,第一部分是基础部分(前 7 章),给出了微分方程基础、各种差分方法及其理论基础,为了简单,理论部分中省去了一些复杂的数学证明;第二部分是应用部分(后 5 章),给出了差分方法在数值模拟各种流体运动中的应用,且给出了一些典型算例的结果,如高超声速钝锥

大攻角背风面分离流场的数值模拟，航天飞机模拟机的三维粘性绕流流场和各种分离流动的流场数值模拟等结果。(吴芝萍)

O000062 **固体导论** 杨宗绵著。上海交通大学出版社 1993 年 1 月版。24.3 万字。3.00 元。固体物理学科中固体物理(Ⅱ)的教材。本书 7 章相当于 7 个固体物理学专题，分两部分内容：一是能带结构、晶格动力学、固体中元激发；二是非晶态、晶体表面、固体的介电性质、固体的光学特性等。(冯愈)

O000063 **马尔科夫振荡问题** 戴永隆著。广东科学技术出版社 1993 年 3 月版。19.5 万字。12.00元。分 7 章和 1 个引论，引论叙述了问题的来源、背景及研究的进展历程。前 3 章叙述研究对象的基本理论，包括再生现象和 p-函数的基础理论。第四章介绍应用 Kingman 不等式研究马尔科夫振荡问题的方法。最后 3 章是作者的研究工作，用新的方法解决了 p-函数的最大振幅问题，从而证实了 20 多年前由英国数学家戴维森等人提出的马尔科夫振荡问题的猜想。书中有几章后面列举了几个未解决的问题。(郑丽华)

O000064 **高等弹性力学** 钟伟芳、皮道华著。华中理工大学出版社 1993 年 3 月版。21.5 万字。2.60元。作者积多年的教学实践经验，深入浅出地对线弹性理论、热弹性理论、各向异性弹性理论和非线性弹性理论等基本分支的基本理论、研究方法、本构方程的建立等进行了阐述。(姜新祺)

O000065 **浑沌学纵横论** 苗东升、刘华杰著。中国人民大学出版社 1993 年 6 月版。26.2 万字。6.30元。从科学史、科学学、方法论和哲学等不同角度对新兴学科浑沌学进行考察，阐述浑沌学的基本内容、意义和作用，分析浑沌学对现代科学的影响，探讨浑沌在科学革命中的地位。介绍了浑沌概念的历史演变，浑沌学的孕育和产生的历程及浑沌学大意，浑沌研究的方法和哲学意义。论证浑沌学改变了科学世界图景，革新了科学方法论，丰富了辩证法、认识论等，对美学、经济学等具有启示。浑沌学代表着一场新的科学革命，是科学和哲学的边缘学科。该书是哲学工作者跟踪、把握和综合当代最新自然科学成就的尝试。(林坚)

O000066 **非定常流与涡运动** 童秉纲等主编。国防工业出版社 1993 年 7 月版。45.8 万字。18.10元。在总结国内外有关非定常流动效应研究的基础上，通过理论分析、实验探索和数值模拟，对基本流动物理现象和流动作用机制进行了系统的讨论与分析。全书共 13 章：第一章非定常无粘势流理论；第二章非定常粘性流基础；第三章涡动力学基础；第四章非定常边界层与减阻；第五章自由剪切层的演化；第六章非定常分离流；第七章钝物体绕流和非定常尾迹；第八章旋涡运动的稳定性和涡破裂；第九章湍流中的涡结构；第十章波-涡相互作用；第十一章非定常流实验方法；第十二章非定常流数值模拟；第十三章涡控制技术。本书在编写时力求突出基本流动现象和作用机理，着重于介绍有关问题的物理概念和基本分析研究方法，尽可能避免繁难的数学公式及其具体推演过程。(祝子禄)

O000067 **动力学之谜新探索** 师教民著。河北科学技术出版社 1993 年 7 月版。41.5 万字。16.00元。创立了新的力学体系——绝对相对论。它淘汰了惯性系和非惯性系的概念。揭示出质量、惯性、惯性力的本质，否定了力的绝对性，将牛顿运动定律从惯性参照系中推广到所有参照系中。它从公理出发，推导出实际物体速度的极限，发展了光速不变原理和尺缩钟慢效应，对光子静质量、时钟佯谬等算出了新的结果。它运用哲学思想指出了事物本身的绝对性和测量结果的相对性之间的对立与统一，把牛顿的绝对论思想和爱因斯坦的相对论思想有机地结合起来，继牛顿创立适合于低速的绝对论力学和爱因斯坦创立适合于一般高速的相对论力学以后，创立了适合于极高速及其以下时的绝对相对论力学。它特别注意在不同的实验条件下会得出不同的实验结果，十分重视理论对实践的指导作用，故反映出客观实践的本来面貌，符合了客观事物的发展规律，从而解决了力学中的一些矛盾和悬而未决的问题。(李文杰)

O000068 **超声波动态力学测试** 盛季生、杨淳渊著。江苏科学技术出版社 1993 年 8 月版。10 万字。4.00 元。超声波断口图(Fractography)是一种研究动态破坏的新的实验方法。它是将强力超声波施加于进行破坏试验的试件上，使试件断面产生人工超声波线(Wallner 线)，并通过对超声波线的观测，获取破坏进行时的各种力学信息的实验方法。该法的测试过程无须与破坏现象同步，因而不受破坏速度的制约，且具有极高的测试精度。利用该法可以精确地测定二维的裂纹速度场，还可以测定裂纹先端局部区域内材料动剪切模量和用以对 KID 与裂纹速度、加速度的关系等进行研究。尽管该法目前尚仅适用于脆性高分子材料，但仍不失为一种新的有前途的动态力学测试手段。该试验方法在国际上属开

创性研究，并取得了可喜的成果。本书详尽地介绍了上述有关内容，并介绍了国际上最新的有关研究成果。(孙广能)

O000069 **力学—物理学教程(第一卷)** 陈中伟著。上海交通大学出版社 1993 年 9 月版。25.3 万字。5.70 元。“物理学教程”是上海交通大学普通物理教研室编写的一套革新教材。力学为本教程第一卷，内容包括质点运动学、质点动力学、质点系动力学、刚体力学基础、狭义相对论基础、机械振动和机械波等 6 章。全书分基本内容、自学材料和选读材料 3 个主要层次。基本内容集中精炼，是教材的主干，并配有数量恰当、经过精选的例题和习题；自学材料供教师指导学生自学用，也可用来代替一部分传统习题；选读材料为拓宽教学的广度和加深内容的深度提供了丰富的新材料，既可供教学选择使用，又可以用作学生课外阅读材料。(戴柏诚)

O000070 **非线性科学丛书** 郝柏林等著。上海科技教育出版社 1993 年 9 月版。249.8 万字。15 册。229.30 元。系统介绍非线性科学各个专题的基本内容和国内外的最新进展。已出版的 15 种书中，《从抛物线谈起——混沌动力学引论》以抛物线映射为工具，阐述了混沌动力学的最基本内容；《实用符号动力学》介绍了一种研究非线性动力学的工具；《哈密顿系统中的有序与无序运动》着重介绍了 KAM 定理和马瑟集；《复杂性与动力系统》以形式语言为工具研究动力系统中的复杂性，介绍了拓扑熵、柯系莫哥洛夫复杂性等多种刻划复杂性的方法；还有《量子混沌》、《弱混沌与准规则斑图》、《时空混沌和耦合映象格子》等书，分别从各个角度阐述混沌。还有介绍分形和介绍孤立子的书。《孤子理论和微扰方法》阐述孤子理论的逆问题方法以及含修正项时的主要微扰方法。《非线性代数方程组和定理机器证明》作为一种数学工具，系统介绍了参系数非线性代数方程组的构造性理论和求解算法，其中大部分章节属作者的研究成果，特别是 5 次以上实系数代数方程的判定问题是几个世纪长期悬而未决的经典问题，作者解决了这一大难题并首先发表在书中。(王文才)

O000071 **弹性力学** 关家龙著。同济大学出版社 1993 年 9 月修订重版。50 万字。17.00 元。第一版于 1987 年出版，这次再版，删去了原书中的“平面问题的有限元法”和“非线性弹性力学基础”两章；增加了“弹性薄板的弯曲”一章；在“应力和应变的关系”一章中，适当介绍了热力学知识和横观各向同性的概念；在“柱形杆的扭转”一章中，原书重点阐述了按位移求解的方法，本版则着重于介绍按应力求解的方法，并适当增加了一些计算实例；在“弹性力学方程的通解及其应用”一章中，增加了“Maxwell 应力函数和 Morera 应力函数”的内容，并归纳为“弹性力学的位移通解”和“弹性力学的应力通解”两部分，克服了原书中这部分内容安排零乱的缺点；在“弹性力学问题的变分解法”一章中，增加了“弹性体的虚功原理及功的互等定理”等内容以及平面问题和薄板弯曲的计算实例；对“平面问题的极坐标解答”、“平面问题的复变函数解答”、“热应力”和“弹性力学基本方程的曲线坐标形式”等章的内容作了增删或在文字上作了较大的改动。(郁峰)

O000072 **粘性流体动力学基础** 陈矛章编。高等教育出版社 1993 年 10 月版。49 万字。7.70 元。按照工程力学专业粘性流体动力学课程教学要求编著。本书在系统阐述粘性流体动力学基本方程组、层流经典理论和流体运动稳定性理论的基础上，着重讲述湍流的物理机制和半经验统计理论以及与计算机发展密切相关的现代湍流工程计算的基本理论，反映了半个世纪以来这一学科发展的主要轮廓。(胡春林)

O000073 **力学实验设计** 龚镇雄等著。高等教育出版社 1993 年 10 月版。21 万字。4.15 元。是作者在实验设计方面的经验总结，共汇集 16 个力学实验，每个实验均按“设计思想”、“实验方案”、“仪器设计”、“实验结果”、“问题研讨”、“想想试试”以及“背景材料”分项介绍，并且以实验设计为中心，对设计过程中的指导思想、思维方法、考虑的问题、具体的计算以及代表性的结果等作了系统的阐述。(张思挚)

O000074 **非线性振动** 黄安基著。西南交通大学出版社 1993 年 12 月版。25.5 万字。9.80 元。主要讲述非线性研究的基本方法。内容包括：非线性振动的特点；研究非线性振动的几何方法即定性方法：相平面法的一般理论；非线性保守系统及其相图的一些基本性质，特别论证了系统的运动微分方程中含有速度项者并非都是非保守系统，给出了两种形式的含速度项的保守系统方程；非线性非保守系统；研究非线性系统的解析方法即定量方法：摄动法、Shohat 展开法；渐近法(KBM 法)、平均法、等效线性化法及谐波平衡法；多重尺度法，应用摄动法、多重尺度法及研究拟线性非自治系统的受迫振动，逐次逼近法；参数激励系统、频闪法——应用它可将非

自治系统化成自治系统;多自由度非线性系统等。(毛文义)

物 理 学

O000075 **有限束宽光动力学** 邓锡铭著。杭州大学出版社 1993 年版。7 万字。6.80 元。概述光束传输的流体模型,研究有限宽度的光束(如激光束)经过光学系统的变换,导出光束的轨道动量和内禀动量;论述光束的传输特性,如发散角、光腔的共轭频率,光学陀螺的拍频,多卜勒频移等与束宽的关系;阐述光束达到超衍射极限的方法和途径,以及有限束宽光束的特征量计算和在光束控制方面的应用。本书被收入"光学前沿丛书"。(蒋保纬)

O000076 **大学物理简明教程** 陈志贤等编。杭州大学出版社 1993 年版。60 万字。2 册。14.90 元。非物理类、高校理工科通用的物理教材。主要重视物理思想、物理概念和物理图像的描述。每章末均配有 A、B 两套习题。(赵隆韶)

O000077 **数学物理方法解题指导** 周绍森等著。江西高校出版社 1993 年版。44 万字。9.80 元。在原版基础上进行改编、修订。保留原书 19 章的整体结构,在使内容更趋精炼的同时,增补了不少原书尚显欠缺的内容。在体例上,调整为 3 部分,即:一、重要概念和关系式;二、解题指导;三、习题。第一部分是对基础知识的扼要概括,并有意渗进了一些简单的演绎推理;第二部分则从解题角度对基础知识的内涵和外延进行必要分析;典型例题的求解亦重视各种解题方法的比较和鉴别。(刘小苏)

O000078 **有机光波谱分析的原理和应用** 孙琢琏、董振温编著。大连理工大学出版社 1993 年 2 月版。20.5 万字。2.70 元。系统地介绍紫外、红外、核磁、电子轰击和化学电离质谱的基本原理、谱图解释方法和若干新技术,同时对采用光的吸收、发射、反射、散射和偏振等不同原理的有关光波谱分析方法之间的理论联系和应用特点进行了扼要介绍。全书分 6 章:绪论,重点介绍有机光波谱的分析方法及应用性能的比较;紫外吸收光谱,重点介绍紫外吸收光谱的产生、特征等;红外吸收光谱,重点介绍红外吸收光谱的产生、特征及用途;核磁共振波谱,重点介绍核磁共振波谱的测试及应用;质谱,重点介绍有机质谱的基本理论;综合分析,重点介绍如何将四大谱(紫外吸收光谱、红外吸收光谱、核磁共振波谱、质谱)在彼此互相补充和印证的基础上进行解析,以确认或剖析有机分子的结构。(于明珍)

O000079 **近代物理实验** 南京大学近代物理实验室编。南京大学出版社 1993 年 2 月版。44.3 万字。9.00 元。依据物理实验编审小组 1989 年 11 月审订通过的《综合大学物理学专业近代物理实验教学基本要求》,在南京大学物理系近代物理实验的教学实践以及近代物理实验讲义的基础上编写而成。全书包括 12 个领域的 38 个实验,它们是核物理、原子物理、光学、低温、X 光衍射技术、半导体、磁学、真空、声学、声光、微波和微机数据采集系统实验。对实验原理、仪器和实验内容的叙述力求简明,还给出关于理论背景和实验技术方面的参考资料,选编了预习思考题和实验问答题。(李曾沛)

O000080 **简明物理学词典(维吾尔文)** 许国保、王福山著,巨尔艾提等译。新疆人民出版社 1993 年 2 月版。102.3 万字。36.00 元。其主要内容是解释普通物理学名词,主要定律以及常见物理现象。此外还收录了一些有关理论物理学的名词,简要介绍了一些科学家的简历以及他们的科学成果。(拜合提亚尔)

O000081 **汉英物理学词汇** 施士元等编。南京大学出版社 1993 年 3 月版。133.3 万字。30.00 元。中国物理学会从 50 年代起,曾多次公布英汉物理学词汇,作为国内英文物理学名词的标准汉译名。为方便物理学工作者由汉语物理学词汇查找其英语词汇,本书作者花了较长时间收集、整理了物理学及与其有关的词汇约 6 万条,其中包括中国物理学会历次公布的 2.6 万余条。书中除物理学专业词汇外,还包括少量较通用的数学、天文、气象、地学、音乐、化学、化工、工程、电机、机械、矿物、冶金、电讯、生理、生化、药物以至日常生活等方面的名词。本书按照通常的字典编排方式编排。书前附有按汉语拼音排列的词首字表,还有按笔画排列的词首字笔画索引,以便使用时查明该词首字的页码。(李曾沛)

O000082 **理论物理学** 金桂林等著。华东理工大学出版社 1993 年 4 月版。48 万字。11.50 元。学术专著。阐述理论物理学的基本概念、原理、常用的方法和对一些重要问题的处理。按照少而精的原则,本书编入了应用物理学科 4 门重要的专业理论基础课"理论力学"、"电动力学"、"量子力学"和"统计力学"的基本内容。(钱四海)

O000083 **物理学难题集萃** 陈秉乾等编。高等教育出版社 1993 年 5 月版。上:47 万字,下:52 万字。上:9.20 元,下:9.70 元。汇集各类物理习题 600

多道，是作者从众多材料中加以精选、改造和演变，并结合其数十年的教学经验积累撰写而成。全书分力学、热学、电磁学、光学、狭义相对论5部分。每部分又分基本题和难题，基本题的难度不大，特点是解题思路明确，方法简炼，以强化学生解题规范化的训练；难题是本书的重点，而难题的"解题分析"则是本书的精华。（奚静平）

O000084 **应用光学原理** 天津大学胡鸿璋、上海机械学院凌世德编。机械工业出版社 1993年5月版。56.5万字。6.30元。以光的电磁理论为基础，讨论光在传输过程中通过各种媒质（包括均匀、透明的各向同性媒质、各向异性媒质、分层媒质、吸收媒质以及平面光波导和光纤）时所遵循的规律，以及在电场、声波场和光波场作用下所发生的现象，并讨论如何对作为信息载体的光波的振幅、位相、偏振态和传播方向进行调制，还讨论了光的衍射现象和傅里叶光学。（韩雪清）

O000085 **经典物理与现代物理** 尤广建著。陕西人民教育出版社 1993年5月版。36.6万字。11.00元。从物理学的历史发展介绍经典物理和现代物理的基本内容和最新发展；物理学重要思想的形成、发展和演变；物理学与其他基础学科和技术科学的密切关系，以及对人类生活产生的巨大影响。最后作者探讨了物理学的思想方法及其意义。全书分8章：第一章 20世纪以前的物理学；第二章狭义和广义相对论；第三章量子论和量子力学；第四章量子场论与粒子物理学；第五章现代物理学的分支学科；第六章与物理学密切相关的交叉学科；第七章技术科学和物理实验技术的发展；第八章物理学的思想方法。（杨益）

O000086 **论光** ［荷兰］克·惠更斯著，刘岚华译，蔡勖校。武汉出版社 1993年5月版。8万字。4.50元。为"科学名著文库"之一。作者在本书中集光的波动说之大成，提出了光的脉冲理论，并据此导出了光的折射与反射定律，即惠更斯原理。（张建平）

O000087 **核物理中的群论方法** 于祖荣编著。原子能出版社 1993年5月版。52.4万字。5.60元。分6章，前4章介绍群和群表示论的基础知识，鉴于核物理的需要，仅介绍置换群、Lie 群和 Lie 代数方面的内容。后两章介绍群论在核物理中的应用，特别介绍了广义相干态理论在核物理上的应用；在此，还详细讨论了算符的 Dyson 实现及其 Holsteim-Primakoff 实现之间的变换理论，澄清了文献上某些含混的陈述。（赵守林）

O000088 **原子与原子核物理学手册** 陈辰嘉主编。北京出版社 1993年6月版。52.7万字。21.00元。分4篇22章，介绍有关原子与原子核物理学的辞条约600条。全书以大部分篇幅介绍原子的一般性质、原子结构、原子光谱、原子磁性、量子物理初步、原子核的基本性质、放射性、核力、原子核结构、原子核反应、基本粒子和中高能核物理外，还介绍原子和原子核物理学发展简史、原子和原子核物理学家简介、原子和原子核物理学大事年表以及原子和原子核物理学的实验方法。（李利军）

O000089 **现代光学手册** 刘书声主编，王金煜副主编。北京出版社 1993年6月版。77.1万字。19.00元。分4篇，包括经典光学、量子光学和近代应用光学概论、光学发展简史、实验技术、数据与图表等内容。其中，近代光学及其应用所占词条较多，反映了光学科学发展的实际状况，这正是本书的特色。经典光学的介绍虽然少于近代光学，可是普通物理范围内的光学基本定律、基本概念、定理和公式的收集十分详尽。光学发展简史部分包括历史的回顾，对光学作出贡献的科学家简介和光学大事年表。实验技术收集的内容与普通物理实验教材既不重复，又将各有关方法都尽量收集进来。是"物理学手册"之一。（刘京文）

O000090 **近代物理实验技术（Ⅱ）** 尚世铉等编。高等教育出版社 1993年6月版。104万字。12.70元。内容包括：超短光脉冲实验技术、L-B 技术、近代偏光技术与偏光器件、近代 X 光技术、原子级及近原子级表面分析方法、离子存储技术、近代薄膜技术、非线性光学、晶体生长技术、小加器及其应用、核辐射探测器。本书着重于如何正确地运用这些技术来达到实验目的，而不过多地涉及仪器制造和具体的线路，同时还介绍了这些技术的最新进展情况和发展动态。（张思挚）

O000091 **计算固体物理学** 邹宪武、金准智著。武汉大学出版社 1993年6月版。40.1万字。14.30元。从固体物理学的具有代表性的领域（如晶格对称性、晶体结构、电子结构、缺陷、晶格振动、电性和磁性等）入手，将理论、模型、计算公式、计算方法、程序和实例相结合，用计算机研究和解决各种固体物理问题。同时，作者突破了原来以周期性为基础的旧固体物理学范式，将其内容延拓到近年发展较快的具有非周期结构的凝聚态（如准晶、非晶和液态）的范围。书中附有25个具有代表性的计算程序，并将其汇集成"计算固体物理学软件包"，可方便地

移植。(史新奎)

O000092 **电子光学** 华中一、顾昌鑫著。复旦大学出版社1993年7月版。56.7万字。13.80元。高校教材。作者在给复旦大学学生讲课所用的讲义基础上,结合自己的研究成果和教学经验,并参照国内外最新发展的有关资料,经过反复修改补充而成。全书上、下篇共13章。上篇系统地介绍带电粒子在电磁场中运动的基本规律,并从这种规律出发,阐述电子束聚焦成像、聚束成形的原理,对各种电子透镜、电子枪、电子能量分析器等电子光学元件及系统的工作原理与性能都作了简洁而透彻的介绍。下篇专门介绍电子光学系统的计算机辅助设计的几种典型方法,对当代电子光学的新发展也有充分的反映。(龚少明)

O000093 **杨-巴克斯特方程和量子包络代数** 马中骐著。科学出版社1993年7月版。29万字。12.50元(平),14.00元(精)。第一章介绍基本数学工具,主要是群论方法,其中与辫子群有关的内容包含了某些最新科研成果。第二章详细推演了杨振宁提出的有排斥δ作用势的一维薛定谔多体系统精确解的计算,适当讲述巴克斯特提出的六顶角模型计算,使读者了解杨-巴克斯特方程产生的物理背景。杨-巴克斯特方程包含两种参数:量子参数和谱参数。第三章和第六章分别讨论在一个参数取极限的特殊情况下方程的解及其性质。第四章介绍量子包络代数理论。第五章详细讲述了量子包络代数的不可约表示、量子克莱布施-戈登(Clebsch-Gordan)系数和量子拉卡(Racah)系数的计算方法。第七章系统总结了寻找带谱参数的杨-巴克斯特方程三角解的3种方法,分析了它们各自的优缺点,也讨论了由三角解计算有理解的一般方法。第八章讨论量子参数是单位根的情况,还讨论了一种具有量子包络代数对称性的物理模型。(张邦固)

O000094 **无机物热力学数据手册** 梁英教主编。东北大学出版社1993年8月版。126.6万字。43.00元。收集近20000种无机物各种温度的热力学函数(Cp、S、H、G),1000多个重要反应的$\Delta G^{\theta}=A+BT$关系式,二元合金热力学数据,无机物的蒸气压,1200多种无机物在水中各温度下的溶解度和溶解积等数据。书中对数据的使用方法及有关原理做了简明扼要的叙述,并举实例加以说明。全书内容包括:第一部分,基本原理和计算方法;第二部分,热力学函数;第三部分,金属体系的热力学性质;第四部分,蒸气压与温度的关系;第五部分,无机物在水中的溶解度;附录1,标准电极电势表;附录2,基本常数。(郝蕴卿)

O000095 **量子光学** 张远程著。武汉大学出版社1993年8月版。35.6万字。7.95元。系统地描述量子光学的基础理论和当前的研究前沿。分9章:前3章介绍量子光学的基础理论,中间9章概括了一个热门研究领域——辐射场的三大非经典效应(压缩态、反聚束和亚泊松分布)及其潜在应用。最后3章讨论了量子光学的三大耗散系统(共振荧光、超辐射和光学双稳态)。本书以英文形式出版。(史新奎)

O000096 **理化** 许祖馨撰文,胡永光绘画。新蕾出版社1993年8月版。7万字。7.50元。收入"漫游科学世界丛书"。本书帮助少年读者弄懂生活中许许多多物理化学现象。如:热的传递方式;电的产生与传递;各式各样的力;令人称奇的光导纤维;噪声的危害和控制等等。阐述了热、电、力、光、声之间的联系,以及和人类极其密切的关系。还展示了令人向往的未来。(韩凤岐)

O000097 **大学物理实验** 唐福深著。大连理工大学出版社1993年9月版。16开本。22万字。2.61元。根据《国际计量局实验不确定度的规定建议书INC-1》以及中国《国家计量技术规范JJG1027-91》的规定,在误差理论这一部分采用了"不确定度"这一概念,以"测量不确定度的评定"为主线来统帅整个误差理论教学。本书共收入24个实验项目,包括力、热、电、光和近代物理5个部分。还包括了物理实验室工作人员的多项教学研究成果,这些成果主要表现在教学方法的改革和实验装置的研究两个方面。(许芳春)

O000098 **大学物理基本教程** 孙建武主编。东北大学出版社1993年9月版。27.8万字。7.50元。分4篇13章。第一篇力学,包括运动学、动力学和狭义相对论3章。动力学以动量原理为第一原理系统地介绍了动量、能量、角动量及其遵守的规律。狭义相对论阐明了时间、空间和物质运动之间的关系。第二篇振动和波,包括振动、波动和波动光学3章,系统地介绍了周期性运动的规律。第三篇电磁学,以麦克斯韦方程为出发点介绍电场、磁场及它们之间的联系。第四篇微观物理学,包括微观粒子的量子性、分子物理、热力学简介、激光和半导体等内容。(刘淑芳)

O000099 **20世纪上半叶中国物理学论文集粹** 戴念祖主编。湖南教育出版社1993年9月版。200

万字。60.00元。收录从1900年到1952年间105位中国物理学工作者的物理学术论文180余篇。有1907年和1914年获得博士学位的李复几和李耀邦的学位论文，有上半世纪较年轻的物理学家如黄昆、谢希德、杨振宁、李政道、邓稼先等人的论文。内容为：生平与学术成就简介；有代表性的学术论文的中文译文；主要的学术著作与论文目录。并附录了1900～1952年间中国纯粹物理学和应用物理学博士学位论文。本书旨在记录近代物理学在中国的发展足迹，记载上半世纪物理科学名人的功绩。（孟可文）

O000100 **热力学·统计物理** 汪志诚编著。高等教育出版社1993年10月版。38万字。11.55元。第一版问世12年后，作者根据国家教委新颁发的教学基本要求，根据物理学科发展和高校物理教学的实际需求，对它进行了全面的修订。在第二版中，保持了原书简明、流畅的特色和便于教学的优点，增加了若干新的内容，如临界现象和临界指数、朗道连续相变理论、刘维尔定理、临界点附近的涨落和关联、布朗运动和时间关联函数、顺磁性固体、热电子发射、接触电势差、量子霍尔效应、朗道超流理论和平均场理论等，更新了部分例题、习题、插图和数表，规范了物理量的名称、符号和单位。（陈海平）

O000101 **物理史珍闻趣事** 郭奕玲、沈慧君编。江西教育出版社1993年10月版。15.8万字。5.00元。面向广大中学生介绍物理学知识的科普读物。作者从极丰富的物理学史料中精选出一个个片断，以通俗的语言和丰富的插图，生动地叙述科学先辈从热到电光、从19世纪末的三大发现到原子奥秘的揭示等一系列的科学实验、探索活动，勾画出物理学发展的基本脉络和轮廓，使读者对物理学发展的历程有一个基本的了解。（程屹东）

O000102 **热的解析理论** [法]约瑟夫·傅立叶著，桂质亮译。武汉出版社1993年10月版。38万字。18.00元。为“科学名著文库”之一。作者在本书中论证了固体的热传导可以表示为数学上的无穷级数即傅立叶级数。书中给出的概念和方法对后来数学的发展产生了深远影响。（张建平）

O000103 **原子核对称性投影自洽场方法** 郑仁蓉、廖继志著。四川大学出版社1993年11月版。21万字。5.00元。系统介绍处理原子核多体问题的自洽场方法和对称性投影方法，详细讲述各种对称性对影自洽场方法的物理基础、理论框架、计算步骤、解决实际问题的途径，已经取得的成就和进一步应用、发展的方向。主要内容分3部分：第一、四、五章讲述核多体问题的一般理论，投影算符的性质，两类投影方法的特点，HF和HFB变换的性质、限制条件，变分法和梯度法的原理与实践；第二、三章讨论角动量投影形变HF方法，形变组态混合方法，基于Nilsson加BCS波函数的形变壳组态混合方法，约束变分法，以及它们在研究原子核正常形变态、高自旋态和超形变态中的成功应用；第六章详细介绍核结构计算的Tübingen系列方法，一种基于实际模型空间平均场投影后变分法(VAMPIR)的系列方法，包括基态带和激发带的多行列式VAMPIR、准粒子基矢空间的投影变分法Moneter(HFB)和Mouster(VAMPIR)等，以及它们的可行性研究和初步应用。（廖继志）

O000104 **大学物理实验** 陶兆勋主编。东北大学出版社1993年12月版。22万字。9.00元。根据国家教委关于《物理实验课程教学基本要求》编写。包括绪论，误差与数据处理基本知识，电子实验基本知识，光学基本知识，设计性实验基础知识，设计性实验。共收入26个实验，如：用三线摆测物体的转动惯量，用惠斯登电桥测电阻，用霍尔效应测磁场，用牛顿环测透镜曲率半径，麦克尔逊干涉仪的调节和使用等。（刘淑芳）

O000105 **原子核物理** 杨福家等著。复旦大学出版社1993年12月版。37.8万字。15.00元。核物理教材。作者根据自己的研究成果和教学经验，在长期使用的讲义基础上，结合国内外的前沿研究资料编著而成。全书分10章，分别讲述原子核的基本特性、原子核结构、原子核衰变、原子核反应、射线与物质相互作用、核辐射探测器、粒子加速器、原子能的利用、核技术应用、粒子物理浅说等等。本书在讲述物理概念的同时，注重从实验事实出发，阐述著名物理学家的研究思路，以利启发学生的思考，培养读者的创造能力。在传授知识的同时，强调智能培养、突出中国科学家的贡献，是本书的显著特色。本书设计了许多有新意的习题，有利于读者加深理解。（龚少明）

O000106 **原子论与近现代科学** 阎康年著。高等教育出版社1993年12月版。52万字。16.05元。详细介绍原子论本身的发展史，说明原子论的几个发展阶段是怎样引起自然科学家们的重视和应用、怎样推动各有关学科的发生和发展的，如实论述了各个学派之间关于原子学说论战的论点、始末以及对学术界产生的影响。书中凝聚了作者研究古希腊原子论与近代科学的起源、牛顿原子论、波斯考维奇原子论、道尔顿原子论和开尔文-泰特旋涡原子论、法拉第场论起源、经典原子论框架的突破及现代原子物理的发展等多项成果。(张立)

O000107　**固体物理基础**　恩克著。内蒙古教育出版社 1993 年 12 月版。27.4 万字。6.25 元。是根据作者在内蒙古师范大学物理系多年讲授固体物理基础课程的讲义加以修改和补充而成的,分 7 章。前 6 章包括晶体结构、晶体结合、晶格振动、晶体中的电子状态、金属电导论及晶体的缺陷等内容。第七章专门对固体物理学中的一些前沿领域发展概况作了简单介绍。其中包括纳米固体、半导体超晶格和微结构、金属氢、稀土永磁材料、高温超导研究与展望、多孔硅、生物磁学、准晶态及 C_{60}原子团簇和 C_{60}固体等 9 个课题。(仁钦苏荣)

化　学

O000108　**物理有机化学基础**　张永敏、周洵钧著。杭州大学出版社 1993 年版。19.8 万字。6.50 元。主要介绍 70 年代以来有机立体化学的新发展、重要的新概念、新名词;介绍有机化合物的结构与性能关系的新成就;系统阐明溶剂效应、酸碱理论在有机化学中的应用与发展趋势;介绍了研究盐效应、动力学同位素效应的新方法;对发展迅猛的有机光化学领域的基本概念及机理进行系统的剖析。(徐素君)

O000109　**Selective Intermolecular Force and Adaptability of group Structure**　副名:选择性分子间引力和集团结构适应性。金松寿、郑小明著。杭州大学出版社 1993 年版。20.7 万字。20.00 元。英文版,除绪论外,分 11 章。"选择性分子间引力"和"集团结构适应性原理"是作者在毕生的科研工作中的重大发现,是世界首创理论。前者解决了分子间引力经典理论(如范德华力、氢键、电子转移复合物等)所不能解释的一系列反常的实验现象和实验事实,对今后化学领域中溶解度、溶媒化理论,色谱、化学动力学等理论的发展有很大的促进作用,后者有广泛的实用价值,对催化剂产品的开发提出了一个指导性理论,并在它的指导下,已成功地研制出多种高质量的工业催化剂,且有 4 项获国家专利。该书不仅首次提出"选择性分子间引力和集团结构适应性"理论,还详述了它们在物化领域中的广泛应用。全书所引用的 132 篇文献,有 96 篇是作者发表的论文。本书出版后,引起国内外专家的广泛重视,被英、美、日等发达国家的化学家们评论为"非凡的成就"、"工作成果已远远超越同时代人"等等,引起了两次获得化学诺贝尔奖的鲍林教授的浓厚兴趣。(徐素君)

O000110　**大学化学词典**　周公度主编。化学工业出版社 1993 年 1 月版。72 万字。18.65 元。作者根据在北京大学化学系从事基础教学的多年实践经验,将大学化学基础内容中的基本概念、基本原理和基本化学反应加以整理汇编而成,选收词目共计 1150 条。内容包括无机化学、分析化学、有机化学和物理化学等方面。全书按汉字笔划排序,每条词目均附有英文名词对照,书末有学科分类索引、英文字顺索引及汉语拼音索引。(林晨虹)

O000111　**基础光化学**　戚文萃、金咸枞著。武汉测绘科技大学出版社 1993 年 3 月版。15 万字。4.50元。在内容编排上与专业课程内容衔接合理、主次分明。在保持光化学系统理论的基础上,紧密结合印刷专业各种成像技术的实际,省略了专业课中传统的银盐感光化学内容,重点介绍感光性高分子化合物、感电子束和感 x-射线的高分子以及激光化学。既避免了内容的重复,同时又反映了光化学以及相关辐射化学在成像技术中的最新成果。(冯娟)

O000112　**有机化学**　徐寿昌主编。高等教育出版社 1993 年 4 月版。79 万字。10.65 元。内容分 20 章和 4 个选读材料。在保持必要的系统性的前提下,各章都围绕结构与性能密切相连这个中心,展开对有机物的结构(化学键、立体化学等)、合成方法、物理与化学性质及各种反应理论的讨论,既符合化工类有机化学多学时类型的"教学基本要求",又反映出有机化学学科的发展规律。对学科某些新进展的内容及不少理论解释的难点,如乙炔的亲电和亲核性能、不少反应机理的讨论、重要中间体稳定性的阐述以及核酸的结构等,本版都已改写或补充得更加严谨完整,使其在科学内容的深度和广度方面更加适合于教育对象与层次。在体系安排上,采用脂肪族和芳香族混合编写,既便于对有机物结构与性能的对比,又使内容紧凑。(白淑琴)

O000113　**林产化工统计分析**　陈仁泽著。厦门大学出版社 1993 年 4 月版。24.9 万字。6.40 元。介绍数理统计常规方法以及多元统计分析在林产化工中应用的专著。全书共 6 章,包括一元统计的假设检验、方差分析、试验设计、回归分析,以及多元的回归,聚类、判别分析等。(吴天祥)

O000114　**工业分析无机化学(上、下册)**　徐维鉴等编。中国地质大学出版社 1993 年 4 月版(上),1993 年 10 月版(下)。根据地质矿产部化学课程教学研究委员会审定的《高等地质院校工业分析专业本科四年制无机化学基本要求》编写而成的。全书共 20 章,分为上下两册。上册是理论部分,包括化学热力学基础,化学反应速率,化学平衡原理,近代物质结构理论等;下册是元素部分,按元素周期律体系,从非过渡元素到过渡元素,着重讨论元素及其化合物的基本性质和反应规律。书中注意化学原理在元素部分的应用。(吴琍华)

O000115 **化学史图册** 吴守玉、高兴华等编著。高等教育出版社 1993 年 5 月版。24 万字。19.50 元。以 344 幅彩色和黑白图片为基础,配以适当的说明文字,概括了化学发展的历史,形象生动地再现了化学家的创造活动。在内容编排上,按照化学学科发展的历程分为 4 个部分:化学的萌芽;化学的形成和发展;现代化学;今日化学掠影。(朱红)

O000116 **沸腾传热和气液两相流** 徐济鋆著。原子能出版社 1993 年 5 月版。51.1 万字。9.00 元。系统阐述沸腾传热和气液两相流领域中的基本问题。详细地介绍两相流流型及流型图,两相流工程计算法和数学解析模型基础,空泡份额,流动压降和临界流量等的分析模型及计算方法,典型两相流不稳定性分析,沸腾传热基本原理和气泡动力学,池内沸腾、流动沸腾和传热恶化以及气液两相流主要参数的实验测量原理和方法。(柴芳蓉)

O000117 **有机化学** 曾昭琼主编。高等教育出版社 1993 年 5 月版(上册),1993 年 10 月版(下册)。52 万字(上),49 万字(下)。7.20 元(上册),7.10元(下册)。在第二版教学实践的基础上,为进一步贯彻高等师范院校本科化学专业有机化学学科教学基本要求而进行修订的。全书按官能团体系分 3 部分论述,第一部分为烃类;第二部分为烃的衍生物;第三部分为专论,主要叙述天然的和合成的高分子化合物。本版突出基础学科教学和师范教学的特点,基础理论和实际紧密相联,增加了习题数量。(岳延陆)

O000118 **物理化学(第二册)** 陈达士编。地质出版社 1993 年 6 月版。36.8 万字。7.20 元。普通高等教育地质矿产类规划教材。本书是在 1985 年版《物理化学》的基础上,根据地质矿产部化学课程研究委员会于 1989 年颁布的工业分析专业"物理化学课程基本要求实施细则"进行修订的。全书分第一、二、三册出版。本书为第二册,共 6 章,它们是界面现象、电解质溶液、原电池与电极过程、化学动力学、催化作用的基本原理、胶体化学;另外,书后附有标准电极电势表和参考文献。(周继荣)

O000119 **结构和物性——化学原理的应用** 周公度编著。高等教育出版社 1993 年 6 月版。27 万字。4.50 元。从化学和物理学的相互联系出发,从浩繁的化学内容中精选出与物性有关的知识,并从化学原理上作出诠释。内容包括:一是原子结构和元素周期性质,在元素周期表基础上对各族元素的基本性质有较全面的论述;二是化学键,包括共价键、离子键、金属键、配位键和氢键等的本质以及分子和晶体中原子的空间排布和相互作用;三是结合现代工农业和现代科学技术(重点是材料科学、表面科学和生命科学)中的一些化学,阐述结构和性能的联系及应用。(陈小平)

O000120 **物理化学** 邓景发、范康许编著。高等教育出版社 1993 年 6 月版。121 万字。16.35 元。为综合大学化学专业新编写的物理化学基础课教材。内容包括化学热力学,结构化学,统计热力学,化学动力学等 19 章。体系是将化学动力学部分放在化学热力学和结构化学之后,其间插入统计热力学基础,从而在宏观与微观之间建立起桥梁,在这样的体系安排下,使化学动力学部分的内容就不再停留在经典宏观动力学的水平上。(殷继祖)

O000121 **痕量分析** 程介克等编著。化学工业出版社 1993 年 6 月版。44.9 万字。14.30 元。作者参考国内外大量技术资料,结合自己的科研与工作实践,广泛深入地探讨与论述有关痕量分析的各种技术问题。书中内容由两大部分构成。第一部分是关于痕量分析的综合性论述,其中涉及到痕量分析的历史与发展,基本概念,计量单位,痕量分析的检出限、精密度和准确度,容器和材料对分析结果的影响,如何选择容器与材料,试验环境,实验室与痕量分析的影响,高纯水与试剂的纯化,分析试样的采集、制备、贮存与分解,痕量物质的富集与分离等。第二部分介绍利用现代分析仪器进行痕量分析的具体问题。其中介绍的方法有:活化分析原子发射光谱分析,原子吸收和原子荧光光谱分析,X-射线荧光光谱和 X-射线激发光学发光光谱分析,质谱分析,分子光谱分析和电化学分析等。对于每一种分析方法中样品的引入,检出限、精密度、分析局限性、干扰因素与排除等都进行了深入的探讨与论述。(任惠敏)

O000122 **化学辞典(哈萨克文)** 别克木哈买提、巴德木加甫编。新疆人民出版社 1993 年 6 月版。

53.35万字。13.50元。收入1600多条词目和词组组成的名称术语,全面地、系统地介绍一百多化学元素的发现时间、地点和发现者;简释每一种元素的化学式、化学结构、化学性质,元素的金属性和非金属性及其有机化学特性和无机化学特性;每种元素的比重,排列顺序,熔点,沸点,凝固点。详细地解释了每种元素所组成的化合物及其衍生物,尤其是它们在化学工业,农业,医疗卫生,国防科学,生活用品,食品加工等方面的应用范围,使用技术,提取和制造方法和它们的命名法。科学名词的译名大部分是根据中国科学院编译出版委员会编订的各科名词,采用通用的译名,有的用了哈萨克语译名,有些名词同时存在几种译名法。为了便于化学工作人员,教学和翻译人员及广大读者使用起见,该辞典分别编汇了汉文和哈萨克文索引。(克依娜克)

O000123　**辐射化学**　吴季兰、戚生初主编。原子能出版社1993年6月版。43.2万字。8.40元。共10章,介绍电离辐射在介质中引起的物理化学变化及动力学过程。重点讲授短寿命中间产物——电子、离子、激发分子和自由基的生成、性质和反应;对"热"电子的慢化过程、溶剂化电子、辐射分解动力学作了较深入的理论探讨。对辐射加工工艺介绍了一些实际应用的内容。(张恩海)

O000124　**高聚物流变学导论**　王玉忠、郑长义著。四川大学出版社1993年7月版。28.4万字。8.50元。作者从流变学的基本概念和基础理论出发(第一章),重点突出流变学的实用性,以较大篇幅论述高聚物实验流变学的内容,其中包括:实验流变学研究方法,测粘流的3个材料函数——剪切粘度,第一和第二法向应力差函数,以及拉伸流的拉伸粘度和纤维纺丝原理。对于影响各种材料函数的因素(如剪切速率、拉伸速率、温度、分子量及其分布、溶液浓度、填料及共混物组成等)作了较详细的讨论。(项其祥)

O000125　**稀土元素的发现与应用**　朱文祥著。广西教育出版社1993年8月版。6万字。2.20元。"走向化学的明天丛书"之一,介绍稀土元素的发现史及稀土元素的性质等。阐述稀土元素在冶金、石化、玻璃、陶瓷和医疗卫生等方面的作用及应用前景。(何醒)

O000126　**化学的明天**　宋心琦著。广西教育出版社1993年8月版。5万字。1.95元。"走向化学的明天丛书"之一,介绍化学信息、化学家的本领、碳家族的新成员、计算机化学等。(何醒)

O000127　**走向高分子时代**　应礼文著。广西教育出版社1993年8月版。7万字。2.50元。"走向化学的明天丛书"之一,介绍有趣的高分子化学发展的历史,阐述酚醛塑料、复合材料、聚乙稀、功能高分子等的生产方法,优异性能以及在各方面的应用和发展前景。(何醒)

O000128　**走向化学的明天丛书**　宋心琦等编著。广西教育出版社1993年8月版。40.5万字。6册。14.40元。以未来化学展望为经,以当代人类面对的材料、能源、环境、生活的挑战为纬,阐述化学科学技术的现状、前沿和未来化学的璀璨前景。共6册,即:《化学的明天》、《化学与环境》、《化学与营养保健》、《走向高分子时代》、《稀土元素的发现与应用》、《化学与能源》。(何醒)

O000129　**化学与能源**　梁英豪著。广西教育出版社1993年8月版。7.5万字。2.55元。"走向化学的明天丛书"之一,介绍能源发展的历史,世界与中国能源的发展情况,以及太阳能、核能、氢能等新能源的生产和在各领域的应用,分析了化学与能源的密切关系。(何醒)

O000130　**稀土化学**　苏锵著。河南科学技术出版社1993年8月版。27万字。13.30元。分8章,包括稀土的溶液化学和固体化学的各个方面,其中有稀土的结构化学、热化学、固体化学、磁化学及光谱性质等。本书既介绍了有关稀土的基础知识,又介绍了稀土的重要应用。(韩家昱)

O000131　**无机化学实验**　武汉大学化学系无机化学教研组著。武汉大学出版社1993年8月版。24.0万字。5.40元。共列40个实验,包括基本实验操作和技能训练;化学基本理论的验证;元素及化合物性质;无机化合物的提纯与制备;学生自行设计实验;微型实验;实验数据的计算机处理等等。(金丽莉)

O000132　**工科无机化学**　朱裕贞等著。华东理工大学出版社1993年8月修订版。78.9万字。20.20元。无机化学教材。包括化学原理和元素化学两大部分。每章都编有阅读材料,适当介绍无机化学的近代理论,反映学科发展前沿,以适应不同学校和专业的教学要求。本书打破了工科化学教材一向是理科教材缩影的老格局,突出了工科的特点:揭示化学的基本原理、基础知识与生产实际的有机联系;阐明物质本性及其变化与化学原理的内在联系。其主要特色有如下几个方面:一、集中体现了工科无机化学课程教学改革的成果。二、确保达到中国"高等工业学校无机化学课程的基本要求”，并使本书的起点与“全日制中学高中化学教学大纲”紧密衔接。三、注重理论与实际的结合。书中关于典型产品的选择、工艺路线的选优及反应条件等的阐述更适合当前新技术应用的现状。四、反映学科发展的前沿。各章编入的阅读材料展示了本学科近代理论的新发展，科技应用的新成就。书中选用了国外近年来采用的新版化学元素周期表；还介绍了金属有机化学、无机固体化学、超导材料，以及中国的丰产元素等。五、为方便读者，本书编入了常用量的符号表和索引。（钱四海）

O000133 **天然高分子化学** 甘景镐等著。高等教育出版社 1993 年 9 月版。51 万字。11.85 元。分 14 章，依据不同类型天然高分子化合物的特性有所侧重地阐述它们的组成、结构、分类、合成、测试方法及其生理功能和应用，同时融入了国内外在这一领域里的研究成果。书中还选编了与动植物生理及人类生命息息相关的内容，如激素、抗体、动植物营养……并以适当篇幅对天然高分子化学与物理学方面的新成就予以介绍，如金属螯合物改变生漆性能、农副产品的综合利用——木质素的研究、CD_4 蛋白与艾滋病、RNA 催化剂的进展等等。（岳延陆）

O000134 **有机化学** 王积涛等著。南开大学出版社 1993 年 9 月版。122.4 万字。39.00 元。共 22 章，以官能团为主线，采用脂肪族和芳香族混合体系编写，系统地介绍基本类型有机化合物的结构、性质及两者的关系，反应及机理，各类化合物的合成，同时恰当地介绍了目前广泛应用于鉴定有机化合物结构的红外光谱、核磁共振、紫外光谱、质谱等现代物理方法。在糖、蛋白质、杂环化合物、萜类和甾体等章节中较多地引入了与有机化学关系密切的生物化学内容。每章都有习题和思考题，在全书最后附有思考题的参考答案。（王家骅）

O000135 **高分子辐射化学基础** 黄光琳等著。四川大学出版社 1993 年 9 月版。34.8 万字。8.00元。内容包括辐射源及辐射剂量测定，辐射与物质相互作用，辐射化学活性中间体，辐射引发单体聚合，聚合物的辐射化学变化，辐射接枝聚合，生物大分子辐射化学等。在有关章节的论述中，作者引入了中国辐射化学研究的成果。（项其祥）

O000136 **化学基础论** [法]安托万·拉瓦锡著，任定成译。武汉出版社 1993 年 9 月版。32 万字。15.00 元。为“科学名著文库”之一。第一部分论述气态流体的形成与分解，简单物体的燃烧以及酸的形成；第二部分主要由中性盐命名表组成；第三部分对化学有关的操作作了详细描述。作者在本书中系统总结了各种定量实验结果，明确提出了重量守恒定律，用作者参与创订的化学语言系统，详细论述了氧化理论，推翻了统治化学达 200 年之久的燃素说，从而完成了历史上最急剧最自觉的科学革命。（张建平）

O000137 **化学与化工中的数学方法** 潘亚明、朱鹤孙著。北京理工大学出版社 1993 年 10 月版。64.6 万字。12.20 元。针对化学与化工中经常出现或典型的问题，讨论数学方法的选择、运用和技巧。内容包括化学与化工问题的数学描述，常微分方程，级数，积分变换，偏微分方程，有限差分，矩阵和化学化工数据处理及试验设计等。（罗勇）

O000138 **核磁共振碳谱** 赵天增编著。河南科学技术出版社 1993 年 10 月版。28 万字。8.00 元。主要介绍核磁共振碳谱在有机化学中的应用。全书分两部分：第一部分介绍^{13}C 核磁共振基础，包括基本原理、双共振、化学位移、偶合常数、弛豫时间和多脉冲实验等；第二部分为^{13}C 核磁共振应用，作者根据本实验室的工作，参考有关文献，列举了 52 个例子，涉及碳谱在有机化学应用中的各个方面。

O000139 **碳负离子化学** 王绳武著。浙江大学出版社 1993 年 10 月版。18.1 万字。3.35 元。分别讨论碳素酸的酸性问题、结构与稳定性问题，全书对碳负离子的立体化学有较详细的阐述。书中特别增加了一般教材中很少讨论的炔丙基-丙二烯型碳负离子以及由过渡金属兀络合物形成碳-碳键的阐述。本书还专门介绍了碳负离子形成中各类碱的应用。（王绳武）

O000140 **高分子科学中的 Monte Carlo 方法** 杨玉良、张红东著。复旦大学出版社 1993 年 12 月版。29.2 万字。15.00 元。学术专著。首先介绍 Monte Carlo 方法基础和 Monte Carlo 统计力学的理论基础，然后分别讨论高分子链模型和链构象统计、高分子链构象的 Monte Carlo 抽样方法、高分子多链体系的 Monte Carlo 算法和研究，最后讨论高分子化学问题的 Monte Carlo 算法。本书对高分子科学的突出贡献如下：一、提出单位置键涨落模型和空穴扩散算法。该算法解决了以往不能建立高分子多链体系动力学模型的问题，对于了解高分子本体性质有重要意义。二、提出液晶和高分子复合体的 Monte Carlo 算法。作者据此研制的显示材料达到世界先进水平，某些性质居世界领先水平。三、提出高分子分子量分布的样本复制方法。据此解决了非等活性缩聚动力学和产物的分子量分布问题。四、提出自由基聚合动力学和分子量分布的 Monte Carlo 算法。该算法几乎可以解决任何复杂的自由基聚合反应动力学和分子量分布问题。(陈国斌)

O000141 **中国化学教育史话** 郭保章等著。江西教育出版社 1993 年 12 月版。48.3 万字。10.50 元。首次以史话的形式对中国化学教育的发生、发展和壮大的历史过程进行了扼要评述。着重对中国化学教育史上重大事件和著名化学教育家作了认真的分析和客观评价,对重要化学教育思想的形成、化学教育制度的建立、化学教育层次的演进、重要化学机构的设置以及中学化学教学大纲和教材的演变都进行了深入的评述。全书描述自 1840 年至 1990 年中国化学教育发展的历史概略,包括高等化学教育和中等化学教育两大部分。本书就中国化学教育始于何时这一难解的问题,提出了新的见解,阐明中国化学教育的推进乃系一渐进过程。首次把徐寿和傅兰雅同称为中国化学教育的揭幕人;首次发表了中国清末、民初、老解放区、台湾省 1949 年后中学化学课程设置的变迁等 4 篇珍贵的历史资料。(段少文)

O000142 **高温电离气体的传热与流动** 陈熙著。科学出版社 1993 年 12 月版。43.3 万字。21.00 元。系统地论述高温电离条件下气体传热与流动问题,着重论述高温电离气体或热等离子体条件下传热与流动的特点、处理方法和现有的研究成果,特别是那些与普通传热学或普通流体力学的结果不相同或不完全相同的结果。全书分引论、高温电离气体、基本方程式、等离子体中颗粒的受力、等离子体中颗粒的传热、等离子发生器与反应器中的传热与流动以及其他一些等离子体传热与流动问题等 7 章,每章均列有大量的参考文献,书末附录给出了实际计算中常用的物理常数、函数、等离子体成分组成、热力学与输运性质。(陈文芳)

O000143 **怀疑的化学家** [英]罗伯特·波义耳著,袁江洋译。武汉出版社 1993 年 12 月版。20 万字。9.00 元。为"科学名著文库"之一,是被称为"近代化学的奠基者"的英国化学家、物理学家和哲学家罗伯特·波义耳的一部代表作。本书指出所谓化学变化在于化学物质微粒的分解与重组,从而导致物体的"第二性的质"发生变化。作者用实验方法,论证了一切旧的元素说和要素论中的"元素"和"要素"均不具备元素所应有的不可嬗变性和简单性,而以某种"微粒哲学"取而代之。作者的科学和哲学思想曾对洛克和牛顿等思想家产生了深刻影响。(张建平)

P 天文学、地球科学

天 文 学

P000001 **中国业余天文学家手册** 冯克嘉等编著。高等教育出版社 1993 年 1 月版。44 万字。16.85元。分 3 大部分:天文学史、天文观测和观测所需基础知识,书末还附有若干图表,其中根据苏州石刻天文图所绘制的中西星名对照星图在国内外出版物中尚属首见。书中所列的观测项目不但包括太阳、月球、日食、月食、大行星、彗星、流星和陨星的观测,而且还有恒星指数、双星、梅西叶天体和天体光谱的观测,所有的观测项目均由作者一一实践过。(张思挚)

P000002 **奇妙的地球** 周有华等著。广西科学技术出版社 1993 年 1 月版。8.38 万字。2.15 元。科普读物。介绍有关地球的知识。收入"少年趣味科学丛书"。(马如海)

P000003 **世界天文学史** 崔振华、陈丹著。吉林教育出版社 1993 年 1 月版。47.3 万字。11.70 元。收入"自然科学史丛书"。概括了有史以来人类认识宇宙的全过程。在对古代天文学史的介绍当中把我国科学家研究的成果客观地放在了应有的位置,同时对近现代比较新的天文学大事给予了普及性的介绍。其特有价值是:给中国天文学的成就及发展以恰当的地位,纠正了国外一些学者言必称希腊、忽略中国的偏向,勾画出一幅更合乎历史真实的世界天文学发展的完整风貌,对世界天文学的发展脉络有一客观、公正的描述。列出 70 余种表格、90 余幅附图,有助于读者检索与理解。(郤迪新)

P000004 **暴胀宇宙论和宇宙弦** 蒋元方等

著。华东师范大学出版社 1993 年 3 月版。11.3 万字。6.90 元。宇宙学学术专著。共 4 章，第一章简述标准宇宙模型理论及其存在的主要疑难，第二章介绍有关规范理论及浅近拓扑学，第三章和第四章分别是暴胀宇宙论和宇宙弦理论。结束语中作者谈了以上两方面研究工作的展望。（蒋元方）

P000005 **追踪冥王星** 习慧泽等编著。辽宁少年儿童出版社 1993 年 3 月版。14 万字。2.40 元。"小学新书系新科技系列丛书"之一。写勤学好问的孩子小裘知想坐一架三叉戟客机去冥王星探险。当科学家的爷爷劝他别着急，先听听爷爷讲的故事再说。爷爷的故事一个又一个：沙皇的宴席；图森荒原上的世外桃源；茫茫宇宙中的小绿人；不露真容的太空神秘客"福博斯"；遥远星辰上那谜一样的埃西利高原金字塔；还有在太空中患了近视的哈勃等小裘知终于意识到坐三叉戟奔冥王星的幼稚，找到了未来的通天之路。（杨宁松）

P000006 **恒星大气物理** 汪珍如等编著。高等教育出版社 1993 年 5 月版。30 万字。9.05 元。主要阐述研究恒星大气的基本理论、基本方法和主要成果，内容包括：辐射转移理论，恒星大气结构理论，研究分析恒星连续谱、吸收线谱和发射线谱的理论和方法，并恰当反映了非局部热动平衡、运动大气和恒星风等方面的最新进展和研究成果。（张思挚）

P000007 **地球概论** 彭清玲等著。西南师范大学出版社 1993 年 6 月版。20.3 万字。4.50 元。根据《地球概论》教学大纲的要求，在以往教学实践的基础上，博采众长编写而成。共 6 章，内容包括地球的宇宙环境、地球的自转运动、地球的公转运动、地月系及其运动、时间及其计量、地球的形状、结构和物理性质，各章节之后列出复习思考题和作业题，还附有简易可行的课堂实习和观察实习，使教材系统化和配套化，适合高师（包括成人教育学院、教育学院）地理专业学生教学使用。（卢旭）

P000008 **地球——太阳系的绿洲** 夏彦民编著。湖南少年儿童出版社 1993 年 7 月版。9.5 万字。2.80 元。少儿地理科普丛书"方圆千万里"之一。以宇宙和太阳系为背景，采用由大及小、由面及点的手法，比较全面地介绍地球与宇宙及太阳系的密切关系，地球自"浑沌"到形成的来龙去脉，地球的大小、形状、结构、"体温"及其他物理现象，描述地球的运动以及由此带来的各种自然变化，如季节、昼夜、冷暖气候等，还介绍了地球的卫星——月球和月球对地球的影响，以及地球上的特殊的生命现象。同时，阐述了地球对于人类的伟大意义，并通过大量实例呼吁人类要爱惜地球、保护地球。（熊楚健）

P000009 **元朝天文学史稿（蒙古文）** 察·尼玛著。内蒙古科学技术出版社 1993 年 9 月版。17.6 万字。4.00 元。论述了元朝时期关于天体演化理论和宇宙无限性的认识，介绍了成吉思汗、蒙哥汗、忽必烈汗时期的天文学成就，系统地论述了元朝各民族天文学家（汉、蒙、维、回及外籍）对中国乃至世界各国天文学所作的卓越贡献，反映了各民族人民对中国科学技术及文化发展做出的努力。该书在科学史研究方面居于前沿，填补了断代科技史研究和元代科技史研究的空白。此书有较高的科学价值和学术价值，对于挖掘民族文化遗产，了解统一的民族文化发展史，提高民族文化素质等，均具有现实意义。（胡达古拉）

P000010 **张钰哲论文选** 张钰哲著。福建科学技术出版社 1993 年 12 月版。33.7 万字。17.80 元。收入"福建籍科学家论文选集丛书"，作者是我国现代天文学的创建人，天文界的泰斗，一生中留下了丰富的天文学财富。由南京紫金山天文台王德昌、李元选编的此书，基本反映了作者一生天文研究、实践的非凡经历，也从侧面反映了我国现代天文学发展的历程，因而具有较高的学术与研究价值。本书共收有 47 篇论文，其中有关彗星 9 篇，阐述了彗星 Stearns·1927d 的新要素，彗星 1941c Dekock－Paraskevopoulos 新轨道，彗星紫金山 1 和紫金山 2 的轨道演变，哈雷彗星的轨道演变的趋势等；有关小行星的 10 篇，论述了小行星（415）Palatia 的摄动计算与轨道改进，小行星紫金 1 号的轨道及 1956 年冲日时期的星历表，小行星（134）Sophrosyne 的轨道改进，小行星（4）Vesta、（5）Eunomia 的光变曲线，变光小行星的光电测光 Ⅱ，小行星光变曲线（IV）等；有关双星 6 篇，阐述了目视双星系中 ζHer 与 βDel 的分光研究、目视双星系 51ζSco 与 2ηCrβ 的分光研究，有确定斜度的目视双星轨道平面朝向研究，双星轨道图解测定法，WUMa 型食双星、AHVir 和 TZB00 的分光研究等；有关日蚀的 4 篇，论述了 1941 年 9 月 21 日日全食的日冕全亮度，1948 年 5 月 9 日日食的推算，1954 年 6 月 30 日日全食的亮度观察；有关变星的 3 篇，阐述了食变星 BD－6° 2376 的速度曲线，造父变星 CZCas 的研究，变周期食变星的研究等；有关航天、恒星、天体物理等 15 篇。（黄宗鎏）

P000011 **数值方法·大地测量与地球动力学**

张德函著。武汉测绘科技大学出版社 1993 年 12 月版。15.3 万字。6.00 元。分 5 章。第一章简要地介绍了有限元和边界元两种数值方法;其他各章分别给出了用以上方法解算的 4 个数学物理模型。这些模型的共同特点是,解决了以大地测量观测数据为边界值的地球动力学问题;第三章用边界元计算活动断层带地壳位移、应力、应变的几何、物理场模型;第四章用有限元解算在精密水准资料中分离大地构造活动与非构造活动影响的数学物理模型。以上各章都有相应的实例和用 FORTRAN77 语言编写的计算机程序;第五章的意义是为作者 1995 年完成的"青藏高原抬升机制的弹塑性力学模型"奠定了理论基础。(张立福)

测 绘 学

P000012 **城市测量手册** 城市测量手册编写组编。测绘出版社 1993 年 6 月版。156.2 万字。58.00元。包括城市控制测量、城市地形测量(含航测内外业)、城市工程测量和城市地图制图等城市测绘内容的各个方面。所涉及的各项技术指标、精度规格等,均以现行最新的《城市测量规范》为依据。同时还顾及到测绘新技术的发展和测绘业务的不断拓宽,例如增添了城市近景摄影测量、城市地面沉降观测和建筑物变形观测等。各单元的内容,原则上都包含一般论述、基本方法、数字模型、图表及实例等,对复杂的算例均附有必要的电算程序,以利于生产实践的使用。对一些精密的、大型的仪器或尚不普及的先进技术等,也尽力介绍其有关信息。该书在内容的选材上尽力使其具有实用性和先进性,尽量采用先进的仪器设备、作业方法和计算工具,使其对城市测绘生产实践能起到指导作用。(张留铭)

P000013 **摄影测量与非摄影测量观测值的联合平差** 单杰编著。测绘出版社 1993 年 6 月版。22 万字。10.50 元。摄影测量与非摄影测量观测值的联合平差(简称联合平差)是集解析空中三角测量几十年来的精华成就与当代大地测量、卫星导航理论与技术、航天遥感理论与方法、近代数理理论与方法、数值计算理论与方法于一体的前沿学科,也是国际摄影测量与遥感学会高度重视的一个研究课题。本书是作者长达 6 年的研究成果,讨论的核心问题是联合平差的数学模型、算法和质量。主要内容为:联合平差中非摄影测量观测值的数学模型及误差;联合平差计算及其质量分析中的各种算法;卫星相片联合平差的数学模型及其计算方法;联合平差的质量特点及规律等。本书内容丰富、叙述准确,具有现势性、科学性,是一部学术价值很高的专著;同时对于生产实践也有重要的指导意义。(朱伟)

P000014 **数学规划在测绘学中应用** 郑肇葆编著。测绘出版社 1993 年 6 月版。33.5 万字。7.00 元。测绘专业教材。数学规划是应用数学的一门新兴学科,在国民经济各部门已得到广泛应用。主要内容包括两部分:第一部分介绍线性规划、非线性规划、动态规划的基本原理,并结合例题阐述算法;第二部分介绍线性规划在测量数据粗差检测中应用,非线性规划在摄影测量网优化设计中应用,动态规划在影像匹配、特征提取、特征匹配以及图像识别中的应用。(李建元)

P000015 **地图 ABC** 张世涛编著。解放军出版社 1993 年 6 月版。33 万字。5.90 元。融科学性与趣味性为一体的地图科普著作,作者循着地图发展的脉络,用通俗生动的语言、丰富多彩的插图、引人入胜的趣闻轶事,系统、全面地介绍了地图的历史、常识、专业知识和发展方向,勾勒出了古老而又充满活力的地图科学全貌。(张照华)

P000016 **计算机地图制图原理** 徐庆荣等编。武汉测绘科技大学出版社 1993 年 6 月版。24.7 万字。5.90 元。教学用书。在《计算机地图制图》上册(武汉测绘学院地图制图自动化研究室编,1981)和《计算机地图制图概论》(黄伟、杜道生、费立凡编,1988,1991)的基础上,总结多年教学及科研经验,吸取近年来国内外机助制图技术新成果,几经修改而成,反映了这一学科的当代发展水平与方向。该教材系统阐述了计算机地图制图的一般过程、基本设备、地图数据的获取与处理、地图数据的符号化、地图数据结构与存贮管理等方面的问题。在内容体系上,该书以地图数据处理的原理与方法为重点,并按图形数据的两种基本形式——矢量形式与栅格形式,分章展开叙述,以反映各自的系统性和彼此间的联系。对一些重要的算法过程采用结构清晰的"N—S 流程图"表示,便于读者加深理解和应用,至于针对具体设备和语言的应用实例和操作过程说明,则建议通过相应课程的实习指导书等辅助教材联系运用,以达举一反三之功效。(任翔)

P000017 **现代大地测量学** 胡明城、鲁福编著。测绘出版社 1993 年 8 月版(上册),1994 年 12 月版(下册)版。143.0 万字。20.00 元(上),48.00 元(下)。较完整的现代大地测量学新著。反映了直到

1993 年世界大地测量学理论、方法及实用技术的新发展。全书共 7 篇，分上、下册。上册内容有：大地测量的回顾、现状与展望，几何大地测量学，物理大地测量学；下册内容有：卫星大地测量学，海洋大地测量学，动力大地测量学以及测量数据分析与平差等。随着现代科学技术的发展，传统的大地测量学发生了革命性的变化。它超越了过去的局限性，由区域性大地测量发展为全球大地测量，由研究地球表面发展为涉及地球内部，由静态大地测量发展为动力大地测量，由测地发展为可以测月和太阳系各行星。面对现代大地测量学丰富的内涵，本书作者历时 10 余年，查阅了大量中外文献资料，通过研究、消化吸收，并融会自己多年的研究成果，将现代大地测量学的 5 个分支学科汇合为一个整体，作了全面系统的论述，精辟归纳，目前国内外还没有如此完整、巨篇的现代大地测量学专著。本书理论与实用并重，推理严谨，成果先进，并列举不少实例，说明各种新技术在实用中所遇到的问题及其解决方法。以一定篇幅论述了现代大地测量学作为一门基础地学有能力对地学的整个领域，对探求人类当前面临减灾、监测与控制生态环境、寻找新的矿产资源等 3 大问题的解决途径作出重要贡献，这是本书的创见。本书还通过分析研究，预测了该学科今后的发展趋势，提出了跨世纪的大地测量问题，对该学科本身及相关的地球物理学、地质学、海洋学与天文学的发展将会有重大影响和推动作用。这也是本书的独到论述。（文湘北）

P000018　**全球定位系统原理及其应用**　刘基余等编著。测绘出版社 1993 年 10 月版。41.1 万字。18.50 元。全面介绍 GPS 技术的高等教材。主要论述了利用 GPS 卫星发送的 L 波段的导航定位信号进行静态定位和动态测量的基本原理；GPS 卫星定位误差的分析；用 GPS 接收机进行数据采集的方法；数据采集后的处理方法；GPS 卫星轨道测定基本原理等。作者查阅了散见于中外文期刊和会议论文集上的大量文献资料，采集最新信息，并精化了自己多午的 GPS 讲稿、试用教材和科研成果。（丁一）

P000019　**整体 SIS 的数据组织与处理方法**　龚健雅著。武汉测绘科技大学出版社 1993 年 10 月版。16 万字。8.00 元。地理信息系统(GIS)是以采集、存贮、管理、分析、描述和应用与空间和地理分布有关的数据的计算机系统。本书作者经过多年研究，揭示了地理空间数据之间的一些内在联系，提出了一种既有矢量特点又有栅格性质的一体化数据结构和既能表达图形数据又能表达属性数据的面向目标的模型，并研究了一套基于这种数据结构和数据模型的数据处理方法。这些研究为建立一种集矢量、栅格、属性数据、DEM、影像数据为一体的空间信息系统奠定了理论和技术基础。这些研究成果集中体现在本书之中。（董巍）

P000020　**GPS 全球定位系统及其应用**　钱天爵、瞿学林编著。海潮出版社 1993 年 12 月版。17 万字。12.00 元。科学技术应用教材。从应用角度出发，全面、系统地介绍 GPS 全球定位系统，包括工作原理、特点、组成、误差分析、坐标变换、用户设备、差分 GPS 以及 GLONASS 系统等。是军事、航运交通(海、陆、空)、授时、测量、石油勘探等相关专业的重要参考书。（陆羽白）

地球物理学

P000021　**大气物理学**　王衍明著。青岛海洋大学出版社 1993 年版。39 万字。7.90 元。根据作者多年的教学实践和经验，并以气象类专业确定的教学大纲为依据编写而成。可作为大气科学和物理海洋学本科专业大气科学基础的教材或教学参考书，学时数为 90—120 小时。内容有大气概况、大气辐射、大气热力学、大气动力学基础、海洋气象、云物理学等共计 8 章，并将大气演化，气溶胶，大气化学，高层大气，大气探测，遥感原理，大气湍流，云雾光学，大气电学等基础知识有机地结合到适当的章节中。本书重在基本理论的科学论证，主要介绍大气科学的基本物理原理和海洋气象的基础知识，并对范围广泛的大气现象进行阐述和解释。采用最新探测技术和利用近代数理方法描述大气物理过程的内在规律是当今大气科学的特点，本书在大气热力学、大气辐射、海洋气象、云物理学等章的选材中都力求体现出这些特点，并对基本概念和基础知识(包括湿度、稳定度、科氏力、地转风、季风等)的阐述都尽力体现当今大气科学的最新解释。书中各章自成体系，但又相互关联，先易后难，循序渐进，适于自学，也可供从事海洋、气象科技工作者参考，学习本书需要具备基本的高等数学和物理学知识。（王衍明）

P000022　**水情自动测报系统**　朱华著。水利电力出版社 1993 年版。12.2 万字。5.75 元。全面论述水情自动测报系统，包括：通信方式、数据收集方式、遥测站网论证、无线通信电路测试与设计、总体设计、设备、土建及建设程序等，同时介绍了实时洪水预报模型的原理、特点、常用模型，其中着重介绍了大型水电系统实时洪水预报与调度模型。另外,还对实时洪水预报中应注意的问题,如参数率定、模型检验、实时校正与通用性原理、预见期以及时段长等作了论述。最后给出了3个预报实例。(周燕华)

P000023 **陆相地震地层学** 张万选、张厚福著。石油大学出版社1993年2月版。17.9万字。3.90元。以典型陆相盆地为例,进行了三方面的研究。第一,区域地震地层学方法研究,如:陆相地震层序的划分方法,地震相分析方法,地震相向沉积相的转换方法,以及区域地震地层学在油气勘探中的应用;第二,速度—岩性定量解释方法研究;第三,储层地震地层学方法研究,包括:储层地震地层学研究的资料准备、储层厚度定量解释方法研究、碎屑岩储层物性参数定量解释方法研究。(王淑珍)

P000024 **水文长期预报模糊数学方法** 王本德著。大连理工大学出版社1993年4月版。17.8万字。2.46元。较系统地论述了水库及水利系统控制运用中所需要的水文中长期预报方法。共4章,一至三章概要地介绍了应用较为普遍的传统方法,即数理统计法、大气与非大气因子分析法。第四章重点阐述了近十几年发展起来的水文气象要素中长期预报模糊数学方法。各章节皆举算例,便于自学。附录模糊数学方法的部分程序及曾公开发布的大气环流特征、太阳黑子相对数等资料,供读者编方案选因子时参考。本书是水力发电工程专业,水文水资料专业水资源开发利用、水能利用与防洪研究方向的硕士生专业课教材,亦可供从事水利水电,水资源系统规划、设计、运行管理等部门的技术人员及高等院校有关专业的师生学习和参考,还可供水文、气象台站预报员阅读和参考。(刘主)

P000025 **高分辨率地震勘探** 俞寿朋著。石油工业出版社1993年4月版。30.3万字。11.00元。共8章。前两章介绍地震分辨率的概念和影响分辨率的地质因素,后6章从高分辨率的观点出发,讨论了地震仪器性能、地震数据的采集、处理和解释中的一些主要问题,并介绍了有关的新方法和新技术。内容着重讲清问题的地球物理概念,所介绍的方法大多是经过实践验证后,效果明显的。(刘秀兰)

P000026 **中国地震预报概论** 梅世蓉等著。地震出版社1993年6月版。84.1万字。22.00元。我国20多年来地震预测工作的科学总结。共5篇35章。叙述了我国地震活动特点与地震预测工作特点、思路及工作体制;系统阐述了现行9个学科预测地震的理论基础、观测系统、干扰排除、异常识别、前兆特征、预报方法与效能评价;综合论述了我国地震前兆的基本特征,并对其可能的机制进行了探讨;本书还介绍了地震前兆观测数据的处理与分析方法;全面、系统地论述了各类地震预报方法,包括地震预报的数学方法、物理方法、系统科学方法、经验预报方法及地震预报的计算机系统(专家系统)等。(张慧平)

P000027 **水文学** 黄锡荃主编。高等教育出版社1993年6月版。46万字。6.00元。主要内容有:水文学基础知识;水循环及水量平衡的基本理论与计算方法;陆地表面水、海洋及地下水诸水体循环具体过程的分析;人类活动对水环境的影响。本教材体系贯穿了水循环和水量平衡的基本线索,突破了以往教材按各个水体分别描述的结构框架。力图体现地理水文学的方向,既注意突出水与其他自然要素之间的关系,以较大篇幅阐述水体运动转化及其环境效应;也十分重视人为因素的作用,增加了人类活动对水环境影响的内容,同时从资源观出发,对水量、水质兼顾阐述。(徐丽萍)

P000028 **水文预报方法** 长江水利委员会主编。水利电力出版社1993年6月版。54.9万字。26.00元。主要内容有:河道相应水位(流量)预报,河道流量演算,降雨径流量预报,流域汇流预报,水库(湖泊)水文预报,枯季径流和旱情分析预报,冰情与融雪径流预报,流域水文模型,河流水质预报,水情数据处理和预报系统,水文预报误差和评定方法等。本书对降雨径流预报的最新理论和方法,以及流域水文模型的研究成果,进行了全面的总结。并结合我国的气候特征和地理条件,提出了一套适合于我国湿润地区的降雨径流计算方法。(陆桂林)

P000029 **山西地震** 武烈等编著。地震出版社1993年8月版。35.2万字。8.80元。山西地震带是我国大陆内部历史地震记载最长、强震活动最频繁、地震灾害最重的地震带。此地震带又是板内地震的典型,它在地震活动性上的时空分布、演变规律;它与地质构造和深部构造的关系;它与华北地震区内其他地震活动带的关联等方面都带有一定的典型性。本专著系统地、全面地论述该带的地震活动。全书分上下两篇,上篇全面论述地质构造环境及地震活动特点,下篇详细论述每个强震及建国以来的中强地震。(张慧平)

P000030 **应用地震层析成像** 杨文采、李幼铭等编著。地质出版社1993年9月版。9.95元。地震成像的主要应用领域包括地面反射地震成像和井间地震成像,其理论基础是走时反演。本书主要介绍了走时反演的重要技术环节——射线追综技术和不完全投影的反演技术;衍射层析中分辨率问题,格林函数的构造和反传播算法的原理;偏移技术;地球物理反演在水电工程和煤田陷落柱等问题上的应用。这是我国各领域专家的潜心研究成果,并有多种创新。收入"计算地球物理丛书"。(曹玉)

P000031 **工程地震学概论** 蒋溥、戴丽思著。地震出版社 1993 年 10 月版。72.7 万字。30.00 元。工程地震学是近几年来人们在研究和解决工程活动中所遇到的地震和地质问题而逐步发展起来的一门新兴的学科。由于它能为工程抗震和防灾减灾提供科学基础和依据,因而受到国内外专家、学者、工程师乃至政府有关部门公务人员的关心和重视。本书系统介绍了工程地震学的基本原理、方法和典型的工程地震实例,从工程地震环境评价的角度,沟通了地质学、地震学、地震工程学、抗震学、工程地质学和地质工程学等学科之间的内在联系,从而建立上述各学科之间的边缘学科——工程地震学。全书共 10 章,分 3 个层次:1—4 章侧重于论述工程地震学相关的基本概念;5—7 章侧重于论述工程地震学基本原理和方法;8—10 章结合城市、水电、核电等方面介绍专门性工程地震研究。导论是作者对工程地震学和发展、形成、概念范畴、学科发展等方面的概述。为增加本书可查性,最后附有常用烈度表、地震动衰减、活断层、地震波速、核电设计谱等方面资料和经验公式。(张慧平)

P000032 **中国地震年鉴(1992)** 何永年主编。地震出版社 1993 年 10 月版。89.6 万字。40.00 元。反映我国地震工作发展进程,地震队伍形成和机构设置、地震科技工作进展等基本情况的大型资料性工具书。内容主要反映 1991 年全国地震工作的新情况、新资料,本年鉴 1949 新中国成立到 1981 年的有关地震工作的资料和文献浓缩成一卷,以补编本形式编纂出版,以后自 1982 年起每年编辑出版一卷,本期年鉴由专载、震情与震害、专论、科研、考察、国际交往、纪事、地震目录 8 个部分组成。专载:这一部分主要收载国务院及国家地震局领导有关地震工作的讲话;国家地震局发布的某些法规性文件。震情与震害这部分包括两方面内容:一是对我国及全球一年来地震活动的综述,我国震害情况简介;二是将一年来我国各地地震活动性及破坏性地震的宏观考察加以记载。从中既可纵览地震大形势,又可了解有关地震事件的基本情况。专论:选载了我国地震科学的基础理论研究,应用技术研究,以及预测预报和防震抗震等方面综述性的论文。科研包括科研成果,科研进展,以及监测工作。科研成果系获国家级、地震局级、省科委级成果奖;科研进展着重收载重点项目的实施情况和主要学科的进展;监测工作则收载一年来监测概况和成果。考察:本系统有关单位进行了地震地质、历史地震等多方面的野外考察,以及地震工程方面的工作,取得了大量的实际资料。国际交往:这部分主要介绍本系统双边、多边国际合作项目。纪事:主要包括本系统防震减灾工作、学术活动、为国民经济服务及人事教育。附录:给出上年度全球 $M_s \geqslant 7.0$,中国 $M_s \geqslant 4.0$ 地震目录,并记载本系统大事记。(张慧平)

P000033 **地震生命损失研究—(中国地震灾害损失预测研究专辑(二))** 傅征祥、李革平著。地震出版社 1993 年 10 月版。16.8 万字。4.56 元。研究地震生命损失的时间、空间和强度的统计分布特征,生命的地震易损性,地震生命损失预测和评估方法,以及减轻地震人员伤亡的对策和有效性等问题。附录给出据史料整理的因地震造成的人员死亡事件表。本书可供从事地震灾害、地震保险和抗震救灾研究的科技人员等参考。(张慧平)

P000034 **非线性力学与大气科学** 林振山著。南京大学出版社 1993 年 10 月版。29.2 万字。9.50元。大气科学的研究生教材。作者广泛地参阅了国内、外非线性理论及其在大气科学中应用的有关论著。在介绍基本理论时,同时努力寻找非线性力学与大气科学中的结合,目的是为建立边缘交叉学科构设理论和应用的基础。全书共两篇。第一篇包括 7 章。第一章为非线性动力系统的定性描述;第二、第三、第四章分别介绍分岔、突变和突变理论;第五章介绍分维和 Lyapunov 指数的计算方法;第六、第七章则分别介绍多标度分形理论和符号动力学。第二篇是非线性力学在大气科学中的应用。包括 2 章。第一章介绍定性研究工作;第二章介绍定量研究工作——长期预报的相空间理论和模式。(蒋顺余)

P000035 **秦巴地区地球物理场特征与地壳构造格架关系的研究** 周国藩等著。中国地质大学出版社 1993 年 10 月版。6.00 元。将秦巴地区及其周围约 100 万 km^2 面积上的区域重磁资料及其处理和反演结果与其他相应的地质、地球物理资料相结合,对该地区的地壳构造进行了较系统、全面地论述和分析。通过对该区重磁资料的处理、视磁化率填图、磁特征线分析、结晶基底反演、居里面深度的反演等,勾画出该地区地壳深部构造格架及其起伏特征,进一步揭示出了秦巴地区的岩石圈组成、结构及秦岭造山带的演化和周边地区的构造关系等。书中还应用了重磁数据处理的某些新方法和新技术和综合信息预测找矿模型等,划分出了若干找矿远景区和靶区,指出该区是找寻多金属矿床的有望地带。(刘先州)

P000036　**郯庐带地震活动性研究**　魏光兴等著。地震出版社1993年12月版。33.9万字。10.00元。郯城—庐江断裂带闻名中外,是中国东部规模最大的一条深大断裂带,也是一条对中国东部地震活动有巨大影响的强震活动带。自50年代中期被发现以来,中、外许多专家学者一直未间断过对它的考察研究。本书为系统研究一条大陆板内大型地震带地震活动性的专著。全书共9章。第一章回顾郯庐带地球物理学、地震学研究简史;第二章介绍郯庐带地震史料及现代地震观测台网资料;第三章阐述郯庐地震带的划分依据及其合理性;第四、五、六、七章依次详细研究郯庐带7级以上强震序列及其震源环境,历史上中、强地震群体活动时空韵律性、自相似性和有序性,现代弱震活动时空图像与数理模型检验以及构造应力场特征;第八章分析郯庐带震兆特征及地震活动趋势;第九章总结郯庐带地震活动的基本特征并提出有待深入研究的问题。书中用分形方法研究一条断裂带的地震时空自组织结构是一种大胆的探索。(张慧平)

P000037　**居安思危**　副名:1991年乌鲁木齐地震减灾演习。国家地震局等编。地震出版社1993年12月版。32万字。10.00元。1991年7月28日,位于高烈度区的新疆乌鲁木齐市举行了一次规模宏大的我国首次在人口超过100万的首府城市举行的地震减灾演习,这是一次带有实战性的并取得了圆满成功的演习。全书包括演习全过程中各位领导的讲话和批示、政府的文件和公告、演习方案及科目设置、宣传报道及社会反映,演习总结与大事纪等章节,较为全面、系统地整理了演习中的各种文字材料,是一部翔实记录这次地震减灾演习的文献,它对于各重点地震监视防御区的各级政府和有关部门制定或修订防震减灾措施,对根据震情拟定地震演习方案,对未来地震后的抢险救灾,都有很好的借鉴作用和参考价值。(张慧平)

P000038　**云南地震预报系统论**　赵洪声、刘祖荫编著。地震出版社1993年12月版。30.2万字。9.80元。从系统论角度出发,将地震系统与外部环境看作相互联系、相互作用的整体,通过长序列大样本分析,阐述了云南地震系统的地震演化特征,着重论述了云南地区天文背景、大气涨落、旱涝剧变、地热异常等与地震活动的关系,初步揭示出一些可能制约地震孕育和爆发的基本物理关系,以及它们的致震规律。并在此基础上,建立起有一定物理基础的地震预报模式,将其应用于实践,取得了较好的效果。本书的主要特点是:理论与实践结合,基础与应用并重,突出动力作用并强调长序列大样本分析,集中阐述云南地震系统(中国的一个典型多震区)的地震演化特征和内外因素的致震规律,以切实推动地震预报工作的进步。本书立意新颖,涉及内容广泛,除地震部门外,还可供天文、气象、应用数学、力学等方面科技人员参考。(张慧平)

P000039　**地震生物学概论**　蒋锦昌、陈德玉编著。地震出版社1993年12月版。29.7万字。9.00元。汇集作者20多年来从事地震前动物习性异常及机理研究的成果,以及国内外有关的研究工作。全面介绍了该领域的开创、发展、教训和展望;较系统地论述了与认识和理解震前动物异常有关的环境、行为、神经科学,以及生理心理学等方面的基础知识;简要地论述了震前动物异常的行为特征,及其与地震三要素(时间、地区、震级)的统计关系;系统地论述了震前动物异常的地球物理和地球化学因素背景,及其对动物直接作用、感觉反应和综合效应机理;全面论述了震前动物异常的确定性观测,鸟类声行为的研究和模式识别,以及地震前植物习性异常的观测和研究。本书兼有科普性和学术性。(张慧平)

P000040　**1988年云南澜沧—耿马地震**　姜葵著。云南大学出版社1993年12月版。62.2万字。32.00元。对1988年11月6日云南澜沧、耿马一带发生的强烈破坏性地震进行了系统的研究。全书分5篇:第一篇从科学研究的观点作了详尽的记述,包括各种参数、烈度分布与震害特征;第二篇从此次预报(包括长期、中期和临震)的成功经验和被忽视的意见(特别是短临预报的动态追踪思想,其在方法上是科学的,在实践上被证明是正确的),指出对此次地震有中长期的估计,但强震来势之迅猛却是大多数专家始料未及的,从而对预报工作作了反思;第三篇研究了地震活动性,对滇川地区地震活动的周期性等震兆特征、地震类型及序列特性以及强余震强的震兆特征作了讨论;第四篇为前兆观测,从地形变、地应力、重力异常、地下水位异常、地温异常等以及综合特征来研究此次地震中一些带规律性的东西;第五篇对地震机理的研究,主要是地震地质与震源力学特征的研究。是一份很有份量的资料。(张世鸾)

气象学

P000041 **大气光象研究** 胡波编著。陕西科学技术出版社 1993 年 3 月版。18.6 万字。5.00 元。作者对大气中的各种光象的特点、形成的各种特殊物理条件、最佳观察地点,中外有代表性的观察记录及对此问题的阶段性研究成果、研究现状作了论述。引用资料丰富:对国际上重要的记述与分析文献的观点,基本上均进行了转述和分析;对国内重要大气光象的记载,均作了整理与说明。阐明了某些不确切的误传,搜集、分析和提出了比较科学、具有较强说服力的证据。比之过去同类的国外出版物及国内有关译著和科普读物,内容更详细、更全面。(邵仁发)

P000042 **大气电磁学** 刘石选、程芙荣编著。广西师范大学出版社 1993 年 7 月版。22.5 万字。5.00元。主要论述地球大气中激发的电磁现象及其与大气的相互作用等问题。突破了传统的观念,将低层大气直至磁层顶的各种大气层次作为一个整体的地球大气,通过各层次间动力学的、热力学的,特别是电磁学的耦合过程,进行了统一的综合研究,体现了一种崭新的、进步的学术观点。同时,在理论分析中,使用了大量的科研资料,使论述建立在严格的科学数据基础上,也反映了当前的科研成果。(唐丹宁)

P000043 **气象** 陆正华撰文,白庚和绘画。新蕾出版社 1993 年 8 月版。7 万字。7.50 元。收入"漫游科学世界丛书"。通过漫画的语言和语言的漫画告诉读者天气变化的原因和规律,如:中国及世界各地的气候特色及成因,地球为什么分为寒温热地带,一年为什么会分为春、夏、秋、冬,风云雨雪、闪电雷鸣是怎么回事?天气和气候同人类的社会发展有什么关系等等。(韩凤岐)

地质学

P000044 **第六届国际冻土学术会议论文集** 邱国庆主编。华南理工大学出版社 1993 年版。217 万字。198.00 元。根据国际冻土学会决定及中国国家科委(1991)国科外审字第 007 号批文,于 1993 年 7 月在北京举办第六届国际冻土学术会议。本论文集收入 260 多篇世界各国冻土专家、教授的论文,内容包括:一、全球范围内冻土的分布规律与形成条件;二、季节冻层与多年冻层中的物理化学过程;三、冻土的基本性质及其对人类的影响,寒冷地区的特殊环境问题。本论文集全部用英文出版。(罗月花)

P000045 **华南河台金矿田地质地球化学(英文)** 周永章著。华南理工大学出版社 1993 年版。46 万字。20.00 元。河台金矿田地处华南广东省西部,是 80 年代在粤西、桂东南地区发现的最大金矿田。作者到该地区作过深入的调查,做过大量的实验,写出该论文作为他的博士论文。文中详细地描述了该矿田的地质、地球化学特征,金元素在整个成矿过程中的地球化学行为;建立了一个合理的成矿模型。全书共 8 章:分别介绍该金矿田的地质背景;区域变质和花岗岩;层状沉积硅岩及其地球化学特征和成因;热事件中微量元素的迁移行为:多层次扩散陷井镶嵌模型;控矿构造与围岩热液蚀变作用;流体包裹地球化学;矿床形成机理等。书中所述的原理对开发利用华南河台金矿起到积极的作用。(李彩英)

P000046 **鄂尔多斯盆地东北部层序地层及沉积体系分析** 副名:侏罗系富煤单元的形成、分布及预测基础。李思田等著。地质出版社 1993 年 1 月版。28.6 万字。13.20 元。应用当代沉积学与盆地分析方法,按层序地层分析的原理划分并对比成因地层单元;阐明延安组沉积体系域;查明沉积体系对煤聚积之控制关系;突出了内陆坳陷盆地沉积体系与层序地层分析,并在此基础上进行了富煤单元形成、分布的研究及预测分析。(李上男)

P000047 **新疆喀拉通克铜镍金矿带成矿规律和找矿模式** 王福同等著。地质出版社 1993 年 1 月版。42.6 万字。13.15 元。通过对区域地质、典型矿床、地球物理、地球化学特征及成矿规律方面的研究,系统总结了新疆喀拉通克铜镍金矿带的成矿地质构造背景;描述了铜镍、金矿床的地质特征;分析了铜镍、金矿床的成矿地质构造条件;依据矿床原生晕组分和相关元素的分带性,拟定了矿床地球化学异常模式和地球化学找矿评价标志;在区域成矿规律上,提出了北西西与北北西向构造交叉构成的菱形格子状构造格局控矿和矿床成带分布、分段集中、张裂成矿的论点,并在此基础上,识别并圈定了 4 个北西向成矿带、10 个矿田,提出了中泥盆世北塔山组是本区铜、金重要含矿层位的观点。在矿床研究的基础上,建立了岩浆型铜镍矿床和动力变质热液型金矿床的成矿模式和综合找矿模式。(李上男)

P000048 **大别山前寒武纪变质地体岩石学与构造学** 索书田等著。中国地质大学出版社1993年1月版。16.52元。以板块构造及造山带理论为指导，较系统地阐述和讨论了大别山前寒武纪变质地体的岩石学和构造学特征，包括地壳结构和组成，沉积和火山作用的古构造背景，高压—超高压变质岩矿物岩石学和变质作用p—T—t轨迹，中高级变质地体变质作用和混合岩化过程，古老花岗岩和中新生代花岗岩时、空分布及就位构造背景；从物理学和流变学观点出发，分析了桐柏—大别山造山带的宏观和微观变形和运动图像，论述了斜向碰撞、双侧造山、造山期后的伸展塌陷和揭顶作用体制，揭示了这一古老造山带在其近30亿年的漫长历史中，从太古宙高级变质地体的复杂硅铝壳形成开始，经早元古代的古老地壳裂解、伸展和俯冲碰撞，中晚元古代高压或超高压变质带的形成、陆—陆斜向碰撞，加里东期的地壳强烈再造、缩短、俯冲、消减，直至印支期—燕山期双侧造山和新的高压—超高压变质作用发生及其后的伸展、抬升、剥露的复杂地球动力学演化过程。(张华瑛)

P000049 **中国北方岩溶和岩溶水研究** 中国地质学会岩溶地质专业委员会编。广西师范大学出版社1993年2月版。39.7万字。10.00元。收入30篇文章，从不同角度反映了自1981年至1991年10年间中国北方岩溶的研究现状和发展水平。包含了岩溶基础地质研究、区域岩溶发育特征、岩溶水资源评价和模型研究、岩溶灾害地质、岩溶勘察技术方法等方面的内容，对北方岩溶区今后的生产和科研有指导意义。(余鑫晖)

P000050 **变质作用p—T—t轨迹** 韩郁菁编著。中国地质大学出版社1993年2月版。2.85元。变质作用p—T—t轨迹的研究为变质岩石学开辟了一条新途径，它使变质岩石学与构造地质学和年代地质学紧密结合，共同探讨和解决岩石圈构造演化以及地球动力学问题。因此，变质作用p—T—t轨迹已成为当前地质学研究前沿课题之一。本书系统地论述了变质作用p—T—t轨迹的内容和研究方法，详细地介绍了不同大地构造环境的p—T—t轨迹的基本特征。最后，以豫西秦岭造山带为实例，揭示了一个多期变质变形的变质地体p—T—t轨迹研究方法，以及如何将p—T—t轨迹的研究运用于区域构造发展的地球动力学解释。它适合于地质学、岩矿学、构造学、矿床学、地球化学、地球物理等专业大学生、研究生使用，并可供广大野外地质人员和科研人员参考。(刘粤湘)

P000051 **西秦岭泥盆系层控铅锌矿带成矿地球化学模式及其预测系统的建立** 林兵著。中国地质大学出版社1993年2月版。5.00元。首先突出地层的特殊性，重点突破控矿层位与成矿的关系，分析了含矿地层岩相古地理条件和同生沉积物理化学环境对同生成矿的控制作用；以地球化学系统物质为基础，按不同成矿阶段和成矿作用分别解剖，进行成矿历史分析，以地球化学成矿作用与其时、空结构相结合，并采用无机和有机地球化学并联研究，运用电子计算机和成矿模拟实验等综合手段，对西秦岭进行了详细的研究；探讨了含矿层化学元素的分布和分配等地球化学特征与成矿的关系、矿床成因和成矿物质来源；揭示了该区泥盆系含矿层的成矿地球化学特征、流体成矿系统的物理化学环境和重要的控矿地球化学因素；建立了西秦岭铅锌矿床成矿地球化学模式；在将矿带成矿特征转化为成矿地球化学环境的基础上，进一步将研究取得的有关成矿地球化学环境、成矿机制和成矿地球化学模式的成果转化为一系列找矿地球化学标志，并通过找矿标志的数值化处理和专家系统的初步应用，初步建立了找矿地球化学预测系统。(张华瑛)

P000052 **四川省攀西地区泥石流滑坡分布与危险程度分区图** 中国科学院、水利部成都山地灾害与环境研究所编制。成都地图出版社1993年3月版。100.00元。反映该区泥石流滑坡分布与危害的现状调查专题成果。分3部分：泥石流滑坡活跃程度分区、危险程度分区、主题。专题内容表示准确，符号组合完备，信息量大，具有空间预报作用和量测精度。(黄亚杰)

P000053 **热液矿床流体包裹体年代学研究及其地质应用** 李华芹等著。地质出版社1993年3月版。20万字。8.50元。国内外第一部内生金属矿床成矿作用年代学研究专著。简述了矿床流体包裹体年龄测定理论基础和实验技术方法，重点论述了我国华南、胶东、小秦岭和吉林夹皮沟地区著名的典型钨、钨锡、钨铍、铌钽、铜铅锌多金属和金矿床的成矿时代，矿床流体包裹体温压地球化学和锶同位素特征；探讨了岩浆活动与成矿时间关系、矿床成因、物质来源和成矿作用以及演化规律。(白铁)

P000054 **挤压—俯冲作用与孪生花岗岩带** 胡志宏、胡受奚著。地质出版社1993年3月版。29.2万字。8.60元。从分析地球浅部层圈物质分异、运移及相互作用的动力和产物之间的相互关系入手，全面阐述了以不同岩浆发生机制为依据的花岗岩成因分类体系，不同机制形成的两个系列花岗岩带在不同构造环境中的成双、成单及组合等空间排布规律，首次提出了孪生花岗岩带的概念，总结了不同构造环境下发育的A型、B型及AB型等3种孪生花岗岩带形式，指出了陆内挤压—下行剪切断裂带变质岩、混合岩、花岗岩分布的单向侧分带规律。在此基础上，结合实验岩石学、大地构造学及地球物理学的研究成果，精辟地论证了构造运动过程中花岗岩浆发生、定位及不同成因岩带排布规律的构造—岩浆—热力学模式，实现了花岗岩成因与构造运动机制在地球浅部的物质分异原理、规律、动力和产物上的统一。（叶丹）

P000055 **黄河黑山峡大柳树松动岩体工程地质研究** 韩文峰等著。甘肃科学技术出版社1993年3月版。50.2万字。60.00元。“松动岩体”对于工程地质科研人员来说是一个陌生的抽象概念，因为人类大型的工程活动总是回避在复杂的地质环境区域中进行。在对黄河中下游具有重要影响作用的黑山峡水利枢纽工程的坝址区工程地质调查中，专家们探讨并研究了“松动岩体”工程地质特性。作者明确了松动岩体的成因，界定了松动岩体概念的内涵与外延，探讨了松动岩体工程地质特性，从而丰富了工程地质学的理论与方法。（毕伟）

P000056 **西藏金矿地质** 杜光树等著。西南交通大学出版社1993年3月版。28.3万字。8.50元。关于西藏金矿地质的学术专著。全面、系统、深入地总结了西藏区内金矿地质条件、控矿因素、产出特征和分布规律，并充分应用当今金矿成矿理论分析、论证了该区地质演化对金矿的控制作用，以较为充分的依据圈定了若干金矿成矿靶区和远景区，为今后在该区进一步深入开展金矿地质找矿和科学研究奠定了良好基础，并具有重要的指导意义。本书除提供了大量的基础性地质资料外，还在学术研究和理论探讨中提出了新颖的观点和认识，诸如关于该区砂金成矿受新构造运动和古气候变迁双重因素制约，成矿时代主要集中在中、新生代，即“第二成矿高峰期”的认识；关于晚三叠世—侏罗纪浊积岩和火山浊积岩是区内主要含金建造，燕山期—喜马拉雅早、中期构造—岩浆活动和区域变质作用为金的活化、运移至富集成矿创造了聚矿和赋矿条件的认识等。（杨怡）

P000057 **新疆北部泥盆纪火山沉积岩系的板块沉积学研究** 龚一鸣、刘本培著。中国地质大学出版社1993年3月版。13.50元。国家“七五”重点科技攻关项目“新疆北部泥盆系及其含矿性研究”报告（岩相古地理部分）、国家教委博士点基金项目“大陆边缘成因地层学及古地理研究”和“晚古生代造山带综合地层学及构造史研究”等的综合研究成果，是一部具较大跨度和深度的多学科综合研究专著。作者着眼于全球变化和相关变化，将表生沉积、生物作用与深部构造、岩浆作用，正常沉积与事件沉积，板内过程与板缘过程作为相互关联的整体，较系统地阐述了在造山带和活动大陆边缘进行板块沉积学研究的基本内容、方法和北疆泥盆纪的火山－沉积地质特征。作者在海相火山碎屑岩、火山－沉积构造、遗迹化石、放射虫、火山－沉积相和层序地层等的研究方面有较多的独创和新意。该书的出版对新疆地质的研究，乃至哈萨克斯坦、西伯利亚等地域的地质的研究都将有很大的推进作用。（褚松和）

P000058 **金属矿床大比例尺定量预测** 周宏坤等编著。地质出版社1993年4月版。40万字。10.00元。分为“概论”、“模型区的研究”、“矿床定量预测工作”、“常用数学方法”、“定量预测成功实例”5章。书中对数学方法的介绍着重应用条件、计算步骤及其结果的地质意义分析。该书内容丰富，既有理论，又有方法，并挑选了10个已为后期工作（或工程）所证实的成功实例，向读者介绍和推广大比例尺矿床定量预测工作的经验。（杨友爱）

P000059 **沉积盆地与建造层序** 孟祥化等著。地质出版社1993年4月版。38.8万字。15.80元。是探讨板块构造、层序地层、海平面变化与沉积建造及盆地分析的较为系统的沉积盆地建造学著作，共3篇16章。第一篇为总论：以板块构造观和现代沉积学理论为指导研究和论述了沉积建造新概念及其含义、原理和方法；提出一个系统的创建性的沉积盆地建造分类方案；较详细地论述了沉积建造的物源、层序、格架、序列与大地构造背景和海平面变化之间的关系。第二篇为各论：结合现代板块构造和中国沉积建造特征，论述了克拉通沉积建造、裂谷系建造、被动大陆边缘建造、拗拉谷建造、洋壳—洋中脊建造、活动大陆边缘建造和前陆盆地建造的类型和层序格架及序列发育特征。第三篇为专题研究：总结了作者对华北地台早古生代沉积建造、中国东部晚震旦世—早寒武世含磷沉积建造、中国震旦纪沉积建造、燕山新元古代沉积建造、华北石炭纪铝土铁质建造以及对扬子地台西南缘占特提斯含锰建造的研究成果。（张新元）

P000060 **电磁波测距三角高程测量** 郑汉球编著。地质出版社 1993 年 5 月版。6.40 元。分 5 章。分别介绍了重力场及垂线偏差知识;高程系统和电磁波测距三角高程计算;大气和大气折光系数;电磁波测距;电磁波测距高程导线测量。(陈军中)

P000061 **重磁勘探教程** 董焕成主编。地质出版社 1993 年 5 月版。35.6 万字。普通高等教育地质矿产类规划教材。分 9 章,系统而简明地介绍了:地球的重力场和磁场,岩(矿)石的密度和磁性,重力仪和磁力仪,野外重磁测量,测量结果的整理计算,重磁异常的正演、反演理论,重磁异常的处理转换,重磁异常的地质解释及重磁勘探的应用。本教程有以下几个特点:①重、磁统一编写,体系有重大变化,内容有较大调整,突出了重磁的共性(位场理论),加强了个性(同源重、磁异常的差别)及二者间的联系。因此(与重、磁分编教材相比),不但减少了教学时数,而且概念更为明确;②突出了三基(基础知识、基本理论和基本技能),贯彻了少而精的原则;③采用了国际单位制(SI),并对磁法公式的国际单位制化给予了特别的注意,在同类教材中是改得最好的;④加强了重磁综合解释、地质解释及重磁勘探联合应用的介绍。(袁方)

P000062 **矿田构造学** 翟裕生、林新多主编。地质出版社 1993 年 5 月版。32.4 万字。6.70 元。普通高等教育地质矿产类规划教材。分 3 部分,12 章:第一部分分 6 章,包括绪论、矿液的运移、各种构造形迹对成矿的控制;第二部分分 5 章,分别论述了岩浆—热液矿床、沉积矿床、变质矿床和层控矿床的构造特征和构造控制,重点讨论了矿田构造的时空分布规律;第三部分介绍了矿田构造的研究方法;包括一些常用的基本方法和一些较新颖的技术方法。(陈磊)

P000063 **晶体光学** 李德惠主编。地质出版社 1993 年 5 月版。17.6 万字。3.75 元。普通高等教育地质矿产类规划教材。主要阐述偏光显微镜下研究和鉴定透明矿物的基本方法和原理。偏光显微镜鉴定法是鉴定透明矿物和岩石的最基本方法。本书主要内容有:晶体光学基础(光的波动性、折射及全反射,自然光及偏振光,光波在均质体和非均质体中的传播特点,光率体,光性方位,色散),偏光显微镜的构造、调节与校正,单偏光镜下的晶体光学性质(矿物的形态、解理、颜色、多色性和吸收性,边缘、贝光线、糙面和突起),正交偏光镜间的晶体光学性质,锥光镜下的晶体光学性质,透明矿物的系统鉴定(内容和程序),以及油浸法简介。(赵俊磊)

P000064 **中国地质矿产年鉴(1992 年)** 《中国地质矿产年鉴》编辑部编。地质出版社 1993 年 5 月版。80.4 万字。40.00 元。一部反映中国地矿行业基本情况的大型资料性工具书。主要反映上一年度全国地矿行业工作的新情况、新资料,自 1985 年创刊以来,已出版了 8 卷。本书记述了 1991 年全国地矿行业各项工作的进展情况,分为 12 个栏目:专文;1991 年地矿工作大事记;重要会议报告摘要及简介;地矿部政府职能的履行;工业部门地勘工作;地矿系统专业工作;治理整顿、深化改革、加强管理;精神文明建设;各省、自治区、直辖地市地质矿产工作;1991 年地质矿产工作统计资料;技术经济法规性文件选登;附录。(王文孝)

P000065 **中国石油地质——塔里木盆地** 《中国石油地质—塔里木盆地》编委会编。新疆美术摄影出版社 1993 年 5 月版。2 万字。115 幅图。180.00元。汉英对照画册。为《中国石油地质》大型系列画册的第二册。通过祖国边陲聚宝盆,现代工业的血库(前言)、'死亡之海'希望多,狂喷怒吼震神洲(希望之海初展宏图)、漠野苍莽恢弘,山川奇丽阳刚(地理)、几度沉浮漂徙(区域地质)、艰难的历程,可喜的业绩(勘探开发)、揭开塔里木的秘密,建成 21 世纪基地(未来的石油基地)6 部分内容的发展延伸,以新疆南部辽阔的塔里木盆地为中心,以石油地质为主线,兼顾地理、人文的综合性。所选照片不仅是石油地质的珍贵资料,也是非常有欣赏价值的风光艺术集子。(麦粒)

P000066 **当代地质科学前沿** 肖庆辉等著。中国地质大学出版社 1993 年 5 月版。39.00 元。地质矿产部软科学研究项目和地质行业科学技术发展基金资助项目"当代地质科学前沿及我国对策研究"的一部分,是由中国地质矿产信息研究院和国内 80 多位专家集中了 400 位高级专家学者的意见撰写而成。本研究成果在系统深入研究国外地质科学前沿研究态势的基础上,本着立足于当前、着眼于未来的精神,在我国国情的现实基础上,首次系统地提出了我国今后 10 年,尤其是"九五"期间值得开展研究的 11 个优先研究的重大前沿研究领域,以及 80 多个重点发展的相关的学科前沿和生长点。本书对每个前沿研究领域的历史背景、当代研究的关键问题以及今后的发展趋势作了较深入的阐述。通过本书可以了解未来地质科学发展的大趋势,重大学科方向、领域和理论问题以及与其他学科的关系和地质科学

在解决人类面临的资源、环境等社会问题中所起的重大作用。(赵秀骞)

P000067 **裂隙岩体特性与洞群施工力学问题** 陶振宇等著。中国地质大学出版社 1993 年 5 月版。10.50 元。关于裂隙(节理)岩体特性及洞群施工力学方面的专著,是作者承担水利学科重大项目——"岩土与水工建筑物相互作用"的第一子课题的研究成果。主要论述了随机裂隙(节理)岩体的模拟试验研究、裂隙岩体损伤模型以及统计断裂模型及其验证、洞群施工力学模型试验技术及其应用、洞群施工监测技术、洞群围岩特性反分析、喷锚支护技术的原理与设计方法等方面的内容。该书内容新颖、方法技术先进、实用性强。可供从事水利、水电、土木、地质、防护等工程技术人员参考。(贾晓青)

P000068 **中国西北地区历史—因果论油气大地构造** 欧阳沙怀著。中南工业大学出版社 1993 年 5 月版。42.6 万字。20.00 元。作者从历史—因果论大地构造学的角度,探讨我国西北地区壳体的形成、演化、运动方式及其与油气形成的关系,进而探讨了该地区油气的时空分布规律。主要内容为:概述了大地构造条件对油气盆地形成演化、古地热场、含油气沉积建造、油气成藏形成的控制作用及油气沉积盆地历史动力综合分类等;研究了西北地区不同大地构造体制油气沉积盆地形成的先天条件、临产条件和后天条件;大地构造格局和发展规律;不同构造体制所成烃源岩分布规律及生储盖组合特征;油气演化、运移及聚集条件;深部地质作用和构造发展、油气盆地形成的关系;油气藏类型、油气聚集带划分及远景评价的基本思路和步骤等。(刘汉元)

P000069 **工程地质与地质工程** 孙广忠著。地震出版社 1993 年 6 月版。18.8 万字。6.50 元。作者对"地质工程"的工程地质问题进行多年研究的经验和理论总结。全书共 8 章,从地质工程的基本概念、土体力学、岩体结构力学、地应力、隧道工程、边坡工程、地质工程设计和地质体改造等方面进行了理论与实际应用的系统论述。全书观念新颖,论述精辟,在学术上有重要开拓,非常利于实际应用。(张慧平)

P000070 **三江特提斯火山作用与成矿** 莫宣学等著。地质出版社 1993 年 6 月版。40.8 万字。13.00元。分 6 部分。第一部分简述了研究背景、思路及研究区火山岩的分类命名原则。第二部分按构造—岩浆—成矿"三位一体"的观点将全区划分为 15 个构造火山岩带,恢复了各岩区的大地构造环境与构造岩浆演化史。第三部分较详细地介绍了甘孜—理塘蛇绿岩带及义敦火山弧、金沙江火山岩带、澜沧江火山岩带及三江地区微板块内的主要火山岩类型、层序、喷发—沉积旋回、岩石学、岩石化学、地球化学特征。第四部分介绍了三江地区火山岩的构造—岩浆类型及其成因,按地质背景及岩石学特征划分了洋脊与准洋脊、岛弧与陆缘弧、碰撞与陆内拉张型火山岩。第五部分研究了三江地区重要火山岩系与 5 个金属矿床成矿系列之间的关系,提出了三江地区呷村式块状硫化物多金属矿床火山—构造控制条件下的多级模式。最后探讨了火山作用与特提斯演化之间的关系,确定了 3 对蛇绿岩—火山弧,恢复了古板块构造,建立了三江地区特提斯演化的岩石学模型。(江晓庆)

P000071 **中国内蒙古中部和陕南东部两类古大陆边缘的地球化学研究** 高长林著。中国地质大学出版社 1993 年 6 月版。6.00 元。以系统科学思想为指导,运用现代地球化学理论和方法,以岩石学为基础,以元素和同位素为主要研究对象,对内蒙古中部早古生代活动大陆边缘和陕南东部古被动大陆边缘进行系统研究,提出了一些新见解,如对火山岩带的概念、古海洋宽度的计算方法、古被动大陆边缘火山岩和沉积岩的地球化学特征、碳酸盐岩中的稀土元素可作为研究古海洋盆地发展演化及其构造分区的指纹元素、两类古大陆边缘中花岗岩的地球化学特征等。(张华瑛)

P000072 **胶东郭家岭花岗闪长岩成因矿物学与金矿化** 陈光远等著。中国地质大学出版社 1993 年 6 月版。14.00 元。将成因矿物学与找矿矿物学思想与研究方法,引进花岗岩类研究,结合岩体地质学、岩石化学及地球化学,对胶东分布较广的郭家岭花岗闪长岩,进行了岩浆成因、岩浆来源、岩浆物质组成、物化条件、构造环境及同一岩带不同岩体相互关系等系统研究。通过矿物世代研究,进行了成矿阶段划分,确立了有利于金矿化的岩石学与矿物学的定量标志。以郭家岭花岗闪长岩体中的界河金矿为重点进行解剖,提出该类岩体中金矿的找矿标志、找矿方向与找矿远景。可供从事花岗岩类及其金矿化的理论研究人员和地质找矿勘探与采矿探矿人员等作参考。(刘粤湘)

P000073 **新疆维吾尔自治区区域地质志** 新疆维吾尔自治区地质矿产局编。地质出版社 1993 年 7 月版。128.3 万字。彩图 3 幅。以省、自治区和直辖市行政区划为单位分册出版的"各省(自治区、市)区域地质志丛书”的一种。这套丛书是在我国1∶100万区域地质调查基本完成、1∶20万区域地质调查完成国土面积的60%、1∶5万区域地质调查完成6%的地质研究程度基础上，比较全面、系统地反映各省(自治区、市)区域地质特征和区域发展历史的综合性区域地质专著。全套丛书共30卷，截止1994年全部出版发行。本卷以新疆维吾尔自治区1∶20万、1∶100万区域地质调查资料为基础，又广泛收集了其他地区有关的地质资料和科研成果，通过分析、筛选，在大量纷繁的素材中保留了该自治区典型的、具代表性的实际资料，并运用现代地质科学理论和技术方法对这些资料进行归纳、提高，总结出其内在的规律性。全书分6篇、42章，从地层、火山岩及火山作用、侵人岩及侵人作用、变质岩及变质作用、地质构造、地质发展史等6方面系统地论述了新疆维吾尔自治区的区域地质特征，并提出了不少新的认识。本书附有彩色的1∶150万新疆维吾尔自治区岩浆岩图和地质构造图。该书集资料性与科学性于一体，是国民经济建设和地质勘查、科研、教学等方面重要的参考资料。(伦志强　郁秀荣)

P000074　**台湾海峡中、新生代地质构造及油气地质**　地矿部广州海洋地质调查局等编。福建科学技术出版社1993年7月版。24万字。14.60元。地质矿产部石油地质海洋地质局下达的“台湾海峡及围区中、新生代地质构造特征及油气地质条件”研究课题的总结。在广泛收集福建省和台湾省及其海区地质资料的基础上，充分应用福建省区域重力和航磁测量、地球物理探测成果，系统地分析了台西盆地形成的深部和区域地质构造背景，划分出海区的地层反射层组及其相应的地质属性，提出台西盆地地质构造区划的见解，将台湾海峡及邻区划分为东南沿海地体、台湾海峡地体、中央山脉地体、海岸山脉地体4个构造单元。对台西盆地中的3套生油岩系进行了远景评价和油气资源量的测算，计算出福建省晋江凹陷和九龙江凹陷油气资源量为2.9×10^8t，台湾省新竹凹陷和台中凹陷西区的油气资源量为9.24×10^8t。这些研究成果为在台湾海峡西部部署一批钻孔提供了科学的依据，也为海峡两岸共同开发该地区油气资源提供了宝贵资料。(黄宗鋆)

P000075　**方圆千万里**　夏彦民等编著。湖南少年儿童出版社1993年7月版。98万字。33.25元。少儿地理科普丛书。包括《地球——太阳系的绿洲》、《大气——地球的隐身保护神》、《陆地——人类的诺亚方舟》、《水域——生命与文明的摇篮》、《海洋——充满魅力的蔚蓝世界》、《沙漠——呼唤春风的土地》、《生物——大自然的杰作》、《城市——人类文明的瑰宝》、《人类——地球的主人》9册，分别从不同的侧面介绍有关地球的科学知识。(何农荣)

P000076　**沉积岩实验技术**　狄明信主编。石油大学出版社1993年7月版。20.2万字。3.35元。“沉积岩石学”的配套教材，按“沉积岩石学”教学大纲要求编写而成。共3篇。第一篇碎屑岩实验包括重矿物分析、油浸法鉴定、机械分析、沉积构造以及正常碎屑岩(主要是砂岩类)和火山碎屑岩的肉眼观察和镜下鉴定；第二篇碳酸盐岩实验包括岩石肉眼观察和镜下鉴定；在这两部分中均把岩石成岩作用的研究单独列出；第三篇实验技术与方法中介绍了制片技术、差热分析、电子显微镜、X射线衍射分析、原子吸收光谱、阴极发光、电子探针、包裹体分析、同位素分析、稳定同位素分析和射线照相结合等方法和技术。(王淑珍)

P000077　**螺髻山古冰川地质景观考察指南**　四川省地质矿产局编。成都科技大学出版社1993年8月版。10.4万字。4.50元。“四川地质考察路线丛书”之四。螺髻山位于西昌市城南，是我国第四纪冰川遗迹保存最好的地区。该书对螺髻山古冰川研究史及研究现状作了重点介绍，对螺髻山古冰川地质作用作了科学论述，并对该区冰期序列作了详细的划分对比。规划的考察路线以西昌为起点，穿越螺髻山典型的古冰川遗迹景点；并规划参观则木河活动断裂，以及观光游览西昌古城、邛海、泸山、土林、砾石林、卫星发射基地、彝族民族风情等风景名胜。(周兴泰)

P000078　**三江地区构造岩浆带的划分与矿产分布规律**　刘增乾等著。地质出版社1993年8月版。37.7万字。12.00元。以活动论的大洋及大陆岩石圈构造体制相互转化理论、构造—岩浆(或沉积)—成矿统一的理论和成矿系列理论为指导，对怒江、澜沧江、金沙江地区的大地构造单元、岩浆构造带、构造发展阶段进行了划分；描述了各构造单元的地质特征、构造岩浆活动阶段及岩浆岩的时空分布；讨论了由大陆岩石圈→大洋岩石圈→大陆岩石圈的构造体系转换问题，以及与此有关的造山带形态与构造变形、特提斯演化问题；对重要成矿系列的主要特征、控制条件和矿床成矿模式，典型矿床的地质特征与成矿模式，以及6种区域成矿作用进行了分析和描述；进一步划分了成矿带，指出了远景区及找矿方向。通过研究工作及普查、钻探验证，在金、银、铅、

锌、铜等矿种的找矿方面取得了显著效果。(江晓庆)

P000079 **中国玄武岩地下水** 贾福海主编。地质出版社 1993 年 8 月版。20.2 万字。7.60 元。全面、系统论述我国玄武岩地下水的专著。在阐明我国玄武岩,特别是新生代玄武岩及二叠纪峨眉山玄武岩的时空分布规律及其所处的地质构造与地形地貌环境特征的基础上,对我国玄武岩的空隙类型及其组合网络系统,基本水文地质特征(地下水类型、水文地质结构类型及蓄水构造),地下水的富集规律、补径排条件,地下水的理化特征(物理性质、化学组分及水化学成因类型),地下水资源及其开发利用,玄武岩分布区的地下热水及矿泉水分别进行了论述。在大量调查、研究的基础上,著者认为,玄武岩含水层的主要储水空间是大量原生的宏、微观气孔,导水通道是原生和次生裂隙,故将玄武岩地下水称为"气孔水"。这在理论上有所创新和突破。(戴鸿麟)

P000080 **把经济科学引进地质矿产事业** 张文驹著。地质出版社 1993 年 8 月版。40 万字。11.50 元。收集作者自改革开放以来发表的有关地矿经济的文章共 48 篇,并采取分类与编年相结合的方法,即按内容涉及的领域将所有文章分为 3 部分,每一部分内容则按时间顺序排列。第一部分为地质矿产事业的改革与发展,论述了地勘产业改革与发展的一系列重要理论问题,矿产资源经济学理论研究与应用问题等,第二部分为地质矿产经济学科建设;第三部分为地勘产业的专业经济管理,着重从经济角度研究科技管理的有关问题。全书在一定程度上反映了近十多年来地质矿产事业改革与发展的历程。(郑长胜)

P000081 **地球探秘** 李钟模著。化学工业出版社 1993 年 8 月版。15.5 万字。5.00 元。科学普及性读物。涉及地质、古生物、古生态、古地理、古气候,以及硫、磷、钾、石盐、石膏、煤成气、地热、石油、天然气、沸石、硅藻土、高岭土、水晶等矿产资源的成因、分布规律和用途。也涉及生态平衡、环境保护、旅游地质、科学研究成果、游记和自然风光。(叶铁林)

P000082 **四川盆地卧龙河气田地质图集** 唐泽尧主编。石油工业出版社 1993 年 8 月版。260 幅。以四川盆地最具代表性、勘探程度高的卧龙河气田为实例,以图集的形式,分 12 个系列形象化地反映了气田地质综合研究的内容和方法,也阐述了卧龙河气田地质研究取得的主要成果,以期达到使气田地质研究的内容系统化,研究的方法系列化,图幅的编制工业化。图集从一个侧面反映了四川石油管理局天然气地质综合研究的先进水平,同时也为气田地质综合研究提供了一个样板。(周家尧)

P000083 **地球** 罗祖德、戴正洪撰文,蔡康非绘画。新蕾出版社 1993 年 8 月版。7 万字。7.50 元。收入"漫游科学世界丛书"。带领小读者去探索地球的奥秘,如:地球是怎样诞生的,它经历了怎样的翻天覆地变化,造就了陆地和海洋。那奔腾的江河,一望无际的海洋,奇妙的冰川和沙漠奇景等等,都是怎样形成的。(韩凤岐)

P000084 **祁连山—河西走廊活动断裂系** 国家地震局地质研究所编。地震出版社 1993 年 9 月版。58.2 万字。25.00 元。中国活断层研究专辑之一,是在中法科技合作研究基础上取得的一项重要成果。书中着重反映了取得的新资料和新认识。祁连山－河西走廊断裂系是青藏高原块体的北部边界,是认识青藏块体新构造运动的窗口。本书全面系统地论述这一构造带的几何学及运动性质,还进一步研究了这一断裂系的时、空演化历史,特别是新生代和第四纪以来的演化历史,并着重指出早、中更新世之间似乎是断裂系活动性质发生重要变化的时期。此前,断裂系表现出强烈的挤压,此后,沿断裂的走滑活动更加突出,直到现代。在活动断裂运动学定量研究方面,本书通过断错地貌和地质及其年代学研究,详细阐明了带内主要活动断裂晚更新世或全新世的滑动速率。在断裂运动方式研究方面,本项研究特别注意了断层岩,包括断层泥的成分、结构、厚度及断层泥中矿物颗粒的光学特性和表面形态特征研究,结合围岩成分和大地震及地表破裂分布对这一断裂系内的主要活动断裂或不同断裂段的蠕滑和粘滑特征进行了分析和划分。还叙述了历史大震的地表破裂特征与成因机制,大震重复间隔及未来地震危险性,逆断层的构造组合和变形特征及其动力学模式等。书中首次将活断层的定量研究结果应用于地震中长期预报,并取得较好的结果。本书采用石灰岩砾石溶蚀速率法建立的地貌面测年量版曲线和逆断层陡坎剖面测量法建立的识别复合断层崖多次事件的扩散方程模型等,在国内外尚属首创。(张慧平)

P000085 **水文工程地质物探原理** 朱焕祖编。地质出版社 1993 年 9 月版。21.6 万字。4.30 元。中等专业学校地质矿产类规划教材。为水工地质及工程地质专业学生学习物探方法而编写。根据水工物探现状,本书内容以地面电法、地震勘探和地球物理测井为主,并适当增强了放射性探测,新增了地温场法的内容。在地震勘探方法中新增了浅层横波勘探、瑞利波法和桩基无损检测瞬态锤击法等新技术。本书侧重于介绍方法原理、资料的定性分析解释方法及方法的应用条件。并注意吸取生产单位积累的实践经验,介绍了不同条件下寻找地下水和工程地质勘察中物探方法的应用实例。(袁方)

P000086　**工程与环境物探教程**　陈仲候等编。地质出版社 1993 年 9 月版。40.4 万字。8.30 元。普通高等教育地质矿产类规划教材。共 13 章,内容包括浅层地震勘探、电法勘探、其他物探方法及工程与环境地质调查综合物探方法及应用实例 4 部分。书中除着重介绍了各种物探方法的基础知识、基本概念、基本原理外,对工程与环境调查中应用物探方法的前提以及使用物探方法解决的主要问题:测定覆盖层厚度及基岩起伏,探测断层、裂隙破碎带及溶洞分布,测定岩石动弹性参数及岩体的波速分类和稳定性评价,滑坡、陷落柱等的探测及路基、水坝的病害地基勘查,混凝土工程(如桩基)质量的检测评价,地下电缆、管道分布的探测以及地下水资源的勘查与评价等均给予了介绍并给出了应用实例。(屠涌泉)

P000087　**青藏高原磁力测量与地壳结构研究**　余钦范等编著。地质出版社 1993 年 9 月版。5.50 元。在亚东—格尔木地学断面的综合研究中,地磁学资料起到了独到的作用。本书通过对大面积航磁和高精度地面磁测资料的处理和分析,包括视磁化率填图、长波异常分离、方向滤波、磁性基底顶界面深度反演及时航磁资料进行数字图像处理,获得了大区域内构造、断裂分布、岩浆活动和基底起伏等多方面的地质—地球物理信息。在此基础上确定了区内主要断裂带位置,地体和构造单元边界,南北大陆分界线,岩浆活动等的新认识,提出了断面地壳结构模型,并利用人机交互式模拟方法对磁模型进行了定量解释,最终得出了地壳磁结构的地质模型。(王文孝)

P000088　**非金属矿产品质量标准手册**　樊素兰等主编。地质出版社 1993 年 9 月版。27.6 万字。10.00 元。共编入高岭土、耐火粘土、膨润土、凹凸棒石粘土、海泡石粘土、累托石粘土、浮石、硅藻土、铝土矿、伊利石、叶蜡石、珍珠岩、沸石、蛭石、云母、萤石、重晶石、石膏、滑石、长石、硅石、石英砂、硅灰石、蓝晶石、红柱石、矽线石、石灰岩、白云岩、蛇纹岩、菱镁矿、刚玉、石墨、金刚石、大理石、花岗石等 36 种非金属矿的产品质量标准,共 367 个。(王永奉)

P000089　**上海大地之谜**　上海市地质学会编。上海教育出版社 1993 年 9 月版。18 万字。5.00 元。关于地学的普及读物。就上海的气象气候、地形地貌、地质矿产、植被土壤等归纳出 50 多个颇有吸引力的小问题,分题予以分析和评论 。(张志筠)

P000090　**石油地质流体力学分析基础**　陶一川编著。中国地质大学出版社 1993 年 9 月版。30 万字。5.55 元。应用流体力学原理和方法,系统阐明地质孔隙流场的基本定律和基本方程,总结和论述了油气运移流体势理论和势分析法,地下水流系统与油气聚集的理论分析方法,盆地演化中的孔隙流及异常压力动力学机制。本书着眼于与油气运聚有关的地区流体系统,旨在培养具有建立和分析油气盆地地质流体系统演化数学模型的能力,为从事现代水平的盆地分析研究工作提供必要的理论基础。本书可作为石油地质专业学生教科书,也可供从事石油地质工作和科研人员参考。(张晓红)

P000091　**灰色系统理论与矿床灰色预测**　徐忠祥等编著。中国地质大学出版社 1993 年 9 月版。5.80 元。矿床的形成和分布的时空特征和控矿作用及发展变化可视为一灰色系统。根据灰色系统理论,本书结合地质矿产的成矿规律,提出了矿产灰色预测的原理与方法。主要论述了矿产资源系统的灰色特征、灰色数据生成、灰色关联分、灰色系统模型、矿床灰色预测、矿床灰色模式识别和矿床灰色定位预测等。书中提出的新概念、新方法具有独创性,丰富和拓宽了灰色系统理论的科学领域。把灰色系统理论与地质找矿实践相结合,探索新型的矿床预测方法,不仅丰富了找矿的理论与方法,而且还具有深远的实际意义。通过实践,已在山东、西北等地区,成功地找到了金、银、铜、镍等多金属矿床和石油、天然气等资源,受到了国内外专家的好评和重视。(刘先州)

P000092　**长江中下游鄂城—铜陵一带遥感地质及成矿规律研究**　翟裕生等著。中国地质大学出版社 1993 年 9 月版。20.2 万字。8.00 元。遥感地质及成矿规律研究专著。书中反映作者在研究长江中、下游壳幔结构、地质构造和岩浆活动的基础上,运用遥感地质学与矿床地质学相结合,空中、地面和地下信息相结合的方法,系统研究了鄂城—铜陵一带的环形构造的成因类型,论述了环形构造与成矿的关系,建立了含矿环形构造的“三层结构模式”;通过对 6 个典型矿田(床)的地质矿化特征和遥感影像特征研究,提出了矽卡岩型、斑岩型、层控型等类矿床的遥感地质找矿标志;深入论述了研究区内的成矿条件和成矿规律,建立了区域成矿模式;运用成矿系列和成矿分带理论，采用地质、遥感、物化探等综合信息量法，进行了1/20万的矿产预测，提出了一些新的成矿远景区和找矿靶区；最后，还总结了将遥感地质与矿床地质结合研究的体会和方法。（耿小云）

P000093 **四维动态成矿理论的探索与实践——以西藏罗布莎铬铁矿区为例** 李德威、李先福著。中国地质大学出版社 1993年9月版。8.50元。通过对解决青藏高原地质问题的关键地体——雅鲁藏布江蛇绿岩带的深入研究，分析了大陆构造样式及其动力学机制，探讨了陆间伸展海盆蛇绿岩的成因模式；探索了当前地学前沿课题——大陆动力学，提出了层流隆陷的大陆动力学模式，较为合理地解释了青藏高原的许多构造及构造特征和演化规律；在深入研究我国紧缺而西藏罗布莎最有远景的铬铁矿区的矿化特征和构造背景的基础上，运用构造解析学、成矿动力学、比较成矿学原理和方法，分析讨论了矿田构造型式、构造控矿规律、成矿演化的构造过程、动力成矿机理、动力成矿模式，进而划分了4种矿床成因类型，厘定了成矿动力学的基本思想、研究内容和研究方法，指出四维动态成矿分析的发展方向，强调了成矿研究与大地构造、深部地质学的结合。书中的层流隆陷、构造成矿序列、动力成矿模式、找矿场、成矿相、剪切动力成矿作用等均是作者提出的新概念。（刘士东）

P000094 **太行山阜平隆起南部早前寒武纪地质——兼论太古宙地质若干基本问题及研究方法** 谭应佳等著。中国地质大学出版社 1993年9月版。10.00元。阐述了我国前寒武纪地质典型发育区——太行山阜平隆起南部早寒武纪变质岩系的地层划分、岩石学特征、构造格架、地壳运动以及大地构造及其演化等问题，并就如何有效地研究太古宙地质及其研究方法作了精辟的、全面的论述。其中包括早前寒武纪地层系统的划分方法及准则、变质作用特征及其动力学机制、变质岩岩石学及其原岩恢复、不整合及古构造的演化、不整合的厘定及其研究方法、区域构造格架和叠加褶皱、太古宙流变褶皱及其形成机制、变质与变形的关系、结晶地块上岩墙群—裂隙构造及其大地构造意义、陆壳演化以及沉积变质矿产的控矿地质条件及找矿远景。本书论述的主要问题是当前前寒武纪地质研究的热点问题，作者在长期从事该领域的研究，占有大量室内外资料的基础上提炼出的太古宙地质若干基本问题的研究方法，深化、拓宽了该领域的研究思路，具有普遍的指导意义。（刘士东）

P000095 **成矿预测学** 刘石年著。中南工业大学出版社 1993年9月版。35万字。6.70元。成矿预测是成矿学与应用地质学之间的一门边缘科学。本书是对成矿预测学最新进展的系统总结，囊括了80年代以来国内外在找矿预测及其相关领域的最新研究成果。从矿床形成的背景、条件、规律，以及找矿的信息依据分析入手，阐明了成矿预测的基础理论和方法，并详细阐述了成矿预测工作的实施步骤和具体要求。首次系统地建立了以地质基础理论—成矿预测理论—预测方法—不同比例尺成矿预测各论等一套完整的成矿预测学学科体系。（刘汉元）

P000096 **贡嘎山海螺沟冰川与第四纪地质考察指南** 四川省地质矿产局编。成都科技大学出版社 1993年10月版。8.6万字。4.50元。“四川地质路线考察丛书”之五。重点介绍了贡嘎山地区的第四纪地层、第四纪冰川序列、新构造、山地景观的形成和海螺沟冰川公园的现代冰川、冰川地貌、垂直自然带、温泉、山地灾害等内容。规划的路线从成都出发，经泸定、康定到达贡嘎山东坡的海螺沟冰川公园，再经石棉、雅安返回成都。考察的主题是海洋性冰川与第四纪地质。（周兴泰）

P000097 **中国东部金矿地质研究** 韦永福等编著。地质出版社 1993年10月版。22.8万字。9.50元。以大量的实际资料为基础，对中国东部金矿区域成矿背景、区域构造格架和主要的含金岩系作了概括。对东部已知的工业金矿床进行了普查分类，论述了各研究区（华北地台北缘、浙东南隆起、秦岭东段和云开隆起）区域成矿条件、典型矿床地质特征。在此基础上总结了东部金矿区域成矿特征，讨论了有关前中生代变质基底和中生代岩浆活动与金矿的成矿作用；关于浅成热液金矿床成矿作用；关于韧性剪切带与金矿成矿关系的研究使金矿勘查取得突破性的进展；太古宙和元古宙变质岩区继续找金仍具有巨大的潜在远景。对前寒武纪变质岩系分布区中生代构造岩浆活动与金成矿作用的关系取得了新的认识。（王文孝）

P000098 **化探数据处理方法** 吴锡生主编。地质出版社 1993年10月版。20.0万字。4.00元。普通高等教育地质矿产类规划教材。是地质矿产部地球化学专业课程教学指导委员会确定的硕士研究生教材。全书除绪论外，分3章。第一章化探样品分析质量及其监控方法，简述了样品分析质量控制的统计学基础、分析质量的监控方法及采样与分析质量的评价方法；第二章区域化探数据处理方法，详细阐述了区域化探中背景与异常的确定、区域地球化学图的编制、区域地球化学异常的分类与评价及应用区域化探异常预测矿产远景储量的方法;第三章矿区化探数据处理方法,详细介绍了矿区化探数据的归并、背景与异常的划分、异常的分类与评价、矿体剥蚀深度评价与矿体远景储量的估算方法。本书内容以应用为纲,既有方法理论,又有应用实例,基本反映了目前化探数据处理的发展水平。(周继荣)

P000099 **鄂拉山地区热水成矿模式** 李福东等著。西安交通大学出版社 1993 年 10 月版。50 万字。25.00 元。区域成矿作用研究专著。青海省鄂拉山地区,蕴藏着丰富的以铜为主的多金属矿产资源,是我国著名的铜矿带之一。该书在充分应用前人成果的基础上,以热水成矿理论为指导,将区域成矿作用与地壳演化紧密联系在一起,通过对含矿地层时代、成矿的构造、岩相环境、区域地壳演化序次以及矽卡岩成因、成矿机制等关键性问题的深入研究,系统地建立了鄂拉山地区以铜为主多金属矿热水成矿模式,并进行了成矿预测。该书实际资料丰富,论述充分;特别是对矽卡岩成因的探索研究,做了大量工作,明确提出本区矽卡岩系热水沉积成因,观点新颖,立论有据,促进了热水成矿理论向更深层次发展。(李勤)

P000100 **1∶50000 区调地质填图新方法(中英版)** 周维屏等著。中国地质大学出版社 1993 年 10 月版。12.00 元。为推动我国 1∶5 万区域地质调查工作的科技进步,实现区调填图方法的重大变革,在开展国内不同岩类的 3 个课题、10 个典型地区、面积近 12 000km² 的试点研究基础上,高度综合概括编写而成。书中总结了沉积岩、花岗岩类和变质岩区新一代地质填图的基本理论和方法,阐述了试点图幅中取得了若干重要地质成果和新填图方法的适用性。该方法体系内容完整、层次清楚。选区反映了我国不同地区地质构造发展演化的特色,有较好的代表性、典型性、示范性和较广泛的使用价值。书中指出,沉积岩区新一代填图方法体系的基本点是:以现代地层学、沉积学为理论依据,以岩石地层为基础,从基本层序观察描述着手,合理建立和厘定地质制图单位,充分利用地层单位的多重性信息资料,逐步建立和完善区域地层格架和模型;花岗岩类区单元—超单元填图方法体系的基本点是:以同源岩浆演化、多次脉动涌动上侵形成不同的构造岩浆单元为理论依据,以系统地观察研究花岗岩类的岩石和矿物成分、结构构造及其接触关系与性质等特征在原来岩体内进一步划分和填绘侵入体,确定各个侵入体间的成分与结构的演化序列为主要手段,以建立花岗岩类岩石谱系单位等级体制为核心,填制花岗岩单元地质图,从而确定花岗岩类岩体的定位机制,分析其与区域构造的关系;变质岩区的填图方法体系要点是:从观察物(质)、形(态)、位(序)的变化着手,以研究变质岩石和正确划分不同类型地(岩)层单位为基础,采用建造与改造,变形与变质相结合的分析方法,逐步建立地质事件演化序列,分别对不同原岩建造与后期的变形变质作用的改造,提出构造—地层—事件法、构造—岩层—事件法和构造—岩石—事件法等方法体系。(刘粤湘)

P000101 **西藏上地幔橄榄岩及铬铁矿石结构构造图册** 倪心垣等编著。中国地质大学出版社 1993 年 10 月版。16.4 万字。36 幅图。29.00 元。印度河—雅鲁藏布江缝合带和班公错—怒江缝合带横贯西藏高原南部与中部。作为缝合带的主要成分雅鲁藏布江蛇绿岩带举世闻名。本图册是应用板块构造理论和方法,阐明西藏上地幔橄榄岩和质量、储量居全国之冠的铬铁矿石结构构造形成的地质条件。从塑性流变学的角度解释矿物相之间的相互作用及不同结构构造类型之间的成因联系。将铬铁矿的成因置于上地幔岩石的整个演化过程中,并提出铬铁矿成因的新设想。全书重视实践、资料丰富、类型划分合理、图片典型珍贵、观点有创新,是作者近 30 年来参与西藏上地幔橄榄岩和铬铁矿的研究成果与总结,具有较高的学术价值和实用意义。图册可供大地构造、岩石、矿床等研究人员、地质院校师生和野外地质工作者参考。(闻立峰)

P000102 **青藏高原岩浆活动及岩石圈演化** 黄怀曾等著。地质出版社 1993 年 11 月版。15.5 万字。5.15 元。根据亚东—格尔木地学断面走廊域的构造—岩浆活动总的特点,划分出 4 个构造岩浆带、4 个构造阶段及相对应的 4 个岩浆系列,阐述了不同构造岩浆带、不同构造阶段、不同岩浆系列的地球化学特点,建立了区分标志,探讨了岩浆的形成与演化,进而提出青藏高原岩石圈的演化过程和隆升机制。(谭惠静)

P000103 **地勘单位应用现代化管理方法实例选** 赵成功主编。地质出版社 1993 年 11 月版。28 万字。8.50 元。分目标管理、全面质量管理、系统工程、网络计划技术、正交试验、预测技术、决策技术、价值工程、ABC 分析法、滚动计划法、量本利分析法、全员设备管理、层次分析法、线性规划等 14 部

分，每个部分均通过具体的实例详细阐述各自的运作方式、方法和过程，具有很强的实用性和可操作性。(郑长胜)

P000104　**花岗岩熔融的局部体系及熔融序列**　吴福元著。吉林科学技术出版社 1993 年 11 月版。16.4 万字。8.80 元。有关花岗岩石块状样品熔融实验研究的专著。共 6 章，在全面分析实验岩石学所取得的成就之后，阐明了未来实验岩石学研究的发展趋势与动向；基于含水、含硼体系的熔融实验结果，讨论了花岗质岩石熔融的“局部体系”理论，并阐述了这种局部体系在熔融作用的不同阶段，其平衡性质的转化规律；通过封闭体系吸水熔融与开放体系失水熔融的特征对比，建立了“正、反序熔融序列”的概念，并探讨了不同熔融序列岩浆岩发育地区的地壳结构模型及其大地构造环境。书中还就构造应力对岩石熔融作用的影响等问题进行了深入讨论。(李洪德)

P000105　**基础结晶学与矿物学**　罗谷风著。南京大学出版社 1993 年 11 月版。54.2 万字。8.05 元。根据高等院校地质学科各专业对于结晶学与矿物学的共同要求，按照有利于“全面培养、强化基础、因材施教、增强活力”的目的，并融合了作者三十多年来在结晶学与矿物学领域内教学、科研实践的经验编著而成。全书着重于对本学科基本理论、基本知识和基本技能的阐述与训练，同时吸收了当代有关的新理论、新知识和新方法。对个别矿物描述性内容，作了大幅度的精炼，附约 270 种(或族)常见和重要矿物的外观特征鉴定表。关于矿物的用途，经归纳，单列了“矿物的利用”一章进行了系统的叙述。全书各章末均有包含了不同类型和不同深度层次的习题和思考题，以便既能有助于学生巩固课堂知识，又能促进学生发展智力和能力的运用，并起到一定的深化和拓宽基础的作用。正文后的附录 1 为与正文密切配套的实习指导书，附录 2 为部分习题和思考题的答案，附录 3 则为对所列各书之特点附有概要介绍的参考阅读书目。此外，在书末还列了一般术语和矿物名称的索引，而在正文中则可检索到与它们对应的外文。本书适用面广，除可作为高等院校地质学科各专业及其相邻专业的教材外，也可供从事有关结晶学、矿物学工作的科技人员和相关专业的师生参考。(罗谷风)

P000106　**地球科学概论**　兰玉琦等著。浙江大学出版社 1993 年 11 月版。26.2 万字。5.45 元。根据高等院校地科系设置的地球科学概论教学大纲的要求，在总结多年教学经验的基础上，参考近代国内外有关文献资料编写成。全书共 3 篇，上篇为地球的结构与基本特征；中篇为矿产资源；下篇为环境地质与防灾减灾；附录为杭州地区地质观察简介。本书适用作地球科学知识的学习教材及参考书。(李海燕)

P000107　**华北晚古生代含煤岩系的沉积环境和聚煤规律**　陈钟惠主编。中国地质大学出版社 1993 年 11 月版。15.00 元。以大量的实际资料为基础，以先进的沉积学和聚煤作用理论为指导，首次比较深入系统地论述了华北晚古生代含煤岩系的沉积环境和聚煤规律。全书共 7 章。第一章以古生物资料为基础，结合宏观沉积特征的研究和追索，提出了以太原西山为基准的全区地层对比方案；第二章论述了各地层组的岩性特征及地区分布；第三章着重讨论了含煤岩系的微观岩石学特征，探讨了灰岩的沉积环境和沉积模式；第四章详细论述了含煤岩系的沉积环境，对四种沉积体系的构成特征及其时空演化进行了分析；第五章就聚煤作用规律及控制因素进行了详细的讨论；第六章对含煤岩系进行了层序地层学分析，并对华北含煤盆地周缘的大地构造背景进行了探讨；第七章根据新的地层对比方案，提出了 165 种植物化石的地质历程及组合全貌。(刘士东)

P000108　**活断层分段**　副名：原则、方法及应用。丁国瑜等著。地震出版社 1993 年 12 月版。24 万字。10.00 元。活断层的研究在地球动力学、活动构造学、地震学及工程安全性评价等方面越来越引起人们的重视。而对活断层分段的研究则是 80 年代后期以来这一研究领域中最引人注目的一个新课题。它涉及对断层活动特性的认识和解决一系列有关活断层实际问题的具体方法与途径。本书包含了对活断层分段涵义及有关分段一系列基本问题的讨论，对活断层分段的原则与方法以及在解决地震危险性评估、重大工程安全性评价等实际问题中的应用进行了较系统的论述。全书共 11 章，除前言外，第一—三章重点是对有关活断层分段的一些基本概念，包括其涵义、分类、段的持久性、分段的尺度与层次结构等问题的讨论；第四—六章则是对活断层分段有关方面的几个问题作了较具体的阐述；第七—九章是对正、逆、走滑 3 种不同类型活断层的分段标志的论述；第十和十一章是对有关分段的原则、方法及分段正确性的检验以及应用问题的讨论。(张慧平)

P000109　**中国层控矿床地质与勘探**　朱上庆、池三川主编。地质出版社 1993 年 12 月版。12.3

万字。概述了中国主要层控矿床的成矿地质背景、主要成矿模式和找矿方法。全书分3大部分:第一章概述中国层控矿床的进展、成矿背景、主要成矿模式和找矿方法;第二至第六章分述粤北、云南金顶、安徽铜陵、江西九江—瑞昌、广西芒场碳酸盐岩和矽卡岩与硅铝质岩中的层控铅锌硫、综合铜(金)、锡多金属矿床特征;第七章论述碳酸盐岩型层控铅锌硫矿床的评价系统及计算程序。(王休中)

P000110 **秦巴及邻区地质—构造特征概论** 张二朋等著。地质出版社1993年12月版。42.8万字。28.00元。以秦岭—大别山地质构造带为主体,以地质—构造特征为重点,以形成演化为中心,采用板块活动论观点,结合槽台多旋回理论,对本区区域地层、区域火成岩、区域构造的主要特征进行了深入、全面、系统的总结,探索了秦巴地区的地质构造演化,阐明了研究区多阶段多种构造体制,多种造山类型的发展历史。全书共8章:概述;区域地层概论;各时代地层特征;区域火成岩基本特征和时空分布;各时代火成岩及形成环境;各时代侵入岩及侵入作用;区域构造主要特征;区域地质—构造演化简史。本书注重宏观与微观的实际资料和当代地学理论与秦巴地质客观实际的结合。(张新元)

P000111 **结晶岩热力学概论** 马鸿文编著。地质出版社1993年12月版。28.6万字。6.00元。普通高等教育地质矿产类规划教材。内容主要涉及结晶岩体系造岩矿物的化学平衡和稳定性、矿物共生分析及含量的数值计算,火成作用中的还原—矿物体系、矿物—熔体体系、矿物—熔体—氧化平衡、矿物挥发分体系以及熔体—熔体体系的热力学平衡问题,并侧重于介绍应用计算机模拟上述体系中自然过程的热力学原理与数学模型。其中含挥发分体系和熔体—熔体体系的热力学平衡问题,是国内其他同类书籍很少涉及到的内容。这些内容不仅对于研究天然岩浆作用的物理化学条件至关重要,而且也是研究有关成矿过程的重要理论基础。本书反映了20世纪80年代以来国际上对结晶岩成因研究的最新成果,并融热力学、矿物晶体化学、有关的数值计算方法和现代岩石成因理论为一体,反映了当代结晶岩研究的现状和发展趋势。(赵俊磊)

P000112 **柴达木盆地的油气形成与寻找油气田方向** 黄杏珍等著。甘肃科学技术出版社1993年12月版。76万字。18.00元。首次全面系统深入地论述了柴达木盆地从古生界至第三系油气的地质、地球化学条件,重点剖析了第三系干燥—半干燥气候下微咸水至咸水湖盆地的沉积演化,沉积相和沉积体系,储层类型与分布,生油凹陷内因盐度而异的生油气岩的组合类型,烃类组成与生物标志化合物分布诸多特征,以及油气形成的有关理论与勘探实践问题,反映了柴达木盆地在沉积学、有机地球化学、石油地质学、地震地层学和测井地质学等多学科交叉领域综合研究的最新成果。首次建立湖相碳酸盐(岩)的沉积模式和沉积规律,尤其是首次提出湖相碳酸盐岩型生油岩的概念、定义与生油理论和识别这类生油岩的生物标志化合物组合特征及二次成烃过程,这不仅增加了生油岩类型,充实和发展了陆相生油理论,还开辟了找油新领域,具有明显的社会效益。首次研究成功薄层多岩性组合的层速度量板与地震层速度相结合的新方法,创造性地预测未钻井区油气沉积学参数,首次建立预测未钻探区储层物性平面变化的新方法,据此预测的孔隙度增大的异常孔隙区,经钻探已有四口井获得工业油流。本书在沉积学和有机地球化学方面的理论有重要的、较大的突破与发展;部分内容达到了国际先进水平,有的处于国际领先地位。(王郁明)

P000113 **李四光学术研究** 景才瑞、邓宗琦主编。湖北科学技术出版社1993年12月版。19.5万字。12.00元。本书为研究李四光学术思想的精萃。钱学森院士的代序——"光辉的旗帜",对李四光及其学术思想作了全面、高度评价,孙殿卿院士的"李四光与地质力学"阐述了地质力学的建立过程及用地质力学在我国石油普查勘探方面的应用情况,其他文章分别阐述了李四光构造体系控矿理论,李四光的地震预报研究,李四光对煤、䗴化石、中国自然区划的研究,李四光第四纪冰川问题,李四光的科学理论与哲学思想,李四光的教育思想及跨学科研究的思想等。上述文章均从不同的研究角度并根据最新研究成果,对李四光所研究的领域作了进一步深入的探索,达到国内同类研究的领先水平。(高诚毅)

P000114 **非线性工程地质学导引** 秦四清、张倬元等著。西南交通大学出版社1993年12月版。26万字。10.00元。从探索、研究工程地质学发展的新途径出发,将现代非线性科学 的分形理论、突变理论、重正化群理论、混沌理论等引入工程地质学中,打破了传统工程地质学原有的理论体系和研究方法。本书以分形理论研究了节理岩体的非确定性结构、非确定性岩体力学参数的取值,并提出了岩体质量非稳定性分级方法;以突变理论及混沌理论研究了岩体失稳及冲击地压的尖点突变模型，对水库地震也作了突变理论分析；以分形理论、突变理论及混沌理论等讨论了滑坡孕育的自组织过程、滑坡前兆突变异常识别方法，和滑坡孕育过程的混沌特征与可预报时间尺度，建立了滑坡孕育过程的非线性动力学模型和时间序列预报理论，提出了滑坡灾害时间预报系统(LTFS)，并编制了源程序。在介绍现代非线性科学原理时，尽可能回避抽象的数学定义和推理，力求以深入浅出的叙述，适应更多读者的需要，起到新的学术观点传播和应用的作用。(杨怡)

P000115 **海南岛三亚地区基础地质研究** 曾庆銮等著。中国地质大学出版社 1993 年 12 月版。28.5 万字。13.50 元。详细论述了海南岛最南部三亚地区地层古生物、沉积相、岩浆岩及地质构造等方面的内容。对本区大多数的地层单位重新进行了厘定或划分，不仅对其时代进行了较详细的论证，同时进一步完善了本区的地层层序和确定了地层厚度；作者在海南岛首次发现了头足类化石，为进一步肯定尖岭细的时代为 Caradocian 世提供了确凿的证据，从而解决了海南岛南部的一个重大地层问题，初步查明了古沉积环境与古沉积相；在本区首次发现了大量燕山期花岗岩，基本查清了本区岩体侵入的先后顺序，并经同位素年龄测定证实，本区岩浆岩最早形成于印支期；查明了本区花岗岩均为岩浆成因及与本区所有的有色稀有金属矿化的关系；该区的构造形迹主要由东西向、北东向及北西向构造组成，并与晴坡岭向斜构成本区的基本构造格架，全区断裂有 25 条，其中东西向与其他方向断裂相交部位多数有多金属矿化，或异常存在；该区没有大的地震活动。(耿小云)

P000116 **桐柏—大别造山带北坡苏家河地体拼接带及其构成和演化** 叶伯丹等著。中国地质大学出版社 1993 年 12 月版。7.50 元。应用现代地质学理论、同位素地质年代学与古生物学、构造地质学和变质岩石学密切相结合的方法，揭示了地处桐柏—大别造山带北坡的苏家河群不是一个单一时代、地层有序的岩石地层单位，因而将其解体，并以新建的苏家河地体拼接带取代它。书中提供了大量年代学数据，描述了各地体的特征及其形成过程；研究了拼接带的构成、形成和演化。(褚松和)

P000117 **热液成矿作用动力学** 於崇文等著。中国地质大学出版社 1993 年 12 月版。51 万字。19.50 元。在“成矿作用的发生”的研究成果基础上，补充了近年来有关动力学方面国外重要的新进展。作者不仅在矿床成因论中提出成矿作用动力学新的学术方向，也将成矿作用动力学发展成一个初步的体系。矿床是一个复杂的系统，而成矿作用则是一种复杂的动力学过程。矿床成因的基本问题是成矿作用的动力学。作者在以成矿作用与时空结构理论观点为立足点所建立的地球化学理论体系与方法论的指导下，对于成矿作用的动力学进行了一系列研究，并建立起热液成矿作用动力学的初步体系。其主要内容包括：1. 水—岩相互作用的化学动力学；2. 多孔介质中热液成矿作用的流体动力学；3. 断裂裂隙中热液成矿作用的流体力学；4. 物理化学流体动力学与成矿作用；5. 渗滤交代成岩成矿作用的化学机制；6. 热致与流体驱动断裂构造力学与成矿作用。(耿小云)

P000118 **中条裂谷与落家河铜矿床** 真允庆等著。中国地质大学出版社 1993 年 12 月版。17.00 元。全国铜矿攻关科研项目之一。中条山铜矿成矿区是我国重要的铜矿基地，但后备铜矿资源日趋紧张，落家河铜矿床是中型规模的富铜矿，作为中条山铜矿的后续矿山，对其的研究有重要的实践意义。该书全面系统地论述了中条裂谷的成矿背景，重点对落家河铜矿床的形成环境、地质特征、找矿标志和成矿规律进行了系统研究。根据化探、物探、遥感资料及大量的同位素、微量元素、稀土元素、流体包裹体、矿物学和岩石学等测试数据，详细分析了铜矿床的成因机制，建立了成矿模式和找矿模式，指出了找矿方向和成矿预测远景区。(李继英)

P000119 **滇西地洼构造与成矿** 尹汉辉等著。中南工业大学出版社 1993 年 12 月版。21.8 万字。15.00 元。滇西地区处于东亚壳体、中亚壳体与印度壳体的交汇处，地质构造复杂，成矿种类繁多，是我国地质难点地区。本书以陈国达地洼学说为指导，从构造—沉积—岩浆活动—矿产分布等方面，探讨了该地区地洼形成机制，演化过程和成矿规律。首次提出了兰坪—勐腊中轴断裂带与基盘“合二而一”的新观点，并建立了幔—壳复合成矿模式。对丰富大地构造与成矿学的学术理论，对指导该区找矿有重大实际意义。(刘汉元)

P000120 **华北壳体演化—运动历程与油气成藏** 欧阳沙怀著。中南工业大学出版社 1993 年 12 月版。24.8 万字。15.00 元。从壳体演化—运动的角度，运用大量典型实例系统地总结了中国华北壳体的形成、演化、运动的历程与油气成藏的关系。主要运用历史—因果论油气大地构造学的基本观点，探讨了华北壳体运动的特征;壳体运动的动"定"递进的发展规律和对油气盆地形成、发展的制约;地球物理场与构造区划或油气盆地空间展布的关系;以及华北壳体诸中新生代油气生、储、聚、运作用的规律及其在时空上的联系,拓展了油气大地构造研究领域和概念。(刘汉元)

P000121 **华南二叠—三叠纪过渡期地质事件** 杨遵仪等著。地质出版社 1993 年英文版。30 万字。本书的中文版由地质出版社 1991 年出版。作者通过对华南地区 51 条二叠—三叠纪界线剖面的研究,从区域沉积相的分布特征及纵向岩性、生物变化规律论述了华南地区海水进退的独特历史;通过对华南二叠—三叠纪之间的火山活动范围、火山物质成分、特征及对环境的影响,以及对地球化学成分的分析,认为铱含量异常是地内事件造成的。综合华南二叠—三叠纪之交各种地质事件分析,以及对有孔虫、珊瑚、双壳类、菊石、牙形石 5 个生物门类的研究与测算,认为二叠、三叠纪过渡期生物绝灭的主要原因是其内因所造成,是生物遵循从发生发展到消亡的发展规律。而地质事件所造成的环境变化加速了生物绝灭的进展。这是一部多学科综合性的地学专著,对研究这一时期地质事件有较大的参考价值。(舒志清)

P000122 **大兴安岭地区晚中生代成煤植物** 何德长著。煤炭工业出版社 1995 年 3 月版。11 万字。15.00 元。阐述了内蒙古东部大兴安岭地区霍林河矿和伊敏矿晚中生代褐煤丝炭。描述了丝炭木材中 8 属的 12 个种,其中有 1 个新属,7 个新种,改正 1 个旧种。并把俄罗斯西西伯利亚中白垩世的 Glyptostroboxylon senamanicum Nastschokin 改归 Protoglyptostroboxylon。Phyllocladoxylon eboracense (Holden) Krausel 和 Xenoxylon peideense Zhenget Zhang 可以反映霍林河组丝炭木材组合特征,时代属晚侏罗世。Piceoxylon 和 Protoglyptostroboxylon 可以反映伊敏组丝炭木材组合特征,时代属早白垩世。这两组及其相当地层的动、植物化石组合面貌基本一致,双壳类化石工作者认为这两组俱属晚侏罗世;植物化石工作者则认为属早白垩世。笔者取到了 Protoglyptostroboxylon yiminense gen. et sp. n. 具气腔的生态材料,表明了该植物是典型的低位沼泽植物,进一步证实了它与 Glyptostrobus 的亲缘关系,为研究低位沼泽环境提供了线索。作者还系统地拍摄了射线细胞径向壁具有或无纹孔的照片(现代木材尚未拍摄),证实了厄尔得(1919)所说的情况和 Greguss(1955)描画的投影图。本书还阐述了所研究的两层煤中丝炭的形成环境。系统研究、全面揭示了丝炭对褐煤的成煤植物,古木材学和地层学所具有的重要研究价值。全书有中、英文对照,共 8 章,并有图版和图版说明。(马淑敏)

P000123 **甘肃酒泉盆地鱼化石及沉积环境** 马凤珍著。海洋出版社 1993 年版。20 万字。7.00 元。系统介绍了 70 年代初甘肃省区测二队所采的鱼类化石标本和 1981 年古脊椎动物与古人类研究所西北考察队在酒泉盆地获得的大量材料,首次记述了该盆地的两个新的鱼群,即酒泉鱼群和粒鳞鱼—祁连鱼群。从鱼化石的形态结构特征、鱼群组合面貌以及刺鳍鱼类的系统演化等方面分析,酒泉盆地西部侏罗系、白垩系的界线以划在赤金桥组与赤金堡组之间为宜。富产玉门粒鳞鱼的赤金堡组的时代应为早白垩世早期。根据鱼化石埋藏情况及围岩特征,并参考其他门类化石,推测酒泉鱼群代表淡水沉积环境,主要为湖相夹少量河流相。粒鳞鱼生活在闭流、半闭流的淡至微咸或半咸水湖泊中。含祁连鱼类的地层属于湖泊和滨湖相沉积。酒泉盆地含有粒鳞鱼—祁连鱼群的早白垩时期为较好的生油期。该书对有关鱼群特征、产鱼地层的时代和古环境、古生态的探讨,在研究我国晚中生代古生物地层对比和鱼类的系统演化方面有较大的参考价值。(庄一纯)

P000124 **石雅·宝石说** 章鸿钊著。上海古籍出版社 1993 年 8 月版。32 万字。13.00 元。《石雅》及其姊妹篇《宝石说》,是我国最早出版的研究金银宝石的专著。其中《石雅》的定名,据作者自谓,是循《尔雅》之例而立。本书运用大量我国古代文献,结合现代科学,对我国的石类进行研究和论述。书中对中西石类(包括翡翠、钻石、宝石、玉类、金银、砚材)的比较和渊源关系的看法,别具特色。由于作者学兼中西,博古通今,对所涉及的石类的论述精到无匹,引证赅周可据,所以本书不仅是地质工作者的重要参考文献,更是金银宝石饰物加工和鉴赏者的上佳读物,也适合一般金玉、宝石、砚材爱好者阅读。(江建忠)

海 洋 学

P000125 **中国海洋科学研究及开发** 曾呈奎等主编。青岛出版社 1993 年版。180 万字。40.00 元。系统地、分门别类地讲述了中国海洋科学各个分支的科学现状、研究重点及未来趋势,每一部分的作者均是该学科目前的首席科学家。全书共6部分,即海洋生物学、海洋物理学、海洋地质学、海洋化学、环境海洋学、海洋技术等,书后附有台湾、香港地区海洋学研究概况,还附有中国主要海洋科学研究和技术机构概况。(高继民)

P000126 **奇妙的海洋** 郁慧芳著。广西科学技术出版社1993年1月版。6.87万字。1.90元。科普读物。介绍大海的知识和人类认识、开发海洋的故事。收入"少年趣味科学丛书"。(马如海)

P000127 **新兴技术话海洋** 雷宗友等编著。辽宁少年儿童出版社1993年3月版。10.4万字。2.00元。"小学新书系新科技系列丛书"之一。通过对全国青少年海洋科普夏令营充满魅力的海上科学考察活动的描写,介绍了人类在开发利用海洋中发展起来的各种高新技术,如海洋与气象观测、海洋矿产资源开发、海洋新能源利用、海洋牧场建设、深海禁地探测等。(杨宁松)

P000128 **第二届国际黄海海洋科学讨论会论文集(英文)** 科学院海洋研究所编。青岛海洋大学出版社1993年6月版。47万字。19.00元。共收集论文27篇,分别来自中国、日本、韩国、朝鲜、俄罗斯,内容涉及黄海的形成史及演变,表面温度周年变化、黄渤海的冬期、黄海的水团、海流、盐度、底质、生物、初级生展力、浮游动物、渔业等。(木青)

P000129 **山东科技兴海论文集** 山东省科学技术委员会编。青岛海洋大学出版社1993年8月版。44.2万字。20.00元。共收集论文54篇,内容涉及发展高新技术建设海上山东的战略,综合开发的设想,港口、海岸带的开发设想,发展海洋产业,开发石油资源、矿产资源、食盐、化工等,发展水产养殖,网箱养鱼,实现海洋农牧化,开发海洋生物资源,环境保护,以及沿海地区如青岛、烟台、东营、威海、日照等市的"科技兴海"战略方案,黄河三角洲的环境治理等。(牛承章)

P000130 **海浪的观测分析和试验** 董吉田、吕常玉等著。青岛海洋大学出版社1993年9月版。37万字。19.50元。概述海浪观测的方法和常用海浪观测仪器,综述了海浪资料的分析处理方法,包括波形、波向的分析,波浪要素的分布函数,海浪谱及海浪的预报与后报等,还介绍了海洋要素分布函数及浅水波浪要素的计算和海浪物理模型试验的原理、原则、试验设计和试验方法及海浪模型试验的典型范例等。书末附有9个附录,如pearson Ⅲ型曲线的模比系数Kp值表等。(木青)

P000131 **海洋波动动力学** 蒋德才著。青岛海洋大学出版社1993年10月版。31.9万字。4.90元。物理海洋专业教材,较系统地阐述海洋表面重力波的基础理论和计算原理。共7章。前2章建立了张量形式的波动控制方程,论述了线性波动理和物理本质。第三、四章论述了地形、流场对波折、绕射的影响及海底底贡对波动的影响。第五章论述了斯托克斯波、孤立波、椭圆余弦波的分析方法和适用范围。介绍了陡波的流函数数值解。第六章介绍了波生近岸流的基本控制方程和作用力的计算方法,论述了波破碎带内的平均水位升降和沿岸流,不同波动场产生的近岸流系及浅海中的质量输送。第七章论述了经典长波理论,介绍了半封闭沟渠的一维潮波、假潮及突变地形处,长波的反射和透射现象,介绍了底摩擦、地转效应对长波的影响,在定常均匀风作用下风暴潮水位的变化特征。要求学生掌握海洋波动中线性波和非线性波的基础理论的分析方法和物理本质,掌握地形、流场下波折、绕射计算方法。了解波生流场、海洋长波的分析方法和概念。(李心铭)

P000132 **海图学概论** 楼锡淳、朱鉴秋编著。测绘出版社1993年12月版。44万字。25.00元。全面论述海图学的学术专著。系统地综述了国内外古代、近代和现代的海图制图发展史,全面阐述了海图制图的理论与方法,以及在该领域引进计算机技术后所出现的海图数字制图技术和海图数据库的构成理论方法,并结合我国的实际情况对海图的制图技术、工艺流程、生产管理、发展方向等作了详细的分析。(马秀琴)

P000133 **南沙群岛及其邻近海区第四纪沉积地质学** 副名:南沙群岛及其邻近海区沉积图集(一)。中国科学院南沙综合考察队编。湖北科学技术出版社1993年12月版。62万字。46幅。8.00元(平),19.00元(精)。系统地论述了第四纪沉积物的组成、特征、沉积作用、沉积过程,以及时空分布和演化规律,提出了碎屑、生物、矿物和地球化学三大成因8种沉积类型。从生物群的十大门类的分类、生态及区系等研究了生物沉积作用与沉积环境,对环境判释结果与地球化学等学科的研究结果相当吻合;在第四纪生物分类研究中,发现了一批新种和新记录;开拓了海相沉积有机地球化学的研究,阐明了物源和环境对有机质组成的控制作用,提出了南沙海区有机质早期演化的模式并圈定了三个油气异常区;发现黄铁矿和石膏独特的共性组合事实,并探讨它的沉积机理;根据光学地球化学作用特征,将南沙海区四个地球化学沉积区，追溯物源并探寻物源与大地构造背景的关系；揭示了中—晚更新世以来暖、冷周期变化史，初步阐明了晚更新世以来表层水温及水团的古海洋学演化史；对晚新生代以来沉积发育、构造提出了新的演化模式。《南沙群岛及其邻近海区沉积图集》(一)系《南沙群岛及其邻近海区第四纪沉积地质学》的配套大型图集，内容包括：实际材料图，沉积物的粒度、生物、矿物、地球化学沉积和沉积成因类型等图共46幅。集中、概括和形象地反映了南沙群岛及其邻近海区沉积地质学研究的最新成果。以上成果总体上达到80年代后期国际先进水平。(汪敏)

P000134　**海洋生化制备技术**　孙福章、韩天国编著。青岛海洋大学出版社1993年12月版。20万字。18.00元。共9章：从海带中提取甘露醇、褐藻胶和碘；从红藻分离琼胶和卡拉胶的技术；甲壳质、壳质糖和粘多糖的制备；从海洋生物中提取蛋白质、氨基酸、脂类、皂甙；海洋毒素的分离纯化方法；海洋维生素的纯化方法；从海洋生物中分离海洋激素的技术；在海洋生化制品中常用的几种分离纯化技术；海洋生化制备技术的现状和展望。另有8个附录。本书是作者多年从事海洋生化的教学、科研和生产实践的总结，并吸收国内外的先进技术，有些部分叙述较详，具有很强的可操作性，不仅有一定理论，而且有重要的实用价值。(陈万青)

自然地理学

P000135　**奇妙的南极**　金涛著。广西科学技术出版社1993年1月版。6.63万字。1.90元。科普读物。描述了南极的地理、资源、风光和气候。收入“少年趣味科学丛书”。(马如海)

P000136　**综合自然地理学**　陈传康等著。高等教育出版社1993年5月版。31万字。4.20元。高等学校地理系教材。阐述综合自然地理学的基本理论和研究方法，以及综合自然地理学研究的实际意义及其在国民经济建设中的作用。分别从地理学、自然地理学的研究对象入手，详细阐述自然地理学、部门自然地理学、综合自然地理学之间的关系，阐明综合只有在部门自然地理分析各自然要素的基础才能进行，而分析又必须在综合思想指导下才能提高，才能揭示各自然要素相互作用、相互制约的本质特性。在此基础上，全面阐述自然地理环境的整体性和地域分异规律，包括自然地理环境的组成和能量基础、自然地理环境的空间结构、自然地理各要素的物质交换、自然地理环境的发展、演化、地域分异的基本因素和基本规律、地域分异的尺度等。接着论述自然区划的理论和方法，土地的分级、分类和分等，最后从综合的观点出发，论述人类与自然环境的辩证关系，以及人类与环境的协调发展。(黎勇奇)

P000137　**沙漠——呼唤春风的土地**　伍光和编著。湖南少年儿童出版社1993年7月版。10万字。3.00元。少儿地理科普丛书“方圆千万里”之一。全面介绍沙漠的类型、沙漠的形成和发展、沙漠的防治等科学知识。(何农荣)

P000138　**地理科学导论**　王铮主编。高等教育出版社1993年11月版。38万字。4.85元。以崭新的理论体系，将地理学所涉及的全部内容，包括自然、人文、经济等各个方面，囊括在6章之内。它融自然、人文、经济三大要素为一体，充分阐述三者之间的关系，以及地理学研究对象中的人群、资源、环境和区域开发的核心问题。运用系统论将地球表层纷繁复杂、体系庞杂的地理事物归纳为7种基本地理过程，即气候过程、水文过程、地貌过程、生态—环境过程、空间经济过程、人口过程和文化(发展)过程。既反映了地理事物的本质特征，又可看出其动态过程。在阐述无机和有机这两大类自然要素时，用生态—环境的观点来说明它们之间的关系，突破了以往单要素阐述和自然、人文的二元结构，把地理过程中的各要素都看成是处于不同位置的子系统，并用系统论将它们联系起来，从而更好地揭示了基本地理规律，包括地带性、地域分异、系统性、节律性等。另外还分章阐述环境和区域问题。(黎勇奇)

P000139　**中国典型地貌与新构造素描图谱**　尹荷中著。中南工业大学出版社1993年12月版。15.6万字。10.00元。中国境内现阶段地貌及新构造景观，主要是中、新生代以来地洼发展阶段的产物。本书从地质素描的角度，再现了中国境内典型地貌及新构造的形态特征、历史成因和分布规律，从一个侧面反映了我国现有地貌学及地质素描的实际水平，并有一定的美学观赏价值。(刘汉元)

Q 生物科学

Q000001 **微体古生物学教程** 郝诒纯等主编。中国地质大学出版社 1993 年 1 月版。9.80 元。全面介绍各门类微体化石的专业教材。分 4 篇 11 章 2 个附录。第一篇阐述了微体古生物学的内容、任务、研究对象、研究简史及应用等基本理论和概念；第二篇介绍了钙质类微体化石，内容包括有孔虫(附丁丁虫)、介形虫、早期骨骼化石(即小壳化石)、钙质超微化石、轮藻及其他钙藻、牙形石；第三篇介绍了硅质类微体化石，内容包括放射虫、硅藻与硅鞭藻；第四篇介绍了有机质类微体化石，内容包括孢子及花粉、沟鞭藻与疑源类、几丁虫。附录一为重要化石属描述，附录二为各类微体化石的处理方法。其中第二、三、四篇是本书的主要内容，重点介绍了生产实践意义大且常见的八大类微体化石——有孔虫、介形虫、钙质超微化石、轮藻、牙形石、放射虫、孢子及花粉、沟鞭藻。本教材注意“三基”(基本知识、基础理论和基本技能)的论述。在对各门类微体化石的形态、构造、化学成分、生态特征、分类和地史分布的论述基础上，增加了化石处理方法。为了使学生掌握化石处理方法以及使从事微体古生物专业的学生掌握更多的知识，增加了各门类重要化石属的描述，并将这二部分作为附录。同时还列出进一步学习时的建议阅读书目。(褚松和)

Q000002 **定量细胞学和细胞化学技术** 副名:青年科学家文库。徐根兴著。吉林科学技术出版社 1993 年 3 月版。21 万字。7.00 元。主要论述细胞学和细胞化学的定量技术及基本方法。系统介绍了细胞和细胞器内酶、蛋白质、核酸、基因、糖类、脂类、离子、生物胺等物质的图像分析、形态立体学测量、细胞光度测量、X 射线微区分析和超微结构定位方法。概述了细胞、细胞器和细胞内物质的二维、三维形态参数、光密度参数、色度参数和纹理参数的计算及意义。(张瑛琳)

Q000003 **生物工程之窗** 贺锡廉编著。辽宁少年儿童出版社 1993 年 3 月版。13 万字。2.40 元。“小学新书系新科技系列丛书”之一。共 11 章，以林倩和米明两位中学生参加校外生物兴趣小组的活动(如参观人类遗传展览会，遍访植物园、蔬菜工厂、酶工厂、医院、种子博物院、畜牧和渔业研究机构、环保机构等)为主线，分别记述、介绍了生物工程在农业、林业、畜牧业、渔业、医学、化工建材等广阔领域中所创造的奇迹。(杨宁松)

Q000004 **生物化学** 副名:高等医药院校协编教材。周秀贞等编著。贵州科学技术出版社 1993 年 4 月版。57 万字。10.70 元。主要内容包括:绪论，蛋白质化学，核酸化学，维生素，酶，糖代谢，脂类代谢，生物氧化，氨基酸代谢，核酸代谢与基因工程原理，蛋白质生物合成，激素，物质代谢调节，血液，肝胆生化，水、电解质、酸碱平衡，钙、磷及微量元素等诸多方面。内容选取密切结合教学实际，有一定的广度和深度，以讲清生物化学的基本概念为主线，同时反映了一些比较成熟的现代进展，摒弃一些陈旧的冗长叙述。并对医学其他学科的基础知识如水、电解质、酸碱平衡和激素等，从生物化学角度进行了较为深入的介绍，以帮助学生能更好地明确其机理，有利于以后对临床课的学习。(夏同珩)

Q000005 **群体遗传学导论** 郭平仲编著。农业出版社 1993 年 5 月版。31.7 万字。13.10 元。群体遗传学是关于孟德尔定律及有关遗传学原理如何应用于生物群体的学科。本书系统讲述群体遗传学基本原理和有关研究结果。全书共 10 章，主要内容包括:哈迪—温伯格定律探讨，系统性因素对基因频率的作用分析，小群体内的随机遗传漂变，近交及有关近交体系，非随机交配效应分析，遗传负荷理论与适应度，中性学说与选择学说以及种群分化与遗传距离等。书中注重理论体系的完整性和内容讲述的条理性。书中对公式表达、原理分析和生物实例并重，便于初学者由浅入深系统地掌握。(张本云)

Q000006 **英汉生物工程词典** 王二力、孙曾泽等编。上海科学技术文献出版社 1993 年 5 月版。54.4 万字。14.80 元。专科双语词典。生物工程是一门综合化学和化学工程、生物化学和生化工程、生物学与分子生物学、遗传学与遗传工程、微生物学、农学、免疫学等各种学科内容的新兴学科。随着各学科的快速发展,出现了许多与生物工程有关的新名词与术语。本词典收集了生物工程各方面的重要名词、术语,以及操作步骤、加工处理等有关方面的词汇,包括发酵、酿造、疫苗、抗菌素、酶的生产与利用、生物质、组织培养、生物量、废水和废物处理、生化制剂以及微生物等多方面。共收有3 867条词条,每个词或词组有简明的解释,有些词条还附有示意图、化学结构式或分子式。(陆琦)

Q000007 **生物工程下游技术** 副名:细胞培养、分离纯化、分析检测。刘国诠主编。化学工业出版社1993年7月版。48.7万字。15.60元。介绍生物工程下游的一些关键技术,如生物反应器、大规模细胞培养、动物细胞培养用微载体与微囊化培养方法、破菌技术与设备、有机与无机分离、纯化介质、膜分离介质与器件、蛋白质的制备色谱分离技术与方法、生物工程产品的质量监控与分析检测方法等。本书既着力于发展现状和趋势的讨论,又兼顾基础知识与背景的阐述。(叶露)

Q000008 **分子生物学** 阎隆飞、张玉麟等编著。北京农业大学出版社1993年9月版。71.1万字。13.10元。全面、系统、深入地介绍和论述了分子生物学内容:DNA的结构、复制、重组、突变和修复,RNA的合成,蛋白质的生物合成,遗传密码,基因表达的调控,酵母,病毒,真核生物基因组的结构和功能,分子生物学技术等。书中断裂基因、核酶及PCR技术是近两年获诺贝尔奖的内容,在国内外第一次列入专著中。还有基因家族,线粒体密码,反义RNA对基因表达的调控,RFLP和RAPD及其应用等也是增加的新内容。(赵玉琴)

Q000009 **最新实用生物图谱** 李鸿昌主编。山东教育出版社1993年10月版。50万字。150.00元。供大、中学生物教学使用的基础工具书。共收录植物249科,779种;动物416科,938种。植物包括与人类生活关系密切的微生物,栽培植物,林果、花卉,具有医药、工业原料等用途的野生植物,稀有以及有较高学术价值的珍贵植物。动物包括自原生动物到哺乳动物各个类群,既有各个科的典型代表,也有常见的种类,还有珍稀的种类。图谱所收录的动植物均配有原色图片,以显示生物体的自然面貌和典型特征,同时有说明形态、生态及应用的文字。(赵猛)

Q000010 **恐龙** 邓荣辉撰文,蔡康非绘画。新蕾出版社1993年12月版。7万字。7.50元。收入“漫游科学世界丛书”。从“龙”的趣闻引入奇妙的化石世界,介绍了恐龙世界的各种奥秘;人怎样发现恐龙的;恐龙的家族和成员;这样庞大家族在晚白垩世为什么突然灭绝等等。(韩凤歧)

Q000011 **中国地层古生物(第二卷)** 杨遵仪主编。地质出版社1993年英文版。35万字。供国际交流的地层古生物论文选集,主要反映国内古生物研究的新成果,作者多为国内著名古生物学家。本卷共收入13篇论文,包括:新疆洪古勒楞组一个新的法门期棘皮动物群的发现及洪古勒楞组的重新厘定,鄂西震旦纪和早古生代的热成熟度、评价、反射率及地球化学研究,中国上扬子地台北部宝塔灰岩中发现的小砑头虫回,藏北双湖地区中侏罗世早期的腕足类、二叠—三叠系界线的事件地层学,华北上奥陶统日射珊瑚的一个新属Longxianites,中国奥陶纪层孔虫的地质地理分布,巴尔干—蒙古—鄂霍次克地区早泥盆世的石燕类腕足动物新属Borealispirifer n. gen,西藏南部白垩—下第三系的钙质超微化石及其环境意义,湘西北牙形石属Neogondolella, Hindeodus和Isarcicella的演化,河北省秦皇岛地区新厂期(早奥陶世)的笔石序列,Unispirifer striatoconvoluts个体发育的初步研究,早寒武世古生物地理和古大陆位置的修正。(舒志清)

Q000012 **固氮微生物学** 樊庆笙编著。农业出版社1993年10月版。13.8万字。3.15元。高等农业院校教材,阐明了固氮微生物的类型和生态,固氮生理和固氮机制,以及分析生态环境因素的影响以提高固氮酶活性,发挥各类微生物固氮体系的固氮效率,深入探讨生物固氮的遗传,实现固氮基因的转移、组合和表达,构建新的生物固氮体系,丰富植物的氮素营养源。全书共10章和附录。前5章系基础部分。其中第一二章概述固氮微生物和生物固氮体系;第三四两章阐明固氮酶和固氮机理;第五章讨论固氮遗传。后5章分别介绍了根瘤菌—豆科植物共生固氮体系、弗氏放线菌与非豆科植物共生固氮体系、鱼腥藻—红萍共生固氮体系、联合固氮体系、固氮微生物的演化及生物固氮的前景。最后附录固氮测定技术。(毛志强)

Q000013 **免疫物理化学(英文版)** 贾万钧著。化学工业出版社1993年11月版。30万字。39.00元。作者在大量研究的基础上,提出用物理化学、胶体化学的理论研究抗原抗体反应,并推导出数学模型,把免疫学反应机理提高到了分子水平。由定性到定量计算,这是国内外免疫化学界的一个创造性成果。用书中的数学模型计算出的数据可以作为广

大医务、医药、生物、临床工作者进行免疫学检验的依据。(陈志良)

Q000014 **湖北植物大全** 郑重编著。武汉大学出版社 1993 年版。60.9 万字。14.00 元。集作者 35 年调查研究湖北植物的成果和大量搜集、参考和借鉴国内外有关文献资料之大成,较为全面系统地反映和介绍了湖北植物的状况。记载湖北野生植物和较为常见或重要栽培植物 5 650 种(含种下等级),分隶于 200 科、1 355 属。各科按植物分类系统排列,每种记述有中文名、拉丁学名、植物性状、湖北省主要产地(具体到县市、山头或地区部位)、省内垂直分布大致海拔高程和生长环境、国内外的水平分布概况等。凡系中国特有属植物均在属名后加以注明,栽培植物标明栽培并列出其原产地。为查阅方便,书末附有拉丁文科名、属名索引。对植物分类学、植物生态学、植物地理学、植物区系学及生物多样性等科研工作和农林、园艺、医药、环保均具有重要的参考价值。(钟雄文)

Q000015 **奇妙的植物** 裘树平等著。广西科学技术出版社 1993 年 1 月版。6.7 万字。1.95 元。科普读物。介绍许多新鲜而有趣的现象:森林怎样从光秃的裸岩上崛起?为什么植物与动物会交上好朋友?植物有哪些巧妙的防身本领? 植物的感情、神经、脉搏、血型究竟怎么回事?书中给青少年朋友揭示许多植物学中的奥秘。收入"少年趣味科学丛书"。(马如海)

Q000016 **北京植物检索表(1992 年增订版)** 贺士元等编。北京出版社 1993 年 3 月版。25.6 万字。9.20 元。为适应大专院校植物学教学和野外调查采集高等植物的需要,作者于 1977 年将北京出版社出版的《北京植物志》中的科、属、种检索表部分抽出,加以整理、修订、补充,编写成《北京地区植物检索表》。之后有《北京植物志》(上下册)、《中国植物志》(近 80 册卷)出版,还有近百篇研究植物专科专属的专著性论文发表,以致植物学名发生较大的变化;再加以近年来北京从我国南方和国外引进不少种类的植物,以及随着进口物资带入了不少杂草,北京已有许多种植物未能包括在该书中。因此,将原书的《补编》加以扩充,增加观赏植物、资源植物、归化植物和杂草共 320 个种及变种(其中有些是近年在北京首次发现的),并更名为《一九九二年补编》。书中采用的植物名称,尽量使之与《中国高等植物图鉴》所列的相一致,以便查阅。(韩心丽)

Q000017 **北京植物志** 贺士元等编。北京出版社 1993 年 3 月版。227.1 万字。2 册。60.10 元。作者于 1960 年完成本书的编写工作。之后又有一些新种及新变种被发现。且随着《中国植物志》、《中国高等植物图鉴》及一些专科、专属研究著作的出版,专家们对有些属种的地位、范围大小作了修正。初版《北京植物志》已经不能正确地反映客观情况和适应人们的需要,故于 1984 年对该书进行了修订再版。随后《中国植物志》陆续出版发行近 60 卷,各省、区的地方植物志也出版不少,且有大量的有关植物分类学的专科专著的研究论文发表,对一些植物属、种进行了订正和修正;加之近年来北京地区又新发现了一些植物,其中有些是从国内外引进的观赏植物和资源植物,有些则是通过各种渠道传入的杂草;有鉴于此,1992 年特将本书修订再版。(韩心丽)

Q000018 **野生植物资源学** 副名:全国高等农业院校教材。戴宝合主编。农业出版社 1993 年 5 月版。64.8 万字。26.90 元。野生植物资源专业的主要专业课之一。除绪论外,分别概括论述了植物资源的分类系统,植物资源的基本特性,植物资源的保护和管理,植物资源的开发利用途径、原则、步骤和方法。分 18 类资源:野生果树、药用植物、芳香油植物、油脂植物、纤维植物、淀粉植物、树脂植物、树胶植物、鞣料植物、色素植物、观赏植物、甜味剂植物、野菜、农药植物、皂素植物、紫胶植物、白蜡虫寄生植物和木栓植物等。主要植物资源都附有黑白插图,共 241 幅,彩图 12 幅,图的来源,均选自全国或地方的有关《植物图鉴》、《植物志》或其他专著。(张兴瓒)

Q000019 **植被——结构、功能与动态(英文版)** 江洪等著。科学出版社 1993 年 6 月版。21 万字。近年来生态学研究成果论文集。论述了植被生态学的某些重要问题与全球变化、生物多样性保护和生态系统的永续利用的密切关系。(曾桂芳)

Q000020 **中国西藏山川植被** 徐凤翔著。江苏科学技术出版社 1993 年 7 月版。300 幅。298.00 元。画册。分 10 个部分展示西藏各个地区的自然风貌和生物资源。"地貌景观"和"山体多姿"两部分展示山脉、冰川、湖盆、山原河谷、高山峡谷以及著名山峰的地貌;"江河湖泊"部分反映河流、天然湖泊以及雅鲁藏布江和"三江";"植被类型"部分介绍西藏的荒漠植被、草原植被、草甸植被、沼泽及水生植被、高山冰缘植被、灌丛植被和各类森林植被等;"林海苍莽"部分展示西藏的亚高山寒温带及温带暗针叶林、山地温带针叶林及落叶阔叶林、山地暖温带针阔混交林及落叶常绿阔叶混交林、山地亚热带常绿阔叶林、低山热带雨林、季雨林等;"古树异木"部分展示巨柏、松杉、樟楠枫薇、树蕨、杨柳桑桃、杜鹃、沙棘、卫茅等;"花果菌药"部分展示野生花卉、野果、野生食用菌和药用菌;"田园牧趣"、"风云变幻"、"奇景一瞥"三部分反映农牧风光、高原气候、奇山怪石等。附有中、藏、英三种说明文字,互相对照。(周兴安)

Q000021 **中国植物系统学文献要览(1949—1990)(英文版)** 陈心启等编。广东科学技术出版社1993年8月版。130万字。380.00元。收录自1949年至1990年间涉及研究中国苔藓、蕨类、裸子植物和被子植物的著作7 000多篇(部)。所编内容学科范围广,包括植物系统学、经济植物学(包括中草药)等。内容简要精确,信息量巨大。读者通过本书可以了解到数百个中国标本馆、数千名中国植物学家、百余卷中国名科植物志及其内容梗概。编排合理,检索科学。读者通过作者姓名、植物科属分类或植物分布等都可迅速查到必要的文献。本书适合农、林、医药和其他植物学分支学科的研究人员使用。(余芷君)

Q000022 **中国蜡梅** 赵天榜著。河南科学技术出版社1993年8月版。18万字。9.50元。在总结全国各地长期以来进行蜡梅属植物种质资源调查研究,自然保护区建立,以及蜡梅良种选育,快速繁殖、造型艺术等经验和科学研究成就的基础上进行编著。内容包括分布、历史、型态、生态、组织解剖、生长发育、开花结果、良种选育、品种、繁殖、栽培、造型艺术、树体保护及经济用途等。(白鹤扬)

Q000023 **维管植物演化形态学** 谷安根等著。吉林科学技术出版社1993年8月版。38.2万字。13.80元。把维管植物的形态学和解剖学的基础知识结合在一起,从系统发育的方向研究植物形态学和植物解剖学。全书分两部分:第一篇介绍维管植物的外部形态,即从系统发育上来阐明其营养器官与生殖器官的起源和演化规律,着重描述维管植物的各种器官的系统发育理论;第二篇介绍维管植物的内部形态(解剖)学,即从系统解剖学角度来论述其细胞、组织、器官结构的发生、发展及其演化的理论以及由简单到复杂,由低级向高级演化的全过程。作者在书中,对中柱学说与子叶节区学说等部分,阐述了自己的观点。(吴玉兰)

Q000024 **内蒙古饲用植物名录** 富象乾编。内蒙古人民出版社1993年8月版。14万字。5.00元。系统地介绍饲用植物52科,793种,栽培饲用植物6科,42种。(崔泽红)

Q000025 **植物** 裘树平撰文,刘熊绘画。新蕾出版社1993年8月版。7万字。7.50元。收入"漫游科学世界丛书"。植物遍布世界的各个角落,本书将把你带入植物王国,叫你领略这个绿色世界的庞大和复杂。如植物体内的构造怎样?植物如何吃动物?植物的邻里间是如何明争暗斗的,等等,同时,还介绍了植物的形态、行为以及与人类极为密切的关系等内容。(韩凤歧)

Q000026 **江西植物志(第一卷)** 林英等编。江西科学技术出版社1993年9月版。85万字。25.00元。主要内容为:江西自然地理概况、植被和植物区系、蕨类植物和裸子植物。共编载了蕨类植物49科、114属、401种、27变种、5变型,绘插图371幅,其中含迄今未详细记载的中国特有种40余种,以及1新种和1新变种;编载了裸子植物12科、41属、164种、9变种、24栽培变种,绘插图132幅。蕨类植物分类群的编写,采用秦仁昌系统;裸子植物分类群的编写,采用郑万钧系统。各分类等级的植物类群都有特征记述及分类检索表。科及科以上的植物类群名称只列中名的正名、拉丁名的正名、特征简介和分布区,属的拉丁名之后并列出命名人。种、变种和变型,写出中名正名(或兼列别名)、拉丁名的正名、主要拉丁名的异名、原始文献及重要参考文献、形态特征、产地、生境、分布区和主要用途。(敖裕兰)

Q000027 **植物学野外实习手册** 冯志坚等编。上海教育出版社1993年10月版。24.9万字。7.15元。配合植物学实习的参考用书。分两大部分。第一部分介绍野外实习的准备和实施,具体涉及实习基地的选择及其自然资源概况,实习必需的基础知识和器材、资料,怎样观察、识别植物,怎样采集制作标本和作鉴定;第二部分汇集主要高等植物分科分种检索表,常见高等植物名录,常见种子植物花期及中文、拉丁文科名索引,并穿插上百幅简明写实的形态解剖图和分种特征图。本书适于在我国中部亚热带地区实习时阅读对照用。(张诗忠)

Q000028 **湖南大型真菌志** 李建宗等著。湖南师范大学出版社1993年11月版。73万字。42.00元。收录湖南迄今已知的大型真菌530多种,分别隶属于子囊菌亚门和担子菌亚门,核菌纲、盘菌纲、层菌纲和腹菌纲等4个纲,20目,58科,173属。其中包括研究中发现的新种11种,建立新组合4种,国内新记录属3属,新记录种68种。这些菌中有食用菌188种,药用菌94种(含抗癌真菌36种),毒菌70种,林木害菌73种,造林真菌80种。介绍了各大类群主要特征,各级检索表,学名,异名;详细记述了已知大型真菌种类的分类地位，原始资料，形态特征，生态习性，分布情况及经济用途，利用方法等。附有彩图和黑白图共285幅。(李琪)

Q000029 **长江中下游水域洲滩野生经济植物** 文明著。湖南科学技术出版社1993年12月版。45.5万字。14.50元。以“长江中下游水域洲滩野生经济植物调查研究”课题的研究工作为基础，汇集全国各有关大专院校、研究单位的文献资料和植物标本编撰而成的研究专著。共收编长江中下游水域洲滩野生经济植物362种(隶属于218属、72科)。除少数种类外，每种经济植物均列出中文名、地方名、学名、形态特征、生长环境、产地、用途、理化性质及化学成分、采取处理、繁殖等项，并附有插图，以资识别。书末还附有用途分类一览表，野生经济植物中文名索引和拉丁学名索引。(王劲松)

Q000030 **鸟类学** 常家传等著。东北林业大学出版社1993年版。31.7万字。10.50元。高等林业院校专业基础课教材。简明扼要地介绍鸟类学基本知识和研究方法，包括动物分类原则和方法、中国鸟类分类系统、分布、繁殖、食性、行为、鸣声、换羽、飞翔和迁徙，书中有近150幅插图，书末附有世界现存鸟类目、科系统和鸟类学之生僻字注音，以方便学生阅读。本书的特点是，第一，采用新分类系统，力避陈旧的名词、名称，书后附有国际公认的世界鸟类分类系统；第二，分类学部分简要叙述目、科特征，每科一图，科代表动物与图片一致；第三，介绍和分析了Sibley的DNA杂交法建立的分类系统；第四，鸟类行为、飞翔，检索表的使用和编制及标本采集、鉴定、收藏均属于新内容；本书还囊括了飞机鸟撞、环志等鸟类学研究热点。对“大鹡科”的废用，本书提出的理由与Sibley和Haward等的研究结果相吻合。(倪乃华)

Q000031 **无脊椎动物比较形态学** 陈义著。杭州大学出版社1993年版。63万字。15.20元。我国著名动物学家、原南京大学生物系一级教授。共12章，按原生动物门、多孔动物门、腔肠动物门、扁形动物门、线形动物门、环节动物门、节肢动物门、软体动物门、总担动物门、须腕动物门、毛颚动物门、棘皮动物门等12个门，分别就各门无脊椎动物的特征、比较解剖、生殖和发生、分类、种族关系逐一详细论述，把从低等到高等的各种代表性动物的外部形态、内部结构、比较解剖、发育发生和进化融合在一起进行介绍，以辩证唯物主义的观点阐明无脊椎动物的系统演化关系。书中附有精心绘制的插图796幅。书内所有专用名词均注有拉丁文学名。尽管本书成稿于60年代，当前新的研究成果尚未反映，但仍不失为我国目前内容最为完整的有关无脊椎动物学的权威性著作。(蒋保纬)

Q000032 **奇妙的动物** 裘树平等著。广西科学技术出版社1993年1月版。6.3万字。1.80元。科普读物。介绍一些群体动物的知识、趣闻以及科学家的新发现。收入“少年趣味科学丛书”。(马如海)

Q000033 **动物趣谈** 姚大均编写。江苏少年儿童出版社1993年1月版。72万字。15.00元。知识读物。4卷本合订。第一卷讲动物的生态，如4只眼睛的鱼、长角的雉鸡、三位一体的寄居蟹等；第二卷写的是动物的行为，如蝙蝠的超声波、响尾蛇的红外线；第三卷动物的进化；第四卷动物的传奇，有义犬救主、海豚救人、老马识途等。全书共有500余篇短文。(徐健)

Q000034 **动物园的秘密** 张继忠著。明天出版社1993年1月版。6万字。7.50元。介绍动物生活习性及其在动物园中不同于野外环境的特殊表现，还介绍了饲养员与动物的关系、动物之间的关系。配有百余幅彩色动物照片。(孟凡明)

Q000035 **西双版纳动物志** 杨德华、郑纯编。云南大学出版社1993年3月版。55万字。19.00元。西双版纳是我国小区域单位面积上动物种类最多的地区之一，同时，也是我国热带亚热带动物保护较为完好的一个地区。50年代以来，国内外有关机构对这一地区的动物区系进行了大量的考察研究，积累了丰富的资料。本书收录迄今为止在西双版纳地区发现的动物。主要内容包括：一、除昆虫纲外，对各种动物的种名、形态、习性、经济意义、分布地作生物学记述，并插入动物的形态图。二、对西双版纳地区动物研究的历史及动物资源的保护与利用方面的基本知识作了简要介绍。三、收录有关西双版纳地区动物研究、保护方面的大事、政策资料。四、附有18幅照片。(张永宏)

Q000036 **陕西啮齿动物志** 王廷正、许文贤编。陕西师范大学出版社1993年4月版。52.4万字。20.00元。总结迄今为止有关陕西省啮齿动物区系、分类、生态、分布及鼠害诸方面的研究。全书共6章，包括自然环境、啮齿动物区系、地理分布、地理区划、经济意义和啮齿动物分类研究等部分。记述了2目、11科、55种(另13亚种)啮齿动物，及陕西鼠兔一新种。书中插图150幅，并提供了附录Ⅰ、中国啮齿动物系统检索(至亚种)及附录Ⅱ、药物防治等内容，这些内容可作为高等院校动物专业师生和科研人员从事动物学、动物分类学、动物地理教学、学习和研究的参考，也可为农林牧业植物保护人员及防疫卫生工作者借鉴。(王佰铭)

Q000037 **江西动物志** 副名:人与动物吸虫志。王溪云、周静仪编著。江西科学技术出版社1993年5月版。99万字。45.00元。介绍哺乳动物、禽类、鱼类、两栖类、爬行类动物的吸虫，共计47科、84亚科、163属、426种，各科有简史及亚科、种的检索，并对每个种分别进行描述。书中有76种系新种，并建立了5个新属、2个新亚科，有80余种为国内新记录，近300种为江西省新记录。不仅充实和丰富了吸虫学科的内容，对加速我国蠕虫学科的发展具有重要意义，而且为生物学、农牧业、渔业、医学卫生、环境保护等方面的发展提供了极重要的科学依据。(涂水香)

Q000038 **动物世界** 中央电视台编。华夏出版社1993年6月版。85.7万字。58.00元。荟集中央电视台223集《动物世界》节目中最精彩图像照片，将解说词精心设计编配，描绘各类动物的生活习性、特点、技能、生存斗争、繁衍以及人与环境的关系等，具有较强的科学性和可读性。(王炳明)

Q000039 **兽类** 裘树平等撰文。刘熊等绘画。新蕾出版社1993年8月版。7万字。7.50元。收入"漫游科学世界丛书"。通过生动有趣的漫画和浅显精炼的文字，把读者引入兽类王国的大门，使读者了解兽类的生存和发展，习性和趣闻。同时阐明兽类和人类的不可分的密切关系等等。(韩凤歧)

Q000040 **鱼类** 陈春福撰文。韩鹤树绘画。新蕾出版社1993年8月版。7万字。7.50元。收入"漫游科学世界丛书"。通过大耳灵、奇奇、瓜瓜的漫游，把读者带入千姿百态，五光十色的鱼类王国。有的如梭似带;有的披甲长刺;有的发光放电;还有的变色拟态等，使读者获得许多鱼类知识。(韩凤歧)

Q000041 **英汉线虫学词汇** 刘维志编。辽宁科学技术出版社1993年11月版。24.9万字。8.00元。收录线虫形态学、解剖学、生理生化、遗传和变异、生物学、生态学、线虫与寄主的相互关系以及防治等方面名词、术语共约10 000条。另有线虫学文献中的常用缩写词、杀线剂商品名称、常见线虫的英文俗名、常见线虫种属名的拉汉对照和线虫解剖名词图解等5个附录。(李逢秋)

Q000042 **昆虫毒理学原理(英文版)** 赵善欢编著。广东科学技术出版社1993年1月版。25万字。20.00元。融作者数十年教学与科研的经验和博览国内外有关文献资料的心得以及作者及其同仁和弟子们多年来的研究成果于一体，并由作者在其首创的"杀虫剂田间毒理学"这一重要理论基础上编著而成。(郭怡甘)

Q000043 **奇妙的昆虫** 柳德宝著。广西科学技术出版社1993年1月版。5.6万字。1.60元。科普读物。为少年朋友对昆虫王国进行观察和思考时，提供有趣的科学知识。收入"少年趣味科学丛书"。(马如海)

Q000044 **昆虫** 柳得宝撰文，林禽、林树绘画。新蕾出版社1993年8月版。7万字。7.50元。收入"漫游科学世界丛书"。占动物界三分之二的昆虫，有天上飞的，有地上爬的，水里游的，和人类有着极其密切的关系。本书将读者带入昆虫王国，去探索昆虫的奥秘，去了解昆虫的奇闻趣事。(韩凤歧)

Q000045 **鸟类** 范汜撰文，张中良等绘画。新蕾出版社1993年8月版。7万字。7.50元。收入"漫游科学世界丛书"。通过大耳灵、奇奇、瓜瓜的漫游，将读者带入鸟的王国，使读者知道鸟的祖先和发展;了解鸟的稀奇趣闻;回答读者想知道的关于鸟类的各种问题，从中得到满足，产生兴趣。(韩凤歧)

Q000046 **蟋蟀谱集成** 王世襄编。上海文化出版社1993年9月版。30万字。41.40元。影印古籍。收有我国蟋蟀谱17种，上自传世最早之本，下至1949年以前之作。为保存旧籍原貌，全部影印出版。每种古谱前作者加撰提要，介绍该书内容及作者。书后附校记。全书刊出彩版、单色版图片40幅，资料价值高。作者为本书专门撰写《秋虫六忆》，可看作他一生养虫经验与见闻的总结。(邰维爱)

Q000047 **中国半翅目昆虫生物学** 章士美、胡梅操编著。江西高校出版社1993年10月版。22万字。8.00元。在广泛收集有关半翅目生物学资料的基础上，列出我国半翅目昆虫28科、229种，按科、属次序编排，分别介绍其寄主、年生活史、各期习性及国内外分布。该书共29章，第一章分食性，栖息场所，化性，越冬虫态与场所，发生期，各虫态历期，若虫龄次，产卵方式、场所及数量，若虫及成虫期的习性与发生节律，进行综述。第二章至二十九章分别介绍:土蝽科5种、龟蝽科9种、盾蝽科9种、荔蝽科6种、兜蝽科6种、蝽科52种、异蝽科5种、同蝽科3种、缘蝽科34种、跷蝽科2种、狭蝽科1种、树蝽科1种、长蝽科19种、红蝽科6种、皮蝽科2种、扁蝽科2种、网蝽科16种、猎蝽科9种、姬蝽科5种、臭虫科2

种、花蝽科 5 种、盲蝽科 16 种、宽蝽科 1 种、负子蝽科 3 种、仰蝽科 3 种、尺蝽科 1 种、蝎蝽科 4 种、划蝽科 2 种。本书在害虫测报、防治,益虫利用、保护以及植物检疫方面有参考价值,可供昆虫学工作者、科技人员、植保干部以及农林院校师生参考。(花传贵)

Q000048 **浙江蝶类志** 童雪松主编。浙江科学技术出版社 1993 年 10 月版。15 万字。40.00 元。介绍浙江省蝴蝶 11 科 340 种,记述了每种蝴蝶的主要特征、近似种的区别、国内外的分布、已知的寄主和发生的特点等,同时介绍了蝶类的基本知识、标本的采集、饲养、制作和保存技术,并附浙江的蝴蝶(原大)彩图 756 幅。(边方)

Q000049 **中国跳蛛** 彭贤锦等著。湖南师范大学出版社 1993 年 12 月版。22 万字。16.80 元。包括总论和跳蛛科的分类研究。前者分述 4 个问题:一、研究简史;二、形态特征;三、分类系统;四、地理分布。后者记述分布于我国的跳蛛 46 属 130 种。全书附有种的形态结构图 893 幅。(李琪)

Q000050 **蝗虫分类学** 郑哲民著。陕西师范大学出版社 1993 年 12 月版。70.5 万字。20.00 元。分总论和各论两大部分。总论详细论述了蝗虫的分类特征,重点探讨了直翅目的发展历史,分别阐述了蝗虫的分类系统,着重介绍了我国有关蝗虫分类的新系统,并对蝗虫生态型的多样性进行了研究报道。各论部分分别对我国蝗虫总科 8 个科进行了详细的分类描述。所描述的 800 多种蝗虫都有科、属、种的详细检索表及特征描述。(郭永新)

Q000051 **体质人类学** 朱泓编著。吉林大学出版社 1993 年 3 月版。29.5 万字。3.60 元。教学用书。包括 5 部分:绪论、人类在自然界中的位置、人类的起源、人类发展和人类的种族。为使初学者阅读理解,在附录中还补充了若干有关骨骼鉴定和人体测量学方面的必要知识。作者在占有大量国内外相关资料的基础上,对体质人类学的 3 个主要领域:人体形态学、古人类学和人种学的基本内容进行了深入浅出的阐述,此外还对人类学发展史和我国居民的种族类型的形成等问题做出了分析和总结,有自己独到的见解。(朱泓)

Q000052 **微生物学教程** 周德庆编著。高等教育出版社 1993 年 5 月版。65 万字。11.00 元。高等学校教材。以微生物的五大生物学规律(形态构造、生理代谢、遗传变 异、生态分布及分类进化)为主线,依次分 8 章加以叙述。绪论简述了微生物学的发展史,阐述了微生物学的发展如何促进了人类的进步。第一章提出了一切微生物都具有的五大共性并分析了其中的根本原因。第二至第四章分别介绍了原核微生物、真核微生物和非细胞类生物(病毒)的形态构造及其相应生理功能。第五至第七章为微生物的生理和代谢,主要阐述了微生物的营养、代谢、生长和死亡等重要生命活动规律。第八章为微生物的遗传和变异,其中不但有从分子水平阐明遗传变异机制的内容,而且有把这些原理运用到育种实践的介绍。第九章阐述微生物的生态学问题。第十章从分子、细胞和群体水平阐述传染与免疫,并介绍了有关单克隆抗体、药物"导弹"和抗体多样性学说等最新进展。第十一章介绍了微生物的分类、命名、鉴定和系统进化等基本知识、技术和有关规律,着重介绍了分子生物学新方法、新技术在微生物分类鉴定中的应用。(林金安)

Q000053 **人类学** 王培英等译。警官教育出版社 1993 年 9 月版。67.8 万字。18.00 元。广泛总结了全世界的人类学资料和研究成果,系统全面地讲述了人类形态学、人类起源和人种分类研究学科的内容。作者是前苏联科学院院士,世界著名人类学家,在世界人类学界享有崇高声望。本书几十年来,由原苏联教委定为大学教科书,后又作为人类学基础知识入门书。其适用范围——人类学、民族学、考古学、历史学、原始社会史学、哲学、心理学、美学、人文地理学、法医学、医学解剖学;也为下述工作部门提供参考——轻工业产品设计、医疗器械设计、机动车和航空器驾驶室设计、航空航天保健、刑事侦察、美容等。(张学敏)

Q000054 **丝绸之路古代居民种族人类学研究** 韩康信著。新疆人民出版社 1993 年 12 月版。31 万字。25.00 元。"丝绸之路研究丛书"之一。通过对丝绸之路古代居民遗骸进行体质人类学的调查研究,对保存下来的古人骨骼进行形态学的观察与考证,尤其是对古人头骨部分的形态学特点,用专门的测量、观察和统计分类方法,进行生物统计学的比较,也就是用人类学的所谓"民族人类学"方法,对具体的人群或属于一定地域和一定历史时代的人类遗骨(特别是头骨)进行再研究,得出了科学的结论。书中涉及到了 180 多具头骨材料,是从公元前 18 世纪到公元初的古墓地中发掘出来的。书中附有头骨图版和头骨测量表。(晓犁)

R 医药、卫生

医药、卫生

R000001 **汉日医学大词典** 《汉日医学大词典》编委会编。人民卫生出版社1993年版。425万字。187.20元。以汉语医学词汇为词目,按汉语拼音排序。每个词条除有日语对应词外,均标注日语读音。收词范围包括祖国医学、现代医学、预防医学、社会医学、康复医学、中西医药学、医疗器械等50余种学科,收词达14万余条。选词全面系统,订名及注释力求精确。本书分为两大部分,前部为西医西药,后部为中医中药。后者加有较详细的汉、日语注释。目录采用双轨制,即可通过汉语拼音查词,又可藉笔画索骥。(田明华)

R000002 **实用家庭医学手册** 黄明林、张大漠编译。四川科学技术出版社1993年版。74万字。12.00元。主要分为两大部分:前部分精选出70多种常见病的病状与体征,以及各种与病情相关的可能问题或疾病;后部分从17个方面分别列举了300多个疾病及其相关的医学知识。患者可以依照前部分查到的疾病,在后部分找到该病的病变部位、病因、好发性别与年龄、症状与体征表现,以及诊断、防治、治愈的标准和就医指导等医学知识。全书采用表格形式,一症或一病一表,简明扼要,一目了然。(张憬)

R000004 **科学与生活(哈文)** 巴哈提汗·毕来勒编著。民族出版社1993年3月版。10万字。2.10元。生活常识读物。介绍与人类生存有关的两大类科学知识,即医学知识和生活知识。内容有预防心脏病突发猝然,心肌坏死和降低体温会长寿,高血压的秘密等基础知识。(哈力别克)

R000005 **家庭保健全书** 中国健康教育协会社会健康教育学术委员会编。辽宁科学技术出版社1993年6月版。89.7万字。26.00元。以健康教育为主线,以改变人们的卫生观念为重点,立足指导人们建立起健康的行为方式,增强人们的自我保健意识和能力。该书共45章,载有最新卫生科学知识信息和实用的保健方法,文图并茂。每章包括30左右个细目,回答家庭生活中所遇到的卫生保健问题。(李道德)

R000006 **中国卫生保健史** 陈海峰编著。上海科学技术出版社1993年8月版。67.5万字。18.80元。有关中国卫生保健领域发展历史的专著,分上、中、下3篇。上篇为自古代、近代半殖民地半封建时期、新民主主义革命时期,乃至新中国成立以来的卫生保健通史;中篇为中国卫生保健专史,介绍卫生事业常见标志,有关人口、生育、优生、寿星与延年益寿及中国医疗队的概况,并列出中国人民解放军卫生组织的沿革及历任领导名录;下篇是从"社会大卫生"观念出发,以中国医药卫生事业的发展和人民健康的生、老、病、死、伤残等有关重大事件和国际交往为记述重点编排的中国卫生保健大事年表及新中国成立以来的卫生保健工作大事记。书中收有大量历史资料、数据、图表,展示许多珍贵的照片,以年代为序,介绍我国各历史时期卫生保健事业发展的特点、成就和重要史料。不少史实是作者亲身经历的,对当今卫生保健史的教育和研究提供了有价值的素材,对卫生管理、决策者也可以有所借鉴。(叶宏)

R000007 **医学与人类文化** 邱鸿钟著。湖南科学技术出版社1993年11月版。46.8万字。13.00元。论述医学科学的本质以及医学与社会文化诸方面互动关系的专著。共10章:第一章,医学与民俗。阐述了神话传说中的医学发现与发明史,医学旁系民俗文化的起源与释义,医学理论、技术中的民俗沉积。第二章,医学与宗教。讨论了医学与宗教既同源又分离,既相随又对立,既有协调、互动,又有冲突、互斥的复杂的医学文化社会现象。第三章,医学与语言文化。从汉语与英语的比较中,讨论了中、西医认识方式与方法、认识维度与层次的异同,理论构成的区别。第四章,医学与艺术。阐述了医学与艺术异途同归的当代奇观,即医学走向了艺术,艺术也闯进了医学。第五、六章,阐述了西医学与西方哲学发生、发展的历史和互动关系,中国医学与儒学、道教所提供的认识和方法论的密切关系。第七章,从中、西医理论的差异回溯其方法的原因,进而探究造成方法差异的文化根源。第八、九、十章,讨论了医学与政治、法律、战争的密切关系。(车平)

R000008 **医学论** 陈巽昭、白正林著。河北大学出版社 1993 年 1 月版。医学院校教学用书。着重从医学理论方面对诸多问题进行了分析、探讨,是一门从整体战略上对医学加以研究的新兴学科。编著者站在医学理论研究之前沿,从理论的高度对这项新学科进行了诠释,其优点之处在于对我国当前医学院校所授医学课程较少涉及之处进行研讨,是对我国医学理论课分科过细、模式单一的必要补充。(王会)

R000009 **易水学派研究** 李大钧等编。河北科学技术出版社 1993 年 10 月版。61.1 万字。22.80 元。绪论全面总结了易水学派形成与发展过程及其深刻的社会历史原因,概述了易水学派的主要学术贡献及其对中医学发展的深远影响。上篇对易水学派主要医家的生平事迹、著作情况、学术思想与学术经验等方面进行了论述。下篇就近年应用易水学说取得的成就进行了全面的总结。(白世维)

预防医学、卫生学

R000010 **实用农村预防保健手册** 曾凡富等主编。贵州科学技术出版社 1993 年 11 月版。33.4 万字。7.20 元。主要介绍初级卫生保健、传染病防治、四大卫生、妇幼保健、预防保健等多方面资料的搜集、处理与应用,以及初级卫生保健产生的背景和意义、实施措施及我国初级卫生保健目标及最低限标准,传染病防治的有关知识和传染病的分类管理及报告制度等,四大卫生(环境卫生、营养卫生和食品卫生、劳动卫生、儿童少年卫生)的有关知识,妇幼保健的基本内容和要求、临床产科、妇女保健、儿童保健、计划生育等有关问题,以及卫生统计学的有关内容。(夏同珩)

R000011 **化学与营养保健** 应礼文著。广西教育出版社 1993 年 8 月版。7 万字。2.50 元。“走向化学的明天丛书”之一,介绍糖、氨基酸、维生素、微量元素等的成分、功能及其与化学的密切关系,揭示了化学在人类生活和营养保健方面的重要作用。(何醒)

R000012 **怎样健脑益智** 刘金水著。中国轻工业出版社 1993 年 6 月版。14.3 万字。6.70 元。大脑保健知识手册。按胎儿期、婴幼儿期、少年青年期、中年期、老年期人体发育变化的 5 个阶段,介绍了通过合理膳食和气功、按摩、体操训练等科学有效方法,以达到促进大脑发育、增进智力、延缓衰老的目的。书中重点介绍在于婴幼儿健脑智力开发。并列举了大量专题实验和国内外著名早慧儿童智力发展的追踪考察资料,给人以启迪。(方敏)

R000013 **生命健康长寿** 副名:十万个为什么。刘树茂等主编。湖北科学技术出版社 1993 年 9 月版。480 万字。147.00 元。全书采用了为什么、什么是、是什么、怎么样、怎么办等问答式,回答了有关生命、健康、长寿等问题。丛书反映了从受孕、出生、婴幼儿、青少年到中老年;从基础医学到临床医学;从医到药、从防到治等医疗卫生各学科中常见、先进、重要和有影响的内容。全书共 21 册。(何传盛)

R000014 **妇幼保健手册** 陈巽昭等编。河北科学技术出版社 1993 年 7 月版。61 万字。15.20 元。介绍妇幼保健知识。分 9 篇 39 章,妇幼保健篇包括女性生殖系统生理、青春期保健、孕产妇保健系统管理、孕产期并发症防治、更年期及老年期保健、妇女病普查普治、妇女劳动保护;儿童保健篇包括儿童保健系统管理、小儿生长发育与评价、集体儿童保健、儿童营养、小儿常见病多发病防治;优生篇包括优生学概述、遗传学基础知识、婚前保健、优生咨询;计划生育技术篇包括女性节育方法指导、男性节育方法指导;健康教育篇包括健康教育总论、健康教育基本原则、健康教育的目的任务和内容、健康教育的形式方法及评价;妇幼卫生管理篇包括妇幼卫生概述、妇幼卫生组织管理、妇幼卫生队伍管理、妇幼卫生科研管理;妇幼卫生流行病学篇包括绪言、疾病的分布、流行病学调查研究(Ⅰ、Ⅱ)、预防策略和措施;妇幼保健统计篇包括妇幼保健统计方法和步骤、平均数标准差标准误、t 检验、卡方检验、相对数及其应用、统计表图的制作及要求、妇幼保健主要统计指标及计算方法;妇女儿童常用药物篇介绍妇女儿童常用药物的特点及用药原则等。(段建军)

R000015 **职业女性的保健与美容** 张欣等编。中国轻工业出版社 1993 年 8 月版。13 万字。4.70元。个人美容保健科普知识集。根据中国的职业女性大多数工作忙、时间少的特点,介绍一些简单而又实用的保健和美容方法。(方敏)

R000016 **婴幼儿保健全书** 胡亚美主编。北京出版社 1993 年 8 月版。38.30 万字。18.80 元。共 31 章、540 个条目,包括小儿生长发育指标、营养需要、喂养方法,小儿内、外、传染、五官等科的常见疾

病,以及有关小儿情绪行为异常和精神性疾病、急救和中毒等的预防、护理和简要治疗方法等医疗保健知识。(李清霞)

R000017　**纪念上海卫生检疫120周年论文选编**　。百家出版社1993年10月版。59.3万字。29.00元。收有论文(报告)143篇。涉及历史回顾、检疫查验、传染病监测、卫生监督及卫生处理、食品卫生检疫等8大方面。(柏嘉)

中国医学

R000018　**续医述**　王乐匋主编。安徽科学技术出版社1993年1月版。72万字。25.50元。生活于清代嘉、道年间的新安程杏轩先生,博学精通医道,并以《杏轩医案》闻名于世。程氏根据平日读书札记,辑成了《医述》16卷,"远绍旁搜,钩玄提要,博而能约",虽说是"述而不作",但它简要汇集了上自灵素、下至清代中叶程氏所见的诸多医著的精辟见解,方便后世医家查考阅览,成为中医学重要工具书,甚至被誉为"功过作者远甚"。安徽中医学院王乐匋教授等7位专家为了继承发扬新安医家的传统,循程氏范例,博取道光以后以及道光以前但为程氏所未见的浩瀚中医学著述,择其精要,纂编成《续医述》。(任弘毅)

R000019　**医心方(影印本)**　[日]丹波康赖编。人民卫生出版社1993年3月版。31.00元。成书于日本永观二年,即公元984年,亦即我国宋太宗雍熙元年。收集我国隋唐以前医籍内容加以整理汇编而成,书中除丹波氏附加的"按语"外,其基本内容包括有中药、针灸、治疗各种疾病的医方,以及养生、房中等等。全书30卷,卷1为治病大略及服药法、合药法;卷2为针灸孔穴;卷3—14为内科杂病及六淫、时行诸病;卷15—17为痈疽、疔肿等外科病证;卷18为汤、火、金、木及虫兽所伤之病;卷19—20为服石;卷21—23为妇产病;卷24为占候;卷25为小儿病;卷26为延年、断谷诸木;卷27为养生导引;卷28为房中术;卷29为饮食禁忌;卷30为食疗本草。书中所引资料出自我国隋唐以前古典医籍,其中引述了我国现已失存的古医书的一些内容,故其弥足珍贵,尤其房中术1卷内容,在性医学研究工作中,几乎被全部转载、引录或释译。是研究唐以前我国医学文献的重要著作。此次影印是据人民卫生出版社1955年6月1版1次发行本影印而成。(李丽)

R000020　**中医文化溯源**　薛公忱主编。南京出版社1993年4月版。38万字。15.00元。理论专著。分3卷,从广泛的历史文化背景和哲学的高度,运用民族性和时代性相统一的方法,全方位、多视角地研究中医学形成的历史渊源,比较中西医的同一和差异,探讨中医文化兴盛、衰微和复兴的必然原因和内在机制,揭示中医文化的本质特征、规律及其发展趋势。从中国古代经济、政治、文化的整个社会背景着眼,全面探讨中医与中国古代哲学、宗教、逻辑、科技、伦理、文艺、教育和民俗等传统文化的关系,剖析规定着中医发展基本样式的文化基因和特性,反映古代医学家们的文化素养、为人风范以及他们的学识和才干,为深刻揭示中医文化发展规律提供了历史的科学的依据。该书以翔实的历史事实和深刻的理论分析,描画出以整体综合为特征的中医文化在古代发展的过程中长期居于世界领先地位和近代相对落后,以及未来必将走向新的复兴的历史发展轨迹。它为医学和文化的理论研究和具体实践,提示了一个有价值的新思路。(王国钦)

R000021　**实用中医手册丛书**　朱大年等编。上海科技教育出版社1993年6月版。138.3万字。28.20元。中医实用工具书。共5本,分内、外、妇、儿、伤骨5科。各本内容编排以西医病名为主线,旨在便于国内外的学术交流。对常见的症状和急症,仍采用中医病证名称。书中着重阐述中医的辨证施治,但也介绍现代的诊断方法,既保持中医传统特色,又与现代科学相结合。各病分节叙述,分列病因病机、诊断要点、治疗、注意事项等,以诊断要点和治疗为中心内容。根据临床实际情况,在诊断要点条下分述诊断依据、辨证分型、鉴别诊断;在治疗条下分内治、外治、其他疗法等。内治中列有辨证分型治疗、中成药治疗、单方验方治疗等。对近年来国内文献资料中记载的有效方药,也整理了一部分,收入单方验方一项中。(刘正兴)

R000022　**中国大百科全书·现代医学**　中国大百科全书《现代医学》编辑委员会、中国大百科全书出版社编辑部编。中国大百科全书出版社1993年7月版。506万字。2册。由吴阶平任编委会主任,500多位医学专家参与撰写。收条目1 757个,彩图与黑白插图953幅。较详细地介绍临床医学、基础医学、群体医学的基本知识和主要内容,尤其重视基础理论与临床、预防实践的结合,许多临床医学条目联系遗传学和分子免疫学的新成就,基本上反映现代医学的发展水平。为满足专业与非专业人员等不同层次读者的需要,全书对深奥难懂的医学知识运用深入浅出的方法进行介绍,深浅适度,层次分明。为便于检索,书中条目按知识主题标引,包括医学人物、医学组织、诊断、治疗、疾病、药物等各种类型的条目。书后附有世界医学大事记等。(刘正萍)

R000023 **中医方法学概论** 邱德文等著。贵州科学技术出版社 1993 年 8 月版。35 万字。9.00 元。分上、中、下 3 篇,上篇重在理论原则和一般方法的探讨;中篇侧重对中医学各领域研究思路与方法的论述;下篇阐述现代科学方法与中医学的关系。本书在揭示中医方法学特有的内容、形式及其发展趋势的基础上,力图阐明其体系、理论、规律。本着“求新、求精、求深”的精神,在认真总结各地教学经验、科研成果的基础上,力求吸收新的比较成熟的理论和中医各领域的科技成就。(熊兴平)

R000024 **中国名医名著名方** 王云凯等主编。河北科学技术出版社 1993 年 8 月版。245 万字。98.00 元。名医部分,载录医家 130 人,依时先后编排,较全面地记叙了医家的生卒年月、里籍、生平事迹、主要学术著作与主要学术观点,展示了医家杰出的成就,严谨的学风,高尚的品格和医德,扼要提示了时代背景、文化氛围、地理环境等对医家的影响。名著部分,辑录医著 415 部,依基础、内、外、妇、儿等科别编排,较详细地介绍了名著作者及其主要内容,并给予分析评价,指出现存版本,使读者既掌握中医学的主要理论和学说,又了解中医学术史发展的脉络,并明晓各书的贡献和局限所在。名方部分,收编医方 3 480 个,按功用分类编排,除准确说明各方的出处、别名、组成、用法、主治外,还画龙点睛地总结出医方的功效,便于读者领悟组方遣药的奥妙,比较类方的异同,在正确掌握和运用原方的基础上,灵活化裁,应变临床。(白世维)

R000025 **中医痛证大成** 苏诚炼、沈绍功主编。福建科学技术出版社 1993 年 10 月版。48.8 万字。15.10 元。痛证是临床最常见,也是患者最感痛苦而急需医者为之解除的主要急症之一。人体上下内外,无处不痛,痛证涉及到内、外、妇、儿、眼、耳鼻喉等多种学科、多个病种,有关痛症的诊治、研究,具有很高的临床价值。本书系统地继承、总结了前人有关痛证论治的成就,充分发扬中医药治疗痛症的优势,反映并发扬近代有关痛症的研究进展。全书分上下两篇:上篇将 31 类证候分为概述、沿革、病因病机、鉴别诊断、辨证论治与其他治法 6 项进行阐释;下篇叙述近、现代名家有关痛症的诊治经验与 13 项专题研究的成果总结。(俞鼎芬)

R000026 **饮食文化与中医学** 张铁忠著。福建科学技术出版社 1993 年 11 月版。8.8 万字。3.35 元。在中华文化的大背景下,介绍中国饮食文化与中医学的历史渊源和相互关系,论述了“医食同源”、“药食同用”的有关内容,并介绍了四时节日的民俗饮食文化中的医药学内涵和保健意义。收入“中华文化与中医学丛书”。(尤廉)

R000027 **儒家文化与中医学** 林殷著。福建科学技术出版社 1993 年 11 月版。21.4 万字。6.80 元。儒学与医学是两种不同学术思想体系,在长期的历史发展过程中相互影响,彼此渗透。本书以儒学体系为核心,以社会规范和心理积淀为内容,结合儒与医关系的特点,分源流、发展、理论、人物、变革 5 条线索进行阐释,纵横交错,史论结合,有一定的学术容量和深度。作者认为中医学的理论体系,是在传统哲学指导下,经过长期临床实践逐步形成和发展起来的,它综合了包括道、儒、阴阳在内的诸家学说,儒家学说虽只占一家之言,但是从理论体系框架建构的独特运思以及中医学发展过程中所体现的伦理、诊疗、思维模式看,都渗透了以中庸为基础,以仁学为核心,以实用理性为特征的儒家文化的深刻影响。此外,本书还对“儒医现象”作专题评析,儒医融合了儒学与医学的双重特性,集中地反映了“医儒同道”的文化色彩。收入“中华文化与中医学丛书”。(尤廉)

R000028 **新安医籍丛刊** 副名:医林纂要探源。王绂著。安徽科学技术出版社 1993 年 12 月版。68 万字。29.00 元。作者汪绂为清代一位大学问家。一生著书 38 种,计 201 卷。本书为其代表作。共 10 卷。卷一为《医源》,总述医学基础理论 47 篇;卷二至卷三为《药性》,详述药物性味功能;卷四至卷十为《方剂》,其中卷四为肾、肝、心、脾、肺、三焦六部诸方;卷五至卷七为寒、风、暑、温、燥、火六部诸方;卷八为经带、胎产诸方;卷九为婴儿痘疹诸方;卷十为痈疡、诸伤、目部诸方。附录《行状》、《儒林传》、《墓表》。本书以《医源》一卷为先导,以中药、方剂为重心,而推《素》、《灵》微言为纲领,循叙人体病变为正宗,对医学理论作了全面而深刻的阐述。其内容约要精辟、引申透彻。本书由婺源单遗经堂单芳宗氏首刻于道光二十九年,后又有同治十二年及光绪二十三年刻本行世。此次横排本是以道光本为底本,参照他本印行。(胡世杰)

R000029 **佛学与中医学** 耿刘同、耿引循著。福建科学技术出版社 1993 年 12 月版。10 万字。

3.75元。在中华文化的大背景下，论述佛学与中医学、佛理与医理之间的相互关系，并介绍了历代为佛学与中医学的融汇作出贡献的僧俗人物。同时也从侧面反映了在古代的国际文化交流中，宗教的传播，既是一个交流的内容，又是一个交流的重要媒介。佛教的传入和汉化，既对中医学产生过影响，也溶进了许多中国医学的成分，在后来的传播过程中，又影响了东南亚地区的医药学发展。收入"中华文化与中医学丛书"。(尤廉)

R000030　**文物考古与中医学**　高春媛、陶广正著。福建科学技术出版社 1993 年 12 月版。21.5 万字。6.80 元。从文化考古的角度，阐述了上自石器、陶器、简帛、甲骨，下迄明清书画、宫廷档案等有关医药文物内容，考证出处，订正谬误，进一步拓展了中医学研究范畴。书中提出"生殖崇拜"与中医学起源关系密切，这是中医理论研究中的一个新观点。收入"中华文化与中医学丛书"。(尤廉)

R000031　**药王山医碑录释·千金宝要**　张世英编注。三秦出版社 1993 年 12 月版。15.6 万字。3.90元。是北宋郭思根据唐代医药学家孙思邈所著的医药学巨著《千金要方》、《千金翼方》，集其精华之宝，选其贵重之要编撰而成的。原编共 8 卷。明代秦王朱守中于隆庆六年(1572)刻石，立于今陕西耀县药王山。碑文分为 6 卷，录药方约 900 余首，介绍了《千金方》中一些简单有效的方药和简便易行的疗法，有内服方药法、外治法、导引法、针灸法、急救法、预防法等，涉及妇、儿、内、外、骨、伤诸科，至今仍有实用和研究价值。本书录集《千金宝要》及相关十余通碑石，以现存药王山博物馆的碑石为底本，对原碑文谬误脱漏之处，参照它本予以增补订正。在注释、整理中，注明碑石概况，详述有关方药组成、药物用量和制用宜忌。(靳疆)

R000032　**中医古籍孤本大全(丛书)**　薛清录等选编。中医古籍出版社自 1993 年开始出版。本书的选编基本遵循以下原则：一、经考查各家书目，证实已成为孤本者；二、内容有较高的学术价值与实用价值者；三、在理论和实践上有独特的见解和经验，具有参考价值者；四、书品较好，无重大残缺者。按此原则选收约 300 种孤本医籍。该丛书第一批面世的子目有：《经络图说》、《神效集》、《世医通变要法》、《百代医宗》、《延龄纂要》、《眼科六要》、《本草真诠》、《新刻幼科百效全书》、《思济堂方书》、《神农本经会通》、《脉微·医学脉灯》、《经验积玉奇方》、《山居本草》、《女科正宗》、《医法青篇》、《太素心法便览》、《新刻医学集成》等。丛书每个子目独立成书，每年出版 5 至 10 种，采取影印线装的形式，最大限度地保持古籍原貌。并于每子目之前冠以"前言"或"内容提要"，介绍作者的生平、师承关系、主要著述，并对全书的学术特色进行评介。(徐岩春)

R000033　**长寿功**　王敷编著。北京出版社 1993 年版。6 万字。2.00 元。长寿保健功法。作者在数十年临床经验基础上，运用家传尹氏宫廷八卦掌的精髓，参照解剖学、骨科学、针灸学、运动医学理论总结出来的体育保健功法。全套功法由颈椎、胸椎、腰椎、肩、肘、腕、胯、膝、踝各个关节运动组成，含有过去秘不外传的健身招数，对抗老防衰、健身防病、益寿延年有实用价值。全书用图解的方式解说，通俗易懂，操作简练。(俞宗元)

R000034　**名医名家养生经验集萃**　郭德隆主编。天津科学技术出版社 1993 年 1 月版。20 万字。8.15 元。分两部分内容。一部分为我国医药卫生、文艺界名医名家养生长寿经验之谈；另一部分介绍了人体器官的保护与中老年人养生的方法。(黄立民)

R000035　**医疗养生气功**　黄孝宽著。中国国际广播出版社 1993 年 6 月版。15 万字。5.60 元。图文并茂地介绍祖国医学中有关气功与养生，健身与祛病的专著。分上中下三篇。上篇为养生练功知识，中篇为养生练功法则，下篇为养生练功疗法。(王先豫)

R000036　**中医药延缓衰老 400 题**　胡小江等编。江西科学技术出版社 1993 年 7 月版。36 万字。12.00 元。共 8 章，揭示了古今中外老人长寿的奥秘，论述了延缓衰老理论的历史渊源和引起衰老的原因、征象及延缓衰老的原则，介绍了适合老年人强身健体的锻炼项目和方法，特别是从中药、气功导引、针灸按摩、饮食药膳、性情心理、生活起居等多方面进行表述。另外，对老年人的营养与饮食、常见疾病的诊断、处理与治疗，老年人用药原则、剂量和不良反应的预防、滋补药品的作用与使用方法，老年病人的护理等，都作了介绍。(熊健耕)

R000037　**中华养生方大成**　林乾良主编。福建科学技术出版社 1993 年 8 月版。44.5 万字。12.50元。搜辑本草药典、医籍、道藏、现代医书和有关报刊杂志(截至 1991 年 5 月)有关养生方内容。分 11 章。第一章延生抗老方包括了延年益寿方和抗老防衰方；第二章防病保健方包括了防百病方、耐寒暑方、四时养生方和解酒戒烟方；第三章补养脏腑方包括了养心方、疏肝滋阴方、健脾胃方、补肺方、补肾方和脏腑兼证补益方；第四章补养气血方包括了大补元气方、益气升提方、益气养阴方、益气固精方、补血滋阴方、气血双补方和健脾温肾补血方；第五章强筋壮骨活血通络方介绍了强筋骨、益精髓、强腰膝、活血通络的养生方；第六章轻身美容方则列举了轻身减肥、生发、美发、乌发、驻颜悦泽、去黑痣粉刺雀斑的方剂；第七章健脑益智方介绍了安眠、宁神定志、增强记忆、益智的养生方；第八章聪耳明目方介绍了明目、聪耳两类药方；第九章固齿防蛀方包括了固齿洁齿方和防蛀止痛方；第十章妇人养生方介绍了调经带、促孕安胎、产后调养方；第十一章小儿养生方则列举了促进发育、消积健脾、健脑补肾的众多方剂。（张晨成）

R000038 **儒佛道养生箴言** 单锦珩编。漓江出版社 1993 年 8 月版。13.6 万字。4.50 元。从 100 余种古籍中收集有关养生的语录式箴言数百条，介绍养生理论及具体方法。主要章节有“清心寡欲”、“养生有道”、“摄养疗病”、“胎息导引”、“饮食有节”、“欲不可绝”、“欲不可纵”、“养生戒忌”等。（林柳源）

R000039 **中国实用传统养生术** 陈可冀主编。福建科学技术出版社 1993 年 9 月版。34.5 万字。9.00 元。分 38 章，分别介绍中国传统养生术发展源流，传统养生术的现代研究进展，精神怡养术，智能保健术，安神助眠术，气力健壮术，皮肤保养术，毛发养生术，筋肉养生术，血脉养生术，骨与关节养生术，面部养生术，口齿保健术，肾脏养生术，环境寒温适应术，男性保健术，女性保健术，老年养生术等。（陈秀庄）

R000040 **养生长寿仙丹谱（上、下册）** 黄魂编著。广西民族出版社 1993 年 10 月版。35 万字。10.80 元。系作者医学、武术系列《祖传秘籍》第二部，亦是《神医奇功秘方录》的姐妹篇。其在保持新、奇、独、趣文风的同时，以科学的、求实的态度挖掘祖传秘技，披露神奇丹方，揭示人生谜团，授传世间法术。作者还融亲身临床体验介绍古今延年益寿秘方、医治近视眼的绝技、减肥美容法术，以及生男育女奥秘、夫妻养身房术、打击毒品罪犯、医治奇难杂症的绝招，同时科学地认识人体生物节律、血型与人生之谜、喜笑怒骂于身心和影响、睡眠同人生的关联、地磁风水在医学上的妙用等问题。（覃琼送）

R000041 **吴中医集·医经类** 《吴中医集》编写组编。江苏科学技术出版社 1993 年 3 月版。136 万字。47.00 元。收入“吴中医集丛书”。共收载 14 本书。一、《金匮方论衍义》3 卷，明·赵良仁著；二、《伤寒补天石》4 卷，明·戈维城著；三、《叶评伤寒全生集》4 卷，明·陶华著，清·叶天士评注；四、《伤寒论集注》14 卷，清·徐赤著；五、《金匮要略集解》2 卷，清·周孝垓著；六、《内经病机纂要》2 卷，清·周孝垓著；七、《类伤寒集补》1 卷，清·张泰著；八、《内经运气病释》9 卷，附《内经遗篇病释》1 卷，清·陆九芝著；九、《内经运气表》1 卷，清·陆九芝著；十、《内经难字音义》1 卷，清·陆九芝著；十一、《伤寒论阳明病释》4 卷，清·陆九芝著；十二、《伤寒论附余》2 卷，清·王丙著；十三、《伤寒例新注》1 卷，清·王丙著；十四、《读伤寒论心法》1 卷，清·王丙著。（孙连民）

R000042 **内经知要补注语译** 郭霭春、高文铸主编。天津科学技术出版社 1993 年 5 月版。21.1 万字。7.30 元。《内经》包括《素问》、《灵枢》两书，是祖国医学的古典要籍。但以卷帙浩繁，而且其中病证脉候，脏腑经络，杂见错出，致使读之者“罔弗生涯而退”。主要是因两书头绪太多，贯穿考索，很难得其究竟。因此在明代就有滑寿《读素问抄》、汪机《续素问抄》、丁瓒《素问抄补正》等作，已趋向择要一途；在清代又有汪昂《素问灵枢类纂约注》之作，复起到“了然心目”的作用。从以上作者的意图来看，都拟解决诵习《内经》的进阶困难问题，但从他们所选择的章节内容、分类标目来说，似乎有不是之处。李念莪所辑《内经至要》，至简至要，内容精简，分类清楚，概括了中医基础理论，虽经历数百年之久，始终被人推崇为学习《内经》入门之书。李氏《知要》注释，亦颇晓畅，核其细节，间有不及。郭氏致力于研究《内经》，先后写出《黄帝内经素问校注语译》、《黄帝内经灵枢校注语译》两书，嘱学生高文铸刺取其中有关资料，以人民卫生出版社影印清乾隆二十九年甲申薛雪校正重刊本为底本，进行补注整理，写成《内经知要补注语译》。（张洪善）

R000043 **黄帝内经灵枢经析义** 傅贞亮主编。宁夏人民出版社 1993 年 9 月版。66.1 万字。21.50元。以明代赵府居敬堂刊本为蓝本，结合各家注释编写而成。内容包括：对 81 篇原文逐篇做出题解、原文分段、注释、校勘、分析、讨论等。重点在于分析经旨，阐发奥义，不同于现行的各种注本，简明地分析了各篇原文中的各种主要医学观点、临床意义，对于历来有争议的观点和有指导意义的观点进行了辨析，并提出了新见解。对中医院校的《内经》教学、科研和临床是必备的文献和参考资料。可作为各中医院校的《内经》教材和中医理论和临床工作者的研究用书。本书与《黄帝内经素问析义》(91 万字)为姊

妹篇,编写体例相同。(毕玉辉)

R000044 **伤寒论七字经** 黄荣活编著。广西科学技术出版社1993年4月版。11.8万字。2.95元。以歌诀的形式对《伤寒论》常见证的辨证论治作了概括,并结合典型的医例作了系统透彻的注释。(马如海)

R000045 **伤寒论归真** 张正昭著。湖南科学技术出版社1993年8月版。43万字。10.30元。中医学术论著。对《伤寒论》的传统解释进行了系统质疑和重新思考,提出了新的识见,分上下两篇。上篇总论(1—4章),探讨了对《伤寒论》总的认识和评价、《伤寒论》的诊断学体系以及诊断学方法与治疗学思想。下篇各论(5—14章),包括太阳病脉证并治、辨阳明病脉证并治、辨少阳病脉证并治、辨太阴病脉证并治、辨少阴病脉证并治、辨厥阴病脉证并治,合病、并病辨证论治、辨厥利呕哕脉并治、辨霍乱病脉并治、辨阴阳易差后芳复病脉证并治。书中一改传统"六经辨证"说的理论框架,首按三阴三阳"六病"和"疡症"两级诊断论治体系排列原文,释发义理。对古人注本及通行教材中存在的一些原文句读、分段错误,以及不合医理、未明文理的解释作了有理有据的修正;条文讲解采用"逆向分析法",着重于分析推导原书辨证结论得出的依据,不随文释义,单从已知结论阐释症候机理。(车平)

R000046 **金匮图解释要** 陈仁旭编著。上海科学技术出版社1993年11月版。23.7万字。8.20元。教学参考读物,配合全国高等中医药院校《金匮要略讲义》的教学。作者按教学大纲要求及教学实践经验,针对《金匮》原文文辞古奥,难学难记之处,制订231幅图表,对教材各篇的概论和主要内容从分析探讨、阐释疑难、方证鉴别、归类小结等方面进行归纳。(杨筹华)

R000047 **新安医籍丛刊** 副名:伤寒从新。王少峰著。安徽科学技术出版社1993年12月版。88.5万字。36.50元。《伤寒从新》是清末新安名医王少峰先生的主要著作之一。作者宗仲景之学,倡吴坤安以伤寒统治温病的观点,折衷寒温之论,广泛吸取《伤寒论》注家之精辟见解,参引著作达百余种,择录诸家注文5 000余条;作者将《伤寒论》原文分解为443条,逐条予以注释,并将不同见解并列于内。全书共16卷,六经病为10卷,"三可三不可"及"坏病"篇,分列于六经之中;伤寒例、平脉、辨脉篇,可羽翼伤寒者,列于其后;另增外篇,补充《伤寒论》之认病识症内涵,切合临床实用。此编广征博采,资料翔实,内容丰富,是近代注解《伤寒论》之集大成者,对《伤寒论》的研究与教学,以及中医临证均不失为一部较重要的参考书。本书由作者后代献出,加以整理而成。全书目录,原仿《医宗金鉴》作二部目录,现依内容重新编次,方名括于其内,免于重复。书中有文无篇目名者,根据内容酌加篇目名称。书中内容、次序一般不作更动;仅少阴病主证、少阴病古法、少阴病新法,根据全书编排规律从"少阴下篇"移至"少阴上篇"。(胡世杰)

R000048 **头针穴位解剖图解** 严振国主编。上海科学技术出版社1993年8月版。3.1万字。5.60元。针灸头针与头部解剖相结合的图册。以中西医结合及基础与临床相结合的形式,介绍国家标准头(皮)针刺激区的层次解剖结构,明确表示头针线的定位与形态结构的关系。图解共有图7幅,内容包括头部前面、后面、侧面观的外形图各1幅,显示头部前面、后面、侧面、顶面的血管、神经和肌肉图各1幅,分别标明头针刺激区的穴位和头针线,旨在推广头针疗法,掌握头针穴位的解剖结构,做到安全正确进针,并考虑读者携带方便,可随时翻阅,以利参考和学习。(侯屹)

R000049 **中医证候诊断治疗学** 程绍恩、夏洪生著。北京科学技术出版社1993年3月版。110.4万字。46.00元。对疑难大症的辨治进行总结和概括,对临床常见证治作了详细地论述。在每一证治中,大都反映和展示了作者独特的学术见解及个人研究成果。本书紧密结合临床实际,从临床表现、诊断要点、证候分析、治疗法则、代表方剂、类证鉴别等诸方面进行了系统介绍。其方药加减将病与证有机地结合起来,类证鉴别类比了易混淆之证;现代研究部分在目前国内外研究动态、病案举例及文献摘录方面更能启发思路,从而反映出临床证治规律。全书集古今证候诊断治疗于一体,很好地反映了该学科的发展趋势。(洪学仁)

R000050 **现代难治病中医诊疗学** 巫君玉等编。中医古籍出版社1993年7月版。118.2万字。39.00元。共收载现代医学界趋于公认的,并确有中医诊疗特色的难治病症108种,其遴选依据是国家中医药管理局医政司初步拟定的"各种疑难病症"及国外有关资料,并统一按人体各系统分类。对各病采列病因病机、四诊要点、辨证论治、调护与预防、专病专方、名医诊疗特色、诊疗参考等项。在辩证论治项中,力求中医辨证的系统性与西医诊断的客观性相结合。在西医病名之下,有的按疾病阶段或病理分类，但其分证、分型仍为核心内容，以示中医诊疗的关键在于辨证和理法方药（穴）的一脉相承。在治疗上采用中成药、单验方、针灸、熏洗、外敷、推拿、气功等多样、灵活的治疗方法，体现了中医综合疗法的优势。（徐岩春）

R000051 **新编中医临床手册** 周文泉编。金盾出版社 1993 年 8 月版。98 万字。由中国中医研究院临床专家集体编写。分 8 章，介绍中医诊断治疗内、妇、儿、外、耳鼻喉、口腔等各科疾病的基本原理与方法。同时介绍中药中毒与急救以及中医病案书写规范。以介绍方药治疗为主，辅以针灸外治、推拿等治疗方法。（萧健夫）

R000054 **中医诊断与辨治纲要** 时振声著。外文出版社 1993 年 6 月日文版。26 万字。是作者积 40 年临床教学经验，为日本医界研究中医临床所写的教科书，经日本中医史专家、医学博士泷川校正和润色。分 2 篇。上篇为中医诊断部分，下篇为中医辨治部分。书中遵循中医理论体系，择其精要，介绍中医诊断学和辨治学的四诊八纲、治则治法、病因证治、热病证治及脏腑证治。附录中医病例书写格式和综合应用、辨证施治的典型病例及经、时方 448 首。（张纬雯）

R000055 **中医脉象今释** 傅骢远、牛欣著。华夏出版社 1993 年 10 月版。26.5 万字。7.60 元。用现代科学手段研究中医脉象的专著。以通俗语言对中医脉象的传统论述加以解释，并以现代科学实验研究为依据，论证了脉象的客观表达方法和脉象形成机理。主要内容包括脉象客观化的意义、方法和研究结果述评，一些常见脉象的客观指标和形成机理，脉象与临床病证对应关系的研究结果等。（张伟）

R000056 **脉经语译** 沈炎南主编。人民卫生出版社 1993 年 3 月版。31 万字。《脉经》为晋王叔和撰，是中国现存最早的脉学专著。共 10 卷。前 9 卷分为 97 篇，第十卷不分篇，为手检图 21 部。本书论脉，其内容涉及面相当广泛。举凡脉法脉形部位，三关病候治宜，三部九候脉证，脏腑脉证主病，百病生死脉诀，四时损至脉证，平脉怪脉辨疑等无不兼备。以沈炎南氏主编的《脉经校注》为底本进行语译，以直译为主，保持了原文主旨；直译中难以表述的字词，均予以注释。各篇篇首均设"提要"，简述其内容大略。全书文笔流畅，通俗易懂，是一部脉学经典著作的普及读本。收入"中医古籍整理丛书"，与《脉经校注》为姊妹篇。（成德水）

R000057 **活血化瘀治疗疑难病** 翁维良主编。学苑出版社 1993 年 1 月版。52 万字。阐述运用活血化瘀法治疗疑难病及其研究进展。其介绍重点是内、外、妇、儿、皮肤、五官、老年病、肿瘤、精神病等科运用活血化瘀法治疗难治病的方法，并精选中国名老中医用活血化瘀法治疗血瘀症的经验。论述血瘀症的源流、诊断、活血化瘀药物、方剂及用药护理等。还设专章介绍日本对瘀血症研究及驱瘀血剂临床应用的成就。（马莺）

R000058 **手法治疗百病** 马德水主编。中国青年出版社 1993 年 3 月版。11 万字。3.60 元。祖国传统医学运用手法治病，源远流长，且在不断发展，不断提高。作者根据自己多年的临床实践，博采众长，按照易学易用的原则，向初学手法治病的读者介绍了有关基本知识和具体操作方法。重点是骨伤科、内科、妇科常见病症的特效手法治疗，以及小儿推拿常识。每种病症都从病因、症状、诊断和治疗 4 个方面阐述介绍，难以用文字说清楚的手法微妙之处，配有插图，以便读者参照应用。书后还附有人体骨骼模式图、人体肌肉模式图和常用经穴图。（姚海元）

R000059 **中医奇特疗法临证阐释** 赵峰等主编。甘肃科学技术出版社 1993 年 5 月版。37.9 万字。9.20 元。作者在发掘古代的奇特疗法的基础上，结合现代医学理论和中医学的新发展、新成果及个人实践中的丰富经验，突出了这些疗法的简、便、验、廉的特点，有融古冶今，承先启后的特点，旨在对中医事业的繁荣和发展，为人类的保健做出应有的努力和贡献。全书 40 余节，包括：针刺疗法、灸焫疗法、拔罐疗法、推拿疗法、磁疗法、膏药疗法、刮痧疗法、割治疗法、埋线疗法、捏脊疗法、擦揉疗法、熨法、外敷疗法、罨包法、熏疗法、蒸疗法、洗疗法、贴疗法、围疗法、封疗法、掺疗法、浸泡法、涂疗法、发泡疗法、吹疗法、点疗法、滴疗法、塞疗法、导疗法、坐导法、嗜鼻法、含噙法、含漱法、探吐法、火照法、抓火法、扫刷法、拍打法、吸咂法、扎法、泥疗法、火燎法以及诸疗法阐释等。（王郁明）

R000060 **实用脚部（反射区）按摩法** 朱佑才等编。湖南科学技术出版社 1993 年 5 月版。14.7 万字。4.00 元。脚部按摩疗法起源于我国，是一种不吃药、不打针、不动手术的自我保健疗法。其主要作用在于刺激人体"第二心脏"——脚部，增加血流量，改进血循环，调动人体自愈能力，促进身体健康。本书着重阐述了脚部按摩的医理与疗效、脚部按摩的部位（反射区）、基本方式、治疗程序，并介绍了 27 种常见病症的按摩法及部分典型治验病例。书中还配置

了作者研制出来的75个按摩反射区定位图。(王劲松)

R000061　**家庭实用按摩全书**　王虹编著。大连出版社1993年7月版。50万字。12.00元。首先介绍家庭常用的按摩手法,如推法、拿法、揉法、按法、捏法、滚法、抓法、拧法等,其次介绍民间按摩方法,如通法、和法、开法、复法、动法、闭法、收法等,掌握了这些按摩法后,就可以针对各种疾病进行治疗。在对症按摩治疗中,着重讲解了常规按摩、局部按摩、经络按摩、自我按摩。在"母子按摩术"一章,专门介绍常见病的母子按摩,对于小儿夜间哭闹、尿床症、痢疾、痄腮、腹痛等症有缓解作用。在"家庭应急按摩"一章中,介绍了昏迷、中暑、中毒、溺水、中风、胸绞痛、外伤出血、骨折等紧急情况所适用的按摩手法。在"家庭保健按摩术"一章中,介绍了栉发、浴面、抹头、擦鼻、擦项等传统按摩保健法。另外还介绍了比较实用的耳穴按摩、手部按摩、脚部按摩等。(徐彬)

R000062　**神奇的手部按摩疗法**　吴莲英等编著。广西科学技术出版社1993年7月版。8万字。2.40元。以图文结合的形式介绍身体器官在手部的反射区的位置、按摩刺激反射区的方法,同时还列举了大量治疗和保健实例。(马如海)

R000063　**中国按摩全书**　北京按摩医院编。华夏出版社1993年10月版。150万字。58.00元。收条目3 000余,内容包括经络腧穴、按摩手法、保健按摩、美容与减肥按摩、医疗按摩、按摩理论、流派、人物、著作等类,书末附笔画与拼音索引、古今按摩著作摘要、按摩科研、教学与医疗机构、国外按摩医疗概况等,配制插图近千幅,释义突出科学、实用、凝炼等特点,信息量较大。(张伟)

R000064　**拔罐疗法**　刘道清等编著。外文出版社、日本东方书店1993年12月日文版。8万字。收入20种民间疗法。第一种治疗方法——拔罐疗法,可以治疗伤风感冒、咳喘、腹痛腹泻、头痛、落枕等多种疾病。第二种是吸引疗法,治疗原则与拔罐疗法相同,只是使用器具不同。本书还介绍能治30多种病症的薰洗疗法,另一些民间常用的外治方法,如热熨疗法、热敷疗法、蒸气疗法、烟薰疗法、滚蛋疗法、推擦疗法等。收入"中国民间疗法丛书"。(张纬雯)

R000065　**百病中医薰洗熨擦疗法**　程爵棠著。学苑出版社1993年10月版。30万字。收入"中国传统疗法丛书"。分3篇。上篇阐明中药薰洗熨擦疗法的理论依据、运用范围、药用机理与功用、用药方法,以及优点和注意事项等。中篇介绍内、儿、妇、伤外、皮肤和五官等科260多种病症的病因、证状等。下篇介绍通治方、单验方和疾病索引、方剂索引。书后附有唐宋以来历代名家医籍,以及现代医家40多年来临床经验的薰洗熨擦验方、秘方。(马莺)

R000066　**百病中医膏散疗法**　程爵棠著。学苑出版社1993年11月版。75万字。作者根据近40年从医实践,较系统地精选出四代家传、师授和古今医籍、期刊中有关内、儿、妇、伤、皮肤、五官诸科的有效膏散秘验妙方1 500首,其中不少验方对常见病以及一些疑难病和怪病均有疗效。收入"中国传统疗法丛书"。(马莺)

R000067　**针灸铜人与铜人穴法**　马继兴著。中国中医药出版社1993年2月版。26.4万字。第一篇对历代针灸铜人、铜人经进行考证,并深入考察铜人图的由来、种类及流传;第二篇介绍铜人取穴方法,并进行经穴位置考;附篇一为《铜人腧穴针灸图经》,附篇二为铜人图。(樊正伦)

R000068　**针灸器材之部**　乔逸民编。湖南科学技术出版社1993年3月版。28.6万字。14.70元。《中国针灸荟萃》之一。根据针灸器材的发展过程,分5大类依次介绍。一、针具、灸、罐科:从传统的九针、火罐、艾灸到自动进针器、电动负压拔罐机、温灸器,共15种;二、针疗仪、灸疗仪:包括经穴灸疗仪、针刺手法仪、蜂鸣式电针仪、电子管式电针仪、脉冲式晶体管电针仪、声电波电针仪、电热针、电热锟针仪、电子冷热针灸治疗仪等28种;三、腧穴特种治疗仪:包括激光穴位照射仪、微波针灸仪、微波锟针仪、穴位超声仪、磁疗器材、经络导平仪、穴位离子透入仪等。四、测试仪、探测仪:包括电子参数测试仪、经络测探仪、耳穴测探仪、辐射探测仪、穴位测温仪、痛阈测定仪。五、针灸模型及其他:包括针灸穴位模型、动物针穴模型、针灸经穴图、子午流注开穴仪、腧穴微机检索软件。(车平)

R000069　**现存针灸医籍之部(修订本)**　郭蔼春编。湖南科学技术出版社1993年3月版。94.4万字。27.00元。《中国针灸荟萃》之一,介绍和评论现存针灸医籍的专著。第一版共收录针灸专科医籍及有针灸专目的综合性医籍307种,时限是上溯自最早的针灸书籍——长沙马王堆汉墓出土的战国时期完成的帛书,下至1965年年底为止。修订本新补入自1966年至1989年所刊之针灸新著计48种,共355种。抄本与内部发行的未收录。对第一版中冗赘

讹脱之处，进行了删正增补。（车平）

R000070 **针灸歌赋之部** 沈霍夫编。湖南科学技术出版社 1993 年 3 月版。30.6 万字。11.85 元。《中国针灸荟萃》之一。从唐宋至明清 120 多篇针灸歌赋中，共精选出 28 篇，每篇均按“出典”、“著者”、“原文注释”、“评要”加以编次。分为 4 大类：一、经络歌赋，包括十二经脉歌、奇经八脉歌、十五络脉歌；二、腧穴歌赋，包括百穴法歌，井荥俞原经合歌，十二经子母穴补泻歌；三、刺灸歌赋，包括行针总要歌、针法歌、行针指要歌、补泻雪心歌、金针赋；四、治疗歌赋，包括四总穴歌、长桑君天星秘诀歌、马丹阳天星十二穴治杂病歌、治病十一证歌、杂病穴法歌、百症赋、标幽赋、玉龙赋、玉龙歌、胜玉歌、席弘赋、灵光赋、肘后歌、流注指微赋、流注（通玄）指要赋、可针不可针歌、可灸不可灸歌。（车平）

R000071 **黄帝针灸甲乙经（新校本）** 黄龙祥校注。中国医药科技出版社 1993 年 3 月版。40 万字。中国现存最早的针灸专著，也是中医经典《黄帝内经》一书的现存最早抄本。以人民卫生出版社影印明刊医统正脉本为底本校勘，以日本静嘉堂文库藏明代蓝格抄本为主校本，以日本内阁文库藏抄正统二年刊本为参校本。对《甲乙经》所录《素问》、《九卷》之文的他校，选用《脉经》、《刘涓子鬼遗方》、《太素》、《诸病源候论》、现行本《素问》、《灵枢》等；对《甲乙经》所录《明堂》之文的校勘，选用《外台秘要方》第三十九卷、《医心方》卷二、《千金要方》第二十九、三十卷、《医学纲目》等书相校。校者还对该书的体例进行了深入研究，并对成书年代、编者考证等问题作了新的探索。（李燕）

R000072 **实用针灸学（英汉对照本）** 孔昭霞、屠佑生等编著。安徽科学技术出版社 1993 年 5 月版。65 万字。15.50 元。侧重介绍基本知识、基本技能以及临床常见病和多发病的针灸治疗。全书共 7 章，依次为藏象、经络总论、腧穴总论、十四经脉及常用腧穴、针灸法、治疗总论、常见病症的治疗。书后附录为十四经脉循行路线示意图、十四经腧穴备查表、十二脏腑俞募配穴表、十二经原穴络穴表、十六郄穴表、阴经五腧穴表、阳经五腧穴表等。全书配插图 100 余幅。中英文同步编排，左右对应，便于读者阅读。（胡世杰）

R000073 **九灵针经气功针经合璧** 陆锦川编。四川科学技术出版社 1993 年 5 月版。45 万字。15.75 元。由独立的两部书——《九灵针经》、《气功针经》合成，前者分为 9 卷 81 篇，是重新辑录的《黄帝内经·灵枢》；后者分为 8 部 64 篇，是作者的新著，全书用文言文，繁体竖排。作者系道家太极门传人，蜀中名气功医师。（杨佛章）

R000074 **中国针灸测试** 陈恳等著。外文出版社 1993 年 7 月英文版。10 万字。根据中国医学的基本原理和临床所见的疾病特点，结合中国针灸测试的传统作法，参考当今国内外通行的针灸学教材，从多选题和传统题 2 个方面出题测试，附正确答案。多选题分 4 种类型，每类题中包括阴阳五行、脏腑气血津液、经络腧穴、诊断方法、辨证、针灸手法、疾病治疗等 7 个方面。传统题分判断题、问答题、病历讨论题 3 种。可供各级针灸考试出题者和应试者参考，也可供广大自学者和临床医生作自我检验之用。（刘文渊）

R000075 **针灸会合穴临证精要** 李绰成编。四川科学技术出版社 1993 年 10 月版。23 万字。5.50 元。收取 10 多种历代著名医籍中有关“交会穴”、“合穴”和与此有关的“特定穴”的经络、俞穴、歌赋、歌诀、证治等原著资料，重新归纳编辑而成。全书共述会合穴十四经脉共 127 个，均按名称、英文名、会合经脉、部位、国标经穴部位、主治、歌赋、证治、针灸法、医话等内容进行编排。（杨佛章）

R000076 **中国针灸经络通鉴** 邓良月主编。青岛出版社 1993 年 12 月版。120 万字。198.00 元。分上下两篇。上篇总论分 10 章讨论了经络概念的形成、经络理论的产生与发展、经络的分类与组成、骨度与脉度、经络的功能、经络与腧穴、经络的标本根结与四海、气街、经络的关阖枢及经络与病因病机、经络在诊断治疗及养生康复等方面的应用等内容；下篇经络各论分章详述了十二经脉、奇经八脉及其他经脉、络脉的内容，每条经脉作为一章，又分节由主到次地详尽罗列了经脉、经别、络脉、经筋和皮部，各节中又根据不同情况阐述了经络系统各组成部分的形态功能、循行分布、病候、治法、穴位及古图，于章节之后还有编者对有争议学术问题的见解和最新研究。所收资料上迄马王堆汉墓出土帛书，下至晚清民国之前的百余部经典著作、经络专书和古代名著中有关经络的章节。资料编排按文献时序排列的方法，按分类编年，求同存异，避免重复。（李茗茗）

R000077 **七星针疗法** 许文洲等编著。外文出版社、日本东方书店 1993 年 10 月日文版。5.6 万字。收入 20 种民间疗法。它们均属于针刺疗法的范畴，包括面针、鼻针、口针、眼针、手针、足针、腕踝针、十三鬼穴、针四缝、开四关、七星针、猪鬃针、埋针、温针、暖针、电针、放血、针挑疗法等。面针疗法适合各种常见病的治疗，并适用于手术中的针刺麻醉。十三鬼穴疗法和针四缝、开四关疗法是针刺特定部位，分别治疗精神失常和小儿病症。七星针疗法是由单针刺激发展来的，针具制作简单，操作方法适应性广，可以在各科使用。猪鬃针疗法，是用经过选择处理的猪鬃治疗少年近视眼病的方法。附43幅插图。收入“中国民间疗法丛书”。(张纬雯)

R000078 **针刺疗法** 胡树芝等编著。外文出版社、日本东方书店1993年9月日文版。6.9万字。收入有关针刺疗法的文章4篇。第一篇针刺疗法，介绍针刺疗法所用的针具、操作手法、74种疾病的针刺处方，附全身经穴表。其余3篇分别介绍头针、颈针、耳针3种疗法。附31幅插图。收入“中国民间疗法丛书”。(张纬雯)

R000079 **中国灸法大全** 张奇文等主编。天津科学技术出版社1993年版。59.2万字。32.00元。阐述临床内、外、妇、儿、五官科疾病的具体灸法，介绍一些急性病、疑难病的防治灸法，以及保健灸法；此外还阐述了有关灸法机制的理论，如灸效和灸法的关系、灸效和灸感的基本规律、灸感对中医基本理论的验证等，并且对有的新观点进行了较深入地研究探讨，如对“热病可灸”予以了精采的阐述和论证。该书反映了我国灸法在理论和实践方面的全貌，以及当前国内外对灸法研究的新方法和新观点。(罗喻先)

R000080 **艾灸疗法** 李春生等编著。外文出版社、日本东方书店1993年11月日文版。6.7万字。收入民间疗法31种。其中11种介绍灸疗法，包括艾灸、大灸、阳燧锭灸、硫珠灸、硫姜灸、温筒灸、肛灸等。灸疗法是和针刺疗法同步发展起来的医疗方法，二者往往同时使用，合称针灸疗法。灸疗法中的艾灸即能治疗中风等30多种病症。还介绍咀嚼、叩齿、搅舌、搓面、顿足、拔发、梳头、梳乳、洗足、刷牙等疗法。还有利用磁场作用治病的磁穴、磁珠疗法；有在耳部穴位上压贴绿豆或其他药粒治病的耳穴压豆治病法；有运用铁屑辅以其他药物治疗的铁落疗法；有划破表皮涂抹白降丹，刺激人体，治疗多种疾病的白降丹划点疗法；有运用腐蚀药物点敷病变部位的烧蚀疗法。附图33幅。收入“中国民间疗法丛书”。(张纬雯)

R000081 **五谷杂粮与健康长寿** 高世良编。中国轻工业出版社1993年12月版。13.5万字。4.80元。百姓科学用粮知识集。按农作物分为22章，有小麦、大麦、荞麦、莜麦、水稻、谷子、黍稷、高粱、玉米、甘薯、马铃薯、大豆、绿豆、赤小豆、扁豆、蚕豆、豌豆、豇豆、花生、芝麻、向日葵、油菜籽等。每章分述生产常识、史话趣闻、营养功用、食用药用方面内容，重点谈及与人们健康的关系。(王文光)

R000082 **家庭饮食保健法** 张春荣编。北京出版社1993年6月版。16万字。3.90元。分上、中、下3篇，上篇主要论述饮食与健康的关系；中篇为本书重点，介绍59种常见病的饮食调治方法；下篇为保健篇，根据不同年龄，不同的生理特点，介绍一些保健知识，从饮食起居角度，告诉人们该做什么，不该做什么。该吃什么，不该吃什么。附“膳食要旨”、“益寿歌诀”、“食疗歌诀”。(向明)

R000083 **气功经典译注** 乌恩溥译注。吉林文史出版社1993年1月版。28万字。由《老子河上公章句》、《周易参同契》、《黄庭经》、《悟真篇》4部道家气功养生经典著作组成。原文艰涩难读，作者详加注译，使之通俗流畅，易于破读。(李本达)

R000084 **灵子术秘传** 张立鸿等编著。广西科学技术出版社1993年6月版。21.4万字。5.15元。介绍灵子术的起源、发展、功理及自发显动功、显动治病法、内气潜动功、无形感应功、感应施术法、桩点穴功、节律气针功等功法。(马如海)

R000085 **集试秘览** (清)欣澹庵撰辑。安徽科学技术出版社1993年1月版。90万字。晚清名医欣澹庵遗稿。主要是历代经验效方的类编，亦有部分医论，共录文献1万余条。经整理编定为8卷。作者是临床医家，世医出身，积有数代临床经验，对所辑方剂的主治、服法、剂量等，往往有所修改，使之更切合临床应用。对所辑原文中难通冷僻文字、术语等作了改写或加注文，使之简明扼要，通俗易懂。故本书不是一般的古方抄辑。(胡世杰)

R000086 **丹溪医集** 浙江省中医药研究院文献研究室编。人民卫生出版社1993年版。99万字。84.70元。该书是元代医家朱丹溪一生著述的辑集、点校本，系人民卫生出版社出版的金元四大医家医集之一。朱氏在我国医学史是一位著名医学家，与刘河间、李东垣、张子和齐名，合为金元四大家，后世学者称为丹溪翁，日本人尊他为医圣。朱氏一生著述颇丰，据文献记载，具名丹溪撰者不下30余种，经年历久，有的散佚，有的托名，故作者进行调查、搜集、辨伪、鉴真工作，乃将丹溪本人自撰者3种:《格致余论》、《局方发挥》、《本草衍义补遗》及其门人、私淑者编纂反映丹溪学术的著作5种:《金匮钩玄》、《丹溪心法》、《丹溪手镜》、《脉因证治》、《丹溪治法心要》，共8种，辑成一册，集中体现了朱氏倡导的"阳常有余，阴常不足"的观点和"相火论"之说，以及气、血、痰、郁论治心法、方药。其滋阴说在我国医学史上独树一帜，为滋阴降火治法之滥觞。该书全面、系统地整理与研究丹溪著述，在国内尚属首次。上述著述8种，版本选择，罕见之精善本；校勘和注释遵照卫生部中医古籍整理办公室制的《中医古籍整理通则》进行，校勘严谨，纠正了朱氏原著中的脱、讹、倒、衍；注释准确，做了注字音、释通伪、正字形、解词义、详出处、明句义的工作。整理研究达到了"信、达、雅"，成为丹溪著作现存诸本中较佳版本。（成德水）

R000087 **李幼昌临床经验选集** 李幼昌主编。云南科学技术出版社1993年1月版。29.8万字。云南中医医案和经验之珍籍。分医案、医论医话、常用处方等。（李红）

R000088 **俞慎初论医集** 俞慎初著。厦门大学出版社1993年7月版。36万字。10.00元(平)，13.50元(精)。收载作者在各类医学刊物和学术研讨会上交流的论文189篇。全书分医疗篇和医论篇两大部分：医疗篇包括临症治验、医案选录、诊疗一得、古方今用和杏苑漫谭等；医论篇分学术探讨、名家荟萃、医史文献、闽医撷英和医籍评介等。（吴天祥）

R000089 **医学承启集** 方药中著。中医古籍出版社1993年8月版。62.5万字。48.00元。我国著名医学家、中国中医研究院教授方药中先生业医50余年的医学论文中的精品。共摘选了58篇论文，分为理论探讨、临床研究、医案医话、商榷杂文4部分。在理论探讨方面，对中医理论中的重大问题，如中医理论体系的基本内涵、气化学说、藏象学说、病人病机学说、阴阳五行学说以及伤寒与温病学派之争等，均进行了系统整理、精辟论述和深入研究。有些学术观点，在中医学术界系首次提出，如对气化学说，突破了以运气格局为研究中心，或以现代气象验证为评估标准的研究模式，提出自然气候和人体存在着的自稳调节规律是气化学说的核心和精华所在，并且认为气化学说居中医理论基础的地位。在临床研究方面，对中医辨证论治的步骤、方法和模式，提出了新的设计和论证，并以临床验案说明其具体运用。特别是对肝炎、肝硬化腹水、慢性肾功能衰竭等疑难病的诊治，经验颇丰，居国内先进水平。在医案医话中，作者溯本求源，贯串理法，教书、育人、临证相结合，并形成个人学术体系。商榷文字及杂文部分，多属学术争鸣，有些则是在特殊历史条件下写成的论辩性文章。特别是在十年浩劫中，作者敢于据理直言，力辩中医五行学说的科学性和实践性。在发展中医方面，主张遵循中医理论体系，突出中医优势，突出重点，分步进行；在对待中西医学术问题上，赞成吸收运用西医知识和现代科技手段，中西医取长补短，不打擂台。（徐岩春）

R000090 **中医内科学** 谢竹藩、廖家桢著。外文出版社1993年11月英文版。20万字。著名中西医结合专家用英文撰写的中医学专著。介绍中医内科学的基本理论和临床实践，通过近、现代科学研究说明中医诊治内科疾病的特色和合理性。分总论、各论和附编3部分。总论着重论述中医内科病的基本概念、辨证施治的一般原则和内科常用的辨证纲要。基本概念中包括阴阳气血、脏腑、病因病机等。各论中分别论述常见病的病因病机、辨证分型、治病方药和现代研究。治法除方药外，还包括有疗效的针灸。内科学中分别论述从感冒到肿瘤等30多种常见病症。附常用中药方剂索引。（陈有升）

R000091 **温病贯珠集** 施仁潮编著。上海科学技术文献出版社1993年8月版。25万字。12.00元。中医学专著。王孟英是清代著名医家，与叶天士、薛生白、吴鞠通齐名，系温病四大家之一。王孟英丰富的温病理论和精湛的诊治水平，贯穿在其所著、所注各书之中。但由于意在彰明先贤之论，不作个人长谈，在紧要处作简明诠注，缺乏系统性的论述。作者有鉴于此，广泛搜集研读现存孟英医著，裒辑其中温病之医论、医案和方药，按其内容分别归类，略作疏理，贯穿成书，以成孟英温病学之大全。全书分上中下3编。上篇学术贡献，专题介绍最能体现孟英温病学术思想，对温病诊治带有普遍指导意义的论点，参古酌今，深入探究，阐发厥旨。中篇论治经验，内容包括除通常陈述四时温病外还着重介绍孟英特别见长的痢疾、霍乱等的论治经验，孟英反复申明这些病症大都系温热病邪致病，属温病范畴。小儿温病、妇人温病，各有其证治特点，孟英论治内容丰富，故作专题讨论。下篇方药述略，介绍孟英自己创制的，以及曾作评注或使用的他人医方，精汇孟英诊治温病宜用和忌用之药，孟英治药陈述及性味、功能、主治外，尤其注意单方的介绍，单方验方，味少功长，多具效验；对药物禁忌、药误救治一一评述，尤对温病忌药，痛指其弊，足以使人醒悟。（方金善）

R000092 **医林从真——记李玉奇教授医学经验** 孙启凤整理。沈阳出版社1993年4月版。10万字。分临床经验篇、科学研究篇。通过这2部分对李玉奇的医学经验进行总结,尤其对其提出的"萎缩性胃炎以痈论治学说"进行详尽的阐述,为该病的诊断、治疗、预防提供了理论和临床上的依据。(崔云虹)

R000093 **中医脾胃学说应用研究** 危北海等主编。北京出版社1993年5月版。89.6万字。35.00元。收入"北京医学文库"。共5部分:中医脾胃学说文献研究、中医脾胃学说现代研究、脾胃疾病临床证治研究、中医脾胃学说在临床各科的应用研究、名老中医关于脾胃学说的理论与实践。比较全面地展示了脾胃学说的产生、发展过程,以及当代的实践和研究水平。其中尤以现代研究部分最具特色,作者充分运用现代科技手段,对能反映脾胃功能状态的多种指标反复试验,摸索出了许多规律性很强的经验,为临床及理论上的进一步深化奠定了坚实的基础。(黄颖)

R000094 **脾胃学真诠** 刘炳凡编著。中医古籍出版社1993年5月版。18万字。6.90元。分上、中、下3篇。上篇,追溯脾胃学的历史、渊源,并阐述其理论基础;中篇,以李东垣《脾胃论》为蓝本,在尊重原文的前提下,阐明其奥旨,由此引证明清诸家对脾胃学的发展和贡献;下篇,结合临床实际,阐释脾胃学说应用的基本原则与方法。全书较系统地阐明了脾胃学的起源、形成及其应用的理论性问题和实践性问题。提出脾胃乃生化之源,肾间动气为人生之本的观点。在处理先后天关系上,尤重调理脾胃。认为"调理脾胃就是固本,只有资助后天,才能培养先天"。对疑难杂证的治疗,注意在健脾助化、益气养阴的基础上配合活血化瘀,通经散结等,取得满意的疗效。(徐岩春)

R000095 **实用中医肝病学** 洪嘉禾等著。上海中医药大学出版社1993年12月版。67.2万字。37.00元。中医学著作。中医肝病包括西医的肝脏疾病、胆囊疾病和部分神经系统疾病。本书根据中医理论,将上述3部分疾病归在一起论述。具有以下几个特点:一、作为一部以中医为主、中西医结合研究肝病的理论和临床相结合的学术专著,汇集了比较完整的中医肝病的诊治内容。二、以中医藏象中的肝为主体,从其生理、病理、诊断、治疗和预防方面进行详细论述,结合现代检测手段,集中总结了有效的治疗法则和方药。三、以临床病证和疾病两大篇为重心,强调了病理演变、辨证思路、诊断方法和有效方药。参考了大量国内外研究资料,反映了中医肝病研究的最新进展。四、结合古今文献,广泛地介绍了行之有效的古方,又汇总了现代医家临床验方,还搜集了不少民间单方,增加了该书的实用性。(马胜英)

R000096 **实用中医脑病学** 中国中医研究院广安门医院主编。学苑出版社1993年版。约152万字。45.00元。分3篇:一、总论脑病和中医脑髓理论;二、论证常见中医脑病症及治疗;三、有关现代医学常见神经、精神疾病的辨证和论治。系统地总结我国自先秦以来的中医脑髓理论和防治规律,奠定了中医脑病学的理论基础,探索了若干理论问题,如脑与心的关系等,确立了脑主神明的理论。同时,对脑病的治疗也有若干创见,如在确立调整阴阳,从脏治脑的同时,强调调理气血,即调神理气,并归纳为祛风定脑、解郁安脑、开窍醒脑几种极有意义的治疗方法,为脑病临床提供了辨证的论治依据,也显示了我国脑科学研究的发展。书后附有《中医脑病诊断要点及疗效标准》、《中医脑病用药法象》、《方剂索引》。(程昭寰)

R000097 **中医外科诊疗图谱** 陆德铭主编。上海中医药大学出版社1993年10月版。230万字。38.00元。根据国家中医药管理局组织的全国高等中医药院校中医专业规划教材《中医外科学》大纲内容编写拍摄而成。教材中所列疾病,凡在体表有明显病理表现者大部分都已编入书中。此外,还适当增加了一些教材中没有而临床又常见的外科病种。全书共有典型病例照片200余幅。书中资料大多来自作者多年的临床积累,部分皮肤病及性病病例图片由上海皮肤病防治所提供。主要介绍疾病的临床表现、病因病机和治法,病名中西医对照,疾病编排次序与《中医外科学》教材基本一致。由于时间和病种来源的限制,尚有少数《中医外科学》教材中疾病未能编入。(姜水印)

R000098 **实用中医乳房病学** 顾乃强著。上海科学技术出版社1993年6月版。27.2万字。10.50元。探讨总结古今乳房疾病的中医中药防治特色,发掘和整理古代医家治病的丰富经验,介绍中医对乳房生理功能的认识,乳房与经络、气血、脏腑的相互关系,乳房病的发病因素、机理及乳房常见证候的中医辨证方法及防治原则,中医四诊在乳房病诊断上的应用。对感染性乳房病、乳腺增生性疾患、发育异常性乳房疾病、乳房良性肿瘤、乳房恶性肿瘤、乳汁分泌失常、乳房皮肤疾患、乳房外伤性疾患、乳房寄生虫病等50余种疾病的病因病机、诊断要点、临床表现、辨证论治、预防护理都作了阐述。书后增

补现代辅助检查和乳房自我检查方法。(杨菁华)

R000099 **骨伤要法** 程玉来编著。中医古籍出版社 1993 年 2 月版。20.9 万字。6.50 元。分上、下两篇。上篇为总论,主要论述伤科起源与发展、骨伤治疗手法的临床效应、推拿机理与手法、临床检查与辨证诊断。下篇为各论,主要论述骨折、骨关节脱位、骨错缝与软组织损伤的应用解剖、病因病理、诊断与治疗手法,并附有医案介绍和经验体会。作者运用现代医学对中医传统正骨手法进行机理性研究,创造出一套科学、简便、无创、新型、独特的推拿手法,特别是在颈椎病、腰椎间盘突出症的治疗研究方面有一定的突破。(徐岩春)

R000100 **实验骨伤科学** 时光达、陈宝兴主编。人民卫生出版社 1993 年 4 月版。50 万字。高等中医药院校教材。共 25 章 100 节,包括骨伤科实验研究方法学、实验骨伤科研究的常用设备简介、结缔组织实验研究、光镜组织化学实验研究、光镜骨组织化学实验研究、骨伤科病理学研究、骨组织形态学基础及其应用、骨组织超微结构研究、骨的生物化学基础、软骨生物化学基础、骨及软骨组织和器官的培养、核素在骨伤科研究中的应用、骨肿瘤的组织培养及研究、实验性骨折愈合的超微研究、脊髓损伤实验研究、骨关节实验研究、类风湿性关节炎实验研究、慢性软组织损伤实验研究、生长因子对骨组织细胞复制和分化的影响、微生物模型的钙化研究方法、钙化组织能量代谢的测量方法、骨骼负载试验、钙化组织的 X 射线衍射法、钙化组织的红外及拉曼光谱法、骨密度测量方法等。(郝胜丽)

R000101 **何氏骨科学** 何天佐著。中医古籍出版社 1993 年 6 月版(上册),1995 年 12 月版(下册)版。105 万字。60.00 元(上册),120.00 元(下册)。分上、下两册,共 7 篇。第一篇概述,介绍了何氏骨科的源流、特色及实用方剂;第二篇骨折,介绍了上下肢及头、躯干部的 37 种骨折的临床表现、诊断、治疗和典型病例;第三篇脱位与关节紊乱,介绍了此类 14 种常见病症的诊治;第四篇软组织损伤,对上下肢及躯干部位 10 种常见软组织损伤的治疗作了系统介绍;第五篇内伤和损伤内症,主要论述由外伤所引起的人体气血、经络、脏腑病,并具有全身性症状的一类疾病;第六篇骨病,包括先天畸形,感染性、无菌性、代谢性骨、关节、软组织疾病;第七篇先天性骨病。作者为何氏骨科第五代传人,总结了先祖 200 余年业医的独特理论与秘方秘法。以“治骨先治肉”的何氏见解,完善了“就骨治骨”的传统理论;以“分部用药”取代了“各部单一用药”的治疗方法;“以联合夹缚固定”,首次提出中医骨科外固定理论,并以其丰富的临床实践提高了外固定水平。特别是精心配制的祖传秘方,对骨乙股头缺血性坏死、颈椎病、肩周炎、骨膜炎、骨髓炎、骨结核等均有十分明显的疗效。(徐岩春)

R000102 **陈立夫与中医药学** 李良松、叶海涛著。厦门大学出版社 1993 年 3 月版。12.5 万字。4.80 元。较为全面地介绍陈立夫半个多世纪以来对中医药事业的发展及其在中医药学术上的贡献。全书共 12 章,既恰当地评述陈立夫先生的中医药学术思想、养生长寿之道、医事卫生政绩、知识结构与思维特点、推动海峡两岸中医药双向交流及为台湾中医药的生存和发展所作出的不懈努力,又客观扼要地介绍这位中国近代政坛显赫人物的生平事迹,最后附有陈立夫先生中医大事年表,以备查考。(吴天祥)

R000103 **中华药海** 冉先德等编。哈尔滨出版社 1993 年 6 月版。1 300 万字。260.00 元。集 20 世纪 90 年代以前中国药物学之大成,共收入中药 8 488种,是至今载药最多的中药医籍,反映了我国药物学成就和最新成果。分上下两卷。上卷为常用中药,下卷为一般中药。书中附有约 6 000 幅插图。(关力)

R000104 **吴中医集·方药类** 《吴中医集》编写组编。江苏科学技术出版社 1993 年 10 月版。123 万字。42.20 元。收入“吴中医集丛书”。共收载 4 本书。一、《神农本草经疏》30 卷,明·缪希雍著;二、《本草诗笺》10 卷,清·朱钥著;三、《脉药联珠》8 卷,清·龙柏著;四、《不谢方》1 卷,清·陆懋修著。(孙连民)

R000105 **本草纲目通释** 陈贵廷主编。学苑出版社 1993 年 4 月版。500 万字。2 册。《本草纲目》是明代伟大药学家李时珍的名著,收录天然中草药 1 800 余种,集医家和民间方剂 11 000 余首,参考引用 800 多种本草文献。本书在完整保留原著内容的基础上,参考大量古今文献,充分运用中草药现代研究成果,对其进行校勘和注释,并对每种药物的现代原植物分类、拉丁学名、有效成分、药理作用、毒副作用以及临床应用等,进行论述和补充。对原著涉及的方剂、医案、病名、病种结合现代临床作相应的探讨。对有关药物用量单位则按国际法定计量单位标准予以换算。对误讹之处予以订正。书后附有《本草纲目》药名释名、附方和所载药物的拉丁(英)学名、

植物(动物、矿物)名称、现代临床应用病名索引和古今度量衡对照等。(马莺)

R000106 **证类本草(校点本)** (宋)唐慎微撰,尚志钧等校点。华夏出版社1993年5月版。180万字。49.00元。共载药1 740种,评述其功用、采集及名医心得,广涉宋以前秘本247种,保存许多迄今已失传的珍贵文献。这次整理,对本书的历代传注本详辨异同,并重排原书文图。是首次整理点校本。(张伟)

R000107 **青海高原本草概要** 邹寒雁等主编。青海人民出版社1993年10月版。33万字。7.50元。介绍青海高原中草药资源的专著。收载药用植物128科、1 352种,药用动物75科、196种,药用矿物12类、71种,总共1 619种。每种药物分别说明其种名、别名、拉丁学名、分布地区、药用部位、性味、功用、主治。部分品种还有有效成分和最新研究成果。该书是广大科技工作者经过5年的调查、采集标本,整理及分析研究后,汇总编写而成,其内容全面,除中药、草药之外,还有藏药的记载,因此具有较高的学术价值。它对开发、利用青海高原的资源,发展中药生产,以及沟通民族之间医药知识的交流等,都有重要的作用。同时,对本省及国内外医药学、生物学的教学、科研也有一定的参考价值。(汪家驹)

R000108 **《本草纲目》(金陵版)** (明)李时珍著。上海科学技术出版社1993年8月版。1 900万字。10册。560.00元 。中医古籍。共52卷,收载药2 260余种,药方近4 000,图1 000余幅。书中每药标正名为纲,附释名为目,次以集解辨疑正误详其土产形状,再以气味主治附方著其体用。上自坟典下及传奇,凡有相关靡不备采,博而不繁,详而有要。李时珍亲自监校的《本草纲目》始刻于金陵,因而称为"金陵本",讹误最少,可以谓之祖本,今国内仅存两部,十分珍贵。兹据上海图书馆所珍藏的金陵初刻本影印出版。(周瑞芳)

R000109 **实用中草药原色图谱(一)** 黄燮才等编著。广西科学技术出版社1993年7月版。19万字。69.00元。选载临床常用的中草药250种,每种中草药均按一面文字一面图片排版,图文对照。图谱从1 000多帧中草药图片中精选出250种原色照片制版。用文字分别介绍每种中草药的采收加工、功用和临床应用,以及用法、用量、适应症和选方。收载中草药处方1 326条。(马如海)

R000110 **贵州药用动物** 李德俊主编。贵州科学技术出版社1993年10月版。36.5万字。14.00元。共收录药用动物208种,包括鸟纲、哺乳纲、两栖纲、鱼纲、昆虫纲和其他无脊椎动物。对各纲特征均有简要说明。对每种动物的学名、别名、生态、形态特征、分布、采制、保护及饲养(保护品种)、药用部分及成分、性味、功用、主治、应用方法、选方等均作了较详细介绍。选方中有单验方851首。并有插图227幅,以及参考文献及中文名索引等内容。(夏同珩)

R000111 **中国常用中草药彩色图谱** 吴家荣、邱德文主编。贵州科学技术出版社1993年12月版。80万字。1 500幅图。248.00元。共收载常见、习用的中草药606种,并按药用部分归类排列,分为植物类,其中包括根类、根茎类、茎木类、皮类、叶类、花类、果实类、种子类、全草类、植物其他类;动物类;矿物类等三大类。各类中,植物按恩格尔系统顺序;动物按门、纲、目顺序;矿物按性质顺序编目。每一品种下分为图片和文字两部分。图片部分采用一来源(原植物、原动物)图、一药材图对照形式。某些品种加生态图、伪劣品图以资鉴别。文字部分包括名称、汉语拼音、药材拉丁名、来源、药材性状、主要化学成分、功用和主治、附注等项。名称根据1990年版《中华人民共和国药典》及通用的药材名列名,某些民间药则采用地方习用名,或古代本草记载的名称。来源包括:基源的拉丁学名,药用部分,主要产地及采收加工等几部分,是指本品种的来源出处和依据。书末附录名称笔画索引、汉语拼音索引、药材拉丁名索引和拉丁学名索引。(夏同珩)

R000112 **中药鉴别手册(第一册)** 中国药品制品检定所编。科学出版社1993年12月版。50万字。22.50元。选辑常用药100种,分别介绍了它的原植(动、矿)物中文名与拉丁名、产地、使用地区和药用部分,主要反映了当前同一药材的不同品种在各地的使用情况。(曾桂芳)

R000113 **中药鉴别手册(第二册)** 中国药品生物制品检定所等编。科学出版社1993年12月版。33万字。15.00元。选编50种常用中药,主要反映同一药材的不同品种在各地的使用情况,对重点品种按别名、植(动)物形态、采收加工、药材性状、成分、效用等顺序编写而成;另外,对其中十种药材及有关品种增加了显微组织鉴别,并附有组织图。50种药材共涉及了367个植(动)物品种,附植物和药材图共379幅,照片31幅。(曾桂芳)

R000114 **安徽常用中药材易混品种鉴别** 黄进主编。安徽科学技术出版社1993年3月版。67万字。15.00元。收集在安徽省生产及常用的中药品种

138 组，包括正品、习用品、混淆品及伪品 524 个品种，分别讲述它们的生态分布、主要产地、正名、别名、药材性状、饮片性状、性味、功能、经验鉴别、显微鉴别以及理化鉴别的方法和手段等。阐述伪品、混淆品与正品、习用品的重要区别。书后附录部分收入中药材名词术语解释及拉丁学名索引。（徐凤）

R000115 **中药制剂注解** 曹春林、施顺清主编。上海科学技术出版社 1993 年 2 月版。61.9 万字。18.30 元。研究中药制剂处方、工艺、质检的学术专著。中药制剂从传统的丸、丹、膏、散型制剂，到现代的片剂、冲剂、注射剂、胶囊剂等等，剂型和品种发展迅猛。本书即是从目前比较成熟、比较常用的中成药品种中，挑选出 277 种，按剂型分类，逐个进行分析探讨，指出成功与不足之处，并提出改进建议。在编写过程中，强调主要从处方、制剂工艺、质量检查 3 个方面进行论述，解释 3 个问题：一是处方组合是否合理？二是为何采取此制剂工艺，可否改用其他工艺？三是如何设计质检方法，本剂型采用何种质量检测方法为妥？使阅读者不仅知其然，而且知其所以然。故而在注解的内容中，重点设“方药分析、制法评注、质检讨论”3 项，以突出本书的特点。书中针对不足之处所提出的各项建议，充分考虑到目前国内各中药厂、制剂室现有设备状况，较为中肯实用。（虞厚安）

R000116 **中国中草药配伍大全** 王文安编著。内蒙古人民出版社 1993 年 7 月版。68.5 万字。20.50 元。荟集现代常用中草药 753 味，较详细地介绍了每一味中草药的别名、性味、归经、功效、主治、化学成分、药理作用、配伍注意事项及配伍应用，并附载了古籍和现代方例 667 首，分门别类于相应的药物中。其特点是：博采众家之精萃，广集古今之良方，中药学和方剂学相并蓄，药理理论和实际应用相结合。（崔泽仁）

R000117 **中药药理研究方法学** 陈奇著。人民卫生出版社 1993 年版。167 万字。65.10 元。以中医药基本理论为指导，密切结合临床和现代研究方法，对中药及其复方的作用及作用机理进行研究探讨的大型参考书。共 31 章，分上、中、下 3 篇。上篇主要为中药药理研究基本知识及中药基本理论研究方法；中篇为各类功效中药的药理研究方法；下篇为“证”的动物模型及中药药理作用研究方法。全书介绍了 409 个研究方法实例（其多为作者本人的研究成果）。每个实例下设原理、材料、方法、结果、附注、注意及评价等项内容，方法详细而具体。并设附录以扼要介绍中药新药的药效学研究资料。（匡罗均）

R000118 **临床方剂丛书** 张民庆主编。江苏科学技术出版社 1993 年版。454 万字。174.70 元。精选切合临床实用的古今中医方剂约 1.5 万首，结合现代医学系统分类方法编著。包括《呼吸系病实用方》、《消化系病实用方》、《心血管病血液病实用方》、《神经精神内分泌病实用方》、《外科病实用方》、《妇产科病实用方》、《儿科病实用方》、《骨伤科病实用方》、《五官科病实用方》、《皮肤病实用方》、《泌尿生殖系病实用方》、《传染病实用方》、《老年病实用方》和《养生实用方》等 14 册。书中所收方剂既有历代医家创制的名方，也有当代医家临床反复应用的有效经验方，重点突出临床实用性。每一方剂首列方名、出处，接写药物组成、制剂用法、功效主治等项内容，有的加以按语，介绍有关知识。（郑大坤）

R000119 **汤头趣记图释（下）** 刘子民主编。北京科学技术出版社 1993 年 8 月版。30 万字。18.00元。采用图文并茂、短小精悍的形式，从浩如烟海的典籍中删繁取精，调用“同音”、“形象”、“意趣”等多元速记手段，将“枯燥”、“难记”的中医汤头，编成生动的故事情节，依据情节绘画成图，达到了趣记汤头的目的。（戴皓宁）

R000120 **湖北民间单、验、秘方选集** 王仲操主编。湖北科学技术出版社 1993 年 9 月版。17.3 万字。6.80 元。根据湖北省卫生厅组织有关专家在全省进行调查后的材料整理成集。作者将收集而来的各地单方、验方、秘方共 500 余条，按内科、外科、妇科、儿科、骨伤科、五官科、皮肤美容等 7 类编排，各种方子下设有疾病科属、疾病名称、药物组成、制备方法、使用方法、病案举例、说明、验方来源等项。个别地方为尊重献方者的意见，保持原稿未经作者技术处理，仅编写体例稍有不同。（蔡荣春）

R000121 **千金方（校点本）** （唐）孙思邈撰，刘更生等校点。华夏出版社 1993 年 6 月版。145.3 万字。49.00 元。由《千金要方》和《千金翼方》组成，广涉内、外、妇、儿、针灸、本草、制药各科，收方 5 300 首。在整理点校中，通考唐代真本、宋元刻本、道藏本及有关传本之异同，删繁就简，溯流讨源，纠正错讹，是首次点校本。（张伟）

R000122 **中医名方异用指南** 李义等编著。山西科学技术出版社 1993 年 8 月版。29.56 万字。7.50 元。从已发现异效的数百个方剂中筛选出 42 种，分别论述每方方剂来源、方剂组成、功效、原著辑要、传统应用、新用撷萃、验案选录等，附主要参考文

献索引。(张丽萍)

R000123 **中医内病外治方论大全** 来辉武主编。黑龙江人民出版社1993年12月版。64万字。34.80元。由总论和各论两部分组成。总论主要介绍内病外治法的定义、范围、起源与发展概况,以及内病外治法的基本内容,并介绍"505神功元气袋"这一内病外治的辉煌典范;各论着重介绍内病外治法在临床各科的具体应用。本书对中医内病外治方面的理论与实践进行了深入地挖掘、整理,尤其对具体方剂进行了方义及功效方面的讨论,这也是本书有别于其他外治疗法专著的独特之处。全书集中医古籍外治疗法成就之大成,阐发内病外治的起源、作用机理、常用辩证施治方法;并对临床各科常用医方就功用、主治、特点作了较全面的评论。(安晓峰)

R000124 **集试秘览** (清)欣澹庵著。安徽科学技术出版社1993年1月版。70万字。19.90元。清代高邮名医欣澹庵遗著。主要为历代经验效方的类编,亦有部分医论,共录文献一万余条。收罗之富,在清代名医中罕见。整理原则:原稿辑引的文献,尽可能按原著逐条校核。一些无原著可校者,亦找到相关文献(例如宋前亡佚方书找《外台秘要》、《证类本草》,宋金元明间方书找《医方类聚》、《普济方》等)作了旁校。凡校改处,均出校记说明。但明显的错别字及无关宏旨的虚词等,径改不注。原稿辑录文献时,或剪裁省改,或增损文义,与原著出人较多。为保持作者编辑特色,一般不据原著回改;文义有异者,出注说明。重复部分,作了删并。原稿中涉及迷信或荒诞不经之处,大多已删,但保留了不合常理而可资研究的内容。原稿附辑中一些无关方治的传闻杂记及服石辟谷、药物制造等内容,因与全书体例不谐,价值也不大,予以删除。(胡世杰)

R000125 **古今民间妙方** 房学贤、余养居主编。安徽科学技术出版社1993年7月版。51.9万字。在中国民间流传着许多用之有效的中医药良方,这些良方疗效明显,具有廉、便、简、验之特点,为我国劳动人民在千百年的医疗、保健、养生等实践活动中累积起来的一大笔宝贵财富。作者将这些良方搜集、精选,按内、外、骨、妇、儿、眼、耳鼻喉、口腔、皮肤、肿瘤各科为纲,依各种常见病为目进行编写。各方均按功能主治,处方组成,制、用法,附注加以整理分项,使读者易读易用,便于临证选方。本书可供中医院校学生、各科医生、基层医务人员,以及自学中医者参考。(储崇华)

R000126 **中华当代名医妙方精华** 柴国钊等主编。长春出版社1993年8月版。46万字。18.00元。共收录数百位名医600余首妙方,涉及内科、外科、皮肤科、妇科、儿科、五官科等多种病症,尤其是对疑难危重证的治疗,更是见地非凡,独具匠心。为了便于记忆,编者对每一首妙方均编成歌诀,言简意赅,其义甚广。并按组成、功能、主治、用法、方解、加减、按语等项编写。有的妙方,是几代名人传家之宝,今首公于众。(毕素香)

R000127 **养生实用方** 项平、史欣德主编。江苏科学技术出版社1993年9月版。32.4万字。12.50元。从国内已知的近10万首有名方剂文献资料中,精选出疗效确凿、流传广泛、使用方便或有一定开发研究意义的养生秘方、验方共1 089首。全书内容包括增强体质方、延年益寿方和预防保健方三大类。增强体质方按四季调养、益智健脑、宁心安神、提神醒脑、健脾开胃、强力轻身、益肾壮阳、补益美颜等功效编排。延年益寿方按驻颜延年、聪耳明目、乌发固齿、轻身延年、延年益嗣等功效编排。预防保健方按预防瘟疫、预防痘疹、预防中风、预防中暑、预防疮病与虫兽咬伤和口腔保健、肤发保健、解酒断烟等功效编排。(郑大坤)

R000128 **中国传统保健饮料** 尤廉、俞宜年编。上海科学技术文献出版社1993年10月版。28.4万字。8.50元。关于中医保健的知识性读物。保健饮料是我国先民在长期劳动过程和生活实践中创造出来的,并历代相沿、不断发展丰富,成为祖国传统医学一部分。本书根据中医药学理论,结合临床实践,对我国历代医疗、养生典籍和民间经验进行了整理和发掘,筛选出简易、方便、价廉、爽口、效佳的保健饮料方剂近600种,分饮、茶、汁浆、露4大类,并对每一方剂的配方、制法和用法、功效主治、应用范围、注意事项及方剂来源出处等均作了介绍。人们可以根据各自的身体状况自制廉价、可口、效佳、无毒副作用的保健养生、防病治病的饮料。同时对众多的饮料生产厂家无疑是开拓"回归自然"保健饮料的丰富宝藏。(方金善)

R000129 **实用汤头歌诀** 张锰等编。广西科学技术出版社1993年6月版。31.3万字。3.75元。分补益、发表、攻里、涌吐、和解、表里、双解、消补、理气、理血、祛风、祛寒、祛暑、利湿、润燥、泻火、除痰、收涩、杀虫、痈疡、经产等21个部分。共编入450余个方剂,并附有中医常见病症忌口、宜食常识简篇和中西医病症相应方剂索引。(马如海)

R000130 **蒜治百病500方** 赵建成等编。安徽科学技术出版社 1993 年 2 月版。18.5 万字。利用大蒜防病治病的验方专辑。收载大蒜方 500 余首，可防治的疾病涉及传染、内、外、皮肤、妇产、儿、五官、肿瘤 8 科，并对大蒜制剂和大蒜的吃法以及有关大蒜小知识作了详细的介绍。书后附录："大蒜发泡法"、"隔蒜灸治"、"穴位注释"。（范源）

R000131 **月王药诊** 副名：医法月王论。马世林等译。甘肃民族出版社 1993 年 3 月版。30 万字。8.75 元。我国现存最早的藏医药学古典名著。根据藏文史料记载，这部藏医药学名著，在公元 8 世纪时，先后从汉文两次译成藏文，从梵文一次译成藏文。可是，现在从汉文文献中已找不到该部名著和有关的记载。因此，它对于研究藏医的起源、早期历史及后期发展、研究它与汉医药学、古印度医药学的渊源关系都有其重要价值。这本典籍全面论述了生理、病理、疾病、药物及治疗方法。例如：在疾病学方面，分章讲述了内科、外科、妇科、儿科等各类疾病的症状、诊断和疗法；在治疗方面，详细讲述了药物疗法，饮食疗法和导尿术、灌肠术、方腹水术、金针拨翳术、穿颅术、针灸术、夹板术等。它的内容具有浓厚而鲜明的高原民族特点。书中所载药物 329 味中，约半数左右是青藏高原的产物，其中许多又是西藏或青藏高原的特产药物。书中讲述的验尿术，独具特色，为人鲜知。该译本，是根据民族出版社 1985 年出版的藏文版为蓝本。翻译过程中，对人体生理、结构、经络、穴位等名称，鉴于历史条件与现代人体解剖学的名称实难一一对应，所以，在译文中采用了一些音译名称；对于疾病名称，在译时，尽量采用与汉医疾病名称相应的名词，无相应的名词，则采用音译名；对药物名称，采用植物志、动物志和矿物学的常用名称，凡一名多物采用音译名，一些藏语名和梵文名尚难确切译出者，同样也采用音译名。（王振华）

R000132 **藏医医疗宝藏** 智华坚赞著。慈智木仲格加整理。甘肃民族出版社 1993 年 3 月版。15 万字。3.65 元。汇集作者在从医过程中的医学诊断书。内容包括诊断各种疾病病因、病理及用药复方和临床经验。书中阐述了有关诊断病因、病理和临床用药等方面的观点和用药方法等。（周甲克）

R000133 **傣医四塔五蕴的理论研究** 李朝斌、岩喊等著。云南民族出版社 1993 年 4 月版。10 万字。7.50 元。由西双版纳州傣医研究所搜集整理并翻译而成，是根据傣医药的"贝叶经"和"纸版经"中《帷苏提麻嘎》、《档哈雅聋》、《巴腊麻他坦》、《嘎牙桑哈雅》、《玛努萨罗》等傣医药类书进行研究的基础上而取得的成果。傣医药不仅有理论基础，而且有丰富的临床实践经验。傣医的"四塔"（风、火、水、土）学说源远流长，人体的风火水土与自然界的风火水土密切相关、相互制约又互为因果。如果体内的"四塔"平衡协调则平安无事，否则疾病丛生，故有"四塔连心"之说，这是傣医理论基础。傣医"五蕴"是将各种现象进行综合分析的分类方法，如形体蕴指组成人体的物质、形状、外貌、容姿、颜色等 28 种生命要素；心蕴包括 21 个器官，指一切知识的归纳总结，具有主宰、统领、派生并加以引伸和推理作用；受觉蕴指人体的感觉官，感觉苦、乐、忧、喜、好、恶；知觉蕴指意念效作用，如想象、理性、概念，具有某种"灵感性"等；组织蕴指造作生起，聚合、发动、迁流和意志行动等机活动，包括了机的 32 种器官，脏腑和其他物质结构，"五蕴"有发生发展的相互联系，又有其内在的依存，既有生理、解剖的实体，又有精神、情绪和内涵。（玉皎）

R000134 **四部医典** 玉多·云登贡布著。西藏人民出版社 1993 年 8 月版。80 万字。14.50 元。系藏医古典医书，共 156 章，分 4 大部分，内容包括人体学、病理学、诊断学、治疗学。总结了藏族人民千百年来的医药和医疗经验，并吸收了祖国内地中医学和国外有关医学内容。（刘金华）

R000135 **甘露本草明镜** 嘎玛群培编著。西藏人民出版社 1993 年 9 月版。45 万字。26.50 元。以藏医药名著《四部医典》、《兰琉璃》和《晶球晶》等为依据，参考历史上享有盛名的藏医学专家的不同见解，并以作者本人在西藏大部分地区和内地的一些省，以及尼泊尔等地进行实地考察积累的丰富可靠的经验，将 493 种植物药、99 种矿物药、105 种动物药的产地、形态特征、采集时间、加工配制、特点功能都作了详细介绍。书中所收 697 种药物名称除使用了藏汉两种文字外，还使用了国际通用的拉丁文，并附有 59 幅彩色标本图。（刘金华）

R000136 **彝族医药学** 关祥祖主编。云南民族出版社 1993 年 9 月版。60 万字。15.00 元。集云南、四川、贵州、广西历代彝族医药为一体，系统地介绍了彝族医药中治疗、药物、方剂等精华部分。全书共 7 章，第一章包括 7 部彝文医药古籍；第二章概述了清浊二气、人与天地同、五行及其配属等 9 种彝医基础理论；第三章彝医治疗学分别介绍了内、外、儿、妇、产、五官、伤等 7 科共 178 种疾病的病因和症状，并以历代彝医书为依据，对每一种病症都列出了少至 5 种，多至几十种的独特疗法；第四章动物类药含肉类、胆类等11大类共243种药物；第五章矿物化学类药包括金属矿物类等2大类共55种药物；第六章植物类药包括根类等10大类共895种药物。书中对以上3章每种药物的彝、汉药名，基源及临床应用都作了详细介绍；第七章彝族医药方剂针对内、外等7科共154种疾病，对症下药，开出了许多方剂。该书首次将古老的彝族医药学和现代医药理论紧密地结合起来，形成了一套较系统、全面的彝族医药理论体系，填补了这方面的空白。(普艺)

R000137 **四部医典(蒙古文)** 特木热校注。内蒙古科技出版社1993年11月版。52.8万字。12.50元。16世纪佛教传入蒙古地区后加快了蒙医药学的发展，先后从印度和西藏文献中翻译出版了大量有关医学方面的典籍。《四部医典》，也是随佛教传入蒙古地区的。此次出版发行的《四部医典》是根据清代古西明珠多吉所翻译，在北京木刻印刷的版本为脚本，经校注而成。为了便于读者掌握该书的内容，校注者对原版本的断句、讹误、名词术语均进行了认真的校勘。该书分4大部分：第一部分对全书进行了全面的概述；第二部分详细讲述了人体生理学、病理学、解剖学和饮食疗法、医德医风等基础理论；第三部分系统地阐述了临床各科疾病的症状、病因、表现及预防措施等；第四部分详细介绍了诊断学、药理学、剂制学和各种疗术。(斯勤达来)

基础医学

R000138 **奇妙的人体** 黄健民著。广西科学技术出版社1993年1月版。7.54万字。2.00元。科普读物。介绍“人是怎样来到人间的”、“为什么说做梦有益”、“人体为什么会发光”、“大脑的奥秘有哪些”、“为什么每个人都可以活上100岁”等有关人体的知识。为“少年趣味科学丛书”之一。(马如海)

R000139 **人体** 王义炯、裘树平撰文。张中良绘画。新蕾出版社1993年8月版。7万字。7.50元。收入“漫游科学世界丛书”。深入浅出地介绍了人是怎样产生的?人体是由哪些部分组成的?了解各个部位的作用和功能等诸多方面的人体知识。(韩凤歧)

R000140 **中西医比较研究** 黄建平著。湖南科学技术出版社1993年12月版。26.1万字。7.50元。分上、中、下3篇，以中西医学奠基的学科生理学、病理学和药物药理学为重点进行比较，从思想体系、价值、背景等方面阐明中西医学的特点和差异。(王劲松)

R000141 **全息胚及其医学应用** 张颖清著。青岛出版社1993年8月版。15万字。10.00元。作者系我国著名科学家、全息生物学创始人。全息胚是生物体组成部分、处于某发育阶段的特化的胚胎。也就是说，一个生物体是由处于不同发育阶段的、具有不同特化的多重全息胚组成的。这个概念打破了单一的生物细胞模式，为人们从另一个角度研究生物体提供了理论支持。本书在介绍全息胚学说之后，用大量篇幅介绍全息胚诊疗法的理论、方法和医学价值，并附有各地应用全息胚诊疗法情况的报道。全息胚医学是一种崭新的科学，它为解决一些疑难问题诸如艾滋病、慢性病、疑难病等提供了有价值的方法。该书是全息胚医学的奠基之作。(高继民)

R000142 **实用体质学** 陈明达主编。北京医科大学、中国协和医科大学联合出版社1993年12月版。55.5万字。31.50元。由中国体育科学会体质研究分会组织体育、教育和医学界的有关专家编著而成，是我国第一部大型的有关体质研究的规范文献和实用参考书。第一～四章介绍了“体质”与“理想体质”等的基本概念及范畴、国内外的体质研究动向、影响体质的主要因素和体质研究的常用方法等，共同构成了体质研究的主要理论体系。第五～十一章分别介绍了形态、机能、素质、心理、适应能力等的基本规律，测量与评价方法、标准指标体系及增强体质的方法技巧。(庄鸿娟)

R000143 **人体解剖生理学** 钱梓文主编。人民卫生出版社1993年4月版。45万字。高等医药院校教材。本版在广泛征求对第二版的使用意见后，进行较大变更，把人体主要系统解剖集中在1章内论述；但因眼和耳感觉器官的解剖和生理联系密切，仍合在一起叙述；有关某些器官微细结构的内容也和相关的生理部分同时讲述。共14章，内容有：细胞和基本组织、人体各主要系统的解剖、人体的基本生理功能、血液、循环系统生理、呼吸系统生理、消化系统生理、泌尿系统生理、神经系统、内分泌生理、生殖内分泌。为配合药学专业的要求，本书侧重于介绍人体生理学的内容。(吕佩斌)

R000144 **颅脑五官CT解剖学** 韩洵、刘丰春著。青岛海洋大学出版社1993年8月版。26.7万字。7.00元。主要分CT成像原理和CT图像；颅脑CT解剖以及五官CT解剖3大部分。具体内容多半是在观察大量标本和CT片的基础上总结升华而成。其主要特点如下：一、按解剖结构的需要选用颅脑五官的CT层面，因此结构显示全面，能克服等距取片有遗漏结构的缺点。二、临床常用的各种扫描方位和不同造影技术都有叙述，内容较为全面丰富。三、内容强调阐述各结构影像的确认要领；相似影像的鉴别方法；上下层面的相互延续关系。并介绍正常与异常以及不同年龄的差别。四、特别是根据详细观察大量脑髓质影像的表现，提出脑髓质各部的名称和髓突的概念。并以此对大脑各回的定位指出依据，有助于把CT定位诊断提高到脑回水平。五、对复杂的耳和脑血管的影像作系统的叙述是一大进展。六、为了同时可用作教材的需要，文词注意深入浅出，前后呼应衔接。特别是为了学生容易接受复杂的大脑影像，把颅骨、脑膜、脑池、脑室逐步分别叙述，最后落实于脑实质。这在教学方法上已证明是有明显效果的尝试。（韩洵）

R000145 **局部解剖学彩色图谱** 徐恩多等主编。湖北科学技术出版社1993年11月版。彩图344幅。98.00元。根据中国人体标本绘制的局部解剖学彩色图谱。分8个部位，共344幅彩图，头部38幅；颈部20幅；胸部41幅；腹部66幅；盆部和会阴部30幅；脊柱和脊髓77幅；上肢33幅；下肢39幅。每幅图清晰地标示各局部解剖学名称的部位，名称用中文和英文两种文字注解。（蔡荣春）

R000146 **中国生理学史** 王志均、陈孟勤主编。北京医科大学、中国协和医科大学联合出版社1993年10月版。57.5万字。25.50元。收入“中国生理学会学术丛书”。介绍生理学在我国的发展史；中国生理学会会史以及部分老一辈生理学家的传记。（陆银道）

R000147 **血液分子细胞生物学** 陈文杰主编。中国医药科技出版社1993年10月版。93万字。68.00元。系统阐述了血液分子细胞生物学的研究进展和我国学者在这一领域的工作，内容包括：血液的分子细胞生物学基础；造血功能及超微结构；造血微环境的病生理；细胞因子及其受体；白介素；红细胞膜的骨架蛋白；红细胞酶病及其分子生物学和分子遗传学基础；血红蛋白病；粒细胞的分子生物学；淋巴细胞的功能及分子免疫学；成人T—细胞白血病病毒；噬细胞的分子生物学及其非肿瘤疾患；巨核细胞；癌基因与白血病；血友病的分子机制；血小板分子细胞生物学，分子流变学；化疗和分子药理学；PCR技术在血液学中的应用等等。适用于医学院校教师、研究生、临床和基础血液学工作者，从事生物学、病理学、分子生物学、免疫学和医学遗传学等专业人员阅读。（赵海宝）

R000148 **磷脂与疾病及其研究方法** 李立著。宁夏人民出版社1993年9月版。26万字。9.60元。磷脂参与细胞代谢，具有保护细胞膜、抗衰老、降血脂、防治心脑血管疾病等作用。全书分5章：磷脂代谢、磷脂的生物学作用、磷脂与疾病、磷脂的过氧化及抗氧化体系和大豆磷脂的制备及其应用。（孙立明）

R000149 **临床组织病理学彩色图谱** 宋继谒编。辽宁科学技术出版社1993年12月版。56万字。380.00元。以中国医科大学病理教研室为首的8个单位19位病理学专家和医学摄影专家，用近3年的时间，从7 000余例尸检及40余万例活检病例中，精选出来的3 166幅图片编著而成。《图谱》的内容选择以临床（或外科）病理为主，兼顾部分系统（或尸检）病理。在作为重点的临床病理内容中，又以中、基层医院病理诊断常见病种为骨干，以其中的肿瘤及瘤样病变为重点，兼顾为初学者打基础的基本的、典型的病变和供高层次病理医师探讨的疑难、少见病例。《图谱》共18章：第一章为基本病变；第二—五章为基本组织的疾病和病变；第六—十七章为各器官系统的疾病；第十八章为传染病、寄生虫病等。有些解剖区域的疾病未单列章，并入邻近器官系统章中，并在目录中标明。全书的病变以HE染色为主，适当地反映组化、免疫组化及电镜等辅助诊断新技术。（李逢秋）

R000150 **现代应用寄生虫学** 余新炳主编。中国医药科技出版社1993年11月版。113万字。48.00元。突出寄生虫的细胞生物学与分子生物学方面国内外最新研究成果与研究方法。共8篇：寄生虫染色体，核酸，蛋白质，酶学，免疫学，超微结构，抗寄生虫药物及其他技术。内容主要涉及到细胞生物学、分子生物学、免疫学、分子遗传学、数学等学科的理论、知识和方法渗透或应用于寄生虫学一些领域，如寄生虫形态和分类、生活史、致病、诊断、流行、防治的研究所取得的结果以及带来的认识、观念上的变化。介绍了在细胞和分子水平上宿主与寄生虫之间在共同进化过程中既相互适应又互相制约的关系；在结构、生物化学、功能三者结合上，从显微结构、亚微结构、膜和胞内细胞器的生化代谢功能观察寄生虫形态、结构和功能的微观变化；在进化和遗传方面，研究、比较不同虫种的染色体、基因及表型标志，介绍构建基因文库，基因编码蛋白质的表达以及制备基因探针，为研究寄生虫的演化和变异，种间和种下分类提供了新方法；在理论方面，该书还介绍了分子生物学方面新的理论;在技术方法方面,每篇之后,都介绍了有关的先进方法,作为附录不能纳入的,专辟一篇介绍。该书在结构和编写方法上不同于传统寄生虫以虫种为主线,而着重介绍传统寄生虫学一些领域中观念、知识、方法的更新。(赵海宝)

R000151　**医学遗传学基础**　徐维衡主编。北京医科大学、中国协和医科大学联合出版社 1993 年 3 月版。38.7 万字。12.50 元。医学遗传学是遗传学与临床医学相互渗透形成的一门学科,它研究人类疾病与遗传的关系,即研究遗传病的形成机理、传递方式、诊断、治疗、预后、复发风险,尤其是预防措施,以控制遗传病在一个家庭中的复发和在人群中的危害。本书主要介绍医学遗传学的基本知识与基础理论,同时阐明了一些遗传病的发病机理和传递规律,介绍了某些遗传病的诊断、防治,以预防遗传病,指导优生。(王凤廷)

临床医学

R000152　**默克诊疗手册**　Robert Berkow, M.D. 著。人民卫生出版社 1993 年版。享有世界声誉的大型综合性临床诊疗手册,此译本为第十五版。本书几乎囊括了人类所有疾病,除简明扼要地分题叙述各病种的定义、病因、症状、治疗和预后外,还介绍了有关的最新资料和理论观点。如在儿科学内,除一般的新生儿、婴儿、儿童较为常见的疾病和重症外,还介绍了许多特殊疾病。此外,本书的许多章节专用于叙述各种症状和体征、讨论如何取得诊断所需的病史和体检资料,重点介绍了各种临床手术和化验检查的适应证、禁忌证和可能发生的合并症。对新的和尖端的检验技术也有所介绍,并对其应用、检查结果的解释和局限都作了评介。本书每出新版,全书信息更新,不断增添新课题,如第十五版的新课题为胃肠科的诊疗技术,获得性免疫缺陷综合征(艾滋病),生殖内分泌学,肿瘤学等。在翻译出版过程中,原书主编 Berkow 博士又提供了尚未出书的十六版的新内容,如丙型肝炎,毒品依赖性与治疗问题,精神疾患的最新疗法等。对我国目前的情况十分有针对性。(孟昭美)

R000153　**现代临床医学辞典**　鞠名达等著。人民军医出版社 1993 年 2 月版。399.3 万字。98.00 元。以临床医学为主要选词范围,对医学新知识、新概念、新理论进行详细解释的大型专业辞书。收词约 15 690 条。内容覆盖整个临床医学领域的所有专科,包括内、外科的各个分科,妇、儿、耳鼻咽喉、眼、口腔、皮肤、放射、临床检验等各专科,以及新兴的临床分支学科,如肝胆外科、心血管外科、显微外科、整形外科、老年医学等。并且收入了基础医学中与临床医学直接相关的词目,涉及解剖、组织、生理、生化、病理、药理、微生物、免疫以及各新的分支学科、交叉学科的相关内容。新词量占很大比例,包括新的病种、诊断技术、治疗方法、理论观点、实验结论等。采用国际国内标准化名词术语、计量单位和技术规范;配有诸多插图;列有汉字笔画索引、英文索引、附录等项内容。(姚磊)

R000154　**现代临床医学辞典**　鞠名达等主编。人民军医出版社 1993 年 2 月版。399 万字。以现代临床医学为主要选词范围的大型、综合性医学辞书。共包含词目 15 690 条,每一词目均有较详尽的释义。词目按汉语拼音排列,词目采用中英文对照。列有汉语拼音首字检字表、笔画首字检字表、英文索引。除临床各学科外,还收集与临床密切相关的基础医学如分子生物学、现代免疫学等学科的词目,涉及 64 门学科;着重介绍新理论、新概念、新技术、新方法,国内外学术组织推荐的标准化方法、命名、术语等。(姚磊)

R000155　**最新临床检验手册**　廖二元编。湖南科学技术出版社 1993 年 9 月版。57.2 万字。26.00元。《现代医学案头参考书系》之一。医学临床检验工具书。分 3 部分:第一部分为检验诊断须知,介绍了有关检验的新概念、新进展,检验标本的采集、贮存等注意事项,检测方法的选择与评价、计量单位的换算、法定计量单位的应用和检测项目的质量控制等。第二部分收集了血液、尿液、粪、骨髓、脑脊髓、羊水、精液、前列腺液等的常规检测项目与部分特殊检测项目,以及有关心、肝、肾、肺、内分泌腺等功能检测项目共 14 000 余条。第三部分为常用检测项目的 Standland 参考值范围和医学决定水平。检测项目多以条目或表格形式编排,对卫生部已淘汰的 35 项特异性差或敏感性低的检测项目与方法也作了说明,并指出其替代方法。(车平)

R000156　**现代临床辅助诊断新知**　白国卿等编著。辽宁科学技术出版社 1993 年 11 月版。43 万字。15.00 元。临床各科辅助诊断工具书,囊括近年来最先进的检测手段与诊断技术。全书分 6 篇:第一篇放射学诊断;第二篇超声诊断;第三篇核医学;第四篇内窥镜检查;第五篇图形诊断;第六篇临床检验学诊断。书末附以临床检验正常值。(李逢秋)

R000157 **微机在医学检验中的应用** 赵佩华、王勇著。上海科学技术出版社 1993 年 11 月版。35 万字。12.40 元。医学检验学专著。在电子计算机迅猛发展的现代，医学，尤其是医学实验室，也是其应用较多、较广的领域，计算机在提高自动化程度和检测精度、加速信息传递交流和管理，增强对数据的分析和处理能力方面已日益发挥着重要的作用。本书即从以上几个方面系统地阐述了计算机硬件和软件在医学检验中的应用。分上下两篇。上篇着重介绍微机的基本知识，硬件系统、软件和语言的使用与技巧；下篇着重介绍微机在医学实验室中所起的作用，在统计学、医学试验评价、实验室自动化、管理信息系统、专家系统、生化实验室、微生物实验室、免疫实验室等的应用。（赋声）

R000158 **磁共振成像诊断学** 高元桂等著。人民军医出版社 1993 年 1 月版。109 万字。88.00 元。共 23 章，对磁共振成像(MRI)的基本原理、MRI 扫描方法作了较详细的叙述，并结合临床、MRI 和病理 3 方面的材料，进行了诊断方面的研讨。总论包括 MRI 的物理学基础、质量控制、造影剂、扫描技术等内容，各论涉及中枢神经系统、肝胆胰和生殖泌尿系统、心血管系统、呼吸系统、内关节系统、骨髓系统的 MRI 成像解剖学基础、影像学特征、临床辅助论断和鉴别诊断价值，以及儿童 MRI 成像特点。突出医学影像学专著的特点，配图 1 855 幅，并附有详细的图解。体现了国内外磁共振成像诊断的新进展，反映了当今我国磁共振成像临床应用的发展水平。（冯江东）

R000159 **常用医学检验** 陈人骏等主编。江西高校出版社 1993 年 7 月版。120 万字。27.00 元。包括血液学检验；体液及临床细胞学检验；生物化学检验；微生物学检验；临床免疫学检验 5 部分，包含了医学检验的各个领域。简明重点地叙述了基本理论与知识，对技术操作均作了详细、具体的介绍。剔除了已淘汰的项目和技术；一些敏感性低、特异性差的方法亦未编人；还增加了较多新观点、新技术，具有较强的科学性与实用性。在介绍检验项目的具体操作方法与有关质量控制的知识、技术的同时，还尽可能地结合撰写者多年从事实验工作和检验专业教学工作的实践经验及其心得体会，简明扼要地阐述了有关注意事项与临床意义，对医学检验人员、科研实验人员、医学检验专业的师生、临床医护人员，都有参考价值。（严吾）

R000160 **现代多发伤治疗学** 苏鸿熙等主编。人民军医出版社 1993 年 5 月版。89.2 万字。多发伤是当前重要的临床问题，现代多发伤的治疗进展很快。本书体现了许多新的医学观念与先进技术，内容包括：创伤及急救系统、多发伤的特点及早期处理、心肺复苏、休克、多发伤的营养支持、麻醉；多发伤时颅脑、颌面颈部、心脏、胸部、腹部、脊柱、大血管、骨与关节等全身各部损伤之局部与全局的关系及其处理方法；多发伤时自体输血、机械通气、感染、成人呼吸窘迫综合征、多脏器功能衰竭等特殊技术问题及 ICU 等新临床发展。（姚磊）

R000161 **百病自疗秘诀** 刘宏生、陈正夫编著。上海科学技术文献出版社 1993 年 5 月版。20.5 万字。7.60 元。医科普及读物。作者依据丰富的医药理论知识和几十年的临床经验编纂而成。书中总结了一套适合家庭自我治疗疾病的有效方法。对内、外、妇、儿、皮肤、五官、性功能障碍等各科疾病都有自疗要点、自疗误区等重点说明。自疗方法则有药物疗法、食物疗法、物理疗法、体育疗法、推拿疗法、气功疗法、心理疗法的综合介绍，具有很强的操作性、实用性。（屈澄清）

R000162 **器官功能衰竭的现代治疗** 张心中等编。济南出版社 1993 年 8 月版。54 万字。13.50 元。内容包括临床常见的肺、心、肝、肾、脑衰竭，并将涉及人体重要的血液、胃肠、免疫、胰岛、肾上腺皮质、代谢及 MOF 等器官或系统纳入书中，以便于读者对人体病情的纵横联系，同时也增加了参阅资料的储备。由于各器官功能衰竭的临床表现各具特征，且又相互影响，因此作者对器官衰竭的解剖、生理功能、病理变化、发病机理、诊断、治疗逐步进行系统讲解，以更好地使读者了解人体机能状态的变异，进而采取对衰竭器官的适当检测，对临床病情作出正确判断，读者在明白发病机理的基础上，选择最适宜的治疗方案。（胡瑞成）

R000163 **中西医结合治疗颈肩背腰腿痛** 徐玉渊编。中国医药科技出版社 1993 年 12 月版。39.9 万字。12.00 元。分“颈肩背腰腿部解剖生理”、“颈肩背腰腿痛病史询问及各项检查”、“祖国医学对颈肩背腰腿痛的认识与治疗”、“颈痛症”、“肩痛症”、“脊背腰腿痛疾病的分类”等 9 章。用中西医两套理论体系对上述疾病，从解剖、生理、病因、病理、症状、检查、诊断、治疗、预防等方面分门别类进行了论述。还对“颈痛症”、“肩痛症”辟专章作了论述，对疼痛产生机理、制痛方法，亦用中西医理论进行了比较详细的介绍。（彭泽邦）

R000164 **实用运动处方** 刘纪清、李国兰著。黑龙江科学技术出版社1993年12月版。30.7万字。7.50元。当今世界群众性体育锻炼的观念发生了急剧的变化,健身的需求趋向科学、安全、简单化。锻炼的方式和准则也因之发生变更,运动处方应运而生。作者从事运动医学与康复医学工作40余年,在吸取日本、美国等国家健身运动成果的基础上,潜心研究和总结适合我国不同人群的运动处方。本书共16章,系统介绍日常生活中的运动医学知识;身体运动的效果;运动处方原理及其内容;运动处方的制度和实施;有氧运动项目的运动处方;老年人运动处方;中年人运动处方;肥胖症运动处方;高血压病运动处方;冠心病运动处方;糖尿病运动处方;癌症运动处方;青少年长高运动处方;运动处方和营养;运动锻炼的医务监督等内容。(李欣育)

R000165 **常用现场抢救技术与图解** 韦造联等编著。广西科学技术出版社1993年2月版。5.3万字。1.50元。介绍危急状态下的各种现场抢救技术和方法,以及如何采取实用有效的施救措施,对心、肺、脑复苏的步骤、溺水、电击伤、中暑、蛇伤及农药中毒的紧急救护都一一作了阐述。(马如海)

R000166 **实用急诊医学** 王一镗等主编。江苏科学技术出版社1993年9月版。173.5万字。39.40元。大型急诊医学专著。由国内67位急诊医学和相关学科的专家共同撰写。共8篇115章。第一篇站在社会这个角度论述急诊医学的概念和范围,强调急救的社会性,阐述院前急救、医院急救和专科监护的密切关系。第二至六篇分述心肺脑复苏、休克、创伤救治、危重病救治、危重症监护。第七至八篇叙述急救技术和急救药物的临床应用。在临床部分,介绍了内、外、妇、儿、眼、耳鼻咽喉科危重病症的病因、病理、诊断、治疗和预防,尤其在治疗、监测方面叙述精当,介绍了最新急诊诊疗技术,充分反映了急诊医学的最新水平和成就。(徐欣)

R000167 **实用危重病急救医学** 崔乃杰、刘兵著。天津科技翻译出版公司1993年10月版。152万字。50.00元 。共4篇:第一篇为基本问题,主要讲述有关危重症的基础理论和具有共性的若干病理、病生理和生化变化;第二篇为监护技术,讲述了ICU中必备的设备及若干近年发展起来的新监护仪器的性能、功能及临床应用;第三篇为各论,讲述了各种危重症的发病机理、症征、诊断及治疗;第四篇为治疗技术及药物,重点介绍了行之有效的基本及新治疗技术,并介绍了若干有关药物。不仅阐述了系统的急救医学理论,而且对各种治疗、监护的新技术、新方法也做了详尽介绍。本书可作为危重病专业医师的学习教材和参考书,亦可供内科、外科和妇产科医师等参考。(刘兵)

R000168 **现代急救医学** 李宗浩主编。浙江科学技术出版社1993年10月版。98万字。32.00元。急救医学是一门综合医学、哲学、法学、物理学、电子学、管理学、心理学等学科的交叉科学。本书分急救医学总论、临床各科急诊、急性中毒、灾难医学及军事急救医学5篇。介绍了国内外急救医学的发展现状和趋势,阐述了急救工作的组织措施,急救的基本技术和设备,临床各科的急救,各种灾害事件的急救等理论知识和实践经验。(边方)

R000169 **常见急性危重症的抢救** 陈清启等主编。北京出版社1993年12月版。24万字。7.90元。介绍90种常见危重综合征及内、外、妇、儿、五官等各科常见急性危重症患者的抢救方法,每一种方法都包括诊断标准、抢救指征、抢救常规、抢救成功指标等内容。书中还介绍了22种常见急救诊疗技术,对每种诊疗技术的适应症、操作步骤和注意事项均有明确、全面的叙述。(李清霞)

R000170 **医学临床"三基"训练·护士分册** 湖南医科大学编。湖南科学技术出版社1993年2月版。35.4万字。7.30元。医学临床培训教材。共4部分:第一部分为基础医学基本知识问答与自测试题,内容包括人体解剖学、生理学、医学微生物学和免疫学、病理生理学、药理学、卫生学、医院感染学等护士需要掌握的重要基础理论;第二部分为临床护士基本技能训练,包括护理文件书写标准、护理基本技术操作等51个项目;第三部分为临床各科基本知识与自测试题,重点在各科疾病的基本知识及护理要点;第四部分为临床医技基本知识问答自测试题。本篇还简要介绍了各临床医技领域的发展动态和基本知识。(车平)

R000171 **中华护理全书** 林菊英、金乔等编著。江西科学技术出版社1993年5月版。300万字。120.00元。介绍了护理学及其相关科学的理论和实践,系统地反映了近40年来我国护理学界的学术成果,总结了我国护理工作的经验,展示了我国护理技术的发展和水平。分总论、基础护理、专科护理、中医护理、护理必备知识、南丁格尔之路、附录等7部分。(温青)

R000172 **实用护理小经验新技术精选** 李振忠等编。广西民族出版社1993年8月版。18万字。

5.20元。内容包括:临床护理用药、基础护理、供应室工作、内科护理、外科护理、手术室护理、妇产科护理、儿科护理、五官科护理、神经科护理、传染科护理、中医护理等。可供各级各类护理人员参考。(廖汝年)

内 科 学

R000173 **内科学(第二版)** 刘国良等主编。人民卫生出版社1993年3月版。75.4万字。中国乡村医生教材。分11章,重点讲解呼吸、循环、消化、泌尿、血液、内分泌代谢、神经等各系统疾病,以及风湿性疾病、理化生物因素所致疾病等约130个病种。为加强学生的操作能力,增加了内科常用诊疗技术及护理技术操作。各章后附有典型病例及复习题。书后附有检验正常参考值及80种常用静脉滴注药物化学性配伍变化表。(王淑英)

R000174 **内科学** 李立铭主编。人民卫生出版社1993年6月版。79.3万字。全国医学专科学校教材。分13篇,对内科领域的常见病、多发病,包括呼吸、循环、消化、泌尿、血液、内分泌系统的疾病,以及关节和结缔组织疾病、中毒性疾病、物理因素所致疾病、神经和精神疾病的病因和发病机制,疾病的分类和临床类型,临床表现和诊断,治疗和预防以及实验室新的诊断方法,各个病征新的治疗用药,疾病防治措施等进行讲解。(王淑英)

R000175 **临床理论与实践内科分册** 董德长著。上海科学普及出版社1993年8月版。115万字。37.00元。收入"高级医师参考丛书"。主要阐述了近年内科理论研究与实践中的重要成果,并吸收了国外内科学科的最新进展。内容包括消化系统、心脑血管、肾脏、血液系统、内分泌系统、呼吸系统、免疫与传染,分列100个专题展开论述。(丁有如)

R000176 **表格式内科疾病临床鉴别诊断学** 顾文卿等著。学苑出版社1993年10月版。160万字。共10章,采用表格形式,分别从病因、病史、临床症状、临床体征、实验室检查及器械检查等方面进行鉴别诊断。共1 045个表,以常见病、多发病为重点,涉及和介绍近4 000种疾病。(马莺)

R000177 **内科学** 赵志平等编著。广西科学技术出版社1993年12月版。126.7万字。25.70元。由全国20所高等医学院校协编,主要供医学界五年制本科学生使用。教材以我国常见病、多发病为重点,结合各协作院校所在地区的疾病特点进行编写。在教材内容上重点介绍每种疾病的基本理论、基本知识,并适当介绍目前国内外研究最新进展。对课堂讲授的疾病编写有内容提要。附教学大纲。(马如海)

R000178 **现代内科治疗学** 尉挺主编。人民军医出版社1993年12月版。180万字。根据临床医学的新发展,用现代观念论述内科疾病治疗原理及其技术。分总论、各论2部分,计8篇138章。内容有:药物的应用,技术操作与介入治疗,脏器衰竭的治疗,急症抢救,感染性疾病的治疗,过敏及免疫性疾病的治疗,肿瘤的治疗,各种疾病的对症治疗等。其特点是:一、以病理生理机制为枢纽阐述治疗问题;二、以理论结合实际的方式阐述治疗问题;三、较多地从横向角度阐述内科治疗中的共性技术,强调从整体上掌握治疗的技术方法。列有参考文献,附有索引。(姚磊)

R000179 **中国内科年鉴(1993)** 陈思聪等编。上海科学技术文献出版社1993年12月版。100万字。49.00元。反映我国内科各专业成就与进展的资料工具书。为医疗、教育、科研工作提供必要的资料和信息,为祖国医学宝库增添连续性的史料。该书取材于1992年1月—1992年10月国内公开发行的178种有关医学杂志上的15 694篇文献。内容包括内科基础及传染病,寄生虫病,呼吸系疾病,心血管病,消化系疾病,血液病,肾脏病,内分泌病,神经系疾病,精神疾病及其他(含临床免疫病,结缔组织病,代谢病,中毒、肿瘤、物理因子所致等)疾病,并有诊断、治疗标准、学术活动等附录。全书辟有"一年回顾"和"文选"两个栏目。"一年回顾"较全面反映了本年度内科各专业以常见病、多发病为主的基础与临床研究进展情况,同时收录有关的新理论、新技术、新经验及罕见病例。占所收集论文总数的35%左右。"文选"占收集文献的2%,所选论文要求内容质量较高,选文不拘一格。(蔡平)

R000180 **病毒性肝炎防治研究** 高寿征等主编。北京出版社1993年5月版。93.1万字。37.50元。收入"北京医学文库"。共9篇,45章,在基础理论方面,总结了国内外先进的科研成果,突出反映了北京地区防治肝炎的理论创见和学术水准;在临床治疗方面,针对各型病毒性肝炎提出了最新诊治方案,重点阐述抗病毒、免疫调节、中医中药等多种疗法的优势、研究水平及适应症,展示了防治病毒性肝炎的研究水平和今后的发展方向;在应用技术方面,分析了大量国内外最新资料,详细介绍了多种临床

有应用价值的新技术。(黄颖)

R000181　**寄生虫病临床免疫学**　刘约翰、赵慰先主编。重庆出版社1993年3月版。53万字。15.25元。寄生虫病临床免疫学从免疫学角度,结合临床,探讨与阐明宿主对寄生虫病感染的免疫应答与免疫病理及其在免疫诊断中的应用。分总论、各论与实用免疫学技术3部分。总论包括宿主对寄生虫特异性与非特异性获得性免疫、发病机理中变态反应、血清流行病学等;在各论中重点叙述国内主要的原虫病与蠕虫病的免疫学现状与新进展;实用免疫学技术则系统地介绍了各种新的技术,如免疫酶与免疫荧光技术、放射免疫、杂交瘤与单克隆抗体技术以及分子杂交技术在寄生虫病诊断中的应用。(宿文忠)

R000182　**心血管病的鉴别诊断**　马文珠等编。江苏科学技术出版社1993年2月版。55.3万字。共33个专题,分2部分:第一部分介绍心血管病主要症状和疾病的鉴别,其中既有常见的症状和症候群如昏厥、呼吸困难、胸痛、高血压、心源性休克、心瓣膜病、心包积液等的鉴别诊断,也有某些心电图波形异常及心电图改变如异常Q波、ST段偏移、T波改变、心房颤动、缓慢型及快速型心律失常的鉴别诊断等。第二部分阐述常用的各种辅助检查在心血管疾病鉴别中的作用,如动态心电图在识别发作性心源性症状中的作用,食管导联在心律失常鉴别中的作用,血清酶学对急性心肌梗塞和心肌损伤性疾病的鉴别诊断,床边血流动力学监测的临床鉴别作用和误差原因分析等,比较全面地概括新知识、新技术在心血管病诊断、治疗方面的最新进展。(胡明琇)

R000183　**心脏传导系统疾病**　黄峻编著。东南大学出版社1993年10月版。84万字。26.00元。详细介绍心脏传导系统如窦房结、房室结、结间传导束、希氏束、束支和浦氏纤维网的解剖结构和生理特点,着重论述了该系统受累和异常所致的各种病变的临床表现、电生理特点和治疗方法、预后和影响因素,如病态窦房结综合征、房室和束支传导阻滞、预激综合征、室上性和室性心律失常等。在诊断方法上,除介绍常规的方法外,着重介绍临床心脏电生理技术。治疗方面,用较大篇幅介绍药物治疗和直流电及射频电导管消蚀技术。本书注重实用,兼述有关的基础理论,介绍当前研究的新进展。(常凤阁)

R000184　**现代心脑急症**　赵明玉等主编。河北科学技术出版社1993年12月版。20万字。7.80元。论述了心脑急症的诊断和治疗方法。在心血管急症中,介绍了心力衰竭、心律失常、心脏骤停、急性心内膜炎、急性心肌炎、心绞痛、心肌梗塞、急性克山病、扩张型心肌病、急性心包病、休克等疾病的诊断和抢救。在脑系急症中,介绍了脑衰竭、脑外伤、癫痫、癔病、偏头痛、高血压脑病、脑血栓形成、脑栓塞、脑出血、流行性脑脊髓膜炎、病毒性脑炎等。附录部分,介绍了心脑急症常用的急救方法、心脑急症的护理要点、心脑急症常用的检验值、心脑急症常用的药物等。(董天恩)

R000185　**临床动态心电图图谱**　李天德主编。金盾出版社1993年6月版。30万字。449幅图。29.00元。动态心电图(简称DCG)为国际上的一门新技术。是一种重要的无创性心脏电动检查方法,正在逐步地广泛应用于临床。本书介绍了国内外有关这方面的最新技术进展。全书以图谱形式为主,共收载动态心电图图谱400余幅。全部资料为解放军总医院十余年来在工作中积累所得,部分罕见心律失常的资料临床实用价值很高。这些图谱详尽地展示了各种类型的心律失常和心肌缺血的动态心电图的表现,复杂心律失常还采用梯形图进行解释。每幅图谱均配有患者情况简介、动态心电图的分析及诊断,以便于读者阅读。(刘敏志)

R000186　**临床动态心电图图谱**　李天德主编。金盾出版社1993年6月版。30万字。449幅图。29.00元。动态心电图(简称DCG)为国际上的一门新技术。它是一种重要的无创性心脏电动检查方法,正在逐步地广泛应用于临床。本书介绍了国内外有关方面的最新技术进展。全书以图谱形式为主,共收载动态心电图图谱400余幅。全部资料为解放军总医院十余年来在工作中积累所得,图谱详尽地展示了各种类型的心律失常和心肌缺血的动态心电图的表现,复杂心律失常还采用梯形图进行解释。每幅图谱均配有患者情况简介、动态心电图的分析及诊断。(刘敏志)

R000187　**实用心脏病学**　董承琅等著。上海科学技术出版社1993年12月版。184.8万字。74.00元。医学学术专著。共36章。主要论述心脏疾病的病史询问、物理检查及各种辅助检查方法,心律失常,血循环衰竭,心脏疾病的分类论述,心脏疾病与各种生理、病理状态之间的关系,心脏疾病的治疗等几方面。并对遗传性心脏病、医源性心脏疾病、心脏疾病的监护治疗、心脏移植和人工心脏、心脏疾病的康复治疗、心脏电生理检查、QT延长综合征等也作了阐述。内容以临床实用为原则,重点在常见的心脏疾病的诊断、治疗与预防，对于疾病的病因、发病机制、病理解剖和病理生理等及诊断的原理、图形分析、临床应用价值等方面，也给予一定阐明。并配以插图 660 余幅。力图将国内外有关心血管系统的基础研究，各种心脏病的本质和诊断治疗的新知识、新技术加以总结。图文并茂，内容详实，资料可靠。为临床各科医师，尤其是从事心脏血管疾病研究和心脏疾病临床专科医师的重要工具书、参考书。(侯培东)

R000188 **周围血管病学** 裴玉崐主编。北京科学技术出版社 1993 年 3 月版。61.5 万字。21.00 元。共 6 章：总论，主要介绍我国血管外科学的发展简史，各种诊断技术在周围血管病方面的应用，中西医结合治疗血管病的法则；血管外科基本知识及技术；动脉疾病；静脉疾病；动静脉联合病；淋巴水肿。书中收入大量线条图及部分病例彩色图片。(陈志明)

R000189 **血气酸碱分析** 韩志钧等编。辽宁科学技术出版社 1993 年 8 月版。53 万字。15.80 元。系统介绍了现代有关血气酸碱分析的生理、病理等基础理论和临床实际应用，近代血气异常和酸碱失衡的诊断方法，以及当今普遍应用的 5 大系列血气分析仪，为仪器的使用和引进提供了丰富资料。血气酸碱分析，特别是复含酸碱失衡分析，是现代医学中很复杂的问题。其中争论问题也很多。本书能集思广益客观介绍，既尊重了历史，又体现了科学进步。如能掌握所介绍的先进的分析方法，将有助于提高血气酸碱失衡的诊断水平。(李逢秋)

R000190 **胃肠疾病临床指南** 林庚金主编。上海科学技术文献出版社 1993 年 5 月版。27.1 万字。7.00 元。医学专著。共 3 篇 14 章。第一篇系统介绍消化道疾病、肝胆胰疾病、肠道传染病、寄生虫病以及胃肠综合征，约 70 多种疾病的临床诊断与治疗。第二篇全面介绍胃肠及肝胰功能检查、放射诊断、超声波诊断、CT 检查、核素检查及内镜检查。第三篇为胃肠疾病的现代疗法，介绍了新药的应用、内镜治疗及特殊疗法。(王慧娟)

R000191 **上消化道出血研究** 刘宣然等主编。青岛出版社 1993 年 7 月版。24 万字。9.80 元。共 9 章，全面、系统地介绍了上消化道出血的概念、解剖、病因、病理、诊断方法、鉴别、治疗、预后等内容。书后附有参考文献目录、图表索引，书前附有 10 幅彩色电镜照片。(高继民)

R000192 **肝脏病学** 孙宏训编。江苏科学技术出版社 1993 年 3 月版。127.3 万字。共 27 章。前 5 章叙述有关肝脏的基础理论，包括肝脏的胚胎、解剖与组织学，肝细胞的超微结构，人体内重要物质如糖、脂肪、蛋白质、电解质及微量元素、血液凝血因子、维生素、酶等在肝脏中的代谢，以及近代发展起来的有关肝脏的昼夜节律性、肝细胞的立体学、肝再生等。第六章至第八章介绍肝脏的各种检查，如肝脏功能的实验室检查，肝脏穿刺活体组织检查，以及 X 线测量、电子计算机断层扫描、经皮肝穿刺胆管造影术、超声检查、放射性核素检查和核磁共振检查等先进的检查方法对肝脏疾病的临床诊断价值，特别介绍作者在 Meheni 发明的基础上加以改进的肝穿刺技术，使得这项检查更为安全和快速。自第九章起，阐述各种肝脏疾病的发病机理、病理变化、临床表现、实验室检查、诊断和鉴别诊断、治疗等内容，包括病毒性肝炎、胆汁郁滞、肝硬化、门静脉高压症、血吸虫病等肝脏的感染性疾病、肉芽肿性肝炎、肝脏肿瘤、肝功能不全等。肝脏肿大和黄疸是临床工作者经常遇到但又难以诊断的问题，本书特设专章予以讨论。此外，本书对肝脏的遗传性、代谢性疾病，妊娠和小儿肝脏病，肝脏移植的概况和人工肝脏的发展前景等作了介绍。(胡明琇)

R000193 **肝病治疗学** 叶维法、钟振义主编。天津科学技术出版社 1993 年 10 月版。160.7 万字。69.90 元。邀请美、日、英、意、德等国外 69 位专家和国内 167 位专家撰写而成。分 15 篇，依次介绍病毒性肝炎、药物及酒精所致的肝损伤、肝硬化、肝癌、肝内胆汁瘀积症、肝肾综合症、肝性脑病、肝寄生虫病、肝脏细菌性疾病、肝脏代谢性疾病、肝脏血管性疾病、胆系疾病等病种的治疗。书中所介绍的内容既有最新理论知识、治疗原则，又有治疗的措施方法和注意问题，是国内外肝病工作者的临床治疗经验总结和科研成果荟萃。(郝俊利)

R000194 **胆道流变力学** 吴云鹏主编。重庆出版社 1993 年 12 月版。28 万字。12.50 元。介绍流变学、生物流变学理论基础，系统阐述了人体胆道流变现象、流变规律及其在临床和其他实践中的应用。其中胆汁和胆管的流变特性及其本构关系、压力波在胆道系统中的传输、液体弹性波排除术后残余结石新方法、电水锤激波破碎胆结石方法，以及胆汁粘度快速测定等，都是国内外尚未发表的颇有价值的研究成果。其中涉及的流变特性测定方法和基础理论，不仅适用于胆道系统，也适用于其他体液、血液和软组织的流变学研究。(张镇海)

R000195 **临床内分泌学** 朱宪彝主编。天津科学技术出版社 1993 年 8 月版。120 万字。68.00 元。80 年代初，天津医学院受卫生部委托举办全国内分泌医师进修班，此书就源于当时的教材《临床内分泌学讲座》。后在不断探索的基础上，广泛吸取国内外的最新进展，使本书更为充实，并且体现了立足临床，基础医学和临床内分泌学相结合的风格。在前几章介绍了激素的生化与作用机理、神经递质、免疫学、遗传学、神经内分泌学和微量元素学内容；在以后的内分泌疾病各章中充实了基础内分泌学的内容。本书还用了相当的篇幅介绍了与内分泌相关的临床学科，如：内科、神经科、皮肤科、儿科、妇科及老年病等学科。本书的最后几章提供了一些共性和数据性资料，如内分泌疾病的实验诊断、治疗原则和治疗手段等一般性问题。(马洪)

R000196　**糖尿病 365 天(修订本)**　刘里生等编。江西科学技术出版社 1993 年 5 月版。20 万字。主要内容包括糖尿病的病理生理变化；糖尿病的临床表现；糖尿病的诊断；糖尿病的治疗；糖尿病并发症；糖尿病与年龄、职业、性别及地理环境的关系等 6 部分。开篇阐述"糖尿病史话"、"什么是糖尿病"、"祖国医学对糖尿病的认识"、"引起糖尿病的病因有哪些"、"糖尿病的诱发因素有哪些"等内容。还为糖尿病患者设计了 1 份"糖尿病病人病情观察记录表"，患者每天记 1 次(病情稳定时 3 天记 1 次)。患者通过对表格的填写，可以加深对糖尿病的感性认识，系统掌握病情的变化状况，找到自身病情缓解与发展的规律，有助于治疗和保养。(张旭初)

R000197　**糖尿病知识问答**　盛淑芳编。中国医药科技出版社 1993 年 12 月版。18 万字。7.50 元。详尽地归纳了糖尿病有关知识问题 600 个，如糖尿病的诊断、并发症以及饮食疗法、胰岛素、口服降糖药的合理应用与护理措施等，对控制糖尿病、预防和减少并发症的发生具有一定的参考价值。此书适合糖尿病病人及其家属、医务人员阅读参考。(蔡红)

R000198　**中西医结合老年病治疗学**　周国雄主编。广东科技出版社 1993 年 7 月版。63 万字。28.00元。系统论述了中医、西医及中西医结合防治老年病的理论、经验及有关问题。总论涉及老年的衰老过程特征、衰老的原因和病机、老年病的诊断学特点及用药原则、老年病人的护理和老年病人的营养与食疗。各论包括老年人常见的内科循环系统、呼吸系统、消化系统、泌尿系统、血液病、代谢内分泌系统、运动系统和神经精神系统等各种疾病，以及在外科、妇科、眼科、耳鼻喉科、口腔科、皮肤科等老年人常见的疾病和老年人发病率较高的常见的恶性肿瘤等的中、西医及中西医结合的诊疗理论和临症经验。着重论述了针对各种老年病应如何具体运用中西医结合方法来提高疗效，降低病死率及复发率。(丁云飞)

R000199　**艾滋病基础与临床——附 52 例典型病例临床病理讨论**　程建祥等著。广西师范大学出版社 1993 年 6 月版。28.3 万字。收集截至 1992 年底艾滋病流行病学的系统资料及艾滋病病原学、发病原理和临床表现、诊断、治疗方面的最新研究成果；详细列举了群防群治的有效方法；附录部分收集 52 例典型艾滋病病例临床病理讨论的系统资料，涉及内、外、妇、儿、五官、皮肤等科。本书包括如下内容：流行病学(全球发病趋势，美国与欧洲的情况，非洲的特殊性，我国 HIV/AIDS 的流行病学特征与众不同，艾滋病的流行环节)，病原学(HIV 的发现、形态、基因结构、复制、基因表达的调节，潜伏状态 HIV 的转活，HIV 的类型和变异、抵抗力)发病原理，临床表现和诊断(HIV 感染者的临床分期，临床表现，HIV 感染进展的指征，临床诊断标准)，病原学诊断、治疗、预防，52 例典型病例临床病理讨论。(于诗藻)

外　科　学

R000200　**外科临床指导**　吴英恺等主编。人民卫生出版社 1993 年 1 月版。80 万字。25.00 元。密切联系外科临床实践的论述外科学基础理论的专著。由全国 60 多位知名的老一辈外科学专家教授，结合自己几十年外科学临床医疗、科研、教学的丰富知识和实践经验编著而成。共 51 章，分别论述了外科学总论和外科常见疾病诊治处理的基本知识、基本技术和基本方法，侧重于介绍临床外科的基本问题和常见外科伤病及各类危急症的外科处理，并不过多涉及外科各专业的具体课题。在论述各专题时，作者密切联系理论和结合自己临床专业经验，提出了自己独到的见解和观点，对年轻医生学习该专业知识及临床外科实践提出了指导性建议。同时，选择地介绍了国外先进的技术及新颖的理论与学术观点。书中颅脑创伤、胸部创伤、腹部创伤及泌尿系创伤等章内容系统、全面；急性外科感染、急腹症的诊治、急性肾功能衰竭、急性动脉栓塞、急性呼吸功能衰竭等章内容深入，有创新观点及较新突破，并具有较大的实用价值；断肢再植、手部创伤及感染、黄疸外科处理、肠瘘处理、直肠肛门瘤等章内容论述有创新，处理措施独到，在国内外处于领先水平；糖尿病人外科处理、妊娠期外科处理及小儿外科学等章内容解决了内、外、妇、儿各科在外科领域交叉的困难问题。尤其在如何学习外科学、外科医师的成长及如何写医学论文等章节中为年轻外科医师的培养、锻炼、发展及成才，提出了指导性建议。（杜贤）

R000201 **现代基础外科学** 黄志强主编。人民军医出版社 1993 年 3 月版。102.5 万字。包括创伤、感染、免疫、营养、水与电解质平衡、休克与复苏、ICU、多器官功能衰竭等外科基础问题，外科影像学、显微外科、肿瘤外科、周围血管外科、小儿与老年外科、内分泌外科、肝胆胰外科和移植外科等分支学科的理论与发展现状。将现代外科学中的新进展、新观点、新技术，结合有关临床外科的重要问题，从理论的角度，进行系统的阐述，使外科手术治疗技术与正确的基础理论相结合，得以发展、创新。（姚磊）

R000202 **现代普通外科** 钱礼主编。浙江科学技术出版社 1993 年 4 月版。110.8 万字。30.00 元。普通外科亦称一般外科或基本外科，其内容主要为腹部外科，兼及甲状腺和乳房等疾病。本书共 12 章，前 9 章涉及的是各个脏器的临床问题，后 3 章对外科营养支持、重危病人监护和现代的特殊诊断技术作了重点介绍。该书主要特点即在于就普通外科领域内各个脏器的重要病变，述说其诊断和治疗等方面的新成就、新观点，同时介绍各章节执笔者在这些方面的经验与体会。书中有的章节末尾添加了“主编评述”。（边方）

R000203 **外科临床手册** 蒋筱强等编。江西科学技术出版社 1993 年 9 月版。75 万字。25.00 元。以杉町藏所著《Bed－Side MEMO》及《标准外科学》为蓝本，并参考国内外有关文献资料，结合自己多年的临床实践著成，行文以图表为主。总论内容包括消毒法；各种药物使用方法；输血、输液；术前检查项目；术前准备和术后处理；营养；术后并发症；恶性肿瘤的治疗。各论内容包括休克；胸部外科；腹部外科；血管外科；内分泌外科；外科感染；泌尿、男生殖系外科；神经外科。（温青）

R000204 **中国外科专家经验文集** 《中国实用外科》编辑部编。沈阳出版社 1993 年 10 月版。160 万字。60.00 元。集国内外科专家经验之大成，汇国内外科医学理论、临床经验之精华，精辟地论述了普外科领域中常见病、疑难急重病的诊断和治疗经验。全书共 28 个专题，主要内容包括：输血、水与电解质、休克多气官衰竭、复苏、围手术期的有关问题、外科营养、创伤与急救、外科感染、免疫与外科临床、抗生素、激素在外科的应用、缝合材料与应用、颈部疾病、甲状腺疾病、乳房疾病、疝、消化道出血、胃十二指肠疾病、小肠疾病、结肠病、直肠病、肝脏病、胆道病、胰腺病、门静脉高压症、脾脏病、血管疾病、急腹症与急性腹痛。（信群）

R000205 **美容整形外科彩色图谱** 董昌林、方彰林主编。北京出版社 1993 年 6 月版。2 000 幅图。280.00 元。收集包括眼部、鼻部、耳部、唇颊面部、颌颈部、颜面部、乳房、腹部、皮肤的美容外科手术及其他一些罕见病例共约 500 余种的手术照片 2 000幅，直观、真实地显示了受术前后的对比效果，并附有简要手术方法；还介绍了美容外科用手术器械及必要的解剖和病理图解。（刘久平）

R000206 **现代多发伤治疗学** 苏鸿熙、刘世恒著。人民军医出版社 1993 年 4 月版。89.2 万字。32.00 元。在现代工伤和交通事故伤中，对伤员生命威胁最大的是严重多发伤。本书根据国内外文献的最新观点，结合编著者多年丰富的临床经验，重点介绍了多发伤的特点，创伤分类评分，多发伤在局部、各系统脏及全身所引起的复杂反应（如休克和氧自由基的形成及危害），多发伤救治的基本原则和主要技术以及多发伤各部位操作的机制、诊断及处理；对多发伤伤员较为常见的心跳呼吸骤停的心肺脑复苏，对多发伤中的感染、肺部并发症、成人呼吸窘迫综合征、肾脏及多脏器衰竭综合征等防治进行了系统的阐述；对创伤后重症加强监护病房（ICU）应进行的监测项目进行了详细的论述。全书共 38 章，体现了 90 年代多发伤的诊断与治疗水平和学科交叉的特点，对多发伤的实际救治具有很强的实际指导价值。（李晨）

R000207 **烧伤病理学** 陈意生、史景泉著。重庆出版社 1993 年 11 月版。49.8 万字。21.95 元。全面系统地阐述现代烧伤病理学内容。共 16 章，分别介绍了烧伤的致伤因素及烧伤组织损害的发生机理、烧伤创面的病理变化、烧伤感染、烧伤免疫、烧伤后内脏的病理变化、严重烧伤后多器官功能衰竭的病理变化以及特殊原因烧伤和吸入性损伤的病理变化。书末附“烧伤尸检的注意事项”。考虑到病理学科的特点和烧伤易造成的形态学改变，全书配有线条图 25 幅，照片 271 幅。（王灿）

R000208 **颅内压与颅内压增高** 韩哲生等主编。甘肃科学技术出版社 1993 年 12 月版。52.8 万字。19.80元。作者通过多年的临床工作，将实践经验结合近年的文献资料编写成书。共20章：临床解剖概要、脑脊液的生理、颅内压力、脑的屏障系统、颅内压增高的原因和机理、脑水肿、脑水肿的超微结构病理、颅内压增高的病理、颅内压增高的病理生理、脑损伤的生物化学改变、颅内压增高的临床表现、颅内压增高的诊断、颅内压监护、颅内压增高的治疗、小儿颅内高压、Reye综合征、脑积水、良性颅内压增高、颅内压增高的实验研究、低颅压综合征等。(王郁明)

R000209 **体外循环灌注学** 李佳春等主编。人民军医出版社1993年1月版。86万字。分7篇56章。包括心脏应用解剖，循环、呼吸生理，心血管疾病的病理生理，心血循环流变特征，心血管检查和用药；体外循环对循环、呼吸、脑、肾的影响，以及体外循环中的生化改变与全身反应；体外循环用的血泵、氧合器、插管与管道、热交换系统监测系统等的应用；体外循环灌注的一般技术，术前准备，血液稀释，麻醉，水代谢和电解质紊乱及其纠正，常见并发症的预防与处理；婴幼儿与特殊病的灌注等。(陈旭光)

R000210 **临床心脏移植** 周汉槎编著。湖南科学技术出版社1993年11月版。30.1万字。28.00元。心脏移植专著。介绍了国内外在心脏移植方面的现状、最新进展及其技术方法。共16章，附录我国三例重要心脏移植的临床总结，并配有百余幅插图。第一、二章，介绍了心脏移植术的历史与现状、我国心脏移植工作的发展概况、存在问题和前景；第三章阐述了器官移植免疫学基础知识；第四、五、六章，受、供心者的选择和处理，供心的采取与心肌保护；第七章，心脏移植术的麻醉和术中处理；第八—十二章，移植术的种类和技术，移植术后的一般处理，免疫抑制治疗与排斥反应的诊断和处理，术后并发症及其防治；第十三—十五章，心脏移植病人的护理、康复治疗，心脏移植前循环的机械支持；第十六章，我国牡丹江心血管医院开展心脏移植的体会。全书侧重介绍实用技术和比较成熟的研究成果，对某些重要基础理论以及最新进展也作了简介。(车平)

R000211 **血管外科学(第一卷)** 副名：'93北京国际血管会议论文集。汪忠镐等著。万国学术出版社1993年版。79.5万字。199.20元。参加'93北京国际血管会议的有来自澳大利亚、奥地利、比利时、加拿大、丹麦、英国、法国、德国、香港、匈牙利、印度、以色列、意大利、日本、韩国、挪威、巴基斯坦、波兰、罗马尼亚、俄国、新加坡、瑞典、瑞士、荷兰、美国、南斯拉夫、菲律宾等27个国家和地区的约200多位国际学者以及来自中国台北及中国大陆的许多学者。集子内容包括：血管疾病的无创检查及放射诊断方法、胸腹主动脉疾病、腔静脉及内脏动静脉疾病、颈部动脉疾病、周围动静脉疾患、血管外科领域中的新的分支"腔内血管外科学"，淋巴疾病以及动物实验尤其是人工移植物腔内细胞种植的研究及应用的国际国内的最新进展及成果。(王燕春)

R000212 **肝胆脾胰手术图解** 房文彬等编著。河北科学技术出版社1993年7月版。30万字。20.00元。共8章，系统介绍肝胆脾胰的解剖、组织结构特点、手术操作步骤及要点、注意事项、围外科处理、手术意外及预防。特别是对肝移植、胰腺移植、肝段切除、布加氏症手术、间置空肠人工乳头术、保留幽门的胰十二指肠切除术、门静脉高压症的三联术和冠脉分流等新手术方法进行了重点介绍。全书以图为主，辅以扼要文字说明。(白世维)

R000213 **胆道外科学** 施维锦著。上海科学技术出版社1993年10月版。56.9万字。31.80元。医学学术专著。共5篇26章。基础理论篇系统地介绍胆道的解剖学、生理和生化、病理生理学。检查诊断篇叙述胆道疾病的基本检查方法、胆道的超声及X线检查，着重阐述经皮肝穿刺胆道造影、内镜逆行胰胆管造影等发展成熟的目前广泛应用于临床的检查方法，对核素闪烁扫描、电子计算机体层扫描等的应用也作了介绍。常见疾病篇叙述胆道的常见疾病如胆结石、胆道感染等的病因、临床表现、诊断和内外科治疗原则。治疗篇介绍胆道疾病的一般外科治疗，详细阐述介入放射学、胆道镜等新技术在胆道外科的应用，对内镜腔手术等也做了介绍。实验研究篇介绍了有关胆石和胆石症成因的最新成果，对临床治疗有指导意义。本书理论和临床实践相结合，注重新技术及科研成果的应用，对外科医生提高其在胆道疾病的诊疗水平很有帮助。(单广军)

R000214 **现代颈椎外科学** 贾连顺主编。上海远东出版社1993年3月版。60万字。29.00元。医学专著。以颈椎解剖结构为基础，论述颈椎损伤、畸形及各种疾患。作者根据自己长期的临床实践经验和基础理论研究的成果，在汲取并借鉴了近年来国内外有关新理论、新技术的基础上编写而成。全书分4篇22章，插图约400余幅，主要叙述颈椎临床解剖、生理、生物力学、检查法、颈椎脊髓损伤、颈椎病、颈椎其他退变性疾患及炎症、肿瘤等，并对上颈椎损伤和畸形作了详细阐述，介绍20余种颈椎手术治疗

的适应症、手术操作及其要点，再配以插图，以便于阅读和操作。（戴群利）

R000215　**实用创伤骨科学**　赵定麟主编。上海科学技术文献出版社 1993 年 4 月版。53 万字。19.80 元(平)，22.80 元(精)。医学专著。共 6 篇，计 29 章，第一篇主要介绍骨与关节创伤，包括创伤骨科病人的检查，牵引的方式；石膏绷带与小夹板技术与骨科清创术；第二篇为骨折总论，介绍骨折的定义、分类、临床表现及其治疗；第三篇为上肢骨折，包括肩胛和锁骨、肱骨、前臂和手腕部骨折的临床表现及其治疗方法；第四篇描述脊柱、脊髓伤与骨盆伤，在各种外伤病例中脊柱伤十分多见，脊髓创伤已构成当前创伤外科领域中的重点课题，骨盆骨折后果严重，是骨科死亡率最高的损伤之一；第五篇为下肢骨折，分为股骨、胫腓骨、足部等的骨折，在治疗方面应采取的必要措施；第六篇叙述了四肢关节损伤，因四肢损伤的范围较广，本篇主要阐述四肢关节脱位、韧带损伤等有关的临床治疗原则。（王慧娟）

R000216　**脊柱外科手术学**　饶书城著。人民卫生出版社 1993 年版。80 万字。25.00 元。介绍与手术治疗有关的临床思维方法和具体操作方式。全书分 5 篇，前 4 篇的主要内容是总论、脊柱损伤、脊柱感染与肿瘤，以及脊柱退变性疾患。第五篇则是脊柱畸形和发育异常的手术治疗，这是过去一些手术学中很少提及的，即使有过这方面的著作，也多是缺乏临床经验的。本书各章节的编写大多分为概述和手术方法两部分。概述部分，介绍诊断和治疗原则，突出了选择治疗方法的临床思维过程，且苛求系统性；手术部分，详述操作程序，强调细节和保证手术成功的要点以及防止手术意外的措施等。（陈懿）

R000217　**腰椎间盘突出症（第二版）**　胡有谷著。人民卫生出版社 1993 年版。55 万字。37.80 元。《腰椎间盘突出症》第一版出版迄今已十年。纵观这十年，医学界在腰椎间盘突出症的科研与临床工作中所取得的显著成就有 3 个方面：基础研究、影像学诊断以及有限手术的开展。因此在第二版中，除对第一版文稿内容进行全面整理，去芜存精外，着重在上述 3 个方面进行了系统而详尽的介绍。本书共 22 章。主要内容有：追溯历史上对腰椎间盘突出的认识，脊椎和椎间盘的胚胎发育，腰椎的解剖，椎间盘的解剖与超微结构，腰部筋膜与肌肉，椎间盘的营养，椎间盘的生理功能，椎间盘的生物化学，脊柱和椎间盘的生物力学，腰椎间盘突出症的病理学，腰椎间盘突出症的发病率和诱发因素，腰椎间盘突出症的症状，物理检查，影像学诊断(包括平片、特殊造影、椎骨的力线测定、计算机体层扫描、磁共振成像)，腰椎间盘突出症的诊断，鉴别诊断，非手术疗法，腰椎间盘症的有限手术，手术治疗和手术并发症，腰椎间盘突出症的一些特殊问题和如何预防腰椎间盘突出症的发病等等。（陈懿）

R000218　**中国艺术形体损伤诊治学**　何天祥、何浚治著。四川科学技术出版社 1993 年版。48 万字。29.00 元。集中、西医和舞蹈损伤诊治之长，从中医药理论和治法的角度，融生理解剖、舞蹈技术、训练管理为一体，对舞蹈损伤的分类、病因、诊断、治疗及预防作了系统的阐述。书中首次公开了作者经数十年研制出的疗效极好的“何氏系列骨伤方药”，还首次提出了临场征兆性诊治的观点和方法，具有很高的理论价值和临床应用价值。（张憬）

R000219　**骨骼肌疾病病理学**　陈碧芬著。福建科学技术出版社 1993 年 10 月版。24.8 万字。14.85元。内容包括骨骼肌的发生、基本病理反应、肌酶组化和免疫组化等新技术应用及各种骨骼肌疾病的病理特点和诊断要点，共 11 章 42 节及附录，并有显微图像 66 幅。全书既有肌肉疾病的基础理论又有临床病理诊断的实用技术，可供神经内科、病理科、内科、儿科及运动医学科等医疗、教学和科研的参考。骨骼肌疾病是神经内科的常见病之一，近年由于肌肉酶组化、免疫组化和电镜等新技术的应用，国外对其研究进展十分迅速，而我国起步较晚，尤其病理学方面更为虚弱。因此，本书是我国有关的第一部专著，填补了神经肌肉疾病病理学方面的空白。（陈金良）

R000220　**肾脏病理与临床**　邹万忠著。湖南科学技术出版社 1993 年 7 月版。17.6 万字。28.00 元。以肾脏病理形态为基础，着重介绍肾脏病理在光学显微镜、免疫荧光和电子显微镜的形态表现，适当吸收了免疫组织化学和免疫电子显微镜的方法及材料。共 22 章，有电镜黑白照片或彩色照片、线条图近 300 幅。第一、二、三章，简介肾脏疾病的病理取材、病理研究方法及标本制作要点，正常肾脏的形态结构。第四、五章，介绍肾脏疾病中常出现的基本病变、肾脏疾病形态学的分类原则。自第六章起至二十二章，分别阐述了各种肾脏疾病的病理特征，包括肾小球疾病、结缔组织疾病的肾脏损伤、血管疾病导致的肾损伤、糖尿病肾病、淀粉样变性肾病、异常球蛋白血症、肝病性肾病、遗传性和先天性肾病、妊娠期肾脏疾病、肾小管疾病、肾间质疾病、肾乳头坏死、肾移

植病理学、肾脏肿瘤及肾脏先天性发育异常。对于病理问题，本书仅作简明实用的叙述，尽量用形态学的材料来阐述。(车平)

R000221　**慢性肾功能衰竭及非透析治疗**　龙水莲编著。江西科学技术出版社1993年12月版。19万字。6.00元。系统地论述了慢性肾功能衰竭疾病的定义、分期、发病率、临床表现，由慢性肾衰引起的消化系统、呼吸系统、血液系统、神经精神肌肉系统、内分泌系统等的变化以及对慢性肾功能衰竭所采取的非透析治疗的治疗方法，并介绍了慢性肾衰的预后和预防。非透析疗法在近十年内可能是透析、肾移植的补充和替代。到了下世纪，慢性肾衰的治疗将会有一个根本性的改变，本书在此方向上作了较有分量的引导。(陈秀兰)

R000222　**精子检测与分离**　张秀成著。北京科学技术出版社1993年1月版。36.8万字。11.40元。男性学是一门新兴学科，已成为现代医学的重要组成部分。特别是有关精子的发育生成、形态、数量、功能、遗传和精液的生物化学、免疫学、病理学特征的研究及其检测手段极为迅速。为推动我国男性学的进步及对精液、精子检测技术的普及与提高，作者将多年收集的国内外文献与最新技术成果，结合工作实践，着重对精子的生成发育，生理功能与病理，免疫学检测，精子形态与染色技术，精液的生物化学检测，酶学检测，精液的分析及精子的优选，冷冻技术，XY精子分离技术等作了详细、科学的论述。尤其是对精子的各种测试手段选用了技术先进、简便实用、灵敏可靠、易于掌握且城乡皆宜的方法，可供实验和日常临床检测应用。(洪学仁)

R000223　**生殖医学实验技术**　程治平主编。人民卫生出版社1993年2月版。41.5万字。16.00元。第一章男性生殖实验技术，介绍精液检查、精浆生化分析、精子受精能力检测、精子抗原的免疫检测等；第二章女性生殖实验技术，介绍下丘脑内分泌功能研究、腺垂体内分泌功能研究、卵巢功能实验方法等；第三章组织和细胞培养技术，介绍培养细胞的冰冻贮存、培养细胞的观察等；第四章放射自显影术及其应用，介绍基础知识和实验、自显影制备方法等；第五章生殖药理实验技术，介绍各种抗生育试验、避孕药物的临床病理学研究；第六章遗传学、遗传毒理及优生研究技术，介绍遗传病的实验室诊断技术、血红蛋白分子病的诊断技术、优生研究技术等；第七章细胞工程与基因工程在生殖医学研究中的应用；第八章统计学流行病学方法在生殖医学研究中的应用，介绍寿命表方法在避孕效果研究中的应用等；第九章生殖医学实验研究常用动物，介绍常用实验动物的生殖、生理、饲养和疾病，检疫和动物实验期的管理；第十章生殖医学文献检索，介绍文献检索方法、途径、步骤及计算机文献检索。(郐扬清)

R000224　**中国男科学**　安崇辰主编。贵州科学技术出版社1993年10月版。82.4万字。19.80元。中、西医相结合的男科专著。分总论与各论两部分。总论包括概述、内分泌学、遗传学、分子生物学等，论述了男科疾病的病因病机、诊断、治疗原则及中老年男性的养生保健。各论包括不育与节育、性事病、精索疾病、睾丸及副睾疾病、阴囊疾病、杂病等共130余种疾病，在诊断、治疗、预防保健等方面介绍了国内外中、西医有关男科学的最新理论，介绍了男科疾病的最新诊断、检查、治疗方法，收集了古今中国男科名著在实践中总结出来的经验和行之有效的验方、秘方、单方及针灸疗法等。本书注重理论与实践相结合，中医与西医相结合，以临床实用为主，重视科学性，突出实用性。(董文波)

R000225　**泌尿外科手术并发症**　韩振藩、李冰清著。人民卫生出版社1993年版。83万字。46.00元。共32章。首先简单介绍有关各种术式的手术要点，再详细说明与该手术有关的各种并发症。重点论述手术过程中如何防止并发症的发生，并对术中、术后各种并发症在病因、病理、诊断和处理方法等方面都作了不同程度的阐述。由于近年来泌尿外科工作进展很快，不少新技术、新疗法迅速应用于临床，如经尿道电切术(TUR)、输尿管肾盂镜手术、经皮肾镜手术、体外冲击波碎石术(ESWL)、血液透析、腹膜透析、癌辅助治疗、低温冷冻治疗，以及人工授精等，在工作之际，因缺乏经验，仍存在诸多的问题，故本书设专章一一加以讨论，以便切实有效地帮助广大读者解决临床工作中所遇到的各种问题。(陈懿)

妇产科学

R000226　**妇产科经验教训101例**　张丽珠主编。中国人口出版社1993年7月版。25.5万字。9.50元。按妊娠期、分娩期、产后期、计划生育相关病症、绒毛膜疾患、附件肿物、子宫肿瘤和妇科其他疾病顺序，以病例分析为主，介绍妇产科临床常见及罕见疾病的症状、诊断、检查、治疗及预后，并就每种疾病的病因、发病机理、检查和治疗的情况等进行了讨论与评价。书中精选了北京医科大学第一、二、三临

床医学院70～80年代的妇产科病例共100余例，重点是容易发生诊治错误的妇产科疾病。（刘建民）

R000227 **妇产科身心学** 段得琬等编译。中国人口出版社1993年10月版。16.1万字。8.00元。介绍国内外妇产科身心疾病发生发展的原理及其危害，以及身心保健与常用治疗技术，尤其是对一些妇产科病人各时期的心理问题与保健或治疗做了重点的阐述。内容包括身心保健、治疗技术、性问题、避孕、经前期紧张症、不孕症、慢性盆腔痛、子宫切除术、输卵管绝育术、更年期、妇科癌症、产后抑郁、早产等。针对目前对身心疾病认识或重视不足的问题，指出临床、保健工作者从身心医学角度工作的重要性，并明确提出精神残疾比躯体疾患对个人、家庭、社会带来的痛苦及负担更加严重，以引起有关人员的重视。（刘建民）

R000228 **卵巢临床与病理** 范娜娣主编。天津科学技术出版社1993年12月版。76.2万字。376幅图。60.00元。共26章，对有关卵巢发育不良、炎症、妊娠、肿瘤及瘤样病变的新病因学说，新检测手段，新治疗方法及新经验总结均有介绍。又在世界卫生组织分类基础上，增述了嗜酸性细胞瘤、肝样癌等10余种罕见类型；对非特殊性组织来源肿瘤列达21种；专章论述卵巢综合症、具备功能性间质的卵巢肿瘤及产生异位激素的卵巢肿瘤及其综合症。在诊断方面介绍了腹腔镜，影像学，流式细胞术，雌、孕激素受体，免疫生化及组化，冰冻切片，光镜及电镜等。治疗方面涉及手术、化疗、放疗、免疫及内分泌治疗，又增述中医治疗。同时遴选彩色及黑白图片337幅。（袁向远）

R000229 **中国人胚胎发育时序和畸胎预防** 谷华运主编。上海医科大学出版社1993年9月版。22.8万字。23.00元。关于人体胚胎发育的专著。共收集正常人胚胎标本9 733例，测得数据243 325个。数据汇总后，编制了105个表、14幅线条图，对胚胎发育各时期进行分析，并将中国人胚与Jirasek胚分期比较。同时，绘制出“中国人胚胎发育时刻表”。此外，为弄清我国先天畸形的发生和发病原因，在29个省、市、自治区的945所医院和妇幼保健院中，对1 243 284例围生儿进行了监测和调查，发现先天畸形16 172例，畸形的发生率为1.3%，同时分析了先天畸形的发病原因，并提出了预防措施。书末所附的照片全部取自中国人，从受精卵开始，直到胚和胎形成的各个时期的照片72幅，畸胎照片15幅，并以光镜、电镜和扫描电镜对胚胎各时期的组织进行形态学研究。（何剑秋）

R000230 **助产学** 黄祝玲著。上海科学技术出版社1993年3月版。56.1万字。29.70元。共24章，从优生、优育的观点出发，分别介绍了婚姻指导、婚前检查、产前咨询、产科心理学、正常产程、正常产褥期等内容，并用较多的篇幅叙述了遗传、药物、环境与某些疾病对胎儿的影响，高危妊娠的系统监护，新生儿的护理、喂养及特殊的护理操作，同时还介绍了胎心监护仪和B超等仪器在产科方面的应用。本书内容既有系统理论，又有实践技能，以近代产科学、围生医学为基础，兼顾助产士或护士的具体工作规则与操作技能，是产科医师、助产人员及妇幼保健工作者的参考读物。（张蓉）

R000231 **计划生育手术学** 韩向阳主编。中国人口出版社1993年7月版。42万字。14.50元。从临床手术学的角度，对当前已推广和较为实用的计划生育手术进行介绍。按手术室、手术用品、麻醉、解剖、各种节育手术、并发症手术的线索编排。重点是临床节育手术及并发症的手术治疗，包括宫内节育器的放置与取出、皮下埋植剂的放置与取出、女性绝育与复孕、男性绝育与输精管吻合术、人工流产与中期引产、剖宫取胎术、男女计划生育并发症手术治疗。在介绍手术时，除介绍各种术式、手术时机选择、麻醉、手术所需器械、适应证、禁忌证、手术常规外，还重点对术前、术中、术后注意事项进行了专门提示，以及手术后可能产生的并发症的处理。配360余幅插图。（刘建民）

儿科学

R000232 **临床理论与实践儿科分册** 齐家仪著。上海科学普及出版社1993年11月版。84.7万字。32.00元。收入“高级医师参考丛书”。介绍儿科理论研究与实践中的重要成果，反映儿科学当今发展水平，汇集儿科医疗的新技术及新的治疗方法。分81个专题，其中有：儿童心理卫生、微量元素与小儿健康、新生儿黄疸的诊断与防治、新生儿低血糖与高血糖、小儿哮喘等。（俞善昌）

R000233 **新生儿治疗学** 黄德珉、陈俭红主编。北京医科大学、中国协和医科大学出版社1993年12月版。27.4万字。8.20元。参考国内外近期的有关文献，并根据国内具体情况，以及作者的经验、体会，选择介绍其中切实可行、比较成熟的治疗方法，做到重点扼要，深入浅出，对提高有关医务人员

解决临床实际问题的能力有一定的指导作用。(许立)

R000234 **中国健康婴儿·儿童及成人心电向量图** 谢振武编。湖南科学技术出版社1993年9月版。52万字。40.00元。儿科医学专著。作者从1979年起,用3年时间完成了3 000多例从出生婴儿到60岁各年龄层中国健康人的心电向量记录,其中对有的人从出生逐年定期追踪记录心电向量图达10年。本书是上述研究成果的总结,分5章55节。第一章介绍材料来源、检查和统计方法;第二章介绍心房除极和复极;第三章介绍心室除极化——QRS向量;第四章介绍心复极化——T向量;第五章介绍空间心电向量图。全书共有数据表178个,散点图195个,线条图5个,心电向量图照片61幅,系列追踪照片从出生到10岁。照片附有正交心电图和正规心电图,并附有说明。书中尽量提供了心电向量图诊断相关的参数。(车平)

肿 瘤 学

R000235 **现代肿瘤学** 汤钊猷主编。上海医科大学出版社1993年6月版。263万字。90.00元。医学专著。分基础篇、临床总论篇、常见肿瘤篇和其他肿瘤篇,共71章,另有附录与索引。在"基础篇"中,对肿瘤的病理,细胞生物学,分子生物学,肿瘤的发病机制、浸润与转移,肿瘤的逆转,与免疫的关系等国内外最新研究成果进行了阐述。在"临床总论篇"中,介绍了肿瘤的流行病学、病因学、早期预防、实验室检查,肿瘤的影像学诊断、病理学诊断、内镜诊断,肿瘤的各种治疗方法,如外科、放射、化学、导向、介入放射学、中医治疗以及并发症处理和护理等。"常见肿瘤篇"对我国的9种常见肿瘤如食管癌、胃癌、原发性肝癌等,从流行病学、病因、病理、临床表现、诊断和鉴别诊断、治疗、预后等方面进行了全面的论述。在"其他肿瘤篇"中,也从上述几方面对口腔癌、喉癌、骨肿瘤、肾肿瘤等30多种肿瘤进行了阐述。本书是继国内较全面的肿瘤学专著《实用肿瘤学》1978年出版以来又一部大型肿瘤学专著,汇集了10多年来国内外肿瘤学基础与临床方面的最新研究进展。其引证的2 000多篇主要参考文献绝大部分是80年代后期和90年代初期的,均在正文中进行标注,可方便读者查阅有关内容。(阮天明)

R000236 **妇产科影像学** 颜小琼主编。天津科学技术出版社1993年7月版。56.8万字。35.80元。妇产科影像学是现代医学发展的一门学科。本书为一部临床实用性很强的学术专著。作者从事影像学的临床、科研和教学工作40余年,在该学科领域积累了丰富经验,特别是在妇产科影像学方面取得了多项研究成果。全书共11篇。前5篇着重论述了常规X线诊断用于妇产科方面检查。如:胎儿畸形、不孕症观察、避孕环透视、淋巴系统和血管疾病诊断等;后6篇重点介绍现代超声波、CT、磁共振成像及核医学在妇产科诊断上的应用。另外,对于介入性放射学手段化疗妇科恶性肿瘤、数字减影血管造影方面等也有论及。书中318幅典型病例照片是极为珍贵和罕见的,并附100余幅精心绘制的形象图。(于素芝)

R000237 **LAK细胞基础与肿瘤临床** 朱敏生等编著。江苏科学技术出版社1993年1月版。22.3万字。分5章。第一章肿瘤免疫治疗概述,介绍肿瘤的免疫监视、免疫逃避、免疫治疗及其发展历程。第二章IL—2基础,介绍IL—2的结构、制备、活性测定和药动学。第三章LAK细胞的基础研究,介绍LAK细胞的诱导、活性测定、细胞学特征、基础免疫学研究和抗肿瘤实验研究。第四章LAK/IL—2临床研究,叙述LAK/IL—2的全身治疗及对黑色素瘤、肾癌、非何杰金淋巴瘤的治疗方法和效果,还详述LAK/IL—2的局部治疗、腔内注射LAK细胞对恶性胸水的治疗以及腔内注射LAK细胞用于恶性腹水的治疗。第五章LAK细胞的研究方向,介绍导体LAK细胞、杂交抗体的研究。附录介绍LAK细胞活性测定和淋巴细胞亚群测定的具体方法。(徐欣)

R000238 **实用肿瘤病理组织学彩色图谱** 龚西騟、王保泰等主编。安徽科学技术出版社1993年6月版。90万字。350.00元。收集包罗人体各系统常见肿瘤及瘤样病变456种,既有典型图像,又有不典型、疑难及罕见的图像,还有新种肿瘤的图像。为方便基层病理检验工作的顺利开展,所挑选的切片染色绝大多数以HE为主,同时也选用若干组化、免疫组化染色图像。收集的图片全部取自国人的材料。(储崇华)

R000239 **乳腺癌临床病理学** 阚秀编著。北京医科大学、中国协和医科大学联合出版社1993年10月版。48.3万字。32.80元。主要介绍乳腺癌及其相关疾病的临床病理学。全书共26章,附照片193幅。重点论述乳腺癌及各种病变的基本概念、分类、一般病理形态表现、发生率、诸病理因素对预后

的影响及乳腺癌的病理学细胞学检查等实用病理学问题。部分章节也提及有关发病机制及某些当前正在讨论的理论问题。(王凤廷)

R000240 **头颈肿瘤学** 李树玲主编。天津科学技术出版社 1993 年 10 月版。134.4 万字。115.00 元。分为总论和各论两编,21 章。着重介绍常见恶性肿瘤的研究进展、现代诊断、治疗及预后。书中的典型病例照片、绘图 629 幅为作者多年临床积累,极为珍贵。主要内容有:一、对上颌骨癌的综合治疗。二、功能性颈淋巴结清除术。三、颈动脉体瘤的治疗。四、颈外动脉插管化疗。五、对血管瘤分类。六、涎腺造影 X 线诊断。七、喉癌术后发音再造术。(于素芝)

神经病学与精神病学

R000241 **神经系统 MR 诊断图谱** 王忠诚、刘丽娟主编。北京出版社 1993 年 4 月版。7 万字。626 幅图。33.50 元。收入"北京医学文库"。在进行 2 万余例磁共振影像检查基础上,结合手术探查、病理检查所做的总结。全书分 4 章、30 节,附 600 余幅磁共振图像,系统介绍了脑肿瘤、脑血管病、发育畸形、创伤、脊柱疾病、感染、寄生虫病等多种神经系统疾病的影像学变化及特点。(黄颖)

R000242 **神经病治疗学** 韩仲岩等著。上海科学技术出版社 1993 年 12 月版。52 万字。22.20 元。作者在参阅 1981—1992 年国内外有关神经系统疾病在治疗方面的进展,并结合其临床治疗经验基础上编写而成。内容包括神经系统常见症状的治疗、脑血管疾病、脑寄生虫病、脑病、癫痫、锥体外系疾病、头面部神经疾病等各类神经系统疾病的治疗,一些神经系统疾病的特殊治疗法及神经系统疾病危重者的护理。共 20 章。并附有神经病治疗常用药物的英汉、汉英对照。(单广军)

R000243 **遗传性神经肌肉疾病** 宰春和等编著。科学出版社 1993 年 8 月版。24.8 万字。11.20 元。收入"医学遗传学丛书"。有关神经肌肉疾病与医学遗传学相交叉的著作。涉及遗传性神经病、运动神经元病、遗传性共济失调、遗传性底节变性病、神经皮肤综合征、癫痫和偏头痛、遗传性肌肉疾病、智能发育不全和痴呆、遗传性代谢病、染色体畸变综合征、先天性畸形等共 11 个方面 500 余病种。系统介绍其中常见病的临床表现、发病机理、病理、遗传学、诊断、治疗或防治方法,对非常见病亦作了扼要介绍,并附有部分疾病的人类孟德尔遗传(MIM)编码和疾病基因定位两个附录、参考文献和索引。书中除引用大量国外医学遗传学成果之外,还尽可能反映了国内有关的调研成果。(刘安)

皮肤病学、性病学

R000244 **临床皮肤病学** 赵辨辨等编。江苏科学技术出版社 1993 年 1 月版。180 万字。分 2 部分。总论共 7 章。介绍与临床密切相关的皮肤科的基础理论,包括皮肤的解剖,胚胎学与组织学,皮肤的生理与生化,皮肤病理组织学的基本变化,皮肤病的免疫学基础,皮肤病的病因、症状及诊断学,中医皮肤病学基础,皮肤病防治学等,尤其对皮肤病的内用及外用疗法作较详细的叙述。各论共 28 章。从病因及发病机理、临床表现、病理变化、诊断及鉴别诊断、治疗等方面对千余种皮肤病如病毒性皮肤病(包括衣原体及立克次体皮肤病),球菌感染性皮肤病,杆菌感染性皮肤病,真菌病,螺旋体感染性皮肤病,寄生虫、昆虫及动物性皮肤病,物理性皮肤病,变态反应性皮肤病,职业性皮肤病,结缔组织病及有关免疫性疾病,与皮肤有关的免疫缺陷病,神经功能障碍性皮肤病,角化性皮肤病,红斑和丘疹鳞屑性皮肤病,大疱及疱疹性皮肤病,真皮弹力纤维疾病,萎缩性皮肤病,血管炎,皮肤脉管性疾病,皮下脂肪组织疾病,非感染性肉芽肿,皮肤附属器疾病,内分泌、代谢、营养障碍性皮肤病,色素障碍性皮肤病,遗传性皮肤病,粘膜疾病,皮肤肿瘤,与皮肤病有关的综合征等进行系统阐述。(胡明琇)

R000245 **皮肤组织病理学** 黄忠璋等主编。湖北科学技术出版社 1993 年 12 月版。28 万字。68.00元。共 2 篇 25 章,收集皮肤病理照片 500 幅(黑白、彩色),其中有些照片标本极为罕见,是不可多得的宝贵资料。第一篇总论,着重介绍皮肤的正常组织结构、胚胎发育、组织发育、组织发生和生物等特点及彼此间的关系。第二篇各论,侧重于表皮、附属器、软组织、黑素细胞肿瘤以及淋巴瘤等章节,并兼顾了其他各章节某些有组织病理特点的皮肤病。(武又文)

R000246 **性传播病图谱大全** 贾义光、袁兆庄主编。吉林科学技术出版社 1993 年 4 月版。540 万字。140.00 元。形象地介绍了各种性传播病不同阶段可见的病变、病原体和病理改变。包括性传播病概述;正常尿道、生殖器解剖图;各种性传播病的病原体、临床表现和病理组图;性传播病的实验室诊断共4部分。其中性传播病的病原体、临床表现和病理组织图部分包括24种性传播病。该部的图均为实体图(不是模型图)。本书在编排结构上采用了汉、英对照式,正文后部为提供查找细目的主题索引,为读者查阅本书内容进而外延检索国内外文献提供了方便。(齐向东)

耳鼻咽喉科学、眼科学、口腔科学

R000247 **五官科学** 李咸珠主编。人民卫生出版社1993年4月版。49万字。全国医学专科学校教材。分3部分,即眼科学、耳鼻咽喉科学及口腔科学。眼科学部分内容有眼的解剖与生理、眼科常用检查法、眼睑病、泪器病、结膜病、角膜病、巩膜病、青光眼、白内障、玻璃体混浊、视网膜病、眼外伤、眼眶病等。耳鼻咽喉科学部分包括耳鼻咽喉解剖、生理、耳鼻咽喉检查法、鼻部疾病、咽和食管疾病、喉和气管疾病、耳部疾病、耳鼻咽喉职业病等。口腔科学部分内容有口腔颌面部解剖与生理、口腔颌面检查、牙体牙周组织疾病、口腔粘膜病、口腔颌面部炎症、口腔局部麻醉与拔牙术、口腔颌面损伤、颞下颌关节疾病、口腔颌面部常见肿瘤、口腔颌面部畸形和缺损。(郝巨为)

R000248 **眼微循环及其相关疾病** 张惠蓉编著。北京医科大学、中国协和医科大学联合出版社1993年6月版。58万字。34.80元。分16章。前8章为有关眼微循环的基础研究,内容包括眼微循环的特点、研究方法、微循环生理、血液流变学和微循环、血—视网膜屏障的生理和病理、眼血管的发育、眼各组织血管的走行分布和超微结构等。其中第八章“眼血管树脂铸型扫描电镜观察”,是作者研究的重点,也是本书的精华。研究血管的方法很多,作者通过大量实验比较,认为以树脂铸型和扫描电镜方法观察血管的走行分布和表面形态最为理想,可显示出血管走行的三维立体分布和血管表面的细微结构。作者利用树脂铸型研究了人、猴、猫、鼠、兔、荷兰猪等眼球及其附属器的血管,摄有电镜照片1 500多张,由此清楚地了解到视网膜、脉络膜、虹膜、睫状体、视神经、巩膜、结膜、眼外肌、泪腺、眼睑等组织的血管分布和特点,作者精选了104张电镜照片列入本章。书的后8章为有关视网膜和脉络膜微循环障碍疾病的临床部分。每章按病种分若干节,每节大致按发病率、分类和分型、病因、临床表现、眼底荧光血管造影形态特点、诊断和鉴别诊断、并发症、预后、治疗叙述,并配有临床病例和照片。(庄鸿娟)

R000249 **眼与眼镜学** 朱学敏著。内蒙古人民出版社1993年8月版。37万字。9.55元。眼科医学专著。叙述了眼的构造和生理、验光与配镜、光学基础、镜片的联合和转换、眼镜的像放大率、棱镜效应、托力克透镜、微波眼镜、声纳眼镜、软性隐形眼镜,以及近视眼的防治。作者还将自己发明并获得国家7项专利的防近视镜、有色孔镜、弱视镜、色盲镜、磁疗眼镜、单轴交叉镜和瞳距镜也作了详细介绍。(田建群)

R000250 **临床视电生理学** 王煊、郭守一主编。陕西科学技术出版社1993年10月版。10.5万字。5.60元。临床视觉电生理学是眼科领域的一门新兴学科,编者依照国际临床视电生理协会有关标准的要求,参考国内外有关著作,整理了在实际工作中积累的大量资料,编写成书。全书分6章,主要介绍临床视电生理的应用,重点是眼电图、视网膜电图和视诱发电位的形成原理、检查方法和要求,特别是眼电图和视网膜电图的国际标准要求,及其在实践中的使用等。(郑冰)

R000251 **色觉检查图** 王克长编绘。人民卫生出版社1993年版。2.6万字。56幅图。25.00元。本书根据色视觉理论和互补色理论,应用假同色的原理绘制而成。共有56幅检查图,其中数字图32幅,拉丁字母图10幅,动物图14幅。全图除能对红、绿、黄、蓝色觉做全面检查外,其另一特点为对红、绿、蓝色弱做重、中、轻三度分类,对色觉检查可达定性和半定量分析。由于本书具有以上特点,因此,本书除能进行大量地体格检查外,又能对一些有特殊要求的色觉进行定性、定量,同时能降低某种“色盲”的发病率,减轻患者的心理负担。(郝巨为)

R000252 **口腔矫形技术工艺学** 樊森、高素娟等著。上海科学技术出版社1993年2月版。36万字。10.20元。医学口腔科学术专著。详细介绍了口腔矫形技术工艺方面的基本理论和基本操作。为符合临床技术操作要求,简要阐述了口腔修复临床操作有关的基本理论和基本原则。分10章,内容包括口腔技工室设置和常用器械、常用材料、技工基本操作、单个固定修复、固定桥修复、可摘局部义齿修复、全口义齿修复、即刻义齿及覆盖义齿修复、颌面部缺损修复、矫形器制作等。并对某些口腔修复新技术,如烤瓷冠、桥,粘结桥,覆盖义齿,悬锁卡环等也作一定的介绍。书末有3个附录,列出口腔矫形科设备,口腔矫形技术操作器械和常用材料的规格、名称。全

书配插图 500 余幅。适用于口腔矫形的各级技术人员和临床医师，也可作为口腔专业的教学参考用书。(侯培东)

R000253 **咬合诱导** [日]中田稔著，邓辉主译。北京医科大学、中国协和医科大学联合出版社 1993 年 12 月版。15.4 万字。29.00 元。主要包括咬合诱导、牙列与咬合的发育、咬合诱导的诊断、咬合诱导的处置计划、咬合诱导处置的临床病例，文图并举。咬合诱导是对儿童牙列的发育、咬合关系的建立以及咀嚼机能的协调等问题全方位研究的专门课题，是儿童口腔医学中的一个分支。(庄鸿娟)

放射医学

R000254 **中国白俄罗斯放射医学学术交流文集** 吴企等著。原子能出版社 1993 年 6 月版。30 万字。20.00 元。1992 年 12 月由我国卫生部及其所属工业卫生实验所、中国中医药管理局、中国核工业总公司及其所属辐射防护院等单位组成中国放射医学代表团，与白俄罗斯有关专家，在明斯克举行了中国—白俄罗斯放射医学学术交流会。本书为该会议交流论文汇编。采用英、中、俄 3 种文字。书中含表 39 个，图 7 幅。本文集共收论文 20 篇。其中有：中国核工业职业受照人员的辐射流行病学研究(孙世荃等)；中国核工业放射工作人员健康评价(吴企等)；白俄罗斯共和国肿瘤临床与肿瘤流行病学研究现状(E.A. 卡罗特凯维奇等)；当前甲状腺癌的预防、早期诊断和有效治疗的趋势(E.П. 杰米德契克)；受到放射性核素作用的儿童与少年的垂体、甲状腺普查状况(Л.Н. 阿斯达赫娃等)；切尔诺贝利核事故后白俄罗斯儿童中的白血病(E.П. 伊凡诺夫等)；中国电离辐射医学应用的防护概况(郑钧正)；切尔诺贝利核事故后白俄罗斯居民所受照射剂量(B.Ф. 米年科等)；切尔诺贝利核事故后白俄罗斯共和国境内采取的防护措施(Я.Э. 凯尼格斯别尔格等)；生活在放射性核素污染区儿童的免疫监测(П.П. 季托夫等)；中国的核事故医学应急准备与响应(宋玉芳等)；小剂量辐射增强免疫的可能机理(刘树铮)。(李镁)

R000255 **腹部 CT** 周康荣主编。上海医科大学出版社 1993 年 12 月版。51.7 万字。1 600 幅图。108.00 元。医学专著。共 14 章。总论中叙述 CT 机构造、成像原理和检查技术，并对近年来造影剂、CT 机、CT 检查和诊断技术的进展作了介绍。其他各章按脏器(包括肝脏、胆道系统、脾脏、胰腺、胃肠道、肾脏、肾上腺、腹膜腔与腹壁、淋巴系统、盆腔)介绍腹部疾病的 CT 表现、诊断和鉴别诊断，内容以常见病为主，也尽量包括罕见、少见疾病。在阐述各疾病的 CT 表现和特征之前，先概述病理和临床表现，以求内容的完整，最后对各种影像检查方法作综合分析，尽可能客观地介绍有关方法的优点和局限性，以达到相互取长补短的目的。附有 1 600 多幅精选的 CT 图。(阮天明)

药　学

R000256 **当代结构药物全集** 王泽民主编。北京科学技术出版社 1993 年 7 月版。1 100 万字。390.00 元。大型医药学工具书，收载已知化学结构药物 7 695 个。首先按治疗范围分类，其后再按药物结构特点进行化学分类。每一药物收载 19 项内容，即中文通用名、英文通用名、专用名、各种中外文其他名称、中英文化学名称、CAS 登记号、结构式、分子式、分子量、理化性质、分析鉴别、合成路线、制剂、药物毒理、适应证、用法用量、毒副反应、中毒解救药、参考文献。书后附有按药名序号检索的中、英、日、法、俄文索引等。(徐利明)

R000257 **中华人民共和国药典(1990 年版二部)药典注释** 卫生部药典委员会编。化学工业出版社 1993 年 3 月版。200 万字。78.00 元。详细介绍了各种药物的合成反应过程或制造工艺路线；对药典中规定的药物性状、鉴别、检查和含量测定等检验项目，除介绍各项标准设定的依据并阐明其检验原理外，重点介绍了药品生产和使用过程中可能产生的杂质、贮存条件对药品质量的影响以及药品检验的操作技巧和经验。对药物的药理作用和临床适应症、体内代谢过程和不良反应等，亦作了适当介绍。附录注释侧重介绍了药典中使用的各种测试方法的原理、操作方法与注意事项等。(潘正安)

R000258 **中华人民共和国药典(英文版 1992)** 卫生部药典委员会编。广东科学技术出版社 1993 年 6 月版。600 万字。300.00 元。在 1990 年版中文本的基础上编译而成，将中文版的一、二两部合为一本，除一、二两部中相同内容的前言、沿革、凡例、附录通则合并外，正文品种与中文版的一、二部完全相同。本版英文本共收载中西药品 1 751 种，其中中药 784 种，西药 967 种。在中西药品标准方面，中药标准对控制质量的显微鉴别、薄层色谱等办法已有较多的应用,如以薄层色谱法进行鉴别、检查的中药已达160余种;仪器分析等现代检测手段有所增加;对一些中药材的有效成分或主要成分进行测定,附录收载的制剂通则和专用检测方法也作了较大调正和修订,增订了一些新项目、新内容,如中药制剂通则增加了滴丸剂、合剂、锭剂和糖浆剂等。西药方面对控制药品内在质量的标准有了明显的提高,仪器分析方法的应用有显著扩大,如采用紫外分光光度法有596项(次),用红外光谱法有204项(次)。从总体来看,本版药典较上版药典无论品种和标准内容都有较大的调整、改进和提高。(雷日开)

R000259 **中华人民共和国药典(1990年版一部)注释选编** 广东科学技术出版社1993年12月版。59万字。20.00元。为《中华人民共和国药典》(一九九〇年版一部)的注释本,正文注释共选入中药材101篇,中成药28篇,附录注释共收入11篇,按"中国药"(1990年版一部)的编排顺序排列。药典一部注释本是首次出版。药典为法定性或规定性条文,文简意赅。采用注释的方法,可使部分条文扩展化、具体化和视觉化,有利于"药典"的理解和执行,具有开拓性和尝试性的意义。本书的特点如下:一、扩展了相关内容。由于篇幅所限,"药典"的正文条文只能删繁就简,相关内容未有收录。本次注释,就扩展了不少相关内容。增加了原植物的描述,使药材性状易于鉴别。二、增加了视觉效果,药材显微鉴别的描述,大多比较抽象,从字面上不易理解。注释后增加不少药材切面简图、粉末显微特征图和薄层色谱图,使鉴别视觉化、形象化,增加了对文字的理解力。三、内容具体化。"药典"条文简单明了,有的只一笔带过,有的只有一个参数,并无任何解释。这次注释,把一些指标、参数、方法等具体化,使部分内容更准确、条理和具体。(邵水生)

R000262 **海药掇英** 常敏毅著。海洋出版社1993年3月版。11万字。以科学小品的形式,介绍136种海洋生物药用价值的最新科研成果。内容包括药用生物的名称及其由来、化学成份、药理功效和民间方剂等。文中附药用生物种名索引及历代本草关于海药功能一览表。(彭慧)

R000263 **医疗单位制剂规范** 中国人民解放军总后勤部卫生部编。人民军医出版社1993年6月版。106万字。38.00元。卫生技术规范性专著,共33章,详细介绍了32种剂型、358种制剂的处方、制法、性状、鉴别、检查、含量测定、作用与用途、用法与用量及贮藏方法等,是各级医疗单位加强制剂标准化、规范化管理,提高制剂质量,确保各种制剂安全有效,以及各级药品监督、检验人员履行职责的法规性依据。为便于检阅,全书以剂型分类为序,逐剂分述,书末设有凡例、附录及中文、汉语拼音、拉丁文、英文4种名称索引。(冯江东)

R000264 **药事管理学** 张熙著。宁夏人民出版社1993年1月版。24万字。4.50元。供中等药学专业使用的教材。分10章,包括绪论、药事组织、药品管理法规、药品质量管理、药品生产、经营企业的管理、医院药剂科的管理、特殊药品的管理、新药管理和药品的再评价、药品宣传广告的管理及药学教育与药学科技管理。每章后都附有复习思考题,便于学生复习。附录部分有:中华人民共和国药品管理法、中华人民共和国药品管理法实施办法、麻醉药品管理办法、精神药品管理办法、医疗用毒性药品管理办法、放射性药品管理办法、进口药品管理办法、医院药剂管理办法、药品广告管理办法、药品检验所工作管理办法等法规。(孙立明)

R000265 **家庭用药大全** 蔡克难编。南京大学出版社1993年5月版。124万字。45.00元。快速查阅药品的性能、用法、注意事项、规格及家庭贮藏法的工具书。家中有人生病时可以通过书中"常见疾病用药指南"部分快速查阅此刻适用的药品有哪些,而后又可查知各种用药品的情况。在中草药部分,书中专门收列了数千种单方和仅由4—6味中药组成的验方。为了解答读者在用药过程中产生的各种疑问,书中特在第一章中以小标题的方式收列了近百种问题并予以回答。在最后一章中,还将常见食品作为药物的使用方法、适治病种知识也收列其中,从而丰富了本书的内容,也增加了本书的实用性。(贾舒)

R000266 **新编实用药物手册** 陈孝治等编。湖南科学技术出版社1993年12月版。64.4万字。12.50元。共收编药品2 200种。凡1992年以来应用的新药均已编入;国内尚未应用,估计将在临床上应用的新药,也有选择地编入了一部分;对一些被淘汰的和临床应用价值不大的药品则未予编入。在叙述每类药物时,将其药物的分类、应用原则、临床选用等临床上极为重要的共性内容,在每章前面作一简单明了的介绍。(王劲松)

R000267 **内洋地黄素与临床** 赵振东、柯永胜著。安徽科学技术出版社1993年3月版。17.7万字。系内洋地黄素临床研究的专著。系统地介绍近年来有关内洋地黄素、洋地黄受体及其拮抗剂的基础与临床研究的最新成果,特别是从发病机制与治疗学角度论述了内洋地黄素与临床各科疾病的关系，为某些疾病的防治提供了一定的理论基础，对从事内科心血管、内分泌、呼吸、消化、泌尿、麻醉等各科临床和基础工作者有着一定的指导意义。（储崇华）

R000268 **抗癌良方** 常敏毅编。湖南科学技术出版社 1993 年 6 月版。27.6 万字。14.00 元。分抗癌方剂、验方和专利 3 个部分，收集了包括日本、泰国、马来西亚、新加坡等国及香港、台湾等地区 300 余种书刊上所载的天然植物抗癌药物，载方 1140 首，均有药理分析或医案作依据。（王劲松）

S 农业科学

农业科学

S000001 **科技教育兴农丛书** 江苏科学技术出版社 1993—1994 年版。已出版的大致分为水稻、棉花、蔬菜（包括食用菌）和蚕桑 4 个方面，计有《水稻栽培实用新技术》、《杂交稻直播制种技术》、《水稻抛秧》、《水稻旱直播》、《水稻病虫草害综合防治》、《高产高效间作套种技术》、《菇瓜豆立体栽培新技术》、《食用菌栽培月历》、《蔬菜害虫测报与防治新技术》、《桑蚕茧优质高产经验》、《桑苗繁殖新技术》等 15 种，大多是江苏省农业科学研究的新成果，生产技术发展的新理论、实用新技术和新经验。例如：旱育稀植和抛秧技术；水稻旱直播技术；杂交稻直播制种技术；优质高产品种（品系）的筛选、小壮高栽培新途径、再生稻栽培、节水湿润栽培、多熟制后作稻的抛秧、稻田多种类型的养殖等等；其中《棉花高产栽培实用新技术》介绍了一整套"密、肥、调"综合技术体系，阐明了棉花高产形成的途径。本书于 1994 年被评选为 61 种受农村读者欢迎的图书之一。（张士冷）

S000002 **庭院经济实用技术** 范明等编著。四川科学技术出版社 1993 年版。10 万字。2.55 元。主要介绍庭院经济的一般原理和独特的商品经济形式，搜集、精选了适合南、北方庭院发展的养殖、种植、加工、贮藏等实用技术，从不同角度总结了全国各地具有代表性的 60 户巧用庭院的致富经验。为"中国农村文库丛书"之一。（牛小红）

S000003 **农业技术实用辞典（朝鲜文）** 朴在九等编著。黑龙江朝鲜民族出版社 1993 年 2 月版。110 万字。19.50 元。分土壤篇、肥料篇、种子篇、稻谷栽培篇、蔬菜栽培篇、病害防治篇、虫害防治篇、农药使用技术篇、农业气象篇、副业介绍篇、农业技术资料统计等，比较详细介绍了农业技术实用知识。（朴钟宪）

S000004 **农业系统学基础** 高亮之著。江苏科学技术出版社 1993 年 8 月版。65 万字。20.00 元。研究农业问题的专著。全书分两大篇。绪论部分论述研究农业整体性问题的必要性，并从东西方农业科学发展的特点阐明农业系统学的形成基础。第一篇论述农业系统学包含的结构、依存、目标、平衡、流通、适应、控制和发展等 8 个基本原理，是全书的理论基础。第二篇论述农业系统方法体系，并对一些重要的农业系统方法进行了具体的介绍，如农业系统分析、农业系统数学模型、农业系统模拟、农业系统预测、农业系统最优化与农业系统工程等。还根据农业系统学原理和方法提出了"系统农业"的体系，要求在宏观农业与各农业专业中广泛建立具有适应性的、有综合功效与综合结构的高效率的农业系统，最后还提出了信息革命的问题。（张湘君）

农业基础科学

S000005 **中国生态农业的崛起** 农业部法规、农能源司，河北省农办、农业生态学会编。河北科学技术出版社 1993 年 1 月版。52 万字。14.00 元。是 1991 年 5 月，由农业部、林业部、国家环保局、中国生态学会、中国生态经济学会在河北省迁安县联合召开的中国生态农业县建设经验交流会的典型经验文集。分综合、理论、实践和管理 4 篇。各篇所收集的典型文章，分别从理论与实践的结合上，从不同的侧面阐述了如何继承中国传统农业的优秀成果，吸收现代农业的先进经验，运用经济学原理和系统工程方法，推进农业现代化的农业综合生产体系，促进农

业持续、稳定、协调发展，实现经济和生态的良性循环，实现社会、经济、生态三个效益统一的具体作法和经验。(宋自忠)

S000006　**化肥施用与分析**　廖瑾编著。上海科学技术出版社1993年1月版。18万字。5.00元。首先介绍氮、磷、钾及微量元素四大类共20多个化肥品种的特性、质量标准、商品定性与定量检验、包装、运输与贮藏等内容；然后分别介绍粮食作物、经济作物、果树、蔬菜、食用菌、绿肥等共50种作物的施肥技术，对每种作物的施肥时间、施肥用量以及施肥注意事项等作了详细介绍。(刘宗达)

S000007　**中国土壤分类系统**　全国土壤普查办公室编。中国农业出版社1993年3月版。23.5万字。20.00元。叙述14年来全国第二次土壤分类发展历程，主要内容包括：绪言，全国土壤普查办公室与全国专家顾问组讨论后确立采用中国土壤分类暂行草案(1978)；土壤工作分类的拟订，全国土壤普查办公室刊印了《全国第二次土壤普查暂行技术规程》，书中列了全国第二次土壤普查工作分类暂行方案，分发各省(市、区)使用；1988年全国第二次土壤普查汇总用的《中国土壤分类系统》的拟订，1988年的分类系统调整后，使用至1991年底，各省(市、区)汇总基本上用本分类系统；土壤分类系统的确立与土类、亚类单位概念的明确，1992年10月，30个省(市、区)的省级土壤普查成果验收已结束，其中，肯定了一些省(市、区)所划分的新的土壤类型，经过认真讨论，再次确立12个土纲、29个亚纲、61个土类、231个亚类的分类单元系统，即中国土壤分类系统(1992年)，土类由原有的43个调整到61个，亚类由原有的161个调整到231个。这个土壤分类系统继承了中国土壤分类科学的成就，反映了中国土壤分类科学的现阶段成果。(徐蒲生)

S000008　**配方施肥方法及其应用**　金耀青等编著。辽宁科学技术出版社1993年6月版。34.2万字。11.50元。分9章。在概述里系统地介绍了配方施肥的定义和内容、作用和原理、方法和功能。以后各章节里，分别介绍了中国配方施肥中常用的方法和参数，以及各种方法之间的相互联用。文后附有主要参考文献。(李逢秋)

S000009　**福建林业土壤**　范全顺等编著。福建科学技术出版社1993年7月版。17.6万字。11.00元。分3篇14章。第一篇阐述福建林业土壤的形成条件、过程、分类和分布规律；第二篇叙述福建林业土壤的类型；第三篇阐明福建林业土壤肥力评价，以及林业土壤的改良、规划、利用；附录则介绍了福建省林业土壤调查的方法和制图；并附有一幅对开彩色的《福建林业用地土壤分布图》。(张晨曦)

S000010　**催长素在农牧业上的应用**　王溪云、熊焰等编。江西科学技术出版社1993年8月版。7万字。1.70元。内容有催长素的性质、特点、增产机理、使用效果，以及催长素在各种农作物和家畜家禽上的使用技术。(涂水香)

S000011　**农化服务手册**　化工部化肥司组织编写。化学工业出版社1993年9月版。65.8万字。20.00元。系统论述农化服务的概念、内涵和发展情况。并对科学施肥的基本原理，农化服务的技术、方法和措施作了论述，如土壤养分的调节，植物营养施肥、主要施肥品种及作物施肥技术，推荐施肥的意义和方法，土壤与植物营养诊断、土壤和植物样品采集制备与分析方法，主要农产品质量检验，以及根据土壤和作物的需要进行肥料二次加工的生产工艺及设备，主要农药品种及使用技术。(孙绥中)

S000012　**广西土种志**　广西土壤肥料工作站编。广西科学技术出版社1993年10月版。66.9万字。31.50元。论述土种归属和分布，并以土属与土壤高级分类单元联系起来，阐述土种分布地点及面积。对各土种土壤生态环境、土壤形态剖面发育程序、理化性质和特点进行综合论述，对土种理化分析结果用数理统计说明其变异情况。通过土种的典型剖面样本，对所处的地形部位、成土母质、自然植被或农业利用情况、作物产量、剖面形态特征、各层土壤理化分析结果等进行论述。还阐述了土种的生产性能，并提出今后农业利用和发展方向。(马如海)

S000013　**山东土种志**　山东省土壤肥料工作站编。中国农业出版社1993年12月版。101万字。59.00元。首先简要介绍山东省自然概况、土种划分和命名，然后按土壤分类系统的顺序，对全省257个土种的分类归属、面积及分布、生境条件、剖面形态特征和理化性质、生产性能和改良利用作了系统阐述。土种命名采用双名制，既便于推广使用，又能体现其分类归属的系统性。作为山东省第二次土壤普查成果之一，该书初稿于1991年4月通过全国第二次土壤普查验收组的验收和山东省第二次土壤普查省级成果鉴定委员的鉴定。(徐蒲生)

农业工程、农学

S000014　**吐鲁番坎儿井**　钟兴麒、储怀贞主编。新疆大学出版社1993年2月版。19.4万字。8.00元。由10篇论文和吐鲁番、鄯善、托克逊三县坎儿井实录组成。论文部分，对坎儿井的起源、沿革、技术、工具、名词术语进行了深入考释，阐明了吐鲁番坎儿井是中原井渠法与吐鲁番地区地形、地质、气候诸特点相结合的产物。实录部分汇集了作者们多年实地考查统计的吐、鄯、托三县的坎儿井的丰富资料，可作为研究、开发利用坎儿井的参考依据。还收录了对吐鲁番坎儿井起源持不同观点的学术论文。书中附有从历史档案中发现的100多年前绘制的吐鲁番地区坎儿井分布图，是弥足珍贵的历史资料。(墨愚)

S000015 **中国食用菌百科** 黄年来等编著。中国农业出版社1993年5月版。111.3万字。45.00元。系统地整理前人食用菌学遗产，介绍了国内外先进的食用菌科学技术知识。全书共1 518条目，包括食用菌学的历史沿革、生物学基础、资源调查、菌种制作、栽培技术、产品加工、机械设备及研究方法等。(林新华)

S000016 **中国耕作制度** 刘巽浩、年正国等主编。中国农业出版社1993年5月版。85.9万字。13.05元。从中国实际出发，较系统地阐述了耕作制度原理和技术，以及各地区耕作制度的现状和特点。全书分上、下篇共24章，第一章介绍中国耕作制度的发展；第二章介绍中国的古代耕作制度；第三章至第十章为耕作制度的实体部分(作物布局、复种、间作套作、轮作、土壤耕作、少耕、免耕、用养结合、农牧结合)；第十一章为中国耕作制度区划；第十二章至第二十三章按中国自然地理、经济条件和农业生产的特点，分12个区介绍它们的耕作制度；第二十四章介绍耕作制度的有关研究方法。(朱朝伟)

S000017 **作物生理学** F.P.加德纳(美)等著，于振文等译。中国农业出版社1993年7月版。30.9万字。12.20元。重点介绍植物生理学的概念和影响代谢、生长、繁殖的因素(光合作用、作物冠层的碳素固定、运输和分配、水分关系、矿质营养、生物固氮、植物生长调节、生长发育、种子与萌发、根的生长、营养生长、开花和结实)；本书在讨论作物实例时，注重应用适宜于多种作物的基本原则。(朱朝伟)

S000018 **环境胁迫与植物育种** 张福镇主编。中国农业出版社1993年8月版。29.0万字。9.40元。主要论述了植物在各种胁迫环境条件下的生长、生理反应与植物抗胁迫环境的遗传改良问题。本书共9章：环境胁迫与植物生长，植物育种与产量稳定性，抗旱生理与遗传育种，抗热生理与遗传育种，抗寒生理与遗传育种，养分缺乏的抗性生理与遗传育种，养分毒害的抗性生理与遗传育种，重金属毒害的抗性生理与遗传育种，抗盐生理与遗传育种。(张本云)

S000019 **中国复合农业** 黄文丁等编。江苏科学技术出版社1993年9月版。59万字。24.00元。学术著作。分15章。前6章分别阐述复合农业的概念、内涵、特征、产生及其发展，中国古代复合农业的思想及其实践，复合农业的种群结构和分布、种群分布尺度、生态位、竞争生产原理及相互作用等问题，种群复合的营养动力学问题，种群与环境相互作用的问题及物质循环利用问题。第七章至第十二章介绍中国当代复合农业的实践内容及发展趋势，主要包括农田复合种植业、复合林业、复合畜牧业、复合渔业、复合庭园经营、复合园艺等。后3章则阐述复合农业的设计原则与方法，包括结构优化及动态调控等；复合农业的研究方法和应用；复合农业的效益评价方法，包括系统分析、流量分析、整体效益评价以及投资效益的静态与动态分析等。(周兴安)

S000020 **水田杂草识别与防除** 关广清等著。辽宁科学技术出版社1993年9月版。19.8万字。14.00元。围绕水田杂草的识别，书中依据不同的生态环境，分4种类型，对320余种水田杂草编制了索引表，其中102种杂草配有彩色照片，141种配有黑白线条图。检索表采用了新的编排方式，主要以杂草的营养器官为检索特征，加上按水田杂草生境分类编排，大大缩小了检索范围。检索表中涉及到的专业术语作者都作了专门解释，并配有图解。根据微机检索的大量中、外文资料，书中详述了28种主要水田杂草的繁殖、休眠、萌芽和生长发育特性，同时概述了水田杂草防除的生物学基础。在杂草化学防除部分，介绍了十大类近30余种稻田常用化学除草剂(其中混合制剂6种)的理化性质、剂型、有效成分含量和使用方法，并就秧田、本田和直播稻田如何应用化学除草剂防除杂草做了详尽介绍。(李逢秋)

S000021 **作物雄性不育化育种** 秦泰辰编著。中国农业出版社1993年9月版。45.8万字。19.65元。简要阐明雄性不育化育种的基本理论与有关知识及技术。全书分3篇。第一篇论述不育化育种的一些基础知识，由个体生长到整体发育、从细胞水平到分子水平来概述不育化育种的原理。第二篇主要介绍不育化育种的主要方法与技术。第三篇是各论，选择异花授粉、常异花授粉和自花授粉作物以及蔬菜

作物为代表,分别阐明其育种特点。(张本云)

S000022 **作物育种研究与进展(第一集)** 刘后利主编。中国农业出版社 1993 年 10 月版。47 万字。27.00 元。对作物育种学及其相关学科领域里所从事的大量研究进行专题介绍。以基础研究为主,结合应用研究,涉及作物分类体系、起源、进化、生理育种、抗病育种、植物细胞工程、遗传工程、计算机在作物遗传育种中的应用等。关于作物的分类体系方面,"论栽培植物的生态分类"一文,从讨论一般植物形态分类入手,以水稻为例,提出了新的分类体系。关于种质资源研究方面,3 篇重要论文:"作物种质资源的研究和利用",系统介绍了世界种质资源的现状,以及研究内容和方法;"中国野生稻的种类和分布"对具中国特色的野生水稻进行系统论述;还有"中国大豆的起源与进化研究"。关于应用基础研究,有"水稻光温特性的研究和应用","甘蓝型黄籽油菜的遗传育种研究"。关于抗病育种方面,有"有关稻瘟菌及抗瘟育种的争论"。关于生物技术方面,有"植物基因工程"等,最后是计算机在植物遗传育种中的应用的研究进展等等。(张兴瓒)

S000023 **农产品加工机械与设备** 沈再春主编。中国农业出版社 1993 年 10 月版。41.3 万字。8.60元。以食品加工用的机械与设备为主,按操作单元分类,进行叙述。共 11 章,包括物料输送、清洗清理与分级、分离、尺寸减小、混合均质、食品成型、换热、真空浓缩、干燥、食品包装及冷冻等章节,主要阐述机械设备的种类、工作原理、结构、工作过程、主要技术性能参数、机械设备的选择和使用维护等方面的内容。(段丽君)

S000024 **农畜产品加工** 周永昌等编。江西科学技术出版社 1993 年 12 月版。40 万字。8.80 元。职业高中专业教材(试用本)。书中介绍以粮、油、果、蔬菜、肉禽、蛋、奶为原料的产品加工。既重视继承江西传统名、特、优、新加工产品,又注意引进、开发有推广价值的国内外新产品和新技术。(涂水香)

S000025 **农作物营养诊断实用手册** 苏锡田编著。中国标准出版社 1993 年 12 月版。12 万字。5.00元。介绍农作物营养诊断方面的原理、步骤和方法。主要内容包括:农作物营养诊断的基本知识和概念,农作物营养诊断的有关问题,应用土壤营养诊断进行施肥的意义和效果,合理施肥与增产的关系,不同作物的施肥要求,玉米、水稻、小麦、棉花、甜菜、黄瓜、蔬菜等的营养诊断,土壤试验方法与仪器,农作物主要营养元素与氮肥分类,以及国外关于微量元素肥料、微生物肥料和气肥的研制与应用概况。(周俞斌)

植物保护

S000026 **中国棉田蜘蛛** 赵敬钊著。武汉出版社 1993 年 1 月版。46 万字。15.00 元。对 204 种成蛛和近 20 种幼蛛各龄期的形态特征进行了描述;对数十种蜘蛛的生物学、生态学、捕食功能和对农药的抗性进行了论述和测定;对中国 5 大棉区蜘蛛群落结构特点,各棉区优势种蜘蛛及季节消长规律进行了分析,进而对保护利用棉田蜘蛛提出了建议。(刘国刚)

S000027 **河南东亚飞蝗及其综合治理** 河南省植保植检站主编。河南科学技术出版社 1993 年 3 月版。37 万字。25.00 元。东亚飞蝗是中国历史性的大害虫,每 2～3 年有一次地区性的大发生,间隔 5～7 年有一次大范围的猖獗,每次都给人民造成深重灾难。因此,水、旱、蝗灾被称为旧中国的三大自然灾害。本书是在 1988～1989 年河南省组织沿黄 7 市 21 县(区)对东亚飞蝗蝗区勘查工作基础上编写而成。对河南省各类蝗区的形成、演变进行了概要分析,探讨了河南省两千年来东亚飞蝗发生与旱、涝灾害的关系,系统记载了河南省蝗区现状以及东亚飞蝗生物学、生态学特性,总结了建国 40 年来河南省治蝗成就,提出了今后蝗区综合治理对策。(周本庆)

S000028 **苹果病虫害防治图册** 刘兵等编著。辽宁科学技术出版社 1993 年 6 月版。10 万字。17.00元。共有彩色照片 231 幅,其中苹果病害 64 幅,苹果害虫 167 幅。每种病虫害均配有简要的状况、形态、为害状、发生规律及防治技术等文字说明。(李逢秋)

S000029 **柑桔病虫害诊断与防治彩色图册** 刘星辉等编。福建科学技术出版社 1993 年 9 月版。3.9 万字。6.50 元。介绍生产上常见的 48 种柑桔病虫害。其中柑桔的病害有:柑桔溃疡病、柑桔疮痂病、柑桔黄龙病、柑桔炭疽病、柑桔线虫病、柑桔膏药病,以及柑桔缺氮症、柑桔缺钾症等;柑桔主要害虫有:锈壁虱、红蜘蛛、吹绵蚧、矢尖蚧等。全书以方便广大果农为目的,以实用、通俗为特色。采用图文对照形式。图片部分,以彩色照片为主,力争逼真、清晰地表现受害枝、叶、果的症状及虫体的形状等;文字部分,仅扼要介绍各种病虫的诊断与防治方法。(刘宜学)

S000030 **果树病虫害防治** 李永禧等编著。

广西科学技术出版社1993年9月版。7.3万字。5.50元。为“实用植保彩色图说”之一。以图文并茂的形式，介绍香蕉、芒果、荔枝、龙眼、菠萝、木菠萝等果树的主要病虫害56种(其中病害14种，虫害42种)以及每一种病害的发病规律，每一种虫害的形态特征，并以彩图描绘各种病虫害的形态及为害状。(马如海)

S000031 **旱粮病虫害防治** 李永禧等编著。广西科学技术出版社1993年9月版。10.5万字。7.10元。为“实用植保彩色图说”之一。介绍玉米、小麦、高粱、红薯、黄豆等旱地粮食作物的主要病虫害70种，详细说明了每种病害的症状识别、病源及传播途径、发病条件、防治方法，以及每种虫害的形态特征、生活习性和防治方法。附45幅彩图。(马如海)

S000032 **纤维作物病虫害防治** 李永禧等编著。广西科学技术出版社1993年9月版。7.7万字。5.10元。为“实用植保彩色图说”之一。介绍棉花、麻类、桑树、蓖麻等纤维作物的主要病虫害34种，详细阐述每一种病害的症状识别、病源及传播途径、发病规律、防治方法，每一种虫害的形态特征、生活习性、防治方法，并以彩图描绘各种病虫害的形态及为害状。附彩图32幅。(马如海)

S000033 **新编农药使用手册** 刘乾开主编。上海科学技术出版社1993年10月版。53万字。14.00元。系统地介绍中国农业生产上经常使用的常规农药和新农药品种共312种，包括杀虫剂、杀螨剂、杀菌剂、种子处理剂、除草剂、杀鼠剂、植物生长调节剂、仓储害虫防治剂等八大门类。书中对农药的物化性质、毒性特点等基本知识作了具体阐述，对防治对象、使用方法和注意事项等技术内容作了详尽介绍。并具体介绍了有关农药安全使用的规定和标准。(刘宗达)

S000034 **昆虫抗药性及其治理** 唐振华著。中国农业出版社1993年10月版。41.1万字。19.60元。作者为中国科学院上海昆虫研究所研究员，从事昆虫抗药性研究工作20余年，并于1982年出版了专著《农业害虫抗药性》，本书是在此基础上，总结国内、外80年代抗性研究的最新成果和进展，并融进作者20余年的工作经验而著成。书中所论述的昆虫抗药性及其治理是昆虫学研究中的一门新兴边缘学科，它涉及的范围广，包括害虫防治策略及一些有关的基础学科，如遗传学、生物技术、化学、生物化学、群体生物学、毒理学及生态学等。本书将诸多学科的理论融于抗性测定、抗性机理、抗性遗传和抗性治理的阐述中。作者详细地、全面地论述了目前昆虫抗药性发展的概况，以及卫生害虫、农业害虫抗药性发展的历史及现状。从抗药性产生的原因、定义、分类及交互抗性的论述入手，阐述了数理统计在抗性测定中的应用、抗性测定原理和7种测定方法以及利用性息素监测抗性的技术；阐述了抗性机理，即抗性的形成及昆虫的中毒过程，行为抗性、生理生化抗性及两者的关系；穿透作用降低与抗性的关系。本书在分子生物学的基础上对昆虫的代谢抗性所涉及的多功能氧化酶、水解酶以及谷胱甘肽转移酶和DDT—脱氯化氢酶等分别作了详细论述；对杀虫剂的靶标部位——乙酰胆碱酯酶和神经敏感度降低加以论述。本书在遗传学的基础上，对于抗性遗传的基本理论、遗传方式、抗性基因的定位、抗性基因的相互作用，以及抗性分子遗传学的最新发展加以论述。抗性治理是近一二十年的新课题，本书交待了其产生背景、影响抗性演化的因素及其对策，并介绍了治理的实例。(张洪光)

S000035 **中国农业百科全书·农药卷** 农药卷编辑委员会编。中国农业出版社1993年10月版。125.8万字。65.00元。是列入国家图书出版重点工程之一的大型工具书，是中国植物保护学界和农药学界的基本建设工程。由北京农业大学韩熹莱主持，全国100多位著名农药专家反复撰写、审校。全卷包括农药总论、农药合成、农药制型加工和使用技术、农药分析与残留、农药生物测定与药效试验、农药毒性与毒理、农药与环境、农药种类8个分支，716个条目。收有300多种农药的应用知识，200余幅黑白插图和141幅插页彩图。既介绍基本概念、原理、理论，也介绍应用技术方法；既概括农药科学发展历史，又反映当代农药科学的新成果；既有科研、教育、应用、管理的重要机构、名人、大事，也有生产、销售领域的重要企业；既突出中国特色的重要内容，也充分介绍全人类的共同知识。全卷条目按汉语拼音排序，设有目录、索引、参见和层次标题4种检索系统。其中，农药名称对照表首创中、英文通用名——其他名称，英文通用名——中文通用名或建议用名，其他中文名称——中文通用名或建议用名三向检索。(陈岳书)

S000036 **经济作物病虫害防治彩色图册** 陈须文主编，林毓鉴编著。江西科学技术出版社1993年11月版。12万字。彩图110幅。14.80元。以江西为主，面向全国，介绍常见病害58种，害虫54种。

主要叙述棉花、麻作、油菜、花生、芝麻、大豆、烟草、甘蔗、甜菜、西瓜和芦笋的主要病虫的分布、危害、识别、发病规律、害虫生活习性和防治措施等,并将各种病害的症状,害虫的形态特征等绘制成彩色图谱共109幅。(金克勇)

S000037 **蔬菜病虫害防治** 王助引等编著。广西科学技术出版社1993年12月版。7.5万字。5.65元。为"实用植保彩色图说"之一。介绍47种蔬菜主要病虫害的防治方法。病害防治包括发病症状的识别、病源及传播途径、发病条件、防治方法;虫害防治介绍害虫的形态特征、生活习性和防治方法。附彩图38幅。(马如海)

S000038 **实用植保彩色图说** 广西农科院植保所编。广西科学技术出版社1993年12月版。67.8万字。51.10元。全套书共10分册,以先文后图的形式,介绍水稻、蔬菜、果树、旱粮、纤维作物、糖油作物、烟茶等病虫害和农田杂草与农田鼠害的防治。介绍病虫草鼠害和植物受害的形态特征,还揭示了它们的发生规律,包括发病条件、病源的传播、生活习性等;在综合中外植物保护现代技术措施的基础上提出了行之有效的防治方法。(马如海)

S000039 **水稻病虫害的防治** 广西科学技术出版社1993年12月版。16万字。9.90元。是"实用植保彩色图说"之一。以图文对照的形式介绍了28种水稻病害、36种虫害、19种天敌昆虫的形态特征、病源及传播途径、发生规律、防治方法等。附300幅彩图。(马如海)

S000040 **延边农作物病虫害图解集** 崔重铉等编著。延边人民出版社1993年12月版。13万字。7.00元。简要地介绍在大田作物、经济作物、蔬菜、果树等农作物中经常发生的病害72种、虫害50种的防治技术。内容包括:农作物病虫害的基本知识;粮食作物的病虫害;经济作物的病虫害;仓库害虫;蔬菜的病虫害;果树的病虫害等。(李京熙)

S000041 **除草剂使用技术问答** 朱克洋主编。中国农业出版社1993年12月版。13.9万字。3.50元。概说部分综述了除草剂的总体情况,指出在使用除草剂时,因对新品种性能的不熟悉而造成的浪费,并给作物带来严重的药害。第二部分介绍了不同作物田如何选择除草剂和42种除草剂的使用方法。第三部分从提高用药效果角度,介绍常见除草剂的搭配使用。第四部分从防止发生药害角度,指出使用除草剂应注意的事项。第五部分简要介绍常见除草剂的中毒症状及治疗方法。附录部分收录了有关农药合理使用准则等方面的内容。(王凯)

农作物

S000042 **新疆小麦(维吾尔文)** 吴锦文、陈仲荣编著,伊力亚斯·米尔阿西木、努丽曼·艾山阿吉、伊马木拜尔迪阿吉·伊拉利顶译。新疆科技卫生出版社(K)1993年1月版。48万字。12.45元。系统地介绍新疆小麦的栽培历史和现状,新疆冬、春小麦的分布概况和生态区划,丰富的小麦品种资源和育种工作成就,新疆小麦的生育特性和栽培技术要点,新疆小麦的主要病虫害和气象灾害等内容。维吾尔文是根据新疆人民出版社1989年5月第一版,1989年6月第一次印刷本翻译出版的。(荣春兰)

S000043 **棉花营养钵育苗移栽与叶龄看苗模式栽培** 刘献国著。江西科学技术出版社1993年2月版。14万字。3.10元。从棉花营养钵移栽的效益和生育、栽培特点出发,运用叶龄看苗模式栽培的理论和实践,制定棉花高产的产量结构,群体结构,肥、水运筹,化学调控,综合防治等方面的指标。融汇了近年来植棉的科研新成果、新技术。(敖裕兰)

S000044 **两系杂交水稻的研究与应用** 贺浩华等著。江西科学技术出版社1993年4月版。27万字。5.70元。作者在系统总结中国近年两系法杂交水稻研究成果和实践经验的基础上编写而成。书中既阐述了有关两用核不育系的育性转换特性及其生物学基础和广亲和性的生物学基础,又概述了两系法杂交水稻的育种、繁殖与制种和栽培的技术措施。(敖裕兰)

S000045 **中国农学遗产选集·稻(下编)** 王达等合编。中国农业出版社1993年4月版。87.6万字。42.50元。中国农学遗产选集是辑录中国古书(古农书除外)中有关农业的资料,分类集中,选编而成的。其中上编为地方志以外的资料,下编为地方志资料。稻(下编)是从中国农业遗产研究室自50年代以来收集的数千种地方志的农业资料中有关稻的资料选录出来、分类编排而成的。以省为单元,以下按府、州、县、镇、乡为序。每单元内分为生产经济与种植技术、稻作类型与品种资源两大类。时限自明代至1949年以前。(白洪信)

S000046 **药用植物栽培学** 杨继祥主编。中国农业出版社1993年5月版。54.3万字。6.50元(平),11.30元(精)。全国高等农业院校教材。共6章,主要包括绪论:药用植物的生长发育、药用植物栽培技术基础、药用植物的采收与产地加工、植物细胞的工业化生产，各论介绍26种药材包括：人参、西洋参、三七、当归、乌头、黄芪、甘草、龙胆、黄连、大黄、地黄、天麻、贝母、番红花、红花、菊花、薏苡、罗汉果、砂仁、山茱萸、枸杞、五味子、杜仲、肉桂、细辛、薄荷，每种药材皆介绍了概述、植物学特征、生物学特性、栽培技术、采收加工5个部分。以上26种药材为地道的、珍贵的、栽培较为广泛的、栽培技术有代表性或有特殊点的药用植物，它们包括根及根茎类、全草类、花类、果实种子类的栽培技术。（张本云）

S000047 **中国甘薯品种志** 江苏徐州甘薯研究中心主编。中国农业出版社1993年5月版。22.7万字。17.25元。编入本书的品种是在全国2000多份甘薯品种资源的整理、鉴定、研究和利用的基础上选择的。包括：一、过去或现在生产上大面积应用的农家品种、育成品种和经过生产鉴定新确定的推广品种。二、过去栽培广泛而现在零星种植或作为重要育种材料的农家品种和引进品种。三、种植面不大，但经育种和生产实践证明属稀有珍贵或特殊用途的品种。全书主要是1987年以前推广应用品种，其次为1988—1990年新育成并通过审定的品种。共入选184个，黑白标本照片106幅，彩图52幅。品种描述分：品种来源，特征特性，分布地区与利用价值，栽培特点4部分。书首有甘薯品种特征特性术语及标准说明，概述。品种描述后备有品种名称笔画索引表及品种优异性状索引表。（张兴瓒）

S000048 **中国大豆品种志（1978—1992）** 吉林省农业科学院大豆研究所主编。中国农业出版社1993年5月版。65.67万字。25.00元。编入书中的品种为1978—1992年间，先后在中国大豆生产上种植的品种。其中包括：1978年以来至1992年新选育的品种；前志没有编入的地方品种和育成品种；特殊专用品种。对1985年出版的《中国大豆品种志》中已编入的部分品种，虽在生产上仍起一定的作用，因篇幅所限，未重编入。此外，编入台湾省10个品种。品种排列的次序，首先按北方春大豆区、黄淮海夏大豆区、南方多作大豆区排列。其次，在3个大豆区内的省（市、自治区）的顺序，从北往南排列，包括31个省、市、自治区。品种描述，分品种来源，特征，特性，分布和产量，栽培要点5部分。入志品种738个品种，备有植株标本照片197幅。书首加有编辑说明和大豆品种性状分级标准及术语说明，介绍品种特征特性记载的规范。书尾附有书中所列品种的名称及特点索引表、国外品种原名对照表。（张兴瓒）

S000049 **小麦染色体工程与育种** 薛秀庄等著。河北科学技术出版社1993年6月版。17.5万字。4.20元。以作者的科研成果为基础，参考、借鉴国内外最新研究资料，比较全面、系统地论述了小麦染色体工程材料的绘制，染色体工程育种的原理、程式、方法及小麦染色体工程育种的成就，性状的非整倍体分析，外源遗传物质的检测等。（宋自忠）

S000050 **杂交辣椒制种与高产栽培技术** 邹学校著。湖南科学技术出版社1993年6月版。26.8万字。5.80元。农业种植技术普及读物。全书分3部分：第一部分为杂交辣椒的育种技术，主要介绍辣椒的分类、杂种优势表现、主要性状的遗传规律、亲本的选择与选配，以及50多个优良亲本的特征特性。第二部分为杂交辣椒的制种技术，主要介绍人工杂交制种技术和利用雄性不育系的制种技术。第三部分为杂交辣椒的栽培技术，主要介绍目前中国辣椒生产中正在应用的优良品种育苗、栽培管理和病虫害防治技术。（王劲松）

S000051 **两系杂交小麦理论与实践** 何觉民著。湖南科学技术出版社1993年6月版。11.4万字。7.50元。杂种优势利用已成为农业生产上划时代的重要技术。湖南农业大学杂交小麦课题组，为了阐明两系法利用小麦杂种优势的理论与技术，从小偃麦、栽培二粒小麦与普通小麦的杂交后代及带有远缘血统的“贵农14”后代中，发现和选育到一系列光温敏感型不育系，并进行繁殖和生产出杂交种子。这些不育系和杂种在田间表现良好的农艺性状，经专家鉴定认为，小麦光温敏不育材料的发现及其优良不育系的选育属国内首创，为中国运用两系法配制杂交小麦，利用杂种优势开拓了新途径。本书全面介绍了上述杂交小麦和两系杂交作物的研究概况，详细论述了生态遗传型雄性不育现象，小麦光温敏感型不育系的发现与培育，两系法小麦杂种优势的表现和利用，两系法小麦杂种的制种技术和高产栽培技术等。（王劲松）

S000052 **中国大豆栽培史** 郭文韬著。河海大学出版社1993年7月版。16.4万字。4.00元。作者在参考历代有关大豆的文献资料的基础上撰写而成，全面探讨了栽培大豆的起源和中国历代大豆的品种资源、耕作制度、栽培技术和加工利用等问题；同时，系统地整理、归纳了经史子集、古农书、地方志、内经和本草以及笔记杂考和诗词中有关大豆的文献资料。中国农业科学院名誉院长、中科院院士金善宝教授和中国农业科学院院长、著名大豆专家王

连铮教授分别为本书作了序。此书出版后，日本学者立即将它翻译成日文版。(吴劭文)

S000053 **李东辉谷子论文集** 赵连元主编。河北科学技术出版社1993年8月版。32万字。8.00元。作者是中国著名谷子专家，中国作物学会粟类作物专业委员会、全国第一个谷子栽培生理实验室和第一个谷子研究所创始人，原河北省农林科学院研究员。本书共收集各时期重要论文35篇，并按其发表年月顺序排列。收编的论文涉及谷子的品种资源、栽培生理、遗传育种、良种繁育、产品加工和发展创汇农业等诸多领域，全面反映了作者谷子科研工作的历程及其学术思想。在本书编辑过程中，对原计量单位、表述方法、字句体例等做了必要的技术处理；对某些论文，特别是早期发表的作品做了科学的考核校正；个别无从考证的内容，也分别不同情况，加了编者注。(周竹英)

S000054 **棉花高产栽培实用新技术** 吴云康著。江苏科学技术出版社1993年9月版。21.5万字。5.10元。根据棉花科学研究的新成果，生产技术发展的新理论和实用新技术，全书综合归纳成12章节。着重阐述江苏省棉花生产发展的战略方针和目标；棉花根系载铃量，叶龄同伸关系；棉纤维的超微结构和品质形成新理论；棉花高产形成的途径；高产立体多熟种植制度；高产施肥新技术，其中对分期施肥、配方施肥、微肥的应用、秸秆还田作进一步论述；高产棉田的水系建设；高能群体质量指标；棉子顶土的力学原理，育苗新技术；生长调节剂速效调控效应；以及棉田灾害和病虫草害的防治等内容。(张士冷)

S000055 **禾本科叶片表皮微形态图谱** 陈宋良等编著。江苏科学技术出版社1993年9月版。44.5万字。44.00元。介绍禾本科114属285种15变种的叶片表皮微形态显微照片。这些种是作者从多年研究禾本科叶片表皮微形态过程中所精选出来的有代表性的种。概论中对构成叶片表皮微形态的细胞作了文字与图片的说明。各论对每个种的叶片表皮微形态作了文字描述，并附有对照的显微照片。书内共有显微照片300余张，编排成图版106幅。中外同行一致认为，禾本科叶片表皮微形态特征是研究禾本科的分类系统及该科中各分类等级的重要依据。(张士冷)

S000056 **中国小麦栽培研究新进展** 卢良恕主编。中国农业出版社1993年9月版。81.1万字。30.00元。主要内容包括：中国小麦生产现状和发展前景；中国小麦气候生态区划；不同麦区和主产麦区小麦栽培科研和生产进展；小麦生物学规律在栽培上的应用；北方晚秋播、夏播以及南方夏秋播和特殊生态环境四季播种的理论基础与技术体系；冬小麦精播、半精播、沟播、密点播、小窝疏株密植的理论与技术；施肥与灌溉；覆盖栽培技术；化学控制技术；各类地区小麦高产综合栽培技术等；模式化栽培；产量潜力分析；光合生产；产量形成；青植机理；根系与产量的关系；籽粒品质、水分生理等。(张兴瓒)

S000057 **药用植物育种学** 庄文庆主编。中国农业出版社1993年10月版。32万字。7.20元。全国高等农业院校教材。分绪论、总论、各论、附录4部分，以总论为主。总论部分参照植物育种的共性，根据药用植物所具有的产量和质量的双重性、生物学特性的复杂性、无性繁殖的普遍性、收获部位的多样性等特点，较详细地阐述了药用植物育种的基本原理和方法。各论部分根据药用植物不同收获部位、繁殖方式和做货年限的特点，选择了人参、地黄、浙贝母、红花、枸杞、山茱萸、薄荷共7种具有代表性的植物，介绍了它们的育种目标、种质资源、繁殖方式及其特点，以及主要的育种方法和途径。附录介绍了800种常用药用植物的一般特征，供各院校在教学中参考选用。(孟会洋)

S000058 **中国麻类作物栽培学** 中国农业科学院麻类研究所主编。中国农业出版社1993年10月版。79.2万字。44.25元。系“中国主要农作物栽培学”大型系列书之一。由中国著名麻类专家卢浩然任主编，全国50多位专家参加编写。全书阐述中国7种主要麻类作物(苎麻、黄麻、红麻、青麻、大麻、亚麻、龙舌兰麻)的栽培技术经验，反映各种麻类作物在不同生态和生产条件下实行的精耕细作、栽培措施特点和剥制加工技术等。在阐述理论与生产问题的同时，书中还根据各种麻类作物的特点、经济价值，指出麻类作物在农村产业结构调整与发展适度规模经营中的前景和趋向。全书分10章，分别论述了各种麻类作物的植物学特征和生物学特性，资源分类，遗传育种，优质高产栽培技术，病虫草害的防治和收获、剥制、初加工技术，以及纤维品质检验等。(范林)

S000059 **湖南名茶** 彭继光著。湖南科学技术出版社1993年11月版。17.9万字。6.00元。共10章，首列芳茗谱，介绍历史传统名茶和建国后新创名茶约60种，从天、地、人、文4条件分别展示它们的风貌，从形、色、香、味分别描述它们的优异；同时对名茶的品饮、饮茶民俗、生产知识、营养保健都有论述；最后还集纳了湖南的茶诗、茶词、茶歌、茶谚和茶联，并作出简注。（王劲松）

S000060 **江西甘蔗** 黄龙德等编著。江西科学技术出版社 1993 年 11 月版。19 万字。5.00 元。论述江西省甘蔗生产、科研、技术推广和教学等方面 40 多年来的发展概况，反映了江西 40 多年来甘蔗生产等方面的发展历程。（曾玉梧）

S000061 **江西棉花** 卢耀章等编著。江西科学技术出版社 1993 年 11 月版。39 万字。9.80 元。总结江西省自建国以来棉花生产发展的经验与教训，分别介绍江西棉花生产概况，棉花的生长发育及生态条件，棉花的品种选育，棉田耕作制度，棉花生产技术规范化，棉田综合管理、病虫害防治、新技术的推广与应用，棉副产品综合利用，棉花收购分级检验，以及棉花的科学试验方法。（曾玉梧）

S000062 **浙江稻种资源图志** 张丽华、应存山主编。浙江科学技术出版社 1993 年 12 月版。58 万字。200.00 元。早在 20 世纪初期，浙江就已开始进行对稻种资源的研究和利用。在以前研究的基础上，中国水稻研究所等单位于 1985 年开始组织了多学科的协作研究，对以前收集、保存的 3 700 多份浙江稻种资源进行了系统的农艺性状、抗病虫、耐逆性鉴定及米质测定，经归并整理为 2 182 份，并对每份品种 73 项的植物学形态特征和生物学特性的详细鉴定资料作了认真分析、总结。本书主要内容包括浙江稻种资源概况、稻种资源图志和附录 3 个部分。第一部分主要介绍浙江稻种资源概况，为中、英文对照。第二部分是本书的主体部分，包括了地方品种、选育品种、从外省和外国引进的优良品种、特异类型品种，分重要稻种资源和一般稻种资源两大类介绍。第三部分附录包括稻种资源的特征、特性鉴定方法与标准、重要选育品种系谱和重要稻种资源名称索引等。（边方）

S000063 **金花茶** 梁盛业主编。中国林业出版社 1993 年 12 月版。17.2 万字。38.00 元。作者从事金花茶研究 20 多年，搜集了大量资料和照片，全面系统地总结了中国在金花茶方面的研究成果。全书共 12 章，主要内容包括金花茶的经济利用、地理分布、分类系统、生物生态学特性、解剖结构、染色体核型、花粉形态、叶的化学成分、栽培技术、病虫害防治、种质资源基因库和金花茶产区的乔灌木树种名录等。书中附有彩色照片 36 幅，黑白照片 224 幅，黑白线条图 40 幅。有些照片在中国乃至世界都是珍贵的资料。（张宏湖）

园　艺

S000064 **家庭盆景制作与欣赏** 佟文浩主编。湖北科学技术出版社 1993 年版。15 万字。5.10 元。从湖北及武汉地区的实际情况出发，吸收和借鉴各地有关盆景方面的专著和技术资料，向盆景爱好者介绍盆景制作的一般原理、加工技艺、插花艺术、盆景的流派与艺术风格、立意与布局、制作与管理等。书中介绍的湖北树木盆景主要树种，是华中农业大学鲁涤非教授多年实地调查过的结晶，具有鲜明的地域特色。（罗炳阳）

S000065 **中国柑桔良种彩色图谱** 陈竹生、万良珍编。四川科学技术出版社 1993 年版。10 万字。彩图 129 幅。27.00 元（软精），30.00 元（硬精）。系“当代科技重要著作·农业领域”中的一种。书中收录了柑桔栽培品种和砧木品种的良种、良系共 140 余个，栽培品种主要包括中国目前推广的良种、良系及近年选育出来、开始推广或有希望推广的新品种、新品系和一些有特殊性状或用途、栽培量大、在相当一段时期内仍有一定市场影响的地方品种，砧木品种主要为中国目前常用的种类品种及一些有利用前途的类型。各品种均有果实彩图及文字介绍，内容包括品种来源、性状、适宜地区、发展前景等。（何光）

S000066 **蔬菜现代采种技术** 陶国华、徐家炳编著。上海科学技术出版社 1993 年 2 月版。16.7 万字。4.80 元。“现代蔬菜科学丛书”之一。其内容综合蔬菜育种学、蔬菜栽培学、遗传学、植物学、种子学、植物保护学，以及植物生理学、生物化学、土壤学、肥料学等学科有关知识。首先分 3 章概述中国蔬菜采种的历史及蔬菜八大种植业区的自然条件和蔬菜资源，蔬菜种子的发育与成熟；蔬菜采种技术的一般通性。其次按农业植物学分类，分 8 章叙述白菜类、甘蓝类、直根类、绿叶菜类、葱韭类、茄果类、瓜类和豆类蔬菜的起源，栽培历史，品种分布，生物学特性及生产高质量种子的各种采种技术。最后 3 章分述蔬菜种子检验、种子贮藏和良种繁育的原理与方法，并简述中国蔬菜种子工作的现状及实现种子现代化应该解决的问题。蔬菜种子包括种子、果实、块茎、鳞茎、侧芽和嫩梢等种。本书以阐述蔬菜种子和果实的采种技术为主；采种技术以保存或提高原种种子质量和杂交种种子的制种技术为主。（杨光瑶）

S000067 **古代花卉** 舒迎澜著。中国农业出版社1993年2月版。21.8万字。11.80元。根据研究项目分为8章,系统论述中国园林、盆花和插花的发展史。在众多的落叶、常绿乔灌木、双子叶和单子叶草本植物中选择有代表性的种类,详细介绍其31种栽培史,内容既有咏花诗文、典故史话,又有栽培、利用的经验,融园林、文学、诗词、植物学、园艺学于一炉。(穆祥桐)

S000068 **花卉蔬菜无土栽培技术** 王鹄生著。湖南科学技术出版社1993年3月版。22.2万字。7.20元。着重介绍无土栽培的原理原则和花卉蔬菜无土栽培的具体操作技术,并对34种名贵花卉和13种常见蔬菜的无土栽培技术分别作了具体介绍,还配制了大量彩色图幅。(王劲松)

S000069 **塑料棚温室种菜新技术** 朱志方主编。金盾出版社1993年3月版。16.6万字。7.50元。包括园艺设施及覆盖材料、适于设施栽培的蔬菜品种、育苗、整地施肥技术、设施栽培多层覆盖保温及控温技术、设施栽培灌溉技术、蔬菜设施栽培技术、嫁接技术、无土栽培技术、商品化蔬菜产后处理技术10章。本书是在中日合作建立设施园艺试验农场,全面引进消化日本配套园艺设备与技术的基础上,通过几年的试验研究与生产实践,由北京、上海、沈阳、大连4个试验点直接参加试验的专家结合中国的国情编写而成。书中配有彩图54幅。(张泽黎)

S000070 **蔬菜实用栽培技术** 赵志忠等主编。河北科学技术出版社1993年4月版。53万字。16.20元(精),12.60元(平)。简要介绍蔬菜的食用价值和各种蔬菜的分类方法,详细介绍了蔬菜的均衡生产和周年供应,各类蔬菜的茬口安排等。露地蔬菜栽培部分介绍了瓜类、绿叶菜类、茄果类、葱蒜类、白菜类、豆类、根菜类、薯芋和水生蔬菜及多年生蔬菜的特征特性、适栽品种、栽培季节、栽培技术等;保护地蔬菜栽培部分介绍了风障畦、阳畦、塑料薄膜大棚和中、小拱棚、温室的结构、建造方法及蔬菜品种选择、栽培管理技术等;食用菌栽培部分介绍了平菇、草菇、猴头、金针菇、黑木耳等的制种技术、栽培技术及采收、加工技术等;专门介绍了各类蔬菜的简易贮藏技术、病虫害识别、病虫害发生规律和防治方法等。简要介绍了河北省名特优蔬菜的种类、栽培技术及田间试验设计、方法、记载标准及试验材料的整理、分析、统计方法等。(杨久信)

S000071 **竹荪栽培技术** 蔡金波编著。高等教育出版社1993年5月版。6万字。1.90元。系统地介绍竹荪的生物学特性、菌种制作、高产栽培技术、病虫害防治以及采收和加工技术。书中重点介绍了新的高产栽培技术——生料室外畦式栽培。(贾瑞武)

S000072 **番茄高产栽培技术** 马忠翼等编著。江西科学技术出版社1993年5月版。9万字。3.00元。介绍番茄的高产栽培技术,包括优良品种,育苗技术,番茄的露地栽培、大棚栽培、秋番茄栽培、无支架栽培、无土栽培、高山栽培,樱桃番茄栽培技术,番茄间作套种技术,番茄的病虫害防治等。(周农中)

S000073 **实用果树栽培技术** 冯学文主编。天津科学技术出版社1993年5月版。28.8万字。7.30元。全面而系统地叙述苹果、梨、桃、葡萄、板栗、枣等树种的密植速生、丰产栽培方式、低产果园增产技术、整形修剪实用技术、果园地下管理技术、植物生长调节素对矮化砧以及果树外科手术的应用、果树育苗及主要病虫害诊断与防治方法等。(鞠珮华)

S000074 **中国兰花** 吴应祥编著。中国林业出版社1993年5月版。21万字。19.80元。总结作者多年研究兰花的成果、经验,收集国内外有关兰花的研究论文,系统地介绍兰属植物的栽培历史,兰花资源,分类系统,种及品种,形态特征,生物学特性,繁殖、栽培管理,引种和育种,病虫害防治,兰花的应用,诗词欣赏。书后还附有兰属分类的英文摘要。(陈英君)

S000075 **福建白粉菌** 陈昭炫著。福建科学技术出版社1993年6月版。19.2万字。12.00元。记述的白粉菌有性型有12属、82种和变种。述及的有性型白粉菌的寄主植物有43科中的119种,仅见无性型白粉菌的寄主植物有43科中的103种。书中较详细地介绍了福建白粉菌有性型各属、种和变种的形态特征;对一些容易混淆和分类上有争议或变动的属、种和变种,作了必要的比较分析与说明;大多数种都附有其实物原形图片或电镜扫描图,新种还绘有其形态线条图。最后一大部分对福建白粉菌有性型构成、白粉菌与寄主植物的相互关系、地理分布状况和休眠状况等作了简要的介绍。本书记述的新种、新纪录之多是国内地方性白粉菌志书中少见的。介绍的白粉菌有性型大多在福建是新纪录,其中1属、11种是福建发现的新属、种(有2种为首次发表),新组合4个,国内分布新纪录3个。寄主植物中有65个是国内外新纪录、83个是国内新纪录。(郑建苍)

S000076 **高效节能日光温室蔬菜栽培** 傅连江、樊鸿修主编。甘肃科学技术出版社1993年6月版。20 万字。6.00 元。分 7 章,主要内容是:高效节能日光温室的发展概况;节能温室的设计与施工;节能温室的环境及调控技术;节能温室的生产季节及茬口安排;果菜类蔬菜栽培;叶菜类蔬菜栽培;高效节能日光温室栽培作物的病虫害及综合防治技术等。其重点主要放在对日光温室的设计、施工以及日光温室的环境条件及调控上;其次对日光温室小环境下栽培各类蔬菜、蔬菜管理以及病虫害防治做了区别性的说明,意在让菜农抓住日光温室的特点进行栽培管理。(黄培武)

S000077 **种菜月月早知道** 谢荣贵编写。湖北科学技术出版社 1993 年 6 月版。13 万字。3.50 元。按照 12 个月的次序,逐月介绍各种蔬菜的播种、育苗、定植、田间管理(包括病虫草害防治)和采收等栽培技术。(曾凡亮)

S000078 **中国菊花** 李鸿渐编。江苏科学技术出版社 1993 年 7 月版。50 余万字。彩照 2 300 余幅。698.00 元。菊花为中国原产的十大名花之一,也是当今世界名花。作者自 1947 年起,从中国 25 个省市调查收集的 5 000 多份菊花品种材料中,经栽培鉴定,从中整理出 3 000 多个品种,进行了系统的分类,并对各品种的形态特征、生长发育的物候期及花型、花色等都作了科学的记载。书中还对中国菊花栽培的发展史、菊花的植物学性状、生态习性、品种分类、秋菊和切花菊的周年生产供应、造型菊的栽培管理、新品种选育、病虫害防治及欣赏应用等科学知识,都作了系统的阐述。最后附有从古代 8 种菊谱的千余品种中,整理出不同菊名 500 余种。与文字匹配的菊花优良品种的彩照计有 2 300 余幅,集中国菊花珍贵品种资源之大成。(张士冷)

S000079 **新法种蘑菇** 周璧华等编著。天津科学技术出版社 1993 年 7 月版。15 万字。4.90 元。详细介绍 12 种食用菌的简易、快速、有效的栽培方法,菇房卫生的要求和条件,病虫害防治措施及注意事项,食用菌的加工和贮藏保鲜新技术等。(鞠珮华)

S000080 **特种蔬菜栽培** 曲淑英编著。大连出版社 1993 年 8 月版。13.7 万字。3.80 元。介绍的特种蔬菜有:甘蓝类、白菜类、瓜类、豆类、绿叶菜类、根茎类、水生菜、芦笋等,并对各种蔬菜的产地、特性、形状、营养价值、植物学特征、对环境条件的需求、光照、水份、土壤、营养、品种一一介绍。对每一个品种的栽培管理、播种期、插种育苗、定植、田间管理、病虫害防治、采收与储藏保鲜等均有说明。书后附有"蔬菜栽植密度查算表",对各类蔬菜所需的行距、株距、株数做了介绍。(胡孝纯)

S000081 **裸仁南瓜栽培与贮藏加工** 刘恩璞主编。大连出版社 1993 年 8 月版。10 万字。3.95 元。分概述、裸仁南瓜的种类及主要栽培品种、裸仁南瓜的植物学特征和生物学特征、裸仁南瓜的栽培技术和加工等 5 章。分别介绍了裸仁南瓜的起源和在世界各地的栽培状况;它的特点和食用价值以及中国裸仁南瓜和美洲裸仁南瓜的形态特征和主要区别;目前各地主栽品种的主要特性特征、生育期、产量表现和经济效益;裸仁南瓜的栽培技术,包括选茬与整地、直播与定植、育苗技术、塑膜覆盖栽培技术及田间管理技术、人工杂交制种技术和病虫害防治技术、妥收妥种和贮藏方法等。另外还介绍了对裸仁南瓜的瓜瓢和种子的罐藏、糖制、干制、腌制加工处理方法及种子的炒制技术等。(胡孝纯)

S000082 **万斤蔬菜栽培技术问答** 廉志宏主编。河北科学技术出版社 1993 年 8 月版。25.3 万字。8.80 元。分 8 个部分,即保护地、西红柿、茄子、甜椒、黄瓜、大白菜、大葱、韭菜。除保护地部分简介保护地园艺设施的类型及应用、经济效益,以及塑料日光温室的设计与建造、塑料日光温室内生产的管理及合理利用外,重点介绍以上 8 种主要蔬菜的概述、高产栽培的生物学基础、优良品种、露地高产栽培技术、保护地栽培(大白菜、大葱除外)、病虫防治。(黄国芳)

S000083 **名特优果树栽培技术** 吴黎明、任钦良主编。上海科学技术文献出版社 1993 年 8 月版。32.6 万字。11.00 元。农科技术图书。列述以中国原产为主的板栗、枣、柿、柑桔、桃、梨、中华猕猴桃、石榴等 16 个名特优树种和品种,对每种果树的种类、品种、环境条件的要求、育苗、栽培技术要点、采收、贮藏及加工、病虫害防治等作了介绍。同时还总结了优质高产的栽培经验,汇集了科研推广的最新成果。(何银莲)

S000084 **南菜北种** 丁仲凡等编著。天津科学技术出版社 1993 年 8 月版。11.7 万字。4.10 元。介绍由国内外引种的 30 种优良品种蔬菜的营养成分、植物学性状、生长发育及对环境条件要求、栽培管理增产实用技术、简易贮藏方法等。同时针对一些具有发展前途品种的周年栽培、反季节栽培的新技术、新措施作了简要阐述。(鞠珮华)

S000085 **中国果树志·枣卷** 曲泽洲、王永蕙主编。中国林业出版社 1993 年 8 月版。80 万字。49.50元。分 8 章,阐述枣的经济价值和科研进展、栽培历史、地理分布、植物学分类、起源、生物学特性、农业技术要点等，重点论述枣的优良品种700个，另外还有酸枣类型30个，对各品种的生物学特性、生物学和经济性状进行了全面地描述，并对各品种的栽培价值、育种价值进行了评价。(朱崇胜)

S000086　**中国果树志·银杏卷**　郭善基主编。中国林业出版社1993年9月版。18万字。16.00元。共10章，对中国，特别是1949年以来，银杏种质资源及相关研究进行了阶段性总结。阐述了银杏的经济价值和特殊用途、栽培历史、地理分布、植物学分类、起源和演化、生物学特性、栽培技术要点、加工和利用、品种和类型分类等，重点论述了银杏优良品种46个，对各品种的生物学特性、生物学和经济性状进行了系统地描述，并对其栽培价值、育种价值进行了评价。(朱崇胜)

S000087　**西藏大型经济真菌**　卯晓岚等编。北京科学技术出版社1993年10月版。104.2万字。42.00元。中国真菌学工作者对于西藏真菌的大规模有系统地考察研究，是在1966～1983年进行的。1982～1983年，该书作者在西藏的波密、林芝、米林、墨脱等地收集真菌标本，通过将西藏大型真菌标本分类，并查阅有关文献资料后，从食用、药用、有毒、外生菌根及木材腐朽菌等方面加以系统分析整理，编著成本书。该书汇集了各类大型经济真菌45科，175属588种。另有中国新记录13种，西藏地区首次记录115种。本书采用了传统的分类系统，参考了Singer(1975)，Imazeki和Hongo(1987)的系统。每种有中文名称、别名、拉丁学名及重要异名。每个种都有外形及显微形态图，部分有彩图。书中彩图均由卯晓岚摄或绘。中国科学院院士、中国青藏高原研究会主席刘在生研究员特为本书写序。(李玉瑛)

S000088　**花卉·观赏鱼·观赏鸟**　戈石主编。河北科学技术出版社1993年11月版。30万字。9.90元。分为花卉篇、观赏鱼篇、观赏鸟篇3部分。花卉篇介绍了花卉对土壤、水分、温度、光照、湿度、空气的要求；栽培花卉所需的各种设备；花卉的各种繁殖方法；花卉的无土栽培方法；花卉病虫害防治方法；中国十大名贵花卉的栽培方法及注意事项；观叶花卉及常见花卉的栽培方法；树桩盆景及山水盆景的制作方法；插花的基本操作技术。观赏鱼篇介绍了金鱼、热带鱼、锦鲤的饲养方法及注意事项。观赏鸟篇介绍了笼养鸟对生活环境的要求；饲料的配制方法；日常管理注意事项；各种笼养鸟的养护及训练方法；笼养鸟的各种常见病的防治方法等。(多嘉瑞)

S000089　**中国农业百科全书·果树卷**　果树卷编辑委员会编。中国农业出版社1993年11月版。112.6万字。55.00元。是列入国家图书出版重点工程之一的大型工具书，介绍果树学科的全部内容，分总论和各论两大部分。总论部分包括果树业概述、果树种质资源、果树生物学基础、果树育种、果树育苗、果树栽培、果品贮藏加工等。各论部分分落叶果树和常绿果树两大部分，落叶果树分仁果类，核果类，浆果、小浆果类，坚果类，介绍了30种有经济价值的果树；常绿果树分柑桔类及热带亚热带果树40多个树种。总论部分主要论述了果树业和果树学科的全貌，对中国果树发展史，中国果树区划、果品的营养价值、世界果品贸易逐一进行了介绍。在果树种质资源中介绍了果树起源、演变、分类、进化以及各种果树品种资源的收集、鉴定、保存情况。果树的生物学基础中介绍了果树形态特征、生长习性、繁殖特点以及生态因子对果树生长发育的影响。在果树育种中既有传统的定向培育，有性、无性的杂交育种、芽变选种等常规的培育新品种的方法，又有辐射育种、化学诱变育种，倍数性育种等新技术在培育新品种中的应用。果树育苗和果树栽培中系统介绍了果树种植中的全套技术措施。果品贮藏加工从果品采收后的生理特点开始介绍了果品的各种贮藏保鲜方法和技术，还介绍了果品的运输技术和各种果制品(果干、果品罐头、果汁、果酒、果酱等)的加工技术。此外，在总论部分还有国内外果树专著、果树刊物、果树研究和教育机构以及卓有成就的果树教育家和科学家的条目。各论部分，分述了人工栽培而且有一定经济价值的70多种果树的知识，包括每种果树的起源、品种演变、栽培历史、形态特征、生物学特性、营养价值、育种特点及成就，栽培技术要点、病虫害防治、果品采收、贮藏保鲜、运输加工等等。该书收录600多个条目，以汉语拼音顺序排列，为便于查阅，除在书首有按学科分类排列的分类目录外，还在书后附有笔画索引和详尽的内容索引。此外，还附有果树常见名称的拉汉对照表。(宛秀兰)

S000090　**阳台养花**　陶有法等编。安徽科学技术出版社1993年11月第三版。16万字。9.60元。分两大部分，第一部分概述，着重分析了阳台这一特定的环境条件，有针对性地介绍了阳台花卉的种类选择、养护管理的基本知识。第二部分常见阳台花卉的栽培，详细介绍了六大类125种适宜阳台栽培的花卉，每种花卉配图介绍了形态特征、生长习性、繁殖方法及日常的养护管理技术。(刘三珊)

S000091 **云南兰花** 蒋剑主编。云南民族出版社1993年12月版。300幅图。198.00元。云南地处中国西南边陲，山川奇秀，林谷幽深，兼有寒温热带立体气候，得天独厚，适宜于各种兰花的生长繁植。滇人植兰源远流长，因僻处边陲，鲜为人知。明徐霞客《滇游日记》中曾记鸡足山“兰品最多，所谓兰(白花)、玉兰(绿花)最上。”近年来，随着对外开放、经济繁荣，云南兰花事业蓬勃发展。云南园林、科研部门和有关部门对滇兰原有栽培品种进行了繁殖，对野生兰花进行驯化栽培，获得了可喜成果，许多花叶兼美、清香幽远的珍稀品种相继出现，令中外爱兰人士所瞩目。本书图文并茂，300余幅兰花图片中，除滇兰传统名品“大雪素”、“小雪素”、“姜氏荷”等外，第一次向世人展示了众多的珍稀品种。新品种“九洲红梅”，不仅具有传统梅瓣，而且色彩艳丽，属豆瓣兰红花梅型珍品。“十瓣红春素”，全花淡红色，花朵绽放后颜色一致红，花状如鸡爪平展，是一难得的多瓣奇花。“银顶鹤”，翠绿色花瓣，雪白的花舌，镶嵌上一道银色覆轮，威严俊俏。“金璧交辉”，水平一字肩的中透花，艺人部分层次分明，花容俏丽。“黑珍珠”，净黑色的奇花素心为世界罕见。“龙眼珠光兰”，舌根两侧蝶化了的扁圆点，在夜色下发出奇特的蓝光。总之，画册将当今人们在兰花欣赏上所追求的素、艺、矮、奇、瓣、色、香7大特色集于一册，透过精美的照片，可让读者领略到被冠以“盖世名花”的云南兰花的绝妙丰姿。(董艾)

S000092 **苹果栽培管理实用技术大全** 龙兴桂主编。中国农业出版社1993年12月版。46.3万字。12.50元。共13章。全面系统地介绍和论述了包括苹果的种类和品种(88种)、苗木繁育、苹果园的建立、苹果园的土肥水管理技术、苹果树生长发育规律、整形修剪技术、病虫害(114种)及其防治对策、苹果生产常用农药(115种)及其使用技术、新技术在苹果园管理上的应用和自然灾害的预防、苹果幼树早期优质丰产综合栽培管理技术、苹果贮藏保鲜及加工技术等整个苹果产前、产中、产后的全过程。书中配有彩图8幅，黑白插图62幅。书后附有“农药安全使用规定”和“常用农药混合使用表”以及参考文献。(杨国栋)

S000093 **花卉词典** 余树勋、吴应祥主编。中国农业出版社1993年12月版。96.6万字。46.40元。收集花卉的种及变种总计3 000个以上。描述的基本单元以植物种为主，适当介绍其同属种类，或同种的变种及品种。每个条目的内容除形态特征外，还介绍了分布地区、栽培繁殖要点、生态特性及园林用途等。条目的选择大部分为中国原产或栽培的花卉，也包括国外已进入市场的商品花卉以及有发展前途的野生花卉。词典有花卉植物1 549条；花卉常见病虫害及有关名词270条；盆景26条；花卉常用词汇134条。书末列有花卉植物拉丁学名索引、花卉植物英文普通名索引、花卉常用词汇英译索引。(张本云)

S000094 **红富士苹果** 副名:优质果品生产技术。马宝焜主编。中国农业出版社1993年12月版。19.2万字。10.70元。作者在对红富士苹果进行生物学特性的观察、幼树早期丰产、成龄树丰产稳产及优质栽培技术研究，以及无病毒苗木培育、贮藏技术研究等的基础上，详细阐述了红富士苹果早果、丰产、优质的生物学原理及相应的栽培技术。(魏丽萍)

林　业

S000095 **甘孜州树木** 贺家仁主编。四川科学技术出版社1993年版。16.89万字。50.00元。收载甘孜藏族自治州乡土树种和部分栽培种96科270属875种5亚种73变种，对于科、属、种均有形态和分布的文字描述，多数种的生态习性和用途有简要叙述，并附有形态特征插图，除单属、单种外均有分属、分种检索表。(何光)

S000096 **中国油桐品种图志** 凌麓山等主编。中国林业出版社1993年1月版。23万字。160.00元。油桐是中国特用经济林树种。“中国油桐科研协作组”于1981～1989年利用9年时间，组织中国15个省(自治区)、218个单位、530余人对近万亩油桐林进行了全面普查，共搜集品种184个，拍摄彩色照片1万余幅，经过鉴定分析，确定151个品种编写成册。本书运用现代的分类方法，对品种的13个主要性状进行数量化，如通过主分量排序、聚类分析和判别分析等，解决了70年来中国学者未能解决的油桐品种分类问题。此外，本书还在论述油桐的生态特性和地理分布的基础上，通过对11个主要生态因子的排序和聚类分析，对中国210km^{2}的油桐栽培区域作了栽培区划。书中内容结构分总论和各论，总论部分叙述了中国油桐栽培的历史、现状和分布，品种分类方法，栽培区划等；各论部分对151个品种均作了简明扼要地描述与评价，并配有彩色照片。(张宏湖)

S000097 **中国主要竹材微观构造** 腰希申等著。大连出版社1993年3月版。10万字。48.00元。采用独特的炭化制样新方法，利用先进的扫描电子显微镜,对中国33个属71种竹材的微观、超微观结构及其组织比量进行了深入系统的研究。将每种竹材分为3段,以中段为主,上下两段为辅,分别拍照8—12张电镜照片。在中段对竹秆表面微观形态,竹秆表皮层、皮层、外部、中部、内部维管束的类型,导管、筛管、髓腔外围组织及各组织的组织比量等进行观察、分析、测量,汇编出竹材微观、超微观结构图谱670幅。充分揭示了中国所有主要竹种的构造差异。同时,还对竹材维管束的不同类型及其解剖特征进行归纳、分类和综合比较,列出了竹材各属的特征检索表,为竹材的分类与鉴别提供了科学依据。全书分为9个部分:一、概述;二、竹材来源和制样方法;三、竹秆外部形态和内部构造;四、竹种解剖构造图解;五、竹秆解剖特征分属检索表;六、参考文献;七、中文索引;八、不同竹种的竹材性质比较;九、附图。(许文彦)

S000098 **中国农业百科全书·森林工业卷** 森林工业卷编委会、农百编辑部编著。中国农业出版社1993年3月版。115万字。50.00元。是列入国家图书出版重点工程之一的大型工具书,共设条目595个,配有彩图和随文黑白图520幅。囊括了森林工业经济、木材构造和性质、森林采伐运输、木材工业、林产化学工业、森林工业机械等各方面的知识。木材工业是全卷的重点,有条目225个,占条目总数的37%;而它又以人造板为重点。此外,本书注意介绍新理论、新技术、新工艺、新机械、新产品。如“伐木作业机械系统”,详尽地介绍了欧美等森林工业发达国家当今所采用的悬挂工艺装置的自行式机械。又如连续式热压机是德国多家厂商生产并在一些国家中实际使用的新产品,也在“刨花板热压”条目中作了报道。再如木材真空、太阳能、微波、红外等干燥方法,原木定心上木机,原木光电检尺设备,原木金属探测仪,木材指接成材,聚乙二醇处理木材,森林生物化学利用等反映当代森林工业水平的内容,都设有专条。书中大事年表为读者提供了大量的系统的森林工业史料。(栗元周)

S000099 **生物木材学** 李坚、栾树杰等编著。东北林业大学出版社1993年4月版。55万字。12.50元。以木材性质为基础,用生物学、林学和环境科学的观点,全面认识林木的生态效益,着眼于在不同生态环境中,树木的生长与立木形质的变化,以便在科学的经营措施下,改进立木的材质,适于合理利用。重点阐述了树木的构造和生长发育、木材的形成及生长轮材质的变异、生态因子和森林经营措施与改良林木材质的关系、林木的社会效益与美化生活、林木的生态环境与人类生存等内容。从不同角度论述了林木的社会效益,如何改善人类的生存环境和生活质量,享受着树木给人们带来的温馨的自然风光和城市生活。(袁俊琦)

S000100 **林火管理信息系统** 寇文正主编。中国林业出版社1993年4月版。36万字。12.00元。包含两篇内容,第一篇林火管理信息系统研制原理,既借鉴了国际上计算机技术和信息技术,又吸收了国内有森林防火信息管理的先进经验,使中国森林防火工作有了可靠的运行系统;第二篇是林火管理信息系统的操作手册。(李德林)

S000101 **中华人民共和国工人技术等级标准·林业** 中华人民共和国劳动部、林业部颁发。中国林业出版社1993年4月版。22.8万字。8.50元。中华人民共和国林业部根据劳动部的统一部署,组织有关专家和技术管理人员,在调查研究的基础上,对1979年制定的林业工人技术等级标准进行了修订。本次修订的《标准》是对1979年标准的补充、调整和完善,基本上反映了林业生产中技术进步、设备更新、工艺改革、产品更新换代和劳动组织改善等方面的客观要求。根据林业生产的特点,本书按营造林、木材采运、木材加工和林产化工4个子系列顺序排列(共计99个工种),主要是按工种不同技术等级由知识要求、技能要求和工作实例3部分组成。知识要求一般包括:基础文化知识、基础技术知识、基本操作知识、必备安全防护知识,以及其他需要的相关知识;技能要求一般包括:基本操作技能、必备设备维修保养技能、安全防护技能,以及其他需要的相关技能;工作实例是《标准》新增内容,主要是选择能反映该工种技术水平的典型作业项目,作为检查、考核工人技术水平的一般范例。(杨长峰)

S000102 **西藏自然保护区** 刘务林著。西藏人民出版社1993年5月版。16万字。4.20元。介绍西藏部分自然风光和特殊资源以及自然保护区等情况。(刘金华)

S000103 **喀斯特森林生态研究(Ⅰ)** 朱守谦主编。贵州科学技术出版社1993年7月版。26.3万字。16.50元。主要内容以茂兰喀斯特森林的本底研究为主,包括喀斯特森林的群落学研究;小生境和森林树种水分生态研究;林区植物名录、藓类生态;黔竹生物学特性及兽类的研究;喀斯特地区农业生产环境研究等方面。(陈克贤)

S000104 **黑龙江森林** 李景文等编。东北林业大学出版社1993年9月版。69.2万字。48.00元。在对黑龙江森林历史、现状进行大量科学研究和综合调查的基础上，比较客观、全面地论述了黑龙江森林的自然地理环境；森林的地史和历史变迁；森林资源状况；森林分区、分类的理论和系统；对不同立地条件下的主要森林类型、组成结构、生长过程、更新演替以及经营措施，进行了归类分析；对黑龙江省森林动物的分布、数量、食性、繁殖和保护，以及森林防火、森林病虫害发生发展的条件、规律及其防治措施等进行了阐述；对当前黑龙江森林资源所面临的困境进行了分析，指出了黑龙江森林建设的重点和目标以及保护和发展森林的措施。本书汇集了有关黑龙江森林研究方面的资料，书中配有1896、1949和1986年3张黑龙江森林分布图，各主要树种生态分布等图版。（王忠诚）

S000105 **俄汉林业科技辞典** 东北林业大学编著。东北林业大学出版社1993年9月版。244万字。88.00元。收词10万余条，以森林工程、林业机电工程、木材加工、林产化工、林学、野生动物、园林、林区土木工程及林业经济等专业的词汇为主，其他相关学科为辅，并兼收较多的科技常用名词、动词和形容词等词汇。（王巍）

S000106 **中国自然保护区——西双版纳** 云南省生态经济学会等主编。中国林业出版社1993年9月版。约10万字。130.00元。介绍西双版纳神奇的自然环境、美丽的花卉、奇特的树种、珍稀的动物。（严丽）

S000107 **湖南竹类** 杨保民著。湖南科学技术出版社1993年12月版。20.5万字。10.00元。是湖南部分林业工作者经过10多年的深入调查研究，在基本查清湖南竹种的基础上编著而成的。对湖南竹子19个属、124个种和50个变种变型均作了系统分类和鉴别；对各个品种的形态特征、分布、生态习性和用途分别作了描述，并附有插图和检索表。书的前部还对湖南的自然条件、湖南竹类植物的分布规律、竹子的一般栽培方法和竹子的形态特征术语作了简要介绍和解说。（王劲松）

S000108 **森林水文学** 马雪华主编。中国林业出版社1993年12月版。32.3万字。12.50元。共11章。首先，介绍中国森林的区域分布，然后逐章介绍森林水文各要素的观念、定义和基本原理，同时概述了与森林水文现象相关联的自然因素，森林水文特性、功能及其综合效益。最后还介绍了有关研究的新技术、新方法。（牛玉莲）

畜牧、兽医、狩猎、蚕、蜂

S000109 **日英汉畜牧兽医外来语词汇** 刘淑梅等编著。内蒙古大学出版社1993年版。28.7万字。13.00元。共收入畜牧兽医外来语（包括英、德、拉、葡、法等语言）词汇7千余条。日英汉3种文字并列译注。（佟靖亿）

S000110 **畜牧业十二项实用技术** 娜布其编译。内蒙古科学技术出版社1993年版。8.5万字。2.10元。内蒙古自治区政府制订的在内蒙古地区普及的畜牧业十二项实用技术包括草场浅翻改良技术、草库伦建设技术、飞播技术、青贮饲料技术、草田轮作技术、牛羊人工配种技术、羔羊肥育技术、提高奶牛繁育率技术、畜禽塑料棚养殖技术、冬春季驱虫技术、防治皮蝇病技术和防治猪囊虫技术。该书着重介绍这十二项实用技术的普及意义、管理方法、技术措施、注意事项等内容。（那顺巴图）

S000111 **羔羊肉生产** 翁根格日乐编译。内蒙古科学技术出版社1993年版。7.8万字。2.00元。包括羔羊肉产量、羔羊肉品种、接羔技术、羔羊生长发育期管理、牧区生产羔羊肉、农区生产羔羊肉等内容。（那顺巴图）

S000112 **中国畜禽阉割术** 丁国均等编著。四川科学技术出版社1993年版。14万字。10.00元。分5章，其内容分别为：猪的阉割术；牛的阉割术；鸡鸭鹅的阉割术；草原家畜的阉割术；狗猫兔的阉割术。每种畜禽又按公母、年龄分别论述。除讲常规的阉割术外，对单睾、隐睾、阴囊疝、脐疝及术后并发症等的处置，也作了详细介绍。书中对堪称绝招的“小母猪小挑花阉割术”、“牛的立骟”、“公鸡手阉法”、“移植猪的小挑花术阉割小母羊”等，也作了介绍。（郭俊铨）

S000113 **高产蛋鸡饲养技术** 李东等编著。四川科学技术出版社1993年版。12万字。3.90元。作者根据全国蛋鸡生产情况，在总结各地养殖蛋鸡经验的基础上，针对目前蛋鸡生产中的品种（品系）和饲养管理等诸多问题编写成此书。主要介绍了蛋鸡的品种（品系）；制种技术；鸡的人工授精、人工孵化技术；蛋鸡的营养、饲料及加工技术；蛋鸡的饲养管理技术；禽疫防治措施；鸡舍的建设和设备；经营管理经验等内容。为“中国农村文库丛书”之一。（牛小红）

S000114 **中国蜜粉源植物** 徐万林著。黑龙江科学技术出版社1993年1月版。117万字。158.00元。计11章。前7章介绍中国蜜粉源植物资源概况,显花植物和蜜蜂授粉,影响泌蜜的因素,开花泌蜜规律和预测,蜜粉源植物的种植、利用和保护等;后4章选入各种蜜粉源植物109科542种,其中主要蜜源植物44种,主要粉源植物24种;主要辅助蜜粉源植物465种,主要有毒蜜粉源植物9种,较详细地介绍了它们的形态特征、生境分布、花粉形态、开花和泌蜜习性、蜂群管理、花粉形态和成分及其他用途等。书中附彩图114幅,黑白图470幅,花粉形态超微结构扫描电镜照片506幅。(常瀛莲)

S000115 **快速高效养鸭问答** 席烟然著。江西科学技术出版社1993年1月版。19万字。5.00元。总结作者30余年的养鸭经验,提供了快速、高效养鸭的养殖技术。主要介绍鸭的品种,人工授精,人工孵化,饲料,鸭舍的建筑,蛋鸭、肉鸭、肥肝鸭、番鸭、野鸭的饲养技术,鸭病的防治,鸭、猪、鱼、蚌立体养殖技术,活拔鸭毛绒以及皮蛋、板鸭的加工技术。(周农中)

S000116 **绵羊改良(托忒蒙文)** 敖尔拉编著。新疆科技卫生出版社(K)1993年1月版。14万字。3.05元。作者根据多年的实践经验,介绍野羊进化过程中的种种变化;绵羊在生物研究中的地位;大尾羊在改良过程中的个体变化;外界环境对种羊精液、母羊胚胎及其整体改良的影响;中国北方地区主要绵羊品种及其生理特性;加强对绵羊的科学管理,积极开展防疫治病工作,确保羔羊成活率;有计划地利用草地资源,改善大羊群营养,保证安全越冬,提高绵羊生产性能,增加产出和产值;由粗放保命越冬向集约化经营转化,由肉用型向兼用型转化是提高经济效益的重要措施等内容。(玉孜曼)

S000117 **动物医学实用指南** 肖耀南、杜玉磐主编。贵州科学技术出版社1993年2月版。107.6万字。18.30元。共4篇、1附录。第一篇为技术篇,包括诊断和防治技术;第二篇为药物篇,包括中药、西药、中药方剂和生物药品等;第三篇为疾病篇,包括畜禽和部分野生动物、伴侣动物、观赏动物各科疾病的诊断和防治;第四篇为检疫篇,包括动物检疫和宰前、宰后及蛋、乳、肉、鱼的检验与卫生处理。附录选编了动物防、检、治的有关条例和法规。(王玉文)

S000118 **快速养鸭200问** 刘子权、亢霞生编著。江西科学技术出版社1993年2月版。17万字。3.80元。主要内容包括鸭的生活习性与经济价值;鸭的主要品种;鸭的选育与繁育;种蛋的处理与孵化;鸭舍建筑与养鸭设备;鸭的营养与饲料;商品鸭的快速饲养;蛋鸭的高产措施;种鸭的选养技术;养鸭常用药物的剂量与用途;鸭病的防治以及活拔鸭毛技术;鸭肥肝的生产技术、鸭产品的加工技术等。(金克勇)

S000119 **中国蜜粉源植物及其利用** 马德风、梁诗魁等著。中国农业出版社1993年2月版。84万字。48.00元。分总论和各论两部分,前者除介绍中国蜜粉源植物利用的历史和现状、中国蜜粉源资源的主要特点和开发利用价值、蜜源植物泌蜜规律和影响泌蜜的因素、蜜粉源植物栽培和保护外,同时介绍84种主要蜜粉源植物,依作物、果树、绿肥牧草、林木、杂草和药用植物6类顺序,说明各植物别名、形态特征、分布地区、泌蜜习性、蜂蜜成分等。后者依北京市等30个省、市、自治区的行政区划,分别介绍各区自然条件与养蜂概况,然后说明各重要蜜粉源植物的分布、开花泌蜜、利用价值和蜂群管理等。书中除有植物形态、花粉形态、部分主要蜜源植物蜜腺示意图外,还有全国和各省市自治区蜜粉源植物分布图共114幅。书末附录"有毒蜜源植物"、"全国蜜粉源植物表"和"精美彩图13幅"等3种资料。有毒蜜源植物部分,介绍雷公藤、紫金藤、博落回和藜芦4种植物;全国蜜源植物表有118科1 058种植物的俗名、学名、花期、蜜、粉、主要分布地区。(梁诗魁)

S000120 **草原学** 张普金主编。甘肃科学技术出版社1993年4月版。36万字。9.50元。分10章,第一章至第四章为草原学基础理论,包括草原发生与发展、草原分类、饲用植物的生物学与生态学特性,草原生产能力评定等;第五章至第八章为草原培育部分,包括草原培育原理、改良措施和保护;第九、十章为草原的合理利用部分,包括放牧地、割草地以及饲料的调制与贮藏等。作者将重点放在草原的培育、改良和保护以及草原的合理利用上,以发展畜牧业为主,最大限度地获得畜产品,使草原生态系统为人类全面发挥其生产效益和社会效益。(黄培武)

S000121 **狂犬病的预防与控制** 王树声等编。广西科学技术出版社1993年4月版。6.6万字。1.80元。介绍狂犬病的发生原因、传播途径、流行分布规律、检测监护方法、免疫预防措施及治疗手段,并以大量资料和典型案例,介绍狂犬病的发生规律及养狗、玩狗和其他动物的致病危险性。(马如海)

S000122 **中国珍稀兽类的历史变迁** 何业恒著。湖南科学技术出版社1993年4月版。24.3万字。5.55元。野生动物历史专著。中国是野生动物资源极为丰富的国家，共有兽类400多种，占世界兽类种数的10%。在这些动物中，有许多是世界稀有种和中国特有种，如大熊猫、金丝猴、麋鹿、羚牛、亚洲象、野马等。随着历史的变迁，野生动物的生存经历着巨大的变化，有的继续繁衍，有的濒于灭绝或不复存在。本书利用中国丰富的历史资料，详尽展示了1万年以来特别是近现代有代表性的中国32种珍稀兽类的历史变迁，介绍了每一种珍兽的学名、科属、生活习性、生存环境、活动地域以及现在的生存状况。并从历史动物地理学的角度，揭示了野生动物历史变迁的规律及原因，旨在增强人们对野生动物特别是珍稀兽类的保护意识和保护措施。（王劲松）

S000123 **肉鸡快速育肥实用新技术** 湖南科学技术出版社1993年5月版。9万字。3.80元。农业技术通俗读物，“快速致富丛书”之一。简介国内外肉用仔鸡迅速发展的概况。着重介绍了鸡场的选择、布局、结构与建造；常用设备、鸡舍卫生管理与环境控制；商品杂交优良鸡种的繁育技术、主要肉鸡良种及引种时应注意事项；肉鸡对饲料的要求、各阶段饲养标准、饲料质量监测及存贮技术；饲养管理技术；鸡病综合防治技术；10种主要疫病防治技术以及肉鸡屠宰加工技术。（车平）

S000124 **母猪养殖实用新技术** 匡宗武著。湖南科学技术出版社1993年5月版。9.3万字。3.80元。农业技术通俗读物，“快速致富丛书”之一。叙述了中国近几十年来肉猪生产由脂肪型到兼用型、瘦肉型方向发展演变的概况，介绍了国内培育成功的5种瘦肉型良种及从国外引进的5种瘦肉型良种；讲解了种猪对环境的要求和猪舍建筑，猪的营养需要和日粮配合，母猪的繁殖与人工授精，种公猪的选择与饲养管理，经济杂交的作用、方式、优势的一般规律与杂交注意事项，以及14个典型杂交组合，母猪配种前期、妊娠期及哺乳期的饲养管理，仔猪的哺育、仔猪断奶方法、断奶仔猪的饲养管理及后备种猪的培育等内容。（车平）

S000125 **鸡病** 李金璋编著。辽宁科学技术出版社1993年5月版。41.5万字。48.00元。介绍60种鸡病，按其病原的性质分为病毒病、细菌病、霉菌病、寄生虫和原虫病、营养障碍性疾病、中毒病、肿瘤病等。对危害鸡群健康的常发病、多见病，结合多年实践积累的经验，写出了综合防治措施。为便于读者对鸡病认症诊断，编入近200幅各类病鸡病后形态、症状、病变以及血清学反应的彩色图片。由于电子显微镜、电子计算机、生物工程技术、标记抗体技术、组织培养技术和无特定病原鸡等新科技在养鸡业中的应用，本书对这些科技新成果，结合中国实际情况作了介绍。（李逢秋）

S000126 **畜牧业机械使用维修小窍门（蒙古文）** 胡依勒、金花等编译。内蒙古人民出版社1993年5月版。28万字。6.90元。简明扼要地介绍拖拉机、起动机、割草机、铡草机、种草机、捆草机、饲料粉碎机、饲料颗粒压块机、碾米机、面粉机、风力发电机、太阳能发电机、农用电机、农用水泵、剪毛机、牛奶分离器、网围栏等农牧机械的使用，故障原因及排除方法、零部件的调换、维修，整机的安装、调试、注意事项以及牲畜塑料暖棚的设计、建造等。（胡依勒）

S000127 **新疆草地资源及其利用** 新疆维吾尔自治区畜牧厅著。新疆科技卫生出版社（K）1993年5月版。55万字。24幅。24.00元（平），27.00元（精）。新疆维吾尔自治区是中国重要牧区之一，天然草地辽阔。为了对草地资源进行科学的综合评估和合理利用，提高其经济、生态和社会效益，在自治区畜牧厅主持下，组织全疆草原工作者300多人对新疆草地资源进行了大规模的普查。本书就是在这次普查和30年来各种调查的基础上写成的。它全面论述了新疆草地的成因、现状及利用特点，阐明利用中存在的问题，对其开发与保护提出决策。书中引用的资料是他们历时10年（1979～1989）完成的新疆草地普查成果。（张运器）

S000128 **特种经济禽类生产** 赵万里主编。中国农业出版社1993年5月版。24.3万字。11.70元（精），7.70元（平）。内容包括鸡形目（鹌鹑、珍珠鸡、雉鸡、乌骨鸡、鹧鸪、绿孔雀），雁形目（野鸭、鸳鸯），雀形目（金丝雀、画眉、黑头蜡嘴雀、红嘴相思鸟、百灵鸟、云雀、八哥、绣眼鸟），鸽形目（肉鸽），鹑鸡目（火鸡），鹅形目（鸬鹚），鹦形目（虎皮鹦鹉、四川鹦鹉）等20多个禽种的生活习性、生产性能、繁殖特点、营养需要、饲养管理、人工孵化技术、卫生防疫等方面。在阐述基本理论的基础上，着重阐述其特点、要点和不同点，对观赏鸟仅作一般知识性的介绍。国内尚无或较少的禽种暂未列入，使本书重点突出。书中有适当图表，书末附有40余幅彩色照片。（刘振生）

S000129 **中国桑树品种志** 中国农业科学院蚕业研究所主编。中国农业出版社1993年5月版。42万字。24.80元。系“中国主要作物品种志”之一。内容主要包括：桑树品种性状描述标准及术语解释；桑树品种概论；品种（介绍）；品种名称索引等。其核心部分是“品种”。全书编入具有代表性和特异性的桑树品种共546个。它们包括：通过省、区以上国家审定或认定的推广品种；历史上曾有一定栽培面积的地方品种；人工选育和有些特殊用途的代表品种。这些品种均按标准进行系统的生物学特性和特征的调查，为确切地描述品种性状提供了科学依据。在介绍每一个品种时，均讲述了该品种的来源及分布，形态特征和生物学特性，以及栽培要点，为地区间引种和栽培提供了依据。书中附有入志品种实物照片178帧。(范林)

S000130　**兽医流行病学原理**　刘秀梵主编。中国农业出版社1993年5月版。31.6万字。6.70元。分12章，系统地介绍兽医流行病学的理论和方法，主要内容为动物疾病的自然史、病因推断、流行病学调查研究、实验流行病学、血清流行病学、动物疾病防治对策及其经济评价。反映了国内外有关兽医流行病学的最新科技成果，并对传染病在畜群中发生、传播及控制的规律进行了科学地归纳和探讨。(颜景辰)

S000131　**兽医针灸学**　赵阳生主编。中国农业出版社1993年5月版。41万字。共6章，包括绪论、动物保定法、操作技术、动物输穴、病证防治、针刺麻醉和针灸作用原理7个部分。绪论部分阐述兽医针灸学的起源、发展、研究任务及其内容和学习方法；动物保定法部分着重介绍一部分简便实用的保定方法；操作技术部分主要论述兽医针灸基本知识和传统兽医针灸疗法，并对一些独特而简便的手法及电针、激光针等作较详细的介绍；动物输穴部分主要介绍一些临证疗效显著的常用穴位及输穴的基础知识；病证防治部分对针灸疗效确切的病证作了比较全面系统的介绍；针灸麻醉和针灸作用原理部分概述了当代针刺镇痛与经络、穴位、针灸等方面研究的主要成就和进展情况等。全书以继承和发扬传统兽医针灸技术、保持中兽医特色为宗旨，在内容选择上，注重针灸的基本理论、基本知识和基本技能，并尽可能反映兽医针灸学临床实践与现代科学技术研究的新成就。(颜景辰)

S000132　**农村养殖业技术知识丛书**　北京出版社1993年6月版。41万字。包括《养鸡和鸡病防治》、《养鸭和鸭病防治》以及《养兔和兔病防治》3种。《养鸡和鸡病防治》由北京市农业科学院的专家编写，介绍有关鸡的消化和生殖特点，鸡的品种，鸡的营养需要，鸡舍的设备等基础知识；孵化、育雏、育成鸡以及产蛋鸡、种鸡的饲养、管理方法和经验；还介绍了多种鸡病的防治方法。《养鸭和鸭病防治》全面系统地介绍养鸭的知识和技术，包括鸭的品种、孵化、营养与饲料、饲养管理方法及鸭舍设备等。书中重点介绍了鸭病的防治及鸭的常用药物和消毒药。同时，还介绍了鲜鸭蛋的贮存方法和皮蛋、咸蛋、糟蛋的加工方法。《养兔和兔病防治》介绍养兔的科学知识和技术措施，包括家兔的解剖生理、品种、饲料与营养、饲养管理、繁殖技术、兔舍的环境与兔场建筑，并重点介绍了兔病的防治方法以及兔的常用药物。(袁海)

S000133　**中国家猪染色体**　陈文元等著。四川大学出版社1993年6月版。12.2万字。6.00元。自从Wodsedalek(1913年)首次报道家猪染色体以来，许多学者从不同角度进行家猪染色体的研究。国外，从1961年至1993年发表家猪染色体的论文100余篇，其中显带染色体研究40余篇。中国对家猪显带染色体比较系统的研究，始于1979年陈文元、王子淑发表的论文，截止1993年国内已发表家猪染色体核型和显带染色体的论文40余篇。作者从1977年开始研究家猪染色体，之后从国内选择了有地区代表性的10个家猪品种，进行了11种带型品种间的对比和系统研究。该书撰写的主要资料来源就是作者和研究室人员从1977年至1993年实验结果的积累。本书内容包括3个部分：一、有地区代表性的10个中国家猪品种的11种带型(包括普通核型、多种显带染色体核型和家猪精子单倍体核型等)，附照片40余幅；二、关于家猪染色体研究中13个问题的讨论，其中简述了有关问题的研究历史现状、存在问题以及作者的见解等；三、根据作者的实践经验，如实地介绍了有关实验方法和技术。(夏木俊)

S000134　**水貂饲养技术问答**　邹兴淮等编著。天津科学技术出版社1993年6月版。18.8万字。5.10元。以问答的形式讲述水貂的生物学特性，貂场建设及种貂运输，水貂的营养和饲料配制，水貂的遗传和育种，水貂的配种技术，母貂孕期的饲养管理技术，水貂产仔泌乳期的饲养管理技术，种貂恢复期及幼貂育成期的饲养管理技术，水貂准备配种期及配种期的饲养管理技术，水貂的屠宰、取皮及加工技术，水貂场的卫生和疾病防治技术。(王绍荣)

S000135　**西藏珍稀野生动物与保护**　刘务林、尹秉高主编。中国林业出版社1993年6月版。30万字。22.00元。为了更好地保护和利用西藏的野生动物资源，1987～1991年，在中华人民共和国林业部的支持下，由西藏自治区人民政府负责，组织西藏林业厅等单位，完成了区内野生动物种类、分布区、动物数量变动及人类经济活动、民俗习性对动物种群消长的影响的考查，同时进一步规划了野生动物的保护区。该书是由考察报告精编而成，是由西藏科研人员主持编写的综合性野生动物专著，所涉及内容，从西藏的自然概况、野生动物研究史、西藏各历史时期动物资源的利用与保护，直至西藏野生动物的现状、各种动物的分布区及数量，野生动物的保护及保护区，以及野生动物的保护管理展望等均有全面而系统地介绍。（李惟）

S000136　**中国农业百科全书·养蜂卷**　养蜂卷编委会、中国农业百科全书编辑部编著。中国农业出版社 1993 年 6 月版。87 万字。50.00 元。是列入国家图书出版重点工程之一的大型工具书。概述部分含养蜂学、中国和世界养蜂史、各国养蜂业、养蜂科学研究、教育机构、学术团体、重要著作与刊物、著名养蜂家等内容。蜜蜂生物学（包括蜂群生物学、形态、生理、分类、品种、繁殖、育种）、饲养管理、蜜蜂病敌害、蜜蜂中毒及防治、蜜蜂检疫、蜂具设备、蜂产品的生产设备、蜜源植物和粉源植物、蜜蜂授粉、蜂蜜、蜂王浆、蜂蜡、蜂花粉、蜂毒、蜂胶、蜂子、蜂巢及其加工利用、蜜蜂疗法（即利用蜂针、蜂蜡等防病治病）为本卷的主要内容。全卷共设 468 个条目，囊括了蜜蜂科学的基本概念、基本理论、基本技术和基本方法，由国内长期从事蜜蜂研究与生产实践的学者专家撰写，从理论与实践两方面总结了古今中外养蜂的丰富经验，反映了 20 世纪 90 年代蜜蜂科学的最新成就和最新水平，并具有很强的实用性。各个条目按汉字的拼音字母顺序排列，卷末附有条目汉字笔画索引，条目外文索引、内容索引。配有黑白照片 117 幅、线图 259 幅、彩色图片 132 幅。附录部分含有养蜂大事年表、中国蜂学主要文献目录（1879—1992），生物名称拉-汉、汉-拉对照表、外国人名译名对照表等。（莫容）

S000137　**中国养羊学**　李志农主编。中国农业出版社 1993 年 6 月版。64.1 万字。36.55 元。作者总结中国 1949—1990 年养羊生产实践和科学试验材料，并借鉴了部分国外先进经验编著而成。全书分 9 章。论述羊种的起源、驯化和演变，中国养羊生产史，中国养羊业的分布和生态环境，中国绵、山羊品种的分类、培育品种、地方品种和引入品种，养羊业产品的生产概况和特点等。介绍了中国羊的遗传、育种、繁殖、饲养管理特点，羊场的建设和设备，以及中国养羊业的发展战略措施等。在羊的遗传育种一章，不仅在理论上总结了中国 40 年来的育种工作，而且还为未来中国绵、山羊生产提出了一些有价值的育种方法和措施。文前附有英文内容介绍和目录，文后附有绵、山羊品种，胎儿发育，湖羊染色体，毛皮花纹、卷形，以及羊舍、设备等 150 幅黑白照片。作者为中国畜牧兽医学会养羊研究会第一届副理事长。（刘振生）

S000138　**中国蜂业（中、英文）**　陈耀春主编。中国农业出版社 1993 年 7 月版。英文、中文 70.00 元。分上下两篇，上篇分别介绍中国蜂业的沿革、养蜂资源与蜜蜂授粉、养蜂生产、蜜蜂产品的利用与加工、蜂疗保健、养蜂科学研究与教育、管理体制与国际交流。下篇则着重介绍全国 30 个省市自治区的蜂业概况。全书以中国蜂业的沿革为首章，记述了古代蜂业的发展历程，叙述了近代蜂业的发展，对当代蜂业也作了分段描写。中国的蜂种和蜜粉源植物资源十分丰富。包括有中华蜜蜂、意大利蜂等蜂种在内的主要蜂种，在为农作物授粉方面取得了可观的经济效益。这些即是第二章所含主要内容。养蜂生产作为第三章，着重叙述其生产特点、中西方蜜蜂饲管技术、蜜蜂育种新技术、蜜蜂疾病的种类、防治及检疫。蜜蜂产品种类多样，包括蜂蜜、蜂王浆、蜂胶等在内。利用蜂针进行治疗疾病，在中国已有久远的历史。这些在该书第四、五章都有详尽的叙述。中国对养蜂科学研究及教育非常重视，各级（种）研究机构分布全国。传播养蜂知识的出版物多受读者欢迎。随着养蜂业的发展，各级蜂业管理机构也日渐加强和规范，对外交流日趋活跃，这些内容均包括于第六、七两章之中。（刘博浩）

S000139　**养兔手册**　彭大惠主编。中国农业出版社 1993 年 7 月版。41.2 万字。11.45 元。共 13 章，重点论述常见家兔品种，家兔的遗传、育种、繁殖、营养、饲料及饲粮、饲养管理、常见疫病及其防治的理论知识和实用技术。其中通过国家鉴定的“我国安哥拉长毛兔的营养需要”尚属首次发表。在这一营养需要中，作者科学地制定了不同生理和生长发育阶段长毛兔的日营养需要量，并根据试验结果，总结出了一系列家兔日平均营养需要量计算公式，为中国规模化养兔、科学配制家兔饲料提供了科学依据。对家兔产品加工作了比较详细的介绍，也扼要叙述了兔场设计、市场概况、兔场经营管理和家兔的生物学特性。每章文末都有作者署名，并注明了工作单位和通讯地址，以便读者在养兔生产中遇到问题随时

向作者函询。(刘振生)

S000140 **中国畜禽遗传育种进展** 湖南科学技术出版社1993年8月版。60.3万字。17.30元。第七次全国畜禽遗传育种学术讨论会论文集。选收论文102篇，内容包括：育种方案、数量遗传、群体遗传、试验设计与统计分析；分子遗传学与畜禽育种；生化遗传学、免疫遗传学、细胞遗传学与畜禽育种；牛、羊的遗传育种；禽的遗传育种；计算机在畜禽育种中的应用及其他方面的论文等。本文集反映了目前在中国进行动物数量遗传和生化遗传、细胞遗传、免疫遗传、分子遗传等学科的基础理论研究成果，反映了常规育种技术与生物技术相结合的选种方法的新进展，也反映了计算机在畜禽育种中的广泛应用。(车平)

S000141 **中国保护动物** 华惠伦、殷静雯编。上海科技教育出版社1993年9月版。49万字。29.00元。全面介绍中国400多种保护动物的科普书。内容有：中国保护动物奇特的行态、习性和行为，以及为什么要加以保护的缘由，其中不少是国内外研究的新成果。书中每一种动物都配有插图，书末附有“国家重点保护野生动物名录”和“全国自然保护区名录”。(王义炯)

S000142 **实用养鸡大全** 江苏省泰州畜牧兽医学校编。中国农业出版社1993年9月版。27.7万字。9.00元。作者依据生产者对生产对象的直观认识——鸡的解剖生理开始，然后按鸡的品种、饲料、孵化、育雏；当年鸡饲养、蛋鸡饲养、肉鸡饲养方法；鸡舍建造、鸡场管理、疾病防治、卫生检验和产品加工等3部分的顺序，详尽介绍养鸡技术。(林新华)

S000143 **中国牦牛寄生虫图鉴** 刘文道编著。青海人民出版社1993年10月版。12万字。5.40元(平)，9.40元(精)。以图鉴形式，记载了中国青藏高原特有畜种——牦牛体的111种寄生虫，分隶于4门7纲13目31科50属，用分类名录简表作了系统介绍，然后依次突出鉴别特征，对每个种的形态作了简明扼要的描述。另外，还记述了牛羊呼吸道和胃肠道线虫寄生阶段幼虫属的鉴别。本书是作者在中外学者对牦牛寄生虫科研成果的基础上，经过20多年的研究之后编纂而成。它较系统地记述了形态多样的寄生幼虫。(汪家驹)

S000144 **兽医病毒学** 徐为燕主编。中国农业出版社1993年10月版。36万字。13.35元。分总论、各论和实验室技术3篇共33章。总论概述动物病毒的一般特征，介绍病毒学的发展简史、病毒的基本特征、病毒结构、病毒增殖过程、病毒的培养方法、病毒的变异、病毒的致病机理、病毒的分类特点以及干扰素等。各论部分则对微RNA病毒科、反录病毒科、呼肠孤病毒科、双RNA病毒科、披膜病毒科、黄病毒科、布氏病毒科、冠状病毒科、弹状病毒科、正粘病毒科、副粘病毒科、细小病毒科、乳多空病毒科、腺病毒科、疱疹病毒科、虹彩病毒科以及嗜肝、星状、凸隆、丝状、嵌杯、砂粒、朊病毒、痘病毒等目前公认的脊椎动物各科病毒均作了描述。实验室技术部分则介绍了鸡胚接种、细胞培养、电镜样品制备、病毒提纯、病毒主要成分和理化特性的测定、血凝及血凝抑制试验、病毒中和试验等。书后附录了牛、羊、猪、马、犬、猫、貂、禽、实验动物、鱼、蜂等多种动物的病毒性疾病简表，收入了较重要的动物病毒英文名称500余条。(江社平)

S000145 **动物营养学** 杨凤主编。中国农业出版社1993年10月版。33.8万字。7.00元。作者在编写中参阅国内外1980—1990年的大量资料，并尽力避免与相关课程在内容上脱节或重复，突出了某些章节内容的规律性和特殊性。全书分22章，详细叙述了水、蛋白质、碳水化合物、脂类、矿物质和维生素等物质的营养生理功能及其在动物体内的代谢过程和研究方法；对确定畜禽不同生产目的的营养需要的原理和研究方法，以及影响营养需要的因素等作了较为深入的探讨。(刘振生)

S000146 **新编畜牧兽医技术手册** 广西区畜牧局编。广西科学技术出版社1993年12月版。38.9万字。8.80元。介绍畜牧业生产中常用的专业技术参数和资料。内容包括：畜禽品种、畜禽繁殖、畜禽饲料、畜禽饲养标准、牧场设置与生产管理，畜禽正常生理指标、传染病的分类、封锁隔离观察时间和种畜禽、屠宰畜禽检查检验的病名，兽药(菌苗、疫苗、类毒素、抗病血清)用药剂量比例、药物配伍禁忌等。附《肉品卫生检验试行规程》法定计量单位及广西畜牧兽医机构名录。(马如海)

S000147 **兽医生物制品学** 徐贵卿等主编。河北科学技术出版社1993年12月版。66万字。16.10元。分兽医生物制品总论和各论两篇。总论部分主要阐述兽医生物制品的应用理论与实践、兽医生物制品的种类与发展趋势、免疫佐剂及其应用、兽医生物制品厂的设施、冷冻干燥技术、兽医生物制品生产的基本技术、兽医生物制品的监察与成品检验、实验动物等内容；各论部分主要阐述预防、治疗和诊断多种动物疫病常用生物制品的制备和应用，包括

各类疫苗、免疫血清与免疫卵黄、抗毒素、变态反应和血清学反应诊断抗原、基因探针技术等内容。(和英布)

S000148 **鸡热应激与抗热应激** 花象柏等编写。江西科学技术出版社1993年12月版。7万字。2.20元。叙述鸡体温调节的生理特点,鸡热应激时的生理改变,热应激对鸡生产性能的影响,减轻热应激不良影响的主要措施和本课题的研究展望等内容。(涂水香)

S000149 **牛病诊疗基础与典型病例分析** 曹述彬等编著。江西科学技术出版社1993年12月版。10万字。4.60元。介绍牛病诊断、治疗的基本理论、基本技术,着重分析各种典型病例的诊断、治疗经过及治疗效果,介绍牛的各种内科疾病、外科疾病、传染病、寄生虫病、产科疾病、生殖系统疾病的诊疗方法。(沈德廉)

S000150 **新疆蜜源植物及其利用** 米吉提·胡达拜尔地、玉米提·哈力克编著。新疆大学出版社1993年12月版。30.5万字。9.80元。分前言;蜜源植物概述;新疆蜜源植物资源概述;新疆常见蜜源植物(主要蜜源植物44种,常见辅助蜜源植物216种,有毒蜜源植物14种);新疆蜜源植物的分区;新疆蜜源植物资源的综合评价与开发利用建议6部分,并附参考文献和新疆蜜源植物汉名索引、拉丁文名索引。(墨愚)

S000151 **中国农业百科全书·兽医卷** 兽医卷编辑委员会编。中国农业出版社1993年12月版。216万字。130.00元。是列入国家图书出版重点工程之一的大型工具书,内容包括兽医学概论、基础理论、临床诊断与治疗、兽医公共卫生等内容,按照学科的体系结构,分设18个学科分支。概论介绍了兽医学的起源、发展、现状和理论体系,研究机构、学术刊物、教育机构、著名学者等。家畜胚胎学、家畜组织学和家畜解剖学,叙述了家畜的胚胎发生以及畜禽机体的微观和宏观结构,并展示了生物工程等高新技术的成就。家畜生理学和动物生物化学,详尽描述了家畜和家禽的生理特征与动物体的新陈代谢活动。兽医微生物学、兽医药理学、兽医免疫学及兽医病理学,作为重要的专业基础理论,从分子水平反映了兽医学的进步,特别是对兽医临床工作的指导。兽医临床诊断学、兽医临床治疗学,从疾病的发生与发展、疾病的诊断与治疗的方法和手段等方面,为读者提供了大量的实用技术。家畜传染病学、兽医寄生虫学、兽医内科学、兽医外科学与兽医生物制品等分支,属兽医临床学科,不仅介绍了猪、马、牛、羊、鸡等畜禽疾病的诊断与防治技术,而且对野生动物、伴侣动物和水生动物的疾病防治也有详细介绍,扩展了兽医学的服务对象。兽医公共卫生学,包括人兽共患病、动物及其动物产品检疫、实验动物医学等,把兽医学从为家畜服务提高到为人类健康服务的高度,进一步明确了兽医学在国民经济中应有的位置。(耿增强)

水产、渔业

S000152 **中国淡水鱼类原色图集(第三集)** 农业部水产司、中国科学院水生生物研究所编著。上海科学技术出版社1993年5月版。200余幅插图。62.50元。分3集,第一、二集已分别于1982年及1988年出版。本集内容主要为中国北部地区的鱼类,大体上反映了东北和西北的鱼类区系组成及资源状况。值得一提的是,在本集中还拍到了在中国境内未曾记录过的库页岛鲟(中吻鲟),比较难得。此外,中国西南边陲云南省鱼类资源十分丰富,在本图集第二集中已收入了较多的种类,本集又作了一些补充。本集共收集鱼类142种,分隶于17科。所有图片均由鱼类专家及摄影工作者在野外现场采集活体标本,模拟其栖息生境拍摄而成,将科学性和艺术性融于一体,真实而生动地反映了鱼体原有的自然色彩。每种鱼类均配有必要的中、英文对照说明并注明其拍摄产地。(朱可才)

S000153 **实用水库渔业技术** 华中农业大学水产系主编。金盾出版社1993年6月版。59.6万字。18.40元。内容包括水生生物学基础知识、鱼类学基础知识、水的理化基础知识、鱼类营养与饲料、饲养鱼类的人工繁殖、鱼苗鱼种饲养、水库养鱼、网箱养鱼、流水养鱼、施肥养鱼、围栏养鱼、名特水产品养殖、鱼病防治、水库鱼类防逃、水库鱼类捕捞15章。本书以实用技术为重点,选用的技术都经过鉴定或验证。(张泽黎)

S000154 **水产养殖工程技术** 杜守恩编著。青岛海洋大学出版社1993年8月版。22.3万字。5.40元。主要内容包括:水产养殖场的勘察与规划,土坝、沟工程设计与计算,鱼虾养殖池设计,海水淡水苗种生产场设计,大水域集约化养殖工程技术,养鱼网箱设计,拦鱼工程和水产养殖水体净化技术与设施。主要介绍各类海淡水养殖工程的原理、设计、计算与施工技术,并有计算例题、实用图表与设计资料。也用一定篇幅介绍国内外先进的工程技术及发展动向。其编写特点是根据水产养殖工程建设、生产的规律和教学的需要,按工程规则、基础工程、苗种生产、养殖工程技术分序,并把海水、淡水各类养殖工程异同之处归纳编写,具有科学性和系统性。本书于1995年9月在台湾水产出版社出版发行。(杜守恩)

S000155 **水产微生物学** 陈奖励等主编。中国农业出版社1993年9月版。42.5万字。21.25元。在微生物学的一般理论基础上,研究微生物与水产养殖环境、水生动物疾病、水产品的关系,利用微生物与免疫学的知识和技能来诊断、防治水生动物疾病,防止水产品的腐败和水产品引起的食物中毒。介绍水产微生物学与鱼病学、淡水化学、水生生物学、水产品加工等学科的密切关系。(江社平)

S000156 **中国养殖鱼类繁殖生理学** 刘筠著。中国农业出版社1993年9月版。24.4万字。17.70元。主要内容包括:中国主要养殖鱼类生物学;养殖鱼类的形态特征和分布;养殖鱼类的食性;代谢;鱼类的年龄和生长;鱼类的生殖洄游;卵子的构造与发育环境。鱼类的生殖细胞:生殖细胞的起源;卵巢的形态、结构和分期;精巢的形态、结构和分期;性成熟与性周期。鱼类下丘脑和脑垂体的组织结构和功能。人工繁殖技术:亲鱼培育;人工催产;受精;人工授精的操作技术;孵化;鲤鱼及其他养殖鱼类的人工繁殖。养殖鱼类的育种:中国养殖鱼类遗传育种的现状和成就;引种驯化的生物学原理和应用;鱼类选种育种;鱼类杂交育种(杂交育种的生物学意义和实践价值)、鲤鱼种内品系之间的近缘杂交、远缘杂交、杂种优势的形成和利用、近亲繁殖及其遗传影响;性别决定及人工控制性别。细胞工程在鱼类育种中的应用:鱼类染色体;鱼类的雌核发育;鱼类的雄核发育;鱼类多倍体;鱼类核移植和细胞融合;细胞工程技术对鱼类育种的展望。(陈力行)

S000157 **台湾海峡虾类原色图册** 黄宗强等编。福建科学技术出版社1993年10月版。图文100码。25.00元。介绍台湾海峡有经济价值的、常见的和分类上有代表性的70种虾的种名、学名、别名、分类、鉴别特征、分布、生态习性等。这70种虾隶属对虾派、真虾派和龙虾派,其中,对虾派占48种,真虾派8种,龙虾派14种。每种虾均用实物原色照片显示,并有简明扼要的文字说明,还用线条图表示其种类识别特征。此外,书中汇集了分类检索表,以便于本海区其他虾种的鉴别检索。(宁筱彤)

S000158 **水产动物疾病学** 黄琪琰主编。上海科学技术出版社1993年11月版。44.1万字。14.00元。内容包括在淡水、海水、海淡中养殖或增殖的鱼类、甲壳类、软体类、两栖类、爬行类水产动物疾病的病原、流行情况、症状、病理、诊断、预防和治疗知识。全书有附图145幅,黑色和彩色照片图157幅,文图并茂,使读者能准确地判断病因、病理变化,从而能对症下药。(张雪娟)

S000159 **海水贝类养殖学** 王如才等著。青岛海洋大学出版社1993年12月版。58万字。19.50元。以动物学、水生生物学、海洋生态学、海洋学、水化学、组织胚胎学和贝类学等为理论基础,阐明自然海区贝类半人工采苗、工厂化室内人工育苗、土池人工育苗和贝类增养殖技术的原理和方法以及各种贝类的加工技术。以总结中国生产、科研、教学上的经验为主,适当地吸收了国外的新技术、新成果。除绪论外,分16章,第一章至第五章论述养殖贝类的环境以及贝类苗种生产、育种的基本理论与方法;第六章至第十四章以贝类的生活型和在生产中的地位为序,共介绍10余种贝类的生物学、苗种生产和养成技术;第十五章以分类地位为序,介绍其他可以养殖贝类的养殖生产;第十六章介绍贝类增殖的方法。与1979年出版的《贝类养殖学》教材相比,该书在内容上增加了:一、底质及底质分级与分析,二、人工育苗水的物理、化学和生物3种处理方法,三、贝类苗种生产的4种方法,四、贝类多倍体育种和辩证法在贝类养殖中的应用等。(王如才)

S000160 **水产养殖手册** 李德尚主编。中国农业出版社1993年12月版。73.7万字。43.00元。主要介绍海、淡水养殖生产环境,包括水域的理化环境和生物条件;水产养殖的饲料和肥料,包括饲料的培养、配方、加工和营养;藻、贝、鱼、蟹、虾等主要养殖种类的生产技术要领,包括人工育苗、养殖方法、养成、收获以及病害的防治;同时还对一些特种水产品养殖(如龟、鳖、海马、牛蛙等)、工厂化养鱼、网箱养鱼、水产养殖场的设计、水产养殖机械等做了介绍。本书着重介绍生产技术要领,通用的观察分析方法,与生产及科研有关的各种参数、指标、定额等常用的基本资料与数据。所选用的内容,都限于当前技术已成熟的生产项目和养殖对象,具有实践性、直观性。(林维芳)

T 工业技术

工业技术

T000001 **汉英工业产品译名词典** 李凡等主编。东北大学出版社 1993 年 1 月版。250 万字。49.50元。收入纺织、轻工、能源、冶金、建材、化工、制药、机械、电子、电机、邮电、交通、仪器、仪表等企业的工业产品译名词汇约 60000 条。词条按汉语拼音字母顺序编排。书中附有汉语拼音音节索引、部首目录和检字表，便于不熟悉汉语的读者(尤其是外国读者)查阅。书后附有常用的工商企业译名(汉英对照)录。(郝蕴卿)

T000002 **走向工业设计** 陈平主编。上海科学技术文献出版社 1993 年 1 月版。25 万字。9.00元。中国首届工业设计国际研讨会论文集。共收集论文 35 篇，分为 4 部分：工业设计的国民教育及其对生产方式、生活方式的影响；工业设计基础教育、技术教育与高等教育的方法和基本内容；设计文化和设计观念的地域性特征和历史变迁；现代材料、技术和工艺对工业设计的作用等。(沈美新)

T000003 **机电工业中等职业技术教育教学参考丛书** 副名：考工试题库。机电部技术工人教育研究中心编。机械工业出版社 1993 年 5 月版。200 万字。共 29 种，包括车、钳、电等 28 个工种工艺学和机械制图等 3 门基础理论课的考工试题库。有：《机械制图考工试题库》、《机械基础考工试题库》、《电子技术基础考工试题库》、《车工考工试题库》、《铣工考工试题库》、《磨工考工试题库》、《刨工考工试题库》、《齿轮工考工试题库》、《钳工考工试题库》、《修理钳工考工试题库》、《工具钳工考工试题库》、《铸造工考工试题库》、《锻压工考工试题库》、《热处理工考工试题库》、《木模工考工试题库》、《内外线电工考工试题库》、《维修电工考工试题库》、《电机修理工考工试题库》、《电工仪表修理工考工试题库》、《热工仪表修理工考工试题库》、《锅炉工考工试题库》、《管道工考工试题库》、《起重与天车工考工试题库》、《铆工与钣金工考工试题库》、《焊工考工试题库》、《电镀工考工试题库》、《油漆工考工试题库》、《汽车驾驶员考工试题库》和《汽车修理工考工试题库》。每种按章编列。工艺学试题库分中级、高级两部分。试题形式分填空、判断、选择、改错、问答、计算和作图 7 种。各种形式的试题从易到难又分为 A、B、C 3 档。每章末有本章试卷示例。每种试题库最后附本学科结业考试试卷组合示例 3 套。第一、二套适用于中级工，第三套适用于高级工。除问答题外，书末均附有标准答案。(董无岸)

T000004 **汉英机电大词典** 上海交大本词典编写组编著。上海科学技术文献出版社 1993 年 6 月版。360 万字。68.00 元。收有机械、动力、电气、电子、仪表、自动化、通信、计算机及其相关的热加工、金属材料、环保、建筑、船舶等专业词汇约 20 万条。(袁仲江)

T000005 **GB/T19000—ISO9000 质量体系和认证实施指南** 陈迺骏、洪声钜等编。中国计量出版社 1993 年 8 月版。21.2 万字。8.80 元。分两部分：第一部分讲述如何应用 GB/T19000—ISO9000 系列标准建立本企业的质量体系，编制质量手册，达到认证要求；第二部分讲述质量认证，重点是产品质量认证和质量体系认证的概念、区别、意义以及具体实施办法。(何伟仁)

T000006 **英日汉工业技术大辞典** 《英日汉工业技术大辞典》编写组编。新时代出版社 1993 年 9 月版。190.89 万字。330.00 元。收词 20 余万条。内容涉及物理、化学、生物、机械、电子、电力、冶金、采矿、土木、建筑、能源、原子能、军事、航空、船舶、计算机、管理、信息等专业。既包括了科技的基础词汇、一般词汇，也包括相当数量的新词、新义。辞典附有汉语及日文两个索引。(蒋怡)

一般工业技术

T000007 **薄壁杆结构计算** 李明昭、周竞欧编著。高等教育出版社 1993 年 1 月版。24.8 万字。4.70 元。系统地讲述弹性薄壁杆件及薄壁杆件结构的计算理论，包含了开口和闭口(单室、多室)薄壁直杆与曲杆以及薄壁杆件结构的弯扭变形计算理论，薄壁杆件的稳定性理论，薄壁杆件的有限单元法等内容。本书讲述的内容适用于分析房屋、桥梁、船舶、飞机和其他的薄壁杆结构，可作为工科高等学校土建、道桥、力学等专业选修课或研究生课程的教材。(余美茵)

T000008　**工程振动测试与分析**　李方泽等著。高等教育出版社 1993 年 1 月版。44 万字。6.55 元。系统地论述现代工程振动的测试技术与分析方法，着重介绍当今先进的振动测试与信号处理的原理、技术及其在一些重要工程振动领域中的应用。(王晶)

T000009　**工程制图教程**　盛谷我、陆宏钧著。华东理工大学出版社 1993 年 1 月版。58 万字。16.80元。根据现行高等工业学校"画法几何及工程制图教学大纲"(化工类等专业试用，80—110 学时)要求，结合化工专业多年的教学改革经验编写而成。分 20 章及附录，含 6 大部分内容。即制图基本知识，正投影的基本方法，几何元素的空间关系及求解方法，常用的表达方式，机械图，化工及其他图样。其中增加了构形制图、国外机械图样简介、化工工艺图、化工设备图、计算机绘图等内容。每章后均附有复习思考题，另编有"工程制图教程习题集"供教学配套使用。(袁明辉)

T000010　**袖珍世界钢号手册**　林慧国、林钢、马跃华合编。机械工业出版社 1993 年 1 月版。81.3 万字。34.00 元。系统地介绍 8 个产钢国家(中、日、美、德、英、法、前苏联和瑞典)的钢材品种、钢和合金的数据以及各国钢号对照。(张秀恩)

T000011　**最优设计在工业中的应用**　朱伟勇等著。辽宁科学技术出版社 1993 年 1 月版。110 万字。58.00 元。分 8 章，包括数理统计基础、正交试验设计、多元回归分析、回归正交设计、回归旋转设计、D—最优设计、混料试验设计、最优设计的新构造方法及应用等。其中也有作者近年来取得的应用理论研究和实际应用成果，如《具有对数项的混料模型及其 D—最优测度设计和 Dn—最优确切设计》、《混料设计中构造单纯型格子点的一个算法》、《D—最优设计的新构造法——组合搜索法，双循环对称构造法、对称对偶构造法》等。为了方便读者应用和理论研究，还列出在不同领域内的应用成果和实例 50 多个，并附有上述各种方法的计算程序，包括自动构造各种回归设计表格，计算回归系数，方差分析，极值判别，区间估计，获取最佳工艺条件的有关线性与非线性规划的优化方法及混料设计中温度、压力和强度变化规律的三元相图等内容。(李逢秋)

T000012　**工程材料与热加工**　瞿大中著。成都电子科技大学出版社 1993 年 2 月版。46.9 万字。11.50 元。在机械工程部分，主要内容有材料的机械性能、金属和合金的晶体结构及其结晶、金属塑性变形与再结晶、铁碳合金状态图、钢的热处理、碳素钢及合金钢、铸铁、非金属、粉末冶金及硬质合金、非金属材料、机械零件与工具的选材与热处理等，并分析了金属材料在机械制造中的重要意义；非金属材料的迅猛发展；此外也介绍了陶瓷材料在材料中日益增强的地位及复合材料的特殊性；在热加工工艺部分主要内容有铸造、锻造、焊接和零件毛坯的选择等。并讲述了机械制造业中铸造、锻造和焊接等热加工是生产的重要环节。(万晓桐)

T000013　**压缩机簧片阀的数学模拟与设计**　吴丹青、丛敬同著。机械工业出版社 1993 年 2 月版。16.6 万字。7.40 元。压缩机簧片阀是指条状、舌簧状、圆环状和马蹄状的柔性自弹阀片组成的气阀，它广泛应用于微型空气压缩机和小型制冷压缩机中。本书系统地介绍了簧片阀的基本数学模型，分别用振型叠加法、有限元法、当量矩形板模型和卷绕模型求解；介绍簧片阀流量系数、推力系数、阀片刚性系数和固有振型、固有频率的实验装置和实验方法；介绍压缩机簧片阀新的工程设计方法以及样机试验的计算机数据采集、处理系统。(蒋有彩)

T000014　**夹层壳非线性理论**　刘人怀、朱金福著。机械工业出版社 1993 年 2 月版。22 万字。11.00元。夹层板壳是一类新型的结构元件，具有重量轻、强度高、刚性大等许多突出的优点，因而在近几十年中，愈来愈广泛地应用于宇航、航空、船舶制造、包装、军事等工程中。然而遗憾的是，迄今为止的国内外反映夹层板壳理论进展的论文与书籍却由于研究的困难，大多限于线性理论范围，而关于它们的非线性理论的著述则是凤毛麟角。显然，这种状况远不能满足科学技术迅猛发展的需要。作者从 70 年代开始研究夹层板壳的非线性理论，至今已获得一系列研究成果，同时先后在中国科学技术大学和上海工业大学讲授包含夹层板壳非线性理论内容的《板壳非线性力学》课程。本书是在上述工作的基础上，将夹层薄壳方向的研究成果进行系统整理，编写而成。(贡克勤)

T000015　**材料世界漫游记**　冯秋明编著。辽宁少年儿童出版社 1993 年 3 月版。11.7 万字。2.20 元。“小学新书系新科技系列丛书”之一。写《百万少年报》副总编辑兼采访部主任洪帆，将应邀出席在美国纽约召开的世界未来研究联合会第十届大会，并就全世界共同关心的“科技进步与世界文明”的中心议题发言。书中通过洪帆在赶写题为《新材料对当代世界文明的重大影响》的论文时对往事的回忆，介绍了文明的起点——“巨石文化”、软硬兼施的水泥材料、脱胎换骨的陶瓷材料、熠熠生辉的玻璃材料、钢筋铁骨的金属材料、有记忆力的合金材料、缕缕细丝的纤维材料、五彩缤纷的塑料、化妆打扮的涂料，以及取长补短的复合材料等。（杨宁松）

T000016　**晶体材料织构定量分析**　毛卫民、张新明著。冶金工业出版社 1993 年 3 月版。20.1 万字。22.00 元。论述材料织构信息的获得方法和用邦厄(Bunge)法计算取向分布函数(OFD)的数学原理及其在实际工业中的应用。（赵公台）

T000017　**超声诊断设备原理与设计**　冯若主编。中国医药科技出版社 1993 年 4 月版。190.3 万字。75.00 元。内容涉及声学、电子学、生物医学、材料科学、传感技术、计算机及数字技术等学科。本书第八章超声诊断设备中，在选择典型机型做详细介绍外，也考虑了目前广泛应用的 B 型超声诊断仪，同时介绍了当时国外算得上是比较先进的 ASV-01C 超声彩色血流成像仪；本书第十一章介绍了超声诊断设备的新技术与发展动向，主要介绍计算机技术在该设备中应用的情况，包括计算机技术不仅应用于一般的控制(如面板功能键控制、字符和图形发生等)和后处理(如灰阶变换、数字滤波、插补和平滑等)以及各种测量计算、显示和自检功能，而在声束的形成、前处理、图像产生过程以及图像质量改善等方面也直接采用了计算机技术，使得现代超声诊断设备系统本身就是一台计算机，从而使它具有现代计算机的几大特点。本书各章所述内容充分体现了实用性，如第三章超声、换能与探头，它是超声诊断设备的关键部件，其性能优劣直接影响该设备的应用，为此，作者在本章中首先介绍压电陶瓷以及与之有关的压电方程、压电振子参数测量等，并直接给出了各种形式换能器声场特性、传递函数的计算公式及应用实例，避免了繁琐的公式推导。（尤成发）

T000018　**超细粉碎原理、工艺设备及应用**　郑水林编著。中国建材工业出版社 1993 年 5 月版。25 万字。13.00 元。分 9 章，其中第一～四章是基础部分，包括粒度表示方法、粒度测定方法、粉碎过程力学和粉碎过程物理化学，对微细粉体的粒度表示和测定方法、超细粉碎加工过程的能耗规律、机械化学现象以及助磨剂等作了重点介绍；第五～八章是工艺设备部分，系统地介绍了目前应用的各类超细粉碎和精细分级设备的结构、性能、特点及应用；第九章是应用部分，主要介绍了非金属矿超细粉碎加工的特点、工艺类型和设备选择以及非金属矿超细粉碎加工实例。（闫竞）

T000019　**不确定度原理**　刘智敏著。中国计量出版社 1993 年 6 月版。8 万字。2.70 元。内容主要包括基本概念、单变量、多变量、多维测量、动态、非正态展伸、非线性等不确定度的评定和用不确定度评定测量结果质量的原理和方法。还论述了产品不确定度、相关系数、自由度等问题。（李绍贵）

T000020　**非线性振动系统的分叉和混沌理论**　陈予恕著。高等教育出版社 1993 年 7 月版。38 万字。19.50 元。“工程力学丛书”之一。详细介绍分叉理论及其应用，其中用范式理论研究霍普分叉的方法和平均法在分叉理论中的应用具有独到之处。本书从振动问题的实际出发，强调物理概念的阐述，并深入地介绍非线性振动系统的复杂动力学行为，运用现代数学方法建立的非线性参数激励振动系统理论为非线性振动的研究开辟了新天地，揭示了经典理论尚未解决的问题。本书内容涉及到力学、应用数学、物理学、工程学、化学、生态学和社会学等方面。（王晶）

T000021　**制冷设备选用手册**　林毅编。中国石油化学工业出版社 1993 年 7 月版。88.9 万字。28.00 元。共收集国内几十个冷冻机制造厂家生产的活塞式、离心式、螺杆式、溴化锂吸收式以及蒸汽喷射式制冷设备，介绍了简要工作原理、制冷系统流程图、技术特点与规格、性能曲线、电控原理、外形与安装尺寸等内容。另外还详细介绍了活塞式制冷机成套设备与配管、冷藏柜、制冷机辅助设备、氨、氟制冷阀门及管件等。（汪霞倩）

T000022　**英汉材料科学词典**　《词典》编写组编。中国国际广播出版社 1993 年 8 月版。210 万字。62.40 元。共收材料科学及有关科技词汇约 12 万余条。收词范围包括金属材料，诸如黑色金属及合金、有色金属及合金、重金属、轻金属、贵重金属、铂族金属、放射性元素、金属陶瓷等；无机质材料，诸如非金属矿、玻璃、玻璃纤维及含玻璃纤维强性塑料、陶瓷、搪瓷、砖瓦、水泥、云母、铸石、耐火材料、胶凝材料及制品、高温无机涂层、碳素材料、磨料及磨具、人工晶体等;有机质材料,诸如纤维、塑料、橡胶、化肥、胶粘剂、涂料、染料、颜料、感光材料、试剂、助剂、沥青、木材、纸材、竹材、藤材等;声光电磁材料,诸如声学材料、光学材料、电工电子材料、磁性材料以及复合材料等方面。(李佳俊)

T000023 **材料力学精讲** 奚绍中著。西南交通大学出版社1993年9月版。12万字。4.80元。系对工科高等学校材料力学课程(多学时)基本部分的总结与补充,重点在于使读者进一步深刻理解并熟练掌握基本教学内容中的概念、方法和解题技能,并补充了某些与基本内容有联系且在工程应用上有重要意义的内容,如绕线薄壁圆筒、偏心受力螺栓连接、多腹板梁的弯曲应力分析等。章次安排上与一般的材料力学教科书相一致。并为青年教师提供了对教学内容加深体会的背景材料,例如轴向拉压时基本公式的适用条件、密圈圆柱螺旋弹簧受拉压时簧杆横截面并不在面内转动的理论分析和实验结论。(毛文义)

T000024 **计量技术与管理** 国家技术监督局武汉培训中心组编。中国计量出版社1993年9月版。99万字。30.00元。分12章。第一章论述计量管理基本知识;第二章和第三章分别介绍法定计量单位和测量误差;第四章至第十一章介绍十大类计量技术,即几何量、温度、力学、电磁、化学、无线电、时间频率、光学、声学和电离辐射等计量技术,侧重常用计量器具的原理、结构、使用及检定;第十二章介绍微型计算机在计量技术和管理中的应用。(陈小林)

T000025 **复合材料强度** 姜稚清等编著。河北科学技术出版社1993年10月版。36.7万字。15.00元。作者分析了Tennyson三阶张量多项式理论开口的原因,提出一个构造"局部封闭"破坏曲面的解析方法,系统完整地解决了三阶形式破坏曲面的封闭性问题,论述了复合材料强度及其测试技术。(杜同彦)

T000026 **工程模糊数学方法及其应用** 李洪兴等编著。天津科学技术出版社1993年10月版。56万字。21.00元(精),18.50元(平)。从介绍模糊现象入手,引出模糊集的概念,从模糊集导入隶属函数,然后运用基本概念给出模糊数学的三大基本方法,即综合评判法、聚类分析法、模式识别法。讲述了以上方法在工程力学、工程设计、人工智能等方面的应用。在工程中应用给出了具体的实例、数据与结果,随之引出模糊振动与模糊优化设计理论。在人工智能方面的应用本书用了较大的篇幅加以介绍,特别介绍了专家系统的各种类型及其典型代表、专用语言及开发工具等基础知识。最后对智能机器人、模糊计算机的研制现状作了简评,并指出了今后发展的方向及有待解决的关键环节。(黄立民)

T000027 **工程数学——线性代数、概率论、数理统计** 张有方等编著。浙江大学出版社1993年10月版。52万字。8.50元。分3篇10章,内容包括行列式与矩阵、线性方程组、方阵的对角化与二次型、概率的基本概念及计算、随机变量及数字特征、几个极限定理、数理统计的基本概念、参数估计、假设检验、方差分析和回归分析等。(陈传嘉)

T000028 **工业包缝机系列机构图谱** 赵文荣等编著。中国轻工业出版社1993年10月版。38.6万字。80.00元。分5部分。第一部分为各类包缝线迹的形成原理。第二部分至第五部分分别叙述二线、三线、四线、五线包缝机的传动系统、主要机构的结构,并给出了各典型机构运动简图、计算公式和计算机程序(FORTRAN语言)。(罗佳)

T000029 **特种精密工程测量** 吴翼麟、孔祥元等编著。测绘出版社1993年11月版。65.8万字。13.30元。系统地总结了40余年来中国特种精密工程测量领域中的研究和应用成果,特别将在中国现代化建设的重点工程中使用效益明显的特种精密测量手段和方法,进行了归纳和提炼。其主要内容有:大型工程建筑的特点及其对测量精度的要求,特种精密工程测量的工作内容和特点以及其数学处理基础,大型工程安装及变形观测专用仪器,大型工程建设中特种精密工程测量实例,GPS卫星定位基础在特种精密工程测量中的应用等。本书同时也阐述了那些已被中国实践证明行之有效的国外同类先进技术,因此可以说,是一本具有中国特色的,反映国内外先进水平的特种精密工程测量新著。该书为高等院校工程测量专业本科及研究生教材,也可作为从事工程测量实践的科技人员的参考书。(李建明)

T000030 **高温陶瓷材料相图的读解** [日]山口明良著,姜茂发等译。东北大学出版社1993年11月版。21.2万字。12.00元。系统地阐述与耐火材料有关的相图的基本理论,叙述了耐火材料相图的读法,在此基础上分析了现在使用的各种耐火材料的组成、加工方法、防浸蚀及熔损等与相图的关系。(刘淑芳)

T000031 **薄膜生长理论** 王敬义著。华中理工大学出版社1993年11月版。34万字。3.90元。内容包括流体力学、传质、传热及化学反应动力学等有关薄膜气相生长的理论基础、热 CVD 及等离子体淀积两部分专论,共 9 章。全书体系按气相生长统一模型的框架安排,这与薄膜电子材料乃至其他薄膜材料的制备具有许多共性。在专论部分,对统一模型、热扩散传质对薄膜的影响、等离子体淀积中的冶金效应和靶无中毒判据作了详细的介绍。除此之外,在内容上还提供了各类反应室的结构及其比较、薄膜制备的方法、薄膜生长的机理及其数学模型的建立等。(傅岚亭)

T000032 **激光全息照像技术** 王典民著。吉林科学技术出版社 1993 年 11 月版。17.4 万字。9.00元。系统介绍激光全息照像理论与技术,详细阐述全息照像技术的最新发展,给出了国内外最先进的激光全息照像技术以及利用各种技术制作各种全息图的操作步骤、方法和技巧。从商业角度给出了百余种实用全息产品的制作技术,许多是作者的最新成果,其中包括社会上已流行的激光宝石和模压全息技术。收入"青年科学家文库"。(张瑛琳)

T000033 **中小型制冷设备电路图及维修大全** 马旭升、徐德胜主编。上海交通大学出版社 1993 年 11 月版。77 万字。25.00 元。广泛收集国内外中小型制冷设备中销售量大、应用范围广、具有代表性的电冰箱、空调机、医用低温箱、冷藏箱、拼装冷库、棒冰机、冰淇淋机、制冰机、商品陈列柜、除湿机的电路图,以及中小型制冷机电气零部件的结构图解,涉及国内外 230 多个厂家的 760 余张电路图。全书共 7 部分:国内电冰箱电路图,国外电冰箱电路图,国内空调机电路图,国外空调机电路图,医用低温箱电路图,拼装冷库和棒冰机电路图等以及制冷机电气零件结构图解。(宋永明)

T000034 **随机有限元法及其工程应用** 陈虬、刘先斌著。西南交通大学出版社 1993 年 11 月版。25 万字。9.80 元。分 10 章,内容上可分为两大部分,即基础理论、方法及工程应用。第二、三两章是基础知识,讨论随机分析理论——概率论、随机过程以及随机场的离散分析模型。第四章介绍当时在结构随机分析中使用最多的 Monte Carlo 模拟法及其与有限元方法的结合。第五章阐述摄动的随机有限元方法的基本原理和基本列式。另一类基于 Neumann 级数展式的随机有限元方法在第六章进行了详细的讨论。第七章建立了几类随机变分列式,并分析、研究了随机有限元方法的收敛特性及其误差界。第八章至第十章是全书的应用部分。它们包括:随机有限元方法在固体力学——复合材料力学、断裂力学、疲劳裂纹扩展、细观力学等各分支学科以及在结构可靠性分析、结构动力学中的应用。(刘先斌)

T000035 **动态密封设计技术** 刘令勋、刘英贵编著。中国标准出版社 1993 年 11 月版。50 万字。17.00 元。从应用实际出发,系统地介绍往复轴密封、旋转轴径向密封、机械密封、非接触密封以及船舶尾轴密封的密封机理、结构型式、性能及影响因素。密封材料是密封设计的重要内容,本书专门开辟章节对其进行较系统的介绍,并着重介绍国产常用密封材料的品种及主要物理、机械性能。还介绍了采用计算机对密封元件及系统进行性能分析、模拟仿真、优化设计及计算机辅助设计等技术。(郭丹)

T000036 **高技术新材料要览** 曾汉民主编。中国科学技术出版社 1993 年 11 月版。220 万字。98.50 元。采用分类编目制,全书分 6 篇,即引论,金属材料,无机非金属材料,高分子材料,先进复合材料,电子、光电子及超导材料。全书共选条目 206 条,约 220 万字,图 800 余张。选材原则是以关键新材料及现代材料科学技术为中心,重点突出高技术前沿科目,适当兼顾传统科目,使全书体系基本完整。每个条目由条目名称(中文和英文)、正文、作者姓名及参考文献组成。全书正文后附有关键词中英文索引,分别按汉语拼音及英文字母顺序排列。相关条目采用参见体系连通,例如"见 2·3",即参阅本书第二篇第三条。(陈金凤)

T000037 **激光在计量测试技术中的应用** 迟桂纯等著。成都科技大学出版社 1993 年 12 月版。23.8 万字。6.00 元。内容包括激光的基本原理、激光器及稳频技术、激光干涉计量技术、双频激光干涉仪、纳米级激光干涉轮廓测量技术、激光在表面粗糙度中的应用等。(王泽彬)

T000038 **无机材料化学** 田顺宝等著。科学出版社 1993 年 12 月版。11.6 万字。6.60 元。在中国科学院上海硅酸盐所研究生教材的基础上编撰而成。全书共 5 章。第一章介绍缺陷化学,研究缺陷的存在对化学反应和化学平衡所产生的影响;第二章论述固体中的扩散,阐明各种扩散机理和扩散模型;第三章介绍固体中的离子迁移,列举各种离子导体及其结构类型;第四章介绍铁电体的材料化学,列举各种结构的铁电相,并讨论影响铁电性的各种因素;第五章对如何探索无机新材料提出一些设想并举例予以说明。本书是"材料科学与测试技术丛书"之一。(童安云)

T000039 **制冷装置自动化** 朱瑞琪主编。西安交通大学出版社1993年12月版。23.4万字。9.80元。制冷专业教材。专述蒸汽压缩式制冷装置的自动控制。涉及自动控制和制冷系统及装置的技术内容。书中在处理这两方面内容时,只简要定性说明自动控制的基本概念,重点论述制冷装置的具体控制。围绕制冷装置自动化的基本问题,论述其运行参数调节。逐一分析各参数变化对装置性能之影响、调节的必要性、调节方法,所用调节器件的原理和特性及其正确选型和使用。论述了制冷机的自动保护。介绍了制冷辅机各设备的控制方法。(朱瑞琪)

T000040 **压缩机的安装维护与故障分析** 崔天生编著。西安交通大学出版社1993年12月版。25.3万字。10.20元。作者以正确选择、安装、使用、维护压缩机及预防其故障、事故的发生为出发点,对压缩机的地基施工、零部件的正确安装,试车,运行维护、润滑油的选用、防振、防爆等方面的内容作了较详细的阐述,对压缩机可能发生的故障、事故作了较充分的分析并给出了对策。同时,对如何正确选用工艺流程用和动力用压缩机以及变工况计算、压缩空气站的设计等内容也作了介绍。此外,还简要介绍了近些年来发展迅速的故障诊断、分析技术等新知识。书中还列出了许多数据和计算用图表以及部分国产压缩机产品目录。该书侧重于介绍大型活塞式压缩机,而对于微、小型活塞式压缩机的安装维护等内容介绍较少。(孙文声)

T000041 **无机材料显微结构分析** 周志朝等编著。浙江大学出版社1993年12月版。60.8万字。11.20元。是高等院校无机非金属材料类专业本科教材。全书分4部分,总论部分简单介绍显微结构的概念及其研究内容、方法、对象及地位;上篇分章讨论偏光、反光和电子显微镜及颗粒显微分析的原理、主要仪器及测试方法;下篇各章分别讨论陶瓷材料、耐火材料、玻璃材料及水泥材料中有代表性制品的显微结构特征,并附典型的显微结构照片;附录部分以表格形式列出无机材料原料和制品中常见矿物的光学性质。(涂红)

矿业工程

T000042 **选矿手册** 《选矿手册》编辑委员会编。冶金工业出版社1988—1993年版。550万字。14册。205.00元(套)。内容包括:总论、选矿前准备、选矿方法和选矿药剂、产品处理及辅助作业、取样、试验技术与选矿过程检测、数模和工业过程控制、选矿厂设计和选矿实践等。内容涉及有色金属、稀有金属、贵金属、黑色金属、化工原料、建材、非金属矿选矿实践。(黄淦祥)

T000043 **聚煤盆地地质信息计算机处理的途径与方法** 地质出版社1993年1月版。19万字。5.70元。分为"聚煤盆地分析中计算机应用的若干问题"、"聚煤盆地地质信息系统及其数据库(BAD)设计"、"多元统计分析法在盆地分析中的应用"、"主要盆地分析图件的计算机辅助编绘系统(BACMS)"、"煤炭资源的分类模糊综合评价系统(CRCVS)"5章。该书较好地运用了系统工程的设计思想,比较全面地从数据库、计算机绘图、信息的多元统计分析、煤资源的综合评价4个方面探索和研究了计算机应用的方法、模型,编制了初具规模、功能较全面、能在微机上运行的计算机软件。(杨友爱)

T000044 **煤矿采掘测试技术装置** 成玉琪主编。山西科学技术出版社1993年3月版。36万字。30.00元。以采煤机、工作面刮板输送机、液压支架、带式输送机、掘进机、井巷施工机械、煤矿防爆电气、煤矿通讯监控、井下工况测试、计算机辅助设计等10个测试系统为框架,从测试系统、测试项目与方法、数据处理和综合评价4个方面对其作了简要介绍。(闫文凯)

T000045 **矿山安全工程** 陈宝智主编。东北大学出版社1993年5月版。26.2万字。3.19元。根据冶金工业部教材编辑室的教材出版计划,按照矿山安全课程教学大纲的要求,为冶金、有色、黄金类院校采矿专业的学生编写。全书分绪论、伤亡事故统计分析、伤亡事故发生与预防原理、系统安全分析与评价、矿山危险源控制、矿山防火与防爆、压力容器安全、矿山防火、矿山救护、矿山安全管理等10章。以矿山伤亡事故的发生和预防理论为基础,用系统安全的观点和方法,系统地介绍了矿山生产中主要危险源的识别、评价和控制技术,以及矿山安全管理的基本知识。书的内容以井下安全问题为主要研究对象,兼顾矿山的其他安全问题;在阐明矿山安全工程理论、技术知识的同时,还介绍了矿山安全法规的有关条款。(郝蕴卿)

T000046 **煤矿安全监察工作指南** 张生忠、吕纪喆主编。山西科学技术出版社1993年6月版。41.2万字。9.80元。以国家有关矿山安全法规、标准、政策、指令等为依据,在广泛收集资料,吸收全国重点煤矿行之有效的安全管理经验的基础上,写入了现代科学的管理方法。书中详细讲述了煤矿安全管理技术、煤矿现场监察技术及煤矿事故勘察技术，并且提供了煤炭监察工作常用的文件及指令。(闫文凯)

T000047 **颗粒间相互作用与细粒浮选** 邱冠周等著。中南工业大学出版社 1993 年 6 月版。36.2 万字。15.00 元。除讨论经典的静电力与范德华力在浮选体系中的作用外，重点对水化力、疏水力及流体动力学力在控制细粒选择性凝聚、分散及气泡碰撞、粘附中的作用进行阐释，并将胶体化学、生物化学、高分子化学及流体动力学的最新成果引入浮选体系的研究中，试图建立细粒矿物选择性凝聚、分散及与气泡碰撞、粘附的界面力控制理论体系，指导开发新的细粒浮选工艺。(肖梓高)

T000048 **中国金矿床概论** 罗镇宽等著。天津科学技术出版社 1993 年 10 月版。48.2 万字。30.00元。依据中国的地质情况，研究总结了中国金矿床的成矿地质背景、成矿地质条件、主要矿床类型、矿床地质地球化学特征和矿床成因。并对 10 个重点成矿区带的成矿地质背景和矿床地质特征进行了深入剖析。书中吸引和应用了当代最新的地学思想和认识。(宗洁)

T000049 **煤矿采掘机械** 侯印浩主编。中国矿业大学出版社 1993 年 10 月版。56.6 万字。12.60 元。介绍中国煤矿井下采掘机械的结构、工作原理、主要性能参数、使用维护知识和有关液压传动的基本知识。全书分 4 篇 23 章。第一篇为液压传动，第二篇为采掘机械，第三篇为回采工作面支护设备，第四篇为掘进机械。(安乃隽)

T000050 **矿区最优规划理论与方法** 王玉浚等著。中国矿业大学出版社 1993 年 10 月版。22 万字。5.20 元。将矿区分作新建矿区和生产矿区两类进行研究。最优规划中通过对矿井和选煤厂的建设和改扩建可能性与合理性分析论证，重点解决矿区发展规模及其相应的建设项目安排上的最优决策问题。所采用的方法有：技术分析、系统分析、灰色预测、网络分析、0-1 规划、目标规划、层次分析、系统动态模拟(SD)等。最终结果得出矿区规划的推荐方案及矿区发展的主要技术经济效果预测。书中除矿区最优规划的理论和方法的系统阐述外，还提供了对河南平顶山矿区和山东兖州矿区的具体应用实例。(王玉浚)

T000051 **煤矿区岩浆岩体磁法探测** 宁书年等著。中国矿业大学出版社 1993 年 10 月版。18.1 万字。7.50 元。探测与预测煤系煤层中岩浆侵入体的分布，圈定岩浆侵入体对可采煤层的影响范围是矿井生产过程中急需解决的重大技术难题之一。本书针对这些问题，详细地介绍了利用磁测技术预测煤系煤层中各种侵入体的工作方法及有关基础理论，如航磁资料电算处理、区域异常与局部异常的有效分离、航磁数据数字图像处理技术、高精度磁测的野外工作方法和资料整理方法，以及煤矿区岩浆侵入体引起的磁异常的定性与定量解释问题等内容。(宋德淑)

T000052 **矿井建设施工优化设计** 朱柏石等著。东北大学出版社 1993 年 12 月版。42.4 万字。13.80 元。探讨了矿井建设施工各阶段主要技术决策问题的优化设计方法。包括：矿井准备工作的合理安排，矿井建设工程总体施工最优方案的选择，井巷工程施工时间的具体安排，竖井施工方案的合理选择，竖井施工机械化配套最优方案，凿井设备布置的最优方案，建井提绞改装系统的最优方案，平巷掘进综合机械化配套方案选择，斜井施工设备的最优配套方案，用 0-1 规划方法确定矿区建设总体最优方案。(刘淑芳)

T000053 **河东煤田晚古生代聚煤规律与煤炭资源评价** 桂学智主编。山西科学技术出版社 1993 年 12 月版。32.7 万字。15.00 元。“七五”I 类研究项目《鄂尔多斯盆地聚煤规律与煤炭资源评价》子项目的研究成果。汇集河东煤田历次的勘查及研究成果，应用现代盆地分析方法，以煤的形成过程为基础，划分沉积总体、沉积体系域、聚煤事件、沉积幕、构造序及成因类型，按陆源碎屑岩、煤和碳酸盐岩的形成“时差”，研究各个沉积幕的聚煤古环境。指出研究区含煤岩系是在一个古海湾的背景上充填演化而成的。书中逐层研究了主要可采煤层的煤体形态、煤质和煤岩特征。从盆地整体研究煤的形成环境，并在沉积体系域的背景上，总结其聚煤模式，建立了受前期陆源碎屑制约的碳酸盐沉积模式。此外还应用“多层次百分赋值法”，评价了区内的煤炭资源。从开发利用角度研究了优质富煤带的分布范围，从开采技术条件、经济效益等方面进行了综合评价。(闫文凯)

T000054 **煤矿安全评价与安全信息管理** 曹庆贵编。中国矿业大学出版社 1993 年 12 月版。28 万字。9.80 元。运用系统工程理论对煤矿安全进行系统分析、评价的专著。第一至六章介绍安全系统工程的基本原理和基本方法，包括事故理论、安全检查表、事故树分析、事件树分析和伤亡事故的统计分析等;第七至十二章介绍安全系统工程在煤矿中的两种主要应用方法:煤矿安全信息管理和煤矿安全评价。阐述煤矿安全评价方法的研究和应用工作,对煤矿安全评价方法的分类以及各类安全评价方法的研究步骤、适用范围和实施措施等作了详细的叙述。附录中列有:采煤工作面安全评价表;掘进工作面安全评价表;采煤工作面顶板事故安全评价表及计算基础分值的层次分析法应用程序。(陈玉和)

石油、天然气工业

T000055 **计算机图形学及其在石油工业的应用** 赖茂宏著。石油大学出版社 1993 年版。32.5 万字。主要分基础和应用两部分,基础部分介绍计算机图形学基本算法,其中包括点、直线、曲线、曲面算法,还有三维图形、坐标变换、裁剪、消隐、明暗处理以及光栅图形和真实感显示的基本知识;应用部分介绍图形系统的接口技术、常用的图形软件系统、石油地质图件的绘制、石油机械工程图的绘制等绘图技术。(宋秀勇)

T000056 **钻井液优化设计与实用技术** 鄢捷年、黄林基著。石油大学出版社 1993 年版。42.1 万字。10.00 元。分 6 章,第一章概括介绍钻井液类型、选型原则以及对各种性能的重要控制原理;第二、三、四章分别对目前应用广泛的聚合物钻井液、抑制性钻井液和油基钻井液作了全面而系统的讨论;第五章重点介绍钻井液固控工艺、钻井液中各种固相含量的确定以及固控的经济分析;第六章介绍钻井过程中储层的损害机理和油气层保护技术。其中固控技术和保护油气层技术反映了国际先进水平,特别是储层损害机理的论述,属国内首次系统阐述,大多数内容是作者科研得出的新成果。(何峰)

T000057 **原油流变性与测量** 罗哲鸣、李传宪著。石油大学出版社 1993 年版。18 万字。4.10 元。作者在广泛参阅国内外文献资料的基础上,结合多年从事原油流变性研究的工作实践、研究成果和教学经验编写而成。分 5 部分:流变学基础知识、流变性测量、原油的流变性、原油流动性能评价及测试和管输非牛顿原油的压降计算。(路庆良)

T000058 **石油化学** 陈绍洲、徐佩若编著。华东理工大学出版社 1993 年 1 月版。32.2 万字。12.50元。学术专著。系统地介绍石油化学的基本知识,内容包括石油化学组成、石油产品化学、石油组成分析、石油加工化学和石油化学品合成化学等 5 个方面。(徐汎)

T000059 **采油技术手册(修订本)第四分册** 副名:机械采油技术。万仁溥、罗英俊主编,沈秀通等编。石油工业出版社 1993 年 1 月版。82.5 万字。32.00元。汇集有杆泵(抽油机、抽油杆和抽油泵)、水力活塞泵、潜油电泵和气举等机械采油方式中大量的现场实用技术、资料和图表,并介绍了抽油井测试、诊断和优化设计等应用技术。(孙培国)

T000060 **汉英石油技术词典** 《汉英石油技术词典》编写组编。石油工业出版社 1993 年 1 月版。200 万字。33.00 元。内容包括石油地质勘探、地球物理、钻井工程、测井、开发、油藏工程、油气开采、储运、炼油和石油经济等专业词汇及相关学科和基础学科的词汇,共计 6 万余条。本书注意了收词的新、全、精,注意了各专业的系统性和完整性,也注意收集中国特有的技术术语,并按照有关自然科学名词统一的规定对词条做了一些正名、正字和正音工作。为了便于查阅,本书还附有检索字表。(蒋文贞)

T000061 **含油气区地下温压环境** 杨绪充编著。石油大学出版社 1993 年 2 月版。37.8 万字。9.00元。论述含油气区地下温度、压力、水动力环境及其与油气关系的专著。在阐述含油气区现今地温场的基础上,介绍利用各种地质温度计重塑油区古地温的原理和方法,包括固体有机质光学性质、磷灰石裂变径迹、矿物流体包裹体、粘土矿物及自生矿物等。并论述含油气区的地层压力及地下水动力环境,包括地下流体势分析、异常地层压力、盆地的地下水动力及古水动力环境等,并从几个不同的角度探讨了地下温压环境与油气的关系,阐述了该领域中近期研究动向和发展趋势。(王淑珍)

T000062 **油藏数值模拟基础** 韩大匡等编著。石油工业出版社 1993 年 2 月版。52 万字。13.00 元。系统论述油藏数值模拟的原理和方法,如给出主要渗流方式的数学模型、微分方程的离散化、线性方程组的解法和多相渗流问题的数值解法。论述了实际应用中应考虑的问题,并给出了模拟实例。(张书芹)

T000063 **测井原理与综合解释** 洪有密编。石油大学出版社 1993 年 3 月版。60 万字。6.10 元。与过去各种版本的测井教材不同的是:在电法测井中删掉了横向测井的内容。在单项测井方法中讲述了测井的原理,单项测井资料的应用;在声波、电法测井之后,介绍了纯岩石地层的评价方法,放射性测井方法,最后讲了测井资料处理和综合解释。书中还

包括了大量的、有启发性和实用性的思考题和练习题。(耿全喜)

T000064 **油气田开发地质基础** 黎文清、李世安主编。石油工业出版社 1993 年 3 月版。65.3 万字。12.20 元。分 18 章,包括地球、地质作用、矿物及岩石、古生物及地层、构造地质、沉积相、石油地质、油、气田勘探概论、油、气田地质研究、石油及天然气储量计算等。本书为石油高等学校教学用书《油气田开发地质基础》的第二版。除对原章节做了必要调整外,并增加了油气田勘探和构造地质以及在油、气田地质研究中对物探、测井、钻井资料的应用章节。(孔秀兰)

T000065 **油气田地面处理工艺(卷一)原油处理系统和设施设计** 陶世桢等译。石油工业出版社 1993 年 4 月版。36.6 万字。12.00 元。介绍原油的处理系统和设施设计的基本概念、理论和计算方法。共 13 章:采油设备的简介及选择、油流物性、采出液的两相和三相分离、原油和采出水的处理系统、管线压降计算、管线尺寸及壁厚的选择、泵的计算和选择以及工程项目管理等。(李丰)

T000066 **采油工程安全系统设计** 胡淑娟、刑瑞锋译。石油工业出版社 1993 年 4 月版。20.5 万字。7.00 元。主要阐述油田油气生产过程中防止井喷事故发生的安全系统设计。共 16 章,介绍安全系统的基础知识、阀、阀执行机构、导向阀、其他线路元件、控制线路、液压控制设备、井下安全阀和材料选择等内容。(李丰)

T000067 **汉哈石油词典** 新疆石油管理局编。民族出版社 1993 年 5 月版。40 万字。18.50 元。收入石油地质勘探,钻井,油田开发,石油矿物,地球物理测井,采油,油气水集输、处理和贮存、石油化工,石油机械及石油工业其他方面的常用名词术语近 2 万条。用汉、哈等两种文字出版,并注有拼音字母和少量的化学元素符号。每个词条均有汉语简化正名、汉语拼音和哈萨克语译文,并按汉语拼音字母顺序排列。地质矿物和化合物的选词及译文,均用国际通用的名词,同时对于部分名词根据化学成份译成哈语。某些译文用注释形式表达。书末附有"常用法定计量单位"、"地质时代及地层顺序表"、"准噶尔盆地地层分层表"、"烷烃的汉英俄哈对照名称"、"常用计量单位换算系数表"。(蔡锐坚)

T000068 **胜利油区地质研究与勘探实践** 王秉海、钱凯等主编。石油大学出版社 1993 年 5 月版。58 万字。17.50 元(精),12.50 元(平)。以大量的实际资料为基础,论述胜利复式油气区的区域地质、地层、构造、油气资源、储集条件和油气分布特征,对复式油气区油气聚集规律进行了详细论述。书末介绍了胜利油区勘探的艰难历程,对勘探方法和技术也作了简要的叙述。(王淑珍)

T000069 **石油工程减灾问答 100 例** 王优龙、张德元编著。石油工业出版社 1993 年 5 月版。10.9万字。4.00 元。分 7 章,分别介绍灾害与减灾、地震工程与地震减灾、工程抗震与抗震对策、油田开发诱发地震、地质灾害、气象灾害以及人为灾害的减灾实例与方法。(崔淑红)

T000070 **保护储集层技术** 张绍槐、罗平亚等著。石油工业出版社 1993 年 5 月版。60.7 万字。30.00 元。围绕储集层的损害和保护储集层各影响因素这一主线,全面阐述油气储集层在施工作业中为什么会受到污染损害和怎样才能使储集层得到有效保护这两个核心问题,从理论和实践上说明了一系列重要的概念、观点、机理、方法和措施。在概述国内外科技成果的同时,主要总结了中国石油天然气总公司油井完井技术中心近年在完成国家重点攻关课题中的成果和典型实例。(曹庆红)

T000071 **无损检测及其在石油工业中的应用** 马德岩等著。成都科技大学出版社 1993 年 8 月版。48 万字。14.50 元。作者系统地论述了无损检测的 5 种常用方法和 4 种新技术。内容包括超声检测、射线检测、磁粉检测、渗透检测、涡流检测、声发射检测、红外检测、微波检测和激光全息检测,并相应地介绍了这些方法和技术在石油工业中的应用和发展前景。(赖晓霞)

T000072 **钻井队长必读** 刘延庆、涂必城等编著。石油工业出版社 1993 年 8 月版。49.5 万字。15.00 元。作者紧紧抓住"优质、安全、快速、低耗"这一中心,突出质量与效益的观念,从生产、技术、设备、安全、环保、成本等方面,全面阐述了一名合格钻井队长所应具备的管理能力和技术素质。与已往钻井技术书籍和井队管理的书籍不同,本书针对钻井队长这一特殊的读者对象,既讲技术、更讲管理,以高水平的管理促进技术水平的发挥。(郭建强)

T000073 **油气田水文地质学** 杨绪充主编。石油大学出版社 1993 年 10 月版。29.4 万字。6.90 元。分 10 章,首先概述地下水在天然水中的地位以及地下水的起源、赋存、补给、径流、排泄等水文地质学基本问题;然后重点阐述地下水(及油田水)的化学组分及其形成、迁移和分类,引进了水文地球化学

平衡和同位素水文地球化学理论和方法;最后归结为油气田水文地球化学勘探问题。(王淑珍)

T000074 **保护油气层钻井完井技术** 李克向主编。石油工业出版社1993年10月版。135万字。40.00元。在全面总结中国各主要油气田“七·五”期间保护油气层钻井完井技术攻关科研成果的基础上,系统地介绍低压中渗透油田、低压低渗透油田、古潜山油田、含岩盐油田、碳酸盐岩气田和稠油油田等7种类型油气藏保护油气层的钻井、完井技术。这些技术包括油气层损害室内评价技术,油气层损害机理,油气层损害现场评价技术,钻井液、完井液、射孔液技术,平衡压力钻井与井控技术,保护油气层固井技术、射孔技术、酸化压裂技术。通过介绍7种类型储层特征与结构特点、油气层损害机理,找出与不同类型油气层特点相配伍的钻井液(射孔液、压裂液等),以及适合油气层特点的固井技术、完井方法、射孔技术、压裂酸化技术。在每种类型油气藏应用时,介绍了大量的实例,特别着重介绍了在每种类型油气藏应用时遇到的问题、解决办法和经验,以便大量推广。(张镇)

T000075 **扇三角洲模式** 王寿庆著。石油工业出版社1993年11月版。19万字。6.90元。从宏观到微观系统地研究了扇三角洲模式和沉积成因特点,重点论述扇三角洲沉积相、垂向层序、成岩演化模式、成岩圈闭、储层非均质性、储层评价、储层地质模型等。(张书芹)

T000076 **石油化工管式炉的模拟与计算机计算** 黄祖祺等编著。化学工业出版社1993年12月版。51万字。19.80元。针对管式炉的特点,介绍辐射传热、湍流流动、湍流燃烧、相态变化和反应等基本理论和模型,阐述炉膛内传热模型及管内原油、馏份、烃类的加热、蒸发及化学反应的模拟,例举了原油常减压加热炉,乙烷裂解炉和烃类蒸汽转化炉的计算机计算及其结果。本书作者还提供了罗波-伊万斯计算方法的源程序。(陈丽)

T000077 **钻井工程** 姜仁编。石油大学出版社1993年12月版。24.5万字。4.45元。非钻井专业用教材。简明扼要地叙述钻井设备及工具,岩石的机械性能,洗井液的性能及控制、功用和组成以及最新的钻井方法及洗井液性能的测定方法。让读者了解钻斜井时要用什么样的工具,如何控制井斜;如何控制油气井压力,地层中各种压力的产生及求取;如何固井,如何计算固井用水泥浆量,如何进行套管串的设计,套管柱下部结构的名称及各自的用途。如何打定向井,定向钻井的工具。20世纪80年代始大为发展的水平井的钻法。同时还叙述了中国的钻井史。(耿全喜)

T000078 **油藏评价和预测** 刘泽容等编著。石油工业出版社1993年12月版。22万字。12.00元。作者在东濮凹陷黄河南中央隆起带精细油藏描述研究成果的基础上,经过整理和提高,侧重论述了油藏描述新进展中的重要理论、技术方法及其应用成果。特别是在断块油藏构造应力场分析、RFT资料对沉积微相和油水层的判断、地震资料岩性解释、储层横向预测、井间参数预测和深层天然气藏AVO探测等方面有新的突破。其中勘探阶段油藏描述、开发早期油藏描述和滚动勘探开发阶段油藏描述方法对认识油藏地质规律和预测油藏的未知部分具有一定的指导意义。(王大志)

冶金工业

T000079 **黑色冶金工业标准汇编** 中国标准出版社第二编辑室编。中国标准出版社1992、1993、1994、1995年版。约1500万字。13册。丛书。汇集由国家技术监督局和冶金工业部批准发布的全部现行国家标准、行业标准、专业标准、部标准,按照《中国标准文献分类法》进行分类,以分册出版。各分册为:《钢铁产品分类、牌号及技术条件》、《钢板及钢带》、《钢坯、型钢及铁道用钢》、《钢管及铸铁管》、《钢丝及钢丝绳》、《钢铁及铁合金化学分析方法》、《生铁、铁合金及其他钢铁产品》、《金属材料物理试验方法》、《矿产品、原料及其试验方法》、《炭素制品及其试验方法》、《焦化产品及其试验方法》、《耐火材料及其试验方法》、《冶金机械设备》。在汇编中,编者根据国家技术监督局和冶金工业部的正式修改通知,对原标准中的技术内容错误和明显不妥之处进行了更正和修改。每分册后面附有现行标准和被代替标准名称和标准号对照以及标准水平等级表。对于经国家清理整顿后调整为行业标准的原国家标准,在书前目录中做出了相应的标示。(冯强)

T000080 **国际复杂镍矿矿冶学术会议论文集** 傅崇说等编著。万国学术出版社1993年版。469万字。120.00元。镍是国计民生和国家安全的一种重要的战略原料。中国已探明的镍资源,主要是含复杂成分的难选镍矿,有许多理论和技术问题急待解决。本文集包括大会报告7篇,地质和采矿13篇,选矿12篇,冶金34篇,环保、产品和应用等其他方面

9篇，共计75篇。(褚幼义)

T000081 **英汉双解钢铁冶炼词典** 张清涟编著。北京出版社1993年1月版。70.2万字。14.80元。包括矿物、采矿、选矿、烧结、耐火、炼铁、炼钢、轧钢、金属处理及基础科学方面的知识。涉及冶炼中选用的主要矿石、钢与铁的品种、冶炼设备、主要配料、步骤方法及术语；以及物理、化学、力学等有关名词、定律、物理性能、化学反应等。全书共收词目3000余条，采取英汉双解形式，对名词作了定义式解释，对冶炼方法、步骤作了扼要说明。(师淑凤)

T000082 **有色冶金原理(修订版)** 中南工业大学傅崇说主编。冶金工业出版社1993年4月版。45万字。4.90元。本修订版对全书的内容作了适当的增减，即将第一版的第一至第六章火法冶金过程原理部分内容予以删节，使其论述更加精炼；第七、八章湿法冶金过程原理在内容上作了调整，增加了离子交换和溶剂萃取内容；删去了第九章熔盐电化学部分(另课讲授)。本版补充了一些新的图表数据和习题思考题。全书按要求均采用了GB国家标准计量单位。(许广兴)

T000083 **贵金属冶金学** 姚玉田著。东北大学出版社1993年8月版。26.3万字。5.81元。根据冶金工业部《八五教材规划提纲》编写，系统地阐述贵金属——金、银、铂族(钌、铑、钯、锇、铱、铂)金属的物化性质、用途、原料来源和现代贵金属提取工艺理论、实践方法、生产设备。全书分两篇14章，第一篇为金银冶金，包括金银冶金概论，混汞法提金，氰化法的原理，氰化法工艺实践，氰化液中金银的置换及金泥的处理，吸附法提金，难浸金矿的处理，从有色冶金副产物中提取金银，金银精炼，从残料中回收金银。第二篇铂族金属的提取，主要介绍了从铜镍矿石中富集和分离铂族金属的基本理论及常用的工艺方法。本书既讲述了国内、国外的传统工艺，又介绍了新工艺、新设备和贵金属的再生工艺。(刘淑芳)

T000084 **有色冶金实验** 赵延昌主编。东北大学出版社1993年9月版。40.5万字。7.87元。根据1991—1995年冶金、有色高等院校本科教材出版规划编写。涉及有色轻金属、重金属、稀有金属、稀土元素、贵金属的有关实验内容，其方法有火法、湿法、萃取、熔渣性质等实验或测定，每个实验均有关于基本原理、实验仪器及实验装置、实验步骤等的论述和介绍。全书共49个实验，主要包括：硫化锌精矿氧化过程动力学，流态化冷模试验，氧化锌的还原蒸馏，炉渣熔点的测定，锌的电积过程，铜电解精炼，电位扫描法测镍阳极极化曲线，铝土矿苏打石灰炉料的烧结过程，脱硅时间对脱硅指数的影响，用差热分析方法测定氢氧化铝脱水曲线，铝熔盐电解中反电动势的测定，三层液法铝电解精炼，硅热法炼镁，碳热还原制取金属铌，火试金法等。(刘淑芳)

T000085 **冶金热力学** 吴长春主编。机械工业出版社1993年10月版。31.5万字。6.80元。为高等工科院校铸造专业(也适用于其他机械热加工专业)研究生(或本科生)选修课教材。分5章：统计热力学基础、溶液热力学、相图及相变热力学、界面热力学及化学反应热力学。各章均有习题。(王海峰)

T000086 **高炉铁合金冶炼** 吴宦善等编著。江西科学技术出版社1993年12月版。39万字。8.50元。收集自20世纪50年代以来这个领域特别是高炉冶炼锰铁方面的详实资料，包括高炉冶炼锰铁的基本原理、技术发展、原料准备、炉前作业、高炉内型结构、煤气净化、高炉冶炼锰铁计算、含锰矿石火法富集、环境保护、综合利用以及高炉冶炼硅铁、高炉冶炼硅锰合金、高炉冶炼铬铁、高炉冶炼含钒生铁等章的内容。(张幼敏)

T000087 **炉外精炼的理论与实践** 张鉴译。冶金工业出版社1993年12月版。61.3万字。26.40元。包括3部分内容：第一部分：炉外精炼的理论基础，介绍炉外精炼的热力学和动力学、模拟原理和搅拌方法以及最优化技术。第二部分：常用的炉外精炼方法，介绍AOD、VOD、ASEA-SKF、VAD、LF、RH和DH、钢桶吹氩、CAB和CAS-OB等方法。第三部分：主要钢种的精炼实践，介绍了不锈钢、轴承钢、结构钢的精炼工艺。(刘小峰)

T000088 **稀土处理钢手册** 余景生等主编。冶金工业出版社1993年12月版。55.7万字。36.00元。介绍稀土处理钢的一般情况、稀土在钢中的物理化学反应、钢的稀土处理工艺、稀土对钢的各种性能的影响、稀土在钢中作用的机理等，并且分钢种——介绍了中国现有的稀土处理钢的成分、性能、使用情况、适用范围以及相应的标准，对有些钢种还介绍了主要的生产厂家。(刘小峰)

金属学、金属工艺

T000089 **热轧带钢生产知识问答** 赵家骏编著。冶金工业出版社1993年版。34万字。18.00元。包括6章共245个问答，通俗地介绍热轧带钢生产

过程中的各种基础知识，包括概述、坯料与加热、粗轧、精轧、精整和热轧车间管理。(李培禄)

T000090　**初轧机改造技术**　刘天才主编。东北工学院出版社1993年1月版。38万字。16.10元。详细介绍中国首次成功地更换自改、自制的1150初轧机新机架，改造主传动为交-交变频装置时机械、电气、润滑、吊车等大量新技术、新工艺，并重点地介绍了1150初轧机的原始设计、运行状况及重点技术改造的形成与实施情况。(刘淑芳)

T000091　**铣床维修**　机床维修丛书编审委员会主编。上海科学技术出版社1993年1月版。12万字。2.60元。"机床维修丛书"之一。详细地阐述各类铣床的传动系统和主要部件结构。以X62W型万能升降台铣床为典型，着重介绍机械和电气部分的修理工艺和检验的标准和规范。同时介绍了常见故障及其排除方法。全书包括：铣床的传动系统和主要部件的结构，铣床的修理工艺，铣床的试验检查，铣床维护和常见故障及其排除方法，铣床电气大修理等5章。第一章介绍了铣床的用途、性能、结构及传动系统。其他各章阐述了铣床工作精度与几何精度的检验；各主要部件的拆卸与修理；机械、电气部分的维护和常见故障及其方法。其中介绍了许多机床维修技工的经验与方法——通过观察、测量等手段分析故障的成因，然后采用合理的调整、更换或修复等方法来排除故障。(史全富)

T000092　**锻压手册**　中国机械工程学会锻压学会编。机械工业出版社1993年1月～9月版。550万字。193.00元/套。分3卷，第一卷锻造，245万字，共8篇。按工艺流程安排，第一篇为锻造前的准备，其中包括锻造用原材料、加热、力学分析、摩擦与润滑等。第二至八篇重点介绍自由锻、锤上模锻、压力机上模锻、特种锻造和回转锻造的特点、分类、工艺设计以及锻件的精整、热处理及质量控制、技术经济分析、安全技术和环境保护等内容。第二卷冲压，约130万字，共9篇，主要内容为冲压工艺基础、冲裁、弯曲、拉深、胀形、翻边、成形、特种成形等工艺及冲模设计、工艺过程设计、自动化、安全技术。第三卷锻压车间设计，约140万字，共9篇。包括液压机、曲柄压力机、锻锤、螺旋压力机、旋转成形设备、下料设备、辅助设备及加热设备。主要介绍了这些设备的原理、性能、型号及规格、选用原则、安装使用、维修保养及安全技术等。(刘彩英)

T000093　**机床维修丛书**　机床维修丛书编审委员会编。上海科学技术出版社1993年1月至1993年10月版。共4种：《车床维修》、《铣床维修》、《刨床维修》和《磨床维修》。丛书详细地阐述了各机床的种类、用途、性能、主要部件结构和传动系统。并以典型的车床(CA6140)、铣床(X62W)、刨床(B6050)、磨床(M1432A)为例，着重介绍了在大修时的工艺规范，行之有效的各种修理方法，标准合理的检测精度的手段。而且对上述4种机床可能遇到的机械和电气部分的故障及其排除方法作了较详尽的分析。其中介绍了许多机床维修技工的经验与方法——通过观察、测量等手段分析故障的成因，然后采用合理的调整或修复等方法来排除故障。(史全富)

T000094　**现代热轧板带生产技术**　韩尧坤等译。东北大学出版社1993年3月版。87.4万字。35.00元。是反映国外热轧带钢生产最新进展的译文集。全书分上、下两册，共收入译文50篇。注意从冶金技术、自动化技术、检测仪表、计算机控制、机械设备、液压系统等不同的侧面反映热轧带钢生产总体技术的进步。选录了有实用意义的理论研究和反映实际生产规律的实验研究的译文。编排次序，按加热、粗轧、精轧、冷却、卷取这样的实际工序排列译文，注重了全书的整体性和系统性。(郝蕴卿)

T000095　**金工实习**　金禧德等编著。高等教育出版社1993年3月版。39万字。7.90元。大专教材。主要依据1991年国家教育委员会审定通过的《高等学校工程专科金工实习教学基本要求(机械类专业适用)》编写。内容包括：实习基础知识、钳工、车工、铣工、刨工、磨工、铸工、锻工和冲压工、焊工及热处理工。每个实习工种分3部分内容，即实习目的和要求、实习安全技术和实习课题。实习课题以操作为主，包括基本知识、实习操作及操作要点、综合作业及复习思考题，有些课题还有教师演示。其中，基本知识介绍各种加工方法的实质、特点和应用，主要设备的工作原理及组成，常用工具的结构及与该课题有关的加工工艺知识；实习操作及操作要点主要对学生提出明确的操作要求，并对操作内容作详细介绍。(杨宪玲)

T000096　**车床维修**　邵国清等著。上海科学技术出版社1993年3月版。9.8万字。2.20元。"机床维修丛书"之一。由上海市机电工业管理局、上海市机电设备管理协会、上海市机电设备维修协会等有关单位和部门的一些领导和行家组成丛书的编审委员会，邀请上海机电机修总厂所属企业部分工程师、高级技工以及本市机修行业的知名同仁编写和审稿。本书对车床在大修时规范的工艺顺序，行之有效的维修方法，标准合理的检测手段，作了较系统的介绍，并对车床可能遇到的故障及排除这些故障的方法作了较详尽的分析。全书内容包括：车床的传动与构造；CA6140 型车床的修理；CA6140 型普通车床质量检验规范；车床故障分析和排除。（汪麟）

T000097 **互换性与测量技术基础** 赵卓贤、董树信等著。西安交通大学出版社 1993 年 3 月版。37.3 万字。7.90 元。分互换性的基本概念、几何量测量技术基础、几何参数误差与公差、典型结合的互换性、量规设计基础、渐开线圆柱齿轮传动的互换性、尺寸链基础、质量控制基础等 8 章。（高民军）

T000098 **稀散金属手册** 周令治主编。中南工业大学出版社 1993 年 3 月版。77.6 万字。25.00 元。稀散金属是高新技术材料中的支撑材料。根据本书作者长期从事稀散金属研究的经验，参考了从 1954 年至 1992 年间大量的英、俄、日、中文的专著及期刊资料编写而成。阐述了稀散金属的发展史、地质矿产、产销商情、物理与化学性质、选矿及提取冶金、用途、分析环境生态等。共 6 章，有 500 幅插图，700 多个表格，1000 多个反应式，300 多篇参考文献。是稀散金属领域重要的参考工具书。（童芳远）

T000099 **金属切削机床（下册）** 顾熙棠等著。上海科学技术出版社 1993 年 4 月版。38.6 万字。4.90 元。高等院校教材。主要内容为金属切削机床设计与计算的基本原则、方法及最新进展。它与内容为机床的基本原理和构造的《金属切削机床》（上册）相配套。全书包括：绪论，机床总体设计，主传动设计，进给传动设计，主轴组件设计，支承件设计，导轨设计，控制系统设计等 8 章。绪论介绍了设计机床的基本要求、方法和步骤。机床总体设计阐述总体设计方案的拟定，主要技术参数的确定。传动设计介绍了主传动的运动设计和结构设计，同时介绍了进给传动的特点，数控机床进给传动及其运动部件，机床内联系传动链设计。主轴组件设计较详细地介绍了主轴组件的布局、结构和计算等。支承件设计叙述了支承件动、静态特性，结构设计与计算。导轨设计介绍了各滑动导轨的设计、计算和各类导轨的特点。控制系统阐述了控制系统的功用，各种操纵机构的原理与设计，各类控制系统的设计。（史全富）

T000100 **轧钢机械理论与结构设计** 北京科技大学邹家祥、施东成主编。冶金工业出版社 1993 年 4 月版（上册），1993 年 11 月版（下册）。137.4 万字。上：8.15 元，下：11.85 元。上册主要介绍轧钢生产工艺及设备配置、轧制工艺参数及力能参数、轧钢机主机座和主传动的主要零部件结构与计算方法、轧钢机机座刚度、厚度自动控制与板型控制、轧钢机的扭转振动及垂直振动、钢管设备。下册主要介绍轧钢机械电力驱动、剪切机械（剪切机、锯切机和飞剪机）、矫正机、卷取机、运输翻转及收集捆轧机械、连续作业精整机组。（王秋芬）

T000101 **金属结构** 太原重型机械学院徐克晋主编。机械工业出版社 1993 年 5 月版。54.6 万字。6.10 元。是 1982 年出版的《金属结构》的修订本，系统介绍起重机金属结构的载荷、强度、刚度和稳定性的计算方法及研究成果。全书分两篇 12 章。上篇介绍机械金属结构的应用、材料选择、载荷计算以及基本构件的设计原理和计算方法；下篇介绍起重机桥架、门架、臂架和塔桅等典型结构及其设计方法。修订内容：介绍新的材料牌号及型钢规格、《起重机设计规范》（GB3811-83）有关内容、起重机动载系数及动刚度分析、压弯构件的精确计算、结构动态分析的质量换算、高强度螺栓联接瞬心计算概念、工字钢和箱形梁翼缘板的局部弯曲应力、桁架弦杆的整体弯曲、桥架水平刚架的精确计算、门架支腿整体稳定性计算长度系数、箱形伸缩式臂架、小车变幅臂架拉索的合理吊点位置以及塔架扭转分析等；删除了铝合金、各国材料对比、结构断裂计算、开口板的应力、梁的约束弯曲和约束扭转的理论分析、空腹桁架式桥架、钻井井架结构以及金属结构优化设计概述等内容。（赵爱宁）

T000102 **几何量公差与检测** 甘永立主编。上海科学技术出版社 1993 年 5 月第三版。41.5 万字。5.20 元。由机械工业部部属高等院校“几何量公差与检测”课程协作组组织编写。采用中国新的公差标准，并以减速器的主要零件各项公差的确定为例，编写严谨，适合教学。1985 年出第一版，以后每隔 4 年新版一次。配备相应辅助教材——试题习题集和实验指导书。（王纯之）

T000103 **铸造手册（第 2 卷，铸钢）** 丛勉等编。机械工业出版社 1993 年 6 月版。88.6 万字。40.00元。有绪论，基本知识，铸钢分类，一般工程与结构用铸造碳钢和高度钢，铸造中、低合金钢，铸造不锈钢与耐热钢，铸造耐磨钢，铸造特殊用钢及专业用钢，铸造用钢的熔炼，铸造用钢的炉外精炼，铸钢件的热处理，铸钢件的质量检测，铸钢件购买指南等 13 章。分别介绍了铸钢工业的发展，铸钢件的优点及应用；钢的金相和热处理、合金化、影响铸钢性能及各种熔炼方法的基本知识;铸钢的分类、中国及主要国家铸钢标准表示方法;各类铸钢的中国及主要国家的标准、成分、性能及金相组织;各类铸钢的熔炼用原辅材料,碱及酸性电弧炉、直流电弧炉、感应电炉及平炉炼钢工艺,钢的浇注;炉外精炼工艺种类及特点,原辅材料,各种精炼方法;铸钢件热处理方法、特点、工艺、常用设备及常见缺陷的防止;铸钢件金相组织、化学成分及各种性能的检测方法;附录中给出了铸钢及熔炼常用的数据资料。(余茂祚)

T000104 **铸造手册(第5卷,铸造工艺)** 姜希尚等编。机械工业出版社1993年8月版。138.8万字。68.00元。有绪论,铸造工艺设计基础,铸造工艺设计,铸造工艺装备,铸件的落砂、清理及后处理,铸件缺陷分析及铸件质量检验、铸造工艺新技术等7章。分别介绍了铸造工艺国内发展情况及趋势;液态金属充型的力学及能力与相互作用,铸件凝固、收缩、气体及夹杂;铸件结构设计,造型方分类及特点,工艺方案、工艺参数设计,砂芯、浇注系统、冒口、冷铁设计,砂型(芯)烘干,铸型装配及工艺图设计,设计实例;模样、模板、芯盒、砂箱等工艺装备;落砂除芯,浇冒口等去除,表面清理,铸件矫形、修补、内应力消除及防锈涂装等;各类铸件缺陷分析及防止方法、铸件的质量检验与评定方法;凝固过程计算机数值模拟、实型铸造、悬浮铸造、真空密封造型等新技术。(余茂祚)

T000105 **磨床维修** 刘阿根等编著。上海科学技术出版社1993年8月版。10.9万字。2.50元。"机床维修丛书"之一。由上海市机电工业管理局、上海市机电设备管理协会、上海市机电设备维修协会等有关单位和部门的一些领导和专家组成丛书的编审委员会,邀请上海机电机修总厂所属企业部分工程师、高级技工以及本市机修行业的知名同仁编写和审稿。本书对磨床在大修时规范的工艺顺序,行之有效的维修方法,标准合理的检测手段,作了较系统的介绍,并对机床可能遇到的故障及排除这些故障的方法作了较详尽的分析。全书内容包括:外圆磨床的传动机构,M1432A万能外圆磨床大修理,M1432A万能外圆磨床检测规范,M1432A万能外圆磨床的故障与排除,M1432A万能外圆磨床电气大修理。(汪麟)

T000106 **实用防腐蚀技术** 张九渊等编著。浙江大学出版社1993年8月版。25万字。12.00元。作者结合在教学、科研与生产上的实际经验,重点阐明在理论指导下的实用防腐蚀应用技术。全书分为7章:金属腐蚀概论、耐腐蚀金属材料、耐腐蚀塑料设备、耐腐蚀玻璃钢设备、硅酸盐耐腐蚀材料及砖板衬里、防腐蚀涂料和工业水处理技术。(董德耀)

T000107 **铸造技术数据手册** 北京市机械工程学会铸造专业学会编。机械工业出版社1993年9月版。81.4万字。45.00元。内容包括熔炼铸造合金用的各种原材料;铸钢、铸铁及有色金属的熔炼;造型材料;砂型铸造工艺;特种铸造;铸件质量;环境保护等方面的数据。书后附有美国、日本有关铸铁、铸钢的最新标准摘要。(劳瑞芬)

T000108 **磨料磨具技术手册** 孟庆辉、李印江主编。兵器工业出版社1993年10月版。237万字。120.00元。是中国磨料磨具工业公司组织国内30多位专家,经过5年多的艰苦细致工作编写而成的。全书包括超硬磨料(材料)磨具、普通磨料磨具、硅碳棒和磨具选择(磨削)4大部分,分为刚玉磨料、碳化硅磨料、陶瓷磨具、树脂磨具、橡胶磨具、涂附磨具、硅碳棒、超硬材料合成、超硬材料制品和磨具选择10个篇目。全面总结了中国50年来的磨料磨具生产实际经验,并吸收了国外资料中有关内容,是建国以来第一部专门介绍磨料磨具技术的手册。(张凤英)

T000109 **模具制造工人技术培训教材** 机械电子工业部编。机械工业出版社1993年10月版。80万字。7册。内容包括中国模具企业在生产中采用的先进、典型结构、参数和图表以及生产装备和工艺技术;同时注意了基础知识的系统性和广泛性,紧密结合模具生产技术,介绍了机械、电工、电子及计算机应用、压力加工、机床与工具、数学和制图方面的基础知识。本套教材包括:《模具钳工工艺学》、《模具材料与热处理》、《模具结构与设计基础》、《模具常用机构与机械基础》、《模具制造工艺和装备》、《模具公差与检测》、《模具制造电气基础》。(董无岸)

T000110 **刨床维修** 机床维修丛书编审委员会编。上海科学技术出版社1993年10月版。10.4万字。3.00元。"机床维修丛书"之一。内容包括:刨床的传动与构造,B6050型刨床的修理,B6050型普通刨床质量检验规范,牛头刨床一般故障分析和排除。书中对刨床在大修时规范的工艺顺序,行之有效的维修方法,标准合理的检测手段,作了较系统的介绍。(魏红)

T000111 **有色金属及其热处理** 张宝昌等编著。西北工业大学出版社1993年10月版。25.3万字。5.14元。对有色金属中用量最大,使用最广的铝、镁、铜、钛及其合金作了系统、简明的讲解，讨论了它们的合金化原理、性能与其成分及热处理之间的关系和有关理论，还对1975年以来迅速发展，并日益显示其重要性的形状记忆合金作了简明介绍。本书是在作者于70年代末编写的《有色金属及其热处理》一书(1981年由国防工业出版社出版)的基础上重新编写而成的。与原书相比，本书除保留了原书最重要的内容外，还增添了大量反映最新研究成果的新内容，并大幅度压缩了篇幅。(刘红)

T000112 **轧制过程数学模型(修订版)** 武汉钢铁学院杨节主编。冶金工业出版社1993年10月版。35.4万字。7.10元。对轧制过程数学模型的建立及其应用作了论述，特别是较全面地介绍了统计型数学模型的建立方法和连轧过程的动静态分析，包括实验组织，模型结构选择，模型识别和参数估计的数学方法，提高模型精度的自适应算法，连轧过程仿真。删去了第一版中的Roberts压力理论和Файнбрг前滑理论，增补了刚度模型和动态模型的自适应内容。计算机程序全部用PC BASIC或Turbo BASIC语言编写。(宋良)

T000113 **钢的过冷奥氏体转变曲线图集** 张世中编著。冶金工业出版社1993年10月版。35.4万字。436幅图。24.00元。由两部分组成。第一部分简要介绍测量钢的过冷奥氏体转变曲线所使用的方法和设备、采用膨胀法测量CCT曲线的几个问题和过冷奥氏体转变曲线的应用。第二部分是本图集的重点，收集了作者所在单位1973年至1993年的20年间研制和生产的约90个钢种的82条CCT曲线图及其典型金相组织图和41条TTT曲线图。每个钢种给出了其牌号、化学成分、原始状态和奥氏体化状态条件，以及奥氏体转变曲线和此钢种在不同状态下的金相组织。(张卫)

T000114 **有色金属材料学** 中南工业大学谭树松主编。冶金工业出版社1993年10月版。24.8万字。5.20元。扼要介绍金属材料的一般强化原理、合金的铸造性能、加工性能和抗蚀性能与成分、组织的一般关系，然后介绍铝、铜、钛及钨钼等结构材料，并简要介绍了轴承合金。功能材料方面只介绍形状记忆合金、储氢材料及减震材料。(刘冀琮)

T000115 **铝锂合金** 郑子樵主编。中南工业大学出版社1993年10月版。46万字。10.00元。是1993年10月召开的第二届全国铝锂合金研究讨论会的论文集，收论文71篇。内容包括铝锂合金的合金化原理与工艺，铝锂合金的微观结构及其性能，变形与断裂，快速凝固与粉末冶金原理与工艺，铝锂合金的熔铸、加工和超塑性，疲劳和腐蚀，焊接，铝锂基复合材料以及合金应用等。(周丽)

T000116 **金属切削原理** 华中理工大学陈日曜主编。机械工业出版社1993年10月第二版。35.9万字。10.60元。根据1990年新教学大纲，在1985年出版并已重印的《金属切削原理》基础上修订而成。全书分绪论、基本定义、刀具材料、金属切削的变形过程、切削力、切削热和切削温度、刀具磨损破损和刀具耐用度、材料切削加工性、切削液、已加工表面质量、刀具合理几何参数选择、切削用量制订以及磨削等部分。新增内容有非金属材料的切削加工性、切削力的计算机辅助测试和预报、刀具耐用度分布、金属切削数据库、加工自动化及柔性化对切削用量选择的影响及金刚砂轮的磨损等。(高文龙)

T000117 **现代焊接技术手册** 曾乐著。上海科学技术出版社1993年11月版。243.1万字。88.00元。分12章。第一章及附录汇集焊接技术人员必需的最新标准、计算公式及情报信息等；第二章为焊接方法与设备；第三章为焊接材料；第四至六章叙述各种材料的焊接工艺；第七、八章阐述焊接力学和设计；第九、十章介绍焊接生产和质量管理；第十一章主要介绍新兴的精密焊接；第十二章列举21项焊接工程实例，扼要阐述其重要焊接件的施焊方法。(汪麟)

T000118 **计算机辅助孔型设计** 北京科技大学鹿守理主编。冶金工业出版社1993年11月版。30万字。6.10元。高等学校压力加工专业教材。(宋良)

T000119 **轧钢工艺与节能技术500问** 杨宗毅等主编。河北科学技术出版社1993年12月版。26万字。7.00元。分两部分，第一部分为轧钢生产工艺与设备的基础知识；第二部分为轧钢生产的专业技术，包括型钢生产、钢板生产、钢管生产。全书主要讲述了生产过程中工艺事故的预防与处理；生产过程中设备事故的预防与处理；产品缺陷的预防与消除；设备安装与操作中的经验和注意事项及提高产品质量、产量、降低成本的途径。(王浩荧)

T000120 **贵金属合金相图第一补编(中英文)** 何纯孝等编著。冶金工业出版社1993年12月版。52.6万字。33.50元。是《贵金属合金相图》(中英文)(冶金工业出版社1983年版)的续篇。本书编入1976—1985年底前收集到的国内外新增加或对原相图进行修订的相图380个体系，641幅图，按二元系、三元系和四元系分类编排介绍；书后的附录还收入了1765个贵金属合金的二元和三元化合物及它们的结构和晶格常数等数据。为了便于与1983年版内容对照，本书目录中还分栏给出了1983年版的目录。(张卫)

机械、仪表工业

T000121　**第三届国际流体传动与控制会议论文集(英文版)**　路甬祥等编。万国学术出版社1993年版。137万字。215.80元。国际流体传动与控制会议为一连续性国际会议，每4年一届。本书收集了在第三届会议上发表的论文133篇，内容反映了4年来在流体动力传动与控制的研究及应用方面所取得的成就。全书内容分9大类，各个分类的名称为：基本研究，液压元件，液压装置与液压系统，计量、可靠性、控制以及故障识别，控制技术，液压传动中的计算机，噪音与振动，气动装置，工业应用。这些内容所涉及的流体技术的应用领域有：生物医学，空间技术，微电子工程，海洋工程，汽车工业，结构加工机械，塑胶加工机械，压力加工与锻压机械，机床以及加工自动化等。所涉及的技术包括：流体技术的最新控制法，新材料，新结构，故障识别及控制，环境保护，流体元件与流体系统的动力特点、动力性能的改进等。(柴云龙)

T000122　**中国国家标准分类汇编　机械卷**　中国标准出版社编。中国标准出版社1993年版。共3729.4万字。26册。42.00元/册。汇集至1991年底批准发布的全部现行的机械类国家标准，按二级类类别排列，共2538项。同时，随着中国标准化事业的发展和与国际惯例接轨，1993年国家技术监督局对现行的国家标准进行了清理整顿：将国家标准的使用性质划分为强制性和推荐性，部分国家标准转为行业标准，少量国家标准废止。本汇编各分册的附录，逐一标明了该分册的每一项标准的使用性质。(周俞斌)

T000123　**机械零件**　郑志祥、刘天一主编。高等教育出版社1993年1月版。39万字。5.55元。根据国家教委1991年批准的《高等学校工程专科机械零件课程教学基本要求》编写，包括总论、联接、机械传动、轴系零件等内容。(马盛明)

T000124　**实用机械零件手册**　本书编写组编。广西科学技术出版社1993年1月版。127.3万字。14.40元。以高等工科院校机械类专业《机械零件》课程教学要求为基础，收入课程学习和设计必需的各种资料数据。内容包括：机械制图、一般标准和规范、材料、公差配合、形位公差与表面粗糙度、螺纹及紧固件、键和销连接、齿轮传动、蜗杆传动、三角胶带传动、套筒滚子链传动、轴、滚动轴承、滑动轴承、联轴器与离合器、润滑、减速器、异步电动机、常用资料和数据。其中已收入80年代新颁国家标准，插图均按新制图标准绘制。(马如海)

T000125　**实用机械工人技术问答1500题**　本书编写组编。内蒙古人民出版社1993年1月版。157.7万字。38.00元。内容包括：机械制图、公差配合与测量，机构与零件、金属切削原理及刀具、金属切削机床、液压传动、夹具、铸造材料及热处理技术，机械加工工艺(车、铣、刨、磨、钻、钳)，微机应用技术以及特种工艺等。(郭巨珍)

T000126　**机械设计手册**　成大先编著。化学工业出版社1993年1月—12月第三版。1 277万字。275.00元。共5卷。第一卷为一般常用设计资料，机械制图、公差、配合与表面粗糙度，材料和机构。第二卷主要介绍联接与紧固，轴及联轴器、离合器、制动器、滑动轴承和滚动轴承，起重运输机械零部件，管件、操作件及小五金，润滑、密封和弹簧。第三卷主要介绍螺旋传动、摩擦传动，带、链传动，齿轮传动，多点柔性传动、谐波传动，减速器和变速器，机械振动控制与利用，机架结构计算。第四卷主要介绍液压和气压传动，液压控制系统设计。第五卷主要介绍机电一体化，常用电机及电器。第三版保持了第一版和第二版的“实用、可靠、齐全和便查”的特点，全面采用法定计量单位，新增机械设计最新标准和技术成果，新增内容约占1/4。(任文斗)

T000127　**机电一体化控制技术与系统**　周祖德、唐泳淇著。华中理工大学出版社1993年2月版。20万字。分7章，介绍机电一体化控制技术与系统的有关问题，既有基础理论，又有工程范例；既注重先进技术及其发展，又着眼于中国当前的国情。主要内容有：机电一体化的基础技术(如检测与传感、驱动等技术)；机电一体化的典型设备与系统(如可编程控制器、工业机器人、柔性制造系统、计算机集成制造系统等)；保证机电一体化系统可靠运行的技术(如监控、故障诊断与容错技术等)。(刘继宁)

T000128　**机械制图(修订本)**　虞洪述主编。西安交通大学出版社1993年2月版。68万字。根据全国自学考试指导委员会审定的机械类专业《机械制图自学考试大纲(修订本)》编写的。内容主要包括画法几何、制图基础和机械图3个部分。修订本保留了第一版的体系和便于自学的特点:如在制图理论基础中突出特殊位置,着重作图的分析方法;文字叙述通俗易懂;保留各章的自学指导内容;有足够数量的习题和作业,习题集末附有题解等。修订本还加强了立体投影的基本作图,增补了视图表达方法综合应用的内容;各章节更换了部分典型例图。书中文字阐述根据解题分析思路作了较为全面的修订和补充;凡涉及国家标准的内容均根据最新颁布实施的有关标准作了较全面的修订;对自学指导的内容根据几年来教学实践情况作了相应修改;根据自学考试大纲(修订本)的要求,增写了计算机绘图简介。(虞洪述)

T000129 **机械工程测试技术** 周生国主编。北京理工大学出版社1993年3月版。60.1万字。6.60元。介绍机械工程测试技术中的3大部分内容。基础知识部分包括信号特性分析,测试系统的基本特性,误差理论与数据处理;测试系统部分包括各种传感器原理与测量电路,电测记录仪,光测技术和测试系统设计;参数测试部分包括压力、力和应力,位移、速度和加速度,温度等参数的测试技术,以及微型计算机在测试技术中的应用。本书着重介绍测试技术的通用部分,适当照顾兵器测试的某些特点和测试参数。(余世芳)

T000130 **机械优化设计** 马履中编。东南大学出版社1993年3月版。27.6万字。7.50元。兼顾优化理论和工程的实际应用,并收入了一些较新的算法,如PHR增广乘子法、GRG广义简约梯度法、正交网络法、浮动随机计算点法等。在取材上既考虑了优化理论的深度、广度,又考虑了初学者学习的方便,着重阐明了各种方法的基本概念和几何本质。在应用方面反映了作者近年来的部分研究成果。书中列出的优化算法程序,可供读者在了解基本原理的基础上熟悉程序的编制方法并上机练习。有关各章还附有适量的习题。(赵小东)

T000131 **钟表史** 郭治编著。辽宁少年儿童出版社1993年3月版。14万字。3.10元。“科技小史系列”之一。分发光的钟、流动着的钟、摆动着的钟、从钟到表和时间争夺战等6大部分,较系统地介绍古今中外各类钟表的发展历史。书中配有一些较难得的实物图片。(刘铁柱)

T000132 **光学仪器信号转换技术** 王惠民著。北京理工大学出版社1993年5月版。46.2万字。4.85元。由光电、机电、模拟与数字转换和数字显示技术等篇章组成。集光学、机械、电子和微机接口技术于一体。为光、机、电一体化仪器设计提供匹配与接口信号。教材按72学时教学内容取材。在总体上,系统地论述各类信号转换的原理,工作特性,误差分析,设计方法和参数选择。在内容编排上,既有光、机、电等明显的学科性,又有非电信息、电信息、数字信息等符合信号转换技术发展的认识规律。这种多学科多题材融于同一教材的处理方法,是作者1980年至1991年从事教学实践的经验总结。在教材中引进了作者3项部级科技进步奖的科研成果。(王惠民)

T000133 **简明实用机械手册** 上海市机械工程学会编。机械工业出版社1993年5月版。106万字。48.00元。选编常用的机械基本参考资料;机械制图;材料与热处理;公差配合与技术测量;简单而实用的机械零件和机械传动的设计计算;机械零件设计中最常用标准;常用的量具、刀具、夹具等基本类型、参数及标准,并列出了常用标准机床型号。这次修订,主要删去原书中过时的资料和标准,增加或更换新的资料和标准。特别是第一章到第六章,绝大部分内容和标准都进行更新和增补。书中原有的车、铣、刨、插、钻、镗、铰、磨、钳工和钣金工等加工工艺、特殊加工工艺的内容,也作了适当的调整和增补。(劳瑞芬)

T000134 **英汉双解现代机械制造技术词典** 郑本伟主编。大连出版社1993年6月版。214万字。95.00元。收集计算机辅助设计、计算机辅助制造、计算机集成制造、机器人工程学、无人工厂、办公室自动化、标准化工程、人机工程学、仿生学、生物机械工程学、计算机与电子技术、先进加工技术及现代工业管理等领域内的各种新词,共计1.5万条。所收词条全部为多字词条,按词条首字的汉语拼音及该词条汉字字数的多少来排列。(李然)

T000135 **教学仪器维修大全(第一册)** 王兴乃、罗栋国等编著。电子工业出版社1993年6月版。82万字。分4册。23.50元(平),28.00元(精)。主要介绍中学物理计量仪器和中学物理通用仪器。仪器品种按照国家教委1985年10月公布的《中学理科教学仪器和电教器材配备目录》中指定的仪器进行编写,既讲了仪器的结构和原理,也讲述了仪器的保养、检查和维修的方法。(孙延真)

T000136 **CAD/CAM在机械工业中的应用(修订本)** 赵汝嘉主编。西安交通大学出版社1993年6月版。28万字。9.30元。共6章,包括CAD/

CAM 技术的发展及其在机械工业中的应用;自动化生产中的数控技术及其应用;计算机绘图原理和方法;CAD 的原理,软、硬件组成及应用软件的开发;CAM 的原理,软、硬件组成,计算机辅助工艺设计和柔性制造系统;计算机辅助经济分析等。该书不仅系统地阐述 CAD/CAM 系统的原理和概况,还针对机械工程技术人员介绍机械设计与制造方面的 CAD/CAM 软件的开发方法和实例,包括作者在从事 CAD/CAM 研究中的部分有实用价值的成果。1989 年该书被机电部机械工程师进修大学指定为机电一体化工程专业本科段 CAD/CAM 课程教材。(赵汝嘉)

T000137　**机床液压传动与控制**　卢光贤主编。西北工业大学出版社 1993 年 6 月版。35.6 万字。3.76 元。以机床液压传动系统的工作原理、设计方法和正确使用为着重点,系统地介绍液压传动的流体力学基础理论;各种液压元件的工作原理、性能、特点和典型结构;以调速回路为主,介绍了常用基本回路的原理、性能和应用,以及几个典型液压系统和系统设计的方法与步骤,并以实例加以说明;最后用具体实例较详细地介绍了液压伺服系统动、静态特性分析的基本方法与步骤。(胡梦仙)

T000138　**新编机械设计手册**　蔡春源编著。辽宁科学技术出版社 1993 年 7 月版。244 万字。60.00元。分 27 章:常用资料和数据,计量单位和常用数学公式;机械制图;公差配合、形状与位置公差和表面粗糙度;机械工程材料;螺纹联接;键、花键、销连接;铆、焊和胶接;机械传动总论;带传动;链传动;渐开线圆柱齿轮传动;圆弧齿轮传动;锥齿轮传动;蜗杆传动;行星齿轮传动;轴;滑动轴承;滚动轴承;联轴器、离合器;减速器;摩擦轮传动和无级变速器;弹簧;起重件和操作件;润滑及密封;电器设备等。各章一般都包括下列内容:类型综合对比、设计(或选择)计算方法、材料的选择、各种结构的介绍、有关标准及规范、例题、图例、产品规格和生产厂家。(李逢秋)

T000139　**教学仪器维修大全(第二册)**　王兴乃、罗栋国等编著。电子工业出版社 1993 年 8 月版。74 万字。分 4 册。28.00 元(精),24.00 元(平)。主要从一、力学;二、振动和波、热学;三、静电和电流 3 个方面介绍中学物理专用仪器。仪器品种按照国家教委 1985 年 10 月公布的《中学理科教学仪器和电教器材配备目录》中指定的仪器进行编写,既讲了仪器的结构和原理,也讲述了仪器的保养、检查和维修的方法。(孙延真)

T000140　**机械零件设计手册(修订版)**　杨黎明等编。国防工业出版社 1993 年 8 月版。202.9 万字。72.90 元。共 6 篇:常用标准和资料、常用机构、通用零件、减速器、机械结构设计、机械设计,另有电机附录。修订版对第一版做了较大的充实和修改:贯彻了现行国家标准,包括常用材料、紧固件、V 带传动、联轴器、渐开线圆柱齿轮精度、锥齿轮和准双曲面齿轮精度、圆柱蜗杆、蜗轮精度等;为了使机械设计部分趋于完整,第二篇增加了机构的基本概念及分析方法一章和机械零件结构设计一篇。(周丽芬)

T000141　**最新机械基础标准应用手册**　罗仁如、李春秀著。江西科学技术出版社 1993 年 8 月版。34 万字。12.00 元。汇集公差与配合、形状和位置公差、表面粗糙度、普通螺纹、键与花键、齿轮及蜗杆传动、紧固件等机械工业基础标准的主要内容。每部分编集了应用实例和典型用例,特别注意对易混淆概念的澄清,对使用中易产生的错误及使用中应注意的事项、新旧标准的对照(对比)、代用或过渡措施、以及各项基础标准的选用等内容也予以介绍,力求突出实际应用方面的知识。(刘峰)

T000142　**润滑脂应用指南**　张澄清著。中国石油化学工业出版社 1993 年 8 月版。51.5 万字。14.80 元。作者们将长期在各行各业使用润滑脂所累积的经验和收集到的一些选脂、用脂等方面的有关技术资料,整理编写成书。反映了 90 年代初应用技术的发展水平,涉及了各行业使用的一般和特殊用脂,以脂的摩擦磨损润滑理论为基础,详述了脂的组成、使用条件和应用对象三者之间的内在联系。全书 14 章,包括有脂的组成和性质、分类和选择、供脂系统及其设备,还包括钢铁机械、铁路、汽车、精密机械、航空及船舶、工程机械、农机和石油钻机、轻纺、化工、水泥、采矿、电力、机床等用脂,以及脂的科学管理。(皮文超)

T000143　**阴影与透视**　朱育万、钱承鉴编著。高等教育出版社 1993 年 9 月版。45 万字。10.70 元。在阴影方面,除着重论述在正投影图中绘制阴影的原理和方法外,还讨论了在轴测图和透视图中的绘影问题。在透视投影方面,从基本理论出发探讨了点、直线、平面,以及它们的相互关系的透视规律,介绍了各种常用透视图的绘制和透视图中倒影、虚像的画法,以及由透视图重建三维信息的方法。为了适应计算机绘图的需要,书中还研讨了绘制透视图的矩阵变换方法。为了更好地认识透视投影的规律,书中在阐述了平面上的透视理论和方法之后，介绍了透视投影的基本定理和基本方程。最后，对柱面透视、球面透视和双心透视作了简要的介绍。（肖银玲）

T000144 **仪器分析** 石杰等编著。河南大学出版社 1993 年 9 月版。35.8 万字。8.00 元。内容包括：光学分析法、电化学分析法和色谱法，其中光学分析法主要介绍紫外及可见、红外、原子发射和原子吸收等方法，并简介了原子荧光及分子荧光法；电化学分析法主要介绍电位、电解和库仑、极谱法等；色谱法主要介绍气相法，并简介高效液相法；最后还介绍了核磁共振、质谱和化学发光法。（马尚文）

T000145 **流体动静压混合轴承及主轴** 余鸿钧编著。河北科学技术出版社 1993 年 10 月版。30 万字。13.50 元。"高新技术丛书"之一。共 8 章。第一章流体动静压概述，第二章基础理论，第三章精密阶梯形流体动静压轴承，第四章双排孔式液体动静压混合轴承，第五章无腔流体动静压混合轴承，第六章空气动静压混合轴承，第七章动静压主轴的制造与调整，第八章动静压主轴的使用与维修。该书总结世界先进的流体动静压混合轴承及其主轴开发、研究的成就，并系统论述流体动静压混合轴承的由来、分类、结构原理、基础理论、设计方法、机械结构、制造工艺、装配调整、使用维修、试验测试、结果分析等。（杜振杰）

T000146 **液压与气压传动** 左健民主编。机械工业出版社 1993 年 10 月版。41 万字。15.20 元。高等专科学校机械制造、机械设计、机电一体化、模具设计与制造等专业的教材。主要内容有液压传动基本知识、液压元件、液压基本回路、典型液压传动系统及其设计；气压传动基本知识、气源装置、气动元件、气动基本回路以及气动程序控制系统的分析和设计等。介绍了液压油的使用和抗污染知识、新型全端面配油轴向柱塞泵、液压马达的低速稳定性、节能回路等内容。（林松）

T000147 **起重运输机械可靠性** 顾必冲等著。人民交通出版社 1993 年 11 月版。32.6 万字。阐述起重运输机械可靠性的基本理论和以可靠性为中心的维修管理理论。书中系统地介绍了起重运输机械的可靠性、维修性特征量；作用在起重运输机械上的荷载；零部件的承载能力及零件的寿命和可靠性；以可靠性为中心的机械维修管理。此外还介绍了概率统计的数学基础知识和提高起重运输机械可靠性的途径。书中列举了各种例题以帮助读者对所学内容的理解。（陈民扬）

T000148 **计算机辅助机械设计** 王启义等主编。东北大学出版社 1993 年 12 月版。34 万字。6.70 元。以高等工科院校机械类专业 CAD 课程内容为基础，参考美国、日本等有关大学的计算机辅助机械设计教材，并总结编者多年教学和科研实践经验编写。书中介绍了计算机辅助机械设计的基本原理及其应用，主要内容有：总论、计算机图形系统、机械工程图计算机绘制、图形变换、参数几何学、实体造型、机械 CAD 数据处理、有限元分析与计算机仿真、机械优化设计、专家系统、机械 CAD 软件二次开发等。书后附有 Auto CAD 命令、dBASE Ⅲ 命令集。（刘振军）

T000149 **机械加工工艺设计实用手册** 张耀宸主编。航空工业出版社 1993 年 12 月版。332.9 万字。92.00 元。内容包括：工艺过程设计概论，设计资料选择，常用标准，常用材料，工艺路线制订，毛坯选择与设计，热处理与表面保护，工序设计方法，机械加工检测，常用结构要素的数字计算，金属切削机床与附件，金属切削的基本原理、加工方法、切削用量，刀具、夹具，数控加工与计算机辅助制造，有关的管理知识等。（黄苏桥）

T000150 **机械工人识图** 宁明栋主编。山西科学技术出版社 1993 年 12 月版。29 万字。3 册。12.00元。采取以图解意、图文相照的方式，介绍识读图纸的一般常识和方法步骤。既有典型的零配件图和综合装配图，还附有识图所涉及到的常用图例和数据。（谢一兵）

T000151 **机构设计** 傅则绍主编。石油大学出版社 1993 年 12 月版。30 万字。11.50 元。在 1988 年出版的《机构设计学》的基础上，根据本课程新的教学计划（60 学时）修订而成。内容包括：绪论、平面连杆机构、空间连杆机构、机器人机构、高副机构设计的理论基础、凸轮机构、组合机构和变异机构。（路庆良）

T000152 **光谱光度测量与标准** 李在清著。中国计量出版社 1993 年 12 月版。18.8 万字。8.00 元。分 5 章，从计量学观点较系统叙述光谱光度的术语、单位、传递标准；全面介绍吸收、反射、荧光测量的基本仪器、几何条件及其典型的方法；分析了引起光谱波长漂移和杂散辐射的原因及其检定方法。简要介绍液体与固体标准器的技术要求、制备方法及其光学特性。并附有大量图表。（陈艳春）

武器工业

T000153　**枪炮与火箭外弹道学**　宋丕极著。兵器工业出版社 1993 年 1 月版。56.8 万字。5.95 元。内容包括枪炮弹丸、火箭和航空炸弹的弹道计算和弹道特性分析。将枪炮外弹道学与火箭外弹道学融于一体,先统一建立运动方程,然后分别论述枪炮弹道与火箭弹道。前后所用符号及公式体系统一,而且对火箭弹道与枪炮弹道不同的特点随时进行对比分析。着重发掘静稳定弹和静不稳定弹这两类弹的运动规律的相同方面,用以加强两种类型弹道的内在联系。(周延民)

T000154　**爆炸与冲击动力学**　张守中编著。兵器工业出版社 1993 年 3 月版。76.7 万字。7.98 元。是《弹药与战斗部工程》系列教材之一,主要研究爆炸与冲击所产生的力学效应。作为专业理论基础教材,本书突出考虑了教材科学理论的系统性,每一个问题都是从基本方程入手,重点讨论在该条件下材料的状态方程或本构关系,然后在基本方程和材料状态方程的基础上展开对问题的研究。分 8 章,分别介绍爆炸与冲击的基本现象,爆轰波流体动力学理论,爆轰产物膨胀和初始冲击波,弹塑性应力波,三维弹性平面波,板、管对爆炸与冲击的动态响应,固体中的冲击波,超高速侵彻等内容。(吴简)

T000155　**世界武器博览**　张崇久主编。兵器工业出版社 1993 年 3 月版。15 万字。22.00 元。彩色图册。汇集世界主要国家的具有代表性的陆、海、空军武器,包括轻武器、火炮、导弹、坦克与装甲车辆、军用飞机、舰船、军用机器人等,共有彩色图片近 300 幅,图册中每种武器的图题除中英文对照外,还有国别、型号、主要性能、特点等文字介绍。(李翠兰)

T000156　**兵器冷冲工艺与模具设计**　孙镇和编。兵器工业出版社 1993 年 4 月版。29.3 万字。3.15元。根据原机械电子工业部兵器专业教学指导委员会制订的"兵器冷冲工艺与模具设计"教学大纲编写而成。主要介绍各种冲压工艺方法的基本理论、工艺计算与模具设计,即冲压成形基础知识——板料塑性成形原理,冲裁、弯曲、引伸、成形以及几个典型兵器零件的工艺方案制定举例。为适应军民两用生产特点,对变薄引伸工艺作了详细的介绍,并编入了作者的一些理论研究成果。(蒋昌群)

T000157　**武器与机械噪声及其控制**　谭兴良编著。北京理工大学出版社 1993 年 5 月版。20.8 万字。4.60 元。介绍有关噪声的声学基础知识,讨论一般机械噪声及其控制技术,包括机械噪声源及其控制,机械噪声的传播及其控制,消声器,还讨论研究了武器噪声及其控制技术,其中包括武器噪声源的分析,武器膛口气流噪声的控制技术,膛口消声装置及武器噪声防护等内容。(刘晓然)

T000158　**火炮测试技术**　徐长福编著。兵器工业出版社 1993 年 7 月版。40.4 万字。13.00 元。简要介绍有关火炮测试的理论,重点介绍其应用技术,火炮主要动态参数(应力、压力、弹丸速度、火炮部件的运动参数、炮口制退器效率、温度和振动等)的特性、测试目的、测试方法及测试系统的选定与正确使用、测试结果的数据处理与分析,并对测试系统的标定方法及其设备的使用作了较详细的介绍。(李翠兰)

T000159　**布雷弹射击效力评定**　刘怡昕等著。兵器工业出版社 1993 年 8 月版。21 万字。8.80 元。着重研究火箭炮和火炮布雷时的射击效力评定。全面系统地阐述地雷的现状及其发展;反装甲布雷弹、雷弹、杀伤布雷弹的射击效力及考虑对抗条件下雷场的效力以及布雷弹战术运用、射击指挥和战术技术论证等。例如:地雷在战争中的直接毁伤、精神威慑及反机动作用;各种地雷的构造及原理;外军机械、飞机、火箭、火炮等布雷系统介绍;探雷、扫雷器材;反装甲布雷弹的射击效力;发射误差分析评定射击效力的数值积分法、统计试验法及近似方法;毁伤程度的计算与分析;雷弹的作用原理;评定雷弹射击效力的数值积分法、统计试验法及近似法;杀伤布雷弹的射击效力评定方法;积极、消极对抗时的射击效力分析及评定方法;布雷弹的战术运用、射击指挥特点以及与其他武器配合使用的有关战技指标分析等。(蒋昌群)

T000160　**高等动力学及在弹箭设计中的应用**　杨越宁等主编。东北大学出版社 1993 年 8 月版。45.8 万字。16.00 元。在理论力学的基础上,对动力学的几个重要分支做了较全面的阐述,并将有关理论应用到弹箭设计中。分 6 章,第一章至第三章分别介绍分析力学基础、相对运动动力学和刚体动力学的基本理论及分析方法;第四章介绍运动稳定性的基本概念和定常系统运动稳定性的分析方法;第五章用刚体动力学分析了导弹、火箭、子母弹和引信球转子的运动。第六章用运动稳定性理论分析了子弹、导弹发射筒、非线性陀螺系统、旋转弹丸和低速旋转航道的运动稳定性问题。(刘淑芳)

T000161 **英汉弹箭技术缩略语词汇** 兵器工业弹箭专业情报网编著。兵器工业出版社 1993 年 11 月版。45 万字。19.50 元。收录文种以英文缩略语为主，兼收部分德、法文缩略语。词条总数 12000 条，涉及弹箭技术专业所有内容，即炮弹、航(炸)弹、特种弹、反坦克火箭弹与导弹、战略战术火箭与导弹、地雷、引信与火工品、制导技术与部件、发射装置、靶场试验、测试仪器设备、科研管理。此外还收录了与弹箭技术有关的词条，如火炮、装甲车辆、飞机、计算机、雷达和军事术语，其中新词条占 20%。另附有外国弹药型号表和与弹箭产品有关的外国主要兵工厂商名录。(张小洁)

动力工程、原子能技术

T000162 **Theory and numerical modeling of turbulent gas-particle flows and combustion** Zhou Lixing(周力行)著。科学出版社 1993 年 5 月版。25 万字。75.00 元。分两篇。第一篇是气、液、固体燃料燃烧理论基础，包括多组分有反应流动基本方程，着火和灭火，层流预混气燃烧，液滴和煤粒燃烧，层流边界层中燃烧，气粒(雾)两相流动基本特性、基本方程和简单情况的理论分析。第二篇是湍流气粒(雾)两相流动和燃烧的数值模拟，包括单相湍流流动的模拟，两相湍流流动的模拟，湍流气相和两相燃烧的模拟，数值模拟在实际工程装置中的应用。本书的体系有别于国内外类似书籍的体系，其主要特点是把经典燃烧理论和连续介质力学结合起来，把分析解理论和近代数值模拟理论结合起来。(陈文芳)

T000163 **冶金动力设备** 刘荣等著。东北大学出版社 1993 年 6 月版。50 万字。9.56 元。分 3 篇 17 章，着重讲述锅炉设备，汽轮机，泵与风机。内容包括：燃料燃烧计算与锅炉热平衡，锅炉的燃烧设备，锅炉受热面及水循环，锅炉本体的热力计算，余热锅炉的特点及结构，余热锅炉的热力计算，锅炉的辅助设备，锅炉的运行与维护，汽轮机中的能量转换过程，汽轮机的本体结构，辅助设备及调节系统，工业汽轮机，泵与风机的叶轮理论，泵与风机构造及本体特性，泵与风机的运行和调节。本书侧重结合冶金的工艺特点和生产过程进行阐述，注意反映国内、外有关的先进技术。各章均附有例题、思考题和习题。

T000164 **燃料与燃烧** 顾恒祥主编。西北工业大学出版社 1993 年 6 月版。34.5 万字。3.85 元。着重介绍中国能源生产与消费以及燃料与燃烧在四个现代化建设中的作用与地位；燃料的分类与特性以及燃料燃烧的热工计算；与燃烧过程有密切关系的化学动力学基本知识以及燃烧的基本理论；固体、液体、气体燃料的燃烧特性以及它们的燃烧的基本规律，并在此基础上介绍了工程中各种典型燃烧技术及燃烧设备。(蒋相宗)

T000165 **内燃机振动控制** 谭达明编著。西南交通大学出版社 1993 年 6 月版。25 万字。9.60 元。作者详细分析了激振源和整机振动、结构振动、扭转振动的原理、影响因素、控制方法和性能预测。(王成照)

T000166 **加速器物理基础** 陈佳洱等编著。原子能出版社 1993 年 6 月版。47 万字。10.00 元。分 11 章。着重对现在最常应用的高压、回旋、同步和直线 4 种加速器的加速原理、结构与主要应用作了深入、系统的阐述；而对应用相对较少的感应型及电子回旋加速器则适当予以介绍。同时，还对各种加速器共同性的带电粒子源，以及一些加速器中普遍存在的磁场聚焦作用与自动稳相原理等，均列章专门予以集中论述。由于国内已有的加速器方面的著作是 80 年代初期的，因此书中辟有专章介绍当今国际上先进的加速器新原理、新技术以及发展趋势，并在各章中注意介绍中国加速器的发展与成就。(陈进贵)

T000167 **内燃机测试技术** 严兆大主编。浙江大学出版社 1993 年 8 月版。39 万字。9.15 元。分 11 章，前 4 章主要介绍内燃机测试及仪表的基本知识、误差分析及传感器原理等基础理论；从第五章开始分别叙述主要参数、功率、压力及示功图、温度、流量、排气成分、振动及噪声的测量方法、测试系统、所用仪表的原理及测量结果的分析等。(邹小宁)

T000168 **地热资源数据库系统** 熊亮萍等编著。地震出版社 1993 年 11 月版。27.8 万字。8.50 元。作者在阐述该数据库系统设计、构成、调试和运行的基础上，详细介绍了地温和岩石热物理参数、热水水文地质试验参数和地下热水点、地热区热流体化学组分 3 个子系统的功能。并指出该系统不仅能储存、修改和编辑进行热水资源评价所需的参数，而且还配备有计算热水水文地质参数、计算热水的地球化学温标、进行水质类型判别和地热流体中主要离子的相关分析，以及绘制等值线图、直方图和三角图的软件，并设计了各种类型的输出表格。全书共 6 章：第一章地热资源数据库系统的设计，详细分析了进行不同类型热水资源评价所需的参数，在此基础上建立了系统的概念模型；并选择关系数据模型作为该系统的逻辑模型。同时叙述了系统的库文件结构和数据处理功能;第二章至第四章分别介绍了3个子系统的结构和功能;第五章专门阐述系统的图形处理功能,其中包括绘制等值线图和测温钻孔基本图件的绘制;第六章简单介绍系统的安装、运行和操作方法。由于该系统功能齐全、操作方便,因此,具有较大的推广价值。(张慧平)

T000169 **工业锅炉房常用设备手册** 机械工业出版社 1993年12月版。74.9万字。22.40元。内容包括:工业锅炉、泵、风机、除尘器、消声器、减振装置、水处理设备、运煤除灰渣设备及其他设备等7章。(蓝伙金)

T000170 **小型风力发电机和太阳能电池使用与维修(蒙古文)** 吉木彦、斯琴等编著。内蒙古人民出版社 1993年12月版。19.7万字。5.20元。从实用角度出发,侧重对小型风力发电机和太阳能电池组的工作原理,类型结构,使用中常见故障,简单的安装、使用、维修、保养等作了系统全面的介绍。(牧仁)

电工技术

T000171 **电厂热力系统节能分析原理——电厂蒸汽循环的函数与方程** 马芳礼著。水利电力出版社 1992年12月版。44.2万字。15.00元。作者积数十年实际工程设计和理论教学的经验,根据热力学第二定律,创造出一整套理论上坚实、应用上方便的蒸汽循环分析方法,首次提出用循环不可逆性定性分析、用循环函数方程定量计算蒸汽循环的经济性,并应用到实际工程中去,创立了各种凝汽式、供热式汽轮机的循环方程和辅助汽水循环的分析通用式。这种方法不仅简化了电厂热力系统的整体计算,而且解决了系统局部变化对热经济性的影响问题;建立了辅助用汽、用水的单项热经济指标,解决了蒸汽回热循环的最佳加热分配计算问题。全书分4篇12章。第一篇介绍汽轮机循环的不可逆性与函数式;第二篇介绍无再热汽轮机的方程式;第三篇介绍大型再热式汽轮机的方程式;第四篇介绍汽轮机循环的最佳加热分配。(马家斌)

T000172 **电力工程电工手册(第三分册)** 东北电业管理局编著。水利电力出版社 1993年版。186.6万字。49.30元。由原水利电力部生产司组织华北电业管理局、华东电业管理局、东北电业管理局在总结各自运行经验的基础上编写而成。全书共3分册,第一分册为基础知识,电工材料、旋转电机部分,由华北电业管理局编写;第二分册为电气设备及其试验部分,由华东电业管理编写;第三分册为电子技术和继电保护、自动装置等二次部分,由东北电业管理局编写。本书为《电力工程电工手册》的第三分册,共8章,分别为:控制屏及二次回路设备、继电保护装置、电力系统自动装置、电工测量仪表、远动装置、通信装置、电子技术的应用以及电力系统中的常用电子仪器仪表。本手册的主要特点是:一、选材来自国内基层单位,有一定普遍性,是运行经验的总结;二、涉及的电气设备大多数是目前电力系统中正在运行的设备,具有很强的实用价值;三、新产品介绍主要选择了应用前景广,目前已在部分地区试运行,效果良好的产品;四、数据、图表等资料有实用性和通用性;五、推行的运行检修经验均以相应的国家标准和行业标准为依据。(丁雁)

T000173 **中国国家标准分类汇编 电工卷** 中国标准出版社编。中国标准出版社 1993年版。共2421.8万字。16册。42.00元/册。汇集至1991年底批准发布的全部现行的电工类国家标准,按二级类类别排列,共1131项。同时,随着中国标准化事业的发展和与国际惯例接轨,1993年国家技术监督局对现行的国家标准进行了清理整顿:将国家标准的使用性质划分为强制性和推荐性,部分国家标准转为行业标准,少量国家标准废止。本汇编各分册的附录,逐一标明了该分册的每一项标准的使用性质。(周俞斌)

T000174 **电磁干扰防护与电磁兼容** 赖祖武著。原子能出版社 1993年2月版。47.2万字。5.50元。系统地阐述电磁干扰防护与电磁兼容的基本原理,并介绍了解决实际问题的方法和技术,如介绍了电磁干扰防护的最基本方法之一——屏蔽;也介绍了抑制传导干扰的一种重要方法——滤波;还介绍了电磁兼容设计的3个最基本方法之一——接地。书中尤其是对核电磁脉冲的特性及其防护技术作了较为详尽的论述。(袁祖伟)

T000175 **电机电磁场教程** 罗荣杰编著。浙江大学出版社 1993年2月版。25万字。3.30元。以有限元法为重点对电机内的电磁场(包括二维的线性、非线性、恒定及交变电磁场)问题进行分析与研究。着重介绍有限元法的基本原理、实施过程以及在求解电机电磁场问题时的具体步骤及注意事项。在此基础上讨论了三维、准三维有限元法及应用实例。同时,也介绍了边界元法。附录给出有限元法计算程

序。(龚建勋)

T000176 **大型电站凝汽器** 张卓澄主编。机械工业出版社 1993 年 3 月版。60.5 万字。25.50 元。作者根据多年来从事船舶、核电及大型火电站汽轮机组凝汽器研究、试验、设计经验以及所收集、积累的有关资料编写而成。书中介绍了现代大型火电站、核电站凝汽器的热力设计方法、步骤和冷却管束水模型试验研究等基本知识;冷却管和管板的腐蚀、选材及密封连接;多压凝汽器、凝汽器除氧和附加流体排入凝汽器等近代凝汽器研制发展中的特殊问题。以冷却管振动和管板强度为重点详细论述凝汽器主要零部件的结构强度并给出实例。该书还扼要介绍凝汽器热力性能试验中热力参数的测量,凝汽器运输、组合和安装的技术要求以及凝汽器运动中气密性、水密性的监督和脏物的清理、清洗等问题。(蒋克)

T000177 **灯史** 朱志尧、苏曼华编著。辽宁少年儿童出版社 1993 年 3 月版。11 万字。2.60 元。"科技小史系列"之一。分向黑夜挑战、迈开第一步、初生的光明、更上一层楼、崭新的起点、钨丝保卫战、革命性突破、创新结硕果、在各条战线上和明天更美好等几大部分,较系统地介绍古今中外各类灯具的发展历史。书中配有一些较难得的实物图片。(刘铁柱)

T000178 **常用电子测量仪器使用与维修手册** 茅中良编著。上海科学技术出版社 1993 年 3 月版。76.5 万字。26.00 元。选择常用型号 50 多种,分为电子电压表、信号发生器、示波器、元件参数测量仪器、晶体管和集成电路测量仪器、频率等特性测量仪器、微波测量仪器、通信测试仪器等 8 大类型。每一类型选一典型仪器剖析原理,分析电路,其他的只介绍特点,讲解框图,讲透故障诊断和维修程序。对维修人员最感头痛的调整、检定工作,书中均作了详细介绍。(程源钢)

T000179 **电力系统继电保护与安全自动装置整定计算** 崔家佩等著。水利电力出版社 1993 年 3 月版。91.2 万字。39.50 元。分 16 章,主要内容有:继电保护整定计算总论;电力系统故障及振荡计算;超高压电网、低压电网、发电机、变压器、母线、电动机等设备的继电保护整定计算。另外,为便于读者熟悉和掌握整定计算的原则和方法,书中还附有例题及其详解。(纪素青)

T000180 **实用电工问答** 李燕生主编。金盾出版社 1993 年 4 月版。33.6 万字。12.00 元。包括电工基本知识,电动机及其控制,常用电工仪表的使用,常用电工材料,供电,电气照明,安全用电及防雷、防火等内容。作者以强电为主,以问答的方式,深入浅出地回答了人们在生产和生活中遇到的各种电工问题。(谭家训)

T000181 **电力避雷器的原理、试验与维修** 熊泰昌编著。水利电力出版社 1993 年 4 月版。16.8 万字。6.70 元。系统地介绍交流系统中的各种电力避雷器。内容包括避雷器的理论基础,与避雷器有关的电气性能计算,各种类型避雷器的结构和特性,避雷器的试验技术和研究方法,以及避雷器的选择、运行与维修。(陈书贵)

T000182 **电工学** 易沅屏主编。高等教育出版社 1993 年 5 月版。49 万字。10.40 元。根据《高等学校工程专科电子学课程教学基本要求》编写,主要内容包括:电路、电机与继电-接触器控制、安全用电、电工测量及电子技术等 11 章。每节之后有练习和思考题,书末附有每章习题答案。(金春英)

T000183 **家用空调器原理安装与维修** 余有水编著。人民邮电出版社 1993 年 5 月版。52.8 万字。以社会拥有量较大的小型家用空调器为重点,详细讲述小型空调器的空调制冷原理,各组成系统和部件的结构、功能及工作原理。书中对与制冷技术相关的热力学理论知识作了由浅入深的讲解,同时还系统介绍了小型空调器的选购、安装、使用与维护知识,故障分析与排除实用技术。(张瑞喜)

T000184 **怎样修理电冰箱** 邱兴永编著。人民邮电出版社 1993 年 5 月版。27.0 万字。11.00 元。"家用电器维修丛书"之一。书中介绍电冰箱的工作原理、结构特点与修理技术,对电冰箱的心脏——小型全封闭压缩机的构造和维修方法作了详细叙述。书中还收集了一些常用的国内外电冰箱维修资料,给出了大量电冰箱维修实例,具体说明电冰箱故障现象的分析、判断及维修方法。(张瑞喜)

T000185 **真空电弧理论研究及其测试** 王季梅主编。西安交通大学出版社 1993 年 5 月版。24.1 万字。6.00 元。结合国内外发展情况和西安交通大学真空电弧理论研究中心的成果和博士论文选编而成,内容有:真空电弧的寿命和截流特性的测试,真空电弧弧后电流的测试和分析,真空电弧熄灭后的介质强度恢复过程的研究,用光谱诊断研究真空电弧,大电流真空电弧收缩现象和阳极斑点形成的理论分析,真空灭弧室内部电场分布的理论分析,具有纵向磁场的真空灭弧室的性能分析,真空断路器额定电流开断下的电寿命试验研究,真空开关操作过电压的测试和分析,真空断路器触头材料的研究以及近期真空电弧理论的研究等。本书还简介了西安交通大学于1964年研制出国内第一台10KV、1500A的三相真空开关,于1978年开始推动了国内工厂正式生产各种真空开关,于1993年研究成功具有国际先进水平的110KV、1250A、31.5KA的三相真空断路器。作者为国际国内著名的电器学家,荣获西安交通大学杰出教授称号,博士生导师,中国真空开关事业的开拓者,国际真空放电及绝缘学术会议永久委员,国际电弧电器学术会议主席。(曹晓梅)

T000186 **电动机实用安全技术** 刘莲莲编著。中国标准出版社1993年5月版。27.3万字。8.90元。围绕GB12350-90《小功率电动机的安全要求》国家标准进行讲解,着力体现电动机安全技术专业知识的综合性和应用性。全书以电动机专业技术为指导,介绍一般电工安全技术、阻燃技术、材料技术、机械原理和管理科学等相关知识。并对产品设计制造、质量管理及认证、维护使用等方面的有关安全技术知识作了系统、全面的介绍。(王一力)

T000187 **伺服系统原理与设计** 胡祐德等著。北京理工大学出版社1993年6月版。30万字。3.75元。为自动控制专业本科编写的专业课教材。它运用自动控制理论、自动控制元件、控制电机、电气传动技术、电子线路等基础理论和技术,系统地讨论了伺服系统的构成、工作原理、工作特性以及伺服系统工程实践中行之有效的设计方法。全书以模拟式电气伺服系统为对象,以高精度、快速响应等技术要求为主线,介绍了伺服系统技术发展所取得的积极成果。在阐述系统工程设计方法和关键技术的同时,还介绍了系统的设计思路和工程设计的经验。在重点介绍线性系统设计技术的同时,还介绍了非线性补偿技术、多变量系统解耦控制技术、变结构滑模控制技术和重复控制技术等发展成果。主要章后都附有思考题和练习。(熊坤莉)

T000188 **瞬态谱估计理论及其应用** 郑治真、张少芬著。地震出版社1993年6月版。19.4万字。6.00元。信号处理是一门边缘学科,几乎在所有的学科中都能发现它的应用。信号处理方法可分为两大类:时间域方法和变换域方法。频谱估计是变换域中主要分析方法之一。在无线电、光学、原子物理、生物、化学、地球物理等学科的研究中,傅里叶谱估计是不可缺少的工具。但傅里叶谱估计在两方面受到限制,一是离散傅里叶谱估计的分辨率受到信号长度的限制;二是傅里叶变换只适用于稳态信号处理,给出的结果表示信号总体所包含的各种频率成分。随着各种研究问题的深入,人们希望知道任一时刻信号中所包含的各种频率成分。一种时-频分析方法是WD变换,本文称它为瞬态谱估计理论,它能给出时间信号在任一时刻的频率成分。本书详细地介绍了信号的谱估理论、方法和应用。第一—三章介绍了熵、傅里叶谱估计、最大熵谱估计和最小交叉熵谱估计,第四—六章介绍了连续信号、离散序列的瞬态谱估计理论、方法及其应用。(张慧平)

T000189 **电力系统故障分析** 南京电力高等专科学校许正亚编。水利电力出版社1993年6月版。50.4万字。5.75元。电力工程类高等专科学校电力系统继电保护专业教材,讲述电力系统故障分析的基本原理和方法,着重从继电保护角度分析了电力系统横向故障,纵向故障以及振荡时电气量的特点,并阐明了负荷电流和过渡电阻对电气量特点的影响。(华峰)

T000190 **热工技术手册·电厂化学** 能源部西安热工研究所主编。水利电力出版社1993年6月版。114.3万字。45.10元。介绍火力发电厂水、油、燃料的化学监督及有关技术。主要内容包括:天然水水质特性;锅炉补给水、给水和循环冷却水的处理;凝结水净化;锅内水化学工况和金属腐蚀及防护;锅炉和凝汽器的化学清洗;电力用油的分类及特性;废油再生技术和油中溶解气体分析及变压器故障检测;动力燃料的基本特性及采、制样;水、油、燃料等的试验方法和六氟化硫的检测;水汽系统化学监督仪表以及试验常用仪器等。(高体基)

T000191 **最新家用电器使用与维修999** 虞献文、彭保进编。电子工业出版社1993年7月版。58万字。16.00元。叙述家用电冰箱、空调器、洗衣机、电风扇、吸尘器、微波炉、电磁灶、电烤箱、电饭锅等19种家用电器的选购、使用、原理、结构、安装与维修,重点叙述使用与维修。(王昌喜)

T000192 **小家电维修实例999** 本书编委会编。电子工业出版社1993年7月版。86万字。23.00元。有小家电概况和维修实例两章。第一章介绍国际上小家电的分类方法,第二章分厨房器具、熨烫及取暖器具、通风器具、整容器具、清洁器具、娱乐器具、保健器具、闪光灯照相机、计算机及电话、电子钟表、电源及灯具、其他器具、洗衣机等部分。本书小家电包含了除声像、制冷设备的所有设备和器具,洗衣机本属大家电,书中作为附例出现。每条维修实例都由

机型、故障现象和检修方法3个内容组成。(鞠养器)

T000193 **机电传动控制** 邓星钟、周祖德著。华中理工大学出版社1993年7月版。42.7万字。11.50元。机电一体化系列教材之一,根据“机械电子工程”专业的需要,把机电一体化技术所需的强电知识融为一体而编写。共12章,包含了驱动电机、控制电机电器、电力电子技术、电力拖动、交流伺服系统、步进电动机伺服系统等。作者根据学科的发展及各项内容的内在联系规律,以伺服驱动系统为主导,以控制为线索,突出机电结合、电为机用的特点。每章后均附有习题和思考题。书中示例来源于实际。所有文字符号、图形符号、计量单位均采用最新国家标准,书末附有电气图形新旧符号对照表。(黄以铭)

T000194 **电力电缆施工** 李宗廷主编。水利电力出版社1993年7月版。40.2万字。12.95元。主要内容有:电力电缆的种类和结构,运输和保管,敷设方法和要求,电缆终端头和接头的种类及最优工艺,高压充油电缆终端头和接头的最优方法,供油系统的安装,金属护套的连接和接地,电力电缆竣工试验的要求和方法,充油电缆施工和运行中出现问题的原因和处理方法及防止措施等。(吕宗耀)

T000195 **电工手册** 何利民、尹全英等编著。中国建筑工业出版社1993年7月版。171.7万字。54.00元。汇编了电气设计、安装、运行、维修、管理等项工作中所需的一般数据、公式、国家标准、规程、规范;常用电气设备、装置、元器件、家用电器和电气工作用工具、材料的基本性能参数、操作使用方法;质量检验标准以及防雷、接地和安全等资料。各章图样均按新标准绘制,采用了新的图形符号和文字符号及项目代号。(周世明)

T000196 **静电技术原理** 鲍重光编。北京理工大学出版社1993年8月版。31.5万字。5.80元。主要论述静电技术的物理基础及各种应用,重点介绍带电的基本过程、人工荷电以及静电引起的力学作用。对电除尘、电摄影、液体带电、EHD现象、驻极体及静电生物效应等进行了论述。书中内容反映了当代应用静电学的先进水平,是作者20多年从事静电技术研究与教学工作的结晶。(吴宝常)

T000197 **最新万用表妙用100例** 沙占友编。电子工业出版社1993年8月版。21.6万字。6.00元。分3章。第一章概述新型万用表的发展趋向、测试功能及使用要点。第二章重点介绍万用表测试功能的扩展方法。第三章详细阐述万用表检测各种新型电子元器件、模块和特种集成电路的原理、方法及注意事项。(魏永昌)

T000198 **电力系统分析** 韩祯祥主编。浙江大学出版社1993年8月版。49.00万字。8.75元。是高等学校电力系统及其自动化专业的专业课教材,主要阐述电力系统基本知识、电力系统元件的特性和模型、电力系统的稳态和暂态运行方式的计算分析方法。主要内容包括:电力系统概述,电力系统元件数学模型,电力系统稳态运行分析,电力系统故障分析,电力系统稳定性等。(应伯根)

T000199 **家用电冰箱及制冷空调维修实例999** 冯玉琪编。电子工业出版社1993年9月版。64万字。18.50元。在广泛参考技术资料的基础上结合日常安装、维修中的实际经验,针对制冷、空调设备维修中的疑难问题,全面系统地介绍家用电冰箱、冷藏箱、制冰机、冰藏库、空调机、中央空调系统、汽车空调机以及制冷系统的故障诊断与维修方法。第一部分从制冷机及其系统的一般工作原理、结构出发,介绍维修工作的基本知识和一般维修方法。第二部分以大量的实例叙述多种故障维修方法。每个实例都给出了故障现象、故障原因分析与检测方法以及排除故障的措施和技巧。(龚兰方)

T000200 **电路与磁路** 郝蕴卿主编。东北大学出版社1993年9月版。66.5万字。16.20元。高等学校教材。根据工科电工教材编审委员会1980年6月审定的《电路》教学大纲的要求,在学习国内、外同类教材的优点,总结东北大学电工原理教研室几十年教学经验的基础上编写。和同类教材相比,增加了磁路,对称分量法等章节,在含受控源电路的分析与计算、线性动态网络对任意激励的响应等部分有自己的特点。内容包括:电路模型和基本定律,线性电阻网络分析,正弦交流电路,三相电路,互感与谐振,非正弦周期电流电路,线性动态网络时域分析,线性动态网络复频域分析,双口网络与多端元件,非线性电路、磁路,分布参数电路及均匀传输线,网络图论和网络方程等13章。(郝蕴卿)

T000201 **简明维修电工手册** 《简明维修电工手册》编写组编。机械工业出版社1993年9月版。79.7万字。30.00元。主要介绍新的电工标准和电工基础资料,电机电器、变压器、电气控制电路及半导体器件、家用电器、可编程控制器、感应同步器等数据、参数、选用原则和维修方法等。(边萌)

T000202 **英汉电工电子技术词典** 西安交通大学《英汉电工电子技术词典》编写组编。机械工业出版社1993年9月版。140.4万字。32.00元。内容包括电工学、电子学、计算机技术、自动化应用以及有关边缘学科的常用词汇、词组及常用缩略语等共60000余条。为方便读者，书后以附录形式给出了国际单位制的物理量名称、符号以及国际单位常用换算表等。(孙流芳)

T000203　**现代测控管理系统工程**　谭维炽等著。宇航出版社1993年9月版。27.4万字。12.30元。从系统工程的角度介绍测控管理系统的发展动态和新成果、新技术，包括分级分布式系统、容错系统、实时多任务软件系统、测控管理专家系统，以及国际航天测控新体制——分包遥测遥控和高级在轨系统等内容。从实用价值考虑，本书详细阐述了测控管理系统的设计准则和方法，包括电磁兼容性设计、可靠性设计、数据安全性设计和系统工程管理方法等实用技术。全书除综述国内外有关测控管理系统领域的文献内容，揉进了许多国内外技术标准内容外，还总结了作者自己的许多实际工程设计经验，列举了大量设计实例和设计数据。(宋纯)

T000204　**电气火灾原因调查与鉴别技术**　杨在塘编著。中国人民公安大学出版社1993年9月版。17万字。5.97元。系统地介绍电气火灾原因调查与鉴别的基础知识、电气火灾原因调查程序和鉴别方法、电气火灾痕迹特征、电器装置和家用电器火灾预防与火灾原因鉴别，以及典型案例。(王宝贤)

T000205　**电工学(Ⅰ)、电工学(Ⅱ)**　副名：电工技术　电子技术。浙江大学电工学教研室编。罗守信主编。高等教育出版社1993年10月版。27万字，30万字。2册。9.00元，10.00元。主要内容有直流电路、交流电路、三相交流电路、电路的瞬变过程、变压器、电动机、电动机的继电接触控制、晶体二极管及应用、晶体三极管及其放大电路、集成运算器及其应用、正弦波振荡电路、直流稳压电源与晶闸管及其应用、数字电路。电路部分，对基本概念、基本理论和基本定律叙述清楚、深入浅出、便于自学。电子技术模拟部分，体现了保证基础、管为路用、加强集成电路的指导思想；电子技术数字部分，反映了电子技术的发展和应用，增加了异或门、三态门和集电极开路等门电路，同时还增加了寄存器、数/模转换器、模/数转换器和定时器。对数字电路的应用也做了介绍。(胡淑华)

T000206　**变电所设计**　副名：10～220KV。丁毓山著。辽宁科学技术出版社1993年10月版。77万字。30.00元。分21章，书中对高压电气设备的选择，主接线的设计，短路电流计算，各种电压等级的变电所继电保护方案的装设原则和整定计算皆有详细的论述。特别对新型的SF6断路器、重合器、分段器的工作原理、技术参数、安装调整作了详细的说明和分析。考虑到大型动力用户的需要，本书对低压电气设备的选择，以及低压电气设备的保护问题，也给予了充分的注意。本书的特点是，除了论述220/110、220/63、63/10、35/10、10/0.4KV各种变电所设计的一般原则之外，还对上述各种变电所的设计，给出了完整的设计实例。特别是引入了采用SF6断路器的微机监控变电所的设计实例，以及采用集成电路保护的变电所设计实例。(李逢秋)

T000207　**超高压电网稳态计算**　武汉水利电力大学陈维贤著。水利电力出版社1993年10月版。17.4万字。3.80元。在对电源系统和长线方程进行等效处理的基础上，叙述超高压长线路中的工频过电压、工频谐振、不对称开断后的感应电压、潜供电流以及并联电抗器的功能和选择等问题，详细介绍了数学模型、计算公式和典型的计算图表，揭示了主要的物理概念。(丰兴庆)

T000208　**水电系统最优控制**　张勇传著。华中理工大学出版社1993年11月版。26.1万字。3.10元。第一部分为控制理论，主要介绍和论述离散线性系统最优控制；第二部分为实际控制问题，主要介绍和论述水库用水控制，洪水控制，水位控制和发电控制。其中用马尔柯夫链描述径流模型，利用参考量描述径流，多站径流描述，主因分析与降维，单库发电控制，状态变换参数迭代，单库洪水控制，基于降雨径流关系的洪水控制，最小成灾风险的洪水控制，水位流速控制与发电航优化，前池水位控制，发电控制对象的数学模型，水电厂和发电机组的发电计划，开机控制，有功负荷和频率控制等都是从作者多个科研项目中得出的成果。作者是中国水电专家，国家级有突出贡献的科技专家，在水电能源开发规划，优化调度管理和计算机实时控制等方面有较深入的研究。他主持了多项国家重点课题和国际合作研究课题的研究工作，获得国家级科技进步奖等多项奖励。(李德)

T000209　**电力变压器铁芯磁场、损耗和温度场的理论与计算**　辜承林著。华中理工大学出版社1993年11月版。16万字。2.05元。在国家七·五重大科技攻关项目“大型变压器铁心主磁通分布研究”和国家教委博士点专项基金资助项目“大型电力变压器热传导特性和温度场分布研究”专题研究工作理论总结的基础上撰写的专著。全书以变压器铁心为对象，以三维各向异性非线性位场边值问题和流体-构件耦合场问题为核心，从实用角度系统地探讨电工装置中各类物理场数值计算的理论、方法和实施过程，并以大量计算实例介绍所述分析方法和计算方法的应用。书中建立的数学模型、提出的计算公式、编制的程序软件、拓扑预处理技术等均有实际参考价值。（黄以铭）

T000210 **现代直流伺服控制技术及其系统设计** 秦继荣、沈安俊编著。机械工业出版社 1993 年 11 月版。85.8 万字。28.00 元。从工程实践角度出发，系统地介绍现代直流伺服控制技术、原理、系统及应用，其中包括高性能脉宽调制（PWM）直流伺服系统的特性分析和电路设计，计算机控制的现代直流伺服系统控制元件和线路，微处理器（特别是 DPS）专用集成电路的数字控制技术及其系统设计，工程典型应用伺服系统（多环路系统、复合控制系统）的设计与实践，PWM 伺服系统的电磁兼容性设计和伺服系统的可靠性设计等。书中列举了大量典型应用电路和工程设计实例，附录中还给出了可供现代伺服系统工程设计查阅的有关资料。书中介绍的新技术内容有大功率晶体管脉宽调制技术、保护技术，SG1731 直流电机 PWM 集成电路、模块化轴角/数字转换器、单片数字信号处理器（DPS）的结构和应用技术，功率智能专用集成电路（Smart Power IC）的功能原理及其组成系统的设计和应用技术，以及微处理机控制系统的设计与工程实践等。

T000211 **家用电器万事通** 苏畅、盛铁生编。辽宁科学技术出版社 1993 年 11 月版。210 万字。64.00 元。介绍的家用电器有 9 大类，120 多种，从家用电脑（计算机）到电冰箱、电视机，从摄、录像机到卡拉 OK 机，从日常小家电到电子医疗器具，从空调器到电子游戏机等等。从介绍基础知识、基本概念入手，循序渐进，分别介绍选购步骤、使用与保养方法、故障检修的要领、措施和技巧以及其他实用知识。（李逢秋）

T000212 **光源原理与设计** 周太明著。复旦大学出版社 1993 年 12 月版。66 万字。18.00 元。高校光源与照明工程专业的基础课教材。全书分 12 章，分别为光源的特性参量、白炽灯、卤钨灯、气体放电灯的基本原理、低压水银荧光灯、高压汞灯、钠灯、金属卤化物灯、氙灯、脉冲灯、辐射量和光度量的测量、光色的测量。主要论述各种热辐射光源和气体放电光源的原理、特性和设计方法。书中也对光辐射、气体放电以及色度等给予简要介绍。本书既重视系统的理论分析，又注意理论与实际的结合，反映了国内外光源科技的最新成果和动态。（丁荣源）

T000213 **中外数字万用表电路原理与维修技术** 沙占友、李学芝编著。人民邮电出版社 1993 年 12 月版。66 万字。20.00 元。作者根据自己长期从事仪器仪表研究工作的经验及部分成果，参考国内外的有关技术资料，从多达几百种型号的数字万用表资料中，选取具有代表性的国内常见的和新型的产品撰写而成。书中首先介绍数字万用表的主要特点、类型、核心器件（A/D 转换器）及其调试方法；重点讲述具有代表性的 50 种型号中外数字万用表的电路工作原理及其常见故障检修方法。还给出了包括数字电感电容表、数字温度表、转速表、压力表以及钳形表等的电路图。（李少民）

无线电电子学、电信技术

T000214 **黑白电视机维修实例 999** 胡宝琳主编。电子工业出版社 1993 年版。108 万字。32.00 元。分上下两篇。上篇包括维修指南和检修流程，主要介绍黑白电视机的检修程序、方法及判断故障的思路和方法；下篇介绍维修实例 999 个，按故障现象分为 6 部分，即光栅、图像、声音、同步、AGC 电路及综合故障，分别讲解检修思路及具体方法。（张新华）

T000215 **彩色电视机维修实例 999** 韩广兴主编。电子工业出版社 1993 年版。112 万字。35.00 元。分上、下两篇。上篇为“维修指南”，下篇为“维修实例”。上篇主要讲彩色电视机的故障特点、判断和检修的基本方法。下篇按机型分类，共收集彩电遥控系统、调谐系统、亮度、色度和伴音系统、电源、扫描、显像系统部分故障实例 999 个。书中对每个实例都进行了分析、判断，并给出实用的处理方法。（张新华）

T000216 **数据采集系统** 邵钟武等著。石油大学出版社 1993 年版。41 万字。6.96 元。主要内容有：信号采样的一般原理，信号量化及量化器，信号的数-模转换，信号的调理，多路开关及接口设计，信号的分类与处理，控制系统及抗干扰，系统的设计等。与同类型教材比较，本书涉及的内容较全面，它综合了电类专业所可能触及到的信号采集与处理。此外，它还吸纳了一些新技术。（李国光）

T000217 **刘盛纲学术论文集** 刘盛纲著。四川科学技术出版社 1993 年版。49 万字。18.00 元。收入作者微波电子学方面的论文 8 篇，电子回旋脉塞方面的学术论文 15 篇，自由电子激光方面的论文 14 篇。其中，环圈结构理论、电子回旋脉塞的动力学理论、相对论空间电荷波理论以及静电电子回旋脉塞与静电自由电子激光的研究属于开创性工作。特别引人注目的是，作者率先提出了相对论去群聚的新概念，深刻地揭示了自由电子激光中电磁波与电子束作用过程的物理实质。（赵健）

T000218 **英汉电子技术缩略语新词典(修订本)** 李瑞成等编著。电子工业出版社 1993 年 1 月版。84 万字。18.00 元。收入电子技术方面的英语缩略语约 3.5 万条。包括的专业有：电子材料、半导体集成电路、电子元器件、广播、通信、雷达、导航、电视电声、计算机软硬件、信息处理、航天技术、家用电器等。本词典的修订量约占原书的 40%，收词特点是新，收词含义稳定。（李继东）

T000219 **电子线路 CAD 技术与应用软件** 贾新章等编著。西安电子科技大学出版社 1993 年 1 月版。54.6 万字。11.50 元。阐述电子线路 CAD 的基本概念、原理和软件系统构成，系统介绍了一套可在微机上运行的电子线路 CAD 软件的具体使用方法。它反映了作者从事 CAD 工作的部分成果，并结合实例介绍使用中应注意的问题。每章后附有大量练习，书后附有命令索引。（夏大平）

T000220 **自由电子激光导论** 张世昌著。西南交通大学出版社 1993 年 1 月版。26 万字。7.65 元。分 10 章，包括自由电子激光器的基本结构；自由电子激光原理与特性；相对论性电子在摇摆器磁场和导引磁场中的运动规律；平面波自由电子激光的经典理论；导波自由电子激光的色散特性；变参数摇摆器自由电子激光器及其非线性数值模拟；无摇摆器自由电子激光器；自由电子激光器中的三波互作用；自由电子激光实验；自由电子激光应用及发展趋势。（李彤梅）

T000221 **电力电子电路原理与设计** 张守国主编。大连理工大学出版社 1993 年 2 月版。40.4 万字。4.50 元。介绍电力电子电路中常用的元件特性、参数以及可控整流电路、有源逆变电路、各种保护电路的工作原理、波形分析方法。并把电路原理与工程设计方法紧密结合，对各种电路的元件参数选择与计算结合实例加以说明。（于明珍）

T000222 **《电子与电脑》1992 年合订本** 电子工业出版社 1993 年 2 月版。136 万字。16.50 元。主要栏目有：综述、PC 用户、学习机之友、语言讲座、初级程序员级水平考试辅导、学习单片机、学装微电脑、电脑巧开发、电脑游戏机、新书与软件介绍、读者联谊等。本合订本还补充了部分因月刊篇幅所限而未能刊出的一些较优秀的文章及程序清单。（张丽）

T000223 **实用光电控制电路精选** 陈尔绍等编。电子工业出版社 1993 年 2 月版。52.6 万字。15.50元。详细地介绍应用在日常生活，工农业生产，文教卫生中的 300 多种光电控制电路的简单工作原理、性能、结构、制作与调试方法，书中除给出了电路图外，有的还给出了印制电路板图和有关结构图。该书范围涉及家用电器，灯光控制，开关电路，报警电路，遥控电路，驱动、光控电路，工业、交通、农用电路，游戏电路，摄影……等二十大类。（连湖东）

T000224 **线性分析电子学** 鲍绍宣等著。华中理工大学出版社 1993 年 2 月版。19.5 万字。2.32 元。以导纳矩阵为基础描述线性电路的性质。分 4 章：第一章介绍直接根据电路图建立电路导纳矩阵的方法；其后 3 章分别介绍“公式法”、“广义反馈理论”和“参量析出法”，它们是计算电路动态特性的 3 种解析算法。这 3 种算法本身与线路结构无关，对高频、低频、宽频、选频等各类放大电路都适用。书中提供了大量例题，以帮助读者加深对方法的理解。（傅岚亭）

T000225 **彩电遥控系统原理、应用与检修** 黄仕机、赵汉鼎编著。电子工业出版社 1993 年 3 月版。74.5 万字。18.00 元。分 6 章，第一章介绍彩电遥控系统的工作原理和发展动向，第二章至第六章分别介绍三菱、飞利浦、东芝、SGS 等公司和国产自主开发的彩电遥控系统的组成、特点、应用与检修。本书除重点介绍 1985 年以来机械电子工业部通信产品司多次组织技术交流、专家评议、认证和验证，并经电视机遥控系统选型工作组推荐，已在国内电视机制造单位大量使用的 4 种遥控系统外，还对国内市场上历来销售较多的其他彩电遥控系统作了阐述和介绍。同时对各种遥控系统的具体电路如：微处理器、存储器、屏幕显示电路、遥控发射器及遥控接收放大电路等都进行了较详细的介绍。本书附录还列出了彩电遥控系统的一部分专用配套产品及制造厂家。（张新华）

T000226 **电声词典** 机械电子工业部电声专业情报网《电声词典》编写组编。国防工业出版社 1993 年 3 月版。65.1 万字。22.00 元。以中英文对照的形式系统地给出了有关电声科学技术范围内的主要名词术语约 3400 条，内容涵盖了电声基础、电声器件、电声设备、电声系统、电声测量和标准、音质评价和加工、数字声频等。对它们的基本概念、原理及应用作了解释和介绍,并给出必要的公式、图表。书末附有中文索引(按汉语拼音排序)和英文索引。(杨星豪)

T000227 **激光探踪** 张季炎等编著。辽宁少年儿童出版社 1993 年 3 月版。10 万字。1.80 元。"小学新书系新科技系列丛书"之一。共 30 章,通过几位小朋友听报告、参观、访问、讨论等形式,介绍了激光在军事、医学、摄影、航天、测量、物理、通信、侦破等诸多领域中的广泛应用。(杨宁松)

T000228 **夏令营里话通信** 糜佳乐等编著。辽宁少年儿童出版社 1993 年 3 月版。11 万字。2.00 元。"小学新书系新科技系列丛书"之一。讲某学校为了让同学们熟悉和了解通信技术,组织了一次科技夏令营。夏令营分成两个小队,一队是有线电通信小队,另一队是无线电通信小队。为完成营部所布置的"军事任务",两个小队各自动用了自己的通信手段。有线电通信的主要手段有线路通信、架空明线通信和电缆通信、光纤通信等;无线电通信的主要手段有电台通信、散射通信和卫星通信等。书中通过夏令营的活动,对现代通信技术作了系统介绍。(杨宁松)

T000229 **数字音响技术** 刘宪坤著。人民邮电出版社 1993 年 3 月版。71 万字。29.00 元。主要内容有:数字音响发展的简单历史及数字音响的标准化进程;有关数字音响的基础知识及各种高效率声音编码技术;数字信号及音响信号数字处理;数字音响设备所必需的关键器件,其中包括最新的 1 比特数字模拟转换器(DAC)、集成化薄膜激光头和多轨薄膜磁头等;激光唱机(CD 唱机)、唱片及各种型式的 CD 系统;各种格式的专业用、家用数字磁带录音机,包括 R-DAT、S-DAT 和 DCC;各种类型的数字广播,包括数字音响和卫星电视数字音响系统;建筑声学及其外围设备等。书末附有数字音响专业常用术语的英汉对照。(孙中臣)

T000230 **光同步数字传输网** 韦乐平著。人民邮电出版社 1993 年 3 月版。45.1 万字。31.00 元。从网路和系统的角度,全面地介绍 SDH 网的技术内容。全书分 12 章,内容包括:概述、速率与帧结构、同步复用和映射方法、SDH 传送网结构、数字复用设备、数字交叉连接设备、光缆数字线路系统、物理层、网同步、传输损伤、网络管理以及 SDH 测试。全书以 ITU-T 有关 SDH 的建议为素材,参考了 SONET 有关技术标准和国内外相关学术论文,概括地总结了传输网体制研究和光缆传输系统设计方面的最新成果。(王晓明)

T000231 **电子测量原理与模拟电路实验** 华南盾等编。上海交通大学出版社 1993 年 3 月版。31.7万字。3.75 元。是上海交大电子工程系模拟电路实验改革十多年的成果。内容分两篇:第一篇为电子测量原理,包括测量误差分析和数据处理;频率,相位和时间测量;电压测量;示波器及示波测试技术;频域测量;电路元件与电子器件参数测量。第二篇为模拟电路实验,共设计了 15 个实验:RC 放大器、运算放大器的参数测试和线性应用、有源滤波器、可控增益放大器、集成图像中放、检波、伴音中放、鉴频、晶体管调频小功率发射机等。(周星男)

T000232 **家用一体化摄录像机的选购、使用和维护** 李小文著。电子工业出版社 1993 年 4 月版。12.4 万字。3.90 元。分 7 章,主要内容包括:摄录像机的基本知识、选购中应注意的问题;15 种不同型号摄录像机的技术规格和特点,并以其中最典型的一种为例,详细介绍了各部件的名称和用途;摄录像机的使用与接线方法;摄录像的基本知识与技巧;最后简要介绍了维护及未损害性故障的排除。(连潮东)

T000233 **高频电子线路(第三版)** 张肃文等编。高等教育出版社 1993 年 4 月版。57 万字。8.60 元。介绍高频电子线路的基本原理和分析方法。本版适当增加了集成电路方面的内容,删减了某些过时的分立元件电路。各章附有思考题与习题,书末有部分习题答案与名词索引。(张培东)

T000234 **光电检测技术** 钱浚霞 郑坚立编著。机械工业出版社 1993 年 4 月版。37 万字。15.60 元。内容包括光的基础知识、常用光源和光电探测器件、光电检测系统的组成、特种光电器件及其应用和光导纤维传感器。全书围绕热辐射光源、发光二极管和激光器;光电导器件、光电二极管、光电三极管、光电器件陈列、电荷耦合器件(CCD)、光电位置敏感器件(PSD)、色敏器件;组成光电检测系统的一些方法及其应用;光导纤维传感器以及各种机械量、热工量、状态量等的光电检测技术作了介绍。并附有少量国内外光电探测器件产品目录。(贡克勤)

T000235 **国内外收录机维修与分析 345 例** 胡斌编著。电子工业出版社 1993 年 5 月版。46.2 万字。13.80 元。在简介收录机故障诊查 18 法和典型故障处理 18 策的基础上,重点介绍常见国内外收录机的 345 个故障维修实例,并于维修之后给出了近千条修理分析或提示。全书分 2 章:第一章修理技术,介绍故障检查方法和处理对策;第二章检修实例,介绍了机械类、录音电路类和收音电路类等常见故障的维修实例 345 个。(史明生)

T000236　**中国集成电路大全　集成电路封装**　《中国集成电路大全》编委会编。国防工业出版社 1993 年 5 月版。70.5 万字。27.50 元。是《中国集成电路大全》第九分册,综合介绍集成电路制造后部工序,即与封装技术有关的机械、电子、冶金、化工、硅酸盐等方面的专业知识,以及与集成电路应用有关的封装外型规范与特性参数。主要内容有:半导体集成电路外形尺寸最新国家标准;半导体集成电路封装外形总图;集成电路封装外壳及其所用材料;集成电路封装技术;质量控制及可靠性分析;新材料、新技术和新工艺;热阻测试原理及方法;表面安装技术等。(王晓光)

T000237　**半导体变流技术**　上海机械高等专科学校莫正康主编。机械工业出版社 1993 年 5 月版。39 万字。9.75 元。主要内容有:晶闸管可控整流电路、有源逆变电路、晶闸管的选择和保护、晶闸管的触发电路、晶闸管交流开关、交流调压、变频电路与斩波电路以及新型全控功率电子器件的介绍等。(韩雪清)

T000238　**分组交换工程**　杜治龙编著。人民邮电出版社 1993 年 5 月版。43.1 万字。16.90 元。主要内容包括分组交换的基本原理及分层结构;与分组交换有关的建议、接口标准;网络的互联、网络规划设计及维护测试方法。最后还介绍了国际 X-25 分组交换网的状况及分组交换的新技术,如快速分组交换、帧中继技术等。本书为"通信工程丛书"之一。(梁凝)

T000239　**快速自适应信息处理**　陈尚勤、李晓峰编著。人民邮电出版社 1993 年 5 月版。34.6 万字。15.00 元。分 17 章,分别介绍快速自适应信息处理的用途、含义,用于自适应优化处理的最小均方误差准则与方程,解正规方程的最陡梯度法,最小均方算法,Durbin 算法,梯度格型自适应算法,正规递归 LS 算法,RLS 滤波信息处理的向量空间研究方法,LS 格型的基本自适应算法,LSL 算法的补充修正,LS 快速横向自适应滤波型基本算法及增益归一算法,LS 快速横向滤波型算法的补充与修正,横向结构多路自适应算法 RFTF,DFE 自适应均衡算法,格型结构多路自适应算法及 LSL,DFE 算法,修正 LMS 算法,自适应均衡应用中的若干问题研究,快速自适应均衡系统的模拟研究及其实现方法。(王亚明)

T000240　**BB 机与大哥大的使用维修**　李锡琛编著。山西科学技术出版社 1993 年 5 月版。13.5 万字。7.00 元。介绍移动通信的基础知识,包括移动通信的工作方式、电波传播、通信组网;结合实际电路介绍调频无线电话机的工作原理;无线电寻呼的组成、使用及维修;蜂窝式拨号无线电话机的原理及使用。(段立新)

T000241　**家用摄录像机(一体化)维修手册**　郑启龙等编。电子工业出版社 1993 年 6 月版。48 万字。20.00 元。收编 3 种家用摄录像机的维修资料,主要包括:技术性能和参数、机器的使用及操作方法、零部件的拆卸与更换方法、电路及机械部分的调整方法以及电路图、电路方框图等。有的还有常见故障的维修方法。(王玉国)

T000242　**移动无线电通信理论及应用**　刘友学等编。人民交通出版社 1993 年 6 月版。33.2 万字。重点介绍移动通信工程设计的基础理论、参量分析和计算,介绍民用和军用高容量移动无线电通信发射机、接收机和无线系统的设计和研制。全书共 14 章,前 4 章介绍移动通信工程概貌、统计通信基础知识、系统技术规范和移动通信环境;第五、六、七章讨论移动无线电传播中的新概念;第八、九章讨论接收信号包络和相位;第十、十一、十二、十三章讨论移动通信系统的一些基本设计参量;第十四章讨论干扰问题。(陈民扬)

T000243　**通信电缆工程**　高攸纲等著。人民邮电出版社 1993 年 6 月版。45.3 万字。9.80 元。邮电高等院校教材。内容分 10 章。书中主要讲述各种通信电缆线路的传输特性、串扰原理和防护措施;鉴于数字化通信的应用,也介绍了这方面的传输基础理论。对市话网的传输标准和配线方式作了较多的介绍,还对接地和屏蔽等基础理论进行了讲解,并详尽地论述了各种外界电磁场对通信线路的影响和防护措施,尤其对含有金属的光缆也会受到强电线和雷击的影响,严重时会击毁光缆,中断通信等知识进行了介绍。对电缆测试技术和充气维护都进行了专门讲解。(王青玉)

T000244　**数字通信系统**　华北电力学院王彦骏主编。水利电力出版社 1993 年 6 月版。49.4 万字。5.65 元。高等学校教材。论述数字通信系统及其组成,同时还对通信网作了初步的介绍。主要内容有:数字通信系统的特点,模拟信号数字化过程及方法,时分多路复接及同步,纠错编码,数字信号基带

传输,数字信号的调制及解调,数字微波中继通信系统,通信网基本概念及其部分子系统。(施月华)

T000245 **程控数字交换原理与应用** 朱世华编著。西安交通大学出版社 1993 年 6 月版。39.0 万字。12.00 元。分 8 章介绍程控数字交换机的用途、工作环境、内部组成、工作原理及主要实现技术。第一章介绍交换式通信网的定义及组织形式;概述交换机的组成:交换网络、接口、控制系统;引入了基本概念和术语。第二章讨论交换网络的理论基础、设计方法和数字实现技术。第三、四章介绍有关的电信网知识,包括路由设计、编号制度、计费系统、传输系统和信令系统。第五章讨论各种接口的功能、结构及电路设计原理。第六至八章讨论控制系统,包括程控交换机的主要功能和控制系统特点,呼叫处理过程及相应的软硬件设计和数据结构;运行、管理和维护的基本要求和实现方法。书中用简明的话务理论导出了交换网络的设计原理,介绍了较新的 ISDN 数字用户接口和 No.7 信令系统,利用定义、编码、传输三要素概括了各种信令系统,介绍了多种专用集成电路,各章附有习题,书末有答案。(白居宪)

T000246 **录像机电路分析与维修技术** 上海市电子电器技术协会、上海市闸北区业余大学编。上海科学普及出版社 1993 年 7 月版。60 万字。19.50 元。"家用电器维修丛书"之一。阐明磁带录像机的基本原理,为分析录像机整机电路打好基础;分析了家用 VHS(如松下 NV-370、NV-450、NV-G33、L-15 等)录像机的整机电路,包括视频录放系统、声音系统、伺服系统、系统控制和机械结构;再着重介绍录像机的使用和维修;重点分析了国内常见的松下、日立、东芝等录像机的整机线路,使读者全面了解录像机的工作过程,为维修打下基础;还提供了录像机 100 条故障的检修实例和改制方法,以及国内常见录像机维修资料。(黄琮志)

T000247 **载波通信原理** 毛恩启、戚宇林著。天津科学技术出版社 1993 年 7 月版。46.8 万字。8.90元。在介绍载波通信的基本原理之后,着重讲述载波电路的质量指标,以及差动系统、呼叫系统、调幅器、载波供给系统、自动电平调节系统、压缩扩张器等载波通信基本组成部分的原理、线路分析和计算。为了增强实用性,书中引用了中国当前使用的一些载波机及其设备的技术数据。还对载波通信中杂音这一现象进行了定性分析和定量计算,指出了减少杂音的有效途径。(王定一)

T000248 **世界最新集成运算放大器及其互换手册(续集)** 陈清山编。中南工业大学出版社 1993 年 7 月版。106.8 万字。28.00 元。是 1992 年出版的"世界最新电子元器件工具丛书"的续集。全书搜集 6 个国家(日本、德国、美国、荷兰、法国和韩国)的运算放大器及其互换型号。其中包括国外半导体集成运算放大器的使用说明、型号参数一览表;国外混合集成运算放大器的使用说明、型号参数一览表;以及国产集成运算放大器参数规范表、型号对照、应用电路与主要参数等。全书除保留了未淘汰型号外,增加了数百种新型号及国内外相应互换型号。(田孝伟)

T000249 **怎样选用无线电元件** 傅吉康编。人民邮电出版社 1993 年 7 月版 1995 年 9 月版。25.9 万字。10.00 元。"无线电爱好者丛书"的一种。书中介绍通用的无线电元件,如电阻器、电位器、电容器、敏感器件、线圈和变压器、传声器、扬声器等的结构原理、性能和种类,标准和使用知识。(孙中臣)

T000250 **彩色电视机电路分析及维修 200 例** 李金刚、李春林编写。北京出版社 1993 年 8 月版。37.1 万字。17.00 元。从实际应用出发,介绍彩色电视机调试和故障检修方法,阐明彩色电视机电路原理;侧重介绍现行的集成化彩色电视电路。全书分为 2 篇,第一篇介绍彩色电视传送系统的色度学知识,各种彩色电视制式,以及中国采用的 PAL 制彩色传输系统的工作原理。并针对各种电路,进行较详细的电路分析。第二篇介绍彩色电视接收机的调试和维修技术,包括各种常用仪表的使用方法、部件和整机的调试和维修技术,各种常见牌号彩色电视机的故障检查程序以及常见故障 200 例。书后附有各种元器件损坏后的故障一览表,以及常见牌号彩色电视机原理图。(刘京京)

T000251 **显示技术** 刘榴娣等著。北京理工大学出版社 1993 年 8 月版。30 万字。6.60 元。内容分 3 个部分。第一部分概述显示技术的发光理论基础,发光与显示的分类,显示器件和系统的技术要求等。第二部分讲述各种类型、各种形式的显示器件和显示系统,计有阴极射线致发光显示,液晶显示,注入电致发光显示,高场电致发光显示,等离子显示,激光显示,大屏幕显示,字符和图形显示系统,平视显示系统等。以上分别介绍了各类显示器件的显示原理、结构和特性,同时也介绍了若干典型的系统及其性能和应用。第三部分简要介绍了显示技术的发展趋势、主攻方向。(郝淑英)

T000252 **卫星电视原理电路及维护** 舒标编著。成都电子科技大学出版社 1993 年 8 月版。54.9

万字。17.00元。内容有10章,第一章介绍卫星电视广播的基本原理;第二章分析卫星电视广播接收系统的性能;第三章讲述卫星电视广播接收天线及馈源系统;第四章卫星电视接收系统的技术参数计算及总体方案;第五章卫星电视接收系统的室外单元;第六章卫星电视接收系统的室内单元;第七章系统的测量与调试;第八章卫星电视接收系统收转站的建设与信号传输;第九章卫星电视接收系统的维修和改制式;第十章讲述卫星电视传输中的MAC制式。本书的重点是:天线、馈源、室外单元、室内单元的具体适用电路及具体参数。本书取材以C波段为主,兼顾Ku波段,内容密切结合当前卫星电视接收的实际情况。(徐守铭)

T000253 **国产、进口35～44cm黑白电视机线路全集** 本社编。湖南科学技术出版社1993年8月版。103万字。49.50元。收集国产的所有黑白电视机和进口的所有名牌黑白电视机的线路图、印刷版图及重要部位的波形图,共包括了国产78种牌名、618种机型、进口14种名牌、29种机型。书后的几个附录,简明介绍了各种黑白电视机显像管的特性、常用集成块的应急维修方法、内部电路、封闭图形以及常用晶体管选管要求等。在最后一个附录(检查逻辑图)中,综合了各种黑白电视机的检修方法。(李遂平)

T000254 **网络理论——模拟网络及其应用** 张世演著。西南交通大学出版社1993年8月版。44.0万字。14.90元。《网络理论》上册。内容包括:网络拓扑和矩阵,网络函数,LC滤波器,均衡器,RC有源滤波器,SC滤波器,分布参数网络等。随着MOS大规模集成技术的发展,网络理论已由无源网络发展为RC有源网络、开关电容(SC)网络。RC有源网络不仅解决了无源网络中笨重而昂贵的电感,而且还具有与它对应的无源网络所没有的优点,如设计的标准化和模块化,可换接性,通用性,以及易于制造等优点。开关电容是采用MOS电容、开关和运放来组成网络。与LC滤波器、RC有源滤波器相比,易于实现单片集成化,当时钟频率一定时其特性仅取决于电容比值。与数字滤波器相比,可以直接处理连续信号而不用A/D、D/A变换器,并和数字滤波器一样,容易实现程序控制。该书是在原《电信网络分析》、《网络综合理论》两教材的基础上进行大幅度精简和改编,特别是充实RC有源网络、开关电容网络及分布参数网络等新科技的必要内容写成的。(张雪)

T000255 **录像机维修(1)** 李玉全编。电子工业出版社1993年9月版。59万字。12.00元。分基础知识、选购常识、使用指导、维修技术、拾零园地、资料图表等部分。重点是维修技术,主要介绍家用录像机的检修方法、技巧、元件代换、调整、检测以及维修实例。其他部分讲解家用录像机的原理、使用方法、选购依据和维修常用的资料图表。(鞠养器)

T000256 **家用摄像机与摄录技巧** 刘新超等编。电子工业出版社1993年9月版。36.6万字。12.00元。介绍国内市场上常见的几种家用摄像机的特点、功能及基本操作方法,着重阐述家用摄像机的选购、保养与维护,摄像与录像后期制作的必备知识和技巧,以及各种题材录像片的编导与摄制技巧等。(贯贺)

T000257 **电路基础** 范世贵主编。西北工业大学出版社1993年9月版。57.60万字。共18章,主要讲述电路基本概念与定律、电阻电路等效变换、线性电路分析的基本方法、电路定理、非线性电阻电路、正弦稳态分析、耦合电感与理想变压器、网络图论与网络方程、谐振电路、非正弦周期电流电路与信号的频谱、二端口网络、含运算放大器的电路、一阶电路时域分析、二阶与高阶电路时域分析、复频域分析法、网络函数、状态变量法和非线性动态电路等。各章后均附有习题及答案。(李珂)

T000258 **宽束电子光学** 周立伟著。北京理工大学出版社1993年10月版。61万字。18.90元。本书是全面论述变像管和像增强器等光电子成像器件中大物面宽电子束在电场和磁场作用下聚焦、偏转和成像的规律的专著。书中由一般的曲线坐标系出发,用张量分析的方法阐述了场和电子运动的一般原理和基本方程以及宽电子束聚焦的普遍理论,并对实际的宽电子束成像系统,诸如近贴聚焦系统、静电聚焦与电磁聚焦同心球系统、倾斜型电磁聚焦系统,以及电磁聚焦移像系统、电磁复合聚焦阴极透镜等的电子光学、像差理论和电子光学传递函数进行了深入的探讨。对于宽电子束成像系统的计算、设计和分析,包括正设计和逆设计,本书亦有较详细的叙述。此外,对于发射系统的电子光学以及变像管高速摄影的动态电子光学亦做了简要的叙述。书中内容大部分是著者20余年来潜心研究的成果,在内容和体例上,与国内外现有的电子光学著作和教科书有较大差别。(郝淑英)

T000259 **雷达原理** 王意青、张明友著。成都电子科技大学出版社1993年10月版。42.74万字。

论述雷达的基本理论和基本分析方法,同时还介绍雷达的各种应用,它集中了现代电子技术科学的许多成就。本书论述雷达的基本原理和方法,特别注意介绍能反映面临 90 年代雷达改革的新技术。全书共 7 章。第一章概述雷达基本原理。第二章讨论雷达的作用距离。第三章介绍雷达的发射机和接收机。第四章讨论雷达显示器和录取设备。第五章介绍雷达测距和测角。第六章论述运动目标检测及信号处理。第七章简要介绍雷达的波形和新体制。(谢晓辉)

T000260 **半导体器件中的噪声及其低噪声化技术** 庄奕琪、孙青编著。国防工业出版社 1993 年 10 月版。18.7 万字。8.70 元。系统地介绍半导体器件中各种噪声现象的理论及其应用技术。分 7 章:第一章阐述器件噪声分析所必备的一些基础知识;第二章至第五章分别叙述半导体器件中热噪声、散粒噪声、g-r 噪声和 1/f 噪声的物理来源、理论模型和实验特性;第六章和第七章介绍实现半导体器件低噪声化的设计与工艺技术,以及噪声分析在器件质量表征和可靠性评论中的应用。本书全面地阐述了半导体器件中噪声源的物理机理和数学模型,以及低噪声器件的生产工艺,特别是与国防军事电子器件密切相关的高精度、低噪声器件的制造技术及1/f 噪声在可靠性预测中的应用。还讨论了集成半导体器件低噪声化技术,论述了集成电路线路的低噪声设计,器件结构参数的低噪声设计、低噪声工艺,包括了版图、掺杂浓度、扩散、钝化、完美晶体工艺等。(孙中明)

T000261 **天线罩电信设计方法** 杜耀惟著。国防工业出版社 1993 年 10 月版。93.2 万字。34.70 元。系统地阐述天线罩的电信设计方法,给出各种类型天线罩的设计图表,结合实例说明选择设计方案的原则、步骤和所能达到的性能指标,并对空间滤波器、多频段天线罩、极宽频带天线罩以及用吸收材料隐身层的优化设计等作了详细的探讨。其主要内容为:单层、A-夹层、C-夹层和七夹层等对称介质平板特性的分析;四端网络理论在天线罩电信设计中的运用;感应电流率理论;电波对天线罩入射角和极化角的计算;射线跟踪法和平面波谱—表面积分法预测壳体罩性能;空间滤波器、空间桁架天线罩以及吸收材料隐身设计等等。(何曼庆)

T000262 **激光瞬态干涉度量学** 贺安之、阎大鹏著。机械工业出版社 1993 年 10 月版。36.2 万字。19.80 元。论述以脉冲激光为光源的瞬态高速干涉度量术的基本概念和原理、仪器设计原理、实验方法、干涉图像处理技术等及有关应用。主要内容有:经典与现代干涉度量学概论;脉冲光源的相干性;激光的产生原理和相干性;透明物体与不透明物体的干涉测试技术;三维流场的干涉层析技术;瞬态高速干涉摄影技术;瞬态干涉图的图像处理技术和应用举例等。(徐彤)

T000263 **综合业务数字网** 程时端编著。人民邮电出版社 1993 年 10 月版。38.9 万字。20.00 元。作者以通俗易懂的语言和丰富翔实的图表,介绍了 ISDN 发展的原委、基本概念、网络原理和工程实用技术,并介绍了与 ISDN 有关的最新国际标准。书末还附有 ISDN 术语及相关的英文缩写词表。本书是"通信工程丛书"之一。(梁凝)

T000264 **家用组合音响** 梁华、梁晨著。人民邮电出版社 1993 年 10 月版。29.7 万字。11.50 元。讲解现代家用组合音响系统的基本工作原理、系统构成、选购方法、配接原则、使用方法和维护常识等,特别对广大无线电爱好者和音响爱好者越来越关心的组合音响方面的一些新技术、新设备,诸如卡拉 OK、激光唱盘机、数字录音机、数字调谐器、环绕立体声等也进行了较详细的说明。另外,还对家庭听音房间和扬声器系统的合理布置,作了叙述。该书是"无线电爱好者丛书"之一。(刘文铎)

T000265 **线性集成电路参数与代换大全** 庄跃辉、舒妙飞等编著。天津科学技术出版社 1993 年 10 月版。300 万字。详尽介绍线性 IC 生产品种、参数数据和引脚功能的书籍。本着同类产品归一化、外形尺寸规范化、技术数据准确化的原则,收录了音频、射频、中频、运算放大器、视频、电信、电源电路及锁相环器件等产品技术参数约 4 万条。书中所有数据经过计算机排序处理和校对,将各种型号的 IC 参数以表格的形式有序地组合在一起,可满足设计师在设计产品时,维修人员维修电器时,采购人员在采购器件时的需要;为他们提供代换型号,帮助他们了解生产厂家。全书编有功能索引、型号索引、参考代换型号索引等,各种索引是主要的检索人口,便于读者查阅。(徐彤)

T000266 **网络理论——数字网络及其应用** 张世演著。西南交通大学出版社 1993 年 10 月版。25.5 万字。9.95 元。《网络理论》的下册。内容包括:信号与系统,FIR 滤波器,IIR 滤波器,波数字滤波器,格型及环行型滤波器,有限字长效应及波数字滤波器的稳定性,自适应滤波器的实现。数字网络是随 MOS 大规模集成技术的发展而产生的,是在经典滤波理论的基础上发展起来的。模拟网络设计中的逼进、综合和实现等问题,在数字滤波器的设计中得到相应的借鉴,然而,由于实现电路的数字化和集成化,处理信号的离散化,因而它具有一些模拟网络无法比拟的优点。除了本身体积小、动态范围大,工作可靠,受外界温度、环境及老化影响小,能实现陡峭的频响外,更重要的是它对信号能进行极其灵活的处理。该书将数字滤波器的最新理论、技术和实现整理在一起,提供完整的设计方法和步骤,而且介绍了实现手段,从而使数字滤波器理论能真正解决工程实际问题。(张雪)

T000267 **巧装彩电遥控器** 江修波等编著。电子工业出版社 1993 年 11 月版。53 万字。14.00 元。详细讲解彩电加装梦寐牌 M9081 系列遥控器的方法,给出了各种彩电机芯加装该系列遥控器的实例及线路图。凡是具备一定电子技术和家电维修知识的用户,只要按照书中介绍的方法,均可自己亲自动手,使家中非遥控彩电成为遥控型彩电,同时提高电视节目的存储容量。此外,该书的后半部还介绍了遥控器的维修方法,对于改装容易出现的问题,作了详细解答。(林培)

T000268 **数字集成电子技术教程** 李士雄、丁康源主编。高等教育出版社 1993 年 11 月版。50 万字。6.65 元。分 10 章:数制与半导体器件开关运用特性、逻辑代数基础、逻辑门电路、组合逻辑电路、触发器、时序逻辑电路、可编程逻辑器件、脉冲的产生与变换、数/模和模/数转换及数字电路的抗干扰技术等。(任庆陵)

T000269 **高频电子线路** 胡宴如等编。高等教育出版社 1993 年 11 月版。40 万字。5.95 元。根据高等工程专科教育培养技术应用型人才的特点,强调以应用为目的,突出原理分析为应用服务,减少理论推导,加强基本概念的叙述。以模拟通信系统为主线来连贯各功能电路,以集成电路为主,力求把分立元件电路和集成电路结合起来,把集成电路的内容渗透到各章之中,既加强了集成电路的概念和应用,又不削弱电路的基础知识。(张培东)

T000270 **雷达目标反射特性** 陈保辉等编著。国防工业出版社 1993 年 11 月版。28.2 万字。10.70 元。共 10 章,分别介绍各种雷达目标有效截面的理论估算公式和试验测量结果;介绍了各种测量系统,及微波、毫米波电磁散射与其缩比仿真,以及超声波仿真;介绍了有关压缩场测量及无回波暗室的设计与校验;给出了许多实际测量结果的有用数据图表,并作了相应的比较,特别是对近场雷达目标特性的研究作了较深入的论述和探索,还具体分析了近场雷达引信与飞机及导弹目标交会时的数学模型仿真等。(林秀权)

T000271 **现代通信技术和大学教育(续集)** 张煦编著。上海交通大学出版社 1993 年 11 月版。50 万字。21.00 元。学术论文集。是中国科学院院士张煦教授 1991 年下半年出版的《现代通信技术和大学教育》的续集。分 3 部分:第一部分通信技术(中文),收集了国际通信技术发展趋向和中国的对策、光纤通信用光电子器件的研究动向、计算机工作站近况简述、微电子技术向纳电子技术的进化等 23 篇文章;第二部分通信技术(英文),收集了中国光纤通信技术发展、上海光纤通信的应用等 13 篇文章;第三部分大学教育,收集了加强博士生培养工作的体验、通信工程教育 60 年等 14 篇文章。(周星男)

T000272 **世界最新集成电路(上、下)** 侯光华主编。大连出版社 1993 年 12 月版。400 万字。2 册。180.00 元。汇集世界近 300 家著名厂家和国内 100 多家厂家约 10 万余种集成电路和重要技术数据。本书介绍的集成电路有:数字器件、微处理器、接口器件、线性器件、存储器、专用集成电路/定制电路、可编程序逻辑器件、军用器件等。不仅有大量民用器件,还有应用于尖端技术的军用器件,而且对一些公司的部分器件的引脚配置图、功能框图及逻辑图等作了详细介绍。为方便查阅,书中还采用多方位检索方式,有功能索引、基本标号索引、厂家器件替换表、中外集成电路代换表、厂商和批发商/代理商指南、国内电子企业分省索引、国外集成电路厂家中英文对照表、常用缩略语索引、国内电子产品商标(牌号)索引、国内电子产品分类厂家索引、国内电子企事业单位名称与代号对照等。(王天华)

T000273 **收音机、收录机、组合音响维修实例 999** 本书编委会编。电子工业出版社 1993 年 12 月版。104 万字。24.00 元。分 3 大部分:第一部分介绍各种机型的工作原理;故障的一般检修步骤和检修方法;元器件代换原则与方法。第二部分按故障现象分类,详述 999 个收音机、收录机及组合音响的维修实例。第三部分介绍音响集成电路电压测量法及各电压值参数;磁头的代换表;器件的数据参数。(王玉国)

T000274 **模拟集成电子电路** 王汝君等编。东南大学出版社 1993 年 12 月版。42 万字。21.80 元。高校教材。分上、下册共 12 章。第一章介绍器件与模型；第二—五章介绍模拟集成电路的各种基本放大单元电路、集成运算放大器、反馈放大电路、放大电路的频率响应和相位补偿；第六—十二章介绍集成运算放大器的应用、集成功率放大器、正弦振荡器、集成模拟乘法器及其基本运算电路、调制与解调电路、集成锁相环以及集成稳压器。各章后面附有习题。该书特点是：以模拟集成电路为主体，兼顾分立元件电路；加强了 FET 特别是 MOSFET 的内容；简化了 BJT 模型分析和与高频功率放大器关系不大的内容。（张克）

T000275 **光电技术地面应用** 王安华主编。甘肃科学技术出版社 1993 年 12 月版。49.9 万字。16.80 元。在由联合国开发计划署资助"中国西部太阳能开发应用基地"实验基础上，充分考虑中国西部地区人文地理特点，为普及太阳能在西部无电地区应用而编撰。介绍光电池电源系统的主要元器件、独立式光电系统的设计、光电水泵系统以及光电系统的安装与安全、光电系统的维护检查与故障分析等内容。（毕伟）

T000276 **基本电路理论（上下册）** 王蔼主编。上海交通大学出版社 1993 年 12 月版。103.1 万字。2 册。10.60 元（上），12.80 元（下）。高校教材。阐述集中参数电路和基尔霍夫定律、电路元件、线性定常电阻性网络的直接分析法及其形式变换、电阻性网络的一般分析、非线性电阻性电路、网络定理、一阶电路、二阶电路、正弦稳态分析、三相电路、非正弦周期信号作用下电路的稳态分析、拉普拉斯变换、网络函数、双口网络、状态变量法、非线性动态电路等。书中列举了相当数量的实例分析，并附有各类型的习题。（高景和）

T000277 **光纤通信与光纤传感** 赵仲刚等编著。上海科学技术文献出版社 1993 年 12 月版。28.26万字。19.80 元。"科学技术前沿丛书"之一。光纤通信与光纤传感技术是 70 年代光纤问世以后迅速发展起来的、以光纤为传输介质的高新技术。本书在阐述光纤与光缆、光源和光检测器件、光纤无源器件的基础知识后，分别介绍光纤通信系统和光纤传感器的设计原理和应用。本书作者都是多年从事光纤通信和光纤传感科研生产的高级科技人员，在撰写时他们尽力阐述这两方面的最新理论、现状和动向，也倾注了各自主持设计时的思路和指导工程的经验。（池文俊）

T000278 **电路基础计算机辅助教学** 段哲民主编。西北工业大学出版社 1993 年 12 月版。21 万字。4.30 元。内容包括 3 个部分，第一部分简要介绍 CAI 的基本特点，基本原则及课件设计过程；第二部分对电路基础 CAI 系统中选编的辅助解题、教学演示和实验程序作了详细说明；第三部分介绍了电路基础 CAI 测试及测试评估等。本书程序均用 Turbo—Pascal 和 Foxbase 编写，适用于 IBM-PC 及各种兼容机。（郑永安）

自动化技术、计算技术

T000279 **区域产业结构系统工程** 杨建梅、刘永清著。华南理工大学出版社 1993 年版。27 万字。5.60 元。在对区域产业结构的基本概念进行系统思考之后，将它纳入系统工程研究的范畴，用系统工程的理论与方法，包括西蒙复杂性构造理论，霍尔硬系统工程方法论，切克兰德软系统方法论以及各种系统技法，对区域产业结构进行探讨。（谢艳桂）

T000280 **数据库系统导论** 马玉书著。石油大学出版社 1993 年版。51.5 万字。19.50 元。分两篇。第一篇数据库的基本理论及数据库系统，其中第一、二章简明而扼要地介绍数据库技术的基本概念与原理；第三、四章介绍网状和层次这两个早期的数据库模型及其数据库管理系统；第五、六、七章为重点，突出地叙述关系数据库方法，分析解剖了具有代表性的 SYSTEM R 实验关系数据库管理系统的一些主要技术问题（完全性、完整性、并发性及数据库恢复与维护）及其解决方法；第九章全面介绍数据库设计的基本技术和方法；第十章给出了目前广泛采用的 ORACLE、VAX-DBMS、SQL/DS 等数据库管理系统；第十一章介绍了分布式数据库的产生背景、概念、特点及其主要实现技术。第二篇为数据库技术的新发展和新一代数据库系统。（宋秀勇）

T000281 **计算机系统概论** 贾文举著。石油大学出版社 1993 年版。47.6 万字。19.70 元。包括计算机基本工作原理、程序设计语言、数据结构、操作系统、计算机网络、数据库系统、汉字信息处理、编译技术等基本内容。（何峰）

T000282 **跟我学电脑** 中国计算机函授学院编。中国科学技术大学出版社 1993 年版。108 万字。27.00 元。共 4 册。第一册副名为《特棒！神奇的电脑》，介绍了计算机的工作原理、构成和应用领域等知识。第二册副名为《盖帽！迷你的电脑编辑》，介绍了键盘操作、各种汉字输入方法及电脑文字编辑 WS 的使用技巧。第三册副名为《OK！智慧的 BASIC

语言》,详细讲述了 BASIC 语言的各种命令、编程技巧和应用实例。第四册副名为《真绝!巧妙的信息处理》,着重阐明了数据库系统 dBASE Ⅲ 的原理和使用技巧。每个分册中都配备了大量的习题和上机练习题。(张泰永)

T000283 **实用 C 语言及其程序设计** 鲁岩编著。大连理工大学出版社 1993 年 1 月版。36.6 万字。7.00 元。以 Turbo C 和 Microsoft C 编译系统为背景,全面系统地描述 C 语言的基本知识及其程序设计方法。尤其是通过大量实例对 C 语言中的学习难点(如函数、指针、结构、与汇编语言的接口、图形设计等)以及编程中容易犯的错误均作了较全面的介绍。书中全部实例均在 Turbo C2.0 版本下运行通过。全书分 15 章,即 C 语言概述、结构化程序设计基础、用于标准设备的 I/O 函数、数组、指针、函数、存储类与分割编译、C 语言预处理器、结构与联合、I/O 函数、C 语言与汇编语言接口、系统功用调用、程序的组织与管理、C 语言图形、C 语言程序设计实例。书末的 10 个详细的附录供读者学习 C 语言和程序设计时参考。(方延明)

T000284 **计算机科学技术百科辞典** 王攻本主编。山东教育出版社 1993 年 1 月版。285 万字。49.50 元。收入计算机数学基础、计算机算法及理论、计算机硬件和软件、网络与通讯、人工智能、计算机安全与法律、计算机应用、计算机标准、计算机教育与研究、计算机公司与学会、计算机历史与人物、计算机文献等方面的辞条 20000 条。正文按辞条内容分章、节排列,各辞条有中文名、英文名及其释文。书前有分类章节目录及中文词条索引,书末提供英文词条索引。此外,还有与计算机有关的国家法定计量单位、大陆与台湾计算机词汇对照表等附录。每章节开始都有一个概括本章节内容的"带头词条"。(孙永大)

T000285 **语音合成技术与单片微机综合系统** 方建淳编著。北京航空航天大学出版社 1993 年 2 月版。67.2 万字。15.00 元。详细叙述语音合成芯片的原理、结构与使用方法,并结合 MCS-51 系列单片机和 MCS-96 系列单片机的应用,阐述语音合成技术与单片机应用技术相结合的综合应用系统的设计方法。(冯学民)

T000286 **MOTOROLA 8 位增强型单片机 M68HCII 原理与应用** 刚寒冰、齐秋群编著。北京理工大学出版社 1993 年 2 月版。M68HCII 系列单片机是 MOTOROLA 公司推出的功能最强的 8 位单片机,主要用于智能化仪器仪表、家用电器、工业控制和通讯产品中,特别在便携式仪表、智能化设备及自动控制系统中得到了更加广泛的应用。本书以 M68HCIIA8 为例,详细介绍其硬件结构、系统构成、工作模式、指令系统和程序设计方法,以及应用开发技术。论述了 M68HCII 系列单片机各管脚的内部电路和信号时序关系,定时器、串行通讯接口、串行外围接口、脉冲累加器和 A/D 转换器的结构与应用。(贺白眉)

T000287 **常用针式打印机故障检修 120 例** 赵继文、孙飞编。电子工业出版社 1993 年 2 月版。29 万字。7.00 元。归纳了多种常用针式打印机的维护保养和故障检修方法。主要机型为:TH-3070、M-2024、M-1724、AR-2463、AR-3240、LQ-1500、LQ-1600K 以及 NM-9400,OKI8320C 等。(王惠民)

T000288 **计算机反病毒技术(修订版)** 唐常杰、胡军著。电子工业出版社 1993 年 2 月版。31.3 万字。6.50 元。第一章介绍计算机病毒的简单历史,现状,危害性,现象和防治策略。第二章通过解剖两个简单源程序讨论了计算机病毒程序的主要结构,传播机制和一般原理。第三章介绍简单的防治技术。第四章详细地介绍了广谱病毒克星软件,并列出了全部源程序(用 Turbo Pascal 4.0～5.5 版本开发的)。第五章介绍了磁盘构造,主引导扇区(分区表),引导扇区,BPB,FAT 以及与病毒有关的 DOS 技术细节,为深入解剖计算机病毒奠定了基础。第六章剖析了一批典型的计算机病毒,如小球病毒(Ascii7),大麻病毒,巴基斯坦智囊病毒,黑色星期五,杨基病毒,并深入分析了多种病毒的并行感染、交叉感染和链式感染。第七章介绍了用通用软件工具诊治计算机病毒的技巧。第八章给出了带数据库的免疫软件和一个带知识库的病毒医生 V-Doctor 软件的全部源程序(已全部调通)。第九章给出了计算机病毒克星系列软件的详细使用说明。(王昌铭)

T000289 **UNIX 系统 V 第 4 版系统管理员指南** 贾耀良主审,孟庆昌等译校。电子工业出版社 1993 年 2 月版。100 万字。98.00 元。叙述如何完成系统管理任务,包括:管理文件系统和用户、构造基本网络、保持可靠性、调整系统以优化性能、管理打印机等。(龚立堇)

T000290 **Turbo Pascal 大全** 姚庭宝等编著。电子工业出版社 1993 年 2 月版。448 幅图。16.00 元。以当前最新的 Turbo Pascal 6.0 版为蓝本,全面地介绍了 Turbo Pascal 的使用和编程技术。除介绍预测控制及其机理、非线性系统的故障检测与诊断、故障诊断算法应用、线性多变量系统的鲁棒控制、线性多变量系统的状态空间分析和设计、自适应控制及其应用、非线性控制系统理论、机器人和柔性结构控制、人工智能方法的应用等10大类。(吴东)

T000300　**信息论与最优编码**　章照止、林须端著。上海科学技术出版社1993年3月版。29.4万字。9.60元。研究信息传输和信息处理系统的学术专著。书中论述信息论的基础理论和方法,介绍了近年来的新发展以及与之有密切关系的密码学理论。主要内容有:一、论述信息的度量问题,介绍了熵与交互信息等基本概念及性质;二、介绍信源的无错编码与率失真理论;三、信道的容量与编码定理;四、线性分组码和线性卷积码理论;五、多用户的信源和信道模型及它们的编码定理;六、密码学理论。书中兼顾了基础理论与应用技术两方面。其中不少反映了作者本人的研究成果。(赵序明)

T000301　**Novell网络及其互联技术**　汤岳清、吴越编著。电子工业出版社1993年4月版。38万字。30.00元。介绍高速网络技术和Internet,以及几种流行的网络操作系统;TCP/IP及其在DOS/Windows、Unix/xeuix、Netware平台上的应用。特别详细讨论了Novell公司的最新互联策略,产品和具体方法;以实例说明了Windows、Windows for workgroups、Windows95和Windows NT服务器集成到Netware环境的方法和具体步骤;介绍了NF的原理、特别Netware NFS和如何实现Netware和Unix系统间权限转换和双向打印;介绍了借助PPP和SLIP实现远程TCP/IP的连接方法;说明如何在Netware环境下安装Sybase数据库服务器以及如何将Visual Basic和Power Builder的应用连到SyBase数据库服务器上。(王惠民)

T000302　**微机使用三日通**　孙一平等编著。宇航出版社1993年4月版。22万字。6.00元。以示例为向导,通俗简炼地介绍微机的基本操作和应用。内容包括:DOS操作系统,文字编辑,dBASE Ⅲ管理数据库的建立。附录中编排了微机运行障碍解答,出错提示及处理,五笔字型录入技巧以及DOS,Wordstar及dBASE Ⅲ命令一览表等内容。(邱光纯)

T000303　**标准C语言程序设计**　孟庆昌等著。宇航出版社1993年4月版。47万字。13.00元。在C语言的推广应用中,出现了多种不同的版本,这妨碍了C语言的应用。1990年ISO/IEC公布了统一的国际标准。1991年中国也提出了国家标准程序设计语言的征求意见稿。本书就是根据上述情况,结合教学、软件开发和"全国计算机软件人员水平考试"等的需求而编写的。全书17章,重点介绍C语言的有关语法规则,以有代表性的实例介绍其应用,其程序均已上机通过,可直接应用到有关具体工作中。特别是结合历年的软件水平考试实例,既有程序说明,也有分析、答案,每章后都有习题,在附录中有C语言的语法汇总。(廖寿琪)

T000304　**人工神经网络——模型·分析与应用**　阎平凡、黄端旭著。安徽教育出版社1993年5月版。30万字。5.70元。是从工程应用的角度系统讲述神经网络的一种尝试。从神经网络的模型开始,着重介绍神经网络的基本原理、分析方法以及设计和应用中应考虑的问题。全书共13章。第一章介绍人脑的工作过程;第二章阐述生物神经元及其数学模型,对照生物神经元,给出简化的神经元(即人工神经元)模型;第三章至第七章分别介绍前馈网络、反馈网络及它们用于联想存储和优化计算的原理;第十章讲述自组织网络模型。上述各章系本书的主要部分。第十二章作为举例,介绍神经网络的一些典型应用。本书的最后一章,从计算复杂性的角度对神经网络的局限性及学习能力等方面作一些初步的分析。(罗法新)

T000305　**微机应用基础**　副名:初学者上机必备。牛树长主编。北京理工大学出版社1993年5月版。25.6万字。7.45元。内容包括:计算机的基本概念、DOS操作系统、dBASE Ⅲ的基础知识、ZRED和CCED文字编辑软件的使用、自然码汉字输入方式等。书中有实用例题和上机操作示范,可供初学者练习。(倪福卿)

T000306　**计算机网络工程指南**　胡道元主编。电子工业出版社1993年5月版。62.4万字。21.00元。从网络工程的角度,着重在网络的连接性、互操作性、可管理性、分布应用等方面做了较全面的论述。并从用户的观点出发,论述了规划网络的方法,回答了网络建设中带有普遍性的问题。(王惠民)

T000307　**分散型综合控制系统**　张雪申著。华东理工大学出版社1993年5月版。44.7万字。10.00元。自动化仪表专业的教材。全书从集散系统的基本工作原理出发,介绍TDC-3000和I/A Series两个典型的DCS系统以及两种可编程调节器KMM和MICRO-760/761的原理和组态应用,此外还介绍了工业控制中常用的可编程控制器的基本构成、工作原理及其应用。本书结合实际给出应用实

Turbo Pascal 语言的一般语法和编程功能外，还着重介绍了 Turbo Pascal 语言的一些高级功能。（赵平）

T000291 **高校非计算机专业等级考试教材丛书** 施伯乐、高传善等编著。复旦大学出版社 1993 年 2 月版。275 万字。12 册。148.00 元。关于计算机基础知识的教材。根据上海市高校非计算机专业学生计算机应用能力和应用知识等级考试大纲，组织编写。包括：《计算机应用初步》、《FORTRAN 语言程序设计基础》、《PASCAL 语言程序设计基础》、《BASIC 语言程序设计基础》、《COBOL 语言程序设计基础》、《C 语言程序设计基础》及各书的习题分析与解答等 12 种书籍。该套教材以非计算机专业的计算机教学特点为基础，强调应用知识和应用能力，所介绍内容大部分在常见微型计算机上使用。（陆盛强）

T000292 **英汉计算机辞典（续编）** 中国计算机学会编。人民邮电出版社 1993 年 2 月版。52.2 万字。19.00 元。人民邮电出版社 1984 年出版的《英汉计算机辞典》的续编本。内容包括计算机理论、计算机硬件、计算机软件和计算机应用。书中收编了上述内容以及知识工程和计算机安全保密等方面的词条共 3500 余条。各词条均有中文释名和简要解释。书前有中文索引，按汉语拼音字母顺序排列，便于由中文直接查找释文。（田秀兰）

T000293 **知识工程在计算机反病毒技术中的应用** 周锋著。上海科学技术文献出版社 1993 年 2 月版。17.8 万字。4.70 元。学术专著。从反病毒技术方法论与知识工程理论的角度，叙述反病毒软件与专家系统开发的具体方法。全书分 9 章。书中第一、二章介绍了计算机病毒的概况、构成及其各组成部分的工作原理；第三章是计算机反病毒的解析基础；第四章详细地剖析了目前流行的典型计算机病毒；第五章着重论述了计算机反病毒技术的方法论；第六章对反病毒的策略以及病毒的治疗、预防与免疫技术作了深入的探讨；第七章介绍了知识工程的基本理论与方法；第八章具体叙述了应用知识工程的思想开发反病毒软件系统；第九章介绍了反病毒专家系统的研制、开发与实现。（张秉芬）

T000294 **最新 FORTRAN 程序设计实用教程** 高福成等著。天津科学技术出版社 1993 年 2 月版。51 万字。11.00 元。系统介绍 FORTRAN 程序设计的基本知识和结构化、模块化程序设计方法；以科学计算常用算法为主线，以介绍程序设计思维方法的一般规律为重点，以语言为工具，以迅速提高读者的程序设计能力为目标。全书共 6 章，分别介绍了程序设计的基本概念、基本思维原则，结构化和模块化程序设计方法与技巧，以及以文件为基础的输入、输出程序设计。FORTRAN77 语言知识的介绍则根据程序设计的需要，穿插其中。书中配以大量的程序实例及习题，以数值算法为主，兼顾非数值算法；以通用程序为主，普及与提高兼顾。（刘万年）

T000295 **电装高技术** 肖利全等编。宇航出版社 1993 年 2 月版。38.8 万字。12.00 元。电装高技术是以无引线片式元件和器件为对象的表面组装技术和微机组装技术的总称，是实现电子产品和军事装备微小型化、集成化和模块化的关键技术之一。该书从系统工程出发，全面介绍了国内外电装高技术的发展、先进性及在高科技领域的应用，表面安装技术的范围、工艺检测等十项技术。还介绍了国外片式元器件技术状态及美国电子工业协会（EIA）的常用标准，国内产品目录等。（宋纯）

T000296 **Auto CAD（10－11）使用大全** 邱玉春等编。电子工业出版社 1993 年 3 月版。104 万字。22.00 元。分上、下两篇，上篇第一～九章除描述 10 版的扩展功能外，主要介绍三维线框结构的曲面生成、透视技术及各种坐标系统的引用；第十二～十三章介绍线框图明暗处理、着色技术和动画生成；第十四章描述了 Auto CAD 10 的安装和接口。下篇介绍了基本功能在 11 版中的扩展、Auto LISP（11）的增强和扩展、Auto CAD 开发系统、高级造型功能、Auto CAD 386 的安装等。（武魏冬）

T000297 **BASIC 语言（四次修定本）** 谭浩强、田淑清著。科学普及出版社 1993 年 3 月版。36 万字。本次修改主要是：一、突出算法的概念；二、采用结构化设计方法编程序；三、增加了屏幕控制和绘图；四、增加了输入输出技术。（朱桂兰）

T000298 **计算器史** 李玉佩、刘崇学编著。辽宁少年儿童出版社 1993 年 3 月版。8 万字。2.30 元。“科技小史系列”之一。分先驱者的足迹、超越时代的设想、不朽的新纪元、飞速前进的脚步、在日新月异的技术世界等几大部分，较系统地介绍古今中外各类计算工具、尤其是电子计算机的发展历史。书中配有一些实物图片。（刘铁柱）

T000299 **张钟俊教授论文集（第三卷）** 张钟俊著。上海交通大学出版社 1993 年 3 月版。44.8 万字。12.00 元。本卷收录 1988 年以后张钟俊教授在国内外刊物上发表的论文 40 篇。这些论文分别属于

例,部分章节还附有思考题和习题。(李骁)

T000308 **微型计算机原理及应用基础** 潘日芳等著。华东理工大学出版社 1993 年 5 月版。89.5 万字。18.80 元。从微机组成原理出发,分析整体(微机系统)与局部(组成微机系统的有关部件)的结构、特点、功能和相互关系;通过对典型微机的详细剖析,推引出作为一般微型计算机的组成原理和结构;根据不同应用规模和需求,合理选用各类微机(如单片机、单板机、个人计算机等)进行应用系统的配置和软件设计。书中内容安排体现了"基本组成原理和实际应用技术并举"的方针,并以微机应用的重要内容——汇编语言程序设计和接口技术为两条主线贯穿于全书始终,兼顾到了原理与应用、硬件与软件、典型机种与流行机种等方面。(李骁)

T000309 **实用编程技巧大全** 黄正瑞主编。科学技术文献出版社 1993 年 5 月版。329 万字。142.00 元。以总结软件开发人员的编程经验为目的,针对当前软件开发中的各种实际编程问题,全面介绍程序设计的技术、技巧和方法。主要内容包括:常用数据结构和基本算法;常用程序设计语言的编程技巧;实用通信编程技术;面向操作系统和计算机硬件的程序设计;软件汉化及软件改造中的编程技术;数据库应用系统开发中的程序设计技术;图形系统开发中的程序设计技术;面向外部设备的程序设计要求等。(吴秀珍)

T000310 **五笔字型电脑技术电视讲座教材** 王永民著。中国科学技术出版社 1993 年 5 月版。34 万字。25.00 元。电视讲座教材。内容包括电脑基本知识、操作系统命令、用电脑写作的方法、五笔画输入法、五笔型输入法、键盘指法等。(金维克)

T000311 **微机使用入门** 陈亿健编。安徽科学技术出版社 1993 年 6 月版。27.9 万字。9.80 元。从实用的角度,介绍微机的操作方法、注意事项、功能要点等。全书分 7 章。第一、二章介绍微机硬件及系统配置的基本知识。第三、四章介绍 DOS、CCDOS 以及汉字输入方法,较详细地讲解了常用的 DOS 命令和五笔字形输入法。第五章介绍字处理软件 Wordstar,包括 Wordst 的启动,文件的输入、修改和打印,表格设计等。第六章介绍文字处理系统 WPS,包括 WPS 的使用和命令菜单的使用,以及文件操作、块操作、查找与替换、打印控制符、窗口功能、文本编辑格式与制表、打印输出、命令清单等。第七章介绍数据库管理软件 Foxbase 的基本知识。(杨家骝)

T000312 **弹药设计实用 BASIC 程序库** 谢乐平、杨理明编著。兵器工业出版社 1993 年 6 月版。54.8 万字。18.00 元。全书 55 个程序包括 24 章,依次为弹丸结构特征数计算、内外弹道计算、弹丸发射强度计算、杀伤榴弹威力计算、破甲弹威力计算、穿甲弹威力计算、弹丸飞行稳定与散布精度计算、可靠性计算、插值与拟合、方程求根、数值积分、常微分方程数值解法、最优化方法、回归分析。每个程序都包括功能、计算方法、哑元和使用程序说明、例题、源程序 5 个部分。全部程序都在 AST386 微机上调试通过。本书所采用的 BASIC 语言是目前国际上通用、简单易懂的一种会话式计算机算法语言,很适合科研计算。(丁世用)

T000313 **PC 系列微机实用技巧(上、下册)** 张小朋编。电子工业出版社 1993 年 6 月版。77.6 万字。19.00 元。在微型计算机的各种实际应用中,会经常遇到各种各样、意想不到的问题,而一般的参考书中都没有也不可能提供足够详尽的资料,本书就是针对这一问题,广泛收集了各种微机常用软件的实用技巧。采用一事一议的方式,一个题目解决一个问题。分上、下两册。上册包括操作系统使用技巧、数据库使用技巧和常用程序设计语言使用技巧;下册包括字处理软件使用技巧、西文软件汉化技巧、综合使用技巧、微机维修技巧及病毒的检测与消毒等。(赵平)

T000314 **快快乐乐学电脑** 李淑玲编著。电子工业出版社 1993 年 6 月版。10 万字。4.50 元。内容包括电脑世界真奇妙、伸出友谊的双手、BASIC 语言(第一、二、三单元)、美妙的旋律、变化多端的图画世界等。(吴浩源)

T000315 **编程精萃——Microsoft 编写优质无错 C 程序决窍** [美]Steve Maguire 著。电子工业出版社 1993 年 6 月版。25 万字。20.00 元。分 8 章,第一章一个理想的编译程序。第二章程序员自己的断言。第三章设防于子系统。第四章逐步演进的编码技术。第五章函数界面设计。第六章风险事业。第七章编码风格。第八章编写无错误程序应注意的其他问题。(邱雷南)

T000316 **计算机系统导论** 刘瑞挺编著。高等教育出版社 1993 年 6 月版。57 万字。9.00 元。主要内容包括:计算机系统的数据形态、输入设备、输出设备、存储设备、核心硬件、系统环境、程序设计语言、软件开发方法与技术以及系统集成应用等。介绍了计算机对人类社会的冲击,计算机系统各组成部

分的全貌。讲述了计算机系统的性能与局限性，计算机的发展史、软硬件功能及人与机器的关系。(鲍涌)

T000317　**模糊控制理论及其在过程控制中的应用**　李友善、李军编著。国防工业出版社 1993 年 6 月版。23 万字。9.00 元。包括模糊控制理论介绍和模糊逻辑控制器设计与应用两大部分，主要讲述：模糊集合及其运算规则，模糊关系与模糊推理，基本模糊控制器及高层次模糊控制器的设计，模糊模型的建立，模糊聚类分析与模糊滤波方法，以及模糊控制理论在工业生产过程中的应用实例。(崔士义)

T000318　**人工智能中的模糊启发式搜索技术**　王士同、陈剑夫编著。机械工业出版社 1993 年 6 月版。12.6 万字。6.60 元。6 章。第一章简要介绍模糊集的基本理论；第二章介绍问题求解的基本内容；第三章阐述关于普通图的常见的启发式搜索算法；第四章研究模糊普通图的模糊启发式搜索技术，共介绍 9 个算法；第五章阐述关于普通与或图的启发搜索算法；第六章研究模糊与或图的模糊启发式搜索技术，共介绍 4 个算法。最后还列举了模糊启发式搜索技术的应用。(王中玉)

T000319　**神经网络的应用与实现**　焦李成编著。西安电子科技大学出版社 1993 年 6 月版。88.2 万字。17.10 元。介绍神经网络在自适应模式识别、智能信号与图像处理、智能非线性控制与机器人、人工智能与专家系统、巨量并行处理等领域的应用。本书特别对神经计算机的虚拟实现与 VLSI 集成实现理论与方法作了系统的论述，尤其对神经计算机开发环境、系统集成、多媒体实现、电流模式与电压模式 VLSI 神经计算机作了深入研究，给出了完整的系统实现方法。本书已收入"智能科学与非线性科学丛书"。(谭玉瓦)

T000320　**计算机图像处理方法**　王兆华著。宇航出版社 1993 年 6 月版。15.4 万字。7.60 元。二维离散变换是数字图像处理技术中的重要方法之一，它能反映出时域图像信号的谱特性。二维沃尔什变换和二维傅里叶变换是最常用的二维离散变换，前者简单、直观，但变换后的集中性质不佳；后者的频谱物理意义十分明确，在二维滤波中占主要地位，但由于它是三角函数，用它设计的模板系数是无理数、不规则、难以归纳。本书将二维沃尔什变换同傅里叶变换结合起来，用沃尔什变换了解系数的规律和性质，用傅里叶变换设计实用的模板。这是理论上的创新之处。用这种方法既可以设计出能进行各种处理的模板，又可以对已用模板进行二维谱分析，给各种计算模板以谱特性的物理意义。本书提出的重叠滤波的方法将有限正交变换和模板联系起来，可以有效地克服有限变换的边缘效应，既减少了运算量，又提高了图像质量。为实时图像处理提供了一种有用的工具。书中详细介绍了重叠滤波的定义、物理意义、设计方法和应用。(宋纯)

T000321　**微机操作系统 MS-DOS V1.0～V5.0实用教程**　国家技术监督局信息与计算机应用办公室编著。中国标准出版社 1993 年 6 月版。65 万字。18.70 元。以 V5.0 版本为基础将 MS-DOS10 个版本融为一体，并提供各个版本命令参考大全，按命令名称的字母排序，分别给出每条命令的名称、功能、句法、使用说明、举例以及各版本之差别。全书分 4 部分 20 章，从什么是 DOS 开始讲起，按 DOS 的安装、启动、一般使用、高级使用、裁剪用户系统等顺序，由浅入深地、全面系统地解释 MS-DOS 及其基本概念和术语，并附有丰富的插图和举例。(刘晓东)

T000322　**FoxBASE$^+$原理及应用**　王云宜等著。中南工业大学出版社 1993 年 6 月版。46.5 万字。18.00 元。从数据库基本知识和中文操作系统入手，系统阐述关于数据库管理系统 FoxBASE$^+$的基本原理、库操作、程序设计方法、报表设计、编程技巧，以及高级语言的数据交换和实用程序方法等。各章附有习题，全书例题及实用程序均在微机上运行通过。(谢贵良)

T000323　**MCS-51 系列单片机实用接口技术**　李华等编著。北京航空航天大学出版社 1993 年 7 月版。100 万字。40.00 元。全面系统地介绍 MCS-51 系列单片机应用系统的各种实用接口技术及其配置。内容包括：组成原理；系统扩展、开发、调试；打印机、显示器接口及设计实例；模拟输入通道接口技术；A/D、D/A 接口技术及在控制系统中的应用设计；V/F 转换器接口、串行通信接口以及其他与应用系统设计有关的实用技术等。所有接口设计都包括详细的设计步骤、硬件线路图及故障分析，附有测试程序清单。大部分接口软、硬件设计实例都是作者多年从事单片机应用和开发工作的经验总结，实用性和工程性强，尤其是系统中必备的键盘、显示器、打印机、A/D、D/A 通信接口设计、模拟信号处理以及开发系统应用举例甚多，从事单片机应用开发人员根据自己的需要可直接选用。(杨昌竹)

T000324　**C^{++}语言教程**　张松梅编著。成都电子科技大学出版社 1993 年 7 月版。36 万字。9.80 元。介绍面向对象程序设计的基本概念；结合实例具体讲解面向对象设计技术；讲述面向对象程序设计语言 C++的主要语法。内容包括：引论；C++：一个更好的 C；类；运算符重载；派生类；流库；模板；面向对象设计技术等等。（吴艳玲）

T000325 **家庭电脑实用大全** 曹万生编著。成都电子科技大学出版社 1993 年 7 月版。42.7 万字。13.00 元。首先，介绍电脑概况及应用，DOS 操作系统，DOS 内部命令与外部命令。其次，在汉字操作系统、汉字录入和文本编辑方面，介绍了 CCDOS、王码、SUPER、2.13、BD 等汉字操作系统。在汉字录入法中，介绍了国内通行的五笔汉字录入、自然码录入等。在高级语言方面，介绍了 BASIC 的基本命令、源程序操作命令、文件管理和绘画命令及应用。在家庭应用软件方面，介绍了汉字数据库 dBASE Ⅲ 和 FoxBASE2.3 的命令及应用。设计了家庭档案管理，包括家庭财务、家庭文书管理等软件程序，设计了家庭自动化管理，介绍了电脑通信和传真等方法、家用电器的电脑自动化设计、家庭电脑的其他家用软件。（张琴）

T000326 **Microsoft PowerPoint 3.0—图形创作教程** 赵卉玲等译，陈宇红校。电子工业出版社 1993 年 7 月版。43.2 万字。33.00 元。全面介绍如何利用 Microsoft PowerPoint 的各种卓越功能，诸如字处理、归纳提纲、绘制图形、创建图表以及展示管理工具等。书中每一课都含有一个展示样本，作为实例练习文件。这些实例包含了 PowerPoint 的主要功能及其操作的有关信息。（胡毓坚）

T000327 **人工神经网络的模型及其应用** 张立明著。复旦大学出版社 1993 年 7 月版。45 万字。11.60 元。学术专著。介绍人工神经网络的概念以及人工神经网络的发展史，论述了前馈网络，并且分别介绍 M-P 模型、感知器模型以及反向传播模型。本书从线性阈值模型出发，讨论隐单元的选取，分析其收敛性及算法的改进；着重讨论反馈式网络，包括全互联离散型的反馈网络，及局部互联的 CNN 网络，讨论其稳定性、权的设计及应用。书中介绍了自组织网络，比较详细地给出了各个模型的算法、公式及应用；同时介绍其他形式的模型：一部分模型与生物结构较为相似，如随机网络、遗传算法、分维网络等等；另一部分是比较实用的网络，例如 CMAC、模糊神经网络等。本书最后介绍了 VLSI 硬件的人工神经网络的实现方法及一些通用芯片。（林溪波）

T000328 **少年儿童学电脑** 王永民著。天津教育出版社 1993 年 7 月版。9.4 万字。2.40 元。适合少年儿童和初学者使用的普及性电脑学习读物。分“电脑入门并不难”、“电脑操作入门”、“家用电脑的安装与使用”和“五笔字型通用电脑汉字输入法”4 章。书后附有“常见一千汉字编码示例”、“打字指法训练入门”和“如何选购家用电脑”。全书文字通俗易懂，很适合初学者使用。（远之岫）

T000329 **微机系统应用基础** 谭浩强主编。中国科学技术出版社 1993 年 7 月版。66.5 万字。27.00 元。内容包括：微机的初步知识、计算机硬件系统的基本组成、DOS 操作命令的概念和使用、BASIC 程序设计入门、计算机中文字表处理、微机数据库管理系统 FoxBASE+ 的基本知识和操作使用，最后附有学习后进行自我检测的试题和解答。（朱桂兰）

T000330 **火控计算机原理与设计** 薛兵编著。兵器工业出版社 1993 年 8 月版。45 万字。15.00 元。以火力控制系统为背景，对火力控制计算机在火力控制系统中的地位和作用、火力控制计算机的原理及其设计的思想、方法和技术作了比较全面系统的介绍。首先介绍火力控制系统的特点及其对计算机的要求；然后以英特尔公司的 8086CPU 为重点介绍了火力控制计算机的体系结构、程序设计、指令系统；上机的方法、步骤和汇编原理；全面论述了 8087 数字处理机的结构、数据类型与指令组；汇编语言程序设计、系统功能调用以及输入/输出程序设计；最后介绍了通用数字指挥仪的组成、数学模型及软硬件设计，还讲解了火力控制计算机系统设计的原理和方法。（宁培毅）

T000331 **计算机软件加密实用技术** 毛明编著。电子工业出版社 1993 年 8 月版。32 万字。8.70 元。详细地讨论 PC-DOS 系统支持下软件加密的有关技术。内容包括 DOS 系统的重要知识：磁盘空间的结构、磁盘控制器的工作原理及编程方法、软件加密的基本要求，并着重讨论了软件加密的三大技术。还讨论了软件加密的辅助技术，以及软件加密系统的设计方法和加密的封闭性问题。（王昌铭）

T000332 **Microsoft Windows3.1 起步** 王永辉等译校。电子工业出版社 1993 年 8 月版。35.36 万字。28.00 元。第一部分，“学习 Windows”，包含 Windows 的基础内容；第二部分，“更加深入的 Windows”，详细地介绍在第一部分中已经学过的主要应用程序。例如，打开应用程序、文件归档和打印输出。第三部分，“使用 Windows 的附件”。（王冒铭）

T000333 **微型计算机原理及应用** 王承发、

邱祥辉著。哈尔滨工业大学出版社 1993 年 8 月版。46 万字。12.00 元。立足于基本概念与基础知识,同时考虑了计算机领域的先进性,突出了微机基本结构、汇编程序设计基础和输入/输出及接口电路,在编写中既有一般计算机原理的理论,又有反映现实微机的内容,将原理、汇编与程序设计集为一体,知识跨度较大。为了进一步帮助读者掌握好必要的知识,书中配有适量的实例,并附有例题、习题及思考题。(刘英贤)

T000334 **智能控制与智能自动化** 第一届全球华人智能控制与智能自动化论文集编委会编。科学出版社 1993 年 8 月版。471 万字。上、中、下册。300.00 元。论文集。集中反映了世界华人专家和学者在这一领域所做的工作,以及所取得的重要成果,内容包括智能系统和专家系统,智能模糊控制,机器人学和机器人控制,大系统,调度、规划、管理和决策系统,自治、容错和故障诊断系统,制造系统和 DEDS,CAD,信息处理和信息系统,系统理论和控制理论,建模和估计,自适应控制,变结构控制,非线性系统和非线性控制,Hx 控制和鲁棒控制,最优化和最优控制,集散控制和计算机控制等。(李淑兰)

T000335 **计算机应用教程(初级)** 上海市计算机应用能力考核办公室编著。上海教育出版社 1993 年 8 月版。38.3 万字。18.00 元。“九十年代上海紧缺人才培训工程教学系列丛书”之一。介绍微机上的 DOS、WPS、FoxBASE 3 个软件,同时适当介绍计算机的一般基础知识。基础知识部分尽可能避免专业化的严格定义而代之以较直观浅显的说明;DOS 部分只介绍最常用的部分命令;WPS 部分舍弃了图像编辑;FoxBASE 的程序设计也简化到最低限度。(余鸿源)

T000336 **人工智能原理及其实现** 黄国兴、徐国定编著。上海科学技术文献出版社 1993 年 8 月版。20.5 万字。9.50 元。学术专著。比较全面地介绍人工智能基本原理及其实现方法,力求缩短理论概念和具体实现间的差距。在介绍人工智能原理及具体实现的同时,介绍了程序设计语言 Prolog 的基本内容和编程方法。全书分 13 章。第一章引言;第二章至第五章介绍如何表示现实世界中的事实及规则,如何对数值及表进行处理等;第六、七章阐述了基于规则系统的控制结构及其实现方法;第八章介绍了不精确知识的表示及几种处理方法;第九章讨论状态空间搜索的主要方法;第十章介绍了如何用 Prolog 语言来实现这些搜索方法;第十一章涉及抽象技术在搜索和知识表示中的应用;第十二章介绍了多约束条件问题求解中采用的 3 种常用技巧;第十三章对逻辑程序设计作进一步讨论。(张秉芬)

T000337 **计算机图形原理与编程** 王义豹著。天津科学技术出版社 1993 年 8 月版。83.5 万字。30.00 元。通过阐明图形的数学原理与计算机图形显示的关系,使读者学会计算机图形编程的思路与方法,掌握编程的技能与技巧。书中以基本几何算法和二、三维几何变换及凸多面体消隐及略取等内容为主干,论及常见函数曲线、任意曲线——贝齐(Bézier)曲线、透视及体视等程序的实现,并列举了若干有关的工程应用实例。对混沌(chaos)和分维(Fractal Dimension)几何等尖端理论的主要问题也作了适当介绍。书末附有 68 个独立的程序原码。特别是,著作在平面与空间中不同几何要素的多种关系以及一些曲线图形在工程实例的程序应用方面,均有独到的发挥;在有关欧拉图及哈密尔顿回路问题、用递归算法体现分维形和从完美正方到混沌的计算机实施方面亦有精辟的论述。(杨岳霖)

T000338 **编译原理** 蒋立源主编。西北工业大学出版社 1993 年 8 月版。50.9 万字。19.00 元。第一章对编译过程、编译程序的结构及编译程序部分的主要功能进行概括说明;第二章介绍后文无关文法和语言的基本知识;第三章以正规文法、正规式和有限自动机为工具,讨论词法分析程序的设计原理;第四章讲述语法分析程序的设计技术,既介绍传统的算符优先分析法,也介绍目前十分流行的递归下降分析法及 LR 分析法,对一种行之有效的语法分析程序自动生成工具 YACC 的使用方法也进行了简要说明;第五章以语法制导翻译为模式,介绍将程序设计语言常见的语法成分翻译成中间代码的方法;第六至第十章分别讨论了符号表的构造、目标程序运行时的存储组织与分配、代码优化、目标代码生成及源程序的查错与改错等问题。各章之后均附有习题和上机实习题目。(王俊轩)

T000339 **实用用户界面设计——C 程序员参考** 刘宏程等编著。宇航出版社 1993 年 8 月版。46.5万字。13.20 元。介绍几种流行的用户界面设计方法,所有实例均以 C 语言给出(运用于 Tubro C 和 MSC)。重点而详细介绍通用程序设计方法,如在本书方式下各类型窗口设计方法,弹出菜单、亮条菜单和下拉菜单的编程技巧,及在应用程序中增添在线的帮助系统的方法等实用界面的设计技巧。同时介绍了用于菜单选择的两种应用方法——列表选择和目录函数的美观。书中同时兼顾高级用户的一些特殊要求，介绍了利用 EGA/VGA 用户的特殊编程技巧，如 NORTON 6.0，PCTOOLS7.0 窗口各菜单的编程方法、窗口技术、屏幕函数的设计方法。为帮助读者参考、使用，书中提供了三套为用户界面服务自定义字符集，有利于读者熟悉和使用 C 语言编程，对 IBM PC 及其兼容机上从事软件开发研制有较好实用价值。（王庆人）

T000340　**非线性有限元及程序设计**　徐兴等著。浙江大学出版社 1993 年 8 月版。53.7 万字。9.95元。通过一个典型的 ZD-FEAP 非线性程序，阐明非线性有限元程序的基本结构、算法的程序实现等问题。主要内容包括：非线性有限元基础知识、软件工程的基本思想、非线性有限元程序 ZD-FEAP、平面应变或轴对称材料非线性单元子程序、ZD-FEAP 程序的几个算例、ZD-FEAP 程序的使用手册。（贾吉柱）

T000341　**计算机图形核心系统 GKS 与 C 联编应用**　陈德人、董金祥著。浙江大学出版社 1993 年 8 月版。46 万字。5.80 元。以 GKS 联编国际标准为界面，全面系统地介绍了 GKS 从概念到应用各个方面，包括 GKS 的基本原理、总体结构及其运行环境；GKS 系统设计与实现策略；GKS 开发与应用的方法；同时讨论了 GKS 标准的更新与修订情况，并阐述了其他图形标准及其与 GKS 的关系。（杜希武）

T000342　**自动化理论、技术与应用**　吴敏等主编。中南工业大学出版社 1993 年 8 月版。158.0 万字。80.00 元。中国自动化学会第九届青年学术年会论文集，收集全国一百多所高等院校、科研机构以及 40 多个大中型企业和公司中的青年科技工作者的论文，计 250 篇。全书分 15 部分。主要内容有：综述报告、鲁捧控制、非线性控制、自适应控制、人工智能与智能控制、神经网络及应用、机器人控制、图像处理技术及应用、线性系统理论与信号处理、建模与系统仿真、生产过程自动控制、自动检测及仪器仪表、数据通信与计算机应用、计算机辅助设计及集成制造技术以及管理系统工程等。（秦瑞卿）

T000343　**自动控制基础**　马勤弟主编。兵器工业出版社 1993 年 9 月版。40 万字。8.40 元。依次介绍自动控制的基本概念及反馈控制系统的组成；自动控制系统常用的控制电机；控制系统的数学模型及建模方法；控制系统分析的 3 种方法，即时域分析法、根轨迹法和频率响应法；控制系统的校正方法，重点为时域校正方法和频域校正方法；最后为采样系统理论的基本内容，这是为计算机控制系统的广泛应用而设的。书中各章均选编了一定数量的习题。（宁培毅）

T000344　**计算机实用大全**　王湘浩主编。长春出版社 1993 年 9 月版。330 万字。120.00 元。第一篇为基础篇，包括计算机原理、数据结构、操作系统等 17 章，主要介绍计算机科学的基本理论与基础知识。第二篇为语言篇，包括汇编语言、FORTRAN、PASCAL、C 等 15 种语言，主要介绍语言的结构、特点、基本语句和应用实例。第三篇为应用篇，包括数值方法、数据处理、CAD/CAM、动画技术等 15 章，重点介绍应用的基本知识、主要内容、应用范围和操作实例。第四篇为使用与维修篇，包括设备的运行环境、一般性维护、基本操作及外部设备的维护与维修等 21 章。第五篇为常用机型及常用软件，包括常用机型、操作系统软件、工具软件、网络系统软件等 11 章，主要介绍中国各大公司的各类软硬件产品，介绍常用软件的功能、用途及使用方法。（张耀民）

T000345　**Windows3.1 问题与解答**　何曦编著。成都电子科技大学出版社 1993 年 9 月版。48.8 万字。16.80 元。作者采用“问题——相关信息——解决方法”的思路进行组织，内容包括：安装 Windows；启动 Windows；内存管理；优化 Windows；文件管理器；程序管理器及附件；Windows 的文件格式；Windows 应用程序及数据共享；WindowsAPI 函数；DOS 应用程序；显示与打印；字体管理；网络与通信；多媒体等等。（吴艳玲）

T000346　**微型计算机实用大全**　朱家铿等主编。东北大学出版社 1993 年 9 月版。436.5 万字。125.00 元。全面地介绍微机软件、硬件知识。全书由 14 篇组成，共 72 章，5000 余条目。总论篇介绍了计算机系统结构，软件、硬件知识；常用处理芯片篇介绍了 8 位微处理器芯片，16 位、32 位及数值协处理器、8 位、16 位单片机；常用集成电路篇介绍了 74、40、45、75 系列集成电路，PLA、PAL、GAL，常用微机接口芯片、存储器芯片，微机的维护与诊断篇介绍了机房与供电、预防性维护与保养、故障诊断等；外部设备篇介绍了输入、显示、输出、外存储设备等；微机在控制中的应用篇介绍了单片机、工业控制机的应用；计算机网络篇介绍了网络协议、局域网协议、网络实例等；操作系统篇介绍了基本概念与原理，DOS、UNIX、分布式等操作系统；系统及工具软件篇介绍了编辑软件、管理软件、排版软件、连接和调试工具等；数据库篇介绍了数据结构、数据库语言、几种常用数据库等;计算机语言篇介绍了汇编语言、C语言、BASIC语言等6种语言;计算机安全与保密介绍了密码学、系统安全、数字签名与身份验证、授权系统的安全、软件的产权保护、计算机病毒与防治等;工作站篇介绍了工作站的基本概念与环境、多媒体技术、窗口技术、计算机辅助设计等;计算机新技术篇介绍了软件工程、人工智能、面向对象的程序设计,模式识别、计算机仿真等。(李毓兴)

T000347 **FoxBASE$^+$原理及其通用程序设计方法与技巧** 徐尔贵编著。国防工业出版社1993年9月版。65.7万字。24.00元。分为两篇,第一篇包括7章,主要阐述FoxBASE$^+$原理与程序设计基础知识。第一章介绍数据库的基本概念及FoxBASE$^+$的组成和使用,第二章介绍FoxBASE$^+$常量、变量、表达式和函数,第三章讲述数据库基本操作,第四章论述FoxBASE$^+$程序设计基本方法,第五章阐述FoxBASE$^+$与高级语言的数据交换及程序调用,第六章介绍应用程序设计基础,第七章介绍程序的调试与编译。第二篇包括4章,介绍FoxBASE$^+$通用程序设计方法。第八章介绍通用管理程序设计原则及常用语句和函数,第九章论述通用管理程序设计方法和技术;第十章以实用、美观的窗口式菜单为例,介绍菜单程序设计技巧与艺术,第十一章通过通用工资管理系统程序实例详细叙述了通用管理程序设计的有关问题。书中提供了大量的例题程序和实用程序。为帮助读者更好的掌握FoxBASE$^+$通用程序设计的方法与技巧,特将书中全部源程序、库结构及部分数据录制成软盘,另行出版。(陈洁)

T000348 **光信息存储的原理、工艺及系统设计** 戎霭伦等著。国防工业出版社1993年9月版。34.3万字。13.00元。主要是由北京航空航天大学在凝聚态物理、近代光学、自动控制、电子工程及计算机科学等领域的教授、讲师、工程师们根据80年代在国内外进行光信息存储研究成果和教学实践经验汇集著成。全书分3篇。第一篇重点是光盘的存储原理,制备工艺、性能检测及材料优选。第二篇重点是光盘静态、动态测试系统及光盘驱动器中的光学系统、伺服控制系统及信道编码。第三篇重在光信息存储的新进展。包括光子选通三维存储、光致色变,光电子俘获及全息存储等。最后结合实例说明光盘应用开发系统的新进展。(杨其眉)

T000349 **数据库设计与实现** 王能斌、董逸生著。华中理工大学出版社1993年9月版。30万字。8.80元。由电子工业部计算机教材编审委员会审定的教材。以关系数据库技术为主,兼顾网状数据库技术,系统地阐述数据库的数据模型、需求分析、概念设计、逻辑设计、物理设计、分布式数据库设计和数据库设计工具。对数据模型,讨论了E-R模型、函数式模型、语义模型和面向对象模型。分别介绍了面向数据、面向过程、计算机辅助分析等不同的需求分析方法。关于概念设计,介绍了集成技术,并分别就实体类集成和联系类集成进行了分析。在逻辑设计方面,先指出并讨论了数据模型转换和语义问题,然后介绍函数依赖、多值依赖和连接依赖等相关理论,并讨论了这些理论在数据库模型和设计方面的应用。关于物理设计,重点讨论了数据库簇集设计及文件结构和访问方法方面的问题。对于作为数据库技术和分布式技术发展相结合产物的分布式数据库,重点讨论了数据分布策略以及数据的分割和分布设计。(陈少华)

T000350 **过程控制工程** 庄兴稼著。华中理工大学出版社1993年9月版。49万字。5.34元。分10章:前6章介绍基本控制系统、复杂控制系统、计算机控制系统、过程数学模型及辨识、多变量控制系统、最优控制系统和适应控制系统。后4章介绍流体输送设备的控制、精馏塔的控制、传热设备的控制、化学反应器的控制等。(卢金锋)

T000351 **集散控制系统** 张兆亮著。内蒙古人民出版社1993年9月版。80万字。30.00元。介绍N-90的各种模件、MCS的工作原理、技术规格、硬件组态以及调试;MAX-1的过程控制单元和操作员工作站的基本原理及主要算法功能块;HIACS-3000的各种控制单元的基本原理,特点以及火力发电厂中的应用等内容。(田建群)

T000352 **神经网络计算** 焦李成编著。西安电子科技大学出版社1993年9月版。80.6万字。15.85元。主要介绍神经网络的计算与应用基础、神经优化与同伦优化的计算理论和方法、基于神经网络的大规模并行矩阵代数计算、联想记忆神经网络及其应用、高阶神经网络学习理论和算法等,特别对42种基本神经网络模型与学习算法及自1943年以来的神经网络的发展历程作了全面的阐述。其中在神经优化计算中,关于线性优化、二次优化和非线性神经优化的线性方程求解与矩阵问题的快速求解;在联想记忆网络中所阐述的联想记忆网络的设计、综合与实现,都是作者多年来努力研究的最新成果。对同伦神经网络及优化计算、同伦特征值求解等矩阵代数的并行处理有作者独到的见解。本书已收入

"智能科学与非线性科学丛书"。(谭玉瓦)

T000353 **微型计算机操作系统结构分析与应用** 孙一平等编著。宇航出版社 1993 年 9 月版。35 万字。9.60 元。以 IBM PC 及其兼容机上流行的操作系统 DOS 为核心,对微机操作系统内部的数据结构,文件组织,资源管理,BIOS 及主要中断例程进行了详细分析,并给出丰富具体的应用实例,融合了软件开发技巧,使读者能从一个新的角度,窥视 DOS 奥秘,掌握 DOS 深层知识,便于进一步开展和应用系统资料。全书共 9 章和 4 个附录。第一、二章介绍系统硬软件配置和操作使用;第三、四、五章为 DOS 内部结构分析,启动引导及各种参数块的结构;第六、七章为 DOS 系统内部资源的使用;第八章介绍汉字操作系统构成的原理;第九章介绍计算机病毒的机理和防治方法。附录中给出 ROM BIOS 的工作单元分配,中断例程入口地址及部分程序清单,系统功能调用的详细资料及常用工具软件使用简表。(邱光纯)

T000354 **IBM PC 及其兼容机 BASIC 语言和常用算法** 张亚拉、曾毅夫著。中山大学出版社 1993 年 9 月版。39 万字。10.00 元。以计算机初学者为对象,讲述 BASIC 语言和常用算法。全书 11 章及附录。前 7 章讲述程序的编辑、BASIC 数和量的概念、重要语句、数组、字符串、文件以及作图。第八章对前述内容加以补充,并着重讲述程序的调试技术。9—11 章讲述解方程和方程组、线性回归和函数插值、最优化方法和解线性方程组等算法和程序。附录中有 GW-BASIC 简明参考。(张亚拉)

T000355 **怎样使用中文 Windows** 王志东、向忠贵著。电子工业出版社 1993 年 10 月版。33.2 万字。42.00 元。以中文之星 1.2 版和 Windows3.0 为例进行介绍。主要内容包括:中文 Windows 的安装、启动,中文 Windows 的基本操作,中文 Windows 使用技术,使用 Windows 文件管理器,运行 Windows 辅助程序,绘图和字处理,Windows 的用户化等。(潘海)

T000356 **神经网络信号处理** 罗发龙、李衍达著。电子工业出版社 1993 年 10 月版。29.5 万字。9.80 元。系统地阐述神经网络信号处理的基本理论、方法、模型与应用及有关的最新研究成果。主要内容有:神经网络基本模型与理论,基于神经网络的检测、滤波与参数估计,神经网络信号重构与系统辨识,神经网络自适应信号处理与阵列信号处理,以及神经网络在各种信息系统中的应用等。(周琰)

T000357 **机器人学** 熊有伦等编著。机械工业出版社 1993 年 10 月版。54.9 万字。30.00 元。主要内容有:机器人的机构、位姿的描述和齐次变换、运动学、动力学、轨迹生成、线性与非线性控制、力的控制和混合控制、冗余度机器人、协调控制、自适应控制、编程语言和离线编程等。反映了机器人学在规划、控制和编程方面取得的成果,如离线编程等自行开发的 HOLPS 系统及其应用;冗余度机器人的规划、灵巧性控制、避免碰撞、奇异性的避免和动力学最优控制。(林松)

T000358 **半环理论与语言和自动机** 陈培慈主编。江西高校出版社 1993 年 10 月版。23.6 万字。7.80 元。综述半环理论的基础,介绍半环理论在计算机的语言与自动机理论中的应用。主要内容有:有效半环的 Wedderburn 理论,一般半环的 Jacobson 理论,同余自由半环与嵌入理论,半单与可除性理论,半域理论,格序半环理论,完全半环与闭半环理论,以及半环在语言与自动机理论中应用的基本结果。(严吾)

T000359 **最优控制系统** 东南大学顾立钧主编。水利电力出版社 1993 年 10 月版。23.3 万字。4.80元。高等学校教材。分 5 章,介绍最优控制的有关知识,重点介绍最优控制中的变分法、最大值原理、动态规划、线性二次型最优控制。本书着重讲明基本原理、基本概念和基本方法,避免复杂的数学推导,并力求结合实际举例,加深物理概念的理解。各章均列举了一些应用实例和习题。(高体基)

T000360 **英汉计算机与通信辞典** 刘凤翔主编。中国科学技术大学出版社 1993 年 10 月版。159 万字。26.00 元(精),19.80 元(平)。以计算机与通信领域为主,收入 14000 多条英文词条,包括了人工智能、信号处理、情报检索、办公自动化和可联机查询的国外数据库等方面的重要词条,尤其收集了近年来发展较快、日益受到人们重视的神经网络、综合业务数字网、计算机病毒等较新领域的词条。词条按其英文字母顺序编排,英文词条之后附有中译名及其释义等。辞典末附有中文词条索引,使该辞典具有英汉、汉英两种查寻功能。(伍传平)

T000361 **神经计算** 史忠植编著。电子工业出版社 1993 年 11 月版。53.2 万字。22.50 元。分神经计算的生物基础、人工神经网络的数学模型、人工神经网络的认知模型、神经动力学、模糊人工神经网络、适应性子波理论、神经计算的应用、神经计算软件、神经计算机、人工思维等 11 章。系统地论述神经计算的基本原理、方法、技术和应用。人工神经网络是本书的重点之一,它论述了前向网络、反馈网络、联想网络、Hopfild 模型、递归网络等数学模型,以及相互激励与竞争网络、竞争学习、自适应谐振理论、自组织模型、认知机等认知模型。(邓又强)

T000362 **家用电脑使用指南** 朱鹤翔等编著。电子工业出版社 1993 年 11 月版。22.8 万字。6.50元。共 11 章,涉及电脑的选购、操作、家庭事务管理,用电脑写文章、作图、作曲、游戏;BASIC 语言学习;电脑的维护、病毒防治以及电脑硬件的扩充。(吕迈)

T000363 **Windows 技巧与捷径 2001 例** [美]Mike Edelhart 著,Editors of PC/Computing。彭松等译。电子工业出版社 1993 年 11 月版。65 万字。41.00 元。第一部分“Windows 的奥秘”,讲解了 Windows 安装与设置的奥秘、使用 WIN、INI 和 SYSTEM、INI 的方法,对硬件的控制、在 Windows 中管理 DOS 的方法、管理 Windows 外壳及其他程序组的方法、应用集成和在网络上运行的技巧;第二部分“Windows 应用程序的奥秘”,列举了 30 余种在市场上占主导地位的 Windows 应用程序的使用技巧,这些程序按类型可分为文字处理程序、电子表格软件、绘图和演示软件包、通信程序、实用程序、桌面排版软件包以及个人业务软件包等 7 大类。(王小民)

T000364 **FoxBASE⁺语言程序设计教程** 刘瑞新编著。电子工业出版社 1993 年 11 月版。58.4 万字。24.00 元。以 FoxBASE+2.1 为具体的语言系统,详细讲授 FoxBASE⁺应用程序的设计方法。本书采用以算法为先导,以应用为主线的指导思想,在介绍基本知识和基本方法的同时,强化对实用技术的介绍。讲授顺序、分支、循环、子程序等程序控制结构,结合微机数据库系统的特点,利用菜单扩展法,引导读者一开始就用程序来控制数据库的操作。每章附有实用程序应用框架。(胡毓坚)

T000365 **时变随机系统** 副名:稳定性、估计与控制。郭雷著。吉林科学技术出版社 1993 年 11 月版。17.7 万字。9.20 元。在自动控制领域内,为了描述和控制工程技术中的动态系统,就要把它们随时间变化的动态特性以及随机因素的干扰考虑进去,这就要求控制理论工作者研究时变随机控制系统。本书从理论上对这类系统的稳定性、估计与适应控制等问题进行了统一的、严谨的论述。全书分 3 章,内容既包含了常用的经典结果,又侧重介绍了国内外最新进展,其中许多属于作者近年来在这方面的研究成果。(李玫)

T000366 **微型计算机初级操作技术培训教程** 本书编写组编著。上海科学普及出版社 1993 年 11 月版。46 万字。14.50 元。包括“应知”知识和“应会”操作两部分内容。计算机的一般知识,MS-DOS 的初步使用,中西文 DOS 的初步使用,键盘录入技术,字表处理软件的初步使用,数据库管理系统的初步使用,管理软件的初步使用,计算机病毒等是初级工“应知”的内容。上机操作和软件实验,则是对初级工“应会”操作的要求。在精装本中还附有中英文打字训练软件和计算机病毒演示软件。另有《AS 工资管理系统》软件配套。(黄琼志)

T000367 **个人电脑新知** 吴德编著。上海科学普及出版社 1993 年 11 月版。51.6 万字。17.00 元。电脑普及读物。作者以通俗、风趣、幽默的语言向读者介绍了个人电脑的基本知识,个人电脑的基本配置,32 位个人电脑——386 与 486,以及电脑科技的最新发展,如手提电脑、笔记本型电脑、掌上电脑、笔式电脑、多媒体系统等。对个人电脑在文书处理、提款、购物、能源、交通、农业、教育、医学、科学研究、绘图、政府部门、艺术创作等领域的应用及发展前景也作了较详细的介绍。对个人电脑的发展历程——Intel 公司的贡献,CP/M 操作系统的诞生,苹果(Apple 公司)的魅力,微软公司的崛起,蓝色巨人 IBM 的丰功伟绩,以及对电脑界的风云人物,如霍夫、乔布斯、比尔·盖茨等,也都一一给予介绍。(黄琼志)

T000368 **应变电测与传感技术** 马良珵等编著。中国计量出版社 1993 年 11 月版。73.3 万字。24.00 元。内容包括:应变电测与信号转换基本原理;各种应变计、传感器的工作原理及特性;应变测量信号的调理电路系统;不同环境条件下应力、应变测量方法与应用技术等。在介绍计量测试元件中,对其设计方法、材料选择、制造工艺及标定方法和误差分析等内容作了详细说明。(孙维民)

T000369 **Windows 排错必读** [美]Mark Minasi 著,姜静波等译。电子工业出版社 1993 年 12 月版。45 万字。32.00 元。由美国著名的 PC 机专栏作家、PC 机排错大师 MARK MINASI 所著。作者对 Windows3.0 和 3.1 中多任务、内存管理、视频显示、字体和打印、批处理、连网、硬盘使用、运行 DOS 程序以及 Clipboard、DDE 和 OLE 等重要内容作了介绍。(王小民)

T000370 **DOS 6 内存管理技术** 奚红宇等译。电子工业出版社 1993 年 12 月版。48.5 万字。38.00 元。由世界著名的 DOS 专家介绍如何充分利用微机上的第一字节 RAM。其中一些内存管理技术以前从未公开过。配书软盘上还有 Jeff Prosise 专为读者编写的 14 个实用工具软件。(方大卫)

T000371 **计算机互连大全** [美]Frank J. Derfler, Jr. 著,张芳兰等译。电子工业出版社 1993 年 12 月版。45 万字。32.00 元。从基本概念、常用的互连方式、通讯协议、Modem 通讯、文件传输、电子邮件、网络操作系统、网络管理乃至系统安装和电缆选择等方面全面地介绍计算机互连方面的知识。(王小民)

T000372 **计算机集成电路参数与代换手册** 庄跃辉等编。电子工业出版社 1993 年 12 月版。304.5万字。58.00 元。各类微型计算机用集成电路(IC)的型号、技术参数、引脚功能、外形图和参考代换型号等。各种微机 IC 型号按功能技术参数分类归纳,使参数组成一个有序的系统,可根据参数查型号,根据型号查参数,根据型号查生产厂家,还可以根据型号查找代换器件。并编有功能索引,型号索引等检索入口。是国家重点图书——电子工程手册系列丛书之一。(张荣琴)

T000373 **巧用电脑写作** 钟道隆著。电子工业出版社 1993 年 12 月版。28 万字。9.80 元。以 IBM-PC 机为叙述对象,介绍使用电脑写作的好处和方法。(史明生)

T000374 **Windows NT3.1 编程技术** [美] Ben Ezzell 著,李成辉、周长缨译。电子工业出版社 1993 年 12 月版。70 万字。49.50 元。系统地介绍美国微软(microsoft)公司的重要成果 Windows NT 操作系统的编程技术和环境。全书分 4 部分,其中第一部分介绍 Windows NT 如何运作及它所能提供的编程工具,第二部分考察 Windows NT 应用编程时可运用的资源及其有关资源编辑器的类型,第三部分探讨 Windows 的图形操作问题,第四部分则介绍应用程序之间各种数据交换方法。(王小民)

T000375 **复杂系统的模糊辨识与模糊自适应控制** 张化光著。东北大学出版社 1993 年 12 月版。19 万字。7.50 元。系统地介绍近几年来发展起来的模糊系统辨识技术及其模糊自适应控制方法,并介绍了大量的应用实例。全书内容共 8 章,包括:T-S 模型的模糊辨识方法、关系模型的模糊辨识方法、采用神经网络技术的模糊辨识方法、参数自校正模糊控制方法、结构自校正模糊控制方法、多变量模糊自校正控制方法、基于手动控制数据的自适应控制方法、考虑两种不确定性的模糊推理方法与控制方法。(刘振军)

T000376 **自适应控制** 舒迪前等著。东北大学出版社 1993 年 12 月版。42 万字。8.20 元。根据 1990 年冶金工业部和中国有色金属工业总公司高等院校教材会议制定的八五教材规划的要求编写。内容包括自适应的基本理论、建模与系统辨识、自校正控制系统、自校正预测控制系统、模型参考自适应控制系统、自适应控制算法的统一格式及全局收敛性、自适应控制应用举例等。本书注意阐明各类自适应控制算法的内在联系及其统一性,并专辟多步预测控制算法反映当前自校正多步预测控制技术的迅速发展。(刘振军)

T000377 **计算机视觉** 吴立德著。复旦大学出版社 1993 年 12 月版。23 万字。15.00 元。学术专著。以 Marr 的视觉计算理论为框架,结合作者及其研究集体十余年的工作,系统地介绍计算机视觉中的重要理论和算法,包括早期视觉中的基于滤波和马尔可夫随机场的图像分割和边缘提取方法、链码表示、分段线性表示以及边缘的树结构;中期视觉中的摄像机标定、立体视觉和运动视觉;后期视觉中的物体表示、模型库建立和三维物体的识别和定位等。该项目的研究先后得到中国科学院自然科学基金、国家自然科学基金、高校博士点基金、863 智能机器人主题、国家攀登计划等的资助。作者 1958 年毕业于复旦大学数学系,1986 年批准为计算机软件博士生导师,主要从事概率统计、模式识别、计算机视觉和语言学等方面的研究,曾获 1978 年全国科学大会奖,1986 年国家教委科技进步一等奖,1987 年国家优秀教材一等奖等多项荣誉。(陆盛强)

T000378 **图中树的数目** 副名:计算及其在网络可靠性中的应用。李晓明、黄振杰著。哈尔滨工业大学出版社 1993 年 12 月版。23.3 万字。9.80 元。从网络可靠性应用的角度,系统地阐述有关图的支撑树数目的计算,分析优化等问题。作者在建立同余性质基础上,能在计算机上实现图中支撑树数目的无误差计算,这在理论与应用上都具有非常重要的意义。(潘桂英)

T000379 **过程控制工程手册** 周春辉主编。化学工业出版社 1993 年 12 月版。286 万字。72.00 元。分 6 篇。第一篇控制原理,包括经典控制理论和现代控制理论。第二篇检测仪表,包括压力、流量、物位、温度、成分等检测仪表及显示仪表。第三篇控制仪表,包括模拟式控制仪表、单回路数字调节器、集散控制系统等。第四篇控制系统,介绍基本控制系统、复杂控制系统及新型控制系统。第五篇工业控制计算机系统,包括系统的过程通道、操作系统、通讯网络、数据库、语言以及配置选型。第六篇生产单元的控制及工业控制计算机系统应用举例,如化学反应器、精馏塔、传热设备、合成氨、乙烯生产装置等生产单元的控制系统。(刘哲)

T000380 **微型计算机图形处理入门** 矾本征雄等编著。上海科学技术文献出版社 1993 年 12 月版。9.72 万字。3.50 元。根据日本名古屋市立大学计算中心矾本征雄、何卓元等人多年的教学经验,并按中国微机的实际机型及配置情况而撰写。全书分 5 章。第一章以 MICROSOFT 公司提供的标准 DOS3.3 中的 BASIC 语言进行图形的绘制为例题来说明计算机的使用方法;第二章介绍 BASIC 语言的绘图指令及绘制简单图形的方法;第三章介绍在屏幕上绘制动态图形的方法;第四章对基本图形的组合作进一步研究;第五章绘制一些较复杂图形的作品。(张秉芬)

T000381 **软件工程师实用手册** 翁瑞琪主编。天津大学出版社 1993 年 12 月版。145 万字。48.00元。主要内容有:微型计算机系统及常用设备;操作系统及其应用;常用的程序设计语言;常用的应用软件与工具软件;数据库与数据库管理系统;管理支持系统与管理信息系统;软件工程与软件程序的设计方法;常用的计算机数值算法及常微分方程的数值解法;微机绘图软件 Auto CAD 的主要功能、组成及运行指令;数据通信与局域网的基本定义、组成、主要应用等;人工智能的基本概念;微机的安全和信息保护技术,数据加密技术,计算机病毒及其防治等。(张美珍)

T000382 **图像编码基础** 姚庆栋等编著。浙江大学出版社 1993 年 12 月版。48.4 万字。8.40 元。系统地叙述图像编码的基本原理及其应用。内容包括:视觉与图像质量,二维线性变换,图像的统计特性,内插和运动参数估值,预测编码方法,变换编码方法,信息保持编码和率失真理论,电视编码,静态图像编码,二值图像编码。(应伯根)

T000383 **数字图像压缩编码** 冯玉珉等著。中国铁道出版社 1993 年 12 月版。27.2 万字。10.60 元。针对图像存贮与通信中的关键问题,在简单回顾了有关信源熵和率失真理论之后,综述了无损和有损图像压缩的编码技术分类、基本原理和性能比较;然后分章节具体介绍了递归块图像数据压缩方面的几种编码技术、算法,并各举例给出实验数值结果及目视效果图片。(黄成士)

化学工业

T000384 **橡胶工艺学** 朱敏庄著。华南理工大学出版社 1993 年版。45.4 万字。12.95 元。分 3 篇 15 章。第一篇为生胶和配合剂,包括天然橡胶、合成橡胶、再生胶、硫化体系配合剂、补强填充剂、防老剂等主要原材料的品种、结构和工艺特性。第二篇配方设计的基本概念、原理及方法。第三篇橡胶制品生产的基本工艺过程、目的、原理、操作方法和工艺条件的控制。(张巧巧)

T000385 **催化剂开发原理** 黄仲涛、王乐夫等编译。华南理工大学出版社 1993 年版。18.3 万字。3.80 元。分 8 章,内容包括:催化作用、催化剂的组成与构造、催化剂的开发、催化材料、催化剂的设计、催化剂的制备、催化剂的表征及催化剂的失活。还有附录部分,是有关参数、分类和配方例子等。(谢树琪)

T000386 **差别化纤维丛书** 乐嗣传主编。中国石油化学工业出版社 1993 年版。以实用生产技术和产品应用开发技术为主,结合对实际有明显指导意义的理论,以中国主要合成纤维品种为基础,以量大、面广、技术较成熟的差别化纤维生产和加工的重要技术为重点。丛书包括《空气变形纱加工技术》、《仿丝型纤维及其加工应用》、《合成纤维着色技术》、《复合纤维》、《亲水性合成纤维》等 5 种。(赵怡)

T000387 **高分子材料阻燃技术手册** 蔡永源、刘静娴编。化学工业出版社 1993 年 2 月版。28.7 万字。9.10 元。主要介绍阻燃剂分类和阻燃机理;各种热塑性树脂、热固性树脂、合成橡胶、工程塑料、合成纤维、天然纤维及各种涂料阻燃配方。书末还介绍了塑料燃烧性能测试方法。(侯銮荣)

T000388 **化工安全技术手册** 冯肇瑞、杨有启主编。化学工业出版社 1993 年 2 月版。141 万字。42.30 元。将各学科领域中涉及化工安全技术的内容汇编成册。书中着重应用方面的介绍和实用数据的收集。阐述安全设计、燃烧爆炸的预防和灭火措施、静电和雷电的防护、压力容器安全、电气安全、起重与搬运安全、焊接安全、化工厂腐蚀与防护、职业中毒与尘肺、通风除尘、防护用品及其正确使用、系

统安全分析与评价等内容。(林晨虹)

T000389 **杀虫药剂毒理及应用** 张宗炳、冷欣夫等编。化学工业出版社 1993 年 2 月版。26.3 万字。10.55 元。介绍杀虫药剂毒理机制及其在应用方面的新进展。内容包括杀虫药剂的作用方式、作用机制、代谢;杀虫药剂的化学结构与生物活性的关系;杀虫药剂的选择性与抗药性等内容。重点讨论了生物合理性的杀虫药剂以及其环境毒理学问题。(杨立新)

T000390 **等离子体化学与工艺** 赵化侨编著。中国科学技术大学出版社 1993 年 2 月版。26.4 万字。6.70 元。系统阐述低温等离子体化学的基本原理和应用技术。介绍物质第四态——等离子体的基本性质、基础过程和化学反应规律。与通常的"物质三态"迥然不同,从第四态物质的高化学活性,化学反应高达数万度的能量水平,热力学非平衡态实际运用等方面阐明了等离子体化学崭新的学科特点。并就一些代表性的应用成果,如低压人工合成金刚石,超导材料制备,太阳能电池的廉价大面积生产,集成电路干法刻蚀等介绍等离子体工艺在溅射制膜,等离子体化学气相沉积,无机合成,高分子聚合等方面的成功应用、工艺特点和技术优势。(张春瑾)

T000391 **特种光学玻璃** 曹志峰编著。兵器工业出版社 1993 年 3 月版。32.1 万字。3.45 元。根据原机械电子工业部兵器专业教学指导委员会制定的《特种光学玻璃》编写大纲编写而成。内容包括:颜色滤光玻璃、原子技术玻璃、红外光学玻璃、石英光学玻璃、微晶玻璃、纤维光学玻璃以及光学功能玻璃中的激光玻璃、声光玻璃、磁光玻璃、光色玻璃、延迟线玻璃等。作者收集了国内外从介质玻璃到功能玻璃等方面的大量文献资料,介绍了各类玻璃的原理、成份设计和制造工艺。选材中突出了"光学"内容,如石英光学玻璃,只介绍红外、紫外石英玻璃;微晶玻璃仅重点讲述零膨胀微晶玻璃。并首次将半导体着色原理编入了教材。(吴简)

T000392 **新型陶瓷** 邱关明编著。兵器工业出版社 1993 年 3 月版。42.4 万字。12.50 元。全面论述新型陶瓷的化学组成、矿物成分、形成特征、显微结构、微观结构、各种缺陷、优异性能以及其间的内在联系、应用前景等,为陶瓷改性和预研新型陶瓷创造了分子设计的基础。为读者提供了超导陶瓷、高强陶瓷、电子陶瓷等十大类陶瓷材料及其制造新工艺、新技术、新理论,为 1960 年以来迅速发展的激光、遥感、仿生等新技术提供了可同时满足高比强、高韧性、高绝缘、高导热、高硬度、耐高温、耐腐蚀、耐磨、抗激光、抗烧蚀以及导电、介电、磁性、铁电、压电、透光、反光、荧光、偏光、导光、声光、磁光、热光、储存、传输、催化等性能要求的精细陶瓷即新型陶瓷材料。书中附有展示新型陶瓷的分类、制造工序、成型方法、能谱图、光谱数据以及单位晶胞结构等内容的 118 个表格和 129 幅插图。(蒋昌群)

T000393 **化工百科全书 第 3 卷** 化学工业出版社《化工百科全书》编辑部编。化学工业出版社 1993 年 3 月版。248.2 万字。66.90 元。条目有:刀具材料、氘和氚、导电聚合物、等离子体技术、地热能、碲和碲化合物、碘、碘化合物、电池、电镀、电发光材料及器件、电化学生产过程、电解机械加工、电绝缘、电连接器、电炉、电渗析、电石、电线电缆被覆层、电子化工材料、电子陶瓷材料、淀粉和淀粉制品、丁醇、丁二醇类、丁二烯、γ-丁内酯、丁醛、丁烯、丁烯醛、丁烯酸、豆和豆制品、毒理学、多甲基苯、多肽、多元醇、多元酚、多组分纤维、噁唑类化合物、蒽醌及其衍生物、二甲苯和乙苯、二甲苯聚合物、二聚酸、二硫化碳、二醛、二氧化硅、二氧化碳、二元醇、二元羧酸、发电等。(肖振华)

T000394 **超级燃料寻觅记** 徐永康编著。辽宁少年儿童出版社 1993 年 3 月版。10.3 万字。1.90 元。"小学新书系新科技系列丛书"之一。写上海创造发明协会会员杨振华和沈阳发明协会会员陈大军才十四五岁,他俩准备撰写一篇题为《超级燃料寻觅记》的论文。为了征集足够的素材,两人走访了十几个国家和地区,物色了几个超级燃料的候选者。这些候选者包括:万无一失的核能;看不见的风能;遍布全球的太阳能;雾气蒸腾的地热能;水中取火话氢能;用之不竭的海洋能;返老还童的生物质能。作者顺着两位小发明家的寻觅足迹,介绍了新能源的有关知识。(杨宁松)

T000395 **液体洗涤剂** 章永年编。中国轻工业出版社 1993 年 3 月版。40 万字。27.00 元。作者总结液体洗涤剂的优点和功能,对液体洗涤剂的地位和发展前景,液体洗涤剂的基础理论进行阐述;详细介绍了液体洗涤剂的主要原料和常用助剂,以及生产液体洗涤剂的工艺及设备。还针对中国国情,专题介绍最大宗的衣用液体洗涤剂、餐具洗涤剂、洗发香波、皮肤清洁剂、硬表面清洁剂、工业用液体洗涤剂的配方结构及设计原则。(劳国强)

T000396 **现代模塑成形手册** 王以华等编

译。上海交通大学出版社 1993 年 4 月版。133.5 万字。35.00 元。内容包括工程运行原理、机器特性及调整装置、塑料产品及其模具的设计、专用机器的设计、材料处理、冷冻机/冷却剂、机器人、快速换模、质量和加工控制、CAD/CAM、塑料熔体的特性等实质性资料数据，并介绍了包括技术和财务管理在内的整个注塑工厂的经营管理方法。(周永涛)

T000397 **工程化学基础** 蔡哲雄等编。西安交通大学出版社 1993 年 4 月版。29.8 万字。3.20 元。是为非化工专业编写的一本应用性普通化学教材。在基础理论方面选取了与工程技术应用密切有关的内容，如物质不同状态的化学特性，化学反应进行的方向、限度及化学反应速率，电解质溶液的基本性质，电化学基础等。在应用知识方面，以材料为主线，选取了各类工程材料，材料的化学保护、材料化学结构的近代测试方法、材料的胶接技术、表面活性剂及材料在自然界中的循环—环境的化学污染及环境保护等内容。(蔡哲雄)

T000398 **高分子材料导论** 张留成主编。化学工业出版社 1993 年 5 月版。35 万字。6.95 元。工科院校高分子专业教材。以高分子结构—性能—应用为主线，联系其他材料科学，阐述了高分子材料主要应用领域及主要品种，包括：塑料、橡胶、纤维、粘合剂、涂料、功能高分子、高分子共混材料、聚合物基复合材料。(杨菁)

T000399 **全氟离子交换膜—制法、性能和应用** 方度、杨维驿主编。化学工业出版社 1993 年 6 月版。20.5 万字。7.00 元。介绍全氟离子交换膜的开发、特点、膜法电解原理；六氟环氧丙烷的工业制备、全氟磺酸树脂和羧酸树脂的合成与特性；全氟离子膜的构型、增强技术、成膜及水解转型工艺、表面改性涂层工艺等。重点阐述各种全氟离子膜的特性参数和性能测定；膜电解槽的工艺技术条件和优化指标；膜在其他方面的应用及发展等。(王世君)

T000400 **景德镇陶录详注** 傅振伦著。书目文献出版社 1993 年 6 月版。11 万字。4.20 元。全面系统地叙述了景德镇造瓷历史和烧制情况，并兼及历代古窑的考证论述。作者还辑录了古代笔记、小说、文集、丛书中的有关陶瓷制作、鉴定的资料，为中国陶瓷史中不可多得的佳作。傅振伦先生为其作了详细的注释，并对原书作了点校，更加提高了它的学术价值和实用价值。(卢玉荣)

T000401 **卫生瓷生产** 赵连级编著。中国建材工业出版社 1993 年 6 月版。30 万字。12.00 元。作者总结卫生瓷生产的实践经验，重点介绍卫生陶瓷各工序的工艺技术和技术操作要点，包括原料及加工处理、供浆、回浆、成型制坯、施釉、烧成、质量检验等方面；并全面分析了各种质量缺陷的成因、特征及克服办法。(赵从旭)

T000402 **甲基叔丁基醚生产和应用** 杭道耐、赵福龙著。中国石油化学工业出版社 1993 年 6 月版。16.7 万字。4.80 元。全面介绍甲基叔丁基醚(简称 MTBE)的性质和应用，生产原料，合成反应热力学、反应动力学、催化剂，以及生产工艺过程、过程控制和安全。在 MTBE 的应用中重点介绍了汽油添加剂，MTBE 不仅有很高的净辛烷值，而且对于直馏汽油、催化重整汽油等，均有良好的调和效应，有较高的调和辛烷值。MTBE 可改善汽油的理化指标，如密度、饱和蒸气压、汽油馏程、饱和溶解水等，还可改善汽油性能，如与材料的相容性、汽油抗爆性等。此外，由于 MTBE 是一种含氧物质，在发动机中有助于燃料燃烧完全，从而减少汽车排放气中的烃类和一氧化碳含量。本书在 MTBE 生产中阐明了生产工艺中的影响因素、反应器、工艺组织和生产过程经济分析，并展现了 11 种国内、外的工艺路线，如齐鲁石化公司工艺、吉林化工公司工艺、上海高桥石油化工公司工艺、洛阳炼油厂工艺、意大利斯纳姆普罗吉蒂/阿尼克工艺、德国赫斯工艺、法国石油研究院工艺等。在各种生产工艺路线中，分别讨论了工艺流程、操作条件、工艺特点、技术经济指标等。(于硕媛)

T000403 **新编实用化工小商品配方与生产** 田荣璋等编。中南工业大学出版社 1993 年 6 月版。93 万字。4 册。29.00 元。在广泛查阅近年来国内外文献和进行市场调研的基础上，结合中国乡镇企业和中小企业的实际，介绍表面活性剂、洗涤剂、食品添加剂、饲料添加剂、化学助剂、胶粘剂、化妆品、建材化工品、电镀及农林副产品深加工等 20 多类实用化工小产品，并对各种产品的性能、用途、制法和质量标准等进行了较详细的阐述。本书收入“星火计划丛书”。(谢贵良)

T000404 **硝基化合物的分子轨道理论** 肖鹤鸣著。国防工业出版社 1993 年 7 月版。32 万字。18.00元。分两篇共 10 章。第一章是引论性的，简介从头计算法和多种分子轨道近似计算方法；二至七章研究碳硝基和氮硝基(即硝胺)化合物；八至十章研究氧硝基化合物。介绍了高能材料的合成、构型构象及稳定性、感度安定性、硝化活性和机理、水解和热解的途径及机理、酸碱性、导电性、偶极矩、电极电

位以及红外、紫外、核磁共振等多种性能，并用量子化学与分子力学相结合的方法研究了水解反应和溶剂化效应。（肖志力）

T000405 **水泥工业节能技术** 尹青山等主编。中国建材工业出版社 1993 年 7 月版。14 万字。8.50 元。“建材工业节能技术丛书”之一，着重从粉磨节电、水泥窑节能、粉尘综合治理等 3 个方面较全面、系统地介绍了水泥工业实用节能技术及国际上的情况和动态。书中所介绍的节能技术，大都是中国改革开放以来，特别是 90 年代以来中国自行研究、开发的新技术，包括引进技术的消化、吸收和创新，并都在生产实践中获得了明显节能效果。而每一项节能新技术，都包含有技术原理、工艺流程、功能特点、应用效果、推广前景等方面的内容。（赵从旭）

T000406 **玻璃纤维工业节能技术** 尹青山等主编。中国建材工业出版社 1993 年 7 月版。11 万字。8.50 元。“建材工业节能技术丛书”之一。着重从连续玻璃纤维工业节能技术、定长纤维工业节能技术、纤维型节能材料的应用等 3 个主要方面，较全面、系统地介绍玻璃纤维工业实用节能技术及国际上的情况和动态。书中所介绍的节能技术，是 90 年代以来中国自行研究、开发、消化、吸收和创新，并在生产实践中获得明显节能效果的节能新技术，具有实用性。（赵从旭）

T000407 **水泥制品工业节能技术** 尹青山等主编。中国建材工业出版社 1993 年 7 月版。10 万字。8.50 元。“建材工业节能技术丛书”之一。着重从新型节能材料及制品、水泥制品节能技术、节能设备等方面着重介绍了 90 年代以来水泥制品工业节能所取得的科技成果，如 100MPa 高强渣碱混凝土、混凝土外加剂、预应力混凝土电杆等生产技术，冷轧螺纹钢丝成套生产设备、微电脑钢筋滚焊机等技术设备。书中还介绍了水泥制品最佳配方的选择、节能型钢材及强化生产工艺措施，水泥制品生产节能降耗的主要措施与途径，以及引进、消化、吸收美国的 CCI 冷雾处理混凝土技术等。（赵从旭）

T000408 **常用化工单元设备的设计** 陈英南等编著。华东理工大学出版社 1993 年 8 月版。24.4 万字。8.00 元。按照化学工业部教育司颁布的“化工原理课程教学基本要求”编写。内容包括：课程设计基础、列管换热器的选型、填料吸收塔设计、板式塔的设计、转盘萃取塔的设计、干燥设备的设计、外加热式蒸发器的设计等共 8 章。（徐汛）

T000409 **电解工程** 陈延禧著。天津科学技术出版社 1993 年 8 月版。36.9 万字。13.20 元。综合阐述工业电解原理、工程基础及主要应用。书中第一至第四章为基础部分，第五至第十章为应用部分。第一章电化学基础提供了最必需的电化学基础概念和原理。第二章电化学工程和第三章电化学反应器是基础部分的重点，它构成一门新的学科——电化学反应工程的核心，这对于面向 21 世纪的电化学工程师是颇为需要的，为此，既吸收了国内近 10 年来有关电化学工程基础研究的最新成果（其中三项获得国家自然科学基金资助），也参考了国外新近出版的几种电化学工程专著。书中应用部分分别介绍了工业电解的主要应用，即氯碱工业、无机电合成、有机电合成、金属的电解提取与精炼、熔盐电解和电解加工。在每一章中均着重阐述有关工业电解过程原理的诸问题、生产控制要点、主要生产设备（电化学反应器），并对主要技术经济指标（如电流效率、槽电压、直流电耗等）及其影响因素进行了分析与讨论。（宗洁）

T000410 **新型分离技术基础** 刘茉娥、陈欢林编著。浙江大学出版社 1993 年 8 月版。36.5 万字。6.90 元。分为“基础理论”、“固膜分离”、“液膜分离”、“泡沫分离”、“超临界气体萃取”、“色谱分离”、“高梯度磁分离”等 7 章。论述 90 年代以来发展起来的一些新型分离技术的基本原理、数学模型、过程、设备以及在工业中的实际应用情况。每章后附有习题。（李玲如）

T000411 **乙烯生产与管理** 李作政、冷寅正等编著。中国石油化学工业出版社 1993 年 8 月版。10.53 万字。22.50 元。分 10 章，内容有生产乙烯的原料、乙烯生产装置、乙烯装置试运转、乙烯装置运行、环保、安全与防火、仪表与自动化、乙烯装置技术改造、乙烯生产管理等。在乙烯生产装置中讨论了各种炉型，如鲁姆斯炉、三菱油化裂解炉、立式西拉斯裂解炉、FW 梯合裂解炉等，并介绍了最新炉型和 8 种工艺流程。在乙烯装置试运转中，讲述了生产准备、试车方案制订与优化、试车等内容，并列举了 14 套乙烯装置开车的情况，还总结了国内乙烯装置投料试车的基本经验。在乙烯装置运行中，对急冷、压缩与制冷、分离精制、系统操作进行了分析，并对各系统的生产中的事故案例作了研讨。乙烯装置的安全防火，主要是安全阀、火炬系统、联锁回路、防火防爆，并在这部分内容中详细分析了事故案例，如设备管道破裂引起的事故、静电事故、电气火花事故、误操作事故等。系统地介绍了乙烯生产管理的质量管理、工艺技术管理、设备管理、公用工程管理、安全管理以及生产管理信息的计算机处理，并提出了指标、控制法、操作法和制度等。(于硕媛)

T000412 **化工百科全书 第4卷** 化学工业出版社《化工百科全书》编辑部编。化学工业出版社1993年9月版。234.2万字。64.8元。条目有：发光材料、发酵、法化学、钒和钒合金、钒化合物、反渗透、反应染料、芳烃馏分加工、芳香族聚酰胺纤维、防冻液和除冰液、防水剂和抗油/水剂、仿革材料、纺织品、放射防护剂、放射性(天然放射性)、放射性药物、非常规食品、非织造布、肥料、肥皂、废物焚烧、分散和分散体系、分散剂、分散染料、分析方法、分子筛、酚醛树脂、酚醛纤维、粉末冶金、粉碎、砜和环丁砜、缝合线、呋喃及其衍生物、弗里德尔-克拉夫茨反应、氟等。(肖振华)

T000413 **聚合物显微学** 张权主编。化学工业出版社1993年9月版。19.6万字。9.80元。阐述电子显微技术的基本原理，并结合实际工作系统介绍电子显微技术在聚合物研究领域中的应用及试样制备方法，还有一些新的研究方法和成果。主要内容包括：透射式电子显微镜及在高分子研究中的应用；扫描电子显微镜及其应用；X射线显微分析方法及其应用。(宋向雁)

T000414 **非金属刷镀技术** 梁志杰等编著。机械工业出版社1993年9月版。16.4万字。8.20元。介绍非金属刷镀的基本原理、设备、溶液和典型材料的刷镀工艺，对非金属刷镀的关键——镀前处理和金属化，以及各道工序中应注意的问题作了详细的介绍，对溶液的配方进行了精选，对镀层质量检验、废水处理、车间设计也作了说明，书中还以一定篇幅以问答形式介绍了该技术的一些常识，并结合实际经验回答了一些问题，书中还附有一些常用表格。(武江)

T000415 **福建陶瓷** 叶文程、林忠干编著。福建人民出版社1993年10月版。57.2万字。11.70元。收入“福建文化丛书”。以大量的考古发现与文献资料为依据，吸收前人的研究成果，比较全面、系统地论述从远古至明清时代福建地区陶瓷文化的发展规律。尤其对史前时期诸文化陶器的制作工艺、器类用途、分期断代等作了归纳概括。全书以历代陶瓷的编年鉴定研究为基础，展示其工艺制作、烧成技术的成就和精华，表现鲜明的时代特点和浓郁的地方风彩，并反映出与之密切相关的政治制度、经济形态、生活习俗和思想意识观念。书中还对福建陶瓷在海外的传播和影响作了较深入的探讨，全面考察了福建在各个时期所产外销瓷的瓷种、窑口、瓷器输出的港口、航线和输往地区，并客观地评价了福建陶瓷对世界物质文化的贡献及其历史地位。(刘亚忠)

T000416 **甲醇系列产品及应用** 房鼎业等著。华东理工大学出版社1993年10月版。29.1万字。9.70元。在介绍甲醇生产基本原理与技术进展的基础上，着重阐述甲醇的系列产品与用途：一、甲醇燃料，包括甲醇直接作车用燃料以及生产甲基叔丁基醚；二、以甲醇为原料生产有机化工产品，包括甲醛及其衍生物、甲胺、二甲基甲酰胺、甲烷氯化物、甲酸甲酯、甲酸、二甲醚、二甲基亚砜、醋酸、醋酐、甲基丙烯酸甲酯等40余种有机产品；三、甲醇在农药、染料、塑料等工业中的应用。(徐汎)

T000417 **硝化理论** 吕春绪著。江苏科学技术出版社1993年10月版。34.4万字。15.00元。全面而系统地介绍硝化理论及硝化技术，其中对目前国内外十分关注的超酸硝化剂研究、两相硝化、定向硝化特别是芳烃的定向硝化作了论述。全书分8章，分别为被硝化物的硝化特征、硝化剂特性及其应用、硝化反应机理、硝化反应速度、两相硝化反应、定向硝化反应、结构与硝化反应活性、硝化技术。(黄元森)

T000418 **陶瓷窑炉热工分析与模拟** 宋崙、蒋欣之著。中国轻工业出版社1993年10月版。36万字。14.00元。包括两大部分：陶瓷窑炉热工过程分析以及陶瓷窑炉热工过程的计算机模拟。前者针对陶瓷窑炉热工过程进行定量分析；后者针对陶瓷窑炉热工过程进行计算机模拟，从分析和模拟中得出重要的定量关系和结果。(李春娅)

T000419 **新机能化妆品和洗涤剂** 毛培坤编。中国轻工业出版社1993年10月版。62万字。45.00元。分5篇，36章。2500个配方分门别类，既有确切的命名，使每个配方的性能特点一目了然；又有简单的制作方法和产品的基本功能。内容包括：膏霜类化妆品、美容化妆品、疗效型美容化妆品、特殊美容化妆品、防晒和晒黑化妆品、香粉类化妆品、香水类化妆品、固发和整发化妆品、护发和生发化妆品、染发和烫发化妆品；牙膏、含漱剂、口腔卫生品；洗发香波、皮肤清洁剂、沐浴剂；衣用粉状和粒状洗涤剂、液体洗涤剂、织物柔软洗涤剂、预去斑剂、干洗剂、餐具洗涤剂、玻璃清洁剂、地毯清洁剂、金属清洁剂；空气清新剂、金属润滑剂和研切削剂等。(劳国强)

T000420 **奥克托今高能炸药及其应用** 曹欣茂等主编。兵器工业出版社 1993 年 11 月版。16.4 万字。7.40 元。系统地论述奥克托今的性质、质量标准、分析、制备和应用，概括了国内外多年来的研究成果和实践经验。在论述奥克托今的性质时，从物理性质、化学性质、安定性和相容性到爆轰性能、毒性各方面均给以阐述。在论及奥克托今的制备时，细致说明了各种制备方法以及制备中各种因素的作用，同时介绍了各种工艺、反应机理等；针对奥克托今的应用，着重介绍了其在压装高能炸药、熔铸炸药、起爆器材、高能固体推进剂、发射药中的应用以及含奥克托今的浇铸 PBX 和挤铸 PBX 炸药。（周延民）

T000421 **化工热力学** 陈钟秀、顾飞燕编。化学工业出版社 1993 年 11 月版。34.4 万字。7.15 元。按全国高等学校化工工艺类专业教学指导委员会制订的化工热力学课程大纲，为适应 50～60 学时的课程编写。共 8 章：第一章绪论；第二、三章分别介绍流体及其混合物的 PVT 关系和热力学性质；第四章是化工过程的能量分析，对能量的有效利用进行分析和评述；第五章阐述蒸气动力循环古制冷循环；第六章介绍溶液的热力学性质；第七、八章运用热力学解决化工领域中的相平衡与化学反应平衡的问题。（梁虹）

T000422 **化工百科全书 第 5 卷** 化学工业出版社《化工百科全书》编委会编。化学工业出版社 1993 年 11 月版。229.7 万字。62.50 元。条目有：氟化合物(1. 无机氟化合物，2. 有机氟化合物)、辐射交联、腐蚀和防腐蚀、复合材料(1. 纤维增强复合材料，2. 非纤维增强复合材料)、复混肥料、复印、钙和钙合金、钙化合物、干扰素、干洗和湿洗、干性油、干燥、干燥剂、甘油、感光性高分子、钢、高纯物质、高级烯烃、高级脂肪酸、高级脂肪醇、高温合金、高温结构陶瓷、高压技术、锆和锆合金、锆化合物、格利雅反应、隔热、镉和镉合金、镉化合物、铬化合物、铬和铬合金、工厂安全、工厂布置、工程塑料、工业防霉剂、工业溶剂等。（肖振华）

T000423 **现代无机非金属材料工艺学** 副名：青年科学家文库。施剑林著。吉林科学技术出版社 1993 年 11 月版。27.5 万字。13.00 元。介绍并讨论了现代无机非金属材料，即先进陶瓷材料的几个主要环节：粉料制备、表征技术(第 2、3 章)；粉体成型的颗粒力学与成型技术(第 4、5 章)；陶瓷材料的烧结技术、烧结理论及相关现象(第 6、7、8 章)。（张瑛琳）

T000424 **工业塔新型规整填料应用手册** 刘乃鸿等著。天津大学出版社 1993 年 11 月版。36.2 万字。10.80 元。化工类型的生产，主要部分包括反应和分离。作为分离装置目前最为量大面广的是塔设备。塔设备又分为板式塔和填料塔两大类。70 年代初世界性能源危机出现以后，填料塔发展很快。填料塔在增产、节能、降耗方面有很大优势，而且随着新型高效塔内件的开发，填料塔已能用于十多米塔径，因此，很多场合已有取代板式塔的趋势。本书全面综合了国际及国内在规整填料塔方面的技术及各种产品和性能，收集了很多应用实例。（袁孝兢）

T000425 **精细有机合成化学及工艺学** 唐培堃著。天津大学出版社 1993 年 11 月版。62.4 万字。15.80 元。分 10 章，在阐明理论基础和技术基础之后，介绍主要单元反应的历程、影响因素和实际应用，并论述了具体产品的多种合成路线与单元反应之间的关系。（杨秀雯）

T000426 **液-液萃取过程和设备** 李洲主编。原子能出版社 1993 年 11 月版。86 万字。15.80 元。根据中国核工业总公司教育培训部第二轮教材编写计划而写的这本教材是本科高年级学生所用书，亦可供研究生作教材或教师作教学参考书使用。全书分 10 章，前 6 章主要讲解萃取过程的基本原理，萃取过程平衡和两相传质过程；各种不同萃取方式，单级萃取、多级错流和多级逆流萃取、分馏萃取的过程计算。后 4 章讲述了萃取设备的分类和特点，然后着重介绍了槽式、柱式和离心式 3 种萃取设备的结构、操作原理和基本的设计计算。在讲授时应排在“化工原理”(或“化学工程”)和有关“分离”(包括萃取)的专业基础课之后。总讲课学时，一般以 48 小时为宜，在此基础上可根据需要和可能性进行增减，其课内外学时比例可取为 1∶3 左右。书中各章后面附有习题。本书主编李洲，编著李以圭、费维扬、杨基础为清华大学化学工程系教授，主审柯友之为中国核工业总公司第二研究设计院高级工程师。（王裕新）

T000427 **玻璃表面和表面处理** 王承遇、陶瑛编著。中国建材工业出版社 1993 年 11 月版。24 万字。14.00 元。全面地介绍和论述玻璃表面的研究方法、表面结构和表面性质，以及表面洁净、增强、涂膜、装饰等表面处理技术，既有玻璃表面物理化学的基本理论，也有这些理论的实际应用；同时，还介绍了国内外表面处理技术的新进展，包括作者从 80 年代以来从事玻璃离子注入、离子扩散和风化方面的研究成果。（赵从旭）

T000428 **金刚石理论与合成技术** 谢有赞著。湖南科学技术出版社1993年12月版。40.9万字。18.80元。汇集国外有关金刚石理论研究与合成技术研究成果,并对中国在该领域取得的成就作了综述。分4篇,包括:碳源;金刚石的基本理论;金刚石技术;金刚石的工艺操作。依据“碳——石墨——金刚石”的内在联系,深入探讨了金刚石基础理论和合成技术,对“碳——金属——合金”的横向领域做了广泛分析,拓宽了金刚石高压物理和高温化学以及碳族物理化学的研究内容。还翔实地叙述了金刚石的合成工艺、传压介质、触媒合金、碳片和金刚石合成棒后处理规范,以及金刚石质量检测应用技术和发展方向,并就碳族的结构变化规律做了全面的数学分析。(李遂平)

T000429 **煤基合成液体燃料** 张碧江主编。山西科学技术出版社1993年12月版。46万字。35.00元。主要论述煤基合成液体燃料过程的研究与开发工作;重点介绍MFT合成工艺过程的理论和从实验室到工业试验的开发实践以及MFT合成工艺的特点;同时也介绍了合成液体燃料和汽油的新工艺;另外,还对煤制原料气及其净化过程的化学分析与监控以及技术经济评价和环境评估等有关问题做了简要的叙述。(段立新)

轻工业、手工业

T000430 **蒙古族肉食文化(蒙古文)** 曹纳木编著。内蒙古人民出版社1992年12月版。10万字。3.00元。介绍各种肉食品,烤全羊、烤羊腿、烤羊肉,手扒肉等的加工、食用、饮膳的传统方法和创新品种,还讲述了只有在祭祀、隆重集会、婚嫁喜事、老人过寿或贵宾宴席上才能见到的蒙古族人民最喜欢、最名贵的佳肴以及有关方面的祭奠、祈祷、祝颂等赞颂词。(牧仁)

T000431 **妙用大全** 副名:生活中的3000窍门。周范林编。四川科学技术出版社1993年版。40万字。9.60元。在生活中,每个人都可能遇上各种各样的小问题,如衣服上染上了污迹、菜点怎么作更方便味更好、食品怎样贮藏、日用品怎么清洁与维修、遇到小病怎么办……解决这些问题,往往有一些诀窍。书中叙述的3000个窍门均简便易行、实用具体。正文按使用器材顺序编排,分类索引按窍门种类排列,便于查找。(杨佛章)

T000432 **实用服饰手工印染技法** 叶智勇编著。中国纺织出版社1993年版。12.1万字。12.80元。作者总结多年教学和实践的经验,详尽地介绍了蜡染、扎染、夹染、型印、糊染、卷压染、泼染等7种手工印染技法,每种技法介绍的内容包括所需的工具、面料和染料的选择,染前面料的处理方法,染料配方和制备方法,染色技巧和工艺条件,各种技法的制作步骤。同时,还介绍了手工印染的起源和中国手工印染的现状。(黄崇芬)

T000433 **现代纺织词典** 安瑞凤主编。中国纺织出版社1993年版。57.00万字。35.00元。共收词近2千条。选词宗旨为求新不求全,对现代纺织科技,如新型原料、新工艺、新设备、新产品及新的测试手段等方面词汇力求收全;对本学科基本词、常用词重点选收,并在其释文中着重突出新概念、新含义;对专业和非专业人员皆能理解的词、近年来没什么新发展的词、见词明义的词及查阅率低的词不收或慎收。收词范围以纺织、针织、印染、非织造布、服装等专业词汇为主,兼收现代防爆除尘、非电量电测、企业管理、对外贸易等方面的词汇。并设有中文笔划、纺织专业名词及英文索引。(郑群)

T000434 **计算机辅助服装设计** 许耀昌、罗宁编著。中国纺织出版社1993年版。28.4万字。12.00元。介绍服装计算机辅助设计(CAD)技术,创建服装CAD所需的设计环境,服装CAD的数学基础。并以北京太阳电脑公司的服装CAD系统为例,介绍典型服装CAD系统的使用方法。(李霞云)

T000435 **丝绸织染疵点分析图册** 周晓虹、王之平编著。中国纺织出版社1993年版。9.3万字。15.00元。针对在丝绸织造和印染过程中可能产生的丝绸产品的常见疵点,收集精选了疵点实样照片174幅,直观地反应了疵点的形态,并用通俗易懂的文字讲解了疵点的鉴别方法,分析其产生原因和防止措施。(范森)

T000436 **中国纺织手册(1993年)** 纺织工业部经济研究中心、中国化学纤维工业协会编。中国纺织出版社1993年版。36.2万字。22.00元。汇集中国和世界化纤工业和纤维加工业的资料性工具书,中英文对照。内容分国内和国外两部分,所有数据都采用各国政府部门和权威性机构的统计月报、年报和研究报告的资料。国内部分包括中国国民经济和纺织工业的基本经济指标、纺织工业结构、主要纤维品的产量和生产能力、纤维品的国内消费和进出口贸易。国外部分包括世界化纤和纤维制品的产量和生产能力、进出口贸易及部分主要国家国民经济和

纤维加工业的基本经济指标。共有统计表 318 则。(鲍靖)

T000437 **服装设计学** 郑健等编。中国纺织出版社 1993 年版。29.10 万字。12.00 元。着重阐述服装设计的基本原理与技术，包括服装的造型与结构设计原理，服装设计的创作思维方法，面料的材质与色彩以及各类服装的设计技术等。分别叙述童装、男装、女装、裘皮服装、针织服装、特种功能服装设计要点及设计方法。对服装款式的流行规律和预测、服装信息的收集与分析方法作了专题论述。(李霞云)

T000438 **新型横机构造与编织** 胡红主编。中国纺织出版社 1993 年版。25.7 万字。13.80 元。系统地介绍新型横机即电脑横机和全成形钩针机的编织、选针、给纱、牵拉等主要机构的构造和工作原理，横机编织的花色织物的组织结构与编织工艺。同时对电脑在横机上的有关控制装置、花型准备系统和压脚技术均作了较详细的介绍，对高质量的羊毛衫生产和羊毛衫各种花型和款式的变化设计均有指导作用。(孙兰英)

T000439 **毛织物设计** 徐岳定编。中国纺织出版社 1993 年版。29.4 万字。13.80 元。主要介绍毛织物常用组织及其应用，色彩的应用，毛织物的纱线设计、结构设计与工艺设计，并附有典型呢绒产品的设计实例。(丁桂玉)

T000440 **服装裁剪十日通** 龙晋编著。中国纺织出版社 1993 年版。23.04 万字。7.80 元。将各种衣服的裁剪方法统一在一种制图程序中，读者可通过学习一次制图方法而掌握其他变化款式的制图方法；同时在每一类款式中都选择 1～2 种服装的裁剪纸样，读者可通过裁剪图学会绘制出加入缝份的缝制裁片。从未接触过服装裁剪的读者，经过 10 天的学习就可对整个服装裁剪有通盘的了解。(鲍靖)

T000441 **服装机械** 宋哲编著。中国纺织出版社 1993 年版。31.10 万字。9.00 元。主要内容包括服装机械概述，服装裁剪机械设备，平缝机的构造、工作原理、使用保养以及常见的故障和排除，高速包缝机、锁眼机的构造、调试、拆装和常见故障及维修，还有套结机、钉扣机、粘合机、蒸烫机和四领机等服装机械设备。(李霞云)

T000442 **最新日英汉图解服饰辞典** [日]杉野芳子编著，姜申、马林译。中国轻工业出版社 1993 年版。54.0 万字。38.00 元。共选入 3400 辞条。有插图 400 余幅，内容包括：世界服装发展的重要款式，国际著名服装大师介绍及纺织、针织、刺绣、面料、印染、花型、缝制等词条，附部分图解。除原有日、英、法文索引外，增加了中、英，中、日文对照。(王钊)

T000443 **服装检验手册** 孟庆发、云格编译。中国轻工业出版社 1993 年版。27.5 万字。16.00元。介绍日本服装检验的手段及服装检验的各种方法。内容包括：服装品质检查程序、检查加工尺寸、缝制和成品质量的要点图示，以及有关缝制用语、服饰附属品的种类及用途的介绍等。(王钊)

T000444 **新型木材** 李坚等编著。东北林业大学出版社 1993 年 1 月版。19 万字。5.00 元。以物理的、化学的或机械的诸多方法加工或处理木材，从而赋予木材某种新的功能，或改良木材的某些特性，产生了与原本木材性质大有不同、但以木材作为基质的一类材料，如塑合木、层积木、阻燃木、不朽木、成型木、重组木、弯曲木、压缩木、染色木和金属木等。本书介绍了这些新型材料的科学定义、加工方法、性能、工艺、检验、特点、用途等。(袁俊琦)

T000445 **肉类及其制品化学分析检验手册** 国家进出口商品检验局编译组编。湖南科学技术出版社 1993 年 1 月版。44.7 万字。11.50 元。食品检验工具书。由美国农业部食品安全检验署(USDA—FSIS)编制，是用于美国进口与美国国内肉类及其制品检验的官方分析检验手册。共 6 章：第一、二章为肉类制品和辅料的有关法规，其余各章介绍了常量分析法、微量分析法、化学残留物分析法以及营养分析法和附录。(王幼松)

T000446 **调酒** 国家旅游局人事劳动教育司编。高等教育出版社 1993 年 2 月版。23 万字。8.60 元。内容按初、中、高 3 个考核等级编写，主要内容包括酒水知识、调酒的器具及方法、调酒的服务程序、酒水的成本控制及推销、酒会的筹划等。根据调酒的品种的配方相对稳定和流行的特点，对世界的流行配方做了大量介绍，同时对酒水的创新和用中国酒调酒也做了适当介绍。(李爱华)

T000447 **宝石款式设计与加工工艺** 吕新彪编著。中国地质大学出版社 1993 年 2 月版。重点论述宝石的基本概念及分类、宝石的物理与化学性质、宝石的款式与设计、宝石的加工原理和方法；较详细地介绍了常见的凸面型、刻面型、珠型、异型宝石的原石材料的选择、加工工艺流程与工序、加工设备；扼要地叙述了常用的宝石加工机械设备、工艺材料和常见宝石的款式设计要领、加工步骤及注意事项。书后附有 79 种常见宝石矿物的工艺性质、款式和常用工艺材料一览表和 16 种常见宝石款式的刻磨和

抛光详细加工图解。(张华瑛)

T000448 **世界葡萄酒和蒸馏酒知识** 孙方勋编著。中国轻工业出版社 1993 年 2 月版。20 万字。16.00 元。对世界各地的葡萄酒及六大蒸馏酒中的著名产品的产地、历史、酿造工艺、质量等级、标签、饮用方法及趣闻轶事等作了较为详细的介绍,同时还涉及到酒的品尝艺术、侍酒的礼仪、酒与肴的配置等内容。(李炳华)

T000449 **考工记译注** 闻人军译注。上海古籍出版社 1993 年 3 月版。13.4 万字。5.00 元。《考工记》作者佚名、文字简古,经秦灭六国、遭焚书之劫,一度散佚。西汉时复被发现,并被列补于《周官·冬官》,后经刘向、刘歆父子校订,改《周官》为《周礼》,称《周礼·冬官考工记》。郭沫若称其成书于春秋末年,然据《考工记》内容纪实,则该书成于战国初年的可能性较大。《考工记》叙述“百工之事”,分述官营手工业和家庭手工业主要工种三十工,其中有“攻木之工”七(轮、舆、弓、庐、匠、车、梓)、“攻金之工”五(筑、冶、凫、段、桃)、“攻皮之工”五(函、鲍、韗、韦、裘)、“设色之工”五(画、缋、钟、筐、㡛)、“刮摩之工”五(玉、楖、雕、矢、磬)、“搏埴之工”二(陶、旊),其中“段氏”、“韦氏”、“裘氏”、“筐人”、“楖人”、“雕人”条已阙佚,“舆人”条后衍出“辀人”条,今本《考工记》实存二十五个工种。由于《考工记》文字古朴,难以阅读,作者据考古发掘资料及大量引证史料增补照片图版,或亲自绘制示意图,将《考工记》译成浅显白话文,使原仅存 7100 余字的《考工记》通俗易懂。《附录》收录《考工记》考订序跋,并考订其成书年代及版本源流,是目前最完备的《考工记》译本。(刘景云)

T000450 **衣食住行小窍门大全(修订本)** 刘聪等编。四川辞书出版社 1993 年 3 月版。37.5 万字。8.90 元。内容分衣饰、饮食、居住、出行、用品、医疗、美容、赏玩 8 篇。每篇列出小类。如:衣饰篇下分为选购、使用、穿戴、除污、清洗、熨烫、保养、补旧翻新。选材注重新、巧、实。(帅初阳)

T000451 **印刷概论** 邹毓俊编著。测绘出版社 1993 年 6 月版。33 万字。7.00 元。内容包括主要印刷方式的工艺原理、技术方法、设备和材料等。为了能与专业课既有联系,又减少不必要的重复,精简了制版照像及平版制版的部分内容。全书分 8 章,即:印刷发展简史,印刷综论,图像处理,制版,印刷,特种印刷,记录方法和介质,印后加工等。(赵彬)

T000452 **中国烹饪世界大赛冠军菜点** 张旭辉编著。辽宁科学技术出版社 1993 年 6 月版。10 万字。20.00 元。世界中国烹饪联合会在上海举办了第一届中国烹饪世界大赛。来自日本、新加坡、马来西亚、美国、加拿大、香港、中国台湾和大陆的 18 个代表队、121 位选手参加了比赛。中国烹饪协会辽宁代表队在比赛中技压群雄,摘取了团体总分第一名的桂冠。本书就是辽宁队队员烹制的各具特色的名馔佳肴的集锦。(李逢秋)

T000453 **简明五金手册(修订版)** 简光沂等编。北京出版社 1993 年 7 月版。63.1 万字。19.90 元。分 4 篇 21 章,分别介绍五金材料的基本知识、常用五金机械材料、配件和器材、工具、刃具和量具。选用了标准化、通用化、系列化的资料和数据,并列入了科学技术发展的新内容。全书根据工业企业的实际采用新标准的状况,全部换用了法定计量单位和新旧标准的对照表。(李利军)

T000454 **中国豆腐菜大全** 张德生编。福建科学技术出版社 1993 年 7 月版。96.3 万字。35.90 元。分 4 部分。第一部分较为全面地讲述了中国豆腐菜的历史。它详细地讲述了中国大豆的栽培,豆腐的发明,豆腐菜的出现及其历史发展走向和现状,使我们看到了中国豆腐菜的诞生、发展、成熟、繁衍的全貌。第二部分着重介绍豆腐菜在中国人饮食结构中的地位,它的文化内涵和文化意义,以及它在国际上的影响。作者充分揭示了中国豆腐菜的民族特色,从哲学、美学、民俗学、宗教学、文学等方面,多角度、多层面地透视和剖视了中国豆腐菜的深层意义。第三部分是对中国豆腐菜的烹调原理和技艺作了系统的论述。从理论上较深刻地介绍了作者长期从事烹调豆腐菜的实践经验。最后一个部分,是全国各种豆腐菜谱的集锦。作者所选的范围十分广阔,从时间纵向来看,有古代的宫廷豆腐菜、孔府豆腐菜,还有近、现、当代豆腐菜;从空间横向来看,有包括台湾、香港在内的各省市地区的豆腐菜和豆腐风味小吃;从宗教信仰来看,有佛教豆腐斋菜、清真豆腐菜和道教豆腐菜等共 1 500 种。(叶顺利)

T000455 **家具油漆技艺** 周长庚主编。山西科学技术出版社 1993 年 7 月版。20.2 万字。6.00 元。从实用角度出发,主要介绍各种手工家具油漆,不仅对各种木家具的清漆涂法、抛光涂法、消光涂法、色漆涂法、操作注意事项、质量要求、缺陷分析与消除方法作了详细介绍,同时对套色家具、烫画家具、长放家具、贴面家具、贴花家具、大漆家具、钢家具、竹家具、塑料家具等也分别作了叙述,对家具漆膜的保养与翻新和家具油漆的用料与用工,也分别作了较详细的介绍。

T000456 **美食杂谈** 白忠懋编。上海科技教育出版社 1993 年 7 月版。21 万字。5.65 元。科普类图书。本书分“美食的启示”、“素肴的魅力”、“荤菜的风味”、“河鲜与海鲜”、“且说野味香”、“饮茶的学问”、“小吃及其他”7 个方面。(王义炯)

T000457 **中国家庭文化生活大全** 邓伟志等编著。上海科学普及出版社 1993 年 7 月版。90 万字。35.00 元。关于文化生活的手册性读物。从务实的角度出发，集中介绍了饮食、菜、酒文化到服饰文化，从娱乐性文化到旅游文化，无不涉及。(王承忠)

T000458 **厨师指南** 总政宣传部编。白山出版社 1993 年 8 月版。15.3 万字。4.10 元。由荣获 1992 年世界烹饪大赛第一名、全国第二届烹饪大奖赛 3 项全能冠军、全国“十名最佳厨师”之一，全国特一级厨师、大连陆军学院后勤士官训练大队军需教研室讲师李春祥主持编写。此书已作为全军“培养军地两用人才电教系列辅导教材”。本书从烹饪的基础知识到烹饪的实例，依次以四大菜系为主，介绍了 12 种地方菜系的主要特点及其代表菜谱，同时介绍了凉热菜、面点的制作、筵席和菜谱以及常见的筵席服务常识等内容。(朱忠义)

T000459 **皮尔·卡丹童装设计集锦** 皮尔·卡丹公司设计，郑思褆选编。北京少年儿童出版社 1993 年 8 月版。6 印张。38.00 元。汇编 30 年来皮尔·卡丹公司优秀的童装设计图样及照片 200 余幅，具有鲜明的特色和个性。书中还简明扼要地介绍了皮尔·卡丹公司童装设计的历史发展过程。(石岱峰)

T000460 **世界瑰宝——国际友谊博物馆藏品选** 国际友谊博物馆著，中国宝石杂志社编。地质出版社 1993 年 8 月版。18 万字。彩图 500 幅。180.00 元。图册。展示了从国际友谊博物馆收藏的近 2 万件藏品中精选出来自世界 150 多个国家和地区的领导人、社会团体和知名人士赠送给中国领导人和知名人士的礼品约 500 件，主要有金银器皿、玉石雕、瓷器、陶器、漆器、珐琅器、编织物、壁毯、雕塑、绘画、民间工艺、金银首饰等 30 多个种类，并按照亚洲、非洲、大洋洲、美洲和欧洲 5 大部分分别编排。本书不仅反映了新中国成立以来中国与世界各国和地区友好交往的历史进程，而且反映了世界各国人民的勤劳智慧及各民族的文化艺术特色和传统，具有极高的艺术品位和纪念意义。(郑长胜)

T000461 **毛皮学** 景松岩、张伟等著。东北林业大学出版社 1993 年 8 月版。69.7 万字。15.50 元。在继承前人对毛皮产品的检验识别、加工利用等知识的基础上，通过广泛搜集国内外研究资料，并结合作者多年的研究成果编著而成。全书分上下两篇，共 9 章。第一至五章为毛皮学原理篇，主要内容包括哺乳动物皮肤及其衍生物的一般结构、发生特点、功能，以及与其他脊椎动物的比较概述；各种动物毛形态结构与兽类分类和毛皮产品识别检验；毛的发生生长规律，以及毛在形成过程中的力学作用与毛的鳞片外形，毛皮动物的毛被脱换等；在野生动物研究中毛的作用，毛的检验及研究应用等；生皮的组织结构、化学成分和理化性质及其在毛皮的初步加工和鞣制中的应用等。第六至九章为毛皮商品学篇，主要内容有：国内外裘皮市场的变化规律及现状；各主要裘皮生产国和消费国的概况和毛皮贸易方式；野生和人工饲养毛皮兽皮的初步加工、分类、质量检验、仓储保管和运输等。(任俐)

T000462 **烟草化学分析与烟气分析** 金闻博等著。江西科学技术出版社 1993 年 8 月版。31 万字。8.00 元。分 5 章，Ⅰ、Ⅳ两章分别介绍烟草和烟气的主要化学成分；第Ⅱ章讨论烟草化学分析的分类及各类方法的依据；Ⅲ、Ⅴ两章详细叙述烟草化学分析和烟气分析方法，为全书的重点。(张幼敏)

T000463 **烟草的生产、生理和生物化学** 左天觉著。上海远东出版社 1993 年 8 月版。78 万字。28.00 元。研究烟草的专著。作者系国际烟草科学界知名人士，这是他十几年研究烟草的结晶。内容涉及烟草的历史、种植史和贸易史。从烟草的生产到遗传和繁殖；从烟草的生理和生物化学到烟草的利用，最后以烟草的将来形势和走向结束全书。(戴群利)

T000464 **英文打字技法** 吴逸放等编。华东理工大学出版社 1993 年 9 月版。20.5 万字。9.00 元。英文打字技法教科书。内容包括英文打字基本指法、实际应用和等级测试等，并分门别类地附有实例讲解和练习题。(黄黎峥)

T000465 **领样·袖样·袋样设计与制作** 蒋金锐编。金盾出版社 1993 年 9 月版。折合 35 万字。彩图 62 幅。15.00 元。分领子、袖子、口袋 3 篇。领子篇有领子的分类和制作工艺、无领、立领、立式翻折领、翻领、驳领及特殊领型 7 章。袖子篇有袖子的分类和制作工艺、短袖衬衫、长袖及外衣袖 4 章。口袋篇有口袋的分类和制作工艺、传统服装的口袋、贴袋、挖袋、缝插袋、吊袋、裤子的前后袋及口袋的新样式 8 章。作者系统地介绍了领、袖、袋样的基本知识，

研究阐明了领、袖、袋样发展变化规律。全书有领、袖、袋样的设计图与裁剪工艺图一千余幅。(苏益中)

T000466　**藏食菜谱**　次仁曲培著。西藏人民出版社1993年9月版。2万字。2.50元。详述藏族传统与创新菜百余种的主料、调料、制法、特点。(刘金华)

T000467　**食品乳化剂**　张万福编译。中国轻工业出版社1993年9月版。58万字。35.00元。论述食品乳化剂的理论基础和应用技术,介绍了30多种食品乳化剂的制造、组成、性能、质量规格、国外先进标准和分析检测,以及在各类食品生产中的有效用量、正确使用方法、作用机理和效果等。(劳国强)

T000468　**美容大辞典**　何伦主编。南京出版社1993年10月版。90万字。37.00元。生活类图书。分4部分:第一部分人体与美学。主要介绍美学与美容美、人体美学、皮肤毛发形态、面部形态、眼鼻耳形态、躯体四肢形态的关系。第二部分为生活美容。包括化妆品、化妆术、美发、服饰与人体美、美容院服务等方面的操作技能介绍。第三部分保健美容。就人们普遍关心的皮肤毛发、口腔、健美与运动、饮食、减肥、按摩与气功等方面的问题详细地作了介绍和说明。第四部分美容医学。以眼鼻耳美容术、头面唇颊美容术、乳房躯体美容术、口腔美容正畸修复与正颌、皮肤药物及手术美容等为题,解答了美容术中的诸多问题。全书共4000余辞条和400余幅插图。正文按美容具体内容的逻辑关系排列,另附有以辞条注音为序的索引目录。(沈丽国)

T000469　**衣食住行禁忌大全**　刘聪等编。四川辞书出版社1993年10月版。31万字。6.80元。分衣饰、饮食、居住、出行、用品、保健、疾病、用药、美容、赏玩10篇。(帅初阳)

T000470　**实用食品添加剂**　范继善主编。天津科学技术出版社1993年10月版。57万字。30.00元。涉及食品添加剂20余个种类,上千个品种。它们分别为:防腐剂类、抗氧化剂和保鲜剂类、发色剂类、漂白剂类、酸味剂类、甜味剂类及疏松剂和发泡剂类等。书中对各类下的每一个品种都作了理化性质、毒性及用途等方面的介绍,并提供了质量标准和有效数据,复杂项目列有表格。(马洪)

T000471　**英汉食品工业词汇**　轻工业部食品发酵工业研究所编著。中国轻工业出版社1993年10月第二版。120万字。50.00元。以1983年出版的《英汉食品工业词汇》为基础,经全面审校,删除了一些水产捕捞和牲畜屠宰词条和一些复合词条,补充新词约10000条;重点为粮食、油脂、制粉、淀粉及其衍生物、新技术、新产品方面词条。全书共收词50000余条,收词范围有:粮食、油脂、果蔬、内乳、水产、烟草、制糖、酿酒、发酵、罐头、饮料、食品添加剂、食品工程工艺、食品机械设备、食品包装材料、食品营养与卫生、食品分析检验等,以及与食品有关的化学、物理学、微生物学、生物工程等基础学科。(熊慧珊)

T000472　**简易套装制作**　彭景荣编著。农村读物出版社1993年11月版。2印张。11.80元。详细地讲述简易套装的制作工艺过程,并附有数十款造型优美,式样新颖的服装彩照,每一幅彩照都有相应的裁剪图与之相对应。(朱雷)

T000473　**童装天使**　彭景荣编著。农村读物出版社1993年11月版。2印张。11.80元。从儿童心理和身体发育特征出发,讲解童装的设计及制作,并用精美的彩色插图和裁剪图进行了图解。这些款式适合不同年龄、不同体型、不同地区、不同穿着条件的儿童四季选用。本书还附有儿童身高、年龄对照表。(朱雷)

T000474　**烟草原料初加工**　宫长荣等编著。中国轻工业出版社1993年11月版。24.7万字。5.50元。分6章。分别介绍烟草的类型及质量标准、烟草的水分控制、挂杆复烤技术、打叶复烤技术、烟叶发酵工艺、烟草贮存与养护知识。(袁幼南)

T000475　**麻屑板工程**　李凯夫等著。东北林业大学出版社1993年12月版。29.3万字。9.20元。系统介绍麻屑 产生的过程、麻屑的特性和胶粘剂与添加剂的特性等;着重阐述麻屑清选工艺、干燥原理与设备、施胶理论和工艺计算、铺装波动与成型机理、板坯输送与热压原理、热压工艺和后期处理的工艺;有质量控制、生产工艺计算方法、表面加工和常规检测方法等内容。(冯琪)

T000476　**电子分色原理与工艺**　王强编著。武汉测绘科技大学出版社1993年12月版。26万字。9.80元。以图像信息处理理论和彩色复制理论为基础,系统介绍图像制版技术的发展,电子分色机原理,电子分色机图像处理的数学方法,彩色电子分色制版工艺设计,应用分色作业和电子制版系统的影像质量评价等有关电子分色原理和应用的基本知识和基本技能。(董巍)

T000477　**中国名菜荟萃(1)**　副名:全国厨师培训班优秀作品选。张仁庆主编。中国轻工业出版社1993年12月版。318万字。26.00元。内容选自28

期全国厨师培训班学员结业考试时的优秀作品及《中国厨师名人录》第一集中名厨的部分杰作。菜例制作者多是全国各大宾馆、饭店、酒楼的厨师长或主厨,有多年的实践经验。全书选280道名菜,一图一菜,图文对照。有四大菜系的传统菜、创新菜;有食品雕刻、冷拼、面点、热菜菜例,书后还有部分学员的毕业论文。(彭倍勤)

T000478 **藏族实用工艺宝箧** 巨·牟潘嘉扬南坚嘉措著。青海民族出版社1993年12月藏文版。5万字。2.20元。讲解藏族民用产品的加工技艺,包括织褐、制革、建筑、造纸、砚墨、洗染、塑像、书法、冶炼、缝纫、刺绣、油漆、雕刻、泥塑、服饰、酿酒以及文具制造、藏香配制、颜料调配、马鞍制作、金银铜铁等金属器物的炼造、木器石器的加工等。(索南才让)

建筑科学

T000479 **中国古代都城制度史研究** 杨宽著。上海古籍出版社1993年版。46万字。16.95元。是作者已出版的《中国古代陵寝制度史研究》一书的姊妹篇。由上下两编组成。上编《中国都城的起源和发展》论述先秦至唐的都城制度,其底稿曾译成日文,由日本学生社于1987年11月出版,而以中文出版则属首次。下篇《宋代以后都城制度的变革及其重要设施》则未曾发表。全书对中国古代都城的布局、结构、功能等作了溯源探流的研究,勾勒出其发展轨迹,即唐以前为封闭式坊市制,宋以后为开放式街道制。而唐以前的封闭式都城又可划分为商代的有城无郭、西周到西汉的西城东郭、东汉到唐代的东西南之面郭区环抱中央北部城区这3个阶段。本书的史料也极为丰富,上篇大量吸收利用了考古发掘的成果,以补文献记载的不足,下篇则充分利用了宋以后极为丰富的地方史志等材料。(郑明宝)

T000480 **大体积混凝土冬季施工** 刘玉山编。水利电力出版社1993年版。13.7万字。4.50元。由中国水利学会施工专业委员会组织编写的"水利水电施工丛书"之一。对混凝土冬季施工各个环节与相应施工方法作了系统介绍,其主要内容包括:水电工程冬季施工基础资料;冬季施工的准备工作;冬季施工供热系统;冬季施工的混凝土生产;蓄热法施工;暖棚法施工;掺外加剂法施工;蒸气法施工;电热法施工。(焦宏彬)

T000481 **砂砾地基防渗工程** 杨光煦编。水利电力出版社1993年版。55.6万字。22.90元。系统介绍砂砾地基防渗工程的设计原则、工程措施及施工参数计算,归纳了作者的研究成果、实践经验及国内外的最新防渗设计理论和技术,并提出了探讨方向。全书从分析地基土的渗透特性入手,总结各种防渗工程的计算原理、防渗材料与防渗构件的工程特性,以及铺盖、截水槽、防渗墙、板桩墙、灌浆帷幕、高压喷射灌浆板墙等主要防渗结构的设计计算方法、结构构造及施工措施。(孙春亮)

T000482 **监理工程师培训教材** 祁宁春、乌云娜等合编。水利电力出版社1993年版。210万字。100.00元。丛书,共7册。包括:《工程建设监理概论》、《工程建设合同管理》、《工程建设信息管理》、《工程建设进度控制》、《工程建设投资管理与控制》、《工程建设质量控制》、《工程施工监理实务》。(孙春亮)

T000483 **结构振动分析的矩阵摄动理论(英文版)** 陈塑寰著。万国学术出版社1993年版。23万字。83.00元。共6章。第一章介绍矩阵摄动理论的预备知识;第二章讨论离散系统的孤立特征值、重特征值的矩阵摄动理论,并用数值例子说明其应用;第三章讨论模态的摄动理论;第四章讨论矩阵摄动理论的重要应用,包括自由——自由结构模态参数的提取,弱耦合结构系统的子结构摄动分析,振动模态的设计灵敏度分析以及随机参数结构的随机特征值分析等;第五章讨论连续系统,包括杆、梁、膜、薄板等的振动特征问题的摄动法;第六章讨论迭代摄动法及其在动态有限元分析、结构动力缩减和非线性系统动力响应分析中的应用。作者长期从事理论力学与振动理论的研究,在重复固有频率和密集模态的摄动理论研究与应用方面,均取得了国际先进水平,获得了"吉林省有突出贡献的科技拔尖人才"的称号。作者首先在1991年由重庆出版社出版了中文版的《结构振动分析的矩阵摄动理论》,本英文版是在中文版的基础上修改而成。(柴云龙)

T000484 **第三届北京国际水泥与混凝土学术会议论文集** 吴兆琦等编辑。万国学术出版社1993年版。160万字。280.00元。汇集222篇论文,其中国内论文156篇,国外论文58篇,中外合著论文8篇,计1132页。分6个专题。第一专题为水泥生产工艺及装备,主要围绕提高产质量和节能来探讨新的粉磨和煅烧工艺及装备,包括全过程自动控制技术;第二专题为熟料形成及水泥结构和性能,重点讨论熟料形成机理及水泥水化过程、产物和水泥石结构;第三专题为特种水泥,主要研究各特种水泥的制备、特性和应用技术;第四专题为混合材料在水泥和混凝土中的应用,重点是高炉矿渣、电厂粉煤灰的使用方法及其对水泥和混凝土性能的影响;第五专题为混凝土及混凝土制品,集中讨论了当今热点:高性能混凝土、混凝土外加剂及混凝土耐久性;第六专题为水泥基复合材料及其他胶凝材料,重点是纤维增强水泥、碱矿渣水泥。本论文集几乎覆盖了水泥和混凝土的所有研究领域,有广泛的适用性。其中国内论文系由国内学术年会提交的近千篇论文中精选出来的;国外论文多为国际知名学者撰写,因此总体上反映了当前国内外最新研究成果。论文集中大部分论文已被美国化学文摘引用,在国外有一定影响。(吴兆琦)

T000485 **中国建筑史(新一版)** 本书编写组编。中国建筑工业出版社 1993 年版。49.4 万字。9.55元。根据教学大纲要求编写的高等学校教学参考书,其内容包括中国古代建筑史和近代建筑史两篇,各篇中都按城市建设及建筑类型分章编写,并设专章对古代木构建筑特征、发展情况和清式建筑做法作了论述。(杨谷生)

T000486 **机械施工工人技术等级培训试用教材** 吴瑛、刘佩衡编著。中国建筑工业出版社 1993 年版。126.5 万字。23.9 元。6 册,包括《打桩工》、《机械修理工》、《推土铲运机驾驶员》、《起重挖掘机驾驶员》、《塔式起重机驾驶员》、《中小型机械操作工》。这套培训教材是根据建设部颁布的“机械施工工人技术等级标准”中对相应工种所规定的应知应会内容,每册分初、中、高 3 个技术等级编写的。内容包括基础理论和操作技能两大部分。充分考虑到行业特点和发展动态,不仅讲述了机械的原理、性能、保养、维修知识,而且介绍了各种条件下机械化施工的作业方法,并注意吸取新技术、新工艺、新设备、新材料。(朱首明)

T000487 **结构力学** 杨仲侯等编。高等教育出版社 1993 年 1 月版。50.7 万字。8.35 元。共 9 章,包括:绪论、静定结构的内力计算、虚功原理和能量原理、结构的位移计算、超静定结构的内力计算、影响线、矩阵位移法等。本书的特点是:以课程基本要求为重点,兼顾土建、水利、道桥以及其他专业的需要,通用性强;内容有不少更新,如突出能量系统,先将虚功原理和能量原理集中叙述,再在以后各章逐步加强应用;重视矩阵代数及计算机的应用,集中一章叙述矩阵位移法,书末附有计算连续梁、桁架、刚架和组合结构的平面杆件结构的计算程序,有利加强学生电算能力;注意计算方法选择的灵活性,以同一例题用各种方法计算,有利于各种方法的对比和选择。(余美茵)

T000488 **混凝土结构设计新规范应用讲评** 沈在康著。中国建筑工业出版社 1993 年 1 月版。51.6万字。11.55 元。叙述新旧规范的主要区别,修改的内容及依据,应用注意事项,以及对其中若干问题的探讨。对有关新规范安全度体系、计算方法、构造措施以及符号、计量单位和基本术语的修改意见及背景均作了说明。(黎钟)

T000489 **简明管道工手册** 《简明管道工手册》编写组编。机械工业出版社 1993 年 2 月版。71.6 万字。24.00 元。简明地介绍管道工程中常用资料、管道计算图表、常用材料、管材管件、阀门、暖卫器具、常用设备、热工仪表及常用工机具的规格、性能、适用范围和使用安装等方面的知识。较具体地介绍了给排水管道、采暖供热管道、压缩空气管道、煤气管道、氧气管道、乙炔管道、燃油管道的安装方法和施工要求与质量检验评定规定。手册中所列数据资料大多数取自国家及部颁现行标准和规范。本手册以图表为主,并附加简要文字说明。(李铭杰)

T000490 **混凝土建筑物修补** R.T.L. 艾伦、S.C. 爱德华兹编著。范沈抚、李金玉译。水利电力出版社 1993 年 2 月版。15.2 万字。5.50 元。从检查分析建筑物破坏事例及原因入手,较为系统全面地介绍了英国在混凝土建筑物修补方面的一些经验和新技术。书中除论述了基本的修补方法以外,还着重介绍了水下修补、大体积修补、渗漏修补、表面涂层等方面的修补技术、设备及各种新型材料。(杨万涛)

T000491 **电 静电 雷电防护** 虞昊等著。中国计量出版社 1993 年 2 月版。10.9 万字。4.90 元。介绍家庭用电、工作用电的安全知识;常见静电灾害的起因和防护措施;雷电形成规律及包括世界最先进的防雷技术在内的防护方法。(何伟仁)

T000492 **高层建筑基础分析与设计** 副名:土与结构物共同作用的理论与应用。宰金珉、宰金璋编著。中国建筑工业出版社 1993 年 2 月版。98.7 万字。24.9 元。以土与结构物共同作用的理论和子结构有限元法为基础,系统地阐述高层建筑上部结构与基础(浅基础与桩基础)和地基土共同作用的分析方法与设计理论,对实测与试验研究结果作了比较分析,并简要介绍简化的理论方法与传统的设计方法。全书共 11 章,分别为:绪论,地基的计算模型和刚度矩阵,地基上的梁和多层建筑梁式基础,地基上的板和高层建筑筏基,高层建筑箱形基础,地基与基础共同作用的非线性分析,高层建筑桩基础,高层建筑上部结构与地基和基础的共同作用,高层建筑基础设计中的特殊问题,高层建筑基础工程的设计过程与实例分析,高层建筑与地基和基础作用分析的程序实现。本书注重理论与实践相结合,强调岩土工程分析在基础选型和设计过程中的重要地位,介绍了基础构件的设计方法与构造要求,讨论了高层建筑基础的抗震和抗风措施、主裙房基础联合设计、地下连续墙的利用、基础混凝土温度裂缝计算、基础抗渗和抗蚀性等问题。(欧剑)

T000493 **建筑工程招标投标及承发包业务** 王契、王兴周等著。山西经济出版社1993年3月版。28.7万字。9.80元。内容分5部分:一、建筑工程承发包业务;二、建筑工程招标业务;三、建筑工程投标业务;四、建筑工程承包合同;五、国际工程招标投标业务。详细介绍建筑工程招标投标及承发包业务的基本知识、操作方法和程序,建筑工程招标投标及承发包法律文件的编制方法和审查程序等。附录有建设工程招标投标做法举例、建设工程招标投标暂行规定等重要内容。收入"房地产业从业人员业务指导丛书"。(曹恒轩)

T000494 **小城镇的建筑空间与环境** 国家自然科学基金会材料工学部主编,仲德昆等整理。天津科学技术出版社1993年3月版。23.7万字。15.80元。1990年12月,学部委员、东南大学齐康教授受国家自然科学基金会材料与工程科学部的委托,组织了"全国小城镇建筑环境规划设计学术交流会"。会议交流了国家自然科学基金会与建设部联合资助的有关中国小城市和乡镇建筑环境规划设计理论、城镇布局体系、土地资源利用政策、古城风貌与文化传统的保护、风景资源的保护与开发等领域的专项科学研究课题的成果和学术论文。本书是从交流会上发表的28篇研究报告中优选并重新撰写后编辑而成的论文集,从不同的层次上对中国蓬勃发展的小城镇建设的规划设计理论及环保等进行了深入的探讨和研究。(于冰)

T000495 **中国园林史** 伍常泰等著。北京燕山出版社1993年4月版。27.3万字。7.65元。内容上起商周下至明清,既对中国古代园林在不同历史时期的发展过程、特点作了概括性的叙述,又对各个时代的重要园林作了介绍。(李天喜)

T000496 **泉州古园林钩沉** 陈允敦著。福建人民出版社1993年4月版。13.3万字。7.00元。历代泉州达官贵人建造的园林留存较多。本书按各园建造时代,记载唐、五代、宋、元、明、清和民国园林旧迹20多处,大多园林配有插图。书中对各园规模、景观、艺术价值均有详尽的记述。(魏清荣)

T000497 **建筑工程冬期施工实用手册** 黄斗才主编。水利电力出版社1993年4月版。60.2万字。22.30元。着重介绍建筑工程冬期施工中的土方工程、钢筋混凝土工程、砌筑和抹灰工程、钢筋和钢结构工程、防水和管道工程,以及建筑物的越冬保护,对冬期施工的供热和技术经济指标也进行了论述。此外还附有全国气象、土壤冻深、材料性能、水泥选用、混凝土养护等资料。(高体基)

T000498 **中国民居** 陈从周等撰文,金宝源摄影。学林出版社1993年4月版。9万字。572幅图。240.00元。系统介绍中国传统民居的大型图册,八开本,全部彩色精印。卷首有"导论"一篇,对中国民居作深入的历史考察,并广泛地论及民居与传统文化的密切关系,多有创见。下分13章:1. 四合院;2. 派民居;3. 江南水乡民居;4. 土楼;5. 闽粤侨乡民居;6. 台湾民居;7. "三坊一照壁"与"一颗印";8. 吊脚楼;9. 干栏式民居;10. 石构民居;11. 土坯平顶民居;12. 窑洞;13. 毡包和暖居。各章有一篇介绍该类型民居的历史沿革、分布、特色和优点等的综述,而后选择典型,图文配合,作详细剖析。除各类民居的群体、个体、外观、内景等的大量彩色照片外,还配有若干说明布局、结构的线条图。最后附"中国民居建筑用语简释"。(柳肇瑞)

T000499 **村镇建筑手册(上、中、下)** 金大勤等编著。中国建筑工业出版社1993年4月版。381.2万字。82.00元。分上、中、下3册。上册为村镇规划与建筑设计,内容主要包括:村镇规划,建筑设计一般知识,村镇住宅设计,农村公共建筑,工程设施,以及建筑构造。中册为建筑结构构件设计与选用,内容主要包括:荷载,建筑结构力学,钢筋混凝土结构,砌体结构,地基,构件连接构造,屋盖构件选用图表,楼盖构件选用图表,阳台、雨蓬、过梁及楼梯构件选用图表,墙体及柱构件选用表,基础选用图表。下册为建筑材料和构件生产,主要内容包括:钢材、木材和水泥,砖、瓦、灰、砂、石,砂浆和混凝土,沥青、油毡、建筑五金、玻璃和涂料,混凝土构件生产,轻钢构件生产;施工准备,地基处理和基础施工,墙体施工,预制构件的安装,屋面防水,门窗安装,装饰,地面,冬季施工以及工程预算和决算。(戚大庆)

T000500 **建筑工程预算** 杨博编著。安徽科学技术出版社 1993 年 5 月版。76 万字。24.00 元。依据建筑工程概预算人员培训大纲和资料考试要求，编写时注重预算业务知识的具体应用，尤其侧重于预算编制方法和技巧，从内容安排上融建筑工程基础知识、定额原理与应用、预算编制方法与技巧三大部分于一体。以现行规范为依据，吸收了现行定额预算管理、工程造价动态管理经验和新技术成果，并介绍了如何用微机编制预算；对预算人员应掌握的内容都不同程度地作了介绍。全书既有表格和图例，又有详尽说明和定额预算重、难点分析与精解，并列有大量的应用实例，特别是预算编制实例，原原本本地反映了手工计算过程。另外全书还附有大量练习题与思考题，附录部分还有 8 套概算人员资格考试试题及其答案。(田斌)

T000501　**钢结构工程技术手册**　叶德安编著。华中理工大学出版社 1993 年 5 月版。13.8 万字。95.00 元。以保证钢结构的安全可靠和严格控制工程质量为出发点，广泛收集散见于国家标准、行业规范或设计中的有关资料，引用 88 个现行国家标准和专业技术规范，给出了大量图表数据。全书分 7 篇共 27 章，内容包括图样基础、钢与钢材、钢料加工、构件联接、装配技术、制造工艺、安装架设等，书末附有计量单位与计算数表。为了突出实用性，书中分专章介绍了一些典型钢结构的制造、安装工艺和技术，如厂房钢结构、钢桥、起重机、钢质船体、球形储罐等。(刘继宁)

T000502　**清代园林图录**　郭俊纶编。上海人民美术出版社 1993 年 5 月版。5 万字。102 幅图。14.50元。图文配合，完整反映清代园林面貌的图录。清代康熙、乾隆两朝，多次南巡江南，为此扬州、苏州、杭州兴建园林建筑，修复南宋以来的园林、寺庙，使江南园林建设得以昌盛。清代所刻名园古籍图志流传至今不多，经作者 40 年来收集，辑选《大吴胜壤图说》、《太平山水图画》、《南巡杭州名胜图》、《东园胜概图》4 种。记载园林、馆、堂、楼、宫，亭、台、寺庙，计 91 篇，并附张玉书、傅振湘、陈瑾卿、张云章、王士祯、宋荦、曹寅序、记、诗等文字。并附作者后记一篇。图录每篇都注明地理位置，环境描写，以及历代名人居此、题额、题诗，有些篇并注明图出自哪位名家之笔，康熙、乾隆赐名、题匾均一一详录。图录图文并茂，图均以线勾勒而成，清代木刻版本，山树楼房，亭台、水池及桥均一一注明名称，大部分图有画家题记、诗词、姓名、别号。名家题记、序文写来文笔精炼，叙述层次井然，不失为散文游记小品。图录利于旅游，对古园林整修，造园，亦可作为史料辅佐。(蒋建华)

T000503　**住宅 136 例**　副名：住宅设计最新图典。同济大学城市设计教研室编。同济大学出版社 1993 年 5 月版。27 万字。13.50 元。住宅建筑图录。收录最新的国内外各类住宅平面 136 例，绝大多数是从同济大学城市设计教研室的教师们近几年参加各类规划、建筑投标、竞赛和实际工程的设计方案中精选出来的。收录的第一个原则是“新”。136 例住宅均是 80 年代末至 90 年代初国内外较具代表性且获好评的各类住宅实例和设计方案。收录的第二个原则是“全”。136 例住宅基本包括了国内外现有的各种住宅类型，有多层、中高层和高层公寓式住宅，也有低层花园别墅式住宅；有常见的梯间式、内外廊式住宅，也有国内较少见的核心式、错层式、跃层(廊)式和台阶式住宅；有一般的点状和条状住宅，也有曲线状、锯齿状、折线状、转折状等特殊类型的单元。本图典由“住宅建筑设计图说”和“范例及分析评价”上下两篇组成，对住宅建筑设计的各项要求以图解的形式作了说明，并对 136 个住宅范例的平面组合特点与不足作了图解式的分析和归纳，逐个详尽列出了户型、建筑面积、形式特征和适用条件。对每个范例的分析评价是基于“私密性”这一中国当前在住宅设计中易被忽视的问题进行的。此外，书后还列有索引，以住宅的户型和建筑面积为查阅依据，方便读者参考阅读。(沈恬)

T000504　**英汉土木工程辞海**　阎存立编。中国建材工业出版社 1993 年 5 月版。120 万字。32.00 元(精)，27.00 元(平)。共收集词汇约 54000 条，覆盖了建筑学、建筑力学、建筑材料学、建筑结构、建筑装饰、建筑电器、建筑施工、建筑机械、房地产经营、城市规划、市政工程、给水排水、暖通空调、道路桥梁、地基与基础以及水力工程、港口与航道工程、交通工程、环境工程等土木建筑工程的主要分支学科。此外，还适当选收了一部分与土木建筑工程有关的数学、计算机、电子技术等方面的词汇。(高峰)

T000505　**居住区规划与环境设计**　白德懋著。中国建筑工业出版社 1993 年 5 月版。38.9 万字。9.85 元。以居住区规划为手段，以居住区环境设计为主题，着力探讨在居住区建设中如何为居民提供良好的居住环境的方法。作者通过社会调查，了解居民的各种需求，揭示居民、居住区、城市、社会各个层面之间的关系与相互之间的影响，并运用社会学、生态学、心理学、行为学、城市美学等学科的知识，对居住形态、住宅布置、空间布置、公共建筑布置、绿化布置、道路布置等方面与居住环境之间的关系进行了研究,提出了一系列切合中国国情的独到的观点与方法。(蔡文胜)

T000506 **高层建筑抗震设计** 刘大海等著。中国建筑工业出版社 1993 年 5 月版。69.5 万字。18.65 元。系统整理、分析了世界历次主要地震的震害特征和规律,总结了国内外高层建筑结构的抗震设计经验和最新科研成果,以工程实例为依据进行理论概括,阐述了高层建筑抗震结构方案设计、各种构件的实用计算方法以及抗震构造措施。主要内容包括:一、结构概念设计。这是国际工程界新近总结出来的重要经验。作者论述了 15 方面有启迪性的问题和抗震措施(如:多道抗震防线、削减地震反应、抗侧力结构的优化等);二、结构体系选型。论述了结构材料、内部空间及建筑高度等的适用范围,分析了 10 余种结构体系的结构性能、优缺点及合理的设计方案;三、防倒塌设计。作者研究提出了在罕遇地震烈度下高层建筑防倒塌设计的实用方法;四、抗震构造措施。抗震构造可大大加强建筑结构抗强震的变形能力,使建筑具有足够的可靠度。书中详细介绍了各类结构行之有效的抗震构造措施。(夏英超)

T000507 **钢结构入门** 钱冬生编著。中国铁道出版社 1993 年 5 月版。23.7 万字。2.95 元。技术基础课教材。是以新版《钢结构设计规范》(GBJ17-88)和《铁路桥涵设计规范》(TBJ2-85)为准进行修订的,主要介绍钢材、焊接工艺、焊接结构特点、疲劳、脆断等基础知识。具体讲述其连接、拉杆、梁、压杆、屋架等。书中内容均按极限状态法和容许应力法分别进行叙述。为了便于学习,对这两种方法不至混淆,在内容的取材、布局、用词上都作了适当考虑。尤其近几年,作者根据所承担"钢板梁稳定性能研究"工作的收获,对梁进行选要勾画;在压杆方面,删去了变截面压杆的内容,修改了压弯杆件的验算。作者是一位有名望的桥梁教育家,致力于铁路桥梁教育数十载。曾于 60 年代编写了不少高校教材和参考书,如编写出版的《桥梁设计及运用》下册、《桥梁水文》、《几种超静定桥的力素分析》、《数学和力学基础知识》共 3 册;并于 80 年代编写了《钢压杆的承载力》、《桥梁工程基础知识》;同时还翻译了《钢桥疲劳设计解说》、《数值方法》、《金属结构稳定设计准则解说》、《钢桥设计论文选择》;还出版过专著《钢桥疲劳设计》等书籍。(刘桂华)

T000508 **液压挖掘机的使用与维修** 胡乾坤编著。安徽科学技术出版社 1993 年 6 月版。49.6 万字。20.00 元。着重介绍液压挖掘机的操作、维护保养、检查、修理、拆卸、合装和调试的方法和要求,以及选配易损件、油液等知识。全书共 12 章。第一章介绍液压挖掘机的基本知识。第二章介绍液压挖掘机的 6 大组成部分。第三、四章介绍液压挖掘机的操作、管理与保养,包括安全操作规程,司机室的各种装置,操作要领,土方质量验收,保养方法,选用油液的知识等。第五至第十章分别介绍柴油机、多路换向阀、先导阀、恒功率变量泵、定量液压马达、液压油缸及中央回转接头的结构、拆装、检查与调试的方法与要求。第十一、十二章介绍液压挖掘机故障的检查、排除方法与修理方法及要求。附录列出了主要国产(包括引进的机型)液压挖掘机的技术参数。(杨家骝)

T000509 **水工结构力学问题的分析与计算** 傅作新编著。河海大学出版社 1993 年 6 月版。26 万字。16 开。9.50 元。收入水工结构力学专题论文 26 篇,重点介绍作者应用现代计算力学方法解决复杂水工结构力学问题的主要成果。论文内容涉及结构缝隙对混凝土坝影响的研究,高坝的抗震计算与抗震设计,有限单元法在拱坝设计中的应用,软基上的水工结构和基础梁板的计算方法,水工结构的动水压力与水坝库水的动力相互作用分析等。大部分研究工作均结合中国重大水利工程科研实践进行,其中多数分析方法为作者首次提出。本书由中国科学院院士徐芝纶作序。(朱宪卿)

T000510 **混凝土灌注桩质量无损检测技术** 朱之基编著。人民交通出版社 1993 年 6 月版。25.3 万字。介绍混凝土灌注桩质量无损检测技术中比较常用的各种方法,并着重对静载试验法、超声脉冲法、辐射能法、应力波法、冲击响应时域分析法、水电效应法和机械阻抗法等作了分章论述,对这些方法所涉及的基础理论、测试设备、检测分析技术和判别基桩质量(包括承载力)的方法等都有系统而完整的说明,并附以实例。其中除超声脉冲法和辐射能法只能用于就地灌注桩外,其余方法在需要时亦可用于预制打入桩。(王应荣)

T000511 **结构随机振动** 陈英俊等编著。人民交通出版社 1993 年 6 月版。40.8 万字。分 6 章,前 2 章介绍与本学科直接有关的数学(随机过程)与力学(系统的动力特性)问题,第三、四章介绍离散系统与连续系统的随机振动,第五章介绍结构的非线性随机振动,包括动力稳定性,第六章结构动力可靠性理论，包括非线性结构与软化结构。另外，还结合工程实际，介绍了包括交通荷载、地震、风、波浪等随机激励所产生的结构响应与动力可靠度分析方法。介绍了大量的文献，以作为进一步研究的参考。本书收入"高等结构力学丛书"。(王应荣)

T000512 **园冶全释——世界最古造园学名著研究** 张家骥注。山西人民出版社1993年6月版。36万字。28.00元。明代计成所著《园冶》是世界上最古的造园学名著。涉及到园林创作的各个方面，对鉴赏古典园林，研究造园艺术，以及从事中国园林传统风格的设计都是必读的重要典籍。然《园冶》用骈俪行文又大量用典，故很难读懂。有鉴于此，著者积几十年潜心研究的深厚功底和古文素养，从中国传统文化历史背景，把握传统造园艺术的哲学思想，准确解释《园冶》文字所表达的意向和精神，并作必要的评论和分析。如对《园冶》中园林规划布局和空间意匠的领悟、借景理论和造山掇石规律的评述等。译文采取骈文排比对偶的形式，但又不受骈四俪六的字句限制；将译文和图集中在前，原文、注释、分析、按语等集中在后；对词义用法举例采用古代脍炙人口的山水诗句。(赵世莲)

T000513 **实用管道、通风、水暖、空调工手册** 饶勃主编。上海交通大学出版社1993年6月版。68.7万字。21.00元。详尽地介绍水暖、管道、通风、空调诸工种工人必备的基本知识，如识图的步骤及方法；材料、工具及设备的选用标准；对各工种的基本技能，如管道的制作、加工、安装、施工工艺和操作要点作了详尽的阐述。同时，还对水暖、工业管道、通风、空调等工程的施工工艺、操作规程、质量检查、质量通病的防治方法等逐一作了介绍。(陈祖英)

T000514 **钢筋混凝土结构计算(第二版)** 林宗凡、蒋森荣著。上海科学技术出版社1993年6月版。39.4万字。6.90元。1984年前后，国家有关部门对建筑结构设计规范作了全面修订并颁布施行，出版社对该书作相应修订后再版。此次再版增加了预应力混凝土梁和板的计算，同时列入了作者关于钢筋混凝土受弯构件裂缝宽度允许值的直接控制的研究成果。全书内容包括钢筋混凝土材料及结构构件设计原则，钢筋混凝土梁、板、柱、楼(屋)盖、楼梯、雨篷和基础等构件的设计计算。书中列有大量设计实例和计算图表。(魏晓峰)

T000515 **结构动力分析的数值方法** 徐稼轩、郑铁生编著。西安交通大学出版社1993年6月版。21.9万字。4.25元。从工程实际出发，针对在结构动力分析中出现较多的大型线性结构特征参数和动力响应分析问题，系统地介绍目前国际上正在应用的各种有效的数值方法。例如子空间迭代法、截断Lanczos法、带Lanczos法、分模态综合法、各种直接积分法、模态加速度法、Ritz向量直接叠加法和地震响应谱分析方法等。本书也介绍了有关二次特征问题的有效数值计算方法，例如广义Lanczos法和广义反迭代法。在附录中给出了两个实用的计算软件：截断Lanczos法软件和带Lanczos法软件。(蒋潞)

T000516 **板壳理论** 何福保、沈亚鹏等编著。西安交通大学出版社1993年6月版。49.1万字。10.75元。分3部分：薄板理论、薄壳理论和板壳稳定性理论，以板壳线性弯曲问题为主，同时讨论非线性弯曲问题。由于复合材料层合板壳在各个工业部门开始广泛应用，需要各向异性板壳弯曲理论和考虑横向剪切效应的中厚度板壳理论的知识，为此书中扼要地概述这方面内容。随着计算机的高度发展，使得采用数值解法分析各种复杂板壳结构成为可能。书中除介绍经典解法外，还专章介绍板壳有限单元法。(沈亚鹏)

T000517 **建筑安装工程质量控制与检验评定手册** 张国琮、白素洁编著。中国建筑工业出版社1993年6月版。127.2万字。30.5元。由上海建工局所属建筑工程质量监督站组织近十位有经验的工程技术人员编写。主要介绍建筑安装工程各分部、分项工程及单位工程的质量检验和评定。为了帮助各质监站及监理部门理解实施，书中主要以表格形式介绍以上内容，并在最后一章给出了检验评定的实例；对如何确定检验项目，如何测试，如何评分，如何填表，如何收集有关资料直至如何评定该工程的优劣以及在具体施工阶段，对原材料及施工过程中应进行质量控制的立项及检验方法等进行了详细介绍。(袁孝敏)

T000518 **雅马萨奇** 吴焕加著。中国建筑工业出版社1993年6月版。17.4万字。7.20元。"国外著名建筑师丛书"之一。雅马萨奇是著名的日裔美国建筑师。他在50年代开始批判现代主义，主张借鉴历史建筑的优秀遗产。由于他的日裔美国人的文化背景，他对东西方建筑文化都能理解。他主张建筑师应该创造优美、宁静的建筑环境，令人愉悦，促人向上，他称自己的主张是新人本主义建筑。他的许多建筑作品确实做到了融汇东西古今，并且有一种典雅、细巧的个人风格。在50～60年代，他的建筑在美国公众中颇获好评，纽约最高的110层的世界贸易中心大厦便是雅马萨奇最重要的作品之一。本书介绍了雅马萨奇的生平、建筑观点和最有特点的十几个作品。作者吴焕加系清华大学教授，长期从事城市规划及建筑历史教学和研究工作。（徐纺）

T000519 **大跨房屋钢结构** 哈尔滨建工学院著。中国建筑工业出版社 1993 年 6 月版。包括平面结构、网架结构、悬索结构 3 部份。平面结构介绍 70～80 年代中国大量应用并有丰富经验的梁式、桁架式、拱式的体系。网架为全书重点：亦为中国应用广泛的大跨结构。其中介绍的矩阵位移法、差分法、梁元法、假想弯矩分配法、拟板法等；有的是基本方法，有的是国家规程推荐的方法。而且介绍中以一种类型的网架与一种计算方法相结合为实例叙述，使理论与实践紧密结合，读者可以互相印证。悬索结构则从单索谈起，渐而介绍双层车辐式及鞍形等体系；并专门介绍索系离散理论以及悬索屋盖的构造及施工要点。（黎钟）

T000520 **现代预应力混凝土施工** 杨宗放、方先和著。中国建筑工业出版社 1993 年 6 月版。19.7万字。5.35 元。系统地介绍现代预应力混凝土的新材料、新设备和新技术。内容有：高强预应力钢材、高强混凝土、后张预应力体系、现代预应力工艺、预应力施工计算、部分预应力现浇框架结构施工、无粘结预应力现浇楼面结构施工、整体预应力板柱结构施工、特种预应力结构施工、预应力桥梁施工、预应力结构经济分析。书中对已开发的新技术项目，如低松弛钢丝与钢绞线、钢绞线束群锚体系、大吨位张拉设备、金属波纹管留孔技术、后张预应力成套技术、无粘结预应力成套技术等，均有详细地叙述；此外，书中提出的预应力筋与孔道壁之间的反摩擦理论，为张拉阶段预应力损失和工艺计算奠定了基础。收入“施工工程师技术丛书”。（林婉华）

T000521 **上海里弄民居** 上海市房管局编著，沈华主编。中国建筑工业出版社 1993 年 6 月版。30 万字。24.10 元。上海里弄民居是具有上海地方特色的居住建筑类型，从 1832 年左右开始修建起至今已有百余年的历史。在解放前里弄民居占上海居住建筑总数的 60%左右，对城市的发展起着重要的作用。虽然，解放以后修建了大量新型职工住宅，更切合当前居住的需要，但里弄民居因用地节省、造价不高、功能适度、方便生活等特点适合建造当时中产以上家庭的消费水平，受到欢迎。从它的发展变迁可以看到城市、社会发展和人民生活方式变化的轨迹，反映了城市和居住建筑发展的规律。本书内容集上海里弄民居之大成，取各类代表性的实例，经过整理、提炼，作了历史性的考察，并对其规模与分布、平面布局、空间组织、结构与材料、细部与装饰和施工与市政工程配套等问题，进行了系统的研究与分析。同时，书中对其进行了科学分类，并总结了解放后对其利用与改造的经验，还附有典型实例 42 处。（杨谷生）

T000522 **中国古建筑瓦石营法** 刘大可著。中国建筑工业出版社 1993 年 6 月版。57.8 万字。35.00 元。系统地总结了中国古建筑瓦石工程做法。与相近的专业如“大木作”相比，古建筑瓦石专业更缺少文字记载，无章可循。作者在拜老工匠为师学艺，亲自营造体验的基础上，花费了比较大的精力，对传统的、心传口授的施工经验，进行了系统化、条理化的总结。本书以明、清宫式建筑为主线，对古建筑各个部位的瓦石营法的样式、构造、比例尺度、规矩做法、传统材料配制等都做了详细的叙述。为了方便读者学习，掌握操作技术，书中采用了大量的图、表。例如，对于构造尺度、尺寸，不是以文字叙述为主，而是全部编排成表格（全书共列了 56 种尺寸表），一些在表中不易表达的细部尺寸，同时附有大样图说明。对于变化复杂的屋脊做法，则从文字、图和表格以及构件组合透视图多角度描述。使比较复杂的内容变得容易理解、掌握。（胡永旭）

T000523 **詹姆士·斯特林** 窦以德等编译。中国建筑工业出版社 1993 年 6 月版。47.4 万字。19.90 元。系“国外著名建筑师丛书”（第二辑）之一。根据英国著名建筑大师詹姆士·斯特林本人提供的资料编译而成。詹姆士·斯特林是活跃在当代国际建筑界的著名大师。在近半个世纪的建筑生涯中，他创作了一批有巨大影响的设计作品。本书选编了国外对斯特林的评介文章，并结合作品实例，对他 50、70 年代的设计思想、手法做了具体介绍。由他本人提供的几篇论文，通过对几项工程设计的透彻分析，可从中了解他的创作立意、设计思想。此外，还收入他的设计作品实例共 34 项，包括 50 年代以来建成的和 80 年代以后有影响的重要设计项目。（郭洪兰）

T000524 **实用供热空调设计手册** 陆耀庆编著。中国建筑工业出版社 1993 年 6 月版。192.9 万字。52.1 元。内容包括建筑热工、供暖、热力网、锅炉房、通风除尘、防火防排烟、空调、空调节能、空气洁净、空调制冷、小型冷库、噪声振动控制、自动控制、保温防腐、设计常用图例及设计说明范例等。相当于现有的《供暖通风设计手册》、《热力网设计手册》、

《工业锅炉房设计手册》、《空气调节设计手册》、《制冷工程设计手册》等多本手册的汇编。书中一些试验数据以及推荐的设备等，均以最新的为准。同时敢于大胆推荐吃准了的新技术，使科研成果尽快转化为生产力，如散流器和条缝口的送风设计计算方法；板式显热换热器及板翅式全热换热器的设计计算；QHRH 型分布式微机控制系统的应用；室内菌浓的计算等，均是引自最新的科研成果。(吴文侯)

T000525　**建设工程造价计价工作实用手册(上、下册)**　建设部标准定额司等编著。中国建筑工业出版社 1993 年 6 月版。307 万字。110.00 元。共 3 篇 25 章。第一篇介绍与建设程序中各个阶段工作深度相适应的工程造价的确定、控制和管理。第二篇是以近十多年来全国各地已竣工的各类工业与民用房屋建筑及构筑物的资料为基础，经过分析、整理而编成的每百平方米工程的工程量、人工、材料消耗数量、竣工年度造价及有关的技术经济指标。可供项目建议书、可行性研究、经济评价、招投标等工作的工程估价之用。第三篇是为适应各省、市、自治区编制建筑工程预算定额和补充定额的需要而提供的定额基础资料和编制方法。为编制预算定额提供了方便和可靠的依据。不足之处在于，第二篇介绍的基础资料缺乏高层的、更现代化的建筑物，造价也是早几年的，有一定的局限性。(徐焰珍)

T000526　**建筑工程概算与预算**　卞秀庄、陈贤民编著。建材工业出版社 1993 年 7 月版。30 万字。14.00 元。针对建筑工程概预算工作地区之间差异较大、市场价格影响变化较快的特点，着重讲述建筑工程定额及建筑产品的定价原理、依据及其方法。内容包括基本建设及其管理程序；建筑产品及其价格特点；建筑工程定额和概预算的基本概念、内容、编制原理、依据及编制方法；电子计算机在编制工程概预算中的应用；建筑工程招标与投标及工程承包合同等 15 部分。(高峰)

T000527　**建筑工人识图**　宁明栋主编。山西科学技术出版社 1993 年 7 月版。33 万字。3 册。10.00元。采取以图解意、图文相照的形式，通俗地介绍识读图纸的一般常识和方法步骤，既有典型的构件图及建筑详图，还有识图所涉及到的常用图例和数据。(谢一兵)

T000528　**位移法和程序**　喻怀中主编。水利电力出版社 1993 年 7 月版。24.6 万字。9.15 元。把结构力学中的传统位移法、矩阵位移法和电算程序密切结合起来。通过理论学习和上机操作，初学者可以掌握位移法基本理论、读懂平面刚架程序，并能编写温度和支座沉陷影响的程序段。书中基本程序采用国际通用、简单易懂的 BASIC 语言。为了扩大本书的适用范围，附录中也提供了用 FORTRAN 语言编写的刚架程序。(杨万涛)

T000529　**建筑安装工程概预算师手册**　朱志杰、陈心一编著。中国计划出版社 1993 年 7 月版。206 万字。50.00 元。全面系统地介绍建筑安装工程概预算编制、招标投标报价、施工索赔、工程结算及编制概预算有关的文件、数据、定额等，同时汇集概算参考指标 87 例，并设专门的章节介绍香港地区建筑工程招标投标做法和工程量计算规定。(郭连庄)

T000530　**建筑施工工长手册**　纪午生、陈伟等编。中国建筑工业出版社 1993 年 7 月版。57 万字。13.65 元。主要介绍建筑土建工长在施工准备阶段和施工过程中应该掌握的基本知识和技术资料；书中对工地常用建筑材料的性能、应用，施工操作技术，施工质量缺陷及防治，以及工长应该了解的施工管理知识均作了必要的介绍。本书第一版 1983 年出版，1993 年出了修订第二版。书中内容均按新颁布的标准、规范编写核定，并采用法定计量单位。(袁孝敏)

T000531　**建筑工程质量管理实用手册**　北京第三建筑工程公司编著。中国建筑工业出版社 1993 年 7 月版。121.7 万字。36.4 元。全面总结了质量管理的方法和实践经验。分 3 篇。第一篇介绍质量管理的各种手段和方法，包括全面质量管理的方法与应用、方针目标管理、质量体系与保证、项目施工管理与岗位责任制、计量管理与检测、标准化、质量信息管理、质量检验、质量成本管理、质量审核等内容；第二、三篇在总结国内比较成熟的施工经验基础上，依照中华人民共和国国家标准 GB/T19000—ISO9000《质量管理和质量保证》的要求，通过质量程序控制、质量工艺流程、质量管理点设置、质量控制和质量保证措施、影响工程质量原因分析、质量对策措施、工艺质量管理卡、计量工艺流程和计量器具配置及质量验评等编制了土建工程 58 个、水电工程 12 个分项工程的质量控制通用实例。(余永桢)

T000532　**空间、符号、城市　一种城市设计理论**　朱文一著。中国建筑工业出版社 1993 年 7 月版。25.9 万字。10.00 元。由上、中、下 3 篇及附录组成。上篇讨论了空间和符号概念并提出了符号空间概念，同时依据符号空间的 6 种类型建构了中西符号空间逻辑演绎框架。中篇应用符号空间建构了城市符号空间理论，提出了城市空间的6种基本类型以及中西城市符号空间比较研究框架，并以“边界原型”和“地标原型”、“街道亚原型”和“广场亚原型”这两对概念创造性地阐释了中西城市的空间的形态特征，同时澄清了当前中国城市设计理论中一些常用概念。下篇提出了中国城市符号空间的演进脉络，并以此分析了北京城市空间的发展演变、形态特征及未来走向。附录为若干相关研究。（朱文一）

T000533 **城市供水行业2000年技术进步发展规划** 汪光焘著。中国建筑工业出版社1993年7月版。87.5万字。38.00元。由总课题和27个子课题组成。在总课题中论述了中国供水行业当前情况和地位。对照当代供水事业的国际水平和国内现状，提出了以提高城市供水水质；提高供水安全可靠性；降低漏耗；降低能耗和降低药耗为主攻方向以及中国城市各类供水企业技术进步的奋斗目标和要求。27个子课题则按供水工艺，分门别类地详细论述了各专题技术。提供了丰富的调研资料、图表、计算成果和论证依据；列举了国外先进技术成果、设备、仪表和技术标准；提出国内外对比性结论意见和主要差距以及改进建议、技术措施和对策；总结了各专题技术的现状并展望其发展趋势。（俞辉群）

T000534 **水景设计** 毛培琳、李雷编著。中国林业出版社1993年7月版。22万字。12.00元。将园林理水常见的形式分为静水、流水、落水和喷水等4种水态进行论述，介绍各种水态的地貌特点及设计要点，重点讲述其工程的结构设计与计算。书中既介绍了如何利用地形、置石等方式通过控制水的流速表现出不同的动态，发出各种声响，并运用于古典园林中表现一定的意境，使人产生遐想；又详述了如何运用现代化的机械、电、光、声等手段，制作出绚丽壮观的声控喷泉、人工瀑布、喷泉雕塑等艺术作品。（陈英君）

T000535 **古今建筑** 副名：可爱的北京。王其钧编著。北京少年儿童出版社1993年8月版。12万字。3.30元。北京作为古都，其宏伟的建筑是中华民族历史悠久的文化象征。作者在介绍北京的建筑时，既描写建筑的风貌，同时，又通过叙述，揭其奥秘，突出其特点。作者在叙述每一处建筑时，总是把它作为文化，映射人的自身，映射光辉灿烂的人类文明史的象征来写的。在叙述的角度上，采用总体与局部相结合的方法。全书先总体介绍中国建筑的特点和结构的形式。在局部的叙述中，突出几个重点：金碧辉煌的宫殿建筑，突出故宫；法度森然的宗教建筑，叙述太庙、白云观；震慑肃穆的陵墓建筑，写十三陵，玄宫；东西交融的近现代建筑，叙述五八年十大建筑和亚运工程，立体交叉桥、长城饭店等。强调民族风格，突出科技造型，融知识性、趣味性于一体。（郑雍庭）

T000536 **计算结构力学与最优控制** 钟万勰等著。大连理工大学出版社1993年8月版。23万字。7.00元。包含两个主题：第一，介绍计算结构力学与最优控制的模拟理论，主要包括LQ控制中黎卡提方程的求解、Hamilton矩阵和辛阵的本征问题、有约束线性和非线性系统的最优解；第二，基于Hamilton体系的求解方法，包括解析法、半解析法和数值法及其在静力学和动力学中的应用。（杨泳）

T000537 **中华人民共和国地质矿产部 土工试验规程（DT-92）** 地质矿产部水文地质专业测试中心主编。地质出版社1993年8月版。25万字。9.80元。是地质矿产部于1982年颁发的《土工试验规程（DT-82）》的修订版，含土的物理、力学性质试验及可溶盐测定等34个测试项目，另有3个附录。修订后的规程，全部使用法定计量单位，并删去了原规程中的天然稠度、扰动土收缩试验及可溶盐分析试样含水量测定等过时的试验项目；新增加的试验项目有反复直剪强度、静止侧压力系数、土的动力参数、孔隙水压力消散及有荷水平向排水渗透等试验项目。（戴鸿麟）

T000538 **棠樾** 东南大学建筑系、歙县文管所编绘。东南大学出版社1993年8月版。260幅图。15.00元。徽州古建筑是中华建筑文化瑰宝，现今在安徽南部不少地方，还遗留下许多古代村落和民居。棠樾位于安徽省歙县西南15华里处，是一个自然村，为一“枕山、环水、面屏”的优美村落，至今还保存着7座明、清时期石牌坊。随着改革开放城镇经济繁荣发展，许多古建筑和环境，都有被拆除和自然毁坏之虞。为整理和保护徽州古建筑文化，东南大学建筑系和歙县文物管理所选中棠樾这座自然村落调查研究，摄影、测绘，收集大量资料。本书即在此基础上整理而成。书中选有110张详细测绘图和150多幅照片。（晏隆余）

T000539 **室内空间设计** 霍维国、张炜编。海南出版社1993年8月版。17万字。9.00元。从内部空间的组织、空间的意境到空间的造形要素以及造形因素的组织等方面介绍室内设计的任务和内容，室内设计的发展过程和趋势。收入“现代室内设计与装修丛书”。（蒋为民）

T000540 **室内设计图表现技法** 赵惠斌、李德奇编。海南出版社1993年8月版。18万字。9.60元。吸收国外室内设计效果图表现技法,结合中国实际,主要介绍室内设计透视图的方法步骤、基本技法、基本规律。本书收入"现代室内设计与装修丛书"。(蒋为民)

T000541　**室内家具与陈设**　霍维国、张炜编。海南出版社1993年8月版。19万字。10.00元。主要介绍室内家具与室内环境,家具的发展、家具的设计、家具的配置。还对室内织物、工艺品以及绿化与水体、壁画等进行了简单的论述。收入"现代室内设计与装修丛书"。(蒋为民)

T000542　**建筑装饰材料与装饰工艺**　余德池、翟振东著。海南出版社1993年8月版。18万字。10.00元。按《建筑装饰工程施工及验收规范》(J73-91)编写,从施工角度讲述建筑物的装饰材料和工艺。内容涉及抹灰类装饰、涂料类装饰、贴面类装饰、罩面类装饰、裱糊类装饰、楼地面装饰及地面、门头和其他装饰,本书收入"现代室内设计与装修丛书"。(蒋为民)

T000543　**建筑结构基础隔震**　唐家祥、刘再华著。华中理工大学出版社1993年8月版。40.5万字。5.20元。系统介绍基础隔震系统的组成和基础隔震建筑物;在试验的基础上分析基础隔震结构的可靠性与经济评价;阐述各种隔震器与阻尼器的力学性能;介绍叠层橡胶支座,弹性阻力器的设计,以及上部结构的设计理论与实例;通过全尺寸隔震结构的震动试验、地震响应观测及模拟分析,验证了基础隔震的有效性等。书中以叠层橡胶隔震系统为直接分析对象,介绍了对此研究和应用的不少实例。(佟文珍)

T000544　**建筑电气安装工程图集(第二集)**　副名:设计·施工·材料。吕光大编著。水利电力出版社1993年8月版。685幅图。19.00元。书中除对10～35KV配电系统、低压配电装置和配电系统、10KV及以下电缆线路、室内低压配电系统、开关插座电气装置件、一般电器安装、照明灯具和建筑电气消防系统进行了续编外,还对工程图例按现行国家标准进行修改,并增加了楼面构造与电气暗敷设条件部分,使其更趋于完整。书中还对建筑电气施工中的主要材料落实了生产供应单位。(丁雁)

T000545　**钢结构**　卢铁鹰主编。西南师范大学出版社1993年8月版。70万字。13.40元。论述钢结构的基本理论,包括材料、连接、稳定和受力等的计算和设计,同时还专章介绍了桁架和屋盖结构、厂房钢结构的设计。书后附有设计的有关参数表。(张先金)

T000546　**路易·康**　李大夏编。中国建筑工业出版社1993年8月版。26万字。9.55元。"国外著名建筑师丛书"之一。路易·康是本世纪中叶名闻全球的美国建筑师。当他名噪世界建坛时,已年过50。他一生中不仅有160多项设计和规划作品,而且论著丰富,观点深刻。他既是一位成就杰出的建筑师,又是一位建筑教育家,是费城学派的精神领袖,被推崇为跨越了两个时代——现代和后现代的伟大的哲学味道极浓厚的建筑诗哲。本书内容分3个部分。第一部分为评述,作者以"建筑诗哲路易·康——跨越两个时代的杰出人物"为题,对康的毕生成就作了综述,着重指出康之所以被称为新历史主义或新古典主义,是他以20世纪60年代的技术、材料、功能、精神为表现手段和目的,而在建筑艺术风格上则以具有现代和古典共有的特征的正方、矩形、圆、规则三角形构图为主,但在建筑艺术归属上又接近于20世纪的现代风格。他反对"形式服从功能",主张"当你建筑一座建筑物,你就是创造了一个生命,它会跟你谈天"、"一个方案犹如一曲交响乐,是结构和光的空间王国"、"设计空间就是设计光亮"。这是为什么康执意追求构图中圆、光、暗、影效果的理论渊源。第二部分作品选介中,精选了康的34项代表作。第三部分是论文,选译了康的"静谧与光明"、"形式与设计"、"我爱起点"及有关言论摘录。这些论文,直接阐述了其建筑哲理。(彭华亮)

T000547　**混凝土冬季施工工艺学**　项翥行著。中国建筑工业出版社1993年8月版。20.3万字。5.80元。分工艺基础、养护工艺和质量控制3部分内容。在工艺基础部分,阐明了混凝土的受冻机制及防冻原理,提出了混凝土温度计算方法和强度估算方法;在养护工艺部分,根据混凝土受冻时间划分为正温养护、负温养护和综合养护三大类,分别介绍了工艺原理、施工方法、计算公式和工程实例;在质量控制部分,提出了冬季施工工程的质量检查与评定方法。该书有三大特点:一、首次较明确地将混凝土冬施养护工艺划分为正温、负温、综合3种类型,从而提出了每种工艺类型的理论依据和有效方法;二、对各种混凝土冬季施工养护工艺从工艺特点、工艺原理、热工计算、能耗计算和设备、施工方法都作了系统的阐述,并举应用实例加以说明;三、作者在国内外成熟度研究基础上,通过系统的试验研究提出了水泥混凝土不同温度水化相当20℃标养条件下水化速度的等效系数概念，并初步得出了国产水泥与常用外加剂配制混凝土的等效系数表。本书集中反映了这一领域的最新科技成就。（余永桢）

T000548 **建筑装饰工程预算与投标报价** 任玉峰等编。中国建筑工业出版社 1993 年 8 月版。39.7万字。10.35 元。介绍建筑装饰工程技术与管理，建筑装饰工程费用构成，建筑装饰工程预算定额的编制与应用，预算的编制与审查，工程招投标知识与投标报价的编制方法、步骤以及快速报价方法，建筑装饰工程预算的计算机辅助系统等内容。书中综合了有关部门和地区正在实施的预算定额、其他直接费定额、间接费定额以及有关文件规定的精神，纳入了作者有关建筑装饰工程预算电子计算机辅助系统的部分研究成果。（向建国）

T000549 **建筑美术作品选集** 安徽建筑工学院编。安徽美术出版社 1993 年 9 月版。200 幅图。26.80 元。所收作品的创作者大多是学院长期从事建筑学、环境艺术设计、城市规划专业教学实践、生产实践的教师和工程师们。作品以建筑画为主，大致可分为建筑画、室内设计、速写、雕塑、写生画以及其他与建筑有关的美术作品。特别还有一部分是学术价值和欣赏价值较高的建筑画。这些作品着力于渲染作品的意境，是立意较深、构思精巧、气势恢弘、涵义隽永的佳作。（陈乐生）

T000550 **岩土塑性力学** 张学言编。人民交通出版社 1993 年 9 月版。30.9 万字。系统介绍近 20 年来新兴的学科——“岩土塑性力学”基本内容的教材。全书共 8 章分为 4 大部分：Ⅰ)绪论，主要介绍岩土类材料的应力-应变-强度特性及岩土塑性力学的内容与特点；Ⅱ)基础理论，包括应力与应变分析，线性与非线性弹性本构理论与模型，岩土类材料各种屈服与破坏准则；Ⅲ)岩土类材料增量本构关系理论与模型；Ⅳ)极限分析理论，岩土类材料极限荷载的滑移线场解与上、下限解。（王应荣）

T000551 **土力学及基础工程名词词典** 龚晓南等编著。浙江大学出版社 1993 年 9 月版。33 万字。7.00 元。收录土力学及基础工程领域的常用词条，并配以相应的英文词条。选词范围包括综合类、工程地质及勘察、土的分类、土的物理性质、渗透性和渗流、地基应力及变形、固结、抗剪强度、本构模型、地基承载力、土压力、土坡稳定分析、土的动力性质、挡土墙、板桩结构物、基坑开挖与降水、浅基础、深基础、地基处理、动力机器基础、地基基础抗震、室内土工试验和原位试验等方面。（李桂云）

T000552 **安装工程分项施工工艺手册(2)电气工程** 强十渤、程协瑞主编。中国计划出版社 1993 年 9 月版。96 万字。37.00 元。以现行的电气装置安装工程施工及验收规范、规程和电气工程质量检验评定标准为准绳，按照合理的施工程序，以实用施工工艺为主，汲取了电气工程的新技术、新工艺、新材料、新机具中的可予推广的成果，对电气工程所辖的 17 个分项工程，按其适应范围、主要材料及制品、主要机具、施工作业条件、操作工艺、工程质量标准、成品保护、应注意的质量问题、安全施工注意事项、依据标准等内容，以贯彻施工技术标准为目的，集施工工艺要点之大成，按条目编写而成。（郭连庄）

T000553 **陕西民居** 本书编写组编，张壁田、刘振亚主编。中国建筑工业出版社 1993 年 9 月版。32.7 万字。30.00 元。陕西处于中国的腹地，在中华民族文化的孕育和发展与中外文化交流中做出过贡献。陕西民居的浓厚乡土气息，明显的地方风格，简朴自然的建筑处理和亲切宜人的尺度表明在陕西民居的设计观念中“场所精神”和“环境意识”具有独到之处。本书对陕西省从南到北各地不同类型的传统民居建筑经验做了系统的总结。（杨谷生）

T000554 **特种混凝土设计与施工** 雍本著。中国建筑工业出版社 1993 年 9 月版。131 万字。31.3元。主要介绍聚合物水泥混凝土、树脂混凝土、沥青混凝土、硫磺混凝土、高铝水泥混凝土、纤维混凝土、水下灌筑混凝土和红外线养护混凝土等 54 种特种混凝土的功能机理、物理力学性能、用途、结构、配筋、施工条件和工艺、质量要求和技术经济效果分析等。着重叙述其发展方向、原材料要求、配合比设计和选择，以及某些特种混凝土在某些情况下采用的特殊有效施工方法。54 种特种混凝土，一种为一章，每章的开头对该种混凝土的特点、各国的应用情况、使用中应注意的问题等都作了扼要介绍。书中数据参数，大多是作者的研究成果和国外 80 年代的科技资料。（唐炳文）

T000555 **中外园林绿地图集** 冯采芹等编。中国林业出版社 1993 年 9 月版。28 万字。15.80 元。收入中外园林绿地平面图 133 幅。其中有意大利、法国、英国、美国、原苏联、日本等国的园林；中国当代园林设计中的优秀作品；中国明清古典园林；中外一般公园；儿童公园；植物园；国外休假区及体育公园；居住区绿化；工厂绿化；街头绿地及其他；花坛花境等。该书以图为主，每图均有文字加以介绍，使读者

了解该园的设计意图、意境的表现手法。(陈英君)

T000556　**给水排水工程制图**　叶晓芹等编。高等教育出版社1993年10月版。14万字。5.60元。根据国家教委1987年批准的《高等工业学校画法几何及土木建筑制图课程教学基本要求》和《高等工业学校画法几何及工程制图课程教学基本要求》,以及作者历年来的教学实践和收集使用的教学资料,并考虑给水排水工程及环境工程等专业师生在课程设计、毕业设计时以及其他工程技术人员的需求而编写的。主要内容有:给水排水专业制图基础,室内给水排水工程图,室外给水排水工程图,水处理工程图;附录中附有给水排水工程制图作业和有关给水排水工程设计参考资料,包括设计与施工规范提要、设计手册及标准图的有关内容。(肖银玲)

T000557　**建筑学漫笔**　荆其敏编著。天津大学出版社1993年10月版。33.2万字。14.00元。以漫画的形式介绍建筑学、建筑教育、建筑理论、建筑师、城市设计、园艺建筑学和室内设计7个方面。如建筑教育部分以图介绍了20个方面的问题:建筑教育、建筑家生涯、建筑设计是科学又是艺术、为什么要学建筑、学建筑的美梦、有想象力的CAD、评图制度、徒手草图、图解术、建筑构图、构图要素、透图法、对称、对比、设计竞赛等。再如建筑师部分,包含了什么是建筑师、建筑师事务所、实习建筑师生涯、施工大样图、细部大样图、结构选型、运用材料、计算机辅助设计、防火和无障碍设计、国际设计竞赛、施工设计、工程管理、现场设计师、建筑审批制度、现场会议与工程核算、建筑师的设计特色、建筑业的兴衰、建筑师与雇主、建筑师的失误、建筑设计投标等20多方面的问题。(杨秀雯)

T000558　**防水技术手册**　沈春林等编。中国建材工业出版社1993年10月版。88.8万字。60.00元。介绍建筑工程防水堵漏技术、材料的应用技术、施工方法及实例、防水材料产品介绍以及它们的性能、特点、用途及生产厂家,还介绍了一百余种新型防水材料的配方,国内防水材料试验方法,并附有防水施工规范以及国外防水材料标准选编和建筑防水工程预算定额等。(李澈)

T000559　**常用装饰装修材料用量计算手册**　刘亦峻、张力编。中国建材工业出版社1993年10月版。22.11万字。11.60元。采用文字、示意图、表格等形式,主要介绍现代建筑中常规使用的室内外装饰装修材料的名称、特性、规格及一般下料用量的计算方法,其中有经验公式,大部分是以图表的方式进行查算。(李澈)

T000560　**旅馆建筑设计**　唐玉恩、张皆正著。中国建筑工业出版社1993年10月版。96.7万字。30.30元。分章讨论旅馆发展概况、旅馆分类等级与规模、旅馆建设的前期工作、旅馆功能流线、总平面设计和旅馆的客房部分、公共部分、餐饮部分、行政生活部分的设计;此外,还探讨了旅馆建筑造型的手法、倾向、多元化趋势及旅馆室内设计中环境创造、设计流派等。还简要地论述了旅馆结构与设备设计。最后选编了中外各种类型的有代表性的旅馆建筑实例52个。(曲士蕴)

T000561　**高效预应力混凝土工程实践**　林太珍等著。中国建筑工业出版社1993年10月版。63.6万字。18.80元。为了全面反映高效预应力混凝土技术近年来在中国的应用和研究情况,由建设部科技发展司、中国土木工程学会混凝土及预应力混凝土学会组织,共筛选汇编有关高效预应力混凝土技术论文77篇,分房屋建筑、桥梁工程、特种结构、高效预应力材料4大部分。内容包括:高强钢材与高强混凝土的近期试验研究状况、预应力新结构的设计计算方法,预应力新的施工工艺和机具设备,高效预应力混凝土在各项工程中的实践与经验,高效预应力工程的经济效益分析,以及发展高效预应力混凝土的技术政策与措施等。(胡永旭)

T000562　**给水排水标准规范实施手册**　黄明明、张蕴华编著。中国建筑工业出版社1993年10月版。131.7万字。35.00元。集中介绍中国现行给水排水术语标准,制图标准,水质、水量和水平衡测试标准,工程设计、施工和验收标准,工业给水排水设计标准,以及常用管道、阀门、水泵、水处理药剂和专用设备、器材等标准。对于一些主要的和新的标准,本书就其条文规定作了全面介绍,大多数标准则按其内容分列有关章节。对于产品标准,主要介绍与应用有关的结构尺寸、技术要求等。附录中还给出了国外标准资料。(刘爱灵)

T000563　**城市轻轨交通工程设计指南**　何宗华著。中国建筑工业出版社1993年10月版。50.3万字。19.3元。是“七五”国家重点科技攻关项目“城市轻轨客运交通系统成套技术”专题中的一项综合技术软件成果。主要内容包括:轻轨交通建设前期工作,轻轨交通综合技术标准,线路工程,轨道结构,高架结构工程,浅埋隧道与地下车站,车站建筑,供电系统,通信与信号,车辆及设备综合维修基地,系统防灾及噪声防治等。本书不仅把轻轨交通系统所涉及的各类专业工程应用技术作了系统化的归纳，论述了建设前期工作的程序和方法，提出了实用性综合技术标准的基本原则，还将通常工程项目的建设规律和轻轨交通的特点结合起来，拟定了条理化和规范化的指导性意见。(蔡华民)

T000564 **建筑结构设计新规范综合应用手册** 陈富生编著。中国建筑工业出版社 1993 年 10 月版。51.4 万字。18.35 元。作者凭丰富的设计经验以及对新规范(新规程)的深入理解，综合结构设计中所涉及的 5 本主要规范(荷载、地基、混凝土、抗震、高层)的具体内容，将主要计算公式、构造规定按一定的设计程序一一列出，实行公式化，表格化；并对一些规定增加补充说明及计算简图；又将各规范(规程)中相容相关的条款进行综合归纳，并按设计步骤加以编排，形成通用、快捷的设计程序。(赵梦梅)

T000565 **现代世界百名建筑师作品** 程世丹编。天津大学出版社 1993 年 11 月版。36.00 元。选取了当代世界有代表性的 100 名建筑师(集团)，如安藤忠雄、原广司、长谷川逸子(日本)、汉斯·霍莱因(奥地利)、查尔斯·摩尔(美国)、西沙·佩里(阿根廷)、阿尔多·罗西(意)、摩西·赛弗迪(以色列)、象设计集团(日本)、迈西斯·安格斯(德国)等都是中国建筑师喜爱的具有独特建筑哲学观念的建筑师。在介绍他们的建筑作品时，书中特别注重作品的构思、立意，如介绍博塔的个人建筑语言：古典的对称平面，封面厚实的墙，拟人化的图形，入口的神秘，光影变幻，建筑真实地成为自然景色一个有机部分。作品介绍融入了作者个人的分析、评介。(高亚洲)

T000566 **华夏五千年艺术不能不知道丛书·营造集** 魏克晶编。天津杨柳青画社 1993 年 11 月版。5.5 万字。11.30 元。择录中国从原始人躲避风雨和野兽侵袭的洞穴到典雅的古典园林，几千年建筑史上有代表性的作品图片 100 幅，既是中国建筑史的缩微，又是华夏营造艺术美的赏析。(辛凡)

T000567 **建筑防火装饰材料与构造手册** 陈保胜、王瑞官编著。同济大学出版社 1993 年 11 月版。26 万字。15.00 元。分 11 章，内容包括：轻质材料和复合材料；防火涂料和防火漆；防火玻璃；珍珠岩、蛭石及其制品；建筑塑料制品；阻燃墙纸；阻燃织物；阻燃剂及堵料；其他防火、阻燃材料；陶瓷、锦砖、面砖及石材装饰板。还有 3 个附录：建筑装饰工程量计算规则；各种构件的耐火极限；其他产品介绍。本手册共收集了各种防火装饰材料近千个品种，详细介绍了它们的产品特点、技术性能、施工要点等，有些产品还附有施工图。(解明芳)

T000568 **中国近代建筑总览** 副名：北京、厦门、昆明、庐山、重庆篇。汪坦、藤森照信著。中国建筑工业出版社 1993 年 11 月版。72.8 万字。37.4 元。清华大学汪坦教授发起组织的“中国近代建筑史研究会”，受到国家自然科学基金的资助，又和日本亚细亚近代建筑史研究会藤森照信先生合作，同时得到日本丰田财团资助，共同进行中国近代建筑史的调查、研究及分析，编写了《中国近代建筑总览》丛书。至今，按城市编写，已经出版了 16 本，其中除天津篇是在日本出版外，其余 15 本均在中国出版。有南京篇、广州篇、武汉篇、青岛篇、烟台篇、哈尔滨篇、北京篇、厦门篇、昆明篇、重庆篇、庐山篇、沈阳篇、大连篇、营口篇、济南篇。这一中、日双方近代建筑史研究会合作的成果，将是一笔珍贵的近代建筑遗产。对亚洲及世界近代建筑史的研究有着重要作用，并对建筑保护、修复等方面具有参考价值。每篇内容均包括：近代建筑概说、实测报告、近代建筑一览表、分布图、调查表及英文摘要、附录(有：近代建筑资料目录、日本方面所藏近代建筑资料目录、近代建筑全国重点文物保护单位、近代建筑大事记)等。(郭洪兰)

T000569 **建筑给水排水工程** 太原工业大学等著。中国建筑工业出版社 1993 年 11 月版。41.4 万字。7.95 元。高等工科院校给水排水工程专业的试用教材。主要内容有：卫生器具和管材、附件、水表、给水排水工程节水节能、防噪声措施；建筑内部给水系统、给水管道的布置与敷设；水泵、水箱及气压给水设备；建筑内部给水管网的水力计算；室内消防给水系统的布置、计算和自动喷水灭火系统；建筑排水系统的分类、组成、新型单立管排水系统；建筑内部排水管道计算；居住小区给水排水工程、建筑中水工程、医院污水处理；雨水排水系统；室内热水供应方式、器材和附件、室内热水管网的布置和敷设、热水供应系统、热水量、耗热量、热煤耗量计算、热水贮存设备、加热设备和锅炉选择；饮水制备方法、管道输送及供应计算；喷泉及游泳池给水排水工程；建筑给水排水施工图及设计计算例题。(俞辉群)

T000570 **管道工(初级工)** 本培训教材编委会编。中国建筑工业出版社 1993 年 11 月版。27.9 万字。7.70 元。系“安装工人技术等级培训教材”之一。根据建设部颁发的《安装工人技术等级标准》(JGJ43-88)中对初级管道工的应知应会要求编写。内容包括基础知识、管道识图、常用材料及施工机具、管道安装的基本操作技术、管件的加工制作、施工工艺、给水排水管道及卫生器具安装、采暖管道及散热器安装、管道施工的安全技术等。通过理论培训和技能训练，能够看懂简单的管道施工图，熟悉常用材料及施工机具的名称、种类、型号、规格及使用方法，掌握管件制作、管道预制和安装基本操作技术，能够进行水暖管道、简单工业管道、卫生器具的安装，掌握本工种的安全操作规程。(蒋月芳)

T000571　**暖通空调设计资料便览**　王志勇、刘振杰编。中国建筑工业出版社 1993 年 11 月版。44.6 万字。12.95 元。内容包括供暖、热网、锅炉房、通风、空气调节与制冷设计常用资料。(姚荣华)

T000572　**房屋渗漏追踪记**　谢镇江、虞建华著。海洋出版社 1993 年 12 月版。23 万字。12.80 元。全面地反映中国建筑领域渗漏问题的作品。它以新闻纪实的手法，再现了中国现代建筑渗漏日趋严重的现状，并以追踪的视点，剖析了导致渗漏的社会、经济和技术方面的原因，介绍了一些企业家和专家在治理建筑渗漏中的艰难历程，并披露了中国首部防治建筑渗漏法规出台的内幕。(彭慧)

T000573　**高层建筑钢结构设计**　徐永基、刘大海等编著。陕西科学技术出版社 1993 年 12 月版。56.5 万字。16.90 元。从建筑工程设计的需要出发，首先阐述高层建筑钢结构的基本设计原则；后分述承重构件的布置，柱网的合理尺寸，梁柱截面形式、连接方式及多种抗侧力体系的构件组成，力学特性，变形特征和最佳适用高度。书中给出了高层钢结构在静载、风载、地震作用下的构件内力与同时考虑水平和竖向地震作用效应遇合时的计算方法；对偏心高层钢结构，则给出平移-扭转耦联振动分析方法。对于框-墙体系、框-撑体系等双重结构，根据最新研究成果，给出地震分析的两阶段设计法，以考虑结构进入非弹性阶段后，抗震墙或支撑刚度退化所引起的框架剪力增殖等。(陈一诺)

T000574　**结构的屈曲**　副名：Buckling of Structures。陈铁云、沈惠中著。上海科学技术文献出版社 1993 年 12 月版。27.1 万字。18.00 元。学术专著。作者以近代弹性稳定性理论三大分支为基础，提出了圆柱薄壳屈曲的边界层理论，并兼顾了前屈曲的非线性效应、后屈曲跳跃和初始缺陷的影响，采用奇异摄动法研究了圆柱薄壳在各种载荷作用下的前屈曲和后屈曲行为，得出了高阶渐近的创新结果，为解决板壳结构的屈曲问题提供了研究的方法和途径。作者以能量法、摄动法、有限元法为主要工具，对近年来在工程界引起极大关注的海底管道屈曲传递机理及有关止屈曲措施作了详细介绍。(方虹)

T000575　**上海八十年代高层建筑结构施工**　上海市建设委员会科学技术委员会编著。上海科学普及出版社 1993 年 12 月版。156 万字。120.00 元。主要介绍和总结了上海自 1980～1989 年高层建筑施工方面所取得的进步和经验。书中选编了有代表性的高层建筑施工实例 47 项，包括宾馆、旅馆、招待所，办公综合楼，住宅、公寓，科教文卫，工业建筑等各类工程。着重从结构施工技术作详细介绍，并附施工详图 430 余幅，照片 50 帧，另有近 800 幢各类高层建筑结构的施工技术资料一览表。本书系“上海 80 年代高层建筑系列丛书”之一。(钟海谷)

T000576　**化学建材**　王惠忠等著。中国建材工业出版社 1993 年 12 月版。37 万字。24.00 元。内容包括原料、工艺和产品 3 部分。原料篇中以有机化学和高分子化学的基本知识为基础，介绍化学建材生产所用有机物、高分子化合物和有关助剂等原料的结构、性能、品种和应用；第二部分以不饱和聚酯树脂的生产为例，介绍聚合物生产工艺等有关内容；第三部分论述塑料、胶粘剂、涂料、防水密封材料、保温及吸声材料、聚合物混凝土及其外加剂等的生产原理、工艺和应用。(赵从旭)

T000577　**室内吊顶装修**　李书田著。中国建材工业出版社 1993 年 12 月版。15.4 万字。8.60 元。作者根据长期工作的积累，对室内吊顶工程的要求，吊顶的设计，材料的选择等予以详细介绍；并逐一介绍每种吊顶材料的品种、规格和性能，以及设计、施工中的步骤及要点。(文圃)

T000578　**地基与基础**　顾晓鲁等著。中国建筑工业出版社 1993 年 12 月版。124.7 万字。32.2 元。分为岩石及地质作用、土力学、基础工程、不良地质条件下的地基问题及特殊土地基等 4 篇。第一篇主要介绍岩石的工程性质及分类，一些常见的物理地质现象及地质作用，不良地质条件及其对工程的影响。第二篇主要叙述土力学基本理论。第三篇主要介绍建筑地基与基础的设计与施工。第四篇对中国区域性特殊土地基作了简要介绍，包括地震区的地基基础、边坡稳定、湿陷性黄土、红粘土、膨胀土、填土、软土、冻土、盐渍土、山区岩土地基等。(陆词)

T000579　**商店建筑设计**　许家珍著。中国建筑工业出版社 1993 年 12 月版。59 万字。15.00 元。是作者多年来从事商店建筑设计、教学和研究的总结。本书对商店建筑的发展历史、商店建筑总体环境、商店各组成部分设计、营业厅室内设计、商店建筑造型和外装修等方面进行了系统的阐述。此外，还对百货商店、菜市场和自选商场、合建式商店建筑、步行商业街和购物中心等作了全面、深入的分析和论述，并选取了30多个不同类型又各具特色的国内外商店建筑实例。（曲士蕴）

T000580 **钢筋混凝土非线性有限元法原理与应用** 董哲仁著。中国铁道出版社1993年12月版。37.4万字。13.45元。从大量的材料试验研究入手，详尽论述各类数学模型的建立，介绍在工程结构分析中的实际应用。本书介绍的方法在钢筋混凝土结构分析中，不仅适用于普通结构构件，如梁、板、剪力墙等，也适用于大型特殊复杂结构，如桥梁、双曲冷却塔、海上钻井平台及核电站反应堆安全壳等。（安鸿逵）

T000581 **建筑物的损伤诊断与对策** 王济川编著。中南工业大学出版社1993年12月版。21.0万字。5.80元。内容包括地基和基础的损伤，建筑物的结构裂缝和变形，材料老化对建筑物的影响，钢筋混凝土结构损伤，防止建筑物质量缺陷的对策，建筑物或构筑物耐久性设计措施、施工措施，建筑物的补强和修补方法，已建结构的试验、检测原理与方法，突变性灾害的种类和机理等。本书旨在通过介绍检测、调查、统计和科学分析，找出建筑物损伤的规律，鉴定房屋结构的可靠性，评估建筑物继续使用的寿命。（李宗柏）

水利工程

T000582 **全民防洪减灾手册** 刘树坤等主编。辽宁人民出版社1993年版。38万字。18.00元。分6部分，一、基础知识，包括：自然灾害的定义、分类、防灾活动等；二、历史水灾与治水经验。三、洪水灾害的预防。四、防汛与抢险救灾活动；五、水灾后的善后工作；六、灾害经济理论与法规。本书还提供了附录和照片。（刘洁）

T000583 **灰色系统理论在水利工程中的应用** 陈意平等编著。山西科学技术出版社1993年1月版。28万字。7.80元。分7章，第一章在系统理论的基础上阐述灰色系统理论的基本思想，分析水利系统的灰色特征，并介绍了灰色系统理论在水利工程中的应用概况；第二章至第七章的第一节分别介绍了灰色关联分析方法、灰色预测、灰色局势决策、灰色评估、灰色规划和优化控制的基本内容，并列举了大量实例。其后为该专题的研究成果。本书在全面系统地介绍灰色系统理论方法主要内容的基础上，突出方法应用，注重联系实际，选题由浅入深，以大量应用实例集中反映了近几年来灰色系统理论在水利工程中应用的研究成果。（杨丙德）

T000584 **地下水电站厂房设计** 杨述仁、周文铎等编。水利电力出版社1993年1月版。64.5万字。21.90元。主要内容有：厂区枢纽布置和主厂房选择，地下厂房轮廓尺寸和体积形状设计，地下厂房围岩稳定和支护型式，喷锚支护设计，地下洞室衬砌计算，有限单元法在地下厂房设计中的应用，尾水隧洞选择及水力计算，排水和防潮措施，以及噪声控制和通风、采暖计算等。（陈琦英）

T000585 **土石坝观测技术** 张启岳等编著。水利电力出版社1993年3月版。32.2万字。11.50元。共10章，系统地总结和介绍了土石坝的表面观察，表面位移观测，坝体内部位移观测，裂缝与伸缩缝观测，渗流观测，孔隙水压力观测，土压力观测，混凝土面板堆石坝的应力和温度观测，水位水温和降雨量观测等方面的方法、技术和设备。书末附有各种观测记录表的格式和各种水堰的流量计算公式。（金炎）

T000586 **汉英水利水电技术词典** 魏中明主编。水利电力出版社1993年3月版。118万字。19.70元。所搜集的词条主要选自近年来国内外的有关文献资料和新近出版的专业辞书、期刊，共收水利水电方面的技术词汇6万余条，包括水资源，水利规划，水利经济，陆地水文，气象测报，水工结构，水能利用，水力发电，施工，港工结构，航道整治，灌溉排水，工程地质与水文地质，工程力学，水力学，岩土力学，建筑材料，测量，工程制图，测试技术，电力技术，遥感技术，计算机技术，自动控制，环境科学，以及与水利水电有关的边缘学科等方面的词汇。（周金辉）

T000587 **中国江河防洪丛书·海河卷** 海河水利委员会冯焱主编。水利电力出版社1993年3月版。42.9万字。20.80元。从洪水和防洪的角度，对海河流域的自然概况、水系变迁与历代治理、防洪水文、防洪规划、防洪工程建设与管理、防洪工程措施与非工程措施、防洪抢险、防洪经济计算及展望等，作了系统的论述。书中以多年的实测资料为依据，把防洪实践经验，上升到一定的理论高度，提出一些新观点和方法。诸如：在洪水汇流理论与模型方面，考虑海河流域的人类经济活动影响突出，流域干旱，地下水严重超采，造成地下水位大幅度下降及河道干涸的新情况，出现河床严重入渗的新问题，研究提出

“一般性移滞河道汇流模型”;在流域汇流中,考虑了变动汇流的非线性,提出“变动等流时汇流模型”,能适用于任何正常流域和面积分配呈多峰型的特殊流域;在防洪调度方面,考虑了河川汛期径流具有“双重性”的特性,提出“水库超蓄预泄”新方法,在确保水库防洪安全标准的前提下,实现“弃泄洪水”向“洪水资源”的科学转化;针对大清河白洋淀上游有多条并联式支流汇入,从而构成“多输入单输出的汇流系统”,提出“多输入单输出雨洪数学模型”,以及在永定河泛区洪水演进计算中,应用“二维不恒定流数学模型”等,在防洪调度中得到应用。(陈琦英)

T000588　**三峡工程水位论证集**　杨彪编著。重庆出版社1993年4月版。38万字。10.50元。内容包括:长江三峡工程水位论证始末;引起长江三峡工程全国性八年大论证的研究成果;统一三峡工程各种正常蓄水位方案争论的研究成果;三峡工程185米坝顶、175米正常蓄水位方案的研究;长江三峡配套工程。(张镇海)

T000589　**混凝土面板堆石坝**　傅志安、凤家骥编著。华中理工大学出版社1993年5月版。57.2万字。29.00元。分概论、堆石坝料的工程性质、坝体轮廓规划与堆石体设计、防渗结构与地基防渗设计、面板坝计算、抗震设计、施工导流与渡汛、坝基处理、坝料开采、坝体填筑、趾板与面板的施工、原型监测等12章,总结了混凝土面板堆石坝设计、施工和监测的诸多问题,尤其是提供了国内外混凝土面板堆石坝工程设计和施工的大量图表和数据资料。(刘继宁)

T000590　**灌区水工建筑物定型设计图集**　安徽省水利厅编。水利电力出版社1993年5月版。142幅图。16.00元。内容包括:水闸、闸门与启闭机、涵洞、渡槽、农用桥、倒虹吸管、跌水与陡坡、量水设备等建筑物的定型设计图和少量典型工程设计图。(彭志豪)

T000591　**施工导流及围堰**　匡林生编。水利电力出版社1993年6月版。14.9万字。4.95元。由中国水利学会施工专业委员会组织编写的“水利水电施工丛书”之一。根据已建工程施工导流的实际资料和作者多年从事施工导流工作经验,本书从以下几个方面作了系统阐述:一、导流方式及其选择。二、导流设计标准。导流设计洪水标准;过水围堰挡水标准;坝体施工期临时渡汛、蓄水和拦洪标准;其他情况的设计洪水标准和水情预报;围堰的安全超高。三、分期导流。分期导流程序与河床束窄程度;围堰的平面布置。四、导流方式。隧洞(涵洞)导流;明渠导流;底孔导流。五、围堰工程。土石围堰和堆石围堰;土石过水围堰;混凝土围堰;木笼围堰;竹笼围堰;钢板桩格型围堰。(焦宏彬)

T000592　**水利水电科学研究**　西北勘测设计研究院科研所编。西安交通大学出版社1993年6月版。41.3万字。20.00元。收集西北勘测设计研究院科研所近年来42篇科研论文,内容包括水工水力学、岩土力学、结构材料力学、化学及其他4个栏目。水工水力学侧重于研究泄洪布置、消能防冲和库区滑坡涌浪问题;岩土力学除介绍水电站方面有关研究成果外,并介绍了水电站灰坝方面用煤矸石筑坝、用灰筑坝及土工织物滤层等研究成果;结构材料力学介绍了有关混凝土材料及坝工结构试验方面和大比例尺仿真材料压力管道模型试验研究;化学方面主要介绍了水溶性聚氨酯补强研究成果和施工效果以及水库环保方面的研究成果;对基础理论,计算机应用等也作了一定介绍。(高民军)

T000593　**水下岩塞爆破技术**　黄绍钧、郝志信合编。水利电力出版社1993年7月版。13.5万字。4.65元。由中国水利学会施工专业委员会组织编写的“水利水电施工丛书”之一。主要内容包括:岩塞爆破的特点与展望(岩塞爆破在国内外的应用情况,国外经验和中国实施工程的特点及其技术成就);进水口及其地形地质工作(进水口的位置选择,地质工作的重要性及其具体要求,进水口的形状和尺寸);药包规划设计(药包布置,药量计算,钻孔底至库水岩面距离,控制爆破设施,起爆时间间隔,岩爆的破碎度);起爆网路设计;国产爆破材料基本性能和在水下使用条件;爆破岩渣处置和水工模型试验;岩塞爆破施工;水下建筑物安全和爆破规则;工程爆破实例和有关问题的讨论;装药量计算表;深孔或炮孔爆破药包装药量计算表。(焦宏彬)

T000594　**梦断长江**　副名:三峡工程的决策与论争。王玮著。广西人民出版社1993年8月版。11.9万字。4.70元。回顾作出建设三峡工程重大决策的历史过程,介绍工程的利弊以及激烈争论的焦点所在,提出复杂系统决策的一般原则,并对全世界范围内的高坝问题展示全新的视野。收入“国家战略丛书”。(周莉)

T000595　**太湖水利史稿**　《太湖水利史稿》编写组编著。河海大学出版社1993年8月版。38万字。12.00元。辑录太湖流域的治水史实,对古、近代太湖治水的方略、措施和技术作了深入的探讨。(朱

辉）

T000596 **地下水电站建设** 李协生著。水利电力出版社 1993 年 9 月版。23 万字。10.10 元。共 6 章，系统地阐述地下水电站建设的基本内容；地下水电站的建设概况及在中国发展前景；地下水电站厂区建筑物的地质勘探试验工作；地下水电站的布置与设计；地下水电站洞室群围岩的稳定性分析；地下水电站原型观测；以及地下水电站厂房施工等。（陈琦英）

T000597 **水力机组现场测试手册** 刘晓亭、李维藩主编。水利电力出版社 1993 年 9 月版。96.4 万字。47.15 元。全面系统地总结和介绍了水力原型机组的效率特性，水力机组的稳定性，水力机组的调速系统及过渡过程，水力机组设备的特性，水力机组的轴承性能及过流部件的气蚀磨损、裂纹等的现场测试方法和技术。（金炎）

T000598 **三门峡大坝的观测与分析** 赵志仁著。天津科学技术出版社 1993 年 9 月版。29.2 万字。10.00 元。三门峡大坝始建于 60 年代初期，经 30 余年运行，不断增加后续工程，并经全面监测，积累了许多经验。作者在本论文集中汇集了观测、设计、施工、仪器与设备、设计处理方法及资料分析成果，其中包括大坝变形、渗流、应力及温度等观测项目，以及溢流坝、安装厂坝、排沙底孔等水工建筑物各方面的情况。（苏飞）

T000599 **中国泵站工程** 水利部农村水利水土保持司等编著。水利电力出版社 1993 年 10 月版。63.7 万字。27.10 元。从全国、各省、各地区泵站工程建设及单项工程建设、专题性问题 5 个层次，全面总结了 1949～1989 年中国在泵站工程建设、管理、科研、教学等方面所取得的成就。全书由 55 篇文章组成。其中介绍全国泵站发展情况的 7 篇，各省泵站发展情况的 22 篇，地区性泵站发展情况的 3 篇，单项泵站工程的 19 篇，专题性问题的 3 篇，泵站建设大事记 1 篇。书末附有泵及泵站学科研究生培养情况，泵及泵站获奖科研成果，公开出版的泵及泵站标准、规范及科技图书目录。（王勤）

T000600 **黄河流域环境演变与水沙运行规律研究文集 第四集** 钮仲勋著。地质出版社 1993 年 11 月版。18.2 万字。7.00 元。“黄河流域环境演变与水沙运行规律研究”课题是由国家自然科学基金委员会资助的重大项目。本文集是该课题的主要成果之一。内容包括 5 个方面：河道变迁；河口海岸变迁；历史洪水研究；水沙变化与河道变迁关系以及环境变迁与河道变迁关系。本书在研究历史时期黄河下游河道变迁与环境变迁关系时，对上自先秦、下迄明清的黄河故道进行了较为系统的研究，并探讨其变迁的规律。对历史上黄河水沙变化与下游河道变迁的关系以及河口演变与下游河道变迁的关系进行了探讨。黄河流域的历史洪水也与河道变迁有一定联系，洪水的泛滥与河道的决溢改徙也是相互关联的。历史时期黄河中游的环境变迁，导致下游河道来水来沙条件的变化，从而促使河患增多，变迁加剧，而黄河下游河道的变迁也对河北平原和黄淮平原的地理环境产生重大的影响，本书对这些问题也进行了探讨和研究。（杜广懋）

T000601 **水资源工程学** 王汉杰主编。农业出版社 1993 年 12 月版。42.2 万字。8.60 元。分 4 篇，12 章。第一篇水资源利用与保护工程，包括 3 章：水资源供水工程、水资源保护工程、水力发电工程；第二篇蓄水工程，包括 3 章：混凝土与浆砌石坝、土石坝、泄水放水建筑物；第三篇引水输水工程，包括 4 章：引水枢纽、水闸、渡槽、无压隧洞；第四篇水资源工程施工与管理，包括两章：水资源工程施工、水工建筑物的管理。本书主要介绍水资源工程的布置和型式、构造以及水力计算和结构设计的基本原理和方法，并涉及水文、力学、经济、优化分析等知识在水资源工程中的应用。（贺志清）

T000602 **中国水系大辞典（附中国水系图）** 朱道清编纂。青岛出版社 1993 年 12 月版。146 万字。96.00 元。共收入河流、自然湖泊、人工湖和灌溉渠道 7350 余条，长度在 40 公里、集雨面积在 200 平方公里以上的水系悉数收入，并附水系分布示意图 42 幅。书前编有水系目录和笔画目录。每条水系均载有其地理位置、规模、经济效益、资源利用等内容，并附古水系名称。（高继民）

T000603 **城市发展与水资源——太原市水资源评价及对策** 竺士林主编。山西科学技术出版社 1993 年 12 月版。28.6 万字。20.00 元。研究太原市的水资源赋存条件和分布规律，水质状况及污染特征，河川径流的趋势变化；系统地分析了水文地质条件及采煤对水资源的影响；对不同水平年的城市生活、工业和农业需水量作了预测，从国民经济和社会发展应与资源、环境相协调的原则出发，进行多途径、多层次的水资源供需分析，包括遭遇连续特大干旱年的水危机分析展望；建立了水资源系统的模拟模型，水资源系统投入产出线性规划模型，揭示了水资源与国民经济各行业之间的相互制约关系，探讨了产业结构调整优化方案以及解决水资源缺乏的综合对策;指出太原市水的供需矛盾尖锐,发展形势严峻,只有跨地区、跨流域调水才能从根本上解决水资源紧缺局面。(谢一兵)

T000604 **弯道水力学** 张红武、吕昕著。水利电力出版社1993年12月版。15.2万字。7.00元。全面系统地总结和介绍了作者在弯道水力学方面的研究成果,包括:紊流运动,河渠泥沙运动,弯道水力特征,弯道环流理论计算,弯道中纵向流速的分布,弯道输沙特性及河湾模拟等。(金炎)

U 交通运输

U000001 **汽车结构计算的有限元法** 吴诰珪编著。华南理工大学出版社1993年版。16万字。3.15元。作者在多年教学的基础上,结合科研和教学经验编写成此书,是工程应用有限元法入门读物。本书从力学原理出发,用汽车结构计算较常用的几种单元,推导出有限元法的基本原理,并编入应用实例。各章均附有习题。(谢艳桂)

U000002 **伏尔加系列轿车使用与维修** 李照美等编。人民交通出版社1993年1月版。15.8万字。根据伏尔加ГА3-24系列(包括ГА3-24,ГА3-24-01,ГА3-24-02,ГА3-24-03,ГА3-24-04,ГА3-24-10等型)轿车的有关技术资料编写。书中除了介绍轿车的结构和工作原理、使用和维护、常见故障及排除方法外,还包括各总成的拆卸、装配与调整要点、零部件的检验与修理数据。并附有大量插图。(陈民扬)

U000003 **集装箱运输业务技术辞典(上册)** 刘鼎铭编著。人民交通出版社1993年1月版。71.7万字。分上、下两册。上册以技术性内容为主,包括集装箱的种类、结构、制造、维修、运输工具、码头、机械以及集装箱和集装箱货物的装卸方法等,分8个部分,收集词条2 000余条,插图283幅。本辞典的词目摘自国内外有关集装箱运输的专著、译著、论文、报刊、杂志以及其他资料。(陈民扬)

U000004 **航运词典** 杨用国编著。湖南出版社1993年2月版。71万字。14.80元。收集与航运有关的常用词汇、术语3 400余条,分为交通航运、企业管理、船舶工、经济核算等22个部类。(曹有朋)

U000005 **摩托车使用与维修指南** 沈阳市交通教育研究会等编著。辽宁科学技术出版社1993年2月版。22.2万字。9.00元。分3篇,第一篇介绍一般摩托车的基本结构和工作原理;第二篇介绍摩托车的使用知识;第三篇介绍摩托车的维护与故障排除。(李逢秋)

U000006 **车辆电气装置** 章音著。中国铁道出版社1993年2月版。31.2万字。8.90元。高等学校教材。介绍车辆电气装置的新技术、新材料、新工艺、新理论。如根据电化学技术的发展,车辆开始使用碱性镉镍蓄电池;为延长电灯与蓄电池的使用寿命,开始试用双绕组感应子发电机的单车交-直流供电系统;为改进荧光灯照明设备,试制了BY-2型晶体管逆变器和KBL型交流机组,试用三基色荧光灯等新型灯具;改进客车轴温监测与报警装置;空调机组的控制系统增设缺相、欠压和防火的保护环节;发电机采用无刷励磁系统新技术;由电气化铁道接触网供给客车电能的供电技术;单节空调车运用新型柴油发电机组新技术;新型列车播音系统和通讯设备;采用氯磺化聚乙烯线及单极空气开关配电箱装置等。(吴桂萍)

U000007 **万里征途话交通** 沈定编著。辽宁少年儿童出版社1993年3月版。8.4万字。1.70元。"小学新书系新科技系列丛书"之一。通过三位小主人公忻方、吴楠和赵晖在有关部门的支持下,走南闯北,上天入海,考察当代陆海空交通工具的故事,讲述了这些交通工具的发明、特点、现状及未来。(杨宁松)

U000008 **舰船史** 凌翔编著。辽宁少年儿童出版社1993年3月版。12万字。2.80元。"科技小史系列"之一。分从幻想到现实、篙桨橹舵帆、历代名船、船舶史上的三次飞跃发展、各司其责的民用船舰、现代军舰概说、现代船舶的最新船型和船舶将向何处去等几大部分,较系统地介绍古今中外各类舰船的发展历史。书中配有一些较难得的实物图片。(刘铁柱)

U000009 **车史** 崔金泰编著。辽宁少年儿童出版社 1993 年 3 月版。11 万字。3.00 元。"科技小史系列"之一。分最普及的交通工具——自行车、灵活机动的摩托车、车辆王国的骄子——汽车、钢铁巨龙——火车、为战争服务的军用车辆和身披钢甲的战车等 6 大部分，较系统地介绍古今中外各类车辆的发展历史。书中配有一些实物图片。（刘铁柱）

U000010 **公路工程招标与投标管理** 陈森等编。人民交通出版社 1993 年 3 月版。27.4 万字。分上下篇。上篇主要介绍国际公路建设项目管理和近年来中国公路管理部门开展公路建设及设备采购招标承包工作经验，从业主角度系统阐述从立项、组织招标、编制标底、评标、施工管理、监理至后评价的工程项目管理全过程的工作业务和技术措施。下篇从施工企业角度系统阐述从业务开发、参加投标和标价编制，以及组织工程实施的经营管理全过程的工作业务和技术措施，并附有标价计算实例。（王应荣）

U000011 **摩托车的结构保养与检修问题** 韩守身编著。人民邮电出版社 1993 年 3 月版。43.4 万字。19.00 元。1991 年 3 月中央电视台播出的摩托车专题知识讲座的辅导材料。全书共 28 章，就摩托车的历史、现状、分类、组成、性能，各部分的结构、保养、维修及典型故障分析排除、安全常识等方面，集中、突出地提出问题，扼要明确地予以回答。本书以国内流行的主要车型如嘉陵 CJ50、JH70、JH125，渭阳 WY50，重庆 JT50、JS50Q-4、CY80，南方 NF125，幸福 XF125、XF250，长江 750 型以及铃木 A100、AX100，雅马哈 DX100 等国外摩托车为基型，有重点地介绍它们的结构特点、保养方法和检修步骤，以及使用中出现的典型故障的分析和排除方法。（蒋伟）

U000012 **舰艇武器装备可靠性工程基础** 孟庆玉主编。兵器工业出版社 1993 年 4 月版。62.8 万字。11.30 元。全面介绍舰艇武器装备的可靠性设计和机械零件、电子设备的可靠性设计。贯彻部队训练需要与院校教学使用相结合的原则，对可靠性工程基本内容、可靠性数量指标与常用故障分析作了简单介绍。重点放在系统可靠性模型与分析，可修复系统可靠性模型与分析，系统可靠性预计、分配与分析，故障模式、后果及危害度分析，故障树分析，武器装备的"费用—效能"分析，以"效费比"为品质指标的决策分析等章节。紧密结合舰艇武器装备的特点，突出实用性，详细介绍可靠性试验及抽样检验的分类与程序：故障分析，可靠性筛选，环境试验，可靠性增长试验，寿命试验，加速寿命试验；计数抽样检验，一次二次计数抽样检验，故障率、平均寿命、序贯寿命抽样检验以及系统的故障分布类型的假设检验等。尽量针对可靠性工程实践中存在的问题，辅以插图和表格，详细描述单元产品、小子样复杂系统可靠性的各种评估方法以及软件可靠性、可靠性标准化管理等。（何保武）

U000013 **奇妙的交通** 程不时等著。广西科学技术出版社 1993 年 4 月版。7.8 万字。2.05 元。科普读物。介绍古往今来的交通发展情况和交通领域里的一些"特定"镜头，以及交通趣闻。为"少年趣味科学丛书"之一。（马如海）

U000014 **船舶烟火信号及其安全使用** 胡冬林编著。人民交通出版社 1993 年 4 月版。29.6 万字。共 12 章。前 4 章概述烟火信号的起源，船舶烟火信号的发展历史，应遵守的国际及国内的有关公约和规范，爆炸与燃烧原理，烟火剂的敏感度，各种药剂及其效应等。第五至十一章广泛搜集并介绍国内外常用的船舶烟火信号及相关设备，包括手持火焰信号、星火火箭信号、声响信号、烟雾信号、自亮（燃）浮灯、救生抛绳设备、其他信号与属具等达 12 类 58 种；对每一类信号都先指出国际有关公约与国内有关规范所规定的性能、用途及海船上应配备的数量，同时文图配合介绍不同典型信号的结构、引发火过程及安全使用的操作方法，附有插图 145 幅。第十二章阐述安全使用管理。（陈民扬）

U000015 **进口轿车驾驶员维修知识** 郭克纯等编。人民交通出版社 1993 年 4 月版。12.2 万字。系统地介绍进口轿车的维修要点、操作要点和注意事项。所述内容来自维修实践，典型实例共涉及 20 多种车型，特别对发动机、传动、制动和电器系统的讲述更是细致透彻。本书对故障和维修操作程序的分析逻辑性强，通俗易懂。主要维修部位都配有插图，使人一目了然。（陈民扬）

U000016 **机舱自动化与微型计算机及其管理** 曹善文编著。人民交通出版社 1993 年 4 月版。22.5万字。分 5 章。第一章微型计算机的基础知识。第二、三、四章分别为机舱巡回检测系统、柴油机主机遥控系统、船舶电站自动化。这 3 章对三大子系统的基本原理、微机在系统中的应用及参数调整、故障检查与排除等进行了较深入地分析和论述。第五章为机舱自动化系统的技术管理。（陈民扬）

U000017 **汽车实用电子电路 444** 吴基安著。北京理工大学出版社 1993 年 5 月版。41.7 万字。16.80 元。汇集各种汽车电子电路 444 例，分 3 部分。第一部分为汽车电子电器与仪表电路,包括汽车电子调压器、电子点火器、电子闪光器、电子电喇叭、电子电动汽油泵等;第二部分为汽车电子监控、报警与检测电路,包括汽车电子监控器、电子控制器、电子报警器和电子检测器;第三部分汽车蓄电池电子充电器与汽车电器电子测试仪电路。所选的电路不仅给出了电子元器件的规格、型号,还说明了电路元件的种类和参数,并对每个电路作了简要说明。(吴基安)

U000018　**航海学(上、中、下)**　钱淡如(上)、王永勤等(中)、杨守仁(下)主编。人民交通出版社1993年5月版。68.6万字。3册。上册由钱淡如主编。主要内容为基础航海学,分两篇。第一篇分两章,主要介绍坐标、方向和距离、海图等,包括航向和方位,航速与航程,地图投影,墨卡托投影海图,海图的分类和使用注意事项等;第二篇分3章,主要介绍航迹推算,位置线与船位理论和陆标定位,最后有两个附录:海图作业试行规则和海图图式。中册由王永勤、潘淇祥主编。主要内容为电子航海学,共6章。第一章为无线电测向定位,包括电波传播特性、无线电测向接收机和无线电测向的自差及其测定方法,此外还叙述了无线电测向的其他航海应用;第二、三、四、五章介绍4种主要的无线电导航方法:罗兰A定位、罗兰C定位、台卡定位和奥米加定位,详细地介绍了各种定位方法的定位原理、定位时所用的接收机以及定位的精度;第六章为船舶组合导航系统。下册由杨守仁主编。分两篇。第一篇为航路资料共4章:潮汐与《潮汐表》、航标、航海图书资料、海图;第二篇为航线与航行方法共6章:大洋航行与最佳航线、沿岸航行、狭水道及运河航行、雾中与冰区航行、船舶交通管理、航行计划与值班。最后有5个附录:英版海图图式与缩写、中国海区水上助航标志国家标准、内河助航标志、国际浮标系统A、航标灯质图解。(陈民扬)

U000019　**国际集装箱运输**　林祖乙主编。人民交通出版社1993年5月版。49.4万字。分两篇7章。在综述篇中扼要介绍世界集装箱运输发展的概况,中华人民共和国集装箱运输发展概况以及"七五"国家重点工业性试验项目——"国际集装箱运输系统(多式联运)工业性试验"概况;在系统篇中从设备、管理、信息3个系统论述建立与完善国际集装箱运输系统(多式联运)的理论与实务。另有附录4个:中华人民共和国海上国际集装箱运输管理规定;中华人民共和国海上国际集装箱运输管理规定实施细则;集装箱运输有关国际公约与国内法规索引;常用集装箱运输词汇(英汉对照)。(陈民扬)

U000020　**船舶通信**　陈宏扬著。人民交通出版社1993年5月版。28.8万字。共6章,其主要内容包括国际信号和国内沿海港口信号。着重介绍灯光通信、旗号通信和无线电话通信等。对商船在搜索和救助中的通信联络、船舶报告制度、单边带通信、卫星通信以及标准航海用语等也作了简单的介绍。本书还包括7个附录以及中华人民共和国交通部沿海港口信号规定、标准航海用话简介和应用国际海事组织推荐的标准航海用语通信会话等。(陈民扬)

U000021　**中国古桥**　孙波主编。华艺出版社1993年6月版。2万字。213幅图。97.00元(精)。选择分布在全国各地的古、奇、名、优为特点的古桥二百余座编纂而成。收集中国古桥的桥型有天然桥、梁式桥、拱式桥、绳索桥等等,详细介绍了桥的坐落地点,建造年代以及故事传说等等。画册由古建筑专家罗哲文撰文,详细介绍了中国造桥的悠久历史,雄伟的工程,精湛的技术,丰富的内容,精美的艺术。由于条件所限,对个别省份现存的古桥未能收入。(林拜)

U000022　**中国石拱桥研究**　罗英等编著。人民交通出版社1993年6月版。42.7万字。专著。作者根据自己长期的工作实践和经验,并结合国内外桥梁资料,主要从石拱桥概况、试验模式、理论分析、施工要素、拱架类型、墩台基础和桥梁美学等方面阐释具有数千年悠久历史和中国特色的石拱桥。(王应荣)

U000023　**公路设计手册·路面**　姚祖康编著。人民交通出版社1993年6月版。49.9万字。汇总国内外有关沥青路面和水泥混凝土路面新建和改建设计的主要方法、有关设计参数以及混合料设计和试验方法。内容包括:设计概念和原理,设计参数,分析方法,新建路面结构设计方法,改建路面结构设计方法,材料组成设计和材料试验方法,共6篇15章和1个附录。(王应荣)

U000024　**英汉海事词汇**　史磊编著。人民交通出版社1993年6月版。16.6万字。共收录有关词汇14 000多条,包括海上安全、环境保护、救生、搜索、危险品运输、船舶稳性、载重线、海员培训与发证、船舶设计与设备、海上便利运输、防火、航行安全、海上倾废及海商法等方面的词汇。共有附录6个:IMO成员国一览表;IMO理事国一览表;联合国机构及常见国际组织一览表;IMO公约及其现状一览表;常见海事缩略语索引;世界主要船级社一览

表。(陈民扬)

U000025 **东风 EQ1090E(EQ140-1)型载货汽车常见故障与排除** 肖永清编著。人民交通出版社 1993 年 6 月版。20.3 万字。以典型故障和诊修实例的形式,系统地介绍东风 EQ1090E(EQ140-1)汽车发动机、底盘、电气设备及其他有关部分的结构特点、常见故障的诊断和排除方法及使用维护知识。(陈民扬)

U000026 **微型汽车构造与维修(发动机辑)** 王敏智、周恒昌等编著。人民交通出版社 1993 年 6 月版。21.7 万字。分发动机辑和底盘及电器辑两册。全书共 3 篇 27 章。第一篇微型汽车发动机构造,全面介绍微型汽车构造、性能和特点;第二篇微型汽车发动机故障的分析检查,是根据国内外用户长期使用微型汽车时遇到的故障经验总结归纳后进行分析阐述的;第三篇是在第二篇故障分析的基础上提出的维修和检查方法。(陈民扬)

U000027 **机动车驾驶员的健康与交通安全** 回秀利等编著。人民交通出版社 1993 年 6 月版。18 万字。从职业医学的角度出发,介绍与驾驶职业有关的心理、生理、职业环境卫生、职业病和职业多发病等诸方面的知识;从自我保健的角度提出了自我防范措施和行之有效的预防方法;列出了驾驶员在驾车前及驾车中禁用或慎用的一些药物;提出了驾驶员应具有的身心健康条件等。同时阐明了上述诸方面与交通安全的关系。此外,还收集了一些与驾驶员健康状况有关的交通事故案例,介绍了驾驶员在交通事故现场自救互救方法。(陈民扬)

U000028 **交通工程学** 李作敏、杜颖主编。人民交通出版社 1993 年 6 月版。28.8 万字。全面阐述交通工程学与公路运输管理的联系及其在公路运输企业、行业管理工作中的作用。主要内容有:交通工程学及其作用、驾驶员交通特性、交通流特性与交通调查、交通流理论、道路通行能力、道路交通规划、交通事故及其预防、交通管理与控制、机动车辆保险知识等。(陈民扬)

U000029 **华利汽车拆检图解** 赵静炜等编。天津科学技术出版社 1993 年 6 月版。23.8 万字。7.55元。系统介绍 TJ1010 型微型汽车包括解体修理在内的故障产生原因和维修、调整方法、拆装要领、配合间隙、各螺栓拧紧力矩以及保养与重点检修技术等。(刘万年)

U000030 **中国造船质量标准 CSQS 1993 (中、英文版)** 《中国造船质量标准》编制委员会编。中国标准出版社 1993 年 6 月版(中),1994 年 7 月版(英)。共 32 万字。在总结中国多年造船实践经验和科研成果的基础上,参照国际上著名船级社的规范、国际公约、规则及造船先进国家的造船质量标准而编写的。内容包括 3 篇,第一篇为生产过程质量控制,涉及钢材管理与加工,装配,焊接,密性试验,管子加工 、安装、密性和串洗,涂装,船装,机装,电装,自控和遥控遥测设备及其试验,系泊及航行试验,完工交船等 12 个方面的内容;第二篇为图样送审及认可与交验项目;第三篇为建造精度,由船体建造、船装、机装、电装、涂装 5 部分组成。(郭丹)

U000031 **现代汽车修理丛书** 张文江、韩继忠、白金城、林铭礼、陈健编著。河南科学技术出版社 1993 年 7 月版。110 万字。37.50 元。有 5 个分册:怎样修理汽车的燃油系统;怎样修理汽车的控制系统;怎样修理汽车的传动系统和行驶系统;怎样修理汽车发动机;怎样修理汽车的电气设备。全书选择了中国广泛使用的中小型汽车,着重于国产新型汽车(如解放 141、东风 EQ140-1、跃进 NJ136S 等)以及引进车型(如上海桑塔纳、天津大发、北京吉普等),按汽车结构分系统有针对性地介绍了各零部件的构造原理、正确的使用维护;零部件的修理试验;故障诊断排除。每个分册都有大量图表资料。(吴润燕)

U000032 **怎样修理汽车的传动系统和行驶系统** 张文江、范正平编著。河南科学技术出版社 1993 年 7 月版。35 万字。10.60 元。前 5 章是汽车传动系统,介绍离合器、变速器万向传动装置、驱动桥。后 5 章是行驶系统:车架、车桥、轮胎、悬架。以东风 EQ140-1、解放 CA141、北京 BJ212、北京 BJ-130、上海 SH760A、上海桑塔纳、天津夏利等国产汽车为主,结合进口车的特点,介绍其结构原理、技术性能、机件损坏原因、解体检验、修理、装配、调整以及故障诊断排除和总成试验等。全书有 300 多幅技术插图。(吴润燕)

U000033 **怎样修理汽车的电气设备** 白金城编著。河南科学技术出版社 1993 年 7 月版。22 万字。7.40 元。针对中国流行的各种车型的电气设备:蓄电池、汽车直流发电机、直流发电机调节器、汽车硅整流发电机、硅整流发电机调节器、起动机、点火系统、信号系统、仪表系统、照明设备、辅助电气设备、汽车空调和采暖电气设备——详尽介绍了其构造、原理;正确的使用维护方法;零部件的修理试验;故障诊断与排除。(吴润燕)

U000034 **怎样修理汽车发动机** 陈健编著。

河南科学技术出版社 1993 年 7 月版。21 万字。7.50 元。共 11 章:常用检测工具和仪器;汽车发动机的拆卸与解体;零部件的拆洗与检测;气缸体与气缸盖的修理;曲轴与飞轮的修理;活塞连杆组的修理;配气机构的修理;润滑系的构造与修理;冷却系及其修理;发动机的装合与验收;网络计划技术在发动机修理中的应用。附表列出了大量技术数据。书中注重对各类发动机零部件修理标准、工艺规范、操作方法和要领的介绍。(吴润燕)

U000035 **怎样修理汽车的燃油系统** 韩继忠编著。河南科学技术出版社 1993 年 7 月版。13 万字。4.90 元。共 7 章:常用燃料规格使用性能;影响发动机燃烧过程的因素;燃油系的结构与修理;几种典型化油器的结构与调整;汽油机燃料系的故障诊断排除;化油器的调整与维修;柴油发动机燃料系的修理与调试。书中附有中外常用车型喷油泵、调速器、化油器的技术参数。(吴润燕)

U000036 **怎样修理汽车的控制系统** 林铭礼编著。河南科学技术出版社 1993 年 7 月版。19.5 万字。7.10 元。介绍现代中小型汽车及轿车控制系统(转向、制动等)的构造、使用、维护、调整、故障分析和修理。着眼于国产新型汽车,重点突出汽车的新结构、新工艺、新技术。书中收集了上海桑塔纳、天津大发、北京 BJ130、BJ212、东风 EQ140、141、解放、罗曼、黄河等车型和部分进口车型修理数据、技术要求。还简要介绍了控制系统的检测技术。(吴润燕)

U000037 **桥梁结构分析的数值方法及其程序在正交桥、斜弯桥设计中的应用** 项贻强等编著。人民交通出版社 1993 年 7 月版。26.7 万字。共 8 章,主要介绍桥梁结构设计分析的数值方法及其计算机程序,内容包括截面几何特性计算,正交板桥、T 梁桥、箱梁桥的有限条分析法,单梁式斜桥的受力分析计算,多梁式斜桥、弯桥荷载横向分布计算的传递矩阵法和弹性支承连续梁法以及斜交变截面连续梁桥的有限元分析等。每个理论和方法都附有计算机程序和实例,并可根据不同读者的需要,提供相应的 IBM-PC 系列微机的"FORTRAN 语言程序和 PC-1500 袖珍计算机(部分程序需加扩充模块)的 BASIC 语言程序。(王应荣)

U000038 **准噶尔雄风——国道 216 线工程素描** 人民交通出版社 1993 年 7 月版。372 幅图。全面反映国道 216 线工程建设者业绩以及展现 216 国道沿线壮丽风光的大型画册,全册共选录 372 幅彩色照片,从各个不同角度,充分展示了筑路者的风采及他们美好的心灵。同时也对 216 国道沿线的自然地理情况进行了介绍。(王应荣)

U000039 **华利汽车构造与原理** 李晶华、谢东升编著。天津科学技术出版社 1993 年 7 月版。13.2万字。5.40 元。《华利汽车拆检图解》的配套书。全面介绍 TJ1010 型微型汽车的构造与原理知识。(刘万年)

U000040 **道路交通管理学** 李兵主编。安徽人民出版社 1993 年 8 月版。45.5 万字。9.00 元。从中国国情出发、理论联系实际,运用系统论、信息论和控制论的方法,研究阐述道路交通管理活动及其客观规律,包括道路交通管理基本原理、道路交通管理过程、机动车管理、机动安全技术检验、机动车驾驶员管理、交通秩序管理、道路交通警卫、大型活动的交通组织与管理等内容,旨在探求建立具有中国特色的道路交通管理学体系。(曹文益)

U000041 **船用柴油机的可靠性** 李岳春、郭于光著。上海交通大学出版社 1993 年 8 月版。30.8 万字。12.00 元。系统地阐明船用柴油机可靠性的理论基础、评定与分析方法。全书分 6 章:柴油机可靠性的概念、柴油机的可靠性分析、柴油机的可靠性与其传动型式和用途的关系、柴油机的技术推广保养和修理、柴油机的储备量、柴油机可靠性的保障,并附有 80 年代典型船用柴油机的可靠性实例。本书的重要特点是综合研究了船用柴油机的可靠性理论,并以此为基础建立了旨在确保船用柴油机可靠性的统一体系。(冯愈)

U000042 **中外汽车维修手册** 上海市交通运输局编著。上海科学技术出版社 1993 年 8 月版。130.8 万字。26.00 元。分 4 部分,按照现行的汽车修理技术标准及工艺规范,进行较为详尽的论述。一为汽车维修基础知识。主要介绍汽车的总体结构与使用性能、汽车的维修制度、维修技术及设备、主要零部件的修复。二为汽车发动机修理。主要介绍气缸体及气缸盖、曲轴及连杆、配气机构、燃料系、润滑系、冷却系等故障的诊断及排除方法。同时也介绍了发动机大修竣工验收技术条件及主要零件的装配数据。三为汽车底盘修理。主要介绍传动系、行驶系、转向系、制动系等故障的诊断及排除方法。同时还介绍了汽车的总装、修竣检验及交车使用。四为汽车电气设备修理。主要介绍充电系统、起动系统、点火系统、照明及信号系统、仪表及其他辅助电器、汽车空调等故障的诊断和排除方法。(吕修悟)

U000043 **国产轻型汽车的使用与维修** 李炳

泉主编。机械工业出版社 1993 年 9 月版。42.1 万字。15.00 元。系统地介绍国产轻型汽车的使用与维修。简要分析了其结构特点，列出了一般技术参数和使用数据，阐明了装拆要领及调整技巧，并系统地分析了常见故障，列出了诊断及排除这些故障的有效措施。书中介绍的都是国内目前生产的典型的轻型汽车：北京切诺基 BJ/XJ213 型吉普车、上海桑塔纳 LX 型轿车、天津 TJ110 型微型汽车、吉林 JL110 型微型汽车、广州标致牌轿车及江西的江铃牌轻型汽车。同时也介绍了国内已生产了多年的几种轻型汽车：上海牌 SH760A 型轿车、红旗 CA770 型轿车、北京 BJH2 型吉普车及北京 BJ130 型轻型载货汽车等。（钱既佳）

U000044 **船舶机舱操纵模拟器** 赵鸿坤、李献勇编。人民交通出版社 1993 年 9 月版。32.6 万字。共 4 章：第一章主要介绍模拟器的组成、各部分的功能及符号定义等；第二章主要介绍模拟对象，即机舱内各种设备和系统的组成、功能和操作管理。第三章主要介绍 DATACHIEF-III；第四章主要介绍 AUTOCHIEF-II。（陈民扬）

U000045 **港口及航道工程模型试验** 吴宋仁编。人民交通出版社 1993 年 9 月版。43.5 万字。高等学校教材。主要介绍港口及航道工程实物模型试验。全书分 3 部分：第一部分（第一、二章）介绍港航工程模型试验的相似理论基础；第二部分（第三、四、五、六章）介绍河工模型、通航枢纽模型、海港及海岸工程模型和结构模型试验；第三部分（第七、八、九章）介绍港航工程模型试验的基本设备、测量技术和数据采集与分析。（陈民扬）

U000046 **汽车驾驶员 1200 答疑（初、中、高三级）** 人民交通出版社编。人民交通出版社 1993 年 9 月版。38.5 万字。（陈民扬）

U000047 **微型汽车构造与维修（底盘及电器辑）** 王敏智、周恒昌等编著。人民交通出版社 1993 年 9 月版。21 万字。分发动机辑和底盘及电器辑两册。全书共 11 章，除详细介绍微型汽车构造、性能和特点外，还对微型汽车使用中底盘及电器故障的原因、检查和维修方法进行了分析阐述。（陈民扬）

U000048 **交通美学** 魏常林主编。陕西科学技术出版社 1993 年 9 月版。15 万字。6.00 元。探讨以汽车公路为主体的交通美学问题，包括交通环境（社会、生态、景观）、交通造型（线形、桥形、车形）、交通色彩（路、桥色、车色、光色）、交通音响（固定、流动、交响）等。提出美学效益的观点，总结出一套交通美学的具体法则。（杜振杰）

U000049 **船舶电力推进原理** 金德昌等编著。国防工业出版社 1993 年 10 月版。37.3 万字。14.20 元。着重介绍电力推进的基本原理，包括螺旋桨对推进系统特性的要求与相互间的配合，电力推进系统的基本工作状态，电力推进系统的主要参数计算等，还介绍了采用大功率整流元件（可控与不可控）的电力推进系统、系统动态特性和系统数字仿真、电子计算机和磁场定向控制技术在电力推进系统中的应用及超导电力推进等。全书分 13 章。第一章船舶电力推进概述；第二章电力推进装置主要部件的基本特性；第三章直流电力推进系统的一般问题和简单的发电机-电动机系统；第四章恒功率系统；第五章恒电流系统；第六章交流电力推进装置；第七章联合推进装置和电磁离合器推进装置；第八章不可控整流器交直流电力推进系统；第九章晶闸管电力推进系统；第十章船舶电力推进系统的动态分析；第十一章磁场定向控制技术的应用；第十二章计算机在电力推进系统中的应用；第十三章超导电力推进系统。（徐崇信）

U000050 **桥梁上部结构计算** 段树金编著。河北科学技术出版社 1993 年 10 月版。33 万字。9.50元。介绍桥梁上部结构的小型计算（电算）程序，分 10 章，包括各种桁架、梁、兰格尔桁架、拱梁、交叉梁系的内力、挠度和影响线的计算；板和组合梁断面的设计；三跨简支吊桥的计算等内容。其中有些结构还可以按变位理论进行计算。所有这些程序均在 PC-1500（PC-1501）机上通过，用矩阵力法求解，并全部采用数值和图形两种形式输出。对每一程序，按照内容、输入数据及计算机操作方法，计算例题、源程序及说明的顺序予以介绍。书末附有采用矩阵位移法求解的桁架静力和动力分析通用程序。（段建军）

U000051 **GPS 导航仪安装使用手册** 王广存等编译。人民交通出版社 1993 年 10 月版。50 万字。从使用角度出发，系统地介绍 11 个型号 GPS 导航仪的操作使用方法及安装要求，对全球定位系统（GPS）的特点、工作原理、误差分析等作了介绍。这 11 个型号为 GR-1000GPS 导航仪，NavTracGPS 导航仪，JLR-6000GPS 导航仪，MX100 导航仪，200GPS 导航仪，Raystar 590 GPS 导航仪，MK-90GPS 导航仪，KGP-900 GPS 导航仪，NAVSTAR XR4GPS 导航仪，GP-500 GPS 导航仪，GPS50 个人导航仪。（陈民扬）

U000052 **公路水毁防治技术** 蒋焕章著。人民交通出版社1993年10月版。35万字。共15章，是作者从事公路水毁防治科学研究多年的成果和实践经验总结。主要内容包括公路水毁的防治问题、河道演变、河流泥沙运动力学基础知识、水文调查与外业勘测、桥孔设计、桥梁墩台冲刷计算与冲刷防扩、桥渡调治建筑物、挑坎、丁坝、驳岸、护坡的冲刷防护等。(王应荣)

U000053 **汽车技术管理** 马步进编。人民交通出版社1993年10月版。13.7万字。根据交通部1990年3月颁布的《汽车运输业车辆技术管理规定》和现代汽车技术管理的要求编写而成，其主要内容包括企业管理的概述、车辆设备管理、车辆运行材料的管理与使用、汽车运输技术经济定额管理、车辆的使用条件和使用性能的评价及运输方案的优化、汽车技术维护和修理的组织等6章，并附有交通部颁布的《汽车运输业车辆技术管理规定》。较系统地阐述了现代汽车的使用、考核、维护和修理的科学管理方法。(陈民扬)

U000054 **船舶轮机电工** 杨存华主编。人民交通出版社1993年10月版。42.9万字。分4篇16章。第一篇电工基础；第二篇技术基础；第三篇电机、电器及控制；第四篇船舶电站与电网。各章后均有习题。书后有附录。(陈民扬)

U000055 **汽车维修大全** 上海汽车驾驶专业技校联合部编著。百家出版社1993年12月版。171万字。75.00元。系统全面地介绍汽车的构造，汽车的装置与设备，汽车的维修及所需材料；对汽车维修中所遇到的各种"病症"以及维修所需的零配件材料作了详尽介绍。(曹桂珍)

U000056 **初级汽车修理工自学读本** 宋森、宋璟杨编著。金盾出版社1993年12月版。70.1万字。18.00元。按照国家机械工业部1985年11月发布的《汽车修理工技术等级标准》中的初级工要求，按应知、应会和工作实例3部分编写。应知部分包括汽车常用仪表、常用工具和量具、常用材料和油料知识；机械制图及电工、钳工基本知识；汽车的基本结构和工作原理；汽车修理的一般技术要求和车辆各级保养作业项目及技术要求；修理作业安全技术规程。应会部分包括汽车修理常用工具和量具的正确使用和维护保养；发动机及底盘一般总成和零部件的检验、拆装、互换和修复；发动机油电路常见故障的原因和排除；车辆二级保养作业。工作实例部分包括活塞连杆组的校验、铰(刮)配；水泵总成的检修；离合器、传动轴、转向机构及制动等总成的检修与调整；汽车车身的拆装与检修。(谭家训)

U000057 **进口轿车实用维修手册** 黄伟等编。人民交通出版社1993年12月版。27万字。选编中国1980年以来进口的近30种轿车的维修资料，分上中下3册。本书为中册，内容包括奥斯汀、标致、雷诺、雪铁龙、沃尔沃、阿尔法·罗密欧、菲亚特等厂牌10种轿车的维修资料。与市上其他进口轿车图书相比，本手册的特点是：一章专门讲解一种车型，针对性、实用性强。书中较详细地介绍了每种轿车的结构特点以及维修和调整方法，并给出了技术参数、维修和调整数据。(陈民扬)

U000058 **公路土工试验规程** 交通部编。人民交通出版社1993年12月版。31.5万字。本规程是为了测定土的基本工程性质，统一试验方法，并为公路工程设计和施工提供可靠的计算指标和参数而制定的。内容包括总则、土的工程分类及土样和试样制备、含水量、密度、颗粒分析等68个试验。适用于公路各类工程的地基土、路基土、填筑土及其他路用土的基本工程性质试验。本规程可供公路科研、设计、施工单位及有关土木工程单位使用，也可供大专院校公路、桥梁专业及土木工程专业师生学习参考。(王应荣)

U000059 **摩托车发动机原理与设计** 杨光兴、叶盛焱、程善斌编著。武汉测绘科技大学出版社1993年12月版。73.2万字。15.00元。根据全国摩托车行业教材编审委员会制定的"摩托车发动机原理与设计"教材编写大纲进行编写的。主要作为高等院校摩托车专业和其他专业"摩托车发动机原理与设计"课程的教材。由摩托车发动机原理和设计两大部分组成。原理部分加强了二冲程发动机的有关内容，同时也保留了适当的四冲程发动机部分。另外，对于最近发展的新技术、新材料、新结构等内容尽量收入。(张立福)

V 航空、航天

V000001 **奇妙的航天** 李龙臣等著。广西科技出版社 1993 年 1 月版。7.29 万字。2.85 元。科普读物。有我们的祖先发明火箭和第一次用火箭作动力飞行的历史故事;有关于"宇宙哥伦布"的生动情节;有进入太空和从太空返回的技术知识;有运载火箭的过去、现在和将来;有趣味横生的太空生活;有人造地球卫星的种种用途;有航天器探测太阳、行星、卫星、彗星、小行星和天文知识的应用;有未来的宇宙航行。为"少年趣味科学丛书"之一。(马如海)

V000002 **大气扰动中的飞行原理** 肖业伦等著。国防工业出版社 1993 年 1 月版。29.8 万字。13.90 元。系统地论述飞机在大气扰动(紊流和风切变)中飞行的基本原理及有关航空技术问题。主要介绍大气扰动对飞行特性和安全性的影响;风切变和离散突风的数字模型;各向同性的大气紊流的频谱和相关特性;在变化风场中飞行器运动方程的多种形式;飞机对大气紊流的响应频谱的计算方法;飞机在风切变中飞行的特点及飞行控制原理;大气扰动的仿真和飞机在扰动大气中飞行的仿真;机载设备测量风速和风梯度的原理。对大气扰动中安全可靠地进行航空活动的研究,涉及大气动力学、流体力学、固体力学、飞行力学、信息技术和自动控制等多学科内容,本书有机地搭接了这些学科的相互联系,系统地研究大气扰动对飞机飞行性能和飞行品质的影响,为飞机设计和大气扰动的探测、告警、回避对策提供了理论基础。(何曼庆)

V000003 **超音速燃烧与超音速燃烧冲压发动机** 刘陵等著。西北工业大学出版社 1993 年 1 月版。42.8 万字。20.00 元。系统地阐述以氢作燃烧的超音速燃烧的物理和化学动力学过程,有关的湍流模型和流场的数值模拟及其在超音速燃烧室中的应用;介绍超音速燃烧冲压发动机各部件和总体的性能,初步设计方法和实验技术;扼要地说明超音速外部燃烧的原理与技术。(刘红)

V000004 **航天器史** 资民筠编著。辽宁少年儿童出版社 1993 年 3 月版。12 万字。2.80 元。"科技小史系列"之一。分从航天梦到航天时代、先驱者的道路、冲出第一关、你是从天上来的吗、行星际空间的旅行者、在航天飞机时代、中国航天路上的长征曲和航天器未来等几大部分,较系统地介绍中外各类航天器的发展历史。书中配有一些较难得的实物图片,书后附有航天大事记、各国主要航天器发射场和中国人造地球卫星一览表。(刘铁柱)

V000005 **飞机史** 余俊雄编著。辽宁少年儿童出版社 1993 年 3 月版。12 万字。3.00 元。"科技小史系列"之一。分扑翼机之梦、风筝——飞行的希望之星、第一架飞机的诞生、跑在声音的前面、异军突起的直升机、飞机投入了战争、飞机使世界变小了、空军的新伙伴、为和平服务的飞机、不烧油的飞机和飞机的"火眼金睛"等部分,较系统地介绍古今中外各类飞机的发展历史。书中配有一些较难得的实物图片。(刘铁柱)

V000006 **飞行器控制** 张家余等编著。宇航出版社 1993 年 3 月版。49 万字。4.70 元。普通高等教育航天类规划教材。将各相关学科内容有机地联系在一起,以突出现代控制理论的应用为主线,系统阐述飞行器的控制问题。共 8 章,主要内容包括飞行器模型建立、飞行器动态特性、飞行器模态控制、飞行器控制系统以及必要的设计计算程序等。特点一是注重理论研究与工程实践相结合,能较好地把现代控制理论应用到飞行器控制系统的设计中去;二是内容全面,不仅讨论了大气内的导弹、飞机的控制,也讨论了卫星、飞船等飞行器的控制问题;三是反映了国内外学者在飞行器控制方面的最新研究成果和作者多年的教学经验与型号工程设计的实践经验。(易新)

V000007 **实用俄汉航空技术词典** 刘云、谢燕生主编。军事谊文出版社 1993 年 5 月版。50 万字。35.00 元。收词范围主要包括航空技术装备的构造、设计、研制、生产、使用和维修。航空技术装备包括各种航空器(主要是飞机和直升机)、航空动力装置、航空军械、航空仪电设备、航空电子设备,及其使用与维修所必不可少的地面设备与设施。所收词汇大多直接选自俄语文献资料,少数选自 80 年代至

90年代初莫斯科出版的俄英、英俄、俄日航空词典和综合技术词典。汉语译名和释义，基本上按照中国航空界(特别是军用航空)的既定术语和使用习惯给出，极少数新词由编者研究定名。(陈贵林)

V000008　**热力发动机优化设计**　王丰著。国防工业出版社1993年9月版。33.2万字。12.80元。揭示各种热力发动机工作的基本规律，介绍提高燃气涡轮动力装置经济性的各种途径，为燃气轮机的发展方向提供理论根据。在体系上注重理论的系统性，理论密切联系实际；在基本理论的叙述上深入浅出，着重从物理概念上说明事物的本质。通过对各种热力发动机实际循环的分析，使读者学到一些具有创造性的探讨方法。这些研究方法虽然是在研究热力发动机循环时使用的，但在处理其他科技问题时也有参考意义。(阎瑞琪)

V000009　**民用飞机失速和深失速特性研究文集**　凌茂芙等编著。航空工业出版社1993年9月版。48.9万字。15.00元。从综合论述、理论分析、软件研制、实验研究等方面，对中国十余年来民机失速主要研究成果作了总结。"综合论述"为对民机失速、深失速和典型民机失速、深失速的综合评述；"理论分析"给出失速机理分析，偏离判据研究，风洞到飞行数据工程修正方法，失速仿真技术，失速、深失速改出特性，螺旋桨动力和翼面结冰对失速的影响等方面的研究成果；"软件研制"总结近年来为进行民机失速运动分析计算研制的一套软件的设计要求、总体结构、程序特点和计算实例；"实验研究"介绍中国广泛用于民机失速分析的风洞实验、飞行试验和模型自由飞试验方法。文集翻译了国外在飞机失速、深失速研究方面有影响的专题报告，列出了国外公开发表的研究文献目录和典型高平尾民用飞机气动布局的有关资料。(黄苏桥)

V000010　**固体火箭发动机测试技术**　李涛等编著。宇航出版社1993年9月版。44.8万字。8.00元。主要介绍固体火箭发动机静止试验中主要参数(推力、压强、温度、振动、应变等)测试的基本原理和主要技术、测试中一些常用的设备和仪器的工作原理、各参数测试系统的组成及选配测试系统时应注意的问题、测试数据的误差分析和处理方法等。(王传臣)

V000011　**正在发展中的无人驾驶飞机**　季斌南主编。北京航空航天大学出版社1993年11月版。60万字。45.00元。据World Unmanned Aircraft(《世界无人驾驶飞机》,1987年版)、Unmanned Vehicley Forecast(《无人驾驶飞行器展望》,1990年版)和Stealth and Future Militart Aircraft(《隐形与未来的军用飞机》)等书的主要内容编译。叙述无人驾驶飞机研制与使用的概况，机体结构，动力装置，发射与回收，制导与控制，技术性能数据，缩略语以及主要承包公司概况等。有图片近300幅，包括世界20多个国家的300多种无人驾驶飞机。(郭维烈)

V000012　**探空火箭设计**　宋忠保等编著。宇航出版社1993年12月版。51.9万字。25.00元。论述无控制探空火箭及地面发射设备总体、分系统设计的原理、方法及飞行试验等方面的内容。分15章：概论，有效载荷及其对火箭设计的要求，运载系统总体设计，弹道计算及弹道图编制，气动外形设计及气动特性计算，载荷计算，结构设计，固体火箭发动和设计，液体火箭发动机设计，回收系统设计，电路设计，生物实验火箭生命保障系统设计，发射场地面设备设计，可靠性设计与分析，火箭飞行试验及结果分析。注重结合工程实践并反映当代火箭探空运载系统的科技成果，举有中外型号例证。本书为"导弹与航天丛书"(卫星工程系列)中的一个分册，书末附有该丛书29个分册的书目。(崔素言)

V000013　**航天器通信系统**　张乃通等编著。宇航出版社1993年12月版。37万字。6.90元。分为航天器内部通信系统和外部通信系统两部分。内部通信系统5章：局部网的结构和网络协议；网络多址协议；网络路由选择和流量控制技术；综合业务数字网及终端设备；网络的可靠性和设计考虑。外部通信系统7章：空间通信的电波传播；空间通信链路的设计；射频分系统与航天器天线；无线电跟踪与地基跟踪通信网；跟踪与数据中继卫星系统；导航星——全球定位系统及应用；空间激光通信。(卫迁)

X 环境科学、劳动保护科学

X000001 **环境工程学** 蒋展鹏主编。高等教育出版社1993年2月版。90万字。24.50元。全面系统地论述了当前环境工程学科的基本理论、污染防治技术与控制工程,以及发展趋势。全书分4篇15章。第一篇水质净化与水污染控制工程,内容包括水质与水体自净,水的物理化学处理方法,水的生物化学处理方法,水的回用与废水最终处置,水处理工程系统设计。第二篇为大气污染控制工程,内容包括大气质量,颗粒污染物控制,气态污染物控制,污染物稀释法控制。第三篇论述了固体废物与城市垃圾的管理与处置,内容包括固体废物与城市垃圾管理系统,固体废物处理技术,固体废物资源化、综合利用与最终处置。第四篇论述噪声、振动与其他公害防治技术,内容包括噪声防治技术,振动防治技术,电磁辐射和放射性污染治理技术。书后附有5个基本教学实验,内容包括:实验一、静置沉淀实验;实验二、混凝实验;实验三、废水可生物处理性实验;实验四、粉尘粒径分布测定;实验五、"亚铵法"回收低浓度SO_2。(张月娥)

X000002 **环境地质学** 徐增亮等著。青岛海洋大学出版社1993年2月版。51万字。16.00元。共5部分18章,(一)论述环境地质学的基本概念和基础知识,如地球的物质运动,土壤和环境等;(二)灾害地质过程,包括洪水、滑坡、地震、火山活动,海洋开发与海岸灾害等地质灾害,讨论了地质灾害发生的原因及防治措施。(三)人类与环境的相互作用,包括水的供应、利用和污染,废物处理包括有害化学废物和放射性废物处理,健康与环境的关系等。(四)矿产资源和环境,能源(煤、石油和天然气、核能、地热能、化石燃料等)和环境及由于资源利用和管理引起的环境问题。(五)土地利用规划及应注意的问题,空气污染及控制、环境保护法等。环境地质学是总体环境科学的一个组成部分,是新的边缘学科。(徐增亮)

X000003 **环境的行为效应** 梁友信、陈自强编著。上海科技教育出版社1993年2月版。8万字。2.60元。中级科普读物,"当代科学丛书"之一。本书试图以环境中的化学因素和职业性(社会)心理因素对人的情感状态、行为功能及健康的影响,来探索环境的行为效应及其测试方法。全书分"什么是人的行为特征","环境与行为","职业(社会)性心理紧张与行为效应","神经行为学方法","神经行为学方法的应用和评价"5章。作者系上海医科大学教授,从1981年起研究职业环境危害对人神经行为功能的影响,研究成果多次在国际及国内学术会议上交流,并在国内外杂志上发表。(周贞瑛)

X000004 **空间环境工程学** 黄本诚等编著。宇航出版社1993年3月版。37.1万字。6.70元。教材。分18章,介绍真空、冷黑、太阳辐照、磁场、粒子辐射、等离子体、磁层亚暴、微重力、微流星、空间碎片和原子氧等空间环境对航天器的影响及其模拟技术,并概述空间工业、空间环境与生命科学和载人航天环境模拟技术。(宋佑浩)

X000005 **环境保护科学技术新进展** 北京环保科研所著。中国建筑工业出版社1993年3月版。80.2万字。17.75元。是北京市环境保护科学研究所1983—1992年期间的科技成果与论文选编。总结了10年中环境保护科学技术的最新成果、优秀工程项目、环境影响评价项目及仪器、设备研制等成果。主要内容有:环境污染治理与综合治理技术,如废水处理与利用技术、大气防治技术、治理工程、各种净化、监测装置与设备;环境化学与环境生物学的应用基础研究;城市生态、生态农业及大自然保护;环境规划、环境技术政策、环境经济、环境标准、环境情报及环境影响评价等成果论文。此外,还提出了全所科技人员的科技著作、译作、环境影响评价及各类科技成果目录。这些科技成果和目录中,重点介绍了结合中国国情的低投资、低能耗的实用技术和配套示范工程,以及获国家、省、市、部委科技进步奖的重大科技成果。(俞辉群)

X000006 **火灾科学导论** 范维澄主编。湖北科学技术出版社1993年4月版。39万字。12.00元。阐述火灾科学的学术思想、理论体系、研究方法及典型的基础研究和应用研究成果,强调火灾机理和规律的共性,兼顾基本理论在典型火灾防治中的应用。

以工程热物理学科背景为主,吸取流体力学、化学、建筑学、林学和统计学等学科中有关的内容,兼顾灾害研究的特点,深入阐述火灾发生、发展和防治的机理和规律。通过实例阐述运用火灾科学分析、处理火灾实际问题的途径。在内容编排上着重考虑学科的完整性和系统性,如系统地介绍了室内火灾、森林火灾从发生、蔓延和扑灭的各个过程;分别建立描述这些过程的数学物理模;并用分析和数值模拟的方法对各种火灾问题进行研究;最后指导灭火和对火灾安全进行评估。(汪敏)

X000007 **自然资源学导论** 包浩生等著。江苏教育出版社 1993 年 5 月版。35.8 万字。5.40 元。分 11 章。论述气候资源、水资源、土地资源、生物资源、海洋资源、矿产资源、能源资源、旅游资源的概况、特性、类型、作用、评价、科学意义、合理开发利用、保护、发展战略预测与对策以及经营管理等。收入"人文地理学丛书"。(褚庆林)

X000008 **电力工业废气治理** 国家环境保护局编著。中国环境科学出版社 1993 年 5 月版。"工业污染治理技术丛书"之一。收集中国电力工业近 20 项废气治理技术实例,并概括介绍了有关治理技术的应用情况、发展趋势及目前存在的问题。全书包括:概论、燃煤电厂锅炉烟尘的治理、燃煤电厂锅炉硫氧化物的治理等,并附录有部分国外燃煤电厂脱硫实例及燃煤电厂大气污染物排放标准。(李静华)

X000009 **化学工业废气治理** 国家环境保护局编著。中国环境科学出版社 1993 年 5 月版。31.2 万字。7.50 元(平)。"工业污染治理技术丛书"之一。书中收集近年来化学工业系统主要行业废气治理与综合利用技术共 58 项工程实例。这些实例大多数是经过两年或两年以上的生产实践考验和主管部门的技术鉴定,证明其技术可行,效益明显,具有一定的实用价值。全书共 9 章,即:化学工业废气治理概论及氮肥工业、磷肥工业、无机盐工业、氯碱工业、农药和染料工业、涂料工业、炼焦工业等的废气治理的实例。(李静华)

X000010 **有色冶金工业废气治理** 国家环境保护局编著。中国环境科学出版社 1993 年 7 月版。37.1 万字。8.90 元。为"工业污染治理技术丛书"之一。国家环境保护局统一组织,由中国有色金属工业总公司安全环保部主持编写。共编入有色金属工业系统 40 处、47 个工业废气治理工程实例,大部分实例均系翔实资料整理汇集成文。包括有:有色金属工业废气治理概论、采选工艺废气治理、铝工业废气治理、有色金属加工企业废气治理等,全面而系统地介绍了有色冶金工业废气治理的经验和实例。(李静华)

X000011 **污染监督与环境管理** 王扬祖著。中国环境科学出版社 1993 年 7 月版。16.6 万字。7.50元。分环境保护方针与政策,城市环境保护与工业污染防治,"三废"污染治理,环境监测、排污收费与监理队伍,全球环境保护等 5 部分,收入文章 25 篇。(张维平)

X000012 **自然灾害学** 杨达源、闾国年著。测绘出版社 1993 年 8 月版。28.1 万字。12.00 元。研究自然灾害,进而采取科学措施减轻自然灾害造成的损失,这已成为当今世界所面临的重要课题。本书在总结古今中外自然灾害研究成果的基础上,把自然灾害研究上升为一门独立的自然学科,对其进行全面系统的论述。全书分 16 章,前 8 章属总论性质,从分析自然灾害的本质开始,层层深入,讨论了自然灾害的分类、自然灾害的群发、自然灾害与人类活动的关系、中国的自然灾害,以及自然灾害研究的基本内容,减灾、防灾的基本措施等;后 8 章为分论,介绍了地震、滑坡、泥石流、台风、洪水、干旱、海面上升、土地退化等自然灾害的发生基础、成灾机制及减灾、防灾对策。(秦金泉)

X000013 **化学与环境** 梁英豪著。广西教育出版社 1993 年 8 月版。8 万字。2.70 元。"走向化学的明天丛书"之一,通过介绍大气污染、水土污染、酸雨、温室效应、大气臭氧层的破坏等,分析化学与环境的密切关系,以及利用化学方法解决各种环境问题的途径。(何醒)

X000014 **云南主要生态类型及开发** 许祥誉著。云南大学出版社 1993 年 8 月版。12.8 万字。11.00元。1990 年,由云南省计委下达,中科院昆明生态所和云南省农业区划委员会联合组成课题组共同承担"云南主要生态类型及高效开发模式研究"这一任务。课题组通过对河口、陇川、宾川、澄江、镇雄、普洱、南华、广南等县、乡、镇进行实地考察和社会调查,收集了大量资料,并对这些资料进行归类分析和计算机处理。该书即这一研究项目的成果,试图运用现代生物学的原理、观点和方法,对云南省复杂多样的生态环境进行旨在为农业生产服务的生态类型分类,从中选取出 8 个代表性较强、覆盖面较大的生态类型,通过对其分布、特点及开发现状的调查研究和分析,特别对其典型地段的生产结构、开发利用评价及相关社会因素的研究,提出不同生态类型的有利

于经济、社会和生态3个效益统一的途径和综合开发的模式意见，供示范和实践参考。（张永宏）

X000015　**我们的家园——地球**　副名：为生存而结为伙伴关系。施里达斯·拉夫尔著。中国环境科学出版社1993年8月版。24.7万字。16.00元（精），11.00元（平）。共10章：脆弱的世界，空气与水，地球与火，恣意挥霍的富人，一无所有的穷人，人口的压力，一个封建的世界，生存的伦理，敷衍应付或更坏的前景，开明的变革。全面分析了当时全球环境危机的现状，阐述了发达国家和发展中国家对这些危机的立场和认识，由于穷国与富国对这种环境危机贡献的不同及经济能力的巨大差异，从而对危机的认识也不同，这就妨碍了双方的合作。作者对全球环境问题进行了全面分析，指出造成这些问题的原因，提出了对策，特别从南北合作的角度，提出了应采取的行动建议。（朱丹琪）

X000016　**水和沉积物中有毒污染物的评估**　R.J. 阿伦、A.J. 贝尔著。中国环境科学出版社1993年8月版。12.2万字。4.90元。汇总数百篇有关文献，全面系统地介绍、分析、评估了世界上最大的淡水湖群——北美五大湖群——北美五大湖及其连通的河流、水道中，水、悬浮物、沉积物中重金属和有机化合物污染的历史过程、污染的现状、污染物的发生及其迁移与归宿，从中不仅可以了解北美五大湖水系污染的特征，而且对探索水体污染研究方法及控制有所启示。（李静华）

X000017　**天地人巨系统观**　刘波著。安徽教育出版社1993年9月版。46万字。18.00元。分6章，按研究主体与客体的内在逻辑，沿着历史背景→演化序列→结构与功能→运动与节律→演变规律→当代全球问题（自然社会综合症）及其系统根治的认识路线，层次分明、循序渐进地展开论述。书中提出了人与自然关系的新观点。作者认为：人类与自然的关系集中体现为天地人的和谐统一。天地人既自成体系又互成体系，共同组成“超级自然社会综合体”。该系统是由太空天体系统、地球物质系统、地表人类社会系统相互联系而构成，其实质上是一个复杂耗散结构和自组织功能的超级递进式开放系统，并显示出清晰的层次性和多级圈层结构特征。作者还把元素史、天体史、地球史、生物史、人类史作为有序发展的螺旋式递进序列，提出用“天—地—生—人演化螺旋”和“天地人系统进化链”的新观点，系统地探索五大宇宙之谜，即天、地、生、人、意识的起源和演化机制；并据此概括出天地人巨系统共有的8条基本演变规律。作者指出：大宇宙天地系统是自然客体和人类依存的大环境；小宇宙人类系统是自然存在物和社会存在物；微宇宙人脑系统是思维存在物和人类行为控制器。其整体功能反映为物质流、能量流、信息流、时空流的大循环；天文运动、地质运动、生命运动是自然界诸种运动形式的综合效应，在本质上映现为自然运动—社会运动—思维运动的循序、同步、互促、共振和连锁效应。书中附有大量图表。（王宏金）

X000018　**大自然观——关于绿色道路的哲学思考**　柳树滋著。人民出版社1993年9月版。27.8万字。9.50元。结合自然科学和哲学发展的历史，考察人类自然历史演进的5个阶段，并从人与自然关系的角度，阐述马克思主义大自然观区别于传统自然观的本质与特征；论述自然界、人类发展的系统和人类自己创造“人造自然”的历史和演化规律，集中探讨人、自然、社会这个关于绿色道路的时代课题。同时，结合调节人与人的关系这个有关红色道路的课题展开讨论。（张连仲）

X000019　**风景科学导论**　丁文魁编。上海科技教育出版社1993年9月版。23万字。9.80元。环境科学专著。针对中国风景科学的特点，以建筑在中国古代阴阳理论和唯物辩证法基础之上的边际论作为学科的指导理论，以“天人之际”的中国古代边际论作为研究中国风景的一把钥匙，从而得到结论：风景是人与环境之边际的文化信息，风景资源是一种信息资源，是以景物为载体的全社会的财富。本书特别提出了在边际论指导下的“二维边际设计”、“三维边际设计”、“四维边际设计”等新构思和新模型。（李志棣）

X000020　**废水处理及回用工艺流程实用图例**　华东勘测设计院胡大锵编。水利电力出版社1993年9月版。24万字。7.90元。介绍印染、毛纺、制革、造纸、酿酒、电镀、炼油等23个行业类别、91个工程的废水处理设备工艺流程图，并分别附有文字说明。处理方法有生物（好氧、厌氧）法、化学（凝聚、置换）法、离子交换法、萃取法、铁氧体法、物理（沉淀、气浮、吸附、离子分离）法、磁过滤法等。（姜萍）

X000021　**环境污染控制**　柴振洪、姜海涛等著。中国环境科学出版社1993年9月版。32.6万字。10.50元。系统地论述环境污染及其控制方法，包括大气污染的防治、污水的处理、工业噪声的控制技术、固体废弃物的处理和利用，以及电磁辐射、放射性、热、光等物理性污染和其防治技术。（李静华）

X000022　**景观生态学的理论与应用**　许慧、王家骥著。中国环境科学出版社 1993 年 9 月版。21.3万字。8.00 元。全书分基础研究与应用研究两部分,共 9 章。介绍景观生态学的产生和发展趋势,详述了景观生态学有关景观结构、功能、变化的理论和原理,列举了该学科在环境与资源的规划与管理方面的应用成果。书中重点介绍了景观中自然资源的异质性,强调空间异质性的维持与发展、景观元素间的相互作用和交流以及人类对景观及其组分的影响等。(朱丹琪)

X000023　**锅(窑)炉运行管理及测试技术实用手册**　何兆德、张长春等编著。中国环境科学出版社 1993 年 10 月版。53.6 万字。18.50 元。分 5 篇。第一篇"锅炉与窑炉",分 3 章介绍锅(窑)炉本体结构和附属设备;第二篇分 2 章叙述司炉实用技术和锅炉运行管理;第三篇共 9 章,详述锅(窑)炉烟尘、烟气、噪声测试方法;第四篇共 7 章,分述锅(窑)炉热工测试技术;第五篇消烟与除尘,分 3 章介绍消烟技术及除尘方法、设备、原理与适用范围。在附录中收录了国家新颁布的测试方法、排放标准等。书中既有基础理论,又有操作方法,还有测试实例,并介绍了一些新方法。如烟尘测试中的测孔密封、采样支架固定、滤筒存放等质控技术,消烟除尘方法中介绍的喷射助燃技术、燃煤添加剂等燃烧实用新技术。(朱丹琪)

X000024　**太空·地球·人类**　王大珩、潘厚任主编。广西科学技术出版社 1993 年 11 月版。22.6 万字。20.00 元。由中国著名科学家、国家"863"高科技计划发起人王大珩、杨嘉墀、陈芳允及林兰英、潘厚任等集体编写。对当今国际空间科学研究的最新情况和发展趋势进行了深入的探讨和研究,提出了全球环境变迁的探测研究和空间科学的发展计划。共 6 篇,分别为总论、日地空间、人类居住的星球、当代空间信息科技、微重力材料学、空间生命科学与空间资源开发等。(马如海)

Z　综合性图书

Z000001　**中华文化要籍导读丛书**　蔡尚思主编。巴蜀书社 1993 年版。30 册。从中华文化的"根"出发,撷取其中最能代表民族文化精神的一部分著作,包括文学、历史、哲学、语言文字等社会科学和一些自然科学方面的重要典籍,分册导读。重点在"导",通过"导",使广大读者了解和正确学习中国古代文化要籍。每种一般不超过 20 万字,内容主要分为两部分。首先是导言,除了介绍该要籍的作者与全书概况,该书在中国文化史和世界文化史上的重要地位和作用,还着重从方法上对读懂要籍给予具体指导,即讲清这部书怎样才能读懂,怎样取其精华、去其糟粕,以及如何进一步深入学习、研究该要籍的途径,并开列了应当参阅的有关著作书目。第二部分是该要籍的精选和简注。导言和简注通俗易懂、深入浅出,反映了导读者多年的研究心得和学术界的最新成果。(黄小石)

Z000002　**中华百科要览**　石泉长主编。辽宁人民出版社 1993 年版。340 万字。59.80 元。收词目 1 万余条,分概观、经济、政史、文化、艺文、科学、技术 7 大类,下分概况、地理、民族、社会、经济、贸易、旅游、交通运输邮电、历史、政治、军事、外交、法律、哲学、伦理、逻辑、宗教、风俗、教育、体育、新闻、出版、译学、语言文字、文学、音乐、舞蹈、美术、戏剧、影视、科技、数学、物理、化学、天文、地学、生物、医学、农学、矿冶、机械工程、建筑、陶瓷、纺织、饮食等 45 篇。每一篇中既有总体的概览,又有依年代或专题专类的纵向、横向综述。另有按类划分排列的单项词条。后有中华大事总览,以年表形式记载中华文明的发展历程。附内容笔画索引。(霍世荣)

Z000003　**类林研究**　史金波、黄振华等编著。宁夏人民出版社 1993 年版。25 万字。35.00 元。《类林》是唐代予立政编纂的一部类书,该书将唐代民间流传的许多传统故事分门别类加以叙述。原著已佚传 700 多年。19 世纪末,在敦煌藏经洞中发现部分残页(现藏英、法、日等博物馆)。1909 年,沙俄探险家科兹洛夫在中国西夏遗址黑城子发现西夏乾祐十二年(1181)刻印的西夏文《类林》(原件藏俄罗斯科学院东方学研究所圣彼得堡分所);1983 年莫斯科出版了影印本和克平的研究专著。中国西夏学专家史金波等将西夏文本《类林》译成汉文，并参照王朋寿的《类林杂说》、敦煌《类林》残页，复原了唐代《类林》古本。本书包括：前言，类林研究（作者研究论文），西夏文本《类林》影印件426幅，西夏文本《类林》汉译，《类林》复原本及校注，附件（敦煌《类林》残页影印件）。（汤晓芳）

Z000004 **民国丛书第四编** 周谷城主编。上海书店1993年版。5万页。100册。5500.00元。收民国时期具有代表性的学术著作和资料性著作223种，按哲学宗教、社会科学总论、政治法律军事、经济、文化教育体育、语言文字、文学、艺术美学、历史地理、科学技术史和综合11大类编排。其中哲学宗教类收录研究先秦诸子学说的著作，如陈焕章、谢无量、蔡尚思、康有为研究孔子及其学说的著作，杨筠如、陈登元研究荀子的著作，钱穆、杨大膺、朗擎霄研究孟子的著作，梁启超、伍非百、方授楚研究墨子的著作等。社会科学总论类着重收录社会学研究者、工作者对中国农村社会进行研究而作的社会调查报告等，如《定县社会概况调查》、《乡村建设实验》（1—3集）；还收录有关中国秘密社会、帮会的研究著作。政治法律军事类收录研究中国行政制度的著作，以及关于租界问题的研究著作。文学类着重选录研究外国文学的著作，如吴达元的《法国文学史》、李长之研究德国与北欧文学的著作，还有研究唯美派和西班牙文学的著作等。历史地理类收录研究中国古代史的名著，有《古史辨》、吕振羽的《中国社会史纲》、吴泽的《中国历史大系——古代史》等，还收有研究太平天国的著作，如罗尔纲的《太平天国史纲》、《太平天国史丛考》，谢兴尧的《太平天国史事论丛》、《太平天国的社会政治思想》，彭泽益的《太平天国革命思潮》等。综合类收录王国维、林纾、张寿镛等著名学者和作家的文集。（徐力励）

Z000005 **五言丛书** 王静等编。春风文艺出版社1993年1月版。134.5万字。34.20元。从浩如烟海的古籍中精心选辑有关资料，分《谏言》、《笺言》、《遗言》、《誓言》和《弔言》等5册。每篇正文前均有"说明"，介绍作者和作品的背景以及写作动机，并扼要提示内容；每篇正文后均有"注释"，对难词难句进行简要释义，对名物典故详为考辨和说明。（宋加哲）

Z000006 **誓言** 朱凡等编。春风文艺出版社1993年1月版。21.8万字。6.20元。收入"五言丛书"。誓言在人类较早的年代里兼有道德和法的功能，其形式主要有两类：一是军旅之言，即告诫将士、讨伐敌人的言辞；二是诺言、盟约，用之于约信。依照不同的根据，可以对誓言作出种种不同的划分。本书共收入誓言123篇（首），分为誓语、誓诗、誓文、盟文、檄文等5类。（宋加哲）

Z000007 **当代世界知识新辞典** 张象主编。南开大学出版社1993年1月版。117.4万字。21.50元。收当代世界历史、政治、经济、军事、外交、文学艺术诸方面的事件、人物、组织及名词术语约3 000条。有"分类目录"和"辞目音序索引"，附录"各国概况表"、"主要国家历届政府领导人一览表"、"战后世界人口数量增长表"、"发达国家与发展中国家人口增长率死亡率比较表"、"世界各国（地区）的国内生产总值"、"部分国家国民收入增长速度比较表"、"世界商品贸易增长率"、"主要国家的财政情况"等图表。时间上限为1945年，下限为1988年底，一些条目因需要收录至1992年。（焦静宜）

Z000008 **谈书说文** 王梦奎著。书目文献出版社1993年1月版。18万字。7.00元。随笔集。文章论古道今，旁征博引，对我国改革开放、企业管理、经济政策、商品经济及社会主义等方面的现实问题多有涉及，从不同的角度反映了中国近十余年的发展过程。作者在书中又以其丰富的阅历告诉青年人如何读书、如何评书、如何写文章。（卢玉荣）

Z000009 **古籍书名辞典** 冯芝祥等编著。学林出版社1993年1月版。35.1万字。13.40元。收古籍3 700余种，上起先秦，下讫清代（另附近代部分），类别包括哲、经、文、史以及理、工、农、医等。以解释古籍书名含义为主，每种书还列出异名，标出类别，注明著（编）者姓名及所处朝代。如诠释书名后，估计读者对该书内容还不能有所了解的，再用简要文字作补充说明。（周清霖）

Z000010 **文廷式集** 清·文廷式著，汪叔子编。中华书局1993年1月版。112万字。2册。32.00元。文廷式是晚清"帝党"要员和著名学者。本书辑录其奏议70余件、文录30余篇、史志15种、《闻尘偶记》等笔记20多种、日记9则、书简15通、诗词赋联数百首和笔记2件，分编14卷。收文多据手稿或初刊本，有多种稿本或刊本则择其善者。为"中国近代人物文集丛书"之一。（陈铮）

Z000011 **新中国大博览** 李默主编。广东旅游出版社1993年2月版。200万字。430.00元。采用编年体的形式逐年逐月记录新中国43年（1949年10月至1992年10月）的历史进程，全面、客观地反映新中国43年政治、经济、军事、外交、法律、科技、文化、艺术、民族、宗教、卫生、体育和时代人物等方面的情况。着重收录新中国各个历史时期的重大事件和伟大人物,并收录与之有关的细节小事、典型事例以及普通人等。全书精选具有历史价值的彩色照片6 000多幅,与文字相互衬托、相互补充。(梁坚)

Z000012 **青年读书辞典** 曾庆元编。湖北人民出版社1993年2月版。80万字。14.95元。旨在向广大青年朋友提供一个必读书目和最佳的读书指导。分为哲学、政治学、经济学、社会学、法学、历史、宗教、文化民俗、人类学、心理学、美学、文学、文艺学、语言学、地理学、自然科学、常用工具书等类。所选书目有:马克思主义经典著作、已有定论的古今中外名著、某一时期或某一重要学术流派的代表作、对人类社会发生过重大影响的作品、反映学科前沿信息的著作。在释文方面,以历史唯物主义和辩证唯物主义为指导,系统地给图书以学术性评论和讲析,说明其精华与糟粕、成就与不足,判定其历史地位。另外在资料准确、评价中肯的前提下,文字力求生动活泼,可读性强。(郭桥莎)

Z000013 **宋恕集** 清·宋恕著,胡珠生编。中华书局1993年2月版。94.4万字。2册。29.80元。收录宋恕1887—1910年间的著作,分编10卷。第一至第三卷为《六字课斋卑议》(初稿)、《六字课斋津谈》和《六字课斋卑议》印本等专著,第四、五卷收杂著150篇,第六、七卷辑致章太炎、梁启超、张謇等人书信119通,第八卷收家书66封,第九卷录诗词200余首,第十卷为1890—1909年间的日记。反映了作者变法维新思想及其在教育、学术方面的活动。书后编附全集人名索引等。为"中国近代人物文集丛书"之一。(陈铮)

Z000014 **现代应用小百科** 李朝略编著。湖南出版社1993年3月版。46.4万字。8.10元。分"生活知识"、"家用电器"、"日常用品"、"文化艺术"、"医药卫生"、"经济之窗"、"农事顾问"7部分,介绍城市和农村日常生活中适用的小知识,如衣食住行的小学问,各种用品的挑选、购买、使用和修理;春夏秋冬四时保健,生活卫生、医药常识、老年长寿、家庭急救、最新验方、偏方;国务院(1993年)公布并实施的最新资产评估法,股票、债券交易,信贷、保险、税收;农家养殖、种植、加工新技术、新方法,科学致富新途径;文学基础知识、文学作品欣赏、应用文写作、音乐基础知识、音乐作品欣赏、小品的编排、歌曲的演唱等。(易和声)

Z000015 **刘熙载集** 清·刘熙载著,刘立人、陈文和点校。华东师范大学出版社1993年3月版。49.2万字。14.60元。收录原刻于清同治十二年(1873)的《古桐书屋六种》和原刻于光绪十三年(1887)的续刻三种。《古桐书屋六种》包括《持志塾言》、《艺概》、《四音定切》、《说文双声》、《说文叠韵》和《昨非集》;续刻三种包括《读书札记》、《游艺约言》、《制义书存》。《持志塾言》颇能体现作者的儒家传统观念,但不迂腐;《艺概》是一部著名的文艺理论著作;《四音定切》、《说文双声》、《说文叠韵》是关于音韵学的学术著作,可见作者文字、音韵学的造诣;《昨非集》颇具寓言色彩且含有深刻的哲理。集中尚收有散文、诗词、序、论、记等各种体裁的作品,反映了作者的文学才能。本书系刘熙载著作的完整的整理本。(姜汉椿)

Z000016 **中国国情总览** 邵华泽、靳德行主编。山西教育出版社1993年3月版。383万字。98.00元。采用总论和分论相结合的方式,分设基本国情、政治、法制建设、军事、民族、宗教、侨务、对外关系、教育、科学技术、医疗卫生、新闻出版、体育、文化、精神文明、社会生活等17卷。依历史发展脉络,据现实状况,逐一叙述中国国情的方方面面,为读者正确认识中国的国情,提供了较为全面系统的资料。(原琳)

Z000017 **十万个为什么(续编本)** 少年儿童出版社编。少年儿童出版社1993年3月版。120万字。35.00元。按《十万个为什么》的体例续编。分数学②、物理③、化学③、天文②、地学②、气象②、动物③、植物③、医学③④10册,共1 090个题目。(洪祖年)

Z000018 **郑樵文集** 吴怀祺编著。书目文献出版社1993年3月版。10万字。7.20元。对郑樵诗文集《夹漈遗稿》进行校补,参照海内所有的抄本、刻本,辑入从多种文献中发现的佚文,并作翔实的考辨。附《郑樵年谱稿》。(卢玉荣)

Z000019 **中华智慧宝库** 严华、晓林主编。中国国际广播出版社1993年3月版。250万字。72.80元。分智慧的英杰、智慧的韬略、智慧的语言、智慧的故事以及智慧的结晶等部分。智慧的英杰包括改造时势的英杰、思想学术智杰、叱咤战场的英杰、科学技术英杰、文学创作英杰等7类;智慧的韬略包括料敌、造势、示形、审时、兵法及兵器等6类;智慧的语言包括天地有至理、学海无止境、规矩与对策、预测与躬行、志向与气节、交往与友情、明察与决断、处世与修养 8 类；智慧的故事包括治国安邦、统军用兵、经国济地、外交权变、断案诉讼和巧结姻缘等 11 类；智慧的结晶包括科技、农业、体育、建筑、医学、工艺美术、纸墨笔砚、书籍和乐曲乐器 9 类。（胡乃光）

Z000020 **四书五经** 北京古籍出版社 1993 年 4 月版。150 万字。41.50 元。“四书五经”影响着中国两千年来的历史、文化、思想、艺术、政治、经济等各个领域，是我国传统文化的经典著作，是古代儒家思想的核心，是古代学生学习的人门读本，也是今天学习和研究古代文化、思想的必读书。“四书”包括《论语》、《大学》、《中庸》、《孟子》，“五经”包括《易经》、《书经》、《诗经》、《礼记》、《春秋》，分别由宋、元大学问家朱熹、蔡沈、陈澔等注释。本书分上、下两册影印。（楼霏）

Z000021 **中国国情辞书** 王彦峰编。山西经济出版社 1993 年 4 月版。173 万字。60.00 元。共 12 篇，全面地概述中国的国土规模、自然资源、人口状况、民族传统、文化源流、社会制度以及政治、经济、科技、文化教育、周边关系等基本情况，分析中国的历史、现状和发展前景，阐述中国国情是建设有中国特色社会主义的出发点，是制定党的基本路线的科学依据，要坚持建设有中国特色的社会主义理论，就必须正确认识国情。（张凤山）

Z000022 **陈独秀著作选** 任建树、张统模等编。上海人民出版社 1993 年 4 月版。162 万字。3 册。62.00 元。辑人陈独秀 1897 至 1942 年的论文、演讲、书信、诗歌等 800 余篇，分 3 卷。第一卷为“五四”前的著作，第二卷为“五四”至 1927 年 7 月的著作，第三卷为 1927 年 7 月至 1942 年 5 月的著作。（郝盛潮）

Z000023 **20 世纪大回顾丛书** 汪述荣、李国强等主编。21 世纪出版社 1993 年 5 月版。150 万字。9 册。31.05 元。包括《20 世纪政治名人》、《20 世纪大科学家》、《20 世纪文化名人》、《20 世纪大战争》、《20 世纪大觉醒》、《20 世纪大飞跃》、《20 世纪大建筑》、《20 世纪大突破》、《20 世纪大悬案》等 9 种。全书站在两个世纪的交界线上，回顾和总结了人类在社会科学、自然科学、应用技术、文化体育、生态环境等方面在 20 世纪所走过的历程，和曾经面临的各种纷繁复杂的矛盾、困难和机遇，特别是人们在物质生产和精神文化生活领域内取得的发展和进步，并介绍在 20 世纪产生的为人类作出巨大贡献的历史人物。（邓滨）

Z000024 **中国古籍善本书目·史部** 《中国古籍善本书目》编委会编。上海古籍出版社 1993 年 5 月版。91 万字。2 册。110.00 元。《中国古籍善本书目》是迄今为止最全面、系统地反映中国传世古籍善本面貌的大型目录工具书。共著录全国各省市图书馆、博物馆、文献馆、大专院校等单位所藏古籍善本 6 万多种、13 万部，其中不乏世所罕见的宋元刻本和著名学者的手稿本，及大量的明刻本和清初刻本。全书分经、史、子、集、丛五部，已出版经部、丛部。本书为史部，收史部古籍善本 15 700 多种，分纪传、编年、纪事本末、杂史、诏令奏议、传记、史抄、时令、地理、职官、政书、目录、金石、史评等 14 类。各书书名卷数下标注编撰者及版本等。书后附藏书单位代号表、检索表。（罗颢）

Z000025 **童年文库** 少年儿童出版社编。少年儿童出版社 1993 年 5 月版。800 万字。184 册。600.00 元。分装 A 箱、B 箱。A 箱 76 种、92 册，B 箱 77 种、92 册。分社会科学、自然科学、文学三大门类。社会科学类有思想教育读物《革命前辈学习故事》、《国耻篇》、《班主任不在的时候》、《怎样使人夸你美》等，有历史读物《中国的四大发明》、《中国古代大诗人》、《二万五千里长征》、《岳飞抗金兵》、《中国共产党的成立》等，有地理游记读物《在长江的激流中》、《黄山探奇》、《在西藏旅行》、《神游台湾》等。自然科学类包括数、理、化、天、地、生多方面的科学知识，有《动脑筋爷爷》、《小灵通漫游未来》、《数学司令》、《“没兴趣”游“无算术国”》、《孙悟空科学世界历险记》、《打开地下宝藏的钥匙》、《趣味数学 100 例》、《手工劳作 100 件》等。文学类有传统题材小说《找红军》、《鸡毛信》、《“强盗”的女儿》，有儿童生活题材小说《吕小钢和他的妹妹》、《笑笑和哭哭》、《窗台上的脚印》，有童话《小巴掌童话》、《玩具店的夜》、《特别通行证》等，有散文《绿色的回忆》、《边山狩猎》等，有古典文学改写本《火烧赤壁》、《小西游记》、《逼上梁山》等，有民间故事《老鼠金巴》、《神笛阿牛》等，有外国文学《外国童话世界》、《外国故事世界》、《外国动物世界》、《外国寓言》等。（洪祖年）

Z000026 **世界文化精华分类大辞典** 史仲文、胡晓林主编。中国国际广播出版社 1993 年 5 月版。500 万字。2 册。136.00 元。从 400 多位著名思想家、文学家、哲学家、史学家、政治家、军事家、经济学家、教育家、科学家的作品中精选最有代表性的言论，分为论文明、论民主、论科学、论国家、论战争、论教育、论经济、论未来、论理想、论价值、论宗教、论权威、论禁忌、论灵魂、论崇拜、论自然、论空间、论宇宙、论环境、论人生、论幸福、论修养、论创造、论艺术、论创作、论家庭、论爱情、论嫉妒、论丑恶、论功利等100类,以便于读者了解和比较不同地域、不同时代、不同人物、不同思潮、不同派别对同一问题相同或相异的见解。(胡乃光)

Z000027 **学龄前儿童的十万个为什么** 副名:答学前儿童问。陈效一主编。中国林业出版社1993年5月版。131万字。48.80元。据《答学前儿童问》修订改编。共收全国各地学龄前儿童提出的问题2 000余个,内容包括自然科学的各个方面,分为《数学·化学》、《物理》、《天文·气象·地理》、《生活常识》、《动物》、《植物》、《卫生·健康》7册。对每个问题的解答都从孩子们身边的实例出发,启发孩子们对周围的生活环境进行观察、思考,学会科学的思考方法,并进行一些有趣的科学实验。每一个问题都附有插图。(徐平)

Z000028 **四库全书精萃** 彭林主编。大连出版社1993年6月版。600万字。135.00元。以文渊阁本为底本,采用标点影印的方式进行编选。所录文献301种,1 067篇,基本上覆盖了中国古代学术文化的主要领域,并且多数在各自领域及其分支学科中占有经典性或代表性的学术地位。所列篇章在保证名家名著名篇的同时,收录了直接反映重大历史事件和典章制度的原始文献以及辑佚性的孤篇。首篇设解题一栏,对所收每种书的作者、内容要点、学术价值及版本情况作简要说明。全书按《四库全书》的门类分章编次,即经史子集四类。每个门类均设有导读性的按语,以帮助读者正确理解各个学科门类的定义和性质。对书内文中存疑之处,如脱讹、倒字、重文、妄删,笔误等,均在原文旁侧标出"△"符号,以引起读者注意。(刘民)

Z000029 **昭明文选译注** 阴法鲁等译注。吉林文史出版社1993年6月版。336.6万字。6册。141.50元。包括原文、题解、注释、今译4部分。(林革华)

Z000030 **当代东南亚系列** 陈吕范主编。四川人民出版社1993年6月版。320万字。140.80元。包括《当代越南》、《当代老挝》、《当代泰国》、《当代缅甸》、《当代柬埔寨》、《当代马来西亚》、《当代新加坡》、《当代印度尼西亚》、《当代菲律宾》、《当代文莱》10册。各书统一分为上、中、下篇。上篇为该国国情,介绍地理与资源、人口与政区、民族与宗教、风俗与节日、简史、政治、经济、军事、外交、文教、卫生体育等概况。中篇为实用指南,收录该国的主要法规以及政府机构、金融机构、外交机构、工商企业、旅游业、交通机构和教育科研机构、新闻出版机构等资料。下篇是社会经济统计资料,提供该国国土、人口、国民生产总值、工业、农业、能源矿业、交通运输、财政金融、物价、外贸等方面的统计数据。(李远杰)

Z000031 **年鉴学概论** 肖东发等著。中国书籍出版社1993年6月版。36万字。11.00元。把年鉴事业放在一定的历史背景中进行考察与研究,从理论、历史、方法三个方面构建年鉴学体系。在理论篇中,阐述年鉴的定义、特点、性质、种类、地位和作用、年鉴事业的构成及其建设原则、组织管理、社会作用、发展规律等基本问题。在历史篇中,论述年鉴的史学史、国外年鉴发展史和中国年鉴发展史。在事业篇中,在总结中国年鉴编纂经验的同时,适当引进美国、日本等外国年鉴编纂的理论与方法,并从宏观和微观的角度分别进行比较研究。在方法篇中,对年鉴的编纂原则、框架结构、具体选材、编写体例、编排与检索体系等问题,作了较多的论述。后附"我国八十年代出版年鉴一览表"和"有关年鉴的论文资料索引"。(章宏伟)

Z000032 **小小图书角丛书** 孟宪忠等编。长春出版社1993年7月版。100万字。60册。174.00元。包括思想品德修养、文化、历史、文学、自然科学等各类知识,囊括了少年儿童学习、生活各方面内容,体现了知识的系统性、连续性,具有开阔视野、启发智力的作用。(孙慧平)

Z000033 **明清书目研究** 孙永如著。黄山书社1993年7月版。17万字。5.90元。分为绪论篇、述要篇、实用篇。绪论篇介绍书目的产生与发展、明清书目的大概情况。述要篇分导读书目、考订书目、版本书目三类,逐一介绍各种书目,间有评价。实用篇介绍明清书目的具体功用、使用方法,以及使用明清书目应注意的具体事项等。后附现存明清书目简表。(宋效永)

Z000034 **"中华之最"解说词精选** 纪良主编。山东教育出版社1993年7月版。36万字。11.95元。精选全国31省市电视台联合摄制的大型电视系列片《中华之最》的解说词,分稀世大观、奇山秀水、名胜古迹、文苑博览、地域采风、历史文物、珍奇特异、建设新貌等10部分。从一个独特的角度弘扬中华民族的传统文化,讴歌社会主义建设的辉煌成就,充分展示了中华大地的风物和中华儿女的伟大创造。贯穿该书的中心主线既非文化自然主义,也非文化复

古主义，而是客观地、求实地强调弘扬中华民族的主体意识和自强精神。（乔友复）

Z000035 **续修四库全书总目提要·经部** 中国科学院图书馆整理。中华书局1993年7月版。244.6万字。2册。310.00元。《续修四库全书总目提要》是我国专家学者在1928至1942年间编纂的一部大型书目提要工具书，共著录经、史、子、集书籍31 800余种，比较系统、完整地收录并评介了清代所修《四库全书总目》未收及清乾隆年间至本世纪30年代以前的各类书籍，是文史工作者的必备工具书。“经部”包括易类、书类、诗类、礼类、乐类、春秋类、孝经类、四书类、小学类、石经类、群经总义类和汇编类，共1 928种，1 975篇。（赵东）

Z000036 **子史精华** 清·张廷玉等编。北京古籍出版社1993年8月版。约270万字。2册。49.00元（精）。清康熙年间编纂的类书。共160卷。康熙死后，雍正帝复命词臣校勘，于雍正五年（1727）告成。该书摘录先秦诸子及历代朝野史书杂记中可供鉴诫的历史故事、成语典故、科学知识、学术文化等内容，依类排比，分为天、地、帝王、皇亲、岁时、礼仪、设官、政术、文学、武功、边塞、伦常、品行、人事、乐、释道、灵异、方术、巧艺、形色、言语、妇女、动植、仪饰、服饰、居处、产业、食馔、珍宝、器物等38部，下设280类。每条均以引文中最有概括力的词语作为标目，先注出处，再录原文，必要时加以注释或按语。以清光绪十年上海同文书局本为底本影印。（古吉）

Z000037 **最新各国概况** 李树藩等编。长春出版社1993年8月版。160万字。50.00元。以较新的资料全面、系统地介绍全球226个国家和地区的概貌。每个国家和地区从15个方面予以介绍：国家全称；面积；人口；首都；现任国家元首或政府首脑；行政区划；自然资源；社会；历史；政治；经济；文化教育；科学技术；都市；旅游。所用资料截至1992年12月底。（张中良）

Z000038 **农村年书（1994年）** 《农村年书》编辑组编。人民出版社1993年8月版。25万字。3.80元。原名《东方红》，是1964年我国著名出版家胡愈之倡导出版的农村综合性知识读物。采用“历书”这种农民熟悉的传统文化形式，把农村需要的政治、科技、文化、生活等实用知识汇集起来，每年出版一本，使农民通过农历的形式接受社会主义思想教育和现代科学文化的熏陶，开阔眼界，增长技能。1982年更为本名，意为“面向农村的一年出版一本的书”。本书分历书、农村天地、实用科技、青年之家、法律问答、科普园地、国外农村、文化生活、卫生顾问、生活常识十大栏目，除了介绍丰富多彩的政治、文化、法律、生活知识外，还为农民提供了20余条政策信息和100余条科技信息，并且在大32开版面上采用特大32开版心，使书在不增加成本的情况下，增加2万多字的内容。（李春林）

Z000039 **清高宗（乾隆）御制诗文全集** 中国人民大学出版社1993年8月版。10册。1988.00元。据清宫皮藏内府刻本影印。包括《乐善堂全集定本》、《御制诗》、《御制文》，共576卷。其中《御制诗》收诗43 630首，接近《全唐诗》数千名作者诗作的总和。乾隆的诗文生动地再现了18世纪中国的重大事件，是研究清史及乾隆的重要史料。（郑伯平）

Z000040 **农村少年书箱** 陈天昌等编。中国少年儿童出版社1993年8月版。133.5万字。48.60元。共20册。其中有《自然奇观知多少》、《世界真奇妙》、《小学数学能力系列训练》、《我爱家乡——小学生优秀作文选评》、《爱的教育》（儿童版）、《农村应用文》、《农家生活小常识》、《家庭饲养百题》、《迷信·骗术·毒瘤——讲科学破迷信》、《趣味游戏大观园》、《60个科学游戏》、《小小发明110例》、《背诵古诗54首》、《外国童话故事选》、《爱国故事新编》、《农民企业家的故事》、《中外著名科学家小传》、《科学小博士》（科技小制作）等。（陈天昌）

Z000041 **伍廷芳集** 伍廷芳著，丁贤俊、喻作凤编。中华书局1993年8月版。69.3万字。2册。30.85元。伍廷芳（1842—1922）是中国近代有影响的政治家、外交家、法学家。本书收录伍廷芳的著述、奏折、函电、文稿等600余件，按著作时间编排，加简明的题解和注释，集中反映了伍氏一生的活动和思想，对于研究中国近代法律史、政治史及中外关系史具有较高的史料价值，也是研究伍廷芳生平思想的较完备的资料汇集。为“中国近代人物文集丛书”之一。（侯明）

Z000042 **杨时集** 宋·杨时撰，林海权点校。福建人民出版社1993年10月版。85.3万字。40.00元。杨时诗文和语录集，共42卷。以万历本为底本，增收弘治本、正德本的个别篇章及方志、谱谍的若干逸文，校正各版本的讹误，恢复被清代官方和私人篡改的文字，重编和新编7个附录。（吴锦道）

Z000043 **少儿科学知识大百科** ［韩国］赵庆哲等编，朴哲译。黑龙江朝鲜民族出版社1993年10月版。200万字。155.00元。少儿科普读物。据韩国艺林堂出版的《科学生活漫画学习》翻译。全书5册，分10部分："宇宙"，"地球"，"生命科学"，"植物"，"动物"，"鸟·昆虫·鱼"，"海洋"，"气象"，"人体奥秘"，"电子计算机"。(李贤吉)

Z000044　**扬雄集校注**　汉·扬雄著，张震泽校注。上海古籍出版社1993年10月版。31.1万字。9.90元。扬雄是前后汉之交文学家和哲学家。刘向《别录》和刘歆《七略》著录其著作有《太玄》、《法言》、《扬雄训纂》、《乐》、《箴》、赋12篇，此外尚有文字学著作《方言》、史学著作《蜀王本纪》。《隋书·经籍志》将扬雄辞赋书文等著录为《扬雄集》5卷，其他小学、史学、哲学著作则另外著录。《扬雄集》5卷至宋代已散佚。宋人谭愈据《汉书》、《古文苑》辑成《扬雄集》5卷，是为重编本。本书以清人严可均辑《全上古三代秦汉三国六朝文》为依据，核查出处，删其不当，补其缺漏，以文体为序，收赋10篇，文7篇，书4篇，颂诔2篇，箴34篇，合计57篇，小学、哲学著作不收。校注精审详明。书后附"扬雄佚事"、"扬雄佚篇目"、"扬雄年表"。(丁如明)

Z000045　**老年生活中的1000个怎么办**　浙江科学技术出版社编。浙江科学技术出版社1993年10月版。85万字。18.00元。内容包括学习奉献、政策法律、心理咨询、疾病防治、健身锻炼、饮食营养、花鸟虫鱼、家政社交、日用器具、生活情趣等十个方面，对于老年人具有较强的实用性。(边方)

Z000046　**港澳大百科全书**　《港澳大百科全书》编委会编。花城出版社1993年11月版。220万字。380.00元。分香港卷和澳门卷，收录条目近7000条，系统地反映港澳地区地理、历史、政治、经济、文化、教育、科技、宗教、社会及人物等方面的情况。书中有彩色、黑白插图近400幅。附录有《香港大事记》、《澳门大事记》及《港澳〈特别行政区基本法〉》等资料。(陈锡忠)

Z000047　**翠微南征录北征录合集**　宋·华岳撰，马君骅点校。黄山书社1993年11月版。21.8万字。7.30元。诗文集。作者是南宋军事家、诗人。"翠微"，作者别号；"南征"，指作者遭贬由临安徙建宁；"北征"，指作者由建宁北归临安。《南征录》收录《上皇帝书》与古今体诗近400首，共11卷。《北征录》收录《平戎十策》和《治安药石》2组文章，共12卷。其诗内容广泛，多反映国势艰危和人民疾苦；诗风"粗豪使气"(王士禛语)，语近意深，真情快语中见英雄本色。《上皇帝书》针对韩侂胄轻开兵衅，于开禧元年(1205)上书宋宁宗，指出当时"将帅庸愚"、"军政不修"的实际情况，预言轻举妄动必然会"不战自败"，痛斥韩侂胄及其党羽"专执权柄，公取贿赂"，"私植党羽，阴结门户"，为误国之大奸。《平戎十策》详细地阐述从取士、招军到御骑、陷骑，从得地、守地到恩威、利害，以及如何筹足军费、如何备足战马等一套军事计划和伐金良策。《治安药石》提出军国大计、边防要务、选将练兵、修塞制械、破敌长技、足兵便民等一系列安边抗金的谋略。本书点校，《南征录》以《四部丛刊三编》本为底本，校以清人郎遂所刻10卷本、《四库全书》11卷本、吴锡麟批注本及刘世珩所刻《贵池先哲遗书·秋浦双忠录》本；《北征录》以刘刻《秋浦双忠录》本为底本，校以北京图书馆所藏元抄本和南京图书馆所藏清人张金吾爱日精庐传抄本。(诸伟奇)

Z000048　**城市百科辞典**　林凌、陈永忠主编。人民出版社1993年11月版。112万字。35.50元。收词目4 000余条，内容包括城市文化、教育、卫生、工业、商业、外贸、财政、税收、金融、保险、市场管理、消费、市政规划和建设、交通、邮电、民政、家庭和人口、城市地理、环境、园林、旅游、城市土地和房产管理、治安和法规、城市发展史等方面。词目总体设计比较科学，词条释义、举例等方面突出了城市科学的特点；对城市改革和建设中出现的新现象、新概念作了提炼和阐释，其中相当一部分词目是首次加以概括解释的。(魏海源)

Z000049　**环球书系**　天津人民出版社编。天津人民出版社1993年11月版。113万字。5册。31.00元。世界知识普及读物。已出版5卷：《缪斯的竖琴》(文学卷)，介绍从古代到20世纪世界文学的发展及其流派、代表人物及代表作品；《艺海风景线》(艺术卷)，介绍戏剧、电影、音乐、舞蹈、绘画与建筑等世界六大艺术门类的发生、发展、流派、代表人物及代表作品；《人心中的神殿》(宗教卷)，介绍世界各主要宗教的基本知识，主要包括佛教、天主教、基督教、伊斯兰教、印度教、道教、犹太教以及其他教派的发生与发展、创始人、教义、教规、教法与习俗；《角逐名利场》(谋略卷)，介绍在世界政治、外交、经济、军事舞台上，以及在日常生活中曾经运用过并获得成功的谋略、权术、技巧及手腕；《人生边上的絮语》(名言卷)，按自然、社会、政治、经济、军事、科学、艺术、哲学、历史、宗教各个领域，以及人生的不同时期、不同方面，分类收集世界名人名言，英汉对照。(胡建中)

Z000050　**辞书集成**　《辞书集成》编委会编。团结出版社1993年11月版。41600页。52册。

4800.00元。选编影印汉至清中国古代辞书,分甲、乙、丙、丁四部。甲部为字书,收50余部;乙部为词书,收30余部;丙部为类书,收10余部;丁部为专集,收20余部。各书前有简明序言,介绍该书的内容与查阅方法;书后有后记,勘校该书内容与版本错讹,说明版本的演变。(姜智)

Z000051 **蔡元培选编** 蔡元培著。沈善洪主编。浙江教育出版社1993年11月版。103万字。2册。24.00元。选收蔡元培在不同历史时期的代表性著作260篇,分哲学、美学与美育、教育、伦理、科学、文化、政治、传记8类。附有历史照片50余帧。(余龙文)

Z000052 **闻一多全集** 武汉大学闻一多研究室编。湖北人民出版社1993年12月版。12册。398.00元。共12卷:第一卷,诗;第二卷,文艺评论·散文杂文;第三卷,神话编·诗经编上;第四卷,诗经编下;第五卷,楚辞编·乐府诗编;第六卷,唐诗编上;第七卷,唐诗编中;第八卷,唐诗编下;第九卷,庄子编;第十卷,文学史编·周易编·管子编·璞堂杂业编·语言文字编;第十一卷,美术;第十二卷,书信·日记·附录。这套全集的特点是全面、真实。全面即把能见到的闻一多的文章和可以整理成文的未刊手稿全部编入;真实即忠于原作,保持原貌,为读者提供可信的版本。它几乎全部是根据手稿整理的,增补了1948年开明版《闻一多全集》(4卷)未能整理收人的闻一多的许多重要遗著,是一项既有文学价值、学术价值又有收藏价值的文化积累工程,为"国家八五重点图书"。(邓宁辛)

Z000053 **十三经直解** 朱安群等编著。江西人民出版社1993年12月版。500万字。6册。180.00元。分4卷,对"十三经"的全部原文,用现代汉语作客观、直接的串解。经文以清代阮元刻《十三经注疏》为底本,参照黄侃《手批白文十三经》进行校勘。释义全部采用句尾夹注,只解本义,不作评语;吸取古注的精华,特别吸收清代、现代的研究成果,择善而从;对有几家解说能通又可备一说者,几说并存。将《尚书》中的伪古文部分、《诗经》中的毛序部分剔出附于卷后,作为资料保存。(喻致评)

Z000054 **山东文献书目** 王绍曾主编。齐鲁书社1993年12月版。63.5万字。19.00元。收录能够查清的先秦迄于清末有刻本、稿本、抄本流传的山东先贤的著作,按经、史、子、集、丛分类排列,一部分与山东文献有关的非山东先贤著作附于每类之后。经史子集四部计5 208部,28 012卷,内不分卷者987部;丛书65部,3 818卷,内不分卷者1部;附录1 326部,3 289卷,内不分卷者210部。每种图书著录的版本少则一种,多则几十种,均按时代先后次序排列,其中有大量的宋金元明刻本,明活字本,稿本,影宋、影元抄本,旧抄本,名家批校题跋本等。书前套印山东先贤著作书影50帧,书后附有书名及著者索引。(赵捷)

Z000055 **袁嘉谷专辑** 余孟良等编。云南人民出版社1993年12月版。18.8万字。6.00元。袁嘉谷为清末(1903)经济特科第一名,为云南置行省后唯一的"状元"。袁氏做了8年清朝官吏,辛亥革命后回滇,兼任东陆大学、云南大学国学教授,云南省图书馆副馆长、馆长,长期从事教育和文化工作,治学严谨,精通书法,著述颇丰,为云南近代史上一位博学之士。书中收辑有关袁嘉谷的传记文章5篇、袁嘉谷文录23篇、赠文辑存14篇、回忆文章7篇、研究文选13篇,以及袁嘉谷著作目录,书法、印鉴作品等,从中可见袁氏的人品和学识及其对丰富和发展我国史学、文学、经学、教育和书法艺术等方面所作出的贡献。(文永清)

Z000056 **中华之最大典** 张文玲主编。中国青年出版社1993年12月版。174万字。56.80元。收条目8 000余条,汇集具有"之最"特征的中华民族的历史文化和社会主义现阶段的伟大成就。分17编,内容包括历史、地理、政治、军事、法律、社会、哲学、宗教、经济、商贸、金融、工业、农业、交通、邮电、医药、科技、天文、气象、新闻、出版、动物、植物、文化、教育、体育、语言、文学、艺术、文物、古迹等门类。(常成)

获奖书目

首届国家图书奖获奖图书

国家图书奖荣誉奖(8种)

〔书　名〕	〔著作责任者〕	〔责任编辑〕	〔出版者〕
中国大百科全书(174卷)	《中国大百科全书》总编辑委员会及各学科总编辑委员会编	金常政等108人	中国大百科全书出版社
中国美术全集(古代部分60卷)	《中国美术全集》编辑出版委员会编	张俊国等30余人	人民美术出版社、上海人民美术出版社、文物出版社、中国建筑工业出版社、上海书画出版社
乾隆版大藏经(724函)	雍正始刊刻,乾隆时期完成;文物出版社整理、补版	孙关根	文物出版社
中国历史地图集(8卷)	谭其骧主编	计伯仁等	中国地图出版社
甲骨文合集(13册)	郭沫若主编	赵　诚	中华书局
鲁迅全集(新注释本)(16卷)	鲁迅著;鲁迅著作编辑室编	王仰晨等	人民文学出版社
辞海(1989年版)(上、中、下)	夏征农主编	巢　峰等	上海辞书出版社
辞源(修订本)(上、下)	广东、广西、湖南、河南《辞源》修订组、商务印书馆编辑部编	吴泽炎等	商务印书馆

国家图书奖(45种)

〔书　名〕	〔著作责任者〕	〔责任编辑〕	〔出版者〕
·社科类·			
宋庆龄——二十世纪的伟大女性	伊斯雷尔·爱泼斯坦著;沈苏儒译	叶建华	人民出版社
中国人民解放军战史(3卷)	军事科学院军事历史研究部编著	熊德骐、张廷贵	军事科学出版社
中国当代经济学家文丛·孙冶方选集	孙冶方、张贵琴	陈宇华	山西经济出版社
中国共产党历史(1921—1949年)	中共中央党史研究室	侯样祥等	人民出版社
条约法概论	李浩培	南绍文、邓芳	法律出版社
周恩来传	金冲及主编	张子敏、吴玉萍	人民出版社、中央文献出版社
文字学概要	裘锡圭	郭庆山、刘玲	商务印书馆
苏秉琦考古学论述选集	苏秉琦著;俞伟超、张忠培编	童明康	文物出版社
中国经济体制改革的模式研究	刘国光主编	华　飞	中国社会科学出版社
东晋门阀政治	田余庆	彭松建	北京大学出版社
·古籍整理类·			
永乐大典(影印汇辑本)	(明)姚广孝等著;中华书局编辑部编	张忱石	中华书局
华阳国志校补图注	(晋)常璩撰;任乃强校注	李伟国、郑世贤	上海古籍出版社
大唐西域记校注	(唐)玄奘、辩机著;季羡林等校注	谢方	中华书局
·文学类·			
随想录	巴金	董秀玉	生活·读书·新知三联书店
管锥编	钱钟书	周振甫、马蓉	中华书局
莎士比亚全集(12卷)	〔英〕莎士比亚著;朱生豪等译	施咸荣等	人民文学出版社
罗摩衍那(7卷)	〔印度〕蚁垤著;季羡林译	刘寿康	人民文学出版社

新时期中篇小说名作丛书(12册)	王蒙、邓友梅、从维熙、冯骥才、陆文夫、张贤亮、张洁、张一弓、张承志、贾平凹、蒋子龙、谌容	张建行、章世添	海峡文艺出版社

·艺术类·

中国历代绘画——故宫博物院藏画集(8册)	《故宫博物院藏画集》编辑委员会编	王靖宪	人民美术出版社
中国石窟——敦煌莫高窟(5卷)	敦煌研究院编	黄文昆	文物出版社
李可染书画全集(4卷)	李可染作;李可染、杜滋龄主编	车永仁等	天津人民美术出版社
中国美术五十年	文化部艺术局、《中国美术五十年》编委会编	骆振龙、诸庭樵	浙江人民美术出版社
冼星海全集(7卷)	冼星海著;《冼星海全集》编辑委员会编;周巍峙主编	白洋(全集责编);蒋玉瑛等(分卷责编)	广东高等教育出版社
路——徐肖冰侯波摄影作品集	徐肖冰、侯波	奚天鹰	浙江人民美术出版社

·民族文字类·

西藏简明通史(藏文)(上、中、下)	恰白·次旦平措、诺昌·吴坚	恰白·次旦平措、诺昌·吴坚	藏文古籍出版社
《蒙古秘史》(新还原本·蒙文)(上、中、下)	巴雅尔	托娅	内蒙古人民出版社
福乐智慧(维吾尔文)	尤素甫·哈斯·哈吉甫	阿布都拉	民族出版社

·少儿读物类·

365夜故事(上、下)	鲁兵主编	朱庆坪等	少年儿童出版社
大地的儿子——周恩来的故事	苏叔阳	刘媛华	中国少年儿童出版社
幼学启蒙丛书(20册)	赵镇琬主编	赵镇琬、杨宇	明天出版社

·工具书类·

汉语大字典(8卷)	徐中舒主编	左大成等18人	四川辞书出版社、湖北辞书出版社
汉语大词典(13卷)	罗竹风主编	王涛等	汉语大词典出版社
英汉大词典(2卷)	陆谷孙主编	吴莹	上海译文出版社
现代汉语词典	中国社会科学院语言研究所词典编辑室	柳凤运	商务印书馆

· 教育类 ·

陶行知全集(8卷)	陶行知著;华中师范大学教育科学研究所编	曹先捷	湖南教育出版社

· 科技类 ·

杂交水稻育种栽培学	袁隆平等	熊穆葛	湖南科学技术出版社
机械工程手册	《机械工程手册》、《电子工程手册》编委会	姚洪朴等	机械工业出版社
实用儿科学(第4版)	诸福棠、吴瑞萍、胡亚美主编	刘秋辉、陈望秋	人民卫生出版社
黄家驷外科学(第5版)	吴阶平、裘法祖主编	王兵、杜贤	人民卫生出版社
中国及邻区特提斯海的演化	黄汲清、陈炳蔚	张义勋、李鄂荣	地质出版社
中国土壤(第2版)	熊毅、李庆逵主编	陈培林、洪庆文	科学出版社
中国岩石圈动力学(挂图、图集、概论)	马杏垣、丁国瑜主编	朱向军等	地质出版社、中国地图出版社、地震出版社
值分布论及其新研究	杨乐	张启男	科学出版社
微分动力系统的定性理论	廖山涛	吕虹	科学出版社
工程控制论(修订版)	钱学森、宋健	李淑兰	科学出版社

国家图书奖提名奖(82种)

〔书 名〕	〔著作责任者〕	〔责任编辑〕	〔出版者〕

· 社科类 ·

中国共产党七十年图集(上、下)	沈庆林、黄高谦主编	陆宗寅等	上海人民出版社
中国少数民族文库(30册)	史筠主编	房海滨	吉林教育出版社
中国当代经济学家文丛·薛暮桥选集	薛暮桥	陈宇华	山西经济出版社
中国军事史(7卷)	《中国军事史》编写组	范传新、陈济康	中国人民解放军出版社
思·史·诗——现象学和存在哲学研究	叶秀山	陈亚明	人民出版社
王力文集	王力	王洪信、隋千存	山东教育出版社
毛泽东军事思想发展史	廖国良	倪齐生	中国人民解放军出版社
第三产业经济学	李江帆	袁耀文	广东人民出版社
综合国力论	黄硕风	刘颖、章新语	中国社会科学出版社
陈序经东南亚古史研究合集(2卷)	陈序经	朱蓉	海天出版社

国际私法	韩德培主编	莫守仁	武汉大学出版社
宗教学通论	吕大吉主编	郑凯堂、黄燕生	中国社会科学出版社
毛泽东的读书生活	龚育之等	胡靖	生活·读书·新知三联书店
行行重行行——乡镇发展论述	费孝通	姚毅	宁夏人民出版社
中华文化史	冯天瑜等	王有为、胡小静	上海人民出版社
朱子大传	束景南	陈建才、阙国虬	福建教育出版社
中国民法学·民法债权	王家福主编	孙志萍	法律出版社

·古籍整理类·

文心雕龙义证(上、中、下)	(南朝·梁)刘勰著;詹锳校注	王维堤	上海古籍出版社
先秦汉魏晋南北朝诗	逯钦立辑校	许逸民	中华书局
睡虎地秦墓竹简	《睡虎地秦墓竹简》整理小组编	吴铁梅	文物出版社
清诗纪事(22卷)	钱仲联主编	黄希坚	江苏古籍出版社

·文学类·

中国新文学大系(19集)	中国新文学大系编委会主编	余仁凯等	上海文艺出版社
中国解放区文学书系(9编22卷)	林默涵总主编	王致中等	重庆出版社
中国现代小说史(3卷)	杨义	毛承志等	人民文学出版社
百花散文书系(50册)	林呐等主编	刘淑文、谢大光	百花文艺出版社
莫里哀喜剧全集(4卷)	〔法〕莫里哀著;李健吾译	龚绍忍	湖南文艺出版社
平凡的世界(3部)	路遥	李金玉	中国文联出版公司
艾青全集(5卷)	艾青	张凤洪	花山文艺出版社
沈从文文集(12卷)	沈从文	邝雪林等	花城出版社、三联书店香港分店
法国文学史(上、中、下)	柳鸣九主编	夏玫	人民文学出版社
傅雷译文集(15卷)	傅雷译	江奇勇	安徽文艺出版社

·艺术类·

上海博物馆藏四高僧画集	谢稚柳主编	袁春荣、单国霖	上海人民美术出版社
中国戏曲通史(修订本)	张庚、郭汉城主编	杨锦海	中国戏剧出版社
中国摄影艺术作品选(1949—1989)	中国摄影家协会编	黄九荣、杨苏民	海潮摄影艺术出版社
中国古代木刻画选集(10卷)	郑振铎编	李平凡、刘玉山	人民美术出版社

版画纪程——鲁迅藏中国现代木刻全集(5册)	上海鲁迅纪念馆、江苏古籍出版社编	章耀达	江苏古籍出版社
毛泽东书信手迹选	毛泽东	白浪	文物出版社
虢国夫人游春图	(唐)张萱作;(宋)赵佶摹;冯忠莲等制作	荣宝斋编辑部	荣宝斋
地球的红飘带(连环画)	王素脚本;沈尧伊绘画	费声福等	中国连环画出版社
明式家具珍赏	王世襄	潘清俊	文物出版社
京剧史照	鲁青主编	赵珩等	北京燕山出版社
中国历代服饰	上海市戏曲学校中国服装史研究组编著	柳肇瑞、沈兆荣	学林出版社

·民族文字类·

成吉思汗史记(蒙文)(2册)	赛熙亚乐	敖特根	内蒙古人民出版社
纳西象形文字谱(纳西文)	方国瑜编撰	李惠铨	云南人民出版社
突厥语大词典(维吾尔文)(3册)	麻赫穆德·喀什噶里	伊布拉音·穆提易、伊明·吐尔逊	新疆人民出版社
藏汉大辞典	张怡荪主编	高炳辰、李永昌	民族出版社

·少儿读物类·

中国儿童文学大系(7卷、15册)	蒋风等主编	陈炜等	希望出版社
上下五千年	林汉达、曹余章编著	俞沛铭	少年儿童出版社
彩绘本中国民间故事(A类20册,B类18册)	马永杰总策划;方夏等编文;丘玮等绘画	杨杰等	浙江少年儿童出版社
少年百科丛书(精选本)	叶至善、遇衍滨总设计;余心言等编著	中国少年儿童出版社50多位编辑	中国少年儿童出版社
少年科学瞭望台丛书(20册)	宋广礼等编著	刘健飞等	湖北少年儿童出版社
怪老头儿	孙幼军	余莲芳	湖北少年儿童出版社
爱我中华丛书(20册)	孙家正主编;薛家骥等著	张彦平等	江苏少年儿童出版社
十二生肖系列童话(12册)	郑渊洁	杨实诚	湖南少年儿童出版社

·工具书类·

中国医学百科全书(89册)	《中国医学百科全书》编辑委员会编	上海科学技术出版社《中国医学百科全书》编辑室	上海科学技术出版社
哲学大辞典	冯契主编	徐庆凯等	上海辞书出版社
新汉日词典	尚永清主编	王郁良	商务印书馆、日本小学馆
简明不列颠百科全书(中文版)(11卷)	刘尊棋主编	徐慰曾等29人	中国大百科全书出版社

中国人名大辞典(3卷)	廖盖隆等主编	王芝芬等	上海辞书出版社
普通话闽南方言词典	厦门大学中文系汉语方言研究室主编	张秋泉等	福建人民出版社
北京话儿化词典	贾采珠	冯瑞生	语文出版社

·教育类·

中国心理学史	高觉敷主编	戚长福	人民教育出版社
中国教育通史(6卷)	毛礼锐、沈灌群主编	刘顺华	山东教育出版社
从现在到2000年教育内容发展的全球展望	〔伊朗〕S·拉赛克、〔罗马尼亚〕G·维迪努著;马胜利等译	李　玢	教育科学出版社
教育学	王道俊、王汉澜主编	胡寅生	人民教育出版社

·科技类·

人类的智能	潘菽主编	李可燕	上海科学技术出版社、三联书店香港分店
中华人民共和国国家农业地图集	中国科学院南京地理与湖泊研究所、中国科学院地理所	奚跃昆	中国地图出版社
东方数学典籍——《九章算术》及其刘徽注研究	李继闵	张培兰	陕西人民教育出版社
工业过程模型化及计算机控制	吕勇哉	陈逢阳	化学工业出版社
中国小麦品种及其系谱	金善宝主编	张本云	农业出版社
中国本草图录(10卷)	肖培根主编	孙祖基、江先声	人民卫生出版社、商务印书馆(香港)
中国层控矿床地球化学(3册)	涂光炽等	苏宗伟、衣晓云	科学出版社
中国变质地质图(中、英文版)	董申保等	汤汉章	地质出版社
中国高等植物图鉴(7卷)	中国科学院植物研究所主编	于拔等	科学出版社
本草纲目(点校本)(上、下)	(明)李时珍等;刘衡如点校	赵锜、张之生	人民卫生出版社
乳化炸药	汪旭光	赵树莉	冶金工业出版社
尿石症基础与临床研究	曹履成、章绍舜主编	初世均	山东科学技术出版社
时间序列分析的工程应用(上、下)	杨叔子等	黎秋萍、刘宣藩	华中理工大学出版社
离心叶轮的内流理论基础	沈天耀编著	尤建忠	浙江大学出版社
高含沙水流运动	钱宁主编	姚美瑞	清华大学出版社
晶体生长的物理基础	闵乃本	戴雪文	上海科学技术出版社
锑	赵天从	刁传仁	冶金工业出版社

第七届“中国图书奖”获奖图书

〔书　名〕	〔作　者〕	〔出版者〕
邓小平的生平、思想研究丛书	金羽、王充闾	辽宁人民出版社
邓小平科学技术思想研究	潘琦主编	广西科学技术出版社
中国共产党廉政建设史	吴传煌、刘录开主编	甘肃人民出版社
海外经济管理运作丛书	吕东、徐惟诚主编	人民出版社
中国解放区文学书系	林默涵总主编	重庆出版社
新编文史笔记丛书	萧乾主编	上海书店
中华文库	许力以、林言椒主编	生活·读书·新知三联书店
中国古文献研究丛书	金开诚主编	江苏古籍出版社
中国敦煌学史	林家平、宁强等著	北京语言学院出版社
90 年代中国出口战略研究	徐祖权主编	中国对外经济贸易出版社
综合国力论	黄硕风著	中国社会科学出版社
中国少数民族哲学史	萧万源、伍雄武等主编	安徽人民出版社
社会主义市场经济探索	孙家贤主编	浙江人民出版社
中华 20 世纪丛书	许力以主编	青岛出版社
中华魂丛书	姜春云主编	山东人民出版社
存量资源的再配置	宋宁著	云南人民出版社
县级领导工作的理论与实践	黄美来、张江垠主编	广西人民出版社
资产重组:中国企业兼并研究	常修泽主编	陕西人民出版社
扫描隧道显微术及其应用	白春礼编著	上海科学技术出版社
毛泽东研究事典	邢崇智、蒋顺学等主编	河北人民出版社
建立社会主义市场经济新体制	马洪著	河南人民出版社
非线性传递函数理论与应用	焦李成著	西安电子科技大学出版社
神奇的南极丛书	郭琨、金涛主编	海燕出版社
中国工农红军第一方面军史	本书编审委员会编	解放军出版社
从延安走向世界	牛军著	福建人民出版社
建立社会主义市场经济新体制	工珏、刘国光等著	黑龙江人民出版社
青年看社会丛书	李树人等主编	天津人民出版社
中青年法学文库丛书	王利明、陈兴良等著	中国政法大学出版社
走出封闭——中国内陆省份改革开放大思路	王茂林、杨汝岱等著	湖南出版社
农业经济系统分析	陈锡康、王正等编著	华中理工大学出版社
中国农垦经济学	刘以雷著	新疆人民出版社
反通货膨胀论	刘涤源主编	广东人民出版社

投资知识百科全书	徐文通、林森木等主编	中国金融出版社
股票债券全书	金建栋、吴晓求等主编	北京理工大学出版社
中日消费者保护制度比较研究	许思奇著	辽宁大学出版社
中国西北地区开发与向西开放	余振贵、张永庆著	宁夏人民出版社
相似论	张光鉴等著	江苏科学技术出版社
自由刑比较研究	李贵方著	吉林人民出版社
周易美学	刘纲纪著	湖南教育出版社
汉语史断代研究丛书	程湘清主编	山东教育出版社
东北文化丛书	刘烈恒主编	春风文艺出版社
沈从文别集	沈从文著	岳麓书社
古代小说评介丛书	侯忠义、安平秋主编	辽宁教育出版社
中国历代史话	卜孝萱、程应等主编	北京出版社
苗族史	伍新福、龙伯亚著	四川民族出版社
理论地理学	朱文元编著	商务印书馆
近代中国社会的新陈代谢	陈旭麓著	上海人民出版社
朱子大传	束景南著	福建教育出版社
最新发掘唐宋歌曲	李健正编	四川人民出版社
复合材料中的边界元法	田宗若著	西北工业大学出版社
华北南部的逆冲推覆伸展滑覆与重力滑动构造	王桂梁、曹代勇等著	中国矿业大学出版社
并行算法	李晓梅、蒋增荣等著	湖南科学技术出版社
高效液相色谱法及其专家系统	卢佩章、张玉奎等著	辽宁科学技术出版社
弹刃发射过程理论	芮筱亭、杨启仁著	东南大学出版社
随机参数结构的振动理论	陈塑寰著	吉林科学技术出版社
中国人口与环境	曲格平、李金昌著	环境科学出版社
中国含油气盆地沉积学	吴崇筠、薛叔浩等著	石油工业出版社
中子活化分析在环境学、生物学和地学中的应用	中国科学院高能物理研究所中子活化分析室著	原子能出版社
中国自然灾害地图集	张兰生、李裕民主编	科学出版社
价值工程方法研究	谭浩邦编著	广东科学技术出版社
中国农村百页丛书	姜春云等主编	济南出版社
模糊模式识别	郭桂蓉主编	国防科技大学出版社
气液两相流特征参数的电子测量	吕砚山、张进明著	山东科学技术出版社
中国蔬菜病虫原色图谱	吕佩珂、李明远等著	农业出版社
中国自然灾害灾情分析与减灾对策	施雅风、黄鼎成等主编	湖北科学技术出版社
实用骨科手术学	蓝文正、郭巨灵主编	天津科学技术出版社
实用医学检验学	朱忠勇主编	人民军医出版社
中国少年报告文学丛书	卢惠龙主编	贵州人民出版社
“少男少女”丛书	丛书编辑部编	四川少年儿童出版社

我是中国的孩子	沈虹光、梁庭望等编	湖北少年儿童出版社
中国孩子的疑问	陈天昌、吴文渊等著	中国少年儿童出版社
哈哈博士科学连环画	白云、陈跃等著	中国连环画出版社
彩图幼儿知识百科	朱为等编文	少年儿童出版社
幼儿彩图家庭教程	王立科、张中良主编	广西美术出版社
百将传奇	张义生、国荣洲主编	安徽少年儿童出版社
海上四任精品	任熊、任薰等绘画	河北美术出版社
现代陶瓷艺术	江西省陶瓷研究所编	江西美术出版社
东巴文化艺术	和万宝主编	云南美术出版社
从长安到雅典	王子云著	陕西人民美术出版社
人生知识大辞典	邢贲思、周汉民主编	中国青年出版社
佛学词典	王沂暖主编	青海民族出版社
教育大辞典	顾明远主编	上海教育出版社
西索简明汉外系列词典	邱懋如主编	上海外语教育出版社
中华古文明大图集	本书编委会编	人民日报出版社

1992年度"五个一工程·一本好书"获奖图书

〔书　名〕	〔出版者〕
社会主义市场经济探索(系列)	浙江人民出版社、浙江摄影出版社、浙江人民美术出版社
中国西北地区开发与向西开放	宁夏人民出版社
建立社会主义市场经济新体制	河南人民出版社
走出封闭	湖南出版社
爱我中华(丛书)	江苏少年儿童出版社
首钢改革	北京出版社
经营谋略图画	江西美术出版社
百将传奇	安徽少年儿童出版社
中华魂(丛书)	山东人民出版社
敦煌古乐	甘肃音像出版社、敦煌文艺出版社

统计资料

1993年图书出版情况

表一

	总数（种）	总印数（亿册）	总印张（亿印张）	折合用纸量（万吨）	与上年相比种数	与上年相比总印数	与上年相比总印张
图书	96761（其中新版66313）	59.34	282.26	66.82	＋5％（新版＋14％）	－6.4％	＋0.7％
书籍	78426（其中新版57180）	29.6	157.75	37.07	＋6.52％（新版＋16.24％）	－8.84％	－1.79％
课本	14546（其中新版5668）	28.95	121.12	28.46	＋3.83％（新版＋16.36％）	－1.56％	＋5.35％
图片	3789（其中新版3465）	0.79	3.39	1.28	－16％（新版－15.7％）	－47.3％	－29.1％

*“－”表示下降，“＋”表示增长。

1993年使用《中国标准书号》22类图书出版情况

表二

类别	种数（种）	总印数（万册）	总印张（千印张）	占种数的百分数	占总印数的百分数	占总印张的百分数	与上年相比种数	与上年相比总印数	与上年相比总印张
马克思主义、列宁主义、毛泽东思想	222（新版204）	337	41233	0.24％（新版占0.32％）	0.06％	0.15％	＋16.23％（新版＋75.86％）	－55.01％	－62.81％
哲学	1000（新版748）	744	99632	1.08％（新版占1.19％）	0.13％	0.36％	－4.67％（新版＋0.81％）	－18.15％	－1.08％
社会科学总论	996（新版864）	792	82228	1.07％（新版占1.37％）	0.14％	0.3％	－2.73％（新版－0.23％）	－0.75％	－6.67％

续表

政治、法律	3409 (新版 2938)	7233	655930	3.67% (新版占 4.67%)	1.24%	2.36%	−9.79% (新版−5.83%)	−34.82%	−9.87%
军事	313 (新版 288)	337	35177	0.34% (新版占 0.46%)	0.06%	0.13%	+5.39% (新版+8.68%)	−13.14%	−6.72%
经济	6201 (新版 5227)	7913	908441	6.67% (新版占 8.32%)	1.35%	3.27%	+12.64% (新版+21.22%)	+20.04%	+17.11%
文化、科学、教育、体育	37463 (新版 21986)	500659	18979452	40.28% (新版占 34.98%)	85.49%	68.32%	+13.95% (新版+34.32%)	−5.66%	−0.32%
语言、文字	2724 (新版 1626)	6507	823693	2.93% (新版占 2.59%)	1.11%	2.97%	+11.73% (新版+22.16%)	−3.59%	−13.03%
文学	9488 (新版 7649)	11594	1301270	10.21% (新版占 12.17%)	1.97%	4.68%	−0.48% (新版+8.51%)	−18.91%	−13.79%
艺术	5560 (新版 3688)	10837	419576	5.98% (新版占 5.87%)	1.85%	1.51%	−9.53% (新版−4.65%)	−20.36%	−17.89%
历史、地理	3525 (新版 2973)	6516	392449	3.79% (新版占 4.73%)	1.11%	1.41%	+2.35% (新版+14.61%)	−16.29%	−18.13%
自然科学总论	295 (新版 198)	1025	49166	0.32% (新版占 0.32%)	0.18%	0.18%	+1.72% (新版−1.98%)	−14.3%	−42.09%
数、理、化	1646 (新版 1043)	2806	278506	1.77% (新版占 1.66%)	0.48%	1%	+7.51% (新版+15.76%)	+45.01%	+30.66%
天文、地球	700 (新版 645)	616	31264	0.75% (新版占 1.03%)	0.11%	0.11%	−2.78% (新版−2.27%)	+12.82%	−0.27%
生物科学	398 (新版 293)	192	23343	0.43% (新版占 0.47%)	0.03%	0.08%	−2.69% (新版+4.64%)	+2.13%	−9.99%
医药、卫生	3455 (新版 2334)	3644	525307	3.72% (新版占 3.71%)	0.62%	1.89%	8.44% (新版+16.41%)	+0.14%	+0.96%
农业科学	2336 (新版 1488)	2210	167074	2.51% (新版占 2.37%)	0.38%	0.6%	−10.87% (新版+2.83%)	−31.87%	−27.6%
工业技术	9409 (新版 5474)	17350	2412063	10.12% (新版占 8.71%)	2.96%	8.68%	+10.85% (新版+15.29%)	+101.77%	+100.19%
交通运输	414 (新版 260)	913	96109	0.45% (新版占 0.41%)	0.16%	0.35%	−38.3% (新版−42.73%)	−33.6%	−25.33%
航空、航天	111 (新版 106)	40	4261	0.12% (新版占 0.17%)	0.01%	0.02%	+11% (新版+11.58%)	+37.93%	−9.3%
环境科学	209 (新版 194)	110	16344	0.22% (新版占 0.31%)	0.02%	0.06%	+16.11% (新版+21.25%)	+8.91%	+67.77%
综合	3098 (新版 2622)	3139	435611	3.33% (新版占 4.17%)	0.54%	1.57%	−1.84% (新版+5.81%)	−27.81%	−12.62%

*“—”表示下降,“+”表示增长。

1993年各类课本及少年儿童读物出版情况

表三

类别	总数（种）	总印数（万册）	总印张（千印张）	与上年相比种数	与上年相比总印数	与上年相比总印张
大专课本	4729（新版2080）	6843	949826	－11.29%（新版－6.68%）	＋13.07%	＋13.14%
中专课本	2200（新版575）	6948	758747	－3.51%（新版－1.88%）	－0.17%	＋1.05%
中学课本	2470（新版1014）	105669	5616649	＋18.47%（新版＋58.93%）	－3.23%	＋3.37%
小学课本	2809（新版953）	161064	4256918	＋20.91%（新版＋53.96%）	－2.72%	＋3.8%
业余教育课本	388（新版155）	719	85040	＋8.38%（新版＋19.23%）	－43.16%	－29.11%
扫盲课本	94（新版5）	581	18941	＋422.22%	＋315%	＋308.65%
教学用书	1861（新版886）	7719	425509	＋14.95%（新版＋33.43%）	＋55.44%	＋72.1%
少年儿童读物	4086（新版2184）	18696	353283	－11.27%（新版－17.71%）	－12.02%	－39.97%

*“—”表示下降，“＋”表示增长。

资料来源：新闻出版署计划财务司公布，原载《新闻出版报》1994年8月17日。

图书出版纪事

1993 年图书出版纪事

1　月

3 日　新闻出版署发出《关于严格控制裸体摄影画册的通知》。

6 日　新闻出版署向各省、自治区、直辖市及计划单列市新闻出版局发出《批转中国出版科学研究所〈关于党的出版史全国性选题编纂情况及下达第五批全国性选题的报告〉的通知》。

△人民日报社、香港乐天发展有限公司、台湾宜新文化事业有限公司在北京联合举行《中华古文明大图集》首发式暨创作座谈会。这是我国第一部系统介绍华夏古文明史的大型画册。

7 日　“92 年上海优秀书籍装帧设计评选”在上海举行。此次评选共评出 10 件最佳装帧奖；30 件作品获优秀装帧奖。同时决定每两年举行一次评选活动。

14 日　“第三届宋庆龄儿童文学奖颁奖大会”在北京举行。共有 9 部作品获奖。《山羊不吃天堂草》获一等奖；《少年噶玛兰》、《第三军团》、《少女的红发卡》获二等奖；《鹰的传奇》、《今年你七岁》、《太阳梦见我》、《雾锁桃李》、《天才　神才　鬼才》等获三等奖。

15 日　由新闻出版署主持，国务院重大技术装备办公室、国家语言文字工作委员会、机电部、国家技术监督局及有关电子出版系统和计算机字体方面专家评审的、由中国印刷科技研究所字体实验及彩色文字图像实验室研制的“汉字库技术电子出版系统”通过鉴定。该出版系统的研制完全符合国际标准的计算机库和符合国际标准的科印电子出版系统。

△我国第一台自行研制的“计算机辅助彩色地学图件编辑出版系统”在北京通过评审。该套系统能在微机上实现大幅面全开地质图的制作，实现了地图编辑出版系统的变革。

△由中国少年报社和广西科学技术出版社联合举办的“全国少年现代科技知识读书竞赛”颁奖大会在北京举行。

16 日　全国整顿清理书报刊和音像市场工作小组发出《关于开展“扫黄”集中行动的通知》。

18 日　“中国 10 部民族民间文艺集成志书出版座谈会”在北京举行。这 10 部书是《中国民间歌曲集成》、《中国戏曲音乐集成》、《中国民族民间器乐曲集成》、《中国民族民间舞蹈集成》、《中国戏曲志》、《中国民间故事集成》、《中国歌谣集成》、《中国谚语集成》、《中国曲艺志》，共计 300 卷，4.5 亿万字。目前已出版的集成志书共 24 卷(34 册)。

19 日　全国整顿清理书报刊和音像市场工作小组召开“全国‘扫黄’工作电话会议”。会议提出春节后集中开展“扫黄”行动。

29 日　新闻出版署、中国儿童少年基金会、国家教委、文化部、广播电影电视部、共青团中央、全国少工委、全国妇联等联合向各省、自治区、直辖市新闻出版局、各少年儿童出版社发出《关于举办第二届全国优秀少年儿童读物评奖活动的通知》。

△新闻出版署、公安部联合发出《关于鉴定淫秽录像带、淫秽图片有关问题的通知》。

2　月

2 日　新闻出版署发出《关于中小学教材辅助用书印刷发行问题的通知》。

△新闻出版署转发河北省教委、新闻出版局《〈关于中小学课本及教学辅助用书出版发行有关问题的通知〉的通知》。

3～7日　由中国出版工作者协会主办的“第六届首都社科图书交易会”在北京举行。来自全国190余家出版社的2万余种图书参展。同时400余家新华书店参加本届看样订货会。

4～6日　由中国书刊发行业协会、北京市书刊发行业协会联合举办的“首届发行协会图书交易会”在北京举行。图书批发成交额达1020万元，品种3200种。

5日　由中国青年报和四川希望书店联合主办的“第二届‘希望杯’优秀图书评选”在北京颁奖。《青年看社会丛书》、《跨世纪丛书》等10种获荣誉奖。

△由江西百花洲文艺出版社出版的《国学大师丛书》出版座谈会在北京举行。该丛书共42种。已推出《鲁迅评传》、《陈寅恪评传》、《胡适评传》。

8日　新闻出版署发出《关于印发〈新闻出版署1993年工作重点〉的通知》。

9～14日　中国作协第二届(1986～1991)全国优秀儿童文学奖评选在北京举行。29部作品获全国优秀儿童文学奖。

15～21日　由上海市新闻出版局主办的“第三届全国地方版科技图书交易会”在上海举行。来自全国的30余家科技出版社的5000余种科技图书参展。

15～16日　由新闻出版署召开的《中国图书大辞典(1949～1992)》工作会议在北京举行。会议就《大辞典》编纂方案及出版工作分别作了说明并进行了讨论。正式通过编纂出版工作的组织机构及其职能。宋木文、刘杲任主编。

18日　《绘画本中国近代史》出版座谈会在北京举行。

△由中国版权研究会、著作权杂志社、新闻出版报社联合召开的“稿酬问题座谈会”在北京举行。

19日　由中国通俗文艺研究会主办的“首届通俗文艺优秀作品奖”颁奖大会在北京举行。《山帅》、《则天皇帝》、《未完成的追踪》等三部著作获一等奖；另20部著作分获二、三等奖(其中二等奖6部、三等奖14部)，理论佳作奖3部、理论表彰奖4部。

23～26日　由中国书刊发行业协会科技发行委员会主办的“’93春科技图书交易会”在南宁市举行。50余家出版社的1万余种图书参展。

24日　新闻出版署发出《关于在出版物上使用条码的通知》。

△《中华人民共和国全国人民代表大会华侨界代表画册》出版发布会在北京举行。江泽民、杨尚昆、李鹏、万里为该画册题词。

25日　由新闻出版署、新闻出版报社联合召开的“电子出版物座谈会”在北京举行。

3　月

1日　中央编译局成立40周年庆祝会在北京举行。江泽民、杨尚昆、李鹏题词勉励编译局广大同志做好马列著作的编译工作。

3日　《耶路撒冷之歌》中译本首发式在北京举行。这是我国首次出版当代希伯来诗歌作品集，也是中以建交以来文化出版领域的首次合作。

△新闻出版署国家图书奖评奖办公室发出《关于举办第一届国家图书奖评奖活动的通知》。

△北京版权保护协会在北京成立。北京市副市长何鲁丽为会长，李志坚、刘杲、冰心、杨沫、于是之、王立平、张黎任顾问。

5～11日　由中国地方志指导小组、中国革命博物馆联合举办的《首届全国新编地方志成果展览》在北京举行。共展出新编志书及部分年鉴等地情资料书籍3000余种。

6～9日　由新闻出版署主办的部分省、市地区“中小学课本发行改革研讨会”在杭州举行。

8～10日　由新华书店、中国书刊发行协会联合主办的“全国新华书店图书看样订货会”在南宁举行，16至18日在太原市举行。共展出500余家出版社的3万余种图书。

10～13日　由中央宣传部、新闻出版署联合召开的“加强书报刊市场管理工作研讨会”(北京片)在北京举行；上海片于19～21日在上海举行；西安片于25～30日在西安市举行。

13日　由中国市长协会女市长联谊会主办的《中国女市长》一书出版发行座谈会在北京举行。

13～20日　“中国桂滇黔三省区图书暨工艺品展销会”在新加坡中华总商会举行。其展出图书和工艺品1.37万余册(件)，其中图书1万余种。

15日　新闻出版署发出《关于批准〈图书征订代码〉行业标准的通知》。

17～26日　由新闻出版署、中国儿童和少年基金会、国家教委、文化部、广电部、共青团中央、全国少工委、全国妇联等单位联合举办的“第二届全国优秀少年儿童读物评奖”在济南举行。评出一等奖10

名、二等奖30名、三等奖60名、翻译奖5名。

20日　新闻出版署主持召开的部分在京出版社音像座谈会在北京举行。座谈会就音像市场及行政管理等问题进行了探讨,并提出了一些意见和建议。

20～29日　由文汇读书周报、杭州西泠电器集团公司联合主办的"第八届文汇书展"在上海举行。来自全国各地出版社出版的3万余种新书参展。

20～30日　由北京科技书店主办的"电子计算机类图书展"在北京举行,共展出计算机类图书1000余种。

22～25日　由中国出版工作者协会、中国美术出版研究会联合主办的"首届全国美术图书交易会"在重庆举行。来自全国的39家美术出版社的数千种出版物参展。

26～28日　由新闻出版署组织召开的"书刊印刷管理工作座谈会"(华东、中南地区)在福建厦门举行。

3月26日～4月8日　由北京燕山出版社、中华全国集邮联合学术委员会举办的《中国邮票图展览》在台北、台中市举行。

4　月

1日　新闻出版署、国家物价局联合发出《印发〈关于加强古旧书业工作的意见〉的通知》

3日　新闻出版署办公室发出《关于启用"新闻出版署出版物鉴定专用章"的通知》。

△由香港、台北两地商务印书馆联合出版的集北京故宫博物院、台北故宫博物院珍藏的中国历代文物精品大型图册《国宝荟萃》首发式在北京举行。共收录文物152件。

4日　亚洲华文作家文艺基金会向巴金颁发"资深作家敬慰奖"。奖牌上写着:"巴金先生著作等身,作品广受读者喜爱,历久不替,堪称文坛瑰宝。"

7日　新闻出版署发出《关于印发刘杲同志在〈中国图书大辞典〉北京地区工作会议上的讲话的通知》。

7～21日　"第八届全国医药卫生图书展"在北京举行。来自全国60余家出版社出版的各类医学图书及教材近5000余种及各类医学音像制品、社科类图书千余种参展。

8日　国家物价局重工司、新闻出版署计财司联合发出《关于改革书刊价格管理的通知》。

11日　由新闻出版署、广播电影电视部、文化部、北京市广播电视局组织的11家音像出版单位在北京王府井举行"打击非法音像出版物,净化音像市场"宣传咨询活动。

11～14日　由清华大学出版社举办的"第二期计算机图书发行研讨会"在北京举行。来自全国大中城市的40多家新华书店的70余位经理和业务骨干参加研讨会。

15～19日　由国际合作出版促进会主办的"第五届国际合作出版洽谈会"在杭州举行。来自美国、日本、新加坡、马来西亚等国和台湾、香港等地区出版界人士与国内300余人参加洽谈会。

15～25日　由邮电出版社主办的"'93年邮电版图书大联展"在全国38个大中城市同时举行。共展出了通信、电子技术、电子普及、集邮以及通信专业工具书数百种。

20日　国家版权局发出《关于为特定目的使用外国作品特定复制本的通知》。

20～5月10日　由人民出版社等10家中央级出版社组成的"首都社科十联图书全国联合展销"同时在全国30个大城市举行。

20～28日　由中国图书进出口总公司主办的"首届国际艺术图书展销会"在北京举行。来自欧洲和美、日及港台等十几个国家和地区的3500余种原版新书参展。

21～24日　"首届法律图书展销会"在北京举行。各专业出版社出版的数千种图书参展。

26日　新闻出版署、国务院新闻办公室、财政部、国家旅游局联合发出《关于印发〈关于加强我外文书刊发行,做好对外宣传工作的意见〉的通知》。

27日　新闻出版署发出《关于加强挂历出版管理、提高挂历出版质量的通知》。

5　月

5日　《彭德怀传》出版发行暨纪念彭德怀诞辰95周年座谈会在北京举行。邓小平同志题写书名。

6～9日　由新闻出版署召开的"全国新闻出版局发行、市场管理工作会议"在贵阳举行。会议就当前文化市场出现的新形势进行了分析,强调"扫黄"、

“打非”要一抓到底；发行体制改革要加快；行政管理职能要转换。

10日 由27家地方文艺出版社组成的文艺集团在西安举办订货会。订货总码洋高达1500万元。

11日 由北京市朝阳区人民政府、北京市新闻出版局、北京市朝阳区城市建设综合开发公司联合主办的我国最大的图书批发市场“北京图书批发交易市场”正式开业。该交易市场共设110个摊位。

△《萨马兰奇与奥林匹克》中文版首发式在北京举行。

12日 由国家教委基础教育课程教材研究中心、国家教委关心下一代工作委员会、中国教育报社、中国少年报社等6个单位联合举办的“第四届全国中小学生‘让精神世界更美好’读书活动”开幕。李鹏总理题词“让精神世界更美好”。

14～23日 由北京市新闻出版局、团市委联合主办的“第七届特价书市”在北京举行。万余种图书及音像制品参展。

15～30日 “荣宝斋秘藏中国近代书画名家珍品展”在韩国举行。共展出近代书画作品100余件。

18日～6月20日 由北京图书馆、中国年鉴研究会联合举办的“全国首届年鉴展览”在北京举行。全国各类年鉴500余种参展。

20日 新闻出版署发出《关于部分古旧小说出版的管理规定》。

△《现代汉语大词典》、《新现代汉语词典》、《新编新华字典》首发式在北京举行。三部词典词汇量大，新词多并有英文对译；单字有词源解说，释义科学、准确。共计新增单字条目2000多个，新词5万余条。

20～30日 人民卫生出版社建社40周年图书大联展在全国50余家新华书店同时举行。

21日 由中国科协、新闻出版署组织的“第三届优秀科技声像作品奖—科蕾奖”在北京揭晓。共有41部作品获奖。

24日 “第三届韬奋出版奖颁奖大会”在北京举行。吴莹等八位获奖。

24～25日 由中宣部组织的第二届“五个一工程”表彰大会在北京举行。共有66件作品获奖。其中图书14种，理论文章15篇，戏剧15部，电视剧、片16部，电影6部。13个省、自治区、直辖市党委宣传部获“五个一工程”组织工作奖。

27日 由新闻出版署、中国儿童少年基金会、国家教委、文化部、广播电影电视部、共青团中央、全国少工委、全国妇联等单位联合举办的“第二届全国优秀少年儿童读物评奖活动颁奖大会”在广州举行。106种图书获奖。

29日～6月6日 由新加坡报业控股华文报集团主办的’93世界华文书展在新加坡举行。

6月

1日 由新闻出版署组织、陕西省新闻出版局承办的“全国(西安片)图书出版管理软件培训班”在西安结束。

4日 由北京市新闻出版局主办的“北京市优秀图书、重点选题专家评审会”在北京举行。32种图书荣获1992年优秀图书称号，25种选题被评为1993年度北京市重点选题。

4日 《当代中国的民族工作》出版发行座谈会在北京举行。

8日 新闻出版署批复北京市、甘肃、陕西、浙江、广东、山东省新闻出版局，同意成立京华出版社、奔马出版社、太白文艺出版社、宁波出版社、珠海出版社、山东画报出版社。

8～10日 “93安徽黄山版权贸易洽谈会”在合肥举行。来自香港、台湾的20多家出版机构的30多位代表，安徽省出版总社所属7家专业出版社和中国科技大学出版社近百人参加洽谈会。

10～20日 由中国对外经济贸易、财政经济等11家在京中央经济类出版社联合举办的“会计、经济类图书展销”在北京几大新华书店举行。展销图书2000余种。

11～24日 由中国书刊发行业协会、北京市书刊发行业协会主办的“北京书业降价书市”在北京举行。

12日 新闻出版署批复中国出版工作者协会，同意成立中国线装书店。

12～16日 “全国中小学教材租型会”在西安举行。全国新闻出版局、专业出版社负责同志120余人出席。

12～21日 北京图书批发交易市场举行“首届图书大联展”。3万余种各类图书参展。

13日 新闻出版署批复辽宁省新闻出版局，同意成立辽宁画报出版社。

13～23日 应新闻出版署的邀请，马来西亚语文出版局主席 ABDOI RAHLM BAKAR 先生为团长一行 5 人来华访问。16 日出席在北京举行的《马来西亚女作家短篇小说选》首发式。

16 日　由崔子范艺术国际基金会举办的“优秀美术读物出版奖颁奖大会”在青岛市举行。人民美术等 9 家美术出版社获奖。

△中央宣传部、新闻出版署在京联合召开“举报印刷淫秽图书有功人员表彰会”。向举报湖南衡山县印刷厂印制淫秽书一事的李锦州、旷爱日夫妇颁发了荣誉证书和奖金。

18 日　我国历史上最大的文化出版工程——《中国大百科全书》成套(74 卷)发行座谈会在北京举行。

18～24 日　由河北省承德市举办的“93 避暑山庄图书报刊博览会”在承德市举行。4000 余家报社、杂志社、出版社的报刊、图书参展。

19 日　新闻出版署批复吉林省新闻出版局，同意成立吉林摄影出版社。

21～30 日　由中国出版对外贸易公司与韩国汉城图书出版公司联合举办的“中韩建交图书文化展览会”在韩国汉城举行。

28～7 月 9 日　俄罗斯知识产权局代表团应我中华版权代理公司和山东明天出版社的邀请来华访问。

29 日　新闻出版署发出《关于发布〈关于出版单位的主办单位和主管单位职责的暂行规定〉的通知》。

7　　月

8～12 日　由新闻出版署组织召开的“书刊印刷管理工作座谈会”(东北、华北地区)在哈尔滨市举行。

10 日　《邓颖超传》、《怀念邓颖超大姐》出版座谈会在北京举行。邓小平、江泽民分别题写书名。

△我国第一部大型的人民法院审判案例精选汇编《中国审判案例要览》首发式在北京举行。

10～12 日　由香港勤＋缘出版社、岳麓书社联合举办的“版权交易会”在长沙市举行。

11～25 日　由王府井新华书店举办的“音乐图书展销”在北京举行。400 余种优秀畅销书参展。

13 日　由中共中央宣传部、中央组织部、中央党校、中央党史研究室组织召开的《若干重大决策与事件的回顾》(下卷)出版座谈会在北京举行。

13～14 日　由中国少年儿童出版社组织召开的“第 2 届文艺、少儿及综合类图书出版社音像工作研讨会”在河北白洋淀举行，60 余人参加研讨会。

14 日　由上海三联书店、求知书刊社、上海新华书店、文汇报、解放日报等联合举办的“求知丛书”知识竞赛颁奖大会在上海举行。获“求知奖”者 8 名，获“纪念奖”者 16 名。

16 日　新闻出版署发出《关于中小学教材出版严格按照专业分工安排的通知》。

△由北京图书馆、书目文献出版社联合举办的“毛泽东、周恩来、朱德、董必武、陈毅诗词大型书法系列字帖出版首发座谈会”在北京举行。

△由全国台联、台盟中央与海风出版社通力合作完成的《台湾同胞在大陆》画册首发式在北京举行。

17 日　《邓颖超在天津》大型画册出版座谈会在天津举行。李鹏题词：“邓颖超同志的光辉业绩将永远激励着第二故乡的人民”。李瑞环题词：“津门的骄傲、做人的楷模”。

20 日　新闻出版署办公室发出《关于调查中小学教材印刷、发行情况的通知》。

22～26 日　由香港贸易发展局主办的“第四届香港书展”在香港举行，我内地图书 1.5 万余册参展。来自中国、日本、新加坡、越南、英国、美国、法国、瑞士及台湾和香港的 400 多家出版参展。同时举行“92 香港最佳印刷书籍奖”和“第四届香港书展征文比赛”颁奖仪式。

26 日　新闻出版署发出《关于成立新闻出版署条码中心的通知》。

27 日　中国部委所属 18 家出版社向沈阳军区“雷锋团”赠书仪式在北京举行。共赠各类精品图书 500 余种。

8　　月

1 日　国家版权局发布《报刊转载、摘编法定许可付酬标准暂行规定》、《演出法定许可付酬标准暂行规定》、《录音法定许可付酬标准暂行规定》。自 1993 年 8 月 1 日起执行。

1～5 日　由国家民委、新闻出版署、全国印刷字体工作委员会联合召开的“藏文印刷字体鉴定会”在西宁举行。

4～7日 由上海教育学院、中国地图出版社主办的“面向21世纪的历史课程与教材国际研讨会”在上海举行。来自英、日、韩和大陆、台湾的50余位专家学者与会。

6～12日 由国家测绘局、中国科学院、水利部、地质矿产部、中国煤田地质总局联合主办的“首届全国地图展”在北京举行。来自全国各地、各部门以及厂商共100多个，共展示2000多个品种，总数达18亿册(幅)地图。

9日 新闻出版署向各省、自治区、直辖市新闻出版局，各有关出版、发行单位发出《关于在出版物上全面推广使用条码的通知》。

16日 由北京国际文化出版公司、北京大都会美术中心、山东临沂地区文联联合举办的《'92中国美术家》首发式暨中国画精品展开幕式在北京举行。

18日 新闻出版署发出《关于当前图书出版中严重泄密问题的通报》。

△新闻出版署发出《关于调整书刊印刷企业承印范围的通知》。自1993年9月18日起施行。

△由中国书刊发行协会举办的“第五批全国优秀畅销书评选”在北京揭晓。从各地推荐的500余种候选书中评选出53种优秀畅销书。

18～31日 由马来西亚国家图书委员会举办的“'93马来西亚国际书展”在吉隆坡举行。我国派中国出版代表团参加，并有11家出版社图书参展。

24～26日 上海版权代理公司成立。

24～27日 由广西自治区新闻出版局主办的“五省(区)教学辅助图书发行协调会”在广西南宁举行。

28日 由中国少年儿童出版社精心编辑出版的《中华五千年》大型系列音带首发式在北京举行。

30～9月11日 “天津图书文化展”在日本神户市举行。此次展览是为天津—神户结为友好城市20周年的纪念活动而举办的。展出了介绍两市人民友好交流成就的文字、图片资料、图书杂志、字画等。其中有150幅美术作品参展。

31～9月15日 “全国体育图书展”在全国40个大中城市的新华书店和香港三联书店同时举行。90余种新书和110余种再版图书展销。

9 月

1日 新闻出版署发出《关于继续严格执行大中专教材出版发行管理规定的通知》。

6～10日 由中国社会科学院文学研究所主办的“首届中国古代小说国际研讨会”在北京举行。来自法、美、日、韩、德、俄等国家及港台、大陆的学者90余人出席研讨会。

6～14日 由中国国际图书贸易总公司举办的“第四届国际艺术图书展”在北京举行。来自美、英、法、德、日、瑞士、以色列、印度等国家及港、台等地区的4000余种展品参展。

7～12日 “第8届莫斯科国际书展”在莫斯科举行。我国组团参展，600余种图书参展。

9日 新闻出版署发出《关于重申不适用中国标准书号的四类出版物的编号方法的通知》。

10日 中央宣传部、新闻出版署、解放军总政治部、国家教委、国家科委、中华全国总工会、共青团中央联合发出《关于做好〈中国大百科全书〉的宣传和使用工作的通知》。

△挪威视障人协会向中国盲文书社捐赠盲文印刷设备仪式在北京举行。共选送四台盲文印刷设备。

△由中央文献出版社出版的《我的父亲邓小平》(上卷)出版座谈会在北京举行。

13～15日 由文化部、图家版权局会同世界知识产权组织举办的“世界知识产权组织—中国民间文学艺术法律保护研讨会”在北京举行。世界知识产权组织总干事鲍格胥、世界知识产权组织版权局局长等出席研讨会。

16～26日 由北京市委宣传部、市政府文教办、市新闻出版局联合主办的“第二届北京图书节”在北京举行。北京地区近300家出版发行单位参加。共推出8万余种新版图书及音像制品。首次举办的国际版权贸易洽商会、首届书稿交易会同时举行。图书节期间，举办了中国图书历史简史展等9项展览、“金钥匙”奖推荐图书知识竞答导读活动、北京首届稀见图书拍卖会等活动。

18日 新闻出版署发出《关于调整书刊印刷企业承印范围的通知》。

18～25日 福州市新华书店主办的“93海峡书市”在福州市举行。国内100余家大型图书馆、出版社、新华书店和50余家港、澳、台及东南亚的出版发行商参展,共汇集3.5万种各类新书。

20～10月4日 由西安市新闻出版局主办的"西安图书音像交易会"在西安举行。来自全国的100余家出版社、300余家新华书店及集个体书店的音像制品参展。

27～10月6日 由美国美中关系委员会组织的美国出版商和书商代表团来华访问,与我国图书出版和发行人士进行了业务交流。

10 月

4～10日 由国务院古籍整理出版规划小组主持召开的"全国古籍整理出版工作座谈会"在郑州举行。来自全国20余家专业出版社的负责人出席座谈会。

4日 由中国出版工作者协会主办的"第二届全国优秀校对竞赛颁奖大会"在北京举行。陕西代表队获团体一等奖;农业出版社代表二队,陕西代表二队获二等奖;农业出版社一队,山东、北京、辽宁代表队,上海一队、二队,广西代表队和科学出版社代表队获三等奖;王蔚获个人一等奖。

6～11日 "第45届法兰克福国际书展"在法兰克福举行。我国组团参展,共展出1000余种图书。此次书展首次展出电子出版物。同时,由国际出版商协会(IDA)主办电子出版专题研讨会。

7～12日 "大学版协第二届编辑工作研讨班"在无锡举行。

8日 《中国大百科全书》胜利完成庆祝大会在北京举行。江泽民、李鹏会见参加编撰的专家学者,并题词。江泽民题词是:"融古今中外知识,扬中华民族风采。"李鹏题词是:"百科全书,知识海洋。"450余人出席庆祝大会。

10日 新闻出版署发出《关于出版计划管理若干问题的通知》。

10～31日 "第十四届BIB'93布拉迪斯拉发国际儿童图书插图展"在斯洛伐克布拉迪斯拉发举行。我国推荐4位青年儿童图书插图画家的21幅儿童图书插图新作参赛。湖南少儿出版社蔡杲的《荒原里的狐狸精》获金苹果奖。

13～15日 由中国书刊发行业协会科技发行委员会主办的"'93科技·教育图书交易会"在北京举行。会上展出图书1000余种。

13～23日 由法国外交部、法国文化与法语国家部主持,法国图书推广协会和中国国际图书贸易总公司联合承办的"中国图书展"在巴黎举行。共展出中文、法文、英文各类图书1500余种。

15日 新闻出版署发出《关于全面检查涉及伊斯兰教的出版物的通知》。

△新闻出版署发出《关于检查挂历出版情况的通知》。

△新闻出版署发出《关于制定和报送1994年出版计划的通知》。

△"首届全国藏文优秀图书颁奖大会"在北京举行。《新编藏文字典》等3种获一等奖,6种获二等奖,9种获三等奖。荣誉奖2个。

15～18日 由新华书店总店北京、科技发行所和新华书店上海、天津、重庆发行所联合主办的"1993年全国重点科技图书展订会"在重庆举行。来自全国的30余家出版社的2000余种科技图书参展。

16～18日 由北京师范大学出版社、华东师范大学出版社等9家师范大学出版社联合主办的"第二届全国教育图书展销会订货会"在北京举行。3000余种学术著作、教材、教学参考书参展。同时评选出优秀教学图书19种、优秀畅销书20种。订货码洋500万元。

18日 中宣部、新闻出版署联合发出《关于表彰人民出版社等15家出版单位的决定》。

20～26日 由江苏省新闻出版局与香港中华书局有限公司联合举办的"江苏图书展"在香港举行。江苏省15家出版社的3000余种图书参展。

23日 "北京图书馆当代名家赠书展暨当代名家文库成立座谈会"在北京举行。

26日 中宣部、新闻出版署联合发出《关于禁止"买卖书号"的通知》。

11 月

2日 《邓小平文选》第三卷出版发行。中共中央隆重举行学习报告会,胡锦涛宣读中共中央学习《邓小平文选》第三卷的决定。

3～11日 由国家教委、高等教育出版社及全国优秀教材特等奖获奖者(教授)组成的"高等学校优秀教材展览”在香港举行。共展示了全国高等学校第一届及第三届优秀教材700余种。

4～8日 由中国图书进出口总公司与台湾正中书局联合主办的“1993台湾图书展览”在北京举行。共展出了台湾地区300余家出版社的图书1.5万种，2万余册。图书合作出版研讨会同时举行。

6日 新闻出版署发出《关于重申任何部门和单位不得自行决定建立新闻出版三资企业的通知》。

7～14日 首届少儿读物印刷质量评比在长沙揭晓。《现代兵器大观》等29种图书获一等奖。这是从全国18家少儿出版社选送的254种参评品种中评选出的。

10～17日 由北京、天津、河北、山西、内蒙古五省、市、自治区联合举办的“华北书展”在香港举行。

12～19日 由中国出版对外贸易总公司与美国旺达国际公司联合主办的“中国艺术与生活图书博览会”在美国加利福尼亚州圣何塞市举行。共展出我国各类图书4000余册。

14～30日 由荣宝斋与美国现代艺术交流学会联合主办的“中国北京荣宝斋近百年书画珍品展”在美巡回展出。共展出中国书画名家珍品90件及木版水版印画、胶印图书等。

15日 《绘画本中国通史》、《彩绘本中国民族民间故事丛书》出版座谈会在杭州举行。李鹏总理题词：“学习祖国历史开创民族未来”。“把中国的民族文化介绍给世界”。

16～23日 “首届中国艺术博览会”在上海举行。共展示了来自海内外200多家的近4000件中国画、油画、书法、民间美术等艺术原作和艺术书籍。

18日 首届“国家图书奖”第一次评委会在北京举行。第一届评选委员会组成。新闻出版署署长于友先任主任；龚心瀚、徐志坚、刘杲等13位任副主任。

19日 由韩素音倡议设立的“冰心奖”在北京颁奖。本届共评出儿童图书奖35种。

19～28日 由商务印书馆(香港)有限公司、中国出版对外贸易总公司联合举办的“中国法律学书展”在香港举行。共展出1500余种。

22日 《毛泽东军事生涯》大型画册出版发行座谈会在北京举行。中央军委副主席刘华清、张震等领导同志出席。

22～26日 由新闻出版署主办的“图书销售培训班”、“图书出版管理培训班”在北京举行。

22～28日 由中国出版工作者协会科技出版工作委员会主办的“第九届全国科技出版社社长会”在广西南宁举行。

22～31日 由广东省出版进出口公司与新加坡大众书局、马来西亚大众书局、香港港青出版社联合举办的“医药卫生、武术气功暨实用类书展”分别在新加坡、马来西亚举行。我国2000余种图书参展。

26～12月4日 由鹭江出版社主办的“中国部分中心城市出版社图书展览”分别在新加坡、马来西亚、泰国展出。

26日 新闻出版署向各省、自治区、直辖市、计划单列市新闻出版局和全国出版社发出《关于贯彻执行中宣部、新闻出版署〈关于禁止“买卖书号”〉的通知》。

12　月

1日 《毛泽东选集大辞典》出版座谈会在北京举行。山西省委书记胡富国，新闻出版署、中宣部出版局的负责人等100余人出席座谈会。

2～8日 由中国连环画出版社主办的《地球的红飘带》连环画原作展览在北京举行。

6～10日 由联合国教科文组织与新闻出版署联合举办的“图书出版管理高级培训班”在北京举行。29家中央级出版单位的负责人参加培训班。

7日 新闻出版署办公室发出《关于在京出版社实施“图书在版编目(CIP)”有关问题的通知》。

10日 由中共中央军委召开的《朱德传》出版发行暨纪念朱德诞辰107周年座谈会在北京举行。江泽民、李鹏、朱镕基、刘华清及各界人士300余人出席座谈会。

10～30日 由北京市新华书店举办的“纪念毛泽东诞辰100周年优秀读物展”在北京20个门市部举行。

17日 《中国出了个毛泽东》丛书、《毛泽东在延安》大型画册出版发行座谈会在北京举行。江泽民同志为丛书题词：“毛泽东同志永远活在人民心中”。他还为《毛泽东在延安》画册题写书名。

17～26日 由中国出版对外贸易总公司及其在美国纽约分公司与美国世界书局联合主办的“首届中国图书文化展览会”在纽约举行。共展出了13750余册中国图书。

18日　由新闻出版署、中国市场杂志社联合主办的“全国书刊市场管理座谈会”在北京举行。

18日　《中国统一战线全书》出版座谈会在北京举行。江泽民题写书名。李鹏题词：“巩固和发展最广泛的爱国统一战线”。

19～26日　由广东省委宣传部、广东省新闻出版局主办的“首届南国书香节”在广州举行。来自全国20个省、市、区及台港澳的300余家出版单位参展。参展图书达7万余种。

23～24日　由中国版权研究会举办的“海峡两岸著作权研讨会”在北京举行。来自台湾及大陆专家学者50余人出席研讨会。

23～28日　《北京图书馆馆藏毛泽东著作版本展览》在北京举行。共展示了北京图书馆近50年来馆藏不同版本近百册。

24日　《毛泽东手书选集》出版座谈会在北京举行。江泽民同志为该书题写书名。

（何秀珍整理）

索　　引

辞目分类索引

A　马克思主义、列宁主义、毛泽东思想、邓小平理论

纪念毛泽东诞辰 100 周年专辑

马克思主义、列宁主义、邓小平理论研究

B 哲学

哲学理论、世界哲学

中国哲学

西方哲学

思维科学

无神论、宗教

C 社会科学总论

世界各国经济概况、经济史、经济地理

中国经济

F 经 济

经 济

政治经济学

经济计划与管理

农业经济

工业经济

交通运输经济

邮电经济

贸易经济

财政、金融

G 文化、科学、教育、体育

文化、科学、教育、体育

文化理论

世界各国文化事业概况

信息与知识传播

科学、科学研究

教　育

教学理论

世界各国教育事业

各级教育

各类教育

体 育

H 语言、文字

语 言 学

汉 语

中国少数民族语言

外 国 语

I 文 学

文 学 理 论

世 界 文 学

中国文学

文学评论与研究

各体文学评论和研究

文学史、文学思想史

作品集

戏剧

小　说

诗歌、韵文

报告文学

散文

杂　著

民间文学

儿童文学

少数民族文学

亚 洲 文 学

非 洲 文 学

欧 洲 文 学

美洲文学

J 艺术

艺术理论

世界各国艺术概况

绘画

书法、篆刻

雕　塑

工艺美术

音乐

舞蹈

戏剧艺术

电影、电视艺术

K 历史、地理

史学理论

世界史

中国史

民族史志

地方史志

外国历史

传　记

中国人物传记

外国人物传记

文物考古

风俗习惯

地　理

N 自然科学总论

O 数理科学和化学

数 学

力　学

物　理　学

化　学

P　天文学、地球科学

天　文　学

测　绘　学

地球物理学

气　象　学

地　质　学

海 洋 学

自然地理学

Q 生物科学

R 医药、卫生

医药、卫生

预防医学、卫生学

中国医学

基础医学

临床医学

内科学

外科学

妇产科学

儿科学

肿瘤学

神经病学与精神病学

皮肤病学、性病学

耳鼻咽喉科学、眼科学、口腔科学

放射医学

药学

S 农业科学

农业科学

农业基础科学

农业工程、农学

植物保护

农作物

园艺

林　业

畜牧、兽医、狩猎、蚕、蜂

水产、渔业

T 工业技术

工业技术

一般工业技术

矿业工程

石油、天然气工业

冶 金 工 业

金属学、金属工艺

机械、仪表工业

武器工业

动力工程、原子能技术

电工技术

无线电电子学、电信技术

自动化技术、计算技术

化学工业

轻工业、手工业

建筑科学

水利工程

U　交通运输

V　航空、航天

X 环境科学、劳动保护科学

Z 综合性图书

辞目笔画索引

〔乛〕

三　画

〔一〕

〔丨〕

〔丿〕

四 画

〔一〕

〔丨〕

五　画

〔一〕

〔丨〕

〔乛〕

六 画

〔一〕

〔丨〕

〔丿〕

〔丶〕

七　画

〔一〕

〔乛〕

八画

〔一〕

〔丨〕

〔丶〕

〔乛〕

九　画

〔一〕

〔丿〕

〔乛〕

十　画

〔一〕

〔丨〕

〔丿〕

十一画

〔一〕

〔丨〕

〔乛〕

十 二 画

〔一〕

〔、〕

十 五 画

〔一〕

〔丨〕

〔丿〕

〔乛〕

十 六 画

〔一〕

〔丨〕

〔丿〕

〔丶〕